KB148896

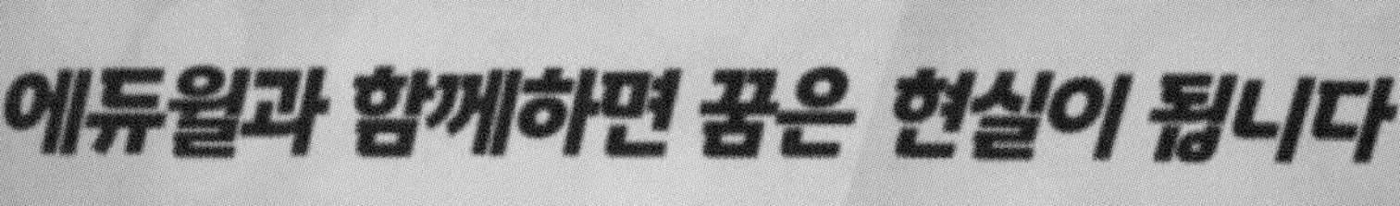
에듀윌과 함께하면 꿈은 현실이 됩니다

합격자 수 1,800%* 수직 상승! 매년 놀라운 성장

에듀윌 공무원은 '합격자 수'라는 확실한 결과로 증명하며
지금도 기록을 만들어 가고 있습니다.

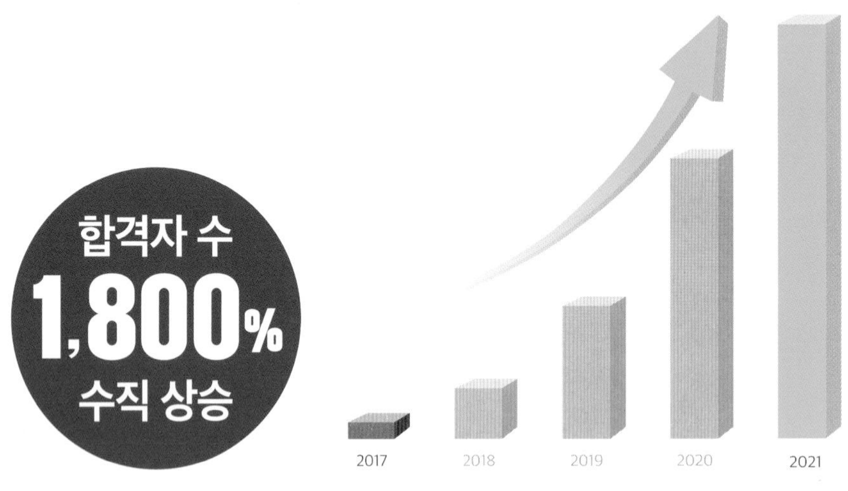

합격자 수를 폭발적으로 증가시킨 독한 경찰 평생패스

합격 시 0원
최대 100% 환급

\+

합격할 때까지
전 강좌 무제한 수강

\+

전문 학습매니저의
1:1 코칭 시스템

※ 환급내용은 상품페이지 참고. 상품은 변경될 수 있음.

상품
페이지

* 2017/2021 에듀윌 공무원 과정 최종 환급자 수 기준

강의 만족도 99%*
명품 강의

에듀윌 공무원 전문 교수진!
합격의 차이를 직접 경험해 보세요

합격자 수 1,800%* 수직 상승으로 증명된 합격 커리큘럼

독한 시작	▶	독한 회독	▶	독한 기출요약	▶	독한 문풀	▶	독한 파이널
기초 + 기본이론		심화이론 완성		핵심요약 + 기출문제 파악		단원별 문제풀이		동형모의고사 + 파이널

* 2017/2021 에듀윌 공무원 과정 최종 환급자 수 기준
* 7·9급공무원 대표 교수진 2021년 7월 강의 만족도 평균 (배영표/성정혜/신형철/윤세훈/강성민)
* 경찰공무원 대표 교수진 2020년 11월 강의 만족도 평균
* 소방공무원 대표 교수진 2020년 12월 강의 만족도 평균
* 계리직공무원 대표 교수진 2021년 9월~11월 강의 만족도 평균

2021 공무원 수석 합격자* 배출! 합격생들의 진짜 합격스토리

에듀윌 강의·교재·학습시스템의 우수성을
2021년도에도 입증하였습니다!

에듀윌 커리큘럼을 따라가며 기출 분석을 반복한 결과 7.5개월 만에 합격

권○혁 지방직 9급 일반행정직 최종 합격

샘플 강의를 듣고 맘에 들었는데, 가성비도 좋아 에듀윌을 선택하게 되었습니다. 특히, 공부에 집중하기 좋은 깔끔한 시설과 교수님께 바로 질문할 수 있는 환경이 좋았습니다. 학원을 다니면서 에듀윌에서 무료로 제공하는 온라인 강의를 많이 활용했습니다. 늦게 시작했기 때문에 처음에는 진도를 따라가기 위해서 활용했고, 그 후에는 기출 분석을 복습하기 위해 활용했습니다. 마지막에 반복했던 기출 분석은 합격에 중요한 영향을 미쳤던 것 같습니다.

고민없이 에듀윌을 선택, 온라인 강의 반복 수강으로 합격 완성

박○은 국가직 9급 일반농업직 최종 합격

공무원 시험은 빨리 준비할수록 더 좋다고 생각해서 상담 후 바로 고민 없이 에듀윌을 선택했습니다. 과목별 교재가 동일하기 때문에 한 과목당 세 교수님의 강의를 모두 들었습니다. 심지어 전년도 강의까지 포함하여 강의를 무제한으로 들었습니다. 덕분에 중요한 부분을 알게 되었고 그 부분을 집중적으로 먼저 외우며 공부할 수 있었습니다. 우울할 때에는 내용을 아는 활기찬 드라마를 틀어놓고 공부하며 위로를 받았는데 집중도 잘되어 좋았습니다.

체계가 잘 짜여진 에듀윌은 합격으로 가는 최고의 동반자

김○욱 국가직 9급 출입국관리직 최종 합격

에듀윌은 체계가 굉장히 잘 짜여져 있습니다. 만약, 공무원이 되고 싶은데 아무것도 모르는 초시생이라면 묻지 말고 에듀윌을 선택하시면 됩니다. 에듀윌은 기초·기본이론부터 심화이론, 기출문제, 단원별 문제, 모의고사, 그리고 면접까지 다 챙겨주는, 시작부터 필기합격 후 끝까지 전부 관리해 주는 최고의 동반자입니다. 저는 체계적인 에듀윌의 커리큘럼과 하루에 한 페이지라도 집중해서 디테일을 외우려고 노력하는 습관 덕분에 합격할 수 있었습니다.

다음 합격의 주인공은 당신입니다!

* 2021 국가직 7급 검찰직 수석 합격

회원 가입하고 100% 무료 혜택 받기

가입 즉시, 공무원 공부에 필요한 모든 걸 드립니다!

혜택 1 초시생을 위한 3법교과서 제공

※ 에듀윌 홈페이지 ⋯→ 직렬 사이트 선택 ⋯→ 3법교과서 무료배포 선택 ⋯→ 신청하기

혜택 2 초보 수험생 필수 기초강의 제공

※ 에듀윌 홈페이지 ⋯→ 직렬 사이트 선택 ⋯→ '초시생 클릭' 메뉴 선택 ⋯→ 쌩기초 3법강의 배너 클릭 후 '나의 강의실'에서 확인 (7일 수강 가능)

혜택 3 전 과목 기출문제 해설강의 제공

※ 에듀윌 홈페이지 ⋯→ 직렬 사이트 선택 ⋯→ 상단 '학습자료' 메뉴를 통해 수강 (최신 3개년 주요 직렬 기출문제 해설강의 제공)

• 배송비 별도 / 비매품

합격의 시작은 잘 만든 입문서로부터

에듀윌 경찰 3법교과서

무료배포 선착순 100명

무료배포 이벤트

* 본 혜택과 경로는 예고 없이 변경되거나 대체될 수 있음.

1초 합격예측
모바일 성적분석표

1초 안에 '클릭' 한 번으로 성적을 확인하실 수 있습니다!

활용
GUIDE
실시간 성적분석 방법!
STEP 1
QR 코드
스캔
STEP 2
모바일
OMR 입력
STEP 3
자동채점 &
성적분석표 확인

STEP 1

QR 코드 스캔

- 교재의 QR 코드를 모바일로 스캔 후 에듀윌 회원 로그인
- QR 코드 하단의 바로가기 주소로도 접속 가능

STEP 2

모바일 OMR 입력

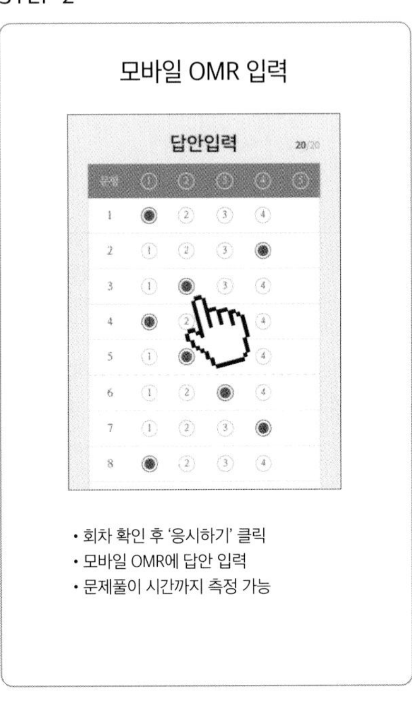

- 회차 확인 후 '응시하기' 클릭
- 모바일 OMR에 답안 입력
- 문제풀이 시간까지 측정 가능

STEP 3

자동채점 & 성적분석표 확인

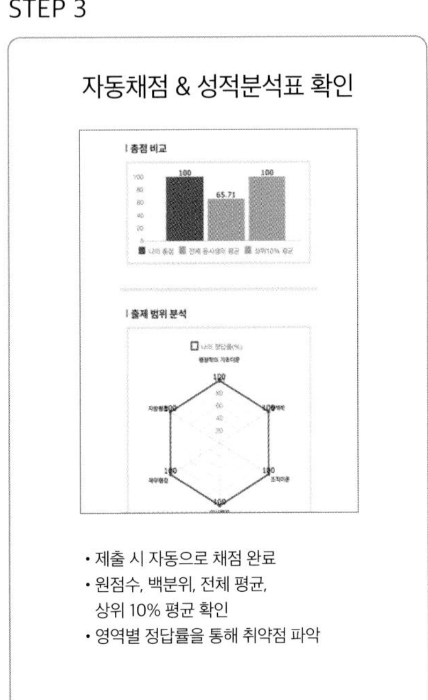

- 제출 시 자동으로 채점 완료
- 원점수, 백분위, 전체 평균, 상위 10% 평균 확인
- 영역별 정답률을 통해 취약점 파악

※ 본 서비스는 에듀윌 공무원 교재(연도별, 회차별 문항이 수록된 교재)를 구입하는 분에게 제공됨.

시작하는 방법은

말을 멈추고

즉시 행동하는 것이다.

– 월트 디즈니(Walt Disney)

2023

에듀윌 경찰공무원

단원별 기출문제집

헌법

에듀윌이 다 드립니다!

| 무료 합격팩

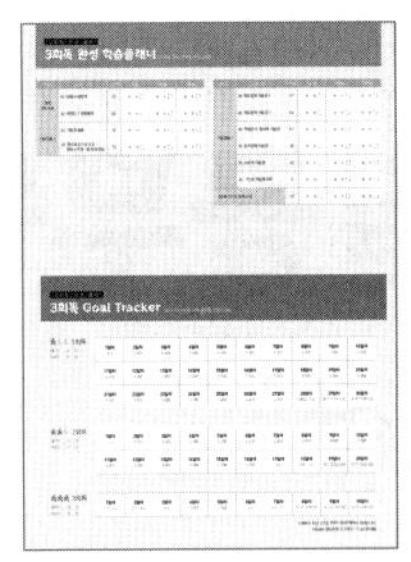

1 3회독 학습플래너 & Goal Tracker

3회독 학습플래너를 활용하여 스스로 학습 계획을 세우고, Goal Tracker로 공부 과정을 체크할 수 있습니다.

2 회차별 최신 기출문제+해설 PDF

2022년 1차, 2차 회차별 기출문제를 실제 시험지 형식으로 풀며 실력을 점검하고 실전 감각을 향상시킬 수 있습니다. QR코드를 스캔하거나 에듀윌 도서몰*에서 다운받을 수 있습니다.

PLUS 시험지 내의 QR코드를 스캔하면 모바일 성적분석표(응시자 상위 10% 평균, 백분위, 문항별 정답률 등)를 즉시 발급받을 수 있습니다.

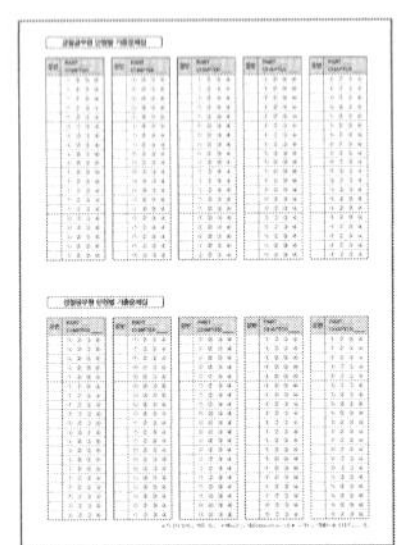

3 회독용 정답체크표

회독용 정답체크표를 사용하면 연필 자국을 지울 필요가 없어 편리한 회독이 가능합니다. 3회독 워크북에서 잘라서 활용할 수 있으며, 추가로 필요할 경우 에듀윌 도서몰*에서 다운받을 수 있습니다.

4 기출OX 문제풀이 APP

'에듀윌 합격앱'에서 기출OX 퀴즈를 풀며 취약 파트를 보완할 수 있습니다.
에듀윌 합격앱을 다운받거나 좌측 QR코드를 스캔하여 바로 접속 가능합니다.

*2, 3 서비스는 에듀윌 도서몰(book.eduwill.net) → 도서자료실 → 부가학습자료에서 '경찰공무원 단원별 기출문제집'을 검색하여 다운받을 수 있습니다.

PREFACE

저자의 말

“이해 없는 암기는 무모하고, 암기 없는 이해는 공허하다.”

2022년 경찰시험 개편으로, 헌법 과목이 기본 과목으로 유입되었습니다.
본서는 오직 경찰 시험에 맞추어 집필한 기출문제집으로 헌법의 일반적인 범위를 대상으로 하는 공무원 헌법 기출문제집과는 차이가 있습니다. 경찰 기출문제는 아직 2회차 밖에 없지만, 15년간의 강의 경력을 바탕으로 경찰 수험생들에게 실제 도움이 되는 유사 기출문제만을 선별하여 수록하였습니다.

저 또한 오랜 기간의 수험생활을 하였으며 이를 통하여 얻은 신념과 경험으로 가장 적합한 교재를 만들고자 끊임없이 노력해왔습니다. 시험 당일, 많은 내용을 알고 있음에도 불구하고 한정된 시간 내에 정확하고 빠른 문제 해결을 하지 못한다면 무용의 것이 되는 것은 명약관화(明若觀火)입니다. 이러한 일이 발생하지 않도록 기출문제집을 여러 번 반복 학습하시기 바랍니다.

시간과 노력을 줄이고 정확하고 빠른 문제 해결을 할 수 있기를 바라며, 본서의 특징을 간략히 말씀드립니다.

첫째, 최신 헌법재판소 결정례와 최신 개정법을 완벽히 반영하여 해설하였습니다.
가장 좋은 교재는 동일한 내용이라도 최근의 판례 사안과 관련된 내용을 조금 더 풍부하게 서술해주는 교재일 것입니다. 본서는 기출문제의 해설을 2022년 7월까지의 최신 결정례들로 교체하거나 추가하였으며, 아울러 최근 제정 · 개정된 부속법령의 내용을 반영하였습니다.

둘째, 최신 중요 기출문제를 반영하였습니다.
2022년 8월 시행된 2차 공채 문제까지 빠짐없이 수록하였습니다. 과거에 출제된 기출문제도 물론 중요하지만, 최신 기출제문제 분석도 매우 중요합니다. 이에, 최신 기출문제를 수록하고 자세하게 설명하였습니다.

마지막으로, 본서가 경찰 시험을 준비하는 모든 수험생들에게 합격의 지름길로 이끄는 이정표가 되기를 간절히 바랍니다. 무엇보다도 철저한 계획과 전략을 수립하여 체계적으로 준비해야 합니다. 본서가 수험생 여러분이 세운 계획과 합격에 큰 도움이 될 것이라 믿어 의심치 않습니다.

이 책이 출간되기까지 많은 도움을 주신 에듀윌 출판사업본부와 이와 관련한 모든 분들에게 감사의 표시를 전합니다.

저자 정인영

ANALYSIS

기출분석

2022 1·2차 출제비중

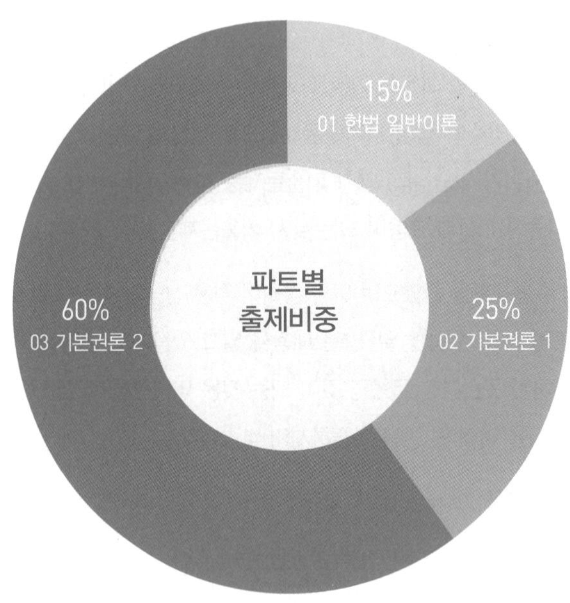

2022 1·2차 출제분석

평이한 시험이라고 안주할 수 없다!

2022년 경찰 헌법 문제는 전반적으로 평이한 수준이었다고 볼 수 있습니다. 물론 기존의 기출문제가 없으므로 다른 유사한 공무원 시험과 비교하였을 경우이긴 합니다. 그럼에도 불구하고, 경찰 공채 시험에서 헌법이 계속적으로 평이한 시험이라고 예측할 수는 없습니다. 기본적으로 2022년 1차 시험은 판례 위주의 평이한 문제였고, 최신 판례와 중요 판례를 적절하게 분배하여 출제하였습니다. 그에 반하여 2차 시험은 판례의 결론을 바로 물어보기보다는 결론에 이르게 된 과정상의 문제나 결론에 대한 이유를 물어보는 문제가 있어 1차에서 고득점을 한 수험생들이 2차에서는 점수가 좋지 않은 경우가 많았습니다. 따라서, 내년도 시험은 2차를 기준으로 준비하는 것이 좋을 것 같습니다. 조문은 기본이며 이에 따르는 판례는 필수적입니다. 또한 이제는 결론에 이르는 판례의 논리도 반드시 학습해야 합니다. 그러므로 기본 강의를 통한 판례이론 정리와 다양한 기출문제를 반복적으로 연습하시길 당부드립니다.

단원별 학습전략

PART 1 | 헌법 일반이론

헌법 일반이론에서 헌법의 개정과 헌정사, 국적, 헌법의 수호, 헌법의 일반원칙은 기본적으로 출제되는 영역으로, 관련 내용을 정확하게 파악하고 있어야 합니다. 우선, 헌법 개정은 헌법조문과 국민투표법을 연계하여 같이 정리하여야 하며, 헌정사는 기본권의 유입 과정을 시기별로 정확히 숙지하고 있어야 합니다. 두 번째로, 국적과 관련해서는 국적법 조문 출제가 예상되므로, 조문 이해 학습이 필요합니다. 세 번째로, 헌법의 수호에서는 비상적 수호수단으로서의 헌법조문과 저항권을 정리해야 합니다. 네 번째로, 헌법의 일반원칙상 법치국가원리는 1순위 암기사항입니다. 명확성원칙, 체계정당성, 신뢰보호에 근거한 소급입법금지원은 반드시 암기하시기 바랍니다.

PART 2 | 기본권론 1

기본권 총론에서는 자유와 기본권과의 상관관계와 기본권의 성질을 효력과 관련하여 학습하시는 것이 좋습니다. 시험에서 자주 출제되는 기본권 주체로써 법인과 외국인, 공법인과 사법인의 성질을 모두 갖는 경우도 반드시 학습해야 합니다. 또한 기본권의 제한은 전통적으로 가장 중요한 영역에 해당합니다. 이와 관계된 기본권의 충돌을 상관관계를 가지고 학습하시길 바랍니다. 마지막으로 기본권의 보호의무로 구제에 관련한 개별 부속법률을 암기하시길 바랍니다.

PART 3 | 기본권론 2

시험에 가장 많이 출제되는 영역인 만큼 꼼꼼한 학습이 필요합니다. 조문을 기본으로 부속법령은 기본 중에 기본입니다. 그리고 개별 기본권 판례는 아무리 강조하여도 모자를 정도입니다. 물론 마지막에 판례의 학습이 가장 중요함은 익히 여러 매체를 통하여 들어서 알고 있으리라 봅니다. 다만 위헌결정으로 변경된 판례와 같은 무리의 판례를 학습하는 것은 절대로 주의해야 합니다. 많은 수험생들이 이러한 점을 간과하여 문제를 틀리는 경우가 없기를 바랍니다.

유형별 학습전략

유형 1 | 이론

기본적으로 헌법은 가치이념 학문에 들어가기 때문에 형법이나 형사소송법과 달리, 보호법익을 주로 학습합니다. 보호법익으로서의 기본권 이론에 관한 원칙과 질서, 기본권의 보장과 보호, 충돌과 경합, 헌법의 수호와 같은 영역에서는 그 바탕이 되는 기본적인 이론을 이해하고 있어야 합니다.

유형 2 | 조문

헌법에서 조문은 필수 사항입니다. 헌법전문은 빠짐없이 습득하고 있어야 하며, 경제 관련 제119조부터 제127조와 조약에 관한 제60조 제1항, 제128조(헌법 개정), 제129조, 제130조는 필수 암기조문에 해당합니다.

유형 3 | 판례

헌법은 최신 판례를 필두로 하여 과거 출제된 판례는 반드시 정리되어 있어야 합니다. 판례 학습은 기본서로 완성하기보다는 기출문제집 학습을 통하여 핵심 결정례를 중심으로 정리하는 것이 효율적인 방법입니다. 대부분의 기본서는 출제 가능한 판례만을 선별하여 학습하기 어려울 정도로 그 양이 많기 때문입니다. 따라서 본서에 수록된 기출문제는 반드시 알고 있어야 하며, 강의를 같이 병행한다면 그 속도가 배가 될 수 있습니다.

유형 4 | 개수 문제

경찰 시험 특성상 개수를 묻는 박스형 문제가 출제될 수 있습니다. 시험의 특성을 고려하여 개수 문제에도 대비해야 합니다. 물론, 조합형은 당연히 출제되리라 생각합니다.

STRUCTURE

이 책의 구성

기출·개념을 한 권에 다 담은 올인원 **단원별 기출**

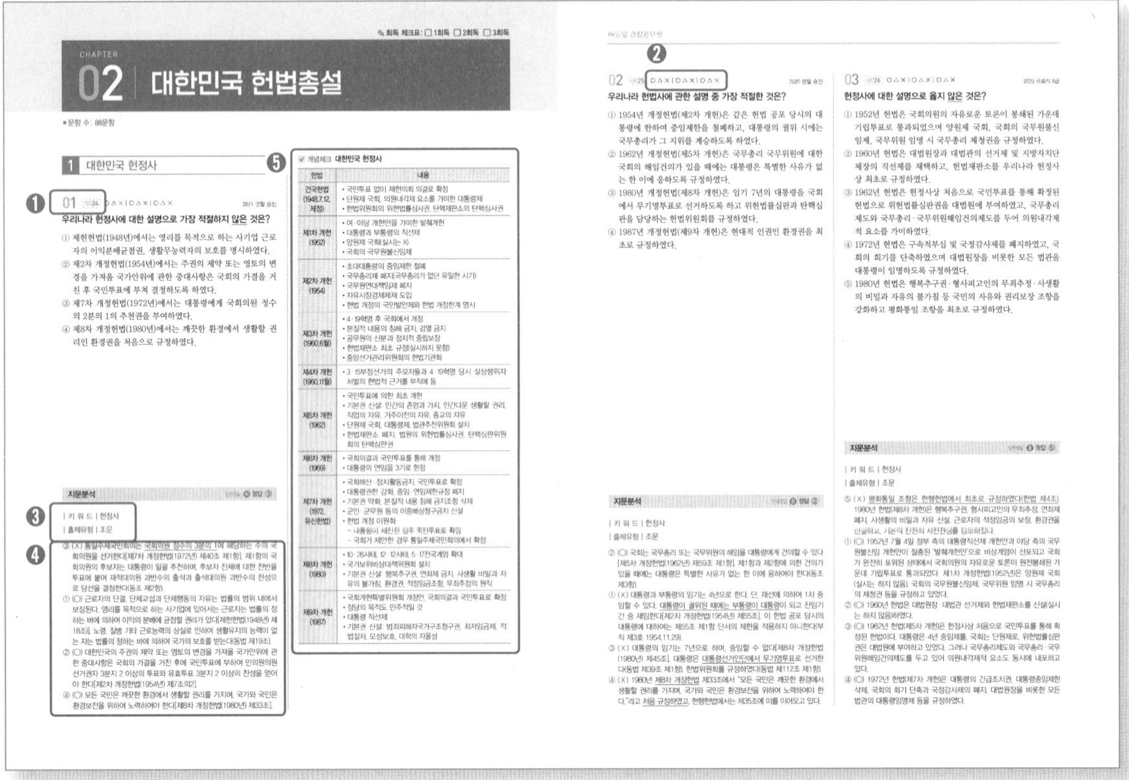

✎ 회독 체크표: ☐ 1회독 ☐ 2회독 ☐ 3회독

CHAPTER 02 | 대한민국 헌법총설

■ 문항 수: 88문항

1 대한민국 헌정사

❶ 01 0024 ○△×|○△×|○△× 2021 경찰 승진

우리나라 헌정사에 대한 설명으로 가장 적절하지 않은 것은?

① 제헌헌법(1948년)에서는 영리를 목적으로 하는 사기업 근로자의 이익분배균점권, 생활무능력자의 보호를 명시하였다.
② 제2차 개정헌법(1954년)에서는 주권의 제약 또는 영토의 변경을 가져올 국가안위에 관한 중대사항은 국회의 가결을 거친 후 국민투표에 부쳐 결정하도록 하였다.
③ 제7차 개정헌법(1972년)에서는 대통령에게 국회의원 정수의 2분의 1의 추천권을 부여하였다.
④ 제8차 개정헌법(1980년)에서는 깨끗한 환경에서 생활할 권리인 환경권을 처음으로 규정하였다.

지문분석 난이도 ● 정답 ③

❸ | 키 워 드 | 헌정사
| 출제유형 | 조문

❹ ③ (X) 통일주체국민회의는 국회의원 정수의 3분의 1에 해당하는 수의 국회의원을 선거한다[제7차 개정헌법(1972년) 제40조 제1항]. 제1항의 국회의원의 후보자는 대통령이 일괄 추천하며, 후보자 전체에 대한 찬반을 투표에 붙여 재적대의원 과반수의 출석과 출석대의원 과반수의 찬성으로 당선을 결정한다(동조 제2항).
① (○) 근로자의 단결, 단체교섭과 단체행동의 자유는 법률의 범위 내에서 보장된다. 영리를 목적으로 하는 사기업에 있어서는 근로자는 법률의 정하는 바에 의하여 이익의 분배에 균점할 권리가 있다[제헌헌법(1948년) 제18조]. 노령, 질병 기타 근로능력의 상실로 인하여 생활유지의 능력이 없는 자는 법률의 정하는 바에 의하여 국가의 보호를 받는다(동법 제19조).
② (○) 대한민국의 주권의 제약 또는 영토의 변경을 가져올 국가안위에 관한 중대사항은 국회의 가결을 거친 후에 국민투표에 부하여 민의원의원 선거권자 3분지 2 이상의 투표와 유효투표 3분지 2 이상의 찬성을 얻어야 한다[제2차 개정헌법(1954년) 제7조의2].
④ (○) 모든 국민은 깨끗한 환경에서 생활할 권리를 가지며, 국가와 국민은 환경보전을 위하여 노력하여야 한다[제8차 개정헌법(1980년) 제33조].

❺ ✔ 개념체크 **대한민국 헌정사**

헌법	내용
건국헌법(1948.7.12. 제정)	• 국민투표 없이 제헌의회 의결로 확정 • 단원제 국회, 의원내각제 요소를 가미한 대통령제 • 헌법위원회의 위헌법률심사권, 탄핵재판소의 탄핵심사권
제1차 개헌(1952)	• 여·야당 개헌안을 가미한 발췌개헌 • 대통령과 부통령의 직선제 • 양원제 국회(실시는 X) • 국회의 국무원불신임제
제2차 개헌(1954)	• 초대대통령의 중임제한 철폐 • 국무총리제 폐지(국무총리가 없던 유일한 시기) • 국무원연대책임제 폐지 • 자유시장경제체제 도입 • 헌법 개정의 국민발안제와 헌법 개정한계 명시
제3차 개헌(1960.6월)	• 4·19혁명 후 국회에서 개정 • 본질적 내용의 침해 금지, 검열 금지 • 공무원의 신분과 정치적 중립보장 • 헌법재판소 최초 규정(실시하지 못함) • 중앙선거관리위원회의 헌법기관화
제4차 개헌(1960.11월)	• 3·15부정선거의 주모자들과 4·19혁명 당시 살상행위자 처벌의 헌법적 근거를 부칙에 둠
제5차 개헌(1962)	• 국민투표에 의한 최초 개헌 • 기본권 신설: 인간의 존엄과 가치, 인간다운 생활할 권리, 직업의 자유, 거주이전의 자유, 종교의 자유 • 단원제 국회, 대통령제, 법관추천위원회 설치 • 헌법재판소 폐지, 법원의 위헌법률심사권, 탄핵심판위원회의 탄핵심판권
제6차 개헌(1969)	• 국회의결과 국민투표를 통해 개정 • 대통령의 연임을 3기로 한정
제7차 개헌(1972, 유신헌법)	• 국회해산·정치활동금지, 국민투표로 확정 • 대통령권한 강화, 중임·연임제한규정 폐지 • 기본권 약화, 본질적 내용 침해 금지조항 삭제 • 군인·군무원 등의 이중배상청구금지 신설 • 헌법 개정 이원화 – 대통령이 제안한 경우 국민투표로 확정 – 국회가 제안한 경우 통일주체국민회의에서 확정
제8차 개헌(1980)	• 10·26사태, 12·12사태, 5·17전국계엄 확대 • 국가보위비상대책위원회 설치 • 기본권 신설: 행복추구권, 연좌제 금지, 사생활 비밀과 자유의 불가침, 환경권, 적정임금조항, 무죄추정의 원칙
제9차 개헌(1987)	• 국회개헌특별위원회 개정안, 국회의결과 국민투표로 확정 • 정당의 목적도 민주적일 것 • 대통령 직선제 • 기본권 신설: 범죄피해자국가구조청구권, 최저임금제, 적법절차, 모성보호, 대학의 자율성

에듀윌 경찰공무원

❷ 02 0025 ○△×|○△×|○△× 2020 경찰 승진

우리나라 헌법사에 관한 설명 중 가장 적절한 것은?

① 1954년 개정헌법(제2차 개헌)은 같은 헌법 공포 당시의 대통령에 한하여 중임제한을 철폐하고, 대통령의 궐위 시에는 국무총리가 그 지위를 계승하도록 하였다.
② 1962년 개정헌법(제5차 개헌)은 국무총리 국무위원에 대한 국회의 해임건의가 있을 때에는 대통령은 특별한 사유가 없는 한 이에 응하도록 규정하였다.
③ 1980년 개정헌법(제8차 개헌)은 임기 7년의 대통령을 국회에서 무기명투표로 선거하도록 하고 위헌법률심판과 탄핵심판을 담당하는 헌법위원회를 규정하였다.
④ 1987년 개정헌법(제9차 개헌)은 현대적 인권인 환경권을 최초로 규정하였다.

지문분석 난이도 ● 정답 ②

| 키 워 드 | 헌정사
| 출제유형 | 조문

② (○) 국회는 국무총리 또는 국무위원의 해임을 대통령에게 건의할 수 있다[제5차 개정헌법(1962년) 제59조 제1항]. 제1항과 제2항에 의한 건의가 있을 때에는 대통령은 특별한 사유가 없는 한 이에 응하여야 한다(동조 제3항).
① (X) 대통령과 부통령의 임기는 4년으로 한다. 단, 재선에 의하여 1차 중임할 수 있다. 대통령이 궐위된 때에는 부통령이 대통령이 되고 잔임기간 중 재임한다[제2차 개정헌법(1954년) 제55조]. 이 헌법 공포 당시의 대통령에 대하여는 제55조 제1항 단서의 제한을 적용하지 아니한다(부칙 제3호 1954.11.29).
③ (X) 대통령의 임기는 7년으로 하며, 중임할 수 없다[제8차 개정헌법(1980년) 제45조]. 대통령은 대통령선거인단에서 무기명투표로 선거한다(동법 제39조 제1항). 헌법위원회를 규정하였다(동법 제112조 제1항).
④ (X) 1980년 제8차 개정헌법 제33조에서 "모든 국민은 깨끗한 환경에서 생활할 권리를 가지며, 국가와 국민은 환경보전을 위하여 노력하여야 한다."라고 처음 규정하였고, 현행헌법에서는 제35조에 이를 이어오고 있다.

03 0026 ○△×|○△×|○△× 2020 국회직 8급

헌정사에 대한 설명으로 옳지 않은 것은?

① 1952년 헌법은 국회의원의 자유로운 토론이 봉쇄된 가운데 기립투표로 통과되었으며 양원제 국회, 국회의 국무원불신임제, 국무위원 임명 시 국무총리 제청권을 규정하였다.
② 1960년 헌법은 대법원장과 대법관의 선거제 및 지방자치단체장의 직선제를 채택하고, 헌법재판소를 우리나라 헌정사상 최초로 규정하였다.
③ 1962년 헌법은 헌정사상 처음으로 국민투표를 통해 확정된 헌법으로 위헌법률심판권을 대법원에 부여하였고, 국무총리제도와 국무총리·국무위원해임건의제도를 두어 의원내각제적 요소를 가미하였다.
④ 1972년 헌법은 구속적부심 및 국정감사제를 폐지하였고, 국회의 회기를 단축하였으며 대법원장을 비롯한 모든 법관을 대통령이 임명하도록 규정하였다.
⑤ 1980년 헌법은 행복추구권·형사피고인의 무죄추정·사생활의 비밀과 자유의 불가침 등 국민의 자유와 권리보장 조항을 강화하고 평화통일 조항을 최초로 규정하였다.

지문분석 난이도 ● 정답 ⑤

| 키 워 드 | 헌정사
| 출제유형 | 조문

⑤ (X) 평화통일 조항은 현행헌법에서 최초로 규정하였다(헌법 제4조). 1980년 헌법(제8차 개헌)은 행복추구권, 형사피고인의 무죄추정, 연좌제 폐지, 사생활의 비밀과 자유 신설, 근로자의 적정임금의 보장, 환경권을 [illegible]
① (○) 1952년 7월 4일 정부 측의 대통령직선제 개헌안과 야당 측의 국무원불신임 개헌안이 절충된 '발췌개헌안'으로 비상계엄이 선포되고 국회가 완전히 포위된 상태에서 국회의원의 자유로운 토론이 원천봉쇄된 가운데 기립투표로 통과되었다. 제1차 개정헌법(1952년)은 양원제 국회(실시는 하지 않음), 국회의 국무원불신임제, 국무위원 임명 시 국무총리의 제청권 등을 규정하고 있었다.
② (○) 1960년 헌법은 대법원장·대법관 선거제와 헌법재판소를 신설(실시는 하지 않음)하였다.
③ (○) 1962년 헌법(제5차 개헌)은 헌정사상 처음으로 국민투표를 통해 확정된 헌법이다. 대통령은 4년 중임제를, 국회는 단원제로, 위헌법률심판권은 대법원에 부여하고 있었다. 그러나 국무총리제도와 국무총리·국무위원해임건의제도를 두고 있어 의원내각제적 요소도 동시에 내포하고 있다.
④ (○) 1972년 헌법(제7차 개헌)은 대통령의 긴급조치권, 대통령중임제한 삭제, 국회의 회기 단축과 국정감사제의 폐지, 대법원장을 비롯한 모든 법관의 대통령임명제 등을 규정하였다.

❶ 전체 문항 연번호

단원 구분 없이 이어지는 문항 번호를 통해 학습위치 파악 가능

❷ 문항별 회독체크표

맞은 문제는 ○, 헷갈린 문제는 △, 틀린 문제는 ×에 체크하여 효과적으로 회독 가능

❸ 키워드 & 출제유형

틀린 문항에 대한 키워드와 출제유형을 파악하여 취약영역을 빠르게 체크 가능

❹ 지문분석

전체 선지에 대한 꼼꼼한 분석으로 기출문제 완벽 이해 가능

❺ 개념체크

기출문제에서 반드시 파악해야 하는 필수개념과 더 알아두면 좋을 심화개념으로 개념정리 가능

따라만 해도 자동 회독이 가능한 3회독 워크북

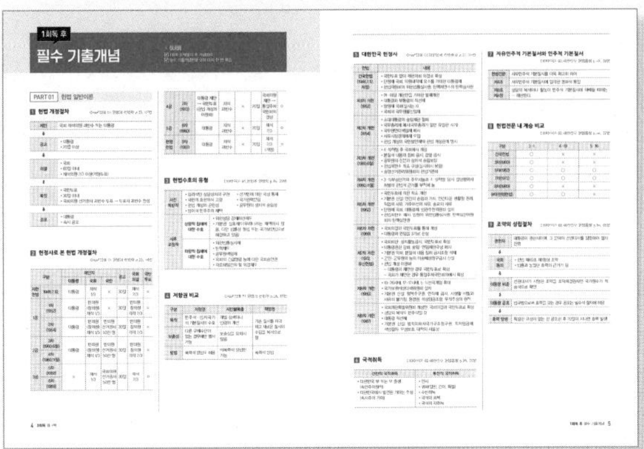

1 회독 후 필수 기출개념

핵심 · 빈출 개념을 반복 학습하여 개념정리!

1회독 후, 기출문제와 관련된 중요 기출개념을 다시 살펴보며 기본기를 탄탄하게 다져 보세요.

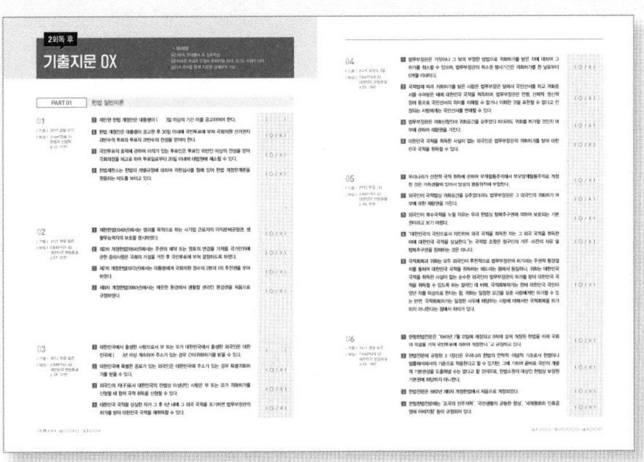

2 회독 후 기출지문 OX

고난도 기출 변형 OX문제로 심화학습!

2회독 후, 기출 변형 OX문제를 풀고 선지를 상세히 분석하여 고난도 문제에 대비해 보세요.

3 회독 후 마무리 모의고사

최신 경향의 3회분 모의고사로 실전연습!

3회독 후, 전문 집필진이 출제한 모의고사 3회분 총 60문제를 풀며 실력을 점검하고 실전 감각을 향상해 보세요.

※ 모의고사 내 QR코드를 통해 모바일 성적분석서비스(응시자 상위 10% 평균, 백분위, 문항별 정답률 등) 무료 이용 가능

CONTENTS

차례

경 찰
단 원 별
기 출

PART 01

헌법 일반이론

기출키워드

01 헌법과 헌법학	• 헌법의 분류와 해석, 합헌적 법률해석 • 헌법의 제정 · 개정 · 변천 • 헌법의 수호와 국가긴급권 • 헌법상 기본원리, 가치질서
02 대한민국 헌법총설	• 대한민국 헌정사, 헌법전문 • 국적과 국적법 • 헌법상 기본원리, 법치국가원리

CHAPTER 01 헌법과 헌법학

CHAPTER 02 대한민국 헌법총설

문제풀이 전략

01 헌법과 헌법학	• 헌법의 해석과 관련하여 법률의 헌법합치적 해석 판례를 학습해야 합니다. • 헌법과 부속 법령의 개정 관련 조문은 기본적으로 학습하여야 합니다. • 헌법의 수호에 있어서 비상적 수호수단은 조문을 암기해야 합니다.
02 대한민국 헌법총설	• 기본권 중심의 헌정사는 반드시 숙지하고 있어야 합니다. • 국민에 관한 국적법 조문과 최신 결정례 학습이 필요합니다. • 민주적 기본질서의 암기와 법치국가원리는 주요 출제 영역이므로 정확히 숙지하고 있어야 합니다.

CHAPTER 01 헌법과 헌법학

■ 문항 수: 23문항

1 헌법의 의의와 해석

01 0001 O △ X | O △ X | O △ X 2022 경찰 간부

관습헌법에 대한 설명으로 가장 적절하지 않은 것은? (다툼이 있는 경우 헌법재판소 판례에 의함)

① 관습헌법은 주권자인 국민에 의하여 유효한 헌법규범으로 인정되는 동안에만 존속한다.

② 관습헌법규범은 헌법전에 그에 상반하는 법규범을 첨가함에 의하여 폐지하게 된다.

③ 국민은 성문헌법의 제·개정에는 직접 참여하지만, 헌법전에 포함되지 아니한 헌법사항을 필요에 따라 관습의 형태로 직접 형성할 수 없다.

④ 관습헌법은 성문헌법과 동등한 효력을 가지며, 형식적 헌법전에는 기재되지 않은 사항이라도 이를 불문헌법 내지 관습헌법으로 인정할 소지가 있다.

지문분석 난이도 하 정답 ③

| 키 워 드 | 관습헌법

| 출제유형 | 판례

③ (X) 성문헌법은 모든 헌법사항을 빠짐없이 완전히 규율하는 것이 불가능하기 때문에 관습헌법도 인정될 수 있다. 헌법재판소도 관습헌법을 인정하고 있다(헌재 2004.10.21. 2004헌마554 등).

① (O), ② (O), ④ (O) 서울이 우리나라의 수도인 점은 불문의 관습헌법이므로 헌법개정절차에 의하여 새로운 수도 설정의 헌법조항을 신설함으로써 실효되지 아니하는 한 헌법으로서의 효력을 가진다. … 한편 헌법 제130조에 의하면 헌법의 개정은 반드시 국민투표를 거쳐야만 하므로 국민은 헌법개정에 관하여 찬반투표를 통하여 그 의견을 표명할 권리를 가진다. 그런데 이 사건 법률은 헌법개정사항인 수도의 이전을 헌법개정의 절차를 밟지 아니하고 단지 단순 법률의 형태로 실현시킨 것으로서 결국 헌법 제130조에 따라 헌법개정에 있어서 국민이 가지는 참정권적 기본권인 국민투표권의 행사를 배제한 것이므로 동 권리를 침해하여 헌법에 위반된다(헌재 2004.10.21. 2004헌마554 등).

02 0002 O △ X | O △ X | O △ X 2022 경찰 승진

관습헌법에 관한 설명 중 가장 적절하지 않은 것은? (다툼이 있는 경우 판례에 의함)

① 우리나라는 성문헌법을 가진 나라로서 기본적으로 우리 헌법전이 헌법의 법원(法源)이 된다.

② 성문헌법이라고 하여도 그 속에 모든 헌법사항을 빠짐없이 완전히 규율하는 것은 불가능하고 또한 헌법은 국가의 기본법으로서 간결성과 함축성을 추구하기 때문에 형식적 헌법전에는 기재되지 아니한 사항이라도 이를 불문헌법 내지 관습헌법으로 인정할 소지가 있다.

③ 관습헌법도 성문헌법과 마찬가지로 주권자인 국민의 헌법적 결단의 의사 표현이나, 성문헌법과 동등한 효력을 가진다고 볼 수는 없고, 보충적으로 효력을 가진다고 보아야 한다.

④ 헌법 제1조 제2항에 따라 국민이 대한민국의 주권자이며, 국민은 최고의 헌법제정권력이기 때문에 성문헌법의 제·개정에 참여할 뿐만 아니라 헌법전에 포함되지 아니한 헌법사항을 필요에 따라 관습의 형태로 직접 형성할 수 있다.

지문분석 난이도 중 정답 ③

| 키 워 드 | 관습헌법

| 출제유형 | 판례

③ (X) ④ (O) 헌법 제1조 제2항은 '대한민국의 주권은 국민에게 있고, 모든 권력은 국민으로부터 나온다.'고 규정한다. 이와 같이 국민이 대한민국의 주권자이며, 국민은 최고의 헌법제정권력이기 때문에 성문헌법의 제·개정에 참여할 뿐만 아니라 헌법전에 포함되지 아니한 헌법사항을 필요에 따라 관습의 형태로 직접 형성할 수 있다. 그렇다면 관습헌법도 성문헌법과 마찬가지로 주권자인 국민의 헌법적 결단의 의사의 표현이며 성문헌법과 동등한 효력을 가진다고 보아야 한다(헌재 2004.10.21. 2004헌마554 등).

① (O), ② (O) 우리나라는 성문헌법을 가진 나라로서 기본적으로 우리 헌법전이 헌법의 법원이 된다. 그러나 성문헌법이라고 하여도 그 속에 모든 헌법사항을 빠짐없이 완전히 규율하는 것은 불가능하고 또한 헌법은 국가의 기본법으로서 간결성과 함축성을 추구하기 때문에 형식적 헌법전에는 기재되지 아니한 사항이라도 이를 불문헌법 내지 관습헌법으로 인정할 소지가 있다(헌재 2004.10.21. 2004헌마554 등).

03 0003 ○△×|○△×|○△× 2022 경찰 간부

헌법해석과 합헌적 법률해석에 대한 설명으로 가장 적절하지 않은 것은? (다툼이 있는 경우 헌법재판소 판례에 의함)

① 헌법정신에 맞도록 법률의 내용을 해석·보충하거나 정정하는 '헌법합치적 법률해석'은 '유효한' 법률조항의 의미나 문구를 대상으로 하는 것이므로 입법의 공백을 방지하기 위하여 실효된 법률 조항을 유효한 것으로 해석하는 결과에 이르는 것은 '헌법합치적 법률해석'을 이유로도 정당화될 수 없다.
② 통일정신, 국민주권원리 등은 우리나라 헌법의 연혁적·이념적 기초로서 헌법이나 법률해석에서의 해석기준으로 작용한다고 할 수 있으나, 그에 기하여 곧바로 국민의 개별적 기본권성을 도출해내기는 어렵다.
③ 헌법재판소의 헌법해석은 헌법이 내포하고 있는 특정한 가치를 탐색·확인하고 이를 규범적으로 관철하는 작업인 점에 비추어, 헌법재판소가 행하는 구체적 규범통제의 심사기준은 원칙적으로 법률제정 당시에 규범적 효력을 가지는 헌법이다.
④ 헌법 제8조 제1항은 정당설립의 자유, 정당조직의 자유, 정당활동의 자유를 포괄하는 정당의 자유를 보장하는 규정이므로 정당의 자유의 주체는 정당을 설립하려는 개개인과 이를 통해 조직된 정당이다.

지문분석 난이도 ❸ 정답 ③

| 키 워 드 | 헌법해석과 합헌적 법률해석
| 출제유형 | 판례

③ (X) 이 사건 관습법이 전통문화가 강력히 남아 있던 민법 시행 이전에는 나름의 합리성을 가지고 있었다고 한다. 그러나 헌법재판소의 헌법해석은 헌법이 내포하고 있는 특정한 가치를 탐색·확인하고 이를 규범적으로 관철하는 작업이므로, 구체적 규범통제의 심사기준은 원칙적으로 헌법재판을 할 당시에 규범적 효력을 가지는 현행헌법이다(헌재 2013.3.21. 2010헌바70 등).
① (O) 전부개정법의 시행에도 불구하고 이 사건 부칙조항이 실효되지 않은 것으로 해석하는 것은 헌법상의 권력분립원칙과 조세법률주의의 원칙에 위배되어 헌법에 위반된다(헌재 2012.5.31. 2009헌바123 등).
② (O) "헌법전문에 기재된 3.1정신"은 우리나라 헌법의 연혁적·이념적 기초로서 헌법이나 법률해석에서의 해석기준으로 작용한다고 할 수 있지만, 그에 기하여 곧바로 국민의 개별적 기본권성을 도출해낼 수는 없다고 할 것이므로, 헌법소원의 대상인 "헌법상 보장된 기본권"에 해당하지 아니한다(헌재 2001.3.21. 99헌마139 등).
④ (O) 헌법 제8조 제1항 전단의 정당설립의 자유는 정당설립의 자유만이 아니라 정당활동의 자유를 포함한다. 정당의 설립만이 보장될 뿐 설립된 정당이 언제든지 다시 금지될 수 있거나 정당의 활동이 임의로 제한될 수 있다면 정당설립의 자유는 사실상 아무런 의미가 없기 때문이다. 따라서 정당의 자유의 주체는 정당을 설립하려는 개개인과 이를 통해 조직된 정당 모두에게 인정되는 것이다. 구체적으로 정당의 자유는 개개인의 자유로운 정당설립 및 정당가입의 자유, 조직형식 내지 법형식 선택의 자유를 포함한다. 또한 정당설립의 자유는 설립에 대응하는 정당해산의 자유, 합당의 자유, 분당의 자유도 포함할 뿐만 아니라 개인이 정당 일반 또는 특정 정당에 가입하지 아니할 자유, 가입했던 정당으로부터 탈퇴할 자유 등 소극적 자유도 포함한다(헌재 2006.3.30. 2004헌마246).

04 0004 ○△×|○△×|○△× 2020 경찰 승진

헌법해석 및 합헌적 법률해석에 관한 설명 중 가장 적절한 것은? (다툼이 있는 경우 판례에 의함)

① 입법권자가 그 법률의 제정으로써 추구하고자 하는 입법자의 명백한 의지와 입법의 목적을 헛되게 하는 내용으로 법률조항을 해석할 수 없다는 '법 목적에 따른 한계'는 사법적 헌법해석기관에 의한 최종적 헌법해석권을 형해화할 수 있으므로 인정될 수 없다.
② 합헌적 법률해석은 헌법재판소가 헌법과 법률을 해석·적용함에 있어서 입법자의 입법취지대로 해석하여야 한다는 것으로 민주주의와 권력분립원칙의 관점에서 입법자의 입법권에 대한 존중과 규범유지의 원칙에 의하여 정당화된다.
③ 헌법의 기본원리는 헌법의 이념적 기초인 동시에 헌법을 지배하는 지도원리로서 입법이나 정책결정의 방향을 제시하며, 구체적 기본권을 도출하는 근거가 되고 기본권의 해석 및 기본권 제한 입법의 합헌성 심사에 있어 해석기준의 하나로 작용한다.
④ 헌법해석상 특정인에게 구체적인 기본권이 생겨 이를 보장하기 위한 국가의 행위의무 내지 보호의무가 발생하였음이 명백함에도 불구하고 입법자가 아무런 입법조치를 취하지 아니한 경우에는 입법자에게 입법의무가 인정된다.

지문분석 난이도 ❸ 정답 ④

| 키 워 드 | 헌법해석과 합헌적 법률해석
| 출제유형 | 판례

④ (O) 헌법에서 기본권 보장을 위하여 법령에 명시적인 입법위임을 하였음에도 불구하고 입법자가 이를 이행하지 아니한 경우이거나, 헌법해석상 특정인에게 구체적인 기본권이 생겨 이를 보장하기 위한 국가의 행위의무 내지 보호의무가 발생하였음이 명백함에도 불구하고 입법자가 아무런 입법조치를 취하지 아니한 경우에 한하여 입법자에게 입법의무를 인정한다고 할 것이다(헌재 2003.6.26. 2000헌마509).
① (X) 법률 또는 법률의 위 조항은 원칙적으로 가능한 범위 안에서 합헌적으로 해석함이 마땅하나 그 해석은 법의 문구와 목적에 따른 한계가 있다. 즉, 법률의 조항의 문구가 간직하고 있는 말의 뜻을 넘어서 말의 뜻이 완전히 다른 의미로 변질되지 아니하는 범위 내이어야 한다는 문의적 한계와 입법권자가 그 법률의 제정으로써 추구하고자 하는 입법자의 명백한 의지와 입법의 목적을 헛되게 하는 내용으로 해석할 수 없다는 법 목적에 따른 한계가 바로 그것이다(헌재 1989.7.14. 88헌가5 등).
② (X) 법률의 합헌적 해석은 헌법의 최고규범성에서 나오는 법질서의 통일성에 바탕을 두고, 법률이 헌법에 조화하여 해석될 수 있는 경우에는 위헌으로 판단하여서는 아니 된다는 것을 뜻하는 것으로서 권력분립과 입법권을 존중하는 정신에 그 뿌리를 두고 있다. 따라서 법률 또는 법률의 위 조항은 원칙적으로 가능한 범위 안에서 합헌적으로 해석함이 마땅하나 그 해석은 법의 문구와 목적에 따른 한계가 있다(헌재 1989.7.14. 88헌가5 등).
③ (X) 헌법의 기본원리는 헌법의 이념적 기초인 동시에 헌법을 지배하는 지도원리로서 입법이나 정책결정의 방향을 제시하며 공무원을 비롯한 모든 국민·국가기관이 헌법을 존중하고 수호하도록 하는 지침이 되며, 구체적 기본권을 도출하는 근거로 될 수는 없으나 기본권의 해석 및 기본권 제한 입법의 합헌성 심사에 있어 해석기준의 하나로서 작용한다(헌재 1996.4.25. 92헌바47).

05 0005 ○△×|○△×|○△× 2018 경찰 승진

합헌적 법률해석에 대한 설명으로 가장 적절하지 않은 것은?
(다툼이 있는 경우 판례에 의함)

① 어떤 법률의 개념이 다의적이고 그 어의의 테두리 안에서 여러 가지 해석이 가능할 때, 헌법을 최고법규로 하는 통일적인 법질서의 형성을 위하여 헌법에 합치되는 해석, 즉 합헌적인 해석을 택하여야 하며, 이에 의하여 위헌적인 결과가 될 해석은 배제하면서 합헌적이고 긍정적인 면은 살려야 한다는 것이 헌법의 일반법리이다.

② 헌법정신에 맞도록 법률의 내용을 해석·보충하거나 정정하는 '헌법합치적 법률해석' 역시 '유효한' 법률 조항의 의미나 문구를 대상으로 하는 것이지, 이를 넘어 이미 '실효된' 법률 조항을 대상으로 하여 헌법합치적인 법률해석을 할 수는 없는 것이어서, 유효하지 않은 법률 조항을 유효한 것으로 해석하는 결과에 이르는 것은 '헌법합치적 법률해석'을 이유로도 정당화될 수 없다.

③ 군인사법 제48조 제4항 후단의 '무죄의 선고를 받은 때'의 의미와 관련하여, 형식상 무죄판결뿐 아니라 공소기각재판을 받았다 하더라도 그와 같은 공소기각의 사유가 없었더라면 무죄가 선고될 현저한 사유가 있는 이른바 내용상 무죄재판의 경우도 이에 포함된다고 해석하는 것은 법률의 문의적 한계를 벗어난 것으로서 합헌적 법률해석에 부합하지 아니한다.

④ 대법원은 한정위헌 결정에 표현되어 있는 헌법재판소의 법률해석에 관한 견해는 법률의 의미·내용과 그 적용범위에 관한 헌법재판소의 견해를 일응 표명한 데 불과하므로, 법원에 전속되어 있는 법령의 해석·적용 권한에 대하여 어떠한 영향을 미치거나 기속력도 가질 수 없다는 입장이다.

지문분석 난이도 중 정답 ③

| **키 워 드** | 합헌적 법률해석
| **출제유형** | 판례

③ (X) 군인사법 제48조 제4항 후단의 '무죄의 선고를 받은 때'의 의미와 관련하여, 형식상 무죄판결뿐 아니라 공소기각재판을 받았다 하더라도 그와 같은 공소기각의 사유가 없었더라면 무죄가 선고될 현저한 사유가 있는 이른바 내용상 무죄재판의 경우도 이에 포함된다고 확대 해석함이 법률의 문의적 한계 내의 합헌적 법률해석에 부합한다(대판 2004.8.20. 2004다22377).

① (O) 어떤 법률의 개념이 다의적이고 그 어의의 테두리 안에서 여러 가지 해석이 가능할 때, 헌법을 최고법규로 하는 통일적인 법질서의 형성을 위하여 헌법에 합치되는 해석, 즉 합헌적인 해석을 택하여야 하며, 이에 의하여 위헌적인 결과가 될 해석은 배제하면서 합헌적이고 긍정적인 면은 살려야 한다는 것이 헌법의 일반법리이다(헌재 1990.4.2. 89헌가113).

② (O) 과세요건 법정주의 및 과세요건 명확주의를 포함하는 조세법률주의가 지배하는 조세법의 영역에서는 경과규정의 미비라는 명백한 입법의 공백을 방지하고 형평성의 왜곡을 시정하는 것은 원칙적으로 입법자의 권한이고 책임이지 법문의 한계 안에서 법률을 해석·적용하는 법원이나 과세관청의 몫은 아니다. 뿐만 아니라 구체적 타당성을 이유로 법률에 대한 유추해석 내지 보충적 해석을 하는 것도 어디까지나 '유효한' 법률 조항을 대상으로 할 수 있는 것이지 이미 '실효된' 법률 조항은 그러한 해석의 대상이 될 수 없다. 따라서 관련 당사자가 공평에 반하는 이익을 얻을 가능성이 있다 하여 이미 실효된 법률 조항을 유효한 것으로 해석하여 과세의 근거로 삼는 것은 과세근거의 창설을 국회가 제정하는 법률에 맡기고 있는 헌법상 권력분립원칙과 조세법률주의의 원칙에 반한다(헌재 2012.5.31. 2009헌바123 등).

④ (O) 헌법재판소의 한정위헌 결정의 의미 및 그 기속력 … 헌법재판소의 결정이 그 주문에서 당해 법률이나 법률 조항의 전부 또는 일부에 대하여 위헌 결정을 선고함으로써 그 효력을 상실시켜 법률이나 법률 조항이 폐지되는 것과 같은 결과를 가져온 것이 아니라 그에 대하여 특정의 해석기준을 제시하면서 그러한 해석에 한하여 위헌임을 선언하는, 이른바 한정위헌 결정의 경우에는 헌법재판소의 결정에 불구하고 법률이나 법률 조항은 그 문언이 전혀 달라지지 않은 채 그냥 존속하고 있는 것이므로 이와 같이 법률이나 법률 조항의 문언이 변경되지 아니한 이상 이러한 한정위헌 결정은 법률 또는 법률 조항의 의미, 내용과 그 적용범위를 정하는 법률해석이라고 이해하지 않을 수 없다. 그런데 구체적 사건에 있어서 당해 법률 또는 법률 조항의 의미·내용과 적용범위가 어떠한 것인지를 정하는 권한 곧 법령의 해석·적용 권한은 바로 사법권의 본질적 내용을 이루는 것으로서, 전적으로 대법원을 최고법원으로 하는 법원에 전속한다. 이러한 법리는 우리 헌법에 규정된 국가권력분립구조의 기본원리와 대법원을 최고법원으로 규정한 헌법의 정신으로부터 당연히 도출되는 이치로서, 만일 법원의 이러한 권한이 훼손된다면 이는 헌법 제101조는 물론이요, 어떤 국가기관으로부터도 간섭받지 않고 오직 헌법과 법률에 의하여 그 양심에 따라 독립하여 심판하도록 사법권 독립을 보장한 헌법 제103조에도 위반되는 결과를 초래한다. 그러므로 한정위헌 결정에 표현되어 있는 헌법재판소의 법률해석에 관한 견해는 법률의 의미·내용과 그 적용범위에 관한 헌법재판소의 견해를 일응 표명한 데 불과하여 이와 같이 법원에 전속되어 있는 법령의 해석·적용 권한에 대하여 어떠한 영향을 미치거나 기속력도 가질 수 없다(대판 1996.4.9. 95누11405).

2 헌법의 제정 · 개정과 변천

06 0006 ○△×|○△×|○△× 2015 지방직 7급

헌법변천에 대한 설명으로 옳지 않은 것은?

① 헌법변천은 실정 헌법의 조문은 그대로 존속하는 상태에서 그 의미 또는 내용이 실질적으로 변화하는 것을 의미한다.
② 미국 연방대법원의 위헌법률심사권이나 일본의 자위대를 통한 전력 보유는 헌법변천의 예로 설명될 수 있다.
③ 경성헌법의 원리를 중시하면 헌법변천은 헌법해석과 헌법 개정의 한계를 초월할 수 있다.
④ 헌법변천을 한계 없이 인정할 경우 사실상 관철된 헌법현실 또는 심지어 위헌적인 헌법현실이 정당화되는 결과가 발생된다.

지문분석 난이도 하 정답 ③

| 키 워 드 | 헌법의 변천
| 출제유형 | 이론

③ (X) 헌법변천은 무제한 허용될 수 없다. 헌법변천은 헌법의 기본이념에 어긋날 수 없다.
① (O) 헌법변천의 개념이다.
② (O) 헌법변천의 예로는 미국 연방대법원의 위헌법률심사권 행사(Marbury v. Madison, 1803)와 일본의 자위대 명목으로 군사력을 유지하는 것 등이 있다.
④ (O) 헌법변천을 통하여 헌법규범과 헌법현실 사이의 괴리를 좁혀서 규범적 기능을 제고할 수 있다(헌법변천의 기능).

07 0007 ○△×|○△×|○△× 2015 경찰 승진

현행법상 헌법 개정에 관한 설명으로 가장 적절하지 않은 것은?

① 헌법 개정은 국회재적의원 과반수 또는 대통령의 발의로 제안된다.
② 대통령의 임기연장 또는 중임변경을 위한 헌법 개정은 그 헌법 개정 제안 당시의 대통령에 대하여는 효력이 없다.
③ 헌법 개정안에 대한 국회의 의결을 위해서는 무기명투표를 통해 재적의원 3분의 2 이상의 찬성을 얻어야 한다.
④ 헌법 개정안에 대한 국회의 의결이 있은 후 30일 이내에 국민투표에 부쳐 국회의원선거권자 과반수의 투표와 투표자 과반수의 찬성을 얻어야 한다.

지문분석 난이도 하 정답 ③

| 키 워 드 | 헌법의 개정
| 출제유형 | 조문

③ (X) 헌법 개정안은 기명투표로 표결한다(국회법 제112조 제4항).
① (O) 헌법 개정은 국회재적의원 과반수 또는 대통령의 발의로 제안된다(헌법 제128조 제1항).
② (O) 대통령의 임기연장 또는 중임변경을 위한 헌법 개정은 그 헌법 개정 제안 당시의 대통령에 대하여는 효력이 없다(헌법 제128조 제2항).
④ (O) 헌법 개정안은 국회가 의결한 후 30일 이내에 국민투표에 부쳐 국회의원선거권자 과반수의 투표와 투표자 과반수의 찬성을 얻어야 한다(헌법 제130조 제2항).

✓ 개념체크 **헌법 개정절차**

제안	국회재적의원 과반수 또는 대통령
⬇	
공고	• 대통령 • 20일 이상
⬇	
의결	• 국회 • 60일 이내 • 재적의원 2/3 이상(기명투표)
⬇	
확정	• 국민투표 • 30일 이내 • 국회의원선거권자 과반수 투표 → 투표자 과반수 찬성
⬇	
공포	• 대통령 • 즉시 공포

08 0008 O△X | O△X | O△X 2016 경찰 승진

헌법 개정에 관한 설명으로 가장 적절하지 않은 것은? (다툼이 있는 경우 판례에 의함)

① 헌법은 하나의 통일된 가치체계를 이루고 있기 때문에 헌법규범 상호간에는 이념적·논리적 가치의 우열과 효력상 우열은 인정되지 아니한다.

② 위헌심사의 대상이 되는 법률은 국회의 의결을 거친 형식적 의미의 법률을 의미하는 것이므로 헌법의 개별규정 자체는 헌법소원에 의한 위헌심사의 대상이 될 수 없다.

③ 관습헌법도 헌법의 일부로서 성문헌법의 경우와 동일한 효력을 가지기 때문에 그 법규범은 헌법 개정의 방법에 의하여만 개정될 수 있다.

④ 헌법상 헌법 개정안에 대한 국회의 의결은 헌법 개정안이 공고된 날로부터 60일 이내에 하여야 하며 재적의원 3분의 2 이상의 찬성을 얻어야 한다.

지문분석 난이도 중 정답 ①

| 키 워 드 | 헌법의 개정

| 출제유형 | 조문 + 판례

① (X) 헌법은 전문과 단순한 개별조항의 상호관련성이 없는 집합에 지나지 않는 것이 아니고 하나의 통일된 가치체계를 이루고 있으며 헌법의 제규정 가운데는 헌법의 근본가치를 보다 추상적으로 선언한 것도 있고 이를 보다 구체적으로 표현한 것도 있으므로, 이념적·논리적으로는 헌법규범 상호간의 가치의 우열을 인정할 수 있을 것이다(헌재 1996.6.13. 94헌바20).

② (O) 헌법 제111조 제1항 제1호, 제5호 및 헌법재판소법 제41조 제1항, 제68조 제2항은 위헌심사의 대상이 되는 규범을 '법률'로 명시하고 있으며, 여기서 '법률'이라고 함은 국회의 의결을 거쳐 제정된 이른바 형식적 의미의 법률을 의미하므로 헌법의 개별규정 자체는 헌법소원에 의한 위헌심사의 대상이 아니다(헌재 1996.6.13. 94헌바20).

③ (O) 관습헌법도 헌법의 일부로서 성문헌법의 경우와 동일한 효력을 가지기 때문에 그 법규범은 최소한 헌법 제130조에 의거한 헌법 개정의 방법에 의하여만 개정될 수 있다(헌재 2004.10.21. 2004헌마554 등).

④ (O) 국회는 헌법 개정안이 공고된 날로부터 60일 이내에 의결하여야 하며, 국회의 의결은 재적의원 3분의 2 이상의 찬성을 얻어야 한다(헌법 제130조 제1항).

09 0009 O△X | O△X | O△X 2020 국회직 5급

헌법 개정에 대한 설명으로 옳지 않은 것은?

① 헌법 개정안은 국회가 의결한 후 30일 이내에 국민투표에 부쳐 국회의원선거권자 과반수의 투표와 투표자 과반수의 찬성을 얻어야 한다.

② 헌법 개정안에 대한 국회의 의결은 재적의원 3분의 2 이상의 찬성을 얻어야 하며, 이 경우 기명투표로 표결한다.

③ 제안된 헌법 개정안은 대통령이 30일간 공고할 수 있다.

④ 국회는 헌법 개정안이 공고된 날부터 60일 이내에 의결하여야 한다.

⑤ 국민투표를 거친 헌법 개정안은 대통령이 즉시 공포함으로써 확정된다.

지문분석 난이도 하 정답 ⑤

| 키 워 드 | 헌법의 개정

| 출제유형 | 조문

⑤ (X) 국민투표를 거친 헌법 개정안은 대통령이 즉시 공포함으로써 확정되는 것이 아니라, 국민투표에 부쳐 국회의원선거권자 과반수의 투표와 투표자 과반수의 찬성을 얻은 때에 헌법 개정은 확정된다.

> **헌법 제130조** ③ 헌법 개정안이 제2항의 찬성을 얻은 때에는 헌법 개정은 확정되며, 대통령은 즉시 이를 공포하여야 한다.

① (O) 헌법 개정안은 국회가 의결한 후 30일 이내에 국민투표에 부쳐 국회의원선거권자 과반수의 투표와 투표자 과반수의 찬성을 얻어야 한다(헌법 제130조 제2항).

② (O) 국회는 헌법 개정안이 공고된 날로부터 60일 이내에 의결하여야 하며, 국회의 의결은 재적의원 3분의 2 이상의 찬성을 얻어야 한다(헌법 제130조 제1항). 헌법 개정안은 기명투표로 표결한다(국회법 제112조 제4항).

③ (O) 제한된 헌법 개정안은 대통령이 20일 이상의 기간 공고하여야 하므로 대통령이 30일간 공고할 수 있다. 제안된 헌법 개정안은 대통령이 20일 이상의 기간 이를 공고하여야 한다(헌법 제129조).

④ (O) 국회는 헌법 개정안이 공고된 날로부터 60일 이내에 의결하여야 하며, 국회의 의결은 재적의원 3분의 2 이상의 찬성을 얻어야 한다(헌법 제130조 제1항).

10 0010 ○△×|○△×|○△× 2017 경찰 승진

현행헌법상 헌법 개정에 대한 설명으로 옳지 않은 것을 모두 고른 것은? (다툼이 있는 경우 판례에 의함)

㉠ 제안된 헌법 개정안은 대통령이 30일 이상의 기간 이를 공고하여야 한다.
㉡ 헌법 개정안은 대통령이 공고한 후 30일 이내에 국민투표에 부쳐 국회의원 선거권자 과반수의 투표와 투표자 과반수의 찬성을 얻어야 한다.
㉢ 국민투표의 효력에 관하여 이의가 있는 투표인은 투표인 10만인 이상의 찬성을 얻어 국회의장을 피고로 하여 투표일로부터 20일 이내에 대법원에 제소할 수 있다.
㉣ 헌법재판소는 헌법의 개별규정에 대하여 위헌심사를 함에 있어 헌법 개정한계론을 원용하는 태도를 보이고 있다.

① ㉠, ㉣　② ㉠, ㉡, ㉢
③ ㉡, ㉢, ㉣　④ ㉠, ㉡, ㉢, ㉣

지문분석 난이도 중 정답 ④

| 키 워 드 | 헌법의 개정
| 출제유형 | 조문 + 판례

㉠ (X) 제안된 헌법 개정안은 대통령이 20일 이상의 기간 이를 공고하여야 한다(헌법 제129조).
㉡ (X) 헌법 개정안은 국회가 의결한 후 30일 이내에 국민투표에 부쳐 국회의원선거권자 과반수의 투표와 투표자 과반수의 찬성을 얻어야 한다(헌법 제130조 제2항).
㉢ (X) 국민투표의 효력에 관하여 이의가 있는 투표인은 투표인 10만인 이상의 찬성을 얻어 중앙선거관리위원회 위원장을 피고로 하여 투표일로부터 20일 이내에 대법원에 제소할 수 있다(국민투표법 제92조).
㉣ (X) 우리 헌법의 각 개별규정 가운데 무엇이 헌법 제정규정이고 무엇이 헌법 개정규정인지를 구분하는 것이 가능하지 아니할 뿐 아니라, 각 개별규정에 그 효력상의 차이를 인정하여야 할 형식적인 이유를 찾을 수 없다. 이러한 점과 앞에서 검토한 현행헌법 및 헌법재판소법의 명문의 규정취지에 비추어, 헌법제정권과 헌법 개정권의 구별론이나 헌법 개정한계론은 그 자체로서의 이론적 타당성 여부와 상관없이 우리 헌법재판소가 헌법의 개별규정에 대하여 위헌심사를 할 수 있다는 논거로 원용될 수 있는 것이 아니다(헌재 1995.12.28. 95헌바3).

11 0011 ○△×|○△×|○△× 2016 지방직 7급

우리나라의 헌법 개정에 대한 설명으로 옳지 않은 것은?

① 국회의 헌법 개정안에 대한 표결은 기명투표로 한다.
② 헌법 개정안은 국회가 의결한 후 30일 이내에 국민투표에 부쳐 국회의원선거권자 과반수의 투표와 투표자 과반수 찬성을 얻어야 한다.
③ 국민투표의 효력에 관하여 이의가 있는 투표인은 투표인 10만인 이상의 찬성을 얻어 중앙선거관리위원회 위원장을 피고로 하여 투표일로부터 30일 이내에 대법원에 제소할 수 있다.
④ 헌법 개정안 공고문의 전문에는 대통령 또는 국회 재적의원 과반수가 발의한 사실을 적고, 대통령이 서명한 후 대통령인을 찍고 그 공고일을 명기하여 국무총리와 각 국무위원이 부서한다.

지문분석 난이도 하 정답 ③

| 키 워 드 | 헌법의 개정
| 출제유형 | 조문

③ (X) 국민투표의 효력에 관하여 이의가 있는 투표인은 투표인 10만인 이상의 찬성을 얻어 중앙선거관리위원회 위원장을 피고로 하여 투표일로부터 20일 이내에 대법원에 제소할 수 있다(국민투표법 제92조).
① (O) 국회법 제112조 제4항
② (O) 헌법 제130조 제2항
④ (O) 법령 등 공포에 관한 법률 제3조

12 0012 ○△×|○△×|○△× 2017 국가직 5급

헌법 개정에 대한 설명으로 옳지 않은 것은?

① 헌법 개정은 국회재적의원 과반수 또는 대통령의 발의로 제안된다.
② 국회는 헌법 개정안이 공고된 날로부터 30일 이내에 의결하여야 한다.
③ 헌법 개정안은 국회가 의결한 후 30일 이내에 국민투표에 부쳐 국회의원선거권자 과반수의 투표와 투표자 과반수의 찬성을 얻어야 한다.
④ 제안된 헌법 개정안은 대통령이 20일 이상의 기간 이를 공고 하여야 한다.

지문분석 난이도 ⓗ 정답 ②

| 키 워 드 | 헌법의 개정
| 출제유형 | 조문

② (X) 국회는 헌법 개정안이 공고된 날로부터 60일 이내에 의결하여야 한다(헌법 제130조 제1항).
① (O) 헌법 개정은 국회재적의원 과반수 또는 대통령의 발의로 제안된다(헌법 제128조 제1항).
③ (O) 헌법 개정안은 국회가 의결한 후 30일 이내에 국민투표에 부쳐 국회의원선거권자 과반수의 투표와 투표자 과반수의 찬성을 얻어야 한다(헌법 제130조 제2항).
④ (O) 제안된 헌법 개정안은 대통령이 20일 이상의 기간 이를 공고하여야 한다(헌법 제129조).

13 0013 ○△×|○△×|○△× 2017 법원직 9급

헌법 개정에 관한 다음 설명 중 가장 옳지 않은 것은? (다툼이 있는 경우 대법원 판례 및 헌법재판소 결정에 의함)

① 헌법 개정은 국회재적의원 과반수 또는 대통령의 발의로 제안되고 제안된 헌법 개정안은 대통령이 20일 이상의 기간 이를 공고하여야 한다.
② 국회는 공고기간이 만료된 날로부터 60일 이내에 의결하여야 하며 국회의 의결은 재적의원 3분의 2 이상의 찬성을 얻어야 한다.
③ 대통령의 임기연장 또는 중임변경을 위한 헌법 개정은 그 헌법 개정 제안 당시의 대통령에 대하여는 효력이 없다.
④ 헌법 개정안은 국회가 의결한 후 30일 이내에 국민투표에 부쳐 국회의원선거권자 과반수의 투표와 투표자 과반수의 찬성을 얻어야 한다.

지문분석 난이도 ⓗ 정답 ②

| 키 워 드 | 헌법의 개정
| 출제유형 | 조문

② (X) 국회는 헌법 개정안이 공고된 날로부터 60일 이내에 의결하여야 하며, 국회의 의결은 재적의원 3분의 2 이상의 찬성을 얻어야 한다(헌법 제130조 제1항).
① (O) 헌법 개정은 국회재적의원 과반수 또는 대통령의 발의로 제안된다(헌법 제128조 제1항). 제안된 헌법 개정안은 대통령이 20일 이상의 기간 이를 공고하여야 한다(헌법 제129조).
③ (O) 대통령의 임기연장 또는 중임변경을 위한 헌법 개정은 그 헌법 개정 제안 당시의 대통령에 대하여는 효력이 없다(헌법 제128조 제2항).
④ (O) 헌법 개정안은 국회가 의결한 후 30일 이내에 국민투표에 부쳐 국회의원선거권자 과반수의 투표와 투표자 과반수의 찬성을 얻어야 한다(헌법 제130조 제2항).

14 0014 ○△×|○△×|○△× 2018 경찰 승진

헌법 개정에 대한 설명으로 가장 적절한 것은? (다툼이 있는 경우 판례에 의함)

① 1948년 헌법에서부터 현행헌법에 이르기까지 헌법 개정의 발의권은 국회와 대통령에게만 부여되어 오고 있다.
② 헌법재판소장의 정년을 연장하는 것은 법률의 개정만으로도 가능하다.
③ 대통령의 임기연장 또는 중임변경을 위한 헌법 개정은 그 헌법 개정 제안 당시의 대통령에 대하여도 효력이 있다.
④ 관습헌법은 주권자인 국민에 의하여 유효한 헌법규범으로 인정되는 동안에만 존속하는 것이고, 관습법의 존속요건의 하나인 국민적 합의성이 소멸하면 관습헌법으로서의 법적 효력도 상실하게 되므로, 관습헌법의 요건들은 성립의 요건이 아니라 효력 유지의 요건이다.

지문분석 난이도 중 정답 ②

| **키 워 드** | 헌법의 개정
| **출제유형** | 조문 + 판례

② (○) 헌법재판소 재판관의 임기는 6년으로 하며, 법률이 정하는 바에 의하여 연임할 수 있다(헌법 제112조 제1항). 이외 정년은 법률로 규정되어 있다. 재판관의 정년은 70세로 한다(헌법재판소법 제7조 제2항).
① (X) 3공화국 헌법에서는 대통령의 헌법 개정의 발의권이 없었다.
③ (X) 대통령의 임기연장 또는 중임변경을 위한 헌법 개정은 그 헌법 개정 제안 당시의 대통령에 대하여는 효력이 없다(헌법 제128조 제2항).
④ (X) 관습헌법은 주권자인 국민에 의하여 유효한 헌법규범으로 인정되는 동안에만 존속하는 것이며, 관습법의 존속요건의 하나인 국민적 합의성이 소멸되면 관습헌법으로서의 법적 효력도 상실하게 된다. 관습헌법의 요건들은 그 성립의 요건일 뿐만 아니라 효력 유지의 요건이다(헌재 2004. 10.21. 2004헌마554 등).

15 0015 ○△×|○△×|○△× 2021 경찰 승진

현행헌법상 헌법 개정에 대한 설명으로 가장 적절한 것은?

① 제안된 헌법 개정안은 대통령이 30일 이상의 기간 이를 공고하여야 한다.
② 국회는 헌법 개정안이 공고된 날로부터 60일 이내에 의결하여야 하며, 국회의 의결은 재적의원 3분의 2 이상의 찬성을 얻어야 한다.
③ 헌법 개정안은 국회가 의결한 후 20일 이내에 국민투표에 부쳐 국회의원선거권자 과반수의 투표와 투표자 과반수의 찬성을 얻어야 한다.
④ 대통령의 임기연장 또는 중임변경을 위한 헌법 개정은 그 헌법 개정 제안 당시의 대통령에 대하여도 효력이 있다.

지문분석 난이도 하 정답 ②

| **키 워 드** | 헌법의 개정
| **출제유형** | 조문

② (○) 국회는 헌법 개정안이 공고된 날로부터 60일 이내에 의결하여야 하며, 국회의 의결은 재적의원 3분의 2 이상의 찬성을 얻어야 한다(헌법 제130조 제1항).
① (X) 제안된 헌법 개정안은 대통령이 20일 이상의 기간 이를 공고하여야 한다(헌법 제129조).
③ (X) 헌법 개정안은 국회가 의결한 후 30일 이내에 국민투표에 부쳐 국회의원선거권자 과반수의 투표와 투표자 과반수의 찬성을 얻어야 한다(헌법 제130조 제2항).
④ (X) 대통령의 임기연장 또는 중임변경을 위한 헌법 개정은 그 헌법 개정 제안 당시의 대통령에 대하여는 효력이 없다(헌법 제128조 제2항).

16 0016 ○△×|○△×|○△× 2022 경찰 1차

헌법 개정에 관한 설명 중 가장 적절하지 않은 것은? (다툼이 있는 경우 판례에 의함)

① 헌법 개정은 국회재적의원 과반수 또는 대통령의 발의로 제안되며, 제안된 헌법 개정안은 대통령이 20일 이상의 기간 이를 공고하여야 한다.
② 우리 헌법의 각 개별규정 가운데 무엇이 헌법 제정규정이고 무엇이 헌법 개정규정인지를 구분하는 것이 가능하지 아니할 뿐 아니라, 각 개별규정에 그 효력상의 차이를 인정하여야 할 형식적인 이유를 찾을 수 없다.
③ 제7차 헌법 개정에서는 대통령이 제안한 헌법 개정안은 국민투표로 확정되며, 국회의원이 제안한 헌법 개정안은 국회의 의결을 거쳐 통일주체국민회의의 의결로 확정되도록 하였다.
④ 헌법 개정안이 국회에서 의결된 후 60일 이내에 국민투표에 부쳐 국회의원선거권자 과반수의 투표와 투표자 과반수의 찬성을 얻으면 헌법 개정은 확정되며, 국회의장은 즉시 이를 공포하여야 한다.

지문분석 난이도 하 정답 ④

| 키 워 드 | 헌법의 개정
| 출제유형 | 조문 + 판례

④ (X) 헌법 제130조

> **헌법 제130조** ② 헌법 개정안은 국회가 의결한 후 30일 이내에 국민투표에 부쳐 국회의원선거권자 과반수의 투표와 투표자 과반수의 찬성을 얻어야 한다.
> ③ 헌법 개정안이 제2항의 찬성을 얻은 때에는 헌법 개정은 확정되며, 대통령은 즉시 이를 공포하여야 한다.

① (○) 헌법 제128조

> **헌법 제128조** ① 헌법 개정은 국회재적의원 과반수 또는 대통령의 발의로 제안된다. 제129조 제안된 헌법 개정안은 대통령이 20일 이상의 기간 이를 공고하여야 한다.

② (○) 우리 헌법의 각 개별규정 가운데 무엇이 헌법 제정규정이고 무엇이 헌법 개정규정인지를 구분하는 것이 가능하지 아니할 뿐 아니라, 각 개별규정에 그 효력상의 차이를 인정하여야 할 형식적인 이유를 찾을 수 없다. 이러한 점과 앞에서 검토한 현행헌법 및 헌법재판소법의 명문의 규정취지에 비추어, 헌법 제정권과 헌법 개정권의 구별론이나 헌법 개정 한계론은 그 자체로서의 이론적 타당성 여부와 상관없이 우리 헌법재판소가 헌법의 개별규정에 대하여 위헌심사를 할 수 있다는 논거로 원용될 수 있는 것이 아니다(헌재 1995.12.28. 95헌바3).

③ (○) 제7차 개정헌법(1972년)

> **제124조** ② 대통령이 제안한 헌법 개정안은 국민투표로 확정되며, 국회의원이 제안한 헌법 개정안은 국회의 의결을 거쳐 통일주체국민회의의 의결로 확정된다.

17 0017 ○△×|○△×|○△× 2022 경찰 승진

헌법 개정에 관한 설명으로 가장 적절한 것은? (다툼이 있는 경우 판례에 의함)

① 우리 헌법은 헌법 개정의 한계에 관한 규정을 두고 있으며, 헌법의 개정을 법률의 개정과는 달리 국민투표에 의하여 이를 확정하도록 규정하고 있다.
② 국회는 헌법 개정안이 공고된 날로부터 60일 이내에 의결하여야 하며, 국회의 의결은 무기명투표로 한다.
③ 헌법 개정안이 국회가 의결한 후 30일 이내에 국민투표에 부쳐 국회의원선거권자 과반수의 투표와 투표자 과반수의 찬성을 얻은 때에는 헌법 개정은 확정되며, 대통령은 즉시 이를 공포하여야 한다.
④ 우리 헌법의 각 개별규정 가운데 무엇이 헌법 제정규정이고 무엇이 헌법 개정규정인지를 구분하는 것이 가능할 뿐만 아니라, 그 효력상의 차이도 인정할 수 있다.

지문분석 난이도 하 정답 ③

| 키 워 드 | 헌법의 개정
| 출제유형 | 조문 + 판례

③ (○) 헌법 제130조

> **헌법 제130조** ② 헌법 개정안은 국회가 의결한 후 30일 이내에 국민투표에 부쳐 국회의원선거권자 과반수의 투표와 투표자 과반수의 찬성을 얻어야 한다.
> ③ 헌법 개정안이 제2항의 찬성을 얻은 때에는 헌법 개정은 확정되며, 대통령은 즉시 이를 공포하여야 한다.

① (X) 헌법 개정의 한계에 관한 규정을 두지 아니하고 헌법의 개정을 법률의 개정과는 달리 국민투표에 의하여 이를 확정하도록 규정하고 있는(헌법 제130조 제2항) 현행의 우리 헌법상으로는 과연 어떤 규정이 헌법핵 내지는 헌법 제정규범으로서 상위규범이고 어떤 규정이 단순한 헌법 개정규범으로서 하위규범인지를 구별하는 것이 가능하지 아니하며, 달리 헌법의 각 개별규정 사이에 그 효력상의 차이를 인정하여야 할 아무런 근거도 찾을 수 없다(헌재 1996.6.13. 94헌마118 등).

② (X) 헌법 제130조 제1항 및 국회법 제112조 제4항

> **헌법 제130조** ① 국회는 헌법 개정안이 공고된 날로부터 60일 이내에 의결하여야 하며, 국회의 의결은 재적의원 3분의 2 이상의 찬성을 얻어야 한다.
> **국회법 제112조(표결방법)** ④ 헌법 개정안은 기명투표로 표결한다.

④ (X) 우리 헌법의 각 개별규정 가운데 무엇이 헌법 제정규정이고 무엇이 헌법 개정규정인지를 구분하는 것이 가능하지 아니할 뿐 아니라, 각 개별규정에 그 효력상의 차이를 인정하여야 할 형식적인 이유를 찾을 수 없다(헌재 1995.12.28. 95헌바3).

18 0018 ○△×|○△×|○△× 2019 지방직 7급

헌법 개정의 변천사에 대한 설명으로 옳지 않은 것은?

① 1962년 헌법 및 1969년 헌법은 대통령뿐만 아니라 국회의 원선거권자 50만인 이상의 국민에게도 헌법 개정의 제안을 인정하였다.
② 1954년 헌법, 1960년 6월 헌법 및 1960년 11월 헌법에서는 일부 조항의 개정을 금지하는 규정을 둔 바 있다.
③ 1962년 헌법은 국가재건최고회의의 의결을 거쳐 국민투표로 확정되었다.
④ 헌법 개정의 제안에 국회재적의원 과반수의 발의가 요구된 것은 1972년 헌법부터이다.

지문분석 난이도 ㉻ 정답 ①

| 키 워 드 | 헌법 개정 변천사

| 출제유형 | 조문

① (X) 제5차 개정헌법(1962년)·제6차 개정헌법(1969년) 제119조 제1항은 '헌법 개정의 제안은 국회의 재적의원 3분의 1 이상 또는 국회의원선거권자 50만인 이상의 찬성으로써 한다.'고 규정되어 있었으나, 유일하게 3공화국(제5차·제6차 개정) 헌법은 대통령에게 헌법 개정 제안권을 인정하지 않았다.
② (O) 제2차 개정헌법(1954년)·제3차 개정헌법(1960년 6월)·제4차 개정헌법(1960년 11월) 제98조 제6항에 '제1조, 제2조와 제7조의2의 규정은 개폐할 수 없다.'는 규정이 있었다.

> **제1조** 대한민국은 민주공화국이다.
> **제2조** 대한민국의 주권은 국민에게 있고 모든 권력은 국민으로부터 나온다.
> **제7조의2** 대한민국의 주권의 제약 또는 영토의 변경을 가져올 국가안위에 관한 중대 사항은 국회의 가결을 거친 후에 국민투표에 부하여 민의원의원선거권자 3분지 2 이상의 투표와 유효투표 3분지 2 이상의 찬성을 얻어야 한다. 전항의 국민투표의 발의는 국회의 가결이 있은 후 1개월 이내에 민의원의원선거권자 50만인 이상의 찬성으로써 한다. 국민투표에서 찬성을 얻지 못한 때에는 제1항의 국회의 가결사항은 소급하여 효력을 상실한다. 국민투표의 절차에 관한 사항은 법률로써 정한다.

③ (O) 제5차 개정헌법은 제2공화국 헌법 개정절차에 의하지 않고 국가재건비상조치법에 따라 헌법을 개정하기로 하여, 제5차 개정헌법안은 국가재건최고회의의 의결을 거쳐 국민투표에 의하여 확정되고, 1962년 12월 26일에 공포되었다.
④ (O) 제7차 개정헌법(1972년) 제124조 제1항에서 '헌법의 개정은 대통령 또는 국회재적의원 과반수의 발의로 제안된다.'고 규정하였고, 제헌헌법에서부터 국회재적의원 3분의 1의 발의가 요구되었으나 제7차 개정헌법에서 과반수로 상향되었다.

✓ 개념체크 헌정사로 본 헌법 개정절차

구분		제안자			공고	국회 의결	국민 투표
		대통령	국회	국민			
제헌 헌법	1948.7.12.	대통령	재적 1/3	×	30일	재적 2/3	×
1공	1차 (1952)	대통령	민의원 (참의원) 재적 1/3	×	30일	민의원, 참의원 각각 2/3	×
	2차 (1954)	대통령	민의원 (참의원) 재적 1/3	민의원 선거권자 50만 명	30일	민의원, 참의원 각각 2/3	×
2공	3차 (1960.6월)	대통령	민의원 (참의원) 재적 1/3	민의원 선거권자 50만 명	30일	민의원, 참의원 각각 2/3	×
	4차 (1960.11월)						
3공	5차 (1962)	×	재적 1/3	국회의원 선거권자 50만 명	30일	재적 2/3	○
	6차 (1969)						
4공	7차 (1972)	대통령 제안 → 국민투표 (헌법 개정의 이원화)	재적 과반수	×	20일	국회의원 제안 → 통일주체 국민회의 결정	○
5공	8차 (1980)	대통령	재적 과반수	×	20일	재적 2/3	○
현행 헌법	9차 (1987)	대통령	재적 과반수	×	20일	재적 2/3 (기명)	○

19 0019 ○△×|○△×|○△× 2020 국가직 7급

헌법 개정에 대한 설명으로 옳지 않은 것은?

① 헌법의 안정성과 헌법에 대한 존중이라는 요청 때문에 우리 헌법의 개정은 제한적으로 인정되며, 일반 법률과는 다른 엄격한 요건과 절차가 요구된다.
② 1차 헌법 개정은 정부안과 야당안을 발췌·절충한 개헌안을 대상으로 하여 헌법 개정절차인 공고절차를 그대로 따랐다.
③ 1972년 개정헌법에 따르면, 대통령이 제안한 헌법 개정안은 국회의 의결을 거치지 않고 국민투표를 통하여 확정된다.
④ 헌법 개정안은 국회가 의결한 후 30일 이내에 국민투표에 부쳐 국회의원선거권자 과반수의 투표와 투표자 과반수의 찬성을 얻어야 하고, 이 찬성을 얻은 때에 헌법 개정은 확정되며, 대통령은 즉시 이를 공포하여야 한다.

지문분석 난이도 중 정답 ②

| 키 워 드 | 헌법의 개정
| 출제유형 | 조문

② (X) 1952년 정부 측의 대통령직선제 개헌안과 야당 측의 국무원 불신임개헌안이 절충된 소위 '발췌개헌안'은 비상계엄이 선포되고 국회가 완전히 포위된 상태에서 국회의원의 자유로운 토론이 원천봉쇄된 가운데 기립투표로 통과되었다. 이 헌법안은 정부안과 야당안이 각기 공고된 가운데 그 둘을 발췌·절충시킨 개헌안으로서, 이는 헌법에 명시된 헌법 개정절차의 하나인 공고절차를 생략한 절차적 정의의 원리에 위배되는 위헌적인 헌법 개정이다.
① (○) 경성헌법은 헌법의 개정을 일반 법률의 제정·개정절차보다 더 어렵게 만든 헌법이다. 이러한 특별절차는 그 자체가 헌법의 연속성과 국민적 합의에 기초한 헌법의 개정이 가지는 중요성을 강조하는 것이다. 우리 헌법 제10장 헌법 개정에서는 엄격한 경성헌법 원리에 따라 헌법 개정은 주권자인 국민이 개입한 국민투표를 통하여서만 가능하도록 규정하고 있다.
③ (○) 제7차 개정헌법(1972년)은 헌법 개정을 이원화하여 대통령이 제안한 헌법 개정안은 국회의 의결 없이 바로 국민투표에 회부하여 확정하였고, 국회의원이 제안한 헌법 개정안은 국회의 의결을 거쳐 통일주체국민회의에서 의결하도록 하였다.

> **제124조** ② 대통령이 제안한 헌법 개정안은 국민투표로 확정되며, 국회의원이 제안한 헌법 개정안은 국회의 의결을 거쳐 통일주체국민회의의 의결로 확정된다.

④ (○) 헌법 개정안은 국회가 의결한 후 30일 이내에 국민투표에 부쳐 국회의원 선거권자 과반수의 투표와 투표자 과반수의 찬성을 얻어야 한다(헌법 제130조 제2항). 헌법 개정안이 제2항의 찬성을 얻은 때에는 헌법 개정은 확정되며, 대통령은 즉시 이를 공포하여야 한다(동조 제3항).

3 헌법의 보장

20 0020 ○△×|○△×|○△× 2015 경찰 승진

헌법의 수호와 관련된 다음 설명 중 가장 적절하지 않은 것은? (다툼이 있는 경우 판례에 의함)

① 사전예방적 헌법수호제도에는 헌법의 최고법규성 선언, 경성헌법성, 위헌법률심사제, 위헌정당해산제도 등이 있다.
② 방어적 민주주의의 실현수단으로 위헌정당해산제도는 1960년 제3차 개정헌법에 최초로 규정되었으나, 기본권실효제도는 채택되지 않았다.
③ 대법원은 저항권이 실정법에 근거를 두지 못하고 오직 자연법에만 근거하고 있는 한, 법관은 이를 재판규범으로 원용할 수 없다고 판시하였다.
④ 헌법재판소는 국회법 소정의 협의 없는 개의시간 변경과 회의일시를 통지하지 아니한 입법과정의 하자는 저항권의 대상이 아니라고 판시하였다.

지문분석 난이도 중 정답 ①

| 키 워 드 | 헌법의 수호
| 출제유형 | 이론 + 판례

① (X) 위헌법률심사제와 위헌정당해산제도는 사후적 헌법수호제도에 해당한다.
② (○) 독일의 기본권실효제도를 우리나라는 도입하지 않았다. 다만 1960년 3차 개헌에서 정당제도가 헌법에 유입되었다.
③ (○) 현대 입헌 자유민주주의 국가의 헌법이론상 자연법에서 우러나온 자연권으로서의 소위 저항권이 헌법 기타 실정법에 규정되어 있든 없든 간에 엄존하는 권리로 인정되어야 한다는 논지가 시인된다 하더라도 그 저항권이 실정법에 근거를 두지 못하고 오직 자연법에만 근거하고 있는 한 법관은 이를 재판규범으로 원용할 수 없다(대판 1980.5.20. 80도306).
④ (○) 저항권은 국가권력에 의하여 헌법의 기본원리에 대한 중대한 침해가 행하여지고 그 침해가 헌법의 존재 자체를 부인하는 것으로서 다른 합법적인 구제수단으로는 목적을 달성할 수 없을 때에 국민이 자기의 권리·자유를 지키기 위하여 실력으로 저항하는 권리이므로, 국회법 소정의 협의 없는 개의시간의 변경과 회의일시를 통지하지 아니한 입법과정의 하자는 저항권 행사의 대상이 되지 아니한다(헌재 1997.9.25. 97헌가4).

✓ 개념체크 **헌법수호의 유형**

구분		내용
사전 예방적		• 합리적인 정당정치의 구현 • 국민의 호헌의식 고양 • 헌법 개정의 곤란성 • 방어적 민주주의 채택 • 선거민에 의한 국정 통제 • 국가권력분립 • 공무원의 정치적 중립성
사후 교정적	상향적 침해에 대한 수호	• 위헌정당 강제해산제도 • 기본권 실효제도(우리나라는 채택하지 않음, 다만 법률상 형법 또는 국가보안법으로 해결하고 있음)
	하향적 침해에 대한 수호	• 위헌법률심사제 • 탄핵제도 • 공무원책임제 • 국회의 긴급명령 등에 대한 국회승인권 • 각료해임건의 및 의결제도

21 0021 ○△×|○△×|○△× 2020 국회직 8급

대통령의 국가긴급권에 대한 설명으로 옳은 것만을 〈보기〉에서 모두 고른 것은?

보기

ㄱ. 대통령은 내우·외환·천재·지변 또는 중대한 재정·경제상의 위기에 있어서 국가의 안전보장 또는 공공의 안녕질서를 유지하기 위하여 긴급한 조치가 필요하고 국회의 집회를 기다릴 여유가 없을 때에 한하여 최소한으로 필요한 재정·경제상의 처분을 하거나 이에 관하여 법률의 효력을 가지는 명령을 발할 수 있다.

ㄴ. 대통령은 국가의 안위에 관계되는 중대한 교전상태에 있어서 국가를 보위하기 위하여 긴급한 조치가 필요하고 국회의 집회가 불가능한 때에 한하여 법률의 효력을 가지는 명령을 발할 수 있다.

ㄷ. 긴급재정·경제처분권과 긴급재정·경제명령권은 즉시 국회에 보고하여 그 승인을 얻어야 하는데, 이러한 승인을 얻지 못하면 그 처분 또는 명령을 발한 때까지 소급하여 효력을 상실한다.

ㄹ. 대통령은 전시·사변 또는 이에 준하는 국가비상사태에 있어서 병력으로써 군사상의 필요에 응하거나 공공의 안녕질서를 유지할 필요가 있을 때에는 법률이 정하는 바에 의하여 계엄을 선포할 수 있다.

① ㄱ, ㄷ
② ㄱ, ㄴ, ㄷ
③ ㄱ, ㄴ, ㄹ
④ ㄴ, ㄷ, ㄹ
⑤ ㄱ, ㄴ, ㄷ, ㄹ

지문분석 난이도 중 정답 ③

| 키 워 드 | 국가긴급권

| 출제유형 | 조문

ㄱ. (○) 대통령은 내우·외환·천재·지변 또는 중대한 재정·경제상의 위기에 있어서 국가의 안전보장 또는 공공의 안녕질서를 유지하기 위하여 긴급한 조치가 필요하고 국회의 집회를 기다릴 여유가 없을 때에 한하여 최소한으로 필요한 재정·경제상의 처분을 하거나 이에 관하여 법률의 효력을 가지는 명령을 발할 수 있다(헌법 제76조 제1항).

ㄴ. (○) 대통령은 국가의 안위에 관계되는 중대한 교전상태에 있어서 국가를 보위하기 위하여 긴급한 조치가 필요하고 국회의 집회가 불가능한 때에 한하여 법률의 효력을 가지는 명령을 발할 수 있다(헌법 제76조 제2항).

ㄹ. (○) 대통령은 전시·사변 또는 이에 준하는 국가비상사태에 있어서 병력으로써 군사상의 필요에 응하거나 공공의 안녕질서를 유지할 필요가 있을 때에는 법률이 정하는 바에 의하여 계엄을 선포할 수 있다(헌법 제77조 제1항).

ㄷ. (X) 대통령은 제1항과 제2항의 처분 또는 명령을 한 때에는 지체 없이 국회에 보고하여 그 승인을 얻어야 한다(헌법 제76조 제3항). 제3항의 승인을 얻지 못한 때에는 그 처분 또는 명령은 그때부터 효력을 상실한다(동조 제4항).

22 0022 ○△×|○△×|○△× 2016 경찰 승진

헌법의 보장 혹은 보호와 관련된 설명이다. 가장 적절하지 않은 것은? (다툼이 있는 경우 판례에 의함)

① 방어적 민주주의는 민주주의의 자기방어적인 성격을 갖는 것으로서 가치상대주의 내지 다원주의에 대한 한계로서 인정될 것이다.
② 헌법재판소는 국회법 소정의 협의 없는 개의시간의 변경과 회의일시를 통지하지 아니한 입법과정의 하자는 저항권 행사의 대상이 아니라고 판시하고 있다.
③ 대법원은 낙선운동을 저항권의 한 형태로 인정하고 있다.
④ 방어적 민주주의를 위한 장치로 위헌정당해산제도와 기본권 실효제도를 들 수 있는데 이 중 우리는 독일과 달리 위헌정당해산제도만을 도입하고 있다.

지문분석 난이도 하 정답 ③

| 키 워 드 | 헌법의 보장과 보호

| 출제유형 | 이론 + 판례

③ (X) 피고인들이 확성장치 사용, 연설회 개최, 불법행렬, 서명날인운동, 선거운동기간 전 집회 개최 등의 방법으로 특정 후보자에 대한 낙선운동을 함으로써 공직선거법에 의한 선거운동제한 규정을 위반한 피고인들의 이 사건 공직선거법 위반의 각 행위는 위법한 행위로서 허용될 수 없는 것이고, 피고인들의 위 각 행위가 피고인들이 주장하듯이 시민불복종운동으로서 헌법상의 기본권 행사 범위 내에 속하는 정당행위이거나 형법상 사회상규에 위반되지 아니하는 정당행위 또는 긴급피난의 요건을 갖춘 행위로 볼 수는 없다 할 것이다(대판 2004.4.27. 2002도315).

① (○) 우리 헌법재판소는 위헌정당 강제해산사건(헌재 2014.12.19. 2013헌다1)에서 방어적 민주주의를 인정하여 가치지향적, 가치구속적 민주주의를 인정하여 상대적 민주주의의 한계로써 그 기능을 인정하고 있다.

② (○) 저항권은 국가권력에 의하여 헌법의 기본원리에 대한 중대한 침해가 행하여지고 그 침해가 헌법의 존재 자체를 부인하는 것으로서 다른 합법적인 구제수단으로는 목적을 달성할 수 없을 때에 국민이 자기의 권리·자유를 지키기 위하여 실력으로 저항하는 권리이므로, 국회법 소정의 협의 없는 개의시간의 변경과 회의일시를 통지하지 아니한 입법과정의 하자는 저항권 행사의 대상이 되지 아니한다(헌재 1997.9.25. 97헌가4).

④ (○) 우리 헌법은 방어적 민주주의의 일환으로서 위헌정당해산제도는 인정하나 기본권의 실효제도는 도입하지 않고 있다(헌재 1999.12.23 99헌마135 참고).

23 0023 ○△×|○△×|○△× 2018 경찰 승진

저항권에 대한 설명으로 가장 적절하지 않은 것은? (다툼이 있는 경우 판례에 의함)

① 헌법재판소는 저항권이란 국가권력에 의하여 헌법의 기본원리에 대한 중대한 침해가 행하여지고 그 침해가 헌법의 존재 자체를 부인하는 것으로서 다른 합법적인 구제수단으로는 목적을 달성할 수 없을 때에 국민이 자기의 권리·자유를 지키기 위하여 실력으로 저항하는 권리라고 개념정의하고 있다.
② 1948년 이래 우리 헌법에는 저항권을 인정하는 명문규정이 없다.
③ 국회법 소정의 협의 없는 개의시간의 변경과 회의일시를 통지하지 아니한 입법과정의 하자는 저항권 행사의 대상이 되지 아니한다.
④ 대법원은 저항권을 일종의 자연법상의 권리로서 인정할 수 있고, 이러한 저항권이 인정된다면 재판규범으로서의 기능을 배제할 근거가 없다는 입장이다.

지문분석 난이도 중 정답 ④

| 키 워 드 | 저항권
| 출제유형 | 판례

④ (X) 저항권이 실정법에 근거를 두지 못하고 오직 자연법에만 근거하고 있는 한 법관은 이를 재판규범으로 원용할 수 없다고 할 것인바, 헌법 및 법률에 저항권에 관하여 아무런 규정 없는 우리나라의 현 단계에서는 저항권이론을 재판의 근거규범으로 채용, 적용할 수 없다(대판 1980.5.20. 80도306).
① (O), ② (O) 우리 헌법은 저항권을 명문으로 규정하고 있지 아니하나, 저항권은 국가권력에 의하여 헌법의 기본원리에 대한 중대한 침해가 행하여지고 그 침해가 헌법의 존재 자체를 부인하는 것으로서 다른 합법적인 구제수단으로는 목적을 달성할 수 없을 때에 국민이 자기의 권리·자유를 지키기 위하여 실력으로 저항하는 권리(헌재 1997.9.25. 97헌가4)로서 헌법의 본질과 헌법이 정하고 있는 기본권의 보장 및 국가의 본질과 역할에서 자연적으로 도출된다(헌재 2014.12.19. 2013헌다1).
③ (O) 입법과정의 하자는 저항권 행사의 대상이 되지 아니한다. 저항권은 국가권력에 의하여 헌법의 기본원리에 대한 중대한 침해가 행하여지고 그 침해가 헌법의 존재 자체를 부인하는 것으로 다른 합법적인 구제수단으로서는 목적을 달성할 수 없을 때에 국민이 자기의 권리와 자유를 지키기 위하여 실력으로 저항하는 권리이기 때문이다(헌재 1997.9.25. 97헌가4).

✓ 개념체크 **저항권 비교**

구분	저항권	시민불복종	혁명권
목적	민주적·법치국가적 기본질서의 수호	개별 정책이나 법령의 개선	기존 질서를 파괴하고 새로운 질서의 수립을 목적으로 함
보충성	다른 구제수단이 없는 경우에만 행사 가능	보충성을 요하지 않음	
방법	폭력적 방법도 허용	비폭력적 방법만 가능	폭력적 방법

✎ 회독 체크표: □ 1회독 □ 2회독 □ 3회독

CHAPTER

02 대한민국 헌법총설

■ 문항 수: 88문항

1 대한민국 헌정사

01 0024 ○△×|○△×|○△× 2021 경찰 승진

우리나라 헌정사에 대한 설명으로 가장 적절하지 않은 것은?

① 제헌헌법(1948년)에서는 영리를 목적으로 하는 사기업 근로자의 이익분배균점권, 생활무능력자의 보호를 명시하였다.

② 제2차 개정헌법(1954년)에서는 주권의 제약 또는 영토의 변경을 가져올 국가안위에 관한 중대사항은 국회의 가결을 거친 후 국민투표에 부쳐 결정하도록 하였다.

③ 제7차 개정헌법(1972년)에서는 대통령에게 국회의원 정수의 2분의 1의 추천권을 부여하였다.

④ 제8차 개정헌법(1980년)에서는 깨끗한 환경에서 생활할 권리인 환경권을 처음으로 규정하였다.

지문분석 난이도 하 정답 ③

| 키 워 드 | 헌정사

| 출제유형 | 조문

③ (X) 통일주체국민회의는 국회의원 정수의 3분의 1에 해당하는 수의 국회의원을 선거한다[제7차 개정헌법(1972년) 제40조 제1항]. 제1항의 국회의원의 후보자는 대통령이 일괄 추천하며, 후보자 전체에 대한 찬반을 투표에 붙여 재적대의원 과반수의 출석과 출석대의원 과반수의 찬성으로 당선을 결정한다(동조 제2항).

① (O) 근로자의 단결, 단체교섭과 단체행동의 자유는 법률의 범위 내에서 보장된다. 영리를 목적으로 하는 사기업에 있어서는 근로자는 법률의 정하는 바에 의하여 이익의 분배에 균점할 권리가 있다[제헌헌법(1948년) 제18조]. 노령, 질병 기타 근로능력의 상실로 인하여 생활유지의 능력이 없는 자는 법률의 정하는 바에 의하여 국가의 보호를 받는다(동법 제19조).

② (O) 대한민국의 주권의 제약 또는 영토의 변경을 가져올 국가안위에 관한 중대사항은 국회의 가결을 거친 후에 국민투표에 부하여 민의원의원 선거권자 3분지 2 이상의 투표와 유효투표 3분지 2 이상의 찬성을 얻어야 한다[제2차 개정헌법(1954년) 제7조의2].

④ (O) 모든 국민은 깨끗한 환경에서 생활할 권리를 가지며, 국가와 국민은 환경보전을 위하여 노력하여야 한다[제8차 개정헌법(1980년) 제33조].

✓ 개념체크 **대한민국 헌정사**

헌법	내용
건국헌법 (1948.7.12. 제정)	• 국민투표 없이 제헌의회 의결로 확정 • 단원제 국회, 의원내각제 요소를 가미한 대통령제 • 헌법위원회의 위헌법률심사권, 탄핵재판소의 탄핵심사권
제1차 개헌 (1952)	• 여·야당 개헌안을 가미한 발췌개헌 • 대통령과 부통령의 직선제 • 양원제 국회(실시는 X) • 국회의 국무원불신임제
제2차 개헌 (1954)	• 초대대통령의 중임제한 철폐 • 국무총리제 폐지(국무총리가 없던 유일한 시기) • 국무원연대책임제 폐지 • 자유시장경제체제 도입 • 헌법 개정의 국민발안제와 헌법 개정한계 명시
제3차 개헌 (1960.6월)	• 4·19혁명 후 국회에서 개정 • 본질적 내용의 침해 금지, 검열 금지 • 공무원의 신분과 정치적 중립보장 • 헌법재판소 최초 규정(실시하지 못함) • 중앙선거관리위원회의 헌법기관화
제4차 개헌 (1960.11월)	• 3·15부정선거의 주모자들과 4·19혁명 당시 살상행위자 처벌의 헌법적 근거를 부칙에 둠
제5차 개헌 (1962)	• 국민투표에 의한 최초 개헌 • 기본권 신설: 인간의 존엄과 가치, 인간다운 생활할 권리, 직업의 자유, 거주이전의 자유, 종교의 자유 • 단원제 국회, 대통령제, 법관추천위원회 설치 • 헌법재판소 폐지, 법원의 위헌법률심사권, 탄핵심판위원회의 탄핵심판권
제6차 개헌 (1969)	• 국회의결과 국민투표를 통해 개정 • 대통령의 연임을 3기로 한정
제7차 개헌 (1972, 유신헌법)	• 국회해산·정치활동금지, 국민투표로 확정 • 대통령권한 강화, 중임·연임제한규정 폐지 • 기본권 약화, 본질적 내용 침해 금지조항 삭제 • 군인·군무원 등의 이중배상청구금지 신설 • 헌법 개정 이원화 – 대통령이 제안한 경우 국민투표로 확정 – 국회가 제안한 경우 통일주체국민회의에서 확정
제8차 개헌 (1980)	• 10·26사태, 12·12사태, 5·17전국계엄 확대 • 국가보위비상대책위원회 설치 • 기본권 신설: 행복추구권, 연좌제 금지, 사생활 비밀과 자유의 불가침, 환경권, 적정임금조항, 무죄추정의 원칙
제9차 개헌 (1987)	• 국회개헌특별위원회 개정안, 국회의결과 국민투표로 확정 • 정당의 목적도 민주적일 것 • 대통령 직선제 • 기본권 신설: 범죄피해자국가구조청구권, 최저임금제, 적법절차, 모성보호, 대학의 자율성

02 0025 ○△×|○△×|○△× 2020 경찰 승진

우리나라 헌법사에 관한 설명 중 가장 적절한 것은?

① 1954년 개정헌법(제2차 개헌)은 같은 헌법 공포 당시의 대통령에 한하여 중임제한을 철폐하고, 대통령의 궐위 시에는 국무총리가 그 지위를 계승하도록 하였다.

② 1962년 개정헌법(제5차 개헌)은 국무총리 국무위원에 대한 국회의 해임건의가 있을 때에는 대통령은 특별한 사유가 없는 한 이에 응하도록 규정하였다.

③ 1980년 개정헌법(제8차 개헌)은 임기 7년의 대통령을 국회에서 무기명투표로 선거하도록 하고 위헌법률심판과 탄핵심판을 담당하는 헌법위원회를 규정하였다.

④ 1987년 개정헌법(제9차 개헌)은 현대적 인권인 환경권을 최초로 규정하였다.

지문분석 난이도 중 정답 ②

| 키 워 드 | 헌정사

| 출제유형 | 조문

② (○) 국회는 국무총리 또는 국무위원의 해임을 대통령에게 건의할 수 있다[제5차 개정헌법(1962년) 제59조 제1항]. 제1항과 제2항에 의한 건의가 있을 때에는 대통령은 특별한 사유가 없는 한 이에 응하여야 한다(동조 제3항).

① (X) 대통령과 부통령의 임기는 4년으로 한다. 단, 재선에 의하여 1차 중임할 수 있다. 대통령이 궐위된 때에는 부통령이 대통령이 되고 잔임기간 중 재임한다[제2차 개정헌법(1954년) 제55조]. 이 헌법 공포 당시의 대통령에 대하여는 제55조 제1항 단서의 제한을 적용하지 아니한다(부칙 제3호 1954.11.29).

③ (X) 대통령의 임기는 7년으로 하며, 중임할 수 없다[제8차 개정헌법(1980년) 제45조]. 대통령은 대통령선거인단에서 무기명투표로 선거한다(동법 제39조 제1항). 헌법위원회를 규정하였다(동법 제112조 제1항).

④ (X) 1980년 제8차 개정헌법 제33조에서 "모든 국민은 깨끗한 환경에서 생활할 권리를 가지며, 국가와 국민은 환경보전을 위하여 노력하여야 한다."라고 처음 규정하였고, 현행헌법에서는 제35조에 이를 이어오고 있다.

03 0026 ○△×|○△×|○△× 2020 국회직 8급

헌정사에 대한 설명으로 옳지 않은 것은?

① 1952년 헌법은 국회의원의 자유로운 토론이 봉쇄된 가운데 기립투표로 통과되었으며 양원제 국회, 국회의 국무원불신임제, 국무위원 임명 시 국무총리 제청권을 규정하였다.

② 1960년 헌법은 대법원장과 대법관의 선거제 및 지방자치단체장의 직선제를 채택하고, 헌법재판소를 우리나라 헌정사상 최초로 규정하였다.

③ 1962년 헌법은 헌정사상 처음으로 국민투표를 통해 확정된 헌법으로 위헌법률심판권을 대법원에 부여하였고, 국무총리제도와 국무총리·국무위원해임건의제도를 두어 의원내각제적 요소를 가미하였다.

④ 1972년 헌법은 구속적부심 및 국정감사제를 폐지하였고, 국회의 회기를 단축하였으며 대법원장을 비롯한 모든 법관을 대통령이 임명하도록 규정하였다.

⑤ 1980년 헌법은 행복추구권·형사피고인의 무죄추정·사생활의 비밀과 자유의 불가침 등 국민의 자유와 권리보장 조항을 강화하고 평화통일 조항을 최초로 규정하였다.

지문분석 난이도 중 정답 ⑤

| 키 워 드 | 헌정사

| 출제유형 | 조문

⑤ (X) 평화통일 조항은 현행헌법에서 최초로 규정하였다(헌법 제4조). 1980년 헌법(제8차 개헌)은 행복추구권, 형사피고인의 무죄추정, 연좌제 폐지, 사생활의 비밀과 자유 신설, 근로자의 적정임금의 보장, 환경권을 신설하고, 기본적 인권의 자연권성을 강조하였다.

① (○) 1952년 7월 4일 정부 측의 대통령직선제 개헌안과 야당 측의 국무원불신임 개헌안이 절충된 '발췌개헌안'으로 비상계엄이 선포되고 국회가 완전히 포위된 상태에서 국회의원의 자유로운 토론이 원천봉쇄된 가운데 기립투표로 통과되었다. 제1차 개정헌법(1952년)은 양원제 국회(실시는 하지 않음), 국회의 국무원불신임제, 국무위원 임명 시 국무총리의 제청권 등을 규정하고 있었다.

② (○) 1960년 헌법은 대법원장·대법관 선거제와 헌법재판소를 신설(실시는 하지 않음)하였다.

③ (○) 1962년 헌법(제5차 개헌)은 헌정사상 처음으로 국민투표를 통해 확정된 헌법이다. 대통령은 4년 중임제를, 국회는 단원제로, 위헌법률심판권은 대법원에 부여하고 있었다. 그러나 국무총리제도와 국무총리·국무위원해임건의제도를 두고 있어 의원내각제적 요소도 동시에 내포하고 있다.

④ (○) 1972년 헌법(제7차 개헌)은 대통령의 긴급조치권, 대통령중임제한 삭제, 국회의 회기 단축과 국정감사제의 폐지, 대법원장을 비롯한 모든 법관의 대통령임명제 등을 규정하였다.

04 0027 ○△×|○△×|○△× 2020 변호사

헌법의 역사에 관한 설명 중 옳지 않은 것은?

① 1948년 제헌헌법은 근로자의 단결, 단체교섭과 단체행동의 자유를 법률의 범위 내에서 보장하도록 하였으며, 노령, 질병 기타 근로능력의 상실로 인하여 생활유지의 능력이 없는 자는 법률의 정하는 바에 의하여 국가의 보호를 받도록 하였다.

② 1960년 헌법(제3차 개정헌법)은 대법원장과 대법관을 법관의 자격이 있는 자로 조직되는 선거인단이 선거하고 대통령이 이를 확인하며, 그 외의 법관은 대법관회의의 결의에 따라 대법원장이 임명하도록 하였다.

③ 1972년 헌법(제7차 개정헌법)은 대통령의 임기를 5년으로 하고, 통일주체국민회의에서 대통령을 토론 없이 기명투표로 선거하도록 하였으며, 통일주체국민회의에서 재적대의원 과반수의 찬성을 얻은 자를 대통령당선자로 하도록 규정하였다.

④ 1980년 헌법(제8차 개정헌법)은 국가의 사회보장·사회복지 증진 노력의무, 중소기업의 사업활동 보호·육성, 소비자보호운동의 보장 등을 규정하였다.

⑤ 현행헌법은 국가가 여자의 복지와 권익의 향상을 위하여 노력하고, 재해를 예방하고 그 위험으로부터 국민을 보호하기 위하여 노력하도록 규정하고 있다.

지문분석

난이도 중 정답 ③

| 키 워 드 | 헌정사

| 출제유형 | 조문

③ (X) 제7차 개정헌법(1972)

> **제39조** ① 대통령은 통일주체국민회의에서 토론 없이 무기명투표로 선거한다.
> ② 통일주체국민회의에서 재적대의원 과반수의 찬성을 얻은 자를 대통령당선자로 한다.
> **제47조** 대통령의 임기는 6년으로 한다.

① (O) 제헌헌법(1948)

> **제18조** 근로자의 단결, 단체교섭과 단체행동의 자유는 법률의 범위 내에서 보장된다.
> **제19조** 노령, 질병 기타 근로능력의 상실로 인하여 생활유지의 능력이 없는 자는 법률의 정하는 바에 의하여 국가의 보호를 받는다.

② (O) 제3차 개정헌법(1960)

> **제78조** 대법원장과 대법관은 법관의 자격이 있는 자로써 조직되는 선거인단이 이를 선거하고 대통령이 확인한다.
> 전항의 선거인단의 정수, 조직과 선거에 관하여 필요한 사항은 법률로써 정한다.
> 제1항 이외의 법관은 대법관회의의 결의에 따라 대법원장이 임명한다.

④ (O) 제8차 개정헌법(1980)

> **제32조** ② 국가는 사회보장·사회복지의 증진에 노력할 의무를 진다.
> **제124조** ② 국가는 중소기업의 사업활동을 보호·육성하여야 한다.
> **제125조** 국가는 건전한 소비행위를 계도하고 생산품의 품질향상을 촉구하기 위한 소비자보호운동을 법률이 정하는 바에 의하여 보장한다.

⑤ (O) 국가는 여자의 복지와 권익의 향상을 위하여 노력하여야 한다(헌법 제34조 제3항). 국가는 재해를 예방하고 그 위험으로부터 국민을 보호하기 위하여 노력하여야 한다(동조 제6항).

05 0028 ○△×|○△×|○△× 2020 국회직 5급

한국 헌정사에 대한 설명으로 옳지 않은 것은?

① 1948년 제헌헌법에서는 정부의 법률안 제출권을 헌법에 규정하지 않았다.
② 1960년 제3차 개정헌법에서는 대법원장과 대법관을 선거로 선출하도록 규정하였다.
③ 1962년 제5차 개정헌법에서는 최초로 인간으로서의 존엄과 가치를 명시하였다.
④ 1980년 제8차 개정헌법에서는 적정임금 보장에 대해 규정하였다.
⑤ 1987년 제9차 개정헌법에서는 국정감사와 국정조사를 모두 규정하였다.

지문분석 난이도 하 정답 ①

| 키 워 드 | 헌정사
| 출제유형 | 조문

① (X) 정부의 법률안 제출권은 제헌헌법(1948년) 제39조에 규정되어 있다.

> 제39조 국회의원과 정부는 법률안을 제출할 수 있다.

② (O) 제3차 개정헌법(1960)

> 제78조 대법원장과 대법관은 법관의 자격이 있는 자로써 조직되는 선거인단이 이를 선거하고 대통령이 확인한다.

③ (O) 제5차 개정헌법(1962)

> 제8조 모든 국민은 인간으로서의 존엄과 가치를 가지며, 이를 위하여 국가는 국민의 기본적 인권을 최대한으로 보장할 의무를 진다.

④ (O) 제8차 개정헌법(1980)

> 제30조 ① 모든 국민은 근로의 권리를 가진다. 국가는 사회적·경제적 방법으로 근로자의 고용의 증진과 적정임금의 보장에 노력하여야 한다.

⑤ (O) 국정조사는 제8차 개정헌법에 최초 규정되어 제9차 헌법에 그대로 유지되었으며, 국정감사제도는 제7차 개정헌법에서는 폐지되었다가 제9차 개정헌법에서 부활되었다. 즉, 제9차 개정헌법에서는 국정감사와 국정조사를 모두 규정하였다.

06 0029 ○△×|○△×|○△× 2020 국가직 7급

역대 헌법에 대한 설명으로 옳지 않은 것은?

① 1948년 제헌헌법에서 국회의원의 임기와 국회에서 선거되는 대통령의 임기는 모두 4년으로 규정되었다.
② 1962년 개정헌법은 국회 재적의원 3분의 1 이상 또는 국회의원선거권자 50만인 이상의 찬성으로 헌법 개정의 제안을 하도록 규정함으로써, 1948년 헌법부터 유지되고 있던 대통령의 헌법 개정 제안권을 삭제했다.
③ 1980년 개정헌법은 행복추구권, 친족의 행위로 인하여 불이익한 처우의 금지 및 범죄피해자구조청구권을 새로 도입하였다.
④ 1987년 개정헌법은 여야합의에 의해 제안된 헌법 개정안을 국회가 의결한 후 국민투표로 확정된 것이다.

지문분석 난이도 하 정답 ③

| 키 워 드 | 헌정사
| 출제유형 | 조문

③ (X) 1980년 제5공화국 헌법에서 행복추구권과 연좌제금지를 최초로 규정하였으나, 범죄피해자구조청구권은 현행헌법인 1987년 헌법에서 최초로 규정되었다.
① (O) 국회의원의 임기는 4년으로 한다[제헌헌법(1948년) 제33조]. 대통령과 부통령의 임기는 4년으로 한다. 단, 재선에 의하여 1차 중임할 수 있다. 부통령은 대통령재임 중 재임한다(제헌헌법 제55조).
② (O) 헌법 개정의 제안은 국회의 재적의원 3분의 1 이상 또는 국회의원 선거권자 50만인 이상의 찬성으로써 한다[제5차 개정헌법(1962년)·제6차 개정헌법(1969년) 제119조 제1항].
④ (O) 현행헌법은 여야합의에 의하여 8인 정치회담에서 성안한 대통령직선제를 중심으로 하는 헌법 개정안이 국회 발의·의결을 거쳐 1987년 10월 27일에 국민투표를 통하여 확정됨으로써 성립되었다. 이 헌법은 헌법에 마련된 개정절차에 따라 여야합의에 따라 만들어진 전면적인 헌법 개정이다.

07 0030 ○△×|○△×|○△× 2016 국가직 7급

대한민국 헌정사에 대한 설명으로 옳은 것만을 모두 고른 것은?

ㄱ. 1948년 헌법은 평등권, 신체의 자유 및 직업의 자유를 비롯한 고전적 기본권을 보장하였을 뿐만 아니라, 근로3권과 사기업에 있어서 근로자의 이익분배균점권, 생활무능력자의 보호, 혼인의 순결과 가족의 건강의 특별한 보호 등 일련의 사회적 기본권까지 규정하여 사회주의적 요소를 가미하였다.

ㄴ. 1954년 헌법 개정안에 대한 표결결과 민의원 재적의원 203명 중 135명이 찬성하여 헌법 개정에 필요한 의결정족수인 3분의 2 이상의 찬성이라는 기준에 한 표가 모자랐지만 이른바 사사오입(四捨五入)이라는 계산법을 적용하여 부결선포를 번복하고 가결로 선포하였다.

ㄷ. 1954년 헌법에서는 대통령, 민의원 또는 참의원의 재적의원 3분의 1 이상 또는 민의원 의원선거권자 50만인 이상의 찬성으로 헌법 개정을 제안할 수 있도록 하였으며, 1960년 제3차 헌법 개정에서 선거의 공정한 관리를 위하여 독립된 헌법기관으로서 중앙선거관리위원회를 처음 규정하였다.

ㄹ. 1962년 헌법은 인간의 존엄성에 관한 규정을, 1980년 헌법은 국가가 근로자의 적정임금의 보장에 노력하여야 할 의무와 환경권을, 그리고 현행헌법인 1987년 헌법은 국가가 최저임금제를 시행할 의무를 규정하였다.

① ㄱ
② ㄴ, ㄷ
③ ㄴ, ㄹ
④ ㄴ, ㄷ, ㄹ

지문분석

난이도 하 정답 ④

| 키 워 드 | 헌정사

| 출제유형 | 조문

ㄴ. (○) 1954년 제2차 개헌은 사사오입 개헌으로 의결정족수 위반이고 1952년 제1차 개헌은 공고절차를 위반한 개헌이다.

ㄷ. (○) 한편 각급 선관위는 제5차 개헌에서 도입되었다.

ㄹ. (○) 1962년 헌법 개정에서는 인간의 존엄과 가치 규정을, 1980년 헌법 개정에서는 적정임금 조항을, 1987년 헌법 개정에서는 최저임금제를 신설하였다.

ㄱ. (X) 제5차 개헌에서 직업선택의 자유가 처음 규정되었다.

08 0031 ○△×|○△×|○△× 2016 국회직 8급

대한민국 헌정사에 대한 설명으로 옳지 않은 것은?

① 1948년 헌법은 근로3권과 사기업에 있어서 근로자의 이익분배균점권, 생활무능력자의 보호, 가족보호 등 다양한 사회적 기본권을 규정하였다.

② 1952년 제1차 헌법 개정은 사전공고절차를 결여하였음은 물론 독회·토론도 없이 의결한 점에서, 1954년 제2차 헌법 개정은 의결정족수의 미달인 점에서, 1962년 제5차 헌법 개정은 민의원 및 참의원에서의 의결을 거치지 않은 채 국가재건비상조치법상의 국민투표로만 개정하였다는 점에서 모두 위헌적인 요소를 가지고 있다.

③ 1960년 제3차 헌법 개정에서 선거의 공정한 관리를 위하여 독립된 헌법기관인 중앙선거관리위원회 및 각급 선거관리위원회를 처음 규정하였다.

④ 1962년 헌법은 인간의 존엄성에 관한 규정을, 1980년 헌법은 국가가 근로자의 적정임금의 보장에 노력하여야 할 의무와 환경권을, 1987년 헌법은 국가가 최저임금제를 시행할 의무를 처음으로 규정하였다.

⑤ 1987년 헌법전문에서는 불의에 항거한 4·19민주이념을 계승하도록 처음으로 규정하였다.

지문분석

난이도 중 정답 ③

| 키 워 드 | 헌정사

| 출제유형 | 조문

③ (X) 중앙선거관리위원회는 제3차 개헌에서 최초로 규정되었고, 각급 선거관리위원회는 제5차 개헌에서 최초로 규정되었다.

① (○) 1948년 헌법은 근로3권과 사기업에 있어서 근로자의 이익분배균점권, 생활무능력자의 보호, 가족보호 등 다양한 사회적 기본권을 규정하였다.

② (○) 1952년 제1차 헌법 개정은 사전공고절차를 결여하였음은 물론 독회·토론도 없이 의결한 점에서, 1954년 제2차 헌법 개정은 의결정족수의 미달인 점에서, 1962년 제5차 헌법 개정은 민의원 및 참의원에서의 의결을 거치지 않은 채 국가재건비상조치법상의 국민투표로만 개정하였다는 점에서 모두 위헌적인 요소를 가지고 있다.

④ (○) 1962년 헌법은 인간의 존엄성 규정을, 1980년 헌법은 국가가 근로자의 적정임금의 보장에 노력하여야 할 의무와 환경권을, 1987년 헌법은 국가가 최저임금제를 시행할 의무를 처음으로 규정하였다.

⑤ (○) 1987년 헌법전문에서는 불의에 항거한 4·19민주이념을 계승하도록 처음으로 규정하였다.

09 0032 ○△×|○△×|○△× 2016 국회직 9급

다음 중 우리나라 헌정사에 대한 설명으로 옳지 않은 것은?

① 제헌헌법은 중요한 운수, 통신, 금융, 보험, 전기, 수리, 수도, 가스 및 공공성을 가진 기업을 국영 혹은 공영으로 하도록 하였다.
② 제2차 개정헌법은 초대 대통령에 한하여 중임제한 규정을 적용하지 않도록 하여 초대 대통령에게 영구집권의 가능성을 열어 주었다.
③ 제3차 개정헌법은 정당에 관한 규정을 처음으로 두었고, 정당이 민주적 기본질서에 위배되는 경우에 헌법위원회의 결정에 의하여 해산될 수 있도록 하였다.
④ 제5차 개정헌법은 인간의 존엄과 가치에 관한 규정을 처음으로 도입하였다.
⑤ 제7차 개정헌법은 기본권의 본질적 내용 침해금지 조항을 삭제하였다.

지문분석 난이도 중 정답 ③

| 키 워 드 | 헌정사
| 출제유형 | 조문

③ (X) 제3차 개정헌법은 정당에 관한 규정을 처음으로 두었고, 정당의 목적이나 활동이 헌법의 민주적 기본질서에 위배될 때에는 정부가 대통령의 승인을 얻어 소추하고 헌법재판소가 판결로써 그 정당의 해산을 명하도록 규정하였다.
① (O) 제헌헌법은 중요한 운수, 통신, 금융, 보험, 전기, 수리, 수도, 가스 및 공공성을 가진 기업을 국영 혹은 공영으로 하도록 하였다.
② (O) 제2차 개정헌법은 초대 대통령에 한하여 중임제한 규정을 적용하지 않도록 하여 초대 대통령에게 영구집권의 가능성을 열어 주었다.
④ (O) 제5차 개정헌법은 인간의 존엄과 가치에 관한 규정을 처음으로 도입하였다.
⑤ (O) 제7차 개정헌법은 기본권의 본질적 내용 침해금지 조항을 삭제하였다.

10 0033 ○△×|○△×|○△× 2017 경찰 승진

우리 헌정사에 대한 설명으로 가장 적절한 것은?

① 제헌헌법에서는 심의기관인 국무원을 두었으며, 대통령이 국무원의 의장이었다.
② 1952년 헌법에는 국무총리제를 폐지하고 국무위원에 대한 개별적 불신임제를 채택하였다.
③ 1962년의 제5차 개헌은 국회의 의결 없이 국가재건최고회의가 의결하여 국민투표로 확정하였으나, 이는 제2공화국 헌법의 헌법 개정절차에 따른 개정이 아니었다.
④ 1987년 제9차 개헌에서는 근로자의 적정임금 보장, 재외국민보호의무 규정을 신설하고 형사보상청구권을 피의자까지 확대 인정하였다.

지문분석 난이도 중 정답 ③

| 키 워 드 | 헌정사
| 출제유형 | 조문

③ (O) 제5차 개헌은 헌법상의 개정절차를 따르지 않고 국가재건비상조치법이 규정한 국민투표에 의해서 개정하여 법리상 문제가 있다.
① (X) 제헌헌법의 국무원은 의결기관이었다.

> 제헌헌법(1948.7.17. 제정)
> 제68조 국무원은 대통령과 국무총리 기타의 국무위원으로 조직되는 합의체로서 대통령의 권한에 속한 중요 국책을 의결한다.

② (X) 1954년 제2차 개헌은 국무총리제를 폐지하고, 국무위원에 대한 개별적 불신임제를 채택하였다.
④ (X) 근로자의 적정임금 보장, 국가의 재외국민보호 규정은 제8차 개헌에서 신설하였다. 형사보상청구권은 제헌헌법에서 최초로 규정하였고, 구금된 피의자가 불기소처분을 받는 경우에 청구할 수 있는 권리는 제9차 개헌에서 규정하였다.

11 0034 ○△×|○△×|○△× 2017 국가직 7급 하반기

한국 헌법사에서 헌법재판제도에 대한 설명으로 옳지 않은 것은?

① 1948년 제헌헌법의 헌법위원회는 부통령을 위원장으로 하고 대법관 5인과 국회의원 5인의 위원으로 구성되었으며, 그 권한은 법률의 위헌 여부에 대한 결정에 한정되어 있었다.

② 1960년 제3차 개정헌법에서는 구체적 규범통제, 권한쟁의 심판, 탄핵심판, 정당해산심판, 헌법소원심판에 대한 관할권을 가진 헌법재판소가 도입되었으나 실제로 설치되지는 못하였다.

③ 1962년 제5차 개정헌법에서는 헌법재판소를 폐지하고 대법원에 최종적인 위헌법률심사권을 부여하였고, 1972년 제7차 개정헌법에 규정된 헌법위원회는 위헌법률심판권, 탄핵심판권, 정당해산심판권을 가졌다.

④ 현행헌법에 도입된 헌법재판소는 법관의 자격을 가진 9인의 재판관으로 구성하며, 재판관은 국회에서 선출하는 자 3인, 대법원장이 지명하는 자 3인을 포함하여 대통령이 임명한다.

지문분석 난이도 중 정답 ②

| 키 워 드 | 헌정사

| 출제유형 | 조문

② (X) 헌법소원심판은 현행헌법에서 규정되었다.

> 제3차 개정헌법(1960년)
> 제83조의3 헌법재판소는 다음 각 호의 사항을 관장한다.
> 1. 법률의 위헌 여부 심사
> 2. 헌법에 관한 최종적 해석
> 3. 국가기관 간의 권한쟁의
> 4. 정당의 해산
> 5. 탄핵재판
> 6. 대통령, 대법원장과 대법관의 선거에 관한 소송

① (O) 1948년 제헌헌법의 헌법위원회는 부통령을 위원장으로 하고 대법관 5인과 국회의원 5인의 위원으로 구성되었으며, 그 권한은 법률의 위헌 여부에 대한 결정에 한정되어 있었다.

③ (O) 1962년 제5차 개정헌법에서는 헌법재판소를 폐지하고 대법원에 최종적인 위헌법률심사권을 부여하였고, 1972년 제7차 개정헌법에 규정된 헌법위원회는 위헌법률심판권, 탄핵심판권, 정당해산심판권을 가졌다.

④ (O) 현행헌법에 도입된 헌법재판소는 법관의 자격을 가진 9인의 재판관으로 구성하며, 재판관은 국회에서 선출하는 자 3인, 대법원장이 지명하는 자 3인을 포함하여 대통령이 임명한다.

12 0035 ○△×|○△×|○△× 2017 비상계획관 상반기

헌정사에서 헌법재판제도에 대한 설명으로 옳지 않은 것은?

① 1948년 헌법의 헌법위원회는 5인의 대법관과 5인의 국회의원으로 구성되며 위원장은 호선으로 선출하였고, 그 권한은 위헌법률심사에 한정되어 있었다.

② 1960년 제3차 개정헌법은 헌법재판소를 두고, 위헌법률심사·국가기관 간의 권한쟁의·정당해산·탄핵재판·대통령선거소송 등을 관장하도록 하였다.

③ 1962년 제5차 개정헌법은 대법원에 위헌법률심판과 정당해산심판의 권한을 부여하였으며, 탄핵심판위원회를 별도로 두었다.

④ 1972년 제7차 개정헌법은 헌법위원회를 설치하여 위헌법률심판, 탄핵심판, 정당해산심판을 관할하게 하였지만 헌법소원심판은 도입하지 않았다.

지문분석 난이도 하 정답 ①

| 키 워 드 | 헌정사

| 출제유형 | 조문

① (X) 1948년 헌법의 헌법위원회는 부통령을 위원장으로 하였다.

② (O) 1960년 제3차 개정헌법은 헌법재판소를 두고, 위헌법률심사·국가기관 간의 권한쟁의·정당해산·탄핵재판·대통령선거소송 등을 관장하도록 하였다.

③ (O) 1962년 제5차 개정헌법은 대법원에 위헌법률심판과 정당해산심판의 권한을 부여하였으며, 탄핵심판위원회를 별도로 두었다.

④ (O) 1972년 제7차 개정헌법은 헌법위원회를 설치하여 위헌법률심판, 탄핵심판, 정당해산심판을 관할하게 하였지만 헌법소원심판은 도입하지 않았다.

13 0036 ○△×|○△×|○△× 2018 경찰 승진

한국 헌정사에 대한 설명 중 가장 적절하지 않은 것은?

① 건국헌법은 임기 4년의 대통령과 부통령을 1차에 한하여 중임할 수 있도록 하였고, 대통령과 부통령을 국회에서 무기명투표로써 각각 선거하도록 규정하였다.
② 1960년 제3차 개정헌법에서 정당조항을 신설하였고, 1962년 제5차 개정헌법은 대통령과 국회의원의 입후보에 소속정당의 추천을 받도록 규정하였다.
③ 1962년 제5차 개정헌법은 인간으로서의 존엄과 가치 조항을 신설하고, 위헌법률심사권을 법원의 권한으로 규정하였다.
④ 1987년 제9차 개정헌법에서 환경권을 최초로 규정하였다.

지문분석 난이도 하 정답 ④

| 키 워 드 | 헌정사
| 출제유형 | 조문

④ (X) 환경권을 최초로 규정한 것은 1980년 제8차 개헌이며, 제9차 개헌에서는 환경권의 내용과 행사를 최초로 규정하였다.
① (O) 건국헌법은 대통령과 부통령을 임기 4년으로 국회에서 간접선거를 통해 선출하며 1차에 한하여 중임할 수 있도록 하였다. 건국헌법 제53조는 국회에서 대통령 및 부통령을 선출하게 함으로써 의원내각제의 총리의 선출과 같은 형식을 취하고 있다.
② (O) 건국헌법에서는 정당에 관한 규정은 없었으나 국회법에서 정당을 인정하였고, 1960년 헌법에서 처음으로 정당에 관한 명문 규정을 두었다. 또한 1962년 헌법에서는 정당의 추천을 받아야만 대통령선거와 국회의원선거에 입후보할 수 있도록 제한하고 국회의원의 당적이탈·변경 또는 정당해산 시 의원직을 상실하도록 규정하여 정당정치제도를 강화하였다.
③ (O) 1962년 제5차 개정헌법은 헌법재판소를 폐지하고 법원에 위헌법률심사권을 부여하였으며, 인간으로서의 존엄과 가치 조항을 신설하였다.

14 0037 ○△×|○△×|○△× 2022 경찰 간부

우리 헌정사에 대한 설명으로 가장 적절한 것은?

① 1948년 제헌헌법은 대통령, 부통령, 국무총리를 모두 두었으며 대통령 궐위 시 부통령이 지위를 승계한다고 규정하였다.
② 1952년 제1차 개정헌법은 국회의 양원제를 규정하여 민의원과 참의원이 운영되었으며 국무위원에 대한 개별적 불신임제를 채택하였다.
③ 1960년 제3차 개정헌법은 기본권의 본질적 내용 침해 금지조항을 신설하였으며 선거권 연령을 법률로 위임하지 않고 헌법에서 직접 규정하였다.
④ 1972년 제7차 개정헌법은 대통령이 제안한 헌법개정안이 통일주체국민회의의 의결로 확정하도록 규정하였고 대통령에게 국회의원 정수 3분의 2의 추천권을 부여하였다.

지문분석 난이도 하 정답 ③

| 키 워 드 | 헌정사
| 출제유형 | 조문

③ (O) 기본권의 본질적 내용 침해 금지: 3차(1960년) 신설 → 7차(1972년) 폐지 → 8차(1980년) 부활
① (X) 1948년 제헌헌법은 대통령, 부통령, 국무총리를 모두 두었으며 대통령 궐위 시 국무총리가 지위를 승계한다고 규정하였다.
② (X) 개별적 불신임제는 제2차 개헌에 해당하며, 양원제 규정은 제1차 개헌에 도입은 되었으나 실제 실시는 제3차 개헌 이후에 해당된다.
④ (X) 1972년 제7차 개정헌법은 헌법 개정 이원화로 대통령이 제안한 경우 국민투표로 확정, 국회가 제안한 경우 통일주체국민회의에서 확정하였다.

2 대한민국의 국가형태와 구성요소

15 0038 O△X|O△X|O△X 2015 서울시 7급

대한민국의 구성요소 중 국민에 대한 설명으로 옳지 않은 것은? (다툼이 있는 경우 판례에 의함)

① 국민은 항구적 소속원이므로 어느 곳에 있든지 그가 속하는 국가의 통치권에 복종할 의무를 부담하고, 국외에 있을 때에는 예외적으로 거주국의 통치권에 복종하여야 한다.
② 대한민국 국민인 재외선거인의 의사는 국민투표에 반영되어야 하고, 재외선거인의 국민투표권을 배제할 이유가 없다.
③ 국적법상 부모가 모두 국적이 없는 경우에는 대한민국에서 출생하더라도 대한민국의 국적을 취득할 수 없다.
④ 조선인을 부친으로 하여 출생한 자는 설사 그가 북한국적을 취득하였다고 하더라도 대한민국의 국적을 취득한 것으로 인정할 수 있다.

지문분석 난이도 하 정답 ③

| 키 워 드 | 국적
| 출제유형 | 조문 + 판례

③ (X) 부모가 모두 분명하지 아니한 경우나 국적이 없는 경우에는 대한민국에서 출생한 자는 출생과 동시에 대한민국 국적을 취득한다(국적법 제2조 제1항 제3호).
① (O) 국민은 영토, 주권과 더불어 국가의 3대 구성요소 중의 하나다. 국적은 국민이 되는 자격·신분을 의미하므로 국민이 아닌 자는 외국인(외국국적자, 이중국적자, 무국적자 포함)이라고 한다. 국민은 항구적 소속원이므로 어느 곳에 있든지 그가 속하는 국가의 통치권에 복종할 의무를 부담하고, 국외에 있을 때에는 예외적으로 거주국의 통치권에 복종하여야 한다(헌재 2000.8.31. 97헌가12).
② (O) 국민투표는 선거와 달리 국민이 직접 국가의 정치에 참여하는 절차이므로, 국민투표권은 대한민국 국민의 자격이 있는 사람에게 반드시 인정되어야 하는 권리이다. 대한민국 국민인 재외선거인의 의사는 국민투표에 반영되어야 하고, 재외선거인의 국민투표권을 배제할 이유가 없다(헌재 2014.7.24. 2009헌마256 등).
④ (O) 국적에 관한 임시조례 제2조 제1호는 조선인을 부친으로 하여 출생한 자는 조선의 국적을 가지는 것으로 규정하고 있고, 제헌헌법은 제3조에서 대한민국의 국민되는 요건을 법률로써 정한다고 규정하면서 제100조에서 현행법령은 이 헌법에 저촉되지 아니하는 한 효력을 가진다고 규정하고 있으므로, 조선인을 부친으로 하여 출생한 자는 설사 그가 북한법의 규정에 따라 북한국적을 취득하였다고 하더라도, 위 임시조례의 규정에 따라 조선국적을 취득하였다가 1948.7.17. 제헌헌법의 공포와 동시에 대한민국 국적을 취득한다(헌재 2000.8.31. 97헌가12).

✔ **개념체크 국적취득**

선천적 국적취득	후천적 국적취득
• 대한민국 부 또는 모 출생(속인주의원칙) • 대한민국에서 발견된 기아는 추정(속지주의 가미)	• 인지 • 귀화(일반, 간이, 특별) • 수반취득 • 국적의 회복 • 국적의 재취득

16 0039 O△X|O△X|O△X 2020 국회직 8급

국적법상 국적에 대한 설명으로 옳은 것만을 모두 고른 것은?

ㄱ. 부 또는 모가 대한민국의 국민이었던 외국인은 대한민국에서 3년 이상 계속하여 주소가 있는 경우 간이귀화허가를 받을 수 있다.
ㄴ. 외국인의 자(子)로서 대한민국의 민법상 미성년인 사람은 부 또는 모가 귀화허가를 신청할 때 함께 국적 취득을 신청할 수 있다.
ㄷ. 외국 국적 포기의무를 이행하지 아니하여 대한민국 국적을 상실한 자가 그 후 1년 내에 그 외국 국적을 포기하면 법무부장관의 허가를 받아 대한민국 국적을 재취득할 수 있다.
ㄹ. 복수국적자는 병역준비역에 편입된 때부터 6개월 이내에 하나의 국적을 선택하여야 한다.

① ㄱ ② ㄱ, ㄴ
③ ㄴ, ㄷ ④ ㄱ, ㄴ, ㄷ
⑤ ㄴ, ㄷ, ㄹ

지문분석 난이도 상 정답 ②

| 키 워 드 | 국적법
| 출제유형 | 조문

ㄱ. (O) 간이귀화 요건에 대한 설명이다(국적법 제6조).

> **국적법 제6조(간이귀화 요건)** ① 다음 각 호의 어느 하나에 해당하는 외국인으로서 대한민국에 3년 이상 계속하여 주소가 있는 사람은 제5조 제1호 및 제1호의2의 요건을 갖추지 아니하여도 귀화허가를 받을 수 있다.
> 1. 부 또는 모가 대한민국의 국민이었던 사람
> 2. 대한민국에서 출생한 사람으로서 부 또는 모가 대한민국에서 출생한 사람
> 3. 대한민국 국민의 양자(養子)로서 입양 당시 대한민국의 민법상 성년이었던 사람

ㄴ. (O) 외국인의 자(子)로서 대한민국의 민법상 미성년인 사람은 부 또는 모가 귀화허가를 신청할 때 함께 국적 취득을 신청할 수 있다(동법 제8조 제1항).
ㄷ. (X) 법무부장관의 허가를 받아야 하는 것이 아니라 법무부장관에게 신고함으로써 대한민국 국적을 재취득할 수 있다(동법 제11조 제1항).
ㄹ. (X) 제1항 본문에도 불구하고 병역법 제8조에 따라 병역준비역에 편입된 자는 편입된 때부터 3개월 이내에 하나의 국적을 선택하거나 제3항 각 호의 어느 하나에 해당하는 때부터 2년 이내에 하나의 국적을 선택하여야 한다. 다만, 제13조에 따라 대한민국 국적을 선택하려는 경우에는 제3항 각 호의 어느 하나에 해당하기 전에도 할 수 있다(동법 제12조 제2항). 위 조항은 헌재 2020.9.24. 2016헌마889에 따라 헌법불합치 결정이 난 조항으로, 2022.9.30.까지 적용 후 효력이 상실된다.

17 0040 ○△×|○△×|○△× 2016 법원직 9급

대한민국 국적(國籍)에 관한 다음 설명 중 옳은 것은 모두 몇 개인가? (다툼이 있는 경우 헌법재판소 결정에 의함)

> 가. 대한민국의 국민이 되는 요건은 법률로 정한다.
> 나. 외국인인 개인이 특정한 국가의 국적을 선택할 권리가 우리 헌법상 당연히 인정된다고는 할 수 없다.
> 다. 출생 당시에 부 또는 모가 대한민국의 국민인 자는 출생과 동시에 대한민국 국적을 취득한다.
> 라. 외국인이 복수국적을 누릴 자유는 헌법상 행복추구권에 의하여 보호되는 기본권에 해당하지 않는다.

① 1개 ② 2개
③ 3개 ④ 4개

지문분석 난이도 중 정답 ④

| 키 워 드 | 국적

| 출제유형 | 조문 + 판례

가. (○) 헌법 제2조 제1항
나. (○) 외국인인 개인이 특정한 국가의 국적을 선택할 권리가 자연권으로서 또는 우리 헌법상 당연히 인정된다고는 할 수 없다(헌재 2006.3.30. 2003헌마806).
다. (○) 국적법 제2조 제1항 제1호
라. (○) 외국인이 복수국적을 누릴 자유가 우리 헌법상 행복추구권에 의하여 보호되는 기본권이라고 보기 어렵다(헌재 2014.6.26. 2011헌마502).

18 0041 ○△×|○△×|○△× 2021 경찰 승진

국적법상 국적에 대한 설명으로 가장 적절한 것은?

① 대한민국에서 발견된 기아(棄兒)는 대한민국에서 출생한 것으로 간주한다.
② 대한민국 국민으로서 자진하여 외국 국적을 취득한 자는 그 외국 국적을 취득한 때부터 6개월 후에 대한민국 국적을 상실한다.
③ 대한민국의 국민만이 누릴 수 있는 권리 중 대한민국의 국민이었을 때 취득한 것으로서 양도할 수 있는 것은 그 권리와 관련된 법령에서 따로 정한 바가 없으면 2년 내에 대한민국의 국민에게 양도하여야 한다.
④ 대한민국 국적을 취득한 외국인으로서 외국 국적을 가지고 있는 자는 대한민국 국적을 취득한 날부터 1년 내에 그 외국 국적을 포기하여야 한다.

지문분석 난이도 하 정답 ④

| 키 워 드 | 국적

| 출제유형 | 조문

④ (○) 대한민국 국적을 취득한 외국인으로서 외국 국적을 가지고 있는 자는 대한민국 국적을 취득한 날부터 1년 내에 그 외국 국적을 포기하여야 한다(국적법 제10조 제1항).
① (×) 대한민국에서 발견된 기아는 대한민국에서 출생한 것으로 추정한다(동법 제2조 제2항).
② (×) 대한민국의 국민으로서 자진하여 외국 국적을 취득한 자는 그 외국 국적을 취득한 때에 대한민국 국적을 상실한다(동법 제15조 제1항).
③ (×) 제1항에 해당하는 권리 중 대한민국의 국민이었을 때 취득한 것으로서 양도할 수 있는 것은 그 권리와 관련된 법령에서 따로 정한 바가 없으면 3년 내에 대한민국의 국민에게 양도하여야 한다(동법 제18조 제2항).

19 0042 ○△×|○△×|○△× 2020 경찰 승진

국적에 관한 설명 중 가장 적절하지 않은 것은? (다툼이 있는 경우 판례에 의함)

① 출생 당시 모가 자녀에게 외국 국적을 취득하게 할 목적으로 외국에서 체류 중이었던 사실이 인정되는 자는 대한민국에서 외국 국적을 행사하지 않겠다는 서약을 한 후 대한민국 국적을 선택한다는 뜻을 신고할 수 있다.

② 복수국적자가 국적법에서 정한 기간 내에 국적을 선택하지 아니한 경우에 법무부장관은 1년 내에 하나의 국적을 선택할 것을 명하여야 한다.

③ 1948년 정부수립 이전 이주동포를 재외동포의 출입국과 법적 지위에 관한 법률의 적용대상에서 제외하는 것은 헌법 제11조의 평등원칙에 위배된다.

④ 1978.6.14.부터 1998.6.13. 사이에 태어난 모계출생자가 대한민국 국적을 취득할 수 있는 특례를 두면서 2004.12.31.까지 국적취득 신고를 한 경우에만 대한민국 국적을 취득하도록 한 것은, 특례의 적용을 받는 모계출생자가 그 권리를 조속히 행사하도록 하여 위 모계출생자가 권리를 남용할 가능성을 억제하기 위한 것으로 합리적 이유 있는 차별이다.

지문분석 난이도 중 정답 ①

| 키 워 드 | 국적

| 출제유형 | 조문 + 판례

① (X) 제1항 및 제2항 단서에도 불구하고 출생 당시에 모가 자녀에게 외국 국적을 취득하게 할 목적으로 외국에서 체류 중이었던 사실이 인정되는 자는 외국 국적을 포기한 경우에만 대한민국 국적을 선택한다는 뜻을 신고할 수 있다(국적법 제13조 제3항).

② (O) 법무부장관은 복수국적자로서 제12조 제1항 또는 제2항에서 정한 기간 내에 국적을 선택하지 아니한 자에게 1년 내에 하나의 국적을 선택할 것을 명하여야 한다(동법 제14조의2 제1항).

③ (O) 정부수립 이후 이주동포와 정부수립 이전 이주동포는 이미 대한민국을 떠나 그들이 거주하고 있는 외국의 국적을 취득한 우리의 동포라는 점에서 같고, 국외로 이주한 시기가 대한민국 정부수립 이전인가 이후인가는 결정적인 기준이 될 수 없는데도 … 이 사건 심판대상 규정이 청구인들과 같은 정부수립 이전 이주동포를 재외동포법의 적용대상에서 제외한 것은 합리적 이유 없이 정부수립 이전 이주동포를 차별하는 자의적인 입법이어서 헌법 제11조의 평등원칙에 위배된다(헌재 2001.11.29. 99헌마494).

④ (O) 심판대상 조항은 특례의 적용을 받는 모계출생자가 그 권리를 조속히 행사하도록 하여 위 모계출생자의 국적·법률관계를 조속히 확정하고, 국가기관의 행정상 부담을 줄일 수 있도록 하며, 위 모계출생자가 권리를 남용할 가능성을 억제하기 위하여 특례기간을 2004.12.31.까지로 한정하고 있는바, 이를 불합리하다고 볼 수 없다. … 심판대상 조항은 특례의 적용을 받는 모계출생자와 출생으로 대한민국 국적을 취득하는 모계출생자를 합리적 사유 없이 차별하고 있다고 볼 수 없고, 따라서 평등원칙에 위배되지 않는다(헌재 2015.11.26. 2014헌바211).

20 0043 ○△×|○△×|○△× 2020 국회직 9급

국적에 대한 설명으로 옳은 것은? (다툼이 있는 경우 판례에 의함)

① 중앙행정기관의 장이 복수국적자를 외국인과 동일하게 처우하는 내용으로 법령을 제정 또는 개정하려는 경우, 미리 법무부장관과 협의할 필요는 없다.

② 대한민국 국적을 취득한 외국인으로서 외국 국적을 가지고 있는 자는 대한민국 국적을 취득한 날부터 그 외국 국적을 상실한다.

③ 대한민국 국적을 취득한 사실이 없는 외국인은 법무부장관의 귀화허가를 받아 대한민국 국적을 취득할 수 있는 반면, 대한민국의 국민이었던 외국인은 법무부장관의 국적회복허가를 받아 대한민국 국적을 취득할 수 있다.

④ 외국의 영주권을 취득한 재외국민은 대한민국 국민만이 향유할 수 있는 권리를 행사할 수 없다.

⑤ 북한주민은 대한민국 국민이므로 헌법 해석상 탈북의료인에게도 국내 의료면허를 부여할 입법의무가 발생한다.

지문분석 난이도 중 정답 ③

| 키 워 드 | 국적법

| 출제유형 | 조문 + 판례

③ (O) 국적법 제4조, 제9조

> **국적법 제4조(귀화에 의한 국적 취득)** ① 대한민국 국적을 취득한 사실이 없는 외국인은 법무부장관의 귀화허가를 받아 대한민국 국적을 취득할 수 있다.
> **제9조(국적회복에 의한 국적 취득)** ① 대한민국의 국민이었던 외국인은 법무부장관의 국적회복허가를 받아 대한민국 국적을 취득할 수 있다.

① (X) 중앙행정기관의 장이 복수국적자를 외국인과 동일하게 처우하는 내용으로 법령을 제정 또는 개정하려는 경우에는 미리 법무부장관과 협의하여야 한다(동법 제11조의2 제3항).

② (X) 대한민국 국적을 취득한 외국인으로서 외국 국적을 가지고 있는 자는 대한민국 국적을 취득한 날부터 1년 내에 그 외국 국적을 포기하여야 한다(동법 제10조 제1항). 제1항 또는 제2항을 이행하지 아니한 자는 그 기간이 지난 때에 대한민국 국적을 상실한다(동조 제3항).

④ (X) 대한민국 국적을 상실한 자는 국적을 상실한 때부터 대한민국의 국민만이 누릴 수 있는 권리를 누릴 수 없다(동법 제18조 제1항). 재외동포 중 재외국민이란, 대한민국의 국민으로서 외국의 영주권을 취득한 자 또는 영주할 목적으로 외국에 거주하고 있는 자를 말한다(재외동포의 출입국과 법적 지위에 관한 법률 제2조 제1호).

⑤ (X) 청구인과 같은 탈북의료인에게 국내 의료면허를 부여할 것인지 여부는 북한의 의학교육 실태와 탈북의료인의 의료수준, 탈북의료인의 자격증명방법 등을 고려하여 입법자가 그의 입법형성권의 범위 내에서 규율할 사항이지, 헌법법령이나 헌법해석에 의하여 바로 입법자에게 국내 의료면허를 부여할 입법의무가 발생한다고 볼 수는 없다(헌재 2006.11.30. 2006헌마679).

21 0044 ○△×|○△×|○△× 2019 경찰 승진

국적에 대한 설명으로 가장 적절하지 않은 것은? (다툼이 있는 경우 헌법재판소 판례에 의함)

① 대한민국에서 출생한 사람으로서 부 또는 모가 대한민국에서 출생한 외국인은 대한민국에 3년 이상 계속하여 주소가 있는 경우 간이귀화허가를 받을 수 있다.
② 대한민국에 특별한 공로가 있는 외국인은 대한민국에 주소가 있는 경우 특별귀화허가를 받을 수 있다.
③ 외국인의 자(子)로서 대한민국의 민법상 미성년인 사람은 부 또는 모가 귀화허가를 신청할 때 함께 국적 취득을 신청할 수 있다.
④ 대한민국 국적을 상실한 자가 그 후 1년 내에 그 외국 국적을 포기하면 법무부장관의 허가를 받아 대한민국 국적을 재취득할 수 있다.

지문분석 난이도 중 정답 ④

| 키 워 드 | 국적
| 출제유형 | 조문

④ (X) 국적법 제11조

> **국적법 제11조(국적의 재취득)** ① 제10조(국적 취득자의 외국 국적 포기의무) 제3항에 따라 대한민국 국적을 상실한 자가 그 후 1년 내에 그 외국 국적을 포기하면 법무부장관에게 신고함으로써 대한민국 국적을 재취득할 수 있다.
> ② 제1항에 따라 신고한 자는 그 신고를 한 때에 대한민국 국적을 취득한다.

① (○) 동법 제6조

> **국적법 제6조(간이귀화 요건)** ① 다음 각 호의 어느 하나에 해당하는 외국인으로서 대한민국에 3년 이상 계속하여 주소가 있는 사람은 제5조 제1호 및 제1호의2의 요건을 갖추지 아니하여도 귀화허가를 받을 수 있다.
> 1. 또는 모가 대한민국의 국민이었던 사람
> 2. 대한민국에서 출생한 사람으로서 부 또는 모가 대한민국에서 출생한 사람
> 3. 대한민국 국민의 양자로서 입양 당시 대한민국의 민법상 성년이었던 사람

② (○) 동법 제7조

> **국적법 제7조(특별귀화 요건)** ① 다음 각 호의 어느 하나에 해당하는 외국인으로서 대한민국에 주소가 있는 사람은 제5조 제1호·제1호의2·제2호 또는 제4호의 요건을 갖추지 아니하여도 귀화허가를 받을 수 있다.
> 1. 부 또는 모가 대한민국의 국민인 사람. 다만, 양자로서 대한민국의 민법상 성년이 된 후에 입양된 사람은 제외한다.
> 2. 대한민국에 특별한 공로가 있는 사람

③ (○) 동법 제8조 제1항

22 0045 ○△×|○△×|○△× 2022 경찰 간부

현행 국적법 규정으로 옳지 않은 것은 몇 개인가?

> 가. 공무원이 그 직무상 대한민국 국적을 상실한 자를 발견하면 3개월 이내에 법무부장관에게 그 사실을 통보하여야 한다.
> 나. 복수국적자로서 외국 국적을 선택하려는 자는 외국에 주소가 있는 경우에만 주소지 관할 재외공관의 장을 거쳐 법무부장관에게 대한민국 국적을 이탈한다는 뜻을 신고할 수 있다.
> 다. 복수국적자는 대한민국의 법령 적용에서 대한민국 국민으로만 처우한다.
> 라. 출생 당시에 모가 자녀에게 외국 국적을 취득하게 할 목적으로 외국에서 체류 중이었던 사실이 인정되는 자는 외국 국적을 포기한 경우에만 대한민국 국적을 선택한다는 뜻을 신고할 수 있다.

① 1개 ② 2개
③ 3개 ④ 4개

지문분석 난이도 중 정답 ①

| 키 워 드 | 국적
| 출제유형 | 조문

가. (X) 국적법 제16조

> **국적법 제16조(국적상실자의 처리)** ② 공무원이 그 직무상 대한민국 국적을 상실한 자를 발견하면 지체 없이 법무부장관에게 그 사실을 통보하여야 한다.

나. (○) 동법 제14조 제1항 전단
다. (○) 동법 제11조의 2

> **국적법 제11조의2(복수국적자의 법적 지위 등)** ① 출생이나 그 밖에 이 법에 따라 대한민국 국적과 외국 국적을 함께 가지게 된 사람으로서 대통령령으로 정하는 사람(이하 "복수국적자"라 한다)은 대한민국의 법령 적용에서 대한민국 국민으로만 처우한다.

라. (○) 동법 제13조 제3항

23 0046 ○△×|○△×|○△× 2018 경찰 승진(변형)

국적에 대한 설명으로 가장 적절하지 않은 것은? (다툼이 있는 경우 판례에 의함)

① 대한민국 국민이 자진하여 외국 국적을 취득한 경우 대한민국 국적을 상실하도록 한 국적법 조항은 청구인의 거주·이전의 자유 및 행복추구권을 침해하지 않는다.

② 1978.6.14.부터 1998.6.13. 사이에 태어난 모계출생자가 대한민국 국적을 취득할 수 있도록 특례를 두면서 2004.12.31.까지 국적취득신고를 한 경우에만 대한민국 국적을 취득하도록 한 국적법 조항은 평등원칙에 위배된다.

③ 복수국적자에 대하여 제1국민역에 편입된 날부터 3개월 이내에 대한민국 국적을 이탈하지 않으면 병역의무를 해소한 후에야 이를 가능하도록 한 국적법 조항은 청구인들의 국적이탈의 자유를 침해한다.

④ 대한민국의 국적을 취득한 외국인으로서 외국 국적을 가지고 있는 자는 대한민국의 국적을 취득한 날부터 1년 내에 그 외국 국적을 포기하여야 하며, 이를 이행하지 아니하여 대한민국의 국적을 상실한 자가 그 후 1년 내에 그 외국 국적을 포기하면 법무부장관에게 신고함으로써 대한민국의 국적을 재취득할 수 있다.

지문분석

난이도 중 정답 ②

| 키 워 드 | 국적
| 출제유형 | 조문 + 판례

② (X) 1978.6.14.부터 1998.6.13. 사이에 태어난 모계출생자가 대한민국 국적을 취득할 수 있는 특례를 두면서 2004.12.31.까지 국적취득신고를 한 경우에만 대한민국 국적을 취득하도록 한 것은, 특례의 적용을 받는 모계출생자와 출생으로 대한민국 국적을 취득하는 모계출생자를 합리적 사유 없이 차별하고 있다고 볼 수 없고, 따라서 평등원칙에 위배되지 않는다(헌재 2015.11.26. 2014헌바211).

① (O) 대한민국 국민이 자진하여 외국 국적을 취득한 경우 대한민국 국적을 상실하도록 한 국적법 조항은 청구인의 거주·이전의 자유 및 행복추구권을 침해하지 않는다(헌재 2014.6.26. 2011헌마502).

③ (O) 병역준비역에 편입된 복수국적자의 국적선택 기간이 지났다고 하더라도, 그 기간 내에 국적이탈 신고를 하지 못한 데 대하여 사회통념상 그에게 책임을 묻기 어려운 사정, 즉 정당한 사유가 존재하고, 병역의무 이행의 공평성 확보라는 입법목적을 훼손하지 않음이 객관적으로 인정되는 경우라면, 병역준비역에 편입된 복수국적자에게 국적선택 기간이 경과하였다고 하여 일률적으로 국적이탈을 할 수 없다고 할 것이 아니라, 예외적으로 국적이탈을 허가하는 방안을 마련할 여지가 있다. 심판대상 법률조항의 존재로 인하여 복수국적을 유지하게 됨으로써 대상자가 겪어야 하는 실질적 불이익은 구체적 사정에 따라 상당히 클 수 있다. 국가에 따라서는 복수국적자가 공직 또는 국가안보와 직결되는 업무나 다른 국적국과 이익충돌 여지가 있는 업무를 담당하는 것이 제한될 가능성이 있다. 현실적으로 이러한 제한이 존재하는 경우, 특정 직업의 선택이나 업무 담당이 제한되는 데 따르는 사익 침해를 가볍게 볼 수 없다. 심판대상 법률조항은 과잉금지원칙에 위배되어 청구인의 국적이탈의 자유를 침해한다(헌재 2020.9.24. 2016헌마889).

④ (O) 국적법 제10조 제1항, 제11조 제1항

24 0047 ○△×|○△×|○△× 2019 국가직 7급

국적법상 귀화에 대한 설명으로 옳지 않은 것은? (다툼이 있는 경우 판례에 의함)

① 법무부장관은 거짓이나 그 밖의 부정한 방법으로 귀화허가를 받은 자에 대하여 그 허가를 취소할 수 있으며, 법무부장관의 취소권 행사기간은 귀화허가를 한 날로부터 6개월 이내이다.

② 국적법에 따라 귀화허가를 받은 사람은 법무부장관 앞에서 국민선서를 하고 귀화증서를 수여받은 때에 대한민국 국적을 취득하며, 법무부장관은 연령, 신체적·정신적 장애 등으로 국민선서의 의미를 이해할 수 없거나 이해한 것을 표현할 수 없다고 인정되는 사람에게는 국민선서를 면제할 수 있다.

③ 법무부장관은 귀화신청인이 귀화요건을 갖추었다 하더라도 귀화를 허가할 것인지 여부에 관하여 재량권을 가진다.

④ 대한민국 국적을 취득한 사실이 없는 외국인은 법무부장관의 귀화허가를 받아 대한민국 국적을 취득할 수 있다.

지문분석

난이도 중 정답 ①

| 키 워 드 | 국적
| 출제유형 | 조문 + 판례

① (X) 법무부장관은 거짓이나 그 밖의 부정한 방법으로 귀화허가나 국적회복허가 또는 국적보유판정을 받은 자에 대하여 그 허가 또는 판정을 취소할 수 있다(국적법 제21조 제1항). 취소권의 행사기간을 따로 정하고 있지 않다.

② (O), ④ (O) 대한민국 국적을 취득한 사실이 없는 외국인은 법무부장관의 귀화허가를 받아 대한민국 국적을 취득할 수 있다(동법 제4조 제1항). 제1항에 따라 귀화허가를 받은 사람은 법무부장관 앞에서 국민선서를 하고 귀화증서를 수여받은 때에 대한민국 국적을 취득한다. 다만, 법무부장관은 연령, 신체적·정신적 장애 등으로 국민선서의 의미를 이해할 수 없거나 이해한 것을 표현할 수 없다고 인정되는 사람에게는 국민선서를 면제할 수 있다(동조 제3항).

③ (O) 귀화허가의 근거규정의 형식과 문언, 귀화허가의 내용과 특성 등을 고려해 보면, 법무부장관은 귀화신청인이 귀화요건을 갖추었다 하더라도 귀화를 허가할 것인지 여부에 관하여 재량권을 가진다고 보는 것이 타당하다(대판 2010.10.28. 2010두6496).

25 0048 ○△×|○△×|○△× 2022 경찰 2차

국적의 취득 등에 관한 설명 중 옳은 것은 모두 몇 개인가? (다툼이 있는 경우 판례에 의함)

> ㉠ 우리나라가 선천적 국적 취득에 관하여 부계혈통주의에서 부모양계혈통주의로 개정한 것은 가족생활에 있어서 양성의 평등원칙에 부합한다.
> ㉡ 외국인이 국적법상 귀화요건을 갖추었더라도 법무부장관은 그 외국인의 귀화허가 여부에 대한 재량권을 가진다.
> ㉢ 외국인이 복수국적을 누릴 자유는 우리 헌법상 행복추구권에 의하여 보호되는 기본권이라고 보기 어렵다.
> ㉣ "대한민국의 국민으로서 자진하여 외국 국적을 취득한 자는 그 외국 국적을 취득한 때에 대한민국 국적을 상실한다."는 국적법 조항은 청구인의 거주·이전의 자유 및 행복추구권을 침해하는 것은 아니다.
> ㉤ 국적회복과 귀화는 모두 외국인이 후천적으로 법무부장관의 허가라는 주권적 행정절차를 통하여 대한민국 국적을 취득하는 제도라는 점에서 동일하나, 귀화는 대한민국 국적을 취득한 사실이 없는 순수한 외국인이 법무부장관의 허가를 받아 대한민국 국적을 취득할 수 있도록 하는 절차인 데 비해, 국적회복허가는 한때 대한민국 국민이었던 자를 대상으로 한다는 점, 귀화는 일정한 요건을 갖춘 사람에게만 허가할 수 있는 반면, 국적회복허가는 일정한 사유에 해당하는 사람에 대해서만 국적회복을 허가하지 아니한다는 점에서 차이가 있다.

① 2개　② 3개
③ 4개　④ 5개

지문분석 난이도 상 정답 ④

| 키 워 드 | 국적
| 출제유형 | 조문 + 판례

㉠ (○) 개정된 부칙조항은 국적법이 부모양계혈통주의 원칙을 도입함에 따라 개정된 국적법 시행 이전에 태어난 모계출생자에게 대한민국 국적을 취득할 기회를 부여함으로써 모계출생자가 받았던 차별을 해소하기 위한 특례를 규정한 것이다. 심판대상 조항이 모계출생자에게 신고의무를 부여한 것은 그동안 대한민국 국적자가 아니었던 모계출생자의 국적관계를 조기에 확정하여 법적 불확실성을 조기에 제거하고, 불필요한 행정낭비를 줄이면서도, 위 모계출생자가 대한민국 국적을 취득할 의사가 있는지 여부를 확인하기 위한 것으로서 합리적인 이유가 있다(헌재 2015.11.26. 2014헌바211).

㉡ (○) 국적법 제4조

> **국적법 제4조(귀화에 의한 국적 취득)** 대한민국의 국적을 취득한 사실이 없는 외국인은 법무부장관의 귀화허가를 받아 대한민국의 국적을 취득할 수 있다.

㉢ (○) 참정권과 입국의 자유에 대한 외국인의 기본권주체성이 인정되지 않고, 외국인이 대한민국 국적을 취득하면서 자신의 외국 국적을 포기한다 하더라도 이로 인하여 재산권 행사가 직접 제한되지 않으며, 외국인이 복수국적을 누릴 자유가 우리 헌법상 행복추구권에 의하여 보호되는 기본권이라고 보기 어려우므로, 외국인의 기본권주체성 내지 기본권 침해 가능성을 인정할 수 없다(헌재 2014.6.26. 2011헌마502).

㉣ (○) 동법 제9조

> **국적법 제9조(국적회복에 의한 국적 취득)** ① 대한민국의 국민이었던 외국인은 법무부장관의 국적회복허가를 받아 대한민국 국적을 취득할 수 있다.

㉤ (○) 동법 제9조

> **국적법 제9조(국적회복에 의한 국적 취득)** ② 법무부장관은 국적회복허가 신청을 받으면 심사한 후 다음 각 호의 어느 하나에 해당하는 사람에게는 국적회복을 허가하지 아니한다.
> 1. 국가나 사회에 위해를 끼친 사실이 있는 사람
> 2. 품행이 단정하지 못한 사람
> 3. 병역을 기피할 목적으로 대한민국 국적을 상실하였거나 이탈하였던 사람
> 4. 국가안전보장·질서유지 또는 공공복리를 위하여 법무부장관이 국적회복을 허가하는 것이 적당하지 아니하다고 인정하는 사람

26 0049 ○△×|○△×|○△× 2020 지방직 7급

국적에 대한 설명으로 옳은 것은?

① 대한민국의 국민으로서 자진하여 외국 국적을 취득한 자는 그 외국 국적을 취득한 날로부터 6개월이 지난 때에 대한민국 국적을 상실한다.
② 대한민국 국적을 상실한 자는 국적을 상실한 때부터 대한민국의 국민만이 누릴 수 있는 권리를 향유할 수 없으며, 이들 권리 중 대한민국의 국민이었을 때 취득한 것으로서 양도할 수 있는 것은 그 권리와 관련된 법령에서 따로 정한 바가 없으면 3년 내에 대한민국의 국민에게 양도하여야 한다.
③ 외국인의 자(子)로서 대한민국의 민법상 성년인 사람은 부 또는 모가 귀화허가를 신청할 때 함께 국적 수반취득을 신청할 수 있다.
④ 출생 당시에 부(父)가 대한민국의 국민인 자만 출생과 동시에 대한민국 국적을 취득한다.

지문분석 난이도 하 정답 ②

| 키 워 드 | 국적
| 출제유형 | 조문

② (O) 대한민국 국적을 상실한 자는 국적을 상실한 때부터 대한민국의 국민만이 누릴 수 있는 권리를 누릴 수 없다(국적법 제18조 제1항). 제1항에 해당하는 권리 중 대한민국의 국민이었을 때 취득한 것으로서 양도할 수 있는 것은 그 권리와 관련된 법령에서 따로 정한 바가 없으면 3년 내에 대한민국의 국민에게 양도하여야 한다(동조 제2항).
① (X) 대한민국의 국민으로서 자진하여 외국 국적을 취득한 자는 그 외국 국적을 취득한 때에 대한민국 국적을 상실한다(동법 제15조 제1항).
③ (X) 외국인의 자(子)로서 대한민국의 민법상 미성년인 사람은 부 또는 모가 귀화허가를 신청할 때 함께 국적 취득을 신청할 수 있다(동법 제8조 제1항).
④ (X) 동법 제2조

> **국적법 제2조(출생에 의한 국적 취득)** ① 다음 각 호의 어느 하나에 해당하는 자는 출생과 동시에 대한민국 국적을 취득한다.
> 1. 출생 당시에 부(父) 또는 모(母)가 대한민국의 국민인 자

27 0050 ○△×|○△×|○△× 2022 경찰 승진

헌법상 영토조항에 관한 설명 중 가장 적절하지 않은 것은? (다툼이 있는 경우 판례에 의함)

① 영토조항만을 근거로 하여 독자적으로 헌법소원을 청구할 수 있다.
② 국민의 기본권 침해에 대한 권리구제를 위하여 그 전제조건으로서 영토에 관한 권리를 영토권이라 구성하여, 이를 헌법소원의 대상인 기본권으로 간주하는 것은 가능하다.
③ 우리 헌법이 "대한민국의 영토는 한반도와 그 부속도서로 한다"는 영토조항(제3조)을 두고 있는 이상 대한민국의 헌법은 북한지역을 포함한 한반도 전체에 그 효력이 미치고 따라서 북한지역은 당연히 대한민국의 영토가 된다.
④ 외국환거래의 일방 당사자가 북한의 주민일 경우 그는 남북교류협력에 관한 법률상 '북한의 주민'에 해당하는 것이므로, 북한의 조선아시아태평양위원회가 외국환거래법 제15조에서 말하는 '거주자'나 '비거주자'에 해당하는지 또는 남북교류협력에 관한 법률상 '북한의 주민'에 해당하는지 여부는 법률해석의 문제에 불과한 것이고, 헌법 제3조의 영토조항과는 관련이 없다.

지문분석 난이도 중 정답 ①

| 키 워 드 | 국가의 구성요소로서의 영토
| 출제유형 | 판례

① (X), ② (O) 국민의 개별적 기본권이 아니라 할지라도 기본권 보장의 실질화를 위하여서는, 영토조항만을 근거로 하여 독자적으로는 헌법소원을 청구할 수 없다 할지라도, 모든 국가권능의 정당성의 근원인 국민의 기본권 침해에 대한 권리구제를 위하여 그 전제조건으로서 영토에 관한 권리를, 이를테면 영토권이라 구성하여 이를 헌법소원의 대상인 기본권의 하나로 간주하는 것은 가능하다(헌재 2008.11.27. 2008헌마517).
③ (O) 우리 헌법이 "대한민국의 영토는 한반도와 그 부속도서로 한다"는 영토조항(제3조)을 두고 있는 이상 대한민국의 헌법은 북한지역을 포함한 한반도 전체에 그 효력이 미치고 따라서 북한지역은 당연히 대한민국의 영토가 되므로, 북한을 법 소정의 "외국"으로, 북한의 주민 또는 법인 등을 "비거주자"로 바로 인정하기는 어렵지만, 개별 법률의 적용 내지 준용에 있어서는 남북한의 특수관계적 성격을 고려하여 북한지역을 외국에 준하는 지역으로, 북한주민 등을 외국인에 준하는 지위에 있는 자로 규정할 수 있다고 할 것이다(헌재 2005.6.30. 2003헌바114).
④ (O) 외국환거래의 일방 당사자가 북한의 주민일 경우 그는 이 사건 법률조항의 '거주자' 또는 '비거주자'가 아니라 남북교류법의 '북한의 주민'에 해당하는 것이다. 그러므로, 당해 사건에서 아태위원회가 법 제15조 제3항에서 말하는 '거주자'나 '비거주자'에 해당하는지 또는 남북교류법상 '북한의 주민'에 해당하는지 여부는 위에서 본 바와 같은 법률해석의 문제에 불과한 것이고, 헌법 제3조의 영토조항과는 관련이 없는 것이다(헌재 2005.6.30. 2003헌바114).

3 헌법의 기본원리

28 0051 ○△×|○△×|○△× 2021 경찰 승진

헌법전문(前文)에 대한 설명으로 가장 적절하지 않은 것은? (다툼이 있는 경우 판례에 의함)

① 현행헌법전문은 "1945년 7월 12일에 제정되고 9차에 걸쳐 개정된 헌법을 이제 국회의 의결을 거쳐 국민투표에 의하여 개정한다."고 규정하고 있다.

② 헌법전문에 규정된 3·1정신은 우리나라 헌법의 연혁적·이념적 기초로서 헌법이나 법률해석에서의 기준으로 작용한다고 할 수 있지만, 그에 기하여 곧바로 국민의 개별적 기본권성을 도출해낼 수는 없다고 할 것이므로, 헌법소원의 대상인 헌법상 보장된 기본권에 해당하지 아니한다.

③ 헌법전문은 1962년 제5차 개정헌법에서 처음으로 개정되었다.

④ 현행헌법전문에는 '조국의 민주개혁', '국민생활의 균등한 향상', '세계평화와 인류공영에 이바지함' 등이 규정되어 있다.

지문분석 난이도 하 정답 ①

| 키 워 드 | 헌법전문

| 출제유형 | 조문

① (X), ④ (O)

> **헌법전문**
> 유구한 역사와 전통에 빛나는 우리 대한국민은 3·1운동으로 건립된 대한민국 임시정부의 법통과 불의에 항거한 4·19민주이념을 계승하고, ④ 조국의 민주개혁과 평화적 통일의 사명에 입각하여 정의·인도와 동포애로써 민족의 단결을 공고히 하고, 모든 사회적 폐습과 불의를 타파하며, 자율과 조화를 바탕으로 자유민주적 기본질서를 더욱 확고히 하여 정치·경제·사회·문화의 모든 영역에 있어서 각인의 기회를 균등히 하고, 능력을 최고도로 발휘하게 하며, 자유와 권리에 따르는 책임과 의무를 완수하게 하여, 안으로는 국민생활의 균등한 향상을 기하고 밖으로는 항구적인 세계평화와 인류공영에 이바지함으로써 우리들과 우리들의 자손의 안전과 자유와 행복을 영원히 확보할 것을 다짐하면서 ① 1948년 7월 12일에 제정되고 8차에 걸쳐 개정된 헌법을 이제 국회의 의결을 거쳐 국민투표에 의하여 개정한다.

② (O) 헌법전문에 기재된 3·1정신은 우리나라 헌법의 연혁적·이념적 기초로서 헌법이나 법률해석에서의 해석기준으로 작용한다고 할 수 있지만, 그에 기하여 곧바로 국민의 개별적 기본권성을 도출해낼 수는 없다고 할 것이므로, 헌법소원의 대상인 "헌법상 보장된 기본권"에 해당하지 아니한다(헌재 2001.3.21. 99헌마139 등).

③ (O) 헌법전문은 1962년 제5차 개정헌법에서 처음으로 개정되었다.

29 0052 ○△×|○△×|○△× 2021 국가직 5급

헌법전문(前文)에 대한 설명으로 옳지 않은 것은? (다툼이 있는 경우 판례에 의함)

① 우리 헌법은 전문에서 모든 사회적 폐습과 불의를 타파한다고 규정하고 있다.

② '헌법전문에 기재된 3·1정신'은 우리나라 헌법의 연혁적·이념적 기초로서 헌법이나 법률해석에서의 해석기준으로 작용한다고 할 수 있지만, 그에 기하여 곧바로 국민의 개별적 기본권성을 도출해낼 수는 없다.

③ 국가는 일제로부터 조국의 자주독립을 위하여 공헌한 독립유공자와 그 유족에 대하여 응분의 예우를 하여야 할 법률상의 의무를 지닐 뿐 헌법적 의무를 지닌다고 보기는 어렵다.

④ 일제강점기에 일본군 위안부로 강제동원되어 인간의 존엄과 가치가 말살된 상태에서 장기간 비극적인 삶을 영위하였던 피해자들의 훼손된 인간의 존엄과 가치를 회복시켜야 할 의무는 대한민국 임시정부의 법통을 계승한 지금의 정부가 국민에 대하여 부담하는 가장 근본적인 보호의무에 속한다.

지문분석 난이도 하 정답 ③

| 키 워 드 | 헌법전문

| 출제유형 | 조문+판례

③ (X) 헌법은 전문(前文)에서 "3·1운동으로 건립된 대한민국 임시정부의 법통을 계승"한다고 선언하고 있다. 이는 대한민국이 일제에 항거한 독립운동가의 공헌과 희생을 바탕으로 이룩된 것임을 선언한 것이고, 그렇다면 국가는 일제로부터 조국의 자주독립을 위하여 공헌한 독립유공자와 그 유족에 대하여는 응분의 예우를 하여야 할 헌법적 의무를 지닌다고 보아야 할 것이다(헌재 2005.6.30. 2004헌마859).

① (O) 유구한 역사와 전통에 빛나는 우리 대한국민은 3·1운동으로 건립된 대한민국 임시정부의 법통과 불의에 항거한 4·19민주이념을 계승하고, 조국의 민주개혁과 평화적 통일의 사명에 입각하여 정의·인도와 동포애로써 민족의 단결을 공고히 하고, 모든 사회적 폐습과 불의를 타파하며 … 개정한다.

② (O) "헌법전문에 기재된 3·1정신"은 우리나라 헌법의 연혁적·이념적 기초로서 헌법이나 법률해석에서의 해석기준으로 작용한다고 할 수 있지만, 그에 기하여 곧바로 국민의 개별적 기본권성을 도출해낼 수는 없다고 할 것이므로, 헌법소원의 대상인 "헌법상 보장된 기본권"에 해당하지 아니한다(헌재 2001.3.21. 99헌마139 등).

④ (O) 우리 헌법은 전문에서 "3·1운동으로 건립된 대한민국 임시정부의 법통"의 계승을 천명하고 있는바, 비록 우리 헌법이 제정되기 전의 일이라 할지라도 국가가 국민의 안전과 생명을 보호하여야 할 가장 기본적인 의무를 수행하지 못한 일제강점기에 일본군 위안부로 강제동원되어 인간의 존엄과 가치가 말살된 상태에서 장기간 비극적인 삶을 영위하였던 피해자들의 훼손된 인간의 존엄과 가치를 회복시켜야 할 의무는 대한민국 임시정부의 법통을 계승한 지금의 정부가 국민에 대하여 부담하는 가장 근본적인 보호의무에 속한다고 할 것이다(헌재 2011.8.30. 2006헌마788).

30 0053 O△X | O△X | O△X 2016 법원직 9급

1987.10.29. 개정된 현행 우리 헌법의 전문(前文)에서 명시적으로 언급하고 있지 않은 것은?

① 조국의 민주개혁
② 경제의 민주화
③ 세계평화와 인류공영
④ 국민생활의 균등한 향상

지문분석 난이도 하 정답 ②

| 키 워 드 | 헌법전문
| 출제유형 | 조문

② (X) 경제의 민주화는 헌법 제119조 제2항에 규정되어 있다.
① (O), ③ (O), ④ (O)

> 헌법전문
> 유구한 역사와 전통에 빛나는 우리 대한국민은 3·1운동으로 건립된 대한민국 임시정부의 법통과 불의에 항거한 4·19민주이념을 계승하고, ① 조국의 민주개혁과 평화적 통일의 사명에 입각하여 정의·인도와 동포애로써 민족의 단결을 공고히 하고, 모든 사회적 폐습과 불의를 타파하며, 자율과 조화를 바탕으로 자유민주적 기본질서를 더욱 확고히 하여 정치·경제·사회·문화의 모든 영역에 있어서 각인의 기회를 균등히 하고, 능력을 최고도로 발휘하게 하며, 자유와 권리에 따르는 책임과 의무를 완수하게 하여, 안으로는 ④ 국민생활의 균등한 향상을 기하고 밖으로는 항구적인 ③ 세계평화와 인류공영에 이바지함으로써 우리들과 우리들의 자손의 안전과 자유와 행복을 영원히 확보할 것을 다짐하면서 1948년 7월 12일에 제정되고 8차에 걸쳐 개정된 헌법을 이제 국회의 의결을 거쳐 국민투표에 의하여 개정한다.

✓ 개념체크 **자유민주적 기본질서와 민주적 기본질서**

헌법전문	자유민주적 기본질서를 더욱 확고히 하여
제4조	자유민주적 기본질서에 입각한 평화적 통일
제8조 제4항	정당의 목적이나 활동이 민주적 기본질서에 위배될 때에는 … 해산된다.

31 0054 O△X | O△X | O△X 2018 경찰 승진

헌법전문(前文)에 대한 설명으로 가장 적절하지 않은 것은? (다툼이 있는 경우 판례에 의함)

① "헌법전문에 기재된 3·1정신"은 우리나라 헌법의 연혁적·이념적 기초로서 헌법이나 법률해석에서의 해석기준으로 작용한다고 할 수 있지만, 그에 기하여 곧바로 국민의 개별적 기본권성을 도출해낼 수는 없다.
② 헌법전문에서 "3·1운동으로 건립된 대한민국 임시정부의 법통을 계승"한다고 선언하고 있으므로 국가는 일제로부터 조국의 자주독립을 위하여 공헌한 독립유공자와 그 유족에 대하여는 응분의 예우를 하여야 할 헌법적 의무를 지닌다.
③ 현행헌법전문은 "1948년 7월 12일에 제정되고 9차에 걸쳐 개정된 헌법을 이제 국회의 의결을 거쳐 국민투표에 의하여 개정한다."라고 규정하고 있다.
④ 헌법의 전문과 본문의 전체에 담겨있는 최고 이념은 국민주권주의와 자유민주주의에 입각한 입헌민주헌법의 본질적 기본원리에 기초하고 있다.

지문분석 난이도 하 정답 ③

| 키 워 드 | 헌법전문
| 출제유형 | 조문 + 판례

③ (X) 현행헌법전문은 "1948년 7월 12일에 제정되고 8차에 걸쳐 개정된 헌법을 이제 국회의 의결을 거쳐 국민투표에 의하여 개정한다."라고 규정하고 있다.
① (O) "헌법전문에 기재된 3·1정신"은 우리나라 헌법의 연혁적·이념적 기초로서 헌법이나 법률해석에서의 해석기준으로 작용한다고 할 수 있지만, 그에 기하여 곧바로 국민의 개별적 기본권성을 도출해낼 수는 없다고 할 것이므로, 헌법소원의 대상인 "헌법상 보장된 기본권"에 해당하지 아니한다(헌재 2001.3.21. 99헌마139 등).
② (O) 헌법은 국가유공자 인정에 관하여 명문 규정을 두고 있지 않으나 전문(前文)에서 "3·1운동으로 건립된 대한민국 임시정부의 법통을 계승"한다고 선언하고 있다. 이는 대한민국이 일제에 항거한 독립운동가의 공헌과 희생을 바탕으로 이룩된 것임을 선언한 것이고, 그렇다면 국가는 일제로부터 조국의 자주독립을 위하여 공헌한 독립유공자와 그 유족에 대하여는 응분의 예우를 하여야 할 헌법적 의무를 지닌다(헌재 2005.6.30. 2004헌마859).
④ (O) 우리 헌법의 전문과 본문의 전체에 담겨있는 최고 이념은 국민주권주의와 자유민주주에 입각한 입헌민주헌법의 본질적 기본원리에 기초하고 있다. 기타 헌법상의 제 원칙도 여기에서 연유되는 것이므로 이는 헌법전을 비롯한 모든 법령해석의 기준이 되고, 입법형성권 행사의 한계와 정책결정의 방향을 제시하며, 나아가 모든 국가기관과 국민이 존중하고 지켜가야 하는 최고의 가치규범이다(헌재 1989.9.8. 88헌가6).

32 0055 ○△×|○△×|○△× 2021 지방직 7급

헌법전문(前文)에 대한 설명으로 옳지 않은 것은? (다툼이 있는 경우 판례에 의함)

① '헌법전문에 기재된 3·1정신'은 우리나라 헌법의 연혁적·이념적 기초로서 헌법이나 법률해석에서의 해석기준으로 작용한다고 할 수 있지만, 그에 기하여 곧바로 국민의 개별적 기본권성을 도출해낼 수는 없다.
② 헌법전문에서 '3·1운동으로 건립된 대한민국 임시정부의 법통을 계승'한다고 선언하고 있는바, 국가는 일제로부터 조국의 자주독립을 위하여 공헌한 독립유공자와 그 유족에 대하여는 응분의 예우를 하여야 할 헌법적 의무를 지니며, 이러한 헌법적 의무는 당사자가 주장하는 특정인을 독립유공자로 인정해야 한다는 것을 뜻한다.
③ 헌법전문에서 '대한민국은 3·1운동으로 건립된 대한민국 임시정부의 법통을 계승하였다.'라고 규정되어 있지만, 특정 토지에 대한 보상이라는 작위의무가 헌법에서 유래하는 작위의무로 특별히 구체적으로 규정되어 있다거나 해석상 도출된다고 볼 수 없다.
④ 1972년 제7차 개정헌법의 전문에서는 3·1운동의 숭고한 독립정신과 4·19의거 및 5·16혁명의 이념을 계승한다고 규정하였다.

지문분석 난이도 하 정답 ②

| 키 워 드 | 헌법전문

| 출제유형 | 판례

② (X) 국가는 일제로부터 조국의 자주독립을 위하여 공헌한 독립유공자와 그 유족에 대하여 응분의 예우를 해 주어야 할 헌법적 의무를 지닌다고 보아야 할 것이나, 다만 그러한 의무는 국가가 독립유공사의 인정절차를 합리적으로 마련하고 독립유공자에 대한 기본적 예우를 해주어야 한다는 것을 뜻할 뿐이며, 당사자가 주장하는 특정인을 반드시 독립유공자로 인정하여야 한다는 것을 뜻할 수는 없다(헌재 2005.6.30. 2004헌마859).
① (○) "헌법전문에 기재된 3·1정신"은 우리나라 헌법의 연혁적·이념적 기초로서 헌법이나 법률해석에서의 해석기준으로 작용한다고 할 수 있지만, 그에 기하여 곧바로 국민의 개별적 기본권성을 도출해낼 수는 없다고 할 것이므로, 헌법소원의 대상인 "헌법상 보장된 기본권"에 해당하지 아니한다(헌재 2001.3.21. 99헌마139 등).
③ (○) 국가가 독립유공자의 후손인 청구인에게 일본제국주의의 각종 통치기구 등으로부터 수탈당한 청구인 조상들의 강릉 일대의 특정 토지에 관하여 보상을 해주어야 할 작위의무가 있는지 살펴본다. 헌법전문에서 '대한민국은 3·1운동으로 건립된 대한민국 임시정부의 법통을 계승하였다.'라고 규정되어 있지만, 위 내용만으로 위와 같은 작위의무가 헌법에서 유래하는 작위의무로 특별히 구체적으로 규정되어 있다거나 해석상 도출된다고 볼 수 없다. 또한 관련 법령인 '독립유공자예우에 관한 법률'을 보면 독립유공자의 유족 또는 가족에게 보상금, 사망일시금 등을 지급한다고 규정되어 있지만(제12조, 제13조 등) 위 조항 자체로부터 일제에 의해 수탈된 특정 토지에 관한 보상과 관련된 구체적인 작위의무가 곧바로 도출된다고 보기는 어렵다. 따라서 청구인이 다투는 부작위는 헌법소원의 대상이 되는 공권력행사의 부작위에 해당하지 아니하므로, 이 사건 심판청구는 작위의무 없는 공권력의 불행사에 대한 헌법소원으로서 부적법하다(헌재 2019.7.2. 2019헌마647).
④ (○) 1972년 제7차 개정헌법의 전문에서는 3·1운동의 숭고한 독립정신과 4·19의거 및 5·16혁명의 이념을 계승한다고 규정하였다.

✓ **개념체크 헌법전문 내 계승 비교**

구분	3·1	4·19	5·16
건국헌법	○	×	×
3차(1960)	○	×	×
5차(1962)	○	○	○
7차(1972)	○	○	○
8차(1980)	○	×	×
9차(현행헌법)	○	○	×

33 0056 O△X | O△X | O△X 2017 국가직 5급

헌법전문에 대한 설명으로 옳지 않은 것은?

① 제헌헌법부터 존재하던 헌법전문은 1972년 제7차 헌법 개정에서 최초로 개정이 이루어졌다.
② 헌법재판소는 헌법전문에 기재된 3·1정신은 헌법이나 법률해석의 기준으로 작용하지만, 그에 기하여 곧바로 국민의 개별적 기본권성을 도출해낼 수는 없다고 본다.
③ 헌법재판소 결정에 의하면 헌법전문은 헌법규범의 일부로서 헌법으로서의 규범적 효력을 나타내기 때문에 구체적으로는 헌법소송에서의 재판규범이 된다.
④ 현행헌법의 전문에는 헌법의 성립 유래만이 아니라, 헌법의 기본이념과 가치도 제시되어 있다.

지문분석 난이도 중 정답 ①

| 키 워 드 | 헌법전문
| 출제유형 | 조문 + 판례

① (X) 헌법전문이 처음 개정된 것은 제5차 개헌이다.
② (O) "헌법전문에 기재된 3·1정신"은 우리나라 헌법의 연혁적·이념적 기초로서 헌법이나 법률해석에서의 해석기준으로 작용한다고 할 수 있지만, 그에 기하여 곧바로 국민의 개별적 기본권성을 도출해낼 수는 없다고 할 것이므로, 헌법소원의 대상인 "헌법상 보장된 기본권"에 해당하지 아니한다(헌재 2001.3.21. 99헌마139 등).
③ (O), ④ (O) 헌법전문은 헌법의 이념 내지 가치를 제시하고 있는 헌법규범의 일부로서 헌법으로서의 규범적 효력을 나타내기 때문에 구체적으로는 헌법소송에서의 재판규범인 동시에 헌법이나 법률해석에서의 해석기준이 되고, 입법형성권 행사의 한계와 정책결정의 방향을 제시하며, 나아가 모든 국가기관과 국민이 존중하고 지켜가야 하는 최고의 가치규범이다. 우리 헌법전문은 "유구한 역사와 전통에 빛나는 우리 대한민국은 3·1운동으로 건립된 대한민국 임시정부의 법통 … 을 계승하고"라고 하여, 대한민국 헌법이 성립된 유래와 대한민국이 대한민국 임시정부의 법통을 계승하고 있음을 밝히고 있다(헌재 2006.3.30. 2003헌마806).

34 0057 O△X | O△X | O△X 2022 경찰 간부

현행헌법전문(前文)에 규정되어 있는 내용으로만 연결된 것은?

① 우리 대한민국 – 조국의 민주개혁 – 세계평화와 인류공영
② 5·18 민주화운동의 이념 – 자유민주적 기본질서 – 평화적 통일의 사명
③ 민족의 단결 – 국민생활의 균등한 향상 – 대한민국 임시정부의 법통
④ 8차에 걸쳐 개정된 헌법 – 개인의 존엄과 양성의 평등 – 전통문화의 계승·발전

지문분석 난이도 하 정답 ③

| 키 워 드 | 헌법전문
| 출제유형 | 조문

③ (O)

> **헌법전문**
> 유구한 역사와 전통에 빛나는 우리 대한국민은 3·1운동으로 건립된 대한민국 임시정부의 법통과 불의에 항거한 4·19민주이념을 계승하고, 조국의 민주개혁과 평화적 통일의 사명에 입각하여 정의·인도와 동포애로써 민족의 단결을 공고히 하고, 모든 사회적 폐습과 불의를 타파하며, 자율과 조화를 바탕으로 자유민주적 기본질서를 더욱 확고히 하여 정치·경제·사회·문화의 모든 영역에 있어서 각인의 기회를 균등히 하고, 능력을 최고도로 발휘하게 하며, 자유와 권리에 따르는 책임과 의무를 완수하게 하여, 안으로는 국민생활의 균등한 향상을 기하고 밖으로는 항구적인 세계평화와 인류공영에 이바지함으로써 우리들과 우리들의 자손의 안전과 자유와 행복을 영원히 확보할 것을 다짐하면서 1948년 7월 12일에 제정되고 8차에 걸쳐 개정된 헌법을 이제 국회의 의결을 거쳐 국민투표에 의하여 개정한다.

35 0058 ○△×|○△×|○△× 2017 국가직 7급

헌법전문(前文)에 대한 설명으로 옳은 것은? (다툼이 있는 경우 판례에 의함)

① 1948년 헌법전문에는 3·1운동으로 건립된 대한민국 임시정부의 법통과 독립정신을 규정하고 있으며, 안으로는 국민생활의 균등한 향상을 기하고 밖으로는 국제평화의 유지에 노력할 것을 언급하고 있다.

② 현행헌법전문은 "1948년 7월 12일에 제정되고 9차에 걸쳐 개정된 헌법을 이제 국회의 의결을 거쳐 국민투표에 의하여 개정한다."라고 규정하고 있다.

③ 헌법전문에 기재된 3·1정신은 우리나라 헌법의 연혁적·이념적 기초로서 헌법이나 법률해석에서의 해석기준으로 작용할 뿐만 아니라 곧바로 국민의 개별적 기본권성을 도출해 내어, 예컨대 '영토권'을 헌법상 보장된 기본권으로 인정할 수 있다.

④ '3·1운동으로 건립된 대한민국 임시정부의 법통을 계승'한다는 것은 대한민국이 일제에 항거한 독립운동가의 공헌과 희생을 바탕으로 이룩된 것임을 선언한 것으로, 국가는 자주독립을 위하여 공헌한 독립유공자와 그 유족에 대해 응분의 예우를 해야 할 헌법적 의무를 지닌다.

지문분석 난이도 중 정답 ④

| 키 워 드 | 헌법전문

| 출제유형 | 조문 + 판례

④ (O) 헌법은 국가유공자 인정에 관하여 명문 규정을 두고 있지 않으나 전문(前文)에서 "3·1운동으로 건립된 대한민국 임시정부의 법통을 계승"한다고 선언하고 있다. 이는 대한민국이 일제에 항거한 독립운동가의 공헌과 희생을 바탕으로 이룩된 것임을 선언한 것이고, 그렇다면 국가는 일제로부터 조국의 자주독립을 위하여 공헌한 독립유공자와 그 유족에 대하여는 응분의 예우를 하여야 할 헌법적 의무를 지닌다(헌재 2005.6.30. 2004헌마859).

① (X) '대한민국 임시정부의 법통'은 현행헌법전문에 처음 명시되었다.

> 제헌헌법전문(1948년)
> 유구한 역사와 전통에 빛나는 우리들 대한국민은 기미 삼일운동으로 대한민국을 건립하여 세계에 선포한 위대한 독립정신을 계승하여 이제 민주독립국가를 재건함에 있어서 정의인도와 동포애로써 민족의 단결을 공고히 하며 모든 사회적 폐습을 타파하고 민주주의제제도를 수립하여 정치, 경제, 사회, 문화의 모든 영역에 있어서 각인의 기회를 균등히 하고 능력을 최고도로 발휘케 하며 각인의 책임과 의무를 완수케 하여 안으로는 국민생활의 균등한 향상을 기하고 밖으로는 항구적인 국제평화의 유지에 노력하여 우리들과 우리들의 자손의 안전과 자유와 행복을 영원히 확보할 것을 결의하고 우리들의 정당 또 자유로히 선거된 대표로써 구성된 국회에서 단기 4281년 7월 12일 이 헌법을 제정한다.

② (X) 현행헌법은 9차 개정헌법으로 8차에 걸쳐 개정된 헌법을 개정한 것이다.

> 헌법전문
> 유구한 역사와 전통에 빛나는 우리 대한국민은 3·1운동으로 건립된 대한민국 임시정부의 법통과 불의에 항거한 4·19민주이념을 계승하고, 조국의 민주개혁과 평화적 통일의 사명에 입각하여 정의·인도와 동포애로써 민족의 단결을 공고히 하고, 모든 사회적 폐습과 불의를 타파하며, 자율과 조화를 바탕으로 자유민주적 기본질서를 더욱 확고히 하여 정치·경제·사회·문화의 모든 영역에 있어서 각인의 기회를 균등히 하고, 능력을 최고도로 발휘하게 하며, 자유와 권리에 따르는 책임과 의무를 완수하게 하여, 안으로는 국민생활의 균등한 향상을 기하고 밖으로는 항구적인 세계평화와 인류공영에 이바지함으로써 우리들과 우리들의 자손의 안전과 자유와 행복을 영원히 확보할 것을 다짐하면서 1948년 7월 12일에 제정되고 8차에 걸쳐 개정된 헌법을 이제 국회의 의결을 거쳐 국민투표에 의하여 개정한다.

③ (X) "헌법전문에 기재된 3·1정신"은 우리나라 헌법의 연혁적·이념적 기초로서 헌법이나 법률해석에서의 해석기준으로 작용한다고 할 수 있지만, 그에 기하여 곧바로 국민의 개별적 기본권성을 도출해낼 수는 없다고 할 것이므로, 헌법소원의 대상인 "헌법상 보장된 기본권"에 해당하지 아니한다. 국민의 개별적 기본권이 아니라 할지라도 기본권 보장의 실질화를 위하여서는, 영토조항만을 근거로 하여 독자적으로는 헌법소원을 청구할 수 없다 할지라도, 모든 국가권능의 정당성의 근원인 국민의 기본권 침해에 대한 권리구제를 위하여 그 전제조건으로서 영토에 관한 권리를, 이를테면 영토권이라 구성하여, 이를 헌법소원의 대상인 기본권의 하나로 간주하는 것은 가능한 것으로 판단된다(헌재 2001.3.21. 99헌마139 등).

36 0059 O△X | O△X | O△X 2019 서울시 7급

헌법전문에 대한 설명으로 가장 옳은 것은?

① '헌법전문에 기재된 3·1정신'은 우리나라 헌법의 연혁적·이념적 기초로서 헌법이나 법률해석에서의 해석기준으로 작용함과 동시에 헌법소원의 대상인 헌법상 보장된 기본권에 해당된다.

② 헌법은 전문에서 '3·1운동으로 건립된 대한민국 임시정부의 법통을 계승'한다고 선언하고 있으므로, 이에 따라 국가는 헌법소원심판의 당사자가 주장하는 특정인을 독립유공자로 인정해야 할 헌법적 의무를 부담한다.

③ 헌법전문상 대한민국은 대한민국 임시정부의 법통을 계승하고 있으므로 1938.4.1.부터 1945.8.15. 사이의 일제강제동원 사태와 관련한 입법을 하면서, 국내 강제동원자를 지원대상에서 제외한 것은 국가의 기본권 보호의무를 위반한 것이다.

④ '3·1운동으로 건립된 대한민국 임시정부의 법통'의 계승을 천명하고 있는 헌법전문에 비추어 외교부장관은 일본군 위안부 피해자들의 일본에 대한 배상청구권 실현을 위해 적극적으로 노력할 구체적 작위의무가 있다.

지문분석 난이도 ㊥ 정답 ④

| **키 워 드** | 헌법전문

| **출제유형** | 판례

④ (O) 헌법전문, 제2조 제2항, 제10조와 이 사건 협정 제3조의 문언에 비추어 볼 때, 피청구인이 이 사건 협정 제3조에 따라 분쟁해결의 절차로 나아갈 의무는 일본국에 의해 자행된 조직적이고 지속적인 불법행위에 의하여 인간의 존엄과 가치를 심각하게 훼손당한 자국민들이 배상청구권을 실현하도록 협력하고 보호하여야 할 헌법적 요청에 의한 것으로서, 그 의무의 이행이 없으면 청구인들의 기본권이 중대하게 침해될 가능성이 있으므로, 피청구인의 작위의무는 헌법에서 유래하는 작위의무로서 그것이 법령에 구체적으로 규정되어 있는 경우라고 할 것이다(헌재 2011.8.30. 2006헌마788).

① (X) "헌법전문에 기재된 3·1정신"은 우리나라 헌법의 연혁적·이념적 기초로서 헌법이나 법률해석에서의 해석기준으로 작용한다고 할 수 있지만, 그에 기하여 곧바로 국민의 개별적 기본권성을 도출해낼 수는 없다고 할 것이므로, 헌법소원의 대상인 "헌법상 보장된 기본권"에 해당하지 아니한다(헌재 2001.3.21. 99헌마139 등).

② (X) 헌법은 전문(前文)에서 "3·1운동으로 건립된 대한민국 임시정부의 법통을 계승"한다고 선언하고 있다. 이는 대한민국이 일제에 항거한 독립운동가의 공헌과 희생을 바탕으로 이룩된 것임을 선언한 것이고, 그렇다면 국가는 일제로부터 조국의 자주독립을 위하여 공헌한 독립유공자와 그 유족에 대하여는 응분의 예우를 하여야 할 헌법적 의무를 지닌다고 보아야 할 것이다. 다만 그러한 의무는 국가가 독립유공자의 인정절차를 합리적으로 마련하고 독립유공자에 대한 기본적 예우를 해주어야 한다는 것을 뜻할 뿐이며, 당사자가 주장하는 특정인을 반드시 독립유공자로 인정하여야 하는 것을 뜻할 수는 없다(헌재 2005.6.30. 2004헌마859).

③ (X) 먼저 헌법전문에 천명된 "대한민국 임시정부의 법통"의 계승 규정을 근거로 대한민국 헌법 제정 이전에 발생한 사실에 관하여 국가에 기본권 보호의무를 물을 수 있는지는 의문이다. … 국가가 그동안 잘 알려지지 않았던 국내 강제동원자들을 비롯한 강제동원자들에 대한 진상 파악을 위하여 구 강제동원진상규명법을 제정하여 일정한 절차를 거쳐 신청자들을 강제동원 피해자로 지정하여 그들의 희생을 기리는 조치를 취한 점 등을 종합적으로 고려하여 볼 때, 비록 태평양전쟁 관련 강제동원자들에 대한 국가의 지원이 충분하지 못한 점이 있다 하더라도, 국내 강제동원자들을 위하여 국가가 아무런 보호조치를 취하지 아니하였다든지 아니면 국가가 취한 조치가 전적으로 부적합하거나 매우 불충분한 것임이 명백한 경우라고 단정하기는 어렵다. 따라서 이 사건 법률 조항이 국민에 대한 국가의 기본권 보호의무에 위배된다는 청구인의 주장은 이유 없다(헌재 2011.2.24. 2009헌마94).

37 0060 ○△×|○△×|○△× 2021 법무사

헌법의 기본원리에 관한 다음 설명 중 가장 옳지 않은 것은? (다툼이 있는 경우 대법원 판례 및 헌법재판소 결정에 의함)

① 자유민주적 기본질서란 모든 폭력적 지배와 자의적 지배, 즉 반국가단체의 일인독재 내지 일당독재를 배제하고 다수의 의사에 의한 국민의 자치, 자유·평등의 기본원칙에 의한 법치주의적 통치질서를 말한다. 구체적으로는 기본적 인권의 존중, 권력분립, 의회제도, 복수정당제도, 선거제도, 사유재산과 시장경제를 골간으로 한 경제질서 및 사법권의 독립 등을 의미한다.

② 우리 헌법상의 경제질서는 사유재산제를 바탕으로 하고 자유경쟁을 존중하는 자유시장경제질서를 기본으로 하면서도 이에 수반되는 갖가지 모순을 제거하고 사회복지·사회정의를 실현하기 위하여 국가적 규제와 조정을 용인하는 사회적 시장경제질서로서의 성격을 띠고 있다.

③ 우리 헌법은 사회국가원리를 명문으로 규정하고 있지는 않지만, 구체화된 여러 표현을 통하여 사회국가원리를 수용한 것으로 평가할 수 있다.

④ 사회국가란 사회정의의 이념을 헌법에 수용한 국가, 사회현상에 대하여 방관적인 국가가 아니라 경제·사회·문화의 모든 영역에서 정의로운 사회질서의 형성을 위하여 사회현상에 관여하고 간섭하고 분배하고 조정하는 국가이며, 궁극적으로는 국민 각자가 실제로 자유를 행사할 수 있는 그 실질적 조건을 마련해 줄 의무가 있는 국가이다.

⑤ 복수정당제가 우리 헌법상 반드시 보장되는 것은 아니다.

지문분석 난이도 중 정답 ⑤

| 키 워 드 | 헌법상 기본원리

| 출제유형 | 판례

⑤ (X) 헌법 제8조는 제1항에서 "정당의 설립은 자유이며, 복수정당제는 보장된다."고 규정하여 국민 누구나가 원칙적으로 국가의 간섭을 받지 아니하고 정당을 설립할 권리를 국민의 기본권으로서 보장하면서, 아울러 정당설립의 자유를 보장한 것의 당연한 법적 산물인 복수정당제를 제도적으로 보장하고 있다(헌재 1999.12.23. 99헌마135).

① (O) 우리 헌법은 자유민주적 기본질서의 보호를 그 최고의 가치로 인정하고 있고, 그 내용은 모든 폭력적 지배와 자의적 지배, 즉 반국가단체의 일인독재 내지 일당독재를 배제하고 다수의 의사에 의한 국민의 자치, 자유·평등의 기본원칙에 의한 법치주의적 통치질서를 말한다. 구체적으로는 기본적 인권의 존중, 권력분립, 의회제도, 복수정당제도, 선거제도, 사유재산과 시장경제를 골간으로 한 경제질서 및 사법권의 독립 등을 의미한다(헌재 2001.9.27. 2000헌마238 등).

② (O) 우리 헌법상의 경제질서는 사유재산제를 바탕으로 하고 자유경쟁을 존중하는 자유시장경제질서를 기본으로 하면서도 이에 수반되는 갖가지 모순을 제거하고 사회복지·사회정의를 실현하기 위하여 국가적 규제와 조정을 용인하는 사회적 시장경제질서로서의 성격을 띠고 있다(헌재 2000.6.1. 99헌마553).

③ (O) 우리 헌법은 사회국가원리를 명문으로 규정하고 있지는 않지만, 헌법의 전문, 사회적 기본권의 보장(헌법 제31조 내지 제36조), 경제 영역에서 적극적으로 계획하고 유도하고 재분배하여야 할 국가의 의무를 규정하는 경제에 관한 조항(헌법 제119조 제2항 이하) 등과 같이 사회국가원리의 구체화된 여러 표현을 통하여 사회국가원리를 수용하였다(헌재 2002.12.18. 2002헌마52).

④ (O) 사회국가란 한마디로, 사회정의의 이념을 헌법에 수용한 국가, 사회현상에 대하여 방관적인 국가가 아니라 경제·사회·문화의 모든 영역에서 정의로운 사회질서의 형성을 위하여 사회현상에 관여하고 간섭하고 분배하고 조정하는 국가이며, 궁극적으로는 국민 각자가 실제로 자유를 행사할 수 있는 그 실질적 조건을 마련해 줄 의무가 있는 국가이다(헌재 2002.12.18. 2002헌마52).

38 0061 O△X | O△X | O△X 2021 법무사

법률유보원칙에 관한 다음 설명 중 가장 옳은 것은? (다툼이 있는 경우 대법원 판례 및 헌법재판소 결정에 의함)

① 대통령령은 법률의 위임이 없어도 법률에 위반되지 않는 범위 내에서 국민의 권리·의무에 관한 사항을 규율할 수 있다.
② 법률이 국민의 기본권 실현과 관련된 영역에 있어서 본질적인 사항에 대하여 스스로 결정하지 않고 행정입법에 위임하였다고 하더라도, 법률유보원칙에 위반되는 것은 아니다.
③ 법률유보원칙과 의회유보원칙은 서로 다른 별개의 원리로서 법률유보원칙이 의회유보원칙을 포함하는 것은 아니다.
④ 조례에 대한 법률의 위임은 법규명령에 대한 법률의 위임과 같이 반드시 구체적으로 범위를 정하여 할 필요가 없으며 포괄적인 것으로 족하다.
⑤ 입법자가 형식적 법률로 스스로 규율하여야 하는 사항이 어떤 것인지는 일률적으로 획정되어야 한다.

지문분석 난이도 중 정답 ④

| 키 워 드 | 법률유보원칙
| 출제유형 | 조문+판례

④ (O) 조례의 제정권자인 지방의회는 선거를 통해서 그 지역적인 민주적 정당성을 지니고 있는 주민의 대표기관이고 헌법이 지방자치단체에 포괄적인 자치권을 보장하고 있는 취지로 볼 때, 조례에 대한 법률의 위임은 법규명령에 대한 법률의 위임과 같이 반드시 구체적으로 범위를 정하여 할 필요가 없으며 포괄적인 것으로 족하다(헌재 1995.4.20. 92헌마264 등).
① (X) 대통령은 법률에서 구체적으로 범위를 정하여 위임받은 사항과 법률을 집행하기 위하여 필요한 사항에 관하여 대통령령을 발할 수 있다(헌법 제75조).
② (X) 텔레비전방송수신료는 대다수 국민의 재산권 보장의 측면이나 한국방송공사에게 보장된 방송자유의 측면에서 국민의 기본권 실현에 관련된 영역에 속하고, 수신료금액의 결정은 납부의무자의 범위 등과 함께 수신료에 관한 본질적인 중요한 사항이므로 국회가 스스로 행하여야 하는 사항에 속하는 것임에도 불구하고 한국방송공사법 제36조 제1항에서 국회의 결정이나 관여를 배제한 채 한국방송공사로 하여금 수신료금액을 결정해서 문화관광부장관의 승인을 얻도록 한 것은 법률유보원칙에 위반된다(헌재 1999.5.27. 98헌바70).
③ (X) 헌법은 법치주의를 그 기본원리의 하나로 하고 있고, 법치주의는 법률유보원칙, 즉 행정작용에는 국회가 제정한 형식적 법률의 근거가 요청된다는 원칙을 그 핵심적 내용으로 하고 있다. 나아가 오늘날의 법률유보원칙은 단순히 행정작용이 법률에 근거를 두기만 하면 충분한 것이 아니라, 국가공동체와 그 구성원에게 기본적이고도 중요한 의미를 갖는 영역, 특히 국민의 기본권 실현에 관련된 영역에 있어서는 행정에 맡길 것이 아니라 국민의 대표자인 입법자 스스로 그 본질적 사항에 대하여 결정하여야 한다는 요구, 즉 의회유보원칙까지 내포하는 것으로 이해되고 있다(헌재 2009.10.29. 2007헌바63).
⑤ (X) 입법자가 형식적 법률로 스스로 규율하여야 하는 사항이 어떤 것인가는 일률적으로 획정할 수 없고 구체적인 사례에서 관련된 이익 내지 가치의 중요성, 규제 내지 침해의 정도와 방법 등을 고려하여 개별적으로 결정할 수 있을 뿐이나 적어도 헌법상 보장된 국민의 자유나 권리를 제한한 때에는 그 제한의 본질적인 사항에 관한 한 입법자가 법률로써 스스로 규율하여야 할 것이다(헌재 2009.10.29. 2007헌바63).

39 0062 O△X | O△X | O△X 2017 경찰 승진

헌법상 기본원리에 대한 설명으로 가장 적절한 것은? (다툼이 있는 경우 판례에 의함)

① 헌법의 기본원리는 헌법의 이념적 기초인 동시에 헌법을 지배하는 지도원리로서 구체적 기본권을 도출하는 근거가 될 뿐만 아니라 기본권의 해석 및 기본권 제한 입법의 합헌성 심사에 있어 해석기준의 하나로서 작용한다.
② 주민소환제 자체는 지방자치의 본질적인 내용이라고 할 수 있으므로 이를 보장하지 않는 것은 헌법에 위반된다.
③ 자유시장 경제질서를 기본으로 하면서도 사회국가원리를 수용하고 있는 우리 헌법의 이념에 비추어 볼 때, 일반 불법행위책임에 관하여 과실책임의 원리를 기본원칙으로 하면서도 일정한 영역의 특수한 불법행위책임에 관하여 위험책임의 원리를 수용하는 것은 헌법에 의해 직접적으로 부과되는 명령이므로, 입법자의 재량에 속한다고 볼 수 없다.
④ '책임 없는 자에게 형벌을 부과할 수 없다.'는 형벌에 관한 책임주의는 형사법의 기본원리로서, 헌법상 법치국가의 원리에 내재하는 원리인 동시에 헌법 제10조의 취지로부터 도출되는 원리이고, 법인의 경우도 자연인과 마찬가지로 책임주의원칙이 적용된다.

지문분석 난이도 중 정답 ④

| 키 워 드 | 헌법상 기본원리
| 출제유형 | 판례

④ (O) '책임 없는 자에게 형벌을 부과할 수 없다.'는 형벌에 관한 책임주의는 형사법의 기본원리로서, 헌법상 법치국가의 원리에 내재하는 원리인 동시에 헌법 제10조의 취지로부터 도출되는 원리이고, 법인의 경우도 자연인과 마찬가지로 책임주의원칙이 적용된다(헌재 2016.3.31. 2016헌가4).
① (X) 헌법의 기본원리는 헌법의 이념적 기초인 동시에 헌법을 지배하는 지도원리로서 입법이나 정책결정의 방향을 제시하며 공무원을 비롯한 모든 국민·국가기관이 헌법을 존중하고 수호하도록 하는 지침이 되며, 구체적 기본권을 도출하는 근거로 될 수는 없으나 기본권의 해석 및 기본권 제한 입법의 합헌성 심사에 있어 해석기준의 하나로서 작용한다(헌재 1996.4.25. 92헌바47).
② (X) 주민소환제 자체는 지방자치의 본질적인 내용이라고 할 수 없으므로 이를 보장하지 않는 것이 위헌이라거나 어떤 특정한 내용의 주민소환제를 반드시 보장해야 한다는 헌법적인 요구가 있다고 볼 수는 없다. 다만 주민소환제는 주민의 참여를 적극 보장하고, 이로써 주민자치를 실현하여 지방자치에도 부합하므로, 이 점에서는 위헌의 문제가 발생할 소지가 없고, 제도적인 형성에 있어서도 입법자에게 광범위한 입법재량이 인정된다 할 것이나, 원칙으로서의 대의제의 본질적인 부분을 침해하여서는 아니된다는 점이 그 입법형성권의 한계로 작용한다 할 것이다(헌재 2011.12.29. 2010헌바368).
③ (X) 자유시장 경제질서를 기본으로 하면서도 사회국가원리를 수용하고 있는 우리 헌법의 이념에 비추어, 일반 불법행위책임에 관하여는 과실책임의 원리를 기본원칙으로 하면서, 특수한 불법행위책임에 관하여 위험책임의 원리를 수용하는 것은 입법정책에 관한 사항으로서 입법자의 재량에 속한다고 할 것이다(헌재 1998.5.28. 96헌가4).

40 0063 ○△×|○△×|○△× 2017 국회직 8급

헌법의 기본원리에 대한 설명으로 옳지 않은 것은? (다툼이 있는 경우 헌법재판소의 판례에 의함)

① 사회보장수급권은 법률상의 권리로서 헌법의 기본권으로 인정될 수는 없고, 입법자의 재량에 의해서 사회·경제적 여건 등을 종합하여 합리적인 수준에서 결정된다.
② 국군의 해외파견 결정은 그 성격상 국방 및 외교에 관련된 고도의 정치적 결단을 요하는 문제로서 절차의 합법성이 준수된 경우 대통령과 국회의 판단은 존중되어야 하고 헌법재판소가 사법적 기준만으로 이를 심판하는 것은 자제되어야 한다.
③ 대의민주주의를 원칙으로 하는 오늘날의 민주정치 아래에서의 선거는 국민의 참여가 필수적이고, 주권자인 국민이 자신의 정치적 의사를 자유로이 결정하고 표명하여 선거에 참여함으로써 민주사회를 구성하고 움직이게 하는 것이다.
④ '책임 없는 자에게 형벌을 부과할 수 없다.'라는 형벌에 관한 책임주의는 형사법의 기본원리로서, 헌법상 법치국가의 원리에 내재하는 원리이다.
⑤ 오늘날 법률유보원칙은 단순히 행정작용이 법률에 근거를 두기만 하면 충분한 것이 아니라, 국가공동체와 그 구성원에게 기본적이고도 중요한 의미를 갖는 영역, 특히 국민의 기본권 실현과 관련된 영역에 있어서는 국민의 대표자인 입법자가 그 본질적 사항에 대해서 스스로 결정하여야 한다는 요구까지 내포하고 있다.

지문분석

난이도 중 정답 ①

| 키 워 드 | 헌법상 기본원리
| 출제유형 | 판례

① (X) 헌법 제34조 제1항은 "모든 국민은 인간다운 생활을 할 권리를 가진다."고 규정하고, 제2항은 "국가는 사회보장·사회복지의 증진에 노력할 의무를 진다."고 규정하고 있는바, 사회보장수급권은 이 규정들로부터 도출되는 사회적 기본권의 하나이다(헌재 2001.9.27. 2000헌마342).
② (O) 대통령이 국군(일반사병)을 이라크에 파견하기로 한 결정은 그 성격상 국방 및 외교에 관련된 고도의 정치적 결단을 요하는 문제로서, 헌법과 법률이 정한 절차를 지켜 이루어진 것임이 명백하므로, 대통령과 국회의 판단은 존중되어야 하고 헌법재판소가 사법적 기준만으로 이를 심판하는 것은 자제되어야 한다(헌재 2004.4.29. 2003헌마814).
③ (O) 대의민주주의를 원칙으로 하는 오늘날의 민주정치 아래에서의 선거는 국민의 참여가 필수적이고, 주권자인 국민이 자신의 정치적 의사를 자유로이 결정하고 표명하여 선거에 참여함으로써 민주사회를 구성하고 움직이게 하는 것이므로, 국민의 주권행사 내지 참정권 행사의 의미를 지니는 선거과정에의 참여행위는 원칙적으로 자유롭게 행하여질 수 있도록 최대한 보장하여야 한다(헌재 2004.4.29. 2002헌마467).
④ (O) 헌재 2016.3.31. 2016헌가4
⑤ (O) 헌재 1999.5.27. 98헌바70

41 0064 ○△×|○△×|○△× 2017 국가직 7급 하반기

헌법의 기본원리에 대한 설명으로 옳지 않은 것은? (다툼이 있는 경우 헌법재판소 판례에 의함)

① 국가가 저소득층 지역가입자를 대상으로 소득 수준에 따라 보험료를 차등 지원하는 것은 사회국가원리에 의하여 정당화된다.
② 오늘날 국가가 어떤 문화현상에 대하여도 이를 선호하거나 우대하는 경향을 보이지 않는 불편부당의 원칙이 가장 바람직한 정책으로 평가받고 있으며, 문화국가에서의 문화정책은 그 초점이 문화풍토 조성이 아니라 문화 그 자체에 있다.
③ 헌법 제8조 제4항이 규정하는 정당의 목적이나 활동이 민주적 기본질서에 '위배'될 때란, 민주적 기본질서에 대한 단순한 위반이나 저촉을 의미하는 것이 아니라, 민주사회의 불가결한 요소인 정당의 존립을 제약해야 할 만큼 그 정당의 목적이나 활동이 우리 사회의 민주적 기본질서에 대하여 실질적인 해악을 끼칠 수 있는 구체적 위험성을 초래하는 경우를 가리킨다.
④ 헌법 제38조, 제59조가 선언하는 조세법률주의는 조세법의 목적과 내용이 기본권 보장의 헌법이념에 부합되어야 한다는 실질적 적법절차를 요구하는 법치주의를 의미한다.

지문분석

난이도 중 정답 ②

| 키 워 드 | 헌법상 기본원리
| 출제유형 | 판례

② (X) 오늘날에 와서는 국가가 어떤 문화현상에 대하여도 이를 선호하거나, 우대하는 경향을 보이지 않는 불편부당의 원칙이 가장 바람직한 정책으로 평가받고 있다. 오늘날 문화국가에서의 문화정책은 그 초점이 문화 그 자체에 있는 것이 아니라 문화가 생겨날 수 있는 문화풍토를 조성하는 데 두어야 한다(헌재 2004.5.27. 2003헌가1).
① (O) 헌재 2000.6.29. 99헌마289
③ (O) 헌법 제8조 제4항은 정당해산심판의 사유를 "정당의 목적이나 활동이 민주적 기본질서에 위배될 때"로 규정하고 있는데, 여기서 말하는 민주적 기본질서의 '위배'란, 민주적 기본질서에 대한 단순한 위반이나 저촉을 의미하는 것이 아니라, 민주사회의 불가결한 요소인 정당의 존립을 제약해야 할 만큼 그 정당의 목적이나 활동이 우리 사회의 민주적 기본질서에 대하여 실질적인 해악을 끼칠 수 있는 구체적 위험성을 초래하는 경우를 가리킨다(헌재 2014.12.19. 2013헌다1).
④ (O) 헌법 제38조는 "모든 국민은 법률이 정하는 바에 의하여 납세의 의무를 진다."라고 규정하고, 제59조는 "조세의 종목과 세율은 법률로 정한다."라고 규정하였는데 위 두 개의 규정은 조세행정에 있어서의 법치주의(조세법률주의)를 선언하는 규정이다(헌재 1992.2.25. 90헌가69 등).

42 0065 ○△×|○△×|○△× 2020 국가직 7급

헌법상 기본원리에 대한 설명으로 옳은 것만을 모두 고르면? (다툼이 있는 경우 판례에 의함)

ㄱ. '책임 없는 자에게 형벌을 부과할 수 없다.'는 형벌에 관한 책임주의는 형사법의 기본원리로서, 헌법상 법치국가의 원리에 내재하는 원리인 동시에, 헌법 제10조의 취지로부터 도출되는 원리이고, 법인의 경우도 자연인과 마찬가지로 책임주의원칙이 적용된다.

ㄴ. 헌법 제119조 제1항은 헌법상 경제질서에 관한 일반조항으로서 국가의 경제정책에 대한 하나의 헌법적 지침이고, 동 조항이 언급하는 경제적 자유와 창의는 직업의 자유, 재산권의 보장, 근로3권과 같은 경제에 관한 기본권 및 비례의 원칙과 같은 법치국가원리에 의하여 비로소 헌법적으로 구체화된다.

ㄷ. 사회환경이나 경제여건의 변화에 따른 필요성에 의하여 법률이 신축적으로 변할 수 있고, 변경된 새로운 법질서와 기존의 법질서 사이에 이해관계의 상충이 불가피하더라도 국민이 가지는 모든 기대 내지 신뢰는 헌법상 권리로서 보호되어야 한다.

ㄹ. 헌법의 기본원리는 헌법의 이념적 기초인 동시에 헌법을 지배하는 지도원리로서 구체적 기본권을 도출하는 근거가 될 뿐만 아니라 기본권의 해석 및 기본권 제한 입법의 합헌성 심사에 있어 해석기준의 하나로서 작용한다.

① ㄱ, ㄴ ② ㄱ, ㄷ
③ ㄱ, ㄴ, ㄹ ④ ㄴ, ㄷ, ㄹ

지문분석

난이도 상 정답 ①

| 키 워 드 | 헌법상 기본원리

| 출제유형 | 판례

ㄱ. (O) '책임 없는 자에게 형벌을 부과할 수 없다.'는 형벌에 관한 책임주의는 형사법의 기본원리로서, 헌법상 법치국가의 원리에 내재하는 원리인 동시에 헌법 제10조의 취지로부터 도출되는 원리이고, 법인의 경우도 자연인과 마찬가지로 책임주의원칙이 적용된다(헌재 2016.3.31. 2016헌가4).

ㄴ. (O) 헌법은 제119조에서 개인의 경제적 자유를 보장하면서 사회정의를 실현하기 위한 경제질서를 선언하고 있다. 이 규정은 헌법상 경제질서에 관한 일반조항으로서 국가의 경제정책에 대한 하나의 헌법적 지침이고, 동 조항이 언급하는 '경제적 자유와 창의'는 직업의 자유, 재산권의 보장, 근로3권과 같은 경제에 관한 기본권 및 비례의 원칙과 같은 법치국가원리에 의하여 비로소 헌법적으로 구체화된다. 따라서 이 사건에서 청구인들이 헌법 제119조 제1항과 관련하여 주장하는 내용은 구체화된 헌법적 표현인 경제적 기본권을 기준으로 심사되어야 한다(헌재 2002.10.31. 99헌바76).

ㄷ. (X) 사회환경이나 경제여건의 변화에 따른 정책적인 필요에 의하여 공권력행사의 내용은 신축적으로 바뀔 수밖에 없고, 그 바뀐 공권력행사에 의하여 발생된 새로운 법질서와 기존의 법질서와의 사이에는 어느 정도 이해관계의 상충이 불가피하므로 국민들의 국가의 공권력행사에 관하여 가지는 모든 기대 내지 신뢰가 절대적인 권리로서 보호되는 것은 아니라고 할 것이다(헌재 1996.4.25. 94헌마119).

ㄹ. (X) 헌법의 기본원리는 헌법의 이념적 기초인 동시에 헌법을 지배하는 지도원리로서 입법이나 정책결정의 방향을 제시하며 공무원을 비롯한 모든 국민·국가기관이 헌법을 존중하고 수호하도록 하는 지침이 되며, 구체적 기본권을 도출하는 근거로 될 수는 없으나 기본권의 해석 및 기본권 제한 입법의 합헌성 심사에 있어 해석기준의 하나로서 작용한다(헌재 1996.4.25. 92헌바47).

43 0066 ○△×|○△×|○△× 2021 지방직 7급

민주적 기본질서에 대한 설명으로 옳지 않은 것은? (다툼이 있는 경우 판례에 의함)

① 민주주의원리는 사회의 자율적인 의사결정이 궁극적으로 올바른 방향으로 전개될 것이라는 신뢰를 바탕으로 한다.

② 헌법 제8조 제4항이 의미하는 '민주적 기본질서'는, 개인의 자율적 이성을 신뢰하고 모든 정치적 견해들이 각각 상대적 진리성과 합리성을 지닌다고 전제하는 다원적 세계관에 입각한 것으로서, 모든 폭력적·자의적 지배를 배제하고, 다수를 존중하면서도 소수를 배려하는 민주적 의사결정과 자유·평등을 기본원리로 하여 구성되고 운영되는 정치적 질서를 말하며, 구체적으로는 국민주권의 원리, 기본적 인권의 존중, 권력분립제도, 복수정당제도 등이 현행헌법상 주요한 요소라고 볼 수 있다.

③ 정당은 오늘날 민주주의에 있어서 필수불가결한 요소이기 때문에 정당의 자유로운 설립과 활동은 민주주의 실현의 전제조건이라고 할 수 있다.

④ 모든 정당의 존립과 활동이 최대한 보장되어야 하는 것은 아니므로, 어떤 정당이 민주적 기본질서를 부정하고 이를 적극적으로 공격하는 경우에는 행정부의 통상적인 처분에 의해서도 해산될 수 있다.

지문분석 난이도 중 정답 ④

| 키 워 드 | 민주적 기본질서

| 출제유형 | 판례

④ (X) 모든 정당의 존립과 활동은 최대한 보장되며, 설령 어떤 정당이 민주적 기본질서를 부정하고 이를 적극적으로 공격하는 것으로 보인다 하더라도 국민의 정치적 의사형성에 참여하는 정당으로서 존재하는 한 우리 헌법에 의해 최대한 두텁게 보호되므로, 단순히 행정부의 통상적인 처분에 의해서는 해산될 수 없고, 오직 헌법재판소가 그 정당의 위헌성을 확인하고 해산의 필요성을 인정한 경우에만 정당정치의 영역에서 배제된다는 것이다(헌재 1999.12.23. 99헌마135).

① (O) 민주주의원리는 개인의 자율적 판단능력을 존중하고 사회의 자율적인 의사결정이 궁극적으로 올바른 방향으로 전개될 것이라는 신뢰를 바탕으로 하고 있다. 이 신뢰는 국민들이 공동체의 최종적인 정치적 의사를 책임질 수 있다는, 즉 국민들이 주권자로서의 충분한 능력과 자격을 동등하게 가진다는 규범적 판단에 기초한다. 따라서 국민 각자는 서로를 공동체의 대등한 동료로 존중해야 하고, 자신의 의견이 옳다고 믿는 만큼 타인의 의견에도 동등한 가치가 부여될 수 있음을 인정해야 한다. 민주주의는 정치의 본질이 피치자에 대한 치자의 지배나 군림에 있는 것이 아니라, 타인과 공존할 수 있는 동등한 자유, 그리고 대등한 동료시민들 간의 존중과 박애에 기초한 자율적이고 협력적인 공적 의사결정에 있는 것이다(헌재 2014.12.19. 2013헌다1).

② (O) 입헌적 민주주의의 원리, 민주사회에 있어서의 정당의 기능, 정당해산심판제도의 의의 등을 종합해 볼 때, 우리 헌법 제8조 제4항이 의미하는 민주적 기본질서는, 개인의 자율적 이성을 신뢰하고 모든 정치적 견해들이 각각 상대적 진리성과 합리성을 지닌다고 전제하는 다원적 세계관에 입각한 것으로서, 모든 폭력적·자의적 지배를 배제하고, 다수를 존중하면서도 소수를 배려하는 민주적 의사결정과 자유·평등을 기본원리로 하여 구성되고 운영되는 정치적 질서를 말하며, 구체적으로는 국민주권의 원리, 기본적 인권의 존중, 권력분립제도, 복수정당제도 등이 현행 헌법상 주요한 요소라고 볼 수 있다(헌재 2014.12.19. 2013헌다1).

③ (O) 국민의 정치의사형성을 매개하는 정당은 오늘날 민주주의에 있어서 필수불가결한 요소이기 때문에, 정당의 자유로운 설립과 활동은 민주주의 실현의 전제조건이라고 할 수 있다(헌재 2004.3.25. 2001헌마710).

44 0067 ○△×|○△×|○△× 2022 경찰 1차

민주적 기본질서에 관한 설명 중 가장 적절하지 않은 것은? (다툼이 있는 경우 판례에 의함)

① 현행헌법에서 직접 '자유민주적 기본질서'를 명시하고 있는 것은 헌법전문(前文)과 제4조의 통일조항이다.
② 정당의 목적이나 활동이 민주적 기본질서에 위배될 때에는 정부는 헌법재판소에 그 해산을 제소할 수 있고, 정당은 헌법재판소의 심판에 의하여 해산된다.
③ 정당해산 사유로서의 '민주적 기본질서의 위배'란, 민주적 기본질서에 대한 단순한 위반이나 저촉만으로도 족하며, 반드시 민주사회의 불가결한 요소인 정당의 존립을 제약해야 할 만큼 그 정당의 목적이나 활동이 민주적 기본질서에 대하여 실질적인 해악을 끼칠 수 있는 구체적 위험성을 초래하는 경우까지 포함하는 것은 아니다.
④ 헌법에서 채택하고 있는 사회국가의 원리는 자유민주적 기본질서의 범위 내에서 이루어져야 하고, 국민 개인의 자유와 창의를 보완하는 범위 내에서 이루어지는 내재적 한계를 지니고 있다.

지문분석 난이도 ㊥ 정답 ③

| **키 워 드** | 민주적 기본질서

| **출제유형** | 조문 + 판례

③ (X) 헌법 제8조 제4항은 정당해산심판의 사유를 "정당의 목적이나 활동이 민주적 기본질서에 위배될 때"로 규정하고 있는데, 여기서 말하는 민주적 기본질서의 '위배'란, 민주적 기본질서에 대한 단순한 위반이나 저촉을 의미하는 것이 아니라, 민주사회의 불가결한 요소인 정당의 존립을 제약해야 할 만큼 그 정당의 목적이나 활동이 우리 사회의 민주적 기본질서에 대하여 실질적인 해악을 끼칠 수 있는 구체적 위험성을 초래하는 경우를 가리킨다(헌재 2014.12.19. 2013헌다1).

① (○) 헌법전문 및 헌법 제4조

> **헌법전문**
> 유구한 역사와 전통에 빛나는 우리 대한국민은 3·1운동으로 건립된 대한민국 임시정부의 법통과 불의에 항거한 4·19민주이념을 계승하고, 조국의 민주개혁과 평화적 통일의 사명에 입각하여 정의·인도와 동포애로써 민족의 단결을 공고히 하고, 모든 사회적 폐습과 불의를 타파하며, 자율과 조화를 바탕으로 자유민주적 기본질서를 더욱 확고히 하여 정치·경제·사회·문화의 모든 영역에 있어서 각인의 기회를 균등히 하고, 능력을 최고도로 발휘하게 하며, 자유와 권리에 따르는 책임과 의무를 완수하게 하여, 안으로는 국민생활의 균등한 향상을 기하고 밖으로는 항구적인 세계평화와 인류공영에 이바지함으로써 우리들과 우리들의 자손의 안전과 자유와 행복을 영원히 확보할 것을 다짐하면서 1948년 7월 12일에 제정되고 8차에 걸쳐 개정된 헌법을 이제 국회의 의결을 거쳐 국민투표에 의하여 개정한다.

> **헌법 제4조** 대한민국은 통일을 지향하며, 자유민주적 기본질서에 입각한 평화적 통일정책을 수립하고 이를 추진한다.

② (○) 헌법 제8조

> **헌법 제8조** ④ 정당의 목적이나 활동이 민주적 기본질서에 위배될 때에는 정부는 헌법재판소에 그 해산을 제소할 수 있고, 정당은 헌법재판소의 심판에 의하여 해산된다.

④ (○) 우리 헌법은 그 전문에서 "모든 영역에 있어서 각인의 기회를 균등히 하고 … 안으로는 국민생활의 균등한 향상을 기하고"라고 천명하고, 제23조 제2항과 여러 '사회적 기본권' 관련 조항, 제119조 제2항 이하의 경제질서에 관한 조항 등에서 모든 국민에게 그 생활의 기본적 수요를 충족시키려는 이른바 사회국가의 원리를 동시에 채택하여 구현하려 하고 있다. 그러나 이러한 사회국가의 원리는 자유민주적 기본질서의 범위 내에서 이루어져야 하고, 국민 개인의 자유와 창의를 보완하는 범위 내에서 이루어지는 내재적 한계를 지니고 있다 할 것이다(헌재 2001.9.27. 2000헌마238 등).

45 0068 ○△×|○△×|○△× 2019 경찰 승진

헌법상 명확성원칙에 대한 설명으로 가장 적절하지 않은 것은? (다툼이 있는 경우 헌법재판소 판례에 의함)

① 구 개발제한구역의 지정 및 관리에 관한 특별조치법 조항 중 허가를 받지 아니한 '토지의 형질변경' 부분은 개발제한구역 지정 당시의 토지의 형상을 사실상 변형시키고 또 그 원상회복을 어렵게 하는 행위를 의미하는 것이므로, 명확성원칙에 위배되지 않는다.

② 건설업자가 부정한 방법으로 건설업의 등록을 한 경우, 건설업 등록을 필요적으로 말소하도록 규정한 건설산업기본법 조항 중 '부정한 방법' 개념은 모호하여 법률해석을 통하여 구체화될 수 없으므로 명확성원칙에 위배된다.

③ '여러 사람의 눈에 뜨이는 곳에서 공공연하게 알몸을 지나치게 내놓거나 가려야 할 곳을 내놓아 다른 사람에게 부끄러운 느낌이나 불쾌감을 준 사람'을 처벌하는 경범죄 처벌법 조항은 그 의미를 알기 어렵고 그 의미를 확정하기도 곤란하므로 명확성원칙에 위배된다.

④ 품목허가를 받지 아니한 의료기기를 수리·판매·임대·수여 또는 사용의 목적으로 수입하는 것을 금지하는 구 의료기기법 조항은 수리·판매·임대·수여 또는 사용의 목적이 있는 경우에만 품목허가를 받지 않은 의료기기의 수입을 금지하는 것으로 일의적으로 해석되므로 명확성원칙에 위배되지 않는다.

지문분석 난이도 ⓢ 정답 ②

| 키 워 드 | 명확성의 원칙

| 출제유형 | 판례

② (X) 법 제83조 단서 중 제1호에서의 '부정한 방법'이란, 실제로는 기술능력·자본금·시설·장비 등에 관하여 법령이 정한 건설업 등록요건을 갖추지 못하였음에도 자본금의 납입을 가장하거나 허위신고를 통하여 기술능력이나 시설, 장비 등의 보유를 가장하는 수단을 사용함으로써 등록요건을 충족시킨 것처럼 위장하여 등록하는 방법을 말하는 것으로 그 내용이 충분히 구체화되고 제한된다고 판단된다. 따라서 이 사건 법률조항에 규정된 '부정한 방법'의 개념이 약간의 모호함에도 불구하고 법률해석을 통하여 충분히 구체화될 수 있고, 이로써 행정청과 법원의 자의적인 법적용을 배제하는 객관적인 기준을 제공하고 있으므로 이 사건 조항은 법률의 명확성원칙에 위반되지 않는다(헌재 2004.7.15. 2003헌바35 등).

① (O) 이 사건 조항에서 '토지의 형질변경'은 단순히 토지를 원래대로의 형상과 성질을 유지하면서 이용 및 관리하는 행위가 아니라 절토, 성토, 정지 또는 포장 등으로 토지의 형상과 성질을 변경하는 행위와 공유수면을 매립하는 행위로서, 산지를 농지로 개간하거나 토지를 대지화하는 등 개발제한구역 지정 당시의 토지의 형상을 사실상 변형시키고 또 그 원상회복을 어렵게 하는 행위를 의미하는 것이고 이는 건전한 상식과 통상적인 법감정을 가진 사람이라면 쉽사리 알 수 있고 법원에서도 구체적이고 일관된 해석기준을 제시하고 있어, 그 의미 및 처벌대상이 불명확하다고 볼 수 없다. 그렇다면 이 사건 조항은 헌법상 죄형법정주의의 명확성원칙에 위반되지 않는다(헌재 2011.3.31. 2010헌바86).

③ (O) 심판대상 조항의 불명확성을 해소하기 위해 노출이 허용되지 않는 신체부위를 예시적으로 열거하거나 구체적으로 특정하여 이를 분명하게 규정하는 것이 입법기술상 불가능하거나 현저히 곤란하다고 보이지도 않는다. 예컨대 의도적으로 자신의 성기를 사람들에게 노출하여 불쾌감을 유발하는 이른바 '바바리맨'의 행위를 규제할 필요성이 있다면 심판대상 조항처럼 추상적이고 막연하게 규정할 것이 아니라 노출이 금지되는 신체부위를 '성기'로 명확하게 특정하면 될 것이다. 이상과 같이, 심판대상 조항은 구성요건의 내용을 불명확하게 규정하여 죄형법정주의의 명확성원칙에 위배된다(헌재 2016.11.24. 2016헌가3).

④ (O) 위 규정은 수입품목허가를 받지 않은 의료기기에 대하여, 이를 판매·임대·수여 또는 사용하는 행위는 그 목적을 불문하고 금지하고, 이를 제조·수입·수리·저장 또는 진열하는 행위는 수리·판매·임대·수여 또는 사용의 목적이 있는 경우에 이를 금지하는 것으로 일의적으로 해석된다. 또한 "사용"이란 '어떤 목적이나 기능에 맞게 필요로 하거나 소용이 되는 곳에 쓰다.'라는 뜻이고, 이 사건 금지조항이 사용의 의미를 한정하고 있지 않으므로, 어느 의료기기가 질병의 진단·치료·경감·처치 또는 예방의 목적 달성에 효과가 있는 것인지 여부를 판단하기 위하여 테스트 목적으로 그 기기를 사용하는 것 역시 이 사건 금지조항이 정한 의료기기의 "사용"에 해당한다. 따라서 이 사건 금지조항이 명확성원칙에 위배된다고 할 수 없다(헌재 2015.7.30. 2014헌바6).

46 0069 ○△×|○△×|○△× 2020 국회직 5급

헌법상 법치국가원리에 대한 설명으로 옳지 않은 것만을 모두 고르면? (다툼이 있는 경우 판례에 의함)

ㄱ. 종업원 등이 저지른 행위의 결과에 대한 법인의 독자적인 책임에 관하여 전혀 규정하지 않은 채, 단순히 법인이 고용한 종업원 등이 업무에 관하여 범죄행위를 하였다는 이유만으로 법인에 대하여 형사처벌하는 것은 법치국가원리에 위배된다.
ㄴ. 선박소유자가 고용한 선장이 선박소유자의 업무에 관하여 범죄행위를 하면 그 선박소유자에게도 동일한 벌금형을 과하도록 한 것은 책임주의에 위배되지 않는다.
ㄷ. 신법이 피적용자에게 유리한 경우에는 시혜적인 소급입법이 가능하지만 이 경우 입법자가 반드시 시혜적인 소급입법을 해야 할 의무를 지는 것은 아니다.
ㄹ. 종전의 '친일반민족행위자'의 유형을 개정하면서 '일제로부터 작위를 받거나 계승한 자'까지 친일반민족행위자의 범위에 포함시켜 그 재산을 국가귀속의 대상으로 하면 헌법에 위배된다.
ㅁ. 법률의 제정이나 개정 시 구법질서에 대한 당사자의 신뢰가 합리적이고도 정당하며 법률의 제정이나 개정으로 야기되는 당사자의 손해가 극심하여 새로운 입법으로 달성하고자 하는 공익적 목적이 그러한 당사자의 신뢰의 파괴를 정당화할 수 없다면 그러한 새 입법은 신뢰보호의 원칙상 허용될 수 없다.

① ㄱ, ㄹ　② ㄴ, ㄹ
③ ㄴ, ㅁ　④ ㄷ, ㄹ
⑤ ㄷ, ㅁ

지문분석 난이도 상 정답 ②

| 키 워 드 | 법치국가원리
| 출제유형 | 판례

ㄴ. (X) 이 사건 법률 조항은 선장의 범죄행위에 관하여 비난할 근거가 되는 선박소유자의 의사결정 및 행위구조, 즉 선장이 저지른 행위의 결과에 대한 선박소유자의 독자적인 책임에 관하여 전혀 규정하지 않은 채, 단순히 선박소유자가 고용한 선장이 업무에 관하여 범죄행위를 하였다는 이유만으로 선박소유자에 대하여 형사처벌을 과하고 있는바, 이는 다른 사람의 범죄에 대하여 그 책임 유무를 묻지 않고 형벌을 부과하는 것으로서, 헌법상 법치국가의 원리 및 죄형법정주의로부터 도출되는 책임주의원칙에 반하여 헌법에 위반된다(헌재 2011.11.24. 2011헌가15).
ㄹ. (X) 일제로부터 작위를 받았다고 하더라도 '한일합병의 공으로' 작위를 받지 아니한 자는 종전의 친일재산귀속법에 의하여 그 재산이 국가귀속의 대상이 되지 아니할 것이라고 믿은 제청신청인의 신뢰는 친일재산귀속법의 제정경위 및 입법목적 등에 비추어 확고한 것이라거나 보호가치가 크다고 할 수 없는 반면, 이 사건 법률 조항에 의하여 달성되는 공익은 매우 중대하므로 이 사건 법률 조항은 신뢰보호원칙에 위반되지 아니한다(헌재 2013.7.25. 2012헌가1).
ㄱ. (O) 이 사건 법률 조항 중 법인의 종업원 관련 부분은 종업원 등의 범죄행위에 관하여 비난할 근거가 되는 법인의 의사결정 및 행위구조, 즉 종업원 등이 저지른 행위의 결과에 대한 법인의 독자적인 책임에 관하여 전혀 규정하지 않은 채, 단순히 법인이 고용한 종업원 등이 업무에 관하여 범죄행위를 하였다는 이유만으로 법인에 대하여 형사처벌을 과하고 있는바, 이는 다른 사람의 범죄에 대하여 그 책임 유무를 묻지 않고 형벌을 부과하는 것으로서, 헌법상 법치국가의 원리 및 죄형법정주의로부터 도출되는 책임주의원칙에 반한다(헌재 2011.10.25. 2010헌바307).
ㄷ. (O) 신법이 피적용자에게 유리한 경우에는 이른바 시혜적인 소급입법이 가능하지만 이를 입법자의 의무라고는 할 수 없고, 그러한 소급입법을 할 것인지의 여부는 입법재량의 문제로서 그 판단은 일차적으로 입법기관에 맡겨져 있으며, 이와 같은 시혜적 조치를 할 것인가 하는 문제는 국민의 권리를 제한하거나 새로운 의무를 부과하는 경우와는 달리 입법자에게 보다 광범위한 입법형성의 자유가 인정된다(헌재 1995.12.28. 95헌마196).
ㅁ. (O) 신뢰보호의 원칙은 헌법상 법치국가의 원칙으로부터 도출되는데, 그 내용은 법률의 제정이나 개정 시 구법질서에 대한 당사자의 신뢰가 합리적이고도 정당하며 법률의 제정이나 개정으로 야기되는 당사자의 손해가 극심하여 새로운 입법으로 달성하고자 하는 공익적 목적이 그러한 당사자의 신뢰의 파괴를 정당화할 수 없다면, 그러한 새로운 입법은 신뢰보호의 원칙상 허용될 수 없다는 것이다(헌재 2011.10.25. 2010헌마661).

47 0070 ○△×|○△×|○△×

2015 서울시 7급

법치국가원리에 대한 설명으로 옳지 않은 것은? (다툼이 있는 경우 판례에 의함)

① 시행령 규정이 법률의 위임 없이 미결수용자의 면회횟수를 매주 2회로 제한하고 있는 것은 접견교통권을 침해하는 것이다.
② 특별한 법적 근거 없이 엄중격리대상자의 수용거실에 CCTV를 설치하여 24시간 감시하는 행위는 법률유보의 원칙에 위배되지 않는다.
③ 체계정당성의 원리는 비례의 원칙이나 평등의 원칙 등 일정한 헌법의 규정이나 원칙을 위반하여야만 비로소 그 위반이 인정된다.
④ 의무사관후보생의 병적에서 제외된 사람의 징집면제연령을 31세에서 36세로 상향 조정한 병역법 규정은 신뢰보호원칙에 위반되는 것이다.

지문분석 난이도 ㊦ 정답 ④

| 키 워 드 | 법치국가원리
| 출제유형 | 판례

④ (X) 일반적으로 법률은 현실상황의 변화나 입법정책의 변경 등으로 언제라도 개정될 수 있는 것이다. 특히, 의무사관후보생의 병적에서 제외된 사람의 징집면제연령을 31세에서 36세로 상향조정한 이 사건 법률조항은 직접적인 병력형성에 관한 영역으로서, 입법자가 급변하는 정세에 따라 탄력적으로 그 징집대상자의 범위를 결정함으로써 적정한 군사력을 유지하여야 하는 강력한 공익상 필요가 있기 때문에, 이에 관한 입법자의 입법형성권의 범위가 매우 넓다. 따라서 국민들은 이러한 영역에 관한 법률이 제반 사정에 따라 언제든지 변경될 수 있다는 것을 충분히 예측할 수 있다고 보아야 한다(헌재 2002.11.28. 2002헌바45).
① (O) 헌재 2003.11.27. 2002헌마193
② (O) 헌재 2008.5.29. 2005헌마137 등
③ (O) 헌재 2010.6.24. 2007헌바101 등

48 0071 ○△×|○△×|○△×

2016 서울시 7급

법치국가원리에 대한 헌법재판소의 태도로 가장 옳지 않은 것은?

① 헌법재판소는 행정소송의 피고나 그 보조참가인인 행정청이 헌법재판소법 제68조 제2항의 헌법소원심판을 청구할 수 있는지 여부에 관하여 행정처분의 주체인 행정청은 헌법소원을 제기할 수 없다고 판시하였다.
② 당해 법률의 전반적 체계나 관련 규정에 비추어 위임조항의 내재적인 위임 범위나 한계를 객관적으로 분명히 확정할 수 있다면 이를 포괄적 위임에 해당한다 할 수 없다.
③ 사회보장적인 급여와 같은 급부행정의 영역에서 위임입법에 있어 위임의 구체성이나 명확성의 요구 정도는 기본권 침해의 영역보다 다소 약화될 수 있다.
④ 위임입법의 한계와 관련하여 예측가능성의 유무는 당해 법조항 하나만을 가지고 판단할 것이 아니라 관련 법조항 전체를 유기적·체계적으로 종합하여 판단하되, 그 대상 법률의 성질에 따라 구체적·개별적으로 판단한다.

지문분석 난이도 ㊦ 정답 ①

| 키 워 드 | 법치국가원리
| 출제유형 | 판례

① (X) 헌법재판소법 제68조 제2항에 의한 헌법소원심판은 구체적 규범통제의 헌법소원으로서 기본권의 침해가 있을 것을 그 요건으로 하고 있지 않을 뿐만 아니라 행정처분에 대한 소송절차에서는 그 근거법률의 헌법 적합성까지도 심판대상으로 되는 것이므로, 행정처분의 주체인 행정청도 헌법의 최고규범력에 따른 구체적 규범통제를 위하여 근거법률의 위헌 여부에 대한 심판의 제청을 신청할 수 있고, 헌법재판소법 제68조 제2항의 헌법소원을 제기할 수 있다(헌재 2008.4.24. 2004헌바44).
② (O), ③ (O) 사회보장적인 급여와 같은 급부행정의 영역에서는 기본권 침해의 영역보다 구체성을 요구하는 정도가 다소 약화될 수 있다. 뿐만 아니라 위임조항에 위임의 구체적인 범위를 명확히 규정하고 있지 않다 하더라도 당해 법률의 전반적 체계나 관련 규정에 비추어 내재적인 위임의 범위나 한계를 객관적으로 분명히 확정할 수만 있다면, 이를 두고 일반적이고 포괄적인 백지위임에 해당한다 할 수 없다(헌재 2007.10.25. 2005헌바68).
④ (O) 위임입법의 한계와 관련하여 예측가능성의 유무는 당해 법조항 하나만으로 판단할 것이 아니라, 관련 법조항 전체를 유기적·체계적으로 종합하여 판단하되, 그 대상 법률의 성질에 따라 구체적·개별적으로 검토하여야 한다(헌재 2007.10.25. 2005헌바68).

49 0072 ○△×|○△×|○△× 2022 경찰 1차

법치주의에 관한 설명 중 가장 적절하지 않은 것은? (다툼이 있는 경우 판례에 의함)

① 실종기간이 구법 시행기간 중에 만료되는 때에도 그 실종이 개정민법 시행일 후에 선고된 때에는 상속에 관하여 개정민법의 규정을 적용하도록 한 민법 부칙의 조항은 재산권 보장에 관한 신뢰보호원칙에 위배된다고 볼 수 없다.

② 공소시효제도가 헌법 제12조 제1항 및 제13조 제1항에 정한 죄형법정주의의 보호범위에 바로 속하지 않는다면, 소급입법의 헌법적 한계는 법적 안정성과 신뢰보호원칙을 포함하는 법치주의의 원칙에 따른 기준으로 판단하여야 한다.

③ 신뢰보호원칙은 객관적 요소로서 법질서의 신뢰성·항구성·법적 투명성과 법적 평화를 의미하고, 이와 내적인 상호 연관관계에 있는 법적 안정성은 한번 제정된 법규범은 원칙적으로 존속력을 갖고 자신의 행위기준으로 작용하리라는 개인의 주관적 기대이다.

④ 임차인의 계약갱신요구권 행사 기간을 10년으로 규정한 상가건물 임대차보호법의 개정법 조항을 개정법 시행 후 갱신되는 임대차에 대하여도 적용하도록 규정한 동법 부칙의 규정은 신뢰보호원칙에 위배되어 임대인의 재산권을 침해한다고 볼 수 없다.

지문분석 난이도 중 정답 ③

| 키 워 드 | 법치주의

| 출제유형 | 판례

③ (X) 법적 안정성은 객관적 요소로서 법질서의 신뢰성·항구성·법적 투명성과 법적 평화를 의미하고, 이와 내적인 상호 연관관계에 있는 법적 안정성의 주관적 측면은 한번 제정된 법규범은 원칙적으로 존속력을 갖고 자신의 행위기준으로 작용하리라는 개인의 신뢰보호원칙이다(헌재 1996.2.16. 96헌가2 등).

① (O) 상속제도나 상속권의 내용은 입법 정책적으로 결정하여야 할 사항으로서 원칙적으로 입법형성의 영역에 속하고, 부재자의 참여 없이 진행되는 실종선고 심판절차에서 법원으로서는 실종 여부나 실종이 된 시기 등에 대하여 청구인의 주장과 청구인이 제출한 소명자료를 기초로 실종 여부나 실종기간의 기산일을 판단하게 되는 측면이 있는바, 이로 인하여 발생할 수 있는 상속인의 범위나 상속분 등의 변경에 따른 법률관계의 불안정을 제거하여 법적 안정성을 추구하고, 실질적으로 남녀 간 공평한 상속이 가능하도록 개정된 민법상의 상속규정을 개정민법 시행 후 실종이 선고되는 부재자에게까지 확대 적용함으로써 얻는 공익이 매우 크므로, 심판대상 조항은 신뢰보호원칙에 위배하여 재산권을 침해하지 아니한다(헌재 2016.10.27. 2015헌바203 등).

② (O) 우리 헌법이 규정한 형벌불소급의 원칙은 형사소추가 "언제부터 어떠한 조건하에서" 가능한가의 문제에 관한 것이고, "얼마동안" 가능한가의 문제에 관한 것은 아니다. 다시 말하면 헌법의 규정은 "행위의 가벌성"에 관한 것이기 때문에 소추가능성에만 연관될 뿐, 가벌성에는 영향을 미치지 않는 공소시효에 관한 규정은 원칙적으로 그 효력범위에 포함되지 않는다. 공소시효제도가 헌법 제12조 제1항 및 제13조 제1항에 정한 죄형법정주의의 보호범위에 바로 속하지 않는다면, 소급입법의 헌법적 한계는 법적 안정성과 신뢰보호원칙을 포함하는 법치주의의 원칙에 따른 기준으로 판단하여야 한다(헌재 1996.2.16. 96헌가2 등).

④ (O) 임차인의 계약갱신요구권 행사 기간이 앞으로도 계속하여 5년으로 유지될 것이라고 기대했던 임대인의 기대 내지 신뢰가 존재했다 하더라도 이를 확정적이거나 절대적인 기대 내지 신뢰라고 보기는 어려우므로, 그것이 어느 정도 보호될 수 있는지는 신뢰의 침해 정도 및 계약갱신요구권 행사 기간의 변경을 통해 달성하고자 하는 공익의 중대성에 따라 달라질 수 있다. 따라서 이 사건 부칙조항은 신뢰보호원칙에 위배되어 임대인인 청구인들의 재산권을 침해한다고 볼 수 없다(헌재 2021.10.28. 2019헌마106 등).

50 0073 ○△×|○△×|○△× 2015 국가직 7급

법치주의에 대한 헌법재판소 결정으로 옳지 않은 것은?

① 미결구금은 실질적으로 자유형의 집행과 다를 바 없으므로 상소제기 후 상소취하 시까지의 미결구금을 형기에 산입하지 아니하는 것은 적법절차에 위배된다.
② 보호관찰이나 사회봉사 또는 수강명령의 준수사항이나 명령을 위반하고 그 정도가 무거운 때 집행유예가 취소되어 본형이 부활되는 것은 동일한 사건에 대한 심판의 결과가 아니므로 일사부재리원칙과는 무관하나 이미 수행된 의무이행 부분이 부활되는 형기에 반영되지 않는 것은 적법절차에 위배된다.
③ 헌법불합치결정으로 구법 조항이 실효되어 이미 전액 지급된 공무원 퇴직연금의 일부를 다시 환수할 수 있도록 규정한 부칙조항은 진정소급입법으로서 국회가 개선입법을 하지 않은 것에 기인함에도 불구하고, 법집행의 책임을 퇴직공무원들에게 전가하는 것으로 소급입법금지원칙에 위반된다.
④ 종전의 친일재산귀속법상 친일반민족행위자에 해당하지 않는다는 이유로 그 재산이 국가귀속의 대상이 되지 아니할 것이라고 신뢰하였더라도 그러한 신뢰는 친일반민족행위자 재산의 국가귀속에 관한 특별법과 일제강점하 반민족행위 진상규명에 관한 특별법의 제정경위 및 입법목적에 비추어 확고한 것이라고 인정하기 어려워 그 재산을 국가에 귀속시키는 것은 신뢰보호원칙에 위배되지 않는다.

지문분석 난이도 중 정답 ②

| 키 워 드 | 법치주의
| 출제유형 | 판례

② (X) 집행유예의 취소 시 부활되는 본형은 집행유예의 선고와 함께 선고되었던 것으로 판결이 확정된 동일한 사건에 대하여 다시 심판한 결과 부과되는 것이 아니므로 일사부재리의 원칙과 무관하고, 사회봉사명령 또는 수강명령은 그 성격, 목적, 이행방식 등에서 형벌과 본질적 차이가 있어 이중처벌금지원칙에서 말하는 '처벌'이라 보기 어려우므로, 이 사건 법률 조항은 이중처벌금지원칙에 위반되지 아니한다(헌재 2013.6.27. 2012헌바345).
① (○) 헌재 2009.12.29. 2008헌가13
③ (○) 헌재 2013.8.29. 2010헌바354
④ (○) 일제로부터 작위를 받았다고 하더라도 '한일합병의 공으로' 작위를 받지 아니한 자는 종전의 친일재산귀속법에 의하여 그 재산이 국가 귀속의 대상이 되지 아니할 것이라고 믿은 제청신청인의 신뢰는 친일재산귀속법의 제정경위 및 입법목적 등에 비추어 확고한 것이라거나 보호가치가 크다고 할 수 없는 반면, 이 사건 법률 조항에 의하여 달성되는 공익은 매우 중대하므로 이 사건 법률 조항은 신뢰보호원칙에 위반되지 아니한다(헌재 2013.7.25. 2012헌가1).

51 0074 ○△×|○△×|○△× 2017 국가직 5급

법치주의에 대한 설명으로 옳지 않은 것은? (다툼이 있는 경우 헌법재판소 결정에 의함)

① 현행헌법상 법치주의를 선언하고 있는 명문의 규정은 없으나, 법치주의는 헌법의 기본원리로 인정된다.
② 법치주의는 행정작용에 국회가 제정한 형식적 법률의 근거가 요청된다는 법률유보를 그 핵심적 내용의 하나로 한다.
③ 법치주의로부터 도출되는 신뢰보호의 원칙상 모든 법규범은 현재와 장래에 한하여 효력을 가지기 때문에 시혜적 소급입법은 금지된다.
④ 범죄행위의 무게 및 그 범행자의 책임에 상응하는 정당한 비례성을 감안하여, 기본권의 제한은 필요한 최소한에 그쳐야 한다는 것은 헌법상 법치국가의 원리에서 나온다.

지문분석 난이도 하 정답 ③

| 키 워 드 | 법치주의
| 출제유형 | 판례

③ (X) 헌법상의 기본원칙인 법치주의로부터 도출되는 법적 안정성과 신뢰보호의 원칙상 모든 법규범은 현재와 장래에 한하여 효력을 가지는 것이기 때문에 소급입법은 금지 내지 제한된다. 다만, 신법이 피적용자에게 유리한 경우에는 이른바 시혜적인 소급입법이 가능하지만 이를 입법자의 의무라고는 할 수 없고, 그러한 소급입법을 할 것인지의 여부는 입법재량의 문제로서 그 판단은 일차적으로 입법기관에 맡겨져 있으며, 이와 같은 시혜적 조치를 할 것인가 하는 문제는 국민의 권리를 제한하거나 새로운 의무를 부과하는 경우와는 달리 입법자에게 보다 광범위한 입법형성의 자유가 인정된다고 할 것이다(헌재 1995.12.28. 95헌마196).
①(○), ②(○) 헌법은 법치주의를 그 기본원리의 하나로 하고 있고, 법치주의는 법률유보원칙, 즉 행정작용에는 국회가 제정한 형식적 법률의 근거가 요청된다는 원칙을 그 핵심적 내용으로 하고 있다(헌재 2009.2.26. 2008헌마370).
④ (○) 범죄행위의 무게 및 그 범행자의 책임에 상응하는 정당한 비례성을 감안하여, 기본권의 제한은 필요한 최소한에 그쳐야 한다는 것은 헌법상 법치국가의 원리에서 나온다(헌재 1992.4.28. 90헌바24).

52 0075 ○△×|○△×|○△× 2020 국가직 7급

명확성원칙에 대한 설명으로 옳지 않은 것은? (다툼이 있는 경우 판례에 의함)

① 모의총포의 기준을 구체적으로 정한 총포·도검·화약류 등의 안전관리에 관한 법률 시행령 조항에서 '범죄에 악용될 소지가 현저한 것'은 진정한 총포로 오인·혼동되어 위협 수단으로 사용될 정도로 총포와 모양이 유사한 것을 의미하므로 죄형법정주의의 명확성원칙에 위반되지 않는다.
② 취소소송 등의 제기 시 행정소송법 조항의 집행정지의 요건으로 규정한 '회복하기 어려운 손해'는 건전한 상식과 통상적인 법감정을 가진 사람이 심판대상 조항의 의미 내용을 파악하기 어려우므로 명확성원칙에 위배된다.
③ 어린이집이 시·도지사가 정한 수납한도액을 초과하여 보호자로부터 필요경비를 수납한 경우, 해당 시·도지사는 영유아보육법에 근거하여 시정 또는 변경 명령을 발할 수 있는데, 이 시정 또는 변경 명령 조항의 내용으로 환불명령을 명시적으로 규정하지 않았다고 하여 명확성원칙에 위배된다고 볼 수 없다.
④ 정당한 이유 없이 이 법에 규정된 범죄에 공용(供用)될 우려가 있는 흉기나 그 밖의 위험한 물건을 휴대한 사람을 처벌하도록 규정한 폭력행위 등 처벌에 관한 법률 조항에서 '공용(供用)될 우려가 있는'은 흉기나 그 밖의 위험한 물건이 '사용될 위험성이 있는'의 뜻으로 해석할 수 있으므로 죄형법정주의의 명확성원칙에 위배되지 않는다.

지문분석 난이도 중 정답 ②

| **키 워 드** | 명확성의 원칙
| **출제유형** | 판례

② (X) 이 사건 집행정지 요건 조항에서 집행정지 요건으로 규정한 '회복하기 어려운 손해'는 대법원 판례에 의하여 '특별한 사정이 없는 한 금전으로 보상할 수 없는 손해로서 이는 금전보상이 불능인 경우 내지는 금전보상으로는 사회관념상 행정처분을 받은 당사자가 참고 견딜 수 없거나 또는 참고 견디기가 현저히 곤란한 경우의 유형, 무형의 손해'를 의미한 것으로 해석할 수 있고, '긴급한 필요'란 손해의 발생이 시간상 임박하여 손해를 방지하기 위해서 본안판결까지 기다릴 여유가 없는 경우를 의미하는 것으로, 이는 집행정지가 임시적 권리구제제도로서 잠정성, 긴급성, 본안소송에의 부종성의 특징을 지니는 것이라는 점에서 그 의미를 쉽게 예측할 수 있다. 이와 같이 심판대상 조항은 법관의 법 보충작용을 통한 판례에 의하여 합리적으로 해석할 수 있고, 자의적인 법해석의 위험이 있다고 보기 어려우므로 명확성원칙에 위배되지 않는다(헌재 2018.1.25. 2016헌바208).
① (O) 이 사건 시행령 조항에서 '범죄에 악용될 소지가 현저한 것'은 진정한 총포로 오인·혼동되어 위협 수단으로 사용될 정도로 총포와 모양이 유사한 것을 의미하고, '인명·신체상 위해를 가할 우려가 있는 것'은 사람에게 상해나 사망의 결과를 가할 우려가 있을 정도로 진정한 총포의 기능과 유사한 것을 의미한다. 따라서 이 사건 시행령 조항은 문언상 그 의미가 명확하므로, 죄형법정주의의 명확성원칙에 위반되지 않는다(헌재 2018.5.31. 2017헌마167).
③ (O) 심판대상 조항이 규정하고 있는 '시정 또는 변경' 명령은 '영유아보육법 제38조 위반행위에 대하여 그 위법사실을 시정하도록 함으로써 정상적인 법질서를 회복하는 것을 목적으로 행해지는 행정작용'으로, 여기에는 과거의 위반행위로 인하여 취득한 필요경비 한도 초과액에 대한 환불명령도 포함됨을 어렵지 않게 예측할 수 있다. 그렇다면 심판대상 조항 자체에 시정 또는 변경 명령의 내용으로 환불명령을 명시적으로 규정하지 않았다고 하여 명확성원칙에 위배된다고 볼 수 없다(헌재 2017.12.28. 2016헌바249).
④ (O) 심판대상 조항의 '정당한 이유 없이 이 법에 규정된 범죄에 공용(供用)될 우려가 있는' 부분은 '흉기나 위험한 물건을 휴대할 만한 충분한 사유가 없이 폭력행위처벌법에 규정된 범죄에 사용될 위험성이 있는'의 의미로 구체화할 수 있으므로 죄형법정주의의 명확성원칙에 위배되지 않는다(헌재 2018.5.31. 2016헌바250).

53 0076 ○△×|○△×|○△× 2017 경찰 승진

법치국가원리에 대한 설명으로 가장 적절한 것은? (다툼이 있는 경우 판례에 의함)

① 검사에 대한 징계사유 중 하나인 '검사로서의 체면이나 위신을 손상하는 행위를 하였을 때'의 의미는 그 포섭범위가 지나치게 광범위하므로 명확성의 원칙에 반하여 헌법에 위배된다.
② 법적 안정성의 객관적 측면은 한번 제정된 법규범은 원칙적으로 존속력을 갖고 자신의 행위기준으로 작용하리라는 개인의 신뢰를 보호하는 것이다.
③ 기본권 제한 입법에 있어서 규율대상이 지극히 다양하거나 수시로 변화하는 성질의 것이어서 입법기술상 일의적으로 규정할 수 없는 경우라도 명확성의 요건이 강화되어야 한다.
④ 종합생활기록부에 의하여 절대평가와 상대평가를 병행, 활용하도록 한 교육부장관 지침(종합생활기록부제도 개선보완 시행지침, 1996.8.7.)은 교육개혁위원회의 교육개혁방안에 따라 절대평가가 이루어질 것으로 믿고 특수목적 고등학교에 입학한 학생들의 신뢰이익을 침해하였다고 볼 수 없다.

지문분석 난이도 중 정답 ④

| 키 워 드 | 법치국가원리
| 출제유형 | 판례

④ (○) 청구인들이 이른바 특수목적 고등학교인 외국어고등학교에 입학하기 위하여 원서를 제출할 당시 시행되었던 종합생활기록부 제도는 처음부터 절대평가와 상대평가를 예정하고 있었고, 대학입학전형에 있어서 학생부를 절대평가방법으로 활용할 것인가 상대평가방법으로 활용할 것인가 등 그 반영방법도 대학의 자율에 일임되어 있었다. 따라서 그 이후 공표된 이 사건 제도개선보완 시행지침은 1999학년도까지 대입전형자료로 절대평가와 상대평가를 병행하도록 하고 다만 종전 종합생활기록부제도의 문제점을 보완하기 위하여 과목별 석차의 기록방법 등 세부적인 사항을 개선, 변경한 데 불과하므로 이로 인하여 청구인들의 헌법상 보호할 가치가 있는 신뢰가 침해되었다고 볼 수 없다(헌재 1997.7.16. 97헌마38).
① (×) "검사로서의 체면이나 위신을 손상하는 행위"의 의미는, 공직자로서의 검사의 구체적 언행과 그에 대한 검찰 내부의 평가 및 사회 일반의 여론, 그리고 검사의 언행이 사회에 미친 파장 등을 종합적으로 고려하여 구체적인 상황에 따라 건전한 사회통념에 의하여 판단할 수 있으므로 명확성원칙에 위배되지 아니한다(헌재 2011.12.29. 2009헌바282).
② (×) 법적 안정성은 객관적 요소로서 법질서의 신뢰성·항구성·법적 투명성과 법적 평화를 의미하고, 이와 내적인 상호 연관관계에 있는 법적 안정성의 주관적 측면은 한번 제정된 법규범은 원칙적으로 존속력을 갖고 자신의 행위기준으로 작용하리라는 개인의 신뢰보호원칙이다(헌재 1996.2.16. 96헌가2 등).
③ (×) 기본권 제한 입법이라 하더라도 규율대상이 지극히 다양하거나 수시로 변화하는 성질의 것이어서 입법기술상 일의적으로 규정할 수 없는 경우에는 명확성의 요건이 완화되어야 할 것이다. 또 당해 규정이 명확한지 여부는 그 규정의 문언만으로 판단할 것이 아니라 관련 조항을 유기적·체계적으로 종합하여 판단하여야 할 것이다(헌재 1999.9.16. 97헌바73).

54 0077 ○△×|○△×|○△× 2019 경찰 승진

소급입법금지원칙에 대한 설명으로 옳지 <u>않은</u> 것은? (다툼이 있는 경우 헌법재판소 판례에 의함)

① 진정소급입법은 개인의 신뢰보호와 법적 안정성을 내용으로 하는 법치국가원리에 의하여 특단의 사정이 있어 예외적으로 허용되는 경우를 제외하고는 헌법적으로 허용되지 아니하는 것이 원칙이다.
② 진정소급입법이 허용되는 예외적인 경우로는 일반적으로, 국민이 소급입법을 예상할 수 있었거나, 법적 상태가 불확실하고 혼란스러웠거나 하여 보호할 만한 신뢰의 이익이 적은 경우와 소급입법에 의한 당사자의 손실이 없거나 아주 경미한 경우, 그리고 신뢰보호의 요청에 우선하는 심히 중대한 공익상의 사유가 소급입법을 정당화하는 경우를 들 수 있다.
③ 신법이 이미 종료된 사실관계나 법률관계에 적용되는 부진정소급입법에 있어서는 소급효를 요구하는 공익상의 사유와 신뢰보호 요청 사이의 교량과정에서 신뢰보호의 관점이 입법자의 형성권에 제한을 가하게 된다.
④ 신법이 피적용자에게 유리한 경우에는 이른바 시혜적인 소급입법이 가능하지만, 그러한 소급입법을 할 것인지의 여부는 그 일차적인 판단이 입법기관에 맡겨져 있다.

지문분석 난이도 중 정답 ③

| 키 워 드 | 소급입법금지원칙
| 출제유형 | 판례

③ (×), ① (○), ② (○) 소급입법은 새로운 입법으로 이미 종료된 사실관계 또는 법률관계에 작용케 하는 진정소급입법과 현재 진행 중인 사실관계 또는 법률관계에 작용케 하는 부진정소급입법으로 나눌 수 있는바, 부진정소급입법은 원칙적으로 허용되지만 소급효를 요구하는 공익상의 사유와 신뢰보호의 요청 사이의 교량과정에서 신뢰보호의 관점이 입법자의 형성권에 제한을 가하게 되는 데 반하여, 기존의 법에 의하여 형성되어 이미 굳어진 개인의 법적 지위를 사후입법을 통하여 박탈하는 것 등을 내용으로 하는 진정소급입법은 개인의 신뢰보호와 법적 안정성을 내용으로 하는 법치국가원리에 의하여 특단의 사정이 없는 한 헌법적으로 허용되지 아니하는 것이 원칙이고, 다만 일반적으로 국민이 소급입법을 예상할 수 있었거나 법적 상태가 불확실하고 혼란스러워 보호할 만한 신뢰이익이 적은 경우와 소급입법에 의한 당사자의 손실이 없거나 아주 경미한 경우 그리고 신뢰보호의 요청에 우선하는 심히 중대한 공익상의 사유가 소급입법을 정당화하는 경우 등에는 예외적으로 진정소급입법이 허용된다(헌재 1999.7.22. 97헌바76 등).
④ (○) 신법이 피적용자에게 유리한 경우에는 이른바 시혜적인 소급입법이 가능하지만 이를 입법자의 의무라고는 할 수 없고, 그러한 소급입법을 할 것인지의 여부는 입법재량의 문제로서 그 판단은 일차적으로 입법기관에 맡겨져 있으며, 이와 같은 시혜적 조치를 할 것인가 하는 문제는 국민의 권리를 제한하거나 새로운 의무를 부과하는 경우와는 달리 입법자에게 보다 광범위한 입법형성의 자유가 인정된다고 할 것이다(헌재 1995.12.28. 95헌마196).

55 0078 ○△×|○△×|○△× 2020 법원직 9급

헌법 제13조 제2항이 금하고 있는 소급입법에 의한 재산권 박탈에 관한 다음 설명 중 가장 옳지 않은 것은?

① 헌법 제13조 제2항이 금하고 있는 소급입법은, 이미 과거에 완성된 사실·법률관계를 규율의 대상으로 하는 이른바 진정소급효의 입법과 이미 과거에 시작하였으나 아직 완성되지 아니하고 진행과정에 있는 사실·법률관계를 규율의 대상으로 하는 이른바 부진정소급효의 입법을 모두 의미한다.
② 진정소급입법은 국민이 소급입법을 예상할 수 있었거나, 법적 상태가 불확실하고 혼란스러웠거나 하여 보호할 만한 신뢰의 이익이 적은 경우와 소급입법에 의한 당사자의 손실이 없거나 아주 경미한 경우, 신뢰보호의 요청에 우선하는 심히 중대한 공익상의 사유가 소급입법을 정당화하는 경우에는 예외적으로 허용될 수 있다.
③ 부진정소급입법은 소급효를 요구하는 공익상의 사유와 신뢰보호 요청 사이의 교량과정에서 신뢰보호의 관점이 입법자의 형성권에 제한을 가하게 된다.
④ 친일재산을 그 취득·증여 등 원인행위 시에 국가의 소유로 하도록 규정한 친일반민족행위자 재산의 국가귀속에 관한 특별법 조항은 진정소급입법에 해당하나 헌법 제13조 제2항에 반하지 않는다.

지문분석 난이도 중 정답 ①

| 키 워 드 | 소급입법에 의한 재산권 박탈

| 출제유형 | 판례

① (X) 과거의 사실관계 또는 법률관계를 규율하기 위한 소급입법의 태양에는 이미 과거에 완성된 사실·법률관계를 규율의 대상으로 하는 이른바 진정소급효의 입법과 이미 과거에 시작하였으나 아직 완성되지 아니하고 진행과정에 있는 사실·법률관계를 규율의 대상으로 하는 이른바 부진정소급효의 입법이 있다. 헌법 제13조 제2항이 금하고 있는 소급입법은 전자, 즉 진정소급효를 가지는 법률만을 의미하는 것으로서, 이에 반하여 후자, 즉 부진정소급효의 입법은 원칙적으로 허용되는 것이다(헌재 1999.4.29. 94헌바37 등).
② (O) 기존의 법에 의하여 형성되어 이미 굳어진 개인의 법적 지위를 사후입법을 통하여 박탈하는 것 등을 내용으로 하는 진정소급입법은 개인의 신뢰보호와 법적 안정성을 내용으로 하는 법치국가원리에 의하여 특단의 사정이 없는 한 헌법적으로 허용되지 아니하는 것이 원칙이고, 다만 일반적으로 국민이 소급입법을 예상할 수 있었거나 법적 상태가 불확실하고 혼란스러워 보호할 만한 신뢰이익이 적은 경우와 소급입법에 의한 당사자의 손실이 없거나 아주 경미한 경우 그리고 신뢰보호의 요청에 우선하는 심히 중대한 공익상의 사유가 소급입법을 정당화하는 경우 등에는 예외적으로 진정소급입법이 허용된다(헌재 1999.7.22. 97헌바76 등).
③ (O) 새로운 입법으로 이미 종료된 사실관계에 작용케 하는 진정소급입법은 헌법적으로 허용되지 않는 것이 원칙이며 특단의 사정이 있는 경우에만 예외적으로 허용될 수 있는 반면, 현재 진행 중인 사실관계에 작용케 하는 부진정소급입법은 원칙적으로 허용되지만 소급효를 요구하는 공익상의 사유와 신뢰보호의 요청 사이의 교량과정에서 신뢰보호의 관점이 입법자의 형성권에 제한을 가하게 된다(헌재 1998.11.26. 97헌바58).
④ (O) 이 사건 귀속 조항은 진정소급입법에 해당하지만, 진정소급입법이라 할지라도 예외적으로 국민이 소급입법을 예상할 수 있었던 경우와 같이 소급입법이 정당화되는 경우에는 허용될 수 있다. 친일재산의 취득 경위에 내포된 민족배반적 성격, 대한민국 임시정부의 법통 계승을 선언한 헌법전문 등에 비추어 친일반민족행위자 측으로서는 친일재산의 소급적 박탈을 충분히 예상할 수 있었고, 친일재산 환수 문제는 그 시대적 배경에 비추어 역사적으로 매우 이례적인 공동체적 과업이므로 이러한 소급입법의 합헌성을 인정한다고 하더라도 이를 계기로 진정소급입법이 빈번하게 발생할 것이라는 우려는 충분히 불식될 수 있다. 따라서 이 사건 귀속 조항은 진정소급입법에 해당하나 헌법 제13조 제2항에 반하지 않는다(헌재 2011.3.31. 2008헌바141 등).

56 0079 ○△×|○△×|○△× 2022 경찰 간부

소급입법에 대한 설명으로 옳지 않은 것은 몇 개인가? (다툼이 있는 경우 헌법재판소 판례에 의함)

> 가. 부당환급받은 세액을 징수하는 근거 규정인 개정조항을 개정된 법 시행 후 최초로 환급세액을 징수하는 분부터 적용하도록 규정한 법인세법 부칙조항은 헌법 제13조 제2항에 따라 원칙적으로 금지되는 이미 완성된 사실·법률관계를 규율하는 진정소급입법에 해당한다.
> 나. 친일재산을 그 취득·증여 등 원인행위 시에 국가의 소유로 하도록 규정한 친일반민족행위자 재산의 국가귀속에 관한 특별법 조항은 현재 진행 중인 사실관계 또는 법률관계에 작용하는 부진정소급입법에 해당한다.
> 다. 헌법 제13조 제2항에 의하면 모든 국민은 소급입법에 의하여 재산권의 제한을 받거나 참정권을 박탈당하지 아니한다.
> 라. 형벌불소급의 원칙은 형사소추가 "언제부터 어떠한 조건하에서" 가능한가의 문제에 관한 것이고, "얼마동안" 가능한가의 문제에 관한 것이 아니다.

① 1개 ② 2개
③ 3개 ④ 4개

지문분석 난이도 상 정답 ②

| 키 워 드 | 소급입법
| 출제유형 | 조문 + 판례

나. (X) 이 사건 귀속 조항은 진정소급입법에 해당하지만, 진정소급입법이라 할지라도 예외적으로 국민이 소급입법을 예상할 수 있었던 경우와 같이 소급입법이 정당화되는 경우에는 허용될 수 있다. 친일재산의 취득 경위에 내포된 민족배반적 성격, 대한민국 임시정부의 법통 계승을 선언한 헌법전문 등에 비추어 친일반민족행위자 측으로서는 친일재산의 소급적 박탈을 충분히 예상할 수 있었고, 친일재산 환수 문제는 그 시대적 배경에 비추어 역사적으로 매우 이례적인 공동체적 과업이므로 이러한 소급입법의 합헌성을 인정한다고 하더라도 이를 계기로 진정소급입법이 빈번하게 발생할 것이라는 우려는 충분히 불식될 수 있다. 따라서 이 사건 귀속 조항은 진정소급입법에 해당하나 헌법 제13조 제2항에 반하지 않는다(헌재 2011.3.31. 2008헌바141 등).

다. (X) 헌법 제13조

> **헌법 제13조** ② 모든 국민은 소급입법에 의하여 참정권의 제한을 받거나 재산권을 박탈당하지 아니한다.

가. (O) 심판대상 조항은 개정조항이 시행되기 전 환급세액을 수령한 부분까지 사후적으로 소급하여 개정된 징수조항을 적용하는 것으로서 헌법 제13조 제2항에 따라 원칙적으로 금지되는 이미 완성된 사실·법률관계를 규율하는 진정소급입법에 해당한다. 법인세를 부당환급받은 법인은 소급입법을 통하여 이자상당액을 포함한 조세채무를 부담할 것이라고 예상할 수 없었고, 환급세액과 이자상당액을 법인세로서 납부하지 않을 것이라는 신뢰는 보호할 필요가 있다. 나아가 개정 전 법인세법 아래에서도 환급세액을 부당이득반환청구를 통하여 환수할 수 있었으므로, 신뢰보호의 요청에 우선하여 진정소급입법을 하여야 할 매우 중대한 공익상 이유가 있다고 볼 수도 없다(헌재 2014.7.24. 2012헌바105).

라. (O) 헌법 제12조 제1항과 제13조 제1항의 근본 뜻은 실체적 형사법 영역에서의 어떠한 소급효력도 금지하고 있고, "범죄를 구성하지 않는 행위"라고 표현함으로써 절대적 소급효금지의 대상은 "범죄구성요건"과 관련되는 것임을 밝히고 있다. 헌법이 범죄구성요건만을 언급하고 있으나 범죄구성요건과 형벌은 불가분의 내적인 연관관계에 있기 때문에 … 소급적인 범죄구성요건의 제정과 소급적인 형벌의 가중을 엄격히 금하고 있다. 우리 헌법이 규정한 형벌불소급의 원칙은 형사소추가 "언제부터 어떠한 조건하에서" 가능한가의 문제에 관한 것이고, "얼마동안" 가능한가의 문제에 관한 것은 아니다. 다시 말하면 헌법의 규정은 "행위의 가벌성"에 관한 것이기 때문에 소추가능성에만 연관될 뿐, 가벌성에는 영향을 미치지 않는 공소시효에 관한 규정은 원칙적으로 그 효력범위에 포함되지 않는다. 행위의 가벌성은 행위에 대한 소추가능성의 전제조건이지만 소추가능성은 가벌성의 조건이 아니므로 공소시효의 정지규정을 과거에 이미 행한 범죄에 대하여 적용하도록 하는 법률이라 하더라도 그 사유만으로 헌법 제12조 제1항 및 제13조 제1항에 규정한 죄형법정주의의 파생원칙인 형벌불소급의 원칙에 언제나 위배되는 것으로 단정할 수는 없다(헌재 1996.2.16. 96헌가2 등).

57 0080 ○△×|○△×|○△× 2021 경찰 승진

헌법상 신뢰보호원칙에 대한 설명으로 가장 적절하지 않은 것은? (다툼이 있는 경우 판례에 의함)

① 신뢰보호원칙은 헌법상 법치국가원리로부터 도출되는 것으로, 법률이 개정되는 경우 구법 질서에 대한 당사자의 신뢰가 합리적이고도 정당하며 법률의 제정이나 개정으로 야기되는 당사자의 손해가 극심하여 새로운 입법으로 달성하고자 하는 공익적 목적이 그러한 당사자의 신뢰의 파괴를 정당화할 수 없다면, 그러한 새로운 입법은 신뢰보호원칙상 허용될 수 없다.

② 법적 안정성의 객관적 요소로서 신뢰보호원칙은 한번 제정된 법규범은 원칙적으로 존속력을 갖고 자신의 행위기준으로 작용하리라는 헌법상 원칙이다.

③ 신뢰보호원칙의 위반 여부는 한편으로는 침해되는 이익의 보호가치, 침해의 정도, 신뢰의 손상 정도, 신뢰침해의 방법 등과 또 다른 한편으로는 새로운 입법을 통하여 실현하고자 하는 공익적 목적 등을 종합적으로 형량하여야 한다.

④ 법률에 따른 개인의 행위가 단지 법률이 반사적으로 부여하는 기회의 활용을 넘어서 국가에 의하여 일정방향으로 유인된 것이라면 특별히 보호가치가 있는 신뢰이익이 인정될 수 있고, 이러한 경우 원칙적으로 개인의 신뢰보호가 국가의 법률 개정 이익에 우선된다고 볼 여지가 있다.

지문분석 난이도 중 정답 ②

| **키 워 드** | 신뢰보호의 원칙

| **출제유형** | 판례

② (×) 법적 안정성은 객관적 요소로서 법질서의 신뢰성·항구성·법적 투명성과 법적 평화를 의미하고, 이와 내적인 상호 연관관계에 있는 법적 안정성의 주관적 측면은 한번 제정된 법규범은 원칙적으로 존속력을 갖고 자신의 행위기준으로 작용하리라는 개인의 신뢰보호원칙이다(헌재 1996.2.16. 96헌가2 등).

① (○) 신뢰보호의 원칙은 헌법상 법치국가의 원칙으로부터 도출되는데, 그 내용은 법률의 제정이나 개정 시 구법 질서에 대한 당사자의 신뢰가 합리적이고도 정당하며 법률의 제정이나 개정으로 야기되는 당사자의 손해가 극심하여 새로운 입법으로 달성하고자 하는 공익적 목적이 그러한 당사자의 신뢰의 파괴를 정당화할 수 없다면, 그러한 새로운 입법은 신뢰보호의 원칙상 허용될 수 없다는 것이다(헌재 2002.11.28. 2002헌바45).

③ (○) 신뢰보호의 원칙의 위배 여부는 한편으로는 침해받은 이익의 보호가치, 침해의 중한 정도, 신뢰가 손상된 정도, 신뢰침해의 방법 등과 다른 한편으로는 새 입법을 통해 실현하고자 하는 공익적 목적을 종합적으로 비교·형량하여 판단하여야 하는데, 이 사건의 경우 투자유인이라는 입법목적을 감안하더라도 그로 인한 공익의 필요성이 구법에 대한 신뢰보호보다 간절한 것이라고 보이지 아니한다(헌재 1995.10.26. 94헌바12).

④ (○) 개인의 신뢰이익에 대한 보호가치는 법령에 따른 개인의 행위가 국가에 의하여 일정방향으로 유인된 신뢰의 행사인지, 아니면 단지 법률이 부여한 기회를 활용한 것으로서 원칙적으로 사적 위험부담의 범위에 속하는 것인지 여부에 따라 달라진다. 만일 법률에 따른 개인의 행위가 단지 법률이 반사적으로 부여하는 기회의 활용을 넘어서 국가에 의하여 일정 방향으로 유인된 것이라면 특별히 보호가치가 있는 신뢰이익이 인정될 수 있고, 원칙적으로 개인의 신뢰보호가 국가의 법률 개정 이익에 우선된다고 볼 여지가 있다(헌재 2002.11.28. 2002헌바45).

58 0081 O△X | O△X | O△X 2016 비상계획관

신뢰보호원칙에 대한 설명으로 옳지 않은 것만을 모두 고른 것은? (다툼이 있는 경우 판례에 의함)

㉠ 취업지원 실시기관 채용시험의 가점 적용대상에서 보국수훈자의 자녀를 제외하는 법 개정을 하면서, 가까운 장래에 보국수훈자의 자녀가 되어 채용시험의 가점을 받게 될 것이라는 신뢰를 장기간 형성해 온 사람에 대하여 경과조치를 두지 않은 국가유공자 등 예우 및 지원에 관한 법률 규정은 신뢰보호원칙에 위배된다.

㉡ 법률의 제·개정 시 구법 질서에 대한 당사자의 신뢰가 합리적이고도 정당하며 법률의 제정이나 개정으로 야기되는 당사자의 손해가 극심하여 새로운 입법으로 달성하고자 하는 공익적 목적이 그러한 당사자의 신뢰의 파괴를 정당화할 수 없다면, 그러한 새로운 입법은 허용될 수 없다.

㉢ 부진정소급입법의 경우에는 특단의 사정이 없는 한 헌법적으로 허용되지 않는 것이 원칙이나, 예외적으로 신뢰보호의 요청에 우선하는 심히 중대한 공익상의 사유가 소급입법을 정당화하는 경우에 허용될 수 있다.

㉣ 신법이 피적용자에게 유리한 소급입법을 할 것인지의 여부는 입법재량의 문제로서, 국민의 권리를 제한하거나 새로운 의무를 부과하는 경우와는 달리 입법자에게 보다 광범위한 입법형성의 자유가 인정된다.

① ㉠, ㉡ ② ㉠, ㉢
③ ㉠, ㉢, ㉣ ④ ㉡, ㉢, ㉣

지문분석

난이도 ㉤ 정답 ②

| 키 워 드 | 신뢰보호의 원칙

| 출제유형 | 판례

㉠ (X) 채용시험의 가점에 관한 국가유공자법 개정이 예측가능하고, 채용시험의 가점은 단지 법률이 부여한 기회를 활용한 것으로서 원칙적으로 사적 위험부담의 범위에 속하는 점, 국가유공자의 가족, 특히 자녀의 합격률 증가로 심화되는 일반 응시자들의 평등권 및 공무담임권 침해를 방지할 공익적 필요성은 상당히 큰 점, 심판대상 조항의 적용시점을 정하는 것은 입법재량의 영역에 속하는 것인 점 등을 종합하면, 개정 국가유공자법 시행 직후에 국가유공자로 등록된 사람의 가족에 대하여 경과규정을 두지 않았다는 이유만으로 심판대상 조항이 헌법상의 신뢰보호원칙에 위배되어 직업선택의 자유, 공무담임권을 침해하였다고 볼 수 없다(헌재 2015.2.26. 2012헌마400).

㉢ (X) 부진정소급입법은 원칙적으로 허용되지만 소급효를 요구하는 공익상의 사유와 신뢰보호의 요청 사이의 교량과정에서 신뢰보호의 관점이 입법자의 형성권에 제한을 가하게 되는 데 반하여, 기존의 법에 의하여 형성되어 이미 굳어진 개인의 법적 지위를 사후입법을 통하여 박탈하는 것 등을 내용으로 하는 진정소급입법은 개인의 신뢰보호와 법적 안정성을 내용으로 하는 법치국가원리에 의하여 특단의 사정이 없는 한 헌법적으로 허용되지 아니하는 것이 원칙이고, 다만 일반적으로 국민이 소급입법을 예상할 수 있었거나 법적 상태가 불확실하고 혼란스러워 보호할 만한 신뢰이익이 적은 경우와 소급입법에 의한 당사자의 손실이 없거나 아주 경미한 경우 그리고 신뢰보호의 요청에 우선하는 심히 중대한 공익상의 사유가 소급입법을 정당화하는 경우 등에는 예외적으로 진정소급입법이 허용된다(헌재 1999.7.22. 97헌바76).

㉡ (O) 법률의 개정 시 구법 질서에 대한 당사자의 신뢰가 합리적이고도 정당하며 법률의 개정으로 야기되는 당사자의 손해가 극심하여 새로운 입법으로 달성하고자 하는 공익적 목적이 그러한 당사자의 신뢰의 파괴를 정당화할 수 없다면 그러한 새 입법은 신뢰보호의 원칙상 허용될 수 없다(헌재 1995.6.29. 94헌바39).

㉣ (O) 개정된 신법이 피적용자에게 유리한 경우에 이른바 시혜적 소급입법을 할 것인지의 여부는 입법재량의 문제로서 그 판단은 일차적으로 입법기관에 맡겨져 있으며, 이와 같은 시혜적 조치를 할 것인가 하는 문제는 국민의 권리를 제한하거나 새로운 의무를 부과하는 경우와는 달리 입법자에게 보다 광범위한 입법형성의 자유가 인정된다(헌재 2006.5.25. 2005헌바15).

59 0082 ○△×|○△×|○△× 2016 국가직 7급

신뢰보호원칙에 대한 헌법재판소 결정으로 옳지 않은 것은?

① 광명시가 고등학교 비평준화 지역으로 남아 있을 것이라는 신뢰는 헌법상 보호하여야 할 가치나 필요성이 있다고 보기 어려우며, 교육감이 추첨에 의하여 고등학교를 배정하는 지역에 광명시를 포함시킨 것은 신뢰보호원칙에 위반되지 아니한다.

② 저작인접권이 소멸된 음원을 무상으로 이용하여 음반을 제작·판매하는 방식으로 영업을 해오던 사업자가 소멸한 저작인접권을 회복시키는 입법으로 인하여 이를 할 수 없게 되었더라도, 2년의 유예기간을 두어 음반 제작·판매업자로서의 이익을 보호하는 것은 신뢰보호원칙에 위반되지 아니한다.

③ PC방 전체를 금연구역으로 지정하고 부칙조항을 통해 공포 후 2년이 경과한 날부터 시행하도록 유예한 국민건강증진법은 신뢰보호원칙에 위반되지 아니한다.

④ 무기징역의 집행 중에 있는 자의 가석방 요건을 종전의 '10년 이상'에서 '20년 이상' 형 집행 경과로 강화한 개정 형법 조항을 형법 개정 당시에 이미 수용 중인 사람에게도 적용하는 형법 부칙 조항은 신뢰보호원칙에 위반된다.

지문분석 난이도 중 정답 ④

| 키 워 드 | 신뢰보호의 원칙

| 출제유형 | 판례

④ (X) 수형자가 형법에 규정된 형 집행경과기간 요건을 갖춘 것만으로 가석방을 요구할 권리를 취득하는 것은 아니므로, 10년간 수용되어 있으면 가석방 적격심사 대상자로 선정될 수 있었던 구 형법 제72조 제1항에 대한 청구인의 신뢰를 헌법상 권리로 보호할 필요성이 있다고 할 수 없다. 무기징역의 집행 중에 있는 자의 가석방 요건을 종전의 '10년 이상'에서 '20년 이상' 형 집행 경과로 강화한 개정 형법 조항을 형법 개정 당시에 이미 수용 중인 사람에게도 적용하는 형법 부칙 조항은 신뢰보호원칙에 위배되어 청구인의 신체의 자유를 침해한다고 볼 수 없다(헌재 2013.8.29. 2011헌마408).

① (O) 한 지역의 고교평준화 여부는 그 지역의 실정과 주민의 의사에 따라 탄력적으로 운용할 필요성이 있어 광명시가 비평준화 지역으로 남아 있을 것이라는 청구인들의 신뢰는 헌법상 보호하여야 할 가치나 필요성이 있다고 보기 어렵고, 고등학교 지원을 시·도 단위로 하도록 하고 광명시 등 일부 도시를 비평준화 지역으로 유지시킬 경우 경기도 내에서 중학교 교육의 정상화나 학교 간 격차 해소 등 고교평준화정책의 목적을 실질적으로 달성하기가 어려운 점을 감안하면 청구인들의 신뢰가 공익보다 크다고 볼 수도 없으므로, 광명시를 교육감이 추첨에 의하여 고등학교를 배정하는 지역에 포함시킨 이 사건 조례조항은 신뢰보호의 원칙에 위반되지 아니하며 청구인들의 학교선택권을 침해한다고 할 수 없다(헌재 2012.11.29. 2011헌마827).

② (O) 개정된 저작권법이 시행되기 전에 있었던 과거의 음원 사용행위에 대한 것이 아니라 개정된 법률 시행 이후에 음원을 사용하는 행위를 규율하고 있으므로 진정소급입법에 해당하지 않으며, 저작인접권이 소멸한 음원을 무상으로 사용하는 것은 저작인접권자의 권리가 소멸함으로 인하여 얻을 수 있는 반사적 이익에 불과할 뿐이므로, 과거에 소멸한 저작인접권을 회복시키는 저작권법 조항은 헌법 제13조 제2항이 금지하는 소급입법에 의한 재산권 박탈에 해당하지 아니한다(헌재 2013.11:28. 2012헌마770).

③ (O) PC방 전체를 금연구역으로 지정하고 부칙조항을 통해 공포 후 2년이 경과한 날부터 시행하도록 유예한 부칙조항이 이 사건 금연구역조항의 시행을 유예한 2년의 기간은 법 개정으로 인해 변화된 상황에 적절히 대처하는 데 있어 지나치게 짧은 기간이라 볼 수 없으므로, 이 사건 금연구역조항과 부칙조항은 신뢰보호원칙에 위배되지 않는다(헌재 2013.6.27. 2011헌마315).

60 0083 ○△×|○△×|○△× 2022 경찰 승진

신뢰보호의 원칙에 관한 설명 중 가장 적절한 것은? (다툼이 있는 경우 판례에 의함)

① 기존의 퇴직연금 수급자에게 전년도 평균임금월액을 초과한 소득월액이 있는 경우에 그 초과 액수에 따라 퇴직연금 중 일부의 지급을 정지하는 것은 보호해야 할 퇴직연금 수급자의 신뢰의 가치는 매우 큰 반면, 공무원연금 재정의 파탄을 막고 공무원연금제도를 건실하게 유지하려는 공익적 가치는 그리 크지 않으므로 헌법상 신뢰보호의 원칙에 위반된다.

② 외국에서 치과대학을 졸업한 대한민국 국민이 국내 치과의사 면허시험에 응시하기 위해서는 기존의 응시요건에 추가하여 새로이 예비시험에 합격할 것을 요건으로 규정한 의료법의 '예비시험' 조항은 외국에서 치과대학을 졸업한 국민들이 가지는 합리적 기대를 저버리는 것으로서 신뢰보호의 원칙상 허용되지 아니한다.

③ 무기징역의 집행 중에 있는 자의 가석방 요건을 종전의 '10년 이상'에서 '20년 이상' 형 집행 경과로 강화한 개정 형법 조항을 형법 개정 시에 이미 수용 중인 사람에게도 적용하는 것은 가석방을 기대하고 있던 수형자가 국가공권력에 대해 가지고 있던 적법한 신뢰를 보호하지 않는 것으로서 신뢰보호의 원칙에 위반된다.

④ 사법연수원의 소정 과정을 마치더라도 바로 판사임용자격을 취득할 수 없고 일정 기간 이상의 법조경력을 갖추어야 판사로 임용될 수 있도록 한 법원조직법 개정조항의 시행일 및 그 경과조치에 관한 부칙은, 동법 개정 시점에 이미 사법연수원에 입소하여 사법연수생의 신분을 가지고 있었던 자가 사법연수원을 수료하는 해의 판사 임용에 지원하는 경우에 적용되는 한 신뢰보호의 원칙에 위반된다.

지문분석 난이도 중 정답 ④

| 키 워 드 | 신뢰보호의 원칙

| 출제유형 | 판례

④ (○) 판사임용자격에 관한 법원조직법 규정이 지난 40여 년 동안 유지되어 오면서, 국가는 입법행위를 통하여 사법시험에 합격한 후 사법연수원을 수료한 즉시 판사임용자격을 취득할 수 있다는 신뢰의 근거를 제공하였다고 보아야 하며, 수년간 상당한 노력과 시간을 들인 끝에 사법시험에 합격한 후 사법연수원에 입소하여 사법연수생의 지위까지 획득한 청구인들의 경우 사법연수원 수료로써 판사임용자격을 취득할 수 있으리라는 신뢰이익은 보호가치가 있다고 할 것이다. 이 사건 심판대상 조항이 개정법 제42조 제2항을 법 개정 당시 이미 사법연수원에 입소한 사람들에게 적용되도록 한 것은 신뢰보호원칙에 반한다고 할 것이다(헌재 2012.11.29. 2011헌마786 등).

① (X) 이 사건 심판대상 조항은 기존의 퇴직연금 수급자에게 전년도 평균임금월액을 초과한 소득월액이 있는 경우에만 그 초과 액수에 따라 퇴직연금 중 일부(1/2 범위 내)의 지급을 정지할 뿐이다. 즉 퇴직한 공무원이 평균임금월액을 초과한 소득월액을 얻는 경우는 드물 것이어서 지급정지 대상자 자체가 소수일 수밖에 없고 평균적인 지급정지액 역시 적은 액수에 그칠 것으로 보이므로, 이 사건 심판대상 조항에 의하여 퇴직연금 수급자들이 입는 불이익은 그다지 크지 않다 할 것이다. 따라서 보호해야 할 퇴직연금 수급자의 신뢰의 가치는 그리 크지 않은 반면, 공무원연금 재정의 파탄을 막고 공무원연금제도를 건실하게 유지하려는 공익적 가치는 긴급하고 또한 중요한 것이므로, 이 사건 심판대상 조항이 헌법상 신뢰보호의 원칙에 위반된다고 할 수 없다(헌재 2008.2.28. 2005헌마872 등).

② (X) 이러한 사정들과 국민의 건강보호를 위하여 외국대학 졸업자의 지적·임상적 능력에 대한 최소한의 검증과 평가가 필요하다는 공익상의 이유가 존재하는 점, 예비시험의 구체적인 내용이 국가시험의 범위와 정도를 넘지 않고 외국대학 졸업자의 국내 적응능력을 검증하는 정도의 수준에 머무르는 점, 통계적인 결과이기는 하지만 외국대학 졸업자가 국가시험에 약 4.32회 응시하면 충분히 합격할 수 있는 점 등을 종합적으로 고려할 때, 청구인들에게 주어진 3년의 유예기간은 법률의 개정으로 인한 상황변화에 적절히 대처하기에 지나치게 짧은 것이라고 볼 수 없으므로 이 사건 법률조항은 청구인들의 신뢰이익을 충분히 고려하고 있다고 볼 것이다. 그렇다면 이 사건 법률조항은 청구인들의 신뢰이익을 충분히 고려하고 있다고 할 것이므로 신뢰보호원칙에 위배된다고 할 수 없다(헌재 2006.4.27. 2005헌마406).

③ (X) 수형자가 형법에 규정된 형 집행경과기간 요건을 갖춘 것만으로 가석방을 요구할 권리를 취득하는 것은 아니므로, 10년간 수용되어 있으면 가석방 적격심사 대상자로 선정될 수 있었던 구 형법 제72조 제1항에 대한 청구인의 신뢰를 헌법상 권리로 보호할 필요성이 있다고 할 수 없다. 이 사건 부칙조항이 신뢰보호원칙에 위배되어 청구인의 신체의 자유를 침해한다고 볼 수 없다(헌재 2013.8.29. 2011헌마408).

61 0084 ○△×|○△×|○△× 2022 경찰 2차

신뢰보호원칙에 관한 설명 중 가장 적절하지 않은 것은? (다툼이 있는 경우 판례에 의함)

① 신뢰보호의 원칙은 법치국가원리에 근거를 두고 있는 헌법상의 원칙으로서 특정한 법률에 의하여 발생한 법률관계는 그 법에 따라 파악되고 판단되어야 하고, 과거의 사실관계가 그 뒤에 생긴 새로운 법률의 기준에 따라 판단되지 않는다는 국민의 신뢰를 보호하기 위한 것이다.

② 구 매장 및 묘지 등에 관한 법률이 장사 등에 관한 법률로 전부개정되면서 그 부칙에서 종전의 법령에 따라 설치된 봉안시설을 신법에 의하여 설치된 봉안시설로 보도록 함으로써 구법에 따라 설치허가를 받은 봉안시설 설치·관리인의 기존의 법상태에 대한 신뢰는 이미 보호되었다고 할 것이므로, 더 나아가 신법 시행 후 추가로 설치되는 부분에 대해서까지 기존의 법상태에 대한 보호가치 있는 신뢰가 있다고 보기 어렵다.

③ 부진정소급입법의 경우 입법권자의 입법형성권보다 당사자가 구법 질서에 기대했던 신뢰보호의 견지에서 그리고 법적 안정성을 도모하기 위해 특단의 사정이 없는 한 구법에 의하여 이미 얻은 자격 또는 권리를 새 입법을 하는 마당에 그대로 존중할 의무가 있다고 할 것이나, 진정소급입법의 경우에는 구법 질서에 대하여 기대했던 당사자의 신뢰보호보다는 광범위한 입법권자의 입법형성권을 경시해서는 안 될 일이므로 특단의 사정이 없는 한 새 입법을 하면서 구법관계 내지 구법상의 기대이익을 존중하여야 할 의무가 발생하지는 않는다.

④ '개성공단의 정상화를 위한 합의서'에는 국내법과 동일한 법적 구속력을 인정하기 어렵고, 과거 사례 등에 비추어 개성공단의 중단 가능성은 충분히 예상할 수 있었으므로, 개성공단 전면중단 조치는 신뢰보호원칙을 위반하여 개성공단 투자기업인 청구인들의 영업의 자유와 재산권을 침해하지 아니한다.

지문분석 난이도 중 정답 ③

| **키 워 드** | 신뢰보호의 원칙

| **출제유형** | 판례

③ (X) 부진정소급입법의 경우 구법 질서에 대하여 기대했던 당사자의 신뢰보호보다는 광범위한 입법권자의 입법형성권을 경시해서는 안 될 일이므로 특단의 사정이 없는 한 새 입법을 하면서 구법관계 내지 구법상의 기대이익을 존중하여야 할 의무가 발생하지 않는다. 그러나 새로운 입법을 통해 달성하고자 하는 공익적 목적이 신뢰보호의 가치보다 크지 않다면 정당화될 수 없다(헌재 1995.10.28. 94헌바12).

① (O) 신뢰보호원칙은 법치국가원리에 근거를 두고 있는 헌법상 원칙으로서, 특정한 법률에 의하여 발생한 법률관계는 그 법에 따라 파악되고 판단되어야 하고 과거의 사실관계가 그 뒤에 생긴 새로운 법률의 기준에 따라 판단되지 않는다는 국민의 신뢰를 보호하기 위한 것이다. 법률의 개정 시 구법 질서에 대한 당사자의 신뢰가 합리적이고도 정당하며, 법률의 개정으로 야기되는 당사자의 손해가 극심하여 새로운 입법으로 달성하고자 하는 공익적 목적이 그러한 당사자의 신뢰의 파괴를 정당화할 수 없다면, 그러한 새 입법은 신뢰보호의 원칙상 허용될 수 없다. 그런데 사회 환경이나 경제여건의 변화에 따른 필요성에 의하여 법률은 신축적으로 변할 수밖에 없고, 변경된 새로운 법질서와 기존의 법질서 사이에는 이해관계의 상충이 불가피하다. 따라서 국민이 가지는 모든 기대 내지 신뢰가 헌법상 권리로서 보호될 것은 아니고, 신뢰의 근거 및 종류, 상실된 이익의 중요성, 침해의 방법 등에 비추어 종전 법규 · 제도의 존속에 대한 개인의 신뢰가 합리적이어서 권리로서 보호될 필요성이 있다고 인정되어야 한다. 즉, 신뢰보호원칙의 위반 여부를 판단함에 있어서는, 한편으로는 침해받은 신뢰이익의 보호가치, 침해의 중한 정도, 신뢰가 손상된 정도, 신뢰침해의 방법 등과 다른 한편으로는 새로운 입법을 통해 실현하고자 하는 공익적 목적을 종합적으로 비교 · 형량하여야 한다(헌재 2012.11.29. 2011헌마786 등).

② (O) 구 매장법이 장사법으로 전부개정되면서 그 부칙 제3조에서 종전의 법령에 따라 설치된 봉안시설을 장사법에 의하여 설치된 봉안시설로 보도록 함으로써 구 매장법에 따라 설치허가를 받은 봉안시설 설치 · 관리인의 기존의 법상태에 대한 신뢰는 이미 보호되었다. 더 나아가 장사법 시행 후 추가로 설치되는 부분에 대해서까지 기존의 법상태에 대한 보호가치 있는 신뢰가 있다고 보기 어렵다. 따라서 심판대상 조항은 신뢰보호원칙에 위반되지 아니한다(헌재 2021.8.31. 2019헌바453).

④ (O) '개성공단의 정상화를 위한 합의서'에는 국내법과 동일한 법적 구속력을 인정하기 어렵고, 과거 사례 등에 비추어 개성공단의 중단 가능성은 충분히 예상할 수 있었으므로, 개성공단 전면중단 조치는 신뢰보호원칙을 위반하여 개성공단 투자기업인 청구인들의 영업의 자유와 재산권을 침해하지 아니한다(헌재 2022.1.27. 2016헌마364).

62 0085 ○△×|○△×|○△× 2022 경찰 간부

신뢰보호의 원칙에 대한 설명으로 적절한 것을 모두 고른 것은? (다툼이 있는 경우 헌법재판소 판례에 의함)

가. 전부개정된 성폭력범죄의 처벌에 관한 특례법 시행 전에 행하여졌으나 아직 공소시효가 완성되지 아니한 성폭력범죄에 대해서도 공소시효의 정지·배제조항을 적용하는 성폭력범죄의 처벌에 관한 특례법 조항은 신뢰보호원칙에 위반되지 않는다.

나. 실제 평균임금이 노동부장관이 고시하는 한도금액 이상일 경우 그 한도금액을 실제임금으로 의제하는 최고보상제도가 시행되기 전에 이미 재해를 입고 산재보상수급권이 확정적으로 발생한 경우에도 적용하는 산업재해보상보험법 부칙조항은 신뢰보호원칙에 위반된다.

다. 상가건물 임차인의 계약갱신요구권 행사기간을 10년으로 연장한 개정법 조항의 시행 이전에 체결되었더라도 개정법 시행 이후 갱신되는 임대차의 경우에 개정법 조항의 연장된 기간을 적용하는 상가건물임대차 보호법 부칙조항은 신뢰보호원칙에 위반된다.

라. 위법건축물에 대해 이행강제금을 부과하도록 하면서 이행강제금제도 도입 전의 건축물에 대해 이행강제금제도 적용의 예외를 두지 않는 건축법 부칙조항은 신뢰보호원칙에 위반되지 않는다.

① 가, 나, 다 ② 가, 나, 라
③ 가, 다, 라 ④ 나, 다, 라

지문분석 난이도 중 정답 ②

| 키 워 드 | 신뢰보호의 원칙

| 출제유형 | 판례

가. (○) 제2심판대상 조항은 대처능력이 현저히 미약하여 범행대상이 되기 쉽고 범행에 따른 피해의 정도도 더 큰 13세 미만의 사람에 대한 강제추행 등 죄질이 매우 나쁜 성폭력범죄에 대해서는 가해자가 살아있는 한 처벌할 수 있도록 하고, 미성년자에 대한 성폭력범죄에 대해서도 그 특수성을 고려하여 피해자인 미성년자가 성년이 되었을 때부터 공소시효를 진행하게 하는 조항을 그 시행 전에 이루어진 사건에도 적용하여 형사처벌의 가능성을 연장함으로써, 그 범죄로 인해 훼손된 불법적인 상태를 바로잡아 실체적 정의를 실현하는 것을 그 목적으로 한다. 제2심판대상 조항이 형사소송법의 공소시효에 관한 조항의 적용을 배제하고 새롭게 규정된 조항을 적용하도록 하였다고 하더라도, 이로 인하여 제한되는 성폭력 가해자의 신뢰이익이 공익에 우선하여 특별히 헌법적으로 보호해야 할 가치나 필요성이 있다고 보기 어렵다. 따라서 제2심판대상 조항은 신뢰보호원칙에 반한다고 할 수 없다(헌재 2021.6.24. 2018헌바457).

나. (○) 장해급여제도는 본질적으로 소득재분배를 위한 제도가 아니고, 손해배상 내지 손실보상적 급부인 점에 그 본질이 있는 것으로, 산업재해보상보험이 갖는 두 가지 성격 중 사회보장적 급부로서의 성격은 상대적으로 약하고 재산권적인 보호의 필요성은 보다 강하다고 볼 수 있어 다른 사회보험수급권에 비하여 보다 엄격한 보호가 필요하다. 장해급여제도에 사회보장 수급권으로서의 성격도 있는 이상 소득재분배의 도모나 새로운 산재보상사업의 확대를 위한 자금마련의 목적으로 최고보상제를 도입하는 것 자체는 입법자의 결단으로서 형성적 재량권의 범위 내에 있다고 보더라도, 그러한 입법자의 결단은 최고보상제도 시행 이후에 산재를 입는 근로자들부터 적용될 수 있을 뿐, 제도 시행 이전에 이미 재해를 입고 산재보상수급권이 확정적으로 발생한 청구인들에 대하여 그 수급권의 내용을 일시에 급격히 변경하여 가면서까지 적용할 수 있는 것은 아니라고 보아야 할 것이다. 따라서 심판대상 조항은 신뢰보호의 원칙에 위배하여 청구인들의 재산권을 침해하는 것으로서 헌법에 위반된다(헌재 2009.5.28. 2005헌바20 등).

라. (○) 위법건축물에 대하여 종전처럼 과태료만이 부과될 것이라고 기대한 신뢰는 제도상의 공백에 따른 반사적인 이익에 불과하여 그 보호가치가 그리 크지 않은 데다가, 이미 이행강제금 도입으로 인한 국민의 혼란이나 부담도 많이 줄어든 상태인 반면, 이행강제금제도 도입 전의 위법건축물이라 하더라도 이행강제금을 부과함으로써 위법상태를 치유하여 건축물의 안전, 기능, 미관을 증진하여야 한다는 공익적 필요는 중대하다 할 것이다. 따라서 이 사건 부칙조항은 신뢰보호원칙에 위배된다고 볼 수 없다(헌재 2015.10.21. 2013헌바248).

다. (×) 임차인의 계약갱신요구권 행사 기간을 10년으로 규정한 '상가건물 임대차보호법' 제10조 제2항을 개정법 시행 후 갱신되는 임대차에 대하여도 적용하도록 규정한 '상가건물 임대차보호법' 부칙 제2조 중 '갱신되는 임대차'에 관한 부분이 소급입법금지원칙에 위배되어 임대인의 재산권을 침해하지 않는다(헌재 2021.10.28. 2019헌마106 등).

63 0086 ○△×|○△×|○△× 2020 경찰 승진

신뢰보호의 원칙 및 소급입법금지원칙에 관한 설명 중 가장 적절한 것은? (다툼이 있는 경우 판례에 의함)

① 신법이 피적용자에게 유리한 경우에는 시혜적인 소급입법을 하여야 하므로, 순직공무원의 적용범위를 확대한 개정 공무원연금법을 소급하여 적용하지 아니하도록 한 개정법률 부칙은 평등의 원칙에 위배된다.

② 부당환급받은 세액을 징수하는 근거규정인 개정조항을 개정된 법 시행 후 최초로 환급세액을 징수하는 분부터 적용하도록 규정한 법인세법 부칙조항은 이미 완성된 사실 법률관계를 규율하는 진정소급입법에 해당하나, 이를 허용하지 아니하면 위 개정조항과 같이 법인세 부과처분을 통하여 효율적으로 환수하지 못하고 부당이득반환 등 복잡한 절차를 거칠 수밖에 없어 중대한 공익상 필요에 의하여 예외적으로 허용된다.

③ 군인연금법상 퇴역연금 수급권자가 사립학교교직원 연금법 제3조의 학교기관으로부터 보수 기타 급여를 지급받는 경우에는 대통령령이 정하는 바에 따라 퇴역연금의 전부 또는 일부의 지급을 정지할 수 있도록 하는 것은 신뢰보호원칙에 위반되지 않는다.

④ 1953년부터 시행된 "교사의 신규채용에 있어서는 국립 또는 공립 교육대학 사범대학의 졸업자를 우선하여 채용하여야 한다."라는 교육공무원법 조항에 대한 헌법재판소의 위헌결정에도 불구하고 헌법재판소의 위헌결정 당시의 국공립사범대학 등의 재학생과 졸업자의 신뢰는 보호되어야 하므로, 입법자가 위헌 법률에 기초한 이들의 신뢰이익을 보호하기 위한 법률을 제정하지 않은 부작위는 헌법에 위배된다.

지문분석 난이도 중 정답 ③

| 키 워 드 | 신뢰보호원칙과 소급입법금지원칙

| 출제유형 | 판례

③ (○) 이 사건 정지조항을 통하여 기존의 연금수급자들에 대한 퇴역연금의 지급을 정지함으로써 달성하려는 공익은 군인연금 재정의 악화를 개선하여 이를 유지·존속하려는 데에 있는 것으로, 그와 같은 공익적인 가치는 매우 크다 하지 않을 수 없다. … 그렇다면 보호해야 할 연금수급자의 신뢰의 가치는 그리 크지 않은 반면, 군인연금 재정의 파탄을 막고 군인연금제도를 건실하게 유지하려는 공익적 가치는 긴급하고 또한 중요한 것이므로, 이 사건 정지조항이 헌법상 신뢰보호의 원칙에 위반된다고 할 수 없다(헌재 2007.10.25. 2005헌바68).

① (X) 소방공무원이 재난·재해현장에서 화재진압이나 인명구조작업 중 입은 위해뿐만 아니라 그 업무수행을 위한 긴급한 출동·복귀 및 부수활동 중 위해에 의하여 사망한 경우까지 그 유족에게 순직공무원보상을 하여 주는 제도를 도입하면서 이 사건 부칙조항이 신법을 소급하는 경과규정을 두지 않았다고 하더라도 소급적용에 따른 국가의 재정부담, 법적 안정성 측면 등을 종합적으로 고려하여 입법정책적으로 정한 것이므로 입법재량의 범위를 벗어나 불합리한 차별이라고 할 수 없다(헌재 2012.8.23. 2011헌바169).

② (X) 심판대상 조항은 개정조항이 시행되기 전 환급세액을 수령한 부분까지 사후적으로 소급하여 개정된 징수조항을 적용하는 것으로서 헌법 제13조 제2항에 따라 원칙적으로 금지되는 이미 완성된 사실·법률관계를 규율하는 진정소급입법에 해당한다. 법인세를 부당환급받은 법인은 소급입법을 통하여 이자상당액을 포함한 조세채무를 부담할 것이라고 예상할 수 없었고, 환급세액과 이자상당액을 법인세로서 납부하지 않을 것이라는 신뢰는 보호할 필요가 있다. 나아가 개정 전 법인세법 아래에서도 환급세액을 부당이득 반환청구를 통하여 환수할 수 있었으므로, 신뢰보호의 요청에 우선하여 진정소급입법을 하여야 할 매우 중대한 공익상 이유가 있다고 볼 수도 없다(헌재 2014.7.24. 2012헌바105).

④ (X) 청구인들이 주장하는 교원으로 우선 임용받을 권리는 헌법상 권리가 아니고 단지 구 교육공무원법 제11조 제1항의 규정에 의하여 비로소 인정되었던 권리일 뿐이며, 헌법재판소가 1990.10.8. 위 법률 조항에 대한 위헌결정을 하면서 청구인들과 같이 국·공립 사범대학을 졸업하고 아직 교사로 채용되지 아니한 자들에게 교원으로 우선 임용받을 권리를 보장할 것을 입법자나 교육부장관에게 명하고 있지도 아니하므로 국회 및 교육부장관에게 청구인들을 중등교사로 우선 임용하여야 할 작위의무가 있다고 볼 근거가 없어 국회의 입법불행위 및 교육부장관의 경과조치 부작위에 대한 이 사건 헌법소원심판청구 부분은 부적법하다(헌재 1995.5.25. 90헌마196).

64 0087 ○△×|○△×|○△× 2020 변호사

죄형법정주의의 명확성원칙에 관한 설명 중 옳은 것을 모두 고른 것은? (다툼이 있는 경우 판례에 의함)

ㄱ. 건전한 상식과 통상적인 법감정을 가진 사람은 군복 및 군용장구의 단속에 관한 법률상 판매목적 소지가 금지되는 '유사군복'에 어떠한 물품이 해당하는지 예측할 수 있고, 유사군복을 정의한 조항에서 법 집행자에게 판단을 위한 합리적 기준이 제시되고 있으므로 '유사군복' 부분은 명확성원칙에 위반되지 아니한다.

ㄴ. 허가받은 지역 밖에서의 이송업의 영업을 금지하고 처벌하는 응급의료에 관한 법률 조항은 영업의 일반적 의미와 위 법률의 관련 규정을 유기적·체계적으로 종합하여 보더라도 허가받은 지역 밖에서 할 수 없는 이송업에 환자 이송과정에서 부득이 다른 지역을 지나가는 경우 또는 허가받지 아니한 지역에서 실시되는 운동경기·행사를 위하여 부근에서 대기하는 경우 등도 포함되는지 여부가 불명확하여 명확성원칙에 위배된다.

ㄷ. 선거운동을 위한 호별방문금지 규정에도 불구하고 '관혼상제의 의식이 거행되는 장소와 도로·시장·점포·다방·대합실 기타 다수인이 왕래하는 공개된 장소'에서의 지지호소를 허용하는 공직선거법 조항 중 '기타 다수인이 왕래하는 공개된 장소' 부분은, 해당 장소의 구조와 용도, 외부로부터의 접근성 및 개방성의 정도 등을 종합적으로 고려할 때 '관혼상제의 의식이 거행되는 장소와 도로·시장·점포·다방·대합실'과 유사하거나 이에 준하여 일반인의 자유로운 출입이 가능한 개방된 곳을 의미한다고 충분히 해석할 수 있으므로 명확성원칙에 위반된다고 할 수 없다.

ㄹ. 공중도덕상 유해한 업무에 취업시킬 목적으로 근로자를 파견한 사람을 형사처벌하도록 규정한 구 파견근로자보호 등에 관한 법률 조항은 그 조항의 입법목적, 위 법률의 체계, 관련 조항 등을 모두 종합하여 보더라도 '공중도덕상 유해한 업무'의 내용을 명확히 알 수 없고, 위 조항에 관한 이해관계기관의 확립된 해석기준이 마련되어 있다거나, 법관의 보충적 가치판단을 통한 법문 해석으로 그 의미 내용을 확인하기도 어려우므로 명확성원칙에 위배된다.

① ㄱ, ㄴ
② ㄱ, ㄷ
③ ㄴ, ㄹ
④ ㄱ, ㄷ, ㄹ
⑤ ㄴ, ㄷ, ㄹ

지문분석 난이도 상 정답 ④

| 키 워 드 | 명확성의 원칙

| 출제유형 | 판례

ㄱ. (○) 심판대상 조항의 문언과 입법취지, 위와 같은 사정을 종합하면, 건전한 상식과 통상적인 법감정을 가진 사람은 '군복 및 군용장구의 단속에 관한 법률'상 판매목적 소지가 금지되는 '유사군복'에 어떠한 물품이 해당하는지를 예측할 수 있고, 유사군복을 정의한 조항에서 법 집행자에게 판단을 위한 합리적 기준이 제시되고 있어 심판대상 조항이 자의적으로 해석되고 적용될 여지가 크다고 할 수 없다. 따라서 심판대상 조항은 죄형법정주의의 명확성원칙에 위반되지 아니한다(헌재 2019.4.11. 2018헌가14).

ㄷ. (○) 이 사건 지지호소 조항의 문언과 입법취지에 비추어보면, 이 사건 호별방문 조항에도 불구하고 예외적으로 선거운동을 위하여 지지호소를 할 수 있는 '기타 다수인이 왕래하는 공개된 장소'란, 해당 장소의 구조와 용도, 외부로부터의 접근성 및 개방성의 정도 등을 종합적으로 고려할 때 '관혼상제의 의식이 거행되는 장소와 도로·시장·점포·다방·대합실'과 유사하거나 이에 준하여 일반인의 자유로운 출입이 가능한 개방된 곳을 의미한다고 충분히 해석할 수 있다. 따라서 이 사건 지지호소 조항은 죄형법정주의 명확성원칙에 위반된다고 할 수 없다(헌재 2019.5.30. 2017헌바458).

ㄹ. (○) 심판대상 조항의 입법목적, 파견법의 체계, 관련 조항 등을 모두 종합하여 보더라도 '공중도덕상 유해한 업무'의 내용을 명확히 알 수 없다. 아울러 심판대상 조항에 관한 이해관계기관의 확립된 해석기준이 마련되어 있다거나, 법관의 보충적 가치판단을 통한 법문 해석으로 심판대상 조항의 의미 내용을 확인할 수 있다는 사정을 발견하기도 어렵다. 심판대상 조항은 건전한 상식과 통상적 법감정을 가진 사람으로 하여금 자신의 행위를 결정해 나가기에 충분한 기준이 될 정도의 의미 내용을 가지고 있다고 볼 수 없으므로 죄형법정주의의 명확성원칙에 위배된다(헌재 2016.11.24. 2015헌가23).

ㄴ. (×) 영업의 일반적 의미와 응급의료법의 관련 규정을 유기적·체계적으로 종합하여 보면, 심판대상 조항의 수범자인 이송업자는 처벌조항이 처벌하고자 하는 행위가 무엇이고 그에 대한 형벌이 어떤 것인지 예견할 수 있으며, 심판대상 조항의 합리적인 해석이 가능하므로, 심판대상 조항은 죄형법정주의의 명확성원칙에 위배되지 아니한다(헌재 2018.2.22. 2016헌바100).

65 0088 ○△×|○△×|○△× 2021 경찰 승진

명확성원칙에 대한 설명으로 가장 적절하지 않은 것은? (다툼이 있는 경우 판례에 의함)

① 취소소송 등의 제기 시 '회복하기 어려운 손해'를 집행정지의 요건으로 규정한 행정소송법 조항은 명확성원칙에 위배되지 않는다.
② 어린이집이 시·도지사가 정한 수납한도액을 초과하여 보호자로부터 필요경비를 수납한 것에 대해 해당 시·도지사가 영유아보육법에 근거하여 발할 수 있도록 한 '시정 또는 변경' 명령은 명확성원칙에 위배되지 않는다.
③ 전문과목을 표시한 치과의원은 그 표시한 '전문과목'에 해당하는 환자만을 진료하여야 한다고 규정한 의료법 조항은 명확성원칙에 위배되지 않는다.
④ '공중도덕상 유해한 업무'에 취업시킬 목적으로 근로자를 파견한 사람을 형사처벌하도록 한 구 파견근로자보호 등에 관한 법률 조항은 명확성원칙에 위배되지 않는다.

지문분석 난이도 ㊦ 정답 ④

| 키 워 드 | 명확성의 원칙
| 출제유형 | 판례

④ (X) 파견법은 '공중도덕상 유해한 업무'에 관한 정의 조항은 물론 그 의미를 해석할 수 있는 수식어를 두지 않았으므로, 심판대상 조항이 규율하는 사항을 바로 알아내기도 어렵다. … 심판대상 조항은 건전한 상식과 통상적 법감정을 가진 사람으로 하여금 자신의 행위를 결정해 나가기에 충분한 기준이 될 정도의 의미 내용을 가지고 있다고 볼 수 없으므로 죄형법정주의의 명확성원칙에 위배된다(헌재 2016.11.24. 2015헌가23).
① (○) 이 사건 집행정지 요건 조항에서 집행정지 요건으로 규정한 '회복하기 어려운 손해'는 대법원 판례에 의하여 '특별한 사정이 없는 한 금전으로 보상할 수 없는 손해로서 이는 금전보상이 불능인 경우 내지는 금전보상으로는 사회관념상 행정처분을 받은 당사자가 참고 견딜 수 없거나 또는 참고 견디기가 현저히 곤란한 경우의 유형, 무형의 손해'를 의미한 것으로 해석할 수 있고, '긴급한 필요'란 손해의 발생이 시간상 임박하여 손해를 방지하기 위해서 본안판결까지 기다릴 여유가 없는 경우를 의미하는 것으로, 이는 집행정지가 임시적 권리구제제도로서 잠정성, 긴급성, 본안소송에의 부종성의 특징을 지니는 것이라는 점에서 그 의미를 쉽게 예측할 수 있다. 이와 같이 심판대상 조항은 법관의 법 보충작용을 통한 판례에 의하여 합리적으로 해석할 수 있고, 자의적인 법해석의 위험이 있다고 보기 어려우므로 명확성원칙에 위배되지 않는다(헌재 2018. 1.25. 2016헌바208).
② (○) 심판대상 조항이 규정하고 있는 '시정 또는 변경' 명령은 '영유아보육법 제38조 위반행위에 대하여 그 위법사실을 시정하도록 함으로써 정상적인 법질서를 회복하는 것을 목적으로 행해지는 행정작용'으로, 여기에는 과거의 위반행위로 인하여 취득한 필요경비 한도 초과액에 대한 환불명령도 포함됨을 어렵지 않게 예측할 수 있다. 그렇다면 심판대상 조항 자체에 시정 또는 변경 명령의 내용으로 환불명령을 명시적으로 규정하지 않았다고 하여 명확성원칙에 위배된다고 볼 수 없다(헌재 2017. 12.28. 2016헌바249).
③ (○) 치과전문의가 되기 위해서는 치과의사 면허를 받은 자가 치과전공의 수련과정을 거쳐 치과전문의 자격시험에 합격해야 하므로, 심판대상 조항의 수범자인 치과전문의는 각 전문과목의 진료내용과 진료영역 및 전문과목 간의 차이점 등을 알 수 있다. 따라서 심판대상 조항은 명확성원칙에 위배되어 직업수행의 자유를 침해한다고 볼 수 없다(헌재 2015. 5.28. 2013헌마799).

66 0089 ○△×|○△×|○△× 2015 국가직 7급

명확성원칙에 대한 헌법재판소 결정으로 옳은 것은?

① 법률사건의 수임에 관하여 알선의 대가로 금품을 제공하거나 이를 약속한 변호사를 형사처벌하는 구 변호사법 조항 중 '법률사건'과 '알선'은 처벌법규의 구성요건으로 그 의미가 불분명하기에 명확성원칙에 위배된다.

② 방송통신심의위원회의 직무의 하나로 '건전한 통신윤리의 함양을 위하여 필요한 사항으로서 대통령령이 정하는 정보의 심의 및 시정요구'를 규정하고 있는 방송통신위원회의 설치 및 운영에 관한 법률 조항 중 '건전한 통신윤리'라는 부분은 각 개인의 가치관에 따라 달리 해석될 수 있기에 명확성원칙에 위배된다.

③ 의료인이 '치료효과를 보장하는 등 소비자를 현혹할 우려가 있는 내용의 광고'를 한 경우 형사처벌하도록 규정한 의료법 규정은 오로지 의료서비스의 긍정적인 측면만을 강조하여 의료소비자를 혼란스럽게 하고 합리적인 선택을 방해할 것으로 걱정되는 광고를 의미하는 것으로 충분히 해석이 가능하기에 명확성원칙에 위배되지 않는다.

④ 공무원의 '공무 외의 일을 위한 집단행위'를 금지하는 국가공무원법 규정은 어떤 행위가 허용되고 금지되는지를 예측할 수 없으므로 명확성원칙에 위배된다.

지문분석 난이도 중 정답 ③

| 키 워 드 | 명확성의 원칙

| 출제유형 | 판례

③ (○) '현혹(眩惑)', '우려(憂慮)'의 의미, 관련 조항 등을 종합하면, '소비자를 현혹할 우려가 있는 내용의 광고'란, '광고 내용의 진실성·객관성을 불문하고, 오로지 의료서비스의 긍정적인 측면만을 강조하는 취지의 표현을 사용함으로써 의료소비자를 혼란스럽게 하고 합리적인 선택을 방해할 것으로 걱정되는 광고'를 의미하는 것으로 충분히 해석할 수 있으므로, 의료법인·의료기관 또는 의료인이 '치료효과를 보장하는 등 소비자를 현혹할 우려가 있는 내용의 광고'를 한 경우 형사처벌하도록 규정한 심판대상 조항은 죄형법정주의의 명확성원칙에 위배되지 아니한다(헌재 2014.9.25. 2013헌바28).

① (X) 법률사건의 수임에 관하여 알선의 대가로 금품을 제공하거나 이를 약속한 변호사를 형사처벌하는 구 변호사법 조항이 규정하는 '법률사건'이란 '법률상의 권리·의무의 발생·변경·소멸에 관한 다툼 또는 의문에 관한 사건'을 의미하고, '알선'이란 법률사건의 당사자와 그 사건에 관하여 대리 등의 법률사무를 취급하는 상대방(변호사 포함) 사이에서 양자간에 법률사건이나 법률사무에 관한 위임계약 등의 체결을 중개하거나 그 편의를 도모하는 행위를 말하는바, 이 사건 법률 조항에 의하여 금지되고, 처벌되는 행위의 의미가 문언상 불분명하다고 할 수 없으므로 이 사건 법률 조항은 죄형법정주의의 명확성원칙에 위배되지 않는다(헌재 2013.2.28. 2012헌바62).

② (X) 방송통신심의위원회의 직무의 하나로 '건전한 통신윤리의 함양을 위하여 필요한 사항으로서 대통령령이 정하는 정보의 심의 및 시정요구'를 규정하고 있는 방송통신위원회의 설치 및 운영에 관한 법률 조항 중 '건전한 통신윤리'라는 개념은 다소 추상적이기는 하나, 전기통신회선을 이용하여 정보를 전달함에 있어 우리 사회가 요구하는 최소한의 질서 또는 도덕률을 의미하고, '건전한 통신윤리의 함양을 위하여 필요한 사항으로서 대통령령이 정하는 정보'란 이러한 질서 또는 도덕률에 저해되는 정보로서 심의 및 시정요구가 필요한 정보를 의미한다고 할 것이며, 정보통신영역의 광범위성과 빠른 변화속도, 그리고 다양하고 가변적인 표현형태를 문자화하기에 어려운 점을 감안할 때, 위와 같은 함축적인 표현은 불가피하다고 할 것이어서, 명확성의 원칙에 반한다고 할 수 없다(헌재 2012.2.23. 2011헌가13).

④ (X) 공무원의 '공무 외의 일을 위한 집단행위'를 금지하는 국가공무원법 규정의 '공무 외의 일을 위한 집단행위'는 언론·출판·집회·결사의 자유를 보장하고 있는 헌법 제21조 제1항과 국가공무원법의 입법취지, 국가공무원법상 공무원의 성실의무와 직무전념의무 등을 종합적으로 고려할 때, '공익에 반하는 목적을 위하여 직무전념의무를 해태하는 등의 영향을 가져오거나, 공무에 대한 국민의 신뢰에 손상을 가져올 수 있는 공무원 다수의 결집된 행위'를 말하는 것으로 한정 해석되므로 명확성원칙에 위반된다고 볼 수 없다(헌재 2014.8.28. 2011헌바32).

67 0090 ○△×|○△×|○△× 2020 국회직 8급

명확성원칙에 대한 설명으로 옳지 않은 것만을 〈보기〉에서 모두 고른 것은? (다툼이 있는 경우 판례에 의함)

보기

ㄱ. '여러 사람의 눈에 뜨이는 곳에서 공공연하게 알몸을 지나치게 내놓거나 가려야 할 곳을 내놓아 다른 사람에게 부끄러운 느낌이나 불쾌감을 준 사람'을 처벌하는 경범죄 처벌법 조항은 그 의미를 알기 어렵고 확정하기도 곤란하므로 명확성원칙에 위배된다.

ㄴ. 모양이 총포와 아주 비슷하여 '범죄에 악용될 소지가 현저한 것'을 모의총포의 기준으로 정한 총포·도검·화약류 등의 안전관리에 관한 법률 시행령 조항은 건전한 상식과 통상적인 법감정을 가진 사람이 어떠한 물건이 모의총포에 해당하는지 알 수 없기 때문에 명확성원칙에 위배된다.

ㄷ. 구 군형법 조항에서 금지하는 연설, 문서 또는 그 밖의 방법으로 '정치적 의견을 공표'하는 행위는 법집행 당국의 자의적인 해석과 집행을 가능하게 한다고 보기 어려우므로 명확성원칙에 위배되지 않는다.

ㄹ. 군사기밀 보호법 조항 중 "외국인을 위하여 제12조 제1항에 규정된 죄를 범한 경우에는 그 죄에 해당하는 형의 2분의 1까지 가중처벌한다."는 부분(이하, '외국인 가중처벌 조항'이라 한다) 중 '외국인을 위하여'라는 의미는 '외국인 가중처벌 조항'에 의하여 금지된 행위가 무엇인지 명확하다고 볼 수 없기 때문에 명확성원칙에 위배된다.

① ㄴ
② ㄹ
③ ㄱ, ㄷ
④ ㄴ, ㄹ
⑤ ㄱ, ㄴ, ㄷ, ㄹ

지문분석 난이도 중 정답 ④

| **키 워 드** | 명확성의 원칙

| **출제유형** | 판례

ㄴ. (X) 이 사건 시행령 조항에서 '범죄에 악용될 소지가 현저한 것'은 진정한 총포로 오인·혼동되어 위협 수단으로 사용될 정도로 총포와 모양이 유사한 것을 의미하고, '인명·신체상 위해를 가할 우려가 있는 것'은 사람에게 상해나 사망의 결과를 가할 우려가 있을 정도로 진정한 총포의 기능과 유사한 것을 의미한다. 따라서 이 사건 시행령 조항은 문언상 그 의미가 명확하므로, 죄형법정주의의 명확성원칙에 위반되지 않는다(헌재 2018.5.31. 2017헌마167).

ㄹ. (X) 건전한 상식과 통상적인 법감정을 가진 사람이라면 외국인 가중처벌 조항 중 "외국인을 위하여"의 의미는 '외국인에게 군사적이거나 경제적이거나를 불문하고 일체의 유·무형의 이익 내지는 도움이 될 수 있다는, 즉 외국인을 이롭게 할 수 있다는 인식 내지는 의사'를 의미한다고 충분히 알 수 있으므로, 외국인 가중처벌 조항에 의하여 금지된 행위가 무엇인지 불명확하다고 볼 수 없다. 따라서 외국인 가중처벌 조항은 죄형법정주의의 명확성원칙에 위반되지 아니한다(헌재 2018.1.25. 2015헌바367).

ㄱ. (O) 심판대상 조항은 알몸을 '지나치게 내놓는' 것이 무엇인지 그 판단 기준을 제시하지 않아 무엇이 지나친 알몸노출행위인지 판단하기 쉽지 않고, '가려야 할 곳'의 의미도 알기 어렵다. 심판대상 조항 중 '부끄러운 느낌이나 불쾌감'은 사람마다 달리 평가될 수밖에 없고, 노출되었을 때 부끄러운 느낌이나 불쾌감을 주는 신체부위도 사람마다 달라 '부끄러운 느낌이나 불쾌감'을 통하여 '지나치게'와 '가려야 할 곳' 의미를 확정하기도 곤란하다. 따라서 심판대상 조항은 죄형법정주의의 명확성원칙에 위배된다(헌재 2016.11.24. 2016헌가3).

ㄷ. (O) 심판대상 조항에서 금지하는 "정치적 의견을 공표"하는 행위는 '군무원이 그 지위를 이용하여 특정 정당이나 특정 정치인 또는 그들의 정책이나 활동 등에 대한 지지나 반대 의견 등을 공표하는 행위로서 군조직의 질서와 규율을 무너뜨리거나 민주헌정체제에 대한 국민의 신뢰를 훼손할 수 있는 의견을 공표하는 행위'로 한정할 수 있다. 따라서 심판대상 조항은 수범자의 예측가능성을 해한다거나 법집행 당국의 자의적인 해석과 집행을 가능하게 한다고 보기는 어렵다. 이상을 종합하여 보면, 심판대상 조항이 죄형법정주의의 명확성원칙에 위반된다고 할 수 없다(헌재 2018.7.26. 2016헌바139).

68 0091 ○△×|○△×|○△× 2017 서울시 7급

명확성원칙에 대한 설명으로 가장 옳은 것은? (다툼이 있는 경우 판례에 의함)

① 공중도덕상 유해한 업무에 취업시킬 목적으로 근로자를 파견한 사람을 형사처벌하도록 한 파견근로자보호 등에 관한 법률 조항 중 공중도덕 부분은 명확성원칙에 위배되지 않는다.
② 전문과목을 표시한 치과의원에게 그 표시한 전문과목에 해당하는 환자만을 진료하도록 한 의료법 조항은 명확성원칙에 위배된다.
③ 학원법에 따른 등록을 하지 아니하고 학원을 설립·운영한 자를 처벌하도록 한 학원법 조항은 명확성원칙에 위배된다.
④ 공공수역에 다량의 토사를 유출하거나 버려 상수원 또는 하천·호소를 현저히 오염되게 한 자를 처벌하는 수질 및 수생태계 보전에 관한 법률 조항 중 다량, 토사, 현저히 오염 부분은 명확성원칙에 위배된다.

지문분석 난이도 중 정답 ④

| 키 워 드 | 명확성의 원칙

| 출제유형 | 판례

④ (○) 이 사건 벌칙규정이나 관련 법령 어디에도 '토사'의 의미나 '다량'의 정도, '현저히 오염'되었다고 판단할 만한 기준에 대하여 아무런 규정도 하지 않고 있으므로, 일반 국민으로서는 자신의 행위가 처벌대상인지 여부를 예측하기 어렵고, 감독 행정관청이나 법관의 자의적인 법해석과 집행을 초래할 우려가 매우 크므로 이 사건 벌칙 규정은 죄형법정주의의 명확성원칙에 위배된다(헌재 2013.7.25. 2011헌가26).
① (X) 공중도덕상 유해한 업무에 취업시킬 목적으로 근로자를 파견한 사람을 형사처벌하도록 규정한 구 '파견근로자보호 등에 관한 법률' 조항 중 '공중도덕상 유해한 업무' 부분은 건전한 상식과 통상적 법감정을 가진 사람으로 하여금 자신의 행위를 결정해 나가기에 충분한 기준이 될 정도의 의미 내용을 가지고 있다고 볼 수 없으므로 죄형법정주의의 명확성원칙에 위배된다(헌재 2016.11.24. 2015헌가23).
② (X) 치과전문의가 되기 위해서는 치과의사 면허를 받은 자가 치과전공의 수련과정을 거쳐 치과전문의 자격시험에 합격해야 하므로, 심판대상 조항의 수범자인 치과전문의는 각 전문과목의 진료내용과 진료영역 및 전문과목 간의 차이점 등을 알 수 있다. 따라서 심판대상 조항은 명확성원칙에 위배되어 직업수행의 자유를 침해한다고 볼 수 없다(헌재 2015.5.28. 2013헌마799).
※ 전문과목을 표시한 치과의원은 그 표시한 전문과목에 해당하는 환자만을 진료하여야 한다고 규정한 것은 과잉금지원칙에 위배되어 직업수행의 자유를 침해하며 평등권을 침해한다. – 신뢰보호원칙에 위배되어 직업수행의 자유를 침해하는 것 X, 명확성원칙에 위배되어 직업수행의 자유를 침해하는 것이 아니다.
③ (X) 학원법 제6조에 따른 등록을 하지 아니하고 학원을 '설립·운영한 자'를 처벌하도록 규정한 학원법 조항은 죄형법정주의의 명확성원칙에 반하지 아니한다(헌재 2014.1.28. 2011헌바252).

69 0092 ○△×|○△×|○△× 2019 경찰 승진

신뢰보호원칙에 대한 설명으로 가장 적절하지 않은 것은? (다툼이 있는 경우 헌법재판소 판례에 의함)

① 입법자는 새로운 인식을 수용하고 변화한 현실에 적절하게 대처해야 하기 때문에, 국민은 현재의 법적 상태가 항상 지속되리라는 것을 원칙적으로 신뢰할 수 없다.
② 개정된 법규·제도의 존속에 대한 개인의 신뢰가 합리적이어서 권리로서 보호할 필요성이 인정되어야 그 신뢰가 헌법상 권리로서 보호될 것이다.
③ 신뢰보호원칙의 위반 여부는 한편으로는 침해받은 신뢰이익의 보호가치, 침해의 중한 정도, 신뢰침해의 방법 등과 다른 한편으로는 새 입법을 통해 실현코자 하는 공익목적을 종합적으로 비교형량하여 판단하여야 한다.
④ 법률에 따른 개인의 행위가 국가에 의하여 일정방향으로 유인된 것이라도 헌법상 보호가치가 있는 신뢰이익으로 인정될 수 없다.

지문분석 난이도 하 정답 ④

| 키 워 드 | 신뢰보호의 원칙

| 출제유형 | 판례

④ (X) 개인의 신뢰이익에 대한 보호가치는 ㉠ 법령에 따른 개인의 행위가 국가에 의하여 일정방향으로 유인된 신뢰의 행사인지, ㉡ 아니면 단지 법률이 부여한 기회를 활용한 것으로서 원칙적으로 사적 위험부담의 범위에 속하는 것인지 여부에 따라 달라진다. 만일 법률에 따른 개인의 행위가 단지 법률이 반사적으로 부여하는 기회의 활용을 넘어서 국가에 의하여 일정방향으로 유인된 것이라면 특별히 보호가치가 있는 신뢰이익이 인정될 수 있고, 원칙적으로 개인의 신뢰보호가 국가의 법률 개정이익에 우선된다고 볼 여지가 있다(헌재 2002.11.28. 2002헌바45).
① (○) 입법자는 새로운 인식을 수용하고 변화한 현실에 적절하게 대처해야 하기 때문에, 국민은 현재의 법적 상태가 항상 지속되리라는 것을 원칙적으로 신뢰할 수 없다. 법률의 존속에 대한 개인의 신뢰는 법적 상태의 변화를 예측할 수 있는 정도에 따라서 달라지므로, 신뢰보호가치의 정도는 개인이 어느 정도로 법률 개정을 예측할 수 있었는가에 따라서 결정된다(헌재 2003.10.30. 2001헌마700 등).
② (○) 사회환경이나 경제여건의 변화에 따른 필요성에 의하여 법률은 신축적으로 변할 수밖에 없고, 변경된 새로운 법질서와 기존의 법질서 사이에는 이해관계의 상충이 불가피하다. 따라서 국민이 가지는 모든 기대 내지 신뢰가 헌법상 권리로서 보호될 것은 아니고, 개정된 법규·제도의 존속에 대한 개인의 신뢰가 합리적이어서 권리로서 보호할 필요성이 인정되어야 한다(헌재 2017.7.27. 2015헌마1052).
③ (○) 신뢰보호의 원칙의 위배 여부는 한편으로는 침해받은 이익의 보호가치, 침해의 중한 정도, 신뢰가 손상된 정도, 신뢰침해의 방법 등과 다른 한편으로는 새 입법을 통해 실현하고자 하는 공익적 목적을 종합적으로 비교·형량하여 판단하여야 하는데, 이 사건의 경우 투자유인이라는 입법목적을 감안하더라도 그로 인한 공익의 필요성이 구법에 대한 신뢰보호보다 간절한 것이라고 보이지 아니한다(헌재 1995.10.26. 94헌바12).

70 0093 O△X | O△X | O△X 2020 변호사

헌법상 경제질서에 관한 설명 중 옳은 것은? (다툼이 있는 경우 판례에 의함)

① 헌법 제121조는 전근대적인 법률관계인 소작제도를 금지하고, 부재지주로 인하여 야기되는 농지이용의 비효율성을 제거하기 위한 경자유전의 원칙을 천명하고 있으므로 농지의 위탁경영은 허용되지 않는다.

② 국가에 대하여 경제에 관한 규제와 조정을 할 수 있도록 규정한 헌법 제119조 제2항이 보유세 부과 그 자체를 금지하는 취지로 보이지 아니하므로 주택 등에 보유세인 종합부동산세를 부과하는 그 자체를 헌법 제119조에 위반된다고 보기 어렵다.

③ 헌법 제119조 제2항에 규정된 '경제주체 간의 조화를 통한 경제민주화'의 이념은 경제영역에서 정의로운 사회질서를 형성하기 위하여 추구할 수 있는 국가목표이기는 하지만 개인의 기본권을 제한하는 국가행위를 정당화하는 헌법규범이 될 수 없다.

④ 자동차운수사업법상의 운송수입금 전액관리제로 인하여 사기업은 그 본연의 목적을 포기할 것을 강요받을 뿐만 아니라, 기업경영과 관련하여 국가의 광범위한 감독과 통제 및 관리를 받게 되므로, 위 전액관리제는 헌법 제126조의 '사영기업을 국유 또는 공유로 이전'하는 것에 해당한다.

⑤ 현행헌법이 보장하는 소비자보호운동이란 '공정한 가격으로 양질의 상품 또는 용역을 적절한 유통구조를 통해 적절한 시기에 안전하게 구입하거나 사용할 소비자의 제반 권익을 증진할 목적으로 이루어지는 구체적 활동'을 의미하므로, 소비자 권익의 증진을 위한 단체를 조직하고 이를 통하여 활동하는 형태에 이르지 않으면 소비자보호운동에 포함되지 않는다.

지문분석 난이도 중 정답 ②

| **키 워 드** | 경제질서
| **출제유형** | 조문 + 판례

② (O) 국가에 대하여 경제에 관한 규제와 조정을 할 수 있도록 규정한 헌법 제119조 제2항이 보유세 부과 그 자체를 금지하는 취지로 보이지 아니하므로 주택 등에 보유세인 종합부동산세를 부과하는 그 자체를 헌법 제119조에 위반된다고 보기 어렵다(헌재 2008.11.13. 2006헌바112 등).

① (X) 헌법 제121조 제1항은 "국가는 농지에 관하여 경자유전의 원칙이 달성될 수 있도록 노력하여야 하며, 농지의 소작제도는 금지된다."고 규정하고 있다. 이는 곧 전근대적인 법률관계인 소작제도의 청산을 의미하며 나아가 헌법은 부재지주로 인하여 야기되는 농지이용의 비효율성을 제거하기 위하여 경자유전의 원칙을 국가의 의무로서 천명하고 있는 것이다(헌재 2003.11.27. 2003헌바2).

> **헌법 제121조** ② 농업생산성의 제고와 농지의 합리적인 이용을 위하거나 불가피한 사정으로 발생하는 농지의 임대차와 위탁경영은 법률이 정하는 바에 의하여 인정된다.

③ (X) 헌법 제119조 제2항에 규정된 '경제주체 간의 조화를 통한 경제민주화'의 이념은 경제영역에서 정의로운 사회질서를 형성하기 위하여 추구할 수 있는 국가목표로서 개인의 기본권을 제한하는 국가행위를 정당화하는 헌법규범이다(헌재 2003.11.27. 2001헌바35).

④ (X) 이 사건 법률 조항들이 규정하는 운송수입금 전액관리제로 인하여 청구인들이 기업경영에 있어서 영리추구라고 하는 사기업 본연의 목적을 포기할 것을 강요받거나 전적으로 사회·경제정책적 목표를 달성하는 방향으로 기업활동의 목표를 전환해야 하는 것도 아니고, 그 기업경영과 관련하여 국가의 광범위한 감독과 통제 또는 관리를 받게 되는 것도 아니며, 더구나 청구인들 소유의 기업에 대한 재산권이 박탈되거나 통제를 받게 되어 그 기업이 사회의 공동재산의 형태로 변형된 것도 아니므로, 이 사건 법률 조항들이 헌법 제126조에 위반된다고 볼 수 없다(헌재 1998.10.29. 97헌마345).

⑤ (X) 현행헌법이 보장하는 소비자보호운동이란 '공정한 가격으로 양질의 상품 또는 용역을 적절한 유통구조를 통해 적절한 시기에 안전하게 구입하거나 사용할 소비자의 제반 권익을 증진할 목적으로 이루어지는 구체적 활동'을 의미하고, 단체를 조직하고 이를 통하여 활동하는 형태, 즉 근로자의 단결권이나 단체행동권에 유사한 활동뿐만 아니라, 하나 또는 그 이상의 소비자가 동일한 목표로 함께 의사를 합치하여 벌이는 운동이면 모두 이에 포함된다 할 것이다(헌재 2011.12.29. 2010헌바54 등).

71 0094 ○△×|○△×|○△× 2016 법원직 9급

의회유보원칙에 관한 다음 설명 중 가장 옳지 않은 것은? (다툼이 있는 경우 대법원 판례·헌법재판소 결정에 의함)

① 법률에서 안마사업은 누구나 종사할 수 있는 업종이 아니라 행정청에 의해 자격인정을 받아야만 종사할 수 있는 직역이라고 규정하고 그 자격인정 요건을 정할 수 있는 권한을 행정부에 위임하는 것은 의회유보원칙을 준수한 것으로 볼 수 있다.

② 특정 사안과 관련하여 법률에서 하위 법령에 위임을 한 경우에 모법의 위임범위를 확정하거나 하위 법령이 위임의 한계를 준수하고 있는지 여부를 판단할 때에는, 하위 법령이 규정한 내용이 입법자가 형식적 법률로 스스로 규율하여야 하는 본질적 사항으로서 의회유보의 원칙이 지켜져야 할 영역인지 여부는 고려되어야 할 사항이라고 볼 수는 없다.

③ 수신료금액의 결정은 납부의무자의 범위, 징수절차 등과 함께 수신료에 관한 본질적이고도 중요한 사항이므로, 수신료 금액의 결정은 입법자인 국회 스스로 해야 한다.

④ 규율대상이 기본권적 중요성을 가질수록, 그리고 그에 관한 공개적 토론의 필요성 내지 상충하는 이익 간 조정의 필요성이 클수록, 그것이 국회의 법률에 의해 직접 규율될 필요성 및 그 규율밀도의 요구 정도는 그만큼 더 증대되는 것으로 보아야 한다.

지문분석 난이도 중 정답 ②

| 키 워 드 | 의회유보의 원칙

| 출제유형 | 판례

② (X) 특정 사안과 관련하여 법률에서 하위 법령에 위임을 한 경우에 모법의 위임범위를 확정하거나 하위 법령이 위임의 한계를 준수하고 있는지 여부를 판단할 때에는, 하위 법령이 규정한 내용이 입법자가 형식적 법률로 스스로 규율하여야 하는 본질적 사항으로서 의회유보의 원칙이 지켜져야 할 영역인지, 당해 법률 규정의 입법목적과 규정 내용, 규정의 체계, 다른 규정과의 관계 등을 종합적으로 고려하여야 한다(대판 2015.8.20. 2012두23808).

① (O) 입법자는 일단 법률에서 안마사업은 누구나 종사할 수 있는 업종이 아니라 행정청에 의해 자격인정을 받아야만 종사할 수 있는 직역이라고 규정하고 그 자격인정 요건을 정할 수 있는 권한을 행정부에 위임하는 것으로서 의회유보 원칙을 준수했다고 할 수 있는 것이다(헌재 2003.6.26. 2002헌가16).

③ (O) 수신료금액의 결정은 납부의무자의 범위 등과 함께 수신료에 관한 본질적인 중요한 사항이므로 국회가 스스로 행하여야 하는 사항에 속하는 것임에도 불구하고 한국방송공사법 제36조 제1항에서 국회의 결정이나 관여를 배제한 채 한국방송공사로 하여금 수신료금액을 결정해서 문화관광부장관의 승인을 얻도록 한 것은 법률유보원칙에 위반된다(헌재 1999.5.27. 98헌바70).

④ (O) 헌재 2004.3.25. 2001헌마882

72 0095 ○△×|○△×|○△× 2020 법원직 9급

경제적 기본질서에 관한 다음 설명 중 가장 옳지 않은 것은?

① 헌법 제119조 제2항에 규정된 '경제주체 간의 조화를 통한 경제민주화'의 이념은 경제영역에서 정의로운 사회질서를 형성하기 위하여 추구할 수 있는 국가목표일 뿐, 개인의 기본권을 제한하는 국가행위를 정당화하는 헌법규범이 아니다.

② 헌법 제119조 제2항은 독과점규제라는 경제정책적 목표를 개인의 경제적 자유를 제한할 수 있는 정당한 공익의 하나로 명문화하고 있다. 독과점규제의 목적이 경쟁의 회복에 있다면 이 목적을 실현하는 수단 또한 자유롭고 공정한 경쟁을 가능하게 하는 방법이어야 한다.

③ 경제적 기본권의 제한을 정당화하는 공익이 헌법에 명시적으로 규정된 목표에만 제한되는 것은 아니고, 헌법은 단지 국가가 실현하려고 의도하는 전형적인 경제목표를 예시적으로 구체화하고 있을 뿐이므로 기본권의 침해를 정당화할 수 있는 모든 공익을 아울러 고려하여 법률의 합헌성 여부를 심사하여야 한다.

④ 헌법 제119조 제2항은 국가가 경제영역에서 실현하여야 할 목표의 하나로서 '적정한 소득의 분배'를 들고 있지만, 이로부터 반드시 소득에 대하여 누진세율에 따른 종합과세를 시행하여야 할 구체적인 헌법적 의무가 조세입법자에게 부과되는 것이라고 할 수 없다.

지문분석 난이도 중 정답 ①

| 키 워 드 | 경제적 기본질서

| 출제유형 | 판례

① (X) 헌법 제119조 제2항에 규정된 '경제주체 간의 조화를 통한 경제민주화'의 이념도 경제영역에서 정의로운 사회질서를 형성하기 위하여 추구할 수 있는 국가목표로서 개인의 기본권을 제한하는 국가행위를 정당화하는 헌법규범이다(헌재 2003.11.27. 2001헌바35).

② (O), ③ (O) 헌재 1996.12.26. 96헌가18

④ (O) 헌재 1999.11.25. 98헌마55

73 0096 ○△×|○△×|○△× 2015 국가직 7급

경제질서에 대한 설명으로 옳지 않은 것은? (다툼이 있는 경우 판례에 의함)

① 우리 헌법은 사유재산제를 바탕으로 자유경쟁을 존중하는 자유시장경제질서를 기본으로 하면서도 국가의 규제와 조정을 인정하는 사회적 시장경제질서의 성격을 띠고 있다.
② 소비자단체소송제도는 소비자단체에게만 원고적격을 인정하고 있지만 경쟁질서의 확립보다 소비자 보호기능에 중점이 맞추어져 생산자의 침해행위를 금지하거나 중지하도록 요구하고 손해배상까지 청구할 수 있게 되어 있다.
③ 도시개발구역에 있는 국가나 지방자치단체 소유의 재산으로서 도시개발사업에 필요한 재산에 대한 우선 매각 대상자를 도시개발사업의 시행자로 한정하고 국공유지의 점유자에게 우선 매수 자격을 부여하지 않는 도시개발법 관련 규정은 사적자치의 원칙을 기초로 한 자본주의 시장경제질서를 규정한 헌법 제119조 제1항에 위반되지 않는다.
④ 자경농지의 양도소득세 면제대상자를 '농지소재지에 거주하는 거주자'로 제한하는 것은 외지인의 농지투기를 방지하고 조세부담을 덜어주어 농업과 농촌을 활성화하기 위한 것이므로 경자유전의 원칙에 위배되지 않는다.

지문분석 난이도 중 정답 ②

| 키 워 드 | 경제질서
| 출제유형 | 조문 + 판례

② (X) 소비자기본법 제70조에 규정된 소비자단체소송은 사업자가 소비자의 생명·신체 또는 재산에 대한 권익을 직접적으로 침해하고 그 침해가 계속되는 경우 단체가 법원에 소비자권익침해행위의 금지·중지를 구하는 소송을 제기할 수 있는 제도인데, 손해배상청구까지 할 수 있는 것은 아니다.
① (O) 우리 헌법은 전문 및 제119조 이하의 경제에 관한 장에서 균형 있는 국민경제의 성장과 안정, 적정한 소득의 분배, 시장의 지배와 경제력 남용의 방지, 경제주체 간의 조화를 통한 경제의 민주화, 균형 있는 지역경제의 육성, 중소기업의 보호육성, 소비자보호 등 경제영역에서의 국가목표를 명시적으로 규정함으로써, 우리 헌법의 경제질서는 사유재산제를 바탕으로 하고 자유경쟁을 존중하는 자유시장경제질서를 기본으로 하면서도 이에 수반되는 갖가지 모순을 제거하고 사회복지·사회정의를 실현하기 위하여 국가적 규제와 조정을 용인하는 사회적 시장경제질서로서의 성격을 띠고 있다(헌재 2001.6.28. 2001헌마132).
③ (O) 도시개발구역에 있는 국가나 지방자치단체 소유의 재산으로서 도시개발사업에 필요한 재산에 대한 우선 매각 대상자를 도시개발사업의 시행자로 한정하고 국공유지의 점유자에게 우선 매수 자격을 부여하지 않는 도시개발법 관련 규정은 평등권을 침해하였다고 하기 어렵고, 또한 시장경제질서를 규정한 헌법 제119조 제1항에도 위반되지 아니한다(헌재 2009.11.26. 2008헌마711).
④ (O) 자경농지의 양도소득세 면제대상자를 '농지소재지에 거주하는 거주자'로 제한하는 것은, 입법목적이 외지인의 농지투기를 방지하고 조세부담을 덜어주어 농업·농촌을 활성화하는 데 있음을 고려하면 위 규정은 경자유전의 원칙을 실현하기 위한 것으로 볼 것이지 경자유전의 원칙에 위배된다고 볼 것은 아니라 할 것이다(헌재 2003.11.27. 2003헌바2).

74 0097 ○△×|○△×|○△× 2017 국가직 5급

헌법상 경제조항에 대한 설명으로 옳지 않은 것은?

① 국가는 경제의 민주화를 위하여 경제에 관한 규제와 조정을 할 수 있다.
② 국가는 농지에 관하여 경자유전의 원칙이 달성될 수 있도록 노력하여야 하며, 농지의 임대차는 금지된다.
③ 국가는 건전한 소비행위를 계도하고 생산품의 품질향상을 촉구하기 위한 소비자보호운동을 법률이 정하는 바에 의하여 보장한다.
④ 국방상 또는 국민경제상 긴절한 필요로 인하여 법률이 정하는 경우에는 사영기업을 국유 또는 공유로 이전할 수 있다.

지문분석 난이도 하 정답 ②

| 키 워 드 | 경제질서
| 출제유형 | 조문

② (X) 국가는 농지에 관하여 경자유전의 원칙이 달성될 수 있도록 노력하여야 하며, 농지의 소작제도는 금지된다(헌법 제121조 제1항).
① (O) 국가는 균형 있는 국민경제의 성장 및 안정과 적정한 소득의 분배를 유지하고, 시장의 지배와 경제력의 남용을 방지하며, 경제주체 간의 조화를 통한 경제의 민주화를 위하여 경제에 관한 규제와 조정을 할 수 있다(헌법 제119조 제2항).
③ (O) 국가는 건전한 소비행위를 계도하고 생산품의 품질향상을 촉구하기 위한 소비자보호운동을 법률이 정하는 바에 의하여 보장한다(헌법 제124조).
④ (O) 헌법 제126조는 국방상 또는 국민경제상 긴절한 필요로 인하여 법률이 정하는 경우를 제외하고는, 사영기업을 국유 또는 공유로 이전하거나 그 경영을 통제 또는 관리할 수 없다고 규정하고 있으므로, 국방상 또는 국민경제상 긴절한 필요로 인하여 법률이 정하는 경우에는 사영기업을 국유 또는 공유로 이전할 수 있다.

75 0098 ○△×|○△×|○△× 2013 법원직 5급

다음 중 헌법상 경제질서에 관한 헌법재판소의 결정으로 가장 옳지 않은 것은?

① 특정의료기관이나 특정의료인의 기능·진료방법에 관한 광고를 금지하는 것은 새로운 의료인들에게 자신의 기능이나 기술 혹은 진단 및 치료방법에 관한 광고와 선전을 할 기회를 배제함으로써, 기존의 의료인과의 경쟁에서 불리한 결과를 초래할 수 있는데, 이는 자유롭고 공정한 경쟁을 추구하는 헌법상의 시장경제질서에 부합되지 않는다.

② 금고 이상의 실형을 선고받고 그 형의 집행이 종료되거나 면제되지 아니한 자는 농산물도매시장의 중도매업 허가를 받을 수 없다고 규정한 것은 직업선택의 자유를 침해한 것으로 볼 수 없다.

③ 우리 헌법은 제123조 제3항에서 중소기업이 국민경제에서 차지하는 중요성 때문에 중소기업의 보호를 국가경제정책적 목표로 명문화하고 있는데, 중소기업의 보호는 넓은 의미의 경쟁정책의 한 측면을 의미하므로 중소기업의 보호는 원칙적으로 경쟁질서의 범주 내에서 경쟁질서의 확립을 통하여 이루어져야 한다.

④ 소유자가 거주하지 아니하거나 경작하지 아니하는 농지를 비사업용 토지로 보아 60%의 중과세율을 적용하도록 한 것은, 투기의 목적 없이 농지를 취득한 경우에도 적용을 피할 수 없을 뿐 아니라 그 중과세율이 지나치게 높다고 할 것이므로 헌법상 과잉금지원칙에 위반하여 국민의 재산권을 침해한다.

⑤ 제주특별자치도 안에서 생산되는 감귤의 출하조정·품질검사 등에 관하여 필요한 조치를 위반한 자에게 과태료를 부과하도록 한 것은, 감귤이 제주지역 경제에서 차지하는 비중이 매우 높은 농작물로서 감귤산업의 안정은 지역경제의 안정과 직결되는 특성을 감안하여, 지역경제와 감귤산업을 보호·육성하기 위하여 특별히 마련된 것으로서 다른 지역의 감귤 생산·유통업자들에 비해 자의적으로 차별하여 평등원칙에 위배된다고 할 수 없다.

지문분석 난이도 중 정답 ④

| 키 워 드 | 경제질서

| 출제유형 | 판례

④ (X) 이 사건 법률 조항은 농지에 대한 투기수요를 억제하고, 투기로 인한 이익을 환수하여 부동산 시장의 안정과 과세형평을 도모함에 그 입법목적이 있는바, 그 목적의 정당성 및 방법의 적절성이 인정된다. 그리고 사실상 소유자가 거주 또는 경작하지 않는 토지의 소유를 억제할 수 있을 정도의 세율을 60%로 본 입법자의 판단은 존중할 필요가 있다. 따라서 이 사건 법률 조항이 과잉금지원칙에 위배되어 청구인의 재산권을 침해한다고 할 수 없다(헌재 2012.7.26. 2011헌바357).

① (O) 한편 이 사건 조항이 보호하고자 하는 공익의 달성 여부는 불분명한 것인 반면, 이 사건 조항은 의료인에게 자신의 기능과 진료방법에 관한 광고와 선전을 할 기회를 박탈함으로써 표현의 자유를 제한하고, 다른 의료인과의 영업상 경쟁을 효율적으로 수행하는 것을 방해함으로써 직업수행의 자유를 제한하고 있고, 소비자의 의료정보에 대한 알 권리를 제약하게 된다. 따라서 보호하고자 하는 공익보다 제한되는 사익이 더 중하다고 볼 것이므로 이 사건 조항은 '법익의 균형성' 원칙에도 위배된다. 결국 이 사건 조항은 헌법 제37조 제2항의 비례의 원칙에 위배하여 표현의 자유와 직업수행의 자유를 침해하는 것이다(헌재 2005.10.27. 2003헌가3).

② (O) 이 사건 법률 조항은 금고 이상의 실형의 선고를 받은 자가 사적으로 농수산물 유통과 관련된 업종에 종사하는 것을 막고 있는 것은 아니고, 금고 이상의 실형의 집행이 종료되거나 면제된 이후에는 다시 중도매인 허가를 신청할 수 있으며, 달성하려는 공익이 중대하므로, 직업선택의 자유에 대한 제한을 통하여 얻는 공익적 성과와 제한의 정도가 합리적인 비례관계를 현저하게 일탈하고 있다고 볼 수 없다(헌재 2005.5.26. 2002헌바67).

③ (O) 헌법재판소는 자도소주구입명령제도 사건에서 "우리 헌법은 제123조 제3항에서 중소기업이 국민경제에서 차지하는 중요성 때문에 "중소기업의 보호"를 국가경제정책적 목표로 명문화하고, 대기업과의 경쟁에서 불리한 위치에 있는 중소기업의 지원을 통하여 경쟁에서의 불리함을 조정하고, 가능하면 균등한 경쟁조건을 형성함으로써 대기업과의 경쟁을 가능하게 해야 할 국가의 과제를 담고 있다. 중소기업의 보호는 넓은 의미의 경쟁정책의 한 측면을 의미하므로 중소기업의 보호는 원칙적으로 경쟁질서의 범주 내에서 경쟁질서의 확립을 통하여 이루어져야 한다."고 판시한 바 있다(헌재 1996.12.26. 96헌가18).

⑤ (O) 감귤은 제주지역 경제에서 차지하는 비중이 매우 높은 농작물로서 감귤산업의 안정은 지역경제의 안정과 직결되는 특성을 감안하여, 지역경제와 감귤산업을 보호·육성하기 위하여 특별히 마련된 이 사건 법률조항은 합리적인 이유가 있다고 할 것이고, 다른 지역의 감귤 생산·유통업자들에 비해 자의적으로 차별하여 평등원칙에 위배된다고 할 수 없다(헌재 2011.10.25. 2010헌바126).

76 0099 ○△×|○△×|○△× 2021 국가직 5급

경제조항에 대한 설명으로 옳지 않은 것은?

① 국가는 농지에 관하여 경자유전의 원칙이 달성될 수 있도록 노력하여야 하며, 농지의 소작제도는 금지된다.
② 국가는 건전한 소비행위를 계도하고 생산품의 품질향상을 촉구하기 위한 소비자보호운동을 법률이 정하는 바에 의하여 보장한다.
③ 국가는 지역간의 균형 있는 발전을 위하여 지역경제를 육성할 의무를 지나, 중소기업을 보호·육성하여야 할 의무를 지지 아니한다.
④ 국가는 농수산물의 수급균형과 유통구조의 개선에 노력하여 가격안정을 도모함으로써 농·어민의 이익을 보호한다.

지문분석 난이도 하 정답 ③

| 키 워 드 | 경제질서
| 출제유형 | 조문

③ (X) 국가는 지역간의 균형 있는 발전을 위하여 지역경제를 육성할 의무를 진다(헌법 제123조 제2항). 국가는 중소기업을 보호·육성하여야 한다(동조 제3항).
① (O) 국가는 농지에 관하여 경자유전의 원칙이 달성될 수 있도록 노력하여야 하며, 농지의 소작제도는 금지된다(헌법 제121조 제1항).
② (O) 국가는 건전한 소비행위를 계도하고 생산품의 품질향상을 촉구하기 위한 소비자보호운동을 법률이 정하는 바에 의하여 보장한다(헌법 제124조).
④ (O) 국가는 농수산물의 수급균형과 유통구조의 개선에 노력하여 가격안정을 도모함으로써 농·어민의 이익을 보호한다(헌법 제123조 제4항).

77 0100 ○△×|○△×|○△× 2017 비상계획관 상반기

헌법상 경제질서에 대한 설명으로 옳지 않은 것은? (다툼이 있는 경우 판례에 의함)

① 국가에 대하여 경제에 관한 규제와 조정을 할 수 있도록 규정한 헌법 제119조 제2항이 보유세 부과 그 자체를 금지하는 취지로 보이지 아니하므로 주택 등에 보유세인 종합부동산세를 부과하는 그 자체를 헌법 제119조에 위반된다고 보기 어렵다.
② 상속세제도는 국가 재정수입의 확보라는 일차적인 목적 이외에도 사회적 시장경제질서의 헌법이념에 따라 재산상속을 통한 부의 영원한 세습과 집중을 완화하여 국민의 경제적 균등을 도모하려는 목적도 아울러 가지는 조세제도이다.
③ 국세청장이 주류판매업자에 대하여 매월 희석식소주의 총구입액의 100분의 50 이상을 당해 주류판매업자의 판매장이 소재하는 지역으로부터 구입하도록 명하게 하는 이른바 '자도소주구입제도'는, 헌법 제123조가 규정하는 지역경제육성을 위한 것으로서 사회적 시장경제질서에 합치한다.
④ 불매운동의 목표로서의 '소비자의 권익'이란 원칙적으로 사업자가 제공하는 물품이나 용역의 소비생활과 관련된 것으로서 상품의 질이나 가격, 유통구조, 안전성 등 시장적 이익에 국한된다.

지문분석 난이도 중 정답 ③

| 키 워 드 | 경제질서
| 출제유형 | 판례

③ (X) 1도1소주제조업체의 존속유지와 지역경제의 육성 간에 상관관계를 찾아볼 수 없으므로 "지역경제의 육성"은 기본권의 침해를 정당화할 수 있는 공익으로 고려하기 어렵다. 자도소주구입명령제도는 소주판매업자의 직업의 자유는 물론 소주제조업자의 경쟁 및 기업의 자유, 즉 직업의 자유와 소비자의 행복추구권에서 파생된 자기결정권을 지나치게 침해하는 위헌적인 규정이다(헌재 1996.12.26. 96헌가18).
① (O) 국가에 대하여 경제에 관한 규제와 조정을 할 수 있도록 규정한 헌법 제119조 제2항이 보유세 부과 그 자체를 금지하는 취지로 보이지 아니하므로 주택 등에 보유세인 종합부동산세를 부과하는 그 자체를 헌법 제119조에 위반된다고 보기 어렵다(헌재 2008.11.13. 2006헌바112).
② (O) 상속세제도는 국가 재정수입의 확보라는 일차적인 목적 이외에도 자유시장경제에 수반되는 모순을 제거하고 사회정의와 경제민주화를 실현하기 위하여 국가적 규제와 조정들을 광범위하게 인정하는 사회적 시장경제질서의 헌법이념에 따라 재산상속을 통한 부의 영원한 세습과 집중을 완화하여 국민의 경제적 균등을 도모하려는 목적도 아울러 가지는 조세제도이다(헌재 2012.3.29. 2010헌바342).
④ (O) 불매운동의 목표로서의 '소비자의 권익'이란 원칙적으로 사업자가 제공하는 물품이나 용역의 소비생활과 관련된 것으로서 상품의 질이나 가격, 유통구조, 안전성 등 시장적 이익에 국한된다(헌재 2011.12.29. 2010헌바54).

78 0101 ○△×|○△×|○△× 2017 서울시 7급

소비자 불매운동에 대한 설명으로 옳지 않은 것은? (다툼이 있는 경우 판례에 의함)

① 소비자 불매운동이란 하나 또는 그 이상의 운동주도세력이 소비자의 권익을 향상시킬 목적으로 개별 소비자들로 하여금 시장에서 특정 상품의 구매를 억지하거나 제3자로 하여금 그렇게 하도록 설득하는 조직화된 행위를 의미한다.
② 소비자 불매운동은 원칙적으로 공정한 가격으로 양질의 상품 또는 용역을 적절한 유통구조를 통해 적절한 시기에 안전하게 구입하거나 사용할 소비자의 제반 권익을 증진할 목적에서 행해지는 소비자보호운동의 일환으로서 헌법 제124조를 통하여 제도로서 보장된다.
③ 특정한 사회·경제적 또는 정치적 대의나 가치를 주장·옹호하거나 이를 진작시키기 위한 수단으로 선택한 소비자 불매운동은 헌법상 보호를 받을 수 없다.
④ 소비자 불매운동은 헌법이나 법률의 규정에 비추어 정당하다고 평가되는 범위를 벗어날 경우에는 형사책임이나 민사책임을 피할 수 없다.

지문분석 난이도 중 정답 ③

| 키 워 드 | 경제질서
| 출제유형 | 판례

③ (X) 단순히 소비자 불매운동이 헌법 제124조에 따라 보장되는 소비자보호운동의 요건을 갖추지 못하였다는 이유만으로 이에 대하여 아무런 헌법적 보호도 주어지지 아니한다거나 소비자 불매운동에 본질적으로 내재되어 있는 집단행위로서의 성격과 대상 기업에 대한 불이익 또는 피해의 가능성만을 들어 곧바로 형법 제314조 제1항의 업무방해죄에서 말하는 위력의 행사에 해당한다고 단정하여서는 아니 된다(대판 2013.3.14. 2010도410).
① (O) 헌재 2011.12.29. 2010헌바54
② (O) 소비자가 구매력을 무기로 상품이나 용역에 대한 자신들의 선호를 시장에 실질적으로 반영하기 위한 집단적 시도인 소비자 불매운동은 본래 '공정한 가격으로 양질의 상품 또는 용역을 적절한 유통구조를 통해 적절한 시기에 안전하게 구입하거나 사용할 소비자의 제반 권익을 증진할 목적'에서 행해지는 소비자보호운동의 일환으로서 헌법 제124조를 통하여 제도로서 보장된다(대판 2013.3.14. 2010도410).
④ (O) 헌법이 보장하는 소비자보호운동이란 '공정한 가격으로 양질의 상품 또는 용역을 적절한 유통구조를 통해 적절한 시기에 안전하게 구입하거나 사용할 소비자의 제반 권익을 증진할 목적으로 이루어지는 구체적 활동'을 의미한다. 위 소비자 보호운동의 일환으로서, 구매력을 무기로 소비자가 자신의 선호를 시장에 실질적으로 반영하려는 시도인 소비자 불매운동은 모든 경우에 있어서 그 정당성이 인정될 수는 없고, 헌법이나 법률의 규정에 비추어 정당하다고 평가되는 범위에 해당하는 경우에만 형사책임이나 민사책임이 면제된다고 할 수 있다(헌재 2011.12.29. 2010헌바54).

79 0102 ○△×|○△×|○△× 2020 지방직 7급

헌법상 경제질서에 대한 설명으로 옳지 않은 것은? (다툼이 있는 경우 판례에 의함)

① 국방상 또는 국민경제상 긴절한 필요로 인하여 법률이 정하는 경우를 제외하고는, 사영기업을 국유 또는 공유로 이전하거나 그 경영을 통제 또는 관리할 수 없다.
② 농지소유자가 농지를 농업경영에 이용하지 아니하여 농지처분명령을 받았음에도 불구하고 정당한 사유 없이 이를 이행하지 아니하는 경우, 당해 농지가액의 100분의 20에 상당하는 이행강제금을 그 처분명령이 이행될 때까지 매년 1회 부과할 수 있도록 한 것은 합헌이다.
③ 불매운동의 목표로서 '소비자의 권익'이란 원칙적으로 사업자가 제공하는 물품이나 용역의 소비생활과 관련된 것으로서 상품의 질이나 가격, 유통구조, 안전성 등 시장적 이익에 국한된다.
④ 의약품 도매상 허가를 받기 위해 필요한 창고면적의 최소기준을 규정하고 있는 약사법 조항들은 국가의 중소기업보호·육성의무를 위반하였다.

지문분석 난이도 하 정답 ④

| 키 워 드 | 경제질서
| 출제유형 | 조문 + 판례

④ (X) 의약품 도매상 허가를 받기 위해 필요한 창고면적의 최소기준을 규정하고 있는 약사법(2011.3.30. 법률 제10512호로 개정된 것) 조항들의 입법취지는 중소기업을 대상으로 하여 그 영업을 규제하려는 것이 아니며, 그 내용도 중소기업에 대해 제한을 가하는 것이 아니므로, 헌법 제123조 제3항에 규정된 국가의 중소기업 보호·육성의무를 위반하였다고 볼 수 없다(헌재 2014.4.24. 2012헌마811).
① (O) 국방상 또는 국민경제상 긴절한 필요로 인하여 법률이 정하는 경우를 제외하고는, 사영기업을 국유 또는 공유로 이전하거나 그 경영을 통제 또는 관리할 수 없다(헌법 제126조).
② (O) 농지소유자가 농지를 농업경영에 이용하지 아니하여 농지처분명령을 받았음에도 불구하고 정당한 사유 없이 이를 이행하지 아니하는 경우, 당해 농지의 토지가액의 100분의 20에 상당하는 이행강제금을 그 처분명령이 이행될 때까지 매년 1회 부과할 수 있도록 하는 구 농지법(2005.7.21. 법률 제7604호로 개정되기 전의 것) 제10조 제1항 제1호, 제65조 제1항, 제4항, 구 농지법(2007.4.11. 법률 제8352호로 전부개정되기 전의 것) 제11조 제1항(이하 '이 사건 법률 조항들'이라 한다)이 재산권을 침해하지 아니한다(헌재 2010.2.25. 2008헌바98 등).
③ (O) 불매운동의 목표로서의 '소비자의 권익'이란 원칙적으로 사업자가 제공하는 물품이나 용역의 소비생활과 관련된 것으로서 상품의 질이나 가격, 유통구조, 안전성 등 시장적 이익에 국한된다(헌재 2011.12.29. 2010헌바54).

80 0103 ○△×|○△×|○△× 2020 경찰 승진(변형)

헌법상 경제질서에 관한 설명 중 가장 적절하지 않은 것은? (다툼이 있는 경우 판례에 의함)

① 수력(水力)은 법률이 정하는 바에 의하여 일정한 기간 그 이용을 특허할 수 있다.
② 특정한 사회·경제적 또는 정치적 대의나 가치를 주장·옹호하거나 이를 진작시키기 위한 수단으로 선택한 소비자 불매운동은 헌법상 보호를 받을 수 없다.
③ 구 특정범죄 가중처벌 등에 관한 법률에서 관세포탈 등의 예비범에 대하여 본죄에 준하여 가중처벌하도록 한 규정의 입법목적은 헌법 제119조 제2항(경제의 규제·조정), 제125조(무역의 규제·조정)의 정신에 부합한다.
④ 불매운동의 목표로서의 '소비자의 권익'이란 원칙적으로 사업자가 제공하는 물품이나 용역의 소비생활과 관련된 것으로서 상품의 질이나 가격, 유통구조, 안정성 등 시장적 이익에 국한된다.

지문분석 난이도 중 정답 ②

| 키 워 드 | 경제질서
| 출제유형 | 조문 + 판례

② (×) 일반 시민들이 특정한 사회, 경제적 또는 정치적 대의나 가치를 주장·옹호하거나 이를 진작시키기 위한 수단으로서 소비자 불매운동을 선택하는 경우도 있을 수 있고, 이러한 소비자 불매운동 역시 반드시 헌법 제124조는 아니더라도 헌법 제21조에 따라 보장되는 정치적 표현의 자유나 헌법 제10조에 내재된 일반적 행동의 자유의 관점 등에서 보호받을 가능성이 있으므로, 단순히 소비자 불매운동이 헌법 제124조에 따라 보장되는 소비자보호운동의 요건을 갖추지 못하였다는 이유만으로 이에 대하여 아무런 헌법적 보호도 주어지지 아니한다거나 소비자 불매운동에 본질적으로 내재되어 있는 집단행위로서의 성격과 대상 기업에 대한 불이익 또는 피해의 가능성만을 들어 곧바로 형법 제314조 제1항의 업무방해죄에서 말하는 위력의 행사에 해당한다고 단정하여서는 아니 된다(대판 2013.3.14. 2010도410).
① (○) 광물 기타 중요한 지하자원·수산자원·수력과 경제상 이용할 수 있는 자연력은 법률이 정하는 바에 의하여 일정한 기간 그 채취·개발 또는 이용을 특허할 수 있다(헌법 제120조 제1항).
③ (○) 나아가 관세법과 '특정범죄 가중처벌 등에 관한 법률'(이하 '특가법'이라 한다)은 관세범의 특성과 위험성에 대응할 수 있도록 여러 규정을 두어 규율하고 있으므로 관세범의 특성과 위험성에 대응하기 위하여 반드시 밀수입 예비행위를 본죄에 준하여 처벌하여야 할 필요성이 도출된다고 볼 수도 없다. 따라서 심판대상 조항은 구체적 행위의 개별성과 고유성을 고려한 양형판단의 가능성을 배제하는 가혹한 형벌로서 책임과 형벌 사이의 비례성의 원칙에 위배된다(헌재 2019.2.28. 2016헌가13).
④ (○) 불매운동의 목표로서의 '소비자의 권익'이란 원칙적으로 사업자가 제공하는 물품이나 용역의 소비생활과 관련된 것으로 서 상품의 질이나 가격, 유통구조, 안전성 등 시장적 이익에 국한된다(헌재 2011.12.29. 2010헌바54 등).

81 0104 ○△×|○△×|○△× 2022 경찰 간부

사회적 시장경제질서에 대한 설명으로 가장 적절한 것은? (다툼이 있는 경우 헌법재판소 판례에 의함)

① 헌법 제119조는 헌법상 경제질서에 관한 일반조항으로서 국가의 경제정책에 대한 하나의 지침이자 구체적 기본권 도출의 근거로 기능하며 독자적인 위헌심사의 기준이 된다.
② 헌법 제119조 제1항에 비추어 볼 때 개인의 사적 거래에 대한 공법적 규제는 사후적·구체적 규제보다는 사전적·일반적 규제방식을 택하여 국민의 거래자유를 최대한 보장하여야 한다.
③ 헌법 제119조 제2항에 규정된 '경제주체 간의 조화를 통한 경제민주화'의 이념은 경제영역에서 정의로운 사회질서를 형성하기 위하여 추구할 수 있는 국가목표일뿐 개인의 기본권을 제한하는 국가행위를 정당화하는 헌법규범은 아니다.
④ 헌법 제119조 제2항은 국가가 경제영역에서 실현하여야 할 목표의 하나로 '적정한 소득의 분배'를 들고 있으나 이로부터 소득에 대해 누진세율에 따른 종합과세를 시행하여야 할 구체적인 헌법적 의무가 입법자에게 부과되는 것은 아니다.

지문분석 난이도 중 정답 ④

| 키 워 드 | 사회적 시장경제질서
| 출제유형 | 판례

④ (○) 헌법 제119조 제2항은 국가가 경제영역에서 실현하여야 할 목표의 하나로서 "적정한 소득의 분배"를 들고 있지만, 이로부터 반드시 소득에 대하여 누진세율에 따른 종합과세를 시행하여야 할 구체적인 헌법적 의무가 조세입법자에게 부과되는 것이라고 할 수 없다(헌재 1999.11.25. 98헌마55).
① (×) 헌법 제119조의 경제질서는 국가의 경제정책에 대한 헌법적 지침으로서 직업의 자유와 같은 경제에 관한 기본권에 의하여 구체화되는 것이다. 따라서 청구인들의 헌법 제119조에 관한 주장 역시 직업의 자유 침해 여부에 대하여 심사하는 것으로 충분하며, 이 부분을 별도로 다시 판단할 필요는 없다(헌재 2014.4.24. 2012헌마865).
② (×) "대한민국의 경제질서는 개인과 기업의 경제상의 자유와 창의를 존중함을 기본으로 한다."고 규정한 헌법 제119조 제1항에 비추어 보더라도, 개인의 사적 거래에 대한 공법적 규제는 되도록 사전적·일반적 규제보다는, 사후적·구체적 규제방식을 택하여 국민의 거래자유를 최대한 보장하여야 할 것이다(헌재 2012.8.23. 2010헌가65).
③ (×) 헌법 제119조 제2항에 규정된 '경제주체 간의 조화를 통한 경제민주화'의 이념도 경제영역에서 정의로운 사회질서를 형성하기 위하여 추구할 수 있는 국가목표로서 개인의 기본권을 제한하는 국가행위를 정당화하는 헌법규범이다(헌재 2003.11.27. 2001헌바35).

82 0105 ○△×|○△×|○△× 2022 경찰 승진

사회국가원리와 사회적 기본권에 관한 설명 중 가장 적절한 것은? (다툼이 있는 경우 판례에 의함)

① 우리 헌법은 '사회국가원리'를 헌법전문과 경제질서 부분에서 명문으로 직접 규정하고 있다.
② 사회국가란 경제·사회·문화의 모든 영역에서 정의로운 사회질서의 형성을 위하여 사회현상에 관여하고 간섭하고 분배하고 조정하는 국가이며, 궁극적으로는 국민 각자가 실제로 자유를 행사할 수 있는 그 실질적 조건을 마련해 줄 의무가 있는 국가이다.
③ 사회적 기본권은 입법과정이나 정책결정과정에서 사회적 기본권에 규정된 국가목표의 무조건적인 최우선적 배려를 요청하는 것이며, 이러한 의미에서 사회적 기본권은 국가의 모든 의사결정과정에서 사회적 기본권이 담고 있는 국가목표를 최우선적으로 고려하여야 할 국가의 의무를 의미한다.
④ 국가가 인간다운 생활을 보장하기 위한 헌법적 의무를 다하였는지의 여부가 사법심사의 대상이 된 경우, 국가가 최저생활보장에 관한 입법을 전혀 하지 아니한 경우에만 한하여 헌법에 위반된다고 할 수 있다.

지문분석

난이도 중 정답 ②

| 키 워 드 | 사회국가원리와 사회적 기본권

| 출제유형 | 판례

② (○) 사회국가란 사회정의의 이념을 헌법에 수용한 국가, 사회현상에 대하여 방관적인 국가가 아니라 경제·사회·문화의 모든 영역에서 정의로운 사회질서의 형성을 위하여 사회현상에 관여하고 간섭하고 분배하고 조정하는 국가이며, 궁극적으로는 국민 각자가 실제로 자유를 행사할 수 있는 그 실질적 조건을 마련해 줄 의무가 있는 국가를 의미한다(헌재 2004.10.28. 2002헌마328).

① (X) 우리 헌법은 사회국가원리를 명문으로 규정하고 있지는 않지만, 헌법의 전문, 사회적 기본권의 보장(헌법 제31조 내지 제36조), 경제 영역에서 적극적으로 계획하고 유도하고 재분배하여야 할 국가의 의무를 규정하는 경제에 관한 조항(헌법 제119조 제2항 이하) 등과 같이 사회국가원리의 구체화된 여러 표현을 통하여 사회국가원리를 수용하였다(헌재 2002.12.18. 2002헌마52).

③ (X) 국가는 사회적 기본권에 의하여 제시된 국가의 의무와 과제를 언제나 국가의 현실적인 재정·경제능력의 범위 내에서 다른 국가과제와의 조화와 우선순위결정을 통하여 이행할 수밖에 없다. 그러므로 사회적 기본권은 입법과정이나 정책결정과정에서 사회적 기본권에 규정된 국가목표의 무조건적인 최우선적 배려가 아니라 단지 적절한 고려를 요청하는 것이다. 이러한 의미에서 사회적 기본권은, 국가의 모든 의사결정과정에서 사회적 기본권이 담고 있는 국가목표를 고려하여야 할 국가의 의무를 의미한다(헌재 2002.12.18. 2002헌마52).

④ (X) 국가가 인간다운 생활을 보장하기 위한 헌법적 의무를 다하였는지의 여부가 사법적 심사의 대상이 된 경우에는, 국가가 생계보호에 관한 입법을 전혀 하지 아니하였다든가 그 내용이 현저히 불합리하여 헌법상 용인될 수 있는 재량의 범위를 명백히 일탈한 경우에 한하여 헌법에 위반된다고 할 수 있다(헌재 1997.5.29. 94헌마33).

83 0106 ○△×|○△×|○△× 2022 경찰 2차

문화국가원리에 관한 설명 중 가장 적절하지 않은 것은? (다툼이 있는 경우 판례에 의함)

① 우리 헌법상 문화국가원리는 견해와 사상의 다양성을 그 본질로 하며, 이를 실현하는 국가의 문화정책은 불편부당의 원칙에 따라야 한다.
② 문화창달을 위하여 문화예술 공연관람자 등에게 예술감상에 의한 정신적 풍요의 대가로 문화예술진흥기금을 납입하게 하는 것은 헌법의 문화국가이념에 반하는 것이 아니다.
③ 국가의 문화육성의 대상에는 원칙적으로 모든 사람에게 문화창조의 기회를 부여한다는 의미에서 모든 문화가 포함되므로, 엘리트문화, 서민문화, 대중문화 모두 그 가치가 인정되고 정책적인 배려의 대상이 되어야 한다.
④ 고액 과외교습을 방지하기 위하여 모든 학생으로 하여금 오로지 학원에서만 사적으로 배울 수 있도록 규율한다는 것은 개성과 창의성, 다양성을 지향하는 문화국가원리에 위반된다.

지문분석

난이도 중 정답 ②

| 키 워 드 | 문화국가원리

| 출제유형 | 판례

② (X) 공연관람자 등이 예술감상에 의한 정신적 풍요를 느낀다면 그것은 헌법상의 문화국가원리에 따라 국가가 적극 장려할 일이지, 그것이 일정한 집단에 의한 수익으로 인정하여 그들에게 경제적 부담을 지우는 것은 헌법의 문화국가이념(제9조)에 역행하는 것이다(헌재 2003.12.18. 2002헌가2).

① (○), ③ (○) 문화국가원리는 국가의 문화국가 실현에 관한 과제 또는 책임을 통하여 실현되는바, 국가의 문화정책과 밀접 불가분의 관계를 맺고 있다. 과거 국가절대주의사상의 국가관이 지배하던 시대에는 국가의 적극적인 문화간섭정책이 당연한 것으로 여겨졌다. 그러나 오늘날에 와서는 국가가 어떤 문화현상에 대하여도 이를 선호하거나, 우대하는 경향을 보이지 않는 불편부당의 원칙이 가장 바람직한 정책으로 평가받고 있다. 오늘날 문화국가에서의 문화정책은 그 초점이 문화 그 자체에 있는 것이 아니라 문화가 생겨날 수 있는 문화풍토를 조성하는 데 두어야 한다. 문화국가원리의 이러한 특성은 문화의 개방성 내지 다원성의 표지와 연결되는데, 국가의 문화육성의 대상에는 원칙적으로 모든 사람에게 문화창조의 기회를 부여한다는 의미에서 모든 문화가 포함된다. 따라서 엘리트문화뿐만 아니라 서민문화, 대중문화도 그 가치를 인정하고 정책적인 배려의 대상으로 하여야 한다(헌재 2004.5.27. 2003헌가1 등).

④ (○) 단지 일부 지나친 고액과외교습을 방지하기 위하여 모든 학생으로 하여금 오로지 학원에서만 사적으로 배울 수 있도록 규율한다는 것은 어디에도 그 예를 찾아볼 수 없는 것일 뿐만 아니라 자기결정과 자기책임을 생활의 기본원칙으로 하는 헌법의 인간상이나 개성과 창의성, 다양성을 지향하는 문화국가원리에도 위반되는 것이다(헌재 2000.4.27. 98헌가16 등).

84 0107 ○△×|○△×|○△× 2022 경찰 간부

헌법상 기본원리에 대한 설명으로 가장 적절하지 않은 것은?
(다툼이 있는 경우 헌법재판소 판례에 의함)

① 국제법적으로 조약은 국제법 주체들이 일정한 법률효과를 발생시키기 위하여 체결한 국제법의 규율을 받는 국제적 합의를 말하며 서면에 의한 경우가 대부분이지만 예외적으로 구두합의도 조약의 성격을 가질 수 있다.

② '중대사고'에 대한 평가를 제외하는 '원자력이용시설 방사선환경영향평가서 작성 등에 관한 규정' 조항은 국민들이 원전과 관련하여 정확하고 공정한 여론을 형성하는 것을 방해하므로 민주주의원리에 위반된다.

③ 문화국가의 원리는 문화의 개방성 내지 다원성의 표지와 연결되는데, 국가의 문화육성의 대상에는 원칙적으로 모든 사람에게 문화창조의 기회를 부여한다는 의미에서 모든 문화가 포함되므로 엘리트문화뿐만 아니라 서민문화, 대중문화도 그 가치를 인정하고 정책적인 배려의 대상으로 한다.

④ 규율대상이 기본권적 중요성을 가질수록 그리고 그에 관한 공개적 토론의 필요성 내지 상충하는 이익 간 조정의 필요성이 클수록, 그것이 국회의 법률에 의해 직접 규율될 필요성 및 그 규율밀도의 요구 정도는 그만큼 더 증대되는 것으로 보아야 한다.

지문분석 난이도 중 정답 ②

| 키 워 드 | 헌법상 기본원리

| 출제유형 | 판례

② (X) 원자력발전소 건설허가 신청 시 필요한 방사선환경영향평가서 및 그 초안을 작성하는 데 있어 '중대사고'에 대한 평가를 제외하고 있는 것이 국가가 국민의 생명·신체의 안전을 보호하는 데 적절하고 효율적인 최소한의 조치조차 취하지 않은 것은 아니므로 헌법에 위반되지 않는다(헌재 2016.10.27. 2012헌마121).

① (O) 조약의 개념에 관하여 우리 헌법상 명문의 규정은 없다. 다만 헌법 제60조 제1항에서 국회는 상호원조 또는 안전보장에 관한 조약, 중요한 국제조직에 관한 조약, 우호통상항해조약, 주권의 제약에 관한 조약, 강화조약, 국가나 국민에게 중대한 재정적 부담을 지우는 조약 또는 입법사항에 관한 조약의 체결·비준에 대한 동의권을 가진다고 규정하고 있으며, 헌법 제73조는 대통령에게 조약체결권을 부여하고 있고, 헌법 제89조 제3호에서 조약안은 국무회의의 심의를 거치도록 규정하고 있다. 국제법적으로, 조약은 국제법 주체들이 일정한 법률효과를 발생시키기 위하여 체결한 국제법의 규율을 받는 국제적 합의를 말하며 서면에 의한 경우가 대부분이지만 예외적으로 구두합의도 조약의 성격을 가질 수 있다(헌재 2019.12.27. 2016헌마253).

③ (O) 문화국가원리의 이러한 특성은 문화의 개방성 내지 다원성의 표지와 연결되는데, 국가의 문화육성의 대상에는 원칙적으로 모든 사람에게 문화창조의 기회를 부여한다는 의미에서 모든 문화가 포함된다. 따라서 엘리트문화뿐만 아니라 서민문화, 대중문화도 그 가치를 인정하고 정책적인 배려의 대상으로 하여야 한다(헌재 2004.5.27. 2003헌가1 등).

④ (O) 오늘날 법률유보원칙은 단순히 행정작용이 법률에 근거를 두기만 하면 충분한 것이 아니라, 국가공동체와 그 구성원에게 기본적이고도 중요한 의미를 갖는 영역, 특히 국민의 기본권 실현과 관련된 영역에 있어서는 국민의 대표자인 입법자가 그 본질적 사항에 대해서 스스로 결정하여야 한다는 요구까지 내포하고 있다(의회유보원칙). 그런데 텔레비전 방송수신료는 대다수 국민의 재산권 보장의 측면이나 한국방송공사에게 보장된 방송자유의 측면에서 국민의 기본권 실현에 관련된 영역에 속하고, 수신료금액의 결정은 납부의무자의 범위 등과 함께 수신료에 관한 본질적인 중요한 사항이므로 국회가 스스로 행하여야 하는 사항에 속하는 것임에도 불구하고 한국방송공사법 제36조 제1항에서 국회의 결정이나 관여를 배제한 채 한국방송공사로 하여금 수신료금액을 결정해서 문화관광부장관의 승인을 얻도록 한 것은 법률유보원칙에 위반된다(헌재 1999.5.27. 98헌바70).

85 0108 ○△×|○△×|○△×   2021 지방직 7급

국제질서에 대한 설명으로 옳지 않은 것은? (다툼이 있는 경우 판례에 의함)

① 국제법적으로, 조약은 국제법 주체들이 일정한 법률효과를 발생시키기 위하여 체결한 국제법의 규율을 받는 국제적 합의를 말하며 서면에 의한 경우가 대부분이지만 예외적으로 구두 합의도 조약의 성격을 가질 수 있다.
② 자유권규약위원회는 자유권규약의 이행을 위해 만들어진 조약상의 기구이므로, 규약의 당사국은 그 견해를 존중하여야 하며, 우리 입법자는 자유권규약위원회의 견해의 구체적인 내용에 구속되어 그 모든 내용을 그대로 따라야 하는 의무를 부담한다.
③ 헌법에 의하여 체결·공포된 조약과 일반적으로 승인된 국제법규는 국내법과 같은 효력을 가진다.
④ 조약과 비구속적 합의를 구분함에 있어서는 합의의 명칭, 합의가 서면으로 이루어졌는지 여부 등과 같은 형식적 측면 외에도 합의의 과정과 내용·표현에 비추어 법적 구속력을 부여하려는 당사자의 의도가 인정되는지 여부 등 실체적 측면을 종합적으로 고려하여야 한다.

지문분석   난이도 하 정답 ②

| 키 워 드 | 국제질서
| 출제유형 | 조문+판례

② (X) '시민적 및 정치적 권리에 관한 국제규약'(이하 '자유권규약'이라 한다)의 조약상 기구인 자유권규약위원회의 견해는 규약을 해석함에 있어 중요한 참고기준이 되고, 규약 당사국은 그 견해를 존중하여야 한다. 특히 우리나라는 자유권규약을 비준함과 동시에, 자유권규약위원회의 개인통보 접수·심리 권한을 인정하는 내용의 선택의정서에 가입하였으므로, 대한민국 국민이 제기한 개인통보에 대한 자유권규약위원회의 견해(Views)를 존중하고, 그 이행을 위하여 가능한 범위에서 충분한 노력을 기울여야 한다. 다만, 자유권규약위원회의 심리가 서면으로 비공개로 진행되는 점 등을 고려하면, 개인통보에 대한 자유권규약위원회의 견해(Views)에 사법적인 판결이나 결정과 같은 법적 구속력이 인정된다고 단정하기는 어렵다. 또한, 자유권규약위원회의 견해가 규약 당사국의 국내법 질서와 충돌할 수 있고, 그 이행을 위해서는 각 당사국의 역사적·사회적·정치적 상황 등이 충분히 고려될 필요가 있으므로, 우리 입법자가 자유권규약위원회의 견해(Views)의 구체적인 내용에 구속되어 그 모든 내용을 그대로 따라야만 하는 의무를 부담한다고 볼 수는 없다(헌재 2018.7.26. 2011헌마306 등).
① (O) 헌재 2019.12.27. 2016헌마253
③ (O) 헌법 제6조 제1항
④ (O) 조약과 비구속적 합의를 구분함에 있어서는 합의의 명칭, 합의가 서면으로 이루어졌는지 여부, 국내법상 요구되는 절차를 거쳤는지 여부와 같은 형식적 측면 외에도 합의의 과정과 내용·표현에 비추어 법적 구속력을 부여하려는 당사자의 의도가 인정되는지 여부, 법적 효과를 부여할 수 있는 구체적인 권리·의무를 창설하는지 여부 등 실체적 측면을 종합적으로 고려하여야 한다(헌재 2019.12.27. 2016헌마253).

86 0109 ○△×|○△×|○△×   2016 국가직 7급

조약에 대한 설명으로 옳지 않은 것은? (다툼이 있는 경우 판례에 의함)

① 강제노동의 폐지에 관한 국제노동기구(ILO)의 제105호 조약은 우리나라가 비준한 바가 없고, 헌법 제6조 제1항에서 말하는 일반적으로 승인된 국제법규로서 헌법적 효력을 갖는다고 볼 수도 없기 때문에 위헌성 심사의 척도가 될 수 없다.
② 헌법 제6조 제1항의 국제법 존중주의에 따라 조약과 일반적으로 승인된 국제법규는 국내법에 우선한다.
③ 국회는 상호원조 또는 안전보장에 관한 조약, 중요한 국제조직에 관한 조약, 우호통상항해조약, 주권의 제약에 관한 조약, 강화조약, 국가나 국민에게 중대한 재정적 부담을 지우는 조약 또는 입법사항에 관한 조약의 체결·비준에 대한 동의권을 가진다.
④ 마라케쉬협정은 적법하게 체결·공포된 조약이므로 이 협정에 의하여 관세법 위반자의 처벌이 가중되어도 위헌은 아니다.

지문분석   난이도 중 정답 ②

| 키 워 드 | 조약
| 출제유형 | 조문+판례

② (X) 헌법에 의하여 체결·공포된 조약과 일반적으로 승인된 국제법규는 국내법과 같은 효력을 가진다(헌법 제6조 제1항).
① (O) 강제노동의 폐지에 관한 국제노동기구(ILO)의 제105호 조약은 우리나라가 비준한 바가 없고, 헌법 제6조 제1항에서 말하는 일반적으로 승인된 국제법규로서 헌법적 효력을 갖는 것이라고 볼 만한 근거도 없으므로 이 사건 심판대상 규정의 위헌성 심사의 척도가 될 수 없다(헌재 1998.7.16. 97헌바23).
③ (O) 헌법 제60조 제1항
④ (O) 마라케쉬협정도 적법하게 체결되어 공포된 조약이므로 국내법과 같은 효력을 갖는 것이어서 그로 인하여 새로운 범죄를 구성하거나 범죄자에 대한 처벌이 가중된다고 하더라도 이것은 국내법에 의하여 형사처벌을 가중한 것과 같은 효력을 갖게 되는 것이다. 따라서 마라케쉬협정에 의하여 관세법 위반자의 처벌이 가중된다고 하더라도 이를 들어 법률에 의하지 아니한 형사처벌이라거나 행위 시의 법률에 의하지 아니한 형사처벌이라고 할 수 없다(헌재 1998.11.26. 97헌바65).

✔ 개념체크 조약의 성립절차

권한자	대통령이 권한자이며, 그 분야의 전권대사를 임명하여 절차 진행
⬇	
국회 동의	• 헌법 제60조 제1항상 조약 • 법률과 동일한 효력에 근거가 됨
⬇	
대통령 비준	전권대사가 서명한 조약을 조약체결권자인 국가원수가 최종적으로 확인
⬇	
대통령 공포	법규범으로써 효력을 갖는 경우 공포는 필수적 절차에 해당
⬇	
효력 발생	특별한 규정이 없는 한 공포한 후 20일이 지나면 효력 발생

87 0110 ○△×|○△×|○△× 2017 국가직 7급(변형)

조약과 일반적으로 승인된 국제법규에 대한 설명으로 옳은 것은? (다툼이 있는 경우 판례에 의함)

① 남북 사이의 화해와 불가침 및 교류협력에 관한 합의서는 일종의 조약으로서 국회의 동의를 얻어야 하는 것이다.
② 통상조약의 체결 절차 및 이행과정에서 남한과 북한 간의 거래는 남북교류협력에 관한 법률 제12조에 따라 국가 간의 거래가 아닌 민족 내부의 거래로 본다.
③ 조약은 '국가·국제기구 등 국제법 주체 사이에 권리의무관계를 창출하기 위하여 서면 또는 구두 형식으로 체결되고 국제법에 의하여 규율되는 합의'라고 할 수 있다.
④ 조약은 국회의 동의를 얻어 체결·비준되었더라도 형식적 의미의 법률이 아닌 이상 헌법재판소의 위헌법률심판대상이 될 수 없다.

지문분석 난이도 중 정답 ②

| **키 워 드** | 조약과 국제법규
| **출제유형** | 조문 + 판례

② (○)

> 남북교류협력에 관한 법률 제12조(남북한 거래의 원칙) 남한과 북한 간의 거래는 국가 간의 거래가 아닌 민족 내부의 거래로 본다.

① (×) 1992.2.19. 발효된 '남북 사이의 화해와 불가침 및 교류협력에 관한 합의서'는 일종의 공동성명 또는 신사협정에 준하는 성격을 가짐에 불과하여 법률이 아님은 물론 국내법과 동일한 효력이 있는 조약이나 이에 준하는 것으로 볼 수 없다(헌재 2000.7.20. 98헌바63).
③ (×) 조약의 개념에 관하여 우리 헌법상 명문의 규정은 없다. 다만 헌법 제60조 제1항에서 국회는 상호원조 또는 안전보장에 관한 조약, 중요한 국제조직에 관한 조약, 우호통상항해조약, 주권의 제약에 관한 조약, 강화조약, 국가나 국민에게 중대한 재정적 부담을 지우는 조약 또는 입법사항에 관한 조약의 체결·비준에 대한 동의권을 가진다고 규정하고 있으며, 헌법 제73조는 대통령에게 조약체결권을 부여하고 있고, 헌법 제89조 제3호에서 조약안은 국무회의의 심의를 거치도록 규정하고 있다. 국제법적으로, 조약은 국제법 주체들이 일정한 법률효과를 발생시키기 위하여 체결한 국제법의 규율을 받는 국제적 합의를 말하며 서면에 의한 경우가 대부분이지만 예외적으로 구두합의도 조약의 성격을 가질 수 있다(헌재 2019.12.27. 2016헌마253).
④ (×) 헌법 제107조 제1항, 제2항은 법원의 재판에 적용되는 규범의 위헌 여부를 심사할 때, '법률'의 위헌 여부는 헌법재판소가, 법률의 하위규범인 '명령·규칙 또는 처분' 등의 위헌 또는 위법 여부는 대법원이 그 심사권한을 갖는 것으로 권한을 분배하고 있다. 이 조항에 규정된 '법률'인지 여부는 그 제정 형식이나 명칭이 아니라 규범의 효력을 기준으로 판단하여야 하고, '법률'에는 국회의 의결을 거친 이른바 형식적 의미의 법률은 물론이고 그 밖에 조약 등 '형식적 의미의 법률과 동일한 효력'을 갖는 규범들도 모두 포함된다. 이때 '형식적 의미의 법률과 동일한 효력'이 있느냐 여부는 그 규범의 명칭이나 형식에 구애받지 않고 법률적 효력의 유무에 따라 판단하여야 한다(헌재 2013.3.21. 2010헌바70 등).

88 0111 ○△×|○△×|○△× 2021 경찰 승진

조약 및 국제법규에 대한 설명으로 가장 적절하지 않은 것은? (다툼이 있는 경우 판례에 의함)

① 대한민국과 아메리카합중국 간의 상호방위조약 제4조에 의한 시설과 구역 및 대한민국에서의 합중국군대의 지위에 관한 협정은 국회의 관여 없이 체결되는 행정협정이므로 국회의 동의를 요하지 않는다.
② 국회는 상호원조 또는 안전보장에 관한 조약, 중요한 국제조직에 관한 조약, 우호통상항해조약, 주권의 제약에 관한 조약, 강화조약, 국가나 국민에게 중대한 재정적 부담을 지우는 조약 또는 입법사항에 관한 조약의 체결·비준에 대한 동의권을 가진다.
③ 국제노동기구의 제87호 협약(결사의 자유 및 단결권 보장에 관한 협약), 제98호 협약(단결권 및 단체교섭권에 대한 원칙의 적용에 관한 협약), 제151호 협약(공공부문에서의 단결권 보호 및 고용조건의 결정을 위한 절차에 관한 협약)은 헌법 제6조 제1항에서 말하는 일반적으로 승인된 국제법규로서 헌법적 효력을 갖는 것이 아니다.
④ 우루과이라운드의 협상 결과 체결된 마라케쉬협정은 적법하게 체결되어 공포된 조약이다.

지문분석 난이도 중 정답 ①

| **키 워 드** | 조약과 국제법규
| **출제유형** | 조문 + 판례

① (×) 이 사건 조약은 그 명칭이 "협정"으로 되어 있어 국회의 관여없이 체결되는 행정협정처럼 보이기도 하나 우리나라의 입장에서 볼 때에는 외국군대의 지위에 관한 것이고, 국가에게 재정적 부담을 지우는 내용과 입법사항을 포함하고 있으므로 국회의 동의를 요하는 조약으로 취급되어야 한다(헌재 1999.4.29. 97헌가14).
② (○) 국회는 상호원조 또는 안전보장에 관한 조약, 중요한 국제조직에 관한 조약, 우호통상항해조약, 주권의 제약에 관한 조약, 강화조약, 국가나 국민에게 중대한 재정적 부담을 지우는 조약 또는 입법사항에 관한 조약의 체결·비준에 대한 동의권을 가진다(헌법 제60조 제1항).
③ (○) 국제노동기구의 제87호 협약(결사의 자유 및 단결권 보장에 관한 협약), 제98호 협약(단결권 및 단체교섭권에 대한 원칙의 적용에 관한 협약), 제151호 협약(공공부문에서의 단결권 보호 및 고용조건의 결정을 위한 절차에 관한 협약)은 우리나라가 비준한 바가 없고, 헌법 제6조 제1항에서 말하는 일반적으로 승인된 국제법규로서 헌법적 효력을 갖는 것이라고 볼 만한 근거도 없으므로, 이 사건 심판대상 규정의 위헌성 심사의 척도가 될 수 없다(헌재 2005.10.27. 2003헌바50 등).
④ (○) 마라케쉬협정도 적법하게 체결되어 공포된 조약이므로 국내법과 같은 효력을 갖는 것이어서 그로 인하여 새로운 범죄를 구성하거나 범죄자에 대한 처벌이 가중된다고 하더라도 이것은 국내법에 의하여 형사처벌을 가중한 것과 같은 효력을 갖게 되는 것이다(헌재 1998.11.26. 97헌바65).

인생은 끊임없는 반복.
반복에 지치지 않는 자가 성취한다.

– 윤태호 「미생」 중

PART

02

기본권론 1

기출키워드

01 기본권 총론	• 법인과 외국인의 기본권 주체성 • 기본권의 제한과 한계, 체계정당성원리 • 기본권의 경합과 충돌, 기본권의 확인과 보장
02 인간의 존엄성 존중· 행복추구권· 법 앞의 평등	• 인간으로서의 존엄과 가치 및 행복추구권 • 인격권 • 평등권 및 평등의 원칙

CHAPTER 01 기본권 총론

CHAPTER 02 인간의 존엄성 존중 · 행복추구권 · 법 앞의 평등

문제풀이 전략

01 기본권 총론	• 기본권 주체로서의 법인과 외국인, 공법인과 사법인의 성격을 갖는 이중적 지위에 관한 결정례를 잘 정리해두어야 합니다. • 제37조 제2항 관련 이론과 결정례는 필수로 알아두어야 합니다. • 기본권의 경합과 충돌을 해결하기 위한 이론을 숙지해야 합니다.
02 인간의 존엄성 존중 · 행복추구권 · 법 앞의 평등	• 인격권 및 행복추구권 관련 결정례는 반드시 정리 학습해야 합니다. • 기본권 제한의 정도에 따라 분류학습이 필요합니다.

CHAPTER

01 기본권 총론

■ 문항 수: 72문항

1 기본권의 의의

01 0112 ○△×|○△×|○△× 2021 법무사

기본권에 관한 다음 설명 중 가장 옳지 않은 것은? (다툼이 있는 경우 대법원 판례 및 헌법재판소 결정에 의함)

① 주민등록번호가 부여된 이후 주민등록번호 변경을 허용하게 되면 범죄은폐, 탈세, 채무면탈 또는 신분세탁 등 불순한 용도로 이를 악용하는 경우가 발생할 수 있으므로 주민등록번호 변경을 허용하지 않은 주민등록법이 개인정보자기결정권을 침해한 것으로 볼 수 없다.

② 인터넷 언론사의 공개된 게시판·대화방에서 스스로의 의사에 의하여 정당·후보자에 대한 지지·반대의 글을 게시하는 행위는 양심의 자유나 사생활 비밀의 자유에 의하여 보호되는 영역이라고 할 수 없다.

③ 방송의 자유는 주관적 권리로서의 성격과 함께 자유로운 의견형성이나 여론형성을 위해 필수적인 기능을 행하는 객관적 규범질서로서 제도적 보장의 성격을 함께 가진다.

④ 군대 내에서 군종장교가 성직자의 신분에서 종교활동을 수행함에 있어 소속 종단의 종교를 선전하거나 다른 종교를 비판하였다고 할지라도 그것만으로 종교적 중립을 준수할 의무를 위반하였다고 볼 수 없다.

⑤ 헌법 제23조의 재산권은 자기 노력의 대가나 자본의 투자 등 특별한 희생을 통하여 얻은 공법상의 권리도 포함한다.

지문분석 난이도 ㊥ 정답 ①

| 키 워 드 | 기본권 일반

| 출제유형 | 판례

① (X) 개별적인 주민등록번호 변경을 허용하더라도 변경 전 주민등록번호와의 연계 시스템을 구축하여 활용한다면 개인식별기능 및 본인 동일성 증명기능에 혼란이 발생할 가능성이 없고, 일정한 요건하에 객관성과 공정성을 갖춘 기관의 심사를 거쳐 변경할 수 있도록 한다면 주민등록번호 변경절차를 악용하려는 시도를 차단할 수 있으며, 사회적으로 큰 혼란을 불러일으키지도 않을 것이다. 따라서 주민등록번호 변경에 관한 규정을 두고 있지 않은 심판대상 조항은 과잉금지원칙에 위배되어 개인정보자기결정권을 침해한다(헌재 2015.12.23. 2013헌바68 등).

② (O) 인터넷 언론사의 공개된 게시판·대화방에서 스스로의 의사에 의하여 정당·후보자에 대한 지지·반대의 글을 게시하는 행위는 정당·후보자에 대한 단순한 의견 등의 표현행위에 불과하여 양심의 자유나 사생활 비밀의 자유에 의하여 보호되는 영역이라고 할 수 없으므로, 그 과정에서 실명확인 절차의 부담을 진다고 하더라도 이를 두고 양심의 자유나 사생활 비밀의 자유를 제한받는 것이라고 볼 수 없어 그 침해 여부에 관하여 더 나아가 판단하지 아니한다(헌재 2010.2.25. 2008헌마324 등).

③ (O) 방송의 자유는 주관적 권리로서의 성격과 함께 자유로운 의견형성이나 여론형성을 위해 필수적인 기능을 행하는 객관적 규범질서로서 제도적 보장의 성격을 함께 가진다(헌재 2003.12.18. 2002헌바49).

④ (O) 군대 내에서 군종장교는 국가공무원인 참모장교로서의 신분뿐 아니라 성직자로서의 신분을 함께 가지고 소속 종단으로부터 부여된 권한에 따라 설교·강론 또는 설법을 행하거나 종교의식 및 성례를 할 수 있는 종교의 자유를 가지는 것이므로, 군종장교가 최소한 성직자의 신분에서 주재하는 종교활동을 수행함에 있어 소속 종단의 종교를 선전하거나 다른 종교를 비판하였다고 할지라도 그것만으로 종교적 중립을 준수할 의무를 위반한 직무상의 위법이 있다고 할 수 없다(대판 2007.4.26. 2006다87903).

⑤ (O) 헌법 제23조의 재산권은 민법상의 소유권뿐만 아니라, 재산적 가치 있는 사법상의 물권, 채권 등 모든 권리를 포함하며, 또한, 국가로부터의 일방적인 급부가 아닌 자기 노력의 대가나 자본의 투자 등 특별한 희생을 통하여 얻은 공법상의 권리도 포함한다(헌재 2009.9.24. 2007헌마1092).

02 0113 ○△×|○△×|○△× 2021 법무사

다음 설명 중 가장 옳지 않은 것은? (다툼이 있는 경우 대법원 판례 및 헌법재판소 결정에 의함)

① 공익사업을 위한 토지 등의 취득 및 보상에 관한 법률 제91조 제1항이 환매권의 발생기간을 '취득일로부터 10년 이내'로 제한한 것은 환매권의 구체적 행사를 위한 내용을 정한 것이라기보다는 환매권의 발생 여부 자체를 정하는 것이어서 사실상 원소유자의 환매권을 배제하는 결과를 초래할 수 있으므로, 침해의 최소성 및 법익의 균형성 등 기본권 제한 입법의 한계를 준수하지 못하고 있어 헌법에 위반된다.

② 노동조합 및 노동관계조정법 제94조는 양벌규정으로서 "법인 또는 단체의 대표자, 법인·단체 또는 개인의 대리인·사용인 기타의 종업원이 그 법인·단체 또는 개인의 업무에 관하여 제88조 내지 제93조의 위반행위를 한 때에는 행위자를 벌하는 외에 그 법인·단체 또는 개인에 대하여도 각 해당 조의 벌금형을 과한다."라고 규정하고 있는데, 위 규정 중 '법인의 대리인·사용인 기타의 종업원' 관련 부분은 책임주의 원칙에 위배되지만, '법인의 대표자' 관련 부분은 책임주의원칙에 위배되지 않는다.

③ 건강보험수급권은 가입자가 납부한 보험료에 대한 반대급부의 성격을 가지며, 보험사고로 초래되는 재산상 부담을 전보하여 주는 경제적 유용성을 가지므로, 헌법상 재산권의 보호범위에 속한다.

④ 초·중등학교 교원에 대해서는 정당가입의 자유를 금지하면서 대학의 교원에게 이를 허용한다 하더라도, 이는 양자 간 직무의 본질과 내용, 근무 태양이 다른 점을 고려한 합리적인 차별이므로 평등원칙에 위배되지 않는다.

⑤ 국가공무원법 제66조 제1항 본문은 "공무원은 노동운동이나 그 밖에 공무 외의 일을 위한 집단행위를 하여서는 아니 된다."라고 규정하고 있는데, 위 규정 중 '그 밖에 공무 외의 일을 위한 집단행위' 부분은 명확성원칙에 위반될 뿐 아니라 공무에 속하지 아니하는 어떤 일을 위하여 공무원들이 하는 모든 집단적 행위를 금지함으로써 표현의 자유에 대한 과도한 제한에 해당하므로, 헌법에 위반된다.

지문분석

난이도 중 정답 ⑤

| 키 워 드 | 기본권 일반

| 출제유형 | 판례

⑤ (X) 국가공무원법이 위와 같이 '공무 외의 일을 위한 집단행위'라고 다소 포괄적이고 광범위하게 규정하고 있다 하더라도, 이는 공무가 아닌 어떤 일을 위하여 공무원들이 하는 모든 집단행위를 의미하는 것이 아니라, '공익에 반하는 목적을 위한 행위로서 직무전념의무를 해태하는 등의 영향을 가져오는 집단적 행위'라고 해석된다. 위 규정을 위와 같이 해석한다면 수범자인 공무원이 구체적으로 어떠한 행위가 여기에 해당하는지를 충분히 예측할 수 없을 정도로 적용범위가 모호하다거나 불분명하다고 할 수 없으므로 위 규정이 명확성의 원칙에 반한다고 볼 수 없고, 또한 위 규정이 적용범위가 지나치게 광범위하거나 포괄적이어서 공무원의 표현의 자유를 과도하게 제한한다고 볼 수 없으므로, 과잉금지의 원칙에 반한다고 볼 수도 없다(대판 2017.4.13. 2014두8469).

① (O) 환매권은 헌법상 재산권의 존속보장과 밀접한 관련을 가지는 권리라 할 것인데, 이 사건 법률 조항은 '취득일로부터 10년 이내'로 환매권의 발생기간을 제한함으로써, 원래 토지수용 등의 원인이 되었던 공공필요성이 소멸하더라도 그 토지취득일로부터 10년이 지나기만 하면 원소유자에게 환매권 자체가 발생하지 않도록 정하고 있다. 이러한 환매권의 발생기간 제한은 환매권이 인정됨을 전제로 환매권의 구체적 행사를 위한 행사기간, 방법, 환매가격 등 환매권의 내용을 정한 것이라기보다는 환매권 발생 여부 자체를 정하는 것이어서 사실상 원소유자의 환매권을 배제하는 효과를 초래할 수 있으므로, 헌법 제37조 제2항에서 정한 기본권 제한 입법의 한계를 준수하고 있는지 살펴본다. 결국 이 사건 법률조항은 헌법 제37조 제2항에 반하여 재산권을 침해한다(헌재 2020.11.26. 2019헌바131).

② (O) 심판대상 조항 중 법인의 종업원 관련 부분은 종업원 등의 범죄행위에 관하여 비난할 근거가 되는 법인의 의사결정 및 행위구조, 즉 종업원 등이 저지른 행위의 결과에 대한 법인의 독자적인 책임에 관하여 전혀 규정하지 않은 채, 단순히 법인이 고용한 종업원 등이 업무에 관하여 범죄행위를 하였다는 이유만으로 법인에 대하여 형벌을 부과하도록 정하고 있는바, 이는 다른 사람의 범죄에 대하여 그 책임 유무를 묻지 않고 형사처벌하는 것이므로 헌법상 법치국가원리로부터 도출되는 책임주의원칙에 위배된다. 법인은 기관을 통하여 행위하므로 법인이 대표자를 선임한 이상 그의 행위로 인한 법률효과는 법인에게 귀속되어야 하고, 법인 대표자의 범죄행위에 대하여는 법인이 자신의 행위에 대한 책임을 부담하는 것이다. 법인 대표자의 법규 위반행위에 대한 법인의 책임은 법인 자신의 법규 위반행위로 평가될 수 있는 행위에 대한 법인의 직접책임이므로, 대표자의 고의에 의한 위반행위에 대하여는 법인이 고의 책임을, 대표자의 과실에 의한 위반행위에 대하여는 법인이 과실 책임을 부담한다. 따라서 심판대상 조항 중 법인의 대표자 관련 부분은 법인의 직접책임을 근거로 하여 법인을 처벌하므로 책임주의원칙에 위배되지 않는다(헌재 2020.4.23. 2019헌가25).

③ (O) 건강보험수급권은 가입자가 납부한 보험료에 대한 반대급부의 성격을 가지며, 보험사고로 초래되는 재산상 부담을 전보하여 주는 경제적 유용성을 가지므로, 헌법상 재산권의 보호범위에 속한다고 볼 수 있다(헌재 2020.4.23. 2017헌바244).

④ (O) 초·중등학교 교원에 대해서는 정당가입과 선거운동의 자유를 금지하면서 대학교원에게는 이를 허용한다 하더라도, 이는 양자 간 직무의 본질이나 내용 그리고 근무태양이 다른 점을 고려할 때 합리적인 차별이라고 할 것이므로 청구인이 주장하듯 헌법상의 평등권을 침해한 것이라고 할 수 없다(헌재 2004.3.25. 2001헌마710).

03 0114 ○△×|○△×|○△× 2021 법원직 9급

기본권에 관한 다음 설명 중 가장 옳은 것은?

① 우리 헌법은 법인의 기본권 향유능력을 인정하는 명문의 규정을 두고 있지 않지만, 언론·출판의 자유, 재산권의 보장 등과 같이 성질상 법인이 누릴 수 있는 기본권은 당연히 법인에게도 적용된다.
② 정당은 단순한 시민이나 국가기관이 아니고 국민의 정치적 의사를 형성하는 중개적 기관으로 국민의 권리인 평등권의 주체가 될 수 없다.
③ 초기배아는 수정이 된 배아라는 점에서 아직 모체에 착상되거나 원시선이 나타나지 않았다고 하더라도 기본권의 주체가 될 수 있다.
④ 흡연자들이 자유롭게 흡연할 권리는 행복추구권을 규정한 헌법 제10조와 사생활의 자유를 규정한 헌법 제17조에 의하여 뒷받침되는 기본권이 아니다.

지문분석 난이도 하 정답 ①

| 키 워 드 | 기본권 총론
| 출제유형 | 판례

① (○) 우리 헌법은 법인 내지 단체의 기본권 향유능력에 대하여 명문의 규정을 두고 있지는 않지만 본래 자연인에게 적용되는 기본권이라도 그 성질상 법인이 누릴 수 있는 기본권은 법인에게도 적용된다(헌재 2012.8.23. 2009헌가27).
② (X) 시·도의회의원선거에서 정당이 후보자의 추천과 후보자를 지원하는 선거운동을 통하여 소기의 목적을 추구하는 경우, 평등권 및 평등선거원칙으로부터 나오는 (선거에 있어서의) 기회균등의 원칙은 후보자는 물론 정당에 대해서도 보장되는 것이므로 정당추천의 후보자가 선거에서 차등대우를 받는 것은 정당이 선거에서 차등대우를 받는 것과 같은 결과가 된다. 지방의회의원선거법 제36조 제1항의 "시·도의회의원 후보자는 700만원의 기탁금" 부분은 너무 과다하여, 자연인의 경우는 헌법 제11조의 평등권, 제24조의 선거권, 제25조의 공무담임권 등을 침해하는 것이고, 정당의 경우는 선거에 있어서 기회균등의 보장을 받을 수 있는 헌법적 권리를 침해한 것이다(헌재 1991.3.11. 91헌마21).
③ (X) 초기배아는 수정이 된 배아라는 점에서 형성 중인 생명의 첫걸음을 떼었다고 볼 여지가 있기는 하나 아직 모체에 착상되거나 원시선이 나타나지 않은 이상 현재의 자연과학적 인식 수준에서 독립된 인간과 배아 간의 개체적 연속성을 확정하기 어렵다고 봄이 일반적이라는 점, 배아의 경우 현재의 과학기술 수준에서 모태 속에서 수용될 때 비로소 독립적인 인간으로의 성장가능성을 기대할 수 있다는 점, 수정 후 착상 전의 배아가 인간으로 인식된다거나 그와 같이 취급하여야 할 필요성이 있다는 사회적 승인이 존재한다고 보기 어려운 점 등을 종합적으로 고려할 때, 기본권 주체성을 인정하기 어렵다(헌재 2010.5.27. 2005헌마346).
④ (X) 흡연자들이 자유롭게 흡연할 권리를 흡연권이라고 한다면, 이러한 흡연권은 인간의 존엄과 행복추구권을 규정한 헌법 제10조와 사생활의 자유를 규정한 헌법 제17조에 의하여 뒷받침된다(헌재 2004.8.26. 2003헌마457).

04 0115 ○△×|○△×|○△× 2021 지방직 7급

기본권의 보호범위에 대한 설명으로 옳은 것은? (다툼이 있는 경우 판례에 의함)

① 헌법 제20조 제1항에 근거한 종교전파의 자유는 국민에게 그가 선택한 임의의 장소에서 이를 자유롭게 행사할 수 있는 권리까지 보장한다.
② 변호사의 업무와 관련된 수임사건의 건수 및 수임액은 변호사의 내밀한 개인적 영역에 속하는 것이므로 이를 소속 지방변호사회에 보고하도록 한 것은 헌법 제17조의 사생활의 비밀과 자유에 대한 제한에 해당한다.
③ 음란표현은 헌법 제21조가 규정하는 언론·출판의 자유의 보호영역 내에 있다.
④ 헌법 제25조의 공무담임권의 보호영역에는 일반적으로 공직취임의 기회보장, 신분박탈, 직무의 정지가 포함되는 것일 뿐만 아니라, 여기서 더 나아가 공무원이 특정의 장소에서 근무하는 것 또는 특정의 보직을 받아 근무하는 것을 포함하는 일종의 '공무수행의 자유'까지 포함된다.

지문분석 난이도 중 정답 ③

| 키 워 드 | 기본권의 보호범위
| 출제유형 | 판례

③ (○) 음란표현은 헌법 제21조가 규정하는 언론·출판의 자유의 보호영역 내에 있다고 볼 것인바, 종전에 이와 견해를 달리하여 음란표현은 헌법 제21조가 규정하는 언론·출판의 자유의 보호영역에 해당하지 아니한다는 취지로 판시한 우리 재판소의 의견을 변경한다(헌재 2009.5.28. 2006헌바109).
① (X) 종교의 자유에는 선교의 자유가 포함되나, 선택한 임의의 장소에서 자유롭게 선교할 자유까지 인정되지 않는다(헌재 2008.6.26. 2007헌마1366).
② (X) 법률로 변호사에게 전년도에 처리한 수임사건의 건수 및 수임액을 소속 지방변호사회에 보고하도록 규정하는 것은 변호사들의 사건 수임 관련 정보를 투명하게 하기 위하여 변호사가 스스로 구성원이 된 조직으로 하여금 납세와 관련된 변호사의 자기통제를 할 수 있도록 하여 탈세의 우려를 줄이고 이를 통해 조세행정 전반에 대한 국민적 신뢰를 공고히 하는 것이어서 영업의 자유나 사생활의 비밀을 침해하는 것이 아니다(헌재 2009.10.29. 2007헌마667).
④ (X) 공무담임권의 보호영역에는 일반적으로 공직취임의 기회보장, 신분박탈, 직무의 정지가 포함되는 것일 뿐, 여기서 더 나아가 공무원이 특정의 장소에서 근무하는 것 또는 특정의 보직을 받아 근무하는 것을 포함하는 일종의 '공무수행의 자유'까지 그 보호영역에 포함된다고 보기는 어렵다. 따라서 이 사건 법률 조항이 특정직 공무원으로서 군무원인 청구인들의 공무담임권을 제한하는 것은 아니다(헌재 2008.6.26. 2005헌마1275).

05 0116 ○△×|○△×|○△× 2020 국가직 7급

법인 또는 단체의 헌법상 지위에 대한 설명으로 옳은 것만을 모두 고르면? (다툼이 있는 경우 판례에 의함)

ㄱ. 특별한 예외적인 경우를 제외하고, 단체는 그 구성원의 권리구제를 위하여 대신 헌법소원심판을 청구한 경우에는 헌법소원심판청구의 자기관련성을 인정할 수 없다.
ㄴ. 인간의 존엄과 가치에서 유래하는 인격권은 자연적 생명체로서 개인의 존재를 전제로 하는 기본권으로서 그 성질상 법인에게는 적용될 수 없으므로 법인의 인격권을 과잉제한했는지 여부를 판단하기 위해 기본권 제한에 대한 헌법원칙인 비례심사를 할 수는 없다.
ㄷ. 변호사 등록제도는 그 연혁이나 법적 성질에 비추어 보건대, 원래 국가의 공행정의 일부라 할 수 있으나, 국가가 행정상 필요로 인해 대한변호사협회에 관련 권한을 이관한 것이므로 대한변호사협회는 변호사 등록에 관한 한 공법인으로서 공권력 행사의 주체이다.
ㄹ. 국내 단체의 이름으로 혹은 국내 단체와 관련된 자금으로 정치자금을 기부하는 것을 금지한 정치자금법 조항은 단체의 정치적 의사표현 등 정치활동의 자유를 침해한다.

① ㄱ, ㄷ ② ㄴ, ㄹ
③ ㄱ, ㄴ, ㄷ ④ ㄱ, ㄷ, ㄹ

지문분석 난이도 상 정답 ①

| **키 워 드** | 단체의 헌법상 지위
| **출제유형** | 판례

ㄱ. (○) 단체는 특별한 예외적인 경우를 제외하고는 헌법소원심판제도가 가진 기능에 미루어 원칙적으로 단체 자신의 기본권을 직접 침해 당한 경우에만 그의 이름으로 헌법소원심판을 청구할 수 있을 뿐이고, 그 구성원을 위하여 또는 구성원을 대신하여 헌법소원심판을 청구할 수 없는 것으로 보아야 할 것이다(헌재 1991.6.3. 90헌마56).
ㄷ. (○) 변호사 등록제도는 그 연혁이나 법적 성질에 비추어 보건대, 원래 국가의 공행정의 일부라 할 수 있으나, 국가가 행정상 필요로 인해 대한변호사협회(이하 '변협'이라 한다)에 관련 권한을 이관한 것이다. 따라서 변협은 변호사 등록에 관한 한 공법인으로서 공권력 행사의 주체이다(헌재 2019.11.28. 2017헌마759).
ㄴ. (X) 법인도 법인의 목적과 사회적 기능에 비추어 볼 때 그 성질에 반하지 않는 범위 내에서 인격권의 한 내용인 사회적 신용이나 명예 등의 주체가 될 수 있고 법인이 이러한 사회적 신용이나 명예 유지 내지 법인격의 자유로운 발현을 위하여 의사결정이나 행동을 어떻게 할 것인지를 자율적으로 결정하는 것도 법인의 인격권의 한 내용을 이룬다고 할 것이다(헌재 2012.8.23. 2009헌가27).
ㄹ. (X) 이 사건 기부금지 조항에 의한 개인이나 단체의 정치적 표현의 자유 제한은 내용중립적인 방법 제한으로서 수인 불가능할 정도로 큰 것이 아닌 반면, 금권정치와 정경유착의 차단, 단체와의 관계에서 개인의 정치적 기본권 보호 등 이 사건 기부금지 조항에 의하여 달성되는 공익은 대의민주제를 채택하고 있는 민주국가에서 매우 크고 중요하다는 점에서 법익균형성원칙도 충족된다. 따라서 이 사건 기부금지 조항이 과잉금지원칙에 위반하여 정치활동의 자유 등을 침해하는 것이라 볼 수 없다(헌재 2010.12.28. 2008헌바89).

06 0117 ○△×|○△×|○△× 2020 국가직 5급

기본권에 대한 설명으로 옳지 않은 것은? (다툼이 있는 경우 판례에 의함)

① 영토권을 헌법소원의 대상인 기본권의 하나로 간주하는 것은 가능하다.
② '헌법전문에 기재된 3·1정신'은 헌법소원의 대상인 헌법상 보장된 기본권에 해당하지 아니한다.
③ 행복추구권 속에는 일반적 행동자유권, 개성의 자유로운 발현권이 포함되어 있다.
④ 평화적 생존권은 헌법 제10조와 제37조 제1항에 의하여 인정된 기본권으로서 침략전쟁에 강제되지 않고 평화적 생존을 할 수 있도록 국가에 요청할 수 있는 권리이다.

지문분석 난이도 중 정답 ④

| 키 워 드 | 기본권 개념
| 출제유형 | 판례

④ (X) 청구인들이 평화적 생존권이란 이름으로 주장하고 있는 평화란 헌법의 이념 내지 목적으로서 추상적인 개념에 지나지 아니하고, 평화적 생존권은 이를 헌법에 열거되지 아니한 기본권으로서 특별히 새롭게 인정할 필요성이 있다거나 그 권리 내용이 비교적 명확하여 구체적 권리로서의 실질에 부합한다고 보기 어려워 헌법상 보장된 기본권이라고 할 수 없다. 종전에 헌법재판소가 이 결정과 견해를 달리하여 '평화적 생존권을 헌법 제10조와 제37조 제1항에 의하여 인정된 기본권으로서 침략전쟁에 강제되지 않고 평화적 생존을 할 수 있도록 국가에 요청할 수 있는 권리'라고 판시한 2003.2.23. 2005헌마268 결정은 이 결정과 저촉되는 범위 내에서 이를 변경한다(헌재 2009.5.28. 2007헌마369).
① (O) 국민의 개별적 기본권이 아니라 할지라도 기본권 보장의 실질화를 위하여서는, 영토조항만을 근거로 하여 독자적으로는 헌법소원을 청구할 수 없다 할지라도, 모든 국가권능의 정당성의 근원인 국민의 기본권 침해에 대한 권리구제를 위하여 그 전제조건으로서 영토에 관한 권리를, 이를테면 영토권이라 구성하여, 이를 헌법소원의 대상인 기본권의 하나로 간주하는 것은 가능한 것으로 판단된다(헌재 2001.3.21. 99헌마139 등).
② (O) "헌법전문에 기재된 3·1정신"은 우리나라 헌법의 연혁적·이념적 기초로서 헌법이나 법률해석에서의 해석기준으로 작용한다고 할 수 있지만, 그에 기하여 곧바로 국민의 개별적 기본권성을 도출해낼 수는 없다고 할 것이므로, 헌법소원의 대상인 "헌법상 보장된 기본권"에 해당하지 아니한다(헌재 2001.3.21. 99헌마139 등).
③ (O) 헌법 제10조 전문은 모든 국민은 인간으로서의 존엄과 가치를 지니며, 행복을 추구할 권리를 가진다고 규정하여 행복추구권을 보장하고 있고, 행복추구권은 그의 구체적인 표현으로서 일반적인 행동자유권과 개성의 자유로운 발현권을 포함한다(헌재 2003.10.30. 2002헌마518).

2 기본권의 주체

07 0118 ○△×|○△×|○△× 2021 국가직 5급

법인의 기본권 주체성에 대한 설명으로 옳지 않은 것은? (다툼이 있는 경우 판례에 의함)

① 본래 자연인에게 적용되는 기본권 규정이라도 성질상 법인이 누릴 수 있는 기본권은 당연히 법인에게도 적용하여야 한다.
② 법인도 법인의 목적과 사회적 기능에 비추어 볼 때 그 성질에 반하지 않는 범위 내에서 인격권의 한 내용인 사회적 신용이나 명예 등의 주체가 될 수 있다.
③ 국립 서울대학교는 공권력 행사의 주체인 공법인으로서 기본권의 '수범자'이므로 기본권의 주체가 될 수는 없다.
④ 법인 아닌 사단·재단이라고 하더라도 대표자의 정함이 있고 독립된 사회적 조직체로서 활동하는 때에는 성질상 법인이 누릴 수 있는 기본권을 침해당하게 되면 법인 아닌 사단·재단의 이름으로 헌법소원심판을 청구할 수 있다.

지문분석 난이도 하 정답 ③

| 키 워 드 | 법인의 기본권 주체성
| 출제유형 | 판례

③ (X) 국립대학인 서울대학교는 다른 국가기관 내지 행정기관과는 달리 공권력의 행사자의 지위와 함께 기본권의 주체라는 점도 중요하게 다루어져야 한다(헌재 1992.10.1. 92헌마68 등). → 공법인은 원칙적으로 기본권 주체가 될 수 없으나 서울대학교는 기본권의 주체인 동시에 공권력 행사의 주체이다.
① (O) 우리 헌법은 법인의 기본권 향유능력을 인정하는 명문의 규정을 두고 있지 않지만, 본래 자연인에게 적용되는 기본권 규정이라도 언론·출판의 자유, 재산권의 보장 등과 같이 성질상 법인이 누릴 수 있는 기본권을 당연히 법인에게도 적용하여야 한 것으로 본다(헌재 1991.6.3. 90헌마56).
② (O) 법인도 법인의 목적과 사회적 기능에 비추어 볼 때 그 성질에 반하지 않는 범위 내에서 인격권의 한 내용인 사회적 신용이나 명예 등의 주체가 될 수 있고 법인이 이러한 사회적 신용이나 명예 유지 내지 법인격의 자유로운 발현을 위하여 의사결정이나 행동을 어떻게 할 것인지를 자율적으로 결정하는 것도 법인의 인격권의 한 내용을 이룬다고 할 것이다(헌재 2012.8.23. 2009헌가27).
④ (O) 법인도 사단법인·재단법인 또는 영리법인·비영리법인을 가리지 아니하고 위 한계 내에서는 헌법상 보장된 기본권이 침해되었음을 이유로 헌법소원심판을 청구할 수 있다. 또한, 법인 아닌 사단·재단이라고 하더라도 대표자의 정함이 있고 독립된 사회적 조직체로서 활동하는 때에는 성질상 법인이 누릴 수 있는 기본권을 침해당하게 되면 그의 이름으로 헌법소원심판을 청구할 수 있다(헌재 1991.6.3. 90헌마56).

08 0119 ○△×|○△×|○△× 2018 경찰 승진

기본권 주체에 대한 설명으로 가장 적절하지 않은 것은? (다툼이 있는 경우 판례에 의함)

① 평등권 및 평등선거의 원칙으로부터 나오는 기회균등의 원칙은 후보자는 물론 정당에 대해서도 보장된다.
② 직장선택의 자유는 국민의 권리로 보아야 할 것이므로 외국인에게는 직장선택의 자유가 인정되지 않는다.
③ 사단법인 한국영화인협회 내부의 8개 분과위원회 중 하나인 한국영화인협회 감독위원회는 독자적으로 기본권의 주체가 될 수 없다.
④ 초기배아는 수정이 된 배아라는 점에서 형성 중인 생명의 첫 걸음을 떼었다고 볼 여지가 있기는 하나 기본권 주체성을 인정하기 어렵다.

지문분석 난이도 하 정답 ②

| 키 워 드 | 기본권 주체
| 출제유형 | 판례

② (X) 직업의 자유 중 직장선택의 자유는 인간의 존엄과 가치 및 행복추구권과도 밀접한 관련을 가지는 만큼 단순히 국민의 권리가 아닌 인간의 권리로 보아야 할 것이므로 외국인도 제한적으로라도 직장선택의 자유를 향유할 수 있다고 보아야 한다(헌재 2011.9.29. 2007헌마1083).
① (O) 평등권 및 평등선거의 원칙으로부터 나오는(선거에 있어서의) 기회균등의 원칙은 후보자에 대하여서는 물론 정당에 대하여서도 보장되는 것이다(헌재 1991.3.11. 91헌마21).
③ (O) 한국영화인협회 감독위원회는 한국영화인협회로부터 독립된 별개의 단체가 아니고, 영화인협회의 내부에 설치된 8개의 분과위원회 가운데 하나에 지나지 아니하며, 달리 단체로서의 실체를 갖추어 당사자능력이 인정되는 법인 아닌 사단으로 볼 자료가 없으므로 헌법소원심판청구능력이 있다고 할 수 없다(헌재 1991.6.3. 90헌마56).
④ (O) 초기배아는 수정이 된 배아라는 점에서 형성 중인 생명의 첫걸음을 떼었다고 볼 여지가 있기는 하나 아직 모체에 착상되거나 원시선이 나타나지 않은 이상 현재의 자연과학적 인식수준에서 독립된 인간과 배아 간의 개체적 연속성을 확정하기 어렵다고 봄이 일반적이라는 점, 배아의 경우 현재의 과학기술 수준에서 모태 속에서 수용될 때 비로소 독립적인 인간으로의 성장가능성을 기대할 수 있다는 점, 수정 후 착상 전의 배아가 인간으로 인식된다거나 그와 같이 취급하여야 할 필요성이 있다는 사회적 승인이 존재한다고 보기 어려운 점 등을 종합적으로 고려할 때, 기본권 주체성을 인정하기 어렵다(헌재 2010.5.27. 2005헌마346).

09 0120 ○△×|○△×|○△× 2019 경찰 승진

기본권 주체에 대한 설명으로 가장 적절하지 않은 것은? (다툼이 있는 경우 헌법재판소 판례에 의함)

① 공법상 재단법인인 방송문화진흥회가 최다출자자인 방송사업자는 관련 규정에 의하여 공법상의 의무를 부담하고 있기 때문에 기본권 주체가 될 수 없다.
② '2018학년도 대학수학능력시험 시행기본계획'은 성년의 자녀를 둔 부모의 자녀교육권을 제한하지 않는다.
③ 법인도 법인의 목적과 사회적 기능에 비추어 볼 때 그 성질에 반하지 않는 범위 내에서 인격권의 한 내용인 사회적 신용이나 명예 등의 주체가 될 수 있다.
④ 태아도 헌법상 생명권의 주체이고, 그 성장 상태가 보호 여부의 기준이 되어서는 안 된다.

지문분석 난이도 중 정답 ①

| 키 워 드 | 기본권 주체
| 출제유형 | 판례

① (X) 청구인의 경우 공법상 재단법인인 방송문화진흥회가 최다출자자인 방송사업자로서 방송법 등 관련 규정에 의하여 공법상의 의무를 부담하고 있지만, 상법에 의하여 설립된 주식회사로 설립목적은 언론의 자유의 핵심 영역인 방송사업이므로 이러한 업무 수행과 관련하여 당연히 기본권 주체가 될 수 있고, 그 운영을 광고수익에 전적으로 의존하고 있는 만큼 이를 위해 사경제 주체로서 활동하는 경우에도 기본권 주체가 될 수 있는바, 이 사건 심판청구는 청구인이 그 운영을 위한 영업활동의 일환으로 방송광고를 판매하는 지위에서 그 제한과 관련하여 이루어진 것이므로 그 기본권 주체성을 인정할 수 있다(헌재 2013.9.26. 2012헌마271).
② (O) 부모는 아직 성숙하지 못하고 인격을 닦고 있는 미성년 자녀를 교육시킬 교육권을 가지지만, 자녀가 성년에 이르면 자녀 스스로 자신의 기본권 침해를 다툴 수 있으므로 이와 별도로 부모에게 자녀교육권 침해를 다툴 수 있도록 허용할 필요가 없다. 따라서 심판대상 계획이 청구인 이ㅇ경의 자녀교육권을 제한한다고 볼 수 없으므로, 청구인 이ㅇ경에 대한 기본권 침해 가능성도 인정할 수 없다(헌재 2018.2.22. 2017헌마691).
③ (O) 법인도 법인의 목적과 사회적 기능에 비추어 볼 때 그 성질에 반하지 않는 범위 내에서 인격권의 한 내용인 사회적 신용이나 명예 등의 주체가 될 수 있다(헌재 2012.8.23. 2009헌가27).
④ (O) 모든 인간은 헌법상 생명권의 주체가 되고, 인간으로서 형성되어 가는 단계의 생명인 태아에게도 생명에 대한 권리가 인정되어야 한다. 태아가 비록 그 생명의 유지를 위하여 모(母)에게 의존해야 하지만, 그 자체로 모(母)와 별개의 생명체이고 특별한 사정이 없는 한 인간으로 성장할 가능성이 크기 때문이다. 태아도 헌법상 생명권의 주체이고, 따라서 그 성장 상태가 보호 여부의 기준이 되어서는 안 될 것이다(헌재 2012.8.23. 2010헌바402).

10 0121 ○△×|○△×|○△×

2017 경찰 승진

기본권의 주체에 대한 설명으로 가장 적절한 것은? (다툼이 있는 경우 판례에 의함)

① 선거기사심의위원회가 불공정한 선거기사를 게재하였다고 판단한 언론사에 대하여 사과문 게재 명령을 하도록 한 공직선거법상의 사과문 게재 조항은 언론사인 법인의 인격권을 침해하는 것이 아니라 소극적 표현의 자유나 일반적 행동의 자유를 제한할 뿐이다.

② 국가균형발전특별법에 의한 도지사의 혁신도시 입지선정과 관련하여 그 입지선정에서 제외된 지방자치단체는 자의적인 선정기준을 다투는 평등권의 주체가 된다.

③ 개인이 자연인으로서 향유하게 되는 기본권은 그 성질상 당연히 법인에게 적용될 수 없다. 따라서 인간의 존엄과 가치에서 유래하는 인격권은 그 성질상 법인에게는 적용될 수 없다.

④ 헌법은 국가의 교육권한과 부모의 교육권의 범주 내에서 학생에게도 자신의 교육에 관하여 스스로 결정할 권리, 즉 자유롭게 교육을 받을 권리를 부여하고, 학생은 국가의 간섭을 받지 아니하고 자신의 능력과 개성, 적성에 맞는 학교를 자유롭게 선택할 권리를 가진다.

지문분석 난이도 상 정답 ④

| 키 워 드 | 기본권 주체

| 출제유형 | 판례

④ (○) 헌법은 국가의 교육권한과 부모의 교육권의 범주 내에서 학생에게도 자신의 교육에 관하여 스스로 결정할 권리, 즉 자유롭게 교육을 받을 권리를 부여하고, 학생은 국가의 간섭을 받지 아니하고 자신의 능력과 개성, 적성에 맞는 학교를 자유롭게 선택할 권리를 가진다(헌재 2012.11.29. 2011헌마827).

① (×) 선거기사심의위원회가 불공정한 선거기사를 게재하였다고 판단한 언론사에 대하여 사과문 게재 명령을 하도록 한 공직선거법상의 사과문 게재 조항은 언론사의 인격권을 침해하여 헌법에 위반된다(헌재 2015.7.30. 2013헌가8).

② (×) 지방자치단체는 기본권의 주체가 될 수 없다는 것이 헌법재판소의 입장이며, 이를 변경해야 할 만한 사정이나 필요성이 없으므로 지방자치단체인 춘천시의 헌법소원청구는 부적법하다(헌재 2006.12.28. 2006헌마312).

③ (×) 법인도 법인의 목적과 사회적 기능에 비추어 볼 때 그 성질에 반하지 않는 범위 내에서 인격권의 한 내용인 사회적 신용이나 명예 등의 주체가 될 수 있고 법인이 이러한 사회적 신용이나 명예 유지 내지 법인격의 자유로운 발현을 위하여 의사결정이나 행동을 어떻게 할 것인지를 자율적으로 결정하는 것도 법인의 인격권의 한 내용을 이룬다고 할 것이다(헌재 2012.8.23. 2009헌가27).

11 0122 ○△×|○△×|○△×

2016 경찰 승진

기본권의 주체에 관한 설명 중 가장 적절한 것은? (다툼이 있는 경우 판례에 의함)

① 국가균형발전특별법에 의한 도지사의 혁신도시 입지선정과 관련하여 그 입지선정에서 제외된 지방자치단체는 자의적인 선정기준을 다투는 평등권의 주체가 된다.

② 출입국관리법에 따른 영주의 체류자격 취득일 후 3년이 경과한 19세 이상의 외국인에게는 지방자치단체 의회의원 및 장의 선거권이 부여되어 헌법상의 정치적 기본권이 인정된다.

③ 국가에 대하여 고용증진을 위한 사회적·경제적 정책을 요구할 수 있는 권리는 이른바 사회적 기본권으로서 국민에게만 인정되므로, 외국인 근로자는 기본적 생활수단을 확보하고 인간의 존엄성을 보장받기 위한 최소한의 근로조건을 요구할 수 있는 권리의 주체가 되지 못한다.

④ 농지개량조합은 존립목적, 조직과 재산의 형성 및 그 활동 전반에 나타나는 매우 짙은 공적인 성격에 비추어 공법인으로 볼 수 있으므로 기본권의 주체가 될 수 없다.

지문분석 난이도 중 정답 ④

| 키 워 드 | 기본권 주체

| 출제유형 | 판례

④ (○) 농지개량조합의 존립목적, 조직과 재산의 형성 및 그 활동 전반에 나타나는 매우 짙은 공적인 성격을 고려하건대, 이를 공익적 목적을 위하여 설립되어 활동하는 공법인이라고 봄이 상당하다 할 것이다(헌재 2000.11.30. 99헌마190). → 따라서 사법인으로서 기본권의 주체가 되어 헌법소원의 청구인적격을 갖추었다고 보기 어렵다.

① (×) 지방자치단체는 기본권의 주체가 될 수 없다는 것이 헌법재판소의 입장이며, 이를 변경해야 할 만한 사정이나 필요성이 없으므로 지방자치단체인 춘천시의 헌법소원청구는 부적법하다. 강원도지사가 혁신도시 입지로 원주시를 선정한 것은 국가균형발전특별법 제18조 등에 따른 것으로서 지방의 균형발전을 위한 공공정책으로서 계획되었다. 이로 인해 해당 지역 주민들이 받는 이익 내지 혜택은 공공정책의 실행으로 인하여 주어지는 사실적·경제적인 것이며, 청구인들이 그러한 이익 내지 혜택에서 배제되었다 해서 기본권이 침해되었다 할 수 없다. 따라서 청구인들의 심판청구는 기본권 침해의 가능성 내지 자기관련성이 없어 부적법하다(헌재 2006.12.28. 2006헌마312).

② (×) 공직선거법은 제15조 제2항 제2호에서 '영주의 체류자격 취득일로부터 3년이 경과한 19세 이상의 외국인'에 대해서도 일정한 요건하에 지방선거 선거권을 부여하고 있다. 그런데 외국인의 지방선거 선거권은 헌법상의 권리라 할 수는 없고 단지 공직선거법이 인정하고 있는 '법률상의 권리'에 불과하다(헌재 2007.6.28. 2004헌마644).

③ (×) 국가에 대하여 고용증진을 위한 사회적·경제적 정책을 요구할 수 있는 권리는 사회권적 기본권으로서 국민에 대하여만 인정해야 하지만, 자본주의 경제질서하에서 근로자가 기본적 생활수단을 확보하고 인간의 존엄성을 보장받기 위하여 최소한의 근로조건을 요구할 수 있는 권리는 자유권적 기본권의 성격도 아울러 가지므로 이러한 경우 외국인 근로자에게도 그 기본권 주체성을 인정함이 타당하다(헌재 2007.8.30. 2004헌마670).

12 0123 ○△×|○△×|○△× 2020 국회직 8급

기본권 주체성에 대한 설명으로 〈보기〉에서 옳은 것(○)과 옳지 않은 것(×)을 올바르게 조합한 것은? (다툼이 있는 경우 판례에 의함)

보기

ㄱ. 고용 허가를 받아 국내에 입국한 외국인 근로자의 출국만기보험금을 출국 후 14일 이내에 지급하도록 한 것에 대하여 해당 외국인 근로자는 근로의 권리가 침해됨을 주장할 수 없다.

ㄴ. 초기배아는 수정이 된 배아라는 점에서 형성 중인 생명의 첫걸음을 떼었다고 볼 여지가 있기는 하나 인간과 배아 간의 개체적 연속성을 확정하기 어렵다는 점에서 기본권 주체성이 부인된다.

ㄷ. 한국신문편집인협회는 언론인들의 협동단체로서 법인격은 없으나 사단으로서의 실체를 가지고 있으므로 권리능력 없는 사단이라고 할 것이고, 따라서 기본권의 성질상 자연인에게만 인정될 수 있는 기본권이 아닌 한 기본권의 주체가 될 수 있다.

ㄹ. 정당은 국민의 정치적 의사형성에 참여하기 위한 조직으로 성격상 권리능력 없는 단체에 속하지만 구성원과는 독립하여 기본권의 주체가 될 수 있으므로 생명·신체의 안전에 관한 기본권 행사에 있어 그 주체가 될 수 있다.

① ㄱ. (○), ㄴ. (×), ㄷ. (○), ㄹ. (×)
② ㄱ. (○), ㄴ. (○), ㄷ. (×), ㄹ. (×)
③ ㄱ. (×), ㄴ. (○), ㄷ. (×), ㄹ. (×)
④ ㄱ. (×), ㄴ. (○), ㄷ. (○), ㄹ. (×)
⑤ ㄱ. (×), ㄴ. (×), ㄷ. (○), ㄹ. (○)

지문분석

난이도 상 정답 ④

| 키 워 드 | 기본권 주체성
| 출제유형 | 판례

ㄱ. (X) 헌법상 근로의 권리는 '일할 자리에 관한 권리'만이 아니라 '일할 환경에 관한 권리'도 의미하는데, '일할 환경에 관한 권리'는 인간의 존엄성에 대한 침해를 방어하기 위한 권리로서 외국인에게도 인정되며, 건강한 작업환경, 일에 대한 정당한 보수, 합리적인 근로조건의 보장 등을 요구할 수 있는 권리 등을 포함한다. 여기서의 근로조건은 임금과 그 지불방법, 취업시간과 휴식시간 등 근로계약에 의하여 근로자가 근로를 제공하고 임금을 수령하는 데 관한 조건들이고, 이 사건 출국만기보험금은 퇴직금의 성질을 가지고 있어서 그 지급시기에 관한 것은 근로조건의 문제이므로 외국인인 청구인들에게도 기본권 주체성이 인정된다(헌재 2016.3.31. 2014헌마367).

ㄴ. (O) 초기배아는 수정이 된 배아라는 점에서 형성 중인 생명의 첫걸음을 떼었다고 볼 여지가 있기는 하나 아직 모체에 착상되거나 원시선이 나타나지 않은 이상 현재의 자연과학적 인식 수준에서 독립된 인간과 배아 간의 개체적 연속성을 확정하기 어렵다고 봄이 일반적이라는 점, … 등을 종합적으로 고려할 때, 기본권 주체성을 인정하기 어렵다(헌재 2010.5.27. 2005헌마346).

ㄷ. (O) 청구인협회(한국신문편집인협회)는 언론인들의 협동단체로서 법인격은 없으나, 대표자와 총회가 있고, 단체의 명칭, 대표의 방법, 총회 운영, 재산의 관리 기타 단체의 중요한 사항이 회칙으로 규정되어 있는 등 사단으로서의 실체를 가지고 있으므로 권리능력 없는 사단이라고 할 것이고, 따라서 기본권의 성질상 자연인에게만 인정될 수 있는 기본권이 아닌 한 기본권의 주체가 될 수 있으며, 헌법상의 기본권을 향유하는 범위 내에서는 헌법소원심판청구능력도 있다고 할 것이다(헌재 1995.7.21. 92헌마177 등).

ㄹ. (X) 청구인 진보신당은 국민의 정치적 의사형성에 참여하기 위한 조직으로 성격상 권리능력 없는 단체에 속하지만, 구성원과는 독립하여 그 자체로서 기본권의 주체가 될 수 있고, 그 조직 자체의 기본권이 직접 침해 당한 경우 자신의 이름으로 헌법소원심판을 청구할 수 있으나, 이 사건에서 침해된다고 하여 주장되는 기본권은 생명·신체의 안전에 관한 것으로서 성질상 자연인에게만 인정되는 것이므로, 이와 관련하여 청구인 진보신당과 같은 권리능력 없는 단체는 위와 같은 기본권의 행사에 있어 그 주체가 될 수 없고, 또한 청구인 진보신당이 그 정당원이나 일반 국민의 기본권이 침해됨을 이유로 이들을 위하거나 이들을 대신하여 헌법소원심판을 청구하는 것은 원칙적으로 허용되지 아니하므로, 이 사건에 있어 청구인 진보신당은 청구인능력이 인정되지 아니한다 할 것이다(헌재 2008.12.26. 2008헌마419 등).

✓ **개념체크 외국인의 기본권 주체성**

부정설	긍정설
• 법적 공동체의 일원이 아님(법실증주의) • 공감대적 가치질서 형성과 국가공동체의 구성에 참가하지 않음(R. Smend) • 헌법 제2장에서 '모든 국민…가진다.'고 규정	• 자유권은 천부적인 권리(Schmitt) • 기본권의 성질에 따라 인간의 권리에 해당하는 기본권의 주체가 될 수 있음(Hesse)

13 0124 ○△×|○△×|○△× 2015 경찰 승진

기본권의 주체성에 관한 설명 중 가장 적절하지 않은 것은? (다툼이 있는 경우 판례에 의함)

① 태아는 헌법상 생명권의 주체이므로 수정 후 착상 전의 초기 배아도 그에 대한 국가의 보호필요성과 기본권 주체성이 인정된다.
② 정당의 기본권 주체성은 인정되지만 지방자치단체의 기본권 주체성은 인정되지 않는다.
③ 근로의 권리가 일할 환경에 관한 권리도 내포하고 있으므로 건강한 작업환경, 일에 대한 정당한 보수, 합리적인 근로조건의 보장 등을 요구할 수 있는 권리에 관하여 외국인 근로자의 기본권 주체성이 인정된다.
④ 미성년자도 대한민국 국민이기 때문에 당연히 기본권 주체성이 인정되나 기본권 행사가 본인에게 불이익이 될 수 있는 경우에는 친권에 의하여 기본권 행사가 제한될 수 있다.

지문분석 난이도 하 정답 ①

| 키 워 드 | 기본권 주체성
| 출제유형 | 이론 + 판례

① (×) 초기배아는 수정이 된 배아라는 점에서 형성 중인 생명의 첫걸음을 떼었다고 볼 여지가 있기는 하나 아직 모체에 착상되거나 원시선이 나타나지 않은 이상 현재의 자연과학적 인식 수준에서 독립된 인간과 배아 간의 개체적 연속성을 확정하기 어렵다고 봄이 일반적이라는 점, 배아의 경우 현재의 과학기술 수준에서 모태 속에서 수용될 때 비로소 독립적인 인간으로의 성장가능성을 기대할 수 있다는 점, 수정 후 착상 전의 배아가 인간으로 인식된다거나 그와 같이 취급하여야 할 필요성이 있다는 사회적 승인이 존재한다고 보기 어려운 점 등을 종합적으로 고려할 때, 기본권 주체성을 인정하기 어렵다(헌재 2010.5.27. 2005헌마346).
② (○) 정당의 기본권 주체성은 인정되지만(헌재 1993.7.29. 92헌마262) 지방자치단체의 기본권 주체성은 부정된다(헌재 2006.2.23. 2004헌바50).
③ (○) 헌법상 근로의 권리는 '일할 자리에 관한 권리'만이 아니라 '일할 환경에 관한 권리'도 의미하는데, '일할 환경에 관한 권리'는 인간의 존엄성에 대한 침해를 방어하기 위한 권리로서 외국인에게도 인정되며, 건강한 작업환경, 일에 대한 정당한 보수, 합리적인 근로조건의 보장 등을 요구할 수 있는 권리 등을 포함한다. 여기서의 근로조건은 임금과 그 지불방법, 취업시간과 휴식시간 등 근로계약에 의하여 근로자가 근로를 제공하고 임금을 수령하는 데 관한 조건들이고, 이 사건 출국만기보험금은 퇴직금의 성질을 가지고 있어서 그 지급시기에 관한 것은 근로조건의 문제이므로 외국인인 청구인들에게도 기본권 주체성이 인정된다(헌재 2016.3.31. 2014헌마367).
④ (○) 미성년자도 대한민국 국민이기 때문에 당연히 기본권 주체성이 인정되나 기본권 행사가 본인에게 불이익이 될 수 있는 경우에는 친권에 의하여 기본권 행사가 제한될 수 있다.

14 0125 ○△×|○△×|○△× 2017 국회직 8급

기본권 주체에 대한 설명으로 옳지 않은 것은? (다툼이 있는 경우 헌법재판소의 판례에 의함)

① 기본권능력을 가진 사람은 모두 기본권 주체가 되지만, 기본권 주체가 모두 기본권의 행사능력을 가지는 것은 아니다.
② 직장선택의 자유는 인간의 권리로 보아야 할 것이므로 외국인도 제한적으로라도 직장선택의 자유를 향유할 수 있다고 보아야 한다.
③ 국가, 지방자치단체도 다른 공권력 주체와의 관계에서 지배복종관계가 성립되어 일반 사인처럼 그 지배하에 있는 경우에는 기본권 주체가 될 수 있다.
④ 정당설립의 자유나 정당활동의 자유 등 정당의 자유의 주체는 정당을 설립하려는 개개인과 이를 통해 조직된 정당 모두에게 인정되는 것이다.
⑤ 공법인이 조직법상 국가로부터 독립한 고유 업무를 수행하는 경우에는 기본권 주체가 될 수 있다.

지문분석 난이도 중 정답 ③

| 키 워 드 | 기본권 주체
| 출제유형 | 이론 + 판례

③ (×), ⑤ (○) 공권력의 행사자인 국가, 지방자치단체나 그 기관 또는 국가조직의 일부나 공법인은 국민의 기본권을 보호 내지 실현해야 할 '책임'과 '의무'를 지는 주체로서 헌법소원을 청구할 수 없다. 다만 공법인이나 이에 준하는 지위를 가진 자라 하더라도 공무를 수행하거나 고권적 행위를 하는 경우가 아닌 사경제 주체로서 활동하는 경우나 조직법상 국가로부터 독립한 고유 업무를 수행하는 경우, 그리고 다른 공권력 주체와의 관계에서 지배복종관계가 성립되어 일반 사인처럼 그 지배하에 있는 경우 등에는 기본권 주체가 될 수 있다. 이러한 경우에는 이들이 기본권을 보호해야 하는 국가적 기능을 담당하고 있다고 볼 수 없기 때문이다(헌재 2013.9.26. 2012헌마271).
① (○) 기본권 보유능력과 기본권 행위능력은 반드시 일치하지 않는다.
② (○) 직장선택의 자유는 인간의 존엄과 가치 및 행복추구권과도 밀접한 관련을 가지는 만큼 단순히 국민의 권리가 아닌 인간의 권리로 보아야 할 것이므로 외국인도 제한적으로라도 직장선택의 자유를 향유할 수 있다고 보아야 한다(헌재 2011.9.29. 2007헌마1083).
④ (○) 정당설립의 자유는 정당설립의 자유만이 아니라 정당활동의 자유를 포함한다. 따라서 정당의 자유의 주체는 정당을 설립하려는 개개인과 이를 통해 조직된 정당 모두에게 인정되는 것이다(헌재 2006.3.30. 2004헌마246).

15 0126 ○△×|○△×|○△× 2020 변호사

기본권 주체에 관한 설명 중 옳은 것은? (다툼이 있는 경우 판례에 의함)

① 모든 인간은 헌법상 생명권의 주체가 되며 형성 중의 생명인 태아에게도 생명권 주체성이 인정되므로, 국가의 보호필요성은 별론으로 하고 수정 후 모체에 착상되기 전인 초기배아에 대해서도 기본권 주체성을 인정할 수 있다.
② 아동은 인격의 발현을 위하여 어느 정도 부모에 의한 결정을 필요로 하는 미성숙한 인격체이므로, 아동에게 자신의 교육환경에 관하여 스스로 결정할 권리가 부여되지 않는다.
③ 외국인이 법률에 따라 고용허가를 받아 적법하게 근로관계를 형성한 경우에도 외국인은 그 근로관계를 유지하거나 포기하는 데 있어서 직장선택의 자유에 대한 기본권 주체성을 인정할 수 없다.
④ 헌법 제14조의 거주·이전의 자유, 헌법 제21조의 결사의 자유는 그 성질상 법인에게도 인정된다.
⑤ 국가기관 또는 공법인은 공권력 행사의 주체이자 기본권의 수범자로서 기본권 주체가 될 수 없으므로, 대통령이나 지방자치단체장 등 개인이 국가기관의 지위를 겸하는 경우에도 기본권 주체성은 언제나 부정된다.

지문분석

난이도 ❸ 정답 ④

| 키 워 드 | 기본권 주체
| 출제유형 | 이론 + 판례

④ (○) 기본권의 성질상 비교적 폭넓게 법인에게 기본권 주체성이 인정되는 기본권으로는 평등권, 직업선택의 자유, 거주·이전의 자유, 주거의 자유, 통신의 자유, 언론·출판·집회·결사의 자유, 재산권, 재판청구권, 국가배상청구권 등이 있다. 그러나 인간의 존엄과 가치, 행복추구권, 신체의 안전과 자유, 정신적 자유, 정치적 기본권, 사회권 등에 대하여는 법인의 기본권 주체성을 인정하기 어렵다(성낙인).
① (X) 청구인 1, 2가 수정이 된 배아라는 점에서 형성 중인 생명의 첫걸음을 떼었다고 볼 여지가 있기는 하나 아직 모체에 착상되거나 원시선이 나타나지 않은 이상 현재의 자연과학적 인식 수준에서 독립된 인간과 배아 간의 개체적 연속성을 확정하기 어렵다고 봄이 일반적이라는 점, 배아의 경우 현재의 과학기술 수준에서 모태 속에서 수용될 때 비로소 독립적인 인간으로의 성장가능성을 기대할 수 있다는 점, 수정 후 착상 전의 배아가 인간으로 인식된다거나 그와 같이 취급하여야 할 필요성이 있다는 사회적 승인이 존재한다고 보기 어려운 점 등을 종합적으로 고려할 때, 초기배아에 대한 국가의 보호필요성이 있음은 별론으로 하고, 청구인 1, 2의 기본권 주체성을 인정하기 어렵다(헌재 2010.5.27. 2005헌마346).
② (X) 아동과 청소년은 인격의 발전을 위하여 어느 정도 부모와 학교의 교사 등 타인에 의한 결정을 필요로 하는 아직 성숙하지 못한 인격체이지만, 부모와 국가에 의한 단순한 보호의 대상이 아닌 독자적인 인격체이며, 그의 인격권은 성인과 마찬가지로 인간의 존엄성 및 행복추구권을 보장하는 헌법 제10조에 의하여 보호된다. 따라서 헌법이 보장하는 인간의 존엄성 및 행복추구권은 국가의 교육권한과 부모의 교육권의 범주 내에서 아동에게도 자신의 교육환경에 관하여 스스로 결정할 권리, 그리고 자유롭게 문화를 향유할 권리를 부여한다고 할 것이다(헌재 2004.5.27. 2003헌가1 등).
③ (X) 청구인들이 이미 적법하게 고용허가를 받아 적법하게 우리나라에 입국하여 우리나라에서 일정한 생활관계를 형성, 유지하는 등, 우리 사회에서 정당한 노동인력으로서의 지위를 부여받은 상황임을 전제로 하는 이상, 청구인들이 선택한 직업분야에서 이미 형성된 근로관계를 계속 유지하거나 포기하는 데 있어 국가의 방해를 받지 않고 자유로운 선택·결정을 할 자유는 외국인인 청구인들도 누릴 수 있는 인간의 권리로서의 성질을 지닌다고 볼 것이다(헌재 2011.9.29. 2007헌마1083 등).
⑤ (X)

- 대통령도 국민의 한 사람으로서 제한적으로나마 기본권의 주체가 될 수 있는바, 대통령은 소속 정당을 위하여 정당활동을 할 수 있는 사인으로서의 지위와 국민 모두에 대한 봉사자로서 공익실현의 의무가 있는 헌법기관으로서의 지위를 동시에 갖는데 최소한 전자의 지위와 관련하여는 기본권 주체성을 갖는다고 할 수 있다(헌재 2008.1.17. 2007헌마700).
- 청구인들은 지방자치단체의 장이라고 하더라도 표현의 자유, 정치활동의 자유나 선거운동의 자유 등 헌법상 보장된 기본권의 주체가 될 수 있다(헌재 1999.5.27. 98헌마214).

16 0127 ○△×|○△×|○△× 2022 경찰 간부

기본권 주체에 대한 설명으로 가장 적절하지 않은 것은? (다툼이 있는 경우 헌법재판소 판례에 의함)

① 공법상 재단법인인 방송문화진흥회가 최다출자자인 방송사업자로서 방송법 등 관련 규정에 의하여 공법상의 의무를 부담하고 있지만, 그 설립목적이 언론의 자유의 핵심영역인 방송사업이므로 이러한 업무수행과 관련해서 기본권 주체가 될 수 있다.

② 일할 자리에 관한 권리는 국민에게만 인정되지만, 일할 환경에 관한 권리는 외국인에게도 인정된다.

③ 아동과 청소년은 부모와 국가에 의한 단순한 보호의 대상이 아닌 독자적인 인격체이며, 그의 인격권은 성인과 마찬가지로 인간의 존엄성 및 행복추구권을 보장하는 헌법 제10조에 의하여 보호된다.

④ 정당은 권리능력 없는 사단으로서 기본권 주체성이 인정되므로 '미국산 쇠고기 수입의 위생조건에 관한 고시'와 관련하여 생명·신체의 안전에 관한 기본권 침해를 이유로 헌법소원을 청구할 수 있다.

지문분석 난이도 하 정답 ④

| 키 워 드 | 기본권 주체

| 출제유형 | 판례

④ (X) 청구인 진보신당은 국민의 정치적 의사형성에 참여하기 위한 조직으로 성격상 권리능력 없는 단체에 속하지만, 구성원과는 독립하여 그 자체로서 기본권의 주체가 될 수 있고, 그 조직 자체의 기본권이 직접 침해당한 경우 자신의 이름으로 헌법소원심판을 청구할 수 있으나, 이 사건에서 침해된다고 하여 주장되는 기본권은 생명·신체의 안전에 관한 것으로서 성질상 자연인에게만 인정되는 것이므로, 이와 관련하여 청구인 진보신당과 같은 권리능력 없는 단체는 위와 같은 기본권의 행사에 있어 그 주체가 될 수 없고, 또한 청구인 진보신당이 그 정당원이나 일반 국민의 기본권이 침해됨을 이유로 이들을 위하거나 이들을 대신하여 헌법소원심판을 청구하는 것은 원칙적으로 허용되지 아니하므로, 이 사건에 있어 청구인 진보신당은 청구인능력이 인정되지 아니한다 할 것이다(헌재 2008.12.26. 2008헌마419 등).

① (O) 청구인은 공법상 재단법인인 방송문화진흥회가 최다출자자인 방송사업자로서 방송법 등 관련 규정에 의하여 공법상의 의무를 부담하고 있지만, 그 설립목적이 언론의 자유의 핵심영역인 방송사업이므로 이러한 업무수행과 관련해서는 기본권 주체가 될 수 있고, 그 운영을 광고수익에 전적으로 의존하고 있는 만큼 이를 위해 사경제 주체로서 활동하는 경우에도 기본권 주체가 될 수 있다. 이 사건 심판청구는 청구인이 그 운영을 위한 영업활동의 일환으로 방송광고를 판매하는 지위에서 그 제한과 관련하여 이루어진 것이므로 그 기본권 주체성이 인정된다(헌재 2013.9.26. 2012헌마271).

② (O) 헌법상 근로의 권리는 '일할 자리에 관한 권리'만이 아니라 '일할 환경에 관한 권리'도 의미하는데, '일할 환경에 관한 권리'는 인간의 존엄성에 대한 침해를 방어하기 위한 권리로서 외국인에게도 인정되며, 건강한 작업환경, 일에 대한 정당한 보수, 합리적인 근로조건의 보장 등을 요구할 수 있는 권리 등을 포함한다. 여기서의 근로조건은 임금과 그 지불방법, 취업시간과 휴식시간 등 근로계약에 의하여 근로자가 근로를 제공하고 임금을 수령하는 데 관한 조건들이고, 이 사건 출국만기보험금은 퇴직금의 성질을 가지고 있어서 그 지급시기에 관한 것은 근로조건의 문제이므로 외국인인 청구인들에게도 기본권 주체성이 인정된다(헌재 2016.3.31. 2014헌마367).

③ (O) 아동과 청소년은 부모와 국가에 의한 단순한 보호의 대상이 아닌 독자적인 인격체이며, 그의 인격권은 성인과 마찬가지로 인간의 존엄성 및 행복추구권을 보장하는 헌법 제10조에 의하여 보호된다. 따라서 헌법이 보장하는 인간의 존엄성 및 행복추구권은 국가의 교육권한과 부모의 교육권의 범주 내에서 아동에게도 자신의 교육환경에 관하여 스스로 결정할 권리, 그리고 자유롭게 문화를 향유할 권리를 부여한다고 할 것이다. 이 사건 법률조항은 아동·청소년의 문화향유에 관한 권리 등 인격의 자유로운 발현과 형성을 충분히 고려하고 있지 아니하므로 아동·청소년의 자유로운 문화향유에 관한 권리 등 행복추구권을 침해하고 있다(헌재 2004.5.27. 2003헌가1 등).

17 0128 ○△×|○△×|○△× 2017 법원직 9급

기본권의 주체에 관한 다음 설명 중 가장 옳지 않은 것은? (다툼이 있는 경우 헌법재판소 결정에 의함)

① 직장선택의 자유는 인간의 존엄과 가치, 행복추구권과 밀접한 관련을 가지므로 외국인도 제한적으로 직장선택의 자유를 향유할 수 있다.
② 공법인은 기본권의 수범자로서 국민의 기본권을 보호 내지 실현하여야 할 책임과 의무를 지닐 뿐이므로 기본권의 주체가 될 여지가 없다.
③ 인간의 존엄과 가치, 행복추구권은 그 성질상 자연인에게 인정되는 기본권이므로 법인에게는 적용되지 않는다.
④ 아동은 성숙하지 못한 인격체이지만 그의 인격권은 성인과 마찬가지로 인간의 존엄성 및 행복추구권을 보장하는 헌법 제10조에 의해 보호된다.

지문분석 난이도 ㊥ 정답 ②

| 키 워 드 | 기본권 주체
| 출제유형 | 판례

② (X) 기본권 보장 규정인 헌법 제2장은 그 제목을 '국민의 권리와 의무'로 하고 있고, 제10조 내지 제39조는 "모든 국민은 …… 권리를 가진다."고 규정하고 있으므로 공권력의 행사자인 국가, 지방자치단체나 그 기관 또는 국가조직의 일부나 공법인은 국민의 기본권을 보호 내지 실현해야 할 '책임'과 '의무'를 지는 주체로서 헌법소원을 청구할 수 없다. 다만 공법인이나 이에 준하는 지위를 가진 자라 하더라도 공무를 수행하거나 고권적 행위를 하는 경우가 아닌 사경제 주체로서 활동하는 경우나 조직법상 국가로부터 독립한 고유 업무를 수행하는 경우, 그리고 다른 공권력 주체와의 관계에서 지배복종관계가 성립되어 일반 사인처럼 그 지배하에 있는 경우 등에는 기본권 주체가 될 수 있다. 이러한 경우에는 이들이 기본권을 보호해야 하는 국가적 기능을 담당하고 있다고 볼 수 없기 때문이다(헌재 2013.9.26. 2012헌마271).
① (○) 직업의 자유 중 직장선택의 자유는 인간의 존엄과 가치 및 행복추구권과도 밀접한 관련을 가지는 만큼 단순히 국민의 권리가 아닌 인간의 권리로 보아야 할 것이므로 외국인도 제한적으로라도 직장선택의 자유를 향유할 수 있다고 보아야 한다(헌재 2011.9.29. 2007헌마1083).
③ (○) 헌법 제10조의 인간으로서의 존엄과 가치, 행복을 추구할 권리는 그 성질상 자연인에게 인정되는 기본권이라고 할 것이어서, 법인인 청구인들에게는 적용되지 않는다고 할 것이다(헌재 2006.12.28. 2004헌바67).
④ (○) 아동은 아직 성숙하지 못한 인격체이긴 하지만, 부모와 국가에 의한 교육의 단순한 대상이 아닌 독립적인 인격체이며, 그의 인격권은 성인과 마찬가지로 인간의 존엄성 및 행복추구권을 보장하는 헌법 제10조에 의하여 보호되므로, 아동은 국가의 교육권한과 부모의 자녀교육권의 범주 내에서 자신의 교육에 관하여 스스로 결정할 권리를 가진다(헌재 2016.2.25. 2013헌마838).

18 0129 ○△×|○△×|○△× 2017 국가직 5급

기본권의 주체에 대한 설명으로 옳지 않은 것은? (다툼이 있는 경우 헌법재판소 결정에 의함)

① 아동과 청소년의 인격권은 성인과 마찬가지로 인간의 존엄성 및 행복추구권을 보장하는 헌법 제10조에 의하여 보호된다.
② 착상 전 초기배아의 경우 인간으로의 성장가능성을 기대할 수 있으므로 기본권 주체성이 인정된다.
③ 인간의 존엄과 가치 및 행복추구권은 '인간의 권리'로서 외국인도 그 주체가 될 수 있다.
④ 법인인 방송사업자의 의사에 반한 사과행위를 강제하는 것은 방송사업자의 인격권을 제한한다.

지문분석 난이도 ㊦ 정답 ②

| 키 워 드 | 기본권 주체
| 출제유형 | 판례

② (X) 초기배아는 기본권 주체성을 인정하기 어렵다(헌재 2010.5.27. 2005헌마346).
① (○) 아동과 청소년은 부모와 국가에 의한 단순한 보호의 대상이 아닌 독자적인 인격체이며, 그의 인격권은 성인과 마찬가지로 인간의 존엄성 및 행복추구권을 보장하는 헌법 제10조에 의하여 보호된다(헌재 2004.5.27. 2003헌가1).
③ (○) 인간의 존엄과 가치, 행복추구권은 대체로 '인간의 권리'로서 외국인도 주체가 될 수 있다(헌재 2001.11.29. 99헌마494).
④ (○) 법인도 법인의 목적과 사회적 기능에 비추어 볼 때 그 성질에 반하지 않는 범위 내에서 인격권의 한 내용인 사회적 신용이나 명예 등의 주체가 될 수 있고 법인이 이러한 사회적 신용이나 명예 유지 내지 법인격의 자유로운 발현을 위하여 의사결정이나 행동을 어떻게 할 것인지를 자율적으로 결정하는 것도 법인의 인격권의 한 내용을 이룬다고 할 것이다. 그렇다면 이 사건 심판대상 조항은 방송사업자의 의사에 반한 사과행위를 강제함으로써 방송사업자의 인격권을 제한한다(헌재 2012.8.23. 2009헌가27).

19 0130 ○△×|○△×|○△× 2016 지방직 7급(변형)

기본권의 주체에 관한 설명 중 옳지 않은 것은? (다툼이 있는 경우 판례에 의함)

① 헌법은 법인의 기본권 향유능력에 대하여 명문의 규정을 두고 있지는 않지만, 법인도 법인의 목적과 사회적 기능에 비추어 볼 때 그 성질에 반하지 않는 범위 내에서 인격권의 한 내용인 사회적 신용이나 명예 등의 주체가 될 수 있다.

② 고용허가를 받아 적법하게 우리나라에 입국하여 우리나라에서 일정한 생활관계를 형성·유지하는 외국인 근로자는 그 외국인의 생활의 기본적 수요를 충족시키는 방편이 되고 또한 개성신장의 바탕이 된다는 점에서 외국인은 그 근로관계를 계속 유지함에 있어서 국가의 방해를 받지 않고 자유로운 선택과 결정을 할 자유가 있고 그러한 범위에서 제한적으로 직업의 자유에 대한 기본권 주체성을 인정할 수 있다.

③ 대통령은 소속 정당을 위하여 정당활동을 할 수 있는 사인으로서의 지위도 있지만 국민 모두에 대한 봉사자로서 공익실현의 의무가 있는 헌법기관으로서의 지위를 동시에 가지므로, 적어도 전자의 지위와 관련하여도 기본권 주체성을 갖는다고 볼 수 있다.

④ 국립대학으로서 서울대학교는 사립대학과는 달리 대학의 자율권이라는 기본권의 보호를 받을 수 없으므로 국가의 간섭 없이 인사·학사·시설·재정 등 대학과 관련된 사항들을 자주적으로 결정하고 운영할 자유를 갖는다고 볼 수 없다.

⑤ 공법인으로서의 성격과 사법인으로서의 성격을 겸유한 특수한 법인의 경우 기본권의 주체가 될 수 있다고는 할 것이지만, 공법인적 특성이 기본권의 제약요소로 작용할 수 있다.

지문분석 난이도 상 정답 ④

| 키 워 드 | 기본권 주체

| 출제유형 | 판례

④ (X) 헌법 제31조 제4항이 보장하는 대학의 자율성이란 대학의 운영에 관한 모든 사항을 외부의 간섭 없이 자율적으로 결정할 수 있는 자유를 말한다. 국립대학인 세무대학은 공법인으로서 사립대학과 마찬가지로 대학의 자율권이라는 기본권의 보호를 받으므로, 세무대학은 국가의 간섭 없이 인사·학사·시설·재정 등 대학과 관련된 사항들을 자주적으로 결정하고 운영할 자유를 갖는다(헌재 2001.2.22. 99헌마613).

① (O) 우리 헌법은 법인 내지 단체의 기본권 향유능력에 대하여 명문의 규정을 두고 있지는 않지만 본래 자연인에게 적용되는 기본권이라도 그 성질상 법인이 누릴 수 있는 기본권은 법인에게도 적용된다(헌재 2012.8.23. 2009헌가27).

② (O) 헌법재판소의 결정례 중에는 외국인이 대한민국 법률에 따른 허가를 받아 국내에서 일정한 직업을 수행함으로써 근로관계가 형성된 경우, 그 직업은 그 외국인의 생활의 기본적 수요를 충족시키는 방편이 되고 또한 개성신장의 바탕이 된다는 점에서 외국인은 그 근로관계를 계속 유지함에 있어서 국가의 방해를 받지 않고 자유로운 선택과 결정을 할 자유가 있고 그러한 범위에서 제한적으로 직업의 자유에 대한 기본권 주체성을 인정할 수 있다고 하였다(헌재 2011.9.29. 2007헌마1083 등 참조). 하지만 이는 이미 근로관계가 형성되어 있는 예외적인 경우에 제한적으로 인정한 것에 불과하다. 그러한 근로관계가 형성되기 전 단계인 특정한 직업을 선택할 수 있는 권리는 국가정책에 따라 법률로써 외국인에게 제한적으로 허용되는 것이지 헌법상 기본권에서 유래되는 것은 아니다(헌재 2014.8.28. 2013헌마359).

③ (O) 대통령도 국민의 한사람으로서 제한적으로나마 기본권의 주체가 될 수 있는바, 대통령은 소속 정당을 위하여 정당활동을 할 수 있는 사인으로서의 지위와 국민 모두에 대한 봉사자로서 공익실현의 의무가 있는 헌법기관으로서의 지위를 동시에 갖는데 최소한 전자의 지위와 관련하여는 기본권 주체성을 갖는다고 할 수 있다(헌재 2008.1.17. 2007헌마700).

⑤ (O) 헌법상 기본권의 주체가 될 수 있는 법인은 원칙적으로 사법인에 한하는 것이고, 공법인은 헌법의 수범자이지 기본권의 주체가 될 수 없다. 또 예외적으로 공법인적 성질을 가지는 법인이 기본권의 주체가 되는 경우에도 그 공법인적 성격으로 인한 제한을 받지 않을 수 없다고 할 것이다(헌재 2000.6.1. 99헌마553).

20 0131 ○△×|○△×|○△× 2016 국회직 8급

기본권의 주체에 대한 설명으로 옳지 않은 것은? (다툼이 있는 경우 헌법재판소 판례에 의함)

① 외국인이라 할지라도 적법하게 고용허가를 받아 입국하여 우리나라에서 일정한 생활관계를 형성·유지하는 등 정당한 노동인력으로서의 지위를 부여받은 경우 직장선택의 자유를 인정할 수 있다.

② 법인의 인격을 자유롭게 발현할 권리가 무엇을 뜻하는지 그 헌법적 근거가 무엇인지 분명하지 않으므로, 선거기사심의위원회가 불공정한 선거기사를 게재하였다고 판단한 언론사에 대하여 사과문 게재 명령을 하도록 한 공직선거법상의 사과문 게재 조항은 언론사인 법인의 인격권을 침해하는 것이 아니라 소극적 표현의 자유나 일반적 행동의 자유를 제한할 뿐이다.

③ 국가정책에 따라 정부의 허가를 받은 외국인은 정부가 허가한 범위 내에서 소득활동을 할 수 있는 것이므로 외국인이 국내에서 누리는 직업의 자유는 법률 이전에 헌법에 의해서 부여된 기본권이라 할 수는 없고, 법률에 따른 정부의 허가에 의해 비로소 발생하는 권리이다.

④ 특별한 조약이 없는 한 외국인에게 입국을 허가할 의무가 없으므로 외국인은 원칙적으로 입국의 자유가 없다.

⑤ 태아도 원칙적으로 생명권의 주체이고 형성 중의 생명인 태아에게도 생명에 대한 권리가 인정되어야 하나, 자궁에 착상하기 전 혹은 원시선이 나타나기 전의 수정란 상태의 초기배아에게는 생명권의 주체성을 인정할 수 없다.

지문분석 난이도 ㊤ 정답 ②

| **키 워 드** | 기본권 주체

| **출제유형** | 판례

② (×) 사과의 여부 및 사과문의 구체적인 내용은 선거기사심의위원회라는 행정기관에 의해 결정되는 것이지만, 이 사건 법률 조항들은 그 사과문이 마치 언론사 스스로의 결정에 의해 작성된 것처럼 해당 언론사의 이름으로 대외적으로 표명되도록 하며, 그 결과 독자들로 하여금 해당 언론사가 선거와 관련하여 객관성과 공정성을 저버린 보도를 했다는 점을 스스로 인정한 것으로 생각하게 만듦으로써, 언론에 대한 신뢰가 무엇보다 중요한 언론사의 사회적 신용이나 명예를 저하시키고 인격의 자유로운 발현을 저해한다. 따라서 이 사건 법률 조항들은 언론사의 의사에 반한 사과행위를 강요함으로써 언론사의 인격권을 제한한다(헌재 2015.7.30. 2013헌가8).

① (○) 직업의 자유 중 이 사건에서 문제되는 직장선택의 자유는 인간의 존엄과 가치 및 행복추구권과도 밀접한 관련을 가지는 만큼 단순히 국민의 권리가 아닌 인간의 권리로 보아야 할 것이므로 외국인도 제한적으로라도 직장선택의 자유를 향유할 수 있다고 보아야 한다. 외국인들이 이미 적법하게 고용허가를 받아 적법하게 우리나라에 입국하여 우리나라에서 일정한 생활관계를 형성, 유지하는 등, 우리 사회에서 정당한 노동인력으로서의 지위를 부여받은 상황임을 전제로 하는 이상, 외국인들에게 직장선택의 자유에 대한 기본권 주체성을 인정할 수 있다(헌재 2011.9.29. 2007헌마1083).

③ (○) 국가정책에 따라 정부의 허가를 받은 외국인은 정부가 허가한 범위 내에서 소득활동을 할 수 있는 것이므로, 외국인이 국내에서 누리는 직업의 자유는 법률에 따른 정부의 허가에 의해 비로소 발생하는 권리이다(헌재 2014.8.28. 2013헌마359).

④ (○) 참정권과 입국의 자유에 대한 외국인의 기본권 주체성이 인정되지 않는다(헌재 2014.6.26. 2011헌마502).

⑤ (○) 초기배아는 기본권의 주체가 될 수 없다(헌재 2010.5.27. 2005헌마346).

21 0132 ○△×|○△×|○△× 2022 경찰 2차

기본권 주체성에 관한 설명 중 가장 적절하지 않은 것은? (다툼이 있는 경우 판례에 의함)

① 학교안전사고 예방 및 보상에 관한 법률에 의하여 설립된 학교안전공제회는 행정관청 또는 그로부터 행정권한을 위임받은 공공단체로 공법인에 해당할 뿐, 사법인적 성격을 갖는 것은 아니므로 기본권의 주체가 될 수 없다.

② 모든 인간은 헌법상 생명권의 주체가 되나, 자궁에 착상하기 전 또는 원시선이 나타나기 전까지의 '초기배아'에게는 기본권 주체성을 인정하기 어렵다.

③ 헌법에 법인의 기본권 향유능력을 인정하는 명문의 규정이 없지만, 언론·출판의 자유, 재산권의 보장 등과 같이 성질상 법인이 누릴 수 있는 기본권은 법인에게 적용된다.

④ 대학 자치의 주체를 기본적으로 대학으로 본다고 하더라도 교수나 교수회의 주체성이 부정된다고 볼 수 없는바, 가령 학문의 자유를 침해하는 대학의 장에 대한 관계에서는 교수나 교수회가 주체가 될 수 있고, 또한 국가에 의한 침해에 있어서는 대학 자체 외에도 대학 전구성원이 자율성을 갖는 경우도 있을 것이므로 문제되는 경우에 따라서 대학, 교수, 교수회 모두가 단독, 혹은 중첩적으로 주체가 될 수 있다고 보아야 할 것이다.

지문분석

난이도 하 정답 ①

| 키 워 드 | 기본권 주체성

| 출제유형 | 판례

① (X) 공제회는 이처럼 공법인적 성격과 사법인적 성격을 겸유하고 있는데, 공제회가 일부 공법인적 성격을 갖고 있다고 하더라도 공무를 수행하거나 고권적 행위를 하는 경우가 아닌 사경제 주체로서 활동하는 경우나 조직법상 국가로부터 독립한 고유 업무를 수행하는 경우, 그리고 다른 공권력 주체와의 관계에서 지배복종관계가 성립되어 일반 사인처럼 그 지배하에 있는 경우 등에는 기본권 주체가 될 수 있다(헌재 2015.7.30. 2014헌가7).

② (O) 태아·수형자를 포함한 모든 국민. 다만 초기배아는 제외. 다만 헌법재판소는 배아가 생명권의 주체라고 일반적으로 인정하고 있지는 않으나, 원시생명체로서 보호할 가치가 있는 경우에는 국가에게 보호의무가 있다고 본다(헌재 2010.5.27. 2005헌마346).

③ (O) 법원이 사죄광고를 명하면 자연인이든 법인이든 보호받아야 할 인격권이 무시되고 또한 헌법에서 보장된 인간의 존엄과 가치 및 그것을 바탕으로 하는 인격권에도 큰 위해가 된다고 볼 것이다(헌재 1991.4.1. 89헌마160).

④ (O) 대학 자율의 주체를 기본적으로 대학으로 본다고 하더라도, 학문의 자유를 침해하는 대학의 장에 대한 관계에서는 교수나 교수회가 주체가 될 수 있고, 국가에 의한 침해에 있어서는 대학 자체 외에도 대학 전구성원이 자율성을 갖는 경우도 있을 것이므로 문제되는 경우에 따라서 대학, 교수, 교수회 모두가 단독, 혹은 중첩적으로 주체가 될 수 있다. 따라서 교수나 교수회도 헌법상 기본권으로서 국립대학의 장 후보자 선정에 참여할 권리가 있다(헌재 2006.4.27. 2005헌마1047 등).

22 0133 ○△×|○△×|○△× 2018 경찰 승진

기본권 주체에 대한 설명으로 가장 적절하지 않은 것은? (다툼이 있는 경우 판례에 의함)

① 평등권 및 평등선거의 원칙으로부터 나오는 기회균등의 원칙은 후보자는 물론 정당에 대해서도 보장된다.

② 직장선택의 자유는 국민의 권리로 보아야 할 것이므로 외국인에게는 어떠한 경우에도 직장선택의 자유가 인정되지 않는다.

③ 사단법인 한국영화인협회 내부의 8개 분과위원회 중 하나인 한국영화인협회 감독위원회는 독자적으로 기본권의 주체가 될 수 없다.

④ 초기배아는 수정이 된 배아라는 점에서 형성 중인 생명의 첫걸음을 떼었다고 볼 여지가 있기는 하나 기본권 주체성을 인정하기 어렵다.

지문분석

난이도 중 정답 ②

| 키 워 드 | 기본권 주체

| 출제유형 | 판례

② (X) 직업의 자유 중 이 사건에서 문제되는 직장선택의 자유는 인간의 존엄과 가치 및 행복추구권과도 밀접한 관련을 가지는 만큼 단순히 국민의 권리가 아닌 인간의 권리로 보아야 할 것이므로 외국인도 제한적으로라도 직장선택의 자유를 향유할 수 있다고 보아야 한다. 청구인들이 이미 적법하게 고용허가를 받아 적법하게 우리나라에 입국하여 우리나라에서 일정한 생활관계를 형성, 유지하는 등, 우리 사회에서 정당한 노동인력으로서의 지위를 부여받은 상황임을 전제로 하는 이상, 이 사건 청구인들에게 직장선택의 자유에 대한 기본권 주체성을 인정할 수 있다 할 것이다(헌재 2011.9.29. 2007헌마1083 등).

① (O) 시(市)·도의회 의원선거에서 정당이 후보자의 추천과 후보자를 지원하는 선거운동을 통하여 소기의 목적을 추구하는 경우, 평등권 및 평등선거원칙으로부터 나오는(선거에 있어서의) 기회균등의 원칙은 후보자는 물론 정당에 대해서도 보장되는 것이므로 정당추천의 후보자가 선거에서 차등대우를 받는 것은 정당이 선거에서 차등대우를 받는 것과 같은 결과가 된다(헌재 1991.3.11. 91헌마21).

③ (O) 한국영화인협회 감독위원회는 영화인협회와 독립된 별개의 단체가 아니라 영화인 협회의 내부에 설치된 8개의 분과위원회 가운데 하나에 지나지 아니하므로 헌법소원심판 청구권이 없다. → 한국영화인협회 감독위원회는 기본권의 주체가 될 수 없다(헌재 1991.6.3. 90헌마56).

④ (O) 초기배아는 수정이 된 배아라는 점에서 형성 중인 생명의 첫걸음을 떼었다고 볼 여지가 있기는 하나 아직 모체에 착상되거나 원시선이 나타나지 않은 이상 현재의 자연과학적 인식 수준에서 독립된 인간과 배아 간의 개체적 연속성을 확정하기 어렵다고 봄이 일반적이라는 점, 배아의 경우 현재의 과학기술 수준에서 모태 속에서 수용될 때 비로소 독립적인 인간으로의 성장가능성을 기대할 수 있다는 점, 수정 후 착상 전의 배아가 인간으로 인식된다거나 그와 같이 취급하여야 할 필요성이 있다는 사회적 승인이 존재한다고 보기 어려운 점 등을 종합적으로 고려할 때, 기본권 주체성을 인정하기 어렵다(헌재 2010.5.27. 2005헌마346).

23 0134 ○△×|○△×|○△× 2022 경찰 1차

기본권의 주체에 관한 설명 중 가장 적절하지 않은 것은? (다툼이 있는 경우 판례에 의함)

① 불법체류 중인 외국인들이라 하더라도, 불법체류라는 것은 관련법령에 의하여 체류자격이 인정되지 않는다는 것일 뿐이므로, '인간의 권리'로서 외국인에게도 주체성이 인정되는 일정한 기본권에 관하여 불법체류 여부에 따라 그 인정 여부가 달라지는 것은 아니다.

② 근로의 권리의 구체적인 내용에 따라, 국가에 대하여 고용증진을 위한 사회적 경제적 정책을 요구할 수 있는 권리는 사회권적 기본권으로서 국민에 대하여만 인정해야 하지만, 자본주의 경제질서하에서 근로자가 기본적 생활수단을 확보하고 인간의 존엄성을 보장받기 위하여 최소한의 근로조건을 요구할 수 있는 권리는 자유권적 기본권의 성격도 아울러 가지므로 이러한 경우 외국인 근로자에게도 그 기본권 주체성을 인정함이 타당하다.

③ 청구인은 공법상 재단법인인 방송문화진흥회가 최다출자자인 방송사업자로서 방송법 등 관련 규정에 의하여 공법상의 의무를 부담하고 있으므로, 그 설립목적이 언론의 자유의 핵심영역인 방송사업이라고 하더라도 이러한 업무수행과 관련해서는 기본권 주체가 될 수 없다.

④ 대통령도 국민의 한 사람으로서 제한적으로나마 기본권의 주체가 될 수 있는바, 대통령은 소속 정당을 위하여 정당활동을 할 수 있는 사인으로서의 지위와 국민 모두에 대한 봉사자로서 공익 실현의 의무가 있는 헌법기관으로서의 지위를 동시에 갖는데 최소한 전자의 지위와 관련하여는 기본권 주체성을 갖는다고 할 수 있다.

지문분석 난이도 ㊦ 정답 ③

| **키 워 드** | 기본권 주체

| **출제유형** | 판례

③ (X) 청구인의 경우 공법상 재단법인인 방송문화진흥회가 최다출자자인 방송사업자로서 방송법 등 관련 규정에 의하여 공법상의 의무를 부담하고 있지만, 상법에 의하여 설립된 주식회사로 설립목적은 언론의 자유의 핵심영역인 방송사업이므로 이러한 업무 수행과 관련하여 당연히 기본권 주체가 될 수 있고, 그 운영을 광고수익에 전적으로 의존하고 있는 만큼 이를 위해 사경제 주체로서 활동하는 경우에도 기본권 주체가 될 수 있는바, 이 사건 심판청구는 청구인이 그 운영을 위한 영업활동의 일환으로 방송광고를 판매하는 지위에서 그 제한과 관련하여 이루어진 것이므로 그 기본권 주체성을 인정할 수 있다(헌재 2013.9.26. 2012헌마271).

① (O) 헌법재판소법 제68조 제1항 소정의 헌법소원은 기본권의 주체이어야만 청구할 수 있는데, 단순히 '국민의 권리'가 아니라 '인간의 권리'로 볼 수 있는 기본권에 대해서는 외국인도 기본권의 주체가 될 수 있다. 나아가 청구인들이 불법체류 중인 외국인들이라 하더라도, 불법체류라는 것은 관련 법령에 의하여 체류자격이 인정되지 않는다는 것일 뿐이므로, '인간의 권리'로서 외국인에게도 주체성이 인정되는 일정한 기본권에 관하여 불법체류 여부에 따라 그 인정 여부가 달라지는 것은 아니다(헌재 2012.8.23. 2008헌마430).

② (O) 근로의 권리의 구체적인 내용에 따라, 국가에 대하여 고용증진을 위한 사회적·경제적 정책을 요구할 수 있는 권리는 사회권적 기본권으로서 국민에 대하여만 인정해야 하지만, 자본주의 경제질서하에서 근로자가 기본적 생활수단을 확보하고 인간의 존엄성을 보장받기 위하여 최소한의 근로조건을 요구할 수 있는 권리는 자유권적 기본권의 성격도 아울러 가지므로 이러한 경우 외국인 근로자에게도 그 기본권 주체성을 인정함이 타당하다(헌재 2007.8.30. 2004헌마670).

④ (O) 대통령도 국민의 한 사람으로서 제한적으로나마 기본권의 주체가 될 수 있는바, 대통령은 소속 정당을 위하여 정당활동을 할 수 있는 사인으로서의 지위와 국민 모두에 대한 봉사자로서 공익실현의 의무가 있는 헌법기관으로서의 지위를 동시에 갖는데 최소한 전자의 지위와 관련하여는 기본권 주체성을 갖는다고 할 수 있다(헌재 2008.1.17. 2007헌마700).

24 0135 ○△×|○△×|○△× 2017 법원직 9급(변형)

기본권의 주체에 관한 설명 중 옳은 것(○)과 옳지 않은 것(×)을 바르게 표시한 것은? (다툼이 있는 경우 헌법재판소 판례에 의함)

ㄱ. 인격권은 자연적 생명체인 개인의 존재를 전제로 하는 기본권으로서 그 성질상 법인에게는 적용될 수 없으므로, 법인인 방송사업자에게 그 의사에 반한 사과방송을 강제하더라도 법인의 인격권이 제한된다고 할 수 없다.
ㄴ. 적법하게 고용허가를 받아 입국하여 우리나라에서 일정한 생활관계를 형성·유지하는 등 정당한 노동인력으로서의 지위를 부여받은 외국인의 경우, 직장선택의 자유에 대한 기본권 주체성을 인정할 수 있다.
ㄷ. 자연인을 구성원으로 하지 아니하는 재단법인의 경우에도 기본권 주체성이 인정될 수 있다.
ㄹ. 수정 후 14일이 경과하여 원시선이 나타나기 전의 수정란 상태(초기배아)는 수정이 되어 현재 형성 중인 생명의 첫 걸음을 떼었다는 점, 현재의 자연과학적 인식 수준에서 독립된 인간과 배아 간의 개체적 연속성을 인정할 수 있다는 점, 현재의 과학기술 수준에서 독립적인 인간으로의 성장가능성을 기대할 수 있다는 점 등을 종합적으로 고려할 때, 기본권 주체성을 인정할 수 있다.
ㅁ. 법인도 거주·이전의 자유를 누릴 수 있다.

① ㄱ. (○), ㄴ. (○), ㄷ. (×), ㄹ. (×), ㅁ. (×)
② ㄱ. (○), ㄴ. (×), ㄷ. (○), ㄹ. (×), ㅁ. (○)
③ ㄱ. (×), ㄴ. (○), ㄷ. (○), ㄹ. (×), ㅁ. (○)
④ ㄱ. (×), ㄴ. (×), ㄷ. (○), ㄹ. (×), ㅁ. (×)

지문분석 난이도 ㊤ 정답 ③

| 키 워 드 | 기본권 주체
| 출제유형 | 판례

ㄱ. (×) 법인도 법인의 목적과 사회적 기능에 비추어 볼 때 그 성질에 반하지 않는 범위 내에서 인격권의 한 내용인 사회적 신용이나 명예 등의 주체가 될 수 있고 법인이 이러한 사회적 신용이나 명예 유지 내지 법인격의 자유로운 발현을 위하여 의사결정이나 행동을 어떻게 할 것인지를 자율적으로 결정하는 것도 법인의 인격권의 한 내용을 이룬다고 할 것이다. 그렇다면 이 사건 심판대상 조항은 방송사업자의 의사에 반한 사과행위를 강제함으로써 방송사업자의 인격권을 제한한다(헌재 2012.8.23. 2009헌가27).
ㄴ. (○) 직업의 자유 중 이 사건에서 문제되는 직장선택의 자유는 인간의 존엄과 가치 및 행복추구권과도 밀접한 관련을 가지는 만큼 단순히 국민의 권리가 아닌 인간의 권리로 보아야 할 것이므로 외국인도 제한적으로라도 직장선택의 자유를 향유할 수 있다고 보아야 한다(헌재 2011.9.29. 2009헌마351).
ㄷ. (○) 우리 헌법은 법인의 기본권 향유능력을 인정하는 명문의 규정을 두고 있지 않지만, 본래 자연인에게 적용되는 기본권 규정이라도 언론·출판의 자유, 재산권의 보장 등과 같이 성질상 법인이 누릴 수 있는 기본권을 당연히 법인에게도 적용하여야 한 것으로 본다. 따라서 법인도 사단법인·재단법인 또는 영리법인·비영리법인을 가리지 아니하고 위 한계 내에서는 헌법상 보장된 기본권이 침해되었음을 이유로 헌법소원심판을 청구할 수 있다(헌재 1991.6.3. 90헌마56).
ㄹ. (×) 초기배아는 수정이 된 배아라는 점에서 형성 중인 생명의 첫걸음을 떼었다고 볼 여지가 있기는 하나 아직 모체에 착상되거나 원시선이 나타나지 않은 이상 현재의 자연과학적 인식 수준에서 독립된 인간과 배아 간의 개체적 연속성을 확정하기 어렵다고 봄이 일반적이라는 점을 고려할 때, 기본권 주체성을 인정하기 어렵다(헌재 2010.5.27. 2005헌마346).
ㅁ. (○) 거주·이전의 자유는 자연인만이 아니라 법인도 그 주체가 된다. 헌법재판소도 법인도 거주·이전의 자유의 주체가 됨을 전제로 본안판단을 한 바 있다. 지방세법 제138조 제1항 제3호가 법인의 대도시 내 부동산등기에 대하여 통상세율의 5배를 규정하고 있다 하더라도 그것이 대도시 내에서 업무용 부동산을 취득할 정도의 재정능력을 갖춘 법인의 담세능력을 일반적으로 또는 절대적으로 초과하는 것이어서 그 때문에 법인이 대도시 내에서 향유하여야 할 직업수행의 자유나 거주·이전의 자유가 형해화 할 정도에 이르러 그 본질적인 내용이 침해되었다고 볼 수 없다(헌재 1998.2.27. 97헌바79).

3 기본권의 효력

25 0136 ○△×|○△×|○△× 2012 변호사

기본권의 대사인적 효력에 관한 설명 중 옳지 않은 것은? (다툼이 있는 경우 판례에 의함)

① 기본권 규정은, 그 성질상 사법관계에 직접 적용될 수 있는 예외적인 것을 제외하고는, 사법상의 일반원칙을 규정한 민법 제2조, 제103조, 제750조, 제751조 등의 내용을 형성하고 그 해석 기준이 되어 간접적으로 사법관계에 효력을 미친다.

② 헌법재판소는 헌법상의 근로3권 조항, 언론·출판의 자유 조항, 연소자와 여성의 근로의 특별보호 조항을 사인 간의 사적인 법률관계에 직접 적용되는 기본권 규정으로 인정하고, 국가배상청구권과 형사보상청구권은 원칙적으로 국가권력만을 구속한다고 하여 그 대사인적 효력을 부인하고 있다.

③ 헌법상의 기본권은 일차적으로 개인의 자유로운 영역을 공권력의 침해로부터 보호하기 위한 방어적 권리이지만, 다른 한편으로 헌법의 기본적 결단인 객관적 가치질서를 구체화한 것으로서 사법(私法)을 포함한 모든 법 영역에 그 영향을 미치는 것이므로, 사인 간의 사적인 법률관계도 헌법상의 기본권 규정에 적합하게 규율되어야 한다.

④ 사인이나 사적 단체가 국가의 재정적 원조를 받거나 국가시설을 임차하는 경우 또는 실질적으로 행정적 기능을 수행하는 경우 등 국가와의 밀접한 관련성이 구체적으로 인정될 때, 그 행위를 국가행위와 동일시하여 헌법상의 기본권의 구속을 받게 하는 것이 미국에서의 국가행위의제이론(State Action Theory)이다.

지문분석 난이도 ㊤ 정답 ②

| 키 워 드 | 기본권의 대사인적 효력

| 출제유형 | 이론 + 판례

② (X) 현행헌법은 기본권의 대사인적 효력에 관해 아무런 규정도 두고 있지 않다. 따라서 기본권의 대사인적 효력의 문제는 결국 학설과 판례에 맡겨져 있다. 헌법재판소는 지문과 같이 명시적으로 판단한 바 없으며, 단지 학설상 검토되는 내용이다.

① (O), ③ (O) 헌법상의 기본권은 제1차적으로 개인의 자유로운 영역을 공권력의 침해로부터 보호하기 위한 방어적 권리이지만 다른 한편으로 헌법의 기본적인 결단인 객관적인 가치질서를 구체화한 것으로서, 사법을 포함한 모든 법 영역에 그 영향을 미치는 것이므로 사인 간의 사적인 법률관계도 헌법상의 기본권 규정에 적합하게 규율되어야 한다. 다만 기본권 규정은 그 성질상 사법관계에 직접 적용될 수 있는 예외적인 것을 제외하고는 사법상의 일반원칙을 규정한 민법 제2조, 제103조, 제750조, 제751조 등의 내용을 형성하고 그 해석 기준이 되어 간접적으로 사법관계에 효력을 미치게 된다(대판 2010.4.22. 2008다38288).

④ (O) 미국에서는 오랫동안 자연법적인 기본권 사상에 입각하여 기본권의 대사인적 효력을 인정하지 않았으나 사인에 의한 인종차별의 문제를 중심으로 서서히 판례와 이론이 변하기 시작하여, 미국연방대법원은 이른바 '국가작용설' 내지 '국가동시설'이라고 불리는 일종의 '국가행위의제이론(State Action Theory)'을 구성해서 기본권의 대사인적 효력을 인정하려고 한다. 이에 의하면 국가의 재정적 원조를 받거나(국가원조이론) 국가시설을 임차하는 경우(국가재산이론) 또는 실질적으로 행정적 기능을 수행하는 경우(통치기능이론) 등 국가와의 밀접한 관련성이 구체적으로 인정될 때, 그 행위를 국가행위와 동일시하여 이에 대한 기본권 규정의 적용을 인정하고자 한다.

✓ **개념체크 대사인적 효력에 관한 이론**

구분	직접효력설	간접효력설
이론적 근거	• 헌법은 공·사법을 포괄하는 최고규범 • 기본권은 주관적 사권도 부여	• 기본권의 양면성에 의해 모든 생활에 파급효과를 미침 • 사인 간의 사적 법률관계는 사법이 적용
기본권 성격	• 주관적 공권(대국가적 효력) • 주관적 사권(대사인적 효력)	• 주관적 공권(대국가적 효력) • 객관적 질서(대사인적 효력)
적용 방식	사인에 대해 직접 적용	사법의 일반원칙을 매개로 간접 적용
강조점	법질서의 통일성	사적자치와 사회적 기본권의 조화
문제점	• 공·사법 이원체계 파괴 • 사적자치의 완전배제	• 법관에게 지나친 재량권 부여 • 직접 적용되는 기본권도 有
법원	독일 연방노동법원	독일 연방헌법재판소

26 0137 ○△×|○△×|○△× 2008 국회직 8급

기본권의 제3자적 효력에 관한 다음 기술 중 가장 옳지 않은 것은?

① 미국에서는 연방대법원의 판례를 통하여 사인 간에도 기본권의 효력을 확대하여 인정하고 있는데, 이론적으로는 국가재산이론, 통치기능이론, 국가원조이론, 사법적 집행의 이론 등의 구성이 있다.
② 미국에서는 원래는 적법절차를 규정한 수정헌법 제14조의 대상이 국가로 되어 있다는 점을 들어 대사인 간 효력을 부인하였는데, 후에는 국가작용으로의 의제를 통하여 우회적으로 인정한 셈이 되었다.
③ 미국 판례의 입장은 결국 국가의 관여가 있거나 사인의 행위를 국가의 행위로 볼 수 있는 일정한 경우에 기본권 보장이 직접 적용된다는 것이고, 그 밖에도 사법상의 조리(Common Sense)를 접점으로 하여 사인 간의 생활영역 전반에 걸쳐 직접 적용된다는 것이다.
④ 우리 헌법상 노동3권과 언론·출판의 자유, 통신의 자유, 혼인과 가족생활에 있어서 양성의 평등 등은 직접적이든, 간접적이든 사인 간에도 효력을 인정할 여지가 있을 것이고, 무죄추정의 원칙 등 처음부터 국가에 대한 보장이 문제되어 온 기본권은 그 적용의 여지가 없다.

지문분석 난이도 ㊤ 정답 ③

| 키 워 드 | 기본권의 제3자적 효력
| 출제유형 | 이론

③ (X), ① (O), ② (O) 미국이론은 사법상의 조리를 접점으로 기본권의 대사인적 효력을 인정하는 것이 아니라 사인의 행위를 국가행위로 의제함으로써 기본권이 사인에게도 미친다는 이론이다. 미국은 사정부(私政府)이론의 관점에서 사인의 특정한 행위를 국가의 행위로 간주하는 헌법판례이론을 통해 헌법 규정을 사법관계에 '직접' 적용하는 이론구성을 하고 있다. 이를 국가유사설 또는 국가행위의제이론이라고 하는데(Doctrine of looks like government), 국가행위의제론이란 사인의 행위라도 국가와 어떤 형태로든 관련이 있는 경우 이를 국가행위와 동일시하는 것을 말한다. 미국은 자연법적 기본권 사상에 기초하여 기본권은 국가[연방 및 주(州)권력]에 대해서만 효력을 가진다는 입장이었으나 이후에 국가행위의제론을 기초로 하여 기본권 규정을 사인에게도 효력을 인정하게 되었다. 미국의 이러한 논리구성은 사인에게도 기본권의 효력을 미치게 하려면 사인의 행위를 국가의 행위와 동일시하거나 적어도 국가작용인 것처럼 의제하지 않으면 아니 된다는 것으로서 기본권의 효력이 원칙적으로 국가권력에만 미친다는 종래의 입장을 유지하면서 기본권의 대사인적 효력을 인정하는 일종의 우회적인 이론구성이다.
④ (O) 직접 적용되는 기본권으로 논의되는 규정은 근로3권, 인간의 존엄과 가치, 언론·출판의 자유, 참정권, 환경권 등이 있고, 간접 적용되는 기본권으로 논의되는 규정은 평등권, 사생활의 자유, 통신의 자유, 표현의 자유 등이 있다. 처음부터 국가를 상대로만 주장할 수 있는 권리는 대국가적 효력만 가지며, 대사인적 효력이 인정되지 않는다.

4 기본권의 제한과 한계

27 0138 ○△×|○△×|○△× 2017 경찰 승진

현행법상 기본권의 제한과 한계에 대한 설명으로 가장 적절하지 않은 것은? (다툼이 있는 경우 판례에 의함)

① 기본권 제한에 관한 법률유보의 원칙에 따르면 기본권의 제한에는 법률의 근거가 필요하나, 기본권 제한 형식이 반드시 형식적 의미의 법률일 필요는 없다.
② 비상계엄이 선포된 경우, 영장제도와 언론·출판·집회·결사의 자유에 대한 특별한 조치를 통하여 기본권 제한을 할 수 있는 명시적인 헌법상 근거가 존재한다.
③ 형사보상은 형사피고인 등의 신체의 자유를 제한한 것에 대하여 사후적으로 그 손해를 보상하는 것인바, 구금으로 인하여 침해되는 가치는 객관적으로 평가하기 어려운 것이므로, 그에 대한 보상을 어떻게 할 것인지는 국가의 경제적, 사회적, 정책적 사정들을 참작하여 입법재량으로 결정할 수 있는 사항이고, 이러한 점에서 헌법 제28조에서 규정하는 '정당한 보상'은 헌법 제23조 제3항에서 재산권의 침해에 대하여 규정하는 '정당한 보상'과 동일한 의미를 가진다.
④ 헌법재판소는 기본권을 제한함에 있어 비례의 원칙(과잉금지의 원칙)의 심사요건으로 목적의 정당성, 방법의 적정성, 침해의 최소성(필요성), 법익균형성(법익형량)을 채용하고 있다.

지문분석 난이도 ㊦ 정답 ③

| 키 워 드 | 기본권의 제한과 한계
| 출제유형 | 조문 + 판례

③ (X) 형사보상은 형사피고인 등의 신체의 자유를 제한한 것에 대하여 사후적으로 그 손해를 보상하는 것인바, 구금으로 인하여 침해되는 가치는 객관적으로 평가하기 어려운 것이므로, 그에 대한 보상을 어떻게 할 것인지는 국가의 경제적, 사회적, 정책적 사정들을 참작하여 입법재량으로 결정할 수 있는 사항이라 할 것이다. 이러한 점에서 헌법 제28조에서 규정하는 '정당한 보상'은 헌법 제23조 제3항에서 재산권의 침해에 대하여 규정하는 '정당한 보상'과는 차이가 있다 할 것이다(헌재 2010.10.28. 2008헌마514).
① (O) 국민의 기본권은 헌법 제37조 제2항에 의하여 국가안전보장·질서유지 또는 공공복리를 위하여 필요한 경우에 한하여 이를 제한할 수 있으나, 그 제한의 방법은 원칙적으로 법률로써만 가능하고 제한의 정도도 기본권의 본질적 내용을 침해할 수 없으며 필요한 최소한도에 그쳐야 한다. 여기서 기본권 제한에 관한 법률유보원칙은 '법률에 근거한 규율'을 요청하는 것이므로, 그 형식이 반드시 법률일 필요는 없다 하더라도 법률상의 근거는 있어야 한다 할 것이다(헌재 2012.5.31. 2010헌마139).
② (O) 헌법 제77조 제3항은 "비상계엄이 선포된 때에는 법률이 정하는 바에 의하여 영장제도, 언론·출판·집회·결사의 자유, 정부나 법원의 권한에 관하여 특별한 조치를 할 수 있다."라고 규정하고 있다.
④ (O) 기본권의 일부 제한이 불가피하다 하더라도 그 본질적인 내용을 침해하거나 목적의 정당성, 수단의 적절성, 침해의 최소성 및 법익의 균형성 등을 의미하는 과잉금지의 원칙에 위배되어서는 안 된다(헌재 2004.12.16. 2002헌마478).

28 0139 ○△×|○△×|○△× 2018 경찰 승진

기본권의 제한과 그 한계에 대한 설명 중 옳은 것을 모두 고른 것은? (다툼이 있는 경우 판례에 의함)

㉠ 유치원의 학교환경위생정화구역 안에 당구장시설을 금지하는 학교보건법 조항은 기본권 제한의 한계를 벗어난 것이 아니다.

㉡ 입법자가 정한 전문분야에 관한 자격제도에 대해서는 그 내용이 불합리하고 불공정하지 않는 한 입법자의 정책판단은 존중되어야 하며, 자격요건에 관한 법률 조항은 합리적인 근거 없이 현저히 자의적인 경우에만 헌법에 위반된다고 할 수 있다.

㉢ 법정형의 종류와 범위의 선택은 입법자가 결정할 사항으로서 광범위한 입법재량 내지 형성의 자유가 인정되어야 할 분야이다.

㉣ 법률유보의 원칙은 '법률에 의한 규율'만을 요청하는 것이 아니라 '법률에 근거한 규율'을 요청하는 것이므로 기본권의 제한에는 법률의 근거가 필요할 뿐이고, 기본권 제한의 형식이 반드시 법률의 형식일 필요는 없다.

① ㉠, ㉡ ② ㉢, ㉣
③ ㉡, ㉢, ㉣ ④ ㉠, ㉡, ㉢, ㉣

지문분석 난이도 상 정답 ③

| 키 워 드 | 기본권의 제한과 한계

| 출제유형 | 판례

㉡ (O) 입법자는 일정한 전문분야에 관한 자격제도를 마련함에 있어서 그 제도를 마련한 목적을 고려하여 정책적인 판단에 따라 그 내용을 구성할 수 있고, 마련한 자격제도의 내용이 불합리하고 불공정하지 않은 한 입법자의 정책판단은 존중되어야 하며, 자격제도에서 입법자에게는 그 자격요건을 정함에 있어 광범위한 입법재량이 인정되는 만큼, 자격요건에 관한 법률 조항은 합리적인 근거 없이 현저히 자의적인 경우에만 헌법에 위반된다(헌재 2006.4.27. 2005헌마997).

㉢ (O) 어떤 범죄를 어떻게 처벌할 것인가 하는 문제, 즉 법정형의 종류와 범위의 선택은 그 범죄의 죄질과 보호법익에 대한 고려뿐만 아니라 우리의 역사와 문화, 입법 당시의 시대적 상황, 국민일반의 가치관 내지 법감정 그리고 범죄예방을 위한 형사정책적 측면 등 여러 가지 요소를 종합적으로 고려하여 입법자가 결정할 사항으로서 광범위한 입법재량 내지 형성의 자유가 인정되어야 할 분야이다(헌재 1999.5.27. 98헌바26).

㉣ (O) 법률유보의 원칙은 '법률에 의한' 규율만을 뜻하는 것이 아니라 '법률에 근거한' 규율을 요청하는 것이므로 기본권 제한의 형식이 반드시 법률의 형식일 필요는 없고 법률에 근거를 두면서 헌법 제75조가 요구하는 위임의 구체성과 명확성을 구비하기만 하면 위임입법에 의하여도 기본권을 제한할 수 있다(헌재 2016.4.28. 2012헌마549).

㉠ (X) 유치원 주변에 당구장시설을 허용한다고 하여도 이로 인하여 유치원생이 학습을 소홀히 하거나 교육적으로 나쁜 영향을 받을 위험성이 있다고 보기 어려우므로, 유치원 및 이와 유사한 교육기관의 학교환경위생정화구역 안에서 당구장시설을 하지 못하도록 기본권을 제한하는 것은 입법목적의 달성을 위하여 필요하고도 적정한 방법이라고 할 수 없어 역시 기본권 제한의 한계를 벗어난 것이다(헌재 1997.3.27. 94헌마196).

29 0140 ○△×|○△×|○△× 2022 경찰 승진

기본권 제한에 관한 설명 중 가장 적절하지 않은 것은? (다툼이 있는 경우 판례에 의함)

① 법률유보의 원칙은 '법률에 의한' 규율만을 뜻하는 것이 아니라 '법률에 근거한' 규율을 요청하는 것이므로 기본권 제한의 형식이 반드시 법률의 형식일 필요는 없고 법률에 근거를 두면서 헌법 제75조가 요구하는 위임의 구체성과 명확성을 구비하기만 하면 위임입법에 의하여도 기본권 제한을 할 수 있다.

② 텔레비전방송수신료금액의 결정은 납부의무자의 범위 등과 함께 수신료에 관한 본질적인 중요한 사항이라고 보기 어려우므로 한국방송공사법 제36조 제1항이 국회의 결정이나 관여를 배제하고 한국방송공사로 하여금 수신료금액을 결정해서 문화관광부장관의 승인을 얻도록 하더라도 법률유보원칙에 위반되지 않는다.

③ 침해의 최소성의 관점에서, 입법자는 그가 의도하는 공익을 달성하기 위하여 우선 기본권을 보다 적게 제한하는 단계인 기본권 행사의 '방법'에 관한 규제로써 공익을 실현할 수 있는가를 시도하고 이러한 방법으로는 공익달성이 어렵다고 판단되는 경우에 비로소 그다음 단계인 기본권 행사의 '여부'에 관한 규제를 선택해야 한다.

④ 특정규범이 개별사건법률에 해당한다 하여 곧바로 위헌을 뜻하는 것은 아니며, 비록 특정법률 또는 법률조항이 단지 하나의 사건만을 규율하려고 한다 하더라도 이러한 차별적 규율이 합리적인 이유로 정당화될 수 있는 경우에는 합헌적일 수 있다.

지문분석 난이도 중 정답 ②

| **키 워 드** | 기본권의 제한

| **출제유형** | 판례

② (×) 텔레비전방송수신료는 대다수 국민의 재산권 보장의 측면이나 한국방송공사에게 보장된 방송자유의 측면에서 국민의 기본권 실현에 관련된 영역에 속하고, 수신료금액의 결정은 납부의무자의 범위 등과 함께 수신료에 관한 본질적인 중요한 사항이므로 국회가 스스로 행하여야 하는 사항에 속하는 것임에도 불구하고 한국방송공사법 제36조 제1항에서 국회의 결정이나 관여를 배제한 채 한국방송공사로 하여금 수신료금액을 결정해서 문화관광부장관의 승인을 얻도록 한 것은 법률유보원칙에 위반된다(헌재 1999.5.27. 98헌바70).

① (○) 법률유보의 원칙은 '법률에 의한' 규율만을 뜻하는 것이 아니라 '법률에 근거한' 규율을 요청하는 것이므로 기본권 제한의 형식이 반드시 법률의 형식일 필요는 없고 법률에 근거를 두면서 헌법 제75조가 요구하는 위임의 구체성과 명확성을 구비하기만 하면 위임입법에 의하여도 기본권 제한을 할 수 있다 할 것이다(헌재 2005.2.24. 2003헌마289).

③ (○) 침해의 최소성의 관점에서, 입법자는 그가 의도하는 공익을 달성하기 위하여 우선 기본권을 보다 적게 제한하는 단계인 기본권 행사의 '방법'에 관한 규제로써 공익을 실현할 수 있는가를 시도하고 이러한 방법으로는 공익달성이 어렵다고 판단되는 경우에 비로소 그다음 단계인 기본권 행사의 '여부'에 관한 규제를 선택해야 한다(헌재 1998.5.28. 96헌가5).

④ (○) 개별사건법률금지의 원칙이 법률제정에 있어서 입법자가 평등원칙을 준수할 것을 요구하는 것이기 때문에, 특정규범이 개별사건법률에 해당한다 하여 곧바로 위헌을 뜻하는 것은 아니다. 비록 특정법률 또는 법률조항이 단지 하나의 사건만을 규율하려고 한다 하더라도 이러한 차별적 규율이 합리적인 이유로 정당화될 수 있는 경우에는 합헌적일 수 있다. 따라서 개별사건법률의 위헌 여부는, 그 형식만으로 가려지는 것이 아니라, 나아가 평등의 원칙이 추구하는 실질적 내용이 정당한지 아닌지를 따져야 비로소 가려진다(헌재 1996.2.16. 96헌가2 등).

30 0141 ○△×|○△×|○△× 2022 경찰 간부

기본권 제한에 대한 설명으로 가장 적절하지 않은 것은? (다툼이 있는 경우 헌법재판소 판례에 의함)

① 영상물에 수록된 미성년 피해자 진술에 있어서 원진술자인 미성년 피해자에 대한 피고인의 반대신문권을 실질적으로 배제하여 피고인의 방어권을 과도하게 제한하는 구 성폭력범죄의 처벌 및 피해자보호 등에 관한 법률 조항은 피해의 최소성 요건을 갖추지 못하였다.

② '변호인의 피의자신문참여 운영지침'상 피의자신문에 참여한 변호인이 피의자 옆에 앉는 경우 피의자 뒤에 앉는 경우보다 수사를 방해할 가능성이나 수사기밀을 유출할 가능성이 높아진다고 볼 수 있으므로, 후방착석요구행위의 목적의 정당성과 수단의 적절성이 인정된다.

③ 마약류 관리에 관한 법률을 위반하여 금고 이상의 실형을 선고받고 그 집행이 끝나거나 면제된 날부터 20년이 지나지 아니한 것을 택시운송사업의 운전업무 종사자격의 결격사유 및 취소사유로 정한 구 여객자동차 운수사업법 조항은 침해의 최소성원칙에 위배된다.

④ 임차주택의 양수인이 임대인의 지위를 승계하도록 규정한 구 주택임대차보호법 조항은 임차인의 주거생활의 안정을 도모함과 동시에 주민등록이라는 공시기능을 통하여 주택 양수인의 불측의 손해를 예방할 수 있도록 하고 있으므로, 기본권 침해의 최소성원칙에 반하지 않는다.

지문분석 난이도 중 정답 ②

| **키 워 드** | 기본권의 제한

| **출제유형** | 판례

② (X) 피의자신문에 참여한 변호인이 피의자 옆에 앉는다고 하여 피의자 뒤에 앉는 경우보다 수사를 방해할 가능성이 높아진다거나 수사기밀을 유출할 가능성이 높아진다고 볼 수 없으므로, 이 사건 후방착석요구행위의 목적의 정당성과 수단의 적절성을 인정할 수 없다. 이 사건 후방착석요구행위로 인하여 위축된 피의자가 변호인에게 적극적으로 조언과 상담을 요청할 것을 기대하기 어렵고, 변호인이 피의자의 뒤에 앉게 되면 피의자의 상태를 즉각적으로 파악하거나 수사기관이 피의자에게 제시한 서류 등의 내용을 정확하게 파악하기 어려우므로, 이 사건 후방착석요구행위는 변호인인 청구인의 피의자신문참여권을 과도하게 제한한다. 그런데 이 사건에서 변호인의 수사방해나 수사기밀의 유출에 대한 우려가 없고, 조사실의 장소적 제약 등과 같이 이 사건 후방착석요구행위를 정당화할 그 외의 특별한 사정도 없으므로, 이 사건 후방착석요구행위는 침해의 최소성 요건을 충족하지 못한다. 이 사건 후방착석요구행위로 얻어질 공익보다는 변호인의 피의자신문참여권 제한에 따른 불이익의 정도가 크므로, 법익의 균형성 요건도 충족하지 못한다. 따라서 이 사건 후방착석요구행위는 변호인인 청구인의 변호권을 침해한다(헌재 2017. 11.30. 2016헌마503).

① (○) 영상물에 수록된 '19세 미만 성폭력범죄 피해자'(이하 '미성년 피해자'라 한다)의 진술에 관하여 조사과정에 동석하였던 신뢰관계인 내지 진술조력인의 법정진술에 의하여 그 성립의 진정함이 인정된 경우에도 증거능력을 인정할 수 있도록 정한 '성폭력범죄의 처벌 등에 관한 특례법' 제30조 제6항 중 '제1항에 따라 촬영한 영상물에 수록된 피해자의 진술은 공판준비기일 또는 공판기일에 조사과정에 동석하였던 신뢰관계에 있는 사람 또는 진술조력인의 진술에 의하여 그 성립의 진정함이 인정된 경우에 증거로 할 수 있다' 부분 가운데 19세 미만 성폭력범죄 피해자에 관한 부분이 우리 사회에서 미성년 피해자의 2차 피해를 방지하는 것이 중요한 공익에 해당함에는 의문의 여지가 없다. 그러나 심판대상 조항으로 인한 피고인의 방어권 제한의 중대성과 미성년 피해자의 2차 피해를 방지할 수 있는 여러 조화적인 대안들이 존재함을 고려할 때, 심판대상 조항이 달성하려는 공익이 제한되는 피고인의 사익보다 우월하다고 쉽게 단정하기는 어렵다. 따라서 심판대상 조항은 과잉금지원칙을 위반하여 공정한 재판을 받을 권리를 침해한다(헌재 2021.12.23. 2018헌바524).

③ (○) '마약류 관리에 관한 법률'을 위반하여 금고 이상의 실형을 선고받고 그 집행이 끝나거나 면제된 날부터 20년이 지나지 아니한 것을 택시운송사업의 운전업무 종사자격의 결격사유 및 취소사유로 정한 여객자동차 운수사업법 제24조 제4항 제1호 가목 중 제3항 제1호 다목에 관한 부분, 여객자동차 운수사업법 시행령 제16조, 구 여객자동차 운수사업법 제87조 제1항 단서 제3호의 제24조 제4항 제1호 가목 중 제3항 제1호 다목에 관한 부분 및 여객자동차 운수사업법 제87조 제1항 단서 제3호의 제24조 제4항 제1호 가목 중 제3항 제1호 다목에 관한 부분이 청구인들의 직업선택의 자유를 침해한다(헌재 2015.12.23. 2013헌마575 등).

④ (○) 임차주택을 대상으로 하여 법률관계를 맺으려는 자는 대항력 있는 임차인이 존재함으로 인하여 발생할 수 있는 위험을 예상하여 그에 대한 적절한 예방조치를 취할 수 있다. 그런데 이는 임대차보증금반환채무에 대한 지연손해금 승계의 경우에도 마찬가지이다. 임차주택을 양도한 임대인에게 이미 발생한 지연손해금도 임차인 보호의 측면 및 주민등록의 공시기능으로 인한 양수인의 예측가능성의 측면에서 임대차보증금반환채무의 승계와 달리 볼 이유가 없기 때문이다. 결국 심판대상 조항은 임차인의 주거생활의 안정을 도모함과 동시에 주민등록이라는 공시기능을 통하여 주택 양수인의 불측의 손해를 예방할 수 있도록 하고 있으므로, 과잉금지원칙에 위반된다고 볼 수 없다(헌재 2017.8.31. 2016헌바146).

31 0142 ○△×|○△×|○△×

2019 법원직 9급

기본권 제한에 관한 다음 설명 중 가장 옳은 것은?

① 특정 범죄자에 대한 보호관찰 및 전자장치 부착 등에 관한 법률에 의한 전자장치 부착기간 동안 다른 범죄를 저질러 구금된 경우, 그 구금기간이 부착기간에 포함되지 않는 것으로 규정한 위 법률 조항은 과잉금지원칙을 위반하여 사생활의 비밀과 자유, 개인정보자기결정권을 침해한다.

② 이른바 '강제적 셧다운제'를 규정한 구 청소년 보호법 조항은 각종 게임 중 인터넷게임만을 적용대상으로 하고 있는바, 인터넷을 이용하지 않는 다른 게임 및 모바일기기를 이용한 인터넷게임과 비교하여 차별에 합리적 이유가 있으므로 인터넷게임 제공자들의 평등권을 침해하지 않는다.

③ 피청구인인 부산구치소장이 청구인이 미결수용자 신분으로 구치소에 수용되었던 기간 중 교정시설 안에서 매주 실시하는 종교집회 참석을 제한한 행위는 과잉금지원칙을 위반하여 청구인의 종교의 자유 중 종교적 집회·결사의 자유를 침해한 것이 아니다.

④ 어린이집에 폐쇄회로 텔레비전(CCTV: Closed Circuit Television)을 원칙적으로 설치하도록 정한 영유아보육법 조항은 과잉금지원칙을 위반하여 어린이집 보육교사의 사생활의 비밀과 자유 등을 침해한다.

지문분석 난이도 중 정답 ②

| 키 워 드 | 기본권의 제한

| 출제유형 | 판례

② (O) 이 사건 금지 조항은 인터넷게임만을 대상으로 하므로, PC에 내장되어 있거나 별도의 장치로 다운로드받은 게임으로서 네트워크 기능을 이용하지 않는 게임을 16세 미만 청소년이 이용하는 경우에는 아무런 시간적 규제를 받지 않는다. 앞서 보았듯이 인터넷게임은 주로 동시 접속자와의 상호교류를 통한 게임 진행 방식을 취하고 있어 지속적인 수행이 가능하므로 게임자가 스스로의 의지로 중단하기 쉽지 않은 특징이 있고, 정보통신망서비스가 제공되는 곳이면 시간적·장소적 제약 없이 언제나 쉽게 접속하여 게임을 즐길 수 있어 장시간 이용으로 이어질 가능성이 크다. … 따라서 인터넷게임을 이용하는 경우와 인터넷게임이 아닌 다른 게임을 이용하는 경우에 대한 규제를 달리하는 것에는 합리적 이유가 있다고 할 것이므로 이로 인하여 청구인들의 평등권이 침해된다고 볼 수 없다(헌재 2014.4.24. 2011헌마659 등).

① (X) 심판대상 법률 조항은 전자장치 부착명령을 집행할 수 없는 기간 동안 집행을 정지하고 다시 집행이 가능해졌을 때 잔여기간을 집행함으로써 재범방지 및 재사회화라는 전자장치부착의 목적을 달성하기 위한 것으로서 입법목적의 정당성 및 수단의 적절성이 인정되며, 부착명령 집행이 불가능한 기간 동안 집행을 정지하는 것 이외에 덜 침해적인 수단이 있다고 보기도 어렵다. 또한 특정범죄자의 재범방지 및 재사회화라는 공익을 고려하면, 침해되는 사익이 더 크다고 볼 수 없어 법익균형성도 인정되므로, 심판대상 법률 조항은 과잉금지원칙에 위배되지 아니한다(헌재 2013.7.25. 2011헌마781).

③ (X) 종교의 자유는 일반적으로 신앙의 자유, 종교적 행위의 자유 및 종교적 집회·결사의 자유 등 3요소로 구성되어 있다고 한다. 그중 종교적 집회·결사의 자유는 종교적 목적으로 같은 신자들이 집회하거나 종교단체를 결성할 자유를 말하는데, 이 사건 종교집회 참석 제한 처우는 청구인이 종교집회에 참석하는 것을 제한한 행위이므로 청구인의 종교의 자유, 특히 종교적 집회·결사의 자유를 제한한다. … 그렇다면 이 사건 종교집회 참석 제한 처우로 청구인에게 종교집회 참석을 하지 못하게 한 것은 침해의 최소성 요건을 충족하였다고 보기 어렵다. 이 사건 종교집회 참석 제한 처우로 얻을 수 있는 공익은 구치소의 안전과 질서 유지 및 종교집회의 원활한 진행으로서, 이러한 공익이 청구인의 종교집회 참석의 기회를 제한함으로써 입게 되는 종교의 자유의 침해라는 불이익보다 크다고 단정하기 어려우므로 법익의 균형성 요건 또한 충족하였다고 할 수 없다(헌재 2014.6.26. 2012헌마782).

④ (X) 어린이집 CCTV 설치는 어린이집에서 발생하는 안전사고와 보육교사 등에 의한 아동학대를 방지하기 위한 것으로, 그 자체로 어린이집 운영자나 보육교사 등으로 하여금 사전에 영유아 안전사고 방지에 만전을 기하고 아동학대행위를 저지르지 못하도록 하는 효과가 있고, 어린이집 내 안전사고나 아동학대 발생 여부의 확인이 필요한 경우 도움이 될 수 있으므로, CCTV 설치 조항은 목적의 정당성과 수단의 적합성이 인정된다. … 그러므로 CCTV 설치 조항은 과잉금지원칙을 위반하여 청구인들의 기본권을 침해하지 않는다(헌재 2017.12.28. 2015헌마994).

32 0143 ○△×|○△×|○△× 2019 국회직 8급

기본권의 보호영역에 대한 설명으로 옳지 않은 것은? (다툼이 있는 경우 헌법재판소 판례에 의함)

① 음란표현은 헌법 제21조가 규정하는 언론·출판의 자유의 보호영역 내에 있다.

② 일반적 행동자유권의 보호영역에는 개인의 생활방식과 취미에 관한 사항이 포함되며, 여기에는 위험한 스포츠를 즐길 권리와 같은 위험한 생활방식으로 살아갈 권리도 포함된다.

③ 헌법 제12조 제4항의 변호인의 조력을 받을 권리는 신체의 자유에 관한 영역으로서 가사소송에서 당사자가 변호사를 대리인으로 선임하여 그 조력을 받는 것은 그 보호영역에 포함된다고 보기 어렵다.

④ 국가의 간섭을 받지 아니하고 자유로이 기부행위를 할 수 있는 기회의 보장은 헌법상 보장된 재산권의 보호범위에 포함된다.

⑤ 지역 방언을 자신의 언어로 선택하여 공적 또는 사적인 의사소통과 교육의 수단으로 사용하는 것은 행복추구권에서 파생되는 일반적 행동의 자유 내지 개성의 자유로운 발현의 한 내용이 된다.

지문분석 난이도 ㊤ 정답 ④

| 키 워 드 | 기본권의 보호영역

| 출제유형 | 판례

④ (X) 국가의 간섭을 받지 아니하고 자유로이 기부행위를 할 수 있는 기회의 보장은 헌법상 보장된 재산권의 보호범위에 포함되지 않는다(헌재 1998.5.28. 96헌가5).

① (O) 음란표현은 헌법 제21조가 규정하는 언론·출판의 자유의 보호영역 내에 있다(헌재 2009.5.28. 2006헌바109).

② (O) 일반적 행동자유권은 모든 행위를 할 자유와 행위를 하지 않을 자유로 가치 있는 행동만 그 보호영역으로 하는 것은 아닌 것으로, 그 보호영역에는 개인의 생활방식과 취미에 관한 사항도 포함되며, 여기에는 위험한 스포츠를 즐길 권리와 같은 위험한 생활방식으로 살아갈 권리도 포함된다(헌재 2003.10.30. 2002헌마518).

③ (O) 헌법 제12조 제4항의 변호인의 조력을 받을 권리는 신체의 자유에 관한 영역으로서 가사소송에서 당사자가 변호사를 대리인으로 선임하여 그 조력을 받는 것을 그 보호영역에 포함된다고 보기 어렵다(헌재 2012.10.25. 2011헌마598).

⑤ (O) 지역 방언을 자신의 언어로 선택하여 공적 또는 사적인 의사소통과 교육의 수단으로 사용하는 것은 행복추구권에서 파생되는 일반적 행동의 자유 내지 개성의 자유로운 발현의 한 내용이 된다 할 것이다(헌재 2009.5.28. 2006헌마618).

33 0144 ○△×|○△×|○△× 2021 국가직 7급

체계정당성의 원리에 대한 설명으로 옳지 않은 것은? (다툼이 있는 경우 판례에 의함)

① 체계정당성의 원리라는 것은 동일 규범 내에서 또는 상이한 규범 간에 그 규범의 구조나 내용 또는 규범의 근거가 되는 원칙면에서 상호 배치되거나 모순되어서는 아니 된다는 하나의 헌법적 요청이다.

② 일반적으로 일정한 공권력작용이 체계정당성에 위반한다고 해서 곧 위헌이 되는 것은 아니고, 그것이 위헌이 되기 위해서는 결과적으로 비례의 원칙이나 평등의 원칙 등 일정한 헌법의 규정이나 원칙을 위반하여야 한다.

③ 체계정당성의 원리는 규범 상호 간의 구조와 내용 등이 모순됨이 없이 체계와 균형을 유지하여야 한다는 헌법적 원리이지만 곧바로 입법자를 기속하는 것이라고는 볼 수 없다.

④ 규범 상호 간의 체계정당성을 요구하는 이유는 입법자의 자의를 금지하여 규범의 명확성, 예측가능성 및 규범에 대한 신뢰와 법적 안정성을 확보하기 위한 것이고 이는 국가공권력에 대한 통제와 이를 통한 국민의 자유와 권리의 보장을 이념으로 하는 법치주의원리로부터 도출되는 것이다.

지문분석 난이도 ㊤ 정답 ③

| 키 워 드 | 체계정당성의 원리

| 출제유형 | 판례

③ (X), ① (O) 체계정당성의 원리는 동일 규범 내에서 또는 상이한 규범 간에 그 규범의 구조나 내용 또는 규범의 근거가 되는 원칙 면에서 상호 배치되거나 모순되어서는 아니 된다는 하나의 헌법적 요청이다. 즉, 이는 규범 상호 간의 구조와 내용 등이 모순됨이 없이 체계와 균형을 유지하도록 입법자를 기속하는 헌법적 원리라고 볼 수 있다(헌재 2010.6.24. 2007헌바101 등).

② (O) 일반적으로 일정한 공권력 작용이 체계정당성 원리를 위반한다 해서 곧 위헌이 되는 것은 아니고, 그것이 위헌이 되기 위해서는 결과적으로 비례의 원칙이나 평등의 원칙 등 일정한 헌법의 규정이나 원칙을 위반하여야 한다. 또한 입법의 체계정당성 원리의 위반과 관련하여 그러한 위반을 허용할 공익적인 사유가 존재한다면 그 위반은 정당화될 수 있으며, 따라서 입법상의 자의금지원칙을 위반한 것이라고 볼 수 없다(헌재 2010.6.24. 2007헌바101 등).

④ (O) 규범 상호 간의 체계정당성을 요구하는 이유는 입법자의 자의를 금지하여 규범의 명확성, 예측가능성 및 규범에 대한 신뢰와 법적 안정성을 확보하기 위한 것이고, 이는 국가공권력에 대한 통제와 이를 통한 국민의 자유와 권리의 보장을 이념으로 하는 법치주의원리로부터 도출되는 것이라고 할 수 있다(헌재 2010.6.24. 2007헌바101 등).

34 0145 ○△×|○△×|○△× 2020 국회직 8급

체계정당성에 대한 설명으로 〈보기〉에서 옳은 것(○)과 옳지 않은 것(×)를 올바르게 조합한 것은? (다툼이 있는 경우 판례에 의함)

보기

ㄱ. 규범 상호 간의 체계정당성을 요구하는 이유는 입법자의 자의를 금지하여 규범의 명확성, 예측가능성 및 규범에 대한 신뢰와 법적 안정성을 확보하기 위한 것이고 이는 국가공권력에 대한 통제와 이를 통한 국민의 자유와 권리의 보장을 이념으로 하는 법치주의원칙으로부터 도출되는 것이라고 할 수 있다.

ㄴ. 일반적으로 일정한 공권력 작용이 체계정당성에 위반한다고 해서 곧 위헌이 되는 것은 아니다. 즉 체계정당성 위반 자체가 바로 위헌이 되는 것은 아니고 이는 비례의 원칙이나 평등원칙 위반 내지 입법의 자의금지 위반 등의 위헌성을 시사하는 하나의 징후일 뿐이다.

ㄷ. 입법의 체계정당성 위반과 관련하여 그러한 위반을 허용할 공익적인 사유가 존재한다면 그 위반은 정당화될 수 있고 따라서 입법상의 자의금지원칙을 위반한 것이라고 볼 수 없다.

ㄹ. 체계정당성의 위반을 정당화할 합리적인 사유의 존재에 대하여는 입법의 재량이 인정되어야 한다. 다양한 입법의 수단 가운데서 어느 것을 선택할 것인가 하는 것은 원래 입법의 재량에 속하기 때문이다.

① ㄱ. (×), ㄴ. (×), ㄷ. (×), ㄹ. (×)
② ㄱ. (○), ㄴ. (×), ㄷ. (×), ㄹ. (×)
③ ㄱ. (○), ㄴ. (○), ㄷ. (×), ㄹ. (×)
④ ㄱ. (○), ㄴ. (○), ㄷ. (○), ㄹ. (×)
⑤ ㄱ. (○), ㄴ. (○), ㄷ. (○), ㄹ. (○)

지문분석 난이도 ㊥ 정답 ⑤

| **키 워 드** | 체계정당성의 원리
| **출제유형** | 판례

ㄱ. (○) '체계정당성'(Systemgerechtigkeit)의 원리라는 것은 동일 규범 내에서 또는 상이한 규범 간에(수평적 관계이건 수직적 관계이건) 그 규범의 구조나 내용 또는 규범의 근거가 되는 원칙면에서 상호 배치되거나 모순되어서는 안 된다는 하나의 헌법적 요청(Verfassung-spostulat)이다. 즉, 이는 규범 상호 간의 구조와 내용 등이 모순됨이 없이 체계와 균형을 유지하도록 입법자를 기속하는 헌법적 원리라고 볼 수 있다. 이처럼 규범 상호 간의 체계정당성을 요구하는 이유는 입법자의 자의를 금지하여 규범의 명확성, 예측가능성 및 규범에 대한 신뢰와 법적 안정성을 확보하기 위한 것이고 이는 국가공권력에 대한 통제와 이를 통한 국민의 자유와 권리의 보장을 이념으로 하는 법치주의원리로부터 도출되는 것이라고 할 수 있다(헌재 2004.11.25. 2002헌바66).

ㄴ. (○) 일반적으로 일정한 공권력 작용이 체계정당성에 위반한다고 해서 곧 위헌이 되는 것은 아니다. 즉, 체계정당성 위반(Systemwidrigkeit) 자체가 바로 위헌이 되는 것은 아니고 이는 비례의 원칙이나 평등원칙 위반 내지 입법의 자의금지 위반 등의 위헌성을 시사하는 하나의 징후일 뿐이다. 그러므로 체계정당성 위반은 비례의 원칙이나 평등원칙 위반 내지 입법자의 자의금지 위반 등 일정한 위헌성을 시사하기는 하지만 아직 위헌은 아니고, 그것이 위헌이 되기 위해서는 결과적으로 비례의 원칙이나 평등의 원칙 등 일정한 헌법의 규정이나 원칙을 위반하여야 한다(헌재 2004.11.25. 2002헌바66).

ㄷ. (○) 입법의 체계정당성 위반과 관련하여 그러한 위반을 허용할 공익적인 사유가 존재한다면 그 위반은 정당화될 수 있고 따라서 입법상의 자의금지원칙을 위반한 것이라고 볼 수 없다(헌재 2004.11.25. 2002헌바66).

ㄹ. (○) 체계정당성의 위반을 정당화할 합리적인 사유의 존재에 대하여는 입법의 재량이 인정되어야 한다. 다양한 입법의 수단 가운데서 어느 것을 선택할 것인가 하는 것은 원래 입법의 재량에 속하기 때문이다. 그러므로 이러한 점에 관한 입법의 재량이 현저히 한계를 일탈한 것이 아닌 한 위헌의 문제는 생기지 않는다고 할 것이다(헌재 2004.11.25. 2002헌바66).

35 0146 ○△×|○△×|○△× 2016 지방직 7급(변형)

기본권 제한의 유형에 대한 설명으로 옳지 않은 것은?

① 헌법유보는 헌법제정권자 및 헌법 개정권자가 입법권자에 대하여 지니는 기본권 방어적 의미가 있으므로 입법재량권의 남용·악용의 감쇄기능을 지니고 있다.

② 우리 헌법상의 재산권에 관한 규정은 다른 기본권 규정과는 달리 그 내용과 한계가 법률에 의해 구체적으로 형성되는 기본권 형성적 법률유보의 형태를 띠고 있다.

③ 헌법재판소와 다수견해에 따를 때 우리 헌법 제37조 제2항에 의하여 제한의 대상이 되는 기본권은 양심의 자유나 신앙의 자유와 같은 성질상 법률로써도 제한될 수 없는 절대적 자유권을 제외하고 기본권의 성질상 제한이 가능한 기본권인 '상대적 자유권'에만 한정된다.

④ 재판절차진술권에 관한 헌법 제27조 제5항이 정한 법률유보는 법률에 의한 기본권의 제한을 목적으로 하는 자유권적 기본권에 대한 법률유보의 경우와는 달리 기본권으로서의 재판절차진술권을 보장하고 있는 헌법규범의 의미와 내용을 법률로써 구체화하기 위한 이른바 기본권 형성적 법률유보에 해당한다.

지문분석 난이도 중 정답 ③

| 키 워 드 | 기본권의 제한

| 출제유형 | 이론 + 판례

③ (X) 제37조 제2항에 의하여 제한할 수 있는 기본권은 모든 기본권이 아니고 성질상 제한이 가능한 자유권에 한정된다는 견해가 있으나, 제37조 제2항의 형식상 법률에 의하여 제한할 수 있는 기본권은 모든 기본권이라는 것이 다수설이다. 헌법재판소도 자유권 이외의 기본권에 대하여 헌법 제37조 제2항을 적용하고 있다.

① (O) 헌법유보는 헌법제정권자 및 헌법 개정권자가 입법권자에 대하여 지니는 기본권 방어적 의미가 있다. 헌법적 한정이 명시된 기본권 제한을 구체화하는 입법을 행하는 입법권자는 헌법이 원시적으로 설정한 기본권 범주, 즉 입법재량의 한계를 따라야 한다는 점에서, 입법권자가 법률에 의하여 창설적으로 기본권을 제한할 수 있는 '법률유보'에서와는 달리, 헌법제정권력자의 원시적 한정범주에 따라 그 안에서 기본권을 법률로 구체화·현실화하는 등의 선언적 확인에 그칠 뿐이므로 그 점에서 입법재량권의 남용·악용의 감쇄기능을 지니는 것이다.

② (O) 우리 헌법상의 재산권에 관한 규정은 다른 기본권 규정과는 달리 그 내용과 한계가 법률에 의해 구체적으로 형성되는 기본권 형성적 법률유보의 형태를 띠고 있다. 따라서 재산권의 구체적 모습은 재산권의 내용과 한계를 정하는 법률에 의하여 형성된다. 물론 헌법이 보장하는 재산권의 내용과 한계를 정하는 법률은 재산권을 제한한다는 의미가 아니라 재산권을 형성한다는 의미를 갖는다. 이러한 재산권의 내용과 한계를 정하는 법률의 경우에도 사유재산제도나 사유재산을 부인하는 것은 재산권 보장 규정의 침해를 의미하고, 결코 재산권 형성적 법률유보라는 이유로 정당화될 수 없다(헌재 1993.7.29. 92헌바20).

④ (O) 헌재 1993.3.11. 92헌마48

36 0147 ○△×|○△×|○△× 2017 국가직 7급(변형)

기본권 제한의 목적에 관한 설명으로서 옳지 않은 것은?

① 기본권 제한의 목적의 하나인 국가안전보장이란 국가의 존립, 헌법의 기본질서 유지 등을 포함하며 결국 국가의 독립, 영토의 보전, 헌법과 법률의 기능·현존 정치질서·헌법에 의하여 설치된 국가기관의 유지 등을 뜻한다.

② 긴급재정경제명령에 의한 기본권 제한은 기존 질서를 회복·유지시키기 위하여 위기의 직접적 원인의 제거에 필수불가결한 최소의 한도 내에서 행사되어야 하며 공공복리의 증진과 같은 적극적 목적의 달성을 위해서는 발할 수 없다.

③ 개별사건법률금지의 원칙은 헌법상의 평등원칙에 근거하며 그 기본정신은 입법자에 대하여 기본권을 침해하는 법률은 일반적 성격을 가져야 한다는 형식을 요구함으로써 평등원칙 위반의 위험성을 입법과정에서 제거하려는 데 있는 것이며 개별사건법률이라도 차별적 규율이 합리적 이유로 정당화될 수 있는 경우에는 합헌적일 수 있다.

④ 처분적 법률금지의 원칙은 입법권과 집행권을 분리하는 권력분립주의의 필연적 결과이며 오늘날 복지국가에서는 경제규제입법에서 처분적 법률의 필요성이 인정되고 있고, 헌법은 처분적 법률의 정의규정을 따로 두고 있지 않음은 물론, 처분적 법률의 제정을 금지하는 명문의 규정도 두고 있지 않으므로, 특정규범이 개인대상법률 또는 개별사건법률에 해당한다고 하여 그것만으로 바로 헌법에 위반되는 것은 아니다.

지문분석 난이도 중 정답 ①

| 키 워 드 | 기본권의 제한

| 출제유형 | 판례

① (X) 헌법 제37조 제2항에서 기본권 제한의 근거로 제시하고 있는 국가의 안전보장의 개념은 국가의 존립·헌법의 기본질서의 유지 등을 포함하는 개념으로서 결국 국가의 독립, 영토의 보전, 헌법과 법률의 기능, 헌법에 의하여 설치된 국가기관의 유지 등을 의미하는 것이다(헌재 1992.2.25. 89헌가104). → 따라서 현존 정치질서의 유지를 국가안전보장의 개념에 포함시키긴 어렵다.

② (O) 헌재 1996.2.29. 93헌마186

③ (O) 헌재 1996.2.16. 96헌가2

④ (O) 헌법은 처분적 법률로서 개인대상법률 또는 개별사건법률의 정의를 따로 두고 있지 않음은 물론, 처분적 법률의 제정을 금하는 명문의 규정도 두고 있지 않은바, 특정규범이 개인대상 또는 개별사건법률에 해당한다고 하여 그것만으로 바로 헌법에 위반되는 것은 아니다. 따라서 연합뉴스사를 위한 심판대상 조항의 차별적 규율이 합리적인 이유로 정당화되는 경우에는 이러한 처분적 법률도 허용된다(헌재 2005.6.30. 2003헌마841).

37 0148 ○△×|○△×|○△× 2019 국가직 7급(변형)

기본권 제한의 비례원칙에 대한 설명으로 옳은 것은?

① 우리 헌법상 비례의 원칙은 헌법 제37조 제2항의 "…필요한 경우에 한하여…"라는 문구에서 도출할 수 있다.

② 기본권 제한의 입법목적의 정당성은 가급적 입법자의 판단을 존중하는 것이 원칙이므로 헌법재판소가 기본권 제한심사 시 입법목적의 정당성을 부정하는 경우는 매우 드물지만 우리 헌법재판소는 동성동본 사이의 혼인을 금지하고 있는 민법 제809조 제1항에 대한 위헌법률심판사건에서 유일하게 입법목적의 정당성을 부정하였다.

③ 비례원칙의 내용으로서 적합성의 원칙은 '최대화 명령'이라고 부르며, 우리 헌법재판소는 "방법의 적절성", 또는 "수단의 상당성", "수단의 적합성"으로 표현하는바, 기본권 제한의 수단이나 방법이 기본권의 제한을 통하여 달성하고자 하는 목적을 완전히 실현시킬 수 있는 것이어야 한다는 것을 의미한다.

④ 필요성의 원칙은 입법권자가 선택한 기본권 제한의 조치가 입법목적 달성을 위하여 설사 적절하다 할지라도 보다 완화된 형태나 방법을 모색함으로써 기본권의 제한은 필요한 최소한도에 그치도록 하여야 한다는 원칙이므로 입법자가 선택한 수단보다 완화된 수단이 존재하면 이는 곧 헌법에 위배된다는 것을 의미한다.

지문분석 난이도 ㊤ 정답 ①

| 키 워 드 | 기본권의 제한

| 출제유형 | 이론 + 판례

① (○) 헌법 제37조 제2항에서 "…필요한 경우에 한하여…" 법률로써 제한하도록 규정하고 있다. 여기서 '필요한 경우'란 우선 보호하려는 구체적 법익을 위해 기본권 제한 이외의 다른 방법으로 달성할 수 없는 불가피한 경우를 말하며(보충성의 원칙), 다음으로 기본권을 제한하는 경우에도 그 제한은 최소한도에 그쳐야 한다는 것을 말한다(최소침해의 원칙). 또 그러한 제한은 보호하려는 법익을 실현하는 데 적합한 것이어야 하며(적합성의 원리), 보호하려는 법익과 제한하는 기본권 사이에는 적절한 비례관계에 있어야 한다(비례의 원칙)는 것을 의미한다. 즉 제37조 제2항은 '비례의 원칙'을 명문화해 놓은 것이라고 할 수 있다.

② (×) 헌법재판소는 동성동본 사건에서 입법목적의 정당성을 부정하였으며 그 밖에도 입법목적의 정당성을 부정한 예가 있다. 특히 최근에는 재외국민에게 선거권을 인정하지 않는 공직선거법 조항에 대하여 입법목적의 정당성을 부정하고 있다.

③ (×) 적합성의 원칙은 기본권 제한의 수단이 되는 방법이 기본권 제한의 목적을 실현하는 데 있어 성질상 적합하여야 한다는 원칙을 말한다. 적합성의 원칙은 입법목적 실현을 가능한 한 최대로 실현하는 수단이어야 할 것을 요구하기 때문에 '최대화 명령'이라고 부를 수도 있다. 우리 헌법재판소는 적합성원칙을 "방법의 적절성", 또는 "수단의 상당성", "수단의 적합성"으로 표현하고, "그 목적의 달성을 위하여 그 방법이 효과적이고 적절하여야" 한다고 판시하고 있다. 기본권 제한의 수단이나 방법이 기본권 제한의 목적에 적합하여야 한다는 것은 그 수단이나 방법이 기본권의 제한을 통하여 달성하고자 하는 목적을 완전히 실현시킬 수 있는 것이어야 하는 것은 아니다. 따라서 입법목적의 부분적인 실현만으로도 입법수단은 적합하다고 본다.

④ (×) 필요성의 원칙은 '최소화 명령'으로 부를 수 있다. 최소피해의 수단을 선택하는 데 있어서도 입법자는 기본권의 성격에 따라서 일정한 재량권을 가진다. 따라서 완화된 수단이 있다고 하더라도 선택된 제한조치가 입법목적 달성에 유효적절한 수단인 경우, 그 제한조치가 현저하게 불합리하거나 불공정하지 않는 한, 완화된 수단이 있다는 것만 가지고 최소침해의 원칙에 위반된다고 볼 수 없다(헌재 1996.4.25. 95헌마331).

38 0149 ○△×|○△×|○△× 2020 국회직 8급

과잉금지원칙에 위배되는 것(○)과 위배되지 않는 것(×)을 〈보기〉에서 올바르게 조합한 것은? (다툼이 있는 경우 판례에 의함)

보기

ㄱ. 출정 시 청구인이 교도관과 동행하면서 교도관이 청구인에게 재판시작 전까지 행정법정 방청석에서 보호장비를 착용하도록 한 것

ㄴ. 구 정신보건법에 의거하여 보호의무자 2인의 동의와 정신건강의학과 전문의 1인의 진단으로 정신질환자에 대한 보호입원이 가능하도록 한 것

ㄷ. 흉기를 휴대하여 피해자에게 강간상해를 가하였다는 범죄사실 등으로 징역 13년을 선고받아 형집행 중인 수형자를 교도소장이 다른 교도소로 이송함에 있어 4시간 정도에 걸쳐 상체승의 포승과 앞으로 수갑 2개를 채운 것

① ㄱ. (×), ㄴ. (○), ㄷ. (○)
② ㄱ. (○), ㄴ. (×), ㄷ. (○)
③ ㄱ. (○), ㄴ. (○), ㄷ. (×)
④ ㄱ. (×), ㄴ. (○), ㄷ. (×)
⑤ ㄱ. (×), ㄴ. (×), ㄷ. (×)

지문분석 난이도 상 정답 ④

| **키 워 드** | 과잉금지원칙

| **출제유형** | 판례

ㄱ. (X) 출정 시 교도관과 동행하면서 재판 시작 전까지 보호장비를 착용하였던 청구인이 행정법정 방청석에서 보호장비를 사용함으로써 영향을 받은 신체의 자유나 인격권의 정도는 제한적인 반면, 행정법정 내 교정사고를 예방하기 위한 공익은 매우 중요하므로 이 사건 보호장비 사용행위는 법익의 균형성 원칙도 준수하였다. 즉, 이 사건 보호장비 사용행위는 과잉금지원칙을 위반하여 청구인의 신체의 자유와 인격권을 침해하지 않는다(헌재 2018.7.26. 2017헌마1238).

ㄴ. (○) 보호입원은 정신질환자의 신체의 자유를 인신구속에 버금가는 수준으로 제한하므로 그 과정에서 신체의 자유 침해를 최소화하고 악용·남용가능성을 방지하며, 정신질환자를 사회로부터 일방적으로 격리하거나 배제하는 수단으로 이용되지 않도록 해야 한다. 그러나 현행 보호입원 제도가 입원치료·요양을 받을 정도의 정신질환이 어떤 것인지에 대해서는 구체적인 기준을 제시하지 않고 있는 점, 보호의무자 2인의 동의를 보호입원의 요건으로 하면서 보호의무자와 정신질환자 사이의 이해충돌을 적절히 예방하지 못하고 있는 점, … 등을 종합하면, 심판대상 조항은 침해의 최소성원칙에 위배된다. 심판대상 조항이 정신질환자를 신속·적정하게 치료하고, 정신질환자 본인과 사회의 안전을 도모한다는 공익을 위한 것임은 인정되나, 정신질환자의 신체의 자유 침해를 최소화할 수 있는 적절한 방안을 마련하지 아니함으로써 지나치게 기본권을 제한하고 있다. 따라서 심판대상 조항은 법익의 균형성 요건도 충족하지 못한다. 그렇다면 심판대상 조항은 과잉금지원칙을 위반하여 신체의 자유를 침해한다(헌재 2016.9.29. 2014헌가9).

ㄷ. (X) 이 사건 보호장비 사용행위는 도주 등의 교정사고를 예방하기 위한 것으로서 그 목적이 정당하고, 상체승의 포승과 앞으로 사용한 수갑은 이송하는 경우의 보호장비로서 적절하다. 그리고 피청구인은 청구인에 대하여 이동 시간에 해당하는 시간 동안에만 보호장비를 사용하였고, … 최소한의 범위 내에서 보호장비가 사용되었다고 할 수 있다. 또한 이 사건 보호장비 사용행위로 인하여 제한되는 신체의 자유 등에 비하여 도주 등의 교정사고를 예방함으로써 수형자를 이송함에 있어 안전과 질서를 보호할 수 있는 공익이 더 크다 할 것이므로 법익의 균형성도 갖추었다(헌재 2012.7.26. 2011헌마426).

39 0150 ○△×|○△×|○△× 2017 법원직 9급(변형)

헌법 제37조 제2항에 대한 헌법재판소의 판례 중 옳지 않은 것은? (다툼이 있는 경우 판례에 의함)

① 기본권을 제한하는 규정은 기본권 행사의 '방법'에 관한 규제로써 공익을 실현할 수 있는가를 시도하고 이러한 방법으로는 공익달성이 어렵다고 판단되는 경우에 비로소 그 다음 단계인 기본권 행사의 '여부'에 관한 규제를 선택해야 한다.

② 헌법 제33조 제2항이 직접 '법률이 정하는 자'만이 노동3권을 향유할 수 있다고 규정하고 있어서 '법률이 정하는 자' 이외의 공무원은 노동3권의 주체가 되지 못하므로, 노동3권이 인정됨을 전제로 하는 헌법 제37조 제2항의 과잉금지원칙은 적용이 없는 것으로 보아야 한다.

③ 입법자가 임의적 규정으로도 법의 목적을 실현할 수 있는 경우에 구체적 사안의 개별성과 특수성을 고려할 수 있는 가능성을 일체 배제하는 필요적 규정을 둔다면 이는 비례의 원칙의 한 요소인 "최소침해성의 원칙"에 위반된다.

④ 건설업자가 명의대여행위를 한 경우 그 건설업 등록을 필요적으로 말소하도록 한 것은 법관의 판단재량권을 형해화시켜 법관에 의한 재판을 받을 권리를 침해하는 것이다.

지문분석 난이도 중 정답 ④

| **키 워 드** | 기본권의 제한

| **출제유형** | 판례

④ (X) 명의대여행위에 해당하는 경우 필요적으로 등록말소처분을 하도록 규정하고 있다고 하더라도, 그것이 곧 법관의 판단재량권을 침해하였다거나 법관독립의 원칙에 위배된다고 할 수 없고, 나아가 법관에 의한 재판을 받을 권리를 침해하는 것이라고도 할 수 없다(헌재 2001.3.21. 2000헌바27).

① (O) 기본권을 제한하는 규정은 기본권 행사의 '방법'에 관한 규제로써 공익을 실현할 수 있는가를 시도하고 이러한 방법으로는 공익달성이 어렵다고 판단되는 경우에 비로소 그 다음 단계인 기본권 행사의 '여부'에 관한 규제를 선택해야 한다(헌재 1998.5.28. 96헌가5).

② (O) 헌법재판소는 종래에 "헌법 제33조 제2항은 일정한 범위 내의 공무원인 근로자의 경우에는 단결권·단체교섭권을 포함해서 단체행동권을 갖는 것을 전제로 하고 있으며, 다만 그 구체적 범위는 법률에서 정하도록 위임하고 있다. 따라서 공무원의 단체행동권의 완전부인은 허용되지 않고, 일정한 범위의 공무원인 근로자에게는 반드시 법을 만들어 단체행동권을 부여하지 않을 수 없는 것이 헌법정신이다. 헌법 제37조 제2항에 일반적 법률유보조항을 두고 있으나 이에 의하여 기본권의 본질적 내용은 침해할 수 없는 것이므로, 동 제37조 제2항으로써 한정된 범위의 공무원의 단체행동권 마저 부인하는 노동쟁의조정법 제12조 제2항의 규정이 정당화될 수는 없을 것이다."(헌재 1993.3.11. 88헌마5)라고 판시한 바 있었다. 그러나 헌법재판소는 최근에 "우리 헌법은 제33조 제1항에서 "근로자는 근로조건의 향상을 위하여 자주적인 단결권·단체교섭권 및 단체행동권을 가진다."라고 규정하여 근로자의 자주적인 노동3권을 보장하고 있으면서도, 같은 조 제2항에서는 "공무원인 근로자는 법률이 정하는 자에 한하여 단결권·단체교섭권 및 단체행동권을 가진다."고 규정하여 공무원인 근로자에 대하여는 일정한 범위의 공무원에 한하여서만 노동3권을 향유할 수 있도록 함으로써 기본권의 주체에 관한 제한을 두고 있다. "공무원인 근로자 중 법률이 정하는 자 이외의 공무원에게는 그 권리행사의 제한뿐만 아니라 금지까지도 할 수 있는 법률제정의 가능성을 헌법에서 직접 규정하고 있다는 점에서 헌법 제33조 제2항은 특별한 의미가 있다. 따라서 헌법 제33조 제2항이 규정되지 아니하였다면 공무원인 근로자도 헌법 제33조 제1항에 따라 노동3권을 가진다 할 것이고, 이 경우에 공무원인 근로자의 단결권·단체교섭권·단체행동권을 제한하는 법률에 대해서는 헌법 제37조 제2항에 따른 기본권 제한의 한계를 준수하였는가 하는 점에 대한 심사를 하는 것이 헌법원리로서 상당할 것이나, 헌법 제33조 제2항이 직접 '법률이 정하는 자'만이 노동3권을 향유할 수 있다고 규정하고 있어서 '법률이 정하는 자' 이외의 공무원은 노동3권의 주체가 되지 못하므로, 노동3권이 인정됨을 전제로 하는 헌법 제37조 제2항의 과잉금지원칙은 적용이 없는 것으로 보아야 할 것이다."라고 판시하고 있다[헌재 2007.8.30. 2005헌가5·2003헌바51(병합)].

③ (O) 입법자가 임의적 규정으로도 법의 목적을 실현할 수 있는 경우에 구체적 사안의 개별성과 특수성을 고려할 수 있는 가능성을 일체 배제하는 필요적 규정을 둔다면 이는 비례의 원칙의 한 요소인 "최소침해성의 원칙"에 위반된다(헌재 2000.6.1. 99헌가11 등).

40 0151 ○△×|○△×|○△× 2015 국회직 8급(변형)

기본권의 제한에 관한 설명 중 옳지 않은 것은? (다툼이 있는 경우 판례에 의함)

① 과잉금지원칙에서 수단의 적합성의 원칙이 의미하는 수단은 정당한 목적 달성을 위한 최상의 또는 최적의 수단이어야 하는 것은 아니고 목적 달성에 기여하는 것으로 족하다.
② 미결수용자의 변호인과의 자유로운 접견은 변호인의 조력을 받을 권리의 가장 중요한 내용으로서, 그 대화 내용에 대하여 비밀이 완전히 보장되고 어떠한 압력 또는 부당한 간섭도 없이 자유롭게 대화할 수 있어야 한다.
③ 시각장애인만 안마사 자격인정을 받을 수 있도록 하는 이른바 비맹제외기준을 설정하고 있는 의료법 조항은, 시각장애인의 생계보장 및 직업활동 참여기회 제공을 달성할 다른 수단이 없는 것도 아니어서 입법목적 달성을 위한 불가피한 수단이라고 보기 어려우며, 동 법률 조항으로 달성하려는 시각장애인의 생계보장 등의 공익이 비시각장애인이 받게 되는 직업선택의 자유보다 우월하다고 할 수 없어 헌법에 위반된다.
④ 헌법 제37조 제2항의 기본권의 본질적 내용 침해금지의 의미에 대하여 절대설과 상대설의 대립이 있는데, 사형제도에 대한 헌법재판소의 합헌결정은 상대설을 따른 것이다.

지문분석 난이도 중 정답 ③

| **키 워 드** | 기본권의 제한
| **출제유형** | 판례

③ (X) 이 사건 법률 조항은 시각장애인에게 삶의 보람을 얻게 하고 인간다운 생활을 할 권리를 실현시키려는 데에 그 목적이 있으므로 입법목적이 정당하고, 다른 직종에 비해 공간이동과 기동성을 거의 요구하지 않을 뿐더러 촉각이 발달한 시각장애인이 영위하기에 용이한 안마업의 특성 등에 비추어 시각장애인에게 안마업을 독점시킴으로써 그들의 생계를 지원하고 직업활동에 참여할 수 있는 기회를 제공하는 이 사건 법률 조항의 경우 이러한 입법목적을 달성하는 데 적절한 수단임을 인정할 수 있다. 나아가 시각장애인에 대한 복지정책이 미흡한 현실에서 안마사가 시각장애인이 선택할 수 있는 거의 유일한 직업이라는 점, 안마사 직역을 비시각장애인에게 허용할 경우 시각장애인의 생계를 보장하기 위한 다른 대안이 충분하지 않다는 점, 시각장애인은 역사적으로 교육, 고용 등 일상생활에서 차별을 받아온 소수자로서 실질적인 평등을 구현하기 위해서 이들을 우대하는 조치를 취할 필요가 있는 점 등에 비추어 최소침해성원칙에 반하지 아니하고, 이 사건 법률 조항으로 인해 얻게 되는 시각장애인의 생존권 등 공익과 그로 인해 잃게 되는 일반국민의 직업선택의 자유 등 사익을 비교해 보더라도, 공익과 사익 사이에 법익 불균형이 발생한다고 단정할 수도 없다(헌재 2008.10.30. 2006헌마1098).
① (O) 수단의 적합성에서 적합성의 정도는 부분적인 적합성으로도 충분하고 완전한 적합성까지 요구되는 것은 아니다. 우리 재판소가 방법의 적절성으로 심사하는 내용은 입법자가 선택한 방법이 최적의 것이었는가 하는 것이 아니고, 그 방법이 입법목적 달성에 유효한 수단인가 하는 점에 한정되는 것이다(헌재 2006.6.29. 2002헌바80).
② (O) 변호인의 조력을 받을 권리의 필수적 내용은 신체구속을 당한 사람과 변호인과의 접견교통권이며 이러한 접견교통권의 충분한 보장은 구속된 자와 변호인의 대화 내용에 대하여 비밀이 완전히 보장되고 어떠한 제한·영향·압력 또는 부당한 간섭 없이 자유롭게 대화할 수 있는 접견을 통하여서만 가능하고 이러한 자유로운 접견은 구속된 자와 변호인의 접견에 교도관이나 수사관 등 관계공무원의 참여가 없어야 가능하다(헌재 1992.1.28. 91헌마111).
④ (O) 헌법재판소는 '사형제도 위헌소원 사건'(1996.11.28. 95헌바1)에서 "생명권 역시 헌법 제37조 제2항에 의한 일반적 법률유보의 대상이 될 수밖에 없는 것이나, 생명권에 대한 제한은 곧 생명권의 완전한 박탈을 의미한다 할 것이므로, 사형이 비례의 원칙에 따라서 최소한 동등한 가치가 있는 다른 생명 또는 그에 못지아니한 공공의 이익을 보호하기 위한 불가피성이 충족되는 예외적인 경우에만 적용되는 한, 그것이 비록 생명을 빼앗는 형벌이라 하더라도 헌법 제37조 제2항 단서에 위반되는 것으로 볼 수는 없다."라고 하여 상대설의 입장에서 판시하고 있다.

✓ **개념체크 본질적 내용 침해금지의 원칙**

구분	상대설	절대설
본질적 내용	비례원칙에 따라 본질적 내용은 사안별로 결정	• 존엄성설: 핵심영역보장설 • 고정적: 개별 기본권마다 다름
비례원칙 관련 본질적 내용 침해금지원칙	비례원칙과 연동되므로 확인적 의미에 해당 (독자적 요소의 의미가 약함)	창설적 의미로서 별개의 심사기준(독자적 요소의 의미가 강함)
헌법재판소	사형제도 판례	대다수의 판례

41 0152 ○△×|○△×|○△× 2012 사법고시(변형)

기본권의 제한에 관한 다음 설명 중 옳지 않은 것은? (다툼이 있는 경우 판례에 의함)

① 현행헌법상 일반적 헌법유보에 의한 제한규정이 없으나, 국가배상청구권에 관한 헌법 제29조 제2항, 언론·출판의 자유에 관한 제21조 제4항, 재산권의 제한에 관한 제23조 제2항은 개별적 헌법유보에 의한 제한규정이다.

② 기본권 제한에 관한 법률유보의 원칙은 '법률에 의한 규율'을 요청하는 것이 아니라 '법률에 근거한 규율'을 요청하는 것이므로, 기본권의 제한에는 법률의 근거가 필요할 뿐이고 기본권 제한의 형식이 반드시 법률의 형식일 필요는 없다.

③ 기본권을 제한하는 규정은 기본권 행사의 '방법'에 대한 규정과 기본권 행사의 '여부'에 관한 규정으로 구분된다. 침해의 최소성의 관점에서 입법자는 기본권 행사의 '여부'에 관한 규제로써 의도하는 공익을 실현할 수 있는가를 시도하고, 이러한 방법으로는 공익달성이 어렵다고 판단되는 경우에 기본권 행사의 '방법'에 관한 규제를 선택해야 한다.

④ 헌법재판소는 완화된 수단이 있다고 하더라도 선택된 제한조치가 입법목적 달성에 유효적절한 수단인 경우, 제한조치가 현저하게 불합리하거나 불공정하지 않는 한, 완화된 수단이 있다는 것만 가지고 최소침해의 원칙(필요성의 원칙)에 위반된다고 볼 수 없다는 입장이다.

지문분석

난이도 ㊤ 정답 ③

| 키 워 드 | 기본권의 제한

| 출제유형 | 이론 + 판례

③ (X) 기본권을 제한하는 규정은 기본권 행사의 '방법'에 대한 규정과 기본권 행사의 '여부'에 관한 규정으로 구분할 수 있다. 침해의 최소성의 관점에서, 입법자는 그가 의도하는 공익을 달성하기 위하여 우선 기본권을 보다 적게 제한하는 단계인 기본권 행사의 '방법'에 관한 규제로써 공익을 실현할 수 있는가를 시도하고 이러한 방법으로는 공익달성이 어렵다고 판단되는 경우에 비로소 그다음 단계인 기본권 행사의 '여부'에 관한 규제를 선택해야 한다(헌재 1998.5.28. 96헌가5).

① (O) 우리 헌법에는 헌법유보에 의한 기본권 제한규정이 없으나, 현행헌법상 개별적 헌법유보로 논의되는 규정은 있다.

② (O) 헌법 제37조 제2항에서 규정하고 있는 기본권 제한에 관한 법률유보의 원칙은 '법률에 의한 규율'을 요청하는 것이 아니라 '법률에 근거한 규율'을 요청하는 것이므로, 기본권의 제한에는 법률의 근거가 필요할 뿐이고 기본권 제한의 형식이 반드시 법률의 형식일 필요는 없다. 따라서 심판대상인 이 사건 시행령 조항 및 경찰청장의 보관 등 행위와 같이 헌법상의 기본권으로 인정되는 개인정보자기결정권을 제한하는 공권력의 행사는 반드시 법률에 그 근거가 있어야 한다(헌재 2005.5.26. 99헌마513).

④ (O) 완화된 수단이 있다고 하더라도 선택된 제한조치가 입법목적 달성에 유효적절한 수단인 경우, 제한조치가 현저하게 불합리하거나 불공정하지 않는 한, 완화된 수단이 있다는 것만 가지고 최소침해의 원칙(필요성의 원칙)에 위반된다고 볼 수 없다(헌재1996.4.25. 95헌마331).

42 0153 ○△×|○△×|○△× 2017 국가직 7급 하반기

기본권 제한에 대한 설명으로 옳지 않은 것은? (다툼이 있는 경우 헌법재판소 판례에 의함)

① 대학 구성원이 아닌 사람의 도서관 이용에 관하여 대학도서관의 관장이 승인 또는 허가할 수 있도록 규정한 국·공립대학교의 도서관 규정은, 대학구성원이 아닌 사람에 대하여 도서 대출이나 열람실 이용을 확정적으로 제한하는 것이다.

② '카메라나 그 밖에 이와 유사한 기능을 갖춘 기계장치를 이용하여 성적 욕망 또는 수치심을 유발할 수 있는 다른 사람의 신체를 그 의사에 반하여 촬영한 자'를 형사처벌하는 법률규정은, 행위자의 일반적 행동자유권을 제한하지만 과잉금지원칙에 위배되지는 않는다.

③ 이동통신사업자 등으로부터 이동통신단말장치를 구입하는 경우 이동통신단말장치 구매 지원금 상한제를 규정하는 단말기 유통법은, 이동통신단말장치를 구입하여 이동통신서비스를 이용하고자 하는 사람들의 계약의 자유를 제한하지만 과잉금지원칙에 위배되지는 않는다.

④ 생명권도 헌법 제37조 제2항에 의한 일반적 법률유보의 대상이 될 수밖에 없으며, 나아가 생명권의 경우, 다른 일반적인 기본권 제한의 구조와는 달리, 생명의 일부 박탈이라는 것을 상정할 수 없기 때문에 생명권에 대한 제한은 필연적으로 생명권의 완전한 박탈을 의미하게 되는바, 생명권의 제한이 정당화될 수 있는 예외적인 경우에는 생명권의 박탈이 초래된다 하더라도 곧바로 기본권의 본질적인 내용을 침해하는 것이라 볼 수는 없다.

지문분석

난이도 ㊥ 정답 ①

| 키 워 드 | 기본권의 제한

| 출제유형 | 판례

① (X) 대학 구성원이 아닌 사람의 도서관 이용에 관하여 대학도서관의 관장이 승인 또는 허가할 수 있도록 규정한 국·공립대학교의 도서관 규정은, 대학 구성원이 아닌 사람에 대하여 도서 대출이나 열람실 이용을 확정적으로 제한하는 것이 아니다(헌재 2016.11.24. 2014헌마977).

② (O) 헌재 2017.6.29. 2015헌바243

③ (O) 헌재 2017.5.25. 2014헌마844

④ (O) 헌재 2010.2.25. 2008헌가23

43 0154 ○△×|○△×|○△× 2018 국가직 7급(변형)

과잉금지원칙과 관련하여 헌법재판소의 판단과 일치하지 않는 것은?

① 타소장치(他所藏置)허가를 받고 물품반입신고를 하였으나 수입신고 없이 물품을 반출한 경우 당해 물품을 필요적으로 몰수·추징하도록 규정하고 있는 구 관세법 제198조 제2항은 과잉금지원칙에 위배된다.

② 교도소 내에서 징벌인 금치기간 중 일체의 집필행위를 금지하는 것은 입법목적을 달성하기 위한 필요최소한의 제한을 벗어나 과잉금지원칙에 위반된다.

③ 국세징수의 예에 의하여 청구할 수 있는 청구권을 일률적으로 재단채권으로 규정한 파산법은 파산채권의 공정한 배분을 위한 합리적인 제한이고 별도로 다른 채권자들의 재산권 침해를 최소화하기 위한 수단을 두고 있으므로 재산권을 과도하게 침해하는 것은 아니다.

④ 미신고 수입물품을 감정한 자를 형사처벌하고 그 자가 물품을 소유 또는 점유하고 있는 한 필요적으로 몰수하도록 하는 것은 과잉금지원칙에 위배되지 않으나 미신고 수입물품을 감정한 자에게 물품을 몰수할 수 없으면 그 물품의 국내도매가격에 상당한 금액을 필요적으로 추징하도록 하는 것은 헌법상 과잉금지원칙에 위반된다.

지문분석 난이도 중 정답 ③

| 키 워 드 | 과잉금지원칙

| 출제유형 | 판례

③ (X) 채무자의 파산으로 인하여 채무자의 전재산으로 전체 채무를 만족시킬 수 없는 상황에서 안 그래도 낮은 배당률에 고통 받는 채권자들의 희생하에 파산선고 후 연체료 청구권에 대하여서까지 우선권을 인정하여 다른 채권자에 대한 배당을 감소시키는 것을 정당화할 정도의 공익성과 정책적 필요성을 인정할 만한 특별한 사유를 발견하기 어렵고, '국세징수의 예에 의하여 징수할 수 있는 청구권'을 일률적으로 재단채권으로 규정함으로써 파산선고 후 연체료 청구권이 파산법상 재단채권으로서 우선적 지위를 갖도록 한 것을 정당화할만한 특별한 공익적·정책적 필요나 파산절차상 특성을 고려한 조정의 필요를 인정하기 어려우며, 또한 일률적 취급에 따라 다른 채권자들이 입게 될 재산권 침해를 최소화하는 합리적인 조치가 가능함에도 불구하고, 이 사건 법률 조항은 아무런 제한 없이 '국세징수의 예에 의하여 징수할 수 있는 청구권'을 일률적으로 재단채권으로 규정함으로써 파산선고 후 연체료 청구권을 재단채권으로 인정하고 있으므로 다른 채권자들의 재산권 침해를 최소화하기 위한 수단을 채택하였다고 보기도 어렵다. 결론적으로 이 사건 법률 조항은 과잉금지의 원칙에 위배된다(헌재 2005.12.22. 2003헌가8).

① (O) 헌재 2004.3.25. 2001헌바89

② (O) 헌재 2005.2.24. 2003헌마289

④ (O)

미신고 수입물품을 감정한 자를 형사처벌하고 미신고 수입물품을 감정한 자에게도 물품의 국내도매가격에 상당한 금액을 추징하는 필요적 추징 규정(헌재 2008.10.30. 2008헌바11: 관세법 제274조 등 위헌소원) 합헌 및 위헌결정

[1] 미신고 수입물품을 감정하는 행위는 정상적인 유통과정을 거치지 않는 미신고 수입물품의 경제적 가치를 결정해 줌으로써 그 유통을 원활하게 하므로 미신고 수입물품의 유통억제를 통하여 미신고 수입을 근절하려는 입법목적을 달성하기 위해서는 미신고 수입물품을 감정한 자도 형사처벌 할 필요성이 있고, 고의에 의한 감정행위만을 처벌하므로 헌법상 과잉금지의 원칙에 위반되지 않으며, 형법상 장물죄와 보호법익을 달리하므로 헌법상 평등의 원칙에 위반된다고 할 수 없다. [합헌]

[2] 신고를 요건으로 하는 수입통관절차를 고려할 때 미신고 수입행위뿐만 아니라 미신고 수입물품의 유통 또한 억제할 필요가 있으므로 미신고 수입물품을 통한 범죄의 반복 및 이득의 금지를 위해서는 유통의 각 단계에서도 범인이 이를 소유 또는 점유하고 있는 한 몰수할 필요성이 있고 이를 임의적 규정으로 하여서는 위와 같은 입법목적을 달성할 수 없으므로 미신고 수입물품을 감정한 자로부터 필요적으로 몰수하는 것은 헌법상 과잉금지의 원칙 및 평등의 원칙에 위반되지 않는다. [합헌]

[3] 관세법상 미신고 수입물품을 몰수할 수 없는 때에는 물품의 범칙 당시의 국내도매가격에 상당한 금액을 추징하게 되는바, 미신고 수입물품을 감정한 자는 범죄행위로 인하여 감정수수료 소정의 이득을 얻을 뿐이므로 이는 미신고 수입물품을 감정한 자에게 오로지 징벌적인 의미만을 가지는 입법조치라 할 것이다. 추징도 형의 일종이므로 헌법상 과잉금지의 원칙의 제한을 받는다 할진대, 미신고 수입물품을 감정하는 행위는 미신고 수입물품을 취득·양여·운반·보관 또는 알선하는 행위와 동일한 법정형으로 규율되고 있으나 그 취득과 무관하고 미신고 수입물품의 유통에 직접 관여하는 행위가 아니라 이를 원활하게 하는 행위에 불과하다. 그리고 동일한 법정형이라도 법정형은 상대적으로 폭이 넓어 법관의 양형에 의해 구체적 타당성을 기할 수 있으나 필요적 규정의 경우 위와 같은 사정을 고려할 수 있는 가능성이 일체 배제된다. 또한 미신고 수입물품을 감정한 자에 대한 엄벌의 목적은 주형을 통해서도 충분히 그 목적을 달성할 수 있다. 그러므로 미신고 수입물품을 감정한 자로부터도 그 물품에 대한 몰수가 불가능한 경우 물품의 범칙 당시의 국내도매가격에 상당한 금액을 필요적으로 추징하도록 규정한 것은 오로지 징벌적 목적의 달성만을 위해 위와 같은 사정을 고려할 수 있는 가능성을 일체 배제하고 있다 할 것이므로 헌법상 과잉금지의 원칙에 위반된다고 할 것이다. [위헌]

44 0155 ○△×|○△×|○△× 2019 국가직 7급

기본권 제한에서 요구되는 과잉금지원칙에 대한 설명으로 옳은 것은? (다툼이 있는 경우 판례에 의함)

① 사립학교 교원 또는 사립학교 교원이었던 자가 재직 중의 사유로 금고 이상의 형을 받은 때에는 대통령령이 정하는 바에 의하여 퇴직급여 및 퇴직수당의 일부를 감액하여 지급하도록 한 것은 입법목적을 달성하는 데 적합한 수단이라고 볼 수 없다.

② 민사재판에 당사자로 출석하는 수형자에 대하여 아무런 예외 없이 일률적으로 사복착용을 금지하는 것은 침해의 최소성원칙에 위배된다.

③ 직업수행의 자유에 대하여는 직업선택의 자유와는 달리 공익 목적을 위하여 상대적으로 폭넓은 입법적 규제가 가능한 것이므로 과잉금지의 원칙이 적용되는 것이 아니라 자의금지의 원칙이 적용되는 것이다.

④ 마약류 관리에 관한 법률을 위반하여 금고 이상의 실형을 선고받고 그 집행이 끝나거나 면제된 날부터 20년이 지나지 아니한 것을 택시운송사업의 운전업무 종사자격의 결격사유 및 취소사유로 정한 것은 사익을 제한함으로써 달성할 수 있는 공익이 더욱 중대하므로 법익의 균형성 원칙도 충족하고 있다.

지문분석 난이도 중 정답 ①

| 키 워 드 | 과잉금지원칙

| 출제유형 | 판례

① (○) 재직 중의 사유로 금고 이상의 형을 선고받아 처벌받음으로써 기본적 죗값을 받은 사립학교 교원에게 다시 당연퇴직이란 사립학교 교원의 신분상실의 치명적인 법익박탈을 가하고 이로부터 더 나아가 다른 특별한 사정도 없이 직무관련 범죄 여부, 고의 또는 과실범 여부 등을 묻지 않고 퇴직급여와 퇴직수당을 일률적으로 감액하는 것은 사립학교 교원의 범죄를 예방하고 사립학교 교원이 재직 중 성실히 근무하고 직무상 의무를 위반하지 않도록 유도한다는 이 사건 법률 조항의 입법목적을 달성하는 데 적합한 수단이라고 볼 수 없고, 과도한 재산권의 제한으로서 심히 부당하며 침해되는 사익에 비해 지나치게 공익만을 강조한 것이다. 나아가 이 사건 법률 조항은 퇴직급여에 있어서는 국민연금법상의 사업장 가입자에 비하여, 퇴직수당에 있어서는 근로기준법상의 근로자에 비하여 각각 차별대우를 하고 있는데 그 차별에 합리적인 근거를 인정하기 어렵다. 따라서 이 사건 법률 조항은 헌법상 재산권을 침해하고 평등의 원칙에 위배된다(헌재 2010.7.29. 2008헌가15).

② (×) 민사재판에서 법관이 당사자의 복장에 따라 불리한 심증을 갖거나 불공정한 재판진행을 하게 되는 것은 아니므로, 심판대상 조항이 민사재판의 당사자로 출석하는 수형자에 대하여 사복착용을 불허하는 것으로 공정한 재판을 받을 권리가 침해되는 것은 아니다. 수형자가 민사법정에 출석하기까지 교도관이 반드시 동행하여야 하므로 수용자의 신분이 드러나게 되어 있어 재소자용 의류를 입었다는 이유로 인격권과 행복추구권이 제한되는 정도는 제한적이고, 형사법정 이외의 법정 출입 방식은 미결수용자와 교도관 전용 통로 및 시설이 존재하는 형사재판과 다르며, 계호의 방식과 정도도 확연히 다르다. 따라서 심판대상 조항이 민사재판에 출석하는 수형자에 대하여 사복착용을 허용하지 아니한 것은 청구인의 인격권과 행복추구권을 침해하지 아니한다(헌재 2015.12.23. 2013헌마712).

③ (×) 일반적으로 직업수행의 자유에 대하여는 직업선택의 자유와는 달리 공익 목적을 위하여 상대적으로 폭넓은 입법적 규제가 가능하지만, 직업수행의 자유를 제한할 때에도 헌법 제37조 제2항에 의거한 비례의 원칙에 위배되어서는 안 된다(헌재 2015.7.30. 2014헌마500).

④ (×) 심판대상 조항은 구체적 사안의 개별성과 특수성을 고려할 수 있는 여지를 일체 배제하고 그 위법의 정도나 비난 가능성의 정도가 미약한 경우까지도 획일적으로 20년이라는 장기간 동안 택시운송사업의 운전업무 종사자격을 제한하는 것이므로 침해의 최소성원칙에 위배되며, 법익의 균형성 원칙에도 반한다. 따라서 심판대상 조항은 청구인들의 직업선택의 자유를 침해한다(헌재 2015.12.23. 2014헌바446).

45 0156 ○△×|○△×|○△× 2022 경찰 승진

과잉금지원칙(비례원칙)에 관한 설명 중 가장 적절하지 않은 것은? (다툼이 있는 경우 판례에 의함)

① 과잉금지원칙은 기본권 제한의 방법상 한계로서 헌법 제37조 제2항의 '필요한 경우에 한하여' 부분에서 그 근거를 찾을 수 있다.

② 국민의 기본권을 제한하는 입법은 그 목적이 헌법 및 법률의 체제상 정당성이 인정되어야 하고, 그 목적의 달성을 위하여 방법이 효과적이고 적절하여야 하며, 입법권자가 선택한 방법이 설사 적절하다고 하더라도 보다 완화된 형태나 방법을 모색함으로써 기본권의 제한은 필요한 최소한도에 그치도록 하여야 하며, 입법에 의하여 보호하려는 공익과 침해되는 사익을 비교형량할 때 보호되는 공익이 더 커야 한다.

③ 입법목적을 달성하기 위한 수단으로서 반드시 가장 합리적이며 효율적인 수단을 선택하여야 하는 것은 아니라고 할지라도 적어도 현저하게 불합리하고 불공정한 수단의 선택은 피하여야 한다.

④ 입법자가 임의적 규정으로도 법의 목적을 실현할 수 있는 경우, 구체적 사안의 개별성과 특수성을 고려할 수 있는 가능성을 일체 배제하는 필요적 규정을 둔다면 이는 비례원칙의 한 요소인 '수단의 적합성(적절성) 원칙'에 위배된다.

지문분석 난이도 중 정답 ④

| 키 워 드 | 과잉금지원칙

| 출제유형 | 이론 + 판례

④ (X) 입법자가 임의적 규정으로도 법의 목적을 실현할 수 있는 경우에 구체적 사안의 개별성과 특수성을 고려할 수 있는 가능성을 일체 배제하는 필요적 규정을 둔다면 이는 비례의 원칙의 한 요소인 "최소침해성의 원칙"에 위배되는바, 종래의 임의적 취소제도로도 철저한 단속, 엄격한 법집행 등 그 운용 여하에 따라서는 지입제 관행의 근절이라는 입법목적을 효과적으로 달성할 수 있었을 것으로 보이므로, 기본권 침해의 정도가 덜한 임의적 취소제도의 적절한 운용을 통하여 입법목적을 달성하려는 노력은 기울이지 아니한 채 기본권 침해의 정도가 한층 큰 필요적 취소제도를 도입한 이 사건 법률조항은 행정편의적 발상으로서 피해최소성의 원칙에 위반된다(헌재 2000.6.1. 99헌가11 등).

① (O) 입법권자가 공공의 이익을 보호하기 위한 불가피한 사정 때문에 헌법의 수권에 의해서 기본권을 제한하는 법률을 제정하려 하는 경우에도 자유로운 결정권을 가지는 것은 아니라 일정한 한계가 있다. 이러한 한계는 목적(헌법적 가치의 조화와 통일적 실현)·형식(일반적인 법률)·내용(본질적 내용의 침해금지)·방법(과잉금지원칙)상 한계로 나눌 수 있다. 기본권을 제한할 때 그 제한이 목적과 균형을 유지하여야 한다는 의미에서 헌법 제37조 제2항의 "필요한 경우"를 일반적으로 기본권 제한에 있어서 비례원칙(과잉금지원칙)이라고 한다.

② (O) 국민의 기본권을 제한하려는 입법목적이 헌법 및 법률의 체제상 그 정당성이 인정되어야 하고, 그 목적의 달성을 위하여 방법이 효과적이고 적절하여야 하며, 입법권자가 선택한 기본권 제한의 조치가 입법목적의 달성을 위하여 설사 적절하다 할지라도 보다 완화된 형태나 방법을 모색함으로써 기본권의 제한은 필요한 최소한도에 그치도록 하여야 하고, 그 입법에 의하여 보호하려는 공익과 침해되는 사익을 비교형량할 때 보호되는 공익이 더 커야 한다(법익의 균형성)는 과잉금지원칙이 지켜져야 하므로, 이 사건 응시제한이 이러한 과잉금지원칙을 위반하였는지 검토한다(헌재 2012.5.31. 2010헌마139 등).

③ (O) 입법목적을 달성하기 위하여 가능한 여러 수단들 가운데 구체적으로 어느 것을 선택할 것인가의 문제가 기본적으로 입법재량에 속하는 것이기는 하다. 그러나 위 입법재량이라는 것도 자유재량을 말하는 것은 아니므로 입법목적을 달성하기 위한 수단으로서 반드시 가장 합리적이며 효율적인 수단을 선택하여야 하는 것은 아니라고 할지라도 적어도 현저하게 불합리하고 불공정한 수단의 선택은 피하여야 할 것인바, 앞서 살펴본 바와 같이 결사의 자유 등 기본권의 본질적 내용을 해하는 복수조합설립금지라는 수단을 선택한 것은 현저하게 불합리하고 불공정한 것이므로 이는 위헌임이 명백하다(헌재 1996.4.25. 92헌바47).

46 0157 ○△×|○△×|○△× 2022 경찰 간부

과잉금지원칙에 대한 설명으로 가장 적절한 것은? (다툼이 있는 경우 헌법재판소 판례에 의함)

① 특정경제범죄 가중처벌 등에 관한 법률에서 금융회사 등 임직원의 직무에 속하는 사항의 알선에 관하여 금품 등 수수행위 금지 조항은 금품 등을 대가로 다른 사람을 위하여 중개하거나 편의를 도모하는 것을 할 수 없게 하므로 과잉금지원칙에 위배된다.

② 변호사법에서 변호사는 계쟁권리(係爭權利)를 양수할 수 없다고 규정하고 이를 위반시 형사처벌을 부과하도록 규정한 것은 변호사가 당해 업무를 처리하며 정당한 보수를 받는 방법을 일률적으로 금지하고 있으므로 과잉금지원칙에 위배된다.

③ 구 식품위생법에서 식품의약품안전처장이 식품의 사용기준을 정하여 고시하고, 고시된 사용기준에 맞지 아니하는 식품을 판매하는 행위를 금지·처벌하는 규정들은 생녹용의 사용조건을 엄격하게 제한한 후 이 기준에 따라서만 생녹용을 판매할 수 있도록 하므로 과잉금지원칙에 위배된다.

④ 구 공직선거법에서 지방자치단체의 장 선거 예비후보자가 정당의 공천심사에서 탈락한 후 후보자등록을 하지 않은 경우를 기탁금 반환사유로 규정하지 않은 것은 과잉금지원칙에 위배된다.

지문분석 난이도 중 정답 ④

| 키 워 드 | 과잉금지원칙

| 출제유형 | 판례

④ (○) 지방자치단체의 장 선거에서 예비후보자가 정당의 공천심사에서 탈락한 후 후보자등록을 하지 않은 경우 기탁금 반환사유를 규정하지 않은 심판대상 조항은 과잉금지원칙에 반하여 헌법에 위반된다(헌재 2020.9.24. 2018헌가15 등).

① (X) 금융회사 등 임직원의 직무에 관한 알선수재를 형사처벌함으로써 이를 금지하는 조항은, 죄형법정주의의 명확성원칙에 위배되지 않고, 과잉금지원칙에 위배되어 일반적 행동자유권 또는 직업수행의 자유를 침해하지 않으며, 평등원칙에도 위배되지 않는다(헌재 2016.3.31. 2015헌바197 등).

② (X) 심판대상 조항은 변호사에게 요구되는 윤리성을 담보하고, 의뢰인과의 신뢰관계 균열을 방지하며, 법률사무 취급의 전문성과 공정성 등을 확보하고자 마련된 것이다. 계쟁권리 양수는 변호사의 직무수행 과정에서 의뢰인과의 사이에 신뢰성과 업무수행의 공정성을 훼손할 우려가 크기에 양수의 대가를 지불하였는지를 불문하고 금지할 필요가 있다. 양수가 금지되는 권리에는 계쟁목적물은 포함되지 않으며 '계쟁 중'에만 양수가 금지된다는 점을 고려하면 변호사로 하여금 계쟁권리를 양수하지 못하도록 하는 것을 과도한 제한이라고 볼 수 없다. 따라서 이 조항은 변호사의 직업수행의 자유를 침해하지 않는다(헌재 2021.10.28. 2020헌바488).

③ (X) 불특정 다수를 상대로 유통되는 식품으로 인하여 생기는 위생상의 위해를 방지하고 식품의 안전성에 대한 신뢰를 확보하여 국민들이 안심하고 식품을 구입·섭취할 수 있도록 함으로써 국민보건을 증진하려는 공익은 중대하다. 식품의 섭취로 부작용이 발생하거나 건강이 훼손되면 원상회복이 매우 어렵거나 치명적인 손상이 발생할 수 있어 예방적이고 선제적인 조치가 요구된다. 심판대상 조항들이 식품의약품안전처장이 정하여 고시하는 식품의 범위를 판매를 목적으로 하는 식품으로 한정하고 있으며, 그 사유 역시 국민보건을 위하여 필요한 경우로 제한하고 있고, 심판대상 조항들이 정하고 있는 법정형 또한 과도하다고 보기 어렵다. 따라서 심판대상 조항들은 과잉금지원칙에 위배되어 직업수행의 자유를 침해하지 아니한다(헌재 2021.2.25. 2017헌바222).

47 0158 ○△×|○△×|○△× 2016 법원직 9급

기본권 제한의 한계원리인 과잉금지원칙에 관한 다음 설명 중 가장 옳은 것은? (다툼이 있는 경우 헌법재판소 결정에 의함)

① 헌법재판소는 구 형법상 혼인빙자간음죄에 대해 목적의 정당성은 물론, 수단의 적절성과 피해의 최소성 요건도 갖추지 못해 위헌이라고 보았다.

② 변호사시험 성적을 합격자에게 공개하지 않도록 규정한 변호사시험법의 규정은 법학전문대학원 간의 과다경쟁 등을 방지하기 위한 것으로 그 수단의 적절성이 인정되어 과잉금지원칙에 반하지 않는다.

③ 입법목적을 달성하기 위하여 가능한 여러 수단들 가운데 구체적으로 어느 것을 선택할 것인가의 문제는 기본적으로 입법재량에 속하지만, 반드시 가장 합리적이며 효율적인 수단을 선택해야 한다.

④ 입법자가 임의적 규정으로도 법의 목적을 실현할 수 있는 경우에 구체적 사안의 개별성과 특수성을 고려할 수 있는 가능성을 일체 배제하는 필요적 규정을 두었다고 해서 최소침해성의 원칙에 위배될 여지는 없다.

지문분석

난이도 상 정답 ①

| 키 워 드 | 과잉금지원칙

| 출제유형 | 판례

① (○) 혼인빙자간음죄는 목적의 정당성, 수단의 적절성 및 피해 최소성을 갖추지 못하였고 법익의 균형성도 이루지 못하였으므로, 헌법 제37조 제2항의 과잉금지원칙을 위반하여 남성의 성적자기결정권 및 사생활의 비밀과 자유를 과잉제한하는 것으로 헌법에 위반된다(헌재 2009.11.26. 2008헌바58).

② (×) 변호사시험 성적을 합격자에게 공개하지 않도록 규정한 변호사시험법 규정은, 입법목적은 정당하나 수단의 적절성이 인정되지 않으며 침해의 최소성 및 법익의 균형성 요건도 갖추지 못하였다. 따라서 과잉금지원칙에 위배하여 알 권리를 침해한다(헌재 2015.6.25. 2011헌마769).

③ (×) 입법목적을 달성하기 위하여 가능한 여러 수단들 가운데 구체적으로 어느 것을 선택할 것인가의 문제가 기본적으로 입법재량에 속하는 것이기는 하다. 그러나 위 입법재량이라는 것도 자유재량을 말하는 것은 아니므로 입법목적을 달성하기 위한 수단으로서 반드시 가장 합리적이며 효율적인 수단을 선택하여야 하는 것은 아니라고 할지라도 적어도 현저하게 불합리하고 불공정한 수단의 선택은 피하여야 할 것이다(헌재 1996.4.25. 92헌바47).

④ (×) 입법자가 임의적 규정으로도 법의 목적을 실현할 수 있는 경우에 구체적 사안의 개별성과 특수성을 고려할 수 있는 가능성을 일체 배제하는 필요적 규정을 둔다면 이는 비례의 원칙의 한 요소인 "최소침해성의 원칙"에 위배된다(헌재 2000.6.1. 99헌가11).

48 0159 ○△×|○△×|○△× 2020 국가직 7급

기본권 침해 여부의 심사에서 과잉금지원칙(비례원칙)이 적용된 경우가 아닌 것은? (다툼이 있는 경우 판례에 의함)

① 고졸검정고시 또는 고입검정고시에 합격한 자는 해당 검정고시에 다시 응시할 수 없도록 응시자격을 제한한 것이 해당 검정고시 합격자의 교육을 받을 권리를 침해하는지 여부

② 교육공무원인 대학 교원을 교원의 노동조합 설립 및 운영 등에 관한 법률의 적용대상에서 배제한 것이 교육공무원인 대학 교원의 단결권을 침해하는지 여부

③ 세종특별자치시의 특정구역 내 건물에 입주한 업소에 대해 업소별로 표시할 수 있는 광고물의 총 수량을 원칙적으로 1개로 제한한 것이 업소 영업자의 표현의 자유 및 직업수행의 자유를 침해하는지 여부

④ 자율형 사립고등학교를 지원한 학생에게 평준화지역 후기학교 주간부에 중복 지원하는 것을 금지한 것이 자율형 사립고등학교에 진학하고자 하는 학생의 평등권을 침해하는지 여부

지문분석

난이도 하 정답 ②

| 키 워 드 | 과잉금지원칙

| 출제유형 | 판례

② (×) 대학 교원에는 교육공무원인 교원과 교육공무원이 아닌 교원이 모두 포함되어 있다. 이 사건에서는 대학 교원을 교육공무원 아닌 대학 교원과 교육공무원인 대학 교원으로 나누어, 각각의 단결권에 대한 제한이 헌법에 위배되는지 여부에 관하여 살펴보기로 하되, 교육공무원 아닌 대학 교원에 대해서는 과잉금지원칙 위배 여부를 기준으로, 교육공무원인 대학 교원에 대해서는 입법형성의 범위를 일탈하였는지 여부를 기준으로 나누어 심사하기로 한다. … (중략) … 그러므로 심판대상 조항은 과잉금지원칙에 위배되어 교육공무원 아닌 대학 교원의 단결권을 침해한다(헌재 2018.8.30. 2015헌가38).

① (○) 검정고시 응시자격을 제한하는 것은, 국민의 교육받을 권리 중 그 의사와 능력에 따라 균등하게 교육받을 것을 국가로부터 방해받지 않을 권리, 즉 자유권적 기본권을 제한하는 것이므로, 그 제한에 대하여는 헌법 제37조 제2항의 비례원칙에 의한 심사, 즉 과잉금지원칙에 따른 심사를 받아야 할 것이다(헌재 2012.5.31. 2010헌마139 등).

③ (○) 상업광고 규제에 관한 비례의 원칙 심사에 있어서 침해의 최소성원칙은 같은 목적을 달성하기 위하여 달리 덜 제약적인 수단이 없을 것인지 혹은 입법목적을 달성하기 위하여 필요한 최소한의 제한인지를 심사하기 보다는 입법목적을 달성하기 위하여 필요한 범위 내의 것인지를 심사하는 정도로 완화되는 것이 상당하다. 따라서 심판대상 조항들이 비례의 원칙에 위배되어 청구인들의 표현의 자유 및 직업수행의 자유를 침해한다고 볼 수 없다(헌재 2016.3.31. 2014헌마794).

④ (○) 비록 고등학교 교육이 의무교육은 아니지만 매우 보편화된 일반교육임을 알 수 있다. 따라서 고등학교 진학 기회의 제한은 대학 등 고등교육기관에 비하여 당사자에게 미치는 제한의 효과가 더욱 크므로 보다 더 엄격히 심사하여야 한다. 따라서 이 사건 중복지원금지 조항의 차별 목적과 차별의 정도가 비례원칙을 준수하는지 살펴본다(헌재 2019.4.11. 2018헌마221).

49 0160 ○△×|○△×|○△× 2017 변호사(변형)

기본권의 내재적 한계에 관한 다음 설명 중 옳지 않은 것은?

① 음란표현은 헌법 제21조가 규정하는 언론·출판의 자유의 보호영역 내에 있다고 볼 것인바, 종전에 이와 견해를 달리하여 음란표현은 헌법 제21조가 규정하는 언론·출판의 자유의 보호영역에 해당하지 아니한다는 취지로 판시한 우리 재판소의 의견을 변경한 바 있다.

② 독일에서 발전한 기본권의 내재적 한계이론은 독일 기본법상 존재하는 '법률유보 없는 기본권'인 절대적 기본권을 제한하기 위한 이론이므로 일반적 법률유보조항을 두고 있는 한국 헌법에서는 기본권의 내재적 한계이론을 논의할 필요성도 없고 존재 의미도 없다고 할 것이다.

③ 모든 기본권은 그 개념상 일정한 한계를 내포하고 있다. 이는 자유권 행사의 원칙적 한계로서 '공동체 내에서 자유'라는 본질로부터 나오는 필연적 결과이다.

④ 우리 헌법재판소는 "간통은 일부일처제에 기초한 혼인이라는 사회적 제도를 훼손하고 가족공동체의 유지·보호에 파괴적인 영향을 미치는 행위라는 점에서 개인의 성적자기결정권의 보호영역에 포함되어 있다고 보기 어렵다."라고 판시함으로써 독일의 기본권의 내재적 한계이론을 인정하여 법률유보가 없는 기본권이라도 기본권의 내재적 한계를 통한 기본권 제한이 정당화될 수 있음을 인정하였다.

지문분석 난이도 ㊤ 정답 ④

| 키 워 드 | 기본권의 내재적 한계

| 출제유형 | 이론 + 판례

④ (X) 혼인제도 및 부부 간 정조의무 보호라는 공익이 더 이상 심판대상 조항을 통하여 달성될 것으로 보기 어려운 반면, 심판대상 조항은 국민의 성적자기결정권 등의 기본권을 지나치게 제한하고 있으므로 법익 균형성도 상실하였다. 결국 심판대상 조항은 과잉금지원칙에 위배하여 국민의 성적자기결정권 및 사생활의 비밀과 자유를 침해하는 것으로서 헌법에 위반된다(헌재 2015.2.26. 2009헌바17).

① (O) 음란표현이 언론·출판의 자유의 보호영역에 해당하지 아니한다고 해석할 경우 음란표현에 대하여는 언론·출판의 자유의 제한에 대한 헌법상의 기본원칙, 예컨대 명확성의 원칙, 검열 금지의 원칙 등에 입각한 합헌성 심사를 하지 못하게 될 뿐만 아니라, 기본권 제한에 대한 헌법상의 기본원칙, 예컨대 법률에 의한 제한, 본질적 내용의 침해금지원칙 등도 적용하기 어렵게 되는 결과, 모든 음란표현에 대하여 사전 검열을 받도록 하고 이를 받지 않은 경우 형사처벌을 하거나, 유통목적이 없는 음란물의 단순소지를 금지하거나, 법률에 의하지 아니하고 음란물출판에 대한 불이익을 부과하는 행위 등에 대한 합헌성 심사도 하지 못하게 됨으로써, 결국 음란표현에 대한 최소한의 헌법상 보호마저도 부인하게 될 위험성이 농후하게 된다는 점을 간과할 수 없다(헌재 2009.5.28. 2006헌바109).

② (O) 기본권의 내재적 한계이론은 독일 헌법에 일반적 법률유보가 없는 결과 개별적 법률유보가 없는 기본권(이른바 절대적 기본권)을 제한할 필요성에서 전개되기 시작하여 기본권 일반에 대한 불문의 제한이론이다. 우리 헌법은 제37조 제2항에 따라 국민의 '모든 자유와 권리'는 법률로써 제한할 수 있기 때문에 독일에서 이른바 절대적 기본권의 제한을 위해 구성된 기본권의 내재적 한계이론을 도입할 여지는 없다고 본다.

③ (O) 기본권의 내재적 한계는 독일식의 '기본권의 내재적 한계'와 전혀 다른 의미로 사용되기도 한다. 이는 자유권의 내재적 한계, 즉 '공동체 내에서 개인의 자유의 한계'를 의미한다. 기본권이라는 개념 자체가 일정한 인간공동체를 전제로 하고 있는 개념일 수밖에 없기 때문에 국민의 기본권의 보장이라고 하더라도 일정한 한계가 있기 마련이다. 공동체의 전제 없이는 권리라는 개념은 그 자체가 무의미한 것이 되고 만다. 그런 의미에서 '기본권의 내재적 한계'라는 개념은 기본권 제한의 이념적 기초를 이룬다고 할 수 있다.

50 0161 ○△×|○△×|○△× 2019 지방직 7급(변형)

기본권의 본질적 내용 침해금지의 의미와 관련된 설명으로 옳지 않은 것은? (다툼이 있는 경우 판례에 의함)

① 기본권의 본질적 내용에 대한 침해금지 규정은 제3차 개정헌법에서 처음으로 규정되었으나 제7차 개정헌법에서 삭제되었다가 제8차 개정헌법에서 다시 부활하였다.

② 어떠한 경우에도 기본권의 본질적 내용은 침해될 수 없다는 입장에서는, 기본권의 본질적 내용을 침해하지 않는 경우에는 과잉금지의 원칙도 준수되었다고 본다.

③ 본질적 내용침해 금지와 관련하여 우리 헌법재판소가 절대설의 입장에서 판시한 경우도 있고 상대설의 입장에서 판시한 경우도 있다.

④ 헌법재판소에 따르면 기본권의 본질적 내용은 만약 이를 제한하는 경우에는 기본권 그 자체가 무의미하여지는 경우에 그 본질적인 요소를 말하는 것으로서, 이는 개별 기본권마다 다를 수 있을 것이라고 한다.

지문분석 난이도 ⓗ 정답 ②

| 키 워 드 | 기본권의 내재적 한계

| 출제유형 | 이론 + 판례

② (X) 본질적 내용이 침해되지 않았다고 하더라도 과잉금지의 원칙에 위배될 수 있다.

① (O) 기본권의 본질적 내용의 침해금지 조항은 독일기본법 제19조 제2항을 모방한 것으로 우리나라에서는 제2공화국 헌법에서 처음 규정되어 제3공화국 헌법에서도 유지되었으나, 제4공화국 헌법에서는 폐지되었다가 제5공화국 헌법에서 부활되었다.

③ (O) 헌법재판소는 개별 기본권에 있어서 본질적 내용의 의미를 적극적으로 규명하려는 태도를 보이고 있다. 그리고 비례의 원칙과 본질적 내용침해금지를 별도의 심사기준으로 삼으려 하고 있다. 그러나 헌법재판소는 비례원칙(과잉금지원칙)의 위배가 바로 기본권의 본질적 내용의 침해가 된다고 판시(헌재 1992.4.28. 90헌바24)하여 비례의 원칙과 본질적 내용침해 금지를 사실상 동일시하는 경향도 있고, 비례원칙(과잉금지의 원칙)의 위배가 바로 기본권의 본질적 내용을 침해한 것이라고는 할 수 없다고 판시한 예(헌재 1990.11.19. 90헌가48; 헌재 1992.12.24. 92헌가8; 헌재 1994.12.29. 93헌바21)도 있다. 특히 사형제도와 관련하여 예외적으로 생명권도 법률유보의 대상이 될 수 있는 것으로 보고 있다. 따라서 헌법재판소가 절대설과 상대설 가운데 어느 입장을 취하고 있는지 분명하지 않다.

④ (O) 기본권을 국가안전보장, 질서유지와 공공복리를 위하여 필요한 경우에는 법률로써 제한할 수 있으나 그 본질적인 내용은 침해할 수 없다(헌법 제37조 제2항). 기본권의 본질적 내용은 만약 이를 제한하는 경우에는 기본권 그 자체가 무의미하여지는 경우에 그 본질적인 요소를 말하는 것으로서, 이는 개별 기본권마다 다를 수 있을 것이다(본질적 내용의 침해금지)(헌재 1995.4.20. 92헌바29).

51 0162 ○△×|○△×|○△× 2015 국가직 7급

기본권의 제한에 대한 헌법재판소 결정으로 옳은 것은?

① 집회 및 시위에 관한 법률의 옥외집회·시위의 사전신고제도는 헌법 제21조 제2항의 사전허가금지에 위배된다.

② 이른바 '강제적 셧다운제'를 규정한 구 청소년 보호법 조항은 각종 게임 중 인터넷게임만을 적용대상으로 하고 있는바, 인터넷을 이용하지 않는 다른 게임 및 모바일기기를 이용한 인터넷게임과 비교하여 차별에 합리적 이유가 있으므로 국내 인터넷게임 제공자들의 평등권을 침해하지 않는다.

③ 피청구인인 부산구치소장이 청구인이 미결수용자 신분으로 구치소에 수용되었던 기간 중 교정시설 안에서 매주 실시하는 종교집회 참석을 제한한 행위는 청구인의 종교의 자유 중 종교적 집회·결사의 자유를 제한하지 않는다.

④ 특정 범죄자에 대한 보호관찰 및 전자장치 부착 등에 관한 법률에 의한 전자장치 부착기간 동안 다른 범죄를 저질러 구금된 경우, 그 구금기간이 부착기간에 포함되지 않은 것으로 규정한 위 법률 조항은 사생활의 비밀과 자유, 개인정보자기결정권을 침해한다.

지문분석 난이도 ⓢ 정답 ②

| 키 워 드 | 기본권의 제한

| 출제유형 | 판례

② (O) 인터넷게임은 주로 동시 접속자와의 상호교류를 통한 게임 방식을 취하고 있어 중독성이 강한 편이고, 정보통신망서비스가 제공되는 곳이면 언제나 쉽게 접속하여 장시간 이용으로 이어질 가능성이 크다는 점에서, 다른 게임과 달리 인터넷게임에 대해서만 강제적 셧다운제를 적용하는 것에는 합리적 이유가 있다(헌재 2014.4.24. 2011헌마659).

① (X) 집회시위법의 사전신고는 경찰관청 등 행정관청으로 하여금 집회의 순조로운 개최와 공공의 안전보호를 위하여 필요한 준비를 할 수 있는 시간적 여유를 주기 위한 것으로서, 협력의무로서의 신고이다. 집회시위법 전체의 규정 체제에서 보면 집회시위법은 일정한 신고절차만 밟으면 일반적·원칙적으로 옥외집회 및 시위를 할 수 있도록 보장하고 있으므로, 집회에 대한 사전신고제도는 헌법 제21조 제2항의 사전허가금지에 위배되지 않는다(헌재 2014.1.28. 2011헌바174).

③ (X) 종교의 자유는 일반적으로 신앙의 자유, 종교적 행위의 자유 및 종교적 집회·결사의 자유 등 3요소로 구성되어 있다고 한다. 그 중 종교적 집회·결사의 자유는 종교적 목적으로 같은 신자들이 집회하거나 종교단체를 결성할 자유를 말하는데, 피청구인인 부산구치소장이 청구인이 미결수용자 신분으로 구치소에 수용되었던 기간 중 교정시설 안에서 매주 실시하는 종교집회 참석을 제한한 행위는 청구인이 종교집회에 참석하는 것을 제한한 행위이므로 청구인의 종교의 자유, 특히 종교적 집회·결사의 자유를 제한한 것이며, 과잉금지원칙을 위반하여 청구인의 종교의 자유를 침해한 것이다(헌재 2014.6.26. 2012헌마782).

④ (X) 전자장치 부착기간 동안 다른 범죄를 저질러 구금된 경우, 그 구금기간이 부착기간에 포함되지 않은 것으로 규정한 위 법률 조항은 사생활의 비밀과 자유, 개인정보자기결정권을 침해하지 않는다(헌재 2013.7.25. 2011헌마781).

52 0163 ○△×|○△×|○△× 2022 경찰 1차

기본권의 제한에 관한 설명 중 가장 적절하지 않은 것은? (다툼이 있는 경우 판례에 의함)

① 형법 제304조 중 "혼인을 빙자하여 음행의 상습없는 부녀를 기망하여 간음한 자" 부분은 형벌규정을 통하여 추구하고자 하는 목적 자체가 헌법에 의하여 허용되지 않는 것으로서 그 정당성이 인정되지 않는다.

② 배우자 있는 자의 간통행위 및 그와의 상간행위를 2년 이하의 징역에 처하도록 규정한 형법 제241조는 선량한 성풍속 및 일부일처제에 기초한 혼인제도를 보호하고 부부간 정조의무를 지키게 하기 위한 것으로 그 입법목적의 정당성은 인정된다.

③ 운전면허를 받은 사람이 다른 사람의 자동차 등을 훔친 경우에는 운전면허를 필요적으로 취소하도록 한 구 도로교통법 조항 중 '다른 사람의 자동차 등을 훔친 경우' 부분은 다른 사람의 자동차 등을 훔친 범죄행위에 대한 행정적 제재를 강화하여 자동차 등의 운행과정에서 야기될 수 있는 교통상의 위험과 장해를 방지함으로써 안전하고 원활한 교통을 확보하고자 하는 것으로서 그 입법목적이 정당하다.

④ 형법 제269조 제1항의 자기낙태죄 조항은 태아의 생명을 보호하기 위한 것으로서 그 입법목적은 정당하지만, 낙태를 방지하기 위하여 임신한 여성의 낙태를 형사처벌하는 것은 이러한 입법목적을 달성하는 데 적절하고 실효성 있는 수단이라고 할 수 없다.

지문분석 난이도 ⓗ 정답 ④

| 키 워 드 | 기본권의 제한

| 출제유형 | 판례

④ (X) 자기낙태죄 조항은 태아의 생명을 보호하기 위한 것으로서 그 입법목적이 정당하고, 낙태를 방지하기 위하여 임신한 여성의 낙태를 형사처벌하는 것은 이러한 입법목적을 달성하는 데 적합한 수단이다. 따라서 자기낙태죄 조항은 입법목적을 달성하기 위하여 필요한 최소한의 정도를 넘어 임신한 여성의 자기결정권을 제한하고 있어 침해의 최소성을 갖추지 못하고 있으며, 법익균형성의 원칙도 위반하였다고 할 것이므로, 과잉금지원칙을 위반하여 임신한 여성의 자기결정권을 침해하는 위헌적인 규정이다(헌재 2019.4.11. 2017헌바127).

① (○) 남성의 여성에 대한 유혹의 방법은 남성의 내밀한 성적자기결정권의 영역에 속하는 것이고, 또한 애정행위는 그 속성상 과장이 수반되게 마련이다. 이러한 관점에서 우리 형법이 혼전 성관계를 처벌대상으로 하지 않고 있는 이상, 혼전 성관계의 과정에서 이루어지는 통상적 유도행위 또한 처벌하여서는 아니 되는 것이다. … 따라서 이 사건 법률조항의 경우 형벌규정을 통하여 추구하고자 하는 목적 자체가 헌법에 의하여 허용되지 않는 것으로서 그 정당성이 인정되지 않는다고 할 것이다(헌재 2009.11.26. 2008헌바58 등).

② (○) 심판대상 조항은 선량한 성풍속 및 일부일처제에 기초한 혼인제도를 보호하고 부부간 정조의무를 지키게 하기 위한 것으로 그 입법목적의 정당성은 인정된다. 결국, 심판대상 조항은 수단의 적절성 및 침해최소성을 갖추지 못하였고 법익의 균형성도 상실하였으므로, 과잉금지원칙을 위반하여 국민의 성적자기결정권 및 사생활의 비밀과 자유를 침해하는 것으로 헌법에 위반된다(헌재 2015.2.26. 2009헌바17 등).

③ (○) 심판대상 조항은 다른 사람의 자동차 등을 훔친 범죄행위에 대한 행정적 제재를 강화하여 자동차 등의 운행과정에서 야기될 수 있는 교통상의 위험과 장해를 방지함으로써 안전하고 원활한 교통을 확보하고자 하는 것으로서 그 입법목적이 정당하다. 따라서 자동차 절취행위에 이르게 된 경위, 행위의 태양, 당해 범죄의 경중이나 그 위법성의 정도, 운전자의 형사처벌 여부 등 제반사정을 고려할 여지를 전혀 두지 아니한 채 다른 사람의 자동차 등을 훔친 모든 경우에 필요적으로 운전면허를 취소하는 것은, 그것이 달성하려는 공익의 비중에도 불구하고 운전면허 소지자의 직업의 자유 내지 일반적 행동의 자유를 과도하게 제한하는 것이다. 그러므로 심판대상 조항은 직업의 자유 내지 일반적 행동의 자유를 침해한다(헌재 2017.5.25. 2016헌가6).

53 0164 ○△×|○△×|○△× 2019 경찰 승진

기본권의 제한·침해에 대한 헌법재판소 결정에 부합되지 않는 것은?

① 2015.1.1.부터 모든 일반음식점영업소를 금연구역으로 지정하여 운영하도록 한 국민건강증진법 시행규칙 조항은 청구인의 직업수행의 자유를 침해하지 않는다.

② 디엔에이감식시료채취영장 발부과정에서 채취대상자에게 자신의 의견을 밝히거나 영장 발부 후 불복할 수 있는 절차 등에 관하여 규정하지 아니한 디엔에이신원확인정보의 이용 및 보호에 관한 법률 조항은 청구인들의 재판청구권을 침해하지 않는다.

③ 수용자가 작성한 집필문의 외부반출을 불허하고 이를 영치할 수 있도록 규정한 형의 집행 및 수용자의 처우에 관한 법률 조항은 수용자의 통신의 자유를 침해하지 않는다.

④ 통계청장이 2015 인구주택총조사의 방문 면접조사를 실시하면서, 담당 조사원을 통해 청구인에게 2015 인구주택총조사 조사표의 조사항목들에 응답할 것을 요구한 행위는 청구인의 개인정보자기결정권을 침해하지 않는다.

지문분석 난이도 중 정답 ②

| 키 워 드 | 기본권의 제한과 침해

| 출제유형 | 판례

② (X) 디엔에이감식시료채취영장에 따른 디엔에이감식시료 채취 및 등록과정에서 채취대상자는 신체의 자유, 개인정보자기결정권 등 기본권을 제한받게 된다. 그럼에도 불구하고 이 사건 영장절차 조항이 채취대상자에게 디엔에이감식시료채취영장 발부과정에서 자신의 의견을 진술할 수 있는 기회를 절차적으로 보장하고 있지 않을 뿐만 아니라, 발부 후 그 영장 발부에 대하여 불복할 수 있는 기회를 주거나 채취행위의 위법성 확인을 청구할 수 있도록 하는 구제절차마저 마련하고 있지 않음으로써, 채취대상자의 재판청구권은 형해화되고 채취대상자는 범죄수사 내지 예방의 객체로만 취급받게 된다. … 이상의 사정들을 종합하면, 위와 같은 입법상의 불비가 있는 이 사건 영장절차 조항은 채취대상자인 청구인들의 재판청구권을 과도하게 제한하므로, 침해의 최소성원칙에 위반된다. … 따라서 이 사건 영장절차 조항은 과잉금지원칙을 위반하여 청구인들의 재판청구권을 침해한다(헌재 2018.8.30. 2016헌마344 등).

① (O) 심판대상 조항은 음식점 영업 자체를 금지하는 것이 아니고 영업방식을 한정적으로 제한하고 있을 뿐이다. 반면에 간접흡연의 위험으로부터 국민의 건강을 보호하고 증진하는 것은 매우 중요한 법익이다. 생명·신체의 안전에 관한 권리는 인간의 존엄과 가치의 근간을 이루는 기본권일 뿐만 아니라, 헌법은 제36조 제3항에서 국민의 보건에 관한 국가의 보호 의무를 특별히 강조하고 있기도 하다. 음식점 시설 전체를 금연구역으로 지정함으로써 음식점 영업자가 입게 될 불이익보다 간접흡연을 차단하여 이로 인한 폐해를 예방하고 국민의 생명·신체를 보호하고자 하는 공익이 더욱 큰 이상, 심판대상 조항은 법익의 균형성도 충족하고 있다. 심판대상 조항은 과잉금지원칙에 위반되어 청구인의 직업수행의 자유를 침해한다고 할 수 없다(헌재 2016.6.30. 2015헌마813).

③ (O) 심판대상 조항은 수용자의 처우 또는 교정시설의 운영에 관하여 명백하게 거짓 사실을 포함하고 있거나, 타인의 사생활의 비밀이나 자유를 침해하거나 교정시설의 안전과 질서를 해치고 수형자의 교정교화와 건전한 사회복귀를 저해할 우려가 있는 내용을 포함하는 집필문의 반출로 인해 야기될 사회적 혼란과 위험을 사전에 예방하고, 교정시설 내의 규율과 수용질서를 유지하고 수용자의 교화와 사회복귀를 원활하게 하려는 것으로 그 입법목적의 정당성이 인정된다. 이러한 사유에 해당하는 집필문의 외부 반출을 금하는 것은 입법목적을 달성하기 위한 적절한 수단에 해당한다. … 따라서 심판대상 조항은 수용자의 통신의 자유를 침해하지 아니한다(헌재 2016.5.26. 2013헌바98).

④ (O) 인구주택총조사는 앞서 본 것처럼 사회 전체 상황을 조망할 수 있는 국가의 기본 통계조사로서, 그 조사결과를 정책수립과 각종 통계작성의 기초자료나 경제·사회현상의 연구·분석 등에 활용하고자 함에 그 목적이 있다. 담당 조사원으로 하여금 청구인의 가구에 방문하여 청구인에게 피청구인이 작성한 2015 인구주택총조사 조사표의 조사항목들에 응답할 것을 요구한 심판대상 행위는, 행정자료로 파악하기 곤란한 항목들을 방문 면접을 통해 조사하여 그 결과를 사회 현안에 대한 심층 분석과 각종 정책수립, 통계작성의 기초자료 또는 사회·경제현상의 연구·분석 등에 활용하도록 하고자 한 것이므로 그 목적이 정당하다. 15일이라는 짧은 방문 면접조사 기간 등 현실적 여건을 감안하면, 인근 주민을 조사원으로 채용하여 가구표본을 대상으로 행정자료로 파악하기 곤란한 표본조사 항목에 대한 정보를 수집하도록한 것은 이러한 목적을 달성하기 위한 적정한 수단이다. … 심판대상 행위가 과잉금지원칙을 위반하여 청구인의 개인정보자기결정권을 침해하였다고 볼 수 없다(헌재 2017.7.27. 2015헌마1094).

5 기본권의 갈등

54 0165 ○△×|○△×|○△× 2022 경찰 간부

기본권 갈등에 대한 설명으로 가장 적절하지 않은 것은? (다툼이 있는 경우 헌법재판소 판례에 의함)

① 민법상 채권자취소권이 헌법에 부합하는 이유는 채권자의 재산권과 채무자의 일반적 행동자유권 중에서 이익형량의 원칙에 비추어 채권자의 재산권이 상위의 기본권이기 때문이다.

② 형제·자매에게 가족관계등록부 등의 기록사항에 관한 증명서 교부청구권을 부여하는 것은 본인의 개인정보자기결정권을 제한하는 것으로 개인정보자기결정권 침해 여부를 판단한 이상 인간의 존엄과 가치 및 행복추구권, 사생활의 비밀과 자유는 판단하지 않는다.

③ 노동조합 및 노동관계조정법상 유니온 샵(Union Shop) 조항은 특정한 노동조합의 가입을 강제하는 단체협약의 체결을 용인하고 있으므로 근로자의 개인적 단결권과 노동조합의 집단적 단결권이 서로 충돌하는 경우에 해당하며 이를 기본권의 서열이론이나 법익형량의 원리에 입각하여 어느 기본권이 더 상위 기본권이라고 단정할 수는 없다.

④ 어떤 법령이 직업의 자유와 행복추구권 양자를 제한하는 외관을 띠는 경우 두 기본권의 경합문제가 발생하고, 보호영역으로서 '직업'이 문제될 때 행복추구권과 직업의 자유는 특별관계에 있다.

지문분석 난이도 ⓢ 정답 ①

| 키 워 드 | 기본권 갈등

| 출제유형 | 판례

① (X) 민법상 채권자취소제도는 채무자가 고의적으로 채권자의 공동담보가 되는 책임재산을 감소시키는 행위를 한 경우 정의와 형평의 관점에서 그 행위를 취소하고 당해 재산을 회복시킬 수 있는 권리를 채권자에게 부여한 것인데, 이 사건 법률조항도 같은 취지에서 국가에게 사해행위 취소권을 부여한 것이며, 국가의 조세채권 역시 민법상 금전채권과 본질적으로 다르지 않다는 점 등에 비추어 보면, 조세채권 행사의 주체가 일반 국민이 아니라 국가라는 이유만으로 채권자취소제도에 관한 민사 법리의 적용을 부인할 수는 없다. 따라서 민법 제406조의 법리를 이 사건 법률조항에 확장, 적용한다고 하여 재산권 보장의 원칙에 위반되는 것은 아니다(헌재 2013.11.28. 2012헌바22). 따라서 제도의 취지상 채권자의 권리를 우선적으로 보호하려는 것이 아니다.

② (O) 이 사건 법률조항에 의하여 인간의 존엄과 가치 및 행복추구권, 사생활의 비밀과 자유가 침해된다고 주장하나, 위 기본권들은 모두 개인정보자기결정권의 헌법적 근거로 거론되는 것으로서 청구인의 개인정보에 대한 공개와 이용이 문제되는 이 사건에서 개인정보자기결정권 침해 여부를 판단하는 이상 별도로 판단하지 않는다[헌재 2005.5.26. 99헌마513·2004헌마90(병합)].

③ (O) 노동조합의 가입을 강제함으로써 근로자의 단결하지 아니할 자유가 제한되므로 근로자의 단결하지 아니할 자유와 노동조합의 적극적 단결권 충돌이 발생한다. 근로자의 단결하지 아니할 자유는 헌법 제10조의 일반적 행동의 자유와 헌법 제21조의 결사의 자유에서 근거를 찾을 수 있고, 노동조합의 적극적 단결권은 헌법 제33조에서 보호된다. 근로3권은 특별법적 권리로써 우선적으로 보장되어야 하므로 근로자 개인의 자유권에 비하여 노동조합의 적극적 단결권을 우선시하더라도 근로자의 단결하지 아니할 자유의 침해라고 할 수 없다(헌재 2005.11.24. 2002헌바95 등).

④ (O) 어떠한 법령이 수범자의 직업의 자유와 행복추구권 양자를 제한하는 외관을 띠는 경우 두 기본권의 경합문제가 발생하는데, 보호영역으로서 '직업'이 문제되는 경우 행복추구권과 직업의 자유는 서로 일반특별관계에 있어 기본권의 내용상 특별성을 갖는 직업의 자유의 침해 여부가 우선하므로 행복추구권 관련 위헌 여부의 심사는 배제되어야 한다(헌재 2008.11.27. 2005헌마161 등).

55 0166 ○△×|○△×|○△× 2018 국가직 7급(변형)

기본권의 경합과 충돌에 관한 다음 설명들 중 옳은 것은? (다툼이 있는 경우 판례에 의함)

① 기본권 경합의 경우에는 기본권 침해를 주장하는 자의 의도 및 기본권을 제한하는 입법자의 객관적인 동기 등을 참작하여 사안과 가장 밀접한 관계에 있고 또 침해의 정도가 큰 주된 기본권을 중심으로 그 제한의 한계를 따져보아야 한다는 것이 헌법재판소 판례의 태도이다.

② 흡연권과 혐연권은 사생활의 자유를 실질적 핵으로 하는 것이며 흡연권과 혐연권의 충돌은 상하의 위계질서가 있는 기본권끼리의 충돌로 볼 수 없지만 혐연권은 사생활의 자유뿐만 아니라 생명권에까지 연결되는 것이므로 흡연권은 혐연권을 침해하지 않는 한에서 인정되어야 한다.

③ 정정보도청구권제도는 인격권과 표현의 자유가 충돌하는 경우에 인격적 가치 우선원칙에 따라 언론의 자유보다 인격권에 우선적 효력을 부여하여 기본권의 상충을 해결하는 방법이라 할 것이다.

④ 극장의 자유로운 운영에 대한 제한은 우선 공연물·영상물이 지니는 표현물 및 예술작품으로서의 성격에 대하여 직접적인 제한의 효과를 가할 뿐만 아니라 간접적으로 극장운영자의 직업의 자유에 대한 제한의 효과도 일으키는 것이므로 표현·예술의 자유의 침해 여부를 중심으로 살피면서 부가적으로 직업의 자유의 침해 여부에 대해서도 검토해 본다.

지문분석 난이도 ㊤ 정답 ①

| 키 워 드 | 기본권의 경합과 충돌

| 출제유형 | 판례

① (○) 하나의 규제로 인해 여러 기본권이 동시에 제약을 받는 기본권 경합의 경우에는 기본권 침해를 주장하는 제청신청인과 제청법원의 의도 및 기본권을 제한하는 입법자의 객관적 동기 등을 참작하여 사안과 가장 밀접한 관계에 있고 또 침해의 정도가 큰 주된 기본권을 중심으로 해서 그 제한의 한계를 따져 보아야 할 것이다(헌재 1998.4.30. 95헌가16).

② (X) 혐연권은 흡연과 마찬가지로 헌법 제17조, 헌법 제10조에서 그 헌법적 근거를 찾을 수 있다. 나아가 흡연이 흡연자는 물론 간접흡연에 노출되는 비흡연자들의 건강과 생명도 위협한다는 면에서 혐연권은 헌법이 보장하는 건강권과 생명권에 기하여서도 인정된다. 흡연자가 비흡연자에게 아무런 영향을 미치지 않는 방법으로 흡연을 하는 경우에는 기본권의 충돌이 일어나지 않는다. 그러나 흡연자와 비흡연자가 함께 생활하는 공간에서의 흡연행위는 필연적으로 흡연자의 기본권과 비흡연자의 기본권이 충돌하는 상황이 초래된다. 그런데 흡연권은 위와 같이 사생활의 자유를 실질적 핵으로 하는 것이고 혐연권은 사생활의 자유뿐만 아니라 생명권에까지 연결되는 것이므로 혐연권이 흡연권보다 상위의 기본권이라 할 수 있다. 이처럼 상하의 위계질서가 있는 기본권끼리 충돌하는 경우에는 상위 기본권우선의 원칙에 따라 하위기본권이 제한될 수 있으므로, 결국 흡연권은 혐연권을 침해하지 않는 한에서 인정되어야 한다(헌재 2004.8.26. 2003헌마457).

③ (X) 두 기본권이 충돌하는 경우에는 헌법의 통일성을 유지하기 위하여 상충하는 기본권 모두가 최대한으로 그 기능과 효력을 나타낼 수 있도록 하는 조화로운 방법이 모색되어야 할 것이므로, 결국은 이 법에 규정한 정정보도청구제도가 과잉금지의 원칙에 따라 그 목적이 정당한 것인가, 그러한 목적을 달성하기 위하여 마련된 수단 또는 언론의 자유를 제한하는 정도가 인격권과의 사이에 적정한 비례를 유지하는 것인가의 여부가 문제된다(헌재 1991.9.16. 89헌마165).

④ (X) 이와 같이 하나의 규제로 인해 여러 기본권이 동시에 제약을 받는 기본권 경합의 경우에는 기본권 침해를 주장하는 제청신청인과 제청법원의 의도 및 기본권을 제한하는 입법자의 객관적 동기 등을 참작하여 사안과 가장 밀접한 관계에 있고 또 침해의 정도가 큰 주된 기본권을 중심으로 해서 그 제한의 한계를 따져보아야 할 것이므로, 표현 및 예술의 자유의 제한은 극장 운영자의 직업의 자유에 대한 제한을 매개로 하여 간접적으로 제약되는 것이라 할 것이고, 입법자의 객관적인 동기 등을 참작하여 볼 때, 사안과 가장 밀접한 관계에 있고 또 침해의 정도가 가장 큰 주된 기본권은 직업의 자유라고 할 것이다. 따라서 직업의 자유의 침해 여부를 중심으로 살피는 가운데 표현·예술의 자유의 침해 여부에 대하여도 부가적으로 살펴보아야 한다(헌재 2004.5.27. 2003헌가1).

56 0167 ○△×|○△×|○△× 2017 경찰 승진

기본권 경합과 충돌에 대한 설명으로 가장 적절하지 않은 것은? (다툼이 있는 경우 판례에 의함)

① 수용자가 작성한 집필문의 외부반출을 불허하고 이를 영치할 수 있도록 한 것은 수용자의 통신의 자유와 표현의 자유를 제한한다.

② 혐연권은 흡연권보다 상위의 기본권이라 할 수 있고, 이처럼 상하의 위계질서가 있는 기본권끼리 충돌하는 경우에는 상위 기본권 우선원칙이 적용되므로 결국 흡연권은 혐연권을 침해하지 않는 한 인정된다.

③ 어떤 법령이 직업의 자유와 행복추구권 양자를 제한하는 외관을 띠는 경우 두 기본권의 경합 문제가 발생하는데, 보호영역으로서 '직업'이 문제될 때 직업의 자유는 행복추구권과의 관계에서 특별기본권의 지위를 가지므로, 행복추구권의 침해 여부에 대한 심사는 배제된다.

④ 반론권과 보도기관의 언론의 자유가 충돌하는 경우에는 헌법의 통일성을 유지하기 위하여 기본권 모두가 최대한으로 그 기능과 효력을 발휘할 수 있도록 하는 조화로운 방법이 모색되어야 한다.

지문분석 난이도 ㊥ 정답 ①

| 키 워 드 | 기본권의 경합과 충돌

| 출제유형 | 판례

① (X) 수용자가 작성한 집필문의 외부반출을 불허하고 이를 영치할 수 있도록 한 심판대상 조항은 집필문을 창작하거나 표현하는 것을 금지하거나 이에 대한 허가를 요구하는 조항이 아니라 이미 표현된 집필문을 외부의 특정한 상대방에게 발송할 수 있는지 여부에 대해 규율하는 것이므로, 제한되는 기본권은 헌법 제18조에서 정하고 있는 통신의 자유로 봄이 상당하며, 통신의 자유를 침해하지 않는다(헌재 2016.5.26. 2013헌바98).

② (O) 흡연권은 사생활의 자유를 실질적 핵으로 하는 것이고 혐연권은 사생활의 자유뿐만 아니라 생명권에까지 연결되는 것이므로 혐연권이 흡연권보다 상위의 기본권이다. 상하의 위계질서가 있는 기본권끼리 충돌하는 경우에는 상위기본권우선의 원칙에 따라 하위기본권이 제한될 수 있으므로, 흡연권은 혐연권을 침해하지 않는 한에서 인정되어야 한다(헌재 2004.8.26. 2003헌마457).

③ (O) 어떠한 법령이 수범자의 직업의 자유와 행복추구권 양자를 제한하는 외관을 띠는 경우 두 기본권의 경합 문제가 발생하는데, 보호영역으로서 '직업'이 문제되는 경우 행복추구권과 직업의 자유는 서로 일반특별관계에 있어 기본권의 내용상 특별성을 갖는 직업의 자유의 침해 여부가 우선하므로 행복추구권 관련 위헌 여부의 심사는 배제되어야 한다(헌재 2008.11.27. 2005헌마161 등).

④ (O) 정정보도청구권(반론권)과 보도기관의 언론의 자유가 충돌하는 경우에는 헌법의 통일성을 유지하기 위하여 상충하는 기본권 모두가 최대한으로 그 기능과 효력을 발휘할 수 있도록 하는 조화로운 방법이 모색되어야 한다[헌재 1991.9.16. 89헌마165; 헌재 2005.11.24. 2002헌바95·96, 2003헌바9(병합)].

57 0168 ○△×|○△×|○△× 2017 국회직 8급(변형)

기본권의 경합과 충돌에 관한 설명이다. 옳지 않은 것은?

① 일반적 기본권과 특별기본권이 경합하는 경우, '특별법 우선의 원칙'에 따라 당해 행위에 적용될 수 있는 기본권 중 특별법적 지위에 있는 기본권이 우선 적용된다.

② 헌법재판소는 공무원직에 관한 한 공무담임권은 직업의 자유에 우선하여 적용되는 특별법적 규정으로 직업의 자유의 적용은 배제된다고 판시하였다.

③ 누구든지 기부금품 모집을 금지하게 하고 예외적으로 행정자치부 장관의 허가를 받아 기부금품 모집을 허용하는 것은 행복추구권, 직업의 자유, 결사의 자유, 재산권과 평등권이 경합하게 되는 것이다.

④ 헌법재판소는 기본권 충돌의 문제에 관하여 충돌하는 기본권의 성격과 태양에 따라 그때그때마다 적절한 해결방법을 선택, 종합하여 이를 해결하여 왔다.

지문분석 난이도 ㊥ 정답 ③

| 키 워 드 | 기본권의 경합과 충돌

| 출제유형 | 이론 + 판례

③ (X) 기부금품의 모집행위는 행복추구권에 의하여 보호된다. 단체의 재정확보를 위한 모금행위가 단체의 결성이나 결성된 단체의 활동과 유지에 있어서 중요한 의미를 가질 수 있기 때문에 기부금품 모집행위의 제한이 결사의 자유에 영향을 미칠 수 있다는 것은 인정된다. 그러나 결사의 자유에 대한 제한은 기부금품 모집금지법 제3조가 가져오는 간접적이고 부수적인 효과일 뿐이다. 법 제3조가 규율하려고 하는 국민의 생활영역은 기부금품의 모집행위이므로, 모집행위를 보호하는 기본권인 행복추구권이 우선적으로 적용된다. 한편 청구인은 법 제3조가 재산권 행사의 자유를 침해한다고 주장하나, 법 제3조는 기부금품의 모집을 하고자 하는 자의 재산권 행사와는 전혀 무관할 뿐 아니라, 기부를 하고자 하는 자의 재산권 보장이란 관점에서 보더라도 기부를 하고자 하는 자에게는 기부금품의 모집행위와 관계없이 자신의 재산을 기부행위를 통하여 자유로이 처분할 수 있는 가능성은 법 제3조에 의한 제한에도 불구하고 변함없이 남아 있으므로, 법 제3조가 기부를 하고자 하는 자의 재산권 행사를 제한하지 아니한다. 물론, 기부를 하려는 국민도 타인의 모집행위를 통하여 누가 어떤 목적으로 기부금품을 필요로 하는가를 인식함으로써 기부행위의 동기와 기회를 부여받는다는 사실은 인정되지만, 법에 의한 제한은 단지 기부행위를 할 기회만을 제한할 뿐 재산권의 자유로운 처분에 대한 제한을 하는 것은 아니다. 국가의 간섭을 받지 아니하고 자유로이 기부행위를 할 수 있는 기회의 보장은 헌법상 보장된 재산권의 보호범위에 포함되지 않는다. 그렇다면 법 제3조에 의하여 제한되는 기본권은 행복추구권이다(헌재 1998.5.28. 96헌가5).

① (O) 기본권 경합의 해결이론 중 특별법 우선의 원칙에 대한 설명이다.

② (O) 공직의 경우 공무담임권은 직업선택의 자유에 대하여 특별기본권이어서 후자의 적용을 배제하므로, 사립학교 교원의 청구를 부적법한 것으로 보는 한 직업선택의 자유는 문제되지 아니한다(헌재 2000.12.14. 99헌마112 등).

④ (O) 헌법재판소는 기본권 충돌의 문제에 관하여 충돌하는 기본권의 성격과 태양에 따라 그때그때마다 적절한 해결방법을 선택, 종합하여 이를 해결하여 왔다(헌재 2005.11.24. 2002헌바95 등).

58 0169 ○△×|○△×|○△× 2016 국가직 7급

기본권 경합에 대한 헌법재판소 결정으로 옳은 것은?

① 수용자가 작성한 집필문의 외부반출을 불허하고 이를 영치할 수 있도록 한 것은 수용자의 통신의 자유와 표현의 자유를 제한한다.

② 종교단체가 양로시설을 설치하고자 하는 경우 신고하도록 의무를 부담시키는 것은 종교단체의 종교의 자유와 인간다운 생활을 할 권리를 제한한다.

③ 일반음식점 영업소에 음식점 시설 전체를 금연구역으로 지정하여 운영하여야 할 의무를 부담시키는 것은 음식점 운영자의 직업수행의 자유와 음식점 시설에 대한 재산권을 제한한다.

④ 형제·자매에게 가족관계등록부 등의 기록사항에 관한 증명서 교부청구권을 부여하는 것은 본인의 개인정보자기결정권을 제한하는 것으로 개인정보자기결정권 침해 여부를 판단한 이상 인간의 존엄과 가치 및 행복추구권, 사생활의 비밀과 자유는 판단하지 않는다.

지문분석 난이도 중 정답 ④

| 키 워 드 | 기본권의 경합

| 출제유형 | 판례

④ (○) 청구인은 형제·자매에게 가족관계등록부 등의 기록사항에 관한 증명서 교부청구권을 부여하는 이 사건 법률 조항에 의하여 인간의 존엄과 가치 및 행복추구권, 사생활의 비밀과 자유가 침해된다고 주장하나, 위 기본권들은 모두 개인정보자기결정권의 헌법적 근거로 거론되는 것으로서 청구인의 개인정보에 대한 공개와 이용이 문제되는 이 사건에서 개인정보자기결정권 침해 여부를 판단하는 이상 별도로 판단하지 않는다. 개인정보가 수록된 가족관계등록법상 각종 증명서를 본인의 동의 없이도 형제자매가 발급받을 수 있도록 하는 것은 과잉금지원칙을 위반하여 개인정보자기결정권을 침해한다(헌재 2016.6.30. 2015헌마924).

① (X) 청구인은 수용자가 작성한 집필문의 외부반출을 불허하고 이를 영치할 수 있도록 한 심판대상 조항에 의해 표현의 자유 또는 예술창작의 자유가 제한된다고 주장하나, 심판대상 조항은 집필문을 창작하거나 표현하는 것을 금지하거나 이에 대한 허가를 요구하는 조항이 아니라 이미 표현된 집필문을 외부의 특정한 상대방에게 발송할 수 있는지 여부에 대해 규율하는 것이므로, 제한되는 기본권은 헌법 제18조에서 정하고 있는 통신의 자유로 봄이 상당하다(헌재 2016.5.26. 2013헌바98).

② (X) 청구인은 종교단체가 양로시설을 설치하고자 하는 경우 신고하도록 의무를 부담시키는 심판대상 조항이 노인들의 거주·이전의 자유 및 인간다운 생활을 할 권리를 침해한다고 주장한다. 그러나 심판대상 조항은 종교단체에서 운영하는 양로시설도 일정규모 이상의 경우 신고하도록 한 규정일 뿐, 거주이전의 자유나 인간다운 생활을 할 권리의 제한을 불러온다고 볼 수 없다. 국가 또는 지방자치단체 외의 자가 양로시설을 설치하고자 하는 경우 신고하도록 한 노인복지법 조항으로 인하여, 종교시설에서 운영하는 양로시설이라고 하더라도 일정 규모 이상이라면 설치 시 신고하도록 규정한 것은 죄형법정주의의 명확성원칙에 반하지 아니하고, 과잉금지원칙에 위배되어 종교의 자유를 침해하지 아니한다(헌재 2016.6.30. 2015헌바46).

③ (X) 일반음식점영업소를 금연구역으로 지정하여 운영하도록 한 심판대상 조항은 청구인이 선택한 직업을 영위하는 방식과 조건을 규율하고 있으므로 청구인의 직업수행의 자유를 제한한다. 한편, 심판대상 조항은 청구인으로 하여금 음식점 시설과 그 내부 장비 등을 철거하거나 변경하도록 강제하는 내용이 아니므로, 이로 인하여 청구인의 음식점 시설 등에 대한 권리가 제한되어 재산권이 침해되는 것은 아니다(헌재 2016.6.30. 2015헌마813).

59 0170 ○△×|○△×|○△× 2013 사법고시(변형)

기본권의 충돌 내지 경합이 발생한 경우 해결방법에 관한 설명 중 옳지 않은 것은?

① 범죄수사를 위하여 통신제한조치를 받고 있는 자에게 법원의 허가를 통하여 그 통신제한조치기간을 2월의 범위 내에서 횟수 제한 없이 연장 받을 수 있도록 하는 통신비밀보호법은 헌법 제18조 통신의 자유 중에서도 가장 핵심 내용인 '통신의 비밀'을 제한하면서 동시에 사생활의 비밀을 침해받지 않을 권리와도 관련이 있지만 위와 같은 내용의 통신비밀보호법은 사생활의 비밀의 특별한 영역으로 헌법이 개별적인 기본권으로 보호하는 통신의 비밀을 제한하고 있다는 점에서 별도로 사생활의 비밀을 침해하는지 여부를 검토할 필요는 없다.

② 헌법 제20조 제1항은 종교의 자유를 따로 보장하고 있으므로 양심적 병역거부자를 처벌하는 경우 양심의 자유와 종교의 자유가 경합하므로 이 경우 특별 기본권인 종교의 자유 침해 여부를 중심으로 살피고 양심의 자유는 따로 살펴볼 필요가 없다는 것이 헌법재판소의 입장이다.

③ 기본권 경합의 경우에는 기본권 침해를 주장하는 제청신청인과 제청법원의 의도 및 기본권을 제한하는 입법자의 객관적 동기 등을 참작하여 사안과 가장 밀접한 관계에 있고 또 침해의 정도가 큰 주된 기본권을 중심으로 해결한다.

④ 재임용을 거부당한 교수들에게 재임용 거부사유 및 그 사전절차, 그리고 부당한 재임용 거부에 대하여 다툴 수 있는 사후의 구제절차에 관하여 아무런 규정을 두지 않은 법률 조항의 위헌 여부는 교원지위법정주의와 가장 밀접한 관계에 있다고 할 것이므로 교수기간임용제가 교원지위법정주의에 위반됨을 확인하는 이상, 그 밖에 청구인이 주장하는 교원지위법정주의 위반의 결과 초래될 수 있는 평등권, 학문의 자유, 재판청구권, 근로조건법정주의 위반 여부에 대하여는 따로 판단할 필요가 없다.

지문분석 난이도 상 정답 ②

| 키 워 드 | 기본권의 경합과 충돌

| 출제유형 | 판례

② (X) 헌법 제20조 제1항은 종교의 자유를 따로 보장하고 있으므로 양심적 병역거부가 종교의 교리나 종교적 신념에 따라 이루어진 것이라면, 이 사건 법률 조항에 의하여 양심적 병역거부자의 종교의 자유도 함께 제한된다. 그러나 양심의 자유는 종교적 신념에 기초한 양심뿐만 아니라 비종교적인 양심도 포함하는 포괄적인 기본권이므로, 이하에서는 양심의 자유를 중심으로 살펴보기로 한다(헌재 2004.8.26. 2002헌가1).

① (O) 이 사건 법률 조항은 범죄수사를 위하여 통신제한조치를 받고 있는 자에게 법원의 허가를 통하여 그 통신제한조치기간을 2월의 범위 내에서 횟수 제한 없이 연장 받을 수 있도록 하는 근거가 되어 헌법 제18조 통신의 자유 중에서도 가장 핵심 내용인 '통신의 비밀'을 제한하고 있다. 제청법원은 그 밖에 이 사건 법률 조항이 사생활의 비밀을 침해한다고도 주장하지만, 이 사건 법률 조항은 사생활의 비밀의 특별한 영역으로 헌법이 개별적인 기본권으로 보호하는 통신의 비밀을 제한하고 있다는 점에서 별도로 사생활의 비밀을 침해하는지 여부를 검토할 필요는 없다(헌재 2010.12.28. 2009헌가30).

③ (O) 하나의 규제로 인해 여러 기본권이 동시에 제약을 받는 기본권 경합의 경우에는 기본권 침해를 주장하는 제청신청인과 제청법원의 의도 및 기본권을 제한하는 입법자의 객관적 동기 등을 참작하여 사안과 가장 밀접한 관계에 있고 또 침해의 정도가 큰 주된 기본권을 중심으로 해서 그 제한의 한계를 따져 보아야 할 것이다(헌재 1998.4.30. 95헌가16).

④ (O) 어떤 법률 조항이 동시에 여러 헌법 규정에 위반되거나 기본권을 침해한다고 주장하는 경우에는 헌법 규정 위반 또는 기본권 침해를 주장하는 청구인의 의도 및 입법자의 객관적 동기 등을 참작하여 먼저 사안과 가장 밀접한 관계에 있는 헌법 규정이나 또는 침해의 정도가 큰 기본권을 중심으로 그 위헌 여부를 따져 보아야 한다. 이 사건의 경우 청구인의 주장취지 및 앞에서 살펴본 입법자의 동기를 고려하면 이 사건 법률 조항의 위헌 여부는 교원지위법정주의와 가장 밀접한 관계에 있다고 할 것이다. 따라서 이 사건 법률 조항이 교원지위법정주의에 위반되는지 여부를 먼저 살핀다. …그리고 위와 같이 이 사건 법률 조항이 규정하고 있는 기간임용제가 교원지위법정주의에 위반됨을 확인하는 이상, 그밖에 청구인이 주장하는바 교원지위법정주의 위반의 결과 초래될 수 있는 평등권, 학문의 자유, 재판청구권, 근로조건법정주의의 위반 여부에 대하여는 따로 판단하지 아니한다(헌재 2003.2.27. 2000헌바26).

60 0171 ○△×|○△×|○△× 2022 경찰 승진

기본권 충돌에 관한 설명 중 가장 적절하지 않은 것은? (다툼이 있는 경우 판례에 의함)

① 상이한 복수의 기본권 주체를 전제로 한다.
② 충돌하는 기본권이 반드시 상이한 기본권이어야 하는 것은 아니다.
③ 상하의 위계질서가 있는 기본권끼리 충돌하는 경우에는 상위 기본권 우선의 원칙에 따라 하위 기본권이 제한될 수 있다.
④ 노동조합의 적극적 단결권은 근로자 개인의 단결하지 않을 자유보다 중시된다고 할 수 없어, 노동조합에 적극적 단결권(조직강제권)을 부여하는 것은 근로자의 단결하지 아니할 자유의 본질적인 내용을 침해한다.

지문분석 난이도 하 정답 ④

| 키 워 드 | 기본권 충돌
| 출제유형 | 판례

④ (X) 근로자에게 보장되는 적극적 단결권이 단결하지 아니할 자유보다 특별한 의미를 갖고 있고, 노동조합의 조직강제권도 이른바 자유권을 수정하는 의미의 생존권(사회권)적 성격을 함께 가지는 만큼 근로자 개인의 자유권에 비하여 보다 특별한 가치로 보장되는 점 등을 고려하면, 노동조합의 적극적 단결권은 근로자 개인의 단결하지 않을 자유보다 중시된다고 할 것이고, 또 노동조합에게 위와 같은 조직강제권을 부여한다고 하여 이를 근로자의 단결하지 아니할 자유의 본질적인 내용을 침해하는 것으로 단정할 수는 없다(헌재 2005.11.24. 2002헌바95 등).
① (O), ② (O) 기본권의 충돌이란 상이한 복수의 기본권 주체가 서로의 권익을 실현하기 위해 하나의 동일한 사건에서 국가에 대하여 서로 대립되는 기본권의 적용을 주장하는 경우를 말하는데, 한 기본권 주체의 기본권 행사가 다른 기본권 주체의 기본권 행사를 제한 또는 희생시킨다는 데 그 특징이 있다(헌재 2005.11.24. 2002헌바95 등).
③ (O) 상하의 위계질서가 있는 기본권끼리 충돌하는 경우에는 상위 기본권우선의 원칙에 따라 하위 기본권이 제한될 수 있으므로, 흡연권은 혐연권을 침해하지 않는 한에서 인정되어야 한다(헌재 2004.8.26. 2003헌마457).

6 기본권의 확인과 보장

61 0172 ○△×|○△×|○△× 2016 지방직 7급(변형)

국가의 기본권 확인과 보장의무에 관한 다음 설명 중 옳지 않은 것은? (다툼이 있는 경우 판례에 의함)

① 헌법 제10조에 따른 국가의 기본권 보호의무 위반심사와 관련하여, 헌법재판소는 권력분립의 관점에서 국가가 국민의 법익보호를 위하여 적어도 적절하고 효율적인 최소한의 보호조치를 취했는가 여부를 심사하는 소위 '과소보호금지원칙'을 적용하고 있다.
② 국가가 생명을 보호하는 입법적 조치를 취함에 있어 인간생명의 발달단계에 따라 그 보호 정도나 보호수단을 달리하는 것은 불가능하지 않다.
③ 국가는 직장선택의 자유로부터 근로자를 사용자에 의한 해고로부터 보호할 의무뿐만 아니라 그에게 원하는 직장을 제공하여 주고 한번 선택한 직장의 존속을 보호하여 줄 의무를 진다.
④ 진정입법부작위에 의한 기본권 침해에 대해서는 헌법소원을 제기할 수 있고, 이 경우에는 보충성의 예외에 해당하고 청구기간의 제한도 받지 않는다.

지문분석 난이도 중 정답 ③

| 키 워 드 | 기본권의 확인과 보장의무
| 출제유형 | 판례

③ (X) 직장선택의 자유는 개인이 그 선택한 직업분야에서 구체적인 취업의 기회를 가지거나, 이미 형성된 근로관계를 계속 유지하거나 포기하는 데에 있어 국가의 방해를 받지 않는 자유로운 선택·결정을 보호하는 것을 내용으로 한다. 그러나 이 기본권은 원하는 직장을 제공하여 줄 것을 청구하거나 한번 선택한 직장의 존속보호를 청구할 권리를 보장하지 않으며, 또한 사용자의 처분에 따른 직장상실로부터 직접 보호하여 줄 것을 청구할 수도 없다. 다만 국가는 이 기본권에서 나오는 객관적 보호의무, 즉 사용자에 의한 해고로부터 근로자를 보호할 의무를 질 뿐인바, 합리적 형량이라고 도저히 볼 수 없을 정도로 근로자나 사용자 중 어느 일방의 기본권 지위가 다른 상대방에 비하여 현저히 낮게 평가된 경우에만 직업의 자유의 보호의무 위반을 인정할 수 있을 것이다(헌재 2002.11.28. 2001헌바50).
① (O) 헌재 1997.1.16. 90헌마110 등
② (O) 헌재 2008.7.31. 2004헌바81
④ (O) 헌재 1994.12.29. 89헌마2

62 0173 ○△×|○△×|○△× 2021 국가직 5급

기본권 보호의무에 대한 설명으로 옳지 않은 것은? (다툼이 있는 경우 판례에 의함)

① 국가의 기본권 보호의무는 기본권적 법익을 기본권 주체인 사인에 의한 위법한 침해 또는 침해의 위험으로부터 보호해야 하는 국가의 의무로서 주로 사인인 제3자에 의한 개인의 생명이나 신체의 훼손에서 문제된다.

② 국가가 기본권 보호의무를 어떻게 실현할 것인지는 입법자의 책임범위에 속하는 것으로서 보호의무 이행을 위한 행위의 형식에 관하여도 폭넓은 형성의 자유가 인정되고, 반드시 법령에 의하여야 하는 것은 아니다.

③ 공직선거법이 선거운동을 위해 확성장치를 사용할 수 있는 기간과 장소, 시간, 사용 개수 등을 규정하고 있는 이상, 확성장치의 소음 규제기준을 정하지 않았다고 하여 기본권 보호의무를 과소하게 이행하였다고 볼 수는 없다.

④ 국가가 국민의 법익을 보호하기 위하여 아무런 보호조치를 취하지 않았든지 아니면 취한 조치가 법익을 보호하기에 명백하게 부적합하거나 불충분한 경우에 한하여 국가의 보호의무의 위반을 확인할 수 있다.

지문분석 난이도 중 정답 ③

| 키 워 드 | 기본권 보호의무

| 출제유형 | 판례

③ (X) 심판대상 조항이 선거운동의 자유를 감안하여 선거운동을 위한 확성장치를 허용할 공익적 필요성이 인정된다고 하더라도 정온한 생활환경이 보장되어야 할 주거지역에서 출근 또는 등교 이전 및 퇴근 또는 하교 이후 시간대에 확성장치의 최고출력 내지 소음을 제한하는 등 사용시간과 사용지역에 따른 수인한도 내에서 확성장치의 최고출력 내지 소음 규제기준에 관한 규정을 두지 아니한 것은, 국민이 건강하고 쾌적하게 생활할 수 있는 양호한 주거환경을 위하여 노력하여야 할 국가의 의무를 부과한 헌법 제35조 제3항에 비추어 보면, 적절하고 효율적인 최소한의 보호조치를 취하지 아니하여 국가의 기본권 보호의무를 과소하게 이행한 것이다. 따라서 심판대상 조항은 국가의 기본권 보호의무를 과소하게 이행한 것으로서, 청구인의 건강하고 쾌적한 환경에서 생활할 권리를 침해한다(헌재 2019.12.27. 2018헌마730).

① (O) 국가의 기본권 보호의무란 기본권적 법익을 기본권 주체인 사인에 의한 위법한 침해 또는 침해의 위험으로부터 보호하여야 하는 국가의 의무를 말하며, 주로 사인인 제3자에 의한 개인의 생명이나 신체의 훼손에서 문제되는 것이므로, 제3자에 의한 개인의 생명이나 신체의 훼손이 문제되는 사안이 아닌 이 사건에서는 이에 대해 판단할 필요가 없다(헌재 2015.12.23. 2011헌바139).

② (O) 국가가 국민의 생명·신체의 안전을 보호할 의무를 진다 하더라도, 국가의 보호의무를 입법자 또는 그로부터 위임받은 집행자가 어떻게 실현할 것인가 하는 문제는 원칙적으로 권력분립과 민주주의원칙에 따라 국민에 의하여 직접 민주적 정당성을 부여받고 자신의 결정에 대하여 정치적 책임을 지는 입법자의 책임범위에 속하므로, 헌법재판소는 단지 제한적으로만 입법자 또는 그로부터 위임받은 집행자에 의한 보호의무의 이행을 심사할 수 있다. … 여기서 국가가 기본권 보호의무를 이행함에 있어서는 그 행위의 형식에 관하여도 폭넓은 형성의 자유가 인정되고, 반드시 법령에 의하여 이행하여야 하는 것은 아니므로, 국가의 보호조치가 침해되는 기본권을 보호하는 데 적절한지 여부를 판단함에 있어서는 이 사건 결정 선고 시까지 취해진 국가행위를 전체적으로 고려하여 판단하여야 한다(헌재 2016.10.27. 2012헌마121).

④ (O) 입법자가 기본권 보호의무를 최대한 실현하는 것이 이상적이지만, 그러한 이상적 기준이 헌법재판소가 위헌 여부를 판단하는 심사기준이 될 수는 없으며, 헌법재판소는 권력분립의 관점에서 소위 "과소보호금지원칙"을, 즉 국가가 국민의 기본권 보호를 위하여 적어도 적절하고 효율적인 최소한의 보호조치를 취했는가를 기준으로 심사하게 된다. 따라서 입법부작위나 불완전한 입법에 의한 기본권의 침해는 입법자의 보호의무에 대한 명백한 위반이 있는 경우에만 인정될 수 있다. 다시 말하면 국가가 국민의 법익을 보호하기 위하여 아무런 보호조치를 취하지 않았든지 아니면 취한 조치가 법익을 보호하기에 명백하게 부적합하거나 불충분한 경우에 한하여 헌법재판소는 국가의 보호의무의 위반을 확인할 수 있을 뿐이다(헌재 2008.7.31. 2004헌바81).

63 0174 ○△×|○△×|○△× 2022 경찰 2차

기본권 보호의무에 관한 설명 중 가장 적절하지 않은 것은? (다툼이 있는 경우 판례에 의함)

① 국민의 생명·신체의 안전이 질병 등으로부터 위협받거나 받게 될 우려가 있는 경우 국가로서는 그 위험의 원인과 정도에 따라 사회·경제적인 여건 및 재정사정 등을 감안하여 국민의 생명·신체의 안전을 보호하기에 필요한 적절하고 효율적인 입법·행정상의 조치를 취하여 그 침해의 위험을 방지하고 이를 유지할 포괄적인 의무를 진다.

② 담배사업법은 담배성분의 표시나 경고문구의 표시, 담배광고의 제한 등 여러 규제들을 통하여 직접흡연으로부터 국민의 생명·신체의 안전을 보호하려고 노력하고 있으므로 담배사업법이 국가의 보호의무에 관한 과소보호금지원칙을 위반하여 청구인의 생명·신체의 안전에 관한 권리를 침해하였다고 볼 수 없다.

③ 구 전원개발촉진법 제2조 제1호에서 원전 건설을 내용으로 하는 전원개발사업 실시계획에 대한 승인권한을 다른 전원개발과 마찬가지로 산업통상자원부장관에게 부여하고 있다 하더라도, 국가가 국민의 생명·신체의 안전을 보호하기 위하여 필요한 최소한의 보호조치를 취하지 아니한 것이라고 보기는 어렵다.

④ 대통령은 행정부의 수반으로서 국가가 국민의 생명과 신체의 안전 보호의무를 충실하게 이행할 수 있도록 권한을 행사하고 직책을 수행하여야 하는 의무를 부담하므로, 국민의 생명이 위협받는 재난상황이 발생한 경우 직접 구조활동에 참여하여야 하는 등 구체적이고 특정한 행위의무까지 발생한다고 볼 수 있다.

지문분석 난이도 하 정답 ④

| **키 워 드** | 기본권 보호의무

| **출제유형** | 판례

④ (X) 대통령은 행정부의 수반으로서 국가가 국민의 생명과 신체의 안전 보호의무를 충실하게 이행할 수 있도록 권한을 행사하고 직책을 수행하여야 하는 의무를 부담한다. 하지만 국민의 생명이 위협받는 재난상황이 발생하였다고 하여 피청구인이 직접 구조활동에 참여하여야 하는 등 구체적이고 특정한 행위의무까지 바로 발생한다고 보기는 어렵다. 세월호 참사에 대한 피청구인의 대응조치에 미흡하고 부적절한 면이 있었다고 하여 곧바로 피청구인이 생명권 보호의무를 위반하였다고 인정하기는 어렵다(헌재 2017.3.10. 2016헌나1).

① (O) 국가가 국민의 생명·신체의 안전을 보호할 의무를 진다 하더라도, 국가의 보호의무를 입법자 또는 그로부터 위임받은 집행자가 어떻게 실현할 것인가 하는 문제는 원칙적으로 권력분립과 민주주의 원칙에 따라 국민에 의하여 직접 민주적 정당성을 부여받고 자신의 결정에 대하여 정치적 책임을 지는 입법자의 책임범위에 속하므로, 헌법재판소는 단지 제한적으로만 입법자 또는 그로부터 위임받은 집행자에 의한 보호의무의 이행을 심사할 수 있다. 그렇다면 국가가 국민의 생명·신체의 안전에 대한 보호의무를 다하지 않았는지 여부를 헌법재판소가 심사할 때에는, 국가가 이를 보호하기 위하여 적어도 적절하고 효율적인 최소한의 보호조치를 취하였는지를 기준으로 삼아야 한다(헌재 2015.9.24. 2013헌마384).

② (O) 담배의 제조 및 판매에 대하여 규정한 담배사업법이 국민의 생명·신체의 안전에 대한 국가의 보호의무에 관한 과소보호금지원칙을 위반하였다고 볼 수는 없다(헌재 2015.4.30. 2012헌마38).

③ (O) 국가는 원전의 건설·운영을 산업통상자원부장관의 전원개발사업 실시계획 승인만으로 가능하도록 한 것이 아니라, '원자력안전법'에서 규정하고 있는 건설허가 및 운영허가 등의 절차를 거치도록 하고 있다. 원전 사고로 인한 방사능 피해는 전원개발사업 실시계획 승인 단계에서가 아니라 원전의 건설·운영과정에서 발생하므로 원전 건설·운영의 허가 단계에서 보다 엄격한 기준을 마련하여 원전으로 인한 피해가 발생하지 않도록 조치들을 강구하고 있다. 따라서 이 사건 승인조항에서 원전 건설을 내용으로 하는 전원개발사업 실시계획에 대한 승인권한을 다른 전원개발과 마찬가지로 산업통상자원부장관에게 부여하고 있다 하더라도, 국가가 국민의 생명·신체의 안전을 보호하기 위하여 필요한 최소한의 보호조치를 취하지 아니한 것이라고 보기는 어렵다(헌재 2016.10.27. 2015헌바358).

64 0175 ○△×|○△×|○△× 2020 국회직 9급

기본권에 대한 설명으로 옳지 않은 것은? (다툼이 있는 경우 판례에 의함)

① 헌법재판소는 기본권 보호의무 위배 여부를 심사하는 기준으로 과잉금지원칙을 채택하고 있다.
② 행정기관의 행위라도 사법(私法)상의 행위는 헌법소원의 대상이 되지 않는다.
③ 국가는 헌법 제10조에 의거하여 태아의 생명을 보호할 의무가 있지만, 태아를 위하여 민법상 일반적 권리능력까지도 인정해야 하는 헌법적 요청이 도출되는 것은 아니다.
④ 산업단지 인·허가절차 간소화를 위한 특례법상 산업단지의 지정권자로 하여금 산업단지계획안에 대한 주민의견청취와 동시에 환경영향평가서 초안에 대한 주민의견청취를 진행하도록 한 것은 국가의 기본권 보호의무에 위반되지 않는다.
⑤ 헌법에 의하여 일정한 제도가 보장되면 입법자는 법률로써 이를 폐지할 수 없고, 제한하더라도 그 본질적 내용은 침해할 수 없다.

지문분석 난이도 상 정답 ①

| 키 워 드 | 기본권 보호의무
| 출제유형 | 판례

① (X) 입법자가 기본권 보호의무를 최대한 실현하는 것이 이상적이지만, 그러한 이상적 기준이 헌법재판소가 위헌 여부를 판단하는 심사기준이 될 수는 없으며, 헌법재판소는 권력분립의 관점에서 소위 "과소보호금지원칙"을, 즉 국가가 국민의 기본권 보호를 위하여 적어도 적절하고 효율적인 최소한의 보호조치를 취했는가를 기준으로 심사하게 된다(헌재 2008.7.31. 2004헌바81).
② (O) 피청구인은 증권회사를 회원으로 하여 설립된 법인이고(증권거래법 제76조의2), 원칙적으로 피청구인의 회원이 아닌 자는 유가증권시장에서의 매매거래를 하지 못하며(동법 제85조 제1항), 유가증권시장에 유가증권을 상장하려는 법인은 피청구인과의 사이에 피청구인이 제정한 유가증권상장규정 등을 준수하겠다는 상장계약을 체결하는 것이다. 따라서 유가증권의 상장은 피청구인과 상장 신청 법인 사이의 "상장계약"이라는 사법상의 계약에 의하여 이루어지는 것이고, 상장폐지결정 및 상장폐지확정결정 또한 그러한 사법상의 계약관계를 해소하려는 피청구인의 일방적인 의사표시라고 봄이 상당하다고 할 것이다. 따라서 피청구인의 청구인 회사에 대한 이 사건 상장폐지확정결정은 헌법소원의 대상이 되는 공권력의 행사에 해당하지 아니하므로 이를 대상으로 한 심판청구는 부적법하다(헌재 2005.2.24. 2004헌마442).
③ (O) 태아는 형성 중의 인간으로서 생명을 보유하고 있으므로 국가는 태아를 위하여 각종 보호조치들을 마련해야 할 의무가 있다. 하지만 그와 같은 국가의 기본권 보호의무로부터 태아의 출생 전에, 또한 태아가 살아서 출생할 것인가와는 무관하게, 태아를 위하여 민법상 일반적 권리능력까지도 인정하여야 한다는 헌법적 요청이 도출되지는 않는다(헌재 2008.7.31. 2004헌바81).
④ (O) 의견청취동시진행조항은 종래 산업단지의 지정을 위한 개발계획 단계와 산업단지 개발을 위한 실시계획 단계에서 각각 개별적으로 진행하던 산업단지개발계획안과 환경영향평가서 초안에 대한 주민의견청취절차 또는 주민의견수렴절차를 산업단지 인·허가 절차의 간소화를 위하여 한 번의 절차에서 동시에 진행하도록 하고 있을 뿐, 환경영향평가서 초안에 대한 주민의견수렴절차 자체를 생략하거나 주민이 환경영향평가서 초안을 열람하고 그에 대한 의견을 제출함에 있어 어떠한 방법상·내용상 제한을 가하고 있지도 않다. 또한 입법자는 산단절차간소화법 및 환경영향평가법 등에 환경영향평가서 초안에 대한 지역주민의 의견수렴이 부실해지는 것을 방지하기 위한 여러 보완장치를 마련해 두고 있다. 따라서 국가가 산업단지계획의 승인 및 그에 따른 산업단지의 조성·운영으로 인하여 초래될 수 있는 환경상 위해로부터 지역주민을 포함한 국민의 생명·신체의 안전을 보호하기 위하여 필요한 최소한의 보호조치를 취하지 아니한 것이라고 보기는 어려우므로, 의견청취동시진행 조항이 국가의 기본권 보호의무에 위배되었다고 할 수 없다(헌재 2016.12.29. 2015헌바280).
⑤ (O) 이러한 제도적 보장은 주관적 권리가 아닌 객관적 법규범이라는 점에서 기본권과 구별되기는 하지만 헌법에 의하여 일정한 제도가 보장되면 입법자는 그 제도를 설정하고 유지할 입법의무를 지게될 뿐만 아니라 헌법에 규정되어 있기 때문에 법률로써 이를 폐지할 수 없고, 비록 내용을 제한하더라도 그 본질적 내용을 침해할 수 없다(헌재 1997.4.24. 95헌바48).

65 0176 ○△×|○△×|○△× 2022 경찰 승진

기본권 보호의무에 관한 설명 중 가장 적절하지 않은 것은? (다툼이 있는 경우 판례에 의함)

① 기본권 보호의무란 국민의 기본권적 법익을 기본권 주체인 사인에 의한 위법한 침해 또는 침해의 위험으로부터 보호하여야 하는 국가의 의무를 말하며, 주로 사인인 제3자에 의한 개인의 생명이나 신체의 훼손에서 문제된다.

② 국가의 기본권 보호의무의 이행은 입법자의 입법을 통하여 비로소 구체화되는 것이고, 국가가 그 보호의무를 어떻게 어느 정도로 이행할 것인지는 원칙적으로 한 나라의 정치·경제·사회·문화적인 제반 여건과 재정사정 등을 감안하여 입법정책적으로 판단하여야 하는 입법재량의 범위에 속한다.

③ 국가가 국민의 생명·신체의 안전에 대한 보호의무를 다하지 않았는지 여부를 헌법재판소가 심사할 때에는 국가가 이를 보호하기 위하여 적어도 적절하고 효율적인 최소한의 보호조치를 취하였는가 하는 이른바 '과소보호금지원칙' 위반 여부를 기준으로 한다.

④ 사산된 태아에게 불법적인 생명침해로 인한 손해배상청구권을 인정하지 않는 것은 입법형성권의 한계를 명백히 일탈한 것으로서 국가의 기본권 보호의무를 위반한 것이다.

지문분석 난이도 중 정답 ④

| 키 워 드 | 기본권 보호의무

| 출제유형 | 판례

④ (X) 입법자는 형법과 모자보건법 등 관련규정들을 통하여 태아의 생명에 대한 직접적 침해위험을 규범적으로 충분히 방지하고 있으므로, 이 사건 법률 조항들이 태아가 사산한 경우에 한해서 태아 자신에게 불법적인 생명침해로 인한 손해배상청구권을 인정하지 않고 있다고 하여 단지 그 이유만으로 입법자가 태아의 생명보호를 위해 국가에게 요구되는 최소한의 보호조치마저 취하지 않은 것이라 비난할 수 없다. 그렇다면 이 사건 법률 조항들이 권리능력의 존재 여부를 출생 시를 기준으로 확정하고 태아에 대해서는 살아서 출생할 것을 조건으로 손해배상청구권을 인정한다 할지라도 이러한 입법적 태도가 입법형성권의 한계를 명백히 일탈한 것으로 보기는 어려우므로 이 사건 법률 조항들이 국가의 생명권 보호의무를 위반한 것이라 볼 수 없다(헌재 2008.7.31. 2004헌바81).

① (O) 기본권 보호의무란 기본권적 법익을 기본권 주체인 사인에 의한 위법한 침해 또는 침해의 위험으로부터 보호하여야 하는 국가의 의무를 말하며, 주로 사인인 제3자에 의한 개인의 생명이나 신체의 훼손에서 문제되는데, 이는 타인에 의하여 개인의 신체나 생명 등 법익이 국가의 보호의무 없이는 무력화될 정도의 상황에서만 적용될 수 있다(헌재 2009.2.26. 2005헌마764 등).

② (O) 국가의 기본권 보호의무의 이행은 입법자의 입법을 통하여 비로소 구체화되는 것이고, 국가가 그 보호의무를 어떻게 어느 정도로 이행할 것인지는 원칙적으로 한 나라의 정치·경제·사회·문화적인 제반 여건과 재정사정 등을 감안하여 입법정책적으로 판단하여야 하는 입법재량의 범위에 속하는 것이기 때문이다(헌재 1997.1.16. 90헌마110 등).

③ (O) 국가가 국민의 생명·신체의 안전에 대한 보호의무를 다하지 않았는지 여부를 헌법재판소가 심사할 때에는 국가가 이를 보호하기 위하여 적어도 적절하고 효율적인 최소한의 보호조치를 취하였는가 하는 이른바 '과소보호금지원칙'의 위반 여부를 기준으로 삼아, 국민의 생명·신체의 안전을 보호하기 위한 조치가 필요한 상황인데도 국가가 아무런 보호조치를 취하지 않았든지 아니면 취한 조치가 법익을 보호하기에 전적으로 부적합하거나 매우 불충분한 것임이 명백한 경우에 한하여 국가의 보호의무의 위반을 확인하여야 한다(헌재 2008.12.26. 2008헌마419 등).

7 국가인권위원회에 의한 기본권의 구제

66 0177 ○△×|○△×|○△× 2015 국회직 8급(변형)

국가인권위원회에 관한 설명으로 옳지 않은 것은?

① 국가인권위원회(이하에서는 "위원회"라 함)는 인권의 보호와 향상에 중대한 영향을 미치는 재판이 계속 중인 경우 필요하다고 인정하는 때에는 법원 또는 헌법재판소의 요청이 없어도 법원의 담당재판부 또는 헌법재판소에 법률상의 사항에 관하여 의견을 제출할 수 있다.
② 법인, 단체 또는 사인(私人)에 의하여 차별행위를 당한 경우 차별행위를 당한 사람 또는 그 사실을 알고 있는 사람이나 단체는 위원회에 그 내용을 진정할 수 있다.
③ 인권침해의 피해자(인권침해나 차별행위를 당한 사람)가 아닌 자가 한 진정에 있어서 피해자가 조사를 원하지 않는 것이 명백한 경우 또는 진정의 취지가 당해 진정의 원인이 된 사실에 관한 법원의 확정판결이나 헌법재판소의 결정에 반하는 경우에 위원회는 그 진정을 각하할 수 있다.
④ 위원회의 회의는 위원장이 주재하며, 이 법에 특별한 규정이 없는 한 재적위원 과반수의 찬성으로 의결하며, 상임위원회 및 소위원회의 회의는 구성위원 3인 이상의 출석과 3인 이상의 찬성으로 의결한다.

지문분석 난이도 ㊤ 정답 ③

| 키 워 드 | 국가인권위원회
| 출제유형 | 조문

③ (X) 국가인권위원회법 제32조 제1항 제3호, 제10호. '각하할 수 있다.'가 아니고, '그 진정을 각하한다.'

> 국가인권위원회법 제32조(진정의 각하 등) ① 위원회는 접수한 진정이 다음 각 호의 어느 하나에 해당하는 경우에는 그 진정을 각하(却下)한다.
> 1. 진정의 내용이 위원회의 조사대상에 해당하지 아니하는 경우
> 2. 진정의 내용이 명백히 거짓이거나 이유 없다고 인정되는 경우
> 3. 피해자가 아닌 사람이 한 진정에서 피해자가 조사를 원하지 아니하는 것이 명백한 경우
> 4. 진정의 원인이 된 사실이 발생한 날부터 1년 이상 지나서 진정한 경우. 다만, 진정의 원인이 된 사실에 관하여 공소시효 또는 민사상 시효가 완성되지 아니한 사건으로서 위원회가 조사하기로 결정한 경우에는 그러하지 아니하다.
> 5. 진정이 제기될 당시 진정의 원인이 된 사실에 관하여 법원 또는 헌법재판소의 재판, 수사기관의 수사 또는 그 밖의 법률에 따른 권리구제 절차가 진행 중이거나 종결된 경우. 다만, 수사기관이 인지하여 수사 중인 형법 제123조부터 제125조까지의 죄에 해당하는 사건과 같은 사안에 대하여 위원회에 진정이 접수된 경우에는 그러하지 아니하다.
> 6. 진정이 익명이나 가명으로 제출된 경우
> 7. 진정이 위원회가 조사하는 것이 적절하지 아니하다고 인정되는 경우
> 8. 진정인이 진정을 취하한 경우
> 9. 위원회가 기각한 진정과 같은 사실에 대하여 다시 진정한 경우
> 10. 진정의 취지가 그 진정의 원인이 된 사실에 관한 법원의 확정판결이나 헌법재판소의 결정에 반하는 경우

① (○) 위원회는 인권의 보호와 향상에 중대한 영향을 미치는 재판이 계속(係屬) 중인 경우 법원 또는 헌법재판소의 요청이 있거나 필요하다고 인정할 때에는 법원의 담당 재판부 또는 헌법재판소에 법률상의 사항에 관하여 의견을 제출할 수 있다(동법 제28조 제1항).
② (○) 법인, 단체 또는 사인(私人)으로부터 차별행위를 당한 경우에 인권침해나 차별행위를 당한 사람(피해자) 또는 그 사실을 알고 있는 사람이나 단체는 위원회에 그 내용을 진정할 수 있다(동법 제30조 제1항 제2호).
④ (○) 동법 제13조

67 0178 O△X | O△X | O△X 2012 법원직 9급(변형)

국가인권위원회에 관한 다음 설명 중 옳지 않은 것은?

① 국가인권위원회는 이른바 독립위원회로서 다른 국가기관에 의한 감독과 통제를 받지 않으며, 국민의 인권보호에 관한 여러 가지 활동을 담당한다.
② 공직선거법상 선거의 후보자로 등록된 사람은 국가인권위원회의 위원이 될 수 없다.
③ 국회의 입법에 의하여 인권의 침해가 있을 경우에 진정이 가능하다.
④ 위원회의 진정에 대한 조사·조정 및 심의는 비공개로 한다. 다만, 위원회의 의결이 있는 때에는 이를 공개할 수 있다.

지문분석 난이도 하 정답 ③

| 키 워 드 | 국가인권위원회
| 출제유형 | 조문

③ (X) 국회의 입법에 대한 진정은 배제된다(국가인권위원회법 제30조 제1항 제1호).
① (O) 동법 제3조
② (O) 동법 제9조 제1항 제4호
④ (O) 동법 제49조

68 0179 O△X | O△X | O△X 2018 법원직 9급(변형)

국가인권위원회법의 내용으로 옳은 것은?

① 위원회는 진정을 조사한 결과 진정의 내용이 범죄행위에 해당하고 이에 대하여 형사처벌이 필요하다고 인정하는 경우 검찰총장에게 고발을 권고할 수 있을 뿐 직접 고발할 수는 없다.
② 국가인권위원회는 진정에 관한 피해자의 권리구제를 위하여 필요하다고 인정하는 경우 피해자의 의사와 관계없이 피해자를 위하여 대한법률구조공단 또는 그 밖의 기관에 법률구조를 요청할 수 있다.
③ 위원회는 인권의 보호와 향상을 위하여 필요하다고 인정하는 경우 행정부 소속 기관에 대해서는 정책과 관행의 개선 또는 시정을 권고할 수 있으나 행정부 소속기관이 아닌 국회나 법원에 대해서는 의견의 표명만을 할 수 있다.
④ 법인, 단체 또는 사인에 의하여는 평등권 침해의 차별행위를 당한 경우만 위원회에 진정할 수 있다.

지문분석 난이도 중 정답 ④

| 키 워 드 | 국가인권위원회
| 출제유형 | 조문

④ (O) 국가인권위원회법 제30조

> **국가인권위원회법 제30조(위원회의 조사대상)** ① 다음 각 호의 어느 하나에 해당하는 경우에 인권침해나 차별행위를 당한 사람(이하 "피해자"라 한다) 또는 그 사실을 알고 있는 사람이나 단체는 위원회에 그 내용을 진정할 수 있다.
> 1. 국가기관, 지방자치단체, 초·중등교육법 제2조, 고등교육법 제2조와 그 밖의 다른 법률에 따라 설치된 각급 학교, 공직자윤리법 제3조의2 제1항에 따른 공직유관단체 또는 구금·보호시설의 업무 수행(국회의 입법 및 법원·헌법재판소의 재판은 제외한다)과 관련하여 대한민국 헌법 제10조부터 제22조까지의 규정에서 보장된 인권을 침해당하거나 차별행위를 당한 경우
> 2. 법인, 단체 또는 사인(私人)으로부터 차별행위를 당한 경우

① (X) 위원회는 진정을 조사한 결과 진정의 내용이 범죄행위에 해당하고 이에 대하여 형사처벌이 필요하다고 인정할 때에는 검찰총장에게 그 내용을 고발할 수 있다. 다만, 피고발인이 군인 또는 군무원인 경우에는 소속 군참모총장 또는 국방부장관에게 고발할 수 있다(동법 제45조 제1항).
② (X) 법률구조 요청은 피해자의 명시한 의사에 반하여 할 수 없다(동법 제47조 제2항).
③ (X) 위원회는 인권의 보호와 향상을 위하여 필요하다고 인정하는 경우 관계기관 등에 대하여 정책과 관행의 개선 또는 시정을 권고하거나 의견을 표명할 수 있다(동법 제25조 제1항).

69 0180 ○△×|○△×|○△× 2020 경찰 승진

국가인권위원회에 관한 설명으로 옳은 것을 모두 고른 것은? (다툼이 있는 경우 판례에 의함)

> ㉠ 국가인권위원회는 '헌법에 의하여 설치되고 헌법과 법률에 의하여 독자적인 권한을 부여받은 국가기관'이라고 할 수 없어 권한쟁의심판의 당사자능력이 인정되지 않는다.
> ㉡ 국가인권위원회는 피해자의 권리 구제를 위해 필요하다고 인정하면 피해자를 위하여 피해자의 명시적 의사에 관계없이 대한법률구조공단 또는 그 밖의 기관에 법률구조를 요청할 수 있다.
> ㉢ 국가인권위원회가 진정에 대해 각하 또는 기각결정을 하면 이 결정은 헌법소원의 대상이 되고 헌법소원의 보충성 요건을 충족한다.
> ㉣ 위원회의 조사대상은 국가기관, 지방자치단체 또는 구금 보호시설의 업무수행(국회의 입법 및 법원 헌법재판소의 재판을 제외한다)과 관련하여 헌법 제10조부터 제22조에 보장된 인권을 침해당하거나 차별행위를 당한 경우 및 법인, 단체 또는 사인으로부터 차별행위를 당한 경우로 되어 있다.

① ㉠, ㉡ ② ㉠, ㉣
③ ㉡, ㉢ ④ ㉢, ㉣

지문분석 난이도 상 정답 ②

| 키 워 드 | 국가인권위원회
| 출제유형 | 조문 + 판례

㉠ (O) 권한쟁의심판은 국회의 입법행위 등을 포함하여 권한쟁의 상대방의 처분 또는 부작위가 헌법 또는 법률에 의하여 부여받은 청구인의 권한을 침해하였거나 침해할 현저한 위험이 있는 때 제기할 수 있는 것인데, 헌법상 국가에게 부여된 임무 또는 의무를 수행하고 그 독립성이 보장된 국가기관이라고 하더라도 오로지 법률에 설치근거를 둔 국가기관이라면 국회의 입법행위에 의하여 존폐 및 권한범위가 결정될 수 있으므로 이러한 국가기관은 '헌법에 의하여 설치되고 헌법과 법률에 의하여 독자적인 권한을 부여받은 국가기관'이라고 할 수 없다. … 결국, 권한쟁의심판의 당사자능력은 헌법에 의하여 설치된 국가기관에 한정하여 인정하는 것이 타당하므로, 법률에 의하여 설치된 청구인에게는 권한쟁의심판의 당사자능력이 인정되지 아니한다(헌재 2010.10.28. 2009헌라6).

㉣ (O) 국가인권위원회법 제30조

> **국가인권위원회법 제30조(위원회의 조사대상)** ① 다음 각 호의 어느 하나에 해당하는 경우에 인권침해나 차별행위를 당한 사람(이하 "피해자"라 한다) 또는 그 사실을 알고 있는 사람이나 단체는 위원회에 그 내용을 진정할 수 있다.
> 1. 국가기관, 지방자치단체, 초·중등교육법 제2조, 고등교육법 제2조와 그 밖의 다른 법률에 따라 설치된 각급 학교, 공직자윤리법 제3조의2 제1항에 따른 공직유관단체 또는 구금·보호시설의 업무 수행(국회의 입법 및 법원·헌법재판소의 재판은 제외한다)과 관련하여 대한민국 헌법 제10조부터 제22조까지의 규정에서 보장된 인권을 침해당하거나 차별행위를 당한 경우
> 2. 법인, 단체 또는 사인(私人)으로부터 차별행위를 당한 경우

㉡ (X) 위원회는 진정에 관한 위원회의 조사, 증거의 확보 또는 피해자의 권리 구제를 위하여 필요하다고 인정하면 피해자를 위하여 대한법률구조공단 또는 그 밖의 기관에 법률구조를 요청할 수 있다(동법 제47조 제1항). 제1항에 따른 법률구조 요청은 피해자의 명시한 의사에 반하여 할 수 없다(동조 제2항).

㉢ (X) 진정에 대한 국가인권위원회의 각하 및 기각결정은 피해자인 진정인의 권리행사에 중대한 지장을 초래하는 것으로서 항고소송의 대상이 되는 행정처분에 해당하므로, 그에 대한 다툼은 우선 행정심판이나 행정소송에 의하여야 할 것이다. 따라서 이 사건 심판청구는 행정심판이나 행정소송 등의 사전 구제절차를 모두 거친 후 청구된 것이 아니므로 보충성 요건을 충족하지 못하였다(헌재 2015.3.26. 2013헌마214 등).

70 0181 ○△×|○△×|○△× 2018 경찰 승진

국가인권위원회에 대한 설명으로 가장 적절하지 않은 것은? (다툼이 있는 경우 판례에 의함)

① 진정에 대한 국가인권위원회의 기각결정은 항고소송의 대상이 되는 행정처분이 아니므로 헌법재판소법 제68조 제1항에 의한 헌법소원의 대상이 된다.
② 국가인권위원회는 위원장 1명과 상임위원 3명을 포함한 11명의 인권위원으로 구성되며, 국회가 선출하는 4명, 대통령이 지명하는 4명, 대법원장이 지명하는 3명을 대통령이 임명한다.
③ 국가인권위원회의 진정에 대한 조사·조정 및 심의는 비공개로 한다. 다만, 위원회의 의결이 있을 때에는 공개할 수 있다.
④ 인권위원이 퇴직 후 2년간 교육공무원이 아닌 공무원으로 임명되거나 공직선거 및 선거부정방지법에 의한 선거에 출마할 수 없도록 규정한 국가인권위원회법 제11조는 인권위원의 참정권 등 기본권을 제한함에 있어서 준수하여야 할 과잉금지원칙에 위배된다.

지문분석 난이도 중 정답 ①

| 키 워 드 | 국가인권위원회
| 출제유형 | 조문 + 판례

① (X) 국가인권위원회가 한 진정에 대한 각하 또는 기각결정은 항고소송의 대상이 되는 행정처분이므로, 헌법소원심판을 청구하기 전에 먼저 행정심판이나 행정소송을 통해 다투어야 하므로, 그러한 사전 구제절차 없이 청구된 헌법소원심판은 보충성 요건을 충족하지 못하여 부적법하다(헌재 2015.3.26. 2013헌마214).
② (O) 국가인권위원회법 제5조 제1항 및 제2항
③ (O) 동법 제49조
④ (O) 국가인권위원회의 인권위원은 퇴직 후 2년간 교육공무원이 아닌 공무원으로 임명되거나 공직선거 및 선거부정방지법에 의한 선거에 출마할 수 없도록 규정한 국가인권위원회법 제11조가 인권위원의 참정권 등 기본권을 제한함에 있어서 준수하여야 할 과잉금지의 원칙에 위배된다(헌재 2004.1.29. 2002헌마788).

71 0182 ○△×|○△×|○△× 2017 국가직 7급

국가인권위원회에 대한 설명으로 옳은 것만을 모두 고른 것은? (다툼이 있는 경우 판례에 의함)

ㄱ. 국가인권위원회는 11명의 인권위원으로 구성되며, 국회가 선출하는 4명, 대통령이 지명하는 4명, 대법원장이 지명하는 3명을 대통령이 임명한다.
ㄴ. 국가인권위원회는 '헌법에 의하여 설치되고 헌법과 법률에 의하여 독자적인 권한을 부여받은 국가기관'이라고 할 수 없어 권한쟁의심판의 당사자능력이 인정되지 않는다.
ㄷ. 국가인권위원회의 진정에 대한 기각결정은 행정처분이 아니고 따라서 항고소송의 대상이 되지 않으므로, 헌법재판소법 제68조 제1항에 의한 헌법소원의 대상으로 삼을 수 있다.
ㄹ. 국가인권위원회는 피해자의 권리 구제를 위해 필요하다고 인정하면 피해자를 위하여 피해자의 명시한 의사에 관계없이 대한법률구조공단 또는 그 밖의 기관에 법률 구조를 요청할 수 있다.

① ㄱ, ㄴ ② ㄱ, ㄷ
③ ㄱ, ㄴ, ㄹ ④ ㄴ, ㄷ, ㄹ

지문분석 난이도 상 정답 ①

| 키 워 드 | 국가인권위원회
| 출제유형 | 조문 + 판례

ㄱ. (O) 국가인권위원회법 제5조 제1항 및 제2항
ㄴ. (O) 국회가 제정한 국가인권위원회법에 의하여 비로소 설립된 국가인권위원회는 헌법 제111조 제1항 제4호 소정의 헌법에 의하여 설치된 국가기관에 해당한다고 할 수 없으므로 권한쟁의심판의 당사자능력이 인정되지 아니한다(헌재 2010.10.28. 2009헌라6).
ㄷ. (X) 국가인권위원회가 한 진정에 대한 각하 또는 기각결정은 항고소송의 대상이 되는 행정처분이므로, 헌법소원심판을 청구하기 전에 먼저 행정심판이나 행정소송을 통해 다투어야 하므로, 그러한 사전 구제절차 없이 청구된 헌법소원심판은 보충성 요건을 충족하지 못하여 부적법하다(헌재 2015.3.26. 2013헌마214).
ㄹ. (X) 위원회는 진정에 관한 위원회의 조사, 증거의 확보 또는 피해자의 권리 구제를 위하여 필요하다고 인정하면 피해자를 위하여 대한법률구조공단 또는 그 밖의 기관에 법률구조를 요청할 수 있다. 법률구조 요청은 피해자의 명시한 의사에 반하여 할 수 없다(동법 제47조 제1항 및 제2항).

72 0183 ○△×|○△×|○△× 2017 경찰 승진

장기간 불법체류를 해 온 외국인 甲에 대해 서울출입국관리사무소장 乙은 출입국관리법에 따라 긴급보호 및 강제퇴거집행을 하여 출국시켰다. 이에 대해 甲은 자신의 기본권이 침해되었다고 주장하면서 헌법소원심판을 청구하였다. 이 사례에 대한 설명으로 옳지 않은 것을 모두 고른 것은? (다툼이 있는 경우 판례에 의함)

㉠ 甲이 불법체류 중인 외국인이라 하더라도, 침해받았다고 주장하는 기본권이 주거의 자유, 재판청구권이라면 두 기본권은 그 성질상 인간의 권리에 해당하므로 甲의 기본권 주체성이 인정된다.
㉡ 甲에 대한 긴급보호 및 강제퇴거는 이미 종료된 권력적 사실행위로서 행정소송을 통해 구제될 가능성이 거의 없고 헌법소원심판 이외에 달리 효과적인 구제방법을 찾기 어려우므로, 甲의 헌법소원심판청구가 보충성원칙에 위반된다고 할 수 없다.
㉢ 불법체류 외국인에 대한 긴급보호의 경우에도 출입국관리법이 정한 요건에 해당하지 않거나 법률이 정한 절차를 위반하는 때에는 적법절차원칙에 반하여 신체의 자유 등 기본권을 침해하게 된다.
㉣ 긴급보호의 과정에서 서울출입국관리사무소 소속 직원들이 甲의 의사에 반하여 주거에 들어갔다면, 그 긴급보호가 적법하더라도 甲의 주거의 자유를 침해한 것이다.
㉤ 만약 甲의 진정에 의한 국가인권위원회의 조사가 완료되기도 전에 甲을 강제퇴거시켰다면, 이는 헌법 제10조와 제37조 제1항에서 도출되는 '국가인권위원회의 공정한 조사를 받을 권리'를 침해하는 것이다.

① ㉡, ㉢ ② ㉣, ㉤
③ ㉠, ㉡, ㉤ ④ ㉠, ㉢, ㉣

지문분석 난이도 상 정답 ②

| 키 워 드 | 국가인권위원회
| 출제유형 | 조문 + 판례

㉣ (X) 수사절차에서 피의자를 영장에 의해 체포·구속하거나 영장 없이 긴급체포 또는 현행범인으로 체포하는 경우, 필요한 범위 내에서 타인의 주거 내에서 피의자를 수사할 수 있으므로(형사소송법 제216조 제1항 참조), 출입국관리법에 의한 보호에 있어서도 용의자에 대한 긴급보호를 위해 그의 주거에 들어간 것이라면, 그 긴급보호가 적법한 이상 주거의 자유를 침해한 것으로 볼 수 없다고 할 것이다. 따라서 청구인 소○○의 주장대로, 서울출입국관리사무소 소속 직원들이 위 청구인을 긴급보호하는 과정에서 위 청구인의 주거지에 들어갔다고 하더라도, 이는 위 청구인에 대한 긴급보호를 위해 필요한 행위로서, 그 긴급보호가 적법한 이상 청구인 소○○의 주거의 자유를 침해하였다고 볼 수 없다(헌재 2012.8.23. 2008헌마430).

㉤ (X) '국가인권위원회의 공정한 조사를 받을 권리'는 헌법상 인정되는 기본권이라고 하기 어려우므로, 위 기본권에 대하여는 본안판단에 나아가지 아니한다(헌재 2012.8.23. 2008헌마430).

㉠ (O) 청구인들이 침해받았다고 주장하고 있는 신체의 자유, 주거의 자유, 변호인의 조력을 받을 권리, 재판청구권 등은 성질상 인간의 권리에 해당한다고 볼 수 있으므로, 위 기본권들에 관하여는 청구인들의 기본권 주체성이 인정된다(헌재 2012.8.23. 2008헌마430).

㉡ (O) 장기간 불법체류를 해 온 외국인에 대한 서울출입국관리사무소장의 긴급보호 및 강제퇴거는 이미 종료한 권력적 사실행위로서 행정소송을 통해 구제될 가능성이 거의 없고 헌법소원심판 이외에 달리 효과적인 구제방법을 찾기 어려우므로 이 사건 심판청구가 보충성원칙에 위반된다고 할 수 없다(헌재 2012.8.23. 2008헌마430).

㉢ (O) 헌법 제12조 제1항이 규정하고 있는 적법절차원칙은 형사소송절차에 국한되지 않고 모든 국가작용에 적용되며 행정작용에 있어서도 적법절차원칙은 준수되어야 하는바, 불법체류 외국인에 대한 보호 또는 긴급보호의 경우에도 출입국관리법이 정한 요건에 해당하지 않거나 법률이 정한 절차를 위반하는 때에는 적법절차원칙에 반하여 신체의 자유 등 기본권을 침해하게 된다(헌재 2012.8.23. 2008헌마430).

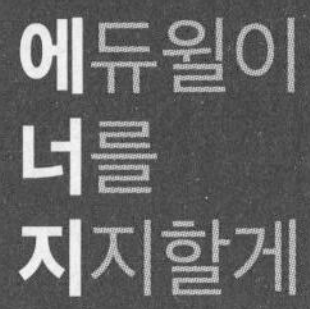

ENERGY

운명은 우연이 아닌, 선택이다.
기다리는 것이 아니라, 성취하는 것이다.

– 윌리엄 제닝스 브라이언(William Jennings Bryan)

CHAPTER 02 인간의 존엄성 존중·행복추구권·법 앞의 평등

■ 문항 수: 73문항

1 인간으로서의 존엄과 가치 및 행복추구권

01 0184 ○△×|○△×|○△× 2015 서울시 7급(변형)

인간으로서의 존엄과 가치 및 행복추구권에서 도출되는 권리들에 관한 설명 중 옳지 않은 것은? (다툼이 있는 경우 판례에 의함)

① 일반적 행동자유권의 보호영역에는 개인의 생활방식과 취미에 관한 사항도 포함되며, 여기에는 위험한 스포츠를 즐길 권리와 같은 위험한 생활방식으로 살아갈 권리도 포함된다.

② 헌법 제10조로부터 도출되는 일반적 인격권에는 개인의 명예에 관한 권리도 포함되며, 사자(死者)에 대한 사회적 명예와 평가의 훼손은 사자와의 관계를 통하여 스스로의 인격상을 형성하고 명예를 지켜온 그 후손의 인격권을 제한한다.

③ 일반적 인격권에는 각 개인이 그 삶을 사적으로 형성할 수 있는 자율영역에 대한 보장이 포함되어 있음을 감안할 때, 장래 가족의 구성원이 될 태아의 성별 정보에 대한 접근을 국가로부터 방해받지 않을 부모의 권리는 일반적 인격권에 의하여 보호된다.

④ 광장에서 여가활동이나 문화활동을 하는 것은 일반적 행동자유권의 보호영역에 포함되지만, 그 광장 주변을 출입하고 통행하는 개인의 행위는 거주이전의 자유로 보장될 뿐 일반적 행동자유권의 내용으로는 보장되지 않는다.

지문분석 난이도 상 정답 ④

| 키 워 드 | 인간으로서의 존엄과 가치 및 행복추구권

| 출제유형 | 판례

④ (X) 거주·이전의 자유는 … 거주지나 체류지라고 볼 만한 정도로 생활과 밀접한 연관을 갖는 장소를 선택하고 변경하는 행위를 보호하는 기본권으로서, 생활의 근거지에 이르지 못하는 일시적인 이동을 위한 장소의 선택과 변경까지 그 보호영역에 포함되는 것은 아니다. 이 사건에서 서울광장이 청구인들의 생활형성의 중심지라고 할 수 없을 뿐만 아니라 청구인들이 서울광장에 출입하고 통행하는 행위가 그 장소를 중심으로 생활을 형성해 나가는 행위에 속한다고 볼 수도 없으므로 청구인들이 서울광장을 출입하고 통행하는 자유는 헌법상의 거주·이전의 자유의 보호영역에 속한다고 할 수 없고, 따라서 이 사건 통행제지행위로 인하여 청구인들의 거주·이전의 자유가 제한된다고 할 수는 없다. … 개별적으로 서울광장을 통행하거나 서울광장에서 여가활동이나 문화활동을 하는 것은 아무런 제한 없이 허용하고 있다. 이처럼 일반 공중에게 개방된 장소인 서울광장을 개별적으로 통행하거나 서울광장에서 여가활동이나 문화활동을 하는 것은 일반적 행동자유권의 내용으로 보장됨에도 불구하고, 피청구인이 이 사건 통행제지행위에 의하여 청구인들의 이와 같은 행위를 할 수 없게 하였으므로 청구인들의 일반적 행동자유권의 침해 여부가 문제된다(헌재 2011.6.30. 2009헌마406).

① (O) 일반적 행동자유권은 모든 행위를 할 자유와 행위를 하지 않을 자유로 가치 있는 행동만 그 보호영역으로 하는 것은 아닌 것으로, 그 보호영역에는 개인의 생활방식과 취미에 관한 사항도 포함되며, 여기에는 위험한 스포츠를 즐길 권리와 같은 위험한 생활방식으로 살아갈 권리도 포함된다. 따라서 좌석안전띠를 매지 않을 자유는 헌법 제10조의 행복추구권에서 나오는 일반적 행동자유권의 보호영역에 속한다. 이 사건 심판대상 조항들은 운전할 때 좌석안전띠를 매야 할 의무를 지우고 이에 위반했을 때 범칙금을 부과하고 있으므로 청구인의 일반적 행동의 자유에 대한 제한이 존재한다(헌재 2003.10.30. 2002헌마518).

② (O) 헌법 제10조로부터 도출되는 일반적 인격권에는 개인의 명예에 관한 권리도 포함되는바, 이 사건 심판대상 조항에 근거하여 반민규명위원회의 조사대상자 선정 및 친일반민족행위결정이 이루어지면(이에 관하여 작성된 조사보고서 및 편찬된 사료는 일반에 공개된다), 조사대상자의 사회적 평가가 침해되어 헌법 제10조에서 유래하는 일반적 인격권이 제한받는다고 할 수 있다. 다만 이 사건 결정의 조사대상자를 비롯하여 대부분의 조사대상자는 이미 사망하였을 것이 분명하나, 조사대상자가 사자(死者)의 경우에도 인격적 가치에 대한 중대한 왜곡으로부터 보호되어야 하고, 사자(死者)에 대한 사회적 명예와 평가의 훼손은 사자(死者)와의 관계를 통하여 스스로의 인격상을 형성하고 명예를 지켜온 그들의 후손의 인격권, 즉 유족의 명예 또는 유족의 사자(死者)에 대한 경애추모의 정을 침해한다고 할 것이다(헌재 2011.3.31. 2008헌바111).

③ (O) 헌법 제10조로부터 도출되는 일반적 인격권에는 각 개인이 그 삶을 사적으로 형성할 수 있는 자율영역에 대한 보장이 포함되어 있음을 감안할 때, 장래 가족의 구성원이 될 태아의 성별 정보에 대한 접근을 국가로부터 방해받지 않을 부모의 권리는 이와 같은 일반적 인격권에 의하여 보호된다고 보아야 할 것이다(헌재 2008.7.31. 2004헌마1010).

02 0185 ○△×|○△×|○△× 2016 경찰 승진

인간으로서의 존엄과 가치 및 행복추구권에서 도출되는 권리들에 관한 설명 중 가장 적절하지 않은 것은? (다툼이 있는 경우 판례에 의함)

① 광장에서 여가활동이나 문화활동을 하는 것은 일반적 행동자유권의 보호영역에 포함되지만, 그 광장 주변을 출입하고 통행하는 개인의 행위는 거주이전의 자유로 보장될 뿐 일반적 행동자유권의 내용으로는 보장되지 않는다.

② 형법상 자기낙태죄 조항은 태아의 생명을 보호하기 위하여 태아의 발달단계나 독자적 생존능력과 무관하게 임부의 낙태를 원칙적으로 금지하고 이를 형사처벌하고 있으므로, 헌법 제10조에서 도출되는 임부의 자기결정권, 즉 낙태의 자유를 제한하고 있다.

③ 청소년 성매수 범죄자들은 일반인에 비해서 인격권과 사생활의 비밀의 자유도 그것이 본질적인 부분이 아닌 한 넓게 제한받을 여지가 있다.

④ 헌법 제10조로부터 도출되는 일반적 인격권에는 개인의 명예에 관한 권리도 포함되며, 사자(死者)에 대한 사회적 명예와 평가의 훼손은 사자와의 관계를 통하여 스스로의 인격상을 형성하고 명예를 지켜온 그 후손의 인격권을 제한한다.

지문분석 난이도 ⓢ 정답 ①

| 키 워 드 | 인간으로서의 존엄과 가치 및 행복추구권

| 출제유형 | 판례

① (X) 서울광장을 자유롭게 통행하거나 서울광장에서 여가활동이나 문화활동을 자유롭게 할 수 있는 자유는 헌법 제10조의 행복추구권에서 파생되는 일반적 행동자유권의 보호영역에 포함된다고 할 것이다. 서울광장에 출입하고 통행하는 행위가 그 장소를 중심으로 생활을 형성해 나가는 행위에 속한다고 볼 수도 없으므로 청구인들의 거주·이전의 자유가 제한되었다고 할 수 없다(헌재 2011.6.30. 2009헌마406).

② (○) 자기낙태죄 조항은 모자보건법에서 정한 사유에 해당하지 않는다면 결정가능기간 중에 다양하고 광범위한 사회적·경제적 사유를 이유로 낙태갈등 상황을 겪고 있는 경우까지도 예외 없이 전면적·일률적으로 임신의 유지 및 출산을 강제하고, 이를 위반한 경우 형사처벌하고 있다. 따라서 자기낙태죄 조항은 입법목적을 달성하기 위하여 필요한 최소한의 정도를 넘어 임신한 여성의 자기결정권을 제한하고 있어 침해의 최소성을 갖추지 못하였고, 태아의 생명 보호라는 공익에 대하여만 일방적이고 절대적인 우위를 부여함으로써 법익균형성의 원칙도 위반하였으므로, 과잉금지원칙을 위반하여 임신한 여성의 자기결정권을 침해한다(헌재 2019.4.11. 2017헌바127).

③ (○) 청소년 성매수 범죄자들이 자신의 신상과 범죄사실이 공개됨으로써 수치심을 느끼고 명예가 훼손된다고 하더라도 그 보장 정도에 있어서 일반인과는 차이를 둘 수밖에 없어, 그들의 인격권과 사생활의 비밀의 자유도 그것이 본질적인 부분이 아닌 한 넓게 제한될 여지가 있다(헌재 2003.6.26. 2002헌가14).

④ (○) 친일반민족행위반민규명위원회의 조사대상자 선정 및 친일반민족행위결정이 이루어지면, 조사대상자의 사회적 평가에 영향을 미치므로 헌법 제10조에서 유래하는 일반적 인격권이 제한받는다. 다만 이러한 결정에 있어서 대부분의 조사대상자는 이미 사망하였을 것이 분명하나, 조사대상자가 사자(死者)의 경우에도 인격적 가치에 대한 중대한 왜곡으로부터 보호되어야 한다. 사자(死者)에 대한 사회적 명예와 평가의 훼손은 사자(死者)와의 관계를 통하여 스스로의 인격상을 형성하고 명예를 지켜온 그들의 후손의 인격권, 즉 유족의 명예 또는 유족의 사자(死者)에 대한 경애추모의 정을 제한하는 것이다(헌재 2010.10.28. 2007헌가23).

03 0186 ○△×|○△×|○△× 2022 경찰 2차

헌법상 자기결정권에 관한 설명 중 가장 적절하지 않은 것은? (다툼이 있는 경우 판례에 의함)

① 지역 주민의 의사가 반영되지 않은 채 이루어진 미군기지의 이전은 인근 지역에 거주하는 주민들의 삶을 결정함에 있어서 사회적으로 영향을 미치므로 헌법상 보장된 개인의 자기결정권을 제한하는 것이다.

② 형법상 자기낙태죄 조항은 모자보건법이 정한 예외를 제외하고는 임신기간 전체를 통틀어 모든 낙태를 전면적·일률적으로 금지하고, 이를 위반할 경우 형벌을 부과함으로써 임신의 유지·출산을 강제하고 있으므로, 임신한 여성의 자기결정권을 제한한다.

③ 환자가 장차 죽음에 임박한 상태에 이를 경우에 대비하여 미리 의료인 등에게 연명치료 거부 또는 중단에 관한 의사를 밝히는 등의 방법으로 죽음에 임박한 상태에서 인간으로서의 존엄과 가치를 지키기 위하여 연명치료의 거부 또는 중단을 결정할 수 있다 할 것이고, 위 결정은 헌법상 기본권인 자기결정권의 한 내용으로 보장이 되나, 입법자에게 헌법 해석상 '연명치료 중단 등에 관한 법률'을 제정할 입법의무까지 인정된다고 보기는 어렵다.

④ 소주도매업자로 하여금 그 영업장소 소재지에서 생산되는 자도소주를 의무적으로 총구입액의 100분의 50이상을 구입하도록 하는 자도소주 구입명령제도는 소비자가 자신의 의사에 따라 자유롭게 상품을 선택하는 자기결정권을 제한한다.

지문분석

난이도 하 정답 ①

| 키 워 드 | 자기결정권

| 출제유형 | 판례

① (×) 미군기지의 이전은 공공정책의 결정 내지 시행에 해당하는 것으로서 인근 지역에 거주하는 사람들의 삶을 결정함에 있어서 사회적 영향을 미치게 되나, 개인의 인격이나 운명에 관한 사항은 아니며 각자의 개성에 따른 개인적 선택에 직접적인 제한을 가하는 것이 아니다. 따라서 그와 같은 사항은 헌법상 자기결정권의 보호범위에 포함된다고 볼 수 없다(헌재 2006.2.23. 2005헌마268).

② (○) 임신한 여성의 자기낙태를 처벌하는 형법 제269조 제1항(이하 '자기낙태죄 조항'이라 한다)과, 의사가 임신한 여성의 촉탁 또는 승낙을 받아 낙태하게 한 경우를 처벌하는 같은 법 제270조 제1항 중 '의사'에 관한 부분(이하 '의사낙태죄 조항'이라 한다)이 각각 임신한 여성의 자기결정권을 침해한다(헌재 2019.4.11. 2017헌바127).

③ (○) 환자가 장차 죽음에 임박한 상태에 이를 경우에 대비하여 미리 의료인 등에게 연명치료 거부 또는 중단에 관한 의사를 밝히는 등의 방법으로 죽음에 임박한 상태에서 인간으로서의 존엄과 가치를 지키기 위하여 연명치료의 거부 또는 중단을 결정할 수 있다 할 것이고, 위 결정은 헌법상 기본권인 자기결정권의 한 내용으로서 보장된다 할 것이다(헌재 2009.11.26. 2008헌마385).

④ (○) 이 사건 법률조항이 규정한 구입명령제도는 소주판매업자에게 자도소주의 구입의무를 부과함으로써, 어떤 소주제조업자로부터 얼마만큼의 소주를 구입하는가를 결정하는 직업활동의 방법에 관한 자유를 제한하는 것이므로 소주판매업자의 직업행사의 자유를 제한하는 규정이다. 또한 구입명령제도는 비록 직접적으로는 소주판매업자에게만 구입의무를 부과하고 있으나 실질적으로는 구입명령제도가 능력경쟁을 통한 시장의 점유를 억제함으로써 소주제조업자의 기업의 자유 및 경쟁의 자유를 제한하고, 소비자가 자신의 의사에 따라 자유롭게 상품을 선택하는 것을 제약함으로써 소비자의 행복추구권에서 파생되는 자기결정권도 제한하고 있다(헌재 1996.12.26. 96헌가18).

04 0187 ○△×|○△×|○△× 2020 경찰 승진

인간의 존엄과 가치 및 행복추구권에 관한 설명 중 가장 적절하지 않은 것은? (다툼이 있는 경우 판례에 의함)

① 공인이 아니며 보험사기를 이유로 체포된 피의자가 경찰서 내에서 수갑을 차고 얼굴을 드러낸 상태에서 조사받는 과정을 기자들로 하여금 촬영하도록 허용하는 행위는 기본권 제한의 목적의 정당성이 인정되지 아니한다.

② 고졸검정고시 또는 고입검정고시에 합격했던 자가 해당 검정고시에 다시 응시할 수 없게 됨으로써 제한되는 주된 기본권은 자유로운 인격발현권인데, 이러한 응시자격 제한은 검정고시 제도 도입 이후 허용되어 온 합격자의 재응시를 경과조치 등 없이 무조건적으로 금지하는 것이어서 과잉금지원칙에 위배된다.

③ 자기낙태죄 조항은 모자보건법에서 정한 사유에 해당하지 않는다면 결정가능기간 중에 다양하고 광범위한 사회적·경제적 사유를 이유로 낙태갈등 상황을 겪고 있는 경우까지도 예외 없이 전면적 일률적으로 임신의 유지 및 출산을 강제하고 이를 위반한 경우 형사처벌하고 있으므로 임신한 여성의 자기결정권을 제한하고 있어 침해의 최소성을 갖추지 못하였다.

④ 초등학교 정규교과에서 영어를 배제하거나 영어교육 시수를 제한하는 것은 학생들의 인격의 자유로운 발현권을 제한하나, 이는 균형적인 교육을 통해 초등학생의 전인적 성장을 도모하고 영어과목에 대한 지나친 사교육의 폐단을 막기 위한 것으로 학생들의 기본권을 침해하지 않는다.

지문분석 난이도 ㊥ 정답 ②

| **키 워 드** | 인간으로서의 존엄과 가치 및 행복추구권

| **출제유형** | 판례

② (X) 이 사건 응시제한은 청구인들이 상급학교 진학을 위하여 취득하여야 할 평가자료의 형성을 제약함으로써 청구인들의 상급학교 진학의 가능성에 영향을 미칠 수 있으므로 교육을 받을 권리를 제한한다 할 것이다. … 이와 같은 목적의 달성을 위해 선행되어야 할 근본적인 조치에 대한 검토 없이 검정고시제도 도입 이후 허용되어 온 합격자의 재응시를 아무런 경과조치 없이 무조건적으로 금지함으로써 응시자격을 단번에 영구히 박탈한 것이어서 최소침해성의 원칙에 위배되고 법익의 균형성도 상실하고 있다 할 것이므로 과잉금지원칙에 위배된다(헌재 2012.5.31. 2010헌마139 등).

① (O) 원칙적으로 '범죄사실' 자체가 아닌 그 범죄를 저지른 자에 관한 부분은 일반 국민에게 널리 알려야 할 공공성을 지닌다고 할 수 없고, 이에 대한 예외는 공개수배의 필요성이 있는 경우 등에 극히 제한적으로 인정될 수 있을 뿐이다. 피청구인은 기자들에게 청구인이 경찰서 내에서 수갑을 차고 얼굴을 드러낸 상태에서 조사받는 모습을 촬영할 수 있도록 허용하였는데, 청구인에 대한 이러한 수사 장면을 공개 및 촬영하게 할 어떠한 공익 목적도 인정하기 어려우므로 촬영 허용행위는 목적의 정당성이 인정되지 아니한다(헌재 2014.3.27. 2012헌마652).

③ (O) 자기낙태죄 조항은 모자보건법에서 정한 사유에 해당하지 않는다면 결정가능기간 중에 다양하고 광범위한 사회적·경제적 사유를 이유로 낙태갈등 상황을 겪고 있는 경우까지도 예외 없이 전면적·일률적으로 임신의 유지 및 출산을 강제하고, 이를 위반한 경우 형사처벌하고 있다. 따라서 자기낙태죄 조항은 입법목적을 달성하기 위하여 필요한 최소한의 정도를 넘어 임신한 여성의 자기결정권을 제한하고 있어 침해의 최소성을 갖추지 못하였고, 태아의 생명 보호라는 공익에 대하여만 일방적이고 절대적인 우위를 부여함으로써 법익균형성의 원칙도 위반하였으므로, 과잉금지원칙을 위반하여 임신한 여성의 자기결정권을 침해한다(헌재 2019.4.11. 2017헌바127).

④ (O) 이 사건 고시 부분은 초등학생의 전인적 성장을 도모하고, 영어 사교육 시장의 과열을 방지하기 위한 것으로, 그 목적의 정당성이 인정되고, 이 사건 고시 부분으로 영어교육의 편제와 시간 배당을 통제하는 것은 위 목적을 달성하기 위한 적절한 수단이다. 초등학교 시기는 인격 형성의 토대를 마련하는 중요한 시기이므로, 한정된 시간에 교육과정을 고르게 구성하여 초등학생의 전인적 성장을 도모하기 위해서는 초등학생의 영어교육이 일정한 범위로 제한되는 것이 불가피하다. … 따라서 이 사건 고시 부분은 청구인들의 인격의 자유로운 발현권과 자녀교육권을 침해하지 않는다(헌재 2016.2.25. 2013헌마838).

05 0188 ○△×|○△×|○△× 2019 경찰 승진

헌법상 일반적 인격권에 대한 설명으로 가장 적절하지 않은 것은? (다툼이 있는 경우 헌법재판소 판례에 의함)

① 변호사에 대한 징계결정정보를 인터넷 홈페이지에 공개하도록 한 변호사법 조항과 징계결정정보의 공개범위와 시행방법을 정한 변호사법 시행령 조항은 청구인의 인격권을 침해하지 않는다.

② 범죄행위 당시에 없었던 위치추적 전자장치 부착명령을 출소예정자에게 소급 적용할 수 있도록 한 특정 범죄자에 대한 위치추적 전자장치 부착 등에 관한 법률 부칙 경과조항은 과잉금지원칙에 위반되지 않아 피부착자의 인격권을 침해하지 않는다.

③ 이미 출국 수속 과정에서 일반적인 보안검색을 마친 승객을 상대로, 촉수검색(patdown)과 같은 추가적인 보안검색 실시를 예정하고 있는 국가항공보안계획은 과잉금지원칙에 위반되지 않아 청구인의 인격권을 침해하지 않는다.

④ 상체승의 포승과 수갑을 채우고 별도의 포승으로 다른 수용자와 연승한 행위는 과잉금지원칙에 반하여 청구인의 인격권을 침해한다.

지문분석 난이도 중 정답 ④

| 키 워 드 | 일반적 인격권

| 출제유형 | 판례

④ (X) 수형자를 다른 교도소로 이송하는 경우에는 도주 등 교정사고의 우려가 높아지기 때문에 교정시설 안에서의 계호보다 높은 수준의 계호가 요구된다. 이에 피청구인이 도주 등의 교정사고를 예방하기 위하여 이 사건 보호장비 사용행위를 한 것은 그 목적이 정당하고, 상체승의 포승과 앞으로 사용한 수갑은 이송하는 경우의 보호장비로서 적절하다. … 따라서 이 사건 보호장비 사용행위는 그 기본권 제한의 범위 내에서 이루어진 것이므로 청구인의 인격권과 신체의 자유를 침해하지 않는다(헌재 2012.7.26. 2011헌마426).

① (○) 징계결정 공개조항은 위와 같이 전문적인 법률지식과 윤리적 소양 및 공정성과 신뢰성을 갖추어야 할 변호사가 변론 불성실, 비밀누설 등 직무상 의무 또는 직업윤리를 위반하여 징계를 받은 경우, 국민이 이러한 사정을 쉽게 알 수 있도록 하여 법률사무를 맡길 변호사를 선택할 권리를 보장하고 변호사의 윤리의식을 고취시킴으로써 법률사무에 대한 전문성, 공정성 및 신뢰성을 확보하여 국민의 기본권을 보호하고 사회정의를 실현하기 위한 것이다. 따라서 징계결정 공개조항의 입법목적은 정당하다. … 따라서 징계결정 공개조항은 과잉금지원칙에 위배되지 아니하므로 청구인의 인격권을 침해하지 아니한다(헌재 2018.7.26. 2016헌마1029).

② (○) 이 사건 부칙조항은 개정 전 법률로는 전자장치 부착명령의 대상자에 포함되지 아니한 성폭력범죄자의 재범에 효과적으로 대처할 만한 수단이 없다는 우려 아래 대상자의 범위를 징역형 등의 집행 중인 사람 내지 징역형 등의 집행이 종료된 뒤 3년이 경과되지 아니한 사람(다음부터 '형 집행 종료자 등'이라 한다)에게까지 확대한 것으로서, 성폭력범죄의 재범을 방지하고 성폭력범죄로부터 국민을 보호하고자 하는 목적의 정당성이 인정된다. … 그렇다면 이 사건 부칙조항은 침해받은 신뢰이익의 보호가치, 침해의 중한 정도 및 방법, 위 조항을 통하여 실현하고자 하는 공익적 목적을 종합적으로 비교형량할 때, 법익 균형성 원칙에 위배된다고 할 수 없다. 따라서 이 사건 부칙조항은 과잉금지원칙에 위배되지 아니한다(헌재 2012.12.27. 2010헌가82 등).

③ (○) 이 사건 국가항공보안계획은, 이미 출국 수속 과정에서 일반적인 보안검색을 마친 승객을 상대로, 촉수검색(patdown)과 같은 추가적인 보안검색 실시를 예정하고 있으므로 이로 인한 인격권 및 신체의 자유 침해 여부가 문제된다. 이 사건 국가항공보안계획은 민간항공 보안에 관한 국제협약의 준수 및 항공기 안전과 보안을 위한 것으로 입법목적의 정당성 및 수단의 적합성이 인정되고, 항공운송사업자가 다른 체약국의 추가 보안검색 요구에 응하지 않을 경우 항공기의 취항 자체가 거부될 수 있으므로 이 사건 국가항공보안계획에 따른 추가 보안검색 실시는 불가피하며, 관련 법령에서 보안검색의 구체적 기준 및 방법 등을 마련하여 기본권 침해를 최소화하고 있으므로 침해의 최소성도 인정된다. 또한 국내외적으로 항공기 안전사고와 테러 위협이 커지는 상황에서, 민간항공의 보안 확보라는 공익은 매우 중대한 반면, 추가 보안검색 실시로 인해 승객의 기본권이 제한되는 정도는 그리 크지 아니하므로 법익의 균형성도 인정된다. 따라서 이 사건 국제항공보안계획은 헌법상 과잉금지원칙에 위반되지 않으므로, 청구인의 기본권을 침해하지 아니한다(헌재 2018.2.22. 2016헌마780).

06 0189 ○△×|○△×|○△× 2021 경찰 승진

일반적 인격권에 대한 설명으로 가장 적절하지 않은 것은? (다툼이 있는 경우 판례에 의함)

① 중혼을 혼인취소의 사유로 정하면서 그 취소청구권의 제척기간 또는 소멸사유를 규정하지 않은 민법 조항은 후혼배우자의 인격권을 침해한다.
② 성명(姓名)은 개인의 정체성과 개별성을 나타내는 인격의 상징으로서 개인이 사회 속에서 자신의 생활영역을 형성하고 발현하는 기초가 되는 것이므로 자유로운 성(姓)의 사용은 헌법상 인격권으로부터 보호된다.
③ 민사재판의 당사자로 출석하는 수형자에 대하여 사복착용을 허용하지 않는 형의 집행 및 수용자의 처우에 관한 법률 조항은 인격권을 침해하지 않는다.
④ 상체승의 포승과 수갑을 채우고 별도의 포승으로 다른 수용자와 연승한 행위는 인격권을 침해하지 않는다.

지문분석 난이도 중 정답 ①

| 키 워 드 | 일반적 인격권
| 출제유형 | 판례

① (X) 이 사건 법률 조항은 중혼을 혼인무효사유가 아니라 혼인취소사유로 정하고 있는데, 혼인취소의 효력은 기왕에 소급하지 아니하므로 중혼이라 하더라도 법원의 취소판결이 확정되기 전까지는 유효한 법률혼으로 보호받는다. … 따라서 중혼취소청구권의 소멸에 관하여 아무런 규정을 두지 않았다 하더라도, 이 사건 법률 조항이 현저히 입법재량의 범위를 일탈하여 후혼배우자의 인격권 및 행복추구권을 침해하지 아니한다(헌재 2014.7.24. 2011헌바275).
② (○) 헌법은 제10조에서 "모든 국민은 인간으로서의 존엄과 가치를 가지며 행복을 추구할 권리가 있다."고 규정하여 모든 국민이 자신의 존엄한 인격권을 바탕으로 자율적으로 자신의 생활영역을 형성해 나갈 수 있는 권리를 보장하고 있는데 성명은 개인의 정체성과 개별성을 나타내는 인격의 상징으로서 개인이 사회 속에서 자신의 생활영역을 형성하고 발현하는 기초가 되는 것이라 할 것이므로 자유로운 성의 사용 역시 헌법상 인격권으로부터 보호된다고 할 수 있다(헌재 2005.12.22. 2003헌가5 등).
③ (○) 수형자가 민사법정에 출석하기까지 교도관이 반드시 동행하여야 하므로 수용자의 신분이 드러나게 되어 있어 재소자용 의류를 입었다는 이유로 인격권과 행복추구권이 제한되는 정도는 제한적이고, 형사법정 이외의 법정 출입 방식은 미결수용자와 교도관 전용 통로 및 시설이 존재하는 형사재판과 다르며, 계호의 방식과 정도도 확연히 다르다. 따라서 심판대상 조항이 민사재판에 출석하는 수형자에 대하여 사복착용을 허용하지 아니한 것은 청구인의 인격권과 행복추구권을 침해하지 아니한다(헌재 2015.12.23. 2013헌마712).
④ (○) 수형자를 다른 교도소로 이송하는 경우에는 도주 등 교정사고의 우려가 높아지기 때문에 교정시설 안에서의 계호보다 높은 수준의 계호가 요구된다. 이에 피청구인이 도주 등의 교정사고를 예방하기 위하여 이 사건 보호장비 사용행위를 한 것은 그 목적이 정당하고, 상체승의 포승과 앞으로 사용한 수갑은 이송하는 경우의 보호장비로서 적절하다. … 따라서 이 사건 보호장비 사용행위는 그 기본권 제한의 범위 내에서 이루어진 것이므로 청구인의 인격권과 신체의 자유를 침해하지 않는다(헌재 2012.7.26. 2011헌마426).

07 0190 ○△×|○△×|○△× 2017 국회직 8급

우리 헌법상의 일반적 인격권의 보장에 대한 설명으로 옳지 않은 것은? (다툼이 있는 경우 헌법재판소의 판례에 의함)

① 방송사업자의 의사에 반한 사과행위를 강제하는 구 방송법 규정은 방송사업자의 인격권을 침해하지 않는다.
② 중혼을 혼인취소의 사유로 정하면서 그 취소청구권의 제척기간 또는 소멸사유를 규정하지 않은 민법 규정은 입법재량의 한계를 일탈하여 후혼 배우자의 인격권 및 행복추구권을 침해하지 않는다.
③ 포승과 수갑을 채우고 별도의 포승으로 다른 수용자와 연승하는 행위는 청구인의 인격권 내지 신체의 자유를 침해하지 않는다.
④ 한시적 번호이동을 허용하도록 한 방송통신위원회의 이행명령은 010번호 이외의 식별번호를 사용하는 청구인들의 인격권, 개인정보자기결정권, 재산권을 제한한다고 볼 수 없으며, 이동전화번호를 구성하는 숫자가 개인의 인격 내지 인간의 존엄과 관련성을 가진다고 보기 어렵다.
⑤ 초·중등학교에서 한자교육을 선택적으로 받도록 한 '초·중등학교 교육과정'의 'Ⅱ 학교 급별 교육과정 편성과 운영' 중 한자교육 및 한문 관련 부분은 학생의 자유로운 인격발현권을 침해하지 않는다.

지문분석 난이도 상 정답 ①

| 키 워 드 | 일반적 인격권
| 출제유형 | 판례

① (X) 방송사업자의 의사에 반한 사과행위를 강제하는 구 방송법 규정은 방송사업자의 인격권을 침해한다(헌재 2012.8.23. 2009헌가27).
② (○) 헌재 2014.7.24. 2011헌바275
③ (○) 헌재 2014.5.29. 2013헌마280
④ (○) 헌재 2013.7.25. 2011헌마63
⑤ (○) 한자를 국어과목의 일환이 아닌 독립과목으로 편제하고 학교 재량에 따라 선택적으로 가르치도록 하였다고 하여 학생들의 자유로운 인격발현권이나 부모의 자녀교육권을 침해한다고 볼 수 없다(헌재 2016.11.24. 2012헌마854).

08 0191 ○△×|○△×|○△× 2019 지방직 7급

인간의 존엄과 가치 및 행복추구권에 대한 설명으로 옳지 않은 것은? (다툼이 있는 경우 판례에 의함)

① 교정시설의 1인당 수용면적이 수형자의 인간으로서의 기본 욕구에 따른 생활조차 어렵게 할 만큼 지나치게 협소하다면, 이는 그 자체로 국가형벌권 행사의 한계를 넘어 수형자의 인간의 존엄과 가치를 침해하는 것이다.

② 인수자가 없는 시체를 생전의 본인의 의사와는 무관하게 해부용 시체로 제공될 수 있도록 규정한 시체 해부 및 보존에 관한 법률 조항은 연고가 없는 자의 시체처분에 대한 자기결정권을 침해한다.

③ 혼인 종료 후 300일 이내에 출생한 자(子)를 전남편의 친생자로 추정하는 민법 조항은 혼인관계가 해소된 이후에 자가 출생하고 생부가 출생한 자를 인지하려는 경우마저도, 아무런 예외 없이 그 자를 전남편의 친생자로 추정함으로써 친생부인의 소를 거치도록 하는 것은 모가 가정생활과 신분관계에서 누려야 할 인격권을 침해한다.

④ 법무부훈령인 법무시설 기준규칙은 수용동의 조도 기준을 취침 전 200룩스 이상, 취침 후 60룩스 이하로 규정하고 있는데, 수용자의 도주나 자해 등을 막기 위해서 취침시간에도 최소한의 조명을 유지하는 것은 수용자의 숙면방해로 인하여 인간의 존엄과 가치를 침해한다.

지문분석 난이도 상 정답 ④

| 키 워 드 | 인간의 존엄과 가치 및 행복추구권

| 출제유형 | 판례

④ (X) 교정시설의 안전과 질서유지를 위해서는 수용거실 안에 일정한 수준의 조명을 유지할 필요가 있다. 수용자의 도주나 자해 등을 막기 위해서는 취침시간에도 최소한의 조명은 유지할 수밖에 없다. 조명점등행위는 법무시설 기준규칙이 규정하는 조도 기준의 범위 안에서 이루어지고 있는데, 이보다 더 어두운 조명으로도 교정시설의 안전과 질서유지라는 목적을 같은 정도로 달성할 수 있다고 볼 수 있는 자료가 없다. 또 조명점등행위로 인한 청구인의 권익 침해가 교정시설 안전과 질서유지라는 공익 보호보다 더 크다고 보기도 어렵다. 그렇다면 조명점등행위가 과잉금지원칙에 위배하여 청구인의 기본권을 침해한다고 볼 수 없다(헌재 2018.8.30. 2017헌마440).

① (O) 수형자가 인간 생존의 기본조건이 박탈된 교정시설에 수용되어 인간의 존엄과 가치를 침해당하였는지 여부를 판단함에 있어서는 1인당 수용면적뿐만 아니라 수형자 수와 수용거실 현황 등 수용시설 전반의 운영 실태와 수용기간, 국가 예산의 문제 등 제반 사정을 종합적으로 고려할 필요가 있다. 그러나 교정시설의 1인당 수용면적이 수형자의 인간으로서의 기본 욕구에 따른 생활조차 어렵게 할 만큼 지나치게 협소하다면, 이는 그 자체로 국가형벌권 행사의 한계를 넘어 수형자의 인간의 존엄과 가치를 침해하는 것이다(헌재 2016.12.29. 2013헌마142).

② (O) 시신 자체의 제공과는 구별되는 장기나 인체조직에 있어서는 본인이 명시적으로 반대하는 경우 이식·채취될 수 없도록 규정하고 있음에도 불구하고, 이 사건 법률 조항은 본인이 해부용 시체로 제공되는 것에 대해 반대하는 의사표시를 명시적으로 표시할 수 있는 절차도 마련하지 않고 본인의 의사와는 무관하게 해부용 시체로 제공될 수 있도록 규정하고 있다는 점에서 침해의 최소성원칙을 충족했다고 보기 어렵고, 실제로 해부용 시체로 제공된 사례가 거의 없는 상황에서 이 사건 법률 조항이 추구하는 공익이 사후 자신의 시체가 자신의 의사와는 무관하게 해부용 시체로 제공됨으로써 침해되는 사익보다 크다고 할 수 없으므로 이 사건 법률 조항은 청구인의 시체 처분에 대한 자기결정권을 침해한다(헌재 2015.11.26. 2012헌마940).

③ (O) 민법 제정 이후의 사회적·법률적·의학적 사정변경을 전혀 반영하지 아니한 채, 이미 혼인관계가 해소된 이후에 자가 출생하고 생부가 출생한 자를 인지하려는 경우마저도, 아무런 예외 없이 그 자를 전남편의 친생자로 추정함으로써 친생부인의 소를 거치도록 하는 심판대상 조항은 입법형성의 한계를 벗어나 모가 가정생활과 신분관계에서 누려야 할 인격권, 혼인과 가족생활에 관한 기본권을 침해한다(헌재 2015.4.30. 2013헌마623).

09 0192 ○△×|○△×|○△× 2022 경찰 1차

일반적 행동자유권에 관한 설명 중 옳은 것을 모두 고른 것은? (다툼이 있는 경우 판례에 의함)

㉠ 헌법 제10조 전문의 행복추구권에는 일반적 행동자유권이 포함되는바, 이는 적극적으로 자유롭게 행동을 하는 것은 물론 소극적으로 행동을 하지 않을 자유도 포함하는 권리로 포괄적인 의미의 자유권이다.

㉡ 육군 장교가 민간법원에서 약식명령을 받아 확정되면 자진신고할 의무를 규정한, '2020년도 장교 진급 지시'의 해당 부분 중 '민간법원에서 약식명령을 받아 확정된 사실이 있는 자'에 관한 부분은 청구인인 육군 장교의 일반적 행동의 자유를 침해한다.

㉢ 일반적 행동자유권의 보호영역에는 가치 있는 행동뿐만 아니라 개인의 생활방식과 취미에 관한 사항도 포함되며, 여기에는 위험한 스포츠를 즐길 권리와 같은 위험한 생활방식으로 살아갈 권리도 포함된다. 따라서 운전 중 휴대용 전화를 사용할 자유는 헌법 제10조의 행복추구권에서 나오는 일반적 행동 자유권의 보호영역에 속한다.

㉣ 의료분쟁 조정신청의 대상인 의료사고가 사망에 해당하는 경우 한국의료분쟁조정중재원의 원장은 지체 없이 조정절차를 개시해야 한다고 규정한 의료사고 피해구제 및 의료분쟁조정 등에 관한 법률 제27조 제9항 전문 중 '사망'에 관한 부분이 청구인의 일반적 행동의 자유를 침해한다고 할 수 없다.

① ㉠, ㉡ ② ㉠, ㉢, ㉣
③ ㉡, ㉢, ㉣ ④ ㉠, ㉡, ㉢, ㉣

지문분석 난이도 ㉯ 정답 ②

| 키 워 드 | 일반적 행동자유권
| 출제유형 | 판례

㉠ (○) 헌법 제10조 전문의 행복추구권에는 일반적 행동자유권이 포함되는바, 이는 적극적으로 자유롭게 행동을 하는 것은 물론 소극적으로 행동을 하지 않을 자유도 포함하는 권리로 포괄적인 의미의 자유권이란 성격을 갖는다(헌재 2016.6.30. 2015헌마36).

㉢ (○) 일반적 행동자유권의 보호영역에는 가치 있는 행동뿐만 아니라 개인의 생활방식과 취미에 관한 사항도 포함되며, 여기에는 위험한 스포츠를 즐길 권리와 같은 위험한 생활방식으로 살아갈 권리도 포함된다. 따라서 운전 중 휴대용 전화를 사용할 자유는 헌법 제10조의 행복추구권에서 나오는 일반적 행동자유권의 보호영역에 속한다. (헌재 2021.6.24. 2019헌바5).

㉣ (○) 심판대상 조항은 사망의 결과가 발생한 경우 조정절차가 자동적으로 개시되도록 함으로써 의료분쟁 조정제도를 활성화하고 제도의 실효성을 제고하며, 사망이라는 중한 결과로 인한 피해를 신속·공정하게 구제하고, 환자와 보건의료인 양 당사자가 소송 외의 분쟁해결수단을 적극 활용할 수 있도록 하여 의료분쟁에 따른 부담을 완화하고 이를 신속·공정하게 해결하기 위한 것으로서 그 목적이 정당하고, 수단의 적합성 또한 인정된다. 따라서 심판대상 조항은 청구인의 일반적 행동의 자유를 침해하지 아니한다(헌재 2021.5.27. 2019헌마321).

㉡ (×) 20년도 육군지시 자진신고조항은, 육군 장교가 '군사법원에서 약식명령을 받아 확정된 경우'와 그 신분을 밝히지 않아 '민간법원에서 약식명령을 받아 확정된 경우' 사이에 발생하는 인사상 불균형을 방지함으로써, 인사관리의 형평성을 도모함과 동시에 적정한 징계권을 행사하고 이를 통해 군 조직의 내부 기강 및 질서를 유지하기 위한 것이므로, 그 목적이 정당하다. 또한 민간법원에서 약식명령을 받아 확정된 육군 장교로 하여금 그 사실을 자진신고할 의무를 부과하는 것은, 위 목적을 달성하기에 적합한 수단이다. 따라서 20년도 육군지시 자진신고조항 및 21년도 육군지시 자진신고조항은 과잉금지원칙에 반하여 일반적 행동의 자유를 침해하지 않는다(헌재 2021.8.31. 2020헌마12 등).

10 0193 ○△×|○△×|○△× 2015 지방직 7급

인간의 존엄과 가치 및 행복추구권에 대한 설명으로 옳지 않은 것은? (다툼이 있는 경우 판례에 의함)

① 일반적 행동자유권의 보호영역에는 개인의 생활방식과 취미에 관한 사항도 포함된다.
② 장래 가족의 구성원이 될 태아의 성별 정보에 대한 접근을 국가로부터 방해받지 않을 부모의 권리는 일반적 인격권에 의하여 보호된다.
③ 경찰이 언론사 기자들의 취재 요청에 응하여 피의자가 경찰서 내에서 양손에 수갑을 찬 채 조사받는 모습을 촬영할 수 있도록 허용한 행위는 피의자의 인격권을 침해하지 않는다.
④ 자기운명결정권에는 임신과 출산에 관한 결정, 즉 임신과 출산의 과정에 내재하는 특별한 희생을 강요당하지 않을 자유가 포함되어 있다.

지문분석 난이도 ㊦ 정답 ③

| 키 워 드 | 인간의 존엄과 가치 및 행복추구권
| 출제유형 | 판례

③ (X) 경찰이 언론사 기자들의 취재 요청에 응하여 피의자가 경찰서 내에서 양손에 수갑을 찬 채 조사받는 모습을 촬영할 수 있도록 허용한 행위는 피의자의 인격권을 침해한다(헌재 2014.3.27. 2012헌마652).
① (O) 행복추구권은 그 구체적인 표현으로서 일반적 행동자유권과 개성의 자유로운 발현권을 의미하는바, 일반적 행동자유권의 보호영역에는 개인의 생활방식과 취미에 관한 사항이 포함된다(헌재 2003.10.30. 2002헌마518; 헌재 2014.4.24. 2011헌마659 등 참조).
② (O) 장래 가족의 구성원이 될 태아의 성별 정보에 대한 접근을 국가로부터 방해받지 않을 부모의 권리는 이와 같은 일반적 인격권에 의하여 보호된다고 보아야 할 것인바, 이 사건 규정은 일반적 인격권으로부터 나오는 부모의 태아 성별 정보에 대한 접근을 방해받지 않을 권리를 제한하고 있다고 할 것이다[헌재 2008.7.31. 2004헌마1010·2005헌바90(병합)].
④ (O) 개인의 인격권·행복추구권에는 개인의 자기운명결정권이 전제되는 것이고, 이 자기운명결정권에는 임신과 출산에 관한 결정, 즉 임신과 출산의 과정에 내재하는 특별한 희생을 강요당하지 않을 자유가 포함되어 있다(헌재 2012.8.23. 2010헌바402).

11 0194 ○△×|○△×|○△× 2015 경찰 승진

행복추구권 내지 일반적 행동자유권에 관한 설명 중 헌법재판소 판례와 다른 것은?

① 일반적 행동자유권의 보호영역에는 개인의 생활방식이나 취미에 관한 사항도 포함되며, 여기에는 위험한 스포츠를 즐길 권리와 같은 위험한 생활방식으로 살아갈 권리도 포함된다.
② 무면허의료행위라 할지라도 지속적인 소득활동이 아니라 취미, 일시적 활동 또는 무상의 봉사활동으로 삼는 경우에는 일반적 행동자유권의 보호영역에 포함된다.
③ 지역 방언을 자신의 언어로 선택하여 공적 또는 사적인 의사소통과 교육의 수단으로서 사용하는 것은 행복추구권에서 파생되는 일반적 행동의 자유 내지 개성의 자유로운 발현의 한 내용이다.
④ 긴급자동차를 제외한 이륜자동차와 원동기장치자전거에 대하여 고속도로 또는 자동차전용도로의 통행을 금지하는 구 도로교통법은 고속도로 등 통행의 자유(일반적 행동의 자유)를 헌법 제37조 제2항에 반하여 과도하게 제한하는 것이어서 헌법에 위반된다.

지문분석 난이도 ㊥ 정답 ④

| 키 워 드 | 행복추구권
| 출제유형 | 판례

④ (X) 이륜차 운전자의 안전 및 고속도로 등 교통의 신속과 안전을 위하여 이륜차의 고속도로 등 통행을 금지할 필요성이 크므로 이 사건 법률조항의 입법목적이 정당하고, 이륜차의 고속도로 통행을 전면적으로 금지한 것도 입법목적을 달성하기 위하여 적절한 수단이며, 이륜차의 주행성능을 고려하지 않고 포괄적으로 금지하고 있다고 하여 지나치다고 보기 어려울 뿐만 아니라, 이륜차에 대하여 고속도로 통행을 전면적으로 금지하더라도 그로 인한 기본권 침해의 정도는 경미하여 이 사건 법률조항이 도모하고자 하는 공익에 비하여 중대하다고 보기 어렵기 때문에, 이 사건 법률 조항은 청구인들의 통행의 자유(일반적 행동의 자유)를 침해하지 않는다(헌재 2008.7.31. 2007헌바90).
① (O) 일반적 행동자유권은 모든 행위를 할 자유와 행위를 하지 않을 자유로 가치 있는 행동만 그 보호영역으로 하는 것은 아닌 것으로, 그 보호영역에는 개인의 생활방식과 취미에 관한 사항도 포함되며, 여기에는 위험한 스포츠를 즐길 권리와 같은 위험한 생활방식으로 살아갈 권리도 포함된다(헌재 2003.10.30. 2002헌마518).
② (O) 의료인이 아닌 자의 의료행위를 금지하는 의료법 조항은 '의료행위'를 개인의 경제적 소득활동의 기반이자 자아실현의 근거로 삼으려는 청구인의 기본권, 즉 직업선택의 자유를 제한하거나, 또는 청구인이 의료행위를 지속적인 소득활동이 아니라 취미, 일시적 활동 또는 무상의 봉사활동으로 삼는 경우에는 헌법 제10조의 행복추구권에서 파생하는 일반적 행동의 자유를 제한하는 규정이다(헌재 2002.12.18. 2001헌마370).
③ (O) 지역 방언을 자신의 언어로 선택하여 공적 또는 사적인 의사소통과 교육의 수단으로 사용하는 것은 행복추구권에서 파생되는 일반적 행동의 자유 내지 개성의 자유로운 발현의 한 내용이 된다 할 것이다(헌재 2009.5.28. 2006헌마618).

12 0195 ○△×|○△×|○△× 2019 경찰 승진

행복추구권에 대한 설명으로 가장 적절한 것은? (다툼이 있는 경우 판례에 의함)

① 형사재판의 피고인으로 출석하는 수형자에 대하여, 사복착용을 허용하는 형의 집행 및 수용자의 처우에 관한 법률 제82조를 준용하지 아니한 동법 제88조는 행복추구권을 침해하지 않는다.

② 형의 집행 및 수용자의 처우에 관한 법률 제88조가 민사재판의 당사자로 출석하는 수형자에 대하여, 사복착용을 허용하는 동법 제82조를 준용하지 아니한 것은 행복추구권을 침해한다.

③ 금치기간 중 신문·도서·잡지 외 자비구매물품의 사용을 제한하는 형의 집행 및 수용자의 처우에 관한 법률 조항은 수용자의 일반적 행동의 자유를 침해하지 않는다.

④ 공문서의 한글전용을 규정한 국어기본법 조항 및 국어기본법 시행령 조항은 한자혼용방식에 비하여 의미 전달력이나 가독성이 낮아지기 때문에, 공무원인 청구인들의 행복추구권을 침해한다.

지문분석 난이도 ㉻ 정답 ③

| 키 워 드 | 행복추구권

| 출제유형 | 판례

③ (○) 교도소의 안전과 질서를 위하여 가장 중한 징벌인 금치처분을 받은 사람을 엄격한 격리에 의하여 외부와의 접촉을 금지시키고 반성에 전념하도록 하여 수용 질서를 확립하고자 하는 입법목적은 정당하며, 금치기간 동안 자비구매물품의 사용을 금지하는 것은 위 목적을 달성하기 위한 적합한 수단이다. … 따라서 이 사건 금치조항 중 제108조 제7호의 신문·잡지·도서 외 자비구매물품에 관한 부분은 청구인의 일반적 행동의 자유를 침해하지 않는다(헌재 2016.5.26. 2014헌마45).

① (X) 수형자라 하더라도 확정되지 않은 별도의 형사재판에서만큼은 미결수용자와 같은 지위에 있는 것이므로, 그를 죄 있는 자에 준하여 취급함으로써 법률적·사실적 측면에서 유형·무형의 불이익을 주어서는 아니된다. 그런데 이러한 수형자로 하여금 형사재판 출석 시 아무런 예외 없이 사복착용을 금지하고 재소자용 의류를 입도록 하여 인격적인 모욕감과 수치심 속에서 재판을 받도록 하는 것은, 그 재판과 관련하여 미결수용자의 지위임에도 이미 유죄의 확정판결을 받은 수형자와 같은 외관을 형성하게 함으로써 재판부나 검사 등 소송관계자들에게 유죄의 선입견을 줄 수 있는 등 무죄추정의 원칙에 위배될 소지가 크다. … 따라서 심판대상 조항이 형사재판의 피고인으로 출석하는 수형자에 대하여 형집행법 제82조를 준용하지 아니한 것은 과잉금지원칙에 위반되어 청구인의 공정한 재판을 받을 권리, 인격권, 행복추구권을 침해한다(헌재 2015.12.23. 2013헌마712).

② (X) 심판대상 조항의 민사재판 출석 시 사복착용 불허는 시설 바깥으로의 외출이라는 기회를 이용한 도주를 예방하기 위한 것으로서 그 목적이 정당하고, 사복착용의 불허는 위와 같은 목적을 달성하기 위한 적합한 수단이 된다. … 따라서 심판대상 조항의 민사재판 출석 시 사복착용 불허는 과잉금지원칙에 위배되어 청구인의 인격권과 행복추구권을 침해한다고 볼 수 없다(헌재 2015.12.23. 2013헌마712).

④ (X) 이 사건 공문서 조항은 공문서를 읽고 쓰기 쉬운 한글로 작성하도록 함으로써 공적 영역에서 원활한 의사소통을 확보하고 효율적·경제적으로 공적 업무를 수행하기 위한 것으로, 공문서를 한글로 작성하면 학력이나 한자 독해력 등에 관계없이 모든 국민들이 공문서의 내용을 쉽게 이해할 수 있고, 다른 글자와 혼용하여 공문서를 작성하는 것에 비해 시간과 노력이 적게 소요되므로 행정의 효율성 및 경제성을 증진시킬 수 있다. … 결국 이 사건 공문서 조항은 '공공기관 등이 작성하는 공문서'에 대하여만 적용되고, 일반 국민이 공공기관 등에 접수·제출하기 위하여 작성하는 문서나 일상생활에서 사적 의사소통을 위해 작성되는 문서에는 적용되지 않는다. 그러므로 이 사건 공문서 조항은 청구인들의 행복추구권을 침해하지 아니한다(헌재 2016.11.24. 2012헌마854).

13 0196 ○△×|○△×|○△× 2021 국가직 7급

행복추구권에 대한 설명으로 옳지 않은 것은? (다툼이 있는 경우 판례에 의함)

① 공정거래위원회의 명령으로 독점규제 및 공정거래에 관한 법률 위반의 혐의자에게 스스로 법위반사실을 인정하여 공표하도록 강제하고 있는 '법위반사실공표명령' 부분은 헌법상 일반적 행동의 자유, 명예권, 무죄추정권 및 양심의 자유를 침해한다.

② 공문서의 한글전용을 규정한 국어기본법 및 국어기본법 시행령의 해당 조항은 '공공기관 등이 작성하는 공문서'에 대하여만 적용되고, 일반 국민이 공공기관 등에 접수·제출하기 위하여 작성하는 문서나 일상생활에서 사적 의사소통을 위해 작성되는 문서에는 적용되지 않으므로 청구인들의 행복추구권을 침해하지 않는다.

③ 수상레저안전법상 조종면허를 받은 사람이 동력수상레저기구를 이용하여 범죄행위를 하는 경우에 조종면허를 필요적으로 취소하도록 하는 구 수상레저안전법상 규정은 직업의 자유 내지 일반적 행동의 자유를 침해한다.

④ 청구인이 공적인 인물의 부당한 행위를 비판하는 과정에서 모욕적인 표현을 사용한 행위가 사회상규에 위배되지 아니하는 행위로서 정당행위에 해당될 여지가 있음에도, 이에 대한 판단 없이 청구인에게 모욕 혐의를 인정한 피청구인의 기소유예처분은 청구인의 행복추구권을 침해한다.

지문분석 난이도 중 정답 ①

| 키 워 드 | 행복추구권

| 출제유형 | 판례

① (X) 이 사건의 경우와 같이 경제규제법적 성격을 가진 공정거래법에 위반하였는지 여부에 있어서도 각 개인의 소신에 따라 어느 정도의 가치판단이 개입될 수 있는 소지가 있고 그 한도에서 다소의 윤리적 도덕적 관련성을 가질 수도 있겠으나, 이러한 법률판단의 문제는 개인의 인격형성과는 무관하며, 대화와 토론을 통하여 가장 합리적인 것으로 그 내용이 동화되거나 수렴될 수 있는 포용성을 가지는 분야에 속한다고 할 것이므로 헌법 제19조에 의하여 보장되는 양심의 영역에 포함되지 아니한다(헌재 2002.1.31. 2001헌바43). → 양심의 자유의 영역에는 포함되지 않으나, 과잉금지의 원칙을 위반하여 행위자의 일반적 행동의 자유 및 명예권을 침해하고 무죄추정의 원칙에 반한다.

② (O) 이 사건 공문서 조항은 공문서를 읽고 쓰기 쉬운 한글로 작성하도록 함으로써 공적 영역에서 원활한 의사소통을 확보하고 효율적·경제적으로 공적 업무를 수행하기 위한 것으로, 공문서를 한글로 작성하면 학력이나 한자 독해력 등에 관계없이 모든 국민들이 공문서의 내용을 쉽게 이해할 수 있고, 다른 글자와 혼용하여 공문서를 작성하는 것에 비해 시간과 노력이 적게 소요되므로 행정의 효율성 및 경제성을 증진시킬 수 있다. … 결국 이 사건 공문서 조항은 '공공기관 등이 작성하는 공문서'에 대하여만 적용되고, 일반 국민이 공공기관 등에 접수·제출하기 위하여 작성하는 문서나 일상생활에서 사적 의사소통을 위해 작성되는 문서에는 적용되지 않는다. 그러므로 이 사건 공문서 조항은 청구인들의 행복추구권을 침해하지 아니한다(헌재 2016.11.24. 2012헌마854).

③ (O) 범죄행위의 유형, 경중이나 위법성의 정도, 동력수상레저기구의 당해 범죄행위에 대한 기여도 등 제반사정을 전혀 고려하지 않고 필요적으로 조종면허를 취소하도록 규정하였으므로 심판대상 조항은 침해의 최소성원칙에 위배되고, 심판대상 조항에 따라 조종면허가 취소되면 면허가 취소된 날부터 1년 동안은 조종면허를 다시 받을 수 없게 되어 법익의 균형성 원칙에도 위배된다. 따라서 심판대상 조항은 직업의 자유 및 일반적 행동의 자유를 침해한다(헌재 2015.7.30. 2014헌가13).

④ (O) 청구인이 공적인 인물의 부적절한 언행을 비판하면서 모욕적인 표현을 1회 사용한 행위는 청구인이 글을 게시한 동기, 청구인이 게시한 글의 전체적인 맥락 등을 고려할 때 비판의 범위 내에 있는 것으로 평가될 수 있어 사회상규에 위배되지 아니하는 행위로서 정당행위에 해당한다고 볼 여지가 있다. 그럼에도 불구하고 정당행위 여부를 판단하지 않고 청구인에 대한 모욕 혐의를 인정한 이 사건 기소유예처분은 자의적인 검찰권의 행사로서 청구인의 평등권과 행복추구권을 침해하였다(헌재 2020.9.24. 2019헌마1285).

14 0197 O△X | O△X | O△X 2017 국회직 8급

행복추구권에 대한 설명으로 옳지 않은 것은? (다툼이 있는 경우 헌법재판소의 판례에 의함)

① '운전면허를 받은 사람이 자동차 등을 이용하여 범죄행위를 한 때'를 필요적 운전면허 취소사유로 규정하는 것은 일반적 행동자유권을 침해하여 헌법에 위반된다.
② 형사재판의 피고인으로 출석하는 수형자에 대하여 사복착용을 허용하지 아니한 것은 행복추구권을 침해한다.
③ 한자 학습을 통하여 사고력·응용력·창의력을 기를 수 있고, 동아시아에서의 문화적 연대를 확산시킬 수 있으므로 공문서의 한글전용을 규정한 국어기본법은 공무원들의 행복추구권을 침해한다.
④ 기부금품의 모집행위도 행복추구권에서 파생하는 일반적인 행동자유권에 의하여 기본권으로 보장된다.
⑤ 금치기간 중 신문·도서·잡지 외 자비구매물품의 사용을 제한하는 형의 집행 및 수용자의 처우에 관한 법률 조항은 수용자의 일반적 행동의 자유를 침해하지 않는다.

지문분석 난이도 상 정답 ③

| 키 워 드 | 행복추구권
| 출제유형 | 판례

③ (X) 국민들은 공문서를 통하여 공적 생활에 관한 정보를 습득하고 자신의 권리 의무와 관련된 사항을 알게 되므로 우리 국민 대부분이 읽고 이해할 수 있는 한글로 작성할 필요가 있다. 한자어를 굳이 한자로 쓰지 않더라도 앞뒤 문맥으로 그 뜻을 이해할 수 있는 경우가 대부분이고, 뜻을 정확히 전달하기 위하여 필요한 경우에는 괄호 안에 한자를 병기할 수 있으므로 한자혼용방식에 비하여 특별히 한자어의 의미 전달력이나 가독성이 낮아진다고 보기 어렵다. 따라서 이 사건 공문서 조항은 청구인들의 행복추구권을 침해하지 아니한다(헌재 2016.11.24. 2012헌마854).
① (O) '운전면허를 받은 사람이 자동차 등을 이용하여 범죄행위를 한 때'를 필요적 운전면허 취소사유로 규정하는 것은 자동차 등을 이용하여 범죄행위를 하기만 하면 그 범죄행위가 얼마나 중한 것인지, 그러한 범죄행위를 행함에 있어 자동차 등이 당해 범죄 행위에 어느 정도로 기여했는지 등에 대한 아무런 고려 없이 무조건 운전면허를 취소하도록 하고 있으므로 이는 구체적 사안의 개별성과 특수성을 고려할 수 있는 여지를 일체 배제하고 그 위법의 정도나 비난의 정도가 극히 미약한 경우까지도 운전면허를 취소할 수밖에 없도록 하는 것으로 최소침해성의 원칙에 위반된다 할 것이다. 한편, 이 사건 규정에 의해 운전면허가 취소되면 2년 동안은 운전면허를 다시 발급 받을 수 없게 되는바, 이는 지나치게 기본권을 제한하는 것으로서 법익균형성원칙에도 위반된다. 그러므로 이 사건 규정은 직업의 자유 내지 일반적 행동자유권을 침해하여 헌법에 위반된다(헌재 2005.11.24. 2004헌가28).
② (O) 형사재판의 피고인으로 출석하는 수형자에 대하여 사복착용을 허용하지 아니한 것은 청구인의 공정한 재판을 받을 권리, 인격권, 행복추구권을 침해한다(헌재 2015.12.23. 2013헌마712). → 민사재판에 출석하는 수형자에 대하여 사복착용을 허용하지 아니한 것은 인격권과 행복추구권을 침해하지 않는다.
④ (O) 기부금품의 모집행위도 행복추구권에서 파생하는 일반적인 행동자유권에 의하여 기본권으로 보장된다(헌재 1998.5.28. 96헌가5).
⑤ (O) 금치기간 중 신문·도서·잡지 외 자비구매물품의 사용을 제한하는 형의 집행 및 수용자의 처우에 관한 법률 조항은 수용자의 일반적 행동의 자유를 침해하지 않는다(헌재 2016.5.26. 2014헌마45).

15 0198 ○△×|○△×|○△× 2017 국가직 7급 하반기

일반적 행동자유권에 대한 설명으로 옳지 않은 것으로만 묶은 것은? (다툼이 있는 경우 헌법재판소 판례에 의함)

ㄱ. 비어업인이 잠수용 스쿠버 장비를 사용하여 수산자원을 포획·채취하는 것을 금지하는 것은 일반적 행동자유권의 침해가 아니다.
ㄴ. 아동·청소년 대상 성범죄자에게 1년마다 정기적으로 새로 촬영한 사진을 제출하도록 하고 정당한 사유 없이 사진제출의무를 위반한 경우 형사처벌을 하도록 한 것은 일반적 행동자유권에 대한 침해이다.
ㄷ. 형의 집행유예와 동시에 사회봉사명령을 선고받는 경우, 신체의 자유가 제한될 뿐이지 일반적 행동자유권이 제한되는 것은 아니다.
ㄹ. 술에 취한 상태로 도로 외의 곳에서 운전하는 것을 금지하고 이를 위반했을 때 처벌하는 것은 일반적 행동의 자유를 제한한다.

① ㄱ, ㄴ ② ㄱ, ㄹ
③ ㄴ, ㄷ ④ ㄷ, ㄹ

지문분석 난이도 상 정답 ③

| 키 워 드 | 일반적 행동자유권
| 출제유형 | 판례

ㄴ. (X) 아동·청소년 대상 성범죄자에게 1년마다 정기적으로 새로 촬영한 사진을 제출하도록 하고 정당한 사유 없이 사진제출의무를 위반한 경우 형사처벌을 하도록 한 것은 일반적 행동의 자유를 침해하지 아니한다(헌재 2015.7.30. 2014헌바257).
ㄷ. (X) 형의 집행유예와 동시에 사회봉사명령을 선고받은 청구인은 자신의 의사와 무관하게 사회봉사를 하지 않을 수 없게 되어 헌법 제10조의 행복추구권에서 파생하는 일반적 행동의 자유를 제한받게 된다. 이 사건 법률 조항에 의한 사회봉사명령은 청구인에게 근로의무를 부과함에 그치고 공권력이 신체를 구금하는 등의 방법으로 근로를 강제하는 것은 아니어서 이 사건 법률 조항이 신체의 자유를 제한한다고 볼 수 없다(헌재 2012.3.29. 2010헌바100).
ㄱ. (O) 비어업인이 잠수용 스쿠버 장비를 사용하여 수산자원을 포획·채취하는 것을 금지하는 것은 일반적 행동의 자유를 침해하지 아니한다(헌재 2016.10.27. 2013헌마450).
ㄹ. (O) 술에 취한 상태로 도로 외의 곳에서 운전하는 것을 금지하고 이에 위반했을 때 처벌하도록 하고 있으므로 일반적 행동의 자유를 제한한다(헌재 2016.2.25. 2015헌가11).

16 0199 ○△×|○△×|○△× 2020 지방직 7급

일반적 행동자유권에 대한 설명으로 옳지 않은 것은? (다툼이 있는 경우 판례에 의함)

① 일반적 행동자유권은 가치 있는 행동만 그 보호영역으로 하는 것은 아니고, 개인의 생활방식과 취미에 관한 사항, 위험한 스포츠를 즐길 권리와 같은 위험한 생활방식으로 살아갈 권리도 포함하므로, 술에 취한 상태로 도로 외의 곳에서 운전하는 것을 금지하고 위반 시 처벌하는 것은 일반적 행동의 자유를 제한한다.
② 일반적 행동자유권의 보호대상으로서 행동이란 국가가 간섭하지 않으면 자유롭게 할 수 있는 행위를 의미하므로 병역의무 이행으로서 현역병 복무도 국가가 간섭하지 않으면 자유롭게 할 수 있는 행위에 속한다는 점에서, 현역병으로 복무할 권리도 일반적 행동자유권에 포함된다.
③ 헌법 제10조에 의하여 보장되는 행복추구권 속에는 일반적 행동자유권이 포함되고, 이 일반적 행동자유권으로부터 계약 체결의 여부, 계약의 상대방, 계약의 방식과 내용 등을 당사자의 자유로운 의사로 결정할 수 있는 계약의 자유가 파생한다.
④ 헌법 제10조가 정하고 있는 행복추구권에서 파생하는 자기결정권 내지 일반적 행동자유권은 이성적이고 책임감 있는 사람의 자기 운명에 대한 결정·선택을 존중하되 그에 대한 책임은 스스로 부담함을 전제로 한다.

지문분석 난이도 중 정답 ②

| 키 워 드 | 일반적 행동자유권
| 출제유형 | 판례

② (X) 헌법 제10조의 행복추구권에서 파생하는 일반적 행동자유권은 모든 행위를 하거나 하지 않을 자유를 내용으로 하나, 그 보호대상으로서의 행동이란 국가가 간섭하지 않으면 자유롭게 할 수 있는 행위 내지 활동을 의미하고, 이를 국가권력이 가로막거나 강제하는 경우 자유권의 침해로서 논의될 수 있다 할 것인데, 병역의무의 이행으로서의 현역병 복무는 국가가 간섭하지 않으면 자유롭게 할 수 있는 행위에 속하지 않으므로, 현역병으로 복무할 권리가 일반적 행동자유권에 포함된다고 할 수도 없다(헌재 2010.12.28. 2008헌마527).
① (O) 일반적 행동자유권은 가치 있는 행동만 그 보호영역으로 하는 것은 아니다. 그 보호영역에는 개인의 생활방식과 취미에 관한 사항도 포함되며, 여기에는 위험한 스포츠를 즐길 권리와 같은 위험한 생활방식으로 살아갈 권리도 포함된다. 그런데 심판대상 조항은 술에 취한 상태로 도로 외의 곳에서 운전하는 것을 금지하고 이에 위반했을 때 처벌하도록 하고 있으므로 일반적 행동의 자유를 제한한다(헌재 2016.2.25. 2015헌가11).
③ (O) 헌법 제10조에 의하여 보장되는 행복추구권 속에는 일반적 행동자유권이 포함되고, 이 일반적 행동자유권으로부터 계약 체결의 여부, 계약의 상대방, 계약의 방식과 내용 등을 당사자의 자유로운 의사로 결정할 수 있는 계약의 자유가 파생된다(헌재 2013.10.24. 2010헌마219 등).
④ (O) 헌법 제10조가 정하고 있는 행복추구권에서 파생되는 자기결정권 내지 일반적 행동자유권은 이성적이고 책임감 있는 사람의 자기의 운명에 대한 결정·선택을 존중하되 그에 대한 책임은 스스로 부담함을 전제로 한다(헌재 2004.6.24. 2002헌가27).

17 0200 ○△×|○△×|○△× 2018 경찰 승진

헌법 제10조에 대한 설명으로 가장 적절하지 않은 것은? (다툼이 있는 경우 판례에 의함)

① 헌법 제10조는 개인의 인격권과 행복추구권을 보장하고 있고, 인격권과 행복추구권은 개인의 자기운명결정권을 전제로 하며, 이 자기운명결정권에는 성행위 여부와 그 상대방을 결정할 수 있는 성적자기결정권이 포함되어 있다.
② 사법경찰관이 보도자료 배포 직후 기자들의 취재 요청에 응하여 피의자가 경찰서 조사실에서 양손에 수갑을 찬 채 조사받는 모습을 촬영할 수 있도록 허용한 행위는 잠재적인 피해자의 발생을 방지하고 범죄를 예방할 필요성이 크다는 점에서 피의자의 인격권을 침해하지 않는다.
③ 환자가 장차 죽음에 임박한 상태에 이를 경우에 대비하여 미리 의료인 등에게 연명치료 거부 또는 중단에 관한 의사를 밝히는 등의 방법으로 죽음에 임박한 상태에서 인간으로서의 존엄과 가치를 지키기 위하여 연명치료의 거부 또는 중단을 결정할 수 있다 할 것이고, 위 결정은 헌법상 기본권인 자기결정권의 한 내용으로서 보장되지만, 헌법해석상 연명치료 중단 등에 관한 법률을 제정할 국가의 입법의무가 명백하다고 볼 수는 없다.
④ 민사재판의 당사자로 출석하는 수형자에 대하여, 사복착용을 허용하는 형집행법 제82조를 준용하지 아니한 것이 수형자의 인격권 및 행복추구권을 침해하는 것은 아니다.

지문분석 난이도 중 정답 ②

| 키 워 드 | 인간의 존엄과 가치

| 출제유형 | 판례

② (X) 사법경찰관이 보도자료 배포 직후 기자들의 취재 요청에 응하여 피의자가 경찰서 조사실에서 양손에 수갑을 찬 채 조사받는 모습을 촬영할 수 있도록 허용한 행위는 과잉금지원칙에 위반되어 청구인의 인격권을 침해하였다(헌재 2014.3.27. 2012헌마652).

① (O) 헌법 제10조는 "모든 국민은 인간으로서의 존엄과 가치를 가지며, 행복을 추구할 권리를 가진다. 국가는 개인이 가지는 불가침의 기본적 인권을 확인하고 이를 보장할 의무를 진다."라고 규정하여 개인의 인격권과 행복추구권을 보장하고 있다. 개인의 인격권·행복추구권에는 개인의 자기운명결정권이 전제되는 것이고, 이 자기운명결정권에는 성행위 여부 및 그 상대방을 결정할 수 있는 성적자기결정권이 포함되어 있다(헌재 2009.11.26. 2008헌바58).

③ (O) 환자가 장차 죽음에 임박한 상태에 이를 경우에 대비하여 미리 의료인 등에게 연명치료 거부 또는 중단에 관한 의사를 밝히는 등의 방법으로 죽음에 임박한 상태에서 인간으로서의 존엄과 가치를 지키기 위하여 연명치료의 거부 또는 중단을 결정할 수 있다 할 것이고, 위 결정은 헌법상 기본권인 자기결정권의 한 내용으로서 보장되지만, 헌법해석상 연명치료 중단 등에 관한 법률을 제정할 국가의 입법의무가 명백하다고 볼 수는 없다(헌재 2009.11.26. 2008헌마385).

④ (O) 수형자가 민사법정에 출석하기까지 교도관이 반드시 동행하여야 하므로 수용자의 신분이 드러나게 되어 있어 재소자용 의류를 입었다는 이유로 인격권과 행복추구권이 제한되는 정도는 제한적이고, 형사법정 이외의 법정 출입 방식은 미결수용자와 교도관 전용 통로 및 시설이 존재하는 형사재판과 다르며, 계호의 방식과 정도도 확연히 다르다. 따라서 심판대상 조항이 민사재판에 출석하는 수형자에 대하여 사복착용을 허용하지 아니한 것은 청구인의 인격권과 행복추구권을 침해하지 아니한다(헌재 2015.12.23. 2013헌마712).

18 0201 O△X | O△X | O△X 2020 법원직 9급

인간의 존엄과 가치에 관한 다음 설명 중 가장 옳지 않은 것은?

① 죽음에 임박한 환자에게 '연명치료 중단에 관한 자기결정권'은 헌법상 보장된 기본권이므로, 헌법해석상 '연명치료중단 등에 관한 법률'을 제정할 국가의 입법의무가 명백하다고 볼 수 있다.

② 헌법 제10조로부터 도출되는 일반적 인격권에는 각 개인이 그 삶을 사적으로 형성할 수 있는 자율영역에 대한 보장이 포함되어 있음을 감안할 때, 장래 가족의 구성원이 될 태아의 성별 정보에 대한 접근을 국가로부터 방해받지 않을 부모의 권리는 이와 같은 일반적 인격권에 의하여 보호된다고 보아야 한다.

③ 수용자를 교정시설에 수용할 때마다 전자영상 검사기를 이용하여 수용자의 항문 부위에 대한 신체검사를 하는 것이 필요한 최소한도를 벗어나 과잉금지원칙에 위배되어 수용자의 인격권 내지 신체의 자유를 침해한다고 볼 수 없다.

④ 변호사에 대한 징계결정정보를 인터넷 홈페이지에 공개하도록 한 변호사법 조항은 전문적인 법률지식, 윤리적 소양, 공정성 및 신뢰성을 갖추어야 할 변호사가 징계를 받은 경우 국민이 이러한 사정을 쉽게 알 수 있도록 하여 변호사를 선택할 권리를 보장하고, 변호사의 윤리의식을 고취시킴으로써 법률사무에 대한 전문성, 공정성 및 신뢰성을 확보하여 국민의 기본권을 보호하며 사회정의를 실현하기 위한 것으로서 청구인의 인격권을 침해하지 아니한다.

지문분석

난이도 중 정답 ①

| 키 워 드 | 인간의 존엄과 가치
| 출제유형 | 판례

① (X) 환자가 장차 죽음에 임박한 상태에 이를 경우에 대비하여 미리 의료인 등에게 연명치료 거부 또는 중단에 관한 의사를 밝히는 등의 방법으로 죽음에 임박한 상태에서 인간으로서의 존엄과 가치를 지키기 위하여 연명치료의 거부 또는 중단을 결정할 수 있다 할 것이고, 위 결정은 헌법상 기본권인 자기결정권의 한 내용으로서 보장된다 할 것이다. 연명치료 중단에 관한 자기결정권'을 보장하는 방법으로서 '법원의 재판을 통한 규범의 제시'와 '입법' 중 어느 것이 바람직한가는 입법정책의 문제로서 국회의 재량에 속한다 할 것이다. 그렇다면 헌법 해석상 '연명치료 중단 등에 관한 법률'을 제정할 국가의 입법의무가 명백하다고 볼 수 없다(헌재 2009.11.26. 2008헌마385).

② (O) 헌법 제10조로부터 도출되는 일반적 인격권에는 각 개인이 그 삶을 사적으로 형성할 수 있는 자율영역에 대한 보장이 포함되어 있음을 감안할 때, 장래 가족의 구성원이 될 태아의 성별 정보에 대한 접근을 국가로부터 방해받지 않을 부모의 권리는 이와 같은 일반적 인격권에 의하여 보호된다고 보아야 할 것인바, 이 사건 규정은 일반적 인격권으로부터 나오는 부모의 태아 성별 정보에 대한 접근을 방해받지 않을 권리를 제한하고 있다고 할 것이다(헌재 2008.7.31. 2004헌마1010 등).

③ (O) 이 사건 신체검사는 교정시설의 안전과 질서를 유지하기 위한 것으로 그 목적이 정당하고, 항문 부위에 대한 금지물품의 은닉 여부를 효과적으로 확인할 수 있는 적합한 검사방법으로 그 수단이 적절하다. … 또한 이 사건 신체검사로 인하여 수용자가 느끼는 모욕감이나 수치심이 결코 작다고 할 수는 없지만, 흉기 기타 위험물이나 금지물품을 교정시설 내로 반입하는 것을 차단함으로써 수용자 및 교정시설 종사자들의 생명·신체의 안전과 교정시설 내의 질서를 유지한다는 공적인 이익이 훨씬 크다 할 것이므로, 법익의 균형성 요건 또한 충족된다. 이 사건 신체검사는 필요한 최소한도를 벗어나 과잉금지원칙에 위배되어 청구인의 인격권 내지 신체의 자유를 침해한다고 볼 수 없다(헌재 2011.5.26. 2010헌마775).

④ (O) 징계결정 공개 조항은 전문적인 법률지식, 윤리적 소양, 공정성 및 신뢰성을 갖추어야 할 변호사가 징계를 받은 경우 국민이 이러한 사정을 쉽게 알 수 있도록 하여 변호사를 선택할 권리를 보장하고, 변호사의 윤리의식을 고취시킴으로써 법률사무에 대한 전문성, 공정성 및 신뢰성을 확보하여 국민의 기본권을 보호하며 사회정의를 실현하기 위한 것으로서 입법목적의 정당성이 인정된다. 또 대한변호사협회 홈페이지에 변호사에 대한 징계정보를 공개하여 국민으로 하여금 징계정보를 검색할 수 있도록 하는 것은 그 입법목적을 달성하는 데 있어서 유효·적절한 수단이다. … 나아가 징계결정 공개 조항으로 인하여 징계대상 변호사가 입게 되는 불이익이 공익에 비하여 크다고 할 수 없으므로, 법익의 균형성에 위배되지도 아니한다. 따라서 징계결정 공개조항은 과잉금지원칙에 위배되지 아니하므로 청구인의 인격권을 침해하지 아니한다(헌재 2018.7.26. 2016헌마1029).

19 0202 ○△×|○△×|○△× 2020 국회직 8급

헌법 제10조의 인간의 존엄과 가치로부터 파생된 권리에 대한 설명으로 옳지 않은 것은? (다툼이 있는 경우 판례에 의함)

① 사법경찰관이 보도자료 배포 직후 기자들의 취재 요청에 응하여 피의자가 경찰서 조사실에서 양손에 수갑을 찬 채 조사받는 모습을 촬영할 수 있도록 허용한 행위는 잠재적인 피해자의 발생을 방지하고 범죄를 예방할 필요성이 크다는 점에서 피의자의 인격권을 침해하지 않는다.

② 민사재판의 당사자로 출석하는 수형자에 대하여, 사복착용을 허용하는 형의 집행 및 수용자의 처우에 관한 법률 제82조를 준용하지 아니하였다 하더라도 수형자의 인격권 및 행복추구권을 침해하는 것은 아니다.

③ 기부행위자는 자신의 재산을 사회적 약자나 소외 계층을 위하여 출연함으로써 자기가 속한 사회에 공헌하였다는 행복감과 만족감을 실현할 수 있으므로, 기부행위는 행복추구권과 그로부터 파생되는 일반적 행동자유권에 의해 보호된다.

④ 주방용 오물분쇄기의 판매와 사용을 금지하는 것은 주방용 오물분쇄기를 사용하려는 자의 일반적 행동자유권을 제한한다.

⑤ 대학수학능력시험의 문항 수 기준 70%를 EBS 교재와 연계하여 출제한다는 대학수학능력시험 시행기본계획은 대학수학능력시험을 준비하는 자의 자유로운 인격발현권을 제한한다.

지문분석 난이도 중 정답 ①

| **키워드** | 인간의 존엄과 가치

| **출제유형** | 판례

① (×) 피청구인(사법경찰관)은 기자들에게 청구인이 경찰서 내에서 수갑을 차고 얼굴을 드러낸 상태에서 조사받는 모습을 촬영할 수 있도록 허용하였는데, 청구인에 대한 이러한 수사 장면을 공개 및 촬영하게 할 어떠한 공익 목적도 인정하기 어려우므로 촬영허용행위는 목적의 정당성이 인정되지 아니한다. 또한 촬영허용행위는 언론 보도를 보다 실감나게 하기 위한 목적 외에 어떠한 공익도 인정할 수 없는 반면, 청구인은 피의자로서 얼굴이 공개되어 초상권을 비롯한 인격권에 대한 중대한 제한을 받았고, 촬영한 것이 언론에 보도될 경우 범인으로서의 낙인 효과와 그 파급효는 매우 가혹하여 법익균형성도 인정되지 아니하므로, 촬영허용행위는 과잉금지원칙에 위반되어 청구인의 인격권을 침해하였다(헌재 2014.3.27. 2012헌마652).

② (○) 수형자가 민사법정에 출석하기까지 교도관이 반드시 동행하여야 하므로 수용자의 신분이 드러나게 되어 있어 재소자용 의류를 입었다는 이유로 인격권과 행복추구권이 제한되는 정도는 제한적이고, 형사법정 이외의 법정 출입 방식은 미결수용자와 교도관 전용 통로 및 시설이 존재하는 형사재판과 다르며, 계호의 방식과 정도도 확연히 다르다. 따라서 심판대상 조항이 민사재판에 출석하는 수형자에 대하여 사복착용을 허용하지 아니한 것은 청구인의 인격권과 행복추구권을 침해하지 아니한다(헌재 2015.12.23. 2013헌마712).

③ (○) 타인이나 단체에 대한 기부행위는 공동체의 결속을 도모하고 사회생활에서 개인의 타인과의 연대를 확대하는 기능을 하므로 자본주의와 시장경제의 흠결을 보완하는 의미에서 국가·사회적으로 장려되어야 할 행위이다. 또한, 기부행위자 본인은 자신의 재산을 사회적 약자나 소외계층을 위하여 출연함으로써 자기가 속한 사회에 공헌하였다는 행복감과 만족감을 실현할 수 있으므로, 이는 헌법상 인격의 자유로운 발현을 위하여 필요한 행동을 할 수 있어야 한다는 의미의 행복추구권과 그로부터 파생되는 일반적 행동자유권의 행사로서 당연히 보호되어야 한다(헌재 2010.9.30. 2009헌바201).

④ (○) 주방용 오물분쇄기를 사용하고자 하는 청구인들은 심판대상 조항이 주방용 오물분쇄기의 사용을 금지하고 있어 이를 이용하여 자유롭게 음식물 찌꺼기 등을 처리할 수 없으므로, 행복추구권으로부터 도출되는 일반적 행동자유권을 제한받는다(헌재 2018.6.28. 2016헌마1151).

⑤ (○) 청구인 권○환, 허○민은 수능시험을 준비하는 사람들로서 심판대상 계획에서 정한 출제 방향과 원칙에 영향을 받을 수밖에 없다. 따라서 수능시험을 준비하면서 무엇을 어떻게 공부하여야 할지에 관하여 스스로 결정할 자유가 심판대상 계획에 따라 제한된다. 이는 자신의 교육에 관하여 스스로 결정할 권리, 즉 교육을 통한 자유로운 인격발현권을 제한받는 것으로 볼 수 있다. 한편, 청구인들은 심판대상 계획으로 인해 교육을 받을 권리가 침해된다고 주장하지만, 심판대상 계획이 헌법 제31조 제1항의 능력에 따라 균등하게 교육을 받을 권리를 직접 제한한다고 보기는 어렵다. 청구인들은 행복추구권도 침해된다고 주장하지만, 행복추구권에서 도출되는 자유로운 인격발현권 침해 여부에 대하여 판단하는 이상 행복추구권 침해 여부에 대해서는 다시 별도로 판단하지 않는다(헌재 2018.2.22. 2017헌마691).

20 0203 ○△×|○△×|○△× 2022 경찰 1차

인간의 존엄과 가치에 관한 설명 중 가장 적절하지 않은 것은? (다툼이 있는 경우 판례에 의함)

① 친생부인의 소의 제척기간을 규정한 민법 규정 중 "부(夫)가 그 사유가 있음을 안 날부터 2년 내" 부분은 부(夫)가 가정생활과 신분관계에서 누려야 할 인격권을 침해한다.

② 수용자를 교정시설에 수용할 때마다 전자영상 검사기를 이용하여 수용자의 항문 부위에 대한 신체검사를 하는 것이 수용자의 인격권을 침해하는 것은 아니다.

③ 외부 민사재판에 출정할 때 운동화를 착용하게 해달라는 수형자인 청구인의 신청에 대하여 이를 불허한 피청구인 교도소장의 행위는 청구인의 인격권을 침해한다고 볼 수 없다.

④ 선거기사심의위원회가 불공정한 선거기사를 보도하였다고 인정한 언론사에 대하여 언론중재위원회를 통하여 사과문을 게재할 것을 명하도록 하는 공직선거법 조항 중 '사과문 게재' 부분과, 해당 언론사가 사과문 게재 명령을 지체 없이 이행하지 않을 경우 형사처벌하는 구 공직선거법 규정 중 해당 부분은 언론사의 인격권을 침해한다.

지문분석 난이도 ㊦ 정답 ①

| 키 워 드 | 인간의 존엄과 가치

| 출제유형 | 판례

① (×) 헌법재판소 1997.3.27. 95헌가14 등 결정의 취지에 따라 2005.3.31. 법률 제7427호로 개정된 민법 제847조 제1항은 '친생부인의 사유가 있음을 안 날'을 제척기간의 기산점으로 삼음으로써 부(夫)가 혈연관계의 진실을 인식할 때까지 기간의 진행을 유보하고, '그로부터 2년'을 제척기간으로 삼음으로써 부(夫)의 친생부인의 기회를 실질적으로 보장하고 있다. 또한 2년이란 기간은 자녀의 불안정한 지위를 장기간 방치하지 않기 위한 것으로서 지나치게 짧다고 볼 수 없다. 따라서 민법 제847조 제1항 중 "부(夫)가 그 사유가 있음을 안 날부터 2년 내" 부분은 친생부인의 소의 제척기간에 관한 입법재량의 한계를 일탈하지 않은 것으로서 헌법에 위반되지 아니한다(헌재 2015.3.26. 2012헌바357).

② (○) 교도관이 마약류사범에게 검사의 취지와 방법을 설명하고 반입금지품을 제출하도록 안내한 후 외부와 차단된 검사실에서 같은 성별의 교도관 앞에 돌아서서 하의속옷을 내린 채 상체를 숙이고 양손으로 둔부를 벌려 항문을 보이는 방법으로 실시한 정밀신체검사는 수용자에 대한 생명·신체에 대한 위해를 방지하고 구치소 내의 안전과 질서를 유지하기 위한 것이고, 청구인이 수인하여야 할 모욕감이나 수치심에 비하여 반입금지품을 차단함으로써 얻을 수 있는 수용자들의 생명과 신체의 안전, 구치소 내의 질서유지 등의 공익이 보다 크므로, 과잉금지의 원칙에 위배되었다고 할 수 없다. 따라서, 마약류사범인 청구인에 대하여 구치소 입소 시에 한 이 사건 정밀신체검사는 법률에 따라 그 기본권 제한의 범위 내에서 이루어진 것이라 할 것이다(헌재 2006.6.29. 2004헌마826).

③ (○) 이 사건 운동화착용불허행위는 시설 바깥으로의 외출이라는 기회를 이용한 도주를 예방하기 위한 것으로서 그 목적이 정당하고, 위와 같은 목적을 달성하기 위한 적합한 수단이라 할 것이다. 또한 신발의 종류를 제한하는 것에 불과하여 법익침해의 최소성과 균형성도 갖추었다 할 것이므로, 이 사건 운동화착용불허행위가 기본권 제한에 있어서의 과잉금지원칙에 반하여 청구인의 인격권과 행복추구권을 침해하였다고 볼 수 없다(헌재 2011.2.24. 2009헌마209).

④ (○) 이 사건 법률조항들이 추구하는 목적, 즉 선거기사를 보도하는 언론사의 공적인 책임의식을 높임으로써 민주적이고 공정한 여론 형성 등에 이바지한다는 공익이 중요하다는 점에는 이론의 여지가 없으나, 언론에 대한 신뢰가 무엇보다 중요한 언론사에 대하여 그 사회적 신용이나 명예를 저하시키고 인격의 자유로운 발현을 저해함에 따라 발생하는 인격권 침해의 정도는 이 사건 법률조항들이 달성하려는 공익에 비해 결코 작다고 할 수 없다. 결국 이 사건 법률조항들은 언론사의 인격권을 침해하여 헌법에 위반된다(헌재 2015.7.30. 2013헌가8).

21 0204 ○△×|○△×|○△× 2022 경찰 승진

인간의 존엄과 가치 및 행복추구권에 관한 설명 중 가장 적절하지 않은 것은? (다툼이 있는 경우 판례에 의함)

① 헌법 제10조로부터 도출되는 일반적 인격권에는 개인의 명예에 관한 권리도 당연히 포함되며, '명예'에는 사람이나 그 인격에 대한 '사회적 평가', 즉 객관적·외부적 가치평가뿐만 아니라 주관적·내면적인 명예감정도 포함된다.

② 헌법 제10조의 행복추구권은 국민이 행복을 추구하기 위하여 필요한 급부를 국가에게 적극적으로 요구할 수 있는 것을 내용으로 하는 것이 아니라, 국민이 행복을 추구하기 위한 활동을 국가권력의 간섭없이 자유롭게 할 수 있다는 포괄적인 의미의 자유권으로서의 성격을 가진다.

③ 인수자가 없는 시체를 생전의 본인의 의사와는 무관하게 해부용 시체로 제공될 수 있도록 규정한 시체 해부 및 보존에 관한 법률의 조항은 시체의 처분에 대한 자기결정권을 침해한다.

④ 비어업인이 잠수용 스쿠버장비를 사용하여 수산자원을 포획·채취하는 것을 금지하는 수산자원관리법 시행규칙의 규정 중 '잠수용 스쿠버장비 사용'에 관한 부분은 일반적 행동의 자유를 침해하지 않는다.

지문분석 난이도 하 정답 ①

| 키 워 드 | 인간의 존엄과 가치 및 행복추구권

| 출제유형 | 판례

① (X) 헌법 제10조로부터 도출되는 일반적 인격권에는 개인의 명예에 관한 권리도 포함될 수 있으나, '명예'는 사람이나 그 인격에 대한 '사회적 평가', 즉 객관적·외부적 가치평가를 말하는 것이지 단순히 주관적·내면적인 명예감정은 포함되지 않는다(헌재 2005.10.27. 2002헌마425).

② (O) 헌법 제10조의 행복추구권은 국민이 행복을 추구하기 위하여 필요한 급부를 국가에게 적극적으로 요구할 수 있는 것을 내용으로 하는 것이 아니라, 국민이 행복을 추구하기 위한 활동을 국가권력의 간섭없이 자유롭게 할 수 있다는 포괄적인 의미의 자유권으로서의 성격을 가지므로 국민에 대한 일정한 보상금의 수급기준을 정하고 있는 이 사건 규정이 행복추구권을 침해한다고 할 수 없다(헌재 1995.7.21. 93헌가14).

③ (O) 이 사건 법률조항은 본인이 해부용 시체로 제공되는 것에 대해 반대하는 의사표시를 명시적으로 표시할 수 있는 절차도 마련하지 않고 본인의 의사와는 무관하게 해부용 시체로 제공될 수 있도록 규정하고 있다는 점에서 침해의 최소성원칙을 충족했다고 보기 어렵고, 이 사건 법률조항은 청구인의 시체 처분에 대한 자기결정권을 침해한다(헌재 2015.11.26. 2012헌마940).

④ (O) 이 사건 규칙조항은 수산자원을 유지·보존하고 어업인들의 재산을 보호함으로써, 단기적으로는 어업인의 생계를 보장하고 장기적으로는 수산업의 생산성을 향상시키고자 함에 그 목적이 있는바 이러한 입법목적에는 정당성이 인정되며, 비어업인이 잠수용 스쿠버장비를 사용하여 수산자원을 포획·채취하는 것을 금지하는 것은 이러한 입법목적을 달성하기 위한 적절한 수단이다. 따라서 이 사건 규칙조항은 청구인의 일반적 행동의 자유를 침해하지 아니한다(헌재 2016.10.27. 2013헌마450).

22 0205 ○△×|○△×|○△× 2016 국회직 9급

다음 중 행복추구권에 대한 설명으로 옳은 것은? (다툼이 있는 경우 헌법재판소 판례에 의함)

① 현행헌법에서 인간의 존엄과 가치와 행복추구권을 처음 규정하였다.

② 공법인도 행복추구권의 주체가 될 수 있다.

③ 소비자가 자신의 의사에 따라 자유롭게 상품을 선택할 수 있는 소비자의 자기결정권은 행복추구권과는 무관하다.

④ 18세 미만자의 노래방출입제한을 통해 얻을 수 있는 공익이 이로 인해 제한되는 행복추구권의 법익보다 크다.

⑤ 행복추구권은 국민이 행복을 추구하기 위하여 필요한 급부를 국가에 대하여 적극적으로 요구할 수 있는 것을 기본적인 내용으로 한다.

지문분석 난이도 중 정답 ④

| 키 워 드 | 행복추구권

| 출제유형 | 조문 + 판례

④ (O) 헌재 1996.2.29. 94헌마13

① (X) 제5차 개헌에서 인간의 존엄과 가치 규정을, 제8차 개헌에서 행복추구권을 신설하였다.

② (X) 헌법상 기본권의 주체가 될 수 있는 법인은 원칙적으로 사법인에 한하는 것이고 공법인은 헌법의 수범자이지 기본권의 주체가 될 수 없다(헌재 2000.6.1. 99헌마553).

③ (X) 소비자가 자신의 의사에 따라 자유롭게 상품을 선택하는 소비자의 자기결정권은 헌법 제10조의 행복추구권에 의하여 보호된다(헌재 2002.10.31. 99헌바76).

⑤ (X) 헌법 제10조의 행복추구권은 국민이 행복을 추구하기 위하여 필요한 급부를 국가에게 적극적으로 요구할 수 있는 것을 내용으로 하는 것이 아니라, 국민이 행복을 추구하기 위한 활동을 국가권력의 간섭 없이 자유롭게 할 수 있다는 포괄적인 의미의 자유권으로서의 성격을 가진다(헌재 2012.5.31. 2011헌마241).

23 0206 ○△×|○△×|○△× 2020 국회직 5급

생명권에 대한 설명으로 옳은 것은? (다툼이 있는 경우 판례에 의함)

① 태아는 생명의 유지를 모(母)에게 의존하는 형성 중의 생명이라는 점에서 국가가 헌법 제10조 제2문에 따라 태아의 생명을 보호할 의무를 부담한다고 볼 수는 없다.

② 국가가 생명을 보호하는 입법적 조치를 취함에 있어 인간생명의 발달단계에 따라 그 보호정도나 보호수단을 달리하는 것은 불가능하지 않다.

③ 헌법재판소는 임신 제1삼분기(임신 14주 무렵까지)에는 사유를 불문하고 낙태가 허용되어야 하므로 자기낙태죄 규정에 대하여 단순위헌결정을 하였다.

④ 연명치료의 거부 또는 중단 결정은 헌법상 기본권인 자기결정권의 한 내용으로 보장되므로, 연명치료 중단에 관한 법률을 제정할 국가의 입법의무가 존재한다.

⑤ 상관을 살해한 경우 사형만을 유일한 법정형으로 규정한 군형법은 군대 내 명령·지휘체계를 유지하고 유사시 군의 전투력을 확보할 필요성에 비추어 볼 때 헌법에 위반되지 않는다.

지문분석

난이도 중 정답 ②

| **키 워 드** | 생명권

| **출제유형** | 판례

② (○) 생명의 전체적 과정에 대해 법질서가 언제나 동일한 법적 보호 내지 효과를 부여하고 있는 것은 아니다. 따라서 국가가 생명을 보호하는 입법적 조치를 취함에 있어 인간생명의 발달단계에 따라 그 보호정도나 보호수단을 달리하는 것은 불가능하지 않다(헌재 2019.4.11. 2017헌바127).

① (×) 모든 인간은 헌법상 생명권의 주체가 되며, 형성 중의 생명인 태아에게도 생명에 대한 권리가 인정되어야 한다. 태아가 비록 그 생명의 유지를 위하여 모(母)에게 의존해야 하지만, 그 자체로 모(母)와 별개의 생명체이고, 특별한 사정이 없는 한, 인간으로 성장할 가능성이 크기 때문이다. 따라서 태아도 헌법상 생명권의 주체가 되며, 국가는 헌법 제10조 제2문에 따라 태아의 생명을 보호할 의무가 있다(헌재 2019.4.11. 2017헌바127).

③ (×) 자기낙태죄 조항과 의사낙태죄 조항에 대하여 각각 단순위헌결정을 할 경우, 임신 기간 전체에 걸쳐 행해진 모든 낙태를 처벌할 수 없게 됨으로써 용인하기 어려운 법적 공백이 생기게 된다. 더욱이 입법자는 결정가능기간을 어떻게 정하고 결정가능기간의 종기를 언제까지로 할 것인지, 결정가능기간 중 일정한 시기까지는 사회적·경제적 사유에 대한 확인을 요구하지 않을 것인지 여부까지를 포함하여 결정가능기간과 사회적·경제적 사유를 구체적으로 어떻게 조합할 것인지, 상담요건이나 숙려기간 등과 같은 일정한 절차적 요건을 추가할 것인지 여부 등에 관하여 앞서 헌법재판소가 설시한 한계 내에서 입법재량을 가진다. 따라서 자기낙태죄 조항과 의사낙태죄 조항에 대하여 단순위헌결정을 하는 대신 각각 헌법불합치 결정을 선고하되, 다만 입법자의 개선입법이 이루어질 때까지 계속적용을 명함이 타당하다(헌재 2019.4.11. 2017헌바127).

④ (×) 환자가 장차 죽음에 임박한 상태에 이를 경우에 대비하여 미리 의료인 등에게 연명치료 거부 또는 중단에 관한 의사를 밝히는 등의 방법으로 죽음에 임박한 상태에서 인간으로서의 존엄과 가치를 지키기 위하여 연명치료의 거부 또는 중단을 결정할 수 있다 할 것이고, 위 결정은 헌법상 기본권인 자기결정권의 한 내용으로서 보장된다 할 것이다. '연명치료 중단에 관한 자기결정권'을 보장하는 방법으로서 '법원의 재판을 통한 규범의 제시'와 '입법' 중 어느 것이 바람직한가는 입법정책의 문제로서 국회의 재량에 속한다 할 것이다. 그렇다면 헌법 해석상 '연명치료 중단 등에 관한 법률'을 제정할 국가의 입법의무가 명백하다고 볼 수 없다(헌재 2009.11.26. 2008헌마385).

⑤ (×) 군대 내 명령체계유지 및 국가방위라는 이유만으로 가해자와 상관 사이에 명령복종관계가 있는지 여부를 불문하고 전시와 평시를 구분하지 아니한 채 다양한 동기와 행위태양의 범죄를 동일하게 평가하여 사형만을 유일한 법정형으로 규정하고 있는 이 사건 법률 조항은, 범죄의 중대성 정도에 비하여 심각하게 불균형적인 과중한 형벌을 규정함으로써 죄질과 그에 따른 행위자의 책임 사이에 비례관계가 준수되지 않아 인간의 존엄과 가치를 존중하고 보호하려는 실질적 법치국가의 이념에 어긋나고, 형벌체계상 정당성을 상실한 것이다(헌재 2007.11.29. 2006헌가13).

24 0207 O△X | O△X | O△X 2020 국회직 9급

생명권에 대한 설명으로 옳은 것은? (다툼이 있는 경우 판례에 의함)

① 헌법은 사형제도의 허용을 직접적으로 규정하고 있다.
② 배아는 수정 후 14일이 경과하여 원시선(原始線)이 나타나기 전이라도 수정란 상태에 있는 한 생명권의 주체이다.
③ 자기낙태죄는 임신한 여성의 자기결정권에 대한 과도한 제한이라고 보기 어려워 헌법에 위반되지 않는다.
④ 태아는 생명권의 주체이다.
⑤ 생명권은 개인이 포기할 수 없는 기본권이므로 기본권 제한적 법률유보의 대상이 될 수 없다.

지문분석 난이도 하 정답 ④

| 키 워 드 | 생명권
| 출제유형 | 판례

④ (O) 모든 인간은 헌법상 생명권의 주체가 되며, 형성 중의 생명인 태아에게도 생명에 대한 권리가 인정되어야 한다. 따라서 태아도 헌법상 생명권의 주체가 되며, 국가는 헌법 제10조에 따라 태아의 생명을 보호할 의무가 있다(헌재 2008.7.31. 2004헌바81).
① (X) 헌법 제110조 제4항은 법률에 의하여 사형이 형벌로서 규정되고 그 형벌조항의 적용으로 사형이 선고될 수 있음을 전제로 하여, 사형을 선고한 경우에는 비상계엄하의 군사재판이라도 단심으로 할 수 없고 사법절차를 통한 불복이 보장되어야 한다는 취지의 규정으로, 우리 헌법은 문언의 해석상 사형제도를 간접적으로나마 인정하고 있다(헌재 2010.2.25. 2008헌가23).
② (X) 초기배아는 수정이 된 배아라는 점에서 형성 중인 생명의 첫걸음을 떼었다고 볼 여지가 있기는 하나 아직 모체에 착상되거나 원시선이 나타나지 않은 이상 현재의 자연과학적 인식 수준에서 독립된 인간과 배아 간의 개체적 연속성을 확정하기 어렵다고 봄이 일반적이라는 점, 배아의 경우 현재의 과학기술 수준에서 모태 속에서 수용될 때 비로소 독립적인 인간으로의 성장가능성을 기대할 수 있다는 점, 수정 후 착상 전의 배아가 인간으로 인식된다거나 그와 같이 취급하여야 할 필요성이 있다는 사회적 승인이 존재한다고 보기 어려운 점 등을 종합적으로 고려할 때, 기본권 주체성을 인정하기 어렵다(헌재 2010.5.27. 2005헌마346).
③ (X) 입법자는 자기낙태죄 조항을 형성함에 있어 태아의 생명 보호와 임신한 여성의 자기결정권의 실제적 조화와 균형을 이루려는 노력을 충분히 하지 아니하여 태아의 생명 보호라는 공익에 대하여만 일방적이고 절대적인 우위를 부여함으로써 공익과 사익 간의 적정한 균형관계를 달성하지 못하였다. 따라서 자기낙태죄 조항은 입법목적을 달성하기 위하여 필요한 최소한의 정도를 넘어 임신한 여성의 자기결정권을 제한하고 있어 침해의 최소성을 갖추지 못하고 있으며, 법익균형성의 원칙도 위반하였다고 할 것이므로, 과잉금지원칙을 위반하여 임신한 여성의 자기결정권을 침해하는 위헌적인 규정이다(헌재 2019.4.11. 2017헌바127).
⑤ (X) 헌법은 절대적 기본권을 명문으로 인정하고 있지 아니하며, 헌법 제37조 제2항에서는 국민의 모든 자유와 권리는 국가안전보장·질서유지 또는 공공복리를 위하여 필요한 경우에 한하여 법률로써 제한할 수 있도록 규정하고 있어, 비록 생명이 이념적으로 절대적 가치를 지닌 것이라 하더라도 생명에 대한 법적 평가가 예외적으로 허용될 수 있다고 할 것이므로, 생명권 역시 헌법 제37조 제2항에 의한 일반적 법률유보의 대상이 될 수밖에 없다(헌재 2010.2.25. 2008헌가23).

25 0208 O△X | O△X | O△X 2013 국회직 8급(변형)

헌법 제10조의 인간의 존엄과 가치의 의미에 대한 설명으로 옳지 않은 것은?

① 인간의 존엄성은 '국가권력의 한계'로서 국가에 의한 침해로부터 보호받을 개인의 방어권일 뿐 아니라, '국가권력의 과제'로서 국민이 제3자에 의하여 인간존엄성을 위협받을 때 국가는 이를 보호할 의무를 부담한다.
② 인간의 존엄과 가치는 독일 Bonn기본법의 영향을 받아 1962년 제5차 개헌에서 처음으로 규정하였으며 헌법 제10조가 규정하고 있는 인간은 전체주의를 부정하는 고립된 개체로서의 독자적 존엄권을 갖는 개인주의적 인간을 의미한다.
③ '인간의 존엄'이란 인간은 자기책임능력이 있는 인격체라는 의미이고 '가치'란 인간의 본질로 간주되는 존귀한 인격주체성을 의미하며, 이러한 인격의 주체성은 포기할 수 없는 것이지만 언제나 현실적이어야 하는 것은 아니고 추상적 내지 잠재적인 것이면 족하다.
④ 미결수용자에게 구치소 등 수용시설 안에서 재소자용 의류를 입게 하는 것은 구금 목적의 달성, 시설의 규율과 안전유지를 위한 필요최소한의 제한으로서 정당성·합리성을 갖춘 재량의 범위 내의 조치이다. 그러나 수사 및 재판단계에서 유죄가 확정되지 아니한 미결수용자에게 재소자용 의류를 입게 하는 것은 도주 방지 등 어떠한 이유를 내세우더라도 그 제한은 정당화될 수 없어 헌법 제37조 제2항의 기본권 제한에서의 비례원칙에 위반되는 것으로서, 무죄추정의 원칙에 반하고 인간으로서의 존엄과 가치에서 유래하는 인격권과 행복추구권, 공정한 재판을 받을 권리를 침해하는 것이다.

지문분석 난이도 상 정답 ②

| 키 워 드 | 인간의 존엄과 가치
| 출제유형 | 이론 + 판례

② (X) 헌법 제10조 제1문의 인간상은 고립된 개체로서의 개인주의적 인간상이 아니라 개인 대 사회라는 관계에서 인간 고유의 가치를 훼손당하지 아니하면서 사회구속성을 수용하는 인간상(인격주의적 인간상)을 의미한다.
① (O) 헌재 2019.12.27. 2012헌마939
③ (O) 인간의 존엄과 가치는 전국가적 자연권성을 갖고 있으므로 그 주체는 내·외국인을 불문한 자연인이다. 따라서 모든 국민뿐만 아니라 외국인, 태아, 신체불구자, 정신이상자, 기형아, 범죄자를 가리지 않고 모든 인간에게 인정된다(현실적으로 능력이 있는지와 관계없이). 따라서 인격의 주체성이 반드시 현실적인 것일 필요는 없다.
④ (O) 헌재 1999.5.27. 97헌마137

26 0209 ○△×|○△×|○△× 2010 법원직 9급(변형)

인간의 존엄과 가치와 관련된 헌법재판소의 판례와 일치하지 않는 것은? (판례에 의함)

① 법률상 근거 없이 의무도 없는 소변채취를 강요당하였다면 헌법 제10조의 인간의 존엄과 가치 및 행복추구권에 의하여 보장되는 일반적인 행동의 자유권과 헌법 제12조에 의하여 보장되는 신체의 자유의 침해 여부가 문제가 되지만 마약사범에 대한 소변채취는 과잉금지원칙에 위배되지 않는다.

② 교도관이 마약류사범에게 검사의 취지와 방법을 설명하고 반입금지품을 제출하도록 안내한 후 외부와 차단된 검사실에서 같은 성별의 교도관 앞에 돌아서서 하의속옷을 내린 채 상체를 숙이고 양손으로 둔부를 벌려 항문을 보이는 방법으로 실시한 정밀신체검사는 수용자에 대한 생명·신체에 대한 위해를 방지하고 구치소 내의 안전과 질서를 유지하기 위한 것이므로 과잉금지원칙에 위배되지 않는다.

③ 경찰서 유치장에 감금되어 있는 사람에게 화장실의 벽면 높이가 바닥으로부터 약 75cm 정도로 차폐시설이 불충분한 유치장 화장실 사용하도록 하여 유치장에 유치된 자가 수치심 때문에 용변을 볼 수 없었다 하더라도 이는 개인적 성격에서 비롯된 것이므로 유치장의 질서유지와 계호인력의 절감 등의 공익상 수인되어야 하므로 인간의 존엄과 가치에서 유래하는 인격권을 과도하게 침해하였다고 볼 수는 없다.

④ 공직선거 및 선거부정 방지법 위반의 현행범으로 체포된 여자들로서 체포될 당시 흉기 등 위험물을 소지·은닉하고 있었을 가능성이 거의 없음에도 불구하고 청구인들의 옷을 전부 벗긴 상태에서 행한 신체수색은 청구인들에게 심한 모욕감과 수치심만을 안겨주어 청구인들로 하여금 인간으로서의 기본적 품위를 유지할 수 없도록 하는 것으로서 수인하기 어려운 정도라고 보여지므로 헌법 제10조의 인간의 존엄과 가치로부터 유래하는 인격권 및 제12조의 신체의 자유를 침해하는 정도에 이르렀다고 판단된다.

지문분석 난이도 상 정답 ③

| 키 워 드 | 인간의 존엄과 가치

| 출제유형 | 판례

③ (X) 이 사건 청구인들로 하여금 유치기간 동안 위와 같은 구조의 화장실을 사용하도록 강제한 피청구인의 행위는 인간으로서의 기본적 품위를 유지할 수 없도록 하는 것으로서, 수인하기 어려운 정도라고 보이므로 전체적으로 볼 때 비인도적·굴욕적일 뿐만 아니라 동시에 비록 건강을 침해할 정도는 아니라고 할지라도 헌법 제10조의 인간의 존엄과 가치로부터 유래하는 인격권을 침해하는 정도에 이르렀다고 판단된다(헌재 2001.7.19. 2000헌마546).

① (O) 청구인이 그 주장과 같이 법률상 근거 없이 의무도 없는 소변채취를 강요당하였다면 헌법 제10조의 인간의 존엄과 가치 및 행복추구권에 의하여 보장되는 일반적인 행동의 자유권[하기 싫은 일(소변을 받아 제출하는 일)을 하지 않을 자유, 자기 신체상태나 정보에 대하여 외부에 알리지 않을 자유]과 헌법 제12조에 의하여 보장되는 신체의 자유의 침해 여부가 문제가 된다. 이 사건 소변채취는 청구인 등 검사 대상자들의 협력행위를 통하여 이루어지고, 이에 응하지 않는다고 하여 징벌 등 제재 수단도 없고, 짧은 시간(1 내지 3분) 내에, 간단한 방법(소변이 채취된 종이컵에 붕산나트륨과 T.B.P.E 시약을 떨어뜨림)에 의하여 실시되는 것이다. 따라서 청구인 등 검사대상자에게 정기적으로 자기 신체에서 배출되는 오줌을 채취하여 제출하여야 하는 불이익, 즉 신체에 대한 자기결정권이 제한되고 하기 싫은 일을 하여야 하는 등의 사익의 제한이 있으나, 검사 대상자들에 대한 교정목적의 실현가능성의 제고 및 교정시설의 안전과 질서유지라는 공익이 훨씬 크다고 할 것이므로 마약류사범인 청구인에 대한 이 사건 소변채취는 과잉금지의 원칙에 위반되지 아니한다(헌재 2006.7.27. 2005헌마277).

② (O) 헌재 2006.6.29. 2004헌마826

④ (O) 피청구인이 유치장에 수용되는 자에게 실시하는 신체검사는 수용자의 생명·신체에 대한 위해를 방지하고 유치장 내의 안전과 질서를 유지하기 위하여 흉기 등 위험물이나 반입금지물품의 소지·은닉 여부를 조사하는 것으로서, 위 목적에 비추어 일정한 범위 내에서 신체수색의 필요성과 타당성은 인정된다 할 것이다. 그러나 청구인들은 공직선거 및 선거부정 방지법 위반의 현행범으로 체포된 여자들로서 체포될 당시 흉기 등 위험물을 소지·은닉하고 있었을 가능성이 거의 없음에도 불구하고 청구인들의 옷을 전부 벗긴 상태에서 행한 신체수색은 청구인들에게 심한 모욕감과 수치심만을 안겨주어 청구인들로 하여금 인간으로서의 기본적 품위를 유지할 수 없도록 하는 것으로서 수인하기 어려운 정도라고 보여지므로 헌법 제10조의 인간의 존엄과 가치로부터 유래하는 인격권 및 제12조의 신체의 자유를 침해하는 정도에 이르렀다고 판단된다(헌재 2002.7.18. 2000헌마327).

27 0210 ○△×|○△×|○△× 2004 국회직 5급(변형)

다음 헌법재판소의 결정 내용 중 옳지 않은 것은?

① 과실로 사람을 치상하게 한 자가 구호행위를 하지 아니하고 도주하거나 고의로 유기함으로써 치사의 결과에 이르게 한 경우에 사형·무기·10년 이상의 유기징역에 처하도록 규정하는 특정범죄가중처벌법 제5조의3 제2항 제1호는 인간의 존엄과 가치를 침해하는 규정이지만 교통사고 중 피해자를 구조하지 않고 도주한 운전자를 상해죄보다 높게 처벌하고 있는 특정범죄가중처벌법 제5조의3 제1항 제2호는 헌법에 위배되지 않는다.

② 존속상해치사의 범행은 통상의 상해치사죄에 비하여 고도의 사회적 비난을 받아야 할 이유가 충분하므로 동종의 범죄보다 가중처벌하는 것이 우리의 윤리관에 비추어 볼 때 아직은 합리적이어서 인간의 존엄성을 침해하지 않는다.

③ 국가 등의 양로시설 등에 입소하는 국가유공자에게 부가연금, 생활조정수당 등의 지급을 정지하도록 한 국가유공자 등 예우 및 지원에 관한 법률 제20조 제2항은 인간의 존엄성을 침해하지 않는다.

④ '혼인 외 출생자는 부 또는 모가 사망한 때에는 그 사망을 안 날로부터 1년 내에 검사를 상대로 하여 인지에 대한 이의 또는 인지청구의 소를 제기할 수 있다.'는 민법 제864조의 규정은 그 청구기간이 단기간이어서 인간의 존엄성을 침해하는 것이다.

지문분석 난이도 ⓢ 정답 ④

| 키 워 드 | 인간의 존엄과 가치

| 출제유형 | 판례

④ (X) 혼인 외 출생자는 생부 또는 생모가 살아 있는 동안에는 제소기간의 제한 없이, 그리고 자신의 연령에 관계없이, 부 또는 모를 상대로 언제든지 인지청구의 소를 제기할 수 있는 것이고(민법 제863조), 혼인 외 출생자가 부 또는 모와의 사이에 친자관계가 존재함을 아는 것은 그렇게 어렵지 않으므로, 이 사건 법률 조항이 인지청구의 제소기간을 정함에 있어 혼인 외 출생자가 부 또는 모와의 사이에 친자관계가 존재함을 알았는지 여부를 고려하지 아니하고 단순히 '사망한 사실을 안 날로부터 1년 내'라고 규정한 것은 혼인 외 출생자의 인지청구 자체가 현저히 곤란하게 되거나 사실상 불가능하게 되는 것은 아니다. 부 또는 모가 사망한 경우 인지청구의 제소기간을 너무 장기간으로 설정하는 것은 법률관계를 불안정하게 하여 다른 상속인들의 이익이나 공익을 위하여 바람직하지 않으므로 인지청구의 제소기간을 부 또는 모의 사망을 알게 된 때로부터 1년으로 제한하여 법률관계를 조속히 안정시키는 것은 혼인 외 출생자의 이익과 공동상속인 등 이해관계인의 이익을 조화시킨 것이다. 따라서 이 사건 법률 조항이 인지청구의 소의 제소기간을 부 또는 모의 사망을 안 날로부터 1년 내로 규정한 것은 과잉금지원칙에 위배되지 아니하므로 인지청구를 하고자 하는 국민의 인간으로서의 존엄과 가치 그리고 행복을 추구하는 기본권을 침해하는 것은 아니다(헌재 2001.5.31. 98헌바9).

① (○) 과실로 사람을 치상하게 한 자가 구호행위를 하지 아니하고 도주하거나 고의로 유기함으로써 치사의 결과에 이르게 한 경우에 사형·무기·10년 이상의 유기징역에 처하도록 규정하는 것은 살인죄와 비교하여 그 법정형을 더 무겁게 한 것은 형벌체계상의 정당성과 균형을 상실한 것으로서 헌법 제10조의 인간으로서의 존엄과 가치를 보장한 국가의 의무와 헌법 제11조의 평등의 원칙 및 헌법 제37조 제2항의 과잉입법금지의 원칙에 반한다(헌재 1992.4.28. 90헌바24, 특정범죄가중처벌 등에 관한 법률 제5조의3 제2항 제1호에 대한 헌법소원). 그러나 도주운전자에 대하여 고의범인 상해죄나 중상해죄 등의 경우보다 더 무겁게 정하였다고 하여 형벌체계상의 정당성과 균형 등을 상실한 것이라고 할 수 없으며 헌법 제10조의 인간의 존엄성을 해하거나 헌법 제11조의 평등의 원칙 또는 헌법 제37조 제2항의 과잉금지의 원칙에 위반된다고 할 수 없다[헌재 1997.7.16. 95헌바2·97헌바27(병합)].

② (○) 헌재 2002.3.28. 2000헌바53

③ (○) 헌재 2000.6.1. 98헌마216

28 0211 ○△×|○△×|○△× 2015 법원직 9급(변형)

인간의 존엄과 가치·행복추구권에 관한 설명으로 옳은 것은? (다툼이 있을 경우 헌법재판소 판례에 의함)

① 헌법 제10조에서 도출되는 일반적 인격권에는 개인의 명예에 관한 권리가 포함되며 여기서 말하는 명예는 그 포괄적 성격으로 볼 때 또한 형법을 통해 명예훼손죄와 함께 모욕죄가 명예를 보호하는 규정이 된 것을 볼 때 인간의 주관적·객관적 명예를 모두 망라하며 주관적·내면적 명예감정의 보호 역시 수반하는 것이다.

② 행복추구권은 행복을 향한 인간의 삶의 방향을 말하는 것으로서 국가권력의 간섭 없이 행복추구를 자유롭게 할 수 있다는 것과 함께 삶의 행복의 조건인 물적 조건의 형성 등에 관한 영역에까지 미치므로 자유권이며 아울러 급부청구권으로서의 성격도 가진다.

③ 행복추구권은 포괄적 기본권이면서 아울러 일반적 권리가 되므로 모든 자유권 침해의 위헌성 심사에서 그 침해 여부가 함께 고려되어야 한다.

④ 교정시설에 수용자를 수용할 때마다 알몸 상태의 수용자를 전자영상검사기로 수용자의 항문 부위를 관찰하는 신체검사는 교정시설의 안전과 질서유지를 위하여 필요한 최소한도의 검사로서 과잉금지의 원칙에 위배되지 않는다.

지문분석 난이도 중 정답 ④

| **키 워 드** | 인간의 존엄과 가치 및 행복추구권

| **출제유형** | 판례

④ (○) 청구인을 교정시설에 수용하는 과정에서 교정시설 내로 반입이 금지된 물품을 소지·은닉하였는지 여부를 조사하여 이를 차단함으로써 교정시설의 안전과 질서를 유지하기 위한 것으로 그 목적이 정당하고 검사방법이 적합하다. 무엇보다도 이 사건 신체검사는 교도관이 수용자를 대면하여 수용자의 항문 부위를 눈으로 직접 관찰하던 종래의 육안검사 방식이 수용자의 인격권 등을 침해할 소지가 있다는 이유로 이를 개선하여 수용자의 수치심 유발을 줄이고 인격권 등의 침해를 최소화하기 위하여 도입한 것이다. 이 사건 신체검사는 사전에 검사의 목적과 방법을 고지한 후, 다른 수용자가 볼 수 없는 차단된 장소에서 영상검사기에 올라가 검사기에 장착된 카메라에 짧은 시간 항문 부위를 보이도록 하고, 검사실과 분리된 통제실에서 전담 교도관 1인만이 다른 사람이 볼 수 없도록 모니터 주변에 가림막을 설치하고 출력된 영상정보로 은닉물의 존재 여부만을 관찰하는 등 청구인의 모욕감 내지 수치심 유발을 최소화하는 방법으로 실시하고 있으므로, 기본권 침해의 최소성 요건을 충족하였다. 법익의 균형성 요건 또한 충족된다. 결국, 이 사건 신체검사는 필요한 최소한도를 벗어나 과잉금지원칙에 위배되어 청구인의 인격권 내지 신체의 자유를 침해한다고 볼 수 없다(헌재 2011.5.26. 2010헌마775).

① (X) 여기서 말하는 '명예'는 사람이나 그 인격에 대한 '사회적 평가', 즉 객관적·외부적 가치평가를 말하는 것이지 단순히 주관적·내면적인 명예감정은 포함하지 않는다고 보아야 한다. 그와 같은 주관적·내면적·정신적 사항은 객관성과 구체성이 미약한 것이므로 법적인 개념이나 이익으로 파악하는 데는 대단히 신중을 기하지 않을 수 없기 때문이다. 헌법이 인격권으로 보호하는 명예의 개념을 사회적·외부적 징표에 국한하지 않는다면 대단히 주관적이고 개별적인 내심의 명예감정까지 모두 여기에 포함되어 입법이나 공권력 작용은 물론 사인(私人) 간의 생활관계에서도 전혀 의도하지도 않았고 예측할 수도 없었던 상황에서 명예권 침해의 주장이 제기되고 법적 분쟁화하는 것을 막을 수 없다. 명예권의 개념을 그와 같이 확장하여서는 오늘날 다양한 이해관계가 그물망처럼 얽혀 있는 복잡다단한 사회에서 명예분쟁이 어떤 양상으로 분출될지 조감하기 어려워 비단 입법자나 공권력 주체뿐만 아니라 언론의 자유나 학문의 자유 등의 기본권을 행사하는 사인들에게도 무수한 명예권 침해 항변에 맞닥뜨리도록 하는 부담을 안겨주게 될 것이다(헌재 2005.10.27. 2002헌마425).

② (X) 옳다는 주장도 가능하지만 헌법재판소 결정에 반한다. 헌법 제10조의 행복추구권은 국민이 행복을 추구하기 위하여 필요한 급부를 국가에게 적극적으로 요구할 수 있는 것을 내용으로 하는 것이 아니라, 국민이 행복을 추구하기 위한 활동을 국가권력의 간섭 없이 자유롭게 할 수 있다는 포괄적인 의미의 자유권으로서의 성격을 가진다(헌재 1995.7.21. 93헌가14).

③ (X) 행복추구권은 다른 기본권에 대한 보충적 기본권으로서의 성격을 지니므로, 공무담임권이라는 우선적으로 적용되는 기본권이 존재하여(청구인들이 주장하는 불행이란 결국 교원직 상실에서 연유하는 것에 불과하다) 그 침해 여부를 판단하는 이상, 행복추구권 침해 여부를 독자적으로 판단할 필요가 없다(헌재 2000.12.14. 99헌마112 등).

29 0212 ○△×|○△×|○△× 2012 법원직 9급(변형)

다음 중 인격권에 관한 설명으로 옳은 것은?

① 민사법정에 출석하는 수형자에게 운동화 착용을 불허하고 고무신을 신게 하였더라도 현실적으로 도주를 불가능하게 할 정도로 도주에 장애가 되지는 못하는 반면, 그 수형자로 하여금 모욕감과 수치심을 불러일으킬 수 있어 수형자의 인격권과 행복추구권을 침해한다.

② 법인의 목적과 사회적 기능에 비추어 볼 때 법인은 인격권의 한 내용인 사회적 신용이나 명예 등의 주체가 될 수 없으므로 방송사업자가 방송심의규정에 위반한 경우 그 제재조치로 '시청자에 대한 사과'를 규정하고 있는 방송법 제100조 제1항 제1호는 방송사업자의 인격권을 침해하여 헌법에 위반된다고 볼 수 없다.

③ 반민족행위 진상규명에 관한 특별법 조항 자체에 의하여 친일반민족행위자로 정의되는 자의 후손들은 인격권을 직접 침해당하게 되므로 곧바로 헌법소원을 청구할 수 있다.

④ 조선총독부 중추원 참의 활동을 친일반민족행위의 하나로 규정한 반민규명법 제2조 제9호는 과잉금지원칙에 위배되지 않는다.

지문분석 난이도 중 정답 ④

| 키 워 드 | 인격권

| 출제유형 | 판례

④ (○) 이 사건 법률 조항을 포함한 반민규명법은 여러 차례 개정안이 발의되어 수회의 공청회 및 토론회 등을 거친 후 국회에서 가결된 것이므로 실질적으로 우리 사회의 민주적 숙의과정 및 공론적 토대로부터 성립된 것이라고 할 수 있는바, 역사적 평가라는 가치 판단의 문제 및 다양한 이해관계의 상충 문제가 복합적으로 제기되는 과거사 청산의 입법이 민주적이고 사회적인 합의로 성립되었다고 한다면 헌법재판소로서는 원칙적으로 그 입법적 판단을 존중함이 옳다. 또한 조선총독부 중추원 참의로 활동한 행위라고 하더라도 예외 없이 친일반민족행위결정을 받는 것도 아니다. 반민규명법은 객관적이고도 공정한 조사를 위하여 조사대상자가 국내외에서 일제의 국권침탈을 반대하거나 독립운동에 참여 또는 지원한 사실이 있는 때에는 이러한 사실을 함께 조사하도록 하는 등 조사대상자 등의 불이익을 최소화하기 위한 장치를 마련하고 있다. 반민규명법은 처벌 내지 공민권 제한 등을 규정한 여타의 과거사 청산을 위한 입법에 비하여 기본권 침해를 최소화한 점 등에 비추어 피해의 최소성원칙에도 위배되지 않는다(헌재 2010.10.28. 2007헌가23).

① (X) 수형자가 재판에 참석하기 위하여 외출할 경우에는 시설 내에 수용되어 있을 때에 비하여 도망의 우려가 높아진다. 이 사건 운동화 착용 불허행위는 시설 바깥으로의 외출이라는 기회를 이용한 도주를 예방하기 위한 것으로서 그 목적은 정당하고, 위와 같은 목적을 달성하기 위한 적합한 수단이라 할 것이다. 또한 도주를 예방하기 위해 계구를 사용하는 등의 엄한 제한을 가하는 것이 아니라 신발의 종류를 제한하는 것에 불과하여 법익침해의 최소성 및 균형성도 갖추었다 할 것이다(헌재 2011.2.24. 2009헌마209).

② (X) 이 사건 심판대상 조항에 의한 '시청자에 대한 사과'는 사과 여부 및 사과의 구체적인 내용이 방송통신위원회에 의해 결정됨에도 불구하고 마치 방송사업자 스스로의 결정에 의한 사과인 것처럼 그 이름으로 대외적으로 표명되고, 이는 시청자 등 국민들로 하여금 방송사업자가 객관성이나 공정성 등을 저버린 방송을 했다는 점을 스스로 인정한 것으로 생각하게 만듦으로써 방송에 대한 신뢰가 무엇보다 중요한 방송사업자의 사회적 신용이나 명예를 저하시키고 법인격의 자유로운 발현을 저해한다. 법인도 법인의 목적과 사회적 기능에 비추어 볼 때 그 성질에 반하지 않는 범위 내에서 인격권의 한 내용인 사회적 신용이나 명예 등의 주체가 될 수 있고 법인이 이러한 사회적 신용이나 명예 유지 내지 법인격의 자유로운 발현을 위하여 의사결정이나 행동을 어떻게 할 것인지를 자율적으로 결정하는 것도 법인의 인격권의 한 내용을 이룬다고 할 것이다. 그렇다면 이 사건 심판대상 조항은 방송사업자의 의사에 반한 사과행위를 강제함으로써 방송사업자의 인격권을 제한한다. '시청자에 대한 사과'의 제재조치가 '주의 또는 경고' 등 다른 제재조치에 비하여 시청자의 권익보호나 민주적 여론 형성 등에 더 기여하거나 위반행위가 재발하는 것을 방지하는 데 더 효과적이라고 할 수는 없다. 심의규정을 위반한 방송사업자에게 '주의 또는 경고'만으로도 반성을 촉구하고 언론사로서의 공적 책무에 대한 인식을 제고시킬 수 있고, 위 조치만으로도 심의규정에 위반하여 '주의 또는 경고'의 제재조치를 받은 사실을 공표하게 되어 이를 다른 방송사업자나 일반 국민에게 알리게 됨으로써 여론의 왜곡 형성 등을 방지하는 한편, 해당 방송사업자에게는 해당 프로그램의 신뢰도 하락에 따른 시청률 하락 등의 불이익을 줄 수 있다. 또한, '시청자에 대한 사과'에 대하여는 '명령'이 아닌 '권고'의 형태를 취할 수도 있다. 이와 같이 기본권을 보다 덜 제한하는 다른 수단에 의하더라도 이 사건 심판대상 조항이 추구하는 목적을 달성할 수 있는 반면, 사과명령은 방송사업자가 스스로 인정하거나 형성하지 아니한 윤리적·도의적 판단의 표시를 하도록 강제로 명하는 것이어서 자신의 잘못을 인정하고 시청자에게 용서를 구한다는 부분은 그 실효성이 크다고 할 수 없으므로 사과명령이 다른 제재수단에 비해 효과가 더 크다고 할 수 없는바, 이 사건 심판대상 조항은 침해의 최소성원칙에 위배된다(헌재 2012.8.23. 2009헌가27).

③ (X) 청구인에 대한 기본권 침해는 친일반민족행위결정의 근거가 된 이 사건 심판대상 조항 자체에 의한 것이 아니라 친일반민족행위진상규명위원회의 친일반민족행위결정과 이에 수반되는 조사보고서 및 사료의 공개라는 구체적 집행행위를 매개로 하여 비로소 발생한 것이고, 이에 대하여는 친일반민족행위결정이라는 구체적 집행행위에 대한 일반 행정쟁송의 방법을 통하여 구제받을 수 있는 것이므로, 이 사건 심판청구는 기본권 침해의 직접성을 인정할 수 없어 부적법하다(헌재 2010.9.30. 2009헌마631).

30 0213 ○△×|○△×|○△× 2011 지방직 7급(변형)

헌법 제10조의 인간의 존엄과 가치 및 행복추구권에 관한 설명 중 옳지 않은 것은? (다툼이 있는 경우 판례에 의함)

① 마약반응검사를 위하여 수용자가 법률상 근거 없이 의무도 없는 소변채취를 강요당했다면 헌법 제10조의 인간의 존엄과 가치 및 행복추구권에 의하여 보장되는 일반적 행동의 자유권의 침해 여부가 문제될 수 있다.

② 단체의 재정확보를 위한 모금행위가 단체의 결성이나 결성된 단체의 활동과 유지에 있어서 중요한 의미를 가질 수 있기 때문에 기부금품모집행위의 제한이 결사의 자유에 영향을 미칠 수 있다는 것은 인정되나, 결사의 자유에 대한 제한은 기부금품모집행위를 규제하는 데서 오는 간접적이고 부수적인 효과일 뿐이고, 기부금품모집행위의 규제에 의하여 제한되는 기본권은 행복추구권이다.

③ '배아생성자의 배아에 대한 결정권'은 헌법상 명문으로 규정되어 있지는 아니하지만, 헌법 제10조로부터 도출되는 일반적 인격권의 한 유형으로서의 헌법상 권리라 할 것이만, 배아생성자의 배아에 대한 자기결정권은 자기결정이라는 인격권적 측면에도 불구하고 배아의 법적 보호라는 헌법적 가치에 명백히 배치될 경우에는 그 제한의 필요성이 상대적으로 큰 기본권이다.

④ 개인의 자기운명결정권에는 성행위 여부 및 그 상대방을 결정할 수 있는 성적자기결정권뿐만 아니라 자신의 운명을 자신의 의도대로 종지(終止)시킬 권리 또는 존엄한 죽음을 택할 권리도 포함하는 것이므로 '자살할 권리'도 기본권으로 인정된다는 것이 헌법재판소의 입장이다.

지문분석 난이도 상 정답 ④

| **키 워 드** | 인간의 존엄과 가치 및 행복추구권

| **출제유형** | 이론 + 판례

④ (X) 자살할 권리는 기본권으로 인정되지 않는다.

① (O) 청구인이 그 주장과 같이 법률상 근거 없이 의무도 없는 소변채취를 강요당하였다면 헌법 제10조의 인간의 존엄과 가치 및 행복추구권에 의하여 보장되는 일반적인 행동의 자유권[하기 싫은 일(소변을 받아 제출하는 일)을 하지 않을 자유, 자기 신체상태나 정보에 대하여 외부에 알리지 않을 자유]과 헌법 제12조에 의하여 보장되는 신체의 자유의 침해 여부가 문제가 된다(헌재 2006.7.27. 2005헌마277).

② (O) 법 제3조는 기부금품의 모집행위를 하기 위하여 행정자치부장관 등의 허가를 얻도록 규정함으로써 국민이 기부금품을 모집할 수 있는 자유를 제한하고 있다. 우리 헌법 제10조 전문은 "모든 국민은 인간으로서의 존엄과 가치를 지니며, 행복을 추구할 권리를 가진다."고 규정하여 행복추구권을 보장하고 있고, 행복추구권은 그의 구체적인 표현으로서 일반적인 행동자유권과 개성의 자유로운 발현권을 포함한다(헌재 1991.6.3. 89헌마204). 기부금품의 모집행위는 행복추구권에 의하여 보호된다. 계약의 자유도 헌법상의 행복추구권에 포함된 일반적인 행동자유권으로부터 파생하므로, 계약의 자유 또한 행복추구권에 의하여 보호된다(헌재 1998.5.28. 96헌가5).

③ (O) '배아생성자의 배아에 대한 결정권'은 헌법상 명문으로 규정되어 있지는 아니하지만, 헌법 제10조로부터 도출되는 일반적 인격권의 한 유형으로서의 헌법상 권리라 할 것이다. 배아의 경우 형성 중에 있는 생명이라는 독특한 지위로 인해 국가에 의한 적극적인 보호가 요구된다는 점, 배아의 관리·처분에는 공공복리 및 사회 윤리적 차원의 평가가 필연적으로 수반되지 않을 수 없다는 점에서도 그 제한의 필요성은 크다고 할 것이다. 그러므로 배아생성자의 배아에 대한 자기결정권은 자기결정이라는 인격권적 측면에도 불구하고 배아의 법적 보호라는 헌법적 가치에 명백히 배치될 경우에는 그 제한의 필요성이 상대적으로 큰 기본권이라 할 수 있다(헌재 2010.5.27. 2005헌마346).

31 0214 ○△×|○△×|○△× 2012 국가직 7급(변형)

행복추구권 및 인격권에 대한 설명으로 타당하지 않은 것은?
(다툼이 있는 경우 판례에 의함)

① 잔여 배아를 5년간 보존하고 이후 폐기하도록 한 생명윤리법 제16조 제1항, 제2항이 배아생성자의 배아에 대한 결정권을 과도하게 침해한다고 볼 수 없다.
② 헌법 제10조로부터 도출되는 일반적 인격권에는 각 개인이 그 삶을 사적으로 형성할 수 있는 자율영역에 대한 보장이 포함되어 있음을 감안할 때, 장래 가족의 구성원이 될 태아 성별 정보에 대한 접근을 국가로부터 방해받지 않을 부모의 권리는 이와 같은 일반적 인격권에 의하여 보호된다.
③ 낙태가 사실상 불가능하게 되는 임신 후반기에 이르러서도 태아에 대한 성별 정보를 태아의 부모에게 알려 주지 못하게 하는 것은 의사가 자유롭게 직업수행을 하는 자유를 제한하고, 임부나 그 가족의 태아 성별 정보에 대한 접근을 방해하는 것은 비례원칙에 위배되어 헌법에 위반된다.
④ 일제강점하 반민족행위 진상규명에 관한 특별법에 근거하여 조선총독부 중추원 참의로 활동한 행위를 친일반민족행위로 결정·공개하는 것은 조사대상자의 사회적 평가와 아울러 그 유족의 헌법상 보장된 인격권을 과도하게 침해하여 헌법에 위반된다고 볼 것이다.

지문분석 난이도 ㊥ 정답 ④

| **키 워 드** | 행복추구권 및 인격권
| **출제유형** | 판례

④ (X) 이 사건 법률 조항은 조사대상자의 사회적 평가와 아울러 그 유족의 헌법상 보장된 인격권을 제한하는 것이라고 할 것이다. 그러나 친일반민족행위의 진상을 규명하여 정의로운 사회가 실현될 수 있도록 공동체의 윤리를 정립하고자 하는 공익의 중대성은 막대한 반면, 이 사건 법률 조항으로 인해 제한되는 조사대상자 등의 인격권은 친일반민족행위에 관한 조사보고서와 사료가 공개됨으로 인한 것에 불과한바, 이 사건 법률 조항은 공익과 사익 간의 균형성을 도외시한 것이라고 보기 어려우므로 법익균형성의 원칙에 반하지 않는다(헌재 2010.10.28. 2007헌가23).
① (O) 이 사건 심판대상 조항이 배아에 대한 5년의 보존기간 및 보존기간 경과 후 폐기의무를 규정한 것은 그 입법목적의 정당성과 방법의 적절성이 인정되며, 입법목적을 실현하면서 기본권을 덜 침해하는 수단이 명백히 존재한다고 할 수 없는 점, 5년 동안의 보존기간이 임신을 원하는 사람들에게 배아를 이용할 기회를 부여하기에 명백히 불합리한 기간이라고 볼 수 없는 점, 배아 수의 지나친 증가와 그로 인한 사회적 비용의 증가 및 부적절한 연구목적의 이용가능성을 방지하여야 할 공익적 필요성의 정도가 배아생성자의 자기결정권이 제한됨으로 인한 불이익의 정도에 비해 작다고 볼 수 없는 점 등을 고려하면, 이 사건 심판대상 조항이 피해의 최소성에 반하거나 법익의 균형성을 잃었다고 보기 어렵다(헌재 2010.5.27. 2005헌마346).
② (O), ③ (O) 헌법 제10조로부터 도출되는 일반적 인격권에는 각 개인이 그 삶을 사적으로 형성할 수 있는 자율영역에 대한 보장이 포함되어 있음을 감안할 때, 장래 가족의 구성원이 될 태아 성별 정보에 대한 접근을 국가로부터 방해받지 않을 부모의 권리는 이와 같은 일반적 인격권에 의하여 보호된다고 보아야 할 것인바, 이 사건 규정은 일반적 인격권으로부터 나오는 부모의 태아 성별 정보에 대한 접근을 방해받지 않을 권리를 제한하고 있다고 할 것이다. 이 사건 규정의 태아 성별 고지 금지는 낙태, 특히 성별을 이유로 한 낙태를 방지함으로써 성비의 불균형을 해소하고 태아의 생명권을 보호하기 위해 입법된 것이다. 그런데 임신 기간이 통상 40주라고 할 때, 낙태가 비교적 자유롭게 행해질 수 있는 시기가 있는 반면, 낙태를 할 경우 태아는 물론, 산모의 생명이나 건강에 중대한 위험을 초래하여 낙태가 거의 불가능하게 되는 시기도 있는데, 성별을 이유로 하는 낙태가 임신 기간의 전 기간에 걸쳐 이루어질 것이라는 전제하에, 이 사건 규정이 낙태가 사실상 불가능하게 되는 임신 후반기에 이르러서도 태아에 대한 성별 정보를 태아의 부모에게 알려 주지 못하게 하는 것은 최소침해성원칙을 위반하는 것이고, 이와 같이 임신후반기 공익에 대한 보호의 필요성이 거의 제기되지 않는 낙태 불가능 시기 이후에도 의사가 자유롭게 직업수행을 하는 자유를 제한하고, 임부나 그 가족의 태아 성별 정보에 대한 접근을 방해하는 것은 기본권 제한의 법익균형성 요건도 갖추지 못한 것이다. 따라서 이 사건 규정은 헌법에 위반된다 할 것이다[헌재 2008.7.31. 2004헌마1010·2005헌바90(병합)].

32 0215 ○△×|○△×|○△× 2017 국회직 8급(변형)

인간으로서의 존엄과 가치 및 행복추구권에 대한 설명으로 옳지 않은 것은? (다툼이 있는 경우 헌법재판소 판례에 의함)

① 형법상의 혼인빙자간음죄는 과잉금지원칙을 위반하여 남성의 성적자기결정권을 침해한다.
② 장래 가족의 구성원이 될 태아의 성별 정보에 대한 접근을 국가로부터 방해받지 않을 부모의 권리는 일반적 인격권에 의하여 보호된다.
③ 형사재판이 개시되기도 전에 공정거래법 위반자에 대해서 공정거래위원회로 하여금 그 법위반 사실의 공표를 명할 수 있도록 하는 것은 일반적 행동의 자유에 대한 침해이다.
④ 기부금품의 모집에 허가를 받도록 하는 것은 과잉금지원칙을 위반하여 일반적 행동자유권에 대한 침해이다.
⑤ 이륜차의 고속도로 또는 자동차전용도로 통행을 전면 금지하는 것은 과잉금지원칙에 위반되지 않는다.

지문분석 난이도 중 정답 ④

| 키 워 드 | 인간으로서의 존엄과 가치 및 행복추구권
| 출제유형 | 판례

④ (X) 기부금품의 모집에 허가를 받도록 한 것은 기부금품을 모집할 일반적 행동의 자유를 침해하지 않는다(헌재 2010.2.25. 2008헌바83).
① (O) 형법상의 혼인빙자간음죄는 남성의 성적자기결정권 및 사생활의 비밀과 자유를 과잉제한하는 것으로 헌법에 위반된다(헌재 2009.11.26. 2008헌바58).
② (O) 헌법 제10조로부터 도출되는 일반적 인격권에는 각 개인이 그 삶을 사적으로 형성할 수 있는 자율영역에 대한 보장이 포함되어 있음을 감안할 때, 장래 가족의 구성원이 될 태아의 성별 정보에 대한 접근을 국가로부터 방해받지 않을 부모의 권리는 이와 같은 일반적 인격권에 의하여 보호된다(헌재 2008.7.31. 2004헌마1010).
③ (O) 사업자단체의 독점규제 및 공정거래법 위반행위가 있을 때 공정거래위원회가 당해 사업자단체에 대하여 "법위반 사실의 공표"를 명할 수 있도록 한 것은 당해 행위자의 일반적 행동의 자유 및 명예권을 침해하는 것이다(헌재 2002.1.31. 2001헌바43).
⑤ (O) 긴급자동차를 제외한 이륜자동차와 원동기장치자전거에 대하여 고속도로 또는 자동차전용도로의 통행을 금지하고 있는 것은 고속도로 등 통행의 자유(일반적 행동의 자유)를 헌법 제37조 제2항에 반하여 과도하게 제한한다고 볼 수 없다(헌재 2007.1.17. 2005헌마1111).

33 0216 ○△×|○△×|○△× 2016 국회직 8급(변형)

인간의 존엄과 가치 및 행복추구권에 대한 설명으로 옳지 않은 것은? (다툼이 있는 경우 판례에 의함)

① 행복추구권은 자연인의 권리이므로 법인은 주체가 될 수 없으나, 행복추구권에 포함되어 있는 일반적 행동자유권은 법인도 주체가 될 수 있다.
② 개인이 대마를 자유롭게 수수하고 흡연할 자유는 헌법 제10조의 행복추구권에서 나오는 일반적 행동자유권의 보호영역에 속하지 않는다.
③ 일반적 행동자유권은 가치 있는 행동만 그 보호영역으로 하는 것은 아니기 때문에, 자동차 좌석안전띠를 매지 않을 자유는 일반적 행동자유권의 보호영역에 속한다.
④ 인간은 자기의 생활양식을 결정할 권리가 있으며 복장이나 두발형태를 선택할 수 있으며 위험한 방식으로 살아가는 것도 기본권에 속한다.

지문분석 난이도 하 정답 ②

| 키 워 드 | 인간의 존엄과 가치 및 행복추구권
| 출제유형 | 이론 + 판례

② (X) 일반적 행동자유권은 적극적으로 자유롭게 행동을 하는 것은 물론 소극적으로 행동을 하지 않을 자유도 포함되고, 가치 있는 행동만 보호영역으로 하는 것은 아닌 것인바(헌재 2003.10.30. 2002헌마518), 개인이 대마를 자유롭게 수수하고 흡연할 자유도 헌법 제10조의 행복추구권에서 나오는 일반적 행동자유권의 보호영역에 속한다(헌재 2010.11.25. 2009헌바246).
① (O) 헌법재판소는 '헌법 제10조의 인간으로서의 존엄과 가치, 행복을 추구할 권리는 그 성질상 자연인에게 인정되는 기본권이라고 할 것이어서, 법인인 청구인들에게는 적용되지 않는다고 할 것이다(헌재 2006.12.28. 2004헌바67).'라고 하여 법인의 행복추구권의 주체성을 부정하고 있으나 노동단체에게 정치자금을 금지한 정치자금법에 대한 헌법소원사건에서는 노동단체에게 정치자금의 기부를 금지함으로써 노동조합이 침해당하는 기본권은 헌법 제33조의 단결권이 아니라 헌법 제21조의 노동조합의 정치활동의 자유, 즉 표현의 자유, 결사의 자유, 일반적인 행동자유권 및 개성의 자유로운 발현권을 그 보장 내용으로 하는 행복추구권이라고 보아야 한다(헌재 1999.11.25. 95헌마154)고 판시한 바 있다.
③ (O) 일반적 행동자유권은 모든 행위를 할 자유와 행위를 하지 않을 자유로 가치 있는 행동만 그 보호영역으로 하는 것은 아닌 것으로, 그 보호영역에는 개인의 생활방식과 취미에 관한 사항도 포함되며, 여기에는 위험한 스포츠를 즐길 권리와 같은 위험한 생활방식으로 살아갈 권리도 포함된다. 따라서 좌석안전띠를 매지 않을 자유는 헌법 제10조의 행복추구권에서 나오는 일반적 행동자유권의 보호영역에 속한다(2003.10.30. 2002헌마518).
④ (O) 인간은 생활양식에서의 자기결정권을 가진다. 즉 복장, 두발형태, 음주나 흡연의 여부, 생활습관을 어떻게 할 것인가 등에 대한 자기결정권이다.

34 0217 ○△×|○△×|○△× 2012 경찰 승진(변형)

경찰청장은 노무현 전 대통령이 서거한 2009.5.23.경 고인을 조문하고자 덕수궁 대한문 앞 시민분향소를 찾은 사람들이 그 건너편에 있는 서울광장에서 불법·폭력 집회나 시위를 개최하는 것을 막기 위하여 경찰버스들로 서울광장을 둘러싸 소위 차벽(車壁)을 만드는 방법으로 서울광장에 출입하는 것을 제지하였다. 서울특별시민인 청구인들은 2009.6.3. 서울광장을 가로질러 통행하려고 하다가 서울광장을 둘러싼 경찰버스들에 의하여 만들어진 차벽에 의하여 통행하지 못하게 되자 피청구인의 이와 같은 통행제지행위가 청구인들의 거주·이전의 자유와 공물이용권 및 일반적 행동자유권을 침해한다고 주장하면서 2009.7.21. 그 위헌확인을 구하는 이 사건 헌법소원심판청구를 하였다. 이에 대한 헌법적 판단으로 옳지 않은 것은? (다툼이 있는 경우 판례에 의함)

① 시민이 공물을 이용할 수 있는 요건을 갖추는 한 공물을 사용·이용하게 해달라고 국가에 대하여 청구할 수 있는 권리, 즉 공물이용권은 행복추구권에 포함되는 청구권적 기본권이므로 경찰청장의 통행제지행위는 공물이용청구권으로서의 행복추구권을 제한하는 것이다.

② 거주·이전의 자유는 국민이 원활하게 개성신장과 경제활동을 해 나가기 위하여는 자유로이 생활의 근거지를 선택하고 변경하는 것이 필수적이라는 고려에 기하여 생활형성의 중심지 즉, 거주지나 체류지라고 볼 만한 정도로 생활과 밀접한 연관을 갖는 장소를 선택하고 변경하는 행위를 보호하는 기본권으로서, 생활의 근거지에 이르지 못하는 일시적인 이동을 위한 장소의 선택과 변경까지 그 보호영역에 포함되는 것은 아니다. 따라서 이 사건 통행제지행위는 거주·이전의 자유의 보호영역에 속한다고 할 수 없어서 청구인의 거주·이전의 자유가 제한되는 것은 아니다.

③ 일반 공중에게 개방된 장소인 서울광장을 개별적으로 통행하거나 서울광장에서 여가활동이나 문화활동을 하는 것은 일반적 행동자유권의 내용으로 보장됨에도 불구하고, 경찰청장의 통행제지행위에 의하여 청구인들의 이와 같은 행위를 할 수 없게 하였으므로 청구인들의 일반적 행동자유권의 침해 여부가 문제된다.

④ 경찰청장이 서울광장을 차벽으로 둘러싸 서울광장에 출입하려는 것을 제지한 행위는 서울광장을 가로질러 통행할 수 있는 국민의 일반적 행동자유권을 침해하는 것이다.

지문분석 난이도 ㊤ 정답 ①

| 키 워 드 | 행복추구권과 일반적 행동자유권

| 출제유형 | 판례

① (X) 청구인들은, 시민이 공물을 이용할 수 있는 요건을 갖추는 한 공물을 사용·이용하게 해달라고 국가에 대하여 청구할 수 있는 권리, 즉 공물이용권이 행복추구권에 포함되는 청구권적 기본권이라고 주장한다. 그러나 청구인들이 주장하는 공물을 사용·이용하게 해달라고 청구할 수 있는 권리는 청구인들의 주장 자체에 의하더라도 청구권의 영역에 속하는 것이므로 이러한 권리가 포괄적인 자유권인 행복추구권에 포함된다고 할 수 없다(헌재 2011.6.30. 2009헌마406).

② (O) 거주·이전의 자유는 국가의 간섭 없이 자유롭게 거주지와 체류지를 정할 수 있는 자유인바, 자유로운 생활형성권을 보장함으로써 정치·경제·사회·문화 등 모든 생활영역에서 개성신장을 촉진하게 하는 기능을 한다. 이러한 의미와 기능을 갖는 거주·이전의 자유는 국민이 원활하게 개성신장과 경제활동을 해 나가기 위하여는 자유로이 생활의 근거지를 선택하고 변경하는 것이 필수적이라는 고려에 기하여 생활형성의 중심지 즉, 거주지나 체류지라고 볼 만한 정도로 생활과 밀접한 연관을 갖는 장소를 선택하고 변경하는 행위를 보호하는 기본권으로서, 생활의 근거지에 이르지 못하는 일시적인 이동을 위한 장소의 선택과 변경까지 그 보호영역에 포함되는 것은 아니다. 이 사건에서 서울광장이 청구인들의 생활형성의 중심지라고 할 수 없을 뿐만 아니라 청구인들이 서울광장에 출입하고 통행하는 행위가 그 장소를 중심으로 생활을 형성해 나가는 행위에 속한다고 볼 수도 없으므로 청구인들이 서울광장을 출입하고 통행하는 자유는 헌법상의 거주·이전의 자유의 보호영역에 속한다고 할 수 없고, 따라서 이 사건 통행제지행위로 인하여 청구인들의 거주·이전의 자유가 제한된다고 할 수는 없다(헌재 2011.6.30. 2009헌마406).

③ (O) 일반 공중의 사용에 제공된 공공용물을 그 제공 목적대로 이용하는 것은 일반사용 내지 보통사용에 해당하는 것으로 따로 행정주체의 허가를 받을 필요가 없는 행위이고, 구 '서울특별시 서울광장의 사용 및 관리에 관한 조례'도 사용허가를 받아야 하는 광장의 사용은 불특정 다수 시민의 자유로운 광장 이용을 제한하는 경우로 정하여(위 조례 제2조 제1호) 개별적으로 서울광장을 통행하거나 서울광장에서 여가활동이나 문화활동을 하는 것은 아무런 제한 없이 허용하고 있다. 이처럼 일반 공중에게 개방된 장소인 서울광장을 개별적으로 통행하거나 서울광장에서 여가활동이나 문화활동을 하는 것은 일반적 행동자유권의 내용으로 보장됨에도 불구하고, 피청구인이 이 사건 통행제지행위에 의하여 청구인들의 이와 같은 행위를 할 수 없게 하였으므로 청구인들의 일반적 행동자유권의 침해 여부가 문제된다(헌재 2011.6.30. 2009헌마406).

④ (O) 당시 정황상 이 사건 통행제지행위처럼 전면적이고 광범위한 집회방지조치를 취할 필요성이 있었다고 하더라도, 피청구인으로서는 서울광장에의 출입을 완전히 통제하는 경우 불법·폭력 집회에 참여할 의사를 가지고 있지 아니한 일반시민들의 통행이나 여가·문화 활동 등의 이용까지 제한될 수 있다는 점을 충분히 예측할 수 있었을 것이므로 다음과 같이 과도한 제한을 초래하지 않는 수단이나 방법을 고려하였어야 할 것이다. 이와 같은 덜 침해적인 수단이 존재하고 이러한 수단을 채택하더라도 공공의 안녕과 질서유지의 목적을 상당 부분 달성할 수 있었을 것임에도 불구하고, 피청구인이 그러한 고려 없이 이 사건 통행제지행위로 모든 시민의 통행을 전면적으로 제지한 것은 침해의 최소성이라는 요구를 충족하였다고 할 수 없다. 결국 이 사건 통행제지행위는 과잉금지원칙을 위반하여 청구인들의 일반적 행동자유권을 침해하였다고 할 것이다(헌재 2011.6.30. 2009헌마406).

35 0218 ○△×|○△×|○△×

2012 경찰 승진(변형)

인간의 존엄과 가치 및 행복추구권에 대한 헌법재판소 태도와 일치하지 않는 것은?

① 헌법재판소는 일반적 행동자유권, 성적자기결정권, 계약의 자유 등 열거되지 아니한 권리들을 헌법 제10조에서 근거하여 도출하고 있다. 다만 알 권리의 경우는 헌법 제10조와 관련이 되지만 제21조의 표현의 자유에서 주된 근거를 찾고 있다.

② 수질부담금의 부과가 마실 물을 자유로이 선택할 수 있는 국민의 행복추구권을 침해하는 것은 아니다.

③ 교도소에 수용된 때에는 국민건강보험급여를 정지하도록 한 국민건강법 조항은 수용자의 인간의 존엄성과 행복추구권을 침해하는 것이라 볼 수 있다.

④ 친생부인의 소를 '자의 출산을 안 날로부터 1년'이라는 단기간의 제척기간 내에만 제기하도록 하는 것은 행복추구권을 침해하는 것이다.

36 0219 ○△×|○△×|○△×

2022 경찰 간부

일반적 행동자유권에 대한 설명 중 가장 적절하지 않은 것은?
(다툼이 있는 경우 헌법재판소 판례에 의함)

① 주방용오물분쇄기의 사용을 금지하는 환경부고시는 공공수역의 수질오염을 방지함으로써 달성되는 공익이 인정되나, 분쇄기를 이용하여 음식물 찌꺼기 등을 처리할 수 없으므로 행복추구권으로부터 도출되는 일반적 행동자유권을 침해한다.

② 자동차운전 중 휴대용 전화사용을 원칙적으로 금지하고 이를 형사처벌로 강제하는 것은 과잉금지원칙에 반하여 일반적 행동자유권을 침해한다고 볼 수 없다.

③ 교도소 사동에서 인원점검을 하면서 청구인을 비롯한 수형자들을 정렬시킨 후 차례로 번호를 외치도록 한 행위는 과잉금지원칙에 위배되어 청구인의 인격권 및 일반적 행동의 자유를 침해하지 않는다.

④ 육군장교가 민간법원 약식명령을 받아 확정된 사실에 대해 자진신고의무를 부과한 2020년도 육군지시 자진신고조항 및 2021년도 육군지시 자진신고조항은 과잉금지원칙을 위반하여 일반적 행동의 자유를 침해하지 않는다.

지문분석 (35)

난이도 하 정답 ③

| 키 워 드 | 인간의 존엄과 가치 및 행복추구권

| 출제유형 | 판례

③ (X) 국가로부터 무상의료급여를 받는 구금시설에 수용 중인 재소자에 대하여 국민건강보험급여를 정지하도록 한 국민건강보험법은 수용자의 건강권을 침해하거나 국가의 보건의무를 저버린 것으로 볼 수 없으므로 수용자의 건강권, 인간의 존엄성, 행복추구권, 인간다운 생활을 할 권리를 침해하는 것이라 할 수 없다(헌재 2005.2.24. 2003헌마31).

① (O) 헌법재판소는 기록등사신청에 대한 헌법소원사건(헌재 1991.5.13. 90헌마133)에서 헌법 제21조에 의해 알 권리가 직접 보장될 수 있다는 것이 헌법재판소의 확립된 판례라고 판시한 바 있다.

② (O) 먹는 샘물을 마시는 사람은 유한한 환경재화인 지하수를 소비하는 사람이므로 이들에 대해 환경보전에 대한 비용을 부담하게 할 수도 있는 것이어서 '먹는 물 관리법' 제28조 제1항으로 인해 국민이 마시고 싶은 물을 자유롭게 선택할 권리를 빼앗겨 행복추구권을 침해받는다고 할 수 없다(헌재 1998.12.24. 98헌가1).

④ (O) 민법 제847조 제1항은 친생부인의 소의 제척기간과 그 기산점에 관하여 '그 출생을 안 날로부터 1년내'라고 규정하고 있으나, 일반적으로 친자관계의 존부는 특별한 사정이나 어떤 계기가 없으면 이를 의심하지 아니하는 것이 통례임에 비추어 볼 때, 친생부인의 소의 제척기간의 기산점을 단지 그 '출생을 안 날로부터'라고 규정한 것은 부에게 매우 불리한 규정일 뿐만 아니라, '1년'이라는 제척기간 그 자체도 그 동안에 변화된 사회현실여건과 혈통을 중시하는 전통관습 등 여러 사정을 고려하면 현저히 짧은 것이어서, 결과적으로 위 법률 조항은 입법재량의 범위를 넘어서 친자관계를 부인하고자 하는 부로부터 이를 부인할 수 있는 기회를 극단적으로 제한함으로써 자유로운 의사에 따라 친자관계를 부인하고자 하는 부의 가정생활과 신분관계에서 누려야 할 인격권, 행복추구권 및 개인의 존엄과 양성의 평등에 기초한 혼인과 가족생활에 관한 기본권을 침해하는 것이다(헌재 1997.3.27. 95헌가14).

지문분석 (36)

난이도 중 정답 ①

| 키 워 드 | 일반적 행동자유권

| 출제유형 | 판례

① (X) 심판대상 조항으로 인하여 공공수역의 수질오염을 방지함으로써 달성되는 공익은 중대한 반면, 감량분쇄기의 판매·사용은 허용되며, 음식물 찌꺼기 등이 부패하기 전에 종량제봉투 방식 등으로 음식물류 폐기물 거점수거용기에 수시로 배출할 수 있다는 점 등을 고려하면 청구인들에게 발생한 불이익이 감수할 수 없을 정도로 크다고 보기 어렵다. 따라서 주방에서 발생하는 음식물 찌꺼기 등을 분쇄하여 오수와 함께 배출하는 주방용오물분쇄기의 판매와 사용을 금지하는 '주방용오물분쇄기의 판매·사용금지' 제1조(이하 '심판대상 조항'이라 한다)가 주방용오물분쇄기를 사용하거나 판매하려는 청구인들의 일반적 행동자유권 또는 직업의 자유를 침해하지 않는다(헌재 2018.6.28. 2016헌마1151).

② (O) 자동차 운전 중 휴대용 전화를 사용하는 것을 금지하고 위반 시 처벌하는 구 도로교통법 제49조 제1항 제10호 본문, 구 도로교통법 제156조 제1호 중 제49조 제1항 제10호 본문에 관한 부분(이하 위 두 조항을 통틀어 '이 사건 법률조항'이라 한다)이 일반적 행동자유권을 침해하지 않는다(헌재 2021.6.24. 2019헌바5).

③ (O) 교도소 인원점검을 하면서 차례로 번호를 외치도록 한 행위는 인격권과 일반적 행동의 자유의 침해가 아니다(헌재 2012.7.26. 2011헌마332).

④ (O) 청구인들이 자진신고의무를 부담하는 것은 수사 및 재판 단계에서 의도적으로 신분을 밝히지 않은 행위에서 비롯된 것으로서 이미 예상가능한 불이익인 반면, '군사법원에서 약식명령을 받아 확정된 경우'와 그 신분을 밝히지 않아 '민간법원에서 약식명령을 받아 확정된 경우' 사이에 발생하는 인사상 불균형을 방지함으로써 군 조직의 내부 기강 및 질서를 유지하고자 하는 공익은 매우 중대하다. 20년도 육군지시 자진신고조항 및 21년도 육군지시 자진신고조항은 과잉금지원칙에 반하여 일반적 행동의 자유를 침해하지 않는다(헌재 2021.8.31. 2020헌마12 등).

37 0220 O△X | O△X | O△X 2020 지방직 7급(변형)

행복추구권과 자기결정권에 대한 설명으로 옳지 않은 것은?

① 자기책임의 원리는 이와 같이 자기결정권의 한계논리로서 책임부담의 근거로 기능하는 동시에 자기가 결정하지 않은 것이나 결정할 수 없는 것에 대하여는 책임을 지지 않고 책임부담의 범위도 스스로 결정한 결과 내지 그와 상관관계가 있는 부분에 국한됨을 의미하는 책임의 한정원리로 기능한다.

② 헌법 제13조 제3항(연좌제금지의 원칙)은 자기책임의 원리의 한 표현에 해당하는 것으로서 자기책임의 원리에 반하는 제재는 그 자체로서 헌법 위반을 구성한다.

③ 사망을 보험사고로 한 보험계약의 경우 사고가 보험계약자 또는 피보험자나 보험수익자의 중대한 과실로 인하여 생긴 경우에도 보험자의 보험금액 지급책임이 면책될 수 없도록 강제하는 상법규정은 보험상품을 판매하는 보험자와 보험계약자의 헌법 제10조의 일반적 행동자유권에서 파생되는 계약의 자유를 침해하는 것이 아니다.

④ 회계책임자가 300만 원 이상의 벌금을 선고받은 경우 후보자의 당선을 무효로 하고 있는 공직선거법 제265조는 후보자가 회계책임자의 선거범죄에 지시 내지는 가담했는지, 또는 회계책임자가 알고도 묵인하였는지 여부와 관계없이 당선을 무효로 하는 조항이므로 헌법 제10조에서 파생하는 자기책임의 원칙에 위배된다.

지문분석 난이도 ㊥ 정답 ④

| 키 워 드 | 행복추구권과 자기결정권

| 출제유형 | 판례

④ (X) 공직선거법은 선거에 참여하는 정당·후보자 및 후보자를 위하여 선거운동을 하는 자는 선거운동을 함에 있어서 공직선거법을 준수하고 공정하게 경쟁하여야 한다고 규정하고 있다(제7조). 투표자, 후보자, 이해관계인, 선거관리자 등이 종합적으로 관여하는 선거과정에서 그 선거의 결과에 영향을 미친 중대한 하자가 있는 경우, 선거를 무효(제192조, 제224조)로 하거나 당선을 무효(제263조, 제264조)로 하는 것과 마찬가지로, 이 사건 법률 조항은 후보자에게 회계책임자의 형사책임을 연대하여 지게 하는 것이 아니라, 선거의 공정성을 해치는 객관적 사실(회계책임자의 불법행위)에 따른 선거결과를 교정하는 것에 불과하기 때문에 자기책임의 원칙에 위배되지 아니한다. 결국 후보자는 공직선거법을 준수하면서 공정한 경쟁이 되도록 할 의무가 있는 자로서 후보자 자신뿐만 아니라 최소한 회계책임자 등에 대하여는 선거범죄를 범하지 않도록 지휘·감독할 책임을 지는 것이므로, 이 사건 법률 조항에 해당할 경우 당선을 무효로 하는 것은 후보자 '자신의 행위'에 대하여 책임을 지우고 있는 것에 불과하다 할 것이다. 따라서 이 사건 법률 조항은 헌법상 자기책임의 원칙에 위반되지 아니한다고 할 것이다(헌재 2010.3.25. 2009헌마170).

① (O), ② (O) 헌법 제10조가 정하고 있는 행복추구권에서 파생되는 자기결정권 내지 일반적 행동자유권은 이성적이고 책임감 있는 사람의 자기의 운명에 대한 결정·선택을 존중하되 그에 대한 책임은 스스로 부담함을 전제로 한다. 자기책임의 원리는 이와 같이 자기결정권의 한계논리로서 책임부담의 근거로 기능하는 동시에 자기가 결정하지 않은 것이나 결정할 수 없는 것에 대하여는 책임을 지지 않고 책임부담의 범위도 스스로 결정한 결과 내지 그와 상관관계가 있는 부분에 국한됨을 의미하는 책임의 한정원리로 기능한다. 이러한 자기책임의 원리는 인간의 자유와 유책성, 그리고 인간의 존엄성을 진지하게 반영한 원리로서 그것이 비단 민사법이나 형사법에 국한된 원리라기보다는 근대법의 기본이념으로서 법치주의에 당연히 내재하는 원리로 볼 것이고 헌법 제13조 제3항(연좌제금지의 원칙)은 그 한 표현에 해당하는 것으로서 자기책임의 원리에 반하는 제재는 그 자체로서 헌법 위반을 구성한다고 할 것이다(헌재 2004.6.24. 2002헌가27).

③ (O) 생명보험에서는 보험계약자 등의 중과실에 의한 사고의 경우에도 보험자가 면책이 될 수 없도록 한 규정은 중과실과 경과실의 구별이 상대적이며, 그 경계가 모호한데다가 보험계약자측이 현저히 약자의 지위에 있어 보호의 필요성이 있음에 비추어 볼 때, 이 사건 법률 조항에 의하여 자유를 제한하는 정도는 상반되는 법익과의 균형을 해할 정도로 과도하지는 않아 입법재량의 범위를 벗어났다고 볼 수 없으므로 보험자의 영업의 자유, 보험자와 보험계약자 사이의 계약의 자유를 침해하였다고 할 수 없다[헌재 1999.12.23. 98헌가12, 99헌가3·10, 99헌바33(병합)].

38 0221 ○△×|○△×|○△× 2012 국회직 8급(변형)

연명치료 중단에 대한 대법원 판례에 관한 설명으로 옳지 않은 것은?

① 의식의 회복가능성을 상실하여 더 이상 인격체로서의 활동을 기대할 수 없고 회복불가능한 사망의 단계에 이른 후에는, 의학적으로 무의미한 연명치료를 환자에게 강요하는 것이 오히려 인간의 존엄과 가치를 해한다.

② 환자가 회복불가능한 사망의 단계에 이르렀을 경우에 대비하여 '사전의료지시'를 한 후에는, 특별한 사정이 없는 한 사전의료지시에 의하여 자기결정권을 행사한 것으로 인정할 수 있다.

③ 연명치료 중단에 관한 환자의 의사 추정은 주관적으로 이루어져야 한다. 따라서 환자가 평소 일상생활을 통하여 가족, 친구 등에 대하여 한 의사표현, 타인에 대한 치료를 보고 환자가 보인 반응, 환자의 종교, 평소의 생활태도 등을 통해 그 의사를 추정할 수 있다.

④ 환자 측이 직접 법원에 소를 제기한 경우가 아니라면, 환자가 회복불가능한 사망의 단계에 이르렀는지 여부에 관하여는 전문의사 등으로 구성된 위원회 등의 판단을 거치는 것이 바람직하다.

⑤ 진료행위에 대한 환자의 동의는 개인의 인격권과 행복추구권에 의하여 보호되는 자기결정권을 보장하기 위한 것으로서, 의료계약에 의하여 제공되는 진료의 내용은 의료인의 설명과 환자의 동의에 의하여 구체화된다.

지문분석

난이도 상 정답 ③

| 키 워 드 | 인간의 존엄과 가치

| 출제유형 | 판례

③ (×) 환자의 사전의료지시가 없는 상태에서 회복불가능한 사망의 단계에 진입한 경우에는 환자에게 의식의 회복가능성이 없으므로 더 이상 환자 자신이 자기결정권을 행사하여 진료행위의 내용 변경이나 중단을 요구하는 의사를 표시할 것을 기대할 수 없다. 그러나 환자의 평소 가치관이나 신념 등에 비추어 연명치료를 중단하는 것이 객관적으로 환자의 최선의 이익에 부합한다고 인정되어 환자에게 자기결정권을 행사할 수 있는 기회가 주어지더라도 연명치료의 중단을 선택하였을 것이라고 볼 수 있는 경우에는, 그 연명치료 중단에 관한 환자의 의사를 추정할 수 있다고 인정하는 것이 합리적이고 사회상규에 부합된다. 이러한 환자의 의사 추정은 객관적으로 이루어져야 한다. 따라서 환자의 의사를 확인할 수 있는 객관적인 자료가 있는 경우에는 반드시 이를 참고하여야 하고, 환자가 평소 일상생활을 통하여 가족, 친구 등에 대하여 한 의사표현, 타인에 대한 치료를 보고 환자가 보인 반응, 환자의 종교, 평소의 생활 태도 등을 환자의 나이, 치료의 부작용, 환자가 고통을 겪을 가능성, 회복불가능한 사망의 단계에 이르기까지의 치료 과정, 질병의 정도, 현재의 환자 상태 등 객관적인 사정과 종합하여, 환자가 현재의 신체상태에서 의학적으로 충분한 정보를 제공받는 경우 연명치료 중단을 선택하였을 것이라고 인정되는 경우라야 그 의사를 추정할 수 있다(대판 2009.5.21. 2009다17417).

① (○) 생명과 직결되는 치료행위라 할 수 있는 연명치료의 중단은 생명권 주체인 환자 본인의 의사를 떠나서 그 정당성을 찾을 수 없기 때문에 여기서 '무의미한 연명치료를 중단하고 자연스럽게 죽음을 맞이할 이익'은 헌법 제10조에 근거를 둔 자기운명결정권의 한 내용으로서 '연명치료 중단에 관한 자기결정권'으로 포섭될 수 있을 것이다(헌재 2009.11.26. 2008헌마385).

② (○) 환자가 장차 죽음에 임박한 상태에 이를 경우에 대비하여 미리 의료인 등에게 연명치료 거부 또는 중단에 관한 의사를 밝히는 등의 방법으로 죽음에 임박한 상태에서 인간으로서의 존엄과 가치를 지키기 위하여 연명치료의 거부 또는 중단을 결정할 수 있다 할 것이고, 위 결정은 헌법상 기본권인 자기결정권의 한 내용으로서 보장된다 할 것이다(헌재 2009.11.26. 2008헌마385).

④ (○) 환자 측이 직접 법원에 소를 제기한 경우가 아니라면, 환자가 회복불가능한 사망의 단계에 이르렀는지 여부에 관하여는 전문의사 등으로 구성된 위원회 등의 판단을 거치는 것이 바람직하다(대판 2009.5.21. 2009다17417).

⑤ (○) 환자의 동의는 헌법 제10조에서 규정한 개인의 인격권과 행복추구권에 의하여 보호되는 자기결정권을 보장하기 위한 것으로서, 환자가 생명과 신체의 기능을 어떻게 유지할 것인지에 대하여 스스로 결정하고 진료행위를 선택하게 되므로, 의료계약에 의하여 제공되는 진료의 내용은 의료인의 설명과 환자의 동의에 의하여 구체화된다(대판 2009.5.21. 2009다17417).

39 0222 ○△×|○△×|○△× 2017 법무사(변형)

생명윤리 및 안전에 관한 법률 제13조 제1항 등 위헌확인 사건에 대한 헌법재판소의 결정 내용이 아닌 것은?

① 기본권의 주체가 될 수 있는 자만이 헌법소원을 청구할 수 있고, 이때 기본권의 주체가 될 수 있는 '자'라 함은 통상 출생 후의 인간을 가리키는 것이다.
② 존엄한 인간 존재와 그 근원으로서의 생명 가치를 고려할 때 출생 전 형성 중의 생명에 대해서는 일정한 예외적인 경우 기본권 주체성이 긍정될 수 있다.
③ 어느 시점부터 기본권 주체성이 인정되는지, 또 어떤 기본권에 대해 기본권 주체성이 인정되는지는 생명의 근원에 대한 생물학적 인식을 비롯한 자연과학·기술 발전의 성과와 그에 터 잡은 헌법의 해석으로부터 도출되는 규범적 요청을 고려하여 판단하여야 할 것이다.
④ 오늘날 생명공학 등의 발전과정에 비추어 인간의 존엄과 가치가 갖는 헌법적 가치질서로서의 성격을 고려할 때 인간으로 발전할 잠재성을 갖고 있는 초기배아라는 원시생명체에 대하여도 위와 같은 헌법적 가치가 소홀히 취급되지 않도록 노력해야 할 국가의 보호의무가 있음을 인정하지 않을 수 없다 할 것이다.
⑤ 배아생성자는 배아에 대해 자신의 유전자정보가 담긴 신체의 일부를 제공하고, 또 배아가 모체에 성공적으로 착상하여 인간으로 출생할 경우 생물학적 부모로서의 지위를 갖게 되지만, 배아생성자가 배아의 관리 또는 처분에 대한 결정권을 가진다고 볼 수는 없다.

지문분석 난이도 ㉤ 정답 ⑤

| **키 워 드** | 인간의 존엄과 가치
| **출제유형** | 판례

⑤ (X) 배아생성자는 배아에 대해 자신의 유전자정보가 담긴 신체의 일부를 제공하고, 또 배아가 모체에 성공적으로 착상하여 인간으로 출생할 경우 생물학적 부모로서의 지위를 갖게 되므로, 배아의 관리 또는 처분에 대한 결정권을 가진다. 이러한 배아생성자의 배아에 대한 결정권은 헌법상 명문으로 규정되어 있지는 아니하지만, 헌법 제10조로부터 도출되는 일반적 인격권의 한 유형으로서의 헌법상 권리라 할 것이다(헌재 2010.5.27. 2005헌마346).
① (O) 헌법재판소법 제68조 제1항은 공권력의 행사 또는 불행사로 인하여 기본권을 침해받은 자가 헌법소원의 심판을 청구할 수 있다고 규정하고 있으므로, 기본권의 주체가 될 수 있는 자만이 헌법소원을 청구할 수 있고, 이때 기본권의 주체가 될 수 있는 '자'라 함은 통상 출생 후의 인간을 가리키는 것이다(헌재 2010.5.27. 2005헌마346).
② (O) 존엄한 인간 존재와 그 근원으로서의 생명 가치를 고려할 때 출생 전 형성 중의 생명에 대해서는 일정한 예외적인 경우 기본권 주체성이 긍정될 수 있다. 헌법재판소도 형성 중의 생명인 태아에 대하여 헌법상 생명권의 주체가 되며, 국가는 헌법 제10조에 따라 태아의 생명을 보호할 의무가 있음을 밝힌 바 있다(헌재 2008.7.31. 2004헌바81; 헌재 2010.5.27. 2005헌마346).
③ (O) 출생 전 형성 중의 생명에 대해서 헌법적 보호의 필요성이 크고 일정한 경우 그 기본권 주체성이 긍정된다고 하더라도, 어느 시점부터 기본권 주체성이 인정되는지, 또 어떤 기본권에 대해 기본권 주체성이 인정되는지는 생명의 근원에 대한 생물학적 인식을 비롯한 자연과학·기술 발전의 성과와 그에 터 잡은 헌법의 해석으로부터 도출되는 규범적 요청을 고려하여 판단하여야 할 것이다(헌재 2010.5.27. 2005헌마346).
④ (O) 오늘날 생명공학 등의 발전과정에 비추어 인간의 존엄과 가치가 갖는 헌법적 가치질서로서의 성격을 고려할 때 인간으로 발전할 잠재성을 갖고 있는 초기배아라는 원시생명체에 대하여도 위와 같은 헌법적 가치가 소홀히 취급되지 않도록 노력해야 할 국가의 보호의무가 있음을 인정하지 않을 수 없다 할 것이다(헌재 2010.5.27. 2005헌마346).

2 법 앞의 평등

40 0223 ○△×|○△×|○△× 2020 변호사

평등원칙 및 평등권에 관한 설명 중 옳은 것을 모두 고른 것은? (다툼이 있는 경우 판례에 의함)

ㄱ. 사업주가 제공하거나 그에 준하는 교통수단을 이용하여 출퇴근하던 중에 산업재해보상보험 가입 근로자가 입은 재해를 업무상 재해로 인정하는 것과 달리, 도보나 자기 소유 교통수단 또는 대중교통수단 등을 이용하여 출퇴근하는 산업재해보상보험 가입 근로자가 사업주의 지배관리 아래 있다고 볼 수 없는 통상적 경로와 방법으로 출퇴근하던 중에 입은 재해를 업무상 재해로 인정하지 않는 것은 자의적 차별로 평등원칙에 위배된다.

ㄴ. 자율형 사립고(이하 '자사고'라 함)의 도입목적은 고교평준화제도의 기본 틀을 유지하면서 고교평준화 제도의 문제점으로 지적된 획일성을 보완하기 위해 고교 교육의 다양화를 추진하고, 학습자의 소질·적성 및 창의성 개발을 지원하며, 학생·학부모의 다양한 요구 및 선택기회 확대에 부응하는 것이어서 과학고의 경우와 같이 재능이나 소질을 가진 학생을 후기학교보다 먼저 선발할 필요성이 있음에도 불구하고 자사고를 후기학교로 규정함으로써 과학고와 달리 취급하고, 일반고와 같이 취급하는 것은 자사고 학교법인의 평등권을 침해한다.

ㄷ. 교수·연구 분야에 전문성이 뛰어난 교사들로서 교사의 교수·연구활동을 지원하는 임무를 부여받고 있는 수석교사를 성과상여금 등의 지급과 관련하여 교장이나 장학관 등과 달리 취급하고 있지만 이는 이들의 직무 및 직급이 다른 것에서 기인하는 합리적인 차별이다.

ㄹ. 대한민국 국적을 가지고 있는 영유아 중에서도 재외국민 영유아를 보육료·양육수당 지원대상에서 제외하는 보건복지부 지침은 국내에 거주하면서 재외국민인 영유아를 양육하는 부모들을 합리적 이유 없이 차별하는 것이 아니다.

① ㄱ, ㄴ ② ㄱ, ㄷ
③ ㄴ, ㄹ ④ ㄱ, ㄷ, ㄹ
⑤ ㄴ, ㄷ, ㄹ

지문분석 난이도 상 정답 ②

| 키 워 드 | 평등권 및 평등원칙

| 출제유형 | 판례

ㄱ. (○) 도보나 자기 소유 교통수단 또는 대중교통수단 등을 이용하여 출퇴근하는 산업재해보상보험 가입 근로자는 사업주가 제공하거나 그에 준하는 교통수단을 이용하여 출퇴근하는 산재보험 가입 근로자와 같은 근로자인데도 사업주의 지배관리 아래 있다고 볼 수 없는 통상적 경로와 방법으로 출퇴근하던 중에 발생한 재해를 업무상 재해로 인정받지 못한다는 점에서 차별취급이 존재한다. … 따라서 심판대상 조항은 합리적 이유 없이 비혜택근로자를 자의적으로 차별하는 것이므로, 헌법상 평등원칙에 위배된다(헌재 2016.9.29. 2014헌바254).

ㄷ. (○) 수석교사는 교사의 교수·연구활동을 지원하는 임무를 부여받고 있는 반면, 교장 등은 교무를 통할·총괄하고 소속 교직원을 지도·감독하는 관리 임무를 부여받고, 장학관 등은 각급 학교에 대한 관리·감독 업무 등 교육행정업무를 수행할 임무를 부여받고 있다. … 이와 같이 성과상여금 등의 지급과 관련하여 수석교사를 교장 등, 장학관 등과 달리 취급하는 것에는 합리적인 이유가 있으므로, 심판대상 조항들은 청구인들의 평등권을 침해하지 않는다(헌재 2019.4.11. 2017헌마602 등).

ㄴ. (X) 과학고는 '과학분야의 인재 양성'이라는 설립 취지나 전문적인 교육과정의 측면에서 과학 분야에 재능이나 소질을 가진 학생을 후기학교보다 먼저 선발할 필요성을 인정할 수 있으나, 자사고의 경우 교육과정 등을 고려할 때 후기학교보다 먼저 특정한 재능이나 소질을 가진 학생을 선발할 필요성은 적다. 따라서 이 사건 동시선발 조항이 자사고를 후기학교로 규정함으로써 과학고와 달리 취급하고, 일반고와 같이 취급하는 데에는 합리적인 이유가 있으므로 청구인 학교법인의 평등권을 침해하지 아니한다(헌재 2019.4.11. 2018헌마221).

ㄹ. (X) 단순한 단기체류가 아니라 국내에 거주하는 재외국민, 특히 외국의 영주권을 보유하고 있으나 상당한 기간 국내에서 계속 거주하고 있는 자들은 주민등록법상 재외국민으로 등록·관리될 뿐 '국민인 주민'이라는 점에서는 다른 일반 국민과 실질적으로 동일하므로, 단지 외국의 영주권을 취득한 재외국민이라는 이유로 달리 취급할 아무런 이유가 없어 위와 같은 차별은 청구인들의 평등권을 침해한다(헌재 2018.1.25. 2015헌마1047).

41 0224 ○△×|○△×|○△× 2020 법원직 9급

다음 중 헌법재판소가 평등권을 침해한다고 결정한 것을 모두 고른 것은?

> 가. 제대군인이 공무원채용시험 등에 응시한 때에 과목별 득점에 과목별 만점의 5% 또는 3%를 가산하는 제도
> 나. 국·공립학교의 채용시험에 국가유공자와 그 가족이 응시하는 경우 만점의 10퍼센트를 가산하도록 한 규정
> 다. 대통령령으로 정하는 공공기관 및 공기업으로 하여금 매년 정원의 100분의 3 이상씩 34세 이하의 청년 미취업자를 채용하도록 한 조항
> 라. 대통령령이 정하는 일정 수 이상의 근로자를 고용하는 사업주는 기준고용률 이상에 해당하는 장애인을 고용해야 한다고 규정한 조항

① 가　　② 가, 나
③ 가, 나, 다　　④ 가, 나, 다, 라

지문분석 난이도 ⓒ 정답 ②

| 키 워 드 | 평등권
| 출제유형 | 판례

가. (○) 제대군인에 대하여 여러 가지 사회정책적 지원을 강구하는 것이 필요하다 할지라도, 그것이 사회공동체의 다른 집단에게 동등하게 보장되어야 할 균등한 기회 자체를 박탈하는 것이어서는 아니 되는데, 가산점제도는 아무런 재정적 뒷받침 없이 제대군인을 지원하려 한 나머지 결과적으로 여성과 장애인 등 이른바 사회적 약자들의 희생을 초래하고 있으며, 각종 국제협약, 실질적 평등 및 사회적 법치국가를 표방하고 있는 우리 헌법과 이를 구체화하고 있는 전체 법체계 등에 비추어 우리 법체계 내에 확고히 정립된 기본질서라고 할 '여성과 장애인에 대한 차별금지와 보호'에도 저촉되므로 정책수단으로서의 적합성과 합리성을 상실한 것이다. 가산점제도는 제대군인에 비하여, 여성 및 제대군인이 아닌 남성을 부당한 방법으로 지나치게 차별하는 것으로서 헌법 제11조에 위배되며, 이로 인하여 청구인들의 평등권이 침해된다(헌재 1999. 12.23. 98헌마363).

나. (○) 헌법재판소는 2006.2.23. 2004헌마675 등 결정에서 국·공립학교의 채용시험에 국가유공자와 그 가족이 응시하는 경우 만점의 10퍼센트를 가산하도록 규정하고 있는 국가유공자법 제31조 제1항, 제2항 등이 가점 수혜대상자의 확대문제, 가족 합격률의 증가 추세, 가족에 대한 가점의 법적 근거 문제에 비추어 입법목적과 수단 간에 비례성을 구비하지 못하여 일반 공직시험 응시자의 평등권, 공무담임권을 침해한다는 이유로 헌법불합치결정을 하였다(헌재 2015.2.26. 2012헌마400).

다. (×) 청년할당제는 일정 규모 이상의 기관에만 적용되고, 전문적인 자격이나 능력을 요하는 경우에는 적용을 배제하는 등 상당한 예외를 두고 있다. 더욱이 3년간 한시적으로만 시행하며, 청년할당제가 추구하는 청년실업해소를 통한 지속적인 경제성장과 사회 안정은 매우 중요한 공익인 반면, 청년할당제가 시행되더라도 현실적으로 35세 이상 미취업자들이 공공기관 취업기회에서 불이익을 받을 가능성은 크다고 볼 수 없다. 따라서 이 사건 청년할당제가 청구인들의 평등권, 공공기관 취업의 자유를 침해한다고 볼 수 없다(헌재 2014.8.28. 2013헌마553).

라. (×) 구법 제3조에 의하면 국가와 지방자치단체는 장애인의 고용에 관하여 사업주 및 국민일반의 이해를 높이기 위해 교육·홍보 및 장애인 고용촉진운동을 추진하고, 사업주·장애인 기타 관계자에 대한 지원과 장애인의 특성을 고려한 직업재활의 조치를 강구하여야 하며, 기타 장애인의 고용촉진 및 직업안정을 도모하기 위하여 필요한 시책을 종합적이고 효과적으로 추진하여야 할 책임이 있는 공공적 주체이며, 한편 민간사업주와는 달리 기준고용률을 미달하는 경우 부담금의 납부를 명하고 이를 징수한다든지(구법 제38조) 기준고용률을 초과하는 경우 고용지원금 및 장려금(구법 제37조)을 지급할 수 없는 등 민간사업주와는 다른 지위에 있으므로, 국가·지방자치단체와 민간사업주와의 차별취급은 합리적인 근거가 있는 차별이라고 할 것이다(헌재 2003.7.24. 2001헌바96).

42 0225 ○△×|○△×|○△× 2020 국회직 9급

평등권에 대한 설명으로 옳지 않은 것은? (다툼이 있는 경우 판례에 의함)

① 구 종합부동산세법상 세대별 합산규정은 혼인한 자 또는 가족과 함께 세대를 구성한 자를 개인별로 과세되는 독신자, 사실혼 관계의 부부, 세대원이 아닌 주택 등의 소유자 등에 비하여 지나치게 불리하게 과세하고 있으므로 헌법에 합치하지 않는다.

② 국·공립학교 채용시험에서 국가유공자의 가족에게 10%의 가산점을 부여하는 것은 능력주의를 바탕으로 하여야 하는 공직취임권의 규율에 있어서 중요한 예외를 구성하므로, 관련 공익과 일반응시자의 공무담임권의 차별 사이에 엄밀한 법익형량이 이루어져야 한다.

③ 교원임용시험의 일자를 일요일로 정함으로써 종교행사를 갖는 수험생들의 예배 참석 등에 현실적인 불편이나 불이익이 초래되지만, 수많은 수험생들의 응시상의 편의와 시험장소의 마련 및 시험관리상의 편의 도모와 같은 합리적인 이유가 있으므로 평등권을 침해하지 않는다.

④ 대학의 교원인 공무원에게 정당가입의 자유를 허용하면서도 초·중등학교의 교원에게는 이를 금지하는 것은, 양자 간 직무의 본질이나 내용 그리고 근무 태양이 다른 점을 고려한 합리적인 차별이다.

⑤ 대학의 교원은 헌법과 법률로써 신분이 보장되고 정당가입과 선거운동 등이 가능하여 노조형태의 단결체가 꼭 필요한 것은 아니므로, 초·중등학교의 교원과 달리 법률로써 단결권을 인정하지 않는다고 하여 평등권을 침해하는 것은 아니다.

지문분석 난이도 중 정답 ⑤

| **키 워 드** | 평등권

| **출제유형** | 판례

⑤ (X) 심판대상 조항으로 인하여 교육공무원 아닌 대학교원들이 향유하지 못하는 단결권은 헌법이 보장하고 있는 근로3권의 핵심적이고 본질적인 권리이다. 심판대상 조항의 입법목적이 재직 중인 초·중등교원에 대하여 교원노조를 인정해 줌으로써 교원노조의 자주성과 주체성을 확보한다는 측면에서는 그 정당성을 인정할 수 있을 것이나, 교원노조를 설립하거나 가입하여 활동할 수 있는 자격을 초·중등교원으로 한정함으로써 교육공무원이 아닌 대학교원에 대해서는 근로기본권의 핵심인 단결권조차 전면적으로 부정한 측면에 대해서는 그 입법목적의 정당성을 인정하기 어렵고, 수단의 적합성 역시 인정할 수 없다. 최근 들어 대학사회가 다층적으로 변화하면서 대학교원의 사회·경제적 지위의 향상을 위한 요구가 높아지고 있는 상황에서 단결권을 행사하지 못한 채 개별적으로만 근로조건의 향상을 도모해야 하는 불이익은 중대한 것이므로, 심판대상 조항은 과잉금지원칙에 위배된다(헌재 2018.8.30. 2015헌가38).

① (O) 이 사건 세대별 합산규정은 혼인한 자 또는 가족과 함께 세대를 구성한 자를 비례의 원칙에 반하여 개인별로 과세되는 독신자, 사실혼 관계의 부부, 세대원이 아닌 주택 등의 소유자 등에 비하여 불리하게 차별하여 취급하고 있으므로, 헌법 제36조 제1항에 위반된다(헌재 2008.11.13. 2006헌바112 등).

② (O) 이 사건 조항은 일반 응시자들의 공직취임의 기회를 차별하는 것이며, 이러한 기본권 행사에 있어서의 차별은 차별목적과 수단 간에 비례성을 갖추어야만 헌법적으로 정당화될 수 있다. 국가유공자의 가족'의 경우 가산점의 부여는 헌법이 직접 요청하고 있는 것이 아니고, 그러한 법률상의 입법정책은 능력주의 또는 성과주의를 바탕으로 하여야 하는 공직취임권의 규율에 있어서 중요한 예외를 구성한다. 헌법적 요청이 있는 경우에는 합리적 범위 안에서 능력주의가 제한될 수 있지만, 단지 법률적 차원의 정책적 관점에서 능력주의의 예외를 인정하려면 해당 공익과 일반응시자의 공무담임권의 차별 사이에 엄밀한 법익형량이 이루어져야 한다(헌재 2006.2.23. 2004헌마675 등).

③ (O) 청구인은 이 사건 공고로 인하여 일요일에 종교행사가 없는 수험생들에 비하여 불합리한 차별을 받고 있다고 주장하나, 피청구인이 이 사건 공고를 통하여 이 사건 시험의 일자를 일요일로 정하여 공고한 것은 특정 종교를 믿는 수험생들을 차별대우하려는 것으로는 보이지 아니하고, 일요일로 시험일자가 정해지다보니 그날에 종교행사를 갖는 수험생들의 예배 참석 등에 현실적인 불편이나 불이익이 초래된 점이 있다 하더라도 앞서 본 바와 같이 일요일 시험일자 선정에는 수많은 수험생들의 응시상의 편의와 시험장소의 마련 및 시험관리상의 편의 등의 도모와 같은 합리적인 이유가 있는 것이므로 청구인의 평등권을 침해한 것으로 볼 수 없다(헌재 2010.11.25. 2010헌마199).

④ (O) 이 사건 정당가입 금지조항은 국가공무원이 정당에 가입하는 것을 금지함으로써 공무원이 국민 전체에 대한 봉사자로서 그 임무를 충실히 수행할 수 있도록 정치적 중립성을 보장하고, 초·중등학교 교원이 당파적 이해관계의 영향을 받지 않도록 교육의 중립성을 확보하기 위한 것이므로, 목적의 정당성 및 수단의 적합성이 인정된다. … 따라서 이 사건 정당가입 금지조항은 과잉금지원칙에 위배되지 않는다(헌재 2020.4.23. 2018헌마551).

43 0226 ○△×|○△×|○△× 2020 국회직 5급

평등권에 대한 설명으로 옳은 것은? (다툼이 있는 경우 판례에 의함)

① 대통령선거 및 지역구 국회의원선거의 예비후보자들과 달리 광역자치단체장선거의 예비후보자를 후원회지정권자에서 제외하고 있는 것은 광역자치단체장선거 예비후보자의 평등권을 침해하지 않는다.

② 자율형 사립고등학교를 후기학교로 정하여 신입생을 일반고와 동시에 선발하도록 한 것은 자율형 사립고등학교 법인의 평등권을 침해한다.

③ 치과전문의 자격 인정 요건으로 '외국의 의료기관에서 치과의사전문의 과정을 이수한 사람'을 포함하지 아니한 것은 외국의 의료기관에서 레지던트 등 소정의 치과전문의 과정을 이수한 자를 자의적으로 차별함으로써 평등권을 침해한다.

④ 전문과목을 표시한 치과의원은 그 표시한 전문과목에 해당하는 환자만을 진료하여야 한다고 규정한 것은 치과전문의를 의사전문의와 한의사전문의에 비하여 합리적 이유 없이 차별하는 것이 아니므로 헌법에 위배되지 않는다.

⑤ 독립유공자의 손자녀 중 1명에게만 보상금을 지급하도록 하면서, 독립유공자의 선순위 자녀의 자녀에 해당하는 손자녀가 2명 이상인 경우에 다른 기준을 고려하지 않고 나이가 많은 손자녀를 우선하도록 한 것은 상대적으로 나이가 적은 손자녀의 평등권을 침해하지 않는다.

지문분석 난이도 중 정답 ③

| 키 워 드 | 평등권

| 출제유형 | 판례

③ (○) 1976년부터 2003년까지 의사전문의와 치과전문의를 함께 규율하던 구 전문의의 수련 및 자격 인정 등에 관한 규정이 의사전문의 자격 인정 요건과 치과전문의 자격 인정 요건에 대하여 동일하게 규정하였던 점이나, 의사전문의와 치과전문의 모두 환자의 치료를 위한 전문성을 필요로 한다는 점을 감안하면, 치과전문의의 자격 인정 요건을 의사전문의의 경우와 다르게 규정할 특별한 사정이 있다고 보기도 어렵다. 따라서 심판대상 조항은 청구인들의 평등권을 침해한다(헌재 2015.9.24. 2013헌마197).

① (X) 그동안 정치자금법이 여러 차례 개정되어 후원회지정권자의 범위가 지속적으로 확대되어 왔음에도 불구하고, 국회의원선거의 예비후보자 및 그 예비후보자에게 후원금을 기부하고자 하는 자와 광역자치단체장선거의 예비후보자 및 이들 예비후보자에게 후원금을 기부하고자 하는 자를 계속하여 달리 취급하는 것은, 불합리한 차별에 해당하고 입법재량을 현저히 남용하거나 한계를 일탈한 것이다. 따라서 심판대상 조항 중 광역자치단체장선거의 예비후보자에 관한 부분은 청구인들 중 광역자치단체장선거의 예비후보자 및 이들 예비후보자에게 후원금을 기부하고자 하는 자의 평등권을 침해한다(헌재 2019.12.27. 2018헌마301 등).

② (X) 과학고는 '과학분야의 인재 양성'이라는 설립 취지나 전문적인 교육과정의 측면에서 과학 분야에 재능이나 소질을 가진 학생을 후기학교보다 먼저 선발할 필요성을 인정할 수 있으나, 자사고의 경우 교육과정 등을 고려할 때 후기학교보다 먼저 특정한 재능이나 소질을 가진 학생을 선발할 필요성은 적다. 따라서 이 사건 동시선발 조항이 자사고를 후기학교로 규정함으로써 과학고와 달리 취급하고, 일반고와 같이 취급하는 데에는 합리적인 이유가 있으므로 청구인 학교법인의 평등권을 침해하지 아니한다(헌재 2019.4.11. 2018헌마221).

④ (X) 1차 의료기관의 전문과목 표시와 관련하여 의사전문의, 한의사전문의와 치과전문의 사이에 본질적인 차이가 있다고 볼 수 없으므로, 의사전문의, 한의사전문의와 달리 치과전문의의 경우에만 전문과목의 표시를 이유로 진료범위를 제한하는 것은 합리적인 근거를 찾기 어렵고, … 따라서 심판대상 조항은 청구인들의 평등권을 침해한다(헌재 2015.5.28. 2013헌마799).

⑤ (X) 독립유공자의 유족보상금 지급에 있어서는 국가의 재정부담 능력이 허락하는 한도에서 보상금 총액을 일정액으로 제한하되 생활정도에 따라 보상금을 분할해서 지급하는 방법이 가능하며, 보상금 수급권자의 범위를 경제적으로 어려운 자에게 한정하는 방법도 가능함에도 불구하고, 이 사건 심판대상 조항이 일률적으로 1명의 손자녀에게만 보상금을 지급하도록 하여 나머지 손자녀들의 생활보호를 외면하는 것은 독립유공자 유족의 생활유지 및 보장을 위한 실질적 보상의 입법취지에 반한다. … 이 사건 심판대상 조항은 합리적인 이유 없이 상대적으로 나이가 적은 손자녀인 청구인을 차별하여 평등권을 침해한다(헌재 2013.10.24. 2011헌마724).

44 0227 ○△×|○△×|○△× 2021 법원직 9급

헌법상 평등의 원칙에 관한 다음 설명 중 가장 옳지 않은 것은?

① 헌법에서 특별히 평등을 요구하고 있는 경우나 차별적 취급으로 인하여 관련 기본권에 대한 중대한 제한을 초래하게 되는 경우에는 입법형성권은 축소되고, 보다 엄격한 심사척도가 적용되어야 할 것이다.

② 사회적 특수계급의 제도는 인정되지 아니하며, 어떠한 형태로도 이를 창설할 수 없다.

③ 훈장 등의 영전은 이를 받은 자에게만 효력이 있고, 어떠한 특권도 이에 따르지 아니한다.

④ 입법자가 전문자격제도의 내용인 결격사유를 정함에 있어 변호사의 경우 변리사나 공인중개사보다 더 가중된 요건을 규정한 것은 평등권을 침해한 것이다.

지문분석 난이도 하 정답 ④

| 키 워 드 | 평등의 원칙

| 출제유형 | 조문 + 판례

④ (X) 변리사나 공인중개사의 업무는 법률사무 전반을 직무 영역으로 하는 변호사의 경우에 비하여 그 영역 범위가 한정적이고 기술적이다. 또한 변호사는 국민의 기본적 인권의 옹호와 사회질서 유지를 사명으로 하며 품위유지, 공익활동, 독직금지행위 등의 의무를 부담하는 등 공공성이 특히 강조되고 법제도 및 준법에 대한 더욱 고양된 윤리성이 강조되는 직역임에 비추어볼 때, 그 직무의 공공성 및 이에 대한 신뢰의 중요성도 변리사 및 공인중개사보다 더 높은 수준이 요구된다. 따라서 입법자가 전문자격제도의 내용인 결격사유를 정함에 있어 변호사의 경우 변리사나 공인중개사보다 더 가중된 요건을 규정하였다고 하더라도 헌법 제11조 제1항에 반하여 청구인의 평등권을 침해하였다고 할 수 없다(헌재 2009.10.29. 2008헌마432).

① (O) 평등원칙 위반 여부를 심사함에 있어 엄격한 심사척도에 의할 것인지, 완화된 심사척도에 의할 것인지는 입법자에게 인정되는 입법형성권의 정도에 따라 다르게 되는데, 헌법에서 특별히 평등을 요구하고 있는 경우나 차별적 취급으로 인하여 관련 기본권에 대한 중대한 제한을 초래하게 되는 경우에는 입법형성권은 축소되고, 보다 엄격한 심사척도가 적용되어야 할 것이다(헌재 2013.9.26. 2011헌바272).

② (O) 사회적 특수계급의 제도는 인정되지 아니하며, 어떠한 형태로도 이를 창설할 수 없다(헌법 제11조 제2항).

③ (O) 훈장 등의 영전은 이를 받은 자에게만 효력이 있고, 어떠한 특권도 이에 따르지 아니한다(헌법 제11조 제3항).

45 0228 ○△×|○△×|○△× 2015 국가직 7급

평등권에 대한 헌법재판소 결정으로 옳지 않은 것은?

① 의사 또는 치과의사의 지도하에서만 의료기사가 업무를 할 수 있도록 규정하고, 한의사의 지도하에서는 의료기사인 물리치료사가 물리치료는 물론 한방물리치료를 할 수 없도록 하는 의료기사 등에 관한 법률의 조항은 평등권을 침해한다.

② 관광진흥개발기금 관리·운용업무에 종사토록 하기 위해 문화체육관광부장관이 채용한 민간 전문가에 대해 형법상 뇌물죄의 적용에 있어서 공무원으로 의제하는 관광진흥개발기금법 조항은 평등원칙에 위배되지 않는다.

③ 형법 조항과 똑같은 구성요건을 규정하면서 법정형만 상향 조정한 특정범죄 가중처벌 등에 관한 법률 조항은 인간의 존엄성과 가치를 보장하는 헌법의 기본원리에 위배될 뿐만 아니라 그 내용에 있어서도 평등원칙에 위반된다.

④ 민법 제847조 제1항 중 '친생부인의 사유가 있음을 안 날부터 2년 이내 부분'은 친생부인의 소의 제척기간에 관한 입법재량의 한계를 일탈하지 않은 것으로서 양성의 평등에 기초한 혼인과 가족생활에 관한 기본권을 침해하지 아니한다.

지문분석 난이도 중 정답 ①

| 키 워 드 | 평등권

| 출제유형 | 판례

① (X) 의료행위와 한방의료행위를 구분하고 있는 이원적 의료 체계하에서 의사의 의료행위를 지원하는 행위 중 전문적 지식 및 기술을 요하는 부분에 대하여 별도의 자격제도를 마련한 의료기사제도의 입법 취지, 물리치료사 양성을 위한 교육과정 및 그 업무 영역 등을 고려할 때, 물리치료사의 업무가 한방의료행위와도 밀접한 연관성이 있다고 보기 어렵고, 물리치료사 업무 영역에 대한 의사와 한의사의 지도능력에도 차이가 있으므로, 의사에 대해서만 물리치료사 지도권한을 인정하고 한의사에게는 이를 배제하고 있는 데에 합리적 이유가 있다. 따라서 이 사건 조항은 한의사의 평등권을 침해하지 않는다(헌재 2014.5.29. 2011헌마552).

② (O) 관광진흥개발기금 관리·운용업무에 종사토록 하기 위해 문화체육관광부장관이 채용한 민간 전문가에 대해 형법상 뇌물죄의 적용에 있어서 공무원으로 의제하는 것은 합리적인 이유가 있으므로, 자의적인 차별취급이라 할 수 없다(헌재 2014.7.24. 2012헌바188).

③ (O) 심판대상 조항은 별도의 가중적 구성요건표지를 규정하지 않은 채 형법 조항과 똑같은 구성요건을 규정하면서 법정형만 상향 조정하여 형사특별법으로서 갖추어야 할 형벌체계상의 정당성과 균형을 잃어 인간의 존엄성과 가치를 보장하는 헌법의 기본원리에 위배될 뿐만 아니라 그 내용에 있어서도 평등의 원칙에 위반되어 위헌이다(헌재 2015.2.26. 2014헌가16).

④ (O) 친생부인의 소의 제척기간을 '친생부인의 사유가 있음을 안 날부터 2년 내'로 제한한 민법 조항은 헌법에 위반되지 않는다(헌재 2015.3.26. 2012헌바357).

46 0229 ○△×|○△×|○△× 2016 지방직 7급

평등권에 대한 설명으로 옳지 않은 것은? (다툼이 있는 경우 판례에 의함)

① 대통령령으로 정하는 공공기관 및 공기업으로 하여금 매년 정원의 100분의 3 이상씩 34세 이하의 청년 미취업자를 채용하도록 한 청년고용촉진 특별법 조항은 35세 이상 미취업자들의 평등권과 직업선택의 자유를 침해하지 않는다.

② 입양기관을 운영하고 있지 않은 사회복지법인과 달리 입양기관을 운영하는 사회복지법인으로 하여금 '기본생활지원을 위한 미혼모자가족복지시설'을 설치·운영할 수 없게 하는 것은, 입양기관을 운영하는 사회복지법인과 그렇지 않는 사회복지법인이 본질적으로 다르므로 입양기관을 운영하는 사회복지법인의 평등권을 제한하는 것이 아니다.

③ 국가인권위원회법상 '평등권 침해의 차별행위'에는 합리적인 이유 없이 성적 지향을 이유로 성희롱을 하는 행위도 포함된다.

④ 대한민국 국민인 남성에 한하여 병역의무를 부과한 구 병역법 제3조 제1항은 헌법이 특별히 양성평등을 요구하는 경우나 관련 기본권에 중대한 제한을 초래하는 경우의 차별취급을 그 내용으로 하고 있다고 보기 어렵다는 점에서 평등권 침해 여부에 관하여 합리적 이유의 유무를 심사하는 것에 그치는 자의금지원칙에 따른 심사를 한다.

지문분석

난이도 상 정답 ②

| 키 워 드 | 평등권

| 출제유형 | 조문 + 판례

② (X) 입양기관을 운영하고 있지 않은 다른 사회복지법인과 달리 입양기관을 운영하는 사회복지법인으로 하여금 '기본생활지원을 위한 미혼모자가족복지시설'을 설치·운영할 수 없게 함으로써 입양기관을 운영하는 사회복지법인과 그렇지 않는 사회복지법인을 다르게 취급하고 있으므로, 청구인들의 평등권을 제한한다. 다만 미혼모가 스스로 자녀를 양육할 수 있도록 하고 이를 통해 입양 특히 국외입양을 최소화하기 위하여, 입양기관을 운영하는 자로 하여금 일정한 유예기간을 거쳐 '기본생활지원을 위한 미혼모자가족복지시설'을 설치·운영할 수 없게 하는 것에는 합리적 이유가 있다고 할 것이므로, 이 사건 법률 조항들은 청구인들의 평등권을 침해하지 아니한다(헌재 2014.5.29. 2011헌마363).

① (O) 헌재 2014.8.28. 2013헌마553

③ (O) 국가인권위원회법 제2조 제3호

④ (O) 헌재 2010.11.25. 2006헌마328

47 0230 ○△×|○△×|○△× 2016 서울시 7급

평등권에 대한 설명으로 가장 옳은 것은?

① 사법시험에 합격하여 사법연수원의 과정을 마친 자와 달리 변호사시험 합격자들에게 6개월의 실무수습을 거치도록 한 것은 평등권을 침해한다.

② 친양자의 양친을 기혼자로 한정하고 독신자는 친양자 입양을 할 수 없도록 한 법률규정은 평등권을 침해한다.

③ 중등교사 임용시험에 있어서 동일 지역 사범대학을 졸업한 교원경력이 없는 자에게 가산점을 부여하는 법률규정은 평등권을 침해하지 않는다.

④ 1차 의료기관의 전문과목 표시와 관련하여 의사전문의·한의사전문의와 달리 치과전문의의 경우에만 진료과목의 표시를 이유로 진료범위를 제한하는 것은 평등권을 침해하지 않는다.

지문분석

난이도 중 정답 ③

| 키 워 드 | 평등권

| 출제유형 | 판례

③ (O) 중등교사 임용시험에 있어서 동일 지역 사범대학을 졸업한 교원경력이 없는 자에게 가산점을 부여하는 법률규정은 한시적으로만 적용되는 점을 고려해 보면 비례의 원칙에 반하여 제청신청인의 공무담임권이나 평등권을 침해한다고 보기 어려우므로 헌법에 위반되지 아니한다(헌재 2007.12.27. 2005헌가11).

① (X) 사법시험에 합격하여 사법연수원의 과정을 마친 자와 판사나 검사의 자격이 있는 자는 사법연수원의 정형화된 이론과 실무수습을 거치거나, 법조실무경력이 있는 반면, 청구인들과 같은 변호사시험 합격자들의 실무수습은 법학전문대학원별로 편차가 크고 비정형적으로 이루어지고 있으므로, 변호사 시험 합격자들에게 6개월의 실무수습을 거치도록 하는 것을 합리적 이유가 없는 자의적 차별이라고 보기는 어렵다. 따라서 심판대상 조항은 청구인들의 평등권을 침해하지 아니한다(헌재 2014.9.25. 2013헌마424).

② (X) 원칙적으로 3년 이상 혼인 중인 부부만이 친양자 입양을 할 수 있도록 규정하여 독신자는 친양자 입양을 할 수 없도록 한 구 민법 조항은 독신자의 평등권을 침해하지 않는다(헌재 2013.9.26. 2011헌가42).

④ (X) 전문과목을 표시한 치과의원은 그 표시한 전문과목에 해당하는 환자만을 진료하여야 한다고 규정한 의료법 조항은 과잉금지원칙에 위배되어 청구인들의 직업수행의 자유를 침해하고, 평등권을 침해한다(헌재 2015.5.28. 2013헌마799). → 신뢰보호원칙 및 명확성원칙에 위배되지 않는다.

48 0231 ○△×|○△×|○△×

2016 법원직 9급

평등권에 관한 다음 설명 중 가장 옳지 않은 것은? (다툼이 있는 경우 헌법재판소 결정에 의함)

① 국가공무원 임용 결격사유에 해당하여 공중보건의사 편입이 취소된 사람을 현역병으로 입영하게 하거나 공익근무요원으로 소집함에 있어 의무복무기간에 기왕의 복무기간을 반영하지 않은 것은 평등의 원칙에 반한다.

② 국가유공자의 가족이 공무원채용시험에 응시하는 경우 만점의 10%를 가산하도록 한 것은 일반 응시자들의 공직취임의 기회를 차별하는 것이고, 이러한 차별로 인한 불평등 효과는 입법목적과 그 달성수단 간의 비례성을 현저히 초과하는 것으로서 일반 공직시험 응시자들의 평등권을 침해한다.

③ 헌법상의 평등원칙은 사회보험인 건강보험의 보험료 부과에 있어서 경제적 능력에 따른 부담이 이루어질 것을 요구하나, 건강보험제도나 노인장기요양보험제도는 전 국민에게 기본적인 의료서비스 및 요양서비스를 제공하기 위한 사회보장제도의 일종으로, 입법자는 이에 관하여 광범위한 입법형성권을 보유한다.

④ 선거로 취임하는 공무원인 지방자치단체장을 공무원연금법의 적용대상에서 제외하는 법률 조항은, 지방자치단체장도 국민 전체에 대한 봉사자로서 공무원법상 각종 의무를 부담하고 영리업무 및 겸직 금지 등 기본권 제한이 수반된다는 점에서 경력직 공무원 또는 다른 특수경력직 공무원 등과 차이가 없는데도 공무원연금법의 적용에 있어 지방자치단체장을 다른 공무원에 비하여 합리적 이유 없이 차별하는 것으로, 지방자치단체장들의 평등권을 침해한다.

지문분석

난이도 상 정답 ④

| 키 워 드 | 평등권

| 출제유형 | 판례

④ (×) 지방자치단체장은 특정 정당을 정치적 기반으로 할 수 있는 선출직 공무원으로 임기가 4년이고 계속 재임도 3기로 제한되어 있어, 장기근속을 전제로 하는 공무원을 주된 대상으로 하고 이들이 재직 기간 동안 납부하는 기여금을 일부 재원으로 하여 설계된 공무원연금법의 적용대상에서 지방자치단체장을 제외하는 것에는 합리적 이유가 있다. 지방자치단체장을 위한 별도의 퇴직급여제도를 마련하지 않은 것은 청구인들의 평등권을 침해하지 않는다(헌재 2014.6.26. 2012헌마459).

① (○) 국가공무원 임용 결격사유에 해당하여 공중보건의사 편입이 취소된 사람을 현역병으로 입영하게 하거나 공익근무요원으로 소집함에 있어 의무복무기간에 기왕의 복무기간을 전혀 반영하지 아니하는 것은 평등의 원칙에 반한다(헌재 2010.7.29. 2008헌가28).

② (○) 이 사건 조항으로 인한 공무담임권의 차별효과는 앞서 본 바와 같이 심각한 반면, 국가유공자 가족들에 대하여 아무런 인원제한도 없이 매 시험마다 10%의 높은 가산점을 부여해야만 할 필요성은 긴요한 것이라고 보기 어렵고, 입법목적을 감안하더라도 일반 응시자들의 공무담임권에 대한 차별효과가 지나친 것이다. 이 사건 조항의 경우 명시적인 헌법적 근거 없이 국가유공자의 가족들에게 만점의 10%라는 높은 가산점을 부여하고 있는바, 그러한 가산점 부여 대상자의 광범위성과 가산점 10%의 심각한 영향력과 차별효과를 고려할 때, 그러한 입법정책만으로 헌법상의 공정경쟁의 원리와 기회균등의 원칙을 훼손하는 것은 부적절하며, 국가유공자의 가족의 공직 취업기회를 위하여 매년 많은 일반 응시자들에게 불합격이라는 심각한 불이익을 입게 하는 것은 정당화될 수 없다. 이 사건 조항의 차별로 인한 불평등 효과는 입법목적과 그 달성수단 간의 비례성을 현저히 초과하는 것이므로, 이 사건 조항은 청구인들과 같은 일반 공직시험 응시자들의 평등권을 침해한다(헌재 2006.2.23. 2004헌마675).

③ (○) 헌법상의 평등원칙은 사회보험인 건강보험의 보험료 부과에 있어서는 경제적 능력에 따른 부담이 이루어질 것을 요구한다. 다만, 건강보험제도나 노인장기요양보험제도는 전 국민에게 기본적인 의료서비스 및 요양서비스를 제공하기 위한 사회보장제도의 일종으로, 입법자는 이에 관하여 광범위한 입법형성권을 가진다고 할 것이다(헌재 2013.7.25. 2010헌바51).

49 0232 ○△×|○△×|○△× 2020 법무사

평등권 및 평등의 원칙에 관한 다음 설명 중 가장 옳지 않은 것은?

① 평등의 원칙은 국민의 기본권 보장에 관한 우리 헌법의 최고원리로서 국가가 입법을 하거나 법을 해석 및 집행함에 있어 따라야 할 기준인 동시에, 국가에 대하여 합리적 이유 없이 불평등한 대우를 하지 말 것과 평등한 대우를 요구할 수 있는 국민의 권리이다.

② 헌법은 사회적 신분에 대한 차별금지와 같이 헌법 제11조 제1항 후문에서 예시한 사유가 있는 경우에 절대적으로 차별을 금지할 것을 요구함으로써 입법자에게 인정되는 입법형성권을 제한한다.

③ 평등의 원칙은 일체의 차별적 대우를 부정하는 절대적 평등을 의미하는 것이 아니라 입법과 법의 적용에 있어서 합리적 근거 없는 차별을 하여서는 아니 된다는 상대적 평등을 뜻하며, 합리적 근거 있는 차별 내지 불평등은 평등의 원칙에 반하는 것이 아니다.

④ 평등의 원칙 위반 여부를 심사함에 있어 엄격한 심사척도에 의할 것인지, 완화된 심사척도에 의할 것인지는 입법자에게 인정되는 입법형성권의 정도에 따라 달라지게 된다.

⑤ 특정법률 또는 법률 조항이 단지 하나의 사건만을 규율하는 개별사건 법률에 해당한다 하더라도 이러한 차별적 규율이 합리적인 이유로 정당화될 수 있는 경우에는 합헌적일 수 있다.

지문분석 난이도 중 정답 ②

| 키 워 드 | 평등권 및 평등의 원칙

| 출제유형 | 판례

② (X) 사회적 신분에 대한 차별금지는 헌법 제11조 제1항 후문에서 예시된 것인데, 헌법 제11조 제1항 후문의 규정은 불합리한 차별의 금지에 초점이 있는 것으로서, 예시한 사유가 있는 경우에 절대적으로 차별을 금지할 것을 요구함으로써 입법자에게 인정되는 입법형성권을 제한하는 것은 아니다(헌재 2011.3.31. 2008헌바141 등).

① (○) 헌법 제11조는 "모든 국민은 법 앞에 평등하다. 누구든지 성별·종교·사회적 신분에 의하여 정치적·경제적·사회적·문화적 생활의 모든 영역에 있어서 차별을 받지 아니한다."라고 규정하여 모든 국민에게 평등권을 보장하고 있는바, 평등의 원칙은 국민의 기본권 보장에 관한 우리 헌법의 최고원리로서 국가가 입법을 하거나 법을 해석 및 집행함에 있어 따라야 할 기준인 동시에, 국가에 대하여 합리적 이유 없이 불평등한 대우를 하지 말 것과, 평등한 대우를 요구할 수 있는 국민의 권리이다(헌재 2003.5.15. 2002헌마90).

③ (○) 헌법 제11조 제1항의 평등의 원칙은 일체의 차별적 대우를 부정하는 절대적 평등을 의미하는 것이 아니라 입법과 법의 적용에 있어서 합리적 근거 없는 차별을 하여서는 아니 된다는 상대적 평등을 뜻하고 따라서 합리적 근거 있는 차별 내지 불평등은 평등의 원칙에 반하는 것이 아니다(헌재 1994.2.24. 92헌바43).

④ (○) 평등위반 여부를 심사함에 있어 엄격한 심사척도에 의할 것인지, 완화된 심사척도에 의할 것인지는 입법자에게 인정되는 입법형성권의 정도에 따라 달라지게 될 것이다. 먼저 헌법에서 특별히 평등을 요구하고 있는 경우 엄격한 심사척도가 적용될 수 있다. 헌법이 스스로 차별의 근거로 삼아서는 아니 되는 기준을 제시하거나 차별을 특히 금지하고 있는 영역을 제시하고 있다면 그러한 기준을 근거로 한 차별이나 그러한 영역에서의 차별에 대하여 엄격하게 심사하는 것이 정당화된다. 다음으로 차별적 취급으로 인하여 관련 기본권에 대한 중대한 제한을 초래하게 된다면 입법형성권은 축소되어 보다 엄격한 심사척도가 적용되어야 할 것이다(헌재 2008.11.27. 2006헌가1).

⑤ (○) 개별사건 법률은 개별사건에만 적용되는 것이므로 원칙적으로 평등원칙에 위배되는 자의적인 규정이라는 강한 의심을 불러일으킨다. 그러나 개별사건 법률금지의 원칙이 법률제정에 있어서 입법자가 평등원칙을 준수할 것을 요구하는 것이기 때문에, 특정규범이 개별사건 법률에 해당한다 하여 곧바로 위헌을 뜻하는 것은 아니다. 비록 특정법률 또는 법률 조항이 단지 하나의 사건만을 규율하려고 한다 하더라도 이러한 차별적 규율이 합리적인 이유로 정당화될 수 있는 경우에는 합헌적일 수 있다. 따라서 개별사건 법률의 위헌 여부는, 그 형식만으로 가려지는 것이 아니라 나아가 평등의 원칙이 추구하는 실질적 내용이 정당한지 아닌지를 따져야 비로소 가려진다(헌재 1996.2.16. 96헌가2 등).

50 0233 ○△×|○△×|○△× 2021 지방직 7급

평등의 원칙에 대한 설명으로 옳지 않은 것은? (다툼이 있는 경우 판례에 의함)

① 개별사건 법률의 위헌 여부는, 그 형식만으로 가려지는 것이 아니라, 나아가 평등의 원칙이 추구하는 실질적 내용이 정당한지 아닌지를 따져야 비로소 가려진다.
② 헌법 제11조 제1항의 규범적 의미는 '법 적용의 평등'에서 끝나지 않고, 더 나아가 입법자에 대해서도 그가 입법을 통해서 권리와 의무를 분배함에 있어서 적용할 가치평가의 기준을 정당화할 것을 요구하는 '법 제정의 평등'을 포함한다.
③ 특정한 범죄에 대한 형벌이 그 자체로서의 책임과 형벌의 비례원칙에 위반되지 않더라도 보호법익과 죄질이 유사한 범죄에 대한 형벌과 비교할 때 현저히 불합리하거나 자의적이어서 형벌체계상의 균형을 상실한 것이 명백한 경우에는 평등원칙에 반하여 위헌이라 할 수 있다.
④ 구 공직선거법이 고등학교를 졸업한 공직 후보자에 대해서는 수학기간의 기재를 요구하지 않으면서도 고등학교 졸업학력 검정고시에 합격한 공직 후보자에게는 고등학교를 중퇴한 경력에 대해서 그 학력을 기재할 때 그 수학기간을 기재하도록 요구하는 것은 불합리한 차별이므로 평등원칙에 위배된다.

지문분석 난이도 중 정답 ④

| 키 워 드 | 평등의 원칙
| 출제유형 | 판례

④ (X) 특별한 사정이 없는 한 고등학교를 졸업한 경우는 그 수학기간이 3년이라고 쉽게 예측할 수 있는 반면 고등학교를 중퇴한 경우는 학교명과 중퇴라는 사실만으로는 그 사람이 중퇴한 학교에 다닌 이력을 정확히 알 수 없다. 따라서 고등학교를 졸업한 사람에 대해서는 수학기간의 기재를 요구하지 않으면서도 고등학교 졸업학력 검정고시에 합격한 사람이라고 하더라도 고등학교를 중퇴한 경력에 대해서 그 학력을 기재할 때 그 수학기간을 기재하도록 요구하는 것이 불합리한 차별이라고 볼 수는 없어 중퇴학력 표시규정이 평등원칙에 위배된다고 볼 수 없다(헌재 2017.12.28. 2015헌바232).
① (O) 비록 특정 법률 또는 법률 조항이 단지 하나의 사건만을 규율하려고 한다 하더라도 이러한 차별적 규율이 합리적인 이유로 정당화될 수 있는 경우에는 합헌적일 수 있다. 따라서 개별사건 법률의 위헌 여부는, 그 형식만으로 가려지는 것이 아니라, 나아가 평등의 원칙이 추구하는 실질적 내용이 정당한지 아닌지를 따져야 비로소 가려진다(헌재 1996.2.16. 96헌가2 등).
② (O) 헌재 2000.8.31. 97헌가12
③ (O) 헌재 2021.2.25. 2019헌바58

51 0234 ○△×|○△×|○△× 2017 경찰 승진

평등권 및 평등의 원칙에 관한 설명에 대해 옳고 그름의 표시(O, X)가 바르게 된 것은? (다툼이 있는 경우 판례에 의함)

㉠ 평등의 원칙은 국민의 기본권 보장에 관한 우리 헌법의 최고원리로서 국가가 입법을 하거나 법을 해석 및 집행함에 있어 따라야 할 기준인 동시에, 국가에 대하여 합리적 이유 없이 불평등한 대우를 하지 말 것과 평등한 대우를 할 것을 요구할 수 있는 근거가 된다.
㉡ 초·중등학교의 교원의 정당 가입을 금지한 것은 헌법상의 평등권을 침해한 것이라고 할 수 없다.
㉢ 적극적 평등실현 조치는 종래 사회로부터 차별을 받아 온 일정집단에 대해 그동안의 불이익을 보상하기 위한 우대적 조치이다.
㉣ '수사가 진행 중이거나 형사재판이 계속 중이었다가 그 사유가 소멸한 경우'에는 잔여 퇴직급여 등에 대해 이자를 가산하는 규정을 두면서, '형이 확정되었다가 그 사유가 소멸한 경우'에는 이자 가산 규정을 두지 않은 군인연금법(2013.3.22. 법률 제11632호로 개정된 것) 제33조 제2항은 평등원칙을 위반한다.

① ㉠ (○), ㉡ (○), ㉢ (○), ㉣ (×)
② ㉠ (×), ㉡ (×), ㉢ (○), ㉣ (×)
③ ㉠ (×), ㉡ (×), ㉢ (×), ㉣ (×)
④ ㉠ (○), ㉡ (○), ㉢ (○), ㉣ (○)

지문분석 난이도 상 정답 ④

| 키 워 드 | 평등권 및 평등의 원칙
| 출제유형 | 판례

㉠ (O) 헌재 1989.1.25. 88헌가7
㉡ (O) 초·중등학교 교원에 대해서는 정당 가입과 선거운동의 자유를 금지하면서 대학교원에게는 이를 허용한다 하더라도, 이는 양자 간 직무의 본질이나 내용 그리고 근무태양이 다른 점을 고려할 때 합리적인 차별이라고 할 것이므로 헌법상의 평등권을 침해한 것이라고 할 수 없다(헌재 2004.3.25. 2001헌마710).
㉢ (O) 헌재 1999.12.23. 98헌마363
㉣ (O) '수사가 진행 중이거나 형사재판이 계속 중이었다가 그 사유가 소멸한 경우'에는 잔여 퇴직급여 등에 대해 이자를 가산하는 규정을 두면서, '형이 확정되었다가 그 사유가 소멸한 경우'에는 이자 가산 규정을 두지 않은 군인연금법(2013.3.22. 법률 제11632호로 개정된 것) 제33조 제2항은, 잔여 퇴직급여에 대한 이자 지급 여부에 있어 양자를 달리 취급하는 것은 합리적 이유 없는 차별로서 평등원칙을 위반한다(헌재 2016.7.28. 2015헌바20).

52 0235 ○△×|○△×|○△× 2020 경찰 승진

평등권(평등원칙)에 관한 설명 중 가장 적절한 것은? (다툼이 있는 경우 판례에 의함)

① 자기 또는 배우자의 직계존속을 고소하지 못하도록 규정한 형사소송법 조항은 친고죄의 경우든 비친고죄의 경우든 헌법상 보장된 재판절차진술권의 행사에 중대한 제한을 초래한다고 보기는 어려우므로, 완화된 자의심사에 따라 차별에 합리적 이유가 있는지를 따져보는 것으로 족하다.

② 선거로 취임하는 공무원인 지방자치단체장을 공무원연금법의 적용대상에서 제외하는 법률 조항은, 지방자치단체장도 국민 전체에 대한 봉사자로서 공무원법 상 각종 의무를 부담하고 영리업무 및 겸직 금지 등 기본권 제한이 수반된다는 점에서 경력직 공무원 또는 다른 특수경력직 공무원 등과 차이가 없는데도 공무원연금법의 적용에 있어 지방자치단체장을 다른 공무원에 비하여 합리적 이유 없이 차별하는 것으로, 지방자치단체장들의 평등권을 침해한다.

③ 제대군인이 공무원채용시험 등에 응시한 때에 과목별 득점에 과목별 만점의 5퍼센트 또는 3퍼센트를 가산하는 것에 대하여 완화된 심사기준인 자의금지원칙을 적용하고 있다.

④ 보건복지부장관이 최저생계비를 고시함에 있어 장애로 인한 추가지출비용을 반영한 별도의 최저생계비를 결정하지 않은 채 가구별 인원수만을 기준으로 최저생계비를 결정한 고시는 엄격한 기준인 비례성원칙에 따른 심사를 함이 타당하다.

지문분석 난이도 중 정답 ①

| **키 워 드** | 평등권 및 평등의 원칙

| **출제유형** | 판례

① (○) 친고죄의 경우든 비친고죄의 경우든 이 사건 법률 조항이 재판절차진술권의 중대한 제한을 초래한다고 보기는 어려우므로, 이 사건 법률조항이 평등원칙에 위반되는지 여부에 대한 판단은 완화된 자의심사에 따라 차별에 합리적인 이유가 있는지를 따져보는 것으로 족하다 할 것이다(헌재 2011.2.24. 2008헌바56).

② (X) 지방자치단체장은 특정 정당을 정치적 기반으로 할 수 있는 선출직 공무원으로 임기가 4년이고 계속 재임도 3기로 제한되어 있어, 장기근속을 전제로 하는 공무원을 주된 대상으로 하고 이들이 재직 기간 동안 납부하는 기여금을 일부 재원으로 하여 설계된 공무원연금법의 적용대상에서 지방자체단체장을 제외하는 것에는 합리적 이유가 있다. 선출직 공무원의 경우 선출 기반 및 재임 가능성이 모두 투표권자에게 달려 있고, 정해진 임기가 대체로 짧으며, 공무원연금의 전체 기금은 기본적으로 기여금 및 국가 또는 지방자치단체의 비용으로 운용되는 것이므로 공무원연금 급여의 종류를 구별하여 기여금 납부를 전제로 하지 않는 급여의 경우 선출직 공무원에게 지급이 가능하다고 보기도 어렵다. 따라서 심판대상 조항은 청구인들의 평등권을 침해하지 않는다(헌재 2014.6.26. 2012헌마459).

③ (X) 가산점제도는 헌법 제32조 제4항이 특별히 남녀평등을 요구하고 있는 "근로" 내지 "고용"의 영역에서 남성과 여성을 달리 취급하는 제도이고, 또한 헌법 제25조에 의하여 보장된 공무담임권이라는 기본권의 행사에 중대한 제약을 초래하는 것이기 때문에 엄격한 심사척도가 적용된다(헌재 1999.12.23. 98헌마363).

④ (X) 이 사건 고시로 인한 장애인가구와 비장애인가구의 차별취급은 헌법에서 특별히 평등을 요구하는 경우 내지 차별대우로 인하여 자유권의 행사에 중대한 제한을 받는 경우에 해당한다고 볼 수 없는 점, 국가가 국민의 인간다운 생활을 보장하기 위하여 행하는 사회부조에 관하여는 입법부 내지 입법에 의하여 위임을 받은 행정부에게 사회보장, 사회복지의 이념에 명백히 어긋나지 않는 한 광범위한 형성의 자유가 부여된다는 점을 고려하면, 이 사건 고시로 인한 장애인가구와 비장애인 가구의 차별취급이 평등위반인지 여부를 심사함에 있어서는 완화된 심사기준인 자의금지원칙을 적용함이 상당하다(헌재 2004.10.28. 2002헌마328).

53 0236 ○△×|○△×|○△× 2012 경찰 승진

평등권 또는 평등원칙에 대한 설명으로 가장 적절하지 않은 것은? (다툼이 있는 경우 판례에 의함)

① 보훈보상대상자의 부모에 대한 유족보상금 지급 시, 수급권자를 부모 1인에 한정하고 나이가 많은 자를 우선하도록 규정한 보훈보상대상자 지원에 관한 법률 조항은 부모 중 나이가 많은 자와 그렇지 않은 자를 합리적 이유 없이 차별하여 나이가 적은 부모의 평등권을 침해한다.

② 대한민국 국적을 가지고 있는 영유아 중에서 재외국민인 영유아를 보육료·양육수당의 지원대상에서 제외되도록 한 보건복지부지침은 국내에 거주하면서 재외국민인 영유아를 양육하는 부모를 차별하는 것으로서 평등권을 침해한다.

③ 사립학교 관계자와 언론인 못지않게 공공성이 큰 민간분야 종사자에 대하여 부정청탁 및 금품 등 수수의 금지에 관한 법률이 적용되지 않는 것은 언론인과 사립학교 관계자의 평등권을 침해한다.

④ 산업재해보상보험법이 근로자가 사업주의 지배관리 아래 출퇴근하던 중 발생한 사고로 부상 등이 발생한 경우에만 업무상 재해로 인정하고, 도보나 자기 소유 교통수단 또는 대중교통수단 등을 이용하여 출퇴근하는 경우를 업무상 재해로 인정하지 않는 것은 평등원칙에 위배된다.

지문분석 난이도 중 정답 ③

| 키 워 드 | 평등권 및 평등의 원칙

| 출제유형 | 판례

③ (X) 사립학교 관계자와 언론인 못지않게 공공성이 큰 민간분야 종사자에 대해서 청탁금지법이 적용되지 않는다는 이유만으로 부정청탁금지조항과 금품수수금지조항 및 신고조항과 제재조항이 청구인들의 평등권을 침해한다고 볼 수 없다(헌재 2016.7.28. 2015헌마236 등).

① (O) 심판대상 조항이 국가의 재정부담 능력의 한계를 이유로 하여 부모 1명에 한정하여 보상금을 지급하도록 하면서 어떠한 예외도 두지 않은 것에는 합리적 이유가 있다고 보기 어렵다. … 심판대상 조항은 나이가 적은 부모 일방의 평등권을 침해하여 헌법에 위반되나, 단순위헌결정을 하여 당장 그 효력을 상실시킬 경우에는 보훈보상대상자의 유족인 부모에 대한 보상금 지급의 근거 규정이 사라지게 되어 그 입법목적을 달성하기 어려운 법적 공백 상태가 발생할 수 있다. 또한, 심판대상 조항의 위헌적 상태를 제거함에 있어서 어떠한 기준 및 요건에 의해 보상금 수급권자를 결정하고, 수급권자의 범위를 어떻게 정할 것인지 등에 관하여 헌법재판소의 결정취지의 한도 내에서 입법자에게 재량이 부여된다 할 것이므로 입법자가 합헌적인 방향으로 법률을 개선할 때까지 그 효력을 존속하게 하여 이를 적용하게 할 필요가 있다(헌재 2018.6.28. 2016헌가14).

② (O) 단순한 단기체류가 아니라 국내에 거주하는 재외국민, 특히 외국의 영주권을 보유하고 있으나 상당한 기간 국내에서 계속 거주하고 있는 자들은 주민등록법상 재외국민으로 등록·관리될 뿐 '국민인 주민'이라는 점에서는 다른 일반 국민과 실질적으로 동일하므로, 단지 외국의 영주권을 취득한 재외국민이라는 이유로 달리 취급할 아무런 이유가 없어 위와 같은 차별은 청구인들의 평등권을 침해한다(헌재 2018.1.25. 2015헌마1047).

④ (O) 도보나 자기 소유 교통수단 또는 대중교통수단 등을 이용하여 출퇴근하는 산업재해보상보험(이하 '산재보험'이라 한다) 가입 근로자(이하 '비혜택근로자'라 한다)는 사업주가 제공하거나 그에 준하는 교통수단을 이용하여 출퇴근하는 산재보험 가입 근로자(이하 '혜택근로자'라 한다)와 같은 근로자인데도 사업주의 지배관리 아래 있다고 볼 수 없는 통상적 경로와 방법으로 출퇴근하던 중에 발생한 재해(이하 '통상의 출퇴근 재해'라 한다)를 업무상 재해로 인정받지 못한다는 점에서 차별취급이 존재한다. … 사업장 규모나 재정여건의 부족 또는 사업주의 일방적 의사나 개인 사정 등으로 출퇴근용 차량을 제공받지 못하거나 그에 준하는 교통수단을 지원받지 못하는 비혜택근로자는 비록 산재보험에 가입되어 있다 하더라도 출퇴근 재해에 대하여 보상을 받을 수 없는데, 이러한 차별을 정당화할 수 있는 합리적 근거를 찾을 수 없다(헌재 2016.9.29. 2014헌바254).

54 0237 ○△×|○△×|○△× 2019 지방직 7급

평등권 또는 평등의 원칙에 대한 설명으로 옳지 않은 것은? (다툼이 있는 경우 판례에 의함)

① 민법상 손해배상청구권 등 금전채권은 10년의 소멸시효기간이 적용되는 데 반해, 사인이 국가에 대하여 가지는 손해배상청구권 등 금전채권은 국가재정법상 5년의 소멸시효기간이 적용되는 것은 차별취급에 합리적인 사유가 존재한다.

② 애국지사 본인과 순국선열의 유족은 본질적으로 다른 집단이므로, 구 독립유공자예우에 관한 법률 시행령 조항이 같은 서훈 등급임에도 순국선열의 유족보다 애국지사 본인에게 높은 보상금 지급액 기준을 두고 있다 하여 곧 순국선열의 유족의 평등권이 침해되었다고 볼 수 없다.

③ 형법이 반의사불벌죄 이외의 죄를 범하고 피해자에게 자복한 사람에 대하여 반의사불벌죄를 범하고 피해자에게 자복한 사람과 달리 임의적 감면의 혜택을 부여하지 않은 것은 자의적인 차별이어서 평등의 원칙에 반한다.

④ 버스운송사업에 있어서는 운송비용 전가 문제를 규제할 필요성이 없으므로 택시운송사업에 한하여 택시운송사업의 발전에 관한 법률에 운송비용전가의 금지조항을 둔 것은 규율의 필요성에 따른 합리적인 차별이어서 평등원칙에 위반되지 아니한다.

지문분석 난이도 중 정답 ③

| 키 워 드 | 평등권 및 평등의 원칙

| 출제유형 | 판례

③ (X) 통상의 경우 자복 그 자체만으로는, 자수와 같이 범죄자가 형사법절차 속으로 스스로 들어왔다거나 국가형벌권의 적정한 행사에 기여하였다고 단정하기 어려우므로, 이 사건 법률 조항에서 통상의 자복에 관하여 자수와 동일한 법적 효과를 부여하지 않았다고 하여 자의적이라 볼 수는 없다. 반의사불벌죄에서의 자복은, 형사소추권의 행사 여부를 좌우할 수 있는 자에게 자신의 범죄를 알리는 행위란 점에서 자수와 그 구조 및 성격이 유사하므로, 이 사건 법률 조항이 청구인과 같이 반의사불벌죄 이외의 죄를 범하고 피해자에게 자복한 사람에 대하여 반의사불벌죄를 범하고 피해자에게 자복한 사람과 달리 임의적 감면의 혜택을 부여하지 않고 있다 하더라도 이를 자의적인 차별이라고 보기 어렵다(헌재 2018.3.29. 2016헌바270).

① (O) 국가의 채권·채무관계를 조기에 확정하고 예산 수립의 불안정성을 제거하여 국가재정을 합리적으로 운용할 필요성이 있는 점, 국가의 채무는 법률에 의하여 엄격하게 관리되므로 채무이행에 대한 신용도가 매우 높은 반면, 법률상태가 조속히 확정되지 않을 경우 국가 예산 편성의 불안정성이 커지게 되는 점, 특히 손해배상청구권과 같이 예측가능성이 낮고 불안정성이 높은 채무의 경우 단기간에 법률관계를 안정시켜야 할 필요성이 큰 점, 일반사항에 관한 예산·회계 관련 기록물들의 보존기간이 5년인 점 등에 비추어 보면, 차별취급에 합리적인 사유가 존재한다고 할 것이다. 따라서 심판대상 조항은 평등원칙에 위배되지 아니한다(헌재 2018.2.22. 2016헌바470).

② (O) 애국지사는 일제의 국권침탈에 반대하거나 항거한 사실이 있는 당사자로서 조국의 자주독립을 위하여 직접 공헌하고 희생한 사람이지만, 순국선열의 유족은 일제의 국권침탈에 반대하거나 항거하다가 그로 인하여 사망한 당사자의 유가족으로서 독립유공자법이 정하는 바에 따라 그 공로에 대한 예우를 받는 지위에 있다. 독립유공자의 유족에 대하여 국가가 독립유공자법에 의한 보상을 하는 것은 유족 그 자신이 조국의 자주독립을 위하여 직접 공헌하고 희생하였기 때문이 아니라, 독립유공자의 공헌과 희생에 대한 보은과 예우로서 그와 한가족을 이루고 가족공동체로서 함께 살아온 그 유족에 대하여서도 그에 상응한 예우를 하기 위함이다. 애국지사 본인과 순국선열의 유족은 본질적으로 다른 집단이므로, 같은 서훈 등급임에도 순국선열의 유족보다 애국지사 본인에게 높은 보상금 지급액 기준을 두고 있다 하여 곧 청구인의 평등권이 침해되었다고 볼 수 없다(헌재 2018.1.25. 2016헌마319).

④ (O) 이 사건 금지조항은 택시업종만을 규제하고 화물자동차나 대중버스 등 다른 운송수단에는 적용되지 않으나, 화물차운수사업은 여객이 아닌 화물을 운송하는 것을 목적으로 하고 있으며, 대중버스의 경우 운송비용 전가 문제가 발생하고 있지 않다. 따라서 택시운송사업에 한하여 운송비용 전가 문제를 규제할 필요성이 인정되므로 다른 운송수단에 대하여 동일한 규제를 하지 않는다고 하더라도 평등원칙에 위반되지 아니한다(헌재 2018.6.28. 2016헌마1153).

55 0238 ○△×|○△×|○△× 2015 경찰 승진

평등원칙 또는 평등권에 관한 설명 중 가장 적절하지 않은 것은? (다툼이 있는 경우 판례에 의함)

① 개별사건법률의 위헌 여부는 그 형식만으로 가려지는 것이 아니라, 나아가 평등의 원칙이 추구하는 실질적 내용이 정당한지 아닌지를 따져야 비로소 가려진다.
② 차별적 취급으로 인하여 관련 기본권에 대한 중대한 제한을 초래하게 된다면 입법형성권은 축소되어 보다 엄격한 심사척도가 적용되어야 한다.
③ 음주운전자와 도주차량운전자에 대하여는 임의적 면허취소를 규정하고 있으면서 음주측정 거부자에 대하여는 필요적 면허취소를 규정한 도로교통법 조항은 평등원칙에 위반된다.
④ 단기복무군인 중 여성에게만 육아휴직을 허용하는 것은 성별에 의한 차별로 볼 수 없다.

지문분석 난이도 중 정답 ③

| 키 워 드 | 평등권 및 평등의 원칙
| 출제유형 | 판례

③ (X) 술에 취한 상태에서 운전한 자에 대한 행정제재의 경우 그 음주정도와 경위, 교통사고 유무 등 구체적·개별적 사정에 비추어 면허의 정지 또는 취소 여부를 결정할 필요가 상당하고, 또한 이미 교통사고로 사람을 사상한 도주차량운전자의 경우 그 불법에 상응하는 정도의 제재를 가할 필요성 못지않게 피해자에 대한 실질적 구제가 중요하므로 탄력적인 행정제재를 통하여 사고운전자의 자진신고를 유도하여 원활한 피해배상이 이루어지도록 행정제재에 재량의 여지를 둘 필요가 적지 않은 점 등에 비추어 보면, 음주운전자와 도주차량운전자에 대하여 임의적 면허취소를 규정하고 있다고 하여 음주측정거부자에 대해 필요적 면허취소를 규정한 이 사건 법률 조항이 법상 면허취소·정지 사유 간의 체계를 파괴할 만큼 형평성에서 벗어나 평등권을 침해한다고 볼 수도 없다(헌재 2007.12.27. 2005헌바95).

① (O) 개별사건법률금지의 원칙이 법률 제정에 있어서 입법자가 평등원칙을 준수할 것을 요구하는 것이기 때문에, 특정규범이 개별사건법률에 해당한다 하여 곧바로 위헌을 뜻하는 것은 아니다. 비록 특정법률 또는 법률 조항이 단지 하나의 사건만을 규율하려고 한다 하더라도 이러한 차별적 규율이 합리적인 이유로 정당화될 수 있는 경우에는 합헌적일 수 있다. 따라서 개별사건법률의 위헌 여부는, 그 형식만으로 가려지는 것이 아니라, 나아가 평등의 원칙이 추구하는 실질적 내용이 정당한지 아닌지를 따져야 비로소 가려진다(헌재 1996.2.16. 96헌가2).

② (O) 헌법재판소는 평등권의 침해 여부를 심사함에 있어, 헌법에서 특별히 평등을 요구하고 있는 경우와 차별적 취급으로 인하여 관련 기본권에 중대한 제한을 초래하게 되는 경우에는 차별취급의 목적과 수단 간에 비례관계가 성립하는지를 검토하는 엄격한 심사척도를 적용하고, 그렇지 않은 경우에는 차별을 정당화하는 합리적인 이유가 있는지, 즉 자의적인 차별이 존재하는지를 검토하는 완화된 심사척도를 적용한다(헌재 2012.8.23. 2010헌마197).

④ (O) 병역의무를 이행하고 있는 남성 단기복무군인과 달리 장교를 포함한 여성 단기복무군인은 지원에 의하여 직업으로서 군인을 선택한 것이므로, 단기복무군인 중 여성에게만 육아휴직을 허용하는 이 사건 법률조항이 육아휴직과 관련하여 단기복무군인 중 남성과 여성을 차별하는 것은 성별에 근거한 차별이 아니라 의무복무군인과 직업군인이라는 복무형태에 따른 차별로 봄이 타당하다(헌재 2008.10.30. 2005헌마1156).

56 0239 ○△×|○△×|○△× 2016 경찰 승진

평등원칙 내지 평등권에 관한 설명 중 가장 적절하지 않은 것은? (다툼이 있는 경우 판례에 의함)

① 부재자투표의 투표종료시간을 오후 4시까지로 한정하는 것은 투표관리의 효율성을 제고하기 위한 것으로서 부재자투표자의 평등권을 침해하지 않는다.
② 지방자치단체의 장이 금고 이상의 형을 선고받고 그 형이 확정되지 아니한 경우 부단체장이 그 권한을 대행하도록 한 것은 평등권을 침해한다.
③ 교도소에 수용된 때에는 국민건강보험급여를 정지하도록 한 것은 위헌이 아니다.
④ 초·중등학교의 교원의 정당가입을 금지한 것은 위헌이다.

지문분석 난이도 하 정답 ④

| 키 워 드 | 평등권 및 평등의 원칙
| 출제유형 | 판례

④ (X) 초·중등학교 교원의 정당가입 및 선거운동의 자유를 금지함으로써 정치적 기본권을 제한하는 측면이 있는 것은 사실이나, 공무원의 정치적 중립성 등을 규정한 헌법 제7조 제1항·제2항, 교육의 정치적 중립성을 규정한 헌법 제31조 제4항의 규정취지에 비추어 보면, 감수성과 모방성 그리고 수용성이 왕성한 초·중등학교 학생들에게 교원이 미치는 영향은 매우 크고, 교원의 활동은 근무시간 내외를 불문하고 학생들의 인격 및 기본생활습관 형성 등에 중요한 영향을 끼치는 잠재적 교육과정의 일부분인 점을 고려하고, 교원의 정치활동은 교육수혜자인 학생의 입장에서는 수업권의 침해로 받아들여질 수 있다는 점에서 현 시점에서는 국민의 교육기본권을 더욱 보장함으로써 얻을 수 있는 공익을 우선시해야 할 것이라는 점 등을 종합적으로 감안할 때, 초·중등학교 교육공무원의 정당가입 및 선거운동의 자유를 제한하는 것은 헌법적으로 정당화될 수 있다(헌재 2004.3.25. 2001헌마710).

① (O) 투표 종료시간을 오후 4시까지로 정한 것은 투표 당일 부재자투표의 인계·발송 절차를 밟을 수 있도록 함으로써 부재자투표의 인계·발송절차가 지연되는 것을 막고 투표관리의 효율성을 제고하고 투표함의 관리위험을 경감하기 위한 것이고, 이 사건 투표시간 조항이 투표 종료시간을 오후 4시까지로 정한다고 하더라도 투표 개시시간을 일과시간 이전으로 변경한다면, 부재자투표의 인계·발송절차가 지연될 위험 등이 발생하지 않으면서도 일과시간에 학업·직장업무를 하여야 하는 부재자투표자가 현실적으로 선거권을 행사하는 데 큰 어려움이 발생하지 않을 것이다. 따라서 이 사건 투표시간 조항 중 투표 종료시간 부분은 수단의 적정성, 법익균형성을 갖추고 있으므로 청구인의 선거권이나 평등권을 침해하지 않는다(헌재 2012.2.23. 2010헌마601).

② (O) 지방자치단체의 장이 금고 이상의 형을 선고받고 그 형이 확정되지 아니한 경우 부단체장이 그 권한을 대행하도록 규정한 지방자치법 제111조 제1항 제3호가 자치단체장인 청구인의 공무담임권 등 기본권을 침해한다(헌재 2010.9.2. 2010헌마418).

③ (O) 교도소에 수용된 때에는 국민건강보험급여를 정지하도록 한 국민건강보험법 제49조 제4호는 수용자에게 의료급여를 정지함으로써 수용자를 차별하고 있으나, 이는 수용자에 대한 의료보장을 일괄적으로 국가가 부담하도록 하는 것을 전제로 하여 수용자 간 의료급여의 형평문제와 구금의 목적실현 등을 고려한 것으로 합리적 이유가 있으므로 평등원칙에 위배되지 않는다(헌재 2005.2.24. 2003헌마31).

57 0240 ○△×|○△×|○△× 2015 경찰 승진

최근 헌법재판소 판례에 관한 설명으로 가장 적절하지 않은 것은?

① 아동·청소년 대상 성폭력범죄를 저지른 자에 대하여 신상정보를 공개하도록 하는 구 아동·청소년의 성보호에 관한 법률 제38조 제1항 본문 제1호가 인격권 및 개인정보 자기결정권을 침해하는 것은 아니다.

② 학교폭력 가해학생이 특별교육을 이수할 경우 해당 학생의 보호자도 함께 특별교육을 받도록 한 학교폭력예방 및 대책에 관한 법률 제17조 제9항이 가해학생 보호자의 일반적 행동자유권을 침해하는 것은 아니다.

③ 공무원이 금품수수를 한 경우 직무관련성 유무 등과 상관없이 징계시효 기간을 일률적으로 3년으로 정한 구 국가공무원법 규정은 직무관련성 여부에 따라 위법성의 정도에 큰 차이가 있음에도 불구하고 동일한 징계시효를 적용하는 것이어서 평등권을 침해하는 위헌 규정이다.

④ 수사경력자료는 보존기간이 지나면 삭제하도록 하면서도 범죄경력자료의 삭제에 대해 규정하지 않은 형의 실효 등에 관한 법률 조항은 차별의 합리적인 이유가 있으므로 평등권을 침해하지 않는다.

지문분석 난이도 상 정답 ③

| 키 워 드 | 평등권 및 평등의 원칙

| 출제유형 | 판례

③ (X) 공무원이 '금품수수'를 한 경우 직무관련성 유무 등과 상관없이 징계시효 기간을 일률적으로 3년으로 정한 것은 징계가 가능한 기간을 늘려 징계의 실효성을 제고하고 이를 통해 금품수수 관련 비위의 발생을 억제함으로써 공무원의 청렴의무 강화와 공직기강의 확립에 기여하려는 것으로서 여기에는 합리적 이유가 있다고 할 것이다. 따라서 이 사건 법률 조항은 평등권을 침해하지 아니한다(헌재 2012.6.27. 2011헌바226).

① (○) 아동·청소년 대상 성폭력 범죄를 저지른 사람에 대하여 신상정보를 공개하도록 한 것은 아동·청소년의 성을 보호하고 사회방위를 도모하기 위한 것으로서 목적의 정당성 및 수단의 적합성이 인정된다. 한편, 심판대상 조항에 따른 신상정보 공개제도는, 그 공개대상이나 공개기간이 제한적이고, 법관이 '특별한 사정' 등을 고려하여 공개 여부를 판단하도록 되어 있으며, 공개로 인한 피해를 최소화하는 장치도 마련되어 있으므로 침해의 최소성이 인정되고, 이를 통하여 달성하고자 하는 '아동·청소년의 성보호'라는 목적이 침해되는 사익에 비하여 매우 중요한 공익에 해당하므로 법익의 균형성도 인정된다. 따라서 심판대상 조항은 과잉금지원칙을 위반하여 청구인들의 인격권, 개인정보 자기결정권을 침해한다고 볼 수 없다(헌재 2013.10.24. 2011헌바106).

② (○) 학교폭력예방법에서 가해학생과 함께 그 보호자도 특별교육을 이수하도록 의무화한 것은 교육의 주체인 보호자의 참여를 통해 학교폭력 문제를 보다 근본적으로 해결하기 위한 것이다. 가해학생이 학교폭력에 이르게 된 원인을 발견하여 이를 근본적으로 치유하기 위해서는 가족 공동체의 일원으로서 가해학생과 밀접 불가분의 유기적 관계를 형성하고 있는 보호자의 교육 참여가 요구된다. 따라서 특별교육이수규정이 가해학생 보호자의 일반적 행동자유권을 침해한다고 볼 수 없다(헌재 2013.10.24. 2012헌마832).

④ (○) 수사경력자료와 범죄경력자료는 어떤 범죄의 혐의를 받았느냐를 불문하고 그 처리 결과를 달리하는 경우로서 자료 보존의 목적과 필요성에 차이가 있다. 따라서 이를 이유로 자료의 삭제가능성에 대해 달리 규정하는 데에는 차별의 합리적인 이유가 있으므로 수사경력자료는 보존기간이 지나면 삭제하도록 하면서도 범죄경력자료의 삭제에 대해 규정하지 않은 이 사건 수사경력자료 정리조항은 청구인의 평등권을 침해하지 아니한다(헌재 2012.7.26. 2010헌마446).

58 0241 ○△×|○△×|○△× 2022 경찰 승진

평등원칙 내지 평등권에 관한 설명 중 가장 적절하지 않은 것은? (다툼이 있는 경우 판례에 의함)

① 고소인이나 고발인만을 항고권자로 규정한 검찰청법 조항은 동법상 항고를 통하여 불복할 수 없게 된 기소유예처분을 받은 피의자를 고소인이나 고발인에 비하여 합리적 이유 없이 차별하는 것이라 할 수 없다.

② 경찰공무원은 교육훈련 또는 직무수행 중 사망한 경우 국가유공자 등 예우 및 지원에 관한 법률상 순직군경으로 예우받을 수 있는 것과는 달리, 소방공무원은 화재진압, 구조·구급 업무수행 또는 이와 관련된 교육훈련 중 사망한 경우에 한하여 순직군경으로서 예우를 받을 수 있도록 하는 소방공무원법 규정은 소방공무원에 대한 합리적인 이유없는 차별에 해당한다.

③ 대한민국 국민인 남자에 한하여 병역의무를 부과한 구 병역법 조항이 평등권을 침해하는지 여부는 완화된 심사척도에 따라 자의금지원칙 위반 여부에 의하여 판단한다.

④ 일반 형사소송절차와 달리 소년심판절차에서 검사에게 상소권이 인정되지 않는 것은 객관적이고 합리적인 이유가 있어 피해자의 평등권을 침해한다고 볼 수 없다.

지문분석 난이도 하 정답 ②

| 키 워 드 | 평등권 및 평등의 원칙

| 출제유형 | 판례

② (X) 그동안 국가는 소방공무원이 국가유공자로 예우를 받게 되는 대상자의 범위 등을 국가의 재정능력, 전체적인 사회보장의 수준과 국가에 대한 공헌과 희생의 정도 등을 감안하여 합리적인 범위 내에서 단계적으로 확대해왔다. 그렇다면 국가에 대한 공헌과 희생, 업무의 위험성의 정도, 국가의 재정상태 등을 고려하여 현장활동 등 이외의 사유로 직무수행 중 사망한 소방공무원에 대하여 순직군경으로서의 보훈혜택을 부여하지 않는다고 해서 이를 합리적인 이유없는 차별에 해당한다고 볼 수 없다(헌재 2005.9.29. 2004헌바53).

① (O) 피의자는 비록 검찰청법상의 항고를 제기할 수는 없지만 헌법재판소에 헌법소원심판을 청구함으로써 부당한 기소유예처분을 시정받을 기회가 있다는 점에서, 이 사건 법률조항이 피의자로 하여금 기소유예처분으로 인한 불이익을 제거할 기회를 원천적으로 봉쇄하거나 피의자에게 일방적으로 불리하게 작용하여 고소인·고발인과의 사이에서 형평성을 상실하고 있다고 볼 수는 없다. 즉, 이 사건 법률조항은 고소인 또는 고발인이 기소독점주의와 기소편의주의 체제하에서 검사의 부당한 불기소처분에 불복할 수 있는 절차와 기회를 부여하는 데에 목적이 있고, 이 사건 법률조항이 기소유예처분을 받은 피의자를 항고권의 주체에서 배제함으로써 결과적으로 고소인과 고발인만이 검찰 내부기관에 대하여 불기소처분을 다툴 수 있게 된다 하더라도, 이를 가리켜 수인할 수 없을 정도로 합리적 이유 없이 기소유예처분을 받은 피의자의 평등권을 침해한다고는 할 수 없다(헌재 2012.7.26. 2010헌마642).

③ (O) 이 사건 법률조항은 헌법이 특별히 양성평등을 요구하는 경우나 관련 기본권에 중대한 제한을 초래하는 경우의 차별취급을 그 내용으로 하고 있다고 보기 어려우며, 징집대상자의 범위 결정에 관하여는 입법자의 광범위한 입법형성권이 인정된다는 점에 비추어 이 사건 법률조항이 평등권을 침해하는지 여부는 완화된 심사기준에 따라 판단하여야 한다(헌재 2010.11.25. 2006헌마328).

④ (O) 소년심판은 형사소송절차와는 달리 소년에 대한 후견적 입장에서 소년의 환경조정과 품행교정을 위한 보호처분을 하기 위한 심문절차이며, 보호처분을 함에 있어 범행의 내용도 참작하지만 주로 소년의 환경과 개인적 특성을 근거로 소년의 개선과 교화에 부합하는 처분을 부과하게 되므로 일반 형벌의 부과와는 차이가 있다. … 위와 같은 소년심판절차의 특수성을 감안하면, 차별대우를 정당화하는 객관적이고 합리적인 이유가 존재한다고 할 것이어서 이 사건 법률조항은 청구인의 평등권을 침해하지 않는다(헌재 2012.7.26. 2011헌마232).

59 0242 O△X | O△X | O△X 2018 경찰 승진

평등원칙 및 평등권에 대한 설명으로 가장 적절한 것은? (다툼이 있는 경우 판례에 의함)

① 헌법에서 스스로 차별의 근거로 삼아서는 아니 되는 기준을 제시하거나 차별을 특히 금지하고 있는 영역을 제시하는 경우에는 완화된 심사척도가 적용되어야 하나, 차별적 취급으로 인하여 관련 기본권에 대한 중대한 제한을 초래하게 되는 경우에는 엄격한 심사척도를 적용할 수 있다.
② 국가유공자 본인이 국가기관이 실시하는 채용시험에 응시하는 경우에 10%의 가점을 주도록 한 국가유공자 등 예우 및 지원에 관한 법률 조항은 헌법 제32조 제6항에서 특별히 평등을 요구하고 있는 경우에 해당하므로, 이에 대해서는 엄격한 비례성 심사에 따라 평등권 침해 여부를 심사하여야 한다.
③ 공무상 질병 또는 부상으로 인하여 퇴직 후 장애 상태가 확정된 군인에게 상이연금을 지급하도록 한 개정된 군인연금법 제23조 제1항을 개정법 시행일 이후부터 적용하도록 한 군인연금법 조항은 평등원칙에 위반된다.
④ 자기 또는 배우자의 직계존속을 고소하지 못하도록 규정한 형사소송법 제224조는 비속을 차별 취급하여 평등권을 침해한다.

지문분석

난이도 중 정답 ③

| 키 워 드 | 평등권 및 평등의 원칙

| 출제유형 | 판례

③ (O) 퇴직 후 신법 조항 시행일 전에 장애 상태가 확정된 군인을 보호하기 위한 최소한의 조치도 하지 않은 것은 그 차별이 군인연금기금의 재정상황 등 실무적 여건이나 경제상황 등을 고려한 것이라고 하더라도, 그 차별을 정당화할 만한 합리적인 이유가 있는 것으로 보기 어렵다. 따라서 개정법 시행일 이후부터 적용하도록 한 군인연금법 조항은 헌법상 평등원칙에 위반된다(헌재 2016.12.29. 2015헌바208).
① (X) 헌법재판소에서는 평등 위반 여부를 심사함에 있어서, 헌법에서 특별히 평등을 요구하고 있는 경우 즉, 헌법이 스스로 차별의 근거로 삼아서는 아니 되는 기준을 제시하거나 차별을 특히 금지하고 있는 영역을 제시하고 있는 경우와 차별적 취급으로 인하여 관련 기본권에 대한 중대한 제한을 초래하게 되는 경우에는 엄격한 심사척도(비례성원칙에 따른 심사)를 적용하고, 그 밖의 경우에는 완화된 심사척도(자의금지원칙에 따른 심사)에 의한다는 원칙을 적용하고 있다. (헌재 2003.3.27. 2002헌마573).
② (X) 종전 결정은 국가유공자와 그 가족에 대한 가산점제도는 모두 헌법 제32조 제6항에 근거를 두고 있으므로 평등권 침해 여부에 관하여 보다 완화된 기준을 적용한 비례심사를 하였으나, 국가유공자 본인의 경우는 별론으로 하고, 그 가족의 경우는 위에서 본 바와 같이 헌법 제32조 제6항이 가산점제도의 근거라고 볼 수 없으므로 그러한 완화된 심사는 부적절한 것이다(헌재 2006.2.23. 2004헌마675).
④ (X) 자기 또는 배우자의 직계존속을 고소하지 못하도록 규정한 형사소송법 제224조는, '효'라는 우리 고유의 전통규범을 수호하기 위하여 비속이 존속을 고소하는 행위의 반윤리성을 억제하고자 이를 제한하는 것은 합리적인 근거가 있는 차별이라고 할 수 있으므로 헌법 제11조 제1항의 평등원칙에 위반되지 아니한다(헌재 2011.2.24. 2008헌바56)

60 0243 O△X | O△X | O△X 2015 지방직 7급

평등원칙에 대한 헌법재판소 결정 내용으로 옳지 않은 것은?

① 친양자의 양친을 기혼자로 한정하고 독신자는 친양자 입양을 할 수 없도록 규정한 민법 제908조의2는 독신자를 기혼자에 비하여 차별하는 것으로 평등원칙에 위배된다.
② 독립유공자의 유족(손자녀) 중 나이가 많은 손자녀 1명에게만 유족보상금을 지급하도록 규정한 독립유공자예우에 관한 법률 제12조는 단순히 연장자만을 우대하는 차별로 평등원칙에 위배된다.
③ 선거범죄를 저지른 낙선자를 제외하고 선거범죄로 당선이 무효로 된 자에게만 이미 반환받은 기탁금과 보전받은 선거비용을 다시 반환하도록 한 구 공직선거법 제265조의2 제1항은 평등원칙에 위배되지 않는다.
④ 형사소송절차와 달리 소년심판절차에서 검사에게 상소권이 인정되지 않는 것은 소년심판절차의 특수성을 감안하면 합리적 이유가 있어 피해자의 평등권을 침해했다고 할 수 없다.

지문분석

난이도 하 정답 ①

| 키 워 드 | 평등의 원칙

| 출제유형 | 판례

① (X) 친양자의 양친을 기혼자로 한정하고 독신자는 친양자 입양을 할 수 없도록 규정한 민법 제908조의2는 독신자의 평등권을 침해한다고 볼 수 없다(헌재 2013.9.26. 2011헌가42).
② (O) 독립유공자의 손자녀 중 1명에게만 보상금을 지급하도록 하면서, 독립유공자의 선순위 자녀의 자녀에 해당하는 손자녀가 2명 이상인 경우에 나이가 많은 손자녀를 우선하도록 규정한 독립유공자예우에 관한 법률(2008.3.28. 법률 제9083호로 개정된 것) 제12조 제2항 중 '손자녀 1명에 한정하여 보상금을 지급하는 부분' 및 제4항 제1호 본문 중 '나이가 많은 손자녀를 우선하는 부분이 청구인의 평등권을 침해한다(헌재 2013.10.24. 2011헌마724).
③ (O) 선거범죄로 당선이 무효로 된 자에게 이미 반환받은 기탁금과 보전받은 선거비용을 다시 반환하도록 한 구 공직선거법(2005.8.4. 법률 제7681호로 개정되고, 2010.1.25. 법률 제9974호로 개정되기 전의 것) 제265조의2 제1항 전문 중 '제264조의 규정에 의하여 당선이 무효로 된 자'에 관한 부분(이하 '이 사건 법률 조항'이라 한다)이 공무담임권을 제한한다고 할 수 없다. 또한 이 사건 법률 조항에서 낙선자를 제외하고 당선자만을 제재대상으로 규정한 것이 당선자의 평등권을 침해한다고 볼 수도 없다(헌재 2011.4.28. 2010헌바232).
④ (O) 소년심판은 형사소송절차와는 달리 소년에 대한 후견적 입장에서 소년의 환경조정과 품행교정을 위한 보호처분을 하기 위한 심문절차이며, 보호처분을 함에 있어 범행의 내용도 참작하지만 주로 소년의 환경과 개인적 특성을 근거로 소년의 개선과 교화에 부합하는 처분을 부과하게 되므로 일반 형벌의 부과와는 차이가 있다. 그리고 소년심판은 심리의 객체로 취급되는 소년에 대한 후견적 입장에서 법원의 직권에 의해 진행되므로 검사의 관여가 반드시 필요한 것이 아니고 이에 따라 소년심판의 당사자가 아닌 검사가 상소 여부에 관여하는 것이 배제된 것이다. 위와 같은 소년심판절차의 특수성을 감안하면, 차별대우를 정당화하는 객관적이고 합리적인 이유가 존재한다고 할 것이어서 이 사건 법률 조항은 청구인의 평등권을 침해하지 않는다(헌재 2012.7.26. 2011헌마232).

61 0244 O△X | O△X | O△X

2017 국가직 7급 하반기

평등권 또는 평등원칙에 대한 설명으로 옳지 않은 것은? (다툼이 있는 경우 헌법재판소 판례에 의함)

① "혼인과 가족생활은 개인의 존엄과 양성의 평등을 기초로 성립되고 유지되어야 하며, 국가는 이를 보장한다."라고 규정한 헌법 제36조 제1항이 내포하고 있는 차별금지명령은, 헌법 제11조 제1항에서 보장되는 평등원칙을 혼인과 가족생활 영역에서 더 구체화함으로써 혼인과 가족을 부당한 차별로부터 특별히 더 보호하려는 목적을 가진다.

② 대통령령으로 정하는 공공기관 및 공기업으로 하여금 3년간 한시적으로 매년 정원의 100분의 3 이상씩 34세 이하의 청년 미취업자를 채용하도록 하는 법령 규정은, 합리적 이유 없이 능력주의 내지 성적주의를 배제한 채 단순히 생물학적인 나이를 기준으로 특정 연령층에게 특혜를 부여함으로써 다른 연령층의 공공기관 취업 기회를 제한하기 때문에, 35세 이상 미취업자들의 평등권을 침해한다.

③ 선거운동에 있어서 후보자의 배우자가 그와 함께 다니는 사람 중에서 지정한 1명도 명함교부를 할 수 있도록 한 공직선거법 규정은, 배우자의 유무라는 우연한 사정에 근거하여 합리적 이유 없이 배우자 없는 후보자와 배우자 있는 후보자를 차별 취급하므로 평등권을 침해한다.

④ 공직자 등을 수범자로 하고 부정청탁 및 금품 등 수수를 금지하는 법률규정은, 민간부문 중에서는 사립학교 관계자와 언론인만 '공직자 등'에 포함시켜 이들에게 공직자와 같은 의무를 부담시키고 있는데, 해당 규정이 사립학교 관계자와 언론인의 일반적 행동자유권 등을 침해하지 않는 이상, 민간부문 중 우선 이들만 '공직자 등'에 포함시킨 입법자의 결단이 자의적 차별이라 보기는 어렵다.

지문분석 난이도 상 정답 ②

| 키 워 드 | 평등권 및 평등의 원칙

| 출제유형 | 판례

② (X) 청년할당제는 일정 규모 이상의 기관에만 적용되고, 전문적인 자격이나 능력을 요하는 경우에는 적용을 배제하는 등 상당한 예외를 두고 있다. 더욱이 3년간 한시적으로만 시행하며, 청년할당제가 추구하는 청년실업해소를 통한 지속적인 경제성장과 사회 안정은 매우 중요한 공익인 반면, 청년할당제가 시행되더라도 현실적으로 35세 이상 미취업자들이 공공기관 취업기회에서 불이익을 받을 가능성은 크다고 볼 수 없다. 따라서 이 사건 청년할당제가 청구인들의 평등권, 공공기관 취업의 자유를 침해한다고 볼 수 없다(헌재 2014.8.28. 2013헌마553).

① (O) 헌재 2002.8.29. 2001헌바82

③ (O) 헌재 2016.9.29. 2016헌마287

④ (O) 헌재 2016.7.28. 2015헌마236 등

62 0245 O△X | O△X | O△X

2016 국회직 8급

평등권(평등원칙)에 대한 설명으로 옳지 않은 것은? (다툼이 있는 경우 헌법재판소 판례에 의함)

① 독립유공자의 손자녀 중 1명에게만 보상금을 지급하도록 하면서 독립유공자의 선순위 자녀의 자녀에 해당하는 손자녀가 2명 이상인 경우에 나이가 많은 손자녀를 우선하도록 하는 것은 동순위자인 다른 손자녀의 평등권을 침해하는 것이다.

② 인구편차 상하 50%의 기준을 적용하게 되면 1인의 투표가치가 다른 1인의 투표가치에 비하여 세 배의 가치를 가지는 경우도 발생하는데, 이는 지나친 투표가치의 불평등이므로 현재의 시점에서 헌법이 허용하는 인구편차의 기준을 인구편차 상하 33 ⅓%, 인구비례 2:1을 넘어서지 않는 것으로 변경하는 것이 타당하다.

③ 청년고용촉진특별법 관련 규정에서 2014.1.1.부터 3년간 한시적으로 대통령령으로 정하는 공공기관과 지방공기업은 매년 정원의 100분의 3 이상씩 35세 미만의 청년 미취업자를 고용하도록 의무화하는 '청년할당제'는 공공기관과 지방공기업에 취업하려고 하는 35세 이상된 사람들의 평등권 및 직업선택의 자유를 침해하여 헌법에 위반된다.

④ 형법상 강제추행죄로 유죄판결이 확정된 자는 신상정보 등록대상자가 되도록 한 구 성폭력범죄의 처벌 등에 관한 특례법 관련 규정은 행위유형과 보호법익의 특성, 사회적 상황과 법감정, 범죄 실태 등을 종합적으로 고려한 것으로서 자의적이거나 합리성이 없어 평등권을 침해한다고 볼 수 없다.

⑤ "전문과목을 표시한 치과의원은 그 표시한 전문과목에 해당하는 환자만을 진료하여야 한다."고 규정한 의료법 제77조 제3항은 치과전문의들의 직업수행의 자유와 평등권을 침해하므로 헌법에 위반된다.

지문분석 난이도 상 정답 ③

| 키 워 드 | 평등권 및 평등의 원칙

| 출제유형 | 판례

③ (X) 청년할당제는 일정 규모 이상의 기관에만 적용되고, 전문적인 자격이나 능력을 요하는 경우에는 적용을 배제하는 등 상당한 예외를 두고 있다. 더욱이 3년 간 한시적으로만 시행하며, 청년할당제가 추구하는 청년실업해소를 통한 지속적인 경제성장과 사회 안정은 매우 중요한 공익인 반면, 청년할당제가 시행되더라도 현실적으로 35세 이상 미취업자들이 공공기관 취업기회에서 불이익을 받을 가능성은 크다고 볼 수 없다. 따라서 이 사건 청년할당제가 청구인들의 평등권, 공공기관 취업의 자유를 침해한다고 볼 수 없다(헌재 2014.8.28. 2013헌마553).

① (O) 헌재 2013.10.24. 2011헌마724

② (O) 헌재 2014.10.30. 2012헌마192

④ (O) 헌재 2016.3.31. 2014헌마457

⑤ (O) 헌재 2015.5.28. 2013헌마799

63 0246 ○△×|○△×|○△× 2017 국회직 8급

평등에 대한 설명으로 옳은 것은? (다툼이 있는 경우 헌법재판소의 판례에 의함)

① 흉기 기타 위험한 물건을 휴대하여 형법상 폭행죄를 범한 사람에 대하여 징역형의 하한을 기준으로 최대 6배에 이르는 엄한 형을 규정한 구 폭력행위 등 처벌에 관한 법률 제3조 제1항은 평등원칙에 합치한다.

② 중등교원 임용시험에서 동일 지역 사범대학을 졸업한 교원경력이 없는 자에게 가산점을 부여하는 것은 평등권을 침해하지 아니한다.

③ 가구별 인원수만을 기준으로 최저생계비를 결정한 2002년도 최저생계비고시는 장애인가구를 비장애인가구에 비하여 차별취급하여 평등권을 침해한다.

④ 학교급식의 실시에 필요한 시설·설비에 요하는 경비를 학교의 설립경영자에게 부담하도록 하는 것은 사립학교와 국·공립학교를 차별적으로 취급하는 것으로 평등원칙에 위반된다.

⑤ 자기 또는 배우자의 직계존속을 일절 고소하지 못하도록 규정하고 있는 형사소송법 제224조는 평등원칙에 위반된다.

지문분석 난이도 ㊥ 정답 ②

| **키 워 드** | 평등권 및 평등의 원칙

| **출제유형** | 판례

② (○) 중등교사 임용시험에서 동일 지역 사범대학을 졸업한 교원경력이 없는 자에게 가산점을 부여하는 것은 공무담임권이나 평등권을 침해하지 않는다(헌재 2007.12.27. 2005헌가11).

① (X) 흉기 기타 위험한 물건을 휴대하여 폭행죄를 범하는 경우, 검사는 폭처법상 폭행죄 조항을 적용하여 기소하는 것이 특별법 우선의 법리에 부합하나, 형법 제261조를 적용하여 기소할 수도 있다. 그런데 위 두 조항 중 어느 조항이 적용되는지에 따라 피고인에게 벌금형이 선고될 수 있는지 여부가 달라지고, 징역형의 하한을 기준으로 최대 6배에 이르는 심각한 형의 불균형이 발생한다. 따라서 폭처법상 폭행죄 조항은 형벌체계상의 정당성과 균형을 잃은 것이 명백하므로, 인간의 존엄성과 가치를 보장하는 헌법의 기본원리에 위배될 뿐만 아니라 그 내용에 있어서도 평등원칙에 위배된다(헌재 2015.9.24. 2015헌가17).

③ (X) 국가가 생활능력 없는 장애인의 인간다운 생활을 보장하기 위한 조치를 취함에 있어서 국가가 실현해야 할 객관적 내용의 최소한도의 보장에도 이르지 못하였다거나 헌법상 용인될 수 있는 재량의 범위를 명백히 일탈하였다고는 보기 어렵고, 또한 장애인가구와 비장애인가구에게 일률적으로 동일한 최저생계비를 적용한 것을 자의적인 것으로 볼 수는 없다. 따라서 보건복지부장관이 2002년도 최저생계비를 고시함에 있어 장애로 인한 추가지출비용을 반영한 별도의 최저생계비를 결정하지 않은 채 가구별 인원수만을 기준으로 최저생계비를 결정한 것은 생활능력 없는 장애인가구 구성원의 인간의 존엄과 가치 및 행복추구권, 인간다운 생활을 할 권리, 평등권을 침해하였다고 할 수 없다(헌재 2004.10.28. 2002헌마328).

④ (X) 사립학교의 경우에도 국·공립학교와 마찬가지로 학교급식 시설·경비의 원칙적 부담을 학교의 설립경영자로 하는 것은 합리적이라고 할 것이어서, 평등원칙에 위반되지 않는다(헌재 2010.7.29. 2009헌바40).

⑤ (X) '효'라는 우리 고유의 전통규범을 수호하기 위하여 비속이 존속을 고소하는 행위의 반윤리성을 억제하고자 이를 제한하는 것은 합리적인 근거가 있는 차별이라고 할 수 있다. 따라서 자기 또는 배우자의 직계존속을 고소하지 못하도록 규정한 형사소송법 제224조는 헌법 제11조 제1항의 평등원칙에 위반되지 아니한다(헌재 2011.2.24. 2008헌바56).

64 0247 ○△×|○△×|○△× 2022 경찰 간부

평등권 및 평등원칙에 대한 설명으로 가장 적절한 것은? (다툼이 있는 경우 헌법재판소 판례에 의함)

① 공익신고자 보호법상 보상금의 의의와 목적을 고려하면 공익신고 유도 필요성에 있어 차이가 있는 내부 공익신고자와 외부 공익신고자를 달리 취급하는 것은 합리성을 인정할 수 있다.

② 초·중등교육법 시행령 중 자율형사립고(자사고) 지원자의 평준화지역 후기학교 중복지원금지조항은 고등학교 진학 기회에 있어서 자사고 지원자들에 대한 차별을 정당화할 수 있을 정도로 차별 목적과 차별 정도 간에 비례성을 갖춘 것이다.

③ 개정 전 공직자윤리법 조항에 따라 이미 재산등록을 한 혼인한 여성 등록의무자에게만 배우자의 직계존·비속의 재산을 등록하도록 예외를 규정한 공직자윤리법 부칙조항은 평등원칙에 위배되지 않는다.

④ 임대의무기간이 10년인 공공건설임대주택의 분양전환가격을 임대의무기간이 5년인 공공건설임대주택의 분양전환가격과 서로 다른 기준으로 산정하는 구 임대주택법 시행규칙 조항은 10년 임대주택에 거주하는 임차인의 평등권을 침해한다.

지문분석 난이도 중 정답 ①

| 키 워 드 | 평등권 및 평등의 원칙

| 출제유형 | 판례

① (○) 공익침해행위의 효율적인 발각과 규명을 위해서는 내부 공익신고가 필수적인데, 내부 공익신고자는 조직 내에서 배신자라는 오명을 쓰기 쉬우며, 공익신고로 인하여 신분상, 경제상 불이익을 받을 개연성이 높다. 이 때문에 보상금이라는 경제적 지원조치를 통해 내부 공익신고를 적극적으로 유도할 필요성이 인정된다. 반면, '내부 공익신고자가 아닌 공익신고자'(이하 '외부 공익신고자'라 한다)는 공익신고로 인해 불이익을 입을 개연성이 높지 않기 때문에 공익신고 유도를 위한 보상금 지급이 필수적이라 보기 어렵다. '공익신고자 보호법'상 보상금의 의의와 목적을 고려하면, 이와 같이 공익신고 유도 필요성에 있어 차이가 있는 내부 공익신고자와 외부 공익신고자를 달리 취급하는 것에 합리성을 인정할 수 있다. 또한, 무차별적 신고로 인한 행정력 낭비 등 보상금이 초래한 전문신고자의 부작용 문제를 근본적으로 해소하고 공익신고의 건전성을 제고하고자 보상금 지급대상을 내부 공익신고자로 한정한 입법자의 판단이 충분히 납득할 만한 점, 외부 공익신고자도 일정한 요건을 갖추는 경우 포상금, 구조금 등을 지급받을 수 있는 점 등을 아울러 고려할 때, 이 사건 법률조항이 평등원칙에 위배된다고 볼 수 없다(헌재 2021.5.27. 2018헌바127).

② (×) 자사고와 평준화지역 후기학교의 입학전형 실시권자가 달라 자사고 불합격자에 대한 평준화지역 후기학교 배정에 어려움이 있다면 이를 해결할 다른 제도를 마련하였어야 함에도, 이 사건 중복지원금지조항은 중복지원금지원칙만을 규정하고 자사고 불합격자에 대하여 아무런 고등학교 진학 대책을 마련하지 않았다. 결국 이 사건 중복지원금지조항은 고등학교 진학 기회에 있어서 자사고 지원자들에 대한 차별을 정당화할 수 있을 정도로 차별 목적과 차별 정도 간에 비례성을 갖춘 것이라고 볼 수 없다(헌재 2019.4.11. 2018헌마221).

③ (×) 혼인한 등록의무자 모두 배우자가 아닌 본인의 직계존·비속의 재산을 등록하도록 공직자윤리법이 개정되었음에도 불구하고, 개정 전의 공직자윤리법 조항에 따라 이미 배우자의 직계존·비속의 재산을 등록한 혼인한 여성 등록의무자의 경우에만 종전과 동일하게 계속해서 배우자의 직계존·비속의 재산을 등록하도록 규정한 공직자윤리법 부칙(2009. 2. 3. 법률 제9402호) 제2조가 평등원칙에 위배되는 것으로 헌법에 위반된다(헌재 2021.9.30. 2019헌가3).

④ (×) 임대의무기간이 10년인 공공건설임대주택(이하 '10년 임대주택'이라 한다)의 분양전환가격을 임대의무기간이 5년인 공공건설임대주택(이하 '5년 임대주택'이라 한다)의 분양전환가격과 다른 기준에 따라 산정하도록 하는 구 임대주택법 시행규칙 제14조 중 제9조 제1항 [별표 1] 제1호 가목을 준용하는 부분(이하 '심판대상조항'이라 한다)이 10년 임대주택에 거주하는 임차인의 평등권을 침해하지 않는다(헌재 2021.4.29. 2019헌마202).

65 0248 ○△×|○△×|○△× 2017 변호사

평등심사에 관한 설명 중 옳은 것은? (다툼이 있는 경우 판례에 의함)

① 자기 또는 배우자의 직계존속을 고소하지 못하도록 규정한 형사소송법 조항은 친고죄의 경우든 비친고죄의 경우든 헌법상 보장된 재판절차진술권의 행사에 중대한 제한을 초래한다고 보기는 어려우므로, 완화된 자의심사에 따라 차별에 합리적 이유가 있는지를 따져 보는 것으로 족하다.

② 국가유공자 본인이 국가기관이 실시하는 채용시험에 응시하는 경우에 10%의 가점을 주도록 한 국가유공자 등 예우 및 지원에 관한 법률 조항은 헌법 제32조 제6항에서 특별히 평등을 요구하고 있는 경우에 해당하므로, 이에 대해서는 엄격한 비례성 심사에 따라 평등권 침해 여부를 심사하여야 한다.

③ 대한민국 국민인 남자에 한하여 병역의무를 부과한 구 병역법 조항은 헌법이 특별히 평등을 요구하는 경우나 관련 기본권에 중대한 제한을 초래하는 경우의 차별취급을 그 내용으로 하고 있으므로, 이 조항이 평등권을 침해하는지 여부에 대해서는 엄격한 심사기준에 따라 판단하여야 한다.

④ 종합부동산세의 과세방법을 '세대별 합산'으로 규정한 종합부동산세법 조항이 혼인이나 가족생활을 근거로 부부 등 가족이 있는 자를 혼인하지 아니한 자 등에 비하여 차별 취급하더라도, 과세단위를 정하는 것은 입법자의 입법형성의 재량에 속하는 정책적 문제이므로, 그 차별이 헌법 제36조 제1항에 위반되는지 여부는 자의금지원칙에 의한 심사를 통하여 판단하면 족하다.

⑤ 중등교사 임용시험에서 복수전공 및 부전공 교원자격증 소지자에게 가산점을 부여하고 있는 교육공무원법 조항에 의해 복수·부전공 가산점을 받지 못하는 자가 불이익을 입는다고 하더라도 이를 공직에 진입하는 것 자체에 대한 제약이라 할 수 없어, 그러한 가산점 제도에 대하여는 자의금지원칙에 따른 심사척도를 적용하여야 한다.

지문분석 난이도 상 정답 ①

| **키 워 드** | 평등권 및 평등의 원칙

| **출제유형** | 판례

① (○) 친고죄의 경우든 비친고죄의 경우든 자기 또는 배우자의 직계존속을 고소하지 못하도록 규정한 이 사건 법률 조항이 재판절차진술권의 중대한 제한을 초래한다고 보기는 어려우므로, 이 사건 법률 조항이 평등원칙에 위반되는지 여부에 대한 판단은 완화된 자의심사에 따라 차별에 합리적인 이유가 있는지를 따져보는 것으로 족하다 할 것이다(헌재 2011.2.24. 2008헌바56).

② (X) 국가기관이 채용시험을 실시할 경우 국가유공자와 그 가족에게 10퍼센트의 가산점을 주도록 한 규정에 관한 종전 기각결정(헌재 2001.2.22. 2000헌마25)은 국가유공자와 그 가족에 대한 가산점제도는 모두 헌법 제32조 제6항에 근거를 두고 있으므로 평등권 침해 여부에 관하여 보다 완화된 기준을 적용한 비례심사를 하였으나, 헌법불합치결정을 하였던 헌재 2006.2.23. 2004헌마675 결정에서는 국가유공자 본인의 경우는 별론으로 하고, 그 가족의 경우는 헌법 제32조 제6항이 가산점제도의 근거라고 볼 수 없으므로 그러한 완화된 심사는 부적절한 것이라고 하였다. 그러므로 본인에 대하여 엄격한 심사기준에 따라 판단한 것은 아니다.

③ (X) 대한민국 국민인 남자에 한하여 병역의무를 부과한 이 사건 법률조항은 헌법이 특별히 양성평등을 요구하는 경우나 관련 기본권에 중대한 제한을 초래하는 경우의 차별취급을 그 내용으로 하고 있다고 보기 어려우며, 징집대상자의 범위 결정에 관하여는 입법자의 광범위한 입법형성권이 인정된다는 점에 비추어 이 사건 법률 조항이 평등권을 침해하는지 여부는 완화된 심사기준에 따라 판단하여야 한다(헌재 2011.6.30. 2010헌마460).

④ (X) 특정한 조세 법률 조항이 혼인이나 가족생활을 근거로 부부 등 가족이 있는 자를 혼인하지 아니한 자 등에 비하여 차별 취급하는 것이라면 비례의 원칙에 의한 심사에 의하여 정당화되지 않는 한 헌법 제36조 제1항에 위반된다 할 것이다(헌재 2008.11.13. 2006헌바112).

⑤ (X) 복수·부전공 가산점은 헌법이 정하고 있는 차별금지 사유나 영역에는 해당하지 아니하므로, 평등실현 요청에 위배되는지 여부를 심사하기 위한 기준을 설정함에 있어서는 이 사건 복수·부전공 가산점으로 인한 차별이 공직취임에 대한 중대한 제한인지 여부가 문제된다. 그런데 중등교사 임용시험에서 이 사건 복수·부전공 가산점을 받지 못하는 자가 입을 수 있는 불이익은 공직에 진입하는 것 자체에 대한 제약이라는 점에서 당해 기본권에 대한 중대한 제한이므로 이 사건 복수·부전공 가산점 규정의 위헌 여부에 대하여는 엄격한 심사척도를 적용함이 상당하다(헌재 2006.6.29. 2005헌가13).

66 0249 O△X|O△X|O△X 2019 경찰 승진

헌법상 평등권 내지 평등원칙에 대한 설명으로 가장 적절하지 않은 것은? (다툼이 있는 경우 헌법재판소 판례에 의함)

① 평등위반 여부를 심사함에 있어 엄격한 심사척도에 의할 것인지 완화된 심사척도에 의할 것인지는 입법자에게 인정되는 입법형성권의 정도에 따라 달라진다.
② 자의심사의 경우에는 차별을 정당화하는 합리적인 이유가 있는지만을 심사하기 때문에 그에 해당하는 비교대상 간의 사실상의 차이나 입법목적(차별목적)의 발견, 확인에 그친다.
③ 헌법에서 특별히 평등을 요구하고 있는 경우나 차별적 취급으로 인하여 관련 기본권에 중대한 제한을 초래하게 되는 경우에는 완화된 심사척도인 자의금지원칙이 적용된다.
④ 헌법상 평등원칙은 국가가 합리적인 기준에 따라 능력이 허용하는 범위 내에서 법적 가치의 상향적 구현을 위한 제도의 단계적인 개선을 추진할 수 있는 길을 선택할 수 있도록 한다.

지문분석 난이도 중 정답 ③

| 키 워 드 | 평등권 및 평등의 원칙
| 출제유형 | 판례

③ (X), ① (O) 평등위반 여부를 심사함에 있어 엄격한 심사척도에 의할 것인지, 완화된 심사척도에 의할 것인지는 입법자에게 인정되는 입법형성권의 정도에 따라 달라지게 될 것이나, 헌법에서 특별히 평등을 요구하고 있는 경우와 차별적 취급으로 인하여 관련 기본권에 대한 중대한 제한을 초래하게 된다면 입법형성권은 축소되어 보다 엄격한 심사척도가 적용되어야 할 것인바, 가산점제도는 헌법 제32조 제4항이 특별히 남녀평등을 요구하고 있는 "근로" 내지 "고용"의 영역에서 남성과 여성을 달리 취급하는 제도이고, 또한 헌법 제25조에 의하여 보장된 공무담임권이라는 기본권의 행사에 중대한 제약을 초래하는 것이기 때문에 엄격한 심사척도가 적용된다(헌재 1999.12.23. 98헌마363).
② (O) 자의심사의 경우에는 차별을 정당화하는 합리적인 이유가 있는지만을 심사하기 때문에 그에 해당하는 비교대상 간의 사실상의 차이나 입법목적(차별목적)의 발견·확인에 그치는 반면에, 비례심사의 경우에는 단순히 합리적인 이유의 존부 문제가 아니라 차별을 정당화하는 이유와 차별 간의 상관관계에 대한 심사, 즉 비교대상 간의 사실상의 차이의 성질과 비중 또는 입법목적(차별목적)의 비중과 차별의 정도에 적정한 균형관계가 이루어져 있는가를 심사한다(헌재 2008.11.27. 2006헌가1).
④ (O) 헌법상 평등의 원칙은 국가가 언제 어디에서 어떤 계층을 대상으로 하여 기본권에 관한 사항이나 제도의 개선을 시작할 것인지를 선택하는 것을 방해하지는 않는다. 말하자면 국가는 합리적인 기준에 따라 능력이 허용하는 범위 내에서 법적 가치의 상향적 구현을 위한 제도의 단계적 개선을 추진할 수 있는 길을 선택할 수 있어야 한다(헌재 1991.2.11. 90헌가27).

67 0250 O△X|O△X|O△X 2010 사법고시(변형)

평등권의 특성에 대한 설명으로 옳지 않은 것은?

① 두 개의 비교집단이 본질적으로 동일한가의 판단은 일반적으로 관련 헌법규정과 당해 법규정의 의미와 목적에 달려 있다.
② 평등권에 있어서는 국가의 침해로부터 보호하려는 고유한 보호범위가 존재하지 않으며, 이로써 보호범위에 대한 침해 또한 있을 수 없다.
③ 평등권은 자유권과는 달리 국가작용 그 자체를 금지하는 것이 아니라, 국가작용이 평등원칙에 합치하는 한 모든 국가작용을 허용한다.
④ 남성과 여성에 대한 채용조건이 양성 중립적이거나 성별에 관계없는 표현으로 제시되었다면 설령 그 조건을 충족시킬 수 있는 남성 또는 여성이 다른 한 성에 비하여 현저히 적다고 하더라도, 직접적으로 남성 또는 여성을 달리 취급하지 않고 있는 이상 그 조건은 일단 정당한 것으로 추정되어야 한다.

지문분석 난이도 상 정답 ④

| 키 워 드 | 평등권
| 출제유형 | 이론 + 판례

④ (X) 지문과 같은 경우를 간접적 차별이라고 한다. 모든 집단에 대하여 동일하고 중립적인 기준을 적용하였으나 사회적 고정관념이나 사실상의 차이로 인하여 주로 일부 집단에 대하여 불리한 효과를 초래함으로써 결과적으로 불평등한 대우가 발생한 경우를 말한다. 성별에 대하여 그 자체로서 중립적인 규정이 주로 여성들에게 적용되고, 이것이 양성 간의 자연적 또는 사회적 차이에 기인하는 것이라면, 성별에 근거한 간접적인 차별이 인정된다.
① (O) 평등의 개념은 논리적으로 우선 둘 또는 그 이상의 대상을 전제로 한다(비교집단의 존재). 그런데 서로 비교될 수 있는 사실관계가 모든 관점에서 완전히 동일한 것이 아니라 단지 일정 요소에 있어서만 동일한 경우에, 비교되는 두 사실관계를 법적으로 동일한 것으로 볼 것인지 아니면 다른 것으로 볼 것인지를 판단하기 위하여는 어떠한 요소가 결정적인 기준이 되는가가 문제된다. 두 개의 사실관계가 본질적으로 동일한가의 판단은 일반적으로 당해 법률 조항의 의미와 목적에 달려 있다(헌재 2001.11.29. 99헌마494).
② (O) 평등권에 있어서는 국가의 침해로부터 보호하려는 고유한 보호범위가 존재하지 않으며, 이로써 보호범위에 대한 침해 또한 있을 수 없다. 평등권은 자유권과는 달리 보호범위를 형성하는 구체적 생활영역과의 연관성이 없기 때문에, 평등원칙의 내용은 보다 형식적이고 빈약하다.
③ (O) 평등권은 자유권과는 달리 국가작용 그 자체를 금지하는 것이 아니라, 국가작용이 평등원칙에 합치하는 한 모든 국가작용을 허용한다. 즉, 국가가 혜택을 부여한다면 누구에게나 평등한 혜택을, 부담을 부과한다면 누구에게나 평등한 부담을 부과할 것을 평등권은 요구할 뿐, 국가의 부담으로부터의 해방 또는 침해의 배제나 국가로부터 일정 급부를 요구할 수 있는 권리가 아니다. 바로 이러한 이유에서 기본권을 제한하는 법률이 평등원칙에 합치한다고 하여 곧 합헌적인 법률이 아니라, 자유권을 침해할 가능성은 언제나 있는 것이다.

68 0251 ○△×|○△×|○△× 2018 법원직 9급(변형)

평등권 또는 평등원칙에 관한 설명으로 옳은 것은? (다툼이 있는 경우 헌법재판소 판례에 의함)

① 퇴직 이후에 폐질상태가 확정되었을 때 일반 공무원에게는 장해급여수급권이 인정되지만 군인에게는 상이연금수급권이 인정되지 않는 경우, 이에 대한 평등심사에 있어서, 퇴직 이후에 폐질상태가 확정된 자 중 군인과 일반 공무원은 비교집단이 될 수 없고, 군인 중 폐질상태가 퇴직 이전에 확정된 자와 퇴직 이후에 확정된 자만 비교집단이 된다.
② '군사정전에 관한 협정 체결 이후 납북피해자의 보상 및 지원에 관한 법률'의 납북자의 범위에서 6·25 전쟁 중 납북자를 제외하고 있는 것에 대한 평등심사에 있어서, '6·25 전쟁 중 납북자'와 '군사정전협정 체결 이후 납북자'는 전시와 정전상태라는 점에서 차이가 있으므로 동일·유사한 집단이라고 할 수 없다.
③ 대통령선거경선후보자가 당내 경선과정에서 탈퇴함으로써 후원회를 둘 수 있는 자격을 상실한 때에는 후원받은 후원금 전액을 국고에 귀속하도록 하고, 당내경선에 참여하고 낙선하여 후원회를 둘 수 있는 자격을 상실한 때에는 사용 후 잔액을 소속정당에 인계하도록 하는 규정에 의한 차별은 엄격한 비례성 심사기준에 의하여 심사되어야 한다.
④ 중혼의 취소청구권자로 직계존속과 4촌 이내의 방계혈족을 규정하면서도 직계비속을 제외하는 민법 규정에 대한 평등원칙 위반 여부는 자의금지원칙 위반 여부의 심사로 족하다.

지문분석 난이도 상 정답 ④

| 키 워 드 | 평등권 및 평등의 원칙

| 출제유형 | 판례

④ (○) 이 사건 법률 조항은 중혼의 취소청구권자를 규정하면서 직계비속을 취소청구권자에 포함시키지 아니한 것인데, 앞서 본 바와 같이, 중혼의 취소청구권자를 어느 범위까지 포함할 것인지 여부에 관하여는 입법자의 입법재량의 폭이 넓은 영역이라 할 것이어서, 이 사건 법률 조항이 평등원칙을 위반했는지 여부를 판단함에 있어서는 자의금지원칙 위반 여부를 심사하는 것으로 족하다고 할 것이다(헌재 2010.7.29. 2009헌가8).

① (X) 상이연금수급권을 규정한 군인연금법과 장해연금수급권을 규정한 공무원연금법의 각 입법 취지와 목적 등을 비교해 보더라도 그 기본적인 관점에서 모두 동일하다고 볼 수 있으므로, 공무원연금법의 적용을 받는 공무원과 군인연금법의 적용을 받은 군인은 이러한 측면에서 본질적인 차이가 없는 동일한 집단으로서 의미 있는 비교집단이 된다고 할 것이다. 그럼에도 이 사건 법률 조항은, 위와 같이 일반 공무원의 경우에는 폐질상태로 퇴직한 경우뿐만 아니라 퇴직 후 폐질상태가 된 경우에도 공무원연금법 소정의 장해연금 등을 받을 수 있는 것과 달리, 군인의 경우에는 퇴직 이전의 질병 또는 부상이 원인이 되어 퇴직 이후에 비로소 폐질상태가 된 경우에 대해서는 상이연금을 지급한다는 규정을 두고 있지 아니함으로써 실질적으로 군인의 상이연금수급권을 제한하거나 수혜의 대상에서 일정한 범위의 군인을 제외시키고 있으므로, 이러한 측면에서 차별취급이 존재한다고 보아야 한다(헌재 2010.6.24. 2008헌바128).

② (X) '납북피해자 지원 등에 관한 법률안'의 내용에 의하면 애초에 지원의 대상으로 고려되었던 자들의 범위에는 '6·25 전쟁 중에 납북된 자'들도 포함되었고, 6·25 전쟁 중 납북자와 군사정전에 관한 협정 체결 이후 납북자는 비록 전시와 정전 상태에서 발생한 납북이라는 점에서는 차이가 있으나, 대한민국 국민으로서 남북 대치 상황에서 본인의 의사에 반하여 남한에서 북한에 들어가 거주하게 되었다는 점에서는 이 사건 법률 조항의 의미와 목적 등에 비추어 본질적으로 동일·유사한 집단이라고 할 것이다(헌재 2009.6.25. 2008헌마393).

③ (X) 이 사건 법률 조항이 규율하는 사항에 관하여는 입법자에게 비교적 넓은 입법형성권이 인정된다고 할 것이고, 따라서 동 조항이 갖고 있는 차별취급의 문제가 평등원칙에 위반되는지 여부를 심사함에 있어서는 완화된 심사척도에 의하는 것이 적절하다고 할 것이다(헌재 2009.12.29. 2007헌마1412).

69 0252 ○△×|○△×|○△× 2015 국회직 8급(변형)

평등의 원칙 내지 평등권에 관한 설명 중 옳지 않은 것은? (다툼이 있는 경우 판례에 의함)

① 헌법재판소는 헌법 제11조 제1항 제2문의 "사회적 신분"이란 사회에서 장기간 점하는 지위로서 일정한 사회적 평가를 수반하는 것을 의미한다고 할 것이므로 전과자도 사회적 신분에 해당한다고 판시하였다.

② 평등원칙과 결합하여 혼인과 가족을 부당한 차별로부터 보호하고자 하는 목적을 지니고 있는 헌법 제36조 제1항(혼인과 가족생활의 보장)에 비추어 볼 때, 종합부동산세의 과세방법을 "인별 합산"이 아니라 "세대별 합산"으로 규정한 종합부동산세법 규정은 비례원칙에 의한 심사에 의하여 정당화되지 않으므로 헌법에 위반된다.

③ "국가유공자·상이군경 및 전몰군경의 유가족은 법률이 정하는 바에 의하여 우선적으로 근로의 기회를 부여받는다."고 규정한 헌법 제32조 제6항의 대상자는 문리해석대로 "국가유공자", "상이군경" 그리고 "전몰군경의 유가족"이라고 보아야 하고, 국가유공자의 가족이 공무원채용시험에 응시하는 경우 만점의 10%를 가산하도록 규정하고 있는 법률 조항은 일반 응시자와의 차별의 효과가 지나치므로 헌법에 합치되지 아니한다.

④ 선거구를 획정할 때 선거구 간의 인구편차의 허용한계는 국회의원선거나 지방의회의원선거에 있어서 공히 상하 33⅓% 편차(이 경우 최대선거구 인구수와 최소선거구 인구수의 비율은 2:1)를 기준으로 한다.

지문분석 난이도 상 정답 ④

| 키 워 드 | 평등권 및 평등의 원칙

| 출제유형 | 판례

④ (×) 국회의원선거나 지방의회의원선거에 있어서 선거구를 획정할 때 선거구 간의 인구편차의 허용한계에 관하여 헌법재판소는 달리 규율하고 있다.

> [1] 공직선거법 제25조 제1항 본문 중 "자치구" 부분에 대한 심판청구는 기본권 침해의 직접성이 인정되지 아니하여 부적법하고, 인구편차 상하 50%를 기준으로 국회의원지역선거구를 정하고 있는 같은 법 제25조 제2항 별표1 국회의원지역선거구구역표는 그 전체가 헌법에 합치되지 아니한다(헌재 2014.10.30. 2012헌마192).
>
> [2] 인구편차 상하 33⅓%(인구비례 2 : 1)의 기준을 적용할 경우 자치구·시·군의원의 지역대표성과 각 분야에 있어서의 지역간 불균형 등 2차적 요소를 충분히 고려하기 어려운 반면, 인구편차 상하 50%(인구비례 3 : 1)를 기준으로 하는 방안은 2차적 요소를 보다 폭넓게 고려할 수 있다. 인구편차 상하 60%의 기준에서 곧바로 인구편차 상하 33⅓%의 기준을 채택하는 경우 선거구를 조정하는 과정에서 예기치 않은 어려움에 봉착할 가능성이 크므로, 현재의 시점에서 자치구·시·군의원 선거구 획정과 관련하여 헌법이 허용하는 인구편차의 기준을 인구편차 상하 50%(인구비례 3:1)로 변경하는 것이 타당하다(헌재 2019.2.28. 2018헌마415 등).

① (○) 헌법 제11조 제1항은 "모든 국민은 법 앞에 평등하다. 누구든지 성별·종교 또는 사회적 신분에 의하여 정치적·경제적·사회적·문화적 생활의 모든 영역에 있어서 차별을 받지 아니한다"라고 규정하고 있는바 여기서 사회적 신분이란 사회에서 장기간 점하는 지위로서 일정한 사회적 평가를 수반하는 것을 의미한다 할 것이므로 전과자도 사회적 신분에 해당된다(헌재 1995.2.23. 93헌바43).

② (○) 이 사건 세대별 합산규정으로 인한 조세부담의 증가라는 불이익은 이를 통하여 달성하고자 하는 조세회피의 방지 등 공익에 비하여 훨씬 크고, 조세회피의 방지와 경제생활 단위별 과세의 실현 및 부동산 가격의 안정이라는 공익은 입법정책상의 법익인데 반해 혼인과 가족생활의 보호는 헌법적 가치라는 것을 고려할 때 법익균형성도 인정하기 어렵다. 따라서 이 사건 세대별 합산규정은 혼인한 자 또는 가족과 함께 세대를 구성한 자를 비례의 원칙에 반하여 개인별로 과세되는 독신자, 사실혼 관계의 부부, 세대원이 아닌 주택 등의 소유자 등에 비하여 불리하게 차별하여 취급하고 있으므로, 헌법 제36조 제1항에 위반된다(헌재 2008.11.13. 2006헌바112).

③ (○) 이 사건 조항의 경우 명시적인 헌법적 근거 없이 국가유공자의 가족들에게 만점의 10%라는 높은 가산점을 부여하고 있는바, 그러한 가산점 부여 대상자의 광범위성과 가산점 10%의 심각한 영향력과 차별효과를 고려할 때, 그러한 입법정책만으로 헌법상의 공정경쟁의 원리와 기회균등의 원칙을 훼손하는 것은 부적절하며, 국가유공자의 가족의 공직 취업기회를 위하여 매년 많은 일반 응시자들에게 불합격이라는 심각한 불이익을 입게 하는 것은 정당화될 수 없다. 이 사건 조항의 차별로 인한 불평등 효과는 입법목적과 그 달성수단 간의 비례성을 현저히 초과하는 것이므로, 이 사건 조항은 청구인들과 같은 일반 공직시험 응시자들의 평등권을 침해한다(헌재 2006.2.23. 2004헌마675).

70 0253 ○△×|○△×|○△× 2013 국회직 8급(변형)

평등권과 평등원칙에 대한 설명으로 옳지 않은 것은? (다툼이 있는 경우 헌법재판소 판례에 의함)

① 직무 중 사망한 소방공무원에 대해서 경찰공무원과 달리 순직군경으로서의 보훈혜택을 부여하지 않는 것은 합리적 근거 없는 차별이다.
② A형 혈우병 환자들의 출생 시기에 따라 이들에 대한 유전자재조합제제의 요양급여 허용 여부를 달리 취급하는 것은 합리적 근거 없는 차별이다.
③ 자기 또는 배우자의 직계존속은 고소하지 못하도록 하는 형사소송법 규정은 합리적 근거 있는 차별이다.
④ 어음 발행인과 달리 부도수표 발행인에 대해서만 형사처벌하는 규정을 두었다고 하더라도 수표는 어음과는 본래적 성질을 달리 하므로 수표 발행인과 어음 발행인을 달리 취급하는 것은 합리적 근거 있는 차별이다.
⑤ 국회의원과 달리 지방자치단체장 선거에 입후보하는 자는 개인후원회를 둘 수 없도록 하는 것은 합리적 근거 있는 차별이다.

지문분석 난이도 중 정답 ①

| 키 워 드 | 평등권 및 평등의 원칙
| 출제유형 | 판례

① (X) 국가에 대한 공헌과 희생, 업무의 위험성의 정도, 국가의 재정상태 등을 고려하여 화재진압, 구조·구급 업무수행 또는 이와 관련된 교육훈련 이외의 사유로 직무수행 중 사망한 소방공무원에 대하여 순직군경으로서의 보훈혜택을 부여하지 않는다고 해서 이를 합리적인 이유 없는 차별에 해당한다고 볼 수 없다(헌재 2005.9.29. 2004헌바53).
② (O) 1983.1.1. 이후 출생한 A형 혈우병 환자에 한하여 유전자재조합제제에 대한 요양급여를 인정하는 이 사건 고시조항이 수혜자 한정의 기준으로 정한 환자의 출생 시기는 우연한 사정에 기인하는 결과의 차이일 뿐, 이러한 차이로 인해 A형 혈우병 환자들에 대한 치료제인 유전자재조합제제의 요양급여 필요성이 달라진다고 할 수는 없으므로, A형 혈우병 환자들의 출생 시기에 따라 이들에 대한 유전자재조합제제의 요양급여 허용 여부를 달리 취급하는 것은 합리적인 이유가 있는 차별이라고 할 수 없다. 따라서 이 사건 고시 조항은 청구인들의 평등권을 침해하는 것이다(헌재 2012.6.27. 2010헌마716).
③ (O) '효'라는 우리 고유의 전통규범을 수호하기 위하여 비속이 존속을 고소하는 행위의 반윤리성을 억제하고자 이를 제한하는 것은 합리적인 근거가 있는 차별이라고 할 수 있다. 따라서 자기 또는 배우자의 직계존속을 고소하지 못하도록 규정한 형사소송법 제224조는 헌법 제11조 제1항의 평등원칙에 위반되지 아니한다(헌재 2011.2.24. 2008헌바56).
④ (O) 어음 발행인과 달리 부도수표 발행인에 대하여만 형사처벌하는 규제를 두었다고 하더라도, 수표는 현금의 대용물로서 금전지급증권이라는 수표 고유의 특성 때문에 어음과는 본래적 성질을 달리 하므로, 수표 발행인과 어음 발행인 사이에는 본질적으로 동일한 집단에 대한 차별취급이 인정되지 않거나, 또는 이들에 대한 차별취급에 합리적 이유가 있다고 할 것이다. 따라서 이 사건 법률 조항은 평등원칙에 위배되지 아니한다(헌재 2011.7.28. 2009헌바267).
⑤ (O) 국회의원은 전 국민을 대표하는 대의기관으로서 본질적으로 전문정치인이며 그 직무수행에 있어서 선거자금 외에도 상당한 정치자금의 소요가 예상되나 지방자치단체장은 본질적으로 집행기관으로서 그 지위와 성격 및 기능에서 국회의원과 본질적으로 차이가 있고, 그 직무수행상 필요한 자금도 개인의 선거비용 이외에는 모두 국가 또는 지방자치단체의 예산으로 책정되어 있을 뿐만 아니라 집행기관으로서의 염결성을 확보하기 위하여 정치자금의 조달방법에서도 지방자치단체장 또는 지방자치단체장 선거에 입후보하는 자는 개인후원회를 둘 수 없도록 한 것이므로 이러한 차별은 합리적 근거 있는 차별이라고 할 것이다(헌재 2001.10.25. 2000헌바5).

71 0254 ○△×|○△×|○△× 2014 변호사(변형)

평등권 또는 평등원칙에 관한 설명 중 옳은 것을 모두 고른 것은? (다툼이 있는 경우 판례에 의함)

ㄱ. 주민투표권은 헌법상의 열거되지 아니한 권리 등 그 명칭의 여하를 불문하고 헌법상의 기본권성이 부정된다. 그러나 비교집단 상호간에 주민투표권의 차별이 존재할 경우 헌법상의 평등권의 심사가 가능하다.

ㄴ. 이륜자동차 운전자의 고속도로 등의 통행을 금지하는 법률규정은 일부 이륜자동차 운전자들의 변칙적인 운전행태를 이유로 전체 이륜자동차 운전자들의 고속도로 등 통행을 전면적으로 금지하고 있으므로 제한의 범위나 정도 면에서 지나친 점, 세계경제협력개발기구(OECD) 국가들과 비교해 보아도 우리나라만이 유일하게 이륜자동차의 고속도로 통행을 전면적으로 금지하고 있는 점, 고속도로 등에서 안전거리와 제한속도를 지켜서 운행할 경우 별다른 위험요소 없이 운행할 수 있는 점에서 일반 자동차 운전자와 비교할 때 이륜자동차 운전자의 평등권을 침해한다.

ㄷ. 일정한 교육을 거쳐 시·도지사로부터 자격 인정을 받은 자만이 안마시술소 등을 개설할 수 있도록 한 법률규정은 비시각장애인이 직접 안마사 자격 인정을 받아 안마를 하는 것을 금지하는 것은 수인하더라도 안마시술소를 개설조차 할 수 없도록 한 것으로서, 안마시술소 등을 개설하고자 하는 비시각장애인을 시각장애인과 달리 취급함으로써 비시각장애인의 평등권을 침해한다.

① ㄱ ② ㄱ, ㄴ
③ ㄴ, ㄷ ④ ㄷ

지문분석 난이도 상 정답 ①

| **키 워 드** | 평등권 및 평등의 원칙
| **출제유형** | 판례

ㄱ. (○) 주민투표권은 헌법상의 열거되지 아니한 권리 등 그 명칭의 여하를 불문하고 헌법상의 기본권성이 부정된다는 것이 우리 재판소의 일관된 입장이라 할 것인데, 이 사건에서 그와 달리 보아야 할 아무런 근거를 발견할 수 없다. 그렇다면 이 사건 심판청구는 헌법재판소법 제68조 제1항의 헌법소원을 통해 그 침해 여부를 다툴 수 있는 기본권을 대상으로 하고 있는 것이 아니므로 그러한 한에서 이유 없다. 하지만 주민투표권이 헌법상 기본권이 아닌 법률상의 권리에 해당한다 하더라도 비교집단 상호간에 차별이 존재할 경우에 헌법상의 평등권 심사까지 배제되는 것은 아니다(헌재 2007.6.28. 2004헌마643).

ㄴ. (X) 헌법재판소는 2007.1.17. 2005헌마1111 및 2008.7.31.2007헌바90 등에서 이미 이 사건 법률 조항과 동일한 내용의 구 도로교통법 조항에 대하여 헌법에 위반되지 않는다는 결정을 선고한 바 있다. 위 결정에서 헌법재판소는, 통행의 자유(일반적 행동 자유) 침해 여부에 대하여, … 기본권의 침해 정도가 경미하여 피해 최소성원칙에 위배된다고 보기도 어렵다고 하였다. 또한 평등권 침해 여부에 대하여, 이륜차는 운전자가 외부에 노출되는 구조로 말미암은 사고위험성과 사고결과의 중대성 때문에 고속도로 등의 통행이 금지되는 것이므로 구조적 위험성이 적은 일반 자동차와 비교할 때 불합리한 차별이라고 볼 수 없다고 하였는바, 이 사건에서도 위 결정과 달리 판단하여야 할 새로운 사정변경이 없다(헌재 2011.11.24. 2011헌바51).

ㄷ. (X) 시각장애인 안마시술소 개설 독점제도는 생활전반에 걸쳐 시각장애인에게 가해진 유·무형의 사회적 차별을 보상해 주고 실질적인 평등을 이룰 수 있는 수단이며, 이 사건 개설조항으로 인해 얻게 되는 시각장애인의 생존권 등 공익과 그로 인해 잃게 되는 일반국민의 직업선택의 자유 등 사익을 비교해 보더라도, 공익과 사익 사이에 법익 불균형이 발생한다고 할 수 없으므로, 이 사건 개설조항이 비시각장애인을 시각장애인에 비하여 비례의 원칙에 반하여 차별하는 것이라고 할 수 없을 뿐 아니라, 비시각장애인의 직업선택의 자유를 과도하게 침해하여 헌법에 위반된다고 보기도 어렵다(헌재 2013.6.27. 2011헌가39).

72 0255 ○△×|○△×|○△× 2022 경찰 2차

평등권 내지 평등원칙에 관한 설명 중 옳은 것은 모두 몇 개인가? (다툼이 있는 경우 판례에 의함)

> ㉠ 조세를 비롯한 공과금 부과에서의 평등원칙은, 공과금 납부의무자가 법률에 의하여 법적인 평등 부담뿐만 아니라 사실적으로도 평등하게 부담을 받을 것을 요청한다.
> ㉡ 유사한 성격의 규율대상에 대하여 이미 입법이 있다 하더라도, 평등원칙을 근거로 입법자에게 청구인들에게도 적용될 입법을 하여야 할 헌법상의 의무가 발생한다고 볼 수 없다.
> ㉢ 국가라 할지라도 국고작용으로 인한 민사관계에 있어서는 일반인과 같이 원칙적으로 대등하게 다루어져야 하며 국가라고 하여 우대하여야 할 헌법상의 근거가 없다.
> ㉣ 국가를 상대로 하는 당사자소송의 경우에는 가집행선고를 할 수 없다고 규정한 행정소송법 제43조는 공법상 법률관계를 전제로 한다는 점에서 일반 사법상 법률관계와 달리 취급할 합리적 이유가 있으므로 평등원칙에 위배되지 아니한다.

① 1개 ② 2개
③ 3개 ④ 4개

지문분석 난이도 상 정답 ③

| 키 워 드 | 평등권 및 평등의 원칙

| 출제유형 | 판례

㉠ (○) 국민건강보험은 사회보험으로서의 의료보험제도이다. 사회보험은 사회연대의 원리에 따라 소득에 비례하여 소득이 많은 자가 더 많은 보험료를 부담하도록 부과체계를 설계할 필요가 있다. 그리고 국가가 국민에게 세금을 비롯한 공과금을 부과하는 경우 그에 대한 헌법적 한계가 있는 것과 같이, 사회보험법상 보험료의 부과에 있어서도 국민의 기본권이나 헌법의 기본원리에 위배되어서는 아니 된다는 헌법적 제한을 받는다. 특히 헌법상의 평등원칙에서 파생하는 부담평등의 원칙은 조세뿐만 아니라, 보험료를 부과하는 경우에도 준수되어야 한다. 조세를 비롯한 공과금의 부과에서의 평등원칙은 공과금 납부의무자가 법률에 의하여 법적 및 사실적으로 평등하게 부담을 받을 것을 요청한다. 즉 납부의무자의 균등부담의 원칙은 공과금 납부의무의 규범적 평등과 공과금의 징수를 통한 납부의무의 관철에 있어서의 평등이라는 두 가지 요소로 이루어진다(헌재 2000.6.29. 99헌마289).

㉡ (○) 입법부작위에 대한 헌법소원은 헌법에서 기본권 보장을 위해 명시적으로 입법 위임을 하였거나 헌법 해석상 특정인에게 구체적인 기본권이 생겨 이를 보장하기 위한 국가의 입법의무가 발생하였음이 명백함에도 불구하고 입법자가 전혀 아무런 입법조치를 취하지 않고 있는 경우가 아니면 원칙적으로 인정될 수 없고, 또한 입법자가 헌법상 입법의무가 있는 어떤 사항에 관하여 입법은 하였으나 그 입법의 내용·범위·절차 등을 불완전·불충분 또는 불공정하게 규율함으로써 입법행위에 결함이 있는 이른바 부진정입법부작위의 경우에는 그 불완전한 규정을 대상으로 하여 그것이 헌법 위반이라는 적극적인 헌법소원을 청구할 수 있을 뿐 입법부작위로서 헌법소원의 대상으로 삼을 수 없다(헌재 2003.1.30. 2002헌마358).

㉢ (○) 헌법전문 및 헌법상의 평등의 원칙과 사유재산권의 보장은 그가 누구냐에 따라 차별대우가 있어서는 아니되고 비록 국가라 할지라도 국고작용으로 인한 민사(民事)관계에 있어서는 일반인과 같이 원칙적으로 대등하게 다루어져야 하며 국가라고 하여 우대하여야 할 헌법상의 근거가 없으며 이는 입법을 함에 있어서도 따라야 할 우리 헌법의 기본원리이다(헌재 1991.5.13. 89헌가97).

㉣ (×) 국가를 상대로 한 당사자소송에는 가집행선고를 할 수 없도록 규정하고 있는 행정소송법 제43조는 국가가 당사자소송의 피고인 경우 가집행의 선고를 제한하여, 국가가 아닌 공공단체 그 밖의 권리주체가 피고인 경우에 비하여 합리적인 이유 없이 차별하고 있으므로 평등원칙에 반한다(헌재 2022.2.24. 2020헌가12).

73 0256 ○△×|○△×|○△× 2017 국가직 7급(변형)

평등권에 관한 헌법재판소의 판시와 다른 것은?

① 교도소에 수용된 때에는 국민건강보험급여를 정지하도록 한 국민건강보험법 제49조 제4호는 수용자에게 의료급여를 정지함으로써 수용자를 차별하여 수형자의 건강권보호를 다하지 못하는 것이므로 이들에게 국가가 국민건강보험에서 제외하는 것은 평등권과 사회국가원리를 침해하는 것이다.

② 정부수립 이후 이주동포와 정부수립 이전 이주동포의 차별을 규정한 '재외동포의 출입국과 법적 지위에 관한 법률'의 규정은 헌법에 위배된다.

③ 국가인권위원회의 인권위원은 퇴직 후 2년간 교육공무원이 아닌 공무원으로 임명되거나 공직선거법에 의한 선거에 출마할 수 없도록 규정한 국가인권위원회법 제11조는 청구인들의 공무담임권, 참정권(피선거권), 직업선택의 자유를 제한함에 있어서 준수하여야 할 과잉금지의 원칙에 반하고 평등원칙에도 위배되어 헌법에 위반된다.

④ 초·중등학교의 교육공무원의 정당가입 및 선거운동을 금지하면서 대학교원에게는 허용하고 있는 정당법 제6조 단서 제1호 및 공직선거 및 선거부정방지법 제60조 제1항 제4호는 평등권을 침해하지 않는다.

지문분석

난이도 중 정답 ①

| 키 워 드 | 평등권

| 출제유형 | 판례

① (X) 수용자에게 의료급여를 정지함으로써 수용자를 차별하고 있으나, 이는 수용자에 대한 의료보장을 일괄적으로 국가가 부담하도록 하는 것을 전제로 하여 수용자 간 의료급여의 형평문제와 구금의 목적실현 등을 고려한 것으로 합리적 이유가 있으므로 평등원칙에 위배되지 않는다(헌재 2005.2.24. 2003헌마31).

② (O) 청구인들과 같은 정부수립 이전 이주동포를 재외동포법의 적용대상에서 제외한 것은 합리적 이유 없이 정부수립 이전 이주동포를 차별하는 자의적인 입법이어서 헌법 제11조의 평등원칙에 위배된다(헌재 2001.11.29. 99헌마494).

③ (O) 높은 수준의 직무상 공정성과 염결성이 요청되는 국가기관의 담당자, 예컨대 법원, 검찰, 경찰, 감사원 등의 고위직 공무원들과는 달리 국가인권위원회의 위원의 경우에만 퇴직 후 공직진출의 길을 봉쇄함으로써 재직 중 직무의 공정성을 강화하여야 할 필요성이 두드러진다고 볼 아무런 합리적 근거가 없다. 따라서 이 사건 법률 규정이 유독 국가인권위원회 위원에 대해서만 퇴직한 뒤 일정기간 공직에 임명되거나 선거에 출마할 수 없도록 제한한 것은 아무런 합리적 근거 없이 동 위원이었던 자만을 차별하는 것으로서 평등의 원칙에도 위배된다(헌재 2004.1.29. 2002헌마788).

④ (O) 헌재 2004.3.25. 2001헌마710

끝이 좋아야 시작이 빛난다.

– 마리아노 리베라(Mariano Rivera)

| 편저자 헌법 정인영

약력

현) 에듀윌 헌법 대표 교수
전) P학원 경찰 간부 및 승진 행정법/헌법 전임
전) G학원 행정법/헌법 전임
전) W학원 행정법/헌법 전임
전) B학원 행정법/헌법 전임

2023 경찰공무원 단원별 기출문제집 헌법

발 행 일	2022년 10월 27일 초판
편 저 자	정인영
펴 낸 이	권대호, 김재환
펴 낸 곳	(주)에듀윌
등록번호	제25100-2002-000052호
주 소	08378 서울특별시 구로구 디지털로34길 55 코오롱싸이언스밸리 2차 3층

www.eduwill.net

대표전화 1600-6700

여러분의 작은 소리
에듀윌은 크게 듣겠습니다.

본 교재에 대한 여러분의 목소리를 들려주세요.
공부하시면서 어려웠던 점, 궁금한 점,
칭찬하고 싶은 점, 개선할 점, 어떤 것이라도 좋습니다.

에듀윌은 여러분께서 나누어 주신 의견을
통해 끊임없이 발전하고 있습니다.

에듀윌 도서몰 book.eduwill.net

- 부가학습자료 및 정오표: 에듀윌 도서몰 → 도서자료실
- 교재 문의: 에듀윌 도서몰 → 문의하기 → 교재(내용, 출간) / 주문 및 배송

47개월* 베스트셀러 1위 에듀윌 공무원 교재

7·9급공무원 교재

기본서
(국어/영어/한국사)

기본서
(행정학/행정법총론/운전직 사회)

단원별 기출&예상 문제집
(국어/영어/한국사)

단원별 기출&예상 문제집
(행정학/행정법총론/운전직 사회)

기출문제집
(국어/영어/한국사)

기출문제집
(행정학/행정법총론/운전직 사회)

9급공무원 교재

기출문제집
(사회복지학개론)

기출PACK
공통과목(국어+영어+한국사)
/전문과목(행정법총론+행정학)

실전동형 모의고사
(국어/영어/한국사)

실전동형 모의고사
(행정학/행정법총론)

봉투모의고사
(일반행정직 대비 필수과목
/국가직·지방직 대비 공통과목 1, 2)

지방직 합격면접

7급공무원 교재

PSAT 기본서
(언어논리/상황판단/자료해석)

PSAT 기출문제집

민경채 PSAT 기출문제집

기출문제집
(행정학/행정법/헌법)

군무원 교재

기출문제집
(국어/행정법/행정학)

봉투모의고사
(국어+행정법+행정학)

경찰공무원 교재

기본서(경찰학)

기본서(형사법)

기본서(헌법)

기출문제집
(경찰학/형사법/헌법)

실전동형 모의고사
2차 시험 대비
(경찰학/형사법/헌법)

합격 경찰면접

계리직공무원 교재

※ 단원별 문제집은 한국사/우편상식/금융상식/컴퓨터일반으로 구성되어 있음.

기본서(한국사)

기본서(우편상식)

기본서(금융상식)

기본서(컴퓨터일반)

단원별 문제집(한국사)

기출문제집
(한국사+우편·금융상식+컴퓨터일반)

소방공무원 교재

기본서
(소방학개론/소방관계법규
/행정법총론)

단원별 기출문제집
(소방학개론/소방관계법규
/행정법총론)

기출PACK
(소방학개론+소방관계법규
+행정법총론)

실전동형 모의고사
(한국사/영어/행정법총론
/소방학+관계법규)

봉투모의고사
(한국사+영어+행정법총론
/소방학+관계법규)

국어 집중 교재

매일 기출한자(빈출순)

매일 푸는 비문학(4주 완성)

영어 집중 교재

빈출 VOCA

매일 3문 독해
(기본완성/실력완성)

빈출 문법(4주 완성)

단권화 요약노트 교재

국어 문법 단권화 요약노트

영어 단기 공략
(핵심 요약집)

한국사 흐름노트

행정학 단권화 요약노트

행정법 단권화 요약노트

기출판례집(빈출순) 교재

행정법

헌법

형사법

* YES24 수험서 자격증 공무원 베스트셀러 1위 (2017년 3월, 2018년 4월~6월, 8월, 2019년 4월, 6월~12월, 2020년 1월~12월, 2021년 1월~12월, 2022년 1월~10월 월별 베스트, 매월 1위 교재는 다름)
* YES24 국내도서 해당분야 월별, 주별 베스트 기준 (좌측 상단부터 순서대로 2021년 6월 4주, 2022년 10월, 2022년 1월, 2022년 10월, 2022년 7월 3주, 2022년 10월, 2022년 7월, 2020년 6월 1주, 2022년 9월, 2022년 9월, 2022년 6월 4주, 2022년 8월, 2021년 12월 3주, 2022년 10월, 2022년 10월, 2022년 1월, 2022년 3월 3주, 2022년 9월, 2022년 9월, 2022년 6월 3주, 2022년 9월 2주, 2021년 9월)

더 많은
공무원 교재

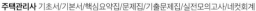

eduwill

업계 최초 대통령상 3관왕, 정부기관상 18관왕 달성!

2010 대통령상

2019 대통령상

2019 대통령상

대한민국 브랜드대상 국무총리상

서울특별시장상

과학기술부장관상

정보통신부장관상

산업자원부장관상

고용노동부장관상

미래창조과학부장관상

법무부장관상

여성가족부장관상

과학기술정보통신부 장관상

문화체육관광부 장관상

농림축산식품부 장관상

- 2004
  서울특별시장상 우수벤처기업 대상
- 2006
  산업자원부장관상 대한민국 e비즈니스대상
- 2007
  정보통신부장관상 디지털콘텐츠 대상
  산업자원부장관 표창 대한민국 e비즈니스대상
- 2010
  대통령 표창 대한민국 IT 이노베이션 대상
- 2013
  고용노동부장관 표창 일자리 창출 공로
- 2014
  미래창조과학부장관 표창 ICT Innovation 대상
- 2015
  법무부장관 표창 사회공헌 유공
- 2017
  여성가족부장관상 사회공헌 유공
  2016 합격자 수 최고 기록 KRI 한국기록원 공식 인증
- 2018
  2017 합격자 수 최고 기록 KRI 한국기록원 공식 인증
- 2019
  대통령 표창 범죄예방대상
  대통령 표창 일자리 창출 유공
  과학기술정보통신부장관상 대한민국 ICT 대상
- 2020
  국무총리상 대한민국 브랜드대상
  2019 합격자 수 최고 기록 KRI 한국기록원 공식 인증
- 2021
  고용노동부장관상 일·생활 균형 우수 기업 공모전 대상
  문화체육관광부장관 표창 근로자휴가지원사업 우수 참여 기업
  농림축산식품부장관상 대한민국 사회공헌 대상
  문화체육관광부장관 표창 여가친화기업 인증 우수 기업
- 2022
  농림축산식품부장관상 대한민국 ESG 대상

에듀윌 경찰공무원

단원별 기출문제집 | 헌법

3회독 워크북

개념체크 → 기출OX → 모의고사로 따라만 하면 자동 회독

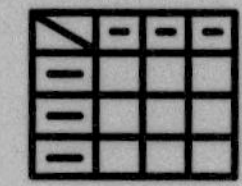

학습플래너 & Goal Tracker

계획 수립, 공부 과정 체크를 통해 3회독 목표 달성

회독 최적화 요소

문항별 회독 체크표, 해설 핵심 표시로 쉽고 빠른 회독

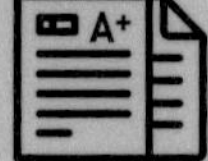

회차별 최신 기출/해설 PDF

22년 1, 2차 회차별 문제 + 해설로 실력 점검 및 실전 감각 UP

기출OX 문제풀이 APP

에듀윌 합격앱으로 자투리 시간까지 활용 가능

펴낸곳 (주)에듀윌 **펴낸이** 권대호, 김재환 **출판총괄** 김형석
개발책임 윤대권, 진현주 **개발** 고원, 이혜린
주소 서울시 구로구 디지털로34길 55 코오롱싸이언스밸리 2차 3층
대표번호 1600-6700 **등록번호** 제25100-2002-000052호

에듀윌 도서몰 book.eduwill.net
- 부가학습자료 및 정오표: 에듀윌 도서몰 → 도서자료실
- 교재 문의: 에듀윌 도서몰 → 문의하기 → 교재(내용, 출간) / 주문 및 배송

2023 에듀윌 경찰공무원

| 경찰 공채/간부/승진 대비 |

경찰공무원 브랜드만족도 1위

합격자 수 1,800% 수직 상승

회차별 최신 기출/해설 PDF 무료 제공

2022 대한민국 브랜드만족도
경찰공무원 교육 1위 (한경비즈니스)
산출근거 후면표기

단원별 기출문제집

헌법 | 기본권론 2

정인영 편저 | 하성우, 한진희 감수

무료 합격팩 3회독 워크북, 학습플래너&Goal Tracker, 회차별 최신 기출/해설 PDF,
회독용 정답체크표, 기출OX APP

eduwill

따라만 해도 **3회독 자동 완성**

한 권으로 끝! **올인원 경찰 기출**

시작하는 방법은
말을 멈추고
즉시 행동하는 것이다.

– 월트 디즈니(Walt Disney)

2023

에듀윌 경찰공무원

단원별 기출문제집

헌법

CONTENTS

차례

경　찰
단 원 별
기　출

PART 03

기본권론 2

기출키워드

01 자유권적 기본권 1	• 신체의 자유, 적법절차의 원칙 • 죄형법정주의 • 사생활의 비밀과 자유, 개인정보자기결정권 • 영장주의 • 변호인의 조력을 받을 권리 • 이중처벌금지원칙
02 자유권적 기본권 2	• 언론 · 출판의 자유, 집회 · 결사의 자유 • 재산권 • 직업선택의 자유 • 종교의 자유 • 표현의 자유에서의 알 권리 • 집회의 자유, 예술의 자유
03 참정권 및 정치적 기본권	• 선거제도, 정당제도 • 공무담임권, 공무원제도
04 청구권적 기본권	• 청원권 • 재판청구권, 국가배상청구권
05 사회적 기본권	• 인간다운 생활을 할 권리 • 교육을 받을 권리 • 근로의 권리와 근로3권 • 보건권
06 국민의 기본적 의무	• 국방의 의무

CHAPTER 01 자유권적 기본권 1

CHAPTER 02 자유권적 기본권 2

CHAPTER 03 참정권 및 정치적 기본권

CHAPTER 04 청구권적 기본권

CHAPTER 05 사회적 기본권

CHAPTER 06 국민의 기본적 의무

문제풀이 전략

01 자유권적 기본권 1	• 빈출 영역으로, 조문과 관련 결정례를 연결하여 학습해야 합니다. • 개인정보 보호법 등 기본적인 관련 법령을 숙지하고 있어야 합니다.
02 자유권적 기본권 2	• 정보공개법과 표현의 자유에 관한 결정례는 필수 암기사항입니다. • 재산권은 이론문제보다는 결정례를 중심으로 학습해야 합니다. • 직업의 자유의 제한 3단계별 결정례를 숙지하고 있어야 합니다.
03 참정권 및 정치적 기본권	• 기본적으로 공직선거법과 결정례를 중심으로 학습하는 것이 효율적입니다. • 공무담임권 결정례를 중심으로 학습해야 합니다. • 정당법과 정치자금법에 대한 학습이 필요합니다.
04 청구권적 기본권	• 청원권은 결정례를 중심으로 정리 · 암기하기 바랍니다. • 재판청구권 관련 조문 및 결정례는 빈출 영역이니 암기하고 있어야 합니다. • 국가배상청구권은 결정례를 중심으로 학습해야 합니다.
05 사회적 기본권	결정례를 중심으로 정리 · 학습해야 합니다.
06 국민의 기본적 의무	결정례를 중심으로 정리 · 학습해야 합니다.

CHAPTER

01 자유권적 기본권 1

■ 문항 수: 117문항

1 신체의 자유권

01 0257 ○△×|○△×|○△× 2020 국회직 8급

형의 집행 및 수용자의 처우에 대한 설명으로 옳지 않은 것은? (다툼이 있는 경우 판례에 의함)

① 형의 집행 및 수용자의 처우에 관한 법률상 징벌은 수사 및 재판 등의 절차확보를 위해 미결구금 및 형벌의 집행이라는 불이익을 받고 있는 자들에 대하여 부과되므로, 규율 위반에 대한 제재로서의 불이익은 형벌에 포함된 통상의 구금 및 수용생활이라는 불이익보다 더욱 자유와 권리를 제한하게 된다.

② 청구인인 금치처분을 받은 사람에게 최장 30일 이내의 기간 동안 공동행사에 참가할 수 없게 하였으나, 서신수수·접견을 통해 외부와 통신할 수 있게 하였고 종교상담을 통해 종교활동을 할 수 있도록 한 것은 청구인의 통신의 자유, 종교의 자유를 침해하지 않는다.

③ 징벌대상자로서 조서를 받고 있는 수형자가 변호인 아닌 자와 접견할 때 교도관이 참여하여 대화 내용을 기록하게 한 교도소장의 행위는 수형자의 사생활의 비밀과 자유를 침해하지 않는다.

④ 청구인인 금지처분을 받은 사람이 최장 30일 이내의 기간 동안 의사가 치료를 위하여 처방한 의약품을 제외한 자비구매물품의 사용을 제한받았다 하더라도, 소장이 지급하는 물품을 통하여 건강을 유지하기 위한 필요최소한의 생활을 영위할 수 있도록 하였다면 청구인의 일반적 행동의 자유를 침해하였다고 할 수 없다.

⑤ 미결수용자와 변호인이 되려고 하는 자와의 접견에는 교도관이 참여하지 못한다. 다만, 형사법령에 저촉되는 행위를 할 우려가 있는 경우에는 그러하지 아니하다.

지문분석 난이도 ㊤ 정답 ⑤

| 키 워 드 | 신체의 자유

| 출제유형 | 조문 + 판례

⑤ (X)

> **형의 집행 및 수용자의 처우에 관한 법률 제84조(변호인과의 접견 및 편지수수)** ① 제41조(접견) 제4항에도 불구하고 미결수용자와 변호인(변호인이 되려고 하는 사람을 포함한다. 이하 같다)과의 접견에는 교도관이 참여하지 못하며 그 내용을 청취 또는 녹취하지 못한다. 다만, 보이는 거리에서 미결수용자를 관찰할 수 있다.
>
> 제41조(접견) ④ 소장은 다음 각 호의 어느 하나에 해당하는 사유가 있으면 교도관으로 하여금 수용자의 접견 내용을 청취·기록·녹음 또는 녹화하게 할 수 있다.
> 1. 범죄의 증거를 인멸하거나 형사법령에 저촉되는 행위를 할 우려가 있는 때
> 2. 수형자의 교화 또는 건전한 사회복귀를 위하여 필요한 때
> 3. 시설의 안전과 질서유지를 위하여 필요한 때

① (O) 교정시설은 수용자를 강제로 수용하는 장소이므로 시설 내의 질서유지와 안전을 확보할 필요성이 크고, 형집행법상 징벌은 이미 수사 및 재판 등의 절차확보를 위한 미결구금 등의 불이익을 받고 있는 자들에 대하여 부과되는 것이라는 점에서, 규율 위반에 대한 제재로서의 불이익은 형벌에 포함된 통상의 구금 및 수용생활이라는 불이익보다 더욱 자유와 권리를 제한하는 것이 될 것임을 예상할 수 있다(헌재 2016.4.28. 2012헌마549 등).

② (O) 형집행법 제112조 제3항 본문 중 제108조 제4호에 관한 부분은 금치의 징벌을 받은 사람에 대해 금치기간 동안 공동행사 참가 정지라는 불이익을 가함으로써, 규율의 준수를 강제하여 수용시설 내의 안전과 질서를 유지하기 위한 것으로서, 목적의 정당성 및 수단의 적합성이 인정된다. 금치처분을 받은 사람은 최장 30일 이내의 기간 동안 공동행사에 참가할 수 없으나, 서신수수·접견을 통해 외부와 통신할 수 있고, 종교상담을 통해 종교활동을 할 수 있다. 또한, 위와 같은 불이익은 규율 준수를 통하여 수용질서를 유지한다는 공익에 비하여 크다고 할 수 없다. 따라서 위 조항은 청구인의 통신의 자유, 종교의 자유를 침해하지 아니한다(헌재 2016.5.26. 2014헌마45).

③ (O) 접견 내용을 녹음·녹화하는 경우 수용자 및 그 상대방에게 그 사실을 말이나 서면 등으로 알려주어야 하고 취득된 접견기록물은 법령에 의해 보호·관리되고 있으므로 사생활의 비밀과 자유에 대한 침해를 최소화하는 수단이 마련되어 있다는 점, 청구인이 나눈 접견 내용에 대한 사생활의 비밀로서의 보호가치에 비해 증거인멸의 위험을 방지하고 교정시설 내의 안전과 질서유지에 기여하려는 공익이 크고 중요하다는 점에 비추어 볼 때, 이 사건 접견참여·기록이 청구인의 사생활의 비밀과 자유를 침해하였다고 볼 수 없다(헌재 2014.9.25. 2012헌마523).

④ (O) 형집행법 제112조 제3항 본문 중 제108조 제7호의 신문·도서·잡지 외 자비구매물품에 관한 부분은 금치의 징벌을 받은 사람에 대해 금치기간 동안 자비로 구매한 음식물, 의약품 및 의료용품 등 자비구매물품을 사용할 수 없는 불이익을 가함으로써, 규율의 준수를 강제하여 수용시설 내의 안전과 질서를 유지하기 위한 것으로서 목적의 정당성 및 수단의 적합성이 인정된다. 금치처분을 받은 사람은 소장이 지급하는 음식물, 의류·침구, 그 밖의 생활용품을 통하여 건강을 유지하기 위한 필요최소한의 생활을 영위할 수 있고, 의사가 치료를 위하여 처방한 의약품은 여전히 사용할 수 있다. 또한, 위와 같은 불이익은 규율 준수를 통하여 수용질서를 유지한다는 공익에 비하여 크다고 할 수 없다. 따라서 위 조항은 청구인의 일반적 행동의 자유를 침해하지 아니한다(헌재 2016.5.26. 2014헌마45).

02 0258 ○△×|○△×|○△× 2013 법원직 5급

다음 중 죄형법정주의에 관한 설명으로 가장 옳지 않은 것은?
(다툼이 있는 경우 헌법재판소 및 대법원 판례에 의함)

① 청소년유해매체물의 범위를 법률에서 직접 확정하지 아니하고 행정기관인 청소년보호위원회로 하여금 결정하도록 한 청소년 보호법 규정은, 청소년에게 유해한 매체물은 각 매체물의 내용을 실제로 확인하여 유해성 여부를 판단할 수밖에 없는 점에 비추어 보면, 행정기관으로 하여금 청소년유해매체물을 확정하도록 한 것은 부득이하다고 할 것이므로 죄형법정주의에 반한다고 볼 수 없다.

② 노사가 체결한 단체협약은 단순히 근로조건에 관한 계약에 불과한 것이 아니라 개별적·집단적 노사관계를 규율하는 최상위 자치규범으로서 법규범 내지 법규범에 준하는 법적 성질을 인정받고 있으므로, 노동조합 관련 법률에서 단체협약에 위반한 자를 처벌할 수 있도록 규정한다고 하여 죄형법정주의에 위반하는 것은 아니다.

③ 죄형법정주의는 국가형벌권의 자의적인 행사로부터 개인의 자유와 권리를 보호하기 위하여 죄와 형을 법률로 정할 것을 요구하고, 이로부터 파생된 유추해석금지의 원칙은 성문의 규정은 엄격히 해석되어야 한다는 전제 아래 피고인에게 불리하게 성문규정이 표현하는 본래의 의미와 다른 내용으로 유추해석함을 금지하고 있다.

④ 공직선거법 제232조 제1항 제2호(후보자가 되고자 하는 것을 중지하거나 후보자를 사퇴한 데 대한 대가를 목적으로 후보자가 되고자 하였던 자나 후보자이었던 자에게 제230조 제1항 제1호에 규정된 행위를 한 자 또는 그 이익이나 직의 제공을 받거나 제공의 의사표시를 승낙한 자)가 처벌 대상을 후보자를 사퇴한 데 대한 대가를 목적으로 '후보자이었던 사람에게 재산상의 이익이나 공사의 직을 제공하는 행위' 및 '후보자이었던 사람이 이를 수수하는 행위'에 한정하고 있으므로, 위 규정이 죄형법정주의의 명확성원칙 등에 위배된다고 볼 수 없다.

⑤ 농업협동조합의 임원선거에 있어 정관이 정하는 행위 외의 선거운동을 한 경우 이를 형사처벌 하도록 한 것은, 금지되고 허용되는 선거운동이 무엇인지 여부가 형사처벌의 구성요건에 관련되는 주요사항임에도 불구하고, 그에 대한 결정을 입법자인 국회가 스스로 정하지 않고 특수법인의 정관에 위임하는 것은 사실상 그 정관 작성권자에게 처벌법규의 내용을 형성할 권한을 준 것이나 다름없으므로, 범죄와 형벌에 관하여는 입법부가 제정한 형식적 의미의 법률로써 정하여야 한다는 죄형법정주의원칙에 비추어 허용되기 어렵다.

지문분석 난이도 상 정답 ②

| 키 워 드 | 죄형법정주의
| 출제유형 | 판례

② (X) 구 노동조합법 제46조의3은 그 구성요건을 '단체협약에 … 위반한 자'라고만 규정함으로써 범죄구성요건의 외피(外皮)만 설정하였을 뿐 구성요건의 실질적 내용을 직접 규정하지 아니하고 모두 단체협약에 위임하고 있어 죄형법정주의의 기본적 요청인 '법률주의'에 위배되고, 그 구성요건도 지나치게 애매하고 광범위하여 죄형법정주의의 명확성의 원칙에 위배된다(헌재 1998.3.26. 96헌가20).

① (O) 이 사건 법률 조항에서 직접 청소년유해매체물의 범위를 확정하지 아니하고 행정기관(청소년보호위원회 등)에 위임하여 그 행정기관으로 하여금 청소년유해매체물을 확정하도록 하는 것은 부득이하다고 할 것이다. 또 법 제10조 제1항은 청소년유해매체물의 결정기준으로서 청소년에게 성적인 욕구를 자극하는 선정적이거나 음란한 것, 포악성이나 범죄의 충동을 일으킬 수 있는 것 등을 규정하여 어떤 매체물이 청소년보호위원회 등에 의하여 청소년유해매체물로 결정·확인될지 그 대강을 예측할 수 있도록 하고 있으며, 법 제21조 등과 법 시행규칙은 청소년유해매체물의 결정을 관보에 고시하고 주기적으로 청소년유해매체물 목록표를 작성하도록 하고 있으므로 처벌의 대상행위가 무엇인지는 이러한 절차를 통하여 보다 명확해지게 된다. 따라서 이 사건 법률 조항이 형벌법규의 위임의 한계를 벗어나거나 불명확하여 죄형법정주의에 위반된다고 할 수 없다(헌재 2000.6.29. 99헌가16).

③ (O) 죄형법정주의는 국가형벌권의 자의적인 행사로부터 개인의 자유와 권리를 보호하기 위하여 범죄와 형벌을 법률로 정할 것을 요구한다. 그러한 취지에 비추어 보면 형벌법규의 해석은 엄격하여야 하고, 명문의 형벌법규의 의미를 피고인에게 불리한 방향으로 지나치게 확장해석하거나 유추해석하는 것은 죄형법정주의의 원칙에 어긋나는 것으로서 허용되지 아니한다(대판 2011.8.25. 2011도7725).

④ (O) 교육감선거와 관련하여 후보자를 사퇴한 데 대한 대가를 목적으로 후보자이었던 자에게 금전을 제공하는 행위를 한 자를 처벌하는 지방교육자치에 관한 법률 제49조 제1항 본문 중 공직선거법(헌재 2005.8.4. 법률 제7681호로 개정된 것) 제232조 제1항 제2호 중 후보자를 사퇴한 데 대한 대가를 목적으로 후보자이었던 자에게 '금전을 제공하는 행위'를 한 자에 관한 부분을 준용하는 부분(이하 '이 사건 법률 조항'이라 한다)이 죄형법정주의상 명확성원칙에 위배되지 아니한다(헌재 2012.12.27. 2012헌바47).

⑤ (O) 이 사건 법률 조항은, 조합원에 한하지 않고 모든 국민을 수범자로 하는 형벌조항이며, 또 금지되고 허용되는 선거운동이 무엇인지 여부가 형사처벌의 구성요건에 관련되는 주요사항임에도 불구하고, 그에 대한 결정을 입법자인 국회가 스스로 정하지 않고 헌법이 위임입법의 형식으로 예정하고 있지도 않은 특수법인의 정관에 위임하는 것은 사실상 그 정관 작성권자에게 처벌법규의 내용을 형성할 권한을 준 것이나 다름없으므로, 정관에 구성요건을 위임하고 있는 이 사건 법률 조항은 범죄와 형벌에 관하여는 입법부가 제정한 형식적 의미의 법률로써 정하여야 한다는 죄형법정주의원칙에 비추어 허용되기 어렵다(헌재 2010.7.29. 2008헌바106).

03 0259 ○△×|○△×|○△× 2016 법원직 9급

헌법상 죄형법정주의에 관한 다음 설명 중 가장 옳지 않은 것은? (다툼이 있는 경우 헌법재판소 결정에 의함)

① 죄형법정주의는 법치주의, 국민주권 및 권력분립의 원리에 입각한 것으로서 일차적으로 무엇이 범죄이며 그에 대한 형벌이 어떠한 것인가는 반드시 국민의 대표로 구성된 입법부가 제정한 성문의 법률로써 정하여야 한다는 원칙인바, 여기서 말하는 '법률'이란 입법부에서 제정한 형식적 의미의 법률을 의미한다.

② 법률에 의한 처벌법규의 위임은, 헌법이 특별히 인권을 최대한으로 보장하기 위하여 죄형법정주의와 적법절차를 규정하고 법률에 의한 처벌을 특별히 강조하고 있는 기본권 보장 우위사상에 비추어 바람직스럽지 못한 일이므로, 그 요건과 범위가 보다 엄격하게 제한적으로 적용되어야 한다. 따라서 특히 긴급한 필요가 있거나 미리 법률로써 자세히 정할 수 없는 부득이한 사정이 있는 경우로 한정되어야 한다.

③ 농업협동조합의 임원선거에 있어 정관이 정하는 행위 외의 선거운동을 한 경우 이를 형사처벌하도록 한 법률 조항은, 조합의 임원선거에 있어 정관이 정하는 것 이외의 일체의 선거운동을 금지한다는 의미로 명확하게 해석된다고 할 것이므로 선거운동의 예외적 허용 사항을 정관에 위임하였더라도 죄형법정주의원칙에 위배된다고 볼 수 없다.

④ 노동조합 관련 법률에서 범죄의 구성요건을 '단체협약에 …위반한 자'라고만 규정한 경우, 이는 범죄구성요건의 외피(外皮)만 설정하였을 뿐 구성요건의 실질적 내용을 직접 규정하지 아니하고 모두 단체협약에 위임하고 있는 것으로, 죄형법정주의의 기본적 요청인 법률주의에 위배되고, 그 구성요건도 지나치게 애매하고 광범위하여 죄형법정주의의 명확성의 원칙에 위배된다.

지문분석 난이도 중 정답 ③

| 키 워 드 | 죄형법정주의

| 출제유형 | 판례

③ (X) 농협의 조합원뿐만 아니라 정관 내용에 대한 인식 또는 숙지를 기대하기 곤란한 일반 국민까지 그 수범자에 포함시키고 있으므로, '정관이 정하는 행위 외의 선거운동'이 구체적으로 무엇인지에 관한 수범자의 예측가능성을 더욱 인정하기 어렵다. 따라서 농업협동조합의 임원선거에 있어 정관이 정하는 행위 외의 선거운동을 한 경우 이를 형사처벌하도록 하는 것은 형식적 의미의 법률이 아닌 정관에 범죄구성요건을 위임함에 따라 수범자로 하여금 형사처벌 유무에 대하여 전혀 예측할 수 없도록 하고 있으므로 헌법상 죄형법정주의원칙에 위배된다고 할 것이다(헌재 2010.7.29. 2008헌바106).

① (O) 죄형법정주의는 법치주의, 국민주권 및 권력분립의 원리에 입각한 것으로서 일차적으로 무엇이 범죄이며 그에 대한 형벌이 어떠한 것인가는 반드시 국민의 대표로 구성된 입법부가 제정한 성문의 법률로써 정하여야 한다는 원칙이고, 헌법 제12조 제1항 후단도 "법률과 적법한 절차에 의하지 아니하고는 처벌을 받지 아니한다."라고 규정하여 죄형법정주의를 천명하고 있는바, 여기서 말하는 '법률'이란 입법부에서 제정한 형식적 의미의 법률을 의미하는 것임은 물론이다(헌재 2012.6.27. 2011헌마288).

② (O) 법률에 의한 처벌법규의 위임은 헌법이 특히 인권을 최대한으로 보장하기 위하여 죄형법정주의와 적법절차를 규정하고, 법률에 의한 처벌을 특별히 강조하고 있는 기본권 보장 우위사상에 비추어 바람직하지 못한 일이므로, 그 요건과 범위가 보다 엄격하게 제한적으로 적용되어야 한다. 따라서 처벌법규의 위임은 첫째, 특히 긴급한 필요가 있거나 미리 법률로써 자세히 정할 수 없는 부득이한 사정이 있는 경우에 한정되어야 하고, 둘째, 이러한 경우일지라도 법률에서 범죄의 구성요건은 처벌대상인 행위가 어떠한 것일 거라고 이를 예측할 수 있을 정도로 구체적으로 정하고, 셋째, 형벌의 종류 및 그 상한과 폭을 명백히 규정하여야 한다(헌재 2004.8.26. 2004헌바14).

④ (O) 단체협약에 위반한 자를 1,000만 원 이하의 벌금에 처하도록 규정한 구 노동조합법 제46조의3은 그 구성요건을 "단체협약에……위반한 자"라고만 규정함으로써 범죄구성요건의 외피(外皮)만 설정하였을 뿐 구성요건의 실질적 내용을 직접 규정하지 아니하고 모두 단체협약에 위임하고 있어 죄형법정주의의 기본적 요청인 "법률"주의에 위배되고, 그 구성요건도 지나치게 애매하고 광범위하여 죄형법정주의의 명확성의 원칙에 위배된다(헌재 1998.3.26. 96헌가20).

04 0260 ○△×|○△×|○△× 2022 경찰 승진

죄형법정주의에 대한 설명으로 적절하지 않은 것을 모두 고른 것은? (다툼이 있는 경우 판례에 의함)

㉠ 죄형법정주의는 범죄와 형벌이 법률로 정하여져야 함을 의미하는 것으로 이러한 죄형법정주의에서 파생되는 명확성의 원칙은 누구나 법률이 처벌하고자 하는 행위가 무엇이며, 그에 대한 형벌이 어떠한 것인지를 예견할 수 있어야 하나, 반드시 그에 따라 자신의 행위를 결정할 수 있도록 하는 구성요건의 명확성까지 요구하는 것은 아니다.
㉡ 형벌 구성요건의 실질적 내용을 법률에서 직접 규정하지 아니하고 새마을금고의 정관에 위임한 것은 범죄와 형벌에 관하여는 입법부가 제정한 형식적 의미의 법률로써 정하여야 한다는 죄형법정주의원칙에 위반된다.
㉢ 법정형의 폭이 지나치게 넓게 되면 자의적인 형벌권의 행사가 가능하게 되어 형벌체계상의 불균형을 초래할 수 있을 뿐만 아니라, 피고인이 구체적인 형의 예측이 현저하게 곤란해지고 죄질에 비하여 무거운 형에 처해질 위험에 직면하게 되므로 법정형의 폭이 지나치게 넓어서는 아니 된다는 것은 죄형법정주의의 한 내포라고 할 수 있다.
㉣ 처벌을 규정하고 있는 법률조항이 구성요건이 되는 행위를 같은 법률조항에서 직접 규정하지 않고 다른 법률조항에서 이미 규정한 내용을 원용하였다거나 그 내용 중 일부를 괄호 안에 규정한 경우 그 사실만으로 명확성원칙에 위반된다.

① ㉠, ㉡ ② ㉠, ㉣
③ ㉡, ㉢ ④ ㉢, ㉣

지문분석 난이도 중 정답 ②

| 키 워 드 | 죄형법정주의

| 출제유형 | 판례

㉠ (X) 죄형법정주의는 범죄와 형벌이 법률로 정하여져야 함을 의미하는 것으로 이러한 죄형법정주의에서 파생되는 명확성의 원칙은 누구나 법률이 처벌하고자 하는 행위가 무엇이며, 그에 대한 형벌이 어떠한 것인지를 예견할 수 있고, 그에 따라 자신의 행위를 결정할 수 있도록 구성요건이 명확할 것을 의미하는 것이다(헌재 2001.1.18. 99헌바112).

㉣ (X) 처벌을 규정하고 있는 법률조항이 구성요건이 되는 행위를 같은 법률조항에서 직접 규정하지 않고 다른 법률조항에서 이미 규정한 내용을 원용하였다거나 그 내용 중 일부를 괄호 안에 규정하였다는 사실만으로 명확성원칙에 위반된다고 할 수는 없다(헌재 2010.3.25. 2009헌바121).

㉡ (O) 형벌 구성요건의 실질적 내용을 법률에서 직접 규정하지 아니하고 금고의 정관에 위임한 것은 범죄와 형벌에 관하여는 입법부가 제정한 형식적 의미의 "법률"로써 정하여야 한다는 죄형법정주의원칙에 위반된다(헌재 2001.1.18. 99헌바112).

㉢ (O) 형벌체계상의 균형의 상실은 가혹한 법정형의 설정뿐 아니라 지나치게 폭넓은 법정형의 설정에 의하여도 초래될 수 있을 것이다. 법정형의 폭이 지나치게 넓게 되면 자의적인 형벌권의 행사가 가능하게 되어 피고인으로서는 구체적인 형의 예측이 현저하게 곤란해질 뿐만 아니라, 죄질에 비하여 무거운 형에 처해질 위험성에 직면하게 된다고 할 수 있다. 따라서 법정형의 폭이 지나치게 넓어서는 아니 된다는 것은 죄형법정주의의 한 내포라고도 할 수 있다(헌재 1997.9.25. 96헌가16).

05 0261 ○△×|○△×|○△× 2020 국회직 8급

형벌과 책임주의원칙에 대한 설명으로 옳지 않은 것은? (다툼이 있는 경우 판례에 의함)

① 형법 제129조 제1항의 수뢰죄를 범한 사람에게 수뢰액의 2배 이상 5배 이하의 벌금을 병과하도록 규정한 특정범죄 가중처벌 등에 관한 법률 조항은 책임과 형벌의 비례원칙에 위반되지 않는다.

② 단체나 다중의 위력으로써 형법상 상해죄를 범한 사람을 가중처벌하는 구 폭력행위 등 처벌에 관한 법률 조항은 책임과 형벌의 비례원칙에 위반되지 않는다.

③ 독립행위가 경합하여 상해의 결과를 발생하게 한 경우 원인된 행위가 판명되지 아니한 때에는 공동정범의 예에 의하도록 규정한 형법 제263조는 책임주의원칙에 위반된다.

④ 법인의 대표자 등이 법인의 재산을 국외로 도피한 경우 행위자를 벌하는 외에 그 법인에도 도피액의 2배 이상 10배 이하에 상당하는 벌금형을 과하는 특정경제범죄 가중처벌 등에 관한 법률 제4조 제4항 본문 중 '법인에 대한 처벌'에 관한 부분은 책임주의에 위반되지 않는다.

⑤ 종업원이 고정조치의무를 위반하여 화물을 적재하고 운전한 경우 그를 고용한 법인을 면책사유 없이 형사처벌하도록 규정한 구 도로교통법 제116조 중 '법인의 대리인, 사용인 그 밖의 종업원이 그 법인의 업무에 관하여 제113조 제1호 중 제35조 제3항을 위반한 때에는 그 법인에 대하여도 해당 조항의 벌금 또는 과료의 형을 과한다.'는 부분은 자기책임원칙에 위반된다.

지문분석

난이도 중 정답 ③

| 키 워 드 | 책임주의원칙

| 출제유형 | 판례

③ (X) 신체에 대한 가해행위는 그 자체로 상해의 결과를 발생시킬 위험을 내포하고 있으므로, 독립한 가행행위가 경합하여 상해가 발생한 경우 상해의 발생 또는 악화에 전혀 기여하지 않은 가해행위의 존재라는 것은 상정하기 어렵고, 각 가해행위가 상해의 발생 또는 악화에 어느 정도 기여하였는지를 계량화할 수 있는 것도 아니다. 이에 입법자는 피해자의 법익 보호와 일반예방적 효과를 높일 필요성을 고려하여 다른 독립행위가 경합하는 경우와 구분하여 심판대상 조항을 마련한 것이다. 또한 법관은 피고인이 가해행위에 이르게 된 동기, 가해행위의 태양과 폭력성의 정도, 피해 회복을 위한 피고인의 노력 정도 등을 모두 참작하여 피고인의 행위에 상응하는 형을 선고하므로, 가해 행위자는 자신의 행위를 기준으로 형사책임을 부담한다. 이러한 점을 종합하여 보면, 심판대상 조항은 책임주의원칙에 반한다고 볼 수 없다(헌재 2018.3.29. 2017헌가10).

① (O) 수뢰액은 죄의 경중을 가늠하는 중요한 기준 가운데 하나이며, 불법의 정도를 드러낼 수 있는 가장 보편적인 징표인바, 수뢰액이 증가하면 범죄에 대한 비난가능성도 일반적으로 높아진다고 할 수 있으므로 수뢰액을 기준으로 벌금을 산정하는 것 역시 책임을 벗어난 형벌이라고 보기 어렵다. 결국, 심판대상 조항이 그 범죄의 죄질 및 이에 따른 행위자의 책임에 비하여 지나치게 가혹한 것이어서 형벌과 책임 간의 비례원칙에 위배되었다고 볼 수 없다(헌재 2017.7.27. 2016헌바42).

② (O) 단체나 다중의 위력으로써 상해죄를 범하는 경우에는 이미 그 행위 자체에 내재되어 있는 불법의 정도가 크고, 중대한 법익침해를 야기할 가능성이 높다. 심판대상 조항의 법정형은 징역 3년 이상으로서 법관이 작량감경을 하지 않더라도 집행유예 선고가 가능하여 피고인의 책임에 상응하는 형을 선고할 수 있다. … 따라서 특별법인 폭력행위처벌법에 있던 심판대상 조항이 삭제되고 형법에 편입되면서 법정형이 하향 조정되었다는 사정만으로 심판대상 조항이 책임과 형벌의 비례원칙에 위반된 것이라고 할 수 없다(헌재 2017.7.27. 2015헌바450).

④ (O) [1] 법인 대표자의 법규 위반행위에 대한 법인의 책임은 법인 자신의 법규 위반행위로 평가될 수 있는 행위에 대한 법인의 직접책임이므로, 대표자의 고의에 의한 위반행위에 대하여는 법인이 고의 책임을, 대표자의 과실에 의한 위반행위에 대하여는 법인이 과실 책임을 부담한다. 따라서 청구인이 대표자가 범한 횡령행위의 피해자로서 손해만을 입고 아무런 이익을 얻지 못한 경우라도, 법인이 대표자를 통하여 재산국외도피를 하였다면 그 자체로 법인 자신의 법규 위반행위로 평가할 수 있다. 심판대상 조항 중 법인의 대표자 관련 부분은 법인의 직접책임을 근거로 하여 법인을 처벌하므로 책임주의원칙에 반하지 아니한다.
[2] 종업원 등이 재산국외도피행위를 함에 있어 법인이 그 위반행위를 방지하기 위하여 해당 업무에 관하여 상당한 주의와 감독을 게을리 한 경우라면, 법인이 설령 종업원 등이 범한 횡령행위의 피해자의 지위에 있다 하더라도, 종업원 등의 범죄행위에 대한 관리감독 책임을 물어 법인에도 형벌을 부과할 수 있다. 따라서 심판대상 조항 중 법인의 종업원 등 관련 부분은 법인의 과실책임에 기초하여 법인을 처벌하므로 책임주의원칙에 반하지 아니한다(헌재 2019.4.11. 2015헌바443).

⑤ (O) 심판대상 조항은, 종업원이 법인의 업무에 관하여 운전 중 실은 화물이 떨어지지 아니하도록 덮개를 씌우거나 묶는 등 확실하게 고정될 수 있도록 필요한 조치를 하지 아니한 채 운전한 사실이 인정되면, 곧바로 법인에 대해서도 형벌을 부과하도록 정하고 있다. 그 결과 종업원의 고정조치의무 위반행위와 관련하여 선임·감독상 주의의무를 다하여 아무런 잘못이 없는 법인도 형사처벌되게 되었는바, 이는 다른 사람의 범죄에 대하여 그 책임 유무를 묻지 않고 형사처벌하는 것이므로 헌법상 법치국가원리 및 죄형법정주의로부터 도출되는 책임주의원칙에 위배된다(헌재 2016.10.27. 2016헌가10).

06 0262 ○△×|○△×|○△× 2018 경찰 승진

형벌에 관한 책임주의원칙에 대한 설명으로 가장 적절하지 않은 것은? (다툼이 있는 경우 판례에 의함)

① 종업원이 고정조치의무를 위반하여 화물을 적재하고 운전한 경우 그를 고용한 법인을 면책사유 없이 형사처벌하도록 규정한 구 도로교통법 조항은 책임주의원칙에 위배되지 아니한다.
② 종업원의 위반행위에 대하여 양벌조항으로서 개인인 영업주에게도 동일하게 무기 또는 2년 이상의 징역형의 법정형으로 처벌하도록 규정하고 있는 보건범죄단속에 관한 특별조치법 조항은 형사법상 책임원칙에 위반된다.
③ 형법 제129조 제1항의 수뢰죄를 범한 사람에게 수뢰액의 2배 이상 5배 이하의 벌금을 병과하도록 규정한 특정범죄 가중처벌 등에 관한 법률 조항은 책임과 형벌의 비례원칙에 위배되지 아니한다.
④ 단체나 다중의 위력으로써 형법상 상해죄를 범한 사람을 가중 처벌하는 구 폭력행위 등 처벌에 관한 법률 조항은 책임과 형벌의 비례원칙에 위반되지 아니한다.

지문분석

난이도 중 정답 ①

| 키 워 드 | 책임주의원칙
| 출제유형 | 판례

① (X) 종업원의 고정조치의무 위반행위와 관련하여 선임·감독상 주의의무를 다하여 아무런 잘못이 없는 법인도 형사처벌되게 되었는바, 이는 다른 사람의 범죄에 대하여 그 책임 유무를 묻지 않고 형사처벌하는 것이므로 헌법상 법치국가원리 및 죄형법정주의로부터 도출되는 책임주의원칙에 위배된다(헌재 2016.10.27. 2016헌가10).
② (O) 종업원의 위반행위에 대하여 양벌조항으로서 개인인 영업주에게도 동일하게 무기 또는 2년 이상의 징역형의 법정형으로 처벌하도록 규정하고 있는 보건범죄단속에 관한 특별조치법 조항은 형사법상 책임원칙에 위반된다(헌재 2007.11.29. 2005헌가10).
③ (O) 형법 제129조 제1항의 수뢰죄를 범한 사람에게 수뢰액의 2배 이상 5배 이하의 벌금을 병과하도록 규정한 특정범죄 가중처벌 등에 관한 법률 조항은 책임과 형벌의 비례원칙에 위배되지 아니한다(헌재 2017.7.27. 2016헌바42).
④ (O) 단체나 다중의 위력으로써 형법상 상해죄를 범한 사람을 가중 처벌하는 구 폭력행위 등 처벌에 관한 법률 조항은 책임과 형벌의 비례원칙에 위반되지 아니한다(헌재 2017.7.27. 2015헌바450).

07 0263 ○△×|○△×|○△× 2018 경찰 승진

처분적 법률에 대한 설명 중 옳은 것을 모두 고른 것은? (다툼이 있는 경우 판례에 의함)

㉠ 특별검사에 의한 수사대상을 특정인에 대한 특정 사건으로 한정하고 있는 한나라당 대통령 후보 이명박의 주가 조작 등 범죄혐의의 진상규명을 위한 특별검사의 임명 등에 관한 법률은 처분적 법률의 성격을 갖는다.
㉡ 불특정 다수인을 규율대상으로 하는 것이 아니라 친일반민족행위자의 후손만을 규율하고 있는 친일반민족행위자 재산의 국가귀속에 관한 특별법은 처분적 법률에 해당한다.
㉢ 상법상의 주식회사에 불과한 연합뉴스사를 국가기간뉴스통신사로 지정하고, 정부가 위탁하는 공익업무와 관련하여 정부의 예산으로 재정지원을 할 수 있는 법적 근거를 두고 있는 뉴스통신진흥에 관한 법률은 특정인에 대해서만 적용되는 개인대상 법률로서 처분적 법률에 해당한다.
㉣ 이른바 행복도시 예정지역을 충청남도 연기군 및 공주시의 지역 중에서 지정한다고 규정한 신행정수도 후속대책을 위한 연기·공주지역 행정중심복합도시건설을 위한 특별법은 '연기·공주'라는 특정지역에 거주하는 주민이면서 특정범위의 국민들에 대하여만 특별한 희생을 강요하므로 처분적 법률에 해당한다.

① ㉠
② ㉠, ㉢
③ ㉡, ㉢, ㉣
④ ㉠, ㉡, ㉢, ㉣

지문분석

난이도 상 정답 ②

| 키 워 드 | 처분적 법률
| 출제유형 | 판례

㉠ (O) 헌재 2008.1.10. 2007헌마1468
㉢ (O) 헌재 2005.6.30. 2003헌마841
㉡ (X) 친일반민족행위자 재산의 국가귀속에 관한 특별법 조항들은 친일반민족행위자의 친일재산에 일반적으로 적용되는 것이므로 위 법률 조항들을 처분적 법률로 보기도 어렵다(헌재 2011.3.31. 2008헌바141).
㉣ (X) 신행정수도 후속대책을 위한 연기·공주지역 행정중심복합도시건설을 위한 특별법 조항은 행정중심복합도시의 예정지역 등에 대한 지정고시 처분을 매개로 하여 집행된다는 점에서 처분적 법률이라고 할 수 없다(헌재 2009.2.26. 2007헌바41).

08 0264 ○△×|○△×|○△× 2015 경찰 승진

신체의 자유에 관한 설명 중 가장 적절하지 않은 것은? (다툼이 있는 경우 판례에 의함)

① 행정상 즉시강제는 상대방의 임의이행을 기다릴 시간적 여유가 없을 때 하명 없이 바로 실력을 행사하는 것으로서 그 본질상 급박성을 요건으로 하고 있어 법관의 영장을 기다려서는 그 목적을 달성할 수 없다고 할 것이므로 영장주의가 적용되지 않는다.

② 교도소 내 엄중격리 대상자에 대하여 이동 시 계구를 사용하고 교도관이 동행계호하는 행위 및 1인 운동장을 사용하게 하는 처우가 신체의 자유를 과도하게 제한하여 헌법을 위반한 것이라고 볼 수 없다.

③ 음주운전 금지규정을 2회 이상 위반한 사람이 다시 이를 위반한 때에는 운전면허를 필요적으로 취소하도록 하였더라도 운전면허 취소처분은 이중처벌금지원칙에서 말하는 '처벌'로 보기 힘드므로 이중처벌금지원칙에 위배되었다고 볼 수 없다.

④ 미결수용자가 변호인의 조력을 받을 기회가 충분히 보장되었다고 인정될 수 있는 경우라도 미결수용자 또는 그 상대방인 변호인이 원하는 특정 시점에 접견이 이루어지지 못한 경우에는 변호인의 조력을 받을 권리가 침해된 것이다.

지문분석 난이도 ㉻ 정답 ④

| 키 워 드 | 신체의 자유

| 출제유형 | 판례

④ (×) 변호인의 조력을 받을 권리를 보장하는 목적은 피의자 또는 피고인의 방어권 행사를 보장하기 위한 것이므로, 미결수용자 또는 변호인이 원하는 특정한 시점에 접견이 이루어지지 못하였다 하더라도 그것만으로 곧바로 변호인의 조력을 받을 권리가 침해되었다고 단정할 수는 없는 것이고, 변호인의 조력을 받을 권리가 침해되었다고 하기 위해서는 접견이 불허된 특정한 시점을 전후한 수사 또는 재판의 진행 경과에 비추어 보아, 그 시점에 접견이 불허됨으로써 피의자 또는 피고인의 방어권 행사에 어느 정도는 불이익이 초래되었다고 인정할 수 있어야만 하며, 그 시점을 전후한 변호인 접견의 상황이나 수사 또는 재판의 진행 과정에 비추어 미결수용자가 방어권을 행사하기 위해 변호인의 조력을 받을 기회가 충분히 보장되었다고 인정될 수 있는 경우에는, 비록 미결수용자 또는 그 상대방인 변호인이 원하는 특정 시점에는 접견이 이루어지지 못하였다 하더라도 변호인의 조력을 받을 권리가 침해되었다고 할 수 없다(헌재 2011.5.26. 2009헌마341).

① (○) 행정상 즉시강제는 상대방의 임의이행을 기다릴 시간적 여유가 없을 때 하명 없이 바로 실력을 행사하는 것으로서, 그 본질상 급박성을 요건으로 하고 있어 법관의 영장을 기다려서는 그 목적을 달성할 수 없다고 할 것이므로, 원칙적으로 영장주의가 적용되지 않는다고 보아야 할 것이다. 만일 어떤 법률 조항이 영장주의를 배제할 만한 합리적인 이유가 없을 정도로 급박성이 인정되지 아니함에도 행정상 즉시강제를 인정하고 있다면, 이러한 법률 조항은 이미 그 자체로 과잉금지의 원칙에 위반되는 것으로서 위헌이라고 할 것이다(헌재 2002.10.31. 2000헌가12).

② (○) 교도소 내 엄중격리 대상자에 대하여 이동 시 계구를 사용하고 교도관이 동행계호하는 행위 및 1인 운동장을 사용하게 하는 처우는 신체의 자유를 과도하게 제한하는 것이 아니다(헌재 2008.5.29. 2005헌마137).

③ (○) 운전면허 취소처분은 형법상에 규정된 형(刑)이 아니고, 그 절차도 일반 형사소송절차와는 다를 뿐만 아니라, 주취 중 운전금지라는 행정상 의무의 존재를 전제하면서 그 이행을 확보하기 위해 마련된 수단이라는 점에서 형벌과는 다른 목적과 기능을 가지고 있다고 할 것이므로, 운전면허 취소처분을 이중처벌금지원칙에서 말하는 "처벌"로 보기 어렵다. 따라서 주취 중 운전 금지규정을 2회 이상 위반한 사람이 다시 이를 위반한 때에는 운전면허를 필요적으로 취소하도록 규정하고 있는 이 사건 법률 조항은 이중처벌금지원칙에 위반되지 아니한다(헌재 2010.3.25. 2009헌바83).

09 0265 ○△×|○△×|○△× 2021 국가직 5급

신체의 자유에 대한 설명으로 옳지 않은 것은? (다툼이 있는 경우 판례에 의함)

① 검찰수사관이 정당한 사유 없이 피의자신문에 참여한 변호인에게 피의자 후방에 앉으라고 요구한 행위는 변호인의 변호권을 침해하는 것이다.
② 외국에서 실제로 형의 집행을 받았음에도 불구하고 우리 형법에 의한 처벌 시 이를 전혀 고려하지 않더라도 과도한 제한이라고 할 수 없으므로 신체의 자유를 침해하지 아니한다.
③ 현행범인인 경우와 장기 3년 이상의 형에 해당하는 죄를 범하고 도피 또는 증거인멸의 염려가 있을 때에는 사후에 영장을 청구할 수 있다.
④ 헌법 제12조 제4항 본문에 규정된 '구속'은 사법절차에서 이루어진 구속뿐 아니라, 행정절차에서 이루어진 구속까지 포함한다.

지문분석 난이도 ㊦ 정답 ②

| 키 워 드 | 신체의 자유
| 출제유형 | 조문+판례

② (X) 외국에서 실제로 형의 집행을 받았음에도 불구하고 우리 형법에 의한 처벌 시 이를 전혀 고려하지 않는다면 신체의 자유에 대한 과도한 제한이 될 수 있으므로 그와 같은 사정은 어느 범위에서든 반드시 반영되어야 하고, 이러한 점에서 입법형성권의 범위는 다소 축소될 수 있다. 입법자는 국가형벌권의 실현과 국민의 기본권 보장의 요구를 조화시키기 위하여 형을 필요적으로 감면하거나 외국에서 집행된 형의 전부 또는 일부를 필요적으로 산입하는 등의 방법을 선택하여 청구인의 신체의 자유를 덜 침해할 수 있음에도, 이 사건 법률 조항과 같이 우리 형법에 의한 처벌 시 외국에서 받은 형의 집행을 전혀 반영하지 아니할 수도 있도록 한 것은 과잉금지원칙에 위배되어 신체의 자유를 침해한다(헌재 2015.5.28. 2013헌바129).
① (○) 피의자신문에 참여한 변호인이 피의자 옆에 앉는다고 하여 피의자 뒤에 앉는 경우보다 수사를 방해할 가능성이 높아진다거나 수사기밀을 유출할 가능성이 높아진다고 볼 수 없으므로, 이 사건 후방착석요구행위의 목적의 정당성과 수단의 적절성을 인정할 수 없다. 따라서 이 사건 후방착석요구행위는 변호인인 청구인의 변호권을 침해한다(헌재 2017.11.30. 2016헌마503).
③ (○) 체포·구속·압수 또는 수색을 할 때에는 적법한 절차에 따라 검사의 신청에 의하여 법관이 발부한 영장을 제시하여야 한다. 다만, 현행범인인 경우와 장기 3년 이상의 형에 해당하는 죄를 범하고 도피 또는 증거인멸의 염려가 있을 때에는 사후에 영장을 청구할 수 있다(헌법 제12조 제3항).
④ (○) 헌법 제12조 제4항 본문의 문언 및 헌법 제12조의 법령 체계, 변호인 조력권의 속성, 헌법이 신체의 자유를 보장하는 취지를 종합하여 보면 헌법 제12조 제4항 본문에 규정된 "구속"은 사법절차에서 이루어진 구속뿐 아니라, 행정절차에서 이루어진 구속까지 포함하는 개념이다. 따라서 헌법 제12조 제4항 본문에 규정된 변호인의 조력을 받을 권리는 행정절차에서 구속을 당한 사람에게도 즉시 보장된다(헌재 2018.5.31. 2014헌마346).

10 0266 ○△×|○△×|○△× 2016 경찰 승진

신체의 자유에 관한 설명 중 가장 적절하지 않은 것은? (다툼이 있는 경우 판례에 의함)

① 폭력행위 등 처벌에 관한 법률 제3조 제1항에서는 '다중의 위력으로써' 주거침입의 범죄를 범한 자를 형사처벌하고 있는데, 이 사건 규정의 '다중'이 몇 명의 사람을 의미하는지 그 기준을 일률적으로 말할 수 없으므로, 죄형법정주의의 명확성원칙에 위반된다.
② 헌법재판소 판례에 따르면 형사절차가 종료되어 교정시설에 수용 중인 수형자는 원칙적으로 변호인의 도움을 받을 권리의 주체가 아니다.
③ 교도소 내 엄중격리 대상자에 대하여 이동 시 계구를 사용하고 교도관이 동행계호하는 행위 및 1인 운동장을 사용하게 하는 처우가 신체의 자유를 과도하게 제한하여 헌법을 위반한 것이라고 볼 수 없다.
④ 헌법 제12조 제1항이 정하고 있는 법률주의에서 말하는 '법률'이라 함은 국회에서 제정하는 형식적 의미의 법률과 이와 동등한 효력을 가지는 긴급명령, 긴급재정·경제명령 등을 의미한다.

지문분석 난이도 ㊦ 정답 ①

| 키 워 드 | 신체의 자유
| 출제유형 | 이론+판례

① (X) 폭력행위 등 처벌에 관한 법률 규정은 '다중의 위력으로써' 주거침입의 범죄를 범한 자를 형사처벌하고 있는바, 이 사건 규정의 '다중'은 단체를 구성하지는 못하였으나 다수인이 모여 집합을 이루고 있는 것을 말하는 것으로서 집단적 위력을 보일 정도의 다수 혹은 그에 의해 압력을 느끼게 해 불안을 줄 정도의 다수를 의미하고, '위력'이라 함은 다중의 형태로 집결한 다수 인원으로 사람의 의사를 제압하기에 족한 세력을 의미한다고 할 것이다. 따라서 이 사건 규정은 죄형법정주의의 명확성원칙에 위반된다고 볼 수 없다(헌재 2008.11.27. 2007헌가24).
② (○) 형사절차가 종료되어 교정시설에 수용 중인 수형자는 원칙적으로 변호인의 조력을 받을 권리의 주체가 될 수 없다(헌재 1998.8.27. 96헌마398).
③ (○) 교도소 내 엄중격리 대상자에 대하여 이동 시 계구를 사용하고 교도관이 동행계호하는 행위 및 1인 운동장을 사용하게 하는 처우가 신체의 자유를 과도하게 제한하지 않는다(헌재 2008.5.29. 2005헌마137).
④ (○) 형벌법률주의에서 법률의 범위는 국회에 의해 제정된 형식적 의미의 법률을 말하고, 법률의 효력이 있는 조약, 긴급명령, 긴급재정명령에 의해서 형벌을 부과하는 것은 가능하다.

11 0267 ○△×|○△×|○△× 2022 경찰 승진

신체의 자유에 관한 설명 중 가장 적절하지 않은 것은? (다툼이 있는 경우 판례에 의함)

① 교도소 내 엄중격리 대상자에 대하여 이동 시 계구를 사용하고 교도관이 동행계호하는 행위 및 1인 운동장을 사용하게 하는 처우가 필요한 경우에 한하여 부득이한 범위 내에서 실시되고 있으므로 신체의 자유를 과도하게 제한하여 헌법을 위반한 것이라고 볼 수 없다.

② 과태료는 행정상 의무위반자에게 부과하는 행정질서벌로서 그 기능과 역할이 형벌에 준하는 것이므로 죄형법정주의의 규율대상에 해당한다.

③ 행위 당시의 판례에 의하면 처벌대상이 되지 아니하는 것으로 해석되었던 행위를 판례의 변경에 따라 확인된 내용의 형법 조항에 근거하여 처벌한다고 하여 그것이 형벌불소급원칙에 위반된다고 할 수 없다.

④ 법관으로 하여금 미결구금일수를 형기에 산입하되, 그 미결구금일수 중 일부를 산입하지 않을 수 있게 허용하는 형법 규정은 무죄추정의 원칙 및 적법절차의 원칙 등을 위배하여 신체의 자유를 침해한다.

지문분석 난이도 중 정답 ②

| 키 워 드 | 신체의 자유

| 출제유형 | 판례

② (X) 죄형법정주의는 무엇이 범죄이며 그에 대한 형벌이 어떠한 것인가는 국민의 대표로 구성된 입법부가 제정한 법률로써 정하여야 한다는 원칙인데, 과태료는 행정상의 질서 유지를 위한 행정질서벌에 해당할 뿐 형벌이라고 할 수 없어 죄형법정주의의 규율대상에 해당하지 아니한다(헌재 2003.12.18. 2002헌바49).

① (O) 청구인들은 상습적으로 교정질서를 문란케 하는 등 교정사고의 위험성이 높은 엄중격리 대상자들인바, 이들에 대한 계구사용행위, 동행계호행위 및 1인 운동장을 사용하게 하는 처우는 그 목적의 정당성 및 수단의 적정성이 인정되며, 필요한 경우에 한하여 부득이한 범위 내에서 실시되고 있다고 할 것이고, 이로 인하여 수형자가 입게 되는 자유 제한에 비하여 교정사고를 예방하고 교도소 내의 안전과 질서를 확보하는 공익이 더 크다고 할 것이다. 이 사건 계구사용행위 및 동행계호행위가 청구인들의 기본권을 부당하게 침해한다고 보기 어렵다. 이 사건 실외운동 제한행위가 청구인들의 기본권을 부당하게 침해한다고 보기 어렵다(헌재 2008.5.29. 2005헌마137 등).

③ (O) 형사처벌의 근거가 되는 것은 법률이지 판례가 아니고, 형법 조항에 관한 판례의 변경은 그 법률조항의 내용을 확인하는 것에 지나지 아니하여 이로써 그 법률조항 자체가 변경된 것이라고 볼 수는 없으므로, 행위 당시의 판례에 의하면 처벌대상이 되지 아니하는 것으로 해석되었던 행위를 판례의 변경에 따라 확인된 내용의 형법 조항에 근거하여 처벌한다고 하여 그것이 헌법상 평등의 원칙과 형벌불소급의 원칙에 반한다고 할 수는 없다(대판 1999.9.17. 97도3349).

④ (O) 형법 제57조 제1항은 해당 법관으로 하여금 미결구금일수를 형기에 산입하되, 그 산입범위는 재량에 의하여 결정하도록 하고 있는바, 헌법상 무죄추정의 원칙에 따라 유죄판결이 확정되기 전에 피의자 또는 피고인을 죄 있는 자에 준하여 취급함으로써 법률적·사실적 측면에서 유형·무형의 불이익을 주어서는 아니 되고, 특히 미결구금은 신체의 자유를 침해받는 피의자 또는 피고인의 입장에서 보면 실질적으로 자유형의 집행과 다를 바 없으므로, 인권보호 및 공평의 원칙상 형기에 전부 산입되어야 한다. 따라서 형법 제57조 제1항 중 "또는 일부 부분"은 헌법상 무죄추정의 원칙 및 적법절차의 원칙 등을 위배하여 합리성과 정당성 없이 신체의 자유를 침해한다(헌재 2009.6.25. 2007헌바25).

12 0268 ○△×|○△×|○△× 2021 법원직 9급

신체의 자유 및 죄형법정주의에 관한 다음 설명 중 가장 옳지 않은 것은?

① 과태료는 행정상 의무위반자에게 부과하는 행정질서벌로서 그 기능과 역할이 형벌에 준하는 것이므로 죄형법정주의의 규율대상에 해당한다.
② 모든 국민은 고문을 받지 아니하고, 형사상 자기에게 불리한 진술을 강요당하지 아니한다.
③ 체포·구속·압수 또는 수색을 할 때에는 적법한 절차에 따라 검사의 신청에 의하여 법관이 발부한 영장을 제시하여야 한다. 다만, 현행범인인 경우와 장기 3년 이상의 형에 해당하는 죄를 범하고 도피 또는 증거인멸의 염려가 있을 때에는 사후에 영장을 청구할 수 있다.
④ 누구든지 체포 또는 구속을 당한 때에는 즉시 변호인의 조력을 받을 권리를 가진다. 다만, 형사피고인이 스스로 변호인을 구할 수 없을 때에는 법률이 정하는 바에 의하여 국가가 변호인을 붙인다.

지문분석 난이도 하 정답 ①

| 키 워 드 | 신체의 자유 및 죄형법정주의
| 출제유형 | 조문+판례

① (X) 죄형법정주의는 무엇이 범죄이며 그에 대한 형벌이 어떠한 것인가는 국민의 대표로 구성된 입법부가 제정한 법률로써 정하여야 한다는 원칙인데, 과태료는 행정상의 질서 유지를 위한 행정질서벌에 해당할 뿐 형벌이라고 할 수 없어 죄형법정주의의 규율대상에 해당하지 아니한다(헌재 2003.12.18. 2002헌바49).
② (O) 모든 국민은 고문을 받지 아니하며, 형사상 자기에게 불리한 진술을 강요당하지 아니한다(헌법 제12조 제2항).
③ (O) 체포·구속·압수 또는 수색을 할 때에는 적법한 절차에 따라 검사의 신청에 의하여 법관이 발부한 영장을 제시하여야 한다. 다만, 현행범인인 경우와 장기 3년 이상의 형에 해당하는 죄를 범하고 도피 또는 증거인멸의 염려가 있을 때에는 사후에 영장을 청구할 수 있다(헌법 제12조 제3항).
④ (O) 누구든지 체포 또는 구속을 당한 때에는 즉시 변호인의 조력을 받을 권리를 가진다. 다만, 형사피고인이 스스로 변호인을 구할 수 없을 때에는 법률이 정하는 바에 의하여 국가가 변호인을 붙인다(헌법 제12조 제4항).

13 0269 ○△×|○△×|○△× 2022 경찰 승진

생명권에 대한 설명으로 적절하지 않은 것을 모두 고른 것은? (다툼이 있는 경우 판례에 의함)

> ㉠ 생명권은 인간의 생존본능과 존재목적에 바탕을 둔 선험적이고 자연법적인 권리로서 헌법에 규정된 모든 기본권의 전제로서 기능하는 기본권 중의 기본권이다.
> ㉡ 국가는 헌법 제10조, 제12조 등에 따라 태아의 생명을 보호할 의무가 있지만, 태아는 헌법상 생명권의 주체로 인정되지 않는다.
> ㉢ 인간이라는 생명체의 형성이 출생 이전의 그 어느 시점에서 시작됨을 인정하더라도, 법적으로 사람의 시기를 출생의 시점에서 시작되는 것으로 보는 것은 헌법적으로 금지된다.
> ㉣ 연명치료 중단, 즉 생명단축에 관한 자기결정은 생명권 보호의 헌법적 가치와 충돌하므로 '연명치료 중단에 관한 자기결정권'의 인정 여부가 문제되는 '죽음에 임박한 환자'란 '의학적으로 환자가 의식의 회복가능성이 없고 생명과 관련된 중요한 생체기능의 상실을 회복할 수 없으며 환자의 신체상태에 비추어 짧은 시간 내에 사망에 이를 수 있음이 명백한 경우'를 의미한다.

① ㉠, ㉡ ② ㉠, ㉢
③ ㉡, ㉢ ④ ㉢, ㉣

지문분석 난이도 중 정답 ③

| 키 워 드 | 생명권
| 출제유형 | 판례

㉡ (X) 모든 인간은 헌법상 생명권의 주체가 되며, 형성 중의 생명인 태아에게도 생명에 대한 권리가 인정되어야 한다. 따라서 태아도 헌법상 생명권의 주체가 되며, 국가는 헌법 제10조에 따라 태아의 생명을 보호할 의무가 있다(헌재 2008.7.31. 2004헌바81).
㉢ (X) 법치국가원리로부터 나오는 법적안정성의 요청은 인간의 권리능력이 언제부터 시작되는가에 관하여 가능한 한 명확하게 그 시점을 확정할 것을 요구한다. 따라서 인간이라는 생명체의 형성이 출생 이전의 그 어느 시점에서 시작됨을 인정하더라도, 법적으로 사람의 시기를 출생의 시점에서 시작되는 것으로 보는 것이 헌법적으로 금지된다고 할 수 없다(헌재 2008.7.31. 2004헌바81).
㉠ (O) 인간의 생명은 고귀하고, 이 세상에서 무엇과도 바꿀 수 없는 존엄한 인간 존재의 근원이다. 이러한 생명에 대한 권리, 즉 생명권은 비록 헌법에 명문의 규정이 없다 하더라도 인간의 생존본능과 존재목적에 바탕을 둔 선험적이고 자연법적인 권리로서 헌법에 규정된 모든 기본권의 전제로서 기능하는 기본권 중의 기본권이다(헌재 2008.7.31. 2004헌바81).
㉣ (O) '연명치료 중단, 즉 생명단축에 관한 자기결정'은 '생명권 보호'의 헌법적 가치와 충돌하므로 '연명치료 중단에 관한 자기결정권'의 인정 여부가 문제되는 '죽음에 임박한 환자'란 '의학적으로 환자가 의식의 회복가능성이 없고 생명과 관련된 중요한 생체기능의 상실을 회복할 수 없으며 환자의 신체상태에 비추어 짧은 시간 내에 사망에 이를 수 있음이 명백한 경우', 즉 '회복 불가능한 사망의 단계'에 이른 경우를 의미한다 할 것이다(헌재 2009.11.26. 2008헌마385).

14 0270 ○△×|○△×|○△× 2019 경찰 승진

헌법상 신체의 자유에 대한 설명으로 가장 적절하지 않은 것은? (다툼이 있는 경우 헌법재판소 판례에 의함)

① 마약류사범인 수용자에게 마약류반응검사를 위하여 소변을 받아 제출하게 한 것은 과잉금지의 원칙에 위반되지 않는다.

② 보호의무자 2인의 동의와 정신건강의학과 전문의 1인의 진단으로 정신질환자에 대한 보호입원이 가능하도록 한 정신보건법 조항은 정신질환자를 신속·적정하게 치료하고, 정신질환자 본인과 사회의 안전을 지키기 위한 것이므로 신체의 자유를 침해하지 않는다.

③ 형사 법률에 저촉되는 행위 또는 규율 위반행위를 한 피보호감호자에 대하여 징벌처분을 내릴 수 있도록 한 구 사회보호법 조항은 과잉금지원칙에 위배되지 않아 청구인의 신체의 자유를 침해하지 않는다.

④ 국가보안법 위반죄 등 일부 범죄혐의자를 법관의 영장 없이 구속, 압수, 수색할 수 있도록 규정하고 있던 구 인신구속 등에 관한 임시 특례법 조항은 영장주의에 위배된다.

지문분석 난이도 중 정답 ②

| 키 워 드 | 신체의 자유

| 출제유형 | 판례

② (X) 심판대상 조항이 정한 보호입원 제도는 입원의 필요성에 대한 판단에 있어 객관성과 공정성을 담보할 만한 장치를 두고 있지 않고, 보호입원 대상자의 의사 확인이나 부당한 강제입원에 대한 불복제도도 충분히 갖추고 있지 아니하여, 보호입원 대상자의 신체의 자유를 과도하게 제한하고 있어, 침해의 최소성에 반한다. … 심판대상 조항은 단지 보호의무자 2인의 동의와 정신과전문의 1인의 판단만으로 정신질환자에 대한 보호입원이 가능하도록 하면서 정신질환자의 신체의 자유 침해를 최소화할 수 있는 적절한 방안을 마련하지 아니함으로써 지나치게 기본권을 제한하고 있다. 따라서 심판대상 조항은 법익의 균형성 요건도 충족하지 못한다. 심판대상 조항은 과잉금지원칙을 위반하여 신체의 자유를 침해한다(헌재 2016.9.29. 2014헌가9).

① (O) 마약류는 중독성 등으로 교정시설로 반입되어 수용자가 복용할 위험성이 상존하고, 수용자가 마약류를 복용할 경우 그 수용자의 수용목적이 근본적으로 훼멸될 뿐만 아니라 다른 수용자들에 대한 위해로 인한 사고로 이어질 수 있으므로, 소변채취를 통한 마약류반응검사가 월 1회씩 정기적으로 행하여진다 하여도 이는 마약류의 반입 및 복용사실을 조기에 발견하고 마약류의 반입시도를 사전에 차단함으로써 교정시설 내의 안전과 질서유지를 위하여 필요하고, 마약의 복용 여부는 외부관찰 등에 의해서는 발견될 수 없으며, 징벌 등 제재처분 없이 자발적으로 소변을 받아 제출하도록 한 후, 3분 내의 짧은 시간에, 시약을 떨어뜨리는 간단한 방법으로 실시되므로, 대상자가 소변을 받아 제출하는 하기 싫은 일을 하여야 하고 자신의 신체의 배출물에 대한 자기결정권이 다소 제한된다고 하여도, 그것만으로는 소변채위의 목적 및 검사방법 등에 비추어 과잉금지의 원칙에 반한다고 할 수 없다(헌재 2006.7.27. 2005헌마277).

③ (O) 이 사건 법률 조항은 보호감호처분에 관하여 형집행법 제107조 제1호, 제6호를 준용하여 형사 법률에 저촉되는 행위 또는 규율 위반행위를 한 피보호감호자에 대하여 불이익처분을 내릴 수 있도록 함으로써 수용시설의 안전과 공동생활의 질서를 유지하기 위한 것으로, 입법목적의 정당성이 인정된다. … 이 사건 법률 조항이 달성하고자 하는 수용시설의 안전과 질서유지는 수용목적을 달성하기 위한 가장 기본적인 전제조건으로서 수용시설의 운영을 위한 필수불가결한 공익인 만큼 이 사건 법률 조항으로 인하여 제한되는 청구인의 사익보다 결코 작다고 볼 수 없으므로, 이 사건 법률 조항은 법익의 균형성도 갖추었다. 그러므로 이 사건 법률 조항은 과잉금지원칙에 위배되어 청구인의 신체의 자유 등 기본권을 침해하지 않는다(헌재 2016.5.26. 2015헌바378).

④ (O) 이 사건 법률 조항은 수사기관이 법관에 의하여 발부된 영장 없이 일부 범죄 혐의자에 대하여 구속 등 강제처분을 할 수 있도록 규정하고 있을 뿐만 아니라, 그와 같이 영장 없이 이루어진 강제처분에 대하여 일정한 기간 내에 법관에 의한 사후영장을 발부받도록 하는 규정도 마련하지 아니함으로써, 수사기관이 법관에 의한 구체적 판단을 전혀 거치지 않고서도 임의로 불특정한 기간 동안 피의자에 대한 구속 등 강제처분을 할 수 있도록 하고 있는바, 이는 이 사건 법률 조항의 입법목적과 그에 따른 입법자의 정책적 선택이 자의적이었는지 여부를 따질 필요도 없이 형식적으로 영장주의의 본질을 침해한다고 하지 않을 수 없다(헌재 2012.12.27. 2011헌가5).

15 0271 ○△×|○△×|○△× 2020 경찰 승진

신체의 자유에 관한 설명 중 가장 적절하지 않은 것은? (다툼이 있는 경우 판례에 의함)

① 누구든지 체포 또는 구속의 이유와 변호인의 조력을 받을 권리가 있음을 고지받지 아니하고는 체포 또는 구속을 당하지 아니한다. 체포 또는 구속을 당한 자의 가족 등 법률이 정하는 자에게는 그 이유와 일시·장소가 지체 없이 통지되어야 한다.

② 법무부장관이 형사사건으로 공소가 제기된 변호사에 대하여 판결이 확정될 때까지 업무정지를 명하도록 한 구 변호사법 제15조는 무죄추정의 원칙에 위배되지 않는다.

③ 성폭력범죄를 저지른 성도착증 환자로서 재범의 위험성이 인정되는 19세 이상의 사람에 대해 법원이 15년의 범위에서 치료명령을 선고할 수 있도록 한 법률규정은, 장기형이 선고되는 경우 치료명령의 선고시점과 집행시점 사이에 상당한 시간적 간극이 있어 집행시점에 발생할 수 있는 불필요한 치료와 관련한 부분에 대해서는 침해의 최소성과 법익균형성이 인정되지 않기 때문에 피치료자의 신체의 자유를 침해한다.

④ 특별검사가 참고인에게 지정된 장소까지 동행할 것을 명령할 수 있게 하고 참고인이 정당한 이유 없이 위 동행명령을 거부한 경우 천만 원 이하의 벌금형에 처하도록 규정한 동행명령조항은 영장주의 또는 과잉금지원칙에 위배하여 참고인의 신체의 자유를 침해하는 것이다.

지문분석 난이도 중 정답 ②

| 키 워 드 | 신체의 자유

| 출제유형 | 조문 + 판례

② (X) 변호사법 제15조에서 변호사에 대해 형사사건으로 공소가 제기되었다는 사실만으로 업무정지명령을 발하게 한 것은 아직 유무죄가 가려지지 아니한 범죄의 혐의사실뿐 확증 없는 상태에서 유죄로 추정하는 것이 되며 이를 전제로 한 불이익한 처분이라 할 것이다. … 변호사법 제15조의 규정에 의하여 입는 불이익은 죄가 없는 자에 준하는 취급이 아님은 말할 것도 없고, 불이익을 입히는 데 앞서 본 바와 같이 필요한 요건, 불이익처분의 기관구성, 절차 및 불이익의 정도 등에 있어서 비례의 원칙이 준수되었다고 보기 어려울 것으로 헌법의 위 규정을 어긴 것이라 할 것이다(헌재 1990.11.19. 90헌가48).

① (O) 누구든지 체포 또는 구속의 이유와 변호인의 조력을 받을 권리가 있음을 고지 받지 아니하고는 체포 또는 구속을 당하지 아니한다. 체포 또는 구속을 당한 자의 가족 등 법률이 정하는 자에게는 그 이유와 일시·장소가 지체 없이 통지되어야 한다(헌법 제12조 제5항).

③ (O) 장기형이 선고되는 경우 치료명령의 선고시점과 집행시점 사이에 상당한 시간적 간극이 있어 집행시점에서 발생할 수 있는 불필요한 치료와 관련한 부분에 대해서는 침해의 최소성과 법익균형성을 인정하기 어렵다. … 이 사건 명령조항은 집행 시점에서 불필요한 치료를 막을 수 있는 절차가 마련되어 있지 않은 점으로 인하여 과잉금지원칙에 위배되어 치료명령 피청구인의 신체의 자유 등 기본권을 침해한다(헌재 2015.12.23. 2013헌가9).

④ (O) 참고인에 대한 동행명령제도는 참고인의 신체의 자유를 사실상 억압하여 일정 장소로 인치하는 것과 실질적으로 같으므로 헌법 제12조 제3항이 정한 영장주의원칙이 적용되어야 한다. 그럼에도 불구하고 법관이 아닌 특별검사가 동행명령장을 발부하도록 하고 정당한 사유 없이 이를 거부한 경우 벌금형에 처하도록 함으로써, 실질적으로는 참고인의 신체의 자유를 침해하여 지정된 장소에 인치하는 것과 마찬가지의 결과가 나타나도록 규정한 이 사건 동행명령조항은 영장주의원칙을 규정한 헌법 제12조 제3항에 위반되거나 적어도 위 헌법상 원칙을 잠탈하는 것이다(헌재 2008.1.10. 2007헌마1468).

16 0272 ○△×|○△×|○△× 2019 법원직 9급

영장주의에 관한 다음 설명 중 가장 옳지 않은 것은? (다툼이 있는 경우 헌법재판소 결정 및 대법원 판례에 의함)

① 영장주의란 적법절차원칙에서 도출되는 원리로서, 형사절차와 관련하여 체포·구속·압수·수색의 강제처분을 함에 있어서는 사법권 독립에 의하여 신분이 보장되는 법관이 발부한 영장에 의하지 않으면 아니 된다는 원칙이다.

② 헌법 제16조에서는 제12조 제3항과는 달리 영장주의에 대한 예외를 마련하지 아니하였으나, 그렇다고 하여 주거에 대한 압수나 수색에 있어 영장주의가 예외 없이 반드시 관철되어야 하는 것은 아니므로 헌법 제16조의 영장주의에 대해서도 예외가 제한적으로 허용될 수 있다.

③ 행정기관이 체포·구속의 방법으로 신체의 자유를 제한하는 경우에도 원칙적으로 헌법 제12조 제3항의 영장주의가 적용된다고 보아야 하므로, 전투경찰순경에 대한 영창처분은 행정기관에 의한 구속에 해당하고 그 본질상 급박성을 요건으로 하지 않음에도 불구하고 법관의 판단을 거쳐 발부된 영장에 의하지 않고 이루어지는 점에서, 헌법 제12조 제3항의 영장주의에 위반된다.

④ 구속집행정지결정에 대한 검사의 즉시항고를 인정하는 경우에는 검사의 불복을 그 피고인에 대한 구속집행을 정지할 필요가 있다는 법원의 판단보다 우선시킬 뿐만 아니라 사실상 법원의 구속집행정지결정을 무의미하게 할 수 있는 권한을 검사에게 부여하게 되는 점에서 헌법 제12조 제3항의 영장주의원칙에 위배된다.

지문분석 난이도 상 정답 ③

| 키 워 드 | 영장주의

| 출제유형 | 판례

③ (X) 청구인은 이 사건 영창조항이 헌법상 영장주의에 위배된다는 주장도 하나, 헌법 제12조 제3항에서 규정하고 있는 영장주의란 형사절차와 관련하여 체포·구속·압수·수색의 강제처분을 할 때 신분이 보장되는 법관이 발부한 영장에 의하지 않으면 안 된다는 원칙으로, 형사절차가 아닌 징계절차에도 그대로 적용된다고 볼 수 없다. 따라서 이 사건 영창조항이 헌법상 영장주의에 위반되는지 여부는 더 나아가 판단하지 아니한다(헌재 2016.3.31. 2013헌바190).

① (O) 헌법 제12조 제3항의 영장주의는 적법절차원칙에서 도출되는 원리로서, 형사절차와 관련하여 체포·구속·압수·수색의 강제처분을 함에 있어서는 사법권독립에 의하여 신분이 보장되는 법관이 발부한 영장에 의하지 않으면 아니 된다는 원칙이다(헌재 2018.4.26. 2015헌바370 등).

② (O) 헌법 제16조에서 영장주의에 대한 예외를 마련하지 아니하였다고 하여, 주거에 대한 압수나 수색에 있어 영장주의가 예외 없이 반드시 관철되어야 함을 의미하는 것은 아닌 점, 인간의 존엄성 실현과 인격의 자유로운 발현을 위한 핵심적 자유영역에 속하는 기본권인 신체의 자유에 대해서도 헌법 제12조 제3항에서 영장주의의 예외를 인정하고 있는데, 이러한 신체의 자유에 비하여 주거의 자유는 그 기본권 제한의 여지가 크므로, 형사사법 및 공권력 작용의 기능적 효율성을 함께 고려하여 본다면, 헌법 제16조의 영장주의에 대해서도 일정한 요건하에서 그 예외를 인정할 필요가 있는 점, 주거공간에 대한 압수·수색은 그 장소에 혐의사실 입증에 기여할 자료나 피의자가 존재할 개연성이 충분히 소명되어야 그 필요성을 인정할 수 있는 점, 헌법 제12조 제3항 단서에서 현행범인 체포나 긴급체포의 경우에 사전영장원칙의 예외를 둔 것은 그 체포의 긴급성에 비추어 사전에 압수·수색·검증영장을 발부받을 것을 기대하기 어렵기 때문이며, 또한 체포영장 발부 이후 혐의사실 입증에 기여할 자료나 피의자가 존재할 개연성이 충분히 소명되어 압수·수색영장을 발부받은 경우에도 그 자료나 피의자가 계속 그 장소에 존재하지 않는 한 그 집행의 실효성을 기대할 수 없게 되므로, 체포영장이 발부된 경우에도 영장 없이 그 장소에 대한 압수·수색을 하여야 할 긴급한 상황은 충분히 발생할 수 있는 점, 헌법 제16조가 주거의 자유와 관련하여 영장주의를 선언하고 있는 이상, 그 예외는 매우 엄격한 요건하에서만 인정되어야 하는 점 등을 종합하면, 헌법 제16조의 영장주의에 대해서도 그 예외를 인정하되, 이는 ㉠ 그 장소에 범죄혐의 등을 입증할 자료나 피의자가 존재할 개연성이 소명되고, ㉡ 사전에 영장을 발부받기 어려운 긴급한 사정이 있는 경우에만 제한적으로 허용될 수 있다고 보는 것이 타당하다(헌재 2018.4.26. 2015헌바370 등).

④ (O) 법원이 피고인의 구속 또는 그 유지 여부의 필요성에 관하여 한 재판의 효력이 검사나 다른 기관의 이견이나 불복이 있다 하여 좌우되거나 제한받는다면 이는 영장주의에 위반된다고 할 것이다. 그런데 구속집행정지는 법원이 직권으로 결정하는 것으로서, 구속집행정지 사유들은 한시적인 경우가 많아 그 시기를 놓치게 되면 피고인에게 집행정지의 의미가 없어지게 된다는 점을 고려하면, 이 사건 법률 조항은 검사의 즉시항고에 의한 불복을 그 피고인에 대한 구속집행을 정지할 필요가 있다는 법원의 판단보다 우선시킬 뿐만 아니라, 사실상 법원의 구속집행정지결정을 무의미하게 할 수 있는 권한을 검사에게 부여한 것이라는 점에서 영장주의의 본질에 반하여 헌법 제12조 제3항의 영장주의 원칙에 위배된다(헌재 2012.6.27. 2011헌가36).

17 0273 ○△×|○△×|○△× 2020 국회직 5급

신체의 자유에 대한 설명으로 옳지 않은 것은? (다툼이 있는 경우 판례에 의함)

① 법원의 수사서류 열람·등사 허용 결정에도 불구하고 해당 수사서류의 등사를 거부한 검사의 행위는 피고인의 변호인의 조력을 받을 권리를 침해하는 것이다.

② 인천국제공항출입국·외국인청장이 인천국제공항 송환대기실에 수용된 '난민인정신청을 하였으나 난민인정심사 불회부결정을 받은 자'에 대한 변호인 접견신청을 거부한 행위는 변호인의 조력을 받을 권리를 침해하는 것이다.

③ 경찰서장이 최루액을 물에 혼합한 용액을 살수차를 이용하여 살수한 행위는 신체의 자유를 침해하는 것이다.

④ 전자우편에 대한 압수수색 집행의 경우에 급속을 요하는 때에는 사전통지를 생략할 수 있도록 한 것은 적법절차원칙에 위배되지 않는다.

⑤ 보호의무자 2인의 동의와 정신건강의학과 전문의 1인의 진단으로 정신질환자에 대한 보호입원이 가능하도록 한 것은 신체의 자유를 침해하지 않는다.

지문분석 난이도 중 정답 ⑤

| **키 워 드** | 신체의 자유

| **출제유형** | 판례

⑤ (X) 현행 보호입원 제도가 입원치료·요양을 받을 정도의 정신질환이 어떤 것인지에 대해서는 구체적인 기준을 제시하지 않고 있는 점, 보호의무자 2인의 동의를 보호입원의 요건으로 하면서 보호의무자와 정신질환자 사이의 이해충돌을 적절히 예방하지 못하고 있는 점, 입원의 필요성이 인정되는지 여부에 대한 판단권한을 정신과전문의 1인에게 전적으로 부여함으로써 그의 자의적 판단 또는 권한의 남용 가능성을 배제하지 못하고 있는 점 등을 종합하면, 심판대상 조항은 침해의 최소성원칙에 위배된다. 심판대상 조항이 정신질환자를 신속·적정하게 치료하고, 정신질환자 본인과 사회의 안전을 도모한다는 공익을 위한 것임은 인정되나, 정신질환자의 신체의 자유 침해를 최소화할 수 있는 적절한 방안을 마련하지 아니함으로써 지나치게 기본권을 제한하고 있다. 따라서 심판대상 조항은 법익의 균형성 요건도 충족하지 못한다. 그렇다면 심판대상 조항은 과잉금지원칙을 위반하여 신체의 자유를 침해한다(헌재 2016.9.29. 2014헌가9).

① (O) 이 사건에서 피청구인(검사)은 법원의 이 사건 열람·등사 허용 결정 이후 이 사건 수사서류에 대한 열람은 허용하고 등사만을 거부하였는바, 변호인이 수사서류를 열람은 하였지만 등사가 허용되지 않는다면, 변호인은 형사소송절차에서 청구인들에게 유리한 수사서류의 내용을 법원에 현출할 수 있는 방법이 없어 불리한 지위에 놓이게 되고, 그 결과 청구인들을 충분히 조력할 수 없음이 명백하다. 따라서 피청구인(검사)이 이 사건 수사서류에 대한 등사만을 거부하였다 하더라도 청구인들의 신속·공정한 재판을 받을 권리 및 변호인의 조력을 받을 권리가 침해되었다고 보아야 한다(헌재 2017.12.28. 2015헌마632).

② (O) 이 사건 변호인 접견신청 거부는 현행법상 아무런 법률상 근거가 없이 청구인의 변호인의 조력을 받을 권리를 제한한 것이므로, 청구인의 변호인의 조력을 받을 권리를 침해한 것이다. 또한 청구인에게 변호인 접견신청을 허용한다고 하여 국가안전보장, 질서유지, 공공복리에 어떠한 장애가 생긴다고 보기는 어렵고, 필요한 최소한의 범위 내에서 접견 장소 등을 제한하는 방법을 취한다면 국가안전보장이나 환승구역의 질서유지 등에 별다른 지장을 주지 않으면서도 청구인의 변호인 접견권을 제대로 보장할 수 있다. 따라서 이 사건 변호인 접견신청 거부는 국가안전보장이나 질서유지, 공공복리를 위해 필요한 기본권 제한 조치로 볼 수도 없다(헌재 2018.5.31. 2014헌마346).

③ (O) 혼합살수방법은 법령에 열거되지 않은 새로운 위해성 경찰장비에 해당하고 이 사건 지침에 혼합살수의 근거 규정을 둘 수 있도록 위임하고 있는 법령이 없으므로, 이 사건 지침은 법률유보원칙에 위배되고 이 사건 지침만을 근거로 한 이 사건 혼합살수행위 역시 법률유보원칙에 위배된다. 따라서 이 사건 혼합살수행위는 청구인들의 신체의 자유와 집회의 자유를 침해한다(헌재 2018.5.31. 2015헌마476).

④ (O) 이 사건 법률 조항에 의하여 피의자 등이 압수수색 사실을 사전 통지받을 권리 및 이를 전제로 한 참여권을 일정 정도 제한받게 되기는 하지만, 그 제한은 '사전통지에 의하여 압수수색의 목적을 달성할 수 없는 예외적인 경우'로 한정되어 있고, 이와 같은 제한을 통해 압수수색 제도가 전자우편에 대하여도 실효적으로 기능하도록 함으로써 실체적 진실발견 및 범죄수사의 목적을 달성할 수 있도록 하여야 할 공익은 매우 크다고 할 수 있는 점 등을 종합해 보면, 이 사건 법률 조항에 의하여 형성된 절차의 내용이 적법절차원칙에서 도출되는 절차적 요청을 무시하였다거나 비례의 원칙이나 과잉금지원칙을 위반하여 합리성과 정당성을 상실하였다고 볼 수 없다(헌재 2012.12.27. 2011헌바225).

18 0274 ○△×|○△×|○△× 2020 법무사

신체의 자유에 관한 다음 설명 중 가장 옳지 않은 것은?

① 법관으로 하여금 미결구금일수를 형기에 산입하되, 그 산입범위는 재량에 의하여 결정하도록 한 형법 조항은 헌법상 무죄추정의 원칙 및 적법절차의 원칙을 위배하여 신체의 자유를 침해한다.
② 동일한 범죄사실로 외국에서 형의 전부 또는 일부의 집행을 받은 자에 대하여 우리 형법에 의한 처벌 시 외국에서 받은 형의 집행을 전혀 반영하지 아니할 수도 있도록 한 형법 규정은 과잉금지원칙에 위배되어 신체의 자유를 침해한다.
③ 특정범죄에 대하여 형의 선고를 받아 확정된 사람으로부터 디엔에이감식시료를 채취할 수 있도록 한 디엔에이신원확인정보의 이용 및 보호에 관한 법률 조항은 과잉금지의 원칙을 위반하여 신체의 자유를 침해한다.
④ 형사재판에 계속 중인 사람에 대하여 법무부장관이 6개월 이내의 기간을 정하여 출국을 금지할 수 있다고 규정한 출입국관리법 조항은 영장주의에 위배되지 않는다.
⑤ 지방의회에서의 사무감사·조사를 위한 증인의 동행명령장제도는 증인의 신체의 자유를 억압하여 일정 장소로 인치하는 것으로서 헌법 제12조 제3항의 체포 또는 구속에 준하는 사태로 보아야 하므로, 이를 실행하기 위하여는 법관이 발부한 영장의 제시가 있어야 한다.

지문분석 난이도 중 정답 ③

| 키 워 드 | 신체의 자유
| 출제유형 | 판례

③ (X) 이 사건 채취 조항들은 범죄 수사 및 예방을 위하여 특정범죄의 수형자로부터 디엔에이감식시료를 채취할 수 있도록 하는 것이다. 디엔에이감식시료 채취 대상범죄는 재범의 위험성이 높아 디엔에이신원확인정보를 수록·관리할 필요성이 높으며, 이 사건 법률은 시료를 서면 동의 또는 영장에 의하여 채취하되, 채취 이유, 채취할 시료의 종류 및 방법을 고지하도록 하고 있고, 제한되는 신체의 자유의 정도는 일상생활에서 경험할 수 있는 정도의 미약한 것으로서 범죄 수사 및 예방의 공익에 비하여 크다고 할 수 없어 법익의 균형성도 인정된다. 따라서 이 사건 채취 조항들이 과도하게 신체의 자유를 침해한다고 볼 수 없다(헌재 2014.8.28. 2011헌마28 등).
① (○) 형법 제57조 제1항은 해당 법관으로 하여금 미결구금일수를 형기에 산입하되, 그 산입범위는 재량에 의하여 결정하도록 하고 있는바, 헌법상 무죄추정의 원칙에 따라 유죄판결이 확정되기 전에 피의자 또는 피고인을 죄 있는 자에 준하여 취급함으로써 법률적·사실적 측면에서 유형·무형의 불이익을 주어서는 아니 되고, 특히 미결구금은 신체의 자유를 침해받는 피의자 또는 피고인의 입장에서 보면 실질적으로 자유형의 집행과 다를 바 없으므로, 인권보호 및 공평의 원칙상 형기에 전부 산입되어야 한다. 따라서 형법 제57조 제1항 중 "또는 일부 부분"은 헌법상 무죄추정의 원칙 및 적법절차의 원칙 등을 위배하여 합리성과 정당성 없이 신체의 자유를 침해한다(헌재 2009.6.25. 2007헌바25).
② (○) 외국에서 실제로 형의 집행을 받았음에도 불구하고 우리 형법에 의한 처벌 시 이를 전혀 고려하지 않는다면 신체의 자유에 대한 과도한 제한이 될 수 있으므로 그와 같은 사정은 어느 범위에서든 반드시 반영되어야 하고, 이러한 점에서 입법형성권의 범위는 다소 축소될 수 있다. 입법자는 국가형벌권의 실현과 국민의 기본권 보장의 요구를 조화시키기 위하여 형을 필요적으로 감면하거나 외국에서 집행된 형의 전부 또는 일부를 필요적으로 산입하는 등의 방법을 선택하여 청구인의 신체의 자유를 덜 침해할 수 있음에도, 이 사건 법률 조항과 같이 우리 형법에 의한 처벌 시 외국에서 받은 형의 집행을 전혀 반영하지 아니할 수도 있도록 한 것은 과잉금지원칙에 위배되어 신체의 자유를 침해한다(헌재 2015.5.28. 2013헌바129).
④ (○) 심판대상 조항에 따른 법무부장관의 출국금지결정은 형사재판에 계속 중인 국민의 출국의 자유를 제한하는 행정처분일 뿐이고, 영장주의가 적용되는 신체에 대하여 직접적으로 물리적 강제력을 수반하는 강제처분이라고 할 수는 없다. 따라서 심판대상 조항이 헌법 제12조 제3항의 영장주의에 위배된다고 볼 수 없다(헌재 2015.9.24. 2012헌바302).
⑤ (○) 지방의회에서의 사무감사·조사를 위한 증인의 동행명령장제도도 증인의 신체의 자유를 억압하여 일정 장소로 인치하는 것으로서 헌법 제12조 제3항의 "체포 또는 구속"에 준하는 사태로 보아야 하고, 거기에 현행범 체포와 같이 사후에 영장을 발부받지 아니하면 목적을 달성할 수 없는 긴박성이 있다고 인정할 수는 없으므로, 헌법 제12조 제3항에 의하여 법관이 발부한 영장의 제시가 있어야 함에도 불구하고 동행명령장을 법관이 아닌 지방의회 의장이 발부하고 이에 기하여 증인의 신체의 자유를 침해하여 증인을 일정 장소에 인치하도록 규정된 조례안은 영장주의원칙을 규정한 헌법 제12조 제3항에 위반된 것이다(대판 1995.6.30. 93추83).

19 0275 ○△×|○△×|○△× 2021 경찰 승진

신체의 자유에 대한 설명으로 가장 적절하지 않은 것은? (다툼이 있는 경우 판례에 의함)

① 체포·구속·압수 또는 수색을 할 때에는 적법한 절차에 따라 검사의 신청에 의하여 법관이 발부한 영장을 제시하여야 한다. 다만, 현행범인인 경우와 장기 3년 이상의 형에 해당하는 죄를 범하고 도피 또는 증거인멸의 염려가 없을 때에는 사후에 영장을 청구할 수 있다.

② 외국에서 형의 전부 또는 일부의 집행을 받은 자에 대하여 형을 감경 또는 면제할 수 있도록 규정한 형법 조항은 신체의 자유를 침해한다.

③ 상소 제기 후의 미결구금일수 산입을 규정하면서 상소 제기 후 상소 취하 시까지의 구금일수 통산에 관하여는 규정하지 아니함으로써 이를 본형 산입의 대상에서 제외되도록 한 형사소송법 조항은 신체의 자유를 지나치게 제한하는 것으로서 헌법에 위반된다.

④ 변호인이 피의자신문에 자유롭게 참여할 수 있는 권리는 피의자가 가지는 변호인의 조력을 받을 권리를 실현하는 수단이므로 헌법상 기본권인 변호인의 변호권으로서 보호되어야 한다.

지문분석 난이도 중 정답 ①

| 키 워 드 | 신체의 자유

| 출제유형 | 조문 + 판례

① (X) 체포·구속·압수 또는 수색을 할 때에는 적법한 절차에 따라 검사의 신청에 의하여 법관이 발부한 영장을 제시하여야 한다. 다만, 현행범인인 경우와 장기 3년 이상의 형에 해당하는 죄를 범하고 도피 또는 증거인멸의 염려가 있을 때에는 사후에 영장을 청구할 수 있다(헌법 제12조 제3항).

② (O) 외국에서 실제로 형의 집행을 받았음에도 불구하고 우리 형법에 의한 처벌 시 이를 전혀 고려하지 않는다면 신체의 자유에 대한 과도한 제한이 될 수 있으므로 그와 같은 사정은 어느 범위에서든 반드시 반영되어야 하고, 이러한 점에서 입법 형성권의 범위는 다소 축소될 수 있다. 입법자는 국가형벌권의 실현과 국민의 기본권 보장의 요구를 조화시키기 위하여 형을 필요적으로 감면하거나 외국에서 집행된 형의 전부 또는 일부를 필요적으로 산입하는 등의 방법을 선택하여 청구인의 신체의 자유를 덜 침해할 수 있음에도, 이 사건 법률 조항과 같이 우리 형법에 의한 처벌 시 외국에서 받은 형의 집행을 전혀 반영하지 아니할 수도 있도록 한 것은 과잉금지원칙에 위배되어 신체의 자유를 침해한다(헌재 2015.5.28. 2013헌바129).

③ (O) 미결구금은 신체의 자유를 침해받는 피의자 또는 피고인의 입장에서 보면 실질적으로 자유형의 집행과 다를 바 없으므로 인권보호 및 공평의 원칙상 형기에 전부 산입되어야 한다. … 상소 제기 후 상소 취하 시까지의 미결구금을 형기에 산입하지 아니하는 것은 헌법상 무죄추정의 원칙 및 적법절차의 원칙, 평등원칙 등을 위배하여 합리성과 정당성 없이 신체의 자유를 지나치게 제한하는 것이고, … 상소 제기 후 상소 취하 시까지의 미결구금일수를 본형에 산입하도록 규정하지 아니한 것은 헌법에 위반된다(헌재 2009.12.29. 2008헌가13 등).

④ (O) 헌재 2017.11.30. 2016헌마503

20 0276 ○△×|○△×|○△× 2020 지방직 7급

신체의 자유 및 적법절차에 대한 설명으로 옳지 않은 것은? (다툼이 있는 경우 판례에 의함)

① 형벌법규는 문언에 따라 엄격하게 해석·적용하여야 하고 피고인에게 불리한 방향으로 지나치게 확장해석하거나 유추해석하여서는 아니 되지만, 형벌법규의 해석에서도 법률문언의 통상적인 의미를 벗어나지 않는 한 그 법률의 입법취지와 목적, 입법연혁 등을 고려한 목적론적 해석이 배제되는 것은 아니다.

② 강제퇴거명령을 받은 사람을 즉시 대한민국 밖으로 송환할 수 없으면 송환할 수 있을 때까지 보호시설에 보호할 수 있도록 규정한 출입국관리법 제63조 제1항은 과잉금지원칙에 반하여 신체의 자유를 침해하지 아니한다.

③ 변호인의 조력을 받을 권리란 변호인과 신체구속을 당한 사람 사이의 충분한 접견교통을 허용함은 물론 교통 내용에 대하여 비밀이 보장되고 부당한 간섭이 없어야 하는 것이며, 이러한 취지는 변호인과 미결수용자 사이의 서신에는 적용되지 않는다.

④ 헌법 제12조 제2항이 보장하는 진술거부권은 피고인 또는 피의자가 공판절차나 수사절차에서 법원 또는 수사기관의 신문에 대하여 형사상 자신에게 불리한 진술을 거부할 수 있는 권리이다.

지문분석 난이도 중 정답 ③

| 키 워 드 | 신체의 자유 및 적법절차

| 출제유형 | 판례

③ (X) 헌법 제12조 제4항 본문은 신체구속을 당한 사람에 대하여 변호인의 조력을 받을 권리를 규정하고 있는바, 이를 위하여서는 신체구속을 당한 사람에게 변호인과 사이의 충분한 접견교통을 허용함은 물론 교통내용에 대하여 비밀이 보장되고 부당한 간섭이 없어야 하는 것이며, 이러한 취지는 접견의 경우뿐만 아니라 변호인과 미결수용자 사이의 서신에도 적용되어 그 비밀이 보장되어야 할 것이다(헌재 1995.7.21. 92헌마144).

① (O) 대판 2002.2.21. 2001도2819

② (O) 출입국관리법에 따라 보호된 청구인들은 각 보호의 원인이 되는 강제퇴거명령에 대하여 취소소송을 제기함으로써 그 원인관계를 다투는 것 이외에, 보호명령 자체의 취소를 구하는 행정소송이나 그 집행의 정지를 구하는 집행정지신청을 할 수 있으므로, 헌법 제12조 제6항이 요구하는 체포·구속 자체에 대한 적법 여부를 법원에 심사청구할 수 있는 절차가 있다. … 따라서 심판대상 조항은 헌법 제12조 제6항의 요청을 충족한 것으로 청구인들의 신체의 자유를 침해하지 아니한다(헌재 2014.8.28. 2012헌마686).

④ (O) 헌재 1998.7.16. 96헌바35

21 0277 ○△×|○△×|○△× 2021 국가직 7급

신체의 자유에 대한 설명으로 옳지 않은 것은? (다툼이 있는 경우 판례에 의함)

① 관광진흥개발기금 관리·운용업무에 종사토록 하기 위하여 문화체육관광부 장관에 의해 채용된 민간 전문가에 대해 형법상 뇌물죄의 적용에 있어서 공무원으로 의제하는 관광진흥개발기금법의 규정은 신체의 자유를 과도하게 제한하는 것은 아니다.

② 구 미성년자보호법의 해당 조항 중 "잔인성"과 "범죄의 충동을 일으킬 수 있게"라는 부분은 그 적용 범위를 법집행기관의 자의적인 판단에 맡기고 있으므로 죄형법정주의에서 파생된 명확성의 원칙에 위배된다.

③ 군인 아닌 자가 유사군복을 착용함으로써 군인에 대한 국민의 신뢰가 실추되는 것을 방지하기 위해 유사군복의 착용을 금지하는 것은 허용되지만, 유사군복을 판매목적으로 소지하는 것까지 금지하는 것은 과잉금지원칙에 위반된다.

④ 디엔에이신원확인정보의 수집·이용은 수형인 등에게 심리적 압박으로 인한 범죄예방 효과를 가진다는 점에서 보안처분의 성격을 지니지만, 처벌적인 효과가 없는 비형벌적 보안처분으로서 소급입법금지원칙이 적용되지 않는다.

지문분석

난이도 중 정답 ③

| 키 워 드 | 신체의 자유

| 출제유형 | 판례

③ (X) 군인 아닌 자가 유사군복을 입고 군인임을 사칭하여 군인에 대한 국민의 신뢰를 실추시키는 행동을 하는 등 군에 대한 신뢰 저하 문제로 이어져 향후 발생할 국가안전보장상의 부작용을 상정해볼 때, 단지 유사군복의 착용을 금지하는 것으로는 입법목적을 달성하기에 부족하고, 유사군복을 판매 목적으로 소지하는 것까지 금지하여 유사군복이 유통되지 않도록 하는 사전적 규제조치가 불가피하다. … 개인의 직업의 자유나 일반적 행동의 자유의 제한 정도는, 국가안전을 보장하고자 하는 공익에 비하여 결코 중하다고 볼 수 없다. 따라서 심판대상 조항은 과잉금지원칙을 위반하여 직업의 자유 내지 일반적 행동의 자유를 침해한다고 볼 수 없다(헌재 2019.4.11. 2018헌가14).

① (O) 민간 전문가가 기금 운용 정책 전반에 관하여 문화체육관광부 장관을 보좌하는 직무를 수행함에 있어서 청렴성이나 공정성이 필요하다. 위 조항은 민간 전문가를 모든 영역에서 공무원으로 의제하는 것이 아니라 직무의 불가매수성을 담보한다는 요청에 의해 금품수수행위 등 직무 관련 비리행위를 엄격히 처벌하기 위해 형법 제129조 등의 적용에 대하여만 공무원으로 의제하고 있으므로 입법목적 달성에 필요한 정도를 넘어선 과잉형벌이라고 할 수 없고, 신체의 자유 등 헌법상 기본권 제한의 정도가 달성하려는 공익에 비하여 중하다고 할 수 없다. … 결론적으로 이 사건 공무원 의제조항이 과잉금지원칙에 위배되어 청구인의 신체의 자유 등 헌법상 기본권을 침해한다고 볼 수 없다(헌재 2014.7.24. 2012헌바188).

② (O) '잔인성'에 대하여는 아직 판례상 그 개념규정이 확립되지 않은 상태이고 그 사전적 의미는 "인정이 없고 모짊"이라고 할 수 있는바, 이에 의하면 미성년자의 감정이나 의지, 행동 등 그 정신생활의 모든 영역을 망라하는 것으로서 … 법집행자의 자의적인 판단을 허용할 여지가 높다고 할 것이다. … "범죄의 충동을 일으킬 수 있게" 한다는 것이 과연 확정적이든 미필적이든 고의를 품도록 하는 것에만 한정되는 것인지, 인식의 유무를 가리지 않고 실제로 구성요건에 해당하는 행위로 나아가게 하는 일체의 것을 의미하는지, 더 나아가 단순히 그 행위에 착수하는 단계만으로도 충분한 것인지, 그 결과까지 의욕하거나 실현하도록 하여야만 하는 것인지를 전혀 알 수 없다. … 이 사건 미성년자보호법 조항은 법관의 보충적인 해석을 통하여도 그 규범 내용이 확정될 수 없는 모호하고 막연한 개념을 사용함으로써 그 적용범위를 법집행기관의 자의적인 판단에 맡기고 있으므로, 죄형법정주의에서 파생된 명확성의 원칙에 위배된다(헌재 2002.2.28. 99헌가8).

④ (O) 디엔에이신원확인정보의 수집·이용은 수형인 등에게 심리적 압박으로 인한 범죄예방 효과를 가진다는 점에서 보안처분의 성격을 지니지만, 처벌적인 효과가 없는 비형벌적 보안처분으로서 소급입법금지원칙이 적용되지 않는다. 이 사건 법률의 소급적용으로 인한 공익적 목적이 당사자의 손실보다 더 크므로, 이 사건 부칙조항이 법률 시행 당시 디엔에이감식시료 채취 대상범죄로 실형이 확정되어 수용 중인 사람들까지 이 사건 법률을 적용한다고 하여 소급입법금지원칙에 위배되는 것은 아니다(헌재 2014.8.28. 2011헌마28 등).

22 0278 ○△×|○△×|○△× 2020 법원직 9급

보안처분에 관한 다음 설명 중 가장 옳지 않은 것은?

① 전자장치 부착명령은 범죄행위를 한 사람에 대한 응보를 주된 목적으로 그 책임을 추궁하는 사후적 처분인 형벌과 구별되는 비형벌적 보안처분으로서 소급효금지원칙이 적용되지 아니한다.

② 노역장유치란 벌금납입의 대체수단이자 납입강제기능을 갖는 벌금형의 집행방법이며, 벌금형에 대한 환형처분이라는 점에서 형벌과 구별된다. 따라서 노역장유치기간의 하한을 정한 것은 벌금형을 대체하는 집행방법을 강화한 것에 불과하며, 이를 소급적용한다고 하여 형벌불소급의 문제가 발생한다고 보기 어렵다.

③ 보안처분이라 하더라도 형벌적 성격이 강하여 신체의 자유를 박탈하거나 박탈에 준하는 정도로 신체의 자유를 제한하는 경우에는 소급입법금지원칙을 적용하는 것이 법치주의 및 죄형법정주의에 부합한다.

④ 디엔에이감식시료의 채취 행위 및 디엔에이신원확인정보의 수집, 수록, 검색, 회보라는 일련의 행위는 보안처분으로서의 성격을 지닌다.

지문분석 난이도 중 정답 ②

| 키 워 드 | 신체의 자유

| 출제유형 | 판례

② (X) 형벌불소급원칙에서 의미하는 '처벌'은 형법에 규정되어 있는 형식적 의미의 형벌 유형에 국한되지 않으며, 범죄행위에 따른 제재의 내용이나 실제적 효과가 형벌적 성격이 강하여 신체의 자유를 박탈하거나 이에 준하는 정도로 신체의 자유를 제한하는 경우에는 형벌불소급원칙이 적용되어야 한다. 노역장유치는 그 실질이 신체의 자유를 박탈하는 것으로서 징역형과 유사한 형벌적 성격을 가지고 있으므로 형벌불소급원칙의 적용대상이 된다. 노역장유치조항은 1억 원 이상의 벌금형을 선고 받는 자에 대하여 유치기간의 하한을 중하게 변경시킨 것이므로, 이 조항 시행 전에 행한 범죄행위에 대해서는 범죄행위 당시에 존재하였던 법률을 적용하여야 한다. 그런데 부칙 조항은 노역장유치 조항의 시행 전에 행해진 범죄행위에 대해서도 공소제기의 시기가 노역장유치 조항의 시행 이후이면 이를 적용하도록 하고 있으므로, 이는 범죄행위 당시보다 불이익한 법률을 소급적용하도록 하는 것으로서 헌법상 형벌불소급원칙에 위반된다(헌재 2017.10.26. 2015헌바239 등).

① (O) 전자장치 부착명령은 전통적 의미의 형벌이 아닐 뿐 아니라, 성폭력범죄자의 성행교정과 재범방지를 도모하고 국민을 성폭력범죄로부터 보호한다고 하는 공익을 목적으로 하며, 전자장치의 부착을 통해서 피부착자의 행동 자체를 통제하는 것도 아니라는 점에서 이 사건 부칙 조항이 적용되었을 때 처벌적인 효과를 나타낸다고 보기 어렵다. 그러므로 이 사건 부착명령은 범죄행위를 한 사람에 대한 응보를 주된 목적으로 그 책임을 추궁하는 사후적 처분인 형벌과 구별되는 비형벌적 보안처분으로서 소급효금지원칙이 적용되지 아니한다(헌재 2012.12.27. 2010헌가82 등).

③ (O) 보안처분은 형벌과는 달리 행위자의 장래 재범위험성에 근거하는 것으로서, 행위 시가 아닌 재판시의 재범위험성 여부에 대한 판단에 따라 보안처분 선고를 결정하므로 원칙적으로 재판 당시 현행법을 소급적용할 수 있다고 보는 것이 타당하고 합리적이다. 그러나 보안처분의 범주가 넓고 그 모습이 다양한 이상, 보안처분에 속한다는 이유만으로 일률적으로 소급효금지원칙이 적용된다거나 그렇지 않다고 단정해서는 안 되고, 보안처분이라는 우회적인 방법으로 형벌불소급의 원칙을 유명무실하게 하는 것을 허용해서도 안 된다. 따라서 보안처분이라 하더라도 형벌적 성격이 강하여 신체의 자유를 박탈하거나 박탈에 준하는 정도로 신체의 자유를 제한하는 경우에는 소급효금지원칙을 적용하는 것이 법치주의 및 죄형법정주의에 부합한다(헌재 2012.12.27. 2010헌가82 등).

④ (O) 디엔에이감식시료의 채취 행위 및 디엔에이신원확인정보의 수집, 수록, 검색, 회보라는 일련의 행위는 수형인 등에게 심리적 압박에서 나오는 위하효과로 인한 범죄의 예방효과를 가진다는 점에서 행위자의 장래 위험성에 근거하여 범죄자의 개선을 통해 범죄를 예방하고 장래의 위험을 방지하여 사회를 보호하기 위해서 부과되는 보안처분으로서의 성격을 지닌다고 볼 수 있다(헌재 2014.8.28. 2011헌마28 등).

23 0279 ○△×|○△×|○△× 2019 서울시 7급

신체의 자유에 대한 설명으로 가장 옳은 것은?

① 강제퇴거명령을 받은 사람을 즉시 대한민국 밖으로 송환할 수 없으면 송환할 수 있을 때까지 보호시설에 보호할 수 있도록 규정한 출입국관리법 제63조 제1항은 과잉금지원칙에 반하여 신체의 자유를 침해한다.

② 체포영장을 집행하는 경우 필요한 때에는 타인의 주거 등에서 피의자 수사를 할 수 있도록 한 형사소송법 제216조 제1항 제1호 중 제200조의2에 관한 부분은 헌법 제16조의 영장주의에 위반되지 않는다.

③ 헌법 제12조 제4항 본문에 규정된 '구속'은 사법절차에서 이루어진 구속뿐 아니라, 행정절차에서 이루어진 구속까지 포함하는 개념이므로 헌법 제12조 제4항 본문에 규정된 변호인의 조력을 받을 권리는 행정절차에서 구속을 당한 사람에게도 즉시 보장된다.

④ 검찰수사관이 피의자신문에 참여한 변호인에게 피의자 후방에 앉으라고 요구한 행위는 변호인의 변호권을 침해하는 것이 아니다.

지문분석 난이도 ㊥ 정답 ③

| 키 워 드 | 신체의 자유

| 출제유형 | 판례

③ (○) 헌법 제12조 제4항 본문의 문언 및 헌법 제12조의 조문 체계, 변호인 조력권의 속성, 헌법이 신체의 자유를 보장하는 취지를 종합하여 보면 헌법 제12조 제4항 본문에 규정된 "구속"은 사법절차에서 이루어진 구속뿐 아니라, 행정절차에서 이루어진 구속까지 포함하는 개념이다. 따라서 헌법 제12조 제4항 본문에 규정된 변호인의 조력을 받을 권리는 행정절차에서 구속을 당한 사람에게도 즉시 보장된다(헌재 2018.5.31. 2014헌마346).

① (X) 심판대상 조항은 외국인의 출입국과 체류를 적절하게 통제하고 조정하여 국가의 안전보장·질서유지 및 공공복리를 도모하기 위한 것으로 입법목적이 정당하다. 강제퇴거 대상자를 출국 요건이 구비될 때까지 보호시설에 보호하는 것은 강제퇴거명령의 신속하고 효율적인 집행과 외국인의 출입국·체류관리를 위한 효과적인 방법이므로 수단의 적정성도 인정된다. … 그러므로 심판대상 조항은 과잉금지원칙에 위배되어 신체의 자유를 침해하지 아니한다(헌재 2018.2.22. 2017헌가29).

② (X) 심판대상 조항은 체포영장을 발부받아 피의자를 체포하는 경우에 필요한 때에는 영장 없이 타인의 주거 등 내에서 피의자 수사를 할 수 있다고 규정함으로써, 앞서 본 바와 같이 별도로 영장을 발부받기 어려운 긴급한 사정이 있는지 여부를 구별하지 아니하고 피의자가 소재할 개연성만 소명되면 영장 없이 타인의 주거 등을 수색할 수 있도록 허용하고 있다. 이는 체포영장이 발부된 피의자가 타인의 주거 등에 소재할 개연성은 소명되나, 수색에 앞서 영장을 발부받기 어려운 긴급한 사정이 인정되지 않는 경우에도 영장 없이 피의자 수색을 할 수 있다는 것이므로, 헌법 제16조의 영장주의 예외 요건을 벗어나는 것으로서 영장주의에 위반된다(헌재 2018.4.26. 2015헌바370 등).

④ (X) 피의자신문에 참여한 변호인이 피의자 옆에 앉는다고 하여 피의자 뒤에 앉는 경우보다 수사를 방해할 가능성이 높아진다거나 수사기밀을 유출할 가능성이 높아진다고 볼 수 없으므로, 이 사건 후방착석요구행위의 목적의 정당성과 수단의 적절성을 인정할 수 없다. …이 사건에서 변호인의 수사방해나 수사기밀의 유출에 대한 우려가 없고, 조사실의 장소적 제약 등과 같이 이 사건 후방착석요구행위를 정당화할 그 외의 특별한 사정도 없으므로, 이 사건 후방착석요구행위는 침해의 최소성 요건을 충족하지 못한다. 이 사건 후방착석요구행위로 얻어질 공익보다는 변호인의 피의자신문참여권 제한에 따른 불이익의 정도가 크므로, 법익의 균형성 요건도 충족하지 못한다. 따라서 이 사건 후방착석요구행위는 변호인인 청구인의 변호권을 침해한다(헌재 2017.11.30. 2016헌마503).

24 0280 ○△×|○△×|○△× 2017 경찰 승진

다음 중 헌법재판소의 판례의 태도로 가장 적절하지 않은 것은?

① 부정청탁금지조항 및 대가성 여부를 불문하고 직무와 관련하여 금품 등을 수수하는 것을 금지할 뿐만 아니라, 직무관련성이나 대가성이 없더라도 동일인으로부터 일정 금액을 초과하는 금품 등의 수수를 금지하는 부정청탁 및 금품 등 수수의 금지에 관한 법률 조항 중 사립학교 관계자와 언론인에 관한 부분이 언론인과 사립학교 관계자의 일반적 행동자유권을 침해하지 않는다.

② 구 식품위생법 제44조 제1항 '식품접객영업자 등 대통령령으로 정하는 영업자와 그 종업원은 영업의 위생관리와 질서유지, 국민의 보건위생 증진을 위하여 총리령으로 정하는 사항을 지켜야 한다'는 부분은 수범자와 준수사항을 하위법령에 위임하면서 위임될 내용에 대해 구체화하고 있고, 그 내용도 예측이 가능하므로 포괄위임금지원칙에 위반되지 않는다.

③ 경범죄처벌법 제3조 제1항 제33호(과다노출) '여러 사람의 눈에 뜨이는 곳에서 공공연하게 알몸을 지나치게 내놓거나 가려야 할 곳을 내놓아 다른 사람에게 부끄러운 느낌이나 불쾌감을 준 사람'의 부분은 죄형법정주의의 명확성원칙에 위배된다.

④ 강도상해죄 또는 강도치상죄를 무기 또는 7년 이상의 징역에 처하도록 규정한 형법 제337조는, 강도치상죄가 강간치상죄, 인질치상죄, 현주건조물등방화치상죄 등에 비하여 법정형의 하한이 높게 규정되어 있다 하더라도, 기본범죄, 보호법익, 죄질 등이 다른 이들 범죄를 강도치상죄와 단순히 평면적으로 비교하여 법정형의 과중 여부를 판단할 수 없으므로, 심판대상 조항이 형벌체계상 균형을 상실하여 평등원칙에 위반된다고 할 수 없다.

지문분석 난이도 ㊤ 정답 ②

| 키 워 드 | 죄형법정주의

| 출제유형 | 판례

② (X) '영업의 위생관리와 질서유지', '국민의 보건위생 증진'은 매우 추상적이고 포괄적인 개념이어서 이를 위하여 준수하여야 할 사항이 구체적으로 어떠한 것인지 그 행위태양이나 내용을 예측하기 어렵다. 또한 '영업의 위생관리와 국민의 보건위생 증진'은 식품위생법 전체의 입법목적과 크게 다를 바 없고, '질서유지'는 식품위생법의 입법목적에도 포함되어 있지 않은 일반적이고 추상적인 공익의 전체를 의미함에 불과하므로, 이러한 목적의 나열만으로는 식품 관련 영업자에게 행위기준을 제공해 주지 못한다. 결국 심판대상 조항은 수범자와 준수사항을 모두 하위법령에 위임하면서도 위임될 내용에 대해 구체화하고 있지 아니하여 그 내용들을 전혀 예측할 수 없게 하고 있으므로, 포괄위임금지원칙에 위반된다(헌재 2016.11.24. 2014헌가6).

① (O) 부정청탁금지조항 및 대가성 여부를 불문하고 직무와 관련하여 금품 등을 수수하는 것을 금지할 뿐만 아니라, 직무관련성이나 대가성이 없더라도 동일인으로부터 일정 금액을 초과하는 금품 등의 수수를 금지하는 부정청탁 및 금품 등 수수의 금지에 관한 법률 조항 중 사립학교 관계자와 언론인에 관한 부분이 과잉금지원칙을 위반하여 청구인들의 일반적 행동자유권을 침해한다고 보기 어렵다(헌재 2016.7.28. 2015헌마236).

③ (O) '여러 사람의 눈에 뜨이는 곳에서 공공연하게 알몸을 지나치게 내놓거나 가려야 할 곳을 내놓아 다른 사람에게 부끄러운 느낌이나 불쾌감을 준 사람'을 처벌하는 경범죄처벌법 제3조 제1항 제33호는 죄형법정주의의 명확성원칙에 위배된다(헌재 2016.11.24. 2016헌가3).

④ (O) 강도상해죄의 법정형의 하한을 '7년 이상의 징역'으로 정하고 있는 형법 제337조는 강도치상죄 법정형의 하한을 강간치상죄, 인질치상죄 등에 비하여 높게 규정하였다 하더라도, 강도치상죄와 기본범죄, 보호법익, 죄질 등이 다른 이들 범죄를 단순히 평면적으로 비교하여 법정형의 과중 여부를 판단할 수 없으므로, 심판대상 조항이 형벌체계상의 균형성을 상실하여 헌법에 위반된다고 할 수 없다(헌재 2016.9.29. 2014헌바183).

25 0281 ○△×|○△×|○△× 2016 서울시 7급

다음 중 신체의 자유에 대한 설명으로 옳은 것을 모두 고르면?

㉠ 교도소 측에서 상대방이 변호인이라는 사실을 확인할 수 없더라도 미결수용자와 변호인 사이의 서신은 원칙적으로 그 비밀을 보장받을 수 있다.
㉡ 미결수용자와 변호인 사이의 서신으로서 그 비밀을 보장받기 위하여는 서신을 통하여 마약 등 소지금지품의 반입을 도모한다든가 그 내용에 도주·증거인멸 등에 관한 내용이 기재되어 있다고 의심할 만한 합리적인 이유가 있는 경우가 아니어야 한다.
㉢ 특별검사가 참고인에게 지정된 장소까지 동행할 것을 명령할 수 있게 하고 참고인이 정당한 이유 없이 위 동행명령을 거부한 경우 천만 원 이하의 벌금형에 처하도록 규정한 동행명령조항은 영장주의 또는 과잉금지원칙에 위배하여 참고인의 신체의 자유를 침해하는 것이다.
㉣ 헌법상 변호인의 조력을 받을 권리 중 특히 국선변호인의 조력을 받을 권리는 피고인에게만 인정되는 것으로 해석함이 상당하다.

① ㉠, ㉡ ② ㉡, ㉢
③ ㉠, ㉢, ㉣ ④ ㉡, ㉢, ㉣

지문분석

난이도 상 정답 ④

| 키 워 드 | 신체의 자유
| 출제유형 | 판례

㉡ (○), ㉠ (×) 미결수용자와 변호인 사이의 서신으로서 그 비밀을 보장받기 위하여는, 첫째, 교도소 측에서 상대방이 변호인이라는 사실을 확인할 수 있어야 하고, 둘째, 서신을 통하여 마약 등 소지금지품의 반입을 도모한다든가 그 내용에 도주·증거인멸·수용시설의 규율과 질서의 파괴·기타 형벌법령에 저촉되는 내용이 기재되어 있다고 의심할 만한 합리적인 이유가 있는 경우가 아니어야 한다(헌재 1995.7.21. 92헌마144).
㉢ (○) 특별검사가 참고인에게 지정된 장소까지 동행할 것을 명령할 수 있게 하고 참고인이 정당한 이유 없이 위 동행명령을 거부한 경우 천만 원 이하의 벌금형에 처하도록 규정한 것은 영장주의 또는 과잉금지원칙에 위배하여 평등권과 신체의 자유를 침해한다(헌재 2008.1.10. 2007헌마1468).
㉣ (○) 일반적으로 형사사건에 있어 변호인의 조력을 받을 권리는 피의자나 피고인을 불문하고 보장되나, 그중 특히 국선변호인의 조력을 받을 권리는 피고인에게만 인정된다(헌재 2008.9.25. 2007헌마1126).

26 0282 ○△×|○△×|○△× 2017 국가직 7급

신체의 자유에 대한 설명으로 옳은 것은? (다툼이 있는 경우 판례에 의함)

① 성폭력범죄자의 재범방지와 성행교정을 통한 재사회화를 위하여 그의 행적을 추적하여 위치를 확인할 수 있는 전자장치를 신체에 부착하게 하는 전자감시제도는 성폭력범죄로부터 국민을 보호함을 목적으로 하는 일종의 보안처분이다.
② 죄형법정주의가 적용되는 대상으로는 형벌뿐 아니라 과태료 등의 행정질서벌까지 포함된다.
③ 행위 당시의 판례에 의하면 처벌대상이 아니었던 행위가 판례변경에 따라 처벌되게 되었다면 형벌불소급의 원칙에 반한다.
④ 보호의무자 2인의 동의와 정신건강의학과 전문의 1인의 진단으로 정신질환자에 대한 보호입원이 가능하도록 한 정신보건법 조항은 보호입원이 정신질환자 본인에 대한 치료와 사회의 안전 도모라는 측면에서 긍정적인 효과가 있으므로 정신질환자의 신체의 자유를 침해하지 아니한다.

지문분석

난이도 하 정답 ①

| 키 워 드 | 신체의 자유
| 출제유형 | 판례

① (○) 특정 범죄자에 대한 위치추적 전자장치 부착 등에 관한 법률에 의한 성폭력범죄자에 대한 전자감시제도는, 성폭력범죄자의 재범방지와 성행교정을 통한 재사회화를 위하여 그의 행적을 추적하여 위치를 확인할 수 있는 전자장치를 신체에 부착하게 하는 부가적인 조치를 취함으로써 성폭력범죄로부터 국민을 보호함을 목적으로 하는 일종의 보안처분이다(대판 2011.7.28. 2011도5813).
② (×) 과태료는 행정상의 질서유지를 위한 행정질서벌에 해당할 뿐 형벌이라고 할 수 없어, 죄형법정주의의 규율대상에 해당하지 아니한다(헌재 1998.5.28. 96헌바83).
③ (×) 행위 당시의 판례에 의하면 처벌대상이 되지 아니하는 것으로 해석되었던 행위를 판례의 변경에 따라 확인된 내용의 형법 조항에 근거하여 처벌한다고 하여 그것이 형벌불소급원칙에 위반된다고 할 수 없다(헌재 2014.5.29. 2012헌바390).
④ (×) 보호의무자 2인의 동의 및 정신과전문의 1인의 진단을 요건으로 정신질환자를 정신의료기관에 보호입원시켜 치료를 받도록 하는 것은, 목적의 정당성 및 수단의 적절성은 인정되나 입원의 필요성에 대한 판단에 있어 객관성과 공정성을 담보할 만한 장치를 두고 있지 않고, 보호입원 대상자의 의사 확인이나 부당한 강제입원에 대한 불복제도도 충분히 갖추고 있지 아니하여, 보호입원 대상자의 신체의 자유를 과도하게 제한하고 있어, 침해의 최소성에 반하므로 과잉금지원칙을 위반하여 신체의 자유를 침해한다(헌재 2016.9.29. 2014헌가9).

27 0283 ○△×|○△×|○△× 2017 국가직 5급

신체의 자유에 대한 설명으로 옳지 않은 것은? (다툼이 있는 경우 헌법재판소 결정에 의함)

① 성폭력범죄를 저지른 성도착증 환자로서 재범의 위험성이 인정되는 19세 이상의 사람에 대해 법원이 15년의 범위에서 치료명령을 선고할 수 있도록 한 법률규정은, 장기형이 선고되는 경우 치료명령의 선고시점과 집행시점 사이에 상당한 시간적 간극이 있어 집행시점에서 발생할 수 있는 불필요한 치료와 관련한 부분에 대해서는 침해의 최소성과 법익균형성이 인정되지 않기 때문에 피치료자의 신체의 자유를 침해한다.

② 강제퇴거명령을 받은 사람을 즉시 대한민국 밖으로 송환할 수 없으면 송환할 수 있을 때까지 보호시설에 보호할 수 있도록 하는 법률규정은, 보호의 상한을 설정하지 않아 장기 혹은 무기한의 구금을 가능하게 하므로 과잉금지원칙에 위배되어 신체의 자유를 침해한다.

③ 금치의 징벌을 받은 수용자에 대해 금치기간 중 실외운동을 원칙적으로 제한하고 예외적으로 실외운동을 허용하는 경우에도 실외운동의 기회가 부여되어야 하는 최저기준을 명시하지 않고 있는 규정은, 실외운동은 구금되어 있는 수용자의 신체적·정신적 건강을 유지하기 위한 최소한의 기본적 요청이고, 수용자의 건강 유지는 교정교화와 건전한 사회복귀라는 형 집행의 근본적 목표를 달성하는 데 필수적이므로 침해의 최소성원칙에 위배되어 신체의 자유를 침해한다.

④ 관광진흥개발기금 관리·운용업무에 종사토록 하기 위해 문화체육관광부장관에 의해 채용된 민간 전문가에 대해 형법상 뇌물죄의 적용에 있어서 공무원으로 의제하는 법률 규정은, 민간 전문가를 모든 영역에서 공무원으로 의제하는 것이 아니라 직무의 불가매수성을 담보한다는 요청에 의해 금품수수행위 등 직무 관련 비리행위를 엄격히 처벌하기 위해 뇌물죄의 적용에 대하여만 공무원으로 의제하고 있으므로 과잉금지원칙에 위배되어 신체의 자유를 침해한다고 볼 수 없다.

지문분석 난이도 상 정답 ②

| 키 워 드 | 신체의 자유

| 출제유형 | 판례

② (X) 강제퇴거대상자가 난민신청을 하였다는 이유로 보호 대상에서 배제하게 되면, 난민신청 남용사례가 대폭 증가할 수 있고 이들에 의한 범죄 발생 시 국내 치안 질서 유지에도 부정적으로 작용할 우려가 있다. 또한 피보호자의 송환이 언제 가능해질 것인지 미리 알 수가 없으므로, 보호기간을 한정하지 않고 '송환할 수 있을 때까지' 보호할 수 있도록 한 것은 심판대상 조항의 입법목적 달성을 위하여 불가피한 측면이 있다. 따라서 심판대상 조항은 청구인의 신체의 자유를 침해하지 아니한다(헌재 2016.4.28. 2013헌바196).

① (O) 심판대상 조항들은 원칙적으로 침해의 최소성 및 법익균형성이 충족된다. 다만 장기형이 선고되는 경우 치료명령의 선고시점과 집행시점 사이에 상당한 시간적 간극이 있어 집행시점에서 발생할 수 있는 불필요한 치료와 관련한 부분에 대해서는 침해의 최소성과 법익균형성을 인정하기 어렵다. 따라서 성폭력범죄를 저지른 성도착증 환자로서 재범의 위험성이 인정되는 19세 이상의 사람에 대해 법원에 약물치료명령을 청구하는 것은 과잉금지원칙에 위배되지 아니하나, 법원이 치료명령 청구가 이유 있다고 인정하는 때에 15년의 범위에서 치료기간을 정하여 판결로 치료를 명령할 수 있도록 한 조항은 집행 시점에서 불필요한 치료를 막을 수 있는 절차가 마련되어 있지 않은 점으로 인하여 과잉금지원칙에 위배되어 치료명령 피청구인의 신체의 자유 등 기본권을 침해한다(헌재 2015.12.23. 2013헌가9).

③ (O) 헌재 2016.5.26. 2014헌마45

④ (O) 헌재 2014.7.24. 2012헌바188

28 0284 ○△×|○△×|○△× 2017 경찰 승진

다음 중 헌법재판소의 판례의 태도로 가장 적절한 것은?

① 보호의무자 2인의 동의와 정신건강의학과 전문의 1인의 진단으로 정신질환자에 대한 보호입원이 가능하도록 한 정신보건법 조항은 보호입원 대상자의 신체의 자유를 과도하게 제한하는 등 과잉금지원칙을 위배하여 신체의 자유를 침해한다.

② 재판에 영향을 미칠 염려가 있거나 미치게 하기 위한 집회 또는 시위를 금지하고 이를 위반한 자를 형사처벌하는 구 집회 및 시위에 관한 법률 조항은 집회의 자유를 침해하지 않는다.

③ 미신고 시위에 대한 해산명령에 불응하는 자를 처벌하도록 규정한 집회 및 시위에 관한 법률 조항은 과잉금지원칙을 위반하여 집회의 자유를 침해한다.

④ 영업으로 성매매를 알선하는 행위를 처벌하는 성매매알선 등 행위의 처벌에 관한 법률 조항은 과잉금지원칙에 위배되어 이를 업으로 하고자 하는 사람들의 직업선택의 자유를 침해한다.

지문분석 난이도 중 정답 ①

| 키 워 드 | 자유권적 기본권(통합)

| 출제유형 | 판례

① (○) 보호의무자 2인의 동의와 정신건강의학과 전문의 1인의 진단으로 정신질환자에 대한 보호입원이 가능하도록 한 정신보건법 조항은, 목적이 정당하고 수단의 적절성도 인정되나, 침해의 최소성원칙에 위배되며 법익의 균형성 요건도 충족하지 못하여 과잉금지원칙을 위반하여 신체의 자유를 침해한다(헌재 2016.9.29. 2014헌가9).

② (×) 재판에 영향을 미칠 염려가 있거나 미치게 하기 위한 집회·시위를 사전적·전면적으로 금지하고 있을 뿐 아니라, 어떠한 집회·시위가 규제대상에 해당하는지를 판단할 수 있는 아무런 기준도 제시하지 아니함으로써 사실상 재판과 관련된 집단적 의견표명 일체가 불가능하게 되어 집회의 자유를 실질적으로 박탈하는 결과를 초래하므로 최소침해성원칙에 반한다. 더욱이 이 사건 제2호 부분으로 인하여 달성하고자 하는 공익 실현 효과는 가정적이고 추상적인 반면, 이 사건 제2호 부분으로 인하여 침해되는 집회의 자유에 대한 제한 정도는 중대하므로 법익균형성도 상실하였다. 따라서 이 사건 제2호 부분은 과잉금지원칙에 위배되어 집회의 자유를 침해한다(헌재 2016.9.29. 2014헌가3).

③ (×) 미신고 시위에 대한 해산명령에 불응하는 자를 처벌하도록 규정한 집회 및 시위에 관한 법률 조항은 과잉금지원칙을 위반하여 집회의 자유를 침해한다고 볼 수 없다(헌재 2016.9.29. 2014헌바492).

④ (×) 성매매 영업알선행위를 처벌하는 성매매알선 등 행위의 처벌에 관한 법률 조항은 과잉금지원칙에 위배되어 직업선택의 자유를 침해하지 아니한다(헌재 2016.9.29. 2015헌바65).

29 0285 ○△×|○△×|○△× 2015 서울시 7급

수용자의 기본권에 관한 설명 중 옳지 않은 것은? (다툼이 있는 경우 판례에 의함)

① 유죄판결이 확정되어 교정시설에 수용 중인 수형자에게도 헌법 제12조의 변호인의 조력을 받을 권리가 인정된다.

② 수용자가 변호사와 접견하는 경우에도 접촉차단시설이 설치된 접견실에서만 접견하도록 하는 것은 수용자의 재판청구권을 침해한다.

③ 출정비용을 예납하지 않았다는 이유로 행정소송 변론기일에 수형자를 출정시키지 아니한 것은 수형자의 재판청구권을 침해한다.

④ 징벌혐의의 조사를 받고 있는 수형자가 변호인 아닌 자와 접견할 당시 교도관이 참여하여 대화 내용을 기록하게 한 것은 수형자의 사생활의 비밀과 자유를 침해하지 않는다.

지문분석 난이도 하 정답 ①

| 키 워 드 | 신체의 자유

| 출제유형 | 판례

① (×) 형사절차가 종료되어 교정시설에 수용 중인 수형자는 원칙적으로 변호인의 조력을 받을 권리의 주체가 될 수 없다. 다만, 수형자의 경우에도 재심절차 등에는 변호인 선임을 위한 일반적인 교통·통신이 보장될 수도 있겠으나, 기록에 의하면 청구인은 교도소 내에서의 처우를 왜곡하여 외부인과 연계, 교도소 내의 질서를 해칠 목적으로 변호사에게 이 사건 서신을 발송하려는 것이므로 이와 같은 경우에는 변호인의 조력을 받을 권리가 보장되는 경우에 해당한다고 할 수 없다(헌재 1998.8.27. 96헌마398).

② (○) 변호사와 접견하는 경우에도 수용자의 접견은 원칙적으로 접촉차단시설이 설치된 장소에서 하도록 규정하고 있는 형의 집행 및 수용자의 처우에 관한 법률 시행령 제58조 제4항이 재판청구권을 침해한다(헌재 2013.8.29. 2011헌마122).

③ (○) 교도소장은 수형자가 출정비용을 예납하지 않았거나 영치금과의 상계에 동의하지 않았다고 하더라도, 우선 수형자를 출정시키고 사후에 출정비용을 받거나 영치금과의 상계를 통하여 출정비용을 회수하여야 하는 것이지, 이러한 이유로 수형자의 출정을 제한할 수 있는 것은 아니다. 그러므로 피청구인이, 청구인이 출정하기 이전에 여비를 납부하지 않았거나 출정비용과 영치금과의 상계에 미리 동의하지 않았다는 이유로 이 사건 출정제한행위를 한 것은, 피청구인에 대한 업무처리지침 내지 사무처리준칙인이 사건 지침을 위반하여 청구인이 직접 재판에 출석하여 변론할 권리를 침해함으로써, 형벌의 집행을 위하여 필요한 한도를 벗어나서 청구인의 재판청구권을 과도하게 침해하였다고 할 것이다(헌재 2012.3.29. 2010헌마475).

④ (○) 접견 내용을 녹음·녹화하는 경우 수용자 및 그 상대방에게 그 사실을 말이나 서면 등으로 알려주어야 하고 취득된 접견기록물은 법령에 의해 보호·관리되고 있으므로 사생활의 비밀과 자유에 대한 침해를 최소화하는 수단이 마련되어 있다는 점, 청구인이 나눈 접견 내용에 대한 사생활의 비밀로서의 보호가치에 비해 증거인멸의 위험을 방지하고 교정시설 내의 안전과 질서유지에 기여하려는 공익이 크고 중요하다는 점에 비추어 볼 때, 이 사건 접견참여·기록이 청구인의 사생활의 비밀과 자유를 침해하였다고 볼 수 없다(헌재 2014.9.25. 2012헌마523).

30 0286 ○△×|○△×|○△× 2022 경찰 1차

헌법상 신체의 자유에 관한 규정 중 가장 적절하지 않은 것은?

① 누구든지 체포 또는 구속의 이유와 변호인의 조력을 받을 권리가 있음을 고지받지 아니하고는 체포 또는 구속을 당하지 아니한다. 체포 또는 구속을 당한 자의 가족 등 법률이 정하는 자에게는 그 이유와 일시·장소가 지체없이 통지되어야 한다.

② 체포·구속·압수 또는 수색을 할 때에는 적법한 절차에 따라 검사의 신청에 의하여 법관이 발부한 영장을 제시하여야 한다. 다만, 현행범인인 경우와 장기 3년 이상의 형에 해당하는 죄를 범하고 도피 또는 증거인멸의 염려가 있을 때에는 사후에 영장을 청구할 수 있다.

③ 모든 국민은 신체의 자유를 가진다. 누구든지 법률과 적법절차에 의하지 아니하고는 체포·구속·압수·수색을 받지 아니하며, 법률에 의하지 아니하고는 심문·처벌·보안처분 또는 강제노역을 받지 아니한다.

④ 피고인의 자백이 고문·폭행·협박·구속의 부당한 장기화 또는 기망 기타의 방법에 의하여 자의로 진술된 것이 아니라고 인정될 때 또는 정식재판에 있어서 피고인의 자백이 그에게 불리한 유일한 증거일 때에는 이를 유죄의 증거로 삼거나 이를 이유로 처벌할 수 없다.

지문분석 난이도 하 정답 ③

| 키 워 드 | 신체의 자유

| 출제유형 | 조문

③ (X) 헌법 제12조 제1항

> **헌법 제12조** ① 모든 국민은 신체의 자유를 가진다. 누구든지 법률에 의하지 아니하고는 체포·구속·압수·수색 또는 심문을 받지 아니하며, 법률과 적법한 절차에 의하지 아니하고는 처벌·보안처분 또는 강제노역을 받지 아니한다.

① (O) 헌법 제12조 제5항

> **헌법 제12조** ⑤ 누구든지 체포 또는 구속의 이유와 변호인의 조력을 받을 권리가 있음을 고지받지 아니하고는 체포 또는 구속을 당하지 아니한다. 체포 또는 구속을 당한 자의 가족 등 법률이 정하는 자에게는 그 이유와 일시·장소가 지체없이 통지되어야 한다.

② (O) 헌법 제12조 제3항

> **헌법 제12조** ③ 체포·구속·압수 또는 수색을 할 때에는 적법한 절차에 따라 검사의 신청에 의하여 법관이 발부한 영장을 제시하여야 한다. 다만, 현행범인인 경우와 장기 3년 이상의 형에 해당하는 죄를 범하고 도피 또는 증거인멸의 염려가 있을 때에는 사후에 영장을 청구할 수 있다.

④ (O) 헌법 제12조 제7항

> **헌법 제12조** ⑦ 피고인의 자백이 고문·폭행·협박·구속의 부당한 장기화 또는 기망 기타의 방법에 의하여 자의로 진술된 것이 아니라고 인정될 때 또는 정식재판에 있어서 피고인의 자백이 그에게 불리한 유일한 증거일 때에는 이를 유죄의 증거로 삼거나 이를 이유로 처벌할 수 없다.

31 0287 ○△×|○△×|○△× 2016 국회직 8급

수용자의 기본권에 대한 설명으로 옳지 않은 것을 〈보기〉에서 모두 고르면? (다툼이 있는 경우 헌법재판소 판례에 의함)

보기

㉠ 수형자라 하더라도 확정되지 않은 별도의 형사재판에서 만큼은 미결수용자와 같은 지위에 있으므로, 이러한 수용자로 하여금 형사재판 출석 시 아무런 예외 없이 사복착용을 금지하고 재소자용 의류를 입도록 하는 것은 소송관계자들에게 유죄의 선입견을 줄 수 있어 무죄추정의 원칙에 위배될 소지가 클 뿐만 아니라 공정한 재판을 받을 권리, 인격권, 행복추구권을 침해한다.

㉡ 민사재판에 당사자로 출석하는 수형자의 사복착용을 불허하는 것은 수형자의 공정한 재판을 받을 권리, 인격권, 행복추구권을 침해하지 아니한다.

㉢ 수형자와 소송대리인인 변호사와의 접견 시간은 일반 접견과 동일하게 회당 30분 이내로, 횟수는 다른 일반 접견과 합하여 월 4회로 제한하고 있는 구 형의 집행 및 수용자의 처우에 관한 법률 및 동법 시행령 등의 규정은 이에 대해 폭넓은 예외를 인정함으로써 그로 인한 피해를 최소화할 수 있는 장치를 마련하고 있으므로 수형자의 재판청구권을 침해하는 것이 아니다.

㉣ 종교집회는 수형자의 교정·교화뿐 아니라 교정시설의 안전과 질서유지에 기여하므로 종교집회에 참석할 수 있는 기회는 형이 확정된 수형자뿐 아니라 미결수용자에게도 인정되어야 한다.

㉤ 전면적·획일적으로 수형자의 선거권을 제한하는 공직선거법 등 관련 규정에 대하여 헌법불합치 결정이 선고되었으며, 개정된 현행법은 3년 이상의 금고형 이상을 선고받은 수형자의 선거권을 박탈하도록 되어 있다.

① ㉢, ㉣ ② ㉢, ㉤
③ ㉠, ㉡, ㉣ ④ ㉠, ㉢, ㉤
⑤ ㉡, ㉢, ㉣, ㉤

지문분석 난이도 상 정답 ②

| 키 워 드 | 신체의 자유

| 출제유형 | 조문 + 판례

㉢ (X) 수형자와 소송대리인인 변호사와의 접견 시간은 일반 접견과 동일하게 회당 30분 이내로, 횟수는 다른 일반 접견과 합하여 월 4회로 제한하는 것은, 법률전문가인 변호사와의 소송상담의 특수성을 고려하지 않고 소송대리인인 변호사와의 접견을 그 성격이 전혀 다른 일반 접견에 포함시켜 접견 시간 및 횟수를 제한함으로써 재판청구권을 침해한다(헌재 2015.11.26. 2012헌마858).

㉤ (X) 1년 이상의 징역 또는 금고의 형의 선고를 받고 그 집행이 종료되지 아니하거나 그 집행을 받지 아니하기로 확정되지 아니한 사람은 선거권이 없다. 다만, 그 형의 집행유예를 선고받고 유예기간 중에 있는 사람은 제외한다(공직선거법 제18조 제1항 제2호).

> '유기징역 또는 유기금고의 선고를 받고 그 집행이 종료되지 아니한 자(이하 '수형자'라 한다)'에 관한 부분과 '유기징역 또는 유기금고의 선고를 받고 그 집행유예기간 중인 자(이하 '집행유예자'라 한다)'에 관한 부분 및 형법(1953.9.18. 법률 제293호로 제정된 것) 제43조 제2항 중 수형자와 집행유예자의 '공법상의 선거권'에 관한 부분(이 조항들을 함께 '심판대상 조항'이라 한다)이 헌법 제37조 제2항에 위반하여 청구인들의 선거권을 침해하고, 보통선거원칙에 위반하여 평등원칙에도 어긋난다. 따라서 심판대상 조항 중 수형자에 관한 부분의 위헌성은 지나치게 전면적·획일적으로 수형자의 선거권을 제한한다는 데 있다. 그런데 그 위헌성을 제거하고 수형자에게 헌법합치적으로 선거권을 부여하는 것은 입법자의 형성재량에 속하므로 심판대상 조항 중 수형자에 관한 부분에 대하여 헌법불합치결정을 선고한다(헌재 2014.1.28. 2012헌마409).

㉠ (O) 수형자라 하더라도 확정되지 않은 별도의 형사재판에서만큼은 미결수용자와 같은 지위에 있으므로, 이러한 수형자로 하여금 형사재판 출석 시 아무런 예외 없이 사복착용을 금지하고 재소자용 의류를 입도록 하여 인격적인 모욕감과 수치심 속에서 재판을 받도록 하는 것은 재판부나 검사 등 소송관계자들에게 유죄의 선입견을 줄 수 있고, 이미 수형자의 지위로 인해 크게 위축된 피고인의 방어권을 필요 이상으로 제약하는 것이다. 또한 형사재판에 피고인으로 출석하는 수형자의 사복착용을 추가로 허용함으로써 통상의 미결수용자와 구별되는 별도의 계호상 문제점이 발생된다고 보기 어렵다. 따라서 심판대상 조항이 형사재판의 피고인으로 출석하는 수형자에 대하여 사복착용을 허용하지 아니한 것은 청구인의 공정한 재판을 받을 권리, 인격권, 행복추구권을 침해한다(헌재 2015.12.23. 2013헌마712).

㉡ (O) 민사재판에서 법관이 당사자의 복장에 따라 불리한 심증을 갖거나 불공정한 재판진행을 하게 되는 것은 아니므로, 심판대상 조항이 민사재판의 당사자로 출석하는 수형자에 대하여 사복착용을 불허하는 것으로 공정한 재판을 받을 권리가 침해되는 것은 아니다. 수형자가 민사법정에 출석하기까지 교도관이 반드시 동행하여야 하므로 수용자의 신분이 드러나게 되어 있어 재소자용 의류를 입었다는 이유로 인격권과 행복추구권이 제한되는 정도는 제한적이고, 형사법정 이외의 법정 출입 방식은 미결수용자와 교도관 전용 통로 및 시설이 존재하는 형사재판과 다르며, 계호의 방식과 정도도 확연히 다르다. 따라서 심판대상 조항이 민사재판에 출석하는 수형자에 대하여 사복착용을 허용하지 아니한 것은 청구인의 인격권과 행복추구권을 침해하지 아니한다(헌재 2015.12.23. 2013헌마712).

㉣ (O) 종교집회가 수형자의 교정교화뿐 아니라 교정시설의 안전과 질서유지에 기여한다면, 종교집회에 참석할 수 있는 기회는 형이 확정된 수형자뿐 아니라 미결수용자에게도 인정되어야 할 것이다(헌재 2014.6.26. 2012헌마782).

32 0288 ○△×|○△×|○△× 2022 경찰 승진

영장제도에 관한 설명 중 가장 적절하지 않은 것은? (다툼이 있는 경우 판례에 의함)

① 디엔에이감식시료채취영장 발부 과정에서 채취대상자에게 자신의 의견을 밝히거나 영장 발부 후 불복할 수 있는 절차 등에 관하여 규정하지 아니한 디엔에이신원확인정보의 이용 및 보호에 관한 법률의 규정은 과잉금지원칙을 위반하여 채취대상자의 재판청구권을 침해한다.

② 수사기관이 법원으로부터 영장 또는 감정처분허가장을 발부받지 아니한 채 피의자의 동의 없이 피의자의 신체로부터 혈액을 채취하고 사후에도 지체 없이 영장을 발부받지 아니한 채 그 혈액 중 알코올농도에 관한 감정을 의뢰하였다면, 이러한 과정을 거쳐 얻은 감정의뢰회보 등은 원칙적으로 그 절차위반행위가 적법절차의 실질적인 내용을 침해하여 피고인이나 변호인의 동의가 있더라도 유죄의 증거로 사용할 수 없다.

③ 체포영장을 집행하는 경우 필요한 때에는 타인의 주거 등에서 피의자 수사를 할 수 있도록 한 형사소송법 규정의 해당 부분이 체포영장이 발부된 피의자가 타인의 주거 등에 소재할 개연성은 소명되나 수색에 앞서 영장을 발부받기 어려운 긴급한 사정이 인정되지 않더라도 영장 없이 피의자 수색을 할 수 있도록 한 것은 영장주의에 위반되지 않는다.

④ 압수·수색영장을 발부받아 압수·수색의 방법으로 소변을 채취하는 경우 압수대상물인 피의자의 소변을 확보하기 위한 수사기관의 노력에도 불구하고, 피의자가 인근 병원 응급실 등 소변 채취에 적합한 장소로 이동하는 것에 동의하지 않거나 저항하는 등 임의동행을 기대할 수 없는 사정이 있는 때에는 수사기관으로서는 소변 채취에 적합한 장소로 피의자를 데려가기 위해서 필요 최소한의 유형력을 행사하는 것이 허용되며, 이는 '압수·수색영장의 집행에 필요한 처분'에 해당한다.

지문분석 난이도 중 정답 ③

| 키 워 드 | 영장주의

| 출제유형 | 판례

③ (X) 심판대상 조항은 체포영장을 발부받아 피의자를 체포하는 경우에 필요한 때에는 영장 없이 타인의 주거 등 내에서 피의자 수사를 할 수 있다고 규정함으로써, 앞서 본 바와 같이 별도로 영장을 발부받기 어려운 긴급한 사정이 있는지 여부를 구별하지 아니하고 피의자가 소재할 개연성만 소명되면 영장 없이 타인의 주거 등을 수색할 수 있도록 허용하고 있다. 이는 체포영장이 발부된 피의자가 타인의 주거 등에 소재할 개연성은 소명되나, 수색에 앞서 영장을 발부받기 어려운 긴급한 사정이 인정되지 않는 경우에도 영장 없이 피의자 수색을 할 수 있다는 것이므로, 헌법 제16조의 영장주의 예외 요건을 벗어나는 것으로서 영장주의에 위반된다(헌재 2018.4.26. 2015헌바370 등).

① (O) 이 사건 영장절차 조항은 채취대상자에게 디엔에이감식시료채취영장 발부 과정에서 자신의 의견을 진술할 수 있는 기회를 절차적으로 보장하고 있지 않을 뿐만 아니라, 발부 후 그 영장 발부에 대하여 불복할 수 있는 기회를 주거나 채취행위의 위법성 확인을 청구할 수 있도록 하는 구제절차마저 마련하고 있지 않다. 따라서 이 사건 영장절차 조항은 과잉금지원칙을 위반하여 청구인들의 재판청구권을 침해한다[헌재 2018.8.30. 2016헌마344·2017헌마630(병합)].

② (O) 수사기관이 법원으로부터 영장 또는 감정처분허가장을 발부받지 아니한 채 피의자의 동의 없이 피의자의 신체로부터 혈액을 채취하고 사후에도 지체 없이 영장을 발부받지 아니한 채 그 혈액 중 알코올농도에 관한 감정을 의뢰하였다면, 이러한 과정을 거쳐 얻은 감정의뢰회보 등은 형사소송법상 영장주의원칙을 위반하여 수집하거나 그에 기초하여 획득한 증거로서, 그 절차위반행위가 적법절차의 실질적인 내용을 침해하여 피고인이나 변호인의 동의가 있더라도 유죄의 증거로 사용할 수 없다(대판 2012.11.15. 2011도15258).

④ (O) 압수·수색의 방법으로 소변을 채취하는 경우 압수대상물인 피의자의 소변을 확보하기 위한 수사기관의 노력에도 불구하고, 피의자가 인근 병원 응급실 등 소변 채취에 적합한 장소로 이동하는 것에 동의하지 않거나 저항하는 등 임의동행을 기대할 수 없는 사정이 있는 때에는 수사기관으로서는 소변 채취에 적합한 장소로 피의자를 데려가기 위해서 필요 최소한의 유형력을 행사하는 것이 허용된다. 이는 형사소송법 제219조, 제120조 제1항에서 정한 '압수·수색영장의 집행에 필요한 처분'에 해당한다고 보아야 한다(대판 2018.7.12. 2018도6219).

33 0289 O△X | O△X | O△X 2022 경찰 2차

영장주의에 관한 설명 중 가장 적절하지 않은 것은? (다툼이 있는 경우 판례에 의함)

① 형사재판에 계속 중인 사람에 대하여 출국을 금지할 수 있다고 규정한 출입국관리법 조항에 따른 법무부장관의 출국금지결정은 형사재판에 계속 중인 국민의 출국의 자유를 제한하는 행정처분일 뿐이고, 영장주의가 적용되는 신체에 대하여 직접적으로 물리적 강제력을 수반하는 강제처분이라고 할 수는 없다.

② 영장주의는 법관이 발부한 영장에 의하지 아니하고는 수사에 필요한 강제처분을 하지 못한다는 원칙으로서, 마약류사범인 청구인에게 마약류반응검사를 위하여 소변을 받아 제출하도록 한 것은 교도소의 안전과 질서유지를 위한 것으로 수사에 필요한 처분이 아닐 뿐만 아니라 검사대상자들의 협력이 필수적이어서 강제처분이라고 할 수도 없어 영장주의의 원칙이 적용되지 않는다.

③ 영장주의는 구속개시 시점에 있어서 신체의 자유에 대한 박탈의 허용만이 아니라 그 구속영장의 효력을 계속 유지할 것인지 아니면 정지 또는 실효시킬 것인지 여부의 결정도 오직 법관의 판단에 의하여만 결정되어야 한다는 것을 의미한다.

④ 병(兵)에 대한 징계처분으로 일정기간 부대나 함정(艦艇) 내의 영창에 감금하는 처분이 가능하도록 규정한 구 군인사법 조항은 군(軍)이라는 특수한 신분관계에서 오는 불가피성 및 그 내용과 집행의 실질, 효과 등에 비추어 볼 때, 그 본질이 일반 형사절차에서 이루어지는 인신구금과 동일하게 취급하기 어렵다는 측면에서 영장주의원칙이 적용되지 않는다.

지문분석 난이도 중 정답 ④

| 키 워 드 | 영장주의

| 출제유형 | 판례

④ (X) 헌법 제12조 제1항 전문은 신체의 자유를 천명하는데, 이는 가장 기본적인 최소한의 자유로서 모든 기본권 보장의 전제가 되므로, 신체의 자유는 최대한 보장되어야 한다. 그런데 심판대상 조항에 의한 영창처분은 공무원의 신분적 이익을 박탈하는 것을 그 내용으로 하는 징계처분임에도 불구하고 신분상 불이익 외에 신체의 자유 박탈까지 그 내용으로 삼고 있는바, 징계의 한계를 초과한 것이다. 따라서 심판대상 조항은 침해의 최소성원칙에 어긋난다. 또한 군대 내 지휘명령체계를 확립하고 전투력을 제고한다는 공익은 매우 중요한 공익이나, 심판대상 조항으로 과도하게 제한되는 병의 신체의 자유가 위 공익에 비하여 결코 가볍다고 볼 수 없어, 심판대상 조항은 법익의 균형성 요건도 충족하지 못한다[헌재 2020.9.24. 2017헌바157·2018헌가10(병합)].

① (O) 심판대상 조항은 형사재판에 계속 중인 사람이 국가의 형벌권을 피하기 위하여 해외로 도피할 우려가 있는 경우 법무부장관으로 하여금 출국을 금지할 수 있도록 하는 것일 뿐으로, 무죄추정의 원칙에서 금지하는 유죄 인정의 효과로서의 불이익, 즉 유죄를 근거로 형사재판에 계속 중인 사람에게 사회적 비난 내지 응보적 의미의 제재를 가하려는 것이라고 보기 어렵다. 따라서 심판대상 조항은 무죄추정의 원칙에 위배된다고 볼 수 없다(헌재 2015.9.24. 2012헌바302).

② (O) 헌법 제12조 제3항의 영장주의는 법관이 발부한 영장에 의하지 아니하고는 수사에 필요한 강제처분을 하지 못한다는 원칙으로 소변을 받아 제출하도록 한 것은 교도소의 안전과 질서유지를 위한 것으로 수사에 필요한 처분이 아닐 뿐만 아니라 검사대상자들의 협력이 필수적이어서 강제처분이라고 할 수도 없어 영장주의의 원칙이 적용되지 않는다(헌재 2006.7.27. 2005헌마277).

③ (O) 헌법 제12조 제3항에 규정된 영장주의는 구속의 개시시점에 한하지 않고 구속영장의 효력을 계속 유지할 것인지 아니면 취소 또는 실효시킬 것인지의 여부도 사법권독립의 원칙에 의하여 신분이 보장되고 있는 법관의 판단에 의하여 결정되어야 한다는 것을 의미하고, 따라서 형사소송법 제331조 단서 규정과 같이 구속영장의 실효 여부를 검사의 의견에 좌우되도록 하는 것은 헌법상의 적법절차의 원칙에 위배된다(헌재 1992.12.24. 92헌가8).

34 0290 ○△×|○△×|○△× 2019 서울시 7급

영장주의에 대한 설명 중 옳은 것을 〈보기〉에서 모두 고른 것은?

보기

ㄱ. 행정상 즉시강제는 상대방의 임의이행을 기다릴 시간적 여유가 없을 때 하명 없이 바로 실력을 행사하는 것으로서 강제처분의 성격을 띠고 있으므로, 원칙적으로 영장주의가 적용된다.

ㄴ. 범죄의 피의자로 입건된 사람들이 경찰공무원이나 검사의 신문을 받으면서 자신의 신원을 밝히지 않고 지문채취에 불응하는 경우 형사처벌을 통하여 지문채취를 강제하는 법률 조항은, 형벌에 의한 불이익을 부과함으로써 심리적·간접적으로 지문채취를 강요하고 있을 뿐이므로, 영장주의에 의하여야 할 강제처분이라 할 수 없다.

ㄷ. 헌법 제12조 제3항이 영장의 발부에 관하여 '검사의 신청'에 의할 것을 규정한 취지는 모든 영장의 발부에 검사의 신청이 필요하다는 데에 있는 것이 아니라, 수사단계에서 영장의 발부를 신청할 수 있는 자를 검사로 한정함으로써 검사 아닌 다른 수사기관의 영장 신청에서 오는 인권유린의 폐해를 방지하고자 함에 있다.

ㄹ. 마약류 관련 수형자에 대하여 마약류반응검사를 위하여 소변을 받아 제출하게 한 것은 강제처분이라고 볼 수 있으므로 영장주의가 적용된다.

① ㄱ, ㄴ ② ㄴ, ㄷ
③ ㄴ, ㄹ ④ ㄷ, ㄹ

지문분석 난이도 상 정답 ②

| 키 워 드 | 영장주의
| 출제유형 | 판례

ㄴ. (○) 이 사건 법률 조항은 수사기관이 직접 물리적 강제력을 행사하여 피의자에게 강제로 지문을 찍도록 하는 것을 허용하는 규정이 아니며 형벌에 의한 불이익을 부과함으로써 심리적·간접적으로 지문채취를 강요하고 있으므로 피의자가 본인의 판단에 따라 수용 여부를 결정한다는 점에서 궁극적으로 당사자의 자발적 협조가 필수적임을 전제로 하므로 물리력을 동원하여 강제로 이루어지는 경우와는 질적으로 차이가 있다. 따라서 이 사건 법률 조항에 의한 지문채취의 강요는 영장주의에 의하여야 할 강제처분이라 할 수 없다(헌재 2004.9.23. 2002헌가17 등).

ㄷ. (○) 헌법 제12조 제3항이 영장의 발부에 관하여 "검사의 신청"에 의할 것을 규정한 취지는 모든 영장의 발부에 검사의 신청이 필요하다는 데에 있는 것이 아니라 수사단계에서 영장의 발부를 신청할 수 있는 자를 검사로 한정함으로써 검사 아닌 다른 수사기관의 영장신청에서 오는 인권유린의 폐해를 방지하고자 함에 있으므로, 공판단계에서 법원이 직권에 의하여 구속영장을 발부할 수 있음을 규정한 형사소송법 제70조 제1항 및 제73조 중 "피고인을 … 구인 또는 구금함에는 구속영장을 발부하여야 한다." 부분은 헌법 제12조 제3항에 위반되지 아니한다(헌재 1997.3.27. 96헌바28 등).

ㄱ. (×) 영장주의가 행정상 즉시강제에도 적용되는지에 관하여는 논란이 있으나, 행정상 즉시강제는 상대방의 임의이행을 기다릴 시간적 여유가 없을 때 하명 없이 바로 실력을 행사하는 것으로서, 그 본질상 급박성을 요건으로 하고 있어 법관의 영장을 기다려서는 그 목적을 달성할 수 없다고 할 것이므로, 원칙적으로 영장주의가 적용되지 않는다고 보아야 할 것이다(헌재 2002.10.31. 2000헌가12).

ㄹ. (×) 헌법 제12조 제3항의 영장주의는 법관이 발부한 영장에 의하지 아니하고는 수사에 필요한 강제처분을 하지 못한다는 원칙으로 소변을 받아 제출하도록 한 것은 교도소의 안전과 질서유지를 위한 것으로 수사에 필요한 처분이 아닐 뿐만 아니라 검사대상자들의 협력이 필수적이어서 강제처분이라고 할 수도 없어 영장주의의 원칙이 적용되지 않는다(헌재 2006.7.27. 2005헌마277).

35 0291 ○△×|○△×|○△× 2022 경찰 간부

영장주의에 대한 설명으로 가장 적절하지 않은 것은? (다툼이 있는 경우 헌법재판소 판례에 의함)

① 헌법에 규정된 영장신청권자로서의 검사는 검찰권을 행사하는 국가기관인 검사로서 공익의 대표자이자 수사단계에서의 인권옹호기관으로서의 지위에서 그에 부합하는 직무를 수행하는 자를 의미하는 것으로 검찰청법상 검사만을 지칭한다.

② 각급 선거관리위원회 위원·직원의 선거범죄조사에 있어서 자료제출요구에 응할 의무를 부과하고 허위자료를 제출하는 경우 형사처벌을 규정한 구 공직선거법 조항은 자료제출요구가 대상자의 자발적 협조를 전제하고 물리적 강제력을 수반하지 않으므로 영장주의의 적용대상이 아니다.

③ 체포영장을 발부받아 피의자를 체포하는 경우 필요한 때에는 영장 없이 타인의 주거 등 내에서 피의자 수사를 할 수 있다고 규정한 형사소송법 조항은 피의자가 존재할 개연성만 소명되면 타인의 주거 등에 대한 영장 없는 수색을 허용하므로 영장주의에 위반된다.

④ 피의자를 긴급체포한 경우 사후 체포영장을 청구하도록 규정하지 않고 피의자를 구속하고자 할 때에 한하여 구속영장을 청구하도록 규정한 형사소송법상 영장청구조항은 헌법상 영장주의에 위반된다고 단정할 수 없다.

지문분석 난이도 중 정답 ①

| 키 워 드 | 영장주의

| 출제유형 | 판례

① (X) 헌법에서 수사단계에서의 영장신청권자를 검사로 한정한 것은 다른 수사기관에 대한 수사지휘권을 확립시켜 인권유린의 폐해를 방지하고, 법률전문가인 검사를 거치도록 함으로써 기본권 침해 가능성을 줄이고자 한 것이다. 헌법에 규정된 영장신청권자로서의 검사는 검찰권을 행사하는 국가기관인 검사로서 공익의 대표자이자 수사단계에서의 인권옹호기관으로서의 지위에서 그에 부합하는 직무를 수행하는 자를 의미하는 것이지, 검찰청법상 검사만을 지칭하는 것으로 보기 어렵다(헌재 2021.1.28. 2020헌마264 등).

② (○) 이와 같이 심판대상 조항에 의한 자료제출요구는 행정조사의 성격을 가지는 것으로 수사기관의 수사와 근본적으로 그 성격을 달리하며, 청구인에 대하여 직접적으로 어떠한 물리적 강제력을 행사하는 강제처분을 수반하는 것이 아니므로 영장주의의 적용대상이 아니다(헌재 2019.9.26. 2016헌바381).

③ (○) 심판대상 조항은 체포영장을 발부받아 피의자를 체포하는 경우에 필요한 때에는 영장 없이 타인의 주거 등 내에서 피의자 수사를 할 수 있다고 규정함으로써, 앞서 본 바와 같이 별도로 영장을 발부받기 어려운 긴급한 사정이 있는지 여부를 구별하지 아니하고 피의자가 소재할 개연성만 소명되면 영장 없이 타인의 주거 등을 수색할 수 있도록 허용하고 있다. 이는 체포영장이 발부된 피의자가 타인의 주거 등에 소재할 개연성은 소명되나, 수색에 앞서 영장을 발부받기 어려운 긴급한 사정이 인정되지 않는 경우에도 영장 없이 피의자 수색을 할 수 있다는 것이므로, 헌법 제16조의 영장주의 예외요건을 벗어나는 것으로서 영장주의에 위반된다(헌재 2018.4.26. 2015헌바370 등).

④ (○) 이 사건 영장청구조항은 사후 구속영장의 청구시한을 체포한 때부터 48시간으로 정하고 있다. 이는 긴급체포의 특수성, 긴급체포에 따른 구금의 성격, 형사절차에 불가피하게 소요되는 시간 및 수사현실 등에 비추어 볼 때 입법재량을 현저하게 일탈한 것으로 보기 어렵다. 또한 이 사건 영장청구조항은 체포한 때로부터 48시간 이내라 하더라도 피의자를 구속할 필요가 있는 때에는 지체 없이 구속영장을 청구하도록 함으로써 사후영장청구의 시간적 요건을 강화하고 있다. 따라서 이 사건 영장청구조항은 헌법상 영장주의에 위반되지 아니한다(헌재 2021.3.25. 2018헌바212).

36. 0292 ○△×|○△×|○△× 2016 경찰 승진

적법절차의 원칙에 관한 설명 중 가장 적절하지 않은 것은? (다툼이 있는 경우 판례에 의함)

① 적법절차의 원칙은 형사소송절차에 국한하지 않고 모든 국가작용에 대하여 문제된 법률의 실체적 내용이 합리성과 정당성을 갖추고 있는지 여부를 판단하는 기준으로 적용된다.

② 적법절차의 원칙은 기본권 제한이 있음을 전제로 하여 적용된다.

③ 압수·수색의 사전통지나 집행 당시의 참여권의 보장은 압수·수색에 있어 국민의 기본권을 보장하고 헌법상의 적법절차원칙의 실현을 위한 구체적인 방법의 하나일 뿐, 헌법상 명문으로 규정된 권리는 아니다.

④ 범칙금 통고처분을 받고도 납부기간 이내에 범칙금을 납부하지 아니한 사람에 대하여 행정청에 대한 이의제기나 의견진술 등의 기회를 주지 않고 경찰서장이 곧바로 즉결심판을 청구하도록 하는 것은 적법절차의 원칙에 위배되지 않는다.

지문분석 난이도 상 정답 ②

| 키 워 드 | 적법절차의 원칙

| 출제유형 | 판례

② (X) 적법절차의 원칙은 헌법 조항에 규정된 형사절차상의 제한된 범위 내에서만 적용되는 것이 아니라 국가작용으로서 기본권 제한과 관련되든 관련되지 않든 모든 입법작용 및 행정작용에도 광범위하게 적용된다고 해석하여야 할 것이다(헌재 1992.12.24. 92헌가8).

① (O) 헌법 제12조 제3항 본문은 동조 제1항과 함께 적법절차원리의 일반조항에 해당하는 것으로서, 형사절차상의 영역에 한정되지 않고 입법, 행정 등 국가의 모든 공권력의 작용에는 절차상의 적법성뿐만 아니라 법률의 구체적 내용도 합리성과 정당성을 갖춘 실체적인 적법성이 있어야 한다는 적법절차의 원칙을 헌법의 기본원리로 명시하고 있는 것이다(헌재 1992.12.24. 92헌가8).

③ (O) 우리 헌법은 제12조 제3항에서 "체포·구속·압수 또는 수색을 할 때에는 적법한 절차에 따라 검사의 신청에 의하여 법관이 발부한 영장을 제시하여야 한다"고 규정하고 있을 뿐, 압수수색에 관한 통지절차 등을 따로 규정하고 있지 않으므로 압수수색의 사전통지나 집행 당시의 참여권의 보장은 압수수색에 있어 국민의 기본권을 보장하고 헌법상의 적법절차원칙의 실현을 위한 구체적인 방법의 하나일 뿐 헌법상 명문으로 규정된 권리는 아니다(헌재 2012.12.27. 2011헌바225).

④ (O) 범칙금 통고처분을 받고도 납부기간 이내에 범칙금을 납부하지 아니한 사람에 대하여 행정청에 대한 이의제기나 의견진술 등의 기회를 주지 않고 경찰서장이 곧바로 즉결심판을 청구하도록 한 구 도로교통법 제165조 제1항 본문 제2호가 적법절차원칙에 위배되지 않는다(헌재 2014.8.28. 2012헌바433).

37 0293 ○△×|○△×|○△× 2016 지방직 7급

적법절차의 원칙에 대한 설명으로 옳지 않은 것은? (다툼이 있는 경우 판례에 의함)

① 출입국관리법은 출국금지 후 즉시 서면으로 통지하도록 하고 있고 이의신청이나 행정소송을 통하여 출국금지결정에 대해 사후적으로 다툴 수 있는 기회를 제공하여 절차적 참여를 보장해 주고 있으므로, 형사재판에 계속 중인 사람에 대하여 출국을 금지할 수 있다고 규정한 출입국관리법은 적법절차원칙에 위배되지 않는다.

② 체포·구속·압수 또는 수색을 할 때에는 적법한 절차에 따라 검사의 신청에 의하여 법관이 발부한 영장을 제시하여야 하며, 주거에 대한 압수나 수색을 할 때에는 검사의 신청에 의하여 법관이 발부한 영장을 제시하여야 한다.

③ 헌법 제12조 제1항의 적법절차원칙은 형사소송절차에 국한되지 않으므로 전투경찰순경의 인신구금을 내용으로 하는 영창처분에 있어서도 적법절차원칙이 준수되어야 한다.

④ 범칙금 통고처분을 받고도 납부기간 이내에 범칙금을 납부하지 아니한 사람에 대하여 행정청에 대한 이의제기나 의견진술 등의 기회를 주지 않고 경찰서장이 곧바로 즉결심판을 청구하도록 한 구 도로교통법 조항은 적법절차원칙에 위배된다.

지문분석 난이도 중 정답 ④

| 키 워 드 | 적법절차의 원칙

| 출제유형 | 조문 + 판례

④ (X) 도로교통법상 범칙금 납부통고는 위반행위에 대한 제재를 신속·간편하게 종결할 수 있게 하는 제도로서, 이에 불복하여 범칙금을 납부하지 아니한 자에게는 재판절차라는 완비된 절차적 보장이 주어진다. 도로교통법 위반 사례가 격증하고 있는 현실에서 통고처분에 대한 이의제기 등 행정청 내부 절차를 추가로 둔다면 절차의 중복과 비효율을 초래하고 신속한 사건처리에 저해가 될 우려도 있다. 따라서 이 사건 즉결심판 청구 조항에서 의견진술 등의 별도의 절차를 두지 않은 것이 현저히 불합리하여 적법절차원칙에 위배된다고 보기 어렵다(헌재 2014.8.28. 2012헌바433).

① (O) 심판대상 조항에 따른 출국금지결정은 성질상 신속성과 밀행성을 요하므로, 출국금지 대상자에게 사전통지를 하거나 청문을 실시하도록 한다면 국가형벌권 확보라는 출국금지제도의 목적을 달성하는 데 지장을 초래할 우려가 있다. 나아가 출국금지 후 즉시 서면으로 통지하도록 하고 있고, 이의신청이나 행정소송을 통하여 출국금지결정에 대해 사후적으로 다툴 수 있는 기회를 제공하여 절차적 참여를 보장해 주고 있으므로 적법절차원칙에 위배된다고 보기 어렵다(헌재 2015.9.24. 2012헌바302).

② (O) 체포·구속·압수 또는 수색을 할 때에는 적법한 절차에 따라 검사의 신청에 의하여 법관이 발부한 영장을 제시하여야 하며(헌법 제12조 제3항 본문), 주거에 대한 압수나 수색을 할 때에는 검사의 신청에 의하여 법관이 발부한 영장을 제시하여야 한다(헌법 제16조).

③ (O) 헌법 제12조 제1항의 적법절차원칙은 형사소송절차에 국한되지 않고 모든 국가작용 전반에 대하여 적용되므로, 전투경찰순경의 인신구금을 내용으로 하는 영창처분에 있어서도 적법절차원칙이 준수되어야 한다(헌재 2016.3.31. 2013헌바190).

38 0294 O△X | O△X | O△X 2020 국회직 8급

적법절차원칙에 대한 설명으로 옳지 않은 것만을 〈보기〉에서 모두 고른 것은? (다툼이 있는 경우 판례에 의함)

보기

ㄱ. 법원의 구속집행정지결정에 대하여 검사가 즉시항고할 수 있도록 한 형사소송법 조항은 법원의 구속집행정지결정을 무의미하게 할 수 있는 권한을 검사에게 부여한 것이라는 점에서 적법절차원칙에 위배된다.

ㄴ. 구 친일반민족행위자 재산의 국가귀속에 관한 특별법(이하 "친일재산귀속법"이라 한다) 제2조 제1호에 따라 친일반민족행위자로 결정한 경우에는 현행 친일재산귀속법 제2조 제1호에 따라 결정한 것으로 보는, 현행 친일재산귀속법 부칙 조항은 친일재산귀속법의 입법목적을 관철하기 위하여 불가피한 입법적 결단을 한 것으로 보이므로 적법절차원칙에 위반된다고 볼 수 없다.

ㄷ. 교도소·구치소의 수용자가 교정시설 외부로 나갈 경우 도주방지를 위하여 해당 수용자의 발목에 전자장치를 부착하도록 한 수용자 도주방지를 위한 위치추적전자장치 운영방안에 따른 전자장치 부착행위는 적법절차원칙에 위반된다.

ㄹ. 연락운송 운임수입의 배분에 관한 협의가 성립하지 아니한 때에는 당사자의 신청을 받아 국토교통부장관이 결정하도록 한 도시철도법 조항 중 "제1항에 따른 운임수입의 배분에 관한 협의가 성립되지 아니한 때에는 당사자의 신청을 받아 국토교통부장관이 결정한다." 부분은 국토교통부장관의 결정에 의해 이루어지므로 적법절차원칙에 위배된다.

① ㄱ
② ㄴ, ㄷ
③ ㄷ, ㄹ
④ ㄱ, ㄴ, ㄷ
⑤ ㄱ, ㄷ, ㄹ

지문분석 난이도 상 정답 ③

| 키 워 드 | 적법절차의 원칙
| 출제유형 | 판례

ㄷ. (X) 수용자에 대해서는 교정시설의 안전과 구금생활의 질서유지를 위하여 신체의 자유 등 기본권 제한이 어느 정도 불가피한 점, 행형 관계 법령에 따라 행하는 사항에 대하여는 의견청취·의견제출 등에 관한 행정절차법 조항이 적용되지 않는 점(행정절차법 제3조 제2항 제6호), 전자장치 부착은 도주 우려 등의 사유가 있어 관심대상 수용자로 지정된 수용자를 대상으로 하는 점, 형집행법상 소장에 대한 면담 신청이나 법무부장관 등에 대한 청원 절차가 마련되어 있는 점(제116조, 제117조)을 종합해 보면, 이 사건 부착행위는 적법절차원칙에 위반되어 수용자인 청구인들의 인격권과 신체의 자유를 침해하지 아니한다(헌재 2018.5.31. 2016헌마191 등).

ㄹ. (X) 심판대상 조항은 국토교통부장관이 운임수입 배분에 관한 결정을 하기 전에 거쳐야 하는 일반적인 절차에 대해 따로 규정하고 있지는 않다. … 심판대상 조항에서 의견진술의 기회나 처분의 이유 제시 등의 절차에 관하여 정하고 있지 않다고 하더라도 도시철도운영자는 행정절차법에 의하여 처분의 사전통지를 받고, 의견제출을 할 기회가 열려 있으며, 처분의 이유도 제시받을 수 있는 등 행정절차법에 의한 절차보장을 받을 수 있으므로, 심판대상 조항에서 별도의 의견진술권 등을 규정하고 있지 않다고 하더라도 이를 이유로 심판대상 조항이 적법절차원칙에 위배되는 것으로 볼 수는 없다(헌재 2019.6.28. 2017헌바135).

ㄱ. (O) 구속집행정지결정에 대한 검사의 즉시항고를 인정하는 이 사건 법률 조항은 검사의 불복을 그 피고인에 대한 구속집행을 정지할 필요가 있다는 법원의 판단보다 우선시킬 뿐만 아니라, 사실상 법원의 구속집행정지결정을 무의미하게 할 수 있는 권한을 검사에게 부여한 것이라는 점에서 헌법 제12조 제3항의 영장주의원칙에 위배된다. 또한 헌법 제12조 제3항의 영장주의는 헌법 제12조 제1항의 적법절차원칙의 특별규정이므로, 헌법상 영장주의원칙에 위배되는 이 사건 법률 조항은 헌법 제12조 제1항의 적법절차원칙에도 위배된다(헌재 2012.6.27. 2011헌가36).

ㄴ. (O) 이 사건 경과조치 조항이 적용되는 경우 친일반민족행위자재산조사위원회(이하 '재산조사위원회'라 한다)가 구 친일재산귀속법 제2조 제1호에 따라 행한 국가귀속결정 또는 친일재산확인결정(이하 이들을 합하여 '종전 결정'이라 한다)이 존속하나, 이 사건 경과조치 조항에 따라 종전 결정이 현행 친일재산귀속법 제2조 제1호에 의하여 이루어진 것으로 의제된다. … 친일재산귀속법 자체가 태생적으로 과거의 행위를 역사적·법적으로 재평가하기 위한 진정소급입법에 해당하는 점과 현행 친일재산귀속법 제2조 제1호의 개정 경위를 아울러 종합하여 보면, 입법자는 친일재산귀속법의 입법목적을 관철하기 위하여 과거의 행위를 법적으로 재평가하는 매우 특수하고 이례적인 공동체적 과업을 계속해서 수행해 나가는 과정에서 불가피한 입법적 결단을 한 것으로 보인다. 따라서 이 사건 경과조치 조항이 적법절차원칙 등에 위반된다고 볼 수 없다(헌재 2018.4.26. 2016헌바454).

39 0295 ○△×|○△×|○△× 2016 서울시 7급

헌법상 적법절차의 원칙에 대한 설명으로 가장 옳지 않은 것은?

① 적법절차의 원칙은 모든 국가작용을 지배하는 독자적인 헌법의 기본원리로서 해석되어야 할 원칙이라는 점에서 입법권의 유보적 한계를 선언하는 과잉입법금지원칙과는 구별된다.

② 일정 기간 수사관서에 출석하지 않았다는 사유로 관세법 위반 압수물품을 별도의 재판이나 처분 없이 국고에 귀속시키도록 한 법률규정은 적법절차의 원칙에 위배된다.

③ 공판단계에서 피고인에 대하여 법관이 영장을 발부하는 경우에도 형식상 검사의 신청이 필요하며, 그렇지 아니한 경우에는 적법절차의 원칙에 위배된다.

④ 형사상 자기에게 불리한 진술이라면 진술거부권은 형사절차에 한정하지 않고 행정절차나 국회에서의 조사절차 등에서도 인정된다.

지문분석

난이도 하 정답 ③

| 키 워 드 | 적법절차의 원칙

| 출제유형 | 판례

③ (X) 헌법 제12조 제3항이 영장의 발부에 관하여 "검사의 신청"에 의할 것을 규정한 취지는 모든 영장의 발부에 검사의 신청이 필요하다는 데에 있는 것이 아니라 수사단계에서 영장의 발부를 신청할 수 있는 자를 검사로 한정함으로써 검사 아닌 다른 수사기관의 영장신청에서 오는 인권유린의 폐해를 방지하고자 함에 있으므로, 공판단계에서 법원이 직권에 의하여 구속영장을 발부할 수 있음을 규정한 형사소송법 제70조 제1항 및 제73조 중 "피고인을 … 구인 또는 구금함에는 구속영장을 발부하여야 한다." 부분은 헌법 제12조 제3항에 위반되지 아니한다(헌재 1997.3.27. 96헌바28).

① (O) 현행헌법이 명문화하고 있는 적법절차의 원칙은 단순히 입법권의 유보제한이라는 한정적인 의미에 그치는 것이 아니라 모든 국가작용을 지배하는 독자적인 헌법의 기본원리로서 해석되어야 할 원칙이라는 점에서 입법권의 유보적 한계를 선언하는 과잉입법금지의 원칙과는 구별된다고 할 것이다(헌재 1992.12.24. 92헌가8).

② (O) 관세법상 몰수할 것으로 인정되는 물품을 압수한 경우에 있어서 범인이 당해 관서에 출두하지 아니하거나 또는 범인이 도주하여 그 물품을 압수한 날로부터 4월을 경과한 때에는 당해 물품은 별도의 재판이나 처분없이 국고에 귀속한다고 규정하고 있는 이 사건 법률 조항은 재판이나 청문의 절차도 밟지 아니하고 압수한 물건에 대한 피의자의 재산권을 박탈하여 국고귀속시킴으로써 그 실질은 몰수형을 집행한 것과 같은 효과를 발생하게 하는 것이므로 헌법상의 적법절차의 원칙과 무죄추정의 원칙에 위배된다(헌재 1997.5.29. 96헌가17).

④ (O) 진술거부권은 형사절차에서만 보장되는 것은 아니고 행정절차이거나 국회에서의 질문 등 어디에서나 그 진술이 자기에게 형사상 불리한 경우에는 묵비권을 가지고 이를 강요받지 아니할 국민의 기본권으로 보장된다(헌재 1990.8.27. 89헌가118).

40 0296 ○△×|○△×|○△× 2022 경찰 간부

적법절차의 원칙에 대한 설명으로 가장 적절하지 않은 것은? (다툼이 있는 경우 헌법재판소 판례에 의함)

① 적법절차의 원칙은 법률이 정한 형식적 절차와 실체적 내용이 모두 합리성과 정당성을 갖춘 적정한 것이어야 한다는 실질적 의미를 지니고 있다.

② 헌법 제12조 제1항의 처벌, 보안처분, 강제노역 및 제12조 제3항의 영장주의와 관련하여 각각 적법절차의 원칙을 규정하고 있지만, 이는 그 대상을 한정적으로 열거하고 있는 것으로 해석하는 것이 우리나라의 통설적 견해이다.

③ 적법절차의 원칙은 모든 국가작용을 지배하는 독자적인 헌법의 기본원리로서 해석되어야 할 원칙이라는 점에서 입법권의 유보적 한계를 선언하는 과잉입법금지의 원칙과 구별된다.

④ 적법절차의 원칙은 헌법 조항에 규정된 형사절차상의 제한된 범위 내에서만 적용되는 것이 아니라 국가작용으로서 기본권 제한과 관련되든 관련되지 않든 모든 입법작용 및 행정작용에도 광범위하게 적용된다.

지문분석

난이도 중 정답 ②

| 키 워 드 | 적법절차의 원칙

| 출제유형 | 판례

② (X) 우리 현행헌법에서는 제12조 제1항의 처벌, 보안처분, 강제노역 등 및 제12조 제3항의 영장주의와 관련하여 각각 적법절차의 원칙을 규정하고 있지만 이는 그 대상을 한정적으로 열거하고 있는 것이 아니라 그 적용대상을 예시한 것에 불과하다고 해석하는 것이 우리의 통설적 견해이다(헌재 1992.12.24. 92헌가8).

① (O) 현행헌법상 규정된 적법절차의 원칙을 어떻게 해석할 것인가에 대하여 표현의 차이는 있지만 대체적으로 적법절차의 원칙이 독자적인 헌법원리의 하나로 수용되고 있으며 이는 형식적인 절차뿐만 아니라 실체적 법률내용이 합리성과 정당성을 갖춘 것이어야 한다는 실질적 의미로 확대 해석하고 있고, 나아가 형사소송절차와 관련시켜 적용함에 있어서는 형벌권의 실행절차인 형사소송의 전반을 규율하는 기본원리로 이해된다(헌재 1992.12.24. 92헌가8).

③ (O) 형법 제331조 단서의 규정은 이러한 적법절차의 원칙에 입각한 해석원리에 따라 그 적정성과 위헌 여부를 판단하여야 할 것이고 그다음에는 헌법 제37조 제2항에서 도출되는 비례의 원칙 내지 과잉입법금지의 원칙이 지켜지고 있는지 여부에 관한 문제로 돌아가 함께 판단하여야 된다고 할 것이다(헌재 1992.12.24. 92헌가8).

④ (O) 현행헌법이 명문화하고 있는 적법절차의 원칙은 단순히 입법권의 유보제한이라는 한정적인 의미에 그치는 것이 아니라 모든 국가작용을 지배하는 독자적인 헌법의 기본원리로서 해석되어야 할 원칙이라는 점에서 입법권의 유보적 한계를 선언하는 과잉입법금지의 원칙과는 구별된다고 할 것이다. 따라서 적법절차의 원칙은 헌법조항에 규정된 형사절차상의 제한된 범위 내에서만 적용되는 것이 아니라 국가작용으로서 기본권 제한과 관련되든 관련되지 않든 모든 입법작용 및 행정작용에도 광범위하게 적용된다고 해석하여야 할 것이다(헌재 1992.12.24. 92헌가8). → 통설도 적법절차원칙이 적용되는 대상에 관하여 기본권의 불이익을 야기하는 모든 국가작용(예시설)에 적용된다 본다.

41 0297 ○△×|○△×|○△× 2022 경찰 승진

적법절차원칙에 관한 설명 중 가장 적절하지 않은 것은? (다툼이 있는 경우 판례에 의함)

① 헌법 제12조 제1항 후문은 "누구든지 법률에 의하지 아니하고는 체포·구속·압수·수색 또는 심문을 받지 아니하며, 법률과 적법한 절차에 의하지 아니하고는 처벌·보안처분 또는 강제노역을 받지 아니한다."고 규정하여 적법절차원칙을 헌법원리로 수용하고 있다.

② 적법절차원칙은 법률이 정한 형식적 절차와 실체적 내용이 모두 합리성과 정당성을 갖춘 적정한 것이어야 한다는 실질적 의미를 지니고 있는 것으로 이해된다.

③ 형사소송절차와 관련하여 보면 적법절차원칙은 형벌권의 실행 절차인 형사소송의 전반을 규율하는 기본원리로서, 형사피고인의 기본권이 공권력에 의하여 침해당할 수 있는 가능성을 최소화하도록 절차를 형성·유지할 것을 요구하고 있다.

④ 자격정지 이상의 선고유예를 받고 그 선고유예기간 중에 있는 자에 대하여 당연퇴직을 규정하고 있는 경찰공무원법 규정은 재판청구권을 침해하고, 적법절차원칙에 위배되어 위헌이다.

지문분석 난이도 하 정답 ④

| 키 워 드 | 적법절차의 원칙

| 출제유형 | 판례

④ (X) 형사처벌을 받은 공무원에 대하여 신분상 불이익처분을 하는 법률을 제정함에 있어서 형사처벌을 받은 사실 그 자체를 이유로 일정한 신분상 불이익처분이 내려지도록 법률에 규정하는 방법과 별도의 징계절차를 거쳐 신분상 불이익처분을 하는 방법 중 어느 방법을 선택할 것인가는 입법자의 재량에 속하는 것이고, 당연퇴직은 일정한 사항이 법정 당연퇴직사유에 해당하는지 여부만이 문제될 뿐이어서 당연퇴직의 성질상 그 절차에서 당사자의 진술권이 반드시 절차적 권리로 보장되어야 하는 것도 아니므로 이 사건 규정이 재판청구권을 침해하거나 적법절차의 원리를 위배하였다고 할 수 없다(헌재 1998.4.30. 96헌마7).

① (O) 헌법 제12조 제1항 후문은 "누구든지 법률에 의하지 아니하고는 체포·구속·압수·수색 또는 심문을 받지 아니하며, 법률과 적법한 절차에 의하지 아니하고는 처벌·보안처분 또는 강제노역을 받지 아니한다."고 규정하여 적법절차원칙을 헌법원리로 수용하고 있다(헌재 2021.1.28. 2020헌마264 등).

② (O) 적법절차원칙은 법률이 정한 형식적 절차와 실체적 내용이 모두 합리성과 정당성을 갖춘 적정한 것이어야 한다는 실질적 의미를 지니고 있는 것으로서 특히 형사절차와 관련시켜 적용함에 있어서는 형사절차의 전반을 기본권 보장의 측면에서 규율하여야 한다는 기본원리를 천명하고 있는 것으로 이해된다(헌재 2021.1.28. 2020헌마264 등).

③ (O) 적법절차원칙은 절차가 법률로 정하여져야 할 뿐만 아니라 적용되는 법률의 내용에 있어서도 합리성과 정당성을 갖춘 적정한 것이어야 한다는 것을 뜻하고, 특히 형사소송절차와 관련하여 보면 형벌권의 실행 절차인 형사소송의 전반을 규율하는 기본원리로서, 형사피고인의 기본권이 공권력에 의하여 침해당할 수 있는 가능성을 최소화하도록 절차를 형성·유지할 것을 요구하고 있다(헌재 1998.7.16. 97헌바22).

42 0298 ○△×|○△×|○△× 2019 서울시 7급

적법절차의 원칙에 대한 설명으로 가장 옳지 않은 것은?

① 적법절차의 원칙은 법률의 위헌 여부에 관한 심사기준으로서 그 적용대상을 형사소송절차에 국한하지 않고 모든 국가작용 특히 입법작용 전반에 대하여 문제된 법률의 실체적 내용이 합리성과 정당성을 갖추고 있는지 여부를 판단하는 기준으로 적용된다.

② 헌법 제12조 제1항의 처벌, 보안처분, 강제노역 등 및 제12조 제3항의 영장주의와 관련하여 각각 적법절차의 원칙을 규정하고 있지만 이는 그 대상을 한정적으로 열거하고 있는 것이 아니라 그 적용대상을 예시한 것에 불과하다.

③ 헌법이 채택하고 있는 적법절차의 원리는 절차적 차원에서 볼 때에 국민의 기본권을 제한하는 경우에는 반드시 당사자인 국민에게 자기의 입장과 의견을 자유로이 개진할 수 있는 기회를 보장하여야 한다는 것을 그 핵심적인 내용으로 하고, 형사처벌이 아닌 행정상의 불이익처분에도 적용된다.

④ 적법절차의 원칙은 국가기관이 국민과의 관계에서 공권력을 행사함에 있어서 준수해야 할 법원칙으로서 형성된 것이지만, 국가기관에 대하여 헌법을 수호하고자 하는 탄핵소추절차에도 직접 적용될 수 있다.

지문분석 난이도 중 정답 ④

| 키 워 드 | 적법절차의 원칙

| 출제유형 | 판례

④ (X) 국가기관이 국민과의 관계에서 공권력을 행사함에 있어서 준수해야 할 법원칙으로서 형성된 적법절차의 원칙을 국가기관에 대하여 헌법을 수호하고자 하는 탄핵소추절차에는 직접 적용할 수 없다고 할 것이고, 그 외 달리 탄핵소추절차와 관련하여 피소추인에게 의견진술의 기회를 부여할 것을 요청하는 명문의 규정도 없으므로, 국회의 탄핵소추절차가 적법절차원칙에 위배되었다는 주장은 이유 없다(헌재 2004.5.14. 2004헌나1).

① (O) 적법절차의 원칙은 법률의 위헌 여부에 관한 심사기준으로서 그 적용대상을 형사소송절차에 국한하지 않고 모든 국가작용 특히 입법작용 전반에 대하여 문제된 법률의 실체적 내용이 합리성과 정당성을 갖추고 있는지 여부를 판단하는 기준으로 적용된다(헌재 1992.12.24. 92헌가8).

② (O) 우리 현행헌법에서는 제12조 제1항의 처벌, 보안처분, 강제노역 등 및 제12조 제3항의 영장주의와 관련하여 각각 적법절차의 원칙을 규정하고 있지만 이는 그 대상을 한정적으로 열거하고 있는 것이 아니라 그 적용대상을 예시한 것에 불과하다고 해석하는 것이 우리의 통설적 견해이다(헌재 1992.12.24. 92헌가8).

③ (O) 우리 헌법이 채택하고 있는 적법절차의 원리는 절차적 차원에서 볼 때에 국민의 기본권을 제한하는 경우에는 반드시 당사자인 국민에게 자기의 입장과 의견을 자유로이 개진할 수 있는 기회를 보장하여야 한다는 것을 그 핵심적인 내용으로 하고, 형사처벌이 아닌 행정상의 불이익처분에도 적용된다(헌재 2002.4.25. 2001헌마200).

43 0299 ○△×|○△×|○△× 2015 경찰 승진

무죄추정의 원칙과 관련한 다음 설명 중 가장 적절하지 않은 것은? (다툼이 있는 경우 판례에 의함)

① 헌법 제27조 제4항의 무죄추정의 원칙이라 함은 아직 공소제기가 없는 피의자는 물론 공소가 제기된 피고인이라도 유죄의 확정판결이 있기 전까지는 원칙적으로 죄가 없는 자에 준하여 취급하여야 한다는 원칙을 말한다.

② 무죄추정의 원칙상 금지되는 불이익이란 범죄사실의 인정 또는 유죄를 전제로 그에 대하여 법률적·사실적 측면에서 유형·무형의 차별취급을 가하는 유죄인정의 효과로서의 불이익을 뜻한다.

③ 무죄추정의 원칙은 형사절차 내에서만 적용되고 형사절차 이외의 기타 일반 법생활 영역에서의 기본권 제한과 같은 경우에는 적용되지 않는다.

④ 수사 및 재판단계에서 유죄가 확정되지 아니한 미결수용자에게 수용시설 밖에서 재소자용 의류를 입게 하는 것은 무죄추정의 원칙에 위배된다.

지문분석 난이도 중 정답 ③

| 키 워 드 | 무죄추정의 원칙

| 출제유형 | 판례

③ (X), ② (O) 무죄추정의 원칙상 금지되는 '불이익'이란 '범죄사실의 인정 또는 유죄를 전제로 그에 대하여 법률적·사실적 측면에서 유형·무형의 차별취급을 가하는 유죄인정의 효과로서의 불이익'을 뜻하고, 이는 비단 형사절차 내에서의 불이익뿐만 아니라 기타 일반 법생활 영역에서의 기본권 제한과 같은 경우에도 적용된다(헌재 2010.9.2. 2010헌마418).

① (O) 무죄추정의 원칙은 형사절차와 관련하여 아직 공소가 제기되지 아니한 피의자는 물론 비록 공소가 제기된 피고인이라 할지라도 유죄의 판결이 확정될 때까지는 원칙적으로 죄가 없는 자로 다루어져야 하고, 그 불이익은 필요최소한에 그쳐야 한다는 원칙을 말한다(헌재 1997.5.29. 96헌가17).

④ (O) 수사 및 재판단계에서 유죄가 확정되지 아니한 미결수용자에게 재소자용 의류를 입게 하는 것은 미결수용자로 하여금 모욕감이나 수치심을 느끼게 하고, 심리적인 위축으로 방어권을 제대로 행사할 수 없게 하여 실체적 진실의 발견을 저해할 우려가 있으므로, 도주 방지 등 어떠한 이유를 내세우더라도 그 제한은 정당화될 수 없어 헌법 제37조 제2항의 기본권 제한에서의 비례원칙에 위반되는 것으로서, 무죄추정의 원칙에 반하고 인간으로서의 존엄과 가치에서 유래하는 인격권과 행복추구권, 공정한 재판을 받을 권리를 침해하는 것이다(헌재 1999.5.27. 97헌마137).

44 0300 ○△×|○△×|○△× 2019 경찰 승진

헌법상 포괄위임입법금지원칙에 대한 설명으로 가장 적절하지 않은 것은? (다툼이 있는 경우 헌법재판소 판례에 의함)

① 헌법 제75조의 '법률에서 구체적으로 범위를 정하여'라 함은 법률에 이미 대통령령 등 하위법규에 규정될 내용 및 범위의 기본사항이 구체적이고 명확하게 규정되어 있어 누구라도 그 자체로부터 대통령령 등에 규정될 내용의 대강을 예측할 수 있어야 함을 의미한다.

② 위임입법의 구체성·명확성의 유무는 당해 특정 조항 하나만이 아니라 관련 법 조항 전체를 유기적·체계적으로 종합하여 판단하여야 하고, 그것도 위임된 사항의 성질에 따라 구체적·개별적으로 검토하여야 한다.

③ 위임의 구체성·명확성의 요구 정도와 관련하여, 처벌법규나 조세법규에서는 구체성·명확성의 요구가 강화되어 그 위임의 요건과 범위가 일반적인 급부행정의 경우보다 더 엄격하게 제한적으로 규정되어야 한다.

④ 처벌법규의 위임은 법률에서 범죄의 구성요건과 처벌범위를 구체적으로 규정하는 등 위임입법의 한계를 준수한 경우에도 죄형법정주의에 반한다.

지문분석 난이도 중 정답 ④

| 키 워 드 | 포괄위임입법금지원칙

| 출제유형 | 판례

④ (X) 구성요건의 일부를 위임하고 있는 형벌법규가, 특히 긴급한 필요가 있거나 미리 법률로써 자세히 정할 수 없는 부득이한 사정이 있는 경우에만 허용되어야 하고 법률에서 범죄의 구성요건인 처벌대상 행위가 어떠한 것이라는 점을 예측할 수 있을 정도로 구체적으로 정하여야 한다는 위임입법의 한계를 준수한 경우에는 죄형법정주의에 반한다고 할 수 없다(헌재 1996.2.29. 94헌마213).

① (O), ② (O) 헌법 제75조의 입법취지에 비추어 볼 때, 법률에 대통령령 등 하위법규에 규정될 내용 및 범위의 기본사항이 가능한 한 구체적이고도 명확하게 규정되어 있어서 누구라도 당해 법률 그 자체로부터 대통령령 등에 규정될 내용의 대강을 예측할 수 있어야 함을 의미한다고 할 것이고, 그 예측가능성의 유무는 당해 특정 조항 하나만을 가지고 판단할 것은 아니고 관련 법 조항 전체를 유기적·체계적으로 종합판단하여야 하며, 각 대상 법률의 성질에 따라 구체적·개별적으로 검토하여야 한다(헌재 1999.2.25. 97헌바63).

③ (O) 위임의 구체성·명확성의 요구 정도는 그 규율대상의 종류와 성격에 따라 달라질 것이지만 특히 처벌법규나 조세법규와 같이 국민의 기본권을 직접적으로 제한하거나 침해할 소지가 있는 법규에서는 구체성·명확성의 요구가 강화되어 그 위임의 요건과 범위가 일반적인 급부행정의 경우보다 더 엄격하게 제한적으로 규정되어야 하는 반면에, 규율대상이 지극히 다양하거나 수시로 변화하는 성질의 것일 때에는 위임의 구체성·명확성의 요건이 완화되어야 할 것이다(헌재 1999.2.25. 97헌바63).

45 0301 ○△×|○△×|○△× 2017 경찰 승진

신체의 자유 및 피의자·피고인의 권리에 대한 설명으로 가장 적절한 것은? (다툼이 있는 경우 판례에 의함)

① 범죄의 피의자로 입건된 사람이 경찰공무원이나 검사의 신문을 받으면서 자신의 신원을 밝히지 않고 지문채취에 불응하는 경우 형사처벌을 부과하는 것은, 수사기관이 직접 물리적 강제력을 행사하여 피의자에게 강제로 지문을 찍도록 하는 것을 허용하는 것과 질적인 차이가 없으므로 영장주의에 위배된다.

② 변호인의 조력을 받을 권리는 '형사사건'에서의 변호인의 조력을 받을 권리에 국한되는 것은 아니므로, 수형자가 형사사건의 변호인이 아닌 민사사건, 행정사건, 헌법소원사건 등에서 변호사와 접견할 경우에도 헌법상 변호인의 조력을 받을 권리의 주체가 될 수 있다.

③ 변호인의 수사서류 열람·등사권은 피고인의 신속·공정한 재판을 받을 권리 및 변호인의 조력을 받을 권리라는 헌법상 기본권의 중요한 내용이자 구성요소이며 이를 실현하는 구체적인 수단이 된다.

④ 특별검사가 참고인에게 지정된 장소까지 동행할 것을 명령할 수 있게 하고 참고인이 정당한 이유 없이 위 동행명령을 거부한 경우 천만 원 이하의 벌금형에 처하도록 규정한 동행명령조항은 참고인의 신체의 자유를 침해하지 않는다.

지문분석 난이도 ㊤ 정답 ③

| 키 워 드 | 신체의 자유

| 출제유형 | 판례

③ (○) 피고인의 신속·공정한 재판을 받을 권리 및 변호인의 조력을 받을 권리는 헌법이 보장하고 있는 기본권이고, 변호인의 수사서류 열람·등사권은 피고인의 신속·공정한 재판을 받을 권리 및 변호인의 조력을 받을 권리라는 헌법상 기본권의 중요한 내용이자 구성요소이며 이를 실현하는 구체적인 수단이 된다. 따라서 변호인의 수사서류 열람·등사를 제한함으로 인하여 결과적으로 피고인의 신속·공정한 재판을 받을 권리 또는 변호인의 충분한 조력을 받을 권리가 침해된다면 이는 헌법에 위반되는 것이다(헌재 2010.6.24. 2009헌마257).

① (×) 범죄의 피의자로 입건된 사람이 경찰공무원이나 검사의 신문을 받으면서 자신의 신원을 밝히지 않고 지문채취에 불응하는 경우 형사처벌하는 것은 수사기관에 의하여 직접적으로 이루어지는 것이 아니라 법관에 의한 재판에 의하여 이루어진다. 특히 정당한 이유가 없는 지문채취 거부의 경우에만 처벌대상이 되므로 사후에 법관이 지문채취 거부의 정당성을 판단하여 당사자를 처벌하지 않을 수도 있고, 이에 따라 수사기관의 지문채취 요구의 남용을 억제하는 역할을 하게 된다. 따라서 이 사건 법률 조항이 지문채취 거부를 처벌할 수 있도록 하는 것이 비록 피의자에게 지문채취를 강요하는 측면이 있다 하더라도 수사의 편의성만을 위하여 영장주의의 본질을 훼손하고 형해화한다고 할 수는 없다(헌재 2004.9.23. 2002헌가17).

② (×) 변호인의 조력을 받을 권리는 '형사사건'에서의 변호인의 조력을 받을 권리를 의미한다. 따라서 수형자가 형사사건의 변호인이 아닌 민사사건, 행정사건, 헌법소원사건 등에서 변호사와 접견할 경우에는 원칙적으로 헌법상 변호인의 조력을 받을 권리의 주체가 될 수 없다(헌재 2013.9.26. 2011헌마398).

④ (×) 특별검사가 참고인에게 지정된 장소까지 동행할 것을 명령할 수 있게 하고 참고인이 정당한 이유 없이 위 동행명령을 거부한 경우 천만 원 이하의 벌금형에 처하도록 규정한 것은 과잉금지원칙에 위배하여 신체의 자유를 침해한다(헌재 2008.1.10. 2007헌마1468).

46 0302 ○△×|○△×|○△× 2022 경찰 간부

변호사 갑(甲)은 수형자 을(乙)을 접견하고자 하나 소송계속 사실 소명자료를 제출하지 못하는 경우 접촉차단시설이 설치되지 않은 장소에서 60분간 이루어지는 변호사접견 대신 접촉차단시설이 설치된 일반접견실에서 10분 내외의 일반접견만 가능하다는 교정당국의 답변을 받았다. 이 답변의 근거가 되는 법규정은 아래와 같다. 이에 대한 헌법적 판단 내용으로 가장 적절하지 않은 것은? (다툼이 있는 경우 헌법재판소 판례에 의함)

> 형의 집행 및 수용자의 처우에 관한 법률 시행규칙
> (2016.6.28. 법무부령 제870호로 개정된 것)
> 제29조의2(소송사건의 대리인인 변호사의 접견 등 신청) 소송사건의 대리인인 변호사가 수용자를 접견하고자 하는 경우에는 별지 제32호 서식의 신청서에 다음 각 호의 자료를 첨부하여 소장에게 제출하여야 한다.

① 심판대상 조항은 소송사건과 무관하게 수형자를 접견하는 소위 '집사 변호사'의 접견권 남용행위를 방지하기 위해 제정되었으므로 입법목적의 정당성은 인정된다.
② 심판대상 조항은 변호사 접견권 남용행위 방지에 실효적인 수단이며 수형자의 재판청구권 행사에 장애를 초래하지 않으므로 수단의 적합성이 인정된다.
③ 심판대상 조항은 변호사와의 상담이 가장 필요한 시기에 소송계속이 발생하지 않았다는 이유로 변호사 접견을 금지하고 있어 수형자와의 접견을 통한 변호사의 직무수행에 큰 장애를 초래할 수 있다는 점에 비추어 침해의 최소성에 위배된다.
④ 심판대상 조항은 소송계속 사실 소명자료를 요구하더라도 실제 달성되는 공익이 크다고 보기는 어려운 반면 변호사의 도움이 가장 필요한 시기에 접견에 대한 제한의 강도가 커서 수형자의 재판청구권이 심각하게 제한되는 불이익도 크다는 면에서 법익의 균형성에 위배된다.

지문분석 난이도 상 정답 ②

| 키 워 드 | 변호사 접견권
| 출제유형 | 판례

② (X) 이 사건 접견조항에 따르면 수용자는 효율적인 재판준비를 하는 것이 곤란하게 되고, 특히 교정시설 내에서의 처우에 대하여 국가 등을 상대로 소송을 하는 경우에는 소송의 상대방에게 소송자료를 그대로 노출하게 되어 무기대등의 원칙이 훼손될 수 있다. 변호사 직무의 공공성, 윤리성 및 사회적 책임성은 변호사 접견권을 이용한 증거인멸, 도주 및 마약 등 금지물품 반입 시도 등의 우려를 최소화시킬 수 있으며, 변호사접견이라 하더라도 교정시설의 질서 등을 해할 우려가 있는 특별한 사정이 있는 경우에는 예외를 두도록 한다면 악용될 가능성도 방지할 수 있다. 따라서 이 사건 접견조항은 과잉금지원칙에 위배하여 청구인의 재판청구권을 지나치게 제한하고 있으므로, 헌법에 위반된다(헌재 2013.8.29. 2011헌마122).
① (○), ③ (○), ④ (○) 헌재 2021.10.28. 2018헌마60

47 0303 ○△×|○△×|○△× 2018 경찰 승진

변호인의 조력을 받을 권리에 대한 설명으로 가장 적절하지 않은 것은? (다툼이 있는 경우 판례에 의함)

① 피의자신문에 참여한 변호인에게 피의자 후방에 앉으라고 요구한 행위가 변호인의 변호권을 침해하는 것은 아니다.
② 불구속 피의자나 피고인의 경우 형사소송법상 특별한 명문의 규정이 없더라도 스스로 선임한 변호인의 조력을 받기 위하여 변호인을 옆에 두고 조언과 상담을 구하는 것은 수사절차의 개시에서부터 재판절차의 종료에 이르기까지 언제나 가능하다.
③ 형사절차가 종료되어 교정시설에 수용 중인 수형자는 원칙적으로 변호인의 조력을 받을 권리의 주체가 될 수 없으나, 수형자의 경우에도 재심절차 등에는 변호인 선임을 위한 일반적인 교통·통신이 보장될 수 있다.
④ 미결수용자의 변호인의 조력을 받을 권리는 국가안전보장·질서유지 또는 공공복리를 위해 필요한 경우에 법률로써 제한될 수 있다.

지문분석 난이도 중 정답 ①

| 키 워 드 | 변호인의 조력을 받을 권리
| 출제유형 | 판례

① (X) 검찰수사관인 피청구인이 피의자신문에 참여한 변호인인 청구인에게 피의자 후방에 앉으라고 요구한 행위는 변호인인 청구인의 변호권을 침해한다(헌재 2017.11.30. 2016헌마503).
② (○) 불구속 피의자나 피고인의 경우 형사소송법상 특별한 명문의 규정이 없더라도 스스로 선임한 변호인의 조력을 받기 위하여 변호인을 옆에 두고 조언과 상담을 구하는 것은 수사절차의 개시에서부터 재판절차의 종료에 이르기까지 언제나 가능하다(헌재 2004.9.23. 2000헌마138).
③ (○) 형사절차가 종료되어 교정시설에 수용 중인 수형자는 원칙적으로 변호인의 조력을 받을 권리의 주체가 될 수 없다. 다만, 수형자의 경우에도 재심절차 등에는 변호인 선임을 위한 일반적인 교통·통신이 보장될 수 있다(헌재 1998.8.27. 96헌마398).
④ (○) 헌법재판소가 91헌마111 결정에서 미결수용자와 변호인과의 접견에 대해 어떠한 명분으로도 제한할 수 없다고 한 것은 구속된 자와 변호인 간의 접견이 실제로 이루어지는 경우에 있어서의 '자유로운 접견', 즉 '대화 내용에 대하여 비밀이 완전히 보장되고 어떠한 제한, 영향, 압력 또는 부당한 간섭 없이 자유롭게 대화할 수 있는 접견'을 제한할 수 없다는 것이지, 변호인과의 접견 자체에 대해 아무런 제한도 가할 수 없다는 것을 의미하는 것이 아니므로 미결수용자의 변호인 접견권 역시 국가안전보장·질서유지 또는 공공복리를 위해 필요한 경우에는 법률로써 제한될 수 있음은 당연하다(헌재 2011.5.26. 2009헌마341).

48 0304 ○△×|○△×|○△× 2021 국가직 7급

변호인의 조력을 받을 권리에 대한 설명으로 옳지 않은 것은? (다툼이 있는 경우 판례에 의함)

① 변호인이 피의자신문에 자유롭게 참여할 수 있는 권리는 피의자가 가지는 변호인의 조력을 받을 권리를 실현하는 수단이라고 할 수 있어 헌법상 기본권인 변호인의 변호권으로서 보호되어야 하므로, 검찰수사관인 피청구인이 피의자신문에 참여한 변호인인 청구인에게 피의자 후방에 앉으라고 요구한 행위는 변호인인 청구인의 변호권을 침해한다.

② 형사소송법은 차폐시설을 설치하고 증인신문절차를 진행할 경우 피고인으로부터 의견을 듣도록 하는 등 피고인이 받을 수 있는 불이익을 최소화하기 위한 장치를 마련하고 있으므로, '피고인 등'에 대하여 차폐시설을 설치하고 신문할 수 있도록 한 것이 변호인의 조력을 받을 권리를 침해한다고 할 수는 없다.

③ 헌법 제12조 제4항 본문에 규정된 변호인의 조력을 받을 권리는 형사절차에서 피의자 또는 피고인의 방어권을 보장하기 위한 것으로서 출입국관리법상 보호 또는 강제퇴거의 절차에는 적용되지 않는다.

④ 변호인의 수사서류 열람·등사권은 피고인의 신속·공정한 재판을 받을 권리 및 변호인의 조력을 받을 권리라는 헌법상 기본권의 중요한 내용이자 구성요소이며 이를 실현하는 구체적인 수단이 된다.

지문분석 난이도 상 정답 ③

| 키 워 드 | 변호인의 조력을 받을 권리

| 출제유형 | 판례

③ (X) 헌법 제12조 제4항 본문의 문언 및 헌법 제12조의 조문 체계, 변호인 조력권의 속성, 헌법이 신체의 자유를 보장하는 취지를 종합하여 보면 헌법 제12조 제4항 본문에 규정된 "구속"은 사법절차에서 이루어진 구속뿐 아니라, 행정절차에서 이루어진 구속까지 포함하는 개념이다. 따라서 헌법 제12조 제4항 본문에 규정된 변호인의 조력을 받을 권리는 행정절차에서 구속을 당한 사람에게도 즉시 보장된다. 종래 이와 견해를 달리하여 헌법 제12조 제4항 본문에 규정된 변호인의 조력을 받을 권리는 형사절차에서 피의자 또는 피고인의 방어권을 보장하기 위한 것으로서 출입국관리법상 보호 또는 강제퇴거의 절차에도 적용된다고 보기 어렵다고 판시한 우리 재판소 결정은, 이 결정 취지와 저촉되는 범위 안에서 변경한다(헌재 2018.5.31. 2014헌마346).

① (O) 변호인이 피의자신문에 자유롭게 참여할 수 있는 권리는 피의자가 가지는 변호인의 조력을 받을 권리를 실현하는 수단이라고 할 수 있으므로 헌법상 기본권인 변호인의 변호권으로서 보호되어야 한다. 피의자신문에 참여한 변호인이 피의자 옆에 앉는다고 하여 피의자 뒤에 앉는 경우보다 수사를 방해할 가능성이 높아진다거나 수사기밀을 유출할 가능성이 높아진다고 볼 수 없으므로, 이 사건 후방착석요구행위의 목적의 정당성과 수단의 적절성을 인정할 수 없다. … 따라서 이 사건 후방착석요구행위는 변호인인 청구인의 변호권을 침해한다(헌재 2017.11.30. 2016헌마503).

② (O) 강력범죄 또는 조직폭력범죄의 수사와 재판에서 범죄입증을 위해 증언한 자의 안전을 효과적으로 보장해 줄 수 있는 조치가 마련되어야 할 필요성은 매우 크고, 경우에 따라서는 증인이 피고인의 변호인과 대면하여 진술하는 것으로부터 보호할 필요성이 있을 수 있다. … 형사소송법은 차폐시설을 설치하고 증인신문절차를 진행할 경우 피고인으로부터 의견을 듣도록 하는 등 피고인이 받을 수 있는 불이익을 최소화하기 위한 장치를 마련하고 있다. 따라서 심판대상 조항은 과잉금지원칙에 위배되어 청구인의 공정한 재판을 받을 권리 및 변호인의 조력을 받을 권리를 침해한다고 할 수 없다(헌재 2016.12.29. 2015헌바221).

④ (O) 피고인의 신속·공정한 재판을 받을 권리 및 변호인의 조력을 받을 권리는 헌법이 보장하고 있는 기본권이고, 변호인의 수사서류 열람·등사권은 피고인의 신속·공정한 재판을 받을 권리 및 변호인의 조력을 받을 권리라는 헌법상 기본권의 중요한 내용이자 구성요소이며 이를 실현하는 구체적인 수단이 된다. 따라서 변호인의 수사서류 열람·등사를 제한함으로 인하여 결과적으로 피고인의 신속·공정한 재판을 받을 권리 또는 변호인의 충분한 조력을 받을 권리가 침해된다면 이는 헌법에 위반되는 것이다(헌재 2010.6.24. 2009헌마257).

49 0305 ○△×|○△×|○△× 2019 경찰 승진

변호인의 조력을 받을 권리에 대한 설명으로 가장 적절하지 않은 것은? (다툼이 있는 경우 헌법재판소 판례에 의함)

① 구치소장이 변호인접견실에 CCTV를 설치하여 미결수용자와 변호인 간의 접견을 관찰한 행위는 청구인의 변호인의 조력을 받을 권리를 침해하지 않는다.
② '피고인 등'에 대하여 차폐시설을 설치하고 신문할 수 있도록 한 형사소송법 조항은 청구인의 변호인의 조력을 받을 권리를 침해하지 않는다.
③ 법원의 수사서류 열람·등사 허용 결정에도 불구하고 해당 수사서류의 등사를 거부한 검사의 행위는 청구인들의 변호인의 조력을 받을 권리를 침해한다.
④ 인천공항출입국·외국인청장이 입국불허되어 송환대기실 내에 수용된 외국인에게 변호인의 접견신청을 거부한 것은, 청구인이 자진출국으로 송환대기실을 벗어날 수 있는 점을 고려할 때 '구금' 상태에 놓여 있었다고 볼 수 없으므로, 헌법상 변호인의 조력을 받을 권리를 침해하지 않는다.

지문분석 난이도 중 정답 ④

| 키 워 드 | 변호인의 조력을 받을 권리
| 출제유형 | 판례

④ (X) 청구인은 이 사건 변호인 접견신청 거부가 있었을 당시 행정기관인 피청구인에 의해 송환대기실에 구속된 상태였으므로, 헌법 제12조 제4항 본문에 따라 변호인의 조력을 받을 권리가 있다. … 현행법상 청구인의 변호인 조력권 제한의 근거 법률이 없다. 이 사건 변호인 접견신청 거부는 아무런 법률상 근거가 없다. … 이 사건 변호인 접견신청 거부는 국가안전보장이나 질서유지, 공공복리를 위해 필요한 기본권 제한 조치로 볼 수도 없다. 이 사건 변호인 접견신청 거부는 청구인의 변호인의 조력을 받을 권리를 침해하므로 헌법에 위반된다(헌재 2018.5.31. 2014헌마346).
① (O) 금지물품의 수수나 폭행 등 교정사고를 방지하고 적절하게 대처하기 위해서는 변호인접견실 또한 계호할 필요가 있으며, 변호인접견실에 CCTV를 설치하는 것은 교도관의 육안에 의한 시선계호를 CCTV 장비에 의한 시선계호로 대체한 것에 불과하므로, 이 사건 CCTV 관찰행위는 그 목적의 정당성과 수단의 적합성이 인정된다. … 따라서 이 사건 CCTV 관찰행위는 청구인의 변호인의 조력을 받을 권리를 침해하지 아니한다(헌재 2016.4.28. 2015헌마243).
② (O) 심판대상 조항은 형사절차에서 소환된 증인이 안심하고 자발적으로 진술할 수 있도록 증인을 보호하고 실체 진실의 발견을 용이하게 하기 위한 목적을 가지고 있으므로 그 목적의 정당성이 인정된다. 그리고 위와 같이 피고인 등에 대해서 차폐시설을 함으로써 증인의 인적사항 등을 보호하는 것은 증인의 안전 및 자유로운 진술을 보장한다는 목적을 달성하기 위한 적합한 수단이다. … 따라서 심판대상 조항은 과잉금지원칙에 위배되어 청구인의 공정한 재판을 받을 권리 및 변호인의 조력을 받을 권리를 침해한다고 할 수 없다(헌재 2016.12.29. 2015헌바221).
③ (O) 법원의 열람·등사 허용 결정에도 불구하고 검사가 이를 신속하게 이행하지 아니하는 경우에는 해당 증인 및 서류 등을 증거로 신청할 수 없는 불이익을 받는 것에 그치는 것이 아니라, 그러한 검사의 거부행위는 피고인의 열람·등사권을 침해하고, 나아가 피고인의 신속·공정한 재판을 받을 권리 및 변호인의 조력을 받을 권리까지 침해하게 되는 것이다(헌재 2010.6.24. 2009헌마257).

50 0306 ○△×|○△×|○△× 2022 경찰 2차

변호인의 조력을 받을 권리에 관한 설명 중 가장 적절하지 않은 것은? (다툼이 있는 경우 판례에 의함)

① 변호인의 조력을 받을 권리란 국가권력의 일방적인 형벌권 행사에 대항하여 자신에게 부여된 헌법상·소송법상 권리를 효율적이고 독립적으로 행사하기 위하여 변호인의 도움을 얻을 피의자 및 피고인의 권리를 말한다.
② 교정시설 내 수용자와 변호사 사이의 접견교통권의 보장은 헌법상 보장되는 재판청구권의 한 내용 또는 그로부터 파생되는 권리로 볼 수 있다.
③ 변호인접견실에 CCTV를 설치하여 교도관이 그 CCTV를 통해 미결수용자와 변호인 간의 접견을 관찰한 행위는 변호인의 조력을 받을 권리를 침해한다.
④ '변호인이 되려는 자'의 접견교통권은 피의자 등을 조력하기 위한 핵심적인 부분으로서, 피의자 등이 가지는 헌법상의 기본권인 '변호인이 되려는 자'와의 접견교통권과 표리의 관계에 있으므로 피의자 등이 가지는 '변호인이 되려는 자'의 조력을 받을 권리가 실질적으로 확보되기 위해서는 '변호인이 되려는 자'의 접견교통권 역시 헌법상 기본권으로서 보장되어야 한다.

지문분석 난이도 중 정답 ③

| 키 워 드 | 변호인의 조력을 받을 권리
| 출제유형 | 판례

③ (X) 구치소 내의 변호인접견실에 CCTV를 설치하여 미결수용자와 변호인 간의 접견을 관찰한 행위는 법률유보원칙에 위반되지 않으며 변호인의 조력을 받을 권리를 침해하지 않는다(헌재 2016.4.28. 2015헌마243).
① (O) 체포 또는 구속을 당한 자연인은 누구든지 변호인의 조력을 받을 권리를 가진다. 나아가 임의동행된 피의자나 피내사자에게도 인정되고, 체포 또는 구속을 당하지 아니한 불구속 피의자나 피고인에게도 인정된다(헌재 2004.9.23. 2000헌마138).
② (O) 형사절차가 종료되어 교정시설에 수용 중인 수형자는 무죄추정을 받고 있는 피의자·피고인에게 인정되는 변호인의 조력을 받을 권리(헌법 제12조 제4항)의 주체가 될 수는 없으므로, 수형자가 변호사와 접견하여 법률적인 도움을 받을 권리는 변호인의 조력을 받을 권리로서가 아니라 헌법 제27조의 재판청구권의 실질적 내용으로서 보장되는 것이다(헌재 2004.12.16. 2002헌마478).
④ (O) '변호인이 되려는 자'의 접견교통권 역시 헌법상 기본권으로서 보장되어야 하고, 그러한 전제에서 '변호인이 되려는 자'의 접견교통권 침해를 이유로 한 헌법소원심판청구는 적법하다(헌재 2019.2.28. 2015헌마1204).

51 0307 ○△×|○△×|○△× 2022 경찰 간부

명확성원칙에 위반되는 경우는 몇 개인가? (다툼이 있는 경우 헌법재판소 판례에 의함)

가. 성폭력범죄의 처벌 등에 관한 특례법상 공중밀집장소추행죄 조항에 규정된 '추행'
나. 군복 및 군용장구의 단속에 관한 법률상 판매 목적 소지 금지조항에 규정된 '유사군복'
다. 도로교통법상 갓길 통행 금지조항의 예외 사유로 규정된 '부득이한 사정'
라. 국가공무원법상 정치운동 금지조항에 규정된 '그 밖의 정치단체'
마. 형법상 야간주거침입절도죄 조항에 규정된 '건조물'
바. 도로교통법상 위험운전치사상죄 벌칙조항에 규정된 '제44조 제1항을 2회 이상 위반한 사람'
사. 수질 및 수생태계 보전에 관한 법률상 벌칙조항에 규정된 '다량의 토사를 유출하거나 버려 상수원 또는 하천, 호소를 현저히 오염되게 한 자'

① 1개 ② 2개
③ 3개 ④ 4개

지문분석

난이도 상 정답 ②

| 키 워 드 | 명확성의 원칙
| 출제유형 | 판례

라. (○) 사회복무요원의 정치적 행위를 금지하는 이 사건 법률조항 중 '그 밖의 정치단체' 및 '정치적 목적을 지닌 행위'라는 불명확한 개념을 사용하여, 수범자에 대한 위축효과와 법 집행 공무원의 자의적인 판단의 위험을 야기한다. 위 부분이 명확성원칙에 반하여 청구인의 정치적 표현의 자유 및 결사의 자유를 침해한다(헌재 2021.11.25. 2019헌마534).

사. (○) 이 사건 벌칙규정이나 관련 법령 어디에도 '토사'의 의미나 '다량'의 정도, '현저히 오염'되었다고 판단할 만한 기준에 대하여 아무런 규정도 하지 않고 있으므로, 일반국민으로서는 자신의 행위가 처벌대상인지 여부를 예측하기 어렵고, 감독 행정관청이나 법관의 자의적인 법해석과 집행을 초래할 우려가 매우 크므로 이 사건 벌칙규정은 죄형법정주의의 명확성원칙에 위배된다(헌재 2013.7.25. 2011헌가26 등).

가. (×) 심판대상 조항의 '추행'이란 강제추행죄의 '추행'과 마찬가지로, 객관적으로 일반인에게 성적 수치심이나 혐오감을 일으키게 하고 선량한 성적 도덕관념에 반하는 행위로서 피해자의 성적자기결정권을 침해하는 것을 뜻한다. 공중밀집장소의 특성을 이용하여 유형력을 행사하는 것 이외의 방법으로 이루어지는 추행행위를 처벌하기 위한 심판대상 조항의 입법목적 및 추행의 개념에 비추어 볼 때, 건전한 상식과 통상적인 법 감정을 가진 사람이라면 심판대상 조항에 따라 처벌되는 행위가 무엇인지 파악할 수 있으므로, 심판대상 조항 중 '추행' 부분은 죄형법정주의의 명확성원칙에 위반되지 아니한다(헌재 2021.3.25. 2019헌바413).

나. (×) 유사군복의 판매 목적 소지를 금지하는 '군복 및 군용장구의 단속에 관한 법률' 제8조 제2항 중 '판매목적 소지'에 관한 부분, 이를 위반한 경우 1년 이하의 징역 또는 1천만원 이하의 벌금으로 형사처벌하는 '군복 및 군용장구의 단속에 관한 법률' 제13조 제1항 제2호 중 제8조 제2항의 '판매 목적 소지'에 관한 부분 중 '유사군복' 부분이 죄형법정주의의 명확성원칙에 위배되지 않는다(헌재 2019.4.11. 2018헌가14).

다. (×) 고속도로 등에서 부득이한 사정이 있는 경우를 제외하고 갓길로 통행할 수 없도록 금지하는 구 도로교통법 제60조 제1항 본문 중 '자동차의 운전자는 고속도로 등에서 자동차의 고장 등 부득이한 사정이 있는 경우를 제외하고는 갓길로 통행하여서는 아니 된다.' 부분, 구 도로교통법 제156조 제3호 중 제60조 제1항 본문 가운데 위 해당 부분은 모두 헌법에 위반되지 아니한다(헌재 2021.8.31. 2020헌바100).

마. (×) 심판대상 조항에서 규정하는 '건조물'이란 주위벽 또는 기둥과 지붕 또는 천정으로 구성된 구조물로서 사람이 기거하거나 출입할 수 있는 장소를 말하고 그 위요지를 포함하며, 위요지는 건조물에 필수적으로 부속하는 부분으로서 그 관리인에 의하여 일상생활에서 감시·관리가 예정되어 있고 건조물에 대한 사실상의 평온을 보호할 필요성이 있는 부분을 말한다. 위요지가 되기 위해서는 건조물에 인접한 그 주변 토지로서 관리자가 외부와의 경계에 문과 담 등을 설치하여 그 토지가 건조물의 이용을 위하여 제공되었다는 것이 명확히 드러나야 하므로(대판 2010.3.11. 2009도12609) 법 집행기관이 심판대상 조항을 자의적으로 해석할 염려가 없다. 따라서 심판대상 조항이 죄형법정주의의 명확성원칙에 위배된다고 볼 수 없다(헌재 2020.9.24. 2018헌바383).

바. (×) 심판대상 조항의 문언, 입법목적과 연혁, 관련 규정과의 관계 및 법원의 해석 등을 종합하여 볼 때, 심판대상 조항에서 '제44조 제1항을 2회 이상 위반한 사람'이란 '2006.6.1. 이후 도로교통법 제44조 제1항을 위반하여 술에 취한 상태에서 운전을 하였던 사실이 인정되는 사람으로서, 다시 같은 조 제1항을 위반하여 술에 취한 상태에서 운전한 사람'을 의미함을 충분히 알 수 있으므로, 심판대상 조항은 죄형법정주의의 명확성원칙에 위반되지 아니한다(헌재 2021.11.25. 2019헌바446 등).

52 0308 ○△×|○△×|○△× 2020 법무사

명확성의 원칙에 관한 다음 설명 중 가장 옳지 않은 것은?

① 법치국가원리의 한 표현인 명확성의 원칙은 기본적으로 모든 기본권 제한입법에 대하여 요구된다.

② 규범의 의미 내용으로부터 무엇이 금지되는 행위이고 무엇이 허용되는 행위인지를 수범자가 알 수 없다면 법적 안정성과 예측가능성은 확보될 수 없게 될 것이고, 법집행 당국에 의한 자의적 집행을 가능하게 만들 수 있다.

③ 명확성의 원칙은 모든 법률에 있어서 동일한 정도로 요구되는 것은 아니고 개개의 법률이나 법조항의 성격에 따라 요구되는 정도에 차이가 있을 수 있으며 각각의 구성요건의 특수성과 그러한 법률이 제정되게 된 배경이나 상황에 따라 달라질 수 있다.

④ 일반론으로는 어떠한 규정이 부담적 성격을 가지는 경우에는 수익적 성격을 가지는 경우에 비하여 명확성의 원칙이 더욱 엄격하게 요구되고, 죄형법정주의가 지배하는 형사 관련 법률에서는 명확성의 정도가 강화되어 더 엄격한 기준이 적용되지만, 일반적인 법률에서는 명확성의 정도가 그리 강하게 요구되지 않기 때문에 상대적으로 완화된 기준이 적용된다.

⑤ 명확성의 원칙은 입법자가 법률을 제정함에 있어서 개괄 조항이나 불확정 법개념의 사용을 금지한다.

지문분석 난이도 중 정답 ⑤

| 키 워 드 | 명확성의 원칙

| 출제유형 | 이론+판례

⑤ (X) 법률이란 그 구성요건을 충족시키는 모든 사람과 모든 개별적인 경우에 대하여 적용되는 일반·추상적 규범으로서 그 본질상 규율하고자 하는 생활관계에서 발생가능한 모든 법적 상황에 대하여 구체적이고 서술적인 방식으로 법률의 내용을 규정하는 것은 불가능하며, 어느 정도 추상적이고 개괄적인 개념 또는 변화하는 사회현상을 수용할 수 있는 개방적인 개념을 사용하는 것이 불가피하다. 그러므로 법률의 명확성원칙은 입법자가 법률을 제정함에 있어서 개괄 조항이나 불확정 법개념의 사용을 금지하는 것이 아니다(헌재 2004.7.15. 2003헌바35 등).

① (O) 법치국가원리의 한 표현인 명확성의 원칙은 기본적으로 모든 기본권 제한입법에 대하여 요구된다.

② (O) 규범의 의미 내용으로부터 무엇이 금지되는 행위이고 무엇이 허용되는 행위인지를 수범자가 알 수 없다면 법적 안정성과 예측가능성은 확보될 수 없게 될 것이고, 또한 법집행 당국에 의한 자의적 집행을 가능하게 할 것이기 때문이다(헌재 2002.1.31. 2000헌가8).

③ (O) 명확성의 원칙은 모든 법률에 있어서 동일한 정도로 요구되는 것은 아니고 개개의 법률이나 법조항의 성격에 따라 요구되는 정도에 차이가 있을 수 있으며 각각의 구성요건의 특수성과 그러한 법률이 제정되게 된 배경이나 상황에 따라 달라질 수 있다(헌재 2002.1.31. 2000헌가8).

④ (O) 일반론으로는 어떠한 규정이 부담적 성격을 가지는 경우에는 수익적 성격을 가지는 경우에 비하여 명확성의 원칙이 더욱 엄격하게 요구되고, 죄형법정주의가 지배하는 형사 관련 법률에서는 명확성의 정도가 강화되어 더 엄격한 기준이 적용되지만, 일반적인 법률에서는 명확성의 정도가 그리 강하게 요구되지 않기 때문에 상대적으로 완화된 기준이 적용된다(헌재 2002.7.18. 2000헌바57).

53 0309 ○△×|○△×|○△× 2017 법원직 9급

죄형법정주의 또는 명확성의 원칙에 관한 다음 설명 중 가장 옳지 않은 것은? (다툼이 있는 경우 헌법재판소 결정에 의함)

① 행위 당시의 판례에 의하면 처벌대상이 되지 아니하는 것으로 해석되었던 행위를 판례의 변경에 따라 확인된 내용의 형법 조항에 근거하여 처벌한다고 하여 그것이 형벌불소급원칙에 위반된다고 할 수 없다.

② 처벌법규의 구성요건이 다소 광범위하여 어떤 범위에서 법관의 보충적인 해석이 있어야 하는 개념을 사용하였다면 헌법이 요구하는 처벌법규의 명확성원칙에 배치된다고 보아야 한다.

③ 형사처벌을 동반하는 처벌법규의 위임은 중대한 기본권의 침해를 가져오므로 긴급한 필요가 있거나 미리 법률로써 자세히 정할 수 없는 부득이한 사정이 있는 경우에 한정되어야 한다.

④ 처벌을 규정하고 있는 법률 조항이 구성요건이 되는 행위를 같은 법률 조항에서 직접 규정하지 않고 다른 법률 조항에서 이미 규정한 내용을 원용하였다는 사실만으로 명확성원칙에 위반된다고 할 수는 없다.

지문분석 난이도 중 정답 ②

| 키 워 드 | 죄형법정주의 및 명확성의 원칙

| 출제유형 | 판례

② (X) 처벌법규의 구성요건이 다소 광범위하여 어떤 범위에서는 법관의 보충적인 해석을 필요로 하는 개념을 사용하였다고 하더라도 그 점만으로 헌법이 요구하는 처벌법규의 명확성의 원칙에 반드시 배치되는 것이라고 볼 수 없다(헌재 1998.5.28. 97헌바68).

① (O) 형사처벌의 근거가 되는 것은 법률이지 판례가 아니고, 형법 조항에 관한 판례의 변경은 그 법률 조항의 내용을 확인하는 것에 지나지 아니하여 이로써 그 법률 조항 자체가 변경된 것으로 볼 수 없으므로, 행위 당시의 판례에 의하면 처벌대상이 되지 아니하는 것으로 해석되었던 행위를 판례의 변경에 따라 확인된 내용의 형법 조항에 근거하여 처벌한다고 하여 그것이 형벌불소급원칙에 위반된다고 할 수 없다(헌재 2014.5.29. 2012헌바390).

③ (O) 형사처벌을 동반하는 처벌법규의 위임은 중대한 기본권의 침해를 가져오므로 긴급한 필요가 있거나 미리 법률로써 자세히 정할 수 없는 부득이한 사정이 있는 경우에 한정되어야 하며, 이러한 경우일지라도 법률에서 범죄의 구성요건은 처벌대상 행위가 어떠한 것일 것이라고 예측할 수 있을 정도로 구체적으로 정하고, 형벌의 종류 및 그 상한과 폭을 명백히 규정하여야 한다(헌재 2002.6.27. 2000헌마642).

④ (O) 처벌을 규정하고 있는 법률 조항이 구성요건이 되는 행위를 같은 법률 조항에서 직접 규정하지 않고 다른 법률 조항에서 이미 규정한 내용을 원용하였다거나 그 내용 중 일부를 괄호 안에 규정하였다는 사실만으로 명확성원칙에 위반된다고 할 수는 없다(헌재 2010.3.25. 2009헌바121).

54 0310 ○△×|○△×|○△× 2013 법원직 5급

진술거부권에 관한 설명 중 가장 옳지 않은 것은? (다툼이 있는 경우 헌법재판소 판례에 의함)

① 헌법 제12조 제2항은 "모든 국민은 고문을 받지 아니하며, 형사상 자기에게 불리한 진술을 강요당하지 아니한다."고 규정하여 형사책임에 관하여 자신에게 불이익한 진술을 강요당하지 아니할 것을 국민의 기본권으로 보장하고 있다.

② 우리 헌법이 이와 같이 진술거부권을 국민의 기본적 권리로 보장하는 것은, 첫째 피고인 또는 피의자의 인권을 실체적 진실발견이나 사회정의의 실현이라는 국가이익보다 우선적으로 보호함으로써 인간의 존엄성과 가치를 보장하고 나아가 비인간적인 자백의 강요와 고문을 근절하려는 데 있고, 둘째 피고인 또는 피의자와 검사 사이에 무기평등을 도모하여 공정한 재판의 이념을 실현하려는 데 있다.

③ 진술거부권은 형사절차뿐만 아니라 행정절차나 국회에서의 조사절차 등에서도 보장되며, 현재 피의자나 피고인으로서 수사 또는 공판절차에 계속 중인 자뿐만 아니라 장차 피의자나 피고인이 될 자에게도 보장된다.

④ 진술거부권은 고문 등 폭행에 의한 강요는 물론 법률로써도 진술을 강요당하지 아니함을 의미한다.

⑤ 정치자금을 받고 지출하는 행위는 당사자가 직접 경험한 사실에 해당하지만, 이를 문자로 기재하도록 하는 것은 당사자가 자신의 경험을 말로 표출한 것의 등가물로 평가할 수는 없으므로, 이러한 기재행위가 "진술"의 범위에 포함된다고 볼 수 없다.

지문분석 난이도 ㊥ 정답 ⑤

| **키 워 드** | 진술거부권

| **출제유형** | 조문 + 판례

⑤ (X) 헌법상 진술거부권의 보호대상이 되는 "진술"이라 함은 언어적 표출, 즉 개인의 생각이나 지식, 경험사실을 정신작용의 일환인 언어를 통하여 표출하는 것을 의미하는바(헌재 1997.3.27. 96헌가11), 정치자금을 받고 지출하는 행위는 당사자가 직접 경험한 사실로서 이를 문자로 기재하도록 하는 것은 당사자가 자신의 경험을 말로 표출한 것의 등가물(等價物)로 평가할 수 있으므로, 위 조항들이 정하고 있는 기재행위 역시 "진술"의 범위에 포함된다고 할 것이다(헌재 2005.12.22. 2004헌바25).

① (O) 모든 국민은 고문을 받지 아니하며, 형사상 자기에게 불리한 진술을 강요당하지 아니한다(헌법 제12조 제2항).

② (O), ③ (O), ④ (O) 헌법 제12조 제2항은 "모든 국민은 고문을 받지 아니하며, 형사상 자기에게 불리한 진술을 강요당하지 아니한다."고 규정하여 형사책임에 관하여 자신에게 불이익한 진술을 강요당하지 아니할 것을 국민의 기본권으로 보장하고 있다. 우리 헌법이 이와 같이 진술거부권을 국민의 기본적 권리로 보장하는 것은, 첫째 피고인 또는 피의자의 인권을 실체적 진실발견이나 사회정의의 실현이라는 국가이익보다 우선적으로 보호함으로써 인간의 존엄성과 가치를 보장하고 나아가 비인간적인 자백의 강요와 고문을 근절하려는 데 있고, 둘째 피고인 또는 피의자와 검사 사이에 무기평등을 도모하여 공정한 재판의 이념을 실현하려는 데 있다. 이와 같은 의미를 지닌 진술거부권은 형사절차뿐만 아니라 행정절차나 국회에서의 조사절차 등에서도 보장되며, 현재 피의자나 피고인으로서 수사 또는 공판절차에 계속 중인 자뿐만 아니라 장차 피의자나 피고인이 될 자에게도 보장된다. 또한 진술거부권은 고문 등 폭행에 의한 강요는 물론 법률로써도 진술을 강요당하지 아니함을 의미한다(헌재 1997.3.27. 96헌가11; 2005.12.22. 2004헌바25).

55 0311 O△X | O△X | O△X 2022 경찰 간부

이중처벌금지의 원칙에 대한 설명으로 가장 적절하지 않은 것은? (다툼이 있는 경우 헌법재판소 판례에 의함)

① 벌금형을 선고받는 자가 그 벌금을 납입하지 않은 때에 그 집행방법의 변경으로 하게 되는 노역장 유치는 이미 형벌을 받은 사건에 대해 또다시 형을 부과하는 것이 아니라, 단순한 형벌 집행방법의 변경에 불과한 것이므로 헌법 제13조 제1항 후단의 이중처벌금지의 원칙에 위반되지 않는다.

② 집행유예의 취소 시 부활되는 본형은 집행유예의 선고와 함께 선고되었던 것으로 판결이 확정된 동일한 사건에 대하여 다시 심판한 결과 부과되는 것이 아니므로 일사부재리의 원칙과 무관하다.

③ 신상정보 공개·고지 명령은 형벌과는 목적이나 심사대상 등을 달리하는 보안처분에 해당하므로 동일한 범죄행위에 대하여 형벌이 부과된 이후 다시 신상정보 공개·고지 명령이 선고 및 집행된다고 하여 이중처벌금지의 원칙에 위반된다고 할 수 없다.

④ 헌법 제13조 제1항이 정한 이중처벌금지의 원칙은 동일한 범죄행위에 대하여 국가가 형벌권을 거듭 행사할 수 없도록 함으로써 국민의 신체의 자유를 보장하기 위한 것이므로, 국가가 행하는 일체의 제재나 불이익처분이 모두 그 처벌에 포함된다.

지문분석 난이도 중 정답 ④

| 키 워 드 | 이중처벌금지의 원칙

| 출제유형 | 판례

④ (X) 법 제13조 제1항에서 말하는 처벌은 원칙적으로 범죄에 대한 국가의 형벌권 실행으로서의 과벌을 의미하는 것이고 국가가 행하는 일체의 제재나 불이익처분을 모두 그 처벌에 포함시킬 수는 없다(헌재 1994.6.30. 92헌바38).

① (O) 벌금형을 선고받는 자가 그 벌금을 납입하지 않은 때에 그 집행방법의 변경으로 하게 되는 노역장 유치는 이미 형벌을 받은 사건에 대해 또다시 형을 부과하는 것이 아니라, 단순한 형벌 집행방법의 변경에 불과한 것이므로 헌법 제13조 제1항 후단의 이중처벌금지의 원칙에 위반되지 아니한다(헌재 2009.3.26. 2008헌바52 등).

② (O) 집행유예의 취소 시 부활되는 본형은 집행유예의 선고와 함께 선고되었던 것으로 판결이 확정된 동일한 사건에 대하여 다시 심판한 결과 부과되는 것이 아니므로 일사부재리의 원칙과 무관하고, 사회봉사명령 또는 수강명령은 그 성격, 목적, 이행방식 등에서 형벌과 본질적 차이가 있어 이중처벌금지원칙에서 말하는 '처벌'이라 보기 어려우므로, 이 사건 법률조항은 이중처벌금지원칙에 위반되지 아니한다(헌재 2013.6.27. 2012헌바345 등).

③ (O) 이중처벌은 처벌 또는 제재가 동일한 행위를 대상으로 거듭 행해질 때 발생하는 문제이다. 그런데 신상정보 공개·고지명령은 형벌과는 목적이나 심사대상 등을 달리하는 보안처분에 해당하므로, 동일한 범죄행위에 대하여 형벌과 병과된다고 하여 이중처벌금지의 원칙에 위반된다고 할 수 없다(헌재 2016.5.26. 2015헌바212).

56 0312 O△X | O△X | O△X 2022 경찰 승진

이중처벌금지원칙에 관한 설명 중 가장 적절한 것은? (다툼이 있는 경우 판례에 의함)

① 신상정보 공개·고지명령은 형벌과는 목적이나 심사대상 등을 달리하는 보안처분에 해당하므로 동일한 범죄행위에 대하여 형벌이 부과된 이후 다시 신상정보 공개·고지명령이 선고 및 집행된다고 하여 이중처벌금지원칙에 위반된다고 할 수 없다.

② 헌법 제13조 제1항에서 말하는 '처벌'은 범죄에 대한 국가의 형벌권 실행으로서의 과벌을 의미하는 것인바, 국가가 행하는 일체의 제재나 불이익처분 모두 그 '처벌'에 포함이 된다.

③ 일정한 성폭력범죄를 범한 사람에게 유죄판결을 선고하는 경우 성폭력치료프로그램 이수명령을 병과하도록 한 것은 그 목적이 과거의 범죄행위에 대한 제재로서 대상자의 건전한 사회복귀 및 범죄예방과 사회보호에 있어 형벌과 본질적 차이가 나지 않는 보안처분에 해당하므로, 동일한 범죄행위에 대하여 형벌과 병과될 경우 이중처벌금지원칙에 위배된다.

④ 헌법재판소는 외국에서 형의 전부 또는 일부의 집행을 받은 자에 대하여 형을 감경 또는 면제할 수 있도록 규정한 형법(1953.9.18. 법률 제293호로 제정된 것) 제7조가 이중처벌금지원칙에 위배되어 위헌이라고 판시하였다.

지문분석 난이도 중 정답 ①

| 키 워 드 | 이중처벌금지의 원칙

| 출제유형 | 판례

① (O) 이중처벌은 처벌 또는 제재가 동일한 행위를 대상으로 거듭 행해질 때 발생하는 문제이다. 그런데 신상정보 공개·고지명령은 형벌과는 목적이나 심사대상 등을 달리하는 보안처분에 해당하므로, 동일한 범죄행위에 대하여 형벌과 병과된다고 하여 이중처벌금지의 원칙에 위반된다고 할 수 없다(헌재 2016.5.26. 2015헌바212).

② (X) 헌법 제13조 제1항에서 말하는 '처벌'은 원칙으로 범죄에 대한 국가의 형벌권 실행으로서의 과벌을 의미하는 것이고, 국가가 행하는 일체의 제재나 불이익처분을 모두 그 '처벌'에 포함시킬 수는 없다(헌재 1994.6.30. 92헌바38).

③ (X) 이중처벌은 처벌 또는 제재가 동일한 행위를 대상으로 거듭 행해질 때 발생하는 문제이다. 그런데 이수명령은 그 목적이 과거의 범죄행위에 대한 제재가 아니라 대상자의 건전한 사회복귀의 촉진 및 범죄예방과 사회보호에 있다는 점에서, 형벌과 본질적 차이가 있는 보안처분에 해당한다. 따라서 동일한 범죄행위에 대하여 이수명령이 형벌과 병과된다고 하여 이중처벌금지원칙에 위반된다고 할 수 없다(헌재 2016.12.29. 2016헌바153).

④ (X) 형사판결은 국가주권의 일부분인 형벌권 행사에 기초한 것으로서, 외국의 형사판결은 원칙적으로 우리 법원을 기속하지 않으므로 동일한 범죄행위에 관하여 다수의 국가에서 재판 또는 처벌을 받는 것이 배제되지 않는다. 따라서 이중처벌금지원칙은 동일한 범죄에 대하여 대한민국 내에서 거듭 형벌권이 행사되어서는 안 된다는 뜻으로 새겨야 할 것이므로 이 사건 법률조항은 헌법 제13조 제1항의 이중처벌금지원칙에 위배되지 아니한다(헌재 2015.5.28. 2013헌바129).

57 0313 O△X | O△X | O△X 2022 경찰 승진

변호인의 조력을 받을 권리에 관한 설명 중 가장 적절하지 않은 것은? (다툼이 있는 경우 판례에 의함)

① 미결수용자와 변호인 간에 주고받는 서류를 확인하고 이를 소송관계서류처리부에 등재하는 행위는 그 자체만으로는 미결수용자의 변호인 접견교통권을 제한하는 행위라고 볼 수는 없다.

② 피고인에게 보장된 변호인의 조력을 받을 권리는 변호인과의 자유로운 접견교통권에 그치지 아니하고 더 나아가 변호인을 통하여 수사서류를 포함한 소송관계서류를 열람·등사하고 이에 대한 검토결과를 토대로 공격과 방어의 준비를 할 수 있는 권리도 포함된다.

③ 변호인과의 자유로운 접견은 신체구속을 당한 사람에게 보장된 변호인의 조력을 받을 권리의 가장 중요한 내용이어서 국가안전보장·질서유지 또는 공공복리 등 어떠한 명분으로도 제한될 수 있는 성질의 것이 아니라고 할 것이나, 이는 구속된 자와 변호인 간의 접견이 실제로 이루어지는 경우에 있어서의 '자유로운 접견', 즉 '대화내용에 대하여 비밀이 완전히 보장되고 어떠한 제한, 영향, 압력 또는 부당한 간섭 없이 자유롭게 대화할 수 있는 접견'을 제한할 수 없다는 것이지, 변호인과의 접견 자체에 대해 아무런 제한도 가할 수 없다는 것을 의미하는 것은 아니다.

④ 변호인의 조력을 받을 권리는 '형사사건에서 변호인의 조력을 받을 권리'를 의미한다고 보아야 할 것이므로 형사절차가 종료되어 교정시설에 수용 중인 수형자나 미결수용자가 형사사건의 변호인이 아닌 민사재판, 행정재판, 헌법재판 등에서 변호사와 접견할 경우에는 원칙적으로 헌법상 변호인의 조력을 받을 권리의 주체가 될 수 없다.

지문분석 난이도 중 정답 ①

| 키 워 드 | 변호인의 조력을 받을 권리

| 출제유형 | 판례

① (X) 변호인의 조력을 받을 권리의 한 내용인 변호인 접견교통권에는 접견 자체뿐만 아니라 미결수용자와 변호인 간의 서류 또는 물건의 수수도 포함되고, 이에 따라 형사소송법 제34조는 변호인 또는 변호인이 되려는 자는 신체구속을 당한 피고인 또는 피의자와 접견하고 서류 또는 물건을 수수할 수 있으며 의사로 하여금 진료하게 할 수 있도록 규정하였다. 따라서 미결수용자와 변호인 간에 주고받는 서류를 확인하고 이를 소송관계서류처리부에 등재하는 행위는 미결수용자의 변호인 접견교통권을 제한하는 행위이다(헌재 2016.4.28. 2015헌마243).

② (O) 변호인의 조력을 받을 권리는 변호인과의 자유로운 접견교통권에 그치지 아니하고 더 나아가 변호인을 통하여 수사서류를 포함한 소송관계서류를 열람·등사하고 이에 대한 검토결과를 토대로 공격과 방어의 준비를 할 수 있는 권리도 포함된다고 보아야 할 것이므로 변호인의 수사기록 열람·등사에 대한 지나친 제한은 결국 피고인에게 보장된 변호인의 조력을 받을 권리를 침해하는 것이다(헌재 1997.11.27. 94헌마60).

③ (O) 헌법재판소가 91헌마111 결정에서 미결수용자와 변호인과의 접견에 대해 어떠한 명분으로도 제한할 수 없다고 한 것은 구속된 자와 변호인 간의 접견이 실제로 이루어지는 경우에 있어서의 '자유로운 접견', 즉 '대화내용에 대하여 비밀이 완전히 보장되고 어떠한 제한, 영향, 압력 또는 부당한 간섭 없이 자유롭게 대화할 수 있는 접견'을 제한할 수 없다는 것이지, 변호인과의 접견 자체에 대해 아무런 제한도 가할 수 없다는 것을 의미하는 것이 아니므로 미결수용자의 변호인 접견권 역시 국가안전보장·질서유지 또는 공공복리를 위해 필요한 경우에는 법률로써 제한될 수 있음은 당연하다(헌재 2011.5.26. 2009헌마341).

④ (O) 변호인의 조력을 받을 권리에 대한 헌법과 법률의 규정 및 취지에 비추어 보면, '형사사건에서 변호인의 조력을 받을 권리'를 의미한다고 보아야 할 것이므로 형사절차가 종료되어 교정시설에 수용 중인 수형자나 미결수용자가 형사사건의 변호인이 아닌 민사재판, 행정재판, 헌법재판 등에서 변호사와 접견할 경우에는 원칙적으로 헌법상 변호인의 조력을 받을 권리의 주체가 될 수 없다(헌재 2013.8.29. 2011헌마122).

58 0314 ○△×|○△×|○△× 2022 경찰 2차

일사부재리 내지 이중처벌금지원칙에 관한 설명 중 가장 적절하지 않은 것은? (다툼이 있는 경우 판례에 의함)

① 형법이 누범을 가중처벌하는 것은 전범에 대하여 형벌을 받았음에도 다시 범행을 하였다는 데 있는 것이지, 전범에 대하여 처벌을 받았음에도 다시 범행을 하는 경우 전범도 후범과 일괄하여 다시 처벌한다는 것은 아님이 명백하므로, 누범에 대하여 형을 가중하는 것이 일사부재리원칙에 위배하는 것은 아니다.

② 행정법은 의무를 명하거나 금지를 설정함으로써 일정한 행정목적을 달성하려고 하는데, 그 실효성을 확보하기 위하여 행정형벌, 과태료, 영업허가의 취소 정지, 과징금 등을 가함으로써 의무위반 당사자로 하여금 더 이상 위반을 하지 않도록 유도하는 것이 필요하고, 이와 같이 '제재를 통한 억지'는 행정규제의 본원적 기능이라 볼 수 있으므로, 어떤 행정제재의 기능이 오로지 제재에 있다고 하여 이를 헌법 제13조 제1항에서 말하는 '이중처벌'에 해당한다고 할 수 없다.

③ 공직선거법위반죄를 범하여 형사처벌을 받은 공무원에 대하여 당선무효라는 불이익을 가하는 것은 공직선거법위반 행위 자체에 대한 국가의 형벌권 실행으로서의 과벌에 해당하므로, 이중처벌금지원칙에 위배될 가능성이 크다.

④ 형사판결은 국가주권의 일부분인 형벌권 행사에 기초한 것으로서, 외국의 형사판결은 원칙적으로 우리 법원을 기속하지 않으므로 동일한 범죄행위에 관하여 다수의 국가에서 재판 또는 처벌을 받는 것이 배제되지 않는다고 할 것인바, 외국에서 형의 전부 또는 일부의 집행을 받은 자에 대하여 형을 감경 또는 면제할 수 있도록 규정한 형법 제7조는 이중처벌금지원칙에 위반되지 아니한다.

지문분석 난이도 중 정답 ③

| 키 워 드 | 이중처벌금지의 원칙

| 출제유형 | 판례

③ (X) 공직선거법위반죄를 범하여 형사처벌을 받은 공무원에 대하여 당선무효라는 불이익을 가하는 것은 공직선거법위반 행위 자체에 대한 국가의 형벌권 실행으로서의 과벌에 해당하지 아니하므로, 헌법상 이중처벌금지원칙에 위배되지 않는다(헌재 2015.2.26. 2012헌마581).

① (O) 누범가중처벌은 이중처벌금지의 원칙에 반하지 않는다(헌재 2002.10.31. 2001헌바68).

② (O) 행정권에는 행정목적 실현을 위하여 행정법규 위반자에 대한 제재의 권한도 포함되어 있으므로, '제재를 통한 억지'는 행정규제의 본원적 기능이라 볼 수 있는 것이고, 따라서 어떤 행정제재의 기능이 오로지 제재(및 이에 결부된 억지)에 있다고 하여 이를 헌법 제13조 제1항에서 말하는 국가형벌권의 행사로서의 '처벌'에 해당한다고 할 수 없는바, 구 독점규제및공정거래에관한법률 제24조의2에 의한 부당내부거래에 대한 과징금은 그 취지와 기능, 부과의 주체와 절차 등을 종합할 때 부당내부거래 억지라는 행정목적을 실현하기 위하여 그 위반행위에 대하여 제재를 가하는 행정상의 제재금으로서의 기본적 성격에 부당이득환수적 요소도 부가되어 있는 것이라 할 것이고, 이를 두고 헌법 제13조 제1항에서 금지하는 국가형벌권 행사로서의 '처벌'에 해당한다고는 할 수 없으므로, 공정거래법에서 형사처벌과 아울러 과징금의 병과를 예정하고 있더라도 이중처벌금지원칙에 위반된다고 볼 수 없으며, 이 과징금 부과처분에 대하여 공정력과 집행력을 인정한다고 하여 이를 확정판결 전의 형벌집행과 같은 것으로 보아 무죄추정의 원칙에 위반된다고도 할 수 없다(헌재 2003.7.24. 2001헌가25).

④ (O) 형사판결은 국가주권의 일부분인 형벌권 행사에 기초한 것으로서, 외국의 형사판결은 원칙적으로 우리 법원을 기속하지 않으므로 동일한 범죄행위에 관하여 다수의 국가에서 재판 또는 처벌을 받는 것이 배제되지 않는다. 따라서 이중처벌금지원칙은 동일한 범죄에 대하여 대한민국 내에서 거듭 형벌권이 행사되어서는 안 된다는 뜻으로 새겨야 할 것이므로 이 사건 법률조항은 헌법 제13조 제1항의 이중처벌금지원칙에 위배되지 아니한다(헌재 2015.5.28. 2013헌바129).

59 0315 O△X | O△X | O△X 2006 국가직 7급(변형)

다음은 신체의 자유와 관련된 판례이다. 판례의 입장과 다른 것은?

① 형법 제1조 제2항 및 제8조에 의하면 범죄 후 법률의 변경에 의하여 형이 구법보다 경한 때에는 신법에 의한다고 규정하고 있으나 신법에 경과규정을 두어 이러한 신법의 적용을 배제하는 것도 허용되는 것으로서, 형을 종전보다 가볍게 형벌법규를 개정하면서 그 부칙으로 개정된 법의 시행 전의 범죄에 대하여 종전의 형벌법규를 적용하도록 규정한다 하여 헌법상의 형벌불소급의 원칙이나 신법우선주의에 반한다고 할 수 없다.

② 미성년자보호법 조항은 그 처벌의 대상이 되는 '불량만화'를 "미성년자에게 음란성 또는 잔인성을 조장할 우려가 있는 만화"이거나 "기타 미성년자로 하여금 범죄의 충동을 일으킬 수 있게 하는 만화"로 정의하고 있는 미성년자보호법 제2조의2 제1호는 죄형법정주의에서 파생된 명확성의 원칙에 위배된다.

③ 청소년보호위원회(행정기관) 등의 청소년유해매체물 결정 및 그 결정된 매체물을 청소년에게 판매 등을 하는 경우 형사처벌하도록 하는 청소년 보호법은 제10조 제1항에서 청소년유해매체물의 결정기준으로서 청소년에게 성적인 욕구를 자극하는 선정적이거나 음란한 것, 포악성이나 범죄의 충동을 일으킬 수 있는 것 등을 규정하여 어떤 매체물이 청소년보호위원회 등에 의하여 청소년유해매체물로 결정·확인될지 그 대강을 예측할 수 있도록 하고 있으며, 법 제21조 등과 법 시행규칙은 청소년유해매체물의 결정을 관보에 고시하고 주기적으로 청소년유해매체물 목록표를 작성하도록 하고 있으므로 형벌법규의 위임의 한계를 벗어나거나 불명확하여 죄형법정주의에 위반된다고 할 수 없다.

④ 직업안정법 제46조 제1항 제2호가 공중도덕상 유해한 업무에 소개한 자를 처벌하고 있으나, 일반적으로 공중도덕이라 함은 '공중의 복리를 위하여 서로 지켜야 할 덕의(德義)'로서 보편적인 일반국민이 사용하는 용어이므로 건전한 상식을 가진 일반국민은 어느 정도 쉽게 납득할 수 있어서 죄형법정주의에서 파생된 명확성의 원칙을 충족시키고 있다고 볼 것이다.

지문분석 난이도 ㊤ 정답 ④

| 키 워 드 | 신체의 자유

| 출제유형 | 판례

④ (X) 일반적으로 공중도덕이라 함은 '공중의 복리를 위하여 서로 지켜야 할 덕의(德義)'를 말한다. 그러나 공중도덕은 시간과 장소, 구체적 사정에 따라서 위반 여부가 크게 달라질 수밖에 없다. 결국 건전한 상식과 통상적인 법감정을 가진 사람으로서는 금지되는 직업소개의 대상을 위와 같은 '공중도덕상 유해'라는 기준에 맞추어 특정하거나 예측한다는 것은 매우 어렵다고 할 것이므로 이 사건 법률 조항은 죄형법정주의에서 파생된 명확성의 원칙을 충족시키고 있다고 할 수 없다(헌재 2005.3.31. 2004헌바29).

① (O) 대판 1999.7.9. 99도1695

② (O) 헌재 2002.2.28. 99헌가8

③ (O) 청소년보호위원회(행정기관) 등의 청소년유해매체물 결정 및 그 결정된 매체물을 청소년에게 판매 등을 하는 경우 형사처벌하도록 하는 청소년 보호법은 제10조 제1항에서 청소년유해매체물의 결정기준으로서 청소년에게 성적인 욕구를 자극하는 선정적이거나 음란한 것, 포악성이나 범죄의 충동을 일으킬 수 있는 것 등을 규정하여 어떤 매체물이 청소년보호위원회 등에 의하여 청소년유해매체물로 결정·확인될지 그 대강을 예측할 수 있도록 하고 있으며, 법 제21조 등과 법 시행규칙은 청소년유해매체물의 결정을 관보에 고시하고 주기적으로 청소년유해매체물목록표를 작성하도록 하고 있으므로 처벌의 대상행위가 무엇인지는 이러한 절차를 통하여 보다 명확해지게 된다. 따라서 이 사건 법률 조항이 형벌법규의 위임의 한계를 벗어나거나 불명확하여 죄형법정주의에 위반된다고 할 수 없다(헌재 2000.6.29. 99헌가16).

60 0316 ○△×|○△×|○△× 2015 서울시 7급 · 지방직 7급(변형)

신체의 자유와 관련된 판례의 입장과 다른 것은?

① 야간에 흉기 기타 위험한 물건을 휴대하여 협박의 죄를 범한 자를 5년 이상의 유기징역에 처하도록 규정한 폭력행위 등 처벌에 관한 법률 제3조 제2항은 헌법에 위반되지 않는다.
② 야간에 흉기 기타 위험한 물건을 휴대하여 상해죄를 범한 자를 5년 이상의 징역에 처하도록 한 구 폭력행위 등 처벌에 관한 법률 제3조 제2항은 헌법에 위반되지 않는다.
③ 상관살해죄의 법정형으로 사형만을 규정한 군형법은 범행동기와 죄질에 무관하게 사형만을 유일한 법정형으로 규정하고 있어서, 형벌이 죄질과 책임에 상응하는 적절한 비례성을 갖추고 있다고 보기 어렵고, 인간의 존엄과 가치를 존중하고 형벌이 죄질과 책임에 상응하도록 정하여야 한다는 실질적 법치국가의 이념에 반한다.
④ 교도소 내 엄중격리 대상자에 대하여 이동 시 계구를 사용하고 교도관이 동행계호하는 것은 신체의 자유를 침해하지 않는다.

지문분석 난이도 중 정답 ①

| 키 워 드 | 신체의 자유
| 출제유형 | 판례

① (X) 형법상의 범죄는 죄질과 행위의 태양 및 그 위험성이 사뭇 다름에도 불구하고, 그 행위가 야간에 행해지고 흉기 기타 위험한 물건을 휴대하였다는 사정만으로 일률적으로 5년 이상의 유기징역형에 처하도록 규정한 것은 실질적 법치국가 내지는 사회적 법치국가가 지향하는 죄형법정주의의 취지에 어긋날 뿐만 아니라 기본권을 제한하는 입법을 함에 있어서 지켜야 할 헌법적 한계인 과잉금지의 원칙 내지는 비례의 원칙에도 어긋난다. 한편 이 사건 법률 조항은 이러한 폭력행위자를 행위 내용 및 결과불법이 전혀 다른, "협박"을 가한 자를 야간에 위험한 물건의 휴대라는 범죄의 시간과 수단을 매개로, 상해를 가한 자 또는 체포·감금, 갈취한 자와 동일하다고 평가하고 있다. 이것은 달리 취급하여야 할 것을 명백히 자의적으로 동일하게 취급한 결과로서, 형벌체계상의 균형성을 현저히 상실하여 평등원칙에도 위배된다(헌재 2004.12.16. 2003헌가12).
② (O) 상해죄를 야간에 흉기 기타 위험한 물건을 휴대하여 범하는 경우 피해자의 심리적 불안을 조성할 가능성이 높고, 심각한 상해를 가할 가능성 역시 높다는 점에서 야간에 흉기 기타 위험한 물건을 휴대하여 상해죄를 범한 자를 5년 이상의 징역에 처하도록 한 구 폭력행위 등 처벌에 관한 법률 제3조 제2항이 5년 이상의 유기징역에 처하도록 법정형을 규정한 것이 과중한 형벌을 부과한 것이라거나 형벌과 책임 간의 비례성원칙에 어긋나는 자의적인 입법권의 행사라고 보기 어렵다(헌재 2006.4.27. 2005헌바38).
③ (O) 법정형을 사형으로 한정한 것이 지니는 강력한 심리적 위하효과를 부정할 수는 없겠으나, 그것이 구체적인 정황에서 상관 살해행위를 어느 정도 배제시키는 일반예방 효과를 지니는지 여부가 불분명하며, 범행동기와 죄질에 무관하게 사형만을 유일한 법정형으로 규정하고 있는 것은 형벌이 죄질과 책임에 상응하는 적절한 비례성을 갖추고 있다고 보기 어렵고, 인간의 존엄과 가치를 존중하고 형벌이 죄질과 책임에 상응하도록 정하여야 한다는 실질적 법치국가의 이념에 반한다(헌재 2007.11.29. 2006헌가13).
④ (O) 청구인들은 상습적으로 교정질서를 문란케 하는 등 교정사고의 위험성이 높은 엄중격리 대상자들인바, 이들에 대한 계구사용행위, 동행계호행위는 엄중격리 대상자가 장소를 이동하는 경우에만 실시되고 다른 일상생활을 할 경우에는 실시되지 않는 점, 엄중격리 대상자에게 사용되는 계구는 상대적으로 신체구속이 덜한 금속수갑이 사용되고 계구사용시간도 하루 평균 10분 내외에 불과하므로 청구인의 신체의 자유를 침해하지 않는다. 한편 엄중격리 대상자가 다른 수용자와 접촉하지 못하도록 5.5평의 1인 운동장을 사용하게 하는 처우는 교정사고 발생의 위험성이 높은 엄중격리 대상자에 의한 폭행·난동·도주 등의 교정사고 발생을 방지하기 위하여 다른 수용자나 교도관과의 접촉을 차단하기 위한 조치이므로 그 목적의 정당성 및 수단의 적정성이 인정되며, 그로 인한 자유의 제한 정도도 그다지 크지 않다고 할 것이다. 따라서 이 사건 실외운동 제한행위가 청구인들의 기본권을 부당하게 침해한다고 보기 어렵다(헌재 2008.5.29. 2005헌마137).

61 0317 O△X | O△X | O△X 2006 사법고시(변형)

헌법상 영장주의와 관련된 설명으로 옳은 것은?

① 영장주의는 수사기관의 강제처분에 의하는가, 당사자의 자발적 협조를 필요로 하는 것인가를 구분하지 않고 적용되는 체포·구속의 절차를 지배하는 헌법상 원칙이므로 당사자의 협조가 필요하다는 이유로 영장 없이 형사상의 처분을 하는 것은 영장주의에 위배된다.

② 헌법 제12조 제1항은 '신체의 자유'에 관한 일반규정이고, 같은 조 제3항은 수사기관의 피의자에 대한 강제처분절차 등에 관한 특별규정이기 때문에, 수사기관의 피의자에 대한 구속영장청구에 관련된 법률 조항의 위헌성 여부는 원칙적으로 헌법적 특별규정인 헌법 제12조 제3항의 '영장주의'에 합치되는지 여부에 달려있고, 유죄판결이 확정되기 전에 당해 피의자의 '신체의 자유'가 제한되는 결과가 발생한다는 측면에 대해서는 헌법 제12조 제3항에 위배되는지 여부를 판단하는 것으로 족하며 이에 관하여 일반규정인 헌법 제12조 제1항 및 제27조 제4항의 위반 여부 등을 별도로 판단할 필요는 없다.

③ 대법원은 지방의회에서의 사무감사·조사를 위한 증인의 동행명령장을 지방의회 의장이 발부하는 것에 대하여 동행명령을 받은 증인은 동행명령을 거부할 수 있고, 증인이 동행명령을 거부한 경우에 강제구인을 할 수 없는 점에 비추어 신체의 자유를 강제하는 처분이 아니어서 헌법 제12조 제3항의 영장주의원칙에 위배되지 않는다고 하였다.

④ 체포된 피의자에 대하여 구속영장을 청구받은 지방법원판사는 피의자 또는 그 변호인, 법정대리인, 배우자, 직계친족, 형제자매, 호주, 가족이나 동거인 또는 고용주의 신청이 있을 때에 피의자를 심문할 수 있다. 이 경우 피의자 이외의 자는 피의자의 명시한 의사에 반하여서도 그 심문을 신청할 수 있다.

지문분석 난이도 ㊤ 정답 ②

| 키 워 드 | 영장주의

| 출제유형 | 조문 + 판례

② (O) 헌재 2003.12.18. 2002헌마593

① (X) 헌법 제12조 제3항의 영장주의는 법관이 발부한 영장에 의하지 아니하고는 수사에 필요한 강제처분을 하지 못한다는 원칙을 말한다. 따라서 당사자의 자발적 협조가 필수적인 경우에는 영장 없이 처분을 한다 하더라도 영장주의에 위배되지 않는다. 헌법재판소도 영장주의는 직접강제의 경우에만 적용되고, 형벌에 의한 불이익을 부과함으로써 심리적·간접적으로 강제가 발생하는 경우에는 영장주의가 적용되지 않는다고 본다. → 헌법재판소는 당사자의 자발적 협조가 필수적인 경우에는 영장주의의 원칙이 적용되지 않는다고 한다.

③ (X) 지방의회에서의 사무감사·조사를 위한 증인의 동행명령장을 법관이 아닌 지방의회 의장이 발부하고 이에 기하여 증인의 신체의 자유를 침해하여 증인을 일정 장소에 인치하도록 규정된 조례안은 영장주의원칙을 규정한 헌법 제12조 제3항에 위반된 것이다(대판 1995.6.30. 93추83).

④ (X) 현행 형사소송법은 체포된 피의자에 대하여 '신청이 있을 때'라는 요건을 삭제하여 구속영장을 청구받은 판사는 원칙적으로 모든 피의자를 심문하도록 하였고 체포되지 않은 피의자의 경우에는 피의자가 죄를 범하였다고 의심할 만한 이유가 있는 경우에 구인을 위한 구속영장을 발부하여 피의자를 구인한 후 심문하도록 하였다.

> **형사소송법 제201조의2(구속영장 청구와 피의자 심문)** ① 제200조의2·제200조의3 또는 제212조에 따라 체포된 피의자에 대하여 구속영장을 청구받은 판사는 지체 없이 피의자를 심문하여야 한다. 이 경우 특별한 사정이 없는 한 구속영장이 청구된 날의 다음 날까지 심문하여야 한다.
> ② 제1항 외의 피의자에 대하여 구속영장을 청구받은 판사는 피의자가 죄를 범하였다고 의심할 만한 이유가 있는 경우에 구인을 위한 구속영장을 발부하여 피의자를 구인한 후 심문하여야 한다. 다만, 피의자가 도망하는 등의 사유로 심문할 수 없는 경우에는 그러하지 아니하다.

62 0318 ○△×|○△×|○△× 2013 국회직 8급·국가직 7급(변형)

적법절차원칙에 대한 다음 설명 중 옳지 않은 것은? (다툼이 있는 경우 판례에 의함)

① 헌법재판소는 범죄의 피의자로 입건된 사람이 경찰공무원이나 검사의 신문을 받으면서 자신의 신원을 밝히지 않고 지문채취에 불응하는 경우 그로 하여금 벌금, 과료, 구류의 형사처벌을 받도록 하고 있는 구 경범죄처벌법의 조항은 적법절차원칙에 위배되지 않는다고 판시했다.

② 적법절차원칙이란 공권력에 의한 국민의 생명·자유·재산의 침해는 반드시 합리적이고 정당한 법률에 의거해서 정당한 절차를 밟은 경우에만 유효하다는 원리로서, 영미법계의 나라에서는 인권보장의 가장 핵심적인 헌법상의 원리로 기능하고 있으며, 독일 등 대륙법계국가에서는 일반적인 법치국가원리 또는 기본권 제한의 법률유보원리로 정립되어 있다.

③ 헌법재판소는 헌법 내에서 적법절차의 요청이 규정되어 있는 곳이 헌법 제37조와 같이 일반조항적 성격을 가지는 장소가 아니라 신체의 자유란 개별 기본권이라는 점에서 헌법 제12조 제1항 제2문에서 법률과 적법절차에 의하지 않고는 '처벌, 보안처분 또는 강제노역'을 받지 않는다고 했을 때, '처벌, 보안처분 또는 강제노역'은 예시된 것이 아니라 제한적으로 열거된 것으로 이해한다.

④ 헌법재판소는 헌법 제12조의 '적법절차'를 신체의 자유를 제한하는 공권력행위에 대한 헌법의 특수한 요청으로 제한적으로 해석하는 것이 아니라, 영미법에서의 적법절차조항과 같은 일반적 헌법원리로 해석하면서 적법절차원칙이 신체의 자유뿐만 아니라 모든 기본권에, 형사절차뿐만이 아니라 민사절차, 행정절차, 입법절차 등 모든 절차에 적용되는 우리 헌법의 기본원리의 하나로 이해한다.

지문분석 난이도 중 정답 ③

| **키 워 드** | 적법절차의 원칙

| **출제유형** | 이론 + 판례

③ (X) 현행헌법에서는 제12조 제1항의 처벌, 보안처분, 강제노역 등 및 제12조 제3항의 영장주의와 관련하여 각각 적법절차의 원칙을 규정하고 있지만 이는 그 대상을 한정적으로 열거하고 있는 것이 아니라 적용대상을 예시한 것에 불과하다고 해석하는 것이 통설의 입장이다.

① (O) 범죄의 피의자로 입건된 사람들에게 경찰공무원이나 검사의 신문을 받으면서 자신의 신원을 밝히지 않고 지문채취에 불응하는 경우 형사처벌하는 경범죄처벌법은 적법절차원칙에 위배되지 않는다(헌재 2004.9.23. 2002헌가17 등).

② (O) 헌법 제12조 제1항 후문과 제3항은… 적법절차의 원칙을 헌법상 명문규정으로 두고 있는데 이는… 현행헌법에서 처음으로 영미법계의 국가에서 국민의 인권을 보장하기 위한 기본원리의 하나로 발달되어 온 적법절차의 원칙을 도입하여 헌법에 명문화한 것이며,… 미국 수정헌법 제5조 제3문과 1868년 미국 수정헌법 제14조에 명문화되어 미국헌법의 기본원리의 하나로 자리 잡고 모든 국가작용을 지배하는 일반원리로 해석·적용되는 중요한 원칙으로서, 오늘날에는 독일 등 대륙법계의 국가에서도 이에 상응하여 일반적인 법치국가원리 또는 기본권 제한의 법률유보원리로 정립되게 되었다(헌재 1992.12.24. 92헌가8).

④ (O) 적법절차의 원칙은 헌법 조항에 규정된 형사절차상의 제한된 범위 내에서만 적용되는 것이 아니라 국가작용으로서 기본권 제한과 관련되든 관련되지 않던 모든 입법작용 및 행정작용에도 광범위하게 적용된다고 해석하여야 할 것이고, 나아가 형사소송절차와 관련시켜 적용함에 있어서는 형벌권의 실행절차인 형사소송의 전반을 규율하는 기본원리로 이해하여야 하는 것이다(헌재 1992.12.24. 92헌가8).

63 0319 ○△×|○△×|○△× 2022 경찰 간부

무죄추정원칙에 대한 설명으로 가장 적절한 것은? (다툼이 있는 경우 헌법재판소 판례에 의함)

① 공금 횡령 비위로 징계부가금 부과를 의결받은 자에 대한 법원의 유죄판결 확정 전 징계부가금 집행은 무죄추정원칙에 위배된다.
② 변호사에 대한 징계절차가 개시되어 그 재판이나 징계 결정의 결과 등록취소, 영구제명 또는 제명에 이르게 될 가능성이 매우 크고, 그대로 두면 장차 의뢰인이나 공공의 이익을 해칠 구체적인 위험성이 있는 경우 법무부징계위원회의 의결을 거쳐 법무부장관이 업무정지를 명하더라도 무죄추정원칙에 위배된다.
③ 소년보호사건에서 1심 결정 집행에 의한 소년원 수용기간을 항고심 결정에 의한 보호기간에 산입하지 않는 것은 무죄추정원칙에 위배된다.
④ 수형자로 하여금 형사재판 출석 시 아무런 예외 없이 사복착용을 금지하는 것은 무죄추정원칙에 위배될 소지가 크나, 민사재판의 당사자로 출석 시 사복착용 불허로 인하여 공정한 재판을 받을 권리가 침해되는 것은 아니다.

지문분석

난이도 중 정답 ④

| 키 워 드 | 무죄추정의 원칙
| 출제유형 | 판례

④ (○) 수형자가 민사법정에 출석하기까지 교도관이 반드시 동행하여야 하므로 수용자의 신분이 드러나게 되어 있어 재소자용 의류를 입었다는 이유로 인격권과 행복추구권이 제한되는 정도는 제한적이고, 형사법정 이외의 법정 출입 방식은 미결수용자와 교도관 전용통로 및 시설이 존재하는 형사재판과 다르며, 계호의 방식과 정도도 확연히 다르다. 따라서 심판대상 조항이 민사재판에 출석하는 수형자에 대하여 사복착용을 허용하지 아니한 것은 청구인의 인격권과 행복추구권을 침해하지 아니한다(헌재 2015.12.23. 2013헌마712).
① (×) 공무원의 징계 사유가 공금의 횡령인 경우 공금 횡령액의 5배 내의 징계부가금을 부과하도록 한 것은 이중처벌금지원칙·무죄추정원칙·과잉금지원칙에 위배되지 않는다(헌재 2015.2.26. 2012헌바435).
② (×) 변호사가 공소제기되어 재판결과 등록취소의 가능성이 큰 경우 업무정지명령을 내릴 수 있도록 규정한 변호사법 규정은 무죄추정의 원칙에 위반되지 않고 직업수행의 자유를 침해하는 것도 아니다(헌재 2014.4.24. 2012헌바45).
③ (×) 항고심에서는 1심 결정과 그에 따른 집행을 감안하여 항고심 판단 시를 기준으로 소년에 대한 보호의 필요성과 그 정도를 판단하여 새로운 처분을 하는 것이다. 따라서 1심 결정에 의한 소년원 수용기간을 항고심 결정에 의한 보호기간에 산입하지 않더라도 이는 무죄추정원칙과는 관련이 없으므로 이 사건 법률조항은 무죄추정원칙에 위배되지 않는다(헌재 2015.12.23. 2014헌마768).

64 0320 ○△×|○△×|○△× 2014 법원직 9급(변형)

다음은 형사피의자와 형사피고인의 권리에 대한 기술이다. 옳지 않은 것은?

① 무죄추정의 원칙이란 유죄판결이 확정될 때까지는 원칙적으로 어떠한 불이익도 입혀서는 안 된다는 것을 말하는데, 여기서 말하는 유죄판결은 실형을 선고하는 형선고의 판결 이외에 형의 면제, 집행유예의 판결, 선고유예의 판결을 말하고, 재심청구절차에도 무죄추정의 원칙이 적용된다.
② 공정거래위원회의 법위반사실 공표명령은 공소제기조차 되지 아니하고 단지 고발만 이루어진 수사의 초기단계에서 아직 법원의 유무죄에 대한 판단이 가려지지 아니하였는데도 관련 행위자를 유죄로 추정하는 불이익한 처분이라고 보아야 한다.
③ 미결구금은 무죄추정원칙의 예외적 상태로서 신체의 자유를 중대하게 제한하는 것이므로 구속 피고인은 구속되었다는 점만으로도 이미 불구속 피고인보다 불이익한 처우를 받고 있는 것인데, 나아가 유죄판결 확정 시 미결구금일수 중 일부만이 산입된다면 사실상 구금기간이 늘어나게 되어, 불구속 상태에서 유죄판결이 확정되어 자유형을 집행받는 피고인에 비하여 다시 한 번 불리한 차별을 받는 결과를 초래한다.
④ 대법원은 징계사유가 인정되는 이상 공소제기의 기초를 이루는 공무원의 비위 사실을 기초로 하여 징계처분을 하는 것은 무죄추정의 원칙에 위배되지 않는다고 판시했다.

지문분석

난이도 중 정답 ①

| 키 워 드 | 무죄추정의 원칙
| 출제유형 | 판례

① (×) 무죄추정의 원칙은 공소의 제기가 있는 피고인이라도 유죄의 확정판결이 있기까지는 원칙적으로 죄가 없는 자에 준하여 취급하여야 하고, 불이익을 입혀서는 안 된다는 것이며, 가사 그 불이익을 입힌다 하여도 필요한 최소한도에 그치도록 비례의 원칙이 존중되어야 한다는 것이지(헌재 1990.11.19. 90헌가48) 어떠한 불이익도 입힐 수 없다는 의미는 아니다. 한편 재심청구는 유죄판결이 확정된 이후에 제기하는 절차이므로 재심청구절차에서는 무죄추정원칙이 적용되지 않는다.
② (○) 헌재 2002.1.31. 2001헌바43
③ (○) 헌재 2009.6.25. 2007헌바25
④ (○) 징계사유가 인정되는 이상 이에 관련된 형사사건이 아직 유죄로 확정되지 아니한 채 재판계속이라고 하더라도 징계처분을 할 수 있는 것이다(대판 1983.9.27. 83누89).

65 0321 ○△×|○△×|○△× 2011 지방직 7급(변형)

무죄추정원칙과 관련된 판례를 옳게 설명하고 있는 것은?

① 형사소송법이 전문법칙의 예외를 인정하는 것이 공정한 공개재판을 받을 권리와 무죄추정을 받을 권리를 본질적으로 침해하거나 형해화시키는 것은 아니다.

② 교도소에 수용된 미결수용자에 대하여 국민건강보험급여를 정지시키는 것은 아직 확정판결이 나기도 이전에 미결수용자에게 불이익을 입히는 것이므로 무죄추정의 원칙에 위배된다.

③ 지방자치단체의 장이 금고 이상의 형의 선고를 받았다는 이유로 권한대행을 하도록 하는 것은 지방자치단체의 장이 유죄 판결을 받았음을 이유로 사회적 비난 내지 부정적 의미의 차별을 가하기 위하여 그를 직무에서 배제하는 것이 아니라, 유죄 판결을 받은 자치단체장에게 그 직무를 계속 수행하도록 방치한다면 자치단체의 운영에 구체적 위험이 생길 염려가 있어 부단체장으로 하여금 권한을 대행하도록 하는 것이므로 그와 같은 불이익은 무죄추정의 원칙에서 금지하는 유죄 인정의 효과로서의 불이익에 해당한다고 볼 수 없어 헌법 제27조 제4항의 무죄추정의 원칙에 저촉된다고 할 수 없다.

④ 지방자치단체의 장이 '공소 제기된 후 구금상태에 있는 경우' 부단체장이 그 권한을 대행하도록 규정한 지방자치법 제111조 제1항 제2호는 판결이 확정되기 전에 '범죄사실의 인정 또는 유죄의 인정에서 비롯되는 불이익'을 주는 것이므로 무죄추정의 원칙에 위배된다.

지문분석 난이도 ㊤ 정답 ①

| 키 워 드 | 무죄추정의 원칙

| 출제유형 | 판례

① (○) 직접주의와 전문법칙의 예외를 규정한 형사소송법 제314조(현행 제316조)는 그 내용에 있어 그 예외를 인정하여야 할 필요성이 있는 사유에 관하여 정당성이 있는 사유에 한정하였고, 그 필요성이 있는 경우도 합리적인 조건하에 적용되는 것으로 한정하여 그 적용범위를 합리적인 최소한도에 그치게 하였으므로 결국 공정한 공개판결을 받을 권리와 무죄추정을 받을 권리를 본질적으로 침해하거나 형해화하거나 정면으로 위반하였다고 할 수 없고 적법절차에도 합치하므로 헌법에 위반되지 아니한다(헌재 1994.4.28. 93헌바26).

② (X) 위 조항은 수용자의 의료보장체계를 일원화하기 위한 입법정책적 판단에 기인한 것이며 유죄의 확정 판결이 있기 전인 미결수용자에게 어떤 불이익을 주기 위한 것은 아니므로 무죄추정의 원칙에 위반된다고 할 수 없다(헌재 2005.2.24. 2003헌마31).

③ (X) 이 사건 법률 조항은 '금고 이상의 형이 선고되었다'는 사실 자체에 주민의 신뢰가 훼손되고 자치단체장으로서 직무의 전념성이 해쳐질 것이라는 부정적 의미를 부여한 후, 그러한 판결이 선고되었다는 사실만을 유일한 요건으로 하여, 형이 확정될 때까지의 불확정한 기간 동안 자치단체장으로서의 직무를 정지시키는 불이익을 가하고 있으며, 그와 같이 불이익을 가함에 있어 필요최소한에 그치도록 엄격한 요건을 설정하지도 않았으므로, 위 무죄추정의 원칙에 위배된다(헌재 2010.9.2. 2010헌마418).

④ (X) 이 사건 법률 조항은 공소제기된 자로서 구금되었다는 사실 자체에 사회적 비난의 의미를 부여한다거나 그 유죄의 개연성에 근거하여 직무를 정지시키는 것이 아니라, 구금의 효과, 즉 구속되어 있는 자치단체장의 물리적 부재상태로 말미암아 자치단체행정의 원활하고 계속적인 운영에 위험이 발생할 것이 명백하여 이를 미연에 방지하기 위하여 직무를 정지시키는 것이므로, '범죄사실의 인정 또는 유죄의 인정에서 비롯되는 불이익'이라거나 '유죄를 근거로 하는 사회윤리적 비난'이라고 볼 수 없다. 따라서 무죄추정의 원칙에 위반되지 않는다(헌재 2011.4.28. 2010헌마474).

66 0322 ○△×|○△×|○△× 2014 법원직 9급(변형)

변호인의 조력을 받을 권리에 대한 설명으로 옳지 않은 것은?

① 변호인의 조력을 받을 권리가 변호인과의 접견 자체에 대해 아무런 제한도 가할 수 없다는 것을 의미하는 것이 아니므로, 변호인의 조력을 받을 권리의 내용 중 하나인 미결수용자의 변호인 접견권 역시 국가안전보장·질서유지 또는 공공복리를 위해 필요한 경우에는 법률로써 제한될 수 있다.

② 변호인의 구속된 피고인 또는 피의자와의 접견·교통권은 수사기관의 처분으로는 제한할 수 없으나 법원의 결정으로는 제한할 수 있다.

③ 미결구금자가 수발하는 서신이 변호인 또는 변호인이 되려는 자와의 서신임이 확인되고 미결구금자의 범죄혐의 내용이나 신분에 비추어 소지금지품의 포함 또는 불법 내용의 기재 등이 있다고 의심할 만한 합리적인 이유가 없음에도 그 서신을 검열하는 행위는 변호인의 조력을 받을 권리를 침해하여 위헌이다.

④ 구속피고인의 변호인 면접·교섭권의 중요성은 독자적으로 존재하는 것이 아니라 국가형벌권의 적정한 행사와 피고인의 인권보호라는 형사소송절차의 전체적인 체계 안에서 의미를 갖고 있는 것이므로 형사소송절차의 이와 같은 목적을 구현하기 위하여 제한될 수 있다.

지문분석 난이도 중 정답 ②

| **키 워 드** | 변호인의 조력을 받을 권리

| **출제유형** | 판례

② (X) 변호인 선임을 위하여 피의자·피고인(이하 '피의자 등'이라 한다)이 가지는 '변호인이 되려는 자'와의 접견교통권은 헌법상 기본권으로 보호되어야 하고, '변호인이 되려는 자'의 접견교통권은 피의자 등이 변호인을 선임하여 그로부터 조력을 받을 권리를 공고히 하기 위한 것으로서, 그것이 보장되지 않으면 피의자 등이 변호인 선임을 통하여 변호인으로부터 충분한 조력을 받는다는 것이 유명무실하게 될 수밖에 없다. 이와 같이 '변호인이 되려는 자'의 접견교통권은 피의자 등을 조력하기 위한 핵심적인 부분으로서, 피의자 등이 가지는 헌법상의 기본권인 '변호인이 되려는 자'와의 접견교통권과 표리의 관계에 있다. 따라서 피의자 등이 가지는 '변호인이 되려는 자'의 조력을 받을 권리가 실질적으로 확보되기 위해서는 '변호인이 되려는 자'의 접견교통권 역시 헌법상 기본권으로서 보장되어야 한다(헌재 2019.2.28. 2015헌마1204). → 헌법상 기본권으로서 그 제한은 법률에 근거함으로써 가능하다.

① (O) 헌법재판소가 변호인과의 자유로운 접견권은 어떠한 명분으로도 제한할 수 없다고 한 취지는 구속된 자와 변호인 간의 접견이 실제로 이루어지는 경우에 있어서의 '자유로운 접견', 즉 '대화 내용에 대하여 비밀이 완전히 보장되고 어떠한 제한, 영향, 압력 또는 부당한 간섭 없이 자유롭게 대화할 수 있는 접견'을 제한할 수 없다는 것이지, 변호인과의 접견 자체에 대해 아무런 제한도 가할 수 없다는 것을 의미하는 것이 아니다." 따라서 변호인의 조력을 받을 권리의 내용 중 하나인 미결수용자의 변호인 접견권 역시 국가안전보장·질서유지 또는 공공복리를 위해 필요한 경우에는 법률로써 제한될 수 있다(헌재 2011.5.26. 2009헌마341).

③ (O) 미결수용자의 서신에 대한 검열은 미결구금제도의 실효성 있는 운영상 그 필요성이 인정되고, 이로 인해서 미결수용자의 통신의 비밀이 일부 제한되는 것은 위헌이라고 할 수 없다. 그러나 헌법이 보장하는 변호인의 조력을 받을 권리의 실효성을 높이기 위해서는 미결수용자의 서신 중 변호인과의 서신은 다른 서신에 비해 특별한 보호를 받아야 한다. 따라서 미결구금자가 수발하는 서신이 변호인 또는 변호인이 되려는 자와의 서신임이 확인되고 미결구금자의 범죄혐의 내용이나 신분에 비추어 소지금지품의 포함 또는 불법 내용의 기재 등이 있다고 의심할 만한 합리적인 이유가 없음에도 그 서신을 검열하는 행위는 위헌이다(헌재 1995.7.21. 92헌마144).

④ (O) 구속피고인의 변호인 면접·교섭권의 중요성은 독자적으로 존재하는 것이 아니라 국가형벌권의 적정한 행사와 피고인의 인권보호라는 형사소송절차의 전체적인 체계 안에서 의미를 갖고 있는 것이다. 따라서 구속피고인의 변호인 면접·교섭권은 최대한 보장되어야 하지만, 형사소송절차의 위와 같은 목적을 구현하기 위하여 제한될 수 있다. 다만 이 경우에도 그 제한은 엄격한 비례의 원칙에 따라야 하고, 시간·장소·방법 등 일반적 기준에 따라 중립적이어야 한다(헌재 2009.10.29. 2007헌마992).

67 0323 ○△×|○△×|○△× 2010 사법고시(변형)

변호인의 조력을 받을 권리 및 국선변호인의 조력을 받을 권리에 대한 설명으로 옳지 않은 것은?

① 변호인의 수사서류 열람·등사권은 피고인의 신속·공정한 재판을 받을 권리 및 변호인의 조력을 받을 권리라는 헌법상 기본권의 중요한 내용이자 구성요소이며 이를 실현하는 구체적인 수단이 되는 것이므로 변호인의 수사서류 열람·등사를 제한함으로 인하여 결과적으로 피고인의 신속·공정한 재판을 받을 권리 또는 변호인의 충분한 조력을 받을 권리가 침해된다면 이는 헌법에 위반된다.

② 수사서류에 대한 법원의 열람·등사 허용 결정이 있음에도 검사가 열람·등사를 거부하는 경우 수사서류 각각에 대하여 검사가 열람·등사를 거부할 정당한 사유가 있는지를 심사할 필요 없이 그 거부행위 자체로써 기본권을 침해하는 것이다.

③ 헌법 규정상 일반적으로 형사사건에 있어 변호인의 조력을 받을 권리는 피의자나 피고인을 불문하고 보장되나, 그 중 특히 국선변호인의 조력을 받을 권리는 피고인에게만 인정되는 것으로 해석함이 상당하다 할 것이므로 사법경찰관이 피의자가 제출하는 국선변호인 선임신청서를 법원에 제출할 의무가 있다고 볼 헌법상의 근거는 없다.

④ 법정 옆 피고인 대기실에서 재판대기 중인 피고인이 공판을 앞두고 호송교도관에게 변호인 접견을 신청하였으나, 교도관이 이를 허용하지 않았다면 이러한 교도관의 접견불허행위는 변호인의 조력을 받을 권리를 침해하는 위헌적인 공권력의 행사라고 볼 것이다.

지문분석 난이도 ❸ 정답 ④

| 키 워 드 | 변호인의 조력을 받을 권리

| 출제유형 | 판례

④ (X) 청구인은 법정 옆 구속피고인 대기실에서 재판을 대기하던 중 자신에 대한 재판 시작 전 약 20분 전에 교도관 김○호에게 변호인과의 면담을 요구하였다. 당시 위 대기실에는 청구인을 포함하여 14인이 대기 중이었고, 그중 11인은 살인미수, 강간치상 등 이른바 강력범들이었다. 반면 대기실에서 근무하는 교도관은 위 김○호를 포함하여 2명뿐이었다. 또한 청구인은 변호인과의 면접에 관하여 사전에 서면은 물론 구두로도 신청한 바 없었고, 교도관들은 청구인이 만나고자 하는 변호인이 법정에 있는지 조차 알 수 없는 상황이었다. 위 상황에서 교도관이 청구인과 변호인 간의 면담을 위하여 이와 같은 행위를 하여줄 경우 다른 피고인들의 계호 등 교도행정업무에 치명적 위험이 될 가능성도 배제할 수 없다. 결국 위와 같은 시간적·장소적 상황을 고려할 때, 청구인의 이 사건 면담 요구는 구속피고인의 변호인과의 면접·교섭권으로서 현실적으로 보장할 수 있는 한계 범위 밖이라고 아니할 수 없다. 따라서 청구인의 변호인 면담 요구를 받아들이지 아니한 교도관 김○호의 이 사건 접견불허행위는 청구인의 기본권을 침해하는 위헌적인 공권력의 행사라고 보기 어렵다(헌재 2009.10.29. 2007헌마992).

① (O) 피고인의 신속·공정한 재판을 받을 권리 및 변호인의 조력을 받을 권리는 헌법이 보장하고 있는 기본권이고, 변호인의 수사서류 열람·등사권은 피고인의 신속·공정한 재판을 받을 권리 및 변호인의 조력을 받을 권리라는 헌법상 기본권의 중요한 내용이자 구성요소이며 이를 실현하는 구체적인 수단이 된다. 따라서 변호인의 수사서류 열람·등사를 제한함으로 인하여 결과적으로 피고인의 신속·공정한 재판을 받을 권리 또는 변호인의 충분한 조력을 받을 권리가 침해된다면 이는 헌법에 위반되는 것이다(헌재 2010.6.24. 2009헌마257).

② (O) 수사서류에 대한 법원의 열람·등사 허용 결정이 있음에도 검사가 열람·등사를 거부하는 경우 수사서류 각각에 대하여 검사가 열람·등사를 거부할 정당한 사유가 있는지를 심사할 필요 없이 그 거부행위 자체로써 청구인들의 기본권을 침해한다고 보아야 할 것이다(헌재 2010.6.24. 2009헌마257).

③ (O) 헌법 제12조 제4항은 본문에서 "누구든지 체포 또는 구속을 당한 때에는 즉시 변호인의 조력을 받을 권리를 가진다."고 하고, 단서에서 "다만, 형사피고인이 스스로 변호인을 구할 수 없을 때에는 법률이 정하는 바에 의하여 국가가 변호인을 붙인다."고 규정하고 있는바, 이는 그 체제에 비추어, 일반적으로 형사사건에 있어 변호인의 조력을 받을 권리는 피의자나 피고인을 불문하고 보장되나, 그 중 특히 국선변호인의 조력을 받을 권리는 피고인에게만 인정되는 것으로 해석함이 상당하다 할 것이고(헌재 2004.9.23. 2000헌마138), 따라서 그 헌법 규정이 피의자에 대하여 일반적으로 국선변호인의 조력을 받을 권리가 있음을 천명한 것이라고 볼 수 없다. 그 밖에 헌법상의 다른 규정을 살펴보아도 명시적이나 해석상으로 이를 인정할 근거가 없음은 물론, 더 나아가 사법경찰관이 피의자가 제출하는 국선변호인 선임신청서를 법원에 제출할 의무가 있다고 볼 헌법상의 근거도 없다(헌재 2008.9.25. 2007헌마1126).

68 0324 ○△×|○△×|○△× 2017 지방직 7급(변형)

다음 중 헌법재판소 결정의 취지와 일치하는 것은?

① 교도소장으로 하여금 수용자가 주고받는 서신에 금지물품이 들어 있는지를 확인할 수 있도록 규정하고 있는 형의 집행 및 수용자의 처우에 관한 법률 제43조 제3항은 청구인의 기본권을 직접 침해한다고 볼 수 있다.

② 수용자가 밖으로 내보내는 모든 서신을 봉함하지 않은 상태로 교정시설에 제출하도록 규정하고 있는 형의 집행 및 수용자의 처우에 관한 법률 시행령 제65조 제1항은 통신비밀의 자유를 침해하지 아니한다.

③ 구 법관징계법 제2조 제2호는 '품위손상', '위신실추'와 같은 추상적인 용어를 사용하여 수범자인 법관이 구체적으로 어떠한 행위가 이에 해당하는지를 충분히 예측할 수 없을 정도로 그 적용범위가 모호하거나 불분명하다고 할 수 있다.

④ 방송통신위원회법 제21조 제4호 중 '건전한 통신윤리'라는 개념은 다소 추상적인 것이기는 하나, 전기통신회선을 이용하여 정보를 전달함에 있어 우리 사회가 요구하는 최소한의 질서 또는 도덕률을 의미한다.

⑤ 개인택시면허는 경제적 가치가 있는 사법상의 권리로서 헌법에 의하여 보호되는 재산권에 해당되지는 아니한다.

지문분석 난이도 ㊤ 정답 ④

| 키 워 드 | 자유권적 기본권(통합)

| 출제유형 | 판례

④ (○) 이 사건 법률 조항 중 '건전한 통신윤리'라는 개념은 다소 추상적이기는 하나, 전기통신회선을 이용하여 정보를 전달함에 있어 우리 사회가 요구하는 최소한의 질서 또는 도덕률을 의미하고, 위와 같은 함축적인 표현은 불가피하다고 할 것이어서, 이 사건 법률 조항이 명확성의 원칙에 반한다고 할 수 없다(헌재 2012.2.23. 2011헌가13).

① (×) 교도소장으로 하여금 수용자가 주고받는 서신에 금지 물품이 들어 있는지를 확인할 수 있도록 규정하고 있는 형의 집행 및 수용자의 처우에 관한 법률 제43조 제3항은 수용자의 서신에 금지물품이 들어 있는지 여부에 대한 확인을 교도소장의 재량에 맡기고 있으므로 교도소장의 금지물품 확인이라는 구체적인 집행행위를 매개로 하여 수용자인 청구인의 권리에 영향을 미치게 되는바, 위 법률 조항이 청구인의 기본권을 직접 침해한다고 할 수 없다(헌재 2012.2.23. 2009헌마333).

② (×) 수용자가 밖으로 내보내는 모든 서신을 봉함하지 않은 상태로 교정시설에 제출하도록 규정하고 있는 형의 집행 및 수용자의 처우에 관한 법률 시행령(헌재 2008.10.29. 대통령령 21095호로 개정된 것) 제65조 제1항이 수용자가 보내려는 모든 서신에 대해 무봉함 상태의 제출을 강제함으로써 수용자의 발송 서신 모두를 사실상 검열 가능한 상태에 놓이도록 하는 것은 수용자인 청구인의 통신비밀의 자유를 침해하는 것이다(헌재 2012.2.23. 2009헌마333).

③ (×) 구 법관징계법 제2조 제2호가 '품위 손상', '위신 실추'와 같은 추상적인 용어를 사용하고 있기는 하나, 수범자인 법관이 구체적으로 어떠한 행위가 이에 해당하는지를 충분히 예측할 수 없을 정도로 그 적용범위가 모호하다거나 불분명하다고 할 수 없다(헌재 2012.2.23. 2009헌바34).

⑤ (×) 개인택시운송사업자는 장기간의 모범적인 택시운전에 대한 보상의 차원에서 개인택시면허를 취득하였거나, 고액의 프리미엄을 지급하고 개인택시면허를 양수한 사람들이므로 개인택시면허는 자신의 노력으로 혹은 금전적 대가를 치르고 얻은 재산권이라고 할 수 있다(헌재 2012.3.29. 2010헌마443).

69 0325 ○△×|○△×|○△× 2017 법원직 9급(변형)

명확성의 원칙에 대한 설명으로 옳지 않은 것은? (다툼이 있는 경우 헌법재판소 판례에 의함)

① 정당한 명령 또는 규칙을 준수할 의무가 있는 자가 이를 위반하거나 준수하지 아니한 때에 형사처벌을 하도록 규정한 구 군형법 제47조는 그 내용이 모호하고 추상적이어서 수범자인 군인·군무원이 무엇이 금지된 행위인지 알 수 없게 하므로 명확성원칙에 위배된다.

② 처벌을 규정하고 있는 법률 조항이 구성요건이 되는 행위를 같은 법률 조항에서 직접 규정하지 않고 다른 법률 조항에서 이미 규정한 내용을 원용하였다거나 그 내용 중 일부를 괄호 안에 규정하였다는 사실만으로 명확성원칙에 위배된다고 할 수는 없다.

③ 구 의료법 제17조 제1항 본문의 '직접 진찰한'은 의료인이 '대면하여 진료를 한'으로 해석될 수밖에 없어 명확성의 원칙에 위배되지 않는다.

④ 방송통신위원회의 설치 및 운영에 관한 법률 제21조 제4호 중 '건전한 통신윤리'라는 함축적인 표현은 다소 추상적이기는 하나, 불가피하기 때문에 명확성의 원칙에 위배되지 않는다.

⑤ 국가를 당사자로 하는 계약에 관한 법률 제27조 제1항 중 '입찰참가자격의 제한기간을 대통령령이 정하는 일정기간으로 규정하고 있는 부분'은 명확성의 원칙에 위배된다.

지문분석 난이도 중 정답 ①

| 키 워 드 | 명확성의 원칙

| 출제유형 | 판례

① (X) 정당한 명령 또는 규칙을 준수할 의무가 있는 자가 이를 위반하거나 준수하지 아니한 때에 형사처벌을 하도록 규정한 것은 죄형법정주의의 명확성원칙에 위배되지 않는다(헌재 2011.3.31. 2009헌가12).

② (O) 처벌을 규정하고 있는 법률 조항이 구성요건이 되는 행위를 같은 법률 조항에서 직접 규정하지 않고 다른 법률 조항에서 이미 규정한 내용을 원용하였다거나 그 내용 중 일부를 괄호 안에 규정하였다는 사실만으로 명확성원칙에 위반된다고 할 수는 없다(헌재 2010.3.25. 2009헌바121).

③ (O) 이 사건 법률 조항 중 '직접'의 사전적 의미, 이 사건 법률 조항의 입법연혁, 의료법 관련 규정들을 종합적으로 고려하면, 이 사건 법률 조항에서 말하는 '직접 진찰한'은 의료인이 '대면하여 진료를 한'으로 해석되는 외에는 달리 해석의 여지가 없고, 결국 이 사건 법률 조항은 의료인의 '대면진료 의무'와 '진단서 등의 발급주체' 양자를 모두 규율하고 있다. 또한, 이 사건 법률 조항은 일반 국민을 대상으로 하지 않고 의료인을 수범자로 한정하고 있는바, 통상적인 법감정과 직업의식을 지닌 의료인이라면 이 사건 법률 조항이 규율하는 내용이 대면진료를 한 경우가 아니면 진단서 등을 작성하여 교부할 수 없고 이를 위반한 경우 형사처벌을 받게 된다는 것임을 인식하고 이를 의료행위의 기준으로 삼을 수 있으며, 또한 이 사건 법률 조항의 내용은 이를 위반한 행위에 대한 형사소송에서 법관의 통상적인 해석·적용에 의하여 보완될 수 있으므로, 법 집행당국의 자의적인 집행의 가능성 또한 예상되지 않는다. 따라서 이 사건 법률 조항은 죄형법정주의의 명확성원칙에 위배된다고 할 수 없다(헌재 2012.3.29. 2010헌바83).

④ (O) 이 사건 법률 조항 중 '건전한 통신윤리'라는 개념은 다소 추상적이기는 하나, 전기통신회선을 이용하여 정보를 전달함에 있어 우리 사회가 요구하는 최소한의 질서 또는 도덕률을 의미하고, '건전한 통신윤리의 함양을 위하여 필요한 사항으로서 대통령령이 정하는 정보(이하 '불건전정보'라 한다)'란 이러한 질서 또는 도덕률에 저해되는 정보로서 심의 및 시정요구가 필요한 정보를 의미한다고 할 것이며, 정보통신영역의 광범위성과 빠른 변화속도, 그리고 다양하고 가변적인 표현형태를 문자화하기에 어려운 점을 감안할 때, 위와 같은 함축적인 표현은 불가피하다고 할 것이어서, 이 사건 법률 조항이 명확성의 원칙에 반한다고 할 수 없다(헌재 2012.2.23. 2011헌가13).

⑤ (O) 입찰참가자격 제한기간은 제한사유 못지않게 자격제한의 핵심적·본질적 요소라고 할 것임에도 이 사건 법률 조항은 그 상한을 전혀 규정하지 않음으로써 자격제한사유에 해당하는 자로 하여금 이 조항의 내용만으로는 자격제한의 기간을 전혀 예측할 수 없게 하고 동시에 국가기관의 자의적인 집행을 가능하게 하므로 이 사건 법률 조항은 명확성의 원칙에 위반된다(헌재 2005.6.30. 2005헌가1).

2 사생활의 자유권

70 0326 ○△×|○△×|○△× 2021 경찰 승진

주거의 자유에 대한 설명으로 가장 적절하지 않은 것은? (다툼이 있는 경우 판례에 의함)

① 헌법 제16조가 영장주의에 대한 예외를 마련하고 있지 않으므로 주거에 대한 압수나 수색에 있어서 영장주의의 예외를 인정할 수 없다.
② 헌법 제16조가 보장하는 주거의 자유는 개방되지 않은 사적 공간인 주거를 공권력이나 제3자에 의해 침해당하지 않도록 함으로써 국민의 사생활영역을 보호하기 위한 권리이다.
③ 주거용 건축물의 사용·수익관계를 정하고 있는 도시 및 주거환경정비법 조항은 헌법 제16조에 의해 보호되는 주거의 자유를 제한하지 않는다.
④ 점유할 권리 없는 자의 점유라고 하더라도 그 주거의 평온은 보호되어야 할 것이므로, 권리자가 그 권리를 실행함에 있어 법에 정하여진 절차에 의하지 아니하고 그 건조물 등에 침입한 경우에 주거침입죄가 성립한다.

지문분석 난이도 중 정답 ①

| 키 워 드 | 주거의 자유
| 출제유형 | 판례

① (X) 헌법 제16조에서 영장주의에 대한 예외를 마련하지 아니하였다고 하여, 주거에 대한 압수나 수색에 있어 영장주의가 예외 없이 반드시 관철되어야 함을 의미하는 것은 아닌 점, 인간의 존엄성 실현과 인격의 자유로운 발현을 위한 핵심적 자유 영역에 속하는 기본권인 신체의 자유에 대해서도 헌법 제12조 제3항에서 영장주의의 예외를 인정하고 있는데, 이러한 신체의 자유에 비하여 주거의 자유는 그 기본권 제한의 여지가 크므로, 형사사법 및 공권력 작용의 기능적 효율성을 함께 고려하여 본다면, 헌법 제16조의 영장주의에 대해서도 일정한 요건하에서 그 예외를 인정할 필요가 있는 점, … 헌법 제16조가 주거의 자유와 관련하여 영장주의를 선언하고 있는 이상, 그 예외는 매우 엄격한 요건하에서만 인정되어야 하는 점 등을 종합하면, 헌법 제16조의 영장주의에 대해서도 그 예외를 인정하되, 이는 그 장소에 범죄혐의 등을 입증할 자료나 피의자가 존재할 개연성이 소명되고, 사전에 영장을 발부받기 어려운 긴급한 사정이 있는 경우에만 제한적으로 허용될 수 있다고 보는 것이 타당하다(헌재 2018.4.26. 2015헌바370 등).
② (○) 헌법 제16조가 보장하는 주거의 자유는 개방되지 않은 사적 공간인 주거를 공권력이나 제3자에 의해 침해당하지 않도록 함으로써 국민의 사생활영역을 보호하기 위한 권리이므로, 주거용 건축물의 사용·수익관계를 정하고 있는 이 사건 법률 조항이 주거의 자유를 제한한다고 볼 수도 없다(헌재 2014.7.24. 2012헌마662).
③ (○) 이 사건 수용 조항은, 정비사업조합에 수용권한을 부여하여 주택재개발사업에 반대하는 청구인의 토지 등을 강제로 취득할 수 있도록 하고 있다. 따라서 이 사건 수용 조항이 토지 등 소유자의 재산권을 침해하는지 여부가 문제된다. 청구인은 이 사건 수용 조항으로 인하여 거주·이전의 자유도 제한된다고 주장하고 있다. 주거로 사용하던 건물이 수용될 경우 그 효과로 거주지도 이전하여야 하는 것은 사실이나, 이는 토지 및 건물 등의 수용에 따른 부수적 효과로서 간접적, 사실적 제약에 해당하므로 거주·이전의 자유 침해 여부는 별도로 판단하지 않는다(헌재 2019.11.28. 2017헌바241).
④ (○) 주거침입죄는 사실상의 주거의 평온을 보호법익으로 하는 것이므로 그 주거자 또는 간수자가 건조물 등에 거주 또는 간수할 권리를 가지고 있는가의 여부는 범죄의 성립을 좌우하는 것이 아니며, 점유할 권리 없는 자의 점유라고 하더라도 그 주거의 평온은 보호되어야 할 것이므로, 권리자가 그 권리를 실행함에 있어 법에 정하여진 절차에 의하지 아니하고 그 건조물 등에 침입한 경우에는 주거침입죄가 성립한다(대판 1987.11.10. 87도1760).

71 0327 ○△×|○△×|○△× 2021 국가직 7급

사생활의 비밀과 자유에 대한 설명으로 옳은 것은? (다툼이 있는 경우 판례에 의함)

① 피고인이나 변호인에 의한 공판정에서의 녹취는 진술인의 인격권 또는 사생활의 비밀과 자유에 대한 침해를 수반하고, 실체적 진실발견 등 다른 법익과 충돌할 개연성이 있으므로, 녹취를 금지해야 할 필요성이 녹취를 허용함으로써 달성하고자 하는 이익보다 큰 경우에는 녹취를 금지 또는 제한함이 타당하다.

② 자동차를 도로에서 운전하는 중에 좌석안전띠를 착용할 것인가 여부의 생활관계는 개인의 전체적 인격과 생존에 관계되는 '사생활의 기본조건'이라 할 수 있으므로, 운전할 때 운전자가 좌석안전띠를 착용할 의무는 청구인의 사생활의 비밀과 자유를 침해한다.

③ 헌법 제17조의 사생활의 비밀과 자유 및 헌법 제18조의 통신의 자유에 의하여 보장되는 개인정보자기결정권의 보호대상이 되는 개인정보는 개인의 신체, 신념, 사회적 지위, 신분 등과 같이 개인의 사적 영역에 국한된 사항으로서 그 개인의 동일성을 식별할 수 있게 하는 일체의 정보라고 할 수 있다.

④ 지문은 그 정보주체를 타인으로부터 식별가능하게 하는 개인정보가 아니므로, 경찰청장이 이를 보관·전산화하여 범죄수사목적에 이용하는 것은 정보주체의 개인정보자기결정권을 제한하는 것이 아니다.

지문분석 난이도 ❸ 정답 ①

| **키 워 드** | 사생활의 비밀과 자유

| **출제유형** | 판례

① (○) 피고인이나 변호인에 의한 공판정에서의 녹취는 진술인의 인격권 또는 사생활의 비밀과 자유에 대한 침해를 수반하고, 실체적 진실발견 등 다른 법익과 충돌할 개연성이 있으므로, 녹취를 금지해야 할 필요성이 녹취를 허용함으로써 달성하고자 하는 이익보다 큰 경우에는 녹취를 금지 또는 제한함이 타당하다(헌재 1995.12.28. 91헌마114).

② (×) 자동차를 도로에서 운전하는 중에 좌석안전띠를 착용할 것인가 여부의 생활관계가 개인의 전체적 인격과 생존에 관계되는 '사생활의 기본조건'이라거나 자기결정의 핵심적 영역 또는 인격적 핵심과 관련된다고 보기 어려워 더 이상 사생활영역의 문제가 아니므로, 운전할 때 운전자가 좌석안전띠를 착용할 의무는 청구인의 사생활의 비밀과 자유를 침해하는 것이라 할 수 없다(헌재 2003.10.30. 2002헌마518).

③ (×) 개인정보자기결정권의 보호대상이 되는 개인정보는 개인의 신체, 신념, 사회적 지위, 신분 등과 같이 개인의 인격주체성을 특징짓는 사항으로서 그 개인의 동일성을 식별할 수 있게 하는 일체의 정보라고 할 수 있고, 반드시 개인의 내밀한 영역이나 사사(私事)의 영역에 속하는 정보에 국한되지 않고 공적 생활에서 형성되었거나 이미 공개된 개인정보까지 포함한다. 또한 그러한 개인정보를 대상으로 한 조사·수집·보관·처리·이용 등의 행위는 모두 원칙적으로 개인정보자기결정권에 대한 제한에 해당한다(헌재 2005.5.26. 99헌마513 등).

④ (×) 개인의 고유성, 동일성을 나타내는 지문은 그 정보주체를 타인으로부터 식별가능하게 하는 개인정보이므로, 시장·군수 또는 구청장이 개인의 지문정보를 수집하고, 경찰청장이 이를 보관·전산화하여 범죄수사목적에 이용하는 것은 모두 개인정보자기결정권을 제한하는 것이다(헌재 2005.5.26. 99헌마513 등).

72 0328 ○△×|○△×|○△× 2021 법원직 9급

사생활의 비밀과 자유 내지 개인정보자기결정권에 관한 다음 설명 중 가장 옳은 것은?

① 교육감이 졸업생 관련 증명업무를 위해 졸업생의 성명, 생년월일 및 졸업일자에 대한 정보를 교육정보시스템에 보유하는 행위는 개인정보 보호법제가 완비되지 않은 상황에서 그 보유의 목적과 수단의 적정성을 인정할 수 없어 졸업생의 개인정보자기결정권을 침해한다.
② 개인정보자기결정권은 헌법에 명시된 기본권이다.
③ 사생활의 비밀과 자유가 보호하는 것은 개인의 내밀한 내용의 비밀을 유지할 권리, 개인이 자신의 사생활의 불가침을 보장받을 수 있는 권리, 개인의 양심영역이나 성적 영역과 같은 내밀한 영역에 대한 보호, 인격적인 감정세계의 존중의 권리와 정신적인 내면생활이 침해받지 아니할 권리 등이다.
④ 자동차 안에서 이루어지는 활동은 사생활의 영역에 속한다 할 것이므로, 운전할 때 운전자가 좌석안전띠를 착용하는 문제는 사생활 영역의 문제로서 좌석안전띠의 착용을 강제하는 것이 사생활의 비밀과 자유를 침해하는지 여부에 대하여는 과잉금지원칙에 따른 비례심사를 하여야 한다.

지문분석 난이도 중 정답 ③

| 키 워 드 | 사생활의 비밀과 자유
| 출제유형 | 판례

③ (○) 사생활의 비밀은 국가가 사생활영역을 들여다보는 것에 대한 보호를 제공하는 기본권이며, 사생활의 자유는 국가가 사생활의 자유로운 형성을 방해하거나 금지하는 것에 대한 보호를 의미한다. 구체적으로 사생활의 비밀과 자유가 보호하는 것은 개인의 내밀한 내용의 비밀을 유지할 권리, 개인이 자신의 사생활의 불가침을 보장받을 수 있는 권리, 개인의 양심영역이나 성적 영역과 같은 내밀한 영역에 대한 보호, 인격적인 감정세계의 존중의 권리와 정신적인 내면생활이 침해받지 아니할 권리 등이다(헌재 2003.10.30. 2002헌마518).

① (×) 개인정보의 종류 및 성격, 수집목적, 이용형태, 정보처리방식 등에 따라 개인정보자기결정권의 제한이 인격권 또는 사생활의 자유에 미치는 영향이나 침해의 정도는 달라지므로 개인정보자기결정권의 제한이 정당한지 여부를 판단함에 있어서는 위와 같은 요소들과 추구하는 공익의 중요성을 헤아려야 하는바, 피청구인들이 졸업증명서 발급업무에 관한 민원인의 편의 도모, 행정효율성의 제고를 위하여 개인의 존엄과 인격권에 심대한 영향을 미칠 수 있는 민감한 정보라고 보기 어려운 성명, 생년월일, 졸업일자 정보만을 NEIS에 보유하고 있는 것은 목적의 달성에 필요한 최소한의 정보만을 보유하는 것이라 할 수 있고, 공공기관의 개인정보 보호에 관한 법률에 규정된 개인정보 보호를 위한 법규정들의 적용을 받을 뿐만 아니라 피청구인들이 보유목적을 벗어나 개인정보를 무단 사용하였다는 점을 인정할 만한 자료가 없는 한 NEIS라는 자동화된 전산시스템으로 그 정보를 보유하고 있다는 점만으로 피청구인들의 적법한 보유행위 자체의 정당성마저 부인하기는 어렵다(헌재 2005.7.21. 2003헌마282 등).

② (×) 개인정보자기결정권의 헌법상 근거로는 헌법 제17조의 사생활의 비밀과 자유, 헌법 제10조 제1문의 인간의 존엄과 가치 및 행복추구권에 근거를 둔 일반적 인격권 또는 위 법령들과 동시에 우리 헌법의 자유민주적 기본질서 규정 또는 국민주권원리와 민주주의원리 등을 고려할 수 있으나, 개인정보자기결정권으로 보호하려는 내용을 위 각 기본권들 및 헌법원리들 중 일부에 완전히 포섭시키는 것은 불가능하다고 할 것이므로, 그 헌법적 근거를 굳이 어느 한두 개에 국한시키는 것은 바람직하지 않은 것으로 보이고, 오히려 개인정보자기결정권은 이들을 이념적 기초로 하는 독자적 기본권으로서 헌법에 명시되지 아니한 기본권이라고 보아야 할 것이다(헌재 2005.5.26. 99헌마513 등).

④ (×) 일반교통에 사용되고 있는 도로는 국가와 지방자치단체가 그 관리책임을 맡고 있는 영역이며, 수많은 다른 운전자 및 보행자 등의 법익 또는 공동체의 이익과 관련된 영역으로, 그 위에서 자동차를 운전하는 행위는 더 이상 개인적인 내밀한 영역에서의 행위가 아니다. 또한 자동차를 도로에서 운전하는 중에 좌석안전띠를 착용할 것인가의 여부의 생활관계가 개인의 전체적 인격과 생존에 관계되는 '사생활의 기본조건'이라거나 자기결정의 핵심적 영역 또는 인격적 핵심과 관련된다고 보기 어렵다. 그렇다면 운전할 때 운전자가 좌석안전띠를 착용하는 문제는 더 이상 사생활 영역의 문제가 아니어서 사생활의 비밀과 자유에 의하여 보호되는 범주를 벗어난 행위라고 볼 것이므로, 이 사건 심판대상 조항들은 청구인의 사생활의 비밀과 자유를 침해하는 것이라 할 수 없다(헌재 2003.10.30. 2002헌마518).

73 0329 O△X|O△X|O△X 2015 지방직 7급

사생활의 비밀과 자유에 대한 설명으로 옳지 않은 것은? (다툼이 있는 경우 판례에 의함)

① 사생활의 자유란 사회공동체의 일반적인 생활규범의 범위 내에서 사생활을 자유롭게 형성해 나가고 그 설계 및 내용에 대해서 외부로부터의 간섭을 받지 아니할 권리를 의미한다.
② 자동차를 도로에서 운전할 때 운전자가 좌석안전띠를 착용할 의무는 운전자의 사생활의 비밀과 자유를 침해하는 것이라 할 수 없다.
③ 청소년 성매수 범죄자들의 '성명, 연령, 직업 등의 신상과 범죄사실의 요지'를 공개하도록 하는 규정에 따라 범죄인들의 신상과 전과를 일반인이 알게 된다고 하여 그들의 인격권 내지 사생활의 비밀을 침해하는 것은 아니다.
④ 교도소 내 엄중격리 대상자의 수용거실에 CCTV를 설치하여 24시간 감시하는 행위는 그들에 대한 지속적이고 부단한 감시의 필요성과 그들의 자살·자해나 흉기 제작 등의 위험성 등을 고려하더라도 사생활의 비밀과 자유를 침해하는 것이다.

지문분석 난이도 하 정답 ④

| 키 워 드 | 사생활의 비밀과 자유
| 출제유형 | 이론 + 판례

④ (X) CCTV에 의하여 감시되는 엄중격리 대상자에 대하여 지속적이고 부단한 감시가 필요하고 자살·자해나 흉기 제작 등의 위험성 등을 고려하면, 제반사정을 종합하여 볼 때 기본권 제한의 최소성 요건이나 법익균형성의 요건도 충족하고 있으므로 사생활의 자유·비밀을 침해하지 않는다(헌재 2008.5.29. 2005헌마137).
① (O) 사생활의 자유에 대한 개념이다.
② (O) 자동차를 도로에서 운전하는 중에 좌석안전띠를 착용할 것인가 여부의 생활관계가 개인의 전체적 인격과 생존에 관계되는 '사생활의 기본조건'이라거나 자기결정의 핵심적 영역 또는 인격적 핵심과 관련된다고 보기 어려워 더 이상 사생활 영역의 문제가 아니므로, 운전할 때 운전자가 좌석안전띠를 착용할 의무는 청구인의 사생활의 비밀과 자유를 침해하는 것이라 할 수 없다(헌재 2003.10.30. 2002헌마518).
③ (O) 청소년 성매수자의 일반적 인격권과 사생활의 비밀의 자유가 제한되는 정도를 살펴보면, 법 제20조 제2항은 "성명, 연령, 직업 등의 신상과 범죄사실의 요지"를 공개하도록 규정하고 있는바, 이는 이미 공개된 형사재판에서 유죄가 확정된 형사판결이라는 공적 기록의 내용 중 일부를 국가가 공익 목적으로 공개하는 것으로 공개된 형사재판에서 밝혀진 범죄인들의 신상과 전과를 일반인이 알게 된다고 하여 그들의 인격권 내지 사생활의 비밀을 침해하는 것이라고 단정하기는 어렵다(헌재 2003.6.26. 2002헌가14).

74 0330 O△X|O△X|O△X 2015 국가직 7급

사생활의 비밀과 자유에 대한 설명으로 옳은 것은? (다툼이 있는 경우 판례에 의함)

① 범죄의 경중·재범의 위험성 여부를 불문하고 모든 신상정보 등록대상자의 등록정보를 20년 동안 보존·관리하도록 한 성폭력범죄의 처벌 등에 관한 특례법 관련 규정은 신상정보 등록대상자의 개인정보자기결정권을 침해한다.
② 질병은 병역처분에 있어서 고려되는 본질적 요소이므로 4급 이상 공무원들의 병역 면제사유인 질병명을 관보와 인터넷을 통해 공개하도록 하는 것은 해당 공무원들의 사생활의 비밀과 자유를 침해하지 않는다.
③ 구 특정 범죄자에 대한 위치추적 전자장치 부착 등에 관한 법률에 의하여 성폭력범죄를 2회 이상 범하여 습벽이 인정되고 재범의 위험성이 있는 자에게 검사의 청구에 따라 법원이 10년의 범위 내에서 위치추적 전자장치를 부착할 수 있도록 하는 것은 피부착자의 사생활의 비밀과 자유 및 개인정보자기결정권을 침해한다.
④ 아동·청소년 대상 성범죄자에 대하여 신상정보 등록 후 1년마다 새로 촬영한 사진을 관할 경찰관서에 제출하도록 하고 이에 위반하는 경우 형벌로 제재를 가하는 것은 기본권의 최소침해성원칙에 반한다.

지문분석 난이도 중 정답 ①

| 키 워 드 | 사생활의 비밀과 자유
| 출제유형 | 판례

① (O) 신상정보 등록대상자의 등록정보를 20년 동안 보존·관리하는 것은 정당한 목적을 위한 적합한 수단이기는 하나, 법익의 균형성이 인정되지 않아서 개인정보자기결정권을 침해하는 것으로 헌법에 합치되지 않는다(헌재 2015.7.30. 2014헌마340).
② (X) 공적 관심의 정도가 약한 4급 이상의 공무원들까지 대상으로 삼아 모든 질병명을 아무런 예외 없이 공개토록 한 것은 입법목적 실현에 치중한 나머지 사생활 보호의 헌법적 요청을 현저히 무시한 것이고, 이로 인하여 청구인들을 비롯한 해당 공무원들의 헌법 제17조가 보장하는 기본권인 사생활의 비밀과 자유를 침해하는 것이다(헌재 2007.5.31. 2005헌마1139).
③ (X) 성폭력범죄를 2회 이상 범하여 습벽이 인정되고 재범의 위험성이 있는 자에게 검사의 청구에 따라 법원이 10년의 범위 내에서 위치추적 전자장치를 부착할 수 있도록 한 것은 피부착자의 사생활의 비밀과 자유 및 개인정보자기결정권을 침해하지 않는다(헌재 2012.12.27. 2010헌바187).
④ (X) 아동·청소년 대상 성범죄자에 대하여 신상정보 등록 후 1년마다 새로 촬영한 사진을 관할 경찰관서의 장에게 제출하도록 규정한 것과 사진제출의무 위반에 대하여 형사처벌을 하도록 규정한 것은 적합한 수단이며, 침해의 최소성원칙에 위반되지 않으며, 청구인의 기본권 제한보다 아동·청소년의 성보호가 매우 중요한 공익이기 때문에 일반적 행동의 자유를 침해한다고 볼 수 없다(헌재 2015.7.30. 2014헌바257).

75 0331 ○△×|○△×|○△× 2020 법무사

사생활의 비밀과 자유에 관한 다음 설명 중 가장 옳지 않은 것은?

① 사생활의 비밀은 국가가 사생활영역을 들여다보는 것에 대한 보호를 제공하는 기본권이다.

② 사생활의 자유란 사회공동체의 일반적인 생활규범의 범위 내에서 사생활을 자유롭게 형성해 나가고 그 설계 및 내용에 대해서 외부로부터의 간섭을 받지 아니할 권리를 말한다.

③ 흡연자들이 자유롭게 흡연할 권리를 흡연권이라고 한다면, 이러한 흡연권은 인간의 존엄과 행복추구권을 규정한 헌법 제10조와 사생활의 자유를 규정한 헌법 제17조에 의하여 뒷받침된다.

④ 자동차를 도로에서 운전하는 중에 좌석안전띠를 착용할 것인가의 여부의 생활관계가 개인의 전체적 인격과 생존에 관계되는 사생활의 기본조건이라거나 자기결정의 핵심적 영역 또는 인격적 핵심과 관련된다고 보기 어려우므로, 운전할 때 운전자가 좌석안전띠를 착용하는 문제는 사생활영역의 문제가 아니어서 사생활의 비밀과 자유에 의하여 보호되는 범주를 벗어난 행위이다.

⑤ 교도소장이 수용자가 없는 상태에서 실시한 교도소 수용자의 거실 및 작업장 검사행위는 과잉금지원칙에 위배하여 교도소 수용자의 사생활의 비밀과 자유를 침해한다고 할 수 있다.

지문분석 난이도 중 정답 ⑤

| 키 워 드 | 사생활의 비밀과 자유

| 출제유형 | 판례

⑤ (×) 이 사건 검사행위는 교도소의 안전과 질서를 유지하고, 수형자의 교화·개선에 지장을 초래할 수 있는 물품을 차단하기 위한 것으로서 그 목적이 정당하고, 수단도 적절하며, 검사의 실효성을 확보하기 위한 최소한의 조치로 보이고, 달리 덜 제한적인 대체수단을 찾기 어려운 점 등에 비추어 보면 이 사건 검사행위가 과잉금지원칙에 위배하여 사생활의 비밀 및 자유를 침해하였다고 할 수 없다(헌재 2011.10.25. 2009헌마691).

① (○) 헌법 제17조는 모든 국민이 사생활의 비밀과 자유를 침해받지 아니할 권리를 규정하고 있는바, 사생활의 비밀은 국가가 사생활 영역을 들여다보는 것에 대한 보호를 제공하는 기본권이며, 사생활의 자유는 국가가 사생활의 자유로운 형성을 방해하거나 금지하는 것에 대한 보호를 의미한다(헌재 2016.11.24. 2014헌바401).

② (○) 사생활의 자유란 사회공동체의 일반적인 생활규범의 범위 내에서 사생활을 자유롭게 형성해 나가고 그 설계 및 내용에 대해서 외부로부터의 간섭을 받지 아니할 권리를 말한다(헌재 2004.8.26. 2003헌마457).

③ (○) 흡연자들이 자유롭게 흡연할 권리를 흡연권이라고 한다면, 이러한 흡연권은 인간의 존엄과 행복추구권을 규정한 헌법 제10조와 사생활의 자유를 규정한 헌법 제17조에 의하여 뒷받침된다(헌재 2004.8.26. 2003헌마457).

④ (○) 일반교통에 사용되고 있는 도로는 국가와 지방자치단체가 그 관리책임을 맡고 있는 영역이며, 수많은 다른 운전자 및 보행자 등의 법익 또는 공동체의 이익과 관련된 영역으로, 그 위에서 자동차를 운전하는 행위는 더 이상 개인적인 내밀한 영역에서의 행위가 아니다. 또한 자동차를 도로에서 운전하는 중에 좌석안전띠를 착용할 것인가의 여부의 생활관계가 개인의 전체적 인격과 생존에 관계되는 '사생활의 기본조건'이라거나 자기결정의 핵심적 영역 또는 인격적 핵심과 관련된다고 보기 어렵다. 그렇다면 운전할 때 운전자가 좌석안전띠를 착용하는 문제는 더 이상 사생활 영역의 문제가 아니어서 사생활의 비밀과 자유에 의하여 보호되는 범주를 벗어난 행위라고 볼 것이므로, 이 사건 심판대상 조항들은 청구인의 사생활의 비밀과 자유를 침해하는 것이라 할 수 없다(헌재 2003.10.30. 2002헌마518).

76 0332 O△X | O△X | O△X 2016 경찰 승진

사생활의 비밀과 자유에 관한 설명 중 가장 적절하지 않은 것은? (다툼이 있는 경우 판례에 의함)

① 교도소장이 수용자가 없는 상태에서 실시한 거실 및 작업장의 검사행위가 과잉금지원칙에 위배하여 수용자의 사생활의 비밀 및 자유를 침해한다고 할 수 없다.

② 아동·청소년 대상 성범죄자에 대하여 신상정보 등록 후 1년마다 새로 촬영한 사진을 관할 경찰서에 제출하도록 하고 이에 위반하는 경우 형벌로 제재를 가하는 것은 기본권의 최소침해성원칙에 반한다.

③ 개인정보자기결정권이란 자신에 관한 정보의 공개와 유통을 스스로 결정하고 통제할 수 있는 권리를 말하며, 이때 '자신에 관한 정보'는 그 자체가 꼭 비밀성이 있는 정보일 필요는 없다.

④ 범죄의 경중·재범의 위험성 여부를 불문하고 모든 신상정보 등록대상자의 등록정보를 20년 동안 보존·관리하도록 한 성폭력범죄의 처벌 등에 관한 특례법 관련 규정은 신상정보 등록대상자의 개인정보자기결정권을 침해한다.

지문분석 난이도 중 정답 ②

| **키 워 드** | 사생활의 비밀과 자유

| **출제유형** | 판례

② (X) 아동·청소년 대상 성범죄자의 신상정보를 등록하게 하고, 그중 사진의 경우에는 1년마다 새로 촬영하여 제출하게 하고 이를 보존하는 것은 신상정보 등록대상자의 재범을 억제하고, 재범한 경우에는 범인을 신속하게 검거하기 위한 것이므로 그 입법목적이 정당하고, 사진이 징표하는 신상정보인 외모는 쉽게 변하고, 그 변경 유무를 객관적으로 판단하기 어려우므로 1년마다 사진제출의무를 부과하는 것은 그러한 입법목적 달성을 위한 적합한 수단이다. 외모라는 신상정보의 특성에 비추어 보면 변경되는 정보의 보관을 위하여 정기적으로 사진을 제출하게 하는 방법 외에는 다른 대체수단을 찾기 어렵고, 등록의무자에게 매년 새로 촬영된 사진을 제출하게 하는 것이 그리 큰 부담은 아닐 뿐만 아니라, 의무위반 시 제재방법은 입법자에게 재량이 있으며 형벌 부과는 입법재량의 범위 내에 있고 또한 명백히 잘못 되었다고 할 수는 없으며, 법정형 또한 비교적 경미하므로 침해의 최소성원칙 및 법익균형성원칙에도 위배되지 아니한다(헌재 2015.7.30. 2014헌바257).

① (O) 교도소장이 수용자가 없는 상태에서 실시한 거실 및 작업장 교도소의 안전과 질서를 유지하고, 수형자의 교화·개선에 지장을 초래할 수 있는 물품을 차단하기 위한 것으로서 그 목적이 정당하고, 수단도 적절하며, 검사의 실효성을 확보하기 위한 최소한의 조치로 보이고, 달리 덜 제한적인 대체수단을 찾기 어려운 점 등에 비추어 보면 이 사건 검사행위가 과잉금지원칙에 위배하여 사생활의 비밀 및 자유를 침해하였다고 할 수 없다(헌재 2011.10.25. 2009헌마691).

③ (O) 개인정보자기결정권은 자신에 관한 정보가 언제 누구에게 어느 범위까지 알려지고 또 이용되도록 할 것인지를 그 정보주체가 스스로 결정할 수 있는 권리이다. 즉 정보주체가 개인정보의 공개와 이용에 관하여 스스로 결정할 권리를 말한다. 개인정보자기결정권의 보호대상이 되는 개인정보는 개인의 신체, 신념, 사회적 지위, 신분 등과 같이 개인의 인격주체성을 특징짓는 사항으로서 그 개인의 동일성을 식별할 수 있게 하는 일체의 정보라고 할 수 있고, 반드시 개인의 내밀한 영역이나 사사(私事)의 영역에 속하는 정보에 국한되지 않고 공적 생활에서 형성되었거나 이미 공개된 개인정보까지 포함한다(헌재 2005.7.21. 2003헌마282).

④ (O) 성범죄의 재범을 억제하고 수사의 효율성을 제고하기 위하여, 법무부장관이 등록대상자의 재범 위험성이 상존하는 20년 동안 그의 신상정보를 보존·관리하는 것은 정당한 목적을 위한 적합한 수단이다. 그런데 재범의 위험성은 등록대상 성범죄의 종류, 등록대상자의 특성에 따라 다르게 나타날 수 있고, 입법자는 이에 따라 등록기간을 차등화함으로써 등록대상자의 개인정보자기결정권에 대한 제한을 최소화하는 것이 바람직함에도, 이 사건 관리조항은 모든 등록대상 성범죄자에 대하여 일률적으로 20년의 등록기간을 적용하고 있으며, 이 사건 관리조항에 따라 등록기간이 정해지고 나면, 등록의무를 면하거나 등록기간을 단축하기 위해 심사를 받을 수 있는 여지도 없으므로 지나치게 가혹하다. 그리고 이 사건 관리조항이 추구하는 공익이 중요하더라도, 모든 등록대상자에게 20년 동안 신상정보를 등록하게 하고 위 기간 동안 각종 의무를 부과하는 것은 비교적 경미한 등록대상 성범죄를 저지르고 재범의 위험성도 많지 않은 자들에 대해서는 달성되는 공익과 침해되는 사익 사이의 불균형이 발생할 수 있으므로 이 사건 관리조항은 개인정보자기결정권을 침해한다(헌재 2015.7.30. 2014헌마340).

77 0333 ○△×|○△×|○△× 2016 국회직 9급

다음 중 사생활의 비밀과 자유에 대한 설명으로 옳지 않은 것은? (다툼이 있는 경우 헌법재판소 판례에 의함)

① 존속상해치사죄를 가중처벌하는 것이 사생활의 자유를 침해하는 것은 아니다.
② 공직선거후보자로 등록하고자 하는 자가 제출하여야 하는 금고 이상의 형의 범죄경력에 실효된 형까지 포함하도록 하는 것은 사생활의 비밀과 자유를 침해한다.
③ 4급 이상 공무원의 병역면제 사유인 질병명 공개는 사생활의 비밀과 자유를 침해한다.
④ 국정감사는 개인의 사생활을 침해하여서는 아니 된다.
⑤ 구치소장이 수용자의 거실에 CCTV를 설치하여 계호한 행위가 수용자의 사생활의 비밀과 자유를 침해하는 것은 아니다.

지문분석 난이도 하 정답 ②

| 키 워 드 | 사생활의 비밀과 자유
| 출제유형 | 조문 + 판례

② (×) 후보자의 실효된 형까지 포함한 금고 이상의 형의 범죄경력을 공개함으로써 국민의 알 권리를 충족하고 공정하고 정당한 선거권 행사를 보장하고자 하는 이 사건 법률 조항의 입법목적은 정당하며, 이러한 입법목적을 달성하기 위하여는 선거권자가 후보자의 모든 범죄경력을 인지한 후 그 공직적합성을 판단하는 것이 효과적이다. 또한 금고 이상의 범죄경력에 실효된 형을 포함시키는 이유는 선거권자가 공직후보자의 자질과 적격성을 판단할 수 있도록 하기 위한 점, 전과기록은 통상 공개재판에서 이루어진 국가의 사법작용의 결과라는 점, 전과기록의 범위와 공개시기 등이 한정되어 있는 점 등을 종합하면, 이 사건 법률 조항은 피해최소성의 원칙에 반한다고 볼 수 없고, 공익적 목적을 위하여 공직선거 후보자의 사생활의 비밀과 자유를 한정적으로 제한하는 것이어서 법익균형성의 원칙도 충족한다. 따라서 이 사건 법률 조항은 청구인들의 사생활의 비밀과 자유를 침해한다고 볼 수 없다(헌재 2008.4.24. 2006헌마402).
① (○) 존속상해치사죄와 같은 범죄행위가 헌법상 보호되는 사생활의 영역에 속한다고 볼 수 없을 뿐만 아니라, 이 사건 법률 조항의 입법목적이 정당하고 그 형의 가중에 합리적 이유가 있으며 직계존속이 아닌 통상인에 대한 상해치사죄도 형사상 처벌되고 있는 이상, 그 가중처벌에 의하여 가족관계상 비속의 사생활이 왜곡된다거나 존속에 대한 효의 강요나 개인 윤리문제에의 개입 등 외부로부터 부당한 간섭이 있는 것이라고는 말할 수 없으므로, 이 사건 법률 조항은 헌법 제17조의 사생활의 자유를 침해하지 아니한다(헌재 2002.3.28. 2000헌바53).
③ (○) 공적 관심의 정도가 약한 4급 이상의 공무원들까지 대상으로 삼아 모든 질병명을 아무런 예외 없이 공개토록 한 것은 입법목적 실현에 치중한 나머지 사생활 보호의 헌법적 요청을 현저히 무시한 것이고, 이로 인하여 청구인들을 비롯한 해당 공무원들의 헌법 제17조가 보장하는 기본권인 사생활의 비밀과 자유를 침해하는 것이다(헌재 2007.5.31. 2005헌마1139).
④ (○) 감사 또는 조사는 개인의 사생활을 침해하거나 계속 중인 재판 또는 수사 중인 사건의 소추에 관여할 목적으로 행사되어서는 아니 된다(국정감사 및 조사에 관한 법률 제8조).
⑤ (○) 구치소장이 수용자의 거실에 폐쇄회로 텔레비전(CCTV)을 설치하여 계호한 행위가 과잉금지원칙을 위배하여 청구인의 사생활의 비밀 및 자유를 침해하였다고는 볼 수 없다(헌재 2011.9.29. 2010헌마413).

78 0334 ○△×|○△×|○△× 2017 서울시 7급

사생활의 비밀과 자유에 대한 설명으로 옳지 않은 것은? (다툼이 있는 경우 판례에 의함)

① 미결수용자와 변호인 아닌 자와의 접견 시 그 대화 내용을 녹음·녹화할 수 있도록 한 것은 미결수용자의 사생활의 비밀과 자유를 침해한다.
② 금융감독원의 4급 이상 직원에 대하여 공직자윤리법상 재산등록의무를 부과하는 것은 금융감독원의 4급 이상 직원의 사생활의 비밀의 자유를 침해하지 않는다.
③ 구치소장이 수용자의 거실에 폐쇄회로 텔레비전을 설치하여 계호한 행위는 수용자의 사생활의 비밀 및 자유를 침해하지 않는다.
④ 4급 이상 공무원들의 병역면제사유인 질병명을 관보와 인터넷을 통해 공개하도록 하는 것은 해당 공무원들의 사생활의 비밀과 자유를 침해한다.

지문분석 난이도 하 정답 ①

| 키 워 드 | 사생활의 비밀과 자유
| 출제유형 | 판례

① (×) 미결수용자와 변호인 아닌 자와의 접견 시 그 대화 내용을 녹음·녹화할 수 있도록 한 것은 사생활의 비밀과 자유 및 통신의 비밀을 침해하지 아니한다(헌재 2016.11.24. 2014헌바401).
② (○) 금융감독원의 4급 이상 직원에 대하여 공직자윤리법상 재산등록의무를 부과하는 것은 사생활의 비밀과 자유를 침해하지 아니한다(헌재 2014.6.26. 2012헌마331).
③ (○) 구치소장이 수용자의 거실에 폐쇄회로 텔레비전을 설치하여 계호한 행위는 과잉금지원칙을 위배하여 사생활의 비밀 및 자유를 침해하였다고는 볼 수 없다(헌재 2011.9.29. 2010헌마413).
④ (○) 공적 관심의 정도가 약한 4급 이상의 공무원들까지 대상으로 삼아 모든 질병명을 아무런 예외 없이 공개토록 한 것은 입법목적 실현에 치중한 나머지 사생활 보호의 헌법적 요청을 현저히 무시한 것이고, 이로 인하여 청구인들을 비롯한 해당 공무원들의 헌법 제17조가 보장하는 기본권인 사생활의 비밀과 자유를 침해하는 것이다(헌재 2007.5.31. 2005헌마1139).

79 0335 ○△×|○△×|○△× 2017 국회직 8급

사생활의 자유에 대한 설명으로 옳지 않은 것은? (다툼이 있는 경우 헌법재판소 판례에 의함)

① 교정시설의 장이 수용자가 범죄의 증거를 인멸하거나 형사 법령에 저촉되는 행위를 할 우려가 있는 때에 교도관으로 하여금 수용자의 접견 내용을 청취·기록·녹음 또는 녹화하게 하는 것은 미결수용자의 사생활을 침해한다.
② 형제자매에게 가족관계등록부 등의 기록사항에 관한 증명서 교부청구권을 부여하는 가족관계의 등록 등에 관한 법률 조항은 해당 본인의 개인정보자기결정권을 침해한다.
③ 정보통신망을 통해 청소년유해매체물을 제공하는 자에게 이용자의 본인확인 의무를 부과하고 있는 청소년 보호법 조항은 관계자의 개인정보자기결정권을 침해하지 않는다.
④ 독거실 내 CCTV를 설치하여 수형자를 상시적으로 관찰한 것은 사생활의 비밀 및 자유를 침해하였다고는 볼 수 없다.
⑤ '성적목적공공장소침입죄'로 형을 선고받아 확정된 자는 신상정보 등록대상자가 된다고 규정한 성폭력범죄의 처벌 등에 관한 특례법 조항은 해당 성범죄자의 개인정보자기결정권을 침해하지 않는다.

지문분석 난이도 중 정답 ①

| 키 워 드 | 사생활의 비밀과 자유
| 출제유형 | 판례

① (X) 교정시설의 장이 수용자가 범죄의 증거를 인멸하거나 형사 법령에 저촉되는 행위를 할 우려가 있는 때에 교도관으로 하여금 수용자의 접견 내용을 청취·기록·녹음 또는 녹화하게 하는 것은 과잉금지원칙에 위배되어 사생활의 비밀과 자유 및 통신의 비밀을 침해하지 아니한다(헌재 2016.11.24. 2014헌바401).
② (O) 헌재 2016.6.30. 2015헌마924
③ (O) 헌재 2015.3.26. 2013헌마354
④ (O) 헌재 2011.9.29. 2010헌마413
⑤ (O) 헌재 2016.10.27. 2014헌마709

80 0336 ○△×|○△×|○△× 2017 국가직 7급

사생활의 보호를 위한 기본권에 대한 설명으로 옳지 않은 것은? (다툼이 있는 경우 판례에 의함)

① 통신의 자유를 기본권으로서 보장하는 것은 사적 영역에 속하는 개인 간의 의사소통을 사생활의 일부로서 보장하겠다는 취지에서 비롯된 것이다.
② 사생활의 비밀은 국가가 사생활영역을 들여다보는 것에 대한 보호를 제공하는 기본권이며, 사생활의 자유는 국가가 사생활의 자유로운 형성을 방해하거나 금지하는 것에 대한 보호를 의미한다.
③ 구치소장이 미결수용자와 그 배우자 사이의 접견 내용을 녹음한 행위는 과잉금지원칙에 위반하여 미결수용자의 사생활의 비밀과 자유를 침해한다.
④ 공직자의 자질·도덕성·청렴성에 관한 사실은 그 내용이 개인적인 사생활에 관한 것이라 할지라도 순수한 사생활의 영역에 있다고 보기 어렵다.

지문분석 난이도 하 정답 ③

| 키 워 드 | 사생활의 보호를 위한 기본권
| 출제유형 | 판례

③ (X) 구치소장이 미결수용자와 그 배우자 사이의 접견 내용을 녹음한 행위는 과잉금지원칙에 위반하여 청구인의 사생활의 비밀과 자유를 침해하였다고 볼 수 없다(헌재 2012.12.27. 2010헌마153).
① (O) 헌법 제18조에서는 "모든 국민은 통신의 비밀을 침해받지 아니한다."라고 규정하여 통신의 비밀보호를 그 핵심 내용으로 하는 통신의 자유를 기본권으로 보장하고 있다. 통신의 자유를 기본권으로서 보장하는 것은 사적 영역에 속하는 개인 간의 의사소통을 사생활의 일부로서 보장하겠다는 취지에서 비롯된 것이라 할 것이다(헌재 2001.3.21. 2000헌바25).
② (O) 사생활의 비밀은 국가가 사생활영역을 들여다보는 것에 대한 보호를 제공하는 기본권이며, 사생활의 자유는 국가가 사생활의 자유로운 형성을 방해하거나 금지하는 것에 대한 보호를 의미한다. 구체적으로 사생활의 비밀과 자유가 보호하는 것은 개인의 내밀한 내용의 비밀을 유지할 권리, 개인이 자신의 사생활의 불가침을 보장받을 수 있는 권리, 개인의 양심 영역이나 성적 영역과 같은 내밀한 영역에 대한 보호, 인격적인 감정세계의 존중의 권리와 정신적인 내면생활이 침해받지 아니할 권리 등이다(헌재 2003.10.30. 2002헌마518).
④ (O) 공직자의 공무집행과 직접적인 관련이 없는 개인적인 사생활에 관한 사실이라도 일정한 경우 공적인 관심 사안에 해당할 수 있다. 공직자의 자질·도덕성·청렴성에 관한 사실은 그 내용이 개인적인 사생활에 관한 것이라 할지라도 순수한 사생활의 영역에 있다고 보기 어렵다. 이러한 사실은 공직자 등의 사회적 활동에 대한 비판 내지 평가의 한 자료가 될 수 있고, 업무집행의 내용에 따라서는 업무와 관련이 있을 수도 있으므로, 이에 대한 문제제기 내지 비판은 허용되어야 한다(헌재 2013.12.26. 2009헌마747).

81 0337 ○△×|○△×|○△× 2020 경찰 승진

다음 중 사생활의 비밀과 자유 또는 개인정보자기결정권을 침해한 것은? (다툼이 있는 경우 판례에 의함)

① A시장이 B경찰서장의 사실조회 요청에 따라 B경찰서장에게 청구인들의 이름, 생년월일, 전화번호, 주소를 제공한 행위
② 공직선거의 후보자등록 신청을 함에 있어 형의 실효 여부와 관계없이 일률적으로 금고 이상의 형의 범죄경력을 제출 공개하도록 한 규정
③ 국민건강보험공단이 2013.12.20. C경찰서장에게 체포영장이 발부된 피의자의 '2010.12.18.부터 2013.12.18.'까지의 상병명, 요양기관명, 요양기관주소, 전화번호 등 요양급여내용을 제공한 행위
④ 통계청장이 인구주택총조사의 방문 면접조사를 실시하면서, 담당 조사원을 통해 청구인에게 인구주택총조사조사표의 조사 항목들에 응답할 것을 요구한 행위

지문분석 난이도 중 정답 ③

| 키 워 드 | 사생활의 비밀과 자유 또는 개인정보자기결정권
| 출제유형 | 판례

③ (○) 이 사건 정보제공행위에 의하여 제공된 청구인 김○환의 약 2년 동안의 총 44회 요양급여내역 및 청구인 박○만의 약 3년 동안의 총 38회 요양급여내역은 건강에 관한 정보로서 '개인정보 보호법' 제23조 제1항이 규정한 민감정보에 해당한다. … 한편 급여일자와 요양기관명은 피의자의 현재 위치를 곧바로 파악할 수 있는 정보는 아니므로, 이 사건 정보제공행위로 얻을 수 있는 수사상의 이익은 없었거나 미약한 정도였다. 반면 서울용산경찰서장에게 제공된 요양기관명에는 전문의의 병원도 포함되어 있어 청구인들의 질병의 종류를 예측할 수 있는 점, 2년 내지 3년 동안의 요양급여정보는 청구인들의 건강상태에 대한 총체적인 정보를 구성할 수 있는 점 등에 비추어 볼 때, 이 사건 정보제공행위로 인한 청구인들의 개인정보자기결정권에 대한 침해는 매우 중대하다. 그렇다면 이 사건 정보제공행위는 이 사건 정보제공조항 등이 정한 요건을 충족한 것으로 볼 수 없고, 침해의 최소성 및 법익의 균형성에 위배되어 청구인들의 개인정보자기결정권을 침해하였다(헌재 2018.8.30. 2014헌마368).

① (×) 김포시장은 이 사건 정보제공 조항에 따라 범죄의 수사를 위하여 필요한 경우 정보주체 또는 제3자의 이익을 부당하게 침해할 우려가 있을 때를 제외하고 개인정보를 수사기관에게 제공할 수 있다. … 이름, 생년월일, 주소는 수사의 초기 단계에서 범죄의 피의자를 특정하기 위하여 필요한 가장 기초적인 정보이고, 전화번호는 피의자 등에게 연락을 하기 위하여 필요한 정보이다. 또한 활동지원급여가 제공된 시간을 확인하기 위해서 수급자에 대하여도 조사를 할 필요성을 인정할 수 있다. … 이와 같은 점에 더하여, 활동보조인의 부정 수급 관련 범죄의 수사를 가능하게 함으로써 실체적 진실 발견과 국가형벌권의 적정한 행사에 기여하고자 하는 공익은 매우 중대한 것인 점을 고려하면, 이 사건 정보제공행위는 과잉금지원칙에 위배되어 청구인들의 개인정보자기결정권을 침해하였다고 볼 수 없다(헌재 2018.8.30. 2016헌마483).

② (×) 후보자의 실효된 형까지 포함한 금고 이상의 형의 범죄경력을 공개함으로써 국민의 알 권리를 충족하고 공정하고 정당한 선거권 행사를 보장하고자 하는 이 사건 법률 조항의 입법목적은 정당하며, 이러한 입법목적을 달성하기 위하여는 선거권자가 후보자의 모든 범죄경력을 인지한 후 그 공직 적합성을 판단하는 것이 효과적이다. … 따라서 이 사건 법률 조항은 청구인들의 사생활의 비밀과 자유를 침해한다고 볼 수 없다(헌재 2008.4.24. 2006헌마402 등).

④ (×) 심판대상 행위는 방문 면접을 통해 행정자료로 파악하기 곤란한 항목들을 조사하여 그 결과를 사회 현안에 대한 심층 분석과 각종 정책수립, 통계작성의 기초자료 또는 사회·경제현상의 연구·분석 등에 활용하도록 하고자 한 것이므로 그 목적이 정당하고, 15일이라는 짧은 방문 면접조사 기간 등 현실적 여건을 감안하면 인근 주민을 조사원으로 채용하여 방문 면접조사를 실시한 것은 목적을 달성하기 위한 적정한 수단이 된다. … 따라서 심판대상 행위가 과잉금지원칙을 위반하여 청구인의 개인정보자기결정권을 침해하였다고 볼 수 없다(헌재 2017.7.27. 2015헌마1094).

82 0338 ○△×|○△×|○△× 2021 경찰 승진

사생활의 비밀과 자유 또는 개인정보자기결정권에 대한 설명으로 가장 적절하지 않은 것은? (다툼이 있는 경우 판례에 의함)

① 징벌혐의의 조사를 받고 있는 수용자가 변호인 아닌 자와 접견할 당시 교도관이 참여하여 대화 내용을 기록하게 한 행위는 수용자의 사생활의 비밀과 자유를 침해한다.

② 교도소장이 교도소 수용자가 없는 상태에서 실시한 거실 및 작업장 검사행위는 수용자의 사생활의 비밀과 자유를 침해하지 않는다.

③ 형제자매에게 가족관계등록부 등의 기록사항에 관한 증명서 교부청구권을 부여하는 가족관계의 등록 등에 관한 법률 조항은 개인정보자기결정권을 침해한다.

④ 통계청장이 인구주택총조사의 방문 면접조사를 실시하면서, 담당 조사원을 통해 청구인에게 인구주택총조사 조사표의 조사항목들에 응답할 것을 요구한 행위는 개인정보자기결정권을 침해하지 않는다.

지문분석 난이도 중 정답 ①

| **키 워 드** | 사생활의 비밀과 자유 또는 개인정보자기결정권

| **출제유형** | 판례

① (X) 청구인이 나눈 접견 내용에 대한 사생활의 비밀로서의 보호가치에 비해 증거인멸의 위험을 방지하고 교정시설 내의 안전과 질서유지에 기여하려는 공익이 크고 중요하다는 점에 비추어 볼 때, 이 사건 접견참여·기록이 청구인의 사생활의 비밀과 자유를 침해하였다고 볼 수 없다(헌재 2014.9.25. 2012헌마523).

② (O) 이 사건 검사행위는 교도소의 안전과 질서를 유지하고, 수형자의 교화·개선에 지장을 초래할 수 있는 물품을 차단하기 위한 것으로서 그 목적이 정당하고, 수단도 적절하며, 검사의 실효성을 확보하기 위한 최소한의 조치로 보이고, 달리 덜 제한적인 대체수단을 찾기 어려운 점 등에 비추어 보면 이 사건 검사행위가 과잉금지원칙에 위배하여 사생활의 비밀 및 자유를 침해하였다고 할 수 없다(헌재 2011.10.25. 2009헌마691).

③ (O) 이 사건 법률 조항을 통해 달성하려는 것은 본인과 형제자매의 편익 증진인바, 이러한 공익의 중요성은 그다지 크다고 볼 수 없고, 이를 통해 달성되는 공익 실현의 효과 또한 크지 않다. 반면, 이 사건 법률 조항으로 말미암아 형제자매가 각종 증명서를 발급받을 수 있도록 함으로써 초래되는 기본권 침해는 중대하다고 볼 수 있으므로 이 사건 법률 조항에 대해서는 법익의 균형성을 인정하기 어렵다. 따라서 이 사건 법률 조항은 과잉금지원칙을 위반하여 청구인의 개인정보자기결정권을 침해한다(헌재 2016.6.30. 2015헌마924).

④ (O) 심판대상 행위는 방문 면접을 통해 행정자료로 파악하기 곤란한 항목들을 조사하여 그 결과를 사회 현안에 대한 심층분석과 각종 정책수립, 통계작성의 기초자료 또는 사회·경제현상의 연구·분석 등에 활용하도록 하고자 한 것이므로 그 목적이 정당하고, 15일이라는 짧은 방문 면접조사 기간 등 현실적 여건을 감안하면 인근 주민을 조사원으로 채용하여 방문 면접조사를 실시한 것은 목적을 달성하기 위한 적정한 수단이 된다. … 따라서 심판대상 행위가 과잉금지원칙을 위반하여 청구인의 개인정보자기결정권을 침해하였다고 볼 수 없다(헌재 2017.7.27. 2015헌마1094).

83 0339 ○△×|○△×|○△× 2016 법원직 9급

주민등록번호 변경에 관한 규정을 두고 있지 않은 주민등록법(2007.5.11. 법률 제8422호로 전부개정된 것) 제7조에 관한 다음 설명 중 가장 옳지 않은 것은? (다툼이 있는 경우 헌법재판소 결정에 의함)

① 주민등록번호는 모든 국민에게 일련의 숫자 형태로 부여되는 고유한 번호로서 당해 개인을 식별할 수 있는 정보에 해당하는 개인정보이다. 그런데 심판대상 조항은 주민등록번호 변경에 관한 규정을 두지 않음으로써 주민등록번호 불법유출 등을 원인으로 자신의 주민등록번호를 변경하고자 하는 청구인들의 개인정보자기결정권을 제한하고 있다.

② 주민등록번호는 단순한 개인식별번호에서 더 나아가 표준식별번호로 기능함으로써, 결과적으로 개인정보를 통합하는 연결자(key data)로 사용되고 있는바, 개인에 대한 통합관리의 위험성을 높이고, 종국적으로 개인을 모든 영역에서 국가의 관리대상으로 전락시킬 위험성이 있으므로 주민등록번호의 관리나 이용에 대한 제한의 필요성이 크다.

③ 다만 국가가 개인정보 보호법 등의 입법을 통하여 주민등록번호 처리 등을 제한하고, 유출이나 오·남용을 예방하는 조치를 취하였다면, 이러한 조치는 국민의 개인정보자기결정권에 대한 충분한 보호가 될 수 있다.

④ 주민등록번호 변경을 허용하더라도 변경 전 주민등록번호와의 연계 시스템을 구축하여 활용한다면 개인식별 기능과 본인 동일성 증명기능이 충분히 이루어질 것이고, 입법자가 정하는 일정한 요건을 구비한 경우에 객관성과 공정성을 갖춘 기관의 심사를 거쳐 변경할 수 있도록 한다면 주민등록번호 변경절차를 악용하려는 경우를 차단할 수 있으며, 사회적으로 큰 혼란을 불러일으키지도 않을 것이다.

지문분석 난이도 상 정답 ③

| **키 워 드** | 사생활의 비밀과 자유

| **출제유형** | 판례

③ (X) 주민등록번호의 유출이나 오·남용을 예방하는 조치를 취하고 있다고는 하나, 여전히 관련 법령 등에 의하여 주민등록번호를 처리하거나 수집·이용할 수 있는 경우가 적지 아니할 뿐만 아니라, 이미 주민등록번호가 유출되어 발생되었거나 발생될 수 있는 피해 등에 대해서는 뚜렷한 해결책을 제시하지 못하고 있으며, 위와 같은 입법조치 이전에 이미 주민등록번호가 유출된 경우도 상당수 존재하므로, 위와 같은 조치만으로는 국민의 개인정보자기결정권에 대한 충분한 보호가 된다고 보기 어렵다(헌재 2015.12.23. 2013헌바68).

① (O), ② (O), ④ (O) 헌재 2015.12.23. 2013헌바68

84 0340 ○△×|○△×|○△× 2021 국가직 5급

개인정보자기결정권에 대한 설명으로 옳지 않은 것은? (다툼이 있는 경우 판례에 의함)

① 헌법재판소는 수사를 위하여 필요한 경우 검사 또는 사법경찰관이 전기통신사업자에게 기지국을 이용하여 착·발신한 전화번호 등의 통신사실 확인자료의 제공을 요청할 수 있도록 하는 통신비밀보호법 제13조 제1항이 과잉금지원칙에 위반되어 정보주체의 개인정보자기결정권을 침해한다고 판시하였다.

② '각급학교 교원의 교원단체 및 교원노조 가입현황 실명자료'를 인터넷을 통하여 일반 대중에게 공개하는 국회의원의 행위는 해당 교원들의 개인정보자기결정권을 침해한다.

③ 개인정보자기결정권은 자신에 관한 정보가 언제 누구에게 어느 범위까지 알려지고 또 이용되도록 할 것인지를 그 정보주체가 스스로 결정할 수 있는 권리로서, 헌법 제10조 제1문에서 도출되는 일반적 인격권 및 헌법 제17조의 사생활의 비밀과 자유에 의하여 보장된다.

④ 수형인 등이 재범하지 않고 상당 기간을 경과하는 경우에는 재범의 위험성이 그만큼 줄어든다고 할 것임에도 일률적으로 이들 대상자가 사망할 때까지 디엔에이신원확인정보를 보관하는 것은 과잉금지원칙에 위반하여 수형인 등의 개인정보자기결정권을 침해한다.

지문분석 난이도 중 정답 ④

| 키 워 드 | 개인정보자기결정권

| 출제유형 | 판례

④ (X) 재범의 위험성이 높은 범죄를 범한 수형인 등은 생존하는 동안 재범의 가능성이 있으므로, 디엔에이신원확인정보를 수형인 등이 사망할 때까지 관리하여 범죄 수사 및 예방에 이바지하고자 하는 이 사건 삭제조항은 입법목적의 정당성과 수단의 적절성이 인정된다. 디엔에이신원확인정보를 범죄수사 등에 이용함으로써 달성할 수 있는 공익의 중요성에 비하여 청구인의 불이익이 크다고 보기 어려워 법익균형성도 갖추었다. 따라서 이 사건 삭제 조항이 과도하게 개인정보자기결정권을 침해한다고 볼 수 없다(헌재 2014.8.28. 2011헌마28 등).

① (○) 이동전화의 이용과 관련하여 필연적으로 발생하는 통신사실 확인자료는 비록 비내용적 정보이지만 여러 정보의 결합과 분석을 통해 정보주체에 관한 정보를 유추해낼 수 있는 민감한 정보인 점, 수사기관의 통신사실 확인자료 제공요청에 대해 법원의 허가를 거치도록 규정하고 있으나 수사의 필요성만을 그 요건으로 하고 있어 제대로 된 통제가 이루어지기 어려운 점, 기지국수사의 허용과 관련하여서는 유괴·납치·성폭력범죄 등 강력범죄나 국가안보를 위협하는 각종 범죄와 같이 피의자나 피해자의 통신사실 확인자료가 반드시 필요한 범죄로 그 대상을 한정하는 방안 또는 다른 방법으로는 범죄수사가 어려운 경우(보충성)를 요건으로 추가하는 방안 등을 검토함으로써 수사에 지장을 초래하지 않으면서도 불특정 다수의 기본권을 덜 침해하는 수단이 존재하는 점을 고려할 때, 이 사건 요청 조항은 과잉금지원칙에 반하여 청구인의 개인정보자기결정권과 통신의 자유를 침해한다(헌재 2018.6.28. 2012헌마538 등).

② (○) 국회의원인 甲 등이 '각급학교 교원의 교원단체 및 교원노조 가입현황 실명자료'를 인터넷을 통하여 공개한 사안에서, 위 정보는 개인정보자기결정권의 보호대상이 되는 개인정보에 해당하므로 이를 일반 대중에게 공개하는 행위는 해당 교원들의 개인정보자기결정권과 전국교직원노동조합의 존속, 유지, 발전에 관한 권리를 침해하는 것이고, 甲 등이 위 정보를 공개한 표현행위로 인하여 얻을 수 있는 법적 이익이 이를 공개하지 않음으로써 보호받을 수 있는 해당 교원 등의 법적 이익에 비하여 우월하다고 할 수 없으므로, 甲 등의 정보 공개행위가 위법하다(대판 2014.7.24. 2012다49933).

③ (○) 개인정보자기결정권은 자신에 관한 정보가 언제 누구에게 어느 범위까지 알려지고 또 이용되도록 할 것인지를 그 정보주체가 스스로 결정할 수 있는 권리로서, 헌법 제10조 제1문에서 도출되는 일반적 인격권 및 헌법 제17조의 사생활의 비밀과 자유에 의하여 보장된다. 개인정보를 대상으로 한 조사·수집·보관·처리·이용 등의 행위는 모두 원칙적으로 개인정보자기결정권에 대한 제한에 해당한다(헌재 2018.8.30. 2016헌마483).

85 0341 ○△×|○△×|○△× 2021 법원직 9급

개인정보자기결정권에 관한 다음 설명 중 가장 옳지 않은 것은?

① '형제자매'에게 가족관계등록부 등의 기록사항에 관한 증명서 교부청구권을 부여하는 '가족관계의 등록 등에 관한 법률' 조항은 과잉금지원칙에 반하여 정보주체의 개인정보자기결정권을 침해한다.

② '직계혈족'에게 가족관계증명서 및 기본증명서의 교부청구권을 부여하는 '가족관계의 등록 등에 관한 법률' 조항은 가정폭력 피해자의 개인정보가 가정폭력 가해자인 전 배우자에게 무단으로 유출될 수 있는 가능성을 열어놓고 있으므로 가정폭력 피해자의 개인정보자기결정권을 침해한다.

③ 공개되지 아니한 타인 간의 대화를 녹음 또는 청취하여 그 내용을 공개하거나 누설한 자를 처벌하는 통신비밀보호법 조항은 불법 감청·녹음 등으로 생성된 정보를 합법적으로 취득한 자가 이를 공개 또는 누설하는 경우에도 그것이 진실한 사실로서 오로지 공공의 이익을 위한 경우에는 이를 처벌하지 아니한다는 특별한 위법성조각사유를 두지 아니한 이상 통신비밀만을 과도하게 보호하고 표현의 자유 보장을 소홀히 한 것이므로 그 범위에서는 헌법에 위반된다.

④ 송·수신이 완료된 전기통신에 대한 압수·수색 사실을 수사대상이 된 가입자에게만 통지하도록 하고, 그 상대방에 대하여는 통지하지 않도록 한 통신비밀보호법 조항은 청구인들의 개인정보자기결정권을 침해하지 아니한다.

지문분석 난이도 중 정답 ③

| 키 워 드 | 개인정보자기결정권

| 출제유형 | 판례

③ (X) 이 사건 법률 조항이 불법 취득한 타인 간의 대화 내용을 공개한 자를 처벌함에 있어 형법 제20조(정당행위)의 일반적 위법성조각사유에 관한 규정을 적정하게 해석 적용함으로써 공개자의 표현의 자유도 적절히 보장될 수 있는 이상, 이 사건 법률 조항에 형법상의 명예훼손죄와 같은 위법성조각사유에 관한 특별규정을 두지 아니하였다는 점만으로 기본권 제한의 비례성을 상실하였다고는 볼 수 없다(헌재 2011.8.30. 2009헌바42).

① (○) 이 사건 법률 조항을 통해 달성하려는 것은 본인과 형제자매의 편익 증진인바, 이러한 공익의 중요성은 그다지 크다고 볼 수 없고, 이를 통해 달성되는 공익 실현의 효과 또한 크지 않다. 반면, 이 사건 법률 조항으로 말미암아 형제자매가 각종 증명서를 발급받을 수 있도록 함으로써 초래되는 기본권 침해는 중대하다고 볼 수 있으므로 이 사건 법률 조항에 대해서는 법익의 균형성을 인정하기 어렵다. 따라서 이 사건 법률 조항은 과잉금지원칙을 위반하여 청구인의 개인정보자기결정권을 침해한다(헌재 2016.6.30. 2015헌마924).

② (○) 이 사건 법률 조항이 가정폭력 가해자인 직계혈족에 대하여 아무런 제한 없이 그 자녀의 가족관계증명서 및 기본증명서의 발급을 청구할 수 있도록 하여, 결과적으로 가정폭력 피해자인 청구인의 개인정보가 무단으로 가정폭력 가해자에게 유출될 수 있도록 한 것은 입법목적을 달성하기 위하여 필요한 범위를 넘어선 것이므로 침해의 최소성에 위배된다. 따라서 이 사건 법률 조항이 불완전·불충분하게 규정되어, 직계혈족이 가정폭력의 가해자로 판명된 경우 주민등록법 제29조 제6항 및 제7항과 같이 가정폭력 피해자가 가정폭력 가해자를 지정하여 가족관계증명서 및 기본증명서의 교부를 제한하는 등의 가정폭력 피해자의 개인정보를 보호하기 위한 구체적 방안을 마련하지 아니한 부진정입법부작위가 과잉금지원칙을 위반하여 청구인의 개인정보자기결정권을 침해한다(헌재 2020.8.28. 2018헌마927).

④ (○) 심판대상 조항은 피의자의 방어권을 보장하기 위하여 도입된 것이나, 수사의 밀행성을 확보하기 위하여 송·수신이 완료된 전기통신에 대한 압수·수색영장 집행 사실을 수사대상이 된 가입자에게만 통지하도록 하고, 그 상대방(이하 '상대방'이라 한다)에 대해서는 통지하지 않도록 한 것이다. 형사소송법 조항과 영장실무가 압수·수색영장의 효력범위를 한정하고 있으므로, 송·수신이 완료된 전기통신에 관하여 수사대상이 된 가입자의 상대방에 대한 기본권 침해를 최소화하는 장치는 어느 정도 마련되어 있다. … 따라서 심판대상 조항은 적법절차원칙에 위배되어 청구인들의 개인정보자기결정권을 침해한다고 볼 수 없다(헌재 2018.4.26. 2014헌마1178).

86 0342 ○△×|○△×|○△× 2020 국회직 8급

개인정보자기결정권에 대한 설명으로 옳은 것은? (다툼이 있는 경우 판례에 의함)

① 검사 또는 사법경찰관이 수사를 위하여 필요한 경우에 전기통신사업자에게 위치정보추적자료의 열람이나 제출을 요청할 수 있도록 하는 규정은 수사기관에 수사대상자의 민감한 개인정보인 위치정보추적자료 제공을 허용하여 수사대상자의 기본권을 과도하게 제한하면서도 절차적 통제가 제대로 이루어지고 있지 않으므로 개인정보자기결정권을 침해한다.

② 건강에 관한 정보는 민감정보에 해당하지만, 국민건강보험공단 이사장이 경찰서장의 요청에 따라 질병명이 기재되지 않은 수사대상자의 요양급여내역만을 제공한 행위 자체만으로는 수사대상자의 개인정보자기결정권이 침해되었다고 볼 수는 없다.

③ 익명휴대전화를 이용하는 자들이 언제나 범죄의 목적을 가진다고 볼 수 없고 익명통신은 도덕적으로 중립적이므로, 익명휴대전화를 금지하기 위해 이동통신서비스 가입 시 본인확인 절차를 거치도록 한다면 그 규정은 정당한 입법목적을 가지고 있다고 볼 수 없으므로 개인정보자기결정권을 침해한다.

④ 아동·청소년에 대한 강제추행죄로 유죄판결이 확정된 자를 신상정보 등록대상자로 정하여 신상정보 관할 경찰관서의 장에게 신상정보를 제출하도록 하고 신상정보가 변경될 경우 그 사유와 변경 내용을 제출하도록 하는 규정은 재범의 위험성에 대한 심사 없이 유죄판결을 받은 모든 자를 일률적으로 등록대상자로 정하므로 과잉금지원칙에 위반된다.

⑤ '각급 학교 교원의 교원단체 및 교원노조 가입현황 실명 자료'는 개인정보자기결정권의 보호대상이 되나 이를 공개한 표현행위로 인하여 얻을 수 있는 법적 이익이 이를 공개하지 않음으로써 보호받을 수 있는 해당 교원 등의 법적 이익에 비하여 우월하다고 할 수 있으므로 해당 정보공개행위가 위법하다고 볼 수 없다.

지문분석 난이도 중 정답 ①

| **키 워 드** | 개인정보자기결정권
| **출제유형** | 판례

① (○) 수사기관은 위치정보 추적자료를 통해 특정 시간대 정보주체의 위치 및 이동상황에 대한 정보를 취득할 수 있으므로 위치정보추적자료는 충분한 보호가 필요한 민감한 정보에 해당되는 점, 그럼에도 이 사건 요청 조항은 수사기관의 광범위한 위치정보 추적자료 제공요청을 허용하여 정보주체의 기본권을 과도하게 제한하는 점, … 수사기관의 위치정보 추적자료 제공요청에 대해 법원의 허가를 거치도록 규정하고 있으나 수사의 필요성만을 그 요건으로 하고 있어 절차적 통제마저도 제대로 이루어지기 어려운 현실인 점 등을 고려할 때, 이 사건 요청 조항은 과잉금지원칙에 반하여 청구인들의 개인정보자기결정권과 통신의 자유를 침해한다(헌재 2018.6.28. 2012헌마191 등).

② (×) 이 사건 정보제공행위에 의하여 제공된 청구인 김○환의 약 2년 동안의 총 44회 요양급여내역 및 청구인 박○만의 약 3년 동안의 총 38회 요양급여내역은 건강에 관한 정보로서 '개인정보 보호법' 제23조 제1항이 규정한 민감정보에 해당한다. 급여일자와 요양기관명은 피의자의 현재 위치를 곧바로 파악할 수 있는 정보는 아니므로, 이 사건 정보제공행위로 얻을 수 있는 수사상의 이익은 없었거나 미약한 정도였다. 이 사건 정보제공행위로 인한 청구인들의 개인정보자기결정권에 대한 침해는 매우 중대하다. 그렇다면 이 사건 정보제공행위는 이 사건 정보제공 조항 등이 정한 요건을 충족한 것으로 볼 수 없고, 침해의 최소성 및 법익의 균형성에 위배되어 청구인들의 개인정보자기결정권을 침해하였다(헌재 2018.8.30. 2014헌마368).

③ (×) 심판대상 조항이 이동통신서비스 가입 시 본인확인절차를 거치도록 함으로써 타인 또는 허무인의 이름을 사용한 휴대전화인 이른바 대포폰이 보이스피싱 등 범죄의 범행도구로 이용되는 것을 막고, 개인정보를 도용하여 타인의 명의로 가입한 다음 휴대전화 소액결제나 서비스요금을 그 명의인에게 전가하는 등 명의도용범죄의 피해를 막고자 하는 입법목적은 정당하고, 이를 위하여 본인확인절차를 거치게 한 것은 적합한 수단이다. 개인정보자기결정권, 통신의 자유가 제한되는 불이익과 비교했을 때, 명의도용 피해를 막고, 차명휴대전화의 생성을 억제하여 보이스피싱 등 범죄의 범행도구로 악용될 가능성을 방지함으로써 잠재적 범죄 피해 방지 및 통신망 질서 유지라는 더욱 중대한 공익의 달성효과가 인정된다. 따라서 심판대상 조항은 청구인들의 개인정보자기결정권 및 통신의 자유를 침해하지 않는다(헌재 2019.9.26. 2017헌마1209).

④ (×) 제출 조항은 범죄 수사 및 예방을 위하여 일정한 신상정보를 제출하도록 하는 것으로서, 목적의 정당성 및 수단의 적합성이 인정된다. 제출조항으로 인하여 청구인은 일정한 신상정보를 제출해야 하는 불이익을 받게 되나, 이에 비하여 제출 조항이 달성하려는 공익이 크다고 보이므로 법익의 균형성도 인정된다. 따라서 제출 조항은 청구인의 개인정보자기결정권을 침해하지 않는다(헌재 2016.3.31. 2014헌마457).

⑤ (×) 국회의원인 甲 등이 '각급학교 교원의 교원단체 및 교원노조 가입현황 실명자료'를 인터넷을 통하여 공개한 사안에서, 위 정보는 개인정보자기결정권의 보호대상이 되는 개인정보에 해당하므로 이를 일반 대중에게 공개하는 행위는 해당 교원들의 개인정보자기결정권과 전국교직원노동조합의 존속, 유지, 발전에 관한 권리를 침해하는 것이고, 甲 등이 위 정보를 공개한 표현행위로 인하여 얻을 수 있는 법적 이익이 이를 공개하지 않음으로써 보호받을 수 있는 해당 교원 등의 법적 이익에 비하여 우월하다고 할 수 없으므로, 甲 등의 정보공개행위가 위법하다(대판 2014.7.24. 2012다49933).

87 0343 ○△×|○△×|○△× 2021 법무사

개인정보자기결정권에 관한 다음 설명 중 가장 옳지 않은 것은? (다툼이 있는 경우 대법원 판례 및 헌법재판소 결정에 의함)

① 개인정보자기결정권은 자신에 관한 정보가 언제 누구에게 어느 범위까지 알려지고 또 이용되도록 할 것인지를 그 정보주체가 스스로 결정할 수 있는 권리로서, 헌법 제10조 제1문에서 도출되는 일반적 인격권 및 헌법 제17조의 사생활의 비밀과 자유에 의하여 보장된다.

② 개인정보를 대상으로 한 조사·수집·보관·처리·이용 등의 행위는 모두 원칙적으로 개인정보자기결정권에 대한 제한에 해당한다.

③ 직계혈족이기만 하면 아무런 제한 없이 자녀의 가족관계증명서 및 기본증명서의 교부를 청구하여 발급받을 수 있도록 규정한 가족관계의 등록 등에 관한 법률 제15조 제1항은 과잉금지원칙을 위반하여 자녀의 개인정보자기결정권을 침해한다.

④ 정보주체가 직접 또는 제3자를 통하여 이미 공개한 개인정보라고 하더라도 공개 당시 정보주체가 자신의 개인정보에 대한 수집이나 제3자 제공 등의 처리에 대하여 동의를 하였다고 단정할 수 없으므로, 그 정보를 수집·이용·제공 등 처리하고자 하는 자는 정보주체로부터 별도의 동의를 받아야 한다.

⑤ 법률정보 제공 사이트를 운영하는 회사가 공립대학교 법학과 교수의 사진, 성명, 성별, 출생연도, 직업, 직장, 학력, 경력 등 개인정보를 위 법학과 홈페이지 등을 통해 수집하여 위 사이트 내 '법조인' 항목에서 유료로 제공한 경우, 위 회사가 영리 목적으로 개인정보를 수집하여 제3자에게 제공하였더라도 그에 의하여 얻을 수 있는 법적 이익이 정보처리를 막음으로써 얻을 수 있는 정보주체의 인격적 법익에 비하여 우월하므로, 개인정보자기결정권을 침해하는 위법한 행위로 평가할 수 없다.

지문분석 난이도 중 정답 ④

| 키 워 드 | 개인정보자기결정권

| 출제유형 | 판례

④ (X) 정보주체가 직접 또는 제3자를 통하여 이미 공개한 개인정보는 공개 당시 정보주체가 자신의 개인정보에 대한 수집이나 제3자 제공 등의 처리에 대하여 일정한 범위 내에서 동의를 하였다고 할 것이다. 따라서 이미 공개된 개인정보를 정보주체의 동의가 있었다고 객관적으로 인정되는 범위 내에서 수집·이용·제공 등 처리를 할 때는 정보주체의 별도의 동의는 불필요하다고 보아야 하고, 별도의 동의를 받지 아니하였다고 하여 개인정보 보호법 제15조나 제17조를 위반한 것으로 볼 수 없다(대판 2016.8.17. 2014다235080).

① (O) 개인정보자기결정권은 자신에 관한 정보가 언제 누구에게 어느 범위까지 알려지고 또 이용되도록 할 것인지를 그 정보주체가 스스로 결정할 수 있는 권리로서, 헌법 제10조 제1문에서 도출되는 일반적 인격권 및 헌법 제17조의 사생활의 비밀과 자유에 의하여 보장된다(헌재 2018.8.30. 2014헌마368).

② (O) 개인정보를 대상으로 한 조사·수집·보관·처리·이용 등의 행위는 모두 원칙적으로 개인정보자기결정권에 대한 제한에 해당한다(헌재 2018.8.30. 2014헌마368).

③ (O) 이 사건 법률 조항은 가정폭력 가해자에 대한 별도의 제한 없이 직계혈족이기만 하면 사실상 자유롭게 그 자녀의 가족관계증명서와 기본증명서의 교부를 청구하여 발급받을 수 있도록 함으로써, 그로 인하여 가정폭력 피해자인 청구인의 개인정보가 가정폭력 가해자인 전 배우자에게 무단으로 유출될 수 있는 가능성을 열어놓고 있다. 따라서 과잉금지원칙에 위배되어 청구인의 개인정보자기결정권을 침해한다(헌재 2020.8.28. 2018헌마927).

⑤ (O) 법률정보 제공 사이트를 운영하는 甲 주식회사가 공립대학교인 乙 대학교 법과대학 법학과 교수로 재직 중인 丙의 사진, 성명, 성별, 출생연도, 직업, 직장, 학력, 경력 등의 개인정보를 위 법학과 홈페이지 등을 통해 수집하여 위 사이트 내 '법조인' 항목에서 유료로 제공한 사안에서, 甲 회사가 영리 목적으로 丙의 개인정보를 수집하여 제3자에게 제공하였더라도 그에 의하여 얻을 수 있는 법적 이익이 정보처리를 막음으로써 얻을 수 있는 정보주체의 인격적 법익에 비하여 우월하므로, 甲 회사의 행위를 丙의 개인정보자기결정권을 침해하는 위법한 행위로 평가할 수 없고, 甲 회사가 丙의 개인정보를 수집하여 제3자에게 제공한 행위는 丙의 동의가 있었다고 객관적으로 인정되는 범위 내이고, 甲 회사에 영리 목적이 있었다고 하여 달리 볼 수 없으므로, 甲 회사가 丙의 별도의 동의를 받지 아니하였다고 하여 개인정보 보호법 제15조나 제17조를 위반하였다고 볼 수 없다(대판 2016.8.17. 2014다235080).

88 0344 ○△×|○△×|○△× 2015 경찰 승진

개인정보자기결정권에 관한 설명 중 가장 적절하지 않은 것은? (다툼이 있는 경우 판례에 의함)

① 개인정보자기결정권은 자신에 관한 정보가 언제 누구에게 어느 범위까지 알려지고 또 이용되도록 할 것인지를 그 정보주체가 스스로 결정할 수 있는 권리이다.
② 헌법재판소는 개인정보자기결정권을 헌법상의 기본권으로 인정하며, 그 헌법적 근거는 독자적인 기본권으로서 헌법상 명시되지 않은 기본권에 해당한다고 본다.
③ 개인정보자기결정권의 보호대상이 되는 개인정보는 공적 생활에서 형성되었거나 이미 공개된 개인정보는 포함되지 아니한다.
④ 개인정보 보호법에서는 구 공공기관의 개인정보 보호에 관한 법률과 달리 공공기관뿐만 아니라 법인, 단체, 개인 등으로 개인정보처리자의 범위가 확대되었다.

지문분석 난이도 하 정답 ③

| 키 워 드 | 개인정보자기결정권
| 출제유형 | 조문 + 판례

③ (X) 개인정보자기결정권의 보호대상이 되는 개인정보는 개인의 신체, 신념, 사회적 지위, 신분 등과 같이 개인의 인격주체성을 특징짓는 사항으로서 그 개인의 동일성을 식별할 수 있게 하는 일체의 정보라고 할 수 있고, 반드시 개인의 내밀한 영역이나 사사(私事)의 영역에 속하는 정보에 국한되지 않고 공적 생활에서 형성되었거나 이미 공개된 개인정보까지 포함한다(헌재 2005.5.26. 99헌마513).
① (O) 개인정보자기결정권은 자신에 관한 정보가 언제 누구에게 어느 범위까지 알려지고 또 이용되도록 할 것인지를 그 정보주체가 스스로 결정할 수 있는 권리, 즉 정보주체가 개인정보의 공개와 이용에 관하여 스스로 결정할 권리를 말하는바, 개인의 고유성, 동일성을 나타내는 지문은 그 정보주체를 타인으로부터 식별가능하게 하는 개인정보이므로, 시장·군수 또는 구청장이 개인의 지문정보를 수집하고, 경찰청장이 이를 보관·전산화하여 범죄수사목적에 이용하는 것은 모두 개인정보자기결정권을 제한하는 것이다(헌재 2005.5.26. 99헌마513).
② (O) 개인정보자기결정권의 헌법상 근거로는 헌법 제17조의 사생활의 비밀과 자유, 헌법 제10조 제1문의 인간의 존엄과 가치 및 행복추구권에 근거를 둔 일반적 인격권 또는 위 조문들과 동시에 우리 헌법의 자유민주적 기본질서 규정 또는 국민주권원리와 민주주의원리 등을 고려할 수 있으나, 개인정보자기결정권으로 보호하려는 내용을 위 각 기본권들 및 헌법원리들 중 일부에 완전히 포섭시키는 것은 불가능하다고 할 것이므로, 그 헌법적 근거를 굳이 어느 한 두 개에 국한시키는 것은 바람직하지 않은 것으로 보이고, 오히려 개인정보자기결정권은 이들을 이념적 기초로 하는 독자적 기본권으로서 헌법에 명시되지 아니한 기본권이라고 보아야 할 것이다(헌재 2005.5.26. 99헌마513).
④ (O) 개인정보 보호법 제2조 제5호

89 0345 ○△×|○△×|○△× 2017 경찰 승진

개인정보자기결정권에 대한 설명으로 가장 적절하지 않은 것은? (다툼이 있는 경우 판례에 의함)

① 헌법재판소는 개인정보자기결정권을 헌법상의 기본권으로 인정하며, 그 헌법적 근거는 독자적인 기본권으로서 헌법상 명시되지 않은 기본권에 해당한다고 본다.
② 주민등록번호 변경에 관한 규정을 두지 않는 주민등록법 관련 조항은 주민등록번호 불법 유출 등을 원인으로 자신의 주민등록번호를 변경하고자 하는 사람들의 개인정보자기결정권을 침해하고 있다.
③ 개인정보자기결정권은 인간의 존엄과 가치, 행복추구권을 규정한 헌법 제10조 제1문의 일반적 인격권 및 헌법 제17조의 사생활의 비밀과 자유에 의하여 도출되고 보장된다.
④ 개인정보자기결정권의 보호대상이 되는 개인정보에는 이미 공개된 개인정보는 포함되지 않는다.

지문분석 난이도 중 정답 ④

| 키 워 드 | 개인정보자기결정권
| 출제유형 | 판례

④ (X) 개인정보자기결정권의 보호대상이 되는 개인정보는 개인의 신체, 신념, 사회적 지위, 신분 등과 같이 개인의 인격주체성을 특징짓는 사항으로서 그 개인의 동일성을 식별할 수 있게 하는 일체의 정보라고 할 수 있고, 반드시 개인의 내밀한 영역이나 사사(私事)의 영역에 속하는 정보에 국한되지 않고 공적 생활에서 형성되었거나 이미 공개된 개인정보까지 포함한다(헌재 2005.5.26. 99헌마513).
① (O), ③ (O) 개인정보자기결정권의 헌법상 근거로는 헌법 제17조의 사생활의 비밀과 자유, 헌법 제10조 제1문의 인간의 존엄과 가치 및 행복추구권에 근거를 둔 일반적 인격권 또는 위 조문들과 동시에 우리 헌법의 자유민주적 기본질서 규정 또는 국민주권원리와 민주주의원리 등을 고려할 수 있으나, 개인정보자기결정권으로 보호하려는 내용을 위 각 기본권들 및 헌법원리들 중 일부에 완전히 포섭시키는 것은 불가능하다고 할 것이므로, 그 헌법적 근거를 굳이 어느 한 두개에 국한시키는 것은 바람직하지 않은 것으로 보이고, 오히려 개인정보자기결정권은 이들을 이념적 기초로 하는 독자적 기본권으로서 헌법에 명시되지 아니한 기본권이라고 보아야 할 것이다(헌재 2005.5.26. 99헌마513).
② (O) 주민등록번호 변경에 관한 규정을 두고 있지 않은 심판대상 조항은 과잉금지원칙에 위배되어 개인정보자기결정권을 침해한다(헌재 2015.12.23. 2013헌바68).

90 0346 ○△×|○△×|○△× 2018 경찰 승진

개인정보자기결정권에 대한 설명으로 옳은 것을 모두 고른 것은? (다툼이 있는 경우 판례에 의함)

㉠ 학교생활세부사항기록부의 '행동특성 및 종합의견'에 학교폭력예방법 제17조에 규정된 가해학생에 대한 조치사항을 입력하고, 이러한 내용을 학생의 졸업과 동시에 삭제하도록 규정한 학교생활기록 작성 및 관리지침이 법률유보원칙에 반하여 개인정보자기결정권을 침해하는 것이라 할 수 없다.

㉡ 형제자매에게 가족관계등록부 등의 기록사항에 관한 증명서 교부청구권을 부여하는 가족관계의 등록 등에 관한 법률 조항은 개인정보자기결정권을 침해하지 않는다.

㉢ 국민기초생활보장법상의 급여신청자에게 금융거래정보의 제출을 요구할 수 있도록 한 동법 시행규칙은 급여신청자의 개인정보자기결정권을 침해한다.

㉣ 게임물 관련 사업자에게 게임물 이용자의 회원가입 시 본인인증을 할 수 있는 절차를 마련하도록 하고, 청소년의 회원가입 시 법정대리인의 동의를 확보하도록 하고 있는 게임산업진흥에 관한 법률 조항은 개인정보자기결정권을 제한한다.

① ㉠, ㉡ ② ㉡, ㉢
③ ㉠, ㉣ ④ ㉠, ㉡, ㉢, ㉣

지문분석 난이도 상 정답 ③

| 키 워 드 | 개인정보자기결정권
| 출제유형 | 판례

㉠ (○) 학교생활세부사항기록부의 '행동특성 및 종합의견'에 학교폭력예방법 제17조에 규정된 가해학생에 대한 조치사항을 입력하고 이를 졸업할 때까지 보존하도록 규정하고 있는 것은, 초·중등교육법 제25조 제1항이 교육부령에 위임하고 동법 시행규칙 제23조 및 제24조가 교육부장관에게 재위임한 '학교생활기록의 작성과 관리에 관한 사항'에 해당한다. 따라서 이 사건 기재조항 및 보존조항은 법률유보원칙에 위배되어 청구인의 개인정보자기결정권을 침해하지 않는다(헌재 2016.4.28. 2012헌마630).

㉣ (○) 게임물 관련 사업자에게 게임물 이용자의 회원가입 시 본인인증을 할 수 있는 절차를 마련하도록 하고, 청소년의 회원가입 시 법정대리인의 동의를 확보하도록 하고 있는 게임산업진흥에 관한 법률의 본인인증 및 동의확보 조항은 인터넷게임 이용자가 자기의 개인정보에 대한 제공, 이용 및 보관에 관하여 스스로 결정할 권리인 개인정보자기결정권을 제한한다(헌재 2015.3.26. 2013헌마517).

㉡ (×) 형제자매에게 가족관계등록부 등의 기록사항에 관한 증명서 교부청구권을 부여하는 가족관계의 등록 등에 관한 법률 조항은 과잉금지원칙을 위반하여 개인정보자기결정권을 침해한다(헌재 2016.6.30. 2015헌마924).

㉢ (×) 국민기초생활보장법상의 급여신청자에게 금융거래정보의 제출을 요구할 수 있도록 한 동법 시행규칙은 개인정보자기결정권을 침해하지 아니한다(헌재 2005.11.24. 2005헌마112).

91 0347 ○△×|○△×|○△× 2016 국가직 7급

개인정보자기결정권에 대한 헌법재판소 결정으로 옳은 것은?

① 주민등록법에서 주민등록번호 변경에 관한 규정을 두고 있지 않은 것이 주민등록번호 불법 유출 등을 원인으로 자신의 주민등록번호를 변경하고자 하는 사람들의 개인정보자기결정권을 침해하는 것은 아니다.

② 학교폭력 가해학생에 대한 조치사항을 학교생활기록부에 기재하고 졸업할 때까지 보존하는 것은 과잉금지원칙에 위배되어 가해학생의 개인정보자기결정권을 침해한다.

③ 통신매체이용음란죄로 유죄판결이 확정된 사람을 일률적으로 신상정보등록대상자가 되도록 하는 것은 침해의 최소성에 위배되어 개인정보자기결정권을 침해한다.

④ 기소유예처분에 관한 수사경력자료를 최장 5년까지 보존하도록 하는 것은 기소유예처분을 받은 자의 개인정보자기결정권을 침해한다.

지문분석 난이도 중 정답 ③

| 키 워 드 | 개인정보자기결정권
| 출제유형 | 판례

③ (○) 통신매체이용음란죄로 유죄판결이 확정된 자는 신상정보 등록대상자가 된다고 규정한 조항은 목적의 정당성 및 수단의 적합성은 인정되나, 통신매체이용음란죄로 유죄의 확정판결을 받은 자에 대하여 개별 행위 유형에 따른 죄질 및 재범의 위험성을 고려하지 않고 모두 신상정보 등록대상자가 되도록 하여 개인정보자기결정권을 침해하여 헌법에 위반된다(헌재 2016.3.31. 2015헌마688).

① (×) 주민등록번호 변경이 필요한 경우가 있음에도 그 변경에 관하여 규정하지 아니한 채 일률적으로 주민등록번호를 부여하는 제도는 과잉금지원칙을 위반하여 개인정보자기결정권을 침해하여 헌법에 합치되지 아니하고, 위 조항은 2017.12.31.을 시한으로 입법자가 개정할 때까지 계속 적용된다(헌재 2015.12.23. 2013헌바68).

② (×) 학교폭력 관련 조치사항을 학교생활기록의 '행동특성 및 종합의견'에 입력하도록 규정한 것과 이렇게 입력된 조치사항을 졸업과 동시에 삭제하도록 규정한 것은 법률유보원칙이나 과잉금지원칙에 반하여 개인정보자기결정권을 침해하지 않는다(헌재 2016.4.28. 2012헌마630).

④ (×) 범죄혐의로 수사를 받은 피의자가 검사로부터 기소유예의 불기소처분을 받은 경우 혐의대상 범죄의 법정형에 따라 일정기간 피의자의 지문정보와 함께 인적사항, 죄명, 입건관서, 입건일자, 처분결과 등 개인정보를 보존하도록 규정한 것은 과잉금지원칙을 위반하여 개인정보자기결정권을 침해하지 않는다(헌재 2016.6.30. 2015헌마828).

92 0348 ○△×|○△×|○△× 2020 법원직 9급

개인정보자기결정권에 관한 다음 설명 중 가장 옳지 않은 것은?

① 국회의원인 甲이 '각급학교 교원의 교원단체 및 교원노조 가입현황 실명자료'를 인터넷을 통하여 공개하였다면, 이는 개인정보자기결정권의 보호대상이 되는 개인정보를 일반 대중에게 공개함으로써 해당 교원들의 개인정보자기결정권을 침해하는 것이다.

② 법률정보 제공 사이트를 운영하는 甲주식회사가 공립대학교인 乙 대학교 법과대학 법학과 교수로 재직 중인 丙의 사진, 성명, 성별, 출생연도, 직업, 직장, 학력, 경력 등의 개인정보를 위 법학과 홈페이지 등을 통해 수집하여 위 사이트 내 '법조인' 항목에서 유료로 제공한 행위는 丙의 개인정보자기결정권을 침해하지 않는다.

③ 지문은 개인의 고유성과 동일성을 나타내는 생체정보로서 개인이 임의로 변경할 수 없는 정보이고, 행정상 목적으로 신원확인이 필요한 경우 반드시 열 손가락 지문 전부가 필요한 것은 아니므로 주민등록증 발급신청서에 열 손가락 지문을 찍도록 하는 것은 개인정보자기결정권을 침해한다.

④ 국민건강보험공단이 경찰서장에게 일정기간 동안의 피의자에 대한 급여일자, 요양기관명을 포함한 요양급여내역을 제공한 행위는 개인정보자기결정권을 침해한다.

지문분석 난이도 중 정답 ③

| 키 워 드 | 개인정보자기결정권

| 출제유형 | 판례

③ (×) 이 사건 시행령 조항은 신원확인기능의 효율적 수행을 도모하고, 신원확인의 정확성 내지 완벽성을 제고하기 위하여 열손가락 지문 전부를 주민등록증 발급신청서에 날인하도록 규정하고 있는바, 지문정보가 유전자, 홍채, 치아 등 다른 신원확인수단에 비하여 간편하고 효율적이며, 일정한 범위의 범죄자나 손가락 일부의 지문정보를 수집하는 것만으로는 열 손가락 지문을 대조하는 것과 그 정확성 면에서 비교하기 어렵다는 점 등을 고려하면, 이 사건 시행령 조항이 과도하게 개인정보자기결정권을 침해하였다고 볼 수 없다(헌재 2015.5.28. 2011헌마731).

① (○) 이 사건 정보는 개인정보자기결정권의 보호대상이 되는 개인정보에 해당하므로, 이 사건 정보를 일반 대중에게 공개하는 행위는 해당 교원들의 개인정보자기결정권의 침해에 해당한다고 봄이 상당하다. 또한 위와 같은 조합 가입 여부에 관한 개인정보가 공개될 경우 원고 전국교직원노동조합(이하 '전교조'라고 한다)에 속한 조합원들이 조합을 탈퇴하거나, 비조합원들이 조합에 가입하는 것을 꺼리게 될 수 있어 원고 전교조 역시 그 존속, 유지, 발전에 지장을 받을 수 있으므로, 이 사건 정보를 일반 대중에게 공개하는 행위는 원고 전교조의 그러한 권리를 침해하는 경우에 해당한다고 봄이 상당하다(대판 2014.7.24. 2012다49933).

② (○) 甲 회사가 영리 목적으로 丙의 개인정보를 수집하여 제3자에게 제공하였더라도 그에 의하여 얻을 수 있는 법적 이익이 정보처리를 막음으로써 얻을 수 있는 정보주체의 인격적 법익에 비하여 우월하므로, 甲 회사의 행위를 丙의 개인정보자기결정권을 침해하는 위법한 행위로 평가할 수 없고, 甲 회사가 丙의 개인정보를 수집하여 제3자에게 제공한 행위는 丙의 동의가 있었다고 객관적으로 인정되는 범위 내이고, 甲 회사에 영리 목적이 있었다고 하여 달리 볼 수 없으므로, 甲 회사가 丙의 별도의 동의를 받지 아니하였다고 하여 개인정보 보호법 제15조나 제17조를 위반하였다고 볼 수 없다(대판 2016.8.17. 2014다235080).

④ (○) 급여일자와 요양기관명은 피의자의 현재 위치를 곧바로 파악할 수 있는 정보는 아니므로, 이 사건 정보제공행위로 얻을 수 있는 수사상의 이익은 없었거나 미약한 정도였다. 반면 서울용산경찰서장에게 제공된 요양기관명에는 전문의의 병원도 포함되어 있어 청구인들의 질병의 종류를 예측할 수 있는 점, 2년 내지 3년 동안의 요양급여정보는 청구인들의 건강 상태에 대한 총체적인 정보를 구성할 수 있는 점 등에 비추어 볼 때, 이 사건 정보제공행위로 인한 청구인들의 개인정보자기결정권에 대한 침해는 매우 중대하다. 그렇다면 이 사건 정보제공행위는 이 사건 정보제공 조항 등이 정한 요건을 충족한 것으로 볼 수 없고, 침해의 최소성 및 법익의 균형성에 위배되어 청구인들의 개인정보자기결정권을 침해하였다(헌재 2018.8.30. 2014헌마368).

93 0349 ○△×|○△×|○△× 2019 경찰 승진

개인정보자기결정권에 대한 설명으로 가장 적절하지 않은 것은? (다툼이 있는 경우 헌법재판소 판례에 의함)

① 형제자매에게 가족관계등록부 등의 기록사항에 관한 증명서 교부청구권을 부여하는 가족관계의 등록 등에 관한 법률 조항은 과잉금지원칙을 위반하여 청구인의 개인정보자기결정권을 침해한다.

② 국민건강보험공단이 서울용산경찰서장에게 청구인들의 요양급여내역을 제공한 행위는 검거 목적에 필요한 최소한의 정보에 해당하는 '급여일자와 요양기관명'만을 제공하였기 때문에, 과잉금지원칙에 위배되지 않아 청구인들의 개인정보자기결정권을 침해하지 않는다.

③ 가축전염병의 발생 예방 및 확산 방지를 위해 축산관계시설 출입차량에 차량무선인식장치를 설치하여 이동경로를 파악할 수 있도록 한 구 가축전염병예방법 조항은 축산관계시설에 출입하는 청구인들의 개인정보자기결정권을 침해하지 않는다.

④ 이 사건 법률 시행 당시 디엔에이감식시료 채취 대상범죄로 이미 징역이나 금고 이상의 실형을 선고받아 그 형이 확정되어 수용 중인 사람에게 디엔에이감식시료 채취 및 디엔에이확인정보의 수집·이용에 있어서 디엔에이신원확인 정보의 이용 및 보호에 관한 법률을 적용할 수 있도록 규정한 동 법률 부칙 조항은 개인정보자기결정권을 과도하게 침해하지 않는다.

지문분석 난이도 ㊤ 정답 ②

| **키 워 드** | 개인정보자기결정권

| **출제유형** | 판례

② (X) 서울용산경찰서장은 청구인들을 검거하기 위하여 청구인들의 요양급여정보를 제공받는 것이 불가피한 상황이 아니었음에도 불구하고 이 사건 정보제공요청을 하였고, 국민건강보험공단은 이 사건 정보제공조항 등이 정한 요건에 해당하는지 여부에 대하여 실질적으로 판단하지 아니한 채 민감정보에 해당하는 청구인들의 요양급여정보를 제공한 것이므로, 이 사건 정보제공행위는 '청구인들의 민감정보를 제공받는 것이 범죄의 수사를 위하여 불가피할 것'이라는 요건을 갖춘 것으로 볼 수 없다. … 그렇다면 이 사건 정보제공행위는 침해의 최소성에 위배된다. 앞서 본 바와 같이 서울용산경찰서장은 청구인들의 소재를 파악한 상태였거나 다른 수단으로 충분히 파악할 수 있었으므로 이 사건 정보제공행위로 얻을 수 있는 수사상의 이익은 거의 없거나 미약하였던 반면, 청구인들은 자신도 모르는 사이에 민감정보인 요양급여정보가 수사기관에 제공되어 개인정보자기결정권에 대한 중대한 불이익을 받게 되었으므로, 이 사건 정보제공행위는 법익의 균형성도 갖추지 못하였다. 이 사건 정보제공행위는 과잉금지원칙에 위배되어 청구인들의 개인정보자기결정권을 침해하였다(헌재 2018.8.30. 2014헌마368).

① (O) 이 사건 법률 조항을 통해 달성하려는 것은 본인과 형제자매의 편익 증진인바, 이러한 공익의 중요성은 그다지 크다고 볼 수 없고, 이를 통해 달성되는 공익 실현의 효과 또한 크지 않다. 반면, 이 사건 법률 조항으로 말미암아 형제자매가 각종 증명서를 발급받을 수 있도록 함으로써 초래되는 기본권 침해는 중대하다고 볼 수 있으므로 이 사건 법률 조항에 대해서는 법익의 균형성을 인정하기 어렵다. 따라서 이 사건 법률 조항은 과잉금지원칙을 위반하여 청구인의 개인정보자기결정권을 침해한다(헌재 2016.6.30. 2015헌마924).

③ (O) 심판대상 조항의 입법목적은 차량의 축산관계시설 출입정보를 국가가축방역통합정보시스템으로 송신하여 이를 통합적·체계적으로 관리하고 차량의 이동경로를 신속하게 파악하여 구제역과 같은 가축전염병이 발생한 경우 신속한 역학조사를 행함으로써 가축전염병의 확산을 방지하고 효과적으로 대응하고자 함에 있으므로, 그 입법목적의 정당성이 인정된다. … 따라서 심판대상 조항은 청구인들의 개인정보자기결정권을 침해하지 아니한다(헌재 2015.4.30. 2013헌마81).

④ (O) 다른 범죄에 비하여 상대적으로 재범의 위험성이 높은 범죄를 범한 수형인 등은 언제 다시 동종의 범죄를 저지를지 알 수 없어 그가 생존하는 동안에는 재범의 위험성이 있다고 할 수 있으므로, 데이터베이스에 수록된 디엔에이신원확인정보를 수형인 등이 사망할 때까지 관리하여 범죄수사 및 범죄예방에 이바지하고자 하는 이 사건 삭제조항은 입법목적의 정당성과 수단의 적절성이 인정된다. … 그러므로 이 사건 삭제조항은 과잉금지원칙을 위반하여 디엔에이신원확인정보 수록 대상자의 개인정보자기결정권을 침해한다고 볼 수 없다(헌재 2014.8.28. 2011헌마28 등).

94 0350 ○△×|○△×|○△× 2021 국가직 7급

개인정보자기결정권에 대한 설명으로 옳지 않은 것은? (다툼이 있는 경우 판례에 의함)

① 구 형의 실효 등에 관한 법률의 해당 조항이 법원에서 불처분 결정된 소년부송치 사건에 대한 수사경력자료의 삭제 및 보존기간에 대하여 규정하지 아니하여 수사경력자료에 기록된 개인정보가 당사자의 사망 시까지 보존되면서 이용되는 것은 당사자의 개인정보자기결정권에 대한 제한에 해당한다.

② 선거운동기간 중 모든 익명표현을 사전적·포괄적으로 규율하는 것은 표현의 자유보다 행정편의와 단속편의를 우선함으로써 익명표현의 자유와 개인정보자기결정권 등을 지나치게 제한한다.

③ 야당 소속 후보자 지지 혹은 정부 비판은 정치적 견해로서 개인의 인격주체성을 특징짓는 개인정보에 해당하지만, 그것이 지지 선언 등의 형식으로 공개적으로 이루어진 것이라면 개인정보자기결정권의 보호범위 내에 속하지 않는다.

④ 서울용산경찰서장이 전기통신사업자로부터 위치추적자료를 제공받아 청구인들의 위치를 확인하였거나 확인할 수 있었음에도 불구하고 청구인들의 검거를 위하여 국민건강보험공단으로부터 2년 내지 3년 동안의 요양급여정보를 제공받은 것은 청구인들의 개인정보자기결정권에 대한 중대한 침해에 해당한다.

지문분석 난이도 상 정답 ③

| 키 워 드 | 개인정보자기결정권

| 출제유형 | 판례

③ (×) 이 사건 정보수집 등 행위는 청구인 윤○○, 정○○이 과거 야당 후보를 지지하거나 세월호 참사에 대한 정부의 대응을 비판한 의사표시에 관한 정보를 대상으로 한다. 이러한 야당 소속 후보자 지지 혹은 정부 비판은 정치적 견해로서 개인의 인격주체성을 특징짓는 개인정보에 해당하고, 그것이 지지 선언 등의 형식으로 공개적으로 이루어진 것이라고 하더라도 여전히 개인정보자기결정권의 보호범위 내에 속한다(헌재 2020.12.23. 2017헌마416).

① (○) 이 사건 구법 조항이 법원에서 불처분결정된 소년부송치 사건에 대한 수사경력자료의 삭제 및 보존기간에 대하여 규정하지 아니하여 수사경력자료에 기록된 개인정보가 당사자의 사망 시까지 보존되면서 이용되는 것은 당사자의 개인정보자기결정권에 대한 제한에 해당하는바, 이 사건 구법 조항이 과잉금지원칙을 위반하여 개인정보자기결정권을 침해하는지 여부가 문제된다. … 따라서 법원에서 불처분결정된 소년부송치 사건에 대한 수사경력자료의 보존기간과 삭제에 대한 규정을 두지 않은 이 사건 구법 조항은 과잉금지원칙을 위반하여 소년부송치 후 불처분결정을 받은 자의 개인정보자기결정권을 침해한다(헌재 2021.6.24. 2018헌가2).

② (○) 선거운동기간 중 정치적 익명표현의 부정적 효과는 익명성 외에도 해당 익명표현의 내용과 함께 정치적 표현행위를 규제하는 관련 제도, 정치적·사회적 상황의 여러 조건들이 아울러 작용하여 발생하므로, 모든 익명표현을 사전적·포괄적으로 규율하는 것은 표현의 자유보다 행정편의와 단속편의를 우선함으로써 익명표현의 자유와 개인정보자기결정권 등을 지나치게 제한한다(헌재 2021.1.28. 2018헌마456 등).

④ (○) 서울용산경찰서장은 청구인들을 검거하기 위해서 국민건강보험공단에게 청구인들의 요양급여내역을 요청한 것인데, 서울용산경찰서장은 그와 같은 요청을 할 당시 전기통신사업자로부터 위치추적자료를 제공받는 등으로 청구인들의 위치를 확인하였거나 확인할 수 있는 상태였다. 따라서 서울용산경찰서장이 청구인들을 검거하기 위하여 청구인들의 약 2년 또는 3년이라는 장기간의 요양급여내역을 제공받는 것이 불가피하였다고 보기 어렵다. … 그렇다면 이 사건 정보제공행위는 이 사건 정보제공조항 등이 정한 요건을 충족한 것으로 볼 수 없고, 침해의 최소성 및 법익의 균형성에 위배되어 청구인들의 개인정보자기결정권을 침해하였다(헌재 2018.8.30. 2014헌마368).

95 0351 ○△×|○△×|○△× 2022 경찰 1차

개인정보자기결정권에 관한 설명 중 가장 적절하지 않은 것은? (다툼이 있는 경우 판례에 의함)

① 아동·청소년 성매수죄로 유죄가 확정된 자는 신상정보 등록대상자가 되도록 규정한 성폭력범죄의 처벌 등에 관한 특례법 제42조 제1항 중 "구 아동·청소년의 성보호에 관한 법률 제2조 제2호 가운데 제10조 제1항의 범죄로 유죄판결이 확정된 자는 신상정보 등록대상자가 된다."는 부분은 청구인의 개인정보자기결정권을 침해하지 않는다.

② 성적목적공공장소침입죄로 형을 선고받아 유죄판결이 확정된 자는 신상정보 등록대상자가 된다고 규정한 성폭력범죄의 처벌 등에 관한 특례법 제42조 제1항 중 "제12조의 범죄로 유죄판결이 확정된 자"에 관한 부분은 청구인의 개인정보자기결정권을 침해하지 않는다.

③ 통신매체이용음란죄로 유죄판결이 확정된 자는 신상정보 등록대상자가 된다고 규정한 성폭력범죄의 처벌 등에 관한 특례법 제42조 제1항 중 "제13조의 범죄로 유죄판결이 확정된 자는 신상정보 등록대상자가 된다."는 부분은 청구인의 개인정보자기결정권을 침해한다.

④ 가상의 아동·청소년이용음란물배포죄로 유죄판결이 확정된 자는 신상정보 등록대상자가 되도록 규정한 성폭력범죄의 처벌 등에 관한 특례법 제42조 제1항 중 구 아동·청소년의 성보호에 관한 법률 제8조 제4항의 아동·청소년이용음란물 가운데 "아동·청소년으로 인식될 수 있는 사람이나 표현물이 등장하는 것"에 관한 부분으로 유죄판결이 확정된 자에 관한 부분은 청구인의 개인정보자기결정권을 침해한다.

지문분석 난이도 중 정답 ④

| **키 워 드** | 개인정보자기결정권

| **출제유형** | 판례

④ (X) 아동·청소년이용음란물배포죄는 아동·청소년이 실제로 등장하는지 여부를 불문하고 아동·청소년의 성에 대한 왜곡된 인식과 비정상적인 태도를 광범위하게 형성하게 할 수 있다는 점에서 죄질이 경미하다고 할 수 없고, 헌법재판소와 대법원은 가상의 아동·청소년이용음란물에 대하여 제한적으로 해석하고 있어 등록조항에 따른 등록대상자의 범위는 이에 따라 제한되므로, 등록조항은 침해의 최소성을 갖추었다. 등록조항으로 인하여 제한되는 사익에 비하여 아동·청소년대상 성범죄 방지 및 사회 방위라는 공익이 더 크므로 법익의 균형성도 인정된다. 따라서 등록조항은 개인정보자기결정권을 침해하지 않는다(헌재 2016.3.31. 2014헌마785).

① (O) 아동·청소년 성매수죄는 그 죄질이 무겁고, 그 행위 태양 및 불법성이 다양하다고 보기 어려우므로, 입법자가 개별 아동·청소년 성매수죄의 행위 태양, 불법성을 구별하지 않은 것이 불필요한 제한이라고 볼 수 없다. 또한, 신상정보 등록대상자가 된다고 하여 그 자체로 사회복귀가 저해되거나 전과자라는 사회적 낙인이 찍히는 것은 아니므로 침해되는 사익은 크지 않고, 반면 등록조항을 통해 달성되는 공익은 매우 중요하다. 따라서 등록조항은 청구인의 개인정보자기결정권을 침해하지 않는다(헌재 2016.2.25. 2013헌마830).

② (O) 성적목적공공장소침입죄는 공공화장실 등 일정한 장소를 침입하는 경우에 한하여 성립하므로 등록조항에 따른 등록대상자의 범위는 이에 따라 제한되는바, 등록조항은 침해의 최소성원칙에 위배되지 않는다. 등록조항으로 인하여 제한되는 사익에 비하여 성범죄의 재범 방지와 사회 방위라는 공익이 크다는 점에서 법익의 균형성도 인정된다. 따라서 등록조항은 청구인의 개인정보자기결정권을 침해하지 않는다(헌재 2016.10.27. 2014헌마709).

③ (O) 통신매체이용음란죄의 구성요건에 해당하는 행위 태양은 행위자의 범의·범행 동기·행위 상대방·행위 횟수 및 방법 등에 따라 매우 다양한 유형이 존재하고, 개별 행위유형에 따라 재범의 위험성 및 신상정보 등록 필요성은 현저히 다르다. 그런데 심판대상 조항은 통신매체이용음란죄로 유죄판결이 확정된 사람은 누구나 법관의 판단 등 별도의 절차 없이 필요적으로 신상정보 등록대상자가 되도록 하고 있고, 등록된 이후에는 그 결과를 다툴 방법도 없다. 그렇다면, 심판대상 조항은 과잉금지원칙을 위반하여 청구인의 개인정보자기결정권을 침해한다(헌재 2016.3.31. 2015헌마688).

96 0352 ○△×|○△×|○△× 2022 경찰 간부

개인정보자기결정권에 대한 설명으로 가장 적절하지 않은 것은? (다툼이 있는 경우 헌법재판소 판례에 의함)

① 가정폭력 가해자에 대한 별도의 제한 없이 직계혈족이기만 하면 그 자녀의 가족관계증명서 및 기본증명서의 교부를 청구하여 발급받을 수 있도록 한 가족관계의 등록 등에 관한 법률 조항은 가정폭력 피해자인 청구인의 개인정보자기결정권을 침해한다.

② 보안관찰처분대상자가 교도소 등에서 출소 후 신고한 거주예정지 등 정보에 변동이 생길 때마다 7일 이내 이를 신고하도록 규정한 보안관찰법상 변동신고 조항 및 위반 시 처벌 조항은 청구인의 개인정보자기결정권을 침해하지 않는다.

③ 카메라등이용촬영죄 유죄판결이 확정된 자를 신상정보 등록대상자로 규정하는 성폭력범죄의 처벌 등에 관한 특례법상 등록대상자 조항은 청구인의 개인정보자기결정권을 침해하지 않는다.

④ 소년에 대한 수사경력자료의 삭제 및 보존기간에 대해 규정하면서 법원에서 불처분결정된 소년부송치 사건에 대해서는 규정하지 않은 구 형의 실효 등에 관한 법률 조항은 소년부송치 후 불처분결정을 받은 자의 개인정보자기결정권을 침해한다.

지문분석 난이도 중 정답 ②

| 키 워 드 | 개인정보자기결정권

| 출제유형 | 판례

② (×) 보안관찰처분대상자가 교도소 등에서 출소한 후 기존에 보안관찰법 제6조 제1항에 따라 신고한 거주예정지 등 정보에 변동이 생길 때마다 7일 이내에 이를 신고하도록 정한 보안관찰법 제6조 제2항 전문(이하 '변동신고 조항'이라 한다)이 포괄위임금지원칙에 위배되지 않는다. 다만 변동신고 조항 및 이를 위반할 경우 처벌하도록 정한 보안관찰법 제27조 제2항 중 제6조 제2항 전문에 관한 부분(이하 변동신고 조항과 합하여 '변동신고 조항 및 위반 시 처벌 조항'이라 한다)이 과잉금지원칙을 위반하여 청구인의 사생활의 비밀과 자유 및 개인정보자기결정권을 침해한다(헌재 2021.6.24. 2017헌바479).

① (○) 이 사건 법률 조항은 가정폭력 가해자에 대한 별도의 제한 없이 직계혈족이기만 하면 사실상 자유롭게 그 자녀의 가족관계증명서와 기본증명서의 교부를 청구하여 발급받을 수 있도록 함으로써, 그로 인하여 가정폭력 피해자인 청구인의 개인정보가 가정폭력 가해자인 전 배우자에게 무단으로 유출될 수 있는 가능성을 열어놓고 있다. 따라서 과잉금지원칙에 위배되어 청구인의 개인정보자기결정권을 침해한다(헌재 2020.8.28. 2018헌마927).

③ (○) 폭력범죄의 처벌 등에 관한 특례법위반(카메라 등 이용촬영, 카메라 등 이용촬영미수)죄로 유죄가 확정된 자는 신상정보 등록대상자가 되도록 규정한 '성폭력범죄의 처벌 등에 관한 특례법' 제42조 제1항 중 관련 부분은 헌법에 위반되지 않고, 같은 법률 제45조 제1항은 모든 등록대상자에게 20년 동안 신상정보를 등록하게 하고, 위 기간 동안 변경정보를 제출하고 1년마다 사진 촬영을 위해 관할 경찰관서를 출석해야 할 의무를 부여하며 위 의무들을 위반할 경우 형사처벌하는 것은 비교적 경미한 등록대상 성범죄를 저지르고 재범의 위험성도 인정되지 않는 자들에 대해서는 달성되는 공익과 침해되는 사익 사이의 불균형이 발생할 수 있다. 따라서 이 사건 관리조항은 법익의 균형성이 인정되지 않는다. 따라서 이 사건 관리조항은 청구인들의 개인정보자기결정권을 침해하므로 헌법에 합치되지 않는다(헌재 2015.7.30. 2014헌마340).

④ (○) 소년에 대한 수사경력자료의 삭제와 보존기간에 대하여 규정하면서 법원에서 불처분결정된 소년부송치 사건에 대하여 규정하지 않은 구 '형의 실효 등에 관한 법률' 제8조의2 제1항 및 제3항, '형의 실효 등에 관한 법률' 제8조의2 제1항 및 제3항이 과잉금지원칙에 반하여 개인정보자기결정권을 침해한다(헌재 2021.6.24. 2018헌가2).

97 0353 ○△×|○△×|○△× 2016 법원직 9급

개인정보자기결정권에 관한 다음 설명 중 가장 옳지 않은 것은? (다툼이 있는 경우 대법원 판례에 의함)

① 개인정보자기결정권의 보호대상이 되는 개인정보는 개인의 신체, 신념, 사회적 지위, 신분 등과 같이 개인의 인격주체성을 특징짓는 사항으로서 개인의 동일성을 식별할 수 있게 하는 일체의 정보라고 할 수 있고, 반드시 개인의 내밀한 영역에 속하는 정보에 국한되지 않고 공적 생활에서 형성되었거나 이미 공개된 개인정보까지 포함한다.

② 개인정보자기결정권은 인간의 존엄과 가치, 행복추구권을 규정한 헌법 제10조 제1문의 일반적 인격권 및 헌법 제17조의 사생활의 비밀과 자유에 의하여 도출되고 보장된다.

③ 다만 개인정보를 대상으로 한 조사·수집·보관·처리·이용 등의 행위 일체는 모두 원칙적으로 개인정보자기결정권에 대한 제한에 해당한다.

④ 국회의원인 甲 등이 '각급학교 교원의 교원단체 및 교원노조 가입현황 실명자료'를 인터넷을 통하여 공개한 사안에서, 대법원은 위 정보가 개인정보자기결정권의 보호대상이 되는 개인정보에 해당하므로 이를 일반 대중에게 공개하는 행위는 해당 교원들의 개인정보자기결정권과 전국교직원노동조합의 존속, 유지, 발전에 관한 권리를 침해할 여지가 있다고 보았으나, 甲 등이 위 정보를 공개한 표현행위로 인하여 얻을 수 있는 법적 이익이 이를 공개하지 않음으로써 보호받을 수 있는 해당 교원 등의 법적 이익보다 우월하므로, 甲 등의 정보 공개행위는 적법하다고 보았다.

지문분석 난이도 중 정답 ④

| 키 워 드 | 개인정보자기결정권

| 출제유형 | 판례

④ (X) 국회의원인 甲 등이 '각급학교 교원의 교원단체 및 교원노조 가입현황 실명자료'를 인터넷을 통하여 공개한 사안에서, 위 정보는 개인정보자기결정권의 보호대상이 되는 개인정보에 해당하므로 이를 일반 대중에게 공개하는 행위는 해당 교원들의 개인정보자기결정권과 전국교직원노동조합의 존속, 유지, 발전에 관한 권리를 침해하는 것이고, 甲 등이 위 정보를 공개한 표현행위로 인하여 얻을 수 있는 법적 이익이 이를 공개하지 않음으로써 보호받을 수 있는 해당 교원 등의 법적 이익에 비하여 우월하다고 할 수 없으므로, 甲 등의 정보 공개행위는 위법하다(대판 2014.7.24. 2012다49933).

① (O), ③ (O) 개인정보자기결정권의 보호대상이 되는 개인정보는 개인의 신체, 신념, 사회적 지위, 신분 등과 같이 개인의 인격주체성을 특징짓는 사항으로서 그 개인의 동일성을 식별할 수 있게 하는 일체의 정보라고 할 수 있고, 반드시 개인의 내밀한 영역이나 사사(私事)의 영역에 속하는 정보에 국한되지 않고 공적 생활에서 형성되었거나 이미 공개된 개인정보까지 포함한다. 또한 그러한 개인정보를 대상으로 한 조사·수집·보관·처리·이용 등의 행위는 모두 원칙적으로 개인정보자기결정권에 대한 제한에 해당한다(헌재 2005.5.26. 99헌마513).

② (O) 헌재 2005.5.26. 99헌마513

98 0354 ○△×|○△×|○△× 2016 국가직 7급

거주·이전의 자유에 대한 설명으로 옳은 것은? (다툼이 있는 경우 판례에 의함)

① 서울광장으로 출입하고 통행하는 행위를 제지하는 것은 거주·이전의 자유를 제한한다.

② 대한민국 국민의 거주·이전의 자유에는 대한민국을 떠날 수 있는 출국의 자유와 다시 대한민국으로 돌아올 수 있는 입국의 자유뿐만 아니라 대한민국 국적을 이탈할 수 있는 국적변경의 자유가 포함된다.

③ 이른바 세입자입주권의 매매계약에 있어 "매도자는 어떠한 경우에도 현 거주지에서 세입자카드가 발급될 때까지 살아야 한다."라는 조건을 붙였다면 계약당사자의 자유로운 의사에 기하여 약정되었다 하더라도 거주·이전의 자유를 제한하여 헌법에 위반된다.

④ 한약업사의 허가 및 영업행위에 대하여 지역적 제한을 가하는 것은 평등의 원칙과 거주·이전의 자유를 침해한다.

지문분석 난이도 상 정답 ②

| 키 워 드 | 거주·이전의 자유

| 출제유형 | 판례

② (O) 거주·이전의 자유는 국가의 간섭 없이 자유롭게 거주와 체류지를 정할 수 있는 자유로서 정치·경제·사회·문화 등 모든 생활영역에서 개성신장을 촉진함으로써 헌법상 보장되고 있는 다른 기본권들의 실효성을 증대시켜 주는 기능을 한다. 구체적으로는 국내에서 체류지와 거주지를 자유롭게 정할 수 있는 자유영역뿐 아니라 나아가 국외에서 체류지와 거주지를 자유롭게 정할 수 있는 '해외여행 및 해외 이주의 자유'를 포함하고 덧붙여 대한민국의 국적을 이탈할 수 있는 '국적변경의 자유' 등도 그 내용에 포섭된다고 보아야 한다. 따라서 해외여행 및 해외이주의 자유는 필연적으로 외국에서 체류 또는 거주하기 위해서 대한민국을 떠날 수 있는 "출국의 자유"와 외국체류 또는 거주를 중단하고 다시 대한민국으로 돌아올 수 있는 '입국의 자유'를 포함한다(헌재 2004.10.28. 2003헌가18).

① (X) 서울광장에 출입하고 통행하는 행위가 그 장소를 중심으로 생활을 형성해 나가는 행위에 속한다고 볼 수도 없으므로 청구인들의 거주·이전의 자유가 제한되었다고 할 수 없다(헌재 2011.6.30. 2009헌마406).

③ (X) 세입자입주권의 매매계약에 있어 매도자는 어떠한 경우에도 현 거주지에서 세입자카드가 발급될 때까지 살아야 한다는 조건을 붙였다고 하더라도 그 계약상의 조건이 계약당사자의 자유로운 의사에 기하여 약정된 것인 이상 그러한 조건이 거주·이전의 자유를 제한하는 약정으로서 헌법에 위반되고 사회질서에 반하는 약정으로서 무효로 된다고 할 수 없다(대판 1991.5.28. 90다19770).

④ (X) 한약업사의 허가 및 영업행위에 대하여 지역적으로 제한을 가한 것은 오로지 국민 건강의 유지·향상이라는 공공의 복리를 위하여 마련된 것이고, 그 제한의 정도 또한 목적을 달성하기 위하여 적정한 것이라 할 것이므로 헌법 제11조의 평등의 원칙에 위배된다거나 헌법 제14조의 거주·이전의 자유 및 헌법 제15조의 직업선택의 자유 등 기본권을 침해하는 것으로 볼 수 없다(헌재 1991.9.16. 89헌마231).

99 0355 ○△×ㅣ○△×ㅣ○△× 2015 경찰 승진

사생활의 비밀과 자유에 관한 설명 중 가장 적절하지 않은 것은? (다툼이 있는 경우 판례에 의함)

① 사생활의 자유란 사회공동체의 일반적인 생활규범의 범위 내에서 사생활을 자유롭게 형성해 나가고 그 설계 및 내용에 대해서 외부로부터의 간섭을 받지 아니할 권리를 말하는바, 흡연을 하는 행위는 이와 같은 사생활의 영역에 포함된다고 할 것이다.

② 대법원은 헌법 제17조는 개인의 사생활 활동이 타인으로부터 침해되거나 사생활이 함부로 공개되지 아니할 소극적인 권리를 보장하는 것에 국한되고, 자신에 대한 정보를 자율적으로 통제할 수 있는 적극적인 권리까지 보장하는 것은 아니라고 판시한 바 있다.

③ 공직선거에 후보자로 등록하고자 하는 자가 제출하여야 하는 금고 이상의 형의 범죄경력에 실효된 형을 포함시키고 있는 공직선거법 제49조 제4항 제5호가 과잉금지의 원칙에 위배하여 사생활의 비밀과 자유를 침해한다고 볼 수 없다.

④ 시장, 군수 또는 구청장이 개인의 지문정보를 수집하고, 경찰청장이 이를 보관·전산화하여 범죄수사목적에 이용하는 지문날인제도가 과잉금지의 원칙에 위배하여 청구인들의 개인정보자기결정권을 침해한다고 볼 수 없다.

지문분석 난이도 ㉯ 정답 ②

| 키 워 드 | 사생활의 비밀과 자유

| 출제유형 | 판례

② (X) 헌법 제10조는 "모든 국민은 인간으로서의 존엄과 가치를 가지며, 행복을 추구할 권리를 가진다. 국가는 개인이 가지는 불가침의 기본적 인권을 확인하고 이를 보장할 의무를 진다."고 규정하고, 헌법 제17조는 "모든 국민은 사생활의 비밀과 자유를 침해받지 아니한다."라고 규정하고 있는바, 이들 헌법 규정은 개인의 사생활 활동이 타인으로부터 침해되거나 사생활이 함부로 공개되지 아니할 소극적인 권리는 물론, 오늘날 고도로 정보화된 현대사회에서 자신에 대한 정보를 자율적으로 통제할 수 있는 적극적인 권리까지도 보장하려는 데에 그 취지가 있는 것으로 해석된다(대판 1998.7.24. 96다42789).

① (○) 사생활의 자유란 사회공동체의 일반적인 생활규범의 범위 내에서 사생활을 자유롭게 형성해 나가고 그 설계 및 내용에 대해서 외부로부터의 간섭을 받지 아니할 권리를 말하는바, 흡연을 하는 행위는 이와 같은 사생활의 영역에 포함된다고 할 것이므로, 흡연권은 헌법 제17조에서 그 헌법적 근거를 찾을 수 있다(헌재 2004.8.26. 2003헌마457).

③ (○) 후보자의 실효된 형까지 포함한 금고 이상의 형의 범죄경력을 공개함으로써 국민의 알 권리를 충족하고 공정하고 정당한 선거권 행사를 보장하고자 하는 이 사건 법률 조항의 입법목적은 정당하며, 이러한 입법목적을 달성하기 위하여는 선거권자가 후보자의 모든 범죄경력을 인지한 후 그 공직적합성을 판단하는 것이 효과적이다. 또한 금고 이상의 범죄경력에 실효된 형을 포함시키는 이유는 선거권자가 공직후보자의 자질과 적격성을 판단할 수 있도록 하기 위한 점, 전과기록은 통상 공개재판에서 이루어진 국가의 사법작용의 결과라는 점, 전과기록의 범위와 공개시기 등이 한정되어 있는 점 등을 종합하면, 이 사건 법률 조항은 피해최소성의 원칙에 반한다고 볼 수 없고, 공익적 목적을 위하여 공직선거 후보자의 사생활의 비밀과 자유를 한정적으로 제한하는 것이어서 법익균형성의 원칙도 충족한다. 따라서 이 사건 법률 조항은 청구인들의 사생활의 비밀과 자유를 침해한다고 볼 수 없다(헌재 2008.4.24. 2006헌마402).

④ (○) 시장·군수 또는 구청장이 개인의 지문정보를 수집하고, 경찰청장이 이를 보관·전산화하여 범죄수사목적에 이용하는 지문날인제도가 과잉금지의 원칙에 위배하여 개인정보자기결정권을 침해하였다고 볼 수 없다(헌재 2005.5.26. 99헌마513).

100 0356 ○△×|○△×|○△× 2020 법원직 9급

거주·이전의 자유에 관한 다음 설명 중 가장 옳은 것은?

① 국적을 가지고 이를 변경할 수 있는 권리는 그 본질상 인간의 존엄과 가치 및 행복추구권을 규정하고 있는 헌법 제10조에서 도출되는 것으로 보아야 하고, 따라서 복수국적자가 대한민국 국적을 버릴 수 있는 자유도 마찬가지로 헌법 제10조에서 나오는 것이지 거주·이전의 자유에 포함되어 있는 것이 아니다.

② 주거로 사용하던 건물이 수용될 경우 그 효과로 거주지도 이전하여야 하는 것은 사실이나 이는 토지 및 건물 등의 수용에 따른 부수적 효과로서 간접적·사실적 제약에 해당하므로, 정비사업조합에 수용권한을 부여하여 주택재개발사업에 반대하는 청구인의 토지 등을 강제로 취득할 수 있도록 한 도시 및 주거환경정비법 조항이 청구인의 재산권을 침해하였는지 여부를 판단하는 이상 거주·이전의 자유 침해 여부는 별도로 판단하지 않는다.

③ 거주·이전의 자유는 국가의 간섭 없이 자유롭게 거주지와 체류지를 정할 수 있는 자유인바, 경찰청장이 경찰버스들로 서울특별시 서울광장을 둘러싸 통행을 제지한 행위는 서울특별시민인 청구인들의 거주·이전의 자유를 제한하는 것이다.

④ 거주·이전의 자유는 성질상 법인이 누릴 수 있는 기본권이 아니므로, 법인의 대도시 내 부동산 취득에 대하여 통상보다 높은 세율인 5배의 등록세를 부과함으로써 법인의 대도시 내 활동을 간접적으로 억제하는 것은 법인의 직업 수행의 자유를 제한할 뿐이다.

지문분석 난이도 중 정답 ②

| 키 워 드 | 거주·이전의 자유
| 출제유형 | 판례

② (○) 이 사건 수용 조항은, 정비사업조합에 수용권한을 부여하여 주택재개발사업에 반대하는 청구인의 토지 등을 강제로 취득할 수 있도록 하고 있다. 따라서 이 사건 수용 조항이 토지 등 소유자의 재산권을 침해하는지 여부가 문제된다. 청구인은 이 사건 수용 조항으로 인하여 거주이전의 자유도 제한된다고 주장하고 있다. 주거로 사용하던 건물이 수용될 경우 그 효과로 거주지도 이전하여야 하는 것은 사실이나, 이는 토지 및 건물 등의 수용에 따른 부수적 효과로서 간접적, 사실적 제약에 해당하므로 거주이전의 자유 침해 여부는 별도로 판단하지 않는다(헌재 2019.11.28. 2017헌바241).

① (X) 국적을 이탈하거나 변경하는 것은 헌법 제14조가 보장하는 거주·이전의 자유에 포함되고, 이 사건 법률 조항들은 복수국적자인 남성이 제1국민역에 편입된 때에는 그때부터 3개월 이내에 외국 국적을 선택하지 않으면 국적법 제12조 제3항 각 호에 해당하는 때, 즉 현역·상근예비역 또는 보충역으로 복무를 마치거나, 제2국민역에 편입되거나, 또는 병역면제처분을 받은 때(이하 '병역의무의 해소'라 한다)에야 외국 국적의 선택 및 대한민국 국적의 이탈(이하 이를 묶어 '대한민국 국적 이탈'이라고만 한다)을 할 수 있도록 하고 있으므로, 이 사건 법률 조항들은 복수국적자인 청구인의 국적이탈의 자유를 제한한다(헌재 2015.11.26. 2013헌마805 등).

③ (X) 거주·이전의 자유는 거주지나 체류지라고 볼 만한 정도로 생활과 밀접한 연관을 갖는 장소를 선택하고 변경하는 행위를 보호하는 기본권인바, 이 사건에서 서울광장이 청구인들의 생활형성의 중심지인 거주지나 체류지에 해당한다고 할 수 없고, 서울광장에 출입하고 통행하는 행위가 그 장소를 중심으로 생활을 형성해 나가는 행위에 속한다고 볼 수도 없으므로 청구인들의 거주·이전의 자유가 제한되었다고 할 수 없다(헌재 2011.6.30. 2009헌마406).

④ (X) 법인도 성질상 법인이 누릴 수 있는 기본권의 주체가 되고, 위 조항에 규정되어 있는 법인의 설립이나 지점 등의 설치, 활동거점의 이전(이하 "설립 등"이라 한다) 등은 법인이 그 존립이나 통상적인 활동을 위하여 필연적으로 요구되는 기본적인 행위유형들이라고 할 것이므로 이를 제한하는 것은 결국 헌법상 법인에게 보장된 직업수행의 자유와 거주·이전의 자유를 제한하는 것인가의 문제로 귀결된다(헌재 1996.3.28. 94헌바42).

101 0357 ○△×|○△×|○△× 2019 서울시 7급(변형)

사생활의 비밀과 자유에 관한 설명 또는 주장 중 옳지 않은 것은? (다툼이 있는 경우 판례에 의함)

① 사생활의 비밀과 자유는 개인의 사생활이 타인으로부터 침해되거나 사생활이 함부로 공개되지 아니할 소극적 권리는 물론 고도로 정보화된 사회에서는 자신에 대한 정보를 자율적으로 통제할 수 있는 적극적 권리도 보장하는 것으로 해석되며, 개인정보자기결정권의 한 근거가 된다.

② 헌법재판소는 개인정보자기결정권의 헌법상 근거로는 헌법 제17조의 사생활의 비밀과 자유, 헌법 제10조 제1문의 인간의 존엄과 가치 및 행복추구권에 근거를 둔 일반적 인격권 또는 위 조문들과 동시에 우리 헌법의 자유민주적 기본질서 규정 또는 국민주권원리와 민주주의원리 등을 고려할 수 있으나, 개인정보자기결정권으로 보호하려는 내용을 위 각 기본권들 및 헌법원리들 중 일부에 완전히 포섭시키는 것은 불가능하다고 할 것이므로, 그 헌법적 근거를 굳이 어느 한두 개에 국한시키는 것은 바람직하지 않은 것으로 보이고, 오히려 개인정보자기결정권은 이들을 이념적 기초로 하는 독자적 기본권으로서 헌법에 명시되지 아니한 기본권이라고 보아야 한다는 입장이다.

③ 존속상해치사죄를 가중처벌하더라도 이 범죄행위가 헌법상 보호되는 사생활의 영역에 속한다고 할 수 없을 뿐 아니라, 가족관계상 비속(卑屬)의 사생활이 왜곡된다거나 존속에 대한 태도 및 행동 등에 있어서 효(孝)의 강요나 개인 윤리문제에의 개입 등 외부로부터의 부당한 개입이 있는 것은 아니다.

④ 한국에 입국하기 위하여 중국대사관에 결혼동거목적거주사증 발급을 신청함에 있어, 대사가 신청인에게 중국인 배우자와의 교제과정, 결혼하게 된 경위, 소개인과의 관계, 교제경비내역 등을 당해 한국인이 직접 기재한 서류를 제출할 것을 요구하는 조치는 헌법전문(前文)에서 명시적으로 규정하는 '동포애', 헌법 제6조 제2항의 외국인의 지위보장 규정에 위반되며 헌법 제17조의 사생활의 비밀과 자유를 침해하여 헌법에 위반된다.

지문분석

난이도 ㊤ 정답 ④

| 키 워 드 | 사생활의 비밀과 자유

| 출제유형 | 이론 + 판례

④ (X) 이 사건 결혼경위 등을 기재하도록 요구하는 것은, 한·중 국제결혼이 한국입국 및 취업을 위한 편법으로 악용되고 있기 때문에 무차별적이고 불법적인 중국인력의 국내유입을 방지해야 하는 외국인 입국심사의 기본목적을 달성하기 위한 조치이며, 이것은 주권국가가 합리적인 출입국관리를 위하여 추구할 수 있는 정당한 목적이라고 할 수 있고, 그 수단의 적정성도 인정할 수 있으며, 중국 관공서 명의로 발급되는 각종 공문서가 위조 또는 변조되는 경우가 많기 때문에 이 사건 결혼경위 등의 기재서류가 없으면 혼인의 진실성을 확인하는 것이 사실상 어렵다는 점에서 이 사건 결혼경위 등 요구행위는 사증심사의 목적을 달성하는데 필요한 최소한의 조치라고 보아야 할 것이다. 따라서 피청구인의 이 사건 결혼경위 등 기재요구행위는 과잉금지원칙에 어긋나지 아니하고, 다른 나라의 경우와는 달리 중국인 배우자에 의한 위 사증신청 시 이 사건 결혼경위 등의 기재를 요구하는 행위는 그 차별에 합리성을 인정할 수 있어 평등원칙에 위반되지 아니한다(헌재 2005.3.31. 2003헌마87).

① (O) 자기정보관리·통제권의 헌법적 근거에 관하여는 ㉠ 사생활의 비밀과 자유를 소극적인 권리로 보아 자기정보관리통제권의 근거를 제10조에서 찾는 견해(김철수)와 ㉡ 자기정보관리통제권은 사생활의 비밀보장과 직결되는 권리인 만큼 일반조항에서 근거를 찾을 것이 아니라 헌법 제17조의 사생활의 비밀과 자유의 일환으로 보장된다고 보는 견해(권영성, 성낙인, 정종섭, 홍성방)가 대립한다.

② (O) 개인정보자기결정권의 헌법상 근거로는 헌법 제17조의 사생활의 비밀과 자유, 헌법 제10조 제1문의 인간의 존엄과 가치 및 행복추구권에 근거를 둔 일반적 인격권 또는 위 조문들과 동시에 우리 헌법의 자유민주적 기본질서 규정 또는 국민주권원리와 민주주의원리 등을 고려할 수 있으나, 개인정보자기결정권으로 보호하려는 내용을 위 각 기본권들 및 헌법원리들 중 일부에 완전히 포섭시키는 것은 불가능하다고 할 것이므로, 그 헌법적 근거를 굳이 어느 한두 개에 국한시키는 것은 바람직하지 않은 것으로 보이고, 오히려 개인정보자기결정권은 이들을 이념적 기초로 하는 독자적 기본권으로서 헌법에 명시되지 아니한 기본권이라고 보아야 할 것이다[헌재 2005.5.26. 99헌마513·2004헌마190(병합)].

③ (O) 헌재 2002.3.28. 2000헌바53

102 0358 ○△×|○△×|○△× 2015 서울시 7급 · 지방직 7급(변형)

사생활의 자유에 대한 설명으로 옳은 것은? (다툼이 있는 경우 판례에 의함)

① 헌법 제10조와 헌법 제17조의 규정은 개인의 사생활 활동이 타인으로부터 침해되거나 사생활이 함부로 공개되지 아니할 소극적인 권리를 의미하는 것이지 자신에 대한 정보를 자율적으로 통제할 수 있는 적극적인 권리까지도 보장하는 것은 아니다.

② 교도소 내에서 엄중격리 대상자의 수용거실에 CCTV를 설치하여 24시간 감시하는 행위를 두고 법률유보의 원칙에 위배되어 사생활의 자유·비밀을 침해한다고 볼 수는 없다.

③ 보험회사 직원이 보험사기를 적발하기 위해 보험회사를 상대로 손해배상청구소송을 제기한 교통사고 피해자들의 장해 정도에 관한 증거자료를 수집할 목적으로 피해자들의 일상생활을 촬영한 행위는 초상권 및 사생활의 비밀과 자유를 침해하는 불법행위에 해당하지 않는다.

④ 인터넷에 작성한 댓글의 내용이 인터넷 아이디로 지칭된 사람의 명예를 훼손하거나 모욕하는 것이라면 그 피해자는 그 아이디를 고유명칭으로 사용하는 청구인으로 특정된다고 보아야 하므로 인터넷 포털사이트의 ID만을 지칭하여 그 명예를 훼손한 경우에도, 그 ID에 의하여 특정되는 사람의 외부적 명예가 공연하게 훼손된다고 보아야 한다.

지문분석 난이도 ⓗ 정답 ②

| **키 워 드** | 사생활의 자유

| **출제유형** | 판례

② (○) 이 사건 CCTV 설치행위는 행형법 및 교도관직무규칙 등에 규정된 교도관의 계호활동 중 육안에 의한 시선계호를 CCTV 장비에 의한 시선계호로 대체한 것에 불과하므로, 이 사건 CCTV 설치행위에 대한 특별한 법적 근거가 없더라도 일반적인 계호활동을 허용하는 법률규정에 의하여 허용된다고 보아야 한다. 한편 CCTV에 의하여 감시되는 엄중격리 대상자에 대하여 지속적이고 부단한 감시가 필요하고 자살·자해나 흉기 제작 등의 위험성 등을 고려하면, 제반사정을 종합하여 볼 때 기본권 제한의 최소성 요건이나 법익균형성의 요건도 충족하고 있다(헌재 2008.5.29. 2005헌마137).

① (X) 헌법 제10조와 헌법 제17조의 규정은 개인의 사생활 활동이 타인으로부터 침해되거나 사생활이 함부로 공개되지 아니할 소극적인 권리는 물론, 오늘날 고도로 정보화된 현대사회에서 자신에 대한 정보를 자율적으로 통제할 수 있는 적극적인 권리까지도 보장하려는 데에 그 취지가 있는 것으로 해석된다(대판 1998.7.24. 96다42789).

③ (X) 사람은 누구나 자신의 얼굴 기타 사회통념상 특정인임을 식별할 수 있는 신체적 특징에 관하여 함부로 촬영 또는 그림 묘사되거나 공표되지 아니하며 영리적으로 이용당하지 않을 권리를 가지는데, 이러한 초상권은 우리 헌법 제10조 제1문에 의하여 헌법적으로 보장되는 권리이다. 초상권 및 사생활의 비밀과 자유에 대한 부당한 침해는 불법행위를 구성하는데, 위 침해는 그것이 공개된 장소에서 이루어졌다거나 민사소송의 증거를 수집할 목적으로 이루어졌다는 사유만으로 정당화되지 아니한다. 초상권이나 사생활의 비밀과 자유를 침해하는 행위를 둘러싸고 서로 다른 두 방향의 이익이 충돌하는 경우에는 구체적 사안에서의 사정을 종합적으로 고려한 이익형량을 통하여 침해행위의 최종적인 위법성이 가려지는바, 이러한 이익형량과정에서, 첫째 침해행위의 영역에 속하는 고려요소로는 침해행위로 달성하려는 이익의 내용 및 그 중대성, 침해행위의 필요성과 효과성, 침해행위의 보충성과 긴급성, 침해방법의 상당성 등이 있고, 둘째 피해이익의 영역에 속하는 고려요소로는 피해법익의 내용과 중대성 및 침해행위로 인하여 피해자가 입는 피해의 정도, 피해이익의 보호가치 등이 있다. 이 사건의 경우 보험회사 직원이 보험회사를 상대로 손해배상청구소송을 제기한 교통사고 피해자들의 장해 정도에 관한 증거자료를 수집할 목적으로 피해자들의 일상생활을 촬영한 행위가 초상권 및 사생활의 비밀과 자유를 침해하는 불법행위에 해당한다(대판 2006.10.13. 2004다16280).

④ (X) 인터넷 댓글로서 특정인의 실명을 거론하여 특정인의 명예를 훼손하거나, 또는 실명을 거론하지는 않더라도 그 표현의 내용을 주위사정과 종합하여 볼 때 그 표시가 특정인을 지목하는 것임을 알아차릴 수 있는 경우에는, 그와 같은 악의적 댓글을 단 행위자는 원칙적으로 특정인에 대한 명예훼손 또는 모욕의 죄책을 면하기 어렵다 할 것이다. 하지만 인터넷 댓글에 의하여 모욕을 당한 피해자의 인터넷 아이디(ID)만을 알 수 있을 뿐 그 밖의 주위사정을 종합해보더라도 그와 같은 인터넷 아이디를 가진 사람이 청구인이라고 알아차릴 수 없는 경우에 있어서는 외부적 명예를 보호법익으로 하는 명예훼손죄 또는 모욕죄의 피해자가 청구인으로 특정된 경우로 볼 수 없으므로, 특정인인 청구인에 대한 명예훼손죄 또는 모욕죄가 성립하지 않는다(헌재 2008.6.26. 2007헌마461).
→ ④ 지문은 조대현 재판관 1인의 반대의견이었다.

103 0359 ○△×|○△×|○△× 2009 법원직 9급(변형)

사생활의 자유 및 개인정보자기결정권에 대한 설명으로 옳지 않은 것은?

① 사생활의 비밀과 자유는 개인정보자기결정권의 헌법적 근거로 거론되는 것이므로 특별한 사정이 없는 이상 개인정보자기결정권에 대한 침해 여부를 판단함으로써 사생활의 비밀과 자유의 침해 여부에 대한 판단이 함께 이루어지는 것으로 볼 수 있어 사생활의 비밀과 자유의 침해 여부를 별도로 다룰 필요는 없다.

② 선택의료급여기관 적용 대상자 및 이용 절차 등에 관한 규정(보건복지부 고시)이 의료수급권자의 진료정보를 국민건강보험공단에 알려 주어야 할 의무를 부과한 것이 의료수급권자의 개인정보자기결정권을 침해했다고 볼 수 없다.

③ 연말정산 간소화를 위하여 의료기관에게 환자들의 의료비 내역에 관한 정보를 국세청에 제출하는 의무를 부과하고 있는 소득세법 조항은 근로소득자들의 진료정보가 본인들의 동의 없이 국세청 등으로 제출·전송·보관되는 것이므로 근로소득자들의 개인정보자기결정권을 침해하는 것이다.

④ 국민기초생활보장법상의 급여신청자에게 금융거래정보의 제출을 요구할 수 있도록 한 국민기초생활보장법 시행규칙 제35조 제1항 제5호는 급여신청자의 수급자격 및 급여액 결정을 객관적이고 공정하게 판정하려는 목적과 급여신청자의 불이익이 형량을 갖추고 있으므로 개인정보자기결정권을 과도하게 침해하지 않는다.

지문분석 난이도 ㊥ 정답 ③

| 키 워 드 | 사생활의 자유 및 개인정보자기결정권

| 출제유형 | 판례

③ (×) 근로소득자인 청구인들의 진료정보가 본인들의 동의 없이 국세청 등으로 제출·전송·보관되는 것은 위 청구인들의 개인정보자기결정권을 제한하는 것이지만, 이 사건 법령 조항은 의료비 특별공제를 받고자 하는 근로소득자의 연말정산을 위한 소득공제증빙자료 제출의 불편을 해소하는 동시에 이에 따른 근로자와 사업자의 시간적·경제적 비용을 절감하고 부당한 소득공제를 방지하려는 데 그 목적이 있고, 위 목적을 달성하기 위하여, 연말정산에 필요한 항목 등을 제출대상으로 삼고 있으므로, 그 방법의 적절성 또한 인정된다. 또 소득공제 증빙서류를 발급받는 자는 본인의 의료비 내역과 관련된 자료의 제출을 자료집중기관이 국세청장에게 소득공제증빙서류를 제출하기 전까지 거부할 수 있도록 하고, 근로소득자 내지 부양가족 본인만이 자료를 조회하고 출력할 수 있도록 하는 등 이 사건 자료제출제도가 개인의 자기정보결정권에 대한 제한이 최소화되도록 제반 장치를 갖추어 개인의 자기정보결정권이 필요최소한 범위 내에서 제한되도록 피해최소성의 원칙을 충족하고 있으며, 이 사건 법령조항에 의하여 얻게 되는 공익이 이로 인하여 제한되는 개인정보자기결정권인 사익보다 커서 법익의 균형성을 갖추었다고 할 것이므로 이 사건 법령 조항이 헌법상 과잉금지원칙에 위배하여 청구인들의 개인정보자기결정권을 침해하였다고 볼 수 없다(헌재 2008.10.30. 2006헌마1401).

① (○) 사생활의 비밀과 자유를 침해하고 있다고 주장하고 있으나, 위 기본권은 개인정보자기결정권의 헌법적 근거로 거론되는 것으로서 청구인들의 개인정보에 대한 수집·보관·전산화·이용이 문제되는 이 사건에서 그 보호영역이 개인정보자기결정권의 보호영역과 중첩되는 범위에서만 관련이 있다고 할 수 있으므로, 특별한 사정이 없는 이상 개인정보자기결정권에 대한 침해 여부를 판단함으로써 위 기본권의 침해 여부에 대한 판단이 함께 이루어지는 것으로 볼 수 있어 그 침해 여부를 별도로 다룰 필요는 없는 것으로 보인다(헌재 2009.9.24. 2007헌마1092).

② (○) 이 사건 고시 조항은 의료이용자가 의료급여를 받을 적법한 수급자인지 여부 및 의료급여의 범위 등을 정확하게 확인하려는 데에 그 목적이 있는 것으로서 그 목적은 정당하고, 위 고시 조항에 의하여 수집되는 정보의 범위는 건강생활유지비의 지원 및 급여일수의 확인을 위해 필요한 정보로 제한되어 있고, 공인인증서 이용을 통한 개인정보 보호조치 강화, 각종 법률에서의 업무상 비밀 누설 금지의무 부과 및 그 위반 시 형벌규정 등을 통해 피해를 최소화하는 장치가 갖추어져 있다 할 것이며, 위 고시 조항으로 인하여 얻게 되는 공익, 즉 수급자격 및 급여액의 정확성을 확보하여 의료급여제도의 원활한 운영을 기한다는 공익이 이로 인하여 제한되는 수급권자의 개인정보자기결정권인 사익보다 크다 할 것이므로 법익의 균형성도 갖추었다고 할 것이다. 따라서 이 사건 고시 조항은 헌법상 과잉금지원칙에 위배되어 청구인들의 개인정보자기결정권을 침해하는 것이라고 볼 수 없다(헌재 2009.9.24. 2007헌마1092).

④ (○) 국민기초생활보장법 시행규칙 제35조 제1항 제5호는 급여신청자의 수급자격 및 급여액 결정을 객관적이고 공정하게 판정하려는 데 그 목적이 있는 것으로 그 정당성이 인정되고, 이를 위해서 금융거래정보를 파악하는 것은 적절한 수단이며 금융기관과의 금융거래정보로 제한된 범위에서 수집되고 조사를 통해 얻은 정보와 자료를 목적 외의 다른 용도로 사용하거나 다른 기관에 제공하는 것이 금지될 뿐만 아니라 이를 어긴 경우 형벌을 부과하고 있으므로 정보주체의 자기결정권을 제한하는 데 따른 피해를 최소화하고 있고 위 시행규칙 조항으로 인한 정보주체의 불이익보다 추구하는 공익이 더 크므로 개인정보자기결정권을 침해하지 아니한다(헌재 2005.11.24. 2005헌마112).

104 0360 ○△×|○△×|○△× 2022 경찰 승진

개인정보자기결정권에 관한 설명 중 가장 적절하지 않은 것은? (다툼이 있는 경우 판례에 의함)

① 성폭력범죄의 처벌 등에 관한 특례법상 공중밀집장소에서의 추행죄로 유죄판결이 확정된 자를 신상정보 등록대상자로 규정한 부분은 해당 신상정보 등록대상자의 개인정보자기결정권을 침해하지 않는다.

② 소년에 대한 수사경력자료의 삭제와 보존기간에 대하여 규정하면서 법원에서 불처분결정된 소년부송치 사건에 대하여 규정하지 않은 구 형의 실효 등에 관한 법률의 규정은 과잉금지원칙을 위반하여 소년부송치 후 불처분결정을 받은 자의 개인정보자기결정권을 침해한다.

③ 법무부장관은 변호사시험 합격자가 결정되면 즉시 명단을 공고하여야 한다고 규정한 변호사시험법 규정 중 '명단 공고' 부분은 변호사시험 응시자들의 개인정보자기결정권을 침해한다.

④ 개인정보에 관한 인격권 보호에 의하여 얻을 수 있는 이익과 정보처리 행위로 얻을 수 있는 이익, 즉 정보처리자의 '알 권리'와 이를 기반으로 한 정보수용자의 '알 권리' 및 표현의 자유, 정보처리자의 영업의 자유, 사회 전체의 경제적 효율성 등의 가치를 구체적으로 비교 형량하여 어느 쪽 이익이 더 우월한 것으로 평가할 수 있는지에 따라 정보처리 행위의 최종적인 위법성 여부를 판단하여야 한다.

지문분석 난이도 중 정답 ③

| 키 워 드 | 개인정보자기결정권

| 출제유형 | 판례

③ (X) 심판대상 조항의 입법목적은 공공성을 지닌 전문직인 변호사에 관한 정보를 널리 공개하여 법률서비스 수요자가 필요한 정보를 얻는 데 도움을 주고, 변호사시험 관리 업무의 공정성과 투명성을 간접적으로 담보하는 데 있다. 심판대상 조항은 법무부장관이 시험 관리 업무를 위하여 수집한 응시자의 개인정보 중 합격자의 성명을 공개하도록 하는 데 그치므로, 청구인들의 개인정보자기결정권이 제한되는 범위와 정도는 매우 제한적이다. … 따라서 심판대상 조항이 과잉금지원칙에 위배되어 청구인들의 개인정보자기결정권을 침해한다고 볼 수 없다(헌재 2020.3.26. 2018헌마77 등).

① (O) 심판대상 조항은 공중밀집장소추행죄로 유죄판결이 확정되면 이들을 모두 등록대상자가 되도록 함으로써 그 관리의 기초를 마련하기 위한 것이다. 그러므로 관리의 기초가 되는 등록대상 여부를 결정함에 있어 대상 성범죄로 인한 유죄판결 이외에 반드시 재범의 위험성을 고려해야 한다고 보기는 어렵다. 더욱이 현재 사용되는 재범의 위험성 평가도구로는 성범죄자의 재범 가능성 여부를 완벽하게 예측할 수 없고, 이와 같은 오류의 가능성을 배제하기 어려운 상황에서는 일정한 성폭력범죄자를 일률적으로 등록대상자가 되도록 하는 것이 불가피한 측면도 있다. … 심판대상 조항은 청구인의 개인정보자기결정권을 침해하였다고 볼 수 없다(헌재 2020.6.25. 2019헌마699).

② (O) 법원에서 불처분결정된 소년부송치 사건에 대한 수사경력자료를 범죄의 종류와 경중, 결정 이후 시간의 경과 등 일체의 사정에 대한 고려 없이 일률적으로 당사자의 사망 시까지 보존하는 것은 입법목적을 달성하기 위하여 필요한 범위를 넘어선 것으로 침해의 최소성에 위배된다. … 따라서 법원에서 불처분결정된 소년부송치 사건에 대한 수사경력자료의 보존기간과 삭제에 대한 규정을 두지 않은 이 사건 구법 조항은 과잉금지원칙을 위반하여 소년부송치 후 불처분결정을 받은 자의 개인정보자기결정권을 침해한다(헌재 2021.6.24. 2018헌가2).

④ (O) 정보주체가 공적인 존재인지, 개인정보의 공공성과 공익성, 원래 공개한 대상 범위, 개인정보 처리의 목적·절차·이용형태의 상당성과 필요성, 개인정보처리로 인하여 침해될 수 있는 이익의 성질과 내용 등 여러 사정을 종합적으로 고려하여, 개인정보에 관한 인격권 보호에 의하여 얻을 수 있는 이익과 그 정보처리 행위로 인하여 얻을 수 있는 이익 즉 정보처리자의 '알 권리'와 이를 기반으로 한 정보수용자의 '알 권리' 및 표현의 자유, 정보처리자의 영업의 자유, 사회 전체의 경제적 효율성 등의 가치를 구체적으로 비교 형량하여 어느 쪽 이익이 더 우월한 것으로 평가할 수 있는지에 따라 그 정보처리 행위의 최종적인 위법성 여부를 판단하여야 하고, 단지 정보처리자에게 영리 목적이 있었다는 사정만으로 곧바로 그 정보처리 행위를 위법하다고 할 수는 없다(대판 2016.8.17. 2014다235080).

105 0361 O△X | O△X | O△X 2012 국회직 8급(변형)

사생활의 비밀과 자유에 관한 설명으로 옳지 않은 것은? (다툼이 있는 경우 판례에 의함)

① 사생활의 비밀이란 사생활에 관한 사항으로 일반인에게 아직 알려지지 않고 일반인의 감수성을 기준으로 할 때 공개를 원치 않을 사항을 말한다.
② 변호사의 수임사건의 건수 및 수임액을 보고하게 하는 것은 변호사들의 사생활의 비밀과 자유를 침해하는 것이다.
③ 자동차를 운전할 때 운전자가 좌석안전띠를 착용하는 문제는 더 이상 사생활영역의 문제가 아니어서 사생활의 비밀과 자유에 의하여 보호되는 범주를 벗어난 행위라 볼 것이다.
④ 개인정보자기결정권이란 자신에 관한 정보의 공개와 유통을 스스로 결정하고 통제할 수 있는 권리를 말하며, 이때 '자신에 관한 정보'는 그 자체가 꼭 비밀성이 있는 정보일 필요는 없다.
⑤ 개별 의료급여수급기관으로 하여금 수급권자의 진료정보를 국민건강보험공단에 알려 줄 의무를 규정한 보건복지부장관 고시 조항은 개인정보자기결정권을 침해하지 않는다.

지문분석 난이도 중 정답 ②

| **키 워 드** | 사생활의 비밀과 자유
| **출제유형** | 이론 + 판례

② (X) 일반적으로 경제적 내지 직업적 활동은 복합적인 사회적 관계를 전제로 하여 다수 주체 간의 상호작용을 통하여 이루어지는 것이고, 특히 변호사의 업무는 다른 어느 직업적 활동보다도 강한 공공성을 내포한다는 점 등을 감안하여 볼 때, 변호사의 업무와 관련된 수임사건의 건수 및 수임액이 변호사의 내밀한 개인적 영역에 속하는 것이라고 보기 어렵고, 따라서 이 사건 법률 조항이 청구인들의 사생활의 비밀과 자유를 침해하는 것이라 할 수 없다(헌재 2009.10.29. 2007헌마667).
① (O) 헌법 제17조에서 규정하고 있는 사생활의 비밀이란 사생활에 관한 사항으로 일반인에게 아직 알려지지 아니하고 일반인의 감수성을 기준으로 할 때 공개를 원하지 않을 사항을 말한다. 그리고 사생활의 비밀과 자유의 불가침이란 사생활의 내용을 공개 당하지 아니하고, 사생활의 자유로운 형성과 전개를 방해받지 않는 것을 말한다.
③ (O) 운전할 때 운전자가 좌석안전띠를 착용하는 문제는 더 이상 사생활영역의 문제가 아니어서 사생활의 비밀과 자유에 의하여 보호되는 범주를 벗어난 행위라고 볼 것이므로, 이 사건 심판대상 조항들은 청구인의 사생활의 비밀과 자유를 침해하는 것이라 할 수 없다(헌재 2003.10.30. 2002헌마518).
④ (O) 개인정보는 개인의 신체, 신념, 사회적 지위, 신분 등과 같이 개인의 인격주체성을 특징짓는 사항으로서 그 개인의 동일성을 식별할 수 있게 하는 일체의 정보라고 할 수 있고, 반드시 개인의 내밀한 영역이나 사사의 영역에 속하는 정보에 국한되지 않고 공적 생활에서 형성되었거나 이미 공개된 개인정보까지 포함한다. 또한 그러한 개인정보를 대상으로 한 조사·수집·보관·처리·이용 등의 행위는 모두 원칙적으로 개인정보자기결정권에 대한 제한에 해당한다(헌재 2005.5.26. 99헌마513).
⑤ (O) 이 사건 고시 조항은 의료이용자가 의료급여를 받을 적법한 수급자인지 여부 및 의료급여의 범위 등을 정확하게 확인하려는 데에 그 목적이 있는 것으로서 그 목적은 정당하고, 의료이용자에게 그 수급의 자격이 있는지 여부 및 필요한 급여액의 정도를 파악하기 위하여는 수급권자 자격관리기관인 공단이 상병명 등 정보를 파악하는 것이 필요하다 할 것이어서 의료급여기관이 이러한 정보를 공단에 제공하고 공단이 이러한 정보를 보유하도록 하는 것은 적절한 수단이 된다(헌재 2009.9.24. 2007헌마1092).

106 0362 ○△×|○△×|○△× 2009 사법고시(변형)

거주·이전의 자유에 관한 설명 중 가장 적절한 것은? (다툼이 있는 경우 판례에 의함)

① 이중국적자가 병역의무발생(제1국민역 편입) 시부터 일정기간(3월) 내에 한국 국적을 이탈함으로써 한국의 병역의무를 면하는 것은 허용하되, 위 기간 내에 국적이탈을 하지 않은 이중국적자는 병역문제를 해소하지 않는 한 한국 국적을 이탈하지 못하게 한 국적법 규정은, 국적이탈의 자유를 침해한다.
② 거주지를 중심으로 중·고등학교의 입학을 제한하는 입학제도는 특정학교에 자녀를 입학시키려고 하는 부모에게 해당 학교가 소재하고 있는 지역으로의 이주를 사실상 강제하는 것으로 거주·이전의 자유를 침해하고 있는 것이다.
③ 선거일 현재 계속하여 일정기간 이상 당해 지방자치단체의 관할구역에 주민등록이 되어 있을 것을 입후보요건으로 하는 공직취임의 자격에 관한 제한규정은 해당 공직에 취임하려고 하는 자에게 특정시점까지 특정지역으로의 이주를 강제하는 것으로 거주·이전의 자유를 침해한다.
④ 거주·이전의 자유는 국민에게 그가 선택할 직업을 그가 선택하는 임의의 장소에서 자유롭게 행사할 수 있는 권리까지 보장하는 것이므로, 법인의 대도시 내 부동산취득에 대하여 통상보다 높은 세율인 5배의 등록세를 부과함으로써 법인의 대도시 내 활동을 간접적으로 억제하는 것은 거주·이전의 자유를 침해하는 것이다.

지문분석 난이도 ㊥ 정답 ①

| **키 워 드** | 거주·이전의 자유
| **출제유형** | 판례

① (○) 병역준비역에 편입된 복수국적자의 국적선택 기간이 지났다고 하더라도, 그 기간 내에 국적이탈 신고를 하지 못한 데 대하여 사회통념상 그에게 책임을 묻기 어려운 사정, 즉 정당한 사유가 존재하고, 병역의무 이행의 공평성 확보라는 입법목적을 훼손하지 않음이 객관적으로 인정되는 경우라면, 병역준비역에 편입된 복수국적자에게 국적선택 기간이 경과하였다고 하여 일률적으로 국적이탈을 할 수 없다고 할 것이 아니라, 예외적으로 국적이탈을 허가하는 방안을 마련할 여지가 있다. 심판대상 법률조항의 존재로 인하여 복수국적을 유지하게 됨으로써 대상자가 겪어야 하는 실질적 불이익은 구체적 사정에 따라 상당히 클 수 있다. 국가에 따라서는 복수국적자가 공직 또는 국가안보와 직결되는 업무나 다른 국적국과 이익충돌 여지가 있는 업무를 담당하는 것이 제한될 가능성이 있다. 현실적으로 이러한 제한이 존재하는 경우, 특정 직업의 선택이나 업무 담당이 제한되는 데 따르는 사익 침해를 가볍게 볼 수 없다. 심판대상 법률조항은 과잉금지원칙에 위배되어 청구인의 국적이탈의 자유를 침해한다(헌재 2020.9.24. 2016헌마889).

② (X) 거주지를 기준으로 중·고등학교의 입학을 제한하는 교육법 시행령 제71조 및 제112조의6 등의 규정은 과열된 입시경쟁으로 말미암아 발생하는 부작용을 방지한다고 하는 입법목적을 달성하기 위한 방안의 하나이고, 도시와 농어촌에 있는 중·고등학교의 교육여건의 차이가 심하지 않으며, 획일적인 제도의 운용에 따른 문제점을 해소하기 위한 여러 가지 보완책이 위 시행령에 상당히 마련되어 있어서 그 입법수단은 정당하므로, 위 규정은 학부모의 자녀를 교육시킬 학교선택권의 본질적 내용을 침해하였거나 과도하게 제한한 경우에 해당하지 아니한다(헌재 1995.2.23. 91헌마204).

③ (X) 직업에 관한 규정이나 공직취임의 자격에 관한 제한규정이 그 직업 또는 공직을 선택하거나 행사하려는 자의 거주·이전의 자유를 간접적으로 어렵게 하거나 불가능하게 하거나 원하지 않는 지역으로 이주할 것을 강요하게 될 수 있다 하더라도, 그와 같은 조치가 특정한 직업 내지 공직의 선택 또는 행사에 있어서의 필요와 관련되어 있는 것인 한, 그러한 조치에 의하여 직업의 자유 내지 공무담임권이 제한될 수는 있어도 거주·이전의 자유가 제한되었다고 볼 수는 없다. 그러므로 선거일 현재 계속하여 90일 이상 당해 지방자치단체의 관할구역 안에 주민등록이 되어 있을 것을 입후보의 요건으로 하는 이 사건 법률 조항으로 인하여 청구인이 그 체류지와 거주지의 자유로운 결정과 선택에 사실상 제약을 받는다고 하더라도 청구인의 공무담임권에 대한 위와 같은 제한이 있는 것은 별론으로 하고 거주·이전의 자유가 침해되었다고 할 수는 없다(헌재 1996.6.26. 96헌마200).

④ (X) 지방세법 제138조 제1항 제3호가 법인의 대도시 내의 부동산등기에 대하여 통상세율의 5배를 규정하고 있다 하더라도 그것이 대도시 내에서 업무용 부동산을 취득할 정도의 재정능력을 갖춘 법인의 담세능력을 일반적으로 또는 절대적으로 초과하는 것이어서 그 때문에 법인이 대도시 내에서 향유하여야 할 직업수행의 자유나 거주·이전의 자유의 자유가 형해화할 정도에 이르러 그 기본적인 내용이 침해되었다고 볼 수 없다(헌재 1998.2.27. 97헌바79).

107 0363 ○△×|○△×|○△× 2020 법원직 9급(변형)

거주·이전의 자유에 대한 설명으로 옳지 않은 것은? (다툼이 있는 경우 판례에 의함)

① 1919년 Weimar 헌법이 최초로 명문화하였고 우리 헌법은 건국헌법 이래 계속 규정하고 있으며 제5차 개정헌법(제3공화국)에서 주거의 자유와 분리하여 독자적으로 처음 규정하였고, 제7차 개정헌법(제4공화국)에서는 법률유보조항을 두었으나 제5공·6공화국 헌법은 법률유보를 삭제하였다.

② 대도시 내에서의 법인의 설립·전입에 따른 부동산등기에 대하여 통상세율의 5배의 등록세를 중과하도록 규정한 지방세법 제138조 제1항 제3호는 법인이 대도시 내에서 향유하여야 할 직업수행의 자유나 거주·이전의 자유가 형해화할 정도에 이르러 그 본질적인 내용이 침해되었다고 볼 수 없다.

③ 거주·이전의 자유는 이동의 자유를 보장해 주는 것으로서 인신의 자유로서의 성격 및 집회 및 시위의 자유와도 밀접한 연관을 가지며, 경제생활을 누릴 수 있는 경제적 기본권의 성격도 내포하고 있는 복합적 성격을 가지는 자유이다. 헌법재판소도 거주·이전의 자유는 국민에게 그가 선택할 직업 내지 그가 취임할 공직을 그가 선택하는 임의의 장소에서 자유롭게 행사할 수 있는 권리까지 보장하는 것이라고 판시하고 있다.

④ 거주·이전의 자유는 국민이 원활하게 개성신장과 경제활동을 해 나가기 위하여는 자유로이 생활의 근거지를 선택하고 변경하는 것이 필수적이라는 고려에 기하여 생활형성의 중심지 즉, 거주지나 체류지라고 볼 만한 정도로 생활과 밀접한 연관을 갖는 장소를 선택하고 변경하는 행위를 보호하는 기본권으로서, 생활의 근거지에 이르지 못하는 일시적인 이동을 위한 장소의 선택과 변경까지 그 보호영역에 포함되는 것은 아니다.

지문분석 난이도 중 정답 ③

| 키 워 드 | 거주·이전의 자유

| 출제유형 | 조문 + 판례

③ (X) 거주·이전의 자유가 국민에게 그가 선택할 직업 내지 그가 취임할 공직을 그가 선택하는 임의의 장소에서 자유롭게 행사할 수 있는 권리까지 보장하는 것은 아니다(헌재 1996.6.26. 96헌마200).

① (O) 거주·이전의 자유가 최초로 헌법에 규정된 것이 어떤 헌법인지에 대해서 학자들 간에 관점의 차이가 있다. 따라서 1791년 프랑스 헌법에서 최초로 명문화되었다고 하여도 맞는 지문으로 처리하고, 바이마르헌법에서 최초로 규정되었다고 하여도 맞는 지문으로 처리하면 될 것이다. 우리 헌법은 건국헌법 이래 계속 규정하고 있으며 제5차 개정헌법(제3공화국)에서 주거의 자유와 분리하여 독자적으로 처음 규정하였고, 제7차 개정헌법(제4공화국)에서는 법률유보조항을 두었으나 제5공·6공화국 헌법은 법률유보를 삭제하였다.

② (O) 어떠한 법인이라도 위 조항이 정하는 중과세의 부담을 감수하기만 한다면 자유롭게 대도시 내에서 설립 등 행위를 할 수 있고 또한 그에 필요한 부동산등기도 할 수 있는 것이므로, 위 조항이 법인의 대도시 내 부동산등기에 대하여 통상세율의 5배를 규정하고 있다 하더라도 그것이 대도시 내에서 업무용 부동산을 취득할 정도의 재정능력을 갖춘 법인의 담세능력을 일반적으로 또는 절대적으로 초과하는 것이어서 그 때문에 법인이 대도시 내에서 향유하여야 할 직업수행의 자유나 거주·이전의 자유가 형해화할 정도에 이르러 그 본질적인 내용이 침해되었다고 볼 수 없다(헌재 1996.3.28. 94헌바42).

④ (O) 거주·이전의 자유는 국민이 원활하게 개성신장과 경제활동을 해 나가기 위하여는 자유로이 생활의 근거지를 선택하고 변경하는 것이 필수적이라는 고려에 기하여 생활형성의 중심지, 즉 거주지나 체류지라고 볼 만한 정도로 생활과 밀접한 연관을 갖는 장소를 선택하고 변경하는 행위를 보호하는 기본권으로서, 생활의 근거지에 이르지 못하는 일시적인 이동을 위한 장소의 선택과 변경까지 그 보호영역에 포함되는 것은 아니다. 이 사건에서 서울광장이 청구인들의 생활형성의 중심지라고 할 수 없을 뿐만 아니라 청구인들이 서울광장에 출입하고 통행하는 행위가 그 장소를 중심으로 생활을 형성해 나가는 행위에 속한다고 볼 수도 없으므로 청구인들이 서울광장을 출입하고 통행하는 자유는 헌법상의 거주·이전의 자유의 보호영역에 속한다고 할 수 없고, 따라서 이 사건 통행제지행위로 인하여 청구인들의 거주·이전의 자유가 제한된다고 할 수는 없다(헌재 2011.6.30. 2009헌마406).

108 0364 ○△×|○△×|○△× 2021 경찰 승진(변형)

거주·이전의 자유에 대한 설명으로 가장 적절한 것은? (다툼이 있는 경우 판례에 의함)

① 거주·이전의 자유는 해외여행 및 해외 이주의 자유를 포함하고 있지만, 국적변경의 자유는 그 내용에 포섭되지 않는다.
② 영내 기거하는 현역병은 그가 속한 세대의 거주지에서 등록하여야 한다고 규정하고 있는 주민등록법 조항은 거주·이전의 자유를 제한하지 않는다.
③ 서울특별시 서울광장을 경찰버스들로 둘러싸 통행을 제지한 행위는 거주·이전의 자유를 제한한다.
④ 복수국적자에 대하여 제1국민역에 편입된 날부터 3개월 이내에 대한민국 국적을 이탈하지 않으면 병역의무를 해소한 후에야 이를 가능하도록 한 국적법 조항은 복수국적자의 국적이탈의 자유를 침해하지 않는다.

지문분석 난이도 중 정답 ②

| 키 워 드 | 거주·이전의 자유
| 출제유형 | 판례

② (○) 누구든지 주민등록 여부와 무관하게 거주지를 자유롭게 이전할 수 있으므로 주민등록 여부가 거주·이전의 자유와 직접적인 관계가 있다고 보기 어려우며, 영내 기거하는 현역병은 병역법으로 인해 거주·이전의 자유를 제한받게 되므로 이 사건 법률 조항은 영내 기거 현역병의 거주·이전의 자유를 제한하지 않는다(헌재 2011.6.30. 2009헌마59).
① (×)

- 우리 헌법 제14조 제1항은 "모든 국민은 거주·이전의 자유를 가진다."고 규정하고 있고, 이러한 거주·이전의 자유에는 국내에서의 거주·이전의 자유뿐 아니라 국외 이주의 자유, 해외여행의 자유 및 귀국의 자유가 포함되는바, 아프가니스탄 등 일정한 국가로의 이주, 해외여행 등을 제한하는 이 사건 고시로 인하여 청구인들의 거주·이전의 자유가 일부 제한된 점은 인정된다(헌재 2008.6.26. 2007헌마1366).
- 국적을 이탈하거나 변경하는 것은 헌법 제14조가 보장하는 거주·이전의 자유에 포함되므로 법 제12조 제1항 단서 및 그에 관한 제14조 제1항 단서는 이중국적자의 국적선택(국적이탈)의 자유를 제한하는 것이라 할 것이고, 그것이 병역의무 이행의 확보라는 공익을 위하여 정당화될 수 있는 것인지가 문제된다(헌재 2006.11.30. 2005헌마739).

③ (×) 거주·이전의 자유는 거주지나 체류지라고 볼 만한 정도로 생활과 밀접한 연관을 갖는 장소를 선택하고 변경하는 행위를 보호하는 기본권인바, 이 사건에서 서울광장이 청구인들의 생활형성의 중심지인 거주지나 체류지에 해당한다고 할 수 없고, 서울광장에 출입하고 통행하는 행위가 그 장소를 중심으로 생활을 형성해 나가는 행위에 속한다고 볼 수도 없으므로 청구인들의 거주·이전의 자유가 제한되었다고 할 수 없다(헌재 2011.6.30. 2009헌마406).
④ (×) 복수국적자는 제1국민역에 편입된 날부터 3개월 이내에 대한민국 국적을 이탈하지 않으면 병역의무를 해소한 후에야 국적이탈이 가능하도록 한 것은 과잉금지원칙에 위반하여 복수국적자의 국적이탈의 자유를 침해한다(헌재 2020.9.24. 2016헌마889).

109 0365 ○△×|○△×|○△× 2013 법원직 5급

사생활의 비밀과 자유에 관한 설명 중 가장 옳지 않은 것은? (다툼이 있는 경우 헌법재판소 판례 및 통설에 의함)

① 자동차를 도로에서 운전하는 중에 좌석안전띠를 착용할 것인가 여부는 더 이상 사생활영역의 문제가 아니므로, 운전할 때 운전자가 좌석안전띠를 착용할 의무는 청구인의 사생활의 비밀과 자유를 침해하는 것이라 할 수 없다.
② 변호사에게 전년도에 처리한 수임사건의 건수 및 수임액을 소속 지방변호사회에 보고하도록 규정하고 있는 구 변호사법 규정은 헌법상 필요한 부분을 넘어 사생활 비밀의 자유를 과도하게 침해한다.
③ 인터넷 언론사의 공개된 게시판·대화방에서 스스로의 의사에 의하여 정당·후보자에 대한 지지·반대의 글을 게시하는 행위는 양심의 자유나 사생활 비밀의 자유에 의하여 보호되는 영역이라고 할 수 없다.
④ 사생활의 자유란 사회공동체의 일반적인 생활규범의 범위 내에서 사생활을 자유롭게 형성해 나가고 그 설계 및 내용에 대해서 외부로부터의 간섭을 받지 아니할 권리를 말하는바, 흡연을 하는 행위는 이와 같은 사생활의 영역에 포함된다고 할 것이다.
⑤ 공직선거에 후보자로 등록하고자 하는 자가 제출하여야 하는 금고 이상의 형의 범죄경력에 실효된 형을 포함시키고 있는 공직선거법 제49조 제4항 제5호가 과잉금지원칙에 위배하여 사생활의 비밀과 자유를 침해한다고 볼 수 없다.

지문분석 난이도 상 정답 ②

| 키 워 드 | 사생활의 비밀과 자유
| 출제유형 | 판례

② (×) 일반적으로 경제적 내지 직업적 활동은 복합적인 사회적 관계를 전제로 하여 다수 주체 간의 상호작용을 통하여 이루어지는 것이고, 특히 변호사의 업무는 다른 어느 직업적 활동보다도 강한 공공성을 내포한다는 점 등을 감안하여 볼 때, 변호사의 업무와 관련된 수임사건의 건수 및 수임액이 변호사의 내밀한 개인적 영역에 속하는 것이라고 보기 어렵고, 따라서 이 사건 법률 조항이 청구인들의 사생활의 비밀과 자유를 침해하는 것이라 할 수 없다(헌재 2009.10.29. 2007헌마667).
① (○) 자동차를 도로에서 운전하는 중에 좌석안전띠를 착용할 것인가의 여부의 생활관계가 개인의 전체적 인격과 생존에 관계되는 '사생활의 기본조건'이라거나 자기결정의 핵심적 영역 또는 인격적 핵심과 관련된다고 보기 어렵다. 그렇다면 운전할 때 운전자가 좌석안전띠를 착용하는 문제는 더 이상 사생활영역의 문제가 아니어서 사생활의 비밀과 자유에 의하여 보호되는 범주를 벗어난 행위라고 볼 것이므로, 이 사건 심판대상 조항들은 청구인의 사생활의 비밀과 자유를 침해하는 것이라 할 수 없다(헌재 2003.10.30. 2002헌마518).
③ (○) 헌재 2010.2.25. 2008헌마324 등
④ (○) 헌재 2004.8.26. 2003헌마457
⑤ (○) 헌재 2008.4.24. 2006헌마402

110 0366 ○△×|○△×|○△× 2022 경찰 승진

통신의 자유에 대한 설명으로 가장 적절하지 않은 것은? (다툼이 있는 경우 판례에 의함)

① 통신비밀보호법 제3조의 규정에 위반하여, 불법검열에 의하여 취득한 우편물이나 그 내용 및 불법감청에 의하여 지득 또는 채록된 전기통신의 내용은 재판 또는 징계절차에서 증거로 사용할 수 없다.

② 통신비밀보호법상 '감청'이란 대상이 되는 전기통신의 송·수신과 동시에 이루어지는 경우만을 의미하고 이미 수신이 완료된 전기통신의 내용을 지득하는 등의 행위는 포함되지 아니한다.

③ 통신제한조치 기간의 연장을 허가함에 있어 총연장기간 내지 총연장횟수의 제한을 두지 아니하고 무제한 연장을 허가할 수 있도록 규정한 통신비밀보호법 중 전기통신에 관한 '통신제한조치 기간의 연장'에 관한 부분은 과잉금지원칙을 위반하여 통신의 비밀을 침해한다.

④ 피청구인 구치소장이 구치소에 수용 중인 수형자에게 온 서신에 '허가 없이 수수되는 물품'인 녹취서와 사진이 동봉되어 있음을 확인하여 서신수수를 금지하고 발신인인 청구인에게 위 물품을 반송한 것은 과잉금지원칙에 위반되어 청구인의 통신의 자유를 침해한다.

지문분석 난이도 중 정답 ④

| **키 워 드** | 통신의 자유

| **출제유형** | 조문 + 판례

④ (X) 피청구인 ㅇㅇ구치소장이 ㅇㅇ구치소에 수용 중인 수형자에게 온 서신에 '허가 없이 수수되는 물품'인 녹취서와 사진이 동봉되어 있음을 확인하여 서신수수를 금지하고 발신인인 청구인에게 위 물품을 반송한 것은 교정사고를 미연에 방지하고 교정시설의 안전과 질서 유지를 위하여 불가피한 측면이 있다. 또한 청구인은 관심대상수용자로 지정된 자이고, 서신에 동봉된 녹취서는 청구인이 원고인 민사사건 증인의 증언을 녹취한 소송서류로서 타인의 실명과 개인정보가 기재되어 있다. 한편, 수용자 사이에 사진을 자유롭게 교환할 수 있도록 하는 경우 각종 교정사고가 발생할 가능성이 있다. 이와 같은 점을 종합적으로 고려하면, 이 사건 반송행위는 과잉금지원칙에 위반되어 청구인의 통신의 자유를 침해하지 않는다(헌재 2019.12.27. 2017헌마413 등).

① (O) 통신비밀보호법 제4조(불법검열에 의한 우편물의 내용과 불법감청에 의한 전기통신내용의 증거사용 금지) 및 제3조(통신 및 대화비밀의 보호)의 규정에 위반하여, 불법검열에 의하여 취득한 우편물이나 그 내용 및 불법감청에 의하여 지득 또는 채록된 전기통신의 내용은 재판 또는 징계절차에서 증거로 사용할 수 없다.

② (O) 통신비밀보호법 제2조 제3호 및 제7호에 의하면 같은 법상의 "감청"은 전자적 방식에 의하여 모든 종류의 음향·문언·부호 또는 영상을 송신하거나 수신하는 전기통신에 대하여 당사자의 동의 없이 전자장치·기계장치 등을 사용하여 통신의 음향·문언·부호·영상을 청취·공독하여 그 내용을 지득 또는 채록하거나 전기통신의 송·수신을 방해하는 것을 말하는 것이다. 통신비밀보호법상의 "감청"이란 그 대상이 되는 전기통신의 송·수신과 동시에 이루어지는 경우만을 의미하고, 이미 수신이 완료된 전기통신의 내용을 지득하는 등의 행위는 포함되지 않는다(대판 2012.10.25. 2012도4644).

③ (O) 법원이 실제 통신제한조치의 기간연장절차의 남용을 통제하는 데 한계가 있는 이상 통신제한조치 기간연장에 사법적 통제절차가 있다는 사정만으로는 그 남용으로 인하여 개인의 통신의 비밀이 과도하게 제한되는 것을 막을 수 없다. 그럼에도 통신제한조치기간을 연장함에 있어 법운용자의 남용을 막을 수 있는 최소한의 한계를 설정하지 않은 이 사건 법률조항은 침해의 최소성원칙에 위반한다. 그러므로 이 사건 법률조항은 과잉금지원칙에 위반하여 청구인의 통신의 비밀을 침해하였다고 할 것이다(헌재 2010.12.28. 2009헌가30).

111 0367 ○△×|○△×|○△× 2020 법원직 9급

헌법 제18조(통신의 자유)에 관한 다음 설명 중 가장 옳지 않은 것은?

① 통신의 비밀이란 서신·우편·전신의 통신수단을 통하여 개인 간에 의사나 정보의 전달과 교환이 이루어지는 경우, 통신의 내용과 통신이용의 상황이 개인의 의사에 반하여 공개되지 아니할 자유를 의미하므로, 휴대전화 통신계약 체결 단계에서는 아직 통신의 비밀에 대한 제한이 이루어진다고 보기 어렵다.

② 통신의 자유란 통신수단을 자유로이 이용하여 의사소통할 권리이고, 이러한 '통신수단의 자유로운 이용'에는 자신의 인적사항을 누구에게도 밝히지 않는 상태로 통신수단을 이용할 자유, 즉 통신수단의 익명성 보장도 포함된다.

③ 전기통신역무제공에 관한 계약을 체결하는 경우 전기통신 사업자로 하여금 가입자에게 본인임을 확인할 수 있는 증서 등을 제시하도록 요구하고 부정가입방지시스템 등을 이용하여 본인인지 여부를 확인하도록 한 전기통신사업법령 조항들은 휴대전화를 통한 문자·전화·모바일 인터넷 등 통신기능을 사용하고자 하는 자에게 반드시 사전에 본인확인 절차를 거치는 데 동의해야만 이를 사용할 수 있도록 하므로, 익명으로 통신하고자 하는 청구인들의 통신의 자유를 침해한다.

④ 육군 신병훈련소에서 교육훈련을 받는 동안 전화사용을 통제하는 내용의 육군 신병교육 지침서 부분은 신병교육훈련생들의 통신의 자유를 침해하지 않는다.

지문분석 난이도 하 정답 ③

| 키 워 드 | 통신의 자유

| 출제유형 | 판례

③ (X) 심판대상 조항이 이동통신서비스 가입 시 본인확인절차를 거치도록 함으로써 타인 또는 허무인의 이름을 사용한 휴대전화인 이른바 대포폰이 보이스피싱 등 범죄의 범행도구로 이용되는 것을 막고, 개인정보를 도용하여 타인의 명의로 가입한 다음 휴대전화 소액결제나 서비스요금을 그 명의인에게 전가하는 등 명의도용범죄의 피해를 막고자 하는 입법목적은 정당하고, 이를 위하여 본인확인절차를 거치게 한 것은 적합한 수단이다. 개인정보자기결정권, 통신의 자유가 제한되는 불이익과 비교했을 때, 명의도용피해를 막고, 차명휴대전화의 생성을 억제하여 보이스피싱 등 범죄의 범행도구로 악용될 가능성을 방지함으로써 잠재적 범죄 피해 방지 및 통신망 질서 유지라는 더욱 중대한 공익의 달성효과가 인정된다. 따라서 심판대상 조항은 청구인들의 개인정보자기결정권 및 통신의 자유를 침해하지 않는다(헌재 2019.9.26. 2017헌마1209).

① (○) 통신의 비밀이란 서신·우편·전신의 통신수단을 통하여 개인 간에 의사나 정보의 전달과 교환(의사소통)이 이루어지는 경우, 통신의 내용과 통신이용의 상황이 개인의 의사에 반하여 공개되지 아니할 자유를 의미한다. 그러나 가입자의 인적사항이라는 정보는 통신의 내용·상황과 관계없는 '비내용적 정보'이며 휴대전화 통신계약 체결 단계에서는 아직 통신수단을 통하여 어떠한 의사소통이 이루어지는 것이 아니므로 통신의 비밀에 대한 제한이 이루어진다고 보기는 어렵다. … 심판대상 조항은 가입자의 개인정보에 대한 제공·이용 여부를 스스로 결정할 권리를 제한하고 있으므로, 개인정보자기결정권을 제한한다(헌재 2019.9.26. 2017헌마1209).

② (○) 헌법 제18조로 보장되는 기본권인 통신의 자유란 통신수단을 자유로이 이용하여 의사소통할 권리이다. '통신수단의 자유로운 이용'에는 자신의 인적 사항을 누구에게도 밝히지 않는 상태로 통신수단을 이용할 자유, 즉 통신수단의 익명성 보장도 포함된다. 심판대상 조항은 휴대전화를 통한 문자·전화·모바일 인터넷 등 통신기능을 사용하고자 하는 자에게 반드시 사전에 본인확인 절차를 거치는 데 동의해야만 이를 사용할 수 있도록 하므로, 익명으로 통신하고자 하는 청구인들의 통신의 자유를 제한한다(헌재 2019.9.26. 2017헌마1209).

④ (○) 이 사건 지침은 신병교육훈련을 받고 있는 군인의 통신의 자유를 제한하고 있으나, 신병들을 군인으로 육성하고 교육훈련과 병영생활에 조속히 적응시키기 위하여 신병교육기간에 한하여 신병의 외부 전화통화를 통제한 것이다. 이 사건 지침에서 신병교육훈련기간 동안 전화사용을 하지 못하도록 정하고 있는 규율이 청구인을 포함한 신병교육훈련생들의 통신의 자유 등 기본권을 필요한 정도를 넘어 과도하게 제한하는 것이라고 보기 어렵다(헌재 2010.10.28. 2007헌마890).

112 0368 ○△×|○△×|○△× 2022 경찰 승진

甲은 강도죄를 범하여 유죄의 확정판결을 받고 현재 교도소에 수용 중인 자다. 甲은 교도소 내의 처우에 불만을 가지고, 이와 관련하여 헌법소원심판을 청구하고자 변호사 乙과의 접견을 신청하였으나, 교도소장 丙은 접견을 불허하였다. 이에 甲은 변호사 乙에게 서신을 발송하고자 하였는데 교도소장 丙은 외부로 반출되는 모든 서신에 대해 봉함하지 않은 상태로 사전에 검사받도록 해 온 교도소 관행에 따라 甲의 서신도 무봉함 상태로 제출하게 한 후 검열한 끝에 서신 내용을 문제 삼아 외부 발송을 거부하였다. 이 사안에 관한 설명 중 가장 적절하지 않은 것은? (다툼이 있는 경우 판례에 의함)

① 이른바 특별권력관계에서도 기본권의 제한은 법률에 근거해야 한다.
② 교도소장 丙의 서신검열행위는 이른바 권력적 사실행위로서 행정심판이나 행정소송의 대상이 되는 행정처분으로 볼 수 있다.
③ 위 사안에서는 검열행위가 이미 완료되어 행정심판이나 행정소송을 제기하더라도 소의 이익이 부정될 수밖에 없으므로 헌법소원심판청구에서의 보충성원칙의 예외에 해당한다.
④ 교도소장 丙이 甲으로 하여금 서신을 봉함하지 않은 상태로 제출하게 한 것은 교도소 내의 규율과 질서를 유지하기 위한 불가피한 조치로서 甲의 통신비밀의 자유를 침해한다고 볼 수 없다.

지문분석

난이도 상 정답 ④

| 키 워 드 | 통신비밀의 자유
| 출제유형 | 이론 + 판례

④ (X) 이 사건 시행령조항은 교정시설의 안전과 질서유지, 수용자의 교화 및 사회복귀를 원활하게 하기 위해 수용자가 밖으로 내보내는 서신을 봉함하지 않은 상태로 제출하도록 한 것이나, 이와 같은 목적은 교도관이 수용자의 면전에서 서신에 금지물품이 들어 있는지를 확인하고 수용자로 하여금 서신을 봉함하게 하는 방법, 봉함된 상태로 제출된 서신을 X-ray 검색기 등으로 확인한 후 의심이 있는 경우에만 개봉하여 확인하는 방법, 서신에 대한 검열이 허용되는 경우에만 무봉함 상태로 제출하도록 하는 방법 등으로도 얼마든지 달성할 수 있다고 할 것인바, 위 시행령 조항이 수용자가 보내려는 모든 서신에 대해 무봉함 상태의 제출을 강제함으로써 수용자의 발송 서신 모두를 사실상 검열 가능한 상태에 놓이도록 하는 것은 기본권 제한의 최소침해성 요건을 위반하여 수용자인 청구인의 통신비밀의 자유를 침해하는 것이다(헌재 2012.2.23. 2009헌마333).
① (O) 법률유보원칙과 과잉금지원칙 등 기본권 제한의 일반이론은 특별권력관계에도 예외 없이 적용된다. 특별권력관계에서도 기본권의 제한은 법률에 근거해야 하고, 특별권력관계의 목적달성을 위하여 필요한 범위 내에서 이루어져야 한다는 의미에서 과잉금지원칙을 준수하여야 한다.
② (O), ③ (O) 수형자의 서신을 교도소장이 검열하는 행위는 이른바 권력적 사실행위로서 행정심판이나 행정소송의 대상이 되는 행정처분으로 볼 수 있으나, 위 검열행위가 이미 완료되어 행정심판이나 행정소송을 제기하더라도 소의 이익이 부정될 수밖에 없으므로 헌법소원심판을 청구하는 외에 다른 효과적인 구제방법이 있다고 보기 어렵기 때문에 보충성의 원칙에 대한 예외에 해당한다(헌재 1998.8.27. 96헌마398).

113 0369 ○△×|○△×|○△× 2017 경찰 승진

통신의 자유에 대한 설명으로 가장 적절하지 않은 것은? (다툼이 있는 경우 판례에 의함)

① 미결수용자가 교정시설 내에서 규율위반 행위를 이유로 금치처분을 받은 경우 금치기간 중 서신수수·접견·전화통화를 제한하는 것은 통신의 자유를 침해하지 아니한다.
② 긴급조치 제1호는 유신헌법을 부정하거나 반대하고 폐지를 주장하는 행위 중 실제로 국가의 안전보장과 공공의 안녕질서에 대한 심각하고 중대한 위협이 명백하고 현존하는 경우 이외에도, 국가긴급권의 발동이 필요한 상황과는 전혀 무관하게 헌법과 관련하여 자신의 견해를 단순하게 표명하는 행위까지 모두 처벌하고 처벌의 대상이 되는 행위를 구체적으로 특정할 수 없으므로 표현의 자유를 침해한다.
③ 국가기관이 정보통신부 장관의 인가 없이 감청설비의 제조·수입 등의 방법으로 감청설비를 보유·사용할 수 있도록 하는 것은 통신의 자유를 침해한 것이다.
④ 통신의 자유는 국가안전보장·질서유지 또는 공공복리를 위하여 필요한 경우에는 법률로 제한될 수 있다.

지문분석

난이도 중 정답 ③

| 키 워 드 | 통신의 자유
| 출제유형 | 이론 + 판례

③ (X) 국가기관의 감청설비 보유·사용에 대한 관리와 통제를 위한 법적, 제도적 장치가 마련되어 있으므로, 국가기관이 인가 없이 감청설비를 보유, 사용할 수 있다는 사실만 가지고 바로 국가기관에 의한 통신비밀침해행위를 용이하게 하는 결과를 초래함으로써 통신의 자유를 침해한다고 볼 수는 없다(헌재 2001.3.21. 2000헌바25).
① (O) 미결수용자가 교정시설 내에서 규율위반 행위를 이유로 금치처분을 받은 경우 금치기간 중 서신수수·접견·전화통화를 제한하는 것은 통신의 자유를 침해하지 아니한다(헌재 2016.4.28. 2012헌마549).
② (O) 긴급조치 제1호, 제2호는 국가긴급권의 발동이 필요한 상황과는 전혀 무관하게 헌법과 관련하여 자신의 견해를 단순하게 표명하는 모든 행위까지 처벌하고, 처벌의 대상이 되는 행위를 전혀 구체적으로 특정할 수 없으므로, 표현의 자유 제한의 한계를 일탈하여 국가형벌권을 자의적으로 행사하였고, 죄형법정주의의 명확성원칙에 위배되며, 국민의 헌법개정권력의 행사와 관련한 참정권, 국민투표권, 영장주의 및 신체의 자유, 법관에 의한 재판을 받을 권리 등을 침해한다(헌재 2013.3.21. 2010헌바70).
④ (O) 통신의 자유는 헌법 제37조 제2항에 의해 국가안전보장·질서유지 또는 공공복리를 위하여 필요한 경우에 한하여 법률로써 제한할 수 있으며, 제한하는 경우에도 자유와 권리의 본질적인 내용을 침해할 수 없다.

114 0370 ○△×|○△×|○△× 2022 경찰 1차

통신의 자유에 관한 설명 중 가장 적절하지 않은 것은? (다툼이 있는 경우 판례에 의함)

① 통신비밀보호법상 '통신'이라 함은 우편물 및 전기통신을 말한다.
② 전기통신역무제공에 관한 계약을 체결하는 경우 전기통신사업자로 하여금 가입자에게 본인임을 확인할 수 있는 증서 등을 제시하도록 요구하고 부정가입방지시스템 등을 이용하여 본인인지 여부를 확인하도록 한 전기통신사업법 조항 및 전기통신사업법 시행령 조항은 이동통신서비스에 가입하려는 청구인들의 통신의 비밀을 제한한다.
③ 통신비밀보호법 조항 중 '인터넷회선을 통하여 송·수신하는 전기통신'에 관한 부분은 인터넷회선 감청의 특성을 고려하여 그 집행 단계나 집행 이후에 수사기관의 권한 남용을 통제하고 관련 기본권의 침해를 최소화하기 위한 제도적 조치가 제대로 마련되어 있지 않은 상태에서, 범죄수사 목적을 이유로 인터넷회선 감청을 통신제한조치 허가 대상 중 하나로 정하고 있으므로 청구인의 기본권을 침해한다.
④ 미결수용자가 교정시설 내에서 규율위반행위 등을 이유로 금치처분을 받은 경우 금치기간 중 서신수수, 접견, 전화통화를 제한하는 형의 집행 및 수용자의 처우에 관한 법률 조항 중 미결수용자에게 적용되는 부분은 미결수용자인 청구인의 통신의 자유를 침해하지 않는다.

지문분석 난이도 ❸ 정답 ②

| **키 워 드** | 통신의 자유
| **출제유형** | 조문 + 판례

② (X) 헌법 제18조로 보장되는 기본권인 통신의 자유란 통신수단을 자유로이 이용하여 의사소통할 권리이다. '통신수단의 자유로운 이용'에는 자신의 인적사항을 누구에게도 밝히지 않은 상태로 통신수단을 이용할 자유, 즉 통신수단의 익명성 보장도 포함된다. 심판대상 조항은 휴대전화를 통한 문자·전화·모바일 인터넷 등 통신기능을 사용하고자 하는 자에게 반드시 사전에 본인확인절차를 거치는 데 동의해야만 이를 사용할 수 있도록 하므로, 익명으로 통신하고자 하는 청구인들의 통신의 자유를 제한한다. 반면, 심판대상 조항이 통신의 비밀을 제한하는 것은 아니다. 가입자의 인적사항이라는 정보는 통신의 내용·상황과 관계없는 '비 내용적 정보'이며 휴대전화 통신계약 체결 단계에서는 아직 통신수단을 통하여 어떠한 의사소통이 이루어지는 것이 아니므로 통신의 비밀에 대한 제한이 이루어진다고 보기는 어렵기 때문이다(헌재 2019.9.26. 2017헌마1209).
① (O) 통신비밀보호법 제2조 제1호

> **통신비밀보호법 제2조(정의)** 이 법에서 사용하는 용어의 정의는 다음과 같다.
> 1. "통신"이라 함은 우편물 및 전기통신을 말한다.

③ (O) 이 사건 법률조항은 인터넷회선 감청의 특성을 고려하여 그 집행단계나 집행 이후에 수사기관의 권한 남용을 통제하고 관련 기본권의 침해를 최소화하기 위한 제도적 조치가 제대로 마련되어 있지 않은 상태에서, 범죄수사 목적을 이유로 인터넷회선 감청을 통신제한조치 허가 대상 중 하나로 정하고 있으므로 침해의 최소성 요건을 충족한다고 할 수 없다. 이 사건 법률조항은 과잉금지원칙에 위반하는 것으로 청구인의 기본권을 침해한다(헌재 2018.8.30. 2016헌마263).
④ (O) 금치처분을 받은 미결수용자에 대하여 금치기간 중 서신수수, 접견, 전화통화를 제한하는 것은 대상자를 구속감과 외로움 속에 반성에 전념하게 함으로써 수용시설 내 안전과 질서를 유지하기 위한 것이다. 이 사건 서신수수·접견·전화통화 제한조항은 청구인의 통신의 자유를 침해하지 아니한다[헌재 2016.4.28. 2012헌마549·2013헌마865(병합)].

115 0371 ○△×|○△×|○△× 2021 경찰 승진

통신의 자유에 대한 설명으로 가장 적절하지 않은 것은? (다툼이 있는 경우 판례에 의함)

① 육군 신병훈련소에서 교육훈련을 받는 동안 전화사용을 통제하는 육군 신병교육 지침서 규정은 신병교육훈련생들의 통신의 자유를 침해하지 않는다.
② 통신의 자유란 통신수단을 자유로이 이용하여 의사소통할 권리이고, 이러한 '통신수단의 자유로운 이용'에는 자신의 인적사항을 누구에게도 밝히지 않는 상태로 통신수단을 이용할 자유, 즉 통신수단의 익명성 보장도 포함된다.
③ 수용자가 국가기관에 서신을 발송할 경우에 교도소장의 허가를 받도록 하는 것은 통신비밀의 자유를 침해하지 않는다.
④ 검사, 사법경찰관 또는 정보수사기관의 장은 중대한 범죄의 계획이나 실행 등 긴박한 상황에 있는 경우 반드시 법원의 사전허가를 받아 통신제한조치를 하여야 한다.

지문분석 난이도 중 정답 ④

| 키 워 드 | 통신의 자유
| 출제유형 | 조문 + 판례

④ (X) 검사, 사법경찰관 또는 정보수사기관의 장은 국가안보를 위협하는 음모행위, 직접적인 사망이나 심각한 상해의 위험을 야기할 수 있는 범죄 또는 조직범죄 등 중대한 범죄의 계획이나 실행 등 긴박한 상황에 있고 제5조 제1항 또는 제7조 제1항 제1호의 규정에 의한 요건을 구비한 자에 대하여 제6조 또는 제7조 제1항 및 제3항의 규정에 의한 절차를 거칠 수 없는 긴급한 사유가 있는 때에는 법원의 허가 없이 통신제한조치를 할 수 있다(통신비밀보호법 제8조 제1항).
① (O) 이 사건 지침은 신병교육훈련을 받고 있는 군인의 통신의 자유를 제한하고 있으나, 신병들을 군인으로 육성하고 교육훈련과 병영생활에 조속히 적응시키기 위하여 신병교육기간에 한하여 신병의 외부 전화통화를 통제한 것이다. … 이 사건 지침에서 신병교육훈련기간 동안 전화사용을 하지 못하도록 정하고 있는 규율이 청구인을 포함한 신병교육훈련생들의 통신의 자유 등 기본권을 필요한 정도를 넘어 과도하게 제한하는 것이라고 보기 어렵다(헌재 2010.10.28. 2007헌마890).
② (O) 헌법 제18조로 보장되는 기본권인 통신의 자유란 통신수단을 자유로이 이용하여 의사소통할 권리이다. '통신수단의 자유로운 이용'에는 자신의 인적사항을 누구에게도 밝히지 않는 상태로 통신수단을 이용할 자유, 즉 통신수단의 익명성 보장도 포함된다. 심판대상 조항은 휴대전화를 통한 문자·전화·모바일 인터넷 등 통신기능을 사용하고자 하는 자에게 반드시 사전에 본인확인 절차를 거치는 데 동의해야만 이를 사용할 수 있도록 하므로, 익명으로 통신하고자 하는 청구인들의 통신의 자유를 제한한다(헌재 2019.9.26. 2017헌마1209).
③ (O) 만약 국가기관과 사인에 대한 서신을 따로 분리하여 사인에 대한 서신의 경우에만 검열을 실시하고, 국가기관에 대한 서신의 경우에는 검열을 하지 않는다면 사인에게 보낼 서신을 국가기관의 명의를 빌려 검열 없이 보낼 수 있게 됨으로써 검열을 거치지 않고 사인에게 서신을 발송하는 탈법수단으로 이용될 수 있게 되므로 수용자의 서신에 대한 검열은 국가안전 보장·질서유지 또는 공공복리라는 정당한 목적을 위하여 부득이 할 뿐만 아니라 유효적절한 방법에 의한 최소한의 제한이며, 통신비밀의 자유의 본질적 내용을 침해하는 것이 아니어서 헌법에 위반된다고 할 수 없다(헌재 2001.11.29. 99헌마713).

116 0372 ○△×|○△×|○△× 2022 경찰 간부

통신의 자유에 대한 설명으로 가장 적절하지 않은 것은? (다툼이 있는 경우 대법원 및 헌법재판소 판례에 의함)

① 통신사실 확인자료 제공요청은 통신비밀보호법이 정한 수사기관의 강제처분이므로 영장주의가 적용된다.
② 통신비밀보호법상 '감청'이란 대상이 되는 전기통신의 송·수신과 동시에 이루어지는 경우만을 의미하고, 이미 수신이 완료된 전기통신의 내용을 지득하는 등의 행위는 포함되지 않는다.
③ 인터넷회선 감청은 서버에 저장된 정보가 아니라, 인터넷상에서 발신되어 수신되기까지의 과정 중에 수집되는 정보, 즉 전송 중인 정보의 수집을 위한 수사이므로, 압수·수색과 구별되지 않는다.
④ 누구든지 공개되지 아니한 타인 간의 대화를 녹음하거나 전자장치 또는 기계적 수단을 이용하여 청취할 수 없다.

지문분석 난이도 하 정답 ③

| 키 워 드 | 통신의 자유
| 출제유형 | 판례

③ (X) 인터넷회선 감청은 검사가 법원의 허가를 받으면, 피의자 및 피내사자에 해당하는 감청대상자나 해당 인터넷회선의 가입자의 동의나 승낙을 얻지 아니하고도, 전기통신사업자의 협조를 통해 해당 인터넷회선을 통해 송·수신되는 전기통신에 대해 감청을 집행함으로써 정보주체의 기본권을 제한할 수 있으므로, 법이 정한 강제처분에 해당한다. 또한 인터넷회선 감청은 서버에 저장된 정보가 아니라, 인터넷상에서 발신되어 수신되기까지의 과정 중에 수집되는 정보, 즉 전송 중인 정보의 수집을 위한 수사이므로, 압수·수색과 구별된다(헌재 2018.8.30. 2016헌마263).
① (O) ① 수사기관이 수사의 필요성 있는 경우 전기통신사업자에게 위치정보 추적자료를 제공요청할 수 있도록 한 통신비밀보호법 제13조 제1항 중 '검사 또는 사법경찰관은 수사를 위하여 필요한 경우 전기통신사업법에 의한 전기통신사업자에게 제2조 제11호 바목, 사목의 통신사실 확인자료의 열람이나 제출을 요청할 수 있다' 부분, ② 수사 종료 후 위치정보 추적자료를 제공받은 사실 등을 통지하도록 한 통신비밀보호법 제13조의3 제1항 중 제2조 제11호 바목, 사목의 통신사실 확인자료에 관한 부분이 헌법에 합치되지 아니한다[재판관 6:3의 의견](헌재 2018.6.28. 2012헌마191). 별도의 규정은 없으나 통신의 비밀보호를 위해 영장주의 적용
② (O) 통신비밀보호법 제2조 제3호 및 제7호에 의하면 같은 법상의 "감청"은 전자적 방식에 의하여 모든 종류의 음향·문언·부호 또는 영상을 송신하거나 수신하는 전기통신에 대하여 당사자의 동의 없이 전자장치·기계장치 등을 사용하여 통신의 음향·문언·부호·영상을 청취·공독하여 그 내용을 지득 또는 채록하거나 전기통신의 송·수신을 방해하는 것을 말하는 것이다. 통신비밀보호법상의 "감청"이란 그 대상이 되는 전기통신의 송·수신과 동시에 이루어지는 경우만을 의미하고, 이미 수신이 완료된 전기통신의 내용을 지득하는 등의 행위는 포함되지 않는다(대판 2012.10.25. 2012도4644).
④ (O) 공개되지 아니한 타인 간의 대화를 녹음 또는 청취하여 지득한 대화의 내용을 공개하거나 누설한 자를 처벌하는 통신비밀보호법 제16조 제1항 제2호는 표현의 자유에 대한 침해는 아니다(헌재 2011.8.30. 2009헌바42).

117 0373 ○△×|○△×|○△× 2019 지방직 7급

통신의 비밀에 대한 설명으로 옳지 않은 것은? (다툼이 있는 경우 판례에 의함)

① 마약류사범인 미결수용자와 변호인이 아닌 접견인 사이의 화상 접견 내용이 모두 녹음·녹화된 경우 이는 화상접견시스템이라는 전기통신수단을 이용하여 개인 간의 대화 내용을 녹음·녹화하는 것으로 미결수용자의 통신의 비밀을 침해하지 아니한다.

② 인터넷회선 감청은 서버에 저장된 정보가 아니라, 인터넷상에서 발신되어 수신되기까지의 과정 중에 수집되는 정보, 즉 전송 중인 정보의 수집을 위한 수사이므로, 압수·수색에 해당된다.

③ 자유로운 의사소통은 통신내용의 비밀을 보장하는 것만으로는 충분하지 아니하고 구체적인 통신관계의 발생으로 야기된 모든 사실관계, 특히 통신관여자의 인적 동일성·통신장소·통신횟수·통신시간 등 통신의 외형을 구성하는 통신이용의 전반적 상황의 비밀까지도 보장한다.

④ 수사를 위하여 필요한 경우 수사기관으로 하여금 법원의 허가를 얻어 전기통신사업자에게 특정 시간대 특정 기지국에서 발신된 모든 전화번호의 제공을 요청할 수 있도록 하는 것은 그 통신서비스이용자의 개인정보자기결정권과 통신의 자유를 침해한다.

지문분석 난이도 ⓒ 정답 ②

| 키 워 드 | 통신의 비밀

| 출제유형 | 판례

② (X) 인터넷회선 감청은 검사가 법원의 허가를 받으면, 피의자 및 피내사자에 해당하는 감청대상자나 해당 인터넷회선의 가입자의 동의나 승낙을 얻지 아니하고도, 전기통신사업자의 협조를 통해 해당 인터넷회선을 통해 송·수신되는 전기통신에 대해 감청을 집행함으로써 정보주체의 기본권을 제한할 수 있으므로, 법이 정한 강제처분에 해당한다. 또한 인터넷회선 감청은 서버에 저장된 정보가 아니라, 인터넷상에서 발신되어 수신되기까지의 과정 중에 수집되는 정보, 즉 전송 중인 정보의 수집을 위한 수사이므로, 압수·수색과 구별된다(헌재 2018.8.30. 2016헌마263).

① (O) 이 사건 녹음 조항은 수용자의 증거인멸의 가능성 및 추가범죄의 발생 가능성을 차단하고, 교정시설 내의 안전과 질서유지를 위한 것으로 목적의 정당성이 인정되며, 수용자는 증거인멸 또는 형사 법령 저촉 행위를 할 경우 쉽게 발각될 수 있다는 점을 예상하여 이를 억제하게 될 것이므로 수단의 적합성도 인정된다. … 따라서 이 사건 녹음조항은 과잉금지원칙에 위배되어 청구인의 사생활의 비밀과 자유 및 통신의 비밀을 침해하지 아니한다(헌재 2016.11.24. 2014헌바401).

③ (O) 자유로운 의사소통은 통신내용의 비밀을 보장하는 것만으로는 충분하지 아니하고 구체적인 통신으로 발생하는 외형적인 사실관계, 특히 통신관여자의 인적 동일성·통신시간·통신장소·통신횟수 등 통신의 외형을 구성하는 통신이용의 전반적 상황의 비밀까지도 보장해야 한다(헌재 2018.6.28. 2012헌마191 등).

④ (O) 이동전화의 이용과 관련하여 필연적으로 발생하는 통신사실 확인자료는 비록 비내용적 정보이지만 여러 정보의 결합과 분석을 통해 정보주체에 관한 정보를 유추해낼 수 있는 민감한 정보인 점, 수사기관의 통신사실 확인자료 제공요청에 대해 법원의 허가를 거치도록 규정하고 있으나 수사의 필요성만을 그 요건으로 하고 있어 제대로 된 통제가 이루어지기 어려운 점, 기지국수사의 허용과 관련하여서는 유괴·납치·성폭력범죄 등 강력범죄나 국가안보를 위협하는 각종 범죄와 같이 피의자나 피해자의 통신사실 확인자료가 반드시 필요한 범죄로 그 대상을 한정하는 방안 또는 다른 방법으로는 범죄수사가 어려운 경우(보충성)를 요건으로 추가하는 방안 등을 검토함으로써 수사에 지장을 초래하지 않으면서도 불특정 다수의 기본권을 덜 침해하는 수단이 존재하는 점을 고려할 때, 이 사건 요청조항은 과잉금지원칙에 반하여 청구인의 개인정보자기결정권과 통신의 자유를 침해한다(헌재 2018.6.28. 2012헌마538 등).

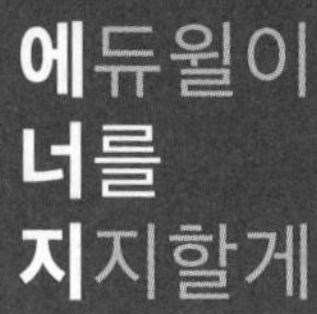

ENERGY

목표에 대한 신념이 투철하고
이에 상응한 노력만 쏟아 부으면
그 누구라도 무슨 일이든 다 할 수 있다.

– 정주영

CHAPTER

02 자유권적 기본권 2

■ 문항 수: 134문항

1 정신적 자유권

01 0374 ○△×|○△×|○△× 2022 경찰 승진

양심의 자유에 관한 설명 중 가장 적절한 것은? (다툼이 있는 경우 판례에 의함)

① 주민등록증 발급을 위해 열 손가락의 지문을 날인케 하는 것은 신원확인기능의 효율적인 수행을 도모하고, 신원확인의 정확성 내지 완벽성을 제고하기 위한 것이므로 양심의 자유에 대한 최소한의 제한이라고 할 수 있다.

② 양심의 자유가 보장하고자 하는 '양심'은 민주적 다수의 사고나 가치관과 일치하는 것이어야 하며, 양심상의 결정이 이성적·합리적인지, 타당한지 또는 법질서나 사회규범, 도덕률과 일치하는지 여부는 양심의 존재를 판단하는 기준이 될 수 있다.

③ 재산목록을 제출하고 그 진실함을 법관 앞에서 선서하는 것은 개인의 인격형성에 관계되는 내심의 가치적·윤리적 판단에 해당하지 않아 양심의 자유의 보호대상이 아니다.

④ 양심형성의 자유는 내심에 머무르는 한 타인의 기본권이나 다른 헌법적 질서와 저촉되는 경우 헌법 제37조 제2항에 따라 국가안전보장·질서유지 또는 공공복리를 위하여 법률에 의하여 제한될 수 있는 상대적 자유라고 할 수 있다.

지문분석 난이도 ㉻ 정답 ③

| 키 워 드 | 양심의 자유

| 출제유형 | 판례

③ (○) 이 사건에서 채무자가 부담하는 행위의무는 강제집행의 대상이 되는 재산관계를 명시한 재산목록을 제출하고 그 재산목록의 진실함을 법관 앞에서 선서하는 것으로서, 개인의 인격형성에 관계되는 내심의 가치적·윤리적 판단이 개입될 여지가 없는 단순한 사실관계의 확인에 불과한 것이므로, 헌법 제19조에 의하여 보장되는 양심의 영역에 포함되지 않는다. 따라서 심판대상 조항은 청구인의 양심의 자유를 침해하지 아니한다(헌재 2014.9.25. 2013헌마11).

① (X) 지문을 날인할 것인지 여부의 결정이 선악의 기준에 따른 개인의 진지한 윤리적 결정에 해당한다고 보기는 어려워, 열 손가락 지문날인의 의무를 부과하는 이 사건 시행령조항에 대하여 국가가 개인의 윤리적 판단에 개입한다거나 그 윤리적 판단을 표명하도록 강제하는 것으로 볼 여지는 없다고 할 것이므로, 이 사건 시행령조항에 의한 양심의 자유의 침해가능성 또한 없는 것으로 보인다[헌재 2005.5.26. 99헌마513·2004헌마190(병합)].

② (X) '양심'은 민주적 다수의 사고나 가치관과 일치하는 것이 아니라, 개인적 현상으로서 지극히 주관적인 것이다. 양심은 그 대상이나 내용 또는 동기에 의하여 판단될 수 없으며, 특히 양심상의 결정이 이성적·합리적인가, 타당한가 또는 법질서나 사회규범·도덕률과 일치하는가 하는 관점은 양심의 존재를 판단하는 기준이 될 수 없다(헌재 2018.6.28. 2011헌바379 등).

④ (X) 내심적 자유, 즉 양심형성의 자유와 양심적 결정의 자유는 내심에 머무르는 한 절대적 자유라고 할 수 있지만, 양심실현의 자유는 타인의 기본권이나 다른 헌법적 질서와 저촉되는 경우 헌법 제37조 제2항에 따라 국가안전보장·질서유지 또는 공공복리를 위하여 법률에 의하여 제한될 수 있는 상대적 자유라고 할 수 있다(헌재 1998.7.16. 96헌바35).

02 0375 ○△×|○△×|○△× 2021 법무사

양심적 병역거부에 관한 다음 설명 중 가장 옳지 않은 것은?
(다툼이 있는 경우 대법원 판례 및 헌법재판소 결정에 의함)

① 국방의 의무는 법률이 정하는 바에 따라 부담하므로, 그 구체적인 이행방법과 내용은 법률로 정할 사항이다.

② 양심적 병역거부의 허용 여부는 헌법 제19조 양심의 자유 등 기본권 규범과 헌법 제39조 국방의 의무 규범 사이의 충돌·조정 문제이다.

③ 양심적 병역거부는 소극적 부작위에 의한 양심실현에 해당하므로, 이에 대한 제한은 양심의 자유에 대한 과도한 제한이 되거나 본질적 내용에 대한 위협이 될 수 있다.

④ 양심적 병역거부자에게 병역의무의 이행을 일률적으로 강제하고 그 불이행에 대하여 형사처벌 등 제재를 하는 것은 소수자에 대한 관용과 포용이라는 자유민주주의 정신에도 위배된다.

⑤ 신념이 확고하다는 것은 그것이 유동적이거나 가변적이지 않다는 것을 뜻하지만, 반드시 고정불변이어야 하는 것은 아니므로, 상황에 따라 타협적이거나 전략적으로 행동하는 것을 금지하지는 아니한다. 병역거부자가 그 신념과 관련한 문제에서 상황에 따라 다른 행동을 하였다고 하더라도, 그러한 신념이 진실하지 않다고 단정할 수는 없다.

지문분석 난이도 ㊥ 정답 ⑤

| 키 워 드 | 양심적 병역거부
| 출제유형 | 판례

⑤ (X) 신념이 확고하다는 것은 그것이 유동적이거나 가변적이지 않다는 것을 뜻한다. 반드시 고정불변이어야 하는 것은 아니지만, 그 신념은 분명한 실체를 가진 것으로서 좀처럼 쉽게 바뀌지 않는 것이어야 한다. 신념이 진실하다는 것은 거짓이 없고, 상황에 따라 타협적이거나 전략적이지 않다는 것을 뜻한다. 설령 병역거부자가 깊고 확고한 신념을 가지고 있더라도 그 신념과 관련한 문제에서 상황에 따라 다른 행동을 한다면 그러한 신념은 진실하다고 보기 어렵다(대판 2018.11.1. 2016도10912).

① (○) 국방의 의무는 법률이 정하는 바에 따라 부담한다(헌법 제39조 제1항). 즉 국방의 의무의 구체적인 이행방법과 내용은 법률로 정할 사항이다. 그에 따라 병역법에서 병역의무를 구체적으로 정하고 있고, 병역법 제88조 제1항에서 입영의무의 불이행을 처벌하면서도 한편으로는 '정당한 사유'라는 문언을 두어 입법자가 미처 구체적으로 열거하기 어려운 충돌 상황을 해결할 수 있도록 하고 있다(대판 2018.11.1. 2016도10912).

② (○) 헌법상 국가의 안전보장과 국토방위의 신성한 의무, 그리고 국민에게 부여된 국방의 의무는 아무리 강조해도 지나치지 않다. 국가의 존립이 없으면 기본권 보장의 토대가 무너지기 때문이다. 국방의 의무가 구체화된 병역의무는 성실하게 이행하여야 하고 병무행정 역시 공정하고 엄정하게 집행하여야 한다. 헌법이 양심의 자유를 보장하고 있다고 해서 위와 같은 가치를 소홀히 해서는 안 된다. 따라서 양심적 병역거부의 허용 여부는 헌법 제19조 양심의 자유 등 기본권 규범과 헌법 제39조 국방의 의무 규범 사이의 충돌·조정 문제가 된다(대판 2018.11.1. 2016도10912).

③ (○) 소극적 부작위에 의한 양심실현의 자유에 대한 제한은 양심의 자유에 대한 과도한 제한이 되거나 본질적 내용에 대한 위협이 될 수 있다. 양심적 병역거부는 이러한 소극적 부작위에 의한 양심실현에 해당한다(대판 2018.11.1. 2016도10912).

④ (○) 자신의 내면에 형성된 양심을 이유로 집총과 군사훈련을 수반하는 병역의무를 이행하지 않는 사람에게 형사처벌 등 제재를 해서는 안 된다. 양심적 병역거부자에게 병역의무의 이행을 일률적으로 강제하고 그 불이행에 대하여 형사처벌 등 제재를 하는 것은 양심의 자유를 비롯한 헌법상 기본권 보장체계와 전체 법질서에 비추어 타당하지 않을 뿐만 아니라 소수자에 대한 관용과 포용이라는 자유민주주의 정신에도 위배된다. 따라서 진정한 양심에 따른 병역거부라면, 이는 병역법 제88조 제1항의 '정당한 사유'에 해당한다(대판 2018.11.1. 2016도10912).

03 0376 ○△×|○△×|○△× 2021 법원직 9급

양심의 자유에 관한 다음 설명 중 가장 옳지 않은 것은?

① '양심'은 민주적 다수의 사고나 가치관과 일치하는 것이 아니라 개인적 현상으로서 지극히 주관적인 것이므로, 그 대상이나 내용 또는 동기에 의하여 판단될 수 없으며, 특히 양심상의 결정이 이성적·합리적인가, 타당한가 또는 법질서나 사회규범·도덕률과 일치하는가 하는 관점은 양심의 존재를 판단하는 기준이 될 수 없다.

② 헌법상 양심의 자유에 의해 보호받는 '양심'으로 인정할 것인지의 판단은 그것이 깊고, 확고하며, 진실된 것인지 여부에 따르게 되므로, 양심적 병역거부를 주장하는 사람은 자신의 '양심'을 외부로 표명하여 증명할 최소한의 의무를 진다.

③ 양심의 자유 중 양심형성의 자유는 내심에 머무르는 한 절대적으로 보호되는 기본권이라 할 수 있는 반면, 양심적 결정을 외부로 표현하고 실현할 수 있는 권리인 양심실현의 자유는 법질서에 위배되거나 타인의 권리를 침해할 수 있기 때문에 법률에 의하여 제한될 수 있다.

④ 대체복무제가 마련되지 아니한 상황에서 양심상의 결정에 따라 입영을 거부하거나 소집에 불응하는 사람들에게 형사처벌을 부과하는 병역법 조항은 '양심에 반하는 행동을 강요당하지 아니할 자유'를 제한하는 것이다. 그러나 다른 한편 헌법 제39조 제1항의 국방의 의무를 형성하는 입법이기도 하므로, 위 병역법 조항이 양심의 자유를 침해하는지 여부에 대한 심사는 헌법상 자의금지원칙에 따라 입법형성의 재량을 일탈하였는지 여부를 기준으로 판단하여야 한다.

지문분석

난이도 중 정답 ④

| 키 워 드 | 양심의 자유

| 출제유형 | 판례

④ (X) 병역종류 조항에 대체복무제가 마련되지 아니한 상황에서, 양심상의 결정에 따라 입영을 거부하거나 소집에 불응하는 이 사건 청구인 등이 현재의 대법원 판례에 따라 처벌조항에 의하여 형벌을 부과 받음으로써 양심에 반하는 행동을 강요받고 있으므로, 이 사건 법률 조항은 '양심에 반하는 행동을 강요당하지 아니할 자유', 즉 '부작위에 의한 양심실현의 자유'를 제한하고 있다. … 헌법 제37조 제2항의 비례원칙은, 단순히 기본권 제한의 일반원칙에 그치지 않고, 모든 국가작용은 정당한 목적을 달성하기 위하여 필요한 범위 내에서만 행사되어야 한다는 국가작용의 한계를 선언한 것이므로, 비록 이 사건 법률 조항이 헌법 제39조에 규정된 국방의 의무를 형성하는 입법이라 할지라도 그에 대한 심사는 헌법상 비례원칙에 의하여야 한다(헌재 2018.6.28. 2011헌바379 등).

① (O) '양심'은 민주적 다수의 사고나 가치관과 일치하는 것이 아니라, 개인적 현상으로서 지극히 주관적인 것이다. 양심은 그 대상이나 내용 또는 동기에 의하여 판단될 수 없으며, 특히 양심상의 결정이 이성적·합리적인가, 타당한가 또는 법질서나 사회규범·도덕률과 일치하는가 하는 관점은 양심의 존재를 판단하는 기준이 될 수 없다(헌재 2018.6.28. 2011헌바379 등).

② (O) 특정한 내적인 확신 또는 신념이 양심으로 형성된 이상 그 내용 여하를 떠나 양심의 자유에 의해 보호되는 양심이 될 수 있으므로, 헌법상 양심의 자유에 의해 보호받는 '양심'으로 인정할 것인지의 판단은 그것이 깊고, 확고하며, 진실된 것인지 여부에 따르게 된다. 그리하여 양심적 병역거부를 주장하는 사람은 자신의 '양심'을 외부로 표명하여 증명할 최소한의 의무를 진다(헌재 2018.6.28. 2011헌바379 등).

③ (O) 양심의 자유 중 양심형성의 자유는 내심에 머무르는 한, 절대적으로 보호되는 기본권이라 할 수 있는 반면, 양심적 결정을 외부로 표현하고 실현할 수 있는 권리인 양심실현의 자유는 법질서에 위배되거나 타인의 권리를 침해할 수 있기 때문에 법률에 의하여 제한될 수 있다(헌재 2018.6.28. 2011헌바379 등).

04 0377 ○△×|○△×|○△× 2017 경찰 승진

양심의 자유와 종교의 자유에 대한 설명으로 옳지 않은 것을 모두 고른 것은? (다툼이 있는 경우 판례에 의함)

> ㉠ 양심의 자유가 보장하고자 하는 '양심'은 민주적 다수의 사고나 가치관과 일치하는 것이 아니라, 개인적 현상으로서 지극히 주관적인 것이고, 그 대상이나 내용 또는 동기에 의하여 판단될 수 없으며, 양심상의 결정이 이성적·합리적인지, 타당한지 또는 법질서나 사회규범, 도덕률과 일치하는지 여부는 양심의 존재를 판단하는 기준이 될 수 없다.
> ㉡ 종교단체가 운영하는 학교 형태 혹은 학원형태의 교육기관도 예외 없이 학교설립인가 혹은 학원설립등록을 받도록 규정한 것은 종교의 자유를 침해하여 헌법에 위반된다.
> ㉢ 종교적 신앙에 따른 병역 거부자를 처벌하는 병역법 조항에 대해서는, 헌법이 양심의 자유와 별개로 종교의 자유를 보장하고 있으며 종교적 신앙은 윤리적 양심과는 구별되는 내면적 세계의 핵심적 가치이므로 양심의 자유의 침해와는 별도로 종교의 자유의 침해 여부를 심사해야 한다.
> ㉣ 종교의 자유가 국민에게 그가 선택한 임의의 장소에서 자유롭게 종교전파를 할 자유까지를 보장하는 것은 아니다.

① ㉠, ㉡ ② ㉠, ㉣
③ ㉡, ㉢ ④ ㉢, ㉣

지문분석

난이도 ㉭ 정답 ③

| 키 워 드 | 양심의 자유

| 출제유형 | 판례

㉡ (X) 종교단체가 운영하는 학교 형태 혹은 학원 형태의 교육기관도 예외 없이 학교설립인가 혹은 학원설립등록을 받도록 규정하고 있는 교육법 제85조 제1항 및 학원의 설립·운영에 관한 법률 제6조가 종교교육을 담당하는 기관들에 대하여 예외적으로 인가 혹은 등록의무를 면제하여 주지 않았다고 하더라도, 헌법 제31조 제6항이 교육제도에 관한 기본사항을 법률로 입법자가 정하도록 한 취지, 종교교육기관이 자체 내부의 순수한 성직자 양성기관이 아니라 학교 혹은 학원의 형태로 운영될 경우 일반국민들이 받을 수 있는 부실한 교육의 피해의 방지, 현행 법률상 학교 내지 학원의 설립절차가 지나치게 엄격하다고 볼 수 없는 점 등을 고려할 때, 종교의 자유 등을 침해하였다고 볼 수 없다(헌재 2000.3.30. 99헌바14).

㉢ (X) 헌법 제20조 제1항은 양심의 자유와 별개로 종교의 자유를 따로 보장하고 있고, 당해 사건 피고인들은 모두 '여호와의 증인' 신도들로서 자신들의 종교적 신앙에 따라 현역복무라는 병역의무를 거부하고 있으므로, 이 사건 법률 조항에 의하여 이들의 종교의 자유도 함께 제한된다. 그러나 종교적 신앙에 의한 행위라도 개인의 주관적·윤리적 판단을 동반하는 것인 한 양심의 자유에 포함시켜 고찰할 수 있으므로, 양심의 자유를 중심으로 기본권 침해 여부를 판단하면 족하다고 할 것이다(헌재 2011.8.30. 2008헌가22).

㉠ (O) '양심의 자유'가 보장하고자 하는 '양심'은 민주적 다수의 사고나 가치관과 일치하는 것이 아니라, 개인적 현상으로서 지극히 주관적인 것이다. 양심은 그 대상이나 내용 또는 동기에 의하여 판단될 수 없으며, 특히 양심상의 결정이 이성적·합리적인가, 타당한가 또는 법질서나 사회규범, 도덕률과 일치하는가 하는 관점은 양심의 존재를 판단하는 기준이 될 수 없다(헌재 2004.8.26. 2002헌가1).

㉣ (O) 종교전파의 자유에는 누구에게나 자신의 종교 또는 종교적 확신을 알리고 선전하는 자유를 말하며, 포교행위 또는 선교행위가 이에 해당한다. 그러나 이러한 종교전파의 자유는 국민에게 그가 선택한 임의의 장소에서 자유롭게 행사할 수 있는 권리까지 보장한다고 할 수 없으며, 그 임의의 장소가 대한민국의 주권이 미치지 아니하는 지역, 나아가 국가에 의한 국민의 생명·신체 및 재산의 보호가 강력히 요구되는 해외 위난지역인 경우에는 더욱 그러하다(헌재 2008.6.26. 2007헌마1366).

05 0378 ○△×|○△×|○△× 2021 법무사

양심의 자유에 관한 다음 설명 중 옳은 것은 모두 몇 개인가?
(다툼이 있는 경우 대법원 판례 및 헌법재판소 결정에 의함)

㉠ 양심은 어떤 일의 옳고 그름을 판단할 때 그렇게 행동하지 않고서는 자신의 인격적 존재가치가 파멸되고 말 것이라는 강력하고 진지한 마음의 소리로서 절박하고 구체적인 것이어야 한다.
㉡ 양심의 자유는 양심을 형성할 자유와 양심에 따라 결정할 자유 등 내심의 자유일 뿐, 양심을 실현할 수 있는 자유는 포함되지 않는다.
㉢ 근로관계의 속성상 사용자가 비위행위를 저지른 근로자에게 자신의 잘못을 반성하고 사죄한다는 내용의 시말서 제출을 명령하는 것은 양심의 자유 침해로 볼 수 없다.
㉣ 양심은 내면의 영역이므로 양심적 병역거부 행위는 신념이 확고하고 진실한지 여부와 관계없이 병역법에 따라 처벌할 수 없다.
㉤ 국가가 수형자의 가석방 여부를 심사하면서 국법질서나 헌법체제를 준수하겠다는 취지의 준법서약서 제출을 요구한 조치는 양심의 자유와 자유로운 정신세계를 형성할 행복추구권을 침해한다.

① 1개 ② 2개
③ 3개 ④ 4개
⑤ 5개

지문분석

난이도 상 정답 ①

| 키 워 드 | 양심의 자유
| 출제유형 | 판례

㉠ (○) 헌법 제19조에서 보호하는 양심은 어떤 일의 옳고 그름을 판단할 때 그렇게 행동하지 않고서는 자신의 인격적 존재가치가 파멸되고 말 것이라는 강력하고 진지한 마음의 소리로서 절박하고 구체적인 것이다(대판 2018.11.29. 2016도11841).
㉡ (×) 헌법 제19조가 보호하고 있는 양심의 자유는 양심형성의 자유와 양심적 결정의 자유를 포함하는 내심적 자유(forum internum)뿐만 아니라, 양심적 결정을 외부로 표현하고 실현할 수 있는 양심실현의 자유(forum externum)를 포함한다고 할 수 있다(헌재 1998.7.16. 96헌바35).
㉢ (×) 취업규칙에서 사용자가 사고나 비위행위 등을 저지른 근로자에게 시말서를 제출하도록 명령할 수 있다고 규정하는 경우, 그 시말서가 단순히 사건의 경위를 보고하는 데 그치지 않고 더 나아가 근로관계에서 발생한 사고 등에 관하여 '자신의 잘못을 반성하고 사죄한다는 내용'이 포함된 사죄문 또는 반성문을 의미하는 것이라면, 이는 헌법이 보장하는 내심의 윤리적 판단에 대한 강제로서 양심의 자유를 침해하는 것이므로, 그러한 취업규칙 규정은 헌법에 위배되어 근로기준법 제96조 제1항에 따라 효력이 없고, 그에 근거한 사용자의 시말서 제출명령은 업무상 정당한 명령으로 볼 수 없다(대판 2010.1.14. 2009두6605).
㉣ (×) 현재 대체복무제가 마련되어 있지 않다거나 향후 대체복무제가 도입될 가능성이 있더라도, 병역법 제88조 제1항을 위반하였다는 이유로 기소되어 재판을 받고 있는 피고인에게 병역법 제88조 제1항이 정하는 정당한 사유가 인정된다면 처벌할 수 없다고 보아야 한다. 구체적인 병역법 위반 사건에서 피고인이 양심적 병역거부를 주장할 경우, 그 양심이 과연 위와 같이 깊고 확고하며 진실한 것인지 가려내는 일이 무엇보다 중요하다. 인간의 내면에 있는 양심을 직접 객관적으로 증명할 수는 없으므로 사물의 성질상 양심과 관련성이 있는 간접사실 또는 정황사실을 증명하는 방법으로 판단하여야 한다(대판 2018.11.1. 2016도10912).
㉤ (×) 내용상 단순히 국법질서나 헌법체제를 준수하겠다는 취지의 서약을 할 것을 요구하는 이 사건 준법서약은 국민이 부담하는 일반적 의무를 장래를 향하여 확인하는 것에 불과하며, 어떠한 가정적 혹은 실제적 상황하에서 특정의 사유(思惟)를 하거나 특별한 행동을 할 것을 새로이 요구하는 것이 아니다. 따라서 이 사건 준법서약은 어떤 구체적이거나 적극적인 내용을 담지 않은 채 단순한 헌법적 의무의 확인·서약에 불과하다 할 것이어서 양심의 영역을 건드리는 것이 아니다(헌재 2002.4.25. 98헌마425 등).

06 0379 ○△×|○△×|○△× 2020 경찰 승진

양심의 자유에 관한 설명 중 가장 적절한 것은? (다툼이 있는 경우 판례에 의함)

① 양심의 자유에서 현실적으로 문제가 되는 것은 법질서와 도덕에 부합하는 사고를 가진 사회적 다수의 양심을 의미한다.
② '양심적' 병역거부는 실상 당사자의 '양심에 따른' 혹은 '양심을 이유로 한' 병역거부를 가리키는 것일 뿐만 아니라 병역거부가 '도덕적이고 정당하다'는 의미를 내포한다.
③ 전투경찰순경이 법률에 근거한 경찰공무원으로서 시위진압 업무를 수행하는 것이 양심의 자유를 침해한다고 판시한 바 있다.
④ 양심적 병역거부의 바탕이 되는 양심상의 결정은 종교적 동기뿐만 아니라 윤리적·철학적 또는 이와 유사한 동기로부터도 형성될 수 있는 것이므로 양심적 병역거부자의 기본권 침해 여부는 양심의 자유를 중심으로 판단한다.

지문분석 난이도 중 정답 ④

| 키 워 드 | 양심의 자유
| 출제유형 | 판례

④ (○) 종교적 신앙에 의한 행위라도 개인의 주관적·윤리적 판단을 동반하는 것인 한 양심의 자유에 포함시켜 고찰할 수 있고, 앞서 보았듯이 양심적 병역거부의 바탕이 되는 양심상의 결정은 종교적 동기뿐만 아니라 윤리적·철학적 또는 이와 유사한 동기로부터도 형성될 수 있는 것이므로, 이 사건에서는 양심의 자유를 중심으로 기본권 침해 여부를 판단하기로 한다(헌재 2018.6.28. 2011헌바379 등).
① (×) 일반적으로 민주적 다수는 법질서와 사회질서를 그의 정치적 의사와 도덕적 기준에 따라 형성하기 때문에, 그들이 국가의 법질서나 사회의 도덕률과 양심상의 갈등을 일으키는 것은 예외에 속한다. 양심의 자유에서 현실적으로 문제가 되는 것은 국가의 법질서나 사회의 도덕률에서 벗어나려는 소수의 양심이다(헌재 2004.8.26. 2002헌가1).
② (×) '양심적' 병역거부는 실상 당사자의 '양심에 따른' 혹은 '양심을 이유로 한' 병역거부를 가리키는 것일 뿐이지 병역거부가 '도덕적이고 정당하다'는 의미는 아닌 것이다. 따라서 '양심적' 병역거부라는 용어를 사용한다고 하여 병역의무이행은 '비양심적'이 된다거나, 병역을 이행하는 거의 대부분의 병역의무자들과 병역의무이행이 국민의 숭고한 의무라고 생각하는 대다수 국민들이 '비양심적'인 사람들이 되는 것은 결코 아니다(헌재 2018.6.28. 2011헌바379 등).
③ (×) 전투경찰순경으로서 대간첩작전을 수행하는 것도 위와 같이 넓은 의미의 국방의 의무를 수행하는 것으로 볼 수 있고, 국방의 의무의 이행을 위하여 현역병으로 입영한 사람을 어디에 배치하여 어떠한 임무를 부여할 것인가의 문제나 대간첩작전을 수행하는 자의 소속이나 신분을 국방부 소속의 군인으로 할 것인가, 내무부 소속의 경찰로 할 것인가의 문제는 입법자가 국가의 안보상황 및 재정, 대간첩작전의 효율성 등 여러 가지 사정을 고려하여 합목적적으로 정할 사항이다. 따라서 위에서 본 바와 같은 입법목적과 필요성에 따라 대간첩작전의 수행을 임무로 하는 전투경찰순경을 현역병으로 입영하여 복무 중인 군인에서 전임시켜 충원할 수 있도록 한 이 사건 법률 조항들이 그 자체로서 청구인의 행복추구권 및 양심의 자유를 침해한 것이라고 볼 수 없다(헌재 1995.12.28. 91헌마80).

07 0380 ○△×|○△×|○△× 2021 경찰 승진

양심의 자유에 대한 설명으로 가장 적절하지 않은 것은? (다툼이 있는 경우 판례에 의함)

① 양심적 병역거부자에 대한 관용은 결코 병역의무의 면제와 특혜의 부여에 대한 관용이 아니며, 대체복무제는 병역의무의 일환으로 도입되는 것이므로 현역복무와의 형평을 고려하여 최대한 등가성을 가지도록 설계되어야 한다.
② 양심상의 결정이 법질서나 사회규범·도덕률과 일치하는지 여부는 양심의 존재를 판단하는 기준이 된다.
③ 양심적 결정을 외부로 표현하고 실현할 수 있는 권리인 양심실현의 자유는 법률에 의해 제한될 수 있는 상대적 자유다.
④ 양심적 병역거부의 바탕이 되는 양심상의 결정은 종교적 동기뿐만 아니라 윤리적·철학적 또는 이와 유사한 동기로부터라도 형성될 수 있는 것이므로 양심적 병역거부자의 기본권 침해 여부는 양심의 자유를 중심으로 판단한다.

지문분석 난이도 중 정답 ②

| 키 워 드 | 양심의 자유
| 출제유형 | 판례

② (×) '양심의 자유'가 보장하고자 하는 '양심'은 민주적 다수의 사고나 가치관과 일치하는 것이 아니라, 개인적 현상으로서 지극히 주관적인 것이다. 양심은 그 대상이나 내용 또는 동기에 의하여 판단될 수 없으며, 특히 양심상의 결정이 이성적·합리적인가, 타당한가 또는 법질서나 사회규범, 도덕률과 일치하는가 하는 관점은 양심의 존재를 판단하는 기준이 될 수 없다(헌재 2004.8.26. 2002헌가1).
① (○) 양심적 병역거부자에 대한 관용은 결코 병역의무의 면제와 특혜의 부여에 대한 관용이 아니다. 대체복무제는 병역의무의 일환으로 도입되는 것이고 현역복무와의 형평을 고려하여 최대한 등가성을 가지도록 설계되어야 하는 것이기 때문이다(헌재 2018.6.28. 2011헌바379 등).
③ (○) 내심적 자유, 즉 양심형성의 자유와 양심적 결정의 자유는 내심에 머무르는 한 절대적 자유라고 할 수 있지만, 양심실현의 자유는 타인의 기본권이나 다른 헌법적 질서와 저촉되는 경우 헌법 제37조 제2항에 따라 국가안전보장·질서유지 또는 공공복리를 위하여 법률에 의하여 제한될 수 있는 상대적 자유라고 할 수 있다(헌재 1998.7.16. 96헌바35).
④ (○) 종교적 신앙에 의한 행위라도 개인의 주관적·윤리적 판단을 동반하는 것인 한 양심의 자유에 포함시켜 고찰할 수 있고, 앞서 보았듯이 양심적 병역거부의 바탕이 되는 양심상의 결정은 종교적 동기뿐만 아니라 윤리적·철학적 또는 이와 유사한 동기로부터도 형성될 수 있는 것이므로, 이 사건에서는 양심의 자유를 중심으로 기본권 침해 여부를 판단하기로 한다(헌재 2018.6.28. 2011헌바379 등).

08 0381 ○△×|○△×|○△×

2017 비상계획관 하반기

양심의 자유에 대한 설명으로 옳지 않은 것은? (다툼이 있는 경우 판례에 의함)

① 사업자단체의 독점규제 및 공정거래에 관한 법률 위반행위가 있을 때 공정거래위원회가 당해 사업자단체에 대하여 '법위반사실의 공표'를 명할 수 있도록 하는 것은 양심의 자유를 침해하지 않는다.

② 단순한 사실관계의 확인과 같이 가치적·윤리적 판단이 개입될 여지가 없는 경우는 물론, 법률해석에 관하여 여러 견해가 갈리는 경우처럼 다소의 가치관련성을 가진다고 하더라도 개인의 인격형성과는 관계가 없는 사사로운 사유나 의견 등은 양심의 자유의 보호대상이 아니다.

③ 헌법이 보호하려는 양심은 어떤 일의 옳고 그름을 판단함에 있어서 그렇게 행동하지 아니하고는 자신의 인격적인 존재가치가 허물어지고 말 것이라는 강력하고 진지한 마음의 소리이지, 막연하고 추상적인 개념으로서의 양심이 아니다.

④ 법원이 피고인에게 유죄로 인정된 범죄행위를 뉘우치거나 그 범죄행위를 공개하는 취지의 말이나 글을 발표하도록 하는 내용의 사회봉사를 명하고 이를 위반할 경우 형법 제64조 제2항에 의하여 집행유예의 선고를 취소할 수 있도록 함으로써 그 이행을 강제하는 것은, 피고인의 양심의 자유를 침해하지 않는다.

지문분석

난이도 중 정답 ④

| 키 워 드 | 양심의 자유

| 출제유형 | 판례

④ (X) 법원이 피고인에게 유죄로 인정된 범죄행위를 뉘우치거나 그 범죄행위를 공개하는 취지의 말이나 글을 발표하도록 하는 내용의 사회봉사를 명하고 이를 위반할 경우 형법 제64조 제2항에 의하여 집행유예의 선고를 취소할 수 있도록 함으로써 그 이행을 강제하는 것은, 헌법이 보호하는 피고인의 양심의 자유, 명예 및 인격에 대한 심각하고 중대한 침해에 해당하므로 허용될 수 없다(대판 2008.4.11. 2007도8373).

① (O) 경제규제법적 성격을 가진 공정거래법에 위반하였는지 여부에 있어서도 각 개인의 소신에 따라 어느 정도의 가치판단이 개입될 수 있는 소지가 있고 그 한도에서 다소의 윤리적·도덕적 관련성을 가질 수도 있겠으나, 이러한 법률판단의 문제는 개인의 인격형성과는 무관하며, 대화와 토론을 통하여 가장 합리적인 것으로 그 내용이 동화되거나 수렴될 수 있는 포용성을 가지는 분야에 속한다고 할 것이므로 헌법 제19조에 의하여 보장되는 양심의 영역에 포함되지 아니한다(헌재 2002.1.31. 2001헌바43).

② (O) 헌재 2002.1.31. 2001헌바43

③ (O) 헌재 1997.3.27. 96헌가11

09 0382 ○△×|○△×|○△×

2020 지방직 7급

양심의 자유에 대한 설명으로 옳지 않은 것은? (다툼이 있는 경우 판례에 의함)

① 헌법이 보호하고자 하는 양심은 어떤 일의 옳고 그름을 판단함에 있어서 그렇게 행동하지 않고는 자신의 인격적 존재가치가 허물어지고 말 것이라는 강력하고 진지한 마음의 소리를 말한다.

② 양심의 자유는 인간으로서의 존엄성 유지와 개인의 자유로운 인격발현을 위해 개인의 윤리적 정체성을 보장하는 기능을 담당한다.

③ 현역입영 또는 소집통지서를 받은 자가 정당한 사유 없이 입영하지 않거나 소집에 응하지 않은 경우를 처벌하는 구 병역법 처벌조항은 과잉금지원칙을 위배하여 양심적 병역거부자의 양심의 자유를 침해한다.

④ 헌법이 보장하는 양심의 자유는 정신적인 자유로서, 어떠한 사상·감정을 가지고 있다고 하더라도 그것이 내심에 머무르는 한 절대적인 자유이므로 제한할 수 없다.

지문분석

난이도 중 정답 ③

| 키 워 드 | 양심의 자유

| 출제유형 | 판례

③ (X) 양심적 병역거부자에 대한 처벌은 대체복무제를 규정하지 아니한 병역종류 조항의 입법상 불비와 양심적 병역거부는 처벌조항의 '정당한 사유'에 해당하지 않는다는 법원의 해석이 결합되어 발생한 문제일 뿐, 처벌조항 자체에서 비롯된 문제가 아니므로 처벌조항이 과잉금지원칙을 위반하여 양심적 병역거부자의 양심의 자유를 침해한다고 볼 수는 없다(헌재 2018.6.28. 2011헌바379 등).

① (O) 헌법이 보호하고자 하는 양심은 어떤 일의 옳고 그름을 판단함에 있어서 그렇게 행동하지 않고는 자신의 인격적 존재가치가 파멸되고 말 것이라는 강력하고 진지한 마음의 소리로서의 절박하고 구체적인 양심을 말한다. 따라서 막연하고 추상적인 개념으로서의 양심이 아니다(헌재 2002.4.25. 98헌마425 등).

② (O) 이른바 개인적 자유의 시초라고 일컬어지는 이러한 양심의 자유는 인간으로서의 존엄성 유지와 개인의 자유로운 인격발현을 위해 개인의 윤리적 정체성을 보장하는 기능을 담당한다(헌재 2002.4.25. 98헌마425 등).

④ (O) 헌법이 보장한 양심의 자유는 정신적인 자유로서 어떠한 사상·감정을 가지고 있다고 하더라도 그것이 내심에 머무르는 한 절대적인 자유이므로 제한할 수 없는 것이나, 보안관찰법상의 보안관찰처분은 보안관찰처분대상자의 내심의 작용을 문제 삼는 것이 아니라, 보안관찰처분대상자가 보안관찰해당범죄를 다시 저지를 위험성이 내심의 영역을 벗어나 외부에 표출되는 경우에 재범의 방지를 위하여 내려지는 특별예방적 목적의 처분이므로, 양심의 자유를 보장한 헌법 규정에 위반된다고 할 수 없다(헌재 1997.11.27. 92헌바28).

10 0383 ○△×|○△×|○△× 2021 경찰 승진

종교의 자유에 대한 설명으로 가장 적절하지 않은 것은? (다툼이 있는 경우 판례에 의함)

① 헌법 제20조 제2항이 국교금지와 정교분리원칙을 규정하고 있기 때문에, 종교시설의 건축행위에만 기반시설부담금을 면제한다면 국가가 종교를 지원하여 종교를 승인하거나 우대하는 것으로 비칠 소지가 있다.

② 전통사찰에 대하여 채무명의를 가진 일반채권자가 전통사찰 소유의 전법(傳法)용 경내지의 건조물 등에 대하여 압류하는 것을 금지하는 전통사찰의 보존 및 지원에 관한 법률 조항은 '전통사찰의 일반채권자'의 재산권을 제한하지만, 종교의 자유의 내용 중 어떠한 것도 제한되지 않는다.

③ 종교전파의 자유는 국민에게 그가 선택한 임의의 장소에서 자유롭게 행사할 수 있는 권리까지 보장한다고 할 수 없다.

④ 구치소장이 수용자 중 미결수용자에 대하여 일률적으로 종교행사 등에의 참석을 불허한 것은 교정시설의 여건 및 수용관리의 적정성을 기하기 위한 것으로서 목적이 정당하고, 일부 수용자에 대한 최소한의 제한에 해당하므로 종교의 자유를 침해한 것으로 볼 수 없다.

지문분석 난이도 중 정답 ④

| 키 워 드 | 종교의 자유

| 출제유형 | 판례

④ (X) 무죄추정의 원칙이 적용되는 미결수용자들에 대한 기본권 제한은 징역형 등의 선고를 받아 그 형이 확정된 수형자의 경우보다는 더 완화되어야 할 것임에도, 피청구인이 수용자 중 미결수용자에 대하여만 일률적으로 종교행사 등에의 참석을 불허한 것은 미결수용자의 종교의 자유를 나머지 수용자의 종교의 자유보다 더욱 엄격하게 제한한 것이다. 나아가 공범 등이 없는 경우 내지 공범 등이 있는 경우라도 공범이나 동일사건 관련자를 분리하여 종교행사 등에의 참석을 허용하는 등의 방법으로 미결수용자의 기본권을 덜 침해하는 수단이 존재함에도 불구하고 이를 전혀 고려하지 아니하였으므로 이 사건 종교행사 등 참석불허 처우는 침해의 최소성 요건을 충족하였다고 보기 어렵다. … 따라서, 이 사건 종교행사 등 참석불허 처우는 과잉금지원칙을 위반하여 청구인의 종교의 자유를 침해하였다(헌재 2011.12.29. 2009헌마527).

① (O) 종교의 자유에서 종교에 대한 적극적인 우대조치를 요구할 권리가 직접 도출되거나 우대할 국가의 의무가 발생하지 아니한다. 종교시설의 건축행위에만 기반시설부담금을 면제한다면 국가가 종교를 지원하여 종교를 승인하거나 우대하는 것으로 비칠 소지가 있어 헌법 제20조 제2항의 국교금지·정교분리에 위배될 수도 있다고 할 것이므로 종교시설의 건축행위에 대하여 기반시설부담금 부과를 제외하거나 감경하지 아니하였더라도, 종교의 자유를 침해하는 것이 아니다(헌재 2010.2.25. 2007헌바131 등).

② (O) 압류 등 강제집행은 국가가 강제력을 행사함으로써 채권자의 사법상 청구권에 대한 실현을 도모하는 절차로서 채권자의 재산권은 궁극적으로 강제집행에 의하여 그 실현이 보장되는 것인바, 이 사건 법률 조항은 전통사찰에 대하여 채무명의를 가진 일반 채권자(이하 '전통사찰의 일반 채권자'라 한다)가 전통사찰 소유의 전법용 경내지의 건조물 등에 대하여 압류하는 것을 금지하고 있으므로 '전통사찰의 일반 채권자'의 재산권을 제한한다. … 청구인은 이 사건 법률 조항이 다른 종교단체의 재산과는 달리 불교 전통사찰 소유의 재산만을 압류 금지 재산으로 규정함으로써 청구인의 종교의 자유를 침해한다고 주장한다. 그러나 종교의 자유는 신앙의 자유, 종교적 행위의 자유 및 종교적 집회·결사의 자유를 그 내용으로 하는바, 이 사건 법률 조항은 전통사찰 소유의 일정 재산에 대한 압류를 금지할 뿐이므로 그로 인하여 위와 같은 종교의 자유의 내용 중 어떠한 것도 제한되지는 아니한다(헌재 2012.6.27. 2011헌바34).

③ (O) 종교의 자유에는 신앙의 자유, 종교적 행위의 자유가 포함되며, 종교적 행위의 자유에는 신앙고백의 자유, 종교적 의식 및 집회·결사의 자유, 종교전파·교육의 자유 등이 있다. 이 사건에서 문제되는 종교의 자유는 종교전파의 자유로서 누구에게나 자신의 종교 또는 종교적 확신을 알리고 선전하는 자유를 말하며, 포교행위 또는 선교행위가 이에 해당한다. 그러나 이러한 종교전파의 자유는 국민에게 그가 선택한 임의의 장소에서 자유롭게 행사할 수 있는 권리까지 보장한다고 할 수 없으며, 그 임의의 장소가 대한민국의 주권이 미치지 아니하는 지역, 나아가 국가에 의한 국민의 생명·신체 및 재산의 보호가 강력히 요구되는 해외 위난지역인 경우에는 더욱 그러하다(헌재 2008.6.26. 2007헌마1366).

11 0384 ○△×|○△×|○△× 2022 경찰 2차

종교의 자유에 관한 설명 중 옳은 것을 모두 고른 것은? (다툼이 있는 경우 판례에 의함)

㉠ 종교의 자유에는 선교의 자유가 포함되고, 선교의 자유에는 다른 종교를 비판하거나 다른 종교의 신자에 대하여 개종을 권고하는 자유도 포함된다.
㉡ 기독교재단이 설립한 사립대학에서 6학기 동안 대학예배에 참석할 것을 졸업요건으로 하는 학칙은 비록 위 대학예배가 복음 전도나 종교인 양성에 직접적인 목표가 있는 것이 아니고 신앙을 가지지 않을 자유를 침해하지 않는 범위 내에서 학생들에게 종교교육을 함으로써 진리·사랑에 기초한 보편적 교양인을 양성하는 데 목표를 두고 있다고 하더라도 헌법상 보장된 종교의 자유를 침해하는 것이다.
㉢ 지방자치단체가 유서 깊은 천주교 성당 일대를 문화관광지로 조성하기 위하여 상급단체로부터 문화관광지 조성계획을 승인받은 후 사업부지 내 토지 등을 수용재결한 것은 헌법의 정교분리원칙에 위배되지 않는다.
㉣ 종교시설의 건축행위에만 기반시설부담금을 면제한다면 국가가 종교를 지원하여 종교를 승인하거나 우대하는 것으로 비칠 소지가 있어 헌법 제20조 제2항의 국교금지·정교분리에 위배될 수도 있다.
㉤ 종교단체의 복지시설 운영에 대한 제한은 종교단체 내 복지시설을 운영하는 법인의 인격권 및 법인운영의 자유를 제한하는 것이므로 종교의 자유 침해가 아닌 법인운영의 자유를 침해하는지 여부에 대한 문제로 귀결된다.

① ㉠, ㉡, ㉤ ② ㉠, ㉢, ㉣
③ ㉡, ㉣, ㉤ ④ ㉢, ㉣, ㉤

지문분석 난이도 상 정답 ②

| 키 워 드 | 종교의 자유
| 출제유형 | 판례

㉠ (○) 종교의 자유에는 자기가 신봉하는 종교를 선전하고 새로운 신자를 규합하기 위한 선교의 자유가 포함되고 선교의 자유에는 다른 종교를 비판하거나 다른 종교의 신자에 대하여 개종을 권고하는 자유도 포함되는바, 종교적 선전, 타 종교에 대한 비판 등은 동시에 표현의 자유의 보호대상이 되는 것이나, 그 경우 종교의 자유에 관한 헌법 제20조 제1항은 표현의 자유에 관한 헌법 제21조 제1항에 대하여 특별 규정의 성격을 갖는다 할 것이므로 종교적 목적을 위한 언론·출판의 경우에는 그 밖의 일반적인 언론·출판에 비하여 보다 고도의 보장을 받게 된다(대판 1996.9.6. 96다19246).
㉢ (○) 지방자치단체가 유서 깊은 천주교 성당 일대를 문화관광지로 조성하기 위하여 상급 단체로부터 문화관광지 조성계획을 승인받은 후 사업부지 내 토지 등을 수용재결한 사안에서, 문화관광지 조성계획 승인과 그에 따른 토지 등 수용재결이 헌법의 정교분리원칙이나 평등권에 위배되지 않는다(대판 2009.5.28. 2008두16933).
㉣ (○) 종교시설의 건축행위에만 기반시설부담금을 면제한다면 국가가 종교를 지원하여 종교를 승인하거나 우대하는 것으로 비칠 소지가 있어 헌법 제20조 제2항의 국교금지·정교분리에 위배될 수도 있다고 할 것이므로, 종교시설의 건축행위에 대하여 기반시설부담금 부과를 제외하거나 감경하지 아니하였더라도 종교의 자유를 침해하는 것이 아니다(헌재 2010.2.25. 2007헌바131 등).
㉡ (×) 대학교에서 종교학점 이수를 졸업요건으로 하는 대학교학칙은 종교의 자유와 학문의 자유 침해가 아니다(대판 1998.11.10. 96다37268).
㉤ (×) 심판대상 조항으로 인하여 종교단체는 양로시설을 설치·운영할 때 신고의무를 부담하게 되나, 신고만 하면 양로시설을 설치하여 운영하는 것이 가능하다는 점에서 이로 인한 기본권 제한은 그리 크다고 볼 수 없다. 반면에 심판대상 조항을 통해 달성하려는 공익은 양로시설에 입소한 노인들의 쾌적하고 안전한 주거환경을 보장하는 것으로 이는 매우 중대하다. 따라서 법익균형성을 상실하였다고 보기도 어렵다(헌재 2016.6.30. 2015헌바46).

12 0385 ○△×|○△×|○△× 2022 경찰 간부

종교의 자유에 대한 설명으로 가장 적절하지 않은 것은? (다툼이 있는 경우 대법원 및 헌법재판소 판례에 의함)

① 종교적 목적을 위한 언론·출판의 자유를 행사하는 과정에서 타 종교의 신앙 대상을 우스꽝스럽게 묘사하거나 다소 모욕적이고 불쾌하게 느껴지는 표현을 사용하였더라도 그것이 그 종교를 신봉하는 신도들에 대한 증오의 감정을 드러내는 것이거나 그 자체로 폭행·협박 등을 유발할 우려가 있는 정도가 아닌 이상 허용된다고 보아야 한다.
② 학교 정화구역 내에 납골시설을 금지할 필요성은 납골시설의 운영주체가 국가·지방자치단체 등의 공공기관이거나 개인·문중·종교단체·재단법인이든 마찬가지라고 할 것이다.
③ 종교전파의 자유는 국민에게 그가 선택한 임의의 장소에서 자유롭게 행사할 수 있는 권리까지 보장한다고 할 수 없다.
④ 종교시설의 건축행위에 대하여 기반시설부담금 부과를 제외하거나 감경하지 아니하였다면 종교의 자유를 침해하는 것이다.

지문분석 난이도 하 정답 ④

| 키 워 드 | 종교의 자유
| 출제유형 | 판례

④ (X) 종교시설의 건축행위에만 기반시설부담금을 면제한다면 국가가 종교를 지원하여 종교를 승인하거나 우대하는 것으로 비칠 소지가 있어 헌법 제20조 제2항의 국교금지·정교분리에 위배될 수도 있다고 할 것이므로, 종교시설의 건축행위에 대하여 기반시설부담금 부과를 제외하거나 감경하지 아니하였더라도 종교의 자유를 침해하는 것이 아니다(헌재 2010.2.25. 2007헌바131 등).
① (O) 우리 헌법이 종교의 자유를 보장함으로써 보호하고자 하는 것은 종교 자체나 종교가 신봉하는 신앙의 대상이 아니라, 종교를 신봉하는 국민, 즉 신앙인이고, 종교에 대한 비판은 성질상 어느 정도의 편견과 자극적인 표현을 수반하게 되는 경우가 많으므로, 타 종교의 신앙의 대상에 대한 모욕이 곧바로 그 신앙의 대상을 신봉하는 종교단체나 신도들에 대한 명예훼손이 되는 것은 아니고, 종교적 목적을 위한 언론·출판의 자유를 행사하는 과정에서 타 종교의 신앙의 대상을 우스꽝스럽게 묘사하거나 다소 모욕적이고 불쾌하게 느껴지는 표현을 사용하였더라도 그것이 그 종교를 신봉하는 신도들에 대한 증오의 감정을 드러내는 것이거나 그 자체로 폭행·협박 등을 유발할 우려가 있는 정도가 아닌 이상 허용된다고 보아야 한다(대판 2014.9.4. 2012도13718).
② (O) 학교 정화구역 내에 납골시설을 금지할 필요성은 납골시설의 운영주체가 국가·지방자치단체 등의 공공기관이거나 개인·문중·종교단체·재단법인이든 마찬가지라고 할 것이다. 따라서 납골시설의 유형이나 설치주체를 가리지 아니하고 일률적으로 금지한다고 하여 불합리하거나 교육환경에 관한 입법형성권의 한계를 벗어났다고 보기 어렵다(헌재 2009.7.30. 2008헌가2).
③ (O) 종교의 자유에는 선교의 자유가 포함되나, 선택한 임의의 장소에서 자유롭게 선교할 자유까지 인정되지 않는다(헌재 2008.6.26. 2007헌마1366).

13 0386 ○△×|○△×|○△× 2017 국가직 7급 하반기

표현의 자유에 대한 설명으로 옳지 않은 것은? (다툼이 있는 경우 헌법재판소 판례에 의함)

① 비방할 목적으로 정보통신망을 이용하여 공공연하게 사실을 드러내어 다른 사람의 명예를 훼손한 자를 처벌하는 법률 규정은, 허위의 명예나 과장된 명예를 보호하기 위하여 표현의 자유에 대한 심대한 위축효과를 발생시키기 때문에 과잉금지원칙을 위반하여 표현의 자유를 침해한다.
② 헌법이 특정한 표현에 대해 예외적으로 검열을 허용하는 규정을 두지 않은 점, 이러한 상황에서 표현의 특성이나 규제의 필요성에 따라 언론·출판의 자유의 보호를 받는 표현 중에서 사전검열금지원칙의 적용이 배제되는 영역을 따로 설정할 경우 그 기준에 대한 객관성을 담보할 수 없다는 점 등을 고려하면, 헌법상 사전검열은 예외 없이 금지되는 것으로 보아야 하므로 의료광고 역시 사전검열금지원칙의 적용대상이 된다.
③ 헌법 제21조 제4항은 "언론·출판은 타인의 명예나 권리 또는 공중도덕이나 사회윤리를 침해하여서는 아니 된다."고 규정하고 있는바, 이는 언론·출판의 자유에 따르는 책임과 의무를 강조하는 동시에 언론·출판의 자유에 대한 제한의 요건을 명시한 규정으로 볼 것이고, 헌법상 표현의 자유의 보호영역 한계를 설정한 것이라고는 볼 수 없기 때문에, 음란표현도 헌법 제21조가 규정하는 언론·출판의 자유의 보호영역에는 해당하되, 다만 헌법 제37조 제2항에 따라 제한할 수 있는 것이다.
④ 헌법 제21조 제1항에서 보장하고 있는 표현의 자유는 사상 또는 의견의 자유로운 표명과 그것을 전파할 자유를 의미하는 것으로서, 그러한 의사의 '자유로운' 표명과 전파의 자유에는 자신의 신원을 누구에게도 밝히지 아니한 채 익명 또는 가명으로 자신의 사상이나 견해를 표명하고 전파할 익명표현의 자유도 포함된다.

지문분석 난이도 중 정답 ①

| 키 워 드 | 표현의 자유
| 출제유형 | 판례

① (X) 비방할 목적으로 정보통신망을 이용하여 공공연하게 사실을 드러내어 다른 사람의 명예를 훼손한 자를 처벌하는 법률 규정은 과잉금지원칙을 위반하여 표현의 자유를 침해하지 않는다(헌재 2016.2.25. 2013헌바105).
② (O) 헌재 2015.12.23. 2015헌바75
③ (O) 헌재 2009.5.28. 2006헌바109 등
④ (O) 헌재 2010.2.25. 2008헌마324 등

14 0387 O△X | O△X | O△X 2020 국회직 8급(변형)

표현의 자유에 대한 설명으로 옳지 않은 것은? (다툼이 있는 경우 판례에 의함)

① 인터넷 언론사에 대하여 선거일 전 90일부터 선거일까지 후보자 명의의 칼럼이나 저술을 게재하는 보도를 제한하는 구 인터넷선거보도 심의기준 등에 관한 규정 제8조 제2항 본문과 인터넷선거보도 심의기준 등에 관한 규정 제8조 제2항은 인터넷 언론사 홈페이지에 청구인 명의의 칼럼을 게재한 자의 표현의 자유를 침해한다.

② 지역농협 이사 선거의 경우 전화·컴퓨터통신을 이용한 지지·호소의 선거운동방법을 금지하고, 이를 위반한 자를 처벌하는 구 농협협동조합법 조항은 해당 선거 후보자의 표현의 자유를 침해한다.

③ 세종특별자치시 옥외광고물 관리 조례에서 특정구역 안에서 업소별로 표시할 수 있는 옥외광고물의 총수량을 원칙적으로 1개로 제한한 것은 표현의 자유를 침해한다.

④ 사전심의를 받지 않은 건강기능식품의 기능성 광고를 금지하고 이를 어길 경우 형사처벌하도록 한 구 건강기능식품에 관한 법률 조항은 사전검열에 해당하여 표현의 자유를 침해한다.

⑤ 선거운동기간 전에 공직선거법에 규정된 방법을 제외하고 인쇄물 등의 배부를 금지한 공직선거법 조항은 정치적 표현의 자유를 침해한다.

지문분석 난이도 중 정답 ③

| 키 워 드 | 표현의 자유

| 출제유형 | 판례

③ (X) 광고물 총수량 조항은 법 제3조 제3항, 제4조 제2항, 법 시행령 제12조 제8항, 제25조 제3항, '세종특별자치시 옥외광고물 관리 조례'(2012. 7. 2. 조례 제151호) 제6조 제1항, 제27조, 행복도시법 제60조의2 제1항, 제3항에 근거한 것으로서, 위 조항들이 위임하는 범위 내에서 이 사건 특정구역 안에서 업소별로 표시할 수 있는 옥외광고물의 총수량을 원칙적으로 1개로 제한한 것을 두고 위임의 한계를 일탈하였다고 볼 수 없다. 따라서 광고물 총수량 조항이 법률유보원칙에 위배되어 청구인들의 표현의 자유 및 직업수행의 자유를 침해한다고 보기 어렵다(헌재 2016.3.31. 2014헌마794).

① (O) 이 사건 시기제한 조항은 선거일 전 90일부터 선거일까지 후보자 명의의 칼럼 등을 게재하는 인터넷 선거보도가 불공정하다고 볼 수 있는지에 대해 구체적으로 판단하지 않고 이를 불공정한 선거보도로 간주하여 선거의 공정성을 해치지 않는 보도까지 광범위하게 제한한다. 이 사건 시기제한 조항의 입법목적을 달성할 수 있는 덜 제약적인 다른 방법들이 이 사건 심의기준 규정과 공직선거법에 이미 충분히 존재한다. 따라서 이 사건 시기제한 조항은 과잉금지원칙에 반하여 청구인의 표현의 자유를 침해한다(헌재 2019.11.28. 2016헌마90).

② (O) 전화·컴퓨터통신은 누구나 손쉽고 저렴하게 이용할 수 있는 매체인 점, 농업협동조합법에서 흑색선전 등을 처벌하는 조항을 두고 있는 점을 고려하면 입법목적 달성을 위하여 위 매체를 이용한 지지 호소까지 금지할 필요성은 인정되지 아니한다. 이 사건 법률 조항들이 달성하려는 공익이 결사의 자유 및 표현의 자유 제한을 정당화할 정도로 크다고 보기는 어려우므로, 법익의 균형성도 인정되지 아니한다. 따라서 이 사건 법률 조항들은 과잉금지원칙을 위반하여 결사의 자유, 표현의 자유를 침해하여 헌법에 위반된다(헌재 2016.11.24. 2015헌바62).

④ (O) '건강기능식품에 관한 법률'에 따르면 기능성 광고의 심의는 식품의약품안전처장으로부터 위탁받은 한국건강기능식품협회에서 수행하고 있지만, 법상 심의주체는 행정기관인 식품의약품안전처장이며, 언제든지 그 위탁을 철회할 수 있고, 심의위원회의 구성에 관하여도 법령을 통해 행정권이 개입하고 지속적으로 영향을 미칠 가능성이 존재하는 이상 그 구성에 자율성이 보장되어 있다고 볼 수 없다. 식품의약품안전처장이 심의기준 등의 제정과 개정을 통해 심의 내용과 절차에 영향을 줄 수 있고, 식품의약품안전처장이 재심의를 권하면 심의기관이 이를 따라야 하며, 분기별로 식품의약품안전처장에게 보고가 이루어진다는 점에서도 그 심의업무의 독립성과 자율성이 있다고 보기 어렵다. 따라서 이 사건 건강기능식품 기능성 광고 사전심의는 행정권이 주체가 된 사전심사로서, 헌법이 금지하는 사전검열에 해당하므로 헌법에 위반된다(헌재 2019.5.30. 2019헌가4).

⑤ (O) 인쇄물배부 등 금지조항은 선거에서의 균등한 기회를 보장하고 선거의 공정성을 확보하기 위한 것으로서 입법목적의 정당성 및 수단의 적합성이 인정된다. 그러나 벽보·인쇄물은 시설물 등과 비교하여 보더라도 투입되는 비용이 상대적으로 적어 경제력 차이로 인한 선거 기회 불균형의 문제가 크지 않고, 그러한 우려도 선거비용을 규제하거나 벽보·인쇄물의 종류나 금액 등을 제한하는 수단을 통해서 방지할 수 있다. 또한 공직선거법상 후보자 비방 금지 규정 등을 통해 무분별한 흑색선전 등의 방지도 가능한 점을 종합하면, 인쇄물배부 등 금지조항은 목적 달성에 필요한 범위를 넘어 장기간 동안 벽보 게시, 인쇄물 배부·게시를 금지·처벌하는 것으로서 침해의 최소성에 반한다. 또한 인쇄물배부 등 금지조항으로 인하여 일반 유권자나 후보자가 받는 정치적 표현의 자유에 대한 제약이 위 조항을 통하여 달성되는 공익보다 중대하므로 인쇄물배부 등 금지조항은 법익의 균형성에도 위배된다. 따라서 인쇄물배부 등 금지조항은 과잉금지원칙에 반하여 정치적 표현의 자유를 침해한다(헌재 2022.7.21. 2017헌바100 등).

15 0388 ○△×|○△×|○△× 2017 국가직 7급(변형)

표현의 자유에 대한 설명으로 옳지 않은 것만을 모두 고른 것은? (다툼이 있는 경우 판례에 의함)

ㄱ. 지역농협 이사 선거의 경우 전화·컴퓨터통신을 이용한 지지 호소의 선거운동방법을 금지하고, 이를 위반한 자를 처벌하는 것은 해당 선거 후보자의 결사의 자유와 표현의 자유를 침해한다.
ㄴ. 상업광고도 표현의 자유의 보호영역에 속하는 것이므로 상업광고 규제에 관한 비례의 원칙 심사에 있어서 피해의 최소성원칙에서는 같은 목적을 달성하기 위하여 달리 덜 제약적인 수단이 없을 것인지 혹은 입법목적을 달성하기 위하여 필요한 최소한의 제한인지를 심사한다.
ㄷ. 건강기능식품의 기능성 표시·광고를 하고자 하는 자가 사전에 건강기능식품협회의 심의절차를 거치도록 하는 것은 헌법이 금지하는 사전검열에 해당하여 건강기능식품 판매업자의 표현의 자유를 침해한다.
ㄹ. '음란'은 사상의 경쟁메커니즘에 의해서도 그 해악이 해소되기 어려워 언론·출판의 자유에 의한 보장을 받지 않는 반면, '저속'은 헌법적인 보호영역 안에 있다.

① ㄱ, ㄷ ② ㄴ, ㄹ
③ ㄱ, ㄷ, ㄹ ④ ㄴ, ㄷ, ㄹ

지문분석 난이도 상 정답 ②

| 키 워 드 | 표현의 자유
| 출제유형 | 판례

ㄴ. (X) 상업광고에 대한 규제에 의한 표현의 자유 내지 직업수행의 자유의 제한은 헌법 제37조 제2항에서 도출되는 비례의 원칙(과잉금지원칙)을 준수하여야 하지만, 상업광고는 사상이나 지식에 관한 정치적, 시민적 표현행위와는 차이가 있고, 인격발현과 개성신장에 미치는 효과가 중대한 것은 아니므로, 비례의 원칙 심사에 있어서 '피해의 최소성' 원칙은 '입법목적을 달성하기 위하여 필요한 범위 내의 것인지'를 심사하는 정도로 완화되는 것이 상당하다(헌재 2005.10.27. 2003헌가3).
ㄹ. (X) 음란 표현은 헌법 제21조가 규정하는 언론·출판의 자유의 보호영역 내에 있다(헌재 2009.5.28. 2006헌바109).
ㄱ. (O) 지역농협 이사 선거의 경우 전화·컴퓨터통신을 이용한 지지 호소의 선거운동방법을 금지하고, 이를 위반한 자를 처벌하는 것은 과잉금지원칙을 위반하여 결사의 자유, 표현의 자유를 침해하여 헌법에 위반된다(헌재 2016.11.24. 2015헌바62).
ㄷ. (O) '건강기능식품에 관한 법률'에 따르면 기능성 광고의 심의는 식품의약품안전처장으로부터 위탁받은 한국건강기능식품협회에서 수행하고 있지만, 법상 심의주체는 행정기관인 식품의약품안전처장이며, 언제든지 그 위탁을 철회할 수 있고, 심의위원회의 구성에 관하여도 법령을 통해 행정권이 개입하고 지속적으로 영향을 미칠 가능성이 존재하는 이상 그 구성에 자율성이 보장되어 있다고 볼 수 없다. 식품의약품안전처장이 심의기준 등의 제정과 개정을 통해 심의 내용과 절차에 영향을 줄 수 있고, 식품의약품안전처장이 재심의를 권하면 심의기관이 이를 따라야 하며, 분기별로 식품의약품안전처장에게 보고가 이루어진다는 점에서도 그 심의업무의 독립성과 자율성이 있다고 보기 어렵다. 따라서 이 사건 건강기능식품 기능성 광고 사전심의는 행정권이 주체가 된 사전심사로서, 헌법이 금지하는 사전검열에 해당하므로 헌법에 위반된다(헌재 2019.5.30. 2019헌가4).

16 0389 O△X | O△X | O△X 2016 경찰 승진

표현의 자유와 알 권리에 관한 설명 중 가장 적절하지 않은 것은? (다툼이 있는 경우 판례에 의함)

① 저속한 간행물의 출판을 전면 금지시키고 출판사의 등록을 취소시킬 수 있도록 하는 것은 청소년 보호를 위해 지나치게 과도한 수단을 선택한 것으로서, 성인의 알 권리를 침해하는 것이다.
② 국민의 알 권리의 내용에는 자신의 권익보호와 직접 관련이 있는 정보의 공개를 청구할 수 있는 개별적 정보공개청구권만이 포함되고, 일반 국민 누구나 국가에 대하여 보유·관리하고 있는 정보의 공개를 청구할 수 있는 일반적 정보공개청구권은 포함되지 않는다.
③ 한의사 국가시험의 문제와 정답을 공개하지 아니할 수 있도록 한 것은 과잉금지원칙에 위반하여 알 권리를 침해한다고 볼 수 없다.
④ 변호인에게 고소장과 피의자신문조서에 대한 열람 및 등사를 거부한 경찰서장의 정보비공개결정은 변호인의 피구속자를 조력할 권리 및 알 권리를 침해한다.

지문분석 난이도 상 정답 ②

| 키 워 드 | 표현의 자유와 알 권리
| 출제유형 | 판례

② (X)

- 국민의 알 권리, 특히 국가 정보에의 접근의 권리는 우리 헌법상 기본적으로 표현의 자유와 관련하여 인정되는 것으로, 그 권리의 내용에는 자신의 권익보호와 직접 관련이 있는 정보의 공개를 청구할 수 있는 이른바 개별적 정보공개청구권이 포함된다(대판 1999.9.21. 98두3426).
- 국민의 알 권리, 특히 국가정보에의 접근의 권리는 우리 헌법상 기본적으로 표현의 자유와 관련하여 인정되는 것으로 그 권리의 내용에는 일반 국민 누구나 국가에 대하여 보유·관리하고 있는 정보의 공개를 청구할 수 있는 이른바 일반적인 정보공개청구권이 포함된다(대판 1999.9.21. 97누5114).

① (O) 청소년의 건전한 심성을 보호하기 위해서 퇴폐적인 성표현이나 지나치게 폭력적이고 잔인한 표현 등을 규제할 필요성은 분명 존재하지만, 이들 저속한 표현을 규제하더라도 그 보호대상은 청소년에 한정되어야 하고, 규제수단 또한 청소년에 대한 유통을 금지하는 방향으로 좁게 설정되어야 할 것인데, 저속한 간행물의 출판을 전면 금지시키고 출판사의 등록을 취소시킬 수 있도록 하는 것은 청소년 보호를 위해 지나치게 과도한 수단을 선택한 것이고, 또 청소년 보호라는 명목으로 성인이 볼 수 있는 것까지 전면 금지시킨다면 이는 성인의 알 권리의 수준을 청소년의 수준으로 맞출 것을 국가가 강요하는 것이어서 성인의 알 권리까지 침해하게 된다(헌재 1998.4.30. 95헌가16).

③ (O) 시험의 관리에 있어서 가장 중요한 것은 정확성과 공정성이므로, 이를 위하여 시험문제와 정답, 채점기준 등 시험의 정확성과 공정성에 영향을 줄 수 있는 모든 정보는 사전에 엄격하게 비밀로 유지되어야 할 뿐만 아니라, 공공기관에서 시행하는 대부분의 시험들은 평가대상이 되는 지식의 범위가 한정되어 있고 그 시행도 주기적으로 반복되므로 이미 시행된 시험에 관한 정보라 할지라도 이를 제한 없이 공개할 경우에는 중요한 영역의 출제가 어려워지는 등 시험의 공정한 관리 및 시행에 영향을 줄 수밖에 없다고 할 것이므로, 이 사건 법률 조항이 시험문제와 정답을 공개하지 아니할 수 있도록 한 것이 과잉금지원칙에 위반하여 알 권리를 침해한다고 볼 수 없다(헌재 2011.3.31. 2010헌바291).

④ (O) 구속적부심사건 피의자의 변호인에게 고소장과 피의자신문조서에 대한 열람 및 등사를 거부한 경찰서장의 정보비공개결정이 변호인의 피구속자를 조력할 권리 및 알 권리를 침해하여 헌법에 위반된다(헌재 2003.3.27. 2000헌마474).

17 0390 ○△×|○△×|○△× 2020 법원직 9급(변형)

다음 중 헌법재판소가 언론의 자유(표현의 자유)를 침해한다고 결정한 것은 모두 몇 개인가?

ㄱ. 인터넷 게시판을 설치·운영하는 정보통신서비스 제공자에게 본인확인조치의무를 부과하여 게시판 이용자로 하여금 본인확인절차를 거쳐야만 게시판을 이용할 수 있도록 하는 본인확인제에 관한 '정보통신망 이용 촉진 및 정보보호 등에 관한 법률' 규정

ㄴ. 인터넷 언론사가 선거운동기간 중 당해 홈페이지의 게시판 등에 정당·후보자에 대한 지지·반대의 정보를 게시할 수 있도록 하는 경우 실명을 확인받도록 하는 기술적 조치를 하여야 하고 이를 위반한 때에는 과태료를 부과하는 '공직선거법' 규정

ㄷ. 교통수단을 이용하여 타인의 광고를 할 수 없도록 하고 있는 '옥외광고물 등 관리법 시행령' 규정

ㄹ. 온라인서비스제공자가 자신이 관리하는 정보통신망에서 아동·청소년이용음란물을 발견하기 위하여 대통령령으로 정하는 조치를 취하지 아니하거나 발견된 아동·청소년이용음란물을 즉시 삭제하고, 전송을 방지 또는 중단하는 기술적인 조치를 취하지 아니한 경우 처벌하는 '아동·청소년의 성보호에 관한 법률' 규정

① 1개 ② 2개
③ 3개 ④ 4개

지문분석 난이도 ㊤ 정답 ②

| 키 워 드 | 언론의 자유

| 출제유형 | 판례

ㄱ. (○) 이 사건 법령 조항들이 표방하는 건전한 인터넷 문화의 조성 등 입법목적은, 인터넷 주소 등의 추적 및 확인, 당해 정보의 삭제·임시조치, 손해배상, 형사처벌 등 인터넷 이용자의 표현의 자유나 개인정보자기결정권을 제약하지 않는 다른 수단에 의해서도 충분히 달성할 수 있음에도, 인터넷의 특성을 고려하지 아니한 채 본인확인제의 적용범위를 광범위하게 정하여 법집행자에게 자의적인 집행의 여지를 부여하고, 목적달성에 필요한 범위를 넘는 과도한 기본권 제한을 하고 있으므로 침해의 최소성이 인정되지 아니한다. … 따라서 본인확인제를 규율하는 이 사건 법령 조항들은 과잉금지원칙에 위배하여 인터넷 게시판 이용자의 표현의 자유, 개인정보자기결정권 및 인터넷 게시판을 운영하는 정보통신서비스 제공자의 언론의 자유를 침해한다(헌재 2012.8.23. 2010헌마47 등).

ㄴ. (○) 실명확인 조항을 비롯하여, 행정안전부장관 및 신용정보업자는 실명인증자료를 관리하고 중앙선거관리위원회가 요구하는 경우 지체 없이 그 자료를 제출해야 하며, 실명확인을 위한 기술적 조치를 하지 아니하거나 실명인증의 표시가 없는 정보를 삭제하지 않는 경우 과태료를 부과하도록 정한 공직선거법 조항이 게시판 등 이용자의 익명표현의 자유 및 개인정보자기결정권과 인터넷언론사의 언론의 자유를 침해한다(헌재 2021.1.28. 2018헌마456 등).

ㄷ. (X) 옥외광고물 등 관리법은 옥외광고물의 표시장소·표시방법과 게시시설의 설치·유지 등에 관하여 필요한 사항을 규정함으로써 미관풍치와 미풍양속을 유지하고 공중에 대한 위해를 방지함을 목적으로 하고 있는바, 자동차에 무제한적으로 광고를 허용하게 되면, 교통의 안전과 도시미관을 해칠 수가 있으며 운전자들의 운전과 보행자들에게 산란함을 야기하여 운전과 보행에 방해가 됨으로써 도로안전에 영향을 미칠 수 있다. 따라서 도로안전과 환경·미관을 위하여 자동차에 광고를 부착하는 것을 제한하는 것은 일반 국민들과 운전자들의 공공복리를 위한 것이라 할 수 있고, 이러한 이유로 제한이 가능하다 할 것이다. 따라서 표현의 자유를 침해한다고 볼 수 없다(헌재 2002.12.18. 2000헌마764).

ㄹ. (X) 심판대상 조항은 온라인서비스제공자의 직업의 자유, 구체적으로는 영업수행의 자유를 제한하며, 서비스이용자의 통신의 비밀과 표현의 자유를 제한한다. 심판대상 조항을 통하여 아동음란물의 광범위한 유통·확산을 사전적으로 차단하고 이를 통해 아동음란물이 초래하는 각종 폐해를 방지하며 특히 관련된 아동·청소년의 인권 침해 가능성을 사전적으로 차단할 수 있는바, 이러한 공익이 사적 불이익보다 더 크다. 따라서 심판대상 조항은 온라인서비스제공자의 영업수행의 자유, 서비스이용자의 통신의 비밀과 표현의 자유를 침해하지 아니한다(헌재 2018.6.28. 2016헌가15).

18 0391 ○△×|○△×|○△× 2017 경찰 승진

언론·출판의 자유에 대한 설명으로 가장 적절하지 않은 것은? (다툼이 있는 경우 판례에 의함)

① 헌법 제21조 제2항의 검열금지조항은 절대적 금지를 의미하므로 국가안전보장·질서유지·공공복리를 위하여 필요한 경우라도 사전검열이 허용되지 않는다.

② '일단 표출되면 그 해악이 처음부터 해소될 수 없거나 또는 너무나 심대한 해악을 지닌 음란 표현'도 헌법 제21조가 규정하는 언론·출판의 자유의 보호영역에 해당한다.

③ 의사의 자유로운 표명과 전파의 자유에는 책임이 따르므로 자신의 신원을 밝히지 아니한 채 익명 또는 가명으로 자신의 사상이나 견해를 표명하고 전파할 익명표현의 자유는 보장되지 않는다.

④ 의료광고의 심의기관이 행정기관인가 여부는 기관의 형식에 의하기보다는 그 실질에 따라 판단되어야 하며, 민간심의기구가 심의를 담당하는 경우에도 행정권의 개입 때문에 자율성이 보장되지 않는다면 헌법이 금지하는 행정기관에 의한 사전검열에 해당하게 될 것이다.

지문분석 난이도 상 정답 ③

| 키 워 드 | 언론·출판의 자유

| 출제유형 | 판례

③ (X) '자유로운' 표명과 전파의 자유에는 자신의 신원을 누구에게도 밝히지 아니한 채 익명 또는 가명으로 자신의 사상이나 견해를 표명하고 전파할 익명표현의 자유도 그 보호영역에 포함된다고 할 것이다(헌재 2010.2.25. 2008헌마324).

① (O) 헌법 제21조 제2항은 언론·출판에 대한 허가나 검열은 인정되지 아니한다고 규정하여 언론·출판에 대한 검열을 절대적으로 금지하고 있다. 언론·출판에 대하여 사전검열이 허용될 경우에는 국민의 예술활동의 독창성과 창의성을 침해하여 정신생활에 미치는 위험이 클 뿐만 아니라 행정기관이 집권자에게 불리한 내용의 표현을 사전에 억제함으로써 이른바 관제의견이나 지배자에게 무해한 여론만이 허용되는 결과를 초래할 염려가 있기 때문에 헌법이 절대적으로 금지하고 있는 것이다. 따라서 비록 헌법 제37조 제2항이 국민의 자유와 권리를 국가안전보장·질서유지 또는 공공복리를 위하여 필요한 경우에 한하여 법률로써 제한할 수 있도록 규정하고 있다고 하여도 언론·출판의 자유에 대하여는 검열을 수단으로 한 제한만은 법률로써도 절대 허용되지 아니한다고 할 것이다(헌재 1996.10.31. 94헌가6).

② (O) 음란 표현도 헌법 제21조가 규정하는 언론·출판의 자유의 보호영역에는 해당하되, 다만 헌법 제37조 제2항에 따라 국가안전보장·질서유지 또는 공공복리를 위하여 제한할 수 있는 것이라고 해석하여야 할 것이다(헌재 2009.5.28. 2006헌바109).

④ (O) 의료광고의 심의기관이 행정기관인가 여부는 기관의 형식에 의하기보다는 그 실질에 따라 판단되어야 한다. 따라서 검열을 행정기관이 아닌 독립적인 위원회에서 행한다고 하더라도, 행정권이 주체가 되어 검열절차를 형성하고 검열기관의 구성에 지속적인 영향을 미칠 수 있는 경우라면 실질적으로 그 검열기관은 행정기관이라고 보아야 한다. 민간심의기구가 심의를 담당하는 경우에도 행정권이 개입하여 그 사전심의에 자율성이 보장되지 않는다면 이 역시 행정기관의 사전검열에 해당하게 될 것이다(헌재 2015.12.23. 2015헌바75).

19 0392 ○△×|○△×|○△× 2018 경찰 승진

표현의 자유 및 언론·출판의 자유에 대한 설명으로 가장 적절하지 않은 것은? (다툼이 있는 경우 판례에 의함)

① 정보통신망 이용촉진 및 정보보호 등에 관한 법률 제74조 제1항 제3호 중 '제44조의7 제1항 제3호를 위반하여 공포심이나 불안감을 유발하는 문언을 반복적으로 상대방에게 도달하게 한 자' 부분은 표현의 자유를 침해하지 않는다.

② 인터넷 게시판을 설치·운영하는 정보통신서비스 제공자에게 본인확인조치의무를 부과하여 게시판 이용자로 하여금 본인확인절차를 거쳐야만 게시판을 이용할 수 있도록 하는 정보통신망 이용촉진 및 정보보호 등에 관한 법률 조항은 과잉금지원칙에 위배하여 인터넷 게시판 이용자의 표현의 자유 및 인터넷 게시판을 운영하는 정보통신서비스 제공자의 언론의 자유를 침해한다.

③ 음란 표현도 헌법 제21조가 규정하는 언론·출판의 자유의 보호영역에 포함된다.

④ 지역농협 이사 선거의 경우 전화·컴퓨터통신을 이용한 지지 호소의 선거운동방법을 금지하고, 이를 위반한 자를 처벌하는 구 농협협동조합법 조항은 해당 선거 후보자의 표현의 자유를 침해하지 않는다.

지문분석 난이도 중 정답 ④

| 키 워 드 | 표현의 자유 및 언론·출판의 자유

| 출제유형 | 판례

④ (X) 지역농협 이사 선거의 경우 전화(문자메시지를 포함한다)·컴퓨터통신(전자우편을 포함한다)을 이용한 지지 호소의 선거운동방법을 금지하고, 이를 위반한 자를 처벌하는 것은 과잉금지원칙을 위반하여 결사의 자유, 표현의 자유를 침해하여 헌법에 위반된다(헌재 2016.11.24. 2015헌바62).

① (O) 정보통신망 이용촉진 및 정보보호 등에 관한 법률 제74조 제1항 제3호 중 '제44조의7 제1항 제3호를 위반하여 공포심이나 불안감을 유발하는 문언을 반복적으로 상대방에게 도달하게 한 자' 부분으로 인하여, 개인은 정보통신망을 통한 표현에 일정한 제약을 받게 되나, 수신인인 피해자의 사생활의 평온 보호 및 정보의 건전한 이용풍토 조성이라고 하는 공익이 침해되는 사익보다 크다고 할 것이어서 심판대상 조항은 법익균형성의 요건도 충족하였다. 따라서 심판대상 조항은 표현의 자유를 침해하지 아니한다(헌재 2016.12.29. 2014헌바434).

② (O) 인터넷 게시판을 설치·운영하는 정보통신서비스 제공자에게 본인확인조치의무를 부과하여 게시판 이용자로 하여금 본인확인절차를 거쳐야만 게시판을 이용할 수 있도록 하는 정보통신망 이용촉진 및 정보보호 등에 관한 법률 조항은 과잉금지원칙에 위배하여 인터넷 게시판 이용자의 표현의 자유, 개인정보자기결정권 및 인터넷 게시판을 운영하는 정보통신서비스 제공자의 언론의 자유를 침해를 침해한다(헌재 2012.8.23. 2010헌마47).

③ (O) 음란 표현도 헌법 제21조가 규정하는 언론·출판의 자유의 보호영역에는 해당하되, 다만 헌법 제37조 제2항에 따라 국가안전보장·질서유지 또는 공공복리를 위하여 제한할 수 있는 것이라고 해석하여야 할 것이다(헌재 2009.5.28. 2006헌바109 등).

20 0393 ○△×|○△×|○△× 2019 경찰 승진(변형)

헌법상 언론·출판의 자유에 대한 설명으로 가장 적절하지 않은 것은? (다툼이 있는 경우 헌법재판소 판례에 의함)

① 엄격한 의미의 음란 표현은 헌법 제21조가 규정하는 언론·출판의 자유의 보호영역 내에 있다.

② 특정구역 안에서 업소별로 표시할 수 있는 광고물의 총 수량을 1개로 제한한 옥외광고물 표시제한 특정구역 지정고시 조항은 자신들이 원하는 위치에 원하는 종류의 옥외광고물을 원하는 만큼 표시·설치할 수 없어 청구인들의 표현의 자유를 침해한다.

③ 선거운동기간 전에 공직선거법에 규정된 방법을 제외하고 인쇄물 등의 배부를 금지한 공직선거법 조항은 정치적 표현의 자유를 침해하지 않는다.

④ 사전심의를 받은 내용과 다른 내용의 건강기능식품 기능성광고를 금지하고 이를 위반한 경우 처벌하는 건강기능식품에 관한 법률에 의한 건강기능식품 기능성광고 사전심의는 그 검열이 행정권에 의하여 행하여진다고 볼 수 있어, 헌법이 금지하는 사전검열에 해당하므로 헌법에 위반된다.

지문분석 난이도 중 정답 ②

| **키 워 드** | 언론·출판의 자유

| **출제유형** | 판례

② (X) 이 사건 특정구역은 새롭게 건설되는 행정기능 중심의 복합도시로서 '자연이 살아 숨쉬는 환상(環狀)도시'를 지향하고 있으므로, 이 사건 특정구역 안에서의 옥외광고물의 표시방법을 제한하는 심판대상 조항들은 옥외광고물의 난립을 막아 쾌적하고 조화로운 도시미관을 조성함과 동시에 도시의 정체성을 확립하고, 공중에 대한 위해를 방지하고자 하는 것으로서 그 목적의 정당성이 인정된다. … 그러므로 심판대상 조항들은 비례의 원칙을 위반하여 청구인들의 표현의 자유 및 직업수행의 자유를 침해한다고 볼 수 없다(헌재 2016.3.31. 2014헌마794).

① (O) 음란 표현도 헌법 제21조가 규정하는 언론·출판의 자유의 보호영역에는 해당하되, 다만 헌법 제37조 제2항에 따라 국가안전보장·질서유지 또는 공공복리를 위하여 제한할 수 있는 것이라고 해석하여야 할 것이다. 결국 이 사건 법률 조항의 음란 표현은 헌법 제21조가 규정하는 언론·출판의 자유의 보호영역 내에 있다고 볼 것인바, 종전에 이와 견해를 달리하여 음란 표현은 헌법 제21조가 규정하는 언론·출판의 자유의 보호영역에 해당하지 아니한다는 취지로 판시한 우리 재판소의 의견은 이를 변경하기로 하며, 이하에서는 이를 전제로 하여 이 사건 법률 조항의 위헌 여부를 심사하기로 한다(헌재 2009.5.28. 2006헌바109 등).

③ (O) 인쇄물배부 등 금지조항은 선거에서의 균등한 기회를 보장하고 선거의 공정성을 확보하기 위한 것으로서 입법목적의 정당성 및 수단의 적합성이 인정된다. 그러나 벽보·인쇄물은 시설물 등과 비교하여 보더라도 투입되는 비용이 상대적으로 적어 경제력 차이로 인한 선거 기회 불균형의 문제가 크지 않고, 그러한 우려도 선거비용을 규제하거나 벽보·인쇄물의 종류나 금액 등을 제한하는 수단을 통해서 방지할 수 있다. 또한 공직선거법상 후보자 비방 금지 규정 등을 통해 무분별한 흑색선전 등의 방지도 가능한 점을 종합하면, 인쇄물배부 등 금지조항은 목적 달성에 필요한 범위를 넘어 장기간 동안 벽보 게시, 인쇄물 배부·게시를 금지·처벌하는 것으로서 침해의 최소성에 반한다. 또한 인쇄물배부 등 금지조항으로 인하여 일반 유권자나 후보자가 받는 정치적 표현의 자유에 대한 제약이 위 조항을 통하여 달성되는 공익보다 중대하므로 인쇄물배부 등 금지조항은 법익의 균형성에도 위배된다. 따라서 인쇄물배부 등 금지조항은 과잉금지원칙에 반하여 정치적 표현의 자유를 침해한다(헌재 2022.7.21. 2017헌바100 등).

④ (O) 한국건강기능식품협회나 위 협회에 설치된 표시·광고심의위원회가 사전심의업무를 수행함에 있어서 식약처장 등 행정권의 영향력에서 벗어나 독립적이고 자율적으로 심의를 하고 있다고 보기 어렵고, 결국 건강기능식품 기능성광고 심의는 행정권이 주체가 된 사전심사라고 할 것이다. … 한국건강기능식품협회가 행하는 이 사건 건강기능식품 기능성광고 사전심의는 헌법이 금지하는 사전검열에 해당하므로 헌법에 위반된다(헌재 2018.6.28. 2016헌가8 등).

21 0394 ○△×|○△×|○△× 2020 법무사

언론·출판의 자유에 관한 다음 설명 중 가장 옳지 않은 것은?

① 광고물도 사상·지식·정보 등을 불특정 다수인에게 전파하는 것으로서 언론·출판의 자유에 의한 보호를 받는 대상이 된다.

② 헌법 제21조 제1항에 의해 보장되는 언론·출판의 자유에는 방송의 자유가 포함된다.

③ 헌법 제21조 제2항의 사전검열금지원칙은 모든 형태의 사전적인 규제를 금지하는 것은 아니고, 의사표현의 발표 여부가 오로지 행정권의 허가에 달려있는 사전심사만을 금지한다. 헌법재판소는 헌법이 금지하는 사전검열의 요건으로 첫째, 일반적으로 허가를 받기 위한 표현물의 제출의무가 존재할 것, 둘째, 행정권이 주체가 된 사전심사절차가 존재할 것, 셋째, 허가를 받지 아니한 의사표현을 금지할 것, 넷째, 심사절차를 관철할 수 있는 강제수단이 존재할 것을 들고 있다.

④ 음란 표현은 헌법 제21조가 규정하는 언론·출판의 보호영역에 아예 포함될 여지가 없다.

⑤ 헌법은 언론·출판은 타인의 명예나 권리 또는 공중도덕이나 사회윤리를 침해하여서는 아니 되고, 언론·출판이 타인의 명예나 권리를 침해한 때에는 피해자는 이에 대한 피해의 배상을 청구할 수 있다고 규정하고 있다.

지문분석 난이도 중 정답 ④

| 키 워 드 | 언론·출판의 자유

| 출제유형 | 조문 + 판례

④ (X) 이 사건 법률 조항의 음란 표현은 헌법 제21조가 규정하는 언론·출판의 자유의 보호영역 내에 있다고 볼 것인바, 종전에 이와 견해를 달리하여 음란 표현은 헌법 제21조가 규정하는 언론·출판의 자유의 보호영역에 해당하지 아니한다는 취지로 판시한 우리 재판소의 의견을 변경한다(헌재 2009.5.28. 2006헌바109 등).

① (O) 우리 헌법은 제21조 제1항에서 "모든 국민은 언론·출판의 자유를 가진다."라고 규정하여 현대 자유민주주의의 존립과 발전에 필수불가결한 기본권으로 언론·출판의 자유를 강력하게 보장하고 있는바, 광고물도 사상·지식·정보 등을 불특정 다수인에게 전파하는 것으로서 언론·출판의 자유에 의한 보호를 받는 대상이 됨은 물론이다(헌재 1998.2.27. 96헌바2).

② (O) 헌법 제21조 제1항은 "모든 국민은 언론·출판의 자유와 집회·결사의 자유를 가진다."고 규정하였다. 같은 규정에 의해 보장되는 언론·출판의 자유에는 방송의 자유가 포함된다(헌재 2001.5.31. 2000헌바43 등).

③ (O) 검열금지의 원칙은 모든 형태의 사전적인 규제를 금지하는 것이 아니고, 단지 의사표현의 발표 여부가 오로지 행정권의 허가에 달려있는 사전심사만을 금지하는 것을 뜻한다. 그러므로 검열은 일반적으로 허가를 받기 위한 표현물의 제출의무, 행정권이 주체가 된 사전심사절차, 허가를 받지 아니한 의사표현의 금지 및 심사절차를 관철할 수 있는 강제수단 등의 요건을 갖춘 경우에만 이에 해당하는 것이다(헌재 1996.10.4. 93헌가13 등).

⑤ (O) 언론·출판은 타인의 명예나 권리 또는 공중도덕이나 사회윤리를 침해하여서는 아니 된다. 언론·출판이 타인의 명예나 권리를 침해한 때에는 피해자는 이에 대한 피해의 배상을 청구할 수 있다(헌법 제21조 제4항).

22 0395 ○△×|○△×|○△× 2015 지방직 7급(변형)

언론·출판의 자유에 대한 설명으로 옳지 않은 것은? (다툼이 있는 경우 판례에 의함)

① 인터넷 게시판을 설치·운영하는 정보통신서비스 제공자에게 본인확인조치의무를 부과하여 게시판 이용자로 하여금 본인확인절차를 거쳐야만 게시판을 이용할 수 있도록 규정한 것은 인터넷 게시판 이용자의 표현의 자유와 인터넷 게시판을 운영하는 정보통신서비스 제공자의 언론의 자유를 침해한다.

② 상업광고는 사상이나 지식에 관한 정치적·시민적 표현행위와는 차이가 있고, 인격발현과 개성신장에 미치는 효과가 중대한 것은 아니므로, 상업광고에 대한 규제에 대해 비례원칙 심사를 함에 있어서 피해의 최소성원칙은 입법목적을 달성하기 위하여 필요한 범위 내의 것인지를 심사하는 정도로 완화된다.

③ 의료인의 기능과 진료방법에 대한 광고를 금지하고 이에 대하여 벌금형에 처하도록 한 의료법 규정은 입법목적을 달성하기 위하여 필요한 범위를 넘어선 것이므로 표현의 자유를 침해한다.

④ 인터넷 언론사가 선거운동 기간 중에 인터넷 게시판과 대화방에 정당·후보자에 대해 지지·반대의 글을 게시할 수 있도록 운영하는 경우 게시자의 실명을 기입하도록 하는 기술적 조치를 취해야 한다는 의무를 부과하고 있는 법규정은 과잉금지원칙에 위배되어 게시판 이용자의 정치적 익명표현의 자유, 개인정보자기결정권 및 인터넷 언론사의 언론의 자유를 침해한다고 볼 수 없다.

지문분석 난이도 중 정답 ④

| 키 워 드 | 언론·출판의 자유

| 출제유형 | 판례

④ (X) 정치적 의사표현이 가장 긴요한 선거운동기간 중에 인터넷 언론사 홈페이지 게시판 등 이용자로 하여금 실명확인을 하도록 강제함으로써 익명표현의 자유와 언론의 자유를 제한하고, 모든 익명표현을 규제함으로써 대다수 국민의 개인정보자기결정권도 광범위하게 제한하고 있다는 점에서 이와 같은 불이익은 선거의 공정성 유지라는 공익보다 결코 과소평가될 수 없다. 그러므로 심판대상 조항은 과잉금지원칙에 반하여 인터넷 언론사 홈페이지 게시판 등 이용자의 익명표현의 자유와 개인정보자기결정권, 인터넷 언론사의 언론의 자유를 침해한다(헌재 2021.1.28. 2018헌마456 등).

① (O) 헌재 2012.8.23. 2010헌마47

② (O) 헌재 2005.10.27. 2003헌가3

③ (O) 헌재 2005.10.27. 2003헌가3

23 0396 ○△×|○△×|○△× 2020 경찰 승진(변형)

언론·출판의 자유에 관한 설명으로 옳은 것을 모두 고른 것은? (다툼이 있는 경우 판례에 의함)

㉠ 인터넷 언론사에 대하여 선거운동기간 중 당해 인터넷홈페이지 게시판 대화방 등에 정당 후보자에 대한 지지 반대의 글을 게시할 수 있도록 하는 경우 실명을 확인받도록 하는 기술적 조치를 할 의무를 부과한 구 공직선거법은 표현의 자유를 침해하지 않는다.
㉡ 여론조사 실시행위에 대한 신고의무를 부과하고 있는 공직선거법 조항은 여론조사 결과의 보도나 공표행위를 규제하는 것이 아니라 여론조사의 실시행위에 대한 신고의무를 부과하는 것으로, 허가받지 아니한 것의 발표를 금지하는 헌법 제21조 제2항의 사전검열과 관련이 있다고 볼 수 없으므로 검열금지원칙에 위반되지 아니한다.
㉢ 금치처분을 받은 미결수용자라 할지라도 금치처분 기간 중 집필을 금지하면서 예외적인 경우에만 교도소장이 집필을 허가할 수 있도록 한 형의 집행 및 수용자의 처우에 관한 법률상 규정은 미결수용자의 표현의 자유를 침해한다.
㉣ 건강기능식품 기능성 광고 사전심의가 헌법이 금지하는 사전검열에 해당하려면 심사절차를 관철할 수 있는 강제수단이 존재할 것을 필요로 하는데, 영업허가취소와 같은 행정제재나 벌금형과 같은 형벌의 부과는 사전심의절차를 관철하기 위한 강제수단에 해당한다.

① ㉠, ㉡ ② ㉠, ㉣
③ ㉡, ㉢ ④ ㉡, ㉣

지문분석 난이도 ㊤ 정답 ④

| 키 워 드 | 언론·출판의 자유
| 출제유형 | 판례

㉡ (○) 심판대상 조항은 여론조사 결과의 보도나 공표행위를 규제하는 것이 아니라 여론조사의 실시행위에 대한 신고의무를 부과하는 것이므로, 허가받지 아니한 것의 발표를 금지하는 헌법 제21조 제2항의 사전검열과 관련이 있다고 볼 수 없다. 따라서 심판대상 조항은 헌법 제21조 제2항의 검열금지원칙에 위반되지 아니한다(헌재 2015.4.30. 2014헌마360).

㉣ (○) 심의받은 내용과 다른 내용의 광고를 한 경우, 이 사건 제재조항은 대통령령으로 정하는 바에 따라 영업허가를 취소·정지하거나, 영업소의 폐쇄를 명할 수 있도록 하고, 이 사건 처벌조항은 5년 이하의 징역 또는 5천만 원 이하의 벌금에 처하도록 하고 있다. 이와 같은 행정제재나 형벌의 부과는 사전심의절차를 관철하기 위한 강제수단에 해당한다(헌재 2018.6.28. 2016헌가8 등).

㉠ (X) 심판대상 조항은 정치적 의사표현이 가장 긴요한 선거운동기간 중에 인터넷언론사 홈페이지 게시판 등 이용자로 하여금 실명확인을 하도록 강제함으로써 익명표현의 자유와 언론의 자유를 제한하고, 모든 익명표현을 규제함으로써 대다수 국민의 개인정보자기결정권도 광범위하게 제한하고 있다는 점에서 이와 같은 불이익은 선거의 공정성 유지라는 공익보다 결코 과소평가될 수 없다. 그러므로 심판대상 조항은 과잉금지원칙에 반하여 인터넷언론사 홈페이지 게시판 등 이용자의 익명표현의 자유와 개인정보자기결정권, 인터넷언론사의 언론의 자유를 침해한다(헌재 2021.1.28. 2018헌마456 등).

㉢ (X) 이 사건 집필제한 조항은 금치처분을 받은 미결수용자에게 집필제한이라는 불이익을 가함으로써 규율 준수를 강제하고 수용시설의 안전과 질서를 유지하기 위한 것으로 목적의 정당성 및 방법의 적절성이 인정된다. 교정시설의 장이 수용자의 권리구제 등을 위해 특히 필요하다고 인정하는 때에는 집필을 허용할 수 있도록 예외가 규정되어 있으며, 형집행법 제85조에서 미결수용자의 징벌집행 중 소송서류의 작성 등 수사 및 재판과정에서의 권리행사를 보장하도록 규정하고 있는 점 등에 비추어 볼 때 위 조항이 청구인의 표현의 자유를 과도하게 제한한다고 보기 어렵다(헌재 2016.4.28. 2012헌마549 등).

24 0397 ○△×|○△×|○△× 2021 경찰 승진

표현의 자유 및 언론·출판의 자유에 대한 설명으로 가장 적절하지 않은 것은? (다툼이 있는 경우 판례에 의함)

① 사전심의를 받지 않은 건강기능식품의 기능성 광고를 금지하고 이를 위반할 경우 형사처벌하도록 한 구 건강기능식품에 관한 법률 조항은 사전검열에 해당하므로 헌법에 위반된다.

② 공포심이나 불안감을 유발하는 문언을 반복적으로 상대방에게 도달하게 한 자를 형사처벌하도록 한 정보통신망 이용촉진 및 정보보호 등에 관한 법률 조항은 표현의 자유를 침해하지 않는다.

③ 인터넷 언론사에 대하여 선거일 전 90일부터 선거일까지 후보자 명의의 칼럼이나 저술을 게재하는 보도를 제한하는 구 인터넷선거보도 심의기준 등에 관한 규정 조항은 과잉금지원칙에 반하여 표현의 자유를 침해하지 않는다.

④ 지역농협 이사 선거의 경우 전화(문자메시지를 포함한다)·컴퓨터통신(전자우편을 포함한다)을 이용한 지지·호소의 선거운동방법을 금지하고, 이를 위반한 자를 형사처벌하도록 한 구 농업협동조합법 조항은 표현의 자유를 침해한다.

지문분석 난이도 중 정답 ③

| 키 워 드 | 표현의 자유 및 언론·출판의 자유

| 출제유형 | 판례

③ (×) 이 사건 시기제한 조항은 선거일 전 90일부터 선거일까지 후보자 명의의 칼럼 등을 게재하는 인터넷 선거보도가 불공정하다고 볼 수 있는지에 대해 구체적으로 판단하지 않고 이를 불공정한 선거보도로 간주하여 선거의 공정성을 해치지 않는 보도까지 광범위하게 제한한다. … 이 사건 시기제한 조항의 입법목적을 달성할 수 있는 덜 제약적인 다른 방법들이 이 사건 심의기준 규정과 공직선거법에 이미 충분히 존재한다. 따라서 이 사건 시기제한 조항은 과잉금지원칙에 반하여 청구인의 표현의 자유를 침해한다(헌재 2019.11.28. 2016헌마90).

① (○) '건강기능식품에 관한 법률'에 따르면 기능성 광고의 심의는 식품의약품안전처장으로부터 위탁받은 한국건강기능식품협회에서 수행하고 있지만, 법상 심의주체는 행정기관인 식품의약품안전처장이며, 언제든지 그 위탁을 철회할 수 있고, 심의위원회의 구성에 관하여도 법령을 통해 행정권이 개입하고 지속적으로 영향을 미칠 가능성이 존재하는 이상 그 구성에 자율성이 보장되어 있다고 볼 수 없다. 식품의약품안전처장이 심의기준 등의 제정과 개정을 통해 심의 내용과 절차에 영향을 줄 수 있고, 식품의약품안전처장이 재심의를 권하면 심의기관이 이를 따라야 하며, 분기별로 식품의약품안전처장에게 보고가 이루어진다는 점에서도 그 심의업무의 독립성과 자율성이 있다고 보기 어렵다. 따라서 이 사건 건강기능식품 기능성 광고 사전심의는 행정권이 주체가 된 사전심사로서, 헌법이 금지하는 사전검열에 해당하므로 헌법에 위반된다(헌재 2019.5.30. 2019헌가4).

② (○) 형법상 협박죄는 해악의 고지를 그 요건으로 하고 있어서, 해악의 고지는 없으나 반복적인 음향이나 문언 전송 등의 다양한 방법으로 상대방에게 공포심이나 불안감을 유발하는 소위 '사이버 스토킹'을 규제하기는 불충분한 반면, 현대 정보사회에서 정보통신망을 이용한 불법행위가 급증하는 추세에 있고, 오프라인 공간에서 발생하는 불법행위에 비해 행위유형이 비정형적이고 다양하여 피해자에게 주는 고통이 더욱 클 수도 있어서 규제의 필요성은 매우 크다. … 따라서 심판대상 조항은 표현의 자유를 침해하지 아니한다(헌재 2016.12.29. 2014헌바434).

④ (○) 전화·컴퓨터통신은 누구나 손쉽고 저렴하게 이용할 수 있는 매체인 점, 농업협동조합법에서 흑색선전 등을 처벌하는 조항을 두고 있는 점을 고려하면 입법목적 달성을 위하여 위 매체를 이용한 지지 호소까지 금지할 필요성은 인정되지 아니한다. 이 사건 법률 조항들이 달성하려는 공익이 결사의 자유 및 표현의 자유 제한을 정당화할 정도로 크다고 보기는 어려우므로, 법익의 균형성도 인정되지 아니한다. 따라서 이 사건 법률 조항들은 과잉금지원칙을 위반하여 결사의 자유, 표현의 자유를 침해하여 헌법에 위반된다(헌재 2016.11.24. 2015헌바62).

25 0398 ○△×|○△×|○△× 2017 비상계획관 하반기

언론·출판의 자유에 대한 설명으로 옳지 않은 것은? (다툼이 있는 경우 판례에 의함)

① 헌법 제21조 제4항은 언론·출판의 자유에 따르는 책임과 의무를 강조하는 동시에 언론·출판의 자유에 대한 제한의 요건을 명시한 규정으로 볼 것이고, 헌법상 표현의 자유의 보호영역 한계를 설정한 것이라고는 볼 수 없다.
② 사실적 주장에 관한 언론보도가 진실하지 아니함으로 인하여 피해를 입은 자는 해당 언론보도 등이 있음을 안 날부터 3개월 이내에 언론사, 인터넷뉴스서비스사업자 및 인터넷 멀티미디어 방송사업자에게 그 언론보도의 내용에 관한 정정보도를 청구할 수 있으나, 해당 언론보도가 있은 후 6개월이 지났을 때에는 정정보도를 청구할 수 없다.
③ 의료는 국민 건강에 직결되므로 의료광고에 대해서는 합리적인 규제가 필요하고, 의료광고는 상업광고로서 정치적·시민적 표현행위 등과 관련이 적으므로, 의료광고에 대해서는 사전검열금지원칙이 적용되지 않는다.
④ 모욕적 표현에 대하여 형사상 처벌을 하는 것은 헌법 제10조에서 파생하는 일반적 인격권 중 명예권과 헌법 제21조의 표현의 자유의 충돌을 야기한다.

지문분석 난이도 중 정답 ③

| 키 워 드 | 언론·출판의 자유
| 출제유형 | 조문 + 판례

③ (X) 헌법이 특정한 표현에 대해 예외적으로 검열을 허용하는 규정을 두지 않은 점, 이러한 상황에서 표현의 특성이나 규제의 필요성에 따라 언론·출판의 자유의 보호를 받는 표현 중에서 사전검열금지원칙의 적용이 배제되는 영역을 따로 설정할 경우 그 기준에 대한 객관성을 담보할 수 없다는 점 등을 고려하면, 헌법상 사전검열은 예외 없이 금지되는 것으로 보아야 하므로 의료광고 역시 사전검열금지원칙의 적용대상이 된다(헌재 2015.12.23. 2015헌바75).
① (O) 헌법 제21조 제4항은 "언론·출판은 타인의 명예나 권리 또는 공중도덕이나 사회윤리를 침해하여서는 아니 된다."고 규정하고 있는바, 이는 언론·출판의 자유에 따르는 책임과 의무를 강조하는 동시에 언론·출판의 자유에 대한 제한의 요건을 명시한 규정으로 볼 것이고, 헌법상 표현의 자유의 보호영역 한계를 설정한 것이라고는 볼 수 없다(헌재 2009.5.28. 2006헌바109).
② (O) 사실적 주장에 관한 언론보도 등이 진실하지 아니함으로 인하여 피해를 입은 자(이하 "피해자"라 한다)는 해당 언론보도 등이 있음을 안 날부터 3개월 이내에 언론사, 인터넷뉴스서비스사업자 및 인터넷 멀티미디어 방송사업자(이하 "언론사 등"이라 한다)에게 그 언론보도 등의 내용에 관한 정정보도를 청구할 수 있다. 다만, 해당 언론보도 등이 있은 후 6개월이 지났을 때에는 그러하지 아니하다(언론중재 및 피해구제 등에 관한 법률 제14조 제1항).
④ (O) 헌법 제10조로부터 도출되는 일반적 인격권에는 개인의 명예에 관한 권리도 포함된다. 심판대상 조항이 공연히 타인을 모욕한 경우에 이를 처벌하는 것은 위와 같이 헌법 제10조에 의하여 보장되는 외부적 명예를 보호하기 위함이다. 그와 반면에 심판대상 조항은 표현의 자유를 제한하고 있으므로 결국 심판대상 조항에 의하여 명예권과 표현의 자유라는 두 기본권이 충돌하게 된다(헌재 2013.6.27. 2012헌바37).

✔ **개념체크 Access권**

구분	청구인	보도내용 진실 여부	고의·과실 요건	위법성 요건	소송 절차
정정보도 청구권	사실적 주장에 관한 언론보도 등이 진실하지 아니함으로 인하여 피해를 입은 자	진실하지 않은 보도	×	×	본안 절차
반론보도 청구권	사실적 주장에 관한 언론보도로 인하여 피해를 입은 자	진실 여부 불문	×	×	가처분 절차
추후보도 청구권	언론 등에 의하여 범죄혐의가 있거나 형사상의 조치를 받았다고 보도 또는 공표된 자는 그에 대한 형사절차가 무죄판결 또는 이와 동등한 형태로 종결되었을 때에는 그 사실을 안 날부터 3개월 이내에 언론사 등에 이 사실에 관한 추후보도의 게재 청구 가능				가처분 절차

26 0399 ○△×|○△×|○△× 2015 경찰 승진

다음 설명 중 가장 적절하지 않은 것은? (다툼이 있는 경우 판례에 의함)

① 검사의 '혐의 없음' 처분을 받은 피의자에 관한 수사경력에 관한 전산자료를 형의 실효 등에 관한 법률에 의하여 5년간 보존하는 것은 과잉제한금지원칙에 위반된다.

② 알 권리는 표현의 자유와 표리일체의 관계에 있으며 자유권적 성질과 청구권적 성질을 공유하는 것이다.

③ 알 권리의 실현은 법률의 제정이 뒤따라 이를 구체화시키는 것이 충실하고도 바람직하지만 그러한 법률이 제정되어 있지 않다고 하더라도 헌법 제21조에 의해 직접 보장될 수 있다.

④ 알 권리에서 파생되는 정부의 공개의무는 특별한 사정이 없는 한 국민의 적극적인 정보수집행위, 특히 특정의 정보에 대한 공개청구가 있는 경우에야 비로소 존재하므로 정보공개청구가 없었던 경우 정보를 사전에 공개할 정부의 의무는 인정되지 않는다.

지문분석 난이도 ⓢ 정답 ①

| 키 워 드 | 사생활의 비밀과 자유 및 알 권리

| 출제유형 | 판례

① (×) '혐의 없음'의 불기소처분에 관한 개인정보를 보존하도록 하는 것은 재수사에 대비한 기초자료를 보존하고 수사의 반복을 피하기 위한 것으로서 그 목적이 정당하고 수단의 적합성이 인정된다. 또한 해당 범죄의 공소시효를 고려할 때 이 사건 수사경력자료 정리조항이 규정한 수사경력자료의 보존기간이 필요 이상으로 긴 것으로 보기도 어려우므로 침해의 최소성을 갖추고 있고, 수사경력자료의 보존으로 청구인이 현실적으로 입게 되는 불이익이 그다지 크지 않으므로 법익의 균형성도 갖추고 있다. 따라서 이 사건 수사경력자료 정리 조항에서 '혐의 없음'의 불기소처분에 관한 개인정보를 보존하도록 하는 것은 청구인의 개인정보자기결정권을 침해하지 아니한다(헌재 2012.7.26. 2010헌마446).

② (○) "알 권리"는 표현의 자유와 표리일체의 관계에 있으며 자유권적 성질과 청구권적 성질을 공유하는 것이다(헌재 1991.5.13. 90헌마133).

③ (○) "알 권리"의 실현은 법률의 제정이 뒤따라 이를 구체화시키는 것이 충실하고도 바람직하지만, 그러한 법률이 제정되어 있지 않다고 하더라도 불가능한 것은 아니고 헌법 제21조에 의해 직접 보장될 수 있다(헌재 1991.5.13. 90헌마133).

④ (○) 알 권리는 국민이 일반적으로 정보에 접근하고 수집·처리함에 있어서 국가권력의 방해를 받지 않음을 보장하고 의사형성이나 여론 형성에 필요한 정보를 적극적으로 수집하고 수집에 대한 방해의 제거를 청구할 수 있는 권리로서, 원칙적으로 국가에게 이해관계인의 공개청구 이전에 적극적으로 정보를 공개할 것을 요구하는 것까지 알 권리로 보장되는 것은 아니다. 따라서 일반적으로 국민의 권리의무에 영향을 미치거나 국민의 이해관계와 밀접한 관련이 있는 정책결정 등에 관하여 적극적으로 그 내용을 알 수 있도록 공개할 국가의 의무는 기본권인 알 권리에 의하여 바로 인정될 수는 없고 이에 대한 구체적인 입법이 있는 경우에야 비로소 가능하다. 이와 같이 알 권리에서 파생되는 정부의 공개의무는 특별한 사정이 없는 한 국민의 적극적인 정보수집행위, 특히 특정의 정보에 대한 공개청구가 있는 경우에야 비로소 존재하므로, 청구인들의 정보공개청구가 없었던 이 사건의 경우 이 사건 조항을 사전에 마늘재배농가들에게 공개할 정부의 의무는 인정되지 아니한다(헌재 2004.12.16. 2002헌마579).

27 0400 ○△×|○△×|○△× 2016 법원직 9급(변형)

언론·출판의 자유에 있어 검열금지원칙에 관한 다음 설명 중 가장 옳지 않은 것은? (다툼이 있는 경우 헌법재판소 결정에 의함)

① 헌법상 검열금지의 원칙은 모든 형태의 사전적인 규제를 금지하는 것은 아니고, 의사표현의 발표 여부가 오로지 행정권의 허가에 달려 있는 사전심사만을 금지하는 것이다.

② 민사소송법에 따라 방영금지가처분을 허용하는 것은 헌법상 검열금지의 원칙에 위반되지 않는다.

③ 건강기능식품의 기능성 표시·광고의 사전심의절차에 관하여 규정한 구 건강기능식품에 관한 법률은 헌법이 금지하는 사전검열에 해당하지 않는다.

④ 인터넷 언론사에 대하여 선거운동기간 중 해당 인터넷홈페이지의 게시판에 정당·후보자에 대한 지지·반대의 글을 게시할 수 있도록 하는 경우 실명을 확인받도록 하는 기술적 조치를 할 의무 등을 부과한 것은 과잉금지원칙에 반하여 인터넷 언론사 홈페이지 게시판 등 이용자의 익명표현의 자유와 개인정보자기결정권, 인터넷 언론사의 언론의 자유를 침해한다.

지문분석 난이도 중 정답 ③

| 키 워 드 | 검열금지원칙

| 출제유형 | 판례

③ (X) 건강기능식품에 관한 법률에 따르면 기능성 광고의 심의는 식품의약품안전처장으로부터 위탁받은 한국건강기능식품협회에서 수행하고 있지만, 법상 심의주체는 행정기관인 식품의약품안전처장이며, 언제든지 그 위탁을 철회할 수 있고, 심의위원회의 구성에 관하여도 법령을 통해 행정권이 개입하고 지속적으로 영향을 미칠 가능성이 존재하는 이상 그 구성에 자율성이 보장되어 있다고 볼 수 없다. 식품의약품안전처장이 심의기준 등의 제정과 개정을 통해 심의 내용과 절차에 영향을 줄 수 있고, 식품의약품안전처장이 재심의를 권하면 심의기관이 이를 따라야 하며, 분기별로 식품의약품안전처장에게 보고가 이루어진다는 점에서도 그 심의업무의 독립성과 자율성이 있다고 보기 어렵다. 따라서 이 사건 건강기능식품 기능성 광고 사전심의는 행정권이 주체가 된 사전심사로서, 헌법이 금지하는 사전검열에 해당하므로 헌법에 위반된다(헌재 2019.5.30. 2019헌가4).

① (O), ② (O) 헌법 제21조 제2항에서 규정한 검열 금지의 원칙은 모든 형태의 사전적인 규제를 금지하는 것이 아니고 단지 의사표현의 발표 여부가 오로지 행정권의 허가에 달려 있는 사전심사만을 금지하는 것을 뜻하므로, 민사소송법 제714조 제2항에 의한 방영금지가처분을 허용하는 이 사건 법률 조항에 의한 방영금지가처분은 행정권에 의한 사전심사나 금지처분이 아니라 개별 당사자 간의 분쟁에 관하여 사법부가 사법절차에 의하여 심리, 결정하는 것이어서 헌법에서 금지하는 사전검열에 해당하지 아니한다(헌재 2001.8.30. 2000헌바36).

④ (O) 정치적 의사표현이 가장 긴요한 선거운동기간 중에 인터넷 언론사 홈페이지 게시판 등 이용자로 하여금 실명확인을 하도록 강제함으로써 익명표현의 자유와 언론의 자유를 제한하고, 모든 익명표현을 규제함으로써 대다수 국민의 개인정보자기결정권도 광범위하게 제한하고 있다는 점에서 이와 같은 불이익은 선거의 공정성 유지라는 공익보다 결코 과소평가될 수 없다. 그러므로 심판대상 조항은 과잉금지원칙에 반하여 인터넷 언론사 홈페이지 게시판 등 이용자의 익명표현의 자유와 개인정보자기결정권, 인터넷 언론사의 언론의 자유를 침해한다(헌재 2021.1.28. 2018헌마456 등).

✓ 개념체크 **언론의 자유 침해와 제한**

구분	내용
침해	• 영화상영등급분류보류제 • 음주 전후 숙취해소 등의 용어를 광고에 사용하지 못하게 한 것 • 한국공연예술진흥협의회의 음반 및 비디오 사전심의 • 정기간행물등록에 있어 해당시설을 발행할 자의 자기소유인 것으로 해석하는 것: 한정위헌 • 저속한 간행물을 출판한 출판사 등록 취소 • 공연윤리위원회의 사전심의 • 비디오물 복제 전 공륜의 심의를 받도록 한 경우 • 사용자단체에게는 정치자금의 기부를 허용하면서 노동단체가 정치자금을 기부할 수 없도록 규정한 것 • 건강기능식품에 관한 법률에 따르면 기능성 광고의 심의 • 금지되는 불온통신의 요건으로서 '공공의 안녕질서와 미풍양속을 해하는'이라는 애매하고 불명확한 개념을 쓴 것
제한	• 방송사업의 허가제(헌법이 금지하는 '허가'가 아님) • 옥외광고물 설치에 대한 허가제(헌법이 금지하는 '허가'가 아님) • 식품·식품첨가물의 표시에 있어서 의약품과 혼동할 우려가 있는 표시나 광고를 금지한 식품위생법 • 정정보도청구권 • 청소년을 이용한 음란물 제작 수입·수출금지 • 정기간행물 납본제도 • 정기간행물 등록제 • 음란한 간행물을 출판한 출판사 등록 취소 • 교과서 검인정제도(89헌마88) • 교통수단을 이용한 광고는 교통수단 소유자에 관한 광고에 한정

28 0401 ○△×|○△×|○△× 2020 법원직 9급

언론·출판에 대한 검열금지에 관한 다음 설명 중 가장 옳지 않은 것은?

① 헌법 제21조 제1항과 제2항은 모든 국민은 언론·출판의 자유를 가지며, 언론·출판에 대한 허가나 검열은 인정되지 아니한다고 규정하고 있으므로, 검열을 수단으로 한 제한은 국가안전보장·질서유지 또는 공공복리를 위하여 필요한 경우에 한하여 법률로써 하는 경우에만 허용될 수 있다.
② 헌법 제21조 제2항이 금지하는 검열은 사전검열만을 의미하므로, 헌법상 보호되지 않는 의사표현에 대하여 공개한 뒤에 국가기관이 간섭하는 것을 금지하는 것은 아니다.
③ 검열금지의 원칙은 모든 형태의 사전적인 규제를 금지하는 것이 아니고, 의사표현의 발표 여부가 오로지 행정권의 허가에 달려있는 사전심사만을 금지하는 것을 뜻한다.
④ 검열은 일반적으로 허가를 받기 위한 표현물의 제출의무, 행정권이 주체가 된 사전심사절차, 허가를 받지 아니한 의사표현의 금지 및 심사절차를 관철할 수 있는 강제수단 등의 요건을 갖춘 경우에만 이에 해당하는 것이다.

지문분석 난이도 하 정답 ①

| 키 워 드 | 언론·출판에 대한 검열금지

| 출제유형 | 판례

① (X) 헌법 제21조 제2항이 언론·출판에 대한 검열금지를 규정한 것은 비록 헌법 제37조 제2항이 국민의 자유와 권리를 국가안전보장·질서유지 또는 공공복리를 위하여 필요한 경우에 한하여 법률로써 제한할 수 있도록 규정하고 있다고 할지라도 언론·출판의 자유에 대하여는 검열을 수단으로 한 제한만은 법률로써도 허용되지 아니한다는 것을 밝힌 것이다(헌재 1996.10.4. 93헌가13 등).
② (O) 헌법 제21조 제2항이 금지하는 검열은 사전검열만을 의미하므로 개인이 정보와 사상을 발표하기 이전에 국가기관이 미리 그 내용을 심사·선별하여 일정한 범위 내에서 발표를 저지하는 것만을 의미하고, 헌법상 보호되지 않는 의사표현에 대하여 공개한 뒤에 국가기관이 간섭하는 것을 금지하는 것은 아니다(헌재 1996.10.4. 93헌가13 등).
③ (O), ④ (O) 검열금지의 원칙은 모든 형태의 사전적인 규제를 금지하는 것이 아니고, 단지 의사표현의 발표 여부가 오로지 행정권의 허가에 달려있는 사전심사만을 금지하는 것을 뜻한다. 그러므로 검열은 일반적으로 허가를 받기 위한 표현물의 제출의무, 행정권이 주체가 된 사전심사절차, 허가를 받지 아니한 의사표현의 금지 및 심사절차를 관철할 수 있는 강제수단 등의 요건을 갖춘 경우에만 이에 해당하는 것이다(헌재 1996.10.4. 93헌가13 등).

29 0402 ○△×|○△×|○△× 2016 국회직 9급

헌법이 금지하는 사전검열에 대한 설명으로 옳지 않은 것은?
(다툼이 있는 경우 헌법재판소 판례에 의함)

① 사전검열로 인정되려면 사상이나 의견이 발표되기 전에 일반적으로 허가를 받기 위한 표현물의 제출의무가 있어야 한다.
② 행정권이 주체가 된 사전심사절차도 사전검열의 인정요소이다.
③ 사전검열로 인정되려면 허가를 받지 않은 의사표현의 금지도 필요하다.
④ 광고물 등의 모양, 크기, 색깔 등을 규제하는 것도 검열에 해당한다.
⑤ 자료의 납본만을 요구하는 경우에는 검열에 해당하지 않는다.

지문분석 난이도 하 정답 ④

| 키 워 드 | 사전검열

| 출제유형 | 판례

④ (X) 옥외광고물 등 관리법 제3조는 일정한 지역·장소 및 물건에 광고물 또는 게시시설을 표시하거나 설치하는 경우에 그 광고물 등의 종류·모양·크기·색깔, 표시 또는 설치의 방법 및 기간 등을 규제하고 있을 뿐, 광고물 등의 내용을 심사·선별하여 광고물을 사전에 통제하려는 제도가 아님은 명백하므로, 헌법 제21조 제2항이 정하는 사전허가·검열에 해당되지 아니하며, 언론·출판의 자유를 침해한다고 볼 수 없다(헌재 1998.2.27. 96헌바2).
① (O), ② (O), ③ (O) 헌법 제21조 제2항의 검열은 행정권이 주체가 되어 사상이나 의견 등이 발표되기 이전에 예방적 조치로서 그 내용을 심사, 선별하여 발표를 사전에 억제하는, 즉 허가받지 아니한 것의 발표를 금지하는 제도를 뜻한다. 그러므로 검열은 일반적으로 허가를 받기 위한 표현물의 제출의무, 행정권이 주체가 된 사전심사절차, 허가를 받지 아니한 의사표현의 금지 및 심사절차를 관철할 수 있는 강제수단 등의 요건을 갖춘 경우에만 이에 해당하는 것이다(헌재 1996.10.4. 93헌가13).
⑤ (O) 발행된 정간물을 공보처에 납본하는 것은 그 정간물의 내용을 심사하여 이를 공개 내지 배포하는데 대한 허가나 금지와는 전혀 관계없는 것으로서 사전검열이라고 볼 수 없다(헌재 1992.6.26. 90헌바26).

30 0403 ○△×|○△×|○△× 2022 경찰 간부

언론·출판의 자유에 대한 설명으로 가장 적절하지 않은 것은? (다툼이 있는 경우 헌법재판소 판례에 의함)

① 정보통신망의 발달에 따라 선거기간 중 인터넷 언론사의 선거와 관련한 게시판·대화방 등도 정치적 의사를 형성·전파하는 매체로서 역할을 담당하고 있으므로, 의사의 표현·전파의 형식의 하나로 인정되고 따라서 언론·출판의 자유에 의하여 보호된다고 할 것이다.
② '식품 등의 표시기준'상 식품이나 식품의 용기포장에 음주전후 또는 숙취해소라는 표시를 금지하는 것은 영업의 자유, 표현의 자유 및 특허권을 침해한다.
③ 언론중재 및 피해구제 등에 관한 법률은 언론이 사망한 사람의 인격권을 침해한 경우에 그 피해가 구제될 수 있도록 명문의 규정을 두고 있으며, 사망한 사람의 인격권을 침해하였거나 침해할 우려가 있는 경우의 구제절차는 유족이 수행하도록 규정을 두고 있다.
④ 인터넷 등 전자적 방법에 의한 판결서 열람·복사의 범위를 개정법 시행 이후 확정된 사건의 판결서로 한정하고 있는 군사법원법 부칙조항은 정보공개청구권을 침해한다.

지문분석 난이도 중 정답 ④

| 키 워 드 | 언론·출판의 자유

| 출제유형 | 판례

④ (X) 이 사건 부칙조항으로 인해 청구인이 전자적 방법을 통해 열람·복사할 수 있는 판결서의 범위가 제한된다 하더라도 이는 입법재량의 한계 내에 있으므로, 위 부칙조항이 청구인의 정보공개청구권을 침해한다고 할 수 없다(헌재 2015.12.23. 2014헌마185).
① (○) 인터넷언론사는 선거운동기간 중 당해 홈페이지 게시판 등에 정당·후보자에 대한 지지·반대 등의 정보를 게시하는 경우 실명을 확인받는 기술적 조치를 해야 하고, 행정안전부장관 및 신용정보업자는 실명인증자료를 관리하고 중앙선거관리위원회가 요구하는 경우 지체 없이 그 자료를 제출해야 하며, 실명확인을 위한 기술적 조치를 하지 아니하거나 실명인증의 표시가 없는 정보를 삭제하지 않는 경우 과태료를 부과하도록 정한 공직선거법 조항은 모두 헌법에 위반된다(헌재 2021.1.28. 2018헌마456).
② (○) 식품이나 식품의 용기·포장에 "음주전후" 또는 "숙취해소"라는 표시를 금지하는 것은 위헌이다(헌재 2000.3.30. 99헌마143).
③ (○)

> 언론중재 및 피해구제 등에 관한 법률 제5조의2(사망자의 인격권 보호) ① 제5조 제1항의 타인에는 사망한 사람을 포함한다.
> ② 사망한 사람의 인격권을 침해하였거나 침해할 우려가 있는 경우에는 이에 따른 구제절차를 유족이 수행한다.

31 0404 ○△×|○△×|○△× 2021 국가직 5급

헌법상 금지되는 사전검열에 대한 설명으로 옳은 것만을 모두 고르면? (다툼이 있는 경우 판례에 의함)

| 보기 |

ㄱ. 영화진흥법이 규정하고 있는 영상물등급위원회에 의한 등급분류보류제도는 등급분류보류의 횟수제한이 없어 실질적으로 영상물등급위원회의 허가를 받지 않는 한 영화를 통한 의사표현이 무한정 금지될 수 있으므로 검열에 해당한다.
ㄴ. 검열을 행정기관이 아닌 독립적인 위원회에서 행한다고 하더라도, 행정권이 주체가 되어 검열절차를 형성하고 검열기관의 구성에 지속적인 영향을 미칠 수 있는 경우라면 실질적으로 그 검열기관은 행정기관이라고 보아야 한다.
ㄷ. 민간심의기구가 심의를 담당하는 경우에도 행정권이 개입하여 그 사전심의에 자율성이 보장되지 않는다면 이 역시 행정기관의 사전검열에 해당하게 된다.
ㄹ. 헌법상 사전검열은 표현의 자유 보호대상이면 예외 없이 금지된다.

① ㄱ, ㄴ　　② ㄱ, ㄷ, ㄹ
③ ㄴ, ㄷ, ㄹ　　④ ㄱ, ㄴ, ㄷ, ㄹ

지문분석 난이도 중 정답 ④

| 키 워 드 | 사전검열

| 출제유형 | 판례

ㄱ. (○) 영화진흥법 제21조 제4항이 규정하고 있는 영상물등급위원회에 의한 등급분류보류제도는, 영상물등급위원회가 영화의 상영에 앞서 영화를 제출받아 그 심의 및 상영등급분류를 하되, 등급분류를 받지 아니한 영화는 상영이 금지되고 만약 등급분류를 받지 않은 채 영화를 상영한 경우 과태료, 상영금지명령에 이어 형벌까지 부과할 수 있도록 하며, 등급분류보류의 횟수제한이 없어 실질적으로 영상물등급위원회의 허가를 받지 않는 한 영화를 통한 의사표현이 무한정 금지될 수 있으므로 검열에 해당한다(헌재 2001.8.30. 2000헌가9).
ㄴ. (○) 검열을 행정기관이 아닌 독립적인 위원회에서 행한다고 하더라도, 행정권이 주체가 되어 검열절차를 형성하고 검열기관의 구성에 지속적인 영향을 미칠 수 있는 경우라면 실질적으로 그 검열기관은 행정기관이라고 보아야 한다. 그렇게 해석하지 아니한다면 검열기관의 구성은 입법기술상의 문제에 지나지 않음에도 불구하고 정부에게 행정관청이 아닌 독립된 위원회의 구성을 통하여 사실상 검열을 하면서도 헌법상 검열금지원칙을 위반하였다는 비난을 면할 수 있는 길을 열어주기 때문이다(헌재 2015.12.23. 2015헌바75).
ㄷ. (○) 민간심의기구가 심의를 담당하는 경우에도 행정권이 개입하여 그 사전심의에 자율성이 보장되지 않는다면 이 역시 행정기관의 사전검열에 해당하게 될 것이다(헌재 2015.12.23. 2015헌바75).
ㄹ. (○) 현행헌법상 사전검열은 표현의 자유 보호대상이면 예외 없이 금지된다. 건강기능식품의 기능성 광고는 인체의 구조 및 기능에 대하여 보건용도에 유용한 효과를 준다는 기능성 등에 관한 정보를 널리 알려 해당 건강기능식품의 소비를 촉진시키기 위한 상업광고로서 헌법 제21조 제1항의 표현의 자유의 보호대상이 됨과 동시에 같은 조 제2항의 사전검열 금지대상도 된다(헌재 2018.6.28. 2016헌가8 등).

32 0405 O△X | O△X | O△X 2022 경찰 간부

헌법상 사전검열에 대한 설명으로 가장 적절하지 않은 것은? (다툼이 있는 경우 헌법재판소 판례에 의함)

① 광고의 심의기관이 행정기관인지 여부는 기관의 형식에 의하기보다는 그 실질에 따라 판단되어야 하고, 행정기관의 자의로 민간심의기구의 심의업무에 개입할 가능성이 열려 있다면 개입 가능성의 존재 자체로 헌법이 금지하는 사전검열이라고 보아야 한다.

② 헌법상 사전검열은 표현의 자유의 보호대상이더라도 예외 없이 금지되지는 않는다.

③ 검열은 언론의 내용에 대한 허용될 수 없는 사전적 제한이라는 점에서 헌법 제21조 제2항 전단의 "허가"와 "검열"은 본질적으로 같은 것이라고 할 것이다.

④ 의료기기에 대한 광고는 상업광고로서 헌법 제21조 제1항의 표현의 자유의 보호대상이 됨과 동시에 같은 조 제2항의 사전검열금지원칙의 적용대상이 된다.

지문분석 난이도 중 정답 ②

| 키 워 드 | 사전검열

| 출제유형 | 판례

② (X), ④ (O) 의료기기와 관련하여 심의를 받지 아니하거나 심의받은 내용과 다른 내용의 광고를 하는 것을 금지하고, 이를 위반한 경우 행정제재와 형벌을 부과하도록 한 의료기기법 제24조 제2항 제6호 및 구 의료기기법 제36조 제1항 제14호 중 '제24조 제2항 제6호를 위반하여 의료기기를 광고한 경우' 부분, 구 의료기기법 제52조 제1항 제1호 중 '제24조 제2항 제6호를 위반한 자' 부분이 모두 헌법에 위반된다[헌재 2020.8.28. 2017헌가35 · 2019헌가3(병합)].

① (O) 의료기기법은 의료기기 광고의 심의기준 · 방법 및 절차를 식약처장이 정하도록 하고 있으므로, 식약처장은 심의기준 등의 개정을 통해 언제든지 심의기준 등을 변경함으로써 심의기관인 한국의료기기산업협회의 심의 내용 및 절차에 영향을 줄 수 있다. 실제로 식약처장은 의료기기 광고의 심의기준을 정하면서 심의의 기준이 되는 사항들을 구체적으로 열거하고 있는 점, 심의기관의 장은 매 심의결과를 식약처장에게 문서로 보고하여야 하는 점, 식약처장은 심의결과가 위 심의기준에 맞지 않다고 판단하는 경우 심의기관에 재심의를 요청할 수 있고 심의기관은 특별한 사정이 없는 한 재심의를 하여야 하는 점 등에 비추어 볼 때, 한국의료기기산업협회의 의료기기 광고 사전심의업무 처리에 있어 행정기관으로부터의 독립성 및 자율성이 보장되어 있다고 보기 어렵다. 따라서 이 사건 의료기기 광고 사전심의는 행정권이 주체가 된 사전심사로서 헌법이 금지하는 사전검열에 해당하고, 이러한 사전심의제도를 구성하는 심판대상 조항은 헌법에 위반된다[헌재 2020.8.28. 2017헌가35 · 2019헌가3(병합)].

③ (O) 언론의 내용에 대한 허용될 수 없는 사전적 제한이라는 점에서 위 조항 전단의 "허가"와 "검열"은 본질적으로 같은 것이라고 할 것이며 위와 같은 요건에 해당되는 허가 · 검열은 헌법적으로 허용될 수 없다. 언론 · 출판에 대한 허가 · 검열금지의 취지는 정부가 표현의 내용에 관한 가치판단에 입각해서 특정 표현의 자유로운 공개와 유통을 사전 봉쇄하는 것을 금지하는 데 있으므로, 내용규제 그 자체가 아니거나 내용규제의 효과를 초래하는 것이 아니라면 위의 금지된 "허가"에는 해당되지 않는다고 할 것이다(헌재 1992.6.26. 90헌가23).

33 0406 O△X | O△X | O△X 2017 국가직 5급

표현의 자유에 대한 설명으로 옳지 않은 것은? (다툼이 있는 경우 헌법재판소 결정에 의함)

① '특정의료기관이나 특정의료인의 기능 · 진료방법'에 관한 광고를 금지하는 것은 표현의 자유를 침해한다.

② 기초의회의원선거 후보자로 하여금 특정 정당으로부터의 지지 또는 추천받음을 표방할 수 없도록 한 것은 정치적 표현의 자유를 침해한다.

③ 음란표현은 형사상 처벌대상이므로 언론 · 출판의 자유의 보호영역에 해당되지 않는다.

④ 민사소송법상의 가처분조항에 방영금지가처분을 포함시켜 가처분에 의한 방영금지를 허용하는 것은 헌법상 사전검열금지원칙에 위배되지 않는다.

지문분석 난이도 하 정답 ③

| 키 워 드 | 표현의 자유

| 출제유형 | 판례

③ (X) 음란표현도 헌법 제21조가 규정하는 언론 · 출판의 자유의 보호영역에는 해당하되, 다만 헌법 제37조 제2항에 따라 국가 안전보장 · 질서유지 또는 공공복리를 위하여 제한할 수 있는 것이라고 해석하여야 할 것이다(헌재 2009.5.28. 2006헌바109 등).

① (O) "특정의료기관이나 특정의료인의 기능 · 진료방법"에 관한 광고를 금지하는 의료법 조항은 헌법 제37조 제2항의 비례의 원칙에 위배하여 표현의 자유와 직업수행의 자유를 침해하는 것이다(헌재 2005.10.27. 2003헌가3).

② (O) 기초의회의원선거 후보자로 하여금 특정 정당으로부터의 지지 또는 추천받음을 표방할 수 없도록 한 것은, 불확실한 입법목적을 실현하기 위하여 그다지 실효성도 없고 불분명한 방법으로 과잉금지원칙에 위배하여 후보자의 정치적 표현의 자유를 과도하게 침해하고 있다고 할 것이다(헌재 2003.1.30. 2001헌가4).

④ (O) 헌법 제21조 제2항에서 규정한 검열금지의 원칙은 모든 형태의 사전적인 규제를 금지하는 것이 아니고 단지 의사표현의 발표 여부가 오로지 행정권의 허가에 달려 있는 사전심사만을 금지하는 것을 뜻하므로, 민사소송법에 의한 방영금지가처분을 허용하는 것은 행정권에 의한 사전심사나 금지처분이 아니라 개별 당사자 간의 분쟁에 관하여 사법부가 사법절차에 의하여 심리, 결정하는 것이어서 헌법에서 금지하는 사전검열에 해당하지 아니한다(헌재 2001.8.30. 2000헌바36).

34 0407 ○△×|○△×|○△× 2020 지방직 7급

표현의 자유에 대한 설명으로 옳지 않은 것은? (다툼이 있는 경우 판례에 의함)

① 의료광고의 심의기관이 행정기관인가 여부는 기관의 형식에 의하기보다는 그 실질에 따라 판단하여야 하며, 민간심의기구가 심의를 담당하는 경우에도 행정권의 개입 때문에 사전심의에 자율성이 보장되지 않는다면, 헌법이 금지하는 행정기관에 의한 사전검열에 해당하게 될 것이다.

② 출판사 및 인쇄소의 등록에 관한 법률 규정 중 '음란한 간행물' 부분은 헌법에 위반되지 아니하고, '저속한 간행물' 부분은 명확성의 원칙에 반할 뿐만 아니라 출판의 자유와 성인의 알 권리를 침해하는 것으로 헌법에 위반된다.

③ 신문 등의 진흥에 관한 법률의 등록조항은 인터넷신문의 명칭, 발행인과 편집인의 인적사항 등 인터넷신문의 외형적이고 객관적 사항을 제한적으로 등록하도록 하고 있는바, 이는 인터넷신문에 대한 인적요건의 규제 및 확인에 관한 것으로 인터넷신문의 내용을 심사·선별하여 사전에 통제하기 위한 규정으로 사전허가금지원칙에 위배된다.

④ 헌법상 사전검열은 표현의 자유 보호대상이면 예외 없이 금지되므로, 건강기능식품의 기능성 광고는 인체의 구조 및 기능에 대하여 보건용도에 유용한 효과를 준다는 기능성 등에 관한 정보를 널리 알려 해당 건강기능식품의 소비를 촉진시키기 위한 상업광고이지만, 헌법 제21조 제1항의 표현의 자유의 보호대상이 됨과 동시에 같은 조 제2항의 사전검열금지 대상도 된다.

지문분석 난이도 ㊤ 정답 ③

| **키 워 드** | 표현의 자유
| **출제유형** | 판례

③ (X) 등록조항은 인터넷신문의 명칭, 발행인과 편집인의 인적사항 등 인터넷신문의 외형적이고 객관적 사항을 제한적으로 등록하도록 하고 있고, 고용조항 및 확인조항은 5인 이상 취재 및 편집 인력을 고용하되, 그 확인을 위해 등록 시 서류를 제출하도록 하고 있다. 이런 조항들은 인터넷신문에 대한 인적요건의 규제 및 확인에 관한 것으로, 인터넷신문의 내용을 심사·선별하여 사전에 통제하기 위한 규정이 아님이 명백하다. 따라서 등록조항은 사전허가금지원칙에도 위배되지 않는다(헌재 2016.10.27. 2015헌마1206 등).

① (○) 의료광고의 심의기관이 행정기관인가 여부는 기관의 형식에 의하기보다는 그 실질에 따라 판단되어야 한다. 따라서 검열을 행정기관이 아닌 독립적인 위원회에서 행한다고 하더라도, 행정권이 주체가 되어 검열절차를 형성하고 검열기관의 구성에 지속적인 영향을 미칠 수 있는 경우라면 실질적으로 그 검열기관은 행정기관이라고 보아야 한다. … 민간심의기구가 심의를 담당하는 경우에도 행정권이 개입하여 그 사전심의에 자율성이 보장되지 않는다면 이 역시 행정기관의 사전검열에 해당하게 될 것이다. … 이 사건 법률규정들은 사전검열금지원칙에 위배된다(헌재 2015.12.23. 2015헌바75).

② (○) "음란"의 개념과는 달리 "저속"의 개념은 그 적용범위가 매우 광범위할 뿐만 아니라 법관의 보충적인 해석에 의한다 하더라도 그 의미 내용을 확정하기 어려울 정도로 매우 추상적이다. 이 "저속"의 개념에는 출판사등록이 취소되는 성적 표현의 하한이 열려 있을 뿐만 아니라 폭력성이나 잔인성 및 천한 정도도 그 하한이 모두 열려 있기 때문에 출판을 하고자 하는 자는 어느 정도로 자신의 표현 내용을 조절해야 되는지를 도저히 알 수 없도록 되어 있어 명확성의 원칙 및 과도한 광범성의 원칙에 반한다. … 그렇다면 이 사건 법률 조항 중 "음란한 간행물" 부분은 헌법에 위반되지 아니하고, "저속한 간행물" 부분은 명확성의 원칙에 반할 뿐만 아니라 출판의 자유와 성인의 알 권리를 침해하는 규정이어서 헌법에 위반된다(헌재 1998.4.30. 95헌가16).

④ (○) 현행헌법상 사전검열은 표현의 자유 보호대상이면 예외 없이 금지된다. 건강기능식품의 기능성 광고는 인체의 구조 및 기능에 대하여 보건용도에 유용한 효과를 준다는 기능성 등에 관한 정보를 널리 알려 해당 건강기능식품의 소비를 촉진시키기 위한 상업광고이지만, 헌법 제21조 제1항의 표현의 자유의 보호대상이 됨과 동시에 같은 조 제2항의 사전검열금지 대상도 된다. … 따라서 이 사건 건강기능식품 기능성광고 사전심의는 그 검열이 행정권에 의하여 행하여진다 볼 수 있고, 헌법이 금지하는 사전검열에 해당하므로 헌법에 위반된다(헌재 2018.6.28. 2016헌가8 등).

35 0408 ○△×|○△×|○△× 2020 국회직 9급

표현의 자유에 대한 설명으로 옳은 것은? (다툼이 있는 경우 판례에 의함)

① 인터넷 언론사가 선거일 전 90일부터 선거일까지 후보자명의의 칼럼이나 저술을 게재하는 보도를 할 수 없도록 한 것은 필요 이상으로 표현의 자유를 제한하여 헌법에 위반된다.
② 대한민국을 모욕할 목적으로 국기를 훼손하는 행위를 처벌하도록 한 것은 표현의 방법이 아닌 표현의 내용에 대한 규제이므로 표현의 자유를 침해한다.
③ 각급 법원 인근의 모든 옥외집회를 전면적으로 금지한 집회 및 시위에 관한 법률 규정은 해당 법원에서 심리 중인 사건의 재판에 영향을 미칠 위협을 차단하기 위한 것으로서 집회의 자유를 침해하지 않는다.
④ 옥외집회나 시위가 사전신고한 범위를 뚜렷이 벗어나 질서를 유지할 수 없게 된 경우, 이에 대한 해산명령에 불응하는 자를 형사처벌하는 집회 및 시위에 관한 법률 규정은 집회의 자유를 침해한다.
⑤ 국회의사당의 경계지점으로부터 100미터 이내의 장소에서 옥외집회 또는 시위를 한 자를 처벌하는 집회 및 시위에 관한 법률 규정은 국회의 헌법적 기능을 보호하기 위한 것으로서 집회의 자유를 침해하지 않는다.

지문분석 난이도 중 정답 ①

| 키 워 드 | 표현의 자유

| 출제유형 | 판례

① (○) 이 사건 시기제한 조항은 선거일 전 90일부터 선거일까지 후보자 명의의 칼럼 등을 게재하는 인터넷 선거보도가 불공정하다고 볼 수 있는지에 대해 구체적으로 판단하지 않고 이를 불공정한 선거보도로 간주하여 선거의 공정성을 해치지 않는 보도까지 광범위하게 제한한다. 이 사건 시기제한 조항의 입법목적을 달성할 수 있는 덜 제약적인 다른 방법들이 이 사건 심의기준 규정과 공직선거법에 이미 충분히 존재한다. 따라서 이 사건 시기제한 조항은 과잉금지원칙에 반하여 청구인의 표현의 자유를 침해한다(헌재 2019.11.28. 2016헌마90).

② (X) 국기는 국가의 역사와 국민성, 이상 등을 응축하고 헌법이 보장하는 질서와 가치를 담아 국가의 정체성을 표현하는 국가의 대표적 상징물이다. 심판대상 조항은 국기를 존중, 보호함으로써 국가의 권위와 체면을 지키고, 국민들이 국기에 대하여 가지는 존중의 감정을 보호하려는 목적에서 입법된 것이다. 심판대상 조항은 국기가 가지는 고유의 상징성과 위상을 고려하여 일정한 표현방법을 규제하는 것에 불과하므로, 국기모독 행위를 처벌한다고 하여 이를 정부나 정권, 구체적 국가기관이나 제도에 대한 비판을 허용하지 않거나 이를 곤란하게 하는 것으로 볼 수 없다. 그러므로 심판대상 조항은 과잉금지원칙에 위배되어 청구인의 표현의 자유를 침해한다고 볼 수 없고, 표현의 자유의 본질적 내용을 침해한다고도 할 수 없다(헌재 2019.12.27. 2016헌바96).

③ (X) 심판대상 조항은 입법목적을 달성하는 데 필요한 최소한도의 범위를 넘어 규제가 불필요하거나 또는 예외적으로 허용 가능한 옥외집회·시위까지도 일률적·전면적으로 금지하고 있으므로, 침해의 최소성원칙에 위배된다. 심판대상 조항은 각급 법원 인근의 모든 옥외집회를 전면적으로 금지함으로써 상충하는 법익 사이의 조화를 이루려는 노력을 전혀 기울이지 않아, 법익의 균형성원칙에도 어긋난다. 심판대상 조항은 과잉금지원칙을 위반하여 집회의 자유를 침해한다(헌재 2018.7.26. 2018헌바137).

④ (X) 집시법 제20조 제1항 제2호가 미신고 옥외집회 또는 시위를 해산명령의 대상으로 하면서 별도의 해산 요건을 정하고 있지 않더라도, 그 옥외집회 또는 시위로 인하여 타인의 법익이나 공공의 안녕질서에 대한 직접적인 위험이 명백하게 초래된 경우에 한하여 위 조항에 기하여 해산을 명할 수 있고, 이러한 요건을 갖춘 해산명령에 불응하는 경우에만 집시법 제24조 제5호에 의하여 처벌할 수 있다고 보아야 한다(대판 2012.4.19. 2010도6388).

⑤ (X) 심판대상 조항은 입법목적을 달성하는 데 필요한 최소한도의 범위를 넘어, 규제가 불필요하거나 또는 예외적으로 허용하는 것이 가능한 집회까지도 이를 일률적·전면적으로 금지하고 있으므로 침해의 최소성원칙에 위배된다. 심판대상 조항으로 달성하려는 공익이 제한되는 집회의 자유 정도보다 크다고 단정할 수는 없다고 할 것이므로 심판대상 조항은 법익의 균형성원칙에도 위배된다. 심판대상 조항은 과잉금지원칙을 위반하여 집회의 자유를 침해한다(헌재 2018.5.31. 2013헌바322 등).

36 0409 ○△×|○△×|○△× 2022 경찰 승진

집회의 자유에 관한 설명 중 가장 적절하지 않은 것은? (다툼이 있는 경우 판례에 의함)

① 집회의 자유는 개인의 인격발현의 요소이자 민주주의를 구성하는 요소라는 이중적 헌법적 기능을 가지고 있다.
② 집회의 자유는 집회를 통하여 형성된 의사를 집단으로 표현하고 이를 통하여 불특정 다수인의 의사에 영향을 줄 자유를 포함하므로 이를 내용으로 하는 시위의 자유 또한 집회의 자유를 규정한 헌법 제21조 제1항에 의하여 보호되는 기본권이다.
③ 집회나 시위 해산을 위한 살수차 사용은 집회의 자유 및 신체의 자유에 대한 중대한 제한을 초래하므로 살수차 사용요건이나 기준은 법률에 근거를 두어야 하고, 살수차와 같은 위해성 경찰장비는 본래의 사용방법에 따라 지정된 용도로 사용되어야 하며 다른 용도나 방법으로 사용하기 위해서는 반드시 법령에 근거가 있어야 한다.
④ 일출시간 전, 일몰시간 후의 옥외집회 또는 시위를 원칙적으로 금지하면서 다만 옥외집회의 경우 예외적으로 관할 경찰관서장이 허용할 수 있도록 하고, 이에 위반하여 옥외집회 또는 시위에 참가한 자를 형사처벌하는 구 집회 및 시위에 관한 법률 조항은 헌법 제21조 제2항의 사전허가제금지에 위배되어 집회의 자유를 침해한다.

지문분석 난이도 중 정답 ④

| **키 워 드** | 집회의 자유
| **출제유형** | 판례

④ (X) 이 사건 집회조항은 본문에서 "누구든지 일출시간 전, 일몰시간 후에는 옥외집회를 하여서는 아니된다."라고 규정하여 옥외집회를 시간적으로 제한하면서, 단서에서 "다만, 집회의 성격상 부득이하여 주최자가 질서유지인을 두고 미리 신고하는 경우에는 관할 경찰관서장은 질서 유지를 위한 조건을 붙여 일출시간 전, 일몰시간 후에도 옥외집회를 허용할 수 있다."라고 규정하여 행정청의 허가를 받아 야간 옥외집회를 할 수 있도록 하고 있다. 이와 같은 단서의 규정은 본문에 의한 제한을 완화시키려는 것이므로, 본문에 의한 시간적 제한이 집회의 자유를 과도하게 제한하는지 여부는 별론으로 하고, 단서의 '관할 경찰관서장의 허용'이 '옥외집회에 대한 일반적인 사전허가'라고는 볼 수 없는 것이다. 결국 이 사건 집회조항은 법률에 의하여 옥외집회의 시간적 제한을 규정한 것으로서 그 단서 조항의 존재에 관계없이 헌법 제21조 제2항의 '사전허가금지'에 위반되지 않는다고 할 것이다(헌재 2014.4.24. 2011헌가29).

① (○) 집회의 자유는 개인의 인격발현의 요소이자 민주주의를 구성하는 요소라는 이중적 헌법적 기능을 가지고 있다. 인간의 존엄성과 자유로운 인격발현을 최고의 가치로 삼는 우리 헌법질서 내에서 집회의 자유도 다른 모든 기본권과 마찬가지로 일차적으로는 개인의 자기결정과 인격발현에 기여하는 기본권이다. 뿐만 아니라, 집회를 통하여 국민들이 자신의 의견과 주장을 집단적으로 표명함으로써 여론의 형성에 영향을 미친다는 점에서, 집회의 자유는 표현의 자유와 더불어 민주적 공동체가 기능하기 위하여 불가결한 근본요소에 속한다(헌재 2003.10.30. 2000헌바67 등).

② (○) 집회의 자유는 집회를 통하여 형성된 의사를 집단적으로 표현하고 이를 통하여 불특정 다수인의 의사에 영향을 줄 자유를 포함하므로 이를 내용으로 하는 시위의 자유 또한 집회의 자유를 규정한 헌법 제21조 제1항에 의하여 보호되는 기본권이다(헌재 2005.11.24. 2004헌가17).

③ (○) 집회나 시위 해산을 위한 살수차 사용은 집회의 자유 및 신체의 자유에 대한 중대한 제한을 초래하므로 살수차 사용요건이나 기준은 법률에 근거를 두어야 하고, 살수차와 같은 위해성 경찰장비는 본래의 사용방법에 따라 지정된 용도로 사용되어야 하며 다른 용도나 방법으로 사용하기 위해서는 반드시 법령에 근거가 있어야 한다(헌재 2018.5.31. 2015헌마476).

37 0410 ○△×|○△×|○△× 2017 변호사

집회 및 시위에 관한 법률(이하 '집시법'이라 한다)에 관한 설명 중 옳은 것(○)과 옳지 않은 것(×)을 올바르게 조합한 것은? (다툼이 있는 경우 판례에 의함)

> ㉠ 사전신고를 하지 않은 옥외집회는 불법집회이므로 관할 경찰관서장은 언제나 해산명령을 내릴 수 있으며, 이에 불응하는 경우에는 처벌할 수 있다고 보아야 한다.
> ㉡ 집회의 시간과 장소가 중복되는 2개 이상의 신고가 있을 경우 관할 경찰관서장은 먼저 신고된 집회가 다른 집회의 개최를 봉쇄하기 위한 가장 집회신고에 해당하는지 여부에 관하여 판단할 권한이 없으므로 뒤에 신고된 집회에 대하여 집회 자체를 금지하는 통고를 하여야 한다.
> ㉢ 구 집시법의 옥외집회·시위에 관한 일반규정 및 형법에 의한 규제 및 처벌에 의하여 사법의 독립성 및 공정성 확보라는 입법 목적을 달성함에 지장이 없음에도 불구하고, 재판에 영향을 미칠 염려가 있거나 미치게 하기 위한 집회·시위를 사전적·전면적으로 금지하고 이를 위반한 자를 형사처벌하는 구 집시법 조항은 집회의 자유를 실질적으로 박탈하는 결과를 초래하므로 집회의 자유를 침해한다.
> ㉣ 집회의 자유는 국가가 개인의 집회 참가행위를 감시하고 그에 대한 정보를 수집함으로써 집회에 참가하고자 하는 자로 하여금 불이익을 두려워하여 미리 집회참가를 포기하도록 집회참가의사를 약화시키는 것 등 집회의 자유의 행사에 영향을 미치는 모든 조치를 금지한다.

① ㉠ (○), ㉡ (○), ㉢ (×), ㉣ (×)
② ㉠ (○), ㉡ (×), ㉢ (○), ㉣ (×)
③ ㉠ (×), ㉡ (○), ㉢ (×), ㉣ (○)
④ ㉠ (×), ㉡ (×), ㉢ (○), ㉣ (×)
⑤ ㉠ (×), ㉡ (×), ㉢ (○), ㉣ (○)

지문분석 난이도 ㉤ 정답 ⑤

| 키 워 드 | 집회 및 결사의 자유
| 출제유형 | 조문 + 판례

㉠ (X) 집시법 제20조 제1항 제2호가 미신고 옥외집회 또는 시위를 해산명령의 대상으로 하면서 별도의 해산 요건을 정하고 있지 않더라도, 그 옥외집회 또는 시위로 인하여 타인의 법익이나 공공의 안녕질서에 대한 직접적인 위험이 명백하게 초래된 경우에 한하여 위 조항에 기하여 해산을 명할 수 있고, 이러한 요건을 갖춘 해산명령에 불응하는 경우에만 집시법 제24조 제5호에 의하여 처벌할 수 있다고 보아야 한다. 이와 달리 미신고라는 사유만으로 그 옥외집회 또는 시위를 해산할 수 있는 것으로 해석한다면, 이는 사실상 집회의 사전신고제를 허가제처럼 운용하는 것이나 다름없어 집회의 자유를 침해하게 되므로 부당하다. 집시법 제20조 제1항 제2호를 위와 같이 제한하여 해석하더라도, 사전신고제의 규범력은 집시법 제22조 제2항에 의하여 신고의무를 이행하지 아니한 옥외집회 또는 시위의 주최자를 처벌하는 것만으로도 충분히 확보할 수 있다(대판 2012.4.26. 2011도6294).

㉡ (X) 관할 경찰관서장은 집회 또는 시위의 시간과 장소가 중복되는 2개 이상의 신고가 있는 경우 그 목적으로 보아 서로 상반되거나 방해가 된다고 인정되면 각 옥외집회 또는 시위 간에 시간을 나누거나 장소를 분할하여 개최하도록 권유하는 등 각 옥외집회 또는 시위가 서로 방해되지 아니하고 평화적으로 개최·진행될 수 있도록 노력하여야 한다. 관할 경찰관서장은 위 권유가 받아들여지지 아니하면 뒤에 접수된 옥외집회 또는 시위에 대하여 그 집회 또는 시위의 금지를 통고할 수 있다(집회 및 시위에 관한 법률 제8조 제2항 및 제3항).

㉢ (O) 구 집시법의 옥외집회·시위에 관한 일반규정 및 형법에 의한 규제 및 처벌에 의하여 사법의 독립성을 확보할 수 있음에도 불구하고, 이 사건 제2호 부분은 재판에 영향을 미칠 염려가 있거나 미치게 하기 위한 집회·시위를 사전적·전면적으로 금지하고 있을 뿐 아니라, 어떠한 집회·시위가 규제대상에 해당하는지를 판단할 수 있는 아무런 기준도 제시하지 아니함으로써 사실상 재판과 관련된 집단적 의견표명 일체가 불가능하게 되어 집회의 자유를 실질적으로 박탈하는 결과를 초래하므로 최소침해성원칙에 반한다. 더욱이 이 사건 제2호 부분으로 인하여 달성하고자 하는 공익 실현 효과는 가정적이고 추상적인 반면, 이 사건 제2호 부분으로 인하여 침해되는 집회의 자유에 대한 제한 정도는 중대하므로 법익균형성도 상실하였다. 따라서 재판에 영향을 미칠 염려가 있거나 미치게 하기 위한 집회 또는 시위를 금지하고 이를 위반한 자를 형사처벌하는 이 사건 제2호 부분은 과잉금지원칙에 위배되어 집회의 자유를 침해한다(헌재 2016.9.29. 2014헌가3).

㉣ (O) 집회의 자유는 집회에 참가하지 못하게 하는 국가의 강제를 금지할 뿐 아니라, 예컨대 집회장소로의 여행을 방해하거나, 집회장소로부터 귀가하는 것을 방해하거나, 집회참가자에 대한 검문의 방법으로 시간을 지연시킴으로써 집회장소에 접근하는 것을 방해하거나, 국가가 개인의 집회 참가행위를 감시하고 그에 관한 정보를 수집함으로써 집회에 참가하고자 하는 자로 하여금 불이익을 두려워하여 미리 집회참가를 포기하도록 집회참가의사를 약화시키는 것 등 집회의 자유행사에 영향을 미치는 모든 조치를 금지한다(헌재 2003.10.30. 2000헌바67).

38 0411 O△X | O△X | O△X 2021 경찰 승진

집회의 자유에 대한 설명으로 가장 적절하지 않은 것은? (다툼이 있는 경우 판례에 의함)

① 헌법상 집회에서 공동의 목적은 내적인 유대관계로 족하다.
② 집회의 자유에는 집회의 장소를 스스로 결정할 장소 선택의 자유가 포함된다.
③ 우리 헌법상 집회의 자유에 의해 보호되는 것은 오로지 평화적 또는 비폭력적 집회에 한정된다.
④ 헌법에서 금지하고 있는 집회에 대한 허가는 입법권이 주체가 되어 집회의 내용·시간·장소 등을 사전심사하여 일반적인 집회금지를 특정한 경우에 해제함으로써 집회를 할 수 있게 하는 제도를 의미한다.

지문분석 난이도 하 정답 ④

| 키 워 드 | 집회의 자유
| 출제유형 | 판례

④ (X) 이 사건 헌법 규정에서 금지하고 있는 '허가'는 행정권이 주체가 되어 집회 이전에 예방적 조치로서 집회의 내용·시간·장소 등을 사전심사하여 일반적인 집회금지를 특정한 경우에 해제함으로써 집회를 할 수 있게 하는 제도, 즉 허가를 받지 아니한 집회를 금지하는 제도를 의미한다(헌재 2009.9.24. 2008헌가25).
① (O) 구 집시법에 '옥외집회'에 대한 정의 규정은 있으나 '집회'에 대한 정의 규정은 없음은 청구인의 주장과 같다. 그러나 일반적으로 집회는, 일정한 장소를 전제로 하여 특정 목적을 가진 다수인이 일시적으로 회합하는 것을 말하는 것으로 일컬어지고 있고, 그 공동의 목적은 '내적인 유대관계'로 족하다고 할 것이다(헌재 2009.5.28. 2007헌바22).
② (O) 집회·시위장소는 집회·시위의 목적을 달성하는 데 있어서 매우 중요한 역할을 수행하는 경우가 많기 때문에 집회·시위장소를 자유롭게 선택할 수 있어야만 집회·시위의 자유가 비로소 효과적으로 보장되므로 장소 선택의 자유는 집회·시위의 자유의 한 실질을 형성한다(헌재 2005.11.24. 2004헌가17).
③ (O) 비록 헌법이 명시적으로 밝히고 있지는 않으나, 집회의 자유에 의하여 보호되는 것은 단지 '평화적' 또는 '비폭력적' 집회이다. 집회의 자유는 민주국가에서 정신적 대립과 논의의 수단으로서, 평화적 수단을 이용한 의견의 표명은 헌법적으로 보호되지만, 폭력을 사용한 의견의 강요는 헌법적으로 보호되지 않는다(헌재 2003.10.30. 2000헌바67 등).

39 0412 O△X | O△X | O△X 2017 경찰 승진

집회 및 결사의 자유에 대한 설명으로 가장 적절한 것은? (다툼이 있는 경우 판례에 의함)

① 집회는 일정한 장소를 전제로 하여 특정 목적을 가진 다수인이 일시적으로 회합하는 것을 의미하여, 그 공동의 목적은 '내적인 유대관계'뿐만 아니라 공동의 의사표현을 전제로 한다.
② 집회의 자유는 개성신장과 아울러 여론형성에 영향을 미칠 수 있게 하여 동화적 통합을 촉진하는 기능을 가지며, 나아가 정치·사회현상에 대한 불만과 비판을 공개적으로 표출케 함으로써 정치적 불만세력을 사회적으로 통합하여 정치적 안정에 기여하는 역할을 한다.
③ 헌법 제21조 제1항에 의해 보호되는 결사의 개념에는 공공목적에 의해 구성원의 자격이 정해진 특수단체나 공법상의 결사도 포함된다.
④ 입법자가 법률로써 일반적으로 집회를 제한하는 것도 원칙적으로 헌법 제21조 제2항에서 금지하는 '사전허가'에 해당한다.

지문분석 난이도 중 정답 ②

| 키 워 드 | 집회 및 결사의 자유
| 출제유형 | 판례

② (O) 집회의 자유는 국민들이 타인과 접촉하고 정보와 의견을 교환하며 공동의 목적을 위하여 집단적으로 의사표현을 할 수 있게 함으로써 개성신장과 아울러 여론형성에 영향을 미칠 수 있게 하여 동화적 통합을 촉진하는 기능을 가지며, 나아가 정치·사회현상에 대한 불만과 비판을 공개적으로 표출케 함으로써 정치적 불만세력을 사회적으로 통합하여 정치적 안정에 기여하는 역할을 한다(헌재 2014.3.27. 2010헌가2).
① (X) 일반적으로 집회는, 일정한 장소를 전제로 하여 특정 목적을 가진 다수인이 일시적으로 회합하는 것을 말하는 것으로 일컬어지고 있고, 그 공동의 목적은 '내적인 유대관계'로 족하다(헌재 2009.5.28. 2007헌바22).
③ (X) 결사의 자유에서 말하는 '결사'란 자연인 또는 법인의 다수가 상당한 기간 동안 공동목적을 위하여 자유의사에 기하여 결합하고 조직화된 의사형성이 가능한 단체를 말하는 것이라고 정의하여 공동목적의 범위를 비영리적인 것으로 제한하지는 않았고, 다만, 결사 개념에 공법상의 결사(헌재 1996.4.25. 92헌바47)나 법이 특별한 공공목적에 의하여 구성원의 자격을 정하고 있는 특수단체의 조직활동(헌재 1994.2.24. 92헌바43)은 해당되지 않는다(헌재 2002.9.19. 2000헌바84).
④ (X) 헌법 제21조 제2항의 '허가'는 '행정청이 주체가 되어 집회의 허용여부를 사전에 결정하는 것'으로서 행정청에 의한 사전허가는 헌법상 금지되지만, 입법자가 법률로써 일반적으로 집회를 제한하는 것은 헌법상 '사전허가금지'에 해당하지 않는다(헌재 2014.4.24. 2011헌가29).

40 0413 O△X | O△X | O△X 2018 경찰 승진

집회 및 결사의 자유에 대한 설명으로 가장 적절하지 않은 것은? (다툼이 있는 경우 판례에 의함)

① 일몰시간 후부터 같은 날 24시까지의 시위의 경우, 특별히 공공의 질서 내지 법적 평화를 침해할 위험성이 크다고 할 수 없으므로 그와 같은 시위를 일률적으로 금지하는 것은 과잉금지원칙에 위반된다.

② 집회의 자유는 집회참가자에 대한 검문의 방법으로 시간을 지연시킴으로써 집회장소에 접근하는 것을 방해하는 등 집회의 자유행사에 영향을 미치는 모든 조치를 금지한다.

③ 안마사들로 하여금 의무적으로 대한안마사협회의 회원이 되어 정관을 준수하도록 하는 의료법 조항은 안마사들의 결사의 자유를 침해하지 않는다.

④ 미신고 옥외집회는 불법집회이므로 관할 경찰관서장은 언제나 해산명령을 내릴 수 있으며, 이에 불응하는 경우에는 처벌할 수 있다고 보아야 한다.

지문분석 난이도 하 정답 ④

| **키 워 드** | 집회 및 결사의 자유

| **출제유형** | 판례

④ (X) 집회의 자유가 가지는 헌법적 가치와 기능, 집회에 대한 허가금지를 선언한 헌법정신, 옥외집회 및 시위에 관한 사전신고제의 취지 등을 종합하여 보면, 신고는 행정관청에 집회에 관한 구체적인 정보를 제공함으로써 공공질서의 유지에 협력하도록 하는 데 의의가 있는 것으로 집회의 허가를 구하는 신청으로 변질되어서는 아니 되므로, 신고를 하지 아니하였다는 이유만으로 옥외집회 또는 시위를 헌법의 보호 범위를 벗어나 개최가 허용되지 않는 집회 내지 시위라고 단정할 수 없다. 따라서 집회 및 시위에 관한 법률(이하 '집시법'이라고 한다) 제20조 제1항 제2호가 미신고 옥외집회 또는 시위를 해산명령 대상으로 하면서 별도의 해산 요건을 정하고 있지 않더라도, 그 옥외집회 또는 시위로 인하여 타인의 법익이나 공공의 안녕질서에 대한 직접적인 위험이 명백하게 초래된 경우에 한하여 위 조항에 기하여 해산을 명할 수 있고, 이러한 요건을 갖춘 해산명령에 불응하는 경우에만 집시법 제24조 제5호에 의하여 처벌할 수 있다고 보아야 한다(대판 2012.4.19. 2010도6388).

① (O) 일몰시간 후부터 같은 날 24시까지의 시위의 경우, 특별히 공공의 질서 내지 법적 평화를 침해할 위험성이 크다고 할 수 없으므로 그와 같은 시위를 일률적으로 금지하는 것은 과잉금지원칙에 위반된다(헌재 2014.3.27. 2010헌가2).

② (O) 집회의 자유는 개인이 집회에 참가하는 것을 방해하거나 또는 집회에 참가할 것을 강요하는 국가행위를 금지할 뿐만 아니라, 예컨대 집회장소로의 여행을 방해하거나, 집회장소로부터 귀가하는 것을 방해하거나, 집회참가자에 대한 검문의 방법으로 시간을 지연시킴으로써 집회장소에 접근하는 것을 방해하는 등 집회의 자유행사에 영향을 미치는 모든 조치를 금지한다(헌재 2003.10.30. 2000헌바67).

③ (O) 안마사들로 하여금 의무적으로 대한안마사협회의 회원이 되어 정관을 준수하도록 하는 의료법 조항은 안마사들의 결사의 자유를 침해하지 않는다(헌재 2008.10.30. 2006헌가15).

41 0414 O△X | O△X | O△X 2016 국가직 7급

집회의 자유에 대한 설명으로 옳지 않은 것은? (다툼이 있는 경우 판례에 의함)

① 집회란 다수인이 일정한 장소에서 공동목적을 가지고 회합하는 일시적인 결합체를 의미하기 때문에 2인이 모인 집회는 집회 및 시위에 관한 법률의 규제대상이 되지 않는다.

② 일몰시간 후부터 같은 날 24시까지의 옥외집회 또는 시위의 경우, 특별히 공공의 질서 내지 법적 평화를 침해할 위험성이 크다고 할 수 없으므로 그와 같은 옥외집회 또는 시위를 원칙적으로 금지하는 것은 과잉금지원칙에 위반됨이 명백하다.

③ 헌법 제21조 제2항에 의하여 금지되는 '허가'는 '행정청이 주체가 되어 집회의 허용 여부를 사전에 결정하는 것'으로 법률적 제한이 실질적으로 행정청의 허가 없는 옥외집회를 불가능하게 하는 것이라면 헌법상 금지되는 사전허가제에 해당하지만, 그에 이르지 아니하는 한 헌법 제21조 제2항에 반하는 것은 아니다.

④ 동시에 접수된 두 개의 옥외집회 신고서에 대하여 관할 경찰관서장이 적법한 절차에 따라 접수 순위를 확정하려는 노력을 하지 않고, 폭력사태 발생이 우려되고 상호 충돌을 피한다는 이유로 모두 반려하는 것은 집회의 자유를 침해하는 것이다.

지문분석 난이도 중 정답 ①

| **키 워 드** | 집회의 자유

| **출제유형** | 판례

① (X) 집회 및 시위에 관한 법률에 의하여 보장 및 규제의 대상이 되는 집회란 '특정 또는 불특정 다수인이 공동의 의견을 형성하여 이를 대외적으로 표명할 목적 아래 일시적으로 일정한 장소에 모이는 것'을 말하고, 모이는 장소나 사람의 다과에 제한이 있을 수 없으므로, 2인이 모인 집회도 위 법의 규제대상이 된다고 보아야 한다(대판 2012.5.24. 2010도11381).

② (O) 적어도 해가 진 후부터 같은 날 24시까지의 시위의 경우, 이미 보편화된 야간의 일상적인 생활의 범주에 속하는 것이어서 특별히 공공의 질서 내지 법적 평화를 침해할 위험성이 크다고 할 수 없으므로 그와 같은 시위를 일률적으로 금지하는 것은 과잉금지원칙에 위반됨이 명백하다(헌재 2014.4.24. 2011헌가29).

③ (O) 헌법 제21조 제2항에 의하여 금지되는 '허가'는 '행정청이 주체가 되어 집회의 허용 여부를 사전에 결정하는 것'으로, 법률적 제한이 실질적으로 행정청의 허가 없는 옥외집회를 불가능하게 하는 것이라면 헌법상 금지되는 사전허가제에 해당하지만, 그에 이르지 아니하는 한 헌법 제21조 제2항에 반하는 것은 아니다(헌재 2014.4.24. 2011헌가29).

④ (O) 법률의 원칙에 따라 집회의 자유는 법률에 의하여만 제한할 수 있으므로 법률에 정하여지지 않은 방법으로 이를 제한할 경우에는 그것이 과잉금지 원칙에 위배되었는지 여부를 판단할 필요없이 헌법에 위반된다고 할 것이다. 동시에 접수된 두 개의 옥외집회 신고서에 대하여 관할 경찰관서장이 적법한 절차에 따라 접수 순위를 확정하려는 노력을 하지 않고, 폭력사태 발생이 우려되고 상호 충돌을 피한다는 이유로 모두 반려하는 것은 법률의 근거 없이 청구인들의 집회의 자유를 침해한 것으로서 헌법상 법률유보원칙에 위반된다고 할 것이다(헌재 2008.5.29. 2007헌마712).

42 0415 ○△×|○△×|○△× 2020 국회직 5급

집회·결사의 자유에 대한 설명으로 옳지 않은 것은? (다툼이 있는 경우 판례에 의함)

① 재판에 영향을 미칠 염려가 있거나 미치게 하기 위한 집회 또는 시위를 금지하고 이를 위반한 자를 형사처벌하는 규정은 과잉금지원칙에 위배되지 않는다.

② 누구든지 각급 법원의 경계 지점으로부터 100미터 이내의 장소에서 옥외집회 또는 시위를 할 경우 형사처벌하는 규정은 집회의 자유를 침해한다.

③ 야간시위를 금지하는 내용의 집회 및 시위에 관한 법률은 이미 보편화된 야간의 일상적인 생활의 범주에 속하는 '해가 진 후부터 같은 날 24시까지의 시위'에 적용하는 한 헌법에 위반된다.

④ 야간옥외집회가 공공질서나 타인의 법익을 해칠 위험성이 있다고 하나, 모든 야간 옥외집회가 항상 타인의 법익을 침해할 것이라고 볼 수 있는 것은 아니므로 야간옥외집회의 법익침해가능성을 내세워 모든 야간옥외집회를 금지할 수는 없다.

⑤ 옥외집회나 시위가 사전신고한 범위를 뚜렷이 벗어나 신고제도의 목적달성을 심히 곤란하게 하고, 그로 인하여 질서를 유지할 수 없게 된 경우에 공공의 안녕질서 유지 및 회복을 위해 해산명령을 할 수 있도록 하는 것은 헌법에 위반되지 않는다.

지문분석 난이도 ㊤ 정답 ①

| 키 워 드 | 집회·결사의 자유

| 출제유형 | 판례

① (X) 이 사건 제2호 부분은 재판에 영향을 미칠 염려가 있거나 미치게 하기 위한 집회·시위를 사전적·전면적으로 금지하고 있을 뿐 아니라, 어떠한 집회·시위가 규제대상에 해당하는지를 판단할 수 있는 아무런 기준도 제시하지 아니함으로써 사실상 재판과 관련된 집단적 의견표명 일체가 불가능하게 되어 집회의 자유를 실질적으로 박탈하는 결과를 초래하므로 최소침해성원칙에 반한다. 따라서 이 사건 제2호 부분은 과잉금지원칙에 위배되어 집회의 자유를 침해한다(헌재 2016.9.29. 2014헌가3 등).

② (O) 법원 인근에서의 집회라 할지라도 법관의 독립을 위협하거나 재판에 영향을 미칠 염려가 없는 집회도 있다. 예컨대 법원을 대상으로 하지 않고 검찰청 등 법원 인근 국가기관이나 일반법인 또는 개인을 대상으로 한 집회로서 재판업무에 영향을 미칠 우려가 없는 집회가 있을 수 있다. 법원을 대상으로 한 집회라도 사법행정과 관련된 의사표시 전달을 목적으로 한 집회 등 법관의 독립이나 구체적 사건의 재판에 영향을 미칠 우려가 없는 집회도 있다. 심판대상 조항은 입법목적을 달성하는 데 필요한 최소한도의 범위를 넘어 규제가 불필요하거나 또는 예외적으로 허용 가능한 옥외집회·시위까지도 일률적·전면적으로 금지하고 있으므로, 침해의 최소성원칙에 위배된다. 심판대상 조항은 각급 법원 인근의 모든 옥외집회를 전면적으로 금지함으로써 상충하는 법익 사이의 조화를 이루려는 노력을 전혀 기울이지 않아, 법익의 균형성원칙에도 어긋난다. 심판대상 조항은 과잉금지원칙을 위반하여 집회의 자유를 침해한다(헌재 2018.7.26. 2018헌바137).

③ (O) 야간시위를 금지하는 집시법 제10조 본문에는 위헌적인 부분과 합헌적인 부분이 공존하고 있으며, 위 조항 전부의 적용이 중지될 경우 공공의 질서 내지 법적 평화에 대한 침해의 위험이 높아, 일반적인 옥외집회나 시위에 비하여 높은 수준의 규제가 불가피한 경우에도 대응하기 어려운 문제가 발생할 수 있으므로, 현행 집시법의 체계 내에서 시간을 기준으로 한 규율의 측면에서 볼 때 규제가 불가피하다고 보기 어려움에도 시위를 절대적으로 금지하여 위헌성이 명백한 부분에 한하여 위헌결정을 한다. 심판대상 조항들은, 이미 보편화된 야간의 일상적인 생활의 범주에 속하는 '해가 진 후부터 같은 날 24시까지의 시위'에 적용하는 한 헌법에 위반된다(헌재 2014.3.27. 2010헌가2 등).

④ (O) 야간옥외집회가 공공질서나 타인의 법익을 해칠 위험성이 있다고 하나, 야간옥외집회의 시간과 장소에 따라 타인의 법익을 침해할 개연성이 확실하게 인정될 경우도 있을 수 있겠지만, 모든 야간옥외집회가 항상 타인의 법익을 침해할 것이라고 볼 수 있는 것은 아니다. 야간옥외집회가 타인의 법익을 침해할 개연성이 확실하다고 인정할 수 있는 경우를 가려내어 그러한 위험성을 예방하기에 필요하고도 적절한 조치를 강구하면 되는 것이므로, 야간옥외집회의 법익침해가능성을 내세워 모든 야간옥외집회를 금지할 수는 없는 것이다(헌재 2009.9.24. 2008헌가25).

⑤ (O) 집시법은 옥외집회나 시위가 사전신고한 범위를 뚜렷이 벗어나 신고제도의 목적달성을 심히 곤란하게 하고, 그로 인하여 질서를 유지할 수 없게 된 경우에 공공의 안녕질서 유지 및 회복을 위해 해산명령을 할 수 있도록 하고 있다. 심판대상 조항은 이러한 해산명령 제도의 실효성 확보를 위해 해산명령에 불응하는 자를 형사처벌하도록 한 것으로서 입법목적의 정당성과 수단의 적절성이 인정된다. 심판대상 조항이 달성하려는 공공의 안녕질서 유지 및 회복이라는 공익과 심판대상 조항으로 인하여 제한되는 청구인들의 집회의 자유 사이의 균형을 상실하였다고 보기 어려우므로, 심판대상 조항은 과잉금지원칙을 위반하여 집회의 자유를 침해한다고 볼 수 없다(헌재 2016.9.29. 2015헌바309 등).

43 0416 ○△×|○△×|○△× 2020 경찰 승진

집회 및 결사의 자유에 관한 설명 중 가장 적절하지 않은 것은? (다툼이 있는 경우 판례에 의함)

① 집회의 자유에는 집회의 장소를 스스로 결정할 장소 선택의 자유도 포함한다.
② 집회의 개념 요소인 공동의 목적은 '내적인 유대관계'로 족하다.
③ 집회의 시간과 장소가 중복되는 2개 이상의 신고가 있을 경우 관할 경찰관서장은 먼저 신고된 집회가 다른 집회의 개최를 봉쇄하기 위한 가장 집회신고에 해당하는지 여부에 관하여 판단할 권한이 없으므로 뒤에 신고된 집회에 대하여 집회 자체를 금지하는 통고를 하여야 한다.
④ 구 주택건설촉진법상의 주택조합은 주택이 없는 국민의 주거생활의 안정을 도모하고 모든 국민의 주거수준 향상을 기한다는 공공목적을 위하여 법이 구성원의 자격을 제한적으로 정해 놓은 특수조합이어서, 이는 헌법상 결사의 자유가 뜻하는 헌법상 보호법익의 대상이 되는 단체가 아니다.

지문분석 난이도 하 정답 ③

| 키 워 드 | 집회 및 결사의 자유
| 출제유형 | 판례

③ (×) 집회의 신고가 경합할 경우 특별한 사정이 없는 한 관할 경찰관서장은 집회 및 시위에 관한 법률(이하 '집시법'이라 한다) 제8조 제2항의 규정에 의하여 신고 순서에 따라 뒤에 신고된 집회에 대하여 금지통고를 할 수 있지만, 먼저 신고된 집회의 참여예정인원, 집회의 목적, 집회개최장소 및 시간, 집회 신고인이 기존에 신고한 집회 건수와 실제로 집회를 개최한 비율 등 먼저 신고된 집회의 실제 개최 가능성 여부와 양 집회의 상반 또는 방해가능성 등 제반 사정을 확인하여 먼저 신고된 집회가 다른 집회의 개최를 봉쇄하기 위한 허위 또는 가장 집회신고에 해당함이 객관적으로 분명해 보이는 경우에는, 뒤에 신고된 집회에 다른 집회금지 사유가 있는 경우가 아닌 한, 관할 경찰관서장이 단지 먼저 신고가 있었다는 이유만으로 뒤에 신고된 집회에 대하여 집회 자체를 금지하는 통고를 하여서는 아니 되고, 설령 이러한 금지통고에 위반하여 집회를 개최하였다고 하더라도 그러한 행위를 집시법상 금지통고에 위반한 집회개최행위에 해당한다고 보아서는 아니 된다(대판 2014.12.11. 2011도13299).

① (○) 집회의 자유에는 집회의 장소를 스스로 결정할 장소 선택의 자유가 포함되고, 집회장소는 집회의 목적을 달성하는 데 있어서 중요한 의미를 지니는 경우가 많기 때문에 집회장소를 자유롭게 선택할 수 있어야만 집회의 자유가 비로소 효과적으로 보장되므로, 장소 선택의 자유는 집회의 자유의 한 실질을 형성한다(헌재 2009.12.29. 2006헌바20 등).

② (○) 일반적으로 집회는, 일정한 장소를 전제로 하여 특정 목적을 가진 다수인이 일시적으로 회합하는 것을 말하는 것으로 일컬어지고 있고, 그 공동의 목적은 '내적인 유대 관계'로 족하다(헌재 2009.5.28. 2007헌바22).

④ (○) 주택건설촉진법상의 주택조합은 주택이 없는 국민의 주거생활의 안정을 도모하고 모든 국민의 주거수준의 향상을 기한다는(동법 제1조) 공공목적을 위하여 법이 구성원의 자격을 제한적으로 정해 놓은 특수조합이어서 이는 헌법상 결사의 자유가 뜻하는 헌법상 보호법익의 대상이 되는 단체가 아니며 또한 위 법률 조항이 위 법률 소정의 주택조합 중 지역조합과 직장조합의 조합원 자격을 무주택자로 한정하였다고 해서 그로 인하여 유주택자가 위 법률과 관계없는 주택조합의 조합원이 되는 것까지 제한받는 것이 아니므로 위 법률 조항은 유주택자의 결사의 자유를 침해하는 것이 아니다(헌재 1994.2.24. 92헌바43).

44 0417 ○△×|○△×|○△× 2017 국가직 7급 하반기

결사의 자유에 대한 설명으로 옳은 것은? (다툼이 있는 경우 헌법재판소 판례에 의함)

① 구 주택건설촉진법상의 주택조합은 주택이 없는 국민의 주거 생활의 안정을 도모하고 모든 국민의 주거수준 향상을 기한다는 공공목적을 위하여 법이 구성원의 자격을 제한적으로 정해 놓은 특수조합이어서, 이는 헌법상 결사의 자유가 뜻하는 헌법상 보호법익의 대상이 되는 단체가 아니다.

② 농협은 기본적으로 사법인의 성격을 지니므로, 농업협동 조합법에서 정하는 특정한 국가적 목적을 위하여 설립되는 공공성이 강한 법인으로서 공적인 역할을 수행한다고 하더라도, 농협의 구성원들이 기본권 침해를 주장하여 과잉금지원칙 위배 여부를 판단할 때에는 사적인 임의결사의 기본권이 제한되는 경우와 마찬가지로 엄격한 심사기준이 적용된다.

③ 지역농협 이사 선거의 경우 문자메시지를 포함한 전화 및 전자우편을 포함한 컴퓨터통신을 이용한 지지 호소의 선거 운동방법을 금지하고 이를 위반한 자를 처벌하는 법률 조항은, 선거가 과열되는 과정에서 후보자들의 경제력 차이에 따른 불균형한 선거운동 및 흑색선전을 통한 부당한 경쟁이 이루어짐으로써 선거의 공정이 해쳐지는 것을 방지하기 위한 것으로 결사의 자유를 침해하지 아니한다.

④ '대한민국 고엽제전우회'의 회원으로 가입한 사람은 '월남전참전자회'의 회원이 될 수 없도록 한 법률규정은, 이미 설립된 고엽제전우회와의 중복 가입에 따른 단체 간 마찰을 최소화하고 인적 구성을 분리하기 위한 것이지만, 이로 인해 월남전 참전자 중 고엽제 관련자가 양 법인 중에서 회원으로 가입할 법인을 선택할 수 있는 결사의 자유를 과도하게 침해한다.

지문분석 난이도 중 정답 ①

| 키 워 드 | 결사의 자유

| 출제유형 | 판례

① (○) 주택건설촉진법상의 주택조합은 주택이 없는 국민의 주거생활의 안정을 도모하고 모든 국민의 주거수준의 향상을 기한다는(동법 제1조) 공공목적을 위하여 법이 구성원의 자격을 제한적으로 정해 놓은 특수조합이어서 이는 헌법상의 결사의 자유가 뜻하는 헌법상 보호법익의 대상이 되는 단체가 아니다(헌재 1994.2.24. 92헌바43).

② (×) 공적인 역할을 수행하는 결사 또는 그 구성원들이 기본권의 침해를 주장하는 경우에 과잉금지원칙 위배 여부를 판단할 때에는, 순수한 사적인 임의결사의 기본권이 제한되는 경우의 심사에 비해서는 완화된 기준을 적용할 수 있다. 이 사건에서도 농협의 공법인적 성격과 조합장선거 관리의 공공성 등의 특성상 기본권 제한의 과잉금지원칙 위배 여부를 심사함에 있어 농협 및 농협 조합장선거의 공적인 측면을 고려해야 할 것이다(헌재 2012.12.27. 2011헌마562).

③ (×) 지역농협 이사 선거의 경우 전화(문자메시지를 포함한다)·컴퓨터통신(전자우편을 포함한다)을 이용한 지지 호소의 선거운동방법을 금지하고, 이를 위반한 자를 처벌하는 것은 과잉금지원칙을 위반하여 결사의 자유, 표현의 자유를 침해하여 헌법에 위반된다(헌재 2016.11.24. 2015헌바62).

④ (×) 월남전참전자회의 회원 범위가 고엽제 관련자까지 확대될 경우 상대적으로 고엽제전우회의 조직 구성력이 약화되어 고엽제 관련자에 대한 특별한 보호가 약화될 우려가 있기 때문에, 심판대상 조항이 기존에 운영 중인 고엽제전우회의 회원이 월남전참전자회에 중복가입하는 것을 제한한 것은 불가피한 조치라 할 것이다. 또한 심판대상 조항으로 인하여 고엽제 관련자가 월남전참전자회의 회원이 될 수 없는 것이 아니라 월남전참전자 중 고엽제 관련자는 양 법인 중에서 회원으로 가입할 법인을 선택할 수 있고 언제라도 그 선택의 변경이 가능하므로 심판대상 조항이 청구인의 결사의 자유를 전면적으로 제한하는 것은 아니다. 따라서 심판대상 조항은 과잉금지원칙에 위배된다고 볼 수 없다(헌재 2016.4.28. 2014헌바442).

45 0418 ○△×|○△×|○△× 2013 법원직 5급

공공기관의 정보공개에 관한 법률(이하 '정보공개법'이라 한다)의 해석, 적용에 관한 대법원 판례의 태도와 일치하지 않는 것은?

① 법원이 행정청의 정보공개거부처분의 위법 여부를 심리한 결과 공개를 거부한 정보에 비공개대상 정보에 해당하는 부분과 공개가 가능한 부분이 혼합되어 있고 공개청구의 취지에 어긋나지 아니하는 범위 안에서 두 부분을 분리할 수 있음을 인정할 수 있을 때에는, 위 정보 중 공개가 가능한 부분을 특정하고 판결의 주문에 행정청의 위 거부처분 중 공개가 가능한 정보에 관한 부분만을 취소한다고 표시하여야 한다.

② 정보공개제도는 공공기관이 보유·관리하는 정보를 그 상태대로 공개하는 제도라는 점 등에 비추어 보면, 정보공개를 구하는 자가 공개를 구하는 정보를 행정기관이 보유·관리하고 있을 상당한 개연성이 있다는 점을 입증함으로써 족하다 할 것이지만, 공공기관이 그 정보를 보유·관리하고 있지 아니한 경우에는 특별한 사정이 없는 한 정보공개거부처분의 취소를 구할 법률상의 이익이 없다.

③ '진행 중인 재판에 관련된 정보'에 해당한다는 사유로 정보공개를 거부하기 위하여는 반드시 그 정보가 진행 중인 재판의 소송기록 자체에 포함된 내용일 필요는 없다.

④ 공공기관의 정보공개에 관한 법률에 따라 공개를 청구한 정보의 내용이 '대한주택공사의 특정 공공택지에 관한 수용가, 택지조성원가, 분양가, 건설원가 등 및 관련 자료 일체'인 경우, '관련 자료 일체' 부분도 그 내용과 범위가 정보공개청구대상정보로서 특정되었다고 볼 수 있다.

⑤ 공개청구자는 그가 공개를 구하는 정보를 공공기관이 보유·관리하고 있을 상당한 개연성이 있다는 점에 대하여 입증할 책임이 있으나, 공개를 구하는 정보를 공공기관이 한때 보유·관리하였으나 후에 그 정보가 담긴 문서들이 폐기되어 존재하지 않게 된 것이라면 그 정보를 더 이상 보유·관리하고 있지 아니하다는 점에 대한 증명책임은 공공기관에 있다.

지문분석 난이도 상 정답 ④

| 키 워 드 | 공공기관의 정보공개에 관한 법률
| 출제유형 | 판례

④ (X) 공공기관의 정보공개에 관한 법률에 따라 공개를 청구한 정보의 내용이 '대한주택공사의 특정 공공택지에 관한 수용가, 택지조성원가, 분양가, 건설원가 등 및 관련 자료 일체'인 경우, '관련 자료 일체' 부분은 그 내용과 범위가 정보공개청구 대상정보로서 특정되지 않았다(대판 2007.6.1. 2007두2555).

① (O) 공공기관의 정보공개에 관한 법률 제14조는 공개청구한 정보가 제9조 제1항 각 호에 정한 비공개대상 정보에 해당하는 부분과 공개가 가능한 부분이 혼합되어 있는 경우로서 공개청구의 취지에 어긋나지 아니하는 범위 안에서 두 부분을 분리할 수 있는 때에는 비공개대상 정보에 해당하는 부분을 제외하고 공개하여야 한다고 규정하고 있는바, 법원이 정보공개거부처분의 위법 여부를 심리한 결과, 공개가 거부된 정보에 비공개대상 정보에 해당하는 부분과 공개가 가능한 부분이 혼합되어 있으며, 공개청구의 취지에 어긋나지 아니하는 범위 안에서 두 부분을 분리할 수 있다고 인정할 수 있을 때에는, 공개가 거부된 정보 중 공개가 가능한 부분을 특정하고, 판결의 주문에 정보공개거부처분 중 공개가 가능한 정보에 관한 부분만을 취소한다고 표시하여야 한다(대판 2010.2.11. 2009두6001).

② (O) 공공기관이 공개를 구하는 정보를 보유·관리하고 있지 아니한 경우, 정보공개거부처분의 취소를 구할 법률상의 이익이 없다(대판 2006.1.13. 2003두9459).

③ (O) 공공기관의 정보공개에 관한 법률(이하 '정보공개법'이라 한다)의 입법 목적, 정보공개의 원칙, 비공개대상 정보의 규정 형식과 취지 등을 고려하면, 법원 이외의 공공기관이 정보공개법 제9조 제1항 제4호에서 정한 '진행 중인 재판에 관련된 정보'에 해당한다는 사유로 정보공개를 거부하기 위하여는 반드시 그 정보가 진행 중인 재판의 소송기록 자체에 포함된 내용일 필요는 없다. 그러나 재판에 관련된 일체의 정보가 그에 해당하는 것은 아니고 진행 중인 재판의 심리 또는 재판결과에 구체적으로 영향을 미칠 위험이 있는 정보에 한정된다고 보는 것이 타당하다(대판 2011.11.24. 2009두19021).

⑤ (O) 정보공개제도는 공공기관이 보유·관리하는 정보를 그 상태대로 공개하는 제도로서 공개를 구하는 정보를 공공기관이 보유·관리하고 있을 상당한 개연성이 있다는 점에 대하여 원칙적으로 공개청구자에게 증명책임이 있다고 할 것이지만, 공개를 구하는 정보를 공공기관이 한 때 보유·관리하였으나 후에 그 정보가 담긴 문서 등이 폐기되어 존재하지 않게 된 것이라면 그 정보를 더 이상 보유·관리하고 있지 아니하다는 점에 대한 증명책임은 공공기관에게 있다(대판 2004.12.9. 2003두12707).

46 0419 ○△×|○△×|○△× 2022 경찰 간부

표현의 자유에 대한 설명으로 가장 적절하지 않은 것은? (다툼이 있는 경우 헌법재판소 판례에 의함)

① 정당에 관련된 표현행위는 직무 내외를 구분하기 어려우므로 '직무와 관련된 표현행위만을 규제'하는 등 기본권을 최소한도로 제한하는 대안을 상정하기 어렵다.
② 선거일에 선거운동을 한 자를 처벌하는 구 공직선거법 조항은 정치적 표현의 자유를 침해하지 않는다.
③ 사람을 비방할 목적으로 정보통신망을 통하여 공공연하게 거짓의 사실을 드러내어 다른 사람의 명예를 훼손한 자를 형사처벌하도록 규정한 정보통신망 이용촉진 및 정보보호 등에 관한 법률 조항 중 '사람을 비방할 목적' 부분은 청구인들의 표현의 자유를 침해하지 않는다.
④ 시청자는 왜곡된 보도에 대해서 의견 개진 내지 비판을 할 수 있음에도, 방송편성에 관하여 간섭을 금지하는 방송법 조항의 '간섭'에 관한 부분 및 그 위반 행위자를 처벌하는 구 방송법 조항의 '간섭'에 관한 부분은 청구인의 표현의 자유를 침해한다.

지문분석 난이도 중 정답 ④

| 키 워 드 | 표현의 자유
| 출제유형 | 판례

④ (X) 방송편성에 대한 간섭을 금지하는 방송법 제4조 제2항의 '간섭'에 관한 부분 및 그 위반 행위자를 처벌하는 구 방송법 제105조 제1호 중 제4조 제2항의 '간섭'에 관한 부분에 대하여, 헌법에 위반되지 않는다(헌재 2021.8.31. 2019헌바439).
① (O) 이 사건 법률조항 중 '정당'에 관한 부분은 사회복무요원의 정치적 중립성을 유지하고 업무전념성을 보장하기 위한 것으로, 정당은 개인적 정치활동과 달리 국민의 정치적 의사형성에 미치는 영향력이 크므로 사회복무요원의 정당 가입을 금지하는 것은 입법목적을 달성하기 위한 적합한 수단이다. 정당에 관련된 표현행위는 직무 내외를 구분하기 어려우므로 '직무와 관련된 표현행위만을 규제'하는 등 기본권을 최소한도로 제한하는 대안을 상정하기 어려우며, 위 입법목적이 사회복무요원이 제한받는 사익에 비해 중대하므로 이 사건 법률조항 중 '정당'에 관한 부분은 청구인의 정치적 표현의 자유 및 결사의 자유를 침해하지 않는다(헌재 2021.11.25. 2019헌마534).
② (O) 선거일의 선거운동을 금지하고 처벌하는 것은 무분별한 선거운동으로 선거 당일 유권자의 평온을 해치거나 자유롭고 합리적인 의사결정에 악영향을 미치는 것을 방지하기 위한 것이다(헌재 2021.12.23. 2018헌바152).
③ (O) '정보통신망 이용촉진 및 정보보호 등에 관한 법률' 제70조 제2항 중 '사람을 비방할 목적' 부분이 명확성원칙에 위반되지 않는다(헌재 2021.3.25. 2015헌바438·2018헌바475·2019헌마116(병합)).

47 0420 ○△×|○△×|○△× 2021 법원직 9급

표현의 자유에 관한 다음 설명 중 가장 옳지 않은 것은? (다툼이 있는 경우 헌법재판소 결정 및 대법원 판례에 의함)

① 표현의 자유를 규제하는 법률은 그 규제로 인해 보호되는 다른 표현에 대하여 위축 효과가 미치지 않도록 규제되는 표현의 개념을 세밀하고 명확하게 규정할 것이 헌법적으로 요구되는데, 이는 명확성의 원칙과 관련된다.
② 인터넷 언론사에 대하여 선거일 전 90일부터 선거일까지 후보자 명의의 칼럼이나 저술을 게재하는 보도를 제한하는 '인터넷선거보도 심의기준 등에 관한 규정' 조항은 후보자 명의로 칼럼을 게재하는 자의 표현의 자유를 침해한다.
③ 음란 표현은 사회의 건전한 성도덕을 크게 해칠 뿐만 아니라 사상의 경쟁매커니즘에 의해서도 그 해악이 해소되기 어려워 언론·출판의 자유의 보호영역에 해당하지 않는 반면, 저속한 표현은 이러한 정도에 이르지 않는 성표현 등을 의미하는 것으로서 헌법적인 보호영역 안에 있다.
④ 한국의료기기산업협회가 행하는 의료기기 광고 사전심의는 헌법이 금지하는 사전검열에 해당한다.

지문분석 난이도 하 정답 ③

| 키 워 드 | 표현의 자유
| 출제유형 | 판례

③ (X) 이 사건 법률 조항의 음란 표현은 헌법 제21조가 규정하는 언론·출판의 자유의 보호영역 내에 있다고 볼 것인바, 종전에 이와 견해를 달리하여 음란 표현은 헌법 제21조가 규정하는 언론·출판의 자유의 보호영역에 해당하지 아니한다는 취지로 판시한 우리 재판소의 의견을 변경한다(헌재 2009.5.28. 2006헌바109 등).
① (O) 표현의 자유를 규제하는 입법에 있어서 이러한 명확성의 원칙은 특별히 중요한 의미를 지닌다. 민주사회에서 표현의 자유가 수행하는 역할과 기능에 비추어 볼 때, 불명확한 규범에 의한 표현의 자유의 규제는 헌법상 보호받는 표현에 대한 위축 효과를 수반하기 때문이다. 표현의 자유를 규제하는 법률은 그 규제로 인해 보호되는 다른 표현에 대하여 위축 효과가 미치지 않도록 규제되는 표현의 개념을 세밀하고 명확하게 규정할 것이 헌법적으로 요구된다(헌재 2020.11.26. 2016헌마275 등).
② (O) 이 사건 시기제한 조항은 선거일 전 90일부터 선거일까지 후보자 명의의 칼럼 등을 게재하는 인터넷 선거보도가 불공정하다고 볼 수 있는지에 대해 구체적으로 판단하지 않고 이를 불공정한 선거보도로 간주하여 선거의 공정성을 해치지 않는 보도까지 광범위하게 제한한다. 따라서 이 사건 시기제한 조항은 과잉금지원칙에 반하여 청구인의 표현의 자유를 침해한다(헌재 2019.11.28. 2016헌마90).
④ (O) 한국의료기기산업협회나 위 협회에 설치된 심의위원회가 의료기기 광고 사전심의업무를 수행함에 있어서 식약처장 등 행정권의 영향력에서 벗어나 독립적이고 자율적으로 심의를 하고 있다고 보기 어렵고, 결국 의료기기 광고에 대한 심의는 행정권이 주체가 된 사전심사라고 할 것이다. 따라서 한국의료기기산업협회가 행하는 이 사건 의료기기 광고 사전심의는 헌법이 금지하는 사전검열에 해당하고, 이러한 사전심의제도를 구성하는 심판대상 조항은 헌법 제21조 제2항의 사전검열금지원칙에 위반된다(헌재 2020.8.28. 2017헌가35).

48 0421 ○△×|○△×|○△× 2013 사법고시(변형)

표현의 자유에 관한 설명 중 옳지 않은 것을 모두 고른 것은?
(다툼이 있는 경우 헌법재판소 판례에 의함)

ㄱ. 청소년유해매체물로 결정된 매체물 내지 인터넷 정보라 하더라도 이들은 의사형성적 작용을 하는 의사의 표현·전파의 형식 중의 하나이므로 언론·출판의 자유에 의하여 보호되는 의사표현의 매개체에 해당된다.
ㄴ. 노동조합이 단결권에 의하여 보호받는 고유한 활동영역을 떠나서 개인이나 다른 사회단체와 마찬가지로 정치적 의사를 표명하는 경우에는 표현의 자유의 보호를 받는다.
ㄷ. 건강기능식품의 기능성 표시·광고에 관한 사전심의절차를 법률로 규정하였다 하여 이를 우리 헌법이 절대적으로 금지하고 있는 사전검열에 해당한다고 보기 어렵다.
ㄹ. 집회의 실질적 위험성이나 폭력행위 발생의 개연성을 묻지 아니하고 국회 인근에 절대적 집회금지구역을 설정한 것은 과잉금지원칙에 반하지 않는다.
ㅁ. 결사의 자유에는 '단체활동의 자유'도 포함되는데, 단체활동의 자유에는 단체 외부에 대한 활동뿐만 아니라 단체의 조직, 의사형성의 절차 등의 단체의 내부적 생활을 스스로 결정하고 형성할 권리인 '단체 내부 활동의 자유'가 포함되는바, 농협의 조합장 선출행위는 결사 내 업무집행 및 의사결정기관의 구성에 관한 자율적인 활동이라 할 수 있으므로, 농협 조합장의 임기와 조합장선거의 시기에 관한 사항은 결사의 자유의 보호범위에 속한다.

① ㄱ, ㄷ ② ㄴ, ㅁ
③ ㄷ, ㄹ ④ ㄹ, ㅁ

지문분석 난이도 상 정답 ③

| 키 워 드 | 표현의 자유
| 출제유형 | 판례

ㄷ. (X) '건강기능식품에 관한 법률'에 따르면 기능성 광고의 심의는 식품의약품안전처장으로부터 위탁받은 한국건강기능식품협회에서 수행하고 있지만, 법상 심의주체는 행정기관인 식품의약품안전처장이며, 언제든지 그 위탁을 철회할 수 있고, 심의위원회의 구성에 관하여도 법령을 통해 행정권이 개입하고 지속적으로 영향을 미칠 가능성이 존재하는 이상 그 구성에 자율성이 보장되어 있다고 볼 수 없다. 식품의약품안전처장이 심의기준 등의 제정과 개정을 통해 심의 내용과 절차에 영향을 줄 수 있고, 식품의약품안전처장이 재심의를 권하면 심의기관이 이를 따라야 하며, 분기별로 식품의약품안전처장에게 보고가 이루어진다는 점에서도 그 심의업무의 독립성과 자율성이 있다고 보기 어렵다. 따라서 이 사건 건강기능식품 기능성 광고 사전심의는 행정권이 주체가 된 사전심사로서, 헌법이 금지하는 사전검열에 해당하므로 헌법에 위반된다(헌재 2019.5.30. 2019헌가4).

ㄹ. (X) 심판대상 조항은 국회의 헌법적 기능을 무력화시키거나 저해할 우려가 있는 집회를 금지하는 데 머무르지 않고, 그 밖의 평화적이고 정당한 집회까지 전면적으로 제한함으로써 구체적인 상황을 고려하여 상충하는 법익 간의 조화를 이루려는 노력을 전혀 기울이지 않고 있다. 심판대상 조항으로 달성하려는 공익이 제한되는 집회의 자유 정도보다 크다고 단정할 수는 없다고 할 것이므로 심판대상 조항은 피해의 최소성뿐 아니라 법익의 균형성원칙에도 위배된다. 따라서 심판대상 조항은 과잉금지원칙을 위반하여 집회의 자유를 침해한다(헌재 2018.5.31. 2013헌바322 등).

ㄱ. (O) 현행법상 청소년유해매체물로 결정된 인터넷 정보라 하더라도 당연히 불법적인 것은 아니며, 청소년에게 차단되어야 하는 것일 뿐 성인에게는 일반적으로 허용되는 것이다. 청소년유해매체물로 결정된 매체물 내지 인터넷 정보라 하더라도 이들은 의사형성적 작용을 하는 의사의 표현·전파의 형식 중의 하나이므로 언론·출판의 자유에 의하여 보호되는 의사표현의 매개체에 해당된다고 볼 것이다(헌재 2004.1.29. 2001헌마894).

ㄴ. (O) 노동조합이 근로자의 근로조건과 경제조건의 개선이라는 목적을 위하여 활동하는 한, 헌법 제33조의 단결권의 보호를 받지만, 단결권에 의하여 보호받는 고유한 활동영역을 떠나서 개인이나 다른 사회단체와 마찬가지로 정치적 의사를 표명하거나 정치적으로 활동하는 경우에는 모든 개인과 단체를 똑같이 보호하는 일반적인 기본권인 의사표현의 자유 등의 보호를 받을 뿐이다(헌재 1999.11.25. 95헌마154).

ㅁ. (O) 결사의 자유에는 '단체활동의 자유'도 포함되는데, 단체활동의 자유는 단체 외부에 대한 활동뿐만 아니라 단체의 조직, 의사형성의 절차 등의 단체의 내부적 생활을 스스로 결정하고 형성할 권리인 '단체 내부 활동의 자유'를 포함한다. 농협의 조합장은 앞서 본 바와 같이 조합을 대표하며 업무를 집행하는 사람으로서, 총회와 이사회의 의장이 되며 이사회의 소집권자이다. 그러므로 조합장 선출행위는 결사 내 업무집행 및 의사결정기관의 구성에 관한 자율적인 활동이라 할 수 있으므로, 농협 조합장의 임기와 조합장선거의 시기에 관한 사항은 결사의 자유의 보호범위에 속한다(헌재 2012.12.27. 2011헌마562).

49 0422 ○△×|○△×|○△× 2022 경찰 간부

집회의 자유에 대한 설명으로 가장 적절하지 않은 것은? (다툼이 있는 경우 헌법재판소 판례에 의함)

① 집회 및 시위에 관한 법률에서 옥외집회나 시위가 사전신고한 범위를 뚜렷이 벗어나 신고제도의 목적달성을 심히 곤란하게 하고, 그로 인하여 질서를 유지할 수 없게 된 경우에 공공의 안녕질서 유지 및 회복을 위해 해산명령을 할 수 있도록 규정한 것은 청구인들의 집회의 자유를 침해한다고 볼 수 없다.

② 집회 장소가 바로 집회의 목적과 효과에 대하여 중요한 의미를 가지기 때문에, 누구나 '어떤 장소'에서 자신이 계획한 집회를 할 것인가를 원칙적으로 자유롭게 결정할 수 있어야만 집회의 자유가 비로소 효과적으로 보장되는 것이다.

③ 집회나 시위 해산을 위한 살수차 사용은 집회의 자유 및 신체의 자유에 대한 중대한 제한을 초래하므로 살수차 사용요건이나 기준은 법률에 근거를 두어야 하고, 살수차와 같은 위해성 경찰장비는 본래의 사용방법에 따라 지정된 용도로 사용되어야 하며 다른 용도나 방법으로 사용하기 위해서는 반드시 법령에 근거가 있어야 한다.

④ 대한민국을 방문하는 외국의 국가 원수를 경호하기 위하여 지정된 경호구역 안에서 서울종로경찰서장이 안전활동의 일환으로 청구인들의 삼보일배행진을 제지한 행위 등은 과잉금지원칙을 위반하여 청구인들의 집회의 자유 등을 침해한다.

지문분석 난이도 ㊥ 정답 ④

| 키 워 드 | 집회의 자유

| 출제유형 | 판례

④ (X) 이 사건 공권력 행사는 경호대상자의 안전 보호 및 국가 간 친선관계의 고양, 질서유지 등을 위한 것이다. 돌발적이고 경미한 변수의 발생도 대비하여야 하는 경호의 특수성을 고려할 때, 경호활동에는 다양한 취약 요소들에 사전적·예방적으로 대비할 수 있는 안전조치가 충분히 이루어질 필요가 있고, 이 사건 공권력 행사는 집회장소의 장소적 특성과 미합중국 대통령의 이동경로, 집회 참가자와의 거리, 질서유지에 필요한 시간 등을 고려하여 경호 목적 달성을 위한 최소한의 범위에서 행해진 것으로 침해의 최소성을 갖추었다. 또한, 이 사건 공권력 행사로 인해 제한된 사익은 집회 또는 시위의 자유 일부에 대한 제한으로서 국가 간 신뢰를 공고히 하고 발전적인 외교관계를 맺으려는 공익이 위 제한되는 사익보다 덜 중요하다고 할 수 없다. 따라서 이 사건 공권력 행사는 과잉금지원칙을 위반하여 청구인들의 집회의 자유 등을 침해하였다고 할 수 없다(헌재 2021.10.28. 2019헌마1091).

① (O) 신고범위를 뚜렷이 벗어난 집회·시위에 대한 해산명령에 불응하는 자를 처벌하도록 규정한 한 것은 과잉금지원칙을 위반하여 집회의 자유를 침해한다고 볼 수 없다(헌재 2016.9.29. 2015헌바309 등).

② (O) 집회의 목적·내용과 집회의 장소는 일반적으로 밀접한 내적인 연관관계에 있기 때문에, 집회의 장소에 대한 선택이 집회의 성과를 결정짓는 경우가 적지 않다. 집회장소가 바로 집회의 목적과 효과에 대하여 중요한 의미를 가지기 때문에, 누구나 '어떤 장소에서' 자신이 계획한 집회를 할 것인가를 원칙적으로 자유롭게 결정할 수 있어야만 집회의 자유가 비로소 효과적으로 보장되는 것이다. 따라서 집회의 자유는 다른 법익의 보호를 위하여 정당화되지 않는 한, 집회장소를 항의의 대상으로부터 분리시키는 것을 금지한다(헌재 2003.10.30. 2000헌바67 등).

③ (O) 집회나 시위 해산을 위한 살수차 사용은 집회의 자유 및 신체의 자유에 대한 중대한 제한을 초래하므로 살수차 사용요건이나 기준은 법률에 근거를 두어야 하고, 살수차와 같은 위해성 경찰장비는 본래의 사용방법에 따라 지정된 용도로 사용되어야 하며 다른 용도나 방법으로 사용하기 위해서는 반드시 법령에 근거가 있어야 한다. 혼합살수방법은 법령에 열거되지 않은 새로운 위해성 경찰장비에 해당하고 이 사건 지침에 혼합살수의 근거 규정을 둘 수 있도록 위임하고 있는 법령이 없으므로, 이 사건 지침은 법률유보원칙에 위배되고 이 사건 지침만을 근거로 한 이 사건 혼합살수행위 역시 법률유보원칙에 위배된다. 따라서 이 사건 혼합살수행위는 청구인들의 신체의 자유와 집회의 자유를 침해한다(2018.5.31. 2015헌마476).

50 0423 ○△×|○△×|○△× 2017 법원직 9급

집회의 자유에 관한 다음 설명 중 가장 옳지 않은 것은? (다툼이 있는 경우 헌법재판소 결정에 의함)

① 헌법이 집회의 자유를 보장한 것은 관용과 다양한 견해가 공존하는 다원적인 '열린사회'에 대한 헌법적 결단이라고 할 수 있다.
② 입법자가 법률로써 일반적으로 집회를 제한하는 것도 원칙적으로 헌법 제21조 제2항에서 금지하는 '사전허가'에 해당한다.
③ 집회의 자유는 집회의 시간, 장소, 방법과 목적을 스스로 결정할 권리, 즉 집회를 하루 중 언제 개최할지 등 시간 선택에 대한 자유와 어느 장소에서 개최할지 등 장소 선택에 대한 자유를 내포하고 있다.
④ 우리 헌법상 집회의 자유에 의하여 보호되는 것은 오로지 '평화적' 또는 '비폭력적' 집회에 한정된다.

지문분석 난이도 하 정답 ②

| 키 워 드 | 집회의 자유
| 출제유형 | 판례

② (X) 헌법 제21조 제2항의 '허가'는 '행정청이 주체가 되어 집회의 허용 여부를 사전에 결정하는 것'으로서 행정청에 의한 사전허가는 헌법상 금지되지만, 입법자가 법률로써 일반적으로 집회를 제한하는 것은 헌법상 '사전허가금지'에 해당하지 않는다(헌재 2014.4.24. 2011헌가29).
① (O) 헌법이 집회의 자유를 보장한 것은 관용과 다양한 견해가 공존하는 다원적인 '열린 사회'에 대한 헌법적 결단인 것이다(헌재 2003.10.30. 2000헌바67).
③ (O) 집회의 자유는 집회의 시간, 장소, 방법과 목적을 스스로 결정할 권리, 즉 집회를 하루 중 언제 개최할지 등 시간 선택에 대한 자유와 어느 장소에서 개최할지 등 장소 선택에 대한 자유를 내포하고 있다(헌재 2014.3.27. 2010헌가2).
④ (O) 집회의 자유에 의하여 보호되는 것은 단지 '평화적' 또는 '비폭력적' 집회이다(헌재 2003.10.30. 2000헌바67).

51 0424 ○△×|○△×|○△× 2017 국가직 5급

집회의 자유에 대한 설명으로 옳지 않은 것은? (다툼이 있는 경우 헌법재판소 결정에 의함)

① 집회의 자유는 개인의 인격발현의 요소이자 민주주의를 구성하는 요소라는 이중적 헌법적 기능을 가지고 있다.
② 집회의 자유는 개인이 집회에 참가하는 것을 방해하거나 또는 집회에 참가할 것을 강요하는 국가행위를 금지한다.
③ 집회의 금지와 해산은 원칙적으로 공공의 안녕질서에 대한 직접적인 위협이 명백하게 존재하는 경우에 한하여 허용될 수 있다.
④ 외교기관 인근에서의 집회가 일반적으로 다른 장소와 비교할 때 중요한 보호법익과의 충돌상황을 야기할 수 있다거나, 이로써 법익에 대한 침해로 이어질 개연성이 높다고는 할 수 없다.

지문분석 난이도 중 정답 ④

| 키 워 드 | 집회의 자유
| 출제유형 | 판례

④ (X) 외교기관을 대상으로 하는 외교기관 인근에서의 옥외집회나 시위는 이해관계나 이념이 대립되는 여러 당사자들 사이의 갈등이 극단으로 치닫거나, 물리적 충돌로 발전할 개연성이 높고, 다른 장소와 비교할 때 외교기관의 기능보호라는 중요한 보호법익이 관련되는 고도의 법익충돌 상황을 야기할 수 있다(헌재 2010.10.28. 2010헌마111).
① (O) 집회의 자유는 개인의 인격발현의 요소이자 민주주의를 구성하는 요소라는 이중적 헌법적 기능을 가지고 있다(헌재 2003.10.30. 2000헌바67).
② (O) 집회의 자유는 개인이 집회에 참가하는 것을 방해하거나 또는 집회에 참가할 것을 강요하는 국가행위를 금지할 뿐만 아니라, 예컨대 집회장소로의 여행을 방해하거나, 집회장소로부터 귀가하는 것을 방해하거나, 집회참가자에 대한 검문의 방법으로 시간을 지연시킴으로써 집회장소에 접근하는 것을 방해하는 등 집회의 자유행사에 영향을 미치는 모든 조치를 금지한다(헌재 2003.10.30. 2000헌바67).
③ (O) 집회의 자유에 대한 제한은 다른 중요한 법익의 보호를 위하여 반드시 필요한 경우에 한하여 정당화되는 것이며, 특히 집회의 금지와 해산은 원칙적으로 공공의 안녕질서에 대한 직접적인 위협이 명백하게 존재하는 경우에 한하여 허용될 수 있다(헌재 2003.10.30. 2000헌바67).

52 0425 ○△×|○△×|○△× 2020 지방직 7급

집회의 자유에 대한 설명으로 옳지 않은 것은? (다툼이 있는 경우 판례에 의함)

① 국무총리 공관 경계지점으로부터 100미터 이내의 장소에서 옥외집회 또는 시위를 예외 없이 절대적으로 금지하고 있는 법률 조항은 집회의 자유를 침해한다.
② 집회의 자유는 집회의 시간, 장소, 방법과 목적을 스스로 결정하는 것을 보장하는 것으로, 구체적으로 보호되는 주요 행위는 집회의 준비 및 조직, 지휘, 참가, 집회장소·시간의 선택이라고 할 수 있다.
③ 외교기관 인근의 옥외집회·시위를 원칙적으로 금지하면서도 외교기관의 기능을 침해할 우려가 없는 예외적인 경우에는 허용하고 있다면 집회의 자유를 침해하는 것은 아니다.
④ 국회의 헌법적 기능에 대한 보호의 필요성을 고려한다면 국회의사당의 경계지점으로부터 100미터 이내의 장소에서 예외 없이 옥외집회를 금지하는 것은 지나친 규제라고 할 수 없다.

지문분석 난이도 중 정답 ④

| 키 워 드 | 집회의 자유
| 출제유형 | 판례

④ (X) 심판대상 조항은 입법목적을 달성하는 데 필요한 최소한도의 범위를 넘어, 규제가 불필요하거나 또는 예외적으로 허용하는 것이 가능한 집회까지도 이를 일률적·전면적으로 금지하고 있으므로 침해의 최소성 원칙에 위배된다. … 심판대상 조항으로 달성하려는 공익이 제한되는 집회의 자유 정도보다 크다고 단정할 수는 없다고 할 것이므로 심판대상 조항은 법익의 균형성원칙에도 위배된다. 심판대상 조항은 과잉금지원칙을 위반하여 집회의 자유를 침해한다(헌재 2018.5.31. 2013헌바322 등).
① (O) 이 사건 금지장소 조항은 국무총리 공관의 기능과 안녕을 직접 저해할 가능성이 거의 없는 '소규모 옥외집회·시위의 경우', '국무총리를 대상으로 하는 옥외집회·시위가 아닌 경우'까지도 예외 없이 옥외집회·시위를 금지하고 있는바, 이는 입법목적 달성에 필요한 범위를 넘는 과도한 제한이다. … 이 사건 금지장소 조항은 그 입법목적을 달성하는 데 필요한 최소한도의 범위를 넘어, 규제가 불필요하거나 또는 예외적으로 허용하는 것이 가능한 집회까지도 이를 일률적·전면적으로 금지하고 있다고 할 것이므로 침해의 최소성원칙에 위배된다. … 따라서 이 사건 금지장소 조항은 과잉금지원칙을 위반하여 집회의 자유를 침해한다(헌재 2018.6.28. 2015헌가28 등).
② (O) 집회의 자유는 집회의 시간, 장소, 방법과 목적을 스스로 결정할 권리를 보장한다. 집회의 자유에 의하여 구체적으로 보호되는 주요 행위는 집회의 준비 및 조직, 지휘, 참가, 집회장소·시간의 선택이다(헌재 2003.10.30. 2000헌바67 등).
③ (O) 이 사건 법률 조항은 외교기관의 경계지점으로부터 반경 100미터 이내 지점에서의 집회 및 시위를 원칙적으로 금지하되, 그 가운데에서도 외교기관의 기능이나 안녕을 침해할 우려가 없다고 인정되는 세 가지의 예외적인 경우에는 이러한 집회 및 시위를 허용하고 있는바, … 이 사건 법률 조항으로 달성하고자 하는 공익은 외교기관의 기능과 안전의 보호라는 국가적 이익이며, 이 사건 법률 조항은 법익충돌의 위험성이 없는 경우에는 외교기관 인근에서의 집회나 시위도 허용함으로써 구체적인 상황에 따라 상충하는 법익 간의 조화를 이루고 있다. 따라서 이 사건 법률 조항이 청구인의 집회의 자유를 침해한다고 할 수 없다(헌재 2010.10.28. 2010헌마111).

53 0426 ○△×|○△×|○△× 2022 경찰 2차

집회의 자유에 관한 설명 중 가장 적절하지 않은 것은? (다툼이 있는 경우 판례에 의함)

① 집회의 자유는 집권세력에 대한 정치적 반대의사를 공동으로 표명하는 효과적인 수단으로서 현대사회에서 언론매체에 접근할 수 없는 소수집단에게 그들의 권익과 주장을 옹호하기 위한 적절한 수단을 제공한다.

② 대한민국을 방문하는 외국의 국가 원수를 경호하기 위하여 지정된 경호구역 안에서 서울종로경찰서장이 안전활동의 일환으로 청구인들의 삼보일배행진을 제지한 행위는 집회의 자유를 침해한다.

③ 집회 장소의 선택은 집회의 성과를 결정하는 주요 요인이 되므로, 집회 장소를 선택할 자유는 집회의 자유의 실질적 부분을 형성한다고 볼 수 있다.

④ 옥외집회·시위에 대한 경찰의 촬영행위는 증거보전의 필요성 및 긴급성, 방법의 상당성이 인정되는 때에는 헌법에 위반된다고 할 수 없으나, 경찰이 옥외집회 및 시위 현장을 촬영하여 수집한 자료의 보관·사용 등은 엄격하게 제한하여, 옥외집회·시위 참가자 등의 기본권 제한을 최소화해야 한다.

지문분석 난이도 중 정답 ②

| 키 워 드 | 집회의 자유

| 출제유형 | 판례

② (X) 이 사건 공권력 행사는 경호대상자의 안전 보호 및 국가 간 친선관계의 고양, 질서유지 등을 위한 것이다. 돌발적이고 경미한 변수의 발생도 대비하여야 하는 경호의 특수성을 고려할 때, 경호활동에는 다양한 취약 요소들에 사전적·예방적으로 대비할 수 있는 안전조치가 충분히 이루어질 필요가 있고, 이 사건 공권력 행사는 집회장소의 장소적 특성과 미합중국 대통령의 이동경로, 집회 참가자와의 거리, 질서유지에 필요한 시간 등을 고려하여 경호 목적 달성을 위한 최소한의 범위에서 행해진 것으로 침해의 최소성을 갖추었다. 또한, 이 사건 공권력 행사로 인해 제한된 사익은 집회 또는 시위의 자유 일부에 대한 제한으로서 국가 간 신뢰를 공고히 하고 발전적인 외교관계를 맺으려는 공익이 위 제한되는 사익보다 덜 중요하다고 할 수 없다. 따라서 이 사건 공권력 행사는 과잉금지원칙을 위반하여 청구인들의 집회의 자유 등을 침해하였다고 할 수 없다(헌재 2021.10.28. 2019헌마1091).

① (○) 집회의 자유는 사회·정치현상에 대한 불만과 비판을 공개적으로 표출케 함으로써 정치적 불만이 있는 자를 사회에 통합하고 정치적 안정에 기여하는 기능을 한다. 특히 집회의 자유는 집권세력에 대한 정치적 반대의사를 공동으로 표명하는 효과적인 수단으로서 현대사회에서 언론매체에 접근할 수 없는 소수집단에게 그들의 권익과 주장을 옹호하기 위한 적절한 수단을 제공한다는 점에서, 소수의견을 국정에 반영하는 창구로서 그 중요성을 더해 가고 있다. 이러한 의미에서 집회의 자유는 소수의 보호를 위한 중요한 기본권인 것이다. 소수가 공동체의 정치적 의사형성과정에 영향을 미칠 수 있는 가능성이 보장될 때, 다수결에 의한 공동체의 의사결정은 보다 정당성을 가지며 다수에 의하여 압도당한 소수에 의하여 수용될 수 있는 것이다. 헌법이 집회의 자유를 보장한 것은 관용과 다양한 견해가 공존하는 다원적인 '열린 사회'에 대한 헌법적 결단인 것이다(헌재 2003.10.30. 2000헌바67 등).

③ (○) 집회의 목적·내용과 집회의 장소는 일반적으로 밀접한 내적인 연관관계에 있기 때문에, 집회의 장소에 대한 선택이 집회의 성과를 결정짓는 경우가 적지 않다. 집회장소가 바로 집회의 목적과 효과에 대하여 중요한 의미를 가지기 때문에, 누구나 '어떤 장소에서' 자신이 계획한 집회를 할 것인가를 원칙적으로 자유롭게 결정할 수 있어야만 집회의 자유가 비로소 효과적으로 보장되는 것이다. 따라서 집회의 자유는 다른 법익의 보호를 위하여 정당화되지 않는 한, 집회장소를 항의의 대상으로부터 분리시키는 것을 금지한다(헌재 2003.10.30. 2000헌바67 등).

④ (○) 수사란 범죄혐의의 유무를 명백히 하여 공소를 제기·유지할 것인가의 여부를 결정하기 위해 범인을 발견·확보하고 증거를 수집·보전하는 수사기관의 활동을 말한다. 경찰은 범죄행위가 있는 경우 이에 대한 수사로서 증거를 확보하기 위해 촬영행위를 할 수 있고, 범죄에 이르게 된 경위나 그 전후 사정에 관한 것이라도 증거로 수집할 수 있다. 경찰의 촬영행위는 일반적 인격권, 개인정보자기결정권, 집회의 자유 등 기본권 제한을 수반하는 것이므로 수사를 위한 것이라고 하더라도 필요최소한에 그쳐야 한다(헌재 2018.8.30. 2014헌마843).

54 0427 ○△×|○△×|○△× 2019 경찰 승진

집회의 자유에 대한 설명으로 가장 적절하지 않은 것은? (다툼이 있는 경우 헌법재판소 판례에 의함)

① 집회의 자유에 있어서 그 공동의 목적은 '내적인 유대관계'로 족하다.
② 집회 및 시위에 관한 법률의 옥외집회·시위의 사전신고제도는 협력의무로서의 신고이기 때문에 헌법 제21조 제2항의 사전허가금지에 위배되지 않는다.
③ 각급 법원의 경계지점으로부터 100미터 이내의 장소에서 옥외집회 또는 시위를 할 경우 형사처벌한다고 규정한 집회 및 시위에 관한 법률 조항은 과잉금지원칙에 위반되지 않아 집회의 자유를 침해하지 않는다.
④ 집회의 자유의 보장대상은 평화적, 비폭력적 집회에 한정된다.

지문분석 난이도 중 정답 ③

| 키 워 드 | 집회의 자유
| 출제유형 | 판례

③ (X) 단지 폭력적이거나 불법적인 옥외집회·시위의 가능성이 있다는 이유만으로 심판대상 조항에 따라 법원 인근에서의 옥외집회를 일률적이고 절대적으로 금지하는 것이 정당화될 수 없다. 이런 사정을 종합하여 보면, 심판대상 조항은 입법목적을 달성하는 데 필요한 최소한도의 범위를 넘어 규제가 불필요하거나 또는 예외적으로 허용 가능한 옥외집회·시위까지도 일률적·전면적으로 금지하고 있으므로, 침해의 최소성원칙에 위배된다. 심판대상 조항을 통해 달성하려는 공익과 집회의 자유에 대한 제약 정도를 비교할 때, 심판대상 조항으로 달성하려는 공익이 제한되는 집회의 자유 정도보다 크다고 단정할 수 없으므로, 심판대상 조항은 법익의 균형성원칙에도 어긋난다. 심판대상 조항은 과잉금지원칙을 위반하여 집회의 자유를 침해한다(헌재 2018.7.26. 2018헌바137).
① (○) 구 집시법에 '옥외집회'에 대한 정의규정은 있으나 '집회'에 대한 정의규정은 없음은 청구인의 주장과 같다. 그러나 일반적으로 집회는, 일정한 장소를 전제로 하여 특정 목적을 가진 다수인이 일시적으로 회합하는 것을 말하는 것으로 일컬어지고 있고, 그 공동의 목적은 '내적인 유대관계'로 족하다고 할 것이다(헌재 2009.5.28. 2007헌바22).
② (○) 구 집시법 제6조 제1항은, 옥회집회를 주최하려는 자는 그에 관한 신고서를 옥외집회를 시작하기 720시간 전부터 48시간 전에 관할 경찰서장에게 제출하도록 하고 있다. 이러한 사전신고는 경찰관청 등 행정관청으로 하여금 집회의 순조로운 개최와 공공의 안전보호를 위하여 필요한 준비를 할 수 있는 시간적 여유를 주기 위한 것으로서, 협력의무로서의 신고라고 할 것이다. 결국, 구 집시법 전체의 규정 체제에서 보면 법은 일정한 신고절차만 밟으면 일반적·원칙적으로 옥회집회 및 시위를 할 수 있도록 보장하고 있으므로, 집회에 대한 사전신고제도는 헌법 제21조 제2항의 사전허가금지에 반하지 않는다고 할 것이다(헌재 2009.5.28. 2007헌바22).
④ (○) 비록 헌법이 명시적으로 밝히고 있지는 않으나, 집회의 자유에 의하여 보호되는 것은 단지 '평화적' 또는 '비폭력적' 집회이다. 집회의 자유는 민주국가에서 정신적 대립과 논의의 수단으로서, 평화적 수단을 이용한 의견의 표명은 되지만, 폭력을 사용한 의견의 강요는 헌법적으로 보호되지 않는다(헌재 2003.10.30. 2000헌바67 등).

55 0428 ○△×|○△×|○△× 2022 경찰 1차

대학의 자치에 관한 설명 중 가장 적절하지 않은 것은? (다툼이 있는 경우 판례에 의함)

① 대학 본연의 기능인 학술의 연구나 교수, 학생선발·지도 등과 관련된 교무·학사행정의 영역에서는 대학구성원의 결정이 우선한다고 볼 수 있으나, 대학의 재정, 시설 및 인사 등의 영역에서는 학교법인이 기본적인 윤곽을 결정하게 되므로, 대학구성원에게는 이러한 영역에 대한 참여권이 인정될 여지가 없다.
② 헌법 제31조 제4항이 규정하는 교육의 자주성 및 대학의 자율성은 헌법 제22조 제1항이 보장하는 학문의 자유의 확실한 보장을 위해 꼭 필요한 것으로서 대학에 부여된 헌법상 기본권인 대학의 자율권이므로, 국립대학인 청구인도 이러한 대학의 자율권의 주체로서 헌법소원심판의 청구인능력이 인정된다.
③ 대학의 자율성, 즉 대학의 자치란 대학이 그 본연의 임무인 연구와 교수를 외부의 간섭 없이 수행하기 위하여 인사·학사·시설·재정 등의 사항을 자주적으로 결정하여 운영하는 것을 말한다. 따라서 연구·교수활동의 담당자인 교수가 그 핵심주체라 할 것이나, 연구·교수활동의 범위를 좁게 한정할 이유가 없으므로 학생, 직원 등도 포함될 수 있다.
④ 이사회와 재경위원회에 일정 비율 이상의 외부인사를 포함하는 내용 등을 담고 있는 구 국립대학법인 서울대학교 설립·운영에 관한 법률 규정의 이른바 '외부인사 참여 조항'이 대학의 자율의 본질적인 부분을 침해하였다고 볼 수 없다.

지문분석 난이도 중 정답 ①

| 키 워 드 | 대학의 자치
| 출제유형 | 판례

① (X) 대체로 보자면, 대학 본연의 기능인 학술의 연구나 교수, 학생선발·지도 등과 관련된 교무·학사행정의 영역에서는 대학구성원의 결정이 우선한다고 볼 수 있으나, 학교법인으로서도 설립 목적을 구현하는 차원에서 조정적 개입은 가능하다고 할 것이고, 우리 법제상 학교법인에게만 권리능력이 인정되므로 각종 법률관계의 형성이나 법적 분쟁의 해결에는 법인이 대학을 대표하게 될 것이다. 한편, 대학의 재정, 시설 및 인사 등의 영역에서는 학교법인이 기본적인 윤곽을 결정하되, 대학구성원에게는 이러한 영역에 대하여 일정 정도 참여권을 인정하는 것이 필요하다(헌재 2013.11.28. 2007헌마1189 등).
② (○) 헌재 2015.12.23. 2014헌마1149
③ (○) 헌재 2013.11.28. 2007헌마1189 등
④ (○) 학교법인의 이사회 등에 외부인사를 참여시키는 것은 다양한 이해관계자의 참여를 통해 개방적인 의사결정을 보장하고, 외부의 환경 변화에 민감하게 반응함과 동시에 외부의 감시와 견제를 통해 대학의 투명한 운영을 보장하기 위한 것이며, 대학 운영의 투명성과 공공성을 높이기 위해 정부도 의사형성에 참여하도록 할 필요가 있는 점, 사립학교의 경우 이사와 감사의 취임 시 관할청의 승인을 받도록 하고, 관련법령을 위반하는 경우 관할청이 취임 승인을 취소할 수 있도록 하고 있는 점 등을 고려하면, 외부인사 참여 조항은 대학의 자율의 본질적인 부분을 침해하였다고 볼 수 없다(헌재 2014.4.24. 2011헌마612).

56 0429 O△X | O△X | O△X 2016 지방직 7급

대학의 자치 및 자율성에 대한 설명으로 옳지 않은 것은? (다툼이 있는 경우 판례에 의함)

① 대학의 자치의 주체를 기본적으로 대학으로 본다고 하더라도 교수나 교수회의 주체성이 부정된다고 볼 수는 없고, 가령 학문의 자유를 침해하는 대학의 장에 대한 관계에서는 교수나 교수회가 주체가 될 수 있다.
② 대학의 장이 단과대학장을 보할 때 그 대상자의 추천을 받거나 선출의 절차를 거치지 아니하고, 해당 단과대학 소속 교수 또는 부교수 중에서 직접 지명하도록 하고 있는 것은 대학의 자율성을 침해하는 것이다.
③ 대학의 자율의 구체적인 내용은 법률이 정하는 바에 의하여 보장되며, 국가는 헌법 제31조 제6항에 따라 학교제도에 관한 전반적인 형성권과 규율권을 부여받는데, 규율의 정도는 그 시대와 각급 학교의 사정에 따라 다를 수밖에 없다.
④ 대학의 장 후보자를 추천할 때 해당 대학 교원의 합의된 방식과 절차에 따라 직접선거로 선정하는 경우, 해당 대학은 선거관리에 관하여 그 소재지를 관할하는 선거관리위원회법에 따른 구·시·군선거관리위원회에 선거관리를 위탁하여야 한다.

지문분석 난이도 중 정답 ②

| **키 워 드** | 대학의 자치 및 자율성
| **출제유형** | 조문 + 판례

② (X) 단과대학은 대학을 구성하는 하나의 조직·기관일 뿐이고, 단과대학장은 그 지위와 권한 및 중요도에서 대학의 장과 구별된다. 또한 대학의 장을 구성원들의 참여에 따라 자율적으로 선출한 이상, 하나의 보직에 불과한 단과대학장의 선출에 다시 한번 대학교수들이 참여할 권리가 대학의 자율에서 당연히 도출된다고 보기 어렵다. 따라서 단과대학장의 선출에 참여할 권리는 대학의 자율에 포함된다고 볼 수 없어, 이 사건 심판대상 조항에 의해 대학의 자율성이 침해될 가능성이 인정되지 아니한다(헌재 2014.1.28. 2011헌마239).
① (O) 대학의 자치의 주체를 기본적으로 대학으로 본다고 하더라도 교수나 교수회의 주체성이 부정된다고 볼 수는 없고, 가령 학문의 자유를 침해하는 대학의 장에 대한 관계에서는 교수나 교수회가 주체가 될 수 있고, 또한 국가에 의한 침해에 있어서는 대학 자체 외에도 대학 전구성원이 자율성을 갖는 경우도 있을 것이므로, 문제되는 경우에 따라서 대학, 교수, 교수회 모두가 단독, 혹은 중첩적으로 주체가 될 수 있다고 보아야 할 것이다(헌재 2006.4.27. 2005헌마1047).
③ (O) 대학의 자율도 헌법상의 기본권이므로 기본권 제한의 일반적 법률유보의 원칙을 규정한 헌법 제37조 제2항에 따라 제한될 수 있고, 대학의 자율의 구체적인 내용은 법률이 정하는 바에 의하여 보장되며, 또한 국가는 헌법 제31조 제6항에 따라 모든 학교제도의 조직, 계획, 운영, 감독에 관한 포괄적인 권한, 즉 학교제도에 관한 전반적인 형성권과 규율권을 부여받았다고 할 수 있고, 다만 그 규율의 정도는 그 시대의 사정과 각급 학교에 따라 다를 수밖에 없는 것이므로 교육의 본질을 침해하지 않는 한 궁극적으로는 입법권자의 형성의 자유에 속하는 것이라 할 수 있다(헌재 2006.4.27. 2005헌마1047 등).
④ (O)

> **교육공무원법 제24조의3(대학의 장 후보자 추천을 위한 선거사무의 위탁)** ① 대학의 장 후보자를 추천할 때 제24조 제3항 제2호에 따라 해당 대학 교원, 직원 및 학생의 합의된 방식과 절차에 따라 직접선거로 선정하는 경우 해당 대학은 선거관리에 관하여 그 소재지를 관할하는 「선거관리위원회법」에 따른 구·시·군선거관리위원회(이하 "구·시·군선거관리위원회"라 한다)에 선거관리를 위탁하여야 한다.

57 0430 ○△×|○△×|○△× 2022 경찰 2차

예술의 자유에 관한 설명 중 가장 적절하지 않은 것은? (다툼이 있는 경우 판례에 의함)

① 구 음반에관한법률 제3조 제1항이 비디오물을 포함하는 음반제작자에 대하여 일정한 시설을 갖추어 문화공보부에 등록할 것을 명하는 것은 예술의 자유를 침해하는 것이다.
② 극장은 영상물·공연물 등 의사표현의 매개체를 일반 공중에게 표현하는 장소로서의 의미가 있으므로 극장의 자유로운 운영에 대한 제한은 공연물, 영상물이 지니는 표현물, 예술작품으로서의 성격에 기하여 표현의 자유 및 예술의 자유의 제한 효과도 가지고 있다.
③ 자신의 미적 감상 등을 문신시술을 통하여 시각적으로 표현할 수 있다는 측면에서 문신시술이 예술의 자유 또는 표현의 자유의 영역에 포함될 수 있다.
④ 헌법 제22조 제2항은 저작자·발명가·과학기술자와 예술가의 권리는 법률로써 보호한다고 하여 학문과 예술의 자유를 제도적으로 뒷받침해 주고 학문과 예술의 자유에 내포된 문화국가실현의 실효성을 높이기 위하여 저작자 등의 권리보호를 국가의 과제로 규정하고 있다.

지문분석 난이도 중 정답 ①

| **키 워 드** | 예술의 자유

| **출제유형** | 판례

① (X) 구 음반에관한법률 제3조 제1항이 비디오물을 포함하는 음반제작자에 대하여 일정한 시설을 갖추어 문화공보부에 등록할 것을 명하는 것은 음반제작에 필수적인 기본시설을 갖추지 못함으로써 발생하는 폐해방지 등의 공공복리 목적을 위한 것으로서 헌법상 금지된 허가제나 검열제와는 다른 차원의 규정이고, 예술의 자유나 언론·출판의 자유를 본질적으로 침해하였다거나 헌법 제37조 제2항의 과승금지의 원칙에 반한다고 할 수 없다(헌재 1993.5.13. 91헌바17).
② (○) 극장의 자유로운 운영에 대한 제한은 공연물·영상물이 지니는 표현물, 예술작품으로서의 성격에 기하여 직업의 자유에 대한 제한으로서의 측면 이외에 표현의 자유 및 예술의 자유의 제한과도 관련성을 가지고 있다(헌재 2004.5.27. 2003헌가1 등).
③ (○) 이 사건에서 청구인들은 의료인이 아니더라도 문신시술업을 합법적인 직업으로 영위할 수 있어야 함을 주장하고 있고, 심판대상 조항의 일차적 의도도 보건위생상 위해 가능성이 있는 행위를 규율하고자 하는 데 있으며, 심판대상 조항에 의한 예술의 자유 또는 표현의 자유의 제한은 문신시술업이라는 직업의 자유에 대한 제한을 매개로 하여 간접적으로 제약되는 것이라 할 것인바, 사안과 가장 밀접하고 침해의 정도가 큰 직업선택의 자유를 중심으로 심판대상 조항의 위헌 여부를 살피는 이상 예술의 자유와 표현의 자유 침해 여부에 대하여는 판단하지 아니한다(헌재 2022.3.31. 2017헌마1343 등).
④ (○) 프로그램을 업무상 창작함에 있어서는 기획하는 법인 등과 작성하는 피용자가 모두 개입하게 된다. 그런데 헌법 제22조 제2항은 저작자·발명가·과학기술자와 예술가의 권리를 '법률로써' 보호한다고 규정하여 입법자에게 지식재산권을 형성할 수 있는 광범위한 입법형성권을 부여하고 있으므로, 프로그램을 업무상 창작하는 경우 어떠한 요건 하에서 누구에게 저작권을 귀속시킬지에 관하여는 입법자에게 광범위한 형성의 여지가 인정된다. 심판대상조항은 법인 등의 기획 하에 피용자가 업무상 프로그램을 작성하였고 계약 또는 근무규칙 등에 다른 정함이 없다는 요건 하에 당해 프로그램의 저작권을 법인 등에게 귀속하도록 규정하고 있다. 그러므로 이러한 내용의 심판대상조항이 입법형성권의 한계를 일탈하였는지 여부에 대해서 살펴볼 필요가 있다(헌재 2018.8.30. 2016헌가12).

58 0431 ○△×|○△×|○△× 2013 국가직 7급(변형)

양심의 자유에 관한 설명으로 가장 적절하지 않은 것은? (다툼이 있는 경우 판례에 의함)

① 국가의 법질서나 사회의 도덕률과 갈등을 일으키는 양심은 현실적으로 이러한 법질서나 도덕률에서 벗어나려는 소수의 양심이다. 따라서 종교관·세계관 등에 관계없이, 모든 내용의 양심상 결정이 양심의 자유에 의해 보장된다.

② 공정거래위원회가 독점규제 및 공정거래에 관한 법률 위반행위를 한 사업자단체에 대하여 법 위반사실의 공표를 명할 수 있도록 한 법률 규정은 양심의 자유를 침해한다고 볼 수 없다.

③ 헌법 제19조에서 보호하는 양심은 개인의 구체적인 양심을 말하며, 막연하고 추상적인 양심을 말하는 것이 아니다.

④ 음주운전을 방지하기 위하여 경찰이 강제로 음주 여부를 측정하는 것은 선악에 대한 윤리적 결정을 강제하는 것이어서 양심의 자유를 침해한다.

지문분석 난이도 중 정답 ④

| 키 워 드 | 양심의 자유

| 출제유형 | 판례

④ (X) 음주측정 요구에 처하여 이에 응하여야 할 것인지 거부해야 할 것인지 고민에 빠질 수는 있겠으나 그러한 고민은 선과 악의 범주에 관한 진지한 윤리적 결정을 위한 고민이라 할 수 없으므로 그 고민 끝에 어쩔 수 없이 음주측정에 응하였다 하여 내면적으로 구축된 인간양심이 왜곡·굴절된다고 할 수 없다. 따라서 이 사건 법률 조항을 두고 헌법 제19조에서 보장하는 양심의 자유를 침해하는 것이라고 할 수 없다(헌재 1997.3.27. 96헌가11).

① (O) 일반적으로 민주적 다수는 법질서와 사회질서를 그의 정치적 의사와 도덕적 기준에 따라 형성하기 때문에, 그들이 국가의 법질서나 사회의 도덕률과 양심상의 갈등을 일으키는 것은 예외에 속한다. 양심의 자유에서 현실적으로 문제가 되는 것은 국가의 법질서나 사회의 도덕률에서 벗어나려는 소수의 양심이다. 따라서 양심상의 결정이 어떠한 종교관·세계관 또는 그 외의 가치체계에 기초하고 있는가와 관계없이, 모든 내용의 양심상의 결정이 양심의 자유에 의하여 보장된다(헌재 2004.8.26. 2002헌가1).

② (O) 사업자단체의 독점규제 및 공정거래법 위반행위가 있을 때 공정거래위원회가 당해 사업자단체에 대하여 "법 위반사실의 공표"를 명할 수 있도록 한 동법 제27조 부분이 양심의 자유를 침해하지 않는다(헌재 2002.1.31. 2001헌바43).

③ (O) 헌법이 보호하려는 양심은 '어떤 일의 옳고 그름을 판단하고 그에 따라 행동하지 않고서는 자신의 인격적 존재가치가 허물어지고 말 것이라는 강력하고 진지한 마음의 소리'로서, 진지하고 절박한 구체적인 양심이지 막연하고 추상적인 개념으로서의 양심이 아님은 물론, 그 가치판단의 일관성 내지 보편성을 충족시키는 양심이어야 할 것이다(헌재 2004.8.26. 2002헌가1).

59 0432 ○△×|○△×|○△× 2022 경찰 간부

양심의 자유에 대한 침해로 가장 적절한 것은? (다툼이 있는 경우 헌법재판소 판례에 의함)

① 채무자에게 강제집행의 재산관계를 명시한 재산목록을 제출하게 한 후 선서 의무 부과

② 양심적 병역거부자에 대한 처벌의 예외를 인정하지 않고 일률적으로 형벌을 부과하는 처벌조항

③ 의료기관에게 환자의 진료비 관련 소득공제증빙서류 제출 의무 부과

④ 양심적 병역거부자에 대한 대체복무제를 규정하지 아니한 병역종류조항

지문분석 난이도 중 정답 ④

| 키 워 드 | 양심의 자유

| 출제유형 | 판례

④ (O) 병역의 종류에 양심적 병역거부자에 대한 대체복무제를 규정하지 아니한 병역법 제5조 제1항(이하 '병역종류조항')은 헌법에 합치되지 아니하며, 2019.12.31.을 시한으로 입법자가 개정할 때까지 계속 적용된다는 결정을 선고하고, 양심적 병역거부자의 처벌 근거가 된 병역법 제88조 제1항 본문 제1호 및 제2호(이하 모두 합하여 '처벌조항')가 헌법에 위반되지 아니한다(헌재 2018.6.28. 2011헌바379 등).

① (X) 재산목록을 제출하고 그 진실함을 법관 앞에서 선서하는 것은 개인의 인격형성에 관계되는 내심의 가치적·윤리적 판단에 해당하지 않아 양심의 자유의 보호대상이 아니고, 감치의 제재를 통해 이를 강제하는 것이 형사상 불이익한 진술을 강요하는 것이라고 할 수 없으므로, 심판대상 조항은 청구인의 양심의 자유 및 진술거부권을 침해하지 아니한다(헌재 2014.9.25. 2013헌마11).

② (X) 양심적 병역거부자에 대한 처벌은 대체복무제를 규정하지 아니한 병역종류조항의 입법상 불비와 양심적 병역거부는 처벌조항의 '정당한 사유'에 해당하지 않는다는 법원의 해석이 결합되어 발생한 문제일 뿐, 처벌조항 자체에서 비롯된 문제가 아니다. 이는 병역종류조항에 대한 헌법불합치 결정과 그에 따른 입법부의 개선입법 및 법원의 후속 조치를 통하여 해결될 수 있는 문제이다. 이상을 종합하여 보면, 처벌조항은 정당한 사유 없이 병역의무를 거부하는 병역기피자를 처벌하는 조항으로서, 과잉금지원칙을 위반하여 양심적 병역거부자의 양심의 자유를 침해한다고 볼 수는 없다(헌재 2018.6.28. 2011헌바379 등).

③ (X) 이 사건 법령조항은 근로소득자들의 연말정산 간소화라는 공익을 달성하기 위하여 그에 필요한 의료비내역을 국세청장에게 제출하도록 하는 것으로서, 그 목적의 정당성과 수단의 적절성이 인정된다. 또 이 사건 법령조항에 의하여 국세청장에게 제출되는 내용은, 환자의 민감한 정보가 아니고, 과세관청이 소득세 공제액을 산정하기 위한 필요최소한의 내용이며, 이 사건 법령조항으로 얻게 되는 납세자의 편의와 사회적 제비용의 절감을 위한 연말정산 간소화라는 공익이 이로 인하여 제한되는 의사들의 양심실현의 자유에 비하여 결코 적다고 할 수 없으므로, 이 사건 법령조항은 피해의 최소성원칙과 법익의 균형성도 충족하고 있다. 따라서 이 사건 법령조항은 헌법에 위반되지 아니한다(헌재 2008.10.30. 2006헌마1401 등).

60 0433 ○△×|○△×|○△× 2018 법원직 9급(변형)

양심의 자유에 관한 설명 중 가장 옳지 않은 것은? (다툼이 있는 경우 헌법재판소 판례에 의함)

① 헌법은 제19조에서 "모든 국민은 양심의 자유를 가진다."라고 하여 양심의 자유를 국민의 기본권으로 보장하고 있다. 여기에서의 양심은 어떤 일의 옳고 그름을 판단함에 있어서 그렇게 행동하지 아니하고는 자신의 인격적인 존재가치가 허물어지고 말 것이라는 강력하고 진지한 마음의 소리로서 절박하고 구체적인 양심이다.

② '양심상의 결정'이란 선과 악의 기준에 따른 모든 진지한 윤리적 결정으로서, 구체적인 상황에서 개인이 이러한 결정을 자신을 구속하고 무조건적으로 따라야 하는 것으로 받아들이기 때문에 양심상의 심각한 갈등이 없이는 그에 반하여 행동할 수 없는 것을 말한다.

③ 양심상 결정이 어떠한 종교관·세계관 또는 그 밖의 가치체계에 기초하고 있는지와 관계없이, 모든 내용의 양심상 결정이 양심의 자유에 의하여 보장되어야 한다.

④ 양심의 자유 중 양심형성의 자유는 물론 양심실현의 자유도 법률에 의하여 제한될 수 없는 절대적 자유이다.

지문분석 난이도 중 정답 ④

| 키 워 드 | 양심의 자유

| 출제유형 | 판례

④ (X) 헌법 제19조가 보호하고 있는 양심의 자유는 양심형성의 자유와 양심적 결정의 자유를 포함하는 내심적 자유(forum internum) 뿐만 아니라, 양심적 결정을 외부로 표현하고 실현할 수 있는 양심실현의 자유(forum externum)를 포함한다고 할 수 있다. 내심적 자유, 즉 양심형성의 자유와 양심적 결정의 자유는 내심에 머무르는 한 절대적 자유라고 할 수 있지만, 양심실현의 자유는 타인의 기본권이나 다른 헌법적 질서와 저촉되는 경우 헌법 제37조 제2항에 따라 국가안전보장·질서유지 또는 공공복리를 위하여 법률에 의하여 제한될 수 있는 상대적 자유라고 할 수 있다(헌재 1998.7.16. 96헌바35).

① (O) 양심이란 인간의 윤리적·도덕적 내심영역의 문제이고 헌법이 보호하려는 양심은 어떤 일의 옳고 그름을 판단함에 있어서 그렇게 행동하지 아니하고는 자신의 인격적인 존재가치가 허물어지고 말 것이라는 강력하고 진지한 마음의 소리이지, 막연하고 추상적인 개념으로서 양심이 아니다(헌재 1997.3.27. 96헌가11).

② (O) '양심상의 결정'이란 선과 악의 기준에 따른 모든 진지한 윤리적 결정으로서 구체적인 상황에서 개인이 이러한 결정을 자신을 구속하고 무조건적으로 따라야 하는 것으로 받아들이기 때문에 양심상의 심각한 갈등이 없이는 그에 반하여 행동할 수 없는 것을 말한다(헌재 2004.8.26. 2002헌가1).

③ (O) 양심의 자유에서 현실적으로 문제가 되는 것은 국가의 법질서나 사회의 도덕률에서 벗어나려는 소수의 양심이다. 따라서 양심상의 결정이 어떠한 종교관·세계관 또는 그 외의 가치체계에 기초하고 있는가와 관계없이, 모든 내용의 양심상의 결정이 양심의 자유에 의하여 보장된다(헌재 2004.8.26. 2002헌가1).

61 0434 ○△×|○△×|○△× 2018 법원직 9급(변형)

양심의 자유에 대한 설명으로 옳지 않은 것은?

① 양심의 자유는 내심에서 우러나오는 윤리적 확신과 이에 반하는 외부적 법질서의 요구가 서로 회피할 수 없는 상태로 충돌할 때에만 침해될 수 있다. 그러므로 당해 실정법이 특정의 행위를 금지하거나 명령하는 것이 아니라 단지 특별한 혜택을 부여하거나 권고 내지 허용하고 있는 데에 불과하다면, 수범자는 수혜를 스스로 포기하거나 권고를 거부함으로써 법질서와 충돌하지 아니한 채 자신의 양심을 유지, 보존할 수 있으므로 양심의 자유에 대한 침해가 된다 할 수 없다.

② 헌법상 그 침해로부터 보호되는 양심은 문제된 당해 실정법의 내용이 양심의 영역과 관련되는 사항을 규율하는 것이어야 하고, 이에 위반하는 경우 이행강제, 처벌 또는 법적 불이익의 부과 등 법적 강제가 따라야 하므로 법적 강제수단이 없는 사실상 내지 간접적인 강제수단에 의하여 인간 내심과 다른 내용의 실현을 강요하는 것은 일반적 행동자유의 보호영역 중 하기 싫은 일을 하지 않을 자유를 제한하는 것은 별론으로 하고 양심의 자유를 제한하는 것은 아니라는 것이 헌법재판소의 확립된 태도이다.

③ 개인에게 자신의 사상과 결정에 따라 외부세계에 영향을 미치고 사회를 적극적으로 형성하는 광범위한 가능성을 보호하고자 하는 것은 양심의 자유의 헌법적 기능이 아니다. 이러한 행위는 표현, 집회, 결사의 자유 또는 보충적으로 일반적 행동자유권에 의하여 보호된다. 양심이란 그 본질상 개인의 고유한 인격의 동질성과 행동을 감독하고 통제하는 심급이므로, 양심의 자유의 보호범위도 마찬가지로 기본권의 주체가 인격의 정체성을 유지하고 자신의 행동을 규율하는 영역에 국한되는 것이다.

④ 기본권의 행사가 국가공동체 내에서의 타인과의 공동생활을 가능하게 하고 국가의 법질서를 위태롭게 하지 않는 범위 내에서 이루어져야 한다는 것은 모든 기본권의 원칙적인 한계이며, 양심의 자유도 헌법적 질서 내에 자리잡음으로써 모든 헌법적 법익을 구속하는 이러한 한계가 이미 설정되었다. 따라서 양심의 자유가 보장된다는 것은, 곧 개인이 양심상의 이유로 법질서에 대한 복종을 거부할 수 있는 권리를 부여받는다는 것을 의미하지는 않는다.

지문분석 난이도 중 정답 ②

| 키 워 드 | 양심의 자유

| 출제유형 | 이론 + 판례

② (×) 헌법재판소는 종래 '준법서약제도 사건'[헌재 2002.4.25. 98헌마425, 99헌마170·498(병합)]에서는 "헌법상 그 침해로부터 보호되는 양심은 ㉠ 문제된 당해 실정법의 내용이 양심의 영역과 관련되는 사항을 규율하는 것이어야 하고, ㉡ 이에 위반하는 경우 이행강제, 처벌 또는 법적 불이익의 부과 등 법적 강제가 따라야 하며, ㉢ 그 위반이 양심상의 명령에 따른 것이어야 한다."고 판시한 바 있으나, 최근에 '연말정산 간소화를 위하여 의료기관에게 환자들의 의료비 내역에 관한 정보를 국세청에 제출하는 의무를 부과하고 있는 소득세법 사건'(헌재 2008.10.30. 2006헌마1401)에서는 "양심의 자유는 인간으로서의 존엄성 유지와 개인의 자유로운 인격발현을 위해 개인의 윤리적 정체성을 보장하는 기능을 담당하기 때문에, 비록 <u>법적 강제수단이 없더라도 사실상 내지 간접적인 강제수단에 의하여 인간 내심과 다른 내용의 실현을 강요하고 인간의 정신활동의 자유를 제한하며 인격의 자유로운 형성과 발현을 방해한다면, 이 또한 양심의 자유를 제한하는 것</u>이라고 보아야 한다."고 판시한 바 있다.

① (○) 헌재 2002.4.25. 98헌마425, 99헌마170·498(병합)

③ (○) 양심의 자유 및 양심에 대한 개념이다.

④ (○) 헌재 2004.8.26. 2002헌가1

62 0435 ○△×|○△×|○△× 2018 법원직 9급(변형)

양심의 자유와 관련된 설명으로 타당하지 않은 것은?

① 양심의 자유는 단지 국가에 대하여 가능하면 개인의 양심을 고려하고 보호할 것을 요구하는 권리일 뿐만 아니라 법적의무를 대신하는 대체의무의 제공을 요구할 수 있는 권리이기도 하다.

② 입법자는 양심의 자유에 의하여 공익이나 법질서를 저해하지 않는 범위 내에서 법적 의무를 대체하는 다른 가능성이나 법적 의무의 개별적인 면제와 같은 대안을 제시함으로써 양심상의 갈등을 완화해야 할 의무가 있다.

③ 헌법상 보호되는 양심은 어떤 일의 옳고 그름을 판단함에 있어서 그렇게 행동하지 아니하고는 자신의 인격적인 존재가치가 허물어지고 말 것이라는 강력하고 진지한 마음의 소리로서 절박하고 구체적인 양심을 말한다.

④ 헌법재판소는 양심실현의 자유를 양심의 자유의 내용으로 인정하면서 구체적으로 양심을 표명하거나 또는 양심을 표명하도록 강요받지 아니할 자유(양심표명의 자유), 양심에 반하는 행동을 강요받지 아니할 자유(부작위에 의한 양심실현의 자유), 양심에 따른 행동을 할 자유(작위에 의한 양심실현의 자유)가 포함된다고 하였다.

지문분석 난이도 하 정답 ①

| 키 워 드 | 양심의 자유

| 출제유형 | 판례

① (X) 양심의 자유는 단지 국가에 대하여 가능하면 개인의 양심을 고려하고 보호할 것을 요구하는 권리일 뿐, 양심상의 이유로 법적 의무의 이행을 거부하거나 법적 의무를 대신하는 대체의무의 제공을 요구할 수 있는 권리가 아니다. 따라서 양심의 자유로부터 대체복무를 요구할 권리도 도출되지 않는다(헌재 2004.8.26. 2002헌가1).

② (O) 입법자는 헌법 제19조의 양심의 자유에 의하여 공익이나 법질서를 저해하지 않는 범위 내에서 법적 의무를 대체하는 다른 가능성이나 법적 의무의 개별적인 면제와 같은 대안을 제시함으로써 양심상의 갈등을 완화해야 할 의무가 있으며, 이러한 가능성을 제공할 수 없다면, 적어도 의무 위반 시 가해지는 처벌이나 징계에 있어서 그의 경감이나 면제를 허용함으로써 양심의 자유를 보호할 수 있는 여지가 있는가를 살펴보아야 한다(헌재 2004.8.26. 2002헌가1).

③ (O) 헌법이 보호하려는 양심은 어떤 일의 옳고 그름을 판단함에 있어서 그렇게 행동하지 아니하고는 자신의 인격적인 존재가치가 허물어지고 말 것이라는 강력하고 진지한 마음의 소리이지, 막연하고 추상적인 개념으로서의 양심이 아니다(헌재 1997.3.27. 96헌가11).

④ (O) 양심형성의 자유란 외부로부터의 부당한 간섭이나 강제를 받지 않고 개인의 내심영역에서 양심을 형성하고 양심상의 결정을 내리는 자유를 말하고, 양심실현의 자유란 형성된 양심을 외부로 표명하고 양심에 따라 삶을 형성할 자유, 구체적으로는 양심을 표명하거나 또는 양심을 표명하도록 강요받지 아니할 자유(양심표명의 자유), 양심에 반하는 행동을 강요받지 아니할 자유(부작위에 의한 양심실현의 자유), 양심에 따른 행동을 할 자유(작위에 의한 양심실현의 자유)를 모두 포함한다(헌재 2004.8.26. 2002헌가1).

63 0436 ○△×|○△×|○△× 2010 사법고시(변형)

양심의 자유에 대한 설명으로 옳지 않은 것은?

① 양심의 자유에서 현실적으로 문제가 되는 것은 사회적 다수의 양심이 아니라, 국가의 법질서나 사회의 도덕률에서 벗어나려는 소수의 양심이다. 따라서 양심상의 결정이 어떠한 종교관·세계관 또는 그 외의 가치체계에 기초하고 있는가와 관계없이, 모든 내용의 양심상의 결정이 양심의 자유에 의하여 보장된다.
② 양심의 자유가 보장된다는 것은, 곧 개인이 양심상의 이유로 법질서에 대한 복종을 거부할 수 있는 권리를 부여받는다는 것을 의미하지는 않는다.
③ 양심실현의 자유의 보장 문제는 '양심의 자유'와 양심의 자유에 대한 제한을 통하여 실현하고자 하는 '헌법적 법익' 및 '국가의 법질서' 사이의 조화의 문제이며, 양 법익 간의 법익형량의 문제이므로 수단의 적합성, 최소침해성의 여부 등의 심사를 통하여 어느 정도까지 기본권이 공익상의 이유로 양보해야 하는가를 밝히는 비례원칙의 일반적 심사과정은 양심의 자유에 있어서는 그대로 타당하다. 더욱이 양심의 자유는 정신적 자유권이므로 그 비례원칙을 적용할 때 엄격한 심사기준을 적용하여야 한다.
④ 어떠한 가정적 혹은 실제적 상황하에서 특정의 사유(思惟)를 하거나 특별한 행동을 할 것을 새로이 요구하는 것이 아니라, 국민이 부담하는 일반적 의무를 장래를 향하여 확인하는 것에 불과하여 국민의 단순한 헌법적 의무의 확인·서약에 불과하다면 양심의 영역을 건드리는 것이 아니다.

지문분석 난이도 중 정답 ③

| 키 워 드 | 양심의 자유

| 출제유형 | 판례

③ (X) 양심실현의 자유의 보장 문제는 '양심의 자유'와 양심의 자유에 대한 제한을 통하여 실현하고자 하는 '헌법적 법익' 및 '국가의 법질서' 사이의 조화의 문제이며, 양 법익 간의 법익형량의 문제이다. 그러나 양심실현의 자유의 경우 법익교량과정은 특수한 형태를 띠게 된다. 수단의 적합성, 최소침해성의 여부 등의 심사를 통하여 어느 정도까지 기본권이 공익상의 이유로 양보해야 하는가를 밝히는 비례원칙의 일반적 심사과정은 양심의 자유에 있어서는 그대로 적용되지 않는다. 양심의 자유의 경우 비례의 원칙을 통하여 양심의 자유를 공익과 교량하고 공익을 실현하기 위하여 양심을 상대화하는 것은 양심의 자유의 본질과 부합될 수 없다. 양심상의 결정이 법익교량과정에서 공익에 부합하는 상태로 축소되거나 그 내용에 있어서 왜곡·굴절된다면, 이는 이미 '양심'이 아니다. 따라서 양심의 자유의 경우에는 법익교량을 통하여 양심의 자유와 공익을 조화와 균형의 상태로 이루어 양 법익을 함께 실현하는 것이 아니라, 단지 '양심의 자유'와 '공익' 중 양자택일, 즉 양심에 반하는 작위나 부작위를 법질서에 의하여 '강요받는가 아니면 강요받지 않는가'의 문제가 있을 뿐이다(헌재 2004.10.28. 2004헌바61 등).

① (O), ② (O) 헌재 2004.10.28. 2004헌바61 등
④ (O) 국가의 존립과 기능은 국민의 국법질서에 대한 순종의무를 그 당연한 이념적 기초로 하고 있다. 따라서 헌법과 법률을 준수할 의무는 국민의 기본의무로서 헌법상 명문의 규정은 없으나 우리 헌법에서도 자명한 것이다. 이 사건 준법서약은 국민이 부담하는 일반적 의무를 장래를 향하여 확인하는 것에 불과하며, 어떠한 가정적 혹은 실제적 상황하에서 특정의 사유(思惟)를 하거나 특별한 행동을 할 것을 새로이 요구하는 것이 아니다. 따라서 이 사건 준법서약은 어떤 구체적이거나 적극적인 내용을 담지 않은 채 단순한 헌법적 의무의 확인·서약에 불과하다 할 것이어서 양심의 영역을 건드리는 것이 아니다[헌재 2002.4.25. 98헌마425, 99헌마170·498(병합)].

64 0437 ○△×|○△×|○△× 2018 법원직 9급(변형)

양심의 자유에 대한 설명으로 옳지 않은 것은? (다툼이 있는 경우 판례에 의함)

① 실정법이 특정의 행위를 금지하거나 명령하는 것이 아니라 단지 특별한 혜택을 부여하거나 권고 내지 허용하고 있는 데에 불과하다면, 수범자는 수혜를 스스로 포기하거나 권고를 거부함으로써 법질서와 충돌하지 아니한 채 자신의 양심을 유지, 보존할 수 있으므로 양심의 자유에 대한 침해가 된다고 할 수 없다.

② 기본권의 행사가 국가공동체 내에서의 타인과의 공동생활을 가능하게 하고 국가의 법질서를 위태롭게 하지 않는 범위 내에서 이루어져야 한다는 것은 모든 기본권의 원칙적인 한계이며, 양심의 자유도 헌법적 질서 내에 자리잡음으로써 모든 헌법적 법익을 구속하는 이러한 한계가 이미 설정되어 있는 것이다.

③ 양심의 자유와 공익이 충돌할 경우 종교적 양심상의 이유로 병역의무를 거부하는 자에게 병역의무의 절반을 면제해 주거나 아니면 유사시에만 병역의무를 부과한다는 조건하에서 병역의무를 면제해 주는 것은 병역거부자의 양심을 존중하면서 공익을 실현시킬 수 있는 규범조화적 해결책이다.

④ 우리나라가 가입한 '시민적 및 정치적 권리에 관한 국제규약(이른바 B규약)'의 조항으로부터 병역거부로 인한 처벌조항의 적용을 면제받을 수 있는 권리가 도출되는 것은 아니다.

지문분석 난이도 중 정답 ③

| **키 워 드** | 양심의 자유

| **출제유형** | 판례

③ (X) 양심상의 결정이 법익교량과정에서 공익에 부합하는 상태로 축소되거나 그 내용에 있어서 왜곡·굴절된다면, 이는 이미 '양심'이 아니다. 이 사건의 경우 종교적 양심상의 이유로 병역의무를 거부하는 자에게 병역의무의 절반을 면제해 주거나 아니면 유사시에만 병역의무를 부과한다는 조건하에서 병역의무를 면제해 주는 것은 병역거부자의 양심을 존중하는 해결책이 될 수 없다. 따라서 양심의 자유의 경우에는 법익교량을 통하여 양심의 자유와 공익을 조화와 균형의 상태로 이루어 양 법익을 함께 실현하는 것이 아니라, 단지 '양심의 자유'와 '공익' 중 양자택일, 즉 양심에 반하는 작위나 부작위를 법질서에 의하여 '강요받는가 아니면 강요받지 않는가'의 문제가 있을 뿐이다(헌재 2004.8.26. 2002헌가1).

① (O) 헌재 2002.4.25. 98헌마425, 99헌마170·498(병합)

② (O) 양심의 자유는 헌법상의 기본권에 의하여 보호되는 자유로서 실정법적 질서의 한 부분이다. 기본권적 자유는 법적 자유이며, 법적 자유는 절대적 또는 무제한적으로 보장될 수 없다. 국가의 존립과 법질서는 국가공동체의 모든 구성원이 자유를 행사하기 위한 기본적 전제조건이다. 기본권의 행사가 국가공동체 내에서의 타인과의 공동생활을 가능하게 하고 국가의 법질서를 위태롭게 하지 않는 범위 내에서 이루어져야 한다는 것은 모든 기본권의 원칙적인 한계이며, 양심의 자유도 헌법적 질서 내에 자리잡음으로써 모든 헌법적 법익을 구속하는 이러한 한계가 이미 설정되었다(헌재 2004.8.26. 2002헌가1).

④ (O) 우리나라가 가입한 '시민적 및 정치적 권리에 관한 국제규약(이른바 B규약)' 제18조의 규정은, 우리 헌법 제19조의 양심의 자유, 제20조의 종교의 자유의 해석상 보장되는 기본권의 보호범위와 동일한 내용을 규정하고 있다고 보이므로 앞서의 판단에서 본 바와 같이 위 규약의 조항으로부터 피고인에게 예외적으로 이 사건 법률 조항의 적용을 면제받을 수 있는 권리가 도출된다고도 볼 수 없다(대판 2004.7.15. 2004도2965).

65 0438 ○△×|○△×|○△× 2020 지방직 7급(변형)

甲은 집회 및 시위에 관한 법률을 위반하여 징역 1년 6월을 선고받고 복역하던 중, 가석방심사위원회의 준법서약서 제출요구를 거절하여 가석방 대상에서 제외되었다. 이에 甲은 가석방심사 시 준법서약서 제출을 요구하는 가석방심사 등에 관한 규칙 제14조 제2항이 자신의 양심의 자유, 평등권 등을 침해한다는 이유로 헌법소원심판을 청구하였다. 이 사안과 관련된 설명 중 옳지 않은 것은? (다툼이 있는 경우 판례에 의함)

> 가석방심사 등에 관한 규칙 제14조(심사상의 주의) ② 국가보안법 위반, 집회 및 시위에 관한 법률 위반 등의 수형자에 대하여는 가석방 결정 전에 출소 후 대한민국의 국법질서를 준수하겠다는 준법서약서를 제출하게 하여 준법의지가 있는지 여부를 확인하여야 한다.

① 만일 甲이 이미 석방된 경우라 할지라도, 같은 유형의 침해행위가 앞으로도 반복될 위험이 있고 그에 대한 헌법적 해명이 긴요한 사항인 경우에는 심판청구의 이익을 인정할 수 있다.

② 위 규칙 조항은 가석방심사위원회의 준법서약서 제출요구를 규정하고 있지만, 甲이 준법서약서 제출요구행위를 대상으로 한 행정소송 등을 통하여 권리구제를 받을 것을 기대할 수는 없으므로 사전구제절차를 이행하지 않았다는 이유로 기본권 침해의 직접성을 부인할 수 없다.

③ 양심의 자유에 의해 보호되는 양심에는 개인의 세계관이나 주의·신조 등도 포함되고, 甲이 준법서약서를 쓰지 않을 경우 자신의 신조 또는 사상을 그대로 유지한다는 것을 소극적으로 표명하게 되므로, 甲의 양심의 영역을 건드린다고 볼 수 있다.

④ 위 규칙 조항은 내용상 甲에게 그 어떠한 법적 의무도 부과하는 것이 아니며 법적 불이익의 부과 등 방법에 의하여 준법서약을 강제하고 있는 것이 아니므로 甲의 양심의 자유를 침해하는 것이 아니다.

지문분석 난이도 상 정답 ③

| 키 워 드 | 양심의 자유

| 출제유형 | 판례

'준법서약제 등 위헌확인, 가석방심사 등에 관한 규칙 제14조 제2항 위헌확인'에 관한 헌재 2002.4.25. 98헌마425 결정을 기초로 한 문제이다.

③ (X) 내용상 단순히 국법질서나 헌법체제를 준수하겠다는 취지의 서약을 할 것을 요구하는 이 사건 준법서약은 국민이 부담하는 일반적 의무를 장래를 향하여 확인하는 것에 불과하며, 어떠한 가정적 혹은 실제적 상황하에서 특정의 사유(思惟)를 하거나 특별한 행동을 할 것을 새로이 요구하는 것이 아니다. 따라서 이 사건 준법서약은 어떤 구체적이거나 적극적인 내용을 담지 않은 채 단순한 헌법적 의무의 확인·서약에 불과하다 할 것이어서 양심의 영역을 건드리는 것이 아니다.

① (O) 청구인들이 모두 석방된 이상, 앞으로 더 이상 준법서약서의 제출을 조건으로 한 가석방 여부가 문제될 리가 없으며, 따라서 이 사건 심판청구가 인용된다고 하더라도 청구인들의 주관적 권리구제에는 도움이 되지 아니한다고 할 수 있다. 그러나 헌법소원은 주관적 권리구제뿐만 아니라 객관적인 헌법질서보장의 기능도 겸하고 있으므로 가사 청구인들의 주관적 권리구제에는 도움이 되지 아니한다 하더라도 같은 유형의 침해행위가 앞으로도 반복될 위험이 있고, 헌법질서의 수호·유지를 위하여 그에 대한 헌법적 해명이 긴요한 사항에 대하여는 심판청구의 이익을 인정하여야 할 것이다. 이 사건 헌법소원에 있어서 준법서약서 제출요구는 앞으로도 계속 반복될 것으로 보여지고, 그에 대한 헌법적 정당성 여부의 해명은 헌법질서의 수호를 위하여 매우 긴요한 사항으로서 중요한 의미를 지니고 있는 것이므로 이 사건 심판청구의 이익은 여전히 존재한다 할 것이다.

② (O) 가석방심사위원회의 준법서약서 제출요구는 당해 수형자에게 준법서약서의 제출을 권유 내지 유도하는 권고적 성격의 중간적 조치에 불과하여 행정소송의 대상이 되는 독립한 행정처분으로서의 외형을 갖춘 행위라고 보기 어렵다. 그렇다면 청구인들이 이 사건 심판청구 전에 가석방심사위원회의 준법서약서 제출요구행위를 대상으로 한 행정소송 등 사전구제절차를 통하여 권리구제를 받을 것을 기대할 수는 없다 할 것이어서 동 구제절차를 이행하지 아니하였다는 이유로 기본권 침해의 직접성이 없다고 할 수 없으며, 따라서 이 사건 심판청구들은 권리침해의 직접성의 측면에서는 모두 적법하다.

④ (O) 이 사건의 경우, 가석방심사 등에 관한 규칙 제14조에 의하여 준법서약서의 제출이 반드시 법적으로 강제되어 있는 것이 아니다. 당해 수형자는 가석방심사위원회의 판단에 따라 준법서약서의 제출을 요구받았다고 하더라도 자신의 의사에 의하여 준법서약서의 제출을 거부할 수 있다. 또한 가석방은 행형기관의 교정정책 혹은 형사정책적 판단에 따라 수형자에게 주는 은혜적 조치일 뿐이고 수형자에게 주어지는 권리가 아니어서, 준법서약서의 제출을 거부하는 당해 수형자는 결국 위 규칙 조항에 의하여 가석방의 혜택을 받을 수 없게 될 것이지만, 단지 그것뿐이며 더 이상 법적 지위가 불안해지거나 법적 상태가 악화되지 아니한다. 이와 같이 위 규칙 조항은 내용상 당해 수형자에게 하등의 법적 의무를 부과하는 것이 아니며 이행강제나 처벌 또는 법적 불이익의 부과 등 방법에 의하여 준법서약을 강제하고 있는 것이 아니므로 당해 수형자의 양심의 자유를 침해하는 것이 아니다.

66 0439 ○△×|○△×|○△× 2015 법무사(변형)

양심의 자유 또는 종교의 자유에 관한 설명 중 옳지 않은 것은?

① 단순한 사실관계의 확인과 같이 가치적·윤리적 판단이 개입될 여지가 없는 경우는 물론, 법률해석에 관하여 여러 견해가 갈리는 경우처럼 다소의 가치관련성을 가진다고 하더라도 개인의 인격형성과는 관계가 없는 사사로운 사유(思惟)나 의견 등은 헌법 제19조가 보장하는 양심의 자유의 보호대상이 아니라는 것이 헌법재판소의 판례이다.

② 헌법상 보호되는 종교의 자유에는 특정 종교단체가 그 종교의 지도자와 교리자를 자체적으로 교육시킬 수 있는 종교교육의 자유가 포함되지만 종교교육이라고 할지라도 그것이 일반국민에게 피해를 주지 않고 교단 내부적으로 종교지도자 양성을 위한 순수한 종교활동의 연장으로 운영되고 교육법 제81조상의 학교나 학원법상의 학원 형태라고 볼 수 없는 것이라면, 이는 종교교육의 자유에 속하는 단순한 종교 내부의 활동으로서 국가의 제재를 받기에 적절하지 않다.

③ 헌법이 종교의 자유를 보장하고 종교와 국가기능을 엄격히 분리하고 있는 점에 비추어 종교단체의 조직과 운영은 그 자율성이 최대한 보장되어야 할 것이나 한편으로 종교가 가지는 도덕적 순수성, 국민들의 종교에 대한 신뢰 등을 고려할 때, 교회 안에서 개인이 누리는 지위에 영향을 미칠 각종 결의나 처분이 당연 무효라고 판단하는 데는, 종교단체 아닌 일반단체의 결의나 처분을 무효로 돌릴 정도보다 약한 절차상 하자가 있는 것으로 족하다는 것이 대법원의 판례이다.

④ 종교교육이 학교나 학원 형태로 시행될 때 필요한 시설기준과 교육과정 등에 대한 최소한의 기준을 국가가 마련하여 학교설립인가 등을 받게 하는 것은 헌법 제31조 제6항의 입법자의 입법재량의 범위 안에 포함되므로 종교의 자유를 침해하지 않는다는 것이 헌법재판소의 판례이다.

지문분석 난이도 중 정답 ③

| **키 워 드** | 양심의 자유 또는 종교의 자유

| **출제유형** | 판례

③ (X) 우리 헌법이 종교의 자유를 보장하고 종교와 국가기능을 엄격히 분리하고 있는 점에 비추어 종교단체의 조직과 운영은 그 자율성이 최대한 보장되어야 할 것이므로, 교회 안에서 개인이 누리는 지위에 영향을 미칠 각종 결의나 처분이 당연 무효라고 판단하려면, 그저 일반적인 종교단체 아닌 일반단체의 결의나 처분을 무효로 돌릴 정도의 절차상 하자가 있는 것으로는 부족하고, 그러한 하자가 매우 중대하여 이를 그대로 둘 경우 현저히 정의관념에 반하는 경우라야 할 것이다(대판 2006.2.10. 2003다63104).

① (O) 헌재 2002.1.31. 2001헌바43

② (O) 헌재 2000.3.30. 99헌바14

④ (O) 교육법 제85조 제1항 및 학원의 설립·운영에 관한 법률 제6조가 종교교육을 담당하는 기관들에 대하여 예외적으로 인가 혹은 등록의무를 면제하여 주지 않았다고 하더라도, 헌법 제31조 제6항이 교육제도에 관한 기본사항을 법률로 입법자가 정하도록 한 취지, 종교교육기관이 자체 내부의 순수한 성직자 양성기관이 아니라 학교 혹은 학원의 형태로 운영될 경우 일반국민들이 받을 수 있는 부실한 교육의 피해의 방지, 현행 법률상 학교 내지 학원의 설립절차가 지나치게 엄격하다고 볼 수 없는 점 등을 고려할 때, 위 조항들이 청구인의 종교의 자유 등을 침해하였다고 볼 수 없고, 국교금지 내지 정교분리의 원칙을 위반한 것이라 할 수 없다. 또한 위 조항들로 인하여 종교교단의 재정적 능력에 따라 학교 내지 학원의 설립상 차별을 초래한다고 해도 거기에는 위와 같은 합리적 이유가 있으므로 평등원칙에 위배된다고 할 수 없다(헌재 2000.3.30. 99헌바14).

67 0440 ○△×|○△×|○△× 2019 국가직 7급(변형)

다음 중 종교의 자유에 대한 설명으로 가장 옳지 않은 것은?
(다툼이 있는 경우 헌법재판소 및 대법원 판례에 의함)

① 교인으로서 비위가 있는 자에게 종교적인 방법으로 징계·제재하는 종교단체 내부의 규제(권징재판)가 아닌 한 종교단체 내에서 개인이 누리는 지위에 영향을 미치는 단체법상의 행위라 하여 반드시 사법심사의 대상에서 제외하거나 소의 이익을 부정할 것은 아니다. 그렇다고 하여도 종교단체가 헌법상 종교의 자유와 정교분리의 원칙에 기초하여 그 교리를 확립하고 신앙의 질서를 유지하는 자율권은 최대한 보장되어야 하므로, 종교단체의 의사결정이 종교상의 교의 또는 신앙의 해석에 깊이 관련되어 있다면, 그러한 의사결정이 종교단체 내에서 개인이 누리는 지위에 영향을 미치더라도 그 의사결정에 대한 사법적 관여는 억제되는 것이 바람직하다.

② 종교의 자유에는 신앙의 자유, 종교적 행위의 자유가 포함되며, 종교적 행위의 자유에는 종교전파의 자유 등이 있다고 할 것이나, 이러한 종교전파의 자유는 국민에게 그가 선택한 임의의 장소에서 자유롭게 행사할 수 있는 권리까지 보장한다고 할 수 없으며, 그 임의의 장소가 대한민국의 주권이 미치지 아니하는 지역에 대하여까지 국가가 보장해야 한다고는 볼 수 없다.

③ 공군참모총장이 군종장교로 하여금 특정 종교에 대한 비판적 정보를 담은 책자를 장병들을 상대로 발행·배포하게 한 것은, 비록 그 내용이 교계에 널리 알려진 것이라 하더라도 헌법 제20조 제2항이 정한 정교분리의 원칙에 위반되는 것으로서 위법하다.

④ 양심의 자유는 단지 국가에 대하여 가능하면 개인의 양심을 고려하고 보호할 것을 요구하는 권리일 뿐, 양심상의 이유로 법적 의무의 이행을 거부하거나 법적 의무를 대신하는 대체의무의 제공을 요구할 수 있는 권리가 아니다.

지문분석 난이도 중 정답 ③

| 키 워 드 | 종교의 자유

| 출제유형 | 판례

③ (X) 공군참모총장이 전 공군을 지휘·감독할 지위에서 수하의 장병들을 상대로 단결심의 함양과 조직의 유지·관리를 위하여 계몽적인 차원에서 군종장교로 하여금 교계에 널리 알려진 특정 종교에 대한 비판적 정보를 담은 책자를 발행·배포하게 한 행위는 특별한 사정이 없는 한 정교분리의 원칙에 위반하는 위법한 직무집행에 해당하지 않는다(대판 2007.4.26. 2006다87903).

① (O) 대판 2011.10.27. 2009다32386

② (O) 종교전파의 자유는 누구에게나 자신의 종교 또는 종교적 확신을 알리고 선전하는 자유를 말하며, 포교행위 또는 선교행위가 이에 해당한다. 그러나 이러한 종교전파의 자유는 국민에게 그가 선택한 임의의 장소에서 자유롭게 행사할 수 있는 권리까지 보장한다고 할 수 없으며, 그 임의의 장소가 대한민국의 주권이 미치지 아니하는 지역 나아가 국가에 의한 국민의 생명·신체 및 재산의 보호가 강력히 요구되는 해외 위난지역인 경우에는 더욱 그러하다(헌재 2008.6.26. 2007헌마1366).

④ (O) 양심의 자유는 단지 국가에 대하여 가능하면 개인의 양심을 고려하고 보호할 것을 요구하는 권리일 뿐, 양심상의 이유로 법적 의무의 이행을 거부하거나 법적 의무를 대신하는 대체의무의 제공을 요구할 수 있는 권리가 아니다. 따라서 양심의 자유로부터 대체복무를 요구할 권리도 도출되지 않는다. 우리 헌법은 병역의무와 관련하여 양심의 자유의 일방적인 우위를 인정하는 어떠한 규범적 표현도 하고 있지 않다. 양심상의 이유로 병역의무의 이행을 거부할 권리는 단지 헌법 스스로 이에 관하여 명문으로 규정하는 경우에 한하여 인정될 수 있다(헌재 2004.8.26. 2002헌가1).

68 0441 ○△×|○△×|○△× 2016 법원직 9급(변형)

종교의 자유와 관련된 설명으로 옳지 않은 것은? (다툼이 있는 경우 판례에 의함)

① 비록 종립학교의 학교법인이 국·공립학교의 경우와는 달리 종교교육을 할 자유와 운영의 자유를 가진다고 하더라도, 그 종립학교가 공교육체계에 편입되어 있는 이상 원칙적으로 학생의 종교의 자유, 교육을 받을 권리를 고려한 대책을 마련하는 등의 조치를 취하는 속에서 그러한 자유를 누린다고 해석하여야 하므로, 구체적인 사정을 종합적으로 고려하여 사회공동체의 건전한 상식과 법감정에 비추어 볼 때 용인될 수 있는 한계를 초과한 종교교육이라고 보이는 경우에는 위법성을 인정할 수 있다.

② 고등학교 평준화정책에 따라 종교단체가 설립한 사립고등학교에 강제배정된 학생의 경우, 이 학교가 특정 종교의 교리를 전파하는 종교과목 수업을 실시하면서 참가 거부가 사실상 불가능한 분위기를 조성하고 대체과목을 개설하지 않은 것은 종교를 갖지 않은 학생의 기본권을 고려하지 않아 그 학생의 종교에 관한 인격적 법익을 침해한다.

③ 사법시험의 시행일자를 토요일이나 일요일에 시행하는 것 또는 서울특별시 공립중등학교 교사임용후보자 경쟁시험 및 법학적성시험의 시행일자를 일요일로 정하는 것 등이 종교의 자유를 침해한다고 볼 수는 없다.

④ 종교단체가 납골시설을 설치·운영하는 것을 법률로 금지하는 것은 종교의 자유에 대한 제한이 아니라 경제활동의 자유에 대한 제한이다.

지문분석 난이도 중 정답 ④

| 키 워 드 | 종교의 자유

| 출제유형 | 판례

④ (X) 이 사건 법률 조항은 정화구역 내의 납골시설 설치·운영을 일반적으로 금지하고 있다. 종교단체의 납골시설은 사자의 죽음을 추모하고 사후의 평안을 기원하는 종교적 행사를 하기 위한 시설이라고 할 수 있다. 종교단체가 설치·운영하고자 하는 납골시설이 금지되는 경우에는 종교의 자유에 대한 제한 문제가 발생한다. 그리고 개인이 조상이나 가족을 위하여 설치하는 납골시설 또는 문중·종중이 구성원을 위하여 설치하는 납골시설이 금지되는 경우에는 행복추구권 제한의 문제가 발생한다. 납골시설의 설치·운영을 직업으로서 수행하고자 하는 자에게는 이 사건 법률 조항이 직업의 자유를 제한하게 된다(헌재 2009.7.30. 2008헌가2).

① (O), ② (O) 대판 2010.4.22. 2008다38288 전원합의체

③ (O)

- 사법시험을 일요일에 시행하는 것: 합헌(헌재 2001.9.27. 2000헌마159)
- 사법시험을 토요일에 시행하는 것: 합헌(헌재 2010.6.24. 2010헌마41)
- 법학적성시험을 일요일에 시행하는 것: 합헌(헌재 2010.4.29. 2009헌마399)
- 2010학년도 서울특별시 공립중등학교 교사임용후보자 경쟁시험 시행공고에서 서울시 교육감의 교원임용시험일자를 일요일로 지정한 것: 합헌(헌재 2010.11.25. 2010헌마199)

69 0442 ○△×|○△×|○△× 2015 변호사(변형)

언론·출판의 자유에 대한 설명으로 옳지 않은 것은? (다툼이 있는 경우 판례에 의함)

① 영리를 목적으로 하는 행위라는 이유로 상업적 광고를 보호범위에서 배제하는 것은 "국가가 의견표현을 그 동기·대상·내용이나 형태에 따라 평가해서는 안 된다는 요청"에 반하는 것이므로 상업적 광고도 평가적·의견형성적 내용을 담고 있거나 의견형성에 기여하는 사실을 전달하는 이상, 의견을 표현하는 것으로서 보호되어야 한다.

② 헌법 제21조에서 보장하고 있는 표현의 자유에는 자신의 신원을 누구에게도 밝히지 아니한 채 익명 또는 가명으로 자신의 사상이나 견해를 표명하고 전파할 자유도 포함된다.

③ 인터넷 언론사의 공개된 게시판·대화방에서 스스로의 의사에 의하여 정당·후보자에 대한 지지·반대의 글을 게시하는 행위가 양심의 자유나 사생활 비밀의 자유에 의하여 보호되는 영역이라고 할 수는 없으나, 정보통신망의 발달로 선거기간 중 인터넷 언론사의 선거와 관련한 게시판·대화방 등도 정치적 의사를 형성·전파하는 매체로서 역할을 담당하고 있으므로, 의사의 표현·전파의 형식의 하나로 인정되고 언론·출판의 자유에 의하여 보호된다.

④ 집필활동이 학술활동을 위한 글을 쓰는 경우에는 학문의 자유, 문학작품의 창작을 위한 경우에는 예술의 자유, 직업으로서의 글쓰기를 위한 경우에는 직업의 자유, 편지를 쓰는 경우와 같이 외부와의 연락을 위한 경우에는 통신의 자유, 소송서류를 작성하기 위한 경우에는 재판청구권, 일기나 비망록 등의 작성을 위한 경우에는 인격권이나 행복추구권과 연관될 수 있다. 그런데 행형법이 금치처분을 받은 수형자에게 집필행위를 금지하면서 집필의 내용과 목적을 묻지 않고 도화 작성을 포함하여 일반적이고 포괄적인 의미의 글쓰기를 금지하고 있으므로 이 행형법에 의해서 직접적으로 제한받는 기본권은 표현의 자유가 아니라 포괄적 의미의 인격권이나 행복추구권에서 파생하는 일반적 행동자유권이다.

지문분석 난이도 ㊤ 정답 ④

| 키 워 드 | 언론·출판의 자유

| 출제유형 | 판례

④ (X) 행형법 제33조의3 제1항의 규정에 비추어 볼 때 행형법상의 집필은 그 내용과 목적을 묻지 않고 도화 작성을 포함하여 일반적이고 포괄적인 의미의 글쓰기를 가리키는 것으로 볼 수 있다. 집필행위는 사람의 내면에 있는 생각이 외부로 나타나는 첫 단계의 행위란 점에서 문자를 통한 표현행위의 가장 기초적이고도 전제가 되는 행위라 할 것이다. 일반적으로 표현의 자유는 정보의 전달 또는 전파와 관련지어 생각되므로 구체적인 전달이나 전파의 상대방이 없는 집필의 단계를 표현의 자유의 보호영역에 포함시킬 것인지 의문이 있을 수 있으나, 집필은 문자를 통한 모든 의사표현의 기본 전제가 된다는 점에서 당연히 표현의 자유의 보호영역에 속해 있다고 보아야 한다. 이 사건 시행령 조항이 규율 위반자에 대해 불이익을 가한다는 면만을 강조하여 금치처분을 받은 자에 대하여 집필의 목적과 내용 등을 묻지 않고, 또 대상자에 대한 교화 또는 처우상 필요한 경우까지도 예외 없이 일체의 집필행위를 금지하고 있음은 입법목적 달성을 위한 필요최소한의 제한이라는 한계를 벗어난 것이라고 할 것이다. 따라서 과잉금지의 원칙에 위반된다(헌재 2005.2.24. 2003헌마289).

① (O) 광고물도 사상·지식·정보 등을 불특정 다수인에게 전파하는 것으로서 언론·출판의 자유에 의한 보호를 받는 대상이 된다. 따라서 영리목적의 광고성 정보인 스팸메일도 표현의 자유 특히 광고표현의 자유(혹은 상업적 표현의 자유)에 의한 보호를 받는다. 헌법재판소는 "광고가 단순히 상업적인 상품이나 서비스에 관한 사실을 알리는 경우에도 그 내용이 공익을 포함하는 때에는 헌법 제21조의 표현의 자유에 의하여 보호된다."고 하여 상업적 광고도 언론·출판의 자유가 보호하는 표현행위에 포함된다고 하였다(헌재 1998.2.27. 96헌바2; 헌재 2005.10.27. 2003헌가3).

② (O) '자유로운' 표명과 전파의 자유에는 자신의 신원을 누구에게도 밝히지 아니한 채 익명 또는 가명으로 자신의 사상이나 견해를 표명하고 전파할 익명표현의 자유도 그 보호영역에 포함된다[헌재 2010.2.25. 2008헌마324·2009헌바31(병합)].

③ (O) 인터넷 언론사의 공개된 게시판·대화방에서 스스로의 의사에 의하여 정당·후보자에 대한 지지·반대의 글을 게시하는 행위는 정당·후보자에 대한 단순한 의견 등의 표현행위에 불과하여 양심의 자유나 사생활 비밀의 자유에 의하여 보호되는 영역이라고 할 수 없으므로, 그 과정에서 실명확인 절차의 부담을 진다고 하더라도 이를 두고 양심의 자유나 사생활 비밀의 자유를 제한받는 것이라고 볼 수 없어 그 침해 여부에 관하여 더 나아가 판단하지 아니한다.… (중략) …정보통신망의 발달로 선거기간 중 인터넷 언론사의 선거와 관련한 게시판·대화방 등도 정치적 의사를 형성·전파하는 매체로서 역할을 담당하고 있으므로, 의사의 표현·전파의 형식의 하나로 인정되고 따라서 언론·출판의 자유에 의하여 보호된다고 할 것이다[헌재 2010.2.25. 2008헌마324·2009헌바31(병합)].

70 0443 O△X | O△X | O△X 2019 서울시 7급(변형)

언론의 자유의 제한과 관련된 헌법재판소의 입장과 일치하지 않는 것은?

① "음란"이란 인간존엄 내지 인간성을 왜곡하는 노골적이고 적나라한 성표현으로서 오로지 성적 흥미에만 호소할 뿐 전체적으로 보아 하등의 문학적, 예술적, 과학적 또는 정치적 가치를 지니지 않은 것으로서, 사회의 건전한 성도덕을 크게 해칠 뿐만 아니라 사상의 경쟁메커니즘에 의해서도 그 해악이 해소되기 어려워 언론·출판의 자유에 의한 보장을 받지 않는 반면, "저속"은 이러한 정도에 이르지 않는 성표현 등을 의미하는 것으로서 헌법적인 보호영역 안에 있다.

② "음란"이라는 개념은 그것이 애매모호하여 명확성의 원칙에 반한다고 할 수 없으나, "저속"이라는 개념은 그 적용범위가 매우 광범위할 뿐만 아니라 법관의 보충적인 해석에 의한다 하더라도 그 의미내용을 확정하기 어려울 정도로 매우 추상적이어서 명확성원칙에 위배된다.

③ 교통수단을 이용한 광고는 교통수단 소유자에 관한 광고에 한하여 할 수 있도록 규정한 구 옥외광고물 등 관리법 시행령 제13조 제9항은 특정한 표현 내용을 금지하거나 제한하려는 것이 아니라 광고의 매체로 이용될 수 있는 차량을 제한하고자 하는 표현방법에 따른 규제로서, 표현의 방법에 대한 제한은 합리적인 공익상의 이유로 비례의 원칙의 준수 하에서 가능하다고 할 것이어서 표현의 자유를 침해한다고 볼 수 없다.

④ 연합뉴스사를 국가기간뉴스통신사로 지정하여 정부와 뉴스정보 구독계약을 체결하게 하며, 정부가 위탁하는 공익업무와 관련하여 정부의 예산으로 재정지원을 할 수 있도록 하는 것이 다른 언론기관의 언론·출판의 자유를 제약하는 내용을 전혀 담고 있지 아니하므로 다른 언론기관의 언론·출판의 자유 침해 여부는 살필 필요도 없다는 것이 헌법재판소의 입장이다.

지문분석 난이도 중 정답 ①

| **키 워 드** | 언론의 자유의 제한

| **출제유형** | 판례

① (X) 헌법재판소는 종래 '음란'이란 언론·출판의 자유의 보호영역 밖에 있으나, '저속'이란 표현은 헌법적 보호영역 안에 있다(헌재 1998.4.30. 95헌가16)고 하였으나, 최근에는 "음란표현도 헌법 제21조가 규정하는 언론·출판의 자유의 보호영역에는 해당하되, 다만 헌법 제37조 제2항에 따라 국가 안전보장·질서유지 또는 공공복리를 위하여 제한할 수 있는 것이다."라고 판시하여 '음란'표현도 언론·출판의 자유의 보호영역에 속한다고 판례를 변경하였다(헌재 2009.5.28. 2006헌바109).

② (O) "음란" 개념은 적어도 수범자와 법집행자에게 적정한 지침을 제시하고 있다고 볼 수 있고 또 법적용자의 개인적 취향에 따라 그 의미가 달라질 수 있는 가능성도 희박하다고 하지 않을 수 없다. 따라서 이 사건 법률 조항의 "음란" 개념은 그것이 애매모호하여 명확성의 원칙에 반한다고 할 수 없다. "음란"의 개념과는 달리 "저속"의 개념은 그 적용범위가 매우 광범위할 뿐만 아니라 법관의 보충적인 해석에 의한다 하더라도 그 의미 내용을 확정하기 어려울 정도로 매우 추상적이다. 이 "저속"의 개념에는 출판사등록이 취소되는 성적 표현의 하한이 열려 있을 뿐만 아니라 폭력성이나 잔인성 및 천한 정도도 그 하한이 모두 열려 있기 때문에 출판을 하고자 하는 자는 어느 정도로 자신의 표현 내용을 조절해야 되는지를 도저히 알 수 없도록 되어 있어 명확성의 원칙 및 과도한 광범성의 원칙에 반한다. 또 청소년 보호라는 명목으로 성인이 볼 수 있는 것까지 전면 금지시킨다면 이는 성인의 알 권리의 수준을 청소년의 수준으로 맞출 것을 국가가 강요하는 것이어서 성인의 알 권리까지 침해하게 된다(헌재 1998.4.30. 95헌가16).

③ (O) 국가가 개인의 표현행위를 규제하는 경우, 표현 내용에 대한 규제는 원칙적으로 중대한 공익의 실현을 위하여 불가피한 경우에 한하여 엄격한 요건 하에서 허용되는 반면, 표현 내용과 무관하게 표현의 방법을 규제하는 것은 합리적인 공익상의 이유로 폭넓은 제한이 가능하다. 도로안전과 환경·미관을 위하여 자동차에 광고를 부착하는 것을 제한하는 것은 일반 국민들과 운전자들의 공공복리를 위한 것이라 할 수 있고, 이러한 이유로 제한이 가능하다 할 것이므로 이 사건 시행령 조항이 자동차 소유자 자신에 관한 광고는 허용하면서 타인에 관한 광고를 금지하는 것은 특정한 표현 내용을 금지하거나 제한하려는 것이 아니라 광고의 매체로 이용될 수 있는 차량을 제한하고자 하는 표현방법에 따른 규제로서, 표현의 방법에 대한 제한은 합리적인 공익상의 이유로 비례의 원칙의 준수 하에서 가능하다고 할 것이어서 표현의 자유를 침해한다고 볼 수 없다(헌재 2002.12.18. 2000헌마764).

④ (O) 심판대상 조항은 청구인 회사의 취재활동 등 언론기관으로서의 활동에 간섭을 한다거나 또는 언론활동의 결과로서 보도의 내용을 검열하는 등 청구인들의 언론·출판의 자유를 제약하는 내용을 전혀 담고 있지 아니하다. 그리고 이에 더하여 심판대상 조항은 오로지 청구인 회사와 연합뉴스사 간의 영업활동(뉴스정보의 판매 등)과 관련한 경쟁을 국가기간뉴스통신사의 지정과 관련된 범위에서 제한하고 있을 뿐, 영업활동 또는 연합뉴스사와의 경쟁의 산물로서 이미 축적되고 형성된 청구인들의 재산권을 부당하게 제한하거나 또는 그 내용을 부당히 축소·변경하는 등의 조항을 일체 포함하고 있지 아니하다. 그러므로 청구인들의 재산권 또는 언론·출판의 자유와 관련된 주장은 더 이상 살필 필요도 없이 이유 없다. 한편 다른 뉴스통신사와 그 기능과 역할 및 업무의 영역 측면에서 비교할 수 없을 정도로 큰 차이가 있는 것을 비롯하여 전문뉴스제작인력의 수 등 인력구조의 면이나 매출액 등 물적 측면에서도 뚜렷한 차이가 존재하는 연합뉴스사를 국가기간뉴스통신사로 지정하고 이에 대하여 재정지원 등 여러 가지 혜택을 부여한 심판대상 조항에는 수긍할 만한 합리적인 이유가 있다고 할 것이므로, 이를 두고 평등원칙에 어긋나는 자의적 차별이라고 하기는 어렵다(헌재 2005.6.30. 2003헌마841).

71 0444 ○△×|○△×|○△× 2015 법원직 9급(변형)

알 권리에 대한 설명으로 옳게 설명하고 있는 것은? (다툼이 있는 경우 판례에 의함)

① '알 권리'란 모든 정보원(情報源)으로부터 일반적 정보를 수집하고 이를 처리할 수 있는 권리이고, 여기서 '일반적'이란 신문, 잡지, 방송 등 불특정 다수인에게 개방될 수 있는 것을 말하며, '정보'란 양심, 사상, 의견, 지식 등의 형성에 관련이 있는 일체의 자료를 말한다. 따라서 일반적으로 공개되지 않은 국가의 정보를 열람할 수 있는 권리는 알 권리에 포함되지 않는다.

② 알 권리가 공공기관의 정보에 대한 공개청구권을 의미하는 경우에는 청구권적 성격을 지니지만, 일반적으로 접근할 수 있는 정보원으로부터 자유롭게 정보를 수집할 수 있는 권리를 의미하는 경우에는 자유권적 성격을 지니는 것으로서, 이 경우 그러한 권리는 별도의 입법을 할 필요도 없이 보장되는 것이므로, 일반적으로 정보에 접근하고 수집·처리함에 있어 알 권리는 별도의 입법이 없더라도 국가권력의 방해를 받음이 없이 보장되어야 한다.

③ 청구권적 기본권은 그 자체로서 보호될 수는 없고 법률에 의한 구체적 형성이 필요한 기본권이므로 알 권리가 청구권적 성격을 가질 경우에는 법률에 의해서 구체적으로 형성된 범위 내에서 국가에 대한 정보공개청구권이 인정된다.

④ 국방부장관 및 육군참모총장의 지시 등 군대 내의 불온도서 차단대책 강구 지시는 외부와 단절되어 있는 군인들이 군대 내에서도 일반적 정보에 접근할 수 있도록 정보를 공개해 줄 것을 요청할 수 있는 정보공개청구권으로서의 알 권리가 제한되지만 군대 내의 기강유지나 정신무장적 측면을 고려할 때 알 권리에 대한 과도한 제한이라고 보기 어렵다.

지문분석

난이도 상 정답 ②

| 키 워 드 | 알 권리

| 출제유형 | 판례

② (○) 헌재 2010.10.28. 2008헌마638

① (X) '알 권리'란 모든 정보원(情報源)으로부터 일반적 정보를 수집하고 이를 처리할 수 있는 권리이고, 여기서 '일반적'이란 신문, 잡지, 방송 등 불특정 다수인에게 개방될 수 있는 것을 말하며, '정보'란 양심, 사상, 의견, 지식 등의 형성에 관련이 있는 일체의 자료를 말한다. 일반적으로 출판되어 공중에 판매되는 도서 또한 불특정 다수인에게 개방된 매체라 할 것이고, 이러한 도서가 담고 있는 정보는 양심, 사상, 의견, 지식 등의 형성에 관련이 있는 자료라 할 것이다(헌재 2010.10.28. 2008헌마638). 그러나 우리 헌법재판소는 "알 권리의 핵심은 정부가 보유하고 있는 정보에 대한 국민의 알 권리, 즉 국민의 정부에 대한 일반적 정보공개를 구할 권리(청구권적 기본권)라고 할 것이다."라고 하여 공개된 정보 이외에도 국가가 보유하는 정보에 대한 일반적 공개청구권도 인정하고 있다(헌재 1991.5.13. 90헌마133).

③ (X) 정보에의 접근·수집·처리의 자유(알 권리)는 표현의 자유와 표리일체의 관계에 있고, 자유권적 성질과 청구권적 성질을 공유하는 것으로, 자유권적 성질은 일반적으로 정보에 접근하고 수집·처리함에 있어서 국가권력의 방해를 받지 아니한다는 것을 말하며, 청구권적 성질은 의사형성이나 여론형성에 필요한 정보를 적극적으로 수집하고 수집을 방해하는 방해제거를 청구할 수 있다는 것(정보수집권 또는 정보공개청구권)을 의미한다. 현대 사회가 고도의 정보화 사회로 이행해감에 따라 알 권리는 한편으로 생활권적 성질까지도 획득해 나가고 있다. 알 권리의 핵심은 정부가 보유하고 있는 정보에 대한 국민의 알 권리, 즉 국민의 정부에 대한 일반적 정보공개를 구할 권리(청구권적 기본권)라고 할 것이다. 이러한 알 권리의 실현은 법률의 제정이 뒤따라 이를 구체화시키는 것이 충실하고도 바람직하지만, 그러한 법률이 제정되어 있지 않다고 하더라도, 헌법 제21조에 의해 직접 보장될 수 있다고 하는 것이 헌법재판소의 확립된 판례이다(헌재 1991.5.13. 90헌마133).

④ (X) 이 사건 복무규율 조항은 출판·판매되는 일정한 도서에 대하여 취득·소지 내지는 부대 내의 반입 등을 금지하고 있는바, 이는 일반적인 정보원이라고 할 도서의 취득·소지·반입 등을 제한함으로써 알 권리를 제한하는 것이고, 또한 이 사건 복무규율 조항은 공공기관의 정보에 대한 공개청구권과 관계된 것이 아니라 일반적으로 접근할 수 있는 정보원으로부터 자유로운 정보 수집을 제한하고 있는 것이므로, 별도의 입법을 필요로 하지 아니하고 보장되는 자유권적 성격의 알 권리를 제한하고 있는 것이다. 한편, 이 사건 복무규율 조항은 정보의 내용에 따라 이에 대한 접근성을 제한하고 있는데, 국가권력이 일정한 학문적, 사상적 내용을 갖고 있는 정보에 대한 접근을 그 내용을 이유로 차단하는 경우에는 개인의 자유로운 사고형성이 제한되어 학문·사상·양심의 자유가 제한될 수 있는 것이므로, 이 사건 복무규율 조항에 의한 알 권리의 제한은 이들 정신적 자유의 제한과 밀접하게 관련되어 있다 할 것이다. 그러나 군의 정신전력이 국가안전보장을 확보하는 군사력의 중요한 일부분이라는 점이 분명한 이상, 정신전력을 보전하기 위하여 불온도서의 소지·전파 등을 금지하는 규율 조항은 목적의 정당성이 인정된다. 또한 군의 정신전력에 심각한 저해를 초래할 수 있는 범위의 도서로 한정함으로써 침해의 최소성 요건을 지키고 있고, 이 사건 복무규율 조항으로 달성되는 군의 정신전력 보존과 이를 통한 군의 국가안전보장 및 국토방위의무의 효과적인 수행이라는 공익은 이 사건 복무규율 조항으로 인하여 제한되는 군인의 알 권리라는 사익보다 결코 작다 할 수 없다. 이 사건 복무규율 조항은 법익균형성원칙에도 위배되지 아니한다(헌재 2010.10.28. 2008헌마638).

72 0445 ○△×|○△×|○△× 2022 경찰 2차

알 권리에 관한 설명 중 가장 적절하지 않은 것은? (다툼이 있는 경우 판례에 의함)

① 국가 또는 지방자치단체의 기관이 보관하고 있는 문서 등에 관하여 이해관계 있는 국민이 공개를 요구함에도 정당한 이유 없이 이에 응하지 아니하거나 거부하는 것은 당해 국민의 알 권리를 침해하는 것이다.

② 군사기밀의 범위는 국민의 표현의 자유 내지 알 권리의 대상 영역을 최대한 넓혀줄 수 있도록 필요한 최소한도에 한정되어야 할 것인바, 구 군사기밀보호법 제6조 등은 '군사상의 기밀'이 비공지의 사실로서 적법절차에 따라 군사기밀로서의 표지를 갖추고 그 누설이 국가의 안전보장에 명백한 위험을 초래한다고 볼 만큼의 실질가치를 지닌 것으로 인정되는 경우에 한하여 적용된다 할 것이므로 이러한 해석하에 헌법에 위반되지 아니한다.

③ 공판조서의 절대적 증명력을 규정한 형사소송법 조항은 공판조서의 증명력을 규정하고 있을 뿐 공판조서의 내용에 대한 접근·수집·처리 등에 관한 규정이 아니어서, 정보에의 접근·수집·처리의 자유를 의미하는 알 권리에 어떠한 제한이 있다고 보기 어렵다.

④ 개별 교원이 어떤 교원단체나 노동조합에 가입해 있는지에 대한 정보공개를 제한하는 것은 학부모인 청구인들의 알 권리를 제한하는 것은 아니다.

지문분석 난이도 ㊥ 정답 ④

| 키 워 드 | 알 권리

| 출제유형 | 판례

④ (X) 공시대상정보로서 교원의 교원단체 및 노동조합 가입현황(인원 수)만을 규정할 뿐 개별 교원의 명단은 규정하고 있지 아니한 구 '교육관련기관의 정보공개에 관한 특례법 시행령'은 알 권리 침해가 아니다(헌재 2011.12.29. 2010헌마293).

① (O) 국가 또는 지방자치단체의 기관이 보관하고 있는 문서 등에 관하여 이해관계 있는 국민이 공개를 요구함에도 정당한 이유 없이 이에 응하지 아니하거나 거부하는 것은 당해 국민의 알 권리를 침해한다(헌재 1994.8.31. 93헌마174).

② (O) 공지된 사실은 국가기밀이 아니며 비공지된 사실로서 그것이 누설될 경우 국가안전의 명백한 위험을 초래할 실질적 가치가 있는 실질비성을 갖춘 것이어야 국가기밀이 될 수 있다(헌재 1997.1.16. 92헌바6).

③ (O) 이 사건 법률조항으로 인한 기본권 제한이 상소심에서의 심리지연 등으로 인한 피해보다 크다고 볼 수 없으므로, 피해의 최소성과 함께 법익균형성의 요건도 갖추었다 할 것이므로, 이 사건 법률조항이 청구인의 재판을 받을 권리를 침해한다고 볼 수 없다. 나아가, 이 사건 법률조항은 증명력에 있어서 공판조서와 다른 증거방법을 차별하고 있으나, 이 사건 법률조항의 입법취지, 절대적 증명력의 범위, 공판조서 기재의 정확성을 담보하기 위한 형사소송법상의 여러 조항 등을 모두 고려할 때, 이러한 차별은 합리적인 이유가 있다고 인정되므로 평등의 원칙에 위반되지 아니한다(헌재 2012.4.24. 2010헌바379).

73 0446 ○△×|○△×|○△× 2019 변호사(변형)

다음 중 헌법재판소의 판례와 일치하지 않는 것은?

① 학문의 자유나 대학의 자율성 내지 대학의 자치를 근거로 사립대학 교수들은 총장선임에 실질적으로 관여할 수 있는 지위에 있다고 보는 것이 대법원의 판례이다. 헌법재판소도 국립대학 교수들은 대학총장 후보자 선출에 참여할 권리가 있고 이 권리는 대학의 자치의 본질적인 내용에 포함되는 것이므로 헌법상 기본권이라고 하였다.

② 국립대학인 세무대학은 공법인으로서 사립대학과 마찬가지로 대학의 자율권이라는 기본권의 보호를 받으므로, 세무대학은 국가의 간섭 없이 인사·학사·시설·재정 등 대학과 관련된 사항들을 자주적으로 결정하고 운영할 자유를 갖는다.

③ 세무대학이 폐교되는 경우에도 이미 세무대학을 졸업한 자들의 행복추구권을 침해하는 것은 아니다.

④ 대학의 자율성은 헌법 제22조 제1항이 보장하고 있는 학문의 자유의 확실한 보장수단으로 꼭 필요한 것으로서 이는 대학에게 부여된 헌법상의 기본권이다.

지문분석 난이도 ㊦ 정답 ①

| 키 워 드 | 학문의 자유

| 출제유형 | 판례

① (X) 대법원은 "총장선임권은 사립학교법 제53조 제1항의 규정에 의하여 학교법인에게 부여되어 있는 것이고 달리 법률 또는 당해 법인 정관의 규정에 의하여 교수들에게 총장선임권 또는 그 참여권을 인정하지 않고 있는 이상, 헌법상의 학문의 자유나 대학의 자율성 내지 대학의 자치만을 근거로 교수들이 사립대학의 총장선임에 실질적으로 관여할 수 있는 지위에 있다거나 학교법인의 총장선임행위를 다툴 확인의 이익을 가진다고 볼 수 없다"(대판 1996.5.31. 95다26971)라고 판시하였다. 그러나 헌법재판소는 "대학 교수나 교수회는 대학총장 후보자 선출에 참여할 권리가 있고 이 권리는 대학의 자치의 본질적인 내용에 포함된다고 할 것이므로 결국 헌법상의 기본권으로 인정할 수 있다."(헌재 2006.4.27. 2005헌마1047 등)고 하였다.

② (O), ③ (O) 헌재 2001.2.22. 99헌마613

④ (O) 헌재 2014.1.28. 2011헌마239

74 0447 ○△×|○△×|○△× 2019 서울시 7급(변형)

언론·출판의 자유에 대한 제한과 검열금지원칙에 관련된 설명으로 옳지 않은 것은? (다툼이 있는 경우 판례에 의함)

① 한국광고자율심의기구는 민간이 주도가 되어 설립된 기구이므로 검열기관이라고 볼 수 없다. 따라서 한국광고자율심의기구의 텔레비전 방송광고 사전심의는 헌법이 절대적으로 금지하는 사전검열에 해당하지 않는다.
② 행정권에 의한 사전심사나 금지처분이 아니라 개별 당사자 간의 분쟁에 관하여 사법부가 사법절차에 의하여 심리, 결정하는 것이므로, 헌법에서 금지하는 사전검열에 해당하지 아니하므로 사법부가 사법절차에 의하여 심리·결정하는 방영금지가처분은 헌법에서 금지하는 사전검열에 해당하지 않는다.
③ 출판의 자유에는 모든 사람이 스스로 저술한 책자가 교과서가 될 수 있도록 주장할 수 있는 권리까지 포함되어 있는 것은 아니기 때문에 중학교의 국어교과서에 관한 한, 교과용도서의 국정제는 학문의 자유나 언론·출판의 자유를 침해하는 제도가 아님은 물론 교육의 자주성·전문성·정치적 중립성과도 무조건 양립되지 않는 것이라 하기 어려우므로 헌법에 위반되지 아니한다.
④ '공공의 안녕질서' 또는 '미풍양속을 해하는 내용'의 통신을 '불온통신'으로 보아 처벌하는 전기통신사업법 제53조 제1항은 명확성원칙에 위배되고, 표현의 자유를 지나치게 광범위하게, 포괄적으로 제한함으로써 과잉금지원칙에 위배된다.

지문분석 난이도 ㊤ 정답 ①

| 키 워 드 | 언론·출판의 자유
| 출제유형 | 판례

① (×) 한국광고자율심의기구는 민간이 주도가 되어 설립된 기구이기는 하나, 한국광고자율심의기구가 행하는 방송광고 사전심의는 방송위원회가 위탁이라는 방법에 의해 그 업무의 범위를 확장한 것에 지나지 않는다고 할 것이므로 한국광고자율심의기구가 행하는 이 사건 텔레비전 방송광고 사전심의는 행정기관에 의한 사전검열로서 헌법이 금지하는 사전검열에 해당한다(헌재 2008.6.26. 2005헌마506).
② (○) 방영금지가처분은 비록 제작 또는 방영되기 이전, 즉 사전에 그 내용을 심사하여 금지하는 것이기는 하나, 이는 행정권에 의한 사전심사나 금지처분이 아니라 개별 당사자 간의 분쟁에 관하여 사법부가 사법절차에 의하여 심리, 결정하는 것이므로, 헌법에서 금지하는 사전검열에 해당하지 아니한다. 따라서 이 사건 법률 조항은 과잉금지의 원칙에 위배되지 아니하고 언론의 자유의 본질적 내용을 침해하는 것도 아니다(헌재 2001.8.30. 2000헌바36).
③ (○) 헌재 1992.11.12. 89헌마88
④ (○) 위 전기통신사업법 제53조 제1항은 불온통신을 "공공의 안녕질서 또는 미풍양속을 해하는 통신"으로 규정하고 이를 금지하고 있는바, 여기서의 "공공의 안녕질서"는 위 헌법 제37조 제2항의 "국가의 안전보장·질서유지"와, "미풍양속"은 헌법 제21조 제4항의 "공중도덕이나 사회윤리"와 비교하여 볼 때 동어반복이라 해도 좋을 정도로 전혀 구체화되어 있지 아니하다. 즉 "불온통신"의 개념을 정하고 있는 것이 아니라 헌법상 기본권 제한에 필요한 최소한의 요건 또는 헌법상 언론·출판자유의 한계를 그대로 법률에 옮겨 놓은 것에 불과할 정도로 그 의미가 불명확하고 추상적이다(헌재 2002.6.27. 99헌마480).

75 0448 O△X | O△X | O△X 2016 법원직 9급(변형)

집회의 자유와 관련된 헌법재판소의 입장으로 옳은 것은?

① 옥외집회를 주최하려는 자는 그에 관한 신고서를 옥외집회를 시작하기 720시간 전부터 48시간 전에 관할 경찰서장에게 제출하도록 하고 있는 구 집회 및 시위에 관한 법률 제6조 제1항의 집회에 대한 사전신고제도는 헌법 제21조 제2항의 사전허가금지에 위반된다.

② '해가 뜨기 전이나 해가 진 후'라는 광범위하고 가변적인 시간대는 전통적 의미의 '야간'이 특징이나 차별성이 명백하다고 보기 어려움에도 일률적으로 야간 시위를 금지하는 것은 목적달성을 위해 필요한 정도로서 위반되지 않는다.

③ 집단적인 폭행·협박·손괴·방화 등으로 공공의 안녕질서에 직접적인 위협을 가할 것이 명백한 집회 또는 시위의 주최를 금지하고, 이에 위반한 집회 또는 시위에 그 정을 알면서 참가한 자를 형사처벌하는 구 '집회 및 시위에 관한 법률' 제5조 제1항 제2호 및 제19조 제4항 부분은 입법자 스스로에 의한, 일정한 집회 또는 시위에 대한 금지조항으로서, 집회 또는 시위의 방법에 따른 위험성에 근거한 내용중립적인 규제라 할 것이므로, 헌법 제21조 제2항에 의해 금지되는 사전허가제에 해당한다 할 수 없다.

④ 외교기관 인근의 100미터 이내에서 옥외집회·시위를 원칙적으로 금지하면서도 외교기관의 기능을 침해할 우려가 없는 예외적인 경우에 옥외집회·시위를 허용하고 있는 집시법 제11조 제4호는 최소침해원칙에 위배되어 집회의 자유를 침해하는 것이다.

지문분석 난이도 중 정답 ③

| **키 워 드** | 집회의 자유

| **출제유형** | 판례

③ (O) 구 집시법 제5조 제1항 제2호는 입법자 스스로에 의한, 일정한 집회 또는 시위에 대한 금지조항으로서, 집회 또는 시위의 방법에 따른 위험성에 근거한 내용중립적인 규제라 할 것이므로 헌법 제21조 제2항에 의해 금지되는 사전허가제에 해당한다 할 수 없다. 집단적인 폭행·협박·손괴·방화 등으로 공공의 안녕질서에 직접적인 위협을 가할 것이 명백한 집회 또는 시위의 주최를 금지하는 구 '집회 및 시위에 관한 법률' 제5조 제1항 제2호와 위 규정에 위반한 집회 또는 시위에 그 정을 알면서 참가한 자를 형사처벌하는 위 법률 제19조 제4항 부분은 죄형법정주의의 명확성원칙에 반하지 않고, 과잉금지원칙에 위반하여 집회의 자유를 침해한다고 볼 수 없다(헌재 2010.4.29. 2008헌바118).

① (X) 옥외집회에 대한 사전신고의무를 규정한 집회 및 시위에 관한 법률 제6조 제1항은 헌법 제21조 제2항의 사전허가금지에 반하지 않는다(헌재 2009.5.28. 2007헌바22).

② (X) 야간시위를 금지하는 집시법 제10조 본문에는 위헌적인 부분과 합헌적인 부분이 공존하고 있으며, 위 조항 전부의 적용이 중지될 경우 공공의 질서 내지 법적 평화에 대한 침해의 위험이 높아, 일반적인 옥외집회나 시위에 비하여 높은 수준의 규제가 불가피한 경우에도 대응하기 어려운 문제가 발생할 수 있으므로, 현행 집시법의 체계 내에서 시간을 기준으로 한 규율의 측면에서 볼 때 규제가 불가피하다고 보기 어려움에도 시위를 절대적으로 금지하여 위헌성이 명백한 부분에 한하여 위헌 결정을 한다. 심판대상 조항들은, 이미 보편화된 야간의 일상적인 생활의 범주에 속하는 '해가 진 후부터 같은 날 24시까지의 시위'에 적용하는 한 헌법에 위반된다(헌재 2014.3.27. 2010헌가2).

④ (X) 외교기관을 대상으로 하는 외교기관 인근에서의 옥외집회나 시위는 당사자들 사이의 갈등이 극단으로 치닫거나, 물리적 충돌로 발전할 개연성이 높고, 고도의 법익충돌 상황을 야기할 수 있기 때문에 집시법의 일반적인 규제조치 외에 외교기관 인근을 집회금지 구역으로 설정한 것 자체는 외교기관의 기능과 안전을 보호하려는 이 사건 법률 조항의 입법목적을 보다 충실히 달성하기 위하여 적절한 수단이 될 수 있다. 나아가 이 사건 법률 조항은 외교기관의 경계지점으로부터 반경 100미터 이내 지점에서의 집회 및 시위를 원칙적으로 금지하되, 그 가운데에서도 외교기관의 기능이나 안녕을 침해할 우려가 없다고 인정되는 세 가지의 예외적인 경우에는 이러한 집회 및 시위를 허용하고 있는바, 이는 입법기술상 가능한 최대한의 예외적 허용 규정이며, 그 예외적 허용 범위는 적절하다고 보이므로 이보다 더 넓은 범위의 예외를 인정하지 않는 것을 두고 침해의 최소성원칙에 반한다고 할 수 없다. 따라서 이 사건 법률 조항이 청구인의 집회의 자유를 침해한다고 할 수 없다(헌재 2010.10.28. 2010헌마111).

76 0449 ○△×|○△×|○△× 2020 법원직 9급(변형)

다음 중 표현의 자유에 대한 설명으로 가장 옳지 않은 것은?

① 영리적 목적하에 일반 대중을 관람층으로 예정하여 제작되는 상업영화의 경우에는 역사적 사실을 토대로 하더라도 영화제작진이 상업적 흥행이나 관객의 감동 고양을 위하여 역사적 사실을 다소간 각색하는 것은 의도적인 악의의 표출에 이르지 않는 한 상업영화의 본질적 영역으로 용인될 수 있다.

② 실제 인물이나 역사적 사건을 모델로 한 영화가 허위의 사실을 표현하여 개인의 명예를 훼손한 경우에도 행위자가 그것을 진실이라고 믿었고 또 그렇게 믿을 만한 상당한 이유가 있어 그 행위자에게 명예훼손으로 인한 불법행위책임을 물을 수 없다고 하더라도, 그 광고·홍보에 대하여는 영화와는 표현의 자유의 보호 범위를 달리하므로 홍보의 내용이 영화에서 묘사된 허위의 사실을 넘어서지 아니하였다고 하더라도 그 광고·홍보행위가 별도로 명예훼손의 불법행위를 구성할 수 있다.

③ 광고가 단순히 상업적인 상품이나 서비스에 관한 사실을 알리는 경우에도 그 내용이 공익을 포함하는 때에는 헌법 제21조의 표현의 자유에 의하여 보호된다.

④ 신문 등의 진흥에 관한 법률 제13조 제1항 제7호 중 발행인 또는 편집인의 결격사유로 미성년자를 규정한 것은 미성년자가 성인에 비하여 판단능력이나 결정능력, 언론의 사회적 책임을 완수할 능력이 부족할 개연성이 높은 점에 비추어 언론·출판의 자유에 대한 과도한 침해라고 볼 수 없다.

지문분석 난이도 중 정답 ②

| **키 워 드** | 표현의 자유

| **출제유형** | 판례

② (X) 실제 인물이나 역사적 사건을 모델로 한 영화라 하더라도 상업영화의 경우에는 대중적 관심을 이끌어 내고 이를 확산하기 위하여 통상적으로 광고·홍보행위가 수반되는바, 영화가 허위의 사실을 표현하여 개인의 명예를 훼손한 경우에도 행위자가 그것을 진실이라고 믿었고 또 그렇게 믿을 만한 상당한 이유가 있어 그 행위자에게 명예훼손으로 인한 불법행위책임을 물을 수 없다면 그 광고·홍보의 내용이 영화에서 묘사된 허위의 사실을 넘어서는 등의 특별한 사정이 없는 한 그 광고·홍보행위가 별도로 명예훼손의 불법행위를 구성한다고 볼 수 없다(대판 2010.7.15. 2007다3483).

① (○) 실제 인물이나 사건을 모델로 한 영화가 허위의 사실을 적시하여 개인의 명예를 훼손하는 행위를 한 경우에도 그것이 공공의 이해에 관한 사항으로서 그 목적이 공공의 이익을 위한 것일 때에는 행위자가 적시된 사실을 진실이라고 믿었고 또 그렇게 믿을 만한 상당한 이유가 있으면 그 행위자에게 불법행위책임을 물을 수 없다고 할 것인바, 그와 같은 상당한 이유가 있는지 여부를 판단함에 있어서는 적시된 사실의 내용, 진실이라고 믿게 된 근거나 자료의 확실성, 표현 방법, 피해자의 피해 정도 등 여러 사정을 종합하여 판단하여야 하고, 특히 적시된 사실이 역사적 사실인 경우 시간이 경과함에 따라 점차 망인이나 그 유족의 명예보다는 역사적 사실에 대한 탐구 또는 표현의 자유가 보호되어야 하며 또 진실 여부를 확인할 수 있는 객관적 자료의 한계로 인하여 진실 여부를 확인하는 작업이 용이하지 아니한 점 등도 고려되어야 한다. 아울러 영리적 목적 하에 일반 대중을 관람층으로 예정하여 제작되는 상업영화의 경우에는 역사적 사실을 토대로 하더라도 영화제작진이 상업적 흥행이나 관객의 감동 고양을 위하여 역사적 사실을 다소간 각색하는 것은 의도적인 악의의 표출에 이르지 않는 한 상업영화의 본질적 영역으로 용인될 수 있으며, 또한 상업영화를 접하는 일반 관객으로서도 영화의 모든 내용이 실제 사실과 일치하지는 않는다는 전제에서 이러한 역사적 사실과 극적 허구 사이의 긴장관계를 인식·유지하면서 영화를 관람할 것인 점도 그 판단에 참작할 필요가 있다(대판 2010.7.15. 2007다3483).

③ (○) 광고가 단순히 상업적인 상품이나 서비스에 관한 사실을 알리는 경우에도 그 내용이 공익을 포함하는 때에는 헌법 제21조의 표현의 자유에 의하여 보호된다. 헌법은 제21조 제1항에서 "모든 국민은 언론·출판의 자유 …… 를 가진다"라고 규정하여 현대 자유민주주의의 존립과 발전에 필수불가결한 기본권으로 언론·출판의 자유를 강력하게 보장하고 있는바, 광고물도 사상·지식·정보 등을 불특정 다수인에게 전파하는 것으로서 언론·출판의 자유에 의한 보호를 받는 대상이 됨은 물론이다(헌재 2002.12.18. 2000헌마764).

④ (○) 이 사건 법률 조항은 미성년자가 발행인 또는 편집인이 되는 것만을 제한하고 있을 뿐이므로 청구인은 임원, 기자 등 다른 자격으로 발행 및 편집에 참여할 수 있고, 발행인 또는 편집인이 될 자격 자체를 박탈하는 것이 아니라 성년에 달할 때까지의 기간 동안만 이를 유예하는 취지일 뿐이므로 청구인이 성년자가 되면 이 사건 법률 조항에 의한 제한을 벗어나게 되는바, 언론의 사회적 중요성에 비추어 과도한 제한이라고 할 수 없다. 한편, 미성숙한 발행인 또는 편집인에 의하여 신문 및 인터넷신문이 발행됨으로 인해 사회가 입을 수 있는 피해는 결코 적다고 할 수 없으므로 이 사건 법률 조항이 달성하려는 공익은 제한되는 사익에 비해 크다(헌재 2012.4.24. 2010헌마437).

77 0450 ○△×|○△×|○△× 2014 사법고시(변형)

다음 설명 중 옳지 않은 것은? (다툼이 있는 경우 판례에 의함)

① 인터넷 종합 정보제공 사업자가 보도매체의 기사를 보관하면서 스스로 그 기사의 일부를 선별하여 자신이 직접 관리하는 뉴스 게시공간에 게재하였고 그 게재된 기사가 타인의 명예를 훼손하는 내용을 담고 있는 경우, 달리 특별한 사정이 없는 이상 그 사업자는 그로 인하여 명예가 훼손된 피해자에 대하여 불법행위로 인한 손해배상책임을 진다.

② 공시대상 정보로서 교원의 교원단체 및 노동조합 가입현황(인원 수)만을 규정할 뿐 개별 교원의 명단은 규정하고 있지 않은 구 교육관련 기관의 정보공개에 관한 특례법 시행령 조항은, 교원의 개인정보자기결정권에 대한 중대한 침해의 가능성을 고려할 때 학부모들의 알 권리를 침해한다고 볼 수 없다.

③ 정보통신서비스 제공자는 자신이 운영·관리하는 정보통신망에 유통되는 정보가 사생활 침해 또는 명예훼손 등 타인의 권리를 침해한다고 인정되는 경우에는 임의로 임시조치를 할 수 있다.

④ 변호사 정보 제공 웹사이트 운영자가 변호사들의 개인신상정보를 기반으로 변호사들의 '인맥지수'를 산출하여 공개하는 서비스를 제공한 경우, 그 인맥지수 서비스 제공행위는 변호사들의 개인정보에 관한 인격권을 침해하는 위법한 행위라 할 수 없다.

지문분석 난이도 중 정답 ④

| 키 워 드 | 자유권적 기본권(통합)

| 출제유형 | 판례

④ (X) 변호사 정보 제공 웹사이트 운영자가 변호사들의 개인신상정보를 기반으로 변호사들의 인맥지수를 산출하여 공개하는 서비스를 제공한 사안에서, 인맥지수의 사적·인격적 성격, 산출과정에서 왜곡 가능성, 인맥지수 이용으로 인한 변호사들의 이익 침해와 공적 폐해의 우려, 그에 반하여 이용으로 달성될 공적인 가치의 보호 필요성 정도 등을 종합적으로 고려하면, 운영자가 변호사들의 개인신상정보를 기반으로 한 인맥지수를 공개하는 표현행위에 의하여 얻을 수 있는 법적 이익이 이를 공개하지 않음으로써 보호받을 수 있는 변호사들의 인격적 법익에 비하여 우월하다고 볼 수 없어, 결국 운영자의 인맥지수 서비스 제공행위는 변호사들의 개인정보에 관한 인격권을 침해하는 위법한 것이다(대판 2011.9.2. 2008다42430 전원합의체).

① (O) 인터넷 종합 정보제공 사업자가 보도매체가 작성·보관하는 기사에 대한 인터넷 이용자의 검색·접근에 관한 창구 역할을 넘어서서, 보도매체로부터 기사를 전송받아 자신의 자료저장 컴퓨터 설비에 보관하면서 스스로 그 기사 가운데 일부를 선별하여 자신이 직접 관리하는 뉴스게시공간에 게재하였고 그 게재된 기사가 타인의 명예를 훼손하는 내용을 담고 있다면, 이는 단순히 보도매체의 기사에 대한 검색·접근 기능을 제공하는 경우와는 달리 인터넷 종합 정보제공 사업자가 보도매체의 특정한 명예훼손적 기사 내용을 인식하고 이를 적극적으로 선택하여 전파한 행위에 해당하므로, 달리 특별한 사정이 없는 이상 위 사업자는 명예훼손적 기사를 보도한 보도매체와 마찬가지로 그로 인하여 명예가 훼손된 피해자에 대하여 불법행위로 인한 손해배상책임을 진다(대판 2009.4.16. 2008다53812).

② (O) "이 사건 시행령 조항은 공시대상 정보로서 교원의 교원단체 및 노동조합 "가입현황(인원 수)"만을 규정할 뿐 개별 교원의 명단은 규정하고 있지 아니한바, 교원의 교원단체 및 노동조합 가입에 관한 정보는 '개인정보 보호법'상의 민감 정보로서 특별히 보호되어야 할 성질의 것이고, 인터넷 게시판에 공개되는 '공시'로 말미암아 발생할 교원의 개인정보 자기결정권에 대한 중대한 침해의 가능성을 고려할 때, 이 사건 시행령 조항은 학부모 등 국민의 알 권리와 교원의 개인정보 자기결정권이라는 두 기본권을 합리적으로 조화시킨 것이라 할 수 있으므로, 학부모들의 알 권리를 침해하지 않는다."고 판시하였다(헌재 2011.12.29. 2010헌마293).

③ (O) 정보통신서비스제공자는 사생활 침해 또는 명예훼손 등 타인의 권리를 침해하는 정보가 유통되지 않도록 노력하여야 하고 그와 같은 정보에 대하여는 임시조치를 취할 수 있으며, 위 정보에 대하여 피해자의 요구에 따른 삭제나 임시조치 등의 필요한 조치를 취한 경우에는 책임이 감경되거나 면제될 수 있다고 규정되어 있는바, … 게시물의 내용 자체에 의하여 법익 침해로 인한 불법성 여부가 가려질 수 있는 명예훼손적 게시물은 피해자의 요구가 없이도 인터넷 종합 정보제공 사업자의 그 게시물에 대한 삭제 및 차단 의무가 생긴다고 보는 것이 합리적이다(대판 2009.4.16. 2008다53812).

78 0451 ○△×|○△×|○△× 2020 법원직 9급(변형)

표현의 자유에 관한 설명 중 옳지 않은 것은? (다툼이 있는 경우 판례에 의함)

① 건강기능식품의 허위·과장 광고를 사전에 예방하지 않을 경우 소비자들이 신체·건강상으로 이미 입은 피해의 회복이 사실상 불가능하며, 그 광고는 영리목적의 순수한 상업광고로서 표현의 자유 등이 위축될 위험도 적으므로 건강기능식품의 기능성 표시·광고에 대하여 식품의약품안전청장이 건강기능식품협회에 위탁하여 사전심의를 받도록 하는 것은 헌법이 금지하는 사전검열에 해당하지 않는다.

② 국가가 개인의 표현행위를 규제하는 경우, 표현 내용에 대한 규제는 원칙적으로 중대한 공익의 실현을 위하여 불가피한 경우에 한하여 엄격한 요건하에서만 허용되는 반면, 표현 내용과 무관한 표현방법에 대한 제한은 합리적인 공익상의 이유로 비례의 원칙의 준수하에서 가능하다.

③ 모든 음란표현에 대하여 사전 검열을 받도록 하고 이를 받지 않은 경우 형사처벌을 하거나, 유통목적이 없는 음란물의 단순소지를 금지하거나, 법률에 의하지 아니하고 음란물 출판에 대한 불이익을 부과하는 행위 등에 대한 합헌성 심사도 하지 못하게 됨으로써, 결국 음란표현에 대한 최소한의 헌법상 보호마저도 부인하게 될 위험성이 농후하게 된다는 점을 간과할 수 없다. 따라서 음란한 표현은 언론·출판의 자유의 보호영역에 포함된다.

④ 외교기관 인근의 옥외집회나 시위를 원칙적으로 금지하면서도, 해당 외교기관을 대상으로 하지 아니하는 경우, 대규모 집회 또는 시위로 확산될 우려가 없는 경우, 외교기관의 업무가 없는 휴일에 개최하는 경우를 예외로 하는 것은, 집회의 자유를 침해하지 않는다.

지문분석 난이도 ⓢ 정답 ①

| 키 워 드 | 표현의 자유

| 출제유형 | 판례

① (×) 건강기능식품에 관한 법률에 따르면 기능성 광고의 심의는 식품의약품안전처장으로부터 위탁받은 한국건강기능식품협회에서 수행하고 있지만, 법상 심의주체는 행정기관인 식품의약품안전처장이며, 언제든지 그 위탁을 철회할 수 있고, 심의위원회의 구성에 관하여도 법령을 통해 행정권이 개입하고 지속적으로 영향을 미칠 가능성이 존재하는 이상 그 구성에 자율성이 보장되어 있다고 볼 수 없다. 식품의약품안전처장이 심의기준 등의 제정과 개정을 통해 심의 내용과 절차에 영향을 줄 수 있고, 식품의약품안전처장이 재심의를 권하면 심의기관이 이를 따라야 하며, 분기별로 식품의약품안전처장에게 보고가 이루어진다는 점에서도 그 심의업무의 독립성과 자율성이 있다고 보기 어렵다. 따라서 이 사건 건강기능식품 기능성 광고 사전심의는 행정권이 주체가 된 사전심사로서, 헌법이 금지하는 사전검열에 해당하므로 헌법에 위반된다(헌재 2019.5.30. 2019헌가4).

② (○) 국가가 개인의 표현행위를 규제하는 경우, 표현 내용에 대한 규제는 원칙적으로 중대한 공익의 실현을 위하여 불가피한 경우에 한하여 엄격한 요건하에서 허용되는 반면, 표현 내용과 무관하게 표현의 방법을 규제하는 것은 합리적인 공익상의 이유로 폭넓은 제한이 가능하다. 헌법상 표현의 자유가 보호하고자 하는 가장 핵심적인 것이 바로 '표현행위가 어떠한 내용을 대상으로 한 것이든 보호를 받아야 한다'는 것이며, '국가가 표현행위를 그 내용에 따라 차별함으로써 특정한 견해나 입장을 선호하거나 억압해서는 안 된다'는 것이다(헌재 2002.12.18. 2000헌마764).

③ (○) 음란표현이 언론·출판의 자유의 보호영역에 해당하지 아니한다고 해석할 경우 음란표현에 대하여는 언론·출판의 자유의 제한에 대한 헌법상의 기본원칙, 예컨대 명확성의 원칙, 검열 금지의 원칙 등에 입각한 합헌성 심사를 하지 못하게 될 뿐만 아니라, 기본권 제한에 대한 헌법상의 기본원칙, 예컨대 법률에 의한 제한, 본질적 내용의 침해금지 원칙 등도 적용하기 어렵게 되는 결과, 모든 음란표현에 대하여 사전 검열을 받도록 하고 이를 받지 않은 경우 형사처벌을 하거나, 유통목적이 없는 음란물의 단순소지를 금지하거나, 법률에 의하지 아니하고 음란물출판에 대한 불이익을 부과하는 행위 등에 대한 합헌성 심사도 하지 못하게 됨으로써, 결국 음란표현에 대한 최소한의 헌법상 보호마저도 부인하게 될 위험성이 농후하게 된다는 점을 간과할 수 없다. 이 사건 법률 조항의 음란표현은 헌법 제21조가 규정하는 언론·출판의 자유의 보호영역 내에 있다고 볼 것인바, 종전에 이와 견해를 달리하여 음란표현은 헌법 제21조가 규정하는 언론·출판의 자유의 보호영역에 해당하지 아니한다는 취지로 판시한 우리 재판소의 의견(헌재 1998.4.30. 95헌가16)을 변경한다(헌재 2009.5.28. 2006헌바109).

④ (○) 이 사건 법률 조항은 외교기관의 경계 지점으로부터 반경 100미터 이내 지점에서의 집회 및 시위를 원칙적으로 금지하되, 그 가운데에서도 외교기관의 기능이나 안녕을 침해할 우려가 없다고 인정되는 세 가지의 예외적인 경우에는 이러한 집회 및 시위를 허용하고 있다. 즉, 이 사건 법률 조항은 ㉠ 외교기관을 대상으로 하지 아니하는 경우, ㉡ 대규모 집회 또는 시위로 확산될 우려가 없는 경우 및 ㉢ 외교기관의 업무가 없는 휴일에 개최되는 경우 중 하나에 해당하는 집회나 시위로서 외교기관의 기능이나 안녕을 침해할 우려가 없다고 인정되는 때에는 예외적으로 이를 허용하고 있는 것이다. … 그렇다면, 이 사건 법률 조항이 청구인의 집회의 자유를 침해한다고 할 수 없다(헌재 2010.10.28. 2010헌마111).

79 0452 ○△×|○△×|○△× 2022 경찰 1차

표현의 자유에 관한 설명 중 가장 적절한 것은? (다툼이 있는 경우 판례에 의함)

① '익명표현'은 표현의 자유를 행사하는 하나의 방법으로서 그 자체로 규제되어야 하는 것은 아니고, 부정적 효과가 발생하는 것이 예상되는 경우에 한하여 규제될 필요가 있다.
② 헌법 제21조 제4항 전문은 "언론·출판은 타인의 명예나 권리 또는 공중도덕이나 사회윤리를 침해하여서는 아니 된다."라고 규정하고 있는바, 이는 헌법상 표현의 자유의 보호영역에 대한 한계를 설정한 것이라고 보아야 한다.
③ '음란표현'은 헌법상 언론·출판의 자유의 보호영역 밖에 있다고 보아야 한다.
④ 인터넷언론사에 대하여 선거일 전 90일부터 선거일까지 후보자 명의의 칼럼이나 저술을 게재하는 보도를 제한하는 구 인터넷 선거보도 심의기준 등에 관한 규정은 인터넷 선거보도의 공정성과 선거의 공정성을 확보하려는 것이므로 후보자인 청구인의 표현의 자유를 침해하지 않는다.

지문분석 난이도 ㊥ 정답 ①

| 키 워 드 | 표현의 자유
| 출제유형 | 판례

① (○) 익명표현은 표현의 자유를 행사하는 하나의 방법으로서 그 자체로 규제되어야 하는 것은 아니고, 부정적 효과가 발생하는 것이 예상되는 경우에 한하여 규제될 필요가 있다(헌재 2021.1.28. 2018헌마456 등).
② (×) 헌법 제21조 제4항은 "언론·출판은 타인의 명예나 권리 또는 공중도덕이나 사회윤리를 침해하여서는 아니 된다."고 규정하고 있는바, 이는 언론·출판의 자유에 따르는 책임과 의무를 강조하는 동시에 언론·출판의 자유에 대한 제한의 요건을 명시한 규정으로 볼 것이고, 헌법상 표현의 자유의 보호영역 한계를 설정한 것이라고는 볼 수 없다(헌재 2009.5.28. 2006헌바109 등).
③ (×) 이 사건 법률조항의 음란표현은 헌법 제21조가 규정하는 언론·출판의 자유의 보호영역 내에 있다고 볼 것인바, 종전에 이와 견해를 달리하여 음란표현은 헌법 제21조가 규정하는 언론·출판의 자유의 보호영역에 해당하지 아니한다는 취지로 판시한 우리 재판소의 의견을 변경한다(헌재 2009.5.28. 2006헌바109 등).
④ (×) 이 사건 시기제한 조항은 선거일 전 90일부터 선거일까지 후보자 명의의 칼럼 등을 게재하는 인터넷 선거보도가 불공정하다고 볼 수 있는지에 대해 구체적으로 판단하지 않고 이를 불공정한 선거보도로 간주하여 선거의 공정성을 해치지 않는 보도까지 광범위하게 제한한다. 이 사건 시기제한 조항의 입법목적을 달성할 수 있는 덜 제약적인 다른 방법들이 이 사건 심의기준 규정과 공직선거법에 이미 충분히 존재한다. 따라서 이 사건 시기제한 조항은 과잉금지원칙에 반하여 청구인의 표현의 자유를 침해한다(헌재 2019.11.28. 2016헌마90).

80 0453 ○△×|○△×|○△× 2015 법원직 9급(변형)

결사의 자유에 대한 설명으로 옳지 않은 것은?

① 결사의 자유에서 말하는 결사란 자유의사에 기하여 결합하고 조직화된 의사형성이 가능한 단체를 말하는 것이므로 공법상의 결사는 이에 포함되지 아니하며, 법률이 특별한 공공목적에 의하여 구성원의 자격을 정하고 있는 특수단체의 조직활동까지 포함되는 것으로 볼 수 없다.
② 법인 등 결사체도 그 조직과 의사형성에 있어서, 그리고 업무수행에 있어서 자기결정권을 가지고 있어 결사의 자유의 주체가 된다고 봄이 상당하므로, 축협중앙회는 공법인성과 사법인성을 겸유한 특수한 법인으로서 그 회원조합들과 별도로 결사의 자유의 주체가 된다.
③ 상공회의소는 상공업자들의 사적인 단체이기는 하나, 설립·회원·기관·의결방법·예산편성과 결산 등이 상공회의소법에 의하여 규율되고, 단체결성·가입·탈퇴에 상당한 제한이 있는 조직이며 다른 결사와 달리 일정한 공적인 역무를 수행하면서 지방자치단체의 행정지원과 자금지원 등의 혜택을 받고 있는 법인이므로 그 성격은 공법인으로 보아야 한다. 따라서 헌법상 결사의 자유의 주체가 될 수 없다.
④ 단체 또는 단체의 구성원들이 유리한 경우에는 설립의 근거법률에 따른 특혜를 누리거나 요구하다가, 제한에 대해서는 사적조직임을 강조하면서 결사의 자유의 침해를 주장하는 경우에 과잉금지원칙 위배 여부를 판단할 때에는, 순수한 사적인 임의결사의 기본권이 제한되는 경우의 심사에 비해서는 완화된 기준을 적용할 수 있다.

지문분석 난이도 ㊥ 정답 ③

| 키 워 드 | 결사의 자유
| 출제유형 | 판례

③ (×), ④ (○) 상공회의소는 자주적인 단체로 사법인이라고 할 것이므로 상공회의소와 관련해서도 결사의 자유는 보장된다고 할 것이다. 상공회의소는 상공업자들의 사적인 단체이기는 하나, 설립·회원·기관·의결방법·예산편성과 결산 등이 상공회의소법에 의하여 규율되고, 단체결성·가입·탈퇴에 상당한 제한이 있는 조직이며 다른 결사와 달리 일정한 공적인 역무를 수행하면서 지방자치단체의 행정지원과 자금지원 등의 혜택을 받고 있는 법인이다. 단체 또는 단체의 구성원들이 유리한 경우에는 설립의 근거법률에 따른 특혜를 누리거나 요구하다가, 제한에 대해서는 사적조직임을 강조하면서 결사의 자유의 침해를 주장하는 경우에 과잉금지원칙 위배 여부를 판단할 때에는, 순수한 사적인 임의결사의 기본권이 제한되는 경우의 심사에 비해서는 완화된 기준을 적용할 수 있다. 따라서 이 사건 법률 조항에 의한 결사의 자유 제한이 과잉금지원칙에 위배되는지 판단할 때에는, 순수한 사적인 임의결사에 비해서 완화된 기준을 적용할 수 있다(헌재 2006.5.25. 2004헌가1).
① (○) 헌재 1996.4.25. 92헌바47; 1994.2.24. 92헌바43
② (○) 헌재 2000.6.1. 99헌마553

81 0454 ○△×|○△×|○△× 2017 지방직 7급(변형)

甲은 乙을 사기죄로 고소하였으나, 乙은 증거불충분으로 혐의 없음의 불기소처분을 받았다. 甲은 불기소처분의 기록 중 피의자신문조서 등에 대하여 정보공개청구를 하였으나, 사생활의 비밀과 자유를 침해할 위험이 있는 정보라는 이유로 비공개결정을 받았다. 이 사안에 관한 설명 중 옳지 않은 것은? (다툼이 있는 경우 판례에 의함)

> 검찰보존사무규칙 제22조(수사서류 등의 열람·등사의 제한)
> ① 검사는 제20조의2 및 제20조의3에 따른 수사서류 또는 불기소사건기록 등의 열람·등사의 신청에 대하여 수사준칙 제69조 제6항에 따라 다음 각 호의 어느 하나에 해당하는 경우에는 수사서류 또는 불기소사건기록 등의 열람·등사를 제한할 수 있다.
> 1.~2. 〈생략〉
> 3. 기록의 공개로 인하여 사건관계인의 명예나 사생활의 비밀 또는 자유를 침해할 우려가 있거나 생명·신체 및 재산의 보호에 현저한 지장을 초래할 우려가 있는 경우
>
> 공공기관의 정보공개에 관한 법률 제4조(적용 범위) ① 정보의 공개에 관하여는 다른 법률에 특별한 규정이 있는 경우를 제외하고는 이 법에서 정하는 바에 따른다.
>
> 제9조(비공개 대상 정보) ① 공공기관이 보유·관리하는 정보는 공개 대상이 된다. 다만, 다음 각 호의 어느 하나에 해당하는 정보는 공개하지 아니할 수 있다.
> 1. 다른 법률 또는 법률에서 위임한 명령(국회규칙·대법원규칙·헌법재판소규칙·중앙선거관리위원회규칙·대통령령 및 조례로 한정한다)에 따라 비밀이나 비공개 사항으로 규정된 정보
> 2.~5. 〈생략〉
> 6. 해당 정보에 포함되어 있는 성명·주민등록번호 등 개인정보 보호법 제2조 제1호에 따른 개인정보로서 공개될 경우 사생활의 비밀 또는 자유를 침해할 우려가 있다고 인정되는 정보. 다만, 다음 각 목에 열거한 사항은 제외한다.
> 가.~마. 〈생략〉

① 공공기관의 정보공개에 관한 법률에 따른 정보공개청구권은 법률상 보호되는 구체적인 권리이므로, 공개거부처분에 대하여 甲은 행정소송을 통하여 그 공개거부처분의 취소를 구할 법률상의 이익이 있다.

② 공공기관의 정보공개에 관한 법률 제9조 제1항 제6호에 규정된 '사생활의 자유'란 사회공동체의 일반적인 생활규범의 범위 내에서 사생활을 자유롭게 형성해 나가고 그 설계 및 내용에 대해서 외부로부터의 간섭을 받지 아니할 권리이며, '사생활의 비밀'이란 사생활과 관련된 사사로운 자신만의 영역이 본인의 의사에 반해서 타인에게 알려지지 않도록 할 수 있는 권리를 말한다.

③ 乙의 주민등록번호, 직업, 주소, 본적, 전과 및 검찰처분, 상훈·연금, 병역, 교육, 경력, 가족, 재산 및 월수입, 종교, 정당·사회단체가입, 건강상태, 연락처 등 개인에 관한 정보뿐만 아니라, 사생활의 비밀과 자유를 침해할 우려가 있는 진술 내용도 비공개 대상에 해당된다.

④ 甲이 기록의 열람·등사 신청을 할 경우, 검찰보존사무규칙 제22조 제1항 제3호에 따른 기록의 열람·등사에 대한 검사의 허가 여부 처분이라는 집행행위가 존재하지만, 그 집행행위를 대상으로 하는 구제절차가 없거나 구제절차가 있다고 하더라도 권리구제의 기대가능성이 없으므로, 위 규칙은 기본권 침해의 직접성이 예외적으로 인정된다.

지문분석 난이도 상 정답 ④

| 키 워 드 | 사생활의 비밀과 자유

| 출제유형 | 이론 + 판례

④ (X) 이 사건 규칙 제22조와 이 사건 지침 제2조 나항은 기록의 열람·등사에 관한 기준을 제시하고 있을 뿐이므로 검사는 기록 열람·등사신청이 있을 경우 이 사건 규칙 제22조와 이 사건 지침 제2조 나항에 따라 당연히 기록의 열람·등사를 허가하거나 거부하여야 하는 것은 아니고, 위 기준에 따라 수사기록의 내용을 판단하여 허가 여부의 결정을 할 수 있다. 따라서 피청구인인 검사의 기록 열람·등사신청에 대한 허가 여부 처분이라는 집행행위를 통하지 아니하고 이 사건 규칙과 지침이 직접 청구인들의 기본권을 침해하고 있다고 볼 수 없으므로 기본권 침해의 직접성이 결여되어 청구인의 이 사건 헌법소원심판청구는 부적법하다(헌재 1998.2.27. 97헌마101).

① (O) 국민의 정보공개청구권은 법률상 보호되는 구체적인 권리이므로, 공공기관에 대하여 정보의 공개를 청구하였다가 공개거부처분을 받은 청구인은 행정소송을 통하여 그 공개거부처분의 취소를 구할 법률상의 이익이 있고, 공개청구의 대상이 되는 정보가 이미 다른 사람에게 공개되어 널리 알려져 있다거나 인터넷 등을 통하여 공개되어 인터넷검색 등을 통하여 쉽게 알 수 있다는 사정만으로는 소의 이익이 없다거나 비공개결정이 정당화될 수 없다(대판 2010.12.23. 2008두13101).

② (O) 사생활의 자유 및 사생활의 비밀에 대한 개념이다.

③ (O) 비공개결정한 정보 중 관련자들의 이름을 제외한 주민등록번호, 직업, 주소(주거 또는 직장주소), 본적, 전과 및 검찰처분, 상훈·연금, 병역, 교육, 경력, 가족, 재산 및 월수입, 종교, 정당·사회단체가입, 건강상태, 연락처 등 개인에 관한 정보는 개인에 관한 사항으로서 공개되면 개인의 내밀한 비밀 등이 알려지게 되고 그 결과 인격적·정신적 내면생활에 지장을 초래하거나 자유로운 사생활을 영위할 수 없게 될 위험성이 있는 정보에 해당한다고 보아 이를 비공개 대상 정보에 해당한다고 본다(대판 2012.6.18. 2011두2361 전원합의체).

82 0455 ○△×|○△×|○△× 2016 변호사(변형)

집회의 자유에 관한 설명 중 옳지 않은 것은? (다툼이 있는 경우 헌법재판소 판례에 의함)

① 집회의 자유는 공동으로 인격을 발현하기 위하여 타인과 함께 하고자 하는 자유, 즉 타인과의 의견교환을 통하여 공동으로 인격을 발현하는 자유를 보장하는 기본권이자 동시에 국가권력에 의하여 개인이 타인과 사회공동체로부터 고립되는 것으로부터 보호하는 기본권이다.

② 집회의 자유는 국가가 개인의 집회참가행위를 감시하고 그에 대한 정보를 수집함으로써 집회에 참가하고자 하는 자로 하여금 불이익을 두려워하여 미리 집회참가를 포기하도록 집회참가의사를 약화시키는 것 등 집회의 자유의 행사에 영향을 미치는 모든 조치를 금하는 것을 포함한다.

③ 집회 및 시위에 관한 법률 제10조 본문이 해가 뜨기 전이나 해가 진 후에는 옥외집회를 못하도록 규정한 것은 시간적 제한을 둔 것으로서 그 예외를 허용하는 단서 조항의 존재 여부와 관계없이 헌법 제21조 제2항의 사전허가금지에 위반된다.

④ 공중이 자유롭게 통행할 수 없는 대학구내에서의 시위라고 하더라도 다수인이 공동목적을 가지고 위력 또는 기세를 보여 불특정 다수인의 의견에 영향을 주거나 제압을 가하는 행위는 집회 및 시위에 관한 법률상의 규제대상이 된다.

지문분석 난이도 중 정답 ③

| **키 워 드** | 집회의 자유

| **출제유형** | 판례

③ (×) 집시법 제10조 본문은 야간옥외집회를 일반적으로 금지하고, 그 단서는 행정권인 관할 경찰서장이 집회의 성격 등을 포함하여 야간옥외집회의 허용 여부를 사전에 심사하여 결정한다는 것이므로, 결국 야간옥외집회에 관한 일반적 금지를 규정한 집시법 제10조 본문과 관할 경찰서장에 의한 예외적 허용을 규정한 단서는 그 전체로서 야간옥외집회에 대한 허가를 규정한 것이라고 보지 않을 수 없고, 이는 헌법 제21조 제2항에 정면으로 위반된다. 따라서 집시법 제10조 중 "옥외집회" 부분은 헌법 제21조 제2항에 의하여 금지되는 허가제를 규정한 것으로서 헌법에 위반되고, 이에 위반한 경우에 적용되는 처벌조항인 집시법 제23조 제1호 중 "제10조 본문의 옥외집회" 부분도 헌법에 위반된다. …(중략)… 따라서 본문에 의한 시간적 제한이 집회의 자유를 과도하게 제한하는지 여부는 별론으로 하고, 단서의 "관할 경찰관서장의 허용"이 '옥외집회에 대한 일반적인 사전허가'라고는 볼 수 없는 것이다. 집시법 제10조는 법률에 의하여 옥외집회의 시간적 제한을 규정한 것으로서 그 단서 조항의 존재에 관계없이 헌법 제21조 제2항의 '사전허가금지'에 위반되지 않는다(헌재 2009.9.24. 2008헌가25).

① (○) 인간의 존엄성과 자유로운 인격발현을 최고의 가치로 삼는 우리 헌법질서 내에서 집회의 자유도 다른 모든 기본권과 마찬가지로 일차적으로는 개인의 자기결정과 인격발현에 기여하는 기본권이다. 인간이 타인과의 접촉을 구하고 서로의 생각을 교환하며 공동으로 인격을 발현하고자 하는 것은 사회적 동물인 인간의 가장 기본적인 욕구에 속하는 것이다. 집회의 자유는 공동으로 인격을 발현하기 위하여 타인과 함께 하고자 하는 자유, 즉 타인과의 의견교환을 통하여 공동으로 인격을 발현하는 자유를 보장하는 기본권이자 동시에 국가권력에 의하여 개인이 타인과 사회공동체로부터 고립되는 것으로부터 보호하는 기본권이다. 즉 공동의 인격발현을 위하여 타인과 함께 모인다는 것은 이미 그 자체로서 기본권에 의하여 보호될 만한 가치가 있는 개인의 자유영역인 것이다. 집회의 자유는 결사의 자유와 더불어 타인과 함께 모이는 자유를 보장하는 것이다(헌재 2003.10.30. 2000헌바67).

② (○) 집회의 자유는 일차적으로 국가공권력의 침해에 대한 방어를 가능하게 하는 기본권으로서, 개인이 집회에 참가하는 것을 방해하거나 또는 집회에 참가할 것을 강요하는 국가행위를 금지하는 기본권이다. 따라서 집회의 자유는 집회에 참가하지 못하게 하는 국가의 강제를 금지할 뿐 아니라, 예컨대 집회장소로의 여행을 방해하거나, 집회장소로부터 귀가하는 것을 방해하거나, 집회참가자에 대한 검문의 방법으로 시간을 지연시킴으로써 집회장소에 접근하는 것을 방해하거나, 국가가 개인의 집회참가행위를 감시하고 그에 관한 정보를 수집함으로써 집회에 참가하고자 하는 자로 하여금 불이익을 두려워하여 미리 집회참가를 포기하도록 집회참가의사를 약화시키는 것 등 집회의 자유행사에 영향을 미치는 모든 조치를 금지한다(헌재 2003.10.30. 2000헌바67).

④ (○) 집시법 제2조 제2호의 "시위(示威)"는, 그 문리와 위 개정연혁에 비추어, 다수인이 공동목적을 가지고 도로·광장·공원 등 공중이 자유로이 통행할 수 있는 장소를 진행함으로써 불특정 다수인의 의견에 영향을 주거나 제압을 가하는 행위와 위력 또는 기세를 보여 불특정 다수인의 의견에 영향을 주거나 제압을 가하는 행위를 말한다고 풀이해야 할 것이다. 따라서 위의 경우에는 위력 또는 기세를 보인 장소가 공중이 자유로이 통행할 수 있는 장소이든 아니든 상관없이 그러한 행위가 있고 그로 인하여 불특정 다수인의 의견에 영향을 주거나 제압을 가할 개연성이 있으면 집시법상의 "시위"에 해당하는 것이고, 이 경우에는 "공중이 자유로이 통행할 수 있는 장소"라는 장소적 제한개념은 "시위"라는 개념의 요소라고 볼 수 없다. 즉 위의 장소적 제한개념은 모든 시위에 적용되는 "시위"개념의 필요불가결한 요소는 아님을 알 수 있다. … 그러므로 공중이 자유로이 통행할 수 없는 장소인 대학구내에서의 시위도 그것이 위의 요건에 해당하면 바로 집시법상의 시위로서 집시법의 규제대상이 되는 것이다(헌재 1994.4.28. 91헌바14).

83 0456 ○△×|○△×|○△× 2016 변호사(변형)

결사의 자유에 관한 설명 중 옳지 않은 것은? (다툼이 있는 경우 헌법재판소 판례에 의함)

① 상공회의소가 결사의 자유의 주체가 되는 사법인으로 기본적으로는 임의단체라고 하더라도 일반결사에 비하여 여러 규제와 혜택을 법령으로 규정하고 있으므로, 결사의 자유의 제한과 관련하여 순수한 사적인 임의결사의 기본권이 제한되는 경우에 비해서는 완화된 심사기준을 적용할 수 있다.

② 안마사회는 안마사들이 공동의 목적을 위하여 결합하고 조직하는 사법상의 결사에 해당하는데, 안마사들을 안마사회에 의무적으로 가입하고 회비를 납부하도록 한 의료법 조항은 소극적 결사의 자유를 침해하는 것이다.

③ 행정관청이 일정한 요건을 갖추지 못한 노동조합 설립신고서를 노동조합 및 노동관계조정법에 따라 반려할 수 있도록 규정한 것은 헌법 제21조 제2항이 금지하는 결사에 대한 허가제라고 볼 수 없다.

④ 헌법 제21조에서 보장하는 결사에는 공법상의 결사나 법이 특별한 공공목적에 의하여 구성원의 자격을 정하고 있는 특수단체는 포함되지 아니한다.

지문분석 난이도 중 정답 ②

| 키 워 드 | 결사의 자유

| 출제유형 | 판례

② (X) 안마사들은 시각장애로 말미암아 공동의 이익을 증진하기 위하여 개인적으로나 이익단체를 조직하여 활동하는 것이 용이하지 않고, 안마사들로 하여금 하나의 중앙회에 의무적으로 가입하도록 하여 전국적 차원의 단체를 존속시키는 것은 그들 사이에 정보를 교환하고 친목을 도모하며 직업수행 능력을 높일 수 있고, 시각장애인으로 하여금 직업 활동을 효과적으로 수행하도록 하기 위하여 국가가 적극적으로 개입하는 것이 필요하다. 이 사건 법률 조항으로 안마사회에 의무적으로 가입하고 정관을 준수하고 회비를 납부하게 되지만 과다한 부담이라고 단정하기 어렵다. 이 사건 법률 조항은 안마사들의 결사의 자유를 침해하지 않는다(헌재 2008.10.30. 2006헌가15).

① (O) 상공회의소는 상공업자들의 사적인 단체이기는 하나, 설립·회원·기관·의결방법·예산편성과 결산 등이 상공회의소법에 의하여 규율되고, 단체결성·가입·탈퇴에 상당한 제한이 있는 조직이며 다른 결사와 달리 일정한 공적인 역무를 수행하면서 지방자치단체의 행정지원과 자금지원 등의 혜택을 받고 있는 법인이므로, 이 사건 법률 조항에 의한 결사의 자유 제한이 과잉금지원칙에 위배되는지 판단할 때에는, 순수한 사적인 임의결사에 비해서 완화된 기준을 적용할 수 있다(헌재 2006.5.25. 2004헌가1).

③ (O) 헌법 제21조 제2항 후단의 결사의 자유에 대한 '허가제'란 행정권이 주체가 되어 예방적 조치로 단체의 설립 여부를 사전에 심사하여 일반적인 단체 결성의 금지를 특정한 경우에 한하여 해제함으로써 단체를 설립할 수 있게 하는 제도, 즉 사전허가를 받지 아니한 단체 결성을 금지하는 제도를 말한다. 그런데 이 사건 법률 조항은 노동조합 설립에 있어 노동조합법상의 요건 충족 여부를 사전에 심사하도록 하는 구조를 취하고 있으나, 이 경우 노동조합법상 요구되는 요건만 충족되면 그 설립이 자유롭다는 점에서 일반적인 금지를 특정한 경우에 해제하는 허가와는 개념적으로 구분되고, 더욱이 행정관청의 설립신고서 수리 여부에 대한 결정은 재량 사항이 아니라 의무 사항으로 그 요건 충족이 확인되면 설립신고서를 수리하고 그 신고증을 교부하여야 한다는 점에서 단체의 설립 여부 자체를 사전에 심사하여 특정한 경우에 한해서만 그 설립을 허용하는 '허가'와는 다르다. 따라서 이 사건 법률 조항의 노동조합 설립신고서 반려제도가 헌법 제21조 제2항 후단에서 금지하는 결사에 대한 허가제라고 볼 수 없다(헌재 2012.3.29. 2011헌바53).

④ (O) 헌법 제21조가 규정하는 결사의 자유라 함은 다수의 자연인 또는 법인이 공동의 목적을 위하여 단체를 결성할 수 있는 자유를 말하는 것으로 적극적으로는 ㉠ 단체결성의 자유, ㉡ 단체존속의 자유, ㉢ 단체활동의 자유, ㉣ 결사에의 가입, 잔류의 자유를, 소극적으로는 기존의 단체로부터 탈퇴할 자유와 결사에 가입하지 아니할 자유를 내용으로 하는바, 위에서 말하는 결사란 자연인 또는 법인의 다수가 상당한 기간 동안 공동목적을 위하여 자유의사에 기하여 결합하고 조직화된 의사형성이 가능한 단체를 말하는 것으로, 공법상의 결사나 법이 특별한 공공목적에 의하여 구성원의 자격을 정하고 있는 특수단체의 조직활동은 이에 포함되지 아니한다(헌재 2006.5.25. 2004헌가1).

84 0457 ○△×|○△×|○△× 2020 법원직 9급(변형)

정보통신망 이용촉진 및 정보보호 등에 관한 법률상의 본인확인제에 관한 설명 중 옳지 않은 것은? (다툼이 있는 경우 헌법재판소 판례에 의함)

① 본인확인제는 게시판 이용자가 게시판에 정보를 게시하려면 본인 확인을 위하여 반드시 자신의 정보를 게시판 운영자에게 밝히도록 함으로써, 게시판 이용자가 자신의 신원을 누구에게도 밝히지 않은 채 익명으로 자신의 사상이나 견해를 표명하고 전파할 익명표현의 자유를 제한한다.

② 본인확인제는 게시판 이용자의 자유로운 의사표현을 바탕으로 여론을 형성·전파하려는 정보통신서비스 제공자의 언론의 자유를 제한한다.

③ 본인확인제는 정보통신서비스 제공자에게 인터넷 게시판을 운영함에 있어서 본인확인조치를 이행할 의무를 부과하여 정보통신서비스 제공자의 언론의 자유도 제한하나, 청구인 회사의 주장 취지 및 앞에서 살펴본 본인확인제의 도입배경 등을 고려할 때 이 사건과 가장 밀접한 관계에 있고 또 침해의 정도가 큰 주된 기본권은 직업수행자유라 할 것이다.

④ 본인확인정보는 개인의 동일성을 식별할 수 있게 하는 정보로서 개인정보자기결정권의 보호대상이 되는 개인정보에 해당하고, 개인정보를 대상으로 한 조사·수집·보관·처리·이용 등의 행위는 모두 원칙적으로 개인정보자기결정권에 대한 제한에 해당하므로, 본인확인정보를 수집하여 보관할 의무를 지우는 본인확인제는 개인정보자기결정권을 제한한다.

지문분석 난이도 중 정답 ③

| 키 워 드 | 정보통신망 이용촉진 및 정보보호 등에 관한 법률

| 출제유형 | 판례

"인터넷 게시판을 설치·운영하는 정보통신서비스 제공자에게 본인확인조치의무를 부과하여 게시판 이용자로 하여금 본인확인절차를 거쳐야만 게시판을 이용할 수 있도록 하는 본인확인제를 규정한 '정보통신망 이용촉진 및 정보보호 등에 관한 법률' 제44조의5 제1항 제2호, 같은 법 시행령 제29조, 제30조 제1항이 과잉금지원칙에 위배하여 인터넷 게시판 이용자의 표현의 자유, 개인정보자기결정권 및 인터넷 게시판을 운영하는 정보통신서비스 제공자의 언론의 자유를 침해하는지 여부"에 관한 헌재 2012.8.23. 2010헌마47 등의 결정을 기초로 한 문제이다.

③ (X) 본인확인제는 정보통신서비스 제공자에게 인터넷 게시판을 운영함에 있어서 본인확인조치를 이행할 의무를 부과하여 정보통신서비스 제공자의 직업수행의 자유도 제한하나, 청구인 회사의 주장 취지 및 앞에서 살펴본 본인확인제의 도입배경 등을 고려할 때 이 사건과 가장 밀접한 관계에 있고 또 침해의 정도가 큰 주된 기본권은 언론의 자유라 할 것이고, 게시판 운영자의 언론의 자유의 제한은 게시판 이용자의 표현의 자유의 제한에 수반되는 결과라고 할 수 있으므로, 이하에서는 게시판 이용자의 표현의 자유 침해 여부를 중심으로 하여 게시판 운영자의 언론의 자유 등 침해 여부를 함께 판단하기로 한다.

① (○), ② (○) 이 사건 본인확인제는 게시판 이용자가 게시판에 정보를 게시함에 있어 본인 확인을 위하여 자신의 정보를 게시판 운영자에게 밝히지 않을 수 없도록 함으로써 표현의 자유 중 게시판 이용자가 자신의 신원을 누구에게도 밝히지 아니한 채 익명으로 자신의 사상이나 견해를 표명하고 전파할 익명표현의 자유를 제한한다. 동시에, 그러한 게시판 이용자의 표현의 자유에 대한 제한으로 말미암아 게시판 이용자의 자유로운 의사표현을 바탕으로 여론을 형성·전파하려는 정보통신서비스 제공자의 언론의 자유 역시 제한되는 결과가 발생한다.

④ (○) 본인확인제는 정보통신서비스 제공자에게 게시판 이용자의 본인확인정보를 수집하여 보관할 의무를 지우고 있는데, 본인확인정보는 개인의 동일성을 식별할 수 있게 하는 정보로서 개인정보자기결정권의 보호대상이 되는 개인정보에 해당하고, 개인정보를 대상으로 한 조사·수집·보관·처리·이용 등의 행위는 모두 원칙적으로 개인정보자기결정권에 대한 제한에 해당하므로, 본인확인제는 게시판 이용자가 자신의 개인정보에 대한 이용 및 보관에 관하여 스스로 결정할 권리인 개인정보자기결정권을 제한한다.

85 0458 ○△×|○△×|○△× 2011 지방직 7급(변형)

대학의 자율과 관련한 다음 설명 중 가장 옳지 않은 것은? (다툼이 있는 경우 헌법재판소 결정례에 의함)

① 대학의 자율의 규율 정도는 그 시대의 사정과 각급 학교에 따라 다를 수밖에 없으므로 교육의 본질을 침해하지 않는 한 궁극적으로는 입법권자의 형성의 자유에 속한다.
② 대학자치의 주체는 대학이기 때문에, 교수나 교수회는 대학의 자율과 관련한 기본권의 주체가 될 수 없다.
③ 대학의 자율성은 헌법 제22조 제1항이 보장하고 있는 학문의 자유의 확실한 보장수단으로 꼭 필요한 것으로서 대학에게 부여된 헌법상의 기본권이다.
④ 국가는 헌법 제31조 제6항에 따라 모든 학교제도의 조직, 계획, 운영, 감독에 관한 포괄적인 권한 즉, 학교제도에 관한 전반적인 형성권과 규율권을 부여받았다.
⑤ 법률 조항이 대학의 자유를 제한하고 있다고 하더라도 그 위헌 여부는 입법자가 기본권을 제한함에 있어 헌법 제37조 제2항에 의한 한계를 벗어나 자의적으로 그 본질적 내용을 침해하였는지 여부에 따라 판단되어야 한다.

지문분석 난이도 상 정답 ②

| 키 워 드 | 대학의 자율
| 출제유형 | 판례

② (×) 대학의 자치의 주체를 기본적으로 대학으로 본다고 하더라도 교수나 교수회의 주체성이 부정된다고 볼 수는 없고, 가령 학문의 자유를 침해하는 대학의 장에 대한 관계에서는 교수나 교수회가 주체가 될 수 있고, 또한 국가에 의한 침해에 있어서는 대학 자체 외에도 대학 전 구성원이 자율성을 갖는 경우도 있을 것이므로 문제되는 경우에 따라서 대학, 교수, 교수회 모두가 단독, 혹은 중첩적으로 주체가 될 수 있다고 보아야 할 것이다(헌재 2006.4.27. 2005헌마1047 등).
① (○) 대학의 자율도 헌법상의 기본권이므로 기본권 제한의 일반적 법률유보의 원칙을 규정한 헌법 제37조 제2항에 따라 제한될 수 있고, 대학의 자율의 구체적인 내용은 법률이 정하는 바에 의하여 보장되며, 또한 국가는 헌법 제31조 제6항에 따라 모든 학교제도의 조직, 계획, 운영, 감독에 관한 포괄적인 권한 즉, 학교제도에 관한 전반적인 형성권과 규율권을 부여받았다고 할 수 있고, 다만 그 규율의 정도는 그 시대의 사정과 각급 학교에 따라 다를 수밖에 없는 것이므로 교육의 본질을 침해하지 않는 한 궁극적으로는 입법권자의 형성의 자유에 속하는 것이라 할 수 있다(헌재 2006.4.27. 2005헌마1047).
③ (○) 헌법재판소는 대학의 자율성은 헌법 제22조 제1항이 보장하고 있는 학문의 자유의 확실한 보장수단으로 꼭 필요한 것으로서 대학에게 부여된 헌법상의 기본권으로 보고 있다(헌재 1992.10.1. 92헌마68 등).
④ (○) 대학의 자율도 헌법상의 기본권이므로 기본권 제한의 일반적 법률유보의 원칙을 규정한 헌법 제37조 제2항에 따라 제한될 수 있고, 대학의 자율의 구체적인 내용은 법률이 정하는 바에 의하여 보장되며, 또한 국가는 헌법 제31조 제6항에 따라 모든 학교제도의 조직, 계획, 운영, 감독에 관한 포괄적인 권한, 즉 학교제도에 관한 전반적인 형성권과 규율권을 부여받았다고 할 수 있고, 다만 그 규율의 정도는 그 시대의 사정과 각급 학교에 따라 다를 수밖에 없는 것이므로 교육의 본질을 침해하지 않는 한 궁극적으로는 입법권자의 형성의 자유에 속하는 것이라 할 수 있다(헌재 1991.7.22. 89헌가106).
⑤ (○) 이 사건 법률 조항이 대학의 자유를 제한하고 있다고 하더라도 그 위헌 여부는 입법자가 기본권을 제한함에 있어 헌법 제37조 제2항에 의한 합리적인 입법한계를 벗어나 자의적으로 그 본질적 내용을 침해하였는지 여부에 따라 판단되어야 할 것이다(헌재 2006.4.27. 2005헌마1047 등).

2 재산권

86 0459 ○△×|○△×|○△× 2015 경찰 승진

재산권 보장에 관한 설명으로 가장 적절하지 않은 것은? (다툼이 있는 경우 판례에 의함)

① 성매매에 제공되는 사실을 알면서 건물을 제공하는 행위를 한 자를 처벌하는 것은 집창촌에서 건물을 소유하거나 그 관리권한을 가지고 있는 자의 재산권을 침해한다.

② 재산권 보장은 사유재산의 처분과 그 상속을 포함하는 것이므로 유언자가 생전에 최종적으로 자신의 재산권에 대하여 처분할 수 있는 법적 가능성을 의미하는 유언의 자유는 헌법상 재산권의 보호를 받는다.

③ 국가 등의 양로시설 등에 입소하는 국가유공자에게 부가연금, 생활조정수당 등의 지급을 정지한다 하더라도 그 국가유공자의 재산권을 침해하는 것은 아니다.

④ 건설공사를 위하여 문화재 발굴허가를 받아 매장문화재를 발굴하는 경우에 그 발굴비용을 사업시행자가 부담하도록 하는 것은 재산권을 침해하지 않는다.

지문분석 난이도 중 정답 ①

| 키 워 드 | 재산권

| 출제유형 | 판례

① (X) 성매매에 제공되는 사실을 알면서 건물을 제공하는 행위를 한 자를 처벌하는 이 사건 법률 조항에 의한 집창촌에서 건물을 소유하거나 그 관리권한을 가지고 있는 자의 기본권 제한은 헌법 제37조 제2항의 기본권 제한의 한계를 일탈하였다고 볼 수 없다(헌재 2006.6.29. 2005헌마1167).

② (O) 우리 헌법의 재산권 보장은 사유재산의 처분과 그 상속을 포함하는 것인바, 유언자가 생전에 최종적으로 자신의 재산권에 대하여 처분할 수 있는 법적 가능성을 의미하는 유언의 자유는 생전증여에 의한 처분과 마찬가지로 헌법상 재산권의 보호를 받는다(헌재 2008.12.26. 2007헌바128).

③ (O) 국가 등의 양로시설 등에 입소하는 국가유공자에게 부가연금, 생활조정수당 등의 지급을 정지하도록 한 규정으로 인하여 청구인들이 보훈원에서 보호를 받고 있는 동안 종전에 지급받던 부가연금이나 생활조정수당 등의 지급이 정지된다고 하더라도, 청구인들은 국가의 부담으로 시설보호를 받음으로써 거주비, 식비, 피복비의 대부분을 스스로 부담하지 않게 되어 사실상 종전에 지급받던 보상금 중 상당부분에 갈음하여 다른 형태의 보상을 받고 있다고 볼 수 있고, 또 위와 같은 시설보호를 받을지의 여부는 청구인들의 선택에 달려 있다는 점 등을 고려하면, 이 사건 규정으로 인하여 청구인들의 재산권이 침해되었다고는 볼 수는 없으므로 이 사건 규정이 입법재량의 범위를 일탈하여 헌법에 위배된다고 할 수 없다(헌재 2000.6.1. 98헌마216).

④ (O) 건설공사를 위하여 문화재발굴허가를 받아 매장문화재를 발굴하는 경우 그 발굴비용을 사업시행자로 하여금 부담하도록 한 것은 건설공사 과정에서 매장문화재의 발굴로 인하여 문화재 훼손 위험을 야기한 사업시행자에게 원칙적으로 발굴경비를 부담시킴으로써 각종 개발행위로 인한 무분별한 문화재 발굴로부터 매장문화재를 보호하는 것이어서 입법목적의 정당성, 방법의 적절성이 인정되고, 발굴조사비용 확대에 따른 위험은 사업계획단계나 사업자금의 조달 과정에서 기업적 판단에 의해 위험요인의 하나로서 충분히 고려될 수 있는 것이고, 사업시행자가 발굴조사비용을 감당하기 어렵다고 판단하는 경우에는 더 이상 사업시행에 나아가지 아니할 선택권 또한 유보되어 있으며, 대통령령으로 정하는 경우에는 예외적으로 국가 등이 발굴조사비용을 부담할 수 있는 완화규정을 두고 있어 최소침해성원칙, 법익균형성원칙에도 반하지 아니하므로 과잉금지원칙에 위배되어 위헌이라고 볼 수 없다(헌재 2010.10.28. 2008헌바74).

87 0460 O△X | O△X | O△X 2021 법무사

재산권에 관한 다음 설명 중 가장 옳지 않은 것은? (다툼이 있는 경우 대법원 판례 및 헌법재판소 결정에 의함)

① 시혜적 입법의 시혜대상에서 제외되었다는 이유만으로 재산권의 침해가 발생하는 것은 아니고 시혜대상에 포함될 경우 얻을 수 있었던 재산상 이익의 기대가 성취되지 않았다고 하여도 이와 같은 단순한 재산상 이익에 대한 기대는 헌법이 보호하는 재산권의 영역에 포함되지 아니한다.

② 연금수급권의 내용은 사회·경제적 상황을 고려한 입법자의 정책적 판단에 의하여 변경될 수 있어 조기노령연금의 수급개시연령에 대한 신뢰는 보호가치가 크지 않으므로, 조기노령연금을 수급할 수 있는 연령이 59세에서 60세로 인상하는 법률은 재산권을 침해하지 않는다.

③ 유류분 반환청구는 피상속인이 생전에 한 유효한 증여라도 그 효력을 잃게 하는 것이므로, 민법 제1117조에서 '반환하여야 할 증여를 한 사실을 안 때로부터 1년'이라는 단기소멸시효를 정한 것은 재산권을 침해하지 않는다.

④ 헌법이 규정한 '정당한 보상'이란 손실보상의 원인이 되는 재산권의 침해가 기존의 법질서 안에서 개인의 재산권에 대한 개별적인 침해인 경우에는 그 손실보상은 원칙적으로 피수용재산의 객관적인 재산가치를 완전하게 보상하는 것이어야 한다는 완전보상을 뜻하는 것이다.

⑤ 재산권의 객체가 갖는 객관적 가치란 그 물건의 성질에 정통한 사람들의 자유로운 거래에 의하여 도달할 수 있는 합리적인 매매가능가격, 즉 시가에 의하여 산정되는 것이 보통이므로, 수용으로 인한 보상가액은 피수용토지의 수용시점 시가에 의하여야 하고, 공익사업의 시행으로 지가가 상승하여 발생하는 개발이익 역시 해당 토지의 객관적 가치에 포함되므로, 손실보상액에서 그와 같은 개발이익을 배제하는 것은 헌법이 정한 정당보상의 원리에 위배된다.

지문분석 난이도 중 정답 ⑤

| 키 워 드 | 재산권

| 출제유형 | 판례

⑤ (X) 재산권의 객체가 갖는 객관적 가치란 그 물건의 성질에 정통한 사람들의 자유로운 거래에 의하여 도달할 수 있는 합리적인 매매가능가격, 즉 시가에 의하여 산정되는 것이 보통이다. 개발이익은 공공사업의 시행에 의하여 비로소 발생하는 것이므로 그것이 피수용토지가 수용당시 갖는 객관적 가치에 포함된다고 볼 수도 없다. … 따라서 개발이익은 그 성질상 완전보상의 범위에 포함되는 피수용자의 손실이라고는 볼 수 없으므로, 개발이익을 배제하고 손실보상액을 산정한다 하여 헌법이 규정한 정당보상의 원리에 어긋나는 것이라고는 판단되지 않는다(헌재 1990.6.25. 89헌마107).

① (O) 시혜적 입법의 시혜대상에서 제외되었다는 이유만으로 재산권의 침해가 발생하는 것은 아니고 시혜대상에 포함될 경우 얻을 수 있었던 재산상 이익의 기대가 성취되지 않았다고 하여도 이와 같은 단순한 재산상 이익에 대한 기대는 헌법이 보호하는 재산권의 영역에 포함되지 아니한다(헌재 2008.9.25. 2007헌가9).

② (O) 연금수급권의 내용은 사회·경제적 상황을 고려한 입법자의 정책적 판단에 의하여 변경될 수 있어 조기노령연금의 수급개시연령에 대한 청구인의 신뢰는 보호가치가 크지 않고, 심판대상 조항으로 인하여 청구인이 조기노령연금을 수급할 수 있는 연령이 59세에서 60세로 인상된 것에 불과하여 그 신뢰의 손상 정도가 중하다고 보기 어렵다. 그러므로 심판대상 조항은 신뢰보호원칙을 위반하여 청구인의 재산권을 침해하지 않는다(헌재 2013.10.24. 2012헌마906).

③ (O) 유류분 반환청구는 피상속인이 생전에 한 유효한 증여라도 그 효력을 잃게 하는 것이어서 권리관계의 조속한 안정과 거래안전을 도모할 필요가 있고 이 사건 법률 조항이 1년의 단기소멸시효를 정한 것은 이러한 필요에 따른 것으로 그 목적의 정당성이 인정되며 유류분 권리자가 상속이 개시되었다는 사실과 증여가 있었다는 사실 및 그것이 반환하여야 할 것임을 안 때로부터 위 기간이 기산되므로 그 기산점이 불합리하게 책정되었다고 할 수 없는 점, 유류분 반환청구는 반드시 재판상 행사해야 하는 것이 아니고 그 목적물을 구체적으로 특정해야 하는 것도 아니어서 행사의 방법도 용이한 점 등에 비추어 보면 수단의 적정성, 피해의 최소성 및 법익의 균형성을 모두 갖추고 있으므로 위 법률 조항은 유류분 권리자의 재산권을 침해하지 않는다(헌재 2010.12.28. 2009헌바20).

④ (O) 헌법이 규정한 '정당한 보상'이란 손실보상의 원인이 되는 재산권의 침해가 기존의 법질서 안에서 개인의 재산권에 대한 개별적인 침해인 경우에는 그 손실 보상은 원칙적으로 피수용재산의 객관적인 재산가치를 완전하게 보상하는 것이어야 한다는 완전보상을 뜻하는 것으로서 보상금액뿐만 아니라 보상의 시기나 방법 등에 있어서도 어떠한 제한을 두어서는 아니 된다는 것을 의미한다(헌재 2011.12.29. 2010헌바205 등).

88 0461 ○△×|○△×|○△× 2016 경찰 승진

재산권에 관한 설명으로 가장 적절하지 않은 것은? (다툼이 있는 경우 판례에 의함)

① 수용된 토지가 당해 공익사업에 필요 없게 되거나 이용되지 아니하였을 경우에 피수용자가 그 토지소유권을 회복할 수 있는 권리, 즉 환매권은 헌법이 보장하는 재산권의 내용에 포함되는 권리이다.
② 구 문화재보호법이 건설공사 과정에서 매장문화재의 발굴로 인하여 문화재 훼손 위험을 야기한 사업시행자에게 원칙적으로 발굴경비를 부담시키는 것은 사업시행자의 재산권을 침해한다.
③ 일본국에 의하여 광범위하게 자행된 반인도적 범죄행위에 대하여 일본군 위안부 피해자들이 일본에 대하여 가지는 배상청구권은 헌법상 보장되는 재산권에 해당한다.
④ 종래 보수연동제에 의하여 연금액의 조정을 받아오던 기존의 연금수급자에게 법률개정을 통해 물가연동제에 의한 연금액조정방식을 적용하도록 하는 것은 헌법에 위배되지 않는다.

지문분석 난이도 중 정답 ②

| **키 워 드** | 재산권

| **출제유형** | 판례

② (X) 구 문화재보호법 제55조 제7항 제2문 및 제3문 중 각 '제55조 제1항 제2호에 관한 부분'은 건설공사 과정에서 매장문화재의 발굴로 인하여 문화재 훼손 위험을 야기한 사업시행자에게 원칙적으로 발굴경비를 부담시킴으로써, 각종 개발행위로 인한 무분별한 문화재 발굴로부터 매장문화재를 보호하는 것이어서 입법목적의 정당성, 방법의 적절성이 인정되고, 사업시행자가 발굴조사비용을 감당하기 어렵다고 판단하는 경우에는 더 이상 사업시행에 나아가지 아니할 수 있고, 대통령령으로 정하는 경우에는 예외적으로 국가 등이 발굴비용을 부담할 수 있는 완화규정을 두고 있어 최소침해성원칙, 법익균형성원칙에도 반하지 아니하므로, 과잉금지원칙에 위배되지 아니한다(헌재 2011.7.28. 2009헌바244).
① (O) 수용된 재산권이 당해 공공사업에 필요 없게 되거나 이용되지 아니하게 되었다면 수용의 헌법상 정당성과 공공사업자에 의한 재산권 취득의 근거가 장래를 향하여 소멸한다고 보아야 한다. 따라서 토지수용법 제71조 소정의 환매권은 헌법상의 재산권 보장 규정으로부터 도출되는 것으로서 헌법이 보장하는 재산권의 내용에 포함되는 권리이다(헌재 1994. 2.24. 92헌가15).
③ (O) 일본국에 의하여 광범위하게 자행된 반인도적 범죄행위에 대하여 일본군 위안부 피해자들이 일본에 대하여 가지는 배상청구권은 헌법상 보장되는 재산권이다(헌재 2011.8.30. 2006헌마788).
④ (O) 물가연동제에 의한 연금액조정규정의 취지는 화폐가치의 하락 또는 일반적인 생활수준의 향상 등으로 인하여 연금의 실질적 구매력이 점점 떨어질 것에 대비하여 그 실질구매력을 유지시켜 주어 퇴직연금수급자의 생활안정을 기하기 위한 것이지, 퇴직연금수급권을 제한하거나 박탈하는 것이 아니며, 그 내용이 현저히 자의적이라고 볼 수 없다. 아울러 구 공무원연금법 제43조의2 제3항에 의하여 각 연도 공무원보수인상률과 물가상승률 등을 고려하여 재조정해 주는 보완장치도 마련하고 있다. 따라서 물가연동제에 의한 연금급여를 조정하고 있는 이 사건 조정규정 자체는 퇴직연금수급권자의 재산권, 행복추구권을 침해하거나 직업공무원제도의 근간을 훼손한 것이라고 볼 수는 없다(헌재 2005.6.30. 2004헌바42).

89 0462 ○△×|○△×|○△× 2017 경찰 승진

재산권에 대한 설명으로 옳지 않은 것을 모두 고른 것은? (다툼이 있는 경우 판례에 의함)

> ㉠ 재산권의 내용을 새로이 형성하는 법률이 합헌적이기 위해서는 장래에 적용될 법률이 헌법에 합치하여야 하고, 나아가 과거의 법적 상태에 의하여 부여된 구체적 권리에 대한 침해를 정당화하는 이유가 존재하여야 한다.
> ㉡ 배우자의 상속공제를 인정받기 위한 요건으로 배우자상속재산 분할기한까지 배우자의 상속재산을 분할하여 신고할 것을 요구하면서 위 기한이 경과하면 일률적으로 배우자의 상속공제를 부인하고 있는 구 상속세 및 증여세법(2002.12.18. 법률 제6780호로 개정되고, 2010.1.1. 법률 제9916호로 개정되기 전의 것) 제19조 제2항은 배우자인 상속인의 재산권을 침해한다고 볼 수 없다.
> ㉢ 헌법이 보장하는 재산권의 내용과 한계를 정하는 법률이 재산권을 형성한다는 의미를 갖는다 하더라도, 이러한 법률이 사유재산제도나 사유재산을 부인하는 것은 재산권 보장 규정의 침해를 의미하고 결코 재산권 형성적 법률유보라는 이유로 정당화될 수 없다.
> ㉣ 토지의 강한 사회성 내지 공공성으로 말미암아 토지재산권에는 다른 재산권에 비하여 보다 강한 제한과 의무가 부과되고 이에 대한 제한 입법에는 입법자의 광범위한 입법형성권이 인정되므로, 과잉금지원칙에 의한 심사는 부적절하다.

① ㉠, ㉢　　② ㉠, ㉣
③ ㉡, ㉢　　④ ㉡, ㉣

지문분석 난이도 ㉯ 정답 ④

| 키 워 드 | 재산권
| 출제유형 | 판례

㉡ (X) 배우자의 상속공제를 인정받기 위한 요건으로 배우자상속재산 분할기한까지 배우자의 상속재산을 분할하여 신고할 것을 요구하면서 위 기한이 경과하면 일률적으로 배우자의 상속공제를 부인하는 이 사건 법률조항은, 피상속인의 배우자가 상속공제를 받은 후에 상속재산을 상속인들에게 이전하는 방법으로 부의 무상이전을 시도하는 것을 방지하고 상속세에 대한 조세법률관계를 조기에 확정하기 위한 정당한 입법목적을 가진 것이나, 상속재산분할심판과 같이 상속에 대한 실체적 분쟁이 계속 중이어서 법정기한 내에 재산분할을 마치기 어려운 부득이한 사정이 있는 경우, 후발적 경정청구 등에 의해 그러한 심판의 결과를 상속세 산정에 추후 반영할 길을 열어두지도 않은 채, 위 기한이 경과하면 일률적으로 배우자 상속공제를 부인함으로써 비례원칙에 위배되어 청구인들의 재산권을 침해한다(헌재 2012.5.31. 2009헌바190).

㉣ (X) 토지재산권에 대한 제한 입법은 토지의 강한 사회성 내지는 공공성으로 말미암아 다른 재산권에 비하여 보다 강한 제한과 의무가 부과될 수 있으나, 역시 다른 기본권에 대한 제한 입법과 마찬가지로 과잉금지의 원칙(비례의 원칙)을 준수해야 한다(헌재 2012.7.26. 2009헌바328).

㉠ (O) 재산권의 내용을 새로이 형성하는 법률이 합헌적이기 위하여서는 장래에 적용될 법률이 헌법에 합치하여야 할 뿐만 아니라, 또한 과거의 법적 상태에 의하여 부여된 구체적 권리에 대한 침해를 정당화하는 이유가 존재하여야 하는 것이다(헌재 1999.4.29. 94헌바37).

㉢ (O) 헌법이 보장하는 재산권의 내용과 한계를 정하는 법률은 재산권을 제한한다는 의미가 아니라 재산권을 형성한다는 의미를 갖는다. 이러한 재산권의 내용과 한계를 정하는 법률의 경우에도 사유재산제도나 사유재산을 부인하는 것은 재산권 보장규정의 침해를 의미하고, 결코 재산권 형성적 법률유보라는 이유로 정당화될 수 없다(헌재 1993.7.29. 92헌바20).

90 0463 ○△×|○△×|○△× 2021 지방직 7급

재산권에 대한 설명으로 옳지 않은 것은? (다툼이 있는 경우 판례에 의함)

① 재산권 제한으로 인하여 토지소유자가 종래의 지목과 토지현황에 의한 이용방법에 따른 토지의 사용도 할 수 없거나 실질적으로 토지의 사용·수익을 전혀 할 수 없는 경우에는, 그러한 재산권 제한은 토지소유자가 수인해야 할 사회적 제약의 범주를 넘는 것으로서 손실을 완화하는 보상적 조치가 있어야 비례원칙에 부합한다.

② 소액임차인이 보증금 중 일부를 우선하여 변제받으려면 주택에 대한 경매신청의 등기 전에 대항력을 갖추어야 한다고 규정한 주택임대차보호법 조항은 입법형성의 한계를 벗어나 주택에 대한 경매신청의 등기 전까지 주민등록을 미처 갖추지 못한 소액임차인의 재산권을 침해한다고 보기 어렵다.

③ 재산권의 내용과 한계를 구체적으로 형성함에 있어서 입법자는 일반적으로 광범위한 입법형성권을 가진다고 할 것이고, 재산권의 본질적 내용을 침해하여서는 아니 된다거나 사회적 기속성을 함께 고려하여 균형을 이루도록 하여야 한다는 등의 입법형성권의 한계를 일탈하지 않는 한 재산권 형성적 법률 규정은 헌법에 위반되지 아니한다.

④ 농지의 경우 그 사회성과 공공성의 정도는 일반적인 토지의 경우와 동일하므로, 농지 재산권을 제한하는 입법에 대한 헌법심사의 강도는 다른 토지 재산권을 제한하는 입법에 대한 것보다 낮아서는 아니 된다.

지문분석 난이도 중 정답 ④

| **키 워 드** | 재산권

| **출제유형** | 판례

④ (X) 토지재산권에 대하여는 강한 사회성 내지는 공공성으로 말미암아 다른 재산권에 비하여 더 강한 제한과 의무가 부과될 수 있으나, 그렇다고 하더라도 토지재산권에 대한 제한입법 역시 다른 기본권을 제한하는 입법과 마찬가지로 과잉금지의 원칙을 준수해야 하고, 재산권의 본질적 내용인 사용·수익권과 처분권을 부인해서는 아니 된다(헌재 1998.12.24. 89헌마214 등). 다만 농지의 경우 그 사회성과 공공성은 일반적인 토지의 경우보다 더 강하다고 할 수 있으므로, 농지 재산권을 제한하는 입법에 대한 헌법심사의 강도는 다른 토지 재산권을 제한하는 입법에 대한 것보다 낮다고 봄이 상당하다(헌재 2010.2.25. 2008헌바116).

① (○) 도시계획법 제21조에 의한 재산권의 제한은 개발제한구역으로 지정된 토지를 원칙적으로 지정 당시의 지목과 토지현황에 의한 이용방법에 따라 사용할 수 있는 한, 재산권에 내재하는 사회적 제약을 비례의 원칙에 합치하게 합헌적으로 구체화한 것이라고 할 것이나, 종래의 지목과 토지현황에 의한 이용방법에 따른 토지의 사용도 할 수 없거나 실질적으로 사용·수익을 전혀 할 수 없는 예외적인 경우에도 아무런 보상없이 이를 감수하도록 하고 있는 한, 비례의 원칙에 위반되어 당해 토지소유자의 재산권을 과도하게 침해하는 것으로서 헌법에 위반된다(헌재 1998.12.24. 89헌마214).

② (○) 대항요건의 구비시기를 제한한 탓에 실제로 주택을 인도받아 거주하고 있으나 주택에 대한 경매신청의 등기 전까지 주민등록을 미처 갖추지 못한 임차인이 보증금 중 일정액을 우선하여 변제받지 못함으로써 임차보증금반환채권의 실현이 요원해질 수 있고, 이는 소액임차인에게는 적지 않은 타격이 될 수 있다. 그러나 심판대상 조항이 임차인에게 부과하는 의무는 임대차계약 당시 주민등록을 하도록 하는 것이고, 다만 우선변제권을 확보하려면 주민등록이 주택에 대한 경매신청의 등기 전에 이루어져야 한다는 점에서 경매개시 여부에 관하여 등기부 등본을 확인해야 하는 것인데, 이를 통해 선순위 담보권자에 우선하는 변제를 보장받는 소액임차인에게 이러한 부담이 가혹하다고 보기는 어렵다. 위와 같은 점들을 종합하여 볼 때, 심판대상 조항이 주택에 대한 경매신청의 등기 전까지 주민등록을 갖춘 소액임차인에 한하여 우선변제를 받을 수 있도록 한 것이 입법형성의 한계를 벗어나 청구인의 재산권을 침해한다고 보기 어렵다(헌재 2020.8.28. 2018헌바422).

③ (○) 재산권의 내용과 한계를 구체적으로 형성함에 있어서 입법자는 일반적으로 광범위한 입법형성권을 가진다고 할 것이고, 재산권의 본질적 내용을 침해하여서는 아니 된다거나 사회적 기속성을 함께 고려하여 균형을 이루도록 하여야 한다는 등의 입법형성권의 한계를 일탈하지 않는 한 재산권 형성적 법률 규정은 헌법에 위반되지 아니한다(헌재 2000.6.29. 98헌마36 참조).

91 0464 ○△×|○△×|○△× 2019 경찰 승진

헌법상 재산권의 보호대상에 해당되는 것으로만 묶인 것은?
(다툼이 있는 경우 헌법재판소 판례에 의함)

㉠ 환매권	㉡ 의료보험조합의 적립금
㉢ 상속권	㉣ 의료급여수급권
㉤ 사학연금법상 연금수급권	

① ㉠, ㉡, ㉢ ② ㉠, ㉢, ㉤
③ ㉡, ㉣, ㉤ ④ ㉢, ㉣, ㉤

지문분석 난이도 하 정답 ②

| 키 워 드 | 재산권의 보호대상
| 출제유형 | 판례

㉠ (○) 토지수용법 제71조 소정의 환매권은 헌법상의 재산권 보장규정으로부터 도출되는 것으로서 헌법이 보장하는 재산권의 내용에 포함되는 권리이며, 피수용자가 손실보상을 받고 소유권의 박탈을 수인할 의무는 그 재산권의 목적물이 공공사업에 이용되는 것을 전제로 하기 때문에 위 헌법상 권리는 피수용자가 수용 당시 이미 정당한 손실보상을 받았다는 사실로 말미암아 부인되지 않는다(헌재 1994.2.24. 92헌가15 등).

㉢ (○) 상속권은 재산권의 일종이므로 상속제도나 상속권의 내용은 입법자가 입법정책적으로 결정하여야 할 사항으로서 원칙적으로 입법자의 입법형성의 자유에 속한다고 할 것이지만, 입법자가 상속제도와 상속권의 내용을 정함에 있어서 입법형성권을 자의적으로 행사하여 헌법 제37조 제2항이 규정하는 기본권 제한의 입법한계를 일탈하는 경우에는 그 법률 조항은 헌법에 위반된다고 할 것이다(헌재 1998.8.27. 96헌가22 등).

㉤ (○) 사학연금법상 연금제도는 공무원연금법상 연금제도와 그 적용대상이 서로 달라 각각 독립하여 운영되고 있을 뿐 동일한 사회적 위험에 대비하기 위한 하나의 통일적인 제도라고 할 것인바, 사학연금법상 각종 급여는 모두 사회보험에 입각한 사회보장적 급여로서의 성격을 가짐과 동시에 공로보상 내지 후불임금으로서의 성격도 함께 가지고, 특히 퇴직연금수급권은 사회보장적 급여인 동시에 경제적인 가치가 있는 권리로서 헌법 제23조에 의하여 보장되는 재산권으로서의 성격을 지닌다(헌재 2009.7.30. 2007헌바113).

㉡ (X) 사회보험법상의 지위는 청구권자에게 구체적인 급여에 대한 법적 권리가 인정되어 있는 경우에 한하여 재산권의 보호대상이 된다. 그러나 이 사건 적립금의 경우, 법률이 조합의 해산이나 합병 시 적립금을 청구할 수 있는 조합원의 권리를 규정하고 있지 않을 뿐만 아니라, 공법상의 권리인 사회보험법상의 권리가 재산권 보장의 보호를 받기 위해서는 법적 지위가 사적 이익을 위하여 유용한 것으로서 권리주체에게 귀속될 수 있는 성질의 것이어야 하는데, 적립금에는 사법상의 재산권과 비교될 만한 최소한의 재산권적 특성이 결여되어 있다. 따라서 의료보험조합의 적립금은 헌법 제23조에 의하여 보장되는 재산권의 보호대상이라고 볼 수 없다(헌재 2000.6.29. 99헌마289).

㉣ (X) 청구인들이 침해되었다고 주장하는 의료급여수급권은 공공부조의 일종으로 순수하게 사회정책적 목적에서 주어지는 권리이다. 그렇다면 이는 개인의 노력과 금전적 기여를 통하여 취득되는 재산권의 보호대상에 포함된다고 보기 어렵고, 따라서 본인부담금제 및 선택병의원제를 규정한 이 사건 시행령 및 시행규칙 규정들로 인해 청구인들의 재산권이 침해된다고 할 수 없다(헌재 2009.9.24. 2007헌마1092).

92 0465 ○△×|○△×|○△× 2021 법원직 9급

재산권에 관한 다음 설명 중 가장 옳은 것은?

① 헌법 제23조 제3항은 "공공필요에 의한 재산권의 수용·사용 또는 제한 및 그에 대한 보상은 법률로써 하되, 완전한 보상을 지급하여야 한다."고 규정하여 피수용재산의 객관적인 재산가치를 완전하게 보상하여야 함을 선언하고 있다.
② 헌법상 재산권에 관한 규정은 그 내용과 한계가 법률에 의해 구체적으로 형성되는 기본권 형성적 법률유보의 형태를 띠고 있고, 헌법이 보장하는 재산권의 내용과 한계는 국회에 의하여 제정되는 형식적 의미의 법률에 의하여 정해진다.
③ 영리획득의 단순한 기회 또는 기업활동의 사실적·법적 여건 또한 재산권 보장의 대상이 된다.
④ 공무원연금법상의 연금수급권은 사회보장수급권의 성격을 가지고 있을 뿐 이를 재산권이라고 볼 수 없으므로 입법자에게 넓은 입법형성권이 인정된다.

지문분석 난이도 하 정답 ②

| 키 워 드 | 재산권
| 출제유형 | 판례

② (○) 헌법상의 재산권에 관한 규정은 다른 기본권 규정과는 달리 그 내용과 한계가 법률에 의해 구체적으로 형성되는 기본권 형성적 법률유보의 형태를 띠고 있다. 그리하여 헌법이 보장하는 재산권의 내용과 한계는 국회에서 제정되는 형식적 의미의 법률에 의하여 정해지므로, 재산권의 구체적 모습은 재산권의 내용과 한계를 정하는 법률에 의하여 형성된다(헌재 2005.7.21. 2004헌바57).

① (X) 헌법 제23조 제3항은 "공공필요에 의한 재산권의 수용·사용 또는 제한 및 그에 대한 보상은 법률로써 하되, 정당한 보상을 지급하여야 한다."고 규정하고 있다. 여기서 '정당한 보상'이란 '원칙적으로' 피수용재산의 객관적인 재산가치를 완전하게 보상하는 것이어야 한다는 완전보상을 뜻하는 것으로서, 재산권의 객체가 갖는 객관적 가치란 그 물건의 성질에 정통한 사람들의 자유로운 거래에 의하여 도달할 수 있는 합리적인 매매가능가격, 즉 시가에 의하여 산정되는 것이 '보통이다(헌재 2002.12.18. 2002헌가4).

③ (X) 헌법상 보장된 재산권은 사적 유용성 및 그에 대한 원칙적인 처분권을 내포하는 재산가치 있는 구체적인 권리이므로, 구체적 권리가 아닌 영리획득의 단순한 기회나 기업활동의 사실적·법적 여건은 기업에게는 중요한 의미를 갖는다고 하더라도 재산권 보장의 대상이 아니다(헌재 2018.7.31. 2018헌마753).

④ (X) 공무원연금법상의 퇴직급여, 유족급여 등 각종 급여를 받을 권리, 즉 연금수급권은 사회적 기본권의 하나인 사회보장수급권의 성격과 재산권의 성격을 아울러 지니고 있다고 하겠다. 요컨대, 이 법상의 연금수급권의 법률적 형성에 관하여는 전체적으로 입법자에게 상당한 정도로 형성의 자유가 인정된다(헌재 1999.4.29. 97헌마333).

93 0466 ○△×|○△×|○△× 2020 국회직 5급

재산권에 대한 설명으로 옳지 않은 것은? (다툼이 있는 경우 판례에 의함)

① 일반적인 물건에 대한 재산권 행사에 비하여 동물에 대한 재산권 행사는 사회적 연관성과 사회적 기능이 매우 크다 할 것이므로 이를 제한하는 경우 입법재량의 범위를 폭넓게 인정함이 타당하다.
② 공무원 퇴직연금수급권은 국가의 재정상황, 국민 전체의 소득 및 생활수준 기타 여러 가지 사회·경제적인 여건 등을 종합하여 합리적인 수준에서 결정할 수 있는 광범위한 입법형성의 재량이 인정되기 때문에 법정요건을 갖춘 후 발생하는 공무원 퇴직연금수급권은 경제적·재산적 가치가 있는 공법상의 권리로서 헌법 제23조 제1항이 보장하고 있는 재산권에 포함된다.
③ 별거나 가출 등으로 실질적인 혼인관계가 존재하지 아니하여 연금 형성에 기여가 없는 이혼배우자에 대해서 법률혼 기간을 기준으로 분할연금 수급권을 인정하는 것은 재산권을 침해하지 않는다.
④ 개인택시운송사업자는 장기간의 모범적인 택시운전에 대한 보상의 차원에서 개인택시면허를 취득하였거나, 고액의 프리미엄을 지급하고 개인택시면허를 양수한 사람들이므로 개인택시면허는 자신의 노력으로 혹은 금전적 대가를 치르고 얻은 재산권이라고 할 수 있다.
⑤ 헌법이 보장하고 있는 재산권은 '경제적 가치가 있는 모든 공법상·사법상의 권리'이고, 이때 재산권 보장에 의하여 보호되는 재산권은 '사적 유용성 및 그에 대한 원칙적 처분권을 내포하는 재산가치가 있는 구체적 권리'를 의미한다.

지문분석 난이도 중 정답 ③

| **키 워 드** | 재산권
| **출제유형** | 판례

③ (X) 법률혼 관계를 유지하고 있었다고 하더라도 실질적인 혼인관계가 해소되어 노령연금 수급권의 형성에 아무런 기여가 없었다면 그 기간에 대하여는 노령연금의 분할을 청구할 전제를 갖추었다고 볼 수 없다. 그럼에도 불구하고 심판대상 조항은 법률혼 관계에 있었지만 별거·가출 등으로 실질적인 혼인관계가 존재하지 않았던 기간을 일률적으로 혼인 기간에 포함시켜 분할연금을 산정하도록 하고 있는바, 이는 분할연금제도의 재산권적 성격을 몰각시키는 것으로서 그 입법형성권의 재량을 벗어났다고 보아야 한다. 따라서 심판대상 조항은 재산권을 침해한다(헌재 2016.12.29. 2015헌바182).
① (O) 일반적인 물건에 대한 재산권 행사에 비하여 동물에 대한 재산권 행사는 사회적 연관성과 사회적 기능이 매우 크다 할 것이므로 이를 제한하는 경우 입법재량의 범위를 폭넓게 인정함이 타당하다. 그러므로 이 사건 법률 조항이 과잉금지원칙을 위반하여 재산권을 침해하는지 여부를 살펴보되 심사기준을 완화하여 적용함이 상당하다(헌재 2013.10.24. 2012헌바431).
② (O) 공무원 퇴직연금수급권은 국가의 재정상황, 국민 전체의 소득 및 생활수준 기타 여러 가지 사회·경제적인 여건 등을 종합하여 합리적인 수준에서 결정할 수 있는 광범위한 입법형성의 재량이 인정되기 때문에 법정요건을 갖춘 후 발생하는 공무원 퇴직연금수급권만이 경제적·재산적 가치가 있는 공법상의 권리로서 헌법 제23조 제1항이 보장하고 있는 재산권에 포함되는 것이다(헌재 2012.8.23. 2010헌바425).
④ (O) 개인택시운송사업자는 장기간의 모범적인 택시운전에 대한 보상의 차원에서 개인택시면허를 취득하였거나, 고액의 프리미엄을 지급하고 개인택시면허를 양수한 사람들이므로 개인택시면허는 자신의 노력으로 혹은 금전적 대가를 치르고 얻은 재산권이라고 할 수 있다(헌재 2012.3.29. 2010헌마443 등).
⑤ (O) 우리 헌법이 보장하고 있는 재산권은 '경제적 가치가 있는 모든 공법상·사법상의 권리'이고, 이 때 재산권 보장에 의하여 보호되는 재산권은 '사적 유용성 및 그에 대한 원칙적 처분권을 내포하는 재산가치가 있는 구체적 권리"를 의미한다(헌재 2008.12.26. 2005헌바34).

94 0467 ○△×|○△×|○△× 2020 경찰 승진

재산권에 관한 설명 중 가장 적절한 것은? (다툼이 있는 경우 판례에 의함)

① 물건에 대한 재산권 행사에 비하여 동물에 대한 재산권 행사는 사회적 연관성과 사회적 기능이 적다 할 것이므로 이를 제한하는 경우 입법재량의 범위를 좁게 인정함이 타당하다.

② 건설공사를 위하여 문화재발굴허가를 받아 매장문화재를 발굴하는 경우 그 발굴비용을 사업시행자로 하여금 부담하게 하는 것은 문화재 보존을 위해 사업시행자에게 일방적인 희생을 강요하는 것이므로 재산권을 침해한다.

③ 토지의 가격이 취득일 당시에 비하여 현저히 상승한 경우 환매금액에 대한 협의가 성립하지 아니한 때에는 사업시행자로 하여금 환매금액의 증액을 청구할 수 있도록 한 공익사업을 위한 토지 등의 취득 및 보상에 관한 법률 조항은 환매권자의 재산권을 침해하지 아니한다.

④ 건축법을 위반한 건축주 등이 건축 허가권자로부터 위반건축물의 철거 등 시정명령을 받고도 그 이행을 하지 않는 경우 건축법 위반자에 대하여 시정명령 이행 시까지 반복적으로 이행강제금을 부과할 수 있도록 규정한 건축법 조항은 과잉금지의 원칙에 위배되어 건축법 위반자의 재산권을 침해한다.

지문분석 난이도 중 정답 ③

| 키 워 드 | 재산권

| 출제유형 | 판례

③ (○) 이 사건 증액청구조항이 환매목적물인 토지의 가격이 통상적인 지가상승분을 넘어 현저히 상승하고 당사자 간 협의가 이루어지지 아니할 경우에 한하여 환매금액의 증액청구를 허용하고 있는 점, 환매권의 내용에 토지가 취득되지 아니하였다면 원소유자가 누렸을 법적 지위의 회복을 요구할 권리가 포함된다고 볼 수 없는 점, 개발이익은 토지의 취득 당시의 객관적 가치에 포함된다고 볼 수 없는 점, 환매권자가 증액된 환매금액의 지급의무를 부담하게 될 것을 우려하여 환매권을 행사하지 못하더라도 이는 사실상의 제약에 불과한 점 등에 비추어 볼 때, 위 조항이 재산권의 내용에 관한 입법형성권의 한계를 일탈하여 환매권자의 재산권을 침해한다고 볼 수 없다(헌재 2016.9.29. 2014헌바400).

① (X) 일반적인 물건에 대한 재산권 행사에 비하여 동물에 대한 재산권 행사는 사회적 연관성과 사회적 기능이 매우 크다 할 것이므로 이를 제한하는 경우 입법재량의 범위를 폭넓게 인정함이 타당하다. 그러므로 이 사건 법률 조항이 과잉금지원칙을 위반하여 재산권을 침해하는지 여부를 살펴보되 심사기준을 완화하여 적용함이 상당하다(헌재 2013.10.24. 2012헌바431).

② (X) 구 문화재보호법 제44조 제4항 제2문은 건설공사 과정에서 매장문화재의 발굴로 인하여 문화재 훼손 위험을 야기한 사업시행자에게 원칙적으로 발굴경비를 부담시킴으로써 각종 개발행위로 인한 무분별한 문화재 발굴로부터 매장문화재를 보호하는 것이어서 입법목적의 정당성, 방법의 적절성이 인정되고, 발굴조사비용 확대에 따른 위험은 사업계획 단계나 사업자금의 조달 과정에서 기업적 판단에 의해 위험요인의 하나로서 충분히 고려될 수 있는 것이고, 사업시행자가 발굴조사비용을 감당하기 어렵다고 판단하는 경우에는 더 이상 사업시행에 나아가지 아니할 선택권 또한 유보되어 있으며, 대통령령으로 정하는 경우에는 예외적으로 국가 등이 발굴조사비용을 부담할 수 있는 완화규정을 두고 있어 최소 침해성원칙, 법익균형성원칙에도 반하지 아니하므로 과잉금지원칙에 위배되어 위헌이라고 볼 수 없다(헌재 2010.10.28. 2008헌바74).

④ (X) 이 사건 법률 조항은 '건축물의 안전과 기능, 미관을 향상시켜 공공복리의 증진을 도모하기 위한 것'으로 그 입법목적이 정당하고, 이러한 목적 달성을 위하여 시정명령에 불응하고 있는 건축법 위반자에 대하여 이행강제금을 부과함으로써 시정명령에 응할 것을 강제하고 있으므로 적절한 수단이 된다. … 따라서 이 사건 법률 조항은 과잉금지의 원칙에 위배되지 아니하므로 위반자의 재산권을 침해하지 아니한다(헌재 2011.10.25. 2009헌바140).

95 0468 O△X | O△X | O△X 2022 경찰 간부

헌법재판소가 재산권으로 인정한 경우를 O, 인정하지 않은 경우를 X로 표시한다면 가장 적절한 것은? (다툼이 있는 경우 헌법재판소 판례에 의함)

> 가. 상공회의소의 의결권
> 나. 국민연금법상 사망일시금
> 다. 개인택시면허
> 라. 관행어업권
> 마. 건강보험수급권
> 바. 이동전화번호
> 사. 불법적인 사용의 경우에 인정되는 수용청구권

① 가(○), 나(×), 다(○), 라(○), 마(×), 바(×), 사(○)
② 가(○), 나(○), 다(×), 라(×), 마(×), 바(○), 사(×)
③ 가(×), 나(○), 다(○), 라(×), 마(○), 바(×), 사(○)
④ 가(×), 나(×), 다(○), 라(○), 마(○), 바(×), 사(×)

지문분석 난이도 중 정답 ④

| 키 워 드 | 재산권
| 출제유형 | 판례

가. (X) 이 사건 법률조항은 기존의 상공회의소의 재산에 변동을 일으키지 않으므로 상공회의소에게는 어떠한 재산권의 침해도 없다. 또한 상공회의소의 의결권 또는 회원권은 상공회의소라는 법인의 의사형성에 관한 권리일 뿐 이를 따로 떼어 헌법상 보장되는 재산권이라고 보기 어렵고, 상공회의소의 재산은 법인인 상공회의소의 고유재산이지 회원들이 지분에 따라 반환받을 수 있는 재산이라고 보기 어려워서, 상공업자들의 재산권 제한과도 무관하다(헌재 2006.5.25. 2004헌가1).

나. (X) 사망일시금 제도는 유족연금 또는 반환일시금을 지급받지 못하는 가입자 등의 가족에게 사망으로 소요되는 비용의 일부를 지급함으로써 국민연금제도의 수혜범위를 확대하고자 하는 차원에서 도입되었는데, 국민연금제도가 사회보장에 관한 헌법규정인 제34조 제1항, 제2항, 제5항을 구체화한 제도로서, 국민연금법상 연금수급권 내지 연금수급기대권이 재산권의 보호대상인 사회보장적 급여라고 한다면 사망일시금은 사회보험의 원리에서 다소 벗어난 장제부조적·보상적 성격을 갖는 급여로 사망일시금은 헌법상 재산권에 해당하지 아니하므로, 이 사건 사망일시금 한도 조항이 청구인들의 재산권을 제한한다고 볼 수 없다(헌재 2019.2.28. 2017헌마432).

다. (○) 심판대상 조항은 감차사업구역 내에 있는 일반택시운송사업자로 하여금 택시운송사업의 양도를 금지하고 감차계획에 따른 감차보상만 신청할 수 있도록 함으로써 일반택시운송사업자의 직업수행의 자유와 재산권을 제한한다. 심판대상 조항이 과잉금지원칙을 위반하여 일반택시운송사업자의 직업수행의 자유와 재산권을 침해하는지 여부를 살펴본다(헌재 2019.9.26. 2017헌바467).

라. (○) 종래 인정되던 관행어업권에 대하여 2년 이내에 등록하여야 입어할 수 있도록 한 수산업법은 예외적으로 진정소급입법이 허용된다(헌재 1997.7.22. 97헌바76 등).

마. (○) 이 사건 법률조항은 피해자인 가입자 또는 피부양자에게 신속한 치료가 이루어질 수 있도록 공단이 먼저 보험급여를 실시하여 피해자의 건강보험수급권을 우선적으로 보장하는 한편, 가해자의 손해배상 전에 보험급여가 이루어져서 발생하게 되는 복잡한 권리·의무 관계를 간결하게 하여 민사법의 기본원리인 과실책임원칙을 달성하고, 구상권 행사를 통하여 건강보험 재정의 건전성을 유지하는 것을 목적으로 한다. 이 사건 법률조항이 의사의 의료사고에 대하여 그 특수성을 인정하여 별도로 규정하지 않았다 하더라도 재판과정에서 손해배상 책임의 발생 및 범위를 정함에 있어 의사의 과실정도 및 배상책임 제한 요소를 모두 고려하고 있고, 이 사건 법률조항은 공단, 피해자인 환자, 가해자인 의사 사이의 법률관계를 민사법의 기본원칙인 과실책임 및 구상권에 관한 일반원칙에 따라 적절하게 조정하고 있으며, 이러한 민사법상의 법익균형과 함께 건강보험 재정의 건전성을 도모하고자 하는 공익은 이로 인하여 제한되는 의사의 사익보다 중하므로, 이 사건 법률조항은 청구인의 직업수행의 자유 및 재산권을 침해하지 아니한다(헌재 2012.5.31. 2011헌바127).

바. (X) 이동전화번호를 구성하는 숫자가 개인의 인격 내지 인간의 존엄과 관련성을 가진다고 보기 어렵고, 이 사건 이행명령으로 인하여 청구인들의 개인정보가 청구인들의 의사에 반하여 수집되거나 이용되지 않으며, 이동전화번호는 유한한 국가자원으로서 청구인들의 번호이용은 사업자와의 서비스 이용계약 관계에 의한 것일 뿐이므로 이 사건 이행명령으로 청구인들의 인격권, 개인정보자기결정권, 재산권이 제한된다고 볼 수 없다(헌재 2013.7.25. 2011헌마63 등).

사. (X) 입법자에 의한 재산권의 내용과 한계의 설정은 기존에 성립된 재산권을 제한할 수도 있고, 기존에 없던 것을 새롭게 형성하는 것일 수도 있다. 이 사건 조항은 종전에 없던 재산권을 새로이 형성한 것에 해당되므로, 역으로 그 형성에 포함되어 있지 않은 것은 재산권의 범위에 속하지 않는다. 그러므로 청구인들이 주장하는바 '불법적인 사용의 경우에 인정되는 수용청구권'이란 재산권은 존재하지 않으므로, 이 사건 조항이 그러한 재산권을 제한할 수는 없다(헌재 2005.7.21. 2004헌바57).

96 0469 O△X | O△X | O△X 2022 경찰 승진

재산권에 관한 설명 중 가장 적절하지 않은 것은? (다툼이 있는 경우 판례에 의함)

① 국민연금법상 연금수급권 내지 연금수급기대권이 재산권의 보호대상인 사회보장적 급여라고 한다면 사망일시금은 헌법상 재산권에 해당한다.

② 공무원연금법이 개정되어 시행되기 전에 청구인이 이미 퇴직하여 퇴직연금을 수급할 수 있는 기초를 상실한 경우에는 공무원퇴직연금의 수급요건을 재직기간 20년에서 10년으로 완화한 개정 공무원연금법 규정이 청구인의 재산권을 제한한다고 볼 수 없다.

③ '사업인정고시가 있은 후에 3년 이상 토지가 공익용도로 사용된 경우' 토지소유자에게 매수 혹은 수용청구권을 인정한 공익사업을 위한 토지 등의 취득 및 보상에 관한 법률의 조항을 통하여 인정되는 '수용청구권'은 사적유용성을 지닌 것으로서 재산의 사용, 수익, 처분에 관계되는 법적 권리이므로 헌법상 재산권에 포함된다.

④ 잠수기어업허가를 받아 키조개 등을 채취하는 직업에 종사한다고 하더라도 이는 원칙적으로 자신의 계획과 책임하에 행동하면서 법제도에 의하여 반사적으로 부여되는 기회를 활용하는 것에 불과하므로 잠수기어업허가를 받지 못하여 상실된 이익 등 청구인 주장의 재산권은 헌법 제23조에서 규정하는 재산권의 보호범위에 포함된다고 볼 수 없다.

지문분석 난이도 하 정답 ①

| **키 워 드** | 재산권

| **출제유형** | 판례

① (X) 사망일시금 제도는 유족연금 또는 반환일시금을 지급받지 못하는 가입자 등의 가족에게 사망으로 소요되는 비용의 일부를 지급함으로써 국민연금제도의 수혜범위를 확대하고자 하는 차원에서 도입되었는데, 국민연금제도가 사회보장에 관한 헌법규정인 제34조 제1항, 제2항, 제5항을 구체화한 제도로서, 국민연금법상 연금수급권 내지 연금수급기대권이 재산권의 보호대상인 사회보장적 급여라고 한다면 사망일시금은 사회보험의 원리에서 다소 벗어난 장제부조적·보상적 성격을 갖는 급여로 사망일시금은 헌법상 재산권에 해당하지 아니하므로, 이 사건 사망일시금 한도 조항이 청구인들의 재산권을 제한한다고 볼 수 없다(헌재 2019.2.28. 2017헌마432).

② (O) 심판대상 조항은 개정 법률의 적용대상을 법 시행일 당시 재직 중인 공무원으로 한정하여, 공무원의 재직기간이 10년 이상 20년 미만으로 동일하더라도 정년퇴직일이 2016.1.1. 이전인지 이후인지에 따라 퇴직연금의 지급을 달리하고 있으므로, 청구인의 평등권을 제한한다. 청구인은 심판대상 조항이 자신의 재산권 및 인간다운 생활을 할 권리도 침해한다고 주장하나, 공무원연금법이 개정되어 시행되기 전 청구인은 이미 퇴직하여 퇴직연금을 수급할 수 있는 기초를 상실한 상태이므로, 심판대상 조항이 청구인의 재산권 및 인간다운 생활을 할 권리를 제한한다고 볼 수 없다(헌재 2017.5.25. 2015헌마933).

③ (O) 헌법이 보장하고 있는 재산권은 경제적 가치가 있는 모든 공법상·사법상의 권리를 뜻하며, 사적 유용성 및 그에 대한 원칙적인 처분권을 내포하는 재산가치 있는 구체적인 권리를 의미한다. 이 사건 조항을 통하여 인정되는 '수용청구권'은 사적유용성을 지닌 것으로서 재산의 사용, 수익, 처분에 관계되는 법적 권리이므로 헌법상 재산권에 포함된다고 볼 것이다(헌재 2005.7.21. 2004헌바57).

④ (O) 이 사건의 경우 청구인이 잠수기어업허가를 받아 키조개 등을 채취하는 직업에 종사한다고 하더라도 이는 원칙적으로 자신의 계획과 책임하에 행동하면서 법제도에 의하여 반사적으로 부여되는 기회를 활용하는 것에 불과하므로 잠수기어업허가를 받지 못하여 상실된 이익 등 청구인 주장의 재산권은 헌법 제23조에서 규정하는 재산권의 보호범위에 포함된다고 볼 수 없다(헌재 2008.6.26. 2005헌마173).

97 0470 ○△×|○△×|○△× 2015 국가직 7급

재산권에 대한 헌법재판소 결정으로 옳지 않은 것은?

① 종전의 관행어업권자들에게 구 수산업법 시행일부터 2년 이내에 어업권원부에 등록을 하도록 하고 그 기간 내에 등록하지 아니한 경우 관행어업권을 소멸하게 하는 것은 지나친 재산권의 제한에 해당하지 아니한다.
② 물건에 대한 재산권 행사에 비하여 동물에 대한 재산권 행사는 사회적 연관성과 사회적 기능이 적다 할 것이므로 이를 제한하는 경우 입법재량의 범위를 좁게 인정함이 타당하다.
③ 사립학교 교직원 연금법상 퇴직급여 및 퇴직수당을 받을 권리는 사회적 기본권의 하나인 사회보장수급권인 동시에 경제적 가치가 있는 권리로서 헌법 제23조에 의하여 보장되는 재산권이다.
④ 수분양자가 아닌 개발사업자를 부과대상으로 하는 학교용지부담금에 관한 학교용지 확보 등에 관한 특례법 관련 조항은 교육의 기회를 균등하게 보장해야 한다는 공익과 개발사업자의 재산적 이익이라는 사익을 적절히 형량하고 있으므로 개발사업자의 재산권을 과도하게 침해하지 아니한다.

지문분석 난이도 중 정답 ②

| 키 워 드 | 재산권
| 출제유형 | 판례

② (X) 일반적인 물건에 대한 재산권 행사에 비하여 동물에 대한 재산권 행사는 사회적 연관성과 사회적 기능이 매우 크다 할 것이므로 이를 제한하는 경우 입법재량의 범위를 폭넓게 인정함이 타당하다(헌재 2013.10.24. 2012헌바431).
① (O) 종전의 관행어업권자들에게 구 수산업법 시행일부터 2년 이내에 어업권원부에 등록을 하도록 하고 그 기간 내에 등록하지 아니한 경우 관행어업권을 소멸하게 하는 것은, 그 입법목적이 정당하고, 입법목적달성을 위하여 등록만을 하도록 요구하고 있으므로 그 방법도 적절하며, 종전의 관행어업권자들에게 구 수산업법 시행일로부터 2년 이내에 어업권원부에 등록을 하도록 함으로써 그 기간 내에 등록하지 아니한 관행어업권자의 관행어업권을 소멸하게 하는 것도 지나친 기본권 제한에 해당하지 아니한다(헌재 1999.7.22. 97헌바76).
③ (O) '사립학교 교직원 연금법'상의 퇴직급여 및 퇴직수당을 받을 권리는 사회적 기본권의 하나인 사회보장수급권임과 동시에 경제적 가치가 있는 권리로서 헌법 제23조에 의하여 보장되는 재산권이다(헌재 2010.7.29. 2008헌가15).
④ (O) 수분양자가 아닌 개발사업자를 부과대상으로 하는 학교용지부담금에 관한 학교용지 확보 등에 관한 특례법 관련 조항에 의한 학교용지부담금은 학교용지 확보를 위한 새로운 재원의 마련이라는 정당한 입법목적을 달성하기 위한 적절한 수단으로서 교육의 기회를 균등하게 보장해야 한다는 공익과 개발사업자의 재산적 이익이라는 사익을 적절히 형량하고 있으므로 이 사건 법률 조항은 개발사업자의 재산권을 과도하게 침해하지 아니한다(헌재 2008.9.25. 2007헌가1).

98 0471 ○△×|○△×|○△× 2016 지방직 7급

재산권에 대한 설명으로 옳지 않은 것은? (다툼이 있는 경우 판례에 의함)

① 재산권의 내용을 새로이 형성하는 법률이 합헌적이기 위해서는 장래에 적용될 법률이 헌법에 합치하여야 하고, 나아가 과거의 법적 상태에 의하여 부여된 구체적 권리에 대한 침해를 정당화하는 이유가 존재하여야 한다.
② 장기미집행 도시계획시설결정의 실효제도는 도시계획시설부지로 하여금 도시계획시설결정으로 인한 사회적 제약으로부터 벗어나게 하는 것으로서 결과적으로 개인의 재산권이 보다 보호되는 측면이 있는 것은 사실이며, 이와 같은 보호는 헌법상 재산권으로부터 당연히 도출되는 권리이다.
③ 재산권의 행사는 공공복리에 적합하도록 하여야 하며, 공공필요에 의한 재산권의 수용·사용 또는 제한 및 그에 대한 보상은 법률로써 하되, 정당한 보상을 지급하여야 한다.
④ 헌법상의 재산권은 토지소유자가 이용가능한 모든 용도로 토지를 사용할 권리나 가장 경제적 또는 효율적으로 사용할 수 있는 권리를 보장하는 것은 아니므로 입법자는 중요한 공익상의 이유로 토지를 일정용도로 사용하는 권리를 제한하거나 제외할 수 있다.

지문분석 난이도 하 정답 ②

| 키 워 드 | 재산권
| 출제유형 | 조문 + 판례

② (X) 장기미집행 도시계획시설결정의 실효제도는 도시계획시설부지로 하여금 도시계획시설결정으로 인한 사회적 제약으로부터 벗어나게 하는 것으로서 결과적으로 개인의 재산권이 보다 보호되는 측면이 있는 것은 사실이나, 이와 같은 보호는 입법자가 새로운 제도를 마련함에 따라 얻게 되는 법률에 기한 권리일 뿐 헌법상 재산권으로부터 당연히 도출되는 권리는 아니다(헌재 2005.9.29. 2002헌바84).
① (O) 재산권의 내용을 새로이 형성하는 법률이 합헌적이기 위하여서는 장래에 적용될 법률이 헌법에 합치하여야 할 뿐만 아니라, 또한 과거의 법적 상태에 의하여 부여된 구체적 권리에 대한 침해를 정당화하는 이유가 존재하여야 하는 것이다(헌재 1999.4.29. 94헌바37).
③ (O) 재산권의 행사는 공공복리에 적합하도록 하여야 한다(헌법 제23조 제2항). 공공필요에 의한 재산권의 수용, 사용 또는 제한 및 그에 대한 보상은 법률로써 하되, 정당한 보상을 지급하여야 한다(동조 제3항).
④ (O) 헌법상의 재산권은 토지소유자가 이용가능한 모든 용도로 토지를 자유로이 최대한 사용할 권리나 가장 경제적 또는 효율적으로 사용할 수 있는 권리를 보장하는 것을 의미하지는 않는다(헌재 1998.12.24. 89헌마214).

99 0472 ○△×|○△×|○△× 2016 서울시 7급

재산권에 대한 설명으로 가장 옳은 것은?

① 도로 등 영조물 주변 일정 범위에서 관할 관청 또는 소유자 등의 허가나 승낙하에서만 광업권자의 채굴행위를 허용하는 것은 광업권자의 재산권을 침해하지 아니한다.
② 건축허가를 받은 자가 1년 이내에 공사에 착수하지 아니한 경우 건축허가를 필수적으로 취소하도록 규정한 것은 건축주의 재산권을 침해한다.
③ 교원의 정년을 단축하여 계속 재직하면서 재화를 획득할 수 있는 기회를 박탈하는 것은 재산권 침해이다.
④ 성매매에 제공되는 사실을 알면서 건물을 제공하는 행위를 한 자를 처벌하는 것은 집창촌에서 건물을 소유하거나 그 권리권한을 가지고 있는 자의 재산권을 침해한다.

지문분석 난이도 하 정답 ①

| 키 워 드 | 재산권
| 출제유형 | 판례

① (○) 광업권의 특성을 감안할 때 심판대상 조항에 의한 제한은 광업권자가 수인하여야 하는 사회적 제약의 범주에 속하는 것이다. 따라서 도로 등 영조물 주변 일정 범위에서 관할 관청 또는 소유자 등의 허가나 승낙하에서만 광업권자의 채굴행위를 허용하는 것은 광업권자의 재산권을 침해하지 아니한다(헌재 2014.2.27. 2010헌바483).
② (X) 건축허가를 받은 자가 그 허가를 받은 날로부터 1년 이내에 공사에 착수하지 아니한 경우 건축허가를 필수적으로 취소하도록 규정한 건축법 조항은 건축주의 재산권을 침해하지 않는다(헌재 2010.2.25. 2009헌바70).
③ (X) 정년단축으로 기존 교원이 입는 경제적 불이익은 계속 재직하면서 재화를 획득할 수 있는 기회를 박탈당한다는 것인데 이러한 경제적 기회는 재산권 보장의 대상이 아니다(헌재 2000.12.14. 99헌마112).
④ (X) 성매매에 제공되는 사실을 알면서 건물을 제공하는 행위를 한 자를 처벌하는 것은 과잉금지원칙에 위반하여 재산권을 침해한다고 할 수 없다(헌재 2012.12.27. 2011헌바235).

100 0473 ○△×|○△×|○△× 2016 국회직 9급

다음 중 재산권에 대한 설명으로 옳은 것은? (다툼이 있는 경우 헌법재판소 판례에 의함)

① 토지거래허가제는 위헌이다.
② 재건축사업 진행단계에 상관없이 임대인이 갱신거절권을 행사할 수 있도록 한 구 상가건물 임대차보호법 제10조 제1항 단서 제7호는 상가임차인의 재산권을 침해한다.
③ 토지수용 시에 개발이익이 포함되지 아니한 공시지가를 기준으로 보상하는 것은 합헌이다.
④ 강제집행권도 헌법상 보호되는 재산권에 속한다.
⑤ 자신의 토지를 장래에 건축이나 개발목적으로 사용할 수 있으리라는 기대가능성이나 신뢰 및 이에 따른 지가상승의 기회는 원칙적으로 재산권의 보호범위에 속한다.

지문분석 난이도 상 정답 ③

| 키 워 드 | 재산권
| 출제유형 | 판례

③ (○) 공익사업을 위한 토지수용의 경우 '부동산 가격공시 및 감정평가에 관한 법률'이 정한 공시지가를 기준으로 보상하도록 하는 것은 헌법 제23조 제3항이 규정한 정당보상의 원칙에 위배되지 않는다(헌재 2013.12.26. 2011헌바162).
① (X) 토지거래허가제는 사유재산제도의 부정이 아니라 그 제한의 한 형태이고 토지의 투기적 거래의 억제를 위하여 그 처분을 제한함은 부득이한 것이므로 재산권의 본질적인 침해가 아니며, 헌법상의 경제조항에도 위배되지 아니하고 현재의 상황에서 이러한 제한수단의 선택이 헌법상의 비례의 원칙이나 과잉금지의 원칙에 위배된다고 할 수도 없다(헌재 1989.12.22. 88헌가13).
② (X) 재건축사업 진행단계에 상관없이 임대인이 갱신거절권을 행사할 수 있도록 한 구 상가건물 임대차보호법 제10조 제1항 단서 제7호는 과도하게 상가임차인의 재산권을 침해한다고 볼 수 없다(헌재 2014.8.28. 2013헌바76).
④ (X) 강제집행권은 국가가 보유하는 통치권의 한 작용으로서 민사사법권에 속하는 것이고, 채권자인 청구인들은 국가에 대하여 강제집행권의 발동을 구하는 공법상의 권능인 강제집행청구권만을 보유하고 있을 따름으로서 청구인들이 강제집행권을 침해받았다고 주장하는 권리는 헌법 제23조 제3항 소정의 재산권에 해당되지 아니한다(헌재 1998.5.28. 96헌마44).
⑤ (X) 개발제한구역의 지정으로 인한 개발가능성의 소멸과 그에 따른 지가의 하락이나 지가상승률의 상대적 감소는 토지소유자가 감수해야 하는 사회적 제약의 범주에 속하는 것으로 보아야 한다. 자신의 토지를 장래에 건축이나 개발목적으로 사용할 수 있으리라는 기대가능성이나 신뢰 및 이에 따른 지가상승의 기회는 원칙적으로 재산권의 보호범위에 속하지 않는다(헌재 1998.12.24. 89헌마214).

101 0474 ○△×|○△×|○△× 2016 법원직 9급

재산권에 관한 다음 설명 중 가장 옳지 않은 것은? (다툼이 있는 경우 헌법재판소 결정에 의함)

① 영화관 관람객이 입장권 가액의 100분의 3을 부담하도록 하는 영화상영관 입장권 부과금 제도는, 영화라는 특정 산업의 진흥에 직접적 근접성 및 책임성과 효용성이 인정되는 집단은 영화산업의 종사자들임에도 불구하고 영화관 관람객에 대해 부과하는 것으로서, 재정조달목적 부담금의 헌법적 허용한계를 벗어나 영화관 관람객의 재산권을 침해하는 것이다.

② 개발사업자는 개발사업을 통해 이익을 얻었다는 점에서 개발사업 지역에서의 학교시설 확보라는 특별한 공익사업에 대해 밀접한 관련성을 가지고 있을 뿐만 아니라 이에 대해 일정한 부담을 져야 할 책임도 가지고 있는바, 개발사업자에 대한 학교용지부담금 부과는 평등원칙에 위배되지 아니하고, 개발사업자의 재산권을 과도하게 침해한다고 볼 수도 없다.

③ 선의취득의 인정 여부는 무권리자로부터의 동산의 양수인이 그 소유권을 취득하기 위한 요건의 문제에 불과하므로, 일정한 문화재에 대하여 선의취득을 배제하는 법률 규정에 의하여 그 동산 문화재의 양수인이 그 문화재의 소유권을 취득할 기회를 제한받는다고 하더라도 그와 같이 제한된 기회가 헌법 제23조 제1항에 의하여 보호되는 재산권에 해당한다고 볼 수는 없다.

④ 국가가 국민을 강제로 건강보험에 가입시키고 경제적 능력에 따라 보험료를 납부하도록 하는 것은 재산권에 대한 제한이 되지만, 이러한 제한은 정당한 국가목적을 달성하기 위하여 부득이한 것이고, 가입강제와 보험료의 차등부과로 인하여 달성되는 공익은 그로 인하여 침해되는 사익에 비하여 월등히 크다고 할 수 있으므로, 재산권을 침해한다고 볼 수 없다.

지문분석 난이도 ❸ 정답 ①

| 키 워 드 | 재산권

| 출제유형 | 판례

① (X) 영화예술의 진흥과 한국영화산업의 발전이라는 공적 과제는 반드시 조세에 의하여만 재원이 조달되어야만 하는 국가의 일반적 과제라기보다 관련된 특정 집단으로부터 그 재원이 조달될 수 있는 특수한 공적 과제의 성격을 가진다. 그리고 영화상영관 관람객은 영화라는 단일 장르의 예술의 향유자로서 집단적 동질성이 있고, 집단적 책임성 및 집단적 효용성도 인정되므로 위와 같은 공적 과제에 대하여 특별히 밀접한 관련성이 있는 집단이다. 영화상영관 입장권에 대한 부과금 제도는 과잉금지원칙에 반하여 영화관 관람객의 재산권과 영화관 경영자의 직업수행의 자유를 침해하였다고 볼 수 없다(헌재 2008.11.27. 2007헌마860).

② (O) 개발사업자는 개발사업을 통해 이익을 얻었다는 점에서 개발사업 지역에서의 학교시설 확보라는 특별한 공익사업에 대해 밀접한 관련성을 가지고 있을 뿐만 아니라 이에 대해 일정한 부담을 져야 할 책임도 가지고 있는바, 개발사업자에 대한 학교용지부담금 부과는 평등원칙에 위배되지 아니하며, 개발사업자의 재산권을 과도하게 침해하지 아니한다(헌재 2008.9.25. 2007헌가1).

③ (O) 선의취득의 인정 여부는 무권리자로부터의 동산의 양수인이 그 소유권을 취득하기 위한 요건의 문제로서, 문화재청장이나 시·도지사가 지정한 문화재, 도난물품 또는 유실물(遺失物)인 사실이 공고된 문화재 및 출처를 알 수 있는 중요한 부분이나 기록을 인위적으로 훼손한 문화재의 선의취득을 배제하는 이 사건 선의취득 배제 조항에 의하여 일정한 동산문화재의 양수인은 그 문화재의 소유권을 취득할 기회를 제한받을 뿐이며, 이러한 기회는 사적 유용성 및 그에 대한 원칙적 처분권을 내포하는 재산가치 있는 구체적 권리로서 헌법 제23조 제1항에 의하여 보호되는 재산권에 해당하지 아니한다(헌재 2009.7.30. 2007헌마870).

④ (O) 국가가 국민을 강제로 건강보험에 가입시키고 경제적 능력에 따라 보험료를 납부하도록 하는 것은 행복추구권으로부터 파생하는 일반적 행동의 자유의 하나인 공법상의 단체에 강제로 가입하지 아니할 자유와 정당한 사유 없는 금전의 납부를 강제당하지 않을 재산권에 대한 제한이 되지만, 이러한 제한은 정당한 국가목적을 달성하기 위하여 부득이한 것이고, 가입강제와 보험료의 차등부과로 인하여 달성되는 공익은 그로 인하여 침해되는 사익에 비하여 월등히 크다고 할 수 있으므로, 위의 조항들이 헌법상의 행복추구권이나 재산권을 침해한다고 볼 수 없다(헌재 2003.10.30. 2000헌마801).

102 0475 ○△×|○△×|○△× 2017 법원직 9급

재산권의 공용수용(공용침해)에 관한 다음 설명 중 가장 옳지 않은 것은? (다툼이 있는 경우 헌법재판소 결정에 의함)

① 공익사업의 시행으로 지가가 상승하여 발생하는 개발이익을 배제하고 손실보상액을 산정한다 하여 헌법이 규정한 정당보상의 원리에 어긋난다고 볼 수 없다.

② 헌법 제23조 제3항이 규정하는 '정당한 보상'이란 원칙적으로 피수용재산의 객관적인 가치를 완전하게 보상하는 것이어야 한다는 완전보상을 의미한다.

③ 공용수용으로 생업의 근거를 상실한 자에 대하여 상업용지 또는 상가분양권 등을 공급하는 생활대책은 헌법 제23조 제3항에 규정된 정당한 보상에 포함되므로 생활대책 수립 여부는 입법자의 입법정책적 재량의 영역에 속하지 아니한다.

④ 수용의 주체가 민간기업이라는 것 자체만으로 공공필요성을 갖추지 못한 것으로 볼 수는 없다.

지문분석 난이도 중 정답 ③

| 키 워 드 | 재산권의 공용수용(공용침해)

| 출제유형 | 판례

③ (×) 생활대책이라 함은 생업의 근거를 상실하게 된 자에 대하여 일정 규모의 상업용지 또는 상가분양권 등을 공급하는 제도를 의미하는 것으로 사용한다. 생활대책은 정당한 보상에 포함되는 것이라기보다는 정당한 보상에 부가하여 이주자들에게 종전의 생활상태를 회복시키기 위한 생활보상의 일환으로서 국가의 정책적인 배려에 의하여 마련된 제도이다. 그러므로 생활보상의 한 형태로서 청구인들이 주장하는 바와 같은 생활대책을 실시할 것인지 여부는 입법자의 입법정책적 재량의 영역에 속한다고 볼 것이다. 이 사건 법률 조항은 수용대상 재산 자체 및 이에 부수하는 손실에 대한 보상과 폐업·휴업에 따른 영업손실 보상에 더하여 공익사업으로 인하여 생업의 기반을 상실하는 자에게 최소한도 이상의 보상금이 지급되도록 배려하고 있는바, 청구인들이 주장하는 생활대책과 같은 특정한 생활보상적인 내용의 보상을 규정하고 있지 않다는 것만으로는 헌법 제23조 제3항의 정당한 보상의 원칙에 위반하여 청구인들의 재산권을 침해한다고 볼 수 없다(헌재 2013.7.25. 2012헌바71).

① (○) 공익사업법 제67조 제2항은 보상액을 산정함에 있어 당해 공익사업으로 인한 개발이익을 배제하는 조항인데, 공익사업의 시행으로 지가가 상승하여 발생하는 개발이익은 사업시행자의 투자에 의한 것으로서 피수용자인 토지소유자의 노력이나 자본에 의하여 발생하는 것이 아니므로, 이러한 개발이익은 형평의 관념에 비추어 볼 때 토지소유자에게 당연히 귀속되어야 할 성질의 것이 아니고, 또한 개발이익은 공공사업의 시행에 의하여 비로소 발생하는 것이므로, 그것이 피수용토지가 수용 당시 갖는 객관적 가치에 포함된다고 볼 수도 없다. 따라서 개발이익은 그 성질상 완전보상의 범위에 포함되는 피수용자의 손실이라고 볼 수 없으므로, 이러한 개발이익을 배제하고 손실보상액을 산정한다 하여 헌법이 규정한 정당한 보상의 원칙에 위반되지 않는다(헌재 2009.12.29. 2009헌바142).

② (○) 헌법 제23조 제3항이 규정하는 정당한 보상이란 원칙적으로 피수용재산의 객관적 재산가치를 완전하게 보상하는 것이어야 한다는 완전보상을 의미한다(헌재 1995.4.20. 93헌바20).

④ (○) 헌법 제23조 제3항은 정당한 보상을 전제로 하여 재산권의 수용 등에 관한 가능성을 규정하고 있지만, 재산권 수용의 주체를 한정하지 않고 있다. 위 헌법 조항의 핵심은 당해 수용이 공공필요에 부합하는가, 정당한 보상이 지급되고 있는가 여부 등에 있는 것이지, 그 수용의 주체가 국가인지 민간기업인지 여부에 달려 있다고 볼 수 없다. 또한 국가 등의 공적 기관이 직접 수용의 주체가 되는 것이든 그러한 공적 기관의 최종적인 허부판단과 승인결정하에 민간기업이 수용의 주체가 되는 것이든, 양자 사이에 공공필요에 대한 판단과 수용의 범위에 있어서 본질적인 차이를 가져올 것으로 보이지 않는다. 따라서 위 수용 등의 주체를 국가 등의 공적 기관에 한정하여 해석할 이유가 없다(헌재 2009.9.24. 2007헌바114).

103 0476 ○△×|○△×|○△× 2022 경찰 1차

다음 사례에 관한 설명 중 가장 적절한 것은? (다툼이 있는 경우 판례에 의함)

> 청구인 A는 경장으로 근무 중인 사람으로서 공무원보수규정의 해당 부분이 경찰공무원 임용령 시행규칙상의 '계급환산기준표' 및 '호봉획정을 위한 공무원경력의 상당계급기준표'에 따라 경찰공무원인 자신의 1호봉 봉급월액을 청구인의 계급에 상당하는 군인 계급인 중사의 1호봉 봉급월액에 비해 낮게 규정함으로써 자신의 기본권을 침해한다고 주장하면서 2007년 4월 16일 그 위헌확인을 구하는 헌법소원심판을 청구하였다.

① 청구인 A는 공무원보수규정의 해당 부분이 자신의 평등권, 재산권, 직업선택의 자유 및 행복추구권 등을 침해한다고 주장하는바, 이는 기본권 충돌에 해당한다.
② 경찰공무원과 군인은 공무원보수규정상의 봉급표에 있어서 본질적으로 동일·유사한 지위에 있다고 볼 수 없으므로 청구인 A의 평등권 침해는 문제되지 않는다.
③ 직업의 자유에 '해당 직업에 합당한 보수를 받을 권리'까지 포함되어 있다고 보아야 하므로, 경장의 1호봉 봉급월액을 중사의 1호봉 봉급월액보다 적게 규정한 것은 청구인 A의 직업수행의 자유를 침해한 것이다.
④ 공무원의 보수청구권은, 법률 및 법률의 위임을 받은 하위법령에 의해 그 구체적 내용이 형성되면 재산적 가치가 있는 공법상의 권리가 되어 재산권의 내용에 포함되지만, 법령에 의하여 구체적 내용이 형성되기 전의 권리, 즉 공무원이 국가 또는 지방자치단체에 대하여 어느 수준의 보수를 청구할 수 있는 권리는 단순한 기대이익에 불과하여 재산권의 내용에 포함된다고 볼 수 없으므로 공무원보수규정의 해당 부분은 청구인 A의 재산권을 침해하지 않는다.

지문분석

난이도 ㊤ 정답 ④

| 키 워 드 | 재산권

| 출제유형 | 이론 + 판례

④ (○) 공무원의 보수청구권은, 법률 및 법률의 위임을 받은 하위법령에 의해 그 구체적 내용이 형성되면 재산적 가치가 있는 공법상의 권리가 되어 재산권의 내용에 포함되지만, 법령에 의하여 구체적 내용이 형성되기 전의 권리, 즉 공무원이 국가 또는 지방자치단체에 대하여 어느 수준의 보수를 청구할 수 있는 권리는 단순한 기대이익에 불과하여 재산권의 내용에 포함된다고 볼 수 없다. 따라서 청구인이 주장하는 특정한 또는 구체적 보수수준에 관한 내용이 법령에서 형성된 바 없음에도, 이 사건 법령조항이 그 수준의 봉급월액보다 낮은 봉급월액을 규정하고 있어 청구인의 재산권을 침해한다는 주장은 이유 없다(헌재 2008.12.26. 2007헌마444).

① (×) 기본권 충돌은 복수의 기본권 주체가 국가를 상대로 서로 대립되는 기본권의 적용을 주장하는 경우를 말한다. 반면 기본권 경합은 하나의 기본권 주체가 둘 이상의 기본권을 국가에 주장하는 경우를 말한다. 따라서 청구인 A가 공무원보수규정의 해당 부분이 자신의 평등권, 재산권, 직업선택의 자유 및 행복추구권 등을 침해한다고 주장하는 경우는 기본권 충돌이 아니라 기본권의 경합에 해당한다.

② (×) 경찰공무원과 군인은 주된 임무가 다르지만, 양자 모두 국민의 생명·신체 및 재산에 대한 구체적이고 직접적인 위험을 예방하고 보호하는 업무를 수행하면서 그 과정에서 생명과 신체에 대한 상당한 위험을 부담한다. 나아가 국가비상사태, 대규모의 테러 또는 소요사태가 발생하였거나 발생할 우려가 있는 경우에는 경찰공무원은 치안유지를 위하여 군인에 상응하는 고도의 위험을 무릅쓰고 부여된 업무를 수행하여야만 한다. 이를 고려하여 볼 때, 직무의 곤란성과 책임의 정도에 따라 결정되는 공무원보수의 책정에 있어서(국가공무원법 제46조 제1항), 경찰공무원과 군인은 본질적으로 동일·유사한 집단이라고 할 것이다(헌재 2008.12.26. 2007헌마444).

③ (×) 직업의 자유에 '해당 직업에 합당한 보수를 받을 권리'까지 포함되어 있다고 보기 어려우므로 이 사건 법령조항이 청구인이 원하는 수준보다 적은 봉급월액을 규정하고 있다고 하여 이로 인해 청구인의 직업선택이나 직업수행의 자유가 침해되었다고 할 수 없고, 위 조항은 경찰공무원인 경장의 봉급표를 규정한 것으로서 개성 신장을 위한 행복추구권의 제한과는 직접적인 관련이 없으므로, 청구인의 위 주장들은 모두 이유 없다(헌재 2008.12.26. 2007헌마444).

104 0477 ○△×|○△×|○△× 2013 변호사(변형)

재산권에 관한 설명 중 옳지 않은 것은? (다툼이 있는 경우 판례에 의함)

① 재산권 보장은 사유재산의 처분과 그 상속을 포함하는 것이므로 유언자가 생전에 최종적으로 자신의 재산권에 대하여 처분할 수 있는 법적 가능성을 의미하는 유언의 자유는 헌법상 재산권의 보호를 받는다.
② 재산권 행사의 대상이 되는 객체가 지닌 사회적인 연관성과 사회적 기능이 크면 클수록 입법자에 의한 보다 더 광범위한 제한이 정당화된다.
③ 헌법 제23조 제1항의 재산권 보장에 의하여 보호되는 재산권은 사적 유용성 및 그에 대한 원칙적 처분권을 내포하는 재산가치 있는 구체적 권리이다.
④ 공공필요에 의한 재산권의 수용에 있어서 수용의 주체는 국가 등의 공적 기관에 한정된다고 할 것이므로 민간기업에게 산업단지개발사업에 필요한 토지 등을 수용할 수 있도록 하는 것은 헌법 제23조 제3항에 위반된다.

지문분석 난이도 중 정답 ④

| 키 워 드 | 재산권
| 출제유형 | 판례

④ (X) 헌법 제23조 제3항은 정당한 보상을 전제로 하여 재산권의 수용 등에 관한 가능성을 규정하고 있지만, 재산권 수용의 주체를 한정하지 않고 있다. 위 헌법 조항의 핵심은 당해 수용이 공공필요에 부합하는가, 정당한 보상이 지급되고 있는가 여부 등에 있는 것이지, 그 수용의 주체가 국가인지 민간기업인지 여부에 달려 있다고 볼 수 없다. 또한 국가 등의 공적 기관이 직접 수용의 주체가 되는 것이든 그러한 공적 기관의 최종적인 허부판단과 승인결정하에 민간기업이 수용의 주체가 되는 것이든, 양자 사이에 공공필요에 대한 판단과 수용의 범위에 있어서 본질적인 차이를 가져올 것으로 보이지 않는다. 따라서 위 수용 등의 주체를 국가 등의 공적 기관에 한정하여 해석할 이유가 없다(헌재 2009.9.24. 2007헌바114).
① (○) 우리 헌법의 재산권 보장은 사유재산의 처분과 그 상속을 포함하는 것인바, 유언자가 생전에 최종적으로 자신의 재산권에 대하여 처분할 수 있는 법적 가능성을 의미하는 유언의 자유는 생전증여에 의한 처분과 마찬가지로 헌법상 재산권의 보호를 받는다. 유언자가 자필증서에 의한 유언으로 유증을 하는 경우 그 방식을 모두 구비하지 않으면 설사 유언자의 의사가 진정한 것이라고 하더라도 유언의 효력이 부인되어 유언자의 진의를 관철할 수 없게 되는바, 이는 자신의 재산권을 자유롭게 처분할 수 있는 권능을 제한하는 것으로 헌법 제23조 제1항에서 보장되는 유언자의 재산권에 대한 제한이 된다(헌재 2008.12.26. 2007헌바128).
② (○) 헌법은 재산권을 보장하지만 다른 기본권과는 달리 "그 내용과 한계는 법률로 정한다."고 하여 입법자에게 재산권에 관한 규율 권한을 유보하고 있다. 그러므로 재산권을 형성하거나 제한하는 입법에 대한 위헌심사에 있어서는 입법자의 재량이 고려되어야 한다. 재산권의 제한에 대하여는 재산권 행사의 대상이 되는 객체가 지닌 사회적인 연관성과 사회적 기능이 크면 클수록 입법자에 의한 보다 광범위한 제한이 허용되며, 한편 개별 재산권이 갖는 자유보장적 기능, 즉 국민 개개인의 자유실현의 물질적 바탕이 되는 정도가 강할수록 엄격한 심사가 이루어져야 한다(헌재 2005.5.26. 2004헌가10).
③ (○) 헌법상 보장된 재산권은 사적 유용성 및 그에 대한 원칙적인 처분권을 내포하는 재산가치 있는 구체적인 권리이므로, 구체적 권리가 아닌 단순한 이익이나 영리획득의 단순한 기회 또는 기업활동의 사실적·법적 여건은 기업에게는 중요한 의미를 갖는다고 하더라도 재산권 보장의 대상이 아니다(헌재 2008.7.31. 2006헌마400).

105 0478 ○△×|○△×|○△× 2017 법원직 9급(변형)

(가)와 (나)의 이론은 헌법 제23조의 재산권 보장과 관련하여 사회적 제약과 공용침해를 구별하는 기준에 관한 것이다. 각 학설에 관한 설명 중 옳은 것은? (다툼이 있는 경우 판례에 의함)

> (가) 재산권의 사회적 제약은 공용침해보다 재산권에 대한 침해가 적은 경우이므로 보상 없이 감수하여야 한다.
> (나) 재산권의 사회적 제약이란 재산권에 관한 권리와 의무를 일반적·추상적으로 형성하는 것이며, 공용침해는 이미 형성된 구체적인 재산적 권리를 박탈하거나 제한하는 것이다.

① (나)의 이론은 보상의무의 유무를 결정하는 경계선을 찾는 이론으로, 이는 형식적 기준설과 실질적 기준설로 나뉜다.
② (가)의 이론에서는 사회적 제약과 공용침해의 위헌성을 심사하는 기준을 각기 달리한다.
③ 헌법재판소는 도시계획법 제21조에 대한 위헌소원 사건(89헌마214 등)에서 개발제한구역 지정으로 인한 지가의 하락은 토지소유자가 감수해야 하는 사회적 제약의 범주 내라고 판시하였다.
④ 헌법 제23조 제3항과 관련하여, 재산권의 공용침해규정과 보상에 관한 규정을 동일한 법률에 규정하여야 한다는 요청은 (나)의 이론보다는 (가)의 이론을 취할 때 논리적으로 호응된다.

지문분석 난이도 상 정답 ③

| 키 워 드 | 경계이론(수용이론)과 분리이론(단절이론)
| 출제유형 | 이론 + 판례

(가)는 경계이론(수용이론), (나)는 분리이론(단절이론)에 관한 설명이다.
③ (○) 개발제한구역의 지정으로 인한 개발가능성의 소멸과 그에 따른 지가의 하락이나 지가상승률의 상대적 감소는 토지소유자가 감수해야 하는 사회적 제약의 범주에 속하는 것으로 보아야 한다. 자신의 토지를 장래에 건축이나 개발목적으로 사용할 수 있으리라는 기대가능성이나 신뢰 및 이에 따른 지가상승의 기회는 원칙적으로 재산권의 보호범위에 속하지 않는다. 구역 지정 당시의 상태대로 토지를 사용·수익·처분할 수 있는 이상, 구역 지정에 따른 단순한 토지이용의 제한은 원칙적으로 재산권에 내재하는 사회적 제약의 범주를 넘지 않는다(헌재 1998.12.24. 89헌마214).

① (×) (가)의 경계이론에 관한 설명이다. 경계이론(수용이론)은 내용규정과 공용침해는 별개의 것이 아니라 단지 재산권 제한의 정도의 차이로서 '재산권 제한의 정도'에 의하여 구분된다. 따라서 보상을 요하지 않는 사회적 제약은 '재산권 제한의 효과'가 일정한 강도를 넘음으로써 자동적으로 보상을 요하는 공용침해로 전환된다. 그 결과, 경계이론에 의하면 공용침해의 범위가 헌법 제23조 제3항의 요건하에서 이루어지는 형식적인 공용침해(협의의 개념)에 한정되지 아니하고, 재산권의 내용규정의 경우에도 실질적으로 수용적 효과를 가지고 있다면 헌법 제23조 제3항의 요건을 갖추지 못했음에도 불구하고 공용침해를 인정(광의의 개념)하여 법률효과(보상)에 관해서는 제3항을 적용하게 된다. 결국 이 이론의 핵심은 보상을 요하는 수용과 보상을 요하지 않는 사회적 제약 간의 경계설정의 문제, 즉 보상의무가 시작되는 경계선을 찾는 문제로, 바로 그 경계가 특별희생이고, 특별희생에 해당하면 보상을 요하는 공용침해라고 본다. 이러한 특별희생 여부를 판단하는 기준으로 재산권의 침해를 받는 자가 특정되어 있는가의 여부에 따라 재산권의 내재적 제약과 보상을 요하는 제한행위를 구별하려는 '형식적 기준설'과 특별희생의 여부를 당해 제한의 성질·정도를 기준으로 하여 결정하여야 한다는 '실질적 기준설'이 있다.
② (×) (나)의 분리이론에 관한 설명이다. 위헌성 심사기준과 관련하여 사회적 제약과 공용침해가 서로 독립된 별개의 제도이므로 그 위헌성을 심사하는 기준도 각기 달리한다. 즉 사회적 제약의 경우 비례의 원칙, 평등권, 신뢰의 원칙 등을 기준으로 하여 판단하지만, 공용침해는 공공필요, 보상 등 헌법 제23조 제3항이 스스로 정하고 있는 조건하에서만 허용된다.
④ (×) 헌법 제23조 제3항에서 " … 재산권의 수용·사용 또는 제한 및 그에 대한 보상은 법률로써 하되, 정당한 보상을 지급하여야 한다."고 규정하여, '공용침해에 관한 규정'과 '보상에 관한 규정'을 결부시킬 것을 요청하고 있다(소위 '불가분조항' 또는 '결부조항'). (가)에서 설명한 경계이론(수용이론)은 재산권 제한의 효과에 따라 재산권의 내용규정이 자동적으로 공용침해로 전환된다는 견해로, 이는 서로 다른 요건하에서 재산권의 제한을 허용하고 있는 헌법의 결정에 부합하지 아니한다. 뿐만 아니라, 헌법 제23조 제3항의 공용침해를 광의로 해석한다면 수용규정과 보상규정이 불가분의 관계로서 결부되어야 한다는 것을 규정하는 헌법 제23조 제3항의 불가분조항이 엄격하게 적용될 수 없다. 헌법은 제23조 제3항에서 불가분조항을 명시적으로 규정함으로써 공용침해가 협의의 의미로 이해되어야 한다는 것을 밝히고 있다. 이러한 점에서도 '공용침해'의 의미를 광의로 이해하는 경계이론은 헌법 제23조 제3항의 불가분조항에도 반한다. 이에 반하여 분리이론(단절이론)에 의하면 공용침해는 '공공필요', '보상' 등 헌법 제23조 제3항이 스스로 정하고 있는 조건하에서만 허용되고, 재산권제한의 유형은 '보상이 필요 없는 내용규정', '보상의무 있는 내용규정', '보상을 요하는 공용침해'의 3가지로 구분되어질 수 있고, 특히 재산권 보장에 위반되는 내용규정은 공용침해로 전환되는 것은 아니지만, 그 위헌성은 보상규정을 통하여 제거될 수 있는데, 이러한 경우 내용규정은 '보상을 요하는 내용규정'이 된다. 따라서 결부조항은 분리이론을 취할 때 논리적으로 호응될 수 있다고 할 것이다.

✓ 개념체크 **경계이론과 분리이론**

구분	경계이론	분리이론
내용 형성·사회적 규정과 공용침해규정 간의 관계	본질적 차이 × 양적 차이 ○	본질적 차이가 있는 형식에 따른 분리
과잉금지원칙 등에 위반되어 위헌인 내용 규정에 대한 해결	헌법 제23조 제3항의 공용침해	• 헌법 제23조 제3항의 공용침해 × • 헌법 제23조 제1항과 제2항상 비례원칙에 반하는 재산권 내용한계 규정 • 헌재 헌법불합치결정: 국회 보상입법 후 요건 구비하여 보상 청구

106 0479 ○△×|○△×|○△× 2018 서울시 7급(변형)

헌법상 재산권에 대한 설명으로 타당하지 않은 것은? (견해의 대립이 있으면 헌법재판소에 판례에 의한다)

① 우리 헌법에는 상속권을 명문으로 보장하는 규정은 없으나 상속권도 헌법상 재산권으로 보장된다는 것이 헌법재판소의 입장이다.
② 재산권의 보장은 개개인의 자유실현의 물질적 바탕을 의미하는 자유보장적 기능을 수행하므로 재산권 행사의 대상이 되는 객체가 지닌 사회적인 연관성과 사회적 기능이 크면 클수록 입법자에 의한 보다 광범위한 제한이 정당화된다.
③ 재산권은 이를 구체적으로 형성하는 법이 없을 경우에는 재산에 대한 사실상의 지배만 있을 뿐이므로 다른 기본권과는 달리 그 내용이 입법자에 의하여 법률로 구체화됨으로써 비로소 권리다운 모습을 갖추게 된다.
④ 헌법상의 재산권은 토지소유자가 이용 가능한 모든 용도로 토지를 자유로이 최대한 사용할 권리나 가장 경제적 또는 효율적으로 사용할 수 있는 권리를 보장하는 것을 의미한다.

지문분석 난이도 중 정답 ④

| 키 워 드 | 헌법상 재산권
| 출제유형 | 판례

④ (X), ③ (○) 재산권은 이를 구체적으로 형성하는 법이 없을 경우에는 재산에 대한 사실상의 지배만 있을 뿐이므로 다른 기본권과는 달리 그 내용이 입법자에 의하여 법률로 구체화됨으로써 비로소 권리다운 모습을 갖추게 된다. 따라서 헌법상의 재산권은 토지소유자가 이용 가능한 모든 용도로 토지를 자유로이 최대한 사용할 권리나 가장 경제적 또는 효율적으로 사용할 수 있는 권리를 보장하는 것을 의미하지는 않는다. 토지의 개발이나 건축은 합헌적 법률로 정한 재산권의 내용과 한계 내에서만 가능한 것일 뿐만 아니라 토지재산권의 강한 사회성 내지는 공공성으로 말미암아 이에 대하여는 다른 재산권에 비하여 보다 강한 제한과 의무가 부과될 수 있다[헌재 1998.12.24. 89헌마214·90헌바16·97헌바78(병합)].
① (○) 헌재 1998.8.27. 96헌가22
② (○) 재산권 보장은 헌법상의 기본권체계 내에서 각 개인이 자신의 생활을 자기 책임하에서 형성하도록 그에 필요한 경제적 조건을 보장해 주는 기능을 한다. 그러므로 재산권의 보장은 곧 국민 개개인의 자유실현의 물질적 바탕을 의미한다고 할 수 있고, 따라서 자유와 재산권은 상호보완관계이자 불가분의 관계에 있다고 하겠다. 재산권의 이러한 자유보장적 기능은 재산권을 어느 정도로 제한할 수 있는가 하는 사회적 의무성의 정도를 결정하는 중요한 기준이 된다. 재산권의 제한에 대하여는 재산권 행사의 대상이 되는 객체가 지닌 사회적인 연관성과 사회적 기능이 크면 클수록 입법자에 의한 보다 광범위한 제한이 허용되며, 한편 개별 재산권이 갖는 자유보장적 기능, 즉 국민 개개인의 자유실현의 물질적 바탕이 되는 정도가 강할수록 엄격한 심사가 이루어져야 한다(헌재 2005.5.26. 2004헌가10).

107 0480 ○△×|○△×|○△× 2014 변호사(변형)

재산권에 대한 설명으로 옳지 않은 것은?

① 지방자치단체가 소유주체인 공유재산의 경우에도 공유재산이 갖는 공공성의 목적과 그 기능을 수행하기 위하여 필요한 한도 내에서 그 공유재산을 공법적 규율의 대상으로 할 필요가 있는 경우에만 지방자치단체는 공법인으로서 특수한 지위를 가지는 것이고, 그렇지 않은 경우에는 사법인과 대등한 권리주체로서 권리의 객체인 물건을 소유·관리·처분하는 것이라는 점에서 원칙적으로 민사법이 적용되는 것이다.
② 공법상 권리가 재산권으로 보장되기 위해서는 사적 유용성, 수급자의 상당한 자기기여, 수급자의 생존확보에 기여, 법정요건의 구비 등의 요건이 갖추어져야 한다.
③ 사회부조와 같이 국가의 일방적인 급부에 대한 권리는 재산권의 보호대상에서 제외된다.
④ 입법자에게 부여된 재산권의 내용을 형성할 수 있는 권한은 장래에 발생할 사실관계에 적용될 새로운 권리를 형성하고 그 내용을 규정할 권한뿐이지 과거의 법에 의하여 취득한 구체적인 법적 지위에 대해서 그 내용을 새로이 형성할 수 있는 권한까지 포함하는 것은 아니다.

지문분석 난이도 중 정답 ④

| 키 워 드 | 재산권
| 출제유형 | 이론 + 판례

④ (X) 재산권의 내용과 한계를 정할 입법자의 권한은 장래에 발생할 사실관계에 적용될 새로운 권리를 형성하고 그 내용을 규정할 권한뿐만 아니라, 더 나아가 과거의 법에 의하여 취득한 구체적인 법적 지위에 대해서 그 내용을 새로이 형성할 수 있는 권한까지 포함하고 있는 것이다(헌재 1999.4.29. 94헌바37).
① (○) 헌재 1991.5.13. 89헌가97; 1992.10.1. 92헌가67
② (○), ③ (○)

- 공법상의 권리가 권리주체에게 귀속되어 개인의 이익을 위하여 이용 가능해야 한다(사적 유용성).
- 국가의 일방적인 급부에 의한 것이 아니라 권리주체의 노동이나 투자, 특별한 희생에 의하여 획득되어 자신이 행한 급부의 등가물에 해당하는 것이어야 한다(수급자의 상당한 자기기여). 따라서 사회부조와 같이 국가의 일방적인 급부에 대한 권리는 재산권의 보호대상에서 제외되고, 단지 사회법상의 지위가 자신의 급부에 대한 등가물에 해당하는 경우에 한하여 사법상의 재산권과 유사한 정도로 보호받아야 할 공법상의 권리가 인정된다. 즉 공법상의 법적 지위가 사법상의 재산권과 비교될 정도로 강력하여 그에 대한 박탈이 법치국가원리에 반하는 경우에 한하여, 그러한 성격의 공법상의 권리가 재산권의 보호대상에 포함되는 것이다.
- 수급자의 생존의 확보에 기여해야 한다.
- 공법상의 재산적 가치 있는 지위가 헌법상 재산권의 보호를 받기 위하여는, 우선 입법자에 의하여 수급요건, 수급자의 범위, 수급액 등 구체적인 사항이 법률에 규정됨으로써 구체적인 법적 권리로 형성되어 개인의 주관적 공권의 형태를 갖추어야 한다. 따라서 사회보험법상의 지위는 청구권자에게 구체적인 급여에 대한 법적 권리가 인정되어 있는 경우에 한하여 재산권의 보호대상이 된다(헌재 1995.7.21. 93헌가14; 2000.6.29. 99헌마289).

3 직업선택의 자유

108 0481 ○△×|○△×|○△× 2015 경찰 승진

직업선택의 자유와 관련된 헌법재판소의 판시 내용으로 가장 적절하지 않은 것은?

① 안경사의 안경제조행위 및 그 전제가 되는 도수측정행위를 허용하는 것은 안과의사의 의료권과 직업선택의 자유를 침해하는 것이 아니다.

② 초·중·고등학교 등 학교환경위생정화구역 안에서 노래연습장의 설치를 제한하는 것은 직업선택의 자유에 대한 과도한 침해이다.

③ 건설업자가 명의대여행위를 한 경우 그 건설업 등록을 필요적으로 말소하도록 규정한 것은 직업수행의 자유 및 재산권을 침해한다고 할 수 없다.

④ 청소년의 보호를 위하여 담배자판기설치의 제한은 반드시 필요하다고 할 것이고 이로 인하여 담배소매인의 직업 수행의 자유가 다소 제한되더라도 법익형량의 원리상 감수되어야 할 것이다.

지문분석 난이도 ⓗ 정답 ②

| 키 워 드 | 직업선택의 자유

| 출제유형 | 판례

② (×) 학생들이 자주 출입하고 학교에서 바라 보이는 학교환경위생정화구역 안에서 노래연습장 시설을 금지하면, 변별력과 의지력이 미약한 초·중등교육법상 각 학교(같은 법 제2조 제1호의 유치원은 제외한다)의 학생들을 노래연습장이 갖는 오락적인 유혹으로부터 차단하는 효과가 상당히 크다고 할 것이고, 학교환경위생정화위원회의 심의를 거쳐 학습과 학교보건위생에 나쁜 영향을 주지 않는다고 인정하는 경우에는 위 학교환경위생정화구역 중 상대정화구역 안에서의 노래연습장 시설은 허용되므로, 학교보건법 소정의 학교환경위생정화구역 안에서 노래연습장의 시설·영업을 금지하는 이 사건 시행령에 의한 직업행사 자유의 제한은 그 입법목적 달성을 위하여 필요한 정도를 넘어 과도하게 제한하는 것이라고 할 수 없다. 따라서 이 사건 시행령 조항은 직업선택의 자유와 행복추구권으로부터 파생되는 일반적 행동자유권을 침해한 것으로 볼 수 없다(헌재 1999.7.22. 98헌마480).

① (○) 안경사의 업무인 안경조제행위 및 그 전제가 되는 도수측정행위는 국민의 보건 및 의료향상행위로서 그것은 의료법 소정의 의료행위와는 별개의 법령에 의하여 안경사에 허용된 업무행위이며 의료법을 근거로 해서 그 가부를 논할 성질의 것이 아닐뿐더러, 안경사에게 허용된 자동굴절기기를 사용하여 하는 안경의 조제, 판매까지 안과의사가 전담하는 것이 공익상 필수적인 것이라고 하기는 어렵고, 안경사에게 한정된 범위 내의 시력검사를 허용하고 있는 심판대상 규정이 안과의사의 전문적인 의료영역을 정면으로 침해하는 것이라고 할 수는 없고, 나아가 그 규정이 청구인의 직업선택(수행)의 자유를 침해하는 것이라고도 보기 어렵다(헌재 1993.11.25. 92헌마87).

③ (○) 건설업자가 명의대여행위를 한 경우 그 건설업 등록을 필요적으로 말소하도록 한 이 사건 법률 조항은 건설업등록제도의 근간을 유지하고 부실공사를 방지하여 국민의 생명과 재산을 보호하려는 것으로 그 목적의 정당성이 인정되고, 또한 등록이 말소된 후에도 5년이 경과하면 다시 건설업등록을 할 수 있도록 하는 등 기본권 제한을 완화하는 규정을 두고 있음을 고려하면 피해최소성의 원칙에도 부합될 뿐 아니라, 유기적 일체로서의 건설공사의 특성으로 말미암아 경미한 부분의 명의대여행위라도 건축물 전체의 부실로 이어진다는 점을 고려할 때 이로 인해 명의대여행위를 한 건설업자가 더 이상 건설업을 영위하지 못하는 등 손해를 입는다고 하더라도 이를 두고 침해되는 사익이 더 중대하다고 할 수는 없으므로 청구인의 직업수행의 자유 및 재산권을 침해한다고 할 수 없다(헌재 2001.3.21. 2000헌바27).

④ (○) 자동판매기를 통한 담배판매는 구입자가 누구인지를 분별하는 것이 곤란하여 청소년의 담배구입을 막기 어렵고, 청소년이 쉽게 볼 수 있는 장소에 설치됨으로써 청소년에 대한 흡연유발 효과도 매우 크다고 아니할 수 없으므로, 청소년의 보호를 위하여 자판기설치의 제한은 반드시 필요하다고 할 것이고, 이로 인하여 담배소매인의 직업수행의 자유가 다소 제한되더라도 법익형량의 원리상 감수되어야 할 것이다(헌재 1995.4.20. 92헌마264).

109 0482 ○△×|○△×|○△× 2016 경찰 승진

직업선택의 자유에 관한 설명으로 가장 적절하지 않은 것은? (다툼이 있는 경우 판례에 의함)

① 외국의 의사·치과의사·한의사 자격을 가진 자에게 예비시험을 치도록 한 것은 사실상 외국에서 학위를 받은 사람이 국내에서 면허를 받는 길을 봉쇄하는 방향으로 악용될 소지가 있으므로 직업선택의 자유를 침해한다.

② 인터넷 게임의 결과물의 환전, 즉 게임 이용자로부터 게임 결과물을 매수하여 다른 게임 이용자에게 이윤을 붙여 되파는 것을 영업으로 하는 것은 생활의 기본적 수요를 충족시키는 계속적인 소득활동이 될 수 있으므로, 게임결과물의 환전업은 헌법 제15조가 보장하고 있는 직업에 해당한다.

③ 어떤 직업의 수행을 위한 전제요건으로서 일정한 주관적 요건을 갖춘 자에게만 그 직업에 종사할 수 있도록 직업선택의 자유를 제한하는 경우에는, 주관적 요건 자체가 그 제한목적과 합리적인 관계가 있어야 한다.

④ 입법자가 설정한 자격요건을 구비하여 자격을 부여받은 자에게 사후적으로 결격사유가 발생했다고 해서 당연히 그 자격을 박탈할 수 있는 것은 아니다.

지문분석

난이도 상 정답 ①

| 키 워 드 | 직업선택의 자유

| 출제유형 | 판례

① (X) 외국 치과, 의과대학을 졸업한 우리 국민이 국내 의사면허시험을 치기 위해서는 기존의 응시요건에 추가하여 새로이 예비시험을 치도록 한 의료법 제5조 본문 중 "예비시험 조항" 및 새로운 예비시험의 실시를 일률적으로 3년 후로 한 동법 부칙 제1조의 "경과규정"이 청구인들의 직업선택의 자유를 침해하지 않는다(헌재 2003.4.24. 2002헌마611).

② (O) 게임 결과물의 환전은 게임 이용자로부터 게임 결과물을 매수하여 다른 게임 이용자에게 이윤을 붙여 되파는 것으로, 이러한 행위를 영업으로 하는 것은 생활의 기본적 수요를 충족시키는 계속적인 소득활동이 될 수 있으므로, 게임 결과물의 환전업은 헌법 제15조가 보장하고 있는 직업에 해당한다(헌재 2010.2.25. 2009헌바38).

③ (O) 일반적으로 직업선택의 자유를 제한함에 있어, 어떤 직업의 수행을 위한 전제요건으로서 일정한 주관적 요건을 갖춘 자에게만 그 직업에 종사할 수 있도록 제한하는 경우에는 이러한 주관적 요건을 갖추도록 요구하는 것이 누구에게나 제한 없이 그 직업에 종사하도록 방임함으로써 발생할 우려가 있는 공공의 손실과 위험을 방지하기 위한 적절한 수단이고, 그 직업을 희망하는 모든 사람에게 동일하게 적용되어야 하며, 주관적 요건 자체가 그 제한목적과 합리적인 관계가 있어야 한다는 과잉금지원칙이 적용되어야 한다(헌재 2012.11.29. 2011헌마801).

④ (O) 일단 자격요건을 구비하여 자격을 부여받았다면 사후적으로 결격사유가 발생했다고 해서 당연히 그 자격을 박탈할 수 있는 것은 아니다(헌재 2014.1.28. 2011헌바252).

110 0483 ○△×|○△×|○△× 2017 경찰 승진

직업의 자유에 대한 설명으로 가장 적절하지 않은 것은? (다툼이 있는 경우 판례에 의함)

① 판매를 목적으로 모의총포를 소지하는 행위는 일률적으로 영업활동으로 볼 수는 없지만, 소지의 목적이나 정황에 따라 이를 영업을 위한 준비행위로 보아 영업활동의 일환으로 평가할 수 있으므로 직업의 자유의 보호범위에 포함될 수 있다.

② 변호사시험의 성적 공개를 금지하고 있는 변호사시험법 관련 조항은 변호사시험 합격자에 대하여 그 성적을 공개하지 않도록 규정하고 있을 뿐이고, 이러한 시험 성적의 비공개가 청구인들의 법조인으로서의 직역 선택이나 직업수행에 있어서 어떠한 제한을 두고 있는 것은 아니므로 청구인들의 직업선택의 자유를 제한하고 있다고 볼 수 없다.

③ 직업의 자유를 제한함에 있어서도 다른 기본권과 마찬가지로 헌법 제37조 제2항에서 정한 과잉금지의 원칙은 준수되어야 하므로, 직업수행의 자유를 제한하는 법령에 대한 위헌 여부를 심사하는 데 있어서 좁은 의미의 직업선택의 자유에 비하여 다소 완화된 심사기준을 적용할 수는 없다.

④ 어떠한 직업분야에 관하여 자격제도를 만들면서 그 자격요건을 어떻게 설정할 것인가에 관하여는 국가에게 폭넓은 입법재량권이 부여되어 있으므로, 다른 방법으로 직업의 자유를 제한하는 경우에 비하여 유연하고 탄력적인 심사가 필요하다.

지문분석

난이도 중 정답 ③

| 키 워 드 | 직업의 자유

| 출제유형 | 판례

③ (X) 헌법재판소는 직업수행의 자유 제한의 경우에는 입법자의 재량의 여지가 많으므로, 그 제한을 규정하는 법령에 대한 위헌 여부를 심사하는데 있어서 좁은 의미의 직업선택의 자유에 비하여 상대적으로 폭넓은 법률상의 규제가 가능한 것으로 보아 다소 완화된 심사기준을 적용하여 왔다(헌재 2007.5.31. 2003헌마579).

① (O) 판매를 목적으로 모의총포를 소지하는 행위 자체를 일률적으로 영업활동이라 볼 수는 없지만, 그 소지 목적이나 정황적 근거에 따라 소지행위가 영업을 위한 준비행위로서 영업활동의 일환으로 평가될 수 있고, 이 사건 법률 조항에 의하여 금지되는 소지행위도 영업으로서 직업의 자유의 보호범위에 포함될 수 있다(헌재 2011.11.24. 2011헌바18).

② (O) 변호사시험 성적을 합격자에게 공개하지 않도록 규정한 심판대상 조항은 변호사시험 합격자에 대하여 그 성적을 공개하지 않도록 규정하고 있을 뿐이고, 이러한 시험 성적의 비공개가 청구인들의 법조인으로서의 직역 선택이나 직업수행에 있어서 어떠한 제한을 두고 있는 것은 아니므로 심판대상 조항이 청구인들의 직업선택의 자유를 제한하고 있다고 볼 수 없다(헌재 2015.6.25. 2011헌마769).

④ (O) 어떠한 직업분야에 관한 자격제도를 만들면서 그 자격요건을 어떻게 설정할 것인가에 관하여는 국가에게 폭넓은 입법재량권이 부여되어 있는 것이므로 다른 방법으로 직업선택의 자유를 제한하는 경우에 비하여 보다 유연하고 탄력적인 심사가 필요하다 할 것이다(헌재 2003.9.25. 2002헌마519).

111 0484 ○△×|○△×|○△× 2020 국회직 8급

직업의 자유에 대한 설명으로 옳은 것은? (다툼이 있는 경우 판례에 의함)

① 의료인의 중복운영 허용 여부는 입법정책적인 문제이나 1인의 의료인에 대하여 운영할 수 있는 의료기관의 수를 제한하는 입법자의 판단은 그 목적에 비해 입법자에게 부여된 입법재량을 명백히 일탈하였다.

② 유사군복을 판매할 목적으로 소지하는 행위를 처벌하는 조항은 오인 가능성이 낮은 유사품이나 단순 밀리터리룩 의복을 취급하는 행위를 제외하고 있다고 하더라도 국가안전보장과 질서를 유지하려는 공익에 비추어 볼 때 직업선택의 자유를 과도하게 제한한다.

③ 외국인 근로자의 사업장 변경을 원칙적으로 3회를 초과할 수 없도록 하는 규정은 외국인 근로자에게 일단 형성된 근로관계를 포기하는 것을 제한하기 때문에 직업선택의 자유에 대한 제한이 아니라 근로의 권리에 대한 제한으로 보아야 한다.

④ 감차 사업구역 내에 있는 일반택시 운송 사업자에게 택시운송사업 양도를 금지하고 감차 계획에 따른 감차 보상만 신청할 수 있도록 하는 조항은 일반택시운송사업자의 직업수행의 자유를 과도하게 제한한다고 볼 수 없다.

⑤ 현금영수증 의무발행업종 사업자에게 건당 10만 원 이상 현금을 거래할 때 현금영수증을 의무 발급하도록 하고, 위반 시 현금영수증 미발급 거래대금의 100분의 50에 상당하는 과태료를 부과하도록 한 규정은 공익과 비교할 때 과태료 제재에 따른 불이익이 매우 커서 직업수행의 자유를 침해한다.

지문분석 난이도 중 정답 ④

| **키 워 드** | 직업의 자유

| **출제유형** | 판례

④ (○) 택시운송사업에 사용되는 차량의 총량을 합리적으로 조정함으로써 수요공급의 균형을 이루어 택시운송업의 안정적 발전을 유지하고자 하는 것은 중대한 공익이라고 할 것이다. 심판대상 조항으로 인하여 일반택시운송사업자가 원하는 시기에 자유롭게 택시운송사업을 양도하지 못함으로써 직업수행의 자유와 재산권을 제한받게 된다고 하더라도, 그로 인하여 입게 되는 불이익이 심판대상 조항을 통하여 달성하고자 하는 공익보다 크다고 할 수 없으므로, 심판대상 조항은 추구하는 공익과 제한되는 기본권 사이의 법익균형성 요건도 충족하고 있다. 심판대상 조항은 과잉금지원칙을 위반하여 일반택시운송사업자의 직업수행의 자유와 재산권을 침해하지 아니한다(헌재 2019.9.26. 2017헌바467).

① (×) 의료는 단순한 상거래의 대상이 아니라 사람의 생명과 건강을 다루는 특별한 것으로서, 국민보건에 미치는 영향이 크다. 그 외에 우리나라의 취약한 공공의료의 실태, 의료인이 여러 개의 의료기관을 운영할 때 의료계 및 국민건강보험 재정 등 국민보건 전반에 미치는 영향, 국가가 국민의 건강을 보호하고 적정한 의료급여를 보장해야 하는 사회국가적 의무 등을 종합하여 볼 때, 의료의 질을 관리하고 건전한 의료질서를 확립하기 위하여 1인의 의료인에 대하여 운영할 수 있는 의료기관의 수를 제한하고 있는 입법자의 판단이 입법재량을 명백히 일탈하였다고 보기는 어렵다. … 이 사건 법률 조항은 과잉금지원칙에 반한다고 할 수 없다(헌재 2019.8.29. 2014헌바212 등).

② (×) 군인 아닌 자가 유사군복을 입고 군인임을 사칭하여 군인에 대한 국민의 신뢰를 실추시키는 행동을 하는 등 군에 대한 신뢰 저하 문제로 이어져 향후 발생할 국가안전보장상의 부작용을 상정해볼 때, 단지 유사군복의 착용을 금지하는 것으로는 입법목적을 달성하기에 부족하고, 유사군복을 판매 목적으로 소지하는 것까지 금지하여 유사군복이 유통되지 않도록 하는 사전적 규제조치가 불가피하다. 이를 판매 목적으로 소지하지 못하여 입는 개인의 직업의 자유나 일반적 행동의 자유의 제한 정도는, 국가안전을 보장하고자 하는 공익에 비하여 결코 중하다고 볼 수 없다. 따라서 심판대상 조항은 과잉금지원칙을 위반하여 직업의 자유 내지 일반적 행동의 자유를 침해한다고 볼 수 없다(헌재 2019.4.11. 2018헌가14).

③ (×) 근로의 권리란 "일할 자리에 관한 권리"와 "일할 환경에 관한 권리"를 말하며, 후자는 건강한 작업환경, 일에 대한 정당한 보수, 합리적인 근로조건의 보장 등을 요구할 수 있는 권리 등을 의미하는바, 직장변경의 횟수를 제한하고 있는 이 사건 법률 조항은 위와 같은 근로의 권리를 제한하는 것은 아니라 할 것이다. 한편, 직업선택의 자유는 누구나 자유롭게 자신이 종사할 직업을 선택하고, 그 직업에 종사하며, 이를 변경할 수 있는 자유를 말하며, 이에는 개인의 직업적 활동을 하는 장소 즉 직장을 선택할 자유도 포함된다. 이때 직장선택의 자유란 개인이 그 선택한 직업분야에서 구체적인 취업의 기회를 가지거나, 이미 형성된 근로관계를 계속 유지하거나 포기하는 데 있어 국가의 방해를 받지 않는 자유로운 선택·결정을 보호하는 것을 내용으로 한다. 이 사건 법률 조항은 외국인근로자의 사업장 최대변경가능 횟수를 설정하고 있는바, 이로 인하여 외국인근로자는 일단 형성된 근로관계를 포기(직장이탈)하는 데 있어 제한을 받게 되므로 이는 직업선택의 자유 중 직장 선택의 자유를 제한하고 있다(헌재 2011.9.29. 2007헌마1083 등).

⑤ (×) 심판대상 조항은 현금거래가 많은 업종의 사업자에 대한 과세표준을 양성화하여 세금탈루를 방지하고 공정한 거래질서를 확립하기 위한 것이므로, 입법목적의 정당성과 수단의 적합성이 인정된다. … 투명하고 공정한 거래질서를 확립하고 현금거래가 많은 업종의 과세표준을 양성화하려는 공익은 현금영수증 의무발행업종 사업자가 입게 되는 불이익보다 훨씬 크므로 법익균형성도 충족한다. 따라서 심판대상 조항은 직업수행의 자유를 침해하지 아니한다(헌재 2019.8.29. 2018헌바265 등).

112 0485 ○△×|○△×|○△× 2020 국회직 5급

직업의 자유에 대한 설명으로 옳지 않은 것은? (다툼이 있는 경우 판례에 의함)

① 국가기술자격증을 다른 자로부터 빌려 건설업의 등록기준을 충족시킨 경우 그 건설업 등록을 필요적으로 말소하도록 한 법률규정은 건설업자의 직업의 자유를 침해하지 않는다.
② 택시운전자격을 취득한 사람이 강제추행 등 성범죄를 범하여 금고 이상의 형의 집행유예를 선고받은 경우 그 자격을 취소하도록 하는 것은 직업의 자유를 침해한다.
③ 청원경찰이 금고 이상의 형의 선고유예를 받은 경우 당연퇴직하도록 규정한 청원경찰법은 직업의 자유를 침해한다.
④ 현금영수증 의무발행업종 사업자로 하여금 건당 10만 원 이상의 현금거래 시 현금영수증을 의무발급하도록 하고 위반 시 과태료를 부과하는 것은 직업의 자유를 침해하지 않는다.
⑤ 변호인선임서 등을 공공기관에 제출할 때 소속 지방변호사회를 경유하도록 한 법률 규정은 변호사의 직업수행의 자유를 침해하지 않는다.

지문분석 난이도 중 정답 ②

| 키 워 드 | 직업의 자유
| 출제유형 | 판례

② (X) 택시를 이용하는 국민을 성범죄 등으로부터 보호하고, 여객운송서비스 이용에 대한 불안감을 해소하며, 도로교통에 관한 공공의 안전을 확보하려는 심판대상 조항의 입법목적은 정당하고, 또한 해당 범죄를 범한 택시운송사업자의 운전자격의 필요적 취소라는 수단의 적합성도 인정된다. 따라서 심판대상 조항은 과잉금지원칙에 위배되지 않는다(헌재 2018.5.31. 2016헌바14 등).

① (O) 건설업 등록제도는 일정한 기술능력을 갖춘 자에 한하여 건설업을 영위할 수 있도록 하는 제도인데, 이는 적정한 시공을 담보할 수 있는 최소한의 요건을 갖춘 건설업자로 하여금 건설공사를 하게 함으로써 부실공사를 방지하고 국민의 생명과 안전을 보호하기 위한 것이다. 그런데 법이 정하는 등록요건인 기술능력을 충족하지 못하게 된 자가 타인의 국가기술자격증을 빌려 건설업 등록을 유지하는 행위는 이러한 등록제도의 취지를 형해화하는 것이고, 그 결과 건설공사의 적정한 시공과 시설물의 안전에 위험을 야기하여 국민의 생명·재산에 돌이킬 수 없는 손해를 초래할 수 있기 때문에, 임의적 등록말소만으로 이러한 위험을 방지하기에 충분하다고 단정하기 어렵다. 따라서 심판대상 조항은 과잉금지원칙에 위배되어 직업의 자유를 침해하지 아니한다(헌재 2016.12.29. 2015헌바429).

③ (O) 심판대상 조항은 청원경찰이 저지른 범죄의 종류나 내용을 불문하고 금고 이상의 형의 선고유예를 받게 되면 당연히 퇴직되도록 규정함으로써 청원경찰에게 공무원보다 더 가혹한 제재를 가하고 있으므로, 침해의 최소성원칙에 위배된다. 심판대상 조항은 청원경찰이 저지른 범죄의 종류나 내용을 불문하고 범죄행위로 금고 이상의 형의 선고유예를 받게 되면 당연히 퇴직되도록 규정함으로써 그것이 달성하려는 공익의 비중에도 불구하고 청원경찰의 직업의 자유를 과도하게 제한하고 있어 법익의 균형성원칙에도 위배된다. 따라서, 심판대상 조항은 과잉금지원칙에 반하여 직업의 자유를 침해한다(헌재 2018.1.25. 2017헌가26).

④ (O) 심판대상 조항들은 고소득 전문직 사업자 등 고액 현금거래가 많은 업종의 사업자에 대하여 과세표준을 양성화하여 세금탈루를 방지하고 공정한 거래질서를 확립하기 위한 것이다. 입법자가 그 재량으로 과태료를 부과하기로 한 경우에 그 과태료의 액수를 정하는 것 역시 입법재량에 속한다. 현금영수증 미발급액의 50%라는 과태료 부과율은 거래금액에 비례하여 탄력적으로 정하여지고, 고소득 전문직 사업자 등의 종합소득세 세율 등을 감안할 때 이러한 제재가 불합리하게 과중하다고 볼 수 없다. 심판대상 조항들은 직업수행의 자유를 침해하지 아니한다(헌재 2015.7.30. 2013헌바56 등).

⑤ (O) 변호인선임서 등의 지방변호사회 경유제도는 사건브로커 등 수임관련 비리의 근절 및 사건수임 투명성을 위하여 도입된 것으로서 그 입법목적이 정당하고 그 수단도 적절하다. … 변호사법 제29조는 변호사의 직업수행의 자유를 침해하지 아니한다(헌재 2013.5.30. 2011헌마131).

113 0486 ○△×|○△×|○△× 2018 경찰 승진

직업의 자유에 대한 설명 중 옳은 것을 모두 고른 것은? (다툼이 있는 경우 판례에 의함)

> ㉠ 직업의 선택 혹은 수행의 자유는 주관적 공권의 성격이 두드러진 것이므로 사회적 시장경제질서라고 하는 객관적 법질서의 구성요소가 될 수는 없다.
> ㉡ 로스쿨에 입학하는 자들에 대하여 학사 전공별, 출신 대학별로 로스쿨 입학정원의 비율을 각각 규정한 법학전문대학원 설치·운영에 관한 법률 조항은 변호사가 되기 위한 과정에 있어 필요한 전문지식을 습득할 수 있는 로스쿨에 입학하는 것을 제한할 뿐이므로 직업선택의 자유를 제한하는 것으로 보기 어렵다.
> ㉢ 경쟁의 자유는 기본권의 주체가 직업의 자유를 실제로 행사하는 데에서 나오는 결과이므로 당연히 직업의 자유에 의하여 보장되고, 다른 기업과의 경쟁에서 국가의 간섭이나 방해를 받지 않고 기업활동을 할 수 있는 자유를 의미한다.
> ㉣ 이륜자동차를 운전하여 고속도로 또는 자동차전용도로를 통행한 자를 처벌하는 것은 퀵서비스 배달업자들의 직업수행의 자유를 제한하는 것이지만, 사고의 위험성과 사고결과의 중대성에 비추어 이를 기본권 침해라고 볼 수는 없다.

① ㉠ ② ㉢
③ ㉢, ㉣ ④ ㉡, ㉢

지문분석 난이도 상 정답 ②

| 키 워 드 | 직업의 자유
| 출제유형 | 판례

㉢ (○) 경쟁의 자유는 기본권의 주체가 직업의 자유를 실제로 행사하는 데에서 나오는 결과이므로 당연히 직업의 자유에 의하여 보장되고, 다른 기업과의 경쟁에서 국가의 간섭이나 방해를 받지 않고 기업활동을 할 수 있는 자유를 의미한다(헌재 1996.12.26. 96헌가18).

㉠ (X) 직업의 선택 혹은 수행의 자유는 각자의 생활의 수요를 충족시키는 방편이 되고 또한 개성신장의 바탕이 된다는 점에서 주관적 공권의 성격이 두드러진 것이기는 하나, 다른 한편 국가의 사회질서와 경제질서가 형성된다는 점에서 사회적 시장경제질서라고 하는 객관적 법질서의 구성요소이기도 하다(헌재 1997.4.24. 95헌마273).

㉡ (X) 로스쿨에 입학하는 자들에 대하여 학사 전공별로, 그리고 출신 대학별로 로스쿨 입학정원의 비율을 각각 규정한 것은 변호사가 되기 위하여 필요한 전문지식을 습득할 수 있는 로스쿨에 입학하는 것을 제한하는 것이기 때문에 직업교육장 선택의 자유 내지 직업선택의 자유를 제한한다고 할 것이다(헌재 2009.2.26. 2007헌마1262).

㉣ (X) 이륜자동차 운전자의 고속도로 통행을 금지하는 것은 이륜자동차 운전자가 고속도로 등을 통행하는 것을 금지하고 있을 뿐, 퀵서비스 배달업의 직업수행행위를 직접적으로 제한하는 것이 아니고, 이로 인하여 청구인들이 퀵서비스 배달업의 수행에 지장을 받는 점이 있다고 하더라도, 그것은 고속도로 통행금지로 인하여 발생하는 간접적·사실상의 효과일 뿐이므로 이 사건 법률 조항은 청구인들의 직업수행의 자유를 침해하지 않는다(헌재 2008.7.31. 2007헌바90).

114 0487 ○△×|○△×|○△× 2020 법원직 9급

직업의 자유에 관한 다음 설명 중 가장 옳지 않은 것은?

① 게임 결과물의 환전은 게임이용자로부터 게임 결과물을 매수하여 다른 게임이용자에게 이윤을 붙여 되파는 것으로, 게임 결과물의 환전업은 헌법 제15조가 보장하고 있는 직업에 해당한다.
② 성매매는 그것이 가지는 사회적 유해성과는 별개로 성판매자의 입장에서 생활의 기본적 수요를 충족하기 위한 소득활동에 해당하므로, 성매매 행위를 처벌하는 것은 성판매자의 직업선택의 자유도 제한하는 것이다.
③ 생활수단성과 관련하여서는 단순한 여가활동이나 취미활동은 직업의 개념에 포함되지 않으나 겸업이나 부업은 삶의 수요를 충족하기에 적합하므로 직업에 해당한다.
④ 금고 이상의 실형을 선고받고 그 집행이 종료된 날부터 3년이 경과되지 않은 경우 중개사무소 개설등록을 취소하도록 한 공인중개사법 조항은 직업선택의 자유를 침해한 것이다.

지문분석 난이도 하 정답 ④

| 키 워 드 | 직업의 자유
| 출제유형 | 판례

④ (X) 심판대상 조항은 공인중개사가 부동산 거래시장에서 수행하는 업무의 공정성 및 그에 대한 국민적 신뢰를 확보하기 위한 것으로서 입법목적의 정당성을 인정할 수 있고, 개업공인중개사가 금고 이상의 실형을 선고받는 경우 중개사무소 개설등록을 필요적으로 취소하여 중개업에 종사할 수 없도록 배제하는 것은 위와 같은 입법목적을 달성하는 데 적절한 수단이 된다. 따라서 심판대상 조항은 과잉금지원칙에 반하여 직업선택의 자유를 침해하지 아니한다(헌재 2019.2.28. 2016헌바467).

① (○) 이 사건에서 문제되는 게임 결과물의 환전은 게임이용자로부터 게임 결과물을 매수하여 다른 게임이용자에게 이윤을 붙여 되파는 것으로, 이러한 행위를 영업으로 하는 것은 생활의 기본적 수요를 충족시키는 계속적인 소득활동이 될 수 있으므로, 게임 결과물의 환전업은 헌법 제15조가 보장하고 있는 직업에 해당한다(헌재 2010.2.25. 2009헌바38).

② (○) 헌법 제15조에서 보장하는 '직업'이란 생활의 기본적 수요를 충족시키기 위하여 행하는 계속적인 소득활동을 의미하고, 성매매는 그것이 가지는 사회적 유해성과는 별개로 성판매자의 입장에서 생활의 기본적 수요를 충족하기 위한 소득활동에 해당함을 부인할 수 없다 할 것이므로, 심판대상 조항은 성판매자의 직업선택의 자유도 제한하고 있다(헌재 2016.3.31. 2013헌가2).

③ (○) 직업의 개념표지들은 개방적 성질을 지녀 엄격하게 해석할 필요는 없는바, '계속성'과 관련하여서는 주관적으로 활동의 주체가 어느 정도 계속적으로 해당 소득활동을 영위할 의사가 있고, 객관적으로도 그러한 활동이 계속성을 띨 수 있으면 족하다고 해석되므로 휴가기간 중에 하는 일, 수습직으로서의 활동 따위도 이에 포함된다고 볼 것이고, 또 '생활수단성'과 관련하여서는 단순한 여가활동이나 취미활동은 직업의 개념에 포함되지 않으나 겸업이나 부업은 삶의 수요를 충족하기에 적합하므로 직업에 해당한다고 말할 수 있다(헌재 2003.9.25. 2002헌마519).

115 0488 ○△×|○△×|○△× 2022 경찰 승진

직업의 자유에 관한 설명 중 가장 적절하지 않은 것은? (다툼이 있는 경우 판례에 의함)

① 직업선택의 자유에는 직업결정의 자유, 직업종사(직업수행)의 자유, 전직의 자유 등이 포함된다.

② 직장선택의 자유는 개인이 선택한 직업분야에서 구체적인 취업의 기회를 가지거나, 이미 형성된 근로관계를 계속 유지하거나 포기하는 데에 있어 국가의 방해를 받지 않는 자유로운 선택·결정을 보호하는 것을 내용으로 하는바, 이 기본권은 원하는 직장을 제공하여 줄 것을 청구하거나 한번 선택한 직장의 존속보호를 청구할 권리를 보장하며, 사용자의 처분에 따른 직장상실로부터 보호하여 줄 것을 청구할 권리도 보장한다.

③ 경쟁의 자유는 기본권의 주체가 직업의 자유를 실제로 행사하는 데에서 나오는 결과이므로 당연히 직업의 자유에 의하여 보장되고, 다른 기업과의 경쟁에서 국가의 간섭이나 방해를 받지 않고 기업활동을 할 수 있는 자유를 의미한다.

④ 헌법 제15조에서 보장하는 '직업'이란 생활의 기본적 수요를 충족시키기 위하여 행하는 계속적인 소득활동을 의미하는바, 성매매는 그것이 가지는 사회적 유해성과는 별개로 성판매자의 입장에서 생활의 기본적 수요를 충족하기 위한 소득활동에 해당함은 부인할 수 없으므로, 성매매를 한 자를 형사처벌하는 성매매알선 등 행위의 처벌에 관한 법률 조항은 성판매자의 직업선택의 자유를 제한한다.

지문분석

난이도 중 정답 ②

| 키 워 드 | 직업의 자유

| 출제유형 | 판례

② (X) 직장선택의 자유는 개인이 그 선택한 직업분야에서 구체적인 취업의 기회를 가지거나, 이미 형성된 근로관계를 계속 유지하거나 포기하는 데에 있어 국가의 방해를 받지 않는 자유로운 선택·결정을 보호하는 것을 내용으로 한다. 그러나 이 기본권은 원하는 직장을 제공하여 줄 것을 청구하거나 한번 선택한 직장의 존속보호를 청구할 권리를 보장하지 않으며, 또한 사용자의 처분에 따른 직장 상실로부터 직접 보호하여 줄 것을 청구할 수도 없다(헌재 2002.11.28. 2001헌바50).

① (O) 헌법 제15조의 직업선택의 자유에는 직업결정의 자유, 직업종사(직업수행)의 자유, 전직의 자유 등이 포함되지만, 직업결정의 자유나 전직의 자유에 비하여 직업종사(직업수행)의 자유에 대하여서는 상대적으로 더욱 넓은 법률상의 규제가 가능하다. 따라서 다른 기본권의 경우와 마찬가지로 국가안전보장·질서유지 또는 공공복리를 위하여 필요한 경우에는 법률로써 이를 제한할 수 있고, 그 제한의 정도는 필요·최소한에 그쳐야 하는 것이다(헌재 1999.9.16. 96헌마39).

③ (O) 직업의 자유는 영업의 자유와 기업의 자유를 포함하고, 이러한 영업 및 기업의 자유를 근거로 원칙적으로 누구나가 자유롭게 경쟁에 참여할 수 있다. 경쟁의 자유는 기본권의 주체가 직업의 자유를 실제로 행사하는 데에서 나오는 결과이므로 당연히 직업의 자유에 의하여 보장되고, 다른 기업과의 경쟁에서 국가의 간섭이나 방해를 받지 않고 기업활동을 할 수 있는 자유를 의미한다(헌재 1996.12.26. 96헌가18).

④ (O) 헌법 제15조에서 보장하는 '직업'이란 생활의 기본적 수요를 충족시키기 위하여 행하는 계속적인 소득활동을 의미하고, 성매매는 그것이 가지는 사회적 유해성과는 별개로 성판매자의 입장에서 생활의 기본적 수요를 충족하기 위한 소득활동에 해당함을 부인할 수 없다 할 것이므로, 심판대상 조항은 성판매자의 직업선택의 자유도 제한하고 있다. 따라서 심판대상 조항은 개인의 성적자기결정권, 사생활의 비밀과 자유, 직업선택의 자유를 침해하지 아니한다(헌재 2016.3.31. 2013헌가2).

116 0489 ○△×|○△×|○△× 2019 법원직 9급

직업의 자유에 관한 다음 설명 중 가장 옳지 않은 것은?

① 성인대상 성범죄로 형을 선고받아 확정된 자에게 그 형의 집행을 종료한 날로부터 10년 동안 의료기관을 개설하거나 의료기관에 취업할 수 없도록 한 아동·청소년의 성보호에 관한 법률은 직업선택의 자유를 침해한다.

② 보건복지부장관이 치과전문의자격시험제도를 실시할 수 있도록 시행규칙을 마련하지 아니한 행정입법부작위는 전공의 수련과정을 마친 청구인들의 직업의 자유를 침해한 것이다.

③ 운전면허를 받은 사람이 자동차 등을 이용하여 살인 또는 강간 등의 범죄행위를 한 때 운전면허를 취소하도록 규정한 도로교통법은 직업의 자유를 침해한 것이다.

④ 유치원 주변 학교환경위생 정화구역에서 성관련 청소년유해물건을 제작·생산·유통하는 청소년유해업소를 예외 없이 금지하는 학교보건법은 직업의 자유를 침해한 것이다.

지문분석 난이도 중 정답 ④

| 키 워 드 | 직업의 자유

| 출제유형 | 판례

④ (X) 심판대상 조항은 유치원 주변 환경에서 성관련 물건 등 청소년에게 유해한 물건을 취급하는 시설을 금지함으로써 유치원 주변 환경을 쾌적하고 안전하게 보호·유지하고, 이를 통해 아직 신체적·정신적으로 미숙하고 성 내지 옳고 그름에 관한 관념이 제대로 형성되어 있지 않은 유아 단계에 있는 청소년을 보호함과 동시에 이들의 건전한 성장을 돕기 위한 것으로 공공복리에 기여하므로 그 입법목적이 정당하다. 성에 관한 올바른 관념이 형성되지 않은 청소년, 특히 그중에서도 유아 단계의 청소년이 성관련 청소년유해물건을 접하여 성에 관한 왜곡된 인식이 형성될 경우 그 부정적 영향은 크고 장기적일 수 있다. 따라서 유치원이 소재하는 곳으로부터 일정한 범위를 정화구역으로 지정하고, 그 구역 안에서 해당 업소를 절대적으로 금지하는 것은 위와 같은 입법목적을 달성하기 위하여 효과적이고 적절한 방법으로 볼 수 있다. 그렇다면 심판대상 조항이 청구인들의 직업의 자유를 침해하여 위헌이라고 할 수 없다(헌재 2013.6.27. 2011헌바8 등).

① (O) 이 사건 법률 조항은 오직 성범죄 전과에 기초해 10년이라는 일률적인 기간 동안 취업제한의 제재를 부과하며, 이 기간 내에는 취업제한 대상자가 그러한 제재로부터 벗어날 수 있는 어떠한 기회도 존재하지 않는 점, 재범의 위험에 대한 사회적 차원의 대처가 필요하다 해도 이 위험의 경중에 대한 고려가 있어야 하는 점 등에 비추어 침해의 최소성 요건을 충족했다고 보기 힘들다. … 이상과 같이 이 사건 법률 조항은 그 목적의 정당성, 수단의 적합성이 인정되지만, 침해의 최소성과 법익의 균형성원칙에 위반되어 청구인들의 직업선택의 자유를 침해한다(헌재 2016.3.31. 2013헌마585 등).

② (O) 청구인들은 치과대학을 졸업하고 국가시험에 합격하여 치과의사 면허를 받았을 뿐만 아니라, 전공의수련과정을 사실상 마쳤다. 그런데 현행 의료법과 위 규정에 의하면 치과전문의의 전문과목은 10개로 세분화되어 있고, 일반치과의까지 포함하면 11가지의 치과의가 존재할 수 있는데도 이를 시행하기 위한 시행규칙의 미비로 청구인들은 일반치과의로서 존재할 수밖에 없는 실정이다. 따라서 이로 말미암아 청구인들은 직업으로서 치과전문의를 선택하고 이를 수행할 자유(직업의 자유)를 침해당하고 있다(헌재 1998.7.16. 96헌마246).

③ (O) 심판대상 조항은 이에 그치지 아니하고 자동차 등을 이용하여 살인 또는 강간 등 행정안전부령이 정하는 범죄행위를 하기만 하면 범죄행위의 유형, 운전자의 형사처벌 여부, 자동차 등이 이용된 범죄의 경중이나 그 위법성의 정도, 자동차 등의 당해 범죄행위에 대한 기여도, 당해 범죄행위에 이르게 된 경위 등 제반사정을 전혀 고려할 여지없이 필요적으로 운전면허를 취소하도록 규정하고 있다. 이에 따라 범죄행위 속에 나타난 운전자의 운전행태나 운전에의 적격성 등에 비추어 볼 때 행정제재를 가할 필요가 없는 경우에도 운전면허를 취소할 수밖에 없게 되었는바, 이는 구체적 사안의 개별성과 특수성을 고려할 수 있는 여지를 일체 배제하여 그와 같은 범죄를 저지르기만 하면 그 위법의 정도나 비난의 정도가 극히 미약한 경우를 포함하여 모든 경우에 운전면허를 취소할 수밖에 없도록 하는 것이어서 지나친 제재에 해당한다. 게다가 필요적 운전면허 취소제도가 반드시 임의적 운전면허 취소제도에 비하여 자동차 등을 이용한 범죄의 근절에 실효적이라고 단정하기도 어렵다. 그렇다면 임의적 운전면허 취소 또는 정지제도만으로도 철저한 단속, 엄격한 법집행 등을 함으로써 자동차 등을 이용한 범죄의 근절이라는 입법목적을 효과적으로 달성할 수 있다. 따라서 심판대상 조항은 침해의 최소성 원칙에 위반된다. 따라서 심판대상 조항은 직업의 자유 내지 일반적 행동의 자유를 침해하여 헌법에 위반된다(헌재 2015.5.28. 2013헌가6).

117 0490 ○△×|○△×|○△× 2020 법무사

직업의 자유에 관한 다음 설명 중 가장 옳지 않은 것은?

① 직업의 자유는 개인의 주관적 공권임과 동시에 사회적 시장경제질서라고 하는 객관적 법질서의 구성요소이다.
② 직업의 자유에 대한 제한이라고 하더라도 그 제한사유가 직업의 자유의 내용을 이루는 직업수행의 자유와 직업선택의 자유 중 어느 쪽에 작용하느냐에 따라 그 제한에 대하여 요구되는 정당화의 수준이 달라진다.
③ 직업의 자유에 대한 법적 규율이 직업수행에 대한 규율로부터 직업선택에 대한 규율로 가면 갈수록 자유제약의 정도가 상대적으로 강해져 입법재량의 폭이 좁아지게 되고, 직업선택의 자유에 대한 제한이 문제되는 경우에 있어서도 일정한 주관적 사유를 직업의 개시 또는 계속수행의 전제조건으로 삼아 직업선택의 자유를 제한하는 경우보다는 직업의 선택을 객관적 허가조건에 걸리게 하는 방법으로 제한하는 경우에 침해의 심각성이 더 크므로 보다 엄밀한 정당화가 요구된다.
④ 어떠한 직업분야에 관한 자격제도를 만들면서 그 자격요건을 어떻게 설정할 것인가에 관하여는 국가에게 폭넓은 입법재량권이 부여되어 있는 것이므로 다른 방법으로 직업선택의 자유를 제한하는 경우에 비하여 보다 유연하고 탄력적인 심사가 필요하다 할 것이다.
⑤ 헌법 제15조의 직업의 자유 또는 헌법 제32조의 근로의 권리, 사회국가원리 등에 근거하여 근로자에게 국가에 대한 직접적인 직장존속보장청구권이 인정된다.

지문분석 난이도 ⓢ 정답 ⑤

| 키 워 드 | 직업의 자유
| 출제유형 | 이론+판례

⑤ (X) 헌법 제15조의 직업의 자유 또는 헌법 제32조의 근로의 권리, 사회국가원리 등에 근거하여 실업방지 및 부당한 해고로부터 근로자를 보호하여야 할 국가의 의무를 도출할 수는 있을 것이나, 국가에 대한 직접적인 직장존속보장청구권을 근로자에게 인정할 헌법상의 근거는 없다(헌재 2002.11.28. 2001헌바50).
① (○) 직업의 선택 혹은 수행의 자유는 각자의 생활의 기본적 수요를 충족시키는 방편이 되고, 또한 개성신장의 바탕이 된다는 점에서 주관적 공권의 성격이 두드러진 것이기는 하나, 다른 한편으로는 국민 개개인이 선택한 직업의 수행에 의하여 국가의 사회질서와 경제질서가 형성된다는 점에서 사회적 시장경제질서라고 하는 객관적 법질서의 구성요소이기도 하다(헌재 1996.8.29. 94헌마113).
② (○), ③ (○) 직업의 자유에 대한 제한이라고 하더라도 그 제한사유가 직업의 자유의 내용을 이루는 직업수행의 자유와 직업선택의 자유 중 어느 쪽에 작용하느냐에 따라 그 제한에 대하여 요구되는 정당화의 수준이 달라진다. 그리하여 직업의 자유에 대한 법적 규율이 직업수행에 대한 규율로부터 직업선택에 대한 규율로 가면 갈수록 자유제약의 정도가 상대적으로 강해져 입법재량의 폭이 좁아지게 되고, 직업선택의 자유에 대한 제한이 문제되는 경우에 있어서도 일정한 주관적 사유를 직업의 개시 또는 계속수행의 전제조건으로 삼아 직업선택의 자유를 제한하는 경우보다는 직업의 선택을 객관적 허가조건에 걸리게 하는 방법으로 제한하는 경우에 침해의 심각성이 더 크므로 보다 엄밀한 정당화가 요구된다(헌재 2003.9.25. 2002헌마519).
④ (○) 어떠한 직업분야에 관한 자격제도를 만들면서 그 자격요건을 어떻게 설정할 것인가에 관하여는 국가에게 폭넓은 입법재량권이 부여되어 있는 것이므로 다른 방법으로 직업선택의 자유를 제한하는 경우에 비하여 보다 유연하고 탄력적인 심사가 필요하다 할 것이다(헌재 2003.9.25. 2002헌마519).

118 0491 ○△×|○△×|○△× 2021 법무사

직업의 자유에 관한 다음 설명 중 가장 옳지 않은 것은? (다툼이 있는 경우 대법원 판례 및 헌법재판소 결정에 의함)

① 직업의 자유에 의한 보호의 대상이 되는 '직업'은 '생활의 기본적 수요를 충족시키기 위한 계속적 소득활동'을 의미하며 그러한 내용의 활동인 한 그 종류나 성질을 묻지 아니하므로, 대학생이 방학기간을 이용하여 학비 등을 벌기 위하여 학원강사로서 일하는 행위도 직업의 자유의 보호영역에 속한다.

② 성인대상 성범죄로 형을 선고받아 확정된 자로 하여금 그 형의 집행을 종료한 날로부터 10년 동안 의료기관을 개설하거나 의료기관에 취업할 수 없도록 한 구 아동·청소년의 성보호에 관한 법률은 직업선택의 자유를 침해한다.

③ 직업수행의 자유에 대한 제한은 인격발현에 대한 침해의 효과가 일반적으로 직업선택의 자유에 대한 제한에 비하여 작기 때문에, 그에 대한 제한은 보다 폭넓게 허용된다.

④ 직업의 자유에는 해당 직업에 합당한 보수를 받을 권리도 포함되어 있다.

⑤ 자격제도를 시행함에 있어서 설정하는 자격요건에 대한 판단은 원칙적으로 입법자의 입법형성권의 영역에 있으므로, 그것이 입법재량의 범위를 일탈하여 현저히 불합리한 경우에 한하여 헌법에 위반된다고 할 수 있다.

지문분석 난이도 중 정답 ④

| **키 워 드** | 직업의 자유

| **출제유형** | 판례

④ (X) 시행령이 제정되지 않아 법관, 검사와 같은 보수를 받지 못한다 하더라도, 직업의 자유에 '해당 직업에 합당한 보수를 받을 권리'까지 포함되어 있다고 보기 어려우므로 청구인들의 직업선택이나 직업수행의 자유가 침해되었다고 할 수 없다(헌재 2004.2.26. 2001헌마718).

① (○) 우리 헌법 제15조는 "모든 국민은 직업선택의 자유를 가진다."고 규정하여 직업의 자유를 국민의 기본권의 하나로 보장하고 있는바, 직업의 자유에 의한 보호의 대상이 되는 '직업'은 '생활의 기본적 수요를 충족시키기 위한 계속적 소득활동'을 의미하며 그러한 내용의 활동인 한 그 종류나 성질을 묻지 아니한다. 위에서 살펴본 '직업'의 개념에 비추어 보면 비록 학업 수행이 청구인과 같은 대학생의 본업이라 하더라도 방학기간을 이용하여 또는 휴학 중에 학비 등을 벌기 위해 학원강사로서 일하는 행위는 어느 정도 계속성을 띤 소득활동으로서 직업의 자유의 보호영역에 속한다고 봄이 상당하다(헌재 2003.9.25. 2002헌마519).

② (○) 이 사건 법률 조항이 성범죄 전력만으로 그가 장래에 동일한 유형의 범죄를 다시 저지를 것을 당연시하고, 형의 집행이 종료된 때부터 10년이 경과하기 전에는 결코 재범의 위험성이 소멸하지 않는다고 보며, 각 행위의 죄질에 따른 상이한 제재의 필요성을 간과함으로써, 성범죄 전력자 중 재범의 위험성이 없는 자, 성범죄 전력이 있지만 10년의 기간 안에 재범의 위험성이 해소될 수 있는 자, 범행의 정도가 가볍고 재범의 위험성이 상대적으로 크지 않은 자에게까지 10년 동안 일률적인 취업제한을 부과하고 있는 것은 침해의 최소성 원칙과 법익의 균형성원칙에 위배된다. 따라서 이 사건 법률 조항은 청구인들의 직업선택의 자유를 침해한다(헌재 2016.3.31. 2013헌마585 등).

③ (○) 구체적으로는 직업선택의 자유와 직업수행의 자유는 기본권 주체에 대한 그 제한의 효과가 다르기 때문에 제한에 있어서 적용되는 기준도 다르며, 특히 직업수행의 자유에 대한 제한의 경우 인격발현에 대한 침해의 효과가 일반적으로 직업선택 그 자체에 대한 제한에 비하여 작기 때문에 그에 대한 제한은 보다 폭넓게 허용된다(헌재 2009.9.24. 2006헌마1264).

⑤ (○) 자격제도에서 입법자에게는 그 자격요건을 정함에 있어 광범위한 입법재량이 인정되는 만큼, 자격요건에 관한 법률 조항은 합리적인 근거 없이 현저히 자의적인 경우에만 헌법에 위반된다고 할 수 있다. 그렇다면 자격제도를 시행함에 있어서 설정하는 자격요건에 대한 판단은 원칙적으로 입법자의 입법형성권의 영역에 있다고 할 것이므로, 헌법재판소는 그것이 입법재량의 범위를 일탈하여 현저히 불합리한 경우에 한하여 그 위헌성을 선언할 수 있다(헌재 2008.11.27. 2007헌바51).

119 0492 ○△×|○△×|○△× 2020 변호사

직업의 자유에 관한 설명 중 옳은 것을 모두 고른 것은? (다툼이 있는 경우 판례에 의함)

> ㄱ. 직업의 자유에 의한 보호의 대상이 되는 직업은 생활의 기본적 수요를 충족시키기 위한 계속적 소득활동을 의미하며, 그 개념표지가 되는 '계속성'의 해석상 휴가기간 중에 하는 일, 수습직으로서의 활동 등은 이에 포함되지 않는다.
> ㄴ. 직업의 자유에는 해당 직업에 합당한 보수를 받을 권리까지 포함되어 있다고 보기 어려우므로 자신이 원하는 수준보다 적은 보수를 법령에서 규정하고 있다고 하여 직업선택이나 직업수행의 자유가 침해된다고 할 수 없다.
> ㄷ. 어떠한 직업분야에 관한 자격제도를 만들면서 그 자격요건을 어떻게 설정할 것인가에 관하여는 그 입법재량의 폭이 좁다 할 것이므로, 과잉금지원칙을 적용함에 있어서 다른 방법으로 직업선택의 자유를 제한하는 경우에 비하여 보다 엄격한 심사가 필요하다.
> ㄹ. 직장선택의 자유는 원하는 직장을 제공하여 주거나 선택한 직장의 존속보호를 청구할 권리를 보장하지 않으나, 국가는 직업선택의 자유로부터 나오는 객관적 보호의무, 즉 사용자에 의한 해고로부터 근로자를 보호할 의무를 진다.

① ㄱ, ㄴ ② ㄱ, ㄹ
③ ㄴ, ㄷ ④ ㄴ, ㄹ
⑤ ㄷ, ㄹ

지문분석 난이도 상 정답 ④

| 키 워 드 | 직업의 자유
| 출제유형 | 판례

ㄴ. (○) 직업의 자유에 '해당 직업에 합당한 보수를 받을 권리'까지 포함되어 있다고 보기 어려우므로 이 사건 법령 조항이 청구인이 원하는 수준보다 적은 봉급월액을 규정하고 있다고 하여 이로 인해 청구인의 직업선택이나 직업수행의 자유가 침해되었다고 할 수 없다(헌재 2008.12.26. 2007헌마444).

ㄹ. (○) 직장선택의 자유는 개인이 그 선택한 직업분야에서 구체적인 취업의 기회를 가지거나, 이미 형성된 근로관계를 계속 유지하거나 포기하는 데에 있어 국가의 방해를 받지 않는 자유로운 선택·결정을 보호하는 것을 내용으로 한다. 그러나 이 기본권은 원하는 직장을 제공하여 줄 것을 청구하거나 한번 선택한 직장의 존속보호를 청구할 권리를 보장하지 않으며, 또한 사용자의 처분에 따른 직장 상실로부터 직접 보호하여 줄 것을 청구할 수도 없다. 다만 국가는 이 기본권에서 나오는 객관적 보호의무, 즉 사용자에 의한 해고로부터 근로자를 보호할 의무를 질 뿐이다(헌재 2002.11.28. 2001헌바50).

ㄱ. (×) 직업의 자유에 의한 보호의 대상이 되는 직업은 '생활의 기본적 수요를 충족시키기 위한 계속적 소득활동'을 의미하며 그 종류나 성질은 묻지 아니한다. 이러한 직업의 개념표지들은 개방적 성질을 지녀 엄격하게 해석할 필요는 없다. '계속성'에 관해서는 휴가기간 중에 하는 일, 수습직으로서의 활동 등도 이에 포함되고, '생활수단성'에 관해서는 단순한 여가활동이나 취미활동은 직업의 개념에 포함되지 않으나 겸업이나 부업은 삶의 수요를 충족하기에 적합하므로 직업에 해당한다고 본다(헌재 2018.7.26. 2017헌마452).

ㄷ. (×) 과잉금지의 원칙을 적용함에 있어서도, 어떠한 직업분야에 관한 자격제도를 만들면서 그 자격요건을 어떻게 설정할 것인가에 관하여는 국가에게 폭넓은 입법재량권이 부여되어 있는 것이므로 다른 방법으로 직업선택의 자유를 제한하는 경우에 비하여 보다 유연하고 탄력적인 심사가 필요하다 할 것이다(헌재 2003.9.25. 2002헌마519).

120 0493 ○△×|○△×|○△× 2020 경찰 승진

직업의 자유에 관한 설명 중 가장 적절하지 않은 것은? (다툼이 있는 경우 판례에 의함)

① 유치원 주변 학교환경위생 정화구역에서 성관련 청소년유해물건을 제작·생산·유통하는 청소년 유해업소를 예외 없이 금지하는 구 학교보건법 관련 조항은 직업의 자유를 침해한 것이다.

② 연락운송 운임수입의 배분에 관한 협의가 성립되지 아니한 때에는 당사자의 신청을 받아 국토교통부장관이 결정한다는 도시철도법 규정은 도시철도운영자들의 행정절차법에 따른 의견제출이 가능하고 국토부장관의 전문성과 객관성도 인정되므로 운임수입 배분에 관한 별도의 위원회를 구성하지 않는다 하더라도 직업수행의 자유를 침해하지 않는다.

③ 개인이 다수의 직업을 선택하여 동시에 행사하는 겸직의 자유는 직업의 자유에 포함된다.

④ 청원경찰이 법원에서 금고 이상의 형의 선고유예를 받은 경우 당연 퇴직하도록 규정한 조항은 청원경찰의 직업의 자유를 침해한다.

지문분석 난이도 하 정답 ①

| **키 워 드** | 직업의 자유

| **출제유형** | 판례

① (X) 이 사건 법률 조항들은 유치원 주변 및 아직 유아 단계인 청소년을 유해한 환경으로부터 보호하고 이들의 건전한 성장을 돕기 위한 것으로 그 입법목적이 정당하고, 이를 위해서 유치원 주변의 일정구역 안에서 해당 업소를 절대적으로 금지하는 것은 그러한 유해성으로부터 청소년을 격리하기 위하여 필요·적절한 방법이며, 그 범위가 유치원 부근 200미터 이내에서 금지되는 것에 불과하므로, 청구인들의 직업의 자유를 침해하지 아니한다(헌재 2013.6.27. 2011헌바8 등).

② (O) 국토교통부장관은 도시철도운영자에 대한 감독 및 조정기능을 담당하는 주무관청으로서 전문성과 객관성을 갖추고 있고, 당사자들은 행정절차법에 따라 의견제출이 가능하며, 공청회를 통한 의견 수렴도 가능하므로, 심판대상 조항이 별도의 위원회를 구성하여 그 판단을 받도록 규정하지 않았다는 사정만으로 기본권을 덜 제한하는 수단을 간과하였다고 보기 어렵다. … 심판대상 조항으로 인해 제한되는 직업수행의 자유는 도시철도운영자 등이 연락운송 운임수입 배분을 자율적으로 정하지 못한다는 정도에 그치나, 이를 통해 달성되는 공익은 도시교통 이용자의 편의 증진에 이바지하는 것으로서 위와 같은 불이익에 비하여 더 중대하다. 따라서 심판대상 조항은 과잉금지원칙을 위반하여 도시철도운영자 등의 직업수행의 자유를 침해하였다고 볼 수 없다(헌재 2019.6.28. 2017헌바135).

③ (O) 헌법 제15조는 모든 국민은 직업선택의 자유를 가진다고 규정하고 있는데 그 뜻은 누구든지 자기가 선택한 직업에 종사하여 이를 영위하고 언제든지 임의로 그것을 바꿀 수 있는 자유와 여러 개의 직업을 선택하여 동시에 함께 행사할 수 있는 자유, 즉 겸직의 자유도 가질 수 있다는 것이다(헌재 1997.4.24. 95헌마90).

④ (O) 심판대상 조항은 청원경찰이 저지른 범죄의 종류나 내용을 불문하고 금고 이상의 형의 선고유예를 받게 되면 당연히 퇴직되도록 규정함으로써 청원경찰에게 공무원보다 더 가혹한 제재를 가하고 있으므로, 침해의 최소성원칙에 위배된다. 심판대상 조항은 청원경찰이 저지른 범죄의 종류나 내용을 불문하고 범죄행위로 금고 이상의 형의 선고유예를 받게 되면 당연히 퇴직되도록 규정함으로써 그것이 달성하려는 공익의 비중에도 불구하고 청원경찰의 직업의 자유를 과도하게 제한하고 있어 법익의 균형성원칙에도 위배된다. 따라서, 심판대상 조항은 과잉금지원칙에 반하여 직업의 자유를 침해한다(헌재 2018.1.25. 2017헌가26).

121 0494 O△X | O△X | O△X 2021 경찰 승진

직업의 자유에 대한 설명으로 가장 적절하지 않은 것을 모두 고른 것은? (다툼이 있는 경우 판례에 의함)

> ㉠ 운전면허를 받은 사람이 자동차 등을 이용하여 살인 또는 강간 등 범죄행위를 한 때 필요적으로 운전면허를 취소하도록 규정한 구 도로교통법 조항은 직업의 자유를 침해한다.
> ㉡ 청원경찰이 금고 이상의 형의 선고유예를 받은 경우 당연퇴직되도록 규정한 청원경찰법 조항은 청원경찰의 직업의 자유를 침해하지 않는다.
> ㉢ 제조업의 직접생산 공정업무를 근로자파견의 대상 업무에서 제외하는 파견근로자보호 등에 관한 법률 조항은 사용사업주의 직업수행의 자유를 침해한다.
> ㉣ 성인대상 성범죄로 형을 선고받아 확정된 자에게 그 형의 집행을 종료한 날부터 10년 동안 의료기관을 개설하거나 의료기관에 취업할 수 없도록 한 아동·청소년의 성보호에 관한 법률 조항은 직업선택의 자유를 침해한다.

① ㉠, ㉡ ② ㉠, ㉣
③ ㉡, ㉢ ④ ㉢, ㉣

지문분석 난이도 ㊤ 정답 ③

| 키 워 드 | 직업의 자유
| 출제유형 | 판례

ㄴ. (X) 심판대상 조항은 청원경찰이 저지른 범죄의 종류나 내용을 불문하고 범죄행위로 금고 이상의 형의 선고유예를 받게 되면 당연히 퇴직되도록 규정함으로써 그것이 달성하려는 공익의 비중에도 불구하고 청원경찰의 직업의 자유를 과도하게 제한하고 있어 법익의 균형성원칙에도 위배된다. 따라서 심판대상 조항은 과잉금지원칙에 반하여 직업의 자유를 침해한다(헌재 2018.1.25. 2017헌가26).

ㄷ. (X) 심판대상 조항은 제조업의 핵심 업무인 직접생산 공정업무의 적정한 운영을 기하고 근로자에 대한 직접고용 증진 및 적정임금 지급을 보장하기 위한 것으로 입법목적의 정당성 및 수단의 적합성이 인정된다. … 또한, 제조업의 직접생산 공정업무의 적정한 운영, 근로자의 직접고용 증진 및 적정임금 보장이라는 공익이 사용사업주가 제조업의 직접생산 공정업무에 관하여 근로자파견의 역무를 제공받지 못하는 직업수행의 자유 제한에 비하여 작다고 볼 수 없으므로, 법익의 균형성도 충족된다. 따라서 심판대상 조항이 제조업의 직접생산 공정업무에 관하여 근로자파견의 역무를 제공받고자 하는 사업주의 직업수행의 자유를 침해한다고 볼 수 없다(헌재 2017.12.28. 2016헌바346).

ㄱ. (O) 심판대상 조항은 이에 그치지 아니하고 자동차 등을 이용하여 살인 또는 강간 등 행정안전부령이 정하는 범죄행위를 하기만 하면 범죄행위의 유형, 운전자의 형사처벌 여부, 자동차 등이 이용된 범죄의 경중이나 그 위법성의 정도, 자동차 등의 당해 범죄행위에 대한 기여도, 당해 범죄행위에 이르게 된 경위 등 제반사정을 전혀 고려할 여지없이 필요적으로 운전면허를 취소하도록 규정하고 있다. … 그렇다면 임의적 운전면허 취소 또는 정지제도만으로도 철저한 단속, 엄격한 법집행 등을 함으로써 자동차 등을 이용한 범죄의 근절이라는 입법목적을 효과적으로 달성할 수 있다. … 따라서 심판대상 조항은 침해의 최소성원칙에 위반된다. … 따라서 심판대상 조항은 직업의 자유 내지 일반적 행동의 자유를 침해하여 헌법에 위반된다(헌재 2015.5.28. 2013헌가6).

ㄹ. (O) 이 사건 법률 조항은 오직 성범죄 전과에 기초해 10년이라는 일률적인 기간 동안 취업제한의 제재를 부과하며, 이 기간 내에는 취업제한 대상자가 그러한 제재로부터 벗어날 수 있는 어떠한 기회도 존재하지 않는 점, 재범의 위험에 대한 사회적 차원의 대처가 필요하다 해도 이 위험의 경중에 대한 고려가 있어야 하는 점 등에 비추어 침해의 최소성 요건을 충족했다고 보기 힘들다. … 이상과 같이 이 사건 법률 조항은 그 목적의 정당성, 수단의 적합성이 인정되지만, 침해의 최소성과 법익의 균형성원칙에 위반되어 청구인들의 직업선택의 자유를 침해한다(헌재 2014.1.28. 2012헌마431 등).

122 0495 ○△×|○△×|○△× 2021 경찰 승진

직업의 자유에 대한 설명으로 가장 적절하지 않은 것은? (다툼이 있는 경우 판례에 의함)

① 직업의 자유에는 해당 직업에 대한 합당한 보수를 받을 권리까지 포함되어 있다고 보기 어려우므로 자신이 원하는 수준보다 적은 보수를 법령에서 규정하고 있다고 하여 직업선택이나 직업수행의 자유가 침해된다고 할 수 없다.

② 국가정책에 따라 정부의 허가를 받은 외국인은 정부가 허가한 범위 내에서 소득활동을 할 수 있는 것이므로, 외국인이 국내에서 누리는 직업의 자유는 헌법에 의해서 부여된 기본권이 아닌 법률에 따른 정부의 허가에 의해 비로소 발생하는 권리이다.

③ 직업선택의 자유에는 자신이 원하는 직업 내지 직종에 종사하는 데 필요한 전문지식을 습득하기 위한 직업교육장을 임의로 선택할 수 있는 '직업교육장 선택의 자유'도 포함된다.

④ 직장선택의 자유는 인간의 존엄과 가치 및 행복추구권과도 밀접한 관련을 가지는 만큼 단순히 국민의 권리가 아닌 인간의 권리이기 때문에, 외국인도 국내에서 제한 없이 직장선택의 자유를 향유할 수 있다고 보아야 한다.

지문분석 난이도 중 정답 ④

| **키 워 드** | 직업의 자유

| **출제유형** | 판례

④ (X) 직업의 자유 중 이 사건에서 문제되는 직장선택의 자유는 인간의 존엄과 가치 및 행복추구권과도 밀접한 관련을 가지는 만큼 단순히 국민의 권리가 아닌 인간의 권리로 보아야 할 것이므로 외국인도 제한적으로라도 직장선택의 자유를 향유할 수 있다고 보아야 한다. 청구인들이 이미 적법하게 고용허가를 받아 적법하게 우리나라에 입국하여 우리나라에서 일정한 생활관계를 형성, 유지하는 등, 우리 사회에서 정당한 노동인력으로서의 지위를 부여받은 상황임을 전제로 하는 이상, 이 사건 청구인들에게 직장선택의 자유에 대한 기본권 주체성을 인정할 수 있다 할 것이다(헌재 2011.9.29. 2007헌마1083 등).

① (O) 직업의 자유에 '해당 직업에 합당한 보수를 받을 권리'까지 포함되어 있다고 보기 어려우므로 이 사건 법령 조항이 청구인이 원하는 수준보다 적은 봉급월액을 규정하고 있다고 하여 이로 인해 청구인의 직업선택이나 직업수행의 자유가 침해되었다고 할 수 없고, 위 조항은 경찰공무원인 경장의 봉급표를 규정한 것으로서 개성 신장을 위한 행복추구권의 제한과는 직접적인 관련이 없으므로, 청구인의 위 주장들은 모두 이유 없다(헌재 2008.12.26. 2007헌마444).

② (O) 이와 같이 헌법에서 인정하는 직업의 자유는 원칙적으로 대한민국 국민에게 인정되는 기본권이지, 외국인에게 인정되는 기본권은 아니다. 국가 정책에 따라 정부의 허가를 받은 외국인은 정부가 허가한 범위 내에서 소득활동을 할 수 있는 것이므로, 외국인이 국내에서 누리는 직업의 자유는 법률 이전에 헌법에 의해서 부여된 기본권이라고 할 수는 없고, 법률에 따른 정부의 허가에 의해 비로소 발생하는 권리이다(헌재 2014.8.28. 2013헌마359).

③ (O) 헌법 제15조에 의한 직업선택의 자유라 함은 자신이 원하는 직업 내지 직종을 자유롭게 선택하는 직업선택의 자유뿐만 아니라 그가 선택한 직업을 자기가 결정한 방식으로 자유롭게 수행할 수 있는 직업수행의 자유를 포함한다. 그리고 직업선택의 자유에는 자신이 원하는 직업 내지 직종에 종사하는 데 필요한 전문지식을 습득하기 위한 직업교육장을 임의로 선택할 수 있는 '직업교육장 선택의 자유'도 포함된다(헌재 2009.2.26. 2007헌마1262).

123 0496 ○△×|○△×|○△× 2020 지방직 7급

직업의 자유에 대한 설명으로 옳지 않은 것은? (다툼이 있는 경우 판례에 의함)

① 전문과목을 표시한 치과의원은 그 표시한 전문과목에 해당하는 환자만을 진료하여야 한다고 규정한 의료법 제77조 제3항은 과잉금지원칙을 위배하여 치과전문의인 청구인들의 직업수행의 자유를 침해한다.

② 법인의 임원이 학원의 설립·운영 및 과외교습에 관한 법률을 위반하여 벌금형을 선고받은 경우, 법인의 등록이 효력을 잃도록 규정하는 것은 과잉금지원칙을 위배하여 법인의 직업수행의 자유를 침해한다.

③ 헌법 제15조에서 보장하는 직업이란 생활의 기본적 수요를 충족시키기 위하여 행하는 계속적인 소득활동을 의미하고, 성매매는 그것이 가지는 사회적 유해성과는 별개로 성판매자의 입장에서 생활의 기본적 수요를 충족하기 위한 소득활동에 해당함을 부인할 수 없으나, 성매매자를 처벌하는 것은 과잉금지원칙에 반하지 않는다.

④ 변호사시험의 응시기회를 법학전문대학원의 석사학위 취득자의 경우 석사학위를 취득한 달의 말일부터 또는 석사학위 취득 예정자의 경우 그 예정기간 내 시행된 시험일부터 5년 내에 5회로 제한한 변호사시험법 규정은 응시기회의 획일적 제한으로 청구인들의 직업선택의 자유를 침해한다.

지문분석 난이도 ㉤ 정답 ④

| 키 워 드 | 직업의 자유

| 출제유형 | 판례

④ (X) 장기간의 시험 준비로 인력 낭비가 문제되었던 사법시험의 폐해를 극복하고 교육을 통하여 법조인을 양성한다는 법학전문대학원의 도입 취지를 살리기 위하여 응시기회에 제한을 두어 시험 합격률을 일정 비율로 유지하고, 법학전문대학원의 교육이 끝난 때로부터 일정기간 동안만 시험에 응시할 수 있게 한 것은 정당한 입법목적을 달성하기 위한 적절한 수단이다. … 따라서 위 조항은 청구인들의 직업선택의 자유를 침해하지 아니한다(헌재 2016.9.29. 2016헌마47 등).

① (○) 치과의원의 치과전문의가 표시한 전문과목 이외의 영역에서 치과일반의로서의 진료도 전혀 하지 못하는 데서 오는 사적인 불이익은 매우 크므로, 심판대상 조항은 과잉금지원칙에 위배되어 청구인들의 직업수행의 자유를 침해한다(헌재 2015.5.28. 2013헌마799).

② (○) 이 사건 등록실효 조항은 법인의 임원이 학원법을 위반하여 벌금형을 선고받으면 일률적으로 법인의 등록을 실효시키고 있고, 법인으로서는 대표자인 임원이건 그렇지 아니한 임원이건 모든 임원 개개인의 학원법 위반 범죄와 형사처벌 여부를 항시 감독하여야만 등록의 실효를 면할 수 있게 되므로 학원을 설립하고 운영하는 법인에게 지나치게 과중한 부담을 지우고 있다. 또한 이로 인하여 법인의 등록이 실효되면 해당 임원이 더 이상 임원직을 수행할 수 없게 될 뿐 아니라, 학원법인 소속 근로자는 모두 생계의 위협을 받을 수 있으며, 갑작스러운 수업의 중단으로 학습자 역시 불측의 피해를 입을 수밖에 없으므로 이 사건 등록실효 조항은 학원법인의 직업수행의 자유를 침해한다(헌재 2015.5.28. 2012헌마653).

③ (○) 헌법 제15조에서 보장하는 '직업'이란 생활의 기본적 수요를 충족시키기 위하여 행하는 계속적인 소득활동을 의미하고, 성매매는 그것이 가지는 사회적 유해성과는 별개로 성판매자의 입장에서 생활의 기본적 수요를 충족하기 위한 소득활동에 해당함을 부인할 수 없다 할 것이므로, 심판대상 조항은 성판매자의 직업선택의 자유도 제한하고 있다. … 심판대상 조항은 개인의 성적자기결정권, 사생활의 비밀과 자유, 직업선택의 자유를 침해하지 아니한다(헌재 2016.3.31. 2013헌가2).

124 0497 ○△×|○△×|○△× 2017 국가직 7급 하반기

직업의 자유에 대한 설명으로 옳은 것은? (다툼이 있는 경우 헌법재판소 판례에 의함)

① 운전면허를 받은 사람이 다른 사람의 자동차를 훔친 경우 운전면허를 필요적으로 취소하게 하는 것은, 자동차 운행과정에서 야기될 수 있는 교통상 위험과 장해를 방지함으로써 안전하고 원활한 교통을 확보하기 위한 것으로서, 자동차 절도라는 불법의 정도에 상응하는 제재수단에 해당하여 직업의 자유를 침해하지 않는다.

② 허위로 진료비를 청구해서 환자나 진료비 지급기관 등을 속여 사기죄로 금고 이상 형을 선고받고 그 형의 집행이 종료되지 아니하였거나 집행을 받지 않기로 확정되지 않은 의료인에 대하여 필요적으로 면허를 취소하도록 하는 것은, 의료인이 의료관련 범죄로 인하여 형사처벌을 받는 경우 당해 의료인에 대한 국민의 신뢰가 손상될 수 있는 것을 방지하기 위한 것이지만, 의료인의 불법의 정도에 상응하는 제재수단을 선택할 수 있도록 임의적 면허취소 내지 면허정지를 규정해도 충분히 목적달성이 가능하므로, 과도하게 의료인의 직업의 자유를 침해하는 것이다.

③ 마약류 관리에 관한 법률을 위반하여 금고 이상의 실형을 선고받고, 그 집행이 끝나거나 면제된 날부터 20년이 지나지 않은 것을 택시운송사업의 종사자격의 결격사유 및 취소사유로 정하는 것은, 국민의 생명, 신체, 재산을 보호하고 시민들의 택시이용에 대한 불안감을 해소하며 도로교통에 관한 공공 안전을 확보하기 위한 것으로서, 택시의 특수성을 고려하면 장기간 동안 택시운송사업의 종사자격을 제한하는 것은 직업의 자유를 침해하지 아니한다.

④ 법인의 임원이 학원의 설립·운영 및 과외교습에 관한 법률을 위반하여 벌금형을 선고받은 경우 법인에 대한 학원설립·운영 등록이 효력을 잃도록 한 법률 규정은, 학원을 설립하고 운영하는 법인에게 지나치게 과중한 부담을 지우고 있고, 이로 인하여 법인의 등록이 실효되면 해당 임원이 더 이상 임원직을 수행할 수 없게 될 뿐 아니라, 갑작스러운 수업의 중단으로 학습자 역시 불측의 피해를 입을 수밖에 없게 되어 학원법인의 직업수행의 자유를 침해한다.

지문분석

난이도 ㊤ 정답 ④

| 키 워 드 | 직업의 자유

| 출제유형 | 판례

④ (○) 사회통념상 벌금형을 선고받은 피고인에 대한 사회적 비난가능성이 그리 높다고 보기 어려운데도, 이 사건 등록실효 조항은 법인의 임원이 학원법을 위반하여 벌금형을 선고받으면 일률적으로 법인의 등록을 실효시키고 있고, 법인으로서는 대표자인 임원이건 그렇지 아니한 임원이건 모든 임원 개개인의 학원법 위반 범죄와 형사처벌 여부를 항시 감독하여야만 등록의 실효를 면할 수 있게 되므로 학원을 설립하고 운영하는 법인에게 지나치게 과중한 부담을 지우고 있다. 그러므로 법인의 임원이 학원의 설립·운영 및 과외교습에 관한 법률을 위반하여 벌금형을 선고받은 경우 법인에 대한 학원설립·운영 등록이 효력을 잃도록 한 법률규정은 학원법인의 직업수행의 자유를 침해한다(헌재 2015.5.28. 2012헌마653).

① (×) 자동차 절취행위에 이르게 된 경위, 행위의 태양, 당해 범죄의 경중이나 그 위법성의 정도, 운전자의 형사처벌 여부 등 제반사정을 고려할 여지를 전혀 두지 아니한 채 다른 사람의 자동차 등을 훔친 모든 경우에 필요적으로 운전면허를 취소하는 것은, 그것이 달성하려는 공익의 비중에도 불구하고 운전면허 소지자의 직업의 자유 내지 일반적 행동의 자유를 과도하게 제한하는 것이다. 그러므로 심판대상 조항은 직업의 자유 내지 일반적 행동의 자유를 침해한다(헌재 2017.5.25. 2016헌가6).

② (×) 허위로 진료비를 청구해서 환자나 진료비 지급기관 등을 속여 사기죄로 금고 이상 형을 선고받고 그 형의 집행이 종료되지 아니하였거나 집행을 받지 않기로 확정되지 않은 의료인에 대하여 필요적으로 면허를 취소하도록 하는 것은 과잉금지원칙에 위배되어 의료인의 직업의 자유를 침해한다고 볼 수 없다(헌재 2017.6.29. 2016헌바394).

③ (×) 마약류 관리에 관한 법률을 위반하여 금고 이상의 실형을 선고받고, 그 집행이 끝나거나 면제된 날부터 20년이 지나지 않은 것을 택시운송사업의 종사자격의 결격사유 및 취소사유로 정하는 것은, 구체적 사안의 개별성과 특수성을 고려할 수 있는 여지를 일체 배제하고 그 위법의 정도나 비난 가능성의 정도가 미약한 경우까지도 획일적으로 20년이라는 장기간 동안 택시운송사업의 운전업무 종사자격을 제한하는 것이므로 침해의 최소성원칙에 위배되며, 법익의 균형성원칙에도 반한다. 따라서 심판대상 조항은 청구인들의 직업선택의 자유를 침해한다(헌재 2015.12.23. 2014헌바446).

125 0498 ○△×|○△×|○△× 2017 국회직 8급

직업의 자유에 대한 설명으로 옳지 않은 것은? (다툼이 있는 경우 헌법재판소의 판례에 의함)

① 20년 이상 관세행정 분야에서 근무한 자에게 일정한 절차를 거쳐 관세사 자격을 부여한 구 관세사법 규정은 헌법에 위반되지 않는다.

② 복수면허 의료인들에게 단수면허 의료인과 같이 하나의 의료기관만을 개설할 수 있다고 한 법률 조항은 '다른 것을 같게' 대우하는 것으로 합리적인 이유를 찾기 어렵다.

③ 성적목적 공공장소침입죄로 형을 선고받아 확정된 자로 하여금 그 형의 집행을 종료한 날부터 10년 동안 의료기관을 제외한 아동·청소년 관련기관 등을 개설하거나 그에 취업할 수 없도록 하는 것은 직업선택의 자유를 침해한다.

④ 초등학교, 중학교, 고등학교의 학교환경위생정화구역 내에서의 당구장시설을 제한하면서 예외적으로 학습과 학교보건위생에 나쁜 영향을 주지 않는다고 인정하는 경우에 한하여 당구장 시설을 허용하도록 하는 것은 과도하게 직업의 자유를 침해한다.

⑤ 마약류 관리에 관한 법률을 위반하여 금고 이상의 실형을 선고받고 그 집행이 끝나거나 면제된 날부터 20년이 지나지 아니한 것을 택시운송사업의 운전업무 종사자격의 결격사유 및 취소사유로 정한 구 여객자동차 운수사업법 조항은 직업선택의 자유를 침해한다.

지문분석

난이도 ⓢ 정답 ④

| 키 워 드 | 직업의 자유

| 출제유형 | 판례

④ (X) 초등학교, 중학교, 고등학교 기타 이와 유사한 교육기관의 경계선으로부터 200미터 이내에 설정되는 학교환경위생정화구역내에서의 당구장시설을 제한하면서 예외적으로 학습과 학교보건위생에 나쁜 영향을 주지 않는다고 인정하는 경우에 한하여 당구장시설을 허용하도록 하는 것은 기본권 제한의 입법목적, 기본권 제한의 정도, 입법목적 달성의 효과 등에 비추어 필요한 정도를 넘어 과도하게 직업(행사)의 자유를 침해하는 것이라 할 수 없다(헌재 1997.3.27. 94헌마196).

① (○) 관세사 자격을 부여함에 있어 공개경쟁시험제도를 통한 자격부여 이외에 20년 이상을 관세행정 분야에서 근무한 자라면 관세사로서의 직무수행을 위한 전문지식이 있다고 보아 일반직 공무원으로 20년 이상 관세행정에 종사한 자에게 일정한 절차를 거쳐 관세사 자격을 부여하는 특별전형제도도 아울러 택한 입법자의 정책적 판단은 입법목적의 정당성과 수단의 합리성이 인정되므로 전문분야 자격제도에 대한 입법형성권의 범위를 넘는 명백히 불합리한 것이라고 볼 수 없다(헌재 2001.1.18. 2000헌마364).

② (○) 복수면허 의료인은 의과 대학과 한의과 대학을 각각 졸업하고, 의사와 한의사 자격 국가고시에 모두 합격하였다. 따라서 단수면허 의료인에 비하여 양방 및 한방의 의료행위에 대하여 상대적으로 지식 및 능력이 뛰어나거나, 그가 행하는 양방 및 한방의 의료행위의 내용과 그것이 인체에 미치는 영향 등에 대하여도 상대적으로 더 유용한 지식과 정보를 취득하고 이를 분석하여 적절하게 대처할 수 있다고 평가될 수 있다. 복수면허 의료인들에게 단수면허 의료인과 같이 하나의 의료기관만을 개설할 수 있다고 한 것은 '다른 것을 같게' 대우하는 것으로 합리적인 이유를 찾기 어렵다(헌재 2007.12.27. 2004헌마1021).

③ (○) 취업제한 조항이 성적목적 공공장소침입죄 전력만으로 그가 장래에 동일한 유형의 범죄를 저지를 것을 당연시하고, 10년 동안 일률적인 취업제한을 하고 있는 것은 침해의 최소성원칙과 법익의 균형성원칙에 위배된다. 따라서 성적목적 공공장소침입죄로 형을 선고받아 확정된 자로 하여금 그 형의 집행을 종료한 날부터 10년 동안 의료기관을 제외한 아동·청소년 관련기관 등을 개설하거나 그에 취업할 수 없도록 하는 취업제한 조항은 직업선택의 자유를 침해한다(헌재 2016.10.27. 2014헌마709).

⑤ (○) 마약류 관리에 관한 법률을 위반하여 금고 이상의 실형을 선고받고 그 집행이 끝나거나 면제된 날부터 20년이 지나지 아니한 것을 택시운송사업의 운전업무 종사자격의 결격사유 및 취소사유로 정한 심판대상 조항은 구체적 사안의 개별성과 특수성을 고려할 수 있는 여지를 일체 배제하고 그 위법의 정도나 비난 가능성의 정도가 미약한 경우까지도 획일적으로 20년이라는 장기간 동안 택시운송사업의 운전업무 종사자격을 제한하는 것이므로 침해의 최소성원칙에 위배되며, 법익의 균형성원칙에도 반한다. 따라서 직업선택의 자유를 침해한다(헌재 2015.12.23. 2014헌바446).

126 0499 ○△×|○△×|○△× 2017 변호사

직업의 자유에 관한 설명 중 옳지 않은 것은? (다툼이 있는 경우 판례에 의함)

① 직업의 개념표지 가운데 '계속성'과 관련하여서는 주관적으로 활동의 주체가 어느 정도 계속적으로 해당 소득활동을 영위할 의사가 있고, 객관적으로도 그러한 활동이 계속성을 띨 수 있으면 족한 것으로 휴가기간 중에 하는 일, 수습직으로서의 활동 따위도 포함된다.

② 국가 정책에 따라 정부의 허가를 받은 외국인은 정부가 허가한 범위 내에서 소득활동을 할 수 있는 것이므로, 외국인이 국내에서 누리는 직업의 자유는 법률 이전에 헌법에 의해서 부여된 기본권이라고 할 수는 없고, 법률에 따른 정부의 허가에 의해 비로소 발생하는 권리이다.

③ 직업의 자유에는 '해당 직업에 합당한 보수를 받을 권리'까지 포함되어 있어서 노동자는 동일하거나 동급, 동질의 유사 다른 직업군에서 수령하는 보수에 상응하는 보수를 요구할 수 있다.

④ 의료인이 '치료효과를 보장하는 등 소비자를 현혹할 우려가 있는 내용의 광고'를 한 경우 형사처벌하도록 규정한 의료법 조항은 의료인의 표현의 자유뿐만 아니라 직업수행의 자유도 동시에 제한한다.

⑤ 성인 대상 성범죄로 형을 선고받아 확정된 자로 하여금 그 형의 집행을 종료한 날부터 10년 동안 의료기관에 취업할 수 없도록 한 것은, 일정한 직업을 선택함에 있어 기본권 주체의 능력과 자질에 따른 제한이므로 이른바 '주관적 요건에 의한 좁은 의미의 직업선택의 자유'에 대한 제한에 해당한다.

지문분석 난이도 중 정답 ③

| 키 워 드 | 직업의 자유

| 출제유형 | 판례

③ (X) 직업의 자유에 '해당 직업에 합당한 보수를 받을 권리'까지 포함되어 있다고 보기 어렵다(헌재 2004.2.26. 2001헌마718).

① (O) 직업의 개념표지들은 개방적 성질을 지녀 엄격하게 해석할 필요는 없는바, '계속성'과 관련하여서는 주관적으로 활동의 주체가 어느 정도 계속적으로 해당 소득활동을 영위할 의사가 있고, 객관적으로도 그러한 활동이 계속성을 띨 수 있으면 족하다고 해석되므로 휴가기간 중에 하는 일, 수습직으로서의 활동 따위도 이에 포함된다(헌재 2003.9.25. 2002헌마519).

② (O) 국가 정책에 따라 정부의 허가를 받은 외국인은 정부가 허가한 범위 내에서 소득활동을 할 수 있는 것이므로, 외국인이 국내에서 누리는 직업의 자유는 법률 이전에 헌법에 의해서 부여된 기본권이라고 할 수는 없고, 법률에 따른 정부의 허가에 의해 비로소 발생하는 권리이다(헌재 2014.8.28. 2013헌마359).

④ (O) 광고물은 사상·지식·정보 등을 불특정 다수인에게 전파하는 것으로서 헌법 제21조 제1항이 보장하는 언론·출판의 자유에 의해 보호받는 대상이 되므로, 의료광고를 규제하는 심판대상 조항은 청구인의 표현의 자유를 제한한다. 또한, 헌법 제15조는 직업수행의 자유 내지 영업의 자유를 포함하는 직업의 자유를 보장하고 있는바, 의료인 등이 의료서비스를 판매하는 영업활동의 중요한 수단이 되는 의료광고를 규제하는 심판대상 조항은 직업수행의 자유도 동시에 제한한다. 의료법인·의료기관 또는 의료인이 '치료효과를 보장하는 등 소비자를 현혹할 우려가 있는 내용의 광고'를 한 경우 형사처벌하도록 규정한 의료법 조항은 과잉금지원칙을 위배하여 의료인 등의 표현의 자유나 직업수행의 자유를 침해한다고 볼 수 없다(헌재 2014.9.25. 2013헌바28).

⑤ (O) 성인 대상 성범죄로 형을 선고받아 확정된 자로 하여금 그 형의 집행을 종료한 날부터 10년 동안 의료기관에 취업할 수 없도록 한 것은, 일정한 직업을 선택함에 있어 기본권 주체의 능력과 자질에 따른 제한이므로 이른바 '주관적 요건에 의한 좁은 의미의 직업선택의 자유'에 대한 제한에 해당한다(헌재 2016.3.31. 2013헌마585).

127 0500 ○△×|○△×|○△× 2020 소방 간부

직업의 자유와 재산권에 관한 설명으로 옳지 않은 것은? (다툼이 있는 경우 헌법재판소 결정례에 의함)

① 헌법 제15조에 의한 직업선택의 자유에는 직업수행의 자유, 전직의 자유, 직장선택의 자유 등도 포함되는 것으로 이해된다.
② 공용수용은 국민의 재산권을 그 의사에 반하여 강제적으로라도 취득해야 할 공익적 필요성이 있을 것, 법률에 의거할 것, 정당한 보상을 지급할 것의 요건을 모두 갖추어야 한다.
③ 객관적 사유에 의한 직업결정의 자유에 대한 제한은 월등하게 중요한 공익을 위하여 명백하고 확실한 위험을 방지하기 위한 경우에만 정당화될 수 있다.
④ 재산권 행사의 대상이 되는 객체가 지닌 사회적인 연관성과 사회적 기능이 크면 클수록 입법자에 의한 보다 더 광범위한 제한이 정당화된다.
⑤ 직업선택의 자유에 직업 내지 직종에 종사하는 데 필요한 전문지식을 습득하기 위한 직업교육장을 임의로 선택할 수 있는 직업교육장 선택의 자유까지 포함되는 것은 아니다.

지문분석 난이도 중 정답 ⑤

| 키 워 드 | 직업의 자유
| 출제유형 | 판례

⑤ (X) 헌법 제15조에 의한 직업선택의 자유라 함은 자신이 원하는 직업 내지 직종을 자유롭게 선택하는 직업선택의 자유뿐만 아니라 그가 선택한 직업을 자기가 결정한 방식으로 자유롭게 수행할 수 있는 직업수행의 자유를 포함한다. 그리고 직업선택의 자유에는 자신이 원하는 직업 내지 직종에 종사하는 데 필요한 전문지식을 습득하기 위한 직업교육장을 임의로 선택할 수 있는 '직업교육장 선택의 자유'도 포함된다(헌재 2009.2.26. 2007헌마1262).
① (○) 헌법 제15조에 따라 모든 국민은 직업선택의 자유를 가진다. 따라서 국민은 누구나 자유롭게 자신이 종사할 직업을 선택하고, 그 직업에 종사하며, 이를 변경할 수 있다. 이에는 개인의 직업적 활동을 하는 장소, 즉 직장을 선택할 자유도 포함된다(헌재 1989.11.20. 89헌가102).
② (○) 우리 헌법의 재산권 보장에 관한 규정의 근본취지에 비추어 볼 때, 공공필요에 의한 재산권의 공권력적, 강제적 박탈을 의미하는 공용수용(公用收用)은 헌법상의 재산권 보장의 요청상 불가피한 최소한에 그쳐야 한다. 즉, 공용수용은 헌법 제23조 제3항에 명시되어 있는 대로 국민의 재산권을 그 의사에 반하여 강제적으로라도 취득해야 할 공익적 필요성이 있을 것, 법률에 의거할 것, 정당한 보상을 지급할 것의 요건을 모두 갖추어야 한다(헌재 1995.2.23. 92헌바14).
③ (○) 당사자의 능력이나 자격과 상관없는 객관적 사유에 의한 제한은 월등하게 중요한 공익을 위하여 명백하고 확실한 위험을 방지하기 위한 경우에만 정당화될 수 있고, 따라서 헌법재판소가 이 사건을 심사함에 있어서는 헌법 제37조 제2항이 요구하는바 과잉금지의 원칙, 즉 엄격한 비례의 원칙이 그 심사척도가 된다(헌재 2002.4.25. 2001헌마614).
④ (○) 재산권에 대한 제한의 허용 정도는 재산권 행사의 대상이 되는 객체가 기본권의 주체인 국민 개개인에 대하여 가지는 의미와 다른 한편으로는 그것이 사회 전반에 대하여 가지는 의미가 어떠한가에 달려 있다. 즉, 재산권 행사의 대상이 되는 객체가 지닌 사회적인 연관성과 사회적 기능이 크면 클수록 입법자에 의한 보다 광범위한 제한이 정당화된다(헌재 1998.12.24. 89헌마214 등).

128 0501 ○△×|○△×|○△× 2022 경찰 간부

직업의 자유에 대한 설명으로 가장 적절하지 <u>않은</u> 것은? (다툼이 있는 경우 헌법재판소 판례에 의함)

① 유치원 주변 학교환경위생 정화구역에서 성관련 청소년유해물건을 제작·생산·유통하는 청소년유해업소를 예외 없이 금지하는 구 학교보건법 조항은 청구인들의 직업의 자유를 침해하지 않는다.

② 세무사법 위반으로 벌금형을 받은 세무사의 등록을 필요적으로 취소하도록 한 세무사법 조항은 벌금형의 집행이 끝나거나 집행을 받지 아니하기로 확정된 후 3년이 지난 때에 다시 세무사로 등록하여 활동할 수 있는 점 등에 비추어 볼 때 청구인의 직업선택의 자유를 침해하지 않는다.

③ 주류 판매업면허를 받은 자가 타인과 동업 경영을 하는 경우 관할 세무서장이 해당 주류 판매업자의 면허를 필요적으로 취소하도록 한 구 주세법 조항은 면허가 있는 자들끼리의 동업의 경우도 일률적으로 주류 판매업 면허를 취소하도록 규정하고 있으므로 주류 판매 면허업자의 직업의 자유를 침해한다.

④ 성매매는 그것이 가지는 사회적 유해성과는 별개로 성판매자의 입장에서 생활의 기본적 수요를 충족하기 위한 소득활동에 해당함을 부인할 수 없다 할 것이므로, 성매매알선 등 행위의 처벌에 관한 법률에서 성매매를 한 사람을 처벌하는 것은 성판매자의 직업선택의 자유도 제한하고 있다.

지문분석 난이도 중 정답 ③

| 키 워 드 | 직업의 자유

| 출제유형 | 판례

③ (X) 주류는 국민건강에 미치는 영향이 크고, 국가의 재정에도 직접 영향을 미치는 것이기 때문에 다른 상품과는 달리 특별히 법률을 제정하여 주류의 제조 및 판매에 걸쳐 폭넓게 국가의 규제를 받도록 하고 있다. 심판대상조항은 주류 유통질서의 핵심이라고 할 수 있는 주류 판매면허업자가 면허 허가 범위를 넘어 사업을 운영하는 것을 제한함으로써, 주류 판매업면허 제도의 실효성을 확보하고자 마련된 것이다. 국가의 관리 감독에서 벗어난 판매업자의 등장으로 유통 질서가 왜곡되는 것을 방지하고 규제의 효용성을 담보하기 위하여 필요하므로, 면허의 필요적 취소를 과도한 제한이라고 볼 수 없다. 따라서 이 조항은 주류 판매면허업자의 직업의 자유를 침해하지 않는다(헌재 2021.4.29. 2020헌바328).

① (○) 이 사건 법률조항들은 유치원 주변 및 아직 유아 단계인 청소년을 유해한 환경으로부터 보호하고 이들의 건전한 성장을 돕기 위한 것으로 그 입법목적이 정당하고, 이를 위해서 유치원 주변의 일정구역 안에서 해당 업소를 절대적으로 금지하는 것은 그러한 유해성으로부터 청소년을 격리하기 위하여 필요·적절한 방법이며, 그 범위가 유치원 부근 200미터 이내에서 금지되는 것에 불과하므로, 청구인들의 직업의 자유를 침해하지 아니한다(헌재 2013.6.27. 2011헌바8 등).

② (○) 심판대상 조항은 세무사 직무의 공공성과 국민 신뢰의 확보 등을 유지하기 위한 것으로서, 세무사법 위반으로 벌금형을 받은 세무사에 한정하여 등록취소를 하고 있어 입법재량의 범위 내에 있을 뿐 아니라, 벌금형의 집행이 끝나거나 집행을 받지 아니하기로 확정된 후 3년이 지난 때에는 다시 세무사로 등록하여 활동할 수 있는 점 등을 고려하면, 심판대상 조항은 세무사인 청구인의 직업선택의 자유를 침해하지 않는다(헌재 2021.10.28. 2020헌바221).

④ (○) 자신의 성뿐만 아니라 타인의 성을 고귀한 것으로 여기고 이를 수단화하지 않는 것은 모든 인간의 존엄과 평등이 전제된 공동체의 발전을 위한 기본전제가 되는 가치관이므로, 사회 전반의 건전한 성풍속과 성도덕이라는 공익적 가치는 개인의 성적자기결정권 등 기본권 제한의 정도에 비해 결코 작다고 볼 수 없어 법익균형성원칙에도 위배되지 아니한다. 따라서 심판대상 조항은 개인의 성적자기결정권, 사생활의 비밀과 자유, 직업선택의 자유를 침해하지 아니한다(헌재 2016.3.31. 2013헌가2).

129 0502 ○△×|○△×|○△× 2016 국회직 8급

직업의 자유에 대한 설명으로 옳은 것을 〈보기〉에서 모두 고르면? (다툼이 있는 경우 헌법재판소 판례에 의함)

보기

㉠ 변호사 시험의 성적 공개를 금지하고 있는 변호사시험법 관련 조항은 변호사시험 합격자에 대하여 그 성적을 공개하지 않도록 규정하고 있을 뿐이고, 이러한 시험 성적의 비공개가 청구인들의 법조인으로서의 직역선택이나 직업수행에 있어서 어떠한 제한을 두고 있는 것은 아니므로 청구인들의 직업선택의 자유를 제한하고 있다고 볼 수 없다.

㉡ 학원설립·운영자가 구 학원의 설립·운영 및 과외교습에 관한 법률을 위반하여 벌금형을 선고받은 경우 등록의 효력을 잃도록 규정하고 있는 것은 당사자의 능력이나 자격과는 하등 관련이 없는 객관적 사유에 의한 직업선택의 자유에 대한 제한이다.

㉢ 구 학원의 설립·운영 및 과외교습에 관한 법률을 위반하여 벌금형을 선고받은 후 1년이 지나지 아니한 자는 학원설립·운영의 등록을 할 수 없도록 규정한 구 학원의 설립·운영 및 과외교습에 관한 법률상의 등록결격 조항은 각종 규율의 형해화를 막고 학습자를 보호하며 학원의 공적 기능을 유지하고자 하는 목적을 달성하기 위하여 필요한 것으로 과잉금지원칙에 위배되어 직업선택의 자유를 침해한다고 보기 어렵다.

㉣ 정원제로 사법시험의 합격자를 결정하는 방법은 개인이 주관적인 노력으로 획득할 수 있는 변호사로서의 자질과 능력을 검정하는 것이 아니라 변호사의 사회적 수급상황 등 객관적 사유에 의하여 직업선택의 자유를 제한하는 것이다.

㉤ 경비업을 경영하고 있는 자들이나 다른 업종을 경영하면서 새로이 경비업에 진출하고자 하는 자들로 하여금 경비업을 전문으로 하는 별개의 법인을 설립하지 않는 한 경비업과 그 밖의 업종을 겸영하지 못하도록 금지하는 것은 청구인들의 직업의 자유를 침해하는 것은 아니다.

① ㉠, ㉢
② ㉡, ㉣
③ ㉠, ㉡, ㉢
④ ㉠, ㉢, ㉤
⑤ ㉢, ㉣, ㉤

지문분석

난이도 ㉤ 정답 ①

| 키 워 드 | 직업의 자유

| 출제유형 | 판례

㉠ (○) 변호사시험의 성적 공개를 금지하는 것은, 변호사시험 합격자에 대하여 그 성적을 공개하지 않도록 규정하고 있을 뿐이고, 이러한 시험 성적의 비공개가 청구인들의 법조인으로서의 직역 선택이나 직업수행에 있어서 어떠한 제한을 두고 있는 것은 아니므로 직업선택의 자유를 제한하고 있다고 볼 수 없다(헌재 2015.6.25. 2011헌마769).

㉢ (○) 사교육비용이 점차 고액화함에 따라 학원법을 준수하지 아니하고 학원을 운영함으로써 높은 수익을 올릴 수 있는 데 반하여, 학원법을 위반하여 벌금형으로 처벌받은 후에도 즉시 다른 학원을 다시 설립·운영할 수 있다고 한다면, 학원법의 각종 규율은 형해화될 수밖에 없으며, 학습자를 보호하고 학원의 공적 기능을 유지하고자 하는 목적을 달성할 수 없으므로, 구 학원의 설립·운영 및 과외교습에 관한 법률을 위반하여 벌금형을 선고받은 후 1년이 지나지 아니한 자는 학원설립·운영의 등록을 할 수 없도록 규정한 이 사건 등록결격 조항은 과잉금지원칙에 위배되어 직업선택의 자유를 침해한다고 보기 어렵다(헌재 2015.5.28. 2012헌마653).

㉡ (×) 학원설립·운영자는 학원법 위반으로 벌금형을 선고받을 경우 이 사건 효력상실 조항에 따라 그 등록은 효력을 잃게 되고, 다시 등록을 하지 않는 이상 학원을 설립·운영할 수 없게 된다. 이는 일정한 직업을 선택함에 있어 기본권 주체의 능력과 자질에 따른 제한으로서 이른바 '주관적 요건에 의한 좁은 의미의 직업선택의 자유의 제한'에 해당한다(헌재 2014.1.28. 2011헌바252).

㉣ (×) 시험제도란 본질적으로 응시자의 자질과 능력을 측정하는 것이며, 합격자의 결정을 상대평가(정원제)와 절대평가 중 어느 것에 의할 것인지는 측정방법의 선택의 문제일 뿐이고, 이 사건 법률 조항이 사법시험의 합격자를 결정하는 방법으로 정원제를 취한 이유는 상대평가라는 방식을 통하여 응시자의 자질과 능력을 검정하려는 것이므로 이는 객관적 사유가 아닌 주관적 사유에 의한 직업선택의 자유의 제한이다(헌재 2010.5.27. 2008헌바110).

㉤ (×) 경비업을 경영하고 있는 자들이나 다른 업종을 경영하면서 새로이 경비업에 진출하고자 하는 자들로 하여금, 경비업을 전문으로 하는 별개의 법인을 설립하지 않는 한 경비업과 그 밖의 업종을 겸영하지 못하도록 금지하는 것은, 과잉금지원칙을 위배하여 청구인들의 직업의 자유를 침해하는 것이다(헌재 2002.4.25. 2001헌마614).

130 0503 ○△×|○△×|○△× 2015 지방직 7급

직업의 자유에 대한 설명으로 옳은 것은? (다툼이 있는 경우 판례에 의함)

① 우리 헌법사에서 직업의 자유는 1960년 제3차 개정헌법에서부터 명문화되었다.
② 직업의 자유 중 직장선택의 자유는 국민의 권리가 아닌 인간의 권리로 보아야 할 것이므로 외국인도 제한적으로 주체가 된다.
③ 식품이나 식품의 용기·포장에 '음주전후' 또는 '숙취해소'라는 표시를 금지하는 것은 음주를 조장하는 내용에 대한 정당한 금지로 영업의 자유를 침해하지 아니한다.
④ 법학전문대학원 설치·운영에 관한 법률이 인가주의와 총입학정원주의를 정하고 있는 것은 대학의 자율성과 국민의 직업선택의 자유를 침해하는 것이다.

지문분석 난이도 하 정답 ②

| **키 워 드** | 직업의 자유
| **출제유형** | 조문 + 판례

② (○) 직업의 자유 중 이 사건에서 문제되는 직장선택의 자유는 인간의 존엄과 가치 및 행복추구권과도 밀접한 관련을 가지는 만큼 단순히 국민의 권리가 아닌 인간의 권리로 보아야 할 것이므로 외국인도 제한적으로라도 직장선택의 자유를 향유할 수 있다고 보아야 한다(헌재 2011.9.29. 2009헌마351).
① (X) 우리나라 헌정사상 직업선택의 자유는 제5차 개헌에서 처음 규정되었다.
③ (X) 식품이나 식품의 용기·포장에 '음주전후' 또는 '숙취해소'라는 표시를 금지하는 것은 숙취해소용 식품의 제조·판매에 관한 영업의 자유 및 광고표현의 자유를 과잉금지원칙에 위반하여 침해하는 것이다(헌재 2000.3.30. 99헌마143).
④ (X) 법학전문대학원 설치·운영에 관한 법률이 인가주의와 총입학정원주의를 정하고 있는 것은 대학의 자율성과 국민의 직업선택의 자유를 침해하지 아니한다(헌재 2009.2.26. 2008헌마370).

131 0504 ○△×|○△×|○△× 2020 법원직 9급(변형)

직업선택의 자유에 대한 헌법재판소의 판시와 다른 것은?

① 직업선택의 자유는 각자의 생활의 기본적 수요를 충족시키는 방편이 되고 또한 개성신장의 바탕이 된다는 점에서 행복추구권과도 밀접한 관련을 갖는다.
② 직업수행의 자유는 직업결정의 자유에 비하여 상대적으로 그 침해의 정도가 작다고 할 것이므로 이에 대하여는 공공복리 등 공익상의 이유로 비교적 넓은 법률상의 규제가 가능하다.
③ 경찰의 허가가 영업의 자유를 제한하는 것이 아니라 금지된 영업을 회복시켜 주는 것이라도 그 허가의 기준을 반드시 법률로 규정해야 한다.
④ 학교정화지역에 극장을 시설하지 못하고 영업을 금지하고 있는 것은 헌법에 위반된다.

지문분석 난이도 하 정답 ③

| **키 워 드** | 직업선택의 자유
| **출제유형** | 판례

③ (X) 경찰허가는 법령에 정하여진 경우에는 그 허가 여부는 기속행위가 되고 허가의 기준이 법령에 정하여지지 않는 경우에는 그 허가 여부는 재량행위가 되는 것이어서, 영업의 자유를 제한하는 것이 아니라 금지된 영업의 자유를 회복시켜 주는 것인 경우, 본래 그 허가의 기준을 반드시 법률로 규정해야 하는 것은 아니다(헌재 1996.10.4. 93헌가13).
① (○) 헌재 2005.4.28. 2004헌바65
② (○) 헌재 2018.1.25. 2016헌바201·2017헌바205(병합)
④ (○) 헌재 2004.5.27. 2003헌가1

132 0505 ○△×|○△×|○△× 2022 경찰 간부

자격제와 직업의 자유에 대한 설명으로 가장 적절하지 않은 것은? (다툼이 있는 경우 헌법재판소 판례에 의함)

① 의료인이 아닌 자의 무면허의료행위를 일률적·전면적으로 금지한 구 의료법 조항은 국민의 생명권과 건강권을 보호하고 국민의 보건에 관한 국가의 보호의무를 이행하기 위한 조치로서, 이러한 기본권의 제한은 비례의 원칙에 부합한다.

② 세무 관련 분야에서 전문성이 인정되는 자격증을 소지한 자를 7급 세무직 공무원 공개경쟁채용시험에서 우대하는 것은 업무상 전문성을 강화하고 자격증 소지 여부가 시험에서 우대를 고려할 객관적 근거가 되며, 가산점제도가 자격증 없는 자들의 응시기회 자체를 제한한다고 보기 어려우므로 과잉금지원칙에 반하지 않는다.

③ 법학전문대학원 입학자 중 법학 외의 분야 및 당해 법학전문대학원이 설치된 대학 외의 대학에서 학사학위를 취득한 자가 차지하는 비율이 입학자의 3분의 1 이상이 되도록 규정한 법학전문대학원 설치·운영에 관한 법률 조항은 직업의 자유를 침해하지 않는다.

④ 특정 직업분야에 관한 자격제도를 만들면서 그 자격요건을 어떻게 설정할 것인가는 그 입법재량의 폭이 좁다 할 것이므로 과잉금지원칙을 적용함에 있어서 다른 방법으로 직업선택의 자유를 제한하는 경우에 비해 보다 엄격한 심사가 필요하다.

지문분석 난이도 중 정답 ④

| **키 워 드** | 직업의 자유

| **출제유형** | 판례

④ (X) 세무사제도의 목적은 세무행정의 원활한 수행과 납세의무의 적정한 이행을 도모하는 것으로서(세무사법 제1조), 세무사제도는 자격제도의 하나이고 입법자에게는 그 자격요건을 정함에 있어서 광범위한 입법형성권이 인정되므로, 이 사건 법률조항이 세무사자격시험에 관해 규율하면서 합리적인 근거 없이 현저히 자의적으로 규정하고 있다고 인정되는 경우에만 헌법에 위반된다고 할 수 있다(헌재 2007.5.31. 2006헌마646).

① (○) 이 사건 법률조항들이 의료인이 아닌 자의 의료행위를 전면적으로 금지한 것은 매우 중대한 헌법적 법익인 국민의 생명권과 건강권을 보호하고 국민의 보건에 관한 국가의 보호의무(헌법 제36조 제3항)를 이행하기 위하여 적합한 조치로서, 위와 같은 중대한 공익이 국민의 기본권을 보다 적게 침해하는 다른 방법으로는 효율적으로 실현될 수 없으므로, 이 사건 법률조항들로 인한 기본권의 제한은 비례의 원칙에 부합하는 것으로서 헌법에 위반된다고 볼 수 없다(헌재 2010.7.29. 2008헌가19 등).

② (○) 가산점제도는 가산 대상 자격증의 소지를 응시자격으로 하는 것이 아니고 일정한 요건하에 가산점을 부여하는 것이므로 자격증이 없는 자의 응시기회나 합격가능성을 원천적으로 제한하는 것으로 보기 어렵고, 가산점 여부가 시험 합격을 지나치게 좌우한다고 볼 근거도 충분치 아니하며, 채용 후 교육이나 경력자 채용으로는 적시에 충분한 전문인력을 확보할 수 있을 것으로 단정하기 어려우므로 피해의 최소성도 인정된다. 세무직 국가공무원의 업무상 전문성 강화라는 공익과 함께, 위와 같은 가산점 제도가 1993.12.31. 이후 유지되어 온 점, 자격증 없는 자들의 응시기회 자체가 박탈되거나 제한되는 것이 아닌 점, 가산점 부여를 위해서는 일정한 요건을 갖추도록 하고 있는 점 등을 고려하면 법익균형성이 인정된다(헌재 2020.6.25. 2017헌마1178).

③ (○) 학사학위를 취득한 자에 한하여 법학전문대학원의 입학자격을 부여하고 있는 법학전문대학원법 제22조는 직업선택의 자유를 침해하지 않는다(헌재 2016.3.31. 2014헌마1046).

133 0506 ○△×|○△×|○△× 2019 변호사(변형)

직업의 자유에 관한 설명으로 옳지 않은 것은? (다툼이 있는 경우 판례에 의함)

① 의료인이 아닌 자의 무면허의료행위를 일률적·전면적으로 금지하고 이를 위반한 경우에 그 치료결과에 관계없이 형사처벌을 하는 법률 조항은, 대안이 없는 유일한 선택이라고 하기 어려우므로 비례의 원칙에 위배되어 직업의 자유를 침해한다.
② 경쟁의 자유는 다른 기업과의 경쟁에서 국가의 간섭이나 방해를 받지 않고 기업활동을 할 수 있는 자유를 의미하기 때문에 직업의 자유에 의하여 보장된다.
③ 헌법재판소는, 직업선택의 자유와 직업행사의 자유는 기본권 주체에 대한 그 제한의 효과가 다르기 때문에 제한에 대한 위헌심사기준도 다르며, 특히 직업행사의 자유에 대한 제한의 경우 인격발현에 대한 침해의 효과가 일반적으로 직업선택 그 자체에 대한 제한에 비하여 작기 때문에 그 제한이 보다 폭넓게 허용된다고 하여, 독일의 단계이론과 유사한 논리를 전개한다.
④ 유치원 주변의 학교환경위생정화구역 안에서 당구장 시설을 하지 못하도록 하는 것은 비례의 원칙에 위배되어 직업수행의 자유를 침해한다.

지문분석 난이도 중 정답 ①

| 키 워 드 | 직업의 자유

| 출제유형 | 판례

① (X) 무면허 의료행위를 일률적, 전면적으로 금지하고 이를 위반한 경우에는 그 치료결과에 관계없이 형사처벌을 받게 하는 이 법의 규제방법은, "대안이 없는 유일한 선택"으로서 실질적으로도 비례의 원칙에 합치되는 것이다(헌재 1996.10.31. 94헌가7).
② (○) 경쟁의 자유는 기본권의 주체가 직업의 자유를 실제로 행사하는 데에서 나오는 결과이므로 당연히 직업의 자유에 의하여 보장되고 다른 기업과의 경쟁에서 국가의 간섭이나 방해를 받지 않고 기업활동을 할 수 있는 자유를 의미한다(헌재 1996.12.26. 96헌가18).
③ (○) 헌재 2002.10.31. 99헌바76·2000헌마505(병합).
④ (○) 유치원 주변에 당구장 시설을 허용한다고 하여도 이로 인하여 유치원생이 학습을 소홀히 하거나 교육적으로 나쁜 영향을 받을 위험성이 있다고 보기 어려우므로, 유치원 및 이와 유사한 교육기관의 학교환경위생정화구역 안에서 당구장 시설을 하지 못하도록 기본권을 제한하는 것은 입법목적의 달성을 위하여 필요하고도 적정한 방법이라고 할 수 없어 역시 기본권 제한의 한계를 벗어난 것이다(헌재 1997.3.27. 94헌마196 등).

134 0507 ○△×|○△×|○△× 2020 법원직 9급(변형)

직업의 자유에 대한 설명으로 옳지 않은 것은?

① 직업의 자유에서의 직업이란 생활의 기본적 수요를 충족시키기 위한 계속적인 소득활동을 의미하며 그러한 내용의 활동인 한 그 종류나 성질을 불문한다. 따라서 게임 결과물의 환전도 게임 이용자로부터 게임 결과물을 매수하여 다른 게임이용자에게 이윤을 붙여 되파는 것으로, 이러한 행위를 영업으로 하는 것은 생활의 기본적 수요를 충족시키는 계속적인 소득활동이 될 수 있으므로, 게임 결과물의 환전업은 헌법 제15조가 보장하고 있는 직업에 해당한다.
② 직업의 개념표지들은 개방적 성질을 지녀 엄격하게 해석할 필요는 없는바, '계속성'과 관련하여서는 주관적으로 활동의 주체가 어느 정도 계속적으로 해당 소득활동을 영위할 의사가 있고, 객관적으로도 그러한 활동이 계속성을 띨 수 있으면 족하다고 해석되므로 휴가기간 중에 하는 일, 수습직으로서의 활동 따위도 이에 포함된다.
③ 학업수행이 본업인 대학생이 방학기간을 이용하여 또는 휴학 중에 학비 등을 벌기 위해 학원강사로서 일하는 행위도 직업의 자유의 보호영역에 속한다. 그러나 학교운영위원으로서의 활동은 직업에 해당하지 않고, 의무복무로서의 현역병은 직업선택의 자유로서 보장하는 직업이라고 할 수 없다.
④ 우리나라의 다수 견해는 직업의 개념요소로서 생활수단성, 활동의 계속성 이외에 사회적으로 허용된 활동, 즉 공공의 무해성을 그 요건으로 인정한다. 이 경우 무해성의 개념은 법적으로 허용되거나 금지의 해제를 의미하는 것이다.

지문분석 난이도 하 정답 ④

| 키 워 드 | 직업의 자유

| 출제유형 | 이론 + 판례

④ (X) 공공의 무해성(= 허용된 활동)이란 법공동체의 가치관념에 따라 보통 공동체에 해롭지 않은 것으로 간주되는 활동을 말하며 법적으로 허용된(즉 금지되지 않거나 처벌하도록 규정되지 않은) 것을 의미하지 않는다.
① (○) 헌재 2010.2.25. 2009헌바38
② (○) 헌재 2003.9.25. 2002헌마519
③ (○) 학업수행이 본업인 대학생이 방학기간을 이용하여 또는 휴학 중에 학비 등을 벌기 위해 학원강사로서 일하는 행위도 직업의 자유의 보호영역에 속한다. 그러나 학교운영위원은 무보수 봉사직이이므로 학교운영위원으로서의 활동은 직업에 해당하지 않고(헌재 2007.3.29. 2005헌마1144), 의무복무로서의 현역병은 직업선택의 자유로서 보장하는 직업이라고 할 수 없다(헌재 2010.12.28. 2008헌마527).

마음을 위대한 일로 이끄는 것은 오직 열정,
위대한 열정뿐이다.

– 드니 디드로(Denis Diderot)

CHAPTER 03 참정권 및 정치적 기본권

■ 문항 수: 111문항

1 선거권과 선거제도

01 0508 O△X | O△X | O△X 2020 법원직 9급

선거권과 선거의 원칙에 관한 다음 설명 중 가장 옳은 것은? (다툼이 있는 경우 헌법재판소 결정 및 대법원 판례에 의함)

① 외국인은 대통령선거 및 국회의원선거에서는 선거권이 없으나, 지방선거권이 조례에 의해서 인정되고 있다.

② 평등선거의 원칙은 평등의 원칙이 선거제도에 적용된 것으로서 투표의 수적(數的) 평등, 즉 복수투표제 등을 부인하고 모든 선거인에게 1인 1표(one man, one vote)를 인정함을 의미할 뿐, 투표의 성과가치의 평등까지 의미하는 것은 아니다.

③ 비례대표제를 채택하는 경우 직접선거의 원칙은 의원의 선출뿐만 아니라 정당의 비례적인 의석확보도 선거권자의 투표에 의하여 직접 결정될 것을 요구하는바, 비례대표의원의 선거는 지역구의원의 선거와는 별도의 선거이므로 이에 관한 유권자의 별도의 의사표시, 즉 정당명부에 대한 별도의 투표가 있어야 한다.

④ 현행헌법은 대통령선거에 관하여 국민의 보통·평등·직접·비밀선거의 원칙을 규정하고 있고, 국회의원선거에 관하여는 위 원칙들에 관한 규정이 없으나, 헌법해석상 당연히 적용되는 것으로 보아야 한다.

지문분석 난이도 중 정답 ③

| 키 워 드 | 선거권과 선거의 원칙

| 출제유형 | 조문 + 판례

③ (O) 비례대표제를 채택하는 경우 직접선거의 원칙은 의원의 선출뿐만 아니라 정당의 비례적인 의석확보도 선거권자의 투표에 의하여 직접 결정될 것을 요구하는바, 비례대표의원의 선거는 지역구의원의 선거와는 별도의 선거이므로 이에 관한 유권자의 별도의 의사표시, 즉 정당명부에 대한 별도의 투표가 있어야 함에도 현행제도는 정당명부에 대한 투표가 따로 없으므로 결국 비례대표의원의 선출에 있어서는 정당의 명부 작성행위가 최종적·결정적인 의의를 지니게 되고, 선거권자들의 투표행위로써 비례대표의원의 선출을 직접·결정적으로 좌우할 수 없으므로 직접선거의 원칙에 위배된다(헌재 2001.7.19. 2000헌마91 등).

① (X) 공직선거법 제15조

> **공직선거법 제15조(선거권)** ① 18세 이상의 국민은 대통령 및 국회의원의 선거권이 있다. 다만, 지역구 국회의원의 선거권은 18세 이상의 국민으로서 제37조 제1항에 따른 선거인명부 작성기준일 현재 다음 각 호의 어느 하나에 해당하는 사람에 한하여 인정된다.
> ② 18세 이상으로서 제37조 제1항에 따른 선거인명부 작성기준일 현재 다음 각 호의 어느 하나에 해당하는 사람은 그 구역에서 선거하는 지방자치단체의 의회의원 및 장의 선거권이 있다.
> 3. 출입국관리법 제10조에 따른 영주의 체류자격 취득일 후 3년이 경과한 외국인으로서 같은 법 제34조에 따라 해당 지방자치단체의 외국인등록대장에 올라 있는 사람

② (X) 평등선거의 원칙은 평등의 원칙이 선거제도에 적용된 것으로서 투표의 수적 평등, 즉 복수투표제 등을 부인하고 모든 선거인에게 1인 1표(one man, one vote)를 인정함을 의미할 뿐만 아니라, 투표의 성과가치의 평등, 즉 1표의 투표가치가 대표자 선정이라는 선거의 결과에 대하여 기여한 정도에 있어서도 평등하여야 함(one vote, one value)을 의미한다(헌재 1995.12.27. 95헌마224 등).

④ (X) 대통령은 국민의 보통·평등·직접·비밀선거에 의하여 선출한다(헌법 제67조 제1항). 국회는 국민의 보통·평등·직접·비밀선거에 의하여 선출된 국회의원으로 구성한다(제41조 제1항).

02 0509 ○△×|○△×|○△× 2022 경찰 2차

제도적 보장에 관한 설명 중 가장 적절하지 않은 것은? (다툼이 있는 경우 판례에 의함)

① 제도적 보장은 주관적 권리가 아닌 객관적 법규범이라는 점에서 기본권과 구별되기는 하지만 헌법에 의하여 일정한 제도가 보장되면 입법자는 그 제도를 설정하고 유지할 입법의무를 지게 될 뿐만 아니라 헌법에 규정되어 있기 때문에 법률로써 이를 폐지할 수 없고, 비록 내용을 제한하더라도 그 본질적 내용을 침해할 수 없다.

② 제도적 보장은 객관적 제도를 헌법에 규정하여 당해 제도의 본질을 유지하려는 것으로서 헌법제정권자가 특히 중요하고도 가치가 있다고 인정되고 헌법적으로도 보장할 필요가 있다고 생각하는 국가제도를 헌법에 규정함으로써 장래의 법발전, 법 형성의 방침과 범주를 미리 규율하려는 데 있다.

③ 재판청구권과 같은 절차적 기본권은 원칙적으로 제도적 보장의 성격이 강하기 때문에, 자유권적 기본권의 경우와 비교하여 볼 때 상대적으로 축소된 입법형성권이 인정된다.

④ 직업공무원제도는 지방자치제도, 복수정당제도, 혼인제도 등과 함께 '제도보장'의 하나로서 이는 일반적인 법에 의한 폐지나 제도본질의 침해를 금지한다는 의미의 '최소보장'의 원칙이 적용되는바, 이는 기본권의 경우 헌법 제37조 제2항의 과잉금지의 원칙에 따라 필요한 경우에 한하여 '최소한으로 제한'되는 것과 대조되는 것이다.

지문분석

난이도 중 정답 ③

| 키 워 드 | 제도적 보장

| 출제유형 | 판례

③ (X) 재판청구권과 같은 절차적 기본권은 원칙적으로 제도적 보장의 성격이 강하기 때문에, 자유권적 기본권 등 다른 기본권의 경우와 비교하여 볼 때 상대적으로 광범위한 입법형성권이 인정되므로, 관련 법률에 대한 위헌심사기준은 합리성원칙 내지 자의금지원칙이 적용된다(헌재 2005.5.26. 2003헌가7).

① (O), ② (O), ④. (O) 제도적 보장은 객관적 제도를 헌법에 규정하여 당해 제도의 본질을 유지하려는 것으로서 헌법제정권자가 특히 중요하고도 가치가 있다고 인정되고 헌법적으로도 보장할 필요가 있다고 생각하는 국가제도를 헌법에 규정함으로써 장래의 법발전, 법형성의 방침과 범주를 미리 규율하려는 데 있다. 이러한 제도적 보장은 주관적 권리가 아닌 객관적 범규범이라는 점에서 기본권과 구별되기는 하지만 헌법에 의하여 일정한 제도가 보장되면 입법자는 그 제도를 설정하고 유지할 입법의무를 지게될 뿐만 아니라 헌법에 규정되어 있기 때문에 법률로써 이를 폐지할 수 없고, 비록 내용을 제한하더라도 그 본질적 내용을 침해할 수 없다. 그러나 기본권 보장은 "최대한 보장의 원칙"이 적용됨에 반하여, 제도적 보장은 그 본질적 내용을 침해하지 아니하는 범위 안에서 입법자에게 제도의 구체적 내용과 형태의 형성권을 폭넓게 인정한다는 의미에서 "최소한 보장의 원칙"이 적용될 뿐이다(헌재 1997.4.24. 95헌바48).

03 0510 ○△×|○△×|○△× 2021 경찰 승진

선거제도에 대한 설명으로 가장 적절하지 않은 것은? (다툼이 있는 경우 판례에 의함)

① 지역구 국회의원 예비후보자에게 지역구 국회의원이 납부할 기탁금의 100분의 20에 해당하는 금액을 기탁금으로 납부하도록 정한 공직선거법 조항은 공무담임권을 침해하지 않는다.

② 소선거구 다수대표제를 규정하여 다수의 사표가 발생한다 하더라도 그 이유만으로 헌법상 요구된 선거의 대표성의 본질을 침해한다고 할 수 없다.

③ 헌법재판소는 시·도의회의원 지역선거구 획정과 관련하여 헌법이 허용하는 인구편차의 기준을 인구편차 상하 50%(인구비례 3 : 1)로 변경하였다.

④ 국회의원선거에 있어서 선거의 효력에 관하여 이의가 있는 선거인·정당(후보자를 추천한 정당에 한한다) 또는 후보자는 선거일로부터 45일 이내에 헌법재판소에 소를 제기할 수 있다.

지문분석

난이도 중 정답 ④

| 키 워 드 | 선거제도

| 출제유형 | 조문 + 판례

④ (X) 대통령선거 및 국회의원선거에 있어서 선거의 효력에 관하여 이의가 있는 선거인·정당(후보자를 추천한 정당에 한한다) 또는 후보자는 선거일부터 30일 이내에 당해 선거구선거관리위원회 위원장을 피고로 하여 대법원에 소를 제기할 수 있다(공직선거법 제222조 제1항).

① (O) 예비후보자 기탁금 조항은 예비후보자의 무분별한 난립을 막고 책임성과 성실성을 담보하기 위한 것으로서, 입법목적의 정당성과 수단의 적합성이 인정된다. 또한 예비후보자 기탁금제도보다 덜 침해적인 다른 방법이 명백히 존재한다고 할 수 없고, 일정한 범위의 선거운동이 허용된 예비후보자의 기탁금 액수를 해당 선거의 후보자등록 시 납부해야 하는 기탁금의 100분의 20인 300만 원으로 설정한 것은 입법재량의 범위를 벗어난 것으로 볼 수 없으므로 침해의 최소성원칙에 위배되지 아니한다. 그리고 위 조항으로 인하여 예비후보자로 등록하려는 사람의 공무담임권 제한은 이로써 달성하려는 공익보다 크다고 할 수 없어 법익의 균형성원칙에도 반하지 않는다. 따라서 예비후보자 기탁금 조항은 청구인의 공무담임권을 침해하지 않는다(헌재 2017.10.26. 2016헌마623).

② (O) 이 사건 법률 조항이 소선거구 다수대표제를 규정하여 다수의 사표가 발생한다 하더라도 그 이유만으로 헌법상 요구된 선거의 대표성의 본질을 침해한다거나 그로 인해 국민주권원리를 침해하고 있다고 할 수 없고, 청구인의 평등권과 선거권을 침해한다고 할 수 없다(헌재 2016.5.26. 2012헌마374).

③ (O) 현재의 시점에서 시·도의원지역구 획정과 관련하여 헌법이 허용하는 인구편차의 기준을 인구편차 상하 50%(인구비례 3 : 1)로 변경하는 것이 타당하다(헌재 2018.6.28. 2014헌마189).

04 0511 ○△×|○△×|○△× 2019 경찰 승진

선거제도에 대한 설명으로 가장 적절하지 않은 것은? (다툼이 있는 경우 헌법재판소 판례에 의함)

① 비례대표 국회의원 당선인이 공직선거법 제264조(당선인의 선거범죄로 인한 당선무효)의 규정에 의하여 당선이 무효로 된 때 비례대표 국회의원 후보자명부상의 차순위 후보자의 승계를 부인하는 것은 과잉금지원칙에 위배하여 청구인들의 공무담임권을 침해한다.

② 선거범으로서 100만 원 이상의 벌금형의 선고를 받고 그 형이 확정된 후 5년을 경과하지 아니한 자 또는 형의 집행유예의 선고를 받고 그 형이 확정된 후 10년을 경과하지 아니한 자에게 선거권을 부여하지 않는 공직선거법 조항은 선거권을 침해하지 않는다.

③ 선거범죄로 당선이 무효로 된 자에게 이미 반환받은 기탁금과 보전받은 선거비용을 다시 반환하도록 한 구 공직선거법 조항은 공무담임권을 제한하지 않는다.

④ 지역구 국회의원선거에 있어서 선거구선거관리위원회가 당해 국회의원지역구에서 유효투표의 다수를 얻은 자를 당선인으로 결정하도록 한 공직선거법 조항은 청구인의 선거권을 침해한다.

지문분석 난이도 ㊥ 정답 ④

| **키 워 드** | 선거제도

| **출제유형** | 판례

④ (X) 이 사건 법률 조항이 소선거구 다수대표제를 규정하여 다수의 사표가 발생한다 하더라도 그 이유만으로 헌법상 요구된 선거의 대표성의 본질을 침해한다거나 그로 인해 국민주권원리를 침해하고 있다고 할 수 없고, 청구인의 평등권과 선거권을 침해한다고 할 수 없다(헌재 2016.5.26. 2012헌마374).

① (O) 심판대상 조항은 비례대표 국회의원 후보자명부상의 차순위 후보자의 승계까지 부인함으로써 선거를 통하여 표출된 선거권자들의 정치적 의사표명을 무시·왜곡하는 결과를 초래하고, 선거범죄에 관하여 귀책사유도 없는 정당이나 차순위 후보자에게 불이익을 주는 것은 필요 이상의 지나친 제재를 규정한 것이라고 보지 않을 수 없으므로, 과잉금지원칙에 위배하여 청구인들의 공무담임권을 침해한 것이다(헌재 2009.10.29. 2009헌마350 등).

② (O) 선거권 제한조항은 선거법을 위반한 행위에 대한 일종의 응보적 기능도 가진 것이다. 이러한 입법목적은 헌법 제37조 제2항의 공공복리를 위한 것으로서 그 정당성이 인정된다. … 선거권 제한조항은 과잉금지원칙을 위반하여 청구인의 선거권을 침해하고 있다고 할 수 없다. … 다만 징역형의 집행유예 선고를 받은 경우는 제한기간이 벌금형의 경우보다 긴 10년이 되고, 이로써 각 선거마다 통상 2~3회에 걸쳐 선거권이 제한되기는 하나, 징역형은 벌금형보다 위반의 정도가 훨씬 무거운 것임을 고려하면, 벌금형의 경우보다 선거권이 통상 1회 정도 더 제한되는 것에 불과하여 이 역시 지나치게 장기간이라고 보기 어려우므로 과잉금지원칙을 위반하였다고 할 수 없다. 따라서 선거권 제한조항이 과잉금지원칙을 위반하여 청구인들의 선거권을 침해하는 것은 아니다(헌재 2018.1.25. 2015헌마821 등).

③ (O) 이 사건 법률 조항은 선거범죄를 저질러 벌금 100만 원 이상의 형을 선고받은 당선자만을 제재대상으로 하고 있어 선거범죄를 저지르지 않고 선거를 치르려는 대부분의 후보자는 제재대상에 포함될 여지가 없으므로 청구인의 주장과 같이 자력이 충분하지 못한 국민의 입후보를 곤란하게 하는 효과를 갖는다고 할 수도 없다. 따라서 이 사건 법률 조항에 의하여 공무담임권이 제한된다고 할 수 없다(헌재 2011.4.28. 2010헌바232).

05 0512 ○△×|○△×|○△× 2016 국회직 8급

선거의 기본원칙에 대한 설명으로 옳지 않은 것은? (다툼이 있는 경우 헌법재판소 판례에 의함)

① 우리 헌법에 명시적으로 규정되어 있지 않지만 자유선거의 원칙은 민주국가의 선거제도에 내재하는 당연한 원리이다.
② 정당명부에 대한 별도의 투표가 없는 1인 1표제하에서의 비례대표제는 선거권자의 투표행위가 아니라 정당의 명부작성 행위가 최종적·결정적인 의미를 갖게 되므로 직접선거의 원칙에 위배된다.
③ 선거인은 법령에서 정하는 언론사가 출구조사를 하는 경우를 제외하고, 투표한 후보자의 성명이나 정당명을 누구에게도 또한 어떠한 경우에도 진술할 의무가 없으며, 누구든지 선거일의 투표마감시각까지 이를 질문하거나 그 진술을 요구할 수 없다.
④ 입후보에 과도한 기탁금을 요구하거나 지나치게 높은 기탁금 국고귀속비율을 정하는 것은 보통선거의 원칙에 위배된다.
⑤ 집행유예자에 대하여 선거권을 제한한다고 하여 보통선거의 원칙에 위반되는 것은 아니다.

지문분석

난이도 중 정답 ⑤

| 키 워 드 | 선거의 기본원칙
| 출제유형 | 조문 + 판례

⑤ (×) 집행유예자는 집행유예 선고가 실효되거나 취소되지 않는 한 교정시설에 구금되지 않고 일반인과 동일한 사회생활을 하고 있으므로, 그들의 선거권을 제한해야 할 필요성이 크지 않다. 따라서 집행유예자에 대하여 선거권을 제한하는 것은 선거권을 침해하고, 보통선거원칙에 위반하여 집행유예자를 차별취급하는 것이다(헌재 2014.1.28. 2012헌마409).
① (○) 자유선거의 원칙은 비록 우리 헌법에 명문으로 규정되지는 아니하였지만 민주국가의 선거제도에 내재하는 법 원리로서, 국민주권의 원리, 의회민주주의의 원리 및 참정권에 관한 규정에서 그 근거를 찾을 수 있다(헌재 2001.8.30. 99헌바92).
② (○) 비례대표제를 채택하는 경우 직접선거의 원칙은 의원의 선출뿐만 아니라 정당의 비례적인 의석확보도 선거권자의 투표에 의하여 직접 결정될 것을 요구하는바, 비례대표의원의 선거는 지역구의원의 선거와는 별도의 선거이므로 이에 관한 유권자의 별도의 의사표시, 즉 정당명부에 대한 별도의 투표가 있어야 함에도 현행제도는 정당명부에 대한 투표가 따로 없으므로 결국 비례대표의원의 선출에 있어서는 정당의 명부작성 행위가 최종적·결정적인 의의를 지니게 되고, 선거권자들의 투표행위로써 비례대표의원의 선출을 직접·결정적으로 좌우할 수 없으므로 직접선거의 원칙에 위배된다(헌재 2001.7.19. 2000헌마91).
③ (○) 선거인은 투표한 후보자의 성명이나 정당명을 누구에게도 또한 어떠한 경우에도 진술할 의무가 없으며, 누구든지 선거일의 투표마감시각까지 이를 질문하거나 그 진술을 요구할 수 없다. 다만, 텔레비전방송국·라디오방송국·신문 등의 진흥에 관한 법률 제2조 제1호 가목 및 나목에 따른 일간신문사가 선거의 결과를 예상하기 위하여 선거일에 투표소로부터 50미터 밖에서 투표의 비밀이 침해되지 않는 방법으로 질문하는 경우에는 그러하지 아니하며 이 경우 투표마감시각까지 그 경위와 결과를 공표할 수 없다(공직선거법 제167조 제2항).
④ (○) 선거제도를 지배하는 보통·평등·직접·비밀선거의 4가지 원칙(헌법 제41조 제1항, 제67조 제1항)이 실질적으로 얼마나 잘 보장되느냐가 선거제도의 성패를 가름하는 갈림길이 되는 것이며, 고액기탁금의 기탁제도는 바로 이와 같은 보통선거원칙 및 평등선거원칙과 관련이 있는 것이다(헌재 1991.3.11. 91헌마21).

✓ 개념체크 **대표제와 선거구제**

대표제	다수대표제	절대 다수대표제 (본질적 의미의 대표제)	과반수 이상 득표자 1인 선출
		상대 다수대표제	한 표라도 많은 득표자 1인 선출
	소수대표제	소수표를 얻은 경우에도 당선이 가능한 대표제	
	비례대표제	상대 다수 대표제의 보안으로 정당의 득표율(5석, 3% 저지조항)에 따라 의석배분	
	직능대표제	우리 헌정사상 채택한 바 없음	
선거구제	소선거구제	한 선거구에서 1인의 대표 선출, 대부분의 선거	
	중선거구제	한 선거구에서 2 ~ 4인의 대표 선출, 기초 지방 의회의원선거	
	대선거구제	한 선거구에서 5인의 대표 선출, 현행 시행하고 있지 않음	

06 0513 ○△×|○△×|○△× 2022 경찰 승진

선거권과 선거제도에 관한 설명 중 가장 적절한 것은? (다툼이 있는 경우 판례에 의함)

① 지방자치단체의 장 선거권은 헌법 제24조에 의해 보호되는 기본권으로 인정된다.
② 선거권의 제한은 불가피하게 요청되는 개별적·구체적 사유가 존재함이 명백할 경우 정당화될 수 있으며, 막연하고 추상적인 위험이나 국가의 노력에 의해 극복될 수 없는 기술상의 어려움이나 장애 등을 사유로도 그 제한이 정당화될 수 있다.
③ 주민등록법상 주민등록을 할 수 없는 재외국민의 대통령 선거권 행사를 전면 부정하는 것은 헌법에 위배되지 않는다.
④ 민주주의 국가에서 국민주권과 대의제 민주주의의 실현수단으로서 선거권이 갖는 중요성으로 인해 입법자는 선거권을 최대한 보장하는 방향으로 입법을 하여야 하는 반면, 헌법재판소가 선거권을 제한하는 법률의 합헌성을 심사하는 경우 그 심사 강도는 완화하여야 한다.

지문분석 난이도 중 정답 ①

| 키 워 드 | 선거권과 선거제도

| 출제유형 | 판례

① (○) 주민자치제를 본질로 하는 민주적 지방자치제도가 안정적으로 뿌리내린 현 시점에서 지방자치단체의 장 선거권을 지방의회의원 선거권, 나아가 국회의원 선거권 및 대통령 선거권과 구별하여 하나는 법률상의 권리로, 나머지는 헌법상의 권리로 이원화하는 것은 허용될 수 없다. 그러므로 지방자치단체의 장 선거권 역시 다른 선거권과 마찬가지로 헌법 제24조에 의해 보호되는 기본권으로 인정하여야 한다(헌재 2016.10.27. 2014헌마797).
② (×) 선거권의 제한은 불가피하게 요청되는 개별적·구체적 사유가 존재함이 명백할 경우에만 정당화될 수 있고, 막연하고 추상적인 위험이나 국가의 노력에 의해 극복될 수 있는 기술상의 어려움이나 장애 등을 사유로 그 제한이 정당화될 수 없다[헌재 2007.6.28. 2004헌마644·2005헌마360(병합)].
③ (×) 주민등록이 되어 있는지 여부에 따라 선거인명부에 오를 자격을 결정하여 그에 따라 선거권 행사 여부가 결정되도록 함으로써 엄연히 대한민국의 국민임에도 불구하고 주민등록법상 주민등록을 할 수 없는 재외국민의 선거권 행사를 전면적으로 부정하고 있는 법 제37조 제1항은 어떠한 정당한 목적도 찾기 어려우므로 헌법 제37조 제2항에 위반하여 재외국민의 선거권과 평등권을 침해하고 보통선거원칙에도 위반된다[헌재 2007.6.28. 2004헌마644·2005헌마360(병합)].
④ (×) 민주주의 국가에서 국민주권과 대의제 민주주의의 실현수단으로서 선거권이 갖는 중요성으로 인해 한편으로 입법자는 선거권을 최대한 보장하는 방향으로 입법을 하여야 하며, 또 다른 한편에서 선거권을 제한하는 법률의 합헌성을 심사하는 경우에는 그 심사의 강도도 엄격하여야 한다[헌재 2007.6.28. 2004헌마644·2005헌마360(병합)].

07 0514 ○△×|○△×|○△× 2015 국가직 7급

선거에 대한 설명으로 옳지 않은 것은? (다툼이 있는 경우 판례에 의함)

① 국회의원 비례대표 후보자 명단을 확정하기 위한 당내 경선에는 직접·평등·비밀 투표 등 일반적인 선거원칙이 그대로 적용되고 대리투표는 허용되지 않는다.
② 집행유예자의 경우와 달리 수형자는 그 범행의 불법성이 크다고 보아 그들에 대해 격리된 기간 동안 통치조직의 구성과 공동체의 나아갈 방향을 결정짓는 선거권을 정지시키는 것은 입법목적의 달성에 필요한 정도를 벗어난 과도한 것이 아니다.
③ 국회의원지역선거구 구역표 중 인구편차 상하 33⅓%의 기준을 넘어서는 선거구에 관한 부분은 지나친 투표가치의 불평등을 야기하여 위 선거구가 속한 지역에 주민등록을 마친 청구인들의 선거권과 평등권을 침해한다.
④ 지역농협은 기본적으로 사법인의 성격을 지니므로 조합장선거에서 선거운동을 하는 것은 선거권의 범위에 포함되지 않고, 선거운동의 방법에서 금전제공을 금지하는 것은 조합장 후보자의 일반적 행동의 자유를 침해하지 않는다.

지문분석 난이도 중 정답 ②

| 키 워 드 | 선거제도

| 출제유형 | 판례

② (×) 집행유예자와 수형자의 선거권을 제한하는 것은 선거권을 침해하고 헌법 제41조 제1항 및 제67조 제1항이 규정한 보통선거원칙에 위반하여 집행유예자와 수형자를 차별취급하는 것이므로 평등의 원칙에도 어긋난다. 다만 수형자에 대한 선거권 제한의 위헌성은 지나치게 전면적·획일적으로 수형자의 선거권을 제한한다는 데 있으므로 헌법불합치 결정을 하였다(헌재 2014.1.28. 2012헌마409).
① (○) 국회의원 비례대표 후보자 명단을 확정하기 위한 당내 경선은 정당의 대표자나 대의원을 선출하는 절차와 달리 국회의원 당선으로 연결될 수 있는 중요한 절차로서 직접투표의 원칙이 그러한 경선절차의 민주성을 확보하기 위한 최소한의 기준이 된다고 할 수 있는 점 등 제반 사정을 종합할 때, 당내 경선에도 직접·평등·비밀투표 등 일반적인 선거원칙이 그대로 적용되고 대리투표는 허용되지 않는다(대판 2013.11.28. 2013도5117).
③ (○) 국회의원지역선거구의 인구편차의 기준은 인구편차 상하 33⅓%, 인구비례 2 : 1을 넘어서지 않아야 한다(헌재 2014.10.30. 2012헌마192).
④ (○) 사법적인 성격을 지니는 농협의 조합장선거에서 조합장을 선출하거나 조합장으로 선출될 권리, 조합장선거에서 선거운동을 하는 것은 헌법에 의하여 보호되는 선거권의 범위에 포함되지 않는다. 지역농협의 조합장선거의 공정성을 담보하기 위해서는 당선되게 하거나 당선되지 못하게 할 목적으로 조합원 등에게 금품을 제공하는 행위를 금지할 필요가 있고, 이와 같은 조합원을 매수하는 행위를 금지하더라도 조합장선거에 출마한 후보자는 농협법 제50조 제4항에 규정된 방법으로 선거운동을 할 수 있으므로, 이 사건 금전제공 금지조항은 지역농협의 조합장선거에 관한 청구인의 일반적 행동의 자유를 지나치게 제한하는 것이라 할 수 없다(헌재 2012.2.23. 2011헌바154).

08 0515 ○△×|○△×|○△× 2018 경찰 승진

공직선거법에 대한 설명으로 옳지 않은 것을 모두 고른 것은?

> ㉠ 20세 이상의 국민은 대통령 및 국회의원의 선거권이 있다.
> ㉡ 20세 이상의 국민은 국회의원의 피선거권이 있다.
> ㉢ 40세 이상의 국민은 누구든지 대통령의 피선거권이 있다.
> ㉣ 대통령선거에서 당선의 효력에 이의가 있는 경우, 정당 또는 후보자는 사안에 따라 당선인을 피고로 하거나 중앙선거관리위원장 또는 국무총리를 피고로 하여 대법원에 소를 제기할 수 있다.

① ㉠, ㉣ ② ㉡, ㉢
③ ㉠, ㉡, ㉣ ④ ㉠, ㉡, ㉢, ㉣

09 0516 ○△×|○△×|○△× 2016 지방직 7급

선거제도에 대한 설명으로 옳지 않은 것은? (다툼이 있는 경우 판례에 의함)

① 대통령선거에 있어서 직업이나 학문 등의 사유로 자진 출국한 자들이 선거권을 행사하려고 하면 반드시 귀국해야 하고 귀국하지 않으면 선거권 행사를 못하도록 하는 것은 헌법이 보장하는 해외체류자의 국외 거주·이전의 자유, 직업의 자유, 공무담임권, 학문의 자유 등의 기본권을 희생하도록 강요한다는 점에서 부적절하다.
② 구 공직선거법에서 '대통령령으로 정하는 언론인'에 대하여 선거운동을 금지하는 것은 포괄위임금지원칙에 위배되고 언론인의 선거운동의 자유를 침해하는 것이다.
③ 선거인은 자신이 기표한 투표지를 공개할 수 없으며, 공개된 투표지는 무효로 한다.
④ 선거일의 투표마감시각 후 당선인결정 전까지 지역구 국회의원 후보자가 사퇴·사망하거나 등록이 무효로 된 경우에는 개표결과 유효투표의 다수를 얻은 자를 당선인으로 결정하되, 사퇴·사망하거나 등록이 무효로 된 자가 유효투표의 다수를 얻은 때에는 차순위 득표자가 당선인이 된다.

지문분석 (08)

난이도 상 정답 ④

| 키 워 드 | 공직선거법
| 출제유형 | 조문

㉠ (X) 18세 이상의 국민은 대통령 및 국회의원의 선거권이 있다. 다만, 지역구 국회의원의 선거권은 18세 이상의 국민으로서 제37조 제1항에 따른 선거인명부작성기준일 현재 다음 각 호의 어느 하나에 해당하는 사람에 한하여 인정된다(공직선거법 제15조 제1항).
㉡ (X) 18세 이상의 국민은 국회의원의 피선거권이 있다(동법 제16조 제2항). 선거일 현재 계속하여 60일 이상(공무로 외국에 파견되어 선거일 전 60일 후에 귀국한 자는 선거인명부작성기준일부터 계속하여 선거일까지) 해당 지방자치단체의 관할구역에 주민등록이 되어 있는 주민으로서 18세 이상의 국민은 그 지방의회의원 및 지방자치단체의 장의 피선거권이 있다(동법 제16조 제3항).
㉢ (X) 선거일 현재 5년 이상 국내에 거주하고 있는 40세 이상의 국민은 대통령의 피선거권이 있다. 이 경우 공무로 외국에 파견된 기간과 국내에 주소를 두고 일정기간 외국에 체류한 기간은 국내거주기간으로 본다(동법 제16조 제1항).
㉣ (X) 대통령선거 및 국회의원선거에 있어서 당선의 효력에 이의가 있는 정당(후보자를 추천한 정당에 한한다) 또는 후보자는 당선인결정일부터 30일 이내에 제52조 제1항·제3항 또는 제192조 제1항부터 제3항까지의 사유에 해당함을 이유로 하는 때에는 당선인을, 제187조(대통령당선인의 결정·공고·통지) 제1항·제2항, 제188조(지역구 국회의원당선인의 결정·공고·통지) 제1항 내지 제4항, 제189조(비례대표 국회의원의석의 배분과 당선인의 결정·공고·통지) 또는 제194조(당선인의 재결정과 비례대표 국회의원의석 및 비례대표 지방의회의원의석의 재배분) 제4항의 규정에 의한 결정의 위법을 이유로 하는 때에는 대통령선거에 있어서는 그 당선인을 결정한 중앙선거관리위원회 위원장 또는 국회의장을, 국회의원선거에 있어서는 당해 선거구선거관리위원회 위원장을 각각 피고로 하여 대법원에 소를 제기할 수 있다(동법 제223조 제1항).

지문분석 (09)

난이도 중 정답 ④

| 키 워 드 | 선거제도
| 출제유형 | 조문 + 판례

④ (X) 선거일의 투표마감시각 후 당선인결정 전까지 지역구 국회의원 후보자가 사퇴·사망하거나 등록이 무효로 된 경우에는 개표결과 유효투표의 다수를 얻은 자를 당선인으로 결정하되, 사퇴·사망하거나 등록이 무효로 된 자가 유효투표의 다수를 얻은 때에는 그 국회의원지역구는 당선인이 없는 것으로 한다(공직선거법 제188조 제4항).
① (O) 직업이나 학문 등의 사유로 자진 출국한 자들이 선거권을 행사하려고 하면 반드시 귀국해야 하고 귀국하지 않으면 선거권 행사를 못하도록 하는 것은 헌법이 보장하는 해외체류자의 국외 거주·이전의 자유, 직업의 자유, 공무담임권, 학문의 자유 등의 기본권을 희생하도록 강요한다는 점에서 부적절하다[헌재 2007.6.28. 2004헌마644·2005헌마360(병합)].
② (O) 금지조항은 '대통령령으로 정하는 언론인'이라고만 하여 '언론인'이라는 단어 외에 대통령령에서 정할 내용의 한계를 설정하지 않았다. 관련 조항들을 종합하여 보아도 방송, 신문, 뉴스통신 등과 같이 다양한 언론매체 중에서 어느 범위로 한정될지, 어떤 업무에 어느 정도 관여하는 자까지 언론인에 포함될 것인지 등을 예측하기 어렵다. 그러므로 금지조항은 포괄위임금지원칙을 위반한다(헌재 2016.6.30. 2013헌가1).
③ (O) 선거인은 자신이 기표한 투표지를 공개할 수 없으며, 공개된 투표지는 무효로 한다(공직선거법 제167조 제3항).

10 0517 ○△×|○△×|○△× 2020 국회직 8급

공직선거법상 선거소송에 대한 설명으로 옳은 것만을 〈보기〉에서 모두 고른 것은?

보기

ㄱ. 국회의원선거에 있어서 선거의 효력에 관하여 이의가 있는 선거인·정당(후보자를 추천한 정당에 한한다) 또는 후보자는 선거일부터 30일 이내에 대법원에 소를 제기할 수 있다.

ㄴ. 국회의원선거의 효력에 관하여 소를 제기할 때에는 당해 선거구선거관리위원회 위원장을 피고로 한다. 다만, 피고로 될 위원장이 궐위된 때에는 해당 선거관리위원회 위원 전원을 피고로 한다.

ㄷ. 대법원이나 고등법원은 선거쟁송에서 선거에 관한 규정에 위반된 사실이 있으면 선거 전부나 일부의 무효 또는 당선의 무효를 판결한다.

ㄹ. 선거소송에서 수소법원은 소가 제기된 날부터 180일 이내에 처리하여야 한다.

① ㄱ, ㄴ, ㄷ
② ㄱ, ㄴ, ㄹ
③ ㄱ, ㄷ, ㄹ
④ ㄴ, ㄷ, ㄹ
⑤ ㄱ, ㄴ, ㄷ, ㄹ

지문분석

난이도 상 정답 ②

| 키 워 드 | 선거제도

| 출제유형 | 조문

ㄱ. (O), ㄴ. (O) 공직선거법 제222조

> **공직선거법 제222조(선거소송)** ① 대통령선거 및 국회의원선거에 있어서 선거의 효력에 관하여 이의가 있는 선거인·정당(후보자를 추천한 정당에 한한다) 또는 후보자는 선거일부터 30일 이내에 당해 선거구선거관리위원회 위원장을 피고로 하여 대법원에 소를 제기할 수 있다.
> ③ 제1항 또는 제2항에 따라 피고로 될 위원장이 궐위된 때에는 해당 선거관리위원회 위원 전원을 피고로 한다.

ㄹ. (O) 선거에 관한 소청이나 소송은 다른 쟁송에 우선하여 신속히 결정 또는 재판하여야 하며, 소송에 있어서는 수소법원은 소가 제기된 날부터 180일 이내에 처리하여야 한다(동법 제225조).

ㄷ. (X) 대법원이나 고등법원은 선거쟁송에서 선거에 관한 규정에 위반된 사실이 있으면 선거 전부나 일부의 무효 또는 당선의 무효를 판결하는 것이 아니라 선거에 관한 규정이 위반된 사실이 있는 때라도 선거의 결과에 영향을 미쳤다고 인정하는 때에 한하여 선거의 전부나 일부의 무효 또는 당선의 무효를 결정하거나 판결한다(동법 제224조).

11 0518 ○△×|○△×|○△× 2017 비상계획관 하반기

선거제도에 대한 설명으로 옳지 않은 것은? (다툼이 있는 경우 판례에 의함)

① 외국인도 일정한 법적 요건을 갖춘 경우에는 지방의회의원 선거권과 지방자치단체의 장 선거권 그리고 주민투표권과 주민소환투표권을 가진다.
② 사법인적인 성격을 지닌 수산업협동조합의 조합장선거에서 조합장을 선출하거나 선거운동을 하는 것은 헌법에 의하여 보호되는 선거권의 범위에 포함된다.
③ 지방의회의원 선거권과 마찬가지로 지방자치단체의 장 선거권도 헌법상 보장되는 기본권이다.
④ 비례대표 국회의원선거의 기탁금조항은 정당이 비례대표 국회의원선거에 참여하여 소속 당원을 후보자로 추천하여 등록을 신청할 자유인 정당 활동의 자유를 제한하는 동시에, 국민이 정당의 추천을 받아 비례대표 국회의원 후보자가 되어 국회의원에 취임할 수 있는 공무담임권을 제한한다.

지문분석

난이도 중 정답 ②

| 키 워 드 | 선거제도

| 출제유형 | 조문 + 판례

② (X) 사법인적인 성격을 지니는 수협의 조합장선거에서 조합장을 선출하거나 선거운동을 하는 것은 헌법에 의하여 보호되는 선거권의 범위에 포함되지 아니한다(헌재 2017.6.29. 2016헌가1).

① (O) 18세 이상으로서 출입국관리법 제10조에 따른 영주의 체류자격 취득일 후 3년이 경과한 외국인으로서 해당 지방자치단체의 외국인등록대장에 올라 있는 사람은 그 구역에서 선거하는 지방자치단체의 의회의원 및 장의 선거권이 있다(공직선거법 제15조 제2항 제3호).

③ (O) 지방자치단체의 장 선거권 역시 다른 선거권과 마찬가지로 헌법 제24조에 의해 보호되는 헌법상의 권리이다(헌재 2016.10.27. 2014헌마797).

④ (O) 비례대표 기탁금조항은 정당이 비례대표 국회의원선거에 참여하여 소속 당원을 후보자로 추천하여 등록을 신청할 자유인 정당활동의 자유를 제한하는 동시에, 국민이 정당의 추천을 받아 비례대표 국회의원 후보자가 되어 국회의원에 취임할 수 있는 공무담임권을 제한한다. 비례대표 국회의원선거 기탁금조항은 공직선거법상 허용된 선거운동을 통하여 선거의 혼탁이나 과열을 초래할 여지가 지역구 국회의원선거보다 훨씬 적다고 볼 수 있음에도 지역구 국회의원선거에서의 기탁금과 동일한 고액의 기탁금을 설정하고 있어 최소성원칙과 법익균형성원칙에도 위반되어 공무담임권을 침해한다(헌재 2016.12.29. 2015헌마1160).

12 0519 ○△×|○△×|○△× 2020 경찰 승진

선거권에 관한 설명 중 가장 적절하지 않은 것은? (다툼이 있는 경우 판례에 의함)

① 주민등록과 국내거소신고를 기준으로 지역구 국회의원 선거권을 인정하는 것은 해당 국민의 지역적 관련성을 확인하는 합리적인 방법으로, 주민등록이 되어 있지 않고 국내 거소신고도 하지 않은 재외국민의 임기만료 지역구 국회의원선거권을 인정하지 않은 것은 선거권을 침해한다고 볼 수 없다.

② 지역농협은 사법인에서 볼 수 없는 공법인적 특성을 많이 가지고 있으므로, 지역농협의 조합장선거에서 조합장을 선출하거나 조합장으로 선출될 권리, 조합장선거에서 선거운동을 하는 것도 헌법에 의하여 보호되는 선거권의 범위에 포함된다.

③ 선거일 현재 선거범으로서 100만 원 이상의 벌금형의 선고를 받고 그 형이 확정된 후 5년 또는 형의 집행유예의 선고를 받고 그 형이 확정된 후 10년을 경과하지 아니한 사람은 선거권이 없다.

④ 지역구 국회의원 선거에서 예비후보자의 기탁금 액수를 해당 선거의 후보자등록 시 납부해야 하는 기탁금의 100분의 20으로 설정한 것은 입법재량의 범위를 벗어난 것으로 볼 수 없다.

지문분석 난이도 ㊥ 정답 ②

| **키 워 드** | 선거권

| **출제유형** | 조문 + 판례

② (X) 사법적인 성격을 지니는 농협의 조합장선거에서 조합장을 선출하거나 조합장으로 선출될 권리, 조합장선거에서 선거운동을 하는 것은 헌법에 의하여 보호되는 선거권의 범위에 포함되지 않는다(헌재 2012.2.23. 2011헌바154).

① (O) 전국을 단위로 선거를 실시하는 대통령선거와 비례대표 국회의원선거에 투표하기 위해서는 국민이라는 자격만으로 충분한 데 반해, 특정한 지역구의 국회의원선거에 투표하기 위해서는 '해당 지역과의 관련성'이 인정되어야 한다. 주민등록과 국내거소신고를 기준으로 지역구 국회의원선거권을 인정하는 것은 해당 국민의 지역적 관련성을 확인하는 합리적인 방법이다. 따라서 선거권 조항과 재외선거인 등록신청 조항이 재외선거인의 임기만료지역구 국회의원선거권을 인정하지 않은 것이 재외선거인의 선거권을 침해하거나 보통선거원칙에 위배된다고 볼 수 없다(헌재 2014.7.24. 2009헌마256 등).

③ (O) 공직선거법 제18조

> **공직선거법 제18조(선거권이 없는 자)** ① 선거일 현재 다음 각 호의 어느 하나에 해당하는 사람은 선거권이 없다.
> 3. 선거범, 정치자금법 제45조(정치자금부정수수죄) 및 제49조(선거비용관련 위반행위에 관한 벌칙)에 규정된 죄를 범한 자 또는 대통령·국회의원·지방의회의원·지방자치단체의 장으로서 그 재임 중의 직무와 관련하여 형법(특정범죄가중처벌 등에 관한 법률 제2조에 의하여 가중처벌되는 경우를 포함한다) 제129조(수뢰, 사전수뢰) 내지 제132조(알선수뢰)·특정범죄가중처벌 등에 관한 법률 제3조(알선수재)에 규정된 죄를 범한 자로서, 100만 원 이상의 벌금형의 선고를 받고 그 형이 확정된 후 5년 또는 형의 집행유예의 선고를 받고 그 형이 확정된 후 10년을 경과하지 아니하거나 징역형의 선고를 받고 그 집행을 받지 아니하기로 확정된 후 또는 그 형의 집행이 종료되거나 면제된 후 10년을 경과하지 아니한 자(형이 실효된 자도 포함한다)

④ (O) 예비후보자 기탁금조항은 예비후보자의 무분별한 난립을 막고 책임성과 성실성을 담보하기 위한 것으로서, 입법목적의 정당성과 수단의 적합성이 인정된다. … 따라서 예비후보자 기탁금조항은 청구인의 공무담임권을 침해하지 않는다(헌재 2017.10.26. 2016헌마623).

13 0520 ○△×|○△×|○△× 2020 국회직 8급

선거권에 대한 설명으로 옳지 않은 것은? (다툼이 있는 경우 판례에 의함)

① 선거범으로서 100만 원 이상의 벌금형의 선고를 받고 그 형이 확정된 후 5년을 경과하지 아니한 자 또는 형의 집행유예의 선고를 받고 그 형이 확정된 후 10년을 경과하지 아니한 자에게 선거권을 부여하지 않는 공직선거법 조항은 선거권을 침해하지 않는다.

② 지역구 국회의원선거에 있어서 선거구선거관리위원회가 당해 국회의원지역구에서 유효투표의 다수를 얻은 자를 당선인으로 결정하도록 한 공직선거법 조항은 청구인의 선거권을 침해하지 않는다.

③ 범죄자에게 형벌의 내용으로 선거권을 제한하는 경우에는 선거권 제한 여부 및 적용범위의 타당성에 대하여 보통선거원칙에 입각한 선거권 보장과 그 제한의 관점에서 엄격한 비례심사를 하여야 한다.

④ 공직선거법에서는 일정한 요건을 구비한 외국인에게 지방선거의 선거권을 인정하나, 재외선거인에게 국회의원의 재·보궐 선거권을 부여하지 않은 것은 재외선거인의 선거권을 침해한다.

⑤ 지역농협은 사법인에서 볼 수 없는 공법인적 특성을 많이 가지고 있으므로, 지역농협의 조합장선거에서 조합장을 선출하거나 조합장으로 선출된 권리, 조합장선거에서 선거운동을 하는 것은 헌법에 의하여 보호되는 선거권의 범위에 포함되지 않는다.

지문분석 난이도 중 정답 ④

| **키 워 드** | 선거권

| **출제유형** | 조문 + 판례

④ (X) 입법자는 재외선거제도를 형성하면서, 잦은 재·보궐선거는 재외국민으로 하여금 상시적인 선거체제에 직면하게 하는 점, 재외 재·보궐선거의 투표율이 높지 않을 것으로 예상되는 점, 재·보궐선거 사유가 확정될 때마다 전 세계 해외 공관을 가동하여야 하는 등 많은 비용과 시간이 소요된다는 점을 종합적으로 고려하여 재외선거인에게 국회의원의 재·보궐선거권을 부여하지 않았다고 할 것이고, 이와 같은 선거제도의 형성이 현저히 불합리하거나 불공정하다고 볼 수 없다. 따라서 재외선거인 등록신청조항은 재외선거인의 선거권을 침해하거나 보통선거원칙에 위배된다고 볼 수 없다(헌재 2014.7.24. 2009헌마256 등).

> **공직선거법 제15조(선거권)** ② 18세 이상으로서 제37조 제1항에 따른 선거인명부작성기준일 현재 다음 각 호의 어느 하나에 해당하는 사람은 그 구역에서 선거하는 지방자치단체의 의회의원 및 장의 선거권이 있다.
> 1.~2. (생 략)
> 3. 출입국관리법 제10조에 따른 영주의 체류자격 취득일 후 3년이 경과한 외국인으로서 같은 법 제34조에 따라 해당 지방자치단체의 외국인등록대장에 올라 있는 사람

① (O) 선거권 제한조항은 선거의 공정성을 확보하기 위한 것으로서, 선거권 제한의 대상과 요건, 기간이 제한적인 점, 선거의 공정성을 해친 바 있는 선거범으로부터 부정선거의 소지를 차단하여 공정한 선거가 이루어지도록 하기 위하여는 선거권을 제한하는 것이 효과적인 방법인 점, 법원이 선거범에 대한 형량을 결정함에 있어서 양형의 조건뿐만 아니라 선거권의 제한 여부에 대하여도 합리적 평가를 하게 되는 점, 선거권의 제한기간이 공직선거마다 벌금형의 경우는 1회 정도, 징역형의 집행유예의 경우에는 2-3회 정도 제한하는 것에 불과한 점 등을 종합하면, 선거권 제한조항은 청구인들의 선거권을 침해한다고 볼 수 없다(헌재 2018.1.25. 2015헌마821 등).

② (O) 소선거구 다수대표제는 다수의 사표가 발생할 수 있다는 문제점이 제기됨에도 불구하고 정치의 책임성과 안정성을 강화하고 인물 검증을 통해 당선자를 선출하는 등 장점을 가지며, 선거의 대표성이나 평등선거의 원칙 측면에서도 다른 선거제도와 비교하여 반드시 열등하다고 단정할 수 없다. 또한 비례대표선거제도를 통하여 소선거구 다수대표제를 채택함에 따라 발생하는 정당의 득표비율과 의석비율 간의 차이를 보완하고 있다. 그리고 유권자들의 후보들에 대한 각기 다른 지지는 자연스러운 것이고, 선거제도상 모든 후보자들을 당선시키는 것은 불가능하므로 사표의 발생은 불가피한 측면이 있다. … 따라서 심판대상 조항이 청구인의 평등권과 선거권을 침해한다고 할 수 없다(헌재 2016.5.26. 2012헌마374).

③ (O) 선거권을 제한하는 입법은 선거의 결과로 선출된 입법자들이 스스로 자신들을 선출하는 주권자의 범위를 제한하는 것이므로 신중해야 한다. 범죄자에게 형벌의 내용으로 선거권을 제한하는 경우에도 선거권 제한 여부 및 적용범위의 타당성에 관하여 보통선거원칙에 입각한 선거권 보장과 그 제한의 관점에서 헌법 제37조 제2항에 따라 엄격한 비례심사를 하여야 한다(헌재 2014.1.28. 2012헌마409 등)

⑤ (O) 농협법은 지역농협을 법인으로 하면서(제4조), 공직선거에 관여해서는 아니 되고(제7조), 조합의 재산에 대하여 국가 및 지방자치단체의 조세 외의 부과금이 면제되도록 규정하고 있어(제8조) 이를 공법인으로 볼 여지가 있으나, 기본적으로 사법인적 성격을 지니고 있다 할 것이다. 이처럼 사법적인 성격을 지니는 농협의 조합장선거에서 조합장을 선출하거나 조합장으로 선출될 권리, 조합장선거에서 선거운동을 하는 것은 헌법에 의하여 보호되는 선거권의 범위에 포함되지 않는다(헌재 2012.2.23. 2011헌바154).

14 0521 ○△×|○△×|○△× 2022 경찰 1차

선거제도에 관한 설명 중 가장 적절하지 않은 것은? (다툼이 있는 경우 판례에 의함)

① 대통령선거에서 대통령후보자가 1인일 때에는 그 득표수가 선거권자 총수의 3분의 1 이상이 아니면 대통령으로 당선될 수 없다.

② 공직선거법상 선거일 현재 1년 이상의 징역 또는 금고의 형의 선고를 받고 그 집행이 종료되지 아니하거나 그 집행을 받지 아니하기로 확정되지 아니한 사람 및 그 형의 집행유예를 선고받고 유예기간 중에 있는 사람은 선거권이 없다.

③ 지방자치단체의 장 선거권을 지방의회의원 선거권, 나아가 국회의원 선거권 및 대통령 선거권과 구별하여 하나는 법률상의 권리로, 나머지는 헌법상의 권리로 이원화하는 것은 허용될 수 없으므로 지방자치단체의 장 선거권 역시 다른 선거권과 마찬가지로 헌법 제24조에 의해 보호되는 기본권으로 인정하여야 한다.

④ 방송광고, 후보자 등의 방송연설, 방송시설주관 후보자연설의 방송, 선거방송토론위원회 주관 대담·토론회의 방송에서 한국수화언어 또는 자막의 방영을 재량사항으로 규정한 공직선거법 조항이 자의적으로 비청각장애인과 청각장애인인 청구인을 달리 취급하여 청구인의 평등권을 침해한다고 보기는 어렵다.

지문분석 난이도 ⓜ 정답 ②

| **키 워 드** | 선거제도

| **출제유형** | 조문 + 판례

② (X) 집행유예자는 선거권이 인정된다.

> **공직선거법 제18조(선거권이 없는 자)** ① 선거일 현재 다음 각 호의 어느 하나에 해당하는 사람은 선거권이 없다.
> 1. 금치산선고를 받은 자
> 2. 1년 이상의 징역 또는 금고의 형의 선고를 받고 그 집행이 종료되지 아니하거나 그 집행을 받지 아니하기로 확정되지 아니한 사람. 다만, 그 형의 집행유예를 선고받고 유예기간 중에 있는 사람은 제외한다.

① (○) 헌법 제67조

> **헌법 제67조** ③ 대통령후보자가 1인일 때에는 그 득표수가 선거권자 총수의 3분의 1 이상이 아니면 대통령으로 당선될 수 없다.

③ (○) 주민자치제를 본질로 하는 민주적 지방자치제도가 안정적으로 뿌리내린 현 시점에서 지방자치단체의 장 선거권을 지방의회의원선거권, 더 나아가 국회의원선거권 및 대통령선거권과 구별하여 하나는 법률상의 권리로, 나머지는 헌법상의 권리로 이원화하는 것은 허용될 수 없다. 그러므로 지방자치단체의 장 선거권 역시 다른 선거권과 마찬가지로 헌법 제24조에 의해 보호되는 헌법상의 권리로 인정하여야 할 것이다(헌재 2016.10.27. 2014헌마797).

④ (○) 현 단계에서 수화방송 등을 어떠한 예외도 없이 반드시 실시하여야만 하는 의무사항으로 규정할 경우 후보자의 선거운동의 자유와 방송사업자의 보도·편성의 자유를 제한하는 문제가 있을 수 있다는 점 등을 종합하면, 비록 심판대상 조항이 수화방송 등을 할 수 없는 예외사유를 보다 제한적으로 구체화하여 규정하는 것이 바람직하다고 볼 수는 있겠지만, 이 사건에서 심판대상 조항이 입법자의 입법형성의 범위를 벗어난 것으로서 청구인들의 참정권, 평등권 등 헌법상 기본권을 침해하는 정도의 것이라고 볼 수 없다(헌재 2009.5.28. 2006헌마285).

15 0522 ○△×|○△×|○△× 2018 경찰 승진

선거권과 선거제도에 대한 설명으로 옳은 것을 모두 고른 것은? (다툼이 있는 경우 판례에 의함)

> ㉠ 대통령선거에 있어서는 중앙선거관리위원회가 유효투표의 다수를 얻은 자를 당선인으로 결정하고, 이를 당선인에게 통지하여야 한다. 다만, 후보자가 1인인 때에는 그 득표수가 선거권자 총수의 3분의 1 이상에 달하여야 당선인으로 결정한다.
> ㉡ 집행유예자와 수형자의 선거권 제한은 범죄자가 범죄의 대가로 선고받은 자유형의 본질에서 당연히 도출되는 것이 아니므로, 범죄자의 선거권 제한 역시 보통선거원칙에 기초하여 필요 최소한의 정도에 그쳐야 한다.
> ㉢ 선거운동의 자유는 선거권 행사의 전제 내지 선거권의 중요한 내용을 이룬다고 할 수 있으므로, 선거운동의 제한은 후보자에 관한 정보에 자유롭게 접근할 수 있는 권리를 제한하는 것으로서 선거권, 곧 참정권의 제한으로 파악될 수도 있다.
> ㉣ 후보자의 배우자가 그와 함께 다니는 사람 중에서 지정한 1명에게도 명함을 교부할 수 있도록 한 공직선거법 규정은 평등권을 침해하지 않는다.

① ㉠, ㉡ ② ㉠, ㉣
③ ㉡, ㉢ ④ ㉡, ㉢, ㉣

지문분석 난이도 상 정답 ③

| 키 워 드 | 선거권과 선거제도
| 출제유형 | 조문 + 판례

㉡ (○) 보통선거원칙 및 그에 기초한 선거권을 법률로써 제한하는 것은 필요 최소한에 그쳐야 한다. 집행유예자와 수형자의 선거권 제한은 범죄자가 범죄의 대가로 선고받은 자유형의 본질에서 당연히 도출되는 것이 아니므로, 범죄자의 선거권 제한 역시 보통선거원칙에 기초하여 필요 최소한의 정도에 그쳐야 한다(헌재 2009.10.29. 2007헌마1462).

㉢ (○) 선거운동의 자유는 널리 선거과정에서 자유로이 의사를 표현할 자유로서 표현의 자유의 한 형태이기도 하므로 언론, 출판, 집회, 결사의 자유를 보장한 헌법 제21조에 의하여도 보호받는다. 한편, 선거권이 제대로 행사되기 위하여는 후보자에 대한 정보의 자유교환이 필연적으로 요청되므로, 선거운동의 자유는 선거권 행사의 전제 내지 선거권의 중요한 내용을 이룬다. 그러므로 선거운동의 제한은 후보자에 관한 정보에 자유롭게 접근할 수 있는 권리를 제한하는 것으로서 선거권, 곧 참정권의 제한으로 파악될 수도 있다(헌재 2006.7.27. 2004헌마215).

㉠ (×) 대통령선거에 있어서는 중앙선거관리위원회가 유효투표의 다수를 얻은 자를 당선인으로 결정하고, 이를 국회의장에게 통지하여야 한다. 다만, 후보자가 1인인 때에는 그 득표수가 선거권자 총수의 3분의 1 이상에 달하여야 당선인으로 결정한다(공직선거법 제187조 제1항).

㉣ (×) 공직선거법 제60조의3 제2항 중 제1호에 의하여 배우자 없는 예비후보자가 불리한 상황에서 선거운동을 하는데, 이 사건 3호 법률 조항은 배우자가 그와 함께 다니는 사람 중에서 지정한 1명까지 보태어 명함을 교부하고 지지를 호소할 수 있도록 함으로써 배우자 유무에 따른 차별효과를 지나치게 커지게 한다. 또한 이 사건 3호 법률 조항에서 배우자가 그와 함께 다니는 1명을 지정함에 있어 아무런 범위의 제한을 두지 아니하는 것은, 명함 본래의 기능에 부합하지 아니할 뿐만 아니라, 명함 교부의 주체를 배우자나 직계존·비속 본인에게만 한정하고 있는 이 사건 1호 법률 조항의 입법취지에도 맞지 않는다. 따라서 위 법률 조항은 예비후보자의 선거운동의 강화에만 치우친 나머지, 배우자의 유무라는 우연적인 사정에 근거하여 합리적 이유 없이 배우자 없는 예비후보자와 배우자 있는 예비후보자를 지나치게 차별취급하여 청구인의 평등권을 침해한다(헌재 2013.11.28. 2011헌마267).

16 0523 ○△×|○△×|○△× 2017 서울시 7급

다음 중 선거권이 인정되는 사람은?

① 피성년후견인
② 강도죄로 2년 징역에 5년의 집행유예를 선고받은 뒤, 유예기간이 종료된 후 1년 지난 자
③ 국민투표법 위반 범죄로 300만 원의 벌금형이 확정된 후 4년이 지난 자
④ 정치자금법 제45조(정치자금부정수수죄) 위반 범죄로 2년 징역에 5년의 집행유예를 선고받고 형이 확정된 뒤 9년이 지난 자

지문분석

난이도 하 정답 ②

| 키 워 드 | 선거권
| 출제유형 | 조문

② (○) 공직선거법 제18조
① (X), ③ (X), ④ (X) 동법 제18조에 따라 선거권이 없다.

> **공직선거법 제18조(선거권이 없는 자)** ① 선거일 현재 다음 각 호의 어느 하나에 해당하는 사람은 선거권이 없다.
> 1. 금치산선고를 받은 자
> 2. 1년 이상의 징역 또는 금고의 형의 선고를 받고 그 집행이 종료되지 아니하거나 그 집행을 받지 아니하기로 확정되지 아니한 사람. 다만, 그 형의 집행유예를 선고받고 유예기간 중에 있는 사람은 제외한다.
> 3. 선거범, 정치자금법 제45조(정치자금부정수수죄) 및 제49조(선거비용관련 위반행위에 관한 벌칙)에 규정된 죄를 범한 자 또는 대통령·국회의원·지방의회의원·지방자치단체의 장으로서 그 재임 중의 직무와 관련하여 형법(특정범죄가중처벌 등에 관한 법률 제2조에 의하여 가중처벌되는 경우를 포함한다) 제129조(수뢰, 사전수뢰) 내지 제132조(알선수뢰)·특정범죄가중처벌 등에 관한 법률 제3조(알선수재)에 규정된 죄를 범한 자로서, 100만 원 이상의 벌금형의 선고를 받고 그 형이 확정된 후 5년 또는 형의 집행유예의 선고를 받고 그 형이 확정된 후 10년을 경과하지 아니하거나 징역형의 선고를 받고 그 집행을 받지 아니하기로 확정된 후 또는 그 형의 집행이 종료되거나 면제된 후 10년을 경과하지 아니한 자(형이 실효된 자도 포함한다)
> 4. 법원의 판결 또는 다른 법률에 의하여 선거권이 정지 또는 상실된 자
> ② 제1항 제3호에서 "선거범"이라 함은 제16장 벌칙에 규정된 죄와 국민투표법 위반의 죄를 범한 자를 말한다.

17 0524 ○△×|○△×|○△× 2020 국회직 9급

정치자금에 대한 설명으로 옳은 것은? (다툼이 있는 경우 판례에 의함)

① 헌법은 "선거에 관한 경비는 법률이 정하는 경우를 제외하고는 정당 또는 후보자에게 부담시킬 수 없다."라고 규정함으로써 선거공영제를 채택하고 있다.
② 당비는 정당의 당헌·당규 등에 의하여 정당의 당원이 부담하는 금전으로서 유가증권이나 그 밖의 물건을 제외한다.
③ 국회의원 개인은 후원회를 둘 수 있지만 정당은 후원회를 둘 수 없다.
④ 야당의 정치자금 모집을 가능하게 하기 위하여 타인의 명의나 가명으로 하는 정치자금 기부를 허용한다.
⑤ 법인 또는 단체는 정치자금을 기부할 수 있다.

지문분석

난이도 하 정답 ①

| 키 워 드 | 정치자금법
| 출제유형 | 조문 + 판례

① (○) 선거운동은 각급 선거관리위원회의 관리하에 법률이 정하는 범위 안에서 하되, 균등한 기회가 보장되어야 한다(헌법 제116조 제1항). 선거에 관한 경비는 법률이 정하는 경우를 제외하고는 정당 또는 후보자에게 부담시킬 수 없다(동조 제2항).

② (X) "당비"라 함은 명목 여하에 불구하고 정당의 당헌·당규 등에 의하여 정당의 당원이 부담하는 금전이나 유가증권 그 밖의 물건을 말한다(정치자금법 제3조 제3호).

③ (X) 정치자금 중 당비는 반드시 당원으로 가입해야만 납부할 수 있어 일반 국민으로서 자신이 지지하는 정당에 재정적 후원을 하기 위해 반드시 당원이 되어야 하므로, 정당법상 정당 가입이 금지되는 공무원 등의 경우에는 자신이 지지하는 정당에 재정적 후원을 할 수 있는 방법이 없다. … 나아가 정당제 민주주의 하에서 정당에 대한 재정적 후원이 전면적으로 금지됨으로써 정당이 스스로 재정을 충당하고자 하는 정당활동의 자유와 국민의 정치적 표현의 자유에 대한 제한이 매우 크다고 할 것이므로, 이 사건 법률 조항은 정당의 정당활동의 자유와 국민의 정치적 표현의 자유를 침해한다(헌재 2015.12.23. 2013헌바168).

④ (X) 누구든지 타인의 명의나 가명 또는 그 성명 등 인적사항을 밝히지 아니하고 기탁금을 기탁할 수 없다. 이 경우 기탁자의 성명 등 인적사항을 공개하지 아니할 것을 조건으로 기탁할 수 있다(정치자금법 제22조 제3항).

⑤ (X) 외국인, 국내·외의 법인 또는 단체는 정치자금을 기부할 수 없다(동법 제31조 제1항). 누구든지 국내·외의 법인 또는 단체와 관련된 자금으로 정치자금을 기부할 수 없다(동조 제2항).

18 0525 O△X | O△X | O△X 2019 소방 간부

정치자금에 관한 설명으로 옳지 않은 것은? (다툼이 있는 경우 판례에 의함)

① 정당의 정치적 의사결정은 정당에게 정치자금을 제공하는 개인이나 단체에 의하여 현저하게 영향을 받을 수 있으므로 사인이 정당에 정치자금을 기부하는 것 그 자체를 막을 필요는 없으나, 누가 정당에 대하여 영향력을 행사하려고 하는지, 즉 정치적 이익과 경제적 이익의 연계는 원칙적으로 공개되어야 한다.

② 노동단체의 정치자금 기부를 금지한 법률 조항은 노동단체가 단지 단체교섭 및 단체협약 등의 방법으로 '근로조건의 향상'이라는 본연의 과제만을 수행해야 하고 그 외의 모든 정치적 활동을 해서는 안 된다는 사고에 바탕을 둔 것으로, 헌법상 보장된 정치적 자유의 의미 및 그 행사 가능성을 공동화시키는 것이다.

③ 노동조합이 단결권에 의하여 보호받는 고유한 활동영역을 떠나서 개인이나 다른 사회단체와 마찬가지로 정치적 의사를 표명하거나 정치적으로 활동하는 경우에는 모든 개인과 단체를 똑같이 보호하는 일반적인 기본권인 의사표현의 자유 등의 보호를 받을 뿐이다.

④ 누구든지 단체와 관련된 자금으로 정치자금을 기부할 수 없다는 법률 조항에서 '단체와 관련된 자금'은 단체가 자신의 이름을 사용하여 주도적으로 모집·조성한 자금도 포함되는지의 여부가 불분명하므로 명확성원칙에 반한다.

⑤ 누구든지 단체와 관련된 자금으로 정치자금을 기부할 수 없도록 한 법률 조항은 단체의 정치자금 기부를 통한 정치활동이 민주적 의사형성 과정을 왜곡하거나 선거의 공정을 해하는 것을 방지하고, 단체 구성원의 의사에 반하는 정치자금 기부로 인하여 단체 구성원의 정치적 의사표현의 자유가 침해되는 것을 방지하기 위한 것이다.

지문분석

난이도 상 정답 ④

| **키 워 드** | 정치자금법

| **출제유형** | 판례

④ (X) 이 사건 기부금지 조항의 '단체'란 '공동의 목적 내지 이해관계를 가지고 조직적인 의사형성 및 결정이 가능한 다수인의 지속성 있는 모임'을 말하고, '단체와 관련된 자금'이란 단체의 명의로, 단체의 의사결정에 따라 기부가 가능한 자금으로서 단체의 존립과 활동의 기초를 이루는 자산은 물론이고, 단체가 자신의 이름을 사용하여 주도적으로 모집, 조성한 자금도 포함된다고 할 것인바, 그 의미가 불명확하여 죄형법정주의의 명확성원칙에 위반된다고 할 수 없다(헌재 2010.12.28. 2008헌바89).

① (O) 정당의 정치적 의사결정은 정당에게 정치자금을 제공하는 개인이나 단체에 의하여 현저하게 영향을 받을 수 있으므로, 사인이 정당에 정치자금을 기부하는 것 그 자체를 막을 필요는 없으나, 누가 정당에 대하여 영향력을 행사하려고 하는지, 즉 정치적 이익과 경제적 이익의 연계는 원칙적으로 공개되어야 한다. 유권자는 정당의 정책을 결정하는 세력에 관하여 알아야 하고, 정치자금의 제공을 통하여 정당에 영향력을 행사하려는 사회적 세력의 실체가 정당의 방향이나 정책과 일치하는가를 스스로 판단할 수 있는 기회를 가져야 한다(헌재 1999.11.25. 95헌마154).

② (O) 노동단체가 단지 단체교섭 및 단체협약 등의 방법으로 '근로조건의 향상'이라는 본연의 과제만을 수행해야 하고 그 외의 모든 정치적 활동을 해서는 안 된다는 사고에 바탕을 둔 이 사건 법률 조항의 입법목적은, 법의 개정에 따라 그 근거를 잃었을 뿐만 아니라 헌법상 보장된 정치적 자유의 의미 및 그 행사가능성을 공동화시키는 것이다(헌재 1999.11.25. 95헌마154).

③ (O) 노동조합이 근로자의 근로조건과 경제조건의 개선이라는 목적을 위하여 활동하는 한, 헌법 제33조의 단결권의 보호를 받지만, 단결권에 의하여 보호받는 고유한 활동영역을 떠나서 개인이나 다른 사회단체와 마찬가지로 정치적 의사를 표명하거나 정치적으로 활동하는 경우에는 모든 개인과 단체를 똑같이 보호하는 일반적인 기본권인 의사표현의 자유 등의 보호를 받을 뿐이다(헌재 1999.11.25. 95헌마154).

⑤ (O) 이 사건 기부금지 조항은 단체의 정치자금 기부금지 규정에 관한 탈법행위를 방지하기 위한 것으로서, 단체의 정치자금 기부를 통한 정치활동이 민주적 의사형성과정을 왜곡하거나, 선거의 공정을 해하는 것을 방지하고, 단체 구성원의 의사에 반하는 정치자금 기부로 인하여 단체 구성원의 정치적 의사표현의 자유가 침해되는 것을 방지하는 것인바, 정당한 입법목적 달성을 위한 적합한 수단에 해당한다(헌재 2010.12.28. 2008헌바89).

19 0526 ○△×|○△×|○△× 2017 변호사

재외국민의 참정권에 관한 설명 중 옳은 것(○)과 옳지 않은 것 (×)을 올바르게 조합한 것은? (다툼이 있는 경우 판례에 의함)

> ㉠ 단지 주민등록이 되어 있는지 여부에 따라 선거인명부에 오를 자격을 결정하여 그에 따라 선거권 행사 여부가 결정되도록 함으로써 엄연히 대한민국의 국민임에도 불구하고 주민등록법상 주민등록을 할 수 없는 재외국민의 선거권 행사를 전면적으로 부정하고 있는 것은 재외국민의 선거권을 침해하고 보통선거원칙에도 위반된다.
> ㉡ '외국의 영주권을 취득한 재외국민'과 같이 법령의 규정상 주민등록이 불가능한 재외국민인 주민의 지방선거 피선거권을 부인하도록 한 규정은 국내거주 재외국민의 공무담임권을 침해한다.
> ㉢ 주민등록이 되어 있지 않고 국내거소신고도 하지 않은 재외국민에게 국회의원 재·보궐선거의 선거권을 인정하지 않은 공직선거법상 재외선거인 등록신청 조항은, 선거제도를 현저히 불합리하거나 불공정하게 형성한 것이므로 그 재외국민의 선거권을 침해하고 보통선거원칙에도 위배된다.
> ㉣ 주권자인 국민의 지위에 아무런 영향을 미칠 수 없는 주민등록 여부만을 기준으로 하여 주민등록을 할 수 없는 재외국민의 국민투표권 행사를 전면적으로 배제하도록 한 규정은 주민등록이 되어 있지 않은 재외국민의 국민투표권을 침해한다.
> ㉤ 특정한 지역구의 국회의원선거에 투표하기 위해서는 국민이라는 자격만으로 충분하므로, 주민등록이 되어 있지 않고 국내거소신고도 하지 않은 재외국민에게 임기만료지역구 국회의원선거권을 인정하지 않은 것은 그 재외국민의 선거권을 침해하고 보통선거원칙에도 위배된다.

① ㉠ (○), ㉡ (○), ㉢ (×), ㉣ (×), ㉤ (○)
② ㉠ (○), ㉡ (○), ㉢ (○), ㉣ (×), ㉤ (×)
③ ㉠ (×), ㉡ (×), ㉢ (○), ㉣ (×), ㉤ (○)
④ ㉠ (○), ㉡ (×), ㉢ (×), ㉣ (○), ㉤ (×)
⑤ ㉠ (○), ㉡ (○), ㉢ (×), ㉣ (○), ㉤ (×)

지문분석 난이도 ㊤ 정답 ⑤

| **키 워 드** | 참정권

| **출제유형** | 판례

㉠ (○) 단지 주민등록이 되어 있는지 여부에 따라 선거인명부에 오를 자격을 결정하여 그에 따라 선거권 행사 여부가 결정되도록 함으로써 엄연히 대한민국의 국민임에도 불구하고 주민등록법상 주민등록을 할 수 없는 재외국민의 선거권 행사를 전면적으로 부정하고 있는 것은 어떠한 정당한 목적도 찾기 어려우므로 헌법 제37조 제2항에 위반하여 재외국민의 선거권과 평등권을 침해하고 보통선거원칙에도 위반된다(헌재 2007.6.28. 2004헌마644).

㉡ (○) '외국의 영주권을 취득한 재외국민'과 같이 주민등록을 하는 것이 법령의 규정상 아예 불가능한 자들이라도 지방자치단체의 주민으로서 오랜 기간 생활해 오면서 그 지방자치단체의 사무와 얼마든지 밀접한 이해관계를 형성할 수 있고, 주민등록이 아니더라도 그와 같은 거주 사실을 공적으로 확인할 수 있는 방법은 존재한다는 점, 나아가 법 제16조 제2항이 국회의원 선거에 있어서는 주민등록 여부와 관계없이 25세 이상의 국민이라면 누구든지 피선거권을 가지는 것으로 규정함으로써 국내거주 여부를 불문하고 재외국민도 국회의원 선거의 피선거권을 가진다는 사실에 비추어, 주민등록만을 기준으로 함으로써 주민등록이 불가능한 재외국민인 주민의 지방선거 피선거권을 부인하는 법 제16조 제3항은 헌법 제37조 제2항에 위반하여 국내거주 재외국민의 공무담임권을 침해한다(헌재 2007.6.28. 2004헌마644).

㉢ (×) 입법자는 재외선거제도를 형성하면서, 잦은 재·보궐선거는 재외국민으로 하여금 상시적인 선거체제에 직면하게 하는 점, 재외 재·보궐선거의 투표율이 높지 않을 것으로 예상되는 점, 재·보궐선거 사유가 확정될 때마다 전 세계 해외 공관을 가동하여야 하는 등 많은 비용과 시간이 소요된다는 점을 종합적으로 고려하여 재외선거인에게 국회의원의 재·보궐선거권을 부여하지 않았다고 할 것이고, 이와 같은 선거제도의 형성이 현저히 불합리하거나 불공정하다고 볼 수 없다. 따라서 재외선거인 등록신청 조항은 재외선거인의 선거권을 침해하거나 보통선거원칙에 위배된다고 볼 수 없다(헌재 2014.7.24. 2009헌마256).

㉣ (○) 대의기관의 선출주체가 곧 대의기관의 의사결정에 대한 승인주체가 되는 것은 당연한 논리적 귀결이다. 재외선거인은 대의기관을 선출할 권리가 있는 국민으로서 대의기관의 의사결정에 대해 승인할 권리가 있으므로, 국민투표권자에는 재외선거인이 포함된다고 보아야 한다. 또한, 국민투표는 선거와 달리 국민이 직접 국가의 정치에 참여하는 절차이므로, 국민투표권은 대한민국 국민의 자격이 있는 사람에게 반드시 인정되어야 하는 권리이다. 이처럼 국민의 본질적 지위에서 도출되는 국민투표권을 추상적 위험 내지 선거기술상의 사유로 배제하는 것은 헌법이 부여한 참정권을 사실상 박탈한 것과 다름없다. 따라서 재외선거인의 국민투표권을 제한한 국민투표법 조항은 재외선거인의 국민투표권을 침해한다(헌재 2014.7.24. 2009헌마256).

㉤ (×) 지역구 국회의원은 국민의 대표임과 동시에 소속 지역구의 이해관계를 대변하는 역할을 하고 있다. 전국을 단위로 선거를 실시하는 대통령선거와 비례대표 국회의원선거에 투표하기 위해서는 국민이라는 자격만으로 충분한 데 반해, 특정한 지역구의 국회의원선거에 투표하기 위해서는 '해당 지역과의 관련성'이 인정되어야 한다. 주민등록과 국내거소신고를 기준으로 지역구 국회의원선거권을 인정하는 것은 해당 국민의 지역적 관련성을 확인하는 합리적인 방법이다. 따라서 재외선거인의 임기만료지역구 국회의원선거권을 인정하지 않은 것이 재외선거인의 선거권을 침해하거나 보통선거원칙에 위배된다고 볼 수 없다(헌재 2014.7.24. 2009헌마256).

20

0527 ○△×|○△×|○△× 2016 국회직 8급

갑(甲)은 현재 미국 뉴욕주에 거주하는 재외국민으로서 국내에 주민등록은 물론 거소신고도 되어 있지 않은 사람이다. 공직선거법상 갑(甲)이 외국에 거주하면서도 행사할 수 있는 참정권을 〈보기〉에서 모두 고르면? (다툼이 있는 경우 헌법재판소 판례에 의함)

보기

㉠ 대통령선거권
㉡ 임기만료에 따른 비례대표 국회의원선거권
㉢ 임기만료에 따른 비례대표 지방의회의원선거권
㉣ 국회의원 재·보궐선거권
㉤ 국민투표권

① ㉠, ㉡, ㉣
② ㉠, ㉡, ㉤
③ ㉠, ㉡, ㉢, ㉤
④ ㉠, ㉢, ㉣, ㉤
⑤ ㉡, ㉢, ㉣, ㉤

21

0528 ○△×|○△×|○△× 2016 국가직 7급

선거권을 가지고 선거일 전 30일 현재 확정된 재외선거인명부에 올라 있는 재외국민 甲이 미국에 거주하면서 행사할 수 있는 참정권만을 모두 고른 것은? (단, 다른 조건은 고려하지 않으며, 다툼이 있는 경우 판례에 의함)

ㄱ. 대통령선거권
ㄴ. 임기만료에 따른 비례대표 국회의원선거권
ㄷ. 임기만료에 따른 비례대표 지방의회의원선거권
ㄹ. 국회의원 재·보궐선거권

① ㄱ
② ㄱ, ㄴ
③ ㄱ, ㄹ
④ ㄴ, ㄷ

지문분석 (20)

난이도 중 정답 ②

| 키 워 드 | 참정권
| 출제유형 | 조문

㉠ (○), ㉡ (○) 주민등록이 되어 있는 사람으로서 다음 각 호의 어느 하나에 해당하여 외국에서 투표하려는 선거권자(지역구 국회의원선거에서는 주민등록법 제6조 제1항 제3호에 해당하는 사람과 같은 법 제19조 제4항에 따라 재외국민으로 등록·관리되는 사람은 제외한다)는 대통령선거와 임기만료에 따른 국회의원선거를 실시하는 때마다 선거일 전 150일부터 선거일 전 60일까지(이하 이 장에서 "국외부재자신고기간"이라 한다) 서면·전자우편 또는 중앙선거관리위원회 홈페이지를 통하여 관할 구·시·군의 장에게 국외부재자 신고를 하여야 한다. 이 경우 외국에 머물거나 거주하는 사람은 공관을 경유하여 신고하여야 한다(공직선거법 제218조의4 제1항).

㉤ (○) 19세 이상의 국민은 투표권이 있다(국민투표법 제7조).

지문분석 (21)

난이도 하 정답 ②

| 키 워 드 | 선거권
| 출제유형 | 이론 + 조문

ㄱ. (○), ㄴ. (○) 선거권을 가지고 선거일 전 30일 현재 확정된 재외선거인명부에 올라 있는 재외국민 甲은 대통령선거와 임기만료에 따른 비례대표 국회의원선거에서 투표를 할 수 있다(공직선거법 제218조의5, 제218조의8, 제218조의13).

ㄷ. (×) 지방선거는 국민의 지위와 주민의 지위가 둘 다 있어야 투표할 수 있다.

ㄹ. (×) 재외국민에게 보궐선거의 선거권을 인정하지 않아도 헌법에 위반되지 않는다.

22 0529 ○△×|○△×|○△× 2019 서울시 7급

선거제도에 대한 설명으로 가장 옳은 것은?

① 선거구 간 인구편차의 허용한계와 관련하여, 광역의회의원 선거는 시·도 선거구의 평균 인구수를 기준으로 상하 60%의 인구편차(인구비례 4 : 1)가 허용한계이다.

② 선거일 현재 1년 이상의 징역 또는 금고의 형의 선고를 받고 그 집행이 종료되지 아니하거나 그 집행을 받지 아니하기로 확정되지 아니한 사람은 선거권이 없다. 다만, 그 형의 집행유예를 선고받고 유예기간 중에 있는 사람은 제외한다.

③ 비례대표제를 채택하더라도 직접선거의 원칙이 의원의 선출뿐만 아니라 정당의 비례적인 의석확보까지 선거권자의 투표에 의하여 직접 결정될 것을 요구하지는 않는다.

④ 공직선거법상 선거일 현재 40세 이상의 국민은 대통령의 피선거권이 있고, 20세 이상의 국민은 국회의원의 피선거권이 있다.

지문분석 난이도 하 정답 ②

| 키 워 드 | 선거제도

| 출제유형 | 조문 + 판례

② (○) 1년 이상의 징역 또는 금고의 형의 선고를 받고 그 집행이 종료되지 아니하거나 그 집행을 받지 아니하기로 확정되지 아니한 사람(다만, 그 형의 집행유예를 선고받고 유예기간 중에 있는 사람은 제외한다)은 선거일 현재 선거권이 없다(공직선거법 제18조 제1항 제2호).

① (X) 인구편차 상하 50%를 기준으로 하는 방안은 투표가치의 비율이 인구비례를 기준으로 볼 때의 등가의 한계인 2 : 1의 비율에 그 50%를 가산한 3 : 1 미만이 되어야 한다는 것으로서 인구편차 상하 33⅓%를 기준으로 하는 방안보다 2차적 요소를 폭넓게 고려할 수 있고, 인구편차 상하 60%의 기준에서 곧바로 인구편차 상하 33⅓%의 기준을 채택하는 경우 시·도의원지역구를 조정함에 있어 예기치 않은 어려움에 봉착할 가능성이 매우 크므로, 현시점에서는 시·도의원지역구 획정에서 허용되는 인구편차 기준을 인구편차 상하 50%(인구비례 3 : 1)로 변경하는 것이 타당하다(헌재 2018.6.28. 2014헌마189).

③ (X) 역사적으로 직접선거의 원칙은 중간선거인의 부정을 의미하였고, 다수대표제하에서는 이러한 의미만으로도 충분하다고 할 수 있다. 그러나 비례대표제하에서 선거결과의 결정에는 정당의 의석배분이 필수적인 요소를 이룬다. 그러므로 비례대표제를 채택하는 한 직접선거의 원칙은 의원의 선출뿐만 아니라 정당의 비례적인 의석확보도 선거권자의 투표에 의하여 직접 결정될 것을 요구하는 것이다(헌재 2001.7.19. 2000헌마91 등).

④ (X) 선거일 현재 5년 이상 국내에 거주하고 있는 40세 이상의 국민은 대통령의 피선거권이 있다. 이 경우 공무로 외국에 파견된 기간과 국내에 주소를 두고 일정기간 외국에 체류한 기간은 국내거주기간으로 본다(공직선거법 제16조 제1항). 18세 이상의 국민은 국회의원의 피선거권이 있다(동조 제2항).

23 0530 ○△×|○△×|○△× 2015 경찰 승진

선거운동에 관한 다음 설명 중 가장 적절하지 않은 것은? (다툼이 있는 경우 판례에 의함)

① 선거운동은 원칙적으로 선거기간 개시일부터 선거일 전일까지에 한하여 할 수 있지만, 선거일이 아닌 때에 문자메시지를 전송하는 방법으로 선거운동을 하는 경우에는 그러하지 아니하다.

② 노동조합은 그 명의로 선거운동을 할 수 있으나, 향우회·종친회 등 개인 간의 사적 모임은 그 명의 또는 그 대표의 명의로 선거운동을 할 수 없다.

③ 예비후보자의 배우자가 함께 다니는 사람 중에서 지정한 자도 선거운동을 위하여 명함 교부 및 지지호소를 할 수 있도록 한 공직선거법 관련 조항 중 '배우자' 관련 부분이 배우자가 없는 예비후보자의 평등권을 침해하는 것은 아니다.

④ 특정후보자를 당선시킬 목적의 유무에 관계없이 당선되지 못하게 하기 위한 행위 일체를 선거운동으로 규정하여 이를 규제하는 것은 헌법에 합치된다.

지문분석 난이도 중 정답 ③

| 키 워 드 | 선거운동

| 출제유형 | 조문 + 판례

③ (X) 예비후보자의 배우자가 함께 다니는 사람 중에서 지정한 자도 선거운동을 위하여 명함교부 및 지지호소를 할 수 있도록 한 이 사건 3호 법률 조항은, 배우자가 있는 예비후보자는 독자적으로 선거운동을 할 수 있는 선거운동원 1명을 추가로 지정하는 효과를 누릴 수 있게 된다. 이것은 명함 본래의 기능에 부합하지 아니할 뿐만 아니라, 선거운동 기회균등의 원칙에 반하고, 예비후보자의 선거운동의 강화에만 치우친 나머지, 배우자의 유무라는 우연적인 사정에 근거하여 합리적 이유 없이 배우자 없는 예비후보자를 차별 취급하는 것이므로, 이 사건 3호 법률 조항은 청구인의 평등권을 침해한다(헌재 2013.11.28. 2011헌마267).

① (○) 선거운동은 선거기간 개시일부터 선거일 전일까지에 한하여 할 수 있다(공직선거법 제59조). 다만, 문자메시지를 전송하는 방법으로 선거운동을 하는 경우. 이 경우 자동 동보통신의 방법(동시 수신대상자가 20명을 초과하거나 그 대상자가 20명 이하인 경우에도 프로그램을 이용하여 수신자를 자동으로 선택하여 전송하는 방식을 말한다. 이하 같다)으로 전송할 수 있는 자는 후보자와 예비후보자에 한하되, 그 횟수는 8회(후보자의 경우 예비후보자로서 전송한 횟수를 포함한다)를 넘을 수 없으며, 중앙선거관리위원회규칙에 따라 신고한 1개의 전화번호만을 사용하여야 한다(동조 제2호).

② (○) 동법 제87조 제1항 제3호

④ (○) 당선의 목적 유무라는 것은 객관적으로 명백하게 판정하기 어려운 기준인데 이에 따라 차별적 규제를 한다면, 일부 후보자들이 제3자편의 낙선운동을 상대 후보자를 비방하는 데 암묵적으로 악용할 우려가 있다. 나아가 이러한 불분명한 기준의 도입은 단속기관의 자의가 개입할 여지를 열어주어 선거의 공정을 해할 우려도 있다. 따라서 특정 후보자를 당선시킬 목적의 유무에 관계없이, 당선되지 못하게 하기 위한 행위 일체를 선거운동으로 규정하여 이를 규제하는 것은 불가피한 조치로서 그 목적의 정당성과 방법의 적정성이 인정된다(헌재 2001.8.30. 2000헌마121).

24 0531 O△X | O△X | O△X 2015 지방직 7급

선거쟁송에 대한 설명으로 옳지 않은 것은?

① 지방의회의원의 선거에서는 선거소청을 인정하지만, 국회의원선거에서는 선거소청을 인정하지 않는다.
② 시·도지사선거에 대한 효력에 이의가 있는 경우 정당은 소청절차를 경유하지 않고, 대법원에 소송을 제기할 수 있다.
③ 국회의원선거에서 당선의 효력에 이의가 있는 후보자가 후보등록무효의 사유를 제기하는 경우 당선인을 피고로 하여 대법원에 소송을 제기할 수 있다.
④ 소청이나 소장을 접수한 선거관리위원회 또는 대법원이나 고등법원은 선거쟁송에 있어 선거에 관한 규정에 위반된 사실이 있는 때라도 선거의 결과에 영향을 미쳤다고 인정하는 때에 한하여 선거의 전부나 일부의 무효 또는 당선의 무효를 결정하거나 판결한다.

지문분석 난이도 하 정답 ②

| 키 워 드 | 선거쟁송
| 출제유형 | 조문

② (X) 시·도지사선거에 대한 효력에 이의가 있는 경우 선거인·정당·후보자는 중앙선거관리위원회에 먼저 소청한 후에 소청에 불복이 있을 경우 대법원에 소송을 제기할 수 있다(공직선거법 제219조 제1항, 제222조 참고).
① (O) 지방의회의원선거는 선거일로부터 14일 내에 중앙선거관리위원회에 소청할 수 있다(공직선거법 제219조 제1항 참고). 국회의원선거는 선거소청을 거치지 않고 선거일로부터 30일 내에 대법원에 제소한다(동법 제222조 제1항 참고).
③ (O) 당선의 효력에 이의가 있는 경우에는 당선인 결정일로부터 30일 이내에 대법원에 제소한다(동법 제223조 제1항 참고).
④ (O) 소청이나 소장을 접수한 선거관리위원회 또는 대법원이나 고등법원은 선거쟁송에 있어 선거에 관한 규정에 위반된 사실이 있는 때라도 선거의 결과에 영향을 미쳤다고 인정하는 때에 한하여 선거의 전부나 일부의 무효 또는 당선의 무효를 결정하거나 판결한다(동법 제224조).

25 0532 O△X | O△X | O△X 2020 국회직 5급

헌법상 민주주의의 원리에 대한 설명으로 옳지 않은 것은? (다툼이 있는 경우 판례에 의함)

① 정당의 등록요건으로 5 이상의 시·도당과 각 시·도당 1,000명 이상의 당원을 요구하는 것은 정당설립의 자유를 침해하지 않는다.
② 지역구 국회의원선거 예비후보자의 기탁금 반환 사유로 예비후보자가 당의 공천심사에서 탈락하고 후보자등록을 하지 않았을 경우를 규정하지 않는 것은 헌법에 위배된다.
③ 정당의 자유는 국민이 개인적으로 갖는 기본권일 뿐만 아니라, 단체로서의 정당이 갖는 기본권이기도 하다.
④ 비례대표 국회의원 후보자가 선거운동기간 중 공개장소에서 연설·대담하는 것을 금지하는 조항은 헌법에 위배된다.
⑤ 국회의원선거에서 선거구구역표의 일부에 위헌적 요소가 있는 경우에는 선거구구역표 전체를 위헌이라고 할 수 있다.

지문분석 난이도 중 정답 ④

| 키 워 드 | 민주주의의 원리
| 출제유형 | 판례

④ (X) 이 사건 법률 조항은 전국을 하나의 선거구로 하는 정당선거로서의 성격을 가지는 비례대표 국회의원선거의 취지를 살리고, 각 선거의 특성에 맞는 선거운동방법을 규정함으로써 선거에 소요되는 사회적 비용을 절감하고 효율적인 선거관리를 도모하여 선거의 공정성을 달성하고자 함에 그 목적이 있는바 그 입법목적은 정당하고, 비례대표 국회의원 후보자에게 공개장소에서의 연설·대담을 금지하는 것은 위와 같은 입법목적을 달성함에 있어 적절한 수단이다. 따라서 이 사건 법률 조항은 과잉금지원칙에 반하여 청구인의 선거운동의 자유 및 정당활동의 자유를 침해한다고 할 수 없다(헌재 2013.10.24. 2012헌마311).
① (O) 이 사건 법률 조항이 비록 정당으로 등록되기에 필요한 요건으로서 5개 이상의 시·도당 및 각 시·도당마다 1,000명 이상의 당원을 갖출 것을 요구하고 있기 때문에 국민의 정당설립의 자유에 어느 정도 제한을 가하는 점이 있는 것은 사실이나, 이러한 제한은 "상당한 기간 또는 계속해서", "상당한 지역에서" 국민의 정치적 의사형성 과정에 참여해야 한다는 헌법상 정당의 개념표지를 구현하기 위한 합리적인 제한이라고 할 것이므로, 그러한 제한은 헌법적으로 정당화된다고 할 것이다(헌재 2006.3.30. 2004헌마246).
② (O) 예비후보자가 본선거에서 정당후보자로 등록하려 하였으나 자신의 의사와 관계없이 정당 공천관리위원회의 심사에서 탈락하여 본선거의 후보자로 등록하지 아니한 것은 후보자 등록을 하지 못할 정도에 이르는 객관적이고 예외적인 사유에 해당한다. 따라서 이러한 사정이 있는 예비후보자가 납부한 기탁금은 반환되어야 함에도 불구하고, 심판대상 조항이 이에 관한 규정을 두지 아니한 것은 입법형성권의 범위를 벗어난 과도한 제한이라고 할 수 있다. 그러므로 심판대상 조항은 과잉금지원칙에 반하여 청구인의 재산권을 침해한다(헌재 2018.1.25. 2016헌마541).
③ (O) 헌재 2004.12.16. 2004헌마456
⑤ (O) 헌재 2014.10.30. 2012헌마192 등

26 0533 ○△×|○△×|○△× 2021 법무사

선거운동에 관한 다음 설명 중 가장 옳지 않은 것은? (다툼이 있는 경우 대법원 판례 및 헌법재판소 결정에 의함)

① 선거운동의 자유는 우리 헌법에 명시되어 있지 않다.
② 예비후보자로 등록한 사람은 선거운동기간 이전이라도 선거운동을 할 수 있다.
③ 예비후보자로서 선거운동을 할 수 있는 기간을 제한하는 것 자체가 선거운동의 자유를 과도하게 제한하는 것이라고 할 수는 없고, 제한되는 기간을 어느 정도로 할 것인지 여부는 입법정책에 맡겨져 있다고 볼 수 있으며, 그 구체적인 기간이 선거운동의 자유를 형해화할 정도에 이르지 않았다면 이 역시 기본권을 침해하였다고 볼 수 없다.
④ 선거운동기간 전에는 문자메시지를 전송하는 방법이나 인터넷 홈페이지 또는 그 게시판·대화방 등에 글이나 동영상 등을 게시하거나 전자우편을 전송하는 방법으로 선거운동을 하는 것이 허용되지 않는다.
⑤ 공직선거법이 자치구·시의 장의 선거에서 예비후보자의 선거운동기간보다 군의 장의 선거에서 예비후보자의 선거운동기간을 단기간으로 정한 것은 합리적 이유 있는 차별로서 평등원칙에 위배되지 않는다.

지문분석 난이도 ㊥ 정답 ④

| **키 워 드** | 선거운동
| **출제유형** | 조문 + 판례

④ (X) 문자메시지를 전송하는 방법이나 인터넷 홈페이지 또는 그 게시판·대화방 등에 글이나 동영상 등을 게시하거나 전자우편을 전송하는 방법으로 선거운동을 하는 것은 선거운동기간 전이라도 허용된다.

> **공직선거법 제59조(선거운동기간)** 선거운동은 선거기간 개시일부터 선거일 전일까지에 한하여 할 수 있다. 다만, 다음 각 호의 어느 하나에 해당하는 경우에는 그러하지 아니하다.
> 2. 문자메시지를 전송하는 방법으로 선거운동을 하는 경우. 이 경우 자동 동보통신의 방법(동시 수신대상자가 20명을 초과하거나 그 대상자가 20명 이하인 경우에도 프로그램을 이용하여 수신자를 자동으로 선택하여 전송하는 방식을 말한다. 이하 같다)으로 전송할 수 있는 자는 후보자와 예비후보자에 한하되, 그 횟수는 8회(후보자의 경우 예비후보자로서 전송한 횟수를 포함한다)를 넘을 수 없으며, 중앙선거관리위원회규칙에 따라 신고한 1개의 전화번호만을 사용하여야 한다.
> 3. 인터넷 홈페이지 또는 그 게시판·대화방 등에 글이나 동영상 등을 게시하거나 전자우편(컴퓨터 이용자끼리 네트워크를 통하여 문자·음성·화상 또는 동영상 등의 정보를 주고받는 통신시스템을 말한다. 이하 같다)을 전송하는 방법으로 선거운동을 하는 경우. 이 경우 전자우편 전송대행업체에 위탁하여 전자우편을 전송할 수 있는 사람은 후보자와 예비후보자에 한한다.

① (○) 자유선거의 원칙은 비록 우리 헌법에 명시되지는 아니하였지만 민주국가의 선거제도에 내재하는 법원리로서 국민주권의 원리, 의회민주주의의 원리 및 참정권에 관한 규정에서 그 근거를 찾을 수 있다. 이러한 자유선거의 원칙은 선거의 전과정에서 요구되는 선거권자의 의사형성의 자유와 의사실현의 자유를 말하고, 구체적으로는 투표의 자유, 입후보의 자유 나아가 선거운동의 자유를 뜻한다(헌재 2008.10.30. 2005헌바32).

② (○)

> **공직선거법 제59조(선거운동기간)** 선거운동은 선거기간 개시일부터 선거일 전일까지에 한하여 할 수 있다. 다만, 다음 각 호의 어느 하나에 해당하는 경우에는 그러하지 아니하다.
> 1. 제60조의3(예비후보자 등의 선거운동) 제1항 및 제2항의 규정에 따라 예비후보자 등이 선거운동을 하는 경우

③ (○) 예비후보자로서 선거운동을 할 수 있는 기간을 제한하는 것 자체가 선거운동의 자유를 과도하게 제한하는 것이 아니라고 한다면, 제한되는 기간을 어느 정도로 할 것인지 여부는 입법정책에 맡겨져 있다고 볼 수 있고, 그 구체적인 기간이 선거운동의 자유를 형해화할 정도에 이르지 않았다면 이 역시 기본권을 침해하였다고 볼 수 없다. 입법자는 국가의 정치·사회·경제적 사정, 선거문화의 수준, 선거의 규모·특성 등을 종합적으로 고려하여 그 기간을 정할 수 있는 것이다(헌재 2020.11.26. 2018헌마260).

⑤ (○) 군은 주로 농촌 지역에 위치하고 있어 도시 지역인 자치구·시보다 대체로 인구가 적다. 또한, 군의 평균 선거인수는 자치구·시의 평균 선거인수에 비하여 적다. 심판대상 조항은 이러한 차이를 고려하여 자치구·시의 장의 선거에서보다 군의 장의 선거에서 예비후보자의 선거운동기간을 단기간으로 정한 것인바, 이러한 차별취급은 자의적인 것이라 할 수 없다. 따라서 이 조항은 청구인의 평등권을 침해하지 않는다(헌재 2020.11.26. 2018헌마260).

27 0534 ○△×|○△×|○△× 2013 사법시험(변형)

선거운동에 관한 헌법재판소의 판례 입장과 다른 것은?

① 기초의회의원선거 후보자로 하여금 특정 정당으로부터의 지지·추천받음을 표방하지 못하게 하는 것은, 기초의회의원 후보자만을 광역의회의원선거 등 다른 지방선거의 후보자에 비해 불리하게 차별하고 있으므로 평등원칙에 위배된다.

② 예비후보자의 선거운동에서 예비후보자 외에 독자적으로 명함을 교부하거나 지지를 호소할 수 있는 주체를 예비후보자의 배우자와 직계존·비속으로 제한하는 것은, 선거의 조기 과열을 방지하고 예비후보자 간의 정치·경제력 차이에 따른 기회불균등을 차단함과 동시에 명함교부에 의한 선거운동에 있어 명함의 본래의 기능에 충실한 방법으로 선거운동의 자유를 보장하려는 것으로서, 선거운동을 도와줄 만한 배우자나 직계존·비속이 없는 예비후보자의 평등권을 침해하지 아니한다.

③ 공직선거법에서 인터넷 언론사로 하여금 선거운동기간 중 당해 인터넷 홈페이지의 대화방 등에 실명인증의 표시가 없이 게시된 후보자에 대한 지지·반대의 글을 삭제할 의무를 부과하는 것은 헌법에 반한다.

④ 선거일 전 180일부터 선거일까지 선거에 영향을 미치게 하기 위하여 인터넷 홈페이지 또는 그 게시판·대화방 등에 정당 또는 후보자를 지지·추천하거나 반대하는 내용이 포함되어 있는 글이나 동영상을 게시하지 못하도록 하는 것은 흑색선전을 막기 위한 것으로 선거운동의 자유를 침해하지 않는다.

⑤ 공직선거법상 기부의 권유·요구 등의 금지 규정을 위반한 자에 대하여 부과할 과태료의 액수를 감액의 여지없이 일률적으로 '제공받은 금액 또는 음식물·물품 가액의 50배에 상당하는 금액'으로 정하는 것은, 그 위반의 동기 및 태양, 기부행위가 이루어진 경위와 방식, 기부행위자와 위반자와의 관계, 사후의 정황 등 구체적·개별적 사정을 고려하지 않기 때문에, 구체적 위반행위의 책임 정도에 상응한 제재가 되기 어렵다.

지문분석 난이도 중 정답 ④

| 키 워 드 | 선거운동

| 출제유형 | 판례

④ (X) 선거일 전 180일부터 선거일까지 선거에 영향을 미치게 하기 위하여 정당 또는 후보자를 지지·추천하거나 반대하는 내용이 포함되어 있거나 정당의 명칭 또는 후보자의 성명을 나타내는 문서·도화의 배부·게시 등을 금지하고 처벌하는 공직선거법 제93조 제1항 및 제255조 제2항 제5호 중 제93조 제1항의 각 '기타 이와 유사한 것' 부분에 '정보통신망을 이용하여 인터넷 홈페이지 또는 그 게시판·대화방 등에 글이나 동영상 등 정보를 게시하거나 전자우편을 전송하는 방법'이 포함된다고 해석한다면, 과잉금지원칙에 위배하여 정치적 표현의 자유 내지 선거운동의 자유를 침해한다(헌재 2011.12.29. 2007헌마1001).

① (O) 이 사건 법률 조항의 의미와 목적이 정당의 영향을 배제하고 인물본위의 선거가 이루어지도록 하여 지방분권 및 지방의 자율성을 확립시키겠다는 것이라면, 이는 기초의회의원선거뿐만 아니라 광역의회의원선거, 광역자치단체장선거 및 기초자치단체장선거에서도 함께 통용될 수 있다. 그러나 기초의회의원선거를 그 외의 지방선거와 다르게 취급을 할 만한 본질적인 차이점이 있는가를 볼 때 그러한 차별성을 발견할 수 없다. 그렇다면, 위 조항은 아무런 합리적 이유 없이 유독 기초의회의원 후보자만을 다른 지방선거의 후보자에 비해 불리하게 차별하고 있으므로 평등원칙에 위배된다(헌재 2003.5.15. 2003헌가9 등).

② (O) 이 사건 법률 조항이 배우자나 직계존·비속이 있는 예비후보자와 그렇지 않은 예비후보자를 달리 취급하고 있다고 할 수 있으나, 위에서 본 입법목적 및 명함은 통상 상대방을 만난 자리에서 자신의 소개와 근황을 전하기 위하여 직접 주는 것이라는 속성 등을 고려하면, 이 사건 법률 조항에서 예비후보자의 정치력, 경제력과는 무관하게 존재 가능하고 예비후보자와 동일시할 수 있는 배우자나 직계존·비속에 한정하여 명함을 교부하거나 지지를 호소할 수 있도록 한 것에는 합리적 이유가 있다 할 것이고, 숫자만을 한정하여 예비후보자가 명함교부, 지지호소를 할 수 있는 사람을 지정하도록 하거나, 배우자나 직계존·비속이 없는 경우 이를 대체할 사람을 지정할 수 있도록 하는 방안은 오히려 예비후보자 간의 기회불균등을 심화시킬 가능성이 있어 쉽게 채택하기 어려운 면이 있으므로, 선거운동을 할 배우자나 직계존·비속이 없는 예외적인 경우까지 고려하지 않았다고 하여 청구인들의 평등권을 침해한 것이라고 볼 수는 없다(헌재 2011.8.30. 2010헌마259).

③ (O) 심판대상 조항은 정치적 의사표현이 가장 긴요한 선거운동기간 중에 인터넷언론사 홈페이지 게시판 등 이용자로 하여금 실명확인을 하도록 강제함으로써 익명표현의 자유와 언론의 자유를 제한하고, 모든 익명표현을 규제함으로써 대다수 국민의 개인정보자기결정권도 광범위하게 제한하고 있다는 점에서 이와 같은 불이익은 선거의 공정성 유지라는 공익보다 결코 과소평가될 수 없다. 그러므로 심판대상 조항은 과잉금지원칙에 반하여 인터넷언론사 홈페이지 게시판 등 이용자의 익명표현의 자유와 개인정보자기결정권, 인터넷언론사의 언론의 자유를 침해한다(헌재 2021.1.28. 2018헌마456 등).

⑤ (O) 이 사건 구법 조항 및 이 사건 신법 조항(이하 이를 합쳐 '이 사건 심판대상 조항'이라 한다)은 의무위반자에 대하여 부과할 과태료의 액수를 감액의 여지없이 일률적으로 '제공받은 금액 또는 음식물·물품 가액의 50배에 상당하는 금액'으로 정하고 있는데, 구체적, 개별적 사정을 고려하지 않고 오로지 기부받은 물품 등의 가액만을 기준으로 하여 일률적으로 정해진 액수의 과태료를 부과한다는 것은 구체적 위반행위의 책임 정도에 상응한 제재가 되기 어렵다(헌재 2009.3.26. 2007헌가22).

28 0535 O △ X | O △ X | O △ X 2017 국가직 5급

참정권에 대한 설명으로 옳지 않은 것은? (다툼이 있는 경우 헌법재판소 결정에 의함)

① 민주국가에서의 국민주권의 원리는 무엇보다도 대의기관의 선출을 의미하는 선거와 일정사항에 대한 국민의 직접적 결단을 의미하는 국민투표에 의하여 실현된다.
② 지방자치단체의 장 선거권 역시 국회의원·대통령·지방의회의원 선거권과 마찬가지로 헌법에 의해 보호되는 기본권으로 인정하여야 한다.
③ 부재자투표시간을 오전 10시부터 오후 4시까지로 정하고 있는 법률규정은 투표함관리의 효율성과 안정성을 위해 필요하므로 헌법에 합치된다.
④ 집행유예자와 수형자 모두를 구체적인 범죄의 종류나 내용 및 불법성의 정도 등과 관계없이 일률적으로 선거권을 제한하는 것은 헌법에 위배된다.

지문분석 난이도 하 정답 ③

| 키 워 드 | 참정권
| 출제유형 | 판례

③ (X) 부재자투표시간을 오전 10시부터 오후 4시까지로 정하고 있는 공직선거법 규정 중 '투표개시시간인 오전 10시 부분'은 헌법에 합치되지 않으며, '투표종료시간인 오후 4시 부분'은 합헌이다(헌재 2012.2.23. 2010헌마601).
① (O) 민주국가에서의 국민주권의 원리는 무엇보다도 대의기관의 선출을 의미하는 선거와 일정사항에 대한 국민의 직접적 결정을 의미하는 국민투표에 의하여 실현된다(헌재 1999.5.27. 98헌마214).
② (O) 주민자치제를 본질로 하는 민주적 지방자치제도가 안정적으로 뿌리내린 현 시점에서 지방자치단체의 장 선거권을 지방의회의원 선거권, 나아가 국회의원 선거권 및 대통령 선거권과 구별하여 하나는 법률상의 권리로, 나머지는 헌법상의 권리로 이원화하는 것은 허용될 수 없다. 그러므로 지방자치단체의 장 선거권 역시 다른 선거권과 마찬가지로 헌법 제24조에 의해 보호되는 기본권으로 인정하여야 한다(헌재 2016.10.27. 2014헌마797).
④ (O) 헌재 2014.1.28. 2012헌마409

29 0536 O △ X | O △ X | O △ X 2022 경찰 간부

선거권 및 선거제도에 대한 설명으로 가장 적절하지 않은 것은? (다툼이 있는 경우 헌법재판소 판례에 의함)

① 선거는 주권자인 국민이 그 주권을 행사하는 통로이므로 국민의 의사를 제대로 반영하고, 국민의 자유로운 선택권을 보장하여야 하며, 정당의 공직선거 후보자의 결정과정이 민주적이어야 한다.
② 선거권의 평등은 투표가치의 평등을 의미하므로 자치구·시·군의원 선거구 획정에서 인구비례의 원칙 이외에 행정구역, 지세, 교통 등 2차적 요소들을 고려하여야 한다.
③ 선거구구역표는 전체가 불가분의 일체를 이루는 것으로서 어느 한 부분에 위헌적 요소가 있다면 선거구구역표 전체가 위헌적 하자가 있는 것으로 보아야 한다.
④ 지역농협은 사법인에서 볼 수 없는 공법인적 특성을 많이 갖고 있으므로 지역농협의 조합장선거에서 조합장을 선출하거나 조합장으로 선출될 권리, 조합장선거에서 선거운동을 하는 것도 헌법에 의해 보호되는 선거권의 범위이다.

지문분석 난이도 중 정답 ④

| 키 워 드 | 선거권 및 선거제도
| 출제유형 | 조문 + 판례

④ (X) 심판대상 조항들이 조합장선거 후보자의 피선거권과 선거인인 조합원의 후보자 선택권을 침해한다고 주장하나, 사법인적인 성격을 지니는 농협·축협의 조합장선거에서 조합장을 선출하거나 선거운동을 하는 것은 헌법에 의하여 보호되는 선거권의 범위에 포함되지 아니한다(헌재 2012.2.23. 2011헌바154).
① (O) 헌법 제1조가 천명하고 있는 국민주권의 원리는 국민의 합의로 국가권력을 조직한다는 것이다. 이를 위해서는 주권자인 국민이 정치과정에 참여하는 기회가 되도록 폭넓게 보장될 것이 요구된다. 대의민주주의를 원칙으로 하는 오늘날의 민주정치 아래에서 국민의 참여는 기본적으로 선거를 통하여 이루어지므로 선거는 주권자인 국민이 그 주권을 행사하는 통로라고 할 수 있다(헌재 2018.1.25. 2015헌마821 등).
② (O) 자치구/시/군의원지역구는 인구/행정구역/지체/교통 그 밖의 조건을 고려하여 확정한다(공직선거법 제26조 제2항).
③ (O) 선거구구역표는 각 선거구가 서로 유기적으로 관련을 가짐으로써 한 부분에서의 변동은 다른 부분에서도 연쇄적으로 영향을 미치는 성질을 가진다. 이러한 의미에서 선거구구역표는 전체가 불가분의 일체를 이루는 것으로서 어느 한 부분에 위헌적인 요소가 있다면, 선거구구역표 전체가 위헌의 하자를 갖는 것이라고 보아야 한다(헌재 2014.10.30. 2012헌마192 등).

30 0537 ○△×|○△×|○△× 2021 경찰 승진

선거권 또는 선거제도에 대한 설명으로 가장 적절하지 않은 것은? (다툼이 있는 경우 판례에 의함)

① 1년 이상의 징역형 선고를 받고 그 집행이 종료되지 않은 사람의 선거권을 제한하는 공직선거법 조항은 선거권을 침해하지 않는다.
② 집행유예기간 중인 사람의 선거권을 제한하고 있는 공직선거법 조항은 과잉금지원칙에 위반하여 선거권을 침해한다.
③ 선거 후보자의 배우자가 그와 함께 다니는 사람 중에서 지정한 1명도 명함 교부를 할 수 있도록 한 공직선거법 조항은 배우자의 유무라는 우연한 사정에 근거하여 차별 취급하고 있으므로 배우자 없는 후보자의 평등권을 침해한다.
④ 재외선거인으로 하여금 선거를 실시할 때마다 재외선거인 등록신청을 하도록 한 공직선거법상 재외선거인 등록신청 조항은 재외선거인의 선거권을 침해한다.

지문분석 난이도 중 정답 ④

| 키 워 드 | 선거권 또는 선거제도
| 출제유형 | 판례

④ (X) 재외선거인의 등록신청서에 따라 재외선거인명부를 작성하는 방법은 해당 선거에서 투표할 권리가 있는지 확인함으로써 투표의 혼란을 막고, 선거권이 있는 재외선거인을 재외선거인명부에 등록하기 위한 합리적인 방법이다. 따라서 재외선거인 등록신청 조항이 재외선거권자로 하여금 선거를 실시할 때마다 재외선거인 등록신청을 하도록 규정한 것이 재외선거인의 선거권을 침해한다고 볼 수 없다(헌재 2014.7.24. 2009헌마256 등).
① (O) 심판대상 조항은 공동체 구성원으로서 기본적 의무를 저버린 수형자에 대하여 사회적·형사적 제재를 부과하고, 수형자와 일반국민의 준법의식을 제고하기 위한 것이다. 법원의 양형관행을 고려할 때 1년 이상의 징역형을 선고받은 사람은 공동체에 상당한 위해를 가하였다는 점이 재판 과정에서 인정된 자이므로, 이들에 한해서는 사회적·형사적 제재를 가하고 준법의식을 제고할 필요가 있다. … 따라서 심판대상 조항은 과잉금지원칙을 위반하여 청구인의 선거권을 침해하지 아니한다(헌재 2017.5.25. 2016헌마292 등).
② (O) 심판대상 조항은 집행유예자와 수형자에 대하여 전면적·획일적으로 선거권을 제한하고 있다. 심판대상 조항의 입법목적에 비추어 보더라도, 구체적인 범죄의 종류나 내용 및 불법성의 정도 등과 관계없이 일률적으로 선거권을 제한하여야 할 필요성이 있다고 보기는 어렵다. 범죄자가 저지른 범죄의 경중을 전혀 고려하지 않고 수형자와 집행유예자 모두의 선거권을 제한하는 것은 침해의 최소성원칙에 어긋난다. 특히 집행유예자는 집행유예 선고가 실효되거나 취소되지 않는 한 교정시설에 구금되지 않고 일반인과 동일한 사회생활을 하고 있으므로, 그들의 선거권을 제한해야 할 필요성이 크지 않다. 따라서 심판대상 조항은 청구인들의 선거권을 침해하고, 보통선거원칙에 위반하여 집행유예자와 수형자를 차별취급하는 것이므로 평등원칙에도 어긋난다(헌재 2014.1.28. 2012헌마409 등).
③ (O) 이 사건 3호 법률 조항은, 명함 고유의 특성이나 가족관계의 특수성을 반영하여 단독으로 명함교부 및 지지호소를 할 수 있는 주체를 예비후보자의 배우자나 직계존·비속 본인에게 한정하고 있는 이 사건 1호 법률 조항에 더하여, 배우자가 그와 함께 다니는 사람 중에서 지정한 1명까지 보태어 명함교부 및 지지호소를 할 수 있도록 하여 배우자 유무에 따른 차별효과를 크게 한다. … 이것은 명함 본래의 기능에 부합하지 아니할 뿐만 아니라, 선거운동 기회균등의 원칙에 반하고, 예비후보자의 선거운동의 강화에만 치우친 나머지, 배우자의 유무라는 우연적인 사정에 근거하여 합리적 이유 없이 배우자 없는 예비후보자를 차별 취급하는 것이므로, 이 사건 3호 법률 조항은 청구인의 평등권을 침해한다(헌재 2013.11.28. 2011헌마267).

31 0538 ○△×|○△×|○△× 2017 경찰 승진

국민투표권에 관한 헌법재판소의 판시 내용이다. 가장 적절하지 않은 것은?

① 국민투표권이란 국민이 국가의 특정한 사안에 대해 직접 결정권을 행사하는 권리로서, 각종 선거에서의 선거권 및 피선거권과 더불어 국민의 참정권의 한 내용을 이루는 헌법상 기본권이다.
② 헌법 제72조에 의한 중요정책에 관한 국민투표는 국가안위에 관계되는 사항에 관하여 대통령이 제시한 구체적인 정책에 대한 주권자인 국민의 승인절차이다.
③ 대의기관의 선출주체가 곧 대의기관의 의사결정에 대한 승인주체가 되는 것이 원칙이나, 국민투표권자의 범위가 대통령선거권자·국회의원선거권자와 반드시 일치할 필요는 없다.
④ 헌법 제130조 제2항에 의한 헌법 개정에 대한 국민투표는 대통령 또는 국회가 제안하고 국회의 의결을 거쳐 확정된 헌법 개정안에 대하여 주권자인 국민이 최종적으로 그 승인 여부를 결정하는 절차이다.

지문분석

난이도 중 정답 ③

| 키 워 드 | 국민투표권
| 출제유형 | 판례

③ (X) 대의기관의 선출주체가 곧 대의기관의 의사결정에 대한 승인주체가 되는 것은 당연한 논리적 귀결이므로, 국민투표권자의 범위는 대통령선거권자·국회의원선거권자와 일치되어야 한다[헌재 2014.7.24. 2009헌마256·2010헌마394(병합)].
① (O) 국민투표권이란 국민이 국가의 특정 사안에 대해 직접 결정권을 행사하는 권리로서, 각종 선거에서의 선거권 및 피선거권과 더불어 국민의 참정권의 한 내용을 이루는 헌법상 기본권이다[헌재 2014.7.24. 2009헌마256·2010헌마394(병합)].
② (O) 헌법 제72조에 의한 중요정책에 관한 국민투표는 국가안위에 관계되는 사항에 관하여 대통령이 제시한 구체적인 정책에 대한 주권자인 국민의 승인절차라 할 수 있다[헌재 2014.7.24. 2009헌마256·2010헌마394(병합)].
④ (O) 헌법 제130조 제2항에 의한 헌법 개정에 관한 국민투표는 대통령 또는 국회가 제안하고 국회의 의결을 거쳐 확정된 헌법 개정안에 대하여 주권자인 국민이 최종적으로 그 승인 여부를 결정하는 절차이다[헌재 2014.7.24. 2009헌마256·2010헌마394(병합)].

✓ 개념체크 **헌법 제130조와 제72조의 국민투표**

구분	대상	발의	성격	정족수
헌법 제130조 국민투표	헌법 개정	대통령, 국회의원 재적 과반수	필수적 국민투표	규정 있음
헌법 제72조 국민투표	중요정책	대통령	임의적 국민투표	규정 없음

32 0539 ○△×|○△×|○△× 2020 경찰 승진

국민투표권에 관한 설명 중 가장 적절하지 않은 것은? (다툼이 있는 경우 판례에 의함)

① 국회의원선거권자인 재외선거인에게 국민투표권을 인정하지 않은 것은 국회의원선거권자의 헌법 개정안 국민투표 참여를 전제하고 있는 헌법 제130조 제2항의 취지에 부합하지 않는다.
② 대법원은 국민투표에 관하여 국민투표법 또는 동법에 의하여 발하는 명령에 위반하는 사실이 있는 경우라도 국민투표의 결과에 영향을 미쳤다고 인정하는 때에 한하여 국민투표의 전부 또는 일부의 무효를 판결한다.
③ 정당법상의 당원의 자격이 없는 자는 국민투표에 관한 운동을 할 수 없다.
④ 대의기관의 선출주체가 곧 대의기관의 의사결정에 대한 승인주체가 되는 것이 원칙이나, 국민투표권자의 범위가 대통령선거권자, 국회의원선거권자와 반드시 일치할 필요는 없다.

지문분석

난이도 하 정답 ④

| 키 워 드 | 국민투표권
| 출제유형 | 조문 + 판례

④ (X) 헌법 제72조의 중요정책 국민투표와 헌법 제130조의 헌법 개정안 국민투표는 대의기관인 국회와 대통령의 의사결정에 대한 국민의 승인절차에 해당한다. 대의기관의 선출주체가 곧 대의기관의 의사결정에 대한 승인주체가 되는 것은 당연한 논리적 귀결이므로, 국민투표권자의 범위는 대통령선거권자·국회의원선거권자와 일치되어야 한다[헌재 2014.7.24. 2009헌마256·2010헌마394(병합)].
① (O) 헌법 제130조 제2항에 의하면 헌법 개정안 국민투표는 '국회의원선거권자' 과반수의 투표와 투표자의 과반수의 찬성을 얻도록 규정하고 있는바, 헌법은 헌법 개정안 국민투표권자로서 국회의원선거권자를 예정하고 있다. 재외선거인은 임기만료에 따른 비례대표 국회의원선거에 참여하고 있으므로, 재외선거인에게 국회의원선거권이 있음은 분명하다. 국민투표법 조항이 국회의원선거권자인 재외선거인에게 국민투표권을 인정하지 않은 것은 국회의원선거권자의 헌법 개정안 국민투표 참여를 전제하고 있는 헌법 제130조 제2항의 취지에도 부합하지 않는다[헌재 2014.7.24. 2009헌마256·2010헌마394(병합)].
② (O) 대법원은 제92조의 규정에 의한 소송에 있어서 국민투표에 관하여 이 법 또는 이 법에 의하여 발하는 명령에 위반하는 사실이 있는 경우라도 국민투표의 결과에 영향이 미쳤다고 인정하는 때에 한하여 국민투표의 전부 또는 일부의 무효를 판결한다(국민투표법 제93조).
③ (O) 정당법상의 당원의 자격이 없는 자는 운동을 할 수 없다(국민투표법 제28조 제1항).

33 0540 ○△×|○△×|○△× 2018 경찰 승진

참정권에 대한 설명 중 가장 적절하지 않은 것은? (다툼이 있는 경우 판례에 의함)

① 지역농협은 사법인에서 볼 수 없는 공법인적 특성을 많이 가지고 있으므로, 지역농협의 조합장선거에서 조합장을 선출하거나 조합장으로 선출될 권리, 조합장선거에서 선거운동을 하는 것은 헌법에 의하여 보호되는 선거권의 범위에 포함된다.

② 부재자투표시간을 오전 10시부터 오후 4시까지로 규정한 구 공직선거법 조항 중 "오전 10시에 열고" 부분은 일과시간에 학업이나 직장업무를 하여야 하는 부재자투표자가 일과시간 이전에 투표소에 가서 투표할 수 없게 되어 사실상 선거권을 행사할 수 없게 하므로 과잉금지원칙에 위반되고, "오후 4시에 닫는다." 부분은 투표 당일 부재자투표의 인계·발송 절차를 밟을 수 있도록 함으로써 부재자투표의 인계·발송절차가 지연되는 것을 막고 투표관리의 효율성을 제고하며 투표함의 관리위험을 경감하기 위한 것이므로 헌법에 위반되지 않는다.

③ 대통령선거경선 후보자가 당내경선 과정에서 탈퇴함으로써 후원회를 둘 수 있는 자격을 상실한 때에는 후원회로부터 후원받은 후원금 전액을 국고에 귀속하도록 하고 있는 구 정치자금법 조항은 평등권을 침해한다.

④ 주민투표권 행사를 위한 요건으로 주민등록을 요구함으로써 국내거소신고만 할 수 있고 주민등록을 할 수 없는 국내거주 재외국민에 대하여 주민투표권을 인정하지 않고 있는 주민투표법 조항은 국내거주 재외국민의 평등권을 침해한다.

지문분석 난이도 ㊤ 정답 ①

| 키 워 드 | 참정권

| 출제유형 | 판례

① (X) 사법적인 성격을 지니는 농협의 조합장선거에서 조합장을 선출하거나 조합장으로 선출될 권리, 조합장선거에서 선거운동을 하는 것은 헌법에 의하여 보호되는 선거권의 범위에 포함되지 않는다(헌재 2012.2.23. 2011헌바154).

② (O) 부재자투표시간을 오전 10시부터 오후 4시까지로 규정한 구 공직선거법 조항 중 "오전 10시에 열고" 부분은 일과시간에 학업이나 직장업무를 하여야 하는 부재자투표자가 일과시간 이전에 투표소에 가서 투표할 수 없게 되어 사실상 선거권을 행사할 수 없게 하므로 과잉금지원칙에 위반되고, "오후 4시에 닫는다." 부분은 투표 당일 부재자투표의 인계·발송 절차를 밟을 수 있도록 함으로써 부재자투표의 인계·발송절차가 지연되는 것을 막고 투표관리의 효율성을 제고하며 투표함의 관리위험을 경감하기 위한 것이므로 헌법에 위반되지 않는다(헌재 2012.2.23. 2010헌마601).

③ (O) 경선을 포기한 대통령선거경선 후보자에 대하여도 정치자금의 적정한 제공이라는 입법목적을 실현할 필요가 있는 것이며, 이들에 대하여 후원회로부터 지원받은 후원금 총액을 회수함으로써 경선에 참여한 대통령선거경선후보자와 차별하는 이 사건 법률 조항의 차별은 합리적인 이유가 있는 차별이라고 하기 어렵다(헌재 2009.12.29. 2007헌마1412).

④ (O) 주민투표권 행사를 위한 요건으로 주민등록을 요구함으로써 국내거소신고만 할 수 있고 주민등록을 할 수 없는 국내거주 재외국민에 대하여 주민투표권을 인정하지 않고 있는 것은 주민등록만을 요건으로 주민투표권의 행사 여부가 결정되도록 함으로써 '주민등록을 할 수 없는 국내거주 재외국민'을 '주민등록이 된 국민인 주민'에 비해 차별하고 있고, 나아가 '주민투표권이 인정되는 외국인'과의 관계에서도 차별을 행하고 있는바, 그와 같은 차별에 아무런 합리적 근거도 인정될 수 없으므로 국내거주 재외국민의 헌법상 기본권인 평등권을 침해하는 것으로 위헌이다(헌재 2007.6.28. 2004헌마643).

34 0541 ○△×|○△×|○△× 2016 법원직 9급

국민투표에 관한 다음 설명 중 가장 옳지 않은 것은? (다툼이 있는 경우 헌법재판소 결정에 의함)

① 대통령이 국정운영에 위기를 맞이하여 이를 타개하는 방법으로 자신에 대한 국민의 재신임을 묻기 위해 이를 헌법 제72조의 국민투표에 회부하는 것은 인정되지 않는다.

② 주민등록을 할 수 없는 재외국민의 국민투표권 행사를 전면적으로 배제하고 있는 국민투표법 제14조 제1항은 국민투표권을 침해한다.

③ 신행정수도 후속대책을 위한 연기·공주지역 행정중심복합도시 건설을 위한 특별법이 수도를 분할하는 국가정책을 집행하는 내용을 가지고 있고 대통령이 이를 추진하고 집행하기 이전에 그에 관한 국민투표를 실시하지 아니하였다면 국민투표권이 행사될 수 있는 계기인 대통령의 중요정책 국민투표 부의가 행해지지 않았다고 하더라도 청구인들의 국민투표권이 행사될 수 있을 정도로 구체화되었다고 할 수 있으므로 그 침해의 가능성이 인정된다.

④ 헌법 제72조의 국민투표 부의제는 대통령의 임의적 국민투표제이지만, 헌법 개정안에 대한 국민투표제는 필요적 국민투표제이다.

지문분석 난이도 하 정답 ③

| 키 워 드 | 국민투표

| 출제유형 | 이론 + 판례

③ (X) 특정의 국가정책에 대하여 다수의 국민들이 국민투표를 원하고 있음에도 불구하고 대통령이 이러한 희망과는 달리 국민투표에 회부하지 아니한다고 하여도 이를 헌법에 위반된다고 할 수 없고 국민에게 특정의 국가정책에 관하여 국민투표에 회부할 것을 요구할 권리가 인정된다고 할 수도 없다. 설사 수도를 분할하는 국가정책을 집행하는 내용을 가지고 있고 대통령이 이를 추진하고 집행하기 이전에 그에 관한 국민투표를 실시하지 아니하였다고 하더라도 국민투표권이 행사될 수 있는 계기인 대통령의 중요정책 국민투표 부의가 행해지지 않은 이상 청구인들의 국민투표권이 행사될 수 있을 정도로 구체화되었다고 할 수 없으므로 그 침해의 가능성은 인정되지 않는다(헌재 2005.11.24. 2005헌마579).

① (O) 국민투표의 본질상 '대표자에 대한 신임'은 국민투표의 대상이 될 수 없으며, 우리 헌법에서 대표자의 선출과 그에 대한 신임은 단지 선거의 형태로써 이루어져야 한다. 대통령이 자신에 대한 재신임을 국민투표의 형태로 묻고자 하는 것은 헌법 제72조에 의하여 부여받은 국민투표부의권을 위헌적으로 행사하는 경우에 해당하는 것으로, 국민투표제도를 자신의 정치적 입지를 강화하기 위한 정치적 도구로 남용해서는 안 된다는 헌법적 의무를 위반한 것이다(헌재 2004.5.14. 2004헌나1).

② (O) 재외선거인은 대의기관을 선출할 권리가 있는 국민으로서 대의기관의 의사결정에 대해 승인할 권리가 있으므로, 국민투표권자에는 재외선거인이 포함된다고 보아야 한다. 또한, 국민투표는 선거와 달리 국민이 직접 국가의 정치에 참여하는 절차이므로, 국민투표권은 대한민국 국민의 자격이 있는 사람에게 반드시 인정되어야 하는 권리이다. 이처럼 국민의 본질적 지위에서 도출되는 국민투표권을 추상적 위험 내지 선거기술상의 사유로 배제하는 것은 헌법이 부여한 참정권을 사실상 박탈한 것과 다름없다. 따라서 국민투표법 조항은 재외선거인의 국민투표권을 침해한다(헌재 2014.7.24. 2009헌마256·2010헌마394(병합)).

④ (O) 헌법 제72조의 '대통령은 필요하다고 인정할 때에는 외교·국방·통일 기타 국가안위에 관한 중요정책을 국민투표에 붙일 수 있다'는 규정은 대통령에게 국민투표의 실시 여부, 시기, 구체적 부의사항, 설문 내용 등을 결정할 수 있는 임의적인 국민투표발의권을 독점적으로 부여하고 있다.

35 0542 ○△×|○△×|○△× 2017 경찰 승진

국민투표권에 대한 설명으로 가장 적절하지 않은 것은? (다툼이 있는 경우 판례에 의함)

① 신행정수도 후속대책을 위한 연기·공주지역 행정중심복합도시 건설을 위한 특별법이 수도를 분할하는 국가정책을 집행하는 내용을 가지고 있고 대통령이 이를 추진하고 집행하기 이전에 그에 관한 국민투표를 실시하지 아니하였다면 국민투표권이 행사될 수 있는 계기인 대통령의 중요정책 국민투표 부의가 행해지지 않았다고 하더라도 청구인들의 국민투표권이 행사될 수 있을 정도로 구체화되었다고 할 수 있으므로 그 침해의 가능성이 인정된다.

② 대통령이 국민투표를 정치적 무기화하고 정치적으로 남용할 수 있는 위험성이 있다는 점을 고려하면, 국민투표 부의권의 헌법 제72조는 대통령에 의한 국민투표의 정치적 남용을 방지할 수 있도록 엄격하고 축소적으로 해석되어야 한다.

③ 국민투표는 선거와 달리 국민이 직접 국가의 정치에 참여하는 절차이므로, 국민투표권은 대한민국 국민의 자격이 있는 사람에게 반드시 인정되어야 하는 권리이다.

④ 헌법의 개정은 반드시 국민투표를 거쳐야 하므로 국민은 헌법 개정에 관하여 찬반투표로 그 의견을 표명할 권리를 가지는데, 헌법 개정 사항인 수도의 이전을 헌법 개정의 절차를 밟지 아니하고 단지 단순 법률의 형태로 실현시킨 것은 헌법 제130조에 따라 헌법 개정에 있어서 국민이 가지는 참정권적 기본권인 국민투표권을 침해한다.

지문분석 난이도 중 정답 ①

| **키 워 드** | 국민투표권

| **출제유형** | 판례

① (X) 신행정수도 후속대책을 위한 연기·공주지역 행정중심복합도시 건설을 위한 특별법이 설사 수도를 분할하는 국가정책을 집행하는 내용을 가지고 있고 대통령이 이를 추진하고 집행하기 이전에 그에 관한 국민투표를 실시하지 아니하였다고 하더라도 국민투표권이 행사될 수 있는 계기인 대통령의 중요정책 국민투표 부의가 행해지지 않은 이상 청구인들의 국민투표권이 행사될 수 있을 정도로 구체화되었다고 할 수 없으므로 그 침해의 가능성은 인정되지 않는다(헌재 2005.11.24. 2005헌마579).

② (O) 헌법 제72조는 대통령에게 국민투표의 실시 여부, 시기, 구체적 부의사항, 설문 내용 등을 결정할 수 있는 임의적인 국민투표발의권을 독점적으로 부여함으로써, 대통령이 단순히 특정 정책에 대한 국민의 의사를 확인하는 것을 넘어서 자신의 정책에 대한 추가적인 정당성을 확보하거나 정치적 입지를 강화하는 등, 국민투표를 정치적 무기화하고 정치적으로 남용할 수 있는 위험성을 안고 있다. 이러한 점을 고려할 때, 대통령의 부의권을 부여하는 헌법 제72조는 가능하면 대통령에 의한 국민투표의 정치적 남용을 방지할 수 있도록 엄격하고 축소적으로 해석되어야 한다(헌재 2004.5.14. 2004헌나1).

③ (O) 국민투표는 선거와 달리 국민이 직접 국가의 정치에 참여하는 절차이므로, 국민투표권은 대한민국 국민의 자격이 있는 사람에게 반드시 인정되어야 하는 권리이다(헌재 2014.7.24. 2009헌마256).

④ (O) 헌법 개정사항인 수도의 이전을 헌법 개정 절차를 밟지 아니하고 단지 단순 법률의 형태로 실현시킨 것은 헌법 제130조에 따라 헌법 개정에 있어서 국민이 가지는 참정권적 기본권인 국민투표권의 행사를 배제한 것이므로 동 권리를 침해하고 있다(헌재 2004.10.21. 2004헌마554).

36 0543 ○△×|○△×|○△× 2015 변호사(변형)

선거제도 등에 관한 설명 중 옳은 것을 모두 고른 것은? (다툼이 있는 경우 판례에 의함)

ㄱ. 공직선거법상 부재자투표 개시시간을 오전 10시부터로 정한 것은 일과시간 이전에 투표소에 가서 투표할 수 없게 하므로 부재자투표자의 선거권을 침해한다.
ㄴ. 시·도의원 지역선거구를 획정할 때 인구 외에 행정구역·지세·교통 등 여러 가지 조건을 고려하여야 하며, 시·도 선거구 평균인구수로부터 상하 50%의 편차를 넘는 선거구 획정은 그 지역 선거권자의 평등권과 선거권을 침해한다.
ㄷ. 해상에 장기 기거하는 선원이 모사전송(팩스) 시스템을 이용하여 선상에서 투표를 할 수 있는 방안이 마련된다면, 진송과정에서 투표의 내용이 직·간접적으로 노출되어 비밀선거원칙에 위배되므로 헌법에 위반된다.
ㄹ. 지방자치단체의 자치사무 처리에 주민들이 직접 참여하는 주민투표권은 국민주권에서 도출되는 헌법상 기본권이기 때문에 이를 침해당한 경우 헌법소원심판을 청구할 수 있다.

① ㄱ, ㄴ ② ㄴ, ㄷ
③ ㄱ, ㄷ ④ ㄷ, ㄹ

지문분석 난이도 ⓢ 정답 ①

| 키 워 드 | 선거제도
| 출제유형 | 판례

ㄱ. (○) 투표시간 조항이 투표개시시간을 일과시간 이내인 오전 10시부터로 정한 것은 투표시간을 줄인 만큼 투표관리의 효율성을 도모하고 행정부담을 줄이는 데 있고, 그 밖에 부재자투표의 인계·발송절차의 지연위험 등과는 관련이 없다. 이에 반해 일과시간에 학업이나 직장업무를 하여야 하는 부재자투표자는 이 사건 투표시간 조항 중 투표개시시간 부분으로 인하여 일과시간 이전에 투표소에 가서 투표할 수 없게 되어 사실상 선거권을 행사할 수 없게 되는 중대한 제한을 받는다. 따라서 이 사건 투표시간 조항 중 투표개시시간 부분은 수단의 적정성, 법익균형성을 갖추지 못하므로 과잉금지원칙에 위배하여 청구인의 선거권과 평등권을 침해하는 것이다(헌재 2012.2.23. 2010헌마601).

ㄴ. (○) 시·도의원은 주로 지역적 사안을 다루는 지방의회의 특성상 지역대표성도 겸하고 있고, 우리나라는 도시와 농어촌 간의 인구격차가 크고 각 분야에 있어서의 개발불균형이 현저하다는 특수한 사정이 존재하므로, 시·도의원지역구 획정에 있어서는 행정구역 내지 지역대표성 등 2차적 요소도 인구비례의 원칙에 못지않게 함께 고려해야 할 필요성이 크다. 인구편차 상하 50%를 기준으로 하는 방안은 투표가치의 비율이 인구비례를 기준으로 볼 때의 등가의 한계인 2 : 1의 비율에 그 50%를 가산한 3 : 1 미만이 되어야 한다는 것으로서 인구편차 상하 33⅓%를 기준으로 하는 방안보다 2차적 요소를 폭넓게 고려할 수 있고, 인구편차 상하 60%의 기준에서 곧바로 인구편차 상하 33⅓%의 기준을 채택하는 경우 시·도의원지역구를 조정함에 있어 예기치 않은 어려움에 봉착할 가능성이 매우 크므로, 현시점에서는 시·도의원지역구 획정에서 허용되는 인구편차 기준을 인구편차 상하 50%(인구비례 3 : 1)로 변경하는 것이 타당하다. 심판대상 선거구구역표는서울특별시의회의원 선거구의 평균인구수로부터 상하 50% 이내의 인구편차를 보이고 있으므로, 청구인들의 선거권 및 평등권을 침해한다고 할 수 없다(헌재 2018.6.28. 2014헌마189).

ㄷ. (×) 통상 모사전송 시스템의 활용에는 특별한 기술을 요하지 않고, 당사자들이 스스로 이를 이용하여 투표를 한다면 비밀 노출의 위험이 적거나 없을 뿐만 아니라, 설사 투표 절차나 그 전송 과정에서 비밀이 노출될 우려가 있다 하더라도, 이는 국민주권원리나 보통선거원칙에 따라 선원들이 선거권을 행사할 수 있도록 충실히 보장하기 위한 불가피한 측면이라 할 수도 있고, 더욱이 선원들로서는 자신의 투표결과에 대한 비밀이 노출될 위험성을 스스로 용인하고 투표에 임할 수도 있을 것이므로, 선거권 내지 보통선거원칙과 비밀선거원칙을 조화적으로 해석할 때, 이를 두고 헌법에 위반된다 할 수 없다(헌재 2007.6.28. 2005헌마772).

ㄹ. (×) 우리 헌법은 법률이 정하는 바에 따른 '선거권'과 '공무담임권' 및 국가안위에 관한 중요정책과 헌법 개정에 대한 '국민투표권'만을 헌법상의 참정권으로 보장하고 있으므로, 지방자치법 제13조의2에서 규정한 주민투표권은 그 성질상 선거권, 공무담임권, 국민투표권과 전혀 다른 것이어서 이를 법률이 보장하는 참정권이라고 할 수 있을지언정 헌법이 보장하는 참정권이라고 할 수는 없다(헌재 2001.6.28. 2000헌마735).

37 0544 ○△×|○△×|○△× 2014 국회직 8급(변형)

선거제도에 관한 설명 중 옳은 것은? (다툼이 있는 경우 헌법재판소 판례에 의함)

① 비례대표 국회의원 후보자에게 예비후보자 등록제도를 마련하지 않아 사전선거운동을 할 수 없게 한 것은 지역구 국회의원예비후보자에 비하여 비례대표 국회의원 후보자를 합리적 이유 없이 차별하는 것으로서 비례대표 국회의원 후보자의 평등권을 침해한다.

② 예비후보자의 배우자가 그와 함께 다니는 사람 중에서 지정한 1명도 예비후보자의 명함을 교부하거나 예비후보자에 대한 지지를 호소할 수 있도록 허용하는 공직선거법 조항은, 배우자의 유무라는 우연적인 사정에 근거하여 합리적 이유 없이 배우자 없는 예비후보자와 배우자 있는 예비후보자를 차별취급하는 것으로서 배우자 없는 예비후보자의 평등권을 침해한다.

③ 해상에 장기 기거하는 선원이 모사전송(팩스) 시스템을 이용하여 선상에서 투표를 할 수 있도록 하는 방안은, 전송과정에서 투표의 내용이 직·간접으로 노출되어 비밀선거의 원칙에 위배되므로 헌법에 위반된다.

④ 부재자투표시간을 오전 10시부터 오후 4시까지로 정하고 있는 공직선거법 조항 중 '오전 10시에 열고' 부분은 투표관리의 효율성을 도모하고 행정부담을 줄이며, 부재자투표의 인계, 발송절차의 지연위험을 경감하기 위한 것이므로 부재자신고를 한 선거권자의 선거권을 침해하지 아니한다.

지문분석 난이도 중 정답 ②

| 키 워 드 | 선거제도

| 출제유형 | 판례

② (○) 공직선거법 제60조의3 제2항 중 제1호에 의하여 배우자 없는 예비후보자가 불리한 상황에서 선거운동을 하는데, 이 사건 3호 법률 조항은 배우자가 그와 함께 다니는 사람 중에서 지정한 1명까지 보태어 명함을 교부하고 지지를 호소할 수 있도록 함으로써 배우자 유무에 따른 차별효과를 지나치게 커지게 한다. 또한 이 사건 3호 법률 조항에서 배우자가 그와 함께 다니는 1명을 지정함에 있어 아무런 범위의 제한을 두지 아니하는 것은, 명함 본래의 기능에 부합하지 아니할 뿐만 아니라, 명함 교부의 주체를 배우자나 직계존·비속 본인에게만 한정하고 있는 이 사건 1호 법률 조항의 입법취지에도 맞지 않는다. 따라서 위 법률 조항은 예비후보자의 선거운동의 강화에만 치우친 나머지, 배우자의 유무라는 우연적인 사정에 근거하여 합리적 이유 없이 배우자 없는 예비후보자와 배우자 있는 예비후보자를 지나치게 차별취급하여 청구인의 평등권을 침해한다(헌재 2013.11.28. 2011헌마267).

① (×) 정당법과 공직선거법에 의하면 정당은 일정한 요건을 갖춰 등록하는 순간, 선거기간 여부를 불문하고 통상적인 정당활동을 통해 정당의 정강이나 정책을 유권자에게 알릴 수 있는 이상 비례대표 시·도의회의원후보자에게 예비후보자 등록제도를 반드시 인정하여야 하는 것은 아니고, 제33조 제1항 제2호에서 정하는 선거운동기간 14일은 유권자인 선거구민이 각 후보자의 인물, 정견, 신념 등을 파악하기에 부족한 기간이라고 단정할 수 없으며, 우리나라에서의 선거의 태양, 현실적인 필요성 등을 고려할 때 필요하고도 합리적인 제한에 해당한다. 따라서 공직선거법 제60조의2 제1항은 비례대표 시·도의회의원후보자의 선거운동의 자유를 침해하는 것이라고 볼 수 없다(헌재 2011.3.31. 2010헌마314).

③ (×) 통상 모사전송 시스템의 활용에는 특별한 기술을 요하지 않고, 당사자들이 스스로 이를 이용하여 투표를 한다면 비밀 노출의 위험이 적거나 없을 뿐만 아니라, 설사 투표 절차나 그 전송 과정에서 비밀이 노출될 우려가 있다 하더라도, 이는 국민주권원리나 보통선거원칙에 따라 선원들이 선거권을 행사할 수 있도록 충실히 보장하기 위한 불가피한 측면이라 할 수도 있고, 더욱이 선원들로서는 자신의 투표결과에 대한 비밀이 노출될 위험성을 스스로 용인하고 투표에 임할 수도 있을 것이므로, 선거권 내지 보통선거원칙과 비밀선거원칙을 조화적으로 해석할 때, 이를 두고 헌법에 위반된다 할 수 없다(헌재 2007.6.28. 2005헌마772).

④ (×) 이 사건 투표시간 조항이 투표개시시간을 일과시간 이내인 오전 10시부터로 정한 것은 투표시간을 줄인 만큼 투표관리의 효율성을 도모하고 행정부담을 줄이는 데 있고, 그 밖에 부재자투표의 인계·발송절차의 지연위험 등과는 관련이 없다. 이에 반해 일과시간에 학업이나 직장업무를 하여야 하는 부재자투표자는 이 사건 투표시간 조항 중 투표개시시간 부분으로 인하여 일과시간 이전에 투표소에 가서 투표할 수 없게 되어 사실상 선거권을 행사할 수 없게 되는 중대한 제한을 받는다. 따라서 이 사건 투표시간 조항 중 투표개시시간 부분은 수단의 적정성, 법익균형성을 갖추지 못하므로 과잉금지원칙에 위배하여 청구인의 선거권과 평등권을 침해하는 것이다(헌재 2012.2.23. 2010헌마601).

38 0545 ○△×|○△×|○△× 2017 법무사(변형)

선거권에 관련된 설명으로 옳은 것은? (다툼이 있는 경우 판례에 의함)

① 보통선거의 원칙은 선거권 및 피선거권에 대한 모든 제한을 금지하는 선거원칙이다.

② 헌법 제24조는 모든 국민은 '법률이 정하는 바에 의하여' 선거권을 가진다고 규정함으로써 국민의 선거권이 '법률이 정하는 바에 따라서만 인정될 수 있다'는 포괄적인 입법권의 유보하에 있음을 의미하는 것이므로 선거권은 법률이 정하는 바에 의하여 보장되는 것으로서 선거법의 제정에 의하여 비로소 구체화된다.

③ 헌법 제24조는 모든 국민은 '법률이 정하는 바에 의하여' 선거권을 가진다고 규정하고 있으므로 선거권을 제한하는 입법은 헌법 제24조에 의해서 곧바로 정당화될 수 있으므로, 헌법재판소가 헌법 제37조 제2항의 규정에 따라 선거권 제한 입법을 심사하는 경우에는 입법자의 입법형성권을 존중하여 입법자가 선택한 수단이 현저하게 불합리하고 불공정한 것이 아닌 한 헌법에 위반된다고 단정할 수 없는 것이다.

④ 헌법 제24조가 규정하고 있는 선거권이란 국민이 공무원을 선거하는 권리를 말하고, 여기서 말하는 공무원은 가장 광의의 공무원으로서 일반직 공무원은 물론 대통령·국회의원·지방자치단체장·지방의회의원·법관 등 국가기관과 지방자치단체를 구성하는 모든 자를 말한다.

지문분석 난이도 중 정답 ④

| 키 워 드 | 선거권

| 출제유형 | 판례

④ (O) 헌법 제24조는 "모든 국민은 법률이 정하는 바에 의하여 선거권을 가진다"고 규정하고 있는바, 여기서 선거권이란 국민이 공무원을 선거하는 권리를 말하고, 원칙적으로 간접민주정치를 채택하고 있는 우리나라에서는 공무원 선거권은 국민의 참정권 중 가장 중요한 것이다. 위에서 말하는 공무원은 가장 광의의 공무원으로서 일반직 공무원은 물론 대통령·국회의원·지방자치단체장·지방의회의원·법관 등 국가기관과 지방자치단체를 구성하는 모든 자를 말한다(헌재 2002.3.28. 2000헌마283).

① (X) 보통선거의 원칙은 선거권 및 피선거권에 대한 모든 제한을 금지하는 것은 아니지만, 보통선거원칙에 대한 예외는 원칙적으로 부득이한 경우에 한하여 제한적으로 허용되어야 하며, 제한한다 하더라도 불가피한 최소한의 정도에 그쳐야 한다[헌재 2007.6.28. 2004헌마644·2005헌마360(병합)].

② (X) 헌법 제24조는 모든 국민은 '법률이 정하는 바에 의하여' 선거권을 가진다고 규정함으로써 법률유보의 형식을 취하고 있지만, 이것은 국민의 선거권이 '법률이 정하는 바에 따라서만 인정될 수 있다'는 포괄적인 입법권의 유보하에 있음을 의미하는 것이 아니다. 국민의 기본권을 법률에 의하여 구체화하라는 뜻이며 선거권을 법률을 통해 구체적으로 실현하라는 의미이다[헌재 2007.6.28. 2004헌마644·2005헌마360(병합)].

③ (X) 민주주의 국가에서 국민주권과 대의제 민주주의의 실현수단으로서 선거권이 갖는 이 같은 중요성으로 인해 한편으로 입법자는 선거권을 최대한 보장하는 방향으로 입법을 하여야 하며, 또 다른 한편에서 선거권을 제한하는 법률의 합헌성을 심사하는 경우에는 그 심사의 강도도 엄격하여야 하는 것이다. 따라서 선거권을 제한하는 입법은 위 헌법 제24조에 의해서 곧바로 정당화될 수는 없고, 헌법 제37조 제2항의 규정에 따라 국가안전보장·질서유지 또는 공공복리를 위하여 필요하고 불가피한 예외적인 경우에만 그 제한이 정당화될 수 있으며, 그 경우에도 선거권의 본질적인 내용을 침해할 수 없다[헌재 2007.6.28. 2004헌마644·2005헌마360(병합)].

39 0546 ○△×|○△×|○△× 2017 변호사(변형)

다음은 재외국민의 선거권을 보장하기 위한 조치이다. 그 내용이 현행법과 일치하지 않는 것은?

① 중앙선거관리위원회는 대통령선거와 임기만료에 따른 국회의원선거를 실시하는 때마다 선거일 전 180일부터 선거일 후 30일까지 대한민국재외공관 설치법 제2조에 따른 공관(공관이 설치되지 아니한 지역에서 영사사무를 수행하는 사무소와 같은 법 제3조에 따른 분관 또는 출장소를 포함하고, 영사사무를 수행하지 아니하거나 영사관할구역이 없는 공관 및 영사관할구역 안에 공관사무소가 설치되지 아니한 공관은 제외한다)마다 재외선거의 공정한 관리를 위하여 재외선거관리위원회를 설치·운영하여야 한다. 다만, 대통령의 궐위로 인한 선거 또는 재선거는 그 선거의 실시사유가 확정된 날부터 10일 이내에 재외선거관리위원회를 설치하여야 한다.

② 주민등록이 되어 있지 아니하고 국내거소신고도 하지 아니한 사람은 대통령선거와 임기만료에 따른 비례대표 국회의원선거만 할 수 있고 지역구 국회의원선거는 참여할 수 없다.

③ 국내거소신고가 되어 있는 재외국민도 국민투표권을 행사할 수 있게 되었지만, 주민등록이나 국내거소신고가 되어 있지 않은 재외국민(재외선거인)은 여전히 국민투표권을 행사할 수 없다.

④ 거짓으로 재외선거인 등록을 신청한 사람이나 자신의 의사에 따라 신청한 것으로 인정되지 아니하는 사람은 재외선거인명부에 올릴 수 없다.

지문분석 난이도 중 정답 ③

| 키 워 드 | 선거권

| 출제유형 | 조문 + 판례

③ (X) 재외선거인은 대의기관을 선출할 권리가 있는 국민으로서 대의기관의 의사결정에 대해 승인할 권리가 있고, 국민투표권자에는 재외선거인이 포함된다고 보아야 한다. 또한, 국민투표는 선거와 달리 국민이 직접 국가의 정치에 참여하는 절차이므로, 국민투표권은 대한민국 국민의 자격이 있는 사람에게 반드시 인정되어야 하는 권리이다. 이처럼 국민의 본질적 지위에서 도출되는 국민투표권을 추상적 위험 내지 선거기술상의 사유로 배제하는 것은 헌법이 부여한 참정권을 사실상 박탈한 것과 다름없다. 따라서 국민투표법 조항은 재외선거인인 나머지 청구인들의 국민투표권을 침해한다(헌재 2014.7.24. 2009헌마256).

① (○) 공직선거법 제218조 제1항

② (○) 동법 제218조의5

> **공직선거법 제218조의5(재외선거인 등록신청)** ① 주민등록이 되어 있지 아니하고 재외선거인명부에 올라 있지 아니한 사람으로서 외국에서 투표하려는 선거권자는 대통령선거와 임기만료에 따른 비례대표 국회의원선거를 실시하는 때마다 해당 선거의 선거일 전 60일까지(이하 이 장에서 "재외선거인 등록신청기한"이라 한다) 다음 각 호의 어느 하나에 해당하는 방법으로 중앙선거관리위원회에 재외선거인 등록신청을 하여야 한다.
> 1. 공관을 직접 방문하여 서면으로 신청하는 방법. 이 경우 대한민국 국민은 가족(본인의 배우자와 본인·배우자의 직계존비속을 말한다)의 재외선거인 등록신청서를 대리하여 제출할 수 있다.
> 2. 관할구역을 순회하는 공관에 근무하는 직원에게 직접 서면으로 신청하는 방법. 이 경우 제1호 후단을 준용한다.
> 3. 우편 또는 전자우편을 이용하거나 중앙선거관리위원회 홈페이지를 통하여 신청하는 방법. 이 경우 외국에 머물거나 거주하는 사람은 공관을 경유하여 신고하여야 한다.

④ (○) 동법 제218조의8 제3항

40 0547 ○△×|○△×|○△× 2006 국가직 7급(변형)

현행 공직선거법상 기탁금에 대하여 잘못 설명하고 있는 것은? (다툼이 있는 경우 판례에 의함)

① 비례대표 국회의원선거에 후보자등록을 신청하는 자는 등록 신청 시 1천 5백만 원의 기탁금을 납부하도록 하는 것은 헌법에 위반된다는 것이 헌법재판소의 입장이다.

② 지역구 국회의원선거에서 후보자가 유효투표총수의 100분의 10 이상 100분의 15 미만을 득표한 경우에는 기탁금 전액을 국고로 귀속한다.

③ 헌법재판소는 기탁금 반환기준으로 유효투표총수의 100분의 15를 규정한 것은 헌법에 위배되지 않는다는 입장이다.

④ 기탁금 규정으로 인하여 당선가능성은 있으나 경제적 능력이 부족하여 국회의원선거에 입후보할 수 없는 자가 비록 생긴다고 하더라도, 이를 두고 기본권 제한 입법의 한계를 넘었다거나 공무담임권의 본질적 내용을 침해한다고 단정할 수는 없는 것이다.

지문분석 난이도 중 정답 ②

| 키 워 드 | 공직선거법상 기탁금

| 출제유형 | 조문 + 판례

② (X) 공직선거법 제57조 제1항

> **공직선거법 제57조(기탁금의 반환 등)** ① 관할선거구선거관리위원회는 다음 각 호의 구분에 따른 금액을 선거일 후 30일 이내에 기탁자에게 반환한다. 이 경우 반환하지 아니하는 기탁금은 국가 또는 지방자치단체에 귀속한다.
> 1. 대통령선거, 지역구국회의원선거, 지역구지방의회의원선거 및 지방자치단체의 장선거
> 가. 후보자가 당선되거나 사망한 경우와 유효투표총수의 100분의 15 이상(후보자가 「장애인복지법」 제32조에 따라 등록한 장애인이거나 선거일 현재 39세 이하인 경우에는 유효투표총수의 100분의 10 이상을 말한다)을 득표한 경우에는 기탁금 전액
> 나. 후보자가 유효투표총수의 100분의 10 이상 100분의 15 미만(후보자가 「장애인복지법」 제32조에 따라 등록한 장애인이거나 선거일 현재 39세 이하인 경우에는 유효투표총수의 100분의 5 이상 100분의 10 미만을 말한다)을 득표한 경우에는 기탁금의 100분의 50에 해당하는 금액

① (O) 정당에 대한 선거로서의 성격을 가지는 비례대표 국회의원선거는 인물에 대한 선거로서의 성격을 가지는 지역구 국회의원선거와 근본적으로 그 성격이 다르고, 공직선거법상 허용된 선거운동을 통하여 선거의 혼탁이나 과열을 초래할 여지가 지역구 국회의원선거보다 훨씬 적다고 볼 수 있다. 또한 비례대표 국회의원선거에서 실제 정당에게 부과된 전체 과태료 및 행정대집행비용의 액수는 후보자 1명에 대한 기탁금액인 1,500만 원에도 현저히 미치지 못하는데, 후보자 수에 비례하여 기탁금을 증액하는 것은 지나치게 과다한 기탁금을 요구하는 것이다. 나아가 이러한 고액의 기탁금은 거대정당에게 일방적으로 유리하고, 다양해진 국민의 목소리를 제대로 대표하지 못하여 사표를 양산하는 다수대표제의 단점을 보완하기 위하여 도입된 비례대표제의 취지에도 반하는 것이다. 따라서 비례대표 기탁금 조항은 침해의 최소성원칙에 위반되며, 위 조항을 통해 달성하고자 하는 공익보다 제한되는 정당활동의 자유 등의 불이익이 크므로 법익의 균형성원칙에도 위반된다. 그러므로 비례대표 기탁금조항은 과잉금지원칙을 위반하여 정당활동의 자유 등을 침해한다(헌재 2016.12.29. 2015헌마509 등).

③ (O) 현행법이 유효투표총수를 후보자수로 나눈 수 또는 유효투표총수의 100분의 15 이상으로 정한 기탁금반환기준은 입법자의 기술적이고 정책적 판단에 근거한 것으로서 현저히 불합리하거나 자의적인 기준이라고 할 수는 없다. 물론 기탁금을 반환받지 못하게 된 이러한 후보자들을 모두 난립후보라든가 진지하지 못한 후보자라고 평가할 수는 없지만, 이들 기탁금을 반환받지 못하는 후보자의 수가 낮다는 이유만으로 1,500만 원의 기탁금이 입법자의 입법형성권의 범위를 일탈하였다고 단정할 수는 없고, 오히려 기탁금반환기준을 낮추는 경우에는 기탁금의 목적과 취지가 훼손된다는 점에서 입법자의 불가피한 입법적 선택이라 아니할 수 없는 것이다(헌재 2003.8.21. 2001헌마687).

④ (O) 국민이 국회의원선거에 입후보할 자유는 헌법이 공무담임권으로 보장하는 기본권으로서 민주주의의 실현을 위한 가장 중요한 자유와 권리이지, 규제받고 관리 받아야 할 행위는 아니다. 그러나 이러한 공무담임권도 절대적인 기본권은 아니라고 할 것이어서 헌법 제37조 제2항이 정하는 기본권 제한 입법의 한계 내에서 이를 제한할 수 있는 것이고, 그 결과 당선가능성은 있으나 경제적 능력이 부족하여 국회의원선거에 입후보할 수 없는 자가 비록 생긴다고 하더라도, 이를 두고 기본권 제한 입법의 한계를 넘었다거나 공무담임권의 본질적 내용을 침해한다고 단정할 수는 없는 것이다(헌재 2003.8.21. 2001헌마687).

41 0548 O△X | O△X | O△X

2017 법무사(변형)

선거제도와 관련된 설명으로 옳지 않은 것은?

① 헌법은 '지방자치단체의 장의 선임방법에 관한 사항은 법률로 정한다.'고 규정하고 있으나 지방자치단체의 장 선거권 역시 다른 선거권과 마찬가지로 헌법 제24조에 의해 보호되는 기본권으로 인정한다.

② 후보자의 등록은 대통령선거에서는 선거일 전 24일, 국회의원선거와 지방자치단체의 의회의원 및 장의 선거에서는 선거일 전 20일부터 2일간 관할선거구선거관리위원회에 서면으로 신청하여야 한다.

③ 정당의 당원인 자는 무소속 후보자로 등록할 수 없으며, 후보자등록기간 중 당적을 이탈·변경하거나 2 이상의 당적을 가지고 있는 때에는 당해 선거에 후보자로 등록될 수 없으며, 소속정당의 해산이나 그 등록의 취소 또는 중앙당의 시·도당창당 승인취소로 인하여 당원자격이 상실된 경우에도 후보자로 등록될 수 없다.

④ 후보자와 후보자가 되고자 하는 자에 대해서만 공직선거법이 정하는 선거운동기간 전에 자신이 개설한 인터넷 홈페이지를 이용한 선거운동을 허용하고 일반 유권자에 대해서는 이를 금지하는 공직선거법 조항은 일반 유권자의 선거운동의 자유를 침해하고 평등원칙에 위배된다.

지문분석

난이도 중 정답 ④

| 키 워 드 | 선거제도

| 출제유형 | 조문 + 판례

④ (X) 선거운동기간 전의 선거운동을 원칙적으로 금지하면서, 후보자와 후보자가 되고자 하는 자가 자신이 개설한 인터넷 홈페이지를 이용한 선거운동을 할 경우에는 그 예외를 인정하는 공직선거법 제59조 제3호는 일반 유권자의 선거운동의 자유를 침해하지 않으며, 후보자 등과 유권자에게 인터넷을 이용한 사전선거운동 허용 여부를 달리 취급할 합리성이 인정되므로 평등원칙 및 선거운동 기회균등원칙에 위배되지 않는다(헌재 2010.6.24. 2008헌바169).

① (O) 헌법에서 지방자치제를 제도적으로 보장하고 있고, 지방자치는 지방자치단체가 독자적인 자치기구를 설치해서 그 자치단체의 고유사무를 국가기관의 간섭 없이 스스로의 책임 아래 처리하는 것이라는 점에서 지방자치단체의 대표인 단체장은 지방의회의원과 마찬가지로 주민의 자발적 지지에 기초를 둔 선거를 통해 선출되어야 한다. 공직선거 관련법상 지방자치단체의 장 선임방법은 '선거'로 규정되어 왔고, 지방자치단체의 장을 선거로 선출하여 온 우리 지방자치제의 역사에 비추어 볼 때, 지방자치단체의 장에 대한 주민직선제 이외의 다른 선출방법을 허용할 수 없다는 관행과 이에 대한 국민적 인식이 광범위하게 존재한다고 볼 수 있다. 주민자치제를 본질로 하는 민주적 지방자치제도가 안정적으로 뿌리내린 현 시점에서 지방자치단체의 장 선거권을 지방의회의원 선거권, 나아가 국회의원 선거권 및 대통령 선거권과 구별하여 하나는 법률상의 권리로, 나머지는 헌법상의 권리로 이원화하는 것은 허용될 수 없다. 그러므로 지방자치단체의 장 선거권 역시 다른 선거권과 마찬가지로 헌법 제24조에 의해 보호되는 기본권으로 인정하여야 한다(헌재 2016.10.27. 2014헌마797).

② (O), ③ (O) 공직선거법 제49조 제1항 및 제6항

> **공직선거법 제49조(후보자등록 등)** ① 후보자의 등록은 대통령선거에서는 선거일 전 24일, 국회의원선거와 지방자치단체의 의회의원 및 장의 선거에서는 선거일 전 20일(이하 "후보자등록신청개시일"이라 한다)부터 2일간(이하 "후보자등록기간"이라 한다) 관할 선거구 선거관리위원회에 서면으로 신청하여야 한다.
> ⑥ 정당의 당원인 자는 무소속 후보자로 등록할 수 없으며, 후보자등록기간 중(후보자등록신청 시를 포함한다) 당적을 이탈·변경하거나 2 이상의 당적을 가지고 있는 때에는 당해 선거에 후보자로 등록될 수 없다. 소속정당의 해산이나 그 등록의 취소 또는 중앙당의 시·도당창당 승인취소로 인하여 당원자격이 상실된 경우에도 또한 같다.

42 0549 ○△×|○△×|○△× 2015 법원직 9급(변형)

선거구 획정에 관한 다음 설명 중 옳지 않은 것은?

① 선거구 간의 인구균형 및 행정구역, 지세, 교통사정, 생활권 내지 역사적, 전통적 일체감 등 여러 가지 정책적·기술적 요소를 고려하여 어느 지역을 1개의 선거구로 구성할지의 문제에 관하여 폭넓은 입법형성의 자유가 인정된다.

② 국회의원 선거구에 있어서 인구편차의 허용한계에 관하여 헌법재판소는 평균인구수 기준 상하 50%의 편차를 기준으로 위헌 여부를 판단한다.

③ 자치구·시·군의원 선거구 간 인구편차의 허용기준과 관련하여서는 기존의 국회의원 선거구 간의 인구편차의 허용기준과 마찬가지로 해당 자치구·시·군의 자치구·시·군의원 1인당 평균인구수를 기준으로 하여야 할 것이므로 상당하므로 선거구의 의원 1인당 인구수(선거구의 인구수÷선거구의 의원수)를 그 선거구가 속한 자치구·시·군의 의원 1인당 평균인구수(해당 자치구·시·군의 인구수÷자치구·시·군의 총의원수)와 비교하는 방식이 상당하다.

④ 특정 지역의 선거인들이 자의적인 선거구 획정으로 인하여 정치과정에 참여할 기회를 잃게 되었거나, 그들이 지지하는 후보가 당선될 가능성을 의도적으로 박탈당하고 있음이 입증되어 특정 지역의 선거인들에 대하여 차별하고자 하는 국가권력의 의도와 그 집단에 대한 실질적인 차별효과가 명백히 드러난 경우, 즉 게리맨더링에 해당하는 경우에는, 그 선거구 획정은 입법재량의 한계를 벗어난 것으로서 헌법에 위반된다.

지문분석 난이도 중 정답 ②

| 키 워 드 | 선거구 획정

| 출제유형 | 판례

② (X) 공직선거법 제25조 제1항 본문 중 "자치구" 부분에 대한 심판청구는 기본권 침해의 직접성이 인정되지 아니하여 부적법하고, 인구편차 상하 50%를 기준으로 국회의원지역선거구를 정하고 있는 같은 법 제25조 제2항 별표1 국회의원지역선거구 구역표는 그 전체가 헌법에 합치되지 아니한다(헌재 2014.10.30. 2012헌마192 등).

① (O) 헌재 2000.3.30. 99헌마594

③ (O) 우리 재판소는 국회의원 선거구의 인구편차의 허용기준에 있어서, 최소선거구의 인구수를 기준으로 할 것인가 아니면 전국 선거구의 평균인구수를 기준으로 할 것인가에 관하여, 선거구 간의 인구불균형의 문제를 엄격한 평등원칙의 측면 즉 차별 여부의 문제로서만 파악하는 한 최소선거구의 인구수와 대비검토가 되어야 할 것이지만, 각 선거구의 선거인에 관하여 그 투표가치가 이상(理想)에서 어느 정도 떨어져 있는가를 검토하여 그 편차가 매우 큰 경우에 투표가치평등의 요구에 반하고 위헌의 하자를 띠게 된다고 생각할 수 있으며, 또 "선거권"개념의 내포(內包)로서 "평균적인 투표가치"가 포함되어 있고 이러한 선거권이 침해된 경우에 비로소 선거권이 침해되었다고 볼 여지도 있으므로, 전국 선거구의 평균인구수를 기준으로 하여 인구편차의 허용기준을 검토함이 상당하다고 보았고(헌재 1995.12.27. 95헌마224), 그 후에도 의원 1인당 평균인구수를 기준으로 하여 그와 같은 입장을 유지하여 왔다(헌재 2007.3.29. 2005헌마985 등). 이러한 논리는 자치구·시·군의원 선거구에 대하여도 여전히 타당하다고 보여지므로, 해당 자치구·시·군의 자치구·시·군의원 1인당 평균인구수를 기준으로 인구편차의 허용 여부를 판단하기로 한다. 이에 따라 심판대상인 선거구의 의원 1인당 인구수(선거구의 인구수÷선거구의 의원수)를 그 선거구가 속한 자치구·시·군의 의원 1인당 평균인구수(해당 자치구·시·군의 인구수÷자치구·시·군의 총의원수)와 비교하는 방식이 상당하다고 할 것이다{앞에서 본 선례들은 하나의 선거구당 1인의 의원을 선출하는 선거를 대상으로 한 것이어서, 해당 선거구의 인구수를 전국 선거구 1개당 평균인구수(전국 인구수÷국회의원 선거구수) 또는 각 시·도의 선거구 1개당 평균인구수(각 시·도의 인구수÷선거구수)와 비교하였다}.

④ (O) 헌재 1998.11.26. 96헌마54

43 0550 O △ X | O △ X | O △ X 2006 국가직 7급(변형)

현행법상의 선거제도와 관련된 설명으로 옳지 않은 것은?

① 부재자투표시간을 오전 10시부터 오후 4시까지로 정하고 있는 공직선거법 제155조 제2항은 부재자투표의 인계·발송절차가 지연될 위험 등이 발생하지 않으면서도 일과시간에 학업·직장업무를 하여야 하는 부재자투표자가 현실적으로 선거권을 행사하는 데 큰 어려움이 발생하지 않을 것이다. 따라서 이 사건 투표시간 조항 중 투표종료시간 부분은 수단의 적정성, 법익균형성을 갖추고 있으므로 청구인의 선거권이나 평등권을 침해하지 않는다.

② 투표소는 선거일 오전 6시에 열고 오후 6시에 닫고 보궐선거 등에 있어서는 오후 8시에 닫는다. 부재자투표소는 부재자투표기간 중 매일 오전 6시에 열고 오후 4시에 닫는다. 다만, 마감할 때에 투표소에서 투표하기 위하여 대기하고 있는 선거인에게는 번호표를 부여하여 투표하게 한 후에 닫아야 한다.

③ 선거인(거소투표자와 선상투표자는 제외한다)은 누구든지 선거일 전 5일부터 2일간 사전투표소에 가서 투표할 수 있다.

④ 선거인은 투표한 후보자의 성명이나 정당명을 누구에게도 또한 어떠한 경우에도 진술할 의무가 없으며, 누구든지 선거일의 투표마감시각까지 이를 질문하거나 그 진술을 요구할 수 없다. 다만 언론사 등이 선거의 결과를 예상하기 위하여 선거일에 투표소로부터 50미터 밖에서 투표의 비밀이 침해되지 않는 방법으로 질문하는 경우에는 그러하지 아니하다.

지문분석 난이도 중 정답 ①

| 키 워 드 | 선거제도

| 출제유형 | 조문 + 판례

① (X) 이 사건 투표시간 조항이 투표개시시간을 일과시간 이내인 오전 10시부터로 정한 것은 투표시간을 줄인 만큼 투표관리의 효율성을 도모하고 행정부담을 줄이는 데 있고, 그 밖에 부재자투표의 인계·발송절차의 지연위험 등과는 관련이 없다. 이에 반해 일과시간에 학업이나 직장업무를 하여야 하는 부재자투표자는 이 사건 투표시간 조항 중 투표개시시간 부분으로 인하여 일과시간 이전에 투표소에 가서 투표할 수 없게 되어 사실상 선거권을 행사할 수 없게 되는 중대한 제한을 받는다. 따라서 이 사건 투표시간 조항 중 투표개시시간 부분은 수단의 적정성, 법익균형성을 갖추지 못하므로 과잉금지원칙에 위배하여 청구인의 선거권과 평등권을 침해하는 것이다(헌재 2012.2.23. 2010헌마601).

② (O) 공직선거법 제155조

> **공직선거법 제155조(투표시간)** ① 투표소는 선거일 오전 6시에 열고 오후 6시(보궐선거 등에 있어서는 오후 8시)에 닫는다. 다만, 마감할 때에 투표소에서 투표하기 위하여 대기하고 있는 선거인에게는 번호표를 부여하여 투표하게 한 후에 닫아야 한다.
> ② 사전투표소는 사전투표기간 중 매일 오전 6시에 열고 오후 6시에 닫되, 제148조 제1항 제3호에 따라 설치하는 사전투표소는 관할 구·시·군선거관리위원회가 예상 투표자수 등을 고려하여 투표시간을 조정할 수 있다. 이 경우 제1항 단서의 규정은 사전투표소에 이를 준용한다.

③ (O) 동법 제148조 및 제158조

> **공직선거법 제148조(사전투표소의 설치)** ① 구·시·군선거관리위원회는 선거일 전 5일부터 2일 동안(이하 "사전투표기간"이라 한다) 관할구역(선거구가 해당 구·시·군의 관할구역보다 작은 경우에는 해당 선거구를 말한다)의 읍·면·동마다 1개소씩 사전투표소를 설치·운영하여야 한다. 다만, 다음 각 호의 어느 하나에 해당하는 경우에는 해당 지역에 사전투표소를 추가로 설치·운영할 수 있다.
> **제158조(사전투표)** ① 선거인(거소투표자와 선상투표자는 제외한다)은 누구든지 사전투표기간 중에 사전투표소에 가서 투표할 수 있다.

④ (O) 동법 제167조

> **공직선거법 제167조(투표의 비밀보장)** ① 투표의 비밀은 보장되어야 한다.
> ② 선거인은 투표한 후보자의 성명이나 정당명을 누구에게도 또한 어떠한 경우에도 진술할 의무가 없으며, 누구든지 선거일의 투표마감시각까지 이를 질문하거나 그 진술을 요구할 수 없다. 다만, 텔레비전방송국·라디오방송국·신문 등의 진흥에 관한 법률 제2조 제1호 가목 및 나목에 따른 일간신문사가 선거의 결과를 예상하기 위하여 선거일에 투표소로부터 50미터 밖에서 투표의 비밀이 침해되지 않는 방법으로 질문하는 경우에는 그러하지 아니하며 이 경우 투표마감시각까지 그 경위와 결과를 공표할 수 없다.

44 0551 ○△×|○△×|○△× 2008 법무사(변형)

선거와 관련된 설명으로 옳지 않은 것은?

① 선거는 법적으로 유권자의 집단인 선거인단이 국회의원이나 대통령 등 국민을 대표할 국가기관을 선임하는 특정의 공무수행기능을 수행하는 위임행위이다.

② 국회의원과 지방의회의원은 선거에서의 정치적 중립의무가 요구되지 않으므로 선거운동이 금지되는 주체에서도 제외되나, 지방자치단체 장은 선거에서의 정치적 중립성이 엄격히 요구됨에 따라 선거운동이 금지된다. 국회의원과 지방의회의원을 선거에 영향을 미치는 행위가 금지되는 주체에서 제외하면서 지방자치단체 장을 제외하지 않은 것은 선거에서 정치적 중립의무가 요구되는 정도에 따른 것이므로 합리적인 근거 없는 차별로서 평등원칙에 위배된다고 볼 수 없다.

③ 공직선거 및 선거부정방지법상 국회의원 총선거의 경우와 마찬가지로 국회의원 재·보궐선거의 선거일을 목요일로, 투표시간을 오전 6시부터 오후 6시까지로 규정하고, 투표율에 관계없이 유효투표의 다수를 얻은 입후보자를 당선인으로 결정하도록 한 규정은 입법자의 입법형성권 범위 내에서 제정된 것으로서 입후보자 또는 선거권자인 청구인들의 평등권이나 평등선거권, 또는 참정권을 침해하는 것이 아니고, 유효투표의 다수를 얻은 후보자를 당선인으로 결정하도록 하고 있는 공직선거 및 선거부정방지법의 규정도 선거의 대표성의 본질을 침해하거나 국민주권의 원리에 위배되는 것이 아니다.

④ 참정권의 제한은 국민주권에 바탕을 두고 자유·평등·정의를 실현하려는 헌법의 민주적 가치질서를 직접적으로 침해하게 될 위험성이 크기 때문에 언제나 필요최소한의 정도에 그쳐야 한다.

지문분석 난이도 ㊥ 정답 ①

| 키 워 드 | 선거제도

| 출제유형 | 이론 + 판례

① (×) 선거는 법적으로 유권자의 집단인 선거인단이 국회의원이나 대통령 등 국민을 대표할 국가기관을 선임하는 집합적 합성행위라는 성질을 가진다. 선거는 일종의 합동행위적 다수의사의 표명이므로 선거는 각 선거인의 개별적 투표행위 그 자체를 지칭하는 것이 아닐 뿐 더러 하향식 선임행위인 공무원임명행위와 성질이 상이하다. 또한 선거는 단순한 지명행위라는 점에서 특정의 공무수행기능을 수행하는 위임행위와도 구별된다.

② (○) 헌재 2005.6.30. 2004헌바33

③ (○) 헌재 2003.11.27. 2003헌마259 등

④ (○) 헌재 2004.3.25. 2002헌마411

45 0552 ○△×|○△×|○△× 2012 국가직 7급(변형)

다음 중 선거에 있어서 공무원의 정치적 중립의무에 관한 설명으로 타당하지 않은 것은?

① 선거에서의 공무원의 정치적 중립의무는 공무원의 지위를 규정하는 헌법 제7조 제1항, 자유선거원칙을 규정하는 헌법 제41조 제1항 및 제67조 제1항 및 정당의 기회균등을 보장하는 헌법 제116조 제1항으로부터 나오는 헌법적 요청이다.

② 선거에 있어서 공무원의 중립의무는 정당의 기회균등의 관점에서도 헌법적으로 요청된다.

③ 대통령과 지방자치단체의 장 등에게는 다른 공무원보다도 선거에서의 정치적 중립성이 특히 요구된다.

④ 선거에서 정치적 중립의무를 지는 공무원은 원칙적으로 국가와 지방자치단체의 모든 공무원을 의미하는 것이므로 좁은 의미의 공무원은 물론이고 적극적인 정치활동을 통하여 국가에 봉사하는 정치적 공무원을 포함하나, 국무총리나 국무위원 이외에 선거에 의하여 선출되는 대통령과 국회의원, 지방의회의원 및 지방자치단체의 장은 현실적으로 정치적 중립성을 요구할 수 없으므로 제외된다.

지문분석 난이도 ㊥ 정답 ④

| 키 워 드 | 공무원의 정치적 중립의무

| 출제유형 | 이론 + 판례

④ (×), ③ (○) 공직선거법 제9조의 '공무원'이란, 위 헌법적 요청을 실현하기 위하여 선거에서의 중립의무가 부과되어야 하는 모든 공무원 즉, 구체적으로 '자유선거원칙'과 '선거에서의 정당의 기회균등'을 위협할 수 있는 모든 공무원을 의미한다. 그런데 사실상 모든 공무원이 그 직무의 행사를 통하여 선거에 부당한 영향력을 행사할 수 있는 지위에 있으므로, 여기서의 공무원이란 원칙적으로 국가와 지방자치단체의 모든 공무원, 즉 좁은 의미의 직업공무원은 물론이고, 적극적인 정치활동을 통하여 국가에 봉사하는 정치적 공무원(예컨대, 대통령, 국무총리, 국무위원, 도지사, 시장, 군수, 구청장 등 지방자치단체의 장)을 포함한다. 특히 대통령, 지방자치단체의 장 등에게는 다른 공무원보다도 선거에서의 정치적 중립성이 특히 요구된다. 다만, 국회의원과 지방의회의원은 정당의 대표자이자 선거운동의 주체로서의 지위로 말미암아 선거에서의 정치적 중립성이 요구될 수 없으므로, 공직선거법 제9조의 '공무원'에 해당하지 않는다(헌재 2004.5.14. 2004헌나1).

① (○) 공무원의 정치적 중립의무을 도출하는 근거 규정에 대한 설명이다.

② (○) 공무원의 선거중립 의무는 '국민 전체에 대한 봉사자'라는 공무원의 지위(헌법 제7조), 자유선거의 원칙(헌법 제41조, 제67조) 및 정당 간 균등한 기회보장(헌법 제116조)으로부터 나오는 헌법적 요청이다.

46 0553 ○△×|○△×|○△× 2017 국가직 7급(변형)

다음 중 선거에 관한 판례의 입장과 일치하지 않는 것은?

① 지방자치단체의 장으로 하여금 당해 지방자치단체의 관할구역과 같거나 겹치는 선거구역에서 실시되는 지역구 국회의원선거에 입후보하고자 하는 경우 당해 선거의 선거일 전 180일까지 그 직을 사퇴하도록 규정하고 있는 공직선거법 제53조 제3항은 평등의 원칙에 위배된다.

② 100만 원 이상의 벌금형을 선고받은 선거범에 대하여 5년간 피선거권을 제한하는 공직선거법 제19조 제1호는 과잉금지원칙에 위배하여 공무담임권을 제한하고 있다고 할 수 없다.

③ '공무원이 선거운동의 기획에 참여하거나 그 기획의 실시에 관여하는 행위'를 금지하고 있는 공직선거법 제86조 제1항 제2호는 소위 관권선거나 공적 지위에 있는 자의 선거 개입의 여지를 철저히 불식시킴으로써 선거의 공정성을 확보하기 위한 것이므로 공무원의 정치적 표현의 자유를 침해하는 것이라고 볼 수 없다.

④ 공직선거법 제86조 제1항 제2호는 공무원 등 공적 지위에 있는 자들이 선거운동의 기획에 참여하거나 그 기획의 실시에 관여하는 행위를 금지하고, 제255조 제1항 제10호는 '제86조 제1항 제2호에 위반한 행위를 하거나 하게 한 자'를 처벌하고 있는바, 공무원이 자신을 위한 선거운동의 기획에 다른 공무원이 참여하는 행위를 단순히 묵인하였다거나 소극적으로 이익을 누린 사실만으로는 위 조항에 의한 처벌대상이 된다고 볼 수 없다.

지문분석 난이도 중 정답 ③

| 키 워 드 | 선거제도

| 출제유형 | 판례

③ (X) 공직선거법은 금지되는 선거운동의 개념에서 '입후보와 선거운동을 위한 준비행위'를 제외하고 있으므로 그러한 준비행위는 통상 자유롭게 행할 수 있는 것인데도, 이 사건 법률 조항은 다시 공무원에게 선거운동의 기획행위를 포괄적으로 금지하고 있다. 이 사건 법률 조항은 공무원의 정치적 표현의 자유를 침해한다. 그런데 그러한 위헌성은 공무원이 '그 지위를 이용하여' 하는 선거운동의 기획행위 외에 사적인 지위에서 하는 선거운동의 기획행위까지 포괄적으로 금지하는 것에서 비롯된 것이므로, 이 사건 법률 조항은 공무원의 지위를 이용하지 아니한 행위에까지 적용되는 한 헌법에 위반된다고 할 것이다. 이 사건 법률 조항은 공무원의 지위를 이용하지 아니한 행위에까지 적용되는 한 기본권을 침해하여 헌법에 위반되므로 주문과 같이 결정한다. 종전에 헌법재판소가 이 결정과 견해를 달리해 구 공직선거 및 선거부정방지법(헌재 2004.3.12. 법률 제7189호로 개정된 것) 제86조 제1항 제2호와 제255조 제1항 제10호가 헌법에 위반되지 않는다고 판시한 2005.6.30. 2004헌바33 결정은 이 결정과 저촉되는 범위 내에서 이를 변경하기로 한다(헌재 2008.5.29. 2006헌마1096). (판례변경)

① (O) 헌재 2003.9.25. 2003헌마106

② (O) 선거의 공정성을 해친 바 있는 선거범으로부터 부정선거의 소지를 차단하여 공정한 선거가 이루어지도록 하기 위하여는 피선거권을 제한하는 것이 효과적인 방법이 될 수 있는 점, 법원이 선거범에 대한 형량을 결정함에 있어서 양형의 조건뿐만 아니라 피선거권의 제한 여부에 대한 합리적 평가도 하게 되는 점, 피선거권의 제한기간이 공직선거의 참여를 1회 정도 제한하게 되는 점 및 입법자가 이 사건 법률 조항에서 피선거권의 제한기준으로 채택한 수단이 지나친 것이어서 입법형성권의 범위를 벗어난 것이라고 단정하기 어려운 점 등을 종합하여 보면, 이 사건 법률 조항은 과잉금지원칙에 위배하여 공무담임권을 제한하고 있다고 할 수 없다(헌재 2008.1.17. 2004헌마41).

④ (O) 지방자치단체의 장이 자신을 위한 선거운동의 기획에 다른 공무원이 참여하는 행위를 단순히 묵인하였다거나 소극적으로 이익을 누린 사실만으로 처벌되는지 여부: 공직선거법 제86조 제1항 제2호는 공무원 등 공적 지위에 있는 자들이 선거운동의 기획에 참여하거나 그 기획의 실시에 관여하는 행위를 금지하고, 제255조 제1항 제10호는 '제86조 제1항 제2호에 위반한 행위를 하거나 하게 한 자'를 처벌하고 있는바, 공무원이 자신을 위한 선거운동의 기획에 다른 공무원이 참여하는 행위를 단순히 묵인하였다거나 소극적으로 이익을 누린 사실만으로는 위 조항에 의한 처벌대상이 된다고 볼 수 없다(대판 2007.11.15. 2007도3061 전원합의체).

47 0554 ○△×|○△×|○△× 2015 법무사(변형)

다음 선거에 관한 설명 중 헌법재판소 판례와 일치하지 않는 것은?

① 국회의원 또는 지방의회의원은 의정활동을 보고할 수 있으나, 대통령선거·국회의원선거·지방의회의원선거 및 지방자치단체의 장선거의 선거일 전 90일부터 선거일까지 직무상의 행위 그 밖에 명목 여하를 불문하고 의정활동을 인터넷 홈페이지 또는 그 게시판·대화방 등에 게시하거나 전자우편·문자메시지로 전송하는 외의 방법으로 의정활동을 보고할 수 없다.

② 비례대표 국회의원 및 비례대표 지방의회의원에 궐원이 생긴 때에는 선거구선거관리위원회는 궐원통지를 받은 후 10일 이내에 그 궐원된 의원이 그 선거 당시에 소속한 정당의 비례대표 국회의원 후보자명부 및 비례대표 지방의회의원후보자명부에 기재된 순위에 따라 궐원된 국회의원 및 지방의회의원의 의석을 승계할 자를 결정하도록 하면서도 제264조(당선인의 선거범죄로 인한 당선무효)의 규정에 의하여 당선이 무효로 된 때에는 의석승계결정을 하지 않도록 하는 공직선거법 제200조 제2항은 헌법의 기본원리인 대의제 민주주의 원리에 부합되지 아니하며, 자기책임의 원리에도 위배된다.

③ 선거에 참여한 선거권자들의 정치적 의사표명에 의하여 직접 결정되는 것은, 어떠한 비례대표 지방의회의원후보자가 비례대표 지방의회의원으로 선출되느냐의 문제라기보다는 비례대표 지방의회의원의석을 할당받을 정당에 배분되는 비례대표 지방의회의원의 의석수이다.

④ 임기만료일 전 180일 이내에 궐원이 생긴 때에는 비례대표 의원 의석승계결정을 하지 않도록 규정한 공직선거법 제200조 제2항은 상당한 비용이나 시간이 소요되는 보궐선거나 재선거로 인한 국가의 재정낭비를 막는다는 목적이 정당하고, 국회의원들의 임기만료가 임박하여 사실상 국회의 활동이 정지 중인 기간임을 고려해 볼 때 후순위 비례대표후보자들의 공무담임권을 침해하는 것으로 볼 수 없다.

지문분석 난이도 ㊤ 정답 ④

| 키 워 드 | 선거제도

| 출제유형 | 조문 + 판례

④ (X) 심판대상 조항은 앞에서 본 바와 같이 대의제 민주주의 원리에 부합되지 아니하는 것으로서 합리적 이유 없이 비례대표 국회의원선거를 통하여 표출된 선거권자들의 정치적 의사표명을 무시, 왜곡하는 결과를 초래할 뿐이라 할 것이므로, 수단의 적합성 요건을 충족한 것으로 보기 어렵다. 나아가 비례대표 국회의원의 전체 임기(4년)의 1/8 정도에 해당하는 180일이라는 기간은 비례대표 국회의원으로서 국정을 수행함에 있어 결코 짧지 않은 기간이라 할 수 있고, 잔여임기가 180일 이내인 경우에 궐원된 비례대표 국회의원의 의석 승계를 일체 허용하지 아니하는 것은 그 입법목적에 비추어 지나친 것이어서 침해의 최소성원칙에도 위배된다. 따라서 심판대상 조항은 과잉금지원칙에 위배하여 청구인들의 공무담임권을 침해한 것이다(헌재 2009.6.25. 2008헌마413).

① (○) 공직선거법 111조 제1항

② (○), ③ (○) 공직선거법은 비례대표 지방의회의원선거에 있어 고정명부식 비례대표제를 택하고 있고, 투표의 방식에 관해서도 시·도의원선거 및 자치구·시·군의원선거에 있어서 지역구의원선거 및 비례대표의원선거마다 1인 1표를 행사하도록 하고 있으며, 비례대표 지방의회의원의 석의 할당은 원칙적으로 당해 선거에서 얻은 정당의 득표비율에 따라 이루어지도록 되어 규정하고 있으므로, 결국 선거에 참여한 선거권자들의 정치적 의사표명에 의하여 직접 결정되는 것은, 어떠한 비례대표 지방의회의원후보자가 비례대표 지방의회의원으로 선출되느냐의 문제라기보다는 비례대표 지방의회의원의석을 할당받을 정당에 배분되는 비례대표 지방의회의원의 의석수라고 할 수 있다. 그런데 심판대상 조항은 선거범죄를 범한 비례대표 지방의회의원 당선인 본인의 의원직 박탈로 그치지 아니하고 그로 인하여 궐원된 비례대표 지방의회의원의석에 대하여 소속 정당의 비례대표 지방의회의원 후보자명부에 의한 의석 승계를 인정하지 아니함으로써 결과적으로 그 정당에 비례대표 지방의회의원의석을 할당받도록 한 선거권자들의 정치적 의사표명을 무시하고 왜곡하는 결과가 된다. 이는 국민주권의 원리 내지 대의제 민주주의를 근간으로 하는 우리 법체계하에서는 원칙적으로 용인되기 어려운 것이다. 따라서 심판대상 조항은 선거권자의 의사를 무시하고 왜곡하는 결과를 초래할 수 있다는 점에서 헌법의 기본원리인 대의제 민주주의 원리에 부합되지 않는다고 할 것이다. 한편 정당의 비례대표 지방의회의원 후보자명부에 의한 승계원칙의 예외사유는, 궐원된 비례대표 지방의회의원의 의석 승계가 허용되지 아니함으로써 불이익을 입게 되는 소속 정당이나 후보자명부상의 차순위 후보자의 귀책사유에서 비롯된 것이 아니라 당선이 무효가 된 비례대표 지방의회의원 당선인의 귀책사유인 당선인의 선거범죄에서 비롯된 것이므로 정당 또는 비례대표 지방의회의원 후보자명부상의 차순위 후보자에 대한 불이익을 규정한 심판대상 조항은 자기책임의 범위를 벗어나는 제재라고 하지 않을 수 없다(헌재 2009.6.25. 2007헌마40).

48 0555 ○△×|○△×|○△× 2004 국회직 8급(변형)

다음 선거쟁송제도에 관한 설명 중 옳지 않은 것은? (다툼이 있는 경우 판례에 의함)

① 대통령선거의 효력에 관하여 이의가 있는 선거인·정당 또는 후보자는 선거일로부터 30일 이내에 당해 선거구선거관리위원회 위원장을 피고로 하여 대법원에 소를 제기할 수 있다.
② 대통령선거에서 후보자가 1인인 경우의 당선인 결정과정에 위법이 있는 때에는 중앙선거관리위원회 위원장을 피고로 대법원에 당선소송을 제기할 수 있으며 위원장이 궐위된 때에는 중앙선거관리위원회위원 전원을 피고로 한다.
③ 특정정당 내부의 비례대표 국회의원 후보자의 선출과정에서의 하자가 있는 경우 '특정정당 비례대표 국회의원 후보자 선출의 효력'을 다투는 방식의 '특정정당 비례대표 국회의원 선거소송'을 대법원에 제소할 수 있다.
④ 대통령선거에서 최고득표자가 2인 이상인 때에는 국회 재적의원 과반수가 출석한 공개회의에서 다수표를 얻은 자를 당선인으로 결정한 경우 당선인 결정에 이의가 있는 후보자는 국회의장을 피고로 대법원에 당선소송을 제기할 수 있으며 국회의장이 궐위된 때에는 부의장 중 1인을 피고로 한다.

지문분석

난이도 하 정답 ③

| 키 워 드 | 선거쟁송제도
| 출제유형 | 조문 + 판례

③ (X) 특정정당 내부의 비례대표 국회의원 후보자의 선출과정에서의 하자를 이유로 '특정정당 비례대표 국회의원 후보자 선출의 효력'을 다투는 방식의 '특정정당 비례대표 국회의원선거소송'은 결과적으로 비례대표 국회의원선거 중 특정정당의 비례대표 국회의원 후보자명부만을 교체하는 것을 내용으로 하는 것이 되어 정당과 이미 제출·등록된 비례대표 국회의원 후보자명부를 기초로 하여 이루어진 선거인들의 정치적 의사가 선거에 의하지 아니하고 변경되는 것으로서 공직선거 및 선거부정방지법상의 비례대표 국회의원선거의 본질에 반하여 같은 법 제222조 제1항의 소송유형으로는 허용되지 않는다 할 것이고, 같은 법 제222조 제1항이 위와 같은 소송유형을 허용하지 아니한 것은 비례대표 국회의원선거의 본질에 비추어 그 정당성과 합리성을 수긍할 수 있으므로, 이를 두고 정당의 민주적 활동에 관한 헌법 제8조 제2항, 평등권에 관한 제11조 제1항, 행복추구권에 관한 제10조에 위반된다고 볼 수 없다(대결 2004.10.14. 자, 2004주8).
① (O), ② (O), ④ (O) 공직선거법 제222조 및 제223조

✓ 개념체크 선거소송과 당선소송

구분	선거소송(공직선거법 제222조)	당선소송(공직선거법 제223조)
사유	선거의 효력에 관하여 이의가 있을 때	당선의 효력에 관하여 이의가 있을 때
원고	선거인, 정당, 후보자	정당, 후보자
피고	관할 선관위 위원장 (대통령선거: 중선위 위원장)	• 대통령선거: 당선인, 중선위 위원장, 국회의장 • 국회의원선거: 당선인, 관할 선관위 위원장 • 지방의회의원, 지방자치단체장 선거: 당선인, 관할 선관위 위원장 • 당선인이 사퇴·사망한 경우: 대통령선거의 경우 법무부장관 그 외에는 관할 고등검찰청 검사장
법원	• 대법원: 대통령, 국회의원, 시·도지사선거, 비례대표 시·도의원 선거 • 관할 고등법원: 지역구 시·도의원선거, 자치구·시·군의 장 선거	
기간	• 대통령선거·국회의원선거: 선거일로부터 30일 이내 • 지방의회의원·지방자치단체장 선거: 선거일로부터 14일 이내 소청 → 소청결정서를 받은 날로부터 10일 이내 소송제기	• 대통령·국회의원선거: 당선인 결정일로부터 30일 이내 • 지방의회의원·지방자치단체장 선거: 선거일로부터 14일 이내 소청 → 소청결정서를 받은 날로부터 10일 이내 소송제기

49 0556 ○△×|○△×|○△× 2018 서울시 7급(변형)

선거제도와 관련된 헌법재판소의 판례와 그 내용이 일치하지 않는 것은?

① 지역구 국회의원선거에서 유효투표총수의 100분의 15 이상인 때에는 후보자가 지출한 선거비용의 전액을, 100분의 10 이상 100분의 15 미만인 때에는 후보자가 지출한 선거비용의 반액을 각 보전하도록 규정하고 있는 공직선거법 제122조의2 제1항 제1호 중 "지역구 국회의원선거" 부분이 입법재량의 한계를 일탈하여 평등권을 침해한다고 할 수 없다.

② 예비후보자등록 시 기탁금의 100분의 20에 해당하는 기탁금을 납부하도록 하고, 예비후보자가 후보자등록을 하지 않는 등 일정한 경우에 기탁금을 국고에 귀속하도록 규정한 공직선거법이 공무담임권 내지 평등권을 침해한다고 볼 수 없다.

③ 선거범죄로 당선이 무효로 된 자에게 이미 반환받은 기탁금과 보전받은 선거비용을 다시 반환하도록 한 구 공직선거법 제265조의2 제1항은 공무담임권을 침해하지 아니한다.

④ 중선거구제인 지역구지방의회의원선거에서도 대통령선거나 지역구 국회의원선거와 마찬가지로 유효투표 총수의 100분의 15 이상의 득표를 기탁금 및 선거비용 전액의 반환 또는 보전의 기준으로, 유효투표 총수의 100분의 10 이상 100분의 15 미만의 득표를 기탁금 및 선거비용 반액의 반환 또는 보전의 기준으로 규정한 공직선거법은 서로 다른 선거에 동일한 기준을 적용하여 기탁금의 반환 및 선거비용의 보존 여부를 규정한 것으로서 국민의 평등권을 침해하는 것이다.

지문분석 난이도 중 정답 ④

| 키 워 드 | 선거제도

| 출제유형 | 판례

④ (X) 중선거구제인 선거에서 기탁금반환의 기준이 소선거구제인 다른 선거에 적용되는 기준보다 낮을 수도 있으나, 우리의 정치문화와 선거풍토에서 선거의 신뢰성과 공정성을 확보하고 이를 유지하는 것이 무엇보다 중요하고 시급한 점, 국민들의 경제적 부담을 가중시키고, 정국의 불안정이나 정치에 대한 무관심으로 이어지는 등 부작용을 방지하여야 한다는 점 등을 고려하여 중선거구제를 도입하였음에도 불구하고 종전과 마찬가지 수준의 기탁금반환 기준을 유지함으로써 상대적으로 이러한 문제점을 완화시키려고 하였던 입법자의 판단에는 합리적인 이유가 있다 할 것이다(헌재 2011.6.30. 2010헌마542).

① (○) 지역구 국회의원선거에서 유효투표총수의 100분의 15 이상인 때에는 후보자가 지출한 선거비용의 전액을, 100분의 10 이상 100분의 15 미만인 때에는 후보자가 지출한 선거비용의 반액을 각 보전하도록 규정하고 있는 공직선거법(헌재 2005.8.4. 법률 제7681호로 개정된 것, 이하 '공직선거법'이라 한다) 제122조의2 제1항 제1호 중 "지역구 국회의원선거" 부분은 이 사건 법률 조항이 선거비용의 보전에 있어서 기준 득표율을 넘은 후보자와 그렇지 않은 후보자를 차별하는 데에는 선거공영제의 취지에 부합하는 합리적인 이유가 있다 할 것이므로, 위 법률 조항이 입법재량권의 한계를 일탈하여 자의적으로 청구인의 평등권을 침해한다고 할 수 없다(헌재 2010.5.27. 2008헌마491).

② (○) 예비후보자의 기탁금제도는 공식적인 선거운동기간 이전이라도 일정범위 내에서 선거운동을 할 수 있는 예비후보자의 무분별한 난립에 따른 폐해를 예방하고 그 책임성을 강화하기 위한 것으로서 입법목적이 정당하고, 예비후보자에게 일정액의 기탁금을 납부하게 하고 후보자등록을 하지 않으면 예비후보자가 납부한 기탁금을 반환받지 못하도록 하는 것은 예비후보자의 난립 예방이라는 입법목적을 달성하기 위한 적절한 수단이라 할 것이며 예비후보자가 납부하는 기탁금의 액수와 국고귀속 요건도 입법재량의 범위를 넘은 과도한 것이라고 볼 수 없으므로, 공직선거법 제57조 제1항 제1호 다목 및 제60조의2 제2항은 청구인의 공무담임권, 재산권을 침해하지 아니한다. 또한 당내 경선에 참가한 정당 소속 예비후보자는 경선에서 후보자로 선출되지 않으면 공직선거법 제57조의2 제2항에 따라 후보자로 등록될 수 없지만, 청구인과 같은 무소속 예비후보자는 후보자로 등록하는 데 아무런 법률상 장애가 없으므로, 법률상 장애로 인하여 후보자로 등록하지 못하는 자에 대해서는 기탁금을 반환하는 한편, 법률상 장애가 없음에도 스스로 후보자등록을 하지 않은 자에 대해서는 기탁금을 반환하지 않도록 하는 것이 불합리한 차별이라고 보기 어려우므로 청구인의 평등권을 침해하지 아니한다(헌재 2010.12.28. 2010헌마79).

③ (○) 이 사건 법률 조항의 제재는 공직취임을 배제하거나 공무원 신분을 박탈하는 내용이 아니므로 공무담임권의 보호영역에 속하는 사항을 규정한 것이라고 할 수 없고, 선거범죄를 저지르지 않고 선거를 치르는 대부분의 후보자는 제재대상에 포함되지 아니하여 자력이 충분하지 못한 국민의 입후보를 곤란하게 하는 효과를 갖는다고 할 수 없으므로 이 사건 법률 조항은 공무담임권을 제한한다고 할 수 없다(헌재 2011.4.28. 2010헌바232).

50 0557 ○△×|○△×|○△× 2017 지방직 7급(변형)

다음 중 옳지 않은 것은? (다툼이 있는 경우 판례에 의함)

① 방송사업자가 방송법에 규정된 심의규정 등을 위반한 경우에 방송통신위원회가 방송사업자에게 사과방송을 할 것을 명령하는 제도는 과잉금지원칙에 위배하여 방송사업자의 인격권을 침해하므로 위헌이다.

② 선거일 전 180일부터 선거일까지 정보통신망을 이용하여 인터넷 홈페이지 또는 그 게시판·대화방 등에 글이나 동영상 등 정보를 게시하거나 전자우편을 전송하는 방법을 금지하는 것은 과잉금지원칙에 위배하여 정치적 표현의 자유 내지 선거운동의 자유를 침해하여 헌법에 위반된다.

③ 인터넷 게시판을 설치·운영하는 정보통신서비스제공자에게 본인확인조치의무를 부과하여 게시판 이용자로 하여금 본인확인절차를 거쳐야만 게시판을 이용할 수 있도록 하는 이른바 본인확인제는 인터넷 게시판 이용자의 표현의 자유, 개인정보자기결정권 및 인터넷 게시판을 운영하는 정보통신서비스제공자의 언론의 자유를 침해하므로 헌법에 위반된다.

④ 공무원의 직급이나 직렬 등에 상관없이 공무원의 특정정당 또는 후보자를 위한 선거운동을 모두 금지하는 것은 과잉금지원칙을 위배하여 공무원의 선거운동의 자유 및 정치적 의사표현의 자유를 침해하는 것이다.

51 0558 ○△×|○△×|○△× 2018 법원직 9급(변형)

국민투표와 관련된 설명으로 가장 옳지 않은 것은? (다툼이 있는 경우 헌법재판소 결정례에 의함)

① 헌법 제72조는 국민투표의 대상을 외교·국방·통일 기타 국가안위에 관한 중요정책이라 규정하고 있는바, 이때 국민투표의 대상인 중요정책에는 대통령에 대한 신임이 포함되지 않는다.

② 특정 정책을 국민투표에 붙이면서 이에 자신의 신임을 결부시키는 대통령의 행위도 위헌적인 행위로서 헌법적으로 허용되지 않는다.

③ 국민투표의 효력에 관하여 이의가 있는 투표인은 투표인 10만인 이상의 찬성을 얻어 국민투표를 부의한 대통령을 피고로 하여 투표일로부터 20일 이내에 대법원에 제소할 수 있다.

④ 국민투표무효의 소송에 있어서 대법원은 국민투표법 또는 국민투표법에 의하여 발하는 명령에 위반하는 사실이 있는 경우라도 국민투표의 결과에 영향을 미쳤다고 인정하는 때에 한하여 국민투표의 전부 또는 일부의 무효를 판단한다.

지문분석 (50)

난이도 중 정답 ④

| 키 워 드 | 선거제도

| 출제유형 | 판례

④ (X) 공무원이 공동체와 국민 모두의 이익을 실현하기 위하여 존재하는 것이라는 본질적 측면에 비추어볼 때, 공무원의 직급이나 직렬 등에 상관없이 공무원의 특정 정당 또는 후보자를 위한 선거운동을 모두 금지하는 것이 부득이하고 불가피하므로, 이 사건 투표권유운동 금지조항이 침해의 최소성원칙에 위반된다고 볼 수 없다(헌재 2012.7.26. 2009헌바298).

① (O) 방송사업자가 방송법에 규정된 심의규정 등을 위반한 경우에 방송통신위원회가 방송사업자에게 사과방송을 할 것을 명령하는 제도는 과잉금지원칙에 위배하여 방송사업자의 인격권을 침해한다(헌재 2012.8.23. 2009헌가27).

② (O) 선거일 전 180일부터 선거일까지 선거에 영향을 미치게 하기 위하여 정당 또는 후보자를 지지·추천하거나 반대하는 내용이 포함되어 있거나 정당의 명칭 또는 후보자의 성명을 나타내는 문서·도화의 배부·게시 등을 금지하고 처벌하는 공직선거법 조항의 각 '기타 이와 유사한 것' 부분에 '정보통신망을 이용하여 인터넷 홈페이지 또는 그 게시판·대화방 등에 글이나 동영상 등 정보를 게시하거나 전자우편을 전송하는 방법'이 포함된다고 해석한다면, 과잉금지원칙에 위배하여 정치적 표현의 자유 내지 선거운동의 자유를 침해하는 것이다(헌재 2011.12.29. 2007헌마1001).

③ (O) 인터넷 게시판을 설치·운영하는 정보통신서비스 제공자에게 본인확인조치의무를 부과하여 게시판 이용자로 하여금 본인확인절차를 거쳐야만 게시판을 이용할 수 있도록 하는 본인확인제를 규정한 것은 인터넷 게시판 이용자의 표현의 자유, 개인정보자기결정권 및 인터넷 게시판을 운영하는 정보통신서비스 제공자의 언론의 자유를 침해하는 것이다(헌재 2012.8.23. 2010헌마47).

지문분석 (51)

난이도 중 정답 ③

| 키 워 드 | 국민투표

| 출제유형 | 조문 + 판례

③ (X) 국민투표의 효력에 관하여 이의가 있는 투표인은 투표인 10만인 이상의 찬성을 얻어 중앙선거관리위원회 위원장을 피고로 하여 투표일로부터 20일 이내에 대법원에 제소할 수 있다(국민투표법 제92조).

① (O) 대통령은 헌법상 국민에게 자신에 대한 신임을 국민투표의 형식으로 물을 수 없을 뿐만 아니라, 특정 정책을 국민투표에 붙이면서 이에 자신의 신임을 결부시키는 대통령의 행위도 위헌적인 행위로서 헌법적으로 허용되지 않는다. 물론, 대통령이 특정 정책을 국민투표에 붙인 결과 그 정책의 실시가 국민의 동의를 얻지 못한 경우, 이를 자신에 대한 불신임으로 간주하여 스스로 물러나는 것은 어쩔 수 없는 일이나, 정책을 국민투표에 붙이면서 이를 신임투표로 간주하고자 한다는 선언은 국민의 결정행위에 부당한 압력을 가하고 국민투표를 통하여 간접적으로 자신에 대한 신임을 묻는 행위로서, 대통령의 헌법상 권한을 넘어서는 것이다. 헌법은 대통령에게 국민투표를 통하여 직접적이든 간접적이든 자신의 신임 여부를 확인할 수 있는 권한을 부여하지 않는다(헌재 2004.5.14. 2004헌나1).

② (O) 헌법은 명시적으로 규정된 국민투표 외에 다른 형태의 재신임 국민투표를 허용하지 않는다. 따라서 국민투표의 가능성은 국민주권주의나 민주주의원칙과 같은 일반적인 헌법원칙에 근거하여 인정될 수 없으며, 헌법에 명문으로 규정되지 않는 한 허용되지 않는다(헌재 2004.5.14. 2004헌나1).

④ (O) 대법원은 제92조의 규정에 의한 소송에 있어서 국민투표에 관하여 이 법 또는 이 법에 의하여 발하는 명령에 위반하는 사실이 있는 경우라도 국민투표의 결과에 영향이 미쳤다고 인정하는 때에 한하여 국민투표의 전부 또는 일부의 무효를 판결한다(국민투표법 제93조).

52 0559 ○△×|○△×|○△× 2018 법원직 9급(변형)

참정권에 관한 설명 중 옳은 것은? (다툼이 있는 경우 헌법재판소 판례에 의함)

① 선거범죄로 인하여 당선이 무효로 된 때를 비례대표 지방의회의원의 의석 승계 제한사유로 규정하는 것은 대의제 민주주의원리에 위배되지만, 임기만료일 전 180일 이내에 비례대표 국회의원에 궐원이 생긴 때를 비례대표 국회의원의 의석승계 제한사유로 규정하는 것은 대의제 민주주의원리에 위배되지 아니한다.

② 지방자치제도하에서는 청원권의 행사를 통하여 주민의 의사를 직접 반영하는 보완기능으로서의 역할이 매우 중요함에도 불구하고 지방의회에 청원을 할 때에 의원의 소개를 필요적 요건으로 한 것은, 청원인의 이익보다 지방의회의 청원에 대한 심사처리의 편의를 도모하기 위한 것으로서 청원권 그 자체를 유명무실하게 하는 것이므로 헌법에 위반된다.

③ '유기징역 또는 유기금고의 선고를 받고 그 집행유예기간 중인 자'의 선거권을 전면적·획일적으로 제한하는 공직선거법 조항은 선거권 제한이 지나치게 광범위하므로 과잉금지원칙에 반하여 헌법에 위반된다. 다만, '유기징역 또는 유기금고의 선고를 받고 그 집행유예기간 중인 자'에게 선거권을 부여하는 구체적인 방안은 입법자의 형성재량에 속하므로 헌법불합치 결정을 선고하는 것이 타당하다.

④ 새로운 지방의회를 구성하는 경우에 즉시 선거를 실시할 것인지 아니면 종전에 선출되어 있던 지방의회의원을 통해 지방의회를 구성하고 그들의 임기가 종료된 후에 새로운 선거를 실시할 것인지 여부는 원칙적으로 입법자의 입법형성의 자유에 속하는 사항이므로, 지방자치단체의 신설과 동시에 혹은 신설 과정에서 새로운 지방의회의원선거가 헌법적으로 반드시 요청된다고 보기는 어렵다.

지문분석 난이도 ㊥ 정답 ④

| 키 워 드 | 참정권

| 출제유형 | 판례

④ (○) 새로운 지방의회를 구성함에 있어 즉시 선거를 실시할 것인지 아니면 종전에 선출되어 있던 지방의회의원을 통해 지방의회를 구성하고 그들의 임기가 종료된 후에 새로운 선거를 실시할 것인지 여부는 원칙적으로 입법자의 입법형성의 자유에 속하는 사항이므로, 지방자치단체 신설 동시에 혹은 신설 과정에서 새로운 지방의회의원선거가 헌법적으로 반드시 요청된다고 보기는 어렵다(헌재 2013.2.28. 2012헌마131).

① (X) 임기만료일 전 180일 이내에 비례대표 국회의원에 상당수의 궐원이 생길 경우에는 의회의 정상적인 기능수행을 부당하게 제약하는 결과를 초래할 수도 있다. 따라서 심판대상 조항은 선거권자의 의사를 무시하고 왜곡하는 결과를 낳을 수 있고, 의회의 정상적인 기능 수행에 장애가 될 수 있다는 점에서 헌법의 기본원리인 대의제 민주주의원리에 부합되지 않는다고 할 것이다(헌재 2009.6.25. 2008헌마413).

② (X) 지방의회에 청원을 할 때에 지방의회 의원의 소개를 얻도록 한 것은 의원이 미리 청원의 내용을 확인하고 이를 소개하도록 함으로써 청원의 남발을 규제하고 심사의 효율을 기하기 위한 것이고, 지방의회 의원 모두가 소개의원이 되기를 거절하였다면 그 청원 내용에 찬성하는 의원이 없는 것이므로 지방의회에서 심사하더라도 인용가능성이 전혀 없어 심사의 실익이 없으며, 청원의 소개의원도 1인으로 족한 점을 감안하면 이러한 정도의 제한은 공공복리를 위한 필요·최소한의 것이라고 할 수 있다. 그러므로 지방의회에 청원을 하고자 할 때에 반드시 지방의회 의원의 소개를 얻도록 한 것은 청원권을 과도하게 제한하는 것이 아니다(헌재 1999.11.25. 97헌마54).

③ (X) **'유기징역 또는 유기금고의 선고를 받고 그 집행유예기간 중인 자' 부분은 위헌결정을, '유기징역 또는 유기금고의 선고를 받고 그 집행이 종료되지 아니한 자(수형자)'에 관한 부분은 헌법불합치결정을 하였다.**

[1] 심판대상 조항은 집행유예자와 수형자에 대하여 전면적·획일적으로 선거권을 제한하고 있다. 심판대상 조항의 입법목적에 비추어 보더라도, 구체적인 범죄의 종류나 내용 및 불법성의 정도 등과 관계없이 일률적으로 선거권을 제한하여야 할 필요성이 있다고 보기는 어렵다. 범죄자가 저지른 범죄의 경중을 전혀 고려하지 않고 수형자와 집행유예자 모두의 선거권을 제한하는 것은 침해의 최소성원칙에 어긋난다. 특히 집행유예자는 집행유예 선고가 실효되거나 취소되지 않는 한 교정시설에 구금되지 않고 일반인과 동일한 사회생활을 하고 있으므로, 그들의 선거권을 제한해야 할 필요성이 크지 않다. 따라서 심판대상 조항은 청구인들의 선거권을 침해하고, 보통선거원칙에 위반하여 집행유예자와 수형자를 차별취급하는 것이므로 평등원칙에도 어긋난다.

[2] 심판대상 조항 중 수형자에 관한 부분의 위헌성은 지나치게 전면적·획일적으로 수형자의 선거권을 제한한다는 데 있다. 그런데 그 위헌성을 제거하고 수형자에게 헌법합치적으로 선거권을 부여하는 것은 입법자의 형성재량에 속하므로 심판대상 조항 중 수형자에 관한 부분에 대하여 헌법불합치결정을 선고한다(헌재 2014.1.28. 2012헌마409).

53 0560 ○△×|○△×|○△× 2018 법원직 9급(변형)

국민투표에 대한 설명으로 옳지 않은 것은? (다툼이 있는 경우 판례에 의함)

① 프랑스에서는 국민투표를 통하여 확정된 법률은 국회에서 제정한 법률과는 달리 위헌법률심사의 대상이 되지 아니할 뿐만 아니라, 그 법률의 내용이 일반법률과 상호배치될 경우에 동 법률에 대하여 우월적 효과를 부여하고 있다. 이는 프랑스 특유의 위헌법률심사제도와 헌법 개정에 있어서의 연성적 성격 그리고 국민적 정당성에 기초한 국민주권주의론에서 비롯된 것으로 볼 수 있다.

② 대통령으로서 국회 본회의의 시정연설에서 자신에 대한 신임국민투표를 실시하고자 한다고 밝혔다면 이는 헌법소원의 대상이 되는 공권력행사에 해당하는 것이므로 국민은 헌법 제72조 국민투표권 침해를 이유로 헌법소원을 제기할 수 있다.

③ 국민은 선거와 국민투표를 통하여 국가권력을 직접 행사하게 되며, 국민투표는 국민에 의한 국가권력의 행사방법의 하나로서 명시적인 헌법적 근거를 필요로 하는 것이므로 국민투표의 가능성은 국민주권주의나 민주주의원칙과 같은 일반적인 헌법원칙에 근거하여 인정될 수 없으며, 헌법에 명문으로 규정되지 않는 한 허용되지 않는다.

④ 대통령이 위헌적인 재신임 국민투표를 단지 제안만 하였을 뿐 강행하지는 않았다 하더라도 헌법상 허용되지 않는 재신임 국민투표를 국민들에게 제안한 것은 그 자체로서 헌법 제72조에 반하는 것으로 헌법을 실현하고 수호해야 할 대통령의 의무를 위반한 것이다.

지문분석 난이도 ㊥ 정답 ②

| **키 워 드** | 국민투표

| **출제유형** | 이론 + 판례

② (×) 이 사건 심판의 대상이 된 피청구인의 발언만으로는 국민투표의 실시에 관하여 법적인 구속력 있는 결정이나 조치가 취해진 것이라 할 수 없으며, 그로 인하여 국민들의 법적 지위에 어떠한 영향을 미친다고 볼 수도 없다. 그렇다면 비록 피청구인이 대통령으로서 국회 본회의의 시정연설에서 자신에 대한 신임국민투표를 실시하고자 한다고 밝혔다 하더라도, 그것이 공고와 같이 법적인 효력이 있는 행위가 아니라 단순한 정치적 제안의 피력에 불과하다고 인정되는 이상 이를 두고 헌법소원의 대상이 되는 "공권력의 행사"라고 할 수는 없다[헌재 2003.11.27. 2003헌마694·2003헌마700·2003헌마742(병합)].

① (○) 프랑스에서는 국민투표를 통하여 확정된 법률은 국회에서 제정한 법률과는 달리 위헌법률심사의 대상이 되지 아니할 뿐만 아니라, 그 법률의 내용이 일반법률과 상호배치될 경우에 동 법률에 대하여 우월적 효과를 부여하고 있다. 이는 프랑스 특유의 위헌법률심사제도와 헌법 개정에 있어서의 연성적 성격 그리고 국민적 정당성에 기초한 국민주권주의론에서 비롯된 것으로 볼 수 있다(성낙인).

③ (○), ④ (○) 헌법은 명시적으로 규정된 국민투표 외에 다른 형태의 재신임 국민투표를 허용하지 않는다. 이는 주권자인 국민이 원하거나 또는 국민의 이름으로 실시하더라도 마찬가지이다. 국민은 선거와 국민투표를 통하여 국가권력을 직접 행사하게 되며, 국민투표는 국민에 의한 국가권력의 행사방법의 하나로서 명시적인 헌법적 근거를 필요로 한다. 따라서 국민투표의 가능성은 국민주권주의나 민주주의원칙과 같은 일반적인 헌법원칙에 근거하여 인정될 수 없으며, 헌법에 명문으로 규정되지 않는 한 허용되지 않는다(헌재 2004.5.14. 2004헌나1).

54 0561 ○△×|○△×|○△× 2018 법원직 9급(변형)

국민투표에 관한 설명 중 옳지 않은 것은? (다툼이 있는 경우 헌법재판소 판례에 의함)

① 헌법의 개정은 반드시 국민투표를 거쳐야 하므로 국민은 헌법 개정에 관하여 찬반투표로 그 의견을 표명할 권리를 가지는데, 헌법 개정사항인 수도의 이전을 헌법 개정의 절차를 밟지 아니하고 단지 단순 법률의 형태로 실현시킨 것은 헌법 제130조에 따라 헌법 개정에 있어서 국민이 가지는 참정권적 기본권인 국민투표권을 침해한다.

② 특정 국가정책에 대하여 다수의 국민들이 국민투표를 원하고 있음에도 불구하고 대통령이 이러한 희망과는 달리 국민투표에 회부하지 아니한다고 하여도 이를 헌법에 위반된다고 할 수 없고, 국민에게 특정 국가정책에 관하여 국민투표에 회부할 것을 요구할 권리가 인정된다고 할 수도 없다.

③ 대통령은 헌법상 국민에게 자신에 대한 신임을 국민투표의 형식으로 물을 수 없지만, 특정 정책을 국민투표에 부치면서 이에 자신의 신임을 결부시키는 대통령의 행위는 헌법적으로 허용된다.

④ 대법원은 국민투표무효소송에 있어서 국민투표에 관하여 국민투표법 또는 국민투표법에 의하여 발하는 명령에 위반하는 사실이 있는 경우라도 국민투표의 결과에 영향을 미쳤다고 인정하는 때에 한하여 국민투표의 전부 또는 일부의 무효를 판결한다.

⑤ 국민투표에 관한 운동은 국민투표일 공고일로부터 투표일 전일까지에 한하여 할 수 있으며, 국민투표법에 규정된 이 외의 방법으로는 할 수 없다.

지문분석 난이도 ㊤ 정답 ③

| 키 워 드 | 국민투표

| 출제유형 | 조문 + 판례

③ (X) 대통령은 헌법상 국민에게 자신에 대한 신임을 국민투표의 형식으로 물을 수 없을 뿐만 아니라, 특정 정책을 국민투표에 부치면서 이에 자신의 신임을 결부시키는 대통령의 행위도 위헌적인 행위로서 헌법적으로 허용되지 않는다(헌재 2004.5.14. 2004헌나1).

① (O) 헌법 제130조에 의하면 헌법의 개정은 반드시 국민투표를 거쳐야만 하므로 국민은 헌법 개정에 관하여 찬반투표를 통하여 그 의견을 표명할 권리를 가진다. 그런데 이 사건 법률은 헌법 개정 사항인 수도의 이전을 헌법 개정의 절차를 밟지 아니하고 단지 단순 법률의 형태로 실현시킨 것으로서 결국 헌법 제130조에 따라 헌법 개정에 있어서 국민이 가지는 참정권적 기본권인 국민투표권의 행사를 배제한 것이므로 동 권리를 침해하여 헌법에 위반된다(헌재 2004.10.21. 2004헌마554 등).

② (O) 헌법 제72조는 국민투표에 부쳐질 중요정책인지 여부를 대통령이 재량에 의하여 결정하도록 명문으로 규정하고 있다. 따라서 특정의 국가정책에 대하여 다수의 국민들이 국민투표를 원하고 있음에도 불구하고 대통령이 이러한 희망과는 달리 국민투표에 회부하지 아니한다고 하여도 이를 헌법에 위반된다고 할 수 없고 국민에게 특정의 국가정책에 관하여 국민투표에 회부할 것을 요구할 권리가 인정된다고 할 수도 없다(헌재 2005.11.24. 2005헌마579 등).

④ (O) 대법원은 제92조의 규정에 의한 소송에 있어서 국민투표에 관하여 이 법 또는 이 법에 의하여 발하는 명령에 위반하는 사실이 있는 경우라도 국민투표의 결과에 영향이 미쳤다고 인정하는 때에 한하여 국민투표의 전부 또는 일부의 무효를 판결한다(국민투표법 제93조).

⑤ (O) 국민투표에 관한 운동은 국민투표일 공고일로부터 투표일 전일까지에 한하여 이를 할 수 있다. 운동은 이 법에 규정된 이 외의 방법으로는 이를 할 수 없다(국민투표법 제26조 및 제27조).

2 공무담임권과 공무원제도

55 0562 ○△×|○△×|○△× 2015 경찰 승진

공무원의 정치적 자유에 관한 설명 중 가장 적절하지 않은 것은? (다툼이 있는 경우 판례에 의함)

① 공무원에 대하여 국가의 정책에 대한 반대·방해행위를 금지한 구 국가공무원 복무규정이 헌법상 과잉금지원칙에 반하여 공무원의 정치적 표현의 자유를 침해한다고 할 수 없다.
② 선거관리위원회 공무원에게 요청되는 엄격한 정치적 중립성을 고려한다고 하더라도 위 공무원에 대하여 특정 정당이나 후보자를 지지·반대하는 단체에의 가입·활동 등을 금지하는 것은 해당 공무원의 정치적 표현의 자유를 침해하는 것이다.
③ 초·중등학교 교원에 대해서는 정당가입과 선거운동의 자유를 금지하면서 대학 교원에게 이를 허용하는 것은 합리적 차별이므로 헌법상 평등권을 침해한다고 할 수 없다.
④ 선거에서 중립성이 요구되는 공무원은 원칙적으로 좁은 의미의 직업공무원은 물론이고, 적극적인 정치활동을 통하여 국가에 봉사하는 정치적 공무원을 포함하지만, 국회의원과 지방의회의원은 위 공무원의 범위에 포함되지 않는다.

지문분석 난이도 중 정답 ②

| 키 워 드 | 공무담임권
| 출제유형 | 이론 + 판례

② (X) 공무원은 공직자인 동시에 국민의 한 사람이기도 하므로 국민 전체에 대한 봉사자로서의 지위와 기본권을 향유하는 기본권 주체로서의 지위라는 이중적 지위를 가지는바, 공무원이라고 하여 기본권이 무시되거나 경시되어서는 안 되지만, 공무원의 신분과 지위의 특수성상 공무원에 대해서는 일반 국민에 비해 보다 넓고 강한 기본권 제한이 가능하게 된다. 특히 선거관리위원회는 민주주의의 근간이 되는 선거와 투표, 정당사무에 대한 관리업무를 행하는 기관이라는 점에서 선관위 공무원은 다른 어떤 공무원보다도 정치적으로 중립적인 입장에 서서 공정하고 객관적으로 직무를 수행할 의무를 지닌다. 이 사건 규정들은 선관위 공무원에 대하여 특정 정당이나 후보자를 지지·반대하는 단체에의 가입·활동 등을 금지함으로써 선관위 공무원의 정치적 표현의 자유 등을 제한하고 있으나, 선관위 공무원에게 요청되는 엄격한 정치적 중립성에 비추어 볼 때 선관위 공무원이 특정한 정치적 성향을 표방하는 단체에 가입·활동한다는 사실 자체만으로 그 정치적 중립성과 직무의 공정성, 객관성이 의심될 수 있으므로 이 사건 규정들은 선관위 공무원의 정치적 표현의 자유 등을 침해한다고 할 수 없다(헌재 2012.3.29. 2010헌마97).
① (O) 헌재 2012.5.31. 2009헌마705·2010헌마90(병합)
③ (O) 헌재 2004.3.25. 2001헌마710
④ (O) 선거에서 중립을 지켜야 하는 공무원은 국회의원과 지방의회의원을 제외한 모든 공무원이다.

56 0563 ○△×|○△×|○△× 2020 법무사

헌법 제25조의 공무담임권에 관한 다음 설명 중 가장 옳지 않은 것은?

① 공무담임권의 보호영역에는 공무원이 특정의 장소에서 근무하는 것 또는 특정의 보직을 받아 근무하는 것을 포함하는 일종의 공무수행의 자유까지 포함된다.
② 헌법 제25조의 공무담임권이 공무원의 재임 기간 동안 충실한 공무 수행을 담보하기 위하여 공무원의 퇴직급여 및 공무상 재해보상을 보장할 것까지 그 보호영역으로 하고 있다고 보기 어렵다.
③ 공무담임권이란 입법부, 집행부, 사법부는 물론 지방자치단체 등 국가, 공공단체의 구성원으로서 그 직무를 담당할 수 있는 권리를 말한다. 여기서 직무를 담당한다는 것은 모든 국민이 현실적으로 그 직무를 담당할 수 있다고 하는 의미가 아니라, 국민이 공무담임에 관한 자의적이지 않고 평등한 기회를 보장받음을 의미한다.
④ 공무담임권의 보호영역에는 공직취임의 기회의 자의적인 배제뿐만 아니라, 공무원 신분의 부당한 박탈도 포함된다.
⑤ 모든 국민은 법률이 정하는 바에 의하여 공무담임권을 가진다.

지문분석 난이도 중 정답 ①

| 키 워 드 | 공무담임권
| 출제유형 | 조문 + 판례

① (X) 공무담임권의 보호영역에는 일반적으로 공직취임의 기회보장, 신분박탈, 직무의 정지가 포함되는 것일 뿐, 특별한 사정도 없이 여기서 더 나아가 공무원이 특정의 장소에서 근무하는 것 또는 특정의 보직을 받아 근무하는 것을 포함하는 일종의 '공무수행의 자유'까지 그 보호영역에 포함된다고 보기는 어렵다(헌재 2008.6.26. 2005헌마1275).
② (O) 헌법 제25조의 공무담임권이 공무원의 재임 기간 동안 충실한 공무수행을 담보하기 위하여 공무원의 퇴직급여 및 공무상 재해보상을 보장할 것까지 그 보호영역으로 하고 있다고 보기 어렵고, 행복추구권은 행복을 추구하기 위하여 필요한 급부를 국가에 대하여 적극적으로 요구할 수 있음을 내용으로 하는 것이 아니므로, 심판대상 조항으로 인한 공무담임권 및 행복추구권의 제한은 문제되지 않는다(헌재 2014.6.26. 2012헌마459).
③ (O), ④ (O) 공무담임권이란 입법부, 집행부, 사법부는 물론 지방자치단체 등 국가, 공공단체의 구성원으로서 그 직무를 담당할 수 있는 권리를 말한다. 여기서 직무를 담당한다는 것은 모든 국민이 현실적으로 그 직무를 담당할 수 있다고 하는 의미가 아니라, 국민이 공무담임에 관한 자의적이지 않고 평등한 기회를 보장받음을 의미하는바, 공무담임권의 보호영역에는 공직취임의 기회의 자의적인 배제뿐 아니라, 공무원 신분의 부당한 박탈까지 포함되는 것이라고 할 것이다(헌재 2002.8.29. 2001헌마788 등).
⑤ (O) 모든 국민은 법률이 정하는 바에 의하여 공무담임권을 가진다(헌법 제25조).

57 0564 O△X | O△X | O△X 2016 경찰 승진

공무담임권에 관한 설명 중 가장 적절하지 않은 것은? (다툼이 있는 경우 판례에 의함)

① 순경 공채시험 응시연령의 상한을 '30세 이하'로 규정하고 있는 것은 합리적이라고 볼 수 없으므로 침해의 최소성원칙에 위배되어 공무담임권을 침해한다.

② 수뢰죄를 범하여 금고 이상의 형의 선고유예를 받은 국가공무원을 당연퇴직하도록 한 국가공무원법 조항은 과잉금지원칙에 반하여 공무담임권을 침해한다.

③ 공무담임권의 보호영역에는 공직취임의 자의적인 배제뿐 아니라, 공무원 신분의 부당한 박탈이나 권한 또는 직무의 부당한 정지도 포함된다.

④ 정당의 내부경선에 참여할 권리는 헌법이 보장하는 공무담임권의 내용에 포함되지 아니하므로, 정당이 당내경선을 실시하지 않는 것이 공무담임권을 침해하는 것은 아니다.

지문분석 난이도 중 정답 ②

| 키 워 드 | 공무담임권

| 출제유형 | 판례

② (X) 심판대상 조항은 공무원 직무수행에 대한 국민의 신뢰 및 직무의 정상적 운영의 확보, 공무원범죄의 예방, 공직사회의 질서 유지를 위한 것으로서 목적이 정당하고, 형법 제129조 제1항의 수뢰죄를 범하여 금고 이상 형의 선고유예를 받은 국가공무원을 공직에서 배제하는 것은 적절한 수단에 해당한다. 수뢰죄는 수수액의 다과에 관계없이 공무원 직무의 불가매수성과 염결성을 치명적으로 손상시키고, 직무의 공정성을 해치며 국민의 불신을 초래하므로 일반 형법상 범죄와 달리 엄격하게 취급할 필요가 있다. 수뢰죄를 범하더라도 자격정지형의 선고유예를 받은 경우 당연퇴직하지 않을 수 있으며, 당연퇴직의 사유가 직무 관련 범죄로 한정되므로 심판대상 조항은 침해의 최소성원칙에 위반되지 않고, 이로써 달성되는 공익이 공무원 개인이 입는 불이익보다 훨씬 크므로 법익균형성원칙에도 반하지 아니한다. 따라서 심판대상 조항은 과잉금지원칙에 반하여 청구인의 공무담임권을 침해하지 아니한다(헌재 2013.7.25. 2012헌바409).

① (O) 획일적으로 30세까지는 순경과 소방사·지방소방사 및 소방간부후보생의 직무수행에 필요한 최소한도의 자격요건을 갖추고, 30세가 넘으면 그러한 자격요건을 상실한다고 보기 어렵고, 이 점은 순경을 특별 채용하는 경우 응시연령을 40세 이하로 제한하고, 소방사·지방소방사와 마찬가지로 화재현장업무 등을 담당하는 소방교·지방소방교의 경우 특채시험의 응시연령을 35세 이하로 제한하고 있는 점만 보아도 분명하다. 따라서 이 사건 심판대상 조항들이 순경 공채시험, 소방사 등 채용시험, 그리고 소방간부 선발시험의 응시연령의 상한을 '30세 이하'로 규정하고 있는 것은 합리적이라고 볼 수 없으므로 침해의 최소성원칙에 위배되어 청구인들의 공무담임권을 침해한다(헌재 2012.5.31. 2010헌마278).

③ (O) 헌법 제25조는 "모든 국민은 법률이 정하는 바에 의하여 공무담임권을 가진다."고 하여 공무담임권을 보장하고 있고, 공무담임권의 보호영역에는 공직취임의 기회의 자의적인 배제뿐 아니라, 공무원 신분의 부당한 박탈도 포함되는 것이다(헌재 2002.8.29. 2001헌마788).

④ (O) 헌법 제25조가 보장하는 공무담임권은 입법부, 행정부, 사법부는 물론 지방자치단체 등 국가, 공공단체의 구성원으로서 그 직무를 담당할 수 있는 권리를 말한다. 그런데 정당은 정치적 주장이나 정책을 추진하고 공직선거의 후보자를 추천 또는 지지함으로써 국민의 정치적 의사형성에 참여함을 목적으로 하는 국민의 자발적 조직으로서, 정당의 공직선거 후보자 선출은 자발적 조직 내부의 의사결정에 지나지 아니한다. 따라서 청구인이 정당의 내부경선에 참여할 권리는 헌법이 보장하는 공무담임권의 내용에 포함된다고 보기 어렵고, 청구인의 소속 정당이 당내경선을 실시하지 않는다고 하여 청구인이 공직선거의 후보자로 출마할 수 없는 것이 아니므로, 심판대상 조항으로 인하여 청구인의 공무담임권이 침해될 여지는 없다(헌재 2014.11.27. 2013헌마814).

58 0565 ○△×|○△×|○△× 2020 법무사

다음 중 구 제대군인 지원에 관한 법률(1997.12.31. 법률 제5482호로 제정된 것) 제8조에 따른 제대군인 가산점제도에 관한 설명으로 가장 옳지 않은 것은?

① 가산점제도는 제대군인과 제대군인이 아닌 사람을 차별하고, 현역복무나 상근예비역 소집근무를 할 수 있는 신체건장한 남자와 질병이나 심신장애로 병역을 감당할 수 없는 남자인 병역면제자를 차별하며, 보충역으로 편입되어 군복무를 마친 자를 차별하는 제도이므로, 그 입법목적의 정당성이 인정되지 않는다.

② 가산점제도는 공직수행능력과는 아무런 합리적 관련성을 인정할 수 없는 성별 등을 기준으로 여성과 장애인 등의 사회진출기회를 박탈하는 것이므로 정책수단으로서의 적합성과 합리성을 상실한 것이다.

③ 가산점제도는 제대군인에게 채용시험 응시횟수에 무관하게, 가산점제도의 혜택을 받아 채용시험에 합격한 적이 있었는지에 관계없이 제대군인은 계속 가산점혜택을 부여하여, 한 사람의 제대군인을 위하여 몇 사람의 비제대군인의 기회가 박탈당할 수 있는 불합리한 결과를 초래한다.

④ 가산점제도는 승진, 봉급 등 공직 내부에서의 차별이 아니라 공직에의 진입 자체를 어렵게 함으로써 공직선택의 기회를 원천적으로 박탈하는 것이기 때문에 공무담임권에 대한 더욱 중대한 제약으로서 작용하고 있다.

⑤ 여성공무원 채용목표제는 종래부터 차별을 받아 왔고 그 결과 현재 불리한 처지에 있는 여성을 유리한 처지에 있는 남성과 동등한 처지에까지 끌어 올리는 것을 목적으로 하는 제도이지만, 그 효과가 매우 제한적이어서, 이를 이유로 제대군인 가산점제도의 위헌성이 제거된다고 볼 수는 없다.

지문분석 난이도 중 정답 ①

| 키 워 드 | 공무담임권

| 출제유형 | 판례

① (X) 가산점제도의 주된 목적은 군복무 중에는 취업할 기회와 취업을 준비하는 기회를 상실하게 되므로 이러한 불이익을 보전해 줌으로써 제대군인이 군복무를 마친 후 빠른 기간 내에 일반사회로 복귀할 수 있도록 해 주는 데에 있다. 인생의 황금기에 해당하는 20대 초·중반의 소중한 시간을 사회와 격리된 채 통제된 환경에서 자기개발의 여지없이 군복무 수행에 바침으로써 국가·사회에 기여하였고, 그 결과 공무원채용시험 응시 등 취업준비에 있어 제대군인이 아닌 사람에 비하여 상대적으로 불리한 처지에 놓이게 된 제대군인의 사회복귀를 지원한다는 것은 입법정책적으로 얼마든지 가능하고 또 매우 필요하다고 할 수 있으므로 이 입법목적은 정당하다(헌재 1999.12.23. 98헌마363).

② (O) 제대군인에 대하여 여러 가지 사회정책적 지원을 강구하는 것이 필요하다 할지라도, 그것이 사회공동체의 다른 집단에게 동등하게 보장되어야 할 균등한 기회 자체를 박탈하는 것이어서는 아니 되는데, 가산점제도는 공직수행능력과는 아무런 합리적 관련성을 인정할 수 없는 성별 등을 기준으로 여성과 장애인 등의 사회진출기회를 박탈하는 것이므로 정책수단으로서의 적합성과 합리성을 상실한 것이라 하지 아니할 수 없다(헌재 1999.12.23. 98헌마363).

③ (O) 가산점제도는 제대군인에 대한 이러한 혜택을 몇 번이고 아무런 제한없이 부여하고 있다. 채용시험 응시횟수에 무관하게, 가산점제도의 혜택을 받아 채용시험에 합격한 적이 있었는지에 관계없이 제대군인은 계속 가산점혜택을 받을 수 있다. 이는 한 사람의 제대군인을 위하여 몇 사람의 비제대군인의 기회가 박탈당할 수 있음을 의미하는 것이다(헌재 1999.12.23. 98헌마363).

④ (O) 가산점제도는 승진, 봉급 등 공직 내부에서의 차별이 아니라 공직에의 진입 자체를 어렵게 함으로써 공직선택의 기회를 원천적으로 박탈하는 것이기 때문에 공무담임권에 대한 더욱 중대한 제약으로서 작용하고 있다(헌재 1999.12.23. 98헌마363).

⑤ (O) (여성)채용목표제는 종래부터 차별을 받아 왔고 그 결과 현재 불리한 처지에 있는 여성을 유리한 처지에 있는 남성과 동등한 처지에까지 끌어 올리는 것을 목적으로 하는 제도이다. 이에 반하여 가산점제도는 공직사회에서의 남녀비율에 관계없이 무제한적으로 적용되는 것으로서, 우월한 처지에 있는 남성의 기득권을 직·간접적으로 유지·고착하는 결과를 낳을 수 있는 제도이다. 이상과 같은 점을 고려해 볼 때 (여성)채용목표제의 존재를 이유로 가산점제도의 위헌성이 제거되거나 감쇄된다고는 할 수 없다(헌재 1999.12.23. 98헌마363).

59 0566 ○△×|○△×|○△× 2019 법원직 9급

공무담임권에 관한 다음 설명 중 가장 옳지 않은 것은?

① 현행헌법은 공무담임권을 명시적으로 규정하고 있다.
② 공무담임권은 국민이 국가나 공공단체의 구성원으로서 직무를 담당할 수 있는 권리를 뜻하고, 여기서 직무를 담당한다는 것은 공무담임에 관하여 능력과 적성에 따라 평등한 기회를 보장받는 것을 의미한다.
③ 공무담임권은 공직취임의 기회균등을 요구하지만, 취임한 뒤 승진할 때에도 균등한 기회 제공을 요구하지는 않는다.
④ 선출직 공무원의 공무담임권은 선거를 전제로 하는 대의제의 원리에 의하여 발생하는 것이므로 공직의 취임이나 상실에 관련된 어떠한 법률 조항이 대의제의 본질에 반한다면 이는 공무담임권도 침해하는 것이라고 볼 수 있다.

지문분석 난이도 하 정답 ③

| 키 워 드 | 공무담임권
| 출제유형 | 조문+판례

③ (X) 공무담임권은 공직취임의 기회 균등뿐만 아니라 취임한 뒤 승진할 때에도 균등한 기회 제공을 요구한다. 청구인의 경우 군 복무기간이 승진소요 최저연수에 포함되지 않으므로 공무원으로 근무하다가 군 복무를 한 사람보다 더 오래 재직하여야 승진임용절차가 진행된다. 또 군 복무기간이 경력평정에서도 일부만 산입되므로 경력평정점수도 상대적으로 적게 부여된다. 이는 승진임용절차 개시 및 승진임용점수 산정과 관련된 법적 불이익에 해당하므로, 승진경쟁인원 증가에 따라 승진 가능성이 낮아지는 사실상의 불이익 문제나 단순한 내부승진인사 문제와 달리 공무담임권의 제한에 해당한다(헌재 2018.7.26. 2017헌마1183).
① (O) 모든 국민은 법률이 정하는 바에 의하여 공무담임권을 가진다(헌법 제25조).
② (O) 공무담임권은, 국민이 국가나 공공단체의 구성원으로서 직무를 담당할 수 있는 권리를 뜻하고, 여기서 직무를 담당한다는 것은 공무담임에 관하여 능력과 적성에 따라 평등한 기회를 보장받는 것을 의미한다(헌재 2018.7.26. 2017헌마1183).
④ (O) 선출직 공무원의 공무담임권은 선거를 전제로 하는 대의제의 원리에 의하여 발생하는 것이므로 공직의 취임이나 상실에 관련된 어떠한 법률 조항이 대의제의 본질에 반한다면 이는 공무담임권도 침해하는 것이라고 볼 수 있다(헌재 2009.3.26. 2007헌마843).

60 0567 ○△×|○△×|○△× 2021 경찰 승진

공무담임권 및 공무원제도에 대한 설명으로 가장 적절하지 않은 것은? (다툼이 있는 경우 판례에 의함)

① 지방자치단체의 장이 '공소 제기된 후 구금상태에 있는 경우' 부단체장이 그 권한을 대행하도록 규정한 지방자치법 조항은 지방자치단체장의 공무담임권을 침해하지 않는다.
② 공무담임권의 보호영역에는 공직취임기회의 자의적인 배제뿐만 아니라 공무원 신분의 부당한 박탈이나 권한의 부당한 정지, 승진시험의 응시제한이나 이를 통한 승진기회의 보장 등이 포함된다.
③ 공무담임권은 국민이 국가나 공공단체의 구성원으로서 직무를 담당할 수 있는 권리를 뜻하고, 여기서 직무를 담당한다는 것은 공무담임에 관하여 능력과 적성에 따라 평등한 기회를 보장받는 것을 의미한다.
④ 공무원의 신분이나 직무와 관련이 없는 범죄의 경우에도 퇴직급여 등을 제한하는 것은 공무원범죄를 예방하고 공무원이 재직 중 성실히 근무하도록 유도하는 입법목적을 달성하는 데 적합한 수단이라고 볼 수 없다.

지문분석 난이도 중 정답 ②

| 키 워 드 | 공무담임권
| 출제유형 | 판례

② (X) 공무담임권의 보호영역에는 공직취임 기회의 자의적인 배제뿐 아니라, 공무원 신분의 부당한 박탈이나 권한(직무)의 부당한 정지도 포함된다. 다만, '승진시험의 응시제한'이나 이를 통한 승진기회의 보장 문제는 공직신분의 유지나 업무수행에는 영향을 주지 않는 단순한 내부 승진인사에 관한 문제에 불과하여 공무담임권의 보호영역에 포함된다고 보기는 어렵다고 할 것이다(헌재 2010.3.25. 2009헌마538).
① (O) 형사재판을 위하여 신체가 구금되어 정상적이고 시의적절한 직무를 수행하기 어려운 상황에 처한 자치단체장을 직무에서 배제시킴으로써 자치단체행정의 원활하고 효율적인 운영을 도모하는 한편 주민의 복리에 초래될 것으로 예상되는 위험을 미연에 방지하려는 이 사건 법률 조항의 입법목적은 입법자가 추구할 수 있는 정당한 공익이라 할 것이고, 이를 실현하기 위하여 해당 자치단체장을 구금상태가 해소될 때까지 잠정적으로 그 직무에서 배제시키는 것은 일응 유효·적절한 수단이라고 볼 수 있다. … 따라서 이 사건 법률 조항은 청구인의 공무담임권을 제한함에 있어 과잉금지원칙에 위배되지 않는다(헌재 2011.4.28. 2010헌마474).
③ (O) 공무담임권은, 국민이 국가나 공공단체의 구성원으로서 직무를 담당할 수 있는 권리를 뜻하고, 여기서 직무를 담당한다는 것은 공무담임에 관하여 능력과 적성에 따라 평등한 기회를 보장받는 것을 의미한다(헌재 2018.7.26. 2017헌마1183).
④ (O) 공무원의 신분이나 직무상 의무와 관련이 없는 범죄의 경우에도 퇴직급여 등을 제한하는 것은, 공무원범죄를 예방하고 공무원이 재직 중 성실히 근무하도록 유도하는 입법목적을 달성하는 데 적합한 수단이라고 볼 수 없다. … 나아가 이 사건 법률 조항은 퇴직급여에 있어서는 국민연금법상의 사업장 가입자에 비하여, 퇴직수당에 있어서는 근로기준법상의 근로자에 비하여 각각 차별대우를 하고 있는바, 이는 자의적인 차별에 해당한다(헌재 2007.3.29. 2005헌바33).

61 0568 ○△×|○△×|○△× 2019 경찰 승진

공무담임권에 대한 설명으로 가장 적절하지 않은 것은? (다툼이 있는 경우 헌법재판소 판례에 의함)

① 사립대학 교원이 국회의원으로 당선된 경우 임기개시일 전까지 그 직을 사직하도록 규정한 국회법 조항은 청구인의 공무담임권을 침해하지 않는다.
② 금고 이상의 형의 선고유예를 받고 그 기간 중에 있는 자를 임용결격사유로 삼고, 위 사유에 해당하는 자가 임용되더라도 이를 당연 무효로 하는 구 국가공무원법 조항은 공무담임권을 침해하지 않는다.
③ 국·공립학교 채용시험의 동점자처리에서 국가유공자 등 및 그 유족·가족에게 우선권을 주도록 하고 있는 국가유공자 등 예우 및 지원에 관한 법률 등의 해당 조항들은 일반 응시자들이 국·공립학교 채용시험의 동점자처리에서 심각한 불이익을 당하기 때문에 일반 응시자들의 공무담임권을 침해한다.
④ 지방자치단체의 장이 공소 제기된 후 구금상태에 있는 경우 부단체장이 그 권한을 대행하도록 규정한 지방자치법 조항은 지방자치단체의 장의 공무담임권을 침해하지 않는다.

지문분석 난이도 중 정답 ③

| **키 워 드** | 공무담임권
| **출제유형** | 판례

③ (X) 이 사건 동점자처리 조항에 의하여 일반 응시자들은 국·공립학교 채용시험의 동점자처리에서 불이익을 당할 수도 있으므로 일반 응시자들의 공무담임권이 제한된다고 할 것이나, 이는 국가유공자와 그 유·가족의 생활안정을 도모하고 이를 통해 국민의 애국정신함양과 민주사회 발전에 이바지한다고 하는 공공복리를 위한 불가피한 기본권 제한에 해당하며, 앞서 본 바와 같이 비례의 원칙 내지 과잉금지의 원칙에 위반된 것으로 볼 수 없고, 기본권의 본질적인 내용을 침해한다고도 할 수 없다. 따라서 이 사건 동점자처리 조항은 일반 응시자들의 공무담임권을 침해하지 아니한다(헌재 2006.6.29. 2005헌마44).
① (O) 국회의원의 직무수행에 있어 공정성과 전념성을 확보하여 국회가 본연의 기능을 충실히 수행할 수 있도록 하는 것은 대의제 민주주의를 성공적으로 운영하기 위한 발판이고, 사립대학에 재학 중인 학생들이 충실한 수업과 지도를 받을 수 있도록 함으로써 대학교육을 정상화하는 것은 미래의 인적 자원을 양성하는 초석이 되는 것인바, 앞서 본 사정들을 종합할 때 입법자가 이와 같은 공익을 국회의원으로 당선된 사립대학 교원이 교원의 직을 사직하여야 하는 것으로 인해 발생하는 공무담임권 및 직업선택의 자유에 대한 제한보다 중시한다고 해서 법익 간의 형량을 그르쳤다고 할 수는 없다. 따라서 심판대상 조항은 법익의 균형성원칙에도 위반되지 않는다(헌재 2015.4.30. 2014헌마621).
② (O) 이 사건 법률 조항은 금고 이상의 형의 선고유예의 판결을 받아 그 기간 중에 있는 사람이 공무원으로 임용되는 것을 금지하고 이러한 사람이 공무원으로 임용되더라도 그 임용을 당연 무효로 하는 것으로서, 공직에 대한 국민의 신뢰를 보장하고 공무원의 원활한 직무수행을 도모하기 위하여 마련된 조항이다. 청구인과 같이 임용결격사유에도 불구하고 임용된 임용결격 공무원은 상당한 기간 동안 근무한 경우라도 적법한 공무원의 신분을 취득하여 근무한 것이 아니라는 이유로 공무원연금법상 퇴직급여의 지급대상이 되지 못하는 등 일정한 불이익을 받기는 하지만, 재직기간 중 사실상 제공한 근로에 대하여는 그 대가에 상응하는 금액의 반환을 부당이득으로 청구하는 등의 민사적 구제수단이 있는 점을 고려하면, 공직에 대한 국민의 신뢰보장이라는 공익과 비교하여 임용결격 공무원의 사익 침해가 현저하다고 보기 어렵다. 따라서 이 사건 법률 조항은 입법자의 재량을 일탈하여 공무담임권을 침해한 것이라고 볼 수 없다(헌재 2016.7.28. 2014헌바437).
④ (O) 형사재판을 위하여 신체가 구금되어 정상적이고 시의적절한 직무를 수행하기 어려운 상황에 처한 자치단체장을 직무에서 배제시킴으로써 자치단체행정의 원활하고 효율적인 운영을 도모하는 한편 주민의 복리에 초래될 것으로 예상되는 위험을 미연에 방지하려는 이 사건 법률 조항의 입법목적은 입법자가 추구할 수 있는 정당한 공익이라 할 것이고, 이를 실현하기 위하여 해당 자치단체장을 구금상태가 해소될 때까지 잠정적으로 그 직무에서 배제시키는 것은 일응 유효·적절한 수단이라고 볼 수 있다. … 따라서 이 사건 법률 조항은 청구인의 공무담임권을 제한함에 있어 과잉금지원칙에 위배되지 않는다(헌재 2011.4.28. 2010헌마474).

62 0569 ○△×|○△×|○△× 2020 경찰 승진

공무담임권에 관한 설명 중 가장 적절한 것은? (다툼이 있는 경우 판례에 의함)

① 공무담임권은 공직취임의 기회균등을 요구하지만, 취임한 뒤 승진할 때에도 균등한 기회 제공을 요구하지는 않는다.
② 지방자치단체의 장이 금고 이상의 형을 선고받고 그 형이 확정되지 아니한 경우 부단체장이 그 권한을 대행하도록 규정한 지방자치법 조항은 지방자치단체장의 공무담임권을 침해한다.
③ 국방부 등의 보조기관에 근무할 수 있는 기회를 현역군인에게만 부여하고 군무원에게는 부여하지 않는 법률 조항은 군무원의 공무담임권을 침해한다.
④ 공무원의 재임 기간 동안 충실한 공무 수행을 담보하기 위하여 공무원의 퇴직급여 및 공무상 재해보상을 보장할 것까지 공무담임권의 보호영역에 포함된다고 본다.

지문분석 난이도 중 정답 ②

| **키 워 드** | 공무담임권
| **출제유형** | 판례

② (○) 금고 이상의 형을 선고받았더라도 불구속상태에 있는 이상 자치단체장이 직무를 수행하는 데는 아무런 지장이 없으므로 부단체장으로 하여금 그 권한을 대행시킬 직접적 필요가 없다는 점, 혹시 그러한 직무정지의 필요성이 인정된다 하더라도, 형이 확정될 때까지 기다리게 되면 자치단체행정의 원활한 운영에 상당한 위험이 초래될 것으로 명백히 예상된다거나 회복할 수 없는 공익이 침해될 우려가 있는 제한적인 경우로 한정되어야 한다는 점, 금고 이상의 형을 선고받은 범죄가 해당 자치단체장에 선출되는 과정에서 또는 선출된 이후 자치단체장의 직무에 관련하여 발생하였는지 여부, 고의범인지 과실범인지 여부 등 해당 범죄의 유형과 죄질에 비추어 형이 확정되기 전이라도 미리 직무를 정지시켜야 할 이유가 명백한 범죄를 저질렀을 경우로만 한정할 필요도 있는 점 등에 비추어 볼 때, 이 사건 법률 조항은 필요최소한의 범위를 넘어선 기본권 제한에 해당할 뿐 아니라, 이 사건 법률 조항으로 인하여 해당 자치단체장은 불확정한 기간 동안 직무를 정지당함은 물론 주민들에게 유죄가 확정된 범죄자라는 선입견까지 주게 되고, 더욱이 장차 무죄판결을 선고받게 되면 이미 침해된 공무담임권은 회복될 수도 없는 등의 심대한 불이익을 입게 되므로, 법익균형성 요건 또한 갖추지 못하였다. 따라서, 이 사건 법률 조항은 자치단체장인 청구인의 공무담임권을 침해한다(헌재 2010.9.2. 2010헌마418).

① (X) 공무담임권은 공직취임의 기회 균등뿐만 아니라 취임한 뒤 승진할 때에도 균등한 기회 제공을 요구한다. 청구인의 경우 군 복무기간이 승진소요 최저연수에 포함되지 않으므로 공무원으로 근무하다가 군 복무를 한 사람보다 더 오래 재직하여야 승진임용절차가 진행된다. 또 군 복무기간이 경력평정에서도 일부만 산입되므로 경력평정점수도 상대적으로 적게 부여된다. 이는 승진임용절차 개시 및 승진임용점수 산정과 관련된 법적 불이익에 해당하므로, 승진경쟁인원 증가에 따라 승진 가능성이 낮아지는 사실상의 불이익 문제나 단순한 내부승진인사 문제와 달리 공무담임권의 제한에 해당한다(헌재 2018.7.26. 2017헌마1183).

③ (X) 공무담임권의 보호영역에는 일반적으로 공직취임의 기회보장, 신분박탈, 직무의 정지가 포함되는 것일 뿐, 여기서 더 나아가 공무원이 특정의 장소에서 근무하는 것 또는 특정의 보직을 받아 근무하는 것을 포함하는 일종의 '공무수행의 자유'까지 그 보호영역에 포함된다고 보기는 어렵다. 따라서 이 사건 법률 조항이 특정직 공무원으로서 군무원인 청구인들의 공무담임권을 제한하는 것은 아니다(헌재 2008.6.26. 2005헌마1275).

④ (X) 헌법 제25조의 공무담임권이 공무원의 재임 기간 동안 충실한 공무수행을 담보하기 위하여 공무원의 퇴직급여 및 공무상 재해보상을 보장할 것까지 그 보호영역으로 하고 있다고 보기 어렵고, 행복추구권은 행복을 추구하기 위하여 필요한 급부를 국가에 대하여 적극적으로 요구할 수 있음을 내용으로 하는 것이 아니므로(헌재 2003.11.27. 2003헌바39), 심판대상 조항으로 인한 공무담임권 및 행복추구권의 제한은 문제되지 않는다(헌재 2014.6.26. 2012헌마459).

63 0570 ○△×|○△×|○△× 2019 법원직 9급

직업공무원제도에 관한 다음 설명 중 가장 옳지 않은 것은?

① 직업공무원제도는 헌법이 보장하는 제도적 보장 중의 하나임이 분명하므로 입법자는 직업공무원제도에 관하여 '최소한 보장'의 원칙의 한계 안에서 폭넓은 입법형성의 자유를 가진다.
② 공무원이 국가를 상대로 실질이 보수에 해당하는 금원의 지급을 구하려면 공무원의 '근무조건 법정주의'에 따라 국가공무원법령 등 공무원의 보수에 관한 법률에 지급근거가 되는 명시적 규정이 존재하여야 하고, 나아가 해당 보수 항목이 국가예산에도 계상되어 있어야만 한다.
③ 연금급여가 직업공무원제도의 한 내용이라는 점을 감안하더라도, 연금급여의 성격상 그 급여의 구체적인 내용은 국회가 사회정책적 고려, 국가의 재정 및 연금기금의 상황 등 여러 가지 사정을 참작하여 보다 폭넓은 입법재량으로 결정할 수 있다.
④ 직업공무원제도하에서는 직제폐지로 유휴인력이 생기더라도 직권면직을 하여 공무원의 신분이 상실되도록 해서는 안 된다.

지문분석 난이도 하 정답 ④

| 키 워 드 | 직업공무원제도
| 출제유형 | 판례

④ (X) 직업공무원제도하에서 입법자는 직제폐지로 생기는 유휴인력을 직권면직하여 행정의 효율성 이념을 달성하고자 할 경우에도 직업공무원제도에 따른 공무원의 권익이 손상되지 않도록 조화로운 입법을 하여야 하는데, 직제가 폐지되면 해당 공무원은 그 신분을 잃게 되므로 직제폐지를 이유로 공무원을 직권면직할 때는 합리적인 근거를 요하며, 직권면직이 시행되는 과정에서 합리성과 공정성이 담보될 수 있는 절차적 장치가 요구된다. 이 사건 규정이 직제가 폐지된 경우 직권면직을 할 수 있도록 규정하고 있다고 하더라도 이것이 직업공무원제도를 위반하고 있다고는 볼 수 없다(헌재 2004.11.25. 2002헌바8).
① (○) 직업공무원제도는 헌법이 보장하는 제도적 보장 중의 하나임이 분명하므로 입법자는 직업공무원제도에 관하여 '최소한 보장'의 원칙의 한계 안에서 폭넓은 입법형성의 자유를 가진다(헌재 1997.4.24. 95헌바48).
② (○) 공무원 보수 등 근무조건은 법률로 정하여야 하고, 국가예산에 계상되어 있지 아니하면 공무원 보수의 지급이 불가능한 점 등에 비추어 볼 때, 공무원이 국가를 상대로 실질이 보수에 해당하는 금원의 지급을 구하려면 공무원의 '근무조건 법정주의'에 따라 국가공무원법령 등 공무원의 보수에 관한 법률에 지급근거가 되는 명시적 규정이 존재하여야 하고, 나아가 해당 보수 항목이 국가예산에도 계상되어 있어야만 한다(대판 2016.8.25. 2013두14610).
③ (○) 연금급여가 직업공무원제도의 한 내용이라는 점을 감안하더라도, 연금급여의 성격상 그 급여의 구체적인 내용은 국회가 사회정책적 고려, 국가의 재정 및 연금기금의 상황 등 여러 가지 사정을 참작하여 보다 폭넓은 입법재량으로 결정할 수 있고, 연금급여의 후불임금적 성격을 고려할 때 그 퇴직연금급여는 최종보수월액을 기초로 하는 것보다 오히려 공무원으로 재직한 전 기간 평균보수월액으로 하는 것이 합리적이라고 할 수 있는바, 종전의 '최종보수월액' 을 '최종 3년간 평균보수월액'으로 개정한 공무원연금법상 위 급여액산정기초규정은 그 자체로 타당성이 인정된다(헌재 2003.9.25. 2001헌마93 등).

64 0571 ○△×|○△×|○△× 2016 경찰 승진

직업공무원제도에 관한 설명 중 가장 적절하지 않은 것은? (다툼이 있는 경우 판례에 의함)

① 국민이 공무원으로 임용된 경우에 있어서 그가 정년까지 근무할 수 있는 권리는 헌법의 공무원 신분보장 규정에 의하여 보호되는 기득권으로서 그 침해 내지 제한은 신뢰보호의 원칙에 위배되지 않는 범위 내에서만 가능하다 할 것이다.
② 직제폐지에 따른 직권면직을 규정한 지방공무원법 제62조 제1항 제3호는 직업공무원제도에 위반되지 않는다.
③ 국·공립학교 채용시험의 동점자처리에서 국가유공자 등 및 그 유족·가족에게 우선권을 주도록 하고 있는 국가유공자 등 예우 및 지원에 관한 법률의 해당 조항에 의하여 일반 응시자들은 국·공립학교 채용시험의 동점자처리에서 불이익을 당하며 이는 일반 응시자들의 공무담임권을 침해한다.
④ 입법자는 직업공무원제도에 관하여 '최소한의 보장'의 원칙의 한계 안에서 폭넓은 입법형성의 자유를 가진다.

지문분석 난이도 중 정답 ③

| 키 워 드 | 직업공무원제도
| 출제유형 | 판례

③ (X) 국·공립학교 채용시험의 동점자처리에서 국가유공자 등 및 그 유족·가족에게 우선권을 주도록 하고 있는 국가유공자 등 예우 및 지원에 관한 법률 등의 해당 조항들이 일반 응시자들의 공무담임권을 침해하지 않는다(헌재 2006.6.29. 2005헌마44).
① (○) 국민이 공무원으로 임용된 경우에 있어서 그가 정년까지 근무할 수 있는 권리는 헌법의 공무원 신분보장 규정에 의하여 보호되는 기득권으로서 그 침해 내지 제한은 신뢰보호의 원칙에 위배되지 않는 범위 내에서만 가능하다고 할 것이다(헌재 1994.4.28. 91헌바15).
② (○) 지방자치단체의 직제가 폐지된 경우에 해당 공무원을 직권면직할 수 있도록 규정하고 있는 지방공무원법 제62조 제1항 제3호가 직업공무원제도를 위반하지 않는다(헌재 2004.11.25. 2002헌바8).
④ (○) 직업공무원제도는 바로 헌법이 보장하는 제도적 보장 중의 하나임이 분명하므로 입법자는 직업공무원제도에 관하여 '최소한 보장'의 원칙의 한계 안에서 폭넓은 입법형성의 자유를 가진다(헌재 1997.4.24. 95헌바48).

65 0572 ○△×|○△×|○△× 2020 변호사

공무원의 연금청구권에 관한 설명 중 옳지 <u>않은</u> 것은? (다툼이 있는 경우 판례에 의함)

① 공무원연금제도는 공무원을 대상으로 퇴직 또는 사망과 공무로 인한 부상·질병 등에 대하여 적절한 급여를 실시함으로써 공무원 및 그 유족의 생활안정과 복리향상에 기여하는 데 그 목적이 있으며, 사회적 위험이 발생한 때에 국가의 책임 아래 보험기술을 통하여 공무원의 구제를 도모하는 사회보험제도의 일종이다.

② 공무원연금법상의 퇴직급여 등 각종 급여를 받을 권리, 즉 연금수급권은 재산권의 성격과 사회보장수급권의 성격이 불가분적으로 혼재되어 있는데, 입법자로서는 연금수급권의 구체적 내용을 정함에 있어 어느 한 쪽의 요소에 보다 중점을 둘 수 있다.

③ 공무원의 범죄행위로 인해 형사처벌이 부과된 경우에는 그로 인하여 공직을 상실하게 되므로, 이에 더하여 공무원의 퇴직급여청구권까지 박탈하는 것은 이중처벌금지의 원칙에 위반된다.

④ 공무원 또는 공무원이었던 자가 재직 중의 사유로 금고 이상의 형을 받은 때 퇴직급여 및 퇴직수당의 일부를 감액하여 지급하도록 한 공무원연금법 조항은 공무원의 신분이나 직무상 의무와 관련 없는 범죄인지 여부 등과 관계없이 일률적·필요적으로 퇴직급여를 감액하는 것으로서 재산권을 침해한다.

⑤ 공무원의 직무와 관련이 없는 범죄라 할지라도 고의범의 경우에는 공무원의 법령준수의무, 청렴의무, 품위유지의무 등을 위반한 것으로 볼 수 있으므로 이를 퇴직급여의 감액사유에서 제외하지 아니하더라도 헌법에 위반되지 않는다.

지문분석 난이도 ㊥ 정답 ③

| 키 워 드 | 공무담임권과 직업공무원제도

| 출제유형 | 판례

③ (×) 헌법 제13조 제1항 후단에 규정된 일사부재리 또는 이중처벌금지의 원칙에 있어서 처벌이라고 함은 원칙적으로 범죄에 대한 국가의 형벌권 실행으로서의 과벌을 의미하는 것이고 <u>국가가 행하는 일체의 제재나 불이익처분이 모두 그에 포함된다고는 할 수 없으므로 이 사건 법률조항에 의하여 급여를 제한한다고 하더라도 그것이 헌법이 금하고 있는 이중적인 처벌에 해당하는 것은 아니라고 할 것이다</u>(헌재 2002.7.18. 2000헌바57).

① (○) 공무원연금제도는 공무원을 대상으로 퇴직 또는 사망과 공무로 인한 부상·질병·폐질에 대하여 적절한 급여를 실시함으로써, 공무원 및 그 유족의 생활안정과 복리향상에 기여하는 데에 그 목적이 있는 것으로서(법 제1조), 위의 사유와 같은 사회적 위험이 발생한 때에 국가의 책임 아래 보험기술을 통하여 공무원의 구제를 도모하는 사회보험제도의 일종이다(헌재 2000.3.30. 98헌마401 등).

② (○) 공무원연금법상의 퇴직급여, 유족급여 등 각종 급여를 받을 권리, 즉 연금수급권은 일부 재산권으로서의 성격을 지니는 것으로 파악되고 있으나 이는 앞서 본 바와 같이 사회보장수급권의 성격과 불가분적으로 혼재되어 있으므로, 비록 연금수급권에 재산권의 성격이 일부 있다 하더라도 그것은 이미 사회보장법리의 강한 영향을 받지 않을 수 없다 할 것이고, 입법자로서는 연금수급권의 구체적 내용을 정함에 있어 이를 전체로서 파악하여 어느 한 쪽의 요소에 보다 중점을 둘 수 있다 할 것이다(헌재 2009.5.28. 2008헌바107).

④ (○) 재직 중의 사유로 금고 이상의 형을 선고받아 처벌받음으로써 기본적 죗값을 받은 공무원에게 다시 당연퇴직이란 공무원의 신분상실의 치명적인 법익박탈을 가하고, 이로부터 더 나아가 다른 특별한 사정도 없이 범죄의 종류에 상관 않고, 직무상 저지른 범죄인지 여부와도 관계없이, 누적되어 온 퇴직급여 등을 누적 이후의 사정을 이유로 일률적·필요적으로 감액하는 것은 과도한 재산권의 제한으로서 심히 부당하며 공무원의 퇴직 후 노후생활보장이라는 공무원연금제도의 기본적인 입법목적에도 부합하지 않는다(헌재 2007.3.29. 2005헌바33).

⑤ (○) 이 사건 감액 조항은 공무원범죄를 예방하고 공무원이 재직 중 성실히 근무하도록 유도하기 위한 것으로서 그 입법목적은 정당하고, 수단도 적절하다. 이 사건 감액조항은 퇴직급여 등의 감액사유에서 '직무와 관련 없는 과실로 인하여 범죄를 저지른 경우' 및 '소속 상관의 정당한 직무상의 명령에 따르다가 과실로 인하여 범죄를 저지른 경우'를 제외하고, 이러한 범죄행위로 인하여 그 결과 '금고 이상의 형을 받은 경우'로 한정한 점, 감액의 범위도 국가 또는 지방자치단체의 부담 부분을 넘지 않도록 한 점 등을 고려하면 침해의 최소성도 인정된다. 따라서 이 사건 감액 조항은 청구인들의 재산권과 인간다운 생활을 할 권리를 침해하지 아니한다(헌재 2013.8.29. 2010헌바354 등).

66 0573 ○△×|○△×|○△× 2022 경찰 간부

공무담임권에 대한 설명으로 가장 적절하지 않은 것은? (다툼이 있는 경우 헌법재판소 판례에 의함)

① 금고 이상의 형의 선고유예 판결을 받아 그 기간 중에 있는 사람이 공무원으로 임용되는 것을 금지하고 이러한 사람이 공무원으로 임용되더라도 그 임용을 당연무효로 하는 것은 해당 공무원의 공무담임권을 침해하지 않는다.
② 공무담임권의 보호영역에는 공직취임 기회의 자의적인 배제뿐 아니라, 공무원 신분의 부당한 박탈이나 권한의 부당한 정지도 포함된다.
③ 부사관으로 최초로 임용되는 사람의 최고연령을 27세로 정한 군인사법 조항은 군 조직의 특수성, 군 조직 내에서 부사관의 상대적 지위 및 역할 등을 고려하더라도 과잉금지원칙에 위배되어 공무담임권을 침해한다.
④ 주민등록을 하는 것이 법령의 규정상 아예 불가능한, 재외국민인 주민의 지방선거 피선거권을 부인하는 구 공직선거법 조항은 국내거주 재외국민의 공무담임권을 침해한다.

지문분석 난이도 중 정답 ③

| 키 워 드 | 공무담임권
| 출제유형 | 판례

③ (X) 군인사법상 부사관으로 최초 임용되는 사람의 최고연령을 27세로 정한 것은 공무담임권을 침해하는 것이 아니다(헌재 2014.9.25. 2011헌마414).
① (O) 금고 이상의 형의 선고유예를 받고 그 기간 중에 있는 자를 임용결격사유로 삼고, 위 사유에 해당하는 자가 임용되더라도 이를 당연무효로 하는 구 국가공무원법 조항은 공무담임권을 침해하지 않는다(헌재 2016.7.28. 2014헌바437).
② (O) 공무담임권의 보호영역에는 공직취임의 기회의 자의적인 배제뿐 아니라, 공무원 신분의 부당한 박탈까지 포함되는 것이라고 할 것이다. … 그 직무수행에 대한 국민의 신뢰, 공무원직에 대한 신용 등을 유지하고, 그 직무의 정상적인 운영을 확보하며, 공무원범죄를 사전에 예방하고, 공직사회의 질서를 유지하고자 함에 그 목적이 있는 것이다. 이러한 입법목적은 입법자가 추구할 수 있는 헌법상 정당한 공익이라고 할 것이다. 공무원이 금고 이상의 형의 선고유예를 받은 경우에는 공무원직에서 당연히 퇴직하는 것으로 규정하고 있는 이 사건 법률조항은 금고 이상의 선고유예의 판결을 받은 모든 범죄를 포괄하여 규정하고 있을 뿐 아니라, 심지어 오늘날 누구에게나 위험이 상존하는 교통사고 관련 범죄 등 과실범의 경우마저 당연퇴직의 사유에서 제외하지 않고 있으므로 최소침해성의 원칙에 반한다[헌재 2002.8.29. 2001헌마788·2002헌마173(병합)].
④ (O) 국내에 주민등록이 되어 있지 아니한 국내거주 재외국민에 대해서 그 체류기간을 불문하고 전면적, 획일적으로 선거권·피선거권을 박탈하는 것은 위헌이다[헌재 2007.6.28. 2004헌마644·2005헌마360(병합)].

67 0574 ○△×|○△×|○△× 2017 법원직 9급

공무원제도 및 공무담임권에 관한 다음 설명 중 가장 옳지 않은 것은? (다툼이 있는 경우 헌법재판소 결정에 의함)

① 직업공무원제도는 헌법이 보장하는 제도적 보장 중의 하나이므로 입법자는 직업공무원제도에 관하여 '최소한의 보장'의 원칙의 한계 안에서 폭넓은 입법형성의 자유를 가진다.
② 직제가 폐지된 때에 공무원을 직권면직시킬 수 있도록 규정한 지방공무원법의 조항은 공무원의 귀책사유 없이도 그 신분을 박탈할 수 있도록 하여 신분보장을 중추적 요소로 하는 직업공무원제도를 위반한 것으로 볼 수 있다.
③ 금고 이상의 형의 '선고유예'를 받은 경우에 공무원직에서 당연히 퇴직하는 것으로 정한 지방공무원법의 조항은 과실범의 경우마저 당연퇴직 사유에서 제외하지 않아 최소침해성의 원칙에 반하므로 공무담임권을 침해하여 위헌이다.
④ 직업공무원제도가 적용되는 공무원은 국가 또는 공공단체와 근로관계를 맺고 특별행정법관계 아래 공무를 담당하는 것을 직업으로 하는 협의의 공무원을 말하며 정치적 공무원이나 임시적 공무원은 포함되지 않는다.

지문분석 난이도 중 정답 ②

| 키 워 드 | 공무원제도 및 공무담임권
| 출제유형 | 판례

② (X) 지방자치단체의 직제가 폐지된 경우에 해당 공무원을 직권면직할 수 있도록 규정하고 있는 지방공무원법 제62조 제1항 제3호는 직업공무원제도를 위반하고 있다고는 볼 수 없다(헌재 2004.11.25. 2002헌바8).
① (O) 직업공무원제도는 헌법이 보장하는 제도적 보장 중의 하나임이 분명하므로 입법자는 직업공무원제도에 관하여 '최소한 보장'의 원칙의 한계안에서 폭넓은 입법형성의 자유를 가진다(헌재 1997.4.24. 95헌바48).
③ (O) 공무원이 금고 이상의 형의 선고유예를 받은 경우에는 공무원직에서 당연히 퇴직하는 것으로 규정하고 있는 이 사건 법률 조항은 금고 이상의 선고유예의 판결을 받은 모든 범죄를 포괄하여 규정하고 있을 뿐 아니라, 심지어 오늘날 누구에게나 위험이 상존하는 교통사고 관련 범죄 등 과실범의 경우마저 당연퇴직의 사유에서 제외하지 않고 있으므로 최소침해성의 원칙에 반한다(헌재 2002.8.29. 2001헌마788).
④ (O) 직업공무원제도에서 말하는 공무원은 국가 또는 공공단체와 근로관계를 맺고 이른바 공법상 특별권력관계 내지 특별행정법관계 아래 공무를 담당하는 것을 직업으로 하는 협의의 공무원을 말하며 정치적 공무원이라든가 임시적 공무원은 포함되지 않는 것이다(헌재 1989.12.18. 89헌마32).

68 0575 ○△×|○△×|○△× 2020 국회직 9급

공무원제도에 대한 설명으로 옳지 않은 것은? (다툼이 있는 경우 판례에 의함)

① 공무원을 직권면직할 수 있는 사유에는 직제의 폐지도 포함된다.

② 공무원에 대하여 직무수행 중 정치적 주장을 표시·상징하는 복장 등 착용행위를 금지한 국가공무원 복무규정은 공무원의 정치적 표현의 자유를 필요 이상으로 제한하여 헌법에 위반된다.

③ "지방자치단체의 장은 다른 지방자치단체의 장의 동의를 얻어 그 소속 공무원을 전입할 수 있다."라는 지방공무원법 규정은 해당 공무원 본인의 동의가 필요하다는 것을 전제로 해석할 때 헌법에 합치한다.

④ "공무원은 직무의 내외를 불문하고 그 품위가 손상되는 행위를 하여서는 안 된다."라고 한 국가공무원법 규정은 '품위' 등 그 용어의 사전적 의미가 명백하고 그 수범자인 평균적인 공무원은 이를 충분히 예측할 수 있어 명확성원칙에 위배되지 않는다.

⑤ 입법자는 공무원의 정년을 행정조직, 직제의 변경 또는 예산의 감소 등 제반사정을 고려하여 합리적인 범위 내에서 조정할 수 있다.

지문분석 난이도 ㊥ 정답 ②

| 키 워 드 | 공무원제도

| 출제유형 | 조문 + 판례

② (X) 위 규정들은 공무원의 근무기강을 확립하고 공무원의 정치적 중립성을 확보하려는 입법목적을 가진 것으로서, 공무원이 직무 수행 중 정치적 주장을 표시·상징하는 복장 등을 착용하는 행위는 그 주장의 당부를 떠나 국민으로 하여금 공무집행의 공정성과 정치적 중립성을 의심하게 할 수 있으므로 공무원이 직무수행 중인 경우에는 그 활동과 행위에 더 큰 제약이 가능하다고 하여야 할 것인바, 위 규정들은 오로지 공무원의 직무수행 중의 행위만을 금지하고 있으므로 침해의 최소성원칙에 위배되지 아니한다. 따라서 위 규정들은 과잉금지원칙에 반하여 공무원의 정치적 표현의 자유를 침해한다고 할 수 없다(헌재 2012.5.31. 2009헌마705 등).

① (O) 임용권자는 공무원이 직제와 정원의 개폐 또는 예산의 감소 등에 따라 폐직(廢職) 또는 과원(過員)이 되었을 때 직권으로 면직시킬 수 있다(국가공무원법 제70조 제1항 제3호).

③ (O) 지방공무원법 제29조의3은 "지방자치단체의 장은 다른 지방자치단체의 장의 동의를 얻어 그 소속 공무원을 전입할 수 있다"라고만 규정하고 있어, 이러한 전입에 있어 지방공무원 본인의 동의가 필요한지에 관하여 다툼의 여지없이 명백한 것은 아니나, 위 법률 조항을, 해당 지방공무원의 동의 없이도 지방자치단체의 장 사이의 동의만으로 지방공무원에 대한 전출 및 전입명령이 가능하다고 풀이하는 것은 헌법적으로 용인되지 아니하며, 헌법 제7조에 규정된 공무원의 신분보장 및 헌법 제15조에서 보장하는 직업선택의 자유의 의미와 효력에 비추어 볼 때 위 법률조항은 해당 지방공무원의 동의가 있을 것을 당연한 전제로 하여 그 공무원이 소속된 지방자치단체의 장의 동의를 얻어서만 그 공무원을 전입할 수 있음을 규정하고 있는 것으로 해석하는 것이 타당하고, … 위 법률조항은 헌법에 위반되지 아니한다(헌재 2002.11.28. 98헌바101 등).

④ (O) 이 사건 법률 조항이 공무원 징계사유로 규정한 품위손상행위는 '주권자인 국민으로부터 수임 받은 공무를 수행함에 손색이 없는 인품에 어울리지 않는 행위를 함으로써 공무원 및 공직 전반에 대한 국민의 신뢰를 떨어뜨릴 우려가 있는 경우'를 일컫는 것으로 해석할 수 있고, 그 수범자인 평균적인 공무원은 이를 충분히 예측할 수 있다. 따라서 이 사건 법률 조항은 명확성원칙에 위배되지 아니한다. … 이 사건 법률 조항이 공무원의 일반적 행동의 자유를 과도하게 제한한다고 보기 어려우므로, 과잉금지원칙에 위배되지 아니한다(헌재 2016.2.25. 2013헌바435).

⑤ (O) 공무원이 정년까지 근무할 수 있는 권리는 헌법의 공무원신분보장규정에 의하여 보호되는 기득권으로서 그 침해 내지 제한은 신뢰보호의 원칙에 위배되지 않는 범위 내에서만 가능하다고 할 것인즉 기존의 정년규정을 변경하여 임용 당시의 공무원법상의 정년까지 근무할 수 있다는 기대 내지 신뢰를 합리적 이유 없이 박탈하는 것은 위 공무원신분 보장규정에 위배된다 할 것이나, 임용 당시의 공무원법상의 정년까지 근무할 수 있다는 기대와 신뢰는 절대적인 권리로서 보호되어야만 하는 것은 아니고 행정조직, 직제의 변경 또는 예산의 감소 등 강한 공익상의 정당한 근거에 의하여 좌우될 수 있는 상대적이고 가변적인 것이라 할 것이므로 입법자에게는 제반사정을 고려하여 합리적인 범위 내에서 정년을 조정할 입법형성권이 인정된다(헌재 2000.12.14. 99헌마112 등).

69 0576 ○△×|○△×|○△× 2018 경찰 승진

공무원제도 및 공무담임권에 대한 설명으로 가장 적절한 것은? (다툼이 있는 경우 판례에 의함)

① 경찰공무원이 자격정지 이상의 형의 선고유예를 받은 경우 당연퇴직하도록 규정하고 있는 구 경찰공무원법 조항은 공무담임권을 침해하지 않는다.

② 지방자치단체의 직제가 폐지된 경우에 해당 공무원을 직권면직할 수 있도록 규정하고 있는 지방공무원법 조항은 헌법상 직업공무원제도를 위반한 것이다.

③ 지방자치단체의 장으로 하여금 당해 지방자치단체의 관할구역과 겹치는 선거구역에서 실시되는 지역구 국회의원선거에 입후보하고자 하는 경우 당해 선거의 선거일 전 120일까지 그 직을 사퇴하도록 한 공직선거법 조항은 해당 지방자치단체장의 평등권을 침해하지 않는다.

④ 공무원 또는 공무원이었던 자가 재직 중의 사유로 금고 이상의 형을 받은 때에는 대통령령이 정하는 바에 의하여 퇴직급여 및 퇴직수당의 일부를 감액하여 지급하도록 한 공무원연금법 조항은 평등원칙에 위배되지 않는다.

지문분석 난이도 중 정답 ③

| 키 워 드 | 공무원제도 및 공무담임권

| 출제유형 | 판례

③ (○) 이 사건 조항은 일반 공무원이 공직선거에 출마하려는 경우 '선거일 전 60일까지' 사퇴하도록 하는 것과 달리 단체장을 '120일 전까지' 사퇴하도록 하고 있으나, 단체장은 지방자치단체의 행정기능을 총괄하며, 직원의 인사권과 주민의 복리에 관한 각종 사업의 기획·시행, 예산의 집행 등 지방자치단체의 운영에 있어서 막중한 지위와 권한을 가지므로 자신의 관할구역 국회의원선거에 입후보할 것에 대비하여 전시성 사업으로 예산을 낭비하거나 불공정한 선심행정을 행할 개연성이 다른 공무원에 비하여 상대적으로 더 높다. 단체장의 그러한 지위와 권한의 특수성을 감안할 때 이 사건 조항은 합리성을 벗어난 것이라 볼 수 없다. 또한 이 사건 조항이 국회의원과 달리 단체장에게 그러한 공직사퇴시한을 두고 있는 것은 국회의원직의 사퇴로 인한 심각한 국정공백을 우려한 것이므로 합리적 이유가 있다. 그러므로 이 사건 조항은 단체장의 평등권을 침해하지 않는다(헌재 2006.7.27. 2003헌마758, 2005헌마72).

① (X) 자격정지의 형을 선고받은 청원경찰이 이 사건 법률 조항에 따라 당연퇴직되어 입게 되는 직업의 자유에 대한 제한이라는 불이익이 자격정지의 형을 선고받은 자를 청원경찰직에서 당연퇴직시킴으로써 청원경찰에 대한 국민의 신뢰를 제고하고 청원경찰로서의 성실하고 공정한 직무수행을 담보하려는 공익에 비하여 더 중하다고 볼 수는 없으므로, 법익균형성도 지켜지고 있다. 따라서 이 사건 법률 조항은 과잉금지원칙을 위반하여 청구인의 직업의 자유를 침해하지 아니한다(헌재 2011.10.25. 2011헌마85).

② (X) 지방공무원법 제62조는 직제의 폐지로 인해 직권면직이 이루어지는 경우 임용권자는 인사위원회의 의견을 듣도록 하고 있고, 면직기준으로 임용형태·업무실적·직무수행능력·징계처분사실 등을 고려하도록 하고 있으며, 면직기준을 정하거나 면직대상을 결정함에 있어서 반드시 인사위원회의 의결을 거치도록 하고 있는바, 이는 합리적인 면직기준을 구체적으로 정함과 동시에 그 공정성을 담보할 수 있는 절차를 마련하고 있는 것이라 볼 수 있다. 그렇다면 이 사건 규정이 직제가 폐지된 경우 직권면직을 할 수 있도록 규정하고 있다고 하더라도 이것이 직업공무원제도를 위반하고 있다고는 볼 수 없다(헌재 2004.11.25. 2002헌바8).

④ (X) 입법자로서는 입법목적을 달성함에 반드시 필요한 범죄의 유형과 내용 등으로 그 범위를 한정하여 규정함이 최소침해성의 원칙에 따른 기본권 제한의 적절한 방식이다. 단지 금고 이상의 형을 받았다는 이유만으로 이미 공직에서 퇴출당할 공무원에게 더 나아가 일률적으로 그 생존의 기초가 될 퇴직급여 등까지 반드시 감액하도록 규정한다면 그 법률 조항은 침해되는 사익에 비해 지나치게 공익만을 강조한 입법이라고 아니할 수 없다(헌재 2007.3.29. 2005헌바33).

70 0577 O △ X | O △ X | O △ X 2017 국가직 7급 하반기

공무원에 대한 설명으로 옳지 않은 것은? (다툼이 있는 경우 헌법재판소 판례에 의함)

① 공무원이란 직접 또는 간접적으로 국민에 의하여 선출 또는 임용되어 국가나 공공단체와 공법상의 근무관계를 맺고 공공적 업무를 담당하고 있는 사람들을 가리킨다고 할 수 있고, 공무원도 각종 노무의 대가로 얻는 수입에 의존하여 생활하는 사람이라는 점에서는 통상적인 의미의 근로자적인 성격을 지니고 있으므로, 헌법 제33조 제2항 역시 공무원의 근로자적 성격을 인정하는 것을 전제로 규정하고 있다.

② 공무원에게 직무의 내외를 불문하고 품위유지의무를 부과하고 품위손상행위를 공무원에 대한 징계사유로 규정한 법률조항은, '품위가 손상되는 행위'라는 가치개념을 사용하여 어떠한 행위가 여기에 해당하는지 객관적으로 특정하거나 예측할 수 없게 하고, 공무원에 대한 징계사유를 지나치게 광범위하게 규정하여 직무와 관련 없는 사적 영역에서의 행위도 징계사유로 삼을 수 있도록 하고 있으므로, 명확성원칙 및 과잉금지원칙에 위배된다.

③ 직업공무원제도는 모든 공무원으로 하여금 어떤 특정 정당이나 특정 상급자를 위하여 충성하는 것이 아니라 국민 전체에 대한 봉사자로서 법에 따라 그 소임을 다할 수 있게 함으로써 공무원 개인의 권리나 이익을 보호함에 그치지 아니하고 나아가 국가 기능의 측면에서 정치적 안정의 유지에 기여하도록 하는 제도이며, 입법자는 직업공무원제도에 관하여 '최소한 보장'의 원칙의 한계 안에서 폭넓은 입법형성의 자유를 가진다.

④ 공무원은 공인으로서의 지위와 사인으로서의 지위, 국민 전체에 대한 봉사자로서의 지위와 기본권을 향유하는 기본권 주체로서의 지위라는 이중적 지위를 가지므로 공무원이라고 하여 기본권이 무시되거나 경시되어서는 안 되지만, 공무원의 신분과 지위의 특수성상 공무원에 대해서는 일반 국민에 비해 보다 넓고 강한 기본권 제한이 가능하다.

지문분석 난이도 하 정답 ②

| 키 워 드 | 공무원제도

| 출제유형 | 판례

② (X) 입법취지, 용어의 사전적 의미 및 법원의 해석 등을 종합할 때 이 사건 법률 조항이 공무원 징계사유로 규정한 품위손상행위는 '주권자인 국민으로부터 수임받은 공무를 수행함에 손색이 없는 인품에 어울리지 않는 행위를 함으로써 공무원 및 공직 전반에 대한 국민의 신뢰를 떨어뜨릴 우려가 있는 경우'를 일컫는 것으로 해석할 수 있고, 그 수범자인 평균적인 공무원은 이를 충분히 예측할 수 있다. 따라서 이 사건 법률 조항은 명확성원칙에 위배되지 아니한다(헌재 2016.2.25. 2013헌바435).
① (O) 헌재 1992.4.28. 90헌바27
③ (O) 헌재 1997.4.24. 95헌바48
④ (O) 헌재 2012.5.31. 2009헌마705 등

71 0578 O △ X | O △ X | O △ X 2017 국회직 8급

공무담임권에 대한 설명으로 옳지 않은 것은? (다툼이 있는 경우 헌법재판소의 판례에 의함)

① 비례대표 국회의원선거의 경우 후보자 1명마다 1,500만 원이라는 기탁금액은 비례대표제의 취지를 실현하기 위해 필요한 최소한의 액수보다 지나치게 과다한 액수이다.

② 지방자치단체의 장이 금고 이상의 형을 선고받고 그 형이 확정되지 아니한 경우 부단체장이 그 권한을 대행하도록 규정한 지방자치법 조항은 해당 자치단체장의 공무담임권을 침해한다.

③ 5급 공채시험 응시연령의 상한을 '32세까지'로 제한한 것은 기본권 제한을 최소한도에 그치도록 요구하는 헌법 제37조 제2항에 부합된다고 보기 어렵다.

④ 공무원의 신분이나 직무상 의무와 관련이 없는 범죄의 경우에도 퇴직급여 등을 제한하는 것은, 공무원범죄를 예방하고 공무원이 재직 중 성실히 근무하도록 유도하는 입법목적을 달성하는 데 적합한 수단이다.

⑤ 지방자치단체의 장이 그 임기 중에 그 직을 사퇴하여 대통령선거, 국회의원선거, 지방의회의원선거 및 다른 지방자치단체의 장 선거에 입후보할 수 없도록 하는 것은 공무담임권을 침해한다.

지문분석 난이도 중 정답 ④

| 키 워 드 | 공무담임권

| 출제유형 | 판례

④ (X) 공무원의 신분이나 직무상 의무와 관련이 없는 범죄의 경우에도 퇴직급여 등을 제한하는 것은, 공무원범죄를 예방하고 공무원이 재직 중 성실히 근무하도록 유도하는 입법목적을 달성하는 데 적합한 수단이라고 볼 수 없다(헌재 2007.3.29. 2005헌바33).
① (O) 비례대표 국회의원선거 기탁금 조항은 그 입법목적이 정당하고, 기탁금 요건을 마련하는 것은 그 입법목적을 달성하기 위한 적합한 수단에 해당된다. 그러나 정당에 대한 선거로서의 성격을 가지는 비례대표 국회의원선거는 인물에 대한 선거로서의 성격을 가지는 지역구 국회의원선거와 근본적으로 그 성격이 다르고, 비례대표 기탁금 조항은 공직선거법상 허용된 선거운동을 통하여 선거의 혼탁이나 과열을 초래할 여지가 지역구 국회의원선거보다 훨씬 적다고 볼 수 있음에도 지역구 국회의원선거에서의 기탁금과 동일한 고액의 기탁금을 설정하고 있어 최소성원칙과 법익균형성원칙에도 위반되어 공무담임권을 침해한다(헌재 2016.12.29. 2015헌마1160).
② (O) 헌재 2010.9.2. 2010헌마418
③ (O) 헌재 2008.5.29. 2007헌마1105
⑤ (O) 헌재 1999.5.27. 98헌마214

72 0579 ○△×|○△×|○△× 2022 경찰 1차

공무담임권에 관한 설명 중 가장 적절하지 않은 것은? (다툼이 있는 경우 판례에 의함)

① 공무담임권은 국가 등에게 능력주의를 존중하는 공정한 공직자 선발을 요구할 수 있는 권리라는 점에서 직업선택의 자유보다는 그 기본권의 효과가 현실적·구체적이므로, 공직을 직업으로 선택하는 경우에 있어서 직업선택의 자유는 공무담임권을 통해서 그 기본권 보호를 받게 된다고 할 수 있으므로 공무담임권을 침해하는지 여부를 심사하는 이상 이와 별도로 직업선택의 자유 침해 여부를 심사할 필요는 없다.

② 공무담임권의 보호영역에는 일반적으로 공직취임의 기회보장, 신분박탈, 직무의 정지가 포함될 뿐이고 '승진시험의 응시제한'이나 이를 통한 승진기회의 보장 문제는 공직신분의 유지나 업무수행에는 영향을 주지 않는 단순한 내부 승진인사에 관한 문제에 불과하여 공무담임권의 보호영역에 포함된다고 보기 어렵다.

③ 서울교통공사는 공익적인 업무를 수행하기 위한 지방공사이나 서울특별시와 독립적인 공법인으로서 경영의 자율성이 보장되고, 서울교통공사의 직원의 신분도 지방공무원법이 아닌 지방공기업법과 정관에서 정한 바에 따르는 등, 서울교통공사의 직원이라는 직위가 헌법 제25조가 보장하는 공무담임권의 보호영역인 '공무'의 범위에는 해당하지 않는다.

④ 금고 이상의 형의 선고유예를 받고 그 기간 중에 있는 자를 임용결격사유로 삼고, 위 사유에 해당하는 자가 임용되더라도 이를 당연무효로 하는 구 국가공무원법 조항은 입법자의 재량을 일탈하여 청구인의 공무담임권을 침해한다.

지문분석 난이도 중 정답 ④

| **키 워 드** | 공무담임권

| **출제유형** | 판례

④ (X) 이 사건 법률조항은 금고 이상의 형의 선고유예의 판결을 받아 그 기간 중에 있는 사람이 공무원으로 임용되는 것을 금지하고 이러한 사람이 공무원으로 임용되더라도 그 임용을 당연무효로 하는 것으로서, 공직에 대한 국민의 신뢰를 보장하고 공무원의 원활한 직무수행을 도모하기 위하여 마련된 조항이다. 따라서 이 사건 법률조항은 입법자의 재량을 일탈하여 공무담임권을 침해한 것이라고 볼 수 없다(헌재 2016.7.28. 2014헌바437).

① (O) 공무담임권은 국가 등에게 능력주의를 존중하는 공정한 공직자 선발을 요구할 수 있는 권리라는 점에서 직업선택의 자유보다는 그 기본권의 효과가 현실적·구체적이므로, 공직을 직업으로 선택하는 경우에 있어서 직업선택의 자유는 공무담임권을 통해서 그 기본권 보호를 받게 된다고 할 수 있으므로 공무담임권을 침해하는지 여부를 심사하는 이상 이와 별도로 직업선택의 자유 침해 여부를 심사할 필요는 없다(헌재 2006.3.30. 2005헌마598).

② (O) 공무담임권의 보호영역에는 일반적으로 공직취임의 기회보장, 신분박탈, 직무의 정지가 포함될 뿐이고 청구인이 주장하는 '승진시험의 응시제한'이나 이를 통한 승진기회의 보장 문제는 공직신분의 유지나 업무수행에는 영향을 주지 않는 단순한 내부 승진인사에 관한 문제에 불과하여 공무담임권의 보호영역에 포함된다고 보기는 어려우므로 결국 이 사건 심판대상 규정은 청구인의 공무담임권을 침해한다고 볼 수 없다(헌재 2007.6.28. 2005헌마1179).

③ (O) 서울교통공사는 공익적인 업무를 수행하기 위한 지방공사이나, 서울특별시와 독립적인 공법인으로서 경영의 자율성이 보장되고, 수행 사업도 국가나 지방자치단체의 독점적 성격을 갖는다고 보기 어려우며, 서울교통공사의 직원의 신분도 지방공무원법이 아닌 지방공기업법과 정관에서 정한 바에 따르는 등, 서울교통공사의 직원이라는 직위가 헌법 제25조가 보장하는 공무담임권의 보호영역인 '공무'의 범위에는 해당하지 않는다(헌재 2021.2.25. 2018헌마174).

73 0580 ○△×|○△×|○△× 2018 서울시 7급(변형)

공무원제도에 관한 다음 설명 중 옳지 않은 것은? (다툼이 있는 경우는 판례에 의함)

① 대법원은, 공무원 임용을 위한 면접전형에 있어서 임용신청자의 능력이나 적격성 등에 관한 판단은 면접위원의 고도의 교양과 학식, 경험에 기초한 자율적 판단에 의존하는 것으로서 오로지 면접위원의 자유재량에 속한다고 한다.

② 지방자치단체의 장이 금고 이상의 형의 선고를 받은 경우 그 형이 확정될 때까지 부단체장으로 하여금 그 권한을 대행하도록 한 법률 조항은 범죄의 유형이나 경중을 가리지 않고 단지 금고 이상의 형이 선고되었다는 이유만으로 당연히 그 직무에서 배제시키는 것이어서 비례의 원칙에 위반되어 공무담임권이 침해될 뿐만 아니라, 유죄의 판결이 확정되지 아니한 상태에서 피고인을 죄 있는 자에 준하여 취급하는 것이어서 무죄추정의 원칙에도 어긋난다.

③ 어떤 사유에 기하여 직위해제를 한 후 동일한 사유를 이유로 파면처분을 하였더라도 뒤에 이루어진 파면처분에 의하여 그전에 있었던 직위해제처분의 효력이 상실되지는 않는다.

④ 공무원 또는 공무원이었던 자가 '재직 중의 사유로 금고 이상의 형을 받은 때'에는 대통령령이 정하는 바에 의하여 퇴직급여 및 퇴직수당의 일부를 감액하여 지급하도록 하는 공무원연금법 규정은 재산권을 침해하고 평등의 원칙에 위배된다.

지문분석 난이도 ㊥ 정답 ③

| 키 워 드 | 공무원제도

| 출제유형 | 판례

③ (×) 직위해제처분은 공무원의 신분관계를 그대로 존속시키면서 다만 그 직위를 부여하지 아니하는 처분이므로 만일 어떤 사유에 기하여 직위해제를 한 후 동일한 사유를 이유로 공무원의 신분관계를 박탈하는 파면처분을 하였을 경우에는 뒤에 이루어진 파면처분에 의하여 그전에 있었던 직위해제처분의 효력은 상실하게 된다(헌재 2005.12.22. 2003헌바76).

① (○) 공무원 임용을 위한 면접전형에 있어서 임용신청자의 능력이나 적격성 등에 관한 판단은 면접위원의 고도의 교양과 학식, 경험에 기초한 자율적 판단에 의존하는 것으로서 오로지 면접위원의 자유재량에 속하고, 그와 같은 판단이 현저하게 재량권을 일탈 내지 남용한 것이 아니라면 이를 위법하다고 할 수 없다(대판 1997.11.28. 97누11911).

② (○) 이 사건 법률 조항은 '금고 이상의 형이 선고되었다'는 사실 자체에 주민의 신뢰가 훼손되고 자치단체장으로서 직무의 전념성이 해쳐질 것이라는 부정적 의미를 부여한 후, 그러한 판결이 선고되었다는 사실만을 유일한 요건으로 하여, 형이 확정될 때까지의 불확정한 기간 동안 자치단체장으로서의 직무를 정지시키는 불이익을 가하고 있으며, 그와 같이 불이익을 가함에 있어 필요최소한에 그치도록 엄격한 요건을 설정하지도 않았으므로, 위 무죄추정의 원칙에 위배된다. 선거에 의하여 주권자인 국민으로부터 직접 공무담임권을 위임받는 자치단체장의 경우, ㉠ 그와 같이 공무담임권을 위임한 선출의 정당성이 무너지거나, ㉡ 공무담임권 위임의 본지를 배반하는 직무상 범죄를 저질렀다면, 이러한 경우에도 계속 공무를 담당하게 하는 것은 공무담임권 위임의 본지에 부합된다고 보기 어려우므로, 위 두 사유에 해당하는 범죄로 자치단체장이 금고 이상의 형을 선고받은 경우라면, 그 형이 확정되기 전에 해당 자치단체장의 직무를 정지시키더라도 무죄추정의 원칙에 직접적으로 위배된다고 보기 어렵고, 과잉금지의 원칙도 위반하였다고 볼 수 없다. 하지만, 위 두 가지 경우 이외에는, 금고 이상의 형의 선고를 받았다는 이유로 형이 확정되기 전에 자치단체장의 직무를 정지시키는 것은 무죄추정의 원칙과 과잉금지의 원칙에 위배된다. 따라서 이 사건 법률 조항에는 위헌적인 부분과 합헌적인 부분이 공존하고 있고, 이를 가려내는 일은 국회의 입법형성권에 맡기는 것이 바람직하므로, 헌법불합치결정을 할 필요성이 인정된다(헌재 2010.9.2. 2010헌마418).

④ (○) 공무원의 신분이나 직무상 의무와 관련이 없는 범죄의 경우에도 퇴직급여 등을 제한하는 것은, 공무원범죄를 예방하고 공무원이 재직 중 성실히 근무하도록 유도하는 입법목적을 달성하는 데 적합한 수단이라고 볼 수 없다(헌재 2007.3.29. 2005헌바33).

74 0581 ○△×|○△×|○△× 2018 법원직 9급(변형)

공무담임권 및 공무원제도에 대한 설명으로 타당하지 않은 것은?

① 지방자치단체의 장이 '공소 제기된 후 구금상태에 있는 경우' 부단체장이 그 권한을 대행하도록 규정한 지방자치법 제111조 제1항 제2호는 공무담임권 및 무죄추정원칙에 위배된다.

② 노동조합에 가입할 수 있는 특정직 공무원의 범위를 '6급 이하의 일반직 공무원에 상당하는 외무행정·외교정보관리직 공무원'으로 한정하여, 소방공무원을 노동조합 가입대상에서 제외한 공무원의 노동조합 설립 및 운영 등에 관한 법률 제6조 제1항 제2호는 소방공무원의 단결권을 침해하지 않는다.

③ 2005년도 국가정보원 7급 제한경쟁시험의 응시자격을 병역을 필한 자로 제한한 채용공고는 군미필자의 공무담임권을 제한하기는 하나, 군필자에게는 응시기회를 추가로 주고 있어 응시기회의 일시 유예에 불과한 점에서 채용공고가 초래하는 공무담임권의 제한은 과중하다 볼 수 없으므로 공무담임권을 침해하지 아니한다.

④ 6급 및 7급 공무원 공채시험의 응시연령 상한을 35세까지로 규정하면서 그 상급자인 5급 공무원의 채용연령을 32세까지로 제한한 것은 합리적이라고 볼 수 없으므로 32세가 넘은 국민의 공무담임권을 침해하는 것이다.

지문분석 난이도 중 정답 ①

| 키 워 드 | 공무담임권 및 공무원제도

| 출제유형 | 판례

① (X) 이 사건 법률 조항의 입법목적은 주민의 복리와 자치단체행정의 원활하고 효율적인 운영에 초래될 것으로 예상되는 위험을 미연에 방지하려는 것으로, 자치단체장이 정식 형사재판절차를 앞두고 있는 '공소 제기된 후'부터 시작하여 '구금상태에 있는' 동안만 직무를 정지시키고 있어 그 침해가 최소한에 그치도록 하고 있고, 이 사건 법률 조항이 달성하려는 공익은 매우 중대한 반면, 일시적·잠정적으로 직무를 정지당할 뿐 신분을 박탈당하지도 않는 자치단체장의 사익에 대한 침해는 가혹하다고 볼 수 없으므로 과잉금지원칙에 위반되지 않는다. 또한 이 사건 법률 조항은 공소 제기된 자로서 구금되었다는 사실 자체에 사회적 비난의 의미를 부여한다거나 그 유죄의 개연성에 근거하여 직무를 정지시키는 것이 아니라, 구금의 효과, 즉 구속되어 있는 자치단체장의 물리적 부재상태로 말미암아 자치단체행정의 원활하고 계속적인 운영에 위험이 발생할 것이 명백하여 이를 미연에 방지하기 위하여 직무를 정지시키는 것이므로, '범죄사실의 인정 또는 유죄의 인정에서 비롯되는 불이익'이라거나 '유죄를 근거로 하는 사회윤리적 비난'이라고 볼 수 없다. 따라서 무죄추정의 원칙에 위반되지 않는다(헌재 2011.4.28. 2010헌마474).

② (O) 노동조합에 가입할 수 있는 특정직 공무원의 범위를 "6급 이하의 일반직 공무원에 상당하는 외무행정·외교정보관리직 공무원"으로 한정하여, 소방공무원을 노동조합 가입대상에서 제외한 '공무원의 노동조합 설립 및 운영 등에 관한 법률'은 소방공무원인 청구인의 단결권과 평등권을 침해하지 않는다(헌재 2008.12.26. 2006헌마462).

③ (O) 청구인의 경우 군복무 전이나 후에 얼마든지 시험을 볼 수 있으며 단지 군복무기간 중에만 시험응시자격이 제한되는 것에 불과하다. 그렇다면 이 사건에서는 평등권 침해 여부를 심사함에 있어 입법자가 입법재량을 행사함에 있어서 합리성을 갖춘 것인지 여부를 판단하는 것이 타당하다. 청구인의 평등권과 공무담임권을 침해하지 않는다(헌재 2007.5.31. 2006헌마627).

④ (O) 이 사건 시행령 조항은 32세가 넘은 사람의 공직취임권을 직접적으로 제한하는 것이므로, 그러한 제한을 정당화하려면 헌법 제37조 제2항이 요구하는 과잉금지의 원칙에 부합하여야 한다. 그런데 32세까지는 5급 공무원의 직무수행에 필요한 최소한도의 자격요건을 갖추고, 32세가 넘으면 그러한 자격요건을 상실한다고 보기 어렵고, 6급 및 7급 공무원 공채시험의 응시연령 상한을 35세까지로 규정하면서 그 상급자인 5급 공무원의 채용연령을 32세까지로 제한한 것은 합리적이라고 볼 수 없으므로, 이 사건 시행령 조항이 5급 공채시험 응시연령의 상한을 '32세까지'로 제한하고 있는 것은 기본권 제한을 최소한도에 그치도록 요구하는 헌법 제37조 제2항에 부합된다고 보기 어렵다(헌재 2008.5.29. 2007헌마1105).

75 0582 ○△×|○△×|○△× 2013 변호사(변형)

공무원의 정치적 자유에 관한 설명 중 옳지 않은 것은? (다툼이 있는 경우 헌법재판소 판례에 의함)

① 공무원의 정치적 중립성 요청은 공무원의 정치적 신조에 따라서 행정이 좌우되지 않도록 함으로써 공무집행에서의 혼란의 초래를 예방하고 국민의 신뢰를 확보하기 위함이다.

② 공무원의 직무수행 중 정치적 주장을 표시·상징하는 복장 등의 착용행위를 금지하는 것은 공무원의 근무기강 확립 및 정치적 중립성 확보를 위한 것으로서, 공무원이 직무수행 중인 경우에는 그 활동과 행위에 더 큰 제약이 가능할 뿐만 아니라 공무원의 직무수행 중의 행위만을 금지하고 있으므로, 공무원의 정치적 표현의 자유를 침해하지 않는다.

③ 초·중등학교 교원에 대해서는 정당가입과 선거운동의 자유를 금지하면서 대학 교원에게 이를 허용하는 것은 합리적 차별이므로 헌법상 평등권을 침해하는 것이 아니다.

④ 선거관리위원회 공무원에게 요청되는 엄격한 정치적 중립성을 고려한다고 하더라도 위 공무원에 대하여 특정 정당이나 후보자를 지지·반대하는 단체에의 가입·활동 등을 금지하는 것은 해당 공무원의 정치적 표현의 자유 등을 침해한다.

⑤ 선거에서 중립성이 요구되는 공무원은 원칙적으로 좁은 의미의 직업공무원은 물론이고, 적극적인 정치활동을 통하여 국가에 봉사하는 정치적 공무원을 포함하지만, 국회의원과 지방의회의원은 위 공무원의 범위에 포함되지 않는다.

지문분석 난이도 ⓢ 정답 ④

| 키 워 드 | 공무원제도

| 출제유형 | 판례

④ (X) 선거관리위원회는 민주주의의 근간이 되는 선거와 투표, 정당 사무에 대한 관리업무를 행하는 기관이라는 점에서 선관위 공무원은 다른 어떤 공무원보다도 정치적으로 중립적인 입장에 서서 공정하고 객관적으로 직무를 수행할 의무를 지닌다. 이 사건 규정들은 선관위 공무원에 대하여 특정 정당이나 후보자를 지지·반대하는 단체에의 가입·활동 등을 금지함으로써 선관위 공무원의 정치적 표현의 자유 등을 제한하고 있으나, 선관위 공무원에게 요청되는 엄격한 정치적 중립성에 비추어 볼 때 선관위 공무원이 특정한 정치적 성향을 표방하는 단체에 가입·활동한다는 사실 자체만으로 그 정치적 중립성과 직무의 공정성, 객관성이 의심될 수 있으므로 이 사건 규정들은 선관위 공무원의 정치적 표현의 자유 등을 침해한다고 할 수 없다(헌재 2012.3.29. 2010헌마97).

① (O) 헌법 제7조 제2항은 "공무원의 정치적 중립성은 법률이 정하는 바에 의하여 보장된다."고 명시하고 있다. 이와 같은 공무원의 정치적 중립성의 요청은 정권교체로 인한 행정의 일관성과 계속성이 상실되지 않도록 하고, 공무원의 정치적 신조에 따라서 행정이 좌우되지 않도록 함으로써 공무집행에서의 혼란의 초래를 예방하고 국민의 신뢰를 확보하기 위함이다(헌재 2004.3.25. 2001헌마710).

② (O) 공무원에 대하여 직무 수행 중 정치적 주장을 표시·상징하는 복장 등 착용행위를 금지한 '국가공무원 복무규정' 제8조의2 제2항 및 '지방공무원 복무규정' 제1조의3 제2항이 과잉금지원칙에 반하여 공무원의 정치적 표현의 자유를 침해하는지 여부(소극) … 위 규정들은 공무원의 근무기강을 확립하고 공무원의 정치적 중립성을 확보하려는 입법목적을 가진 것으로서, 공무원이 직무 수행 중 정치적 주장을 표시·상징하는 복장 등을 착용하는 행위는 그 주장의 당부를 떠나 국민으로 하여금 공무집행의 공정성과 정치적 중립성을 의심하게 할 수 있으므로 공무원이 직무수행 중인 경우에는 그 활동과 행위에 더 큰 제약이 가능하다고 하여야 할 것인바, 위 규정들은 오로지 공무원의 직무수행 중의 행위만을 금지하고 있으므로 침해의 최소성원칙에 위배되지 아니한다. 따라서 위 규정들은 과잉금지원칙에 반하여 공무원의 정치적 표현의 자유를 침해한다고 할 수 없다(헌재 2012.5.31. 2009헌마705).

③ (O) 초·중등학교 교원에 대해서는 정당가입과 선거운동의 자유를 금지하면서 대학교원에게는 이를 허용한다 하더라도, 이는 양자 간 직무의 본질이나 내용 그리고 근무태양이 다른 점을 고려할 때 합리적인 차별이라고 할 것이므로 청구인이 주장하듯 헌법상의 평등권을 침해한 것이라고 할 수 없다(헌재 2004.3.25. 2001헌마710).

⑤ (O) 공직선거법 제9조의 '공무원'이란, 위 헌법적 요청을 실현하기 위하여 선거에서의 중립의무가 부과되어야 하는 모든 공무원 즉, 구체적으로 '자유선거원칙'과 '선거에서의 정당의 기회균등'을 위협할 수 있는 모든 공무원을 의미한다. 그런데 사실상 모든 공무원이 그 직무의 행사를 통하여 선거에 부당한 영향력을 행사할 수 있는 지위에 있으므로, 여기서의 공무원이란 원칙적으로 국가와 지방자치단체의 모든 공무원 즉, 좁은 의미의 직업공무원은 물론이고, 적극적인 정치활동을 통하여 국가에 봉사하는 정치적 공무원을 포함한다. 다만, 국회의원과 지방의회의원은 정당의 대표자이자 선거운동의 주체로서의 지위로 말미암아 선거에서의 정치적 중립성이 요구될 수 없으므로, 공직선거법 제9조의 '공무원'에 해당하지 않는다(헌재 2004.5.14. 2004헌나1).

76 0583 ○△×|○△×|○△× 2022 경찰 승진

공무원제도 및 공무담임권에 대한 설명으로 가장 적절하지 않은 것은? (다툼이 있는 경우 판례에 의함)

① 경찰공무원이 자격정지 이상의 형의 선고유예를 받은 경우 공무원직에서 당연퇴직하도록 규정하고 있는 구 경찰공무원법 조항은 자격정지 이상의 선고유예 판결을 받은 모든 범죄를 포괄하여 규정하고 있을 뿐만 아니라 심지어 오늘날 누구에게나 위험이 상존하는 교통사고 관련범죄 등 과실범의 경우마저 당연퇴직의 사유에서 제외하지 않고 있으므로 최소침해성의 원칙에 반한다.

② 헌법 제7조가 정하고 있는 직업공무원제도는 공무원이 집권세력의 논공행상의 제물이 되는 엽관제도를 지양하며 정권교체에 따른 국가작용의 중단과 혼란을 예방하고 일관성 있는 공무수행의 독자성을 유지하기 위하여 헌법과 법률에 의하여 공무원의 신분이 보장되도록 하는 공직구조에 관한 제도로 공무원의 정치적 중립과 신분보장을 그 중추적 요소로 한다.

③ 공무원이거나 공무원이었던 사람이 재직 중의 사유로 금고 이상의 형을 받거나 형이 확정된 경우 퇴직급여 및 퇴직수당의 일부를 감액하여 지급함에 있어 그 이후 형의 선고의 효력을 상실하게 하는 특별사면 및 복권을 받은 경우를 달리 취급하는 규정을 두지 아니한 구 공무원연금법 규정은 합리적인 이유가 없다고 할 것이므로 청구인의 재산권 및 인간다운 생활을 할 권리를 침해한다.

④ 형사사건으로 기소된 국가공무원을 직위해제할 수 있도록 규정한 구 국가공무원법의 규정에 의한 공무담임권의 제한은 잠정적이고 그 경우에도 공무원의 신분은 유지되고 있다는 점에서 공무원에게 가해지는 신분상 불이익과 보호하려는 공익을 비교할 때 공무집행의 공정성과 그에 대한 국민의 신뢰를 유지하고자 하는 공익이 더욱 크므로 이 사건 법률조항은 공무담임권을 침해하지 않는다.

지문분석

난이도 중 정답 ③

| 키 워 드 | 공무원제도 및 공무담임권

| 출제유형 | 판례

③ (X) 공무원이 범죄행위로 형사처벌을 받은 경우 국민의 신뢰가 손상되고 공직 전체에 대한 신뢰를 실추시켜 공공의 이익을 해하는 결과를 초래하는 것은 그 이후 특별사면 및 복권을 받아 형의 선고의 효력이 상실된 경우에도 마찬가지이다. 또한, 형의 선고의 효력을 상실하게 하는 특별사면 및 복권을 받았다 하더라도 그 대상인 형의 선고의 효력이나 그로 인한 자격상실 또는 정지의 효력이 장래를 향하여 소멸되는 것에 불과하고, 형사처벌에 이른 범죄사실 자체가 부인되는 것은 아니므로, 공무원 범죄에 대한 제재수단으로서의 실효성을 확보하기 위하여 특별사면 및 복권을 받았다 하더라도 퇴직급여 등을 계속 감액하는 것을 두고 현저히 불합리하다고 평가할 수 없다. … 따라서 심판대상 조항은 그 합리적인 이유가 인정되는바, 재산권 및 인간다운 생활을 할 권리를 침해한다고 볼 수 없어 헌법에 위반되지 아니한다(헌재 2020.4.23. 2018헌바402).

① (○) 경찰공무원이 자격정지 이상의 형의 선고유예를 받은 경우 공무원직에서 당연퇴직하도록 규정하고 있는 이 사건 법률조항은 자격정지 이상의 선고유예 판결을 받은 모든 범죄를 포괄하여 규정하고 있을 뿐만 아니라 심지어 오늘날 누구에게나 위험이 상존하는 교통사고 관련범죄 등 과실범의 경우마저 당연퇴직의 사유에서 제외하지 않고 있으므로 최소침해성의 원칙에 반한다. … 이 사건 법률조항은 헌법 제25조의 공무담임권을 침해한 위헌 법률이다(헌재 2004.9.23. 2004헌가12).

② (○) 우리 헌법 제7조가 정하고 있는 직업공무원제도는 공무원이 집권세력의 논공행상의 제물이 되는 엽관제도를 지양하며 정권교체에 따른 국가작용의 중단과 혼란을 예방하고 일관성 있는 공무수행의 독자성을 유지하기 위하여 헌법과 법률에 의하여 공무원의 신분이 보장되도록 하는 공직구조에 관한 제도로 공무원의 정치적 중립과 신분보장을 그 중추적 요소로 한다(헌재 2004.11.25. 2002헌바8).

④ (○) 이 사건 법률조항의 입법목적은 형사소추를 받은 공무원이 계속 직무를 집행함으로써 발생할 수 있는 공직 및 공무집행의 공정성과 그에 대한 국민의 신뢰를 해할 위험을 예방하기 위한 것으로 정당하고, 직위해제는 이러한 입법목적을 달성하기에 적합한 수단이다. 이 사건 법률조항에 의한 공무담임권의 제한은 잠정적이고 그 경우에도 공무원의 신분은 유지되고 있다는 점에서 공무원에게 가해지는 신분상 불이익과 보호하려는 공익을 비교할 때 공무집행의 공정성과 그에 대한 국민의 신뢰를 유지하고자 하는 공익이 더욱 크다. 따라서 이 사건 법률조항은 공무담임권을 침해하지 않는다(헌재 2006.5.25. 2004헌바12).

77 0584 ○△×|○△×|○△× 2015 사법고시(변형)

다음 중 공무담임권에 대한 헌법재판소의 결정으로 가장 옳지 않은 것은?

① 대통령선거에서 후보자등록 요건으로 5억 원의 기탁금을 납부하도록 한 것은, 후보난립을 방지할 필요성이 절실한 점, 개정된 정치자금법 제6조에 다른 후원회를 통하여 그와 같은 기탁금액을 마련하는 것이 불가능하거나 현저히 어렵다고 할 수 없는 점, 기탁금액의 규모는 불성실한 입후보자에 대한 실질적 제재 효과를 거둘 수 있어야 하는 점 등을 고려하면, 개인에게 현저하게 과다한 부담을 초래하여 후보예정자의 공무담임권을 침해한다고 볼 수 없다.

② 공무담임권이란 국가, 공공단체의 구성원으로서 그 직무를 담당할 수 있는 권리이므로 지역구 국회의원선거에서 구·시·군선거방송토론위원회가 개최하는 대담·토론회의 초청자격을 제한함으로써, 비초청대상후보자의 경우 사실상 선거운동의 자유가 일부 제한되는 측면이 있다고 하여 그로써 바로 국가기관의 공직에 취임할 수 있는 권리가 직접 제한된다고 보기는 어렵다.

③ 지역구 국회의원선거에 있어 후보자의 득표수가 유효투표총수를 후보자수로 나눈 수 이상이거나 유효투표총수의 100분의 20 이상인 때에 해당하지 않으면 기탁금을 반환하지 아니하고 국고에 귀속시키도록 한 것은, 진지한 입후보희망자의 입후보를 가로막고, 또한 일단 입후보한 자로서 진지하게 당선을 위한 노력을 다한 입후보자에게 선거결과에 따라 부당한 제재를 가하는 것이므로 민주주의원리에 반하여 국민의 피선거권을 침해하는 것이다.

④ 사법시험은 원칙적으로 자격시험의 성격이 있고 그 시험에 합격하여 사법연수원의 소정 과정을 마친 사람 중에서 판사나 검사를 임용하고 있으므로 그 한도에서 공무원임용시험의 성격을 가진다. 다수 국민의 편의를 위하여 시험시행일을 일요일로 정한 피청구인의 공고가 특별히 청구인의 사법시험 응시 기회를 차단한다고 볼 수 없어, 청구인의 공무담임권이 침해되었다고 볼 수 없다.

지문분석

난이도 중 정답 ①

| 키 워 드 | 공무담임권

| 출제유형 | 판례

① (X) 후보자난립 방지를 위하여 기탁금제도를 두더라도 그 금액이 현저하게 과다하거나 불합리하게 책정된 것이라면 허용될 수 없다. 5억 원의 기탁금은 대통령선거 입후보예정자가 조달하기에 매우 높은 액수임이 명백하다. 개정된 정치자금법은 대통령선거의 후보자 및 예비후보자도 후원회 지정권자에 포함시켰으나, 5억 원은 쉽게 모금할 수 있는 액수라고 보기 어렵고, 지지도가 높은 후보자라고 하더라도 그 지지도가 반드시 후원금의 기부액수로 연결될 것이라고 단정할 수 없다. … 따라서 현행 선거법하에서 대통령선거의 기탁금 액수가 종전과 같이 3억 원이 되어야 할 필요성은 오히려 약해졌는데도 기탁금이 5억으로 증가되어 있고, 또 기탁금이 반환되는 유효투표총수의 득표율은 더 높아졌다. 결국, 이 사건 조항은 개인에게 현저하게 과다한 부담을 초래하며, 이는 고액재산의 다과에 의하여 공무담임권 행사 기회를 비합리적으로 차별하므로, 청구인의 공무담임권을 침해한다(헌재 2008.11.27. 2007헌마1024).

② (O) 공무담임권이란 국가, 공공단체의 구성원으로서 그 직무를 담당할 수 있는 권리이므로 주된 선거방송 대담·토론회의 참가가 제한되어 사실상 선거운동의 자유가 일부 제한되는 측면이 있다고 하여 그로써 바로 국가기관의 공직에 취임할 수 있는 권리가 직접 제한된다고 보기는 어렵다고 할 것이므로, 이 사건 법률 조항은 공무담임권을 제한하는 것이라고 볼 수 없다(헌재 2011.5.26. 2010헌마451).

③ (O) 선거는 그 과정을 통하여 국민의 다양한 정치적 의사가 표출되는 장으로서 낙선한 후보자라고 하여 결과적으로 '난립후보'라고 보아 제재를 가하여서는 아니 되므로 기탁금 반환의 기준으로 득표율을 사용하고자 한다면 그 기준득표율은 유효투표총수의 미미한 수준에 머물러야 할 것인바, 공직선거법 제57조 제1항, 제2항은 지역구 국회의원선거에 있어 후보자의 득표수가 유효투표총수를 후보자수로 나눈 수 이상이거나 유효투표총수의 100분의 20 이상인 때에 해당하지 않으면 기탁금을 반환하지 아니하고 국고에 귀속시키도록 하고 있는데, 이러한 기준은 과도하게 높아 진지한 입후보희망자의 입후보를 가로막고 있으며, 또한 일단 입후보한 자로서 진지하게 당선을 위한 노력을 다한 입후보자에게 선거결과에 따라 부당한 제재를 가하는 것이 되고, 특히 2, 3개의 거대정당이 존재하는 경우 군소정당이나 신생정당 후보자로서는 위 기준을 충족하기가 힘들게 될 것이므로 결국 이들의 정치참여 기회를 제약하는 효과를 낳게 된다 할 것이므로 위 조항은 국민의 피선거권을 침해하는 것이다(헌재 2001.7.19. 2000헌마91).

④ (O) 사법시험은 원칙적으로 자격시험의 성격이 있고 그 시험에 합격하여 사법연수원의 소정 과정을 마친 사람 중에서 판사나 검사를 임용하고 있으므로 그 한도에서 공무원임용시험의 성격을 가지고 있는바, 피청구인이 사법시험 제1차 시험의 시행일을 일요일로 정하였다고 하여 청구인의 공무담임권이 침해되었다고 볼 수는 없다. 즉 청구인이 자신이 신봉하는 종교의 특별한 교리를 이유로 일요일에는 예배행사 참여와 기도와 선행 이외의 다른 행위를 할 수 없다는 것일 뿐이므로 다수 국민의 편의를 위하여 시험 시행일을 일요일로 정한 피청구인의 이 사건 공고가 특별히 청구인의 사법시험 응시 기회를 차단한다고 볼 수 없다. 위 공고가 공무담임권을 침해하지 않는다(헌재 2001.9.27. 2000헌마159).

78 0585 ○△×|○△×|○△× 2015 사법고시(변형)

제도적 보장에 대한 설명 중 옳지 않은 것은?

① 헌법에는 기본권과 관련이 있으면서 기본권과는 개념적으로 구별될 수 있는 제도를 규정한 것들이 있다.
② 객관적 제도를 헌법상 보장함으로써 그 제도의 본질을 유지하려는 것을 제도보장이라고 한다.
③ 직업공무원제도, 지방자치제도, 복수정당제도, 혼인제도 등이 이에 해당한다.
④ 제도보장도 재판규범으로서의 성격을 가진다.
⑤ 제도적 보장에도 헌법 제37조가 적용되므로 기본권 보장과 같이 최대보장의 원칙에 의하여 보장하여야 한다.

지문분석 난이도 하 정답 ⑤

| 키 워 드 | 제도적 보장
| 출제유형 | 이론 + 판례

⑤ (X) 제도적 보장은 최소한의 보장 원칙에 의하여 보장하고, 기본권은 최대한의 보장 원칙에 의하여 보장한다.
① (O) 지방자치제를 기본권 보장과 관계없이 제도 자체만 보장된다는 견해(권영성)에 대해서는 지방자치제도가 참정권(선거권·공무담임권 등)의 확대를 초래하므로 기본권 보장과 관련 없는 독자적인 것이 아니라는 비판(허영, 민경식)도 있다. 헌재는 '지방자치단체의 폐치·분합은 지방자치단체의 자치권의 침해 문제와 더불어 그 주민의 헌법상 보장된 기본권의 침해 문제도 발생시킬 수 있다.'(헌재 1995.3.23. 94헌마175)고 판시하였다.
② (O) 제도적 보장은 제도의 본질적 내용을 헌법에 규정함으로써 법률에 의한 제도의 폐기를 방지하는 데 그 목적이 있다. 제도의 본질적 내용은 헌법에 의해 결정되나 세부적인 내용은 입법을 통해 결정될 수 있다.
③ (O) 우리나라 현행헌법상 제도로서 정당제도, 선거제도, 공무원제도, 지방자치제도, 교육제도, 군사제도, 가정과 혼인에 관한 제도, 사유재산제도가 있다.
④ (O) 제도적 보장은 헌법 개정권력을 구속하지 못하므로 헌법 개정의 대상이 되나 집행권, 사법권, 입법권을 구속하므로 위헌법률심판뿐 아니라 헌법소원에서도 재판규범이 된다.

3 정당의 자유와 정당제도

79 0586 ○△×|○△×|○△× 2017 서울시 7급

선거제도 및 정당제도와 관련한 다음의 서술에서 빈칸에 들어갈 말이 옳게 짝지어진 것은? (다툼이 있는 경우 판례에 의함)

ㄱ. 헌법 제7조 제1항의 '공무원은 국민전체에 대한 봉사자이며, 국민에 대해 책임을 진다.'라는 규정, 제45조의 '국회의원은 국회에서 직무상 행한 발언과 표결에 관하여 국회 외에서 책임을 지지 아니한다.'라는 규정 및 제46조 제2항의 '국회의원은 국가이익을 우선하여 양심에 따라 직무를 행한다.'라는 규정들을 종합하여 볼 때, 헌법은 국회의원을 (　　　)위임의 원칙하에 두었다고 할 것이다.
ㄴ. 헌법재판소는 후보자의 배우자가 그와 함께 다니는 사람 중에서 지정한 1명도 명함 교부를 할 수 있도록 한 공직선거법(2010.1.25. 법률 제9974호로 개정된 것) 제93조 제1항 제1호 중 제60조의3 제2항 제3호 가운데 후보자의 배우자가 그와 함께 다니는 사람 중에서 지정한 1명 부분은 평등권을 (　　　)고 보고 있다.
ㄷ. 공직선거법상 후보자등록을 신청하는 자는 등록신청 시에 후보자 1명마다 일정 금액의 기탁금을 중앙선거관리위원회의 규칙으로 정하는 바에 따라 관할선거구선거관리위원회에 납부하여야 하는데 특히 대통령선거는 기탁금이 (　　　)이다.

① 기속 – 침해하지 않는다 – 3억 원
② 자유 – 침해한다 – 3억 원
③ 자유 – 침해하지 않는다 – 1억 5천만 원
④ 무기속 – 침해한다 – 2억 원

지문분석 난이도 상 정답 ②

| 키 워 드 | 선거제도 및 정당제도
| 출제유형 | 조문 + 판례

ㄱ. 헌법 제7조 제1항의 "공무원은 국민 전체에 대한 봉사자이며, 국민에 대해 책임을 진다."라는 규정, 제45조의 "국회의원은 국회에서 직무상 행한 발언과 표결에 관하여 국회 외에서 책임을 지지 아니한다."라는 규정 및 제46조 제2항의 "국회의원은 국가이익을 우선하여 양심에 따라 직무를 행한다."라는 규정들을 종합하여 볼 때, 헌법은 국회의원을 자유위임의 원칙하에 두었다고 할 것이다(헌재 1994.4.28. 92헌마153).
ㄴ. 후보자의 배우자가 그와 함께 다니는 사람 중에서 지정한 1명도 명함 교부를 할 수 있도록 한 것은 배우자의 유무라는 우연한 사정에 근거하여 합리적 이유 없이 배우자 없는 후보자와 배우자 있는 후보자를 차별 취급하므로 평등권을 침해한다(헌재 2016.9.29. 2016헌마287).
ㄷ. 공직선거법 제56조 제1항 제1호에 따라 대통령선거의 기탁금은 3억 원이다.

80 0587 ○△×|○△×|○△× 2022 경찰 승진

정당제도에 관한 설명으로 가장 적절한 것은? (다툼이 있는 경우 판례에 의함)

① 정당의 설립은 자유이나 복수정당제는 헌법상 바로 보장되는 것은 아니고, 구체적인 법률의 규정이 존재하여야 비로소 보장된다.
② 정당은 그 목적·조직과 활동 및 강령이 민주적이면 족하고, 국민의 정치적 의사형성에 참여하는 데 필요한 조직을 반드시 가져야 하는 것은 아니다.
③ 정당의 목적이나 활동이 민주적 기본질서에 위배될 때에는 국회는 헌법재판소에 그 해산을 제소할 수 있고, 정당은 헌법재판소의 심판에 의하여 해산된다.
④ 헌법 제8조 제4항이 의미하는 '민주적 기본질서'는 그 외연이 확장될수록 정당해산결정의 가능성은 확대되고 이와 동시에 정당활동의 자유는 축소될 것이므로, 헌법 제8조 제4항의 민주적 기본질서는 최대한 엄격하고 협소한 의미로 이해해야 한다.

지문분석 난이도 하 정답 ④

| 키 워 드 | 정당제도
| 출제유형 | 조문 + 판례

④ (○) 헌법 제8조 제4항의 민주적 기본질서 개념은 정당해산결정의 가능성과 긴밀히 결부되어 있다. 이 민주적 기본질서의 외연이 확장될수록 정당해산결정의 가능성은 확대되고, 이와 동시에 정당활동의 자유는 축소될 것이다. 민주사회에서 정당의 자유가 지니는 중대한 함의나 정당해산심판제도의 남용가능성 등을 감안한다면, 헌법 제8조 제4항의 민주적 기본질서는 최대한 엄격하고 협소한 의미로 이해해야 한다(헌재 2014.12.19. 2013헌다1).
① (×) 헌법 제8조는 제1항에서 "정당의 설립은 자유이며, 복수정당제는 보장된다."고 규정하여 국민 누구나가 원칙적으로 국가의 간섭을 받지 아니하고 정당을 설립할 권리를 국민의 기본권으로 보장하면서, 아울러 정당설립의 자유를 보장한 것의 당연한 법적 산물인 복수정당제를 제도적으로 보장하고 있다(헌재 2006.3.30. 2004헌마246).
② (×) 헌법 제8조 제2항

> **헌법 제8조** ② 정당은 그 목적·조직과 활동이 민주적이어야 하며, 국민의 정치적 의사형성에 참여하는 데 필요한 조직을 가져야 한다.

③ (×) 헌법 제8조 제4항

> **헌법 제8조** ④ 정당의 목적이나 활동이 민주적 기본질서에 위배될 때에는 정부는 헌법재판소에 그 해산을 제소할 수 있고, 정당은 헌법재판소의 심판에 의하여 해산된다.

81 0588 ○△×|○△×|○△× 2018 경찰 승진

정당에 대한 설명으로 가장 적절하지 않은 것은? (다툼이 있는 경우 판례에 의함)

① 당론과 다른 견해를 가진 소속 국회의원을 당해 교섭단체의 필요에 따라 다른 상임위원회로 전임(사임·보임)하는 조치는 특별한 사정이 없는 한 헌법상 용인될 수 있는 정당 내부의 사실상 강제의 범위 내에 해당한다.
② "정당은 그 목적·조직과 활동이 민주적이어야 하며, 국민의 정치적 의사형성에 참여하는 데 필요한 조직을 가져야 한다"는 헌법 제8조 제2항은 정당에 대하여 정당의 자유의 한계를 부과함과 동시에 입법자에 대하여 그에 필요한 입법을 해야 할 의무를 부과하고 있으나, 정당의 자유의 헌법적 근거를 제공하는 근거규범으로서 기능하는 것은 아니다.
③ 헌법재판소가 정당설립의 자유를 제한하는 법률의 합헌성을 심사하는 경우 헌법 제37조 제2항에 따라 엄격한 비례심사를 하여야 한다.
④ 정당설립의 자유는 등록된 정당에게만 인정되는 기본권이므로 등록이 취소되어 권리능력 없는 사단의 실체만을 가지고 있는 정당에게는 인정되지 않는다.

지문분석 난이도 중 정답 ④

| 키 워 드 | 정당제도
| 출제유형 | 판례

④ (×) 정당설립의 자유는 그 성질상 등록된 정당에게만 인정되는 기본권이 아니라 청구인과 같이 등록정당은 아니지만 권리능력 없는 사단의 실체를 가지고 있는 정당에게도 인정되는 기본권이라고 할 수 있다(헌재 2006.3.30. 2004헌마246).
① (○) 당론과 다른 견해를 가진 소속 국회의원을 당해 교섭단체의 필요에 따라 다른 상임위원회로 전임(사·보임)하는 조치는 특별한 사정이 없는 한 헌법상 용인될 수 있는 "정당 내부의 사실상 강제"의 범위 내에 해당한다고 할 것이다. 피청구인의 이 사건 사·보임행위는 청구인이 소속된 정당 내부의 사실상 강제에 터 잡아 교섭단체대표의원이 상임위원회 사·보임 요청을 하고 이에 따라 이른바 의사정리권한의 일환으로 이를 받아들인 것으로서, 그 절차·과정에 헌법이나 법률의 규정을 명백하게 위반하여 재량권의 한계를 현저히 벗어나 청구인의 권한을 침해한 것으로는 볼 수 없다고 할 것이다(헌재 2003.10.30. 2002헌라1).
② (○) 헌법 제8조 제2항은 헌법 제8조 제1항에 의하여 정당의 자유가 보장됨을 전제로 하여, 그러한 자유를 누리는 정당의 목적·조직·활동이 민주적이어야 한다는 요청, 그리고 그 조직이 국민의 정치적 의사형성에 참여하는 데 필요한 조직이어야 한다는 요청을 내용으로 하는 것으로서, 정당에 대하여 정당의 자유의 한계를 부과하는 것임과 동시에 입법자에 대하여 그에 필요한 입법을 해야 할 의무를 부과하고 있다. 그러나 이에 나아가 정당의 자유의 헌법적 근거를 제공하는 근거규범으로서 기능한다고는 할 수 없다(헌재 2004.12.16. 2004헌마456).
③ (○) 입법자는 정당설립의 자유를 최대한 보장하는 방향으로 입법하여야 하고, 헌법재판소는 정당설립의 자유를 제한하는 법률의 합헌성을 심사할 때에 헌법 제37조 제2항에 따라 엄격한 비례심사를 하여야 한다(헌재 2014.1.28. 2012헌마431 등).

82 0589 ○△×|○△×|○△× 2019 경찰 승진

정당에 대한 설명으로 가장 적절하지 않은 것은? (다툼이 있는 경우 헌법재판소 판례에 의함)

① 헌법 제8조 제1항이 명시하는 정당설립의 자유는 설립할 정당의 조직형태를 어떠한 내용으로 할 것인가에 관한 정당조직 선택의 자유 및 그와 같이 선택된 조직을 결성할 자유를 포괄하는 '정당조직의 자유'를 포함한다.

② 정당의 명칭은 그 정당의 정책과 정치적 신념을 나타내는 대표적인 표지에 해당하므로, 정당설립의 자유는 자신들이 원하는 명칭을 사용하여 정당을 설립하거나 정당활동을 할 자유도 포함한다.

③ 헌법 제8조 제2항에서 "정당은 그 목적·조직과 활동이 민주적이어야 하며, 국민의 정치적 의사형성에 참여하는 데 필요한 조직을 가져야 한다."는 것은 정당조직의 자유를 직접적으로 규정한 것으로서, 정당의 자유의 헌법적 근거를 제공하는 근거규범으로서 기능한다.

④ 정당의 목적이나 활동이 민주적 기본질서에 위배될 때에는 정부는 헌법재판소에 그 해산을 제소할 수 있고, 정당은 헌법재판소의 심판에 의하여 해산된다.

지문분석 난이도 중 정답 ③

| 키 워 드 | 정당제도

| 출제유형 | 조문 + 판례

③ (X) 헌법 제8조 제2항이 정당조직의 자유와 밀접한 관계를 가지고 있는 것은 사실이나, 이는 오히려 그 자유에 대한 한계를 긋는 기능을 하는 것이고, 그러한 한도에서 정당의 자유의 구체적인 내용을 제시한다고는 할 수 있으나, 정당의 자유의 헌법적 근거를 제공하는 근거규범으로서 기능한다고는 할 수 없다(헌재 2004.12.16. 2004헌마456).

① (O) 헌법 제8조 제1항이 명시하는 정당설립의 자유는 설립할 정당의 조직형태를 어떠한 내용으로 할 것인가에 관한 정당조직 선택의 자유 및 그와 같이 선택된 조직을 결성할 자유를 포괄하는 '정당조직의 자유'를 포함한다. 정당조직의 자유는 정당설립의 자유에 개념적으로 포괄될 뿐만 아니라 정당조직의 자유가 완전히 배제되거나 임의적으로 제한될 수 있다면 정당설립의 자유가 실질적으로 무의미해지기 때문이다. 또 헌법 제8조 제1항은 정당활동의 자유도 보장하고 있기 때문에 위 조항은 결국 정당설립의 자유, 정당조직의 자유, 정당활동의 자유 등을 포괄하는 정당의 자유를 보장하고 있다(헌재 2004.12.16. 2004헌마456).

② (O) 헌법 제8조 제1항 전단은 단지 정당설립의 자유만을 명시적으로 규정하고 있지만, 정당의 설립만이 보장될 뿐 설립된 정당이 언제든지 해산될 수 있거나 정당의 활동이 임의로 제한될 수 있다면 정당설립의 자유는 사실상 아무런 의미가 없게 되므로, 정당설립의 자유는 당연히 정당 존속의 자유와 정당활동의 자유를 포함하는 것이다. 한편, 정당의 명칭은 그 정당의 정책과 정치적 신념을 나타내는 대표적인 표지에 해당하므로, 정당설립의 자유는 자신들이 원하는 명칭을 사용하여 정당을 설립하거나 정당활동을 할 자유도 포함한다고 할 것이다(헌재 2014.1.28. 2012헌마431 등).

④ (O) 정당의 목적이나 활동이 민주적 기본질서에 위배될 때에는 정부는 헌법재판소에 그 해산을 제소할 수 있고, 정당은 헌법재판소의 심판에 의하여 해산된다(헌법 제8조 제4항).

83 0590 ○△×|○△×|○△× 2021 경찰 승진

정당제도에 대한 설명으로 가장 적절한 것은? (다툼이 있는 경우 판례에 의함)

① 정당설립의 자유는 등록된 정당에게만 인정되는 기본권이므로, 등록이 취소되어 권리능력 없는 사단인 정당에게는 인정되지 않는다.

② 정당이 비례대표 국회의원선거 및 비례대표 지방의회의원선거에 후보자를 추천하는 때에는 그 후보자 중 100분의 30 이상을 여성으로 추천하되, 그 후보자명부의 순위의 매 홀수에는 여성을 추천하여야 한다.

③ 정당이 그 소속 국회의원을 제명하기 위해서는 당헌이 정하는 절차를 거치는 외에 그 소속 국회의원 전원의 2분의 1 이상의 찬성이 있어야 한다.

④ 임기만료에 의한 국회의원선거에 참여하여 의석을 얻지 못하고 유효투표총수의 100분의 2 이상을 득표하지 못한 정당에 대해 등록취소하도록 한 정당법 조항은 헌법에 위반되지 않는다.

지문분석 난이도 중 정답 ③

| 키 워 드 | 정당제도

| 출제유형 | 조문 + 판례

③ (O) 정당이 그 소속 국회의원을 제명하기 위해서는 당헌이 정하는 절차를 거치는 외에 그 소속 국회의원 전원의 2분의 1 이상의 찬성이 있어야 한다(정당법 제33조).

① (X) 정당설립의 자유는 그 성질상 등록된 정당에게만 인정되는 기본권이 아니라 청구인과 같이 등록정당은 아니지만 권리능력 없는 사단의 실체를 가지고 있는 정당에게도 인정되는 기본권이라고 할 수 있고, 청구인이 등록정당으로서의 지위를 갖추지 못한 것은 결국 이 사건 법률조항 및 같은 내용의 현행 정당법(제17조, 제18조)의 정당등록요건 규정 때문이고, 장래에도 이 사건 법률 조항과 같은 내용의 현행 정당법 규정에 따라 기본권 제한이 반복될 위험이 있으므로, 심판청구의 이익을 인정할 수 있다(헌재 2006.3.30. 2004헌마246).

② (X) 정당이 비례대표 국회의원선거 및 비례대표 지방의회의원선거에 후보자를 추천하는 때에는 그 후보자 중 100분의 50 이상을 여성으로 추천하되, 그 후보자명부의 순위의 매 홀수에는 여성을 추천하여야 한다(공직선거법 제47조 제3항).

④ (X) 일정기간 동안 공직선거에 참여할 기회를 수 회 부여하고 그 결과에 따라 등록취소 여부를 결정하는 등 덜 기본권 제한적인 방법을 상정할 수 있고, 정당법에서 법정의 등록요건을 갖추지 못하게 된 정당이나 일정 기간 국회의원선거 등에 참여하지 아니한 정당의 등록을 취소하도록 하는 등 현재의 법체계 아래에서도 입법목적을 실현할 수 있는 다른 장치가 마련되어 있으므로, 정당등록취소 조항은 침해의 최소성 요건을 갖추지 못하였다. … 따라서 정당등록취소 조항은 과잉금지원칙에 위반되어 청구인들의 정당설립의 자유를 침해한다(헌재 2014.1.28. 2012헌마431 등).

84 0591 ○△×|○△×|○△× 2020 지방직 7급

정당에 대한 설명으로 옳지 않은 것은? (다툼이 있는 경우 판례에 의함)

① 국회의원선거에 참여하여 의석을 얻지 못하고 유효투표총수의 100분의 2 이상을 득표하지 못한 정당에 대해 그 등록을 취소하도록 한 구 정당법의 정당등록취소 조항은 정당설립의 자유를 침해한다.

② 정당이 새로운 당명으로 합당하거나 다른 정당에 합당될 때에는 합당을 하는 정당들의 대의기관이나 그 수임기관의 합동회의의 결의로써 합당할 수 있다.

③ 헌법재판소의 결정에 의하여 해산된 정당의 명칭과 동일한 명칭은 해산된 날부터 최초로 실시하는 임기만료에 의한 국회의원선거의 선거일까지만 정당의 명칭으로 사용할 수 없다.

④ 정당의 시·도당 하부조직의 운영을 위하여 당원협의회 등의 사무소를 두는 것을 금지한 구 정당법 조항은 정당활동의 자유를 침해하지 않는다.

지문분석 난이도 중 정답 ③

| 키 워 드 | 정당제도

| 출제유형 | 조문 + 판례

③ (X) 등록취소된 정당의 명칭은 최초로 실시하는 임기만료에 의한 국회의원선거의 선거일까지만 정당의 명칭으로 사용할 수 없지만, 헌법재판소의 결정에 의하여 해산된 정당의 명칭과 같은 명칭은 정당의 명칭으로 다시 사용하지 못한다. 정당법 제44조 제1항에 의하여 등록취소된 정당의 명칭과 같은 명칭은 등록취소된 날부터 최초로 실시하는 임기만료에 의한 국회의원선거의 선거일까지 정당의 명칭으로 사용할 수 없다.

> 정당법 제41조(유사명칭 등의 사용금지) ② 헌법재판소의 결정에 의하여 해산된 정당의 명칭과 같은 명칭은 정당의 명칭으로 다시 사용하지 못한다.

① (○) 정당등록취소 조항은 어느 정당이 대통령선거나 지방자치선거에서 아무리 좋은 성과를 올리더라도 국회의원선거에서 일정 수준의 지지를 얻는 데 실패하면 등록이 취소될 수밖에 없어 불합리하고, 신생·군소정당으로 하여금 국회의원선거에의 참여 자체를 포기하게 할 우려도 있어 법익의 균형성 요건도 갖추지 못하였다. 따라서 정당등록취소 조항은 과잉금지원칙에 위반되어 청구인들의 정당설립의 자유를 침해한다(헌재 2014.1.28. 2012헌마431 등).

② (○) 정당이 새로운 당명으로 합당(이하 "신설합당"이라 한다)하거나 다른 정당에 합당(이하 "흡수합당"이라 한다)될 때에는 합당을 하는 정당들의 대의기관이나 그 수임기관의 합동회의의 결의로써 합당할 수 있다(정당법 제19조 제1항).

④ (○) 정당의 시·도당 하부조직의 운영을 위하여 당원협의회 등의 사무소를 두는 것을 금지한 정당법 제37조 제3항은 임의기구인 당원협의회를 둘 수 있도록 하되, 과거 지구당 제도의 폐해가 되풀이되는 것을 방지하고 고비용 저효율의 정당구조를 개선하기 위해 사무소를 설치할 수 없도록 하는 것이므로 그 입법목적은 정당하고, 수단의 적절성도 인정된다. … 심판대상 조항으로 인해 침해되는 사익은 당원협의회 사무소를 설치하지 못하는 불이익에 불과한 반면, 심판대상 조항이 달성하고자 하는 고비용 저효율의 정당구조 개선이라는 공익은 위와 같은 불이익에 비하여 결코 작다고 할 수 없어 심판대상 조항은 법익균형성도 충족되었다. 따라서 심판대상 조항은 제청신청인의 정당활동의 자유를 침해하지 아니한다(헌재 2016.3.31. 2013헌가22).

85 0592 ○△×|○△×|○△× 2016 국회직 9급

다음 중 정당의 자유에 대한 설명으로 옳지 않은 것은? (다툼이 있는 경우 헌법재판소 판례에 의함)

① 오늘날 대의민주주의에서 차지하는 정당의 기능을 고려하여, 헌법 제8조 제1항은 국민 누구나가 원칙적으로 국가의 간섭을 받지 아니하고 정당을 설립할 권리를 기본권으로 보장함과 아울러 복수정당제를 제도적으로 보장하고 있다.
② 헌법 제8조 제1항 전단은 단지 정당설립의 자유만을 명시적으로 규정하고 있지만, 정당설립의 자유는 당연히 정당존속의 자유와 정당활동의 자유를 포함하는 것이다.
③ 입법자는 정당설립의 자유를 최대한 보장하는 방향으로 입법하여야 하고, 헌법재판소는 정당설립의 자유를 제한하는 법률의 합헌성을 심사할 때에 엄격한 비례심사를 하여야 한다.
④ 국회의원선거에 참여하여 의석을 얻지 못하고 유효투표총수의 100분의 2 이상을 득표하지 못한 정당에 대해 그 등록을 취소하도록 하는 정당법 조항은 정당설립의 자유를 침해하는 것은 아니다.
⑤ 정당의 명칭은 그 정당의 정책과 정치적 신념을 나타내는 대표적인 표지에 해당하므로, 정당설립의 자유는 자신들이 원하는 명칭을 사용하여 정당을 설립하거나 정당활동을 할 자유도 포함한다.

지문분석 난이도 상 정답 ④

| 키 워 드 | 정당의 자유
| 출제유형 | 판례

④ (X) 국회의원선거에 참여하여 의석을 얻지 못하고 유효투표총수의 100분의 2 이상을 득표하지 못한 정당에 대해 그 등록을 취소하도록 한 정당법 제44조 제1항 제3항은 과잉금지원칙에 위반되어 청구인들의 정당설립의 자유를 침해한다(헌재 2014.1.28. 2012헌마431 등).
①(O), ③(O) 정당은 국민과 국가의 중개자로서 정치적 도관(導管)의 기능을 수행하여 주체적·능동적으로 국민의 다원적 정치의사를 유도·통합함으로써 국가정책의 결정에 직접 영향을 미칠 수 있는 규모의 정치적 의사를 형성하고 있다. 오늘날 대의민주주의에서 차지하는 정당의 이러한 의의와 기능을 고려하여, 헌법 제8조 제1항은 국민 누구나가 원칙적으로 국가의 간섭을 받지 아니하고 정당을 설립할 권리를 기본권으로 보장함과 아울러 복수정당제를 제도적으로 보장하고 있다. 따라서 입법자는 정당설립의 자유를 최대한 보장하는 방향으로 입법하여야 하고, 헌법재판소는 정당설립의 자유를 제한하는 법률의 합헌성을 심사할 때에 헌법 제37조 제2항에 따라 엄격한 비례심사를 하여야 한다(헌재 2014.1.28. 2012헌마431 등).
② (O) 헌법 제8조 제1항 전단은 단지 정당설립의 자유만을 명시적으로 규정하고 있지만, 정당의 설립만이 보장될 뿐 설립된 정당이 언제든지 해산될 수 있거나 정당의 활동이 임의로 제한될 수 있다면 정당설립의 자유는 사실상 아무런 의미가 없게 되므로, 정당설립의 자유는 당연히 정당존속의 자유와 정당활동의 자유를 포함하는 것이다(헌재 2014.1.28. 2012헌마431 등).
⑤ (O) 헌재 2014.1.28. 2012헌마431 등

86 0593 ○△×|○△×|○△× 2016 지방직 7급

정당제도에 대한 설명으로 옳지 않은 것은? (다툼이 있는 경우 판례에 의함)

① 정당의 명칭은 그 정당의 정책과 정치적 신념을 나타내는 대표적인 표지에 해당하므로, 정당설립의 자유는 자신들이 원하는 명칭을 사용하여 정당을 설립하거나 정당활동을 할 자유도 포함한다.
② 정당의 발기인과 당원이 될 수 있는 자격은 동일하며, 대한민국 국민이 아닌 자도 당원이 될 수 있다.
③ 공무원의 정당가입이 허용된다면, 공무원의 정치적 행위가 직무 내의 것인지 직무 외의 것인지 구분하기 어려운 경우가 많고, 설사 공무원이 근무시간 외에 혹은 직무와 관련 없이 정당과 관련한 정치적 표현행위를 한다 하더라도 공무원의 정치적 중립성에 대한 국민의 기대와 신뢰는 유지되기 어렵다.
④ 정당으로 하여금 후원회를 지정하여 둘 수 없도록 하는 것은 정당의 정당활동의 자유와 국민의 정치적 표현의 자유를 침해하는 것이다.

지문분석 난이도 하 정답 ②

| 키 워 드 | 정당제도
| 출제유형 | 조문 + 판례

② (X) 정당법 제22조에 따라 발기인과 당원이 될 수 있는 자격은 동일하며, 대한민국 국민이 아닌 자는 당원이 될 수 없다.
① (O) 정당의 명칭은 그 정당의 정책과 정치적 신념을 나타내는 대표적인 표지에 해당하므로, 정당설립의 자유는 자신들이 원하는 명칭을 사용하여 정당을 설립하거나 정당활동을 할 자유도 포함한다(헌재 2014.1.28. 2012헌마431 등).
③ (O) 공무원의 정당가입이 허용된다면, 공무원의 정치적 행위가 직무 내의 것인지 직무 외의 것인지 구분하기 어려운 경우가 많고, 설사 공무원이 근무시간 외에 혹은 직무와 관련 없이 정당과 관련한 정치적 표현행위를 한다 하더라도 공무원의 정치적 중립성에 대한 국민의 기대와 신뢰는 유지되기 어렵다(헌재 2014.3.27. 2011헌바43).
④ (O) 정당제 민주주의하에서 정당에 대한 재정적 후원이 전면적으로 금지됨으로써 정당이 스스로 재정을 충당하고자 하는 정당활동의 자유와 국민의 정치적 표현의 자유에 대한 제한이 매우 크다고 할 것이므로, 이 사건 법률 조항은 정당의 정당활동의 자유와 국민의 정치적 표현의 자유를 침해한다(헌재 2015.12.23. 2013헌바168).

87 0594 ○△×|○△×|○△× 2017 비상계획관 하반기

정당제도에 대한 설명으로 옳은 것만을 모두 고른 것은? (다툼이 있는 경우 판례에 의함)

> ㄱ. 정당에 있어서 대의기관의 결의와 소속 국회의원의 제명에 관한 결의는 서면으로 하여야 하며, 대리인에 의해서는 의결할 수 없다.
> ㄴ. 누구든지 단체와 관련된 자금으로 정치자금을 기부할 수 없도록 하는 것은 과잉금지원칙에 반하여 단체의 정치적 활동의 자유나 결사의 자유를 과도하게 제한하므로 헌법에 위반된다.
> ㄷ. 정당의 시·도당 하부조직의 운영을 위하여 당원협의회 등의 사무소를 두는 것을 금지하는 것은 정당의 정당활동의 자유를 침해하지 않는다.
> ㄹ. 정당에 대한 재정적 후원을 금지하고 위반 시 형사처벌하는 것은 정당의 정당활동의 자유와 국민의 정치적 표현의 자유를 침해한다.

① ㄱ, ㄴ　　② ㄷ, ㄹ
③ ㄱ, ㄷ, ㄹ　　④ ㄴ, ㄷ, ㄹ

지문분석 난이도 중 정답 ②

| 키 워 드 | 정당제도
| 출제유형 | 조문 + 판례

ㄷ. (O) 정당의 시·도당 하부조직의 운영을 위하여 당원협의회 등의 사무소를 두는 것을 금지하는 것은 정당의 정당활동의 자유를 침해하지 않는다(헌재 2016.3.31. 2013헌가22).
ㄹ. (O) 정당에 대한 재정적 후원을 금지하고 위반 시 형사처벌하는 것은 정당의 정당활동의 자유와 국민의 정치적 표현의 자유를 침해한다(헌재 2015.12.23. 2013헌바168).
ㄱ. (X) 대의기관의 결의와 소속 국회의원의 제명에 관한 결의는 서면이나 대리인에 의하여 의결할 수 없다(정당법 제32조 제1항).
ㄴ. (X) 누구든지 단체와 관련된 자금으로 정치자금을 기부할 수 없도록 하는 것은 과잉금지원칙에 위반하여 정치활동의 자유 등을 침해하는 것이라 볼 수 없다(헌재 2010.12.28. 2008헌바89).

88 0595 ○△×|○△×|○△× 2017 국회직 8급

정당에 대한 국고보조금 지급에 대한 설명으로 옳지 않은 것은?

① 보조금 계상의 기준이 되는 선거는 최근 실시한 임기만료에 의한 대통령선거이다.
② 경상보조금과 선거보조금은 동일 정당의 소속의원으로 교섭단체를 구성하지 못하는 정당으로서 5석 이상의 의석을 가진 정당에 대하여는 100분의 5씩을 배분·지급한다.
③ 경상보조금을 지급받은 정당은 경상보조금 총액의 100분의 10 이상을 시·도당에 배분·지급하여야 한다.
④ 중앙선거관리위원회는 보조금을 지급받은 정당이 보조금에 관한 회계보고를 허위로 한 경우 허위에 해당하는 금액의 2배에 상당하는 금액을 이후 감액하여 지급할 수 있다.
⑤ 보조금을 지급받은 정당이 해산된 경우 정당은 보조금 가운데 잔액이 있는 때에는 이를 중앙선거관리위원회에 반환하여야 한다.

지문분석 난이도 중 정답 ①

| 키 워 드 | 정당에 대한 국고보조금
| 출제유형 | 조문

① (X) 국가는 정당에 대한 보조금으로 최근 실시한 임기만료에 의한 국회의원선거의 선거권자 총수에 보조금 계상단가를 곱한 금액을 매년 예산에 계상하여야 한다(정치자금법 제25조 제1항).
② (O) 동법 제27조 제2항
③ (O) 동법 제28조 제2항
④ (O) 동법 제29조 제1호
⑤ (O) 동법 제30조 제1항 제1호

✓ 개념체크 정당에 대한 국고보조금

구분	내용	
경상보조금	최근 실시한 임기만료에 의한 국회의원선거의 선거권자 총수에 800원을 곱한 금액	
선거보조금	각 선거마다 선거권자 총수에 800원을 곱한 금액 (당해 선거에 참여하지 않은 정당에는 배분·지급하지 않음)	
여성추천 보조금	비례, 50% 홀수 추천해야 함	최근 실시한 임기만료에 의한 국회의원선거의 선거권자 총수에 100원을 곱한 금액
	지역, 30% 노력해야 함	
장애인추천 보조금	장애인을 후보자로 추천한 정당에 주는 보조금	

89 0596 ○△×|○△×|○△× 2013 변호사

자유민주적 기본질서와 정당제도에 관한 설명 중 옳지 않은 것은? (다툼이 있는 경우 판례에 의함)

① 자유민주적 기본질서는 모든 폭력적 지배와 자의적 지배, 즉 반국가단체의 일인독재 내지 일당독재를 배제하고 다수의 의사에 의한 국민의 자치, 자유·평등의 기본원칙에 의한 법치주의적 통치질서를 의미한다.

② 경찰청장이 퇴직일로부터 2년 이내에는 정당의 발기인이 되거나 당원이 될 수 없도록 하는 것은 헌법의 정당 설립 및 가입의 자유를 침해한다.

③ 정치자금법상 국고보조금 배분에 있어서 교섭단체 구성 여부에 따라 차등을 두는 것은 다수의석을 가지고 있는 원내정당을 우대하고자 하는 것으로 합리적 이유가 있다.

④ 초·중등학교 교원의 정치활동은 교육수혜자인 학생의 입장에서는 수업권의 침해로 받아들여질 수 있다는 점에서 현시점에서는 국민의 교육기본권을 더욱 보장함으로써 얻을 수 있는 공익을 우선시해야 하므로 초·중등학교 교원의 정당가입금지는 정당화된다.

⑤ 현대의 민주주의가 종래의 순수한 대의제 민주주의에서 정당국가적 민주주의 경향으로 변화하고 있음을 부인할 수 없다고 하더라도, 대의제 민주주의원리에 기초한 자유위임은 최소한 국회 운영과 관련되는 한 정당과 교섭단체의 지시에 국민대표기관인 국회의원이 기속되는 것을 배제하는 근거가 된다.

지문분석 난이도 ㊤ 정답 ⑤

| **키 워 드** | 자유민주적 기본질서와 정당제도

| **출제유형** | 판례

⑤ (X) 국회의원의 원내활동을 기본적으로 각자에 맡기는 자유위임은 자유로운 토론과 의사형성을 가능하게 함으로써 당내 민주주의를 구현하고 정당의 독재화 또는 과두화를 막아주는 순기능을 갖는다. 그러나 자유위임은 의회 내에서의 정치의사 형성에 정당의 협력을 배척하는 것이 아니며, 의원이 정당과 교섭단체의 지시에 기속되는 것을 배제하는 근거가 되는 것도 아니다(헌재 2003.10.30. 2002헌라1).

① (O) 우리 헌법재판소는 "자유민주적 기본질서란 모든 폭력적 지배와 자의적 지배, 즉 반국가단체의 일인독재 내지 일당독재를 배제하고 다수의 의사에 의한 국민의 자치, 자유·평등의 기본원칙에 의한 법치주의적 통치질서를 말한다. 구체적으로는 기본적 인권의 존중, 권력분립, 의회제도, 복수정당제도, 선거제도, 사유재산과 시장경제를 골간으로 한 경제질서 및 사법권의 독립 등을 의미한다."고 천명한 바 있다(헌재 1990.4.2. 89헌가113).

② (O) 경찰청장이 퇴임 후 공직선거에 입후보하는 경우 당적취득금지의 형태로써 정당의 추천을 배제하고자 하는 이 사건 법률 조항이 어느 정도로 입법목적인 '경찰청장 직무의 정치적 중립성'을 확보할 수 있을지 그 실효성이 의문시된다. 따라서 이 사건 법률 조항은 정당의 자유를 제한함에 있어서 갖추어야 할 적합성의 엄격한 요건을 충족시키지 못한 것으로 판단되므로 이 사건 법률 조항은 정당설립 및 가입의 자유를 침해하는 조항이다(헌재 1999.12.23. 99헌마135).

③ (O) 입법자는 정당에 대한 보조금의 배분기준을 정함에 있어 입법정책적인 재량권을 가지므로, 그 내용이 현재의 각 정당들 사이의 경쟁상태를 현저하게 변경시킬 정도가 아니면 합리성을 인정할 수 있다. 정당의 공적기능의 수행에 있어 교섭단체의 구성 여부에 따라 차이가 나타날 수밖에 없다(헌재 2006.7.27. 2004헌마655).

④ (O) 교원의 정치활동은 교육수혜자인 학생의 입장에서는 수업권의 침해로 받아들여질 수 있다는 점에서 현 시점에서는 국민의 교육기본권을 더욱 보장함으로써 얻을 수 있는 공익을 우선시해야 할 것이라는 점 등을 종합적으로 감안할 때, 초·중등학교 교육공무원의 정당가입 및 선거운동의 자유를 제한하는 것은 헌법적으로 정당화될 수 있다(헌재 2004.3.25. 2001헌마710).

90 0597 O△X | O△X | O△X 2020 법원직 9급

정당제도에 관한 다음 설명 중 가장 옳지 않은 것은?

① 정당의 명칭은 그 정당의 정책과 정치적 신념을 나타내는 대표적인 표지에 해당하므로, 정당설립의 자유는 자신들이 원하는 명칭을 사용하여 정당을 설립하거나 정당활동을 할 자유도 포함한다.
② 등록신청을 받은 관할 선거관리위원회는 형식적 요건을 구비하는 한 이를 거부하지 못한다.
③ 정당의 목적이나 활동이 민주적 기본질서에 위배될 때에는 정부는 헌법재판소에 그 해산을 제소할 수 있고, 정당은 헌법재판소의 심판에 의하여 해산된다.
④ 헌법재판소가 정당해산의 결정을 할 때에는 종국심리에 관여한 재판관 과반수의 찬성으로 결정한다.

지문분석 난이도 중 정답 ④

| 키 워 드 | 정당제도
| 출제유형 | 조문+판례

④ (X) 헌법재판소법 제23조 제2항

> **헌법재판소법 제23조(심판정족수)** ② 재판부는 종국심리에 관여한 재판관 과반수의 찬성으로 사건에 관한 결정을 한다. 다만, 다음 각 호의 어느 하나에 해당하는 경우에는 재판관 6명 이상의 찬성이 있어야 한다.
> 1. 법률의 위헌결정, 탄핵의 결정, 정당해산의 결정 또는 헌법소원에 관한 인용결정을 하는 경우
> 2. 종전에 헌법재판소가 판시한 헌법 또는 법률의 해석 적용에 관한 의견을 변경하는 경우

① (O) 헌법 제8조 제1항 전단은 단지 정당설립의 자유만을 명시적으로 규정하고 있지만, 정당의 설립만이 보장될 뿐 설립된 정당이 언제든지 해산될 수 있거나 정당의 활동이 임의로 제한될 수 있다면 정당설립의 자유는 사실상 아무런 의미가 없게 되므로, 정당설립의 자유는 당연히 정당존속의 자유와 정당활동의 자유를 포함하는 것이다. 한편, 정당의 명칭은 그 정당의 정책과 정치적 신념을 나타내는 대표적인 표지에 해당하므로, 정당설립의 자유는 자신들이 원하는 명칭을 사용하여 정당을 설립하거나 정당활동을 할 자유도 포함한다고 할 것이다(헌재 2014.1.28. 2012헌마431 등).
② (O) 등록신청을 받은 관할 선거관리위원회는 형식적 요건을 구비하는 한 이를 거부하지 못한다. 다만, 형식적 요건을 구비하지 못한 때에는 상당한 기간을 정하여 그 보완을 명하고, 2회 이상 보완을 명하여도 응하지 아니할 때에는 그 신청을 각하할 수 있다(정당법 제15조).
③ (O) 정당의 목적이나 활동이 민주적 기본질서에 위배될 때에는 정부는 헌법재판소에 그 해산을 제소할 수 있고, 정당은 헌법재판소의 심판에 의하여 해산된다(헌법 제8조 제4항).

91 0598 O△X | O△X | O△X 2015 경찰 승진

정당해산에 관한 다음 설명 중 가장 적절하지 않은 것은? (다툼이 있는 경우 판례에 의함)

① 민주적 기본질서를 부정하는 정당이라도 헌법재판소가 그 위헌성을 확인하여 해산결정을 할 때까지는 존속한다.
② 현행법상 정당이 헌법재판소의 결정으로 해산된 때에는 해산된 정당의 소속 국회의원은 그 의원직을 상실한다는 규정을 두고 있다.
③ 헌법재판소의 결정에 의하여 해산된 정당의 명칭과 같은 명칭은 정당의 명칭으로 다시 사용하지 못하고, 해산된 정당의 잔여재산은 국고에 귀속한다.
④ 헌법재판소의 결정에 의하여 해산된 정당의 목적을 달성하기 위한 집회 또는 시위는 금지된다.

지문분석 난이도 하 정답 ②

| 키 워 드 | 정당해산심판
| 출제유형 | 이론+조문

② (X) 헌법재판소의 결정으로 해산된 때 해산된 정당 소속 국회의원의 의원직 상실 여부에 관한 현행법 규정은 없다.
① (O) 헌법재판소의 해산결정이 있을 때까지 정당은 존속하며, 헌법재판소법 제57조에 따라 헌법재판소는 정당해산심판의 청구를 받은 때에는 직권 또는 청구인의 신청에 의하여 종국결정의 선고 시까지 피청구인의 활동을 정지하는 결정을 할 수 있다.
③ (O) 헌법재판소의 결정에 의하여 해산된 정당의 명칭과 같은 명칭은 정당의 명칭으로 다시 사용하지 못한다(정당법 제41조 제2항). 헌법재판소의 해산결정에 의하여 해산된 정당의 잔여재산은 국고에 귀속한다(정당법 제48조 제2항).
④ (O) 누구든지 헌법재판소의 결정에 따라 해산된 정당의 목적을 달성하기 위한 집회 또는 시위를 주최하여서는 아니 된다(집회 및 시위에 관한 법률 제5조 제1항 제1호).

92 0599 ○△×|○△×|○△× 2013 법원직 5급

정당에 대한 설명으로 가장 옳지 않은 것은? (다툼이 있는 경우 헌법재판소 및 대법원 판례에 의함)

① 정당법 조항에 의한 합당의 경우에 합당으로 인한 권리의무의 승계조항은 강행규정으로서 합당 전 정당들의 해당 기관의 결의나 합동회의의 결의로써 달리 정하였더라도 그 결의는 효력이 없다.
② 정당이 그 소속 국회의원을 제명하기 위해서는 당헌이 정하는 절차를 거치는 외에 그 소속 국회의원 전원의 2분의 1 이상의 찬성이 있어야 한다. 국회의원을 국회가 제명하려면 국회재적의원 3분의 2 이상의 찬성이 있어야 한다.
③ 정당이 비례대표 국회의원선거 및 비례대표 지방의회의원선거에 후보자를 추천하는 때에는 그 후보자 중 100분의 30 이상을 여성으로 추천하되, 그 후보자명부의 순위의 매 홀수에는 여성을 추천하여야 한다.
④ 비례대표 국회의원선거에서 유효투표총수의 100분의 3 이상을 득표하였거나 지역구 국회의원총선거에서 5석 이상의 의석을 차지한 각 정당에 대하여 당해 의석할당정당이 비례대표 국회의원선거에서 얻은 득표비율에 따라 비례대표 국회의원의석을 배분한다.
⑤ 헌법재판소의 해산결정에 의하여 해산된 정당의 잔여재산은 국고에 귀속한다.

지문분석

난이도 ⓐ 정답 ③

| 키 워 드 | 정당제도

| 출제유형 | 조문 + 판례

③ (X) 정당이 비례대표 국회의원선거 및 비례대표 지방의회의원선거에 후보자를 추천하는 때에는 그 후보자 중 100분의 50 이상을 여성으로 추천하되, 그 후보자명부의 순위의 매 홀수에는 여성을 추천하여야 한다(공직선거법 제47조 제3항).
① (O) 정당법에 의하면, 합당으로 신설 또는 존속하는 정당은 합당 전 정당의 권리의무를 승계하는 것으로 규정되어 있는바, 위 정당법 조항에 의한 합당의 경우에 합당으로 인한 권리의무의 승계조항은 강행규정으로서 합당 전 정당들의 해당 기관의 결의나 합동회의의 결의로써 달리 정하였더라도 그 결의는 효력이 없다(헌재 2002.2.8. 2001다68969).
② (O) 정당이 그 소속 국회의원을 제명하기 위해서는 당헌이 정하는 절차를 거치는 외에 그 소속 국회의원 전원의 2분의 1 이상의 찬성이 있어야 한다(정당법 제33조).
④ (O) 중앙선거관리위원회는 ㉠ 임기만료에 따른 비례대표 국회의원선거에서 전국 유효투표총수의 100분의 3 이상을 득표한 정당 또는 ㉡ 임기만료에 따른 지역구 국회의원선거에서 5 이상의 의석을 차지한 정당에 대하여 비례대표 국회의원의석을 배분한다(공직선거법 제189조 제1항).
⑤ (O) 헌법재판소의 결정에 의하여 해산된 정당의 잔여재산은 국고에 귀속된다(정당법 제48조 제2항).

✔ **개념체크 국고보조금의 배분**

1차	전체의 50/100	교섭단체 구성 정당에 균등하게 지급
	전체의 5/100	5석 이상 20석 미만의 정당에 지급
	전체의 2/100	• 최근에 실시된 임기만료에 의한 국회의원선거에 참여한 정당의 경우에는 2% 득표한 정당 • 1석 + 정당추천이 허용되는 비례대표 시·도의원선거, 지역구 시·도의원선거, 시·도지사선거, 자치구·시·군의 장 선거 0.5% 득표 • 국회의원선거 미참가 + 정당추천이 허용되는 비례대표 시·도의원선거, 지역구 시·도의원선거, 시·도지사선거, 자치구·시·군의 장 선거 2% 득표
2차	잔여분 50/100	국회의석수 비율에 따라 배분
3차	잔여분 50/100	국회의원선거 득표율에 따라 배분

93 0600 ○△×|○△×|○△× 2018 경찰 승진

정당에 대한 설명으로 가장 적절하지 않은 것은? (다툼이 있는 경우 판례에 의함)

① 당론과 다른 견해를 가진 소속 국회의원을 당해 교섭단체의 필요에 따라 다른 상임위원회로 전임(사임·보임)하는 조치는 특별한 사정이 없는 한 헌법상 용인될 수 있는 정당 내부의 사실상 강제의 범위 내에 해당한다.

② "정당은 그 목적·조직과 활동이 민주적이어야 하며, 국민의 정치적 의사형성에 참여하는 데 필요한 조직을 가져야 한다."는 헌법 제8조 제2항은 정당에 대하여 정당의 자유의 한계를 부과함과 동시에 입법자에 대하여 그에 필요한 입법을 해야 할 의무를 부과하고 있으나, 정당의 자유의 헌법적 근거를 제공하는 근거규범으로서 기능하는 것은 아니다.

③ 헌법재판소가 정당설립의 자유를 제한하는 법률의 합헌성을 심사하는 경우 헌법 제37조 제2항에 따라 엄격한 비례심사를 하여야 한다.

④ 정당설립의 자유는 등록된 정당에게만 인정되는 기본권이므로 등록이 취소되어 권리능력 없는 사단의 실체만을 가지고 있는 정당에게는 인정되지 않는다.

지문분석 난이도 중 정답 ④

| 키 워 드 | 정당제도

| 출제유형 | 판례

④ (X) 정당설립의 자유는 그 성질상 등록된 정당에게만 인정되는 기본권이 아니라 청구인과 같이 등록정당은 아니지만 권리능력 없는 사단의 실체를 가지고 있는 정당에게도 인정되는 기본권이라고 할 수 있다(헌재 2006.3.30. 2004헌마246).

① (O) 국회의원의 원내활동을 기본적으로 각자에 맡기는 자유위임은 자유로운 토론과 의사형성을 가능하게 함으로써 당내민주주의를 구현하고 정당의 독재화 또는 과두화를 막아주는 순기능을 갖는다. 그러나 자유위임은 의회 내에서의 정치의사형성에 정당의 협력을 배척하는 것이 아니며, 의원이 정당과 교섭단체의 지시에 기속되는 것을 배제하는 근거가 되는 것도 아니다. 또한 국회의원의 국민대표성을 중시하는 입장에서도 특정 정당에 소속된 국회의원이 정당기속 내지는 교섭단체의 결정(소위 '당론')에 위반하는 정치활동을 한 이유로 제재를 받는 경우, 국회의원 신분을 상실하게 할 수는 없으나 "정당내부의 사실상의 강제" 또는 소속 "정당으로부터의 제명"은 가능하다고 보고 있다. 그렇다면, 당론과 다른 견해를 가진 소속 국회의원을 당해 교섭단체의 필요에 따라 다른 상임위원회로 전임(사·보임)하는 조치는 특별한 사정이 없는 한 헌법상 용인될 수 있는 "정당 내부의 사실상 강제"의 범위 내에 해당한다고 할 것이다(헌재 2003.10.30. 2002헌라1).

② (O) 헌법 제8조 제2항은 헌법 제8조 제1항에 의하여 정당의 자유가 보장됨을 전제로 하여, 그러한 자유를 누리는 정당의 목적·조직·활동이 민주적이어야 한다는 요청, 그리고 그 조직이 국민의 정치적 의사형성에 참여하는 데 필요한 조직이어야 한다는 요청을 내용으로 하는 것으로서, 정당에 대하여 정당의 자유의 한계를 부과하는 것임과 동시에 입법자에 대하여 그에 필요한 입법을 해야 할 의무를 부과하고 있다. 그러나 이에 나아가 정당의 자유의 헌법적 근거를 제공하는 근거규범으로서 기능한다고는 할 수 없다(헌재 2004.12.16. 2004헌마456).

③ (O) 강제적 정당해산은 헌법상 핵심적인 정치적 기본권인 정당활동의 자유에 대한 근본적 제한이므로, 헌법재판소는 이에 관한 결정을 할 때 헌법 제37조 제2항이 규정하고 있는 비례원칙을 준수해야만 한다. 따라서 헌법 제8조 제4항의 명문규정상 요건이 구비된 경우에도 해당 정당의 위헌적 문제성을 해결할 수 있는 다른 대안적 수단이 없고, 정당해산결정을 통하여 얻을 수 있는 사회적 이익이 정당해산결정으로 인해 초래되는 정당활동 자유 제한으로 인한 불이익과 민주주의 사회에 대한 중대한 제약이라는 사회적 불이익을 초과할 수 있을 정도로 큰 경우에 한하여 정당해산결정이 헌법적으로 정당화될 수 있다(헌재 2014.12.19. 2013헌다1).

94 0601 ○△×|○△×|○△× 2021 법무사

정당제도에 관한 다음 설명 중 가장 옳지 않은 것은? (다툼이 있는 경우 대법원 판례 및 헌법재판소 결정에 의함)

① 우리 헌법은 정당을 일반적인 결사의 자유로부터 분리하여 제8조에 독자적으로 규율함으로써, 정당의 특별한 지위를 강조하고 있다.

② 헌법 제8조 제1항 전단의 정당설립의 자유는 정당설립의 자유만이 아니라 누구나 국가의 간섭을 받지 아니하고 자유롭게 정당에 가입하고 정당으로부터 탈퇴할 수 있는 자유를 함께 보장한다.

③ 정당의 설립과 활동의 자유를 보장하는 것은 선거제도의 민주화와 국민주권을 실질적으로 현실화하고 정치적으로 자유민주주의 구현에 기여하는 데 그 목적이 있는 것이지 정치의 독점이나 무소속 후보자의 진출을 봉쇄하는 정당의 특권을 설정할 수 있는 것을 의미하는 것이 아니다.

④ 정당은 단순히 행정부의 통상적인 처분에 의해서는 해산될 수 없고, 오직 헌법재판소가 그 정당의 위헌성을 확인하고 해산의 필요성을 인정한 경우에만 정당정치의 영역에서 배제된다.

⑤ 정당해산심판절차에 민사소송에 관한 법령을 준용하도록 한 헌법재판소법 제40조 제1항은 헌법상 재판을 받을 권리를 침해한다.

지문분석 난이도 중 정답 ⑤

| 키 워 드 | 정당제도

| 출제유형 | 판례

⑤ (X) 준용 조항은 헌법재판에서의 불충분한 절차진행규정을 보완하고, 원활한 심판절차진행을 도모하기 위한 조항으로, 그 절차보완적 기능에 비추어 볼 때, 소송절차 일반에 준용되는 절차법으로서의 민사소송에 관한 법령을 준용하도록 한 것이 현저히 불합리하다고 볼 수 없다. 또한 '헌법재판의 성질에 반하지 아니하는 한도'에서 민사소송에 관한 법령을 준용하도록 규정하여 정당해산심판의 고유한 성질에 반하지 않도록 적용범위를 한정하고 있는바, 여기서 '헌법재판의 성질에 반하지 않는' 경우란, 다른 절차법의 준용이 헌법재판의 고유한 성질을 훼손하지 않는 경우로 해석할 수 있고, 이는 헌법재판소가 당해 헌법재판이 갖는 고유의 성질·헌법재판과 일반재판의 목적 및 성격의 차이·준용 절차와 대상의 성격 등을 종합적으로 고려하여 구체적·개별적으로 판단할 수 있다. 따라서 <u>준용 조항은 청구인의 공정한 재판을 받을 권리를 침해한다고 볼 수 없다</u>(헌재 2014.2.27. 2014헌마7).

① (○) 헌법은 정당을 일반적인 결사의 자유로부터 분리하여 제8조에 독자적으로 규율함으로써 오늘날 의회민주주의에서 정당이 가지는 중요한 의미와 헌법질서 내에서 정당의 특별한 지위를 강조하고 있다(헌재 2014.3.27. 2011헌바42).

② (○) 헌법 제8조 제1항 전단의 정당설립의 자유는 정당설립의 자유만이 아니라 누구나 국가의 간섭을 받지 아니하고 자유롭게 정당에 가입하고 정당으로부터 탈퇴할 수 있는 자유를 함께 보장한다(헌재 2006.3.30. 2004헌마246).

③ (○) 우리 헌법이 정당의 설립과 활동의 자유를 보장하고 있는 것은 선거제도의 민주화와 국민주권을 실질적으로 현실화하고 정치적으로 자유민주주의 구현에 기여하는 데 그 목적이 있는 것이지 정치의 독점이나 무소속 후보자의 진출을 봉쇄하는 정당의 특권을 설정할 수 있는 것을 의미하는 것이 아니기 때문에 정당만이 의석을 독점할 수 있도록 선거운동에 있어서 입후보자의 기회균등을 부정하는 선거법을 협상하고 비민주적인 선거제도를 만드는 것은 헌법상의 기본골격인 자유민주국가의 기본원리에 합당하지 않고 법치주의의 구현이나 공명선거의 시행을 염원하는 민의(民意)의 참뜻을 잘못 이해하고 있는 데에서 비롯되는 것이라 아니할 수 없다(헌재 1992.3.13. 92헌마37 등).

④ (○) 모든 정당의 존립과 활동은 최대한 보장되며, 설령 어떤 정당이 민주적 기본질서를 부정하고 이를 적극적으로 공격하는 것으로 보인다 하더라도 국민의 정치적 의사형성에 참여하는 정당으로서 존재하는 한 우리 헌법에 의해 최대한 두텁게 보호되므로, 단순히 행정부의 통상적인 처분에 의해서는 해산될 수 없고, 오직 헌법재판소가 그 정당의 위헌성을 확인하고 해산의 필요성을 인정한 경우에만 정당정치의 영역에서 배제된다는 것이다(헌재 2014.12.19. 2013헌다1).

95 0602 ○△×|○△×|○△× 2018 변호사

정당제도에 관한 설명 중 옳은 것(○)과 옳지 않은 것(×)을 올바르게 조합한 것은? (다툼이 있는 경우 판례에 의함)

ㄱ. 정당이 그 소속 국회의원을 제명하기 위해서는 당헌이 정하는 절차를 거치는 외에 그 소속 국회의원 전원의 2분의 1 이상의 찬성이 있어야 한다.
ㄴ. 외국인인 사립대학의 교원은 정당의 발기인이나 당원이 될 수 있다.
ㄷ. 헌법재판소는 정당해산심판의 청구를 받은 때에는 직권 또는 청구인의 신청에 의하여 종국결정의 선고 시까지 피청구인의 활동을 정지하는 결정을 할 수 있다.
ㄹ. 정당의 등록요건으로 '5 이상의 시·도당과 각 시·도당 1천인 이상의 당원'을 요구하는 것은 국민의 정당설립의 자유에 어느 정도 제한을 가하지만, 이러한 제한은 '상당한 기간 또는 계속해서', '상당한 지역에서' 국민의 정치적 의사형성과정에 참여해야 한다는 정당의 개념표지를 구현하기 위한 합리적인 제한이다.
ㅁ. 임기만료에 의한 국회의원선거에 참여하여 의석을 얻지 못하고 유효투표총수의 100분의 2 이상을 득표하지 못한 때 정당의 등록을 취소하도록 규정한 것은 과잉금지원칙에 위반되어 정당설립의 자유를 침해하는 것이다.

① ㄱ. (○), ㄴ. (×), ㄷ. (×), ㄹ. (○), ㅁ. (×)
② ㄱ. (×), ㄴ. (×), ㄷ. (○), ㄹ. (○), ㅁ. (○)
③ ㄱ. (○), ㄴ. (×), ㄷ. (○), ㄹ. (○), ㅁ. (○)
④ ㄱ. (×), ㄴ. (○), ㄷ. (×), ㄹ. (×), ㅁ. (○)
⑤ ㄱ. (×), ㄴ. (×), ㄷ. (○), ㄹ. (×), ㅁ. (×)

지문분석 난이도 ㊤ 정답 ③

| **키 워 드** | 정당제도

| **출제유형** | 조문 + 판례

ㄱ. (○) 대의기관의 결의와 소속 국회의원의 제명에 관한 결의는 서면이나 대리인에 의하여 의결할 수 없다(정당법 제32조 제1항). 정당이 그 소속 국회의원을 제명하기 위해서는 당헌이 정하는 절차를 거치는 외에 그 소속 국회의원 전원의 2분의 1 이상의 찬성이 있어야 한다(동법 제33조).
ㄴ. (×) 대한민국 국민이 아닌 자는 당원이 될 수 없다(동법 제22조 제2항).
ㄷ. (○) 헌법재판소는 정당해산심판의 청구를 받은 때에는 직권 또는 청구인의 신청에 의하여 종국결정의 선고 시까지 피청구인의 활동을 정지하는 결정을 할 수 있다(헌법재판소법 제57조).
ㄹ. (○) 이 사건 법률 조항이 비록 정당으로 등록되기에 필요한 요건으로서 5개 이상의 시·도당 및 각 시·도당마다 1,000명 이상의 당원을 갖출 것을 요구하고 있기 때문에 국민의 정당설립의 자유에 어느 정도 제한을 가하는 점이 있는 것은 사실이나, 이러한 제한은 "상당한 기간 또는 계속해서", "상당한 지역에서" 국민의 정치적 의사형성 과정에 참여해야 한다는 헌법상 정당의 개념표지를 구현하기 위한 합리적인 제한이라고 할 것이므로, 그러한 제한은 헌법적으로 정당화된다고 할 것이다(헌재 2006.3.30. 2004헌마246).
ㅁ. (○) 국회의원선거에 참여하여 의석을 얻지 못하고 유효투표총수의 100분의 2 이상을 득표하지 못한 정당에 대해 그 등록을 취소하도록 한 정당법은 정당설립의 자유를 침해한다(헌재 2014.1.28. 2012헌마431).

96 0603 ○△×|○△×|○△× 2017 경찰 승진

현행법상 정당 또는 정당해산심판에 대한 설명으로 가장 적절한 것은? (다툼이 있는 경우 판례에 의함)

① 공직선거 참여 여부는 정당의 등록취소와는 상관없으나, 공직선거에 참여하지 않은 정당은 국고보조금을 배분받지 못한다.
② 정당의 목적이나 조직이 민주적 기본질서에 위배될 때에는 정부는 헌법재판소에 그 해산을 제소할 수 있고, 정당은 헌법재판소의 심판에 의해 해산된다.
③ 정당이 그 소속 국회의원을 제명하기 위해서는 당헌이 정하는 절차를 거치는 외에 그 소속 국회의원 전원의 2분의 1 이상의 찬성이 있어야 한다.
④ 어떤 정당이 위헌정당이라는 이유로 해산이 되면 공직선거법이 정한 바에 따라 해당 정당에 소속된 모든 국회의원의 의원직이 상실된다.

지문분석 난이도 중 정답 ③

| 키 워 드 | 정당해산심판
| 출제유형 | 조문 + 판례

③ (○) 정당이 그 소속 국회의원을 제명하기 위해서는 당헌이 정하는 절차를 거치는 외에 그 소속 국회의원 전원의 2분의 1 이상의 찬성이 있어야 한다(정당법 제33조).
① (X) 최근 4년간 임기만료에 의한 국회의원선거 또는 임기만료에 의한 지방자치단체의 장선거나 시·도의회의원선거에 참여하지 아니한 때에 그 정당의 등록은 취소된다(정당법 제44조 제1항 제2호).
② (X) 정당의 목적이나 활동이 민주적 기본질서에 위배될 때에는 정부는 헌법재판소에 그 해산을 제소할 수 있고, 정당은 헌법재판소의 심판에 의하여 해산된다(헌법 제8조 제4항).
④ (X) 위헌정당해산으로 인한 국회의원직 상실에 관한 법률 규정은 없다. 헌법재판소는 2014.12.19. 2013헌다1 결정에서 통진당의 해산으로 인하여 소속 국회의원의 의원직이 상실된다고 판시한 바 있다.

97 0604 ○△×|○△×|○△× 2015 지방직 7급

정당해산심판에 대한 설명으로 옳지 않은 것은?

① 정당의 목적이나 활동이 민주적 기본질서에 위배될 때에는 정부는 국무회의의 심의를 거쳐 헌법재판소에 정당해산심판을 청구할 수 있다.
② 헌법재판소는 정당해산심판의 청구를 받은 때에는 청구인의 신청 또는 직권으로 종국결정의 선고 시까지 피청구인의 활동을 정지하는 결정을 할 수 있다.
③ 정당해산심판의 청구가 있는 때, 가처분결정을 한 때 및 그 심판이 종료한 때에는 헌법재판소장은 그 사실을 국회와 중앙선거관리위원회에 통지하여야 한다.
④ 정당의 해산을 명하는 헌법재판소의 결정은 헌법재판소가 정당법의 규정에 의하여 이를 집행한다.

지문분석 난이도 하 정답 ④

| 키 워 드 | 정당해산심판
| 출제유형 | 조문

④ (X) 정당의 해산을 명하는 헌법재판소의 결정은 중앙선거관리위원회가 정당법에 따라 집행한다(헌법재판소법 제60조).
① (○) 정당의 목적이나 활동이 민주적 기본질서에 위배될 때에는 정부는 국무회의의 심의를 거쳐 헌법재판소에 정당해산심판을 청구할 수 있다(동법 제55조).
② (○) 헌법재판소는 정당해산심판의 청구를 받은 때에는 직권 또는 청구인의 신청에 의하여 종국결정의 선고 시까지 피청구인의 활동을 정지하는 결정을 할 수 있다(동법 제57조).
③ (○) 헌법재판소장은 정당해산심판의 청구가 있는 때, 가처분결정을 한 때 및 그 심판이 종료한 때에는 그 사실을 국회와 중앙선거관리위원회에 통지하여야 한다(동법 제58조 제1항).

98 0605 ○△×|○△×|○△× 2020 경찰 승진

정당해산심판제도에 관한 설명 중 가장 적절한 것은? (다툼이 있는 경우 판례에 의함)

① 정당해산심판절차에서는 정당해산심판의 성질에 반하지 않는 한도에서 헌법재판소법 제40조에 따라 민사소송에 관한 법령이 준용될 수 있지만, 민사소송에 관한 법령이 준용되지 않아 법률의 공백이 생기는 부분에 대하여는 헌법재판소가 정당해산심판의 성질에 맞는 절차를 창설할 수 있다.

② 정당의 활동은 정당 기관의 행위나 주요 정당 관계자의 행위로서 그 정당에게 귀속시킬 수 있는 활동 일반을 의미하며 일반 당원의 활동은 제외한다.

③ 정당해산결정의 파급효과를 고려할 때, 재심을 허용하지 아니함으로써 얻을 수 있는 법적 안정성의 이익보다 재심을 허용함으로써 얻을 수 있는 구체적 타당성의 이익이 더 큰 경우에 한하여 제한적으로 인정된다.

④ 국회의원선거에서 의석을 얻지 못하고 유효투표총수의 100분의 2 이상도 득표하지 못하여 등록취소된 정당 및 헌법재판소의 결정에 의하여 해산된 정당의 명칭과 같은 명칭은 정당의 명칭으로 다시 사용하지 못한다.

지문분석 난이도 ⓗ 정답 ①

| **키 워 드** | 정당해산심판제도

| **출제유형** | 조문 + 판례

① (○) 증거조사와 사실인정에 관한 민사소송법의 규정을 적용함으로써 실체적 진실과 다른 사실관계가 인정될 수 있는 규정은 헌법과 정당을 동시에 보호하는 정당해산심판의 성질에 반하는 것으로 준용될 수 없을 것이다. 또 민사소송에 관한 법령의 준용이 배제되어 법률의 공백이 생기는 부분에 대하여는 헌법재판소가 정당해산심판의 성질에 맞는 절차를 창설하여 이를 메울 수밖에 없다(헌재 2014.2.27. 2014헌마7).

② (×) '정당의 활동'이란, 정당 기관의 행위나 주요 정당 관계자, 당원 등의 행위로서 그 정당에게 귀속시킬 수 있는 활동 일반을 의미한다(헌재 2014.12.19. 2013헌다1).

③ (×) 정당해산심판은 원칙적으로 해당 정당에게만 그 효력이 미치며, 정당해산결정은 대체정당이나 유사정당의 설립까지 금지하는 효력을 가지므로 오류가 드러난 결정을 바로잡지 못한다면 장래 세대의 정치적 의사결정에까지 부당한 제약을 초래할 수 있다. 따라서 정당해산심판절차에서는 재심을 허용하지 아니함으로써 얻을 수 있는 법적 안정성의 이익보다 재심을 허용함으로써 얻을 수 있는 구체적 타당성의 이익이 더 크므로 재심을 허용하여야 한다. 한편, 이 재심절차에서는 원칙적으로 민사소송법의 재심에 관한 규정이 준용된다(헌재 2016.5.26. 2015헌아20).

④ (×) 정당등록취소 조항은 어느 정당이 대통령선거나 지방자치선거에서 아무리 좋은 성과를 올리더라도 국회의원선거에서 일정 수준의 지지를 얻는 데 실패하면 등록이 취소될 수밖에 없어 불합리하고, 신생·군소정당으로 하여금 국회의원선거에의 참여 자체를 포기하게 할 우려도 있어 법익의 균형성 요건도 갖추지 못하였다. 따라서 정당등록취소 조항은 과잉금지원칙에 위반되어 청구인들의 정당설립의 자유를 침해한다. 정당명칭사용금지 조항은 정당등록취소 조항을 전제로 하고 있으므로, 위와 같은 이유에서 정당설립의 자유를 침해한다(헌재 2014.1.28. 2012헌마431 등). → 헌법재판소는 정당등록취소 조항에 의하여 등록취소된 정당의 명칭과 같은 명칭을 등록취소된 날부터 최초로 실시하는 임기만료에 의한 국회의원선거의 선거일까지 정당의 명칭으로 사용할 수 없도록 한 정당법 제41조 제4항 중 제44조 제1항 제3호에 관한 부분에 대해 정당설립의 자유를 침해한다는 결정을 내렸다.

> **정당법 제41조(유사명칭 등의 사용금지)** ② 헌법재판소의 결정에 의하여 해산된 정당의 명칭과 같은 명칭은 정당의 명칭으로 다시 사용하지 못한다.
>
> **정당법 제44조(등록의 취소)** ① 정당이 다음 각 호의 어느 하나에 해당하는 때에는 당해 선거관리위원회는 그 등록을 취소한다.
> 1. 제17조(법정시·도당수) 및 제18조(시·도당의 법정당원수)의 요건을 구비하지 못하게 된 때. 다만, 요건의 흠결이 공직선거의 선거일 전 3월 이내에 생긴 때에는 선거일 후 3월까지, 그 외의 경우에는 요건흠결 시부터 3월까지 그 취소를 유예한다.
> 2. 최근 4년간 임기만료에 의한 국회의원선거 또는 임기만료에 의한 지방자치단체의 장선거나 시·도의회의원선거에 참여하지 아니한 때
> 3. 임기만료에 의한 국회의원선거에 참여하여 의석을 얻지 못하고 유효투표총수의 100분의 2 이상을 득표하지 못한 때

99 0606 ○△×|○△×|○△× 2021 법무사

정당해산심판제도에 관한 다음 설명 중 가장 옳지 않은 것은?
(다툼이 있는 경우 대법원 판례 및 헌법재판소결정에 의함)

① 헌법은 방어적 민주주의 관점에 기초하여 정당해산심판제도를 규정하고 있다.
② 정당의 목적이나 활동이 민주적 기본절서에 위배될 때에는 정부는 헌법재판소에 그 해산을 제소할 수 있다.
③ 정당의 목적이나 활동이 헌법에 위반된 경우, 그 위반이 사소한 위반인 경우에도 그 정당을 해산하는 것이 헌법정신에 부합한다.
④ 정당 소속원이 민주적 기본질서에 위반된 행위를 하였다고 하더라도, 개인적 차원의 행위에 불과한 것이라면, 이러한 행위에 대해서까지 정당해산심판의 심판대상이 되는 활동으로 보기는 어렵다.
⑤ 정당해산심판제도는 정치적 비판자들을 탄압하기 위한 용도로 남용되는 일이 생기지 않도록 엄격하고 제한적으로 운용되어야 한다.

지문분석 난이도 하 정답 ③

| 키 워 드 | 정당해산심판제도
| 출제유형 | 조문+판례

③ (X) 정당에 대한 해산결정은 민주주의원리와 정당의 존립과 활동에 대한 중대한 제약이라는 점에서, 정당의 목적과 활동에 관련된 모든 사소한 위헌성까지도 문제 삼아 정당을 해산하는 것은 적절하지 않다(헌재 2014.12.19. 2013헌다1).
① (O) 정당해산심판제도의 본질은 그 목적이나 활동이 민주적 기본질서에 위배되는 정당을 국민의 정치적 의사 형성과정에서 미리 배제함으로써 국민을 보호하고 헌법을 수호하기 위한 것이다. 어떠한 정당을 엄격한 요건 아래 위헌정당으로 판단하여 해산을 명하는 것은 헌법을 수호한다는 방어적 민주주의 관점에서 비롯되는 것이고, 이러한 비상상황에서는 국회의원의 국민대표성은 부득이 희생될 수밖에 없다(헌재 2014.12.19. 2013헌다1).
② (O) 정당의 목적이나 활동이 민주적 기본질서에 위배될 때에는 정부는 헌법재판소에 그 해산을 제소할 수 있고, 정당은 헌법재판소의 심판에 의하여 해산된다(헌법 제8조 제4항).
④ (O) 활동을 한 개인이나 단체의 지위 등에 비추어 볼 때 정당이 그러한 활동을 할 권한을 부여하거나 그 활동을 독려하였는지 여부, 설령 그러한 권한의 부여 등이 없었다 하더라도 사후에 그 활동을 적극적으로 옹호하는 등 그 활동을 사실상 정당의 활동으로 추인한 것과 같다고 볼 수 있는 사정이 있는지 여부, 혹은 사전에 그 정당이 그러한 활동의 계획을 알았더라도 이를 정당 차원에서 지원하고 지지했을 것이라고 가정적으로 판단할 수 있는 사정이 있는지 여부 등을 구체적으로 살펴 전체적이고 종합적으로 판단해야 한다. 반면, 정당대표나 주요 관계자의 행위라 하더라도 개인적 차원의 행위에 불과한 것이라면 이러한 행위에 대해서까지 정당해산심판의 심판대상이 되는 활동으로 보기는 어렵다(헌재 2014.12.19. 2013헌다1).
⑤ (O) 정당해산심판제도가 비록 정당을 보호하기 위한 취지에서 도입된 것이라 하더라도 다른 한편 이는 정당의 강제적 해산가능성을 헌법상 인정하는 것이므로, 그 자체가 민주주의에 대한 제약이자 위협이 될 수 있음을 또한 깊이 주의해야 한다. 정당해산심판제도는 운영 여하에 따라 그 자체가 민주주의에 대한 해악이 될 수 있으므로 일종의 극약처방인 셈이다. 따라서 정치적 비판자들을 탄압하기 위한 용도로 남용되는 일이 생기지 않도록 정당해산심판제도는 매우 엄격하고 제한적으로 운용되어야 한다(헌재 2014.12.19. 2013헌다1).

100 0607 ○△×|○△×|○△× 2020 국가직 7급

정당해산심판에 대한 설명으로 옳은 것은? (다툼이 있는 경우 판례에 의함)

① 헌법재판소는 정당해산심판의 청구를 받은 때에는 청구인의 신청에 의해서만 종국결정의 선고 시까지 피청구인의 활동을 정지하는 결정을 할 수 있다.

② 정당해산심판은 헌법재판소법에 특별한 규정이 있는 경우를 제외하고는 헌법재판의 성질에 반하지 아니하는 한도 내에서 민사소송에 관한 법령과 행정소송법을 함께 준용한다.

③ 정당의 목적이나 활동이 민주적 기본질서에 위배되는 것이 헌법이 정한 정당해산의 요건이므로, 정당해산결정 시 비례의 원칙 충족 여부에 대하여 반드시 판단할 필요는 없다.

④ 헌법재판소의 해산결정으로 위헌정당이 해산되는 경우에 그 정당 소속 국회의원이 그 의원직을 유지하는지 상실하는지에 대하여 헌법이나 법률에 명문의 규정이 없으나, 정당해산제도의 취지 등에 비추어 볼 때 헌법재판소의 정당해산결정이 있는 경우 그 정당 소속 국회의원의 의원직은 당선 방식을 불문하고 모두 상실되어야 한다.

지문분석 난이도 중 정답 ④

| 키 워 드 | 정당해산심판

| 출제유형 | 조문 + 판례

④ (○) 헌법재판소의 해산결정으로 정당이 해산되는 경우에 그 정당 소속 국회의원이 의원직을 상실하는지에 대하여 명문의 규정은 없으나, 정당해산심판제도의 본질은 민주적 기본질서에 위배되는 정당을 정치적 의사형성과정에서 배제함으로써 국민을 보호하는 데에 있는데 해산정당 소속 국회의원의 의원직을 상실시키지 않는 경우 정당해산결정의 실효성을 확보할 수 없게 되므로, 이러한 정당해산제도의 취지 등에 비추어 볼 때 헌법재판소의 정당해산결정이 있는 경우 그 정당 소속 국회의원의 의원직은 당선 방식을 불문하고 모두 상실되어야 한다(헌재 2014.12.19. 2013헌다1).

① (×) 헌법재판소는 정당해산심판의 청구를 받은 때에는 직권 또는 청구인의 신청에 의하여 종국결정의 선고 시까지 피청구인의 활동을 정지하는 결정을 할 수 있다(헌법재판소법 제57조).

② (×) 헌법재판소의 심판절차에 관하여는 이 법에 특별한 규정이 있는 경우를 제외하고는 헌법재판의 성질에 반하지 아니하는 한도에서 민사소송에 관한 법령을 준용한다. 이 경우 탄핵심판의 경우에는 형사소송에 관한 법령을 준용하고, 권한쟁의심판 및 헌법소원심판의 경우에는 행정소송법을 함께 준용한다(동법 제40조 제1항).

③ (×) 강제적 정당해산은 헌법상 핵심적인 정치적 기본권인 정당활동의 자유에 대한 근본적 제한이므로, 헌법재판소는 이에 관한 결정을 할 때 헌법 제37조 제2항이 규정하고 있는 비례원칙을 준수해야만 한다. 따라서 헌법 제8조 제4항의 명문규정상 요건이 구비된 경우에도 해당 정당의 위헌적 문제성을 해결할 수 있는 다른 대안적 수단이 없고, 정당해산결정을 통하여 얻을 수 있는 사회적 이익이 정당해산결정으로 인해 초래되는 정당활동 자유 제한으로 인한 불이익과 민주주의 사회에 대한 중대한 제약이라는 사회적 불이익을 초과할 수 있을 정도로 큰 경우에 한하여 정당해산결정이 헌법적으로 정당화될 수 있다(헌재 2014.12.19. 2013헌다1).

101 0608 ○△×|○△×|○△× 2021 국가직 7급

정당해산심판에 대한 설명으로 옳지 않은 것은? (다툼이 있는 경우 판례에 의함)

① 정당의 목적이나 활동이 민주적 기본질서에 위배될 때에는 정부는 국무회의의 심의를 거쳐 헌법재판소에 정당해산심판을 청구할 수 있다.

② 정당해산심판에 있어서는 피청구인의 활동을 정지하는 가처분이 인정되지 않는다.

③ 정당의 해산을 명하는 헌법재판소의 결정은 중앙선거관리위원회가 정당법에 따라 집행한다.

④ 헌법재판소의 해산결정으로 정당이 해산되는 경우에 그 정당 소속 국회의원이 의원직을 상실하는지에 대하여 명문의 규정은 없으나 헌법재판소의 정당해산결정이 있는 경우 그 정당 소속 국회의원의 의원직은 당선 방식을 불문하고 모두 상실된다.

지문분석 난이도 하 정답 ②

| 키 워 드 | 정당해산심판

| 출제유형 | 조문 + 판례

② (×) 헌법재판소는 정당해산심판의 청구를 받은 때에는 직권 또는 청구인의 신청에 의하여 종국결정의 선고 시까지 피청구인의 활동을 정지하는 결정을 할 수 있다(헌법재판소법 제57조).

① (○) 정당의 목적이나 활동이 민주적 기본질서에 위배될 때에는 정부는 국무회의의 심의를 거쳐 헌법재판소에 정당해산심판을 청구할 수 있다(동법 제55조).

③ (○) 정당의 해산을 명하는 헌법재판소의 결정은 중앙선거관리위원회가 정당법에 따라 집행한다(동법 제60조).

④ (○) 헌법재판소의 해산결정으로 정당이 해산되는 경우에 그 정당 소속 국회의원이 의원직을 상실하는지에 대하여 명문의 규정은 없으나, 정당해산심판제도의 본질은 민주적 기본질서에 위배되는 정당을 정치적 의사형성과정에서 배제함으로써 국민을 보호하는 데에 있는데 해산정당 소속 국회의원의 의원직을 상실시키지 않는 경우 정당해산결정의 실효성을 확보할 수 없게 되므로, 이러한 정당해산제도의 취지 등에 비추어 볼 때 헌법재판소의 정당해산결정이 있는 경우 그 정당 소속 국회의원의 의원직은 당선 방식을 불문하고 모두 상실되어야 한다(헌재 2014.12.19. 2013헌다1).

102 0609 ○△×|○△×|○△× 2016 법원직 9급

대한민국 정당제도에 관한 다음 설명 중 가장 옳지 않은 것은?
(다툼이 있는 경우 헌법재판소 결정에 의함)

① 국회의원선거에 참여하여 의석을 얻지 못하고 유효투표총수의 100분의 2 이상을 득표하지 못한 정당에 대해 그 등록을 취소하도록 한 법률 조항은 정당설립의 자유를 침해하는 것으로 헌법에 위반된다.
② 정당의 목적이나 활동이 민주적 기본질서에 위배될 때에는 정부는 헌법재판소에 그 해산을 제소할 수 있고, 헌법재판소는 재판관 과반수 이상의 찬성에 따라 정당해산의 결정을 할 수 있다.
③ 헌법재판소의 정당해산 결정으로 해산되는 정당 소속 국회의원은 그 국회의원이 지역구에서 당선되었는지 비례대표로 당선되었는지 상관없이 의원직을 상실한다.
④ 비례대표 국회의원 또는 비례대표 지방의회의원이 소속 정당의 합당·해산 또는 제명 외의 사유로 당적을 이탈·변경하거나 2 이상의 당적을 가지고 있는 때에는 퇴직된다. 다만 비례대표 국회의원이 국회의장으로 당선되어 국회법 규정에 의하여 당적을 이탈한 경우에는 그러하지 아니하다.

지문분석 난이도 중 정답 ②

| 키 워 드 | 정당제도
| 출제유형 | 조문 + 판례

② (X) 정당의 목적이나 활동이 민주적 기본질서에 위배될 때에는 정부는 헌법재판소에 그 해산을 제소할 수 있고(헌법 제8조 제4항), 헌법재판소 재판관 7인 이상의 출석과 6인 이상의 찬성으로 정당해산의 결정을 할 수 있다(헌법 제113조 제1항).
① (O) 국회의원선거에 참여하여 의석을 얻지 못하고 유효투표총수의 100분의 2 이상을 득표하지 못한 정당에 대해 그 등록을 취소하도록 한 정당법 제44조 제1항 제3호는 어느 정당이 대통령선거나 지방자치선거에서 아무리 좋은 성과를 올리더라도 국회의원선거에서 일정 수준의 지지를 얻는 데 실패하면 등록이 취소될 수밖에 없어 불합리하고, 신생·군소정당으로 하여금 국회의원선거에의 참여 자체를 포기하게 할 우려도 있어 법익의 균형성 요건도 갖추지 못하였다. 따라서 정당등록취소 조항은 과잉금지원칙에 위반되어 청구인들의 정당설립의 자유를 침해한다(헌재 2014.1.28. 2012헌마431 등).
③ (O) 헌법재판소의 해산결정으로 정당이 해산되는 경우에 그 정당 소속 국회의원이 의원직을 상실하는지에 대하여 명문의 규정은 없으나, 정당해산심판제도의 본질은 민주적 기본질서에 위배되는 정당을 정치적 의사형성과정에서 배제함으로써 국민을 보호하는 데에 있는데 해산정당 소속 국회의원의 의원직을 상실시키지 않는 경우 정당해산결정의 실효성을 확보할 수 없게 되므로, 이러한 정당해산제도의 취지 등에 비추어 볼 때 헌법재판소의 정당해산결정이 있는 경우 그 정당 소속 국회의원의 의원직은 당선 방식을 불문하고 모두 상실되어야 한다(헌재 2014.12.19. 2013헌다1).
④ (O) 비례대표국회의원 또는 비례대표지방의회의원이 소속정당의 합당·해산 또는 제명 외의 사유로 당적을 이탈·변경하거나 2 이상의 당적을 가지고 있는 때에는 국회법 제136조(퇴직) 또는 지방자치법 제90조(의원의 퇴직)의 규정에 불구하고 퇴직된다. 다만, 비례대표국회의원이 국회의장으로 당선되어 국회법 규정에 의하여 당적을 이탈한 경우에는 그러하지 아니하다(공직선거법 제192조 제4항).

103 0610 ○△×|○△×|○△× 2020 법무사

정당에 관한 다음 설명 중 가장 옳지 않은 것은?

① 정당의 목적이나 활동이 민주적 기본질서에 위배될 때에는 정부는 국무회의의 심의를 거쳐 헌법재판소에 정당해산심판을 청구할 수 있다.
② 헌법재판소는 정당해산심판의 청구를 받은 때에는 직권 또는 청구인의 신청에 의하여 종국결정의 선고 시까지 피청구인의 활동을 정지하는 결정을 할 수 있다.
③ 정당은 법률이 정하는 바에 의하여 국가의 보호를 받으며, 국가는 법률이 정하는 바에 의하여 정당운영에 필요한 자금을 보조할 수 있다.
④ 정당의 해산을 명하는 헌법재판소의 결정은 중앙선거관리위원회가 정당법에 따라 집행한다.
⑤ 헌법 제8조 제1항은 정당설립의 자유만을 명시적으로 규정하고 있으므로, 정당활동의 자유는 헌법상 기본권으로 보호되지 않는다.

지문분석 난이도 하 정답 ⑤

| 키 워 드 | 정당제도
| 출제유형 | 조문+판례

⑤ (X) 헌법 제8조 제1항 전단의 정당설립의 자유는 정당설립의 자유만이 아니라 정당활동의 자유를 포함한다. 즉, 헌법 제8조 제1항은 정당설립의 자유만을 명시적으로 규정하고 있지만, 정당설립의 자유만이 아니라 누구나 국가의 간섭을 받지 아니하고 자유롭게 정당에 가입하고 정당으로부터 탈퇴할 수 있는 자유를 함께 보장한다. 정당의 설립만이 보장될 뿐 설립된 정당이 언제든지 다시 금지될 수 있거나 정당의 활동이 임의로 제한될 수 있다면, 정당설립의 자유는 사실상 아무런 의미가 없기 때문이다. 따라서 정당설립의 자유는 당연히 정당의 존속과 정당활동의 자유도 보장하는 것이다(헌재 2006.3.30. 2004헌마246).
① (O) 정당의 목적이나 활동이 민주적 기본질서에 위배될 때에는 정부는 국무회의의 심의를 거쳐 헌법재판소에 정당해산심판을 청구할 수 있다(헌법재판소법 제55조).
② (O) 헌법재판소는 정당해산심판의 청구를 받은 때에는 직권 또는 청구인의 신청에 의하여 종국결정의 선고 시까지 피청구인의 활동을 정지하는 결정을 할 수 있다(동법 제57조).
③ (O) 정당은 법률이 정하는 바에 의하여 국가의 보호를 받으며, 국가는 법률이 정하는 바에 의하여 정당운영에 필요한 자금을 보조할 수 있다(헌법 제8조 제3항).
④ (O) 정당의 해산을 명하는 헌법재판소의 결정은 중앙선거관리위원회가 정당법에 따라 집행한다(헌법재판소법 제60조).

104 0611 ○△×|○△×|○△× 2019 지방직 7급

정당에 대한 설명으로 옳은 것은? (다툼이 있는 경우 판례에 의함)

① 정당해산제도의 취지 등에 비추어 볼 때 헌법재판소의 정당해산결정이 있는 경우 그 정당 소속 국회의원의 의원직은 당선 방식을 불문하고 모두 상실되어야 한다.

② 정당에 국고보조금을 배분함에 있어 교섭단체의 구성 여부에 따라 차등을 두는 것은 평등원칙에 위배된다.

③ 정당제 민주주의하에서 정당에 대한 재정적 후원이 전면적으로 금지되더라도 정당이 스스로 재정을 충당하고자 하는 정당활동의 자유와 국민의 정치적 표현의 자유에 대한 제한이 크지 아니하므로, 이를 규정한 법률 조항은 정당의 정당활동의 자유와 국민의 정치적 표현의 자유를 침해하지 않는다.

④ 임기만료에 의한 국회의원선거에 참여하여 의석을 얻지 못하고 유효투표총수의 100분의 2 이상을 득표하지 못한 정당의 등록을 취소하도록 하는 것은 정당설립의 자유를 침해하지 않는다.

지문분석 난이도 중 정답 ①

| 키 워 드 | 정당제도

| 출제유형 | 판례

① (○) 헌법재판소의 해산결정으로 정당이 해산되는 경우에 그 정당 소속 국회의원이 의원직을 상실하는지에 대하여 명문의 규정은 없으나, 정당해산심판제도의 본질은 민주적 기본질서에 위배되는 정당을 정치적 의사형성과정에서 배제함으로써 국민을 보호하는 데에 있는데 해산정당 소속 국회의원의 의원직을 상실시키지 않는 경우 정당해산결정의 실효성을 확보할 수 없게 되므로, 이러한 정당해산제도의 취지 등에 비추어 볼 때 헌법재판소의 정당해산결정이 있는 경우 그 정당 소속 국회의원의 의원직은 당선 방식을 불문하고 모두 상실되어야 한다(헌재 2014.12.19. 2013헌다1).

② (X) 정당의 공적기능의 수행에 있어 교섭단체의 구성 여부에 따라 차이가 나타날 수밖에 없고, 이 사건 법률 조항이 교섭단체의 구성 여부만을 보조금 배분의 유일한 기준으로 삼은 것이 아니라 정당의 의석수비율과 득표수비율도 함께 고려함으로써 현행의 보조금 배분비율이 정당이 선거에서 얻은 결과를 반영한 득표수비율과 큰 차이를 보이지 않고 있는 점 등을 고려하면, 교섭단체를 구성할 정도의 다수 정당과 그에 미치지 못하는 소수 정당 사이에 나타나는 차등지급의 정도는 정당 간의 경쟁상태를 현저하게 변경시킬 정도로 합리성을 결여한 차별이라고 보기 어렵다(헌재 2006.7.27. 2004헌마655).

③ (X) 정당제 민주주의하에서 정당에 대한 재정적 후원이 전면적으로 금지됨으로써 정당이 스스로 재정을 충당하고자 하는 정당활동의 자유와 국민의 정치적 표현의 자유에 대한 제한이 매우 크다고 할 것이므로, 이 사건 법률 조항은 정당의 정당활동의 자유와 국민의 정치적 표현의 자유를 침해한다(헌재 2015.12.23. 2013헌바168).

④ (X) 정당등록의 취소는 정당의 존속 자체를 박탈하여 모든 형태의 정당활동을 불가능하게 하므로, 그에 대한 입법은 필요최소한의 범위에서 엄격한 기준에 따라 이루어져야 한다. … 정당등록취소 조항은 어느 정당이 대통령선거나 지방자치선거에서 아무리 좋은 성과를 올리더라도 국회의원선거에서 일정 수준의 지지를 얻는 데 실패하면 등록이 취소될 수밖에 없어 불합리하고, 신생·군소정당으로 하여금 국회의원선거에의 참여 자체를 포기하게 할 우려도 있어 법익의 균형성 요건도 갖추지 못하였다. 따라서 정당등록취소 조항은 과잉금지원칙에 위반되어 청구인들의 정당설립의 자유를 침해한다(헌재 2014.1.28. 2012헌마431 등).

105 0612 ○△×|○△×|○△× 2019 국가직 7급

정당에 대한 설명으로 옳은 것은? (다툼이 있는 경우 판례에 의함)

① 헌법재판소의 정당해산결정에 대해서는 재심을 허용하지 아니함으로써 얻을 수 있는 법적 안정성의 이익이 재심을 허용함으로써 얻을 수 있는 구체적 타당성의 이익보다 더 중하다고 할 것이므로, 헌법재판소의 정당해산결정은 그 성질상 재심에 의한 불복이 허용될 수 없다.
② 정당의 창당준비위원회는 중앙당의 경우에는 200명 이상의, 시·도당의 경우에는 100명 이상의 발기인으로 구성한다.
③ 경찰청장으로 하여금 퇴직 후 2년간 정당의 설립과 가입을 금지하는 것은 경찰청장의 정당설립의 자유와 피선거권 및 직업의 자유를 침해하는 것이다.
④ 정당은 그 대의기관의 결의로써 해산할 수 있으며, 이에 따라 정당이 해산한 때에는 그 대표자는 지체 없이 그 뜻을 국회에 신고하여야 한다.

지문분석 난이도 ⓗ 정답 ②

| 키 워 드 | 정당제도
| 출제유형 | 조문+판례

② (○) 창당준비위원회는 중앙당의 경우에는 200명 이상의, 시·도당의 경우에는 100명 이상의 발기인으로 구성한다(정당법 제6조).
① (×) 정당해산심판은 원칙적으로 해당 정당에게만 그 효력이 미치며, 정당해산결정은 대체정당이나 유사 정당의 설립까지 금지하는 효력을 가지므로 오류가 드러난 결정을 바로잡지 못한다면 장래 세대의 정치적 의사결정에까지 부당한 제약을 초래할 수 있다. 따라서 정당해산심판절차에서는 재심을 허용하지 아니함으로써 얻을 수 있는 법적 안정성의 이익보다 재심을 허용함으로써 얻을 수 있는 구체적 타당성의 이익이 더 크므로 재심을 허용하여야 한다(헌재 2016.5.26. 2015헌아20).
③ (×) 경찰청장으로 하여금 퇴직 후 2년간 정당의 설립과 가입을 금지하는 이 사건 법률조항은, '누구나 국가의 간섭을 받지 아니하고 자유롭게 정당을 설립하고 가입할 수 있는 자유'를 국민의 기본권으로서 보장하는 '정당의 자유'(헌법 제8조 제1항 및 제21조 제1항)를 제한하는 규정이다. … 피선거권에 대한 제한은 이 사건 법률조항이 가져오는 간접적이고 부수적인 효과에 지나지 아니하므로 헌법 제25조의 공무담임권(피선거권)은 이 사건 법률조항에 의하여 제한되는 청구인들의 기본권이 아니다. 또한 청구인들은 직업의 자유도 침해되었다고 주장하나, 공무원직에 관한 한 공무담임권은 직업의 자유에 우선하여 적용되는 특별법적 규정이고, 위에서 밝힌 바와 같이 공무담임권(피선거권)은 이 사건 법률조항에 의하여 제한되는 청구인들의 기본권이 아니므로, 직업의 자유 또한 이 사건 법률조항에 의하여 제한되는 기본권으로서 고려되지 아니한다(헌재 1999.12.23. 99헌마135).
④ (×) 정당은 그 대의기관의 결의로써 해산할 수 있다(정당법 제45조 제1항). 제1항의 규정에 의하여 정당이 해산한 때에는 그 대표자는 지체 없이 그 뜻을 관할 선거관리위원회에 신고하여야 한다(동조 제2항).

106 0613 ○△×|○△×|○△× 2020 지방직 7급

정당에 대한 설명으로 옳지 않은 것은? (다툼이 있는 경우 판례에 의함)

① 국회의원선거에 참여하여 의석을 얻지 못하고 유효투표총수의 100분의 2 이상을 득표하지 못한 정당에 대해 그 등록을 취소하도록 한 구 정당법의 정당등록취소 조항은 정당설립의 자유를 침해한다.
② 정당이 새로운 당명으로 합당하거나 다른 정당에 합당될 때에는 합당을 하는 정당들의 대의기관이나 그 수임기관의 합동회의의 결의로써 합당할 수 있다.
③ 헌법재판소의 결정에 의하여 해산된 정당의 명칭과 동일한 명칭은 해산된 날부터 최초로 실시하는 임기만료에 의한 국회의원선거의 선거일까지만 정당의 명칭으로 사용할 수 없다.
④ 정당의 시·도당 하부조직의 운영을 위하여 당원협의회 등의 사무소를 두는 것을 금지한 구 정당법 조항은 정당활동의 자유를 침해하지 않는다.

지문분석 난이도 ⓗ 정답 ③

| 키 워 드 | 정당제도
| 출제유형 | 조문+판례

③ (×) 헌법재판소의 결정에 의하여 해산된 정당의 명칭과 같은 명칭은 정당의 명칭으로 다시 사용하지 못한다(정당법 제41조 제2항). 제44조(등록의 취소) 제1항의 규정에 의하여 등록취소된 정당의 명칭과 같은 명칭은 등록취소된 날부터 최초로 실시하는 임기만료에 의한 국회의원선거의 선거일까지 정당의 명칭으로 사용할 수 없다(동조 제4항).
① (○) 정당등록취소 조항은 어느 정당이 대통령선거나 지방자치선거에서 아무리 좋은 성과를 올리더라도 국회의원선거에서 일정 수준의 지지를 얻는 데 실패하면 등록이 취소될 수밖에 없어 불합리하고, 신생·군소정당으로 하여금 국회의원선거에의 참여 자체를 포기하게 할 우려도 있어 법익의 균형성 요건도 갖추지 못하였다. 따라서 정당등록취소 조항은 과잉금지원칙에 위반되어 청구인들의 정당설립의 자유를 침해한다(헌재 2014.1.28. 2012헌마431 등).
② (○) 정당이 새로운 당명으로 합당(이하 "신설합당"이라 한다)하거나 다른 정당에 합당(이하 "흡수합당"이라 한다)될 때에는 합당을 하는 정당들의 대의기관이나 그 수임기관의 합동회의의 결의로써 합당할 수 있다(동법 제19조 제1항).
④ (○) 정당의 시·도당 하부조직의 운영을 위하여 당원협의회 등의 사무소를 두는 것을 금지한 정당법 제37조 제3항은 임의기구인 당원협의회를 둘 수 있도록 하되, 과거 지구당 제도의 폐해가 되풀이되는 것을 방지하고 고비용 저효율의 정당구조를 개선하기 위해 사무소를 설치할 수 없도록 하는 것이므로 그 입법목적은 정당하고, 수단의 적절성도 인정된다. … 심판대상 조항으로 인해 침해되는 사익은 당원협의회 사무소를 설치하지 못하는 불이익에 불과한 반면, 심판대상 조항이 달성하고자 하는 고비용 저효율의 정당구조 개선이라는 공익은 위와 같은 불이익에 비하여 결코 작다고 할 수 없어 심판대상 조항은 법익균형성도 충족되었다. 따라서 심판대상 조항은 제청신청인의 정당활동의 자유를 침해하지 아니한다(헌재 2016.3.31. 2013헌가22).

107 0614 ○△×|○△×|○△× 2019 지방직 7급(변형)

정당과 관련된 설명으로 옳은 것은? (다툼이 있는 경우 판례에 의함)

① 정당이 국회의원총선거에 참여하여 의석을 얻지 못하고 유효투표총수의 100분의 2 이상을 득표하지 못한 때에는 등록이 취소된다.
② 정당은 임기만료에 의한 지역구 국회의원선거후보자 또는 지역구 시·도의회의원선거후보자를 추천하는 때에는 각각 전국지역구총수의 100분의 30 이상을 여성으로 추천하도록 노력하여야 하나, 비례대표 국회의원선거에서는 100분의 50 이상을 여성으로 추천하여야 한다.
③ 정치자금법 제27조(보조금의 배분)의 규정에 의한 보조금 배분대상 정당은 정책의 개발·연구활동을 촉진하기 위하여 중앙당에 별도 법인으로 정책연구소를 설치·운영할 수 있다.
④ 정당법은 합당으로 신설 또는 존속하는 정당이 합당 전의 정당의 권리의무를 승계하도록 규정하고 있으나, 이는 훈시규정에 불과하므로 정당이 합당하면서 합당 전 정당의 권리의무를 승계하지 않도록 합동회의로서 결의하였다면 합당으로 인한 권리의무는 승계되지 않는다.

지문분석

난이도 중 정답 ②

| 키 워 드 | 정당제도
| 출제유형 | 조문+판례

② (○) 공직선거법 제47조 제3항 및 제4항
① (X) 헌법재판소는 2014년 1월 28일 재판관 전원 일치 의견으로, 국회의원선거에 참여하여 의석을 얻지 못하고 유효투표총수의 100분의 2 이상을 득표하지 못한 정당에 대해 그 등록을 취소하도록 한 정당법 제44조 제1항 제3호와, 등록취소된 정당의 명칭과 동일한 명칭을 일정 기간 정당의 명칭으로 사용할 수 없도록 한 정당법 제41조 제4항 중 제44조 제1항 제3호에 관한 부분은 헌법에 위반된다는 결정을 선고하였다(헌재 2014.1.28. 2012헌마431).
③ (X) 정치자금법 제27조(보조금의 배분)의 규정에 의한 보조금 배분대상 정당은 정책의 개발·연구활동을 촉진하기 위하여 중앙당에 별도 법인으로 정책연구소를 설치·운영하여야 한다(정당법 제38조 제1항).
④ (X) 정당법에 의하면, 합당으로 신설 또는 존속하는 정당은 합당 전 정당의 권리의무를 승계하는 것으로 규정되어 있는바, 위 정당법 조항에 의한 합당의 경우에 합당으로 인한 권리의무의 승계조항은 강행규정으로서 합당 전 정당들의 해당 기관의 결의나 합동회의의 결의로써 달리 정하였더라도 그 결의는 효력이 없다(대판 2002.2.8. 2001다68969).

108 0615 ○△×|○△×|○△× 2011 국회직 8급(변형)

정당제도에 관한 설명으로 옳은 것은? (다툼이 있을 경우 판례에 의함)

① 등록이 취소된 정당의 잔여재산은 국고에 귀속함이 원칙이다.
② 위헌정당으로 강제해산된 경우와 달리 등록이 취소된 경우에는 정당의 명칭을 곧바로 다시 사용할 수 있다.
③ 경찰청장의 퇴직 후 일정기간 동안 정당에 가입할 수 없게 하는 것은 공무원의 정치적 중립성을 보장하기 위한 것이어서 정당의 자유를 침해하는 것은 아니다.
④ 정당설립의 자유는 헌법 제8조 제1항 전단에 규정되어 있지만, 국민 개인과 정당의 기본권이다.

지문분석

난이도 중 정답 ④

| 키 워 드 | 정당제도
| 출제유형 | 조문+판례

④ (○) 정당도 헌법 제21조 결사에 해당한다. 다만, 헌법 제8조는 제21조의 결사체 중에서 정당이라는 결사를 보호한다. 헌법 제21조 결사의 자유는 일반법 조항이고 제8조는 특별법 조항이다. 헌법 제8조 제1항은 "정당의 설립은 자유이며, 복수정당제는 보장된다."고 규정하여 국민 누구나가 원칙적으로 국가의 간섭을 받지 아니하고 정당을 설립할 권리를 국민의 기본권으로 보장하면서 아울러 그 당연한 법적 산물인 복수정당제를 제도적으로 보장하고 있다(헌재 2004.12.16. 2004헌마456). 국민 개인과 정당의 기본권이다.
① (X) 등록이 취소된 정당의 잔여재산은 당헌이 정하는 바에 따라 처분하고, 처분되지 아니한 정당의 잔여재산은 국고에 귀속한다(정당법 제48조 제1항 및 제2항).
② (X) 등록취소된 정당의 명칭과 같은 명칭은 등록취소된 날부터 최초로 실시하는 임기만료에 의한 국회의원선거의 선거일까지 정당의 명칭으로 사용할 수 없다(동법 제41조 제4항).
③ (X) 지구당 위원장으로의 임명, 정당추천의 금지 등 정당의 자유를 적게 제한하는 방법으로도 이 법이 실현하려는 경찰청장의 정치적 중립성이라는 목적달성이 가능함에도 불구하고 정당가입 등을 전면으로 금지한 것은 최소성원칙에 위반된다(헌재 1999.12.23. 99헌마135). 따라서 경찰청장이 퇴직일부터 2년 이내에는 정당의 발기인이 되거나 당원이 될 수 없도록 한 것은 정당설립 및 가입의 자유를 침해하는 조항이다.

✔ **개념체크 정당 해산의 효과**

구분	자진해산	등록취소	강제해산
헌법적 근거	헌법 제8조 제1항	헌법 제8조 제2항	헌법 제8조 제4항
기존 정당의 명칭 사용	가능	최초 국회의원선거 시까지는 불가능, 그 외는 가능	동일 명칭 사용 불가
기존 정당의 목적과 유사한 정당 설립	가능	가능	불가
잔여재산 귀속	1차 당헌에 따라, 처분되지 아니한 재산은 국고 귀속		곧바로 국고 귀속
소속 의원	무소속으로 자격유지		자격상실(다수설)
법원 제소	제소 가능		재심 가능(헌재)
집회	집회 가능		집시법 제5조상 불가

109 0616 ○△×|○△×|○△× 2018 서울시 7급(변형)

정당에 대한 설명으로 옳은 것은?

① 복수정당제도는 헌법에 의하여 그 제도의 본질이 보장되는 제도보장의 일종으로서 입법권에 대한 한계사유이지 헌법 개정의 한계사유라고는 할 수 없다.
② 정당이 선거관리위원회의 등록취소나 헌법재판소의 위헌결정에 의하여 해산된 경우 같은 명칭은 정당의 명칭으로 다시 사용하지 못한다.
③ 정치자금법 제27조(보조금의 배분)의 규정에 따라 보조금의 배분대상이 되는 정당은 당내경선사무 중 경선운동, 투표 및 개표에 관한 사무의 관리를 당해 선거의 관할 선거구선거관리위원회에 위탁할 수 있으며, 관할 선거구선거관리위원회가 당내경선의 투표 및 개표에 관한 사무를 수탁관리하는 경우에는 그 비용은 국가가 부담한다. 다만, 투표 및 개표참관인의 수당은 당해 정당이 부담한다.
④ 정당의 목적이나 활동이 자유민주적 기본질서에 위배될 때에 정부나 국회는 헌법재판소에 그 해산을 제소할 수 있다.

지문분석 난이도 ㊦ 정답 ③

| 키 워 드 | 정당제도
| 출제유형 | 이론 + 조문

③ (○) 정치자금법 제27조(보조금의 배분)의 규정에 따라 보조금의 배분대상이 되는 정당은 당내경선사무 중 경선운동, 투표 및 개표에 관한 사무의 관리를 당해 선거의 관할 선거구선거관리위원회에 위탁할 수 있다(공직선거법 제57조의4 제1항). 관할 선거구선거관리위원회가 제1항에 따라 당내경선의 투표 및 개표에 관한 사무를 수탁관리하는 경우에는 그 비용은 국가가 부담한다. 다만, 투표 및 개표참관인의 수당은 당해 정당이 부담한다(동조 제2항).
① (X) 정당설립의 자유와 복수정당제의 보장은 자유민주적 기본질서의 핵심적 구성요소이므로 헌법 개정 금지 조항이다.
② (X) 등록취소된 정당의 명칭은 등록취소된 날부터 최초로 실시하는 임기만료에 의한 국회의원선거일까지 정당의 명칭으로 사용할 수 없다(정당법 제41조 제4항). 중앙선거관리위원회가 제1항에 따라 당대표경선의 투표 및 개표에 관한 사무를 수탁관리하는 경우 그 비용은 해당 정당이 부담한다(동법 제48조의2 제2항).
④ (X) 정당해산 제소권은 정부에게만 있고 국회는 해산제소권이 없다.

110 0617 ○△×|○△×|○△× 2015 법원직 9급(변형)

정당제도에 관한 설명으로 옳은 것은? (다툼이 있는 경우 판례에 의함)

① 정당설립의 자유는 정당으로서의 명칭을 사용하고 정치활동을 하며 당헌에 따라 계속적인 조직을 두고 있는 등 등록정당에 준하는 권리능력 없는 사단의 실질을 가지고 있는 정치적 결사에게도 인정되는 기본권이다.
② 정당은 직접 헌법 규정에 따라 결성된 조직체이며, 집권정당의 의사는 곧 국가의사를 의미하므로 정당은 헌법기관이다.
③ 정당이 그 소속 국회의원을 제명하는 경우 당헌이 정하는 절차 외에도 그 소속 국회의원 전원의 3분의 2 이상의 찬성이 있어야 하며, 무기명투표를 원칙으로 하되 예외적인 경우에는 서면에 의하여 의결할 수 있다.
④ 정당이 임기만료에 의한 국회의원선거에 참여하여 의석을 얻지 못하고 유효투표총수의 100분의 2 이상을 득표하지 못한 경우 그 정당의 명칭과 같은 명칭은 정당의 명칭으로 다시 사용하지 못한다.
⑤ 헌법재판소는 정당에 대한 해산결정을 한 경우 지체 없이 그 뜻을 공고하여야 하며, 그 정당은 당헌이 정하는 바에 따라 잔여 재산을 처분하여야 한다.

지문분석 난이도 ㊥ 정답 ①

| 키 워 드 | 정당제도
| 출제유형 | 조문 + 판례

① (○) 정당설립의 자유는 그 성질상 등록된 정당에게만 인정되는 기본권이 아니라 청구인과 같이 등록정당은 아니지만 권리능력 없는 사단의 실체를 가지고 있는 정당에게도 인정되는 기본권이라고 할 수 있다(헌재 2006.3.30. 2004헌마246).
② (X) 헌법기관은 국가기관이다. 그러나 정당은 법인격 없는 사단으로서 사적 단체이므로 헌법기관이 아니다.
③ (X) 대의기관의 결의와 소속 국회의원의 제명에 관한 결의는 서면이나 대리인에 의하여 의결할 수 없다(정당법 제32조 제1항). 정당이 그 소속 국회의원을 제명하기 위해서는 당헌이 정하는 절차를 거치는 외에 그 소속 국회의원 전원의 2분의 1 이상의 찬성이 있어야 한다(동법 제33조).
④ (X) 정당등록취소 조항에 의하여 등록취소된 정당의 명칭과 같은 명칭을 등록취소된 날부터 최초로 실시하는 임기만료에 의한 국회의원선거의 선거일까지 정당의 명칭으로 사용할 수 없도록 한 정당법 제41조 제4항 중 제44조 제1항 제3호에 관한 부분이 정당등록취소 조항을 전제로 하고 있으므로, 위와 같은 이유에서 정당설립의 자유를 침해한다(헌재 2014.1.28. 2012헌마431). → 등록이 취소되지 않으므로 옳지 않은 지문에 해당한다.
⑤ (X) 정당이 제44조(등록의 취소) 제1항의 규정에 의하여 등록이 취소되거나 제45조(자진해산)의 규정에 의하여 자진해산한 때에는 그 잔여재산은 당헌이 정하는 바에 따라 처분한다(정당법 제48조 제1항). 제1항의 규정에 의하여 처분되지 아니한 정당의 잔여재산 및 헌법재판소의 해산결정에 의하여 해산된 정당의 잔여재산은 국고에 귀속한다(동조 제2항).

111 0618 ○△×|○△×|○△× 2011 국회직 8급(변형)

정당에 관한 설명 중 옳지 않은 것을 모두 고른 것은? (다툼이 있는 경우 헌법재판소 판례에 의함)

ㄱ. 누구든지 정당이 특정인을 후보자로 추천하는 일과 관련하여 어떠한 명목으로건 금품이나 그 밖의 재산상 이익을 제공하거나 제공받을 수 없도록 금지하는 것은 정당 본연의 활동인 정치자금의 모금행위까지 금지하는 것으로 헌법상 보장된 정당활동의 자유를 침해한다.

ㄴ. 헌법 제8조의 정당 조항에서 부여하는 정당의 자유는 국민이 개인적으로 가지는 기본권일 뿐만 아니라 단체로서의 정당이 가지는 기본권이기도 하다.

ㄷ. "경찰청장은 퇴직일로부터 2년 이내에는 정당의 발기인이 되거나 당원이 될 수 없다."라는 법률 규정은 정당가입이나 조직의 자유를 제한하는 것이나, 경찰청장은 정치적 중립성이 특히 강조되는 지위이므로 다른 공무원과 비교할 때 평등원칙에 위반되는 것은 아니다.

ㄹ. 정당법에서 정당으로 등록되는 데 필요한 요건으로서 5개 이상의 시·도당 및 각 시·도당마다 1,000명 이상의 당원을 갖출 것을 요구하는 것은 국민의 정당설립의 자유에 어느 정도 제한을 가하지만, 이러한 제한은 '상당한 기간 또는 계속해서', '상당한 지역에서' 국민의 정치적 의사형성 과정에 참여해야 한다는 헌법상 정당의 개념표지를 구현하기 위한 합리적인 제한이다.

ㅁ. 국회의원 총선거 결과 원내에 진출하지 못하고 득표율이 저조하다는 우연한 결과에 근거하여 해당 정당의 등록을 취소함으로써 정당을 소멸시키는 것은 정당설립의 자유 제한에 있어 비례원칙을 지키지 못하여 헌법상 보장된 정당설립의 자유를 침해한다.

① ㄱ, ㄴ ② ㄱ, ㄷ
③ ㄷ, ㅁ ④ ㄹ, ㅁ

지문분석 난이도 ㊤ 정답 ②

| 키 워 드 | 정당제도

| 출제유형 | 판례

ㄱ. (X) 정당의 민주적 운영에 대한 헌법적 요청, 이 사건 법률 조항의 입법목적 및 그 제한의 정도를 종합적으로 고려하면, 이 사건 법률 조항이 정당의 후보자 추천과 관련된 금품수수 등을 금지하는 것은 대의제 민주주의에서 정당 운영의 투명성과 공명정대한 선거문화 확립을 위하여 필요한 것이라 할 것이므로, 헌법 제8조 제3항 전단의 정당보호 조항에 위반되었다거나, 헌법상 정당활동의 자유의 본질적 내용을 침해하는 것이라고 볼 수 없다(헌재 2009.10.29. 2008헌바146).

ㄷ. (X) 정당법 제6조 제1호 및 제3호에 열거된 공무원, 특히 직무의 독립성이 강조되는 대법원장 및 대법관, 헌법재판소장 및 헌법재판관과 감사원장 등의 경우에도 경찰청장과 마찬가지로 정치적 중립성이 요구되는 점 등에 비추어 경찰청장의 경우에만 퇴직 후 선거직을 통한 공직진출의 길을 봉쇄함으로써 재직 중 직무의 공정성을 강화해야 할 필요성이 두드러진다고 볼 수 없으므로 다른 공무원과 경찰청장 사이에는 차별을 정당화할 만한 본질적인 차이가 존재하지 아니하므로, 이 사건 법률 조항은 평등의 원칙에 위반된다(헌재 1999.12.23. 99헌마135).

ㄴ. (O) 헌법 제8조 제1항은 정당설립의 자유, 정당조직의 자유, 정당활동의 자유 등을 포괄하는 정당의 자유를 보장하고 있다. 이러한 정당의 자유는 국민이 개인적으로 갖는 기본권일 뿐만 아니라, 단체로서의 정당이 가지는 기본권이기도 하다. 따라서 개인인 국민으로서 청구인 김웅이 정당의 자유를 가지고 있음은 물론, 청구인 민주노동당도 단체로서 정당의 자유를 가지고 있다(헌재 2004.12.16. 2004헌마456).

ㄹ. (O) 이 사건 법률 조항이 비록 정당으로 등록되기에 필요한 요건으로서 5개 이상의 시·도당 및 각 시·도당마다 1,000명 이상의 당원을 갖출 것을 요구하고 있기 때문에 국민의 정당설립의 자유에 어느 정도 제한을 가하는 점이 있는 것은 사실이나, 이러한 제한은 "상당한 기간 또는 계속해서", "상당한 지역에서" 국민의 정치적 의사형성 과정에 참여해야 한다는 헌법상 정당의 개념표지를 구현하기 위한 합리적인 제한이라고 할 것이므로, 그러한 제한은 헌법적으로 정당화된다고 할 것이다(헌재 2006.3.30. 2004헌마246).

ㅁ. (O) 실질적으로 국민의 정치적 의사형성에 참여할 의사나 능력이 없는 정당을 정치적 의사형성과정에서 배제함으로써 정당제 민주주의 발전에 기여하고자 하는 한도에서 정당등록취소조항의 입법목적의 정당성과 수단의 적합성을 인정할 수 있다. 그러나 정당등록의 취소는 정당의 존속 자체를 박탈하여 모든 형태의 정당활동을 불가능하게 하므로, 그에 대한 입법은 필요최소한의 범위에서 엄격한 기준에 따라 이루어져야 한다. 그런데 일정기간 동안 공직선거에 참여할 기회를 수 회 부여하고 그 결과에 따라 등록취소 여부를 결정하는 등 덜 기본권 제한적인 방법을 상정할 수 있고, 정당법에서 법정의 등록요건을 갖추지 못하게 된 정당이나 일정 기간 국회의원선거 등에 참여하지 아니한 정당의 등록을 취소하도록 하는 등 현재의 법체계 아래에서도 입법목적을 실현할 수 있는 다른 장치가 마련되어 있으므로, 정당등록취소조항은 침해의 최소성 요건을 갖추지 못하였다. 나아가, 정당등록취소조항은 어느 정당이 대통령선거나 지방자치선거에서 아무리 좋은 성과를 올리더라도 국회의원선거에서 일정 수준의 지지를 얻는 데 실패하면 등록이 취소될 수밖에 없어 불합리하고, 신생·군소정당으로 하여금 국회의원선거에의 참여 자체를 포기하게 할 우려도 있어 법익의 균형성 요건도 갖추지 못하였다. 따라서 정당등록취소조항은 과잉금지원칙에 위반되어 청구인들의 정당설립의 자유를 침해한다(헌재 2014.1.28. 2012헌마431 등).

냉정하고 열기와 성급함이 없는 것은 훌륭한 자질이다.

– 랠프 왈도 에머슨

CHAPTER

04 청구권적 기본권

■ 문항 수: 55문항

1 청원권

01
0619 ○△×|○△×|○△× 2020 경찰 승진

청원권에 관한 설명 중 가장 적절하지 않은 것은? (다툼이 있는 경우 판례에 의함)

① 모든 국민은 법률이 정하는 바에 의하여 국가기관에 문서로 청원할 권리를 가진다.
② 헌법상 보장된 청원권은 국가기관이 청원을 수리할 뿐만 아니라 이를 심사하여 청원자에게 적어도 그 결과를 통지할 것을 요구할 수 있는 권리이다.
③ 국가기관은 청원사항을 심사하여 심판서나 재결서에 준하는 이유를 명시한 처리결과를 통지하여야 한다.
④ 청원 내용이 수사에 간섭하는 것일 때에는 이를 수리하지 아니한다.

지문분석 난이도 하 정답 ③

| 키 워 드 | 청원권
| 출제유형 | 조문 + 판례

③ (X) 청원권의 보호범위에는 청원사항의 처리결과에 심판서나 재결서에 준하여 이유를 명시할 것까지를 요구하는 것은 포함되지 아니한다고 할 것이다(헌재 1997.7.16. 93헌마239).
① (O) 모든 국민은 법률이 정하는 바에 의하여 국가기관에 문서로 청원할 권리를 가진다(헌법 제26조 제1항).
② (O) 헌법 제26조와 청원법 규정에 의할 때 헌법상 보장된 청원권은 공권력과의 관계에서 일어나는 여러 가지 이해관계, 의견, 희망 등에 관하여 적법한 청원을 한 모든 국민에게, 국가기관이(그 주관관서가) 청원을 수리할 뿐만 아니라, 이를 심사하여, 청원자에게 적어도 그 처리결과를 통지할 것을 요구할 수 있는 권리를 말한다(헌재 1997.7.16. 93헌마239).
④ (O) 청원이 감사·수사·재판·행정심판·조정·중재 등 다른 법령에 의한 조사·불복 또는 구제절차가 진행 중인 사항인 경우에는 이를 수리하지 아니한다(청원법 제6조 제2호).

02
0620 ○△×|○△×|○△× 2021 경찰 승진(변형)

청원에 대한 설명으로 가장 적절하지 않은 것은? (다툼이 있는 경우 판례에 의함)

① 법률·명령·조례·규칙 등의 제정·개정 또는 폐지는 청원법상 청원사항에 해당하지 않는다.
② 청원이 청원법상 처리기간 이내에 처리되지 아니하는 경우 청원인은 청원기관의 장에 이의신청을 할 수 있다.
③ 정부에 제출 또는 회부된 정부의 정책에 관계되는 청원의 심사는 국무회의의 심의를 거쳐야 한다.
④ 청원권 행사를 위한 청원사항이나 청원방식, 청원절차 등에 관해서는 입법자가 그 내용을 자유롭게 형성할 재량권을 가지고 있으므로 공무원이 취급하는 사건 또는 사무에 관한 사항의 청탁에 관해 금품을 수수하는 등의 행위를 청원권의 내용으로서 보장할지 여부에 대해서도 입법자에게 폭넓은 재량권이 주어져 있다.

지문분석 난이도 중 정답 ①

| 키 워 드 | 청원권
| 출제유형 | 조문 + 판례

① (X) 국민은 법률·명령·조례·규칙 등의 제정·개정 또는 폐지에 해당하는 사항에 대하여 청원할 수 있다(청원법 제5조 제3호).
② (O)

> **청원법 제22조(이의신청)** ① 청원인은 다음 각 호의 어느 하나에 해당하는 경우로서 공개 부적합 결정 통지를 받은 날 또는 제21조에 따른 처리기간이 경과한 날부터 30일 이내에 청원기관의 장에게 문서로 이의신청을 할 수 있다.
> 1. 청원기관의 장의 공개 부적합 결정에 대하여 불복하는 경우
> 2. 청원기관의 장이 제21조에 따른 처리기간 내에 청원을 처리하지 못한 경우
> ② 청원기관의 장은 이의신청을 받은 날부터 15일 이내에 이의신청에 대하여 인용 여부를 결정하고, 그 결과를 청원인(공동청원의 경우 대표자를 말한다)에게 지체 없이 알려야 한다.

③ (O) 정부에 제출 또는 회부된 정부의 정책에 관계되는 청원의 심사는 국무회의의 심의를 거쳐야 한다(헌법 제89조 제15호).
④ (O) 청원권 행사를 위한 청원사항이나 청원방식, 청원절차 등에 관해서는 입법자가 그 내용을 자유롭게 형성할 재량권을 가지고 있으므로 공무원이 취급하는 사건 또는 사무에 관한 사항의 청탁에 관해 금품을 수수하는 등의 행위를 청원권의 내용으로서 보장할지 여부에 대해서도 입법자에게 폭넓은 재량권이 주어져 있다. 또한 금전적 대가를 받는 청탁 등 로비활동을 합법적으로 보장할 것인지 여부도 그 시대 국민의 법 감정이나 사회적 상황에 따라 입법자가 판단할 사항이므로 위 제도의 도입 여부나 시기에 대한 판단 역시 입법자의 재량이 폭넓게 인정되는 분야이다(헌재 2012.4.24. 2011헌바40).

03 0621 ○△×|○△×|○△× 2021 지방직 7급

청원에 대한 설명으로 옳지 않은 것은?

① 국민은 법령에 따라 행정권한을 위임 또는 위탁받은 개인에게 청원을 제출할 수는 없다.
② 법률·명령·조례·규칙 등의 제정·개정 또는 폐지에 대하여 청원기관에 청원할 수 있다.
③ 국회의장은 청원을 접수하였을 때에는 청원요지서를 작성하여 인쇄하거나 전산망에 입력하는 방법으로 각 국회의원에게 배부하는 동시에 그 청원서를 소관 위원회에 회부하여 심사하게 한다.
④ 청원을 소개한 국회의원은 소관 위원회 또는 청원심사소위원회의 요구가 있을 때에는 청원의 취지를 설명하여야 한다.

지문분석 난이도 하 정답 ①

| 키 워 드 | 청원권
| 출제유형 | 조문

① (X) 청원법 제4조

> **청원법 제4조(청원기관)** 이 법에 따라 국민이 청원을 제출할 수 있는 기관(이하 "청원기관"이라 한다)은 다음 각 호와 같다.
> 1. 국회·법원·헌법재판소·중앙선거관리위원회, 중앙행정기관(대통령 소속 기관과 국무총리 소속 기관을 포함한다)과 그 소속 기관
> 2. 지방자치단체와 그 소속 기관
> 3. 법령에 따라 행정권한을 가지고 있거나 행정권한을 위임 또는 위탁받은 법인·단체 또는 그 기관이나 개인

② (O) 동법 제5조

> **청원법 제5조(청원사항)** 국민은 다음 각 호의 어느 하나에 해당하는 사항에 대하여 청원기관에 청원할 수 있다.
> 1. 피해의 구제
> 2. 공무원의 위법·부당한 행위에 대한 시정이나 징계의 요구
> 3. 법률·명령·조례·규칙 등의 제정·개정 또는 폐지
> 4. 공공의 제도 또는 시설의 운영
> 5. 그 밖에 청원기관의 권한에 속하는 사항

③ (O) 국회법 제124조

> **국회법 제124조(청원요지서의 작성과 회부)** ① 의장은 청원을 접수하였을 때에는 청원요지서를 작성하여 인쇄하거나 전산망에 입력하는 방법으로 각 의원에게 배부하는 동시에 그 청원서를 소관 위원회에 회부하여 심사하게 한다.
> ② 청원요지서에는 청원자의 주소·성명, 청원의 요지, 소개 의원의 성명 또는 동의 국민의 수와 접수 연월일을 적는다.

④ (O) 동법 제125조

> **국회법 제125조(청원 심사·보고 등)** ③ 청원을 소개한 의원은 소관 위원회 또는 청원심사소위원회의 요구가 있을 때에는 청원의 취지를 설명하여야 한다.

04 0622 ○△×|○△×|○△× 2022 경찰 간부

청구권적 기본권과 관련된 법 규정으로 가장 적절하지 않은 것은?

① 청원법 규정에 의하면 청원기관의 장은 공개청원의 공개결정일부터 60일간 청원사항에 관하여 국민의 의견을 들어야 한다.
② 형사보상 및 명예회복에 관한 법률 규정에 의하면 형사보상청구는 무죄재판이 확정된 사실을 안 날부터 3년, 무죄재판이 확정된 때부터 5년 이내에 하여야 한다.
③ 형사보상 및 명예회복에 관한 법률 규정에 의하면 형사보상을 받을 자는 다른 법률에 따라 손해배상을 청구하는 것이 금지되지 아니한다.
④ 범죄피해자 보호법 규정에 의하면 구조금의 신청은 해당 구조대상 범죄피해의 발생을 안 날부터 3년이 지나거나 해당 구조대상 범죄피해가 발생한 날부터 10년이 지나면 할 수 없다.

지문분석 난이도 중 정답 ①

| 키 워 드 | 청원권
| 출제유형 | 조문

① (X) 청원법 제13조

> **청원법 제13조(공개청원의 공개 여부 결정 통지 등)** ② 청원기관의 장은 공개청원의 공개결정일부터 30일간 청원사항에 관하여 국민의 의견을 들어야 한다.

② (O) 무죄판결을 받은 피고인은 무죄재판이 확정된 사실을 안 날로부터 3년, 확정된 때로부터 5년 이내에 법원에 보상을 청구해야 한다(형사보상 및 명예회복에 관한 법률 제8조). 형사보상 여부는 합의부에서 재판한다. 법원의 기각결정뿐 아니라 보상결정에 대해서도 즉시 항고할 수 있다.
③ (O) 형사보상 및 명예회복에 관한 법률 제6조

> **형사보상 및 명예회복에 관한 법률 제6조(손해배상과의 관계)** ① 이 법은 보상을 받을 자가 다른 법률에 따라 손해배상을 청구하는 것을 금지하지 아니한다.

④ (O) 범죄피해자 보호법 제25조

> **범죄피해자 보호법 제25조(구조금의 지급신청)** ② 구조금지급신청은 해당 구조대상 범죄피해의 발생을 안 날부터 3년이 지나거나 해당 구조대상 범죄피해가 발생한 날부터 10년이 지나면 할 수 없다.

05 0623 ○△×|○△×|○△× 2016 국회직 9급

다음 중 청원권에 대한 설명으로 옳은 것은? (다툼이 있는 경우 헌법재판소 판례에 의함)

① 모든 국민은 법률이 정하는 바에 의하여 국가기관에 문서로 청원할 권리를 가지고, 국가는 청원에 대하여 심사할 의무를 지므로 청원인이 기대한 바에 미치지 못하는 처리 내용은 헌법소원의 대상이 되는 공권력의 불행사이다.
② 청원권의 보호범위에는 청원사항의 처리결과에 심판서나 재결서에 준하여 이유를 명시할 것까지를 요구하는 것을 포함하는 것은 아니다.
③ 청원권은 특히 국회와 국민의 유대를 지속시켜 주는 수단이기 때문에 국회의 경우에는 국회의원의 소개를 받아서 청원을 하여야 하지만, 지방의회의 경우에는 지방의회의원의 소개를 얻지 않고서 가능하다.
④ 동일인이 동일한 내용의 청원서를 동일한 기관에 2건 이상 제출하거나 2 이상의 기관에 제출한 때에는 청원에 대한 심사 의무가 발생하지 않는다.
⑤ 청원서를 접수한 기관은 청원사항이 그 기관이 관장하는 사항이 아니라고 인정되는 때에는 청원인에게 청원서를 반려하여야 한다.

지문분석 난이도 ㊥ 정답 ②

| 키 워 드 | 청원권
| 출제유형 | 조문 + 판례

② (O) 헌법 제26조와 청원법 규정에 의할 때 헌법상 보장된 청원권은 공권력과의 관계에서 일어나는 여러 가지 이해관계, 의견, 희망 등에 관하여 적법한 청원을 한 모든 국민에게, 국가기관이(그 주관관서가) 청원을 수리할 뿐만 아니라, 이를 심사하여, 청원자에게 적어도 그 처리결과를 통지할 것을 요구할 수 있는 권리를 말한다. 그러나 청원권의 보호범위에는 청원사항의 처리결과에 심판서나 재결서에 준하여 이유를 명시할 것까지를 요구하는 것은 포함되지 아니한다고 할 것이다. 왜냐하면 국민이면 누구든지 널리 제기할 수 있는 민중적 청원제도는 재판청구권 기타 준사법적 구제청구와는 완전히 성질을 달리하는 것이기 때문이다. 그러므로 청원소관서는 청원법이 정하는 절차와 범위 내에서 청원사항을 성실·공정·신속히 심사하고 청원인에게 그 청원을 어떻게 처리하였거나 처리하려 하는지를 알 수 있을 정도로 결과통지함으로써 충분하다고 할 것이다(헌재 1994.2.24. 93헌마213).
① (X) 청원의 처리 내용이 청원인이 기대한 바에 미치지 않는다고 하더라도 헌법소원의 대상이 되는 공권력의 불행사가 있다고 볼 수 없다(헌재 2004.5.27. 2003헌마851).
③ (X) 지방자치법 제85조

> **지방자치법 제85조(청원서의 제출)** ① 지방의회에 청원을 하려는 자는 지방의회의원의 소개를 받아 청원서를 제출하여야 한다.

④ (X)

> **청원법 제16조(반복청원 및 이중청원)** ② 동일인이 같은 내용의 청원서를 2개 이상의 청원기관에 제출한 경우 소관이 아닌 청원기관의 장은 청원서를 소관 청원기관의 장에게 이송하여야 한다. 이 경우 반복청원의 처리에 관하여는 제1항을 준용한다.
> **청원법 제18조(청원의 조사)** 청원기관의 장은 청원을 접수한 경우에는 지체 없이 청원사항을 성실하고 공정하게 조사하여야 한다. 다만, 청원사항이 별도의 조사를 필요로 하지 아니하는 경우에는 조사 없이 신속하게 처리할 수 있다.

⑤ (X)

> **청원법 제15조(청원서의 보완 요구 및 이송)** 경우에는 지체 없이 소관 기관에 청원서를 이송하고 이를 청원인(공동청원의 경우 대표자를 말한다)에게 알려야 한다.

06 0624 ○△×|○△×|○△× 2020 소방 간부

청구권적 기본권에 관한 설명으로 옳지 않은 것은? (다툼이 있는 경우 헌법재판소 결정에 의함)

① 군인 또는 군무원이 아닌 국민은 대한민국의 영역 안에서는 중대한 군사상 기밀·초병·초소·유독음식물공급·포로·군용물에 관한 죄중 법률이 정한 경우와 비상계엄이 선포된 경우를 제외하고는 군사법원의 재판을 받지 아니한다.
② 형사피의자 또는 형사피고인으로서 구금되었던 자가 법률이 정하는 불기소처분을 받거나 무죄판결을 받은 때에는 법률이 정하는 바에 의하여 국가에 정당한 보상을 청구할 수 있다.
③ 타인의 범죄행위로 인하여 생명·신체에 대한 피해를 받은 국민은 법률이 정하는 바에 의하여 국가로부터 구조를 받을 수 있다.
④ 국회나 지방의회에 대한 청원에 국회의원이나 지방의회의원의 소개를 얻도록 규정한 법률 조항은 청원심사의 효율성을 확보하기 위한 적절한 수단이지만, 의원 모두가 소개되기를 거절한 경우에 청원권을 행사할 수 없게 된다는 점에서 헌법에 위반된다.
⑤ 국민참여재판을 받을 권리는 헌법 제27조 제1항에서 규정한 헌법과 법률이 정한 법관에 의한 재판을 받을 권리의 보호범위에 속한다고 볼 수 없다.

지문분석 난이도 ⓒ 정답 ④

| 키 워 드 | 청원권
| 출제유형 | 조문 + 판례

④ (X)

- 청원권의 구체적 내용은 입법활동에 의하여 형성되며, 입법형성에는 폭넓은 재량권이 있으므로 입법자는 청원의 내용과 절차는 물론 청원의 심사·처리를 공정하고 효율적으로 행할 수 있게 하는 합리적인 수단을 선택할 수 있는바, 의회에 대한 청원에 국회의원의 소개를 얻도록 한 것은 청원 심사의 효율성을 확보하기 위한 적절한 수단이다. 또한 청원은 일반의안과 같이 처리되므로 청원서 제출단계부터 의원의 관여가 필요하고, 의원의 소개가 없는 민원의 경우에는 진정으로 접수하여 처리하고 있으며, 청원의 소개의원은 1인으로 족한 점 등을 감안할 때 이 사건 법률 조항이 국회에 청원을 하려는 자의 청원권을 침해한다고 볼 수 없다 (헌재 2006.6.29. 2005헌마604).
- 지방의회에 청원을 할 때에 지방의회 의원의 소개를 얻도록 한 것은 의원이 미리 청원의 내용을 확인하고 이를 소개하도록 함으로써 청원의 남발을 규제하고 심사의 효율을 기하기 위한 것이고, 지방의회 의원 모두가 소개의원이 되기를 거절하였다면 그 청원 내용에 찬성하는 의원이 없는 것이므로 지방의회에서 심사하더라도 인용가능성이 전혀 없어 심사의 실익이 없으며, 청원의 소개의원도 1인으로 족한 점을 감안하면 이러한 정도의 제한은 공공복리를 위한 필요·최소한의 것이라고 할 수 있다(헌재 1999.11.25. 97헌마54).

① (O) 군인 또는 군무원이 아닌 국민은 대한민국의 영역 안에서는 중대한 군사상 기밀·초병·초소·유독음식물 공급·포로·군용물에 관한 죄 중 법률이 정한 경우와 비상계엄이 선포된 경우를 제외하고는 군사법원의 재판을 받지 아니한다(헌법 제27조 제2항).
② (O) 형사피의자 또는 형사피고인으로서 구금되었던 자가 법률이 정하는 불기소처분을 받거나 무죄판결을 받은 때에는 법률이 정하는 바에 의하여 국가에 정당한 보상을 청구할 수 있다(헌법 제28조).
③ (O) 타인의 범죄행위로 인하여 생명·신체에 대한 피해를 받은 국민은 법률이 정하는 바에 의하여 국가로부터 구조를 받을 수 있다(헌법 제30조).
⑤ (O) 우리 헌법상 헌법과 법률이 정한 법관에 의한 재판을 받을 권리는 직업법관에 의한 재판을 주된 내용으로 하는 것이므로 국민참여재판을 받을 권리가 헌법 제27조 제1항에서 규정한 재판을 받을 권리의 보호범위에 속한다고 볼 수 없다(헌재 2009.11.26. 2008헌바12).

07 0625 ○△×|○△×|○△× 2015 법무사(변형)

헌법상 청원권에 대한 설명으로 타당하지 않은 것은? (다툼이 있는 경우 판례에 의함)

① 국민이 여러 가지 이해관계 또는 국정에 관해서 자신의 의견이나 희망을 해당 기관에 직접 진술하는 외에 그 본인을 대리하거나 중개하는 제3자를 통해 진술하더라도 이는 청원권으로서 보호된다.

② 헌법 제26조와 청원법 규정에 의할 때 헌법상 보장된 청원권은 공권력과의 관계에서 일어나는 여러 가지 이해관계, 의견, 희망 등에 관하여 적법한 청원을 한 모든 국민에게, 국가기관이 청원을 수리할 뿐만 아니라, 이를 심사하여, 청원자에게 적어도 그 처리결과를 통지할 것을 요구할 수 있는 권리를 의미하는 것이므로 청원에 대한 심사처리결과의 통지 유무는 행정소송의 대상이 되는 행정처분에 해당한다.

③ 국가기관이 청원을 수리·심사한 후 결과를 통지하였다면 비록 그 처리 내용이 청원인이 기대하는 바에 미치지 않는다고 하더라도 헌법소원의 대상이 되는 공권력의 행사 내지 불행사라고 볼 수 없으므로 헌법소원의 대상이 되지 않는 것이지만 청원이 단순한 호소나 요청이 아닌 구체적인 권리행사로서의 성질을 갖는 경우에는 그에 대한 거부행위는 청원인의 법률관계나 법적 지위에 영향을 미치게 되므로 당연히 헌법소원의 대상이 된다.

④ 국가기관은 청원에 대하여 심사할 의무를 지고 청구인에게는 심사를 요구할 수 있는 권리가 있으므로, 국가기관의 청원심사부작위는 헌법소원의 대상이 될 수 있다.

지문분석 난이도 중 정답 ②

| **키 워 드** | 청원권

| **출제유형** | 판례

② (X) 헌법 제26조 제1항의 규정의 의한 청원권은 국민이 국가기관에 대하여 어떤 사항에 관한 의견이나 희망을 진술할 권리로서 단순히 그 사항에 대한 국가기관의 선처를 촉구하는 데 불과한 것이므로 동조 제2항에 의하여 국가가 청원에 대하여 심사할 의무를 지고, 청원법 제9조 제4항에 의하여 주관관서가 그 심사처리결과를 청원인에게 통지할 의무를 지고 있더라도 청원을 수리한 국가기관은 이를 성실, 공정, 신속히 심사, 처리하여 그 결과를 청원인에게 통지하는 이상의 법률상 의무를 지는 것은 아니라고 할 것이고, 따라서 국가기관이 그 수리한 청원을 받아들여 구체적인 조치를 취할 것인지 여부는 국가기관의 자유재량에 속한다고 할 것일 뿐만 아니라 이로써 청원자의 권리의무, 그 밖의 법률관계에는 하등의 영향을 미치는 것이 아니므로 청원에 대한 심사처리결과의 통지 유무는 행정소송의 대상이 되는 행정처분이라고 할 수 없다(대판 1990.5.25. 90누1458).

① (○) 청원권의 행사는 자신이 직접 하든 아니면 제3자인 중개인이나 대리인을 통해서 하든 청원권으로서 보호된다. 우리 헌법은 문서로 청원을 하도록 한 것 이외에 그 형식을 제한하고 있지 않으며, 청원권의 행사방법이나 그 절차를 구체화하고 있는 청원법도 제3자를 통해 하는 방식의 청원을 금지하고 있지 않다. 따라서 국민이 여러 가지 이해관계 또는 국정에 관해서 자신의 의견이나 희망을 해당 기관에 직접 진술하는 외에 그 본인을 대리하거나 중개하는 제3자를 통해 진술하더라도 이는 청원권으로서 보호된다(헌재 2005.11.24. 2003헌바108).

③ (○) 헌재 1997.7.16. 93헌마239; 2004.10.28. 2003헌마898

④ (○) 헌재 2000.6.1. 2000헌마18

08 0626 ○△×|○△×|○△× 2022 경찰 간부

현행 청원법 규정에 대한 설명으로 가장 적절하지 않은 것은?

① 청원기관의 장은 청원이 감사·수사·재판·행정심판·조정·중재 등 다른 법령에 의한 조사·불복 또는 구제절차가 진행 중인 사항인 경우에는 처리를 하지 아니할 수 있다.
② 공개청원을 접수한 청원기관의 장은 접수일부터 15일 이내에 청원심의회의 심의를 거쳐 공개 여부를 결정하고 결과를 청원인에게 알려야 한다.
③ 청원기관의 장은 청원을 접수한 때에는 특별한 사유가 없으면 60일 이내에 처리결과를 청원인에게 알려야 한다. 이 경우 공개청원의 처리결과는 온라인청원시스템에 공개하여야 한다.
④ 청원은 청원서에 청원인의 성명과 주소 또는 거소를 적고 서명한 문서(전자문서 및 전자거래 기본법에 따른 전자문서를 포함한다)로 하여야 한다.

지문분석 난이도 중 정답 ③

| **키 워 드** | 청원권
| **출제유형** | 조문

③ (X) 청원법 제21조

> **청원법 제21조(청원의 처리 등)** ① 청원기관의 장은 청원심의회의 심의를 거쳐 청원을 처리하여야 한다. 다만, 청원심의회의 심의를 거칠 필요가 없는 사항에 대해서는 심의를 생략할 수 있다.
> ② 청원기관의 장은 청원을 접수한 때에는 특별한 사유가 없으면 90일 이내(제13조 제1항에 따른 공개청원의 공개 여부 결정기간 및 같은 조 제2항에 따른 국민의 의견을 듣는 기간을 제외한다)에 처리결과를 청원인(공동청원의 경우 대표자를 말한다)에게 알려야 한다. 이 경우 공개청원의 처리결과는 온라인청원시스템에 공개하여야 한다.

① (O) 동법 제6조

> **청원법 제6조(청원 처리의 예외)** 청원기관의 장은 청원이 다음 각 호의 어느 하나에 해당하는 경우에는 처리를 하지 아니할 수 있다. 이 경우 사유를 청원인(제11조 제3항에 따른 공동청원의 경우에는 대표자를 말한다)에게 알려야 한다.
> 1. 국가기밀 또는 공무상 비밀에 관한 사항
> 2. 감사·수사·재판·행정심판·조정·중재 등 다른 법령에 의한 조사·불복 또는 구제절차가 진행 중인 사항

② (O) 동법 제13조

> **청원법 제13조(공개청원의 공개 여부 결정 통지 등)** ① 공개청원을 접수한 청원기관의 장은 접수일부터 15일 이내에 청원심의회의 심의를 거쳐 공개 여부를 결정하고 결과를 청원인(공동청원의 경우 대표자를 말한다)에게 알려야 한다.

④ (O) 동법 제9조

> **청원법 제9조(청원방법)** ① 청원은 청원서에 청원인의 성명(법인인 경우에는 명칭 및 대표자의 성명을 말한다)과 주소 또는 거소를 적고 서명한 문서(전자문서 및 전자거래 기본법에 따른 전자문서를 포함한다)로 하여야 한다.

2 재판청구권

09 0627 O△X | O△X | O△X 2020 국회직 5급

재판청구권에 대한 설명으로 옳지 않은 것은? (다툼이 있는 경우 판례에 의함)

① 형사소송법상 즉시항고 제기기간을 3일로 제한하고 있는 것은 과잉금지원칙을 위반한 것이 아니므로 재판청구권을 침해하지 않는다.
② 헌법과 법률이 정한 법관에 의하여 법률에 의한 재판을 받을 권리가 사건의 경중을 가리지 않고 모든 사건에 대하여 대법원을 구성하는 법관에 의한 균등한 재판을 받을 권리를 의미한다거나 또는 상고심 재판을 받을 권리를 의미하는 것이라고 할 수는 없다.
③ 디엔에이감식시료채취 영장 발부 과정에서 채취대상자가 자신의 의견을 진술하거나 영장 발부에 불복하는 등의 절차를 두지 아니한 것은 재판청구권을 침해하는 것이다.
④ 교원 징계처분에 관하여 재심청구를 거치지 않으면 행정소송을 제기할 수 없도록 하는 것은 재판청구권을 침해하지 않는다.
⑤ 심의위원회의 배상금 등 지급결정에 신청인이 동의한 때에는 국가와 신청인 사이에 민사소송법에 따른 재판상 화해가 성립된 것으로 보는 4·16 세월호참사 피해구제 및 지원 등을 위한 특별법 규정은 신청인의 재판청구권을 침해하지 않는다.

지문분석 난이도 중 정답 ①

| 키 워 드 | 재판청구권
| 출제유형 | 판례

① (X) 형사재판 중 결정절차에서는 그 결정 일자가 미리 당사자에게 고지되는 것이 아니기 때문에 결정에 대한 불복 여부를 결정하고 즉시항고 절차를 준비하는데 있어 상당한 기간을 부여할 필요가 있다. … 민사소송, 민사집행, 행정소송, 형사보상절차 등의 즉시항고기간 1주나, 외국의 입법례와 비교하더라도 3일이라는 제기기간은 지나치게 짧다. 즉시항고 자체가 형사소송법상 명문의 규정이 있는 경우에만 허용되므로 기간 연장으로 인한 폐해가 크다고 볼 수도 없는 점 등을 고려하면, 심판대상조항은 즉시항고 제도를 단지 형식적이고 이론적인 권리로서만 기능하게 함으로써 헌법상 재판청구권을 공허하게 하므로 입법재량의 한계를 일탈하여 재판청구권을 침해하는 규정이다(헌재 2018.12.27. 2015헌바77 등).
② (O) 헌법이 대법원을 최고법원으로 규정하였다고 하여 대법원이 곧바로 모든 사건을 상고심으로서 관할하여야 한다는 결론이 당연히 도출되는 것은 아니며, "헌법과 법률이 정하는 법관에 의하여 법률에 의한 재판을 받을 권리"가 사건의 경중을 가리지 않고 모든 사건에 대하여 대법원을 구성하는 법관에 의한 균등한 재판을 받을 권리를 의미한다거나 또는 상고심 재판을 받을 권리를 의미하는 것이라고 할 수는 없다(헌재 2007.7.26. 2006헌마551 등).
③ (O) 이 사건 영장절차 조항은 채취대상자에게 디엔에이감식시료채취영장 발부 과정에서 자신의 의견을 진술할 수 있는 기회를 절차적으로 보장하고 있지 않을 뿐만 아니라, 발부 후 그 영장 발부에 대하여 불복할 수 있는 기회를 주거나 채취행위의 위법성 확인을 청구할 수 있도록 하는 구제절차마저 마련하고 있지 않다. 위와 같은 입법상의 불비가 있는 이 사건 영장절차 조항은 채취대상자인 청구인들의 재판청구권을 과도하게 제한하므로, 침해의 최소성원칙에 위반된다. 따라서 이 사건 영장절차 조항은 과잉금지원칙을 위반하여 청구인들의 재판청구권을 침해한다(헌재 2018.8.30. 2016헌마344 등).
④ (O) 입법자는 행정심판을 통한 권리구제의 실효성, 행정청에 의한 자기시정의 개연성, 문제되는 행정처분의 특수성 등을 고려하여 행정심판을 임의적 전치절차로 할 것인지, 아니면 필요적 전치절차로 할 것인지를 결정하는 입법형성권을 가지고 있는데, 교원에 대한 징계처분은 그 적법성을 판단함에 있어서 전문성과 자주성에 기한 사전심사가 필요하고, 판단기관인 재심위원회의 독립성 및 공정성이 확보되어 있고 심리절차에 있어서도 상당한 정도로 사법절차가 준용되어 권리구제절차로서의 실효성을 가지고 있으며, 재판청구권의 제약은 경미한 데 비하여 그로 인하여 달성되는 공익은 크므로, 재심제도가 입법형성권의 한계를 벗어나 국민의 재판청구권을 침해하는 제도라고 할 수 없다(헌재 2007.1.17. 2005헌바86).
⑤ (O) 세월호피해지원법 제16조는 지급절차를 신속히 종결함으로써 세월호 참사로 인한 피해를 신속하게 구제하기 위한 것이다. 따라서 심의위원회의 배상금 등 지급결정에 동의한 때 재판상 화해가 성립한 것으로 간주하더라도 이것이 재판청구권 행사에 대한 지나친 제한이라고 보기 어렵다. 세월호피해지원법 제16조가 지급결정에 재판상 화해의 효력을 인정함으로써 확보되는 배상금 등 지급을 둘러싼 분쟁의 조속한 종결과 이를 통해 확보되는 피해구제의 신속성 등의 공익은 그로 인한 신청인의 불이익에 비하여 작다고 보기는 어려우므로, 법익의 균형성도 갖추고 있다. 따라서 세월호피해지원법 제16조는 청구인들의 재판청구권을 침해하지 않는다(헌재 2017.6.29. 2015헌마654).

10 0628 ○△×|○△×|○△× 2020 법원직 9급

재판을 받을 권리에 관한 다음 설명 중 가장 옳지 않은 것은?

① 우리 헌법은 공정하고 신속한 공개재판을 받을 권리를 보장하고 있다.

② 공정한 재판을 받을 권리 속에는 당사자주의와 구두변론주의가 보장되어 당사자가 공소사실에 대한 답변과 입증 및 반증을 하는 등 공격·방어권이 충분히 보장되는 재판을 받을 권리가 포함되어 있다.

③ 우리 헌법은 상고심 재판을 받을 권리를 명문화하고 있지는 않지만, 헌법 제27조의 재판을 받을 권리로부터 당연히 도출된다고 볼 수 있다.

④ 재심은 확정판결에 대한 특별한 불복방법이고 확정판결에 대한 법적 안정성의 요청은 미확정판결에 대한 그것보다 훨씬 크다고 할 것이므로, 재심을 청구할 권리가 헌법 제27조에서 규정한 재판을 받을 권리에 당연히 포함된다고 볼 수는 없다.

지문분석 난이도 중 정답 ③

| 키 워 드 | 재판을 받을 권리

| 출제유형 | 판례

③ (×) 헌법이 대법원을 최고법원으로 규정하였다고 하여 대법원이 곧바로 모든 사건을 상고심으로서 관할하여야 한다는 결론이 당연히 도출되는 것은 아니며, "헌법과 법률이 정하는 법관에 의하여 법률에 의한 재판을 받을 권리"가 사건의 경중을 가리지 않고 모든 사건에 대하여 대법원을 구성하는 법관에 의한 균등한 재판을 받을 권리를 의미한다거나 또는 상고심 재판을 받을 권리를 의미하는 것이라고 할 수는 없다(헌재 2007.7.26. 2006헌마551 등).

① (○) 헌법은 제27조 제1항에서 "모든 국민은 헌법과 법률이 정한 법관에 의하여 법률에 의한 재판을 받을 권리를 가진다."라고 규정하고 같은 조 제3항에서 "모든 국민은 신속한 재판을 받을 권리를 가진다. 형사피고인은 상당한 이유가 없는 한 지체 없이 공개재판을 받을 권리를 가진다."라고 규정하여 공정하고 신속한 공개재판을 받을 권리를 보장하고 있는바, 이 재판청구권은 재판절차를 규율하는 법률과 재판에서 적용될 실체적 법률이 모두 합헌적이어야 한다는 의미에서의 법률에 의한 재판을 받을 권리뿐만 아니라, 비밀재판을 배제하고 일반 국민의 감시하에서 심리와 판결을 받음으로써 공정한 재판을 받을 수 있는 권리를 포함하고 있다(헌재 1996.12.26. 94헌바1).

② (○) 공정한 재판을 받을 권리 속에는 신속하고 공개된 법정의 법관의 면전에서 모든 증거자료가 조사·진술되고 이에 대하여 피고인이 공격·방어할 수 있는 기회가 보장되는 재판, 즉 원칙적으로 당사자주의와 구두변론주의가 보장되어 당사자가 공소사실에 대한 답변과 입증 및 반증하는 등 공격·방어권이 충분히 보장되는 재판을 받을 권리가 포함되어 있다(헌재 1996.12.26. 94헌바1).

④ (○) 재심은 확정판결에 대한 특별한 불복방법이고, 확정판결에 대한 법적 안정성의 요청은 미확정판결에 대한 그것보다 훨씬 크다고 할 것이므로 재심을 청구할 권리가 헌법 제27조에서 규정한 재판을 받을 권리에 당연히 포함된다고 할 수 없고, 심판대상법 조항에 의한 재심청구의 혜택은 일정한 적법요건하에 헌법재판소법 제68조 제2항에 의한 헌법소원을 청구하여 인용된 자에게는 누구에게나 일반적으로 인정되는 것이고, 헌법소원청구의 기회가 규범적으로 균등하게 보장되어 있기 때문에, 심판대상법 조항이 헌법재판소법 제68조 제2항에 의한 헌법소원을 청구하여 인용결정을 받지 않은 사람에게는 재심의 기회를 부여하지 않는다고 하여 청구인의 재판청구권이나 평등권, 재산권과 행복추구권을 침해하였다고는 볼 수 없다(헌재 2000.6.29. 99헌바66).

11 0629 ○△×|○△×|○△× 2020 국회직 9급

재판청구권에 대한 설명으로 옳지 않은 것은? (다툼이 있는 경우 판례에 의함)

① 통고처분에 대해 별도로 행정소송을 인정하지 않더라도 헌법이 보장하는 법관에 의한 재판을 받을 권리를 침해하는 것은 아니다.
② 토지수용위원회의 수용재결서를 받은 날로부터 60일 이내에 보상금증감청구소송을 제기하도록 한 공익사업을 위한 토지 등의 취득 및 보상에 관한 법률 규정은, 제소기간이 지나치게 짧다고 할 수 없어 토지소유자의 재판청구권을 침해하지 않는다.
③ 특별검사가 공소제기한 사건의 재판기간과 상소절차 진행기간을 일반사건보다 단축하는 것은 공정한 재판을 받을 권리를 침해한다.
④ 국민참여재판을 받을 권리는 헌법이 보장하는 재판을 받을 권리의 보호범위에 속하지 않는다.
⑤ 즉시항고 제기기간을 3일로 제한하고 있는 형사소송법 규정은 당사자의 재판청구권을 침해한다.

지문분석 난이도 중 정답 ③

| **키 워 드** | 재판청구권
| **출제유형** | 판례

③ (X) 이 사건 법률 제10조가 재판기간을 단기간으로 규정한 것은 사안의 성격과 특별검사제도의 특수성을 감안하여 위 기간 내에 가능한 신속하게 재판을 종결함으로써 국민적 의혹을 조기에 해소하고 정치적 혼란을 수습하자는 것일 뿐, 피고인의 방어권이나 적정절차를 보장하지 않은 채 재판이 위 기간 내에 종결되어야 한다거나 위 기간이 도과하면 재판의 효력이 상실된다는 취지는 아니다. 그렇다면 이 사건 법률 제10조가 공정한 재판을 받을 권리를 침해한다 할 수 없고, 이 사건 법률에 의한 특별검사에 의하여 공소제기된 사람을 일반 형사재판을 받는 사람에 비하여 달리 취급하였다 하여 평등권을 침해한다 할 수 없다(헌재 2008.1.10. 2007헌마1468).
① (○) 통고처분에 대하여 이의가 있으면 통고내용을 이행하지 않음으로써 고발되어 형사재판절차에서 통고처분의 위법·부당함을 얼마든지 다툴 수 있기 때문에 관세법 제38조 제3항 제2호가 법관에 의한 재판받을 권리를 침해한다든가 적법절차의 원칙에 저촉된다고 볼 수 없다(헌재 1998.5.28. 96헌바4).
② (○) 공익사업의 안정적인 시행을 위하여서는 수용대상토지의 수용여부 못지 않게 보상금을 둘러싼 분쟁 역시 조속히 확정하여야 할 필요가 있다. 또한 토지소유자는 협의 및 수용재결 단계를 거치면서 오랜 기간 보상금 액수에 대하여 다투어 왔으므로, 수용재결의 보상금 액수에 관하여 보상금증감청구소송을 제기할 것인지 결정하는 데에 많은 시간이 필요하지 않다. 따라서 이 사건 법률 조항이 정한 60일의 제소기간은 입법재량의 한계를 벗어났다고 보기 어려우므로, 보상금증감청구소송을 제기하려는 토지소유자의 재판청구권을 침해한다고 볼 수 없다(헌재 2016.7.28. 2014헌바206).
④ (○) 헌법과 법률이 정한 법관에 의한 재판을 받을 권리는 직업법관에 의한 재판을 주된 내용으로 하는 것이므로, 국민참여재판을 받을 권리가 헌법 제27조 제1항에서 규정한 재판을 받을 권리의 보호범위에 속한다고 볼 수 없다(헌재 2015.7.30. 2014헌바447).
⑤ (○) 인신보호법상 피수용자인 구제청구자는 자기 의사에 반하여 수용시설에 수용되어 인신의 자유가 제한된 상태에 있으므로 우편으로 즉시항고장을 접수하는 방법도 즉시항고장을 작성하는 시간과 우편물을 발송하고 도달하는 데 소요되는 시간을 고려하면 3일의 기간이 충분하다고 보기 어렵다. … 나아가 즉시항고 제기기간을 3일보다 조금 더 긴 기간으로 정한다고 해도 피수용자의 신병에 관한 법률관계를 조속히 확정하려는 이 사건 법률 조항의 입법목적이 달성되는 데 큰 장애가 생긴다고 볼 수 없으므로, 이 사건 법률 조항은 피수용자의 재판청구권을 침해한다(헌재 2015.9.24. 2013헌가21).

12 0630 ○△×|○△×|○△× 2017 경찰 승진

청원권 및 재판청구권에 대한 설명으로 가장 적절하지 않은 것은? (다툼이 있는 경우 판례에 의함)

① 청원이 단순한 호소나 요청이 아닌 구체적인 권리행사로서의 성질을 갖는 경우라면, 그에 대한 국가기관의 거부행위는 헌법소원의 대상이 되는 공권력의 행사라고 할 수 있다.

② 재판청구권에 '피고인 스스로 치료감호를 청구할 수 있는 권리'가 포함된다고 보기 어렵고, 피고인에게까지 치료감호청구권을 주어야만 절차의 적법성이 담보되는 것은 아니므로 치료감호청구권자를 검사로 한정하는 법률규정은 재판청구권을 침해하지 않는다.

③ 공권력이나 사인에 의해 기본권이 침해당하거나 침해당할 위험에 처해 있을 경우 재판청구권에 기하여 이에 대한 구제나 그 예방을 요청할 수 있으므로, 재판청구권은 다른 기본권의 보장을 위한 기본권이라는 성격을 가진다.

④ 국민참여재판을 받을 권리는 직업법관에 의한 재판을 받을 권리를 주된 내용으로 하는 헌법 제27조 제1항에서 규정한 재판을 받을 권리의 보호범위에 속한다.

지문분석

난이도 ㉭ 정답 ④

| 키 워 드 | 청원권 및 재판청구권

| 출제유형 | 판례

④ (X) 헌법과 법률이 정한 법관에 의한 재판을 받을 권리는 직업법관에 의한 재판을 주된 내용으로 하는 것이므로, 국민참여재판을 받을 권리가 헌법 제27조 제1항에서 규정한 재판을 받을 권리의 보호범위에 속한다고 볼 수 없다(헌재 2015.7.30. 2014헌바447).

① (O) 청구인의 청원이 단순한 호소나 요청이 아닌 구체적인 권리행사로서의 성질을 갖는 경우라면 그에 대한 위 피청구인의 거부행위는 청구인의 법률관계나 법적 지위에 영향을 미치는 것으로서 당연히 헌법소원의 대상이 되는 공권력의 행사라고 할 수 있을 것이다. 청구인의 청원이 구체적인 권리행사로서의 성질을 갖지 아니한 단순한 청원인 경우 이에 대한 거부의 회신이 헌법소원의 대상이 되는 공권력의 행사 또는 불행사라고 할 수 없다(헌재 2004.10.28. 2003헌마898).

② (O) '피고인 스스로 치료감호를 청구할 수 있는 권리'가 헌법상 재판청구권의 보호범위에 포함된다고 보기는 어렵고, 검사뿐만 아니라 피고인에게까지 치료감호 청구권을 주어야만 절차의 적법성이 담보되는 것도 아니므로, 치료감호 청구권자를 검사로 한정한 구 치료감호법 조항이 재판청구권을 침해하거나 적법절차의 원칙에 반한다고 볼 수 없다(헌재 2010.4.29. 2008헌마622).

③ (O) 재판청구권은 공권력이나 사인에 의해서 기본권이 침해당하거나 침해당할 위험에 처해 있을 경우 이에 대한 구제나 그 예방을 요청할 수 있는 권리라는 점에서 다른 기본권의 보장을 위한 기본권이라는 성격을 가지고 있다(헌재 2009.10.29. 2008헌바101).

13 0631 ○△×|○△×|○△× 2021 법원직 9급

재판청구권에 관한 다음 설명 중 가장 옳지 않은 것은?

① 재판청구권은 공권력이나 사인에 의해서 기본권이 침해당하거나 침해당할 위험에 처해 있을 경우 이에 대한 구제나 그 예방을 요청할 수 있는 권리라는 점에서 다른 기본권의 보장을 위한 기본권이라는 성격을 가진다.

② 형사피해자는 법률이 정하는 바에 의하여 당해 사건의 재판절차에서 진술할 수 있다.

③ 헌법 제27조 제1항의 '헌법과 법률이 정한 법관에 의하여 법률에 의한 재판을 받을 권리'는 사건의 경중을 가리지 않고 모든 사건에 대하여 대법원을 구성하는 법관에 의한 균등한 재판을 받을 권리를 의미한다.

④ 헌법상 보장되는 기본권인 '공정한 재판을 받을 권리'에는 '공정한 헌법재판을 받을 권리'도 포함된다.

지문분석

난이도 ㉭ 정답 ③

| 키 워 드 | 재판청구권

| 출제유형 | 조문 + 판례

③ (X) 헌법이 대법원을 최고법원으로 규정하였다고 하여 대법원이 곧바로 모든 사건을 상고심으로서 관할하여야 한다는 결론이 당연히 도출되는 것은 아니며, "헌법과 법률이 정하는 법관에 의하여 법률에 의한 재판을 받을 권리"가 사건의 경중을 가리지 않고 모든 사건에 대하여 대법원을 구성하는 법관에 의한 균등한 재판을 받을 권리를 의미한다거나 또는 상고심 재판을 받을 권리를 의미하는 것이라고 할 수는 없다(헌재 2007.7.26. 2006헌마551 등).

① (O) 헌법 제27조 제1항은 "모든 국민은 헌법과 법률이 정한 법관에 의하여 법률에 의한 재판을 받을 권리를 가진다."고 규정함으로써 모든 국민은 헌법과 법률이 정한 자격과 절차에 의하여 임명되고 물적 독립과 인적 독립이 보장된 법관에 의하여 합헌적인 법률이 정한 내용과 절차에 따라 재판을 받을 권리를 보장하고 있다. 이러한 재판청구권은 공권력이나 사인에 의해서 기본권이 침해당하거나 침해당할 위험에 처해 있을 경우 그에 대한 구제 또는 예방을 요청할 수 있는 권리라는 점에서 다른 기본권의 보장을 위한 기본권이라는 성격을 가지고 있다(헌재 2011.6.30. 2009헌바430).

② (O) 형사피해자는 법률이 정하는 바에 의하여 당해 사건의 재판절차에서 진술할 수 있다(헌법 제27조 제5항).

④ (O) 헌법 제27조가 보장하는 재판청구권에는 공정한 헌법재판을 받을 권리도 포함되고, 헌법 제111조 제2항은 헌법재판소가 9인의 재판관으로 구성된다고 명시하여 다양한 가치관과 헌법관을 가진 9인의 재판관으로 구성된 합의체가 헌법재판을 담당하도록 하고 있으며, 같은 조 제3항은 재판관 중 3인은 국회에서 선출하는 자를 임명한다고 규정하고 있다(헌재 2014.4.24. 2012헌마2).

14 0632 O△X | O△X | O△X 2021 지방직 7급

재판청구권에 대한 설명으로 옳지 않은 것은? (다툼이 있는 경우 판례에 의함)

① 헌법상 재판을 받을 권리의 보호범위에는 배심재판을 받을 권리가 포함되지 아니한다.
② 디엔에이감식시료채취영장 발부 과정에서 채취대상자에게 자신의 의견을 밝히거나 영장 발부 후 불복할 수 있는 절차 등에 관하여 규정하지 아니한 디엔에이신원확인정보의 이용 및 보호에 관한 법률의 조항은 채취대상자들의 재판청구권을 침해한다.
③ 헌법 해석상 국회가 선출하여 임명된 헌법재판소의 재판관 중 공석이 발생한 경우에 국회가 공정한 헌법재판을 받을 권리의 보장을 위하여 공석인 재판관의 후임자를 선출하여야 할 구체적 작위의무를 부담한다고 볼 수는 없다.
④ '헌법과 법률이 정한 법관에 의하여 법률에 의한 재판을 받을 권리'가 사건의 경중을 가리지 않고 모든 사건에 대하여 대법원을 구성하는 법관에 의한 재판을 받을 권리를 의미한다거나 또는 상고심 재판을 받을 권리를 의미하는 것이라고 할 수는 없다.

지문분석 난이도 중 정답 ③

| **키 워 드** | 재판청구권
| **출제유형** | 판례

③ (X) 헌법 제27조가 보장하는 재판청구권에는 공정한 헌법재판을 받을 권리도 포함되고, 헌법 제111조 제2항은 헌법재판소가 9인의 재판관으로 구성된다고 명시하여 다양한 가치관과 헌법관을 가진 9인의 재판관으로 구성된 합의체가 헌법재판을 담당하도록 하고 있으며, 같은 조 제3항은 재판관 중 3인은 국회에서 선출하는 자를 임명한다고 규정하고 있다. 그렇다면 헌법 제27조, 제111조 제2항 및 제3항의 해석상, 피청구인이 선출하여 임명된 재판관 중 공석이 발생한 경우, 국회는 공정한 헌법재판을 받을 권리의 보장을 위하여 공석인 재판관의 후임자를 선출하여야 할 구체적 작위의무를 부담한다고 할 것이다(헌재 2014.4.24. 2012헌마2).
① (O) 형사소송절차에서 국민참여재판제도는 사법의 민주적 정당성과 신뢰를 높이기 위하여 배심원이 사실심 법관의 판단을 돕기 위한 권고적 효력을 가지는 의견을 제시하는 제한적 역할을 수행하게 되고, 헌법상 재판을 받을 권리의 보호범위에는 배심재판을 받을 권리가 포함되지 아니한다. 그러므로 이 사건 참여재판 배제조항은 청구인의 재판청구권을 침해한다고 볼 수 없다(헌재 2014.1.28. 2012헌바298).
② (O) 디엔에이감식시료채취영장 발부 여부는 채취대상자에게 자신의 디엔에이감식시료가 강제로 채취당하고 그 정보가 영구히 보관·관리됨으로써 자신의 신체의 자유, 개인정보자기결정권 등의 기본권이 제한될 것인지 여부가 결정되는 중대한 문제이다. 그럼에도 불구하고 이 사건 영장절차 조항은 채취대상자에게 디엔에이감식시료채취영장 발부 과정에서 자신의 의견을 진술할 수 있는 기회를 절차적으로 보장하고 있지 않을 뿐만 아니라, 발부 후 그 영장 발부에 대하여 불복할 수 있는 기회를 주거나 채취행위의 위법성 확인을 청구할 수 있도록 하는 구제절차마저 마련하고 있지 않다. 위와 같은 입법상의 불비가 있는 이 사건 영장절차 조항은 채취대상자인 청구인들의 재판청구권을 과도하게 제한하므로, 침해의 최소성원칙에 위반된다(헌재 2018.8.30. 2016헌마344).
④ (O) 헌법이 대법원을 최고법원으로 규정하였다고 하여 대법원이 곧바로 모든 사건을 상고심으로서 관할하여야 한다는 결론이 당연히 도출되는 것은 아니며, "헌법과 법률이 정하는 법관에 의하여 법률에 의한 재판을 받을 권리"가 사건의 경중을 가리지 않고 모든 사건에 대하여 대법원을 구성하는 법관에 의한 재판을 받을 권리를 의미한다거나 또는 상고심 재판을 받을 권리를 의미하는 것이라고 할 수는 없다(헌재 2012.5.31. 2010헌마625).

15 0633 ○△×|○△×|○△× 2019 경찰 승진

재판청구권에 대한 설명으로 가장 적절하지 않은 것은? (다툼이 있는 경우 헌법재판소 판례에 의함)

① 우리 헌법상 재판을 받을 권리의 보호범위에는 배심재판을 받을 권리가 포함되지 않는다.

② 심리불속행 상고기각판결의 경우 판결이유를 생략할 수 있도록 규정한 상고심절차에 관한 특례법 조항은 헌법 제27조 제1항에서 보장하는 재판청구권 등을 침해하지 않는다.

③ 소환된 증인 또는 그 친족 등이 보복을 당할 우려가 있는 경우 재판장은 당해 증인의 인적 사항의 전부 또는 일부를 공판조서에 기재하지 않게 할 수 있고, 이때 증인의 인적사항이 증인신문의 모든 과정에서 공개되지 아니하도록 한 특정범죄신고자 등 보호법 조항들 및 피고인을 퇴정시키고 증인신문을 행할 수 있도록 규정한 같은 법 조항들은 피고인의 공정한 재판을 받을 권리를 침해하지 않는다.

④ 현역병의 군대 입대 전 범죄에 대한 군사법원의 재판권을 규정하고 있는 군사법원법 조항은 일반법원에서 재판받을 권리를 봉쇄하므로, 재판청구권을 침해하여 헌법에 위반된다.

지문분석 난이도 ㊥ 정답 ④

| **키 워 드** | 재판청구권

| **출제유형** | 판례

④ (X) 군대는 각종 훈련 및 작전수행 등으로 인해 근무시간이 정해져 있지 않고 집단적 병영(兵營) 생활 및 작전위수(衛戍) 구역으로 인한 생활공간적인 제약 등, 군대의 특수성으로 인하여 일단 군인신분을 취득한 군인이 군대 외부의 일반법원에서 재판을 받는 것은 군대 조직의 효율적인 운영을 저해하고, 현실적으로도 군인이 수감 중인 상태에서 일반법원의 재판을 받기 위해서는 상당한 비용·인력 및 시간이 소요되므로 이러한 군의 특수성 및 전문성을 고려할 때 군인신분 취득 전에 범한 죄에 대하여 군사법원에서 재판을 받도록 하는 것은 합리적인 이유가 있다(헌재 2009.7.30. 2008헌바162).

① (O) 형사소송절차에서 국민참여재판제도는 사법의 민주적 정당성과 신뢰를 높이기 위하여 배심원이 사실심 법관의 판단을 돕기 위한 권고적 효력을 가지는 의견을 제시하는 제한적 역할을 수행하게 되고, 헌법상 재판을 받을 권리의 보호범위에는 배심재판을 받을 권리가 포함되지 아니한다(헌재 2014.1.28. 2012헌바298).

② (O) 심리불속행 상고기각판결에 이유를 기재한다고 해도, 현실적으로 '상고심 절차에 관한 특례법' 제4조의 심리속행사유에 해당하지 않는다는 정도의 이유기재에 그칠 수밖에 없고, 나아가 그 이상의 이유기재를 하게 하더라도 이는 법령해석의 통일을 주된 임무로 하는 상고심에게 불필요한 부담만 가중시키는 것으로서 심리불속행제도의 입법취지에 반하는 결과를 초래할 수 있으므로, '상고심 절차에 관한 특례법' 제5조 제1항 중 제4조에 관한 부분이 재판청구권 등을 침해하여 위헌이라고 볼 수 없다(헌재 2008.5.29. 2007헌마1408).

③ (O) 피고인 퇴정조항에 의하여 피고인 퇴정 후 증인신문을 하는 경우에도 피고인은 여전히 형사소송법 제161조의2에 의하여 반대신문권이 보장되고, 이때 변호인이 반대신문 전에 피고인과 상의하여 반대신문사항을 정리하면 피고인의 반대신문권이 실질적으로 보장될 수 있는 점, 인적사항이 공개되지 아니한 증인에 대하여는 증인신문 전에 수사기관 작성의 조서나 증인 작성의 진술서 등의 열람·복사를 통하여 그 신문 내용을 어느 정도 예상할 수 있고, 변호인이 피고인과 상의하여 반대신문의 내용을 정리한 후 반대신문할 수 있는 점 등에 비추어, 기본권 제한의 정도가 특정범죄의 범죄신고자 등 증인 등을 보호하고 실체적 진실의 발견에 이바지하는 공익에 비하여 크다고 할 수 없어 법익의 균형성도 갖추고 있으며, 기본권 제한에 관한 피해의 최소성 역시 인정되므로, 공정한 재판을 받을 권리를 침해한다고 할 수 없다(헌재 2010.11.25. 2009헌바57).

16 0634 ○△×|○△×|○△× 2020 법무사

헌법 제27조의 재판청구권에 관한 다음 설명 중 가장 옳지 않은 것은?

① 모든 국민은 헌법과 법률이 정한 법관에 의하여 법률에 의한 재판을 받을 권리를 가진다.
② 공정한 재판을 받을 권리는 헌법 제27조의 재판청구권에 의하여 함께 보장된다.
③ 군인 또는 군무원이 아닌 국민은 대한민국의 영역 안에서는 중대한 군사상 기밀·초병·초소·유독음식물공급·포로·군용물에 관한 죄 중 법률이 정한 경우와 비상계엄이 선포된 경우를 제외하고는 군사법원의 재판을 받지 아니한다.
④ 형사피해자는 법률이 정하는 바에 의하여 당해 사건의 재판절차에서 진술할 수 있다.
⑤ 헌법에 재판청구권의 내용으로 신속한 재판을 받을 권리가 명시적으로 규정되어 있지 않다.

지문분석 난이도 하 정답 ⑤

| 키 워 드 | 재판청구권
| 출제유형 | 조문 + 판례

⑤ (X) 모든 국민은 신속한 재판을 받을 권리를 가진다. 형사피고인은 상당한 이유가 없는 한 지체 없이 공개재판을 받을 권리를 가진다(헌법 제27조 제3항).
① (O) 모든 국민은 헌법과 법률이 정한 법관에 의하여 법률에 의한 재판을 받을 권리를 가진다(헌법 제27조 제1항).
② (O) 헌법에 '공정한 재판'에 관한 명문의 규정은 없지만 재판청구권이 국민에게 효율적인 권리보호를 제공하기 위해서는, 법원에 의한 재판이 공정하여야만 할 것은 당연한 전제이므로 '공정한 재판을 받을 권리'는 헌법 제27조의 재판청구권에 의하여 함께 보장된다(헌재 2013.3.21. 2011헌바219).
③ (O) 군인 또는 군무원이 아닌 국민은 대한민국의 영역 안에서는 중대한 군사상 기밀·초병·초소·유독음식물공급·포로·군용물에 관한 죄 중 법률이 정한 경우와 비상계엄이 선포된 경우를 제외하고는 군사법원의 재판을 받지 아니한다(헌법 제27조 제2항).
④ (O) 형사피해자는 법률이 정하는 바에 의하여 당해 사건의 재판절차에서 진술할 수 있다(헌법 제27조 제5항).

17 0635 ○△×|○△×|○△× 2020 경찰 승진

재판청구권에 관한 설명 중 가장 적절하지 않은 것은? (다툼이 있는 경우 판례에 의함)

① 군사시설 중 전투용에 공하는 시설을 손괴한 일반 국민이 평시에 군사법원에서 재판을 받도록 하는 것은 법관에 의한 재판을 받을 권리를 침해하는 것이다.
② 취소소송의 제소기간을 처분 등이 있음을 안 때로부터 90일 이내로 규정한 것은 지나치게 짧은 기간이라고 보기 어렵고 행정법관계의 조속한 안정을 위해 필요한 방법이므로 재판청구권을 침해하지 않는다.
③ 수형자가 국선대리인인 변호사를 접견하는데 교도소장이 그 접견 내용을 녹음 기록하였다고 해도 재판을 받을 권리를 침해하는 것은 아니다.
④ 헌법과 법률이 정한 법관에 의한 재판을 받을 권리는 직업법관에 의한 재판을 주된 내용으로 하는 것이므로 국민참여재판을 받을 권리는 그 보호범위에 속하지 않는다.

지문분석 난이도 중 정답 ③

| 키 워 드 | 재판청구권
| 출제유형 | 판례

③ (X) 수형자와 변호사와의 접견 내용을 녹음, 녹화하게 되면 그로 인해 제3자인 교도소 측에 접견 내용이 그대로 노출되므로 수형자와 변호사는 상담과정에서 상당히 위축될 수밖에 없고, 특히 소송의 상대방이 국가나 교도소 등의 구금시설로서 그 내용이 구금시설 등의 부당처우를 다투는 내용일 경우에 접견 내용에 대한 녹음, 녹화는 실질적으로 당사자대등의 원칙에 따른 무기평등을 무력화시킬 수 있다. … 이 사건에 있어서 청구인과 헌법소원 사건의 국선대리인인 변호사의 접견 내용에 대해서는 접견의 목적이나 접견의 상대방 등을 고려할 때 녹음, 기록이 허용되어서는 아니 될 것임에도, 이를 녹음, 기록한 행위는 청구인의 재판을 받을 권리를 침해한다(헌재 2013.9.26. 2011헌마398).
① (O) 군인 또는 군무원이 아닌 국민에 대한 군사법원의 예외적인 재판권을 정한 헌법 제27조 제2항에 규정된 군용물에는 군사시설이 포함되지 않는다. 그렇다면 '군사시설' 중 '전투용에 공하는 시설'을 손괴한 일반 국민이 항상 군사법원에서 재판받도록 하는 이 사건 법률 조항은, 비상계엄이 선포된 경우를 제외하고는 '군사시설'에 관한 죄를 범한 군인 또는 군무원이 아닌 일반 국민은 군사법원의 재판을 받지 아니하도록 규정한 헌법 제27조 제2항에 위반되고, 국민이 헌법과 법률이 정한 법관에 의한 재판을 받을 권리를 침해한다(헌재 2013.11.28. 2012헌가10).
② (O) '처분 등이 있음을 안 날'을 기산점으로 정하여 취소소송의 제소기간에 제한을 둔 것은 법률관계의 조속한 확정을 위한 것으로 입법목적이 정당하다. 처분 등이 위법할 수 있다는 의심을 갖는 데 있어 처분 등이 있음을 안 때로부터 90일의 기간은 지나치게 짧은 기간이라고 보기 어렵고, '처분 등이 있음'을 안 시점은 비교적 객관적이고 명확하게 특정할 수 있으므로 이를 제소기간의 기산점으로 둔 것은 행정법관계의 조속한 안정을 위해 필요하고 효과적인 방법이다. … 따라서 '처분 등이 있음을 안 날'을 제소기간의 기산점으로 정한 심판대상 조항은 재판청구권을 침해하지 아니한다(헌재 2018.6.28. 2017헌바66).
④ (O) 우리 헌법상 헌법과 법률이 정한 법관에 의한 재판을 받을 권리는 직업법관에 의한 재판을 주된 내용으로 하는 것이므로 국민참여재판을 받을 권리가 헌법 제27조 제1항에서 규정한 재판을 받을 권리의 보호범위에 속한다고 볼 수 없다(헌재 2009.11.26. 2008헌바12).

18 0636 ○△×|○△×|○△× 2021 경찰 승진

재판청구권에 대한 설명으로 가장 적절하지 않은 것은? (다툼이 있는 경우 판례에 의함)

① 과학기술의 발전으로 인해 기존의 확정판결에서 인정된 사실과는 다른 새로운 사실이 드러난 경우를 민사소송법상 재심의 사유로 인정하고 있지 않는 민사소송법 조항은 입법자의 합리적인 재량의 범위를 벗어나 재판청구권을 침해한다고 할 수 없다.

② 사법보좌관에 의한 소송비용액 확정결정절차를 규정한 법원조직법 조항은 소송비용액 확정절차의 경우에 이의절차 등 법관에 의한 판단을 거치도록 하고 있기 때문에 헌법 제27조 제1항에 위반되지 않는다.

③ 헌법과 법률이 정한 법관에 의한 재판을 받을 권리는 직업법관에 의한 재판을 주된 내용으로 하는 것이므로, 국민참여재판을 받을 권리가 헌법 제27조 제1항에서 규정한 재판을 받을 권리의 보호범위에 속한다고 볼 수 없다.

④ 재심제도의 규범적 형성에 있어서는 재판의 적정성과 정의의 실현이라는 법치주의의 요청에 의해 입법자의 입법형성의 자유가 축소된다.

지문분석 난이도 중 정답 ④

| **키 워 드** | 재판청구권

| **출제유형** | 판례

④ (X) 재심이나 준재심은 확정판결이나 화해조서 등에 대한 특별한 불복방법이고, 확정판결에 대한 법적 안정성의 요청은 미확정판결에 대한 그것보다 훨씬 크다고 할 것이므로 재심을 청구할 권리가 헌법 제27조에서 규정한 재판을 받을 권리에 당연히 포함된다고 할 수 없고 어떤 사유를 재심사유로 하여 재심이나 준재심을 허용할 것인가는 입법자가 확정된 판결이나 화해조서에 대한 법적 안정성, 재판의 신속, 적정성, 법원의 업무부담 등을 고려하여 결정하여야 할 입법정책의 문제이다(헌재 1996.3.28. 93헌바27).

① (O) 과학의 진전을 통하여 기존의 확정판결에서 인정된 사실과는 다른 새로운 사실이 발견된다 하더라도, 이는 확정판결 이후 언제라도 일어날 수 있는 일이므로 이를 재심사유로 인정하는 것은 확정판결에 기초하여 형성된 복잡·다양한 사법적(私法的) 관계들을 항시 불안전한 상태로 두는 것이라 할 수 있다. 또한, 시효제도 등 다소간 실체적 진실의 희생이나 양보하에 법적 안정성을 추구하는 여러 법적 제도들이 있다는 점 등을 함께 고려해 볼 때, 이 사건 법률 조항은 입법자의 합리적인 재량의 범위를 벗어나 재판청구권 내지 평등권을 침해한다고 할 수 없다(헌재 2009.4.30. 2007헌바121).

② (O) 헌법 제27조 제1항의 재판청구권 보장과 관련하여 최소한 법관이 사실을 확정하고 법률을 해석·적용하는 재판을 받을 권리를 보장할 것이 요구되므로 사법보좌관의 처분에 대한 이의절차가 중요하다. 법원조직법 제54조 제3항 등에서는 사법보좌관의 처분에 대한 이의신청을 허용함으로써 동일 심급 내에서 법관으로부터 다시 재판받을 수 있는 권리를 보장하고 있는데, 이 사건 조항에 의한 소송비용액 확정결정절차의 경우에도 이러한 이의절차에 의하여 법관에 의한 판단을 거치도록 함으로써 법관에 의한 사실확정과 법률해석의 기회를 보장하고 있다. … 따라서 사법보좌관에게 소송비용액 확정결정절차를 처리하도록 한 이 사건 조항이 그 입법재량권을 현저히 불합리하게 또는 자의적으로 행사하였다고 단정할 수 없으므로 헌법 제27조 제1항에 위반된다고 할 수 없다(헌재 2009.2.26. 2007헌바8 등).

③ (O) 우리 헌법상 헌법과 법률이 정한 법관에 의한 재판을 받을 권리는 직업법관에 의한 재판을 주된 내용으로 하는 것이므로 국민참여재판을 받을 권리가 헌법 제27조 제1항에서 규정한 재판을 받을 권리의 보호범위에 속한다고 볼 수 없다(헌재 2009.11.26. 2008헌바12).

19 0637 ○△×|○△×|○△× 2021 국가직 7급

재판을 받을 권리에 대한 설명으로 옳지 않은 것은? (다툼이 있는 경우 판례에 의함)

① 재판청구권에는 민사재판, 형사재판, 행정재판뿐만 아니라 헌법재판을 받을 권리도 포함되므로, 헌법상 보장되는 기본권인 '공정한 재판을 받을 권리'에는 '공정한 헌법재판을 받을 권리'도 포함된다.

② 헌법 제27조 제1항의 재판을 받을 권리는 신분이 보장되고 독립된 법관에 의한 재판의 보장을 주된 내용으로 하므로 국민참여재판을 받을 권리는 헌법 제27조 제1항에서 규정하는 재판받을 권리의 보호범위에 속하지 아니한다.

③ 공정한 재판을 받을 권리 속에는 신속하고 공개된 법정의 법관의 면전에서 모든 증거자료가 조사·진술되고 이에 대하여 피고인이 공격·방어할 수 있는 기회가 보장되는 재판, 원칙적으로 당사자주의와 구두변론주의가 보장되어 당사자가 공소사실에 대한 답변과 입증 및 반증을 하는 등 공격, 방어권이 충분히 보장되는 재판을 받을 권리가 포함되어 있다.

④ 형사피해자에게 약식명령을 고지하지 않도록 규정한 것은 형사피해자의 재판절차진술권과 정식재판청구권을 침해하는 것으로서, 입법자가 입법재량을 일탈·남용하여 형사피해자의 재판을 받을 권리를 침해하는 것이다.

지문분석 난이도 중 정답 ④

| 키 워 드 | 재판을 받을 권리

| 출제유형 | 판례

④ (X) 약식명령은 경미하고 간이한 사건을 대상으로 하기 때문에, 대부분 범죄사실에 다툼이 없는 경우가 많고, 형사피해자도 이미 범죄사실을 충분히 인지하고 있어, 범죄사실에 대한 별도의 확인 없이도 얼마든지 법원이나 수사기관에 의견을 제출할 수 있으며, 직접 범죄사실의 확인을 원하는 경우에는 소송기록의 열람·등사를 신청하는 것도 가능하므로, 형사피해자가 약식명령을 고지받지 못한다고 하여 형사재판절차에서의 참여기회가 완전히 봉쇄되어 있다고 볼 수 없다. 따라서 이 사건 고지조항은 형사피해자의 재판절차진술권을 침해하지 않는다(헌재 2019.9.26. 2018헌마1015).

① (O) 헌법 제27조는 국민의 재판청구권을 보장하고 있는데, 여기에는 공정한 재판을 받을 권리가 포함되어 있다. 그런데 재판청구권에는 민사재판, 형사재판, 행정재판뿐만 아니라 헌법재판을 받을 권리도 포함되므로, 헌법상 보장되는 기본권인 '공정한 재판을 받을 권리'에는 '공정한 헌법재판을 받을 권리'도 포함된다(헌재 2016.11.24. 2015헌마902).

② (O) 헌법과 법률이 정한 법관에 의한 재판을 받을 권리는 직업법관에 의한 재판을 주된 내용으로 하는 것이므로, 국민참여재판을 받을 권리가 헌법 제27조 제1항에서 규정한 재판을 받을 권리의 보호범위에 속한다고 볼 수 없다(헌재 2015.7.30. 2014헌바447).

③ (O) 공정한 재판을 받을 권리 속에는 신속하고 공개된 법정의 법관의 면전에서 모든 증거자료가 조사·진술되고 이에 대하여 피고인이 공격·방어할 수 있는 기회가 보장되는 재판, 즉 원칙적으로 당사자주의와 구두변론주의가 보장되어 당사자가 공소사실에 대한 답변과 입증 및 반증하는 등 공격·방어권이 충분히 보장되는 재판을 받을 권리가 포함되어 있다(헌재 1996.12.26. 94헌바1).

20 0638 ○△×|○△×|○△× 2015 경찰 승진

헌법 제27조의 재판을 받을 권리에 대한 설명 중 가장 적절하지 않은 것은? (다툼이 있는 경우 판례에 의함)

① 재판청구권은 공권력이나 사인에 의해서 기본권이 침해당하거나 침해당할 위험에 처해 있을 경우 이에 대한 구제나 그 예방을 요청할 수 있는 권리라는 점에서 다른 기본권의 보장을 위한 기본권이라는 성격을 가지고 있다.

② 헌법 제27조 제3항은 '모든 국민은 신속한 재판을 받을 권리를 가진다'고 규정하고 있으므로 모든 국민은 법률에 의한 구체적 형성이 없어도 직접 신속한 재판을 청구할 수 있는 권리를 가진다.

③ 재판청구권에 상급심재판을 받을 권리나 사건의 경중을 가리지 않고 모든 사건에 대하여 반드시 대법원 또는 상급법원을 구성하는 법관에 의한 균등한 재판을 받을 권리가 포함되어 있다고 할 수는 없다.

④ 법관이 아닌 사법보좌관이 소송비용액 확정재판을 할 수 있도록 정한 법원조직법 제54조는 동일 심급 내에서 법관으로부터 다시 재판받을 수 있는 권리를 보장하고 있으므로 재판청구권을 침해하지 않는다.

지문분석 난이도 중 정답 ②

| 키 워 드 | 재판을 받을 권리

| 출제유형 | 이론 + 판례

② (X) 헌법 제27조 제3항 제1문에 의거한 신속한 재판을 받을 권리의 실현을 위해서는 구체적인 입법형성이 필요하고, 신속한 재판을 위한 어떤 직접적이고 구체적인 청구권이 이 헌법 규정으로부터 직접 발생하지 아니하므로, 보안관찰 처분들의 취소청구에 대해서 법원이 그 처분들의 효력이 만료되기 전까지 신속하게 판결을 선고해야 할 헌법이나 법률상의 작위의무가 존재하지 아니한다.

① (O) 재판청구권은 공권력이나 사인에 의해서 기본권이 침해당하거나 침해당할 위험에 처해있을 경우 이에 대한 구제나 그 예방을 요청할 수 있는 권리라는 점에서 다른 기본권의 보장을 위한 기본권이라는 성격을 가지고 있다(헌재 2009.4.30. 2007헌바121).

③ (O) "헌법과 법률이 정하는 법관에 의하여 법률에 의한 재판을 받을 권리"가 사건의 경중을 가리지 아니하고 모든 사건에 대하여 대법원을 구성하는 법관에 의한 균등한 재판을 받을 권리를 의미한다거나 또는 상고심 재판을 받을 권리를 의미하는 것이라고 할 수는 없다(헌재 1997.10.30. 97헌바37).

④ (O) 법관이 아닌 사법보좌관으로 하여금 소송비용액 확정결정절차 등을 처리하도록 하는 한편, 같은 조 제3항에서 사법보좌관의 처분에 관하여는 대법원규칙이 정하는 바에 따라 법관에 대하여 이의신청을 할 수 있도록 하고 있다. 이러한 점을 고려하면 이 사건 조항이 헌법 제27조 제1항에 위반된다고 보기 어렵다(헌재 2009.2.26. 2007헌바8).

21 0639 ○△×|○△×|○△× 2017 서울시 7급

재판을 받을 권리에 대한 설명으로 가장 옳은 것은? (다툼이 있는 경우 헌법재판소 판례에 의함)

① 법원 직권으로 원고에게 소송비용에 대한 담보제공을 명할 수 있도록 하고, 원고가 담보를 제공하지 않을 경우 변론 없이 판결로 소를 각하할 수 있다고 규정한 민사소송법 조항은 재판청구권을 침해하지 않는다.
② 국민참여재판을 받을 권리도 헌법 제27조 제1항에서 규정한 재판을 받을 권리의 보호범위에 속한다.
③ 행정심판절차의 구체적 형성에 관한 입법자의 입법형성의 한계를 고려할 때, 필요적 전심절차로 규정되어 있는 경우뿐만 아니라 임의적 전심절차로 규정되어 있는 경우에도 반드시 사법절차가 준용되어야 한다.
④ 재심도 재판절차 중의 하나이므로 재심청구권은 헌법 제27조에서 규정한 재판을 받을 권리에 당연히 포함된다.

지문분석

난이도 중 정답 ①

| 키 워 드 | 재판을 받을 권리
| 출제유형 | 판례

① (○) 법원 직권으로 원고에게 소송비용에 대한 담보제공을 명할 수 있도록 하고, 원고가 담보를 제공하지 않을 경우 변론 없이 판결로 소를 각하할 수 있다고 규정한 민사소송법 조항은 재판청구권을 침해하지 않는다(헌재 2016.2.25. 2014헌바366).
② (×) 헌법과 법률이 정한 법관에 의한 재판을 받을 권리는 직업법관에 의한 재판을 주된 내용으로 하는 것이므로, 국민참여재판을 받을 권리가 헌법 제27조 제1항에서 규정한 재판을 받을 권리의 보호범위에 속한다고 볼 수 없다(헌재 2015.7.30. 2014헌바447).
③ (×) 헌법 제107조 제3항은 행정심판절차의 구체적 형성을 입법자에게 맡기고 있지만, 행정심판은 어디까지나 재판의 전심절차로서만 기능하여야 한다는 점과 행정심판절차에 사법절차가 준용되어야 한다는 점은 헌법이 직접 요구하고 있으므로 여기에 입법적 형성의 한계가 있다. 따라서 입법자가 행정심판을 전심절차가 아니라 종심절차로 규정함으로써 정식재판의 기회를 배제하거나, 어떤 행정심판을 필요적 전심절차로 규정하면서도 그 절차에 사법절차가 준용되지 않는다면 이는 헌법 제107조 제3항, 나아가 재판청구권을 보장하고 있는 헌법 제27조에도 위반된다 할 것이다. 반면 어떤 행정심판절차에 사법절차가 준용되지 않는다 하더라도 임의적 전치제도로 규정함에 그치고 있다면 위 헌법 조항에 위반된다 할 수 없다(헌재 2000.6.1. 98헌바8).
④ (×) 재심청구권은 헌법 제27조에서 규정한 재판을 받을 권리에 당연히 포함된다고 할 수 없으며, 어떤 사유를 재심사유로 정하여 재심을 허용할 것인가는 입법자가 확정판결에 대한 법적 안정성, 재판의 신속·적정성, 법원의 업무부담 등을 고려하여 결정하여야 할 입법정책의 문제이다(헌재 2004.12.16. 2003헌바105).

22 0640 ○△×|○△×|○△× 2016 국회직 8급

재판청구권에 대한 설명으로 옳지 않은 것은? (다툼이 있는 경우 헌법재판소 판례에 의함)

① 국민과 외국인, 사법인과 공법인을 불문하고 재판청구권의 주체가 될 수 있다.
② 정정보도청구권제도는 언론의 자유와는 비록 서로 충돌되는 면이 없지 아니하나, 전체적으로는 상충되는 기본권 사이에 합리적인 조화를 이루고 있다.
③ 현역병으로 입대한 군인이 그 신분 취득 전 저지른 범죄에 대하여 군사법원의 재판을 받도록 하는 것은 위헌이다.
④ 모든 국민은 헌법과 법률이 정한 법관에 의하여 법률에 의한 재판을 받을 권리를 가진다.
⑤ 교통사고로 사망한 사람의 부모는 헌법상 재판절차진술권이 보장되는 형사피해자의 범주에 속한다.

지문분석

난이도 중 정답 ③

| 키 워 드 | 재판청구권
| 출제유형 | 이론 + 조문 + 판례

③ (×) 현역병의 군대 입대 전 범죄에 대한 군사법원의 재판권을 규정하고 있는 것은 군사법원의 재판권과 군인의 재판청구권을 형성함에 있어 그 재량의 헌법적 한계를 벗어났다고 볼 수 없다(헌재 2009.7.30. 2008헌바162).
① (○) 재판을 받을 권리는 다른 기본권이 침해된 경우에 그 회복이나 구제를 위한 권리이므로, 누구나 재판청구권의 주체가 될 수 있으므로 외국인과 법인도 그 주체가 될 수 있다.
② (○) 정정보도청구권제도는 그 명칭에 불구하고 피해자의 반론게재청구권으로 해석되고 이는 언론의 자유와는 비록 서로 충돌되는 면이 없지 아니하나 전체적으로는 상충되는 기본권 사이에 합리적인 조화를 이루고 있는 것으로 판단된다(헌재 1991.9.16. 89헌마165).
④ (○) 모든 국민은 헌법과 법률이 정한 법관에 의하여 법률에 의한 재판을 받을 권리를 가진다(헌법 제27조 제1항).
⑤ (○) 교통사고로 사망한 사람의 부모는 형사실체법상 고소권자의 지위에 있을 뿐만 아니라, 비록 교통사고처리특례법의 보호법익인 생명의 주체는 아니라고 하더라도, 그 교통사고로 자녀가 사망함으로 인하여 극심한 정신적 고통을 받은 법률상 불이익을 입게 된 자임이 명백하므로, 헌법상 재판절차진술권이 보장되는 형사피해자의 범주에 속한다(헌재 1997.2.20. 96헌마76).

23 0641 ○△×|○△×|○△× 2017 변호사(변형)

甲은 사기혐의로 기소되었으며, 법무부장관 乙은 甲이 형사재판에 계속 중임을 이유로 출입국관리법 제4조 제1항 제1호에 근거하여 甲에 대해서 6개월 동안 출국을 금지하였다. 이에 甲은 출입국관리법 제4조 제1항 제1호의 위헌 여부를 다투고자 한다. 이에 관한 설명 중 옳은 것을 모두 고른 것은? (다툼이 있는 경우 판례에 의함)

> 출입국관리법 제4조(출국의 금지) ① 법무부장관은 다음 각 호의 어느 하나에 해당하는 국민에 대하여는 6개월 이내의 기간을 정하여 출국을 금지할 수 있다.
> 1. 형사재판에 계속(係屬) 중인 사람
> 〈이하 생략〉
>
> ㉠ 출입국관리법 제4조 제1항 제1호에 따른 乙의 출국금지결정은 형사재판에 계속 중인 甲의 출국의 자유를 제한하는 행정처분일 뿐이고, 영장주의가 적용되는 신체에 대하여 직접적으로 물리적 강제력을 수반하는 강제처분이라고 할 수는 없다.
> ㉡ 공정한 재판을 받을 권리가 보장되기 위해서는 피고인이 자신에게 유리한 증거를 제한 없이 수집할 수 있어야 하므로, 공정한 재판을 받을 권리에는 외국에 나가 증거를 수집할 권리가 포함된다.
> ㉢ 출입국관리법 제4조 제1항 제1호는 무죄추정의 원칙에서 금지하는 유죄 인정의 효과로서의 불이익, 즉 유죄를 근거로 형사재판에 계속 중인 사람에게 사회적 비난 내지 응보적 의미의 제재를 가하는 것이므로 무죄추정의 원칙에 위배된다.
> ㉣ 출입국관리법 제4조 제1항 제1호는 외국에 주된 생활의 근거지가 있거나 업무상 해외출장이 잦은 불구속 피고인의 경우와 같이 출국의 필요성이 강하게 요청되는 사람의 기본권을 과도하게 제한할 소지가 있으므로 출국의 자유를 침해한다.

① ㉠ ② ㉠, ㉡
③ ㉡, ㉢ ④ ㉠, ㉢, ㉣

지문분석 난이도 상 정답 ①

| 키 워 드 | 재판청구권
| 출제유형 | 판례

㉠ (O) 법무부장관의 출국금지결정은 형사재판에 계속 중인 국민의 출국의 자유를 제한하는 행정처분일 뿐이고, 영장주의가 적용되는 신체에 대하여 직접적으로 물리적 강제력을 수반하는 강제처분이라고 할 수는 없다. 따라서 형사재판에 계속 중인 사람에 대하여 출국을 금지할 수 있다고 규정한 심판대상 조항이 헌법 제12조 제3항의 영장주의에 위배된다고 볼 수 없다(헌재 2015.9.24. 2012헌바302).

㉡ (X) 형사재판에 계속 중인 사람에 대하여 출국을 금지할 수 있다고 규정한 심판대상 조항은 법무부장관으로 하여금 피고인의 출국을 금지할 수 있도록 하는 것일 뿐 피고인의 공격·방어권 행사와 직접 관련이 있다고 할 수 없고, 공정한 재판을 받을 권리에 외국에 나가 증거를 수집할 권리가 포함된다고 보기도 어렵다. 따라서 심판대상 조항은 공정한 재판을 받을 권리를 침해한다고 볼 수 없다(헌재 2015.9.24. 2012헌바302).

㉢ (X) 형사재판에 계속 중인 사람에 대하여 출국을 금지할 수 있다고 규정한 심판대상 조항은 형사재판에 계속 중인 사람이 국가의 형벌권을 피하기 위하여 해외로 도피할 우려가 있는 경우 법무부장관으로 하여금 출국을 금지할 수 있도록 하는 것일 뿐으로, 무죄추정의 원칙에서 금지하는 유죄 인정의 효과로서의 불이익, 즉 유죄를 근거로 형사재판에 계속 중인 사람에게 사회적 비난 내지 응보적 의미의 제재를 가하려는 것이라고 보기 어렵다. 따라서 심판대상 조항은 무죄추정의 원칙에 위배된다고 볼 수 없다(헌재 2015.9.24. 2012헌바302).

㉣ (X) 형사재판에 계속 중인 사람에 대하여 출국을 금지할 수 있다고 규정한 심판대상 조항으로 인하여 형사재판에 계속 중인 사람이 입게 되는 불이익은 일정 기간 출국이 금지되는 것인 반면, 심판대상 조항을 통하여 얻는 공익은 국가 형벌권을 확보함으로써 실체적 진실발견과 사법정의를 실현하고자 하는 것으로서 중대하므로 법익의 균형성도 충족된다. 따라서 심판대상 조항은 과잉금지원칙에 위배되어 출국의 자유를 침해하지 아니한다(헌재 2015.9.24. 2012헌바302).

24 0642 ○△×|○△×|○△× 2015 국가직 7급

재판청구권에 대한 설명으로 옳지 않은 것은? (다툼이 있는 경우 판례에 의함)

① 수형자인 청구인이 국선대리인인 변호사를 접견하는데 교도소장이 그 접견 내용을 녹음, 기록한 행위는 청구인의 재판을 받을 권리를 침해하는 것이다.
② 공판기일의 소송절차로서 공판조서에 기재된 것은 그 조서만으로써 증명한다고 하여 공판조서의 절대적 증명력을 규정한 형사소송법 제56조가 재판을 받을 권리를 침해하는 것은 아니다.
③ 국민의 형사재판 참여에 관한 법률에서 정하는 대상사건에 해당하는 피고인은 국민참여재판을 받을 헌법상 권리를 가진다.
④ 헌법재판소법 제68조 제1항 본문 중 '법원의 재판을 제외하고는' 부분에 대하여 헌법재판소는 '법원의 재판'에 헌법재판소가 위헌으로 결정한 법령을 적용함으로써 국민의 기본권을 침해한 재판이 포함되는 것으로 해석하는 한도 내에서 헌법에 위반된다고 본다.

지문분석 난이도 ⓢ 정답 ③

| 키 워 드 | 재판청구권
| 출제유형 | 판례

③ (X) 우리 헌법상 헌법과 법률이 정한 법관에 의한 재판을 받을 권리는 직업법관에 의한 재판을 주된 내용으로 하는 것이므로 국민참여재판을 받을 권리가 헌법 제27조 제1항에서 규정한 재판을 받을 권리의 보호범위에 속한다고 볼 수 없다(헌재 2009.11.26. 2008헌바12).
① (O) 수형자와 변호사와의 접견 내용을 녹음, 녹화하게 되면 그로 인해 제3자인 교도소 측에 접견 내용이 그대로 노출되므로 수형자와 변호사는 상담과정에서 상당히 위축될 수밖에 없고, 특히 소송의 상대방이 국가나 교도소 등의 구금시설로서 그 내용이 구금시설 등의 부당처우를 다투는 내용일 경우에 접견 내용에 대한 녹음, 녹화는 실질적으로 당사자대등의 원칙에 따른 무기평등을 무력화시킬 수 있다. 이 사건에 있어서 청구인과 헌법소원 사건의 국선대리인인 변호사의 접견 내용에 대해서는 접견의 목적이나 접견의 상대방 등을 고려할 때 녹음, 기록이 허용되어서는 아니 될 것임에도, 이를 녹음, 기록한 행위는 청구인의 재판을 받을 권리를 침해한다(헌재 2013.9.26. 2011헌마398).
② (O) 공판조서의 절대적 증명력은 공판기일의 소송절차에 한하여 인정되는 점, 형사소송법은 공판조서 기재의 정확성을 담보하기 위해 작성주체, 방식, 기재요건 등에 관하여 엄격히 규정하고 있고, 피고인 등으로 하여금 공판조서에 대한 열람 또는 등사 등을 통하여 기재 내용에 대한 이의를 진술할 수 있도록 함으로써 기본권 침해를 최소화하고 있으며, 이 사건 법률 조항으로 인한 기본권 제한이 상소심에서의 심리지연 등으로 인한 피해보다 크다고 볼 수 없으므로, 피해의 최소성과 함께 법익균형성의 요건도 갖추었다 할 것이므로, 이 사건 법률 조항이 청구인의 재판을 받을 권리를 침해한다고 볼 수 없다(헌재 2012.4.24. 2010헌바379).
④ (O) 헌법재판소법 제68조 제1항은 국민의 기본권(평등권 및 재판청구권 등)의 관점에서는 입법형성권의 헌법적 한계를 넘는 위헌적인 법률 조항이라고 할 수 없다. 헌법재판소법 제68조 제1항이 원칙적으로 헌법에 위반되지 아니한다고 하더라도, 법원이 헌법재판소가 위헌으로 결정하여 그 효력을 전부 또는 일부 상실하거나 위헌으로 확인된 법률을 적용함으로써 국민의 기본권을 침해한 경우에도 법원의 재판에 대한 헌법소원이 허용되지 않는 것으로 해석한다면, 위 법률 조항은 그러한 한도 내에서 헌법에 위반된다(헌재 1997.12.24. 96헌마172).

25 0643 ○△×|○△×|○△× 2016 국회직 9급

다음 중 재판청구권에 대한 설명으로 옳지 않은 것은? (다툼이 있는 경우 헌법재판소 판례에 의함)

① 재판청구권은 사법권의 독립이 보장된 법원에서 재판을 받을 권리를 포함한다.
② 재판청구권은 권리구제절차를 규정하는 절차법에 의해서 구체적으로 형성·실현되며 동시에 이에 의하여 제한된다.
③ 군사법원에서 심판관을 일반장교로 임명할 수 있도록 규정하는 것이 재판청구권을 침해하는 것은 아니다.
④ 법관에 의한 재판을 받을 권리를 보장한다고 함은 법관이 사실을 확정하고 법률을 해석·적용하는 재판을 받을 권리를 보장하는 것이다.
⑤ 교원에 대한 징계처분에 관하여 재심청구를 거치지 아니하고서는 행정소송을 제기할 수 없도록 하는 것은 재판청구권을 침해하는 것이다.

지문분석 난이도 상 정답 ⑤

| 키 워 드 | 재판청구권
| 출제유형 | 이론 + 판례

⑤ (X) 입법자는 행정심판을 통한 권리구제의 실효성, 행정청에 의한 자기시정의 개연성, 문제되는 행정처분의 특수성 등을 고려하여 행정심판을 임의적 전치절차로 할 것인지, 아니면 필요적 전치절차로 할 것인지를 결정하는 입법형성권을 가지고 있는데, 교원에 대한 징계처분은 그 적법성을 판단함에 있어서 전문성과 자주성에 기한 사전심사가 필요하고, 판단기관인 재심위원회의 독립성 및 공정성이 확보되어 있고 심리절차에 있어서도 상당한 정도로 사법절차가 준용되어 권리구제절차로서의 실효성을 가지고 있으며, 재판청구권의 제약은 경미한 데 비하여 그로 인하여 달성되는 공익은 크므로, 재심제도가 입법형성권의 한계를 벗어나 국민의 재판청구권을 침해하는 제도라고 할 수 없다(헌재 2007.1.17. 2005헌바86).
① (O) 재판청구권이란 사법권의 독립이 보장된 법원에서 신분이 보장된 자격 있는 법관에 의하여 재판을 받을 권리와 적법한 절차에 따르는 공정한 심판을 받을 권리를 말한다.
② (O) 재판청구권의 형성 및 실현, 제한에 대한 개념이다.
③ (O) 군사재판에서 심판관을 일반장교 중에서 임명할 수 있도록 규정하였다고 하여 바로 위 조항들 자체가 청구인이 주장하는 바와 같이 군사법원의 헌법적 한계를 일탈하여 사법권의 독립과 재판의 독립을 침해하고 죄형법정주의에 반하거나 인간의 존엄과 가치, 행복추구권, 평등권, 신체의 자유, 정당한 재판을 받을 권리 및 정신적 자유를 본질적으로 침해하는 것이라고 할 수 없다(헌재 1996.10.31. 93헌바25).
④ (O) 법관에 의한 재판을 받을 권리에 대한 개념이다.

26 0644 ○△×|○△×|○△× 2018 법무사(변형)

재판청구권에 대한 설명으로 옳지 않은 것은? (다툼이 있는 경우 판례에 의함)

① 헌법재판소는 재판을 받을 권리에 대법원의 재판을 받을 권리나 항소심 재판을 받을 권리가 당연히 보장되는 것은 아니라고 하면서도 일정한 범위 내에서는 대법원의 재판받을 권리를 헌법상 권리로 긍정하고 있는 입장이다.
② 법원조직법에서는 특허소송에서 '기술심리관제도'를 도입하여 심리참여 및 재판합의에서 의견진술권을 인정하고 있다.
③ 피고인의 상소권은 헌법 제27조의 재판청구권에 포함되는 피고인의 정당한 권리로서 헌법 제37조 제2항의 비례의 원칙에 의하여만 이를 제한할 수 있다.
④ 법원이 "상당한 기간 내에" 재판을 하여야 할 의무는 헌법상 신속한 재판을 받을 권리의 당연한 내용으로 도출되는 것은 아니므로 법률이 명시적으로 상당한 기간 내에 재판할 것을 규정하고 있는지 여부와 관계없이 법원이 상당한 기간 내에 재판하여야 할 의무가 있는 것은 아니다.

지문분석 난이도 중 정답 ④

| 키 워 드 | 재판청구권
| 출제유형 | 조문 + 판례

④ (X) 법원이 "상당한 기간 내에" 재판을 하여야 할 의무는 헌법상 신속한 재판을 받을 권리의 당연한 내용으로서, 법률이 명시적으로 상당한 기간 내에 재판할 것을 규정하고 있는지 여부와 관계없이 법원은 상당한 기간 내에 재판하여야 하며 정당한 이유 없이 상당한 기간을 경과하여 재판을 지연하는 것은 허용되지 않는다(헌재 2006.1.26. 2005헌마108; 2006.1.26. 2005헌마108).
① (O) 헌법이 대법원을 최고법원으로 규정하였다고 하여 대법원이 곧바로 모든 사건을 상고심으로서 관할하여야 한다는 결론이 당연히 도출되는 것은 아니다. 헌법 제102조 제3항에 따라 법률로 정할 대법원과 각급 법원의 조직에는 그 관할에 관한 사항도 포함되며, 따라서 대법원이 어떤 사건을 제1심으로서 또는 상고심으로서 관할할 것인지는 법률로 정할 수 있는 것으로 보아야 하기 때문이다. 다만, 헌법 제110조 제2항이 군사법원의 상고심을 대법원이 관할하도록 정하고 같은 조 제4항이 군사법원에서의 단심재판을 제한하도록 규정하고 있고, 헌법 제107조 제2항이 명령·규칙 또는 처분의 위헌·위법 여부에 대한 최종적 심사권이 대법원에 있음을 규정하고 있으므로 그 범위 내에서는 대법원에서의 재판을 받을 권리가 헌법상 보장되지만, 그 이외의 다른 모든 경우에도 심급제도를 인정하여야 한다거나 대법원을 상고심으로 하는 것이 헌법상 요구된다고 할 수는 없다(헌재 1997.10.30. 97헌바37).
② (O) 법원조직법 제54조의2
③ (O) 피고인의 상소권은 헌법 제27조의 재판청구권에 포함되는 피고인의 정당한 권리로서 헌법 제37조 제2항의 비례의 원칙에 의하여만 이를 제한할 수 있다(헌재 1996.10.4. 95헌가1).

27 0645 ○△×|○△×|○△× 2022 경찰 간부

재판청구권에 대한 설명으로 가장 적절하지 않은 것은? (다툼이 있는 경우 헌법재판소 판례에 의함)

① 사법보좌관의 지급명령에 대한 이의신청기간을 2주 이내로 규정한 민사소송법 조항은 재판청구권을 침해한다.
② 특허무효심결에 대한 소(訴)는 심결의 등본을 송달받은 날로부터 30일 이내에 제기하도록 규정한 특허법 조항은 재판청구권을 침해하지 않는다.
③ 국가배상사건인 당해사건 확정판결에 대해 헌법재판소 위헌결정을 이유로 한 재심의 소를 제기할 경우 재심제기기간을 재심사유를 안 날부터 30일 이내로 한 헌법재판소법 조항은 재판청구권을 침해하지 않는다.
④ 즉시항고 제기기간을 3일로 제한하고 있는 형사소송법 조항은 재판청구권을 침해한다.

지문분석 난이도 중 정답 ①

| 키 워 드 | 재판청구권
| 출제유형 | 판례

① (X) 사법보좌관의 지급명령에 대한 이의신청 기간을 2주 이내로 규정한 민사소송법 제470조 제1항 중 '사법보좌관의 지급명령'에 관한 부분(이하 '이 사건 민사소송법 조항'이라 한다)이 재판청구권을 침해하지 않는다(헌재 2020.12.23. 2019헌바353).
② (O) 특허권의 효력 여부에 대한 분쟁은 신속히 확정할 필요가 있는 점, 특허무효심판에 대한 심결은 특허법이 열거하고 있는 무효사유에 대해 특허법이 정한 방법과 절차에 따라 청구인과 특허권자가 다툰 후 심결의 이유를 기재한 서면에 의하여 이루어지는 것이므로, 당사자가 그 심결에 대하여 불복할 것인지를 결정하고 이를 준비하는 데 그리 많은 시간이 필요하지 않은 점, 특허법은 심판장으로 하여금 30일의 제소기간에 부가기간을 정할 수 있도록 하고 있고, 제소기간 도과에 대하여 추후보완이 허용되기도 하는 점 등을 종합하여 보면, 이 사건 제소기간 조항이 정하고 있는 30일의 제소기간이 지나치게 짧아 특허무효심결에 대하여 소송으로 다투고자 하는 당사자의 재판청구권 행사를 불가능하게 하거나 현저히 곤란하게 한다고 할 수 없으므로, 재판청구권을 침해하지 아니한다(헌재 2018.8.30. 2017헌바258).
③ (O) 재심에 있어 제소기간을 둘 것인가 등은 확정판결에 대한 법적 안정성, 재판의 신속·적정성 등을 고려하여 결정하여야 할 입법정책의 문제로, 위헌결정을 이유로 한 재심의 소에서 재심제기기간을 둔 것이 입법형성권을 현저히 일탈하였다고 볼 수 없다. 그리고 위헌결정을 받은 당사자는 스스로 재심사유가 있음을 충분히 알거나 알 수 있는 점, 위헌결정을 이유로 한 재심의 소를 제기하기 위하여 관련 기록이나 증거를 면밀히 검토할 필요가 크지 않은 점, 30일의 재심제기기간은 불변기간이어서 추후보완이 허용되는 점 등을 종합하면, 재심사유가 있음을 안 날로 30일이라는 재심제기기간이 재심청구를 현저히 곤란하게 하거나 사실상 불가능하게 할 정도로 짧다고 보기도 어렵다. 심판대상 조항은 재판청구권을 침해하지 않는다(헌재 2020.9.24. 2019헌바130).
④ (O) 형사소송법상 즉시항고 제기기간을 민사재판의 즉시항고 제기기간보다 단기인 3일로 정하고 있는 것은 즉시항고 제기기간을 지나치게 짧게 정함으로써 실질적으로 즉시항고 제기를 어렵게 하고, 즉시항고 제도를 단지 형식적이고 이론적인 권리로서만 기능하게 하므로, 입법재량의 한계를 일탈하여 재판청구권을 침해한다[헌재 2018.12.27. 2015헌바77·2015헌마832(병합)].

28 0646 ○△×|○△×|○△× 2018 변호사(변형)

재판청구권에 관한 다음 설명 중 옳지 않은 것은? (다툼이 있는 경우에는 판례에 의함)

① 법률에 의한 재판은 형사재판에서는 죄형법정주의원칙상 형식적 의미의 법률에 한정되지만, 민사재판이나 행정재판에서는 법률과 명령 등 성문법은 물론 관습법을 포함한다(다만, 절차법에 관해서는 형식적 의미의 법률에 따른다).
② 재판청구권은 사실확정과 법령의 해석·적용을 본질로 하므로, 법원의 심리과정에서 사실적 측면의 심리와 법률적 측면의 심리의 기회가 한 번 이상은 보장되어야 하고, 이러한 기회가 보장되지 않는다면 이는 재판청구권의 본질적 내용을 침해하는 것이라 할 것이다.
③ 헌법이 대법원을 최고법원으로 규정하였다고 하여 대법원이 곧바로 모든 사건을 상고심으로서 관할하여야 한다는 결론이 당연히 도출되는 것은 아니며, 헌법과 법률이 정한 법관에 의하여 법률에 의한 재판을 받을 권리가 사건의 경중을 가리지 아니하고 모든 사건에 대하여 대법원을 구성하는 법관에 의한 균등한 재판을 받을 권리를 의미한다거나 또는 상고심 재판을 받을 권리를 의미하는 것이라고 할 수는 없다.
④ 법원에 의한 범죄인인도심사는 국가형벌권의 확정을 목적으로 하는 형사절차와 같은 전형적인 사법절차의 대상은 아니지만 법률에 의하여 인정된 절차라는 점에서 범죄인인도심사를 고등법원의 단심제로 하는 것은 적법절차에서 요구되는 합리성과 정당성을 결여한 것이다.

지문분석 난이도 중 정답 ④

| 키 워 드 | 재판청구권
| 출제유형 | 판례

④ (X) 법원에 의한 범죄인인도심사는 국가형벌권의 확정을 목적으로 하는 형사절차와 같은 전형적인 사법절차의 대상은 아니지만 법률에 의하여 인정된 절차라는 점에서 범죄인인도심사를 고등법원의 단심제로 하는 것은 적법절차에서 요구되는 합리성과 정당성을 결여한 것이라 볼 수 없다(헌재 2003.1.30. 2001헌바95).
① (O) 헌법은 제27조 제1항에서 '모든 국민은 헌법과 법률이 정한 법관에 의하여 법률에 의한 재판을 받을 권리를 가진다.'라고 규정하고, 여기서의 법률에 의한 재판이라 함은 '형사재판에 있어서는 적어도 그 기본원리인 죄형법정주의와 절차의 적법성뿐만 아니라 절차의 적정성까지 보장되는 적법절차주의에 위반되지 않는 실체법과 절차법에 따라 규율되는 재판(헌법재판소 1993.7.29. 선고, 90헌바35 결정 참조)'으로 피고인의 방어활동이 충분히 보장되고, 실질적 당사자대등이 이루어진 공정한 재판을 의미한다(헌재 1997.11.27. 94헌마60). 그에 반하여 민법 제1조에서는 관습법도 법원으로 인정하고 있다.
② (O), ③ (O) 헌재 1992.6.26. 90헌바25

29 0647 ○△×|○△×|○△× 2015 서울시 7급(변형)

재판청구권에 관한 다음 설명 중 가장 옳지 않은 것은? (다툼이 있는 경우 헌법재판소 결정의 다수의견에 의함)

① 재판 당사자가 재판에 참석하는 것은 재판청구권 행사의 기본적 내용이라고 할 것이므로 수형자도 형의 집행과 도망의 방지라는 구금의 목적을 반하지 않는 범위에서는 재판청구권이 보장되어야 한다.

② 수형자가 소송 수행을 목적으로 출정하는 경우 교도소에서 법원까지의 차량운행비 등 비용이 소요되는데, 이는 재판청구권을 행사하는 데 불가피한 비용이므로 수익자부담의 원칙에 따라 당사자 본인이 부담하여야 한다.

③ 법무부 훈령 제756호 '민사재판 등 소송 수용자 출정비용징수에 관한 지침'(이하 '이 사건지침'이라 한다) 제4조 제3항에 의하면, 수형자가 출정비용을 납부하지 않고 출정을 희망하는 경우에는 소장은 수형자를 출정시키되, 사후적으로 출정비용상환청구권을 자동채권으로, 영치금 반환채권을 수동채권으로 하여 상계함을 통지함으로써 상계하여야 한다고 규정되어 있으나, 이 사건 지침은 위임근거가 없는 행정기관 내부의 업무처리지침 내지 사무처리준칙에 해당하여 행정규칙에 불과할 뿐 법규적 효력을 가지는 것은 아니므로 교도소장이 이 사건 지침에 위반하여 업무를 처리하였다고 하더라도 국민의 기본권인 재판청구권이 침해되었다고 평가하기 어렵다.

④ 권리남용으로 인한 패소의 경우에 소송비용 부담에 관한 별도의 예외 규정을 두지 않았다는 점을 이유로 민사소송법 제98조가 재판청구권을 침해한다고 볼 수 없다.

지문분석 난이도 중 정답 ③

| **키 워 드** | 재판청구권

| **출제유형** | 판례

③ (X) '민사재판 등 소송 수용자 출정비용 징수에 관한 지침'(이하 '이 사건 지침'이라 한다) 제4조 제3항에 의하면, 수형자가 출정비용을 납부하지 않고 출정을 희망하는 경우에는 소장은 수형자를 출정시키되, 사후적으로 출정비용상환청구권을 자동채권으로, 영치금 반환채권을 수동채권으로 하여 상계함을 통지함으로써 상계하여야 한다고 규정되어 있으므로, 교도소장은 수형자가 출정비용을 예납하지 않았거나 영치금과의 상계에 동의하지 않았다고 하더라도, 우선 수형자를 출정시키고 사후에 출정비용을 받거나 영치금과의 상계를 통하여 출정비용을 회수하여야 하는 것이지, 이러한 이유로 수형자의 출정을 제한할 수 있는 것은 아니다. 그러므로 피청구인이, 청구인이 출정하기 이전에 여비를 납부하지 않았거나 출정비용과 영치금과의 상계에 미리 동의하지 않았다는 이유로 이 사건 출정제한행위를 한 것은, 피청구인에 대한 업무처리지침 내지 사무처리준칙인 이 사건 지침을 위반하여 청구인이 직접 재판에 출석하여 변론할 권리를 침해함으로써, 형벌의 집행을 위하여 필요한 한도를 벗어나서 청구인의 재판청구권을 과도하게 침해하였다고 할 것이다(헌재 2012.3.29. 2010헌마475).

① (O) 재판 당사자가 재판에 참석하는 것은 재판청구권 행사의 기본적 내용이라고 할 것이므로 수형자도 형의 집행과 도망의 방지라는 구금의 목적을 반하지 않는 범위에서는 재판청구권이 보장되어야 한다(헌재 2012.3.29. 2010헌마475).

② (O) 수형자가 소송 수행을 목적으로 출정하는 경우 교도소에서 법원까지의 차량운행비 등 비용이 소요되는데, 이는 재판청구권을 행사하는 데 불가피한 비용이므로 수익자부담의 원칙에 따라 당사자 본인이 부담하여야 한다(헌재 1994.2.24. 93헌바10; 2012.3.29. 2010헌마475).

④ (O) 민사소송법 제98조가 소송당사자의 실효적인 권리구제를 보장하고, 남소와 남상소를 방지하기 위해 원칙적으로 패소한 당사자에게 소송비용을 부담시키는 것은 합리적인 이유가 인정된다. 또한 민사소송법 제99조 내지 제101조는 소송비용의 패소자부담원칙에 일정한 예외를 인정하고, 민사소송법, 민사소송비용법, 대법원규칙 등에서 소송비용의 범위와 액수를 한정하며, 소송비용 확정결정에 대한 즉시항고제도나 소송구조제도를 두어 기본권 제한을 최소화하고 있으므로 재판청구권을 과도하게 제한한다고 볼 수 없다. 나아가 권리남용의 성격 및 소송비용부담의 예외규정이 존재하는 점을 고려하면 권리남용의 경우에 별도의 예외를 두지 않았다고 하더라도 민사소송법 제98조가 재판청구권을 침해하였다고 볼 수 없다(헌재 2013.5.30. 2012헌바335).

30 0648 ○△×|○△×|○△× 2019 법원직 9급(변형)

다음 중 헌법재판소의 결정 내용으로 가장 옳지 않은 것은?

① 헌법 제107조 제2항에 따른 대법원의 명령·규칙에 대한 최종 심사권은 구체적인 소송사건에서 명령·규칙의 위헌 여부가 재판의 전제가 되었을 경우 법률과는 달리 헌법재판소에 제청할 것 없이 대법원이 최종적으로 심사할 수 있다는 것을 의미하고, 명령·규칙 그 자체에 의하여 직접 기본권이 침해된 경우에는 헌법 제111조 제1항 제5호, 헌법재판소법 제68조 제1항에 근거하여 헌법소원심판을 청구하는 것이 허용된다.

② 일단 약식명령이 고지되면 피고인이 정식재판을 청구하더라도 법관은 불이익변경금지원칙에 의하여 벌금형을 선택하여 처벌할 수밖에 없으므로, 비록 법관이 통상재판에 회부할 수 있는 길이 열려 있다고 하더라도 일방의 청구에 의한 서면심사에 그치는 점에 비추어 보면, 이는 헌법이 선언한 사법권 독립의 한 내용인 법관의 양형결정권을 본질적으로 침해하는 것이다.

③ 국민참여재판의 대상 사건을 형사 합의부 관할 사건 등 국민의 관심사가 집중되고 피고인의 선호도가 높은 중죄 사건으로 한정한 것은 국민의 재판받을 권리를 침해한다고 할 수 없다.

④ 범죄인인도법 제3조가 법원의 범죄인인도심사를 서울고등법원의 전속관할로 하고 그 심사결정에 대한 불복절차를 인정하지 아니하더라도 적어도 법관과 법률에 의한 한 번의 재판을 보장하고 있고, 그에 대한 상소를 불허한 것이 적법절차원칙이 요구하는 합리성과 정당성을 벗어난 것이 아닌 이상, 그러한 상소 불허 입법이 입법재량의 범위를 벗어난 것으로서 재판청구권을 과잉 제한하는 것이라고 보기는 어렵다.

지문분석 난이도 중 정답 ②

| **키 워 드** | 재판청구권

| **출제유형** | 판례

② (X) 형사재판에서 법관의 양형결정이 법률에 기속되는 것은 법률에 따라 심판한다는 헌법 제103조에 의한 것으로 법치국가원리의 당연한 귀결이다. 헌법상 어떠한 행위가 범죄에 해당하고 이를 어떻게 처벌할 것인지 여부를 정할 권한은 국회에 부여되어 있고 그에 대하여는 광범위한 입법재량 내지 형성의 자유가 인정되고 있으므로 형벌에 대한 입법자의 입법정책적 결단은 기본적으로 존중되어야 한다. 따라서 형사법상 법관에게 주어진 양형권한도 입법자가 만든 법률에 규정되어 있는 내용과 방법에 따라 그 한도 내에서 재판을 통해 형벌을 구체화하는 것으로 볼 수 있다. 또한 검사의 약식명령청구사안이 적당하지 않다고 판단될 경우 법원은 직권으로 통상의 재판절차로 사건을 넘겨 재판절차를 진행시킬 수 있고 이 재판절차에서 법관이 자유롭게 형량을 결정할 수 있으므로 이러한 점들을 종합해보면 이 사건 법률 조항에 의하여 법관의 양형결정권이 침해된다고 볼 수 없다(헌재 2005.3.31. 2004헌가27).

① (O) 헌법 제107조 제2항이 규정한 명령·규칙에 대한 대법원의 최종심사권이란 구체적인 소송사건에서 명령·규칙의 위헌 여부가 재판의 전제가 되었을 경우 법률의 경우와는 달리 헌법재판소에 제청할 것 없이 대법원이 최종적으로 심사할 수 있다는 의미이며, 명령·규칙 그 자체에 의하여 직접 기본권이 침해되었음을 이유로 하여 헌법소원심판을 청구하는 것은 위 헌법 규정과는 아무런 상관이 없는 문제이다. 따라서 입법부·행정부·사법에서 제정한 규칙이 별도의 집행행위를 기다리지 않고 직접 기본권을 침해하는 것일 때에는 모두 헌법소원심판의 대상이 될 수 있는 것이다(헌재 1990.10.15. 89헌마178).

③ (O) 우리 헌법상 헌법과 법률이 정한 법관에 의한 재판을 받을 권리는 직업법관에 의한 재판을 주된 내용으로 하는 것이므로 국민참여재판을 받을 권리가 헌법 제27조 제1항에서 규정한 재판을 받을 권리의 보호범위에 속한다고 볼 수 없다. 재판참여법률 제5조 제1항은 기존의 형사재판과 상이한 국민참여재판을 위한 물적, 인적 여건이 처음부터 구비되기 어렵다는 점을 감안하여 대상사건의 범위를 제한한 것으로서 목적의 정당성이 인정되고, 국민의 관심사가 집중되고 피고인의 선호도가 높은 중죄 사건으로 그 대상사건을 한정한 것은 위와 같은 목적을 위한 합리적인 방법이므로 청구인의 평등권을 침해하지 않는다(헌재 2009.11.26. 2008헌바12).

④ (O) 심급제도에 대한 입법재량의 범위와 범죄인인도심사의 법적 성격, 그리고 범죄인인도법에서의 심사절차에 관한 규정 등을 종합할 때, 이 사건 법률 조항이 범죄인인도심사를 서울고등법원의 단심제로 하고 있다고 해서 적법절차원칙에서 요구되는 합리성과 정당성을 결여한 것이라 볼 수 없다. 헌법 제27조의 재판을 받을 권리는 모든 사건에 대해 상소심 절차에 의한 재판을 받을 권리까지도 당연히 포함된다고 단정할 수 없는 것이며, 상소할 수 있는지, 상소이유를 어떻게 규정하는지는 특단의 사정이 없는 한 입법정책의 문제로 보아야 한다는 것이 헌법재판소의 판례이다. 이 사건에서 설사 범죄인인도를 형사처벌과 유사한 것이라 본다고 하더라도, 이 사건 법률 조항이 적어도 법관과 법률에 의한 한 번의 재판을 보장하고 있고, 그에 대한 상소를 불허한 것이 적법절차원칙이 요구하는 합리성과 정당성을 벗어난 것이 아닌 이상, 그러한 상소 불허 입법이 입법재량의 범위를 벗어난 것으로서 재판청구권을 과잉 제한하는 것이라고 보기는 어렵다(헌재 2003.1.30. 2001헌바95).

31 0649 ○△×|○△×|○△× 2015 법원직 9급(변형)

재판청구권에 관한 설명 중 옳지 않은 것은? (다툼이 있는 경우 헌법재판소 판례에 의함)

① 소환된 증인이 보복을 당할 우려가 있는 경우 재판장이 피고인을 퇴정시키고 증인신문을 할 수 있도록 한 법률 규정은 피고인의 반대신문권을 보장하지 않아 공정한 재판을 받을 권리를 침해한다.

② 형사보상액의 산정에 기초되는 사실인정이나 보상액에 관한 판단에서 오류나 불합리성이 발견되는 경우에도 그 시정을 구하는 불복신청을 할 수 없도록 하는 것은 형사보상청구권 및 재판청구권을 침해한다.

③ 보호감호를 규정한 사회보호법을 폐지하면서 사회보호법 폐지법률 부칙 제2조가 가출소·집행면제 등 보호감호의 관리와 집행에 관한 종전의 사회보호위원회의 권한을 법관이 아닌 치료감호법에 따른 치료감호심의위원회로 하여금 행사하도록 한 것은 법관에 의한 재판을 받을 권리를 침해하지 않는다.

④ 교원에 대한 징계처분에 관하여 재심청구를 거치지 아니하고서는 행정소송을 제기할 수 없도록 한 법률 규정은 교원징계처분의 전문성과 자주성을 고려한 것으로 재판청구권을 침해하지 않는다.

지문분석 난이도 중 정답 ①

| 키 워 드 | 재판청구권

| 출제유형 | 판례

① (X) 소환된 증인 또는 그 친족 등이 보복을 당할 우려가 있는 경우 재판장은 당해 증인의 인적 사항의 전부 또는 일부를 공판조서에 기재하지 아니하게 할 수 있고, 이때 증인의 인적사항이 증인신문의 모든 과정에서 공개되지 아니하도록 한 특정범죄신고자 등 보호법 제11조 제2항, 제3항 및 피고인을 퇴정시키고 증인신문을 행할 수 있도록 규정한 같은 법 제11조 제6항 중 '피고인을 퇴정시키고 증인신문을 행할 수 있다.'는 부분은 피고인의 공정한 재판을 받을 권리를 침해하지 않는다(헌재 2010.11.25. 2009헌바57).

② (O) 보상액의 산정에 기초되는 사실인정이나 보상액에 관한 판단에서 오류나 불합리성이 발견되는 경우에도 그 시정을 구하는 불복신청을 할 수 없도록 하는 것은 형사보상청구권 및 그 실현을 위한 기본권으로서의 재판청구권의 본질적 내용을 침해하는 것이라 할 것이고, 나아가 법적 안정성만을 지나치게 강조함으로써 재판의 적정성과 정의를 추구하는 사법제도의 본질에 부합하지 아니하는 것이다. 또한, 불복을 허용하더라도 즉시항고는 절차가 신속히 진행될 수 있고 사건수도 과다하지 아니한 데다 그 재판 내용도 비교적 단순하므로 불복을 허용한다고 하여 상급심에 과도한 부담을 줄 가능성은 별로 없다고 할 것이어서, 이 사건 불복금지 조항은 형사보상청구권 및 재판청구권을 침해한다고 할 것이다(헌재 2010.10.28. 2008헌마514).

③ (O) 치료감호심의위원회의 심사대상은 이미 판결에 의하여 확정된 보호감호처분을 집행하는 것에 불과하므로 이를 법관에게 맡길 것인지, 아니면 제3의 기관에 맡길 것인지는 입법 재량의 범위 내에 있으며, 위원회의 결정에 대하여 불복이 있는 경우 행정소송 등 사법심사의 길이 열려 있으므로 법관에 의한 재판을 받을 권리를 침해한다고 할 수 없다. 나아가, 치료감호심의위원회의 구성, 심사절차 및 심사대상에 비추어 볼 때 위원회가 보호감호의 관리 및 집행에 관한 사항을 심사·결정하도록 한 것이 헌법상 적법절차원칙에 위배된다고 볼 수 없다(헌재 2009.3.26. 2007헌바50).

④ (O) 입법자는 행정심판을 통한 권리구제의 실효성, 행정청에 의한 자기시정의 개연성, 문제되는 행정처분의 특수성 등을 고려하여 행정심판을 임의적 전치절차로 할 것인지, 아니면 필요적 전치절차로 할 것인지를 결정하는 입법형성권을 가지고 있는데, 교원에 대한 징계처분은 그 적법성을 판단함에 있어서 전문성과 자주성에 기한 사전심사가 필요하고, 판단기관인 재심위원회의 독립성 및 공정성이 확보되어 있고 심리절차에 있어서도 상당한 정도로 사법절차가 준용되어 권리구제절차로서의 실효성을 가지고 있으며, 재판청구권의 제약은 경미한 데 비하여 그로 인하여 달성되는 공익은 크므로, 재심제도가 입법형성권의 한계를 벗어나 국민의 재판청구권을 침해하는 제도라고 할 수 없다(헌재 2007.1.17. 2005헌바86).

32 0650 ○△×|○△×|○△× 2011 국회직 8급(변형)

재판청구권에 관련된 설명 중 옳은 것은? (다툼이 있는 경우는 판례에 의함)

① 교원에 대한 징계처분에 관하여 재심청구를 거치지 아니하고서는 행정소송을 제기할 수 없도록 한 국가공무원법 제16조 제2항은 재판청구권을 침해한다.

② 청소년보호위원회에 청소년유해매체물의 결정권을 부여하고 있는 청소년 보호법 제8조 제1항은 사실확정과 법률의 해석·적용에 관한 법관의 고유권한을 박탈한 것으로서, 법관에 의한 재판을 받을 권리를 침해하는 위헌적인 법률 조항이다.

③ 입법자가 행정심판을 전심절차가 아니라 종심절차로 규정함으로써 정식재판의 기회를 배제하거나, 어떤 행정심판을 필요적 전심절차로 규정하면서도 그 절차에 사법절차가 준용되지 않는다면 이는 헌법 제107조 제3항, 나아가 재판청구권을 보장하고 있는 헌법 제27조에도 위반된다.

④ 구속기간을 제한하는 법률 조항은 미결구금의 부당한 장기화로 인한 인권의 침해를 억제하기 위하여 미결구금기간의 한계를 설정하는 것이지만, 법원의 심리기간을 제한하고 나아가 피고인의 공격·방어권을 제한함으로써 피고인의 공정한 재판을 받을 권리를 침해한다고 할 수 있다.

지문분석 난이도 중 정답 ③

| 키 워 드 | 재판청구권

| 출제유형 | 판례

③ (○) 헌법 제107조 제3항은 '재판의 전심절차로서 행정심판을 할 수 있다. 행정심판의 절차는 법률로 정하되, 사법절차가 준용되어야 한다.'고 규정하고 있다. 이 헌법 조항은 행정심판절차의 구체적 형성을 입법자에게 맡기고 있지만, 행정심판은 어디까지나 재판의 전심절차로서만 기능하여야 한다는 점과 행정심판절차에 사법절차가 준용되어야 한다는 점은 헌법이 직접 요구하고 있으므로 여기에 입법적 형성의 한계가 있다. 따라서 입법자가 행정심판을 전심절차가 아니라 종심절차로 규정함으로써 정식재판의 기회를 배제하거나, 어떤 행정심판을 필요적 전심절차로 규정하면서도 그 절차에 사법절차가 준용되지 않는다면 이는 헌법 제107조 제3항, 나아가 재판청구권을 보장하고 있는 헌법 제27조에도 위반된다 할 것이다. 반면 어떤 행정심판절차에 사법절차가 준용되지 않는다 하더라도 임의적 전치제도로 규정함에 그치고 있다면 위 헌법 조항에 위반된다 할 수 없다. 그러한 행정심판을 거치지 아니하고 곧바로 행정소송을 제기할 수 있는 선택권이 보장되어 있기 때문이다(헌재 2000.6.1. 98헌바8). 한편, 헌법 제107조 제3항은 사법절차가 '준용'될 것만을 요구하고 있으나 판단기관의 독립성과 공정성, 대심적 심리구조, 당사자의 절차적 권리보장 등의 면에서 사법절차의 본질적 요소를 현저히 결여하고 있다면 '준용'의 요청에 마저 위반된다고 하지 않을 수 없다(헌재 2001.6.28. 2000헌바30).

① (X) 교원에 대한 징계처분은 그 적법성을 판단함에 있어서 전문성과 자주성에 기한 사전심사가 필요하고, 판단기관인 재심위원회의 독립성 및 공정성이 확보되어 있고 심리절차에 있어서도 상당한 정도로 사법절차가 준용되어 권리구제절차로서의 실효성을 가지고 있으며, 재판청구권의 제약은 경미한 데 비하여 그로 인하여 달성되는 공익은 크므로, 재심제도가 입법형성권의 한계를 벗어나 국민의 재판청구권을 침해하는 제도라고 할 수 없다(헌재 2007.1.17. 2005헌바86).

② (X) 청소년보호위원회 등에 의한 청소년유해매체물의 결정은 그것이 이 사건 법률 조항에 따라 그 위임의 범위 내에서 행하여지는 이상 법률상 구성요건의 내용을 보충하는 것에 불과하므로 이를 토대로 재판이 행하여진다 하더라도 그로 인하여 사실확정과 법률의 해석·적용에 관한 법관의 고유권한이 박탈된 것이라 할 수 없으며, 더욱이 법관은 청소년보호위원회 등의 결정이 적법하게 이루어진 것인지에 관하여 독자적으로 판단하여 이를 기초로 재판할 수도 있으므로, 청소년유해매체물의 결정권한을 청소년보호위원회 등에 부여하고 있다고 하여 법관에 의한 재판을 받을 권리를 침해하는 것이라고 볼 수 없다(헌재 2000.6.29. 99헌가16).

④ (X) 이 사건 법률 조항에서 말하는 '구속기간'은 '법원이 피고인을 구속한 상태에서 재판할 수 있는 기간'을 의미하는 것이지, '법원이 형사재판을 할 수 있는 기간' 내지 '법원이 구속사건을 심리할 수 있는 기간'을 의미한다고 볼 수 없다. 즉 이 사건 법률 조항은 미결구금의 부당한 장기화로 인하여 피고인의 신체의 자유가 침해되는 것을 방지하기 위한 목적에서 미결구금기간의 한계를 설정하고 있는 것이지, 신속한 재판의 실현 등을 목적으로 법원의 재판기간 내지 심리기간 자체를 제한하려는 규정이라 할 수는 없다. 그러므로 구속사건을 심리하는 법원으로서는 만약 심리를 더 계속할 필요가 있다고 판단하는 경우에는 피고인의 구속을 해제한 다음 구속기간의 제한에 구애됨이 없이 재판을 계속할 수 있음이 당연하고, 따라서 비록 이 사건 법률 조항이 법원의 피고인에 대한 구속기간을 엄격히 제한하고 있다 하더라도 이로써 법원의 심리기간이 제한된다거나 나아가 피고인의 공격·방어권 행사를 제한하여 피고인의 공정한 재판을 받을 권리가 침해된다고 볼 수는 없다(헌재 2001.6.28. 99헌가14).

33 0651 ○△×|○△×|○△× 2022 경찰 1차

재판청구권에 관한 설명 중 가장 적절하지 않은 것은? (다툼이 있는 경우 판례에 의함)

① 헌법은 "군인 또는 군무원이 아닌 국민은 대한민국의 영역 안에서는 중대한 군사상 기밀·초병·초소·유독음식물공급·포로·군용물에 관한 죄 중 법률이 정한 경우와 비상계엄이 선포된 경우를 제외하고는 군사법원의 재판을 받지 아니한다."고 규정하고 있다.

② 소환된 증인 또는 그 친족 등이 보복을 당할 우려가 있는 경우, 재판장은 피고인을 퇴정시키고 증인신문을 행할 수 있도록 규정한 특정범죄신고자 등 보호법 조항은 피고인의 형사소송법상의 반대신문권을 제한하고 있어 피고인의 공정한 재판을 받을 권리를 침해한다.

③ 법관기피신청이 소송의 지연을 목적으로 함이 명백한 경우에 신청을 받은 법원 또는 법관은 결정으로 이를 기각할 수 있도록 규정한 형사소송법 제20조 제1항이 헌법상 보장되는 공정한 재판을 받을 권리를 침해하는 것은 아니다.

④ 형사재판에 계속 중인 사람에 대하여 출국을 금지할 수 있다고 규정한 출입국관리법 제4조 제1항 제1호는 유죄를 근거로 형사재판에 계속 중인 사람에게 사회적 비난 내지 응보적 의미의 제재를 가하려는 것이라고 보기 어려우므로 무죄추정의 원칙에 위배된다고 볼 수 없다.

지문분석 난이도 중 정답 ②

| 키 워 드 | 재판청구권

| 출제유형 | 조문 + 판례

② (X) 피고인 퇴정조항에 의하여 피고인 퇴정 후 증인신문을 하는 경우에도 피고인은 여전히 형사소송법 제161조의2에 의하여 반대신문권이 보장되고, 이때 변호인이 반대신문 전에 피고인과 상의하여 반대신문사항을 정리하면 피고인의 반대신문권이 실질적으로 보장될 수 있는 점, 기본권 제한의 정도가 특정범죄의 범죄신고자 등 증인 등을 보호하고 실체적 진실의 발견에 이바지하는 공익에 비하여 크다고 할 수 없어 법익의 균형성도 갖추고 있으며, 기본권 제한에 관한 피해의 최소성 역시 인정되므로, 공정한 재판을 받을 권리를 침해한다고 할 수 없다(헌재 2010.11.25. 2009헌바57).

① (O) 헌법 제27조

> **헌법 제27조** ② 군인 또는 군무원이 아닌 국민은 대한민국의 영역 안에서는 중대한 군사상 기밀·초병·초소·유독음식물공급·포로·군용물에 관한 죄 중 법률이 정한 경우와 비상계엄이 선포된 경우를 제외하고는 군사법원의 재판을 받지 아니한다.

③ (O) 심판대상 조항은 절차에 위반되거나 소송절차 지연을 목적으로 하는 기피신청의 남용을 방지하여 형사소송절차의 신속성의 실현이라는 공익을 달성하고자 하는 것으로 그 입법목적이 정당하고, 심판대상 조항이 도모하는 형사소송 절차의 신속성이라는 공익적 법익은 기피신청을 기각당한 당사자가 입는 불이익보다 훨씬 크다고 할 것이어서 심판대상 조항은 법익의 균형성도 갖추고 있다고 할 것이므로, 위 법률조항은 헌법 제37조 제2항의 비례의 원칙에 위반된다고 할 수 없어 공정한 재판을 받을 권리를 침해하였다고 할 수 없다(헌재 2006.7.27. 2005헌바58).

④ (O) 심판대상 조항은 형사재판에 계속 중인 사람이 국가의 형벌권을 피하기 위하여 해외로 도피할 우려가 있는 경우 법무부장관으로 하여금 출국을 금지할 수 있도록 하는 것일 뿐으로, 무죄추정의 원칙에서 금지하는 유죄 인정의 효과로서의 불이익, 즉 유죄를 근거로 형사재판에 계속 중인 사람에게 사회적 비난 내지 응보적 의미의 제재를 가하려는 것이라고 보기 어렵다. 따라서 심판대상 조항은 무죄추정의 원칙에 위배된다고 볼 수 없다(헌재 2015.9.24. 2012헌바302).

34 0652 ○△×|○△×|○△× 2015 법무사 · 2014 국가직 7급(변형)

재판을 받을 권리에 관한 설명 중 가장 적절하지 않은 것은? (다툼이 있는 경우 판례에 의함)

① 교원징계재심위원회의 재심결정에 대하여 교원에게만 행정소송을 제기할 수 있도록 하고 학교법인을 제외한 것은 학교법인의 재판청구권을 침해한다.

② 우리 헌법상 헌법과 법률이 정한 법관에 의한 재판을 받을 권리라 함은 직업법관에 의한 재판을 주된 내용으로 하는 것이므로 '국민참여재판을 받을 권리'가 헌법 제27조 제1항에서 규정한 재판을 받을 권리의 보호범위에 속한다고 볼 수 없다.

③ 현역병의 군대 입대 전 범죄에 대한 군사법원의 재판권을 규정하고 있는 군사법원법의 관련 규정은 현역 복무 중인 군인의 재판청구권을 침해하지 아니한다.

④ 형사실체법상으로 직접적인 보호법익의 주체로 해석되지 않는 자는 문제되는 범죄 때문에 법률상 불이익을 받게 되는 자라 하더라도 헌법상 형사피해자의 재판절차진술권의 주체가 될 수 없다.

지문분석 난이도 상 정답 ④

| 키 워 드 | 재판을 받을 권리

| 출제유형 | 판례

④ (X) 헌법상 재판절차진술권의 주체인 형사피해자의 개념은 반드시 형사실체법상의 보호법익을 기준으로 한 피해자의 개념에 의존할 필요가 없고, 형사실체법상으로는 직접적인 보호법익의 주체로 해석되지 않는 자라 하더라도 문제되는 범죄 때문에 법률상의 불이익을 받게 되는 자라면 헌법상 형사피해자의 재판절차진술권의 주체가 될 수 있다고 할 것인바, 청구인은 청구외 회사와의 사이에 존재하였던 대리점계약의 일방 당사자로서 청구외 회사의 이 사건 불공정거래행위라는 범죄로 인하여 위와 같은 대리점계약상의 지위를 상실하는 법률상의 불이익을 받고 있으므로, 청구인이 비록 공정거래법이라는 형사실체법상의 보호법익의 주체는 아니라고 하더라도 헌법상 재판절차진술권의 주체인 피해자에는 해당한다고 보아야 한다(헌재 1995.7.21. 94헌마136).

① (O) 교원이 제기한 민사소송에 대하여 응소하거나 피고로서 재판절차에 참여함으로써 자신의 권리를 주장하는 것은 어디까지나 상대방인 교원이 교원지위법이 정하는 재심절차와 행정소송절차를 포기하고 민사소송을 제기하는 경우에 비로소 가능한 것이므로 이를 들어 학교법인에게 자신의 침해된 권익을 구제받을 수 있는 실효적인 권리구제절차가 제공되었다고 볼 수 없고, 교원지위부존재확인 등 민사소송절차도 교원이 처분의 취소를 구하는 재심을 따로 청구하거나 또는 재심결정에 불복하여 행정소송을 제기하는 경우에는 민사소송의 판결과 재심결정 또는 행정소송의 판결이 서로 모순·저촉될 가능성이 상존하므로 이 역시 간접적이고 우회적인 권리구제수단에 불과하다. 그리고 학교법인에게 재심결정에 불복할 제소권한을 부여한다고 하여 이 사건 법률 조항이 추구하는 사립학교 교원의 신분보장에 특별한 장애사유가 생긴다든가 그 권리구제에 공백이 발생하는 것도 아니므로 이 사건 법률 조항은 분쟁의 당사자이자 재심절차의 피청구인인 학교법인의 재판청구권을 침해한다(헌재 2006.2.23. 2005헌가7).

② (O) 우리 헌법상 헌법과 법률이 정한 법관에 의한 재판을 받을 권리는 직업법관에 의한 재판을 주된 내용으로 하는 것이므로 국민참여재판을 받을 권리가 헌법 제27조 제1항에서 규정한 재판을 받을 권리의 보호범위에 속한다고 볼 수 없다(헌재 2009.11.26. 2008헌바12).

③ (O) 현역병의 군대 입대 전 범죄에 대한 군사법원의 재판권을 규정하고 있는 군사법원법 제2조 제2항 중 제1항 제1호의 '군형법 제1조 제2항의 현역에 복무하는 병' 부분이 재판청구권을 침해하여 헌법에 위반되지 않는다(헌재 2009.7.30. 2008헌바162).

35 0653 ○△×|○△×|○△× 2019 법원직 9급(변형)

재판을 받을 권리에 관한 설명 중 옳지 않은 것은? (다툼이 있는 경우에는 판례에 의함)

① 국민참여재판을 받을 권리는 헌법 제27조 제1항에서 규정한 재판을 받을 권리의 보호범위에 속한다고 볼 수 없으므로 국민참여재판의 대상사건을 제한한 국민참여재판법 제5조 제1항이 재판청구권 및 평등권을 침해한다고 볼 수 없다.

② 구속기간을 제한하는 법률 조항은 미결구금의 부당한 장기화로 인한 인권의 침해를 억제하기 위하여 미결구금기간의 한계를 설정하는 것이지만, 법원의 심리기간을 제한하고 나아가 피고인의 공격·방어권을 제한함으로써 피고인의 공정한 재판을 받을 권리를 침해한다.

③ 청소년유해매체물에 대한 청소년보호위원회 등의 결정이 법률 조항에 따라 그 위임의 범위 내에서 행하여지는 이상 그것은 법률상 구성요건의 내용을 일부 보충하는 것에 불과하므로 그로 인하여 사실확정과 법률의 해석·적용에 관한 법관의 고유권한이 박탈되거나 법관에 의한 재판을 받을 권리가 침해된 것은 아니다.

④ 재심이나 준재심은 확정판결이나 화해조서 등에 대한 특별한 불복방법이고, 확정판결에 대한 법적 안정성의 요청은 미확정판결에 대한 그것보다 훨씬 크므로, 어떤 사유를 재심사유로 하여 재심이나 준재심을 허용할 것인가는 입법자가 확정된 판결이나 화해조서에 대한 법적 안정성, 재판의 신속·적정성, 법원의 업무부담 등을 고려하여 결정하여야 할 입법정책의 문제이다.

지문분석 난이도 중 정답 ②

| 키 워 드 | 재판을 받을 권리

| 출제유형 | 판례

② (X) 사건 법률 조항에서 말하는 '구속기간'은 '법원이 피고인을 구속한 상태에서 재판할 수 있는 기간'을 의미하는 것이지, '법원이 형사재판을 할 수 있는 기간' 내지 '법원이 구속사건을 심리할 수 있는 기간'을 의미한다고 볼 수 없다. 즉, 이 사건 법률 조항은 미결구금의 부당한 장기화로 인하여 피고인의 신체의 자유가 침해되는 것을 방지하기 위한 목적에서 미결구금기간의 한계를 설정하고 있는 것이지, 신속한 재판의 실현 등을 목적으로 법원의 재판기간 내지 심리기간 자체를 제한하려는 규정이라 할 수는 없다. 그러므로 구속사건을 심리하는 법원으로서는 만약 심리를 더 계속할 필요가 있다고 판단하는 경우에는 피고인의 구속을 해제한 다음 구속기간의 제한에 구애됨이 없이 재판을 계속할 수 있음이 당연하고, 따라서 비록 이 사건 법률 조항이 법원의 피고인에 대한 구속기간을 엄격히 제한하고 있다 하더라도 이로써 법원의 심리기간이 제한된다거나 나아가 피고인의 공격·방어권 행사를 제한하여 피고인의 공정한 재판을 받을 권리가 침해된다고 볼 수는 없다(헌재 2001.6.28. 99헌가14).

① (O) 우리 헌법상 헌법과 법률이 정한 법관에 의한 재판을 받을 권리는 직업법관에 의한 재판을 주된 내용으로 하는 것이므로 국민참여재판을 받을 권리가 헌법 제27조 제1항에서 규정한 재판을 받을 권리의 보호범위에 속한다고 볼 수 없다. 재판참여법률 제5조 제1항은 기존의 형사재판과 상이한 국민참여재판을 위한 물적, 인적 여건이 처음부터 구비되기 어렵다는 점을 감안하여 대상사건의 범위를 제한한 것으로서 목적의 정당성이 인정되고, 국민의 관심사가 집중되고 피고인의 선호도가 높은 중죄 사건으로 그 대상사건을 한정한 것은 위와 같은 목적을 위한 합리적인 방법이므로 청구인의 평등권을 침해하지 않는다(헌재 2009.11.26. 2008헌바12).

③ (O) 헌재 2000.6.29. 99헌가16

④ (O) 재심청구권 역시 헌법 제27조에서 규정한 재판을 받을 권리에 당연히 포함된다고 할 수 없고, 어떤 사유를 재심사유로 정하여 재심을 허용할 것인가는 입법자가 확정판결에 대한 법적 안정성, 재판의 신속·적정성, 법원의 업무부담 등을 고려하여 결정하여야 할 입법정책의 문제라고 할 것이다(헌재 2004.12.16. 2003헌바105).

36 0654 ○△×|○△×|○△× 2018 변호사(변형)

다음 재판청구권에 대한 설명으로 타당하지 않은 것은? (다툼이 있는 경우 판례에 의함)

① 형사소송에서 배심원제도를 채택할 것을 우리 헌법이 명시적으로 입법 위임한 바 없을 뿐 아니라 헌법의 해석을 통해서도 입법자에게 그와 같은 입법의무가 인정되는 것으로 볼 수 없다.

② 사형·무기 또는 장기 10년이 넘는 징역이나 금고에 해당하는 사건의 경우를 제외하고 제1심 공판절차에서 피고인에 대한 송달불능보고서가 접수된 때로부터 6월이 경과하도록 피고인의 소재를 확인할 수 없는 때에는 대법원규칙이 정하는 바에 따라 피고인의 진술 없이 재판할 수 있도록 규정한 소송촉진 등에 관한 특례법 제23조는 공정한 재판을 받을 권리를 침해하는 것이 아니다.

③ 어떤 행정심판절차가 임의적 전치제도로 규정되어 있다 하더라도 행정심판절차에 사법절차가 준용되지 않는다면 이는 헌법 제107조 제3항에 위반되어 재판청구권을 침해하는 것이다.

④ 헌법 제107조 제3항은 행정심판에 사법절차가 준용될 것을 요청하고 있으므로 사법절차적 요소를 엄격히 갖출 필요는 없다.

지문분석 난이도 ㊥ 정답 ③

| 키 워 드 | 재판청구권

| 출제유형 | 판례

③ (X) 어떤 행정심판절차에 사법절차가 준용되지 않는다 하더라도 임의적 전치제도로 규정함에 그치고 있다면 위 헌법 조항에 위반된다 할 수 없다. 그러한 행정심판을 거치지 아니하고 곧바로 행정소송을 제기할 수 있는 선택권이 보장되어 있기 때문이다(헌재 2000.6.1. 98헌바8).

① (O) 형사소송에서 배심원제도를 채택하지 않은 것은 국가의 중립의무에 반하여 헌법에 위반된다고 주장하나, 형사소송에서 배심원제도를 채택할 것을 우리 헌법이 명시적으로 입법 위임한 바 없을 뿐 아니라 헌법의 해석을 통해서도 입법자에게 그와 같은 입법의무가 인정되는 것으로 볼 수 없으므로 청구인의 위 주장은 헌법소원의 대상이 되지 않는 것에 대한 위헌 주장으로서 부적법함이 명백하다(헌재 2006.4.27. 2006헌마187).

② (O) 소촉법 제23조가 불출석 재판의 대상이 되는 범죄에서 중형이 선고될 수 있는 사건들을 제외하고 장기에 대한 제한을 둠으로써 불출석 재판의 대상에서 제외되는 형법상의 죄는 크게 확대되었다. 또한 구 소촉법 제23조가 책임 없는 사유로 출석하지 못한 피고인에 대하여 별다른 증거조사도 없이 곧바로 유죄판결을 선고할 수 있게 한 점에서 적법절차원칙에 반한다는 위헌사유를 해소하기 위하여 소촉법에 신설된 제23조의2는 그와 같은 경위로 판결이 선고되어 확정된 피고인이 제1심법원에 재심을 청구할 수 있게 하고, 재심청구가 있는 경우 법원은 재판의 집행을 정지하되 피고인의 구금을 요하는 때에는 구속영장을 발부하도록 규정하였는바 이로써 자신에게 책임 없는 사유로 불출석 재판을 받은 피고인도 심급의 이익을 상실하지 않고 제1심부터 다시 증거조사를 거쳐 판결을 받을 수 있게 되었다. 이와 같이 소촉법 제23조는 구 소촉법 제23조에 대한 위헌결정 이후 위헌결정이유에 따라 법조 자체를 개정하거나 관련 규정을 신설함으로써 그 위헌성을 해소한 규정이므로 헌법이 보장하는 적법절차를 위반하거나 공정한 재판을 받을 청구인의 권리를 침해한 법률로 볼 수 없다(헌재 2005.7.21. 2005헌바21).

④ (O) 위 헌법 조항은 행정심판에 사법절차가 "준용"될 것만을 요구하고 있으므로 위와 같은 사법절차적 요소를 엄격히 갖춰야 할 필요는 없다고 할지라도, 적어도 사법절차의 본질적 요소를 전혀 구비하지 아니하고 있다면 "준용"의 요구에 마저 위반된다(헌재 2000.6.1. 98헌바8).

37 0655 ○△×|○△×|○△× 2018 경찰 승진(변형)

재판을 받을 권리에 관한 설명 중 가장 타당하지 않은 것은? (다툼이 있을 경우에는 헌법재판소 및 대법원 판례에 의함)

① 법원이 법정의 규모, 질서의 유지, 심리의 원활한 진행 등을 고려하여 방청을 희망하는 피고인들의 가족, 친지 기타 일반 국민에게 미리 방청권을 발행하게 하고, 그 소지자에 한하여 방청을 허용하는 등의 방법으로 방청인의 수를 제한하는 조치를 취하는 것은 공개재판제도의 취지에 반하지 않는다.

② 국가소추주의를 규정한 형사소송법 제246조는 형사소추권의 행사에 관한 입법형성권의 한계를 벗어나 형사피해자의 재판청구권을 침해하는 것으로 볼 수 없다.

③ 재판이 지연된 까닭이 재판부 구성원의 변경, 재판의 전제성과 관련한 본안심리의 필요성, 청구인에 대한 송달불능 등인 경우에는 법원이 재판을 특별히 지연시켰다고 볼 수 없다.

④ 형사피고인은 상당한 이유가 없는 한 지체 없이 공개재판을 받을 권리를 가지므로 소년보호사건의 심리도 상당한 이유가 없는 한 공개하여야 한다.

지문분석 난이도 중 정답 ④

| 키 워 드 | 재판을 받을 권리

| 출제유형 | 조문 + 판례

④ (X) 소년법 제24조 제2항은 "심리는 공개하지 아니한다. 다만, 소년부 판사는 적당하다고 인정하는 자에게 참석을 허가할 수 있다."라고 규정하고 있다.

① (O) 대법원은 방청권을 발행하고 그 소지자에 한하여 방청을 허용하는 등의 방법으로 방청인의 수를 제한하는 조치를 취하는 것이 재판공개주의의 취지에 반하는 것은 아니라고 판시하고 있다(대판 1990.6.8. 90도646).

② (O) 입법자는 공익의 대표자인 검사로 하여금 객관적인 입장에서 형사소추권을 행사하도록 하여 형사소추의 적정성 및 합리성을 기하는 한편, 형사피해자의 권익 보호를 위하여 형사소송법 등에서 고소권, 항고·재항고권, 재정신청권, 재판절차에서의 피해자진술권, 헌법소원심판청구권 등의 규정을 두어 형사피해자가 형사절차에 관여할 수 있는 여러 제도를 마련하고 있으므로, 이 사건 법률 조항은 형사소추권의 행사에 관한 입법형성권의 한계를 벗어나 형사피해자의 재판청구권을 침해하는 것으로 볼 수 없다(헌재 2007.7.26. 2005헌마167).

③ (O) 헌재 1993.11.25. 92헌마169

38 0656 ○△×|○△×|○△× 2022 경찰 간부

대한민국의 과거사 정리 과업과 관련한 기본권 침해 여부에 대해 가장 적절하지 않은 것은? (다툼이 있는 경우 헌법재판소 판례에 의함)

① 특수임무수행 등으로 인하여 입은 피해에 대해 특수임무수행자보상심의회의 보상금 등 지급결정에 대해 동의한 때에는 재판상 화해가 성립된다고 보는 특수임무수행자 보상에 관한 법률상 조항은 재판청구권을 침해한다.

② 5·18 민주화운동 보상심의위원회의 보상금지급결정에 동의하면 정신적 손해에 관한 부분도 재판상 화해가 성립된 것으로 보는 구 광주민주화운동 관련자 보상에 관한 법률상 조항은 국가배상청구권을 침해한다.

③ 진실·화해를 위한 과거사정리 기본법상 민간인 집단희생사건, 중대한 인권침해·조작의혹사건에 민법상 소멸시효 조항의 객관적 기산점이 적용되도록 하는 것은 청구인들의 국가배상청구권을 침해한다.

④ 부마민주항쟁을 이유로 30일 미만 구금된 자를 보상금 또는 생활지원금의 지급대상에서 제외하는 부마민주항쟁 관련자의 명예훼손 및 보상 등에 관한 법률상 조항은 청구인의 평등권을 침해한다.

지문분석 난이도 중 정답 ①, ④

| 키 워 드 | 재판청구권

| 출제유형 | 판례

① (X) 보상금 등의 지급결정에 동의한 때에는 특수임무수행 등으로 인하여 입은 피해에 대하여 재판상 화해가 성립된 것으로 보는 '특수임무수행자 보상에 관한 법률' 제17조의2는 재판청구권 침해가 아니다(헌재 2011.2.24. 2010헌바199).

④ (X) 부마민주항쟁을 이유로 30일 미만 구금된 자를 보상금 또는 생활지원금의 지급대상에서 제외하는 '부마민주항쟁 관련자의 명예회복 및 보상 등에 관한 법률' 제21조 제1항과 제22조 제1항이 청구인의 평등권을 침해하지 않는다(헌재 2019.4.11. 2016헌마418).

② (O) 5·18민주화운동과 관련하여 보상금 지급 결정에 동의하면 '정신적 손해'에 관한 부분도 재판상 화해가 성립된 것으로 보는 구 '광주민주화운동 관련자 보상 등에 관한 법률' 제16조 제2항 가운데 '광주민주화운동과 관련하여 입은 피해' 중 '정신적 손해'에 관한 부분 및 구 '5·18민주화운동 관련자 보상 등에 관한 법률' 제16조 제2항 가운데 '5·18민주화운동과 관련하여 입은 피해' 중 '정신적 손해'에 관한 부분이 국가배상청구권을 침해한다(헌재 2021.5.27. 2019헌가17).

③ (O) 헌법재판소법 제68조 제2항에 따른 헌법소원이 인용된 경우 당해 소송사건에만 재심을 허용하는 헌법재판소법 제75조 제7항, 비형벌조항에 대한 위헌결정의 효력을 장래효 원칙으로 정한 헌법재판소법 제75조 제6항 중 '제68조 제2항에 따른 헌법소원을 인용하는 경우 제47조를 준용'하는 부분이 '진실·화해를 위한 과거사정리 기본법' 제2조 제1항 제3호, 제4호에 규정된 '민간인 집단희생사건'과 '중대한 인권침해·조작의혹사건' 피해자의 유족의 재판청구권을 침해하지 않는다(헌재 2021.11.25. 2020헌바401).

3 국가배상청구권

39 0657 ○△×|○△×|○△× 2021 법원직 9급

국가배상청구권에 관한 다음 설명 중 가장 옳지 않은 것은?

① 헌법상 국가배상청구권에 관한 규정은 국가배상청구권을 청구권적 기본권으로 보장하며, 그 요건에 해당하는 사유가 발생한 개별 국민에게는 금전청구권으로서의 재산권으로서도 보장된다.

② 헌법 제29조 제1항 제1문은 '공무원의 직무상 불법행위'로 인한 국가 또는 공공단체의 책임을 규정하고 제2문은 '이 경우 공무원 자신의 책임은 면제되지 아니한다'고 규정하고 있으므로 헌법상 국가배상책임은 공무원의 책임을 일정 부분 전제하는 것으로 해석될 수 있다.

③ 국가배상청구권의 성립요건으로서 공무원의 고의 또는 과실을 규정한 국가배상법 조항은, 법률로 이미 형성된 국가배상청구권의 행사 및 존속을 '제한'하는 것이라기보다는 국가배상청구권의 내용을 '형성'하는 것이므로, 헌법상 국가배상제도의 정신에 부합하게 국가배상청구권을 형성하였는지의 관점에서 심사하여야 한다.

④ 위 ③항의 국가배상법 조항은 헌법에서 규정한 국가배상청구권을 침해한다고 보기 어려우나, 인권침해가 극심하게 이루어진 긴급조치 발령과 그 집행과 같이 국가의 의도적·적극적 불법행위에 대하여는 국가배상청구의 요건을 완화하여 공무원의 고의 또는 과실에 대한 예외를 인정하여야 한다.

지문분석 난이도 중 정답 ④

| 키 워 드 | 국가배상청구권

| 출제유형 | 판례

④ (X) 청구인들이 심판대상 조항의 위헌성을 주장하게 된 계기를 제공한 국가배상청구 사건은, 인권침해가 극심하게 이루어진 긴급조치 발령과 그 집행을 근거로 한 것이므로 다른 일반적인 법 집행 상황과는 다르다는 점에서 이러한 경우에는 국가배상청구 요건을 완화하여야 한다는 주장이 있을 수 있다. … 그러나 위와 같은 경우라 하여 국가배상청구권 성립요건에 공무원의 고의 또는 과실에 대한 예외가 인정되어야 한다고 보기는 어렵다. … 심판대상 조항이 헌법상 국가배상청구권을 침해하지 않는다고 판단한 헌법재판소의 선례는 여전히 타당하고, 이 사건에서 선례를 변경해야 할 특별한 사정이 있다고 볼 수 없다(헌재 2020.3.26. 2016헌바55 등).

① (O) 헌법상의 국가배상청구권에 관한 규정은 국가배상청구권을 청구권적 기본권으로 보장하며, 국가배상청구권은 그 요건에 해당하는 사유가 발생한 개별 국민에게는 금전청구권으로서의 재산권으로 보장된다(헌재 2015.4.30. 2013헌바395).

② (O) 헌법 제29조 제1항 제1문은 '공무원의 직무상 불법행위'로 인한 국가 또는 공공단체의 책임을 규정하면서 제2문은 '이 경우 공무원 자신의 책임은 면제되지 아니한다.'고 규정하여 헌법상 국가배상책임은 공무원의 책임을 일정 부분 전제하는 것으로 해석될 수 있고, 헌법 제29조 제1항에 법률유보 문구를 추가한 것은 국가재정을 고려하여 국가배상책임의 범위를 법률로 정하도록 한 것으로 해석된다(헌재 2015.4.30. 2013헌바395).

③ (O) 헌법상 국가배상청구권은 청구권적 기본권이고, 앞에서 본 바와 같이 그 요건인 '불법행위'는 법률에서 구체적으로 형성할 수 있는 개념이라 할 것이다. 따라서 이 사건 법률 조항이 국가배상청구권의 성립요건으로서 공무원의 고의 또는 과실을 규정한 것은 법률로 이미 형성된 국가배상청구권의 행사 및 존속을 제한한다고 보기보다는 국가배상청구권의 내용을 형성하는 것이라고 할 것이므로, 헌법상 국가배상제도의 정신에 부합하게 국가배상청구권을 형성하였는지의 관점에서 심사하여야 한다(헌재 2015.4.30. 2013헌바395).

40 0658 ○△×|○△×|○△× 2018 국가직 7급(변형)

운전병인 군인 甲은 전투훈련 중 같은 부대 소속 군인 丙을 태우고 군용차량을 운전하여 훈련지로 이동하다가 민간인 乙이 운전하던 차량과 쌍방과실로 충돌하였고, 이로 인해 군인 丙이 사망하였다. 이 경우 손해배상책임 및 구상권에 관한 설명 중 옳지 않은 것은? (단, 자동차손해보험과 관련된 법적 책임은 고려하지 않음)

① 현행법상 丙의 유족이 다른 법령에 따라 유족연금 등 보상을 받은 경우에는 국가배상청구를 할 수 없다.
② 대법원은 甲이 고의·중과실이 있는 경우에만 丙의 유족에 대한 손해배상책임을 부담하고, 甲에게 경과실만 인정되는 경우에는 丙의 유족에 대한 손해배상책임을 부담하지 않는다고 보았다.
③ 대법원은 공동불법행위의 일반적인 경우와 달리 乙은 자신의 부담부분만을 丙의 유족에게 배상하면 된다고 하였다.
④ 대법원은 만일 乙이 손해배상액 전부를 丙의 유족에게 배상한 경우에는 자신의 귀책부분을 넘는 금액에 대해 국가에 구상청구를 할 수 있다고 하였다.

지문분석 난이도 ㊤ 정답 ④

| **키 워 드** | 국가배상청구권
| **출제유형** | 조문 + 판례

④ (×), ③ (○) 민간인은 여전히 공동불법행위자 등이라는 이유로 피해 군인 등의 손해 전부를 배상할 책임을 부담하도록 하면서 국가 등에 대하여는 귀책비율에 따른 구상을 청구할 수 없도록 한다면, 공무원의 직무활동으로 빚어지는 이익의 귀속주체인 국가 등과 민간인과의 관계에서 원래는 국가 등이 부담하여야 할 손해까지 민간인이 부담하는 부당한 결과가 될 것이고, 이는 위 헌법과 국가배상법의 규정에 의하여도 정당화될 수 없다고 할 것이다. 이러한 부당한 결과를 방지하면서 위 헌법 및 국가배상법 규정의 입법 취지를 관철하기 위하여는, 피해 군인 등은 위 헌법 및 국가배상법 규정에 의하여 국가 등에 대한 배상청구권을 상실한 대신에 자신의 과실 유무나 그 정도와 관계없이 무자력의 위험부담이 없는 확실한 국가보상의 혜택을 받을 수 있는 지위에 있게 되는 특별한 이익을 누리고 있음에 반하여 민간인으로서는 손해 전부를 배상할 의무를 부담하면서도 국가 등에 대한 구상권을 행사할 수 없다고 한다면 부당하게 권리침해를 당하게 되는 결과가 되는 것과 같은 각 당사자의 이해관계의 실질을 고려하여, 위와 같은 경우에는 공동불법행위자 등이 부진정연대채무자로서 각자 피해자의 손해 전부를 배상할 의무를 부담하는 공동불법행위의 일반적인 경우와 달리 예외적으로 민간인은 피해 군인 등에 대하여 그 손해 중 국가 등이 민간인에 대한 구상의무를 부담한다면 그 내부적인 관계에서 부담하여야 할 부분을 제외한 나머지 자신의 부담부분에 한하여 손해배상의무를 부담하고, 한편 국가 등에 대하여는 그 귀책부분의 구상을 청구할 수 없다고 해석함이 상당하다 할 것이고, 이러한 해석이 손해의 공평·타당한 부담을 그 지도원리로 하는 손해배상제도의 이상에도 맞는다 할 것이다(대판 2001.2.15. 96다42420 전원합의체).

① (○) 국가배상법 제2조 제1항 단서의 군인·군무원·유족 등의 이중배상금지에 관한 내용이다.

> **국가배상법 제2조(배상책임)** ① 국가나 지방자치단체는 공무원 또는 공무를 위탁받은 사인(이하 "공무원"이라 한다)이 직무를 집행하면서 고의 또는 과실로 법령을 위반하여 타인에게 손해를 입히거나, 자동차손해배상 보장법에 따라 손해배상의 책임이 있을 때에는 이 법에 따라 그 손해를 배상하여야 한다. 다만, 군인·군무원·경찰공무원 또는 예비군대원이 전투·훈련 등 직무 집행과 관련하여 전사(戰死)·순직(殉職)하거나 공상(公傷)을 입은 경우에 본인이나 그 유족이 다른 법령에 따라 재해보상금·유족연금·상이연금 등의 보상을 지급받을 수 있을 때에는 이 법 및 민법에 따른 손해배상을 청구할 수 없다.

② (○) 공무원이 직무 수행 중 불법행위로 타인에게 손해를 입힌 경우에 국가나 지방자치단체가 국가배상책임을 부담하는 외에 공무원 개인도 고의 또는 중과실이 있는 경우에는 불법행위로 인한 손해배상책임을 지고, 공무원에게 경과실이 있을 뿐인 경우에는 공무원 개인은 불법행위로 인한 손해배상책임을 부담하지 아니하는데, 여기서 공무원의 중과실이란 공무원에게 통상 요구되는 정도의 상당한 주의를 하지 않더라도 약간의 주의를 한다면 손쉽게 위법·유해한 결과를 예견할 수 있는 경우임에도 만연히 이를 간과함과 같은 거의 고의에 가까운 현저한 주의를 결여한 상태를 의미한다(대판 2011.9.8. 2011다34521).

41 0659 ○△×|○△×|○△× 2022 경찰 2차

국가배상청구권에 관한 설명 중 가장 적절한 것은? (다툼이 있는 경우 판례에 의함)

① 구 국가배상법 제8조가 "국가 또는 지방자치단체의 손해배상책임에 관하여는 이 법의 규정에 의한 것을 제외하고는 민법의 규정에 의한다."고 규정하여, 소멸시효에 관하여 별도의 규정을 두지 아니함으로써 국가배상청구권에도 소멸시효에 관한 일반 민법 제766조가 적용되게 된 것은 입법자의 입법재량 범위를 벗어난 것으로 국가배상청구권의 본질적인 내용을 침해한다고 볼 수 있다.

② 당초 유효한 법률에 근거한 공무원의 직무집행이 사후에 그 근거가 되는 법률에 대한 헌법재판소의 위헌결정으로 위법하게 된 경우, 이에 이르는 과정에 있어 공무원의 고의, 과실을 어느 정도 인정할 수 있고, 그로써 국가의 청구인들에 대한 손해배상책임이 성립한다고 볼 수 있다.

③ 국가배상법 조항이 국가배상청구권의 성립요건으로서 공무원의 고의 또는 과실을 규정한 것은 법률로 이미 형성된 국가배상청구권의 행사 및 존속을 제한할 뿐만 아니라, 국가배상청구권의 내용을 새롭게 형성하는 것이라고 할 것이므로, 국가배상법 조항이 국가배상청구권의 성립요건으로서 공무원의 고의 또는 과실을 요구함으로써 무과실책임을 인정하지 않은 것은 입법형성의 범위를 벗어나 헌법 제29조에서 규정한 국가배상청구권을 침해한다.

④ 특수임무수행자는 보상금 등 산정과정에서 국가 행위의 불법성이나 구체적인 손해 항목 등을 주장·입증할 필요가 없고 특수임무수행자의 과실이 반영되지도 않으며, 국가배상청구에 상당한 시간과 비용이 소요되는 데 반해 보상금 등 지급결정은 비교적 간이·신속한 점까지 고려하면, 특수임무수행자 보상에 관한 법률이 정한 보상금을 지급받는 것이 국가배상을 받는 것에 비해 일률적으로 과소 보상된다고 할 수 없으므로 국가배상청구권 또는 재판청구권을 침해한다고 보기 어렵다.

지문분석 난이도 하 정답 ④

| 키 워 드 | 국가배상청구권

| 출제유형 | 판례

④ (○) 보상금 등의 지급결정에 동의한 때에는 특수임무수행 등으로 인하여 입은 피해에 대하여 재판상 화해가 성립된 것으로 보는 '특수임무수행자 보상에 관한 법률' 제17조의2는 재판청구권 침해가 아니다(헌재 2011.2.24. 2010헌바199).

① (×) 국가배상법 제8조는 그것이 헌법 제29조 제1항이 규정하는 국가배상청구권을 일부 제한하고 있다 하더라도 일정한 요건하에 그 행사를 제한하고 있는 점에서 그 본질적인 내용에 대한 침해라고는 볼 수 없을 뿐더러, 앞에서 본 바와 같이 그 제한의 목적과 수단 및 방법에 있어서 정당하고 상당한 것이며 그로 인하여 침해되는 법익과의 사이에 입법자의 자의라고 볼 정도의 불균형이 있다고 볼 수도 없어서 기본권 제한의 한계를 규정한 헌법 제37조 제2항에 위반된다고 볼 수도 없다(헌재 2011.9.29. 2010헌바116).

② (×) 형벌에 관한 법령이 헌법재판소의 위헌결정으로 소급하여 효력을 상실하였거나 법원에서 위헌·무효로 선언된 경우, 그 법령이 위헌으로 선언되기 전에 그 법령에 기초하여 수사가 개시되어 공소가 제기되고 유죄판결이 선고되었더라도, 그러한 사정만으로 수사기관의 직무행위나 법관의 재판상 직무행위가 국가배상법 제2조 제1항에서 말하는 공무원의 고의 또는 과실에 의한 불법행위에 해당하여 국가의 손해배상책임이 발생한다고 볼 수는 없다(대판 2014.10.27. 2013다217962).

③ (×) 이러한 점들을 고려할 때, 이 사건 법률조항이 국가배상청구권의 성립요건으로서 공무원의 고의 또는 과실을 규정한 것을 두고 입법형성의 범위를 벗어나 헌법 제29조에서 규정한 국가배상청구권을 침해한다고 보기는 어렵다(헌재 2020.3.26. 2016헌바55 등).

42 0660 ○△×|○△×|○△× 2021 경찰 승진

국가배상청구권에 대한 설명으로 가장 적절한 것은? (다툼이 있는 경우 판례에 의함)

① 국가배상법에 따른 손해배상의 소송은 배상심의회에 배상신청을 하여야만 제기할 수 있다.
② 국가배상법에 소멸시효에 관한 규정을 두지 않고 소멸시효에 관해서는 민법 규정을 준용하도록 한 국가배상법 조항은 헌법에 위반되지 않는다.
③ 국가배상청구의 요건인 '공무원의 직무'에는 권력적 작용, 비권력적 작용 이외에 사경제주체의 활동도 포함된다.
④ 국가배상법상 소정의 '공무원'은 국가공무원과 지방공무원에 국한하고, 공무를 수탁받은 사인은 포함되지 않는다.

지문분석 난이도 ㊦ 정답 ②

| 키 워 드 | 국가배상청구권
| 출제유형 | 이론 + 조문 + 판례

② (○) 국가배상법에 소멸시효에 관한 규정을 두지 않고 소멸시효에 관해서는 민법 규정을 준용하도록 한 국가배상법 조항은 헌법에 위반되지 않는다.
① (X) 이 법에 따른 손해배상의 소송은 배상심의회(이하 "심의회"라 한다)에 배상신청을 하지 아니하고도 제기할 수 있다(국가배상법 제9조).
③ (X) 국가배상법이 정한 배상청구의 요건인 '공무원의 직무'에는 권력적 작용만이 아니라 행정지도와 같은 비권력적 작용도 포함되며 단지 행정주체가 사경제주체로서 하는 활동만 제외된다(대판 1998.7.10. 96다38971).
④ (X) 국가배상법 제2조 소정의 '공무원'이라 함은 국가공무원법이나 지방공무원법에 의하여 공무원으로서의 신분을 가진 자에 국한하지 않고, 널리 공무를 위탁받아 실질적으로 공무에 종사하고 있는 일체의 자를 가리키는 것으로서, 공무의 위탁이 일시적이고 한정적인 사항에 관한 활동을 위한 것이어도 달리 볼 것은 아니다(대판 2001.1.5. 98다39060).

4 국가보상청구권

43 0661 ○△×|○△×|○△× 2016 국가직 7급

형사보상청구권에 대한 설명으로 옳지 않은 것은?

① 형사피의자로 구금되었다가 법률이 정하는 불기소처분을 받은 자는 법률이 정하는 바에 의하여 형사보상청구권을 행사할 수 있다.
② 형사보상을 청구할 수 있는 자가 그 청구를 하지 아니하고 사망하였을 때에는 그 상속인이 이를 청구할 수 있다.
③ 1개의 재판으로 경합범의 일부에 대하여 무죄재판을 받고 다른 부분에 대하여 유죄재판을 받았을 경우 법원은 보상청구의 전부를 인용하여야 한다.
④ 다른 법률에 따라 손해배상을 받을 자가 같은 원인에 대하여 형사보상 및 명예회복에 관한 법률에 따른 보상을 받았을 때에는 그 보상금의 액수를 빼고 손해배상의 액수를 정하여야 한다.

지문분석 난이도 ㊦ 정답 ③

| 키 워 드 | 형사보상청구권
| 출제유형 | 조문

③ (X) 1개의 재판으로 경합범의 일부에 대하여 무죄재판을 받고 다른 부분에 대하여 유죄재판을 받았을 경우에는 법원은 재량으로 보상청구의 전부 또는 일부를 기각할 수 있다(형사보상 및 명예회복에 관한 법률 제4조 제3호).
① (○) 형사피의자 또는 형사피고인으로서 구금되었던 자가 법률이 정하는 불기소처분을 받거나 무죄판결을 받은 때에는 법률이 정하는 바에 의하여 국가에 정당한 보상을 청구할 수 있다(헌법 제28조).
② (○) 형사보상 및 명예회복에 관한 법률 제3조 제1항
④ (○) 동법 제6조 제3항

44 0662 ○△×|○△×|○△× 2020 국회직 8급

형사보상청구권에 대한 설명으로 옳지 않은 것은? (다툼이 있는 경우 판례에 의함)

① 형사보상의 청구기간을 '무죄판결이 확정된 때로부터 1년'으로 규정한 것은 형사보상청구권의 행사를 어렵게 할 정도로 지나치게 짧다고 할 수 없으므로 합리적인 입법재량을 행사한 것으로 볼 수 있다.

② 형사보상청구권과 직접적인 이해관계를 가진 당사자는 형사피고인과 국가밖에 없는데, 국가가 무죄판결을 선고받은 형사피고인에게 넓게 형사보상청구권을 인정함으로써 감수해야 할 공익은 경제적인 것에 불과하다.

③ 형사보상청구권이 제한됨으로 인하여 침해되는 국민의 기본권은 단순히 금전적인 권리에 불과한 것이라기보다는 실질적으로 국민의 신체의 자유와 밀접하게 관련된 중대한 기본권이다.

④ 형사보상청구권은 국가의 형사사법작용에 의해 신체의 자유라는 중대한 법익을 침해받은 국민을 구제하기 위하여 헌법상 보장된 국민의 기본권이므로 일반적인 사법상의 권리보다 더 확실하게 보호되어야 할 권리이다.

⑤ 형사피의자 또는 형사피고인으로서 구금되었던 자가 법률이 정하는 불기소처분을 받거나 무죄판결을 받은 때에는 법률이 정하는 바에 의하여 국가에 정당한 보상을 청구할 수 있다.

지문분석 난이도 중 정답 ①

| 키 워 드 | 형사보상청구권

| 출제유형 | 조문+판례

① (×) 권리의 행사가 용이하고 일상 빈번히 발생하는 것이거나 권리의 행사로 인하여 상대방의 지위가 불안정해지는 경우 또는 법률관계를 보다 신속히 확정하여 분쟁을 방지할 필요가 있는 경우에는 특별히 짧은 소멸시효나 제척기간을 인정할 필요가 있으나, 이 사건 법률 조항은 위의 어떠한 사유에도 해당하지 아니하는 등 달리 합리적인 이유를 찾기 어렵고, 일반적인 사법상의 권리보다 더 확실하게 보호되어야 할 권리인 형사보상청구권의 보호를 저해하고 있다. 아무런 합리적인 이유 없이 그 청구기간을 1년이라는 단기간으로 제한한 것은 입법 목적 달성에 필요한 정도를 넘어선 것이라고 할 것이다. 따라서 이 사건 법률 조항은 입법재량의 한계를 일탈하여 청구인의 형사보상청구권을 침해한 것이다(헌재 2010.7.29. 2008헌가4).

② (○) 형사보상청구권과 직접적인 이해관계를 가진 당사자는 형사피고인과 국가밖에 없는데, 국가가 무죄판결을 선고받은 형사피고인에게 넓게 형사보상청구권을 인정함으로써 감수해야 할 공익은 경제적인 것에 불과하고 그 액수도 국가 전체 예산규모에 비추어 볼 때 미미하다고 할 것이다. 또한 형사피고인에게 넓게 형사보상청구권을 인정한다고 하여 법적 혼란이 초래될 염려도 전혀 없다(헌재 2010.7.29. 2008헌가4).

③ (○) 헌법 제28조의 형사보상청구권은 국가의 형사사법권이라는 공권력에 의해 인신구속이라는 중대한 법익의 침해가 발생한 국민에게 그 피해를 보상해주는 기본권이다. 이러한 형사보상청구권은 국가의 공권력 작용에 의하여 신체의 자유를 침해받은 국민에 대해 금전적인 보상을 청구할 권리를 인정하는 것이므로 형사보상청구권이 제한됨으로 인하여 침해되는 국민의 기본권은 단순히 금전적인 권리에 불과한 것이라기보다는 실질적으로 국민의 신체의 자유와 밀접하게 관련된 중대한 기본권이라고 할 것이다(헌재 2010.7.29. 2008헌가4).

④ (○) 형사보상청구권은 국가의 형사사법작용에 의해 신체의 자유라는 중대한 법익을 침해받은 국민을 구제하기 위하여 헌법상 보장된 국민의 기본권이므로 일반적인 사법상의 권리보다 더 확실하게 보호되어야 할 권리이다(헌재 2010.7.29. 2008헌가4).

⑤ (○) 형사피의자 또는 형사피고인으로서 구금되었던 자가 법률이 정하는 불기소처분을 받거나 무죄판결을 받은 때에는 법률이 정하는 바에 의하여 국가에 정당한 보상을 청구할 수 있다(헌법 제28조).

45 0663 ○△×|○△×|○△× 2021 법원직 9급

형사보상청구권에 관한 다음 설명 중 가장 옳지 않은 것은?

① 형사보상청구권은 국가의 공권력 작용에 의하여 신체의 자유를 침해받은 국민에 대해 금전적인 보상을 청구할 권리를 인정하는 것이므로, 형사보상청구권이 제한됨으로 인하여 침해되는 국민의 기본권은 단순히 금전적인 권리에 불과한 것이라기보다는 실질적으로 국민의 신체의 자유와 밀접하게 관련된 중대한 기본권이다.

② 형사보상의 구체적 내용과 금액 및 절차에 관한 사항은 입법자가 정하여야 할 사항으로 형사보상금을 일정한 범위 내로 한정하고 있는 형사보상법 조항은 형사보상청구권을 침해한다고 볼 수 없다.

③ 형사보상청구를 무죄재판이 확정된 때로부터 1년 이내에 하도록 규정한 형사보상법 조항은 그 청구기간이 지나치게 단기간이어서 입법목적 달성에 필요한 정도를 넘어선 것이다.

④ 형사보상청구에 대하여 한 보상의 결정에 대하여는 불복을 신청할 수 없도록 하여 형사보상의 결정을 단심재판으로 규정한 형사보상법 조항은 형사보상청구권 및 재판청구권을 침해한다고 볼 수 없다.

지문분석 난이도 중 정답 ④

| 키 워 드 | 형사보상청구권

| 출제유형 | 판례

④ (X) 보상액의 산정에 기초되는 사실인정이나 보상액에 관한 판단에서 오류나 불합리성이 발견되는 경우에도 그 시정을 구하는 불복신청을 할 수 없도록 하는 것은 형사보상청구권 및 그 실현을 위한 기본권으로서의 재판청구권의 본질적 내용을 침해하는 것이라 할 것이고, 나아가 법적 안정성만을 지나치게 강조함으로써 재판의 적정성과 정의를 추구하는 사법제도의 본질에 부합하지 아니하는 것이다. 또한, 불복을 허용하더라도 즉시항고는 절차가 신속히 진행될 수 있고 사건 수도 과다하지 아니한데다 그 재판 내용도 비교적 단순하므로 불복을 허용한다고 하여 상급심에 과도한 부담을 줄 가능성은 별로 없다고 할 것이어서, 이 사건 불복금지조항은 형사보상청구권 및 재판청구권을 침해한다고 할 것이다(헌재 2010.10.28. 2008헌마514 등).

① (O) 헌법 제28조의 형사보상청구권은 국가의 형사사법권이라는 공권력에 의해 인신구속이라는 중대한 법익의 침해가 발생한 국민에게 그 피해를 보상해주는 기본권이다. 이러한 형사보상청구권은 국가의 공권력 작용에 의하여 신체의 자유를 침해받은 국민에 대해 금전적인 보상을 청구할 권리를 인정하는 것이므로 형사보상청구권이 제한됨으로 인하여 침해되는 국민의 기본권은 단순히 금전적인 권리에 불과한 것이라기보다는 실질적으로 국민의 신체의 자유와 밀접하게 관련된 중대한 기본권이라고 할 것이다(헌재 2010.7.29. 2008헌가4).

② (O) 형사보상청구권은 헌법 제28조에 따라 '법률이 정하는 바에 의하여' 행사되므로 그 내용은 법률에 의해 정해지는바, 형사보상의 구체적 내용과 금액 및 절차에 관한 사항은 입법자가 정하여야 할 사항이다. 이 사건 보상금 조항 및 이 사건 보상금 시행령 조항은 보상금을 일정한 범위 내로 한정하고 있는데, 형사보상은 형사사법절차에 내재하는 불가피한 위험으로 인한 피해에 대한 보상으로서 국가의 위법·부당한 행위를 전제로 하는 국가배상과는 그 취지 자체가 상이하므로 형사보상절차로서 인과관계 있는 모든 손해를 보상하지 않는다고 하여 반드시 부당하다고 할 수는 없으며, 이 사건 보상금 조항 및 이 사건 보상금 시행령 조항은 청구인들의 형사보상청구권을 침해한다고 볼 수 없다(헌재 2010.10.28. 2008헌마514).

③ (O) 이 사건 법률 조항은 형사보상청구권의 제척기간을 1년으로 규정하고 있으나, 형사보상청구권은 위에서 열거하는 어떠한 사유에도 해당하지 아니하고 달리 그 제척기간을 단기로 규정해야 할 합리적인 이유를 찾기 어렵다. 특히 형사보상청구권은 국가의 형사사법작용에 의해 신체의 자유라는 중대한 법익을 침해받은 국민을 구제하기 위하여 헌법상 보장된 국민의 기본권이므로 일반적인 사법상의 권리보다 더 확실하게 보호되어야 할 권리이다. 그럼에도 불구하고 아무런 합리적인 이유 없이 그 청구기간을 1년이라는 단기간으로 제한한 것은 입법 목적 달성에 필요한 정도를 넘어선 것이라고 할 것이다. 따라서 이 사건 법률 조항은 입법재량의 한계를 일탈하여 청구인의 형사보상청구권을 침해한 것이다(헌재 2010.7.29. 2008헌가4).

46 0664 ○△×|○△×|○△× 2021 국가직 5급

형사보상청구권에 대한 설명으로 옳은 것은?

① 보상청구는 무죄재판을 한 법원의 상급법원에 대하여 하여야 한다.
② 보상을 청구하는 경우에는 국가배상을 청구할 수 없다.
③ 보상청구는 무죄재판이 확정된 사실을 안 날부터 3년, 무죄재판이 확정된 때부터 5년 이내에 하여야 한다.
④ 보상청구는 대리인을 통하여 할 수 없다.

지문분석 난이도 하 정답 ③

| 키 워 드 | 형사보상청구권
| 출제유형 | 조문

③ (○) 보상청구는 무죄재판이 확정된 사실을 안 날부터 3년, 무죄재판이 확정된 때부터 5년 이내에 하여야 한다(형사보상 및 명예회복에 관한 법률 제8조).
① (X) 보상청구는 무죄재판을 한 법원에 대하여 하여야 한다(동법 제7조).
② (X) 이 법은 보상을 받을 자가 다른 법률에 따라 손해배상을 청구하는 것을 금지하지 아니한다(동법 제6조 제1항). 다른 법률에 따라 손해배상을 받을 자가 같은 원인에 대하여 이 법에 따른 보상을 받았을 때에는 그 보상금의 액수를 빼고 손해배상의 액수를 정하여야 한다(동조 제3항).
④ (X) 보상청구는 대리인을 통하여서도 할 수 있다(동법 제13조).

47 0665 ○△×|○△×|○△× 2018 경찰 승진

형사보상청구권에 대한 설명으로 가장 적절하지 않은 것은? (다툼이 있는 경우 판례에 의함)

① 형사피의자로 구금되었다가 법률이 정하는 불기소처분을 받은 자도 형사보상청구권을 행사할 수 있다.
② 형사보상의 청구에 대하여 한 보상의 결정에 대하여는 불복을 신청할 수 없도록 하여 형사보상의 결정을 단심재판으로 규정한 형사보상법 조항은 형사보상청구권 및 재판청구권을 침해한다.
③ 형사보상의 청구는 무죄재판이 확정된 때로부터 3년 이내에 하여야 한다.
④ 형사보상법은 보상을 받을 자가 다른 법률에 따라 손해배상을 청구하는 것을 금지하지 아니한다.

지문분석 난이도 하 정답 ③

| 키 워 드 | 형사보상청구권
| 출제유형 | 조문 + 판례

③ (X) 형사보상청구는 무죄재판이 확정된 사실을 안 날부터 3년, 무죄재판이 확정된 때부터 5년 이내에 하여야 한다(형사보상 및 명예회복에 관한 법률 제8조).
① (○) 동법 제27조

> **형사보상 및 명예회복에 관한 법률 제27조(피의자에 대한 보상)**
> ① 피의자로서 구금되었던 자 중 검사로부터 불기소처분을 받거나 사법경찰관으로부터 불송치결정을 받은 자는 국가에 대하여 그 구금에 대한 보상(이하 "피의자보상"이라 한다)을 청구할 수 있다. 다만, 구금된 이후 불기소처분 또는 불송치결정의 사유가 있는 경우와 해당 불기소처분 또는 불송치결정이 종국적인 것이 아니거나 형사소송법 제247조에 따른 것일 경우에는 그러하지 아니하다.

② (○) 헌재 2010.10.28. 2008헌마514 등
④ (○) 동법 제6조 제1항

48 0666 ○△×|○△×|○△× 2015 법원직 9급(변형)

형사보상청구권에 대한 설명으로 옳은 것은? (다툼이 있는 경우 헌법재판소 판례에 의함)

① 형사보상청구권을 인정하는 헌법적 본질은 국민의 인신권을 침해하는 결과를 발생시킨 국가의 그릇된 형사사법작용에 대한 원인책임을 추궁하기 위한 것이다.

② 형사보상결정에 대하여 불복을 신청할 수 없도록 하는 것은 형사보상청구권 및 재판청구권을 침해한다.

③ 형사보상청구는 무죄재판이 확정된 때로부터 1년 이내에 하여야 한다.

④ 형사피의자로서 구금되었다가 검사의 불기소처분으로 풀려난 사람은 설령 검사의 공소제기가 있었더라면 무죄판결을 받았을 것이 명백한 경우에도 그 구금에 대한 보상을 청구할 수 없다.

⑤ 헌법이 명하는 정당한 보상이라 함은 구금 중에 받은 적극적인 재산상의 손실과 구금으로 인한 정신적·물질적 피해에 대한 보상을 요구할 수 있다는 것이며, 구금되지 않았더라면 얻을 수 있었던 소극적인 이익이나 기대이익의 상실 등은 청구할 수 없다.

지문분석 난이도 중 정답 ②

| **키 워 드** | 형사보상청구권

| **출제유형** | 조문 + 판례

② (○) 보상액의 산정에 기초되는 사실인정이나 보상액에 관한 판단에서 오류나 불합리성이 발견되는 경우에도 그 시정을 구하는 불복신청을 할 수 없도록 하는 것은 형사보상청구권 및 그 실현을 위한 기본권으로서의 재판청구권의 본질적 내용을 침해하는 것이라 할 것이고, 나아가 법적안정성만을 지나치게 강조함으로써 재판의 적정성과 정의를 추구하는 사법제도의 본질에 부합하지 아니하는 것이다. 또한, 불복을 허용하더라도 즉시항고는 절차가 신속히 진행될 수 있고 사건수도 과다하지 아니한 데다 그 재판 내용도 비교적 단순하므로 불복을 허용한다고 하여 상급심에 과도한 부담을 줄 가능성은 별로 없다고 할 것이어서, 이 사건 불복금지조항은 형사보상청구권 및 재판청구권을 침해한다고 할 것이다(헌재 2010.10.28. 2008헌마514 등).

① (X) 형사사법절차에서는 범죄의 혐의를 받은 피의자가 수사기관의 조사를 받고 법원에 기소되었다 하더라도 심리결과 무죄로 판명되는 경우가 발생할 수 있고, 이는 형사사법절차에 불가피하게 내재되어 있는 위험이다. 형사사법절차를 운영하는 국가는 그로 인한 부담을 무죄판결을 선고받은 자 개인에게 모두 지워서는 아니 되고, 이러한 위험에 의하여 발생되는 손해에 대응한 보상을 하지 않으면 안 된다. 헌법 제28조는 이러한 권리를 구체적으로 보장함으로써 국민의 기본권 보호를 강화하고 있다(헌재 2010.10.28. 2008헌마514 등).

③ (X) 보상청구는 무죄재판이 확정된 사실을 안 날부터 3년, 무죄재판이 확정된 때부터 5년 이내에 하여야 한다(형사보상 및 명예회복에 관한 법률 제8조).

④ (X) 피의자로서 구금되었던 자 중 검사로부터 불기소처분을 받거나 사법경찰관으로부터 불송치결정을 받은 자는 국가에 대하여 그 구금에 대한 보상을 청구할 수 있다. 다만, 구금된 이후 불기소처분 또는 불송치결정의 사유가 있는 경우와 해당 불기소처분 또는 불송치결정이 종국적인 것이 아니거나 형사소송법 제247조에 따른 것일 경우에는 그러하지 아니하다(동법 제27조 제1항).

⑤ (X) 형사보상청구권에서의 정당한 보상 역시 구금으로 인한 손해 전부를 완전하게 보상하는 것을 의미한다고 보아야 한다(헌재 2010.10.28. 2008헌마514 등).

49 0667 ○△×|○△×|○△× 2022 경찰 1차

형사보상에 관한 설명 중 가장 적절하지 않은 것은? (다툼이 있는 경우 판례에 의함)

① 형사보상의 청구에 대한 보상의 결정에 대하여는 불복을 신청할 수 없도록 단심재판으로 규정한 형사보상법 조항은 형사보상인용결정의 안정성을 유지하고, 신속한 형사보상절차의 확립을 통해 형사보상에 관한 국가예산 수립의 안정성을 확보하며, 나아가 상급법원의 부담을 경감하고자 하는 데 그 목적이 있으므로 청구인들의 형사보상청구권을 침해하지 않는다.

② 형사보상의 청구를 무죄재판이 확정된 때로부터 1년 이내에 하도록 규정하고 있는 형사보상법 조항은 입법재량의 한계를 일탈하여 청구인의 형사보상청구권을 침해한다.

③ 형사보상 및 명예회복에 관한 법률에 따르면 본인이 수사 또는 심판을 그르칠 목적으로 거짓 자백을 하거나 다른 유죄의 증거를 만듦으로써 기소, 미결구금 또는 유죄재판을 받게 된 것으로 인정된 경우에는 법원은 재량으로 보상청구의 전부 또는 일부를 기각할 수 있다.

④ 국가의 형사사법행위가 고의·과실로 인한 것으로 인정되는 경우에는 국가배상청구 등 별개의 절차에 의하여 인과관계 있는 모든 손해를 배상받을 수 있으므로, 형사보상절차로써 인과관계 있는 모든 손해를 보상하지 않는다고 하여 반드시 부당하다고 할 수는 없다.

지문분석 난이도 중 정답 ①

| **키 워 드** | 형사보상청구권

| **출제유형** | 조문 + 판례

① (X) 보상액의 산정에 기초되는 사실인정이나 보상액에 관한 판단에서 오류나 불합리성이 발견되는 경우에도 그 시정을 구하는 불복신청을 할 수 없도록 하는 것은 형사보상청구권 및 그 실현을 위한 기본권으로서의 재판청구권의 본질적 내용을 침해하는 것이라 할 것이고, 나아가 법적안정성만을 지나치게 강조함으로써 재판의 적정성과 정의를 추구하는 사법제도의 본질에 부합하지 아니하는 것이다. 또한, 불복을 허용하더라도 즉시항고는 절차가 신속히 진행될 수 있고 사건수도 과다하지 아니한 데다 그 재판내용도 비교적 단순하므로 불복을 허용한다고 하여 상급심에 과도한 부담을 줄 가능성은 별로 없다고 할 것이어서, 이 사건 불복금지조항은 형사보상청구권 및 재판청구권을 침해한다고 할 것이다(헌재 2010.10.28. 2008헌마514 등).

② (O) 형사보상청구권은 국가의 형사사법작용에 의해 신체의 자유라는 중대한 법익을 침해받은 국민을 구제하기 위하여 헌법상 보장된 국민의 기본권이므로 일반적인 사법상의 권리보다 더 확실하게 보호되어야 할 권리이다. 그럼에도 불구하고 아무런 합리적인 이유 없이 그 청구기간을 1년이라는 단기간으로 제한한 것은 입법목적 달성에 필요한 정도를 넘어선 것이라고 할 것이다. 따라서 이 사건 법률조항은 입법재량의 한계를 일탈하여 청구인의 형사보상청구권을 침해한 것이다(헌재 2010.7.29. 2008헌가4).

③ (O) 형사보상 및 명예회복에 관한 법률 제4조

> **형사보상 및 명예회복에 관한 법률 제4조(보상하지 아니할 수 있는 경우)** 다음 각 호의 어느 하나에 해당하는 경우에는 법원은 재량으로 보상청구의 전부 또는 일부를 기각할 수 있다.
> 1. 형법 제9조(형사미성년자) 및 제10조(심신장애인) 제1항의 사유로 무죄재판을 받은 경우
> 2. 본인이 수사 또는 심판을 그르칠 목적으로 거짓 자백을 하거나 다른 유죄의 증거를 만듦으로써 기소, 미결구금 또는 유죄재판을 받게 된 것으로 인정된 경우
> 3. 1개의 재판으로 경합범의 일부에 대하여 무죄재판을 받고 다른 부분에 대하여 유죄재판을 받았을 경우

④ (O) 형사피고인 등으로서 적법하게 구금되었다가 후에 무죄판결 등을 받음으로써 발생하는 신체의 자유 제한에 대한 보상은 형사사법절차에 내재하는 불가피한 위험으로 인한 피해에 대한 보상으로서, 국가의 위법·부당한 행위를 전제로 하는 국가배상과는 그 취지 자체가 상이한 것이고, 따라서 그 보상 범위도 손해배상의 범위와 동일하여야 하는 것이 아니다. 국가의 형사사법행위가 고의·과실로 인한 것으로 인정되는 경우에는 국가배상청구 등 별개의 절차에 의하여 인과관계 있는 모든 손해를 배상받을 수 있으므로, 형사보상절차로써 인과관계 있는 모든 손해를 보상하지 않는다고 하여 반드시 부당하다고 할 수는 없을 것이다(헌재 2010.10.28. 2008헌마514 등).

50 0668 ○△×|○△×|○△× 2021 경찰 승진

형사보상청구권에 대한 설명으로 가장 적절한 것은? (다툼이 있는 경우 판례에 의함)

① 형사보상 결정에 대하여는 불복을 신청할 수 없도록 하여 형사보상의 결정을 단심재판으로 규정한 형사보상법 조항은 형사보상청구권을 침해한다.
② 형사보상청구는 무죄재판이 확정된 때로부터 1년 이내에 하여야 한다.
③ 형사피의자로서 구금되었던 자에게 보상을 하는 것이 선량한 풍속 그 밖에 사회질서에 위배된다고 인정할 특별한 사정이 있는 경우라도 피의자보상의 전부를 지급하여야 한다.
④ 형사보상제도에 따라 형사보상금을 수령한 피고인은 다시 국가배상법에 의한 손해배상을 청구할 수 없다.

지문분석 난이도 하 정답 ①

| 키 워 드 | 형사보상청구권
| 출제유형 | 조문 + 판례

① (○) 보상액의 산정에 기초되는 사실인정이나 보상액에 관한 판단에서 오류나 불합리성이 발견되는 경우에도 그 시정을 구하는 불복신청을 할 수 없도록 하는 것은 형사보상청구권 및 그 실현을 위한 기본권으로서의 재판청구권의 본질적 내용을 침해하는 것이라 할 것이고, 나아가 법적 안정성만을 지나치게 강조함으로써 재판의 적정성과 정의를 추구하는 사법제도의 본질에 부합하지 아니하는 것이다. 또한, 불복을 허용하더라도 즉시항고는 절차가 신속히 진행될 수 있고 사건수도 과다하지 아니한 데다 그 재판 내용도 비교적 단순하므로 불복을 허용한다고 하여 상급심에 과도한 부담을 줄 가능성은 별로 없다고 할 것이어서, 이 사건 불복금지조항은 형사보상청구권 및 재판청구권을 침해한다고 할 것이다(헌재 2010.10.28. 2008헌마514 등).
② (×) 보상청구는 무죄재판이 확정된 사실을 안 날부터 3년, 무죄재판이 확정된 때부터 5년 이내에 하여야 한다(형사보상 및 명예회복에 관한 법률 제8조).
③ (×) 보상을 하는 것이 선량한 풍속이나 그 밖에 사회질서에 위배된다고 인정할 특별한 사정이 있는 경우에는 피의자보상의 전부 또는 일부를 지급하지 아니할 수 있다(동법 제27조 제2항 제3호).
④ (×) 이 법은 보상을 받을 자가 다른 법률에 따라 손해배상을 청구하는 것을 금지하지 아니한다(동법 제6조 제1항). 다른 법률에 따라 손해배상을 받을 자가 같은 원인에 대하여 이 법에 따른 보상을 받았을 때에는 그 보상금의 액수를 빼고 손해배상의 액수를 정하여야 한다(동조 제3항).

51 0669 ○△×|○△×|○△× 2015 법원직 9급(변형)

형사보상청구권에 대한 설명으로 옳지 않은 것은?

① 우리 헌법상 형사보상청구권은 형사피고인에 대해서는 건국헌법에서부터 9차 헌법까지 계속 규정이 있었으나 형사피의자에 대해서는 9차 헌법에서 처음으로 신설되었다.
② 형사피의자 또는 형사피고인으로서 미결구금, 형집행으로 구금되었어야 하며, 이때의 구금에는 형의 집행을 위한 구치나 노역장유치의 집행이 포함된다. 따라서 불구속으로 조사를 받거나 재판을 받은 자는 형사보상을 청구할 수 없다.
③ 피의자에 대한 형사보상청구 요건으로서의 불기소처분은 범인이 아니거나 구금한 당시부터 불기소처분의 사유가 존재하여 공소를 제기하지 아니하는 처분을 의미하므로, 구금된 이후 불기소처분의 사유가 있는 경우와 불기소처분이 종국적인 것이 아닐 경우에는 형사보상을 청구할 수 없다.
④ 면소(免訴) 또는 공소기각(公訴棄却)의 재판을 받아 확정된 피고인이 면소 또는 공소기각의 재판을 할 만한 사유가 없었더라면 무죄재판을 받을 만한 현저한 사유가 있었을 경우에는 보상을 청구할 수 있으나, 치료감호를 받은 자는 보상청구를 할 수 없다.

지문분석 난이도 중 정답 ④

| 키 워 드 | 형사보상청구권
| 출제유형 | 이론 + 조문

④ (×) 형사소송법에 따라 면소 또는 공소기각의 재판을 받아 확정된 피고인이 면소 또는 공소기각의 재판을 할 만한 사유가 없었더라면 무죄재판을 받을 만한 현저한 사유가 있었을 경우 또는 치료감호법 제7조에 따라 치료감호의 독립 청구를 받은 피치료감호청구인의 치료감호사건이 범죄로 되지 아니하거나 범죄사실의 증명이 없는 때에 해당되어 청구기각의 판결을 받아 확정된 경우에도 보상을 청구할 수 있다(형사보상 및 명예회복에 관한 법률 제26조 제1항).
① (○) 우리 헌법은 형사피고인에 대한 보상은 건국헌법부터, 형사피의자에 대한 보상은 현행헌법부터 규정하고 있다.

> **헌법 제28조** 형사피의자 또는 형사피고인으로서 구금되었던 자가 법률이 정하는 불기소처분을 받거나 무죄판결을 받은 때에는 법률이 정하는 바에 의하여 국가에 정당한 보상을 청구할 수 있다.

② (○) 형사보상청구권의 성립요건에 따라 구금되었어야 하며, 불구속 수사의 경우에는 인정되지 않는다. 구금에는 형의 집행을 위한 구치나 노역장 유치의 집행이 포함된다.
③ (○) 형사보상 및 명예회복에 관한 법률 제27조 제1항

5 범죄피해자구조청구권

52 0670 ○△×|○△×|○△× 2015 경찰 승진

범죄피해자구조청구권에 대한 설명으로 가장 적절하지 않은 것은?

① 범죄피해자구조청구권이라 함은 타인의 범죄행위로 인하여 생명·신체에 대한 피해를 입은 국민이 가해자로부터 충분한 배상을 받지 못한 경우에 국가에 대하여 경제적 구조를 청구할 수 있는 권리를 말한다.

② 범죄피해자구조는 피해자가 사망한 경우에는 유족이, 중상해 등을 당한 경우에는 본인이 청구한다.

③ 범죄피해자 보호법에 의할 때 외국인이 구조피해자이거나 유족인 경우에는 구조를 청구할 수 없다.

④ 구조대상 범죄피해란 대한민국의 영역 안에서 또는 대한민국의 영역 밖에 있는 대한민국의 선박이나 항공기 안에서 행하여진 사람의 생명 또는 신체를 해치는 죄에 해당하는 행위로 인하여 사망하거나 장해 또는 중상해를 입은 것을 말한다.

지문분석 난이도 하 정답 ③

| 키 워 드 | 범죄피해자구조청구권

| 출제유형 | 이론＋조문

③ (X) 이 법은 외국인이 구조피해자이거나 유족인 경우에는 해당 국가의 상호보증이 있는 경우에만 적용한다(범죄피해자 보호법 제23조).

① (O) 범죄피해자구조청구권이란 본인의 귀책사유가 없는 타인의 범죄행위로 말미암아 생명을 잃거나 신체상 피해를 입은 국민이나 그 유족이 가해자로부터 충분한 피해 배상을 받지 못한 경우 국가에 대하여 일정한 보상을 청구할 수 있는 권리를 말한다.

② (O) 범죄피해자구조청구권자에 대한 설명이다.

④ (O) "구조대상 범죄피해"란 대한민국의 영역 안에서 또는 대한민국의 영역 밖에 있는 대한민국의 선박이나 항공기 안에서 행하여진 사람의 생명 또는 신체를 해치는 죄에 해당하는 행위(형법 제9조, 제10조 제1항, 제12조, 제22조 제1항에 따라 처벌되지 아니하는 행위를 포함하며, 같은 법 제20조 또는 제21조 제1항에 따라 처벌되지 아니하는 행위 및 과실에 의한 행위는 제외한다)로 인하여 사망하거나 장해 또는 중상해를 입은 것을 말한다(범죄피해자 보호법 제3조 제1항 제4호).

53 0671 ○△×|○△×|○△× 2018 경찰 승진

범죄피해자구조청구권에 대한 설명으로 가장 적절하지 않은 것은? (다툼이 있는 경우 판례에 의함)

① 범죄피해자구조금을 받을 권리는 그 구조결정이 해당 신청인에게 송달된 날로부터 2년간 행사하지 않으면 시효로 인하여 소멸된다.

② 범죄피해자구조청구권의 대상이 되는 범죄피해에 해외에서 발생한 범죄피해의 경우를 포함하고 있지 아니한 것이 현저하게 불합리한 자의적 차별이라고 볼 수 없어 평등의 원칙에 위배되지 아니한다.

③ 자기 또는 타인의 형사사건의 수사 또는 재판에서 고소·고발 등 수사단서를 제공하거나 진술, 증언 또는 자료를 제출하다가 구조피해자가 된 경우에 범죄피해구조금을 지급한다.

④ 범죄피해구조금을 받을 권리는 그 2분의 1 상당액에 한하여 양도 또는 담보로 제공하거나 압류할 수 있다.

지문분석 난이도 중 정답 ④

| 키 워 드 | 범죄피해자구조청구권

| 출제유형 | 조문＋판례

④ (X) 구조금을 받을 권리는 양도하거나 담보로 제공하거나 압류할 수 없다(범죄피해자 보호법 제32조).

① (O) 동법 제31조

② (O) 헌재 2011.12.29. 2009헌마354

③ (O) 동법 제16조 제2호

54 0672 ○△×|○△×|○△× 2020 경찰 승진

범죄피해자구조청구권에 관한 설명 중 가장 적절한 것은? (다툼이 있는 경우 판례에 의함)

① 범죄피해자구조청구권은 생명, 신체에 대한 피해를 입은 경우에 적용되는 것은 물론이고 재산상 피해를 입은 경우에도 적용된다.

② 범죄행위 당시 구조피해자와 가해자 사이에 사실상의 혼인관계가 있는 경우에도 구조피해자에게 구조금을 지급한다.

③ 범죄피해구조금을 받을 권리는 그 구조결정이 해당 신청인에게 송달된 날부터 1년간 행사하지 아니하면 시효로 인하여 소멸된다.

④ 헌법재판소는 범죄피해자구조청구권의 대상이 되는 범죄피해에 해외에서 발생한 범죄피해의 경우를 포함하고 있지 아니한 것이 현저하게 불합리한 자의적인 차별이라고 볼 수 없어 평등원칙에 위배되지 아니한다고 결정하였다.

지문분석 난이도 중 정답 ④

| 키 워 드 | 범죄피해자구조청구권

| 출제유형 | 조문 + 판례

④ (○) 국가의 주권이 미치지 못하고 국가의 경찰력 등을 행사할 수 없거나 행사하기 어려운 해외에서 발생한 범죄에 대하여는 국가에 그 방지책임이 있다고 보기 어렵고, 상호보증이 있는 외국에서 발생한 범죄피해에 대하여는 국민이 그 외국에서 피해구조를 받을 수 있으며, 국가의 재정에 기반을 두고 있는 구조금에 대한 청구권 행사대상을 우선적으로 대한민국의 영역 안의 범죄피해에 한정하고, 향후 해외에서 발생한 범죄피해의 경우에도 구조를 하는 방향으로 운영하는 것은 입법형성의 재량의 범위 내라고 할 것이다. 따라서 범죄피해자구조청구권의 대상이 되는 범죄피해에 해외에서 발생한 범죄피해의 경우를 포함하고 있지 아니한 것이 현저하게 불합리한 자의적인 차별이라고 볼 수 없어 평등원칙에 위배되지 아니한다(헌재 2011.12.29. 2009헌마354).

① (×) "구조대상 범죄피해"란 대한민국의 영역 안에서 또는 대한민국의 영역 밖에 있는 대한민국의 선박이나 항공기 안에서 행하여진 사람의 생명 또는 신체를 해치는 죄에 해당하는 행위(형법 제9조, 제10조 제1항, 제12조, 제22조 제1항에 따라 처벌되지 아니하는 행위를 포함하며, 같은 법 제20조 또는 제21조 제1항에 따라 처벌되지 아니하는 행위 및 과실에 의한 행위는 제외한다)로 인하여 사망하거나 장해 또는 중상해를 입은 것을 말한다(범죄피해자 보호법 제3조 제1항 제4호).

② (×) 범죄행위 당시 구조피해자와 가해자 사이에 부부(사실상의 혼인관계를 포함한다)관계인 경우 구조금을 지급하지 아니한다(동법 제19조 제1항 제1호).

③ (×) 구조금을 받을 권리는 그 구조결정이 해당 신청인에게 송달된 날부터 2년간 행사하지 아니하면 시효로 인하여 소멸된다(동법 제31조).

55 0673 ○△×|○△×|○△× 2022 경찰 승진

범죄피해자구조청구권에 관한 설명 중 가장 적절하지 않은 것은? (다툼이 있는 경우 판례에 의함)

① 타인의 범죄행위로 인하여 생명·신체에 대한 피해를 받은 국민은 법률이 정하는 바에 의하여 국가로부터 구조를 받을 수 있다.

② 범죄피해자 보호법 제17조 제2항의 유족구조금은 사람의 생명 또는 신체를 해치는 죄에 해당하는 행위로 인하여 사망한 피해자 또는 그 유족들에 대한 손해배상을 목적으로 하는 것으로서, 위 범죄행위로 인한 손해를 전보하기 위하여 지급된다는 점에서 불법행위로 인한 적극적 손해의 배상과 같은 종류의 금원이라고 봄이 타당하다.

③ 범죄피해자 보호법에 따르면 구조금의 지급신청은 해당 구조대상 범죄피해의 발생을 안 날부터 3년이 지나거나 해당 구조대상 범죄피해가 발생한 날부터 10년이 지나면 할 수 없다.

④ 범죄피해자 보호법에 따르면 국가는 구조피해자나 유족이 해당 구조대상 범죄피해를 원인으로 하여 손해배상을 받았으면 그 범위에서 구조금을 지급하지 아니한다.

지문분석 난이도 하 정답 ②

| 키 워 드 | 범죄피해자구조청구권

| 출제유형 | 조문 + 판례

② (×) 범죄피해자 보호법에 의한 범죄피해 구조금 중 위 법 제17조 제2항의 유족구조금은 사람의 생명 또는 신체를 해치는 죄에 해당하는 행위로 인하여 사망한 피해자 또는 그 유족들에 대한 손실보상을 목적으로 하는 것으로서, 위 범죄행위로 인한 손실 또는 손해를 전보하기 위하여 지급된다는 점에서 불법행위로 인한 소극적 손해의 배상과 같은 종류의 금원이라고 봄이 타당하다(대판 2017.11.9. 2017다228083).

① (○) 헌법 제30조

> **헌법 제30조** 타인의 범죄행위로 인하여 생명·신체에 대한 피해를 받은 국민은 법률이 정하는 바에 의하여 국가로부터 구조를 받을 수 있다.

③ (○) 범죄피해자 보호법 제25조

> **범죄피해자 보호법 제25조(구조금의 지급신청)** ② 제1항에 따른 신청은 해당 구조대상 범죄피해의 발생을 안 날부터 3년이 지나거나 해당 구조대상 범죄피해가 발생한 날부터 10년이 지나면 할 수 없다.

④ (○) 동법 제21조

> **범죄피해자 보호법 제21조(손해배상과의 관계)** ① 국가는 구조피해자나 유족이 해당 구조대상 범죄피해를 원인으로 하여 손해배상을 받았으면 그 범위에서 구조금을 지급하지 아니한다.

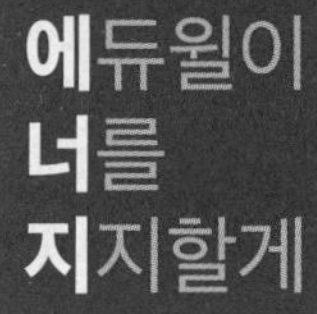

ENERGY

내가 목표에 달성한 비밀을 말해줄게.
나의 강점은 바로 끈기야.

– 루이스 파스퇴르(Louis Pasteur)

CHAPTER

05 사회적 기본권

■ 문항 수: 62문항

1 사회적 기본권과 인간다운 생활권

01 0674 ○△×|○△×|○△× 2018 경찰 승진(변형)

사회적 기본권에 대한 설명으로 가장 적절하지 않은 것은? (다툼이 있는 경우 판례에 의함)

① 근로자가 사업주의 지배관리 아래 출퇴근하던 중 발생한 사고로 부상 등이 발생한 경우에만 업무상 재해로 인정하는 산업재해보상보험법 조항은 평등원칙에 위배되지 아니한다.
② 공무원연금법상 퇴직연금의 수급자가 사립학교 교직원연금법 제3조의 학교기관으로부터 보수 기타 급여를 지급받고 있는 경우 퇴직연금의 지급을 정지하도록 한 공무원연금법 조항은 헌법에 위배되지 않는다.
③ 사회적 기본권의 성격을 가지는 연금수급권은 국가에 대하여 적극적으로 급부를 요구하는 것이므로 법률에 의한 형성을 필요로 한다.
④ 청원경찰의 복무에 관하여 국가공무원법 제66조 제1항을 준용함으로써 노동운동을 금지하는 청원경찰법 조항은 국가기관이나 지방자치단체 이외의 곳에서 근무하는 청원경찰인 청구인들의 근로3권을 침해한다.

지문분석 난이도 ㊥ 정답 ①

| 키 워 드 | 사회적 기본권
| 출제유형 | 판례

① (×) 근로자가 사업주의 지배관리 아래 출퇴근하던 중 발생한 사고로 부상 등이 발생한 경우만 업무상 재해로 인정하는 것은 합리적 이유 없이 비혜택근로자를 자의적으로 차별하는 것이므로, 헌법상 평등원칙에 위배된다(헌재 2016.9.29. 2014헌바254).
② (○) 헌재 2000.6.29. 98헌바106
③ (○) 공무원연금법상의 연금수급권과 같은 사회보장수급권은 헌법 제34조의 규정으로부터 도출되는 사회적 기본권의 하나이며, 따라서 국가에 대하여 적극적으로 급부를 요구하는 것이므로 헌법 규정만으로는 이를 실현할 수 없고, 법률에 의한 형성을 필요로 한다(헌재 2012.8.23. 2010헌바425).
④ (○) 국가기관이나 지방자치단체에 근무하는 청원경찰의 근로조건은 국가나 지방자치단체가 그 비용을 부담하므로 공무원과 마찬가지로 국가 등의 예산상황과 조화될 수 있는 범위에서 정해질 필요가 있으나, 그 외의 곳에서 근무하는 청원경찰의 근로조건은 이러한 제한을 받지 아니하고 사인인 청원주와의 합의에 따라 정해진다. 국가기관이나 지방자치단체 이외의 곳에서 근무하는 청원경찰이 청원주와 실질적으로 동등한 지위에서 근로조건을 결정하기 위해서는, 근로3권이 일률적으로 부정되어서는 아니 된다. 그럼에도 심판대상 조항은 근로조건이나 신분보장을 고려하지 않고 모든 청원경찰의 근로3권을 전면적으로 제한하고 있다. 따라서 국가기관이나 지방자치단체 이외의 곳에서 근무하는 청원경찰은 사용자인 청원주와의 고용계약에 의한 근로자일 뿐, 국민전체에 대한 봉사자로서 국민에 대하여 책임을 지며 그 신분과 정치적 중립성이 법률에 의해 보장되는 공무원 신분이 아니다(헌재 2008.7.31. 2004헌바9; 헌재 2010.2.25. 2008헌바160 참조). 법률이 정하는 바에 따라 근로3권이 제한적으로만 인정되는 헌법 제33조 제2항의 공무원으로 볼 수는 없는 이상, 일반근로자인 청원경찰에게는 기본적으로 헌법 제33조 제1항에 따라 근로3권이 보장되어야 한다. 그러므로 국가기관이나 지방자치단체 이외의 곳에서 근무하는 청원경찰인 청구인들의 근로3권을 침해한다(헌재 2017.9.28. 2015헌마653).

02 0675 ○△×|○△×|○△× 2021 법원직 9급

사회적 기본권에 관한 다음 설명 중 가장 옳지 않은 것은?

① 모든 국민은 인간다운 생활을 할 권리를 가지며 국가는 생활능력 없는 국민을 보호할 의무가 있다는 헌법의 규정은 헌법재판에 있어서는 다른 국가기관, 즉 입법부나 행정부가 국민으로 하여금 인간다운 생활을 영위하도록 하기 위하여 객관적으로 필요한 최소한의 조치를 취할 의무를 다하였는지를 기준으로 국가기관의 행위의 합헌성을 심사하여야 한다는 통제규범으로 작용하는 것이다.
② 국가는 사회적 기본권에 의하여 제시된 국가의 의무와 과제를 언제나 국가의 현실적인 재정·경제 능력의 범위 내에서 다른 국가과제와의 조화와 우선순위결정을 통하여 이행할 수밖에 없다.
③ 국가는 노인과 청소년의 복지향상을 위한 정책을 실시할 의무를 진다.
④ 헌법은 국가의 재해예방 의무에 대해서 아무런 규정을 두고 있지 않다.

지문분석 난이도 하 정답 ④

| 키 워 드 | 사회적 기본권
| 출제유형 | 조문+판례

④ (X) 국가는 재해를 예방하고 그 위험으로부터 국민을 보호하기 위하여 노력하여야 한다(헌법 제34조 제6항).
① (O) 모든 국민은 인간다운 생활을 할 권리를 가지며 국가는 생활능력 없는 국민을 보호할 의무가 있다는 헌법의 규정은 입법부와 행정부에 대하여는 국민소득, 국가의 재정능력과 정책 등을 고려하여 가능한 범위 안에서 최대한으로 모든 국민이 물질적인 최저생활을 넘어서 인간의 존엄성에 맞는 건강하고 문화적인 생활을 누릴 수 있도록 하여야 한다는 행위의 지침, 즉 행위규범으로서 작용하지만, 헌법재판에 있어서는 다른 국가기관, 즉 입법부나 행정부가 국민으로 하여금 인간다운 생활을 영위하도록 하기 위하여 객관적으로 필요한 최소한의 조치를 취할 의무를 다하였는지의 여부를 기준으로 국가기관의 행위의 합헌성을 심사하여야 한다는 통제규범으로 작용하는 것이다(헌재 1997.5.29. 94헌마33).
② (O) 국가는 사회적 기본권에 의하여 제시된 국가의 의무와 과제를 언제나 국가의 현실적인 재정·경제능력의 범위 내에서 다른 국가과제와의 조화와 우선순위결정을 통하여 이행할 수밖에 없다. 그러므로 사회적 기본권은 입법과정이나 정책결정과정에서 사회적 기본권에 규정된 국가목표의 무조건적인 최우선적 배려가 아니라 단지 적절한 고려를 요청하는 것이다(헌재 2002.12.18. 2002헌마52).
③ (O) 국가는 노인과 청소년의 복지향상을 위한 정책을 실시할 의무를 진다(헌법 제34조 제4항).

03 0676 ○△×|○△×|○△× 2021 법원직 9급

다음 설명 중 가장 옳지 않은 것은?

① 국가는 균형 있는 국민경제의 성장 및 안정과 적정한 소득의 분배를 유지하고, 시장의 지배와 경제력의 남용을 방지하며, 경제주체 간의 조화를 통한 경제의 민주화를 위하여 경제에 관한 규제와 조정을 할 수 있다.
② 입법자는 공무원연금법상 연금수급권의 구체적 내용을 형성함에 있어 반드시 민법상 상속의 법리와 순위에 따라야 하는 것은 아니고, 공무원연금법의 입법목적에 맞도록 독자적으로 규율할 수 있다.
③ 부모의 자녀교육권은 다른 기본권과는 달리, 기본권의 주체인 부모의 자기결정권이라는 의미에서 보장되는 자유가 아니라 자녀의 보호와 인격발현을 위하여 부여되는 기본권이다.
④ 헌법 제32조 제1항이 규정한 근로의 권리는 개인인 근로자 외에 노동조합 또한 그 주체가 된다.

지문분석 난이도 하 정답 ④

| 키 워 드 | 사회적 기본권
| 출제유형 | 조문+판례

④ (X) 헌법 제32조 제1항이 규정한 근로의 권리는 근로자를 개인의 차원에서 보호하기 위한 권리로서 개인인 근로자가 그 주체가 되는 것이고 노동조합은 그 주체가 될 수 없으므로, 이 사건 법률 조항이 노동조합을 비과세 대상으로 규정하지 않았다 하여 헌법 제32조 제1항에 반한다고 볼 여지는 없다(헌재 2009.2.26. 2007헌바27).
① (O) 국가는 균형 있는 국민경제의 성장 및 안정과 적정한 소득의 분배를 유지하고, 시장의 지배와 경제력의 남용을 방지하며, 경제주체 간의 조화를 통한 경제의 민주화를 위하여 경제에 관한 규제와 조정을 할 수 있다(헌법 제119조 제2항).
② (O) 공무원연금법상의 퇴직급여, 유족급여 등 각종 급여를 받을 권리, 즉 연금수급권에는 사회적 기본권의 하나인 사회보장수급권의 성격과 재산권의 성격이 불가분적으로 혼재되어 있으므로, 입법자로서는 연금수급권의 구체적 내용을 정함에 있어 반드시 민법상 상속의 법리와 순위에 따라야 하는 것이 아니라 공무원연금제도의 목적 달성에 알맞도록 독자적으로 규율할 수 있고, 여기에 필요한 정책판단·결정에 관하여는 일차적으로 입법자의 재량에 맡겨져 있다(헌재 1999.4.29. 97헌마333).
③ (O) 부모의 자녀교육권은 다른 기본권과는 달리, 기본권의 주체인 부모의 자기결정권이라는 의미에서 보장되는 자유가 아니라, 자녀의 보호와 인격발현을 위하여 부여되는 기본권이다. 다시 말하면, 부모의 자녀교육권은 자녀의 행복이란 관점에서 보장되는 것이며, 자녀의 행복이 부모의 교육에 있어서 그 방향을 결정하는 지침이 된다(헌재 2009.10.29. 2008헌마635).

04 0677 ○△×|○△×|○△× 2022 경찰 간부

사회적 기본권에 대한 설명으로 가장 적절하지 않은 것은? (다툼이 있는 경우 헌법재판소 판례에 의함)

① 사실혼 배우자에게 상속권을 인정하지 않는 민법 제1003조 제1항 중 '배우자' 부분이 사실혼 배우자의 상속권 및 평등권을 침해하고, 헌법 제36조 제1항에 위반된다.
② 가족제도에 관한 전통문화란 가족제도에 관한 헌법이념인 개인의 존엄과 양성평등에 반하는 것이어서는 안 된다는 한계가 도출되므로 어떤 가족제도가 개인의 존엄과 양성평등에 반한다면 헌법 제9조를 근거로 그 헌법적 정당성을 주장할 수는 없다.
③ 악취가 배출되는 사업장이 있는 지역을 악취관리지역으로 지정함으로써 악취방지를 위한 예방적·관리적 조처를 할 수 있도록 한 것은 헌법상 국가와 국민의 환경보전의무를 바탕으로 주민의 건강과 생활환경의 보전을 위하여 사업장에서 배출되는 악취를 규제·관리하기 위한 적합한 수단이다.
④ 교도소 수용자들의 자살을 방지하기 위하여 독거실 내 화장실 창문에 안전철망을 설치한 행위는 수형자의 환경권 등 기본권을 침해하지 않는다.

지문분석 난이도 중 정답 ①

| 키 워 드 | 사회적 기본권
| 출제유형 | 판례

① (X) 이 사건 법률조항이 사실혼 배우자에게 상속권을 인정하지 아니하는 것은 상속인에 해당하는지 여부를 객관적인 기준에 의하여 파악할 수 있도록 함으로써 상속을 둘러싼 분쟁을 방지하고, 상속으로 인한 법률관계를 조속히 확정시키며, 거래의 안전을 도모하기 위한 것이다. 사실혼 배우자는 혼인신고를 함으로써 상속권을 가질 수 있고, 증여나 유증을 받는 방법으로 상속에 준하는 효과를 얻을 수 있으며, 근로기준법, 국민연금법 등에 근거한 급여를 받을 권리 등이 인정된다. 따라서 이 사건 법률조항이 사실혼 배우자의 상속권을 침해한다고 할 수 없다(헌재 2014.8.28. 2013헌바119).
② (○) 우리 헌법은 제정 당시부터 특별히 혼인의 남녀동권을 헌법적 혼인질서의 기초로 선언함으로써 우리 사회 전래의 가부장적인 봉건적 혼인질서를 더 이상 용인하지 않겠다는 헌법적 결단을 표현하였으며, 현행 헌법에 이르러 양성평등과 개인의 존엄은 혼인과 가족제도에 관한 최고의 가치규범으로 확고히 자리잡았다. 한편, 헌법 전문과 헌법 제9조에서 말하는 "전통", "전통문화"란 역사성과 시대성을 띤 개념으로서 헌법의 가치질서, 인류의 보편가치, 정의와 인도정신 등을 고려하여 오늘날의 의미로 포착하여야 하며, 가족제도에 관한 전통·전통문화란 적어도 그것이 가족제도에 관한 헌법이념인 개인의 존엄과 양성의 평등에 반하는 것이어서는 안 된다는 한계가 도출되므로, 전래의 어떤 가족제도가 헌법 제36조 제1항이 요구하는 개인의 존엄과 양성평등에 반한다면 헌법 제9조를 근거로 그 헌법적 정당성을 주장할 수는 없다(헌재 2005.2.3. 2001헌가9 등).
③ (○) 악취관리지역 지정요건 중 하나로 '악취와 관련된 민원이 1년 이상 지속되고, 악취가 제7조 제1항에 따른 배출허용기준을 초과하는 지역'을 정한 구 악취방지법 제6조 제1항 제1호가 명확성원칙에 위반되지 않고, 악취관리지역 내 악취배출시설 운영자인 청구인들의 직업수행의 자유를 침해하지 않아 헌법에 위반되지 않는다(헌재 2020.12.23. 2019헌바25).
④ (○) 교정시설 내 자살사고는 수용자 본인이 생명을 잃는 중대한 결과를 초래할 뿐만 아니라 다른 수용자들에게도 직접적으로 부정적인 영향을 미치고 나아가 교정시설이나 교정정책 전반에 대한 불신을 야기할 수 있다는 점에서 이를 방지할 필요성이 매우 크고, 그에 비해 청구인에게 가해지는 불이익은 채광·통풍이 다소 제한되는 정도에 불과하다. 따라서 이 사건 설치행위는 청구인의 환경권 등 기본권을 침해하지 아니한다(헌재 2014.6.26. 2011헌마150).

05 0678 ○△×|○△×|○△× 2019 법원직 9급

헌법상 사회적 기본권(사회권)에 관한 다음 설명 중 가장 옳지 않은 것은?

① 검정고시로 고등학교 졸업학력을 취득한 사람들의 수시모집 지원을 제한하는 내용의 피청구인 국립교육대학교 등의 2017학년도 신입생 수시모집 입시요강은 검정고시 출신자인 청구인들의 균등하게 교육을 받을 권리를 침해한다.

② 공무원연금법에 따른 퇴직연금일시금을 지급받은 사람 및 그 배우자를 기초연금 수급권자의 범위에서 제외하는 기초연금법 조항은 위 퇴직연금일시금을 지급받은 사람 및 그 배우자의 인간다운 생활을 할 권리를 침해하지 않는다.

③ 업무상 질병으로 인한 업무상 재해에 있어 업무와 재해 사이의 상당인과관계에 대한 입증책임을 이를 주장하는 근로자나 그 유족에게 부담시키는 산업재해보상보험법 조항이 해당 근로자나 그 유족의 사회보장수급권을 침해한다고 볼 수 없다.

④ 도시환경정비사업의 시행으로 인하여 철거되는 주택의 소유자를 위하여 임시수용시설을 설치하도록 규정하지 않은 도시 및 주거환경정비법 조항은 위 도시환경정비사업의 시행으로 철거되는 주택의 소유자에 대하여 최소한의 물질적 생활도 보장하지 않는 것이므로 인간다운 생활을 할 권리를 침해하는 것이다.

지문분석 난이도 ❸ 정답 ④

| 키 워 드 | 사회적 기본권

| 출제유형 | 판례

④ (X) 헌법 제34조 제1항에 따른 인간다운 생활을 할 권리는 사회권적 기본권의 일종으로서 인간의 존엄에 상응하는 최소한의 물질적인 생활의 유지에 필요한 급부를 국가에게 적극적으로 요구할 수 있는 권리를 의미한다. 그런데 도시환경정비사업의 시행으로 인하여 철거되는 주택의 소유자를 위하여 사업시행기간 동안 거주할 임시수용시설을 설치하는 것은 국가에 대하여 최소한의 물질적 생활을 요구할 수 있는 인간다운 생활을 할 권리의 향유와 관련되어 있다고 할 수 없다. 또한, 청구인과 같은 주택의 소유자는 정비사업에 의하여 건설되는 주택을 자신의 선택에 따라 분양받을 수 있는 우선적 권리를 향유하게 되고, 정비사업의 완료 후에는 종전보다 주거환경이 개선된 기존의 생활근거지에서 계속 거주할 수 있으므로 청구인의 주장처럼 생활의 근거를 상실하는 것도 아니다. 그렇다면 이 사건 법률 조항이 인간다운 생활을 할 권리를 제한하거나 침해한다고 할 수 없다(헌재 2014.3.27. 2011헌바396).

① (○) 이 사건 수시모집요강은 기초생활수급자 및 차상위계층, 장애인 등을 대상으로 하는 일부 특별전형에만 검정고시 출신자의 지원을 허용하고 있을 뿐 수시모집에서의 검정고시 출신자의 지원을 일률적으로 제한하여 실질적으로 검정고시 출신자의 대학입학 기회의 박탈이라는 결과를 초래하고 있다. 수시모집의 학생선발방법이 정시모집과 동일할 수는 없으나, 이는 수시모집에서 응시자의 수학능력이나 그 정도를 평가하는 방법이 정시모집과 다른 것을 의미하며, 수학능력이 있는 자들에게 동등한 기회를 주고 합리적인 선발 기준에 따라 학생을 선발하여야 한다는 점에서는 정시모집과 다르다고 할 수 없다. 따라서 이 사건 수시모집요강이 수시모집에서 검정고시 출신의 응시자에게 수학능력이 있는지 여부를 평가할 수 있는 기회를 부여하지 아니하고 이를 박탈한다는 것은 수학능력에 따른 합리적인 차별이라고 보기 어렵다. 이러한 사정을 종합하면, 이 사건 수시모집요강은 검정고시 출신자인 청구인들을 합리적인 이유 없이 차별하여 청구인들의 교육을 받을 권리를 침해한다고 할 수 있다(헌재 2017.12.28. 2016헌마649).

② (○) 공무원연금법에 따른 퇴직연금일시금 수급자 및 그 배우자를 기초연금 지급대상에서 제외한 것은 노인의 생활안정과 복리향상이라는 기초연금법의 입법목적을 달성하기 위하여 퇴직연금일시금을 받음으로써 소득기반을 제공받은 사람과 나아가 그러한 사람과 하나의 생활공동체를 형성하여 소득기반을 공유하는 사람인 배우자를 제외하기 위한 것으로서, 그 입법목적의 합리성을 인정할 수 있다. 이상에서 본 바와 같은 심판대상 조항의 입법목적의 합리성, 다른 법령상의 사회보장체계 및 공무원에 대한 후생복지제도 등을 종합적으로 고려하여 보면, 심판대상 조항으로 인하여 청구인들의 기초연금 수급권행사에 어느 정도의 제한이 초래된다 하더라도, 이로 인해 국가가 실현해야 할 객관적 내용의 최소한도 보장에도 이르지 못하게 된다거나 헌법상 용인될 수 있는 재량의 범위를 명백히 일탈하게 된다고 보기는 어렵다. 따라서 심판대상 조항이 공무원연금법에 따른 퇴직연금일시금을 받은 사람과 그 배우자의 인간다운 생활을 할 권리를 침해한다고 할 수 없다(헌재 2018.8.30. 2017헌바197 등).

③ (○) 업무와 재해 사이의 상당인과관계 여부와 상관없이 업무상 발생한 모든 재해를 산재보험으로 보장하거나 재해근로자의 상당인과관계에 대한 입증책임을 면해 준다면, 재해근로자와 그 가족의 생활을 보다 많이 보장할 수는 있겠으나, 보험재정의 건전성에 문제를 발생시켜 결과적으로 생활보호가 필요한 근로자와 그 가족을 보호할 수 없게 하는 사태를 초래할 수 있다. 따라서 심판대상 조항이 업무와 재해 사이의 상당인과관계에 대한 입증책임을 근로자 측에게 부담시키는 것은 합리적인 이유가 있다. 이러한 점들을 고려할 때, 근로자 측이 현실적으로 부담하는 입증책임이 근로자 측의 보호를 위한 산재보험제도 자체를 형해화시킬 정도로 과도하다고 보기도 어렵다. 따라서 심판대상 조항이 청구인들의 사회보장수급권을 침해하였다고 볼 수 없다(헌재 2015.6.25. 2014헌바269).

06 0679 ○△×|○△×|○△× 2020 법원직 9급

사회적 기본권에 관한 다음 설명 중 가장 옳지 않은 것은?

① 사회보장수급권은 사회적 기본권으로서 국가에게 적극적으로 급부를 요구할 수 있는 권리를 주된 내용으로 하며, 헌법 제34조 제1항, 제2항에 의하여 보장된다.

② 국가가 인간다운 생활을 보장하기 위한 헌법적 의무를 다하였는지의 여부가 사법적 심사의 대상이 된 경우에는, 국가가 최저생활보장에 관한 입법을 전혀 하지 아니하였다든지, 그 내용이 현저히 불합리하여 헌법상 용인될 수 있는 재량의 범위를 명백히 일탈한 경우에 한하여 헌법에 위반된다.

③ 인간다운 생활을 보장하기 위한 객관적인 내용의 최소한을 보장하고 있는지 여부는 심판대상 조항만을 가지고 판단하여서는 안 되고, 다른 법령에 의거하여 국가가 최저생활보장을 위하여 지급하는 각종 급여나 각종 부담의 감면 등도 함께 고려하여 판단하여야 한다.

④ 보건복지부장관이 고시한 생계보호기준에 따른 생계보호의 수준이 일반 최저생계비에 못 미친다면, 인간다운 생활을 보장하기 위하여 국가가 실현해야 할 객관적 내용의 최소한도의 보장에도 이르지 못한 것이므로 청구인들의 행복추구권과 인간다운 생활을 할 권리를 침해한 것이다.

지문분석 난이도 하 정답 ④

| 키 워 드 | 사회적 기본권

| 출제유형 | 판례

④ (X), ③ (O) 국가가 행하는 생계보호의 수준이 그 재량의 범위를 명백히 일탈하였는지의 여부, 즉 인간다운 생활을 보장하기 위한 객관적 내용의 최소한을 보장하고 있는지의 여부는 생활보호법에 의한 생계보호급여만을 가지고 판단하여서는 아니 되고 그 외의 법령에 의거하여 국가가 생계보호를 위하여 지급하는 각종 급여나 각종 부담의 감면 등을 총괄한 수준을 가지고 판단하여야 하는바, 1994년도를 기준으로 생활보호대상자에 대한 생계보호급여와 그 밖의 각종 급여 및 각종 부담감면의 액수를 고려할 때, 이 사건 생계보호기준이 청구인들의 인간다운 생활을 보장하기 위하여 국가가 실현해야 할 객관적 내용의 최소한도의 보장에도 이르지 못하였다거나 헌법상 용인될 수 있는 재량의 범위를 명백히 일탈하였다고는 보기 어렵고, 따라서 비록 위와 같은 생계보호의 수준이 일반 최저생계비에 못 미친다고 하더라도 그 사실만으로 곧 그것이 헌법에 위반된다거나 청구인들의 행복추구권이나 인간다운 생활을 할 권리를 침해한 것이라고는 볼 수 없다(헌재 1997.5.29. 94헌마33).

① (O) 헌법은 제34조 제1항에서 국민에게 인간다운 생활을 할 권리를 보장하는 한편, 동조 제2항에서는 국가의 사회보장 및 사회복지증진의무를 천명하고 있다. 이 헌법의 규정에 의거하여 국민에게 주어지게 되는 사회보장에 따른 국민의 수급권은 국가에게 적극적으로 급부를 요구할 수 있는 권리를 주된 내용으로 하기 때문에, 국가가 국민에게 '인간다운 생활을 할 권리'를 보장하기 위하여 국가의 보호를 필요로 하는 국민들에게 한정된 가용자원을 분배하는 이른바 사회보장권에 관한 입법을 할 경우에는 국가의 재정부담능력, 전체적인 사회보장수준과 국민감정 등 사회정책적인 고려, 제도의 장기적인 지속을 전제로 하는 데서 오는 제도의 비탄력성과 같은 사회보장제도의 특성 등 여러 가지 요소를 감안하여야 하는 것이어서 입법자에게 광범위한 입법재량이 부여되지 않을 수 없고, 따라서 헌법상의 사회보장권은 그에 관한 수급요건, 수급자의 범위, 수급액 등 구체적인 사항이 법률에 규정됨으로써 비로소 구체적인 법적 권리로 형성되는 것이다(헌재 2000.6.1. 98헌마216).

② (O) 국가가 인간다운 생활을 보장하기 위한 헌법적인 의무를 다하였는지의 여부가 사법적 심사의 대상이 된 경우에는, 국가가 생계보호에 관한 입법을 전혀 하지 아니하였다든가 그 내용이 현저히 불합리하여 헌법상 용인될 수 있는 재량의 범위를 명백히 일탈한 경우에 한하여 헌법에 위반된다고 할 수 있다(헌재 1997.5.29. 94헌마33).

07 0680 ○△×|○△×|○△× 2019 서울시 7급

사회적 기본권에 대한 설명으로 가장 옳지 않은 것은?

① 교원 재임용의 심사요소로 학생교육·학문연구·학생지도를 언급하되 이를 모두 필수요소로 강제하지 않는 사립학교법 제53조의2 제7항 전문은 교원의 신분에 대한 부당한 박탈을 방지함과 동시에 대학의 자율성을 도모한 것으로서 교원지위법정주의에 위반되지 아니한다.

② 국가 또는 지방자치단체의 정책결정에 관한 사항이나 기관의 관리·운영에 관한 사항으로서 근무조건과 직접 관련되지 아니하는 사항을 공무원노동조합의 단체교섭 대상에서 제외하고 있는 공무원의 노동조합 설립 및 운영 등에 관한 법률 제8조 제1항 단서 중 '직접' 부분은 명확성원칙에 위반된다.

③ 모든 국민은 인간다운 생활을 할 권리를 가지며 국가는 생활능력 없는 국민을 보호할 의무가 있다는 헌법의 규정은 모든 국가기관을 기속하지만, 그 기속의 의미는 적극적·형성적 활동을 하는 입법부 또는 행정부의 경우와 헌법재판에 의한 사법적 통제기능을 하는 헌법재판소에 있어서 동일하지 아니하다.

④ 헌법 제32조 제1항이 규정하는 근로의 권리는 사회적 기본권으로서 국가에 대하여 직접 일자리를 청구하거나 일자리에 갈음하는 생계비의 지급청구권을 의미하는 것이 아니라 고용증진을 위한 사회적·경제적 정책을 요구할 수 있는 권리에 그치며, 근로의 권리로부터 국가에 대한 직접적인 직장존속청구권이 도출되는 것도 아니다.

지문분석 난이도 ㊤ 정답 ②

| 키 워 드 | 사회적 기본권

| 출제유형 | 판례

② (X) 이 사건 규정에서 말하는 공무원노조의 비교섭대상은 정책결정에 관한 사항과 기관의 관리·운영에 관한 사항 중 그 자체가 공무를 제공하는 조건이 되는 사항을 제외한 사항이 될 것이다. 따라서 이 사건 규정 상의 '직접'의 의미가 법집행 기관의 자의적인 법집행을 초래할 정도로 불명확하다고 볼 수 없으므로 명확성원칙에 위반된다고 볼 수 없다(헌재 2013.6.27. 2012헌바169).

① (O) 학교법인은 다양한 교육수요에 적합한 강의전담교원과 연구전담교원을 재량적으로 임용할 수 있는바, 강의전담교원에 대한 재임용 심사는 직무의 성질상 학생교육이 주된 평가기준이 되어야 할 것인데 법에서 학문연구에 대한 평가를 강제한다면 적절한 평가가 이루어질 수 없을 것이고, 반대로 연구전담교원에 대한 재임용 심사에서 학문연구가 아닌 학생교육에 대한 평가를 강제한다면 역시 불합리할 것이다. 따라서 이 사건 법률 조항이 교원 재임용 심사에 학생교육·학문연구·학생지도라는 3가지 기준을 예시하는 한편 이를 바탕으로 대학이 객관적이고 적절한 평가기준을 마련할 수 있도록 한 것은, 교원의 신분에 대한 부당한 박탈을 방지함과 동시에 대학의 자율성을 도모한 것으로서 교원지위법정주의에 위반되지 아니한다(헌재 2014.4.24. 2012헌바336).

③ (O) 모든 국민은 인간다운 생활을 할 권리를 가지며 국가는 생활능력 없는 국민을 보호할 의무가 있다는 헌법의 규정은 모든 국가기관을 기속하지만, 그 기속의 의미는 적극적·형성적 활동을 하는 입법부 또는 행정부의 경우와 헌법재판에 의한 사법적 통제기능을 하는 헌법재판소에 있어서 동일하지 아니하다(헌재 1997.5.29. 94헌마33).

④ (O) 헌법 제32조 제1항이 규정하는 근로의 권리는 사회적 기본권으로서 국가에 대하여 직접 일자리를 청구하거나 일자리에 갈음하는 생계비의 지급청구권을 의미하는 것이 아니라 고용증진을 위한 사회적·경제적 정책을 요구할 수 있는 권리에 그치며, 근로의 권리로부터 국가에 대한 직접적인 직장존속청구권이 도출되는 것도 아니다(헌재 2011.7.28. 2009헌마408).

08 0681 ○△×|○△×|○△× 2015 국가직 7급

사회적 기본권에 대한 설명으로 옳지 않은 것은? (다툼이 있는 경우 판례에 의함)

① 모든 국민은 인간다운 생활을 할 권리를 가지며 국가는 생활능력 없는 국민을 보호할 의무가 있다는 헌법의 규정은 모든 국가기관을 기속하지만, 그 기속의 의미는 적극적·형성적 활동을 하는 입법부 또는 행정부의 경우와 헌법재판에 의한 사법적 통제기능을 하는 헌법재판소에 있어서 동일하지 아니하다.

② 근로의 권리가 "일할 자리에 관한 권리"만이 아니라 "일할 환경에 관한 권리"도 내포하고 있는바, 후자는 건강한 작업환경, 일에 대한 정당한 보수, 합리적인 근로조건의 보장을 요구할 수 있는 권리를 포함한다.

③ 교원 재임용의 심사요소로 학생교육·학문연구·학생지도를 언급하되 이를 모두 필수요소로 강제하지 않는 사립학교법 제53조의2 제7항 전문은 교원의 신분에 대한 부당한 박탈을 방지함과 동시에 대학의 자율성을 도모한 것으로서 교원지위법정주의에 위반되지 아니한다.

④ 국가 또는 지방자치단체의 정책결정에 관한 사항이나 기관의 관리·운영에 관한 사항으로서 근무조건과 직접 관련되지 아니하는 사항을 공무원노동조합의 단체교섭대상에서 제외하고 있는 공무원의 노동조합설립 및 운영 등에 관한 법률 제8조 제1항 단서 중 '직접' 부분은 명확성원칙에 위반된다.

지문분석 난이도 중 정답 ④

| 키 워 드 | 사회적 기본권

| 출제유형 | 판례

④ (X) 국가 또는 지방자치단체의 정책결정에 관한 사항은 일정한 목적 실현을 위해 국가 또는 지방자치단체가 법령 등에 근거하여 자신의 권한과 책임으로 행하여야 할 사항을 의미하고, 기관의 관리·운영에 관한 사항은 법령 등에 근거하여 설치, 조직된 기관이 그 목적 달성을 위하여 해당 기관의 판단과 책임에 따라 업무를 처리하도록 정해져 있는 사항을 의미하며, 이 사항들 중 근무조건과 '직접' 관련되어 교섭대상이 되는 사항은 공무원이 공무를 제공하는 조건이 되는 사항 그 자체를 의미하는 것이므로, 이 사건 규정에서 말하는 공무원노조의 비교섭대상은 정책결정에 관한 사항과 기관의 관리·운영에 관한 사항 중 그 자체가 공무를 제공하는 조건이 되는 사항을 제외한 사항이 될 것이다. 따라서 이 사건 규정상의 '직접'의 의미가 법집행 기관의 자의적인 법집행을 초래할 정도로 불명확하다고 볼 수 없으므로 명확성원칙에 위반된다고 볼 수 없다(헌재 2013.6.27. 2012헌바169).

① (O) 모든 국민은 인간다운 생활을 할 권리를 가지며 국가는 생활능력 없는 국민을 보호할 의무가 있다는 헌법의 규정은 입법부와 행정부에 대하여는 국민소득, 국가의 재정능력과 정책 등을 고려하여 가능한 범위 안에서 최대한으로 모든 국민이 물질적인 최저생활을 넘어서 인간의 존엄성에 맞는 건강하고 문화적인 생활을 누릴 수 있도록 하여야 한다는 행위의 지침, 즉 행위규범으로서 작용하지만, 헌법재판에 있어서는 다른 국가기관, 즉 입법부나 행정부가 국민으로 하여금 인간다운 생활을 영위하도록 하기 위하여 객관적으로 필요한 최소한의 조치를 취할 의무를 다하였는지의 여부를 기준으로 국가기관의 행위의 합헌성을 심사하여야 한다는 통제규범으로 작용하는 것이다(헌재 1997.5.29. 94헌마33).

② (O) 근로의 권리가 "일할 자리에 관한 권리"만이 아니라 "일할 환경에 관한 권리"도 함께 내포하고 있는바, 후자는 인간의 존엄성에 대한 침해를 방어하기 위한 자유권적 기본권의 성격도 갖고 있어 건강한 작업환경, 일에 대한 정당한 보수, 합리적인 근로조건의 보장 등을 요구할 수 있는 권리 등을 포함한다고 할 것이므로 외국인 근로자라고 하여 이 부분에까지 기본권 주체성을 부인할 수는 없다(헌재 2007.8.30. 2004헌마670).

③ (O) 교원 재임용의 심사요소로 학생교육·학문연구·학생지도를 언급하되 이를 모두 필수요소로 강제하지 않는 사립학교법 제53조의2 제7항 전문은 교원의 신분에 대한 부당한 박탈을 방지함과 동시에 대학의 자율성을 도모한 것으로서 교원지위법정주의에 위반되지 아니한다(헌재 2014.4.24. 2012헌바336).

09 0682 ○△×|○△×|○△× 2016 경찰 승진

사회보장수급권에 관한 설명 중 가장 적절하지 않은 것은? (다툼이 있는 경우 판례에 의함)

① 공무원연금법상 퇴직연금의 수급자가 사립학교교직원 연금법 제3조의 학교기관으로부터 보수 기타 급여를 지급받고 있는 경우, 그 기간 중 퇴직연금의 지급을 정지하도록 한 것은 기본권 제한의 입법한계를 일탈한 것으로 볼 수 없다.
② 휴직자에게 직장가입자의 자격을 유지시켜 휴직전월의 표준보수월액을 기준으로 보험료를 부과하는 것은 사회국가원리에 위배되지 않는다.
③ 공무원연금법상의 연금수급권은 국가에 대하여 적극적으로 급부를 요구하는 것이므로 헌법 규정만으로는 실현될 수 없고, 법률에 의한 형성을 필요로 한다.
④ 국민연금의 급여수준은 납입한 연금보험료의 금액을 기준으로 결정하여야 하며, 한 사람의 수급권자에게 여러 종류의 수급권이 발생한 경우에는 중복하여 지급해야 한다.

지문분석 난이도 중 정답 ④

| 키 워 드 | 사회보장수급권
| 출제유형 | 판례

④ (×) 국민연금의 급여수준은 수급권자가 최저생활을 유지하는 데 필요한 금액을 기준으로 결정해야 할 것이지 납입한 연금보험료의 금액을 기준으로 결정하거나 여러 종류의 수급권이 발생하였다고 하여 반드시 중복하여 지급해야 할 것은 아니다(헌재 2000.6.1. 97헌마190).
① (○) 공무원연금법상 퇴직연금의 수급자가 사립학교교직원 연금법 제3조의 학교기관으로부터 보수 기타 급여를 지급받는 경우 퇴직연금의 지급을 정지하도록 한 공무원연금법 제47조 제1호 규정이 기본권 제한의 입법한계를 일탈하여 헌법에 위반되지 않는다(헌재 2000.6.29. 98헌바106).
② (○) 국민건강보험법 제63조 제2항이 휴직자도 직장가입자의 자격을 유지함을 전제로 기존의 보험료 부담을 그대로 지우고 있는 것은 일시적·잠정적 근로관계의 중단에 불과한 휴직제도의 본질, 휴직자에 대한 보험급여의 필요성, 별도의 직장가입자인 배우자 등이 있는 휴직자와 그렇지 않은 휴직자 간의 형평성, 보험공단의 재정부담 등 여러 가지 사정을 고려한 것으로서, 입법형성의 범위 내에서 합리적으로 결정한 것이라 볼 수 있으므로 사회국가원리에 어긋난다거나 휴직자의 사회적 기본권 내지 평등권 등을 침해한다고 볼 수 없다(헌재 2003.6.26. 2001헌마699).
③ (○) 공무원연금법상의 퇴직급여, 유족급여 등 각종 급여를 받을 권리, 즉 연금수급권은 사회적 기본권의 하나인 사회보장수급권의 성격과 재산권의 성격을 아울러 지니고 있다고 하겠다. 연금수급권의 헌법적 보장과 그 한계 헌법 제34조 제1항은 "모든 국민은 인간다운 생활을 할 권리를 가진다"고 하고, 제2항은 "국가는 사회보장·사회복지의 증진에 노력할 의무를 진다"고 규정하고 있는바, 이 법상의 연금수급권과 같은 사회보장수급권은 이 규정들로부터 도출되는 사회적 기본권의 하나이다. 이와 같이 사회적 기본권의 성격을 가지는 연금수급권은 국가에 대하여 적극적으로 급부를 요구하는 것이므로 헌법 규정만으로는 이를 실현할 수 없고, 법률에 의한 형성을 필요로 한다(헌재 1999.4.29. 97헌마333).

10 0683 ○△×|○△×|○△× 2017 경찰 승진

사회적 기본권에 대한 설명으로 가장 적절하지 않은 것은? (다툼이 있는 경우 판례에 의함)

① 인간다운 생활을 할 권리 중 최소한의 물질적 생활의 유지 이상의 급부를 요구할 수 있는 구체적인 권리는 법률을 통하여 구체화할 때에 비로소 인정되는 법률적 차원의 권리이다.
② '의무교육은 무상으로 한다'는 헌법 제31조 제3항은 초등교육에 관하여는 직접적인 효력 규정으로서, 이로부터 개인은 국가에 대하여 초등학교의 입학금·수업료 등을 면제받을 수 있는 헌법상의 권리를 가진다.
③ 부모의 자녀교육권이란 부모의 자기결정권이라는 의미에서 보장되는 자유가 아니라, 자녀의 보호와 인격발현을 위하여 부여되는 것이므로, 자녀의 행복이란 관점에서 교육방향을 결정하라는 행위지침을 의미할 뿐 부모의 기본권이라고는 볼 수 없다.
④ 헌법상 보장되고 있는 학문의 자유 또는 교육을 받을 권리의 규정에서 교사의 수업권(授業權)이 파생되는 것으로 해석하여 기본권에 준하는 것으로 간주하더라도, 수업권을 내세워 국민의 수학권(修學權)을 침해할 수는 없다.

지문분석 난이도 중 정답 ③

| 키 워 드 | 사회적 기본권
| 출제유형 | 판례

③ (×) '부모의 자녀에 대한 교육권'은 비록 헌법에 명문으로 규정되어 있지는 아니하지만, 이는 모든 인간이 국적과 관계없이 누리는 양도할 수 없는 불가침의 인권으로서 혼인과 가족생활을 보장하는 헌법 제36조 제1항, 행복추구권을 보장하는 헌법 제10조 및 "국민의 자유와 권리는 헌법에 열거되지 아니한 이유로 경시되지 아니한다."라고 규정하는 헌법 제37조 제1항에서 나오는 중요한 기본권이다. 부모의 자녀교육권은 다른 기본권과는 달리, 기본권의 주체인 부모의 자기결정권이라는 의미에서 보장되는 자유가 아니라, 자녀의 보호와 인격발현을 위하여 부여되는 기본권이다. 다시 말하면, 부모의 자녀교육권은 자녀의 행복이란 관점에서 보장되는 것이며, 자녀의 행복이 부모의 교육에 있어서 그 방향을 결정하는 지침이 된다(헌재 2000.4.27. 98헌가16 등).
① (○) 인간의 존엄에 상응하는 생활에 필요한 "최소한의 물질적인 생활"의 유지에 필요한 급부를 요구할 수 있는 구체적인 권리가 상황에 따라서는 직접 도출될 수 있다고 할 수는 있어도, 동 기본권이 직접 그 이상의 급부를 내용으로 하는 구체적인 권리를 발생케 한다고는 볼 수 없다고 할 것이다. 이러한 구체적 권리는 국가가 재정형편 등 여러 가지 상황들을 종합적으로 감안하여 법률을 통하여 구체화할 때에 비로소 인정되는 법률적 차원의 권리라고 할 것이다(헌재 1995.7.21. 93헌가14).
② (○) 의무교육의 실시범위와 관련하여 의무교육의 무상원칙을 규정한 헌법 제31조 제3항은 초등교육에 관하여는 직접적인 효력 규정으로서 개인이 국가에 대하여 입학금·수업료 등을 면제받을 수 있는 헌법상의 권리라고 볼 수 있다(헌재 1991.2.11. 90헌가27).
④ (○) 헌법상 보장되고 있는 학문의 자유 또는 교육을 받을 권리의 규정에서 교사의 수업권이 파생되는 것으로 해석하여 기본권에 준하는 것으로 간주하더라도 수업권을 내세워 수학권을 침해할 수는 없으며 국민의 수학권의 보장을 위하여 교사의 수업권은 일정범위 내에서 제약을 받을 수밖에 없는 것이다(헌재 1992.11.12. 89헌마88).

11 0684 ○△×|○△×|○△× 2020 변호사

사회적 기본권에 관한 설명 중 옳은 것을 모두 고른 것은? (다툼이 있는 경우 판례에 의함)

ㄱ. 보건복지부장관이 고시한 생활보호사업지침상의 생계보호급여의 수준이 일반 최저생계비에 못 미친다고 하더라도 그 사실만으로 국민의 인간다운 생활을 보장하기 위하여 국가가 실현해야 할 객관적 내용의 최소한도의 보장에 이르지 못하였다거나 헌법상 용인될 수 있는 재량의 범위를 명백히 일탈하였다고 볼 수 없다.

ㄴ. 이름(성명)은 개인의 정체성과 개별성을 나타내는 인격의 상징으로서 개인이 사회 속에서 자신의 생활영역을 형성하고 발현하는 기초가 되므로, 부모가 자녀의 이름을 지을 자유는 혼인과 가족생활을 보장하는 헌법 제36조 제1항이 아니라 일반적 인격권 및 행복추구권을 보장하는 헌법 제10조에 의하여 보호받는다.

ㄷ. 헌법 제119조 제2항은 국가가 경제영역에서 실현하여야 할 목표의 하나로서 '적정한 소득의 분배'를 들고 있으므로, 이로부터 소득에 대하여 누진세율에 따른 종합과세를 시행하여야 할 구체적인 헌법적 의무가 입법자에게 부과된다.

ㄹ. 부모의 자녀에 대한 교육권은 비록 헌법에 명문으로 규정되어 있지는 않지만, 모든 인간이 누리는 불가침의 인권으로서 혼인과 가족생활을 보장하는 헌법 제36조 제1항, 행복추구권을 보장하는 헌법 제10조 및 "국민의 자유와 권리는 헌법에 열거되지 아니한 이유로 경시되지 아니한다."고 규정하는 헌법 제37조 제1항에서 도출되는 중요한 기본권이다.

ㅁ. 자녀의 양육과 교육에 있어서 부모의 교육권은 교육의 모든 영역에서 존중되어야 하며, 다만, 학교교육의 범주 내에서는 국가의 교육권한이 헌법적으로 독자적인 지위를 부여받음으로써 부모의 교육권과 함께 자녀의 교육을 담당하지만, 학교 밖의 교육영역에서는 원칙적으로 부모의 교육권이 우위를 차지한다.

① ㄱ, ㄴ　　② ㄱ, ㅁ
③ ㄱ, ㄹ, ㅁ　　④ ㄴ, ㄷ, ㄹ
⑤ ㄷ, ㄹ, ㅁ

지문분석

난이도 상 정답 ③

| 키 워 드 | 사회적 기본권
| 출제유형 | 판례

ㄱ. (O) 이 사건 생계보호기준이 청구인들의 인간다운 생활을 보장하기 위하여 국가가 실현해야 할 객관적 내용의 최소한도의 보장에도 이르지 못하였다거나 헌법상 용인될 수 있는 재량의 범위를 명백히 일탈하였다고는 보기 어렵고, 따라서 비록 위와 같은 생계보호의 수준이 일반 최저생계비에 못 미친다고 하더라도 그 사실만으로 곧 그것이 헌법에 위반된다거나 청구인들의 행복추구권이나 인간다운 생활을 할 권리를 침해한 것이라고는 볼 수 없다(헌재 1997.5.29. 94헌마33).

ㄹ. (O) '부모의 자녀에 대한 교육권'은 비록 헌법에 명문으로 규정되어 있지는 아니하지만, 이는 모든 인간이 누리는 불가침의 인권으로서 혼인과 가족생활을 보장하는 헌법 제36조 제1항, 행복추구권을 보장하는 헌법 제10조 및 "국민의 자유와 권리는 헌법에 열거되지 아니한 이유로 경시되지 아니한다"고 규정하는 헌법 제37조 제1항에서 나오는 중요한 기본권이다(헌재 2000.4.27. 98헌가16 등).

ㅁ. (O) 자녀의 양육과 교육에 있어서 부모의 교육권은 교육의 모든 영역에서 존중되어야 하며, 다만, 학교교육에 관한 한, 국가는 헌법 제31조에 의하여 부모의 교육권으로부터 원칙적으로 독립된 독자적인 교육권한을 부여받음으로써 부모의 교육권과 함께 자녀의 교육을 담당하지만, 학교 밖의 교육영역에서는 원칙적으로 부모의 교육권이 우위를 차지한다(헌재 2000.4.27. 98헌가16 등).

ㄴ. (X) 부모가 자녀의 이름을 지어주는 것은 자녀의 양육과 가족생활을 위하여 필수적인 것이고, 가족생활의 핵심적 요소라 할 수 있으므로, '부모가 자녀의 이름을 지을 자유'는 혼인과 가족생활을 보장하는 헌법 제36조 제1항과 행복추구권을 보장하는 헌법 제10조에 의하여 보호받는다(헌재 2016.7.28. 2015헌마964).

ㄷ. (X) 헌법 제119조 제2항은 국가가 경제영역에서 실현하여야 할 목표의 하나로서 "적정한 소득의 분배"를 들고 있지만, 이로부터 반드시 소득에 대하여 누진세율에 따른 종합과세를 시행하여야 할 구체적인 헌법적 의무가 조세입법자에게 부과되는 것이라고 할 수 없다(헌재 1999.11.25. 98헌마55).

12 0685 ○△×|○△×|○△× 2015 경찰 승진

대학의 자율성에 관한 설명 중 가장 적절하지 않은 것은? (다툼이 있는 경우 판례에 의함)

① 대학의 자율성은 헌법 제22조 제1항에서 보장하는 학문의 자유의 확실한 보장수단으로 꼭 필요한 것으로서 대학에게 부여된 헌법상의 기본권이다.

② 대학의 자율은 대학시설의 관리·운영만이 아니라 전반적인 것이라야 하므로 연구와 교육의 내용, 그 방법과 대상, 교과과정의 편성, 학생의 선발과 전형뿐만 아니라 교원의 임면에 관한 사항도 자율의 범위에 속한다.

③ 대학자치의 주체는 원칙적으로 교수 기타 연구자 조직이나 학생과 학생회도 학습활동과 직접 관련된 학생회 활동 기타 자치활동의 범위 내에서 그 주체가 될 수 있다고 보아야 한다.

④ 국립대학도 국가의 간섭 없이 인사·학사·시설·재정 등 대학과 관련된 사항들을 자주적으로 결정하고 운영할 자유를 가지며, 이러한 대학의 자율성은 원칙적으로 대학 자체의 계속적 존립에까지 미친다.

지문분석 난이도 중 정답 ④

| 키 워 드 | 대학의 자율성

| 출제유형 | 이론 + 판례

④ (X) 헌법 제31조 제4항이 보장하는 대학의 자율성이란 대학의 운영에 관한 모든 사항을 외부의 간섭 없이 자율적으로 결정할 수 있는 자유를 말한다. 국립대학인 세무대학은 공법인으로서 사립대학과 마찬가지로 대학의 자율권이라는 기본권의 보호를 받으므로, 세무대학은 국가의 간섭 없이 인사·학사·시설·재정 등 대학과 관련된 사항들을 자주적으로 결정하고 운영할 자유를 갖는다. 그러나 대학의 자율성은 그 보호영역이 원칙적으로 당해 대학 자체의 계속적 존립에까지 미치는 것은 아니다. 즉, 이러한 자율성은 법률의 목적에 의해서 세무대학이 수행해야 할 과제의 범위 내에서만 인정되는 것으로서, 세무대학의 설립과 폐교가 국가의 합리적인 고도의 정책적 결단 그 자체에 의존하고 있는 이상 세무대학의 계속적 존립과 과제수행을 자율성의 한 내용으로 요구할 수는 없다고 할 것이다. 따라서 이 사건 폐지법에 의해서 세무대학을 폐교한다고 해서 세무대학의 자율성이 침해되는 것은 아니다(헌재 2001.2.22. 99헌마613).

① (○) 교육의 자주성이나 대학의 자율성은 헌법 제22조 제12항이 보장하고 있는 학문의 자유의 확실한 보장수단으로 꼭 필요한 것으로서 이는 대학에게 부여된 헌법상의 기본권이다(헌재 1992.10.1. 92헌마68).

② (○) 대학의 자율은 대학시설의 관리·운영만이 아니라 전반적인 것이라야 하므로 연구와 교육의 내용, 그 방법과 대상, 교과과정의 편성, 학생의 선발과 전형 및 특히 교원의 임면에 관한 사항도 자율의 범위에 속한다(헌재 1998.7.16. 96헌바33).

③ (○) 대학자치의 주체는 원칙적으로 교수 기타 연구자 조직이나 학생과 학생회도 학습활동과 직접 관련된 학생회 활동 기타 자치활동의 범위 내에서 그 주체가 될 수 있다고 보아야 한다.

13 0686 ○△×|○△×|○△× 2016 법원직 9급

사회보장수급권에 관한 다음 설명 중 가장 옳지 않은 것은? (다툼이 있는 경우 헌법재판소 결정에 의함)

① 입법자는 공무원연금법상 연금수급권의 구체적 내용을 정함에 있어 반드시 민법상 상속의 법리와 순위에 따라야 하는 것이 아니라 공무원연금제도의 목적 달성에 알맞도록 독자적으로 규율할 수 있다.

② 공무원과는 달리 산재보험에 가입한 근로자의 통상의 출·퇴근 재해를 업무상 재해로 인정하지 않더라도 입법자의 입법형성의 한계를 벗어난 자의적인 차별은 아니다.

③ 공무원연금법상의 각종 급여는 후불임금으로서의 성격을 띠므로, 그에 관한 입법자의 입법재량은 일반적인 재산권과 유사하게 제한된다.

④ 공무원이 유족 없이 사망하였을 경우, 연금수급자의 범위를 직계존·비속으로만 한정하는 것은 공무원의 형제자매 등 다른 상속권자들의 재산권을 침해한 것으로 볼 수 없다.

지문분석 난이도 중 정답 ③

| 키 워 드 | 사회보장수급권

| 출제유형 | 판례

③ (X) 공무원연금법상의 각종 급여는 기본적으로 모두 사회보장적 급여로서의 성격을 가짐과 동시에 공로보상 내지 후불임금으로서의 성격도 함께 가지며 특히 퇴직연금수급권은 경제적 가치 있는 권리로서 헌법 제23조에 의하여 보장되는 재산권으로서의 성격을 가지는데 다만, 그 구체적인 급여의 내용, 기여금의 액수 등을 형성하는 데에 있어서는 직업공무원제도나 사회보험원리에 입각한 사회보장적 급여로서의 성격으로 인하여 일반적인 재산권에 비하여 입법자에게 상대적으로 보다 폭넓은 재량이 헌법상 허용된다고 볼 수 있다(헌재 2005.6.30. 2004헌바42).

① (○) 공무원연금법상의 퇴직급여, 유족급여 등 각종 급여를 받을 권리, 즉 연금수급권에는 사회적 기본권의 하나인 사회보장수급권의 성격과 재산권의 성격이 불가분적으로 혼재되어 있으므로, 입법자로서는 연금수급권의 구체적 내용을 정함에 있어 반드시 민법상 상속의 법리와 순위에 따라야 하는 것이 아니라 공무원연금제도의 목적 달성에 알맞도록 독자적으로 규율할 수 있고, 여기에 필요한 정책판단·결정에 관하여는 입법자에게 상당한 정도로 형성의 자유가 인정된다(헌재 1999.4.29. 97헌마333).

② (○) 공무원과는 달리 산재보험에 가입한 근로자의 통상의 출·퇴근 재해를 업무상 재해로 인정하고 있지 아니하더라도 그것이 현저히 불합리하여 입법자의 입법형성의 한계를 벗어난 자의적인 차별이라고 볼 수 없다(헌재 2013.9.26. 2012헌가16).

④ (○) 공무원이 유족 없이 사망하였을 경우, 연금수급자의 범위를 직계존비속으로만 한정하고 있는 공무원연금법 규정은 공무원의 형제자매 등 다른 상속권자들의 재산권(상속권)을 침해하지 않는다(헌재 2014.5.29. 2012헌마555).

14 0687 ○△×|○△×|○△× 2013 사법고시

장애인 보호에 관한 설명 중 옳지 않은 것은? (다툼이 있는 경우 헌법재판소 판례에 의함)

① 국가에게 장애인의 복지를 위하여 노력해야 할 의무가 있다는 것은 장애인도 인간다운 생활을 누릴 수 있는 사회질서를 형성해야 할 국가의 일반적인 의무를 뜻하는 것이지, 장애인을 위한 저상버스를 도입해야 한다는 구체적 의무가 헌법으로부터 나오는 것은 아니다.

② 언어장애를 가진 후보자를 위한 선거운동방법을 별도로 마련해 주지 않은 채 언어장애 후보자와 비장애 후보자의 선거운동방법을 같은 수준에서 일률적으로 제한하는 것은 평등권을 침해한 것이다.

③ 생활능력 없는 장애인의 인간다운 생활을 보장하기 위하여 행하는 사회부조에는 국민기초생활 보장법에 의한 생계급여 외에 다른 법령에 의하여 행하여지는 것도 있으므로, 장애인에 대한 최저생활보장 수준이 그 재량의 범위를 명백히 일탈하였는지 여부는 각종 급여나 부담의 감면 등을 총괄하여 판단하여야 한다.

④ 청각장애인은 문서나 정보통신망 등에 의해서 선거에 관한 정보를 얻을 수 있는 점, 다른 법률에서 장애인 차별금지의무를 규정하고 있는 점 등을 종합하면, 선거방송에서 청각장애인을 위한 수화 및 자막방송을 의무화하지 않는 것이 청각장애인의 참정권 침해라고 볼 수 없다.

⑤ 국가가 경제주체 간의 조화를 통한 경제의 민주화를 위해 규제와 조정을 할 수 있다고 천명하고 있는 헌법 규정 취지에 비추어 볼 때, 장애인고용의무제로 인하여 사업주의 계약의 자유가 일정한 범위 내에서 제한된다고 하여 곧 헌법상 비례의 원칙을 위반하였다고 볼 수 없다.

지문분석 난이도 상 정답 ②

| **키 워 드** | 사회적 기본권

| **출제유형** | 판례

② (X) 언어장애가 있는 후보자가 공직선거법에 규정된 방법 이외의 인쇄물, 녹음·녹화물 등을 반드시 이용하여야만 언어장애가 없는 후보자와의 동등한 위치를 확보한다고 보기는 어렵고, 설령 위와 같이 인쇄물 등의 선거운동방법을 별도로 허용한다고 하여도 장애인 후보자에게 현저하게 유익하다고 할 수도 없으므로, 공직선거법 제93조 제1항 본문이 장애인과 비장애인 후보자를 구분하지 아니하고 선거운동방법을 제한하였더라도 이를 두고 서로 다른 것을 자의적으로 동일하게 취급함으로써 이 사건 중증장애인 후보자인 청구인들의 평등권 등을 침해하는 것이라 볼 수 없다(헌재 2009.2.26. 2006헌마626).

① (O) 장애인의 복지를 향상해야 할 국가의 의무가 다른 다양한 국가과제에 대하여 최우선적인 배려를 요청할 수 없을 뿐 아니라, 나아가 헌법의 규범으로부터는 '장애인을 위한 저상버스의 도입'과 같은 구체적인 국가의 행위의무를 도출할 수 없는 것이다. 국가에게 헌법 제34조에 의하여 장애인의 복지를 위하여 노력을 해야 할 의무가 있다는 것은, 장애인도 인간다운 생활을 누릴 수 있는 정의로운 사회질서를 형성해야 할 국가의 일반적인 의무를 뜻하는 것이지, 장애인을 위하여 저상버스를 도입해야 한다는 구체적 내용의 의무가 헌법으로부터 나오는 것은 아니다(헌재 2002.12.18. 2002헌마52).

③ (O) 국가가 생활능력 없는 장애인의 인간다운 생활을 보장하기 위하여 행하는 사회부조에는 보장법에 의한 생계급여 지급을 통한 최저생활보장 외에 다른 법령에 의하여 행하여지는 것도 있으므로, 국가가 행하는 최저생활보장 수준이 그 재량의 범위를 명백히 일탈하였는지 여부, 즉 인간다운 생활을 보장하기 위한 객관적 내용의 최소한을 보장하고 있는지 여부는 보장법에 의한 생계급여만을 가지고 판단하여서는 아니 되고, 그 외의 법령에 의거하여 국가가 최저생활보장을 위하여 지급하는 각종 급여나 각종 부담의 감면 등을 총괄한 수준으로 판단하여야 한다(헌재 2004.10.28. 2002헌마328).

④ (O) 심판대상 조항이 수화방송 등을 의무사항으로 규정하지 아니한 취지는 수화방송 등이 원칙적으로 실시되어야 함을 부정하는 의미가 아니라 방송사업자 등의 시설장비나 기술수준 등에서 비롯되는 불가피한 사유로 말미암아 수화방송 등을 적시에 실시할 수 없는 경우도 있을 수 있다는 사정을 고려하였기 때문이라고 보이는 점, 현 단계에서 수화방송 등을 어떠한 예외도 없이 반드시 실시하여야만 하는 의무사항으로 규정할 경우 후보자의 선거운동의 자유와 방송사업자의 보도·편성의 자유를 제한하는 문제가 있을 수 있다는 점 등을 종합하면, 비록 심판대상 조항이 수화방송 등을 할 수 없는 예외사유를 보다 제한적으로 구체화하여 규정하는 것이 바람직하다고 볼 수는 있겠지만, 이 사건에서 심판대상 조항이 입법자의 입법형성의 범위를 벗어난 것으로서 청구인들의 참정권, 평등권 등 헌법상 기본권을 침해하는 정도의 것이라고 볼 수 없다(헌재 2009.5.28. 2006헌마285).

⑤ (O) 구법은 장애인이 그 능력에 맞는 직업생활을 통하여 인간다운 생활을 할 수 있도록 장애인의 고용촉진과 직업재활 및 직업안정을 도모함을 목적으로 장애인고용의무 및 고용부담금 제도를 마련하고 있다. 고용부담금제도는 이러한 장애인고용의무제의 실효성을 확보하는 수단이므로 입법목적의 정당성이 인정된다. 이 정도의 부담금이라면 사업주의 재산권 등을 과도하게 침해하는 것이라고 할 수 없고, 헌법상 요구되는 장애인의 고용촉진이라는 공익에 비추어 볼 때 법익의 균형성을 크게 잃었다고 볼 수도 없다(헌재 2003.7.24. 2001헌바96).

15 0688 ○△×|○△×|○△× 2012 국회직 8급(변형)

사회적 기본권에 관한 설명으로 옳은 것은? (다툼이 있는 경우 판례에 의함)

① 인간다운 생활을 할 권리란 국가에 대하여 인간의 존엄에 상응하는 최소한의 급부를 국가에 청구할 수 있는 권리를 말하는데, 헌법재판소는 '건강하고 문화적인 최저한도의 생활'을 인간의 존엄에 상응하는 최소한의 보장 수준으로 보고 있다.

② 국민연금법 제52조가 수급권자에게 2 이상의 급여의 수급권이 발생한 때 그 자의 선택에 의하여 그중의 하나만을 지급하고 다른 급여의 지급을 정지하도록 한 것은 공공복리를 위하여 필요하고 적정한 방법으로 볼 수 없어 헌법 제37조 제2항의 기본권 제한의 입법적 한계를 일탈한 것으로 볼 수 있다.

③ 일정한 경우 국가는 사인인 제3자에 의한 국민의 환경권 침해에 대해서 적극적으로 보호조치를 취할 의무를 지므로 공직선거법에서 확성장치 사용에 따른 소음제한기준을 두고 있지 않은 것은 국민의 정온한 환경에서 생활할 권리를 보호하기 위한 입법자의 의무를 과소하게 이행하였다고 볼 수 없다.

④ 종합부동산세에 있어서 자산소득에 대한 부부 간 합산과세는 자산소득의 특성을 고려하여 소비단위별 담세력에 부합하는 공평한 과세를 실현하기 위한 것으로서 합리적 근거가 있다.

⑤ 현대국가에서 조세의 유도적·형성적 기능은 국민이 공동의 목표로 삼고 있는 일정한 방향으로 국가사회를 유도하고 그러한 상태를 형성하기 위한 기능을 의미하고 이 같은 기능은 모든 국민으로 하여금 '인간다운 생활을 할 권리'를 보장한 헌법 제34조 제1항에 의하여 그 헌법적 정당성이 뒷받침되고 있다.

지문분석 난이도 ㊤ 정답 ⑤

| 키 워 드 | 사회적 기본권

| 출제유형 | 판례

⑤ (○) 조세의 유도적·형성적 기능은 우리 헌법상 '국민생활의 균등한 향상'을 기하도록 한 헌법전문, 모든 국민으로 하여금 '인간다운 생활을 할 권리'를 보장한 제34조 제1항, '균형 있는 국민경제의 성장 및 안정과 적정한 소득의 분배를 유지하고, 시장의 지배와 경제력의 남용을 방지하며 경제주체 간의 조화를 통한 경제의 민주화를 위하여' 국가로 하여금 필요한 제한과 의무를 과할 수 있도록 한 제122조 등에 의하여 그 헌법적 정당성이 뒷받침되고 있다(헌재 1994.7.29. 92헌바49).

① (X) 인간다운 생활을 할 권리로부터 인간의 존엄에 상응하는 최소한의 물질적인 생활의 유지에 필요한 급부를 요구할 수 있는 구체적인 권리가 상황에 따라서는 직접 도출될 수 있다고 할 수는 있어도, 동 기본권이 직접 그 이상의 급부를 내용으로 하는 구체적인 권리를 발생케 한다고는 볼 수 없다고 할 것이다. 이러한 구체적 권리는 국가가 재정형편 등 여러 가지 상황들을 종합적으로 감안하여 법률을 통하여 구체화할 때에 비로소 인정되는 법률적 차원의 권리라고 할 것이다. 그러므로 전공상자 등에게 인간다운 생활에 필요한 최소한의 물질적 수요를 충족시켜 주고 헌법상의 사회보장, 사회복지의 이념과 국가유공자에 대한 우선적 보호이념에 명백히 어긋나지 않은 한 입법자는 광범위한 입법재량권을 행사할 수 있다고 할 것이다(헌재 1998.2.27. 97헌가10).

② (X) 이 사건 법률 조항이 수급권자에게 2 이상의 급여의 수급권이 발생한 때 그 자의 선택에 의하여 그중의 하나만을 지급하고 다른 급여의 지급을 정지하도록 한 것은 공공복리를 위하여 필요하고 적정한 방법으로서 헌법 제37조 제2항의 기본권 제한의 입법적 한계를 일탈한 것으로 볼 수 없고, 또 합리적인 이유가 있으므로 평등권을 침해한 것도 아니다(헌재 2000.6.1. 97헌마190).

③ (X) 선거운동의 자유를 감안하여 선거운동을 위한 확성장치를 허용할 공익적 필요성이 인정된다고 하더라도 정온한 생활환경이 보장되어야 할 주거지역에서 출근 또는 등교 이전 및 퇴근 또는 하교 이후 시간대에 확성장치의 최고출력 내지 소음을 제한하는 등 사용시간과 사용지역에 따른 수인한도 내에서 확성장치의 최고출력 내지 소음 규제기준에 관한 규정을 두지 아니한 것은, 국민이 건강하고 쾌적하게 생활할 수 있는 양호한 주거환경을 위하여 노력하여야 할 국가의 의무를 부과한 헌법 제35조 제3항에 비추어 보면, 적절하고 효율적인 최소한의 보호조치를 취하지 아니하여 국가의 기본권 보호의무를 과소하게 이행한 것으로서, 청구인의 건강하고 쾌적한 환경에서 생활할 권리를 침해하므로 헌법에 위반된다(헌재 2019.12.27. 2018헌마730).

④ (X) 부부자산소득합산과세가 추구하는 공익은 입법정책적 법익에 불과한 반면, 이로 인하여 침해되는 것은 헌법이 강도 높게 보호하고자 하는 혼인을 근거로 한 차별금지라는 헌법적 가치이므로, 달성하고자 하는 공익과 침해되는 사익 사이에 적정한 균형관계를 인정할 수 없다. 그러므로 부부자산소득합산과세는 혼인한 부부를 비례의 원칙에 반하여 사실혼관계의 부부나 독신자에 비하여 차별하는 것으로서 헌법 제36조 제1항에 위반된다(헌재 2005.5.26. 2004헌가6).

16 0689 ○△×|○△×|○△× 2012 변호사(변형)

사회적 기본권에 관한 설명 중 옳지 않은 것은? (다툼이 있는 경우 판례에 의함)

① 국가의 사회보장·사회복지 증진의무나 재해예방노력의무 등의 성질에 비추어 국가가 어떠한 내용의 산재보험을 어떠한 범위와 방법으로 시행할지 여부는 입법자의 재량영역에 속하는 문제이고, 산재피해 근로자에게 인정되는 산재보험 수급권도 그와 같은 입법재량권의 행사에 의하여 제정된 산업재해보상보험법에 의하여 비로소 구체화되는 '법률상의 권리'이다.

② 외국인 산업연수생이 연수라는 명목하에 사업주의 지시·감독을 받으면서 사실상 노무를 제공하고 수당 명목의 금품을 수령하는 등 실질적인 근로관계에 있는 경우에도 근로기준법이 보장한 근로기준 중 주요사항을 그들에게 적용되지 않도록 하는 것은, 합리적인 근거가 없으므로 자의적인 차별이다.

③ 보건복지부장관이 장애로 인한 추가지출비용을 반영한 별도의 최저생계비를 결정하지 않은 채 가구별 인원수만을 기준으로 최저생계비를 결정한 당해 연도 최저생계비고시는, 생활능력이 없는 장애인가구 구성원의 인간다운 생활을 할 권리를 침해한다.

④ 헌법 제33조 제1항에서 '단체협약체결권'을 명시하여 규정하고 있지 않다고 하더라도, 근로조건의 향상을 위한 근로자 및 그 단체의 본질적인 활동의 자유인 '단체교섭권'에는 단체협약체결권이 포함되어 있다고 보아야 한다.

지문분석 난이도 중 정답 ③

| 키 워 드 | 사회적 기본권

| 출제유형 | 판례

③ (X) 국가가 생활능력 없는 장애인의 인간다운 생활을 보장하기 위하여 행하는 사회부조에는 보장법에 의한 생계급여 지급을 통한 최저생활보장 외에 다른 법령에 의하여 행하여지는 것도 있으므로 … 이러한 각종 급여 및 부담감면으로 인하여 추가적으로 보전 받는 효과를 나타내고 있다. 이러한 사정들에 비추어 보면, 보건복지부장관이 이 사건 고시를 하면서 장애인가구의 추가지출비용을 반영한 최저생계비를 별도로 정하지 아니한 채 가구별 인원수를 기준으로 한 최저생계비만을 결정·공표함으로써 장애인가구의 추가지출비용이 반영되지 않은 최저생계비에 따라 장애인가구의 생계급여 액수가 결정되었다 하더라도 그것만으로 국가가 생활능력 없는 장애인의 인간다운 생활을 보장하기 위한 조치를 취함에 있어서 국가가 실현해야 할 객관적 내용의 최소한도의 보장에도 이르지 못하였다거나 헌법상 용인될 수 있는 재량의 범위를 명백히 일탈하였다고는 보기 어렵다 할 것이어서 이 사건 고시로 인하여 생활능력 없는 장애인가구 구성원의 인간다운 생활을 할 권리가 침해되었다고 할 수 없다(헌재 2004.10.28. 2002헌마328).

① (O) 우리 헌법 제34조 제2항·제6항의 국가의 사회보장·사회복지 증진의무나 재해예방노력의무 등의 성질에 비추어 국가가 어떠한 내용의 산재보험을 어떠한 범위와 방법으로 시행할지 여부는 입법자의 재량영역에 속하는 문제이며, 산재피해 근로자에게 인정되는 산재보험수급권도 그와 같은 입법재량권의 행사에 의하여 제정된 산재보험법에 의하여 비로소 구체화되는 '법률상의 권리'이며, 개인에게 국가에 대한 사회보장·사회복지 또는 재해예방 등과 관련된 적극적 급부청구권은 인정하고 있지 않다고 보아야 할 것이다(헌재 2005.7.21. 2004헌바2).

② (O) 산업연수생이 연수라는 명목하에 사업주의 지시·감독을 받으면서 사실상 노무를 제공하고 수당 명목의 금품을 수령하는 등 실질적인 근로관계에 있는 경우에도, 근로기준법이 보장한 근로기준 중 주요사항을 외국인 산업연수생에 대하여만 적용되지 않도록 하는 것은 합리적인 근거를 찾기 어렵다. 특히 이 사건 중소기업청 고시에 의하여 사용자의 법준수능력이나 국가의 근로감독능력 등 사업자의 근로기준법 준수와 관련된 제반 여건이 갖추어진 업체만이 연수업체로 선정될 수 있으므로, 이러한 사업장에서 실질적 근로자인 산업연수생에 대하여 일반 근로자와 달리 근로기준법의 일부 조항의 적용을 배제하는 것은 자의적인 차별이라 아니할 수 없다(헌재 2007.8.30. 2004헌마670).

④ (O) 헌법 제33조 제1항이 "근로자는 근로조건의 향상을 위하여 자주적인 단결권, 단체교섭권, 단체행동권을 가진다."고 규정하여 근로자에게 "단결권, 단체교섭권, 단체행동권"을 기본권으로 보장하는 뜻은 근로자가 사용자와 대등한 지위에서 단체교섭을 통하여 자율적으로 임금 등 근로조건에 관한 단체협약을 체결할 수 있도록 하기 위한 것이다. 비록 헌법이 위 조항에서 '단체협약체결권'을 명시하여 규정하고 있지 않다고 하더라도 근로조건의 향상을 위한 근로자 및 그 단체의 본질적인 활동의 자유인 '단체교섭권'에는 단체협약체결권이 포함되어 있다고 보아야 한다(헌재 1998.2.27. 94헌바13).

17 0690 ○△×|○△×|○△× 2020 법원직 9급(변형)

사회적 기본권에 관한 설명 중 옳지 않은 것은? (다툼이 있는 경우 판례에 의함)

① '인간다운 생활을 할 권리'로부터는 인간의 존엄에 상응하는 생활에 필요한 '최소한의 물질적인 생활'의 유지에 필요한 급부를 요구할 수 있는 구체적인 권리가 상황에 따라서는 직접 도출될 수 있다고 할 수는 있어도, 동 기본권이 직접 그 이상의 급부를 내용으로 하는 구체적인 권리를 발생케 한다고는 볼 수 없다.

② 모든 국민은 인간다운 생활을 할 권리를 가지며 국가는 생활능력 없는 국민을 보호할 의무가 있다는 헌법의 규정은 모든 국가기관을 기속하므로, 입법부 또는 행정부의 경우와 헌법재판소의 경우에 있어서 그 기속력의 의미가 다르게 이해되어서는 안 된다.

③ 공무원연금법상의 연금수급권과 같은 사회보장수급권은 헌법 제34조의 규정으로부터 도출되는 사회적 기본권의 하나이며, 따라서 국가에 대하여 적극적으로 급부를 요구하는 것이므로 헌법 규정만으로는 이를 실현할 수 없고, 법률에 의한 형성을 필요로 한다.

④ 국가가 인간다운 생활을 보장하기 위한 헌법적 의무를 다하였는지의 여부가 사법적 심사의 대상이 된 경우에는, 국가가 생계보호에 관한 입법을 전혀 하지 아니하였다든가 그 내용이 현저히 불합리하여 헌법상 용인될 수 있는 재량의 범위를 명백히 일탈한 경우에 한하여 인간다운 생활을 할 권리를 보장한 헌법에 위반된다고 할 수 있다.

⑤ 형의 집행 및 수용자의 처우에 관한 법률에 의한 교도소·구치소에 수용 중인 자는 당해 법률에 의하여 생계유지의 보호를 받고 있으므로, 국민기초생활 보장법의 보충급여의 원칙에 따라 중복적인 보장을 피하기 위하여 위 수용자를 기초생활보장제도의 보장단위인 개별가구에서 제외키로 한 것은 위 수용자의 인간다운 생활을 할 권리를 침해하지 아니한다.

지문분석 난이도 ㊤ 정답 ②

| 키 워 드 | 사회적 기본권

| 출제유형 | 판례

② (X) 모든 국민은 인간다운 생활을 할 권리를 가지며 국가는 생활능력 없는 국민을 보호할 의무가 있다는 헌법의 규정은 모든 국가기관을 기속하지만, 그 기속의 의미는 적극적·형성적 활동을 하는 입법부 또는 행정부의 경우와 헌법재판에 의한 사법적 통제기능을 하는 헌법재판소에 있어서 동일하지 아니하다. 위와 같은 헌법의 규정이, 입법부나 행정부에 대하여는 국민소득, 국가의 재정능력과 정책 등을 고려하여 가능한 범위 안에서 최대한으로 모든 국민이 물질적인 최저생활을 넘어서 인간의 존엄성에 맞는 건강하고 문화적인 생활을 누릴 수 있도록 하여야 한다는 행위의 지침, 즉 행위규범으로서 작용하지만, 헌법재판에 있어서는 다른 국가기관, 즉 입법부나 행정부가 국민으로 하여금 인간다운 생활을 영위하도록 하기 위하여 객관적으로 필요한 최소한의 조치를 취할 의무를 다하였는지를 기준으로 국가기관의 행위의 합헌성을 심사하여야 한다는 통제규범으로 작용하는 것이다(헌재 1997.5.29. 94헌마33).

① (O) '인간다운 생활을 할 권리'로부터는, 그것이 사회복지·사회보장이 지향하여야 할 이념적 목표가 된다는 점을 별론으로 하면, 인간의 존엄에 상응하는 생활에 필요한 "최소한의 물질적인 생활"의 유지에 필요한 급부를 요구할 수 있는 구체적인 권리가 상황에 따라서는 직접 도출될 수 있다고 할 수는 있어도, 동 기본권이 직접 그 이상의 급부를 내용으로 하는 구체적인 권리를 발생케 한다고는 볼 수 없다고 할 것이다. 이러한 구체적 권리는 국가가 재정형편 등 여러 가지 상황들을 종합적으로 감안하여 법률을 통하여 구체화할 때에 비로소 인정되는 법률적 차원의 권리라고 할 것이다(헌재 2003.5.15. 2002헌마90).

③ (O) 공무원연금 수급권과 같은 사회보장 수급권은 '모든 국민은 인간다운 생활을 할 권리를 가지고, 국가는 사회보장·사회복지의 증진에 노력할 의무를 진다'고 규정한 헌법 제34조 제1항 및 제2항으로부터 도출되는 사회적 기본권 중의 하나로서, 이는 국가에 대하여 적극적으로 급부를 요구하는 것이므로 헌법 규정만으로는 이를 실현할 수 없어 법률에 의한 형성이 필요하고, 그 구체적인 내용 즉 수급요건, 수급권자의 범위 및 급여금액 등은 법률에 의하여 비로소 확정된다(헌재 2009.5.28. 2008헌바107).

④ (O) 국가가 인간다운 생활을 보장하기 위한 헌법적 의무를 다하였는지의 여부가 사법적 심사의 대상이 된 경우에는, 국가가 최저생활보장에 관한 입법을 전혀 하지 아니하였다든가 그 내용이 현저히 불합리하여 헌법상 용인될 수 있는 재량의 범위를 명백히 일탈한 경우에 한하여 헌법에 위반된다고 할 수 있다(헌재 2004.10.28. 2002헌마328).

⑤ (O) 생활이 어려운 국민에게 필요한 급여를 행하여 이들의 최저생활을 보장하기 위해 제정된 '국민기초생활 보장법'은 보충급여의 원칙을 채택하고 있는바, '형의 집행 및 수용자의 처우에 관한 법률'에 의한 교도소·구치소에 수용 중인 자는 당해 법률에 의하여 생계유지의 보호를 받고 있으므로 이러한 생계유지의 보호를 받고 있는 교도소·구치소에 수용 중인 자에 대하여 '국민기초생활 보장법'에 의한 중복적인 보장을 피하기 위하여 개별가구에서 제외키로 한 입법자의 판단이 헌법상 용인될 수 있는 재량의 범위를 일탈하여 인간다운 생활을 할 권리를 침해한다고 볼 수 없다(헌재 2011.3.31. 2009헌마617).

18 0691 ○△×|○△×|○△× 2020 법원직 9급(변형)

인간다운 생활을 할 권리에 관한 다음의 설명 중 옳지 않은 것은?

① 60세 이상의 국민에 대한 국민연금제도 가입을 제한하는 것은 노후를 편안하고 안락하게 살아갈 권리를 부여하고 있는 헌법상의 인간다운 생활을 할 권리를 침해하는 것이 아니다.
② 국민건강보험에 의무적 가입을 규정하고 임의해지를 금지하면서 보험료를 납부케 하는 국민건강보험법 규정은 재산권, 인간다운 생활권, 행복추구권 등을 침해한다.
③ 헌법 제34조의 인간다운 생활을 할 권리나 국가의 사회보장·사회복지 증진의무 등의 성질에 비추어 볼 때 국가가 어떠한 내용의 산업재해보상보험제도를 어떠한 범위에서, 어떠한 방법으로 시행할 것인지는 입법자의 재량영역에 속하는 문제이다.
④ 근로자에게 인정되는 산업재해보상보험수급권도 입법재량권의 행사에 따라 제정되는 산업재해보상보험법에 의하여 비로소 구체화되는 법률상의 권리라고 볼 것이므로, 처음부터 적용제외사업에 종사함으로써 위 법 소정의 수급자격을 갖추지 못한 근로자로서는 헌법상의 인간다운 생활을 할 권리나 산업재해보상보험법에 기한 권리를 내세워 국가에 대하여 적용대상사업 획정과 관련한 적극적 행위를 요구할 지위에 있다고 볼 수 없다.

지문분석 난이도 하 정답 ②

| 키 워 드 | 인간다운 생활을 할 권리
| 출제유형 | 판례

② (X) 국민건강보험법이 의무적 가입을 규정하고 임의해지를 금지하면서 보험료를 납부케 하는 것은, 경제적인 약자에게도 기본적인 의료서비스를 제공하기 위한 국가의 사회보장·사회복지의 증진 의무(헌법 제34조 제2항)라는 정당한 공공복리를 효과적으로 달성하기 위한 것이며, 조세가 아닌 보험료를 한 재원으로 하여 사회보험을 추구하기 위한 것이다. 다만 보험료가 과도할 경우 그런 제도의 정당성이 문제되지만, 동법 제62조(보험료) 자체가 과도한 보험료를 정하고 있다거나 그에 대한 근거가 된다고 할 수 없다. 또한 동법은 생활이 어려운 자 등은 보험료의 부담 없이 의료혜택을 받을 수 있게 하고, 일정한 계층을 위한 보험료 경감장치를 두고 있다. 한편 의무가입과 임의해지금지 및 보험료 납부에 관한 규정이 추구하는 공익에 비하여 제한되는 사익이 과도하다고 할 수도 없다. 그렇다면 동법 제5조 제1항 본문 및 제62조가 청구인의 재산권이나 인간다운 생활을 할 권리 혹은 행복추구권을 침해한다고 할 수 없다(헌재 2001.8.30. 2000헌마668).
① (O) 60세 이상의 국민에 대한 국민연금제도 가입을 제한하는 것은 노후를 편안하고 안락하게 살아갈 권리를 부여하고 있는 헌법상의 인간다운 생활을 할 권리를 침해하지 않는다(헌재 2001.4.26. 2000헌마390).
③ (O), ④ (O) 헌법 제34조의 인간다운 생활을 할 권리나 국가의 사회보장·사회복지 증진의무 등의 성질에 비추어 볼 때 국가가 어떠한 내용의 산업재해보상보험제도를 어떠한 범위에서, 어떠한 방법으로 시행할 것인지는 입법자의 재량영역에 속하는 문제라 할 것이고, 근로자에게 인정되는 보험수급권도 그와 같은 입법재량권의 행사에 따라 제정되는 산업재해보상보험법에 의하여 비로소 구체화되는 법률상의 권리라고 볼 것인바, 그렇다면 처음부터 적용제외사업에 종사함으로써 위 법 소정의 수급자격을 갖추지 못한 근로자로서는 헌법상의 인간다운 생활을 할 권리나 산업재해보상보험법에 기한 권리를 내세워 국가에 대하여 적용대상사업 획정과 관련한 적극적 행위를 요구할 지위에 있다고 볼 수 없으므로, 이 사건 법률조항은 헌법 제34조에 위반되지 않는다(헌재 2003.7.24. 2002헌바51).

19 0692 ○△×|○△×|○△× 2019 서울시 7급(변형)

다음 기술 중 옳은 것은? (다툼이 있는 경우에는 판례에 의함)

① 사회권(생존권)적 기본권은 헌법에 명문으로 규정된 구체적 권리로서 헌법소원 등을 통하여 그 권리를 실현할 수 있다.

② 60세 이상의 국민에 대한 국민연금제도의 가입대상에서 제외하는 것은 노후를 편안하고 안락하게 살아갈 권리를 부여하고 있는 헌법상의 인간다운 생활을 할 권리를 침해한다.

③ 국가 등의 양로시설 등에 입소하는 국가유공자에게 국가유공자 등 예우 및 지원에 관한 법률에 규정된 부가연금, 생활조정수당 등의 지급을 정지하도록 하는 것은 국가 등의 양로시설에 입소한 국가유공자의 인간다운 생활을 할 권리를 침해한다.

④ 기초생활보장제도의 보장단위인 개별가구에서 교도소·구치소에 수용 중인 자를 제외토록 규정한 국민기초생활 보장법 시행령 제2조 제2항 제3호는 생계유지의 보호를 받고 있는 교도소·구치소에 수용 중인 자에 대하여 국민기초생활 보장법에 의한 중복적인 보장을 피하기 위하여 개별가구에서 제외키로 한 입법자의 판단이 헌법상 용인될 수 있는 재량의 범위를 일탈하여 인간다운 생활을 할 권리를 침해한다고 볼 수 없다.

지문분석 난이도 중 정답 ④

| **키 워 드** | 인간다운 생활을 할 권리

| **출제유형** | 판례

④ (○) 생활이 어려운 국민에게 필요한 급여를 행하여 이들의 최저생활을 보장하기 위해 제정된 '국민기초생활 보장법'은 부양의무자에 의한 부양과 다른 법령에 의한 보호가 이 법에 의한 급여에 우선하여 행하여지도록 하는 보충급여의 원칙을 채택하고 있는바, '형의 집행 및 수용자의 처우에 관한 법률'에 의한 교도소·구치소에 수용 중인 자는 당해 법률에 의하여 생계유지의 보호를 받고 있으므로 이러한 생계유지의 보호를 받고 있는 교도소·구치소에 수용 중인 자에 대하여 '국민기초생활 보장법'에 의한 중복적인 보장을 피하기 위하여 개별가구에서 제외키로 한 입법자의 판단이 헌법상 용인될 수 있는 재량의 범위를 일탈하여 인간다운 생활을 할 권리를 침해한다고 볼 수 없다[헌재 2011.3.31. 2009헌마617·2010헌마341(병합)].

① (×) 우리 헌법재판소는 다수의 선례에서, 생존권적 기본권과 관련된 입법을 하는 경우에는 국가의 재정부담능력, 전체적인 사회보장수준과 국민감정 등 사회정책적인 고려, 제도의 장기적인 지속을 전제로 하는 데서 오는 제도의 비탄력성과 같은 사회보장제도의 특성 등 여러 가지 요소를 감안하여야 하므로 입법자에게 광범위한 형성의 자유가 인정되고, 따라서 헌법상의 사회보장권은 그에 관한 수급요건, 수급자의 범위, 수급액 등 구체적인 사항이 법률에 규정됨으로써 비로소 구체적인 법적 권리로 형성된다고 보아야 한다고 판시하였다(헌재 2005.7.21. 2004헌바2).

② (×) 사실조회 회신에 의하면, 국민기초생활보장법, 노인복지법 등 법령에 의하여 저소득 노인에 대한 각종 급여 및 부담의 면제, 시설제공 등으로 인한 노인들의 생활여건에 비추어 볼 때, 이 사건 법률 조항이 청구인들과 같은 노인들의 국민연금가입을 제한하고 있다고 하더라도 인간다운 생활을 보장하기 위하여 국가가 실현해야 할 객관적 내용의 최소한도의 보장에도 이르지 못하였다거나 헌법상 용인될 수 있는 재량의 범위를 명백히 일탈하였다고는 보기 어렵고 청구인들이 국민연금제도에서 제외되었다는 사실만으로 곧 그것이 헌법에 위반된다거나 청구인들의 인간으로서의 존엄과 가치, 행복추구권이나 인간다운 생활을 할 권리를 침해한 것이라고는 볼 수 없다 할 것이다(헌재 2001.4.26. 2000헌마390).

③ (×) 이 사건 규정은 전체적으로 볼 때 국가유공자에 대한 보상내용을 형성하는 성질을 갖는 것인데, 국가가 국가유공자에게 지급할 구체적인 보상의 내용 등에 관한 사항은 국가의 재정부담능력과 전체적인 사회보장의 수준, 국가유공자에 대한 평가기준 등에 따라 정하여질 수밖에 없으므로 입법자의 광범위한 입법형성의 자유 영역에 속하는 것으로 기본적으로는 국가의 입법정책에 달려 있는 것이다. … 이 사건 규정에 의하여 일부 연금이나 수당이 지급정지된다고 하여도 청구인들에게 기본연금이 계속 지급되며, 더구나 양로시설에서 무상으로 생활할 수 있게 된다는 점, 그리고 인간다운 생활이라고 하는 개념이 사회의 경제적 수준 등에 따라 달라질 수 있는 상대적 개념이라는 점을 고려하면, 이 사건 규정으로 인하여 헌법 제34조 제1항의 인간의 존엄에 상응하는 최소한의 물질생활의 보장을 내용으로 하는 인간다운 생활을 할 권리를 침해하였다고 볼 수는 없다(헌재 2000.6.1. 98헌마216).

20 0693 ○△×|○△×|○△× 2022 경찰 1차

인간다운 생활을 할 권리에 관한 설명 중 가장 적절하지 않은 것은? (다툼이 있는 경우 판례에 의함)

① 국가가 인간다운 생활을 보장하기 위한 헌법적 의무를 다하였는지의 여부가 사법적 심사의 대상이 된 경우에는, 국가가 최저생활보장에 관한 입법을 전혀 하지 아니하였다든가 그 내용이 현저히 불합리하여 헌법상 용인될 수 있는 재량의 범위를 명백히 일탈한 경우에 한하여 헌법에 위반된다.

② 65세 미만의 일정한 노인성 질병이 있는 사람의 장애인 활동지원급여 신청자격을 제한하는 장애인활동 지원에 관한 법률 제5조 제2호 본문 중 '노인장기요양보험법 제2조 제1호에 따른 노인 등' 가운데 '65세 미만의 자로서 치매·뇌혈관성질환 등 대통령령으로 정하는 노인성 질병을 가진 자'에 관한 부분은 합리적 이유가 있다고 할 것이므로 평등원칙에 위반되지 않는다.

③ 업무상 질병으로 인한 업무상 재해에 있어 업무와 재해 사이의 상당인과관계에 대한 입증책임을 이를 주장하는 근로자나 그 유족에게 부담시키는 산업재해보상보험법 규정이 근로자나 그 유족의 사회보장수급권을 침해한다고 볼 수 없다.

④ 공무원연금법에 따른 퇴직연금일시금을 지급받은 사람 및 그 배우자를 기초연금 수급권자의 범위에서 제외하는 것은 한정된 재원으로 노인의 생활안정과 복리향상이라는 기초연금법의 목적을 달성하기 위한 것으로서 합리성이 인정되므로 인간다운 생활을 할 권리를 침해한다고 볼 수 없다.

지문분석 난이도 중 정답 ②

| 키 워 드 | 인간다운 생활을 할 권리

| 출제유형 | 판례

② (X) 65세 미만의 비교적 젊은 나이인 경우, 일반적 생애주기에 비추어 자립 욕구나 자립지원의 필요성이 높고, 질병의 치료효과나 재활의 가능성이 높은 편이므로 노인성 질병이 발병하였다고 하여 곧 사회생활이 객관적으로 불가능하다거나, 가내에서의 장기요양의 욕구·필요성이 급격히 증가한다고 평가할 것은 아니다. 또한 활동지원급여와 장기요양급여는 급여량 편차가 크고, 사회활동 지원 여부 등에 있어 큰 차이가 있다. 그럼에도 불구하고 65세 미만의 장애인 가운데 일정한 노인성 질병이 있는 사람의 경우 일률적으로 활동지원급여 신청자격을 제한한 데에 합리적 이유가 있다고 보기 어려우므로 심판대상 조항은 평등원칙에 위반된다(헌재 2020.12.23. 2017헌가22 등).

① (○) 국가가 인간다운 생활을 보장하기 위한 헌법적 의무를 다하였는지의 여부가 사법적 심사의 대상이 된 경우에는, 국가가 최저생활보장에 관한 입법을 전혀 하지 아니하였다든가 그 내용이 현저히 불합리하여 헌법상 용인될 수 있는 재량의 범위를 명백히 일탈한 경우에 한하여 헌법에 위반된다고 할 수 있다(헌재 2004.10.28. 2002헌마328).

③ (○) 입증책임분배에 있어 권리의 존재를 주장하는 당사자가 권리근거사실에 대하여 입증책임을 부담한다는 것은 일반적으로 받아들여지고 있고, 통상적으로 업무상 재해를 직접 경험한 당사자가 이를 입증하는 것이 용이하다는 점을 감안하면, 이러한 입증책임의 분배가 입법재량을 일탈한 것이라고는 보기 어렵다. 근로자 측이 현실적으로 부담하는 입증책임이 근로자 측의 보호를 위한 산업재해보상보험제도 자체를 형해화시킬 정도로 과도하다고 보기도 어렵다. 따라서 심판대상 조항이 사회보장수급권을 침해한다고 볼 수 없다(헌재 2015.6.25. 2014헌바269).

④ (○) 심판대상 조항의 입법목적의 합리성, 다른 법령상의 사회보장체계, 공무원에 대한 후생복지제도 등을 종합적으로 고려할 때, 국가가 노인의 최저생활보장에 관한 입법을 함에 있어 그 내용이 현저히 불합리하여 헌법상 용인될 수 있는 재량의 범위를 일탈하였다고 보기 어려우므로, 심판대상 조항이 공무원연금법에 따른 퇴직연금일시금을 받은 사람과 그 배우자의 인간다운 생활을 할 권리를 침해한다고 할 수 없다(헌재 2020.5.27. 2018헌바398).

21 0694 ○△×|○△×|○△× 2022 경찰 2차

인간다운 생활을 할 권리에 관한 설명 중 가장 적절하지 않은 것은? (다툼이 있는 경우 판례에 의함)

① 인간다운 생활을 할 권리는 자연인의 권리이므로 법인에게는 인정되지 않고, 또한 국민의 권리이므로 원칙적으로 외국인에게는 인정되지 아니한다.

② 인간다운 생활을 할 권리에 관한 헌법상 규정은 모든 국가기관을 기속하지만, 그 기속의 의미는 적극적·형성적 활동을 하는 입법부 또는 행정부의 경우와 헌법재판에 의한 사법적 통제기능을 하는 헌법재판소에 있어서 동일하지 아니하다.

③ 주거환경개선사업 및 주택재개발사업의 시행으로 철거되는 주택의 소유자에 대해서는 임시수용시설의 설치 등을 사업시행자의 의무로 규정한 반면, 도시환경정비사업의 경우에는 이와 같은 규정을 두지 아니한 것은 청구인의 인간다운 생활을 할 권리를 제한한다.

④ 국가가 인간다운 생활을 보장하기 위한 헌법적 의무를 다하였는지의 여부가 사법적 심사의 대상이 된 경우에는, 국가가 최저생활보장에 관한 입법을 전혀 하지 아니하였다든지, 그 내용이 현저히 불합리하여 헌법상 용인될 수 있는 재량의 범위를 명백히 일탈한 경우에 한하여 헌법에 위반된다고 보아야 한다.

지문분석 난이도 중 정답 ③

| 키 워 드 | 인간다운 생활을 할 권리

| 출제유형 | 판례

③ (X) 주거환경개선사업 및 주택재개발사업의 시행으로 철거되는 주택의 소유자에 대해서는 임시수용시설의 설치 등을 사업시행자의 의무로 규정한 반면, 도시환경정비사업의 경우에는 이와 같은 규정을 두지 아니한 도시 및 주거환경정비법 제36조 제1항 본문 중 '소유자'에 관한 부분이 평등원칙에 위반되지 않는다. 또한 이 사건 법률조항은 국가에 대하여 최소한의 물질적 생활을 요구할 수 있음을 내용으로 하는 인간다운 생활을 할 권리의 향유와는 관련이 없고, 이 사건 법률조항으로 인하여 거주지를 이전하여야 하는 것은 아니므로 거주이전의 자유와도 관련이 없다(헌재 2014.3.27. 2011헌바396).

① (O) 헌법 제34조 제1항의 인간다운 생활권의 주체는 국민이다. 이때의 국민 중에는 자연인만이 포함되고 법인은 포함되지 않는다.

② (O) 인간다운 생활을 할 권리에 관한 헌법의 규정은 모든 국가기관을 기속하지만, 그 기속의 의미는 적극적·형성적 활동을 하는 입법부 또는 행정부의 경우와 헌법재판에 의한 사법적 통제기능을 하는 헌법재판소에 있어서 동일하지 아니하다. 위와 같은 헌법의 규정이, 입법부나 행정부에 대하여는 국민소득, 국가의 재정능력과 정책 등을 고려하여 가능한 범위 안에서 최대한으로 모든 국민이 물질적인 최저생활을 넘어서 인간의 존엄성에 맞는 건강하고 문화적인 생활을 누릴 수 있도록 하여야 한다는 행위의 지침, 즉 행위규범으로서 작용하지만, 헌법재판에 있어서는 다른 국가기관, 즉 입법부나 행정부가 국민으로 하여금 인간다운 생활을 영위하도록 하기 위하여 객관적으로 필요한 최소한의 조치를 취할 의무를 다하였는지를 기준으로 국가기관의 행위의 합헌성을 심사하여야 한다는 통제규범으로 작용하는 것이다(헌재 1997.5.29. 94헌마33).

④ (O) 국가가 인간다운 생활을 보장하기 위한 헌법적 의무를 다하였는지의 여부가 사법적 심사의 대상이 된 경우에는, 국가가 최저생활보장에 관한 입법을 전혀 하지 아니하였다든가 그 내용이 현저히 불합리하여 헌법상 용인될 수 있는 재량의 범위를 명백히 일탈한 경우에 한하여 헌법에 위반된다고 할 수 있다(헌재 2004.10.28. 2002헌마328).

2 교육을 받을 권리

22 0695 O△×|O△×|O△× 2021 지방직 7급

교육을 받을 권리에 대한 설명으로 옳은 것은? (다툼이 있는 경우 판례에 의함)

① 헌법 제31조 제3항의 의무교육 무상의 원칙은 교육을 받을 권리를 보다 실효성 있게 보장하기 위하여 의무교육 비용을 학령아동의 보호자 개개인의 직접적 부담에서 공동체 전체의 부담으로 이전하라는 명령일 뿐, 의무교육의 비용을 오로지 국가 또는 지방자치단체의 예산으로 해결해야 함을 의미하는 것은 아니다.

② 헌법 제31조의 교육을 받을 권리는 국민이 국가에 대해 직접 특정한 교육제도나 학교시설을 요구할 수 있는 기본권이며, 자신의 교육환경을 최상 혹은 최적으로 만들기 위해 타인의 교육시설 참여 기회를 제한할 것을 청구할 수 있는 기본권이기도 하다.

③ 헌법 제31조 제4항에서 보장하고 있는 대학의 자율성에 따라 대학은 학생의 선발 및 전형 등 대학입시제도를 자율적으로 마련할 수 있으므로, 국립교육대학교 등이 검정고시 출신자의 수시모집 지원을 제한하는 것은 수시모집에 지원하려는 검정고시 출신자의 균등하게 교육을 받을 권리를 침해하는 것이 아니다.

④ 헌법 제31조 제1항에서 보장되는 교육의 기회균등권은 모든 국민에게 균등한 교육을 받게 하고 특히 경제적 약자가 실질적인 평등교육을 받을 수 있도록 국가에게 적극적 정책을 실현할 것을 요구하므로, 헌법 제31조 제1항으로부터 국민이 직접 실질적 평등교육을 위한 교육비를 청구할 권리가 도출된다.

지문분석 난이도 중 정답 ①

| **키 워 드** | 교육을 받을 권리

| **출제유형** | 판례

① (O) 헌법 제31조 제3항에 규정된 의무교육의 무상원칙에 있어서 의무교육 무상의 범위는 원칙적으로 헌법상 교육의 기회균등을 실현하기 위해 필수불가결한 비용, 즉 모든 학생이 의무교육을 받음에 있어서 경제적인 차별 없이 수학하는 데 반드시 필요한 비용에 한한다. 따라서 의무교육에 있어서 무상의 범위에는 의무교육이 실질적이고 균등하게 이루어지기 위한 본질적 항목으로, 수업료나 입학금의 면제, 학교와 교사 등 인적·물적 시설 및 그 시설을 유지하기 위한 인건비와 시설유지비 등의 부담제외가 포함되고, 그 외에도 의무교육을 받는 과정에 수반하는 비용으로서 의무교육의 실질적인 균등보장을 위해 필수불가결한 비용은 무상의 범위에 포함된다. 이러한 비용 이외의 비용을 무상의 범위에 포함시킬 것인지는 국가의 재정상황과 국민의 소득수준, 학부모들의 경제적 수준 및 사회적 합의 등을 고려하여 입법자가 입법정책적으로 해결해야 할 문제이다(헌재 2012.4.24. 2010헌바164).

② (X) 헌법 제31조 제1항에 따라 모든 국민은 능력에 따라 균등하게 교육을 받을 권리를 가지지만, 교육을 받을 권리가 국가에 대하여 특정한 교육제도나 시설의 제공을 요구할 수 있는 권리를 뜻하는 것은 아니다(헌재 2000.4.27. 98헌가16 등).

③ (X) 수시모집의 학생 선발 방법이 정시모집과 동일할 수는 없으나, 이는 수시모집에서 응시자의 수학능력이나 그 정도를 평가하는 방법이 정시모집과 다른 것을 의미할 뿐, 수학능력이 있는 자들에게 동등한 기회를 주고 합리적인 선발 기준에 따라 학생을 선발하여야 한다는 점은 정시모집과 다르지 않다. 따라서 수시모집에서 검정고시 출신자에게 수학능력이 있는지 여부를 평가받을 기회를 부여하지 아니하고 이를 박탈한다는 것은 수학능력에 따른 합리적인 차별이라고 보기 어렵다. 피청구인들은 정규 고등학교 학교생활기록부가 있는지 여부, 공교육 정상화, 비교내신 문제 등을 차별의 이유로 제시하고 있으나 이러한 사유가 차별취급에 대한 합리적인 이유가 된다고 보기 어렵다. 그렇다면 이 사건 수시모집요강은 검정고시 출신자인 청구인들을 합리적인 이유 없이 차별함으로써 청구인들의 균등하게 교육을 받을 권리를 침해한다(헌재 2017.12.28. 2016헌마649).

④ (X) 헌법 제31조 제1항에서 보장되는 교육의 기회균등권은 '정신적·육체적 능력 이외의 성별·종교·경제력·사회적 신분 등에 의하여 교육을 받을 기회를 차별하지 않고, 즉 합리적 차별사유 없이 교육을 받을 권리를 제한하지 아니함과 동시에 국가가 모든 국민에게 균등한 교육을 받게 하고 특히 경제적 약자가 실질적인 평등교육을 받을 수 있도록 적극적 정책을 실현해야 한다는 것'을 의미하므로(헌재 1994.2.24. 93헌마192), 실질적인 평등교육을 실현해야 할 국가의 적극적인 의무가 인정되지만, 이러한 의무 조항으로부터 국민이 직접 실질적 평등교육을 위한 교육비를 청구할 권리가 도출되는 것은 아니다(헌재 2003.11.27. 2003헌바39).

23 0696 ○△×|○△×|○△× 2015 경찰 승진

교육을 받을 권리에 대한 설명 중 가장 적절하지 않은 것은? (다툼이 있는 경우 판례에 의함)

① 학교 교육에 있어서 교사의 가르치는 권리를 수업권이라고 한다면 그것은 자연법적으로는 학부모에게 속하는 자녀에 대한 교육권을 신탁 받은 것이고, 실정법상으로는 공교육에 책임이 있는 국가의 위임에 의한 것이다.

② 헌법은 국가의 교육권한과 부모의 교육권의 범주 내에서 학생에게도 자신의 교육에 관하여 스스로 결정할 권리를 부여하고 있으므로 학생은 국가의 간섭을 받지 아니하고 자신의 능력과 개성, 적성에 맞는 학교를 자유롭게 선택할 권리를 가진다.

③ 교육을 받을 권리의 내용과 관련하여 헌법재판소는 실질적인 평등교육을 실현해야 할 국가의 적극적인 의무가 인정된다고 하여 이로부터 국민이 직접 실질적 평등교육을 위한 교육비를 청구할 권리가 도출된다고 볼 수 없다고 판시하였다.

④ 사립학교 법인이 의무의 부담을 하고자 할 때에는 관할청의 허가를 받도록 하는 것은 사립학교 운영의 자유를 침해하는 것이므로 위헌이다.

지문분석 난이도 중 정답 ④

| 키 워 드 | 교육을 받을 권리

| 출제유형 | 판례

④ (X) 학교법인으로 하여금 의무의 부담을 하고자 할 때 관할청의 허가를 받도록 하고 있어 사립학교운영에 관한 자유를 제한하고 있다 하더라도, 이는 공공복리를 위하여 필요한 권리를 제한한 경우에 해당하는 것이며, 일정액 미만의 넓은 범위에서 허가를 받지 않도록 예외를 두고 있고 시행상 일반적인 학교운영과 관련된 통상적인 의무부담은 허가에서 제외하고 있으며 일정액 이상이라도 허가를 받아 자유롭게 처리할 수 있는 점 등을 보면 합리적인 입법한계를 일탈하였거나 기본권의 본질적인 부분을 침해하였다고 볼 수 없다(헌재 2001.1.18. 99헌바63).

① (○) 학교 교육에 있어서 교사의 가르치는 권리를 수업권이라고 한다면 그것은 자연법적으로는 학부모에게 속하는 자녀에 대한 교육권을 신탁 받은 것이고, 실정법상으로는 공교육의 책임이 있은 국가의 위임에 의한 것이다(헌재 1992.11.12. 89헌마88).

② (○) 헌법은 국가의 교육권한과 부모의 교육권의 범주 내에서 학생에게도 자신의 교육에 관하여 스스로 결정할 권리, 즉 자유롭게 교육을 받을 권리를 부여하고, 학생은 국가의 간섭을 받지 아니하고 자신의 능력과 개성, 적성에 맞는 학교를 자유롭게 선택할 권리를 가진다(헌재 2012.11.29. 2011헌마827).

③ (○) 실질적인 평등교육을 실현해야 할 국가의 적극적인 의무가 인정된다고 하여 이로부터 국민이 직접 실질적 평등교육을 위한 교육비를 청구할 권리가 도출된다고 볼 수 없다(헌재 2008.9.25. 2008헌마456).

24 0697 ○△×|○△×|○△× 2021 경찰 승진

교육권 또는 교육을 받을 권리에 대한 설명으로 가장 적절하지 않은 것은? (다툼이 있는 경우 판례에 의함)

① 학교 내·외의 교육영역에서 국가는 헌법 제31조에 의하여 원칙적으로 독립된 독자적인 교육권한을 부여받았고, 학교 밖의 교육영역에서는 원칙적으로 부모의 교육권보다 국가의 교육권한이 우위를 차지한다.

② 부모의 자녀에 대한 교육권은 비록 헌법에 명문으로 규정되어 있지는 않지만, 이는 모든 인간이 국적과 관계없이 누리는 양도할 수 없는 불가침의 인권이다.

③ 학교용지부담금의 부과대상을 수분양자가 아닌 개발사업자로 규정하고 있는 구 학교용지 확보 등에 관한 특례법 조항은 의무교육의 무상원칙에 위배되지 않는다.

④ 의무교육의 무상성에 관한 헌법상 규정은 의무교육의 비용을 오로지 국가 또는 지방자치단체의 예산, 즉 조세로 해결해야 함을 의미하는 것은 아니다.

지문분석 난이도 중 정답 ①

| 키 워 드 | 교육권 또는 교육을 받을 권리

| 출제유형 | 판례

① (X) 자녀의 교육은 헌법상 부모와 국가에게 공동으로 부과된 과제이므로 부모와 국가의 상호연관적인 협력관계를 필요로 한다. … 자녀의 양육과 교육에 있어서 부모의 교육권은 교육의 모든 영역에서 존중되어야 하며, 다만, 학교 교육의 범주 내에서는 국가의 교육권한이 헌법적으로 독자적인 지위를 부여받음으로써 부모의 교육권과 함께 자녀의 교육을 담당하지만, 학교 밖의 교육영역에서는 원칙적으로 부모의 교육권이 우위를 차지한다(헌재 2000.4.27. 98헌가16 등).

② (○) '부모의 자녀에 대한 교육권'은 비록 헌법에 명문으로 규정되어 있지는 아니하지만, 이는 모든 인간이 누리는 불가침의 인권으로서 혼인과 가족생활을 보장하는 헌법 제36조 제1항, 행복추구권을 보장하는 헌법 제10조 및 "국민의 자유와 권리는 헌법에 열거되지 아니한 이유로 경시되지 아니한다."고 규정하는 헌법 제37조 제1항에서 나오는 중요한 기본권이다(헌재 2000.4.27. 98헌가16 등).

③ (○), ④ (○) 의무교육의 무상성에 관한 헌법상 규정은 교육을 받을 권리를 보다 실효성 있게 보장하기 위해 의무교육 비용을 학령 아동 보호자의 부담으로부터 공동체 전체의 부담으로 이전하라는 명령일 뿐 의무교육의 모든 비용을 조세로 해결해야 함을 의미하는 것은 아니므로, 학교용지부담금의 부과대상을 수분양자가 아닌 개발사업자로 정하고 있는 이 사건 법률 조항은 의무교육의 무상원칙에 위배되지 아니한다(헌재 2008.9.25. 2007헌가1).

25 0698 ○△×|○△×|○△× 2020 경찰 승진

교육을 받을 권리에 관한 설명 중 가장 적절하지 않은 것은?
(다툼이 있는 경우 판례에 의함)

① 대학수학능력시험을 한국교육방송공사(EBS) 수능교재 및 강의와 연계하여 출제하기로 한 '2018학년도 대학수학능력시험 시행 기본계획'은 헌법 제31조 제1항의 능력에 따라 균등하게 교육을 받을 권리를 직접 제한한다고 보기는 어렵다.
② 학교용지부담금의 부과대상을 수분양자가 아닌 개발사업자로 정하고 있는 구 학교용지 확보 등에 관한 특례법 조항은 의무교육의 무상원칙에 위배된다.
③ '부모의 자녀에 대한 교육권'은 비록 헌법에 명문으로 규정되어 있지는 아니하지만, 이는 모든 인간이 국적과 관계없이 누리는 양도할 수 없는 불가침의 인권이다.
④ 초등학교 교육과정의 편제와 수업시간은 교육현장을 가장 잘 파악하고 교육과정에 대해 적절한 수요예측을 할 수 있는 해당 부처에서 정하도록 할 필요가 있으므로, 초·중등교육법 제23조 제2항이 교육과정의 기준과 내용에 관한 기본적인 사항을 교육부장관이 정하도록 위임한 것 자체가 교육제도 법정주의에 반한다고 보기 어렵다.

지문분석 난이도 ㊥ 정답 ②

| 키 워 드 | 교육을 받을 권리
| 출제유형 | 판례

② (X) 의무교육의 무상성에 관한 헌법상 규정은 교육을 받을 권리를 보다 실효성 있게 보장하기 위해 의무교육 비용을 학령 아동 보호자의 부담으로부터 공동체 전체의 부담으로 이전하라는 명령일 뿐 의무교육의 모든 비용을 조세로 해결해야 함을 의미하는 것은 아니므로, 학교용지부담금의 부과대상을 수분양자가 아닌 개발사업자로 정하고 있는 이 사건 법률조항은 의무교육의 무상원칙에 위배되지 아니한다(헌재 2008.9.25. 2007헌가1).
① (O) 수능시험을 준비하면서 무엇을 어떻게 공부하여야 할지에 관하여 스스로 결정할 자유가 심판대상 계획에 따라 제한된다. 이는 자신의 교육에 관하여 스스로 결정할 권리, 즉 교육을 통한 자유로운 인격발현권을 제한받는 것으로 볼 수 있다. 한편, 청구인들은 심판대상 계획으로 인해 교육을 받을 권리가 침해된다고 주장하지만, 심판대상 계획이 헌법 제31조 제1항의 능력에 따라 균등하게 교육을 받을 권리를 직접 제한한다고 보기는 어렵다(헌재 2018.2.22. 2017헌마691).
③ (O) '부모의 자녀에 대한 교육권'은 비록 헌법에 명문으로 규정되어 있지는 아니하지만, 이는 모든 인간이 국적과 관계없이 누리는 양도할 수 없는 불가침의 인권으로서 혼인과 가족생활을 보장하는 헌법 제36조 제1항, 행복추구권을 보장하는 헌법 제10조 및 "국민의 자유와 권리는 헌법에 열거되지 아니한 이유로 경시되지 아니한다"고 규정하는 헌법 제37조 제1항에서 나오는 중요한 기본권이다(헌재 2000.4.27. 98헌가16 등).
④ (O) 초등학교의 교육목적과 교육목표를 달성하기 위한 교육과정은 국가 수준의 공통성뿐만 아니라 지역, 학교, 개인 수준의 다양성을 동시에 갖추어야 하는 과정으로서, 교육을 둘러싼 여러 여건에 따라 적절히 대처할 필요성이 있기 때문에 이에 관한 모든 사항을 법률에 규정하는 것은 입법기술상 매우 어렵다. 특히, 초등학교 교육과정의 편제와 수업시간은 교육여건의 변화에 따른 시의적절한 대처가 필요하므로 교육현장을 가장 잘 파악하고 교육과정에 대해 적절한 수요 예측을 할 수 있는 해당 부처에서 정하도록 할 필요가 있다. 따라서 초·중등교육법 제23조 제2항이 교육과정의 기준과 내용에 관한 기본적인 사항을 교육부장관이 정하도록 위임한 것 자체가 교육제도 법정주의에 반한다고 보기 어렵다(헌재 2016.2.25. 2013헌마838).

26 0699 ○△×|○△×|○△× 2021 국가직 7급

교육을 받을 권리에 대한 설명으로 옳지 않은 것은? (다툼이 있는 경우 판례에 의함)

① 초·중등학교 교사인 청구인들이 교육과정에 따라 학생들을 가르치고 평가하여야 하는 법적인 부담이나 제약을 받는다고 하더라도 이는 헌법상 보장된 기본권에 대한 제한이라고 보기 어렵다.
② 학교의 급식활동은 의무교육에 있어서 필수불가결한 교육과정이고 이에 소요되는 경비는 의무교육의 실질적인 균등보장을 위한 본질적이고 핵심적인 항목에 해당하므로, 급식에 관한 경비를 전면무상으로 하지 않고 그 일부를 학부모의 부담으로 정하고 있는 것은 의무교육의 무상원칙에 위배된다.
③ 교육을 받을 권리가 국가에 대하여 특정한 교육제도나 시설의 제공을 요구할 수 있는 권리를 뜻하는 것은 아니므로, 대학의 구성원이 아닌 사람이 대학도서관에서 도서를 대출할 수 없거나 열람실을 이용할 수 없더라도 교육을 받을 권리가 침해된다고 볼 수 없다.
④ 학문의 자유와 대학의 자율성에 따라 대학이 학생의 선발 및 전형 등 대학입시제도를 자율적으로 마련할 수 있다 하더라도, 국민의 '균등하게 교육을 받을 권리'를 위해 대학의 자율적 학생 선발권은 일정 부분 제약을 받을 수 있다.

지문분석 난이도 중 정답 ②

| 키 워 드 | 교육을 받을 권리

| 출제유형 | 판례

② (X) 학교급식은 학생들에게 한 끼 식사를 제공하는 영양공급 차원을 넘어 교육적인 성격을 가지고 있지만, 이러한 교육적 측면은 기본적이고 필수적인 학교 교육 이외에 부가적으로 이루어지는 식생활 및 인성교육으로서의 보충적 성격을 가지므로 의무교육의 실질적인 균등보장을 위한 본질적이고 핵심적인 부분이라고까지는 할 수 없다. 이 사건 법률 조항들은 비록 중학생의 학부모들에게 급식 관련 비용의 일부를 부담하도록 하고 있지만, 학부모에게 급식에 필요한 경비의 일부를 부담시키는 경우에 있어서도 학교급식 실시의 기본적 인프라가 되는 부분은 배제하고 있으며, 국가나 지방자치단체의 지원으로 학부모의 급식비 부담을 경감하는 조항이 마련되어 있고, 특히 저소득층 학생들을 위한 지원방안이 마련되어 있다는 점 등을 고려해 보면, 이 사건 법률 조항들이 입법형성권의 범위를 넘어 헌법상 의무교육의 무상원칙에 반하는 것으로 보기는 어렵다(헌재 2012.4.24. 2010헌바164).
① (○) 법률이 교사의 학생교육권(수업권)을 인정하고 보장하는 것은 헌법상 당연히 허용된다 할 것이나, 초·중등학교에서의 학생교육은 교사 자신의 인격의 발현 또는 학문과 연구의 자유를 위한 것이라기보다는 교사의 직무에 기초하여 초·중등학교의 교육목표를 실현하기 위한 것이므로, 교사인 청구인들이 이 사건 교육과정에 따라 학생들을 가르치고 평가하여야 하는 법적인 부담이나 제한을 받는다고 하더라도 이는 헌법상 보장된 기본권에 대한 제한이라고 보기 어려워 기본권 침해 가능성이 인정되지 아니한다(헌재 2021.5.27. 2018헌마1108).
③ (○) 교육을 받을 권리가 국가에 대하여 특정한 교육제도나 시설의 제공을 요구할 수 있는 권리를 뜻하는 것은 아니므로, 청구인이 이 사건 도서관에서 도서를 대출할 수 없거나 열람실을 이용할 수 없더라도 청구인의 교육을 받을 권리가 침해된다고 볼 수 없다(헌재 2016.11.24. 2014헌마977).
④ (○) 헌법 제22조 제1항이 보장하고 있는 학문의 자유와 헌법 제31조 제4항에서 보장하고 있는 대학의 자율성에 따라 대학이 학생의 선발 및 전형 등 대학입시제도를 자율적으로 마련할 수 있다 하더라도, 이러한 대학의 자율적 학생 선발권을 내세워 국민의 '균등하게 교육을 받을 권리'를 침해할 수 없으며, 이를 위해 대학의 자율권은 일정 부분 제약을 받을 수 있다(헌재 2017.12.28. 2016헌마649).

27 0700 ○△×|○△×|○△× 2017 서울시 7급

교육을 받을 권리에 대한 설명으로 가장 옳지 않은 것은? (다툼이 있는 경우 판례에 의함)

① 공개경쟁을 통한 입학시험제도는 합헌이지만, 능력이 떨어지는 사람에 대하여 국가는 이들을 교육하기 위한 적극적 배려를 하여야 한다.
② 학원설립등록의무를 부과하고 이를 어긴 경우 처벌하도록 규정하는 것은 행복추구권, 직업선택의 자유를 침해한다고 볼 수 없다.
③ 교육의 의무의 주체는 학령아동의 친권자 또는 그 후견인이다.
④ 학교용지부담금의 부과대상을 수분양자가 아닌 개발사업자로 정하고 있는 구 학교용지 확보 등에 관한 특례법 조항은 의무교육의 무상원칙에 위배된다.

지문분석 난이도 하 정답 ④

| 키 워 드 | 교육을 받을 권리
| 출제유형 | 판례

④ (X) 의무교육의 무상성에 관한 헌법상 규정은 교육을 받을 권리를 보다 실효성 있게 보장하기 위해 의무교육 비용을 학령아동 보호자의 부담으로부터 공동체 전체의 부담으로 이전하라는 명령일 뿐 의무교육의 모든 비용을 조세로 해결해야 함을 의미하는 것은 아니므로, 학교용지부담금의 부과대상을 수분양자가 아닌 개발사업자로 정하고 있는 것은 의무교육의 무상원칙에 위배되지 아니한다(헌재 2008.9.25. 2007헌가1).
① (○) 헌재 2011.6.30. 2010헌마503
② (○) 헌재 2014.1.28. 2011헌바252
③ (○)

28 0701 ○△×|○△×|○△× 2017 국가직 7급

교육기본권에 대한 설명으로 옳지 않은 것은? (다툼이 있는 경우 판례에 의함)

① 교육을 받을 권리가 국가에 대하여 특정한 교육제도나 시설의 제공을 요구할 수 있는 권리를 뜻하는 것은 아니다.
② 조례에 의한 규제가 지역 여건이나 환경 등 그 특성에 따라 다르게 나타나는 것은 헌법이 지방자치단체의 자치입법권을 인정한 이상 당연히 예상되는 결과이나, 고등학생들이 학원교습시간과 관련하여 자신들이 거주하는 지역의 학원조례조항으로 인하여 다른 지역 주민들에 비하여 더한 규제를 받게 되었다면 평등권이 침해되었다고 볼 수 있다.
③ 고시 공고일을 기준으로 고등학교에서 퇴학된 날로부터 6월이 지나지 아니한 자를 고등학교 졸업학력 검정고시를 받을 수 있는 자의 범위에서 제외하는 것은, 국민의 교육을 받을 권리 중 그 의사와 능력에 따라 균등하게 교육받을 것을 국가로부터 방해받지 않을 권리, 즉 자유권적 기본권을 제한하는 것이므로, 그 제한에 대하여는 과잉금지원칙에 따른 심사를 하여야 한다.
④ 교원의 정치활동은 교육수혜자인 학생의 입장에서는 수업권의 침해로 받아들여질 수 있다는 점에서 초·중등학교 교육공무원의 정당가입 및 선거운동을 제한하는 것은 헌법적으로 정당화될 수 있다.

지문분석 난이도 하 정답 ②

| 키 워 드 | 교육기본권
| 출제유형 | 판례

② (X) 조례에 의한 규제가 지역의 여건이나 환경 등 그 특성에 따라 다르게 나타나는 것은 헌법이 지방자치단체의 자치입법권을 인정한 이상 당연히 예상되는 불가피한 결과이므로, 학교교과교습학원 및 교습소의 교습시간을 05:00부터 22:00까지 규정하고 있는 '서울특별시 학원의 설립·운영 및 과외교습에 관한 조례' 조항으로 인하여 청구인들이 다른 지역의 주민들에 비하여 더한 규제를 받게 되었다 하더라도 평등권이 침해되었다고 볼 수는 없다(헌재 2009.10.29. 2008헌마635).
① (○) 교육을 받을 권리는 국민이 국가에 대해 직접 특정한 교육제도나 학교시설을 요구할 수 있음을 뜻하지는 않으며, 더구나 자신의 교육환경을 최상 혹은 최적으로 만들기 위해 타인의 교육시설 참여 기회를 제한할 것을 청구할 수 있는 기본권은 더더욱 아닌 것이다(헌재 2003.9.25. 2001헌마814 등).
③ (○) 이 사건 규칙 조항과 같이 검정고시응시자격을 제한하는 것은, 국민의 교육 받을 권리 중 그 의사와 능력에 따라 균등하게 교육받을 것을 국가로부터 방해받지 않을 권리, 즉 자유권적 기본권을 제한하는 것이므로, 그 제한에 대하여는 헌법 제37조 제2항의 비례원칙에 의한 심사, 즉 과잉금지원칙에 따른 심사를 받아야 할 것이다(헌재 2008.4.24. 2007헌마1456).
④ (○) 교원의 정치활동은 교육수혜자인 학생의 입장에서는 수업권의 침해로 받아들여질 수 있다는 점에서 현 시점에서는 국민의 교육기본권을 더욱 보장함으로써 얻을 수 있는 공익을 우선시해야 할 것이라는 점 등을 종합적으로 감안할 때, 초·중등학교 교육공무원의 정당가입 및 선거운동의 자유를 제한하는 것은 헌법적으로 정당화될 수 있다(헌재 2004.3.25. 2001헌마710).

29 0702 ○△×|○△×|○△× 2016 국가직 7급

종업원의 복리를 위하여 기업체 A가 출연하여 설립한 자율형 사립고 B는 2014학년도 신입생 모집요강을 작성하면서, A기업 임직원 자녀 전형 70%, 사회배려자 전형 20%, 일반전형 10%를 각각 배정하였다. 2013.9.13. B가 관할 교육감으로부터 신입생모집요강을 승인받아, 2013.9.16. 모집요강을 공고하자 A기업 임직원이 아닌 일반인 甲과 2015년 졸업예정자인 甲의 아들 중학생 乙은 2013.12.3. 이 내용을 알게 되어 2014.2.24. B와 관할 교육감을 피청구인으로 하여 헌법소원심판을 청구하였다. 이 사례에서 헌법재판소 결정으로 옳은 것은?

① B의 신입생 모집요강이 A기업 임직원 자녀 전형에 70%를 배정하고 일반전형에 10%를 배정하여 모집비율을 달리 정하고 있는 것은 지나치게 자의적이어서 乙을 불합리하게 차별한 것이다.
② 乙은 기본권 침해의 현재성이 인정되지 않아 乙의 청구는 부적법하다.
③ 乙의 교육받을 권리의 제한은 문제되지 아니한다.
④ 乙은 교육감의 신입생 모집요강 승인처분의 직접적인 상대방이 아니므로 자기관련성이 인정되지 않아 부적법하다.

지문분석 난이도 하 정답 ③

| **키 워 드** | 교육을 받을 권리
| **출제유형** | 판례

③ (○) 헌법 제31조 제1항은 "모든 국민은 능력에 따라 균등하게 교육을 받을 권리를 가진다."고 규정하여 국민의 교육을 받을 권리를 보장하고 있다. 그런데 특정 교육시설에 참여할 수 있는 기회를 늘려 달라고 요구하거나, 입학전형에서 불리하다는 이유로 타인의 교육시설 참여 기회를 제한해 달라고 요구하는 것이 균등한 취학기회 보장을 목표로 하는 교육을 받을 권리의 내용이라고 볼 수는 없다. 청구인들은 이 사건 승인처분에 의하여 고등학교 진학 기회 자체가 봉쇄되거나 박탈된 것이 아니며, 여전히 다른 고등학교에 진학할 수 있고, 충남ㅇㅇ고(B)의 경우 기존의 일반고등학교를 자사고로 변경한 것이 아니라 추가적으로 고등학교를 신설한 것으로서 청구인들의 고등학교 진학기회를 축소시킨 것도 아니므로, 이 사건 승인처분과 관련하여서는 헌법 제31조 제1항의 교육을 받을 권리의 제한이 문제되지 아니한다(헌재 2015.11.26. 2014헌마145).

① (×) 이 사건 입학전형요강이 비록 충남ㅇㅇ고(B)의 신입생 모집에 있어 ㅇㅇ(A기업) 임직원 자녀 전형에 70%를 배정하고 일반전형에 10%를 배정하여 모집비율을 달리 정하고 있더라도, 이는 충남ㅇㅇ고가 기업형 자사고라는 특성에 기인한 것으로서 합리적인 이유가 있으므로, 피청구인의 이 사건 승인처분이 지나치게 자의적이어서 청구인들을 불합리하게 차별한 것이라고 볼 수 없다(헌재 2015.11.26. 2014헌마145).

② (×) 피청구인(교육감)은 모집정원의 70%를 임직원 자녀 전형에 배정하고 일반 전형에는 모집정원의 10%만을 배정한 이 사건 입학전형요강을 승인하였는바, 이러한 일반 전형 비율은 사실상 임직원 자녀 이외의 학생들이 충남ㅇㅇ고에 진학할 수 있는 기회를 배제한 것이나 다름없다. 이러한 불이익은 충남ㅇㅇ고에 진학하려는 학생들에게 있어 단순한 사실적·간접적 불이익이 아니며 법적 불이익이 발생한 것이라 봄이 상당하므로, 이 사건 승인처분은 2015학년도 졸업예정자인 청구인 8과 9(乙)의 기본권을 침해할 가능성이 있다(헌재 2015.11.26. 2014헌마145).

④ (×) 청구인 8과 9(乙)는 2015년도 졸업예정자로서 2014학년도 입학전형요강과 직접적인 관련은 없다고 할 것이나, 2015학년도 입학전형에서도 동일한 비율로 선발인원이 배정될 것이 충분히 예측가능하고, 2015학년도 입학전형요강이 공고되기를 기다려 그 승인처분을 다투게 한다면 권리구제의 실효성을 기대할 수 없으므로, 이 사건 입학전형요강과 그 승인처분이 위 청구인들에게 미치는 효과나 진지성의 정도 등을 고려할 때, 입시 준비 중인 위 청구인들에게 기본권 침해의 자기관련성이 인정된다고 봄이 상당하다(헌재 2015.11.26. 2014헌마145).

30 0703 ○△×|○△×|○△× 2019 서울시 7급(변형)

교육을 받을 권리에 대한 다음 설명 중 가장 옳지 않은 것은?
(다툼이 있는 경우 헌법재판소 및 대법원 판례와 통설에 의함)

① 교사의 교육을 할 권리는 헌법상 보장되는 기본권이라 보기 어렵고, 국민의 수학권(헌법 제31조 제1항의 교육을 받을 권리)과 교사의 수업의 자유는 다같이 보호되어야 하겠지만 그 중에서도 국민의 수학권이 더 우선적으로 보호되어야 한다.
② 의무교육에 있어서 무상의 범위에는 의무교육이 실질적이고 균등하게 이루어지기 위한 본질적 항목으로, 수업료나 입학금의 면제, 학교와 교사 등 인적·물적 시설 및 그 시설을 유지하기 위한 인건비와 시설유지비, 신규시설투자비 등의 재원 부담으로부터의 면제가 포함된다 할 것이며, 그 외에도 의무교육을 받는 과정에 수반하는 비용으로서 의무교육의 실질적인 균등보장을 위해 필수불가결한 비용은 무상의 범위에 포함된다.
③ 교육을 받을 권리의 내용과 관련하여 헌법재판소는 실질적인 평등교육을 실현해야 할 국가의 적극적인 의무가 인정된다고 하여 이로부터 국민이 직접 실질적 평등교육을 위한 교육비를 청구할 권리가 도출된다고 볼 수 없다고 판시하였다.
④ 사립학교법인이 의무의 부담을 하고자 할 때에는 관할청의 허가를 받도록 하는 것은 사립학교운영의 자유를 침해하는 것이므로 위헌이다.

지문분석 난이도 중 정답 ④

| 키 워 드 | 교육을 받을 권리
| 출제유형 | 판례

④ (X) 이 사건 법률 조항이 학교법인으로 하여금 의무의 부담을 하고자 할 때 관할청의 허가를 받도록 하고 있어 사립학교운영에 관한 자유를 제한하고 있다 하더라도, 이는 공공복리를 위하여 필요한 권리를 제한한 경우에 해당하는 것이며, 일정액 미만의 넓은 범위에서 허가를 받지 않도록 예외를 두고 있고 시행상 일반적인 학교운영과 관련된 통상적인 의무부담은 허가에서 제외하고 있으며 일정액 이상이라도 허가를 받아 자유롭게 처리할 수 있는 점 등을 보면 합리적인 입법한계를 일탈하였거나 기본권의 본질적인 부분을 침해하였다고 볼 수 없다(헌재 2001. 1.18. 99헌바63).
① (O) 국민의 수학권과 교사의 수업의 자유는 다 같이 보호되어야 하겠지만 그중에서도 국민의 수학권이 더 우선적으로 보호되어야 한다. 그것은 국민의 수학권의 보장은 우리 헌법이 지향하고 있는 문화국가, 민주복지국가의 이념구현을 위한 기본적 토대이고, 국민이 인간으로서 존엄과 가치를 가지며 행복을 추구하고(헌법 제10조 전문) 인간다운 생활을 영위하는 데(헌법 제34조) 필수적인 조건이고 대전제이며, 국민의 수학권이 교육제도를 통하여 충분히 실현될 때 비로서 모든 국민은 모든 영역에 있어서 각인의 기회를 균등히 하고 능력을 최고도로 발휘할 수 있게 될 것이기 때문이다(헌재 1992.11.12. 89헌마88).
② (O) 헌법 제31조 제3항에 규정된 의무교육 무상의 원칙에 있어서 무상의 범위는 헌법상 교육의 기회균등을 실현하기 위해 필수불가결한 비용, 즉 모든 학생이 의무교육을 받음에 있어서 경제적인 차별 없이 수학하는 데 반드시 필요한 비용에 한한다고 할 것이며, 수업료나 입학금의 면제, 학교와 교사 등 인적·물적 기반 및 그 기반을 유지하기 위한 인건비와 시설유지비, 신규시설투자비 등의 재원마련 및 의무교육의 실질적인 균등보장을 위해 필수불가결한 비용은 무상의 범위에 포함된다(헌재 2012.8.23. 2010헌바220).
③ (O) 헌법 제31조 제1항에서 보장되는 교육의 기회균등권은 '정신적·육체적 능력 이외의 성별·종교·경제력·사회적 신분 등에 의하여 교육을 받을 기회를 차별하지 않고, 즉 합리적 차별사유 없이 교육을 받을 권리를 제한하지 아니함과 동시에 국가가 모든 국민에게 균등한 교육을 받게 하고 특히 경제적 약자가 실질적인 평등교육을 받을 수 있도록 적극적 정책을 실현해야 한다는 것'을 의미하므로, 실질적인 평등교육을 실현해야 할 국가의 적극적인 의무가 인정되지만, 이러한 의무 조항으로부터 국민이 직접 실질적 평등교육을 위한 교육비를 청구할 권리가 도출되는 것은 아니다(헌재 2003.11.27. 2003헌바39).

31 0704 ○△×|○△×|○△× 2005 국회직 8급(변형)

교육제도 및 교육기본권에 대한 설명으로 옳은 것은? (다툼이 있는 경우 헌법재판소 판례에 의함)

① 자녀의 양육과 교육에 있어서 부모의 교육권은 교육의 모든 영역에서 존중되어야 하지만 국가도 학교 교육에 관한 한 헌법 제31조에 의하여 부모의 교육권으로부터 원칙적으로 독립된 독자적인 교육권한을 부여받았음으로 학교 교육의 영역 내에서는 국가와 부모가 함께 자녀의 교육을 담당하지만 학교 밖의 교육영역에서는 부모의 교육권이 우위를 차지한다.

② 중학교 의무교육의 그 실시의 시기·범위 등 구체적인 실시에 필요한 세부사항에 관하여 대통령령으로 정하도록 한 것은 교육제도 법정주의에 위반되어 포괄위임입법금지원칙에 위배된다.

③ 교원 재임용의 심사요소로 학생교육·학문연구·학생지도를 언급하되 이를 모두 필수요소로 강제하지 않는 사립학교법 제53조의2 제7항 전문은 교원지위법정주의에 위배된다.

④ 단축된 고등학교 과정에 입학할 수 있는 자를 만 16세를 넘은 자로 규정한 평생교육법 시행령 제27조 제2항 후문 단서 제1호는 직업교육장선택의 자유를 과도하게 침해하는 것으로 볼 수는 없으나, 교육을 받을 권리를 침해하여 헌법에 위반된다.

지문분석 난이도 ⓢ 정답 ①

| 키 워 드 | 교육제도 및 교육기본권

| 출제유형 | 판례

① (○) 자녀의 양육과 교육에 있어서 부모의 교육권은 교육의 모든 영역에서 존중되어야 하며, 국가도 학교 교육에 관한 한 헌법 제31조에 의하여 부모의 교육권으로부터 원칙적으로 독립된 독자적인 교육권한을 부여받았으므로 학교 교육의 영역에서는 국가와 부모가 함께 자녀의 교육을 담당하지만 학교 밖의 교육영역에서는 부모의 교육권이 우위를 차지한다(헌재 2000.4.27. 98헌가16 등).

② (X) 중학교의 의무교육을 특정지역 등에 확정적으로 실시하지 아니하는 경우와는 달리 단순한 실시의 지연만으로는 국민의 교육받을 권리가 위헌적으로 침해되는 것이라고 단정할 수 없다. 따라서 중학교 의무교육의 실시 여부 자체라든가 그 연한은 교육제도의 수립에 있어서 본질적 내용으로서 국회입법에 유보되어 있어서 반드시 형식적 의미의 법률로 규정되어야 할 기본적 사항이라 하겠으나(이에 따라서 교육법 제8조에서 3년의 중등교육을 반드시 실시하여야 하도록 규정하고 있다), 그 실시의 시기·범위 등 구체적인 실시에 필요한 세부사항에 관하여는 반드시 그런 것은 아니다. 따라서 국회 법률에 의한 위임을 받은 경우에는 이에 바탕을 둔 법규명령에 의하여 규정될 수 있는 것이다(헌재 1991.2.11. 90헌가27).

③ (X) 교원 재임용의 심사요소로 학생교육·학문연구·학생지도를 언급하되 이를 모두 필수요소로 강제하지 않는 사립학교법 제53조의2 제7항 전문은 교원의 신분에 대한 부당한 박탈을 방지함과 동시에 대학의 자율성을 도모한 것으로서 교원지위법정주의에 위반되지 아니한다(헌재 2014.4.24. 2012헌바336).

④ (X) 만 16세 미만의 자들에게 고등학교학력인정의 평생교육시설에 입학자격을 부여하지 아니한 것이 현저하게 불합리한 자의적인 차별이라고 볼 수 없어 평등원칙에 위반되지 아니한다. 나아가 평생교육을 포함한 교육시설의 입학자격에 관하여는 입법자에게 광범위한 형성의 자유가 있다고 할 것이어서, 일반적으로 중학교를 바로 졸업한 나이에 해당하는 만 16세 미만의 자에게 의무교육이 아닌 고등학교학력인정의 평생교육시설에의 입학을 허용하지 않는 것이 교육을 받을 권리나 직업의 자유를 본질적으로 침해하지 않는다(헌재 2011.6.30. 2010헌마503).

32 0705 ○△×|○△×|○△× 2016 국회직 8급(변형)

교육을 받을 권리에 관한 헌법재판소의 판시와 다른 것은?

① 헌법의 '교육을 받을 권리'란, 모든 국민에게 저마다의 능력에 따른 교육이 가능하도록 그에 필요한 설비와 제도를 마련하여야 할 국가의 과제를 의미하는 것이지, 이를 넘어 사회적·경제적 약자도 능력에 따른 실질적 평등교육을 받을 수 있도록 적극적인 정책을 실현해야 할 국가의 의무를 뜻하는 것은 아니다.

② 헌법 제31조 제1항에서 보장되는 교육의 기회균등권으로부터 실질적인 평등교육을 실현해야 할 국가의 적극적인 의무가 인정되지만, 이러한 의무 조항으로부터 국민이 직접 실질적 평등교육을 위한 교육비를 청구할 권리가 도출되는 것은 아니다.

③ 적어도 의무교육에 관한 한 일반재정이 아닌 부담금과 같은 별도의 재정수단을 동원하여, 아파트 입주자에게 학교용지부담금을 징수하여 이를 초등학교 건축비용으로 사용하는 것은 의무교육의 무상성을 선언한 헌법에 반한다.

④ 헌법 제31조 제2항 내지 제3항으로부터 직접 의무교육 경비를 중앙정부로서의 국가가 부담하여야 한다는 결론은 도출되지 않으며, 지방교육재정교부금법에서 의무교육 경비를 교부금과 지방자치단체의 일방회계로부터의 전입금으로 충당하도록 규정한 것 등은 위헌이 아니다.

지문분석 난이도 중 정답 ①

| 키 워 드 | 교육을 받을 권리

| 출제유형 | 판례

① (X) '교육을 받을 권리'란, 모든 국민에게 저마다의 능력에 따른 교육이 가능하도록 그에 필요한 설비와 제도를 마련하여야 할 국가의 과제와 아울러 이를 넘어 사회적·경제적 약자도 능력에 따른 실질적 평등교육을 받을 수 있도록 적극적인 정책을 실현해야 할 국가의 의무를 뜻한다. 이에 따라 국가는 다른 중요한 국가과제 및 국가재정이 허용하는 범위 내에서 민주시민이 갖추어야 할 최소한의 필수적인 교육과정을 의무교육으로서 국민 누구나가 혜택을 받을 수 있도록 제공해야 한다(헌재 2000.4.27. 98헌가16 등).

② (O) 헌법 제31조 제1항에서 보장되는 교육의 기회균등권은 '정신적·육체적 능력 이외의 성별·종교·경제력·사회적 신분 등에 의하여 교육을 받을 기회를 차별하지 않고, 즉 합리적 차별사유 없이 교육을 받을 권리를 제한하지 아니함과 동시에 국가가 모든 국민에게 균등한 교육을 받게 하고 특히 경제적 약자가 실질적인 평등교육을 받을 수 있도록 적극적 정책을 실현해야 한다는 것'을 의미하므로(헌재 1994.2.24. 93헌마192), 실질적인 평등교육을 실현해야 할 국가의 적극적인 의무가 인정되지만, 이러한 의무조항으로부터 국민이 직접 실질적 평등교육을 위한 교육비를 청구할 권리가 도출되는 것은 아니다(헌재 2003.11.27. 2003헌바39).

③ (O) 적어도 의무교육에 관한 한 일반재정이 아닌 부담금과 같은 별도의 재정수단을 동원하여 특정한 집단으로부터 그 비용을 추가로 징수하여 충당하는 것은 의무교육의 무상성을 선언한 헌법에 반한다(헌재 2005.3.31. 2003헌가20).

④ (O)
[1] 의무교육에 관한 헌법조항인 헌법 제31조 제1항 내지 제3항, 지방자치를 보장하는 조항인 헌법 제117조 제1항으로부터 직접 의무교육 경비를 중앙정부로서의 국가가 전부 부담하여야 한다는 결론은 도출되지 않는다.
[2] 지방교육재정교부금법 제11조 제1항에서 의무교육 경비를 교부금과 지방자치단체의 일반회계로부터의 전입금으로 충당토록 규정한 것 및 같은 조 제2항 제3호에서 서울특별시·부산광역시와 그 밖의 지방자치단체를 구분하여 서울특별시의 경우에는 당해 시·도세 총액의 100분의 10에 해당하는 금액을 일반회계예산에 계상하여 교육비특별회계로 전출하도록 규정한 것은 교육재정제도를 형성함에 있어 의무교육을 받을 권리를 골고루 실질적으로 보장하라는 헌법의 위임취지에 명백히 반하는 자의적인 것이라 할 수 없어 위헌이 아니다(헌재 2005.12.22. 2004헌라3).

33 0706 ○△×│○△×│○△× 2022 경찰 간부

교육을 받을 권리에 대한 설명으로 가장 적절하지 않은 것은? (다툼이 있는 경우 헌법재판소 판례에 의함)

① 대학수학능력시험의 문항 수 기준 70%를 한국교육방송공사 교재와 연계하여 출제하는 것이 대학수학능력시험을 준비하는 자들의 능력에 따라 균등하게 교육을 받을 권리를 직접 제한한다고 보기는 어렵다.

② 학문의 자유와 대학의 자율성에 따라 대학이 학생의 선발 및 전형 등 대학입시제도를 자율적으로 마련할 수 있다 하더라도 이를 내세워 국민의 교육받을 권리를 침해할 수 없다.

③ 학교폭력예방 및 대책에 관한 법률에서 학교폭력 가해학생에 대하여 수개의 조치를 병과할 수 있도록 하고, 출석정지 기간의 상한을 두지 아니한 부분은 과잉금지원칙에 위배되어 청구인들의 학습의 자유를 침해한다.

④ 2년제 전문대학의 졸업자에게만 대학·산업대학 또는 원격대학의 편입학 자격을 부여하고, 3년제 전문대학의 2년 이상 과정 이수자에게는 편입학 자격을 부여하지 않는 것은 교육을 받을 권리를 침해하지 않는다.

지문분석 난이도 중 정답 ③

| 키 워 드 | 교육을 받을 권리

| 출제유형 | 판례

③ (X) 이 사건 징계조치 조항에서 수개의 조치를 병과하고 출석정지기간의 상한을 두지 않음으로써 구체적 사정에 따라 다양한 조치를 취할 수 있도록 한 것은, 피해학생의 보호 및 가해학생의 선도·교육을 위하여 바람직하다고 할 것이고, 이 사건 징계조치 조항보다 가해학생의 학습의 자유를 덜 제한하면서, 피해학생에게 심각한 피해와 지속적인 영향을 미칠 수 있는 학교폭력에 구체적·탄력적으로 대처하고, 피해학생을 우선적으로 보호하면서 가해학생도 선도·교육하려는 입법 목적을 이 사건 징계조치 조항과 동일한 수준으로 달성할 수 있는 입법의 대안이 있다고 보기 어렵다. 따라서 이 사건 징계조치 조항이 가해학생에 대하여 수개의 조치를 병과할 수 있도록 하고 출석정지조치를 취함에 있어 기간의 상한을 두고 있지 않다고 하더라도, 가해학생의 학습의 자유에 대한 제한이 입법목적 달성에 필요한 최소한의 정도를 넘는다고 볼 수 없다(헌재 2019.4.11. 2017헌바140 등).

① (O) 고등학교 교사들은 고등학교 교육과정의 내용과 수준에 맞는 교육을 실시하면 되고, 이 사건 계획에 따라 그 이상의 교육 또는 고등학교 교육과정에 포함되지 않는 다른 내용의 교육을 실시하여야 하는 의무를 부담하게 되는 것이 아니다. 고등학교 교사들이 이 사건 계획에 따라 EBS 교재를 참고하여 하는 부담을 질 수는 있지만, 이는 사실상의 부담에 불과할 뿐 EBS 교재를 참고하여야 하는 법적 의무를 부담하는 것도 아니다. 따라서 심판대상계획은 고등학교 교사인 청구인들에 대해 기본권 침해 가능성이 인정되지 않는다(헌재 2018.2.22. 2017헌마691).

② (O) 헌법 제31조 제4항은 "교육의 자주성·전문성·정치적 중립성 및 대학의 자율성은 법률이 정하는 바에 의하여 보장된다."라고 규정하여 교육의 자주성·대학의 자율성을 보장하고 있다. 이는 대학에 대한 공권력 등 외부세력의 간섭을 배제하고 대학구성원 자신이 대학을 자주적으로 운영할 수 있도록 함으로써 대학으로 하여금 연구와 교육을 자유롭게 하여 진리탐구와 지도적 인격의 도야라는 대학의 기능을 충분히 발휘할 수 있도록 하기 위한 것이다. 교육의 자주성이나 대학의 자율성은 헌법 제22조 제1항이 보장하고 있는 학문의 자유의 확실한 보장수단으로 꼭 필요한 것으로서, 이는 대학에 부여된 헌법상의 기본권이다. 따라서 서울대학교는 다른 국가기관 내지 행정기관과는 달리 기본권의 주체라는 점도 중요하게 다루어져야 한다. 여기서 대학의 자율은 대학시설의 관리·운영만이 아니라 학사관리 등 전반적인 사항에 미치므로, 연구와 교육의 내용, 방법 및 대상은 물론 교과과정의 편성, 학생의 선발 및 그 전형도 대학의 자율의 범위에 속해야 하고 따라서 입학시험제도도 자주적으로 마련될 수 있어야 한다(헌재 1992.10.1. 92헌마68 등).

④ (O) 이 사건 법률조항은 대학에 편입학하기 위하여는 전문대학을 졸업할 것을 요구하고 있어, '3년제 전문대학의 2년 이상 과정을 이수한 자'는 편입학을 할 수 없다. 우선 '3년제 전문대학의 2년 이상 과정을 이수한 자'를 '2년제 전문대학을 졸업한 자'와 비교하여 보면 객관적인 과정인 졸업이라는 요건을 갖추지 못하였다. 또한, '4년제 대학에서 2년 이상 과정을 이수한 자'와 비교하여 보면, 고등교육법이 그 목적과 운영방법에서 전문대학과 대학을 구별하고 있는 이상, 전문대학 과정의 이수와 대학과정의 이수를 반드시 동일하다고 볼 수 없어, 3년제 전문대학의 2년 이상 과정을 이수한 자에게 편입학 자격을 부여하지 아니한 것이 현저하게 불합리한 자의적인 차별이라고 볼 수 없다. 나아가 평생교육을 포함한 교육시설의 입학자격에 관하여는 입법자에게 광범위한 형성의 자유가 있다고 할 것이어서, 3년제 전문대학의 2년 이상의 이수자에게 의무교육기관이 아닌 대학에의 일반 편입학을 허용하지 않는 것이 교육을 받을 권리나 평생교육을 받을 권리를 본질적으로 침해하지 않는다(헌재 2010.11.25. 2010헌마144).

34 0707 ○△×|○△×|○△× 2019 변호사(변형)

교육에 관한 기본권에 대한 설명으로 옳지 않은 것은? (다툼이 있는 경우 판례에 의함)

① 사립대학 교육기관의 교원을 정관이 정하는 바에 따라 기간을 정하여 임면할 수 있도록 한 구 사립학교법 규정은 교원지위 법정주의에 위반되지 않는다.

② 사립학교법인이 의무의 부담을 하고자 할 때 관할청의 허가를 받도록 하는 사립학교법 규정은 사립학교 운영의 자유를 침해하지 않는다.

③ 대학의 자치의 주체를 기본적으로 대학으로 본다고 하더라도 교수나 교수회의 기본권 주체성이 부정된다고 볼 수 없다.

④ 자율형 사립고등학교를 후기학교로 정하여 신입생을 일반고와 동시에 선발하도록 하는 한편, 자율형 사립고등학교를 지원한 학생에게 평준화지역 후기학교에 중복지원할 수 없도록 한 것은 학교법인의 사학운영의 자유를 침해한다.

⑤ 학교교과 교습학원 및 교습소의 교습시간을 05:00부터 22:00까지 규정하고 있는 조례는 학부모의 자녀교육권을 침해하지 않는다.

지문분석 난이도 중 정답 ④

| 키 워 드 | 교육에 관한 기본권

| 출제유형 | 판례

④ (X) … 자사고를 후기학교로 하여 일반고와 동시에 학생을 선발하게 하더라도, 자사고는 일반고와 달리 그 입학전형을 해당 학교의 장이 해당 학교의 교육과정 특색 등을 고려하여 정할 수 있으므로(시행령 제82조 제2항 제2호, 시행규칙 제72조 참조), 해당 자사고가 목표로 하는 다양한 교육에 적합한 적성·소질·능력을 갖춘 학생들을 선발하는 데에 지장이 없다. 따라서 시행령이 이 사건 동시선발 조항을 통하여 자사고를 후기학교로 정하면서, 입학전형 실시권자, 입학전형방법의 자율성 등을 그대로 유지한 것은 자사고의 사학운영의 자유에 대한 제한을 최소화한 것으로 볼 수 있다. … 그렇다면 이 사건 동시선발 조항이 기본권 제한의 한계를 벗어나 자의적으로 그 본질적인 내용을 침해하였다고 볼 수 없다(헌재 2019.4.11. 2018헌마221).

① (O) 대학교원의 기간임용제를 규정한 구 사립학교법 제53조의2 제3항은 전문성·연구실적 등에 문제가 있는 교수의 연임을 배제하여 합리적인 교수인사를 할 수 있도록 하기 위한 것으로 그 입법목적이 정당하고, 대학교육기관의 교원에 대한 기간임용제와 정년보장제는 국가가 문화국가의 실현을 위한 학문진흥의 의무를 이행함에 있어서나 국민의 교육권의 실현·방법 면에서 각각 장단점이 있어서, 그 판단·선택은 헌법재판소에서 이를 가늠하기보다는 입법자의 입법정책에 맡겨 두는 것이 옳으므로, 위 조항은 헌법 제31조 제6항이 규정한 교원지위 법정주의에 위반되지 아니한다(헌재 1998.7.16. 96헌바33 등).

② (O) 이 사건 법률 조항이 학교법인으로 하여금 의무의 부담을 하고자 할 때 관할청의 허가를 받도록 하고 있어 사립학교운영에 관한 자유를 제한하고 있다 하더라도, 이는 공공복리를 위하여 필요한 권리를 제한한 경우에 해당하는 것이며, 일정액 미만의 넓은 범위에서 허가를 받지 않도록 예외를 두고 있고 시행상 일반적인 학교운영과 관련된 통상적인 의무부담은 허가에서 제외하고 있으며 일정액 이상이라도 허가를 받아 자유롭게 처리할 수 있는 점 등을 보면 합리적인 입법한계를 일탈하였거나 기본권의 본질적인 부분을 침해하였다고 볼 수 없다(헌재 2001.1.18. 99헌바63).

③ (O) 대학의 자치의 주체를 기본적으로 대학으로 본다고 하더라도 교수나 교수회의 주체성이 부정된다고 볼 수는 없고, 가령 학문의 자유를 침해하는 대학의 장에 대한 관계에서는 교수나 교수회가 주체가 될 수 있고, 또한 국가에 의한 침해에 있어서는 대학 자체 외에도 대학 전구성원이 자율성을 갖는 경우도 있을 것이므로 문제되는 경우에 따라서 대학, 교수, 교수회 모두가 단독, 혹은 중첩적으로 주체가 될 수 있다고 보아야 할 것이다(헌재 2006.4.27. 2005헌마1047 등).

⑤ (O) 이 사건 조항이 학교, 교육방송 및 다른 사교육에 대하여는 교습시간을 제한하지 않으면서 학원 및 교습소의 교습시간만 제한하였다고 하여도 공교육의 주체인 학교 및 공영방송인 한국교육방송공사가 사교육 주체인 학원과 동일한 지위에 있다고 보기 어렵고, 다른 사교육인 개인과외교습이나 인터넷 통신 강좌에 의한 심야교습이 초래하게 될 사회적 영향력이나 문제점이 학원에 의한 심야교습보다 적으므로 학원 및 교습소의 교습시간만 제한하였다고 하여 이를 두고 합리적 이유 없는 차별이라고 보기는 어려운바, 이 사건 조항이 학원 운영자 등의 평등권을 침해하였다고 보기는 어렵다(헌재 2009.10.29. 2008헌마635).

35 0708 ○△×|○△×|○△× 2016 국회직 8급(변형)

아동의 교육에 관한 국가와 부모 및 교사의 권리 등에 대한 설명 중 옳지 않은 것은? (다툼이 있는 경우 판례에 의함)

① 부모는 자녀의 교육에 관하여 전반적인 계획을 세우고 자신의 인생관·사회관·교육관에 따라 자녀의 교육을 자유롭게 형성할 권리를 가지며, 부모의 교육권은 다른 교육 주체와의 관계에서 원칙적인 우위를 가진다.

② 부모가 자녀의 이익을 가장 잘 보호할 수 있다는 점에 비추어 자녀가 의무교육을 받아야 할지 여부를 부모가 자유롭게 결정할 수 없도록 하는 것은 부모의 교육권에 대한 침해이다.

③ 학교 교육에 있어서 교사의 가르치는 권리를 수업권이라고 한다면, 그것은 자연법적으로는 학부모에게 속하는 자녀에 대한 교육권을 신탁받은 것이고, 실정법상으로는 공교육에 책임이 있는 국가의 위임에 의한 것이다.

④ 헌법은 국가의 교육권한과 부모의 교육권의 범주 내에서 학생에게도 자신의 교육에 관하여 스스로 결정할 권리를 부여하고 있으므로, 학생은 국가의 간섭을 받지 아니하고 자신의 능력과 개성, 적성에 맞는 학교를 자유롭게 선택할 권리를 가진다.

지문분석 난이도 ⓒ 정답 ②

| 키 워 드 | 교육을 받을 권리

| 출제유형 | 판례

② (X) 학교 교육에 관한 한, 국가는 헌법 제31조에 의하여 부모의 교육권으로부터 원칙적으로 독립된 독자적인 교육권한을 부여받았고, 따라서 학교 교육에 관한 광범위한 형성권을 가지고 있다. 그러므로 국가에 의한 의무교육의 도입이나 취학연령의 결정은 헌법적으로 하자가 없다. 학교제도에 관한 국가의 규율권한과 부모의 교육권이 서로 충돌하는 경우, 어떠한 법익이 우선하는가의 문제는 구체적인 경우마다 법익형량을 통하여 판단해야 하는데, 자녀가 의무교육을 받아야 할지의 여부와 그의 취학연령을 부모가 자유롭게 결정할 수 없다는 것은 부모의 교육권에 대한 과도한 제한이 아니다. 마찬가지로 국가는 교육목표, 학습계획, 학습방법, 학교제도의 조직 등을 통하여 학교 교육의 내용과 목표를 정할 수 있는 포괄적인 규율권한을 가지고 있다(헌재 2000.4.27. 98헌가16 등).

① (○) 자녀의 양육과 교육은 일차적으로 부모의 천부적인 권리인 동시에 부모에게 부과된 의무이기도 하다. '부모의 자녀에 대한 교육권'은 비록 헌법에 명문으로 규정되어 있지는 아니하지만, 이는 모든 인간이 누리는 불가침의 인권으로서 혼인과 가족생활을 보장하는 헌법 제36조 제1항, 행복추구권을 보장하는 헌법 제10조 및 "국민의 자유와 권리는 헌법에 열거되지 아니한 이유로 경시되지 아니한다."고 규정하는 헌법 제37조 제1항에서 나오는 중요한 기본권이다. 부모는 자녀의 교육에 관하여 전반적인 계획을 세우고 자신의 인생관·사회관·교육관에 따라 자녀의 교육을 자유롭게 형성할 권리를 가지며, 부모의 교육권은 다른 교육의 주체와의 관계에서 원칙적인 우위를 가진다(헌재 2000.4.27. 98헌가16 등).

③ (○) 학교 교육에 있어서 교사의 가르치는 권리를 수업권이라고 한다면 그것은 자연법적으로는 학부모에게 속하는 자녀에 대한 교육권을 신탁받은 것이고, 실정법상으로는 공교육의 책임이 있는 국가의 위임에 의한 것이다. 그것은 교사의 지위에서 생기는 학생에 대한 일차적인 교육상의 직무권한(직권)이지만, 학생의 수학권의 실현을 위하여 인정되는 것으로서 양자는 상호협력관계에 있다고 하겠으나, 수학권은 헌법상 보장된 기본권의 하나로서 보다 존중되어야 하며, 그것이 왜곡되지 않고 올바로 행사될 수 있게 하기 위한 범위 내에서는 수업권도 어느 정도의 범위 내에서 제약을 받지 않으면 안 될 것이다(헌재 1992.11.12. 89헌마88).

④ (○) 헌법 제10조에 의하여 보장되는 행복추구권은 일반적인 행동의 자유와 인격의 자유로운 발현권을 포함하는바, 학생은 교육을 받음에 있어서 자신의 인격, 특히 성향이나 능력을 자유롭게 발현할 수 있는 권리가 있다. 학생은 인격의 발전을 위하여 어느 정도는 부모와 학교의 교사 등 타인에 의한 결정을 필요로 하는 아직 성숙하지 못한 인격체이지만, 부모와 국가에 의한 교육의 단순한 대상이 아닌 독자적인 인격체이며, 그의 인격은 성인과 마찬가지로 보호되어야 하기 때문이다. 따라서 헌법은 국가의 교육권한과 부모의 교육권의 범주 내에서 학생에게도 자신의 교육에 관하여 스스로 결정할 권리, 즉 자유롭게 교육을 받을 권리를 부여하고, 학생은 국가의 간섭을 받지 아니하고 자신의 능력과 개성, 적성에 맞는 학교를 자유롭게 선택할 권리를 가진다(헌재 2012.11.29. 2011헌마827).

3 근로의 권리와 근로3권

36 0709 ○△×|○△×|○△× 2016 지방직 7급

근로기본권에 대한 설명으로 옳지 않은 것은? (다툼이 있는 경우 판례에 의함)

① 청원경찰로서 국가공무원법 제66조 제1항의 규정에 위반하여 노동운동 기타 공무 이외의 일을 위한 집단적 행위를 한 자를 형사처벌하도록 규정한 청원경찰법 제11조는 과잉금지의 원칙을 위배하여 청원경찰의 근로3권을 침해한다.
② 교원의 노동조합 설립 및 운영 등에 관한 법률의 적용을 받는 교원의 범위를 초·중등학교에 재직 중인 교원으로 한정하고 해직교원을 제외하는 것은 전국교직원노동조합 및 해직교원들의 단결권을 침해하지 않는다.
③ 월급근로자로서 6개월이 되지 못한 자를 해고예고제도의 적용예외 사유로 규정하고 있는 근로기준법 조항은 근무기간이 6개월 미만인 월급근로자의 근로의 권리를 침해하고 평등원칙에 위배된다.
④ 단체협약의 해석 또는 이행방법에 관하여 관계 당사자 간에 의견의 불일치가 있는 때에는 당사자 쌍방 또는 단체협약에 정하는 바에 의하여 어느 일방이 노동위원회에 그 해석 또는 이행방법에 관한 견해의 제시를 요청할 수 있다.

지문분석 난이도 ㊥ 정답 ①

| 키 워 드 | 근로기본권
| 출제유형 | 조문 + 판례

① (X) 청원경찰은 특정 경비구역에서 근무하며 그 구역의 경비에 필요한 한정된 권한만을 행사하므로, 청원경찰의 업무가 가지는 공공성이나 사회적 파급력은 군인이나 경찰의 그것과는 비교하여 견주기 어렵다. 그럼에도 심판대상조항은 군인이나 경찰과 마찬가지로 모든 청원경찰의 근로3권을 획일적으로 제한하고 있다. 이상을 종합하여 보면, 심판대상조항이 모든 청원경찰의 근로3권을 전면적으로 제한하는 것은 과잉금지원칙을 위반하여 청구인들의 근로3권을 침해하는 것이다(헌재 2017.9.28. 선고 2015헌마653).
② (O) 헌재 2015.5.28. 2013헌마671 · 2014헌가21(병합)
③ (O) 헌재 2015.12.23. 2014헌바3
④ (O) 노동조합 및 노동관계조정법 제34조 제1항

37 0710 ○△×|○△×|○△× 2016 경찰 승진

근로3권에 관한 설명 중 가장 적절하지 않은 것은? (다툼이 있는 경우 판례에 의함)

① 헌법은 근로자의 단결권·단체교섭권·단체행동권을 보장하고 있다.
② 국가의 행정관청이 사법상 근로계약을 체결한 경우 국가는 그러한 근로계약관계에 있어서 사업주로서 단체교섭의 당사자의 지위에 있는 사용자에 해당한다.
③ 헌법재판소는 단결권·단체교섭권·단체행동권의 자유권적 성격을 강조하여 그 법적 성격을 근로3권은 '사회적 보호기능을 담당하는 자유권' 또는 '사회권적 성격을 띤 자유권'이라고 밝힌 바 있다.
④ 헌법재판소는 소극적 단결권은 헌법 제33조 제1항의 단결권에 포함된다고 보고 있다.

지문분석 난이도 ㊥ 정답 ④

| 키 워 드 | 근로3권
| 출제유형 | 조문 + 판례

④ (X) 헌법 제33조 제1항은 "근로자는 근로조건의 향상을 위하여 자주적인 단결권·단체교섭권 및 단체행동권을 가진다."고 규정하고 있다. 여기서 헌법상 보장된 근로자의 단결권은 단결할 자유만을 가리킬 뿐이고, 단결하지 아니할 자유 이른바 소극적 단결권은 이에 포함되지 않는다고 보는 것이 우리 재판소의 선례라고 할 것이다(헌재 2005.11.24. 2002헌바95 등).
① (O) 근로자는 근로조건의 향상을 위하여 자주적인 단결권·단체교섭권 및 단체행동권을 가진다(헌법 제33조 제1항).
② (O) 국가의 행정관청이 사법상 근로계약을 체결한 경우 그 근로계약관계의 권리·의무는 행정주체인 국가에 귀속되므로, 국가는 그러한 근로계약관계에 있어서 노동조합 및 노동관계조정법 제2조 제2호에 정한 사업주로서 단체교섭의 당사자의 지위에 있는 사용자에 해당한다(대판 2008.9.11. 2006다40935).
③ (O) 근로3권은 국가공권력에 대하여 근로자의 단결권의 방어를 일차적인 목표로 하지만, 근로3권의 보다 큰 헌법적 의미는 근로자단체라는 사회적 반대세력의 창출을 가능하게 함으로써 노사관계의 형성에 있어서 사회적 균형을 이루어 근로조건에 관한 노사 간의 실질적인 자치를 보장하려는 데 있다. 근로자는 노동조합과 같은 근로자단체의 결성을 통하여 집단으로 사용자에 대항함으로써 사용자와 대등한 세력을 이루어 근로조건의 형성에 영향을 미칠 수 있는 기회를 가지게 되므로 이러한 의미에서 근로3권은 '사회적 보호기능을 담당하는 자유권' 또는 '사회권적 성격을 띤 자유권'이라고 말할 수 있다(헌재 1998.2.27. 94헌바13).

38 0711 ○△×|○△×|○△× 2022 경찰 2차

근로의 권리에 관한 설명 중 가장 적절하지 않은 것은? (다툼이 있는 경우 판례에 의함)

① 헌법 제32조 및 제33조에 각 규정된 근로기본권은 근로자의 근로조건을 개선함으로써 그들의 경제적·사회적 지위의 향상을 기하기 위한 것으로서 자유권적 기본권으로서의 성격보다는 생존권 내지 사회적 기본권으로서의 측면이 보다 강한 것으로서 그 권리의 실질적 보장을 위해서는 국가의 적극적인 개입과 뒷받침이 요구되는 기본권이다.

② 근로의 권리는 사회적 기본권으로서 국가에 대하여 직접 일자리를 청구하거나 일자리에 갈음하는 생계비의 지급을 청구할 수 있는 권리를 의미하는 것이 아니라 고용증진을 위한 사회적·경제적 정책을 요구할 수 있는 권리에 그치며, 근로의 권리로부터 국가에 대한 직접적인 직장존속청구권이 도출되는 것도 아니다.

③ 매월 1회 이상 정기적으로 지급하는 상여금 등 및 복리후생비의 일부를 새롭게 최저임금에 산입하도록 한 최저임금법상 산입조항은 헌법상 용인될 수 있는 입법재량의 범위를 명백히 일탈하였다고 볼 수 없으므로 근로자들의 근로의 권리를 침해하지 아니한다.

④ 퇴직급여제도가 갖는 사회보장적 급여의 성격과 근로자의 장기간 복무 및 충실한 근무를 유도하는 기능을 감안하더라도, 소정근로시간이 1주간 15시간 미만인 이른바 '초단시간근로자'에 대해 퇴직급여제도 적용대상에서 제외하는 것은 "근로조건의 기준은 인간의 존엄성을 보장하도록 법률로 정하도록 규정"한 헌법 제32조 제3항에 위배된다.

지문분석 난이도 중 정답 ④

| 키 워 드 | 근로의 권리

| 출제유형 | 판례

④ (X) 4주간을 평균하여 1주간의 소정근로시간이 15시간 미만인 근로자, 즉 이른바 '초단시간근로자'를 퇴직급여제도의 적용대상에서 제외하고 있는 '근로자퇴직급여 보장법' 제4조 제1항 단서 중 '4주간을 평균하여 1주간의 소정근로시간이 15시간 미만인 근로자'에 관한 부분(이하 '심판대상 조항'이라 한다)이 근로조건의 기준은 인간의 존엄성을 보장하도록 법률로 정하도록 한 헌법 제32조 제3항에 위배되지 않는다[헌재 2021.11.25. 2015헌바334·2018헌바42(병합)].

① (O) 헌법 제32조 및 제33조에 각 규정된 근로기본권은 근로자의 근로조건을 개선함으로써 그들의 경제적·사회적 지위의 향상을 기하기 위한 것으로서 자유권적 기본권으로서의 성격보다는 생존권 내지 사회권적 기본권으로서의 측면이 보다 강한 것으로서 그 권리의 실질적 보장을 위해서는 국가의 적극적인 개입과 뒷받침이 요구되는 기본권이다(헌재 1991.7.22. 89헌가106).

② (O) 근로의 권리는 사회적 기본권으로서, 국가에 대하여 직접 일자리를 청구하거나 일자리에 갈음하는 생계비의 지급청구권을 의미하는 것이 아니라, 고용증진을 위한 사회적·경제적 정책을 요구할 수 있는 권리에 그친다(헌재 2002.11.28. 2001헌바50).

③ (O) 매월 1회 이상 정기적으로 지급하는 상여금 등 및 복리후생비의 일부를 최저임금에 산입하도록 한 최저임금법 제6조 제4항 제2호, 제3호 나목(이하 모두 합하여 '이 사건 산입조항'이라 한다), 최저임금법 부칙 제2조(이하 '이 사건 부칙조항'이라 한다)가 적법절차원칙, 명확성원칙 및 포괄위임금지원칙에 위배되어 근로자의 근로의 권리를 침해하지 않는다(헌재 2021.12.23. 2018헌마629 등).

39 0712 ○△×|○△×|○△× 2020 국회직 9급

공무원의 근로3권에 대한 설명으로 옳지 <u>않은</u> 것은? (다툼이 있는 경우 판례에 의함)

① 국가공무원 중 사실상 노무에 종사하는 공무원은 노동운동을 할 수 있다.

② 5급 이상 공무원의 노동조합가입을 금지하고 6급 이하의 공무원 중에서도 인사·보수 등 행정기관의 입장에 서는 자 등의 노동조합가입을 금지하는 것은 공무원들의 단결권을 침해하지 않는다.

③ 공무원노동조합은 정책결정에 관한 사항이나 임용권의 행사 등 근무조건과 직접 관련이 없는 사항에 대해서는 정부 측 교섭대표 및 지방자치단체의 장과 교섭하고 단체협약을 체결한다.

④ 공무원노동조합이 체결하는 단체협약의 내용 중 법령·조례 또는 예산에 의해 규정되는 것은 단체협약으로서의 효력이 인정되지 않는다.

⑤ 공무원에게 금지되는 집단행위란 공무 이외의 일을 위한 집단행위 중 공익에 반하는 행위를 말한다.

지문분석 난이도 중 정답 ③

| **키 워 드** | 공무원의 근로3권

| **출제유형** | 조문+판례

③ (X) <u>근무조건과 '직접' 관련되지 않는 국가 또는 지방자치단체의 정책결정이나 임용권의 행사와 같은 기관의 관리·운영에 관한 사항은 행정기관이 전권을 가지고 자신의 권한과 책임하에 집행해야 할 사항을 교섭대상에서 배제하고</u> 있는 공무원노조법 조항은 공무원노조의 단체교섭권에 대한 과도한 제한이라고 보기 어렵다(헌재 2013.6.27. 2012헌바16).

> **공무원의 노동조합 설립 및 운영 등에 관한 법률 제8조(교섭 및 체결 권한 등)** ① 노동조합의 대표자는 그 노동조합에 관한 사항 또는 조합원의 보수·복지, 그 밖의 근무조건에 관하여 국회사무총장·법원행정처장·헌법재판소사무처장·중앙선거관리위원회 사무총장·인사혁신처장(행정부를 대표한다)·특별시장·광역시장·특별자치시장·도지사·특별자치도지사·시장·군수·구청장(자치구의 구청장을 말한다) 또는 특별시·광역시·특별자치시·도·특별자치도의 교육감 중 어느 하나에 해당하는 사람(이하 "정부교섭대표"라 한다)과 각각 교섭하고 단체협약을 체결할 권한을 가진다. 다만, 법령 등에 따라 국가나 지방자치단체가 그 권한으로 행하는 정책결정에 관한 사항, 임용권의 행사 등 그 기관의 관리·운영에 관한 사항으로서 근무조건과 직접 관련되지 아니하는 사항은 교섭의 대상이 될 수 없다.

① (O) 국가공무원법 제66조 제1항은 근로3권이 보장되는 공무원의 범위를 사실상 노무에 종사하는 공무원에 한정하고 있으나, 이는 헌법 제33조 제2항에 근거한 것이고, 전체 국민의 공공복리와 사실상 노무에 공무원의 직무의 내용, 노동조건 등을 고려해 보았을 때 입법자에게 허용된 입법재량권의 범위를 벗어난 것이라 할 수 없다(헌재 2007.8.30. 2003헌바51).

② (O) 공무원의 업무수행 현실을 보면, 제반 주요정책을 결정하고 그 소속 하위직급자들을 지휘·명령하여 분장사무를 처리하는 역할은 통상 5급 이상의 공무원에게 부여되는 것이 일반적이고, 6급 이하의 공무원들 중에서도 '지휘·감독권 행사자', '업무 총괄자', '인사 ·보수 등 행정기관의 입장에 서는 자', '노동관계의 조정·감독 등 업무 종사자'는 '항상 사용자의 이익을 대표하는 자'의 입장에 있거나 그 업무의 공공성·공익성이 크며, 이들이 노조에 가입할 경우 예상되는 노조 운영 등에의 지배·개입 등 노조의 자주성을 훼손하는 것을 방지하고, 노사 대항적 관계의 단체교섭에 있어서 노사 간 힘의 균형을 확보해 줌으로써 집단적 노사자치를 실현한다는 집단적 노사관계법의 기본적인 법원리에 따라 이들 공무원을 노조 가입대상에서 제외한 것으로 보인다. 그러므로 위 법률 조항은 헌법 제33조 제2항이 공무원 신분의 특수성과 수행하는 업무의 공공성을 고려하여 단결권 및 단체교섭권의 향유주체가 될 수 있는 공무원의 범위를 정하도록 하기 위하여 입법자에게 부여하고 있는 형성적 재량권의 범위를 일탈한 것으로 볼 수 없고, 따라서 헌법에 위반되는 것이라고 할 수 없다(헌재 2008.12.26. 2005헌마971 등).

> **공무원의 노동조합 설립 및 운영 등에 관한 법률 제6조(가입 범위)**
> ① 노동조합에 가입할 수 있는 사람의 범위는 다음 각 호와 같다.
> 1. 일반직 공무원
> ② 제1항에도 불구하고 다음 각 호의 어느 하나에 해당하는 공무원은 노동조합에 가입할 수 없다.
> 2. 업무의 주된 내용이 인사·보수 또는 노동관계의 조정·감독 등 노동조합의 조합원 지위를 가지고 수행하기에 적절하지 아니한 업무에 종사하는 공무원

④ (O) 제9조에 따라 체결된 단체협약의 내용 중 법령·조례 또는 예산에 의하여 규정되는 내용과 법령 또는 조례에 의하여 위임을 받아 규정되는 내용은 단체협약으로서의 효력을 가지지 아니한다(공무원의 노동조합 설립 및 운영 등에 관한 법률 제10조 제1항).

⑤ (O) 국가공무원법이 위와 같이 '공무 외의 일을 위한 집단행위'라고 다소 포괄적이고 광범위하게 규정하고 있다 하더라도, 이는 공무가 아닌 어떤 일을 위하여 공무원들이 하는 모든 집단행위를 의미하는 것이 아니라, 언론·출판·집회·결사의 자유를 보장하고 있는 헌법 제21조 제1항, 공무원에게 요구되는 헌법상의 의무 및 이를 구체화한 국가공무원법의 취지, 국가공무원법상의 성실의무 및 직무전념의무 등을 종합적으로 고려하여 '공익에 반하는 목적을 위한 행위로서 직무전념의무를 해태하는 등의 영향을 가져오는 집단적 행위'라고 해석된다(대판 2017.4.13. 2014두8469).

40 0713 ○△×|○△×|○△× 2017 경찰 승진(변형)

근로의 권리 및 근로3권에 대한 설명으로 가장 적절한 것은? (다툼이 있는 경우 판례에 의함)

① 소위 '소극적 단결권'이란 헌법 제33조 제1항의 단결권에 포함되지 아니하므로, 근로자가 노동조합에 가입하지 아니할 권리 내지 이미 가입한 노동조합에서 탈퇴할 권리는 노동조합의 지위를 약화시키려는 정치적 논리일 뿐 헌법상 기본권으로서 보호되는 권리라고 볼 수 없다.

② 연차유급휴가는 최소한의 인간의 존엄성을 보장하기 위한 핵심적인 근로조건에 해당하므로 근로연도 중도퇴직자의 중도퇴직 전 근로에 대해 유급휴가를 보장하지 않는 것이 근로의 권리를 침해하는지 여부는 과잉금지의 원칙에 의해 엄격히 심사되어야 한다.

③ 근로의 권리는 자유권적 기본권의 성격도 있으므로 이 부분에 관한 한 외국인에게도 기본권 주체성을 인정해야 한다.

④ 헌법 제33조에 의하면 일반 근로자의 근로3권은 주요 방위산업체 근로자의 단체행동권을 제외하고는 원칙적으로 제한되어서는 아니 되고, 다만 법률이 정한 자 이외의 공무원이 근로3권의 주체가 되지 못할 뿐이다. 따라서 국가나 지방자치단체에 근무하는 청원경찰의 경우 그 업무가 갖는 강한 공공성을 이유로 단체행동권을 제한할 수는 있으나, 단결권·단체교섭권까지 부인할 수는 없다.

지문분석 난이도 중 정답 ③

| 키 워 드 | 근로의 권리와 근로3권

| 출제유형 | 판례

③ (○) 근로의 권리가 "일할 자리에 관한 권리"만이 아니라 "일할 환경에 관한 권리"도 함께 내포하고 있는바, 후자는 인간의 존엄성에 대한 침해를 방어하기 위한 자유권적 기본권의 성격도 갖고 있어 건강한 작업환경, 일에 대한 정당한 보수, 합리적인 근로조건의 보장 등을 요구할 수 있는 권리 등을 포함한다고 할 것이므로 외국인 근로자라고 하여 이 부분에까지 기본권 주체성을 부인할 수는 없다(헌재 2007.8.30. 2004헌마670).

① (X) 헌법 제33조 제1항에서 보장된 근로자의 단결권은 단결할 자유만을 가리킬 뿐이고, 단결하지 아니할 자유 이른바 소극적 단결권은 이에 포함되지 않는다. 그렇다면 근로자가 노동조합을 결성하지 아니할 자유나 노동조합에 가입을 강제당하지 아니할 자유, 그리고 가입한 노동조합을 탈퇴할 자유는 근로자에게 보장된 단결권의 내용에 포섭되는 권리로서가 아니라 헌법 제10조의 행복추구권에서 파생되는 일반적 행동의 자유 또는 제21조 제1항의 결사의 자유에서 그 근거를 찾을 수 있다(헌재 2005.11.24. 2002헌바95 등).

② (X) 근로연도 중도퇴직자의 중도퇴직 전 근로에 대해 유급휴가를 보장하지 않음으로써 근로의 권리를 침해하는지 여부는 이것이 현저히 불합리하여 헌법상 용인될 수 있는 재량의 범위를 명백히 일탈하고 있는지 여부에 달려있다고 할 수 있다. 계속근로기간 1년 이상인 근로자가 근로연도 중도에 퇴직한 경우 중도퇴직 전 1년 미만의 근로에 대하여 유급휴가를 보장하지 않는 것은 입법재량의 범위를 현저히 일탈한 것이라고 볼 수는 없으므로 근로의 권리를 침해하지 않는다(헌재 2015.5.28. 2013헌마619).

④ (X) 헌법 제33조 제3항은 국가방위와 관련하여 업무의 공공성이 크다고 할 수 있는 방위산업체 근로자들의 경우에도 단결권과 단체교섭권에는 아무런 제한을 가하지 아니하고 단체행동권만을 제한하고 있으며, 그것도 모든 방위산업체가 아니라 주요한 방위산업체로 그 범위를 제한하고 있다. 그리고 청원경찰과 같이 무기를 휴대하고 국가중요시설의 경비업무를 수행하는 특수경비원의 경우에도, 쟁의행위가 금지될 뿐 단결권과 단체교섭권은 제한되지 않는다(경비업법 제15조 제3항)(헌재 2017.9.28. 2015헌마653).

41 0714 ○△×|○△×|○△× 2020 경찰 승진

근로의 권리 및 근로3권에 관한 설명 중 가장 적절하지 않은 것은? (다툼이 있는 경우 판례에 의함)

① 근로자에게 보장된 단결권의 내용에는 단결할 자유뿐만 아니라 노동조합을 결성하지 아니할 자유나 노동조합에 가입을 강제당하지 아니할 자유, 그리고 가입한 노동조합을 탈퇴할 자유도 포함된다.

② 근로의 권리는 국민의 권리이므로 외국인은 그 주체가 될 수 없는 것이 원칙이나, 근로의 권리 중 일할 환경에 관한 권리에 대해서는 외국인의 기본권 주체성을 인정할 수 있다.

③ 근로의 권리는 사회적 기본권으로서, 국가에 대하여 직접 일자리를 청구하거나 일자리에 갈음하는 생계비의 지급청구권을 의미하는 것이 아니라, 고용증진을 위한 사회적·경제적 정책을 요구할 수 있는 권리에 그치는 것이다.

④ 교원노조를 설립하거나 가입하여 활동할 수 있는 자격을 초·중등 교원으로 한정함으로써 교육공무원이 아닌 대학 교원에 대해서 근로기본권의 핵심인 단결권조차 전면적으로 부정한 법률 조항은 그 입법목적의 정당성을 인정하기 어렵고, 수단의 적합성 역시 인정할 수 없다.

지문분석 난이도 ㊥ 정답 ①

| 키 워 드 | 근로의 권리와 근로3권

| 출제유형 | 판례

① (X) 근로자가 노동조합을 결성하지 아니할 자유나 노동조합에 가입을 강제당하지 아니할 자유, 그리고 가입한 노동조합을 탈퇴할 자유는 근로자에게 보장된 단결권의 내용에 포섭되는 권리로서가 아니라 헌법 제10조의 행복추구권에서 파생되는 일반적 행동의 자유 또는 제21조 제1항의 결사의 자유에서 그 근거를 찾을 수 있다(헌재 2005.11.24. 2002헌바95 등).

② (O) 근로의 권리가 "일할 자리에 관한 권리"만이 아니라 "일할 환경에 관한 권리"도 함께 내포하고 있는바, 후자는 인간의 존엄성에 대한 침해를 방어하기 위한 자유권적 기본권의 성격도 갖고 있어 건강한 작업환경, 일에 대한 정당한 보수, 합리적인 근로조건의 보장 등을 요구할 수 있는 권리 등을 포함한다고 할 것이므로 외국인 근로자라고 하여 이 부분에까지 기본권 주체성을 부인할 수는 없다(헌재 2007.8.30. 2004헌마670).

③ (O) 근로의 권리는 사회적 기본권으로서 국가에 대하여 직접 일자리를 청구하거나 일자리에 갈음하는 생계비의 지급청구권을 의미하는 것이 아니라 고용증진을 위한 사회적·경제적 정책을 요구할 수 있는 권리에 그치며, 근로의 권리로부터 국가에 대한 직접적인 직장존속청구권이 도출되는 것도 아니다(헌재 2011.7.28. 2009헌마408).

④ (O) 심판대상 조항으로 인하여 교육공무원 아닌 대학 교원들이 향유하지 못하는 단결권은 헌법이 보장하고 있는 근로3권의 핵심적이고 본질적인 권리이다. 심판대상 조항의 입법목적이 재직 중인 초·중등교원에 대하여 교원노조를 인정해 줌으로써 교원노조의 자주성과 주체성을 확보한다는 측면에서는 그 정당성을 인정할 수 있을 것이나, 교원노조를 설립하거나 가입하여 활동할 수 있는 자격을 초·중등교원으로 한정함으로써 교육공무원이 아닌 대학 교원에 대해서는 근로기본권의 핵심인 단결권조차 전면적으로 부정한 측면에 대해서는 그 입법목적의 정당성을 인정하기 어렵고, 수단의 적합성 역시 인정할 수 없다. … 또 최근 들어 대학 사회가 다층적으로 변화하면서 대학 교원의 사회·경제적 지위의 향상을 위한 요구가 높아지고 있는 상황에서 단결권을 행사하지 못한 채 개별적으로만 근로조건의 향상을 도모해야 하는 불이익은 중대한 것이므로, 심판대상 조항은 과잉금지원칙에 위배된다(헌재 2018.8.30. 2015헌가38).

42 0715 ○△×|○△×|○△× 2022 경찰 1차

근로의 권리에 관한 설명 중 가장 적절하지 않은 것은? (다툼이 있는 경우 판례에 의함)

① 근로의 권리는 국가의 개입·간섭을 받지 않고 자유로이 근로를 할 자유와, 국가에 대하여 근로의 기회를 제공하는 정책을 수립해 줄 것을 요구할 수 있는 권리 등을 기본적인 내용으로 하고 있고, 이때 근로의 권리는 근로자를 개인의 차원에서 보호하기 위한 권리로서 개인인 근로자가 근로의 권리의 주체가 되는 것이고, 노동조합은 그 주체가 될 수 없다.

② 일용근로자로서 3개월을 계속 근무하지 아니한 자를 해고예고제도의 적용제외사유로 규정하고 있는 근로기준법 규정은 일용근로자인 청구인의 근로의 권리를 침해하지 않는다.

③ 청원경찰의 복무에 관하여 국가공무원법의 해당 조항을 준용함으로써 노동운동을 금지하는 청원경찰법의 해당 조항 중 국가공무원법의 해당 조항 가운데 '노동운동' 부분을 준용하는 부분은 국가기관이나 지방자치단체 이외의 곳에서 근무하는 청원경찰인 청구인들의 근로3권을 침해한다.

④ 공항·항만 등 국가중요시설의 경비업무를 담당하는 특수경비원에게 경비업무의 정상적인 운영을 저해하는 일체의 쟁의행위를 금지하는 경비업법의 해당 조항은 특수경비원의 단체행동권을 박탈하여 근로3권을 규정하고 있는 헌법 제33조 제1항에 위배된다.

지문분석 난이도 중 정답 ④

| **키 워 드** | 근로의 권리

| **출제유형** | 판례

④ (×) 이 사건 법률조항은 특수경비원들이 관리하는 국가중요시설의 안전을 도모하고 방호혼란을 방지하려고 하는 것이므로 그 목적의 정당성을 인정할 수 있고, 특수경비원의 쟁의행위를 금지함으로써 위와 같은 입법목적에 기여할 수 있다 할 것이므로 수단의 적합성도 인정할 수 있다. 따라서 이 사건 법률조항은 과잉금지원칙에 위배되지 아니하므로 헌법에 위반되지 아니한다(헌재 2009.10.29. 2007헌마1359).

① (○) 헌법 제32조 제1항은 "모든 국민은 근로의 권리를 가진다. 국가는 사회적·경제적 방법으로 근로자의 고용의 증진과 적정임금의 보장에 노력하여야 하며, 법률이 정하는 바에 의하여 최저임금제를 시행하여야 한다."라고 규정하고 있다. 이는 국가의 개입·간섭을 받지 않고 자유로이 근로를 할 자유와, 국가에 대하여 근로의 기회를 제공하는 정책을 수립해 줄 것을 요구할 수 있는 권리 등을 기본적인 내용으로 하고 있고, 이때 근로의 권리는 근로자를 개인의 차원에서 보호하기 위한 권리로서 개인인 근로자가 근로의 권리의 주체가 되는 것이고, 노동조합은 그 주체가 될 수 없는 것으로 이해되고 있다(헌재 2009.2.26. 2007헌바27).

② (○) 해고예고는 본질상 일정기간 이상을 계속하여 사용자에게 고용되어 근로제공을 하는 것을 전제로 하는데, 일용근로자는 계약한 1일 단위의 근로기간이 종료되면 해고의 절차를 거칠 것도 없이 근로관계가 종료되는 것이 원칙이므로, 그 성질상 해고예고의 예외를 인정한 것에 상당한 이유가 있다. 따라서 심판대상 조항이 청구인의 근로의 권리를 침해한다고 보기 어렵다(헌재 2017.5.25. 2016헌마640).

③ (○) 청원경찰은 일반근로자일 뿐 공무원이 아니므로 원칙적으로 헌법 제33조 제1항에 따라 근로3권이 보장되어야 한다. 청원경찰은 제한된 구역의 경비를 목적으로 필요한 범위에서 경찰관의 직무를 수행할 뿐이며, 그 신분보장은 공무원에 비해 취약하다. 또한 국가기관이나 지방자치단체 이외의 곳에서 근무하는 청원경찰은 근로조건에 관하여 공무원뿐만 아니라 국가기관이나 지방자치단체에 근무하는 청원경찰에 비해서도 낮은 수준의 법적 보장을 받고 있으므로, 이들에 대해서는 근로3권이 허용되어야 할 필요성이 크다. 이상을 종합하여 보면, 심판대상 조항이 모든 청원경찰의 근로3권을 전면적으로 제한하는 것은 과잉금지원칙을 위반하여 청구인들의 근로3권을 침해하는 것이다(헌재 2017.9.28. 2015헌마653).

43 0716 ○△×|○△×|○△×

2021 경찰 승진

근로의 권리와 근로3권에 대한 설명으로 가장 적절하지 않은 것은? (다툼이 있는 경우 판례에 의함)

① 근로자가 최저임금을 청구할 수 있는 권리는 헌법상 바로 도출되는 것이 아니라 최저임금법 등 관련 법률이 구체적으로 정하는 바에 따라 비로소 인정될 수 있다.
② 헌법 제32조 제1항이 규정한 근로의 권리는 개인 근로자뿐만 아니라 노동조합도 그 주체가 될 수 있다.
③ 헌법 제33조 제1항의 단결권에는 개별 근로자가 노동조합 등 근로자단체를 조직하거나 그에 가입하여 활동할 수 있는 개별적 단결권뿐만 아니라 근로자단체가 존립하고 활동할 수 있는 집단적 단결권도 포함된다.
④ 근로의 권리로부터 국가에 대한 직접적인 직장존속청구권이 도출되는 것은 아니다.

지문분석 난이도 중 정답 ②

| 키 워 드 | 근로의 권리와 근로3권
| 출제유형 | 판례

② (X) 이는 국가의 개입·간섭을 받지 않고 자유로이 근로를 할 자유와, 국가에 대하여 근로의 기회를 제공하는 정책을 수립해 줄 것을 요구할 수 있는 권리 등을 기본적인 내용으로 하고 있고, 이때 근로의 권리는 근로자를 개인의 차원에서 보호하기 위한 권리로서 개인인 근로자가 근로의 권리의 주체가 되는 것이고, 노동조합은 그 주체가 될 수 없는 것으로 이해되고 있다(헌재 2009.2.26. 2007헌바27).
① (O) 헌법 제32조 제1항 후단은 "국가는 사회적·경제적 방법으로 근로자의 고용의 증진과 적정임금의 보장에 노력하여야 하며, 법률이 정하는 바에 의하여 최저임금제를 시행하여야 한다."라고 규정하고 있어서 근로자가 최저임금을 청구할 수 있는 권리도 헌법상 바로 도출되는 것이 아니라 최저임금법 등 관련 법률이 구체적으로 정하는 바에 따라 비로소 인정될 수 있다(헌재 2012.10.25. 2011헌마307).
③ (O) 근로3권 중 단결권에는 개별 근로자가 노동조합 등 근로자단체를 조직하거나 그에 가입하여 활동할 수 있는 개별적 단결권뿐만 아니라 근로자단체가 존립하고 활동할 수 있는 집단적 단결권도 포함된다(헌재 2015.5.28. 2013헌마671).
④ (O) 근로의 권리는 사회적 기본권으로서 국가에 대하여 직접 일자리를 청구하거나 일자리에 갈음하는 생계비의 지급청구권을 의미하는 것이 아니라 고용증진을 위한 사회적·경제적 정책을 요구할 수 있는 권리에 그치며, 근로의 권리로부터 국가에 대한 직접적인 직장존속청구권이 도출되는 것도 아니다(헌재 2011.7.28. 2009헌마408).

44 0717 ○△×|○△×|○△×

2017 국가직 7급 하반기

근로의 권리 또는 근로3권에 대한 설명으로 옳지 않은 것은? (다툼이 있는 경우 헌법재판소 판례에 의함)

① 헌법 제37조 제2항에 의하여 근로자의 근로3권에 대해 일부 제한이 가능하다 하더라도, '공무원 또는 주요방위사업체 근로자'가 아닌 근로자의 근로3권을 전면적으로 부정하는 것은 본질적 내용 침해금지에 위반된다.
② 헌법상 근로의 권리는 '일할 자리에 관한 권리'만이 아니라 '일할 환경에 관한 권리'도 의미하는데, '일할 환경에 관한 권리'는 인간의 존엄성에 대한 침해를 방어하기 위한 권리로서 외국인에게도 인정되며, 건강한 작업환경, 일에 대한 정당한 보수, 합리적인 근로조건의 보장 등을 요구할 수 있는 권리 등을 포함한다.
③ 정직기간을 연가일수에서 공제할 때 어떠한 비율에 따라 공제할 것인지에 관하여는 입법자에게 재량이 부여되어 있기 때문에, 정직처분을 받은 공무원에 대하여 정직일수를 연차유급휴가인 연가일수에서 공제하도록 규정하는 법령 조항은 공무원인 근로자의 근로의 권리를 침해하지 않는다.
④ 국회는 헌법 제33조 제2항에 따라 공무원인 근로자에게 단결권·단체교섭권·단체행동권을 인정할 것인가의 여부, 어떤 형태의 행위를 어느 범위에서 인정할 것인가 등에 대하여 필요한 한도에서만 공무원의 근로3권을 제한할 수 있을 뿐 광범위한 입법형성의 자유를 갖는 것은 아니다.

지문분석 난이도 하 정답 ④

| 키 워 드 | 근로의 권리와 근로3권
| 출제유형 | 판례

④ (X) 국회는 헌법 제33조 제2항에 따라 공무원인 근로자에게 단결권·단체교섭권·단체행동권을 인정할 것인가의 여부, 어떤 형태의 행위를 어느 범위에서 인정할 것인가 등에 대하여 광범위한 입법형성의 자유를 가진다(헌재 2008.12.26. 2005헌마971).
① (O) 헌재 2015.3.26. 2014헌가5
② (O) 헌재 2007.8.30. 2004헌마670
③ (O) 헌재 2008.9.25. 2005헌마586

45 0718 ○△×|○△×|○△× 2017 서울시 7급

근로의 권리와 근로3권에 대한 설명으로 가장 옳은 것은? (다툼이 있는 경우 판례에 의함)

① 해고예고제도는 근로자의 인간 존엄성을 보장하기 위한 합리적 근로조건에 해당한다고 보기 힘들므로, 해고예고에 관한 권리는 근로자가 향유하는 근로의 권리의 내용에 포함되지 않는다.
② 노동조합법상의 근로자성이 인정되는 한, 출입국관리 법령에 따라 취업활동을 할 수 있는 체류자격을 받지 아니한 외국인 근로자도 노동조합을 설립하거나 노동조합에 가입할 수 있다.
③ 하나의 사업 또는 사업장에 두 개 이상의 노동조합이 있는 경우 단체교섭에 있어 그 창구를 단일화하도록 하고 교섭대표가 된 노동조합에게만 단체교섭권을 부여하고 있는 교섭창구단일화제도는 노사의 자율성을 부정하는 것이므로 단체교섭권을 침해하는 것이다.
④ 노동조합으로 하여금 행정관청이 요구하는 경우 결산 결과와 운영 상황을 보고하도록 하고 그 위반 시 과태료에 처하도록 하는 것은 노동조합의 단결권을 침해한다.

지문분석 난이도 ⓢ 정답 ②

| 키 워 드 | 근로의 권리와 근로3권
| 출제유형 | 판례

② (○) 대판 2015.6.25. 2007두4995
① (×) 해고예고제도는 근로조건의 핵심적 부분인 해고와 관련된 사항일 뿐만 아니라, 근로자가 갑자기 직장을 잃어 생활이 곤란해지는 것을 막는 데 목적이 있으므로 근로자의 인간 존엄성을 보장하기 위한 최소한의 근로조건으로서 근로의 권리의 내용에 포함된다(헌재 2015.12.23. 2014헌바3).
③ (×) 하나의 사업 또는 사업장에 두 개 이상의 노동조합이 있는 경우 단체교섭에 있어 그 창구를 단일화하도록 하고, 교섭대표가 된 노동조합에게만 단체교섭권을 부여하고 있는 것은 과잉금지원칙을 위반하여 청구인들의 단체교섭권을 침해한다고 볼 수 없다(헌재 2012.4.24. 2011헌마338).
④ (×) 노동조합으로 하여금 행정관청이 요구하는 경우 결산 결과와 운영 상황을 보고하도록 하고 그 위반 시 과태료에 처하도록 하는 것은 노동조합의 단결권을 침해하지 아니한다(헌재 2013.7.25. 2012헌바116).

46 0719 ○△×|○△×|○△× 2021 법원직 9급

근로3권에 관한 다음 설명 중 가장 옳지 않은 것은?

① 근로자는 근로조건의 향상을 위하여 자주적인 단결권·단체교섭권 및 단체행동권을 가진다.
② 공무원인 근로자는 법률이 정하는 자에 한하여 단결권·단체교섭권 및 단체행동권을 가진다.
③ 법률이 정하는 주요방위산업체에 종사하는 근로자의 단체행동권은 법률이 정하는 바에 의하여 이를 제한하거나 인정하지 아니할 수 있다.
④ 노동조합에는 헌법 제21조 제2항의 결사에 대한 허가제금지원칙이 적용되지 않는다.

지문분석 난이도 ⓗ 정답 ④

| 키 워 드 | 근로3권
| 출제유형 | 조문+판례

④ (×) 근로자의 단결권이 근로자 단결체로서 사용자와의 관계에서 특별한 보호를 받아야 할 경우에는 헌법 제33조가 우선적으로 적용되지만, 그렇지 않은 통상의 결사 일반에 대한 문제일 경우에는 헌법 제21조 제2항이 적용되므로 노동조합에도 헌법 제21조 제2항의 결사에 대한 허가제금지원칙이 적용된다(헌재 2012.3.29. 2011헌바53).
① (○) 근로자는 근로조건의 향상을 위하여 자주적인 단결권·단체교섭권 및 단체행동권을 가진다(헌법 제33조 제1항).
② (○) 공무원인 근로자는 법률이 정하는 자에 한하여 단결권·단체교섭권 및 단체행동권을 가진다(동조 제2항).
③ (○) 법률이 정하는 주요방위산업체에 종사하는 근로자의 단체행동권은 법률이 정하는 바에 의하여 이를 제한하거나 인정하지 아니할 수 있다(동조 제3항).

47 0720 ○△×|○△×|○△× 2017 국가직 5급

근로3권에 대한 설명으로 옳지 않은 것은? (다툼이 있는 경우 헌법재판소 결정에 의함)

① 노동조합을 설립할 때에 행정관청에 설립신고서를 제출하도록 하고 그 요건을 충족하지 못하는 경우 설립신고서를 반려하도록 규정하고 있는 노동조합법 규정은 노동조합법상 요구되는 요건만 충족하면 노동조합의 설립이 자유롭다는 점에서 헌법에서 금지하는 결사에 대한 허가제에 해당하지 않는다.
② 근로자가 노동조합을 결성하지 아니할 자유나 노동조합에 가입을 강제당하지 아니할 자유는 단결권의 내용에 포섭되는 것이 아니라, 일반적 행동자유권 또는 결사의 자유에서 그 근거를 찾을 수 있다.
③ 교원의 노동조합 설립 및 운영 등에 관한 법률의 적용을 받는 교원의 범위를 초·중등학교에 재직 중인 교원으로 한정하고 있는 것은 전국교직원노동조합 및 해직 교원들의 단결권을 침해하지 아니한다.
④ 노동조합이 당해 사업장에 종사하는 근로자의 3분의 2 이상을 대표하고 있을 때에는 근로자가 그 노동조합의 조합원이 될 것을 고용조건으로 하는 단체협약의 체결을 부당노동행위의 예외로 하는 법률규정은, 노동조합의 적극적 단결권이 근로자 개인의 단결하지 않을 자유보다 중시된다고 할 수 없고 노동조합에게 위와 같은 조직강제권을 부여하는 것은 근로자의 단결하지 아니할 자유의 본질적인 내용을 침해하는 것이므로 근로자의 단결권을 보장한 헌법에 위반된다.

지문분석 난이도 상 정답 ④

| 키 워 드 | 근로3권
| 출제유형 | 판례

④ (X) 노동조합의 적극적 단결권은 근로자 개인의 단결하지 않을 자유보다 중시된다고 할 것이고, 또 노동조합에게 조직강제권을 부여한다고 하여 이를 근로자의 단결하지 아니할 자유의 본질적인 내용을 침해하는 것으로 단정할 수는 없다(헌재 2005.11.24. 2002헌바95).
① (○) 헌법 제21조 제2항 후단의 결사의 자유에 대한 '허가제'란 행정권이 주체가 되어 예방적 조치로 단체의 설립 여부를 사전에 심사하여 일반적인 단체 결성의 금지를 특정한 경우에 한하여 해제함으로써 단체를 설립할 수 있게 하는 제도, 즉 사전허가를 받지 아니한 단체 결성을 금지하는 제도를 말한다. 그런데 이 사건 법률 조항은 노동조합 설립에 있어 노동조합법상의 요건 충족 여부를 사전에 심사하도록 하는 구조를 취하고 있으나, 이 경우 노동조합법상 요구되는 요건만 충족되면 그 설립이 자유롭다는 점에서 일반적인 금지를 특정한 경우에 해제하는 허가와는 개념적으로 구분된다는 점에서 단체의 설립 여부 자체를 사전에 심사하여 특정한 경우에 한해서만 그 설립을 허용하는 '허가'와는 다르다. 따라서 이 사건 법률 조항의 노동조합 설립신고서 반려제도가 헌법 제21조 제2항 후단에서 금지하는 결사에 대한 허가제라고 볼 수 없다(헌재 2012.3.29. 2011헌바53).
② (○) 근로자가 노동조합을 결성하지 아니할 자유나 노동조합에 가입을 강제당하지 아니할 자유, 그리고 가입한 노동조합을 탈퇴할 자유는 근로자에게 보장된 단결권의 내용에 포섭되는 권리로서가 아니라 헌법 제10조의 행복추구권에서 파생되는 일반적 행동의 자유 또는 제21조 제1항의 결사의 자유에서 그 근거를 찾을 수 있다(헌재 2005.11.24. 2002헌바95 등).
③ (○) 교원의 노동조합 설립 및 운영 등에 관한 법률의 적용을 받는 교원의 범위를 초·중등학교에 재직 중인 교원으로 한정하고 있는 것은 전국교직원노동조합 및 해직 교원들의 단결권을 침해하지 아니한다(헌재 2015.5.28. 2013헌마671).

48 0721 ○△×|○△×|○△× 2019 지방직 7급

근로3권에 대한 설명으로 옳지 않은 것은? (다툼이 있는 경우 판례에 의함)

① 교섭창구단일화제도는 노동조합의 교섭력을 담보하여 교섭의 효율성을 높이고 통일적인 근로조건을 형성하기 위한 불가피한 제도라는 점에서 노동조합의 조합원들이 향유할 단체교섭권을 침해한다고 볼 수 없다.
② 단결권은 '사회적 보호기능을 담당하는 자유권' 또는 '사회권적 성격을 띤 자유권'으로서의 성격을 가지고 있다.
③ 청원경찰의 복무에 관하여 국가공무원법 제66조 제1항을 준용함으로써 노동운동을 금지하는 청원경찰법 제5조 제4항 중 국가공무원법 제66조 제1항 가운데 '노동운동' 부분을 준용하는 부분은 국가기관이나 지방자치단체 이외의 곳에서 근무하는 청원경찰의 근로3권을 침해한다.
④ 교원의 노동조합 설립 및 운영 등에 관한 법률에 의하면 사립학교 교원은 단결권과 단체교섭권이 인정되고 단체행동권이 금지되지만, 국·공립학교 교원은 근로3권이 모두 부인된다.

지문분석 난이도 중 정답 ④

| 키 워 드 | 근로3권

| 출제유형 | 이론 + 판례

④ (X) 기존에는 국·공립학교 및 사립학교 교원의 근로3권이 인정되지 않았으나, 교원의 노동조합 설립 및 운영 등에 관한 법률에 따라 쟁의행위를 제외한 단결권과 단체교섭권은 인정된다.

① (O) '노동조합 및 노동관계조정법'상의 교섭창구 단일화제도는 근로조건의 결정권이 있는 사업 또는 사업장 단위에서 복수노동조합과 사용자 사이의 교섭절차를 일원화하여 효율적이고 안정적인 교섭체계를 구축하고, 소속 노동조합과 관계없이 조합원들의 근로조건을 통일하기 위한 것으로, 교섭대표노동조합이 되지 못한 소수 노동조합의 단체교섭권을 제한하고 있지만, 소수 노동조합도 교섭대표노동조합을 정하는 절차에 참여하게 하여 교섭대표노동조합이 사용자와 대등한 입장에 설 수 있는 기반이 되도록 하고 있으며, 그러한 실질적 대등성의 토대 위에서 이뤄낸 결과를 함께 향유하는 주체가 될 수 있도록 하고 있으므로 노사대등의 원리 하에 적정한 근로조건의 구현이라는 단체교섭권의 실질적인 보장을 위한 불가피한 제도라고 볼 수 있다. … 따라서 위 '노동조합 및 노동관계조정법' 조항들이 과잉금지원칙을 위반하여 청구인들의 단체교섭권을 침해한다고 볼 수 없다(헌재 2012.4.24. 2011헌마338).

② (O) 근로자는 노동조합과 같은 근로자단체의 결성을 통하여 집단으로 사용자에 대항함으로써 사용자와 대등한 세력을 이루어 근로조건의 형성에 영향을 미칠 수 있는 기회를 갖게 된다는 의미에서 단결권은 '사회적 보호기능을 담당하는 자유권' 또는 '사회권적 성격을 띤 자유권'으로서의 성격을 가지고 있고 일반적인 시민적 자유권과는 질적으로 다른 권리로서 설정되어 헌법상 그 자체로서 이미 결사의 자유에 대한 특별법적인 지위를 승인받고 있다(헌재 2005.11.24. 2002헌바95 등).

③ (O) 청원경찰은 일반근로자일 뿐 공무원이 아니므로 원칙적으로 헌법 제33조 제1항에 따라 근로3권이 보장되어야 한다. 청원경찰은 제한된 구역의 경비를 목적으로 필요한 범위에서 경찰관의 직무를 수행할 뿐이며, 그 신분보장은 공무원에 비해 취약하다. 또한 국가기관이나 지방자치단체 이외의 곳에서 근무하는 청원경찰은 근로조건에 관하여 공무원뿐만 아니라 국가기관이나 지방자치단체에 근무하는 청원경찰에 비해서도 낮은 수준의 법적 보장을 받고 있으므로, 이들에 대해서는 근로3권이 허용되어야 할 필요성이 크다. … 그럼에도 심판대상 조항은 군인이나 경찰과 마찬가지로 모든 청원경찰의 근로3권을 획일적으로 제한하고 있다. 이상을 종합하여 보면, 심판대상 조항이 모든 청원경찰의 근로3권을 전면적으로 제한하는 것은 과잉금지원칙을 위반하여 청구인들의 근로3권을 침해하는 것이다(헌재 2017.9.28. 2015헌마653).

49 0722 ○△×|○△×|○△× 2015 서울시 7급

근로3권에 대한 설명으로 옳은 것은? (다툼이 있는 경우 판례에 의함)

① 헌법 제33조 제1항이 "근로자는 근로조건의 향상을 위하여 자주적인 단결권, 단체교섭권, 단체행동권을 가진다."고 규정하여 비록 단체협약체결권을 명시하고 있지 않지만, 단체교섭권에는 단체협약체결권이 포함되어 있다고 보아야 한다.

② 노동조합을 설립할 때 행정관청에 설립신고서를 제출하게 하고 그 요건을 충족하지 못한 경우 설립신고서를 반려하도록 한 규정은 근로자의 단결권을 침해하는 것이다.

③ 법률이 정하는 주요방위산업체에 종사하는 근로자의 근로3권은 법률이 정하는 바에 의하여 이를 제한하거나 인정하지 아니할 수 있다.

④ 쟁의행위는 업무의 저해라는 속성상 그 자체로 형법상의 여러 가지 범죄의 구성요건에 해당될 수 있음에도 불구하고 그것이 정당성을 가지는 경우에는 형사책임이 면제되지만, 민사상 손해배상책임은 면제되지 아니한다.

지문분석 난이도 중 정답 ①

| **키 워 드** | 근로3권

| **출제유형** | 조문 + 판례

① (○) 헌법 제33조 제1항이 "근로자는 근로조건의 향상을 위하여 자주적인 단결권, 단체교섭권, 단체행동권을 가진다"고 규정하여 근로자에게 "단결권, 단체교섭권, 단체행동권"을 기본권으로 보장하는 뜻은 근로자가 사용자와 대등한 지위에서 단체교섭을 통하여 자율적으로 임금 등 근로조건에 관한 단체협약을 체결할 수 있도록 하기 위한 것이다. 비록 헌법이 위 조항에서 '단체협약체결권'을 명시하여 규정하고 있지 않다고 하더라도 근로조건의 향상을 위한 근로자 및 그 단체의 본질적인 활동의 자유인 '단체교섭권'에는 단체협약체결권이 포함되어 있다고 보아야 한다(헌재 1998.2.27. 94헌바13).

② (X) 노동조합 설립신고에 대한 심사와 그 신고서 반려는 근로자들이 자주적이고 민주적인 단결권을 행사하도록 하기 위한 것으로서 만약 노동조합의 설립을 단순한 신고나 등록 등으로 족하게 하고, 노동조합에 요구되는 자주성이나 민주성 등의 요건에 대해서는 사후적으로 차단하는 제도만을 두게 된다면, 노동조합법상의 특권을 누릴 수 없는 자들에게까지 특권을 부여하는 결과를 야기하게 될 뿐만 아니라 노동조합의 실체를 갖추지 못한 노동조합들이 난립하는 사태를 방지할 수 없게 되므로 노동조합이 그 설립 당시부터 노동조합으로서 자주성 등을 갖추고 있는지를 심사하여 이를 갖추지 못한 단체의 설립신고서를 반려하도록 하는 것은 과잉금지원칙에 위반되어 근로자의 단결권을 침해한다고 볼 수 없다(헌재 2012.3.29. 2011헌바53).

③ (X) 법률이 정하는 주요방위산업체에 종사하는 근로자의 단체행동권은 법률이 정하는 바에 의하여 이를 제한하거나 인정하지 아니할 수 있다(헌법 제33조 제3항).

④ (X) 쟁의행위는 업무의 저해라는 속성상 그 자체 시민형법상의 여러 가지 범죄의 구성요건에 해당될 수 있음에도 불구하고 그것이 정당성을 가지는 경우에는 형사책임이 면제되며, 민사상 손해배상 책임도 발생하지 않는다. 이는 헌법 제33조에 당연히 포함된 내용이라 할 것이며, 정당한 쟁의행위의 효과로서 민사 및 형사면책을 규정하고 있는 현행 노동조합 및 노동관계조정법 제3조와 제4조 및 구 노동쟁의조정법 제8조, 구 노동조합법 제2조 등은 이를 명문으로 확인한 것이라 하겠다(헌재 1998.7.16. 97헌바23).

50 0723 ○△×|○△×|○△× 2016 법원직 9급

교원의 노동3권에 관한 다음 설명 중 가장 옳지 않은 것은? (다툼이 있는 경우 헌법재판소 결정에 의함)

① '교원의 노동조합 설립 및 운영 등에 관한 법률 시행령'(2013. 3.23. 대통령령 제24447호로 개정된 것) 제9조 제1항 중 '노동조합 및 노동관계조정법 시행령' 제9조 제2항에 관한 부분(이하 '법외노조통보 조항'이라 한다)은 시정요구 및 법외노조통보라는 별도의 집행행위를 예정하고 있으므로, 법외노조통보 조항에 대한 헌법소원은 기본권 침해의 직접성이 인정되지 아니한다.

② '교원의 노동조합 설립 및 운영 등에 관한 법률'의 적용을 받는 교원의 범위를 초·중등학교에 재직 중인 교원으로 한정하고 있는 '교원의 노동조합 설립 및 운영 등에 관한 법률'(2010.3.17. 법률 제10132호로 개정된 것) 제2조가 교원의 근로조건과 직접 관련이 없는 교원이 아닌 사람을 교원노조의 조합원 자격에서 배제하는 것이 단결권의 지나친 제한이라고 볼 수 없다.

③ 고용노동부장관의 청구인 전국교직원노동조합에 대한 2013.9.23.자 시정요구(이하 '이 사건 시정요구'라 한다)는 청구인 전국교직원노동조합의 권리·의무에 변동을 일으키는 행정행위에 해당하나, 청구인 전교조는 이 사건 시정요구에 대하여 다른 불복절차를 거치지 아니하고 곧바로 헌법소원심판을 청구하였으므로, 이에 대한 헌법소원은 보충성 요건을 결하였다.

④ 교원이 아닌 사람이 교원노조에 일부 포함되어 있다는 이유로 이미 설립신고를 마치고 활동 중인 노동조합을 법외노조로 하도록 정하는 것은 과잉금지의 원칙에 반한다고 할 것이다.

지문분석 난이도 중 정답 ④

| 키 워 드 | 근로3권

| 출제유형 | 판례

④ (X) 교원이 아닌 사람이 교원노조에 일부 포함되어 있다는 이유로 이미 설립신고를 마치고 활동 중인 노동조합을 법외노조로 할 것인지 여부는 법외노조통보 조항이 정하고 있고, 법원은 법외노조통보 조항에 따른 행정당국의 판단이 적법한 재량의 범위 안에 있는 것인지 충분히 판단할 수 있으므로, 이미 설립신고를 마친 교원노조의 법상 지위를 박탈할 것인지 여부는 이 사건 법외노조통보 조항의 해석 내지 법 집행의 운용에 달린 문제라 할 것이므로 과잉금지원칙에 위반되지 않는다(헌재 2015.5.28. 2013헌마671).

① (O) '교원의 노동조합 설립 및 운영 등에 관한 법률 시행령'(2013.3.23. 대통령령 제24447호로 개정된 것) 제9조 제1항 중 '노동조합 및 노동관계조정법 시행령' 제9조 제2항에 관한 부분(이하 '법외노조통보 조항'이라 한다)은 시정요구 및 법외노조통보라는 별도의 집행행위를 예정하고 있으므로, 법외노조통보 조항에 대한 헌법소원은 기본권 침해의 직접성이 인정되지 아니한다(헌재 2015.5.28. 2013헌마671).

② (O) '교원의 노동조합 설립 및 운영 등에 관한 법률'의 적용을 받는 교원의 범위를 초·중등학교에 재직 중인 교원으로 한정하고 있는 '교원의 노동조합 설립 및 운영 등에 관한 법률'(2010.3.17. 법률 제10132호로 개정된 것, 이하 '교원노조법'이라 한다) 제2조(이하 '이 사건 법률 조항'이라 한다)는 단결권을 침해하지 아니한다(헌재 2015.5.28. 2013헌마671).

③ (O) 고용노동부장관의 청구인 전국교직원노동조합에 대한 2013.9.23.자 시정요구(이하 '이 사건 시정요구'라 한다)는 청구인 전국교직원노동조합(이하 '전교조'라 한다)의 권리·의무에 변동을 일으키는 행정행위에 해당하나, 청구인 전교조는 이 사건 시정요구에 대하여 다른 불복절차를 거치지 아니하고 곧바로 헌법소원심판을 청구하였으므로, 이에 대한 헌법소원은 보충성 요건을 결하였다(헌재 2015.5.28. 2013헌마671).

51 0724 ○△×|○△×|○△× 2017 지방직 7급(변형)

근로의 권리에 관한 내용으로 옳지 않은 것은? (다툼이 있는 경우 판례에 의함)

① 헌법 제32조 제1항이 규정한 근로의 권리는 근로자를 개인의 차원에서 보호하기 위한 권리로서 개인인 근로자가 그 주체가 되는 것이고 노동조합은 그 주체가 될 수 없다.

② 근로의 권리를 사회권으로 파악할 때, 근로기회제공청구권과 생계비지급청구권으로 학설이 대립하기도 하나, 헌법재판소는 근로기회제공청구권설의 입장에 서 있다.

③ 노동조합이 비과세 혜택을 받을 권리는 헌법 제33조 제1항이 당연히 예상한 권리의 내용에 포함된다고 보기 어렵고, 위 헌법 조항으로 국가의 조세법규범 정비의무가 발생한다고 보기도 어렵다. 따라서 노동조합을 사업소세 비과세대상으로 규정하지 않는다 하더라도 헌법 제33조 제1항에 위반된다고 할 수 없다.

④ 파업기간 중에도 임금을 지급하여야 하는가라는 문제와 관련하여 대법원은 종전에는 "임금이란 근로의 대가로서 사용자의 지휘를 받으며 근로를 제공하는 것에 대한 보수를 의미하므로, 현실의 근로제공을 전제로 하지 않고 단순히 근로자로서의 지위에 기하여 발생한다는 생활보장적 임금이란 있을 수 없다"고 하여 무노동 완전무임금의 입장이었으나, 1995년 판례를 변경하여 임금을 사실상 근로를 제공한 데 대하여 지급받는 '교환적 부분'과 현실의 근로제공과 무관하게 단순히 근로자로서의 지위에 기하여 받는 '생활보장적 부분'으로 나누는 '임금2분설'을 취하여 무노동 부분임금의 원칙의 입장이다.

지문분석 난이도 중 정답 ④

| **키 워 드** | 근로의 권리

| **출제유형** | 이론 + 판례

④ (X) 대법원의 입장이 처음에는 무노동 부분임금의 원칙(대판 1992.3.27. 91다36307)에서 나중에는 무노동 무임금(대판 1995.12.21. 94다26721)으로 바뀌었다.

① (O) 헌법 제32조 제1항이 규정한 근로의 권리는 근로자를 개인의 차원에서 보호하기 위한 권리로서 개인인 근로자가 그 주체가 되는 것이고 노동조합은 그 주체가 될 수 없으므로, 이 사건 법률 조항이 노동조합을 비과세 대상으로 규정하지 않았다 하여 헌법 제32조 제1항에 반한다고 볼 여지는 없다 할 것이다(헌재 2009.2.26. 2007헌바27).

② (O) 헌법재판소는 근로의 권리의 본질적 내용을 근로기회제공청구권설 입장에서 보고 있다. 다만, 학설은 생계비 지급청구권도 본질적인 내용에 포함되는가에 대하여 견해가 대립한다.

③ (O) 근로3권은 자유권적 기본권으로서의 성격과 사회권적 기본권으로서의 성격을 모두 포함하는 것이어서 근로3권이 제대로 보호되기 위하여는 근로자의 권리행사의 실질적 조건을 형성하고 유지해야 할 국가의 적극적인 활동 즉 적절한 입법조치를 필요로 한다. 이 때 국가의 적극적인 활동이라 함은 입법자가 근로자단체의 조직, 단체교섭, 단체협약, 노동쟁의 등에 관한 노동조합 관련 법의 제정을 통하여 노사 간의 세력균형이 이루어지고 근로자의 근로3권이 실질적으로 기능할 수 있도록 하기 위하여 필요한 법적 제도와 법규범을 마련하여야 할 의무가 있다는 것을 의미하는 것으로, 노동관계법상의 사용자의 부당노동행위와 관련한 근로자의 법적 구제절차, 근로3권의 행사 시 근로자의 사용자에 대한 민사책임의 면제 등 노동쟁의에 대한 구제절차와 같은 입법조치들이 그 대표적인 예가 될 것이나, 노동조합이 비과세 혜택을 받을 권리는 헌법 제33조 제1항이 당연히 예상한 권리의 내용에 포함된다고 보기 어려우며, 위 헌법 조항으로 국가의 조세법규범 정비의무가 발생한다고 보기도 어렵다. 따라서 노동조합을 사업소세 비과세대상으로 규정하지 않은 이 사건 법률 조항은 헌법 제33조 제1항에 위반된다고 할 수 없다(헌재 2009.2.26. 2007헌바27).

52 0725 O△X | O△X | O△X 2015 국회직 8급(변형)

노동3권에 관한 설명으로 옳지 않은 것은? (다툼이 있는 경우 판례에 의함)

① 노동3권은 사회권적 성격을 갖고 있으며, 이는 입법조치를 통하여 근로자의 헌법적 권리를 보장하여야 할 국가의 의무로 나타난다.

② 노동3권은 자유권적 성격을 갖고 있으며, 이는 국가가 근로자의 단결권을 존중하고 부당하게 침해해서는 안 된다는 것을 의미한다.

③ 헌법상 보장된 근로자의 단결권은 단결할 자유만을 의미하므로 근로자가 노동조합을 결성하지 아니할 자유는 헌법상 근거를 찾을 수 없다.

④ 헌법 제33조 제1항에 의하면 단결권의 주체는 단지 개인인 것처럼 표현되어 있지만, 근로자 개인뿐만이 아니라 단체 자체의 단결권도 보장하고 있는 것으로 보아야 한다.

⑤ 공무원인 근로자 중 법률이 정하는 자 이외의 공무원은 노동3권의 주체가 되지 못하므로 노동3권이 인정됨을 전제로 하여 헌법 제37조 제2항의 과잉금지원칙을 적용할 수는 없다.

지문분석 난이도 중 정답 ③

| 키 워 드 | 노동3권

| 출제유형 | 판례

③ (X) 근로자가 노동조합을 결성하지 아니할 자유나 노동조합에 가입을 강제당하지 아니할 자유, 그리고 가입한 노동조합을 탈퇴할 자유는 근로자에게 보장된 단결권의 내용에 포섭되는 권리로서가 아니라 헌법 제10조의 행복추구권에서 파생되는 일반적 행동의 자유 또는 제21조 제1항의 결사의 자유에서 그 근거를 찾을 수 있다(헌재 2005.11.24. 2002헌바95 등).

① (O), ② (O) 근로3권의 성격은 국가가 단지 근로자의 단결권을 존중하고 부당한 침해를 하지 아니함으로써 보장되는 자유권적 측면인 국가로부터의 자유뿐이 아니라, 근로자의 권리행사의 실질적 조건을 형성하고 유지해야 할 국가의 적극적인 활동을 필요로 한다. 이는 곧, 입법자가 근로자단체의 조직, 단체교섭, 단체협약, 노동쟁의 등에 관한 노동조합 관련법의 제정을 통하여 노사 간의 세력균형이 이루어지고 근로자의 근로3권이 실질적으로 기능할 수 있도록 하기 위하여 필요한 법적 제도와 법규범을 마련하여야 할 의무가 있다는 것을 의미한다(헌재 1998.2.27. 94헌바13).

④ (O) 근로자의 단결권이 근로자 단결체로서 사용자와의 관계에서 특별한 보호를 받아야 할 경우에는 헌법 제33조가 우선적으로 적용되지만, 그렇지 않은 통상의 결사 일반에 대한 문제일 경우에는 헌법 제21조 제2항이 적용되므로 노동조합에도 헌법 제21조 제2항의 결사에 대한 허가제금지원칙이 적용된다(헌재 2012.3.29. 2011헌바53). 따라서 헌법 제33조 제1항은 자유권적 기본권으로서의 성격과 사회권적 기본권으로의 성격을 아울러 보유함으로써 단체 자체의 단결권도 포함한다.

⑤ (O) 헌법 제33조 제2항이 직접 '법률이 정하는 자'만이 노동3권을 향유할 수 있다고 규정하고 있어서 '법률이 정하는 자' 이외의 공무원은 노동3권의 주체가 되지 못하므로, '법률이 정하는 자' 이외의 공무원에 대해서도 노동3권이 인정됨을 전제로 하여 헌법 제37조 제2항의 과잉금지원칙을 적용할 수는 없는 것이다. 한편, 법 제66조 제1항은 근로3권이 보장되는 공무원의 범위를 사실상 노무에 종사하는 공무원에 한정하고 있으나, 이는 헌법 제33조 제2항에 근거한 것이고, 전체 국민의 공공복리와 사실상 노무에 공무원의 직무의 내용, 노동조건 등을 고려해 보았을 때 입법자에게 허용된 입법재량권의 범위를 벗어난 것이라 할 수 없다(헌재 2007.8.30. 2003헌바51).

53 0726 ○△×|○△×|○△× 2015 국회직 8급(변형)

근로3권에 관한 설명 중 옳은 것을 모두 고른 것은? (다툼이 있는 경우 헌법재판소 판례에 의함)

ㄱ. 노동조합 및 노동관계조정법상의 교섭창구단일화제도는 근로조건의 결정권이 있는 사업 또는 사업장 단위에서 복수 노동조합과 사용자 사이의 교섭절차를 일원화하고, 소속 노동조합과 관계없이 조합원들의 근로조건을 통일하기 위한 것이지만, 교섭대표노동조합이 되지 못한 소수 노동조합의 단체교섭권을 침해하므로 헌법상 허용될 수 없다.
ㄴ. 노동조합에 가입하지 않을 소극적 단결권의 근거는 헌법 제10조의 행복추구권에서 파생되는 일반적 행동의 자유 또는 헌법 제21조 제1항의 결사의 자유는 물론 헌법 제33조의 근로3권에서도 찾을 수 있다.
ㄷ. 단체교섭권은 근로자의 단체가 사용자와 근로조건에 관하여 교섭할 수 있는 권리를 말하는 것으로, 여기에 단체협약체결권이 포함되는 것은 아니다.
ㄹ. 당해 사업장에 종사하는 근로자의 3분의 2 이상을 대표하는 노동조합의 경우 단체협약을 매개로 한 조직강제를 용인하는 것은 근로자의 단결권을 침해하지 않는다.
ㅁ. 노동조합의 적극적 단결권과 근로자 개인의 단결하지 않을 자유가 충돌하는 경우에는 전자가 후자보다 중시된다.
ㅂ. 정당한 쟁의행위의 경우에는 업무방해 등 형사책임은 면제되나 계약불이행 책임 등 사용자에 대한 민사상 책임이 면제되지는 않는다.
ㅅ. 근로자의 단결권은 결사의 자유가 근로의 영역에서 구체화된 것으로서 이에 대해서는 헌법 제33조가 우선 적용되므로, 노동조합에는 헌법 제21조 제2항의 결사에 대한 허가제금지원칙이 적용되지 않는다.

① ㄱ, ㄴ, ㅅ ② ㄱ, ㄹ, ㅁ
③ ㄹ, ㅁ ④ ㄷ, ㅂ, ㅅ
⑤ ㅁ, ㅅ

지문분석 난이도 상 정답 ③

| **키 워 드** | 근로3권
| **출제유형** | 판례

ㄹ. (○), ㅁ. (○) 이 사건 법률 조항은 노동조합의 조직유지·강화를 위하여 당해 사업장에 종사하는 근로자의 3분의 2 이상을 대표하는 노동조합(이하 '지배적 노동조합'이라 한다)의 경우 단체협약을 매개로 한 조직강제[이른바 유니언 샵(Union Shop) 협정의 체결]를 용인하고 있다. 이 경우 근로자의 단결하지 아니할 자유와 노동조합의 적극적 단결권(조직강제권)이 충돌하게 되나, 근로자에게 보장되는 적극적 단결권이 단결하지 아니할 자유보다 특별한 의미를 갖고 있고, 노동조합의 조직강제권도 이른바 자유권을 수정하는 의미의 생존권(사회권)적 성격을 함께 가지는 만큼 근로자 개인의 자유권에 비하여 보다 특별한 가치로 보장되는 점 등을 고려하면, 노동조합의 적극적 단결권은 근로자 개인의 단결하지 않을 자유보다 중시된다고 할 것이고, 또 노동조합에게 위와 같은 조직강제권을 부여한다고 하여 이를 근로자의 단결하지 아니할 자유의 본질적인 내용을 침해하는 것으로 단정할 수는 없다(헌재 2005.11.24. 2002헌바95).

ㄱ. (X) '노동조합 및 노동관계조정법'상의 교섭창구단일화제도는 근로조건의 결정권이 있는 사업 또는 사업장 단위에서 복수 노동조합과 사용자 사이의 교섭절차를 일원화하여 효율적이고 안정적인 교섭체계를 구축하고, 소속 노동조합과 관계없이 조합원들의 근로조건을 통일하기 위한 것으로, 교섭대표노동조합이 되지 못한 소수 노동조합의 단체교섭권을 제한하고 있지만, 소수 노동조합도 교섭대표노동조합을 정하는 절차에 참여하게 하여 교섭대표노동조합이 사용자와 대등한 입장에 설 수 있는 기반이 되도록 하고 있으며, 그러한 실질적 대등성의 토대 위에서 이뤄낸 결과를 함께 향유하는 주체가 될 수 있도록 하고 있으므로 노사대등의 원리하에 적정한 근로조건의 구현이라는 단체교섭권의 실질적인 보장을 위한 불가피한 제도라고 볼 수 있다. 따라서 위 '노동조합 및 노동관계조정법' 조항들이 과잉금지원칙을 위반하여 청구인들의 단체교섭권을 침해한다고 볼 수 없다(헌재 2012.4.24. 2011헌마338).

ㄴ. (X) 헌법 제33조 제1항은 "근로자는 근로조건의 향상을 위하여 자주적인 단결권·단체교섭권 및 단체행동권을 가진다."고 규정하고 있다. 여기서 헌법상 보장된 근로자의 단결권은 단결할 자유만을 가리킬 뿐이고, 단결하지 아니할 자유 이른바 소극적 단결권은 이에 포함되지 않는다고 보는 것이 우리 재판소의 선례라고 할 것이다. 그렇다면 근로자가 노동조합을 결성하지 아니할 자유나 노동조합에 가입을 강제당하지 아니할 자유, 그리고 가입한 노동조합을 탈퇴할 자유는 근로자에게 보장된 단결권의 내용에 포섭되는 권리로서가 아니라 헌법 제10조의 행복추구권에서 파생되는 일반적 행동의 자유 또는 제21조 제1항의 결사의 자유에서 그 근거를 찾을 수 있다(헌재 2005.11.24. 2002헌바95 등).

ㄷ. (X) 헌법 제33조 제1항이 "근로자는 근로조건의 향상을 위하여 자주적인 단결권, 단체교섭권, 단체행동권을 가진다"고 규정하여 근로자에게 "단결권, 단체교섭권, 단체행동권"을 기본권으로 보장하는 뜻은 근로자가 사용자와 대등한 지위에서 단체교섭을 통하여 자율적으로 임금 등 근로조건에 관한 단체협약을 체결할 수 있도록 하기 위한 것이다. 비록 헌법이 위 조항에서 '단체협약체결권'을 명시하여 규정하고 있지 않다고 하더라도 근로조건의 향상을 위한 근로자 및 그 단체의 본질적인 활동의 자유인 '단체교섭권'에는 단체협약체결권이 포함되어 있다고 보아야 한다(헌재 1998.2.27. 94헌바13).

ㅂ. (X) 구 노동조합 및 노동관계조정법(헌재 2006.12.30. 법률 제8158호로 개정되기 전의 것) 제3조는 "사용자는 이 법에 의한 단체교섭 또는 쟁의행위로 인하여 손해를 입은 경우에 노동조합 또는 근로자에 대하여 그 배상을 청구할 수 없다."고 규정하여 사용자의 손해배상청구에 대하여 제한을 가하고 있으나, 여기서 민사상 배상책임이 면제되는 손해는 정당한 쟁의행위로 인한 손해에 국한된다고 풀이하여야 할 것이고, 정당성이 없는 쟁의행위는 불법행위를 구성하고 이로 말미암아 손해를 입은 사용자는 노동조합이나 근로자에 대하여 손해배상을 청구할 수 있다(대판 2011.3.24. 2009다29366). 따라서 사용자에 대한 민사상 책임도 면제된다.

ㅅ. (X) 근로자의 단결권이 근로자 단결체로서 사용자와의 관계에서 특별한 보호를 받아야 할 경우에는 헌법 제33조가 우선적으로 적용되지만, 그렇지 않은 통상의 결사 일반에 대한 문제일 경우에는 헌법 제21조 제2항이 적용되므로 노동조합에도 헌법 제21조 제2항의 결사에 대한 허가제금지원칙이 적용된다(헌재 2012.3.29. 2011헌바53).

54 0727 ○△×|○△×|○△× 2021 법무사

근로의 권리에 관한 다음 설명 중 가장 옳지 않은 것은? (다툼이 있는 경우 대법원 판례 및 헌법재판소 결정에 의함)

① 헌법상 근로의 권리는 '일할 자리에 관한 권리'만이 아니라 '일할 환경에 관한 권리'도 의미하는 것이다.
② 근로자가 퇴직급여를 청구할 수 있는 권리는 헌법 제32조 제1항의 근로의 권리의 본질적인 내용에 해당하므로, 모든 근로자는 헌법상 권리로서 퇴직급여 청구권을 갖는다.
③ 최저임금제는 법률이 정하는 바에 의하여 보장되는 것이므로, 근로자가 최저임금을 청구할 수 있는 권리가 헌법상 근로의 권리로서 바로 보장되는 것은 아니다.
④ 근로의 권리는 개인인 근로자가 그 주체가 되는 것이고, 근로자의 모임인 노동조합은 그 주체가 될 수 없다.
⑤ 우리 헌법은 연소자의 근로는 특별한 보호를 받는다고 명문으로 규정하고 있다.

지문분석 난이도 중 정답 ②

| 키 워 드 | 근로의 권리
| 출제유형 | 조문+판례

② (X) 근로자가 퇴직급여를 청구할 수 있는 권리도 헌법상 바로 도출되는 것이 아니라 퇴직급여법 등 관련 법률이 구체적으로 정하는 바에 따라 비로소 인정될 수 있는 것이므로 계속근로기간 1년 미만인 근로자가 퇴직급여를 청구할 수 있는 권리가 헌법 제32조 제1항에 의하여 보장된다고 보기는 어렵다(헌재 2011.7.28. 2009헌마408).
① (O) 근로의 권리가 "일할 자리에 관한 권리"만이 아니라 "일할 환경에 관한 권리"도 함께 내포하고 있는바, 후자는 인간의 존엄성에 대한 침해를 방어하기 위한 자유권적 기본권의 성격도 갖고 있어 건강한 작업환경, 일에 대한 정당한 보수, 합리적인 근로조건의 보장 등을 요구할 수 있는 권리 등을 포함한다고 할 것이므로 외국인 근로자라고 하여 이 부분에까지 기본권 주체성을 부인할 수는 없다(헌재 2007.8.30. 2004헌마670).
③ (O) 헌법 제32조 제1항 후단은 "국가는 사회적·경제적 방법으로 근로자의 고용의 증진과 적정임금의 보장에 노력하여야 하며, 법률이 정하는 바에 의하여 최저임금제를 시행하여야 한다."라고 규정하고 있어서 근로자가 최저임금을 청구할 수 있는 권리도 헌법상 바로 도출되는 것이 아니라 최저임금법 등 관련 법률이 구체적으로 정하는 바에 따라 비로소 인정될 수 있다(헌재 2012.10.25. 2011헌마307).
④ (O) 헌법 제32조 제1항이 규정한 근로의 권리는 근로자를 개인의 차원에서 보호하기 위한 권리로서 개인인 근로자가 그 주체가 되는 것이고 노동조합은 그 주체가 될 수 없으므로, 이 사건 법률 조항이 노동조합을 비과세 대상으로 규정하지 않았다 하여 헌법 제32조 제1항에 반한다고 볼 여지는 없다(헌재 2009.2.26. 2007헌바27).
⑤ (O) 연소자의 근로는 특별한 보호를 받는다(헌법 제32조 제5항).

4 환경권

55 0728 ○△×|○△×|○△× 2021 법원직 9급

헌법상 환경권 등에 관한 다음 설명 중 가장 옳지 않은 것은?

① 국가가 사인인 제3자에 의한 국민의 환경권 침해에 대해서 적극적으로 기본권 보호조치를 취할 의무를 지는 경우 헌법재판소가 이를 심사할 때에는 과잉금지원칙을 심사기준으로 삼아야 한다.
② 환경권의 내용과 행사에 관하여는 법률로 정한다.
③ 국가는 주택개발정책 등을 통하여 모든 국민이 쾌적한 주거생활을 할 수 있도록 노력하여야 한다.
④ 환경권을 행사함에 있어 국민은 국가로부터 건강하고 쾌적한 환경을 향유할 수 있는 자유를 침해당하지 않을 권리를 행사할 수 있고, 일정한 경우 국가에 대하여 건강하고 쾌적한 환경에서 생활할 수 있도록 요구할 수 있는 권리가 인정되기도 하는바, 환경권은 그 자체 종합적인 기본권으로서의 성격을 지닌다.

지문분석 난이도 하 정답 ①

| 키 워 드 | 환경권
| 출제유형 | 조문+판례

① (X) 일정한 경우 국가는 사인인 제3자에 의한 국민의 환경권 침해에 대해서도 적극적으로 기본권 보호조치를 취할 의무를 지나, 헌법재판소가 이를 심사할 때에는 국가가 국민의 기본권적 법익 보호를 위하여 적어도 적절하고 효율적인 최소한의 보호조치를 취했는가 하는 이른바 과소보호금지원칙의 위반 여부를 기준으로 삼아야 한다(헌재 2008.7.31. 2006헌마711).
② (O) 환경권의 내용과 행사에 관하여는 법률로 정한다(헌법 제35조 제2항).
③ (O) 국가는 주택개발정책 등을 통하여 모든 국민이 쾌적한 주거생활을 할 수 있도록 노력하여야 한다(동조 제3항).
④ (O) 환경권을 행사함에 있어 국민은 국가로부터 건강하고 쾌적한 환경을 향유할 수 있는 자유를 침해당하지 않을 권리를 행사할 수 있고, 일정한 경우 국가에 대하여 건강하고 쾌적한 환경에서 생활할 수 있도록 요구할 수 있는 권리가 인정되기도 하는바, 환경권은 그 자체 종합적 기본권으로서의 성격을 지닌다(헌재 2019.12.27. 2018헌마730).

56 0729 ○△×|○△×|○△× 2020 국회직 8급

환경권에 대한 설명으로 옳지 않은 것은? (다툼이 있는 경우 판례에 의함)

① 모든 국민은 건강하고 쾌적한 환경에서 생활할 권리를 가지며, 국가와 국민은 환경보전을 위하여 노력하여야 한다.

② 헌법 제35조 제1항은 환경정책에 관한 국가적 규제와 조정을 뒷받침하는 헌법적 근거가 되며 국가는 환경정책 실현을 위한 재원마련과 환경침해적 행위를 억제하고 환경보전에 적합한 행위를 유도하기 위한 수단으로 환경부담금을 부과·징수하는 방법을 선택할 수 있다.

③ 헌법이 환경권에 대하여 국가의 보호의무를 인정한 것은, 환경피해가 생명·신체의 보호와 같은 중요한 기본권적 법익 침해로 이어질 수 있다는 점 등을 고려한 것이므로, 환경권 침해 내지 환경권에 대한 국가의 보호의무 위반도 궁극적으로는 생명·신체의 안전에 대한 침해로 귀결된다.

④ 일정한 경우 국가는 사인인 제3자에 의한 국민의 환경권 침해에 대해서도 적극적으로 기본권보호조치를 취할 의무를 지나 헌법재판소가 이를 심사할 때에는 국가가 국민의 기본권적 법익 보호를 위하여 적어도 효율적인 최소한의 보호조치를 취했는가 하는 이른바 '과소보호금지원칙'의 위반 여부를 기준으로 삼아야 한다.

⑤ 국민의 생명·신체의 안전이 질병 등으로부터 위협받거나 받게 될 우려가 있는 경우, 국가는 국민의 생명·신체의 안전을 보호하기 위하여 필요한 적절하고 효율적인 입법·행정상의 조치를 취함으로써 침해의 위험을 방지하고 이를 유지할 구체적이고 직접적인 의무를 진다.

지문분석 난이도 상 정답 ⑤

| 키 워 드 | 환경권

| 출제유형 | 조문+판례

⑤ (X) 생명·신체의 안전에 관한 권리는 인간의 존엄과 가치의 근간을 이루는 기본권일 뿐만 아니라, 헌법은 "모든 국민은 보건에 관하여 국가의 보호를 받는다."고 규정하여 질병으로부터 생명·신체의 보호 등 보건에 관하여 특별히 국가의 보호의무를 강조하고 있으므로(제36조 제3항), 국민의 생명·신체의 안전이 질병 등으로부터 위협받거나 받게 될 우려가 있는 경우 국가로서는 그 위험의 원인과 정도에 따라 사회·경제적인 여건 및 재정사정 등을 감안하여 국민의 생명·신체의 안전을 보호하기에 필요한 적절하고 효율적인 입법·행정상의 조치를 취하여 그 침해의 위험을 방지하고 이를 유지할 포괄적인 의무를 진다 할 것이다(헌재 2008.12.26. 2008헌마419 등).

① (O) 모든 국민은 건강하고 쾌적한 환경에서 생활할 권리를 가지며, 국가와 국민은 환경보전을 위하여 노력하여야 한다(헌법 제35조 제1항).

② (O) 헌법 제35조 제1항은 환경정책에 관한 국가적 규제와 조정을 뒷받침하는 헌법적 근거가 되며 국가는 환경정책 실현을 위한 재원마련과 환경침해적 행위를 억제하고 환경보전에 적합한 행위를 유도하기 위한 수단으로 환경부담금을 부과·징수하는 방법을 선택할 수 있다(헌재 2007.12.27. 2006헌바25).

③ (O) 생명·신체의 안전에 관한 권리는 인간의 존엄과 가치의 근간을 이루는 기본권으로서, 헌법은 "모든 국민은 보건에 관하여 국가의 보호를 받는다."고 규정하여(제36조 제3항) 질병으로부터 생명·신체의 보호 등 보건에 관하여 특별히 국가의 보호의무를 강조하고 있고, 그 외에도 "모든 국민은 건강하고 쾌적한 환경에서 생활할 권리를 가지며, 국가와 국민은 환경보전을 위하여 노력하여야 한다."고 규정하여(제35조 제1항) 국가에게 환경보전을 위하여 노력하여야 할 의무도 부여하고 있다. 그런데 후자와 같이 환경권에 대하여 국가의 보호의무를 인정한 것은, 환경피해는 생명·신체의 보호와 같은 중요한 기본권적 법익 침해로 이어질 수 있다는 점 등을 고려한 것이므로, 환경권 침해 내지 환경권에 대한 국가의 보호의무 위반도 궁극적으로는 생명·신체의 안전에 대한 침해로 귀결된다(헌재 2015.9.24. 2013헌마384).

④ (O) 일정한 경우 국가는 사인인 제3자에 의한 국민의 환경권 침해에 대해서도 적극적으로 기본권 보호조치를 취할 의무를 지나, 헌법재판소가 이를 심사할 때에는 국가가 국민의 기본권적 법익 보호를 위하여 적어도 적절하고 효율적인 최소한의 보호조치를 취했는가 하는 이른바 "과소보호금지원칙"의 위반 여부를 기준으로 삼아야 한다(헌재 2008.7.31. 2006헌마711).

57 0730 ○△×|○△×|○△× 2022 경찰 1차

환경권에 관한 설명 중 가장 적절하지 않은 것은? (다툼이 있는 경우 판례에 의함)

① 공직선거법이 정온한 생활환경이 보장되어야 할 주거지역에서 출근 또는 등교 이전 및 퇴근 또는 하교 이후 시간대에 확성장치의 최고출력 내지 소음을 제한하는 등 사용시간과 사용지역에 따른 수인한도 내에서 확성장치의 최고출력 내지 소음 규제기준에 관한 규정을 두지 아니한 것은 청구인의 건강하고 쾌적한 환경에서 생활할 권리를 침해한다.

② 독서실과 같이 정온을 요하는 사업장의 실내소음 규제기준을 만들어야 할 입법의무가 헌법의 해석상 곧바로 도출된다고 보기는 어렵다.

③ 환경권의 내용과 행사는 법률에 의해 구체적으로 정해지는 것이기는 하나(헌법 제35조 제2항), 이 헌법조항의 취지는 특별히 명문으로 헌법에서 정한 환경권을 입법자가 그 취지에 부합하도록 법률로써 내용을 구체화하도록 한 것이지 환경권이 완전히 무의미하게 되는데도 그에 대한 입법을 전혀 하지 아니하거나, 어떠한 내용이든 법률로써 정하기만 하면 된다는 것은 아니다.

④ 국가가 국민의 건강하고 쾌적한 환경에서 생활할 권리에 대한 보호의무를 다하지 않았는지 여부를 헌법재판소가 심사할 때에는 국가가 이를 보호하기 위하여 적어도 적절하고 효율적인 최소한의 보호조치를 취하였는가 하는 이른바 '과잉입법금지원칙' 내지 '비례의 원칙'의 위반 여부를 기준으로 삼아야 한다.

지문분석 난이도 ⓒ 정답 ④

| 키 워 드 | 환경권

| 출제유형 | 판례

④ (×) 국가가 국민의 건강하고 쾌적한 환경에서 생활할 권리에 대한 보호의무를 다하지 않았는지 여부를 헌법재판소가 심사할 때에는 국가가 이를 보호하기 위하여 적어도 적절하고 효율적인 최소한의 보호조치를 취하였는가 하는 이른바 '과소보호금지원칙'의 위반 여부를 기준으로 삼아야 한다(헌재 2019.12.27. 2018헌마730).

① (○) 심판대상 조항이 선거운동의 자유를 감안하여 선거운동을 위한 확성장치를 허용할 공익적 필요성이 인정된다고 하더라도 정온한 생활환경이 보장되어야 할 주거지역에서 출근 또는 등교 이전 및 퇴근 또는 하교 이후 시간대에 확성장치의 최고출력 내지 소음을 제한하는 등 사용시간과 사용지역에 따른 수인한도 내에서 확성장치의 최고출력 내지 소음 규제기준에 관한 규정을 두지 아니한 것은, 국민이 건강하고 쾌적하게 생활할 수 있는 양호한 주거환경을 위하여 노력하여야 할 국가의 의무를 부과한 헌법 제35조 제3항에 비추어 보면, 적절하고 효율적인 최소한의 보호조치를 취하지 아니하여 국가의 기본권 보호의무를 과소하게 이행한 것으로서, 청구인의 건강하고 쾌적한 환경에서 생활할 권리를 침해하므로 헌법에 위반된다(헌재 2019.12.27. 2018헌마730).

② (○) 정온을 요하는 사업장의 실내소음 규제기준을 마련할 것인지 여부나 소음을 제거·방지할 수 있는 다양한 수단과 방법 중 어떠한 방법을 채택하고 결합할 것인지 여부는 당시의 기술 수준이나 경제적·사회적·지역적 여건 등을 종합적으로 고려하지 않을 수 없으므로, 독서실과 같이 정온을 요하는 사업장의 실내소음 규제기준을 만들어야 할 입법의무가 헌법의 해석상 곧바로 도출된다고 보기도 어렵다(헌재 2017.12.28. 2016헌마45).

③ (○) 환경권의 내용과 행사는 법률에 의해 구체적으로 정해지는 것이기는 하나(헌법 제35조 제2항), 이 헌법조항의 취지는 특별히 명문으로 헌법에서 정한 환경권을 입법자가 그 취지에 부합하도록 법률로써 내용을 구체화하도록 한 것이지 환경권이 완전히 무의미하게 되는데도 그에 관한 입법을 전혀 하지 아니하거나, 어떠한 내용이든 법률로써 정하기만 하면 된다는 것은 아니다. 그러므로 일정한 요건이 충족될 때 환경권 보호를 위한 입법이 없거나 현저히 불충분하여 국민의 환경권을 침해하고 있다면 헌법재판소에 그 구제를 구할 수 있다고 해야 할 것이다(헌재 2020.3.26. 2017헌마1281).

5 혼인과 가족생활의 권리

58 0731 ○△×|○△×|○△× 2021 경찰 승진

혼인과 가족제도에 대한 설명으로 가장 적절하지 않은 것은? (다툼이 있는 경우 판례에 의함)

① 혼인 종료 후 300일 이내에 출생한 자를 전(前)남편의 친생자로 추정함으로써 친생부인의 소를 거치도록 하는 민법 조항은 혼인과 가족생활에 관한 기본권을 침해한다.

② 부모가 자녀의 이름을 지어주는 것은 자녀의 양육과 가족생활을 위하여 필수적인 것이고, 가족생활에 핵심적 요소라 할 수 있으므로, 부모가 자녀의 이름을 지을 자유는 혼인과 가족생활을 보장하는 헌법 제36조 제1항과 행복추구권을 보장하는 헌법 제10조에 의하여 보호받는다.

③ 원칙적으로 3년 이상 혼인 중인 부부만이 친양자 입양을 할 수 있도록 규정하여 독신자는 친양자 입양을 할 수 없도록 한 구 민법 조항은 독신자의 가족생활의 자유를 침해한다.

④ 1세대 3주택 이상에 해당하는 주택에 대하여 양도소득세 중과세를 규정하고 있는 구 소득세법 조항은 헌법 제36조 제1항이 정하고 있는 혼인에 따른 차별금지원칙에 위배되고, 혼인의 자유를 침해한다.

지문분석 난이도 중 정답 ③

| 키 워 드 | 혼인과 가족제도

| 출제유형 | 판례

③ (X) 입양특례법에서는 독신자도 일정한 요건을 갖추면 양친이 될 수 있도록 규정하고 있으나, 입양의 대상, 요건, 절차 등에서 민법상의 친양자 입양과 다른 점이 있으므로, 입양특례법과 달리 민법에서 독신자의 친양자 입양을 허용하지 않는 것에는 합리적인 이유가 있다. 따라서 심판대상 조항은 독신자의 평등권을 침해한다고 볼 수 없다(헌재 2013.9.26. 2011헌가42).

① (○) 혼인 종료 후 300일 내에 출생한 자녀가 전남편의 친생자가 아님이 명백하고, 전남편이 친생추정을 원하지도 않으며, 생부가 그 자를 인지하려는 경우에도, 그 자녀는 전남편의 친생자로 추정되어 가족관계등록부에 전남편의 친생자로 등록되고, 이는 엄격한 친생부인의 소를 통해서만 번복될 수 있다. 그 결과 심판대상 조항은 이혼한 모와 전남편이 새로운 가정을 꾸리는 데 부담이 되고, 자녀와 생부가 진실한 혈연관계를 회복하는 데 장애가 되고 있다. 이와 같이 민법 제정 이후의 사회적·법률적·의학적 사정변경을 전혀 반영하지 아니한 채, 이미 혼인관계가 해소된 이후에 자가 출생하고 생부가 출생한 자를 인지하려는 경우마저도, 아무런 예외 없이 그 자를 전남편의 친생자로 추정함으로써 친생부인의 소를 거치도록 하는 심판대상 조항은 입법형성의 한계를 벗어나 모가 가정생활과 신분관계에서 누려야 할 인격권, 혼인과 가족생활에 관한 기본권을 침해한다(헌재 2015.4.30. 2013헌마623).

② (○) 부모가 자녀의 이름을 지어주는 것은 자녀의 양육과 가족생활을 위하여 필수적인 것이고, 가족생활의 핵심적 요소라 할 수 있으므로, '부모가 자녀의 이름을 지을 자유'는 혼인과 가족생활을 보장하는 헌법 제36조 제1항과 행복추구권을 보장하는 헌법 제10조에 의하여 보호받는다(헌재 2016.7.28. 2015헌마964).

④ (○) 혼인으로 새로이 1세대를 이루는 자를 위하여 상당한 기간 내에 보유 주택수를 줄일 수 있도록 하고 그러한 경과규정이 정하는 기간 내에 양도하는 주택에 대해서는 혼인 전의 보유 주택수에 따라 양도소득세를 정하는 등의 완화규정을 두는 것과 같은 손쉬운 방법이 있음에도 이러한 완화규정을 두지 아니한 것은 최소침해성원칙에 위배된다고 할 것이고, 이 사건 법률 조항으로 인하여 침해되는 것은 헌법이 강도 높게 보호하고자 하는 헌법 제36조 제1항에 근거하는 혼인에 따른 차별금지 또는 혼인의 자유라는 헌법적 가치라 할 것이므로 이 사건 법률 조항이 달성하고자 하는 공익과 침해되는 사익 사이에 적절한 균형관계를 인정할 수 없어 법익균형성원칙에도 반한다. 결국 이 사건 법률 조항은 과잉금지원칙에 반하여 헌법 제36조 제1항이 정하고 있는 혼인에 따른 차별금지원칙에 위배되고, 혼인의 자유를 침해한다(헌재 2011.11.24. 2009헌바146).

59 0732 ○△×|○△×|○△× 2017 변호사

혼인과 가족생활에 대하여 규정하고 있는 헌법 제36조 제1항에 관한 설명 중 옳지 않은 것은? (다툼이 있는 경우 판례에 의함)

① 헌법 제36조 제1항은 혼인과 가족생활을 스스로 결정하고 형성할 수 있는 자유를 기본권으로서 보장하며, 친양자 입양의 경우에도 친양자로 될 사람이 그의 의사에 따라 스스로 입양의 대상이 될 것인지 여부를 결정할 수 있는 자유를 보장한다.

② 친양자로 될 자와 마찬가지로 친생부모 역시 그로부터 출생한 자와의 가족 및 친족관계의 유지에 관하여 헌법 제36조 제1항에 의하여 인정되는 혼인과 가정생활의 자유로운 형성에 대한 기본권을 가진다.

③ 헌법 제36조 제1항에서 규정하는 '혼인'이란 양성이 평등하고 존엄한 개인으로서 자유로운 의사의 합치에 의하여 생활공동체를 이루는 것을 말하므로, 법적으로 승인되지 아니한 사실혼도 헌법 제36조 제1항의 보호범위에 포함된다.

④ 부모가 자녀의 이름을 지어주는 것은 자녀의 양육과 가족생활을 위하여 필수적인 것이고, 가족생활의 핵심적 요소라 할 수 있으므로, '부모가 자녀의 이름을 지을 자유'는 혼인과 가족생활을 보장하는 헌법 제36조 제1항과 행복추구권을 보장하는 헌법 제10조에 의하여 보호받는다.

⑤ 부모의 자녀에 대한 교육권은 비록 헌법에 명문으로 규정되어 있지는 아니하지만, 혼인과 가족생활을 보장하는 헌법 제36조 제1항, 행복추구권을 보장하는 헌법 제10조 및 "국민의 자유와 권리는 헌법에 열거되지 아니한 이유로 경시되지 아니한다."라고 규정하는 헌법 제37조 제1항에서 나오는 중요한 기본권이며, 이러한 부모의 자녀교육권이 학교영역에서는 자녀의 교육진로에 관한 결정권 내지는 자녀가 다닐 학교를 선택하는 권리로 구체화된다.

지문분석 난이도 ㊤ 정답 ③

| **키 워 드** | 혼인과 가족생활

| **출제유형** | 판례

③ (X) 헌법 제36조 제1항에서 규정하는 '혼인'이란 양성이 평등하고 존엄한 개인으로서 자유로운 의사의 합치에 의하여 생활공동체를 이루는 것으로서 법적으로 승인받은 것을 말하므로, 법적으로 승인되지 아니한 사실혼은 헌법 제36조 제1항의 보호범위에 포함된다고 보기 어렵다(헌재 2014.8.28. 2013헌바119).

① (O) 헌법 제36조 제1항은 혼인과 가족생활을 스스로 결정하고 형성할 수 있는 자유를 기본권으로서 보장한다. 친양자 입양의 경우에도 친양자로 될 사람이 그의 의사에 따라 스스로 입양의 대상이 될 것인지 여부를 결정할 수 있는 자유가 보장되므로, 친양자로 될 사람은 자신의 양육에 보다 적합한 가정환경에서 양육받을 것을 선택할 권리를 가진다(헌재 2013.9.26. 2011헌가42).

② (O) 친양자로 될 자와 마찬가지로, 친생부모 역시 그로부터 출생한 자와의 가족 및 친족관계의 '유지'에 관하여 헌법 제10조에 의하여 인정되는 가정생활과 신분관계에 대한 인격권 및 행복추구권 및 헌법 제36조 제1항에 의하여 인정되는 혼인과 가정생활의 자유로운 형성에 대한 기본권을 가진다(헌재 2012.5.31. 2010헌바87).

④ (O) 부모가 자녀의 이름을 지어주는 것은 자녀의 양육과 가족생활을 위하여 필수적인 것이고, 가족생활의 핵심적 요소라 할 수 있으므로, '부모가 자녀의 이름을 지을 자유'는 혼인과 가족생활을 보장하는 헌법 제36조 제1항과 행복추구권을 보장하는 헌법 제10조에 의하여 보호받는다(헌재 2016.7.28. 2015헌마964).

⑤ (O) 부모의 자녀에 대한 교육권은 비록 헌법에 명문으로 규정되어 있지는 아니하지만, 혼인과 가족생활을 보장하는 헌법 제36조 제1항, 행복추구권을 보장하는 헌법 제10조 및 헌법 제37조 제1항에서 나오는 중요한 기본권이며, 이러한 부모의 자녀교육권이 학교영역에서는 자녀의 교육진로에 관한 결정권 내지는 자녀가 다닐 학교를 선택하는 권리로 구체화된다(헌재 2009.4.30. 2005헌마514).

60 0733 ○△×|○△×|○△× 2017 국가직 7급

혼인과 가족제도에 대한 설명으로 옳은 것만을 모두 고른 것은? (다툼이 있는 경우 판례에 의함)

ㄱ. 부부 자산소득 합산과세제도는 헌법 제11조 제1항에서 보장하는 평등원칙을 혼인과 가족생활에서 더 구체화함으로써 혼인한 자의 차별을 금지하고 있는 헌법 제36조 제1항에 위반된다.
ㄴ. 친생부인의 소의 제척기간을 규정한 민법 제847조 제1항 중 '부가 그 사유가 있음을 안 날로부터 2년 내' 부분은 친생부인의 소의 제척기간에 관한 입법재량의 한계를 일탈하지 않은 것으로서 헌법에 위반되지 아니한다.
ㄷ. 혼인 종료 후 300일 이내에 출생한 자를 전남편의 친생자로 추정하는 민법 제844조 제2항 중 '혼인관계 종료의 날로부터 300일 이내에 출생한 자'에 관한 부분은 모가 가정생활과 신분관계에서 누려야 할 인격권, 혼인과 가족생활에 관한 기본권을 침해하지 아니한다.
ㄹ. 육아휴직제도의 헌법적 근거를 헌법 제36조 제1항에서 구한다고 하더라도 육아휴직신청권은 헌법 제36조 제1항 등으로부터 개인에게 직접 주어지는 헌법적 차원의 권리라고 볼 수는 없다.

① ㄱ, ㄴ ② ㄷ, ㄹ
③ ㄱ, ㄴ, ㄹ ④ ㄴ, ㄷ, ㄹ

지문분석

난이도 상 정답 ③

| 키 워 드 | 혼인과 가족제도
| 출제유형 | 판례

ㄱ. (○) 부부의 자산소득을 합산하여 과세하도록 규정하고 있는 소득세법 제61조 제1항은 헌법 제36조 제1항에 위반된다(헌재 2002.8.29. 2001헌바82).
ㄴ. (○) 친생부인의 소의 제척기간을 규정한 민법 제847조 제1항 중 '부가 그 사유가 있음을 안 날로부터 2년 내' 부분은 친생부인의 소의 제척기간에 관한 입법재량의 한계를 일탈하지 않은 것으로서 헌법에 위반되지 아니한다(헌재 2015.3.26. 2012헌바357).
ㄹ. (○) 육아휴직신청권은 헌법 제36조 제1항 등으로부터 개인에게 직접 주어지는 헌법적 차원의 권리라고 볼 수는 없고, 입법자가 입법의 목적, 수혜자의 상황, 국가예산, 전체적인 사회보장수준, 국민정서 등 여러 요소를 고려하여 제정하는 입법에 적용요건, 적용대상, 기간 등 구체적인 사항이 규정될 때 비로소 형성되는 법률상의 권리이다(헌재 2008.10.30. 2005헌마1156).
ㄷ. (×) 혼인 종료 후 300일 이내에 출생한 자를 전남편의 친생자로 추정하는 민법 제844조 제2항 중 혼인관계 종료의 날로부터 300일 이내에 출생한 자에 관한 부분은, 아무런 예외 없이 그 자를 전남편의 친생자로 추정함으로써 친생부인의 소를 거치도록 하는 심판대상 조항은 입법형성의 한계를 벗어나 모가 가정생활과 신분관계에서 누려야 할 인격권, 혼인과 가족생활에 관한 기본권을 침해한다(헌재 2015.4.30. 2013헌마623).

61 0734 ○△×|○△×|○△× 2021 국가직 5급

보건에 관한 권리에 대한 설명으로 옳지 않은 것은? (다툼이 있는 경우 판례에 의함)

① 모든 국민은 보건에 관하여 국가의 보호를 받는다.
② 국가는 국민의 건강을 소극적으로 침해하여서는 아니 될 의무를 부담하는 것에서 한 걸음 더 나아가 적극적으로 국민의 보건을 위한 정책을 수립하고 시행하여야 할 의무를 부담한다.
③ 헌법 제10조, 제36조 제3항에 따라 국가는 국민의 생명·신체의 안전이 위협받거나 받게 될 우려가 있는 경우 국민의 생명·신체의 안전을 보호하기에 필요한 적절하고 효율적인 조치를 취하여 그 침해의 위험을 방지하고 이를 유지할 포괄적 의무를 진다.
④ 국민의 보건에 관한 권리는 국민이 자신의 건강을 유지하는 데 필요한 국가적 급부와 배려까지 요구할 수 있는 권리를 포함하는 것은 아니다.

지문분석

난이도 하 정답 ④

| 키 워 드 | 보건에 관한 권리
| 출제유형 | 조문+판례

④ (×), ② (○) 헌법 제36조 제3항이 규정하고 있는 국민의 보건에 관한 권리는 국민이 자신의 건강을 유지하는 데 필요한 국가적 급부와 배려를 요구할 수 있는 권리를 말하는 것으로서, 국가는 국민의 건강을 소극적으로 침해하여서는 아니 될 의무를 부담하는 것에서 한걸음 더 나아가 적극적으로 국민의 보건을 위한 정책을 수립하고 시행하여야 할 의무를 부담한다는 것을 의미한다(헌재 2012.2.23. 2011헌마123).
① (○) 모든 국민은 보건에 관하여 국가의 보호를 받는다(헌법 제36조 제3항).
③ (○) 헌법 제10조, 제36조 제3항에 따라 국가는 국민의 생명·신체의 안전이 위협받거나 받게 될 우려가 있는 경우 국민의 생명·신체의 안전을 보호하기에 필요한 적절하고 효율적인 조치를 취하여 그 침해의 위험을 방지하고 이를 유지할 포괄적 의무를 진다. 국가가 위와 같은 조치를 취하지 못하였다면 이는 국가가 국민의 생명·신체 보호의무를 위반하여 국민의 생명·신체의 안전에 관한 기본권 내지 보건권을 침해할 가능성이 있는 경우에 해당한다(헌재 2019.6.28. 2017헌마1309).

62 0735 ○△×|○△×|○△× 2022 경찰 2차

보건권에 관한 설명 중 옳지 않은 것은 모두 몇 개인가? (다툼이 있는 경우 판례에 의함)

㉠ 우리 헌법은 1948년 제헌헌법에서 "가족의 건강은 국가의 특별한 보호를 받는다."라고 규정한 이래 1962년 제3공화국 헌법에서 "모든 국민은 보건에 관하여 국가의 보호를 받는다."라고 정하여 현행헌법까지 이어져 오고 있다.
㉡ 치료감호 청구권자를 검사로 한정하고, 피고인의 치료감호 청구권을 따로 인정하지 않은 구 치료감호법 조항은 국민의 보건에 관한 권리를 침해하는 것이다.
㉢ 국가의 국민보건에 관한 보호의무를 명시한 헌법 제36조 제3항에 의한 권리를 헌법소원을 통하여 주장할 수 있는 자는 직접 자신의 보건이나 의료문제가 국가에 의해 보호받지 못하고 있는 의료 수혜자적 지위에 있는 국민이라고 할 것이므로, 의료시술자적 지위에 있는 안과의사가 자기 고유의 업무범위를 주장하여 다투는 경우에는 위 헌법규정을 원용할 수 없다.
㉣ 무면허 의료행위를 일률적, 전면적으로 금지하고 이를 위반한 경우 그 치료결과에 관계없이 형사처벌을 받게 하는 의료법 조항은 헌법 제10조가 규정하는 인간으로서의 존엄과 가치를 보장하고 헌법 제36조 제3항이 규정하는 국민보건에 관한 국가의 보호의무를 다하고자 하는 것으로서, 국민의 생명권, 건강권, 보건권 및 그 신체활동의 자유 등을 보장하는 규정이지, 이를 제한하는 규정이라고 할 수 없다.

① 1개 ② 2개
③ 3개 ④ 4개

지문분석 난이도 상 정답 ①

| 키 워 드 | 보건권
| 출제유형 | 판례

㉡ (X) '피고인 스스로 치료감호를 청구할 수 있는 권리'가 헌법상 재판청구권의 보호범위에 포함된다고 보기는 어렵고, 검사뿐만 아니라 피고인에게까지 치료감호 청구권을 주어야만 절차의 적법성이 담보되는 것도 아니므로, 이 사건 법률조항이 청구인의 재판청구권을 침해하거나 적법절차의 원칙에 반한다고 볼 수 없다(헌재 2010.4.29. 2008헌마622).

㉠ (○) 헌법 제36조 제1항의 연혁을 살펴보면, 제헌헌법 제20조에서 "혼인은 남녀동권(男女同權)을 기본으로 하며, 혼인의 순결과 가족의 건강은 국가의 특별한 보호를 받는다."고 규정한 것이 그 시초로서, 헌법제정 당시부터 평등원칙과 남녀평등을 일반적으로 천명하는 것(제헌헌법 제8조)에 덧붙여 특별히 혼인의 남녀동권을 헌법적 혼인질서의 기초로 선언한 것은 우리 사회 전래의 혼인·가족제도는 인간의 존엄과 남녀평등을 기초로 하는 혼인·가족제도라고 보기 어렵다는 판단하에 근대적·시민적 입헌국가를 건설하려는 마당에 종래의 가부장적인 봉건적 혼인질서를 더 이상 용인하지 않겠다는 헌법적 결단의 표현으로 보아야 할 것이다. 이러한 헌법의 의지는 1980년 헌법에서 더욱 강화되었다. 양성평등 명령이 혼인관계뿐만 아니라 모든 가족생활로 확장되었고, 양성평등에 더하여 개인의 존엄까지 요구하였다. 여기에 현행헌법은 국가의 보장의무를 덧붙임으로써 이제 양성평등과 개인의 존엄은 혼인과 가족제도에 관한 최고의 가치규범으로 확고히 자리잡았다(헌재 2005.2.3. 2001헌가9 등).

㉢ (○) 과학기술자의 특별보호를 명시한 헌법 제22조 제2항은 과학·기술의 자유롭고 창조적인 연구개발을 촉진하여 이론과 실제 양면에 있어서 그 연구와 소산을 보호함으로써 문화창달을 제고하려는 데 그 목적이 있는 것이므로, 이는 국민의 건강을 보호증진함을 목적으로 국민의료에 관한 사항을 규정한 의료법에 의하여 보호되는 의료인과는 보호의 차원이 다르고, 또한 국가의 국민보건에 관한 보호의무를 명시한 헌법 제36조 제3항에 의한 권리를 헌법소원을 통하여 주장할 수 있는 자는 직접 자신의 보건이나 의료문제가 국가에 의해 보호받지 못하고 있는 의료 수혜자적 지위에 있는 국민이라고 할 것이므로 청구인과 같은 의료시술자적 지위에 있는 안과의사가 자기 고유의 업무범위를 주장하여 다투는 경우에는 위 헌법규정을 원용할 수 없다(헌재 1993.11.25. 92헌마87).

㉣ (○) 이 사건 의료법 조항들이 단순한 무면허 의료행위를 처벌하는 것과 달리 이 사건 보건범죄단속에 관한 특별조치법 조항은 영리의 목적으로 무면허 의료행위를 업으로 한 경우 이를 가중처벌하는바, 양자는 모두 "의료인이 아니면 의료행위를 할 수 없으며"라는 규정을 위반한 경우 이를 처벌하는 점에서는 동일하고 단지 의료행위를 영리의 목적으로 업으로 하였느냐 여부에 따라 처벌의 정도를 달리한 것에 불과하므로 이 사건 보건범죄단속에 관한 특별조치법 조항의 위헌 여부를 판단함에 있어 위에서 살펴본 이 사건 의료법 조항들의 위헌 여부 논의와 달리할 이유가 없다(헌재 2013.6.27. 2010헌바488).

CHAPTER

06 국민의 기본적 의무

■ 문항 수: 5문항

01 0736 ○△×|○△×|○△× 2016 국가직 7급

헌법상 국민의 권리와 의무에 대한 헌법재판소 결정으로 옳지 않은 것은?

① 학교운영지원비를 학교회계 세입항목에 포함시키도록 하는 것은 헌법 제31조 제3항에 규정되어 있는 의무교육의 무상원칙에 위반되지 않는다.

② 조세의 부과·징수로 인해 납세의무자의 사유재산에 관한 이용·수익·처분권이 중대한 제한을 받게 되는 경우에는 재산권의 침해가 될 수 있다.

③ 국방의 의무는 병역법에 의하여 군복무에 임하는 등의 직접적인 병력형성의무만을 가리키는 것이 아니라, 향토예비군설치법, 민방위기본법 등에 의한 간접적인 병력형성의무도 포함하며, 병력형성 이후 군 작전 명령에 복종하고 협력하여야 할 의무도 포함한다.

④ 헌법 제39조 제2항의 병역의무 이행으로 인한 '불이익한 처우'라 함은 단순한 사실상·경제상의 불이익을 모두 포함하는 것이 아니라 법적인 불이익을 의미한다.

지문분석 난이도 ⓗ 정답 ①

| 키 워 드 | 국민의 권리와 의무

| 출제유형 | 판례

① (X) 학교운영지원비는 그 운영상 교원연구비와 같은 교사의 인건비 일부와 학교회계직원의 인건비 일부 등 의무교육과정의 인적기반을 유지하기 위한 비용을 충당하는 데 사용되고 있다는 점, 학교회계의 세입상 현재 의무교육기관에서는 국고지원을 받고 있는 입학금, 수업료와 함께 같은 항에 속하여 분류되고 있음에도 불구하고 학교운영지원비에 대해서만 학생과 학부모의 부담으로 남아있다는 점, 학교운영지원비는 기본적으로 학부모의 자율적 협찬금의 외양을 갖고 있음에도 그 조성이나 징수의 자율성이 완전히 보장되지 않아 기본적이고 필수적인 학교 교육에 필요한 비용에 가깝게 운영되고 있다는 점 등을 고려해보면 이 사건 세입조항은 헌법 제31조 제3항에 규정되어 있는 의무교육의 무상원칙에 위배되어 헌법에 위반된다(헌재 2012.8.23. 2010헌바220).

② (O) 헌법 제23조 제1항이 보장하고 있는 사유재산권은 사유재산에 관한 임의적인 이용, 수익, 처분권을 본질로 하기 때문에 사유재산의 처분금지를 내용으로 하는 입법조치는 원칙으로 재산권에 관한 입법형성권의 한계를 일탈하는 것일 뿐만 아니라 조세의 부과·징수는 국민의 납세의무에 기초하는 것으로서 원칙으로 재산권의 침해가 되지 않는다고 하더라도 그로 인하여 납세의무자의 사유재산에 관한 이용, 수익, 처분권이 중대한 제한을 받게 되는 경우에는 그것도 재산권의 침해가 될 수 있는 것이다(헌재 1997.12.24. 96헌가19).

③ (O) 국방의 의무라 함은 북한을 포함한 외부의 적대세력의 직접적 간접적인 침략행위로부터 국가의 독립을 유지하고 영토를 보전하기 위한 의무로서 현대전이 고도의 과학기술과 정보를 요구하고 국민 전체의 협력을 필요로 하는 이른바 총력전인 점에 비추어 단지 병역법 등에 의하여 군복무에 임하는 등의 직접적인 병력형성의무만을 가리키는 것으로 좁게 볼 것이 아니라, 향토예비군설치법, 민방위기본법, 비상대비자원관리법, 병역법 등에 의한 간접적인 병력형성의무 및 병력형성 이후 군작전명령에 복종하고 협력하여야 할 의무도 포함하는 넓은 의미의 것으로 보아야 할 것이다(헌재 1995.12.28. 91헌마80).

④ (O) 헌법 제39조 제2항은 병역의무의 이행을 이유로 불이익한 처우를 하는 것을 금지하고 있을 뿐이고, 이 조항에서 금지하는 '불이익한 처우'라 함은 단순한 사실상, 경제상의 불이익을 모두 포함하는 것이 아니라 법적인 불이익을 의미하는 것이다(헌재 2003.6.26. 2002헌마484).

02 0737 ○△×|○△×|○△× 2020 경찰 승진

국민의 기본의무에 관한 설명 중 옳은 것을 모두 고른 것은? (다툼이 있는 경우 판례에 의함)

㉠ 조세의 부과·징수로 인해 납세의무자의 사유재산에 관한 이용·수익 처분권이 중대한 제한을 받게 되는 경우에는 재산권의 침해가 될 수 있다.
㉡ 공무원 시험의 응시자격을 '군복무를 필한 자'라고 하여 군복무 중에는 그 응시기회를 제한하는 것은 병역의무의 이행을 이유로 불이익을 주는 것이다.
㉢ 병역의무는 국민 전체의 인간으로서의 존엄과 가치를 보장하기 위한 것이므로, 양심적 병역거부자의 양심의 자유가 국방의 의무보다 우월한 가치라고 할 수 없다.
㉣ 학교운영지원비를 학교회계 세입항목에 포함시키도록 하는 것은 헌법 제31조 제3항에 규정되어 있는 의무교육의 무상원칙에 위반되지 않는다.

① ㉠, ㉡ ② ㉠, ㉢
③ ㉡, ㉣ ④ ㉢, ㉣

지문분석 난이도 ㊤ 정답 ②

| **키 워 드** | 국민의 기본의무
| **출제유형** | 판례

㉠ (O) 헌법 제23조 제1항이 보장하고 있는 사유재산권은 사유재산에 관한 임의적인 이용, 수익, 처분권을 본질로 하기 때문에 사유재산의 처분금지를 내용으로 하는 입법조치는 원칙으로 재산권에 관한 입법형성권의 한계를 일탈하는 것일 뿐만 아니라 조세의 부과·징수는 국민의 납세의무에 기초하는 것으로서 원칙으로 재산권의 침해가 되지 않는다고 하더라도 그로 인하여 납세의무자의 사유재산에 관한 이용, 수익, 처분권이 중대한 제한을 받게 되는 경우에는 그것도 재산권의 침해가 될 수 있는 것이다(헌재 1997.12.24. 96헌가19 등).
㉢ (O) 이 사건 법률 조항은 바로 이와 같이 가장 기본적인 국민의 국방의 의무를 구체화하기 위하여 마련된 것이다. 그리고 이와 같은 병역의무가 제대로 이행되지 않아 국가의 안전보장이 이루어지지 않는다면 국민의 인간으로서의 존엄과 가치도 보장될 수 없음은 불을 보듯 명확한 일이다. 따라서 병역의무는, 궁극적으로는 국민 전체의 인간으로서의 존엄과 가치를 보장하기 위한 것이라 할 것이고, 피고인의 양심의 자유가 위와 같은 헌법적 법익보다 우월한 가치라고는 할 수 없다(헌재 2004.10.28. 2004헌바61 등).
㉡ (X) 이 사건 공고는 현역군인 신분자에게 다른 직종의 시험응시기회를 제한하고 있으나 이는 병역의무 그 자체를 이행하느라 받는 불이익으로서 병역의무 중에 입는 불이익에 해당될 뿐, 병역의무의 이행을 이유로 한 불이익은 아니므로 이 사건 공고로 인하여 현역군인이 타 직종에 시험응시를 하지 못하는 것은 헌법 제39조 제2항에서 금지하는 '불이익한 처우'라 볼 수 없다(헌재 2007.5.31. 2006헌마627).
㉣ (X) 학교운영지원비는 그 운영상 교원연구비와 같은 교사의 인건비 일부와 학교회계직원의 인건비 일부 등 의무교육과정의 인적기반을 유지하기 위한 비용을 충당하는 데 사용되고 있다는 점, 학교회계의 세입상 현재 의무교육기관에서는 국고지원을 받고 있는 입학금, 수업료와 함께 같은 항에 속하여 분류되고 있음에도 불구하고 학교운영지원비에 대해서만 학생과 학부모의 부담으로 남아있다는 점, 학교운영지원비는 기본적으로 학부모의 자율적 협찬금의 외양을 갖고 있음에도 그 조성이나 징수의 자율성이 완전히 보장되지 않아 기본적이고 필수적인 학교 교육에 필요한 비용에 가깝게 운영되고 있다는 점 등을 고려해보면 이 사건 세입조항은 헌법 제31조 제3항에 규정되어 있는 의무교육의 무상원칙에 위배되어 헌법에 위반된다(헌재 2012.8.23. 2010헌바220).

03 0738 ○△×|○△×|○△× 2016 국가직 7급(변형)

국방의 의무에 대한 설명으로 옳지 않은 것은?

① 국방의 의무라 함은 병역법 등에 의하여 군복무에 임하는 등의 직접적인 병력형성의무만을 가리키는 것으로 좁게 볼 것이 아니라, 향토예비군설치법, 민방위기본법, 비상대비자원 관리법, 병역법 등에 의한 간접적인 병력형성의무 및 병력형성 이후 군 작전명령에 복종하고 협력하여야 할 의무도 포함하는 넓은 의미의 것으로 보아야 할 것이다.
② 제대군인지원에 관한 법률 제8조 제1항 및 제3항, 동법 시행령 제9조에 의한 가산점제도는 이러한 헌법 제39조 제2항의 범위를 넘어 제대군인에게 일종의 적극적 보상조치를 취하는 제도라고 할 것이므로 이를 헌법 제39조 제2항에 근거한 제도라고 할 수 없다.
③ 현역병이 소속 부대가 소재한 지역에서 주민등록을 하지 못하는 것은 헌법 제39조 제2항에서 금지하는 '불이익한 처우'에 해당한다고 볼 수 없다.
④ 병으로 병역의무를 이행한 사람이 장교로 임용될 때에 병으로서의 복무기간 중 8할만을 장교의 호봉경력에 산입하게 하는 것은 헌법 제39조 제2항에 위반된다.

지문분석 난이도 중 정답 ④

| 키 워 드 | 국방의 의무
| 출제유형 | 판례

④ (X) 청구인은 장교호봉획정규정이 헌법 제39조 제2항에 반한다고 주장하나, 장교호봉획정규정은 병으로 병역의무를 이행한 사람이 장교로 임용될 때에 병으로서의 복무기간 중 8할을 장교의 호봉경력에 산입하게 함으로써 병역의무 이행에 대한 혜택을 주는 것이므로 헌법 제39조 제2항에 위반되는 것이라고 볼 수 없다(헌재 2010.6.24. 2009헌마177).
① (O) 국방의 의무라 함은 병역법 등에 의하여 군복무에 임하는 등의 직접적인 병력형성의무만을 가리키는 것으로 좁게 볼 것이 아니라, 향토예비군설치법, 민방위기본법, 비상대비자원관리법, 병역법 등에 의한 간접적인 병력형성의무 및 병력형성 이후 군 작전명령에 복종하고 협력하여야 할 의무도 포함하는 넓은 의미의 것으로 보아야 할 것이다(헌재 1995.12.28. 91헌마80).
② (O) 헌법 제39조 제1항에서 국방의 의무를 국민에게 부과하고 있는 이상 병역법에 따라 군복무를 하는 것은 국민이 마땅히 하여야 할 이른바 신성한 의무를 다하는 것일 뿐, 그러한 의무를 이행하였다고 하여 이를 특별한 희생으로 보아 일일이 보상하여야 한다고 할 수는 없는 것이다. 제대군인지원에 관한 법률 제8조 제1항 및 제3항, 동법 시행령 제9조에 의한 가산점제도는 이러한 헌법 제39조 제2항의 범위를 넘어 제대군인에게 일종의 적극적 보상조치를 취하는 제도라고 할 것이므로 이를 헌법 제39조 제2항에 근거한 제도라고 할 수 없다(헌재 1999.12.23. 98헌마363).
③ (O) 이 사건 법률 조항에 의한 주민등록의 제한이 헌법 제39조 제2항 '누구든지 병역의무의 이행으로 인하여 불이익한 처우를 받지 아니한다.'는 조항에 위반한다고 주장한다. 그러나, 병역의무 이행의 일환으로 병역의무 이행 중에 입는 불이익은 병역의무의 이행으로 인한 불이익에 해당하지 않으므로 청구인이 소속 부대가 소재한 지역에서 주민등록을 하지 못하는 것은 헌법 제39조 제2항에서 금지하는 '불이익한 처우'에 해당한다고 볼 수 없다(헌재 2011.6.30. 2009헌마59).

04 0739 ○△×|○△×|○△× 2016 법원직 9급(변형)

헌법상 국민의 기본적 의무와 관련된 헌법재판소의 판례와 일치하는 것은?

① 병역의무를 완수한 후 직장을 가지고 사회활동을 영위하면서 병력동원훈련에 소집되어 실역에 복무 중인 예비역이 그 소집기간 동안 군형법의 적용을 받는 것은 병역의무의 이행을 이유로 불이익을 받는 것이다.

② 군복무로 인한 휴직기간을 법무사 시험의 일부 면제에 관한 법무사법 제5조의2 제1항의 공무원 근무경력에 산입하지 아니한 것은 병역의무의 이행으로 인한 불이익처우금지를 규정한 헌법 제39조 제2항을 위반한 것이다.

③ 납세의무자는 자신이 납부한 세금을 국가가 효율적으로 사용하는가를 감시할 수 있으므로, 재정사용의 합법성과 타당성을 감시하는 납세자의 권리는 헌법에 열거되지 않은 기본권이다.

④ 경찰대학의 입학 연령을 17세 이상 21세 미만으로 한정하여 병역의무이행 후 그 상한연령을 초과하면 입학하지 못하게 하는 것은 병역의무의 이행을 이유로 불이익을 주는 것이 아니다.

지문분석 난이도 ㊥ 정답 ④

| **키 워 드** | 국민의 기본적 의무

| **출제유형** | 판례

④ (○) 헌법 제39조 제2항의 '병역의무의 이행으로 인한 불이익한 처우'란 병역의무 이행을 직접적인 이유로 차별적 불이익을 가하거나 또는 병역의무를 이행한 것이 결과적, 간접적으로 그렇지 아니한 경우보다 오히려 불이익을 받는 결과를 초래해서는 안 된다는 의미를 지니고 있다. 교원임용의 경우에 있어서도 병역의무의 이행으로 졸업연도가 늦어져 병역의무를 이행하지 않은 동급생들에 비해 교원임용에 있어서 구제를 받지 못한 것은 병역의무 이행으로 인한 불이익은 아니라고 판시한 바 있는데, 이 사건 심판대상 규정은 병역의무 이행 그 자체를 이유로 청구인을 대상에서 제외하고 있는 것이 아니며, 이 사건 심판대상 규정에 따라 청구인이 결과적으로 입학이 어려워졌다고 하더라도 이를 병역의무 이행이 이유가 되어 불이익을 받은 것이라 할 수 없으므로, 헌법 제39조 제2항에 위반되는 것으로도 볼 수 없다(헌재 2009.7.30. 2007헌마991).

① (X) 병역의무 그 자체를 이행하느라 받는 불이익은 병역의무의 이행으로 인한 불이익한 처우의 금지(헌법 제39조 제2항)와는 무관한바, 예비역이 병역법에 의하여 병력동원훈련 등을 위하여 소집을 받는 것은 헌법과 법률에 따른 국방의 의무를 이행하는 것이고, 그동안 군형법의 적용을 받는 것 또한 국방의 의무를 이행하는 중에 범한 군사상의 범죄에 대하여 형벌이라는 제재를 받는 것이므로, 어느 것이나 헌법 제39조 제1항에 규정된 국방의 의무를 이행하느라 입는 불이익이라고 할 수는 있을지언정, 병역의무의 이행으로 불이익한 처우를 받는 것이라고는 할 수 없다(헌재 1999.2.25. 97헌바3).

② (X) 군복무로 인하여 휴직함으로써 법원사무직렬 공무원으로 실제 근무하지 못하게 된 사정과 법무사시험의 제1차 시험 면제의 취지에 비추어 보면, 군복무로 인한 휴직기간을 법무사시험의 일부 면제에 관한 법무사법 제5조의2 제1항의 공무원 근무경력에 산입하지 아니하였다고 하여 이를 두고 병역의무의 이행으로 인하여 불이익한 처우를 받지 아니한다고 규정한 헌법 제39조 제2항 위반이라고 할 수 없다(대판 2006.6.30. 2004두4802).

③ (X) 헌법상 조세의 효율성과 타당한 사용에 대한 감시는 국회의 주요책무이자 권한으로 규정되어 있어(헌법 제54조, 제61조) 재정지출의 효율성 또는 타당성과 관련된 문제에 대한 국민의 관여는 선거를 통한 간접적이고 보충적인 것에 한정되며, 재정지출의 합리성과 타당성 판단은 재정분야의 전문성을 필요로 하는 정책판단의 영역으로서 사법적으로 심사하는 데에 어려움이 있을 수 있다. 게다가 재정지출에 대한 국민의 직접적 감시권을 기본권으로 인정하게 되면 재정지출을 수반하는 정부의 모든 행위를 개별 국민이 헌법소원으로 다툴 수 있게 되는 문제가 발생할 수 있다. 따라서 청구인이 주장하는 재정사용의 합법성과 타당성을 감시하는 납세자의 권리를 헌법에 열거되지 않은 기본권으로 볼 수 없으므로 그에 대한 침해의 가능성 역시 인정될 수 없다(헌재 2005.11.24. 2005헌마579).

05 0740 ○△×|○△×|○△× 2022 경찰 2차

국민의 기본적 의무에 관한 설명 중 옳은 것을 모두 고른 것은? (다툼이 있는 경우 판례에 의함)

> ㉠ 납세의 의무, 국방의 의무, 근로의 의무는 제헌헌법에서부터 규정되었고, 교육을 받게 할 의무는 1962년 제3공화국 헌법에서 처음 규정되었다.
> ㉡ 국방의 의무는 직접적인 병력형성의 의무뿐만 아니라 향토예비군설치법, 민방위기본법 등에 의한 간접적인 병력형성 의무 및 병력형성 이후 군작전 명령에 복종하고 협력하여야 할 의무를 포함하는 것이다.
> ㉢ 향토예비군설치법에 따라 예비군훈련소집에 응하여 훈련을 받는 것은 국민의 의무를 다하는 것일 뿐만 아니라 국가나 공익목적을 위하여 특별한 희생을 하는 것이므로 보상하여야 한다.
> ㉣ 조세는 국가 또는 지방자치단체가 재정수요를 충족시키거나 경제적·사회적 특수정책의 실현을 위하여 국민 또는 주민에 대하여 아무런 특별한 반대급부 없이 강제적으로 부과징수하는 과징금을 의미한다.

① ㉠, ㉡, ㉢ ② ㉠, ㉡, ㉣
③ ㉠, ㉢, ㉣ ④ ㉡, ㉢

지문분석 난이도 상 정답 ②

| 키 워 드 | 국민의 기본적 의무
| 출제유형 | 판례

㉠ (O) 교육을 받을 권리와 의무는 국민이 인간으로서의 존엄과 가치를 가지며 행복을 추구하고(헌법 제10조) 인간다운 생활을 영위하는 데(헌법 제34조 제1항) 필수적인 전제이자 다른 기본권을 의미있게 행사하기 위한 기초이고, 민주국가에서 교육을 통한 국민의 능력과 자질의 향상은 바로 그 나라의 번영과 발전의 토대가 되는 것이므로, 헌법이 교육을 국가의 중요한 과제로 규정하고 있는 것이다(헌재 1992.11.12. 89헌마88). 따라서 1962년 3공화국헌법에서 처음 의무규정이 도입되었다.

㉡ (O) 헌법 제39조에서 정하는 국방의무는 외부 적대세력의 직·간접적인 침략행위로부터 국가의 독립을 유지하고 영토를 보전하기 위한 의무로서 ⅰ) 병역법에 의하여 군복무에 임하는 등의 직접적인 병력형성 의무, ⅱ) 병역법, 향토예비군설치법, 민방위기본법, 비상대비자원관리법 등에 의한 간접적인 병력형성 의무, ⅲ) 병력형성 이후 군작전명령에 복종하고 협력하여야 할 의무도 포함하는 개념이다(헌재 1995.12.28. 91헌마80; 2002.11.28. 2002헌바45).

㉣ (O) 조세는 국가가 재정수요를 충족시키거나 경제적·사회적 특수정책의 실현을 위하여 국민에 대하여 아무런 특별한 반대급부 없이 강제적으로 부과징수하는 과징금을 의미한다(헌재 2008.9.25. 2005헌바81).

㉢ (X) 청구인은 헌법 제39조 제2항 및 향토예비군설치법 제11조의 규정 취지에 비추어 청구인과 같이 교육훈련을 위하여 소집된 예비군에게도 동원훈련을 위하여 소집된 예비군에 준하는 보상이 행해져야 한다고 주장하나, 헌법 제39조 제2항은 병역의무를 이행한 사람에게 보상조치를 취할 의무를 국가에게 지우는 것이 아니라 법문 그대로 병역의무의 이행을 이유로 불이익한 처우를 하는 것을 금지하고 있을 뿐이고, 이 조항에서 금지하는 '불이익한 처우'라 함은 단순한 사실상, 경제상의 불이익을 모두 포함하는 것이 아니라 법적인 불이익을 의미하는 것으로 이해하여야 하므로, 이와 같은 의미를 갖는 헌법 제39조 제2항으로부터 피청구인의 청구인에 대한 훈련보상비 지급의무가 도출된다고 할 수 없다(헌재 2003.6.26. 2002헌마484).

끝이 좋아야 시작이 빛난다.

– 마리아노 리베라(Mariano Rivera)

| 편저자 헌법 **정인영**

약력

현) 에듀윌 헌법 대표 교수

전) P학원 경찰 간부 및 승진 행정법/헌법 전임

전) G학원 행정법/헌법 전임

전) W학원 행정법/헌법 전임

전) B학원 행정법/헌법 전임

2023 경찰공무원 단원별 기출문제집 헌법

발 행 일 2022년 10월 27일 초판
편 저 자 정인영
펴 낸 이 권대호, 김재환
펴 낸 곳 (주)에듀윌
등록번호 제25100-2002-000052호
주 소 08378 서울특별시 구로구 디지털로34길 55
코오롱싸이언스밸리 2차 3층

www.eduwill.net
대표전화 1600-6700

여러분의 작은 소리
에듀윌은 크게 듣겠습니다.

본 교재에 대한 여러분의 목소리를 들려주세요.
공부하시면서 어려웠던 점, 궁금한 점,
칭찬하고 싶은 점, 개선할 점, 어떤 것이라도 좋습니다.

에듀윌은 여러분께서 나누어 주신 의견을
통해 끊임없이 발전하고 있습니다.

에듀윌 도서몰 book.eduwill.net
- 부가학습자료 및 정오표: 에듀윌 도서몰 → 도서자료실
- 교재 문의: 에듀윌 도서몰 → 문의하기 → 교재(내용, 출간) / 주문 및 배송

47개월* 베스트셀러 1위
에듀윌 공무원 교재

7·9급공무원 교재

기본서
(국어/영어/한국사)

기본서
(행정학/행정법총론/운전직 사회)

단원별 기출&예상 문제집
(국어/영어/한국사)

단원별 기출&예상 문제집
(행정학/행정법총론/운전직 사회)

기출문제집
(국어/영어/한국사)

기출문제집
(행정학/행정법총론/운전직 사회)

9급공무원 교재

기출문제집
(사회복지학개론)

기출PACK
공통과목(국어+영어+한국사)
/전문과목(행정법총론+행정학)

실전동형 모의고사
(국어/영어/한국사)

실전동형 모의고사
(행정학/행정법총론)

봉투모의고사
(일반행정직 대비 필수과목
/국가직·지방직 대비 공통과목 1, 2)

지방직 합격면접

7급공무원 교재

PSAT 기본서
(언어논리/상황판단/자료해석)

PSAT 기출문제집

민경채 PSAT 기출문제집

기출문제집
(행정학/행정법/헌법)

군무원 교재

기출문제집
(국어/행정법/행정학)

봉투모의고사
(국어+행정법+행정학)

경찰공무원 교재

기본서(경찰학)

기본서(형사법)

기본서(헌법)

기출문제집
(경찰학/형사법/헌법)

실전동형 모의고사
2차 시험 대비
(경찰학/형사법/헌법)

합격 경찰면접

계리직공무원 교재

※ 단원별 문제집은 한국사/우편상식/금융상식/컴퓨터일반으로 구성되어 있음.

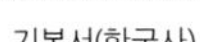
기본서(한국사)

기본서(우편상식)

기본서(금융상식)

기본서(컴퓨터일반)

단원별 문제집(한국사)

기출문제집
(한국사+우편·금융상식+컴퓨터일반)

소방공무원 교재

기본서
(소방학개론/소방관계법규
/행정법총론)

단원별 기출문제집
(소방학개론/소방관계법규
/행정법총론)

기출PACK
(소방학개론+소방관계법규
+행정법총론)

실전동형 모의고사
(한국사/영어/행정법총론
/소방학+관계법규)

봉투모의고사
(한국사+영어+행정법총론
/소방학+관계법규)

국어 집중 교재

매일 기출한자(빈출순)

매일 푸는 비문학(4주 완성)

영어 집중 교재

빈출 VOCA

매일 3문 독해
(기본완성/실력완성)

빈출 문법(4주 완성)

단권화 요약노트 교재

국어 문법 단권화 요약노트

영어 단기 공략
(핵심 요약집)

한국사 흐름노트

행정학 단권화 요약노트

행정법 단권화 요약노트

기출판례집(빈출순) 교재

행정법

헌법

형사법

* YES24 수험서 자격증 공무원 베스트셀러 1위 (2017년 3월, 2018년 4월~6월, 8월, 2019년 4월, 6월~12월, 2020년 1월~12월, 2021년 1월~12월, 2022년 1월~10월 월별 베스트, 매월 1위 교재는 다름)
* YES24 국내도서 해당분야 월별, 주별 베스트 기준 (좌측 상단부터 순서대로 2021년 6월 4주, 2022년 10월, 2022년 1월, 2022년 10월, 2022년 7월 3주, 2022년 10월, 2022년 7월, 2020년 6월 1주, 2022년 9월, 2022년 9월, 2022년 6월 4주, 2022년 8월, 2021년 12월 3주, 2022년 10월, 2022년 10월, 2022년 1월, 2022년 3월 3주, 2022년 9월, 2022년 9월, 2022년 6월 3주, 2022년 9월 2주, 2021년 9월)

더 많은
공무원 교재

취업, 공무원, 자격증 시험준비의 흐름을 바꾼 화제작!

에듀윌 히트교재 시리즈

에듀윌 교육출판연구소가 만든 히트교재 시리즈!
YES 24, 교보문고, 알라딘, 인터파크, 영풍문고 등 전국 유명 온/오프라인 서점에서 절찬 판매 중!

공인중개사 기초입문서/기본서/핵심요약집/문제집/기출문제집/실전모의고사 외 12종

주택관리사 기초서/기본서/핵심요약집/문제집/기출문제집/실전모의고사/네컷회계

7·9급공무원 기본서/단원별 기출&예상 문제집/기출문제집/기출팩/실전, 봉투모의고사

공무원 국어 한자·문법·독해/영어 단어·문법·독해/한국사·행정학·행정법 노트/행정법·헌법 판례집/면접

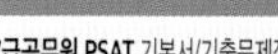

7급공무원 PSAT 기본서/기출문제집

계리직공무원 기본서/문제집/기출문제집

군무원 기출문제집/봉투모의고사

경찰공무원 기본서/기출문제집/모의고사/판례집/면접

소방공무원 기본서/기출팩/단원별 기출/실전, 봉투 모의고사

뷰티 미용사/맞춤형화장품

검정고시 고졸/중졸 기본서/기출문제집/실전모의고사/총정리

사회복지사(1급) 기본서/기출문제집/핵심요약집

직업상담사(2급) 기본서/기출문제집

경비 기본서/기출/1차 한권끝장/2차 모의고사

전기기사 필기/실기/기출문제집

전기기능사 필기/실기

※ YES24 수험서 자격증 공인중개사 베스트셀러 1위 (2011년 12월, 2012년 1월, 12월, 2013년 1월~5월, 8월~12월, 2014년 1월~5월, 7월~8월, 12월, 2015년 2월~4월, 2016년 2월, 4월, 6월, 12월, 2017년 1월~12월, 2018년 1월~12월, 2019년 1월~12월, 2020년 1월~12월, 2021년 1월~12월, 2022년 1월~10월 월별 베스트, 매월 1위 교재는 다름)
※ YES24 국내도서 해당분야 월별, 주별 베스트 기준

2023

에듀윌 경찰공무원

단원별 기출문제집

3회독 워크북

헌법

정인영 편저

따라만 해도 자동 회독이 가능한 구성

- '필수 기출개념→기출지문 OX→마무리 모의고사'의 3단계 구성
- 학습플래너 & Goal Tracker, 회독용 정답체크표로 학습의 체계성과 편의성 향상

에듀윌 경찰공무원

단원별 기출문제집

3 회 독 완 성 플 랜

3회독 완성 학습플래너

스스로 학습 계획을 세워보세요.

PART	CHAPTER	문항수	1회독	2회독	3회독
헌법 일반이론	01 헌법과 헌법학	23	__월__일 ☐	__월__일 ☐	__월__일 ☐
	02 대한민국 헌법총설	88	__월__일 ☐	__월__일 ☐	__월__일 ☐
기본권론 1	01 기본권 총론	72	__월__일 ☐	__월__일 ☐	__월__일 ☐
	02 인간의 존엄성 존중 · 행복추구권 · 법 앞의 평등	73	__월__일 ☐	__월__일 ☐	__월__일 ☐

PART	CHAPTER	문항수	1회독	2회독	3회독
기본권론 2	01 자유권적 기본권 1	117	__월__일 ☐	__월__일 ☐	__월__일 ☐
	02 자유권적 기본권 2	134	__월__일 ☐	__월__일 ☐	__월__일 ☐
	03 참정권 및 정치적 기본권	111	__월__일 ☐	__월__일 ☐	__월__일 ☐
	04 청구권적 기본권	55	__월__일 ☐	__월__일 ☐	__월__일 ☐
	05 사회적 기본권	62	__월__일 ☐	__월__일 ☐	__월__일 ☐
	06 국민의 기본적 의무	5	__월__일 ☐	__월__일 ☐	__월__일 ☐
3회독 워크북 모의고사		60	__월__일 ☐	__월__일 ☐	__월__일 ☐

3회독 달성 플랜

3회독 Goal Tracker

Goal Tracker를 따라 목표를 달성하세요.

1회독

시작일 __월 __일
완료일 __월 __일

1일차 1-1	**2일차** 1-2(1)	**3일차** 1-2(2)	**4일차** 1-2(3)	**5일차** 2-1(1)	**6일차** 2-1(2)	**7일차** 2-2(1)	**8일차** 2-2(2)	**9일차** 3-1(1)	**10일차** 3-1(2)
11일차 3-1(3)	**12일차** 3-1(4)	**13일차** 3-1(5)	**14일차** 3-2(1)	**15일차** 3-2(2)	**16일차** 3-2(3)	**17일차** 3-2(4)	**18일차** 3-2(5)	**19일차** 3-2(6)	**20일차** 3-3(1)
21일차 3-3(2)	**22일차** 3-3(3)	**23일차** 3-3(4)	**24일차** 3-3(5)	**25일차** 3-4(1)	**26일차** 3-4(2)	**27일차** 3-5(1)	**28일차** 3-5(2) ~ 3-6	**29일차** 워크북 1회독(1)	**30일차** 워크북 1회독(2)

2회독

시작일 __월 __일
완료일 __월 __일

1일차 1-1	**2일차** 1-2(1)	**3일차** 1-2(2)	**4일차** 2-1(1)	**5일차** 2-1(2)	**6일차** 2-2(1)	**7일차** 2-2(2)	**8일차** 3-1(1)	**9일차** 3-1(2)	**10일차** 3-1(3)
11일차 3-2(1)	**12일차** 3-2(2)	**13일차** 3-2(3)	**14일차** 3-2(4)	**15일차** 3-3(1)	**16일차** 3-3(2)	**17일차** 3-4	**18일차** 3-5 ~ 3-6	**19일차** 워크북 2회독(1)	**20일차** 워크북 2회독(2)

3회독

시작일 __월 __일
완료일 __월 __일

1일차 1-1 ~ 1-2	**2일차** 2-1 ~ 2-2	**3일차** 3-1	**4일차** 3-2(1)	**5일차** 3-2(2)	**6일차** 3-3	**7일차** 3-4 ~ 3-6	**8일차** 워크북 3회독(1)	**9일차** 워크북 3회독(2)	**10일차** 워크북 3회독(3)

※회독일 하단 숫자는 PART-CHAPTER를 의미합니다.
※목표를 달성하면 각 날짜에 표시하세요

HOW TO USE

3회독 워크북 활용법

학습의 효율을 높이는 합격메이트

학습 목표와 일정을 세울 수 있는
3회독 플래너 & Goal Tracker

연필 자국을 지울 필요가 없는
회독용 정답체크표

자투리 시간을 활용하는
기출 OX APP

1회독 후

개념정리

필수 기출개념

탄탄한 기본기를 다질 수 있도록 1회독 문제풀이 후 필수로 알아두어야 하는 개념만 반복적으로 복습하세요.

2회독 후

심화학습

기출지문 OX

심화개념과 고난도 유형의 문제들을 대비할 수 있도록 OX 문제로 변형하였습니다. 선지별로 상세히 분석하며 연습하세요.

3회독 후

실전연습

마무리 모의고사

3회분 모의고사와 모바일 성적분석서비스를 통해 본인의 실력을 점검하고, 실전 감각도 향상해보세요.

2023

에듀윌 경찰공무원

단원별 기출문제집

3회독 워크북

헌법

1회독 후

필수 기출개념

✎ GUIDE
☑ 1회독 문제풀이 후 개념정리
☑ 필수 기출개념만을 모아 다시 한 번 복습

PART 01 헌법 일반이론

1 헌법 개정절차

CHAPTER 01.헌법과 헌법학 p.17, 07번

제안	국회 재적의원 과반수 또는 대통령
⬇	
공고	• 대통령 • 20일 이상
⬇	
의결	• 국회 • 60일 이내 • 재적의원 2/3 이상(기명투표)
⬇	
확정	• 국민투표 • 30일 이내 • 국회의원 선거권자 과반수 투표 → 투표자 과반수 찬성
⬇	
공포	• 대통령 • 즉시 공포

2 헌정사로 본 헌법 개정절차

CHAPTER 01.헌법과 헌법학 p.23, 18번

구분		제안자			공고	국회 의결	국민 투표
		대통령	국회	국민			
제헌 헌법	1948.7.12.	대통령	재적 1/3	×	30일	재적 2/3	×
1공	1차 (1952)	대통령	민의원 (참의원) 재적 1/3	×	30일	민의원, 참의원 각각 2/3	×
1공	2차 (1954)	대통령	민의원 (참의원) 재적 1/3	민의원 선거권자 50만 명	30일	민의원, 참의원 각각 2/3	×
2공	3차 (1960.6월) 4차 (1960.11월)	대통령	민의원 (참의원) 재적 1/3	민의원 선거권자 50만 명	30일	민의원, 참의원 각각 2/3	×
3공	5차 (1962) 6차 (1969)	×	재적 1/3	국회의원 선거권자 50만 명	30일	재적 2/3	○
4공	7차 (1972)	대통령 제안 → 국민투표 (헌법 개정의 이원화)	재적 과반수	×	20일	국회의원 제안 → 통일주체 국민회의 결정	○
5공	8차 (1980)	대통령	재적 과반수	×	20일	재적 2/3	○
현행 헌법	9차 (1987)	대통령	재적 과반수	×	20일	재적 2/3 (기명)	○

3 헌법수호의 유형

CHAPTER 01.헌법과 헌법학 p.24, 20번

사전 예방적		• 합리적인 정당정치의 구현 • 국민의 호헌의식 고양 • 헌법 개정의 곤란성 • 방어적 민주주의의 채택 • 선거민에 의한 국정 통제 • 국가권력분립 • 공무원의 정치적 중립성
사후 교정적	상향적 침해에 대한 수호	• 위헌정당 강제해산제도 • 기본권 실효제도(우리나라는 채택하지 않음. 다만 법률상 형법 또는 국가보안법으로 해결하고 있음)
사후 교정적	하향적 침해에 대한 수호	• 위헌법률심사제 • 탄핵제도 • 공무원책임제 • 국회의 긴급명령 등에 대한 국회승인권 • 각료해임건의 및 의결제도

4 저항권 비교

CHAPTER 01.헌법과 헌법학 p.26, 23번

구분	저항권	시민불복종	혁명권
목적	민주적 · 법치국가적 기본질서의 수호	개별 정책이나 법령의 개선	기존 질서를 파괴하고 새로운 질서의 수립을 목적으로 함
보충성	다른 구제수단이 없는 경우에만 행사 가능	보충성을 요하지 않음	
방법	폭력적 방법도 허용	비폭력적 방법만 가능	폭력적 방법

5 대한민국 헌정사

CHAPTER 02.대한민국 헌법총설 p.27, 01번

헌법	내용
건국헌법 (1948.7.12. 제정)	• 국민투표 없이 제헌의회 의결로 확정 • 단원제 국회, 의원내각제 요소를 가미한 대통령제 • 헌법위원회의 위헌법률심사권, 탄핵재판소의 탄핵심사권
제1차 개헌 (1952)	• 여·야당 개헌안을 가미한 발췌개헌 • 대통령과 부통령의 직선제 • 양원제 국회(실시는 X) • 국회의 국무원불신임제
제2차 개헌 (1954)	• 초대대통령의 중임제한 철폐 • 국무총리제 폐지(국무총리가 없던 유일한 시기) • 국무원연대책임제 폐지 • 자유시장경제체제 도입 • 헌법 개정의 국민발안제와 헌법 개정한계 명시
제3차 개헌 (1960.6월)	• 4·19혁명 후 국회에서 개정 • 본질적 내용의 침해 금지, 검열 금지 • 공무원의 신분과 정치적 중립보장 • 헌법재판소 최초 규정(실시하지 못함) • 중앙선거관리위원회의 헌법기관화
제4차 개헌 (1960.11월)	• 3·15부정선거의 주모자들과 4·19혁명 당시 살상행위자 처벌의 헌법적 근거를 부칙에 둠
제5차 개헌 (1962)	• 국민투표에 의한 최초 개헌 • 기본권 신설: 인간의 존엄과 가치, 인간다운 생활할 권리, 직업의 자유, 거주이전의 자유, 종교의 자유 • 단원제 국회, 대통령제, 법관추천위원회 설치 • 헌법재판소 폐지, 법원의 위헌법률심사권, 탄핵심판위원회의 탄핵심판권
제6차 개헌 (1969)	• 국회의결과 국민투표를 통해 개정 • 대통령의 연임을 3기로 한정
제7차 개헌 (1972, 유신헌법)	• 국회해산·정치활동금지, 국민투표로 확정 • 대통령권한 강화, 중임·연임제한규정 폐지 • 기본권 약화, 본질적 내용 침해 금지조항 삭제 • 군인·군무원의 등의 이중배상청구금지 신설 • 헌법 개정 이원화 – 대통령이 제안한 경우 국민투표로 확정 – 국회가 제안한 경우 통일주체국민회의에서 확정
제8차 개헌 (1980)	• 10·26사태, 12·12사태, 5·17전국계엄 확대 • 국가보위비상대책위원회 설치 • 기본권 신설: 행복추구권, 연좌제 금지, 사생활 비밀과 자유의 불가침, 환경권, 적정임금조항, 무죄추정의 원칙
제9차 개헌 (1987)	• 국회개헌특별위원회 개정안, 국회의결과 국민투표로 확정 • 정당의 목적도 민주적일 것 • 대통령 직선제 • 기본권 신설: 범죄피해자국가구조청구권, 최저임금제, 적법절차, 모성보호, 대학의 자율성

6 국적취득

CHAPTER 02.대한민국 헌법총설 p.35, 15번

선천적 국적취득	후천적 국적취득
• 대한민국 부 또는 모 출생 (속인주의원칙) • 대한민국에서 발견된 기아는 추정 (속지주의 가미)	• 인지 • 귀화(일반, 간이, 특별) • 수반취득 • 국적의 회복 • 국적의 재취득

7 자유민주적 기본질서와 민주적 기본질서

CHAPTER 02.대한민국 헌법총설 p.43, 30번

헌법전문	자유민주적 기본질서를 더욱 확고히 하여
제4조	자유민주적 기본질서에 입각한 평화적 통일
제8조 제4항	정당의 목적이나 활동이 민주적 기본질서에 위배될 때에는 … 해산된다.

8 헌법전문 내 계승 비교

CHAPTER 02.대한민국 헌법총설 p.44, 32번

구분	3·1	4·19	5·16
건국헌법	○	×	×
3차(1960)	○	×	×
5차(1962)	○	○	○
7차(1972)	○	○	○
8차(1980)	○	×	×
9차(현행헌법)	○	○	×

9 조약의 성립절차

CHAPTER 02.대한민국 헌법총설 p.84, 86번

권한자	대통령이 권한자이며, 그 분야의 전권대사를 임명하여 절차 진행
⬇	
국회 동의	• 헌법 제60조 제1항상 조약 • 법률과 동일한 효력의 근거가 됨
⬇	
대통령 비준	전권대사가 서명한 조약을 조약체결권자인 국가원수가 최종적으로 확인
⬇	
대통령 공포	법규범으로써 효력을 갖는 경우 공포는 필수적 절차에 해당
⬇	
효력 발생	특별한 규정이 없는 한 공포한 후 20일이 지나면 효력 발생

PART 02 기본권론 1

1 외국인의 기본권 주체성

CHAPTER 01.기본권 총론 p.97, 12번

부정설	긍정설
• 법적 공동체의 일원이 아님(법실증주의) • 공감대적 가치질서 형성과 국가공동체의 구성에 참가하지 않음(R. Smend) • 헌법 제2장에서 '모든 국민…가진다.'고 규정	• 자유권은 천부적인 권리(Schmitt) • 기본권의 성질에 따라 인간의 권리에 해당하는 기본권의 주체가 될 수 있음(Hesse)

2 대사인적 효력에 관한 이론

CHAPTER 01.기본권 총론 p.107, 25번

구분	직접효력설	간접효력설
이론적 근거	• 헌법은 공·사법을 포괄하는 최고규범 • 기본권은 주관적 사권도 부여	• 기본권의 양면성에 의해 모든 생활에 파급효과를 미침 • 사인 간의 사적법률관계는 사법이 적용
기본권 성격	• 주관적 공권(대국가적 효력) • 주관적 사권(대사인적 효력)	• 주관적 공권(대국가적 효력) • 객관적 질서(대사인적 효력)
적용 방식	사인에 대해 직접 적용	사법의 일반원칙을 매개로 간접 적용
강조점	법질서의 통일성	사적자치와 사회적 기본권의 조화
문제점	• 공·사법 이원체계 파괴 • 사적자치의 완전배제	• 법관에게 지나친 재량권 부여 • 직접 적용되는 기본권도 有
법원	독일 연방노동법원	• 독일 연방헌법재판소

3 본질적 내용 침해 금지의 원칙

CHAPTER 01.기본권 총론 p.119, 40번

구분	상대설	절대설
본질적 내용	비례원칙에 따라 본질적 내용은 사안별로 결정	• 존엄성설: 핵심영역보장설 • 고정적: 개별 기본권마다 다름
비례원칙 관련 본질적 내용 침해금지원칙	비례원칙과 연동되므로 확인적 의미에 해당(독자적 요소의 의미가 약함)	창설적 의미로서 별개의 심사기준(독자적 요소의 의미가 강함)
헌법재판소	사형제도 판례	대다수의 판례

PART 03 기본권론 2

1 Access권

CHAPTER 02.자유권적 기본권 2 p.329, 25번

구분	청구인	보도내용 진실 여부	고의·과실 요건	위법성 요건	소송 절차
정정보도 청구권	사실적 주장에 관한 언론보도 등이 진실하지 아니함으로 인하여 피해를 입은 자	진실하지 않은 보도	×	×	본안 절차
반론보도 청구권	사실적 주장에 관한 언론보도로 인하여 피해를 입은 자	진실 여부 불문	×	×	가처분 절차
추후보도 청구권	언론 등에 의하여 범죄혐의가 있거나 형사상의 조치를 받았다고 보도 또는 공표된 자는 그에 대한 형사절차가 무죄판결 또는 이와 동등한 형태로 종결되었을 때에는 그 사실을 안 날부터 3개월 이내에 언론사 등에 이 사실에 관한 추후보도의 게재 청구 가능				가처분 절차

2 언론의 자유 침해와 제한

CHAPTER 02.자유권적 기본권 2 p.331, 27번

구분	내용
침해	• 영화상영등급분류보류제 • 음주 전후 숙취해소 등의 용어를 광고에 사용하지 못하게 한 것 • 한국공연예술진흥협의회의 음반 및 비디오 사전심의 • 정기간행물등록에 있어 해당시설을 발행할 자의 자기소유인 것으로 해석하는 것: 한정위헌 • 저속한 간행물을 출판한 출판사 등록 취소 • 공연윤리위원회의 사전심의 • 비디오물 복제 전 공륜의 심의를 받도록 한 경우 • 사용자단체에게는 정치자금의 기부를 허용하면서 노동단체가 정치자금을 기부할 수 없도록 규정한 정치자금법 제12조 • 건강기능식품에 관한 법률에 따르면 기능성 광고의 심의 • 금지되는 불온통신의 요건으로서 '공공의 안녕질서와 미풍양속을 해하는'이라는 애매하고 불명확한 개념을 쓴 것
제한	• 방송사업의 허가제(헌법이 금지하는 '허가'가 아님) • 옥외광고물 설치에 대한 허가제(헌법이 금지하는 '허가'가 아님) • 식품·식품첨가물의 표시에 있어서 의약품과 혼동할 우려가 있는 표시나 광고를 금지한 식품위생법 • 정정보도청구권 • 청소년을 이용한 음란물 제작 수입·수출금지 • 정기간행물 납본제도 • 정기간행물 등록제 • 음란한 간행물을 출판한 출판사 등록 취소 • 교과서 검인정제도(89헌마88) • 교통수단을 이용한 광고는 교통수단 소유자에 관한 광고에 한정

3 경계이론과 분리이론

CHAPTER 02.자유권적 기본권 2 p.395, 105번

구분	경계이론	분리이론
내용 형성·사회적 규정과 공용침해규정 간의 관계	본질적 차이 × 양적 차이 ○	본질적 차이가 있는 형식에 따른 분리
과잉금지원칙 등에 위반되어 위헌인 내용 규정에 대한 해결	헌법 제23조 제3항의 공용침해	• 헌법 제23조 제3항의 공용침해 × • 헌법 제23조 제1항과 제2항상 비례원칙에 반하는 재산권 내용한계 규정 • 헌재 헌법불합치결정: 국회 보상입법 후 요건 구비하여 보상 청구

4 대표제와 선거구제

CHAPTER 03.참정권 및 정치적 기본권 p.425, 05번

대표제	다수대표제	절대 다수대표제 (본질적 의미의 대표제)	과반수 이상 득표자 1인 선출
		상대 다수대표제	한 표라도 많은 득표자 1인 선출
	소수대표제	소수표를 얻은 경우에도 당선이 가능한 대표제	
	비례대표제	상대 다수 대표제의 보안으로 정당의 득표율(5석, 3% 저지조항)에 따라 의석배분	
	직능대표제	우리 헌정사상 채택한 바 없음	
선거구제	소선거구제	한 선거구에서 1인의 대표 선출, 대부분의 선거	
	중선거구제	한 선거구에서 2 ~ 4인의 대표 선출, 기초 지방의회의원선거	
	대선거구제	한 선거구에서 5인의 대표 선출, 현행 시행하고 있지 않음	

5 헌법 제130조와 제72조의 국민투표

CHAPTER 03.참정권 및 정치적 기본권 p.443, 31번

구분	대상	발의	성격	정족수
헌법 제130조 국민투표	헌법 개정	대통령, 국회의원 재적 과반수	필수적 국민투표	규정 있음
헌법 제72조 국민투표	중요정책	대통령	임의적 국민투표	규정 없음

6 선거소송과 당선소송

CHAPTER 03.참정권 및 정치적 기본권 p.458, 48번

구분	선거소송(공직선거법 제222조)	당선소송(공직선거법 제223조)
사유	선거의 효력에 관하여 이의가 있을 때	당선의 효력에 관하여 이의가 있을 때
원고	선거인, 정당, 후보자	정당, 후보자
피고	관할 선관위 위원장 (대통령선거: 중선위 위원장)	• 대통령선거: 당선인, 중선위 위원장, 국회의장 • 국회의원선거: 당선인, 관할 선관위 위원장 • 지방의회의원, 지방자치단체장 선거: 당선인, 관할 선관위 위원장 • 당선인이 사퇴·사망한 경우: 대통령선거의 경우 법무부장관 그 외에는 관할 고등검찰청 검사장
법원	• 대법원: 대통령, 국회의원, 시·도지사선거, 비례대표 시·도의원 선거 • 관할 고등법원: 지역구 시·도의원선거, 자치구·시·군의 장 선거	
기간	• 대통령선거·국회의원선거: 선거일로부터 30일 이내 • 지방의회의원·지방자치단체장 선거: 선거일로부터 14일 이내 소청 → 소청결정서를 받은 날로부터 10일 이내 소송제기	• 대통령·국회의원선거: 당선인 결정일로부터 30일 이내 • 지방의회의원·지방자치단체장 선거: 선거일로부터 14일 이내 소청 → 소청결정서를 받은 날로부터 10일 이내 소송제기

7 정당에 대한 국고보조금

CHAPTER 03.참정권 및 정치적 기본권 p.487, 88번

경상보조금	최근 실시한 임기만료에 의한 국회의원선거의 선거권자 총수에 800원을 곱한 금액	
선거보조금	각 선거마다 선거권자 총수에 800원을 곱한 금액 (당해 선거에 참여하지 않은 정당에는 배분·지급하지 않음)	
여성추천 보조금	비례, 50% 홀수 추천 해야 함	최근 실시한 임기만료에 의한 국회의원선거의 선거권자 총수에 100원을 곱한 금액
	지역, 30% 노력해야 함	
장애인추천 보조금	장애인을 후보자로 추천한 정당에 주는 보조금	

8 국고보조금의 배분

CHAPTER 03.참정권 및 정치적 기본권 p.490, 92번

1차	전체의 50/100	교섭단체 구성 정당에 균등하게 지급
	전체의 5/100	5석 이상 20석 미만의 정당에 지급
	전체의 2/100	• 최근에 실시된 임기만료에 의한 국회의원선거에 참여한 정당의 경우에는 2% 득표한 정당 • 1석 + 정당추천이 허용되는 비례대표 시·도의원선거, 지역구 시·도의원선거, 시·도지사선거, 자치구·시·군의 장 선거 0.5% 득표 • 국회의원선거 미참가 + 정당추천이 허용되는 비례대표 시·도의원선거, 지역구 시·도의원선거, 시·도지사선거, 자치구·시·군의 장 선거 2% 득표
2차	잔여분 50/100	국회의석수 비율에 따라 배분
3차	잔여분 50/100	국회의원선거 득표율에 따라 배분

9 정당 해산의 효과

CHAPTER 03.참정권 및 정치적 기본권 p.501, 108번

구분	자진해산	등록취소	강제해산
헌법적 근거	헌법 제8조 제1항	헌법 제8조 제2항	헌법 제8조 제4항
기존 정당의 명칭 사용	가능	최초 국회의원선거 시까지는 불가능, 그 외는 가능	동일 명칭 사용 불가
기존 정당의 목적과 유사한 정당 설립	가능	가능	불가
잔여재산 귀속	1차 당헌에 따라, 처분되지 아니한 재산은 국고 귀속		곧바로 국고 귀속
소속의원	무소속으로 자격유지		자격상실(다수설)
법원 제소	제소 가능		재심 가능(헌재)
집회	집회 가능		집시법 제5조상 불가

2회독 후

기출지문 OX

✎ GUIDE
☑ 2회독 문제풀이 후 심화학습
☑ 어려운 개념과 유형의 문제만을 모아 고난도 시험에 대비
☑ OX 문제를 통해 지문별 상세분석 가능

PART 01 헌법 일반이론

01

| 기출 | 2017 경찰 승진
| 해설 | CHAPTER 01 헌법과 헌법학 p.19, 10번

1 제안된 헌법 개정안은 대통령이 ( )일 이상의 기간 이를 공고하여야 한다. ( )

2 헌법 개정안은 대통령이 공고한 후 30일 이내에 국민투표에 부쳐 국회의원 선거권자 과반수의 투표와 투표자 과반수의 찬성을 얻어야 한다. (O / X)

3 국민투표의 효력에 관하여 이의가 있는 투표인은 투표인 10만인 이상의 찬성을 얻어 국회의장을 피고로 하여 투표일로부터 20일 이내에 대법원에 제소할 수 있다. (O / X)

4 헌법재판소는 헌법의 개별규정에 대하여 위헌심사를 함에 있어 헌법 개정한계론을 원용하는 태도를 보이고 있다. (O / X)

02

| 기출 | 2021 경찰 승진
| 해설 | CHAPTER 02 대한민국 헌법총설 p.27, 01번

1 제헌헌법(1948년)에서는 영리를 목적으로 하는 사기업 근로자의 이익분배균점권, 생활무능력자의 보호를 명시하였다. (O / X)

2 제2차 개정헌법(1954년)에서는 주권의 제약 또는 영토의 변경을 가져올 국가안위에 관한 중대사항은 국회의 가결을 거친 후 국민투표에 부쳐 결정하도록 하였다. (O / X)

3 제7차 개정헌법(1972년)에서는 대통령에게 국회의원 정수의 2분의 1의 추천권을 부여하였다. (O / X)

4 제8차 개정헌법(1980년)에서는 깨끗한 환경에서 생활할 권리인 환경권을 처음으로 규정하였다. (O / X)

03

| 기출 | 2019 경찰 승진
| 해설 | CHAPTER 02 대한민국 헌법총설 p.38, 21번

1 대한민국에서 출생한 사람으로서 부 또는 모가 대한민국에서 출생한 외국인은 대한민국에 ( )년 이상 계속하여 주소가 있는 경우 간이귀화허가를 받을 수 있다. ( )

2 대한민국에 특별한 공로가 있는 외국인은 대한민국에 주소가 있는 경우 특별귀화허가를 받을 수 있다. (O / X)

3 외국인의 자(子)로서 대한민국의 민법상 미성년인 사람은 부 또는 모가 귀화허가를 신청할 때 함께 국적 취득을 신청할 수 있다. (O / X)

4 대한민국 국적을 상실한 자가 그 후 1년 내에 그 외국 국적을 포기하면 법무부장관의 허가를 받아 대한민국 국적을 재취득할 수 있다. (O / X)

01 1 20 X X X 02 ○ ○ X ○ 03 3 ○ ○ X

04

| 기출 | 2019 국가직 7급
| 해설 | CHAPTER 02 대한민국 헌법총설 p.39, 24번

1 법무부장관은 거짓이나 그 밖의 부정한 방법으로 귀화허가를 받은 자에 대하여 그 허가를 취소할 수 있으며, 법무부장관의 취소권 행사기간은 귀화허가를 한 날로부터 6개월 이내이다. (O / X)

2 국적법에 따라 귀화허가를 받은 사람은 법무부장관 앞에서 국민선서를 하고 귀화증서를 수여받은 때에 대한민국 국적을 취득하며, 법무부장관은 연령, 신체적·정신적 장애 등으로 국민선서의 의미를 이해할 수 없거나 이해한 것을 표현할 수 없다고 인정되는 사람에게는 국민선서를 면제할 수 있다. (O / X)

3 법무부장관은 귀화신청인이 귀화요건을 갖추었다 하더라도 귀화를 허가할 것인지 여부에 관하여 재량권을 가진다. (O / X)

4 대한민국 국적을 취득한 사실이 없는 외국인은 법무부장관의 귀화허가를 받아 대한민국 국적을 취득할 수 있다. (O / X)

05

| 기출 | 2022 경찰 2차
| 해설 | CHAPTER 02 대한민국 헌법총설 p.40, 25번

1 우리나라가 선천적 국적 취득에 관하여 부계혈통주의에서 부모양계혈통주의로 개정한 것은 가족생활에 있어서 양성의 평등원칙에 부합한다. (O / X)

2 외국인이 국적법상 귀화요건을 갖추었더라도 법무부장관은 그 외국인의 귀화허가 여부에 대한 재량권을 가진다. (O / X)

3 외국인이 복수국적을 누릴 자유는 우리 헌법상 행복추구권에 의하여 보호되는 기본권이라고 보기 어렵다. (O / X)

4 "대한민국의 국민으로서 자진하여 외국 국적을 취득한 자는 그 외국 국적을 취득한 때에 대한민국 국적을 상실한다."는 국적법 조항은 청구인의 거주·이전의 자유 및 행복추구권을 침해하는 것은 아니다. (O / X)

5 국적회복과 귀화는 모두 외국인이 후천적으로 법무부장관의 허가라는 주권적 행정절차를 통하여 대한민국 국적을 취득하는 제도라는 점에서 동일하나, 귀화는 대한민국 국적을 취득한 사실이 없는 순수한 외국인이 법무부장관의 허가를 받아 대한민국 국적을 취득할 수 있도록 하는 절차인 데 비해, 국적회복허가는 한때 대한민국 국민이었던 자를 대상으로 한다는 점, 귀화는 일정한 요건을 갖춘 사람에게만 허가할 수 있는 반면, 국적회복허가는 일정한 사유에 해당하는 사람에 대해서만 국적회복을 허가하지 아니한다는 점에서 차이가 있다. (O / X)

06

| 기출 | 2021 경찰 승진
| 해설 | CHAPTER 02 대한민국 헌법총설 p.42, 28번

1 현행헌법전문은 "1945년 7월 12일에 제정되고 9차에 걸쳐 개정된 헌법을 이제 국회의 의결을 거쳐 국민투표에 의하여 개정한다."고 규정하고 있다. (O / X)

2 헌법전문에 규정된 3·1정신은 우리나라 헌법의 연혁적·이념적 기초로서 헌법이나 법률해석에서의 기준으로 작용한다고 할 수 있지만, 그에 기하여 곧바로 국민의 개별적 기본권성을 도출해낼 수는 없다고 할 것이므로, 헌법소원의 대상인 헌법상 보장된 기본권에 해당하지 아니한다. (O / X)

3 헌법전문은 1962년 제5차 개정헌법에서 처음으로 개정되었다. (O / X)

4 현행헌법전문에는 '조국의 민주개혁', '국민생활의 균등한 향상', '세계평화와 인류공영에 이바지함' 등이 규정되어 있다. (O / X)

04 X ○○○ 05 ○○○○○ 06 X ○○○

07

| 기출 | 2019 경찰 승진
| 해설 | CHAPTER 02 대한민국 헌법총설 p.60, 54번

1 진정소급입법은 개인의 신뢰보호와 법적 안정성을 내용으로 하는 법치국가원리에 의하여 특단의 사정이 있어 예외적으로 허용되는 경우를 제외하고는 헌법적으로 허용되지 아니하는 것이 원칙이다. (O / X)

2 진정소급입법이 허용되는 예외적인 경우로는 일반적으로, 국민이 소급입법을 예상할 수 있었거나, 법적 상태가 불확실하고 혼란스러웠거나 하여 보호할 만한 신뢰의 이익이 적은 경우와 소급입법에 의한 당사자의 손실이 없거나 아주 경미한 경우, 그리고 신뢰보호의 요청에 우선하는 심히 중대한 공익상의 사유가 소급입법을 정당화하는 경우를 들 수 있다. (O / X)

3 신법이 이미 종료된 사실관계나 법률관계에 적용되는 부진정소급입법에 있어서는 소급효를 요구하는 공익상의 사유와 신뢰보호 요청 사이의 교량과정에서 신뢰보호의 관점이 입법자의 형성권에 제한을 가하게 된다. (O / X)

4 신법이 피적용자에게 유리한 경우에는 이른바 시혜적인 소급입법이 가능하지만, 그러한 소급입법을 할 것인지의 여부는 그 일차적인 판단이 입법기관에 맡겨져 있다. (O / X)

08

| 기출 | 2022 경찰 간부
| 해설 | CHAPTER 02 대한민국 헌법총설 p.62, 56번

1 부당환급받은 세액을 징수하는 근거 규정인 개정조항을 개정된 법 시행 후 최초로 환급세액을 징수하는 분부터 적용하도록 규정한 법인세법 부칙조항은 헌법 제13조 제2항에 따라 원칙적으로 금지되는 이미 완성된 사실·법률관계를 규율하는 진정소급입법에 해당한다. (O / X)

2 친일재산을 그 취득·증여 등 원인행위 시에 국가의 소유로 하도록 규정한 친일반민족행위자 재산의 국가귀속에 관한 특별법 조항은 현재 진행 중인 사실관계 또는 법률관계에 작용하는 부진정소급입법에 해당한다. (O / X)

3 헌법 제13조 제2항에 의하면 모든 국민은 소급입법에 의하여 재산권의 제한을 받거나 참정권을 박탈당하지 아니한다. (O / X)

4 형벌불소급의 원칙은 형사소추가 "언제부터 어떠한 조건하에서" 가능한가의 문제에 관한 것이고, "얼마동안" 가능한가의 문제에 관한 것이 아니다. (O / X)

07 ○○X○ 08 ○XX○

09

| 기출 | 2021 경찰 승진
| 해설 | CHAPTER 02 대한민국 헌법총설 p.63, 57번

1 신뢰보호원칙은 헌법상 법치국가원리로부터 도출되는 것으로, 법률이 개정되는 경우 구법 질서에 대한 당사자의 신뢰가 합리적이고도 정당하며 법률의 제정이나 개정으로 야기되는 당사자의 손해가 극심하여 새로운 입법으로 달성하고자 하는 공익적 목적이 그러한 당사자의 신뢰의 파괴를 정당화할 수 없다면, 그러한 새로운 입법은 신뢰보호원칙상 허용될 수 없다. (O / X)

2 법적 안정성의 객관적 요소로서 신뢰보호원칙은 한번 제정된 법규범은 원칙적으로 존속력을 갖고 자신의 행위기준으로 작용하리라는 헌법상 원칙이다. (O / X)

3 신뢰보호원칙의 위반 여부는 한편으로는 침해되는 이익의 보호가치, 침해의 정도, 신뢰의 손상 정도, 신뢰침해의 방법 등과 또 다른 한편으로는 새로운 입법을 통하여 실현하고자 하는 공익적 목적 등을 종합적으로 형량하여야 한다. (O / X)

4 법률에 따른 개인의 행위가 단지 법률이 반사적으로 부여하는 기회의 활용을 넘어서 국가에 의하여 일정방향으로 유인된 것이라면 특별히 보호가치가 있는 신뢰이익이 인정될 수 있고, 이러한 경우 원칙적으로 개인의 신뢰보호가 국가의 법률 개정 이익에 우선된다고 볼 여지가 있다. (O / X)

10

| 기출 | 2020 경찰 승진(변형)
| 해설 | CHAPTER 02 대한민국 헌법총설 p.81, 80번

1 수력(水力)은 법률이 정하는 바에 의하여 일정한 기간 그 이용을 특허할 수 있다. (O / X)

2 특정한 사회·경제적 또는 정치적 대의나 가치를 주장·옹호하거나 이를 진작시키기 위한 수단으로 선택한 소비자 불매운동은 헌법상 보호를 받을 수 없다. (O / X)

3 구 특정범죄 가중처벌 등에 관한 법률에서 관세포탈 등의 예비범에 대하여 본죄에 준하여 가중처벌하도록 한 규정의 입법목적은 헌법 제119조 제2항(경제의 규제·조정), 제125조(무역의 규제·조정)의 정신에 부합한다. (O / X)

4 불매운동의 목표로서의 '소비자의 권익'이란 원칙적으로 사업자가 제공하는 물품이나 용역의 소비생활과 관련된 것으로서 상품의 질이나 가격, 유통구조, 안정성 등 시장적 이익에 국한된다. (O / X)

11

| 기출 | 2017 국가직 7급(변형)
| 해설 | CHAPTER 02 대한민국 헌법총설 p.85, 87번

1 남북 사이의 화해와 불가침 및 교류협력에 관한 합의서는 일종의 조약으로서 국회의 동의를 얻어야 하는 것이다. (O / X)

2 통상조약의 체결 절차 및 이행과정에서 남한과 북한 간의 거래는 남북교류협력에 관한 법률 제12조에 따라 국가 간의 거래가 아닌 민족 내부의 거래로 본다. (O / X)

3 조약은 '국가·국제기구 등 국제법 주체 사이에 권리의무관계를 창출하기 위하여 서면 또는 구두 형식으로 체결되고 국제법에 의하여 규율되는 합의'라고 할 수 있다. (O / X)

4 조약은 국회의 동의를 얻어 체결·비준되었더라도 형식적 의미의 법률이 아닌 이상 헌법재판소의 위헌법률심판대상이 될 수 없다. (O / X)

09 O X O O 10 O X O O 11 X O X X

PART 02	기본권론 1

01

| 기출 | 2020 국가직 7급
| 해설 | CHAPTER 01 기본권 총론 p.93, 05번

1 특별한 예외적인 경우를 제외하고, 단체는 그 구성원의 권리구제를 위하여 대신 헌법소원심판을 청구한 경우에는 헌법소원심판청구의 자기관련성을 인정할 수 없다. (O / X)

2 인간의 존엄과 가치에서 유래하는 인격권은 자연적 생명체로서 개인의 존재를 전제로 하는 기본권으로서 그 성질상 법인에게는 적용될 수 없으므로 법인의 인격권을 과잉제한했는지 여부를 판단하기 위해 기본권 제한에 대한 헌법원칙인 비례심사를 할 수는 없다. (O / X)

3 변호사 등록제도는 그 연혁이나 법적 성질에 비추어 보건대, 원래 국가의 공행정의 일부라 할 수 있으나, 국가가 행정상 필요로 인해 대한변호사협회에 관련 권한을 이관한 것이므로 대한변호사협회는 변호사 등록에 관한 한 공법인으로서 공권력 행사의 주체이다. (O / X)

4 국내 단체의 이름으로 혹은 국내 단체와 관련된 자금으로 정치자금을 기부하는 것을 금지한 정치자금법 조항은 단체의 정치적 의사표현 등 정치활동의 자유를 침해한다. (O / X)

02

| 기출 | 2012 변호사
| 해설 | CHAPTER 01 기본권 총론 p.107, 25번

1 기본권 규정은, 그 성질상 사법관계에 직접 적용될 수 있는 예외적인 것을 제외하고는, 사법상의 일반원칙을 규정한 민법 제2조, 제103조, 제750조, 제751조 등의 내용을 형성하고 그 해석 기준이 되어 간접적으로 사법관계에 효력을 미친다. (O / X)

2 헌법재판소는 헌법상의 근로3권 조항, 언론·출판의 자유 조항, 연소자와 여성의 근로의 특별보호 조항을 사인 간의 사적인 법률관계에 직접 적용되는 기본권 규정으로 인정하고, 국가배상청구권과 형사보상청구권은 원칙적으로 국가권력만을 구속한다고 하여 그 대사인적 효력을 부인하고 있다. (O / X)

3 헌법상의 기본권은 일차적으로 개인의 자유로운 영역을 공권력의 침해로부터 보호하기 위한 방어적 권리이지만, 다른 한편으로 헌법의 기본적 결단인 객관적 가치질서를 구체화한 것으로서 사법(私法)을 포함한 모든 법 영역에 그 영향을 미치는 것이므로, 사인 간의 사적인 법률관계도 헌법상의 기본권 규정에 적합하게 규율되어야 한다. (O / X)

4 사인이나 사적 단체가 국가의 재정적 원조를 받거나 국가시설을 임차하는 경우 또는 실질적으로 행정적 기능을 수행하는 경우 등 국가와의 밀접한 관련성이 구체적으로 인정될 때, 그 행위를 국가행위와 동일시하여 헌법상의 기본권의 구속을 받게 하는 것이 미국에서의 국가행위의제이론(State Action Theory)이다. (O / X)

01 ○X○X 02 ○X○○

03

| 기출 | 2020 국회직 8급
| 해설 | CHAPTER 01 기본권 총론 p.114, 34번

1 규범 상호 간의 체계정당성을 요구하는 이유는 입법자의 자의를 금지하여 규범의 명확성, 예측가능성 및 규범에 대한 신뢰와 법적 안정성을 확보하기 위한 것이고 이는 국가공권력에 대한 통제와 이를 통한 국민의 자유와 권리의 보장을 이념으로 하는 법치주의원칙으로부터 도출되는 것이라고 할 수 있다. (O / X)

2 일반적으로 일정한 공권력 작용이 체계정당성에 위반한다고 해서 곧 위헌이 되는 것은 아니다. 즉 체계정당성 위반 자체가 바로 위헌이 되는 것은 아니고 이는 비례의 원칙이나 평등원칙 위반 내지 입법의 자의금지 위반 등의 위헌성을 시사하는 하나의 징후일 뿐이다. (O / X)

3 입법의 체계정당성 위반과 관련하여 그러한 위반을 허용할 공익적인 사유가 존재한다면 그 위반은 정당화될 수 있고 따라서 입법상의 자의금지원칙을 위반한 것이라고 볼 수 없다. (O / X)

4 체계정당성의 위반을 정당화할 합리적인 사유의 존재에 대하여는 입법의 재량이 인정되어야 한다. 다양한 입법의 수단 가운데서 어느 것을 선택할 것인가 하는 것은 원래 입법의 재량에 속하기 때문이다. (O / X)

04

| 기출 | 2018 국가직 7급(변형)
| 해설 | CHAPTER 01 기본권 총론 p.131, 55번

1 기본권 경합의 경우에는 기본권 침해를 주장하는 자의 의도 및 기본권을 제한하는 입법자의 객관적인 동기 등을 참작하여 사안과 가장 밀접한 관계에 있고 또 침해의 정도가 큰 주된 기본권을 중심으로 그 제한의 한계를 따져보아야 한다는 것이 헌법재판소 판례의 태도이다. (O / X)

2 흡연권과 혐연권은 사생활의 자유를 실질적 핵으로 하는 것이며 흡연권과 혐연권의 충돌은 상하의 위계질서가 있는 기본권끼리의 충돌로 볼 수 없지만 혐연권은 사생활의 자유뿐만 아니라 생명권에까지 연결되는 것이므로 흡연권은 혐연권을 침해하지 않는 한에서 인정되어야 한다. (O / X)

3 정정보도청구권제도는 인격권과 표현의 자유가 충돌하는 경우에 인격적 가치 우선원칙에 따라 언론의 자유보다 인격권에 우선적 효력을 부여하여 기본권의 상충을 해결하는 방법이라 할 것이다. (O / X)

4 극장의 자유로운 운영에 대한 제한은 우선 공연물·영상물이 지니는 표현물 및 예술작품으로서의 성격에 대하여 직접적인 제한의 효과를 가할 뿐만 아니라 간접적으로 극장운영자의 직업의 자유에 대한 제한의 효과도 일으키는 것이므로 표현·예술의 자유의 침해 여부를 중심으로 살피면서 부가적으로 직업의 자유의 침해 여부에 대해서도 검토해 본다. (O / X)

03 ○○○○ 04 ○XXX

05

| 기출 | 2020 경찰 승진
| 해설 | CHAPTER 01 기본권 총론 p.142, 69번

1 국가인권위원회는 '헌법에 의하여 설치되고 헌법과 법률에 의하여 독자적인 권한을 부여받은 국가기관'이라고 할 수 없어 권한쟁의심판의 당사자능력이 인정되지 않는다. (O / X)

2 국가인권위원회는 피해자의 권리 구제를 위해 필요하다고 인정하면 피해자를 위하여 피해자의 명시적 의사에 관계없이 대한법률구조공단 또는 그 밖의 기관에 법률구조를 요청할 수 있다. (O / X)

3 국가인권위원회가 진정에 대해 각하 또는 기각결정을 하면 이 결정은 헌법소원의 대상이 되고 헌법소원의 보충성 요건을 충족한다. (O / X)

4 위원회의 조사대상은 국가기관, 지방자치단체 또는 구금보호시설의 업무수행(국회의 입법 및 법원 헌법재판소의재판을 제외한다)과 관련하여 헌법 제10조부터 제22조에 보장된 인권을 침해당하거나 차별행위를 당한 경우 및 법인, 단체 또는 사인으로부터 차별행위를 당한 경우로 되어 있다. (O / X)

06

| 기출 | 2015 서울시 7급(변형)
| 해설 | CHAPTER 02 인간의 존엄성 존중·행복추구권·법 앞의 평등 p.146, 01번

1 일반적 행동자유권의 보호영역에는 개인의 생활방식과 취미에 관한 사항도 포함되며, 여기에는 위험한 스포츠를 즐길 권리와 같은 위험한 생활방식으로 살아갈 권리도 포함된다. (O / X)

2 헌법 제10조로부터 도출되는 일반적 인격권에는 개인의 명예에 관한 권리도 포함되며, 사자(死者)에 대한 사회적 명예와 평가의 훼손은 사자와의 관계를 통하여 스스로의 인격상을 형성하고 명예를 지켜온 그 후손의 인격권을 제한한다. (O / X)

3 일반적 인격권에는 각 개인이 그 삶을 사적으로 형성할 수 있는 자율영역에 대한 보장이 포함되어 있음을 감안할 때, 장래 가족의 구성원이 될 태아의 성별 정보에 대한 접근을 국가로부터 방해받지 않을 부모의 권리는 일반적 인격권에 의하여 보호된다. (O / X)

4 광장에서 여가활동이나 문화활동을 하는 것은 일반적 행동자유권의 보호영역에 포함되지만, 그 광장 주변을 출입하고 통행하는 개인의 행위는 거주이전의 자유로 보장될 뿐 일반적 행동자유권의 내용으로는 보장되지 않는다. (O / X)

07

| 기출 | 2022 경찰 1차
| 해설 | CHAPTER 02 인간의 존엄성 존중·행복추구권·법 앞의 평등 p.153, 09번

1 헌법 제10조 전문의 행복추구권에는 일반적 행동자유권이 포함되는바, 이는 적극적으로 자유롭게 행동을 하는 것은 물론 소극적으로 행동을 하지 않을 자유도 포함하는 권리로 포괄적인 의미의 자유권이다. (O / X)

2 육군 장교가 민간법원에서 약식명령을 받아 확정되면 자진 신고할 의무를 규정한, '2020년도 장교 진급 지시'의 해당 부분 중 '민간법원에서 약식명령을 받아 확정된 사실이 있는 자'에 관한 부분은 청구인인 육군 장교의 일반적 행동의 자유를 침해한다. (O / X)

3 일반적 행동자유권의 보호영역에는 가치 있는 행동뿐만 아니라 개인의 생활방식과 취미에 관한 사항도 포함되며, 여기에는 위험한 스포츠를 즐길 권리와 같은 위험한 생활방식으로 살아갈 권리도 포함된다. 따라서 운전 중 휴대용 전화를 사용할 자유는 헌법 제10조의 행복추구권에서 나오는 일반적 행동 자유권의 보호영역에 속한다. (O / X)

4 의료분쟁 조정신청의 대상인 의료사고가 사망에 해당하는 경우 한국의료분쟁조정중재원의 원장은 지체 없이 조정절차를 개시해야 한다고 규정한 의료사고 피해구제 및 의료분쟁조정 등에 관한 법률 제27조 제9항 전문 중 '사망'에 관한 부분이 청구인의 일반적 행동의 자유를 침해한다고 할 수 없다. (O / X)

05 ○××○ 06 ○○○× 07 ○×○○

08

| 기출 | 2017 국회직 8급
| 해설 | CHAPTER 02 인간의 존엄성 존중·행복추구권·법 앞의 평등 p.157, 14번

1 '운전면허를 받은 사람이 자동차 등을 이용하여 범죄행위를 한 때'를 필요적 운전면허 취소사유로 규정하는 것은 일반적 행동자유권을 침해하여 헌법에 위반된다. (O / X)

2 형사재판의 피고인으로 출석하는 수형자에 대하여 사복착용을 허용하지 아니한 것은 행복추구권을 침해한다. (O / X)

3 한자 학습을 통하여 사고력·응용력·창의력을 기를 수 있고, 동아시아에서의 문화적 연대를 확산시킬 수 있으므로 공문서의 한글전용을 규정한 국어기본법은 공무원들의 행복추구권을 침해한다. (O / X)

4 기부금품의 모집행위도 행복추구권에서 파생하는 일반적인 행동자유권에 의하여 기본권으로 보장된다. (O / X)

5 금치기간 중 신문·도서·잡지 외 자비구매물품의 사용을 제한하는 형의 집행 및 수용자의 처우에 관한 법률 조항은 수용자의 일반적 행동의 자유를 침해하지 않는다. (O / X)

09

| 기출 | 2017 국가직 7급 하반기
| 해설 | CHAPTER 02 인간의 존엄성 존중·행복추구권·법 앞의 평등 p.158, 15번

1 비어업인이 잠수용 스쿠버 장비를 사용하여 수산자원을 포획·채취하는 것을 금지하는 것은 일반적 행동자유권의 침해가 아니다. (O / X)

2 아동·청소년 대상 성범죄자에게 1년마다 정기적으로 새로 촬영한 사진을 제출하도록 하고 정당한 사유 없이 사진제출의무를 위반한 경우 형사처벌을 하도록 한 것은 일반적 행동자유권에 대한 침해이다. (O / X)

3 형의 집행유예와 동시에 사회봉사명령을 선고받는 경우, 신체의 자유가 제한될 뿐이지 일반적 행동자유권이 제한되는 것은 아니다. (O / X)

4 술에 취한 상태로 도로 외의 곳에서 운전하는 것을 금지하고 이를 위반했을 때 처벌하는 것은 일반적 행동의 자유를 제한한다. (O / X)

10

| 기출 | 2015 경찰 승진
| 해설 | CHAPTER 02 인간의 존엄성 존중·행복추구권·법 앞의 평등 p.191, 57번

1 아동·청소년 대상 성폭력범죄를 저지른 자에 대하여 신상정보를 공개하도록 하는 구 아동·청소년의 성보호에 관한 법률 제38조 제1항 본문 제1호가 인격권 및 개인정보 자기결정권을 침해하는 것은 아니다. (O / X)

2 학교폭력 가해학생이 특별교육을 이수할 경우 해당 학생의 보호자도 함께 특별교육을 받도록 한 학교폭력예방 및 대책에 관한 법률 제17조 제9항이 가해학생 보호자의 일반적 행동자유권을 침해하는 것은 아니다. (O / X)

3 공무원이 금품수수를 한 경우 직무관련성 유무 등과 상관없이 징계시효 기간을 일률적으로 3년으로 정한 구 국가공무원법 규정은 직무관련성 여부에 따라 위법성의 정도에 큰 차이가 있음에도 불구하고 동일한 징계시효를 적용하는 것이어서 평등권을 침해하는 위헌 규정이다. (O / X)

4 수사경력자료는 보존기간이 지나면 삭제하도록 하면서도 범죄경력자료의 삭제에 대해 규정하지 않은 형의 실효 등에 관한 법률 조항은 차별의 합리적인 이유가 있으므로 평등권을 침해하지 않는다. (O / X)

08 ○○X○○ 09 ○XX○ 10 ○○X○

11

| 기출 | 2022 경찰 2차

| 해설 | CHAPTER 02 인간의 존엄성 존중·행복추구권·법 앞의 평등 p.203, 72번

1 조세를 비롯한 공과금 부과에서의 평등원칙은, 공과금 납부의무자가 법률에 의하여 법적인 평등 부담뿐만 아니라 사실적으로도 평등하게 부담을 받을 것을 요청한다. (O / X)

2 유사한 성격의 규율대상에 대하여 이미 입법이 있다 하더라도, 평등원칙을 근거로 입법자에게 청구인들에게도 적용될 입법을 하여야 할 헌법상의 의무가 발생한다고 볼 수 없다. (O / X)

3 국가라 할지라도 국고작용으로 인한 민사관계에 있어서는 일반인과 같이 원칙적으로 대등하게 다루어져야 하며 국가라고 하여 우대하여야 할 헌법상의 근거가 없다. (O / X)

4 국가를 상대로 하는 당사자소송의 경우에는 가집행선고를 할 수 없다고 규정한 행정소송법 제43조는 공법상 법률관계를 전제로 한다는 점에서 일반 사법상 법률관계와 달리 취급할 합리적 이유가 있으므로 평등원칙에 위배되지 아니한다. (O / X)

11 ○○○X

01

| 기출 | 2018 경찰 승진
| 해설 | CHAPTER 01 자유권적 기본권 1 p.221, 07번

1 특별검사에 의한 수사대상을 특정인에 대한 특정 사건으로 한정하고 있는 한나라당 대통령 후보 이명박의 주가 조작 등 범죄혐의의 진상규명을 위한 특별검사의 임명 등에 관한 법률은 처분적 법률의 성격을 갖는다. (O / X)

2 불특정 다수인을 규율대상으로 하는 것이 아니라 친일반민족행위자의 후손만을 규율하고 있는 친일반민족행위자 재산의 국가귀속에 관한 특별법은 처분적 법률에 해당한다. (O / X)

3 상법상의 주식회사에 불과한 연합뉴스사를 국가기간뉴스 통신사로 지정하고, 정부가 위탁하는 공익업무와 관련하여 정부의 예산으로 재정지원을 할 수 있는 법적 근거를 두고 있는 뉴스통신진흥에 관한 법률은 특정인에 대해서만 적용되는 개인대상 법률로서 처분적 법률에 해당한다. (O / X)

4 이른바 행복도시 예정지역을 충청남도 연기군 및 공주시의 지역 중에서 지정한다고 규정한 신행정수도 후속대책을 위한 연기·공주지역 행정중심복합도시건설을 위한 특별법은 '연기·공주'라는 특정지역에 거주하는 주민이면서 특정범위의 국민들에 대하여만 특별한 희생을 강요하므로 처분적 법률에 해당한다. (O / X)

02

| 기출 | 2021 경찰 승진
| 해설 | CHAPTER 01 자유권적 기본권 1 p.270, 70번

1 헌법 제16조가 영장주의에 대한 예외를 마련하고 있지 않으므로 주거에 대한 압수나 수색에 있어서 영장주의의 예외를 인정할 수 없다. (O / X)

2 헌법 제16조가 보장하는 주거의 자유는 개방되지 않은 사적 공간인 주거를 공권력이나 제3자에 의해 침해당하지 않도록 함으로써 국민의 사생활영역을 보호하기 위한 권리이다. (O / X)

3 주거용 건축물의 사용·수익관계를 정하고 있는 도시 및 주거환경정비법 조항은 헌법 제16조에 의해 보호되는 주거의 자유를 제한하지 않는다. (O / X)

4 점유할 권리 없는 자의 점유라고 하더라도 그 주거의 평온은 보호되어야 할 것이므로, 권리자가 그 권리를 실행함에 있어 법에 정하여진 절차에 의하지 아니하고 그 건조물 등에 침입한 경우에 주거침입죄가 성립한다. (O / X)

01 ○X○X 02 X○○○

03

| 기출 | 2015 경찰 승진
| 해설 | CHAPTER 01 자유권적 기본권 1 p.292, 99번

1 사생활의 자유란 사회공동체의 일반적인 생활규범의 범위 내에서 사생활을 자유롭게 형성해 나가고 그 설계 및 내용에 대해서 외부로부터의 간섭을 받지 아니할 권리를 말하는바, 흡연을 하는 행위는 이와 같은 사생활의 영역에 포함된다고 할 것이다. (O / X)

2 대법원은 헌법 제17조는 개인의 사생활 활동이 타인으로부터 침해되거나 사생활이 함부로 공개되지 아니할 소극적인 권리를 보장하는 것에 국한되고, 자신에 대한 정보를 자율적으로 통제할 수 있는 적극적인 권리까지 보장하는 것은 아니라고 판시한 바 있다. (O / X)

3 공직선거에 후보자로 등록하고자 하는 자가 제출하여야 하는 금고 이상의 형의 범죄경력에 실효된 형을 포함시키고 있는 공직선거법 제49조 제4항 제5호가 과잉금지의 원칙에 위배하여 사생활의 비밀과 자유를 침해한다고 볼 수 없다. (O / X)

4 시장, 군수 또는 구청장이 개인의 지문정보를 수집하고, 경찰청장이 이를 보관·전산화하여 범죄수사목적에 이용하는 지문날인제도가 과잉금지의 원칙에 위배하여 청구인들의 개인정보자기결정권을 침해한다고 볼 수 없다. (O / X)

04

| 기출 | 2017 경찰 승진
| 해설 | CHAPTER 02 자유권적 기본권 2 p.313, 04번

1 양심의 자유가 보장하고자 하는 '양심'은 민주적 다수의 사고나 가치관과 일치하는 것이 아니라, 개인적 현상으로서 지극히 주관적인 것이고, 그 대상이나 내용 또는 동기에 의하여 판단될 수 없으며, 양심상의 결정이 이성적·합리적인지, 타당한지 또는 법질서나 사회규범, 도덕률과 일치하는지 여부는 양심의 존재를 판단하는 기준이 될 수 없다. (O / X)

2 종교단체가 운영하는 학교 형태 혹은 학원형태의 교육기관도 예외 없이 학교설립인가 혹은 학원설립등록을 받도록 규정한 것은 종교의 자유를 침해하여 헌법에 위반된다. (O / X)

3 종교적 신앙에 따른 병역 거부자를 처벌하는 병역법 조항에 대해서는, 헌법이 양심의 자유와 별개로 종교의 자유를 보장하고 있으며 종교적 신앙은 윤리적 양심과는 구별되는 내면적 세계의 핵심적 가치이므로 양심의 자유의 침해와는 별도로 종교의 자유의 침해 여부를 심사해야 한다. (O / X)

4 종교의 자유가 국민에게 그가 선택한 임의의 장소에서 자유롭게 종교전파를 할 자유까지를 보장하는 것은 아니다. (O / X)

03 ○ X ○ ○ 04 ○ X X ○

05

| 기출 | 2017 경찰 승진
| 해설 | CHAPTER 02 자유권적 기본권 2 p.382, 89번

1 재산권의 내용을 새로이 형성하는 법률이 합헌적이기 위해서는 장래에 적용될 법률이 헌법에 합치하여야 하고, 나아가 과거의 법적 상태에 의하여 부여된 구체적 권리에 대한 침해를 정당화하는 이유가 존재하여야 한다. (O / X)

2 배우자의 상속공제를 인정받기 위한 요건으로 배우자상속재산 분할기한까지 배우자의 상속재산을 분할하여 신고할 것을 요구하면서 위 기한이 경과하면 일률적으로 배우자의 상속공제를 부인하고 있는 구 상속세 및 증여세법(2002.12.18. 법률 제6780호로 개정되고, 2010.1.1. 법률 제9916호로 개정되기 전의 것) 제19조 제2항은 배우자인 상속인의 재산권을 침해한다고 볼 수 없다. (O / X)

3 헌법이 보장하는 재산권의 내용과 한계를 정하는 법률이 재산권을 형성한다는 의미를 갖는다 하더라도, 이러한 법률이 사유재산제도나 사유재산을 부인하는 것은 재산권 보장 규정의 침해를 의미하고 결코 재산권 형성적 법률유보라는 이유로 정당화될 수 없다. (O / X)

4 토지의 강한 사회성 내지 공공성으로 말미암아 토지재산권에는 다른 재산권에 비하여 보다 강한 제한과 의무가 부과되고 이에 대한 제한 입법에는 입법자의 광범위한 입법형성권이 인정되므로, 과잉금지원칙에 의한 심사는 부적절하다. (O / X)

06

| 기출 | 2016 경찰 승진
| 해설 | CHAPTER 02 자유권적 기본권 2 p.398, 109번

1 외국의 의사·치과의사·한의사 자격을 가진 자에게 예비시험을 치도록 한 것은 사실상 외국에서 학위를 받은 사람이 국내에서 면허를 받는 길을 봉쇄하는 방향으로 악용될 소지가 있으므로 직업선택의 자유를 침해한다. (O / X)

2 인터넷 게임의 결과물의 환전, 즉 게임 이용자로부터 게임결과물을 매수하여 다른 게임 이용자에게 이윤을 붙여 되파는 것을 영업으로 하는 것은 생활의 기본적 수요를 충족시키는 계속적인 소득활동이 될 수 있으므로, 게임결과물의 환전업은 헌법 제15조가 보장하고 있는 직업에 해당한다. (O / X)

3 어떤 직업의 수행을 위한 전제요건으로서 일정한 주관적 요건을 갖춘 자에게만 그 직업에 종사할 수 있도록 직업선택의 자유를 제한하는 경우에는, 주관적 요건 자체가 그 제한목적과 합리적인 관계가 있어야 한다. (O / X)

4 입법자가 설정한 자격요건을 구비하여 자격을 부여받은 자에게 사후적으로 결격사유가 발생했다고 해서 당연히 그 자격을 박탈할 수 있는 것은 아니다. (O / X)

07

| 기출 | 2021 경찰 승진
| 해설 | CHAPTER 02 자유권적 기본권 2 p.408, 121번

1 운전면허를 받은 사람이 자동차 등을 이용하여 살인 또는 강간 등 범죄행위를 한 때 필요적으로 운전면허를 취소하도록 규정한 구 도로교통법 조항은 직업의 자유를 침해한다. (O / X)

2 청원경찰이 금고 이상의 형의 선고유예를 받은 경우 당연퇴직되도록 규정한 청원경찰법 조항은 청원경찰의 직업의 자유를 침해하지 않는다. (O / X)

3 제조업의 직접생산 공정업무를 근로자파견의 대상 업무에서 제외하는 파견근로자보호 등에 관한 법률 조항은 사용사업주의 직업수행의 자유를 침해한다. (O / X)

4 성인대상 성범죄로 형을 선고받아 확정된 자에게 그 형의 집행을 종료한 날부터 10년 동안 의료기관을 개설하거나 의료기관에 취업할 수 없도록 한 아동·청소년의 성보호에 관한 법률 조항은 직업선택의 자유를 침해한다. (O / X)

05 O X O X 06 X O O O 07 O X X O

08

| 기출 | 2018 경찰 승진
| 해설 | CHAPTER 03 참정권 및 정치적 기본권 p.427, 08번

1 ( )세 이상의 국민은 대통령 및 국회의원의 선거권이 있다. ( )

2 ( )세 이상의 국민은 국회의원의 피선거권이 있다. ( )

3 40세 이상의 국민은 누구든지 대통령의 피선거권이 있다. (○ / X)

4 대통령선거에서 당선의 효력에 이의가 있는 경우, 정당 또는 후보자는 사안에 따라 당선인을 피고로 하거나 중앙선거관리위원장 또는 국무총리를 피고로 하여 대법원에 소를 제기할 수 있다. (○ / X)

09

| 기출 | 2017 변호사
| 해설 | CHAPTER 03 참정권 및 정치적 기본권 p.435, 19번

1 단지 주민등록이 되어 있는지 여부에 따라 선거인명부에 오를 자격을 결정하여 그에 따라 선거권 행사 여부가 결정되도록 함으로써 엄연히 대한민국의 국민임에도 불구하고 주민등록법상 주민등록을 할 수 없는 재외국민의 선거권 행사를 전면적으로 부정하고 있는 것은 재외국민의 선거권을 침해하고 보통선거원칙에도 위반된다. (○ / X)

2 '외국의 영주권을 취득한 재외국민'과 같이 법령의 규정상 주민등록이 불가능한 재외국민인 주민의 지방선거 피선거권을 부인하도록 한 규정은 국내거주 재외국민의 공무담임권을 침해한다. (○ / X)

3 주민등록이 되어 있지 않고 국내거소신고도 하지 않은 재외국민에게 국회의원 재·보궐선거의 선거권을 인정하지 않은 공직선거법상 재외선거인 등록신청 조항은, 선거제도를 현저히 불합리하거나 불공정하게 형성한 것이므로 그 재외국민의 선거권을 침해하고 보통선거원칙에도 위배된다. (○ / X)

4 주권자인 국민의 지위에 아무런 영향을 미칠 수 없는 주민 등록 여부만을 기준으로 하여 주민등록을 할 수 없는 재외국민의 국민투표권 행사를 전면적으로 배제하도록 한 규정은 주민등록이 되어 있지 않은 재외국민의 국민투표권을 침해한다. (○ / X)

5 특정한 지역구의 국회의원선거에 투표하기 위해서는 국민이라는 자격만으로 충분하므로, 주민등록이 되어 있지 않고 국내거소신고도 하지 않은 재외국민에게 임기만료 지역구 국회의원선거권을 인정하지 않은 것은 그 재외국민의 선거권을 침해하고 보통선거원칙에도 위배된다. (○ / X)

08 18 18 X X 09 ○ ○ X ○ X

10

| 기출 | 2018 경찰 승진
| 해설 | CHAPTER 03 참정권 및 정치적 기본권 p.444, 33번

1 지역농협은 사법인에서 볼 수 없는 공법인적 특성을 많이 가지고 있으므로, 지역농협의 조합장선거에서 조합장을 선출하거나 조합장으로 선출될 권리, 조합장선거에서 선거운동을 하는 것은 헌법에 의하여 보호되는 선거권의 범위에 포함된다. (O / X)

2 부재자투표시간을 오전 10시부터 오후 4시까지로 규정한 구 공직선거법 조항 중 "오전 10시에 열고" 부분은 일과시간에 학업이나 직장업무를 하여야 하는 부재자투표자가 일과시간 이전에 투표소에 가서 투표할 수 없게 되어 사실상 선거권을 행사할 수 없게 하므로 과잉금지원칙에 위반되고, "오후 4시에 닫는다." 부분은 투표 당일 부재자투표의 인계·발송 절차를 밟을 수 있도록 함으로써 부재자투표의 인계·발송절차가 지연되는 것을 막고 투표관리의 효율성을 제고하며 투표함의 관리위험을 경감하기 위한 것이므로 헌법에 위반되지 않는다. (O / X)

3 대통령선거경선 후보자가 당내경선 과정에서 탈퇴함으로써 후원회를 둘 수 있는 자격을 상실한 때에는 후원회로부터 후원받은 후원금 전액을 국고에 귀속하도록 하고 있는 구 정치자금법 조항은 평등권을 침해한다. (O / X)

4 주민투표권 행사를 위한 요건으로 주민등록을 요구함으로써 국내거소신고만 할 수 있고 주민등록을 할 수 없는 국내거주 재외국민에 대하여 주민투표권을 인정하지 않고 있는 주민투표법 조항은 국내거주 재외국민의 평등권을 침해한다. (O / X)

11

| 기출 | 2019 경찰 승진
| 해설 | CHAPTER 03 참정권 및 정치적 기본권 p.468, 61번

1 사립대학 교원이 국회의원으로 당선된 경우 임기개시일 전까지 그 직을 사직하도록 규정한 국회법 조항은 청구인의 공무담임권을 침해하지 않는다. (O / X)

2 금고 이상의 형의 선고유예를 받고 그 기간 중에 있는 자를 임용결격사유로 삼고, 위 사유에 해당하는 자가 임용되더라도 이를 당연 무효로 하는 구 국가공무원법 조항은 공무담임권을 침해하지 않는다. (O / X)

3 국·공립학교 채용시험의 동점자처리에서 국가유공자 등 및 그 유족·가족에게 우선권을 주도록 하고 있는 국가유공자 등 예우 및 지원에 관한 법률 등의 해당 조항들은 일반 응시자들이 국·공립학교 채용시험의 동점자처리에서 심각한 불이익을 당하기 때문에 일반 응시자들의 공무담임권을 침해한다. (O / X)

4 지방자치단체의 장이 공소 제기된 후 구금상태에 있는 경우 부단체장이 그 권한을 대행하도록 규정한 지방자치법 조항은 지방자치단체의 장의 공무담임권을 침해하지 않는다. (O / X)

10 X O O O 11 O O X O

12

| 기출 | 2017 서울시 7급
| 해설 | CHAPTER 03 참정권 및 정치적 기본권 p.482, 79번

1 헌법 제7조 제1항의 '공무원은 국민전체에 대한 봉사자이며, 국민에 대해 책임을 진다.'라는 규정, 제45조의 '국회의원은 국회에서 직무상 행한 발언과 표결에 관하여 국회 외에서 책임을 지지 아니한다.'라는 규정 및 제46조 제2항의 '국회의원은 국가이익을 우선하여 양심에 따라 직무를 행한다.'라는 규정들을 종합하여 볼 때, 헌법은 국회의원을 자유위임의 원칙하에 두었다고 할 것이다. (O / X)

2 헌법재판소는 후보자의 배우자가 그와 함께 다니는 사람 중에서 지정한 1명도 명함교부를 할 수 있도록 한 공직선거법(2010.1.25. 법률 제9974호로 개정된 것) 제93조 제1항 제1호 중 제60조의3 제2항 제3호 가운데 후보자의 배우자가 그와 함께 다니는 사람 중에서 지정한 1명 부분은 평등권을 침해하지 않는다고 보고 있다. (O / X)

3 공직선거법상 후보자등록을 신청하는 자는 등록신청 시에 후보자 1명마다 일정 금액의 기탁금을 중앙선거관리위원회의 규칙으로 정하는 바에 따라 관할선거구선거관리위원회에 납부하여야 하는데 특히 대통령선거는 기탁금이 (　　)억 원이다. (　　)

13

| 기출 | 2016 국회직 9급
| 해설 | CHAPTER 03 참정권 및 정치적 기본권 p.486, 85번

1 오늘날 대의민주주의에서 차지하는 정당의 기능을 고려하여, 헌법 제8조 제1항은 국민 누구나가 원칙적으로 국가의 간섭을 받지 아니하고 정당을 설립할 권리를 기본권으로 보장함과 아울러 복수정당제를 제도적으로 보장하고 있다. (O / X)

2 헌법 제8조 제1항 전단은 단지 정당설립의 자유만을 명시적으로 규정하고 있지만, 정당설립의 자유는 당연히 정당존속의 자유와 정당활동의 자유를 포함하는 것이다. (O / X)

3 입법자는 정당설립의 자유를 최대한 보장하는 방향으로 입법하여야 하고, 헌법재판소는 정당설립의 자유를 제한하는 법률의 합헌성을 심사할 때에 엄격한 비례심사를 하여야 한다. (O / X)

4 국회의원선거에 참여하여 의석을 얻지 못하고 유효투표총수의 100분의 2 이상을 득표하지 못한 정당에 대해 그 등록을 취소하도록 하는 정당법 조항은 정당설립의 자유를 침해하는 것은 아니다. (O / X)

5 정당의 명칭은 그 정당의 정책과 정치적 신념을 나타내는 대표적인 표지에 해당하므로, 정당설립의 자유는 자신들이 원하는 명칭을 사용하여 정당을 설립하거나 정당활동을 할 자유도 포함한다. (O / X)

12 ○ X 3　13 ○ ○ ○ X ○

14

| 기출 | 2018 변호사

| 해설 | CHAPTER 03 참정권 및 정치적 기본권 p.493, 95번

1 정당이 그 소속 국회의원을 제명하기 위해서는 당헌이 정하는 절차를 거치는 외에 그 소속 국회의원 전원의 2분의 1 이상의 찬성이 있어야 한다. (O / X)

2 외국인인 사립대학의 교원은 정당의 발기인이나 당원이 될 수 있다. (O / X)

3 헌법재판소는 정당해산심판의 청구를 받은 때에는 직권 또는 청구인의 신청에 의하여 종국결정의 선고 시까지 피청구인의 활동을 정지하는 결정을 할 수 있다. (O / X)

4 정당의 등록요건으로 '5 이상의 시·도당과 각 시·도당 1천인 이상의 당원'을 요구하는 것은 국민의 정당설립의 자유에 어느 정도 제한을 가하지만, 이러한 제한은 '상당한 기간 또는 계속해서', '상당한 지역에서' 국민의 정치적 의사형성과정에 참여해야 한다는 정당의 개념표지를 구현하기 위한 합리적인 제한이다. (O / X)

5 임기만료에 의한 국회의원선거에 참여하여 의석을 얻지 못하고 유효투표총수의 100분의 2 이상을 득표하지 못한 때 정당의 등록을 취소하도록 규정한 것은 과잉금지원칙에 위반되어 정당설립의 자유를 침해하는 것이다. (O / X)

15

| 기출 | 2021 경찰 승진(변형)

| 해설 | CHAPTER 04 청구권적 기본권 p.506, 02번

1 법률·명령·조례·규칙 등의 제정·개정 또는 폐지는 청원법상 청원사항에 해당하지 않는다. (O / X)

2 청원이 청원법상 처리기간 이내에 처리되지 아니하는 경우 청원인은 청원기관의 장에 이의신청을 할 수 있다. (O / X)

3 정부에 제출 또는 회부된 정부의 정책에 관계되는 청원의 심사는 국무회의의 심의를 거쳐야 한다. (O / X)

4 청원권 행사를 위한 청원사항이나 청원방식, 청원절차 등에 관해서는 입법자가 그 내용을 자유롭게 형성할 재량권을 가지고 있으므로 공무원이 취급하는 사건 또는 사무에 관한 사항의 청탁에 관해 금품을 수수하는 등의 행위를 청원권의 내용으로서 보장할지 여부에 대해서도 입법자에게 폭넓은 재량권이 주어져 있다. (O / X)

14 ○ X ○ ○ ○ 15 X ○ ○ ○

16

| 기출 | 2020 경찰 승진
| 해설 | CHAPTER 04 청구권적 기본권 p.518, 17번

1 군사시설 중 전투용에 공하는 시설을 손괴한 일반 국민이 평시에 군사법원에서 재판을 받도록 하는 것은 법관에 의한 재판을 받을 권리를 침해하는 것이다. (O / X)

2 취소소송의 제소기간을 처분 등이 있음을 안 때로부터 90일 이내로 규정한 것은 지나치게 짧은 기간이라고 보기 어렵고 행정법관계의 조속한 안정을 위해 필요한 방법이므로 재판청구권을 침해하지 않는다. (O / X)

3 수형자가 국선대리인인 변호사를 접견하는데 교도소장이 그 접견 내용을 녹음 기록하였다고 해도 재판을 받을 권리를 침해하는 것은 아니다. (O / X)

4 헌법과 법률이 정한 법관에 의한 재판을 받을 권리는 직업법관에 의한 재판을 주된 내용으로 하는 것이므로 국민참여재판을 받을 권리는 그 보호범위에 속하지 않는다. (O / X)

17

| 기출 | 2019 서울시 7급
| 해설 | CHAPTER 05 사회적 기본권 p.553, 07번

1 교원 재임용의 심사요소로 학생교육·학문연구·학생지도를 언급하되 이를 모두 필수요소로 강제하지 않는 사립학교법 제53조의2 제7항 전문은 교원의 신분에 대한 부당한 박탈을 방지함과 동시에 대학의 자율성을 도모한 것으로서 교원지위법정주의에 위반되지 아니한다. (O / X)

2 국가 또는 지방자치단체의 정책결정에 관한 사항이나 기관의 관리·운영에 관한 사항으로서 근무조건과 직접 관련되지 아니하는 사항을 공무원노동조합의 단체교섭 대상에서 제외하고 있는 공무원의 노동조합 설립 및 운영 등에 관한 법률 제8조 제1항 단서 중 '직접' 부분은 명확성원칙에 위반된다. (O / X)

3 모든 국민은 인간다운 생활을 할 권리를 가지며 국가는 생활능력 없는 국민을 보호할 의무가 있다는 헌법의 규정은 모든 국가기관을 기속하지만, 그 기속의 의미는 적극적·형성적 활동을 하는 입법부 또는 행정부의 경우와 헌법재판에 의한 사법적 통제기능을 하는 헌법재판소에 있어서 동일하지 아니하다. (O / X)

4 헌법 제32조 제1항이 규정하는 근로의 권리는 사회적 기본권으로서 국가에 대하여 직접 일자리를 청구하거나 일자리에 갈음하는 생계비의 지급청구권을 의미하는 것이 아니라 고용증진을 위한 사회적·경제적 정책을 요구할 수 있는 권리에 그치며, 근로의 권리로부터 국가에 대한 직접적인 직장존속청구권이 도출되는 것도 아니다. (O / X)

16 ○○X○ 17 ○X○○

18

| 기출 | 2013 사법고시
| 해설 | CHAPTER 05 사회적 기본권 p.558, 14번

1 국가에게 장애인의 복지를 위하여 노력해야 할 의무가 있다는 것은 장애인도 인간다운 생활을 누릴 수 있는 사회질서를 형성해야 할 국가의 일반적인 의무를 뜻하는 것이지, 장애인을 위한 저상버스를 도입해야 한다는 구체적 의무가 헌법으로부터 나오는 것은 아니다. (O / X)

2 언어장애를 가진 후보자를 위한 선거운동방법을 별도로 마련해 주지 않은 채 언어장애 후보자와 비장애 후보자의 선거운동방법을 같은 수준에서 일률적으로 제한하는 것은 평등권을 침해한 것이다. (O / X)

3 생활능력 없는 장애인의 인간다운 생활을 보장하기 위하여 행하는 사회부조에는 국민기초생활 보장법에 의한 생계급여 외에 다른 법령에 의하여 행하여지는 것도 있으므로, 장애인에 대한 최저생활보장 수준이 그 재량의 범위를 명백히 일탈하였는지 여부는 각종 급여나 부담의 감면 등을 총괄하여 판단하여야 한다. (O / X)

4 청각장애인은 문서나 정보통신망 등에 의해서 선거에 관한 정보를 얻을 수 있는 점, 다른 법률에서 장애인 차별금지의무를 규정하고 있는 점 등을 종합하면, 선거방송에서 청각장애인을 위한 수화 및 자막방송을 의무화하지 않는 것이 청각장애인의 참정권 침해라고 볼 수 없다. (O / X)

5 국가가 경제주체 간의 조화를 통한 경제의 민주화를 위해 규제와 조정을 할 수 있다고 천명하고 있는 헌법 규정 취지에 비추어 볼 때, 장애인고용의무제로 인하여 사업주의 계약의 자유가 일정한 범위 내에서 제한된다고 하여 곧 헌법상 비례의 원칙을 위반하였다고 볼 수 없다. (O / X)

19

| 기출 | 2020 경찰 승진
| 해설 | CHAPTER 05 사회적 기본권 p.582, 41번

1 근로자에게 보장된 단결권의 내용에는 단결할 자유뿐만 아니라 노동조합을 결성하지 아니할 자유나 노동조합에 가입을 강제당하지 아니할 자유, 그리고 가입한 노동조합을 탈퇴할 자유도 포함된다. (O / X)

2 근로의 권리는 국민의 권리이므로 외국인은 그 주체가 될 수 없는 것이 원칙이나, 근로의 권리 중 일할 환경에 관한 권리에 대해서는 외국인의 기본권 주체성을 인정할 수 있다. (O / X)

3 근로의 권리는 사회적 기본권으로서, 국가에 대하여 직접 일자리를 청구하거나 일자리에 갈음하는 생계비의 지급청구권을 의미하는 것이 아니라, 고용증진을 위한 사회적·경제적 정책을 요구할 수 있는 권리에 그치는 것이다. (O / X)

4 교원노조를 설립하거나 가입하여 활동할 수 있는 자격을 초·중등 교원으로 한정함으로써 교육공무원이 아닌 대학 교원에 대해서 근로기본권의 핵심인 단결권조차 전면적으로 부정한 법률 조항은 그 입법목적의 정당성을 인정하기 어렵고, 수단의 적합성 역시 인정할 수 없다. (O / X)

18 ○X○○○ 19 X○○○

20

| 기출 | 2017 국가직 7급
| 해설 | CHAPTER 05 사회적 기본권 p.598, 60번

1 부부 자산소득 합산과세제도는 헌법 제11조 제1항에서 보장하는 평등원칙을 혼인과 가족생활에서 더 구체화함으로써 혼인한 자의 차별을 금지하고 있는 헌법 제36조 제1항에 위반된다. (O / X)

2 친생부인의 소의 제척기간을 규정한 민법 제847조 제1항 중 '부가 그 사유가 있음을 안 날로부터 2년 내' 부분은 친생부인의 소의 제척기간에 관한 입법재량의 한계를 일탈하지 않은 것으로서 헌법에 위반되지 아니한다. (O / X)

3 혼인 종료 후 300일 이내에 출생한 자를 전남편의 친생자로 추정하는 민법 제844조 제2항 중 '혼인관계 종료의 날로부터 300일 이내에 출생한 자'에 관한 부분은 모가 가정생활과 신분관계에서 누려야 할 인격권, 혼인과 가족생활에 관한 기본권을 침해하지 아니한다. (O / X)

4 육아휴직제도의 헌법적 근거를 헌법 제36조 제1항에서 구한다고 하더라도 육아휴직 신청권은 헌법 제36조 제1항 등으로부터 개인에게 직접 주어지는 헌법적 차원의 권리라고 볼 수는 없다. (O / X)

21

| 기출 | 2022 경찰 2차
| 해설 | CHAPTER 05 사회적 기본권 p.599, 62번

1 우리 헌법은 1948년 제헌헌법에서 "가족의 건강은 국가의 특별한 보호를 받는다."라고 규정한 이래 1962년 제3공화국 헌법에서 "모든 국민은 보건에 관하여 국가의 보호를 받는다."라고 정하여 현행헌법까지 이어져 오고 있다. (O / X)

2 치료감호 청구권자를 검사로 한정하고, 피고인의 치료감호청구권을 따로 인정하지 않은 구 치료감호법 조항은 국민의 보건에 관한 권리를 침해하는 것이다. (O / X)

3 국가의 국민보건에 관한 보호의무를 명시한 헌법 제36조 제3항에 의한 권리를 헌법소원을 통하여 주장할 수 있는 자는 직접 자신의 보건이나 의료문제가 국가에 의해 보호받지 못하고 있는 의료 수혜자적 지위에 있는 국민이라고 할 것이므로, 의료시술자적 지위에 있는 안과의사가 자기고유의 업무범위를 주장하여 다투는 경우에는 위 헌법규정을 원용할 수 없다. (O / X)

4 무면허 의료행위를 일률적, 전면적으로 금지하고 이를 위반한 경우 그 치료결과에 관계없이 형사처벌을 받게 하는 의료법 조항은 헌법 제10조가 규정하는 인간으로서의 존엄과 가치를 보장하고 헌법 제36조 제3항이 규정하는 국민보건에 관한 국가의 보호의무를 다하고자 하는 것으로서, 국민의 생명권, 건강권, 보건권 및 그 신체활동의 자유 등을 보장하는 규정이지, 이를 제한하는 규정이라고 할 수 없다. (O / X)

20 ○○X○ 21 ○X○○

22

| 기출 | 2020 경찰 승진
| 해설 | CHAPTER 06 국민의 기본적 의무 p.601, 02번

1 조세의 부과·징수로 인해 납세의무자의 사유재산에 관한 이용·수익 처분권이 중대한 제한을 받게 되는 경우에는 재산권의 침해가 될 수 있다. (O / X)

2 공무원 시험의 응시자격을 '군복무를 필한 자'라고 하여 군복무 중에는 그 응시기회를 제한하는 것은 병역의무의 이행을 이유로 불이익을 주는 것이다. (O / X)

3 병역의무는 국민 전체의 인간으로서의 존엄과 가치를 보장하기 위한 것이므로, 양심적 병역거부자의 양심의 자유가 국방의 의무보다 우월한 가치라고 할 수 없다. (O / X)

4 학교운영지원비를 학교회계 세입항목에 포함시키도록 하는 것은 헌법 제31조 제3항에 규정되어 있는 의무교육의 무상원칙에 위반되지 않는다. (O / X)

23

| 기출 | 2022 경찰 2차
| 해설 | CHAPTER 06 국민의 기본적 의무 p.604, 05번

1 납세의 의무, 국방의 의무, 근로의 의무는 제헌헌법에서부터 규정되었고, 교육을 받게 할 의무는 1962년 제3공화국헌법에서 처음 규정되었다. (O / X)

2 국방의 의무는 직접적인 병력형성의 의무뿐만 아니라 향토예비군설치법 , 민방위기본법 등에 의한 간접적인 병력형성 의무 및 병력형성 이후 군작전 명령에 복종하고 협력하여야 할 의무를 포함하는 것이다. (O / X)

3 향토예비군설치법에 따라 예비군훈련소집에 응하여 훈련을 받는 것은 국민의 의무를 다하는 것일 뿐만 아니라 국가나 공익목적을 위하여 특별한 희생을 하는 것이므로 보상하여야 한다. (O / X)

4 조세는 국가 또는 지방자치단체가 재정수요를 충족시키거나 경제적 사회적 특수정책의 실현을 위하여 국민 또는 주민에 대하여 아무런 특별한 반대급부 없이 강제적으로 부과징수하는 과징금을 의미한다. (O / X)

22 ○X○X 23 ○○X○

3회독 후

마무리 모의고사

✎ GUIDE
☑ 3회독 문제풀이 후 최종 실력 점검
☑ 실제 시험 유형을 구현한 모의고사를 통해 실전감각 향상
☑ 모바일 성적분석 서비스를 통한 객관적 실력 확인

제1회 | 모의고사

2023년도 예상 출제경향에 맞추어 새롭게 출제한 모의고사입니다.

풀이시간 & 정답과 해설

적정 풀이시간	17분
정답과 해설	p. 46

1초 합격예측! 모바일 성적분석표

- 문제풀이 시간 측정 가능
- 모바일 OMR을 이용한 자동채점
- http://eduwill.kr/j95F

01 0741

헌법의 의의와 특성에 관한 설명 중 옳지 않은 것은?

① 헌법은 국가적 공동생활의 형태와 기본적 가치질서 등에 관한 국민적 합의를 법규범화한 것이다.
② 근대입헌주의 헌법은 주권자의 의사를 상시적으로 반영하고 법률에 대한 헌법의 우위를 확보하기 위하여 민주적 정당제도와 위헌법률심판제도를 수용하고 있다.
③ 헌법은 개방성을 특징으로 하지만, 개방된 사항의 결정을 위한 핵심절차에 대하여는 규정해 두어야 한다.
④ 헌법의 최고규범성은 헌법의 내용이 국민적 합의이고 헌법의 제정 주체가 주권자인 국민이라는 것을 근거로 하며, 위헌법령심사제에 의해서 제도적으로 확보된다.

02 0742

헌법의 최고규범성에 대한 설명으로 옳지 않은 것은?

① 헌법의 최고규범성과 경성헌법은 관련되어 있다.
② 현행헌법에는 헌법의 최고규범성에 관한 명문의 규정이 없으나, 헌법의 최고규범성은 당연한 것으로 간주된다.
③ 위헌법률심사제도는 헌법의 최고성을 관철하기 위한 제도이다.
④ 헌법의 최고규범성에도 불구하고 우리 헌법은 조약의 헌법에 대한 우위를 규정하고 있다.

03 0743

다음 중 합헌적 법률해석에 관한 설명으로 옳은 것을 모두 고르면? (다툼이 있을 경우 헌법재판소 판례에 의함)

> ㄱ. 합헌적 법률해석이란 법률이 외형상 위헌적으로 보일 경우라도 그것이 헌법의 정신에 맞도록 해석될 여지가 조금이라도 있는 한 이를 쉽사리 위헌이라고 판단해서는 안 된다는 헌법의 해석지침을 말한다.
> ㄴ. 일반적으로 어떤 법률에 대한 여러 갈래의 해석이 가능할 때에는 원칙적으로 헌법에 합치되는 해석, 즉 합헌해석을 하여야 하는데, 왜냐하면 국가의 법질서는 헌법을 최고법규로 하여 그 가치질서에 의하여 지배되는 통일체를 형성하는 것이며 그러한 통일체 내에서 상위규범은 하위규범의 효력근거가 되는 동시에 해석근거가 되기 때문이다.
> ㄷ. 입법권자가 그 법률의 제정으로써 추구하고자 하는 입법자의 명백한 의지와 입법의 목적을 헛되게 하는 내용으로 법률 조항을 해석할 수 없다는 '법 목적에 따른 한계'는 사법적 헌법해석기관에 의한 최종적 헌법해석권을 형해화할 수 있으므로 인정될 수 없다.
> ㄹ. 법률의 합헌적 해석이 헌법의 합법률적 해석으로 주객이 전도되어서는 안 된다.

① ㄱ, ㄹ　② ㄱ, ㄷ
③ ㄴ, ㄹ　④ ㄴ, ㄷ

04 0744

헌법의 제정과 개정에 관한 설명으로 옳지 않은 것은?

① 시예스에 따르면 헌법제정권력의 주체는 오직 국민뿐이고, 슈미트에 따르면 헌법제정권력의 주체는 이론적으로 개인, 소수인, 또는 국민이 될 수 있다고 한다.
② 시예스와 슈미트 모두 헌법제정권력을 시원적 권력으로 보기 때문에 헌법제정권력의 한계를 인정하지 않는다.
③ 법실증주의자들은 헌법개정의 한계를 부정하는데, 그 이유의 하나로서 헌법전 내의 모든 규정은 서열이 동일하다고 보는 것을 들 수 있다.
④ 현행헌법상 헌법개정의 제안은 대통령과 국회 재적의원 과반수이며, 대통령은 제안된 헌법개정안을 20일 이상의 기간 동안 공고하여야 하고, 국회는 헌법개정안이 공고된 날로부터 70일 이내에 이를 의결하여야 한다.

05 0745

헌법개정에 관한 설명으로 가장 옳지 않은 것은?

① 현행헌법상 헌법개정을 위해서는, 국민투표에서 국회의원선거권자 과반수의 투표와 투표자 과반수의 찬성을 얻어야 한다.
② 헌법개정안에 대한 국민투표의 효력에 관하여 이의가 있는 투표인은 10만인 이상의 찬성을 얻어 중앙선거관리위원회 위원장을 피고로 하여 투표일로부터 20일 이내에 대법원에 국민투표 무효소송을 제기할 수 있다.
③ 현행헌법 제72조 대통령의 국민투표부의권에 의하여 헌법개정안을 국민투표에 부칠 수도 있다.
④ 현행헌법은 독일기본법 · 프랑스헌법 · 이탈리아헌법 등과는 달리 개헌의 한계에 대해서 명문의 규정을 두고 있지 않다.

06 0746

헌법보장에 관한 내용 중 옳지 않은 것은 모두 몇 개인가?

ㄱ. 헌법보장의 대상은 성문헌법전에 한정된다.
ㄴ. 헌법보장수단으로서의 저항권은 폭력적 수단을 사용해서는 안 된다.
ㄷ. 평상적 헌법보장제도로는 위헌법률심사제와 계엄선포권을 들 수 있다.
ㄹ. 헌법개정에 의해서는 헌법침해가 행해질 수 없다.

① 1개 ② 2개
③ 3개 ④ 4개

07 0747

방어적 민주주의에 대한 설명 중 옳지 않은 것은?

① 방어적 민주주의는 그 출현의 배경에 비추어 볼 때 적극적이고 공격적인 것일 수밖에 없다.
② 현행헌법상 방어적 민주주의의 구현을 위하여 반민주적 정당의 강제해산제를 수용하고 있지만 기본권 상실제는 수용하고 있지 아니하다.
③ 현행헌법 제37조 제2항은 개인 또는 단체가 민주주의를 부정하는 경우에 그 기본권 제한을 정당화할 수 있는 근거가 된다.
④ 우리나라에서는 정당이 그 목적이나 활동이 반민주적이고 헌법 적대적이라는 이유로 헌법재판소에 의하여 강제해산된 예가 있다.

08 0748

우리나라 헌정사에 관한 설명으로 옳지 않은 것은?

① 헌법에서 최초로 양원제를 규정한 것은 1952년 헌법이다.
② 건국헌법은 대통령, 부통령, 국무총리를 모두 두고 있었다.
③ 인간의 존엄성 조항은 1962년 헌법에 처음 규정되었다.
④ 정당운영자금에 대한 국고보조 조항은 1987년 헌법에 처음 규정되었다.

09 0749

국적과 관련된 다음 내용 중 옳은 것은?

① 대한민국에서 발견된 기아(棄兒)는 대한민국에서 출생된 것으로 간주한다.
② 대한민국 국적을 취득한 외국인으로서 외국 국적을 가지고 있는 자는 대한민국 국적을 취득한 날부터 6개월 내에 그 외국 국적을 포기하여야 한다.
③ 만 20세가 되기 전에 대한민국 국적과 외국 국적을 함께 가지게 된 자는 만 22세가 되기 전까지 하나의 국적을 선택하여야 한다. 이때까지 하나의 국적을 선택하지 아니한 자는 만 22세에 외국 국적을 상실한다.
④ 병역을 기피할 목적으로 대한민국 국적을 상실하였거나 이탈하였던 자에 대해 법무부장관은 국적회복을 허가하지 아니한다.

10 0750

법치주의원리에 대한 설명으로 옳지 않은 것은? (다툼이 있을 경우 헌법재판소 판례에 의함)

① 부진정소급입법의 경우, 일반적으로 과거에 시작된 구성요건사항에 대한 신뢰는 더 보호될 가치가 있는 것이므로, 신뢰보호의 원칙에 대한 심사는 장래 입법의 경우보다 일반적으로 더 강화되어야 한다.
② 법령불소급의 원칙은 법령의 효력발생 전에 완성된 요건사실에 대하여 당해 법령을 적용할 수 없다는 의미일 뿐, 계속 중인 사실이나 그 이후에 발생한 요건사실에 대한 법령 적용까지를 제한하는 것은 아니다.
③ 오늘날 법률유보원칙은 단순히 행정작용이 법률에 근거를 두기만 하면 충분한 것이 아니라, 국가공동체와 그 구성원에게 기본적이고도 중요한 의미를 갖는 영역, 특히 국민의 기본권 실현과 관련된 영역에 있어서는 국민의 대표자인 입법자가 그 본질적 사항에 대해서 스스로 결정하여야 한다는 요구까지 내포하고 있다.
④ 슈미트(C. Schmitt)에 의하면, 법치주의는 단순히 법률에 의하지 않고는 강제되지 않는 자유의 보장수단 또는 권리침해에 대해서 사법적 권리구제를 요구하는 비정치적이고 법기술적인 국가권력의 통제수단이 아니고, 국가의 전체적인 기능이나 조직형태에 관한 구조적 원리를 뜻한다.

11 0751

경제질서에 관한 내용으로 다음 중 현행헌법상 명시되어 있지 않은 것은?

① 지하자원 등의 채취·개발·이용의 특허 및 국가의 보호
② 농지의 소작제도 금지
③ 농·어민의 이익보호 및 중소기업의 보호·육성과 지역경제의 육성
④ 농업 및 기간산업의 보호·육성

12 0752

헌법전문(前文)에 대한 설명으로 옳지 않은 것은? (다툼이 있는 경우 판례에 의함)

① 헌법전문에 기재된 '3·1정신'에 기하여 곧바로 국민의 개별적 기본권성을 도출해낼 수는 없다.
② 헌법전문에서 '3·1운동으로 건립된 대한민국 임시정부의 법통을 계승한다.'라고 선언하고 있으나, 이는 추상적 프로그램적 규정일 뿐이고 이로부터 국민의 구체적인 기본권이나 국가의 헌법적 의무가 도출되는 것은 아니다.
③ 헌법전문이란 헌법전의 일부를 구성하는 헌법서문을 말하지만, 성문헌법의 필수적 구성요소는 아니다.
④ 1972년 제7차 개정헌법의 전문에서는 3·1운동의 숭고한 독립정신과 4·19 의거 및 5·16 혁명의 이념을 계승한다고 규정하였다.

13 0753

선거에 관한 다음 설명 중 옳은 것은?

① 선거일 현재 5년 이상 국내에 거주하고 있는 40세 이상의 국민은 대통령의 피선거권이 있으나 국내에 주소를 두고 일정기간 외국에 체류한 기간은 국내거주기간으로 보지 아니한다.
② 보통선거의 원칙에 따라 연령에 의하여 선거권을 제한하는 것은, 국정 참여수단으로써의 선거권 행사는 일정한 수준의 정치적인 판단능력이 전제되어야 하기 때문이다.
③ 대통령선거에 있어서 최고득표자가 2인 이상인 때에는 국회의 재적의원 과반수가 출석한 공개회의에서 출석 과반수의 득표를 한 자를 당선자로 한다.
④ 국회의원 및 정당의 당원은 국회의원선거구획정위원회의 위원이 될 수 있다.

14 0754

다음 중 헌법상 인정되지 않는 기본권은? (다툼이 있을 경우 헌법재판소 판례에 의함)

① 일반적 행동의 자유권　② 국회구성권
③ 생명권　④ 자기결정권

15 0755

기본권의 효력에 관한 기술 중 가장 옳지 않은 것은?

① 우리나라에서는 기본권의 대사인적 효력에 관하여 간접효력설이 다수설이지만, 일부 기본권에 대해서는 예외적으로 직접적인 효력이 인정되기도 한다.
② 평등권의 입법권에 대한 구속력을 인정할 수 있다.
③ 국가의 관리작용과 국고작용 등 비권력작용에도 기본권의 효력이 미친다고 보는 것이 다수의 견해이다.
④ 국가배상청구권, 형사보상청구권은 그 성질상 사인 간의 관계에 적용될 수 있다.

16 0756

기본권의 경합과 충돌에 대한 설명으로 옳은 것은? (다툼이 있는 경우 헌법재판소 판례에 의함)

① 기본권 충돌이란 하나의 기본권 주체가 국가에 대해 동시에 여러 기본권의 적용을 주장하는 경우를 말한다.
② 하나의 규제로 인해 여러 기본권이 동시에 제약을 받는 경우에는 기본권 침해를 주장하는 사람의 의도 및 기본권을 제한하는 입법자의 객관적 동기 등을 참작하여 먼저 사안과 가장 밀접한 관계에 있고, 또 침해의 정도가 큰 주된 기본권을 중심으로 해서 그 제한의 한계를 따져야 한다.
③ 기본권 충돌의 해결방법으로는 상위기본권우선론, 과잉금지원칙, 대안식해결론, 신뢰보호원칙 등을 들 수 있다.
④ 기본권 경합에 관하여 최강효력설은 제한의 가능성이 보다 더 큰 기본권을 우선시켜야 한다는 견해이다.

17 0757

인격권과 관련된 헌법재판소의 판례와 일치하는 것은?

① 교정시설에 수용할 때마다 알몸 상태의 수용자를 전자영상 검사기로 수용자의 항문 부위를 관찰하는 신체검사는 과잉금지원칙에 위배되어 인격권을 침해한다.
② 민사법정에 출석하는 수형자에게 운동화착용을 불허하고 고무신을 신게 하였더라도 신발의 종류를 제한한 것에 불과하여 법익침해의 최소성 및 균형성을 충족한다.
③ 일제강점하 조선총독부 중추원 참의로 활동한 행위를 친일반민족행위로 규정한 일제강점하 반민족행위 진상규명에 관한 특별법 제2조 제9호 중 '조선총독부 중추원 참의로 활동한 행위' 부분은 조사대상자 등의 인격권을 제한하지 않는다.
④ 미결수용자에게 시설 밖에서 재소자용 의류를 입게 하는 것은 무죄추정원칙에 반하고 인격권과 행복추구권, 공정한 재판을 받을 권리를 침해하는 것은 아니다.

18 0758

평등권의 내용에 관한 헌법재판소의 결정으로 옳지 않은 것은?

① 일반사인에 해당하는 금융기관의 임·직원이 직무와 관련하여 수재(收財)행위를 한 경우, 공무원의 뇌물죄와 마찬가지로 별도의 배임행위가 없더라도 이를 처벌하도록 한 것은 평등의 원칙에 위반되지 아니한다.
② 국가인권위원회의 인권위원은 퇴직 후 2년간 교육공무원이 아닌 공무원으로 임명되거나 구 공직선거 및 선거부정방지법에 의한 선거에 출마할 수 없도록 규정한 구 국가인권위원회법 제11조는 인권위원을 합리적 이유 없이 다른 공직자와 차별대우하는 것으로 평등의 원칙에 위배된다.
③ 공인회계사 시험의 응시자격을 대학 등에서 일정과목에 대하여 일정학점 이상을 이수하거나 학점인정을 받은 자로 제한하는 것은, 법무사, 세무사, 변리사 시험 등에서는 이러한 응시자격의 제한 규정을 두고 있지 않는 것에 비추어, 법무사 시험 등에 응시하려는 사람과 공인회계사 시험에 응시하려는 사람을 합리적 이유 없이 차별하는 것으로 독학으로 공인회계사 시험을 준비하는 사람의 평등권을 침해한다.
④ 중재신청인이 중재기일에 1회 불출석하는 경우, 중재신청을 철회한 것으로 간주하는 정기간행물의 등록 등에 관한 법률 제18조 제5항은 과잉금지원칙 내지 평등원칙에 위반되지 아니한다.

19 0759

헌법 규정에 대한 다음 설명 중 옳지 않은 것은?

① 모든 국민은 고문을 받지 아니하며, 형사상 자기에게 불리한 진술을 강요당하지 아니한다.
② 누구든지 체포 또는 구속을 당한 때에는 즉시 변호인의 조력을 받을 권리를 가진다.
③ 형사피의자가 스스로 변호인을 구할 수 없을 때에는 법률이 정하는 바에 의하여 국가가 변호인을 붙인다.
④ 현행범인인 경우와 장기 3년 이상의 형에 해당하는 죄를 범하고 도피 또는 증거인멸의 염려가 있을 때에는 사후에 영장을 청구할 수 있다.

20 0760

양심의 자유 및 종교의 자유에 관한 설명으로 옳지 않은 것은?
(다툼이 있을 경우 헌법재판소 판례에 의함)

① 양심의 자유는 양심형성의 자유와 양심적 결정의 자유를 포함하는 내심적 자유뿐만 아니라, 양심적 결정을 외부로 표현하고 실현할 수 있는 양심실현의 자유를 포함한다.
② 양심의 자유는 국가에 대하여 개인의 양심을 고려하고 보호할 것을 요구하는 권리일 뿐, 양심상의 이유로 법적 의무의 이행을 거부하거나 법적 의무를 대신하는 대체의무의 제공을 요구할 수 있는 권리는 아니다.
③ 보안관찰법상의 보안관찰처분은 보안관찰처분 대상자의 내심의 작용을 문제 삼는 것이 아니라 보안관찰 해당 범죄를 다시 저지를 위험성이 내심의 영역을 벗어나 외부에 표출되는 경우에 재범의 방지를 위하여 내려지는 특별예방 목적의 처분이므로 양심의 자유를 침해하지 않는다.
④ 종교단체는 자신이 설립한 종합대학교에서 자신의 종교를 교육하도록 할 권리가 없다.

제2회 | 모의고사

2023년도 예상 출제경향에 맞추어 새롭게 출제한 모의고사입니다.

풀이시간 & 정답과 해설

적정 풀이시간	17분
정답과 해설	p. 50

1초 합격예측! 모바일 성적분석표

- 문제풀이 시간 측정 가능
- 모바일 OMR을 이용한 자동채점
- http://eduwill.kr/e95F

01 0761

헌법해석에 관한 설명 중 옳지 않은 것은?

① 헌법의 개별 요소들은 상호 관련되고 의존되어 있기 때문에 모든 헌법규범은 상호모순되지 않게 해석하여야 한다.
② 합헌적 법률해석은 법질서의 통일성을 유지하고 권력분립 및 민주적 입법기능을 존중하며 법적 안정성을 유지하기 위하여 필요한 해석방법이다.
③ 합헌적 법률해석은 규범통제의 과정에서만 문제되며, 대체로 규범통제를 강화하는 기능을 한다.
④ 헌법해석은 헌법이 담고 추구하는 이상과 이념에 따른 역사적·사회적 요구를 올바르게 수용하여 헌법적 방향을 제시하는 헌법의 창조적 기능을 수행하여 국민적 욕구와 의식에 알맞은 실질적 국민주권의 실현을 보장하는 것이어야 한다.

02 0762

다음 중 헌법의 제정과 변동에 관한 기술로 옳지 않은 것은?

① 시예스(Abbé Sieyès)는 헌법제정권력의 주체는 제3신분(계급)으로서 국민이어야 한다고 한다.
② 헌법개정은 헌법개정안을 국민투표에 부쳐 국회의원선거권자 과반수의 투표와 투표자 과반수의 찬성을 얻은 때에 확정되며, 대통령은 즉시 이를 공포하여야 한다.
③ 국회의 의결절차를 거치지 아니한 채, 헌법 제72조의 중요정책에 관한 국민투표만으로 헌법을 개정하는 것은 위헌이다.
④ 관습헌법은 그것을 지탱하고 있는 국민적 합의성을 상실하더라도 법적 효력을 상실하는 것은 아니다.

03 0763

헌법 개정에 관한 설명으로 옳은 것은? (다툼이 있는 경우 헌법재판소 결정례 및 대법원 판례에 의함)

① 1차 헌법개정(1952.7.)은 헌법이 정하는 공고절차를 거치지 아니하였으나, 국민투표에 의하여 확정되었다.
② 현행헌법과 마찬가지로 역대 헌법은 헌법개정의 실정법적 한계를 인정하지 않았다.
③ 헌법의 각 개별조항 간에는 이념적·논리적으로 규범 상호간의 우열을 인정할 수 있으므로 특정한 헌법조항은 다른 헌법조항이 개정될 경우 그 위헌 여부를 심사할 수 있는 기준이 될 수 있다.
④ 헌법개정이 의식적인 헌법규정의 변경이라고 한다면, 헌법변천은 무의식적인 헌법규정의 내용 변화라고 할 수 있다.

04 0764

다음 중 현행헌법전문에 규정된 사항은?

① 전통문화의 계승과 발전
② 자유민주적 기본질서에 입각한 평화통일
③ 5·16혁명이념 계승
④ 대한민국 임시정부의 법통 계승

05 0765

정당제도에 관한 설명으로 옳은 것은? (다툼이 있을 경우 헌법재판소 판례에 의함)

① 정당의 법적 지위는 적어도 그 소유재산의 귀속관계에 있어서는 법인격 없는 사단으로 보아야 하지만, 정당의 지구당은 중앙당과 지구당의 복합적 구조에 비추어 단순한 중앙당의 하부조직은 아니라고 하더라도 이를 법인격 없는 사단에 해당한다고 할 수는 없다.
② 위헌정당으로 강제해산된 경우와 달리 등록이 취소된 경우에는 정당의 명칭을 곧바로 다시 사용할 수 있다.
③ 경찰청장의 퇴직 후 일정기간 동안 정당에 가입할 수 없게 하는 것은 공무원의 정치적 중립성을 보장하기 위한 것이어서 정당의 사유를 침해하는 것은 아니다.
④ 국회가 정당법을 개정하여 정당설립의 요건으로 '정당은 그 목적과 활동이 민주적이어야 한다.'고 규정하는 것은 헌법 제8조 제1항에 위반된다.

06 0766

기본권의 충돌이 발생한 경우 해결방법에 관한 설명 중 옳지 않은 것은?

① 독일 연방헌법재판소는 인공임신중절행위에 대한 판결에서 임산부의 '개성신장의 자유'보다 태아의 '생명권'에 우선적 효력을 인정하였다.
② 헌법재판소는 반론권에 대하여 보도기관의 언론의 자유와 피해자의 인격권을 조화롭게 해결하기 위한 제도로서 보도기관의 언론의 자유를 과잉제한하거나 본질적 내용을 침해하는 것이 아니라고 보았다.
③ 헌법재판소는 두 기본권이 서로 충돌하는 경우 헌법의 통일성을 유지하기 위하여 상충되는 기본권 모두가 최대한 그 기능을 나타낼 수 있도록 조화로운 방법이 모색되어야 할 것이라고 보았다.
④ 기본권을 국가에 대한 방어권으로만 이해하는 경우에는 기본권의 충돌 문제가 발생한다.

07 0767

일반적 행동자유권에 대한 설명으로 옳지 않은 것은? (다툼이 있는 경우 판례에 의함)

① 좌석안전띠를 매지 않을 자유는 헌법 제10조의 행복추구권에서 나오는 일반적 행동자유권의 보호영역에 속한다.
② 계약자유의 원칙은 헌법상의 행복추구권 속에 함축된 일반적 행동자유권으로부터 파생된다.
③ 도로교통법상 주취 중 운전금지규정을 3회 위반한 경우 운전면허를 필요적으로 취소하도록 규정한 것은 과잉금지원칙에 반하여 일반적 행동자유권을 침해하는 것은 아니다.
④ LPG를 연료로 사용할 수 있는 자동차 또는 그 사용자의 범위를 제한하고 있는 액화석유가스의 안전관리 및 사업법 시행규칙 조항은 LPG승용자동차를 소유하고 있거나 운행하려는 자의 일반적 행동자유권을 침해한다.

08 0768

평등권에 대한 헌법재판소 판례의 내용으로 옳지 않은 것은?

① 다른 전문직 종사자들과는 달리 법무사에 대하여만 사무원 수를 제한하는 것은 위헌이다.
② 국가를 상대로 하는 재산권 청구의 경우에는 가집행선고를 할 수 없도록 한 것은 위헌이다.
③ 교도소에 수용된 때에는 국민건강보험급여를 정지하도록 한 것은 위헌이 아니다.
④ 초·중등학교의 교원의 정당가입을 금지한 것은 위헌이 아니다.

09 0769

알 권리에 대한 설명 중 옳지 않은 것은?

① 공시대상 정보로서 교원의 교원단체 및 노동조합 가입현황(인원 수)만을 규정할 뿐 개별 교원의 명단은 규정하고 있지 아니한 구 교육관련기관의 정보공개에 관한 특례법 시행령은 부모의 알 권리와 교원의 개인정보자기결정권의 충돌을 합리적으로 조화시킨 것이라 할 수 없으므로 학부모의 알 권리를 침해한다.
② 금치처분은 금치처분을 받은 사람을 징벌거실 속에 구금하여 반성에 전념하게 하려는 목적을 가지고 있으므로, 금치기간 중 텔레비전 시청을 제한하는 것은 수용자의 알 권리를 침해하지 아니한다.
③ 저속한 간행물의 출판을 전면적으로 금지시키고 출판사의 등록을 취소시킬 수 있도록 하는 것은 청소년 보호를 위해 지나치게 과도한 수단을 선택한 것으로 성인의 알 권리를 침해한다.
④ 공공기관의 정보에 대한 공개청구와 관련하여서는 알 권리는 청구권적 성격을 가지고, 알 권리가 일반적으로 접근할 수 있는 정보원으로부터 자유롭게 정보를 수집할 수 있는 권리를 의미하는 경우에는 자유권적 성격을 가진다.

10 0770

검열금지 관련 헌법재판소 판례와 일치하지 않는 것은 몇 개인가?

㉠ 민사소송법 제714조 제2항에 의한 방영금지가처분은 행정권에 의한 사전심사나 금지처분이 아니라 개별 당사자간의 분쟁에 관하여 사법절차에 의하여 심리·결정하는 것이므로 사전검열에 해당하지 않는다. ㉡ 옥외광고물 등의 종류·모양·크기 등을 규제하는 것은 광고물 등의 내용을 심사·선별하여 광고물을 사전에 통제하는 것이므로 사전허가·검열에 해당한다. ㉢ 정기간행물의 공보처장관에 대한 납본제도는 그 정기간행물의 내용을 심사하여 이를 공개 내지 배포하는데 대한 허가나 금지와 관계가 없으므로 사전검열이 아니다.

① 0개 ② 1개
③ 2개 ④ 3개

11 0771

직업의 자유의 보호범위에 포함되는 것은 몇 개인가?

㉠ 무상·일회적·일시적 교습행위 ㉡ 해당 직업에 합당한 보수를 받을 권리 ㉢ 직장존속청구권 ㉣ 취미·여가활동 ㉤ 방학 중 학원강사

① 0개 ② 1개
③ 2개 ④ 3개

12 0772

학문의 자유에 대한 설명 중 옳지 않은 것은?

① 국립대학의 교수나 교수회는 국립대학의 장 후보자 선정에 참여할 권리가 있으나 사립대학교 교수나 교수회는 대학총장 선임에 관여할 지위에 있지 아니하므로 학교법인의 총장 선임을 다툴 이익이 없다.
② 실정법상 학교 측의 요청이 없어도 경찰이 대학구내 시위에 출동할 수 있다.
③ 서울대의 입시요강은 행정계획안이나 헌법소원의 대상이 될 수 있다.
④ 교사는 일반화된 지식이 아닐지라도 자신의 연구결과를 가르칠 교수의 자유를 누린다.

13 0773

정정보도와 반론보도에 관련된 설명으로 옳은 것은?

① 정정보도청구의 요건으로 언론사의 고의·과실이나 위법성을 요하지 않도록 규정한 언론중재 및 피해구제 등에 관한 법률 제14조 제2항, 제31조 후문은 신문사업자인 청구인들의 언론의 자유를 침해한다.
② 정정보도청구를 가처분절차로 심판하도록 한 언론중재법은 언론의 자유 침해이다.
③ 반론보도청구를 가처분절차로 심판하도록 한 것은 언론의 자유를 침해한다.
④ 반론보도청구권은 보도내용이 진실하지 아니한 경우 시정을 청구하는 권리이다.

14 0774

집회 · 결사의 자유에 대한 설명 중 옳은 것은?

① 경찰서장은 집회 또는 시위의 질서유지에 관하여 자신을 보좌하게 하기 위하여 성년 이상의 자를 질서유지인으로 임명할 수 있다.
② 주택조합, 농지개량조합은 결사의 자유의 주체가 될 수 없으나 약사법인, 상공회의소, 축협중앙회는 결사의 자유의 주체가 된다.
③ 헌법 제33조는 헌법 제21조의 특별법 조항이므로 노조에 가입하지 아니할 자유, 즉 소극적 단결권은 헌법 제33조에서 우선적으로 보호된다.
④ 주한 일본대사관 앞에서 집회를 금지하는 것은 영토권 침해 문제를 발생시킨다.

15 0775

다음 중 재산권 관련 판례와 일치하는 것은?

① 의료보험조합의 적립금은 조합원 개인에게 헌법상 보장되는 재산권의 내용에 포함된다.
② 시혜적 입법의 시혜대상이 될 경우 얻을 수 있는 재산상 이익의 기대가 성취되지 않은 경우 그러한 재산상 이익의 기대도 헌법이 보호하는 재산권의 영역에 포함된다.
③ 공공필요에 의한 재산권의 수용 사용 또는 제한 및 그에 대한 보상은 법률로써 하되, 상당한 보상을 지급하여야 한다.
④ 잠수기어업허가를 받아 키조개 등을 채취하던 자가 잠수기어업허가를 받지 못하여 상실된 이익은 헌법 제23조의 재산권의 보호범위에 포함되지 않는다.

16 0776

재산권 침해에 대한 헌법재판소 판례와 일치하는 것만으로 조합한 것은?

> ㉠ 성매매에 제공되는 사실을 알면서 건물을 제공하는 행위를 한 자를 처벌하는 것은 집창촌에서 건물을 소유하거나 그 관리권한을 가지고 있는 자의 재산권을 침해한다.
> ㉡ 판례에 의하면 건설공사를 위하여 문화재발굴허가를 받아 매장문화재를 발굴하는 경우 그 발굴비용을 사업시행자로 하여금 부담하도록 한 구 문화재보호법 제44조 제4항 제2문은 재산권 침해가 아니다.
> ㉢ 판례에 의하면 국가나 지방자치단체에 등기를 신청하는 국민에게 국민주택채권을 매입하도록 하는 주택법 제68조 제1항 제2호는 헌법상 계약체결의 자유 및 재산권을 침해한다.

① ㉠　　② ㉡
③ ㉠, ㉡　　④ ㉡, ㉢

17 0777

공무담임권에 관한 설명 중 옳지 <u>않은</u> 것은?

① 대통령 선거권, 국회의원 선거권, 지방의원 선거권은 헌법에 규정되어 있고 지방자치단체장 선거권, 교육위원 선거권은 법률에 의해 인정되고 있다.
② 선거권, 공무담임권, 중요정책과 헌법개정에 대한 국민투표권은 우리 헌법상 보장되고 있는 참정권이다.
③ 교육위원선거에서 경력자 우선당선제도에 의하여 표를 많이 얻은 비경력자가 낙선하게 되는 것은 민주주의 원리상 허용될 수 없으나 교육의 자주성, 전문성 확보를 위해 민주적 정당성이 후퇴할 수 있다.
④ 판례에 의하면 공직선거에 후보자로 등록하고자 하는 자가 제출하여야 하는 범죄경력에 이미 실효된 금고 이상의 형까지 기재하도록 정한 공직선거법 조항은, 실효된 금고 이상의 형의 범죄경력을 가진 후보자의 공무담임권을 침해한다.

18 0778

청원권에 관한 설명으로 옳은 것은?

① 헌법 제26조 제2항은 심사의무만 규정하고 있고, 청원법 제21조에서 청원에 대한 수리·심사·통지의무를 규정하고 있다.
② 법인과 외국인은 청원할 권리를 누리지 못한다.
③ 법률·명령·조례·규칙 등의 제정·개정 또는 폐지도 청원할 수 있는 사항에 해당한다.
④ 청원 소관 관서는 청원법이 정하는 절차와 범위 내에서 청원사항을 성실·공정·신속히 심사하고 청원인에게 그 처리결과를 통지할 의무가 있고, 그 처리내용은 공권력의 행사 또는 불행사에 해당하므로 청원인은 그 처리내용이 기대하는 바에 미치지 못하는 경우라면 헌법소원심판을 제기하는 것이 허용된다.

19 0779

형사보상청구권에 대한 설명으로 옳지 않은 것은?

> ㉠ 형사보상의 청구는 무죄재판이 확정된 때로부터 1년 이내에 하도록 규정하고 있는 형사보상법 제7조는 평등원칙에 위반된다.
> ㉡ 형사보상의 청구에 대하여 한 보상의 결정에 대하여는 불복을 신청할 수 없도록 규정한 것은 청구인들의 재판청구권을 침해하지 않는다.
> ㉢ 법원의 보상결정에 대해서는 항고할 수 있다.
> ㉣ 형사보상에 대한 재판은 단독판사가 한다.
> ㉤ 형사보상청구를 인정함에 있어 국가기관의 고의·과실을 불문하는 것처럼 무죄판결을 받은 당사자에게 귀책사유가 있는지 여부도 문제되지 않는다.

① ㉠, ㉢　　② ㉡, ㉢, ㉣
③ ㉠, ㉣, ㉤　　④ ㉡, ㉣, ㉤

20 0780

재판청구권 관련 헌법재판소 판례에 대한 설명 중 옳지 않은 것은?

① 재판서를 송달하지 않는다고 하여 국민의 알 권리를 침해한다고 할 수 없고, 상소기간을 재판선고일로부터 계산하는 것이 과잉으로 국민의 재판청구권을 제한한다고 할 수 없다.
② 상소심에서 심판을 받을 권리를 헌법상 명문화한 규정이 없고 상소문제가 일반법률에 맡겨진 우리 법제하에서 재판청구권에 모든 사건에 대해 상소심절차에 의한 재판을 받을 권리까지도 당연히 포함된다고 할 수는 없다.
③ 사법부가 아닌 청소년보호위원회가 청소년유해매체물을 결정하도록 하는 것은 재판을 받을 권리침해가 아니다.
④ 상속회복청구권의 행사기간을 상속권의 침해행위가 있은 날부터 10년 또는 상속침해를 안 날로부터 3년이라는 단기의 행사기간으로 규정한 것은 헌법상 보장된 상속인의 재산권을 침해한다.

제3회 | 모의고사

2023년도 예상 출제경향에 맞추어 새롭게 출제한 모의고사입니다.

풀이시간 & 정답과 해설

적정 풀이시간	17분
정답과 해설	p. 55

1초 합격예측! 모바일 성적분석표

- 문제풀이 시간 측정 가능
- 모바일 OMR을 이용한 자동채점
- http://eduwill.kr/995F

01 0781

헌법개정에 관한 설명 중 옳지 않은 것은?

① 우리나라 역대 헌법에서 명시적인 헌법개정금지조항을 둔 적은 있으나, 현행헌법에는 명시적인 헌법개정금지조항이 없다는 것이 일반적인 견해이다.
② 법은 진화하고 있으며, 새로 만들어진 법은 새로운 환경의 변화를 반영하는 것으로서 언제나 타당한 것이라는 의견은 헌법개정한계설의 논거 중 하나이다.
③ 통합론의 입장에서는 헌법개정을 역사적 변천 속에서 헌법의 계속성을 유지하는 것으로 이해하고, 헌법의 기본적 동일성을 상실시키는 헌법개정은 금지된다고 본다.
④ 결단주의에서 '헌법'을 바꾸기 위해서는 헌법개정이 아닌 새로운 헌법제정을 하여야 한다.

02 0782

저항권에 대한 설명으로 옳지 않은 것은?

① 저항권은 헌법이나 법률에 규정된 일체의 법적 구제수단이 이미 유효한 수단이 될 수 없는 경우에 행사될 수 있다.
② 헌법전문의 "불의에 항거한 4·19민주이념을 계승하고"라는 부분을 저항권의 근거규정으로 보는 견해가 있다.
③ 저항권은 사회·경제적 체제개혁이라는 적극적 목적을 위하여 행사될 수 없으며, 평화적인 방법으로만 행사되어야 한다.
④ 저항권이 행사되려면 불법적인 공권력행사의 존재가 객관적으로 명백해야 한다.

03 0783

헌법의 수호에 대한 설명 중 옳지 않은 것은? (다툼이 있을 경우 헌법재판소 판례에 의함)

① 방어적 민주주의는 민주주의의 자기방어적인 성격을 갖는 것으로서 가치상대주의 내지 다원주의에 대한 한계로서 인정될 것이다.
② 저항이 성공하여 법치국가적 질서가 재건되면 저항행위는 소급하여 유효한 것으로 정당화된다.
③ 대통령은 평상시에 헌법수호의 기능을 담당하지만, 비상시에는 헌법재판소가 그 역할을 분담하게 된다.
④ 헌법수호의 대상으로서 헌법은 형식적 의미의 헌법뿐만 아니라 실질적 의미의 헌법도 포함한다.

04 0784

다음 중 헌법전문에 명문으로 직접 규정하고 있는 것은 몇 개인가?

> ㉠ 3·1운동으로 건립된 대한민국 임시정부
> ㉡ 4·19민주이념의 계승
> ㉢ 복수정당제의 보장
> ㉣ 항구적인 세계평화와 인류공영
> ㉤ 균형 있는 국민경제의 성장 및 안정
> ㉥ 평화적 통일의 사명
> ㉦ 민족문화 창달의무
> ㉧ 전통문화의 계승·발전

① 4개　② 5개
③ 6개　④ 7개

05 0785

현행헌법상 경제질서에 관한 헌법재판소의 결정 중 옳지 않은 것은?

① 사적자치 내지 계약자유는 무제한의 자유가 아니라, 공공복리를 위해서 법률에 의하여 제한할 수 있다.
② 국세 등의 납부기한으로부터 1년 이내에 설정된 전세권·질권·저당권에 의해 담보된 다른 채권이 그 국세채권보다 먼저 성립되었다고 하더라도 그 국세채권을 그 피담보채권들에 우선하여 징수하는 것은 헌법에 반하지 않는다.
③ 헌법 제119조 제1항에 의하면 기업의 생성·발전·소멸은 어디까지나 기업의 자율에 맡긴다는 기업자유의 표현이며 국가의 공권력은 특단의 사정이 없는 한 이에 대한 불개입을 원칙으로 한다는 것을 의미한다.
④ 입법자가 이자제한의 여부를 결정하는 것은 입법 당시의 사회경제적 여건을 고려해야 하는 입법형성권의 행사에 해당된다.

06 0786

사회국가원리에 관한 설명으로 가장 옳지 않은 것은?

① 경제적 약자를 보호하기 위하여 사인 간의 약정이자를 제한하는 것은 민법상의 일반원칙에 반할 뿐만 아니라 자유시장적 경제질서를 침해하는 것으로 이에 대한 입법자의 재량은 허용될 수 없다.
② 복지국가가 그 목적달성을 위하여 복지정책을 수립하고 실시하는데 자유권이 제한된다고 하더라도 자유와 권리의 본질적 내용을 침해하는 제한은 허용되지 아니한다.
③ 헌법 제119조 제2항에 근거한 독과점규제의 목적이 경쟁의 회복에 있다면 이 목적을 실현하는 수단 또한 자유롭고 공정한 경쟁을 가능하게 하는 방법이어야 한다.
④ 국가가 인간다운 생활을 보장하기 위한 헌법적인 의무를 다하였는지의 여부가 사법적 심사의 대상이 된 경우에는, 국가가 생계보호에 관한 입법을 전혀 하지 아니하였다든가 그 내용이 현저히 불합리하여 헌법상 용인될 수 있는 재량의 범위를 명백히 일탈한 경우에 한하여 헌법에 위반된다고 할 수 있다.

07 0787

기본권의 주체에 관한 설명으로 옳지 않은 것은? (다툼이 있을 경우 헌법재판소 판례에 의함)

① 법인 아닌 사단·재단이라고 하더라도 대표자의 정함이 있고 독립된 사회적 조직체로서 활동하는 때에는 성질상 법인이 누릴 수 있는 기본권을 침해당하게 되면 그 이름으로 헌법소원심판을 청구할 수 있다.
② 근로의 권리가 국가에 대하여 고용증진을 위한 사회적·경제적 정책을 요구할 수 있는 권리로서 의미를 가지는 경우에는 사회권적 기본권으로서 국민에 대하여만 인정해야 하지만, 자본주의 경제질서하에서 근로자가 기본적 생활수단을 확보하고 인간의 존엄성을 보장받기 위하여 최소한의 근로조건을 요구할 수 있는 권리로서 의미를 가지는 경우에는 자유권적 기본권의 성격도 아울러 가지므로 이러한 경우 외국인 근로자에게도 그 기본권 주체성을 인정할 수 있다.
③ 대한민국의 국적을 보유하고 있지 않은 외국인도 우리나라의 헌법재판소에 자신의 기본권 침해를 이유로 헌법소원심판을 청구할 수 있다.
④ 국가나 국가기관 또는 국가조직의 일부나 공법인은 기본권의 수범자이자 기본권의 주체로서 그 소지자이므로, 오히려 국민의 기본권을 보호 내지 실현해야 할 책임과 의무를 지니고 있는 지위에 있을 뿐이므로, 원칙적으로 헌법소원심판청구인적격이 인정된다.

08 0788

인권 내지 기본권에 관한 설명 중 옳지 않은 것은? (다툼이 있을 경우 헌법재판소 판례에 의함)

① 헌법에 열거되지 아니한 국민의 자유와 권리는 헌법소원에 의하여 구제될 수 있는 헌법상 보장된 기본권에 해당하지 않는다.
② 기본권은 국가가 확인하고 보장한다는 점에서 국가가 제정한 법률의 범위 내에서 그 효력이 인정되는 것은 아니다.
③ '제3세대 인권'이란 평화에 대한 권리, 환경에 대한 권리, 개발에 대한 권리 등을 포함하는 연대권을 말한다.
④ 국가인권위원회법은 헌법뿐만 아니라 법률, 대한민국이 가입·비준한 국제인권조약, 국제관습법을 인권의 법원(法源)으로 인정하고 있다.

09 0789

다음 중 기본권 보장의무에 관한 헌법재판소 판결 내용으로 옳지 않은 것은?

① 국가가 국민의 법익을 최대한 보호했는지 여부를 기준으로 심사해야 한다.
② 교통사고특례법 중 업무상 과실 또는 중대한 과실로 인한 교통사고로 말미암아 피해자로 하여금 상해를 입게 한 경우 공소를 제기할 수 없도록 한 부분은 과소보호금지원칙에 위반한 것은 아니다.
③ 미국산 쇠고기수입의 위생조건에 관한 고시가 국민의 생명·신체의 안전을 보호하기에 전적으로 부적합하거나 매우 부족하여 그 보호의무를 명백히 위반한 것이라고 단정하기는 어렵다.
④ 범죄피해자는 검사의 불기소처분에 의해 범죄로부터 국민을 보호하여야 할 국가의 의무가 이루어지지 않을 때 국가의 보호의무 위반을 주장할 수 있다.

10 0790

평등권 및 평등원칙에 관한 설명 중 옳지 않은 것은? (다툼이 있을 경우 헌법재판소 판례에 의함)

① 주민투표권은 헌법상의 열거되지 아니한 권리 등 그 명칭의 여하를 불문하고 헌법상의 기본권성이 부정된다. 그러나 비교집단 상호 간에 주민투표권의 차별이 존재할 경우 헌법상의 평등권 심사가 가능하다.
② 대한민국 국민인 남자에 한하여 병역의무를 부과한 것은 헌법이 특별히 양성평등을 요구하는 경우에 해당하지 않고, 관련 기본권에 중대한 제한을 초래하는 경우로 보기도 어려우므로, 그 평등권 침해 여부는 자의금지원칙에 의하여 심사한다.
③ 국가유공자와 그 가족에 대한 가산점제도에 있어서 국가유공자 가족의 경우는 헌법 제32조 제6항이 가산점제도의 근거라고 볼 수 없으므로 평등권 침해 여부에 관하여 보다 완화된 기준을 적용한 비례심사는 부적절한 것이다.
④ 친양자의 양친을 기혼자로 한정하고 독신자는 친양자 입양을 할 수 없도록 규정한 민법 제908조의2는 독신자를 기혼자에 비하여 차별하는 것으로 평등원칙에 위배된다.

11 0791

신체의 자유에 대한 설명 중 옳지 않은 것은?

① 벌금미납자를 노역장에 유치하여 신체를 구금하는 형법 제69조 제2항 및 제70조는 헌법에 위반되지 아니한다.
② 피의자 구속기간을 연장하는 법률에 대한 심사는 완화된 심사를 해야 한다.
③ 치료감호기간의 상한을 정하지 아니한 사회보호법 제9조 제2항은 과잉금지원칙에 위반되지 아니한다.
④ 보통군사법원군판사는 검찰관 또는 군사법경찰관의 신청에 의하여 수사를 계속함에 상당한 이유가 있다고 인정한 때에는 10일을 초과하지 아니하는 한도에서 제239조 또는 제240조의 구속기간의 연장을 각각 1차에 한하여 허가할 수 있다고 규정한 군사법원법 제242조는 헌법에 위반된다.

12 0792

변호인의 조력을 받을 권리에 관한 설명 중 옳은 것은?

① 국선변호인의 조력을 받을 권리는 헌법상 피고인에게만 인정되고 피의자에게는 인정되지 않는다.
② 피의자가 국선대리인 선임신청서를 제출한 경우, 사건을 수사한 경찰관은 이를 법원에 제출해야 한다.
③ 피고인의 국선변호인이 법정기간 내 항소이유서를 제출하지 아니한 경우 법원은 항소를 기각해야 한다.
④ 피고인의 국선변호인의 조력을 받을 권리로부터 국가는 국선변호인을 선정할 의무를 부담하지만 피고인이 국선변호인의 실질적 조력을 받을 수 있도록 국가가 필요한 업무감독과 조치를 취할 의무까지 있다고 할 수 없다.

13 0793

사생활의 자유에서 보호되는 것을 모두 조합한 것은?

> ㉠ 흡연할 자유
> ㉡ 공판정에서 누가 자기의 말을 녹음할 것인지, 녹음된 자기 음성의 재생 여부를 결정할 권리
> ㉢ 선거운동과정에서 대외적으로 해명을 할 권리
> ㉣ 좌석안전띠 착용 여부
> ㉤ 인터넷 게시판·대화방에 정당후보자에 대한 지지·반대의 글을 게시하는 행위

① ㉠　　② ㉠, ㉡
③ ㉢, ㉣, ㉤　　④ ㉡, ㉢, ㉣

14 0794

통신의 비밀관련 헌법재판소 판례와 일치하는 것은?

① 통신제한조치기간의 연장을 허가함에 있어 횟수나 기간제한을 두지 않는 규정은 범죄수사의 목적을 달성하기 위해 불가피한 것이므로 과잉금지의 원칙에 위배되지 않는다.
② 육군의 신병훈련소에서 교육훈련을 받는 동안 전화사용을 통제하는 내용의 육군 신병교육 지침서 부분은 신병교육훈련생들의 통신의 자유 등 기본권을 필요한 정도를 넘어 과도하게 제한하는 것이다.
③ 수용자가 밖으로 내보내는 모든 서신을 봉함하지 않은 상태로 교정시설에 제출하도록 규정하고 있는 형의 집행 및 수용자의 처우에 관한 법률 시행령 제65조 제1항은 통신비밀의 자유를 침해한다.
④ 사인이 감청장비를 제조·수입하는 경우, 정통부장관의 인가를 받도록 하면서 공공기관이 감청장비를 제조·수입하는 경우에 인가제를 배제하는 것은 통신비밀을 침해하는 것이다.

15 0795

종교의 자유에 관한 판례와 일치하지 않는 것은?

① 고등학교 평준화정책에 따라 종교단체가 설립한 사립고등학교에 강제배정된 학생의 경우, 이 학교가 특정 종교의 교리를 전파하는 종교과목 수업을 실시하면서 참가 거부가 사실상 불가능한 분위기를 조성하고 대체과목을 개설하지 않은 것은 종교를 갖지 않은 학생의 기본권을 고려하지 않아 그 학생의 종교에 관한 인격적 법익을 침해한다.
② 사립대학은 학생들이 신앙을 가지지 않을 자유를 침해하지 않는 범위 내에서 종교교육을 받을 것을 졸업요건으로 하는 학칙을 제정할 수 있다.
③ 종교적 행위의 자유는 절대적 권리이므로 질서유지·공공복리를 위해 제한할 수 없다.
④ 종교단체가 운영하는 학교 형태 혹은 학원 형태의 교육기관도 예외없이 학교설립인가 혹은 학원설립등록을 받도록 규정하고 있는 교육법 및 학원의 설립·운영에 관한 법률 조항이 종교의 자유를 침해하였다고 볼 수 없다.

16 0796

집회의 자유에 관한 서술 중 옳지 않은 것은? (다툼이 있을 경우 헌법재판소 판례에 의함)

① 집단적인 폭행·협박·손괴·방화 등으로 공공의 안녕질서에 직접적인 위협을 가할 것이 명백한 집회 또는 시위의 주최를 금지하고, 이에 위반한 집회 또는 시위에 그 정을 알면서 참가한 자를 처벌하는 규정은 죄형법정주의의 명확성원칙에 위반된다.
② 누구든지 국회의사당의 경계지점으로부터 100미터 이내의 장소에서는 옥외집회 또는 시위를 하여서는 아니 된다는 규정은 국회의 기능 보호 등을 위한 것으로서, 과잉금지의 원칙에 위배하여 집회의 자유를 침해한다고 볼 수 없다.
③ 옥외집회의 사전신고제는 과잉금지의 원칙에 위배하여 집회의 자유를 침해한다고 볼 수 없다.
④ 옥외집회의 신고는 수리를 요하지 아니하는 정보제공적 신고이므로, 경찰서장이 이미 접수된 옥외집회 신고서를 반려하는 행위는 공권력의 행사에 해당한다.

17 0797

공무담임권에 관한 설명 중 옳지 않은 것은?

① 국방부 등의 보조기관에 근무할 수 있는 기회를 현역군인에게만 부여하고 군무원에게는 부여하지 않는 법률조항은 군무원의 공무담임권을 침해하지 않는다.
② 5급 공개경쟁채용시험 응시연령의 상한을 32세까지로 제한하고 있는 것은 기본권 제한을 최소한도에 그치도록 요구하는 헌법 제37조 제2항에 부합된다고 보기 어렵다.
③ 공무담임권의 보호영역에는 공직취임기회의 자의적인 배제뿐만 아니라 공무원 신분의 부당한 박탈이나 권한의 부당한 정지, 승진시험의 응시제한이나 이를 통한 승진기회의 보장 등이 포함된다.
④ 고용노동 및 직업상담 직류를 채용하는 경우 직업상담사 자격증 보유자에게 만점의 3% 또는 5%의 가산점을 부여한다고 명시한 인사혁신처 2018년도 국가공무원 공개경쟁채용시험 등 계획 공고는 직업상담사 자격증을 소지하지 않은 상태에서 국가공무원 공개경쟁채용시험에 응시하려고 하는 자들의 공무담임권을 침해하지 않는다.

18 0798

재판청구권의 보호범위에 대한 설명 중 옳은 것만 조합한 것은?

> ㉠ 통설에 의하면 재판을 받을 권리는 외국인과 법인에게도 보장된다.
> ㉡ 피고인 스스로 치료감호를 청구할 권리도 재판청구권으로 보호된다.
> ㉢ 판례에 의하면 '논리적이고 정제된 법률의 적용을 받을 권리'는 헌법상 보장되는 기본권이 아니다.
> ㉣ 헌법상 헌법과 법률이 정한 법관에 의한 재판을 받을 권리는 직업법관에 의한 재판을 주된 내용으로 하므로 '국민참여재판을 받을 권리'는 헌법 제27조 제1항의 재판을 받을 권리의 보호범위에 당연히 포함된다.
> ㉤ 재심을 청구할 권리가 헌법 제27조에서 규정한 재판을 받을 권리에 당연히 포함된다고 볼 수 없다.

① ㉡, ㉣ ② ㉠, ㉢
③ ㉡, ㉢, ㉣ ④ ㉠, ㉢, ㉤

19 0799

형사보상청구권(헌법 제28조)에 대한 설명 중 옳지 않은 것은?

> 헌법 제28조 형사피의자 또는 형사피고인으로서 구금되었던 자가 법률이 정하는 불기소처분을 받거나 무죄판결을 받은 때에는 법률이 정하는 바에 의하여 국가에 정당한 보상을 청구할 수 있다.

① 일신전속적 권리이므로, 청구권자 본인이 사망한 경우에는 상속인은 청구할 수 없다.
② 불구속수사를 받은 피의자나 기소중지·기소유예처분을 받은 피의자는 형사보상을 청구할 수 없다.
③ 면소나 공소기각의 재판을 받은 형사피고인도 형사보상을 청구할 수 있는 경우가 있다.
④ 피의자보상은 지방검찰청에 설치된 형사보상심의회에 보상을 청구할 수 있다.

20 0800

헌법상 국민의 기본적 의무와 관련된 헌법재판소의 판례와 일치하지 않는 것은?

① 경찰대학의 입학 연령을 17세 이상 21세 미만으로 한정하여 병역의무이행 후 그 상한연령을 초과하면 입학하지 못하게 하는 것은 병역의무의 이행을 이유로 불이익을 주는 것이 아니다.
② 학교운영지원비를 학교회계 세입항목에 포함시키도록 하는 것은 헌법 제31조 제3항에 규정되어 있는 의무교육의 무상원칙에 위배된다.
③ 조세의 부과·징수로 인해 납세의무자의 사유재산에 관한 이용·수익·처분권이 중대한 제한을 받게 되는 경우에는 재산권의 침해가 될 수 있다.
④ 병역의무를 완수한 후 직장을 가지고 사회활동을 영위하면서 병력동원훈련에 소집되어 실역에 복무 중인 예비역이 그 소집기간 동안 군형법의 적용을 받는 것은 병역의무의 이행을 이유로 불이익을 받는 것이다.

어둡다고 불평하는 것보다
촛불을 켜는 것이 더 낫다.
고민하는 대신
거기 언제나 무엇인가
할 수 있는 일이 있다.

– 아잔 브라흐마(Ajan Brahma), 『술취한 코끼리 길들이기』

제1회 | 정답과 해설

난이도	상 ㊥ 하
맞힌 문항 수 & 예상 합격선	/ 20개(17개 이상)
제1회 모의고사 문제	p. 29

01	②	02	④	03	③	04	④	05	③
06	④	07	①	08	④	09	④	10	④
11	④	12	②	13	②	14	②	15	④
16	②	17	②	18	③	19	③	20	④

01 ②

유형 이론 + 판례

헌법 일반이론 > 헌법과 헌법학 > 헌법의 의의와 특성 오답률 43.2%

② (X) 근대입헌주의는 법률의 우위를 도입했으나 법률이 정당한지의 여부에 대한 관심이 없어, 19세기와 20세기 초반에 악법에 의한 통치문제가 발생하자 2차 세계대전 이후 위헌법률심판제도를 핵심으로 하는 실질적 법치주의가 자리를 잡게 되었다. 따라서 위헌법률심판제도는 현대사회국가적 헌법의 특징에 해당한다.

① (O) 헌법이란 '국가적 공동체의 존재형태와 기본적 가치질서에 관한 국민적 합의를 법규범적인 논리체계로 정립한 국가의 기본법'이다(권영성).

③ (O) 헌법은 개방성을 특징으로 하지만, 헌법의 기본원리·국가의 권력구조·문제들을 결정할 절차 등은 구속력 있게 확정되어 있어야 한다.

④ (O) 헌법의 특성 중 최고규범성에 대한 설명이다.

> 헌법은 국민적 합의에 의해 제정되니 국민생활의 최고 도덕규범이며 정치생활의 가치규범으로서 정치와 사회질서의 지침을 제공하고 있기 때문에 민주사회에서는 헌법의 규범을 준수하고 그 권위를 보존하는 것을 기본으로 한다(헌재 1989.9.8. 88헌가6).

02 ④

유형 이론

헌법 일반이론 > 헌법과 헌법학 > 헌법의 최고규범성 오답률 13.5%

④ (X) 조약의 헌법에 대한 우위를 인정한 규정은 없다. 다만 조약우위설과 헌법우위설이 대립하고 있으나, 헌법우위설이 다수설이다.

> **헌법 제6조** ① 헌법에 의하여 체결·공포된 조약과 일반적으로 승인된 국제법규는 국내법과 같은 효력을 가진다.

① (O) 경성헌법은 헌법개정에 의한 헌법침해를 방지하여 헌법의 최고규범성을 확보하는 데 그 목적이 있다.

② (O) 미국·일본헌법은 최고법 조항을 두고 있으나, 우리헌법은 최고법 조항은 없고, 헌법의 최고규범성을 간접적으로 선언하는 조항은 있다.

③ (O) 위헌인 법률의 효력을 상실시키는 위헌법률심판제는 헌법의 최고규범성을 확보해 주는 제도이다.

03 ③

유형 이론

헌법 일반이론 > 헌법과 헌법학 > 합헌적 법률해석 오답률 45.9%

ㄴ. (O) 합헌적 법률해석의 근거는 헌법의 최고규범성이다. 헌법이 최고규범이므로 법률을 해석함에 있어서 헌법에 부합되는 법률해석을 해야 한다.

ㄹ. (O) 헌법수용적 한계를 넘어 헌법을 확대해석한 후 법률의 효력을 존속시키는 것은 헌법을 법률에 맞추어 해석하는 것으로서 허용되어서는 안 된다.

ㄱ. (X) 합헌적 법률해석은 헌법해석을 수반하지만 헌법의 해석지침이 아니라 법률을 헌법에 부합되도록 해석하는 법률해석기법을 말한다.

ㄷ. (X) 법률 조항은 원칙적으로 가능한 범위 안에서 합헌적으로 해석함이 마땅하나 그 해석은 법의 문구와 목적에 따른 한계가 있다.

04 ④

유형 이론 + 법령

헌법 일반이론 > 헌법과 헌법학 > 헌법의 제정·개정 오답률 0%

④ (X) 헌법 제128조, 제129조 및 제130조

> **헌법 제128조** ① 헌법개정은 국회 재적의원 과반수 또는 대통령의 발의로 제안된다.
> **제129조** 제안된 헌법개정안은 대통령이 20일 이상의 기간 이를 공고하여야 한다.
> **제130조** ① 국회는 헌법개정안이 공고된 날로부터 60일 이내에 의결하여야 하며, 국회의 의결은 재적의원 3분의 2 이상의 찬성을 얻어야 한다.

① (O) 시예스에 따르면 헌법제정권력의 주체는 오직 국민뿐인 반면 슈미트에 따르면 헌법제정권력의 주체는 정치적 실존의 양식과 형태에 대한 근본결단을 내릴 수 있는 실력과 권위를 가진 자이다. 따라서 군주국가에서는 개인이, 귀족국가에서는 소수가, 민주국가에서는 국민이 헌법제정권력의 주체가 된다고 한다.

② (O) 시예스와 슈미트는 헌법제정권력은 시원적 권력으로서 어떠한 법형태나 절차에도 구속되지 않는다고 보았다. 그리고 헌법제정권력의 행사에는 어떤 법적 한계가 있는지가 문제되는데, 이에 대해서도 헌법제정권력을 시원적 권력으로 보는 시예스나 헌법제정권력을 근본결단을 내릴 수 있는 실력자로 보는 슈미트나 모두 헌법제정권력의 혁명적 성격에 기초하여 헌법제정권력의 행사의 한계를 부정한다.

③ (O) 법실증주의는 헌법제정권력은 법 외의 실력에 불과하여 그것에 의하여 헌법에 규정된 헌법개정권을 제한할 수 없고, 자연법적 규범은 실정헌법화하게 되면 여타의 헌법규정과 동일한 효력을 갖는 데에 불과하여, 헌법전 중에 효력을 달리하는 두 종류의 규정이 존재한다고 하는 법적 근거를 발견할 수 없으므로 어느 것이나 최고법규로서 효력이 동일하고, 사실적 측면인 헌법변천을 용납할 수 없기 때문에 헌법규범과 현실 간의 괴리현상을 극복하기 위하여는 헌법개정을 무제한으로 허용할 수밖에 없다고 보았다.

05 ③

유형 이론 + 법령

헌법 일반이론 > 헌법과 헌법학 > 헌법의 개정 오답률 43.2%

③ (X) 헌법 제72조의 국민투표로 헌법개정이 가능하다는 학설도 있으나 헌법개정절차가 헌법에 규정되어 있고, 소수자 보호와 의회민주주의 차원에서는 제72조의 국민투표로 헌법을 확정할 수 없으므로 이에 대해 부정적으로 보는 것이 다수설이다.

① (O) 헌법개정안은 국회가 의결한 후 30일 이내에 국민투표에 부쳐 국회의원선거권자 과반수의 투표와 투표자 과반수의 찬성을 얻어야 한다(헌법 제130조 제2항).

② (O) 국민투표의 효력에 관하여 이의가 있는 투표인은 투표인 10만인 이상의 찬성을 얻어 중앙선거관리위원회 위원장을 피고로 하여 투표일로부터 20일 이내에 대법원에 제소할 수 있다(국민투표법 제92조).

④ (O) 우리나라는 제2차 개정헌법에 민주공화국, 국민주권, 국가안위에 관한 국민투표를 개정의 한계로 규정하였다가 제5차 개정헌법에서 삭제된 이후 개정금지조항을 두고 있지 않다.

> 독일기본법은 인간의 존엄과 가치, 연방제도 등을, 미국도 연방제를 개정한계조항으로 규정하고 있다.

06 ④

유형 이론

헌법 일반이론 > 헌법과 헌법학 > 헌법의 보장 오답률 54.1%

ㄱ. (X) 형식적 의미의 헌법은 물론 실질적 의미의 헌법도 보호대상이나, 모든 헌법조항이 보호의 대상이 되는 것은 아니다.

ㄴ. (X) 저항권 행사는 비례원칙에 따라 평화적 방법에 의하여 달성할 수 없는 예외적 경우에 폭력적인 방법도 허용된다.

ㄷ. (X) 비상시적 헌법수호제도로는 국가긴급권(대통령의 계엄선포권, 긴급명령권, 긴급재정·경제처분명령권), 저항권이 있다.

ㄹ. (X) 헌법개정에 의한 헌법침해도 있을 수 있다. 우리나라 제7차 개정헌법은 헌법개정에 의한 헌법침해라 할 수 있다.

07 ①

오답률 TOP 2 유형 이론 + 판례

헌법 일반이론 > 헌법과 헌법학 > 방어적 민주주의 오답률 67.6%

① (X) 방어적 내지 투쟁적 민주주의라 함은 민주주의의 이름으로 민주주의 그 자체를 파괴하려는 민주적·법치국가적 헌법질서의 적으로부터 민주주의를 보호하기 위한 것이므로, 본질적으로 소극적·방어적일 수밖에 없다.

② (O) 기본권 실효제도는 도입된 바 없다.

③ (O) 헌법 제37조 제2항은 민주주의를 부정하는 개인, 단체에 대한 기본권 제한을 정당화하는 근거이다.

④ (O) 통합진보당 강제해산 사건(헌재 2014.12.19. 2013헌다1)이 있다.

08 ④

오답률 TOP 3 유형 이론

헌법 일반이론 > 대한민국 헌법총설 > 대한민국 헌정사 오답률 56.8%

④ (X) 1980년 헌법에 신설된 규정은 정당운영자금의 국고보조사항, 행복추구권, 연좌제 금지, 사생활의 비밀과 자유, 적정임금조항, 환경권이다.

① (O) 우리 헌정사에 있어 양원제가 최초로 헌법에 규정되었던 것은 제1차 개정헌법(1952년 헌법)이었으나 실제로 실시되지는 못했다. 처음으로 양원제가 실시되었던 것은 제2공화국 때이다.

② (O) 대통령제를 채택한 건국헌법은 대통령의 유고 시를 대비하여 부통령제를 두면서도, 의원내각제적 요소를 가미하여 국회의 사후승인을 얻어 임명되는 국무총리를 두고, 대통령·국무총리·국무위원 등으로 조직되는 국무원이 대통령의 권한에 속하는 중요 정책의 의결기관으로 기능케 하였다.

③ (O) 1962년 헌법에서는 인간의 존엄과 가치를 최초로 명문화하였다.

09 ④

유형 법령

헌법 일반이론 > 대한민국 헌법총설 > 국적법 오답률 35.1%

④ (O) 국적법 제9조 제2항 제3호

> **국적법 제9조** ② 법무부장관은 국적회복허가 신청을 받으면 심사한 후 다음 각 호의 어느 하나에 해당하는 사람에게는 국적회복을 허가하지 아니한다.
> 1. 국가나 사회에 위해(危害)를 끼친 사실이 있는 사람
> 2. 품행이 단정하지 못한 사람
> 3. 병역을 기피할 목적으로 대한민국 국적을 상실하였거나 이탈하였던 사람
> 4. 국가안전보장·질서유지 또는 공공복리를 위하여 법무부장관이 국적회복을 허가하는 것이 적당하지 아니하다고 인정하는 사람

① (X) 대한민국에서 발견된 기아(棄兒)는 대한민국에서 출생한 것으로 추정한다(동법 제2조 제2항).

② (X) 대한민국 국적을 취득한 외국인으로서 외국 국적을 가지고 있는 자는 대한민국 국적을 취득한 날부터 1년 내에 그 외국 국적을 포기하여야 한다(동법 제10조 제1항).

③ (X) 국적 선택기간 내 국적을 선택하지 아니하면 대한민국 국적을 상실한다(동법 제14조의3 제4항).

10 ④

오답률 TOP 1 유형 이론 + 판례

헌법 일반이론 > 대한민국 헌법총설 > 법치주의원리 오답률 70.3%

④ (X) 법치주의 원리를 구조적 원리로 보는 것은 통합주의의 입장이다. 슈미트는 비정치적 영역인 자유의 보장원리로 볼 뿐이다.

① (O) 과거에 대한 신뢰가 장래의 입법에 대한 기대보다 더 강한 보호를 받는 것은 당연한 것이다.

② (O) 진정소급이 원칙적으로 금지되고 부진정소급이 원칙적으로 허용된다는 의미이다.

③ (O) 오늘날 법률유보원칙은 단순히 행정작용이 법률에 근거를 두기만 하면 충분한 것이 아니라, 국가공동체와 그 구성원에게 기본적이고도 중요한 의미를 갖는 영역, 특히 국민의 기본권 실현과 관련된 영역에 있어서는 국민의 대표자인 입법자가 그 본질적 사항에 대해서 스스로 결정하여야 한다는 요구까지 내포하고 있다(헌재 1999.5.27. 98헌바70).

11 ④

유형 법령

헌법 일반이론 > 대한민국 헌법총설 > 경제질서 오답률 45.9%

④ (X) 기간산업에 관한 규정은 없다.

> **헌법 제123조** ① 국가는 농업 및 어업을 보호·육성하기 위하여 농·어촌종합개발과 그 지원 등 필요한 계획을 수립·시행하여야 한다.

① (O) 헌법 제120조

> **헌법 제120조** ① 광물 기타 중요한 지하자원·수산자원·수력과 경제상 이용할 수 있는 자연력은 법률이 정하는 바에 의하여 일정한 기간 그 채취·개발 또는 이용을 특허할 수 있다.
> ② 국토와 자원은 국가의 보호를 받으며, 국가는 그 균형있는 개발과 이용을 위하여 필요한 계획을 수립한다.

② (O) 헌법 제121조

> **헌법 제121조** ① 국가는 농지에 관하여 경자유전의 원칙이 달성될 수 있도록 노력하여야 하며, 농지의 소작제도는 금지된다.
> ② 농업생산성의 제고와 농지의 합리적인 이용을 위하거나 불가피한 사정으로 발생하는 농지의 임대차와 위탁경영은 법률이 정하는 바에 의하여 인정된다.

③ (O) 헌법 제123조

> **헌법 제123조** ② 국가는 지역 간의 균형 있는 발전을 위하여 지역경제를 육성할 의무를 진다.
> ③ 국가는 중소기업을 보호·육성하여야 한다.
> ④ 국가는 농수산물의 수급균형과 유통구조의 개선에 노력하여 가격안정을 도모함으로써 농·어민의 이익을 보호한다.

12 ②

유형 이론 + 판례

헌법 일반이론 > 대한민국 헌법총설 > 헌법전문 오답률 43.2%

② (X) 임시정부의 법통계승 부분은 대한민국이 일제에 항거한 독립운동가의 공헌과 희생을 바탕으로 이룩된 것임을 선언한 것이고, 그렇다면 국가는 일제로부터 조국의 자주독립을 위하여 공헌한 독립유공자와 그 유족에 대하여는 응분의 예우를 하여야 할 헌법적 의무를 지닌다(헌재 2005.6.30. 2004헌마859).

① (O) 헌법전문에 기재된 '3·1 정신'은 우리나라 헌법의 연혁적·이념적 기초로서 헌법이나 법률해석에서의 해석기준으로 작용한다고 할 수 있지만, 그에 기하여 곧바로 국민의 개별적 기본권성을 도출해낼 수는 없다고 할 것이다(헌재 2001.3.21. 99헌마139).

③ (O) 헌법전문은 헌법전의 본문 앞에 위치하고 있는 서문으로서 헌법전의 일부를 구성하는 문장을 말한다. 현재 대부분의 헌법은 전문을 두고 있으나 모두가 그런 것은 아니다.

④ (O) 3·1 운동은 건국헌법에서부터 규정되었고, 4·19 의거 및 5·16 혁명은 5차 개헌에서부터이다.

13 ②

유형 법령 + 판례

기본권론 2 > 참정권 및 정치적 기본권 > 선거제도 오답률 29.7%

② (O) 보통선거제도를 채용하고 있는 모든 국가들은 연령에 의한 선거권의 제한을 인정하고 있다. 이와 같이 연령에 의하여 선거권을 제한할 수밖에 없는 것은 국정 참여수단으로서의 선거권행사는 일정한 수준의 정치적인 판단능력이 전제되어야 하기 때문이다(헌재 1997.6.26. 96헌마89).

① (X) 선거일 현재 5년 이상 국내에 거주하고 있는 40세 이상의 국민은 대통령의 피선거권이 있다. 이 경우 공무로 외국에 파견된 기간과 국내에 주소를 두고 일정기간 외국에 체류한 기간은 국내거주기간으로 본다(공직선거법 제16조 제1항).

③ (X) 대통령선거에 있어서 최고득표자가 2인 이상인 때에는 국회의 재적의원 과반수가 출석한 공개회의에서 다수표를 얻은 자를 당선자로 한다(헌법 제67조 제2항).

④ (X) 국회의원 및 정당의 당원(국회의원선거구획정위원회의 설치일부터 과거 1년 동안 정당의 당원이었던 사람을 포함한다)은 위원이 될 수 없다(공직선거법 제24조 제7항).

14 ②

유형 이론 + 판례

기본권론 1 > 기본권 총론 > 헌법 규정 오답률 8.1%

② (X) 국회구성권은 헌법상 인정되는 권리가 아니다.

① (O) 헌법 제10조는 행복을 추구할 권리를 보장하고 있는 바, 여기의 행복추구권 속에는 일반적 행동자유권이 들어있다(헌재 1991.6.3. 89헌마204).

③ (O) 생명에 대한 권리는 비록 헌법의 명문의 규정이 없다 하더라도 인간의 생존본능과 존재목적에 바탕을 둔 선험적이고 자연법적인 권리로서 헌법에 규정된 모든 기본권의 전제로서 기능하는 기본권 중의 기본권이다(헌재 1996.11.28. 95헌바1).

④ (O) 헌법 제10조가 정하고 있는 행복추구권에서 파생되는 자기결정권 내지 일반적 행동자유권은 이성적이고 책임감 있는 사람의 자기의 운명에 대한 결정·선택을 존중하되 그에 대한 책임은 스스로 부담함을 전제로 한다. 자기책임의 원리는 이와 같이 자기결정권의 한계논리로서 책임부담의 근거로 기능하는 동시에 자기가 결정하지 않은 것이나 결정할 수 없는 것에 대하여는 책임을 지지 않고 책임부담의 범위도 스스로 결정한 결과 내지 그와 상관관계가 있는 부분에 국한됨을 의미하는 책임의 한정원리로 기능한다(헌재 2004.6.24. 2002헌가27).

15 ④

유형 이론

기본권론 1 > 기본권 총론 > 기본권의 효력 오답률 24.3%

④ (X) 기본권 규정 중 청구권적 기본권, 사법절차적 기본권, 참정권 등은 애당초 개인과 국가 간에서만 적용될 수 있는 기본권이다.

① (O) 대사인 간에 직접적용되는 기본권의 범위에 대하여 학자마다 견해가 다른데, 근로3권이 직접적용된다고 보는 견해(권영성), 언론·출판의 자유가 직접적용된다고 보는 견해(허영), 근로3권, 언론·출판의 자유, 인간의 존엄과 가치, 행복추구권, 참정권이 직접적용된다고 보는 견해(김철수) 등으로 갈린다.

② (O) 입법자의 형성의 자유가 인정되더라도 기본권 효력에 구속되는 한계를 지닌다.

③ (O) 관리작용에 기본권의 효력이 미친다는 점에 대해서는 별다른 이견이 없으나, 국고작용에 기본권의 대국가적 효력이 미치는지에 대하여는 부정설과 긍정설이 대립하며, 긍정설이 다수설이다.

16 ②

유형 이론 + 판례

기본권론 1 > 기본권 총론 > 기본권의 경합과 충돌 오답률 21.6%

② (O) 하나의 규제로 인해 여러 기본권이 동시에 제약을 받는 기본권 경합의 경우에는 기본권 침해를 주장하는 제청신청인과 제청법원의 의도 및 기본권을 제한하는 입법자의 객관적 동기 등을 참작하여 사안과 가장 밀접한 관계에 있고 또 침해의 정도가 큰 주된 기본권을 중심으로 해서 그 제한의 한계를 따져 보아야 할 것이다(헌재 1998.4.30. 95헌가16).

① (X) 기본권 경합이란 하나의 기본권 주체가 국가에 대하여 하나의 동일한 사건에서 둘 또는 그 이상의 기본권을 동시에 주장하는 경우를 말하고, 기본권 충돌이란 상이한 기본권의 주체가 상충하는 권익을 실현하기 위하여 국가에 대하여 각기 대립되는 기본권의 효력을 주장하는 경우를 말한다.

③ (X) 신뢰보호의 원칙은 기본권 충돌 또는 경합의 문제를 해결하는 이론이 아니라 부진정소급입법의 헌법적 한계를 심사하는 기준이다.

④ (X) 제한정도가 상이한 기본권들이 경합하는 경우 그 해결책으로 첫째, 제한의 가능성이 보다 큰, 따라서 효력이 보다 약한 기본권을 우선시켜야 한다는 주장(최약효력설)과 둘째, 제한의 가능성이 보다 적은, 따라서 효력이 보다 강한 기본권을 우선시켜야 한다는 주장(최강효력설)이 대립한다.

17 ②

유형 판례

기본권론 1 > 인간의 존엄성 존중 · 행복추구권 · 법 앞의 평등 > 인격권 오답률 29.7%

② (O) 이 사건 운동화착용 불허행위는 시설 바깥으로의 외출이라는 기회를 이용한 도주를 예방하기 위한 것으로서 그 목적이 정당하고, 위와 같은 목적을 달성하기 위한 적합한 수단이라 할 것이다. 또한 신발의 종류를 제한하는 것에 불과하여 법익침해의 최소성과 균형성도 갖추었다 할 것이므로, 이 사건 운동화착용 불허행위가 기본권 제한에 있어서의 과잉금지원칙에 반하여 청구인의 인격권과 행복추구권을 침해하였다고 볼 수 없다(헌재 2011.2.24. 2009헌마209).

① (X) 신체검사는 사전에 검사의 목적과 방법을 고지한 후, 다른 사람이 볼 수 없는 차단된 장소에서 실시하는 등 검사받는 사람의 모욕감 내지 수치심 유발을 최소화하는 방법으로 실시하였는바, 기본권 침해의 최소성 요건을 충족하였다. 또한 이 사건 신체검사로 인하여 수용자가 느끼는 모욕감이나 수치심이 결코 작다고 할 수는 없지만, 흉기 기타 위험물이나 금지물품을 교정시설 내로 반입하는 것을 차단함으로써 수용자 및 교정시설 종사자들의 생명·신체의 안전과 교정시설 내의 질서를 유지한다는 공적인 이익이 훨씬 크다 할 것이므로, 법익의 균형성 요건 또한 충족된다. 이 사건 신체검사는 필요한 최소한도를 벗어나 과잉금지원칙에 위배되어 청구인의 인격권 내지 신체의 자유를 침해한다고 볼 수 없다(헌재 2011.5.26. 2010헌마775).

③ (X) 일본제국주의의 국권침탈이 시작된 러·일전쟁 개전 시부터 1945년 8월 15일까지 조선총독부 중추원 참의로 활동한 행위를 친일반민족행위로 규정한 일제강점하 반민족행위 진상규명에 관한 특별법 제2조 제9호 중 '조선총독부 중추원 참의로 활동한 행위' 부분은 조사대상자 또는 그 유족의 인격권을 제한한다(헌재 2010.10.28 2007헌가23).

④ (X) 수사 및 재판단계에서 유죄가 확정되지 아니한 미결수용자에게 재소자용 의류를 입게 하는 것은 미결수용자로 하여금 모욕감이나 수치심을 느끼게 하고, 심리적인 위축으로 방어권을 제대로 행사할 수 없게 하여 실체적 진실의 발견을 저해할 우려가 있으므로, 도주 방지 등 어떠한 이유를 내세우더라도 그 제한은 정당화될 수 없어 헌법 제37조 제2항의 기본권 제한에서의 비례원칙에 위반되는 것으로서, 무죄추정의 원칙에 반하고 인간으로서의 존엄과 가치에서 유래하는 인격권과 행복추구권, 공정한 재판을 받을 권리를 침해하는 것이다(헌재 1999.5.27. 97헌마137).

18 ③

유형 판례

기본권론 1 > 인간의 존엄성 존중 · 행복추구권 · 법 앞의 평등 > 평등권 오답률 35.1%

③ (X) 법무사, 세무사, 변리사 등 다른 전문자격시험들과 공인회계사시험은 본질적으로 서로 같지 아니하므로 다른 시험에서 학점이수제도를 두지 않고 있다는 이유로 공인회계사시험의 응시자격을 대학 등에서 일정 과목에 대하여 일정학점을 이수하거나 학점인정을 받은 사람으로 제한하는 공인회계사법 규정이 공인회계사 시험에 응시하려는 자들을 자의적으로 차별하고 있다고 볼 수는 없다(헌재 2012.11.29. 2011헌마801).

① (O) 금융기관의 임·직원에게는 공무원에 버금가는 정도의 청렴성과 업무의 불가매수성(不可買收性)이 요구되고, 이들이 직무와 관련하여 금품수수 등의 수재행위를 하였을 경우에는 별도의 배임행위가 있는지를 불문하고 형사제재를 가함으로써 금융업무와 관련된 각종 비리와 부정의 소지를 없애고, 금융기능의 투명성·공정성을 확보할 필요가 있으므로 금융기관의 임·직원의 직무와 관련한 수재행위에 대하여 일반 사인과는 달리 공무원의 수뢰죄와 동일하게 처벌한다고 하더라도 거기에는 합리적인 근거가 있으므로 평등원칙에 반하지 않는다(헌재 1999.5.27. 98헌바26).

② (O) 이 사건 법률 조항과 같이 그 퇴직 후 일정기간 동안 공직에의 임명을 제한하는 특별규정이 존재하지 아니하며, 검찰총장이나 경찰청장의 경우 그 퇴직 후 공직취임 등을 제한하도록 규정하였던 유사 법률 조항들은 이미 우리 재판소가 모두 위헌이라고 결정하여 효력을 상실한 바 있다. 따라서 이 사건 법률 규정이 유독 국가인권위원회 위원에 대해서만 퇴직한 뒤 일정기간 공직에 임명되거나 선거에 출마할 수 없도록 제한한 것은 아무런 합리적 근거 없이 동 위원이었던 자만을 차별하는 것으로서 평등의 원칙에도 위배된다(헌재 2004.1.29. 2002헌마788).

④ (O) 위 법률 조항의 입법목적인 중재절차의 신속성이 주로 피해자인 중재신청인의 이익을 위한 것이라는 점에서 중재신청인과 피신청인이 중재절차에서 가지는 법적 지위가 다르고, 중재신청인과 피신청인이 중재기일에 불출석한 경우 중재신청인과 피신청인에게 부여되는 불이익의 내용이 다른 점을 고려하면, 위 법률 조항이 불리한 법률효과를 부여하기 위하여 중재신청인에 대하여는 '1회'의 불출석을 요건으로 하는 데 반하여, 피신청인에 대하여는 '2회'의 불출석을 요건으로 한다고 하여 헌법상 평등원칙에 위반된다고 할 수 없다(헌재 1999.7.22. 96헌바19).

19 ③

유형 법령

기본권론 1 > 기본권 총론 > 헌법 규정 오답률 35.1%

③ (X), ② (O) 누구든지 체포 또는 구속을 당한 때에는 즉시 변호인의 조력을 받을 권리를 가진다. 다만, 형사피고인이 스스로 변호인을 구할 수 없을 때에는 법률이 정하는 바에 의하여 국가가 변호인을 붙인다(헌법 제12조 제4항).

① (O) 모든 국민은 고문을 받지 아니하며, 형사상 자기에게 불리한 진술을 강요당하지 아니한다(헌법 제12조 제2항).

④ (O) 체포·구속·압수 또는 수색을 할 때에는 적법한 절차에 따라 검사의 신청에 의하여 법관이 발부한 영장을 제시하여야 한다. 다만, 현행범인인 경우와 장기 3년 이상의 형에 해당하는 죄를 범하고 도피 또는 증거인멸의 염려가 있을 때에는 사후에 영장을 청구할 수 있다(헌법 제12조 제3항).

20 ④

유형 이론 + 판례

기본권론 2 > 자유권적 기본권 2 > 양심의 자유 및 종교의 자유 오답률 2.7%

④ (X) 종교의 자유는 내심의 신앙의 자유, 종교적 행위의 자유를 그 내용으로 하는데, 이러한 자유에는 소극적인 것과 적극적인 것이 모두 포함된다. 종교의 자유에는 종교적 행위의 자유의 일환으로 종교교육의 자유가 포함되며 이는 구체적으로 종교학교를 설립할 자유와 그러한 학교에서의 종교교육을 시킬 자유를 포함한다. 그러나 이 경우에도 신앙을 가지지 않을 자유를 침해하지 않는 범위 내에서 학생들에게 종교교육을 함을 원칙으로 한다.

① (O) 헌법 제19조가 보호하고 있는 양심의 자유는 양심형성의 자유와 양심적 결정의 자유를 포함하는 내심적 자유(forum internum)뿐만 아니라, 양심적 결정을 외부로 표현하고 실현할 수 있는 양심실현의 자유(forum externum)를 포함한다고 할 수 있다(헌재 1998.7.16. 96헌바35).

② (O) 양심의 자유는 단지 국가에 대하여 가능하면 개인의 양심을 고려하고 보호할 것을 요구하는 권리일 뿐, 양심상의 이유로 법적 의무의 이행을 거부하거나 법적 의무를 대신하는 대체의무의 제공을 요구할 수 있는 권리가 아니다(헌재 2004.8.26. 2002헌가1).

③ (O) 헌법이 보장한 양심의 자유는 정신적인 자유로서 어떠한 사상·감정을 가지고 있다고 하더라도 그것이 내심에 머무르는 한 절대적인 자유이므로 제한할 수 없는 것이나, 보안관찰법상의 보안관찰처분은 보안관찰처분대상자의 내심의 작용을 문제삼는 것이 아니라, 보안관찰처분대상자가 보안관찰 해당 범죄를 다시 저지를 위험성이 내심의 영역을 벗어나 외부에 표출되는 경우에 재범의 방지를 위하여 내려지는 특별예방적 목적의 처분이므로, 양심의 자유를 보장한 헌법규정에 위반된다고 할 수 없다(헌재 1997.11.27. 92헌바28).

제2회 | 정답과 해설

난이도	상 ㊥ 하
맞힌 문항 수 & 예상 합격선	/ 20개(18개 이상)
제2회 모의고사 문제	p. 34

01	③	02	④	03	④	04	④	05	④
06	④	07	④	08	①	09	①	10	②
11	②	12	④	13	②	14	②	15	④
16	②	17	④	18	③	19	④	20	④

01 ③

유형 이론

헌법 일반이론 > 헌법과 헌법학 > 헌법의 해석 오답률 15.6%

③ (X) 합헌적 법률해석은 외형상 법률이 다소의 위헌성이 있다고 하더라도 되도록이면 합헌으로 해석해야 한다는 원칙을 말하고 규범통제(위헌법률심사)는 법률이 헌법에 위배되는 것을 심사하는 것이다. 합헌적 법률해석이 규범통제를 전제로 하는 것은 아니다.

① (O) 헌법의 개별요소들은 상호 관련되고 의존되어 있기 때문에 그 규범이 놓여 있는 전체적 관련을 함께 고찰해야 하고, 다른 헌법규범과 상호 모순되지 않게 해석해야 한다(헌법의 통일성의 원리).

② (O) 합헌적 법률해석은 법질서 통일성은 물론 권력분립, 민주적 입법기능존중, 합헌성 추정, 국가 간 신뢰보호를 그 근거로 한다.

④ (O) 헌법해석의 방향이다.

02 ④

유형 이론 + 법령

헌법 일반이론 > 헌법과 헌법학 > 헌법의 제정과 변동 오답률 12.5%

④ (X) 관습헌법의 성립요건은 관습헌법의 성립요건일 뿐만 아니라 효력유지의 요건이기도 하다. 따라서 그 요건 중 하나인 국민적 합의성이 소멸되면 이미 성립한 관습헌법도 법적 효력을 상실하게 된다.

① (O) 시예스는 헌법제정권력은 오직 제3신분(국민)만이 가진다고 하였다. 다만, 그 행사는 귀족·교회대표·시민계급의 대표(제3신분의 대표)로 구성되는 제헌의회를 통하여 행사할 수 있다고 하여 대의제를 주장하였다.

② (O) 헌법개정안은 국회가 의결한 후 30일 이내에 국민투표에 부쳐 국회의원선거권자 과반수의 투표와 투표자 과반수의 찬성을 얻은 때에 확정되며, 대통령은 즉시 이를 공포하여야 한다(헌법 제130조 제2항 및 제3항).

③ (O) 헌법 개정을 헌법 제130조가 아닌 헌법 제72조의 방식으로 하는 것은 국회의 의결을 거치지 않아 헌법에 위반되는 것으로 허용되지 않는다.

03 ④

유형 이론 + 판례

헌법 일반이론 > 헌법과 헌법학 > 헌법의 개정 오답률 25%

④ (O) 헌법개정은 의식적이고 명시적인 헌법규정의 변경이고, 헌법변천은 조문 내용을 그대로 두고 해석을 시대에 맞게 변경하는 것인바, 이는 암묵적이고 무의식적인 헌법규정의 내용 변화라고 할 수 있다.

① (X) 제1차 개정헌법은 공고절차를 생략하였고, 국민투표도 거치지 않았다. 국민투표는 제5차 개정헌법에서 처음 도입되었다.

② (X) 제2차 개정헌법은 헌법개정의 한계에 관한 명문의 규정이 있었다.

③ (X) 헌법조문은 위헌심사의 대상이 되지 않는다.

> 이념적·논리적으로는 헌법 규범 상호간의 가치의 우열을 인정할 수 있을 것이다. 그러나 이때 인정되는 헌법 규범 상호간의 우열은 추상적 가치규범의 구체화에 따른 것으로서 헌법의 통일적 해석을 위하여 유용한 정도를 넘어 헌법의 어느 특정규정이 다른 규정의 효력을 전면 부인할 수 있는 정도의 효력상의 차등을 의미하는 것이라고는 볼 수 없다(헌재 1996.6.13. 94헌바20).

04 ④

유형 이론 + 법령

헌법 일반이론 > 대한민국 헌법총설 > 헌법전문 오답률 28.1%

④ (O) 대한민국 임시정부의 법통 계승은 헌법전문에 규정되어 있다.

> 유구한 역사와 전통에 빛나는 우리 대한국민은 3·1운동으로 건립된 대한민국 임시정부의 법통과 불의에 항거한 4·19민주이념을 계승하고, 조국의 민주개혁과 평화적 통일의 사명에 입각하여 정의·인도와 동포애로써 민족의 단결을 공고히 하고, 모든 사회적 폐습과 불의를 타파하며, 자율과 조화를 바탕으로 자유민주적 기본질서를 더욱 확고히 하여 정치·경제·사회·문화의 모든 영역에 있어서 각인의 기회를 균등히 하고, 능력을 최고도로 발휘하게 하며, 자유와 권리에 따르는 책임과 의무를 완수하게 하여, 안으로는 국민생활의 균등한 향상을 기하고 밖으로는 항구적인 세계평화와 인류공영에 이바지함으로써 우리들과 우리들의 자손의 안전과 자유와 행복을 영원히 확보할 것을 다짐하면서 1948년 7월 12일에 제정되고 8차에 걸쳐 개정된 헌법을 이제 국회의 의결을 거쳐 국민투표에 의하여 개정한다.

① (X) 국가는 전통문화의 계승·발전과 민족문화의 창달에 노력하여야 한다(헌법 제9조).

② (X) 우리 헌법은 전문에서 "… 자유민주적 기본질서를 더욱 확고히 하여…"라고 하고 있고, 헌법 제4조에서는 "…자유민주적 기본질서에 입각한 평화적 통일정책을 수립하고 이를 추진한다."라고 하여 자유민주주의를 우리 헌법질서의 최고 기본가치로 파악하고 있다.

③ (X) 헌법전문에 5·16혁명이념 계승에 대한 규정은 없다.

05 ④

오답률 TOP 1 유형 법령 + 판례

기본권론 2 > 참정권 및 정치적 기본권 > 정당제도 오답률 84.4%

④ (O) 헌법 제8조 제1항의 정당설립의 자유와 제2항의 헌법적 요청을 함께 고려하여 볼 때, 입법자가 정당으로 하여금 헌법상 부여된 기능을 이행하도록 하기 위하여 그에 필요한 절차적·형식적 요건을 규정함으로써 정당의 자유를 구체적으로 형성하고 동시에 제한하는 경우를 제외한다면, 정당설립에 대한 국가의 간섭이나 침해는 원칙적으로 허용되지 아니한다(헌재 1999.12.23. 99헌마135). 즉, 정당설립요건으로 내용적 요건을 두어서는 안 되므로 그 목적이 민주적이어야 한다는 정당등록요건은 헌법에 위반된다.

① (X) 정당의 법적 지위는 적어도 그 소유재산의 귀속관계에 있어서는 법인격 없는 사단으로 보아야 하고, 중앙당과 지구당과의 복합적 구조에 비추어 정당의 지구당은 단순한 중앙당의 하부조직이 아니라 어느 정도의 독자성을 가진 단체로서 역시 법인격 없는 사단에 해당한다고 보아야 할 것이다(헌재 1993.7.29. 92헌마262).

② (X) 등록취소된 정당의 명칭과 같은 명칭은 등록취소된 날부터 최초로 실시하는 임기만료에 의한 국회의원선거의 선거일까지 정당의 명칭으로 사용할 수 없다(정당법 제41조 제4항).

③ (X) 지구당 위원장으로의 임명, 정당추천의 금지 등 정당의 자유를 적게 제한하는 방법으로도 이 법이 실현하려는 경찰청장의 정치적 중립성이라는 목적달성이 가능함에도 불구하고 정당가입 등을 전면으로 금지한 것은 최소성원칙에 위반된다(헌재 1999.12.23. 99헌마135). 따라서 경찰청장의 퇴직일부터 2년 이내에는 정당의 발기인이 되거나 당원이 될 수 없도록 한 것은 정당설립 및 가입의 자유를 침해하는 조항이다.

06 ④

유형 이론 + 판례

기본권론 1 > 기본권 총론 > 기본권의 충돌 오답률 50%

④ (X) 기본권을 국가에 대한 방어권으로만 이해하는 경우에는 국가에 의한 기본권의 침해만 있을 뿐이지 사인에 의한 기본권의 침해를 생각할 수 없고, 사인에 의한 기본권 침해가 없으면 사인 상호 간의 기본권 충돌 문제가 생길 수가 없다.

① (O) 독일의 1974년 형법은 수태 후 12주간 이내라면 임산부의 동의하에 의사가 행하는 중절을 처벌하지 않았다. 이 형법규정에 대하여 독일연방헌법재판소는 "태아의 생명보호는 임신부의 자기결정권보다 우월하다."고 판시한 바 있다.

② (O) 헌법재판소는 정기간행물의 등록 등에 관한 법률 제16조 제3항, 제19조 제3항의 위헌 여부에 관한 헌법소원사건에서 "피해자의 반론권과 보도기관의 언론의 자유가 상충하는 동법 제16조는 기본권 상충의 규범조화적 해석방법에 따른 과잉금지원칙에 위배되지 아니한다."라고 판시한바 있다(헌재 1991.7.22. 89헌가106).

③ (O) "두 기본권이 서로 충돌하는 경우에는 헌법의 통일성을 유지하기 위하여 상충하는 기본권 모두가 최대한으로 그 기능과 효력을 나타낼 수 있도록 하는 조화로운 방법이 모색되어야 한다(헌재 1991.7.22. 89헌가106). – 규범조화적 해석에 의한 해결방법

07 ④

유형 판례

기본권론 1 > 인간의 존엄성 존중 · 행복추구권 · 법 앞의 평등 > 일반적 행동자유권 오답률 12.5%

④ (X) 액화석유가스를 연료로 사용하는 자동차 또는 그 사용자의 범위를 제한하는 액화석유가스의 안전관리 및 사업법 시행규칙 제40조는 LPG 승용자동차를 소유하고 있거나 운행하려는 청구인들의 일반적 행동자유권 및 재산권을 침해하지 아니한다(헌재 2017.12.28. 2015헌마997).

① (O) 좌석안전띠를 매지 않을 자유는 헌법 제10조의 행복추구권에서 나오는 일반적 행동자유권의 보호영역에 속한다(헌재 2003.10.30. 2002헌마518).

② (O) 계약자유의 원칙도 여기의 일반적 행동자유권으로부터 파생되는 것이라 할 것이며, 이는 헌법 제119조 제1항의 개인의 경제상의 자유의 일종이기도 하다(헌재 1991.6.3. 89헌마204).

③ (O) 주취 중 운전금지규정을 3회 위반한 경우 운전면허를 필요적으로 취소하도록 규정한 것은 과잉금지의 원칙에 반하여 직업의 자유 내지 일반적 행동의 자유를 침해하지 아니한다(헌재 2006.5.25. 2005헌바91).

08 ①

유형 판례

기본권론 1 > 인간의 존엄성 존중 · 행복추구권 · 법 앞의 평등 > 평등권 오답률 40.6%

① (X) 법무사 사무원의 수를 제한하는 것은 법무사 사무원의 업무수행상 특수성으로 인하여 법무사의 사무원에 대한 감독권을 강화하고 업무의 파행적 운영을 막아 사건 의뢰인의 이익을 보호하고 사법운영의 원활화 및 사법에 대한 국민의 신뢰를 구축한다는 입법목적을 달성함에 있어 유효적절한 수단 중의 하나임이 분명하고 달리 현저하게 불합리하고 불공정한 것이라고 볼 사정이 없으므로 헌법에 위반되지 아니한다(헌재 1996.4.25. 95헌마331).

② (O) 재산권의 청구에 관한 민사소송의 원고 승소판결에는 상당한 이유가 없는 한 법원으로 하여금 반드시 가집행의 선고를 붙이도록 하면서도 유독 국가가 피고일 경우에만은 가집행의 선고를 붙일 수 없도록 예외 규정을 한 것은 평등한 수평적 관계에서 진행되는 민사소송에 있어서 사경제(私經濟)의 주체에 불과한 국가에게 우월적 지위를 부여하는 것이어서, 결국 위 예외규정은 헌법 제11조 제1항의 평등의 원칙에 위배되는 위헌 규정이다(헌재 1989.1.25. 88헌가7).

③ (O) 위 조항은 수용자에게 의료급여를 정지함으로써 수용자를 차별하고 있으나, 이는 수용자에 대한 의료보장을 일괄적으로 국가가 부담하도록 하는 것을 전제로 하여 수용자 간 의료급여의 형평문제와 구금의 목적 실현 등을 고려한 것으로 합리적 이유가 있으므로 평등원칙에 위배되지 않는다(헌재 2005.2.24. 2003헌마31).

④ (O) 초·중등학교 교원에 대해서는 정당가입과 선거운동의 자유를 금지하면서 대학교원에게는 이를 허용한다 하더라도, 이는 양자 간 직무의 본질이나 내용 그리고 근무태양이 다른 점을 고려할 때 합리적인 차별이라고 할 것이므로 청구인이 주장하듯 헌법상의 평등권을 침해한 것이라고 할 수 없다(헌재 2004.3.25. 2001헌마710).

09 ①

유형 판례

기본권론 2 > 자유권적 기본권 2 > 알 권리 오답률 15.6%

① (X) 공시대상 정보로서 교원의 교원단체 및 노동조합 가입현황(인원 수)만을 규정할 뿐 개별 교원의 명단은 규정하고 있지 아니한 구 교육 관련기관의 정보공개에 관한 특례법 시행령' 제3조 제1항 별표 1 제15호 아목 중 "교원" 부분(이하 '이 사건 시행령 조항'이라 한다)이 과잉금지원칙에 반하여 학부모들의 알 권리를 침해하는지 여부와 관련하여 헌법재판소는 "이 사건 시행령 조항은 공시대상 정보로서 교원의 교원단체 및 노동조합 "가입현황(인원 수)"만을 규정할 뿐 개별 교원의 명단은 규정하고 있지 아니한바, 교원의 교원단체 및 노동조합 가입에 관한 정보는 '개인정보 보호법'상의 민감 정보로서 특별히 보호되어야 할 성질의 것이고, 인터넷 게시판에 공개되는 '공시'로 말미암아 발생할 교원의 개인정보 자기결정권에 대한 중대한 침해의 가능성을 고려할 때, 이 사건 시행령 조항은 학부모 등 국민의 알 권리와 교원의 개인정보 자기결정권이라는 두 기본권을 합리적으로 조화시킨 것이라 할 수 있으므로, 학부모들의 알 권리를 침해하지 않는다."고 판시하였다(헌재 2011.12.29. 2010헌마293).

② (O) 금치기간 중 텔레비전 시청을 제한하는 형집행법 제112조 제3항 중 제108조 제6호에 관한 부분은 헌법에 위반되지 아니한다(헌재 2016.5.26. 2014헌마45).

③ (O) 저속한 간행물의 출판을 전면 금지시키고 출판사의 등록을 취소시킬 수 있도록 하는 것은 청소년보호를 위해 지나치게 과도한 수단을 선택한 것이고, 또 청소년 보호라는 명목으로 성인이 볼 수 있는 것까지 전면 금지시킨다면 이는 성인의 알 권리의 수준을 청소년의 수준으로 맞출 것을 국가가 강요하는 것이어서 성인의 알 권리까지 침해하게 된다(헌재 1998.4.30. 95헌가16).

④ (O) 알 권리는 자유권적 성격과 청구권적 성격(정보공개청구권), 생활권적 성질도 있다. 알 권리는 표현의 자유에 당연히 포함되는 것으로 보아야 하며, 인권에 관한 세계선언 제19조도 알 권리를 명시적으로 보장하고 있다(헌재 1991.5.13. 90헌마133).

10 ②

유형 판례

기본권론 2 > 자유권적 기본권 2 > 검열금지 오답률 31.2%

㉡ (X) 옥외광고물 등 관리법 제3조는 일정한 지역·장소 및 물건에 광고물 또는 게시시설을 표시하거나 설치하는 경우에 그 광고물 등의 종류·모양·크기·색깔, 표시 또는 설치의 방법 및 기간 등을 규제하고 있을 뿐, 광고물 등의 내용을 심사·선별하여 광고물을 사전에 통제하려는 제도가 아님은 명백하므로, 헌법 제21조 제2항이 정하는 사전허가·검열에 해당되지 아니한다(헌재 1998.2.27. 96헌바2).

㉠ (O) 헌법 제21조 제2항에서 규정한 검열금지의 원칙은 모든 형태의 사전적인 규제를 금지하는 것이 아니고 단지 의사표현의 발표여부가 오로지 행정권의 허가에 달려있는 사전심사만을 금지하는 것을 뜻하므로, 이 사건 법률조항에 의한 방영금지가처분은 행정권에 의한 사전심사나 금지처분이 아니라 개별 당사자 간의 분쟁에 관하여 사법부가 사법절차에 의하여 심리, 결정하는 것이어서 헌법에서 금지하는 사전검열에 해당하지 아니한다(헌재 2001.8.30. 2000헌바36).

㉢ (O) 정간물이 외부에 공개 내지 배포되기 이전에 그 표현내용을 심사하여 그 발행금지 내지 어떤 제한이나 제재가 가해지는 것은 아니다. 결국 발행된 정간물을 공보처에 납본하는 것은 그 정간물의 내용을 심사하여 이를 공개 내지 배포하는 데 대한 허가나 금지와는 전혀 관계없는 것으로서 사전검열이라고 볼 수 없다(헌재 1992.6.26. 90헌마26).

11 ②

오답률 TOP 2 유형 판례

기본권론 2 > 자유권적 기본권 2 > 직업의 자유 오답률 68.7%

㉤ (O) 비록 학업 수행이 청구인과 같은 대학생의 본업이라 하더라도 방학기간을 이용하여 또는 휴학 중에 학비 등을 벌기 위해 학원강사로서 일하는 행위는 어느 정도 계속성을 띤 소득활동으로서 직업의 자유의 보호영역에 속한다고 봄이 상당하다(헌재 2003.9.25. 2002헌마519).

㉠ (X) 직업의 자유에 의해 보호되는 생활영역인 직업은 그 개념상 어느 정도 지속적인 소득활동을 요건으로 하므로, 무상 또는 일회적·일시적인 교습행위는 헌법 제15조의 직업의 자유가 아니라 일반적 행동의 자유로서 헌법 제10조의 행복추구권에서 보호된다(헌재 2000.4.27. 98헌가16).

㉡ (X) 청구인들은 군법무관 보수 관련 대통령령 제정 입법부작위로 인하여 직업의 자유가 침해되었다고 주장한다. 그런데 직업의 자유에 '해당 직업에 합당한 보수를 받을 권리'까지 포함되어 있다고 보기 어려우므로, 시행령이 제정되지 않아 법관, 검사와 같은 보수를 받지 못한다 하더라도, 청구인들의 직업선택이나 직업수행의 자유가 침해되었다고 할 수 없다(헌재 2004.2.26. 2001헌마718).

㉢ (X) 직업선택의 자유는 원하는 직장을 제공하여 줄 것을 청구하거나 한 번 선택한 직장의 존속보호를 청구할 권리를 보장하지 않으며, 또한 사용자의 처분에 따른 직장 상실로부터 직접 보호하여 줄 것을 청구할 수도 없다. 다만 국가는 이 기본권에서 나오는 객관적 보호의무, 즉 사용자에 의한 해고로부터 근로자를 보호할 의무를 질뿐이다(헌재 2002.11.28. 2001헌바50).

㉣ (X) 직업의 개념표지들은 개방적 성질을 지녀 엄격하게 해석할 필요는 없는바, '계속성'과 관련하여서는 주관적으로 활동의 주체가 어느 정도 계속적으로 해당 소득활동을 영위할 의사가 있고, 객관적으로도 그러한 활동이 계속성을 띨 수 있으면 족하다고 해석되므로 휴가기간 중에 하는 일, 수습직으로서의 활동 따위도 이에 포함된다고 볼 것이고, 또 '생활수단성'과 관련하여서는 단순한 여가활동이나 취미활동은 직업의 개념에 포함되지 않으나 겸업이나 부업은 삶의 수요를 충족하기에 적합하므로 직업에 해당한다고 말할 수 있다(헌재 2003.9.25. 2002헌마519).

12 ④

오답률 TOP 3 유형 이론 + 법령 + 판례

기본권론 2 > 자유권적 기본권 2 > 학문의 자유 오답률 67.6%

④ (X) 교수의 자유는 대학이나 고등교육기관의 교육자가 연구 결과를 자유로이 교수하거나 강의하는 자유를 말하는 것으로서, 초·중·고의 교사에게는 교수의 자유가 인정되지 않는다. → 교수의 자유는 연구결과를 강의 등을 통해 전달할 자유이다. 초·중·고 교사가 누리는 교육의 자유가 일반화된 지식체계를 전달할 자유라면, 교수의 자유는 자신의 연구결과를 가르칠 자유이다.

① (O) 국립대학교 교수나 교수회도 대학의 자율권의 주체가 된다. 교수나 교수회도 헌법상 기본권으로서 국립대학의 장 후보자 선정에 참여할 권리가 있다(헌재 2006.4.27. 2005헌마1047 등) 그러나 총장선임권은 사립학교법 제53조 제1항의 규정에 의하여 학교법인에게 부여되어 있는 것이고 달리 법률 또는 당해 법인 정관의 규정에 의하여 교수들에게 총장선임권 또는 그 참여권을 인정하지 않고 있는 이상, 헌법상의 학문의 자유나 대학의 자율성 내지 대학의 자치만을 근거로 교수들이 사립대학의 총장선임에 실질적으로 관여할 수 있는 지위에 있다거나 학교법인의 총장선임행위를 다툴 확인의 이익을 가진다고 볼 수 없다(대판 1996.5.31. 95다26971).

② (O) 집회 및 시위에 관한 법률 제19조는 경찰은 집회 또는 시위의 장소에 정복을 착용하고 출입할 수 있도록 규정하여 대학 총학장의 요청 없이 대학구내 시위에 출동할 수 있는 근거를 마련해 놓고 있다.

③ (O) 서울대학교의 입시요강은 행정계획안이나 법령의 뒷받침에 의하여 실시될 것으로 예상할 수 있으므로, 헌법재판소법 제68조 제1항의 공권력행사에 해당한다(헌재 1992.10.1. 92헌마68).

13 ②

유형 이론 + 판례

기본권론 2 > 자유권적 기본권 2 > 정정보도와 반론보도 오답률 65.6%

② (O), ③ (X) 반론보도청구권은 보도내용의 진실 여부와 관계없이 반박권이어서 언론사의 입장에서는 종전 입장을 바꿀 필요 없이 지면만 할애해 주면 족한 경우도 있을 수 있으므로 가처분절차에 의하여 신속하게 절차를 진행할 필요가 있다. 언론중재법 제26조 제6항 본문 전단은 정정보도청구의 소를 민사집행법상의 가처분절차에 의하여 재판하도록 규정하고 있다. 그 결과 정정보도청구의 소에서는 그 청구원인을 구성하는 사실의 인정을 '증명' 대신 '소명'으로 할 수 있게 되었다. 그런데 언론중재법상의 정정보도청구소송은 통상의 가처분과는 달리 그 자체가 본안소송이다. 이러한 정정보도청구의 소에서, 승패의 관건인 "사실적 주장에 관한 언론보도가 진실하지 아니함"이라는 사실의 입증에 대하여, 통상의 본안절차에서 반드시 요구하고 있는 증명을 배제하고 그 대신 간이한 소명으로 이를 대체하는 것인데 이것은 소송을 당한 언론사의 방어권을 심각하게 제약하므로 공정한 재판을 받을 권리를 침해한다. 정정보도청구를 가처분절차에 따라 소명만으로 인용할 수 있게 하는 것은 나아가 언론의 자유를 매우 위축시킨다(헌재 2006.6.29. 2005헌마165).

① (X) 허위의 신문보도로 피해를 입었을 때 피해자는 기존의 민·형사상 구제제도로 보호를 받을 수도 있지만, 신문사 측에 고의·과실이 없거나 위법성조각사유가 인정되는 등의 이유로 민사상의 불법행위책임이나 형사책임을 추궁할 수 없는 경우도 있다. 이러한 경우 피해자에 대한 적합한 구제책은 신문사나 신문기자 개인에 대한 책임추궁이 아니라, 문제의 보도가 허위임을 동일한 매체를 통하여 동일한 비중으로 보도·전파하도록 하는 것이다. 더욱이 정정보도청구권은 그 내용이나 행사방법에 있어 필요 이상으로 신문의 자유를 제한하고 있지 않다. 일정한 경우 정정보도를 거부할 수 있는 사유도 인정하고 있고, 제소기간도 단기간으로 제한하고 있으며, 정정보도의 방법도 동일 지면에 동일 크기로 보도문을 내도록 하여 원래의 보도 이상의 부담을 지우고 있지도 않다. 따라서 언론중재법 제14조 제2항이 신문의 자유를 침해하는 것이라고 볼 수 없으며, 언론중재법 제31조 후문은 그 위치에도 불구하고 제14조 제2항과 동일한 내용을 명예훼손에 관하여 재확인하는 규정으로 보아야 할 것이

므로 역시 헌법에 위반되지 않는다(헌재 2006.6.29. 2005헌마165).

④ (X) 반론보도청구권은 사실적 주장에 관한 언론보도로 인하여 피해를 입은 자가 보도 내용의 진실 여부를 불문하고 청구하는 권리이다.

14 ②

유형 법령 + 판례

기본권론 2 > 자유권적 기본권 2 > 집회 및 결사의 자유 오답률 34.4%

② (O) 사법인은 결사의 자유의 주체가 되므로 약사법인, 상공회의소, 축협중앙회는 결사의 자유주체가 된다. 그러나 공법인, 주택조합, 농지개량조합은 결사의 자유에서 보호되지 않는다.

① (X) 집회 또는 시위의 질서유지를 위해서 질서유지인을 임명하는 것은 집회주최자이다.

> 집회 및 시위에 관한 법률 제16조(주최자의 준수 사항) ① 집회 또는 시위의 주최자는 집회 또는 시위에 있어서의 질서를 유지하여야 한다.
> ② 집회 또는 시위의 주최자는 집회 또는 시위의 질서유지에 관하여 자신을 보좌하도록 18세 이상의 사람을 질서유지인으로 임명할 수 있다.

③ (X) 헌법재판소는, 근로자의 단결하지 아니할 자유는 헌법 제10조의 일반적 행동의 자유와 헌법 제21조의 결사의 자유에서 근거를 찾을 수 있고, 노동조합의 적극적 단결권은 헌법 제33조에서 보호된다고 하여 근로자의 소극적 단결권은 헌법 제33조가 아니라 헌법 제21조의 집회의 자유와 제10조의 행복추구권에서 보호된다고 하였다.

④ (X) 청구인은 영토주권을 수호할 의무를 가진 대한민국 국민으로서 독도를 일본의 영토라고 주장하고 있는 주한 일본대사관을 대상으로 항의집회를 하려고 하였으나, 이 사건 법률조항에 의하여 그 의무를 다하지 못하게 되었으므로 이는 청구인의 영토권을 침해하는 것이라고 주장하나, 청구인이 주한 일본대사관을 대상으로 항의집회를 하는 것이 영토권을 행사하는 것이라 할 수 없는바, 이 사건 법률조항에 의한 영토권의 침해는 발생하지 않는다(헌재 2010.10.28. 2010헌마111).

15 ④

유형 판례

기본권론 2 > 자유권적 기본권 2 > 재산권 오답률 37.5%

④ (O) 이 사건의 경우 청구인이 잠수기어업허가를 받아 키조개 등을 채취하는 직업에 종사한다고 하더라도 이는 원칙적으로 자신의 계획과 책임하에 행동하면서 법제도에 의하여 반사적으로 부여되는 기회를 활용하는 것에 불과하므로 잠수기어업허가를 받지 못하여 상실된 이익 등 청구인 주장의 재산권은 헌법 제23조에서 규정하는 재산권의 보호범위에 포함된다고 볼 수 없다(헌재 2008.6.26. 2005헌마173).

① (X) 의료보험조합의 적립금은 헌법 제23조에 의하여 보장되는 재산권의 보호대상이라 보기 어렵다(헌재 2000.6.29. 99헌마289).

② (X) 시혜적 입법의 시혜대상이 될 경우 얻을 수 있는 재산상 이익의 기대가 성취되지 않았다고 하여도 그러한 단순한 재산상 이익의 기대는 헌법이 보호하는 재산권의 영역에 포함되지 않으므로 이 사건에서 재산권 침해가 문제되지는 않는다고 볼 것이다(헌재 2003.11.27. 2003헌바2).

③ (X) 상당한 보상이 아니라 정당한 보상이다. 정당보상은 시가보상(완전보상)이 원칙이지만 공시지가보상도 가능하다고 보는 것이 판례이다.

16 ②

유형 판례

기본권론 2 > 자유권적 기본권 2 > 재산권 오답률 21.9%

Ⓛ (O) 구 문화재보호법 제44조 제4항 제2문은 건설공사 과정에서 매장문화재의 발굴로 인하여 문화재 훼손 위험을 야기한 사업시행자에게 원칙적으로 발굴경비를 부담시킴으로써 각종 개발행위로 인한 무분별한 문화재 발굴로부터 매장문화재를 보호하는 것이어서 입법목적의 정당성, 방법의 적절성이 인정되고, … 최소침해성원칙, 법익균형성원칙에도 반하지 아니하므로 과잉금지원칙에 위배되어 위헌이라고 볼 수 없다(헌재 2010.10.28. 2008헌바74).

㉠ (X) 성매매를 근절하여 집창촌을 폐쇄함으로써 얻어지는 공익이 단기적으로 침해되는 청구인들의 사익에 비하여 크다고 할 것이므로 '성매매에 제공되는 사실을 알면서 건물을 제공하는 행위' 부분이 집창촌에서 건물을 소유하거나 그 관리권한을 가지고 있는 자의 재산권을 침해하지 않는다(헌재 2006.6.29. 2005헌마1167).

Ⓒ (X) 부동산 등기를 하기 위하여 개인이 국민주택채권을 매입해야만 하는 금전적 부담이 결코 작다고 할 수는 없지만, 국민주택채권 발행으로 조성된 자금으로 저소득층 및 무주택자에 대한 주택공급 및 주택자금 지원 등 국민의 주거안정과 주거수준을 향상시킴으로써 국민들의 쾌적한 주거생활을 할 권리를 실현하고 아울러 사회통합에도 기여할 수 있는 공익이 훨씬 크다고 할 것이다. 이 사건 법률조항은 계약체결의 사유 및 재산권을 침해하지 않는다(헌재 2011.9.29. 2010헌마85).

17 ④

유형 판례

기본권론 2 > 참정권 및 정치적 기본권 > 공무담임권 오답률 12.5%

④ (X) 이 사건 법률조항은 후보자 선택을 제한하거나 실효된 금고 이상의 형의 범죄경력을 가진 후보자의 당선기회를 봉쇄하는 것이 아니므로 공무담임권과는 직접 관련이 없다(헌재 2008.4.24. 2006헌마402).

① (O) 헌법에서 명문으로 규정하고 있는 선거권은 대통령 선거권, 국회의원 선거권, 지방의원 선거권이고, 지자체장 선거권과 교육위원 선거권은 법률에 의해서 인정되고 있다(헌재 2002.3.28. 2000헌마283 등).

② (O) 우리 헌법은 법률이 정하는 바에 따른 '선거권'과 '공무담임권' 및 국가안위에 관한 중요정책과 헌법개정에 대한 '국민투표권'만을 헌법상의 참정권으로 보장하고 있으므로, 지방자치법 제13조의2(현행 제18조)에서 규정한 주민투표권은 그 성질상 선거권, 공무담임권, 국민투표권과 전혀 다른 것이어서 이를 법률이 보장하는 참정권이라고 할 수 있을지언정 헌법이 보장하는 참정권이라고 할 수는 없다(헌재 2001.6.28. 2000헌마735).

③ (O) 교육의 자주성과 전문성 등 지방교육자치가 목표로 하는 다른 가치의 중요성을 고려하면, 상충되는 가치를 조화시키기 위해서 민주적 정당성의 요청이 일부 후퇴하고, 이로 인하여 비경력자의 공무담임권이 어느 정도 제한된다 하더라도, 이는 부득이한 것으로서 법익균형성의 원칙에 위배된다고는 볼 수 없다(헌재 2003.3.27. 2002헌마573).

18 ③

유형 이론 + 법령

기본권론 2 > 청구권적 기본권 > 청원권 오답률 31.2%

③ (O) 청원의 대상에 대한 설명이다.

① (X)

> 청원법 제21조(청원의 처리 등) ② 청원기관의 장은 청원을 접수한 때에는 특별한 사유가 없으면 90일 이내(제13조제1항에 따른 공개청원의 공개 여부 결정기간 및 같은 조 제2항에 따른 국민의 의견을 듣는 기간을 제외한다)에 처리결과를 청원인(공동청원의 경우 대표자를 말한다)에게 알려야 한다. 이 경우 공개청원의 처리결과는 온라인청원시스템에 공개하여야 한다.

② (X) 국민뿐 아니라 법인, 외국인도 청원권의 주체가 될 수 있다. 공무원, 군인, 수형자도 청원을 할 수 있다. 다만 공무원, 군인, 수형자 등은 직무

와 관련된 청원이나 집단적 청원은 할 수 없다.
④ (X) 청원의 결과에 대해서는 행정소송도 안 되고, 헌법소원도 안 된다.

19 ④

유형 이론 + 법령 + 판례

기본권론 2 > 청구권적 기본권 > 형사보상청구권 오답률 50%

㉡ (X) 보상액의 산정에 기초되는 사실인정이나 보상액에 관한 판단에서 오류나 불합리성이 발견되는 경우에도 그 시정을 구하는 불복신청을 할 수 없도록 하는 것은 형사보상청구권 및 그 실현을 위한 기본권으로서의 재판청구권의 본질적 내용을 침해하는 것이라 할 것이고, 나아가 법적안정성만을 지나치게 강조함으로써 재판의 적정성과 정의를 추구하는 사법제도의 본질에 부합하지 아니하는 것이다(헌재 2010.10.28. 2008헌마514).
㉣ (X) 보상청구는 법원 합의부에서 재판한다(형사보상 및 명예회복에 관한 법률 제14조 제1항).
㉤ (X) 형사보상청구권의 성격을 무과실책임으로 보는 것(다수설 입장)은 국가기관의 고의·과실을 불문하는 것이지, 무죄판결을 받은 당사자에게 귀책사유가 있는지 여부까지 문제되지 않는 것은 아니다. 당사자가 형사미성년자, 심실상실자라는 이유로 무죄판결을 받은 경우 형사보상을 하지 않을 수 있다.
㉠ (O) 이 사건 법률조항은 형사소송법상 형사피고인이 재정하지 아니한 가운데 재판할 수 있는 예외적인 경우를 상정하고 있는 등 형사피고인은 당사자가 책임질 수 없는 사유에 의하여 무죄재판의 확정사실을 모를 수 있는 가능성이 있으므로, 형사피고인이 책임질 수 없는 사유에 의하여 제척기간을 도과할 가능성이 있는바, 이는 국가의 잘못된 형사사법작용에 의하여 신체의 자유라는 중대한 법익을 침해받은 국민의 기본권을 사법상의 권리보다도 가볍게 보호하는 것으로서 부당하다(헌재 2010.7.29. 2008헌가4).
㉢ (O) 보상결정에 대하여는 1주일 이내에 즉시항고를 할 수 있다(형사보상 및 명예회복에 관한 법률 제20조 제1항).

20 ④

유형 판례

기본권론 2 > 청구권적 기본권 > 재판청구권 오답률 6.2%

④ (X) 위 결정으로 개정된 상속회복청구권 행사기간을 상속침해를 안 날부터 3년, 상속권의 침해행위가 있은 날부터 10년으로 제한하고 있는 민법 제999조 제2항은 상속인의 재산권이나 평등권 등을 침해하는 것이 아니다(헌재 2008.7.31. 2006헌바110).
① (O) 재판서를 송달하지 않는다고 하여 국민의 알 권리를 침해한다고 할 수 없고, 상소기간을 재판선고일로부터 계산하는 것이 과잉으로 국민의 재판청구권을 제한한다고 할 수 없다(헌재 1995.3.23. 92헌바1).
② (O) 상소심에서 재판을 받을 권리를 헌법상 명문화한 규정이 없고 상소문제가 일반법률에 맡겨진 것이 우리 법제라면 헌법 제27조에서 규정한 재판을 받을 권리에 모든 사건에 대해 상소법원의 구성법관에 의한, 상소심절차에 의한 재판을 받을 권리까지도 당연히 포함된다고 단정할 수 없을 것이고, 모든 사건에 대해 획일적으로 상소할 수 있게 하느냐 않느냐는 특단의 사정이 없는 한 입법정책의 문제이다(헌재 1993.11.25. 91헌바8).
③ (O) 청소년보호위원회 등에 의한 청소년유해매체물의 결정은 그것이 이 사건 법률조항에 따라 그 위임의 범위 내에서 행하여지는 이상 법률상 구성요건의 내용을 보충하는 것에 불과하므로, 이를 토대로 재판이 행하여진다 하더라도 그로 인하여 사실확정과 법률의 해석·적용에 관한 법관의 고유권한이 박탈된 것이라 할 수 없으며, 더욱이 법관은 청소년보호위원회 등의 결정이 적법하게 이루어진 것인지에 관하여 독자적으로 판단하여 이를 기초로 재판할 수도 있으므로 청소년유해매체물의 결정권한을 청소년보호위원회 등에 부여하고 있다고 하여 법관에 의한 재판을 받을 권리를 침해하는 것이라고는 볼 수 없다(헌재 2000.6.29. 99헌가16).

제3회 | 정답과 해설

난이도	상 ㉾중 하
맞힌 문항 수 & 예상 합격선	/ 20개(18개 이상)
제3회 모의고사 문제	p. 39

01	②	02	③	03	③	04	①	05	②
06	①	07	④	08	①	09	①	10	④
11	②	12	①	13	②	14	③	15	③
16	①	17	③	18	④	19	①	20	④

01 ②

유형 이론

헌법 일반이론 > 헌법과 헌법학 > 헌법의 개정 오답률 25%

② (X) 헌법개정 무한계설의 논거이다. 무한계설은 법실증주의에서 주장되고 개정한계설은 결단주의와 통합주의에서 논의된다.

① (O) 제2차 개정헌법부터 제4차 개정헌법까지 개정금지조항을 둔 바 있다.

③ (O) 통합론은 헌법이란 사회공동체를 정치적 일원체로 조직하기 위한 일종의 생활규범이고, 언제나 일정한 근본가치를 전제로 한다고 하여 이러한 근본가치에 대해서는 개정할 수 없다고 한다.

④ (O) 결단주의는 헌법제정권력과 헌법개정권력을 구분하여 '헌법률'은 개정할 수 있지만 '헌법'은 개정할 수 없다고 한다. 따라서 결단주의에서 '헌법'을 바꾸기 위해서는 헌법개정이 아닌 새로운 헌법제정을 하여야 한다.

02 ③

유형 이론

헌법 일반이론 > 헌법과 헌법학 > 저항권 오답률 2.7%

③ (X) 저항권의 목적은 민주적 기본질서에 바탕한 입헌주의적 헌법체제를 수호하기 위한 것이므로 기존의 체제를 부정하고 새로운 체제를 지향하는 저항은 인정되지 않으나, 저항권은 예외적 경우에는 폭력적 방법도 허용된다.

① (O) 저항권이란 헌법의 기본질서를 파괴하려는 자에 대하여 기존의 헌법질서를 유지·회복하기 위한 다른 구제수단이 없는 경우 예외적이고, 최후의 수단으로서 저항할 수 있는 권리를 의미한다.

② (O) 한국 헌정사의 특수성에 비추어 4·19혁명은 민주이념을 구현하기 위한 저항권 행사였다는 점에 국민이 공감하고 있고, 우리의 헌법전문은 대한민국의 국가적 이념과 국가적 질서를 지배하는 지도이념을 규정하고 있으므로 헌법전문의 "불의에 항거한 4·19민주이념을 계승하고"라는 부분을 저항권의 근거규정으로 보는 견해가 있다.

④ (O) 저항권의 행사는 공권력에 대한 실력에 의한 저항이기 때문에 민주적·법치국가적 기본질서나 기본권 보장체계에 대한 전면적 부인 내지 침해가 있어야 하고, 이러한 침해행위가 민주적 기본질서를 침해함이 객관적으로 명백하여야 한다.

03 ③

유형 이론

헌법 일반이론 > 헌법과 헌법학 > 헌법의 수호 오답률 16.7%

③ (X) 비상시 헌법수호방법으로는 국가긴급권과 저항권이 있다. 우리 헌법 제76조와 제77조는 긴급재정경제처분 및 명령, 긴급명령, 계엄권을 국가긴급권으로 규정하고 있다. 국가긴급권은 대통령이 행사하므로 비상시 헌법수호자는 대통령이다.

① (O) 방어적 민주주의란 민주주의의 이름으로 민주주의를 파괴하거나 자유의 이름으로 자유를 파괴하는 민주주의의 적으로부터 민주주의를 방어해야 한다는 것을 말한다. 오늘날 민주주의는 가치상대주의에 기초한 다원적 정치과정으로 이해된다.

② (O) 저항권 행사는 외형상 공무집행방해죄 등을 구성하나 부당한 권력에 대한 정당한 저항권의 행사는 위법성이 조각된다. 저항권 행사가 성공하여 법치국가 질서가 회복된다면 저항권 행사는 소급하여 유효하게 된다.

④ (O) 헌법의 수호라 함은 헌법의 기본적 가치질서에 대한 침해행위를 사전에 예방하거나 사후에 배제하는 것을 말하는데, 이러한 헌법수호의 내상으로서 헌법은 형식적 의미의 헌법뿐만 아니라 실질적 의미의 헌법도 포함한다.

04 ①

오답률 TOP 2 유형 법령

헌법 일반이론 > 대한민국 헌법총설 > 헌법전문 오답률 58.3%

㉠ (O), ㉡ (O), ㉣ (O), ㉥ (O) 헌법전문에 규정되어 있다.

> **헌법전문**
> 유구한 역사와 전통에 빛나는 우리 대한국민은 ㉠ 3·1운동으로 건립된 대한민국 임시정부의 법통과 불의에 항거한 ㉡ 4·19민주이념을 계승하고, 조국의 민주개혁과 ㉥ 평화적 통일의 사명에 입각하여 정의·인도와 동포애로써 민족의 단결을 공고히 하고, 모든 사회적 폐습과 불의를 타파하며, 자율과 조화를 바탕으로 자유민주적 기본질서를 더욱 확고히 하여 정치·경제·사회·문화의 모든 영역에 있어서 각인의 기회를 균등히 하고, 능력을 최고도로 발휘하게 하며, 자유와 권리에 따르는 책임과 의무를 완수하게 하여, 안으로는 국민생활의 균등한 향상을 기하고 밖으로는 ㉣ 항구적인 세계평화와 인류공영에 이바지함으로써 우리들과 우리들의 자손의 안전과 자유와 행복을 영원히 확보할 것을 다짐하면서 1948년 7월 12일에 제정되고 8차에 걸쳐 개정된 헌법을 이제 국회의 의결을 거쳐 국민투표에 의하여 개정한다.

㉢ (X) 복수정당제(헌법 제8조 제1항)
㉤ (X) 균형 있는 국민경제의 성장 및 안정(헌법 제119조 제2항)
㉦ (X) 민족문화 창달의무(헌법 제9조)
㉧ (X) 전통문화의 계승·발전(헌법 제9조)

05 ②

유형 판례

헌법 일반이론 > 대한민국 헌법총설 > 경제질서 오답률 12.5%

② (X) 이 법에 의하여 먼저 성립하고 공시를 갖춘 담보물권이 후에 발생하고 공시를 전혀 갖추고 있지 않은 조세채권에 의하여 그 우선순위가 추월당하게 된다. 담보물권의 근본요소가 담보부동산으로부터 우선변제를 확보하는 담보기능에 있다고 할 때, 담보물권에서 담보기능이 배제되어 피담보채권을 확보할 수 없다면 그 점에서 이미 담보물권이라고 할 수 없는 것이므로, 담보물권이 합리적인 사유 없이 담보기능을 수행하지 못하여 담보채권의 실현에 전혀 기여하지 못하고 있다면 담보물권은 물론, 나아가 사유재산제도의 본질적 내용의 침해가 있는 것이라고 보지

않을 수 없다. … 국세기본법 제35조 제1항 제3호 중 '~으로부터 1년'이라는 부분은 헌법 제23조 제1항이 보장하고 있는 재산권의 본질적인 내용을 침해하는 것으로서 헌법전문, 제1조, 제10조, 제11조 제1항, 제23조 제1항, 제37조 제2항 단서, 제38조, 제59조의 규정에 위반된다(헌재 1990.9.3. 89헌가95).

① (O) 계약자유의 원칙 내지 경제상의 자유는 절대적인 것이 아니라 약자보호, 독점방지, 실질적 평등, 경제정의 등의 관점에서 법률상 제한될 수 있음은 말할 것도 없고, 국가의 과세작용과 관련하여서도 적지 않은 제약을 받지 않을 수 없다(헌재 1999.5.27. 97헌바66).

③ (O) 헌법 제119조 제1항에 의하면 기업의 생성·발전·소멸은 어디까지나 기업의 자율에 맡긴다는 기업자유의 표현이며 국가의 공권력은 특단의 사정이 없는 한 이에 대한 불개입을 원칙으로 한다는 것을 의미한다(헌재 1993.7.29. 89헌마31).

④ (O) 입법자가 사인 간의 약정이자를 제한함으로써 경제적 약자를 보호하려는 직접적인 방법을 선택할 것인가 아니면 이를 완화하거나 폐지함으로써 자금시장의 왜곡을 바로잡아 경제를 회복시키고 자유와 창의에 기한 경제발전을 꾀하는 한편 경제적 약자의 보호문제는 민법상의 일반원칙에 맡길 것인가는 입법자의 위와 같은 재량에 속하는 것이라 할 것이고, 입법자가 입법 당시의 여러 가지 경제적·사회적 여건을 고려하여 후자를 선택한 것이 입법재량권을 남용하였거나 입법형성권의 한계를 일탈하여 명백히 불공정 또는 불합리하게 자의적으로 입법형성권을 행사한 것이라고 볼 수 없다(헌재 2001.1.18. 2000헌바7).

06 ①

유형 이론 + 판례

헌법 일반이론 > 대한민국 헌법총설 > 사회국가원리 오답률 4.2%

① (X) 입법자가 사인 간의 약정이자를 제한함으로써 경제적 약자를 보호하려는 직접적인 방법을 선택할 것인가 아니면 이를 완화하거나 폐지함으로써 자금시장의 왜곡을 바로잡아 경제를 회복시키고 자유와 창의에 기한 경제발전을 꾀하는 한편 경제적 약자의 보호문제는 민법상의 일반원칙에 맡길 것인가는 입법자의 위와 같은 재량에 속하는 것이라 할 것이고, 입법자가 입법 당시의 여러 가지 경제적·사회적 여건을 고려하여 후자를 선택한 것이 입법재량권을 남용하였거나 입법형성권의 한계를 일탈하여 명백히 불공정 또는 불합리하게 자의적으로 입법형성권을 행사한 것이라고 볼 수 없다(헌재 2001.1.18. 2000헌바7).

② (O) 복지국가가 그 목적달성을 위하여 복지정책을 수립하고 실시하는데 자유권이 제한된다고 하더라도 자유와 권리의 본질적 내용을 침해하는 제한은 허용되지 아니한다.

③ (O) 헌법 제119조 제2항은 "국가는 … 시장의 지배와 경제력의 남용을 방지하기 위하여 … 경제에 관한 규제와 조정을 할 수 있다."고 규정함으로써, 독과점규제라는 경제정책적 목표를 개인의 경제적 자유를 제한할 수 있는 정당한 공익의 하나로 명문화하고 있다. 독과점규제는 국가의 경쟁정책에 의하여 실현되고 경쟁정책의 목적은 공정하고 자유로운 경쟁의 촉진에 있다. 즉, 국가의 경쟁정책은 시장지배적 지위의 남용방지, 기업결합의 제한, 부당한 공동행위의 제한 등을 통하여 시장경제가 제대로 기능하기 위한 전제조건으로서의 가격과 경쟁의 기능을 유지하고 촉진하려고 하는 것이다. 따라서 독과점규제의 목적이 경쟁의 회복에 있다면 이 목적을 실현하는 수단 또한 자유롭고 공정한 경쟁을 가능하게 하는 방법이어야 한다(헌재 1996.12.26. 96헌가18).

④ (O) 국가가 인간다운 생활을 보장하기 위한 헌법적 의무를 다하였는지의 여부가 사법적 심사의 대상이 된 경우에는, 국가가 최저생활보장에 관한 입법을 전혀 하지 아니하였다든가 그 내용이 현저히 불합리하여 헌법상 용인될 수 있는 재량의 범위를 명백히 일탈한 경우에 한하여 헌법에 위반된다고 할 수 있다(헌재 2004.10.28. 2002헌마328)

07 ④

유형 판례

기본권론 1 > 기본권 총론 > 기본권의 주체 오답률 12.5%

④ (X) 국가적 통일체의 일부로서의 공법인은 원칙적으로 '기본권 수범자'일 뿐 '기본권 소지자'는 아니다. 따라서, '국회노동위원회', '직장의료보험조합', '농지개량조합'등에 대하여 공법인으로서 기본권 주체성이 인정되지 않는다고 판시한 바 있다. 그러나 공법인도 예외적으로 기본권에 의하여 보호되는 생활영역에 속해 있으며, 자연인의 개인적 기본권을 실현하는 데 기여하고 있을 뿐 아니라 조직법상 국가로부터 독립되어 고유한 업무영역을 가지고 있는 경우에는 기본권 주체성이 인정된다고 할 것이다. 우리 헌법재판소도 영조물에 해당하는 서울대학교와 공법인에 해당하는 세무대학에 대하여 학문의 자유와 대학의 자율권의 주체성을 인정한 바 있다(헌재 2001.2.22. 99헌마613).

① (O) 한국신문편집인협회는 권리능력 없는 사단이라 할 것이고, 언론·출판의 자유는 성질상 법인이나 권리능력 없는 사단도 누릴 수 있는 권리이므로 청구인협회가 언론·출판의 자유를 직접 구체적으로 침해받은 경우에는 헌법소원심판을 청구할 수 있다(헌재 1991.6.3. 90헌마56).

② (O) 근로의 권리가 '일할 자리에 관한 권리'만이 아니라 '일할 환경에 관한 권리'도 함께 내포하고 있는바, 후자는 인간의 존엄성에 대한 침해를 방어하기 위한 자유권적 기본권의 성격도 갖고 있어 건강한 작업환경, 일에 대한 정당한 보수, 합리적인 근로조건의 보장 등을 요구할 수 있는 권리 등을 포함한다고 할 것이므로 외국인 근로자라고 하여 이 부분에까지 기본권 주체성을 부인할 수는 없다(헌재 2007.8.30. 2004헌마670).

③ (O) 외국인은 외국인에게도 인정되는 기본권 침해를 받은 경우에 헌법소원을 제기할 수 있다. 우리 재판소는, 헌법재판소법 제68조 제1항 소정의 헌법소원은 기본권을 침해받은 자만이 청구할 수 있고, 여기서 기본권을 침해받은 자만이 헌법소원을 청구할 수 있다는 것은 곧 기본권의 주체라야만 헌법소원을 청구할 수 있고 기본권의 주체가 아닌 자는 헌법소원을 청구할 수 없다고 한 다음, '국민' 또는 국민과 유사한 지위에 있는 '외국인'은 기본권의 주체가 될 수 있다(헌재 1994.12.29. 93헌마120).

08 ①

유형 이론 + 법령

기본권론 1 > 기본권 총론 > 인권 오답률 12.5%

① (X) 헌법재판소는 사형제도 위헌소원 사건에서 "생명에 대한 권리는 비록 헌법의 명문의 규정이 없더라도 … 선험적이고 자연법적인 권리로서 헌법에 규정된 모든 기본권의 전제로서 기능하는 기본권 중의 기본권이다"라고 판시한 바 있다.

② (O) 기본권은 법률안의 자유가 아니다. 기본권은 법률의 범위 내에서 효력이 인정되는 것이 아니라 입법권을 구속한다.

③ (O) 1972년 바작은 국제인권법의 내용을 이루고 있는 시민적·정치적 권리를 1세대 인권, 경제적·사회적·문화적 권리를 제2세대 인권이라 부르고 이에 3세대 인권인 연대권이 첨부되어야 한다면서 연대권의 내용으로 경제발전권, 환경권, 인류공동의 유산에 대한 소유권, 의사소통권 등을 주장하였다.

④ (O) "인권"이란 대한민국 헌법 및 법률에서 보장하거나 대한민국이 가입·비준한 국제인권조약 및 국제관습법에서 인정하는 인간으로서의 존엄과 가치 및 자유와 권리를 말한다(국가인권위원회법 제2조 제1호).

09 ①

유형 판례

기본권론 1 > 기본권 총론 > 기본권의 보장의무 오답률 37.5%

① (X) 헌법재판소는 권력분립의 관점에서 소위 "과소보호금지원칙"을, 즉 국가가 국민의 법익보호를 위하여 적어도 적절하고 효율적인 최소한의 보호조치를 취했는가를 기준으로 심사하게 된다. 따라서 입법부작위나

불완전한 입법에 의한 기본권의 침해는 입법자의 보호의무에 대한 명백한 위반이 있는 경우에만 인정될 수 있다(헌재 1997.1.16. 90헌마110).

② (O) 교통사고처리특례법 제4조 제1항 본문 중 업무상 과실 또는 중대한 과실로 인한 교통사고로 말미암아 피해자로 하여금 상해에 이르게 한 경우 공소를 제기할 수 없도록 한 부분은 국가의 기본권 보호의무의 위반 여부에 관한 심사기준인 과소보호금지의 원칙에 위반한 것이라고 볼 수 없다(헌재 2009.2.26. 2005헌마764).

③ (O) 미국산 쇠고기수입의 위생조건에 관한 고시상의 보호조치가 체감적으로 완벽한 것은 아니라 할지라도, 위 기준과 그 내용에 비추어 쇠고기 소비자인 국민의 생명·신체의 안전을 보호하기에 전적으로 부적합하거나 매우 부족하여 그 보호의무를 명백히 위반한 것이라고 단정하기는 어렵다 할 것이다(헌재 2008.12.26. 2008헌마419).

④ (O) 범죄로부터 국민을 보호하여야 할 국가의 의무가 이루어지지 아니할 때 국가의 의무 위반을 국민에 대한 기본권 침해로 규정할 수 있다. 이 경우 개인의 법익을 직접 침해하는 것은 국가가 아닌 제3자의 범죄행위이므로 위와 같은 원초적인 행위 자체를 기본권 침해행위라고 규정할 수는 없으나, 이와 같은 침해가 있음에도 불구하고 이것을 배제하여야 할 국가의 의무가 이행되지 아니한다면 이 경우 국민은 국가를 상대로 헌법 제10조, 제11조 제1항 및 제30조(이 사건과 같이 생명·신체에 대한 피해를 받은 경우)에 규정된 보호의무 위반 또는 법 앞에서의 평등권 위반이라는 기본권 침해를 주장할 수 있는 것이다(헌재 1989.4.17. 88헌마3).

10 ④

유형 판례

기본권론 1 > 인간의 존엄성 존중 · 행복추구권 · 법 앞의 평등 > 평등권 및 평등원칙 오답률 **20.8%**

④ (X) 친양자의 양친을 기혼자로 한정하고 독신자는 친양자 입양을 할 수 없도록 규정한 민법 제908조의2는 독신자의 평등권을 침해한다고 볼 수 없다(헌재 2013.9.26. 2011헌가42).

① (O) 주민투표권은 헌법상의 열거되지 아니한 권리 등 그 명칭의 여하를 불문하고 헌법상의 기본권성이 부정된다는 것이 우리 재판소의 일관된 입장이라 할 것인데, … 하지만 주민투표권이 헌법상 기본권이 아닌 법률상의 권리에 해당한다 하더라도 비교집단 상호 간에 차별이 존재할 경우에 헌법상의 평등권 심사까지 배제되는 것은 아니다(헌재 2007.6.28. 2004헌마643).

② (O) 이 사건 법률조항은 헌법이 특별히 양성평등을 요구하는 경우나 관련 기본권에 중대한 제한을 초래하는 경우의 차별취급을 그 내용으로 하고 있다고 보기 어려우며, 징집대상자의 범위 결정에 관하여는 입법자의 광범위한 입법형성권이 인정된다는 점에 비추어 이 사건 법률조항이 평등권을 침해하는지 여부는 완화된 심사기준에 따라 판단하여야 한다(헌재 2011.6.30. 2010헌마460).

③ (O) 종전 결정은 국가유공자와 그 가족에 대한 가산점제도는 모두 헌법 제32조 제6항에 근거를 두고 있으므로 평등권 침해 여부에 관하여 보다 완화된 기준을 적용한 비례심사를 하였으나, 국가유공자 본인의 경우는 별론으로 하고, 그 가족의 경우는 위에서 본 바와 같이 헌법 제32조 제6항이 가산점제도의 근거라고 볼 수 없으므로 그러한 완화된 심사는 부적절한 것이다(헌재 2006.2.23. 2004헌마675 등).

11 ②

오답률 TOP 3 유형 판례

기본권론 2 > 자유권적 기본권 1 > 신체의 자유 오답률 **45.8%**

② (X) 군사법원법 제239조가 규정하고 있는 군사법경찰관의 10일간의 구속기간은 그 허용 자체가 헌법상 무죄추정의 원칙에서 파생되는 불구속수사원칙에 대한 예외이다. 그런데 이 사건 법률규정은 경찰단계에서는 구속기간의 연장을 허용하지 아니하는 형사소송법의 규정과는 달리 군사법경찰관의 구속기간의 연장을 허용하여 예외에 대하여 다시 특례를 설정함으로써 기본권 중에서도 가장 기본적인 것인 신체의 자유에 대한 제한을 가중하고 있으므로, 이 사건 법률규정이 과잉금지의 원칙에 위배되는지 여부를 심사함에 있어서는 그 제한되는 기본권의 중요성이나 기본권제한 방식의 중첩적·가중적 성격에 비추어 엄격한 기준에 의할 것이 요구된다(헌재 2003.11.27. 2002헌마193).

① (O) 노역장유치를 통하여 벌금형의 집행률을 제고하고 형벌의 목적을 달성하려는 공익은 노역장유치자가 입게 되는 불이익에 비하여 현저히 작다고 할 수 없으므로 법익 균형성에 위배된다고도 할 수 없어 이 사건 법률조항들은 과잉금지원칙에 위배되지 아니한다(헌재 2011.9.29. 2010헌바188).

③ (O) 치료감호기간의 상한을 정하지 아니하여 피치료감호자를 계속 수용하여 치료할 수 있도록 한 것은 정신장애범죄자의 치료를 통한 사회복귀와 재범에 방지라는 측면의 공익이 사익보다 크다고 할 수 있으므로 과잉금지원칙에 위반되지 아니한다(헌재 2005.2.3. 2003헌바1).

④ (O) 국가안보와 직결되는 사건과 같이 수사를 위하여 구속기간의 연장이 정당화될 정도의 중요사건이라면 더 높은 법률적 소양이 제도적으로 보장된 군검찰관이 이를 수사하고 필요한 경우 그 구속기간의 연장을 허용하는 것이 더 적절하기 때문에, 군사법경찰관의 구속기간을 연장까지 하면서 이러한 목적을 달성하려는 것은 부적절한 방식에 의한 과도한 기본권의 제한이라고 아니할 수 없다(헌재 2003.11.27. 2002헌마193).

12 ①

유형 법령 + 판례

기본권론 2 > 자유권적 기본권 1 > 변호인의 조력을 받을 권리 오답률 **29.2%**

① (O), ② (X) 누구든지 체포 또는 구속을 당한 때에는 즉시 변호인의 조력을 받을 권리를 가진다. 다만, 형사피고인이 스스로 변호인을 구할 수 없을 때에는 법률이 정하는 바에 의하여 국가가 변호인을 붙인다(헌법 제12조 제4항).

> 형사사건에 있어 변호인의 조력을 받을 권리는 피의자나 피고인을 불문하고 보장되나, 그중 특히 국선변호인의 조력을 받을 권리는 피고인에게만 인정되는 것으로 해석함이 상당하다 할 것이고, 따라서 그 헌법 규정이 피의자에 대하여 일반적으로 국선변호인의 조력을 받을 권리가 있음을 천명한 것이라고 볼 수 없으며, 그 밖에 헌법상의 다른 규정을 살펴보아도 명시적이나 해석상으로 이를 인정할 근거가 없음은 물론, 더 나아가 사법경찰관이 피의자가 제출하는 국선변호인 선임신청서를 법원에 제출할 의무가 있다고 볼 헌법상의 근거도 없다(헌재 2008.9.25. 2007헌마1126).

③ (X), ④ (X) 헌법상 보장되는 '변호인의 조력을 받을 권리'는 변호인의 '충분한 조력'을 받을 권리를 의미하므로, 일정한 경우 피고인에게 국선변호인의 조력을 받을 권리를 보장하여야 할 국가의 의무에는 형사소송절차에서 단순히 국선변호인을 선정하여 주는 데 그치지 않고 한 걸음 더 나아가 피고인이 국선변호인의 실질적인 조력을 받을 수 있도록 필요한 업무 감독과 절차적 조치를 취할 책무까지 포함된다고 할 것이다. 피고인을 위하여 선정된 국선변호인이 법정기간 내에 항소이유서를 제출하지 아니하면 이는 피고인을 위하여 요구되는 충분한 조력을 제공하지 아니한 것으로 보아야 하고, 이런 경우에 피고인에게 책임을 돌릴 만한 아무런 사유가 없는데도 항소법원이 형사소송법 제361조의4 제1항 본문에 따라 피고인의 항소를 기각한다면, 이는 피고인에게 국선변호인으로부터 충분한 조력을 받을 권리를 보장하고 이를 위한 국가의 의무를 규정하고 있는 헌법의 취지에 반하는 조치이다. 따라서 피고인과 국선변호인이 모두 법정기간 내에 항소이유서를 제출하지 아니하였더라도, 국선변호인이 항소이유서를 제출하지 아니한 데 대하여 피고인에게 귀책사유가 있음이 특별히 밝혀지지 않는 한, 항소법원은 종전 국선변호인의 선정을 취소하고 새로운 국선변호인을 선정하여 다시 소송기록접수통지를 함으로써 새로운 국선변호인으로 하여금 그 통지를 받은 때로부터 형사소송법 제361조의3 제1항의 기간 내에 피고인을 위하여 항소

이유서를 제출하도록 하여야 한다(대결 2012.2.16. 자, 2009모1044 전원합의체).

13 ②

오답률 TOP 1 유형 판례

기본권론 2 > 자유권적 기본권 1 > 사생활의 비밀과 자유 오답률 66.7%

㉠ (○) 흡연자들이 자유롭게 흡연할 권리를 흡연권이라고 한다면, 이러한 흡연권은 인간의 존엄과 행복추구권을 규정한 헌법 제10조와 사생활의 자유를 규정한 헌법 제17조에 의하여 뒷받침된다. 우선 헌법 제17조가 근거가 될 수 있다는 점에 관하여 보건대, 사생활의 자유란 사회공동체의 일반적인 생활규범의 범위 내에서 사생활을 자유롭게 형성해 나가고 그 설계 및 내용에 대해서 외부로부터의 간섭을 받지 아니할 권리를 말한다(헌재 2001.8.30. 99헌바92).

㉡ (○) 공판정에서 진술을 하는 피고인·증인 등도 인간으로서의 존엄과 가치를 가지며(헌법 제10조), 사생활의 비밀과 자유를 침해받지 아니할 권리를 가지고 있으므로(헌법 제17조), 본인이 비밀로 하고자 하는 사적인 사항이 일반에 공개되지 아니하고 자신의 인격적 징표가 타인에 의하여 일방적으로 이용당하지 아니할 권리가 있다. 따라서 모든 진술인은 원칙적으로 자기의 말을 누가 녹음할 것인지와 녹음된 자기의 음성이 재생될 것인지 여부 및 누가 재생할 것인지 여부에 관하여 스스로 결정할 권리가 있다(헌재 1995.12.28. 91헌마114).

㉢ (X) 표현의 자유에 속하는 영역이라고 할 수 있을 뿐 사생활의 자유에 의하여 보호되는 범주를 벗어난 행위이다(헌재 2002.8.30. 99헌바92).

㉣ (X) 자동차를 도로에서 운전하는 중에 좌석안전띠를 착용할 것인가 여부의 생활관계가 개인의 전체적 인격과 생존에 관계되는 '사생활의 기본조건'이라거나 자기결정의 핵심적 영역 또는 인격적 핵심과 관련된다고 보기 어려워 더 이상 사생활영역의 문제가 아니므로, 운전할 때 운전자가 좌석안전띠를 착용할 의무는 청구인의 사생활의 비밀과 자유를 침해하는 것이라 할 수 없다(헌재 2003.10.30. 2002헌마518).

㉤ (X) 인터넷 언론사의 공개된 게시판·대화방에서 스스로의 의사에 의하여 정당·후보자에 대한 지지·반대의 글을 게시하는 행위가 양심의 자유나 사생활 비밀의 자유에 의하여 보호되는 영역이라고 할 수 없다(헌재 2010.2.25. 2008헌마324).

14 ③

유형 판례

기본권론 2 > 자유권적 기본권 1 > 통신의 자유 오답률 33.3%

③ (○) 이 사건 시행령 조항은 교정시설의 안전과 질서유지, 수용자의 교화 및 사회복귀를 원활하게 하기 위해 수용자가 밖으로 내보내는 서신을 봉함하지 않은 상태로 제출하도록 한 것이나, 이와 같은 목적은 교도관이 수용자의 면전에서 서신에 금지물품이 들어 있는지를 확인하고 수용자로 하여금 서신을 봉함하게 하는 방법, 봉함된 상태로 제출된 서신을 X-ray 검색기 등으로 확인한 후 의심이 있는 경우에만 개봉하여 확인하는 방법, 서신에 대한 검열이 허용되는 경우에만 무봉함 상태로 제출하도록 하는 방법 등으로도 얼마든지 달성할 수 있다고 할 것인바, 위 시행령 조항이 수용자가 보내려는 모든 서신에 대해 무봉함 상태의 제출을 강제함으로써 수용자의 발송 서신 모두를 사실상 검열 가능한 상태에 놓이도록 하는 것은 기본권 제한의 최소침해성 요건을 위반하여 수용자인 청구인의 통신비밀의 자유를 침해하는 것이다(헌재 2012.2.23. 2009헌마333).

① (X) 통신제한조치가 내려진 피의자나 피내사자는 자신이 감청을 당하고 있다는 사실을 모르는 기본권 제한의 특성상 방어권을 행사하기 어려운 상태에 있으므로 통신제한조치기간의 연장을 허가함에 있어 총연장기간 또는 총연장횟수의 제한이 없을 경우 수사와 전혀 관계없는 개인의 내밀한 사생활의 비밀이 침해당할 우려도 심히 크기 때문에 기본권 제한의 법익균형성 요건도 갖추지 못하였다. 따라서 이 사건 법률조항은 헌법에 위반된다 할 것이다(헌재 2010.12.28. 2009헌가30).

② (X) 이 사건 지침은 신병교육훈련을 받고 있는 군인의 통신의 자유를 제한하고 있으나, 신병들을 군인으로 육성하고 교육훈련과 병영생활에 조속히 적응시키기 위하여 신병교육기간에 한하여 신병의 외부 전화통화를 통제한 것이다. 또한 신병훈련기간이 5주의 기간으로서 상대적으로 단기의 기간이라는 점, 긴급한 전화통화의 경우는 지휘관의 통제하에 허용될 수 있다는 점, 신병들이 부모 및 가족에 대한 편지를 작성하여 우편으로 송부하도록 하고 있는 점 등을 종합하여 고려하여 보면, 이 사건 지침에서 신병교육훈련기간 동안 전화사용을 하지 못하도록 정하고 있는 규율이 청구인을 포함한 신병교육훈련생들의 통신의 자유 등 기본권을 필요한 정도를 넘어 과도하게 제한하는 것이라고 보기 어렵다(헌재 2010.10.28. 2007헌마890).

④ (X) 사인이 감청설비를 제조·수입하는 경우 정통부장관의 인가를 받도록 하면서 국가기관이 감청설비를 제조, 수입하는 경우에는 인가제를 배제한 통신비밀보호법 제10조는 국가기관의 감청설비 보유·사용에 대한 관리와 통제를 위한 법적, 제도적 장치가 마련되어 있으므로, 국가기관이 인가 없이 감청설비를 보유·사용할 수 있다는 사실만 가지고 바로 국가기관에 의한 통신비밀침해 행위를 용이하게 하는 결과를 초래함으로써 통신의 자유를 침해한다고 볼 수는 없다(헌재 2001.3.21. 2000헌바25).

15 ③

유형 판례

기본권론 2 > 자유권적 기본권 2 > 종교의 자유 오답률 12.5%

③ (X) 이처럼 일요일을 주일로 지키고 예배에 참석하는 등으로 거룩하게 지켜야 한다는 교리에 따라 생활할 자유는 종교적 행위의 자유에 속하는 영역인데, 종교적 행위의 자유는 절대적 자유가 아니므로 질서유지나 공공복리를 위하여 필요한 경우에 한하여 제한할 수 있는 자유로서 피청구인이 수많은 수험생들의 응시상의 편의와 시험장소의 마련 및 시험관리상의 편의 등을 도모하기 위하여 일요일을 시험일로 정하여 공고한 것은 과잉금지원칙을 위반하여 청구인의 종교의 자유를 침해한 것이라고 할 수 없다(헌재 2010.11.25. 2010헌마199).

① (○) 종교행사와 종교과목 수업을 실시하면서 참가 거부가 사실상 불가능한 분위기를 조성하고 대체과목을 개설하지 않는 등 신앙을 갖지 않거나 학교와 다른 신앙을 가진 학생의 기본권을 고려하지 않은 것은, 우리 사회의 건전한 상식과 법감정에 비추어 용인될 수 있는 한계를 벗어나 학생의 종교에 관한 인격적 법익을 침해하는 위법한 행위이고, 그로 인하여 인격적 법익을 침해받는 학생이 있을 것임이 충분히 예견가능하고 그 침해가 회피가능하므로 과실 역시 인정된다(대판 2010.4.22. 2008다38288).

② (○) 사립대학은 종교교육 내지 종교선전을 위하여 학생들의 신앙을 가지지 않을 자유를 침해하지 않는 범위 내에서 학생들로 하여금 일정한 내용의 종교교육을 받을 것을 졸업요건으로 하는 학칙을 제정할 수 있다(대판 1998.11.10. 96다37268).

④ (○) 교육법 제85조 제1항 및 학원의 설립·운영에 관한 법률 제6조가 종교교육을 담당하는 기관들에 대하여 예외적으로 인가 혹은 등록의무를 면제하여 주지 않았다고 하더라도, 헌법 제31조 제6항이 교육제도에 관한 기본사항을 법률로 입법자가 정하도록 한 취지, 종교교육기관이 자체 내부의 순수한 성직자 양성기관이 아니라 학교 혹은 학원의 형태로 운영될 경우 일반국민들이 받을 수 있는 부실한 교육의 피해의 방지, 현행 법률상 학교 내지 학원의 설립절차가 지나치게 엄격하다고 볼 수 없는 점 등을 고려할 때, 위 조항들이 청구인의 종교의 자유 등을 침해하였다고 볼 수 없고, 또한 위 조항들로 인하여 종교교단의 재정적 능력에 따라 학교 내지 학원의 설립상 차별을 초래한다고 해도 거기에는 위와 같은 합리적 이유가 있으므로 평등원칙에 위배된다고 할 수 없다(헌재 2000.3.30. 99헌바14).

16 ①

유형 판례

기본권론 2 > 자유권적 기본권 2 > 집회의 자유 오답률 33.3%

① (X) 구 집시법 제5조 제1항 제2호에 의하여 주최가 금지되는 집회는 형법상 범죄인 폭행·협박·손괴·방화 등 행위가 집단적으로 이루어짐으로써 개인의 생명·자유·재산 등 기본권 보호 및 국가와 사회의 존속을 위해 필수적인 것으로 인정되는 가치와 규준 등에 대해 사회통념상 수인할 수 있는 혼란이나 불편을 넘는 위험을 직접 초래할 것이 명백한 집회 또는 시위를 말하며, 구 집시법 제19조 제4항에 의하여 형사처벌되는 참가행위는, 행위자가 집회 또는 시위에 참가할 당시 그 집회 또는 시위가 제5조 제1항 제2호에 위반하여 주최된 것이라는 점을 인식하고, 집회 또는 시위의 목적에 뜻을 같이 해 그 장소에 함께 모이는 행위를 말하는 것이므로, 이 사건 법률조항들은 그 의미가 불명확하다고 볼 수 없고, 건전한 상식과 통상적인 법감정을 가진 일반인이라면 금지되는 행위가 무엇인지를 예측하는 것이 현저히 곤란하다고 보이지 않으므로 죄형법정주의의 명확성원칙에 위배되지 않는다(헌재 2010.04.29. 2008헌바118).

② (O) 집회 및 시위에 관한 법률상의 일반적인 규제나 형사법상의 사후적 규제만으로는 국회의 기능을 보호하기 위한 효과적인 수단이 된다고 볼 수 없고, 이 사건 법률조항 외에 달리 덜 제약적인 수단이 명백히 존재한다고 보기 어려우며, 국회의 기능이나 역할에 비추어 예외를 두지 아니한 것이 침해의 최소성원칙에 반한다고 볼 수도 없다. 나아가 이 사건 법률조항으로 인한 사익의 제한은 국회 인근에서의 집회의 제한이라는 좁은 범위의 장소적 제한인 반면 국회의 기능보호는 대의민주주의 제도 아래에서 절대적인 중요성을 지닌다고 할 것이므로 이 사건 법률조항으로 인한 집회·시위 효과의 감소 및 이에 관련된 자유의 제한은 감수할 만한 정도의 것으로 보이므로, 법익균형성 원칙 위배도 인정되지 않는다. 따라서 이 사건 법률조항은 과잉금지원칙에 위배하여 집회의 자유를 침해하지 아니한다(헌재 2009.12.29. 2006헌바20).

③ (O) 구 집시법 제6조 제1항은 평화적이고 효율적인 집회를 보장하고, 공공질서를 보호하기 위한 것으로 그 입법목적이 정당하고, 집회에 대한 사전신고를 통하여 행정관청과 주최자가 상호 정보를 교환하고 협력하는 것은 위와 같은 목적 달성을 위한 적절한 수단에 해당하며, 위 조항이 열거하고 있는 신고사항이나 신고시간 등은 지나치게 과다하거나 신고불가능하다고 볼 수 없으므로 최소침해성의 원칙에 반한다고 보기 어렵다. 나아가 위 조항이 정하는 사전신고의무로 인하여 집회개최자가 겪어야 하는 불편함이나 번거로움 등 제한되는 사익과 신고로 인해 보호되는 공익은 법익균형성 요건도 충족하므로 위 조항 중 '옥외집회'에 관한 부분이 과잉금지원칙에 위배하여 집회의 자유를 침해한다고 볼 수 없다(헌재 2009.5.28. 2007헌바22).

④ (O) 피청구인 서울남대문경찰서장은 옥외집회의 관리·책임을 맡고 있는 행정기관으로서 이미 접수된 청구인들의 옥외집회신고서에 대하여 법률상 근거 없이 이를 반려하였는바, 청구인들의 입장에서는 이 반려행위를 옥외집회신고에 대한 접수거부 또는 집회의 금지통고로 보지 않을 수 없었고, 그 결과 형사적 처벌이나 집회의 해산을 받지 않기 위하여 집회의 개최를 포기할 수밖에 없었다고 할 것이므로 피청구인의 이 사건 반려행위는 주무 행정기관에 의한 행위로서 기본권 침해 가능성이 있는 공권력의 행사에 해당한다(헌재 2008.5.29. 2007헌마712).

17 ③

유형 이론 + 판례

기본권론 2 > 참정권 및 정치적 기본권 > 공무담임권 오답률 33.3%

③ (X) 공무담임권의 보호영역에는 공직취임기회의 자의적인 배제와 공무원 신분의 부당한 박탈에 한정되고 승진기회의 보장 등은 포함되지 않는다.

① (O) 공무담임권의 보호영역에는 일반적으로 공직취임의 기회보장, 신분박탈, 직무의 정지가 포함되는 것일 뿐, 여기서 더 나아가 공무원이 특정의 장소에서 근무하는 것 또는 특정의 보직을 받아 근무하는 것을 포함하는 일종의 '공무수행의 자유'까지 그 보호영역에 포함된다고 보기는 어렵다. 따라서 이 사건 법률조항이 특정직공무원으로서 군무원인 청구인들의 공무담임권을 제한하는 것은 아니다(헌재 2008.6.26. 2005헌마1275). 따라서 공무담임권의 침해는 논의할 여지가 없다.

② (O) 5급 공개경쟁채용시험의 응시연령 상한을 '32세까지'로 한 부분은 응시자의 공무담임권을 침해한다(헌재 2008.5.29. 2007헌마1105).

④ (O) 심판대상 조항은 2003년과 2007년경부터 규정된 것이어서 해당 직류의 채용시험을 진지하게 준비 중이었다면 누구라도 직업상담사 자격증이 가산대상 자격증임을 알 수 있었다고 보이며, 자격증소지를 시험의 응시자격으로 한 것이 아니라 각 과목 만점의 최대 5% 이내에서 가산점을 부여하는 점, 자격증 소지자도 다른 수험생들과 마찬가지로 합격의 최저 기준인 각 과목 만점의 40% 이상을 취득하여야 한다는 점, 그 가산점 비율은 3% 또는 5%로서 다른 직렬과 자격증 가산점 비율에 비하여 과도한 수준이라고 볼 수 없다는 점을 종합하면 이 조항이 피해최소성원칙에 위배된다고 볼 수 없고, 법익의 균형성도 갖추었다. 따라서 심판대상 조항이 청구인들의 공무담임권과 평등권을 침해하였다고 볼 수 없다(헌재 2018.8.30. 2018헌마46).

18 ④

유형 이론 + 판례

기본권론 2 > 청구권적 기본권 > 재판청구권 오답률 8.3%

㉠ (O) 재판을 받을 권리는 외국인과 법인의 경우에도 그들의 권리가 침해되는 경우에는 인정된다.

㉢ (O) 청구인들이 주장하는 '논리적이고 정제된 법률의 적용을 받을 권리'란 논리적이지 않고 정제되지 아니한 법률조항의 적용 배제를 요구할 수 있는 권리를 의미하는 것인바, 이러한 기본권을 인정할 특별한 필요성이 있다고 할 수 없을 뿐만 아니라, 어떠한 법률조항이 논리적이지 않고 정제되지 않았다고 할 것인지 판정할 기준도 불명확하여 이러한 권리가 명확한 보호영역을 갖는 구체적 권리로서의 실질을 갖는다고 보기도 어려우므로 이를 헌법상 보장되는 기본권이라고 할 수 없다(헌재 2011.8.30. 2008헌마477).

㉤ (O) 재심은 확정판결에 대한 특별한 불복방법이고, 확정판결에 대한 법적 안정성의 요청은 미확정판결에 대한 그것보다 훨씬 크다고 할 것이므로 재심을 청구할 권리가 헌법 제27조에서 규정한 재판을 받을 권리에 당연히 포함된다고 할 수 없고, 심판대상 법조항에 의한 재심청구의 혜택은 일정한 적법요건하에 헌법재판소법 제68조 제2항에 의한 헌법소원을 청구하여 인용된 자에게는 누구에게나 일반적으로 인정되는 것이고, 헌법소원청구의 기회가 규범적으로 균등하게 보장되어 있기 때문에, 심판대상 법조항이 헌법재판소법 제68조 제2항에 의한 헌법소원을 청구하여 인용결정을 받지 않은 사람에게는 재심의 기회를 부여하지 않는다고 하여 청구인의 재판청구권이나 평등권, 재산권과 행복추구권을 침해하였다고는 볼 수 없다(헌재 2000.6.29. 99헌바66).

㉡ (X) '피고인 스스로 치료감호를 청구할 수 있는 권리'가 헌법상 재판청구권의 보호범위에 포함된다고 보기는 어렵고, 검사뿐만 아니라 피고인에게까지 치료감호 청구권을 주어야만 절차의 적법성이 담보되는 것도 아니므로, 이 사건 법률조항이 청구인의 재판청구권을 침해하거나 적법절차의 원칙에 반한다고 볼 수 없다(헌재 2010.4.29. 2008헌마622).

㉣ (X) 우리 헌법상 헌법과 법률이 정한 법관에 의한 재판을 받을 권리라 함은 직업법관에 의한 재판을 주된 내용으로 하는 것이므로 '국민참여재판을 받을 권리'가 헌법 제27조 제1항에서 규정한 재판을 받을 권리의 보호범위에 속한다고 볼 수 없다. 따라서 국민참여재판에 관한 이 사건 법률조항들이 청구인의 재판청구권을 침해한다고 할 수 없고, 다만 국민참여재판의 대상 사건과 시기를 규정한 재판참여법률 제5조 제1항, 부칙 제2항이 헌법상 평등권을 침해하는지 여부만 문제된다(헌재 2009.11.26. 2008헌바12).

19 ①

유형 이론 + 법령

기본권론 2 > 청구권적 기본권 > 형사보상청구권 오답률 20.8%

① (X) 보상을 청구할 수 있는 자가 그 청구를 하지 아니하고 사망하였을 때에는 그 상속인이 이를 청구할 수 있다(형사보상 및 명예회복에 관한 법률 제3조 제1항). → 금전배상이므로 일신전속적이지 않다.
② (O) 불기소처분을 받은 형사피의자로서 구금되었던 자는 형사보상을 청구할 수 있다. 다만, 기소중지, 기소유예처분을 받은 피의자는 보상을 청구할 수 없고 협의의 불기소처분(혐의없음, 불기소처분과 죄가안됨, 불기소처분)을 받은 자만 보상을 청구할 수 있다.
③ (O) 면소·공소기각의 재판을 받은 자라도 면소나 공소기각이 없이 재판이 진행되었더라면 무죄재판을 받을 만한 현저한 사유가 있었을 때에는 구금에 대한 보상을 받을 수 있다.
④ (O) 피의자보상에 관한 사항을 심의·결정하기 위하여 지방검찰청에 피의자보상심의회를 둔다(형사보상 및 명예회복에 관한 법률 제27조 제3항).

20 ④

유형 판례

기본권론 2 > 국민의 기본적 의무 오답률 20.8%

④ (X) 병역의무 그 자체를 이행하느라 받는 불이익은 병역의무의 이행으로 인한 불이익한 처우의 금지(헌법 제39조 제2항)와는 무관한 바, 예비역이 병역법에 의하여 병력동원훈련 등을 위하여 소집을 받는 것은 헌법과 법률에 따른 국방의 의무를 이행하는 것이고, 그동안 군형법의 적용을 받는 것 또한 국방의 의무를 이행하는 중에 범한 군사상의 범죄에 대하여 형벌이라는 제재를 받는 것이므로, 어느 것이나 헌법 제39조 제1항에 규정된 국방의 의무를 이행하느라 입는 불이익이라고 할 수는 있을지언정, 병역의무의 이행으로 불이익한 처우를 받는 것이라고는 할 수 없다(헌재 1999.2.25. 97헌바3).
① (O) 교원임용의 경우에 있어서도 병역의무의 이행으로 졸업연도가 늦어져 병역의무를 이행하지 않은 동급생들에 비해 교원임용에 있어서 구제를 받지 못한 것은 병역이무 이행으로 인한 불이익은 아니라고 판시한 바 있는데, 이 사건 심판대상 규정은 병역의무 이행 그 자체를 이유로 청구인을 대상에서 제외하고 있는 것이 아니며, 이 사건 심판대상 규정에 따라 청구인이 결과적으로 입학이 어려워졌다고 하더라도 이를 병역의무 이행이 이유가 되어 불이익을 받은 것이라 할 수 없으므로, 헌법 제39조 제2항에 위반되는 것으로도 볼 수 없다(헌재 2009.7.30. 2007헌마991).
② (O) 학교운영지원비는 기본적으로 학부모의 자율적 협찬금의 외양을 갖고 있음에도 그 조성이나 징수의 자율성이 완전히 보장되지 않아 기본적이고 필수적인 학교 교육에 필요한 비용에 가깝게 운영되고 있다는 점 등을 고려해 보면 이 사건 세입조항은 헌법 제31조 제3항에 규정되어 있는 의무교육의 무상원칙에 위배되어 헌법에 위반된다(헌재 2012.8. 23. 2010헌바220).
③ (O) 헌법 제23조 제1항이 보장하고 있는 사유재산권은 사유재산에 관한 임의적인 이용, 수익, 처분권을 본질로 하기 때문에 사유재산의 처분금지를 내용으로 하는 입법조치는 원칙으로 재산권에 관한 입법형성권의 한계를 일탈하는 것일 뿐만 아니라 조세의 부과·징수는 국민의 납세의무에 기초하는 것으로서 원칙으로 재산권의 침해가 되지 않는다고 하더라도 그로 인하여 납세의무자의 사유재산에 관한 이용, 수익, 처분권이 중대한 제한을 받게 되는 경우에는 그것도 재산권의 침해가 될 수 있는 것이다(헌재 1997.12.24. 96헌가19).

2023 경찰공무원 단원별 기출문제집 헌법

발 행 일	2022년 10월 27일 초판
편 저 자	정인영
펴 낸 이	권대호, 김재환
펴 낸 곳	(주)에듀윌
등록번호	제25100-2002-000052호
주 소	08378 서울특별시 구로구 디지털로34길 55 코오롱싸이언스밸리 2차 3층

www.eduwill.net

대표전화 1600-6700

여러분의 작은 소리
에듀윌은 크게 듣겠습니다.

본 교재에 대한 여러분의 목소리를 들려주세요.
공부하시면서 어려웠던 점, 궁금한 점,
칭찬하고 싶은 점, 개선할 점, 어떤 것이라도 좋습니다.

에듀윌은 여러분께서 나누어 주신 의견을
통해 끊임없이 발전하고 있습니다.

에듀윌 도서몰 book.eduwill.net

- 부가학습자료 및 정오표: 에듀윌 도서몰 → 도서자료실
- 교재 문의: 에듀윌 도서몰 → 문의하기 → 교재(내용, 출간) / 주문 및 배송

경찰공무원 단원별 기출문제집

문번	PART ____ CHAPTER ____
	① ② ③ ④
	① ② ③ ④
	① ② ③ ④
	① ② ③ ④
	① ② ③ ④
	① ② ③ ④
	① ② ③ ④
	① ② ③ ④
	① ② ③ ④
	① ② ③ ④
	① ② ③ ④
	① ② ③ ④
	① ② ③ ④
	① ② ③ ④
	① ② ③ ④
	① ② ③ ④
	① ② ③ ④
	① ② ③ ④
	① ② ③ ④
	① ② ③ ④

문번	PART ____ CHAPTER ____
	① ② ③ ④
	① ② ③ ④
	① ② ③ ④
	① ② ③ ④
	① ② ③ ④
	① ② ③ ④
	① ② ③ ④
	① ② ③ ④
	① ② ③ ④
	① ② ③ ④
	① ② ③ ④
	① ② ③ ④
	① ② ③ ④
	① ② ③ ④
	① ② ③ ④
	① ② ③ ④
	① ② ③ ④
	① ② ③ ④
	① ② ③ ④
	① ② ③ ④

문번	PART ____ CHAPTER ____
	① ② ③ ④
	① ② ③ ④
	① ② ③ ④
	① ② ③ ④
	① ② ③ ④
	① ② ③ ④
	① ② ③ ④
	① ② ③ ④
	① ② ③ ④
	① ② ③ ④
	① ② ③ ④
	① ② ③ ④
	① ② ③ ④
	① ② ③ ④
	① ② ③ ④
	① ② ③ ④
	① ② ③ ④
	① ② ③ ④
	① ② ③ ④
	① ② ③ ④

문번	PART ____ CHAPTER ____
	① ② ③ ④
	① ② ③ ④
	① ② ③ ④
	① ② ③ ④
	① ② ③ ④
	① ② ③ ④
	① ② ③ ④
	① ② ③ ④
	① ② ③ ④
	① ② ③ ④
	① ② ③ ④
	① ② ③ ④
	① ② ③ ④
	① ② ③ ④
	① ② ③ ④
	① ② ③ ④
	① ② ③ ④
	① ② ③ ④
	① ② ③ ④
	① ② ③ ④

문번	PART ____ CHAPTER ____
	① ② ③ ④
	① ② ③ ④
	① ② ③ ④
	① ② ③ ④
	① ② ③ ④
	① ② ③ ④
	① ② ③ ④
	① ② ③ ④
	① ② ③ ④
	① ② ③ ④
	① ② ③ ④
	① ② ③ ④
	① ② ③ ④
	① ② ③ ④
	① ② ③ ④
	① ② ③ ④
	① ② ③ ④
	① ② ③ ④
	① ② ③ ④
	① ② ③ ④

경찰공무원 단원별 기출문제집

문번	PART ____ CHAPTER ____
	① ② ③ ④
	① ② ③ ④
	① ② ③ ④
	① ② ③ ④
	① ② ③ ④
	① ② ③ ④
	① ② ③ ④
	① ② ③ ④
	① ② ③ ④
	① ② ③ ④
	① ② ③ ④
	① ② ③ ④
	① ② ③ ④
	① ② ③ ④
	① ② ③ ④
	① ② ③ ④
	① ② ③ ④
	① ② ③ ④
	① ② ③ ④
	① ② ③ ④

문번	PART ____ CHAPTER ____
	① ② ③ ④
	① ② ③ ④
	① ② ③ ④
	① ② ③ ④
	① ② ③ ④
	① ② ③ ④
	① ② ③ ④
	① ② ③ ④
	① ② ③ ④
	① ② ③ ④
	① ② ③ ④
	① ② ③ ④
	① ② ③ ④
	① ② ③ ④
	① ② ③ ④
	① ② ③ ④
	① ② ③ ④
	① ② ③ ④
	① ② ③ ④
	① ② ③ ④

문번	PART ____ CHAPTER ____
	① ② ③ ④
	① ② ③ ④
	① ② ③ ④
	① ② ③ ④
	① ② ③ ④
	① ② ③ ④
	① ② ③ ④
	① ② ③ ④
	① ② ③ ④
	① ② ③ ④
	① ② ③ ④
	① ② ③ ④
	① ② ③ ④
	① ② ③ ④
	① ② ③ ④
	① ② ③ ④
	① ② ③ ④
	① ② ③ ④
	① ② ③ ④
	① ② ③ ④

문번	PART ____ CHAPTER ____
	① ② ③ ④
	① ② ③ ④
	① ② ③ ④
	① ② ③ ④
	① ② ③ ④
	① ② ③ ④
	① ② ③ ④
	① ② ③ ④
	① ② ③ ④
	① ② ③ ④
	① ② ③ ④
	① ② ③ ④
	① ② ③ ④
	① ② ③ ④
	① ② ③ ④
	① ② ③ ④
	① ② ③ ④
	① ② ③ ④
	① ② ③ ④
	① ② ③ ④

문번	PART ____ CHAPTER ____
	① ② ③ ④
	① ② ③ ④
	① ② ③ ④
	① ② ③ ④
	① ② ③ ④
	① ② ③ ④
	① ② ③ ④
	① ② ③ ④
	① ② ③ ④
	① ② ③ ④
	① ② ③ ④
	① ② ③ ④
	① ② ③ ④
	① ② ③ ④
	① ② ③ ④
	① ② ③ ④
	① ② ③ ④
	① ② ③ ④
	① ② ③ ④
	① ② ③ ④

※ 잘라서 앞뒤로 활용 가능 ※ 에듀윌 [도서몰(book.eduwill.net) ▶ 도서자료실]에서 추가 다운로드 가능

경찰공무원 단원별 기출문제집

문번	PART ____ CHAPTER ____
	① ② ③ ④
	① ② ③ ④
	① ② ③ ④
	① ② ③ ④
	① ② ③ ④
	① ② ③ ④
	① ② ③ ④
	① ② ③ ④
	① ② ③ ④
	① ② ③ ④
	① ② ③ ④
	① ② ③ ④
	① ② ③ ④
	① ② ③ ④
	① ② ③ ④
	① ② ③ ④
	① ② ③ ④
	① ② ③ ④
	① ② ③ ④
	① ② ③ ④

문번	PART ____ CHAPTER ____
	① ② ③ ④
	① ② ③ ④
	① ② ③ ④
	① ② ③ ④
	① ② ③ ④
	① ② ③ ④
	① ② ③ ④
	① ② ③ ④
	① ② ③ ④
	① ② ③ ④
	① ② ③ ④
	① ② ③ ④
	① ② ③ ④
	① ② ③ ④
	① ② ③ ④
	① ② ③ ④
	① ② ③ ④
	① ② ③ ④
	① ② ③ ④
	① ② ③ ④

문번	PART ____ CHAPTER ____
	① ② ③ ④
	① ② ③ ④
	① ② ③ ④
	① ② ③ ④
	① ② ③ ④
	① ② ③ ④
	① ② ③ ④
	① ② ③ ④
	① ② ③ ④
	① ② ③ ④
	① ② ③ ④
	① ② ③ ④
	① ② ③ ④
	① ② ③ ④
	① ② ③ ④
	① ② ③ ④
	① ② ③ ④
	① ② ③ ④
	① ② ③ ④
	① ② ③ ④

문번	PART ____ CHAPTER ____
	① ② ③ ④
	① ② ③ ④
	① ② ③ ④
	① ② ③ ④
	① ② ③ ④
	① ② ③ ④
	① ② ③ ④
	① ② ③ ④
	① ② ③ ④
	① ② ③ ④
	① ② ③ ④
	① ② ③ ④
	① ② ③ ④
	① ② ③ ④
	① ② ③ ④
	① ② ③ ④
	① ② ③ ④
	① ② ③ ④
	① ② ③ ④
	① ② ③ ④

문번	PART ____ CHAPTER ____
	① ② ③ ④
	① ② ③ ④
	① ② ③ ④
	① ② ③ ④
	① ② ③ ④
	① ② ③ ④
	① ② ③ ④
	① ② ③ ④
	① ② ③ ④
	① ② ③ ④
	① ② ③ ④
	① ② ③ ④
	① ② ③ ④
	① ② ③ ④
	① ② ③ ④
	① ② ③ ④
	① ② ③ ④
	① ② ③ ④
	① ② ③ ④
	① ② ③ ④

경찰공무원 단원별 기출문제집

문번	PART ____ CHAPTER ____
	① ② ③ ④
	① ② ③ ④
	① ② ③ ④
	① ② ③ ④
	① ② ③ ④
	① ② ③ ④
	① ② ③ ④
	① ② ③ ④
	① ② ③ ④
	① ② ③ ④
	① ② ③ ④
	① ② ③ ④
	① ② ③ ④
	① ② ③ ④
	① ② ③ ④
	① ② ③ ④
	① ② ③ ④
	① ② ③ ④
	① ② ③ ④
	① ② ③ ④

문번	PART ____ CHAPTER ____
	① ② ③ ④
	① ② ③ ④
	① ② ③ ④
	① ② ③ ④
	① ② ③ ④
	① ② ③ ④
	① ② ③ ④
	① ② ③ ④
	① ② ③ ④
	① ② ③ ④
	① ② ③ ④
	① ② ③ ④
	① ② ③ ④
	① ② ③ ④
	① ② ③ ④
	① ② ③ ④
	① ② ③ ④
	① ② ③ ④
	① ② ③ ④
	① ② ③ ④

문번	PART ____ CHAPTER ____
	① ② ③ ④
	① ② ③ ④
	① ② ③ ④
	① ② ③ ④
	① ② ③ ④
	① ② ③ ④
	① ② ③ ④
	① ② ③ ④
	① ② ③ ④
	① ② ③ ④
	① ② ③ ④
	① ② ③ ④
	① ② ③ ④
	① ② ③ ④
	① ② ③ ④
	① ② ③ ④
	① ② ③ ④
	① ② ③ ④
	① ② ③ ④
	① ② ③ ④

문번	PART ____ CHAPTER ____
	① ② ③ ④
	① ② ③ ④
	① ② ③ ④
	① ② ③ ④
	① ② ③ ④
	① ② ③ ④
	① ② ③ ④
	① ② ③ ④
	① ② ③ ④
	① ② ③ ④
	① ② ③ ④
	① ② ③ ④
	① ② ③ ④
	① ② ③ ④
	① ② ③ ④
	① ② ③ ④
	① ② ③ ④
	① ② ③ ④
	① ② ③ ④
	① ② ③ ④

문번	PART ____ CHAPTER ____
	① ② ③ ④
	① ② ③ ④
	① ② ③ ④
	① ② ③ ④
	① ② ③ ④
	① ② ③ ④
	① ② ③ ④
	① ② ③ ④
	① ② ③ ④
	① ② ③ ④
	① ② ③ ④
	① ② ③ ④
	① ② ③ ④
	① ② ③ ④
	① ② ③ ④
	① ② ③ ④
	① ② ③ ④
	① ② ③ ④
	① ② ③ ④
	① ② ③ ④

※ 잘라서 앞뒤로 활용 가능　※ 에듀윌 [도서몰(book.eduwill.net) ▶ 도서자료실]에서 추가 다운로드 가능

에듀윌 경찰공무원

단원별 기출문제집

3회독 워크북

헌법

3회독 워크북

헌법

고객의 꿈, 직원의 꿈, 지역사회의 꿈을 실현한다

펴낸곳 (주)에듀윌 **펴낸이** 권대호, 김재환 **출판총괄** 김형석
개발책임 윤대권, 진현주 **개발** 고원, 이혜린
주소 서울시 구로구 디지털로34길 55 코오롱싸이언스밸리 2차 3층
대표번호 1600-6700 **등록번호** 제25100-2002-000052호

에듀윌 도서몰 book.eduwill.net
• 부가학습자료 및 정오표: 에듀윌 도서몰 → 도서자료실
• 교재 문의: 에듀윌 도서몰 → 문의하기 → 교재(내용, 출간) / 주문 및 배송

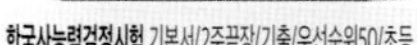

한국사능력검정시험 기본서/2주끝장/기출/우선순위50/초등

조리기능사 필기/실기

제과제빵기능사 필기/실기

SMAT 모듈A/B/C

ERP정보관리사 회계/인사/물류/생산(1, 2급)

전산세무회계 기초서/기본서/기출문제집

무역영어 1급 | 국제무역사 1급

KBS한국어능력시험 | ToKL

한국실용글쓰기

매경TEST 기본서/문제집/2주끝장

TESAT 기본서/문제집/기출문제집

운전면허 1종·2종

스포츠지도사 필기/실기구술 한권끝장

산업안전기사 | 산업안전산업기사

위험물산업기사 | 위험물기능사

토익 입문서 | 실전서 | 종합서

컴퓨터활용능력 | 워드프로세서

정보처리기사

월간시사상식 | 일반상식

월간NCS | 매1N

NCS 통합 | 모듈형 | 피듈형

PSAT형 NCS 수문끝

PSAT 기출완성 | 6대 출제사 | 10개 영역 찐기출

한국철도공사 | 서울교통공사 | 부산교통공사

국민건강보험공단 | 한국전력공사

한수원 | 수자원 | 토지주택공사

행과연형 | 휴노형 | 기업은행 | 인국공

대기업 인적성 통합 | GSAT

LG | SKCT | CJ | L-TAB

ROTC·학사장교 | 부사관

※ YES24 수험서 자격증 주택관리사 베스트셀러 1위 (2010년 12월, 2011년 3월, 9월, 12월, 2012년 1월, 3월~12월, 2013년 1월~5월, 8월~11월, 2014년 2월~8월, 10월~12월, 2015년 1월~5월, 7월~12월, 2016년 1월~12월, 2017년 1월~12월, 2018년 1월~12월, 2019년 1월~12월, 2020년 1월~7월, 9월~12월, 2021년 1월~12월, 2022년 1월~10월 월별 베스트, 매월 1위 교재는 다름)
※ YES24, 알라딘 국내도서 해당분야 월별, 주별 베스트 기준

업계 최초 대통령상 3관왕, 정부기관상 18관왕 달성!

2010 대통령상

2019 대통령상

2019 대통령상

대한민국 브랜드대상 국무총리상

서울특별시장상

과학기술부장관상

정보통신부장관상

산업자원부장관상

고용노동부장관상

미래창조과학부장관상

법무부장관상

여성가족부장관상

과학기술정보통신부 장관상

문화체육관광부 장관상

농림축산식품부 장관상

- 2004
  서울특별시장상 우수벤처기업 대상
- 2006
  산업자원부장관상 대한민국 e비즈니스대상
- 2007
  정보통신부장관상 디지털콘텐츠 대상
  산업자원부장관 표창 대한민국 e비즈니스대상
- 2010
  대통령 표창 대한민국 IT 이노베이션 대상
- 2013
  고용노동부장관 표창 일자리 창출 공로
- 2014
  미래창조과학부장관 표창 ICT Innovation 대상
- 2015
  법무부장관 표창 사회공헌 유공
- 2017
  여성가족부장관상 사회공헌 유공
  2016 합격자 수 최고 기록 KRI 한국기록원 공식 인증
- 2018
  2017 합격자 수 최고 기록 KRI 한국기록원 공식 인증
- 2019
  대통령 표창 범죄예방대상
  대통령 표창 일자리 창출 유공
  과학기술정보통신부장관상 대한민국 ICT 대상
- 2020
  국무총리상 대한민국 브랜드대상
  2019 합격자 수 최고 기록 KRI 한국기록원 공식 인증
- 2021
  고용노동부장관상 일·생활 균형 우수 기업 공모전 대상
  문화체육관광부장관 표창 근로자휴가지원사업 우수 참여 기업
  농림축산식품부장관상 대한민국 사회공헌 대상
  문화체육관광부장관 표창 여가친화기업 인증 우수 기업
- 2022
  농림축산식품부장관상 대한민국 ESG 대상

에듀윌 경찰공무원

단원별 기출문제집 | 헌법

3회독 워크북

개념체크 → 기출OX → 모의고사로 따라만 하면 자동 회독

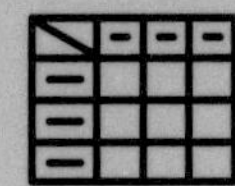

학습플래너 & Goal Tracker

계획 수립, 공부 과정 체크를 통해 3회독 목표 달성

회독 최적화 요소

문항별 회독 체크표, 해설 핵심 표시로 쉽고 빠른 회독

회차별 최신 기출/해설 PDF

22년 1, 2차 회차별 문제 + 해설로 실력 점검 및 실전 감각 UP

기출OX 문제풀이 APP

에듀윌 합격앱으로 자투리 시간까지 활용 가능

2017/2021 에듀윌 공무원 과정 최종 환급자 수 기준

2022, 2021 대한민국 브랜드만족도 경찰공무원 교육 1위 (한경비즈니스)
2020, 2019 한국브랜드만족지수 경찰공무원 교육 1위 (주간동아, G밸리뉴스)

고객의 꿈, 직원의 꿈, 지역사회의 꿈을 실현한다

펴낸곳 (주)에듀윌 **펴낸이** 권대호, 김재환 **출판총괄** 김형석
개발책임 윤대권, 진현주 **개발** 고원, 이혜린
주소 서울시 구로구 디지털로34길 55 코오롱싸이언스밸리 2차 3층
대표번호 1600-6700 **등록번호** 제25100-2002-000052호

에듀윌 도서몰 book.eduwill.net
- 부가학습자료 및 정오표: 에듀윌 도서몰 → 도서자료실
- 교재 문의: 에듀윌 도서몰 → 문의하기 → 교재(내용, 출간) / 주문 및 배송